MEYERS NEUES LEXIKON

In zehn Bänden

MEYERS NEUES LEXIKON

In zehn Bänden

Herausgegeben und bearbeitet von
Meyers Lexikonredaktion

Zehnter Band

Tri - Zz

MEYERS LEXIKONVERLAG
Mannheim·Leipzig·Wien·Zürich

Redaktionelle Leitung: Dr. Gerd Grill M. A.

Redaktionelle Bearbeitung: Ariane Braunbehrens M. A.,
Ines Groh, Hildegard Hogen M. A., Jürgen Hotz M. A.,
Dipl.-Ing. Helmut Kahnt, Klaus M. Lange,
Dipl.-Inf. Veronika Licher, Heike Pfersdorff M. A.,
Dr. Erika Retzlaff, Dr. Uschi Schling-Brodersen,
Maria Schuster-Kraemer M. A., Irmgard Theobald,
Dr. Joachim Weiss, Johannes-Ulrich Wening

Redaktionsschluß des zehnten Bandes: 15. Juli 1993

Einbandgestaltung: Markus Lüpertz

Die Deutsche Bibliothek – CIP-Einheitsaufnahme
Meyers neues Lexikon: in 10 Bänden/hrsg. und bearb. von Meyers Lexikonred.
[Red. Leitung: Gerd Grill. Red. Bearb.: Ariane Braunbehrens ...]. –
Mannheim; Leipzig; Wien; Zürich: Meyers Lexikonverl.
ISBN 3-411-07501-5
NE: Grill, Gerd [Red.]
Bd. 10. Tri–Zz. – 1993
ISBN 3-411-07601-1

Als Warenzeichen geschützte Namen sind durch das Zeichen ⓦ
kenntlich gemacht. Etwaiges Fehlen dieses Zeichens bietet keine Gewähr dafür,
daß es sich um einen nicht geschützten Namen handelt, der von jedermann
benutzt werden darf

Das Wort MEYER ist für Bücher aller Art für den Verlag
Bibliographisches Institut & F.A. Brockhaus AG als Warenzeichen geschützt
Alle Rechte vorbehalten
Nachdruck, auch auszugsweise, verboten
© Bibliographisches Institut & F.A. Brockhaus AG, Mannheim 1993
Satz: Bibliographisches Institut & F.A. Brockhaus AG (DIACOS Siemens)
und Mannheimer Morgen Großdruckerei und Verlag GmbH
Druck und Bindearbeit: Neue Stalling GmbH, Oldenburg
Papier: 115 g Offsetpapier holzfrei mattgestrichen, chlorfrei,
der Papierfabrik Håfreström, Schweden
Printed in Germany
Gesamtwerk: ISBN 3-411-07501-5
Band 10: ISBN 3-411-07601-1

Tri

tri..., Tri... [griech.-lat.], Bestimmungswort von Zusammensetzungen mit der Bed. „drei".

Triade [zu griech. triás „Dreizahl"], religionsgeschichtl. Bez. z. B. für eine Gruppe von drei Gottheiten; eine *kosmolog. T.* ist die Dreiteilung der Welt in Himmel, Erde und Unterwelt.

Triaden-Strategie ↑ nukleare Strategie.

Triakisoktaeder [griech.] (Trisoktaeder, Pyramidenoktaeder, Trigondodekaeder), spezielle Kristallform; von 24 gleichschenkeligen Dreiecken begrenzt, wobei sich jeweils drei zu flachen, dreiseitigen Pyramiden über den Flächen eines Oktaeders zusammensetzen.

Triakistetraeder [griech.] (Tristetraeder, Pyramidentetraeder), spezielle Kristallform; von 12 gleichschenkeligen Dreiecken begrenzt, die flache, dreiseitige Pyramiden über den Flächen eines Tetraeders bilden.

Trial-and-error-Methode [engl. 'traɪəl ənd ɛrə „Versuch und Irrtum"] (Backtracking-Verfahren), heurist. Lösungsverfahren, das sich dadurch auszeichnet, daß Teillösungen, wenn sie als falsch erkannt werden *(Sackgassen),* wieder zurückgenommen werden können und das Verfahren erneut solange wiederholt wird, bis entweder eine Lösung gefunden ist oder sich das Problem als unlösbar herausstellt.

Trialeti [russ. tria'ljeti], Gräberfeld am S-Abhang des Trialet. Gebirges, 65 km sw. von Tiflis, Georgien. Bei Ausgrabungen 1936–40 und 1947 wurden 40 bronzezeitl. (18. Jh. v. Chr.) Fürstengräber (Kurgane) mit Brandbestattungen (z. T. auf 4rädrigen Holzwagen, um die Reste der Haustieren lagen) erforscht. Beigaben in den 7–9 m tiefen Schachtgräbern waren u. a. reich ornamentierte Keramikgefäße, Bronzewaffen, ein Silberdolch, ein massiver Goldbecher sowie ein getriebener Silberbecher.

Trialismus [lat.], Bez. für unterschiedliche Bestrebungen in Österreich-Ungarn, den Dualismus durch Schaffung eines dritten Staatsteils (böhm.-mähr. und südslaw. Länder) zu erweitern.

Trialsport ['traɪəl; engl.], Wettbewerb mit Spezialmotorrädern in schwierigstem Gelände. Befahren werden Wertungsstrecken (Sektionen), wobei alle Fahrfehler mit Strafpunkten belegt werden.

Triangel [lat.], idiophones Schlaginstrument in der Form eines Stahlstabs, der zu einem gleichseitigen, an einer Ecke offenen Dreieck gebogen ist und mit einem geraden Metallstab angeschlagen wird.

triangulär [lat.], dreieckig.

Triangulierung (Triangulation) [lat.], geodät. Verfahren zur Bestimmung von großräumigen Festpunktfeldern. Soll ein größerer Teil der festen Erdoberfläche vermessen werden, so wird zunächst ein Netz von Festpunkten, den *trigonometr. Punkten (TP),* festgelegt. Als Festpunkt dienen sowohl Hochpunkte (Kirchturmspitze u. a.) als auch Bodenpunkte (durch Steinpfeiler mit darunterliegender Steinplatte markiert). Das Festpunktfeld (Dreiecksnetz) soll aus möglichst gleichseitigen Dreiecken bestehen. Mißt man auf allen Punkten eines solchen Netzes die Dreieckswinkel (**Triangulation** i. e. S.), ist die Form des Netzes bestimmt. Der Maßstab des Netzes läßt sich aus der Länge mindestens einer Dreiecksseite ermitteln. Die Längenbestimmung kann mit Hilfe einer unmittelbar gemessenen *Basis* (Grundlinie) und dem zugehörigen *Basisvergrößerungsnetz* oder durch unmittelbare elektron. Entfernungsmessung erfolgen.

Triangulum [lat. „Dreieck"] ↑ Sternbilder (Übersicht).

Triangulum Australe [lat. „südl. Dreieck"] ↑ Sternbilder (Übersicht).

Trianon [frz. tria'nõ], zwei Lustschlösser im Park von Versailles: *Grand T.,* 1687/88 von J. Hardouin-Mansart für Madame de Maintenon erbaut; *Petit T.,* 1764–68 von J.-A. Gabriel für Ludwig XV. erbaut. – Am 4. Juni 1920 wurde im Grand T. der **Friede von Trianon** zw. den Alliierten und Ungarn abgeschlossen. Ungarn verlor über 2/3 seines Staatsgebiets an Rumänien (Grenzverlauf westl. von Arad und Großwardein [Oradea]), Jugoslawien (Grenzverlauf südl. von Pécs und Szeged), Österreich (Burgenland) und die Tschechoslowakei (Slowakei mit Zips).

Triarier [lat.], in der röm. Legion die ältesten und erfahrensten Krieger, die das 3. Treffen (600 Mann, in 20 Zenturien und 10 Pilen gegliedert) bildeten und oft den Schlachtausgang entschieden.

Trias [griech. „Dreiheit"], ältestes System des Mesozoikums. In Mitteleuropa werden die kontinentalen Ablagerungen *(german. T.)* und die in der Tethys abgelagerten marinen Sedimente *(alpine T.)* unterschieden.

Triaspolitik, Politik, die einen vorhandenen Dualismus durch Bildung einer dritten Kraft zu neutralisieren sucht; 1763–1866 bes. für die polit. Vorstellungen dt. Klein- und Mittelstaaten, ein „drittes Deutschland" zw. Österreich und Preußen bilden zu können; für Napoleon Grundlage des Rheinbundes; im Rahmen des Dt. Bundes zunächst (seit 1820) von Württemberg (Wilhelm I.), später v. a. von Sachsen und Bayern (Maximilian II. Joseph) vertreten.

Triäthanolamin ↑ Äthanolamine.

Triathlon, Mehrkampf aus Freistilschwimmen, Straßenradrennen und Langstreckenlauf in dieser Reihenfolge ohne Pause. Der urspr. **Ultratriathlon** umfaßt 3,8 km Schwimmen, 180 km Radfahren und 42,195 km (Marathon-)Lauf, meist werden kürzere Strecken bevorzugt.

Tribadismus (Tribadie) [griech.], ↑ Homosexualität unter Frauen.

Tribalismus [lat. (zu ↑ Tribus)], die Stammesbezogenheit gesellschaftl. und polit. Verhaltens in afrikan. Staaten; erschwert die Bildung einheitl. Staatsnationen und führt häufig zu ethn. Konflikten (z. B. zw. Hutu und Tussi in Burundi).

Trianon. Südfassade des Petit Trianon im Park von Versailles, 1764–68

Triberg im Schwarzwald

Triberg im Schwarzwald, Stadt im Gutachtal, unterhalb der Triberger Wasserfälle, Bad.-Württ., 684 m ü. d. M., 6000 E. Heimatmuseum. Heilklimat. Kurort und Wintersportgelände; Herstellung von Spieldosen, Holz- und Hobelwerke, Uhrenind. u. a. – 1239 erstmals gen., entstand im Anschluß an eine (1642 zerstörte) Burg, seit 1324 Stadtrecht nachweisbar (1935 abgesprochen, 1951 erneuert). – Spätbarocke Wallfahrtskirche Maria in der Tanne (1700 bis 1705).

Tribo... [zu griech. tríbein „reiben"], Bestimmungswort in Zusammensetzungen mit der Bed. „Reibungs...".

Tribochemie, Teilgebiet der physikal. Chemie, das sich mit dem Einfluß mechan. Energie (Reibung, Stoß) auf das chem. Verhalten fester Stoffe beschäftigt. Die mechanisch erzeugten Gitterstörungen können z. B. zu erhöhter Reaktionsfähigkeit und Leuchterscheinungen *(Triboluminszenz)* führen und spielen bei bestimmten Formen der Korrosion eine Rolle.

Tribologie, Wiss. und Lehre von Reibung, Schmierung und Verschleiß gegeneinander bewegter Körper. Mit den techn. Aspekten der T. beschäftigt sich die **Tribotechnik;** Hauptziel ist die Herabsetzung der Reibung durch die Wahl geeigneter Werkstoffe und die Verwendung bes. Schmiermittel.

Tribonianus, † 542/543, Magister officiorum und Quaestor sacri palatii des byzantin. Kaisers Justinian I. – Plante vermutlich die Gesamtkodifikation des röm. Rechts im Corpus Juris Civilis und war Mgl., später Leiter der Gesetzgebungskommissionen.

Tribun [lat.], Amtsbez. im röm. Staats- und Militärwesen. Den *tribuni aerarii* oblagen in der republikan. Stadtverwaltung die Soldzahlungen an die Soldaten ihrer Tribus; die *tribuni militum* **(Militärtribune)** waren die Stabsoffiziere der Legion. Das wichtigste Amt lag bei den 10 *tribuni plebis* **(Volkstribune),** die die Interessen der Plebejer gegenüber dem Senat zu wahren hatten. Sie waren durch Unverletzlichkeit geschützt und besaßen durch ihr Vetorecht, mit dem sie jeden Senatsbeschluß verhindern konnten, und dem Recht, Plebiszite herbeizuführen, wirkungsvolle Kompetenzen. Seit 149 v. Chr. wurden die Volks-T. nach Ablauf ihrer einjährigen Amtszeit in den Senat aufgenommen; seit Augustus war die tribuniz. Gewalt (↑ tribunicia potestas) wesentl. Teil der kaiserl. Amtsgewalt.

Tribunal [lat.], 1. im antiken Rom der erhöhte Amtsplatz der Magistrate auf dem Forum Romanum, wo u. a. Recht gesprochen wurde; 2. danach [frz.] Bez. für [hoher] Gerichtshof; 3. häufig Bez. für ein polit. Sondergericht, z. B. das frz. Revolutions-T. (1793–95) oder das zur Durchführung der Nürnberger Prozesse errichtete Internat. Militär-T. (1945/46); 4. von gesellschaftl. bzw. polit. Gruppen gebrauchte Bez. für ein Forum mit dem Ziel, Verletzungen elementarer Rechte im Bereich des Völkerrechts und des innerstaatl. Rechts in einer öff. [oft gerichtsähnl.] Untersuchung nachzuweisen (z. B. Russell-T.).

Tribüne [lat.-roman.], schräg ansteigende, meist überdachte Tragkonstruktion für Zuschauer[sitzplätze] in Sportstadien u. ä.

Tribunicia potestas [lat.] (tribuniz. Gewalt), Amtsgewalt des röm. Volkstribuns (↑Tribun); im Prinzipat wesentl. Teil der kaiserl. Amtsgewalt. 23 v. Chr. erhielt Augustus die volle T. p., nachdem er 36 bereits „sacrosanctitas" (Unverletzlichkeit) und 30 das „ius auxilii" (Hilferecht) erhalten hatte.

Tribus [lat.], Gliederungseinheit der röm. Bürgerschaft (ähnlich den griech. Phylen). Urspr. 3 gentiliz. Verbände zu je 10 Kurien, im 5. Jh. entstanden neue regionale T. (4 städt., 16 bzw. 17 ländl.), seit 241 v. Chr. gab es 35 Tribus. Die Zugehörigkeit war erblich; die Zuweisung von Neubürgern war Sache des Zensors. Die T. war Aushebungs-, Wahl- und Steuerbezirk.

▷ (Gattungsgruppe) in der *zoolog.* und *botan. Systematik* zw. Fam. bzw. Unterfam. und Gatt. stehende systemat. Kategorie, die näher verwandte Gatt. zusammenfaßt.

Tribut [lat.], bis in die Neuzeit Bez. für Geld- oder Sachleistungen, die ein besiegtes Volk dem Sieger auf dessen einseitige Anordnung oder nach Maßgabe des Friedensvertrages als Kriegsentschädigung oder im Sinne einer polit. Vergeltung oder Beherrschung zu erbringen hatte.

▷ übertragen für: Opfer, Beitrag; schuldige Verehrung, Hochachtung.

Trichiasis (Trichose) [griech.], Einwärtskehrung der Wimpern und Reiben auf der Hornhaut, meist durch Augenlideinstülpung.

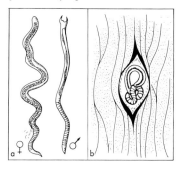

Trichine. Schematische Zeichnungen: a Darmtrichinen, Weibchen und Männchen; b eingekapselte Muskeltrichine

Trichine [engl., zu griech. thríx (Genitiv: trichós) „Haar"] (Trichinella spiralis), parasit., etwa 1,5 ($\male$) bis 4 mm ($\female$) langer Fadenwurm im Menschen und in fleisch- sowie in allesfressenden Säugetieren (z. B. Schweine, Ratten und viele Raubtierarten). Durch den Verzehr von trichinösem Fleisch (mit im Muskelgewebe eingekapselten T.) gelangen T. in den Darm *(Darm-T.),* wo sie geschlechtsreif werden. Begattete $\female\female$ bohren sich in die Darmwand ein und gebären dort bis über 1000 Larven von 0,1 mm Länge, die über das Blutgefäßsystem in stark durchblutete Muskeln gelangen *(Muskel-T.).* Dort entwickeln sie sich, werden von dem Wirtsgewebe eingekapselt und bleiben viele Jahre lebensfähig. Der Genuß trichinenhaltigen Fleisches ruft die sog. **Trichinose** (Trichinellose, Trichinenkrankheit), eine schwere, oft tödlich verlaufende Infektionskrankheit hervor, die deshalb meldepflichtig ist. Infektionsquelle ist trichinenhaltiges rohes oder ungenügend gekochtes [Schweine]fleisch. Symptome sind zunächst Durchfall, Leibschmerzen und Erbrechen *(Darmtrichinose),* gefolgt von Fieber, Muskelschmerzen, -schwellung, -verhärtung *(Muskeltrichinose),* Ödemen (bes. Lidödemen) und allerg. Erscheinungen, mitunter auch Schluck- und Atemstörungen. Die Therapie erfolgt mit Wurmmitteln wie Thiabendazol oder Mebendazol. Zur Verhütung dienen ↑ Fleischbeschau sowie Durchbraten oder Kochen des Fleisches.

Trichloräthylen [...klo:r...] (Trichloräthen, Trichlorethylen), $CHCl=CCl_2$; nicht brennbare, farblose Flüssigkeit mit gutem Lösungsvermögen für Öle, Fette, Wachse und Harze, daher als Reinigungs- und Entfettungsmittel verwendet. In Abhängigkeit von Konzentration und Dauer der Einwirkung führt T. nach Einatmen vor allem zu Schädigungen des Nervensystems.

Trichlormethan [...klo:r...], svw. ↑ Chloroform.

Trichlorphenole [...klo:r...], die sechs stellungsisomeren, durch drei Chloratome substituierten Derivate des Phenols; wichtig ist v. a. das 2,4,5-Trichlorphenol, Zwischenprodukt bei der Herstellung von Hexachlorophen und Herbiziden. Chem. Strukturformel:

Trichom [griech.], svw. ↑ Weichselzopf.

Trichomonas [...'mo:nas, ...ço:monas] (Trichomonaden) [griech.], Gatt. der Flagellaten mit 4–6 Geißeln, eine ist als Schleppgeißel nach hinten gerichtet; leben z. B. als Darmbewohner in Mensch und Tier, teilweise Krankheitserreger.

Trichomoniasis (Trichomoniasis, Trichomonose) [griech.], durch Geschlechtsverkehr übertragbare endem.-

epidem. Urogenitalinfektion (Erreger: Trichomonas vaginalis), die bei Männern und Frauen zu einer langwierigen Harnröhrenentzündung (Trichomonadenurethritis, -zystitis) führen kann (bei Frauen mit langanhaltendem Ausfluß).

▷ (Trichomonadenseuche) durch Trichosomaarten hervorgerufene Tierseuche; bes. beim Hausrind als spezif. Deckinfektion. Der Erreger, Tritrichomonas foetus (Geißeltierchen), wird durch den Bullen bei der Paarung auf weibl. Tiere übertragen; bei diesen kommt es zu Gebärmutter- und Eileiterentzündungen sowie zu Aborten oder Sterilität; meldepflichtige Erkrankung.

Trichophytie [griech.] (Scherpilzflechte), durch Trichophytonarten hervorgerufene Pilzerkrankung der Haut mit bevorzugtem Befall von Haaren und Nägeln. – Die *oberflächl. T.* tritt in Form scharf begrenzter, braunroten, juckenden Flecken auf. Die befallenen Haare fallen aus; die Nägel werden brüchig und rissig und sind gelb verfärbt. – Die *tiefe T.* tritt bei Männern bevorzugt in der Bartgegend (↑ Bartflechte) und bei Kindern auf der behaarten Kopfhaut auf. Die Behandlung der T. erfolgt lokal durch Auftragen von desinfizierenden Salben und Pasten; daneben werden fungistat. (pilztötende) Medikamente angewendet. Die bei *Tieren* auftretenden Formen der T. bezeichnet man als ↑ Glatzflechte.

Trichophyton [griech.], Gatt. der Deuteromyzeten mit tier- und menschenpathogenen Hautpilzen; rufen Fußpilz und Haarkrankheiten hervor.

Trichose, svw. ↑ Trichiasis.

Trichotomie [griech.], die u. a. von Platon, Averroes und Ockham vertretene Anschauung von der Dreigeteiltheit des Menschen in Leib, Seele und Geist.

Trichozysten [griech.], spezielle ausstoßbare Organellen als Verteidigungs- bzw. Angriffswaffen im Ektoplasmabereich des Zellkörpers vieler Wimpertierchen und einiger mariner Dinoflagellaten.

Trichromasie [...kro:...; griech.] ↑ Farbenfehlsichtigkeit.

Trichter [zu lat. traiectorium, eigtl. „Gerät zum Hinüberschütten"], kon. Gefäß mit Abflußrohr zum Einfüllen von Flüssigkeiten in enge Öffnungen; auch Bez. für ähnlich geformte Vorrichtungen, z. B. Schall-T. an Musikinstrumenten und Lautsprechern.

Trichterbecherkultur, nach einer typ. Gefäßform (neben Ösenbechern, Flaschen, „Backtellern", Löffeln) bezeichnete spätneolith., Kulturgruppe (Beginn 3. Jt. v. Chr.), die in Mitteleuropa (v. a. in N-Deutschland) sowie in S-Skandinavien verbreitet war. Die Funde stammen aus z. T. befestigten Freilandsiedlungen mit kleinen Häusern oder auch großen Langhäusern, die Bestattungen (zunächst Einzelbestattungen im Flachgrab, im S auch unter Hügel, später Kollektivbestattungen in Megalithgräbern) in Verbindung mit Kultgebäuden und Deponierungen in Mooren und Quellen. Bereits aus der Anfangsphase liegen Funde von Metallgegenständen vor, die eine eigenständige Metallurgie nachweisen.

Trichterbrust, meist angeborene Einsenkung des unteren Brustbeins und der angrenzenden Rippenabschnitte.

Trichterlilie (Paradieslilie, Paradisea), Gatt. der Liliengewächse; die Art **Schneeweiße Trichterlilie** (Paradisea liliastrum) mit duftenden, weißen, trichterförmigen Blüten wird als Gartenzierstaude kultiviert.

Trichterling (Clitocybe), zur Fam. Tricholomataceae gehörende Pilzgatt. mit über 60 Arten in Europa und N-Amerika; Hut flach, später meist trichterförmig nach oben gerichtet, mit am Stiel herablaufenden Lamellen. Einheimisch ist u. a. der eßbare **Mönchskopf** (Clitocybe geotropa; ledergelblich; bis 30 cm hoch; oft in Hexenringen).

Trichtermalve (Sommermalve, Malope), Gatt. der Malvengewächse mit drei Arten im Mittelmeergebiet. Die einjährige, bis 1 m hoch werdende Art *Malope trifida* (mit großen, hellpurpurroten Blüten mit dunklerer Äderung) wird als Sommerblume kultiviert.

Trichterspinnen (Agelenidae), weltweit verbreitete Fam. bis mittelgroßer Spinnen mit über 500 Arten, davon 23 einheimisch; weben waagrechte Netze, die trichterförmig in die Wohnröhre übergehen, in der die Spinne auf Beute lauert. – Zu den T. gehören u. a. die ↑ Hausspinnen und die ↑ Wasserspinne; bekannt ist die *Labyrinthspinne* (Agelena labyrinthica), die 8–14 mm groß wird und ein labyrinthartiges Netz spinnt.

Trichterwinde (Prunkwinde, Purpurwinde, Ipomoea), Gatt. der Windengewächse mit rd. 400 Arten in den Tropen und Subtropen; windende Kräuter mit großen, meist einzelstehenden Blüten. Eine als Kulturpflanze wichtige Art ist die ↑ Batate.

Tricinium [lat.], im 16. und beginnenden 17. Jh. ein dreistimmiger, meist kontrapunkt. Satz für rein instrumentale oder gemischt vokal-instrumentale Besetzung. Triciniensammlungen enthielten Werke unterschiedl. Gattungen, z. B. Motetten und Chansons.

Trick [engl.], Kunstgriff, Kniff.

Trickfilm (Animationsfilm), Sammelbez. für Zeichen-, Silhouetten-, Flachfiguren- und Puppenfilme, bei denen Bewegungsphasen durch Einzelbildschaltung der Bildaufnahmekamera aufgezeichnet werden. Der scheinbare Bewegungsablauf kommt durch Kineprojektion mit normaler Bildfrequenz zustande. Nicht zu den T. im eigtl. Sinn gehören Handpuppenfilme und Spielfilmtricks. – ↑ Film.

Trickskifahren, Anfang der 1970er Jahre aufgekommene Form des Skisports (Freestyle) mit den Disziplinen *Ballett* (zu einer frei wählbaren Musikbegleitung sind, ähnlich wie beim Eiskunstlauf, Schrittkombinationen, Sprünge und akrobat. Skischwünge zu absolvieren), *Buckelpistenfahren* (eine natürl. oder künstlich angelegte Buckelpiste ist in vorgeschriebener Technik möglichst schnell zu durchfahren, bis zum Endlauf meist von zwei Fahrern im K.-o.-System ausgetragen) und *Sprung* (nach Anlauf über eine Schanze sind Sprünge oder Sprungkombinationen, z. B. Salto, Schraube, auszuführen).

Tricktrack [frz.] ↑ Backgammon.

Tridentinisches Glaubensbekenntnis (lat. Professio fidei [Tridentina], in der kath. Kirche das von allen Bewerbern um höhere Weihen bzw. Kirchenämtern vor einem Träger oberhirtl. Jurisdiktion abzulegende Glaubensbekenntnis, das auf den Glaubensdekreten des Tridentinums beruht.

Tridentinum [lat.] (Konzil von Trient, Trienter Konzil, Tridentin. Konzil), das 20. Konzil (1545–63). Obwohl der Ruf seit der Konzilsappellation Luthers vom 28. Nov. 1518 nicht mehr verstummt war, konnte Paul III. (1534–49) dieses erst nach langen polit. Auseinandersetzungen im Dez. 1545 in Trient eröffnen. Das T. tagte in drei Tagungsperioden (1545–47; 1551/52; 1562/63) und einer Zwischenperiode (1547/48; Bologneser Tagungsperiode). Die wichtigsten *dogmat. Verhandlungsthemen* waren: die Frage nach den Offenbarungsquellen (Betonung des autoritativen Charakters auch der Tradition; gegen das „sola scriptura" Luthers), Erbsünde, Rechtfertigungslehre, Siebenzahl der Sakramente und ihre Einsetzung durch Jesus Christus, Eucharistie (Realpräsenz), Krankensalbung, Weihe, Opfercharakter der Messe, Reinigungsort (Fegefeuer), Ehe, Buße, Heiligen- und Bilderverehrung, Ablaß. Dazu kamen wichtige *Reformdekrete* über die Residenzpflicht der Bischöfe und Pfarrer, Einrichtung von Priesterseminaren und Verpflichtung der Bischöfe zur Abhaltung von regelmäßigen Provinzial-, u. Diözesansynoden und zur regelmäßigen Visitation ihres Sprengels.

Das T. hat das Antlitz des Katholizismus so entscheidend geprägt, daß theologiegeschichtlich die Zeit bis zum 2. Vatikan. Konzil (1962–65) als „nachtridentinisch" bezeichnet wird. Theologisch trug das T. durch seine dogmat. und Reformdekrete zwar zu einer Erneuerung der kath. Kirche bei, besiegelte auf der anderen Seite jedoch die Glaubensspaltung zw. kath. und ev. Christen für alle Zukunft. Innerkirchlich festigte das T. die in den vorangegangenen Jahrzehnten in Mißkredit geratene päpstl. Gewalt. – ↑ katholische Erneuerung.

Tridymit [griech.] ↑ Quarz.

Trieb, in der *Verhaltensforschung* und *Psychologie* veralteter Begriff für innere Verhaltensursachen, bes. für organ.

Trichterling.
Mönchskopf

Triebmittel

Bedürfnisse (Stoffwechsel, Sexualität, Abwehr von Schädigungen), die bei Tier und Mensch ein Verhalten auslösen, das zu ihrer Befriedigung führt. Beim Menschen treten diese Bedürfnisse weitgehend sozial geformt, durch gesellschaftl. Normen bestimmt, in Erscheinung. – ↑Motivation.
▷ in der *Botanik* einen junger ↑Sproß.
▷ in der *Technik* die Übertragung einer Kraft bzw. eines Drehmoments; erfolgt durch Hüll-T., Zahnrad-T., Schnecken-T., Kurbeltrieb.

Triebmittel (Triebmittel), Substanzen, die sich wegen ihrer Gasabspaltung oder Gaserzeugung zur Teiglockerung eignen, v.a. Backpulver, [Back]hefe und Sauerteig.

Triebwagen ↑Eisenbahn.

Triebwerke, Sammelbez. für Maschinen zum Antrieb von Fahrzeugen, insbes. aber von ↑Flugzeugen und ↑Raketen. Zu den *Flug-T.* zählt neben den von einem Kolbenmotor oder einer Turbine angetriebenen T. insbes. das *Turbinenluftstrahl-T.* (Turboluftstrahl-T. oder TL-Triebwerk). Bei diesem Typ von *Luftstrahl-T.* wird der angesaugte Luftstrom im Einlaufdiffusor durch einen Turbokompressor (Verdichter) verdichtet und in der anschließenden Brennkammer durch Verbrennen des kontinuierlich eingespritzten Treibstoffs hoch erhitzt; die Heißgase liefern in der nachgeschalteten Gasturbine die Energie zum Antrieb des Turbokompressors und der notwendigen Hilfsaggregate und bewirken beim Ausströmen aus der Schubdüse den Antriebsschub. Bei den im luftleeren Raum arbeitenden *Raketen-T.* (↑Raketen) muß neben dem Treibstoff noch zusätzlich das zur Verbrennung benötigte Oxidationsmittel mitgeführt werden. Dies entfällt bei den für Raumfahrzeuge vorgesehenen elektrostat. ↑Raumflugtriebwerken. Bei den *Ionen-T.* werden u.a. Cäsium- oder Quecksilberdampf vollständig ionisiert, die erzeugten Ionen werden dann in speziellen Linearbeschleunigern auf Geschwindigkeiten bis 100 km/s gebracht *(Ionenantrieb).*

Triefauge (Lippitudo), vermehrte, meist schleimige oder eitrige Absonderung der Augenbindehaut bzw. der ↑Meibom-Drüsen am Lidrand.

Triele (Dickfüße, Burhinidae), Fam. bis über 50 cm langer, dämmerungs- und nachtaktiver Watvögel mit neun Arten an Ufern, Küsten und in Trockengebieten der gemäßigten bis trop. Regionen; in Deutschland nur der **Gewöhnliche Triel** (Brachhuhn, Burhinus oedicnemus); etwa 40 cm lang; Teilzieher.

Triennale [tri-ε...; lat.], Veranstaltung, die alle drei Jahre stattfindet.

Trient (italien. Trento), Hauptstadt der autonomen italien. Region Trentino-Südtirol, im Etschtal, 194 m ü.d.M., 101 400 E. Verwaltungssitz der Prov. T.; kath. Erzbischofssitz; Museen; Textil-, chem. und metallverarbeitende Ind. – Von Rätern oder Galliern gegr., in der Römerzeit **Tridentum** (im 2. Jh. n. Chr. Colonia), seit dem 4. Jh. als Bischofssitz bezeugt; nach Ostgotenherrschaft Mittelpunkt eines langobard. Hzgt., dann einer fränk. Gft.; kam 952 als Teil der Mark Verona an Bayern; wurde 1004/27 Hauptstadt des reichsunmittelbaren Bistums T., das seit der 2. Hälfte des 14. Jh. in Abhängigkeit vom Haus Österreich geriet; Tagungsort des **Konzils von Trient** (↑Tridentinum); fiel 1803 an Tirol, gehörte 1805–09 zu Bayern, 1810–13 zum Napoleon. Kgr. Italien; kam danach wieder an Österreich (Zentrum des ↑Irredentismus); fiel 1919 mit Südtirol an Italien; seit 1948 Hauptstadt der autonomen Region Trentino-Südtirol. – Roman.-got. Dom (13.–16. Jh., ältester Vorgängerbau 6. Jh.), Palazzo Pretorio (ehem. bischöfl. Palast; 13. Jh.), Castello del Buonconsiglio, ehem. Residenz der Fürstbischöfe (13., 15., 16. Jh.) mit bed. Fresken, v.a. die Monatsbilder im Adlerturm (15. Jh.). Zahlr. ma. Kirchen, Renaissance- und Barockpaläste.

Trienter Konzil ↑Tridentinum.

Trier, Jost, *Schlitz 15. Dez. 1894, †Bad Salzuflen 15. Sept. 1970, dt. Germanist. – Ab 1932 Prof. in Münster; bed. Arbeiten zur Erforschung von etymolog. Wortfeldern der dt. Sprache; erhielt 1968 den Konrad-Duden-Preis.

T., Walter, *Prag 25. Juni 1890, †Collingwood (Ontario, Kanada) 11. Juni 1951, dt.-böhm. Illustrator. – Lebte in München und emigrierte 1932 nach Großbritannien, 1947 nach Kanada. Illustrierte v.a. Kinderbücher von E. Kästner (z.B. „Emil und die Detektive", 1929; „Das doppelte Lottchen", 1949).

Trier, Stadt an der mittleren Mosel, Rhld.-Pf., 125 m ü.d.M., 96 700 E. Verwaltungssitz des Reg.-Bez. T. und des Landkr. T.-Saarburg; kath. Bischofssitz; Univ. (gegr. 1970), kath. theolog. Fakultät, Fachhochschule Rhld.-Pf., Landeslehr- und -versuchsanstalt für Weinbau, Gartenbau und Landw.; Museen (u.a. Rhein. Landesmuseum, Bischöfl. Museum, Städt. Museum, Karl-Marx-Museum); Theater. Stahlwerke, Maschinen- und Apparatebau, Reifenherstellung, elektrotechn., feinmechan., Textil-, Nahrungsmittel- u.a. Ind., Fremdenverkehr; Verkehrsknotenpunkt nahe der dt. Grenze zu Luxemburg bzw. Frankreich; der Hafen an der kanalisierten Mosel wurde 1965 eröffnet.

Geschichte: Die röm. Stadt **Augusta Treverorum** (im 7. Jh. **Treveris**) wurde wohl zw. 16 und 13 v.Chr. von Kaiser Augustus im Gebiet der Treverer gegr. und rasch wirtsch. und kulturelles Zentrum; besaß um 100 n.Chr. ein Amphitheater für rd. 20 000 Zuschauer; Hauptort der Prov. Belgica, Colonia unter Claudius, 260–270 Residenz der gall. Gegenkaiser Postumus und Victorinus, 275/276 von

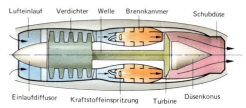
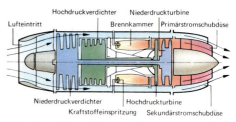

Triebwerke. Schematische Darstellung von Luftstrahltriebwerken. Oben: Strahltriebwerk. Unten: Zweiwellentriebwerk mit Nieder- und Hochdruckteil

Trier Stadtwappen

Triele. Gewöhnlicher Triel

Trient Stadtwappen

Trier. Porta Nigra, 2. Jh. n. Chr. erbaut, 1966–73 restauriert

Franken und Alemannen zerstört; unter Konstantius I. Chlorus Kaiserresidenz und Verwaltungssitz der gall. Präfektur (bis Ende des 4. Jh.); war mit rd. 70 000 E für ein Jh. die größte Stadt nördlich der Alpen. Seit etwa 200 n. Chr. gab es in T. eine Christengemeinde, ein Bischof ist seit dem 3. Jh. nachweisbar (6. Jh. – 1803 Erzbistum, seitdem wieder Bistum); im 5. Jh. fränk. Besiedlung; 882 von den Normannen verwüstet. 902 erlangte der Erzbischof die Herrschaftsrechte über T., das 925 mit Lothringen zum Dt. Reich kam. Das Stadtrecht wurde um 1190 kodifiziert; als Mittelpunkt eines Kurfürstentums (bis Ende des 18. Jh.) erlebte T. eine neue Blüte; im 15. Jh. freie Reichsstadt, um 1580 zur kurfürstl. Landstadt erklärt; 1473–1798 Sitz einer Univ.; 1794–1814 Hauptstadt des frz. Saardepartements, fiel 1815 an Preußen.

Bauten: Schwere Zerstörungen im 2. Weltkrieg. Bed. röm. Reste: Amphitheater (um 100 n. Chr.), Thermen (2. und 4. Jh.), Stadttor Porta Nigra; Basilika (um 310, jetzt ev. Pfarrkirche), Römerbrücke. Dom im Kern 4. Jh., im 11.–13. Jh. erweitert, im 18. Jh. umgebaut; kostbare Ausstattung. Zahlr. weitere Kirchen, u. a. Liebfrauenkirche (um 1235–65), Benediktinerabteikirche Sankt Matthias (1127 ff., Klosteranlage 13. Jh.), ehem. Abteikirche Sankt Maximin (1680–98); ehem. Stiftskirche Sankt Paulin (1734–57). Ehem. kurfürstl. Schloß (17./18. Jh.). – Die röm. Baudenkmäler sowie der Dom und die Liebfrauenkirche wurden von der UNESCO zum Weltkulturerbe erklärt.

T., Reg.-Bez. in Rheinland-Pfalz.

T., Bistum und ehem. geistl. Kurfürstentum. Das seit dem 3. Jh. bezeugte Bistum ist schon im 6. Jh. als Erzbistum nachweisbar. Unter Karl d. Gr. wurden ihm die Bistümer Metz, Toul und Verdun als Suffragane unterstellt. 843 wurde die Diözese Teil des fränk. Mittelreiches, 870/879 des Ostfränk. Reiches. Die Erzbischöfe von T. fanden Aufnahme in das Kurfürstenkollegium und erhielten 1308/14 die Würde eines Erzkanzlers für Burgund. Eigtl. Schöpfer des Kurfürstentums T. war Erzbischof Balduin von Luxemburg (1307–54). Richard von Greiffenklau sicherte seinen Bestand in der Sickingenschen Fehde (1522/23). Die Einführung der Reformation scheiterte, die Protestanten wurden 1559 vertrieben. 1801 ging der linksrhein. Hauptteil des Erzstifts an Frankreich verloren, die rechtsrhein. Teile kamen 1803 an Nassau-Weilburg. Unter der Herrschaft der Franzosen wurde das Erzbistum T. als Bistum dem Erzbistum Mecheln unterstellt. Seit 1821 gehört T. als Suffragan zur Kirchenprov. Köln. – ↑katholische Kirche (Übersicht).

Triere [griech.] (Trireme, Dreiruderer), antikes Ruderkriegsschiff mit drei Reihen Rudern auf jeder Seite.

Trier-Saarburg, Landkr. in Rhld.-Pfalz.

Triest, Hauptstadt der italien. Region Friaul-Julisch-Venetien, am Golf von T., 233 000 E. Verwaltungssitz der Prov. T.; kath. Bischofssitz; Univ. (gegr. 1938), Kunsthochschule, Konservatorium, Observatorium; mehrere Museen, botan. Garten, Meerwasseraquarium. T. ist kultureller und wirtsch. Mittelpunkt NO-Italiens mit internat. Messen; Werften, Eisen- und Stahlwerke, Aluminiumhütte, Maschinenbau, chem., Nahrungsmittelind., Raffinerien; Hafen (v. a. Rohölimporte) mit Terminal der Transalpinen Ölleitung TAL; ✈.

Geschichte: Das seit dem 2. Jh. v. Chr. röm. **Tergeste** wurde von Cäsar zur Colonia erhoben (52 v. Chr.), von Augustus befestigt; der erste Bischof ist im 6. Jh. bezeugt; kam nach der Herrschaft der Ostgoten (bis 539) zu Byzanz (752–774 langobardisch), 788 zum Fränk. Reich (mit der Mark Friaul vereinigt); 948 unter die Autorität der Bischöfe, 1202 unter seinem venezian. Herrschaft, 1382 mit seinem Territorium an Österreich, bei dem es bis 1918 blieb (1797, 1805 und 1809 frz. Besetzung, 1809–14 Bestandteil Illyriens); Blüte ab Anfang 18. Jh. (1719–1891 Freihafen, Schaffung künstl. Hafenanlagen); in der östr.-ungar. Monarchie Hauptstadt des östr. Kronlandes Küstenland; im Frieden von Saint-Germain-en-Laye 1919 von Italien erworben. 1943 von dt. Truppen, 1945 von jugoslaw. Partisanen besetzt und damit Streitobjekt zw. Italien und Jugoslawien. Noch 1945 wurde T. mit westl. und nördl. Umland einer

Triest. Schloß Miramare, 1856–60

Zone A (unter angloamerikan. Besatzung) zugeteilt, aus der mit der Zone B im S der Stadt (unter jugoslaw. Besatzung) im Pariser Frieden 1947 ein Freistaat **(Territorio Libero di Trieste)** unter Aufsicht der UN (mit provisor. Verwaltung durch alliierte Befehlshaber) geschaffen wurde. Gemäß dem Londoner Abkommen von 1954 wurde die Stadt T. mit dem Großteil der Zone A an Italien zurückgegeben (seit 1962 Regionshauptstadt), während die erweiterte Zone B bei Jugoslawien verblieb. Der italien.-jugoslaw. Vertrag von Osimo (1975) bestätigte im wesentlichen diese Regelung einschl. der Errichtung des Freihafens.

Bauten: Dom San Giusto (1385 geweiht) mit bed. Mosaiken, Fresken und Kampanile. Aus röm. Zeit sind das Theater (2. Jh.), der Arco di Riccardo sowie Reste der Basilika erhalten. Das Schloß wurde 1470/71 anstelle eines venezian. Kastells (1368 ff.) erbaut; zahlr. klassizist. Bauten, u. a. Teatro Verdi, Palazzo Carciotti, Rotonda Pancera; nahebei Schloß Miramare (1856–60).

Trifels, Bergkegel bei Annweiler am T., Rhld.-Pf., 493 m hoch. – Z. T. ausgebaut ist die Ruine einer Stauferburg, die im 12./13. Jh. Aufbewahrungsort der Reichskleinodien und zeitweise Staatsgefängnis war.

Triffin, Robert [engl. 'trɪfɪn], * Flobecq (Prov. Hennegau) 5. Okt. 1911, † Ostende 23. Febr. 1993, amerikan. Nationalökonom belg. Herkunft. – Emigrierte 1939 in die USA; Prof. in Yale (1951–80); bed. Arbeiten v. a. auf dem Gebiet der Preistheorie und der Währungspolitik.

Triest
Stadtwappen

Trifels. Burg Trifels

Trifokalgläser

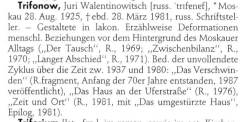
Juri Walentinowitsch Trifonow

Trifokalgläser (Dreistärkengläser) ↑ Brille.

Trifonow, Juri Walentinowitsch [russ. ˈtrɪfenef], *Moskau 28. Aug. 1925, †ebd. 28. März 1981, russ. Schriftsteller. – Gestaltete in lakon. Erzählweise Deformationen menschl. Beziehungen vor dem Hintergrund des Moskauer Alltags („Der Tausch", R., 1969; „Zwischenbilanz", R., 1970; „Langer Abschied", R., 1971). Bed. der unvollendete Zyklus über die Zeit zw. 1937 und 1980: „Das Verschwinden" (R.fragment, Anfang der 70er Jahre entstanden, 1987 veröffentlicht), „Das Haus an der Uferstraße" (R., 1976), „Zeit und Ort" (R., 1981, mit „Das umgestürzte Haus", Epilog, 1981).

Triforium [lat., frz.], im roman. sowie im got. Kirchenbau zum Innenraum durch meist dreifache Bogenstellungen geöffneter Laufgang zw. den Arkaden und der Fensterzone; gegen Ende der Hochgotik wird auch die Rückwand des Laufgangs mit Fenstern versehen (erstmals in Saint-Denis).

Trift, svw. ↑Hutung.
▷ der vom Vieh benutzte Weg zw. Hutweide und Stall bzw. Tränkstelle oder Melkplatz.
▷ in der *Ozeanographie* svw. ↑Drift.

Trigeminus [lat.] (Kurzbez. für: Nervus trigeminus; Drillingsnerv), der paarige, vom verlängerten Mark ausgehende fünfte Hirn- oder Kopfnerv; Dreiteilung in *Augen-, Oberkiefer-* und *Unterkiefernerv;* diese versorgen die entsprechenden Gesichtspartien sensibel, letzterer die Kaumuskulatur außerdem motorisch.

Trigeminusneuralgie, mit anfallartigen Schmerzen in dem vom Trigeminus oder einem seiner Äste versorgten Gebiet des Kopfes verbundene Erkrankung. Anfälle können durch verschiedene Reize (z. B. Sprechen, Kauen, Berühren bestimmter Hautbezirke, sog. Triggerzonen) ausgelöst werden. Die Schmerzen, die meist nur eine Gesichtshälfte betreffen, tastbar verhärtete Stelle im Muskel- oder Unterhautzellgewebe, die auf Druck schmerzhaft reagiert.

Trigger [engl.], [elektron.] Bauteil zum Auslösen eines Vorgangs; Zünd-, Auslösevorrichtung; auch Bez. für das auslösende Signal (z. B. ein Impuls).

Trigger-point [engl. pɔɪnt], in der *Medizin* umschriebene, tastbar verhärtete Stelle im Muskel- oder Unterhautzellgewebe, die auf Druck schmerzhaft reagiert.

Triglav [slowen. triˈɡlau̯], Berg in Slowenien, mit 2 863 m höchste Erhebung der Jul. Alpen.

Triglochin [griech.] ↑Dreizack.

Triglyphe [griech. „Dreischlitz"], im dor. Gebälkfries mit der ↑Metope wechselndes Glied; besteht aus einem rechteckigen Bauelement mit 2 Einkerbungen und 2 Halbschlitzen am Rand (sowie einer Deckplatte).

Trigon [griech.], svw. Dreieck.

trigonal [griech.], svw. dreieckig.

Trigonometrie [griech.], Dreiecksmessung; Teilgebiet der Mathematik, das sich mit der Berechnung von ebenen und sphär. Dreiecken unter Benutzung der ↑trigonometrischen Funktionen befaßt.

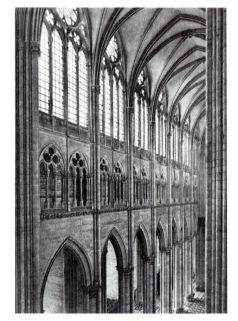

Triforium. Südwand des Mittelschiffes der Kathedrale Notre-Dame in Amiens, 1220–1223/36

trigonometrische Funktionen (Kreisfunktionen, Winkelfunktionen, goniometrische Funktionen), zusammenfassende Bez. für die transzendenten Funktionen **Sinus** (Funktionszeichen sin), **Kosinus** (Cosinus, cos), **Tangens** (tan), **Kotangens** (Cotangens, cot), **Sekans** (Secans, sec) und **Kosekans** (Cosecans, cosec).

Geometrisch anschaulich erhält man die t. F. als Funktionen der in Grad gemessenen Winkel φ für $0 \leq \varphi \leq 360°$ auf folgende Weise: In der (x, y)-Ebene sei ein Kreis (Radius R) mit dem Mittelpunkt im Ursprung O gegeben. Trägt man von der positiven x-Achse (entgegen dem Uhrzeigersinn) den Winkel φ ab, so schneidet der (von der x-Achse verschiedene) Schenkel den Kreis im Punkt $B(x, y)$. Man definiert dann:

$\sin \varphi = y/R, \cos \varphi = x/R$
$\tan \varphi = \sin \varphi / \cos \varphi = y/x$ $(\varphi \neq 90°, 270°)$
$\cot \varphi = \cos \varphi / \sin \varphi = 1/\tan \varphi = x/y$
$\qquad\qquad\qquad (\varphi \neq 0°, 180°, 360°)$
$\sec \varphi = R/x = 1/\cos \varphi$ $(\varphi \neq 90°, 270°)$
$\operatorname{cosec} \varphi = R/y = 1/\sin \varphi$ $(\varphi \neq 0°, 180°, 360°)$

Nach den Strahlensätzen sind die in den Definitionen verwendeten Verhältnisse unabhängig vom Radius R; man wählt daher zweckmäßigerweise $R = 1$ (Einheitskreis). Dann wird $\sin \varphi = y, \cos \varphi = x, \tan \varphi = y', \cot \varphi = x'$.

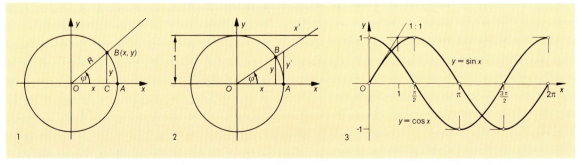

Trigonometrische Funktionen. 1 Definition; 2 Definition im Einheitskreis; 3 Graphen von Sinus- und Kosinusfunktion

Gewöhnlich betrachtet man die t. F. als Funktionen der im Bogenmaß z (Länge des Bogens von A bis B auf dem Einheitskreis) angegebenen Winkel φ; sie sind dann für alle reellen Zahlen z mit $0 \leq z \leq 2\pi$ erklärt (mit Ausnahme der Stellen $z = \pi/2, 3\pi/2$ bei tan z bzw. $z = 0, \pi, 2\pi$ bei cot z); durch period. Fortsetzung definiert man die t. F. für alle reellen Argumentwerte z (mit gewissen Ausnahmen bei tan und cot).

trigonometrische Reihe, svw. ↑ Fourier-Reihe.
trigonometrischer Punkt ↑ Triangulierung.
trigonometrischer Pythagoras, der durch die Gleichung $\sin^2\varphi + \cos^2\varphi = 1$ beschriebene Zusammenhang zw. dem Sinus und dem Kosinus ein und desselben Winkels. – ↑ trigonometrische Funktionen.
Trijet (Tri-Jet) [engl. ˈtraɪdʒet], Flugzeug mit 3 Strahltriebwerken; z. B. Boeing 727 und Lockheed L-1011 TriStar.
Trijodthyronin [griech./frz./griech.] (Triiodthyronin, T_3), Schilddrüsenhormon, das drei- bis viermal wirksamer ist als Thyroxin und aus diesem durch Abspaltung eines Jodrestes entsteht.
Trikala, griech. Stadt in NW-Thessalien, 111 m ü. d. M., 45 000 E. Hauptort des Verw.-Geb. T.; orth. Erzbischofssitz; Marktzentrum. – In der Antike ein Zentrum des Asklepioskults und wegen seiner Pferdezucht berühmt. – Byzantin. Kastell; Moscheen.
Trikolore [lat.-frz.], i. w. S. eine dreifarbige Flagge; i. e. S. seit 1790 die frz. Nationalflagge; entstand, als Ludwig XVI. 1789 die rot-blaue Kokarde der Aufständischen von Paris mit seiner weißen Kokarde verband. Seit 1794 blau-weiß-rot senkrecht gestreift.
Trikonchos [griech.], svw. ↑ Dreikonchenanlage.
Trikot [triˈkoː; ˈtriko; frz.], Kulierware, meist zur Herstellung von Unterwäsche und Sportkleidung **(Trikotagen)** verwendet.
▷ Kamm- oder Streichgarngewebe mit feinen Rippen, das durch eine spezielle Art der Bindung *(T.bindung)* eine den Maschenwaren ähnl. Elastizität erhalten hat.
Trikresylphosphate [Kw.], Phosphorsäureester der ↑ Kresole. Die T. werden im Gemisch als Weichmacher für Kunststoffe, als Schmiermittelzusatz und Hydraulikflüssigkeiten verwendet. Allg. Formel:

$$(CH_3 - C_6H_4 - O)_3PO.$$

trilinguisch [lat.], svw. dreisprachig; bes. von [Stein]inschriften **(Trilinguen)** gesagt.
Triller, Abk. t, tr; musikal. Verzierung, die in raschem, mehrmaligem Wechsel zw. einer Hauptnote und ihrer oberen Nebennote (große oder kleine Sekunde) besteht; Zeichen ⁓, ⁓, +. Ein *Doppel-T.* wird von zwei Stimmen gleichzeitig ausgeführt; eine *T.kette* besteht aus der Aneinanderreihung mehrerer Triller.

Triller. Beginn auf der oberen Nebennote

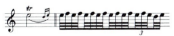

Triller mit Nachschlag. Beginn auf der Hauptnote

Trilliarde [Kurzbez. aus ↑ tri und ↑ Milliarde], tausend Trillionen ($= 10^{21}$).
Trillion [frz.], eine Million Billionen ($= 10^{18}$); in den USA, Frankreich, Rußland u. a. Staaten der GUS Bez. für 10^{12}.
Trilobiten [griech.] (Dreilapper, Trilobita), ausgestorbene, seit Anfang des Kambriums bis Mitte des Perms bekannte Klasse meerbewohnender, gepanzerter Gliederfüßer, die nicht näher mit den Krebsen verwandt sind (die Bez. *Dreilappkrebse* ist daher irreführend); bis 50 cm lang. T. bevorzugten küstennahe Flachwasserregionen.

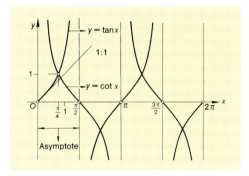

Trigonometrische Funktionen. Graphen von Tangens- und Kotangensfunktion

Trilogie, dreiteiliges literar. oder musikal. Werk.
Trilussa, eigtl. Carlo Alberto Salustri, * Rom 26. Okt. 1871, † ebd. 21. Dez. 1950, italien. Schriftsteller. – Einer der bedeutendsten modernen röm. Dialektdichter und Satiriker; zeichnete in gesellschaftskrit. Epigrammen und Fabeln das röm. Leben nach, u. a. ,,Der erste Haifisch und andere Fabeln'' (dt. Auswahl 1962).
Trimaran [Kw.] (Dreirumpfboot), extrem schmales Boot mit 2 festen seitl. Auslegern.
Trimberg, Hugo von ↑ Hugo von Trimberg.
trimer [griech.], aus drei Teilen bestehend.
Trimere [griech.], Moleküle, die aus drei Grundmolekülen aufgebaut sind.
Trimester [lat.], Zeitabschnitt von 3 Monaten; auch (selten) ein Drittel des Schul- oder Studienjahres.
Trimeter [griech.], in der antiken Metrik ein aus 3 metr. Einheiten bestehender Vers. Der *jamb. T.* findet sich v. a. in der att. Tragödie, im Satyrspiel und in der Komödie; in der röm. Dichtung u. a. bei Horaz und Seneca; später in der christl. Hymnendichtung, auch im Drama bei Schiller, in der Lyrik u. a. bei E. Mörike, A. von Platen.
Trimm [engl.], die Neigung (Lastigkeit) eines Schiffes in der Längsrichtung in bezug auf seine normale Schwimmlage. Stimmen diese überein, ist der T. null (nullastig), ist der Tiefgang vorn größer, ist er negativ (vorlastig), taucht das Schiff hinten ein, ist er positiv (achterlastig).
Trimm-Aktion, vom Dt. Sportbund 1983 begr. Bewegung (,,Trimm dich durch Sport'') zur Verringerung negativer Auswirkungen des Bewegungsmangels.
trimmen [engl.], bei Schiffen: 1. die richtige Schwimmlage eines Schiffes einstellen (durch zweckmäßige Beladung, Ballastverteilung u. ä.); 2. ein Segel- oder Ruderboot auf die Besegelung bzw. Gewichtsverhältnisse der Besatzung einstellen.
▷ bei Flugzeugen das Aufbringen von Steuermomenten durch Verstellung der Einstellwinkel von Leitwerksflossen, durch den Ausschlag von gesondert gesteuerten **Trimmrudern** oder durch Verlagerung von Massen.
▷ bei Kernreaktoren kleine Abweichungen vom krit. Zustand [durch neutronenabsorbierende Trimmstäbe] ausgleichen.
▷ bei Funkempfängern die Schwingkreise [mit Hilfe von Trimmern] abgleichen.
Trimmer [engl.] (Trimmerkondensator), kleiner, einstellbarer Kondensator zur Feinabstimmung von Schwingkreisen.
Trimmstäbe, zur [Grob]einstellung der Leistung eines Kernreaktors dienende Regelstäbe.
Trimmtanks, 1. auch als *Trimmzellen* bezeichnete Wassertanks an Bug und Heck von Unterseebooten; durch Umpumpen des Wassers läßt sich die Längsausrichtung des Bootes unter Wasser regeln; 2. Kraftstofftanks in Verkehrsflugzeugen; durch Umpumpen des Kraftstoffs während des Flugs können Schwerpunktverlagerungen erzeugt werden, die eine aerodynam. Trimmung (die mit zusätzl. Luftwiderstand verbunden ist) überflüssig machen.

Trilobiten. Verschiedene Organe: a Fühler; b Mundfühler, die sich unter dem Kopfschild befanden; c Spaltfüße, die sich unter den Rumpfsegmenten und dem Schwanzschild befanden

Trinidad und Tobago
Fläche: 5128 km² (Trinidad: 4828 km², Tobago: 300 km²)
Bevölkerung: 1,27 Mill. E (1990), 247,7 E/km²
Hauptstadt: Port of Spain
Amtssprache: Englisch
Nationalfeiertag: 31. Aug. (Unabhängigkeitstag)
Währung: 1 Trinidad-und-Tobago-Dollar (TT$) = 100 Cents
Zeitzone: MEZ −5 Stunden

Trinidad und Tobago

Staatswappen

1970 1990 1970 1990
Bevölkerung Bruttosozial-
(in Mill.) produkt je E
 (in US-$)

Bevölkerungsverteilung 1990

Bruttoinlandsprodukt 1990

trimorph [griech.], dreiförmig, dreigestaltig.
Trimorphie [griech.] ↑ Polymorphie.
Trimurti [Sanskrit], die hinduist. Götterdreiheit von Brahma dem Schöpfer, Wischnu dem Erhalter und Schiwa dem Zerstörer. – Auch Bez. für ein dreiköpfiges Götterbild, das die Aspekte dreier Götter vereint.
Trinab ↑ Chenab.
Trincomalee [engl. trɪŋkəmə'liː], Hafenstadt in Sri Lanka, an der NO-Küste Ceylons, 44 900 E. Verwaltungssitz eines Distr.; kath. Bischofssitz; Nahrungsmittelind., Reparaturwerft; Eisenbahnendpunkt; ✈. – Fort Frederick (1676; an Stelle eines Hindutempels). – Bis 1948 brit. Marinestützpunkt.
Trinidad [span. triniˈðað], Dep.hauptstadt in SW-Uruguay, 18 300 E. Zentrum eines Agrargebietes; Bahnstation.
T., Stadt im westl. Kuba, 67 400 E. Papier-, Tabakind., Zuckerfabrik; Eisenbahnendpunkt. 5 km südl. von T. liegt der Hafen Casilda. – Gegr. 1514. – Kolonialzeitl. Stadtbild (von der UNESCO zum Weltkulturerbe erklärt).
T., Hauptstadt des nordbolivian. Dep. Beni, 300 m ü. d. M., 40 300 E. Univ. (gegr. 1967). Flußhafen; ✈. – Gegr. 1656 durch span. Entdecker.
Trinidad und Tobago (amtl.: Republic of Trinidad and Tobago), Staat vor der N-Küste Südamerikas, zw. 10° 2′ und 11° 20′ n. Br. sowie 60° 32′ und 61° 56′ w. L. **Staatsgebiet:** Umfaßt die Inseln Trinidad und Tobago sowie 6 kleinere Inseln. **Verwaltungsgliederung:** 8 Counties, 3 Boroughs und Tobago. **Internat. Mitgliedschaften:** UN, Commonwealth, OAS, CARICOM, SELA, GATT, der EWG assoziiert (AKP-Staat).
Landesnatur: Trinidad wird von drei W–O verlaufenden Gebirgen durchquert; im nördl. Gebirge liegt der 941 m hohe Mount Aripo; Tobago wird von einem einzigen, 25 km langen Gebirgszug aufgebaut, der bis zu 576 m Höhe erreicht.
Klima: Die Inseln haben trop. Klima. Die jährl. Niederschlagsmengen liegen zw. 2 500 mm an der O- und maximal 1 600 mm an der W-Küste.
Vegetation: Immergrüner Regenwald bedeckt rd. 45 % der Insel Trinidad; im Regenschatten der Gebirge und im W der Insel finden sich regengrüner Feucht- und Trockenwald sowie Savannen. Tobago ist teils von Regenwald, teils von Savannen bedeckt.
Bevölkerung: Die Bev. Trinidads und diejenige Tobagos differieren rassisch erheblich. Tobago hat wie alle westind. Inseln des brit. und frz. geprägten Kulturraumes v. a. Einwohner afrikan. Abstammung. Die Bev. Trinidads ist von großer rass. Vielfalt: Schwarze (41 %), Inder (41 %), Mulatten und andere Mischlinge (16 %) sowie Chinesen (0,5 %) und Bewohner europ. und sonstiger Herkunft. Schulpflicht besteht vom 6. bis zum 12. Lebensjahr. Bei Port of Spain befinden sich Teile der University of the West Indies, die ihren Hauptsitz in Jamaica hat.
Wirtschaft: Führende Zweige sind die Förderung und Verarbeitung von Erdöl (Vorkommen im SW von Trinidad und vor dessen Küste; Raffinerien in Point Fortin, La Brea und Pointe-à-Pierre). Umfangreiche Erdgasvorkommen bilden die Grundlage für eine sich entwickelnde petrochem. Ind. und die Energiebasis für das Eisen- und Stahlwerk in Point Lisas. Eine Besonderheit ist das bedeutendste natürl. Asphaltvorkommen der Erde im 40 ha großen Asphaltsee Pitch Lake an der Küste des Golfs von Paria. Der geförderte Asphalt wird zu 50 % exportiert. Ind.zentrum ist Port of Spain. Die Landw. produziert v. a. für den Export; Fremdenverkehr v. a. auf der Insel Tobago.
Außenhandel: Wichtige Handelspartner sind die USA, die EG-Staaten (bes. Großbritannien), Japan und die karib. Commonwealth-Länder. Exportiert werden: Rohöl und Erdölprodukte (80 % des Exportwertes), Nahrungs- und Genußmittel, Chemikalien, Eisen und Stahl, Maschinen und Transportmittel. Importiert werden: Nahrungsmittel, Maschinen, Metallwaren, Chemikalien.
Verkehr: Das Straßennetz (6 435 km) ist auf Trinidad gut ausgebaut, auf Tobago dagegen wenig entwickelt. Vom wichtigsten Hafen, Port of Spain, besteht Linienverkehr mit Scarborough (Tiefwasserhafen 1991 eröffnet), dem Hauptort Tobagos. Nat. Fluggesellschaft ist die BWIA International Airways; internat. ✈ Piarco bei Port of Spain.
Geschichte: Kolumbus entdeckte beide Inseln auf seiner 3. Reise (1498). Ab 1552 begann Spanien, Trinidad zu kolonisieren; im 17. Jh. waren die Inseln Seeräuberstützpunkte. 1797 eroberten die Briten Trinidad, das 1802 Kronkolonie wurde. 1814 wurde auch das zw. Briten, Franzosen und Niederländern umkämpfte Tobago Großbritannien überlassen, das beide Kolonien 1888 zu einer Kronkolonie vereinigte. 1941 errichteten die USA auf Trinidad militär. Stützpunkte. Nach dem Scheitern der 1958 gebildeten Westind. Föderation erhielt T. u. T. 1962 die Unabhängigkeit; auf Verlangen der Reg. des Inselstaates gaben die USA

Trinidad und Tobago. Strand bei Pigeon Point auf Tobago

ihre Militärbasen bis auf einen Stützpunkt westl. von Port of Spain auf. 1976 wurde T. u. T. – bis dahin Monarchie mit der brit. Königin als Staatsoberhaupt – Republik im Rahmen des brit. Commonwealth. Seit der Unabhängigkeit ist die linksgerichtete PNM Reg.partei, unterbrochen nur 1986–91 durch die Reg.zeit der NAR, die jedoch an den wirtsch. Problemen des Landes scheiterte.

Politisches System: Nach der Verfassung vom Aug. 1976 ist T. u. T. eine präsidiale Republik. *Staatsoberhaupt* ist der von einem Wahlkollegium aus Mgl. beider Häuser des Parlaments gewählte Präs. Die *Exekutive* liegt beim Kabinett unter Führung des Premiermin. Die *Legislative* liegt beim Zweikammerparlament, bestehend aus Repräsentantenhaus (36 auf 5 Jahre gewählte Abg.) und Senat (31 Mgl., vom Staatspräs. ernannt). Im Parlament sind folgende *Parteien* vertreten: People's National Movement (PNM), United National Congress (UNC) und National Alliance for Reconstruction (NAR). Im *Gewerkschaftsverband* Trinidad and Tobago Labour Congress sind rd. 100 000 Arbeitnehmer organisiert. – Tobago verfügt über ein Regionalparlament (15 gewählte, 3 ernannte Mgl.). Oberste Instanz der *Recht*sprechung von T. u. T. ist der Oberste Gerichtshof.

Trinitarier [lat.] (Orden der Allerheiligsten Dreifaltigkeit vom Loskauf der Gefangenen), allg. übl. Bez. für die Mgl. des von Felix von Valois und Johannes von Matha im 12. Jh. gegr. Ordens nach der Augustinerregel; Ziel: Gefangenenbefreiung (sie konnten fast 1 Mill. christl. Sklaven loskaufen), Seelsorge und Krankenpflege; 1609 Eingliederung in die Bettelorden.

Trinitarierinnen, Angehörige des 1236 für Frauen gegr. *Zweiten Ordens* der Trinitarier mit strenger Klausur; 1992 gibt es rd. 200 T. – 1612 spalteten sich die *unbeschuhten* T. ab, die 1992 etwa 220 Mgl. zählten. – Daneben entwickelten sich sieben Kongregationen von *Tertiarschwestern* mit heute insgesamt fast 4 000 Schwestern.

Trinität [lat.] (Dreieinigkeit, Dreifaltigkeit), Bez. für die im Christentum geglaubte Dreiheit der Personen (Vater, Sohn und Hl. Geist) in Gott. – Der in strengem Sinn *eine* Gott (christl. Monotheismus) hat sich im Verlauf der Heilsgeschichte auf dreifache Weise offenbart (ökonom. oder heilsgeschichtl. T.lehre): als ursprungsloser Anfang und uneinholbares Ziel menschl. Geschichte (als „Vater"), in Gestalt und Werk Jesu von Nazareth (als „Sohn") und in den Menschen, die in der Nachfolge und aus dem Geist Jesu leben (als „Geist"). Dieser triad. Selbstoffenbarung liegt eine triad. Struktur Gottes selbst zugrunde (immanente T.lehre), insofern dieser *eine* Gott *als* „Vater", „Sohn" und „Geist" von Ewigkeit her *ist*. Das somit aufgeworfene Problem der Vereinbarkeit von Einheit und Dreiheit bzw. von Monotheismus und Dreizahl wurde im Verlauf der Theologiegeschichte mit den Hilfsvokabeln „Natur" (griech. phýsis) und „Person" (griech. hypóstasis, eigtl. „[irgendetwas] Zugrundeliegendes") zu lösen versucht: Alles, *was* Gott ist („Natur"), ist schlechthin eines; dennoch realisiert Gott sein einfaches Wesen in drei „Personen", die real voneinander verschieden sind, obwohl alle Wirklichkeit an Gott einfach bleibt. Trotz der Dreiheit der „Personen" gibt es in Gott nur *eine* Subjektivität, *ein* Aktzentrum, *ein* Ich oder – im modernen Sinn – *eine* Personalität.

Schon die jüd.-alttestamentl. *Tradition* kannte eine gewisse Differenzierung zw. Gott selbst (Jahwe) und seinem Handeln in Geschichte und Kosmos („Wort Jahwes", „Geist Jahwes", „Weisheit Jahwes"), die jedoch stets in die Einheit Jahwes integriert blieb und nur funktionale Bed. hatte. In der *griech.-hellenist. Philosophie* (Platonismus, v. a. Neuplatonismus, Stoa [Geist]) wurde ein letztes Eines („Gott") als *Urprinzip* angenommen, dem ein *zweites* Prinzip, selbst göttlich, aber niederen Ranges („der zweite Gott"), mit der Aufgabe der Weltschöpfung (Demiurg [Weltschöpfer], Logos [Wort], Nus [Geist]) zugeordnet wurde, sowie ein *drittes* Prinzip zur Konstituierung der immanenten Struktur der Welt.

Bereits in den frühchristl. Gemeinden entstand eine breite Diskussion um den Gottesbegriff: Wie kann Gott *einer* sein und dennoch in Weltschöpfung und -erlösung sich selbst nach außen mitteilen? Wie steht es um den einen Gott, wenn auch Jesus und der Geist „göttlich" sind? Das 1. Konzil von Nizäa (325) bezeichnet den „Sohn" (Jesus Christus) oder „Logos" als „gleichwesentlich" (↑homoousios) mit dem Vater. Die Frage nach der Göttlichkeit des Hl. Geistes wurde durch das 1. Konzil von Konstantinopel (381) entschieden. Während der Auseinandersetzungen wurden die verschiedensten Lösungsmodelle (trinitar. „Häresien": Subordinatianismus, Monarchianismus, Modalismus u. a.) entwickelt, wie Einheit und Zwei- oder Dreiheit zusammen gedacht werden könnten. Die schließl. „Problemlösung" der beiden genannten Konzile, weitergedacht durch die drei Kappadokier (Vater, Sohn und Geist durchdringen sich gegenseitig und können nicht unabhängig voneinander wirkend gedacht werden *[Perichorese]*) und Augustinus, bringt den Sieg des Monotheismus bei (mehr verbaler, jedenfalls aporet.) Aufrechterhaltung der Dreiheit, die jedoch gelegentlich immer wieder bestritten wird (Antitrinitarier).

Trinitatis [lat.], svw. ↑Dreifaltigkeitssonntag.

Trinitrophenol (2,4,6-T.), svw. ↑Pikrinsäure.

Trinitrotoluole ↑Nitrotoluole.

Trinity River [engl. 'trɪnɪtɪ 'rɪvə], Fluß im östl. Texas, entspringt nw. von Dallas, mündet in den Golf von Mexiko, 1 150 km lang.

Trinkbranntwein ↑Branntwein.

Trinkhorn. Niederdeutsche Arbeit aus der 2. Hälfte des 15. Jh. (Wien, Kunsthistorisches Museum)

Trinkhorn, Trinkgefäß aus Edelmetall in Gestalt eines Stierhorns oder aus ausgehöhltem Tierhorn mit geschnitzten Reliefs und/oder mit Fassungen aus Edelmetall. Die griech. Bez. ist ↑Rhyton.

Trinkwasseraufbereitung ↑Wasserversorgung.

Trinom [griech.] ↑Polynom.

Trintignant, Jean-Louis [frz. trɛ̃ti'ɲã], *Piolenc (Vaucluse) 11. Dez. 1930, frz. Schauspieler. – Vielseitiger Charakterdarsteller in Filmen wie „Ein Mann und eine Frau" (1966) und „Die Frau meines Lebens" (1986); auch Regisseur.

Trio [lat.-italien.], Komposition für drei Stimmen, seit dem 19. Jh. (in Unterscheidung vom vokalen ↑Terzett) häufig eingeengt auf das dreistimmige, solist. Instrumentalstück und das entsprechende Ensemble der Ausführenden (*Streich-T., Bläser-T., Klavier-T.* [besetzt mit Klavier, Violine, Violoncello]).

Als Formbegriff bezeichnet T. in der Sinfonik des 18. und 19. Jh. den ruhigeren, zw. den Hauptteil und seine Wiederholung eingefügten Mittelteil von Marsch, Menuett und Scherzo. – ↑Triosonate.

Triode [griech.] (Dreipolröhre, Dreielektrodenröhre), ↑Elektronenröhre mit drei Elektroden.

Jean-Louis Trintignant

Triole [lat.-italien.], Folge von drei Noten, die für zwei (seltener vier) Noten gleicher Gestalt bei gleicher Zeitdauer eintreten;

Triole

angezeigt durch eine Klammer (kann bei Achtel-, Sechzehntelnoten usw. entfallen) und die Zahl 3 über oder unter den Noten.

Triolet, Elsa [frz. triɔˈlɛ], eigtl. E. Blick, * Moskau 25. Sept. 1896, † Saint-Arnoult-en-Yvelines (bei Paris) 16. Juni 1970, frz. Schriftstellerin russ. Herkunft. – Schwägerin von W. W. Majakowski; engagierte Kommunistin, von M. Gorki gefördert; seit 1928 in Frankreich; seit 1939 ∞ mit L. Aragon. Mgl. der Résistance. Verfaßte dem sozialist. Realismus verpflichtete gesellschaftskrit. Romane („Das rote Pferd", 1953; „Rosen auf Kredit", 1959) und Novellen („Die Liebenden von Avignon", 1943).

Elsa Triolet

Trionfi [italien. „Triumphzüge"], 1. didakt. Gedichte, meist in Terzinen, nach Dantes dichter. Vision des Triumphzuges der Beatrice („Divina Commedia"); 2. die in Szene gesetzten T. der europ. Renaissance: festl. Umzüge und Einzüge fürstl. Persönlichkeiten, Gesandtschaften u. a. in eine Stadt. Den histor. Triumphzügen röm. Feldherren nachgebildet, hatten sie auch Elemente volkstüml. [Karnevals- und] Maskenzüge, kirchl. Prozessionen und zeittyp. mytholog., symbol., allegor., emblemat. Requisiten. Mittel der Repräsentation von Adel und Bürgertum; im Barock wurden sie Angelegenheit der Höfe und Form des höf. Theaters.

Triosen [lat.] ↑ Monosaccharide.

Triosonate, Komposition für zwei gleichberechtigte Melodieinstrumente in Sopranlage (v. a. Violinen, auch Zinken, Flöten, Oboen) und Generalbaß (Orgel oder Cembalo, oft ergänzt durch ein Streich- oder Blasinstrument in Baßlage, z. B. Gambe, Fagott). Die T. war im Barock die meistgepflegte Gatt. der kirchl. und weltl. Instrumentalmusik. Sie entstand, wie die ↑ Sonate überhaupt, zu Beginn des 17. Jh. in Italien aus der Übertragung von Vokalsätzen in die Instrumentalmusik; früheste Beispiele von L. Viadana, 1602, und von G. P. Cima [* um 1570], 1610. Wegweisend wirkten ferner S. Rossi (1613), G. Frescobaldi (1623) und T. Merula ([* um 1590, † 1665] 1637). Seit etwa 1650 war die Gatt. auch in Deutschland und England verbreitet. Nach 1650 setzte sich die Unterscheidung zw. der meist viersätzigen Kirchen-T. und der auf Tanzformen zurückgreifenden dreisätzigen Kammer-T. durch; vorbildlich wurden v. a. die Werke von A. Corelli. Die Tradition Corellis wurde im 18. Jh. einerseits fortgeführt, andererseits vollzog sich in der T. der Umschwung vom barocken zum frühklass. Stil im Nebeneinander von polyphon-gelehrter und homophon-galanter Faktur und mit Ansätzen zu themat. Arbeit (z. B. bei G. B. Pergolesi, 1732). Dabei verlor die Scheidung von Kirchen- und Kammer-T. an Bedeutung und das dialog. Gleichgewicht zw. den Oberstimmen wurde zugunsten der Führung einer Stimme aufgegeben (G. Tartini, N. Jommelli, v. a. G. B. Sammartini [* um 1693, † 1751]).

Trioxide, Oxide mit einem stöchiometr. Verhältnis zw. oxidbildendem Element und Sauerstoff von 1:3 (z. B. Schwefeltrioxid, SO_3).

Trip [engl.], 1. Ausflug, kurze Reise; 2. Rauschzustand nach dem Genuß eines Rauschgifts; auch Bez. für die dafür benötigte Dosis.

Tripel [lat.-frz.], aus drei Elementen bestehende mathemat. Größe.

Tripel... [lat.-frz.], Bestimmungswort von Zusammensetzungen mit der Bed. „drei, dreifach".

Tripelentente [frz. ...ãˈtãt] (Dreiverband), Bez. für das seit dem brit.-russ. Petersburger Vertrag (1907) bestehende, die brit.-frz. Entente cordiale (1904) und den frz.-russ. Zweiverband (1892) ergänzende brit.-frz.-russ. Bündnisverhältnis gegen den dt.-östr.-italien. Dreibund; 1911/12 durch militär. Abmachungen ergänzt und gefestigt.

Tripelfuge, Fuge mit drei Themen, die abschnittsweise durchgeführt werden und in der Schlußsteigerung zus. erklingen.

Tripelkonzert, Konzert für drei Soloinstrumente und Orchester (z. B. von J. S. Bach, BWV 1044, von L. van Beethoven, op. 56).

Tripelpunkt (Dreiphasenpunkt), durch Druck und Temperatur eindeutig festgelegter Punkt im Zustandsdiagramm (p-T-Diagramm) eines chemisch einheitl. Stoffes, in dem sein fester, flüssiger und gasförmiger Aggregatzustand gleichzeitig nebeneinander im Gleichgewicht auftreten; er ist Schnittpunkt der Dampfdruck-, Schmelz- und Sublimationskurve. Der T. des Wassers 273,16 K (= 0,01 °C) und 610,628 Pa dient als Fixpunkt der internat. Temperaturskala.

Tripeltakt, in der Musik der dreiteilige ungerade Takt.

Triphenylmethanfarbstoffe, sich vom **Triphenylmethan** (dem mit drei Phenylgruppen substituierten Derivat des Methans) ableitende, nicht lichtbeständige Farbstoffe (z. B. Methylviolett, Fuchsin, Malachitgrün), die zum Färben von Lacken, Tinten, Papier, als Druckfarben sowie zum Anfärben histolog. Präparate verwendet werden.

triphibische Operation [griech./lat.], militär. Operation, bei der, in Erweiterung der amphib. Kriegführung, Land-, See- und Luftstreitkräfte zusammenwirken.

Triphylin [griech.], rhomb., v. a. in derben Aggregaten vorkommendes graugrünes Mineral, LiFe[PO$_4$], das mit rötl. bis dunkelbraunen *Lithiophilit,* LiMn[PO$_4$], eine isomorphe Reihe *(T.reihe)* bildet und mit diesem zus. v. a. auf Phosphatpegmatiten vorkommt. Mohshärte 4–5; Dichte 3,4 bis 3,6 g/cm^3.

Tripitaka [Sanskrit], svw. ↑ Tipitaka.

Tripla (Proportio tripla) [lat.], in der Mensuralnotation des 15./16. Jh. (angezeigt durch die Ziffer 3) die Verkürzung des vorausgehenden Normalwerts der Semibrevis im Verhältnis 3:1, d. h. die Verdreifachung des Tempos. Auch Bez. für den meist schnellen dreizeitigen Nachtanz eines Tanzpaares.

Triplett [lat.-frz.], in der *Molekularbiologie* svw. ↑ Codon.

Triplette [lat.-frz.], ein geschliffener, aus 3 Teilen zusammengesetzter Schmuckstein.

triploid [griech.], mit dreifachem Chromosomensatz versehen; von Zellkernen bzw. den entsprechenden Zellen oder den Lebewesen mit solchen Körperzellen gesagt.

Tripoli, libanesische Stadt an der Mittelmeerküste, 175 000 E. Hauptstadt der Prov. Libanon-Nord; Sitz eines maronit. und eines melchit. Erzbischofs; Museum, Theater; Handelszentrum mit internat. Messe; 3 km nw. *Al Mina,* der Hafen von T.; Pipelineendpunkt, Erdölraffinerie. – Urspr. phönik. Handelsniederlassung (griech. **Tripolis**), unter der Herrschaft der Araber Handels- und Gewerbestadt; 1109 Einnahme durch die Kreuzritter (nach 7jähriger Belagerung), danach Sitz einer Gft., 1289 Wiedereinnahme durch den Mamelukensultan Kalaun, 1516–1918 beim Osman. Reich. – Große Moschee (1294; ehem. Kathedrale des 12. Jh.), Ruine der Kreuzfahrerburg, Löwenturm (1441).

Tripolis, Hauptort des griech. Verw.-Geb. Arkadien, in der Peloponnes, 663 m ü. d. M., 21 300 E. Orth. Erzbischofssitz; zentraler Ort der mittleren Peloponnes. – Im 14. Jh. von Albanern gegr., in osman. Zeit Hauptstadt der Peloponnes; 1821 von den aufständ. Griechen erobert, 1828 von dem osman. Feldherrn Ibrahim zerstört; von den Griechen planmäßig wieder aufgebaut.

T., Hauptstadt von Libyen, am Mittelmeer, 980 000 E. Bez.hauptstadt, Univ. (seit 1973) und Museen; Konsumgüterind., Erdölverarbeitung, internat. Messe. Hafen, internat. ✈. – Als **Oea** im 7. Jh. v. Chr. von Phönikern gegr.; 146 v. Chr. von den Römern besetzt, im 2. Jh. n. Chr. Colonia; seit 256 als Bischofssitz nachweisbar, war Mittelpunkt der von Diokletian eingerichteten Prov. Tripolitana; 450 von den Vandalen erobert; 533 bis Mitte des 7. Jh. zum Byzantin. Reich, dann von den Arabern erobert; 1146–58 von sizilian. Normannen besetzt; 1510–51 unter span. Herrschaft; dann bis 1911 Hauptstadt einer osman. Prov.; Stadt und Prov. wurden 1911 von Italien besetzt, das T. zur Hauptstadt seiner Kolonie (seit 1939 Prov.) Libyen machte; 1943–51 brit. besetzt. – Erhalten sind der Triumphbogen Marc Aurels und Reste von Häusern mit Wandbemalung und Mosaiken aus röm. Zeit.

Tripolis. Blick auf die Altstadt

Tripolitanischer Dschabal, Bergland in NW-Libyen, erstreckt sich von der tunes. Grenze über 180 km nach O, bis 968 m hoch.

Tripoljekultur, nach dem Dorf Tripolje bei Kiew bezeichnete spätneolithische Kulturgruppe (4./3. Jt.) in der Ukraine; kennzeichnend für die T. sind polychrome Gefäße, ritzverzierte Statuetten, Hausmodelle und Kupfergegenstände. Bodenbau und Viehzucht bildeten die wirtsch. Basis der Tripoljekultur.

Tripper [zu niederdt. drippen „tropfen"] (Gonorrhö), häufigste der meldepflichtigen Geschlechtskrankheiten, deren Erreger (Bakterien der Art Neisseria gonorrhoeae; sog. *Gonokokken*) meist durch Geschlechtsverkehr, nur sehr selten auch außergeschlechtlich übertragen werden (↑ Augentripper). Die Inkubationszeit beträgt meist 3 (2 bis 7) Tage. Beim *Mann* tritt etwa 2 Tage nach Infektion unter Brennen und Jucken ein Harnröhrenkatarrh mit zunächst schleimigen, dann stark eitrigen Absonderungen auf. Auch ohne Behandlung gehen diese Entzündungserscheinungen nach einigen Wochen wieder zurück; die Erkrankung greift nun auf Vorsteherdrüse, Samenblasen, Nebenhoden, Samenstränge und Blasenschleimhaut über und kann Verengung der Harnröhre sowie Unfruchtbarkeit bewirken. Bei der *Frau* wird die Schleimhaut der Harnröhre und des Gebärmutterhalskanals befallen. Hauptanzeichen sind grünlichgelber Ausfluß und Brennen in der Harnröhre. Erstreckt sich die Entzündung auch auf Gebärmutter, Eileiter, Eierstöcke und Bauchfell, hinterläßt sie bleibende Beschwerden und Unfruchtbarkeit. – Die Behandlung erfolgt medikamentös, v. a. mit Penicillin.

Triptolemos, Gestalt der griech. Mythologie; myth. Kulturbringer, der im Auftrag Demeters die Menschen den Ackerbau lehrt.

Triptychon [griech.], ↑ Flügelaltar aus 3 Teilen, d. h. ein Altar mit 2 Flügeln.

Tripura [ˈtrɪpʊrə], ind. Bundesstaat, grenzt im S, W, N an Bangladesch, 10 486 km², 2,55 Mill. E (1990), Hauptstadt Agartala. T. hat im W Anteil am Tiefland von Bengalen, während der O zu den äußeren Teilen der westbirman. Grenzgebirge gehört. – Das aus einem Fürstenstaat hervorgegangene Unionsterritorium wurde 1972 Bundesstaat.

Tripus [griech.-lat.], svw. Dreifuß.

Triratna [Sanskrit „drei Juwelen (des Buddhismus)"], zusammenfassende Bez. für die drei wesentl. Elemente des Buddhismus: Buddha, Dharma und Mönchsorden.

Trireme [lat.], svw. ↑ Triere.

Trisaccharide, aus drei Monosaccharideinheiten aufgebaute ↑ Kohlenhydrate, z. B. die Raffinose.

Trisektion, svw. ↑ Dreiteilung des Winkels.

Trishagion [griech. „dreimal heilig"], liturg. Akklamation („Heiliger Gott, heiliger Starker, heiliger Unsterblicher, erbarme dich unser"), die erstmals auf dem Konzil von Chalkedon (451) bezeugt wurde und sowohl in die östl. Riten als auch in den lat. Ritus Eingang fand.

Trismegistos ↑ Hermes Trismegistos.

Trismus [griech.] ↑ Kieferklemme.

Trisoktaeder [griech.], svw. ↑ Triakisoktaeder.

Trisomie [griech.] ↑ Chromosomenanomalien.

Trisomie 13 ↑ Patau-Syndrom.

Trisomie 21 ↑ Down-Syndrom.

Trissenaar, Elisabeth, *Wien 13. April 1944, östr. Schauspielerin. – ∞ mit H. Neuenfels. Engagements seit 1964; auch Filme, u. a. „Bolwieser" (Fernsehfilm, 1977), „Die Reinheit des Herzens" (1980), „Franza" (1986).

trist [lat.-frz.], traurig, öde, trostlos, unfreundlich, langweilig; **Tristesse,** Langweiligkeit, Öde, Traurigkeit.

Tristan da Cunha [engl. ˈtrɪstən dəˈkuːnə], Inselgruppe im S-Atlantik, Teil der brit. Kronkolonie Sankt Helena, umfaßt die Vulkaninsel *T. da C.* (98 km², bis 2 062 m ü. d. M., 300 E, Hauptort Edinburgh) und einige unbewohnte Inseln. – 1506 entdeckt, 1816 von brit. Truppen besetzt, 1938 der Kronkolonie Sankt Helena angegliedert.

Tristan L'Hermite [frz. tristalɛrˈmit], eigtl. François L'Hermite, *Schloß Soliers (Calvados) 1601, † Paris 7. Sept. 1655, frz. Schriftsteller. – Urspr. Page Heinrichs von Bourbon. Als Dramatiker Vorläufer von J. Racine; 1649 Mgl. der Académie française.

Tristano, Lennie [engl. trɪsˈtænoʊ], eigtl. Leonard Joseph T., *Chicago 19. März 1919, † New York 18. Nov. 1978, amerikan. Jazzmusiker (Pianist, Komponist). – In frühester Jugend erblindet; gilt als der Initiator und führende Theoretiker des ↑ Cool Jazz.

Tristan und Isolde, die durch einen Zaubertrank in trag. Liebe verbundenen Hauptgestalten eines ma. Sagenstoffs. Außer einem bed. Anteil kelt. Erzählguts (hier verbinden sich ir., walis., korn. und breton. Elemente) sind antike, pikt., german. und oriental. Motive in den Stoff eingeflossen. Von den kelt. Ländern kam die Sage über Frankreich nach Deutschland und verbreitete sich dann über ganz Europa. Die älteste überlieferte Fassung stammt von Eilhart von Oberg[e]; zur Idealgestalt des Liebenden wurde Tristan bei Gottfried von Straßburg und Ulrich von Türheim. Später wurde der Stoff u. a. in zahlr. Prosaromanen behandelt; als Musikdrama von R. Wagner.

Tristetraeder [griech.], svw. ↑ Triakistetraeder.

Tristichon [griech.], Dreizeiler; Versgruppe, Gedicht oder Strophe von 3 Zeilen.

Tritheismus, Dreigötterlehre; häretische Auslegung der christl. Trinitätslehre bei Annahme dreier göttl. Personen (↑ Trinität).

Trithemius (Tritheim), Johannes, eigtl. J. Heidenberg oder Zeller, *Trittenheim bei Trier 1. Febr. 1462, † Würzburg 13. Dez. 1516, dt. Benediktiner. – 1483–1506 Abt in Sponheim, ab 1506 des Würzburger Schottenklosters; führender Vertreter der Bursfelder Kongregation; humanist. Polyhistor; bed. Sammler von Handschriften und Drucken und Verf. naturwiss., biograph. und histor. Werke.

Tritium [zu griech. trítos „der dritte"] (überschwerer Wasserstoff), chem. Symbol ³H oder T; schwerstes, radioaktives Isotop des Wasserstoffs mit der Massenzahl 3. T. ist in gewöhnl. Wasserstoff nicht enthalten. Sein Atomkern (**Triton,** Zeichen *t*) besteht aus zwei Neutronen und einem Proton. T. wird in der oberen Atmosphäre durch Reaktion von Neutronen der Höhenstrahlung mit Stickstoff gebildet. Es zerfällt unter Aussendung schwacher β-Strahlung mit einer Halbwertszeit von 12,3 Jahren. Künstlich wird T. z. B. in Kernreaktoren durch Einwirken von Neutronen auf Lithium erzeugt. T. dient als ↑ Tracer zur Markierung organ. Verbindungen und wird für die Kernfusion verwendet. – T. wurde 1934 von E. Rutherford, M. L. E. Oliphant und P. Harteck entdeckt.

Elisabeth Trissenaar

Lennie Tristano

Tritonie.
Montbretie

Tritonshörner.
Gemeines Tritonshorn

Tritiummethode (Tritiumdatierung), Methode zur Altersbestimmung wasserhaltiger Stoffe, die das Abklingen des Tritiumgehalts im Wasseranteil infolge des radioaktiven Tritiumzerfalls ausnutzt.

Triton, griech. Meergott; gehört zum Gefolge seines Vaters Poseidon.

Triton [nach dem griech. Gott], einer der beiden Monde des Planeten Neptun; 1846 entdeckt. Mittlere Entfernung vom Planeten Neptun 353 600 km, Umlaufzeit 5,887 Tage, Durchmesser 3760 km.

Triton [griech.], in der *Kernphysik* ↑ Tritium.

Tritonie (Tritonia) [griech., nach dem griech. Gott], heute meist in zwei Gatt. *(Tritonia* und *Crocosmia)* aufgeteilte Gruppe der Schwertliliengewächse mit rd. 50 Arten in S- und O-Afrika. Eine beliebte Gartenzierpflanze ist die **Montbretie** (Crocosmia crocosmiflora) mit dunkelgrünen, linealförmigen Blättern und meist orangeroten Blüten.

Tritonshörner [nach dem griech. Gott] (Trompetenschnecken, Charonia, Tritonium), Gatt. räuber. Meeresschnecken (Überordnung Vorderkiemer) der wärmeren Regionen; Gehäuse schlank kegelförmig, bis 40 cm lang, wurden früher als Signalhorn verwendet. – Zu den T. gehören u. a. das *Gemeine Tritonshorn* (Echtes Tritonshorn, Charonia tritonis; Ind. Ozean, W-Pazifik, südl. O-Atlantik) und die *Trompetenschnecke* (Charonia lampas, Charonia nodifera; Mittelmeer).

Tritonus [griech.], Intervall von drei Ganztönen (z. B. in C-Dur f-h); die übermäßige Quarte (klanglich gleich der verminderten Quinte) wurde vom 16.–19. Jh. weitgehend in den Dienst der Textausdeutung (zur Charakterisierung von Sünde, Klage, Tod) gestellt.

Tritteisen, svw. ↑ Tellereisen.

Trittsiegel (Tritt), wm. Bez. für die im Boden oder Schnee hinterlassenen artcharakterist. Fußabdrücke des Haarwildes.

Triumph [lat.], Genugtuung, Frohlocken, Siegesfreude; großer Erfolg, Sieg, insbes. Feier zur Ehrung siegreicher röm. Feldherren („triumphus"); der T. war nur Trägern des Imperiums, in der Kaiserzeit nur Kaisern erlaubt.

Triumphbogen, Monument mit einem oder mehreren (3) Bogen (Tonnen) und Attika. Meist mit Reliefs, Säulen und (in Nischen gestellten) Statuen geschmückt, urspr. von einer Quadriga gekrönt. In der röm. Republik von siegreichen Feldherren, in der Kaiserzeit vom Senat für den Kaiser errichtet (u. a. Titus-, Septimus-Severus- und Konstantinsbogen in Rom). Die sog. T. in den Provinzen sind städt. **Ehrenbogen** anläßlich von Gründungs- und Siegesfeiern, auch für hohe Beamte und Ehrenbürger. Erneuert wurde der T. in Renaissance und Barock (aus Holz); die Aufbau-

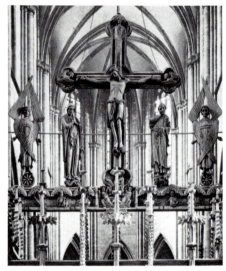

Triumphkreuz im Dom zu Halberstadt, um 1220

prinzipien finden für Fassadengestaltungen, Portale, Grabmäler, im Klassizismus bes. auch für Tore Anwendung; bed. Beispiele in Stein: Elisabethenpforte in Heidelberg (1615), T. für Maria Theresia in Florenz (1739), T. in Nancy als Teil der Place Stanislas (1754–56), in Paris für Napoleon I. (Arc de Triomphe), in Berlin das Brandenburger Tor (1788–91 von C. G. Langhans).

▷ im ma. Kirchenbau der Bogen zw. Mittelschiff und Chor, ben. nach dem dort häufig befindl. Triumphkreuz.

Triumphkreuz, monumentale ma. Kruzifixe oder Kreuzigungsgruppen, die im Triumphbogen einer Kirche bzw. über Lettner oder Chorschranken stehend oder an Ketten hängend dem Langhaus zugewandt angebracht waren. Verbreitete sich in roman. Zeit von England aus als Darstellung des über den Tod triumphierenden Christus, seit dem 13. Jh. werden Züge des Leidens und Sterbens betont. Das T. nördl. der Alpen ist meist in Holz geschnitzt, in Italien überwiegen gemalte Kruzifixe.

Triumvirat [lat. „Dreimännerbund"], 1. der 60 v. Chr. geschlossene private Bund zw. Cäsar, Gnaeus Pompejus Magnus und Marcus Licinius Crassus zur Durchsetzung ihrer polit. Interessen; 56 v. Chr. erneuert. – 2. Der 43 v. Chr. geschlossene, gegen Senat und Cäsarmörder gerichtete Bund zw. Oktavian (Augustus), Marcus Aemilius Lepidus und Marcus Antonius; 37 v. Chr. erneuert.

Trivandrum [tri'vændrəm], Hauptstadt des ind. Bundesstaates Kerala, an der südl. Malabarküste, 520 000 E. Sitz eines syromalabar. Erzbischofs und eines kath. Bischofs; Univ. (gegr. 1937), landw. Univ. (gegr. 1972), Raumforschungszentrum, Textil-, chem., Nahrungsmittelind.; Fischerei; Eisenbahnendpunkt, ⚓. – Im 18. Jh. als Hauptstadt des ind. Fürstenstaates Travancore gegr.; seit 1956 Hauptstadt Keralas. – Im Fort (18. Jh.) einige Paläste und ein alter Wischnutempel mit siebenstöckigem Tortum.

trivial [lat.-frz.], alltäglich, abgedroschen; selbstverständlich; **Trivialität,** Plattheit, Seichtheit.

Trivialliteratur, seit den 20er Jahren des 20. Jh. in der dt. Literaturwiss. übl. Bez. für klischee- und formelhaft verfaßte Literatur mit geringem ästhet. Anspruchsniveau im Ggs. zur sog. Hochliteratur. Weitere (nur z. T. synonym verwendete) Bez. sind Gebrauchs-, Massen-, Kitsch-, Schund- und Schmutzliteratur. – Unter den Bedingungen des 20. Jh. ist T. eine Massenliteratur, die ihre Ursprünge im 18. Jh. hat, als sich mit der zunehmenden Lesefähigkeit eines breiten Publikums ein Literaturmarkt herausbildete. Die Unterscheidung zw. trivialer, Unterhaltungs- und höherer Literatur wird zunehmend in Frage gestellt, da Elemente und Techniken des Trivialen in allen literar. Formen

Triumphbogen. Westansicht des Titusbogens in Rom, nach 81 n. Chr.

zu finden sind. So versteht man T. heute nicht mehr als urspr. Kunstphänomen, sondern als wirtsch. und sozial begründete Erscheinung, da sich die T. als massenhaft verbreitete Literatur nach dem Geschmack breitester Bev.schichten richtet. Für Publikumswirksamkeit und Marktorientiertheit hat die T. bestimmte Charakteristika bes. ausgeprägt, z. B. eine den Leser gefühlsmäßig an bestimmte Personen bindende Figurengestaltung, formel- und klischeehafte Sprache, variationsarmer Satzbau, schicksalhafte Entstehung bzw. vom Zufall bestimmte Lösung von Problemen, die zumeist entgegen der Erfahrung des Lesers in der alltägl. Wirklichkeit zu einem glückl. Ende (Happy-End) geführt werden, eine Traumwelt suggerieren und den Wunschvorstellungen des Lesepublikums entgegenkommen. Die T. kommt in allen Hauptgatt. vor, ihr eigtl. Feld sind die Arzt-, Liebes-, Heimat- und Adelsromane, aber auch Kriminal- und Abenteuerliteratur, Western, ↑Science-fiction und ↑Fantasy. Eine Sonderform der T. sind die ↑Comic-strips. Die T. erreicht ihre Leser v. a. über Heftreihenproduktion (i. d. R. pseudonym und industriell gefertigt), die meist an Kiosken verkauft, aber auch über Leihbibliotheken, Lesezirkel u. a. verbreitet wird. – Historisch wird die T. v. a. auf die Ritter- und Räuberromane, die Robinsonaden und den engl. sentimentalen Roman zurückgeführt, als Fortsetzungsroman in Zeitschriften erreichte sie in der 2. Hälfte des 19. Jh. einen Höhepunkt. Im Theater sind bei Rührstück und Volksstück triviale Züge zu beobachten. Inwieweit die sog. Volkspoesie, Märchen, Sage, Schwank, Kalendergeschichte u. a., die bes. in der Landbev. mündlich tradiert wurde, Einfluß nahmen, ist noch weitgehend ungeklärt. Bekannteste „Klassiker" der T. sind E. Marlitt und H. Courths-Mahler. – ↑Unterhaltungsliteratur.

Trivium [lat. „Dreiweg"] ↑Artes liberales.

Trizeps [lat.], in der *Anatomie* Kurzbez. für: *Musculus triceps,* dreiköpfiger Muskel a) an der Rückseite des Oberarms als Strecker des Unterarms, b) an der Wade als Beuger des Fußes.

Trizone, Bez. für das durch Erweiterung der Bizone (8. April 1949) entstandene, die 3 westl. Besatzungszonen Deutschlands umfassende Wirtschaftsgebiet.

TRK-Werte (Abk. für: **t**echnische **R**icht**k**onzentration), Konzentrationsangaben krebserzeugender und erbgutändernder Arbeitsstoffe in Form von Gasen, Dämpfen oder Schwebstoffen in der Luft, für die unter toxikolog. oder arbeitsmedizin. Gesichtspunkten keine ↑MAK-Werte aufgestellt werden können, da die Dosis/Wirkungsbeziehung dieser Stoffe noch nicht ausreichend geklärt ist. Die Einhaltung der TRK-Werte schließt eine Gesundheitsgefährdung *nicht* aus.

Trivialliteratur. Titelseite eines Bergromans aus dem Jahr 1980

Trnava [slowak. 'trnava], Stadt im Westslowak. Bez., SR, 146 m ü. d. M., 71 600 E. Heimatmuseum. Nahrungsmittelind., Maschinenbau, Kfz-Montage. – Stadtrecht seit 1238; 1543–1820 Sitz des Erzbischofs von Esztergom; besaß 1635–1777 eine Univ.; war bis 1876 königl. Freistadt. – Got. Kirche Sankt Nikolaus (14. Jh.), barocke Jesuitenkirche (ehem. Univ.kirche; 1637), Teile der ma. Stadtbefestigung (13./14. Jh.).

Jiří Trnka. Ausschnitt aus einer Illustration aus dem Kinderbuch „Zahrada", 1962

Trnka, Jiří [tschech. 'trŋka], * Pilsen 24. Febr. 1912, † Prag 30. Dez. 1969, tschech. Filmregisseur und Kinderbuchillustrator. – Schüler und Mitarbeiter von J. Skupa. 1941–45 am Nationaltheater in Prag; schuf seit 1947 richtungweisende Puppenfilme wie „Prinz Bajaja" (1950), „Der brave Soldat Schwejk" (1954), „Erzengel Gabriel und Mutter Gans" (1965). Auch Maler, Bildhauer und Autor von phantast. Kurzgeschichten.

Troas, histor. Gebiet in Kleinasien, an der Dardanellenküste, ben. nach Troja; Besiedlungsspuren seit dem 4. Jt. v. Chr.; seit dem 2. Jt. vorwiegend thrak. Bev.; seit der Mitte des 8. Jh. Gründung mehrerer griech. Städte; gehörte im 7./6. Jh. zum Lyderreich, dann zum Perserreich der Achämeniden; in hellenist. Zeit Teil des Pergamen. Reiches, ab 133 v. Chr. des Röm. Reichs; wurde bis etwa 1300 n. Chr. von Byzanz behauptet; kam zw. 1336 und 1345 zum Osman. Reich.

Trochäus [zu griech. trochaîos „laufend, schnell"] (Choreus), griech.-röm. Versfuß der Form —◡; als metr. Einheit gilt nicht der einzelne Versfuß, sondern die Dipodie —◡—◡x.

Trochilus [griech.], Hohlkehle im unteren Teil der ion. Säulenbasis *(Spira)* sowie im Mittelteil der att.-ion. Basis.

Trochiten [griech.] (Bonifatiuspfennige), fossile Stielglieder von Seelilien (↑Haarsterne); im oberen Muschelkalk in M-Europa gesteinsbildend *(T.kalk).*

Trochoide ↑Zykloide.

Trochophora [griech.] (Loven-Larve, Lovensche Larve), bis etwa 1 mm große Larve der meisten Meeresringelwürmer und Igelwürmer; mit prä- und postoralem Wimpernkranz, Augenflecken, seitl. Mund- und endständiger Afteröffnung sowie einem Wimpernschopf am Vorderpol.

trocken, beim Wein- und Schaumwein: geringe Restsüße (bis 9 Gramm) enthaltend. Im strengen Sinn „t." ist ein Wein bzw. Schaumwein mit bis höchstens 4 Gramm Restzucker (Diabetikerwein).

Trockenbeere, in der *botan. Morphologie:* Beerenfrucht (↑Beere) mit bei der Reife eintrocknender Fruchtwand; z. B. die Paprikafrucht („Paprikaschote").
▷ im *Weinbau* ↑Edelfäule.

Trockenbeerenauslese, edler Wein aus am Weinstock rosinenartig eingetrockneten Beeren.

Trockendock ↑Dock.

Trockenei, getrocknetes, pulverisiertes Hühnerei (Eipulver).

Trochophora

Trockeneis

Trockeneis, festes (gefrorenes) Kohlendioxid, CO_2 *(Kohlensäureschnee, Trockenschnee),* das bei −78,476 °C ohne zu schmelzen sublimiert und daher für Kühlzwecke bes. geeignet ist.

Trockenelement, elektrochem. Primärelement, in dem die Elektrolytlösung durch eine poröse Substanz aufgenommen oder durch Zusatz geeigneter Quellungs- und Verdickungsmittel (z. B. Stärkebrei, Gips) pastenartig verdickt und immobilisiert worden ist. Ein wichtiges T. für Batterien ist das Leclanché-Element, das eine Spannung von 1,5 V liefert.

Trockenerbsen, die meist vollreifen, trockenen (Wassergehalt etwa 12 %) und daher haltbaren Samen der Gartenerbse (Schalerbse) oder Markerbse.

Trockenfäule, Bez. für Pflanzenkrankheiten, die zur Vermorschung oder Verhärtung des pflanzl. Gewebes führen; verursacht durch Pilzbefall oder Nährstoffmangel.

Trockenfeldbau, irreführende Bez. für einen Feldbau, der ohne künstl. Bewässerung auskommt.

Trockenguß ↑Gießverfahren.

Trockenkonserven ↑Blutkonserve.

Trockenlöschmittel ↑Feuerlöschmittel.

Trockenmasse, in der Lebensmitteltechnik Bez. für den Anteil der wasserfreien Substanz an der Gesamtmasse; z. B. wird der Fettgehalt von Käse auf die T. bezogen (z. B. 60 % Fett i. Tr., d. h. in der Trockenmasse).

Trockenmilch (Milchpulver), durch Sprüh-, Zerstäubungs- oder Walzentrocknung von Voll- und Magermilch hergestellte pulverförmige Milchkonserve, die sich in Wasser wieder zu einer milchähnl. Flüssigkeit löst.

Trockenmittel, hygroskop. (wasseranziehende) Substanzen, die sich zum Trocknen von Gasen und Flüssigkeiten bzw. zum Trockenhalten von Feststoffen eignen, z. B. Calciumchlorid und -oxid sowie Kieselgel.

Trockenobst (Dörrobst), durch Wärmezufuhr oder an der Luft getrocknetes Obst.

Trockenpflanzen, svw. ↑Xerophyten.

Trockenpräparate ↑Präparate.

Trockenrasen, gehölzarme Rasen- und Halbstrauchformation trockener Standorte mit flachgründigen, mageren Böden.

Trockenresistenz, Widerstandsfähigkeit von Organismen gegen andauernden Wassermangel.

Trockensavanne, Vegetationstyp der Savanne in Gebieten mit 5–7 trockenen Monaten; die geschlossene Grasdecke erreicht 1–2 m Höhe, die Bäume sind regengrün.

Trockenschlaf ↑Sommerschlaf.

Trockenspinnverfahren ↑Chemiefasern.

Trockenstarre, ein der ↑Kältestarre entsprechender, bei großer Trockenheit eintretender Starrezustand des Körpers bei manchen Tieren.

Trockenwald, regengrüner Wald der wechselfeuchten Tropen und Subtropen in Gebieten mit 5–7 trockenen Monaten. Die 8–20 m hohen Bäume weisen geringe Wuchsleistung, dicke Borke und Verdornung auf.

Trockenzeit, die zw. den Regenzeiten liegende niederschlagsarme oder -freie Zeit der Tropen und Subtropen.

Trocknen (Trocknung), Entziehen von Feuchtigkeit aus wasserhaltigen Stoffen. Nach Art des Wasserentzugs unterscheidet man *Verdunstungs-, Verdampfungs-* und *Sorptionstrocknung* [speziell von Gasen und Flüssigkeiten]. Beim *Freiluft-T.* wird die Wärme durch die Sonnenstrahlung und die umgebende Luft aufgebracht (Luft-T. von landw. Erzeugnissen wird auch als **Dörren** bezeichnet). I. w. S. versteht man unter T. auch die Verflüchtigung von organ. Lösungsmitteln aus aufgetragenen Farb- und Lackschichten, beim Drucken, Stempeln, Kleben, Leimen u. a., wobei meist eine Verfestigung der Stoffe stattfindet (↑Konservierung).

trocknende Öle, Gruppe der fetten, v. a. aus Triglyceriden ein- oder mehrfach ungesättigter Fettsäuren bestehenden Öle, die (in dünner Schicht) durch Oxidations- und Vernetzungsreaktionen zu harten bis elast. Filmen erstarren und daher Öllacken und Anstrichmitteln zugesetzt werden.

Troddelblume (Alpenglöckchen, Soldanella), Gatt. der Primelgewächse mit sechs Arten in den Alpen; kleine Stauden mit grundständigen, herz- oder nierenförmigen Blättern und nickenden Blüten mit blauvioletten oder rosafarbenen, geschlitzten Kronblättern; bekannte Art ↑Alpenglöckchen.

Trödelhandel, An- und Verkauf von gebrauchten Waren (z. B. Kleidung, Möbel); zu unterscheiden vom Handel mit Antiquitäten. – ↑Gebrauchtwarenhandel.

Troell, Jan [schwed. truˈɛl], *Malmö 23. Juli 1931, schwed. Filmregisseur. – Problematisiert die existentiellen Möglichkeiten des Menschen; u. a. „Die Emigranten" (1971), „Das neue Land" (1972), „Märchenland" (1988), „Il Capitano" (1992).

Jan Troell

Troelstra, Pieter Jelles [niederl. ˈtruːlstraː], *Leeuwarden 20. April 1860, †Den Haag 12. Mai 1930, niederl. Schriftsteller und Politiker. – Gründete 1894 die Sociaal-Democratische Arbeiderpartij; 1897 bis 1925 Mgl. der 2. Kammer; veröffentlichte unter dem Namen Pieter Jelles Poesie und Prosa in fries. Sprache.

Troeltsch, Ernst [trœltʃ], *Haunstetten (= Augsburg) 17. Febr. 1865, †Berlin 1. Febr. 1923, dt. ev. Theologe, Philosoph und Historiker. – 1892 Prof. für systemat. Theologie in Bonn, 1894 in Heidelberg, 1910 auch für Philosophie. Ab 1915 als Nachfolger W. Diltheys Prof. für Philosophie in Berlin. – Ausgehend von der religionsgeschichtl. Schule (Schleiermacher) und dem Historismus fordert T. in „Absolutheit des Christentums und die Religionsgeschichte" (1902) die strenge Anwendung des histor. Denkens auch in der Theologie, also die Ablehnung des Absolutheitsanspruchs des Christentums, womit er den sog. „Neuprotestantismus" begründete. Dieser Ansatz führte ihn zu religionsgeschichtl. Untersuchungen, die unter dem Einfluß von M. Weber in die Religionssoziologie einmündeten. Durch sein Werk „Der Historismus und seine Probleme" (1922) wurde er zum bedeutendsten Philosophen des Historismus, dessen Aporien er mit großer Klarheit formulierte.

Ernst Troeltsch

Troer, die Bewohner von Troja.

Trog, längl. Gefäß, z. B. Back-, Brunnen-, Futter-, Waschtrog.

▷ in der *Geologie* ein langgestrecktes Senkungsbecken.

Troger, Paul, ≈ Welsberg (Prov. Bozen) 30. Okt. 1698, †Wien 20. Juli 1762, östr. Maler. – Schüler u. a. von F. Solimena in Neapel; ab 1728 in Wien ansässig (1751 Prof. und 1754–57 Direktor der Akad.). T. hatte mit seinen zahlr. stark illusionist. Deckenfresken in heller Farbgebung (Stift Melk, Dom von Brixen, Wallfahrtskirche Maria Dreieichen u. a.) sowie dramat. Altarbildern entscheidenden Einfluß

Paul Troger. Ausschnitt aus dem Gemälde „Christus am Ölberg", 1750 (Wien, Barockmuseum, Österreichische Galerie)

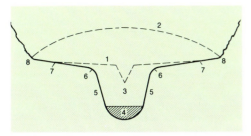

Trogtal. Querschnitt durch ein Trogtal: 1 voreiszeitlicher Talboden mit Kerbtal; 2 eiszeitliche Gletscheroberfläche; 3 Trog; 4 Schotter; 5 Trogwand; 6 Trogkante; 7 Trogschulter; 8 Schliffgrenze

auf die spätbarocke Malerei Österreichs. Sein bedeutendster Schüler war F. A. Maulpertsch.

Tröger, Walther, *Wunsiedel 4. Febr. 1929, dt. Sportfunktionär. – 1969–92 Generalsekretär des Nat. Olymp. Komitees für Deutschland, seitdem dessen Präs.; seit 1989 Mgl. des Internat. Olymp. Komitees.

Trogir [serbokroat. ˈtrɔgiːr], Stadt in Kroatien, an der Adriaküste, 6 200 E. Marktort; Schiffbau, Herstellung von Kunststoffartikeln, v. a. aber bed. Fremdenverkehr. – Geht auf die griech. Kolonie **Tragurion** (röm. **Tragurium**) zurück; ab 56 v. Chr. römisch; danach zu Byzanz, in der Zeit des selbständigen kroat. Staates (9.–11. Jh.) polit. und kulturelles Zentrum; 1062–1822 Bischofssitz; 1420 zur Republik Venedig *(Traù)*, 1797/1815 an Österreich, 1918/20 an Jugoslawien (1941 von Italien annektiert). – Roman.-got. Dom (12.–16. Jh.; bed. Portalplastik, 1240), roman. Barbarakirche (9./10. Jh.), zahlr. Kirchen und Palais des 14.–17. Jahrhunderts.

Troglobionten [griech.], svw. ↑Höhlentiere.

Troglon (Troglobios) [griech.], Organismengemeinschaft von Höhlen.

Trogons [griech.] (Nageschnäbler, Trogonidae), Fam. bis etwa 40 cm langer, oft prächtig bunt gefärbter Vögel mit über 30 Arten in trop. Wäldern der Alten und Neuen Welt; Schnabel kurz und kräftig; Körper etwas gedrungen; brüten in Baumhöhlen. – Zu den T. gehört u. a. der ↑Quetzal.

Trogtal (U-Tal), von [pleistozänen] Gletschern überformtes Tal mit U-förmigem Querschnitt.

Troika [russ.], Pferdedreigespann russ. Art, wobei das mittlere Pferd trabt, die beiden anderen galoppieren.
▷ Bez. für ein Drei-Männer-Gremium oder ein Bündnis zw. drei Politikern.

Troisdorf [ˈtroːsdɔrf], Stadt in der Kölner Bucht, NRW, 60 m ü. d. M., 63 400 E. Eisen- und Stahl-, chem. u. a. Ind. – 1064 erstmals erwähnt; seit 1952 Stadt.

Trois-Frères [frz. trwaˈfrɛːr], nach den drei Söhnen ihres Entdeckers Graf H. Bégouën benannte, 1916 entdeckte mehrstufige Höhle (Gem. Montesquieu-Avantès, Dep. Ariège, Frankreich) mit technisch meisterhaft ausgeführten Gravierungen (seltener Malereien) des Magdalénien.

Trois-Rivières [frz. trwariˈvjɛːr], kanad. Stadt in der Prov. Quebec, am Sankt-Lorenz-Strom, 50 100 E. Kath. Bischofssitz; Univ.; Hafen. – Gegr. 1634.

Troja (auch Ilion, lat. Ilium, türk. Truva), von Homer überlieferter griech. Name einer prähistor. Stadt, deren Ruinenhügel (Hisarlik) von H. Schliemann an der NW-Spitze Kleinasiens nahe dem Eingang der Dardanellen in der Ebene des Skamander auf Grund der topograph. Angaben Homers entdeckt und 1870–94 (seit 1882 zus. mit W. Dörpfeld) ausgegraben wurde (amerikan. Ausgrabungen 1932–38). Es wurden die Hauptsiedlungen I–IX festgestellt, die jeweils (außer VI) durch Brandkatastrophen zugrunde gingen. Schon die früheste Siedlung (T. I) der ersten Hälfte des 3. Jt. v. Chr. war Fürstensitz mit Megaron; T. II (etwa 2200–2100), erweitert und mit starker Burgmauer versehen, erreichte bereits eine hohe Blüte („Schatz des Priamos"). T. III–V (etwa 2100–1900) waren unbed. und enge Orte, während T. VI (etwa 1900–1240), das „myken. T.", zur bed. Stadt mit weiten Handelsbeziehungen insbes. zur myken. Welt aufblühte. Es umfaßte rd. 20 000 m² und war von einer 540 m langen Stadtmauer mit mächtigen Bastionen und Toren umgeben. T. VI erlag einem schweren Erdbeben, es folgten die Siedlungen T. VII$_a$ (1240–1200; wahrscheinlich Schauplatz des Trojan. Kriegs) und VII$_b$ (um 1100 verlassen). Erst im 8. Jh. v. Chr. besiedelten Äolier wieder den Burghügel, jetzt unter dem Namen **Ilion** (T. VIII). T. IX war eine hellenist.-röm. Kleinstadt.

T. ist Handlungszentrum des bedeutendsten griech. Sagenkreises. Tros, ein Enkel des Zeussohnes Dardanos, gab Stadt und Bewohnern den Namen. Von seinem ältesten Sohn Ilos stammte Laomedon, der durch Wortbruch während des Baus der trojan. Mauer den Zorn Poseidons auf die Stadt lenkte. Unter Priamos kommt es wegen der Entführung Helenas durch den trojan. Prinzen ↑Paris zum

Trojanischen Krieg: Die Griechen, geführt von Agamemnon, belagern 10 Jahre lang die Stadt, deren Verteidigung von Hektor geleitet wird. Auch die olymp. Götter greifen auf beiden Seiten in den Kampf ein. Im 10. Kriegsjahr bringt eine List des Odysseus die Entscheidung: Er läßt ein hölzernes Pferd **(Trojanisches Pferd)** fertigen und die Griechen aufs Meer fahren. Die Trojaner holen die schein-

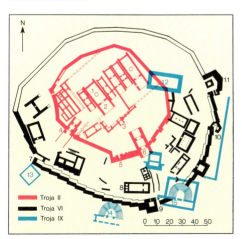

Troja. Auf der linken Seite die Rekonstruktion des Grundrisses von Troja II, VI und IX. Troja II: 1 Großes Megaron, 2 Vorhof, 3 Hoftor, 4 Südwesttor mit Rampe, 5 Südtor, 6 Südosttor; Troja VI: 7 das nachträglich geschlossene Westtor, 8 Haus der Säulen, 9 Südtor, 10 Osttor, 11 Nordostbastion mit Zisterne; Troja IX: 12 Tempel der Athena Ilias, 13 Heiligtum, 14 Theater C, 15 Theater B oder Buleuterion. Rechts: Östliche Burgmauer von Troja VI

Trojahn

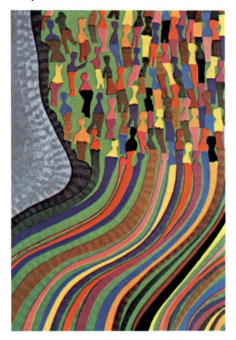

Heinz Trökes. Fahrt ins Grüne, Siebdruck, 1973

Trollblume. Europäische Trollblume

Thaddäus Troll

bare Opfergabe in die Stadt, die darin versteckten Griechen öffnen für die zurückgekehrten Krieger die Tore, und T. wird erobert und vollständig zerstört, nur ↑ Äneas kann sich mit seiner Familie retten. – Die Geschichte des Trojan. Krieges ist durch die altgriech. Epen, v.a. „Ilias" und „Odyssee", überliefert. Inwieweit sie wirklich histor. Ereignisse widerspiegeln, ist umstritten.
In die ma. Literatur gelangte der Stoff u.a. über 2 anonyme Prosaerzählungen angeblicher Augenzeugen (↑ Diktys von Kreta), die zur Grundlage des altfrz. „Roman de Troie" des Benoît des Sainte-More (Mitte 12. Jh.) und damit der zahlr. nachfolgenden Trojaromane wurden (so das mittelhochdt. „Liet von Troje" des Herbort von Fritzlar und Konrad von Würzburgs „Trojanerkrieg"). Nachbildungen des Stoffes finden sich auch im Altnordischen, Niederländischen, im Mittelenglischen, Italienischen, Bulgarischen und Russischen. Mit der Wiederentdeckung Homers (1. Ausgabe 1488) und der griech. Tragiker in der Renaissance endete diese Tradition. Der Stoff wirkt in der Weltliteratur bis in die Gegenwart weiter (im 20. Jh. Bearbeitungen u.a. von J. Giraudoux, R. Hagelstange, W. Jens, C. Wolf).

Trojahn, Manfred *Cremlingen (Ldkr. Wolfenbüttel) 22. Okt. 1949, dt. Komponist. – Studierte bei H. Zöller (Flöte) und D. de la Motte (Komposition). In seinen Kompositionen sind Einflüsse G. Mahlers und A. Bergs spürbar. T. schrieb Orchester- und Kammermusik, häufig mit solist. Anteil der Flöte, sowie die Oper „Enrico" (1991).

Trojan, Johannes, *Danzig 14. Aug. 1837, †Rostock 23. Nov. 1915, dt. Schriftsteller. – 1886–1909 Chefredakteur beim Berliner „Kladderadatsch"; scharfer polit. Satiriker. Schrieb Erzählungen, Lyrik, Kinder- und Jugendverse, Humoresken und Studien über die Pflanzenwelt Deutschlands.

Trojaner, eine bes. Gruppe von etwa 100 beobachteten Planetoiden, von denen 15 Namen aus der Geschichte des Trojan. Krieges tragen. Die T. haben gleiche Bahnachsen und gleiche Umlaufszeiten wie Jupiter.

Trojanischer Krieg ↑ Troja.

Trojanisches Pferd ↑ Troja.

Trokar [frz.], starke, an der Spitze dreikantige Nadel in einem Röhrchen (Schaft) zur Punktion und zum Entfernen von Flüssigkeit aus Körperhöhlen.

Trökes, Heinz, *Hamborn (= Duisburg) 15. Aug. 1913, dt. Maler. – 1950 in Paris bestimmende Begegnung mit dem frz. Tachismus. Vorwiegend bunte (1960–66 gedämpfte) Farbgebung.

Troki, Isaak Ben Abraham, *Troki (Gouv. Wilna) 1533 (1525 ?), †ebd. 1594 (1585?), litauischer Schriftsteller. – Bed. Karäer mit gründl. Kenntnis der christl. (lat. und poln.) polem.-antijüd. Literatur, die ihn zu seiner berühmten Apologie des Judentums („Stärkung des Glaubens", hg. 1705) veranlaßte. Eine fehlerhafte Handschrift dieser Apologie diente sowohl den christl. Gegnern des Judentums als auch den freidenker. Gegnern des Christentums als Quelle.

Troll, Carl, *Gabersee (= Wasserburg a. Inn), 24. Dez. 1899, †Bonn 21. Juli 1975, dt. Geograph. – Forschungsreisen in S-Amerika, O-Afrika; Prof. in Berlin und Bonn; 1960–64 Präs. der Internat. Geograph. Union. Entwickelte ein System der Landschaftsökologie und der vergleichenden Geographie der Hochgebirge.

T., Thaddäus, eigtl. Hans Bayer, *Stuttgart 18. März 1914, †ebd. 5. Juli 1980 (Selbstmord), dt. Schriftsteller. – Verf. von heiteren [auch gesellschaftskrit.] Erzählungen und Romanen, Feuilletons, Essays, Theaterkritiken, Hörspielen und Satiren; u.a. „Deutschland deine Schwaben" (1967), „Der Entaklemmer" (Lsp., 1976; nach Molière).

T., Wilhelm, *München 3. Nov. 1897, †Mainz 28. Dez. 1978, dt. Botaniker. – Bruder von Carl T.; Prof. in München, Halle und Mainz. Widmete sich v.a. der Systematik und Morphologie der Pflanzen.

Troll, im nord. Volksglauben männl. oder weibl. Dämon in Riesen- oder Zwergengestalt.

Trollblume (Trollius), Gatt. der Hahnenfußgewächse mit rd. 20 Arten in den kalten und gemäßigten Gebieten der Nordhalbkugel. In Europa auf feuchten Wiesen und Bergwiesen heimisch die geschützte, 10–50 cm hohe, ausdauernde **Europäische Trollblume** (Goldranunkel, Schmalzblume, Trollius europaeus; mit geteilten Blättern und goldgelben Blüten); auch Zierpflanze.

Trolleybus ['trɔli; engl.], svw. ↑ Oberleitungsomnibus.

Trollhättan, schwed. Ind.stadt am Götaälv (Wasserfälle), 50 300 E. Düngemittelherstellung, Chromstahlwerk, Flugzeug-, Automobil- u.a. Werke. – Seit 1857 selbständige Gemeinde, seit 1916 Stadt.

Trollinger (Blauer Trollinger), seit Anfang des 18. Jh. auch in Württemberg angebaute, anspruchsvolle, spät reifende Rebsorte aus Tirol; Tafeltraube (bes. bekannt als Meraner Kurtraube); Keltertraube eines herzhaften Rotweins.

Trombe [italien.-frz.], Bez. für einen eng begrenzten Wirbelwind.

Trommel, Sammelbez. für ↑ Membranophone, die als Schlaginstrumente benutzt werden. Man unterscheidet ein- oder zweifellige T., solche mit oder ohne Resonator (z.B. Röhre oder Gefäß aus Holz, Ton, Metall), der Form nach Rahmen-, Walzen-, Faß-, Becher-, Sanduhr- oder Konus-T.; auch einige unmittelbar angeschlagene Idiophone (z.B. Schlitz- und Holzblock-T.) werden als T. bezeichnet. Die T. wird entweder mit verschiedenen Teilen der Hände (Finger, Handballen, flache Hand, Knöchel) oder mit Schlegeln (z.B. kleine und große T., Rühr-T., Tambourin, Tomtom, Timbales) angeschlagen; mit Fingern bzw. Händen: Rahmen-T. (Schellen-T., Bongo, Conga). – Die Form der *kleinen T.* ist zylindrisch; Höhe 16–18 cm, beim Jazz 8–14 cm; Durchmesser der Felle um 35 cm. Das obere Fell (Schlagfell) wird meist in der Mitte angeschlagen. Das untere (Resonanzfell) schwingt mit. Es wird durch quer darüber gespannte Schnarrsaiten geteilt, die den geräuschhaften Charakter der kleinen T. verstärken. Die Felle sind auf Fellwickelreifen gezogen und werden durch Schrauben gespannt. Ähnlich gebaut ist die *große T.*; Höhe 15–76 cm, Durchmesser der Felle 36–100 cm; sie wird z.B. im Jazz mit einer Fußmaschine angeschlagen. – T. gehören zu den frühen Instrumenten der Menschheit. Sie dienten urspr. fast ausschließlich kult.-zeremoniellen Zwecken. Seit dem frühen MA erscheinen ein- und zweifellige T. in Europa. Nach 1700 gelangte die große T. durch die Janitscharenmusik ins [Opern]orchester. In dieser Zeit erhielten die europ. T.

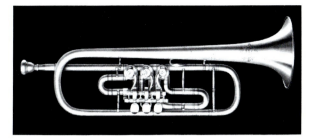 

Trompete. Links: Trompete mit Zylinderventilen. Rechts: Trompete mit Pumpventilen

Spannschrauben. Im späteren 19. und im 20. Jh. wuchs wieder die – in anderen Kulturen kaum je geschmälerte – Bed. der T. auch für die westl. Kunstmusik.

Trommelbremse ↑ Bremse.

Trommelfell (Membrana tympani) ↑ Gehörorgan.

Trommelfellentzündung (Myringitis), entsteht durch das Übergreifen einer Mittelohr- oder Gehörorganentzündung auf das Trommelfell.

Trommelfeuer, von Artillerieverbänden über einen längeren Zeitraum hinweg (mitunter mehrere Tage) kontinuierlich unterhaltenes Massenfeuer von Artilleriewaffen auf einen bestimmten Raum, meist zur Einleitung eines größeren Angriffs; bes. kennzeichnend für die Stellungskämpfe im 1. Weltkrieg.

Trommelmühle ↑ Mühle.

Trommelrevolver ↑ Revolver.

Trommelschlegelfinger (Kolbenfinger), kolbenförmige Auftreibung der Fingerendglieder mit uhrglasartiger Nagelverformung meist infolge chron. Sauerstoffmangels bei Lungen- und Herzkrankungen, seltener bei Leber- und Darmerkrankungen; manchmal ohne Krankheitswert.

Trommelsucht (Aufblähung, Tympanie), bes. bei Wiederkäuern auftretende Krankheit mit starker Auftreibung des Leibes infolge gesteigerter Gasbildung in Magen und Darm *(Meteorismus)* nach Aufnahme gärender oder quellender Futtermittel.

Trommel. Verschiedene Formen: 1 große Trommel; 2 Doppelfell-Handtrommel; 3 Rahmen- oder Handtrommeln; 4 Bongos; 5 kleine oder Wirbeltrommel; 6 Rahmentrommel mit Plastikfell; 7 Rahmenschellentrommeln

Tromp, Maarten Harpertszoon, * Brielle 23. April 1598, ⚔ bei Terheijde (= Monster) 10. Aug. 1653, niederl. Admiral. – Schlug 1639 eine span. Flotte vor The Downs; führte 1652/53 den Seekrieg gegen England.

Trompe [frz. trõ:p; eigtl. „Trompete"], im 11.–13. Jh. ein gerades Horn aus Metall, Signalinstrument bei Jagd, Turnier und Krieg.

Trompe [frz.], Gewölbezwickel in Gestalt eines halben Hohlkegels zur Überführung eines quadrat. Raumes in einen achteckigen.

Trompe-l'œil [frz. trõ'plœj „Augentäuschung"], Vortäuschung realer Gegenständlichkeit mit maler. Mitteln auf einem Gemälde; beliebt im Manierismus und Barock.

Trompete [frz.], in der Instrumentenkunde Sammelbez. für Blasinstrumente mit Kesselmundstück und überwiegend zylindr. Röhre (↑Horn). – I.e.S. ein Blechblasinstrument mit Kesselmundstück, enger Mensur, zylindr.-kon. Röhre (v. a. aus Messing oder Neusilber) und mittelbreit ausladender Stürze. Die T. hat Bügelform: neben einer längl., in sich geschlossenen Windung verläuft das gestreckte Schallstück. Im Unterschied zur Orchester-T. hat die (auch in frz. und amerikan. Orchestern gebräuchl.) Jazz-T. Pump- (statt Zylinder-)Ventile und weitere Mensur; der kon. Rohrteil ist oft länger als der zylindrische. – Standardinstrument ist die T. in B (Umfang e bis etwa c^3); oft ist das Umstimmen nach A oder C möglich. Gebräuchlich sind weiter T. in C (über B), F und Es (unter B). „Kleine T." sind die höher als die C-T. klingenden T. (in D, Es, F). Für heutige Wiedergabe der hohen T.partien des Barock gibt es u. a. kurze Ventil-T. (in hoch B), sog. Bach-T., aber auch lange Natur-T., in der Art des Barock. Weitere Typen sind Baß-T. (in Es, C, B), Aida-T. und Fanfare. Zur Klangveränderung dienen verschiedene ↑Dämpfer. – T.instrumente gab es schon in der Antike. Spätestens seit dem 13. Jh. war in Europa die Busine verbreitet, eine T. mit gestrecktem Rohr. Mit dem Aufkommen der Zug-T. um 1400 wurde das Blasen von Tonschritten möglich. Spätestens im 16. Jh. begann das Clarino-Spiel, das Überblasen der Natur-T. in so hoher Tonlage, daß sich eine Tonleiter ergibt. Das Melodiespiel erleichterten Ende des 18. Jh. Stopf- und Klappen-T., die eine Veränderung der Höhe des jeweiligen Überblastons erlaubten. Nach 1820 erhielt die T. Ventile und wurde damit voll melodiefähig.

Trompetenbaum (Katalpa, Catalpa), Gatt. der Bignoniengewächse mit 13 Arten in O-Asien, N-Amerika und auf den Westind. Inseln; sommergrüne Bäume mit meist sehr großen Blättern; Blüten in endständigen Rispen oder Trauben; mehrere Arten sind prächtig blühende Parkbäume.

Trompetenfische (Aulostomus), Gatt. bis 60 cm langer Knochenfische mit drei Arten, v. a. an Korallenriffen des Karib. Meeres, des Ind. und Pazif. Ozeans; stabförmige Tiere mit langer, röhrenförmiger Schnauze.

Trompetengeige, svw. ↑Trumscheit.

Trompetentierchen (Stentor), Gatt. bis etwa 1 mm langer, trichterförmiger Wimpertierchen mit mehreren einheim. Arten in nährstoffreichen Süßgewässern; meist festsitzend; Bakterienfresser.

Trompetervögel (Jacamins, Psophiidae), Fam. bis 50 cm langer Kranichvögel mit 3 Arten in N-Brasilien; dunkel gefärbte, dumpf trommelnd rufende Bodenvögel.

Trommel. Sanduhrtrommel aus Neuguinea

Trompetenbaum

Troms [norweg. trums], Verw.-Geb. in N-Norwegen, 25 954 km², 146 600 E (1990), Hauptstadt Tromsø. Vor der durch Fjorde gegliederten Küste liegen zahlr. Inseln, im Inneren reichen einige Täler weit in die umgebenden, oft alpine Formen aufweisenden Gebirge hinein.

Tromsø ['trɔmzø, norweg. ˌtrumsø:], Stadt in N-Norwegen, 50 200 E. Hauptstadt des Verw.-Geb. Troms. Luth. Bischofssitz; Sitz einer Apostol. Prälatur; Univ. (gegr. 1968), meteorolog. Inst., Nordlichtobservatorium, Erdbebenwarte; Museum. Nahrungs- und Genußmittelind., Schiffbau. – Bestand seit dem 9. Jh., 1250 erstmals erwähnt; verfiel im 16. Jh.; seit der Mitte des 18. Jh. neu besiedelt.

Trøndelag [norweg., ˌtrœndəla:g], histor. Prov. im mittleren Norwegen, heute geteilt in ↑ Nord-Trøndelag und ↑ Sør-Trøndelag.

Trondheim [norweg. ˌtrɔnhɛim] ↑ Drontheim.

Troodos ['troːodɔs], bis in hohe Lagen bewaldetes Gebirge aus jungvulkan. Gesteinen (pyrithaltig), das den zentralen SW Zyperns einnimmt, im Olympus 1 953 m hoch.

Troost, Paul Ludwig, * Elberfeld (= Wuppertal) 17. Aug. 1878, † München 21. Jan. 1934, dt. Architekt. – Seine neoklassizist. Architektur ist von Pathos und Monumentalität bestimmt (München, Haus der Kunst, 1933–37); Entwürfe für die Innenausstattung der Schiffe des Norddt. Lloyd.

Trop<u>ae</u>um Tra<u>ia</u>ni ↑ Adamclisi.

Trop<u>ai</u>on (Tropaeum) [zu griech. tropé „Wendung zur Flucht"], Siegesmal an der Stelle, an der der Gegner sich zuerst zur Flucht wandte (erstmals bezeugt im 5. Jh. v. Chr.): Baumstumpf oder Pfosten, an dem erbeutete Waffen aufgehängt waren, stets Göttern geweiht und deshalb unantastbar; in späterer Zeit auch aus Stein oder Bronze.

Trop<u>a</u>nalkaloide, v. a. in Nachtschattengewächsen und im Kokastrauch enthaltene Alkaloide, die sich vom *Tropan,* dem stickstoffhaltigen bicycl., optisch inaktiven Grundgerüst u. a. von Atropin und Kokain, ableiten.

Trop<u>a</u>rion [griech.], in der byzantin. Kirche Bez. für ein kurzes hymn. Kirchenlied alten Ursprungs (5. Jh.); in abschließender Gebetsform auf das Tagesfest bezogen und im Abend-, Morgen- und Tagesgottesdienst sowie bei der Liturgiefeier gesungen.

Trop<u>a</u>rium [griech.-lat.], svw. ↑ Tropenhaus.

Tropen [zu griech. tropé „Sonnenwende"], im Sinne der mathemat. Klimazonen der Erde der Bereich zw. den beiden Wendekreisen, in der die Sonne im Zenit stehen kann; im klimatolog. Sinn die Gebiete beiderseits des Äquators mit ständig hohen (außer in den Gebirgen) Temperaturen, die außerdem geringe tages-, aber noch geringere jahreszeitl. Schwankungen zeigen. Ein weiteres Merkmal der T. ist der Höchststande der Sonne folgenden Zenitalregen, die sich aus den aufsteigenden Luftmassen innerhalb der wandernden innertrop. Konvergenz ergeben. Somit folgt aus dem Zeitpunkt dieser Niederschläge eine Gliederung der T. in die äquatornahen **inneren Tropen,** wo die Trockenzeiten nur kurz und schwach ausgeprägt sind, und die **wechselfeuchten Tropen** mit ausgeprägten Regen- und Trockenzeiten.

Tropen (Einz. Trope oder Tropus) [griech.], in der Rhetorik zusammenfassende Bez. für die sprachl. Ausdrucksmittel der uneigentl. Rede. T. betreffen das Einzelwort, das in einem übertragenen Sinne gebraucht wird, z. B. „Blüte" für „Jugend".

Tropenhaus (Troparium, Tropicarium), Warm- oder Treibhausanlage, in der trop. Pflanzen und Tiere in möglichst natürl. Umgebung gepflegt und ausgestellt werden.

Tropenkoller, kaum noch gebräuchl. Bez. für Erregungszustände, die bei Europäern nach längerem Tropenaufenthalt durch klimat. Verhältnisse u. a. zusätzl. psych. Belastungen ausgelöst werden.

Tropenkrankheiten, Krankheiten, die ihr heutiges Verbreitungsgebiet hauptsächlich in den warmen Erdzonen haben, z. T. weil die Erreger sich nur in diesen Klimaten halten können (z. B. Schlafkrankheit, Leishmaniasen), z. T. spielen soziale und hygien. Faktoren eine Rolle. Viele T., so Malaria, Lepra, Cholera, kamen früher oft und kommen auch heute zuweilen im gemäßigten Klima vor.

Tropenmedizin, Fachgebiet der Medizin, das sich mit der Erforschung, Behandlung und präventiven Bekämpfung von Tropenkrankheiten beschäftigt und die Lebensbedingungen in den trop. Zonen erforscht.

Tropentauglichkeit, Eignung eines aus gemäßigten Klimazonen stammenden Menschen für Leben und Tätigkeit in trop. Ländern. Die Untersuchung auf T. hat sowohl den körperl. und geistigen Gesundheitszustand des Betreffenden als auch die klimat., gesundheitl., hygien. und sozialen Verhältnisse sowie die Aufenthaltsdauer am Zielort zu berücksichtigen.

Tröpfcheninfektion, unmittelbare Übertragung von Krankheitserregern (u. a. von Grippe, Keuchhusten, Scharlach, Masern, Tuberkulose) über feinste Speichel- oder Schleimtröpfchen beim Sprechen, Husten, Niesen oder Küssen.

Tröpfchenmodell ↑ Kernmodelle.

Tropfen, kleine Flüssigkeitsmenge, die als Folge der Oberflächenspannung der Flüssigkeit eine [nahezu] kugelförmige Gestalt angenommen hat.

Tropfsteine ↑ Höhle.

Trophäe [griech.-lat.], Siegesmal aus erbeuteten Waffen; Siegeszeichen, Jagdbeute.

trophisch [griech.], gewebsernährend, die Ernährung [des Gewebes] betreffend.

Trophobiose [griech.], Form des ↑ Mutualismus, einer Art Symbiose, bei der der eine Symbiont dem anderen Nahrung bietet; z. B. zw. Blattläusen und Ameisen.

Trophoblast [griech.] (Nährblatt, Nährschicht), die periphere Zellschicht des ↑ Keimbläschens der plazentalen Säugetiere (einschließlich Mensch), die nach Anlagerung des Keims an die Uterusschleimhaut und seiner Einbettung (Nidation) als Organ der Nährstoffaufnahme fungiert.

trophogene Zone [griech.] (trophogene Region), in der Ökologie die obere, lichtdurchlässige Schicht der Gewässer, in der durch Photosynthese organ. Substanz aufgebaut wird. Die lichtlose Tiefenzone, in der keine Photosynthese mehr stattfinden kann, heißt tropholyt. Zone.

trophotrop [griech.], auf den Stoffwechsel- bzw. Ernährungszustand von Organen bzw. Geweben einwirkend (Wiederherstellung der Leistungsfähigkeit); bes. auf die Wirkung des Parasympathikus bezogen.

Trophozyten [griech.], (Nährzellen, Nähreier), bei Plattwürmern und Insekten umgebildete Eizellen mit hohem Dottergehalt, die der Ernährung der heranreifenden Eizellen dienen.

Tropicarium [griech.-lat.], svw. ↑ Tropenhaus.

Tropikvögel [griech./dt.] (Phaethontidae), Fam. bis fast 50 cm langer, weißer, teilweise schwarz gezeichneter Seevögel mit drei Arten über trop. Meeren; vorwiegend stoßtauchende Tiere mit leicht gebogenem, spitzem Schnabel; brüten in Kolonien.

tropisch, in der *Astronomie* svw. auf den Frühlingspunkt, das Äquinoktium bezogen, z. B. trop. *Jahr* (↑ Jahr), trop. *Monat* (↑ Monat).

▷ in der *Klimatologie* svw. auf die Tropen bezogen.

tropischer Regenwald ↑ Regenwald.

tropische Wirbelstürme ↑ Wirbelstürme.

Tropismus [zu griech. trópos „Wendung"], durch verschiedene Außenreize verursachte, im Ggs. zur ↑ Nastie in Beziehung zur Reizrichtung stehende Orientierungsbewegung von Teilen festgewachsener Pflanzen bzw. bei sessilen Tieren (z. B. Moostierchen). Hinwendung zur Reizquelle wird als *positiver T.,* Abwendung als *negativer T.* bezeichnet. Die Bewegung kommt bei Pflanzen meist durch unterschiedl. (auf ungleicher Verteilung von Wuchsstoffen beruhende) Wachstumsgeschwindigkeiten der Organseiten zustande (↑ Nutationsbewegungen). Nach Art des auslösenden Reizes unterscheidet man u. a.: **Chemotropismus,** durch chem. Reize verursachte Bewegung (z. B. Wachstumsbewegung der Wurzeln); **Geotropismus,** Bewegungsreaktion auf den Reiz der Erdschwerkraft; **Haptotropismus** (Thigmotropismus), durch Berührungsreiz ausgelöste Wachstumsbewegung mit in deutl. Beziehung zur Reizrichtung stehender Bewegungsrichtung (bes. bei Rankenpflanzen); **Phototropismus** (Heliotropismus), durch einseitige Lichtreize ausgelöste, zur Reizquelle gerichtete Lageveränderung oberird. Pflanzenteile.

Tropologion [griech.], liturg. Buch der orth. Kirchen, das die Texte und Melodien der Troparien (↑Troparion) enthält.

Tropolon [Kw.], Bez. für drei vom 1,3,5-Cycloheptatrien *(Tropiliden)*, C_7H_8, abgeleitete Verbindungen. Das α-T. ist im Grundgerüst zahlr. Naturstoffe enthalten. Chem. Strukturformel des α-Tropolons:

Tropophyten [griech.], Pflanzen (v. a. der gemäßigten Zonen und der Savannengebiete), die im Ggs. zu den an mehr oder weniger gleichbleibende Standortbedingungen angepaßten ↑Hygrophyten und ↑Xerophyten jahreszeitlich wechselnden Temperatur- und/oder Feuchtigkeitsverhältnissen unterworfen sind und ein entsprechend wechselndes Erscheinungsbild (z. B. durch Laubabwurf) aufweisen.

Troposphäre [griech.], die unterste Schicht der ↑Atmosphäre, in der sich die Wettervorgänge abspielen. Die Grenzschicht gegenüber der darüberliegenden Stratosphäre ist die **Tropopause**.

Troppau, Stadt in der ČR, ↑Opava.

troppo [italien.], svw. zu viel, zu sehr; in der Musik z. B. **presto ma non troppo**, nicht allzu schnell.

Tropsch, Hans, *Plan (= Planá, Westböhm. Bez.) 7. Okt. 1889, †Essen 8. Okt. 1935, dt. Chemiker. – Prof. in Prag und Chicago; Arbeiten u. a. zur Theorie der Kohleentstehung. T. entwickelte mit F. Fischer die ↑Fischer-Tropsch-Synthese.

Tropus [zu griech. *trópos* „Wendung, Weise"], in der *Rhetorik* ↑Tropen.
▷ aus der antiken Tradition in die *ma. Musiklehre* übernommene Bez., mit ↑Kirchentonart (auch Modus oder Tonus) identisch.
▷ in der *Liturgie des MA* die textl. (Textierung von Melismen) oder textl. und musikal. Erweiterung eines liturg. Gesanges durch Zusätze. Die Entstehung des T. wird in der 1. Hälfte des 9. Jh. in westfränk. Klöstern angenommen. Mit der Einführung von Versmaß und Reim wurden die T. zu einem eigenen Zweig ma. Dichtung.

Trosse [frz.-niederl.; letztlich zu lat. *torquere* „drehen"], starkes Schiffstau aus Hanf oder anderem Fasermaterial (auch Drahtseil).

Trossingen, Stadt in der Baar, Bad.-Württ., 714 m ü. d. M., 11 700 E. Staatl. Hochschule für Musik, Bundesakad. für musikal. Jugendbildung; v. a. Herstellung von Musikinstrumenten. – 797 erstmals gen.; seit 1927 Stadtrecht.

Trostberg, Stadt an der Alz, Bay., 490 m ü. d. M., 10 600 E. Kalkstickstoffwerk. – Um 1230 als Markt gegr.; 1475 stadtähnl. Privilegien; Stadterhebung 1913.

Trotta, Margarethe von, *Berlin 21. Febr. 1942, dt. Schauspielerin, Filmregisseurin und Drehbuchautorin. – Seit 1971 ∞ mit V. Schlöndorff. Vielfältig-differenzierte Darstellerin in den Filmen „Baal" (1969), „Warnung vor einer heiligen Nutte" (1970). Regie führte sie u. a. in „Die verlorene Ehre der Katharina Blum" (1975), „Schwestern oder Die Balance des Glücks" (1979), „Die bleierne Zeit" (1981), „Rosa Luxemburg" (1986), „Die Rückkehr" (1990).

Trottellumme ↑Lummen.

Trotteur [trɔˈtœːr; frz.], bequemer, dabei eleganter Laufschuh (Damenmode).

Trottoir [trɔtoˈaːr; frz.], Bürgersteig, Gehweg.

Trott zu Solz, Adam von, *Potsdam 9. Aug. 1909, †Berlin-Plötzensee 26. Aug. 1944 (hingerichtet), dt. Widerstandskämpfer. – Seit 1940 im Auswärtigen Amt; versuchte bei den Alliierten Unterstützung für die dt. Widerstandsbewegung zu gewinnen; nach dem Attentat vom 20. Juli 1944 vom Volksgerichtshof zum Tode verurteilt.

Trotyl [Kw.] ↑Nitrotoluole.

Trotz, Widerstand und Ablehnung gegenüber dem Willen einer Autorität. Oft erscheint das trotzige Verhalten inhaltlich oder sachlich nicht begründet und von unangemessener Emotionalität begleitet.

Trotzalter (Trotzphase), typ. Phase in der psychosozialen Entwicklung des Kindes (gewöhnl. in der Zeit des 3. und 4. Lebensjahres), in der das Kind die (neuentdeckte) Fähigkeit übt, eigenen Willen zu erfahren und auch durchzusetzen; wichtig für die Integration der Willensfunktion in die Persönlichkeitsentwicklung. – Die Phase zw. dem etwa 12. und 15. Lebensjahr wird – v. a. wegen der Protesthaltung Jugendlicher (↑Pubertät) – häufig als **zweite Trotzphase** bezeichnet.

Trotzki, Leo (Lew), russ. Lew Dawidowitsch Trozki, eigtl. Leib Bronstein, *Janowka (Gouv. Cherson) 7. Nov. 1879, †Coyoacán (bei Mexiko City) 21. Aug. 1940, russ. Revolutionär und Politiker. – Gründete 1897 den Südruss. Arbeiterbund; entzog sich zweimal der Verbannung durch Flucht ins Ausland (1902 und 1907); gehörte seit 1903 den Menschewiki an. Ab 1907 Journalist in Wien, Zürich, Paris und in den USA; kehrte im Mai 1917 nach Rußland zurück und schloß sich den Bolschewiki an; wurde Mgl. des ZK sowie des Politbüros; als Vors. des Petrograder Sowjets (seit Sept. 1917) und des Militärrevolutionären Komitees führend an der Oktoberrevolution beteiligt; wurde im Nov. 1917 Volkskommissar des Äußern, im Dez. auch Leiter der Sowjetdelegation bei den Friedensverhandlungen mit den Mittelmächten in Brest-Litowsk, wo er mit der Formel „weder Krieg noch Frieden" Lenins Ziel eines schnellen Friedensschlusses mit Deutschland unterlief. Nach dem weiteren militärischen Vordringen der Mittelmächte stimmte er für die Unterzeichnung des Friedensvertrags vom 3. März 1918, trat jedoch als Außenkommissar zurück. 1918 zum Volkskommissar für Verteidigung ernannt, schuf T. die Rote Armee und damit die Voraussetzung für den Sieg der Bolschewiki im Bürgerkrieg 1918–22. Unterlag als entschiedener Verfechter einer Theorie der „permanenten Revolution" nach Lenins Tod (1924) im Machtkampf Stalin, der ihn aus Reg.- (1925) und Parteiämtern (1926/27) entfernte; 1928 nach Kasachstan verbannt, 1929 ausgewiesen. Wirkte im Exil v. a. publizistisch gegen den Stalinismus und gründete 1938 die Vierte Internationale (Trotzkismus); in Mexiko von einem NKWD-Agenten ermordet. – *Werke:* Die permanente Revolution (1930), Mein Leben (1930), Geschichte der russ. Revolution (1931–33), Stalin (1941).

Leo Trotzki

Trotzkismus, 1. Bez. für eine auf dem Marxismus fußende und von L. Trotzki entwickelte polit. Theorie, deren Kernstück die Theorie der permanenten ↑Revolution, das Festhalten am proletar. Internationalismus und die Kritik an der unter Stalin eingeleiteten bürokrat. Entartung der Sowjetunion ist; 2. Bez. für eine sich auf diese Theorie berufende, die Form der bolschewist. Partei Leninscher Prägung *(Bolschewiki-Leninisten)* bewahrende und in der Vierten ↑Internationale zusammengeschlossene polit. Bewegung; 3. bis 1989/90 in der Sowjetunion und der KPdSU verpflichteten kommunist. Parteien anderer Länder diffamierende Bez. für alle linksoppositionellen Strömungen.

Margarethe von Trotta

Troubadour [ˈtruːbaduːr, – – ʹ –; provenzal.-frz.], okzitan. Dichter-Sänger des 12. und 13. Jh., der die Texte und Weisen seiner Lieder selbst schuf und meist auch selbst vortrug. Die Sprache ist Langue d'oc. Überliefert sind Texte von rd. 450 T., darunter 25 Italiener, 15 Katalanen und etwa 20 weibl. Autoren; T. stammten aus allen Ständen. Im Mittelpunkt der von ihnen aus arab. und mittellat. Quellen entwickelten Lyrik stand der Minnekult, die stilisierte Form der Verehrung einer unerreichbaren höf. Herrin, die in den reich mit Naturbildern ausgestatteten Liedern besungen wurde. Als aristokrat. Gesellschaftskunst hatte sie im Rahmen fester Formen und Grundmuster die Thematik einer sublimierten Erotik immer neu zu variieren. Hauptformen waren *Canso* (↑Kanzone) und *Sirventes,* das ab Mitte des 12. Jh. [politisch motiviert] zum Rüge-, Kriegs- sowie Moralgedicht inhaltlich erweitert wurde.

Trousseau

Als ältester T. gilt Wilhelm IX., Herzog von Aquitanien; weitere bed. Vertreter waren: Jaufré Rudel, Cercamon, Marcabru, Bernart de Ventadour, Peire Cardenal (*um 1174, †um 1272), Bertran de Born, Peire Vidal (*um 1175, †um 1210). – Die Lieder der T. bildeten einen wichtigen Zweig der weltl. einstimmigen Musik des MA; sie wurden im allg. von einem Instrument begleitet.

Trousseau, Armand [frz. tru'so], *Tours 14. Okt. 1801, †Paris 27. Juni 1867, frz. Internist. – Führte die operative Eröffnung der Luftröhre in die Kruppbehandlung ein.

Trouvère [frz. tru'vɛːr; eigtl. „Erfinder von Versen"], ma. frz. Dichter-Sänger, nordfrz. Gegenbild zum okzitan. ↑Troubadour; begegnet seit der 2. Hälfte des 12. Jh. an nordfrz. Höfen. Hauptvertreter: Chrétien de Troyes, Conon de Béthune, Gace Brulé, Blondel de Nesle, Thibaut IV de Champagne, Adam de la Halle.

Troy [frz. trwa], François de, *Toulouse 9. Jan. 1645, †Paris 1. Mai 1730, frz. Maler. – Vater von Jean-François de T.; Porträtist des europ. Hochadels („Ludwig XIV. und seine Familie"; London, Wallace Collection).

T., Jean-François de, *Paris 27. Jan. 1679, †Rom 26. Jan. 1752, frz. Maler. – Italienreise 1698–1708 (Einfluß der venezian. Malerei). Malte Porträts und elegante Gesellschaftsszenen in kleinen Formaten und heller Palette.

Tatiana Troyanos

Troyanos, Tatiana [engl. trɔɪˈɑːnɔs], *New York 9. Dez. 1938, amerikan. Sängerin (Mezzosopran). – Singt mit großem Erfolg an den bed. internat. Opernbühnen; auch Konzertsängerin.

Troyat, Henri [frz. trwa'ja], eigtl. Lew Tarassow, *Moskau 1. Nov. 1911, frz. Schriftsteller russ. Herkunft. – Kam 1920 nach Paris. Schrieb Romane über histor. und familiengeschichtl. Themen, u. a. „Die Giftspinne" (1938); auch Dramen, Reiseberichte und Biographien russ. Dichter. – *Weitere Werke:* Solange die Welt besteht (1947), Die Damen von Sibirien (1962), Kopf in den Wolken (1977), Die große Katharina (1977), Tchekhov (1984).

Henri Troyat

Troyes, Chrétien de ↑Chrétien de Troyes.

Troyes [frz. trwa], frz. Stadt in der südl. Champagne, 63 600 E. Verwaltungssitz des Dep. Aube; kath. Bischofssitz; Forschungszentrum für Wirkwaren; Museen; Wirkwaren- u. a. Ind. – Hauptort der kelt. Trikassen (lat. Tricasses), von den Römern **Augustobona** gen.; seit dem 4. Jh. Bischofssitz, seit 958/959 unter der Herrschaft der Grafen von T. (später der Champagne); 12.–14. Jh. bed. Messeort. – Westl. der Stadt liegen die Kataluan. Felder, wo die Hunnen 451 gegen Römer und Westgoten eine Niederlage erlitten. – Got. Kathedrale (1208 ff.) mit bed. Glasfenstern, gotische ehem. Stiftskirche Saint-Urbain (1262–86).

Troyon, Constant [frz. trwa'jõ], *Sèvres 28. Aug. 1810, †Paris 20. März 1865, frz. Maler. – Vertreter der Schule von Barbizon mit pastos gemalten Landschafts- und Tierstücken.

Troy-System [engl. trɔɪ; nach der frz. Stadt Troyes], in Großbritannien und in den USA für Edelmetalle und Edelsteine verwendetes System von Massen- bzw. Gewichtseinheiten. Zur Kennzeichnung der Einheiten wird die Abk. t oder tr hinter das Zeichen der betreffenden Einheit gesetzt: dwt (pennyweight), oz tr (troy ounce), lb t (troy pound).

Einheiten des Troy-Systems	
1 pennyweight =	24/7 000 pound = 1,5551740 g
1 troy ounce =	480/7 000 pound = 31,103481 g
1 troy pound =	5760/7 000 pound = 373,24177 g

Trub (Geläger), bei der Bier- und Weinherstellung nach der Gärung auftretender, v. a. aus Hefen bestehender Niederschlag, der durch Filtrieren, Zentrifugieren oder Abstechen abgetrennt wird.

Trubar, Primož (Primus Truber), Pseud. Philopatridus Illyricus, *Rašica 9. Juni 1508, †Derendingen (= Tübingen) 28. Juni 1586, slowen. Schriftsteller. – Prediger; wirkte für die Ausbreitung der Reformation unter den Slowenen; Mitbegründer der slowen. Schriftsprache.

Trübe, Aufschlämmung von festen Stoffen in Wasser oder anderen Flüssigkeiten.

Trubezkoi [russ. trubɪtsˈkɔj], russ. Adelsgeschlecht, Nachfahren des litauischen Großfürsten Gedymin; bed. Vertreter:

T., Nikolai Sergejewitsch Fürst, *Moskau 15. April 1890, †Wien 25. Juni 1938, Sprachwissenschaftler und Völkerkundler. – Emigrierte 1919; ab 1923 Prof. in Wien. Mitbegr. der Prager Schule. T. wendete die Lehre F. de Saussures von der Systemhaftigkeit der Sprache auf den Lautbereich an, trennte zwischen Sprechakt und Sprachgebilde und forderte neben der Phonetik die Phonologie, die Analyse der Funktion der Laute im Sprachganzen; außerdem Arbeiten zur kaukas. und finnougrist. Sprachwissenschaft.

T., Sergei Petrowitsch Fürst, *Nischni Nowgorod 9. Sept. 1790, †Moskau 4. Dez. 1860, Revolutionär. – Gardeoberst; als einer der Führer der Dekabristen vor deren Aufstand am 26. Dez. 1825 zum Diktator gewählt; nach Niederschlagung der Erhebung zum Tode verurteilt, dann zu Zwangsarbeit in Sibirien begnadigt; 1856 amnestiert.

Trübglas, Glas, das durch Zuschläge zur Glasschmelze oder durch teilweise Entglasung (Rekristallisation) des fertigen Glases undurchsichtig gemacht ist und nach der meist weißen Trübung auch als *Milch-* oder *Opak-* bzw. *Opal[eszent]glas,* bei Entglasung auch als *Alabasterglas* bezeichnet wird. Die Lichtdurchlässigkeit von T. soll möglichst hoch sein; es wird in der Licht-, Medizin- und Beleuchtungstechnik verwendet.

Trübner, Wilhelm, *Heidelberg 3. Febr. 1851, †Karlsruhe 21. Dez. 1917, dt. Maler. – Neben G. Courbet verdankte er v. a. W. Leibl wichtige Impulse; schloß sich 1892 mit L. Corinth und M. Slevogt zur Münchener Sezession zusammen. T. unterrichtete seit 1896 in Frankfurt am Main, seit 1903 in Karlsruhe. Gehört zu den bedeutendsten Vertretern des Naturalismus in Deutschland. Seine frühen stilllebenhaften Porträts und Landschaften zeichnen sich durch nüchterne Helldunkelmalerei und fleckenartigen Farbauftrag aus; seit 1892 stand sein Werk dem Impressionismus nahe.

Truchseß [althochdt. „der in einer Schar sitzt oder ihr vorsitzt"] (mittellat. dapifer, senescalus), Inhaber des vornehmsten der german. Hausämter, zuständig für die ganze Hausverwaltung, betraut mit der Aufsicht über die Tafel. Das mit einem Territorium verbundene Erzamt des **Erztruchseß** war seit dem 12. Jh. im Besitz der Pfalzgrafen bei Rhein.

Wilhelm Trübner. Tor zum Stift Neuburg bei Heidelberg, 1913 (Mannheim, Städtische Kunsthalle)

Trucial States [engl. 'tru:ʃəl 'stɛɪts] (dt. Vertragsstaaten; Trucial Oman), engl. Bez. für Befriedetes Oman (seit 1971/72 ↑Vereinigte Arabische Emirate).

Trucksystem [engl. 'trʌk „Tausch(handel)"], Entlohnung von Arbeitern durch Waren, bes. durch Lebens- und Genußmittel. Das in frühindustrieller Zeit weitverbreitete T. wurde v.a. dadurch mißbraucht, daß sie den Lohn ausschließlich über in eigenen Läden abgegebene minderwertige und zu teure Waren ausbezahlten; in Deutschland seit 1855 verboten.

Trud, oberdt. Bez. für Hexe oder Alp; erscheint in tier. oder menschl. Gestalt und kann sich auch in einen Gegenstand verwandeln. Der weibl. T. entspricht der männl. **Trudner** oder **Truder**.

Trudeau, Pierre Elliott [frz. try'do], *Montreal 18. Okt. 1919, kanad. Politiker. – Jurist; 1965–84 Abg.; 1967/68 Justizmin. und Generalstaatsanwalt; 1968–84 Vors. der Liberalen Partei; 1968–79, erneut 1980–84 Premierminister.

Trudeln, Kunstflugfigur, bei der sich das Flugzeug auf einer Schraubenlinie um eine vertikale Achse nach unten bewegt.

Trudpert (Trudbert), hl., iroschott. Wandermönch und Einsiedler des 7. Jh. – Gründer des ältesten rechtsrhein. Klosters, der Benediktinerabtei Sankt T. im Münstertal bei Freiburg im Breisgau. – Fest: 26. April.

Truffaut, François [frz. try'fo], *Paris 6. Febr. 1932, †Neuilly-sur-Seine 21. Okt. 1984, frz. Filmregisseur. – Protagonist der Neuen Welle. – *Filme:* Sie küßten und sie schlugen ihn (1959), Schießen Sie auf den Pianisten (1960), Jules und Jim (1961), Fahrenheit 451 (1966), Die Braut trug Schwarz (1967), Der Wolfsjunge (1969), Die Geschichte der Adèle H. (1975), Die letzte Metro (1980), Auf Liebe und Tod (1982).

Truhe. Bauerntruhe mit Schnitzereien aus dem Zillertal, 1774 (Wien, Österreichisches Museum für Volkskunde)

Trüffel [lat.-frz.] (Tuber), Gatt. der Trüffelpilze mit rd. 50 Arten in Europa und N-Amerika; Fruchtkörper unterirdisch, kartoffelähnlich, mit rauher, dunkler Rinde. T. sind die kostbarsten Speise- und Gewürzpilze, so z.B. **Perigord-Trüffel** (Tuber melanosporum; schwarzbraun, bis 15 cm groß, mit warziger Oberfläche; von leicht stechendem Geruch), **Wintertrüffel** (Muskat-T., Tuber brumale; warzig rotbraun bis schwarz, bis 5 cm groß; aromatisch duftend) und die außen grobwarzige, schwarze, innen hellbraune **Sommertrüffel** (Tuber aestivum). Größere Mengen werden mit Hilfe von Hunden und Schweinen aufgespürt.

Trüffel, kugelförmige Praline aus schokoladenartiger Masse, mit Rum oder Weinbrand aromatisiert.

Trüffelpilze (Tuberales), Ordnung der Scheibenpilze mit knolligen unterird. Fruchtkörpern, in deren Innerem in gekammerten Hohlräumen die Fruchtschicht entsteht; rd. 30 Gatt. in vier Familien.

Trugbienen (Zottelbienen, Panurgus), Gatt. der ↑Grabbienen mit zwei 8–10 mm langen einheim. Arten; Hinterleib länglich, schwarz, glänzend; Kopf (♂) und Hinterbeine (♀) dicht behaart; legen ihre Erdnester in kleinen Kolonien an.

Trugdolde ↑Blütenstand.

Trughirsche (Odocoileinae), Unterfam. etwa hasen- bis rothirschgroßer Hirsche mit rd. 15 Arten in Eurasien, N- und S-Amerika; ♂♂ mit Geweih; unterscheiden sich von den Echthirschen v.a. durch einen abweichenden Bau des Mittelhandknochens. Die T. umfassen Rehe, Ren, Elch und Neuwelthirsche.

Trugmotten (Eriocraniidae), artenarme, auf der Nordhalbkugel verbreitete Fam. bis 15 mm spannender, dämmerungsaktiver Schmetterlinge mit rd. zehn Arten in M-Europa; Vorderflügel goldgelb und violett gemustert; Raupen fußlos; fliegen mitunter in kleinen Schwärmen; können an Laubbäumen schädlich werden.

Trugnattern (Boiginae), bes. in den Tropen verbreitete Unterfam. der Nattern, deren hinterer Teil des Oberkiefers verlängerte Giftzähne trägt; Biß für den Menschen meist ungefährlich mit Ausnahme der ↑Boomslang und der schlanken, spitzköpfigen **Lianenschlange** (Thelotornis kirtlandii). – Zu den T. gehören ferner u.a. ↑Eidechsennatter, **Kapuzennatter** (Macroprotodon cucullatus; etwa 50 cm lang; auf der Pyrenäenhalbinsel und in N-Afrika) und **Katzennatter** (Telescopus fallax; etwa 80 cm lang; in SW-Asien und auf dem Balkan).

Trugratten (Octodontidae), mit den Meerschweinchen verwandte Fam. ratten- oder wühlmausähnl. Nagetiere mit acht 12–20 cm langen (einschl. Schwanz bis 40 cm messenden) Arten im westl. und südl. S-Amerika.

Trugschluß, zur Täuschung oder Überlistung des Gesprächspartners bzw. -gegners angewandter (log.) fehlerhafter Schluß.
▷ in der *Musik* ↑Kadenz.

Truhe, Kastenmöbel, das im MA allg. das einzige, im bäuerl. Bereich bis in die Neuzeit hinein das wichtigste Aufbewahrungsmöbel war. Die älteren T. stehen auf Stollen, die mit den Wänden vernutet sind. Im Spät-MA erfolgte der Übergang zur Rahmenkonstruktion; Tragegriffe an den Schmalseiten. Andere T. wurden als Sitzbank (auch mit Lehnen) genutzt (Truhenbänke). Bes. die 4 Seiten der Truhen erhielten Verzierungen in Form von Schnitzereien, Intarsien, Stuck, Vergoldung und Malereien. Bes. prunkvoll wurden Hochzeits-T. gestaltet. Im städt. Bereich von Schrank und Kommode im 17. Jh. verdrängt.

Trujillo [span. tru'xijo], Dep.hauptstadt in N-Honduras, am Karib. Meer, 4700 E. Handelsplatz, Hafen. – 1525 als Hauptstadt der span. Kolonialprovinz Honduras gegr.; 1531–61 Sitz eines Bischofs, im frühen 17. Jh. führender Handelsplatz an der karib. Küste; 1643 von niederl. Piraten geplündert; blieb bis 1787 (Wiederbesiedlung) Ruinenstätte.

T., Hauptstadt des Staates T. in Venezuela, 400 km wsw. von Caracas, 790 m ü.d.M., 32 000 E. Kath. Bischofssitz; Handelszentrum. – 1559 gegr.; mehrfach verlegt.

T., Hauptstadt des peruan. Dep. La Libertad, in der Küstenebene, 532 000 E. Kath. Erzbischofssitz; Univ. (gegr. 1824), archäolog. Museum, Theater. Nahrungsmittel-, Textil- u.a. Ind. – 1535 von F. Pizarro gegr., in dessen Geburtsort ben. – Reste der 1617 gegen engl. Piraten errichteten Stadtmauer; Kathedrale (17. und 18. Jh.), Kirche El Belén (um 1759).

T., Staat in Venezuela, 7400 km², 553 000 E. (1990), Hauptstadt Trujillo. Der O wird von der Cordillera de Mérida durchzogen, der W liegt im Maracaibobecken. Hauptagrargebiete sind die Täler des Hochlandes und die nw. und sö. Abdachung des Gebirges.

Trujillo y Molina, Rafael Leonidas [span. tru'xijo i mo'lina], *San Cristóbal 24. Okt. 1891, †Ciudad Trujillo (= Santo Domingo) 30. Mai 1961 (ermordet), dominikan. Politiker. – Trat 1918 in die Armee ein (1927 General); kam 1930 durch Staatsstreich an die Macht und sicherte sich als Präs. (1930–38) eine despot. Stellung, die ihm und seiner Familie die Ausbeutung des Landes ermöglichte; 1942–52 erneut Präs.; auch 1952–60 während der Präsidentschaft seines Bruders Héctor Bienvenido (*1908) eigtl. Machthaber. Nach seiner Ermordung mußte die Familie das Land verlassen.

François Truffaut

Trüffel. Sommertrüffel

Truk

Trulli in Apulien

Truk [engl. 'trʌk oder tru:k] (heute Chuuk), 294 von Korallenriffen umsäumte Vulkaninseln sowie flache Koralleninseln im Pazif. Ozean, Teil der Föderierten Staaten von ↑Mikronesien, 127 km², 40 000 E; internat. ✈.

Trullanische Synoden, Bez. für das 6. allg. Konzil von Konstantinopel (680/81; Trullanum 1) und für die Synode vom Herbst 691 (Trullanum 2), die beide im „Trullos", dem Kuppelsaal des byzantin. Kaiserpalastes, abgehalten wurden.

Trulli (Einz. Trullo) [italien.], steinerne Kegeldachbauten v. a. in Apulien, mit unechtem Gewölbe, die Wände weißgekalkt. Im Ursprung wohl mit den Nuraghen auf Sardinien verwandt, auch mit den Bories in der Provence.

Truman, Harry Spencer [engl. 'tru:mən], * Lamar (Mo.) 8. Mai 1884, † Kansas City (Mo.) 26. Dez. 1972, 33. Präs. der USA (1945–53). – 1935–44 demokrat. Senator für Missouri. 1945 Vizepräs. unter Roosevelt, nach dessen Tod am 12. April 1945 Nachfolger im Präsidentenamt (wiedergewählt 1948); beendete den Krieg gegen Japan durch den Einsatz der Atombombe (im Aug. 1945 Abwurf auf Hiroshima und Nagasaki); führte die Zusammenarbeit mit der Sowjetunion bis zum Ende des 2. Weltkrieges fort (Teilnahme an der Potsdamer Konferenz), widersetzte sich jedoch ab 1946/47 im kalten Krieg entschieden der sowjet. Expansion mit einer Politik des ↑Containments und der Truman-Doktrin vom März 1947; förderte mit der Marshallplanhilfe nachhaltig den wirtsch. Wiederaufbau W-Europas; engagierte die USA im Koreakrieg; bemühte sich auf dem Gebiet der Wirtschafts- und Sozialpolitik, das Erbe des New Deal im ↑Fair Deal fortzuführen.

Harry Spencer Truman

Truman-Doktrin [engl. 'tru:mən], außenpolit. Leitlinie der USA im kalten Krieg, wonach die USA bereit waren, anderen „freien" Völkern auf deren Ersuchen hin militär. und wirtsch. Hilfe gegen eine Gefährdung ihrer Freiheit von innen oder außen zu leisten. Vom amerikan. Präs. H. S. Truman in einer Rede vor dem Kongreß am 12. März 1947 formuliert, in der er um die Zustimmung zu einer Militär- und Wirtschaftshilfe für die Türkei und für die antikommunist. Kräfte im Griech. Bürgerkrieg ersuchte.

Trümmergesteine, svw. klastische Gesteine, ↑Gesteine.

Trumpf [zu lat. triumphus „Triumph"], eine der [wahlweise] höchsten Karten bei Kartenspielen, mit der andere Karten gestochen werden können.

Trumscheit (Trompetengeige, Marientrompete, Tromba marina), Streichinstrument des 12.–19. Jh., mit 1 bis 2 m langem schmalem Schallkörper und meist einer Darmsaite, auf der durch Anstreichen in Flageolettart schnarrende, trompetenähnl. Töne erzielt werden.

Trundholm [dän. 'tronhɔl'm], Moor bei Nykøbing, NW-Seeland, Dänemark; Fundstelle (1902) von Teilen eines bronzenen Kultwagens („Sonnenwagen") des 14./13. Jh. v. Chr. (59,6 cm lang; älteste Dokumentation des Speichenrades im nord. Kreis; Pferd als Zugtier).

Trunkelbeere, svw. ↑Rauschbeere.

Trunkenheitsdelikte, Straftaten, die unter dem Einfluß alkohol. Getränke begangen werden. Trunkenheit des Täters kann zu verminderter Schuldfähigkeit (erhebl. Minderung der Unrechtseinsichts- oder Steuerungsfähigkeit des Täters zur Tatzeit, § 21 StGB) oder zu Schuldunfähigkeit und damit Straflosigkeit führen (bei einer Blutalkoholkonzentration ab etwa 3‰). Trotz der [geminderten] Schuldfähigkeit wird der Täter, der sich vorsätzlich oder fahrlässig in einen die Schuldfähigkeit ausschließenden bzw. mindernden Rausch versetzt hat, bestraft, wenn er in diesem Zustand eine rechtswidrige Tat *(Rauschtat)* begeht. Dabei knüpft die Rechtsordnung den strafrechtl. Vorwurf an das Herbeiführen des Rauschzustandes an, d. h. eine im Rauschzustand begangene Körperverletzung wird nicht als Körperverletzungsdelikt, sondern als Rauschtat bestraft (gemäß § 323a StGB Freiheitsstrafe bis zu 5 Jahren oder Geldstrafe, wobei jedoch die Strafe nicht schwerer sein darf als die für das im Rausch begangene Delikt angedrohte). Im Straßenverkehr gilt der Kraftfahrer ab einer Blutalkoholkonzentration von 1,3‰ als absolut fahruntüchtig. Ab 0,8‰ liegt eine Ordnungswidrigkeit vor, die mit Geldbuße bis zu 3 000 DM geahndet werden kann (§ 24a StraßenverkehrsG; lt. Einigungsvertrag bis 31. 12. 1992 in den neuen Bundesländern nicht angewendet). Bei Trunkenheit im Verkehr droht Bestrafung wegen Trunkenheitsfahrt (§ 316 StGB). Werden zusätzlich Leib oder Leben anderer oder fremde Sachen von bed. Wert gefährdet, ist der Tatbestand der Straßenverkehrsgefährdung (§ 315c StGB) erfüllt. Bei T. kommt neben der Strafe die Unterbringung in einer Entziehungsanstalt in Betracht. – Für das *östr.* und *schweizer.* Recht gilt im wesentlichen das für das dt. Recht Gesagte.

Trunksucht, die Gewöhnung an häufigen Alkoholgenuß (↑Alkoholismus).

Truppe [frz.], militär. Verband.
▷ eine Gruppe von festen Mgl. eines Zirkus, Varietés oder Theaters. Seit dem 16. Jh. übl. Organisationsform; bes. bekannt die Wander-T. im 18. Jh. (Neuber-T.).

Truppendienstgerichte ↑Wehrdienstgerichtsbarkeit.

Truppenführer, Bez. für militär. Führer vom Brigadekommandeur aufwärts.

Truppengattungen, die nach Ausrüstung und Bewaffnung, Aufgaben und takt. Einsatzgrundsätzen sich voneinander unterscheidenden Teile des Heeres; früher als Waffengattungen bezeichnet.

Truppenteil, andere militär. Bez. für Einheit oder Verband.

Truppenverbandsplätze, im Sanitätsdienst der Streitkräfte den Bataillonen zugeordnete Einrichtungen, die im Krieg die erste ärztl. Versorgung übernehmen.

Truro [engl. 'trʊəroʊ], engl. Stadt auf der Halbinsel Cornwall, 16000 E. Verwaltungssitz der Gft. Cornwall; anglikan. Bischofssitz; Museum; Strickwaren- und Nahrungsmittelind.; Hafen. – Seit 1130/40 Stadtrecht; seit 1877 City. – Kathedrale (1880–1910).

Truppengattungen im Heer der Bundeswehr	
Kampftruppen	**Kampfunterstützungstruppen**
Jägertruppe	Artillerietruppe
Gebirgsjägertruppe	Heeresflugabwehrtruppe
Fallschirmjägertruppe	Heeresfliegertruppe
Panzergrenadiertruppe	Pioniertruppe
Panzertruppe	ABC-Abwehrtruppe
Panzerjägertruppe	
Panzeraufklärungstruppe	
Führungstruppen	**Logistiktruppen**
Fernmeldetruppe	Instandsetzungstruppe
Feldjägertruppe	Nachschubtruppe
Fernspähertruppe	
Topographietruppe	**Sanitätstruppe**
Frontnachrichtentruppe	

Tschad

Tschad
Fläche: 1 284 000 km²
Bevölkerung: 5,68 Mill. E (1990), 4,4 E/km²
Hauptstadt: N'Djamena
Amtssprache: Französisch, z. T. Arabisch
Nationalfeiertag: 11. Aug. (Unabhängigkeitstag)
Währung: 1 CFA-Franc (F C.F.A.) = 100 Centimes (c)
Zeitzone: MEZ

Trust [engl. trʌst; Kurzbez. für engl. trust company „Treuhandgesellschaft"], Unternehmenszusammenschluß unter einer Dachgesellschaft (↑ Holdinggesellschaft), bei dem die einzelnen Unternehmen im Unterschied zum Konzern meist ihre rechtl. und wirtsch. Selbständigkeit verlieren. Der T. ist auf Marktbeherrschung, innerbetriebl. Rationalisierung und betriebswirtsch. Kontrolle gerichtet. Man unterscheidet *Horizontal-T.* (Zusammenschluß mehrerer Unternehmen desselben Produktionszweiges) und *Vertikal-T.* (Zusammenschluß von Unternehmen, die alle zur Erzeugung eines Endprodukts erforderlichen Zwischenprodukte herstellen).

Trustee [engl. trʌsˈtiː], im angloamerikan. Recht dem Treuhänder ähnl. Person, der die Eigentumstitel eines Trusts anvertraut sind und die den Trust verwaltet.

Truthühner (Meleagridinae), Unterfam. bis fast 1,3 m langer, in kleinen Trupps lebender, ungern auffliegender Hühnervögel (Fam. Fasanenartige) mit nur zwei Arten in Wäldern Z-Amerikas und des südl. N-Amerika; Kopf und Hals nackt, rötlichviolett, mit Karunkelbildungen und lappenförmigen Anhängen; Lauf des ♂ mit Sporn; brüten in Bodennestern, leben gesellig. Das **Wildtruthuhn** (Meleagris gallopavo) ist die Stammform des *Haustruthuhns*, darunter *Bronzeputen* und *Beltsville-Puten.* In Z-Amerika kommt das kleinere **Pfauentruthuhn** (Agriocharis ocellata) vor. – Neben dem Hund war das Haustruthuhn das einzige Haustier indian. Kulturen. Im 16. Jh. kam es durch die Spanier nach Europa.

Trutnov (dt. Trautenau), Stadt am SO-Fuß des Riesengebirges, Ostböhm. Bez., ČR, 427 m ü. d. M., 31 300 E. Bed. Leinenind. – Entstand aus der Siedlung **Úpa;** 1264 von dt. Kolonisten besiedelt, erhielt 1340 Stadtrecht.

Trybuna, poln. Tageszeitung; Organ der Sozialdemokratie der Republik Polen, bis 1989 u. d. T. *Trybuna Ludu* Organ der Poln. Vereinigten Arbeiterpartei; gegr. 1948; erscheint in Warschau.

Trypanosomen [griech.], farblose parasit. Flagellaten der Fam. Trypanosomatidae. Die T. besitzen nur eine Geißel, die über eine undulierende Membran mit der Zelloberfläche verbunden sein kann. Die meisten Arten treten in morpholog. Varianten auf, oft verbunden mit einem Wirtswechsel zw. Insekten und Egeln und Wirbeltieren. T. sind zum Teil gefährl. Krankheitserreger beim Menschen (Schlafkrankheit) und bei Haustieren.

Trypsin [griech.], zu den ↑ Proteinasen zählendes Enzym, dessen Vorstufe in der Bauchspeicheldrüse produziert wird und das im Dünndarm den vom Enzym ↑ Pepsin im Magen begonnenen Eiweißabbau bis zu Oligopeptiden fortsetzt.

Tryptophan [griech.] (1-Amino-2-(indol-3-yl)propionsäure), Abk. Trp, essentielle Aminosäure (Tagesbedarf des Menschen 0,25 g), heute auch synthetisch hergestellt und u. a. als Futterzusatz verwendet.

Trysa ↑ Gölbaşı.

Trysegel [engl. traɪ], dreieckiges Sturmsegel für Hochseejachten.

Trzcinieckultur [poln. tʃtɕinjɛts], nach dem Ort Trzciniec (bei Lublin) ben., mittelbronzezeitliche Kulturgruppe (14./13. Jh. v. Chr.); verbreitet in Ostpolen, Weißrußland und der Ukraine, gekennzeichnet durch starke endneolith. Tradition, Körper- und Brandbestattungen unter Hügeln, buckelverzierte Keramik und Bronzen.

TS, Abk. für: **T**urbine**n**schiff.

t.s., Abk. für: ↑ tasto **s**olo.

Tsaidambecken ↑ Qaidambecken.

Tsamkong ↑ Zhanjiang.

Tsangpo, Bez. für den Oberlauf des ↑ Brahmaputra in Tibet.

Tsaratananamassiv, Gebirge im N Madagaskars, im Maromokotro, der höchsten Erhebung der Insel, 2 876 m hoch.

Tsatsos, Konstandinos, * Athen 1. Juli 1899, † ebd. 8. Okt. 1987, griech. Politiker. – Jurist; ab 1930 Prof. in Athen; 1946–50 und 1963–67 Parlaments-Abg.; seit 1956 Mgl. der Nat.-Radikalen Union; zw. 1945 und 1974 mehrmals Min., 1975–80 Staatspräsident.

Tsavo-Nationalpark [engl. ˈtsɑːvoʊ], größter Nationalpark Kenias, östl. des Kilimandscharo, 22 727 km²; Trockensavanne mit Galerie- und Bergregenwäldern; Tierreservat; 1948 errichtet.

Tschaadajew, Pjotr Jakowlewitsch [russ. tʃɛɐˈdajɪf], * Nischni Nowgorod 7. Juni 1794, † Moskau 26. April 1856, russ. Publizist, Kultur- und Religionsphilosoph. – T. baute seine Philosophie auf der Identität des „göttl. Idealen" und des „geschichtl. Realen" auf; damit wurde er zum Begründer einer russ. Geschichtsphilosophie, die das polit. und histor. Denken im Rußland des 19. Jh. entscheidend bestimmte und zur scharfen Trennung zw. Westlern und Slawophilen führte.

Tschad [tʃat, tʃaːt] (amtl.: République du Tchad; dt. Republik Tschad), Staat in Zentralafrika, zw. 7° 30' und 24° n. Br. sowie 14° und 24° ö. L. **Staatsgebiet:** T. grenzt im N an Libyen, im O an die Republik Sudan, im S an die Zentralafrikan. Republik, im SW an Kamerun, im Tschadsee an Nigeria und im W an Niger. **Verwaltungsgliederung:** 14 Präfekturen. **Internat. Mitgliedschaften:** UN, OAU, GATT; der EWG assoziiert.

Landesnatur: T. liegt in der Sahara, im Sahel und im Sudan, die Oberfläche des Landes bedeckt den O-Teil vom T.becken. Im O wird T. von der Wadaischwelle (im Ennedi bis 1 450 m) und im N vom Tibesti (im Emi Kussi 3 415 m hoch) begrenzt. Die tiefste Stelle, das Bodélé (160 m ü. d. M.), liegt im nördl. Zentrum. Hydrograph. Mittelpunkt ist der abflußlose T.see im zentralen W. Die von S mündenden großen Flüsse Logone und Schari verursachen nach der Regenzeit sö. des T.sees große Überschwemmungen.

Klima: Der S (südl. 15° n. Br.) hat randtrop. Klima mit einer Regenzeit (Mai–Sept., die sich nach N auf die Zeit Juli/ Aug. verkürzt). Die Niederschlagsmengen nehmen nach N ständig ab. Der N hat Wüstenklima mit sporad. Niederschlägen.

Staatswappen

1970 1990 1970 1990
Bevölkerung Bruttosozial-
(in Mill.) produkt je E
(in US-$)

Bevölkerungsverteilung 1990

Bruttoinlandsprodukt 1990

Tschadbecken

Vegetation: Südl. von 13° n. Br. Trockensavanne, im Bereich der Flüsse Überschwemmungssavanne und Galeriewälder; im äußersten S Trockenwälder, zw. 13° und 16° n. Br. Dornstrauchsavanne und nördl. davon Wüste mit nur wenigen Oasen.

Tierwelt: In den Savannengebieten leben Elefanten, Nashörner, Büffel, Antilopen, Giraffen sowie Löwen, Leoparden, Schakale und Hyänen, in der Überschwemmungssavanne Affen, am T.see Flußpferde und Krokodile. Es gibt 2 Nationalparks und 5 Tierreservate.

Bevölkerung: Die größte geschlossene ethn. Gruppe sind die Araber (26 % der Gesamtbev.), die im nördl. und mittleren T. vorwiegend als Händler und Viehzüchter leben. Zweitwichtigste Gruppe ist die der Sara und Bagirmi, seßhafte Ackerbauern im S des Landes (31 % der Gesamtbev.). Weitere ethn. Gruppen sind die der Tubu (Kamelnomaden), Mbum, Mabang, Tama, Mubi, Sokoro, Haussa (Händler), Kotoko (Fischer), Massa, Kanembu, Kanuri und Fulbe. 44 % der Bev. sind Muslime, 33 % Anhänger traditioneller Religionen, 23 % Christen. Seit 1960 besteht Schulpflicht für alle 6- bis 12jährigen Kinder. Seit 1971 besteht eine Univ. in N'Djamena.

Wirtschaft: Die Landw. ist das wirtsch. Rückgrat des Staates; hier arbeiten 77 % der Erwerbstätigen. Die katastrophalen Dürrejahre in der 1. Hälfte der 80er Jahre im Sahel trafen die v. a. im N betriebene Rinderzucht empfindlich. Langjähriger Bürgerkrieg fügte der ohnehin wenig entwickelten Wirtschaft großen Schaden zu. Der Ackerbau im S ist weitgehend Wanderhackbau; in den Überschwemmungsgebieten Dauerfeldbau. Wichtigste Anbaukultur ist Baumwolle; es folgen Reis, Zuckerrohr und Tabak. Grundnahrungsmittel sind Hirse, Maniok, Süßkartoffeln und Erdnüsse. Die Fischerei spielt in den Überschwemmungsgebieten im S und im T.see eine beachtl. Rolle. T. gehört zu den am wenigsten industrialisierten Staaten Afrikas. Neben einigen Bergbaubetrieben zur Natron- (am Ostufer des T.sees) und Steinsalzgewinnung (in der Landschaft Borgou) gibt es wenige Betriebe der Textil- (bes. in Sarh) und Nahrungsmittelind. Im Tibesti besitzt T. reiche Uranvorkommen.

Außenhandel: Wichtigste Handelspartner sind Frankreich, Kamerun, Deutschland und Italien. Exportiert werden Baumwolle, Lebendvieh und Viehzuchtprodukte. Importiert werden Erdöl und Erdölderivate, Getreide, Arzneimittel und Chemikalien, Maschinen und Kfz, Elektro- und Textilwaren.

Verkehr: T. ist verkehrsmäßig wenig erschlossen. Die extreme Binnenlage wirkt sich erschwerend auf die Verkehrsentwicklung aus. Es gibt keine Eisenbahn. Von dem 32 300 km langen Netz von Straßen und Pisten kann im S der größte Teil nur während der Trockenzeit befahren werden. 253 km sind asphaltiert. Der T.see und der Logone (ab Bongor) sind mit kleineren Schiffen befahrbar. Die nat. Fluggesellschaft Air Tchad fliegt nur im Binnenverkehr. Internat. ✈ bei N'Djamena.

Geschichte: Vom 8.–19. Jh. bestanden die Reiche Bagirmi, Kanem und Wadai; seit dem 15. Jh. wanderten Araber, Berber und Bantu ein. 1900 siegten die Franzosen über den arab. Heerführer Rabeh. 1910 wurde T. Teil von Frz.-Äquatorialafrika, 1946 Überseeterritorium innerhalb der Frz. Union, 1958 autonome Republik der Frz. Gemeinschaft, in der T. auch nach der Unabhängigkeit (1960) verblieb. N'Garta Tombalbaye wurde 1. Staatsoberhaupt des unabhängigen T. Er konnte sich mit Hilfe frz. Truppen gegen die von Libyen unterstützten Aufständischen der „Front de Libération Nationale" (FROLINAT) im N behaupten, wurde aber 1975 von der Armee gestürzt und ermordet. General F. Malloum übernahm die Macht. Die von Malloum 1976 eingeleitete Politik der „nat. Versöhnung" hatte zunächst z. T. Erfolg. Als Libyen 1977/78 mit einem Teil der FROLINAT dazu überging, die Annexion größerer Grenzgebiete von T. vorzubereiten, empörten sich einige vorher mit Libyen verbündete Rebellen. Präs. Malloum versuchte, diese Spaltung seiner Gegner auszunutzen; H. Habré wurde 1978 Premiermin. Nach bürgerkriegsähnl. Zuständen lud Nigeria alle Konfliktparteien 1979 zu einer Friedenskonferenz in Kano ein. Die dort angestrebte Koalitionsreg. aus Vertretern aller Parteien wurde mit dem Abkommen von Lagos 1979 realisiert. G. Oueddei (* 1944), der seit 1969 die 2. Armee der FROLINAT-Rebellen im Tibesti befehligt hatte und zuletzt als scharfer Kritiker Libyens hervortrat, wurde Staatspräs. und Reg.chef einer Übergangsreg. der Nat. Union. Schon 1980 brachen wieder Kämpfe zw. den Truppen Oueddeis und Habrés in N'Djamena aus, in die auf Ersuchen Oueddeis libysche Truppen eingriffen und im Dez. 1980 N'Djamena eroberten. Die von der OAU Ende 1980 in Lagos organisierte Friedenskonferenz für T. wurde zu einem Erfolg Libyens und des von ihm unterstützten Oueddei. Anfang 1981 vereinbarten Libyen (U. M. Al Kadhdhafi) und T. (Oueddei) die Vereinigung beider Länder, die jedoch nach nat. und internat. Kritik nicht zustande kam. Die libyschen Truppen zogen sich Ende 1981 zurück, als eine Friedenstruppe der OAU nach T. entsandt wurde, die den Fortgang des Bürgerkriegs jedoch nicht verhindern konnte. 1982 eroberten Truppen Habrés die Hauptstadt N'Djamena und stürzten Präs. Oueddei. Habré wurde Staatspräs.; Oueddei bildete eine Gegenregierung. 1983 flammte der Bürgerkrieg wieder auf, in den Frankreich und Libyen militär. eingriffen. Nachdem sich Oueddei 1986 losgesagt hatte, wandte er sich zus. mit Präs. Habré gegen Libyen, das den N-Teil des T. besetzt hielt. Libyen erklärte 1987 den Krieg mit dem T. für beendet. Im Dez. 1990 wurde Präs. Habré durch den Rebellenführer I. Deby (* 1952), Führer des „Mouvement Populaire du Salut" (MPS), gestürzt; Deby wurde zum neuen Präs. ernannt. Nach einem fehlgeschlagenen Putschversuch im Okt. 1991 konnten 1992 nach schweren Gefechten rebellierende Einheiten des gestürzten Präs. Habré zurückgeschlagen werden. Von Jan. bis April 1993 tagte eine Nationalkonferenz, die eine Übergangsverfassung in Kraft setzte sowie ein Übergangsparlament (57 Mgl.) und einen Min.präs., F. Moungar, wählte; den fortwährenden Bürgerkrieg und die Auseinandersetzungen zw. dem heidn.-christl. schwarzafrikan. S und dem islam. arab. N konnte sie nicht beenden.

Politisches System: Nach der Verfassung vom Dez. 1989 war T. eine präsidale Republik. Durch die Militärrebellion vom Dez. 1990 wurde der amtierende Präs. gestürzt, die Verfassung suspendiert (im April 1992 durch eine Übergangsverfassung ersetzt), das Parlament, die Nat.versammlung (123 Abg.), aufgelöst. *Staatsoberhaupt* und oberster Inhaber der *Exekutive* ist der Präs., zugleich Vors. des Exekutivkomitees des MPS. Er ernennt den Min.präs., der der Reg. (Staatsrat) vorsteht. Dominierend ist die Bewegung Mouvement Populaire du Salut (MPS); seit März 1992 sind auch andere *Parteien* zugelassen. In der *Recht*sprechung gelten frz., z. T. islam. und traditionelles Stammesrecht.

Tschadbecken [tʃat, tʃaːt], großräumiges Senkungsgebiet in Z-Afrika. Der N ist Teil der Sahara mit ausgedehnten Sandflächen, der S Teil der Landschaft Sudan mit Überschwemmungssavannen. Im zentralen S liegt der Tschadsee; die tiefste Stelle ist das Bodélé zw. Tschadsee und Tibesti.

tschadische Sprachen, zu den hamitosemit. Sprachen gehörende Sprachengruppe in N-Nigeria, S-Tschad und N-Kamerun. Neben dem weit verbreiteten Hausa gehören u. a. dazu: Angas, Mandara, Mbum, Mubi, Tera.

Tschadsee [tʃat, tʃaːt], abflußloser, 3–7 m tiefer Süßwassersee im zentralen Afrika (Endsee des Schari, an dem Tschad, Niger, Kamerun und Nigeria Anteil haben) mit wechselnder Ausdehnung, etwa 281 m ü. d. M.; zahlr. Inseln. Etwa 6 800 km² sind Sumpfgebiet, etwa 17 000 km² offene Wasserfläche. Abbau fossiler Natronvorkommen, Fischfang.

Tschagatai (Dschagatai), † 1241, Mongolenkhan. – Zweiter Sohn Dschingis-Khans; erhielt nach dessen Tod 1227 Ost- und Westturkestan; unternahm Kriegszüge nach Indien und Persien.

Tschagataiisch (Osttürkisch, Alt-Usbekisch), eine seit dem 13. Jh. in West- und Ostturkestan auf der Basis des Chwaresmtürkischen und des Uigurischen entstandene Literatursprache mit arab. Schrift; direkter Nachfolger ist das Usbekische. Es existiert eine reiche Literatur; u. a. die Memoiren ↑Baburs, des Gründers des Mogulreiches in Indien.

Tschaikowsky, Pjotr Iljitsch, dt. Peter T., *Wotkinsk 7. Mai 1840, †Petersburg 6. Nov. 1893, russ. Komponist. – Studierte bei A. G. Rubinschtein, lehrte 1866–78 Musiktheorie am Moskauer Konservatorium, wirkte daneben als Musikkritiker und lebte nach 1878 als freischaffender Komponist und Dirigent in Rußland, W-Europa und den USA. – T. gelang eine Synthese von russ. musikal. Nationalsprache mit stilist. und techn. Mitteln der westeurop. Romantik. Sie zeichnet sich ab seit Werken wie der kom. Oper „Wakula der Schmied" (1876, 2. Fassung 1887), dem 1. (b-Moll, 1875) der drei Klavierkonzerte, dem 3. (es-Moll, 1876) der drei Streichquartette. Schon hier zeigt sich auch sein gleichermaßen dramat. wie lyr. Talent, verbunden mit einem Sinn für ausdrucksstarke, wirkungsvolle Instrumentation (Orchesterfantasien „Romeo und Julia", 1869; „Francesca da Rimini", 1876; 5 Ouvertüren, u. a. „Das Jahr 1812", 1880). T.s spätere Werke (3. Sinfonie D-Dur, 1875; 4. f-Moll, 1877; 5. e-Moll, 1888; 6. h-Moll, „Pathétique", 1893; „Manfred-Sinfonie", 1885; Streichsextett, 1890) sind mit ihrem oft jähen Wechsel von verinnerlichter Kantabilität und wildem Ausbruch stark von persönl. Erleben geprägt. Sein sehr vielfältiges, an italien. und frz. Vorbildern orientiertes Opernschaffen (10 Werke) umfaßt verschiedene Typen, die histor. Oper („Die Jungfrau von Orléans", 1881), das lyr. Drama („Eugen Onegin", 1879), das psycholog. Drama („Pique Dame", 1890). Die Ballette („Schwanensee", 1877; „Dornröschen", 1890; „Der Nußknacker", 1892) bilden den Anfang des sinfon. Balletts und haben im klass. Repertoire bis heute eine Spitzenstellung. T. schrieb weiter Kammer- und Klaviermusik, Chöre, über 100 Lieder und Romanzen.

Tschaitja [Sanskrit, urspr. „zum Scheiterhaufen gehörig"], in der buddhist. Baukunst aus dem Fels gehauene Kulthöhlen (meist dreischiffige Hallen, in der Apsis ein Stupa), v. a. in W-Indien (2. Jh. v. Chr. – 6. Jh. n. Chr.).

Tschaka, *1787, †1828 (ermordet), Oberhäuptling der Zulu (1818–28). – Ersetzte die alte Stammesstruktur durch eine straffe Militärorganisation (Kriegerkrale, stehendes Heer, neuzeitl. Bewaffnung). T. unterwarf die meisten Bantustämme im S Afrikas und begründete ein Zulureich in Natal.

Tschakma [afrikan.] (Bärenpavian, Papio ursinus), mit einer maximalen Körperlänge von 1 m größte und stärkste Pavianart in S-Afrika; Körper schlank und hochbeinig; Fell ziemlich kurz, Unterseite fast unbehaart; Schwanz kurz, oberhalb der Basis scharf abgeknickt; lebt gesellig in offenem Gelände, v. a. in felsigen Gebieten.

Tschako [ungar.], hohe Mütze (aus Leder oder Filz) mit Stirnschirm; im 19. Jh. in fast allen Armeen übernommen (bes. Jäger), nach 1918 von der dt. Polizei getragen.

Tschakra [Sanskrit „Rad"], kreisförmiges religiöses Symbol im Hinduismus; ein T. auf Händen und Füßen gehört zu den Attributen eines „großen Mannes". Wischnu trägt ein T., eine Wurfscheibe, in der Hand.

Tschamara (Čamara) [slaw.], Männerrock mit niedrigem Stehkragen und einer Reihe kleiner Knöpfe; mit Schnüren verziert (poln. und tschech. Nationaltracht).

Tschampa,

Tschandragupta Maurja (griech. Sandrakottos), ind. König (um 322–um 300). – Gründer der Dyn. Maurja; stürzte um 322 v. Chr. die Dyn. Nanda und schuf von Magadha aus ein Großreich.

Tschang Hsüeh-liang ↑Zhang Xueliang.
Tschangpaischan ↑Changbai Shan.
Tschangscha ↑Changsha.
Tschangtschou ↑Changzhou.
Tschangtschun ↑Changchun.
Tschang Tso-lin ↑Zhang Zuolin.

Tschanysee [russ. tʃɪˈnɪ], abflußloser See im Westsibir. Tiefland, 1 990–2 600 km² (je nach Wasserstand), durchschnittlich 2,2 m, maximal 10 m tief, 105 m ü. d. M.; Fischfang.

Tschao Meng-fu ↑Zhao Mengfu.
Tschapka (poln. Czapka), Kopfbedeckung der Ulanen; auf rundem Helmkörper sitzt ein quadrat. Deckel, mit einer Spitze nach vorn weisend.

Tschardschou [russ. tʃɪrˈdʒɔu], Geb.hauptstadt in Turkmenistan, am Amudarja, 161 000 E. PH; Textil-, Düngemittelind.; Hafen, Bahnknotenpunkt. – Entstand 1886 als Befestigung.

Tschawtschawadse, Ilja Grigorjewitsch, *Kwareli 27. Okt. 1837, †bei Tiflis 12. Sept. 1907 (ermordet), georg. Dichter. – Schöpfer der neugeorg. Literatursprache. Aus fürstl. Gutsbesitzerfamilie; bekämpfte zus. mit A. Zereteli Zarismus und Feudalismus; setzte sich für die nat. und soziale Befreiung ein. 1877–1902 Hg. der Zeitschrift „Iveria". Verfaßte lyr. Gedichte, Versepen und Erzählungen.

Tschcheidse, Nikolai Semjonowitsch, *bei Gori 1864, †Paris 1926 (Selbstmord), georg. Politiker. – 1912–17 Fraktionsvors. der Menschewiki in der 4. Duma; unterstützte nach der Februarrevolution von 1917 als Mgl. des Provisor. Dumakomitees und Vors. des Petrograder Sowjets die Provisor. Reg.; nach der Oktoberrevolution Vors. der Konstituierenden Versammlung Georgiens; emigrierte 1921 nach Paris.

Tscheboxary [russ. tʃɪbakˈsarɪ], Hauptstadt der autonomen Republik Tschuwaschien innerhalb Rußlands, an der Wolga, 420 000 E. Univ. (gegr. 1967), PH, techn., landw. Hochschule; 5 Theater; Traktorenwerk, Maschinenbau, elektrotechn., Textil- und Nahrungsmittelind.; Hafen. – Bekannt seit 1469, 1555 als Stadt und Festung des Ft. Moskau gegr.; im 17./18. Jh. bed. Handelsstadt; seit 1781 Kreisstadt.

Tschebyschow, Pafnuti Lwowitsch [russ. tʃɪbɪˈʃɔf], *Okatowo (Gouv. Kaluga) 16. Mai 1821, †Petersburg 8. Dez. 1894, russ. Mathematiker. – Begründete durch sein Wirken den ersten math. Ruf der Univ. in Petersburg. T. arbeitete in der Zahlentheorie über die Dichteverteilung der Primzahlen und stellte eine Theorie der bestmögl. Approximation von Funktionen auf; in der Wahrscheinlichkeitstheorie verallgemeinerte er das Gesetz der großen Zahlen und den zentralen Grenzwertsatz.

Tschechen (Eigenname Češi [Einzahl Čech]), westslaw. Volk v. a. in Böhmen und Mähren, ČR; etwa 9,9 Mill. Angehörige; eigenständige Nationalsprache (Tschechisch) und (Volks-)Kultur; zumeist Katholiken.

tschechische Kunst ↑tschechische und slowakische Kunst.

tschechische Legionen, aus tschech. Überläufern, Gefangenen und Freiwilligen in Rußland (nach der Februarrevolution 1917), in Frankreich (Dez. 1917) und Italien (April 1918) gebildete militär. Einheiten, die unter alliiertem Befehl, aber unter der polit. Führung des Tschechoslowak. Nationalrats in Paris standen. Die 92 000 Mann starke tschech. Legion in Rußland spielte im Bürgerkrieg 1919/20 eine umstrittene Rolle.

tschechische Literatur, erste schriftl. literar. Schöpfungen stammen aus der neuen. Zeit (10.–14. Jh.); zunächst kirchenslaw. Übersetzungsschrifttum, dann lat. Literatur. Anfang des 14. Jh. setzte die **alttschechische Literatur** mit höf. Verskunst ein, z. B. „Alexandreis" (um 1310), „Dalimilchronik". Die Regierungszeit Karls IV. (1346 bis 1378) bewirkte eine weitere Steigerung des Kulturschaffens (Gründung der Prager Univ. 1348) und eine Ausweitung der literar. Tätigkeit (Prokop- und Katharinenlegende, Streitgespräch, Ständesatire); auch Übersetzungen. Religiöse Probleme thematisierte T. Štítný (*um 1333, †um 1405). Die tschech. reformator. Bewegung kulminierte im 15. Jh. in der Person und dem folgenreichen Werk des Jan Hus, dessen Hauptwerk „De ecclesia" (1413) zwar lat. geschrieben ist, der seine Ideen jedoch in tschech. Predigten und Erbauungsschriften unter dem Volk verbreitete. Die geistigen Grundlagen der Böhm. Brüder schuf P. Chelčický (*um 1390, †1460) mit dem Traktat „Das Netz des Glaubens" (entstanden um 1440, dt. 1924), eine aus der Ethik des Urchristentums verstandene Soziallehre mit reformer.

Pjotr Iljitsch Tschaikowsky

Ilja Grigorjewitsch Tschawtschawadse

Tschechische Republik

Tschechische Republik

Fläche: 78 864 km²
Bevölkerung: 10,36 Mill. E (1990), 131 E/km²
Hauptstadt: Prag
Amtssprache: Tschechisch
Währung: 1 Tschech. Krone (KČ) = 100 Heller (Haléřů; h)
Zeitzone: MEZ

Tschechische Republik

Staatswappen

Internationales Kfz-Kennzeichen

Ansätzen für das tägl. Leben. Die 2. Hälfte des 15. Jh. und das 16. Jh. zeigten eine starke Hinwendung zu humanist. Gedankengut und nlat. Dichtung, vorbildlich auch für die tschech. Schriftsprache, bes. durch Übersetzungen und Nachdichtungen.

Das 17. und 18. Jh. (die Zeit zw. der Schlacht am Weißen Berge [1620], der Gegenreformation und dem Beginn der nat. Wiedergeburt ab etwa 1780) bedeutete für die Entwicklung der t. L. eine Periode der literar. Stagnation, nat. Isolierung und Selbstentfremdung, in der insbes. dt. Sprach-, Literatur- und Kultureinfluß vorherrschte. Die hervorragenden Vertreter t. L. und Kultur emigrierten und setzten sich wie z. B. auch im europ. Rahmen bedeutsame J. A. Comenius und P. Stránský (* 1583, † 1657) mit Schriften zur Verteidigung von tschech. Sprache und tschech. Volkstum ein.

Die Literatur der nat. Wiedergeburt am Beginn der **neueren tschechischen Literatur** verband die Traditionen der altschech. Literatur mit den Aufklärungsideen und der schrittweisen Wiedereinordnung in das europ. literar. Leben. Vom Widerhall des Volksliedes ausgehend, entwickelten sich Lyrik und Erzählung. J. Dobrovský und J. Jungmann (* 1773, † 1847) schufen die Grundlagen der modernen neutschech. Sprache. Höhepunkte tschech. Romantik bildeten die nat. Sendungsbewußtsein symbolisierenden Sonette J. Kollárs, dessen 1837 geprägte panslawistisch verstandene „slaw. Wechselseitigkeit" großen Einfluß ausübte, sowie die Vers- und Prosadichtungen K. H. Máchas. Das moderne tschech. Drama begründeten V. Klicpera (* 1792, † 1859) und J. K. Tyl (* 1808, † 1856). In den 1860er bis 1880er Jahren konnten sich 3 literar. Strömungen entfalten: die „Máj"-Bewegung (u. a. J. Neruda, V. Hálek), die nat. Akzente setzende „Ruch"-Gruppe, insbes. S. Čech (* 1846, † 1908), K. V. Rais (* 1859, † 1926), T. Nováková (* 1853, † 1912) und die „Lumír"-Bewegung mit J. Zeyer und J. Kvapil (* 1868, † 1950). T. G. Masaryk forderte den tschech. sozialkrit. Gesellschaftsroman nach dem Vorbild der russ. und engl. Realisten. In den 1890er Jahren formte sich die tschech. Moderne unter dem Einfluß bes. des frz. Symbolismus unter der krit. Führung von F. X. Šalda und erreichte ihren Höhepunkt in der sprachgewandten, individualisierten, auch soziale Themen gestaltenden Lyrik von O. Březina, A. Sova (* 1864, † 1928) und P. Bezruč; daneben auch J. Hora mit Lyrik des proletar. Großstadtelends. Mit starker Betonung religiöser Thematik bildete sich als Gegenpol die „kath. Moderne". Die Wiedererringung der staatl. Selbständigkeit (1918) hatte zu verschiedenen literar. Ansätzen geführt. Um die marxist.-proletar. Dichtergruppe „Devětsil" („Neunkräfte") formte sich die die 1920er und 1930er Jahre bestimmende literar. Avantgardebewegung des Poetismus mit seinen Hauptvertretern K. Teige, J. Wolker, V. Nezval, J. Seifert (* 1901, † 1986), K. Biebl. Wirkungsvollste Erzähler waren J. Hašek, K. Čapek, I. Olbracht, M. Majerová und M. Pujmanová. Während der Zeit der dt. Okkupation wurde nahezu alles literar. Schaffen und Publizieren in der Tschechoslowakei

mit Gewalt unterdrückt. Nach dem 2. Weltkrieg erzwangen die polit. Verhältnisse die Anpassung an Normen des sozialist. Realismus. Erst Ende der 50er Jahre bis zum Höhe- und Wendepunkt 1968 konnte sich die Literatur vom polit. Druck befreien, u. a. F. Hrubín, M. Kundera, V. Závada, die Prosaisten B. Hrabal, V. Linhartová, L. Vaculík und die Dramatiker P. Kohout und V. Havel. Die sowjet. Okkupation von 1968 beendete das freiere literar. Leben. Die damit verbundene literar.-künstler. Verengung und Verarmung des literar. Lebens veranlaßte zahlr. Autoren zur Emigration. Im Erneuerungs- und Demokratisierungsprozeß seit den polit. Umwälzungen 1989/90 stehen Fragen der Normalisierung des kulturellen Lebens, die Veröffentlichung und Aufführung der seit Ende der 60er Jahre verbotenen Werke, Rückkehr der exilierten Autoren und die literar. Aufarbeitung der letzten Jahrzehnte im Vordergrund.

Tschechische Republik (amtl.: Česká Republika, Abk. ČR), Republik im östl. Mitteleuropa mit den histor. Gebieten ↑Böhmen (Čechy) sowie ↑Mähren und ↑Schlesien (Morava a Slezsko), zusammengefaßt unter der Bez. *Tschech. Länder* (České země), bis 31. Dez. 1992 als *Föderative Tschech. Republik* Teil der ↑Tschechoslowakei, zw. 51° 03' und 48° 40' n. Br. sowie 12° 05' und 18° 42' ö. L.
Staatsgebiet: Die ČR grenzt im N an Polen, im SO an die SR, im S an Österreich, im W und NW an die BR Deutschland. **Verwaltungsgliederung:** 7 Bezirke (Mittel-, Nord-, Ost-, Süd- und Westböhmen, Nord- und Südmähren) sowie die bezirksfreie Hauptstadt Prag. **Internat. Mitgliedschaften:** UN.
Landesnatur: Die ČR ist eine durch die natürl. Gegebenheiten gebildete Raumeinheit. Das von Moldau und Elbe entwässerte, von kleinen Mittelgebirgen durchsetzte Böhm. Becken bildet den zentralen Landesteil. Es wird an den Rändern von waldreichen Mittelgebirgen (u. a. im SW Böhmerwald, im NW Erzgebirge, im NO Sudeten mit dem höchsten Punkt der T. R., der Schneekoppe [1 602 m], sowie Hohes [im Altvater 1 491 m hoch] und Niederes Gesenke) umgeben. Die flachwelligen Höhenzüge der Böhm.-Mähr. Höhe im SO trennen es von der fruchtbaren Marchsenke, die im O von den Westkarpaten begrenzt wird und nach SO zu in das Donautiefland übergeht.
Klima: Die ČR liegt in der Übergangszone zw. ozean. und kontinentalem Klimabereich. Die Gebirgsumrahmung schützt die sommerwarmen, wintermilden Beckenlandschaften vor Kaltlufteinbrüchen. Kälteste und auch niederschlagreichste Gebiete sind die Kämme der böhmischen Randgebirge; klimatisch begünstigt sind das Elbgebiet und die Marchniederung.
Vegetation: Der überwiegende Teil des Staatsgebiets ist von Wald bedeckt, der i. d. R. die Höhenlagen über 300 m einnimmt (Baumgrenze im Riesengebirge bei 1 200 m ü. d. M.). Bestandsbildend sind Eiche, Hainbuche, Buche, Fichte und Tanne. Erhebl. Teile v. a. in Nordböhmen sind durch Umweltbelastungen unwiederbringlich geschädigt.
Bevölkerung: Die Bev. besteht zu rd. 95 % aus Tschechen, weiterhin aus Slowaken, Polen, Deutschen und Ungarn.

Die größte Religionsgemeinschaft ist die röm.-kath. Kirche, der rd. 40 % der Bev. angehören. Ein ebenso großer Teil der Bev. gab bei der Volkszählung 1991 an, religiös nicht gebunden zu sein. Minderheiten bilden die ↑Tschechoslowakische Hussitische Kirche, die Ev. Kirche der ↑Böhmischen Brüder und die orth. Kirche. Rd. 60 % der Bev. lebt in Städten; Gebiete stärkster Bev.konzentration sind Prag mit seinem mittelböhm. Umland, Nordböhmen um Aussig und Brüx sowie die Ind.zone des Egergrabens. Schulpflicht besteht vom 6.–15. Lebensjahr. Univ. bestehen in Prag (gegr. 1348), Brünn, Olmütz und Ostrau.

Wirtschaft: Die bis 1989/90 das Wirtschaftsleben der ČR bestimmende Planwirtschaft erfährt durch die schrittweise Einführung marktwirtsch. Prinzipien einen umfassenden Wandel. Führender Zweig ist eine energieintensive Ind., basierend auf Stein- (im Gebiet von Ostrau-Karwin, bei Kladno und Pilsen) und Braunkohlenbergbau (Nordböhm. Becken [Sokolov, Komotau, Brüx]). Bei Vernachlässigung der Konsumgüterind. entwickelten sich bes. die Schwerind. (Gebiet von Ostrau-Karwin mit Roheisen-, Stahl- und Walzstahlerzeugung) und der Maschinenbau (Prag, Pilsen, Brünn, Ostrau) mit Schwer- und Präzisionsmaschinenbau sowie spezialisiertem Fahrzeugbau, gefolgt von der chem. Ind.; ferner Baustoff-, elektrotechn., Leicht- (bes. Glas-, Keramik-), Nahrungsmittel- und Genußmittelind. In der Landw. werden bes. Weizen, Gerste (bes. Braugerste), Roggen, Zuckerrüben und Kartoffeln, ferner Flachs, Hülsenfrüchte, Gemüse, Obst, Wein und Hopfen angebaut. In der Viehwirtschaft Rinder-, Schweine- und Geflügelhaltung; Binnenfischerei v. a. in Südböhmen; Forstwirtschaft. Zahlr. Erholungsgebiete mit Kurorten (u. a. Špindlerův Mlýn [Spindlermühle]) und Bädern (u. a. das Bäderdreieck Karlsbad – Marienbad – Franzensbad).

Außenhandel: Haupthandelspartner sind die SR (Zollunion), die BR Deutschland, Rußland u. a. Republiken der GUS, Polen, Ungarn und die EG-Staaten. Wichtigste Exportgüter sind Maschinen und Fahrzeuge, Eisen und Stahl, Brennstoffe, Konsumgüter und Nahrungsmittel. Eingeführt werden Maschinen, Brennstoffe, Konsumgüter und chem. Erzeugnisse.

Verkehr: Das Eisenbahnnetz hatte 1991 eine Länge von 9 454 km (davon 2 597 km elektrifiziert). 1991 umfaßte das Straßennetz 55 812 km (Autobahn Prag–Brünn mit Anschluß nach Preßburg). Verkehrsknotenpunkt ist der gut erschlossenen Landes ist Prag. Neben der internat. ✈ Prag und Brünn werden im Inlandsverkehr v. a. Karlsbad und Ostrau angeflogen.

Geschichte: Die ehem. tschech. Kronländer ↑Böhmen, ↑Mähren und (ehem. Österreichisch-) ↑Schlesien gehörten 1620–1918 zu Österreich-Ungarn (das ↑Hultschiner Ländchen 1742–1918 zu Preußen), seit 1918 zur ↑Tschechoslowakei. Nach der Niederschlagung des ↑Prager Frühlings und der Umwandlung der ČSSR in einen Föderativstaat (ab 1. Jan. 1969) wurden die tschech. Länder als *Tschech. Sozialist. Republik* zu einem der beiden offiziell gleichberechtigten Nationalstaaten der ČSSR (mit eigener Reg., Verfassung und Parlament). Doch erst nach Zusammenbruch des kommunist. Regimes 1989/90 erfolgte die wirkl. Umwandlung in eine föderative Republik innerhalb der ČSFR. Die ersten freien Wahlen zum Tschech. Nationalrat im Juni 1990 gewann das ↑Bürgerforum (OF; 49,5 % der Stimmen, 127 Abg.); P. Pithart (OF; seit Mai 1991 OH) wurde Min.präs. einer Koalitionsreg. aus OF und (tschech.) Volkspartei (SL) aus dem Wahlbündnis Christdemokrat. Union (KDU; 8,4 %, 19 Abg.). Nach der Aufspaltung des Bürgerforums 1991 gewann die aus ihm hervorgegangene ODS im Juni 1992 die Wahlen zum Nat.rat der Teilrepublik; Min.präs. ist seither V. Klaus. Mit der Auflösung der ČSFR wurde die ČR am 1. Jan. 1993 ein eigenständiger Staat; zum ersten Präs. wurde im Febr. 1993 V. Havel gewählt.

Politisches System: Die Verfassung der ČR wurde am 16. Dez. 1992 verabschiedet und trat am 1. Jan. 1993 in Kraft; ihre Präambel enthält einen ausdrückl. Verweis auf die UN-Charta über die Grundrechte und -freiheiten; nat. Minderheiten genießen bes. Rechte (u. a. kulturelle Entfal-

Tschechische Republik. Übersicht

tung in der Muttersprache). *Staatsoberhaupt* ist der vom Parlament für fünf Jahre gewählte Präsident. Die *Legislative* liegt beim Tschech. Nat.rat (200 Abg., für 5 Jahre gewählt); daneben besteht als zweite Kammer der Senat. Die *Exekutivgewalt* wird von der Reg. unter Vorsitz des Min.präs. ausgeübt, die dem Nat.rat verantwortlich ist. Wichtigste *Parteien* sind die dem liberal-konservativen Spektrum zuzurechnenden, aus dem Bürgerforum hervorgegangenen Parteien, die Demokrat. Bürgerpartei (ODS) unter V. Klaus sowie die Demokrat. Bürgerallianz (ODA); die sozialliberale Bürgerbewegung (OH) tritt dahinter zurück. Von der Kommunist. Partei Böhmens und Mährens (KSČM) spaltete sich im Juni 1993 ein Reformflügel ab. Die Tschech. Sozialdemokratie (ČSD) ging aus der 1878 gegr., 1948 mit der KPČ vereinten und 1989 wiedererstandenen Tschechoslowak. Sozialdemokratie (ČSSD) hervor.

tschẹchische Sprache, zum westl. Zweig der slaw. Sprachen gehörende Sprache der Tschechen, die in der ČR von rd. 10 Mill. Menschen und von mehr als 500 000 Emigranten v. a. in W-Europa und Amerika gesprochen wird. – Die auf dem mittelböhm. Dialekt beruhende neutschech. Schriftsprache wird in lat. Buchstaben mit diakrit. Zeichen geschrieben. Das *Vokalsystem* weist phonologisch relevante Quantitätsoppositionen der einfachen Vokale und zahlr. Diphthonge auf; im *Konsonantensystem* fallen die ausgeprägte Stimmtonkorrelation und eine Palatalitätskorrelation auf; die Laute [r, l] können auch silbenbildend sein: prst („Finger"), vlk („Wolf"). Der Wortakzent liegt auf der ersten Silbe. Das *morpholog. System* der Nominaldeklination ist trotz Bewahrung der 7 Kasus durch den phonetisch bedingten Zusammenfall von Endungen gekennzeichnet. Es gilt die Belebtheitskategorie (statt des Akkusativ Singular wird bei maskulinen Substantiven, die Lebewesen bezeichnen, der Genitiv Singular verwendet). Wie in anderen slaw. Sprachen gibt es auch in der t. S. ein Verbalaspektsystem, in dem sowohl in den Präsensformen als auch in den Vergangenheitsformen perfektiver und imperfektiver ↑Aspekt unterschieden werden.

Neben der tschech. Schriftsprache existiert eine allg. Umgangssprache mit einigen lautl. und morpholog. Eigentümlichkeiten. Die *Dialekte* werden in zwei Gruppen eingeteilt: das Böhmische (mit dem mittelböhm., dem nordöstl. und dem südwestl. Dialekt sowie einem Übergangsdialekt zum Mährischen) und das Mährische (hanak. und lach. Dialekt). Die ältesten größeren tschech. Sprachdenkmäler stammen aus dem 12. und 13. Jh. (Glossen, religiöse Lieder); im 14. und 15. Jh. entwickelte sich eine bed. Literatur in einer geschliffenen alttschech. Versprache. Diese frühen schriftsprachl. Erfolge wurden durch die lat. und v. a. dt. Sprach- und Kulturvorherrschaft im 17. und 18. Jh. so eingeschränkt, daß eine moderne tschech. Schriftsprache zw. 1780 und 1848 neu geschaffen werden mußte (u. a. von J. Dobrovský und P. J. Šafárik).

tschechische und slowakische Kunst 32

tschechische und slowakische Kunst, die ma. Kunstentwicklung begann im Großmähr. Reich (9. Jh., zahlr. Bauten bes. in Mähren ergraben). Seit dem späten 9. Jh. konzentrierte sich die Entwicklung auf Böhmen: Holz- und Lehmbauten (Burgen Budeč, Levý, Hradec), die mit dem eindringenden Christentum durch Steinbauten ersetzt wurden (Rundkirchen [seit dem 9. Jh.], Basiliken [seit dem 10. Jh., bes. Ordenskirchen]). Prag, seit dem 10. Jh. ausgebaut, wurde im 14. Jh. als Residenzstadt Kaiser Karls IV. ein Zentrum ma. Kunst. Die Prager Dombauhütte (seit 1344 unter Matthias von Arras, seit 1353 unter P. Parler) erlangte gleichermaßen Berühmtheit durch ihre Wölbetechnik wie durch ihre dekorative und figürl. Plastik (Przemyslidengrabmäler, Triforienbüsten, Schöne Madonnen des Krumauer Meisters). Die zuvor schon durch Miniaturen vertretene Malerei (Kodex aus Vyšehrad, 1085) kam im 14. Jh. ebenfalls zu hoher Blüte: Hohenfurther Altar (um 1350), Tommaso da Modena, Theoderich von Prag (Wandbilder in Burg Karlstein, um 1360), Meister von Wittingau. Eine reiche spätgot. Kunst entwickelte sich in der Slowakei bes. in den mittelslowak. Bergbaustädten und im Gebiet der Spiš (Meister Paul von Levoča). Um 1500 begann eine höfisch und z. T. bürgerlich orientierte Frührenaissance (Vladislavsaal der Prager Burg von B. Ried). Seit Mitte des 16. Jh. setzte unter starkem italien. Einfluß eine Fürstenrenaissance ein (Belvedere in Prag, Schlösser in Litomyšl und Telč, Rathaus in Pilsen). In der Slowakei folgte die Renaissance-Kunst der ungar. Hofkunst am Anfang des 16. Jh. als Verschmelzung mit spätgot. Formen (Rathaus Bardejov). Burgen wurden zu repräsentativen Schloßanlagen umgebaut (Preßburg, Komárno, Levice).

Eine fruchtbare Epoche von europ. Rang war das böhm. Barock mit den Werken der Baumeisterfamilie Dientzenhofer, der Bildhauer M. Braun und F. M. Brokoff (auf der Prager Karlsbrücke), der Maler P. J. Brandl und W. L. Reiner. Von Österreich wesentlich beeinflußt ist der Barock in Mähren und der Slowakei. Eine nat. betonte tschech. Kunst setzte im 19. Jh. ein (romant. Historien- und Landschaftsmalerei, u. a. J. Navrátil, M. Aleš). In Paris profilierten sich A. Mucha als Vertreter des Jugendstils, F. Kupka als Mitbegr. einer „orphist." abstrakten Malerei, in Prag stellte die „Gruppe der Acht" (E. Filla, B. Kubišta) den Kubismus vor. Für die nat. tschech. Plastik war der Bildhauer J. V. Myslbek die bestimmende Figur; O. Gutfreund fand seinen Ansatz im Kubismus. Der historisierenden Architektur (Prager Nationaltheater, 1867–83) setzte J. Kotěra moderne Konzepte entgegen. Die slowak. Architektur wurde bis zur Mitte des 19. Jh. vom Klassizismus und seiner von Wien beeinflußten Empire-Modifikation geprägt. In der 2. Hälfte des 19. Jh. zeigten sich Tendenzen des Historismus, der Anfang des 20. Jh. durch die Stil- und Heimatkunst sowie durch Bestrebungen des „Neuen Bauens" abgelöst wurde. Die noch stark von Österreich und Ungarn beeinflußte slowak. Malerei entwickelte sich in zunehmendem Maße zu einer nat. orientierten Kunst (G. Mallý, J. Augusta, E. Halász-Hradil, L. Fulla), die bis in die Gegenwart auch durch folklorist.

Elemente bereichert wird. Die Entwicklung der t. u. s. K. nach dem 2. Weltkrieg zu einem vielfältigen Spektrum zw. Realismus und autonomer Struktur (u. a. die Tschechen Z. Sykora, Č. Kafka, J. Kolář und die Slowaken R. Sikora, J. Jankovič, J. Bartusz, G. Kladek) wurde trotz eines bestimmten Maßes an Toleranz durch dogmatische Einengung bis zu den politischen Veränderungen seit 1989 zurückgedrängt.

Tschechische und slowakische Kunst. Ludovit Fulla, Slowakische Bäuerin in Tracht

tschechische und slowakische Literatur ↑tschechische Literatur, ↑slowakische Literatur.

tschechische und slowakische Musik, die landschaftlich sehr unterschiedl. Volksmusik der *Tschechen* ist seit dem 11. Jh. belegt; bes. bed. der geistl. Volksgesang der Hussiten im 15. Jh., der auf die Lieder der Böhm. Brüder Anfang des 16. Jh. einwirkte. Im 16.–18. Jh. wurden neben den v. a. in Prag tätigen F. X. Dušek (*1731, †1799) und V. J. Tomášek (*1774, †1850) die „böhm." Musiker in ganz Europa berühmt, u. a. J. Zach (*1699, †1773), J. D. Zelenka, J. Stamitz, F. und G. A. Benda, J. Mysliveček (*1737, †1781), J. L. Dussek, A. Reicha. – Die tschech. Nationalmusik entfaltete sich seit den 1860er Jahren mit B. Smetana in Stoffen und Musiksprache nat. geprägter, v. a. dramat. Musik. Ihm folgte A. Dvořák und auch Z. Fibich. Neu ansetzend, baute dann L. Janáček auf mähr. und ostslaw. Volksmusik und auf der Sprachmelodie auf. Dvořák und Janáček bildeten Schulen, zu denen u. a. V. Novák und J. Suk gehören. Zur Moderne zählen der folklorist.-neoklassizist. B. Martinů und der Mikroton-Avantgardist A. Hába. In der mehrschichtigen Entwicklung nach 1945 knüpfen u. a. J. Řídký (*1897, †1956), J. Seidel (*1908), V. Dobiáš (*1909, †1978) an die Tradition an; P. Eben (*1929) trat v. a mit Orgel- und Chorwerken hervor; Prinzipien neuer Musik verwenden in sehr persönl. Art u. a. Z. Vostřák (*1920), J. Tausinger (*1921), M. Kopelent (*1932), L. Kupkovič (*1936) und P. Kotík (*1942). – In der *Slowakei* entwickelte sich im 16. Jh. die geistl. Musik unter dem Einfluß der europ. Vokalpolyphonie. Das geistl. Lied erreichte seinen Höhepunkt in den Gesangbüchern „Cithara sanctorum" (1636) und „Cantus catholici" (1655). In den Tabulaturen aus Levoča, im „Codex Vietoris" sowie in „Pestrý sborník" sind u. a. Tanzmelodien aufgezeichnet. E. Pascha (*1714, †1789) und P. Bajan (*1721, †1788) beeinflußten mit ihren Vokalkompositionen auch das Volkslied; P. J. Roškovsky (*1741, †1781) schrieb vor allem Cembalo- und Orgelmusik. – Im 19. Jh. begann eine eigenständige nat. Musikpflege; Volkslieder wurden gesammelt und herausgegeben. J. L. Bella (*1843, †1936) gilt als erster Nat.komponist. Aber erst nach 1918 begann der eigtl. Aufschwung der slowak. Musik. A. Moyzes (*1906) und etwas später E. Suchoň (*1908), J. Cikker (*1911, †1989) sowie D. Kardoš (*1914) verhalfen ihr zu internat. Ansehen. Ihnen streben eine Reihe weiterer Komponisten nach, u. a. A. Očenáš (*1911), O. Ferenczy (*1921), L. Burlas (*1927), I. Zeljenka (*1932), I. Parík (*1936), T. Salva (*1937), J. Hatrík (*1941), I. Szeghová (*1956), P. Breiner (*1957).

Tschechische und slowakische Kunst. Mikolaš Aleš, Begegnung Georgs von Poděbrad mit Matthias Corvinus, 1878 (Prag, Národní Galerie)

Tschechoslowakei

Tschechoslowakei, histor. Bundesstaat im östl. Mitteleuropa.

Geschichte: Zur Geschichte bis 1918 ↑ Böhmen, ↑ Mähren, ↑ Schlesien, ↑ Slowakische Republik.

Die Erste Republik (1918–39): Am 28. Okt. 1918 wurde die Tschechoslowak. Republik (ČSR) als Nachfolgestaat der östr.-ungar. Monarchie in Prag ausgerufen und von der Pariser Friedenskonferenz am 10. Sept. 1919 im Vertrag von Saint-Germain-en-Laye bestätigt. Sie umfaßte die wirtsch. und sozial entwickelten Gebiete Böhmen, Mähren und (ehem. Österreichisch-) Schlesien einschließlich des ↑ Sudetenlandes, die verhältnismäßig rückständige Slowakei, die Zips und das unterentwickelte Karpato-Rußland (↑ Transkarpatien) sowie das bisher reichsdt. ↑ Hultschiner Ländchen; in dem neuen Nationalitätenstaat lebten 1930 9,75 Mill. (66,25 %) Tschechen und Slowaken, 3,32 Mill. (22,5 %) Deutsche, 720 000 (4,9 %) Ungarn und 100 000 (0,7 %) Polen. Am 29. Febr. 1920 verabschiedete eine Provisor. Nat.versammlung ohne Mitwirkung der Minderheitenvertreter eine nach frz. Vorbild ausgearbeitete zentralist. Verfassung. Das polit. Leben mit einer Vielzahl von Parteien stabilisierte sich rasch, da der Gründerpräs. T. G. Masaryk (1918–35) sowie sein Nachfolger und langjähriger Außenmin. E. Beneš dem in das frz. Paktsystem und die Kleine Entente (1921) einbezogenen Staat ein Höchstmaß an außen- und innenpolit. Kontinuität zu geben verstanden. Die Auswirkungen der Weltwirtschaftskrise und die Erfolge Hitlers im Dt. Reich führten zu einer Radikalisierung der nat. Minderheiten. Bes. die von K. Henlein als Sammelbewegung des gesamten Sudetendeutschtums gegründete Sudetendt. Heimatfront (ab April 1935: Sudetendt. Partei) verlangte nach ihrem Wahlerfolg im Mai 1935 (68 % der dt. Stimmen, 44 von 300 Mandaten) eine Föderalisierung der ČSR. Gegen Hitlers Entschlossenheit, die ČSR zu zerschlagen und die von Sudetendeutschen bewohnten Randgebiete dem Dt. Reich einzugliedern, blieb die Prager Reg. letztlich machtlos. Die brit. und die frz. Reg. stimmten im Münchner Abkommen (29. Sept. 1938) der Übergabe der dt. (als Reichsgau Sudetenland), bald danach der poln. und der ungar. Siedlungsgebiete (1. Wiener Schiedsspruch, 2. Nov. 1938) an die Nachbarstaaten zu; am 14./15. März 1939 gelang es Hitler, das Restgebiet als „Protektorat Böhmen und Mähren" dem Dt. Reich anzugliedern und einen dt. Einfluß ausgelieferten „Schutzstaat" Slowakei zu errichten.

Das Protektorat Böhmen und Mähren und der Schutzstaat Slowakei (1939–45): Dem *Protektorat* wurde eine autonome Selbstverwaltung mit einem Präs. (E. Hácha) und eine eigene Reg. unter strikter Oberaufsicht des Reichsprotektors (K. Frhr. von Neurath, W. Frick) zugestanden. Der Einfluß der im Untergrund tätigen Widerstandsorganisationen blieb gering; alle Ansätze zu Unruhen, Sabotage oder einen Aufstand wurden mit offenem Terror im Keim erstickt. Als „Vergeltungsaktion" für das Attentat auf R. Heydrich (27. Mai 1942) wurde die Zerstörung des Dorfes Lidice und die Ermordung seiner männl. Bev. zum Symbol nat.soz. Schreckensherrschaft.

Im *Schutzstaat Slowakei* versuchten die Reg. J. Tiso und V. Tuka (Okt. 1938 bis Sept. 1944) die Möglichkeiten einer wirtsch. und kulturellen Entfaltung zu nutzen. 1943 schlossen sich im Untergrund „tschechoslowakisch" ausgerichtete Politiker mit den Kommunisten zus. und lösten am 29. Aug. 1944 den Slowak. Nat.aufstand aus (Okt. 1944 von dt. Truppen niedergeschlagen). Der im Okt. 1938 zurückgetretene Präs. E. Beneš bildete im Herbst 1939 in London ein Tschechoslowak. Nat.komitee, das am 23. Juli 1940 die vorläufige Anerkennung als „Provisor. Reg. der T." durch die Alliierten erhielt. Am 11. Dez. 1940 konstituierte sich ein von Beneš ernannter Staatsrat als Exilparlament. Der Aufbau einer Auslandsarmee in Großbritannien und in der Sowjetunion förderte die definitive Anerkennung der Exilreg.; bereits im Sommer 1942 distanzierten sich die Westalliierten vom Münchner Abkommen und stellten nach dem Sieg über Hitler die Wiederherstellung der ČSR in ihren Grenzen von 1937 in Aussicht.

Volksdemokratie und kommunist. Herrschaft (1945–89): 1945 wurde die alte T. wiederhergestellt, nur Karpato-Rußland fiel an die Sowjetunion. Am 5. April 1945 proklamierte die von dem Sozialdemokraten Z. Fierlinger geführte neue Reg. ein Programm, das v. a. die Errichtung eines Wohlfahrtsstaates und die Verstaatlichung der Grundind. sowie der Banken und Versicherungen ankündigte. Die rasche und z. T. brutale Aussiedlung der Sudeten- und Karpatendeutschen sowie der Ungarn (seit Mai 1945) erschütterte das bisherige Sozialgefüge. Dank ihrer Kontrolle der Schlüsselministerien und der Massenmedien stieg die KPČ zur stärksten polit. Kraft auf und erreichte bei den Wahlen am 26. Mai 1946 37,94 % der Stimmen. Der durch die UdSSR erzwungene Verzicht auf die Teilnahme an der Marshallplanhilfe gefährdete die Bemühungen, die durch Kriegseinwirkung kaum zerstörte Ind. in Gang zu setzen, die Währung zu stabilisieren und die Nahrungsmittelversorgung sicherzustellen. Nach dem Scheitern der Pläne des seit Mai 1945 wieder amtierenden Staatspräs. Beneš, einen konstruktiven Modus vivendi mit der UdSSR zu erreichen, versuchten die demokrat. Parteien im Herbst 1947, die KPČ aus ihrer dominierenden Stellung zu verdrängen. Den Rücktritt bürgerl. Min. nutzend, erzwang die KPČ unter Androhung eines Generalstreiks die Ernennung eines neuen Koalitionskabinetts unter dem Kommunisten K. Gottwald (25. Febr. 1948). Beneš trat am 7. Juni 1948 zurück, K. Gottwald wurde sein Nachfolger. Am 27. Juni 1948 erfolgte die Zwangsvereinigung der Sozialdemokraten mit der KPČ (am 27. Sept. 1948 auch ihrer slowak. Sektion). Unter Abbau der der Slowakei 1945 urspr. zugestandenen Autonomie ging die KPČ daran, die gesamte Staatsorganisation nach dem Vorbild der UdSSR zu ordnen. Nach der Übernahme des sowjet. Planungsmodells für die Volkswirtschaft geriet die ČSR (1960 in ČSSR umbenannt) mit dem Beitritt zum COMECON (1949) auch ökonomisch in starke Abhängigkeit von der UdSSR. Dem Kampf gegen die Kirchen 1949–51 folgten stalinist. Säuberungen innerhalb der KPČ, denen auch Generalsekretär R. Slánský in einem Schauprozeß zum Opfer fiel (Hinrichtung am 3. Dez. 1952). Die Entstalinisierung in der UdSSR 1956 blieb in der T. folgenlos, erst nach 1962 sah sich Staatspräs. A. Novotný (1957–68) zu einem liberaleren Kurs gezwungen (Sommer 1963 Rehabilitierung der Opfer stalinist. Politik). Die Diskussion über die Ursache der Terrorprozesse und die Forderung der Slowaken nach einer echten Föderalisierung der T. trugen zum Anwachsen der Unruhe bei. Der zunehmend erstarkende reformer. Flügel im ZK der KPČ (O. Šik, O. Černík, A. Dubček, J. Smrkovský u. a.) einigte sich am 5. Jan. 1968 auf A. Dubček als Nachfolger Novotnýs als Erster Sekretär des ZK der KPČ. Die nun folgende Reformphase des

Tschechoslowakei. Gewaltsame Beendigung des Prager Frühlings durch den Einmarsch von Truppen des Warschauer Paktes am 21. August 1968, im Bild ein durch Demonstranten in Brand gesetzter sowjetischer Panzer

sog. *Prager Frühlings* brachte breite wirtsch.- und gesellschaftspolit. Diskussionen inner- und außerhalb der KPČ und führte zu bed. Ansätzen einer Liberalisierung und Demokratisierung der Gesellschaft („Sozialismus mit menschl. Antlitz"), wobei jedoch das Bündnis mit der UdSSR nicht in Frage gestellt wurde. Mit diplomat. und militär. Druck gelang es der UdSSR nicht, die Reformen zu

Tschechoslowakei

stoppen; sie wurden brutal mit einer militär. Aktion von Truppen des Warschauer Vertrages (außer Rumäniens) am 20./21. Aug. 1968 niedergeschlagen. Die seitdem in der T. stationierten sowjet. Truppen wurden erst Ende Febr. 1990 bis Mitte 1991 vollständig abgezogen. Die zum 1. Jan. 1969 eingeleitete Föderalisierung der T. in einen Bundesstaat der Tschechen und Slowaken verwirklichte ein wichtiges Anliegen der Reformer. Doch bestand die Autonomie der Slowak. Republik praktisch nur auf kulturellem Gebiet; die parallel geschaffene ↑Tschechische Republik erlangte nie prakt. Bedeutung.

Die Ansätze zur Liberalisierung wurden nach 1968 konsequent rückgängig gemacht; seit 1971 erfolgten Prozesse gegen die unterdrückten Regimekritiker. 1973 unterzeichneten die T. und die BR Deutschland einen Vertrag über die beiderseitigen Beziehungen. Trotz aller Anstrengungen der moskautreuen Machthaber gelang es jedoch nicht, die Wortführer des Prager Frühlings in der Bev. zu diskreditieren und ihr Gedankengut zu verdrängen. Unter dem Eindruck der KSZE-Schlußakte von Helsinki (1975) entwickelte sich in der T. eine Bürgerrechtsbewegung (↑Charta 77), die, von der Reg. bekämpft, oppositionelles Gedankengut aufnahm und im Herbst 1989 zu neuer Wirksamkeit brachte. – Im Dez. 1987 gab KP-Chef G. Husák (seit 1975 auch Staatspräs.) den Parteivorsitz auf, sein Nachfolger wurde M. Jakeš. Min.präs. L. Štrougal trat im Okt. 1988 von seinem Amt zurück, neuer Min.präs. wurde L. Adamec. Trotz einiger vorsichtiger Reformversuche (v. a. Umstrukturierung der Wirtschaft) machte sich bald eine gesamtgesellschaftl. Krise in der T. bemerkbar.

Der demokrat.-föderative Staat (1989/90–92): Mit Demonstrationen, an denen seit Aug. 1989 immer mehr Menschen teilnahmen und die zunächst (Ende Okt.; Prag und Brünn) von der Polizei brutal zerstreut wurden, erzwang das Volk im Nov. 1989 den Dialog zw. Reg. und Oppositionsgruppen und forderte tiefgreifende Umgestaltungen in der Gesellschaft („sanfte Revolution"; Höhepunkt: Generalstreik am 27. Nov.). Reformkommunist M. Čalfa wurde am 10. Dez. 1989 Min.präs. einer erstmals nichtkommunistisch besetzten Koalitionsreg. der nat. Verständigung. Der Sprecher des am 18. Nov. 1989 gegr. ↑Bürgerforums, der Schriftsteller V. Havel, wurde nach dem Rücktritt von Staatspräs. Husák (10. Dez. 1989) am 29. Dez. zu dessen Nachfolger gewählt (Juli 1990 wiedergewählt), am Tag zuvor war der Führer der Reformkommunisten von 1968, A. Dubček, Parlamentspräs. geworden (bestätigt Juni 1990). Bereits am 29. Okt. hatte das Parlament den Führungsanspruch der KPČ aus der Verfassung gestrichen. Am 20. April 1990 erfolgte die Umbenennung in Tschech. und Slowak. Föderative Republik (ČSFR), um die angestrebte Gleichberechtigung von Tschechen und Slowaken in einem neuen Föderativstaat zu verdeutlichen. Bei den ersten freien Wahlen zur Volkskammer und zum Haus der Nationen (zus. das Bundesparlament) am 8./9. Juni 1990 errangen das Bürgerforum (OF) bzw. seine slowak. Partnerorganisation Öffentlichkeit gegen Gewalt (VPN) 46,6 bzw. 45,9 % der Stimmen (zus. 169 Abg.); in einer Koalitionsreg. aus OF/VPN und der slowak. Christl.-Demokrat. Bewegung (KDH) aus dem tschechisch-slowak. Wahlbündnis Christdemokrat. Union (KDU; 12,0 bzw. 11,3 % der Stimmen und 40 Abg.) wurde M. Čalfa (seit 1990 VPN) erneut Min.präsident. Schwerpunkte der Innenpolitik blieben Wirtschaftsreformen (Übergang zur Marktwirtschaft), stärkere Föderalisierung und Aufbau der kommunalen Selbstverwaltung. Im Jan. 1991 wurde ein Katalog von Grundrechten als Basis für eine neue Verfassung verabschiedet, deren Annahme Ende 1991 am Streit über den Fortbestand der Föderation scheiterte. Am 30. Jan. 1991 wurde die T. Mgl. des Europarates (Aufnahme: 21. Febr.). Im Frühjahr 1991 spaltete sich das zunächst als integrative Kraft wirkende Bürgerforum (OF) in die rechtsliberale Demokrat. Bürgerpartei (ODS) um V. Klaus, die sozialliberale (tschech.) Bürgerbewegung (OH) um J. Dienstbier und P. Pithart sowie die liberale Demokrat. Bürgerallianz (ODA) um V. Dlouhy; die slowak. Partnerorganisation VPN zerfiel in die starke nationalslowak. Bewegung für eine demokrat. Slowakei (HZDS) um V. Meciar und eine rechtsliberale „Bürgerl.-Demokrat. Union" (ODU-VPN). Trotz der Aufteilung der OF/VPN-Mandate behielt die Reg.koalition eine knappe Mehrheit. Der im Febr. 1992 abgeschlossene dt.-tschechoslowak. Nachbarschaftsvertrag, der den Vertrag von 1973 ablöste, enthielt erstmals auch die KSZE-Vereinbarungen über den Schutz nat. Minderheiten; die offen gehaltene Frage des Vermögens der Sudetendeutschen rief die Kritik der Sudetendt. Landsmannschaft hervor.

Mit der Ablehnung des Entwurfs eines Vertrages über die staatl. Neuordnung der T. durch das Präsidium des slowak. Nat.rates im Febr. 1992 begann sich der zunehmend eigendynam. Proceß der Auflösung der Föderation abzuzeichnen. Dieser wurde neben dem im slowak. Landesteil anwachsenden, dort von der HZDS getragenen nationalist.-separatist. Bestrebungen v. a. durch die unterschiedl. Vorstellungen hinsichtlich der Wirtschaftsreformen vorangetrieben: Während die radikalen bürgerl. Reformer in der tschech. Republik für eine bedingungslos rasche Einführung der Marktwirtschaft plädierten, verlangten die in der Slowakei dominierenden Gruppierungen angesichts der bes. Probleme der dort schwerpunktmäßig angesiedelten Schwerindustrie ein langsameres Tempo des ökonom. Umbaus. Die Spaltung der ČSFR wurde am 5./6. Juni 1992 durch entscheidende Zugewinne dieser beiden gegensätzl. Lager bei den Wahlen zu den Landesparlamenten eingeleitet: Bei einer Beteiligung von 85 % ging in der tschech. Republik die eher konservativ ausgerichtete Demokrat. Bürgerpartei (ODS) des amtierenden tschechoslowak. Finanzmin. Klaus als Sieger hervor, in der Slowakei gewann die HZDS unter Mečiar. Noch bis Anfang Juli zu Min.präs. der jeweiligen Landesteile gewählt, einigten sich Klaus und Mečiar in langwierigen Verhandlungen bis Aug. 1992 auf die friedl. Teilung der ČSFR zum 1. Jan. 1993. Übergangsmin.präs. der föderalen Reg. war ab Juli J. Strásky. Die Wiederwahl Präs. Havels, der sich entschieden für einen Fortbestand der Föderation ausgesprochen hatte, scheiterte am 3. Juli am Widerstand der slowak. Abg. des ČSFR-Parlaments; Havel legte daraufhin sein Amt zum 20. Juli nieder. Den ersten Schritt zur Gründung eines selbständigen Staates vollzog am 17. Juli der slowak. Nat.rat durch Erklärung der Unabhängigkeit der Slowakei; eine eigene slowak. Verfassung trat bereits am 3. Sept. in Kraft. Am 25. Nov. beschloß das tschechoslowak. Bundesparlament im dritten Anlauf bei knapper Mehrheit das Ende der ČSFR zum 31. Dez. 1992; zum Stichtag 1. Jan. 1993 gingen damit alle Kompetenzen auf die Parlamente und Reg. der ↑Tschechischen Republik und ↑Slowakischen Republik über.

Politisches System: Nach dem am 1. Jan. 1969 in Kraft getretenen Verfassungsgesetz (mit zahlr. Änderungen seit 1990) war die T. eine föderative Republik, bestehend aus 2 gleichberechtigten nat. Staaten mit eigenen Verfassungen, Parlamenten und Reg., der Tschech. Republik und der Slowak. Republik. *Staatsoberhaupt* war der Präs. der Republik. Er wurde auf einer gemeinsamen Sitzung beider Kammern des Parlaments auf 5 Jahre gewählt (1990 nur auf 2 Jahre) und besaß umfassende Vollmacht (u. a. Auflösung des Bundesparlaments). Die *Exekutive* lag bei der Bundesreg. unter Vorsitz des Min.präs., die der Bundesversammlung verantwortlich war. Organ der *Legislative* war die Bundesversammlung, bestehend aus der Volks- und der Länderkammer mit je 150 für 5 Jahre gewählten Abg. (1990 als Verfassunggebende Versammlung nur für 2 Jahre); es trat zweimal im Jahr zus.; während der Sitzungspausen übte das Präsidium (40 Mgl.) seine Rechte aus.

Republikorgane: Vertretungsorgane in den Republiken waren die Nat.räte, der Tschech. Nat.rat und der Slowak. Nat.rat. Exekutivorgane der Republiken waren die vom Präsidium der jeweiligen Nat.rats ernannten Reg. unter Vorsitz der Min.präs. Ausschließlich zuständig waren die Teilrepubliken insbes. für Justiz, Volksbildung, Kultur und Gesundheitswesen.

Parteien: Nach Beseitigung des Führungsmonopols der Kommunist. Partei der T. (KPČ) entstand ein Mehrpar-

Anton Pawlowitsch Tschechow

teiensystem. Es wurde u. a. repräsentiert durch die 3 Nachfolgeorganisationen des ↑Bürgerforums: Demokrat. Bürgerpartei (ODS), Bürgerbewegung (OH), Demokrat. Bürgerallianz (ODA), ferner die slowak. Bürgerl.-Demokrat. Union – Öffentlichkeit gegen Gewalt (ODU–VPN), die Bewegung für eine demokrat. Slowakei (HZDS), die Kommunist. Partei Böhmens und Mährens (KSČM), die Partei der Demokrat. Linken (SDL; Partei der früheren Kommunisten der Slowakei), die Christdemokrat. Union (KDU), ein Bündnis aus tschech. Volkspartei (SL), Christdemokrat. Partei (KDH) sowie die slowak. Christl.-Demokrat. Bewegung (KDH), sowie die Slowak. Nationalpartei (SNS), mehrere sozialdemokrat. Parteien, die Demokrat. Partei der Arbeit (DSP) und die Grüne Partei (SZ). Die *Gewerkschaft*sstruktur wurde im März 1990 aufgelöst. *Verwaltungsmäßig* war die T. in 10 Bez., 2 bezirksfreie Städte und 112 Kr. gegliedert; lokale Vertretungsorgane waren die von den Bürgern gewählten Nat.ausschüsse. Die *Recht*sprechung oblag dem Obersten Gerichtshof der T., Obersten Gerichtshöfen der Teilrepubliken, Kreis-, Bezirks- und örtl. Volksgerichten sowie Militärgerichten. Die Richter wurden von der Bundesversammlung, den Nat.räten sowie von den Nat.ausschüssen gewählt und waren abberufbar. Die Stärke der *Streitkräfte* belief sich Ende 1992 auf rd. 160 000 Mann.

Tschechoslowakische Hussitische Kirche (1920 bis 1971: Tschechoslowak. Kirche), 1920 in Prag begr. romfreie tschech. kath. Nationalkirche, hervorgegangen aus der auf der Grundlage radikaler Reformideen der kath. Aufklärung erstarkten Los-von-Rom-Bewegung und liberal-kath. Kreisen des Klerikerverbandes „Jednota"; die Verfassung der T. H. K. ist presbyterianisch. Patriarch ist seit 1. Juni 1991 Vratislav Štěpánek. Die T. H. K. hat rd. 500 000 Mgl. in 350 Gemeinden.

Tschechow, Anton Pawlowitsch ['tʃɛçɔf, russ. 'tʃɛxef], *Taganrog 29. Jan. 1860, †Badenweiler 15. Juli 1904, russ. Schriftsteller. - Einer der bedeutendsten russ. Erzähler, der in der russ. Literatur des 19. Jh. den krit. Realismus abschloß. Publizierte anfänglich in Zeitungen und Zeitschriften unter dem Pseud. Tschechonte. Zusammenarbeit mit dem Moskauer Künstlertheater; starb an Lungentuberkulose. Bed. Gestalter zeitnaher Themen und Stoffe, insbes. der Dekadenz des Kleinbürgertums, dessen Mißstände er unbestechlich beschrieb, dabei zunehmende Neigung zu Resignation und Melancholie vieler seiner Hauptfiguren, bes. in den Erzählungen „Der Tod des Beamten" (1883), „Ein Zweikampf" (1891), „Mein Leben" (1896). Seine handlungsarmen impressionist. Dramen sind v. a. auf die Schilderung von Stimmungen und Milieu ausgerichtet, u. a. „Die Möwe" (1896), „Onkel Wanja" (1897), „Der Kirschgarten" (1904). - *Weitere Werke:* Die Steppe (1888), Die Bauern (E., 1897), Die Dame mit dem Hündchen (E., 1899), Drei Schwestern (Dr., 1901).

Tschechowa, Olga, geb. von Knipper, *Alexandropol (= Kumairi, Armenien) 26. April 1897, †München 9. März 1980, dt. Schauspielerin. - Meisterschülerin von K. S. Stanislawski; emigrierte 1921 nach Deutschland und wurde von F. Murnau für den Film entdeckt („Schloß Vogelöd", 1921), „Liebelei" 1933) Charakterdarstellerin in Tonfilmen wie „Bel ami" (1939), „Andreas Schlüter" (1942).

Tscheka ['tʃɛka, russ. tʃɪ'ka], Abk. der russ. Kurzbez. Tschreswytschajnaja komissija ([Allruss.] Außerordentl. Kommission [für den „Kampf gegen Konterrevolution und Sabotage"]), 1917–22 Staatssicherheitsorganisation in Sowjetrußland; geschaffen unter Leitung F. E. Dserschinskis; trug durch „Roten Terror" zur Konsolidierung des Sowjetsystems bei; 1922 in die ↑GPU umgewandelt.

Tschekiang ↑Zhejiang.

Tscheljabinsk, Geb.hauptstadt am O-Rand des Südl. Ural, Rußland, 228 m ü. d. M., 1,14 Mill. E. Univ. (gegr. 1975), 6 weitere Hochschulen, 4 Theater; bed. Zentrum der Hütten-, Maschinenbau- und chem. Ind., einer der beiden Ausgangspunkte der Transsib, ⌛. – 1736 als Festung gegr.; wurde 1743 Stadt, 1781 Krst.; seit dem Ende des 19. Jh. Wirtschafts- und Handelszentrum; Verteilungsstelle für die Umsiedler nach Sibirien und dem Fernen Osten.

Tscheljuskin, Kap, nördlichster Punkt des asiat. Festlandes, auf der Halbinsel Taimyr, Rußland.

Tschengtschou ↑Zhengzhou.

Tschengtu ↑Chengdu.

Tsch'en Po-ta ↑Chen Boda.

Tschenstochau (Czenstochau; poln. Częstochowa), poln. Stadt an der oberen Warthe, 265 m ü. d. M., 253 000 E. Verwaltungssitz der Woiwodschaft Częstochowa; kath. Bischofssitz; TH, Museum; Theater. Zentrum der poln. Textilind., Eisenhütte, Stahlwerk. – 1220 erstmals erwähnt; erhielt 1356 dt. Stadtrecht; das 1382 gegr. Paulinerkloster Jasna Góra ist der bedeutendste Wallfahrtsort in Polen. 1577 entstand die Siedlung Neu-T., die 1717 Stadtrecht erhielt und 1826 mit der Klosteranlage verbunden wurde. – Wallfahrtskirche (14./15. Jh., barockisiert), Kapelle (17. Jh.) mit der Schwarzen Madonna (14. Jh.).

Tschen Tscheng, chin. General und Politiker, ↑Chen Cheng.

Tscheremissisch (Eigenbez. Mari), zum wolgafinn. Zweig der finno-ugr. Sprachen gehörende Sprache mit knapp 0,6 Mill. Sprechern in den autonomen Republiken Baschkirien und der Mari.

Tscherenkow, Pawel Alexejewitsch [russ. tʃɪrɪn'kɔf], *Nowaja Chigla (Bez. Woronesch) 28. Juli 1904, russ. Physiker. – Entdeckte 1934 die nach ihm benannte T.-Strahlung. Hierfür erhielt er 1958 zus. mit I. M. Frank und I. J. Tamm, die 1937 die theoret. Deutung dieses Phänomens lieferten, den Nobelpreis für Physik.

Tscherenkow-Strahlung [russ. tʃɪrɪn'kɔf], von P. A. Tscherenkow und S. I. Wawilow 1934 entdeckte elektromagnet. Strahlung des sichtbaren und ultravioletten Bereichs, die in einem durchsichtigen Medium von energiereichen geladenen Teilchen erzeugt wird, wenn deren Geschwindigkeit größer als die Phasengeschwindigkeit des Lichtes in diesem Stoff ist.

Tscherenkow-Zähler [russ. tʃɪrɪn'kɔf; nach P. A. Tscherenkow], Nachweis- und Energiemeßgerät für hochenerget. Teilchen, bei dem die von ihnen emittierte Tscherenkow-Strahlung mit Photozellen oder Photomultipliern registriert wird.

Tscherepnin [russ. tʃɪrɪp'nʲin], Alexandr Nikolajewitsch, *Petersburg 20. Jan. 1899, †Paris 29. Sept. 1977, russ. Komponist und Pianist. – Sohn von Nikolai Nikolajewitsch T.; unterrichtete 1938–45 in Paris, 1949–64 in Chicago. Er entwickelte eine neunstufige Tonleiter und eine „Intrapunctus" genannte Schichtung verschiedener Rhythmen, die er in seinen Werken verwendete. Komponierte u. a. Opern, Ballette, Orchesterwerke, Kammer-, Klaviermusik und Vokalwerke.

T., Nikolai Nikolajewitsch, *Petersburg 15. Mai 1873, †Issy-les-Moulineaux bei Paris 26. Juni 1945, russ. Komponist. – Prof. in Petersburg, Tiflis, nach 1921 in Paris. Komponierte - beeinflußt von Rimski-Korsakow und den frz. Impressionisten – Opern, Ballette, Orchester-, Kammer-, Klaviermusik, Chorwerke.

Tscherepowez [russ. tʃɪrʌpa'vʲets, tʃɪ'rʲɪpɛvɪts], russ. Stadt am N-Ufer des Rybinsker Stausees, 310 000 E. PH; Eisenhütte, Schiffbau, Stickstoffwerk u. a. Ind.; Hafen. – Entstand als Dorf um das seit dem 14. Jh. bestehende Auferstehungskloster; 1777 Stadt.

Tscherkassow, Nikolai Konstantinowitsch [russ. tʃɪr'kasef], *Petersburg 27. Juli 1903, †Moskau 14. Sept. 1966, russ. Schauspieler. – Bed. Charakterdarsteller. Ab 1933 am Puschkin-Theater in Leningrad (= St. Petersburg); ab 1926 beim Film, u. a. in „Alexander Newski" (1938), „Iwan der Schreckliche" (I. Teil 1944, II. Teil 1958).

Tscherkassy [russ. tʃɪr'kasi], Geb.hauptstadt in der Ukraine, am Krementschuger Stausee des Dnjepr, 290 000 E. PH, Planetarium; Theater; Maschinenbau, chem. und Bekleidungsind.; Hafen. – Als befestigtes Städtchen seit 1394 bekannt; nach 1569 an Polen-Litauen; 1793 zu Rußland.

Tscherkessen (Eigenbez. Adyge), kaukas. Volk im Adyg. Autonomen Gebiet und im Autonomen Gebiet der Karatschaier und T. (Rußland); zu den T. werden auch die

Tschenstochau.
Schwarze Madonna,
14. Jahrhundert

Pawel Alexejewitsch Tscherenkow

Alexandr Nikolajewitsch Tscherepnin

Nikolai Konstantinowitsch Tscherkassow

Tscherkessk

Tschernobyl. Oben: Aufnahme des Kernkraftwerks nach dem Unglück vom 26. April 1986. Unten: Blick auf den einbetonierten Reaktorblock 4 des Kernkraftwerks

als *Ober-T.* bezeichneten Kabardiner gerechnet; 51 000. Anfang des 19. Jh. lebten schätzungsweise 700 000–1 000 000 T. im nw. Großen Kaukasus und seinem nördl. Vorland bis zum Kuban als Ackerbauern und Viehzüchter (bes. Pferde). 1861–64 wurden sie durch Russen unterworfen; über 80 % aller T. wanderten aus (v. a. in das heutige Syrien, Jordanien, Israel und die Türkei).

Tscherkessk [russ. tʃɪrˈkjɛssk], Hauptstadt des Autonomen Geb. der Karatschaier und Tscherkessen, Rußland, in den nördl. Vorbergen des Großen Kaukasus, 113 000 E. Theater; elektrotechn., chem., Nahrungsmittel- u. a. Ind. – Seit 1931 Stadt.

Tschermak, Erich, Edler von Seysenegg, *Wien 15. Nov. 1871, †ebd. 11. Okt. 1962, östr. Botaniker. – 1903 Prof. für Pflanzenzüchtung an der Hochschule für Bodenkultur in Wien. Durch Bastardisierungsversuche an Erbsen gelangte T. 1900 (gleichzeitig mit H. de Vries und C. E. Correns) zur Wiederentdeckung der Mendel-Regeln, die er später planmäßig auf die Züchtung von Kulturpflanzen anwandte.

Tschernenko, Konstantin Ustinowitsch [russ. tʃɪrˈnjɛnkə], *Bolschaja Tes (Region Krasnojarsk) 24. Sept. 1911, †Moskau 10. März 1985, sowjet. Politiker. – Ab 1978 Mgl. des Politbüros, ab 1984 Generalsekretär des ZK der KPdSU und Vors. des Präsidiums des Obersten Sowjets (Staatsoberhaupt).

Tschernichowski, Saul [russ. tʃɪrniˈxɔfskij], auch Czernichowski, *Michailowka (Krim) 28. Aug. 1875, †Jerusalem 14. Okt. 1943, hebr. Schriftsteller und Übersetzer. – Arzt; lebte in Berlin, den USA und Tel Aviv. Verfaßte Sonette, Natur- und Liebeslyrik, einfache, humorvolle Idyllen aus der Welt der Krimjuden, Balladen sowie Erzählungen und Gedichte für Kinder.

Tschernigow [russ. tʃɪrˈnigɛf], Geb.hauptstadt im N der Ukraine, an der Desna, 296 000 E. PH; Museen, 2 Theater; Kammwoll-, Kunstfaserfabrik, Nahrungsmittelind., Musikinstrumentenbau. – 907 erstmals erwähnt; 1024 Hauptstadt des Ft. T. und bed. kulturelles Zentrum; 1239 durch die Mongolen zerstört; seit 1801 Gouvernementsstadt. – Transfigurationskathedrale (urspr. 11. Jh., von den Mongolen zerstört, 1675 wieder aufgebaut), Karfreitagskirche (12. Jh., 1941 zerstört, 1962 wieder aufgebaut).

Tschernjachowsk [russ. tʃɪrnɪˈxɔfsk] ↑ Insterburg.

Tschernobyl [russ. tʃɪrˈnɔbiɫ], Stadt am Pripjet, nahe seiner Mündung in den Kiewer Stausee des Dnjepr, Ukraine. Am 26. April 1986 ereignete sich hier im Block 4 des Kernkraftwerks (insges. 4 Blöcke mit zus. 4 000 MW), einem graphitmoderierten Druckröhrenreaktor, der bislang folgenschwerste Unfall in der Geschichte der nichtmilitär. Kernenergienutzung. Während eines Tests an den Turbogeneratoren des Blocks 4 kam es unter veränderten Betriebsbedingungen des Reaktors infolge eines sekundenschnellen, nicht mehr beeinflußbaren Leistungsanstiegs auf das 100fache des Normalen zu mehreren Dampfexplosionen und Bränden, die den Reaktor vollkommen zerstörten. Weite Teile Europas, v. a. der UdSSR, Finnland, Schweden, Polen, Rumänien wurden radioaktiv belastet. Eine Fläche von etwa 25 000 km² in Weißrußland, Rußland und der Ukraine ist mit mehr als 185 kBq/m² radioaktivem Cäsium kontaminiert, 10 000 km² mit mehr als 555 kBq/m²; etwa 1 Mill. Menschen, ein Drittel davon Kinder, leben noch in Gebieten mit mehr als 185 kBq/m². Im Anschluß an den Unfall starben 31 Menschen aus dem Kreis des Reaktorpersonals, der Feuerwehr- und Rettungsmannschaften. Etwa 135 000 Personen aus der 30-km-Zone um das Kernkraftwerk mußten in den ersten Tagen nach der Katastrophe evakuiert werden, weitere Umsiedlungen wurden später nötig oder sind noch vorgesehen. Die Zahl der stärker strahlenbelasteten Menschen wird von Experten auf mehr als 600 000 geschätzt, wobei bes. Aufräummannschaften (sog. Liquidatoren) betroffen sind. Da präzise Gesundheitsstatistiken fehlen, ist eine zuverlässige Bewertung der aufgetretenen Fälle von Krebserkrankungen, Mißbildungen u. a. Körperschäden nur schwer möglich. Das verdeutlicht auch eine 1991 vorgelegte Studie des unter der Leitung der ↑IAEA geführten „International Chernobyl Project" zu den gesundheitl. Auswirkungen von T.; eine ansteigende Krebserkrankungshäufigkeit (v. a. Leukämien, Schilddrüsenkrebs) ist in den betroffenen Gebieten in den nächsten Jahren zu befürchten, erste Hinweise dafür liegen vor.

Der bis Ende 1986 zur Einhüllung des zerstörten Reaktors des Blocks 4 gebaute Betonmantel („Sarkophag") weist großflächige Undichtigkeiten auf, so daß als Schutz vor austretender Strahlung noch ein zweiter Mantel errichtet werden soll.

Tschernomyrdin, Wiktor Stepanowitsch, *Tschornij Otrog (Region Orenburg) 9. April 1938, russ. Politiker. – Ingenieur; ab 1961 Mgl. der KPdSU; 1985–89 Min. für die Gasindustrie; seit Dez. 1992 Min.präsident.

Tschernoseme [tʃɛrnoziˈɔmə; russ.] (Schwarzerden) ↑ Bodenkunde.

Tschernowzy [russ. tʃɪrnafˈtsi] (dt. Czernowitz), Geb.hauptstadt in der Ukraine, am Pruth, 257 000 E. Univ. (gegr. 1875), medizin. Hochschule, Museen, Theater; Nahrungsmittel-, Textil-, Holzind. – 1408 als Zollpunkt des Ft. Moldau erstmals erwähnt; ab Anfang des 16. Jh. unter osman. Herrschaft; 1775 an Österreich; 1786–1849 Verwaltungszentrum der Bukowina innerhalb Galiziens, 1850–1918 Hauptstadt des Hzgt. Bukowina; 1918 an Rumänien, 1940 an die Sowjetunion (Ukraine) angeschlossen; 1941–44/47 nochmals rumänisch.

Tschernyschewski, Nikolai Gawrilowitsch [russ. tʃɪrnɪˈʃɛfskij], *Saratow 24. Juli 1828, †ebd. 29. Okt. 1889, russ. Publizist. – Während seines Studiums Begegnung mit den Ideen des frz. utop. Sozialismus; 1862 als Anhänger verhaftet, 1864–86 nach Sibirien verbannt. Begründete eine rationalist.-utilitarist. Ästhetik und hatte als bed. Theoretiker des Nihilismus v. a. in den 60er Jahren des 19. Jh. großen Einfluß.

Tscherokesen, eindeutschende Bez. für ↑ Cherokee.

Tscherskigebirge, Gebirge in NO-Sibirien, Rußland, erstreckt sich vom Unterlauf der Jana bis zum Oberlauf der Kolyma über rd. 1 600 km südl. der Jana-Indigirka-Tiefebene; im Pobeda 3 147 m hoch.

Nikolai Gawrilowitsch Tschernyschewski

Tschertomlyk [russ. tʃɪrtam'lik], einer der größten skyth. Kurgane, in der Ukraine, 22 km nw. von Nikopol. 1859–63 erforschte Grabstätte eines skyth. Fürstenpaares aus dem 4. Jh. v. Chr.

Tscherwonez [russ. tʃɪr'vɔnits], russ. Bez. für Goldmünzen: 1. im Inland umlaufende Goldmünzen fremder Prägung und deren landeseigene Nachprägungen (etwa 1730–1867); 2. 1834–41 und 1868–85 geprägte Goldstücke zu 3 Rubel; 3. der sowjet. Nachfolger des Imperial, geprägt 1923 und seit 1975, samt gleichwertigen Geldscheinen.

Tschetniks ↑ Četnici.

Tschetsche ↑ Orientteppiche (Übersicht).

Tschetschenen, Volk im nördl. Kaukasien, v. a. in den autonomen Republiken Tschetscheno-Inguschetien und Dagestan, Rußland; urspr. Viehzüchter; 865 000 Angehörige. Ende des 17. Jh. nahmen die T. den Islam an. Ihre Sprache gehört zur östl. Gruppe der ↑ kaukasischen Sprachen.

Tschetscheno-Inguschetien, autonome Republik innerhalb Rußlands, im Großen Kaukasus und seinem nördl. Vorland, 19 300 km², 1,28 Mill. E (1989), Hauptstadt Grosny. Angebaut werden Getreide, Zuckerrüben, Sonnenblumen, in der Niederung des Terek Obst, Gemüse und Wein; Schaf-, Rinder-, Seidenraupenzucht; Förderung und Verarbeitung von Erdöl und Erdgas. – 1934 wurden die autonomen Gebiete der Tschetschenen (gegr. 1922) und Inguschen (gegr. 1924) vereinigt und 1936 in eine ASSR umgebildet; unter dem Vorwurf der Kollaboration mit Deutschland 1944 von Stalin aufgelöst (Deportation der Bewohner nach Z-Asien); nach Rückwanderung der Bev. 1957 neu gebildet; erklärte sich im Nov. 1990 zu einer souveränen Republik. Ein Staatsstreich des Führers des Tschetschen. Nat.kongresses, General D. Dudajew, der sich im Nov. 1991 zum Präs. wählen ließ, führte im März 1992 nach einseitiger Ausrufung der Unabhängigkeit T.-I. zum Konflikt mit der Reg. Rußlands und zur Verhängung des Ausnahmezustands (Auflösung des Parlaments).

Tschiang Kai-schek ↑ Chiang Kai-shek.

Tschiang Tsching-Kuo ↑ Jiang Jingguo (Chiang Chingkuo).

Tschiba ↑ Chiba.

Tschibuk [türk.], lange türk. Tabakspfeife aus Ton.

Tschichold, Jan, * Leipzig 2. April 1902, † Berzona (Tessin) 11. Aug. 1974, dt. Buchkünstler und Graphiker. – Mitarbeiter des Insel-Verlags, Lehrer an der „Meisterschule für Deutschlands Buchdrucker", nach Emigration 1933 Zusammenarbeit mit brit. und amerikan. Typographen (u. a. Neugestaltung der „Penguin Books").

Tschimkent, Geb.hauptstadt im S Kasachstans, 512 m ü. d. M., 393 000 E. Drei Hochschulen; Theater. Baumwollverarbeitung, Bleierzverhüttung, Autoreifen-, chem.-pharm. mazeut. Fabrik, Erdölraffinerie; Bahnstation an der Turksib; ⌘. – Bis zur Einnahme durch russ. Truppen (1864) bed. Karawanenzentrum.

Tschin [russ. „Rang, Dienstgrad"], die 14 Rangstufen im Hof-, Militär- und Zivildienst, die Peter I., d. Gr. 1722 in Rußland einführte.

Tschingis Khan ['ka:n] ↑ Dschingis-Khan.

Tschirtschik, rechter Nebenfluß des Syrdarja, Usbekistan, 155 km lang; entsteht durch Zus.fluß von Tschatkal und Pskem; 19 Wasserkraftwerke (insges. 3 000 MW).

T., Stadt in Usbekistan, am Fluß T., 156 000 E; Chemie-, Hartlegierungswerk, Maschinen- und Transformatorenbau, Baumwoll-, Nahrungsmittelindustrie.

Tschistka [russ. „Säuberung"], in der Sowjetunion Bez. für die Entfernung polit. Gegner aus ihren Positionen in Staat, Partei u. a. gesellschaftl. Bereichen, oft verbunden mit ihrer Ermordung. 1921 beschloß das ZK der KPdSU die T. gegen kleinbürgerl. Gruppen (30 % der Partei-Mgl. entfernt), 1929 gegen „kapitalist. Elemente" (11,5 % entfernt); 1929–31 T. des Sowjetapparats (von 2 Mill. Überprüften 10 % entfernt). Die nach der Ermordung S. M. Kirows (1934) einsetzende „Große T." (1935–39) war eine ohne Parteibeschluß unter Kriminalisierung der Abweichung von der Parteilinie durchgeführte Massenliquidierung zur Errichtung der Alleinherrschaft Stalins. Ihre Opfer wurden nach Schauprozessen alle prominenten innerparteil. Gegner Stalins (Sinowjew, Kamenew, Radek, Bucharin, Rykow u. a.), die Masse der Altbolschewiki, rd. 25 % der höheren Offiziere, aber auch viele Emigranten (z. B. aus dem nat.-soz. Deutschland geflüchtete Kommunisten). Die T. wurde 1939 vom XVIII. Parteitag abgeschafft.

Tschita, Geb.hauptstadt in Transbaikalien, Rußland, 683 m ü. d. M., 366 000 E. Drei Hochschulen, Heimatmuseum, Theater; Braunkohlenbergbau, Maschinenbau, Holzind.; Bahnstation an der Transsib, ⌘. – Seit 1653 als Kosakendorf bekannt; 1706 als **Tschitinsk** belegt (Kosakenbefestigung); ab 1851 Mittelpunkt des Gebiets östl. des Baikalsees.

Tschitraka [Hindi] (Tilaka), im Hinduismus täglich erneuertes Sektenzeichen aus Strichen und Punkten auf dem Körper oder auf der Stirn; auch der von ind. Frauen auf der Stirn getragene Schönheitspunkt.

Tschitschenboden, Karstgebiet am NO-Rand der Halbinsel Istrien, im Planik 1 273 m hoch; Weidewirtschaft.

Tschitscherin, Georgi Wassiljewitsch, * auf dem Gut Karaul (Gouv. Tambow) 24. Nov. 1872, † Moskau 7. Juli 1936, sowjet. Politiker. – Schloß sich 1905 in der Emigration der russ. Sozialdemokratie an; Nachfolger Trotzkis als Volkskommissar des Äußeren 1918–30, maßgeblich beteiligt am Abschluß des Rapallovertrags 1922 (↑ Rapallo).

Tschižewskij, Dmitrij [tʃi'ʒefski], * Alexandrija 5. April 1894, † Heidelberg 18. April 1977, Slawist ukrain. Herkunft. – Emigrierte 1921; Prof. u. a. in Prag, Cambridge (Mass.), Heidelberg und Köln; verfaßte grundlegende Untersuchungen u. a. zur ukrain., russ. und tschech. Literatur- und Geistesgeschichte.

Tschogha Sanbil [pers. tʃo'ɣaːzæm'biːl] (Choga Sambil, Zanbil Zenbil), Ruinenstätte der Mitte des 13. Jh. gegr., 645 v. Chr. zerstörten elam. Stadt *Dur-Untasch* in S-Iran, 25 km sö. von Susa; frz. Ausgrabungen (1936–62) legten eine Zikkurrat (heute noch 25 m hoch) frei, die im Ggs. zu babylon. Tempeltürmen durch innere Treppenhäuser zugänglich war. Zahlr. Siegel aus Glas; Palastfundamente. T. S. wurde von der UNESCO zum Weltkulturerbe erklärt.

Tschoibalsan, Chorlogiin, * Zezenchan 8. Febr. 1895, † Moskau 26. Jan. 1952, mongol. Marschall (seit 1936) und Politiker. – Seit 1924 Oberkommandierender der Streitkräfte, seit 1930 mehrmals Min.; 1935–39 stellv. Min.präs., seit 1939 Min.präs. und Erster Sekretär des ZK der Mongol. Revolutionären Volkspartei; errichtete ein diktator. Regime (Massenrepressalien, Entmachtung und Verfolgung der lamaist. Religionsgemeinschaft).

Tschokeberge, Teil des Äthiop. Hochlandes, bis 4 154 m hoch.

Tschokwe, Bantustamm in NO-Angola (360 000) und SW-Zaire (600 000 Angehörige); treiben Feldbau in der Savanne (Hirse, Maniok), Jagd und Viehhaltung.

Tscholareich (Cholareich), südind. Reich des Herrscherhauses Tschola, das ab dem 9. Jh. in Tamil Nadu die Vormacht gewann. Das T. breitete sich im 10./11. Jh. bis nach Ceylon und Birma aus; im späten 11. Jh. begann ein langsamer Verfall der Dynastie, die Ende des 14. Jh. erlosch.

Tschombé, Moïse Kapenda ['tʃɔmbe, tʃɔmb'beː, frz. tʃɔm'be], * Musumba (Shaba) 10. Nov. 1919, † Algier 29. Juni 1969, kongoles. Politiker. – 1951–53 Mgl. des Provinzialrats von Katanga; gründete 1959 die Conakat-Partei für Katanga, das er nach der Unabhängigkeitserklärung für Kongo 1960 für selbständig erklärte und als Präs. bis 1963 leitete; soll als Gegner P. E. Lumumbas an dessen Ermordung beteiligt gewesen sein; nach dem militär. Eingreifen der UN in die Kongokrise 1963 Flucht und Exil in Spanien; 1964 Rückkehr nach Kongo; 1964/65 Min.präs. der kongoles. Zentralreg.; setzte gegen die Selbständigkeitsbestrebungen in den O-Prov. weiße Söldnertruppen ein; ging nach seiner Entlassung 1965 ins span. Exil; in Abwesenheit 1967 zum Tode verurteilt; kurz darauf nach Algerien entführt, wo er in der Haft starb.

Tschou En-lai

Tschou En-lai ↑ Zhou Enlai.

Tschu, Fluß in Kirgisien und Kasachstan, entsteht im Tian Shan), bildet zw. Kirgis. Alatau und Kungei-Alatau eine 30 km lange, bis 1500 m tiefe Schlucht, versiegt zw. Mujunkum und Hungersteppe; 1067 km lang.

Tschuangtse ↑ Zhuang Zi.

Tschudi, Aegidius (Gilg), *Glarus 5. Febr. 1505, †ebd. 28. Febr. 1572, schweizer. Staatsmann und Historiker. – Führer der kath. Glarner; wollte als Landammann die Rekatholisierung von Glarus erzwingen (*Tschudikrieg,* 1560–64). T. versuchte als erster, die Schweizer Geschichte auf der Grundlage der Chroniken und Urkunden zu schreiben.

Tschuikow, Wassili Iwanowitsch [russ. tʃujˈkɔf], *Serebrjanyje Prudy (Geb. Moskau) 12. Febr. 1900, †Moskau 18. März 1982, sowjet. Marschall (seit 1955). – Armeekommandeur im Finn.-Sowjet. Winterkrieg, im 2. Weltkrieg Oberbefehlshaber der 62. Armee, die 1942/43 Stalingrad verteidigte; 1949–53 Oberkommandierender der sowjet. Streitkräfte in Deutschland, zugleich Chef der sowjet. Kontrollkommission in der DDR; 1960–64 stellv. Verteidigungsmin.; Mgl. des ZK der KPdSU seit 1961.

Wassili Iwanowitsch Tschuikow

Tschukowski, Kornei Iwanowitsch, eigtl. Nikolai Wassiljewitsch Korneitschukow, *Petersburg 31. März 1882, †Moskau 28. Okt. 1969, russ. Kinderbuchautor, Literaturhistoriker und Übersetzer. – Widmete sich der Erforschung der Kindersprache; schrieb Versmärchen, u. a. „Wasch dich rein" (1923), „Die Fliege Sisesum" (1924).

Tschuktschen, zu den Paläosibiriern gehörendes Volk in NO-Sibirien, in 2 Gruppen unterteilt: Die Renzüchter sind Nomaden, die seßhaften Küstenbewohner leben von der Jagd auf Meeressäugetiere und Fischfang; 14000 Angehörige.

Tschuktschen, Autonomer Kreis der, autonomer Kreis innerhalb des Geb. Magadan, Rußland, umfaßt die Tschuktschenhalbinsel und das westl. angrenzende Geb. bis zum Omolen, 737 700 km², 158 000 E (1989), Hauptstadt Anadyr. Überwiegend Gebirgsland mit extrem kontinentalem Klima. Renzucht, Pelztierfang, Fischerei und Bergbau. – Gegr. 1930.

Tsetsefliege

Tschuktschengebirge (Anadyrgebirge), Gebirgssystem in NO-Sibirien, Rußland, erstreckt sich in 450 km Länge zw. Tschaun- und Koljutschinbucht, bis 1849 m hoch.

Tschuktschenhalbinsel, nordostsibir. gebirgige Halbinsel in Rußland, zw. Tschuktschensee, Beringstraße und Anadyrgolf (Beringmeer) mit der NO-Spitze des asiat. Festlands; bis 1158 m ü. d. M.; Goldvorkommen.

Tschuktschensee, Randmeer des Nordpolarmeeres, zw. der Tschuktschenhalbinsel (Rußland) und Alaska (USA), 595 000 km², bis 1256 m tief.

Tschulym [russ. tʃuˈlim], rechter Nebenfluß des Ob, Rußland, entspringt im Kusnezker Alatau (2 Quellflüsse), mündet 150 km nw. von Tomsk, 1799 km lang; schiffbar.

Tschungking ↑ Chongqing.

Tschu Te ↑ Zhu De.

Tschuwaschen, Turkvolk in den autonomen Republiken Tschuwaschien, Tatarien, Baschkirien, in den Geb. Samara und Uljanowsk sowie in Sibirien. Traditionelle Tätigkeiten sind Ackerbau, Viehzucht und Fischerei; 1,79 Mill. Angehörige. – Die T. siedelten urspr. zw. der Wolga und ihren rechten Nebenflüssen Sura und Swijaga, gerieten im 9./10. Jh. unter die Herrschaft der Wolgabulgaren; nach

Tsuba aus dem 16. Jh. (Hamburg, Museum für Kunst und Gewerbe)

dem Mongolensturm im 13. Jh. gehörten sie zum Reich der Goldenen Horde, dann zum Khanat Kasan; 1552 Anschluß an Rußland; im 18. Jh. christianisiert.

Tschuwaschien, autonome Republik innerhalb Rußlands, an der mittleren Wolga, 18 300 km², 1,336 Mill. E (1989), Hauptstadt Tscheboxary. Zerschluchtete Plateaulandschaft, zur Wolga hin abgedacht. Anbau von Getreide, Hanf, Kartoffeln und Hopfen; Viehzucht. Hauptind.zweige sind Maschinenbau, holzverarbeitende, Textil-, Nahrungsmittel- und chem. Ind. – Das 1920 geschaffene Autonome Geb. der Tschuwaschen wurde 1925 in die Tschuwasch. ASSR umgewandelt. Im Okt. 1990 erklärte T. seine Souveränität (im Dez. 1991 erste Präsidentschaftswahl).

Tsedenbal, Jumschagiin, mongol. Politiker, ↑Zedenbal.

Tsepo ↑ Zibo.

Tsetsefliegen [Bantu/dt.] (Glossina), Gatt. etwa 1 cm langer Echter Fliegen mit rd. 20 Arten im trop. Afrika; blutsaugende Insekten, die durch ihren Stich Krankheiten übertragen (↑ Schlafkrankheit, ↑ Nagana).

Tsetserlig, Stadt auf der NO-Abdachung des Changaigebirges, Mongolei, 1700 m ü. d. M., 14 700 E. Verwaltungssitz des Bez. Ara Changai; Nahrungsmittel-, Textilind. – Entstand aus einer Klostersiedlung.

T-Shirt [engl. ˈtiːʃəːt], hemdartiges Oberbekleidungsstück aus Trikot, ben. nach dem urspr. T-förmigen Schnitt.

Tsimshian [engl. ˈtʃɪmʃɪən], indian. Sprach- und Kulturgruppe der NW-Küste Nordamerikas, besteht aus den eigtl. T., Gitksan und Niska; rd. 7000 Angehörige. Die T. sind v. a. Fischer und Seesäugerjäger, die Niska und Gitksan betreiben daneben Jagd. Vor ihren Holzplankenhäusern mit bemalten Giebeln stehen Totempfähle; Doppelprofildarstellungen in der Kunst.

Tsinan ↑ Jinan.

Tsinghai ↑ Qinghai.

Tsingtau (Qingdao), chin. Hafenstadt, an der S-Küste der Halbinsel Shandong, 1,27 Mill. E. Medizin. Fachhochschule, Brauerei, ozeanograph. und Fischereiforschungsinst., Observatorium, ozeanograph. Museum, Museum für Meeresbiologie und Limnologie; einer der besten Naturhäfen Chinas, größter Handelshafen der Prov. Shandong mit zahlr. Ind.betrieben; 1984 zur „offenen" Küstenstadt erklärt. – Kam 1897 in dt. Hand; 1898 auf 99 Jahre an das Dt. Reich verpachtet; 1914 von Japanern besetzt, 1922 an China zurückgegeben.

Tsinlingschan ↑ Qinling Shan.

Tsiranana, Philibert [madagass. tsiˈranənə], *Anahidrano (Madagaskar) 18. Okt. 1912, †Antananarivo 16. April 1978, madagass. Politiker. – Ab 1958 madagass. Reg.chef; ab 1960 zugleich Staatspräs. der unabhängigen Republik Madagaskar; 1972 durch das Militär entmachtet.

Tsitsikar ↑ Qiqihar.

Tsonga (Shagaan), Bantuvolk in Moçambique, Swasiland und in der Republik Südafrika (im Bantuheimatland ↑ Gazankulu); 4,77 Mill. Angehörige.

Tsu, jap. Stadt auf Honshū, an der W-Küste der Isebucht, 150 700 E. Verwaltungssitz der Präfektur Mie; Univ. (gegr. 1949); Textilind., Holzverarbeitung, Werft. – Schon im Altertum Hafen, seit dem MA auch Wegstation; Ende des 16. Jh. Burgbau, 1600 zerstört, danach wiederaufgebaut; seit 1873 Hauptstadt der Präfektur Mie. – Shitennōji-Tempel (1615 erneuert).

Tsuba [jap.], zum Schutz der Hand am jap. Schwert angebrachtes Stichblatt.

Tsuga [jap.], svw. ↑ Hemlocktanne.

Tsugarustraße, Meeresstraße zw. den jap. Inseln Honshū und Hokkaidō, an der schmalsten Stelle 20 km breit; vom Seikantunnel unterquert.

Tsukiyōmi, Mondgott des Shintoismus.

Tsukuba, jap. Stadt (New Town) und Wissenschaftszentrum auf Honshū, 60 km nö. von Tokio, 145 000 E. Auf einem 2 700 ha großen Gelände wurden bisher 2 Univ., 51 staatl. und private Forschungsinst. sowie mehrere Elektronikunternehmen errichtet. In T. fand 1985 die Weltausstellung statt.

Tsumeb, Bergbaustadt nw. von Grootfontein, Namibia, 1 279 m ü.d.M., 13 500 E. Abbau von Kupfer-Blei-Zink-Erzen. Nahebei die Ionosphärenstation des Max-Planck-Inst. für Aeronomie.

Tsunami [jap.] (seismische Woge), plötzlich auftretende, durch Bewegungen (Seebeben) des Meeresbodens hervorgerufene Meereswelle im Pazifik; oft mit verheerenden Wirkungen für die Küsten.

Tsushima (Tsuschima), jap. Inselgruppe in der Koreastraße, 698 km², Hauptort und wichtigster Hafen ist Izuhara (20 000 E). – Der jap. Sieg in der Seeschlacht von T. am 27. Mai 1905 entschied den Russ.-Jap. Krieg.

Tsushimastrom (Tsuschimastrom), warme Meeresströmung entlang der Küsten von Honshū und Hokkaidō bis zur S-Spitze von Sachalin.

Tswana (Betschuana, Tschwana), Bantuvolk in Botswana, in der Republik Südafrika und in Namibia, etwa 3,9 Mill. T. in rd. 70 Stämmen.

TTL (T²L) [Abk. für: **T**ransistor-**T**ransistor-**L**ogik], in der Mikroelektronik eine Schaltkreistechnik zur Realisierung von Schaltelementen, Logikelementen (Gattern) und log. Netzen in integrierten Schaltungen, bei der zur log. Verknüpfung und zur Verstärkung der Signale ausschließlich Transistoren verwendet werden.

TTL-Messung [Abk. für: engl. **t**hrough **t**he **l**ens], in der Photographie die Belichtungsmessung durch das Objektiv der Kamera.

Tuamotuinseln, zu Frz.-Polynesien gehörende Inselgruppe im südl. Pazifik; etwa 80 weit verstreute Inseln, meist Atolle, rd. 900 km², 12 000 E. Zahlr. Atolle im SO sind unbewohnt (z. T. frz. Atomversuchsgelände). – Die ersten der T. wurden 1521 entdeckt. 1947 erreichte T. Heyerdahl mit seinem Floß Kon-Tiki das Atoll Raroia.

Tuareg ['tu:arɛk] (Einz. Targi; Eigenbez. Imuschag), Volk in den Gebirgen der zentralen Sahara und im südlich anschließenden Sudan (Algerien, Niger, Mali); 1,02 Mill. Angehörige. Nur die nördl. T. sind reine Wüstenbewohner, über 90 % leben in der Sahelzone. Ausgeprägtes Kastensystem: die Adligen, urspr. reine Krieger mit nomad. Lebensweise, die tributpflichtigen Vasallen, die deren Herden weiden, aber auch eigene Herden besitzen und heute oft reicher sind als die Adligen, und die geistl. Führer; alle sind berber. oder arab. Ursprungs (großwüchsig, relativ helle Hautfarbe). Die T. sind Muslime, haben aber ältere Glaubensvorstellungen und das Mutterrecht bewahrt und leben in Monogamie. Typisch für die Männer ist der Baumwollschleier *(Litham)*, der so um Kopf und Gesicht gewickelt wird, daß nur die Augen frei bleiben. Die T. sprechen Tamaschek, eine Berbersprache. Sie führen ihre Abstammung auf die Königin Ti-N-Hiane zurück, deren Grab in Abelessa, einer Oase nw. von Tamanrasset, verehrt wird.

Tuatera [polynes.] (Tuatara, Brückenechse, Sphenodon punctatus), einzige rezente, bis etwa 60 cm lange Art der Brückenechsen auf einigen kleinen, N-Neuseeland vorgelagerten Inseln; Körper olivbräunlich, dicht hellgrau gefleckt, mit Nacken- und Rückenkamm aus flachen Dornen;

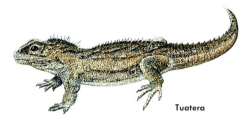

Tuatera

bewohnt zus. mit Sturmvögeln deren Bruthöhlen; dämmerungs- und nachtaktives Tier mit einem für Reptilien ungewöhnlich niedrigen Wärmebedarf (größte Aktivität bei nur 10–14 °C); lebt räuberisch. Die Jungen schlüpfen erst nach 12–15 Monaten aus den Eiern. Sie werden vermutlich erst mit etwa 20 Jahren geschlechtsreif.

Tuba [lat.], in der *Musik* 1. bei den Römern eine gerade Heerestrompete; 2. zur Fam. der Bügelhörner gehörendes Blechblasinstrument in Baßlage, von weiter Mensur, mit drei bis sechs Ventilen; es wurde in längl. gewundener Form seit 1830 in verschiedenen Größen gebaut und löste die ↑ Ophikleide ab; die wenig ausladende Stürze steht in Spielhaltung nach oben. Folgende Größen werden gebaut: *Baß-T.* (Orchester-T.) in F (Umfang Des₁ – f¹[a¹]), Baß-T. in Es (in der Blasmusik verwendet), *Doppel-T.* (Verbindung von Baß- und Kontrabaß-T.) in F/C und F/B, *Kontrabaß-T.* in C oder B. Zu den Tuben rechnen auch Bariton, Helikon, Sousaphon, Kaiserbaß und Wagnertuba; 3. Zungenregister der Orgel zu 16-, 8- und 4-Fuß, auch 32-Fuß im Pedal.

Tubargravidität [lat.], svw. ↑ Eileiterschwangerschaft.

Tubawurzeln [Tagalog/dt.] ↑ Derris.

Tube [lat.], meist aus dünnem Aluminiumblech gefertigter zylinderförmiger Behälter für pastenartige Stoffe.
▷ (Tuba) in der *Anatomie* Bez. für den trichterförmigen menschl. ↑ Eileiter und die Eustachi-Röhre (Ohrtrompete).

Tubenabort, svw. Tubarabort (↑ Eileiterschwangerschaft).

Tubendurchblasung, svw. ↑ Pertubation.

Tubenkatarrh, Entzündung der knorpelig-häutigen Verbindung zw. Nasenrachenraum und Mittelohr; es be-

Tuareg. Mann mit Litham

Tubenruptur

steht ein dumpfes Druckgefühl über beiden Ohren und eine Schalleitungsschwerhörigkeit.

Tubenruptur, Platzen des Eileiters bei ↑ Eileiterschwangerschaft infolge Zernagung der Eileiterwand durch einwachsende Chorionzotten (sog. äußerer Fruchtkapselaufbruch). Hauptsymptome der T. sind plötzlich auftretender starker Schmerz im Unterbauch und Kollaps durch Blutung in die Bauchhöhle. Es besteht Verblutungsgefahr, wenn nicht sofort operiert wird.

Tubensterilisation (Tubarsterilisation), operative Unterbrechung der Eileiterdurchgängigkeit zur Unfruchtbarmachung.

Tuber [lat.], in der *Anatomie:* Höcker, Vorsprung, Anschwellung, v. a. an einem Knochen.

Tuberculum [lat.], in der *Anatomie:* Knötchen, Höckerchen an Knochen oder Organen.
▷ in der *Medizin:* krankhafte knötchenartige Hautgeschwulst (↑ Tuberkel).

Tuberkel [lat.], Tuberkelbakterien enthaltende, knötchenförmige Geschwulst als örtl. Reaktion des infizierten Gewebes.

Tuberkelbakterium [lat./griech.] (Tuberkelbazillus), gemeinsprachl. Bez. für *Mycobacterium tuberculosis,* den Erreger der menschl. Tuberkulose; wurde 1882 von R. Koch entdeckt und isoliert. *Mycobacterium bovis* ist Erreger der Rindertuberkulose.

Tuberkulide [lat.], Formen von Hauttuberkulose (↑ Tuberkulose).

Tuberkulin [lat.], aus gelösten Zerfallsprodukten von Tuberkelbakterien bestehendes Allergen; Testsubstanz in der Tuberkulosediagnostik (↑ Tuberkulinreaktion).

Tuberkulinreaktion, allg. und bes. lokale allerg. Reaktion des Organismus nach der Applikation von Tuberkulin auf bzw. in die Haut (Moro-Reaktion); eine positive T. (leichte Temperaturerhöhung, Rötung, Infiltratbildung) zeigen Personen, die eine Tuberkulose durchgemacht haben, und erfolgreich mit ↑ BCG geimpfte Personen.

Tuberkulose [zu lat. tuberculum „kleiner Höcker, kleine Geschwulst"], Abk. Tb, Tbc, Tbk, in der Regel zyklisch-chronisch verlaufende meldepflichtige Infektionskrankheit mit typ. Knötchenbildung im Gewebe *(Tuberkel).* Erreger ist das Tuberkelbakterium (Mycobacterium tuberculosis). Die Übertragung der T. erfolgt meist durch Tröpfcheninfektion, die Ausbreitung je nach Organstruktur vom Erstherd aus durch schrittweises Vordringen innerhalb des gleichen Gewebes, durch Einbruch in Organkanäle (z. B. in den Bronchialbaum), durch Einbruch in die Lymphbahn oder durch Verschleppung mit dem Blut. Aus Kavernen in der Lunge kann tuberkulöses Material nicht nur in die Bronchien, sondern auch in den Brustfellraum (tuberkulöse Rippenfellentzündung) gelangen. Die Verschleppung auf dem Blutweg streut meist bes. weit, die Ausbreitung auf dem Lymphweg unter Lymphknotenbeteiligung in den Lymphknotenfiltern aufgehalten **(Lymphknotentuberkulose).** Eine spezielle Form der Lymphknoten-T. ist die **Darmtuberkulose,** meist im Bereich des unteren Dünndarms und aufsteigenden Dickdarms. Die zunächst symptomatisch unauffällige Erkrankung führt später zu Durchfällen, nach Mahlzeiten auftretenden kolikartigen Schmerzen und zu Gewichtsabnahme.

Häufigster Sitz der Erkrankung ist die Lunge. Die **Lungentuberkulose** verläuft in der Regel chronisch. *Erstes Stadium (Primär-T.):* 5–6 Wochen nach dem ersten Kontakt entsteht eine Überempfindlichkeit gegen die Bakteriengifte, die Tuberkulinprobe ist positiv. In der Lunge kommt es meist im Oberlappen zu einer kleinen Einschmelzung oder einer tuberkulösen Verkäsung *(Primärherd).* Von dort gelangen die Tuberkelbakterien mit der Lungenlymphe in die zugehörigen Hiluslymphknoten an der Lungenpforte, die ebenfalls käsig zerfallen. Die Kombination von Parenchym- und Lymphknotenherd ist der typ. Ausdruck der tuberkulösen Primärinfektion *(tuberkulöser Primärkomplex).* Sie verläuft häufig unbemerkt oder wird als Grippe verkannt. Es kommt u. a. zu uncharakterist. Unwohlsein mit leichtem Husten, Müdigkeit, Appetitlosigkeit, Kopf- und Brustschmerzen so

Tübingen. Das 1435 erbaute, mehrfach veränderte Rathaus

wie geringem Temperaturanstieg. Wenn keine Komplikationen auftreten, vernarbt und verkalkt der Primärkomplex nach 2 Jahren. Oft bleiben die abgeriegelten Erreger jahrzehntelang lebensfähig. Andererseits ist auch eine echte biolog. Abheilung möglich. Das *zweite Stadium* der Lungen-T., das u. U. lange Zeit nach der Primärinfektion auftritt, wird durch die Aussaat von Tuberkelbakterien geprägt. Die Bakterien gelangen bei Gewebseinschmelzungen direkt oder auf dem Umweg über die Lymphe in die Blutbahn. Sie können sich wieder in der Lunge absiedeln, mit dem Blut aber auch in den Körper ausgeschwemmt werden. Dort entstehen durch die Gewebsreaktion die hirsegroßen, später auch im Röntgenbild sichtbaren Tuberkel **(Miliartuberkulose).** Die Krankheitserscheinungen sind hohes Fieber, Husten, Atemnot, Kopfschmerz, Erbrechen, Blausucht und Atembeschwerden. Am häufigsten sind neben der Lunge Leber und Milz befallen.

Beim *dritten Stadium* kommt es infolge verminderter Abwehrkraft zum Wiederaufflammen alter, ruhender T.herde. Diese Reaktivierung der Lungen-T. geht meist von einem walnußgroßen, nach der früheren Aussaat zunächst inaktiven Herd unterhalb des Schlüsselbeins aus *(Frühinfiltrat).* Die rechtzeitige Erkennung des Frühinfiltrats ist bes. wichtig, weil die Behandlungsaussichten in diesem „frühen Spätstadium" noch gut sind. Schmilzt das Lungengewebe erst ein und entsteht durch Entleerung eine Frühkaverne, so verläuft der Heilungsprozeß langwieriger. Unter starkem Husten wird jetzt oft bröckeliger, manchmal auch blutiger Auswurf mit ansteckungsfähigen Erregern entleert **(offene Tuberkulose).** In diesem Stadium kann es auch zu stärkeren Blutungen *(Blutsturz)* kommen. Es entsteht schließlich eine käsige Lungenentzündung, die mit hohem Fieber und schwerer Beeinträchtigung des Allgemeinzustandes verbunden ist (sog. *galoppierende Schwindsucht).*

Neben der Lunge befällt die T. die Nieren, die Knochen, die Gelenke (↑ Gelenkerkrankungen) und die Haut. Die **Nierentuberkulose** (Nierenphthisis) befällt zuerst die Nierenrinde, dann das Nierenmark und die ableitenden Harnwege. Die häufigste Form der **Hauttuberkulose** (Tuberculosis cutis) ist der *Lupus vulgaris* (fressende Flechte, Hautwolf). Er tritt v. a. im Bereich des Gesichts oder der Glied-

maßen in Form stecknadelkopf- bis linsengroßer, kaum erhabener, braunroter Knötchen auf. Diese zerfallen im Laufe der Zeit und es entstehen entstellende Verstümmelungen. Das *Skrofuloderm* (Schwindbeule) besteht in blauroten Knoten unter der Haut, die sich v. a. im Bereich des Halses aus befallenen Lymphknoten entwickeln; sie können eitrig verschmelzen, nach außen durchbrechen und heilen dann unter starker Narbenbildung ab. Die *Tuberkulide* bilden sich durch Streuung einer geringen Anzahl von Erregern auf dem Blutweg als allerg. Reaktion in Form von symmetr. Ausschlägen oder Knötchen. Bei der **Knochentuberkulose** ist das blutbildende Knochenmark (Wirbelkörper, Röhrenknochen) betroffen. Nach Ausbildung eines tuberkulösen Granulationsgewebes folgt meist eine Verkäsung mit eitriger Einschmelzung des Herdes mit Knochenzerstörung. Die **Genitaltuberkulose** befällt als sog. primäre Genital-T. beim Mann in erster Linie Vorsteherdrüse und Nebenhoden, von denen aus sie sich auf den samenabführenden Apparat und auf Nebenhoden ausbreitet. Der Hoden wird seltener, meist erst im späteren Stadium von dem Nebenhoden aus beteiligt. Die männl. Genital-T. führt häufig zur Sterilität, u. U. auch zur Organzerstörung. Sie ist in mehr als 50 % der Fälle mit einer tuberkulösen Erkrankung der Niere und des harnabführenden Apparats (Harnleiter und Blase) verbunden und breitet sich häufig von diesen über die Geschlechtsorgane aus *(Urogenital-T.)*. Bei der Frau handelt es sich in rd. 80 % der Fälle um eine T. der Eileiter, die auf die Eierstöcke und die Gebärmutter übergreifen kann und häufig auch das Bauchfell befällt. Durch Verklebung der Eileiter und Zerstörung oder narbigen Umbau der Gebärmutterschleimhaut kommt es fast immer zur Sterilität.
Die *Behandlung* der T. erfolgt mit Chemotherapeutika (↑Tuberkulostatika). Sie muß über einen langen Zeitraum durchgeführt werden (2 Jahre mindestens). Fast alle T.arten sind inzwischen medikamentös heilbar. Bettruhe, Liege- und Klimakuren sind zweitrangig. Klin. Heilungen können beim ersten Krankheitsschub bei mehr als 90 % der T.kranken erreicht werden. Wichtigste Maßnahmen zur T.verhütung sind die Ausschaltung der Infektionsquelle (Offen-Tuberkulose) sowie BCG-Schutzimpfungen bei bes. gefährdeten Kindern und Jugendlichen oder bestimmten Berufsgruppen sowie regelmäßige Röntgenreihenuntersuchungen.

Tuberkuloseschutzimpfung, aktive Immunisierung gegen Tuberkulose mit einem Lebendimpfstoff (z. B. mit ↑BCG).

Tuberkulostatika [lat./griech.], Chemotherapeutika und Antibiotika, die das Wachstum der Tuberkelbakterien hemmen, z. B. Isoniazid, Rifampizin, Ethambutol, Streptomyzin und Prothionamid sowie p-Aminosalicylsäure (Abk. PAS). Zur Tuberkulosebehandlung werden stets mehrere T. gleichzeitig gegeben, um die Nebenwirkungen zu vermindern und die Resistenzentwicklung der Bakterien zu verzögern.

Tuberose [lat.] (Polianthes tuberosa, Polynthes tuberosa), vermutlich in Mexiko heim. Agavengewächs; Zwiebelpflanze mit bandförmigen Blättern und stark duftenden, weißen Blüten an bis 1 m hohem Stengel.

Tubifex [lat.] (Gemeiner Schlammröhrenwurm, Bachröhrenwurm, T. tubifex, T. rivulorum), bis etwa 8 cm langer, sehr dünner, durch Hämoglobin rot gefärbter Ringelwurm im Schlamm von stehenden und fließenden Süßgewässern (z. T. auch im Meer); in selbstgebauten (von Hautschleim zusammengehaltenen) Schlammröhren lebende Tiere mit Darmatmung; bilden große Kolonien. Wichtiges Lebendfutter für Aquarienfische.

Tübingen, Krst. am Neckar, Bad.-Württ., 340 m ü. d. M., 78 600 E. Verwaltungssitz des Reg.-Bez. T.; Univ. (gegr. 1477), Bundesforschungsanstalt für Viruskrankheiten der Tiere, Max-Planck-Inst. für Biologie, biolog. Kybernetik und Virusforschung, Inst. für angewandte Wirtschaftsforschung, Sternwarte; Museen, Kunsthalle; Landes- und Zimmertheater; botan. Garten. T. ist v. a. Univ.- und Verwaltungsstadt; Metall-, Elektroind.; Verlage. *Geschichte:* Geht zurück auf ein aleman. Dorf (Gräberfeld aus dem 7. Jh. im Altstadtbereich); zw. dem 8. und 10. Jh. Fronhof mit Pfarrkirche, um die Mitte des 11. Jh. von den Grafen von T. mit einer Burg (1078, **castrum Twingia**) befestigt; Marktgründung vermutlich noch vor 1150 durch die Tübinger Grafen, die seit etwa 1146 auch schwäb. Pfalzgrafen waren; 1231 erstmals als Stadt bezeichnet; 1477 Gründung der Eberhard-Karls-Univ., die zu einer bed. Stätte der Humanisten und zum Stützpunkt der Reformation wurde; 1945–52 Hauptstadt des Landes Württ.-Hohenzollern, 1952–73 Sitz des Reg.-Bez. Südwürtt.-Hohenzollern.

Bauten: Renaissanceschloß (1507 ff.) mit frühbarocker Toranlage (1606). Ev. spätgot. Stadtpfarrkirche (1470–83), im Chor Grablege der württ. Herzogsfamilie, ev. roman. und spätgot. Kirche Sankt Jakob (12. und 16. Jh.); spätgot. Rathaus (1435, 16.–19. Jh. mehrfach verändert); Fachwerkhäuser (v. a. 17./18. Jh.).

T., Landkr. in Baden-Württemberg.

Tübinger Schule, Bez. für die von der Univ. Tübingen ausgehenden Richtungen der neueren ev. und kath. Theologie. 1. *Ältere ev. T. S.:* im ausgehenden 18. Jh. in krit. Auseinandersetzungen mit Kant und der Aufklärung begr. theolog. Lehrmeinung. 2. *Jüngere ev. T. S.:* von F. C. Baur ausgehende, gegen die Position der älteren ev. T. S. gerichtete Theologie, die sich der histor.-krit. Erforschung des N. T. widmete; Hauptvertreter waren neben Baur E. Zeller, C. H. von Weizsäcker und D. F. Strauß. 3. *Kath. T. S.:* 1819 zur Erneuerung der theolog. Forschung begr. Schule der (gleichzeitig entstandenen) kath.-theolog. Fakultät Tübingen; bemühte sich in Auseinandersetzungen mit dem aufklär. Rationalismus um eine Synthese des Spekulativen mit dem Historischen; Organ der kath. T. S. war seit 1819 die noch heute bed. „Tübinger Theolog. Quartalschrift"; bed. Vertreter waren J. A. Möhler, F. A. Staudenmaier, F. X. Funk und K. Adam.

Tübinger Stift, nach der Einführung der Reformation in Württ. von Hzg. Ulrich als „Hochfürstl. Stipendium" zur Heranbildung des theolog. Nachwuchses 1536 gegr. Bildungsanstalt, von der ein starker Einfluß auf das dt. Luthertum ausging. Im 18. Jh. gingen aus dem T. S. die Theologen des schwäb. Pietismus hervor; am T. S. studierten u. a. G. W. F. Hegel, F. Hölderlin, F. W. J. Schelling und F. T. Vischer.

Tübke, Werner, * Schönebeck/Elbe 30. Juli 1929, dt. Maler. – Seit 1972 Prof. in Leipzig. Vertreter einer realist. Malerei, die in einer manierist. Formsprache Traditionen

Tübingen
Stadtwappen

Werner Tübke. Bauernkriege, Ausschnitt aus dem 1987 vollendeten Panoramagemälde in der Bauernkriegsgedenkstätte bei Bad Frankenhausen/Kyffhäuser

der europ. Malerei verarbeitet (Panoramagemälde in der Bauernkriegsgedenkstätte bei Bad Frankenhausen/Kyffhäuser, 1983–87).

Tubman, William Vacanarat Shadrach [engl. 'tʌbmən], * Harper 29. Nov. 1895, † London 23. Juli 1971, liberian. Politiker. – 1923–31 und 1934–37 Senator, 1937–43 Richter am Obersten Gerichtshof; 1944–71 Präs. der Republik. Um einen Ausgleich zw. Amerikoliberianern und der autochthonen Bev. bemüht; einer der Initiatoren der OAU.

Tubu, äthiopides Volk in der östl. Sahara, sprechen Teda, eine saharan. Sprache; rd. 395 000 Angehörige. Soziale Einheit sind die Klane, die regional zu Stämmen zusammengeschlossen sind. Unter den T. gibt es Nomaden, Halbnomaden und seßhafte Bauern.

Tubuai-Inseln (Austral Islands), zu Frz.-Polynesien gehörende Inselgruppe im Pazifik, sö. der Cookinseln, 148 km², 6 500 E, Hauptort Mataura.

tubulös (tubulär) [lat.], in der *Anatomie* und *Medizin:* röhrenförmig, schlauchartig, aus kleinen Röhren oder Kanälen aufgebaut.

Tubulus (Mrz. Tubuli) [lat.], in der *Anatomie:* röhrenartiger Kanal.

Tubus [lat. ,,Röhre''], allg. svw. Rohr, Rohrstück; z. B. Fassungsrohr für Linsen (an opt. Geräten), Rohransatz an Glasgeräten; in der *Medizin* Bez. für eine Metall-, Gummi- oder Kunststoffröhre, die (z. B. für Narkosezwecke) in die Luftröhre eingeführt wird (Intubation).

Tucana ↑ Sternbilder (Übersicht).

Tucci, Giuseppe [italien. 'tuttʃi], * Macerata 5. Juni 1894, † Rom 5. April 1984, italien. Orientalist. – Ab 1930 Prof. für ind. und ostasiat. Philosophie und Religion in Rom. Auf seinen Reisen nach Nepal und Tibet erforschte er v. a. den Buddhismus und trug wesentlich zur Kenntnis über Zentralasien bei.

Tuc d'Audoubert [frz. tykdodu'bɛːr], 1912 entdeckte Höhle (Gem. Montesquieu-Avantès, Dep. Ariège, Frankreich); u. a. Kultplatz mit 2 Lehmplastiken von Bisons und Tanzspuren (Fersenabdrücke); zahlr. Gravierungen, Kleinkunstgegenstände und Werkzeuge des Magdalénien.

Tuch, Sammelbez. für Streichgarn- und Kammgarngewebe, die durch Walken, Rauhen und Scheren (sog. *T.ausrüstung*) eine filzartige Haardecke erhalten haben, die das Bindungsbild verdeckt.

Tuchatschewski, Michail Nikolajewitsch [russ. tuxa'tʃɛfskij], * Gut Alexandrowskoje (Geb. Smolensk) 16. Febr. 1893, † Moskau (?) 11. Juni 1937 (hingerichtet), sowjet. Armeeführer und Militärtheoretiker. – Aus adliger Fam.; kämpfte im Bürgerkrieg als Armeeführer erfolgreich gegen die ,,weißen" Generale Koltschak und Denikin; 1920 Oberbefehlshaber der sowjet. Truppen im Krieg gegen Polen, schlug 1921 zus. mit Trotzki den Kronstädter Aufstand nieder; wurde 1921 Leiter der Kriegsakademie der Roten Armee; hatte als Chef des Stabes der Roten Armee (1925–28) und stellv. Volkskommissar für Verteidigung (1931–37) entscheidenden Anteil an der Modernisierung und der 1935 begonnenen Durchsetzung des einheitl. Kaderprinzips in den sowjet. Streitkräften. Seit 1934 Kandidat des ZK der KPdSU, 1935 Marschall der Sowjetunion; im Mai 1937 von Stalin zum Oberbefehlshaber des Militärbezirks Wolga degradiert und wenig später verhaftet unter der Beschuldigung, mit Hilfe feindl. Geheimdienste eine Verschwörung gegen die sowjet. Staatsführung vorbereitet zu haben; in einem Geheimprozeß zum Tode verurteilt. 1961 rehabilitiert.

Tucheler Heide, ausgedehntes, waldbestandenes Sandergebiet in N-Polen, am SO-Rand des Pommerschen Landrückens.

Tuchhalle, svw. ↑ Gewandhaus.

Tucholsky, Kurt [...ki], Pseud. Kaspar Hauser, Peter Panter, Theobald Tiger, Ignaz Wrobel, * Berlin 9. Jan. 1890, † Hindås bei Göteborg 21. Dez. 1935 (Selbstmord), dt. Journalist und Schriftsteller. – 1913–33 Mitarbeiter der Zeitschrift ,,Schaubühne" (später ,,Weltbühne"), die er nach S. Jacobsohns Tod 1926 zeitweilig herausgab und zu einem Organ der linksbürgerl. Intellektuellen machte.

Michail Nikolajewitsch Tuchatschewski

Kurt Tucholsky

Barry Tuckwell

Franjo Tudjman

Tudorstil. Großes Torhaus des 1514–22 erbauten Schlosses Hampton Court in London, in der Bildmitte mit Tudorbogen

1920–22 Mgl. der USPD, dann der SPD; lebte ab 1924 größtenteils im Ausland, ab 1929 ständig in Schweden; 1933 aus Deutschland ausgebürgert und verfemt, seine Bücher verboten und verbrannt. In satir. Artikeln und Gedichten versuchte T. v. a. die demokrat. Verfassung der Weimarer Republik zu verteidigen, indem er ihre Schwächen anprangerte: Nationalismus, Militarismus, Korruption in der Justiz und im Pressewesen, die geistige Unbeweglichkeit des Berufsbeamtentums (,,Deutschland, Deutschland über alles". Ein Bilderbuch", 1929 [zus. mit J. Heartfield]). Daneben stehen witzig-beschwingte Skizzen sowie die heiteren Erzählwerke ,,Rheinsberg. Ein Bilderbuch für Verliebte" (E., 1912), ,,Träumereien an preuß. Kaminen" (Ged., 1920), ,,Schloß Gripsholm" (R., 1931).

Tuckwell, Barry [engl. 'tʌkwel], * Melbourne 5. März 1931, austral. Hornist. – 1955–68 Mgl. des London Symphony Orchestra, gründete 1968 ein eigenes Bläserquintett und tritt seither solistisch mit Werken vom Barock bis zur Moderne hervor.

Tucson [engl. tu:'sɔn], Stadt in SO-Arizona, 730 m ü. d. M., 385 700 E. Kath. Bischofssitz; Univ. (gegr. 1885); Inst. zur Erforschung der Wüstenvegetation, Museum; Flugzeugbau, Metallverarbeitung, elektron., chem., pharmazeut. u. a. Industrie. Nahebei, u. a. auf dem Mount Hopkins, moderne Teleskope. ✈. – Urspr. span. Fort mit Missionsstation; 1776 bei einem Indianerdorf errichtet (einige Häuser erhalten; seit 1854 in amerikan. Besitz; 1867–77 Hauptstadt des Territoriums Arizona; 1883 City.

Tucumán [span. tuku'man], Prov. in NW-Argentinien, 22 524 km², 1,13 Mill. E. (1989), Hauptstadt San Miguel de T. Die sich steil über die Ebenen bis zu 5 550 m ü. d. M. erhebenden Nevados del Aconquija verursachen in dem sonst trockenen Geb. so hohe Niederschläge, daß die ihnen im O vorgelagerten Ebenen eine fruchtbare Oase bilden; der W ist wüstenhaft; Hauptanbauprodukt ist Zuckerrohr.

Tudeh-Partei (pers. Tudeh ,,Volk"), 1941 von Kommunisten gegr. iran. Partei; 1949 verboten, wirkte bis zum Sturz des Schah-Regimes illegal; im Zuge der islam. Revolution 1979 wieder zugelassen, 1983 erneut verboten.

Tudertinus, Jacobus, italien. Dichter, ↑ Iacopone da Todi.

Tudjman, (Tudman [serbokroat. 'tudʒman]), Franjo, * Veliko Trgovišće 1922, kroat. Politiker. – Historiker; 1941–44 Partisan, bis 1961 (zuletzt Generalmajor) im Mili-

Tudor [ˈtuːdɔr, engl. ˈtjuːdə], engl. Königshaus (1485 bis 1603), das einem walis. Geschlecht entstammt (seit 1232 nachweisbar); kam nach dem Sieg bei Bosworth (1485) über Richard III. mit Heinrich VII. auf den Thron; ihm folgten sein Sohn Heinrich VIII. (1509–47) und dessen Kinder Eduard VI. (1547–53), Maria I. (1553–58) und Elisabeth I. (1558–1603).

Tudor [engl. ˈtjuːdə], Anthony, * London 4. April 1909, † New York 20. April 1987, engl. Tänzer und Choreograph. – Wirkte zunächst (ab 1931) als Choreograph in London, ging 1939 zum American Ballet Theatre nach New York, 1957–63 auch Ballettdirektor der Metropolitan Opera. T. räumte der Geste einen neuen psychologisierenden Ausdruckswert in seinen Balletten ein, u. a. „Jardin aux lilas" (1936), „Pillar of fire" (1941), „Echo der Trompeten" (1963).

T., David, * Philadelphia 20. Jan. 1926, amerikan. Pianist und Komponist. – Gilt seit 1950 als führender Interpret avantgardist. Klaviermusik. Seine eigenen, meist multimedial angelegten Werke verbinden elektron. Musik mit Tanz, Theater, Film und beziehen auch Laser sowie andere Lichtsysteme ein.

Tudorstil [ˈtuːdɔr, engl. ˈtjuːdə], Bez. für die Spätphase der Gotik (1520–58) in England, in der bereits einzelne Elemente der Renaissance aufgenommen werden; bes. charakteristisch ist der Tudorbogen.

Tuff [lat.-italien.], sekundär verfestigte vulkan. Lockermassen.
▷ ↑ Sinter.

Tuffit [lat.-italien.], mit nichtvulkan. klast. Sedimenten wechsellagernde, geschichtete Ablagerungen aus vulkan. Lockermassen.

Tuffschlot, svw. ↑ Durchschlagsröhre.

Tuftingteppiche [engl. ˈtʌftɪŋ „das Anordnen in Büscheln"], svw. Nadelflorteppiche (↑ Teppichboden).

Tu Fu ↑ Du Fu.

Tugan-Baranowski, Michail Iwanowitsch, * im Gouv. Charkow 8. Jan. 1865, † in der Eisenbahn nahe Odessa 21. Jan. 1919, russ. Nationalökonom und Politiker. – Bekannt wurde T.-B. v. a. durch seine Krisentheorie. Die in seiner auf marxist. Thesen und Positionen der ↑ historischen Schule basierenden Schrift „Geschichte der russ. Fabrik" (1898) vorgenommene Analyse der kapitalist. Elemente in Rußland beeinflußte die russ. Sozialdemokratie, bes. Lenin. Ab 1905 Mgl. der Konstitutionell-Demokrat. Partei („Kadetten"), trat 1917 als Finanzmin. der ukrain. Nationalreg. bei.

Tugend, allg. jede vollkommen entwickelte Fähigkeit des Menschen auf geistigem oder seel. Gebiet; in der christl. Sittenlehre die Fähigkeit, das sittl. Gute zu verwirklichen; alle T. werden von den vier ↑ Kardinaltugenden umfaßt. Im modernen philosoph.-eth. Sprachgebrauch wird T. meist durch ↑ Wert als eth. Grundbegriff ersetzt.

Tugendrose ↑ Goldene Rose.

Tui [polynes.], svw. Priestervogel (↑ Honigfresser).

Tuilerien [tyiləˈriːən; frz.; zu lat. tegula „Ziegel"], ehem. Schloß (Palais des Tuileries) in Paris (1564 ff.) neben dem Louvre, erbaut für Katharina von Medici. A. Le Nôtre legte 1664 ff. den Garten an (Jardins des Tuileries). Später Residenz Ludwigs XVI., Sitz des Konvents, Napoleons I. und III., 1871 niedergebrannt, 1882 abgetragen. Heute Gartenanlage mit Arc de Triomphe du Carrousel (1806–08), ehem. Orangerie und Ballhaus.

Tukan [ˈtuːkaːn, tuˈkaːn, indian.] ↑ Sternbilder (Übersicht).

Tukanbartvogel [ˈtuːkaːn, tuˈkaːn] (Semnornis ramphastinus), rd. 20 cm langer Spechtvogel (Fam. ↑ Bartvögel) in Wäldern der Anden Kolumbiens und Ecuadors.

Tukane [indian.], svw. ↑ Pfefferfresser.

Tula [ˈtuːla, russ. ˈtulɛ], russ. Geb.hauptstadt auf der Mittelruss. Platte, 540 000 E. TH, PH, Museen und 3 Theater. T. ist das älteste Zentrum der Metallind. in Rußland. – Erstmals 1146 erwähnt; im 14. Jh. tatar.; 1503 zum Groß-Ft. Moskau, dabei Neuanlage rd. 18 km vom alten Ort entfernt; im 16./17. Jh. Ausbau der Befestigungen gegen die Krimtataren; Standort berühmter Schmieden und Waffenschmieden; wurde 1777 Gouvernementsstadt; unter Katharina II. Neuanlage der Stadt mit fächerförmig vom Kreml (1514–21) ausstrahlenden Straßen.

Tula de Allende [span. ˈtula ðe aˈjende], mex. Ort im zentralen Hochland, 2 030 m ü. d. M., 31 000 E. Kath. Bischofssitz; Agrarzentrum; Bahnknotenpunkt. – Kirche u. a. Gebäude eines 1529 gegr. Franziskanerklosters. – Nahebei liegt **Tula** (Tollán), 920–1160 Hauptstadt der Tolteken. Nur in Teilen ausgegraben, v. a. die „Morgensternpyramide" mit vier 4,60 m hohen Atlanten (Dachgebälkträger) in Kriegergestalt. Häufige Motive sind gefiederte Schlange, Jaguar, Adler, Schlangenrachen mit Totenschädeln.

Tularämie [nach Tulare (County in Kalifornien) und zu griech. haĩma „Blut"] (Hasenpest, Ohara-Krankheit), durch Tierkontakt, infiziertes Wildfleisch und Insektenstich übertragbare bakterielle Infektionskrankheit bei Mensch und Nagetieren. Der Erreger ist Francisella tularensis. Die äußere T. führt zu Haut- und Schleimhautgeschwüren mit Lymphknotenschwellung, die innere T. ist durch hohes Fieber und typhusartige Erscheinungen gekennzeichnet; die Erkrankung ist meldepflichtig. Die Behandlung erfolgt mit Antibiotika.

Tulcea [rumän. ˈtultʃea], rumän. Stadt am Rand des Donaudeltas, 79 300 E. Verwaltungssitz des Bez. T.; Donaudelta-Museum. Wichtiger Hafen, der auch von Hochseeschiffen angelaufen wird. – An Stelle der röm. befestigten Siedlung **Aegissus** und einer älteren griech. Niederlassung.

Tuléar [frz. tyleˈaːr] ↑ Toliary.

Tüll [nach der frz. Stadt Tulle], lockere, netzartige Gewebe (früher v. a. aus Baumwolle oder Seide, heute auch aus Chemieseiden), v. a. für Kleider, Blusen, Schleier und Gardinen. Im Ggs. zu anderen Geweben verlaufen beim T. die Schußfäden schräg zu den Kettfäden und umschlingen sie. Eine Abwandlung des T. ist der Bobinet, bei dem drei oder vier Fadensysteme miteinander verschlungen werden. Je nach Musterung gibt es verschiedene Bezeichnungen, z. B. Erbs-T., Florentiner T., Jacquard-T. (Flanderspitze), Gitter-T., Tupfen-T. (engl. T.), Spitzen-T. (Valenciennes-T.).

Tulla, Johann Gottfried, * Karlsruhe 20. März 1770, † Paris 27. März 1828, dt. Bauingenieur. – Gründete 1807 in Karlsruhe eine Ingenieurschule, leitete die 1817 begonnene Regulierung des Oberrheins.

Tulle [frz. tyl], frz. Stadt im Limousin, 18 900 E. Verwaltungssitz des Dep. Corrèze; kath. Bischofssitz; Museum; staatl. Waffenmanufaktur, Konservenind. – Entstand um ein im 7. Jh. gegr. Benediktinerkloster; ab 1317 Bischofssitz (1801–22 aufgehoben). – Got. Kathedrale (Langhaus und Turm; 12. bis 14. Jh.); Kreuzgang; Renaissancehäuser.

Tülle, rohr- oder trichterförmiger Ansatz an Gefäßen, der das Ausgießen erleichtert.

Tullius, Servius, nach der Sage der 6. König von Rom. – Soll nach traditioneller Datierung 577–534 regiert haben; T. wird u. a. die Einteilung der Bürgerschaft in regionale Tribus und in Zenturien (Servian. Verfassung) zugeschrieben.

Tulln, niederöstr. Bez.hauptstadt am rechten Ufer der Donau, 180 m ü. d. M., 12 000 E. Museen; Kakao- und Schokoladenfabrik, Zuckerfabrik, Maschinen- und Apparatebau; Donaubrücke. – Entstand an der Stelle des röm. Kastells **Comagenis;** 1014 Civitas, 1159 Stadt genannt, im 13. Jh. ummauert. – Roman.-got. Pfarrkirche im 18. Jh. barockisiert; spätroman. Karner (13. Jh.), spätbarocke ehem. Minoritenkirche (1732–39).

Tullner Becken (Tullnerfeld), Talweitung zw. den Donaudurchbrüchen durch die Böhm. Masse (Wachau) und den nach O auslaufenden Ostalpen (Wiener Pforte zw. Wiener Wald und Bisamberg).

Tullus Hostilius, nach der Sage der 3. König von Rom. – ⚰ 672–640 (nach traditioneller Datierung); ihm wird u. a. die Unterwerfung Alba Longas zugeschrieben.

Tula de Allende. Einer der Atlanten, die das Dachgebälk der Morgensternpyramide im toltekischen Tula trugen

Tukanbartvogel

Tulpe

Tulpe. Gartentulpe

Tulpe (Tulipa) [pers.-frz.-niederl.], Gatt. der Liliengewächse mit rd. 60 Arten in Vorder- und Zentralasien, S-Europa und N-Afrika; Zwiebelpflanzen mit meist einblütigen Stengeln; Blüten groß, meist aufrecht, glockig oder fast trichterförmig mit 6 Blütenhüllblättern, 6 Staubblättern und einem dreiteiligen Stempel. Neben der eigtl. **Gartentulpe** (Tulipa gesneriana in vielen Formgruppen [u. a. Lilienblütige T., Darwin-T., Papageien-T.]) sind zahlreiche Wild-T. in Kultur, v. a. die aus den Gebirgen des Iran stammende **Damentulpe** (Tulipa clusiana; mit am Grund violetten und außen rot gestreiften Blüten), die in zahlr. Sorten verbreitete **Fosterianatulpe** (Tulipa fosteriana), die **Greigiitulpe** (Tulipa greigii; aus Turkestan; mit beim Austrieb braunrot gezeichneten Blättern) und die **Seerosentulpe** (Tulipa kaufmanniana; mit bei Sonnenlicht sternförmig ausgebreiteten Blüten). Die einzige in Deutschland wild vorkommende Art ist die **Waldtulpe** (Tulipa silvestris; 20–40 cm hoch, mit meist einzelnstehender grünlichgelber Blüte; vereinzelt in Weinbergen).
Geschichte: Die Garten-T. war Wappenblume der Osmanen und wurde in der Türkei schon früh kultiviert. 1554 wurde sie nach Europa gebracht und von C. Gesner beschrieben und abgebildet. Um 1570 war die Garten-T. in den Niederlanden bekannt.

Tulpenbaum (Liriodendron), Gatt. der Magnoliengewächse mit je einer Art in N-Amerika und China; sommergrüne Bäume mit vier- bis sechslappigen, großen Blättern und einzelnstehenden, tulpenähnl. Blüten. Die nordamerikan. Art *Liriodendron tulipifera* mit gelbgrünen Blüten wird in M-Europa als beliebter Parkbaum angepflanzt.

Tulpenmagnolie ↑ Magnolie.

Tulsa [engl. 'tʌlsə], Stadt im nö. Oklahoma, USA, am Arkansas River, 230 m ü. d. M., 368 300 E. 2 Univ.; Kunst- und Indianermuseum. Handelszentrum eines bed. Erdöl- und Erdgasfeldes. – 1879 Poststation im Indianerterritorium; 1882 begann die Ansiedlung weißer Kolonisten; 1902 City.

Tulu, zu den drawid. Sprachen gehörende Sprache mit etwa 1,7 Mill. Sprechern an der Malabarküste Indiens (Zentrum Mangalore).

Tulum, Ruinenstätte der Maya an der O-Küste der Halbinsel Yucatán, Blütezeit der Stadt 1200–1550. An einer Steilküste gelegen; größter Gebäudekomplex ist die Tempelanlage „Castillo".

Tumanjan, Owanes, *Dsech (im heutigen Rayon Tumanjan) 19. Febr. 1869, †Moskau 23. März 1923, armen. Schriftsteller. – Bedeutendster armen. Dichter; die Themen seiner Gedichte und Poeme, Legenden, Märchen und Fabeln stammen v. a. aus dem armen. Bauernleben.

Tumba [griech.-lat.] ↑ Grabmal.

Tumba, Lac [frz. laktum'ba], See im W von Zaire, rd. 500 km², bis 6 m tief, entwässert zum Kongo.

Tumbago (Tumbaga) [malai.-span.], in vorkolumb. Zeit in M- und S-Amerika (v. a. in Kolumbien) u. a. zur Herstellung kunstgewerbl. Gegenstände verwendete Legierung aus bis zu 50 % Gold und Kupfer.

Tulum. Blick auf die Tempelanlage „Castillo"

Tumbes, Hauptstadt des peruan. Dep. T., in der Küstenebene, am Río T., 10 km oberhalb seiner Mündung, 64 800 E. Agrarzentrum. – Bei T. landete 1531 F. Pizarro.
T., Dep. in NW-Peru, 4 669 km², 144 200 E (1990), Hauptstadt Tumbes. T. liegt in der trockenen Küstenebene. Landw.; Fischerei, Salzgewinnung und Erdölförderung.

Tumbo, Île de [frz. ildətum'bo] ↑ Conakry.

Tumler, Franz, *Gries bei Bozen 16. Jan. 1912, östr. Schriftsteller. – Setzt sich im Stil des sachl. Berichts mit allg. menschl. Problemen auseinander; u. a. „Der Schritt hinüber" (R., 1956), „Aufschreibung aus Trient" (R., 1965; beide über die Südtirolfrage), „Pia Faller" (E., 1973).

Tumlirz, Otto, *Ružomberok 27. Juli 1890, †Graz 3. Jan. 1957, östr. Pädagoge und Psychologe. – Prof. in Graz; arbeitete v. a. im Bereich der Jugendpsychologie („Theorie der Stufen geistiger Entwicklungen"), begriff die pädag. Psychologie als Lehre von den seel. Beziehungen zw. den Generationen.

Tümmler ↑ Delphine.

▷ (Flugtauben) an Rassen und Schlägen zahlreichste Rassengruppe von Haustauben. T. vermögen ausdauernd und hoch zu fliegen (sog. *Hochflieger*), meist in Gruppen (Trupps), seltener einzeln (Brieftauben).

Tumor [lat.], svw. ↑ Geschwulst.

Tumor cerebri [lat.], svw. ↑ Gehirntumor.

Tulpenbaum. Blüte der Art Liriodendron tulipifera

Tumormarker, Substanzen und zelluläre Veränderungen im Körper, deren qualitativer und quantitativer Nachweis einen Rückschluß auf einen bestehenden bösartigen Tumor zuläßt. Es werden *zelluläre* und *humorale T.* unterschieden. Zu letzteren gehört z. B. Choriongonadotropin, ein Hormon, das außer bei schwangeren Frauen auch beim ↑ Chorionepitheliom sowie bei bösartigen Erkrankungen des Hodens und des Eierstocks nachweisbar ist.

Tumorviren (onkogene Viren), Viren, die infizierte tier. (auch menschl.) Zellen zu tumorigem Wachstum veranlassen können. T. finden sich unter den DNS-Viren (u. a. Adenoviren) und RNS-Viren (Leukoviren). Bei der Transformation wird ein Teil des viralen Genoms in das der Zelle integriert, wodurch die Steuerung des Zellwachstums gestört wird. – T. sind als Ursache zahlr. tier. Krebserkrankungen nachgewiesen. Auch bei verschiedenen menschl. Krebsarten kommen sie als Ursache in Betracht.

Tumult [lat.], Lärm, Unruhe; Auflauf, Aufruhr.

Tumulus [lat.], Hügel; meist in der Bed. Grabhügel; i. e. S. für etrusk. Kuppelgräber.

Tunder, Franz, *Burg auf Fehmarn 1614, †Lübeck 5. Nov. 1667, dt. Komponist. – Ab 1641 Organist an Sankt Marien in Lübeck, wo er die Abendmusiken einrichtete, die sein Schwiegersohn D. Buxtehude fortführte.

Tundra [finn.-russ.], baumloser, artenarmer Vegetationstyp jenseits der polaren Baumgrenze auf Böden, die im Sommer nur kurzzeitig auftauen. Das Übergangsgebiet zum geschlossenen Wald wird **Waldtundra** gen.; hier durchdringen sich Tundrenflächen und Waldinseln.

Tuner [engl. 'tju:nə „Abstimmvorrichtung"], in der Hochfrequenztechnik eine auf die gewünschte Sendefrequenz abstimmbare Eingangsschaltung; auch Bez. für den diese Schaltung enthaltenden [Bau]teil einer Empfangsanlage, der vom Verstärkerteil getrennt sein kann.

Tunesien

Tunesien
Fläche: 163 610 km²
Bevölkerung: 8,1 Mill. E (1990), 49,5 E/km²
Hauptstadt: Tunis
Amtssprache: Arabisch
Staatsreligion: Islam sunnit. Richtung
Nationalfeiertag: 1. Juni
Währung: 1 Tunes. Dinar (tD) = 1 000 Millimes (M)
Zeitzone: MEZ

Tunesien (amtl.: Al Dschumhurijja At Tunusijja; dt. Republik Tunesien), Staat in Nordafrika, zw. 30° und 37° 21′ n. Br. sowie 7° 30′ und 11° 30′ ö. L. **Staatsgebiet:** T. grenzt im N und nördl. O an das Mittelmeer, im SO an Libyen und im W an Algerien. **Verwaltungsgliederung:** 23 Gouvernorate. **Internat. Mitgliedschaften:** UN, OAU, Arab. Liga, GATT, OAPEC; der EWG assoziert.
Landesnatur: T. erstreckt sich vom Mittelmeer bis in die Sahara. Es ist im N ein Bergland, das von den Ausläufern des Atlasgebirges gebildet wird. An der N-Küste liegt der steil zum Mittelmeer abfallende östl. Teil des Tellatlas. Beherrschend für den N ist der mitteltunes. Gebirgsrücken mit den höchsten Erhebungen des Landes (Djebel Chambi 1544 m ü. d. M.). Im N wird er vom Tal des Oued Medjerda (einziger größerer ganzjährig wasserführender Fluß des Landes) begrenzt, im O geht er in die weite Küstenebene über und im S in die Senkungszone der Schotts. Den S des Landes nimmt das Kalkplateau Dahar ein (bis 715 m ü. d. M.), das nach O steil zum Küstenvorland abfällt.
Klima: T. hat mediterranes Klima, das im S in Wüstenrandklima übergeht. Nach S nehmen die Niederschlagsmengen rasch ab und sinken auf 100 mm/Jahr.
Vegetation: Im N ist Macchie weit verbreitet. Die Gebirge tragen Korkeichenwälder, Aleppokiefernwald und Steineichenbestände. Im Geb. mit weniger als 400 mm Jahresniederschlag sind Alfagras- und Artemisiasteppen vertreten, die nach S in die Wüstensteppe übergehen.
Tierwelt: Im N Wildschwein und Mufflon, in den Halbwüstengebieten Karakal, Luchs, Wildkatze, Schakal, Wüstenfuchs sowie zahlr. Nagetierarten und Kriechtiere.
Bevölkerung: Über 95 % der Bev. sind Araber und arabisierte Berber. Reine Berberstämme sind nur noch in kleinen Gruppen vertreten. T. ist sehr unterschiedlich besiedelt: 70 % der Bev. leben im N und im östl. Küstengeb.; der äußerste S ist siedlungsleer, er wird nur von Nomaden durchzogen. Es besteht eine allg. Schulpflicht von 6–14 Jahren. Univ. haben Tunis, Sousse und Sfax.
Wirtschaft: Der Bewässerungsfeldbau, der Phosphatbergbau und der internat. Tourismus sind ihre Grundlagen. In der Landw. sind etwa 40 % der Erwerbspersonen tätig. Wichtigste Agrarprodukte sind Oliven (zweitgrößter Weltexporteur, auch für Olivenöl), Zitrusfrüchte, Obst und Gemüse sowie Wein, Tabak und Baumwolle, in den Oasen Dattelpalmen. Die Alfagrasflächen werden forstwirtsch. gepflegt, da sie den Grundstoff für die tunes. Papier- und Kartonagenind. abgeben. Kork wird zu Halbfertigprodukten verarbeitet. An der Küste wird Fischerei (Sardinen, Sardellen, Garnelen, Thunfisch) betrieben. Neben dem Phosphatbergbau (bei Gafsa und Kalaa-Djerda) sind die Erdgasgewinnung (bes. am Golf von Gabès) und Erdölförderung (v. a. bei El Borma und im Festlandsockel bei den Kerkennainseln) von großer Bedeutung. Außerdem werden Eisenerze und Nichteisenmetallerze gefördert. Die verarbeitende Ind. ist bes. im NO konzentriert. Die wichtigsten Ind.-zweige sind die Nahrungs- und Genußmittel- sowie die Textilindustrie. Nach der Unabhängigkeit entstanden Betriebe zur Phosphatverarbeitung und der Metallind. sowie ein Stahlwerk (bei Menzel-Bourguiba) und eine Erdölraffinerie (in Biserta). Entwickelt ist das Kunsthandwerk. Wichtigster Devisenbringer ist der Fremdenverkehr.
Außenhandel: Die bedeutendsten Handelspartner sind Frankreich, Italien, Deutschland, Belgien und Spanien. Exportiert werden Bekleidung, Erdöl und Erdölprodukte, natürl. Phosphat, Fisch und Olivenöl. Importiert werden Kfz, Eisen und Stahl sowie Maschinen und Geräte, Textilien, Weizen und Arzneimittel.
Verkehr: Das Straßennetz wurde seit 1957 stark ausgebaut: rd. 29 200 km Straßen (davon 17 500 km asphaltiert). Das Eisenbahnnetz hat eine Länge von 2 242 km. Nat. Fluggesellschaft ist die Tunis Air. Internat. ✈ Le Carthage bei Tunis, außerdem bei Monastir, Sfax, Tozeur und auf Djerba.
Geschichte: Zunächst von Berbern bewohnt, 1100 v. Chr. von Phönikern kolonisiert, deren Nachfolger ↑Karthago gründeten, seit 146 v. Chr. unter röm. Herrschaft (Prov. Africa), fiel das Gebiet des heutigen T. 439 an die Vandalen; 533 wurde es unter Justinian I. byzantinisch und 645–698 von den Arabern erobert, die Kairuan als Prov.-hauptstadt des Kalifenreiches gründeten. Nachdem die Fatimiden zw. 909 und 969 ganz N-Afrika und Ägypten erobert hatten, machten sich 1048 ihre Statthalter unabhängig, was die Invasion arab. Beduinenstämme zur Folge hatte. 1165–67 stießen die marokkan. Almohaden nach T. vor. Von 1229–1574 regierten die Hafsiden, die zuerst Vasallen der Almohaden waren, sich dann aber unter den Schutz der christl. Könige von Sizilien stellten. 1574 kam das Land unter osman. Herrschaft; als Vertreter des Sultans regierte ein jeweils für Tunesien 3 Jahre eingesetzter Pascha, 1612 erlangte Bei Murad I. (⚭ 1612–31) die Erblichkeit des Amts. Husain Ibn Ali (⚭ 1705–40) begründete als Bei von Tunis die bis 1957 regierende Dyn. der Husainiden. Seit Ahmed Bei (⚭ 1837–55) wurde das Land europ. Einflüssen geöffnet. Muhammad As Saduk (⚭ 1859–82) mußte die Errichtung einer brit.-frz.-italien. Finanzkontrolle dulden. 1881 rückten frz. Truppen in T. ein, 1883 wurde das Land durch die Konvention von La Marsa zum frz. Protektorat erklärt. 1920 schloß sich die einheim. Führungsschicht in der Destur-Partei zus., die eine Verbesserung des rechtl. Status der Tunesier, eine Verfassung und als Endziel die Unabhängigkeit verlangte. Ihr zu Kompromissen nicht bereiter Flügel spaltete sich 1934 als Neo-Destur-Partei unter Führung von Habib Burgiba ab.
1946 wurde T. assoziierter Staat der Frz. Union. Nach Streiks und blutigen Unruhen 1952 begann die Reg. Mendès-France im Sept. 1954 Verhandlungen über die innere Autonomie (abgeschlossen 22. April 1955, gültig ab Sept. 1955). Am 20. März 1956 erkannte Frankreich die Unabhängigkeit von T. an, Burgiba wurde am 15. April zum Min.präs. gewählt. Am 25. Juli 1957 setzte das Parlament Bei Muhammad Al Amin (⚭ 1943–57) ab, erklärte T. zur Republik und wählte Burgiba zum Staatspräs. (Wiederwahl 1964 und 1969, 1975 auf Lebenszeit). 1964 wurden die

Staatswappen

Internationales Kfz-Kennzeichen

1970 1990 1970 1990
Bevölkerung Bruttosozial-
(in Mill.)   produkt je E
              (in US-$)

□ Stadt   Land □

Bevölkerungsverteilung 1990

□ Industrie
□ Landwirtschaft
□ Dienstleistung

Bruttoinlandsprodukt 1990

Tungbaum

Tunesien. Wirtschaft

Tunis

Hauptstadt von
Tunesien (seit 1957)

•

596 700 E

•

Univ. (seit 1958)

•

kulturelles Zentrum des
Landes

•

im Altertum Tynes
(Tunes)

•

Altstadt mit zahlr.
Moscheen

Destur-Partei und die Neo-Destur-Partei in der Einheitspartei Parti Socialiste Destourien (PSD) neu organisiert und ihr wirtschaftspolit. Kurs in Richtung einer staatl. Planwirtschaft festgelegt. In dem Maß, in dem T. Distanz zu Nassers Politik im arab. Lager hielt, knüpfte es engere Beziehungen zum Westen, ohne es zum völligen Bruch mit den Staaten der Arab. Liga (Mgl. seit 1958; 1979–90 Sitz in Tunis) kommen zu lassen. Die stabile Herrschaft von Präs. Burgiba wurde 1978 durch Gewerkschaftsproteste (v. a. wegen Inflation und Arbeitslosigkeit) vorübergehend erschüttert. Am 23. April 1980 berief Burgiba ein neues Kabinett mit M. Mzali (* 1925) als Min.präs., der in der Innenpolitik eine vorsichtige Liberalisierung einleitete (z. B. Zulassung weiterer polit. Gruppen bei den Parlamentswahlen vom Nov. 1981), aber 1986 entlassen wurde und in die Schweiz flüchtete. Die in ihrer polit. Tätigkeit erheblich behinderte Opposition boykottierte die Wahlen im Nov. 1986. Im Nov. 1987 wurde der autokratisch regierende Staatspräs. Burgiba durch Min.präs. Ben Ali entmachtet; dieser übernahm selbst das Amt des Staatspräs. am 8. Nov. 1987 (bestätigt am 2. April 1989) und kündigte polit. Reformen an; an der (April 1988) festgeschriebenen Dominanz der Reg.partei RCD (der früheren PSD) scheiterte bisher die Einführung eines Mehrparteiensystems. Bei umstrittenen Wahlen am 2. April 1989 erreichte der RCD 82,7 %, für die verbotene Partei der islam. Fundamentalisten En Nahda kandidierenden „Unabhängigen" 13,6 % und die (seit Nov. 1988 zugelassene) sozialdemokrat. Oppositionspartei MDS 3,7 % der Stimmen. Ben Alis Unterstützung für Saddam Husain im 2. Golfkrieg (Jan./Febr. 1991) führte zur Kürzung amerikan. Finanzhilfen, die En Nahda erstarkte. Ein (angeblich) von ihr inszenierter Putschversuch im Mai 1991 scheiterte.

Politisches System: Nach der Verfassung vom 25. Juli 1988 ist T. eine präsidiale Republik. *Staatsoberhaupt*, Oberbefehlshaber der Streitkräfte und Inhaber der *Exekutivgewalt* ist der vom Volk für 5 Jahre gewählte Staatspräs. (zweimalige Wiederwahl möglich). Der Präs. ernennt und entläßt die Reg. unter Vorsitz des Min.präs., hat Vorrang bei Gesetzesinitiativen und kann selbständig Notstandsmaßnahmen ergreifen. Gegenüber dem Parlament hat er ein Vetorecht, das nur mit Zweidrittelmehrheit überstimmt werden kann. Die *Legislative* liegt bei der Nat.versammlung (141 Abg., für 5 Jahre gewählt). Das seit 1988 gesetzlich verankerte, wegen des Boykotts der Nachwahlen zum Parlament 1991 durch die Opposition aber noch nicht wirksame *Mehrparteiensystem* wird vom Rassemblement Constitutionnel Démocratique (RCD) dominiert. Die wichtigsten Oppositionsparteien sind der (sozialdemokrat.) Mouvement des Démocrates Socialistes (MDS) und die Partei des islam. Fundamentalismus (Parti de la Renaissance-En Nahda [„Wiedergeburt"]; bisher nicht legalisiert). Dem *Gewerkschafts*verband Union Générale Tunisienne du Travail (UGTT) gehören 23 Einzelgewerkschaften an. Das *Rechts*wesen ist frz. beeinflußt, im Fam.- und Erbrecht gilt kodifiziertes islam. Recht. Es gibt Gerichte 1. Instanz, Berufungsgerichte und den Kassationshof als oberste Instanz.

Tungbaum [chin./dt.] ↑ Lackbaum.

Tungide, zum Rassenkreis der ↑ Mongoliden zählende Menschenrasse; Hauptverbreitungsgebiet der tungiden Völker (u. a. Kalmücken, Mongolen und Tungusen) ist das nördl. Zentralasien.

Tungöl [chin./griech.-lat.], svw. ↑ Holzöl.

Tungsten [...ste:n; schwed.], svw. ↑ Wolfram.

Tung Ting Hu ↑ Dongting Hu.

Tungurahua [span. tuŋguˈraya], Prov. in Ecuador, in den Anden, 3 110 km², 366 500 E (1990), Hauptstadt Ambato. Mittelpunkt für die Landw. und Ind. ist das Becken von Ambato.

T., Vulkan in der Ostkordillere der Anden Z-Ecuadors, 5 033 m hoch; letzte Ausbrüche im 19. Jh.; am Fuß liegt **Baños,** der bedeutendste Badekurort Ecuadors.

Tungusen, zusammenfassende Bez. für die Völker M- und O-Sibiriens sowie NO-Chinas, die mandschu-tungus. Sprachen sprechen; etwa 100 000 Individuen.

tungusische Sprachen, svw. ↑ mandschu-tungusische Sprachen.

Tunguska, Obere ↑ Angara.

Tunguska-Kohlenbecken, Kohlenvorkommen in Rußland im Mittelsibir. Bergland.

Tunhwang ↑ Dunhuang.

Tunika [lat.], ein aus zwei Teilen genähtes Gewand der röm. Männer und Frauen, urspr. ärmellos, später mit kurzen Ärmeln, meist gegürtet, etwa knielang. Die ohne Gürtel getragene T. der Senatoren hatte vorn senkrecht einen Purpurstreifen.

▷ in den *orth. Kirchen* Grundgewand der liturg. Funktionsträger.

Tunikaten [lat.], svw. ↑ Manteltiere.

Tuning [engl. ˈtjuːnɪŋ], die Leistungserhöhung von [serienmäßigen] Kfz-Motoren durch nachträgl. Maßnahmen, z. B. Erhöhung der Verdichtung, Vergrößerung des Ansaugvolumens und Erhöhung der Drehzahl. Durch die Leistungssteigerung ergibt sich eine höhere Beanspruchung der Bauteile sowie Herabsetzung der Lebensdauer.

▷ in der *Hochfrequenztechnik* svw. Abstimmung.

Tunis [ˈtuːnɪs, frz. tyˈnis], Hauptstadt Tunesiens, am See von T., nahe dem Mittelmeer, 596 700 E. Verwaltungssitz des Gouvernorats T.; orth. Metropolitensitz; Univ. (gegr. 1958), Konservatorium, mehrere Forschungsinst., Goethe-Inst., Nationalbibliothek und -archiv, Nationalmuseum, Museum islam. Kunst, Lapidarium Sidi Bou Krissan; Zoo. Wichtigste Ind.zweige sind die Nahrungsmittel-, chem., metallurg. und Textilind.; alle 2 Jahre internat. Messe. Der Stadthafen ist durch einen Kanal mit dem Hafen von La ↑ Goulette verbunden; internat. ✈. – Im Altertum **Tynes, Tunes;** unter der Herrschaft Karthagos befestigt, nach Zerstörung im 3. Pun. Krieg wiederaufgebaut; erlangte unter arab. Herrschaft ab 697 Bed.; im 16. Jh. zw. Osmanen und Spaniern umkämpft, kam 1574 endgültig in osman. Hand. 1881–1956 unter frz. Protektorat; erlitt 1942/43 schwere Schäden bei den Kämpfen zw. italien. und alliierten Truppen; seit 1957 offiziell Hauptstadt der Republik Tunesien. – Altstadt (von der UNESCO zum Weltkulturerbe erklärt) mit zahlr. Moscheen, u. a. die Große Moschee (732 gegr., v. a. 13. und 15. Jh.), der Komplex der Sidi-Youssef-Moschee (17. Jh.), Paläste und Mausoleen.

Tunis, Golf von, Bucht des Mittelmeeres an der NO-Küste Tunesiens, im O begrenzt durch die Halbinsel von Kap Bon.

Tunis, See von, 50 km² große Lagune an der NO-Küste Tunesiens.

Tunja [span. 'tuŋxa], Hauptstadt des kolumbian. Dep. Boyacá, in einem Hochtal der Ostkordillere, 2 820 m ü. d. M., 94 400 E. Kath. Erzbischofssitz; Univ. (gegr. 1953); Handelszentrum; an der Carretera Panamericana. – Urspr. Hauptstadt des Chibchareiches; 1538 von G. Jiménez de Quesada zerstört, kurz darauf als span. Siedlung neu gegr.; erklärte sich 1811 von Spanien unabhängig, 1819 Hauptquartier Bolívars im Befreiungskrieg. – Kathedrale (1579 bis 1606); Rosenkranzkapelle in der Kirche Santo Domingo (um 1590); Casa de Juan de Vargas (um 1585; jetzt Kolonialmuseum).

Tunnel [engl., zu altfrz. tonnel „Tonnengewölbe, Faß"], künstlich angelegte unterird. Bauwerke, die im Verlauf von Verkehrswegen durch Bergmassive oder unter Flußläufen, Meerengen, städt. Bebauungen u. a. hindurchführen (auch als Abwasser-T. innerhalb einer städt. Kanalisation). Man unterscheidet die in festem Gestein durch bergmänn. Vortrieb hergestellten *Berg-* oder *Gebirgs-T.,* die meist in offener Baugrube hergestellten *Unterpflaster-T.* von rechteckigem Querschnitt, die im Schildvortrieb durch Absenken vorgefertigter röhrenförmiger Bauteile oder im Senkkastenverfahren hergestellten *Unterwassertunnel.* Die Form des *T.querschnitts* richtet sich nach der Größe des Gebirgsdruckes und der Struktur des Gebirges. Außerdem kommt es bei der Querschnittsgestaltung auf den Platzbedarf und auf das erforderl. Lichtraumprofil an. Die beim T.bau eingesetzten *T.baumaschinen* können unterschieden werden in Geräte zum Lösen des Gesteins, zum Laden, zum Transport, zum Betonieren. In festem Gestein erfolgt der Ausbruch entweder in der *traditionellen Bauweise* (Richtstollen als First- bzw. Sohlstollen, Gesteinsausbruch in Einzelabschnitten, Sicherung gegen Nachbrechen, Vollausbau in Unterfangbauweise) oder stetig im *modernen Vollausbruch* (Sicherung der freigelegten Flächen durch Spritzbeton, Felsanker, Stahlbögen u. a.; Wegfall von Auszimmerung; Einsatz von Großmaschinen). Zu den neueren Bauweisen zählen z. B. die *Ringbauweise* mit Ausbruch der Kalotte und Verlegung der mehrteiligen Sohl- oder Ringschwelle, die *Messerbauweise,* bei der die gegen die Firste sichernden stählernen oder mit Stahlplatten beschlagenen Pfähle (Vortriebsmesser) bei gleichzeitigem *Freimachen der T.brust* vorgetrieben werden und so dem Vortrieb folgen. Bei Lockergestein arbeitet man meist nach dem *Schildvortriebsverfahren (Schildbauweise)* durch Vortrieb eines bewegl., nahezu waagerechten Stahlzylinders, in dessen Schutz die T.röhre hergestellt wird, und nach dem Vortriebsverfahren mittels rotierender Bodenfräse.

Geschichte: Aus dem Altertum sind T. bekannt, die im Zusammenhang mit dem Bau antiker Wasserversorgungsanlagen ausgeführt wurden. Eine bes. Leistung stellte der von M. I. Brunel 1825–41 im Schildvortrieb angelegte Themsetunnel in London dar. Als erster Alpentunnel der Eisenbahn wurde 1848–54 der 1 430 m lange Semmering-Scheiteltunnel erbaut. Der von G. Sommeiller erfundene Druckluftbohrer wurde erstmals beim 1857–71 erbauten Mont-Cenis-T. eingesetzt, das Dynamit beim 1872–81 erbauten Gotthard-T. Nachdem bereits 1911 in Hamburg ein 448 m langer Elbtunnel (mit Aufzugseinrichtung) in Betrieb genommen worden war, konnte hier 1974 ein unter der Elbe hindurchführender Autobahntunnel dem Verkehr übergeben werden. 1985 wurde in Japan der Bau des 53,9 km langen Seikantunnels vollendet, 1987 mit dem Bau eines rd. 50 km langen Eisenbahntunnels zw. Frankreich und Großbritannien begonnen (Durchstich 1990, Testfahrt 1993).

Tunneleffekt, quantenmechan. Erscheinung, daß Teilchen mit einer Energie $E < V_0$ einen Potentialwall der Höhe V_0 durchdringen („durchtunneln") können. Der

Tunis. Blick auf die Altstadt

Durchlaßkoeffizient nimmt mit wachsender Breite des Walls und zunehmender Differenz $V_0 - E$ exponentiell ab. Nach der klass. Physik ist die Wahrscheinlichkeit, daß ein Teilchen in eine derartige Zone eindringen kann, gleich Null; es kann ein Potential $V(x)$ nur dann überwinden, wenn auf dem Teilchenweg (in x-Richtung) stets $E > V_0$ gilt, andernfalls erfolgt Reflexion. Der Alphazerfall von Atomkernen, die Feldelektronenemission und die Josephson-Effekte sind dagegen Vorgänge, die sich nur mit Hilfe des T. erklären lassen.

Tupajas [malai.], svw. ↑Spitzhörnchen.

Tupamaros [span.], Bez. für die Mgl. der Guerillabewegung Uruguays (Movimiento de Liberación Nacional, Abk. MLN), die um 1962/63 aus der Bewegung der Zuckerarbeiter (UTAA) entstand; leiten die Bez. von dem peruan. Indianerführer Tupac Amaru II. (eigtl. J. G. Condorcanqui, *1743, †1781) ab, der nach einer Revolte gegen die span. Kolonialmacht hingerichtet wurde. Die T. waren insbes. 1963–73 terroristisch aktiv.

Tupan, auf dem Balkan verbreitete zweifellige, zylindr. große Trommel, die mit der ↑Zurna zum Tanz gespielt wird.

Tupelobaumgewächse [indian./dt.] (Nyssaceae), Pflanzenfam. der Zweikeimblättrigen mit 2 Gatt. und 9 Arten in O- und SO-Asien sowie im östl. N-Amerika. Arten der Gatt. *Tupelobaum* (Nyssa) sind charakteristisch für die Sumpfwälder N-Amerikas.

Tüpfel, v. a. dem Stoffaustausch dienende Aussparungen in der Sekundärwand (↑Zellwand) pflanzl. Zellen. Die T. benachbarter Zellen grenzen paarweise aneinander und werden durch eine dünne, aus zwei Primärwänden und einer Mittellamelle bestehende Schließhaut voneinander getrennt.

Tüpfelanalyse, Verfahren der chem. Mikroanalyse, bei dem man nur wenige Tropfen der zu untersuchenden Lösung und der Reagenzlösung auf einem weißen Filterpapier oder einer Porzellanplatte miteinander reagieren läßt; durch die dabei auftretenden Färbungen lassen sich zahlr. Substanzen nachweisen; entwickelt v. a. durch den östr. Chemiker F. Feigl (*1891, †1971).

Tüpfelbärbling (Brachydanio nigrofasciatus), bis 4 cm langer, schlanker ↑Karpfenfisch in Süßgewässern Birmas; Rücken bräunlich, Unterseite orangefarben (♂) bzw. weißlich (♀), Körperseiten mit goldenem Längsstreif, darunter eine blaue Punktreihe; Warmwasseraquarienfisch.

Tüpfelbeutelmarder (Dasyurus quoll), bis 45 cm langer Beutelmarder in SO-Australien und Tasmanien; nachtaktives Raubtier mit gelblichweißen oder weißen Flecken auf graubraunem bzw. braunschwarzem Fell.

Tüpfelbuntbarsch (Aequidens curviceps), bis 8 cm langer Buntbarsch in den Süßgewässern des Amazonasstromgebiets; Grundfärbung grünlich oder bläulich, mit dunkel umrandeten Schuppen und (an den Körperseiten) einem

Tüpfelfarn

Tüpfelfarn.
Gemeiner Tüpfelfarn

Andrei
Nikolajewitsch
Tupolew

dunklen Fleck, der oft in Form eines Längsbandes bis zur Stirn zieht; Kiemendeckel mit blauen Tupfen; Warmwasseraquarienfisch.

Tüpfelfarn (Polypodium), Gatt. der T.gewächse mit rd. 75 v. a. in den Tropen verbreiteten, vielgestaltigen, häufig epiphyt. Arten. Heimisch ist der auf kalkarmen Böden vorkommende **Gemeine Tüpfelfarn** (Engelsüß, Polypodium vulgare) mit einfach gefiederten, derben, immergrünen Blättern; Sporangiengruppen tüpfelförmig. Das süß schmeckende oberirdisch kriechende Rhizom wurde in der Volksheilkunde als Hustenmittel sowie als Abführmittel verwendet.

Tüpfelfarngewächse (Tüpfelfarne, Polypodiaceae), in der Systematik des Pflanzenreiches sehr umstrittene Fam. der Farne mit etwa 1 200 überwiegend trop., häufig epiphyt. Arten.

Tüpfelhyäne ↑ Hyänen.

Tüpfeljohanniskraut ↑ Johanniskraut.

Tupí-Guaraní [tu'pi: guara'ni:], zweitgrößte Gruppe der Indianersprachen in S-Amerika, gesprochen südl. des Amazonas von den Anden bis zur Küste des Atlant. Ozeans; wird in die Untergruppen Tupí und Guaraní mit jeweils mehreren Sprachen aufgeteilt. Tupí wird v. a. in O-Brasilien, Guaraní in Teilen von Paraguay, Argentinien und Bolivien gesprochen. Beide waren wichtige Verkehrssprachen, u. a. weil sich die europ. Kolonialmächte und die Kirchen in diesen Gebieten dieser Sprachen bedienten. Guaraní ist heute allg. Umgangssprache in Paraguay, z. T. auch in NO-Argentinien, und wird in literar. Texten, v. a. in Liedern benutzt.

Tupinambá […'ba:], zur Tupísprachfamilie gehörende, heute ausgestorbene Indianerstämme an der brasilian. Küste, von São Paulo bis zur Amazonasmündung. Sie wurden v. a. durch den in portugies. und span. Diensten stehenden dt. Landsknecht Hans Staden (* um 1510, † nach 1557) bekannt, der längere Zeit von den T. gefangengehalten wurde.

Tupolew, Andrei Nikolajewitsch [russ. 'tupeljf], * Pustomasowo (Geb. Twer) 10. Nov. 1888, † Moskau 23. Dez. 1972, russ. Flugzeugkonstrukteur. – T. baute ab 1924 die ersten sowjet. Ganzmetallflugzeuge; insges. entwarf er mehr als 100 Flugzeugtypen, von denen zahlr. in Serienproduktion gingen (Serienbez. ANT, später Tu). Bekannt wurden u. a. die zweimotorige ANT-4 (1925), die viermotorige ANT-6 (40,5 m Spannweite) und die achtmotorige ANT-20 „Maxim Gorki" (1934). Die Tu-104 (1956) war eines der ersten Verkehrsflugzeuge mit Turbinenluftstrahltriebwerk. – Sein Sohn *Alexei Andrejewitsch T.* (* 1925) war Chefkonstrukteur des Überschallverkehrsflugzeugs Tu-144.

Tür (Tor), Eingang eines Gebäudes oder Raumes, verschließbare Öffnung zur Verbindung bzw. zum Abschluß von Räumen als *Innen-T.,* zum Verschluß eines Hauses als *Außen-T.;* nach der Anzahl der Flügel bezeichnet als ein-, zwei- oder dreiflügelige T., nach der Bauart als Rahmen-, Füllungs- oder Ganzblatt-T., nach der Bewegungsart als Dreh-, Schiebe- oder Roll-T., nach dem Werkstoff als Holz-,

Andrei Nikolajewitsch Tupolew. Das von seinem Sohn Alexei Andrejewitsch Tupolew konstruierte Überschallverkehrsflugzeug Tu-144, Erstflug 1968

Stahl-, Leichtmetall- oder Glas-T., nach der Öffnungsart als Rechts- oder Linkstür. Der *T.anschlag* soll die T. abdichten, indem gegen diesen T.zargen sowie Futter- und Blendrahmen eingesetzt werden. *Schiebe-T.* haben einen Spezialbeschlag, laufen auf Rollen und haben meist eine Führung. Eine *Hub-T.* wird angehoben und unter die Decke gekippt. Die *Falt-T. (Harmonika-T.)* besteht aus mehreren, durch Scharniere verbundenen Blättern, die in einer Fußbodenschiene geführt werden. *Dreh-T. (Windschutz-T.)* bestehen aus meist 4 um eine senkrechte Achse drehbaren Blättern; *Pendel-T.* schlagen nach beiden Seiten auf. Die *Teleskop-T.* hat ineinander verschiebbare Teile (z. B. für Aufzüge). *Feuerhemmende T.* schließen selbsttätig und sind meist doppelwandige, mit feuerfesten Materialien gefüllte Stahltüren. **Geschichte:** Aus Assur und Babylon sind Pfosten-T. bekannt, bei denen sich in einem ausgehöhlten Angelstein der mit einem entsprechend abgerundeten Bronzeschuh versehene T.pfosten drehte. In Ägypten gab es ein- oder doppelflügelige T. aus Holz. Schiebe-T. bzw. Schiebewände aus Holz oder Bambus verbreiteten sich in Ostasien (bes. Japan) ab dem 12. Jh. n. Chr. Künstlerisch ausgestattet wurden T., bes. die T.gewände bereits bei den Sumerern, mit figürl. Reliefs versehene T.flügel sind erst aus der Zeit der frühchristl. Kunst überliefert.

Tura, Cosmè, eigtl. Cosimo T., * Ferrara um 1430, † ebd. im April 1495, italien. Maler. – Hofmaler der Hzg. von Ferrara, Haupt einer lokalen Malerschule. Charakteristisch der metall. harte Faltenstil, bunte Farbigkeit und reiche, zum Ornamentalen neigende Kompositionsweise; religiöse und mytholog. Gemälde.

Tur-Abdin [syr. „Berg der Knechte (Gottes)"], türk. Landschaft zw. Tigris (im O und N) und syr. Grenze, ein unzugängl. Plateau, durchschnittl. 1 000 m ü. d. M., zentraler Ort Midyat. – Siedlungsgebiet des frühchristl. syr.-jakobit. Mönchtums; starke Verbreitung des Mönchtums bis zum MA („Berg Athos des Orients"); heute gibt es noch etwa 10 Klöster mit nur wenigen Mönchen.

Turakos [afrikan.] (Bananenfresser, Musophagidae), mit den Kuckucken nur verwandte Fam. etwa 40–70 cm langer Vögel mit fast 20 Arten v. a. in Afrika; mit farbenprächtigem Gefieder, langem Schwanz, kurzen, abgerundeten Flügeln und häufig helmartig aufgerichteter Federhaube (bes. bei **Helmvögeln** [Helm-T., Tauraco]; bis 45 cm lang, vorwiegend grün befiedert). Außerdem gehören zu den T. u. a. die ↑ Lärmvögel.

Turan, Tiefland von [tu'ra:n; tu'ran], Ebene im Bereich von Kasachstan, Usbekistan und Turkmenistan, im S und O von den hohen Gebirgszügen Mittelasiens umrahmt, im N bilden flache Bergländer den Übergang zum Westsibir. Tiefland. Sommerheißes, trockenes Kontinentalklima; weite Teile nehmen die Sandwüsten Kysylkum und Karakum ein.

Turandot, pers. Märchenprinzessin, die zahlr. Freier, die die von ihr gestellten Rätsel nicht lösen können, köpfen läßt.

Turbae [lat.], in Oratorien, Passionen und geistl. Schauspielen die in die Handlung eingreifenden dramat. Chöre (der Jünger, Juden, Soldaten), die den Einzelpersonen (Soliloquenten, z. B. der Evangelist, Christus) gegenübertreten.

Turban [pers.-türk.], bereits im alten Orient belegte Kopfbedeckung, bei der über der Kappe Musselin oder anderer Stoff drapiert ist. Von Hindus und Muslimen getragen. Zeitweise mod. Damenkopfbedeckung.

Türbe [türk.] (arab. Turba), islam. Grabbau, turmförmig auf quadrat., rundem oder polygonalem Grundriß, mit Kuppel oder Kegeldach. Prachtbauten zuweilen mit Portalvorbau, Umgang, Sockel, Gärten u. a. (Tadsch Mahal in ↑ Agra). Ältestes Beispiel in Samarra (882); z. T. bilden sie Nekropolen (Damaskus, Kairo, Samarkand).

Turbidimetrie [lat./griech.] ↑ Nephelometrie.

Turbinen [frz., zu lat. turbo „Wirbel, Sturm, Kreisel"], Kraftmaschinen, in denen die Strömungsenergie von Dampf, Gas, Wasser bzw. Wind unmittelbar in Rotationsenergie umgesetzt wird. Hauptteil der T. ist ein mit gekrümmten Schaufeln versehenes Laufrad, das von dem jeweiligen Arbeitsmittel durchströmt wird. – ↑Dampfturbine, ↑Gasturbine, ↑Wasserturbine.

Turbinenkraftstoffe, Kraftstoffe zum Betrieb von Gasturbinen. Für den normalen Bedarf der zivilen Luftfahrt werden T. vom Kerosintyp, v. a. für militär. Zwecke *Flug-T.* vom Benzin-Kerosin-Typ, verwendet. Als *Hochleistungs-T.* werden Kohlenwasserstoffgemische mit hohem Anteil an cycl. Verbindungen (z. B. Decalin) sowie Wasserstoffverbindungen und organ. Verbindungen von Bor, Aluminium u. a. Metallen verwendet. Als T. für industrielle Zwecke (z. B. Kraftwerke) sind Erdgas und Heizöle geeignet.

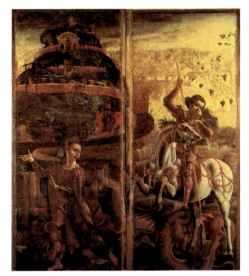

Cosmé Tura. Sankt Georg, 1469 (Ferrara, Museo della Cattedrale)

Turbinen-Luftstrahltriebwerk, svw. Turboluftstrahltriebwerk (↑Triebwerke).

Turbinenschiff, Abk. TS, mit Hilfe einer Dampf- oder Gasturbinenanlage angetriebenes Schiff.

turbo..., Turbo... [lat. „Wirbel, Kreisel"], Bestimmungswort von Zusammensetzungen mit der Bed. „Turbine".

Turboaufladung ↑Aufladung.

Turbogenerator, Generator zur Stromerzeugung, der unmittelbar mit einer Turbine gekoppelt ist.

Turbopropriebwerk [Kw.] (Propeller-Turbinen-Luftstrahltriebwerk, PTL-Triebwerk), dem Turbinenluftstrahltriebwerk (↑Triebwerke) im inneren Aufbau ähnl. Flugtriebwerk, bei dem der überwiegende Teil der Vortriebskraft durch eine Luftschraube (Propeller) und nur der restl. Anteil über eine Schubdüse erzeugt wird. Der Haupteinsatzbereich des T. liegt bei Fluggeschwindigkeiten zw. 400 und 800 km/h.

Turbopumpe, durch eine Turbine angetriebene Kreiselpumpe (↑Pumpen).

turbulent [lat.], stürmisch, ungestüm, lärmend.

Turbulenz [zu lat. turbulentia „Unruhe, Verwirrung"], Strömungsform von Gasen und Flüssigkeiten, bei der, im Ggs. zur *laminaren Strömung,* der mittleren Hauptbewegung unregelmäßige Geschwindigkeits- und Druckschwankungen in Form von Wirbeln überlagert sind. *Turbulente Strömungen* treten auf, wenn die Zähigkeit des Mediums eine bestimmte Größe unterschreitet, so daß die Reynolds-Zahl einen krit. Wert annimmt. Starke T. fördern den Wärme- und Stoffübergang. In der *Meteorologie* unterscheidet man zw. *dynam. T.,* deren Hauptursache in der Reibung strömender Luft an der Erdoberfläche liegt, und *therm. T.,* die v. a. auf ungleichmäßigen Erwärmungen der Erdoberfläche beruht.

Turda (ungar. Torda, dt. Thorenburg), rumän. Stadt in Siebenbürgen, 61 000 E. Museum, Theater; Baustoffind., Glas- und Fayencefabrik, Nahrungsmittel- u. a. Ind.; Badeort (Salzseen). – Liegt an der Stelle der dak. Siedlung (in röm. Zeit **Potaissa),** die 167 n. Chr. militär. Zentrum der röm. Prov. Dacia Porolissensis wurde; Munizipium unter Septimius Severus; als T. erstmals 1075 gen. – Renaissanceschloß (15.–17. Jh.); zwei spätgot. Kirchen.

Turenne, Henri de La Tour d'Auvergne, Vicomte de [frz. ty'rɛn], * Sedan 11. Sept. 1611, ⚔ Sasbach (Ortenaukreis) 27. Juli 1675, frz. Marschall (seit 1643). – Enkel Wilhelms I. von Oranien; erhielt im Dreißigjährigen Krieg 1643 den Oberbefehl über die frz. Truppen in S-Deutschland (u. a. Siege bei Allersheim 1645 und Zusmarshausen 1648); beteiligte sich an der ↑Fronde, führte jedoch nach der Aussöhnung mit dem Hof (1651) das königl. Heer im Bürgerkrieg und im Krieg mit Spanien (bis 1659). 1667/68 leitete er den Devolutionskrieg, ab 1672 den Niederl.-Frz. Krieg (u. a. Verwüstung der Pfalz 1674).

Henri de La Tour d'Auvergne, Vicomte de Turenne (Ausschnitt aus einem Kupferstich, 1669)

Turf [engl. tə:f], Rennbahn; Pferderennsport.

Turfanfunde, archäolog. Funde buddhist. Kunst (um 650–950) in O-Turkestan (die erste Expedition [1902] endete in dem Oasenort Turfan am N-Rand der Turfansenke); Skulpturen, Wand- und Buchmalerei, die Handschriften in zahlr. Sprachen (sog. **Turfanfragmente).**

Turfansenke, Becken im östl. Tian Shan, bis 154 m u. d. M. (tiefster Punkt Chinas); intensive Landw.; Erdölförderung.

Turgai, Tafelland von, etwa 200 bis 300 m ü.d. M. gelegenes Tafelland zw. dem Westsibir. Tiefland im N und dem Tiefland von Turan im S, Kasachstan und Rußland; im O geht das Tafelland in die Kasach. Schwelle über, im W in die Mugodscharberge und den Südl. Ural; Bergbau (Eisen, Bauxit, Gold, Braunkohle).

Turgenjew, Iwan [tur'gɛnjɛf, russ. tu'rgjenɪf], * Orel 9. Nov. 1818, † Bougival bei Paris 3. Sept. 1883, russ. Dichter. – Sein vielfältiges Erzählwerk steht zus. mit Tolstois und Dostojewskis Romanen den Höhepunkt der russ. realist. Literatur des 19. Jh. Aus alter Adelsfamilie; ab 1855 meist in Deutschland (Baden-Baden) und Frankreich. In den sprachlich verdichteten „Aufzeichnungen eines Jägers" (1852), skizzenartigen Erzählungen über das Leben der Bauern, und in fast allen Romanen sind die sozialen und polit. Probleme der Zeit enthalten. T. Werke zeichnen sich sowohl durch hervorragende Charakterisierung inaktiver, verzagender Fortschrittler sowie Intellektueller und bes. der weibl. Gestalten als auch kompositorisch genutzte eindrucksvolle Landschaftsschilderungen aus, v. a. in „Assja" (Nov., 1858), „Am Vorabend" (R., 1860), „Erste Liebe" (E., 1860), „Väter und Söhne" (R., 1862), „Frühlingswogen" (Nov., 1871), „Neuland" (R., 1877). Im Alter zunehmender Einfluß des Schopenhauerschen Pessimismus, insbes. in den kunstvoll stilisierten, emotionalen und didakt. „Senilia". Dichtungen in Prosa" (1882). – *Weitere Werke:* Ein Monat auf dem Lande (Kom., 1850), Ein Adelsnest (R., 1859), Dunst (R., 1867), Ein König Lear der Steppe (Nov., 1870), Klara Militsch (Nov., 1882).

Iwan Turgenjew

turgeszent [lat.], prall, gespannt (durch hohen Flüssigkeitsgehalt); in der Biologie und Medizin von Zellen und Geweben gesagt.

Turgor [lat. „das Aufgeschwollensein"] (Turgordruck, Turgeszenz, Saftdruck), der von innen auf die Zellwand lebender pflanzl. Zellen ausgeübte Druck. Er entsteht durch osmosebedingte Wasseraufnahme in die Vakuole, wodurch der Protoplast (Zelleib) zunehmend gegen die Zellwand gedrückt und diese gedehnt wird. Die maximal gedehnte Zellwand bzw. der Gegendruck benachbarter Zellen verhindert die weitere Wasseraufnahme. Die prallen (turgeszenten) Zellen bewirken eine Festigung krautiger Pflanzenteile. Bei Wasserverlust (sinkendem T.) tritt Erschlaffung *(Welken)* ein.

Turgot, Anne Robert Jacques [frz. tyr'go], Baron de l'Aulne, * Paris 10. Mai 1727, † ebd. 20. März 1781, frz. Staatsmann und Wirtschaftstheoretiker. – Aug. 1774 bis 12. Mai 1776 Generalkontrolleur der Finanzen unter Ludwig XVI. Seine Reformen scheiterten weitgehend an der Verschwendungssucht des Hofes und am Widerstand der

Türbe. Grabturm in Ghazni, 1099–1115

Turin

Türkei
Fläche: 779 452 km² (in Europa 23 764 km²)
Bevölkerung: 56,47 Mill. E (1990), 72,4 E/km²
Hauptstadt: Ankara
Amtssprache: Türkisch
Nationalfeiertag: 29. Okt.
Währung: 1 Türk. Pfund/Türk. Lira (TL.) = 100 Kuruş (krş)
Zeitzone: MEZ +1 Stunde

Türkei

Staatswappen

Internationales
Kfz-Kennzeichen

1970 1990   1970 1990
Bevölkerung Bruttosozial-
(in Mill.)   produkt je E
             (in US-$)

Bevölkerungsverteilung
1990

Bruttoinlandsprodukt
1990

privilegierten Stände. – Als Wirtschaftstheoretiker wird T. zu den ↑Physiokraten gezählt. Er räumte jedoch im Unterschied zu diesen neben dem Produktionsfaktor Kapital auch der Arbeit größere Bedeutung für das Problem der Wert- und Preisbestimmung ein und leistete damit einen Beitrag zur Entwicklung der Arbeitswertlehre. Außerdem formulierte T. als erster das Gesetz vom abnehmenden Ertragszuwachs (↑Ertragsgesetz). – *Hauptwerk:* Betrachtungen über die Bildung und Verteilung des Reichtums (1766).

Turin (italien. Torino), Hauptstadt der italien. Region Piemont, in der westl. Poebene, 239 m ü. d. M., 1,003 Mill. E. Verwaltungssitz der Prov. T., kath. Erzbischofssitz; Univ. (gegr. 1404), Musik- und Kunsthochschule, TH, Priesterseminar, Akad. der Wiss., bed. Museen, Gemäldegalerien und naturwiss. Sammlungen, mehrere Theater, Automobilrennstrecke, botan. Garten, bed. italien. Wirtschafts- und Ind.zentrum; v. a. Bau von Automobilen, Schiffen, Flugzeugen, Motoren und Präzisionsinstrumenten, daneben wollverarbeitende, Elektro-, chem., pharmazeut., opt., Bekleidungs- und Genußmittelind.; internat. Messen (u. a. Autosalon). In T. treffen sich alle wichtigen Verkehrslinien aus der westl. Poebene und den anschließenden Alpen; ⌘.

Geschichte: Im Altertum Hauptort der ligur. Tauriner, wurde unter Augustus als **Augusta Taurinorum** röm. Kolonie; seit dem 5. Jh. Sitz eines Bistums, seit 1515 eines Erzbistums; nach 569 Mittelpunkt eines langobard. Hzgt., dann einer fränk. Gft., seit dem 10. Jh. einer Markgrafschaft, mit der 1048 Savoyen belehnt wurde, die aber 1097 zerfiel. 1159 wurden die Bischöfe Herren über Stadt und Territorium, doch lebte nach 1255 die bereits 1136 entwickelte städt. Autonomie wieder auf; fiel 1280 wieder an die Grafen von Savoyen, im 15. Jh. deren polit. und diplomat. Zentrum; im 16./17. Jh. wiederholt von den Franzosen erobert; ab 1720 Hauptstadt des Kgr. Sardinien-Piemont; in der napoleon. Zeit Mittelpunkt des Risorgimento; 1861–65 Hauptstadt des Kgr. Italien.

Bauten: Aus röm. Zeit ist die augusteische Porta Palatina erhalten, auch die regelmäßige Stadtanlage ist röm. Ursprungs. Dom (1492–98) mit der 1667 ff. von G. Guarini errichteten Cappella della Santa Sindone (für das sog. ↑Turiner Grabtuch), von Guarini auch die Barockkirchen San Lorenzo und La Consolata (mit lombard. Kampanile des 11. Jh.). Zu den zahlr. Palästen gehören der Palazzo Reale (ehem. königl. Schloß, 1646–58), der Palazzo Madama (13., 15. und 18. Jh.) mit Treppenhaus der Juvara (1718) und der Palazzo Carignano (1679 ff.) von Guarini. Oberhalb der Stadt die Basilica di Superga (1717–31), ein überkuppelter Zentralbau von F. Iuvara. Lebhafte Bautätigkeit auch im 19. Jh. (A. ↑Antonelli) und 20. Jh. (Ausstellungshallen von P. L. ↑Nervi).

Turina, Joaquín, * Sevilla 9. Dez. 1882, † Madrid 14. Jan. 1949, span. Pianist und Komponist. – Schuf, vom frz. Impressionismus beeinflußt, jedoch nationalspanisch (andalusisch) geprägt, Opern, Orchester-, Kammer- und Klaviermusik, Werke für Orgel und Gitarre sowie Lieder.

Turiner Grabtuch, laut wiss. Untersuchungen von 1988 ein vermutlich aus der 1. Hälfte 14. Jh. stammendes, wegen des Abdrucks eines menschl. Körpers als das Grabtuch Jesu Christi angesehenes Leinengewebe, das seit 1578 im Turiner Dom bewahrt und verehrt wird.

Turing, Alan Mathison [engl. ˈtjʊərɪŋ], * London 23. Juni 1912, † Wilmslow (Cheshire) 7. Juni 1954, brit. Mathematiker. – Wirkte u. a. in Cambridge und Manchester. T. lieferte wichtige Beiträge zur Theorie der Berechenbarkeit von Funktionen sowie zum Entscheidungsproblem und entwarf die später nach ihm ben. ↑Turing-Maschine.

Turing-Maschine [engl. ˈtjʊərɪŋ; nach A. M. Turing], mathemat. Modell einer universellen Rechenmaschine mit unendl. Speicher, die grundsätzlich für die Lösung jedes beliebigen Algorithmus geeignet ist. Nach dem Modell der T.-M. wurde der Begriff der *Berechenbarkeit* definiert, wonach jede berechenbare Funktion durch einen endl. Prozeß auch automatisch berechenbar ist.

Turkana, nilotohamit. Stamm westl. des Turkanasees, Hirtennomaden.

Turkanasee (Rudolfsee), abflußloser, fischreicher See im Ostafrikan. Graben, in NW-Kenia, die N-Spitze in Äthiopien, 427 m ü. d. M., über 8 500 km², etwa 250 km lang, bis 50 km breit, bis 73 m tief; im See mehrere Vulkaninseln. Hauptzufluß der T. ist der Omo.

Türkei (amtl.: Türkiye Cumhuriyeti), Republik in Vorderasien und Südosteuropa, zw. 35° 51′ und 42° 06′ n. Br. sowie 25° 40′ und 44° 48′ ö. L. *Staatsgebiet:* Die T. grenzt im N an das Schwarze Meer, im zentralen S und im W an das Mittelmeer. Die das Schwarze Meer und das Mittelmeer verbindende Wasserstraße Bosporus–Marmarameer–Dardanellen trennt die europ. T. (O-Thrakien) im W von der asiat. T. (Anatolien). O-Thrakien grenzt im W an Griechenland, im N an Bulgarien; Anatolien grenzt im NO an Georgien und Armenien, im O an Iran, im S an Irak und Syrien. *Verwaltungsgliederung:* 67 Prov. (Il). *Internat. Mitgliedschaften:* UN, Europarat, NATO, OECD; der EWG assoziiert.

Landesnatur

Anatolien ist ein weites Hochland, das von küstenparallelen Gebirgsketten begrenzt wird: im N das Pont. Gebirge, im S der Taurus. Im O der T. treffen sich die randl. Gebirgssysteme und gestalten O-Anatolien zu einem unzugängl. Gebirgsland; hier befindet sich der höchste Berg des Landes, der Ararat (5 165 m). Der äußerste SO ist ein weites, durch Talläufe zerschnittenes Plateau in 500–600 m Meereshöhe, das im S in die Syr. Wüste übergeht. Die zentrale Landschaft, das innenanatol. Becken, in dem sich Salzseen und -sümpfe finden, geht nach W in eine Grabenzone und anschließend in die Ägäische Küstenregion über, die durch weit ins Land eingreifende Buchten gekennzeichnet ist. O-Thrakien umfaßt im wesentl. das Becken des Flusses Ergene nehri, das im N und S von Mittelgebirgszügen umrahmt wird.

Türkei

Klima und Vegetation

Bedingt durch Lage und Relief hat die T. Anteil an verschiedenen Klimaten. Das im Regenschatten von Balkan und Pont. Gebirge gelegene Thrakien und Inneranatolien haben kontinentales Klima mit heißen, trockenen Sommern und kalten Wintern (300–400 mm Niederschlag/Jahr). In den Küstenregionen herrscht maritimes, z. T. subtrop. Klima (700–800 mm Niederschlag/Jahr).
In O-Thrakien und W-Anatolien findet sich mediterrane Vegetation (Macchien). In Inneranatolien dominiert die Steppe. Die Gebirge sind weitgehend bewaldet: Taurus und O-Anatolien mit Schwarzkiefern, Pont. Gebirge mit Laubwäldern und Rhododendronunterwuchs an der Küste.

Bevölkerung

Den Hauptteil der Bev. stellen die Türken (rd. 90 %). Daneben existieren etwa 10–12 Mill. Kurden, außerdem bilden Araber, Armenier, Griechen, Tscherkessen, Georgier, Lasen und Juden ethn. Minderheiten. 98,2 % der Einwohner sind Muslime (überwiegend sunnit. Richtung). Allg. Schulpflicht besteht vom 7. bis zum 12. Lebensjahr. Es gibt 29 Univ. (davon drei in Ankara und sechs in Istanbul) sowie über 150 andere Hochschuleinrichtungen.

Wirtschaft

Wichtigster Zweig ist die Landw., die etwa 55 % der Erwerbstätigen beschäftigt, aber nur 17 % des Bruttoinlandproduktes und 18 % der Exporterlöse erbringt. Auf einem Fünftel der Landesfläche (davon 7 % bewässert) erfolgt Akkerbau. Die wichtigsten landw. Produkte sind Baumwolle (W- und S-Anatolien), frische und getrocknete Früchte, Haselnüsse (östl. Schwarzmeerküste, Raum Trabzon; weltgrößter Erzeuger und Exporteur) und Tabak (Hinterland von İzmir [beste Qualitäten], am Marmarameer und am Schwarzen Meer). Die berühmten Smyrna-Feigen kommen aus dem Raum İzmir (heutiger Name von Smyrna). Von der gesamten Weinernte werden nur etwa 3 % gekeltert, etwa 70 % werden zu Sultaninen und dem Mostkonzentrat Pekmez verarbeitet, der Rest kommt als Tafeltrauben auf den Markt. Seit 1940 wird an der östl. Schwarzmeerküste Tee angebaut. Waldgebiete sind vorwiegend in Staatsbesitz. Als Nutzholz werden Nußbäume, Zedern, Kiefern, Pappeln und Weiden geschlagen. Fischerei wird im wesentlichen im Marmarameer und im Schwarzen Meer betrieben. Wichtigster Fischanlandeplatz ist Istanbul. Der Bergbau gewinnt an Bed. und ist zu etwa 5 % am Bruttosozialprodukt beteiligt. Die T. gehört zu den bed. Chromerzlieferanten (Abbau bei Güleman, Fethiye) der Erde. Darüber hinaus werden Steinkohle (bei Zonguldak) und Eisenerz (bei Divriği) abgebaut, die beide den Aufbau einer eigenen Eisen- und Stahlind. (in Karabük, Ereğli und İskenderun) ermöglichen. Zum Export gelangen auch Borax, Antimon, Quecksilber und Blisterkupfer. Bei Batman, im SO des Landes, wird Erdöl gefördert. Die Industrialisierung hat bed. Fortschritte gemacht, so daß die Ind. mit 32 % am Bruttosozialprodukt beteiligt ist und etwa 15 % der Erwerbstätigen beschäftigt. Der hohe Anteil von Staatsbetrieben wird seit 1986 durch Reprivatisierung zurückgedrängt. Die bedeutendsten Ind.standorte sind Istanbul, Ankara, İzmir, Adana und Bursa. Wichtigster Zweig ist die verarbeitende Ind. mit der Textilind. an der Spitze (Teppichknüpferei [Zentrum Kayseri]), es folgen Fahrzeug-, Landmaschinen- und Schiffbau, die Zement- und die chem. Ind.; Erdölraffinerien in Batman, Mersin, Derince bei İzmit und Aliaga bei İzmir. Wichtigster Energieträger ist das größtenteils importierte Erdöl (40 %). Mit den großen hydrotechn. Projekten am Euphrat ist der Bau mehrerer Wasserkraftwerke (bei Keban, Karakaya und Urfa) sowie ein großflächiges Bewässerungsprogramm in der Urfaebene verbunden. Bei Denizli besteht ein erstes geotherm. Kraftwerk. Wesentl. Deviseneinnahmen erbringt der Tourismus, der sich v. a. auf die W- und S-Küste sowie Istanbul konzentriert. Die bedeutendsten Deviseneinkünfte stammen jedoch von den im Ausland arbeitenden Türken.
Die Handelsbilanz ist defizitär. Exportiert werden Textilien (20 % des Exportwertes), Agrargüter (18 %), Eisen und Stahl, Erdölderivate, Chromerz u. a.; Importgüter sind Maschinen und Geräte, Rohöl, Eisen und Stahl und chem. Erzeugnisse. Die wichtigsten Handelspartner sind u. a. Deutschland, die USA, Irak, Italien, Großbritannien, Frankreich.

Verkehr

Die T. ist durch die Eisenbahn nur unzureichend erschlossen; ihr Streckennetz umfaßt 8 430 km, davon sind 567 km elektrifiziert. Die Länge des Straßennetzes beträgt 58 851 km. Die wichtigsten Häfen sind die von Istanbul, İzmir, Trabzon, Samsun sowie von İskenderun und Mersin. Internat. ✈ bei Istanbul und bei Ankara.

Turin
Stadtwappen

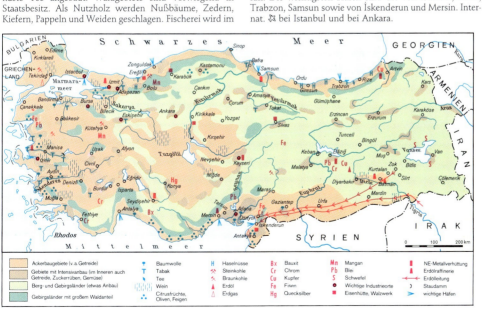

Türkei. Wirtschaft

Türkei

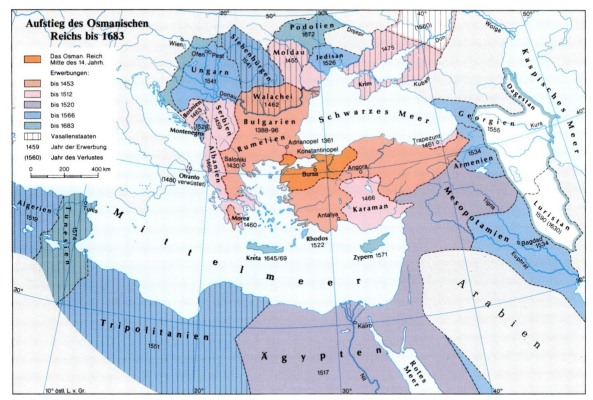

Geschichte

Zur **Vor- und Frühgeschichte** ↑Troja, ↑Hethiter, ↑Urartäer, ↑persische Geschichte, ↑hellenistische Staaten, ↑Byzantinisches Reich.
Bis zum Beginn der Osmanenherrschaft (14. Jh.): Um 550 wurde das erste türk. Staatswesen der Ogusen in Zentralasien (Altai-Gebiet; Turkestan) gegr.; das osttürk. Khaganat fiel 630, das westtürk. 659 an China. Seit Mitte des 9. Jh. zogen die meisten ↑Turkvölker nach W; 1055 kam es zur Eroberung Mesopotamiens durch die ↑Seldschuken, die unter Sultan Alp Arslan (⚭ 1063–72) 1071 bei Manzikert auch Byzanz besiegten. Danach drang mit turkmen. Nomadenvölkern der Islam in Anatolien ein; in Kleinasien entstand das Sultanat der ↑Rum-Seldschuken. In seinem Auflösungsprozeß kam es unter Osman I. Ghasi (⚭ etwa 1300–26), dem Begründer der Dyn. der ↑Osmanen, v. a. aber unter Orchan (⚭ 1326–59), zu Anfängen eines neuen türk. Staates. Hauptstadt dieses *Osman. Reiches* wurde (1366) das 1361 eroberte Adrianopel (= Edirne); das Byzantin. Reich wurde tributpflichtiger Vasall.
Ausdehnung des Osmanischen Reiches (14.–16. Jh.): Rasche Eroberungen (↑Türkenkriege) gelangen den Türken zunächst in SO-Europa: 1371 (Sieg an der Maritza) Thrakien und Makedonien, 1389 (Sieg Murads I. [⚭ 1359–89] auf dem Amselfeld) Serbien (Tributpflicht), 1393/94 (unter Bajasid I. [⚭ 1389–1402]) Bulgarien und Thessalien, 1394–97 Attika und der Peloponnes, 1395 (erneut 1415) die Walachei (Tributpflicht). Den Versuch eines Kreuzfahrerheeres, das Byzantin. Reich aus der osman. Umklammerung zu befreien, wehrten die Osmanen 1396 bei Nikopolis erfolgreich ab. Auch nach einer Niederlage gegen Timur-Leng 1402 bei Ankara blieb das Osman. Reich in seinem Grundbestand erhalten. Murad II. (⚭ 1421–51) eroberte zudem den größten Teil Griechenlands. Weitere Expansionen scheiterten an dem von dem ungar. Reichsverweser J. Hunyadi organisierten Widerstand. Ein letzter Kreuzzug zur Rettung des Byzantin. Reichs (ab 1441) brach 1444 in der Niederlage bei Warna zusammen. Nachdem 1448 auch Hunyadi geschlagen worden war, konnte Muhammad II. (⚭ 1451–81) das restl. Byzantin. Reich annektieren; er nahm Konstantinopel am 29. Mai 1453 ein und machte es zur Hauptstadt des Osman. Reiches; 1454/55 eroberte er Serbien, 1461 Trapezunt, 1463 annektierte er Bosnien und warf 1466/67 den Aufstand des Skanderbeg in Albanien nieder. Der Krieg mit Venedig 1463–79 brachte den Osmanen v. a. große Teile des Peloponnes und Athen und sicherte ihre Herrschaft über Albanien. Das Osman. Reich stieg zur beherrschenden Seemacht im östl. Mittelmeer auf und war im Seekrieg gegen Venedig 1499–1503 erfolgreich. Auch der Khan der Krimtataren mußte die Oberhoheit der Osmanen anerkennen. 1468 unterwarfen sie Karaman, 1474 Kleinarmenien, 1482 die Herzegowina, 1484/1503 Bessarabien, 1514 den überwiegenden Teil Armeniens, 1516/17 Syrien und Ägypten; 1504 wurde die Moldau tributpflichtig. Mit der Eroberung von Mekka 1517 und der Übernahme des Kalifats durch Salim I. (⚭ 1512 bis 1520) wurde der Sultan auch zum Schutzherrn der hl. Stätten des Islams in Mekka und Medina. Sulaiman II., der Prächtige (⚭ 1520–66), vertrieb 1522 die Johanniter von Rhodos, 1521 überschritt er die Donau, besetzte Belgrad und nach der Schlacht von Mohács (1526) große Teile Ungarns; 1529 drangen die Türken unter ihm erstmals bis Wien vor. 1534 kam Mesopotamien, 1551 Tripolitanien, 1570/71 Zypern, 1574 Tunesien unter osman. Herrschaft. Das Osman. Reich hatte den Höhepunkt seiner Macht und Ausdehnung erreicht; durch die Reichtümer aus den Eroberungen sowie wegen seiner Armee, bes. der ↑Janitscharen, und seiner das Mittelmeer beherrschenden Flotte war es auch in Europa als polit. Faktor ernstzunehmen.
Niedergang des Osmanischen Reiches (1566–1923): Mit dem Tod Sulaimans II. (1566) begann der Verfall des Osman. Reiches; 1571 (↑Lepanto) wurde die osman. Flotte

Türkei

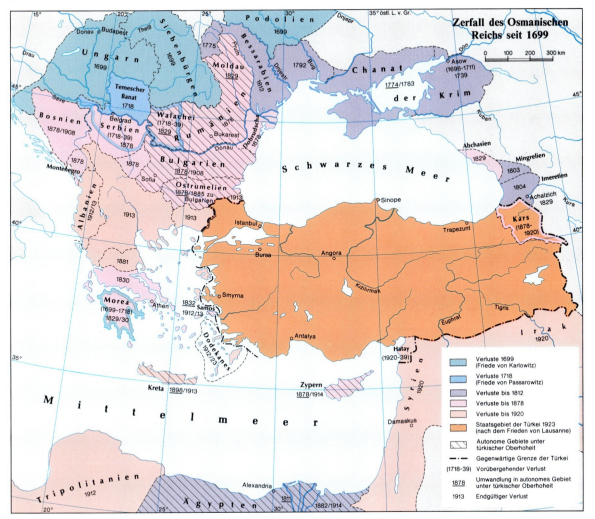

von der Hl. Liga vernichtend geschlagen, neben den Janitscharen erlangten die Großwesire die Macht. Im 6. Türk.-Venezian. Krieg (1645–69) wurde bis 1669/70 Kreta erobert, im Krieg mit Polen (1672–76) Podolien und die poln. Ukraine; dem (zweiten) Vorstoß bis Wien 1683 und dessen vergebl. Belagerung folgte der *Große Türkenkrieg* (1683–99) mit der Hl. Liga von 1684 (Oberbefehlshaber seit 1697: Prinz Eugen), der mit den Friedensverträgen von Karlowitz und Konstantinopel (1699/1700) endete, in denen an Venedig der Peloponnes und Athen, an das habsburg. Österreich das westl. Dalmatien, Ungarn (außer dem Banat von Temesvar), der größte Teil Kroatiens (das seit dem 15./16. Jh. großenteils zum Osman. Reich gehörte) mit Slawonien sowie Siebenbürgen, an Polen Podolien sowie die poln. Ukraine und an Rußland Asow abgetreten werden mußten. Im Frieden von Passarowitz (1718) gingen der T. v. a. das Banat von Temesvar, der N Bosniens und der N Serbiens (mit Belgrad) sowie die Kleine Walachei an Österreich verloren (die beiden letzteren im Frieden von Belgrad [1739] zurückgewonnen). In der 2. Hälfte des 18. Jh. wurde nach Österreich Rußland zum Hauptgegner der Osmanen, die es in den Friedensschlüssen von Küçük Kaynarcı (1774) und Jassy (1792) zwang, alle Gebiete im N des Schwarzen Meers bis zum Dnjestr aufzugeben. Salim III. (⚭ 1789–1807) leitete eine Periode von Reformen ein, die Mahmud II. (⚭ 1808–39) fortsetzte. Nach der Beseitigung der traditionellen Militärmacht der Janitscharen 1826 war das Osman. Reich seinen inneren und äußeren Gegnern nahezu hilflos ausgeliefert; die an der Peripherie gelegenen Prov. machten sich selbständig (↑ägyptische Geschichte). Die europ. Mächte Frankreich, Großbritannien und Rußland setzten die Unabhängigkeit der Griechen durch, nachdem sie am 20. Okt. 1827 bei Navarino die türk.-ägypt. Flotte vernichtet hatten. Nach dem Russ.-Türk. Krieg von 1828/29 mußte der Sultan im Frieden von Adrianopel 1829 und im Londoner Protokoll 1830 die Autonomie Serbiens, der Moldau und der Walachei sowie die Unabhängigkeit Griechenlands anerkennen und kaukas. Gebiete an Rußland abtreten. Auch Ägypten suchte seine Macht auf Kosten des Osman. Reiches zu vergrößern. Erst die Quadrupelallianz von London (1840) zw. Großbritannien, Rußland, Österreich und Preußen zwang Ägypten zum Rückzug aus Syrien und zur Wiederanerkennung der Oberhoheit des osman. Sultans. Im ↑Krimkrieg 1853/54 bis 1856 verschuldete sich das Osman. Reich so hoch, daß 1875 die Zahlungsunfähigkeit erklärt werden mußte. Nach dem Russ.-Türk. Krieg 1877/78 (Frieden von San Stefano) erhielten Serbien, Montenegro und Rumänien (Moldau und Walachei) auf dem Berliner Kongreß 1878 die volle Unabhängigkeit, Bulgarien nur z. T.; Bosnien und die Herzegowina wurden unter östr. Verwaltung gestellt, Zypern Großbritannien zugesprochen; Teile Türkisch-Armeniens

Türkei

(seit 1514) fielen an Rußland (Kars, Ardahan). Frankreich, das 1830–70 bereits Algerien annektiert hatte, besetzte 1881 Tunesien, Großbritannien 1882 Ägypten. 1895–97, wieder 1909, bes. 1914/15 und später verübten Türken und Kurden Massaker an Armeniern (↑Armenien, Geschichte). Wachsende innere und äußere Schwierigkeiten führten zur Absetzung von Abd Al Hamid II. (⚭ seit 1876) durch die ↑Jungtürken (1909), die unter seinem Nachfolger Muhammad V. (⚭ 1909–18) endgültig die polit. Macht gewannen. Doch die Schwächung des Reichs setzte sich fort: Unabhängigkeit Bulgariens (mit Rumelien) 1908, Verlust von Tripolis, der Cyrenaika und des Dodekanes im Italien.-Türk. Krieg 1911/12, fast völliger Verlust der verbliebenen europ. Besitzungen in den ↑Balkankriegen 1912/13. Der Kriegseintritt an der Seite der Mittelmächte am 1. Nov. 1914 verhinderte Ansätze einer inneren Erneuerung. Im 1. Weltkrieg gingen 1917 Irak, 1918 Palästina und Syrien verloren. Im Vertrag von Sèvres vom 10. Aug. 1920 mußte Sultan Muhammad VI. (⚭ 1918–22) auf alle Gebiete außerhalb Kleinasiens bis auf einen Zipfel des europ. Festlandes verzichten. Die T. kam unter alliierte Militär- und Finanzkontrolle. Die Griechen besetzten 1919–22 İzmir; Istanbul und die Meerengen kamen 1918–23 unter alliierte Verwaltung. Die von den Siegern geforderte vollständige Demobilisierung wurde von Mustafa Kemal Pascha (↑Kemal Atatürk) verhindert, der sich 1919 in Anatolien an die Spitze der nat. Widerstandsbewegung stellte und die Griechen aus den von ihnen besetzten westanatol. Gebieten vertrieb (Griech.-Türk. Krieg, 1919–22). Im Frieden von Lausanne (24. Juli 1923) gewann die T. Teile O-Thrakiens sowie die uneingeschränkte Kontrolle über Anatolien mit Türkisch-Armenien (1920–22 selbständig) zurück.

Die Republik (seit 1923): Nach Absetzung Muhammads VI. (1922) wurde am 29. Okt. 1923 die Republik ausgerufen; das Amt des Kalifen bestand bis zu seiner Aufhebung am 3. März 1924 weiter. Der erste Präs., Mustafa Kemal Pascha (seit 1923 „Atatürk"), bemühte sich, die T. zu einem modernen, vom Laizismus geprägten Nationalstaat zu formen (↑Kemalismus) und außenpolitisch durch Ausgleich mit den Siegermächten sowie den Nachbarstaaten abzusichern. 1925 warf die T. den von den Briten unterstützten Aufstand der Kurden im Gebiet von Mossul nieder, mußte aber 1926 auf Druck Großbritanniens dem Anschluß der Prov. an den Irak zustimmen. Atatürks Nachfolger, İ. İnönü, hielt das Land im 2. Weltkrieg neutral. Die Kriegserklärung an Deutschland und Japan im Febr. 1945 war Voraussetzung für die Aufnahme in die UN. Seit 1952 Mgl. der NATO, schloß die T. 1955 mit Irak den Bagdadpakt, der 1959 zur CENTO umgewandelt wurde. Die von M. C. Bayar, M. F. Köprülü und A. Menderes gegr. Demokrat. Partei gewann 1950 die Wahlen gegen die regierende Republikan. Volkspartei. Bayar wurde Staatspräs.; als Min.präs. Menderes infolge wirtsch. Schwierigkeiten die Unterstützung des Parlaments verlor, hielt er sich durch Unterdrückung der Opposition an der Macht, was zu seinem Sturz am 27. Mai 1960 durch Militärputsch führte (Hinrichtung am 9. Juli 1961). Nach Verabschiedung der Verfassung durch Volksabstimmung am 9. Juli 1961 wurde General C. Gürsel am 15. Okt. 1961 zum Staatspräs. (vorher provisorisch; bis 1966 im Amt) und İ. İnönü zum Min.-präs. gewählt. Die Wahlen von 1965 brachten die konservative, in der Nachfolge der Demokrat. Partei gegr. Gerechtigkeitspartei an die Macht; ihr Führer S. Demirel verfolgte als Min.präs. eine Politik enger Anlehnung an den Westen. 1966 wurde C. Sunay Staatspräs. Die ungelöste Zypernfrage, seit dem Beginn der 1970er Jahre wachsende blutige Studentenunruhen und zahlr. Terrorakte gaben dem Militär Anlaß, Demirel 1971 zum Rücktritt zu zwingen. Mit der Wahl von F. Korutürk zum neuen Staatspräs. (1973) zog sich das Militär wieder aus der Politik zurück, 1974 wurde der sozialdemokratisch orientierte B. Ecevit Min.-präs. und brachte die Republikan. Volkspartei wieder an die Macht. Es kam zur Verschärfung der Spannungen mit Griechenland wegen des Streits um Ölbohrrechte in der Ägäis wie auch der Landung türk. Truppen am 20. Juli 1974 nach einem Staatsstreich in Zypern und der Besetzung des N-Teils der Insel; im März/April 1975 wurde Ecevit wieder von Demirel abgelöst, der nach den Wahlen vom Juni 1977 erneut an die Spitze eines Koalitionskabinetts trat, das aber am 31. Dez. 1977 nach Verlust der Parlamentswahlen demissionierte. Im Jan. 1978 bildete Ecevit eine Mitte-Links-Koalition, die jedoch die polit. Probleme (religiös-ethn. und polit., z. T. bürgerkriegsähnl. Kämpfe mit wirtsch. und sozialen Ursachen, hohe Auslandsverschuldung) nicht zu lösen vermochte und im Nov. 1979 von einer neuen Reg. Demirel abgelöst wurde. Nachdem sich die Große Nat.versammlung nicht auf einen Nachfolger von Präs. Korutürk einigen konnte, wurde am 7. April 1980 I. S. Caglayangil Interimspräs. Dem Sturz der Reg. Demirel folgte ein unblutigen Militärputsch unter Generalstabschef K. Evren am 12. Sept. 1980 (seit 14. Sept. Staatsoberhaupt) folgte ein Verbot jegl. polit. Aktivitäten; das Parlament wurde aufgelöst und das Kriegsrecht verhängt (1985 teilweise wieder aufgehoben). Es kam zu zahlr. willkürl. Verhaftungen, Hinrichtungen und noch in der Folgezeit andauernden Menschenrechtsverletzungen. Nach Annahme einer neuen, im Auftrag des Militärregimes („Nat. Sicherheitsrat") ausgearbeiteten Verfassung per Volksabstimmung am 7. Nov. 1982 (91,3 % Zustimmung) und der Wahl von Evren zum Staatspräs. wurde für 133 Politiker (u. a. B. Ecevit, S. Demirel) ein 10jähriges Berufsverbot erlassen (am 6. Sept. 1987 per Verfassungsänderung für 55 Spitzenpolitiker aufgehoben). Zu den Parlamentswahlen am 6. Nov. 1983 waren nur 3 Parteien zugelassen; nach ihrem Sieg übernahm die im selben Jahr von T. Özal gegr. Mutterlands [auch Vaterlands]partei (ANAP) die Bildung der Reg., Özal wurde Min.präs. (durch die Wahlen vom 29. Nov. 1987 bestätigt). Nachdem seit 1984 der v. a. von der illegalen separatist. Arbeiterpartei Kurdistans (PKK) getragene Kampf der Kurden für ihre kulturelle und polit. Gleichberechtigung in einen Guerilla-Kleinkrieg mit der türk. Armee eskalierte, stellte Özal 1987 die 11 kurd. Prov. im SO der T. (SO-Anatolien) unter Ausnahmerecht. Seine Wahl und Vereidigung zum Staatspräs. (Okt./Nov. 1989) wurde von der parlamentar. Opposition – Sozialdemokrat. Volkspartei (SHP) unter E. İnönü, Partei des Rechten Weges (DYP) unter S. Demirel – boykottiert; neuer Min.präs. wurde der neue Vors. der ANAP, Y. Akbulat (bis Juni 1991; Nachfolger: M. Yilmaz). Im Dez. 1989 wurde der Antrag der T. auf Aufnahme in die EG ab-

Staatsoberhäupter

Sultane aus der Dynastie der Osmanen

Osman I. Ghasi	um 1300–1326
Orchan	1326–1359
Murad I.	1359–1389
Bajasid I.	1389–1402
(Interregnum nach Bajasids I. Gefangennahme durch Timur-Leng)	
Muhammad I.	1413–1421
Murad II.	1421–1451
Muhammad II.	1451–1481
Bajasid II.	1481–1512
Salim I.	1512–1520
Sulaiman I.	1520–1566
(europ. Zählung: S. II.)	
Salim II.	1566–1574
Murad III.	1574–1595
Muhammad III.	1595–1603
Ahmad I.	1603–1617
Mustafa I.	1617–1618 und 1622–1623
Osman II.	1618–1622
Murad IV.	1623–1640
Ibrahim I.	1640–1648
Muhammad IV.	1648–1687
Sulaiman II.	1687–1691
(europ. Zählung: S. III.)	
Ahmad II.	1691–1695
Mustafa II.	1695–1703
Ahmad III.	1703–1730
Mahmud I.	1730–1754
Osman III.	1754–1757
Mustafa III.	1757–1774
Abd Al Hamid I.	1774–1789
Salim III.	1789–1807
Mustafa IV.	1807–1808
Mahmud II.	1808–1839
Abd Al Madschid I.	1839–1861
Abd Al Asis	1861–1876
Murad V.	1876
Abd Al Hamid II.	1876–1909
Muhammad V.	1909–1918
Muhammad VI.	1918–1922
Abd Al Madschid II. (Kalif)	1922–1924

Präsidenten der Republik

Kemal Atatürk	1923–1938
İ. İnönü	1938–1950
M. C. Bayar	1950–1960
C. Gürsel	1960/61–1966
C. Sunay	1966–1973
F. Korutürk	1973–1980
I. S. Caglayangil	April–Sept. 1980 (interimist.)
General K. Evren	1980–1989
T. Özal	1989–1993
S. Demirel	seit 1993

gelehnt. Im 2. Golfkrieg Jan./Febr. 1991 stand die T. (in die schon nach dem irak. Giftgaseinsatz [März 1988] 60 000 irak. Kurden geflüchtet waren) an der Seite der antiirak. Allianz unter Führung der USA und gewährte nach anfängl. Zögern den im März/April zu Hunderttausenden aus dem Irak einströmenden Kurden beschränkt Aufnahme in Hilfslagern und stimmte schließlich der Errichtung einer Schutzzone im N-Irak unter UN-Aufsicht zu. Der innenpolit. Öffnung diente im April 1991 die Aufhebung des Verbots der kurd. Sprache sowie der Tätigkeit von Gewerkschaften und linksextremist. bzw. islam.-fundamentalist. Gruppierungen. Nach den vorgezogenen Parlamentswahlen vom 20. Okt. 1991 wurde S. Demirel Min.präs. einer DYP-SHP-Koalitionsreg. Panzereinsätze und Luftangriffe auf kurd. Städte und Zusammenstößen zw. Kurden und türk. Sicherheitskräften am kurd. Neujahrsfest (21. März) forderten auch unter der Zivilbev. Opfer und lösten Proteste sowie andauernde, z. T. terroristisch geführte Auseinandersetzungen aus. Der von Präs. Özal bestimmte Kurs der Reislamisierung der Gesellschaft, der wirtsch. Konsolidierung und der betont nat.-großtürk. Außenpolitik wurde nach Özals Tod im April 1993 zunächst mit Abstrichen beibehalten; zu seinem Nachfolger wählte das Parlament im Mai 1993 den bisherigen Min.präs., S. Demirel (DYP), neue Min.präsidentin wurde im Juni 1993 Tansu Çiller (DYP). – Seit 1991 bemüht sich die T., ihren Einfluß in den muslimisch geprägten früheren Sowjetrepubliken (z. B. Aserbaidschan) in Konkurrenz u. a. zum fundamentalistisch-islam. Iran zu stärken.

Politisches System

Nach der am 9. Nov. 1982 in Kraft getretenen Verfassung ist die T. eine parlamentar. Republik. Der Präs. kündigte im März 1991 eine tiefgreifende Verfassungsreform an (Vertiefung der Demokratie, Stärkung der Position des Präs.). *Staatsoberhaupt* ist der vom Parlament für 7 Jahre (ohne Wiederwahlmöglichkeit) gewählte Präs. Er hat u. a. das Recht, Parlamentsneuwahlen anzusetzen und den Vorsitz im Min.rat zu führen; er ist auch Oberbefehlshaber der Streitkräfte. Die *Exekutive* liegt beim Kabinett unter Leitung des Min.präs., der vom Präs. ernannt wird. Der Min.rat muß sich nach der Vorlage des Reg.programms in der Nat.-versammlung der Vertrauensabstimmung stellen. Die *Legislative* liegt bei der Großen Nat.versammlung, deren 450 Mgl. vom Volk für 5 Jahre gewählt werden. Die *Parteien* sind zahlr. Beschränkungen unterworfen; sie dürfen z. B. keine Klassenherrschaft anstreben, keinerlei polit. oder finanzielle Verbindungen zu Vereinen, Gewerkschaften usw. unterhalten, keine eigenen Jugend- oder Frauenorganisationen bilden. Im Parlament sind folgende Parteien vertreten: Mutterlands(auch Vaterlands)partei (ANAP), Sozialdemokrat. Volkspartei (SHP), Partei des Rechten Weges (DYP), Wohlfahrtspartei (RP) und Demokrat. Linkspartei (DSP). 1992 wurde die seit 1980 verbotene Republikan. Volkspartei (CHP), einst die Stütze Kemal Atatürks, wiedergegründet. – Auch *Gewerkschaften* und Arbeitgeberverbände unterliegen zahlr. Beschränkungen. Sie dürfen sich nicht politisch betätigen und müssen ihre Gelder bei den staatl. Banken einlegen. Die Zulässigkeit von Arbeitskämpfen ist an strenge Voraussetzungen geknüpft. – Zur *Verwaltung* ist die T. in 67 Prov. eingeteilt, an deren Spitze jeweils ein ernannter Gouverneur steht, der sowohl die Zentralreg. wie die Prov. als Gebietskörperschaft vertritt. Das *Rechtswesen* ist am schweizer. (Zivilrecht), italien. (Strafrecht) und dt. (Handelsrecht) Vorbild orientiert. An der Spitze der ordentl. Gerichtsbarkeit steht der Kassationshof; der Staatsrat ist letzte Instanz der Verwaltungsgerichtsbarkeit, es gibt eigene Militärgerichte sowie Staatssicherheitsgerichte. In Verfassungsfragen entscheidet das Verfassungsgericht. – Die *Streitkräfte* haben (1992) eine Gesamtstärke von rd. 588 000 Mann (Heer 470 000, Luftwaffe 60 000, Marine 58 000). Es besteht allg. Wehrpflicht. Die Dauer des Wehrdienstes beträgt 18 Monate. Die paramilitär. Kräfte umfassen 70 000 Mann Gendarmerie.

Türken (früher: Osmanen [nach Osman I. Ghasi]), Turkvolk in Kleinasien (Türkei etwa 51,71 Mill.), auf der Balkanhalbinsel (etwa 200 000), auf Zypern (etwa 125 000) sowie in anderen Staaten (u. a. in Deutschland 1,7 Mill. [größte Ausländergruppe]); insgesamt etwa 46 Mill.; Gläubige sind Muslime (Sunniten). – Die T. sind Nachkommen der in Anatolien eingedrungenen ↑ Turkvölker, die sich allmählich mit den im W ansässigen Griechen, den Armeniern und Kurden im O sowie den Lasen im NO vermischten; die Expansion ihres Osman. Reiches bis nach SO-Europa führte zur Konfrontation von islam. und christl. Kultur (↑ Türkei, Geschichte; ↑ Türkenkriege).

Türkenbohne, svw. ↑ Feuerbohne.
Türkenbund ↑ Lilie.
Türkenente, svw. ↑ Moschusente.
Türkengerät ↑ Torquetum.
Türkenkriege, die Kriege der europ. christl. Staaten (v. a. Österreich, Rußland) gegen das islam. Osman. Reich vom 16. bis zum 19./20. Jahrhundert.

Frühe Auseinandersetzungen: 1354 faßten die Osmanen mit einem Stützpunkt auf der Halbinsel Gallipoli (= Gelibolu) erstmals in Europa Fuß. Abwehrversuche der Serben und ihrer Verbündeten an der Maritza (1371) und auf dem Amselfeld (16. Juni 1389) konnten die osman. Expansion nicht aufhalten. Dem letzten Kreuzzug (1441–44) hielten die Türken bei Warna (10. Nov. 1444) ebenso stand wie dem ungar. Reichsverweser J. Hunyadi auf dem Amselfeld (19. Okt. 1448). Die Eroberung Konstantinopels durch Sultan Muhammad II. (29. Mai 1453) gab dem Osman. Reich einen neuen Mittelpunkt.

Türkisch-Venezianische Kriege: Venedig bekämpfte die osman. Expansion erst, als diese sich dem Adriat. Meer zuwandte (*1. Türk.-Venezian. Krieg* 1423–30). Nach dem Fall Konstantinopels begannen die Osmanen im *2. Türk.-Venezian. Krieg* (1463–79) die Venezianer vom griech. Festland und den Inseln zurückzutreiben. Im *3. Krieg* (1499–1503) wurde Venedig von Spanien, Portugal, Frankreich, den Johannitern und dem Kirchenstaat unterstützt, mußte aber den Osmanen weitere griech. Städte (u. a. Lepanto [griech. Nafpaktos]) und Festungen sowie Durazzo (alban. Durrës) überlassen. Da die Venezianer auch im *4. Krieg* (1537–40) ebenso unterlagen wie eine kaiserl. Flotte in der Seeschlacht von Prevesa (= Prewesa; 25.–28. Sept. 1540), mußte Venedig seine letzten Besitzungen auf dem Peloponnes, in Dalmatien und der Ägäis aufgeben. Als die Osmanen im *5. Krieg* 1570/71 Zypern erobert hatten, schlossen Spanien, der Kirchenstaat und Venedig 1571 eine Hl. Liga, deren Flotte bei ↑ Lepanto die osman. Flotte vernichtete (7. Okt. 1571). Doch die Venezianer verzichteten in einem Separatfrieden (1573) auf Zypern. Im *6. Krieg* (1645–69) mußte Venedig Kreta aufgeben (1669/70). Nach Landgewinn (Morea [Peloponnes]) im Frieden von Karlowitz (26. Jan. 1699) gingen Venedig im Frieden von Passarowitz (21. Juli 1718) die letzten Stützpunkte auf Kreta und dem Peloponnes verloren.

Die Türkenkriege der Habsburger: Das Bündnis zw. dem erfolgreich nach SO-Europa vordringenden Sulaiman II., d. Gr. (Eroberung Belgrads 8. Aug. 1521, Schlacht bei Mohács 29. Aug. 1526), und dem zum König gewählten siebenbürg. Fürsten Johann I. Zápolya stellte erstmals die den Habsburgern später noch gefährl. Verbindung von innerer Opposition und äußeren Gegnern im SO dar. Im Sept./Okt. 1529 belagerten die Osmanen erstmals Wien. Im Krieg von 1540–47 besetzte Sulaiman den größten Teil Ungarns (1541 Eroberung Budas [dt. Ofen]); Siebenbürgen wurde endgültig osman. Vasallenstaat (mit weitreichender Selbständigkeit). Die folgenden T. (1551–62, 1566–68) wurden auf beiden Seiten als Zerstörungsfeldzüge geführt. Im ersten Türkenkrieg (1593–1606) siegte Kaiser Rudolf II. bei Székesfehérvár (dt. Stuhlweißenburg; 1593), ging aber nach der Niederlage bei Eger (dt. Erlau; 1596) und dem Aufstand der Ungarn unter I. Bocskai (1604–06) den Frieden von Zsitvatorok (11. Nov. 1606) ein.

Im *Poln.-Türk. Krieg* (1672–76) mußte Polen die poln. Ukraine und Podolien abtreten. Den *1. Russ.-Türk. Krieg*

Türkenlouis

(1677–81) brachen die Osmanen ab, um Ungarn zu unterstützen, das sich 1678 unter I. ↑Thököly gegen die Habsburger erhoben hatte. Großwesir Kara Mustafa zog bis vor Wien, das der Belagerung (14. Juli–12. Sept. 1683) standhielt; das Entsatzheer unter dem poln. König Johann III. Sobieski und Hzg. Karl V. Leopold von Lothringen schlug die Türken in der Schlacht am Kahlenberg; der *Große Türkenkrieg* (1683–99) leitete die Phase der Vertreibung der Osmanen aus Europa ein: 1685 fiel Nové Zámky (dt. Neuhäusel), 1686 Buda, 1688 Belgrad. 1690 eroberten die Türken zwar in einer Gegenoffensive Bulgarien, Serbien, Siebenbürgen und Belgrad zurück, mußten aber nach der vernichtenden Niederlage bei Novi Slankamen (bei Novi Sad; 19. Aug. 1691) gegen Markgraf Ludwig Wilhelm I. von Baden 1692 auch Oradea (dt. Großwardein) räumen. 1697 hatte Prinz Eugen den Oberbefehl gegen die Osmanen übernommen und sie bei Senta (ungar. Zenta) besiegt (11. Sept. 1697). Im Frieden von Karlowitz (26. Jan. 1699) mußten sich Siebenbürgen sowie Ungarn (mit Ausnahme des Banats, jedoch einschl. des größten Teils Kroatiens mit Slawonien) an Österreich abtreten. Nach dem Sieg Prinz Eugens bei Petrovaradin (dt. Peterwardein, = Novi Sad; 5. Aug. 1716) erhielt Österreich im Frieden von Passarowitz (21. Juli 1718) das Banat, N-Serbien und die Kleine Walachei (die beiden letzteren gingen Österreich im Frieden von Belgrad [18. Sept. 1739] verloren). Bis auf die Abtretung der Bukowina an Österreich (1775) blieb die Grenze zw. Österreich und dem Osman. Reich bis 1878 stabil.

Russisch-Türkische Kriege: Nachdem Peter I., d. Gr., Asow eingenommen hatte (28. Juli 1696), es aber nach dem Russ.-Türk. Krieg von 1710/11 im Frieden am Pruth (12. Juli 1711) wieder aufgeben mußte, sicherte sich Rußland diesen Zugang zum Schwarzen Meer im T. von 1735–39 (ab 1736 Teilnahme Österreichs). Im *Russ.-Türk. Krieg von 1768–74* gelang der russ. Flotte bei Çeşme (7. Juli 1770) der erste große Seesieg seit Lepanto und die Eroberung der Krim; der Friede von Küçük Kaynarcı (21. Juli 1774) brachte Rußland jedoch ebensowenig wie der Friede von Jassy (9. Jan. 1792) nach dem T. von 1787–92, an dem auch Österreich 1788–91 teilgenommen hatte, Gebietsgewinne. Der *Russ.-Türk. Krieg von 1806–12* brachte Rußland Bessarabien und die östl. Moldau (28. Mai 1812). In der Konvention von Akkerman (7. Okt. 1826) verpflichtete sich die Pforte, die Vermittlung Rußlands anzunehmen, wenn eine dritte Macht um das Recht zur Schiffahrt durch die Meerengen ins Schwarze Meer nachsuche. Nach dem *Russ.-Türk. Krieg von 1828/29* erhielt Rußland die Inseln an der Donaumündung und erreichte für die Donau-Ft. Moldau und Walachei eine halbsouveräne Stellung im Osman. Reich.

Türkenlouis ↑ Ludwig Wilhelm I., Markgraf von Baden.
Türkensattel (Sella turcica), in der *Anatomie:* Vertiefung des Keilbeinkörpers an der Innenfläche der Schädelbasis, beinhaltet die Hypophyse.

Turkestan ['tʊrkɛstaːn, tʊrkɛs'taːn], kasach. Stadt am Fuße des Karatau, 77 000 E. Baumwollkörnung, Herstellung von Antibiotika; Bahnstation. – Im 10. Jh. als **Schawgar** erwähnt, später **Jassami**; der Name T. erscheint im 14. Jh.; 1864 von russ. Truppen erobert. – Grabmoschee des islam. Hl. Ahmed Jesewi (14. Jh.).

T., östl. des Kasp. Meeres gelegenes Geb. in Asien, das durch die Gebirgszüge des Pamir und westl. Tian Shan geschieden wird in *West-T.* (früher *Russ.-T.*), das den Raum zw. Sibirien, Iran und Afghanistan umfaßt, und *Ost-T. (Chin.-T.)*, das heute den sw. Teil der Uigur. Autonomen Region Sinkiang in China bildet.
Geschichte: Das histor. West-T., zu dem auch Teile Irans und Afghanistans zu rechnen sind, war Ende des 2. Jt. v. Chr. von iran. Völkern (Saken, Sogdier, Choresmier, Parther) besiedelt; einige seiner Gebiete gehörten seit dem 6. Jh. v. Chr. zu Persien und fielen in hellenist. Zeit schließlich an das gräkobaktr. Reich (↑ Baktrien). In Ost-T. trafen Chinesen und Xiongnu (↑Hunnen) aufeinander und verdrängten seit dem 2. Jh. v. Chr. die dort ansässigen iran. Stämme nach West-T., das im 5. Jh. n. Chr. zum Reich der Hephthaliten gehörte und im 6. Jh. zw. den Sassaniden und dem altürk. Großkhanat aufgeteilt wurde. Anfang des 8. Jh. eroberten die muslim. Araber T. Im 9. Jh. gründeten die islamisierten türk. Ogusen das Reich der Ilekchane, die 999 die arab. Samaniden aus Buchara (Zentrum Transoxaniens) verdrängten, das im 12. Jh. an die mongol. Kara-Kitai fiel. Die Herrschaft des Chwarism-Schah (seit 1210) beendete die Besetzung des Landes durch Dschingis-Khan 1219/20. Um 1370 brachte Timur-Leng Transoxanien unter seine Gewalt und machte es zur Ausgangsbasis seiner Eroberungszüge. Nach ihrem Einfall um 1500 herrschten die Usbeken (Schaibaniden) ein Jh. lang. Danach bestanden in T. die Khanate Buchara, Chiwa und Kokand. 1865 eroberte Rußland Taschkent und bildete 1867 das Generalgouvernement T.; 1868 kam Buchara unter russ. Oberhoheit, 1873 Chiwa, 1876 Kokand. 1918 wurde die Turkestan. ASSR innerhalb der RSFSR geschaffen, 1920 die Kirgis. (später Kasach.) ASSR bzw. SSR; im gleichen Jahr Vertreibung des Khans von Chiwa und des Emirs von Buchara mit Hilfe der Roten Armee und Bildung der Sowjet. VR (später Sozialist. Sowjetrepubliken) Choresm (Chiwa) und Buchara. Aus der Neuorganisation der Turkestan. ASSR 1924 gingen die Sowjetrepubliken Turkmenistan, Usbekistan sowie schließlich Kirgisien und Tadschikistan hervor. – Zum von China beherrschten Teil von T. ↑Uigurische Autonome Region Sinkiang.

Turkestankette ['tʊrkɛstaːn..., tʊrkɛs'taːn...], Gebirgszug in Tadschikistan, nördl. des Serawschan, 340 km lang, bis 5 621 m hoch, z. T. vergletschert.

Turkestan-Sibirische Eisenbahn ['tʊrkɛstaːn, tʊrkɛs'taːn] (Turksib), Eisenbahnlinie von Arys (nördl. von Taschkent) über Alma-Ata nach Nowossibirsk (Anschluß an die Transsibir. Eisenbahn), 2 160 km lang, 1927–31 erbaut.

Türkis [zu frz. turquoise (pierre) „türk. (Edelstein)"] (Kallait), sehr feinkörniges, fast nur in nierigen und traubigen Aggregaten vorkommendes, wachsglänzendes, blaues, blaugrünes oder grünes triklines Mineral, $CuAl_6[(OH)_8|(PO_4)_4] \cdot 4H_2O$. Reiner T. wird als Schmuckstein verwendet; Mohshärte 5–6; Dichte 2,6–2,9 g/cm³.

Türkische Hasel (Baumhasel, Corylus colurna), in SO-Europa und Kleinasien heim. Art der Gatt. ↑Hasel; bis 20 m hoher Baum mit kegelförmiger Krone; Blätter breit, herzförmig; Früchte sehr dickschalig, mit eßbarem Samen; Straßen- und Parkbaum.

türkische Kunst, innerhalb der ↑islamischen Kunst zeitweise bes. geprägte Kunst, so der *seldschuk.* und der *osman. Stil.*

türkische Literatur, aus dem 13. Jh. existieren erste Belege, v. a. histor. Aufzeichnungen sowie Verarbeitungen alter Epenstoffe; bes. Bed. hatte die Derwischdichtung. Einer der ersten nachweisbaren Dichter ist Sultan Veled (* 1226, † 1312). Bis heute ein Vorbild für alle türk. Dichter, die sich der starken Überfremdung durch arab.-pers. Elemente widersetzen, ist der Mystiker Junus Emre († um 1320), der eine auffallende Nähe zu modernsten Tendenzen aufweist. Die einflußreiche Hof- und Gelehrtendichtung der altosman. Zeit wurde in der mittelosman. Literatur mit Chroniken und Reichsannalen fortgesetzt; bes. wichtig wurde Evliya Çelebi (* 1611, † 1682) und dessen Prosawerk über Volks- und Völkerkunde, Zeitgeschichte und Geographie. Um die Mitte des 19. Jh. kam es zu einer entscheidenden Zäsur im Einklang mit der polit. Entwicklung. Liberale Tendenzen in der Türkei selbst begünstigten ebenso wie die Aktivitäten der Exilierten in W-Europa den Einfluß westl. Literatur; bed. Autoren waren der Erzähler Ahmad Midhat (* 1844, † 1912) und der Dramatiker Ibrahim Schinasi (* 1826, † 1871). Erst im 20. Jh. kamen europ. Einflüsse in allen literar. Gatt. voll zur Geltung; so wirkt z. B. Ömer Seyfeddin (* 1884, † 1920) mit seinem naturalist. Kurzgeschichten bis heute. In der Zeit des Freiheitskampfes unter Kemal Atatürk wurden die ersten bedeutenderen Literaturwerke der türk. literar. Moderne geschaffen; bed. Autoren waren v. a. die Feministin und Politikerin Halide Edib Adıvar (* 1884, † 1964) sowie Y. K. Karaosmanoğlu und R. N. Güntekin (* 1889, † 1956). Der eigtl. Durchbruch begann

Türkis.
Oben: feinkörniges Aggregat.
Unten: geschliffener Schmuckstein

jedoch mit dem v. a. als Lyriker bed. N. Hikmet. Unter dem Eindruck der Industrialisierung schilderte Sabahattin Ali (* 1906, † 1948) das Schicksal unterprivilegierter Menschen; Orhan Kemal (* 1914, † 1970) setzte mit Novellen und Romanen die Marksteine für den Beginn einer proletar. t. L.; der städt. Alltag fand mit skizzenhaften Impressionen in den Kurzgeschichten von Sait Faik Abasıyanık (* 1906, † 1954) und in den Satiren von A. Nesin (* 1915) literar. Verarbeitung. Mit ihrer Ablehnung des herkömmlich Traditionellen schufen O. V. Kanık (* 1914, † 1950), O. Rifat (* 1914, † 1988) und M. C. Anday (* 1915) durch die sog. „Garip" („Fremdartig")-Bewegung eine neue, versachlichende Tendenz in der Lyrik. In den 1950er Jahren wurde das anatol. Dorfleben zu einem wichtigen Thema der t. L.; diese Richtung vertreten u. a. Yasar Kemal, F. Baykurt (* 1929), Necati Cumali (* 1921). Seit den 60er Jahren prägte sich ein deutl. Pluralismus aus. Auf dem Gebiet der Prosa traten v. a. Autorinnen wie Adalet Ağaoğlu (* 1929) und Füruzan (* 1935) hervor, in der Lyrik v. a. B. Necatigil (* 1916, † 1979), F. Hüsnü Dağlarca (* 1914) und A. Ilhan (* 1925). Neben Prosa und Lyrik gewinnt das moderne türk. Theater an Bed. Seit Ende der 60er Jahre entwickelte sich in W-Europa, bes. in Deutschland, eine türk. Arbeitsemigrantenliteratur mit entsprechender Thematik. Als bed. Vertreter gelten u. a. der Lyriker A. Ören (* 1939) sowie der Lyriker und Essayist Y. Pazarkaya (* 1940). Mit den Romanen O. Pamuks (* 1952) tritt die t. L. in die Postmoderne ein.

türkische Musik, die höf. Kunstmusik der Osmanen gründet auf der transoxan.-pers. Hofmusik, übermittelt durch die Schule des Abdülkadir Meragi (* um 1350, † 1435). Ihr v. a. „kompositor." Stil mit Melodiemodellen (↑ Maqam) in kleinstufigen Gebrauchsleitern und mit „Takt"-Gruppen wurde in Konstantinopel weiterentwickelt und führte bis zum 19. Jh. zu immer komplexeren Formen. Mehrteilige „Konzerte" mit Gesangssätzen und diese umrahmenden Instrumentalstücken wurden in kammermusikal. Besetzung auf Laute (Ud), Harfe, Hackbrett (Santur), Zither (Kanun), Langhalslaute (Tanbur), Streichinstrumenten (Rabab, Kemantsche) und Rohrflöte (Naj) gespielt, begleitet vom „Obersänger". Einem Höhepunkt osman. Musikgeschichte (Buhurîzade Mustafa Itrî; * 1640, † 1712) folgte die produktive, volksnahe „Tulpenzeit" unter Ahmad III. (* 1673, † 1736). Als Komponist und Mäzen förderte Salim III. (* 1761, † 1808) u. a. den Hamamîzâde İsmail Dede (* 1778, † 1846). Im 19. Jh. wuchs die Rolle europ. Musik, die gleichwertig neben einheim. (Zekâi Dede; * 1825, † 1897) gepflegt wurde. Heute stehen der nat. Tradition eine westlich orientierte Musikpflege auch in neuer Musik (Adnan Saygun; * 1907, † 1991) und v. a. Unterhaltungsmusik gegenüber. – Die nat. Militärmusik, urspr. zentralasiat. Herkunft, wurde unter den Osmanen mit Oboen, Trommeln, Schellenbaum u. a. in bis zu 300 Mann starker Besetzung eingesetzt und während der Türkenmode des 18. Jh. als ↑ Janitscharenmusik in Europa nachgeahmt. Wesentlich zur reichen türk. Musikkultur trugen auch (bis 1925) die Derwischorden, bes. der Orden der Mewlewi („tanzende Derwische") bei. – In der sehr vielfältigen ländl. Musik und dem Volkstanz herrschten diaton. (z. B. pentaton.) Melodien vor. Neben fest metrisierten Volksliedern zeigen metrisch freie, häufig in abgesteigter Septimumfang gesungene „lange Lieder" zentralasiat. Verwandtschaft, ebenso das Spiel auf großer Trommel und Oboe, womit Volkstänze, häufig von Zigeunern, begleitet werden. Die halbprofessionellen Volkssänger, die sich selbst auf der Langhalslaute begleiten, sind Erben alttürk. Barden- und islam.-myst. Troubadourtradition (Âşık Veysel; * 1894, † 1973).

Türkische Republik Nordzypern ↑ Zypern.

türkisches Bad, dem irisch-röm. Bad ähnl. Anwendung von trockener Heißluft auf den ganzen Körper mit nachfolgender Abkühlung (↑ Dampfbad).

türkische Sprache, zur südwestl. Gruppe der Turksprachen gehörende Sprache der Bev. der Türkei (über 46 Mill. Sprecher) bzw. früher des Osman. Reichs (daher auch als Osmanisch bezeichnet). Das Sprachgebiet reicht über die Grenzen der Türkei hinaus nach SO-Europa sowie nach Zypern, Syrien und Irak. – Die t. S. gelangte im 11. Jh. nach Kleinasien und wurde 1277 vom Karamenenfürsten in Konya anstelle des Persischen als Verwaltungssprache eingeführt. Für die verschiedenen Dialektgruppen steht noch keine endgültige Einteilung und Abgrenzung fest. Man unterscheidet gewöhnlich folgende Entwicklungsstufen: Altosmanisch (mit Seldschukisch, 13.–15. Jh.), Mittelosmanisch (15.–17. Jh.), Osmanisch (17.–20. Jh.) und (Türkei-)Türkisch (20. Jh.). Nach der weitgehenden Ersetzung arab.-pers. Lehnwörter durch neugeschaffene Wörter (bes. seit der 1932 einsetzenden Sprachreform) sind ältere Texte heute den jüngeren Türken nicht verständlich. Bis 1928 wurde in arab. Schrift geschrieben (christl. Untertanen schrieben Türkisch auch in der Schrift ihrer Kirche: griechisch, kyrillisch, armenisch, seitdem in lat. Schrift (mit Zusatzzeichen).

Türkisch-Ungarn ↑ Ungarn (Geschichte).

Turkmenen, Turkvolk in Mittel- und Vorderasien, v. a. in Turkmenistan (2,5 Mill.), im Iran (700 000), in Afghanistan (350 000), im Irak (200 000), in Usbekistan (119 000), in der Türkei (120 000) sowie in Syrien und Jordanien; Viehzüchter, z. T. noch Nomaden, und Ackerbauern. Religion ist der sunnit. Islam. Die T. waren urspr. eine aus den ↑ Ogusen hervorgegangene Stammesgruppe islamisierter türk. Nomaden. Aus turkmen. Stammesführern gingen die ↑ Osmanen hervor; beide. Konföderationen schlossen sich im 14. Jh. in O-Anatolien und W-Iran. Die in Turkestan verbliebenen T. kamen 1881 unter russ. Herrschaft.

Turkmenien ↑ Turkmenistan.

Turkmenisch, zur südwestl. Gruppe der ↑ Turksprachen gehörende Sprache der Turkmenen. Bis in das 20. Jh. benutzten die Turkmenen als Literatursprache das Tschagataiische mit im Laufe der Zeit zunehmenden turkmen. Beimischungen. Nach der Entstehung der Turkmen. SSR 1924 entwickelte sich die turkmen. Schriftsprache rasch; sie wurde zunächst in arab. Schrift, 1928–40 in lat., seitdem in kyrill. Schrift geschrieben. – Außerhalb Turkmenistans ist T. in vielen Gebieten Turkestans verbreitet.

turkmenische Kunst, eine reiche Kulturtradition ist seit dem 6./5. Jt. v. Chr. archäologisch überliefert (feste Siedlungen, Schmuck, Keramik, Terrakotta-Idole), seit dem 3. Jt. sind Bauten mit Wandmalerei nachgewiesen (Altyn-Tepe, Ruinen einer Stadtanlage mit Kultstätte, 3./2. Jt. v. Chr.) Seit dem 6. Jh. v. Chr. entstanden Stadtanlagen (u. a. ↑ Merw, Mary) mit Monumentalplastik und -malerei (Arsakidenresidenz in Nissa, 2. Jh.). Die Baukunst des 6./7. Jh. n. Chr. charakterisieren vielräumige, gewölbte und überkuppelte Bauten (Kys-Kala in Mary, Nagim-Kala bei Mary). Nach der Eroberung durch die Araber konzentrierte sich das künstler. Schaffen auf ornamental-dekorative angewandte Kunst. Im 11./12. Jh. erfolgte ein rasches Wachstum der Städte und eine kulturelle Blütezeit, die sich in befestigten Palastanlagen (z. B. in Mary und Dachistan) widerspiegelt. Paläste und Karawansereien, meist Zentralbauten, wurden mit Fayenceplatten und Steinreliefs geschmückt (u. a. Mausoleen in Serachs, Dachistan, Mary und Urgentsch). Trotz des Niedergangs nach dem Mongoleneinfall entstanden auch im 14./15. Jh. hervorragende Bauwerke (Mausoleum in Urgentsch, Moschee in Anau Tepe). Bestimmend wurden Portal-Kuppel-Bauten und Vielfarbenmajolika; Bed. erlangten nun auch die Silberschmiedekunst und Teppichherstellung. Seit dem Anschluß an Rußland entwickelte sich der Städtebau nach europ. Muster. – Seit 1920 gibt es eine nat. Kunstschule; 1937 wurde der Verband bildender Künstler gegr.; 1939 wurde das Museum für bildende Kunst in Aschchabad eröffnet.

turkmenische Literatur, die ältesten literar. Zeugnisse (14./15. Jh.) sind islamisch-religiösen Inhalts. Zu den mündl. Überlieferungen der Ogusen, darunter der Turkmenen, zählt der ep. Legendenzyklus „Kitabi Dede Korkut". Im 18. Jh. war die Tradition der Dastan-Erzählung weit verbreitet, umfangreiche ep. Werke, die von Volkssängern (Bachschi) mehrere Tage lang vorgetragen wurden. Die v. a.

turkmenische Musik

Turkmenistan
Fläche: 488 100 km²
Bevölkerung: 3,6 Mill. E (1990), 7,4 E/km²
Hauptstadt: Aschchabad
Amtssprache: Turkmenisch
Währung: 1 Rubel = 100 Kopeken (vorgesehen: Malat)
Zeitzone: MEZ +3 Stunden

Turkmenistan

Staatswappen

auf alttürk. Sprach- und Literaturquellen zurückgehende schriftl. Literatur der Turkmenen bestand vorwiegend aus Dichtung, verwendete arabisch-pers. Metrik und stand unter dem Einfluß des Sufismus. Weltlich und volksnah ist das Werk des Dichters Machtumkuli, des Begründers der klass. t. L.; fortgesetzt von Sejidi, Kemime und K. Selili, im 19. Jh. durch K. Mollanepes, im 20. Jh. B. Kerbabajew, C. Derjajew, K. Burunow und J. Nasyrli. A. Kanschutow und A. Nijanow begründeten die turkmen. Dramatik. Die zeitgenöss. t. L. prägen in der Prosa B. Sejtakow, A. Kurbanow, O. Akmamedow und T. Dshumageldijew, in der Lyrik T. Aschirow, A. Kekilow, K. Sejtijew und A. Atadshanow, in der Dramatik H. Muchtarow und A. Karlijew. Nach wie vor bedeutsam sind die turkmen. Volksdichter (Schahire).

turkmenische Musik, für die instrumentale Volksmusik Turkmenistans sind komplizierte, programmartige Stücke kennzeichnend. Lieder sind in zwei- oder dreiteiliger Liedform oder in Strophenform verbreitet. Bei der Pflege des musikal. Erbes spielen professionelle Volkssänger (Bachschi) eine bed. Rolle. Sie begleiten ihren Gesang auf der Dutar, einem zweisaitigen Zupfinstrument. Andere typ. Volksmusikinstrumente sind Gidschak (Streichinstrument) und Tjuiduk (Blasinstrument). Bis um 1920 waren Tänze den Turkmenen unbekannt. Die erste turkmen. Oper („Sochre und Tachir", 1953) schrieb W. Muchatow zus. mit dem russ. Komponisten A. Schaposchnikow. Muchatow leistete auch einen bed. Beitrag zur Genese der turkmen. Sinfonik. Ebenfalls mit sinfon. Werken traten A. Kulijew, T. Artykow und N. Chalmamedow hervor. Im Musikschaffen der Gegenwart reicht die stilist. Orientierung der Komponisten von der Traditionsgebundenheit bis zu modernen internat. Kompositionstechniken. Bekannteste Vertreter sind T. Nurymow, A. Agadschibekow, S. Muchatow, N. Muchatow, R. Allajarow und D. Nuryjew.

Turkmenistan (Turkmenien, Republik Turkmenistan), Republik im SW Mittelasiens zw. 35° 08′ und 42° 48′ n. Br. sowie 52° 27′ und 66° 41′ ö. L. **Staatsgebiet:** T. grenzt im W ans Kasp. Meer, im NW an Kasachstan, im N, NO und O an Usbekistan, im O und SO an Afghanistan sowie im S und SW an Iran. **Verwaltungsgliederung:** 5 Gebiete. **Internat. Mitgliedschaften:** UN, GUS.
Landesnatur: Der größte Teil T. wird von der Karakum eingenommen. Im NW liegen Ausläufer des Ust-Urt-Plateaus, südl. davon Höhen bis 1 880 m ü. d. M. Mit Ausnahme der Krasnowodsk-Halbinsel südl. der Bucht Kara-Bogas-Gol wird der ganze SW von den Niederungen am O-Ufer des Kasp. Meeres gebildet. Sie gehen allmählich ins Vorgebirge des Koppe Dagh über. In den äußersten O reicht ein Ausläufer des Hissar-Alai-Systems (bis 3 139 m hoch) hinein.
Klima: Es ist extrem kontinental, sonnenreich und trocken. In den Sandwüsten („Karakum") fallen im Mittel nur 80–150 mm jährl. Niederschläge.
Vegetation: In der Karakum gibt es nur stellenweise spärl. Vegetation. Entlang des Amudarja u. a. Flüssen wächst Galeriewald. Am Amudarja, Murgab, Tedschen und in der Gegend von Aschchabad entstanden durch langwierige menschl. Bemühungen Oasen. Im Gebirge gibt es bis in größte Höhen hinauf nur Steppen.
Tierwelt: In der Karakum zahlr. Nagetierarten, Fuchs, Schildkröten, Schlangen und Eidechsen, in den Galeriewäldern Wildschwein und Fasan, im Gebirge Bergschaf, -ziege, Leopard, Gepard, Wildschwein.
Bevölkerung: Sie setzt sich (1989) zu 72 % aus Turkmenen, 9,5 % Russen, 9 % Usbeken, 2,5 % Kasachen, 1,1 % Tataren, 1,0 % Ukrainern sowie anderen Völkern (Armenier, Aserbaidschaner, Belutschen u. a.) zusammen. 45 % der Bewohner leben in Städten. Die traditionelle Religion in T. ist der Islam sunnit. Richtung. Die Bev. konzentriert sich in den Oasen, Flußtälern, am Karakumkanal und in der Vorgebirgszone. T. verfügt über eine Akad. der Wiss., eine Univ. in Aschchabad (gegr. 1950) und acht weitere Hochschulen.
Wirtschaft: Größte Bed. hat die Ind. Nur 2,2 % der Landesfläche werden ackerbaulich genutzt. Fast die gesamte Anbaufläche wird bewässert und zur Hälfte für den Baumwollanbau genutzt, der wie in ↑Tadschikistan zu großen Umweltschäden führte (↑Aralsee). Außerdem Futterpflanzen-, Getreideanbau sowie Obst-, Melonen- und Weinbau. Die Viehwirtschaft ist nach dem Baumwollanbau der wichtigste Zweig der Landw. (bes. Karakulschafe); daneben umfangreiche Seidenraupenzucht. Hauptzweige der Ind. sind Erdgasgewinnung (in der Kaspiniederung und Wüste Karakum) und Erdölförderung (Kaspiniederung, Halbinsel Tscheleken). Gefördert werden auch Schwefel und Buntmetallerze. Traditionelle Zweige der verarbeitenden Ind. sind die Textil- (wichtiger Spezialzweig die Teppichherstellung) und Nahrungsmittelind. Nach 1940 entstanden Betriebe der chem. Ind., des Maschinenbaus und der Metallverarbeitung.

Turm. Die im 13. und 14. Jh. erbauten Geschlechtertürme von San Gimignano

Außenhandel: Ausgeführt werden Erdöl und -produkte, Baumwolle, Naturseide, Karakule, Häute, Chemierohstoffe, Ind.einrichtungen für die Erdölwirtsch., Erzeugnisse der Elektrotechnik und Mineraldünger, eingeführt Eisenmetalle und Stahl, Maschinen und Ind.anlagen, Mineraldünger und Versorgungsgüter des tägl. Bedarfs. Wichtigste Handelspartner sind Rußland u. a. Republiken der GUS.
Verkehr: Das Schienennetz umfaßt 2 120 km. Von den 21 400 km Autostraßen haben 17 100 km eine feste Decke. Schiffahrt wird auf dem Amudarja und auf dem Karakumkanal (insges. 1 300 km Binnenwasserstraßen) betrieben. Internat. ✈ Aschchabad, ✈ für den Inlandverkehr in Krasnowodsk (Eisenbahnfähre nach Baku), Mary, Taschaus und Tschardschou.
Geschichte: Vom 6.–4. Jh. v. Chr. gehörte das Territorium von T. zu Persien sowie zum Reich Alexanders d. Gr. Anfang des 8. Jh. n. Chr. eroberten die Araber T. Seit dem 8./9. Jh. drangen die Vorfahren der Turkmenen, die türk. Ogusen, in das Gebiet des heutigen T. ein und wurden im 10. Jh. islamisiert (seitdem als Turkmenen bezeichnet). Das 1219/20 von den Mongolen unterworfene T. kam nach dem Zerfall der Goldenen Horde Anfang des 16. Jh. teilweise unter die Herrschaft der Khanate Buchara und Chiwa, im Verlauf der 70er und 80er Jahre des 19. Jh. unter die Oberhoheit Rußlands. 1916 Aufstand der Turkmenen gegen die zarist. Verwaltung, z. Z. des Bürgerkrieges 1918 gegen die bolschewist. Herrschaft, die erst 1920 in T. durchgesetzt werden konnte. Seit 1921 autonomes Gebiet innerhalb der Turkestan. ASSR, wurde aus diesem am 27. Okt. 1924 die Turkmen. SSR gebildet; schloß sich 1925 offiziell der Sowjetunion an. Im Aug. 1990 erklärte T. seine Souveränität, nach einem Referendum am 27. Okt. 1991 seine Unabhängigkeit. Die KP wurde 1991 suspendiert. Unter Präs. S. Nijasow (im Okt. 1990 gewählt, im Juni 1992 im Amt bestätigt) trat T. im Dez. 1991 der ↑GUS bei.
Politisches System: Nach der am 18. Mai 1992 angenommenen Verfassung ist T. eine präsidiale Republik. *Staatsoberhaupt* ist der Präsident. Die *Legislative* liegt nach einer Übergangsphase beim Parlament („Majlis"; 50 Abg.). Die *Exekutive* geht von der Reg. unter Vorsitz des Min.präs. aus. Einzig zugelassene *Partei* ist die Demokratenpartei Turkmenistans, die aus der KP hervorging; daneben bestehen zahlr. nat. und demokrat. Gruppierungen.

Turkologie, die Wiss. von Sprache, Literatur und Kultur der Turkvölker. Seit dem 15. Jh. veranlaßte das Vorrücken der Türken in SO-Europa das Abendland, sich für „Ritus und Bräuche der Türken" (Hans Schiltberger [* 1380, † um 1440], „De ritu et moribus Turcarum", gedruckt um 1473) zu interessieren. Die sprachl. Forschung setzte im 17. Jh. ein, das erste abendländ. Gesamtwerk über die türk. Literatur ist J. Freiherr von Hammer-Purgstalls „Geschichte der Osman. Dichtkunst bis auf unsere Zeit" (1836–1838).

Turksib, Kurzbez. für ↑Turkestan-Sibirische Eisenbahn.
Turksinseln [engl. təːks] ↑Turks- und Caicosinseln.
Turksprachen (Türksprachen), eine Gruppe von einander verhältnismäßig nahestehenden Sprachen in O-Europa, Vorderasien, Innerasien und Sibirien. Als Gemeinsamkeiten können folgende Charakteristika herausgestellt werden: Sie haben Vokalharmonie, sind agglutinierend, kennen kein Genus, keine Präfixe, keine Präpositionen, keine Relativpronomina und Konjunktionen, die Kasussuffixe folgen den Possessivsuffixen, im Satz steht gewöhnlich das näher Bestimmende vor dem zu Bestimmenden. – Die T. werden meist als mit den mongol. und den mandschutungus. Sprachen urverwandt angesehen (altaische Sprachen), jedoch ist eine genet. Verwandtschaft nicht bewiesen. Auch die Klassifikation der T. ist umstritten. Im SW des Sprachgebiets hebt sich die südwestl. oder ogus. Gruppe mit einer seldschuk. (Türkisch, Gagausisch, Aserbaidschanisch) und einer turkmen. Untergruppe (Turkmenisch) ab. Zur nordwestl. oder kiptschak. Gruppe gehören Karaimisch (in Polen, Litauen und auf der Krim [Ukraine]), Krimtatarisch, die nordkaukas. T. (Karatschaiisch-Balkarisch, Kumykisch) sowie Tatarisch und Baschkirisch; das Kasachische (mit dem nahe verwandten Karakalpakischen und dem Nogaiischen) und das Kirgisische werden von einigen Forschern als aralokasp. oder Zentralgruppe getrennt von der NW-Gruppe behandelt. Das Altaische (Altaitürk.) bildet einen Übergang zur nordöstl. Gruppe in Sibirien mit den heutigen Schriftsprachen Chakassisch, Tuwinisch und dem Jakutischen. Zur südöstl. Gruppe rechnet man das Usbekische und das Uigurische. Eine gesonderte Stellung nehmen das Tschuwaschische und seine Vorgängerin, die Sprache der Wolgabulgaren, ein. Die Gesamtzahl der Sprecher von T. wird auf 60–100 Mill. geschätzt.

Turks- und Caicosinseln [engl. təːks; 'kaıkəs], brit. Kronkolonie im Bereich der Westind. Inseln, 430 km², 11 700 E (1990), Verwaltungssitz Cockburn Town auf Grand Turk Island. Die Kolonie besteht aus den durch die Turks Island Passage getrennten Inselgruppen **Caicosinseln** (21 an der 180 km langen N-Seite der Caicosbank aufgereihte Inseln, größte davon *Grand Caicos Island* mit 188 km²) und **Turksinseln** (8 Inseln, größte davon *Grand Turk Island* mit 24 km²). – ²/₃ der meist prot. Bev. sind afrikan. Herkunft, ¹/₃ Mulatten. Amts- und Verkehrssprache ist Englisch. Die meisten E sind Fischer, die nebenher etwas Landw. betreiben; Fremdenverkehr. – Zur Zeit der Entdeckung durch den Spanier J. Ponce de León (1512) unbewohnt; im 17. Jh. ließen sich engl. Siedler nieder; wurde 1962 Kronkolonie.

Turku (schwed. Åbo; beide amtl.), Stadt in SW-Finnland, an der Mündung des Aurajoki in den Finn. Schärenhof, 159 900 E. Hauptstadt des Verw.-Geb. T.-Pori; Sitz des luther. Erzbischofs von Finnland; schwedischsprachige (gegr. 1917) und finnischsprachige Univ. (gegr. 1920), Handelshochschule, histor. Museum, Handwerksmuseum, Kunst- und Sibeliusmuseum. Schiffswerft, Nahrungsmittel-, Textil- und Bekleidungsind., Stahlwerk, Porzellan- und pharmazeut. Fabrik. Hafen; Autofähren nach Schweden, ✈. – 1154 erstmals gen.; seit dem 13. Jh. bed. Handelsplatz und wichtigste Festung Finnlands sowie bis 1812 finn. Hauptstadt; wurde 1276 (erster finn.) Bischofssitz; 1528 luth.; besaß 1640–1828 eine Univ. – Spätroman. Domkirche (1290 geweiht), Observatorium (1818), Rathaus (1885); Schloß (Anfänge der Burg um 1280; heutige Gestalt v. a. 16. Jh.), moderne Architektur u. a. von A. Ervi (Univ., 1956–59), A. Aalto, E. Bryggman.

Turkvölker, Sprach- und Völkergruppe im SO Europas (Türken), in Nord-, Mittel- und Vorderasien (u. a. Aserbaidschaner, Baschkiren, Kirgisen, Kasachen, Tataren, Turkmenen, Uiguren, Usbeken); etwa 91 Mill. Angehörige; zumeist Muslime.
Geschichte: Von ihrer Urheimat in Zentralasien (Altai-Region) aus bildeten die nomad. T. vom 6.–8. Jh. Steppenimperien von der Mongolei bis zur Ukraine. Durch Wanderungen dehnte sich ihr Siedlungsgebiet nach W aus; im 11. Jh. drangen die türk. Seldschuken nach Kleinasien vor, wo über das Reich der Rum-Seldschuken schließlich das Osman. Reich entstand (↑Türkei [Geschichte]). Von den T. im Gebiet des Schwarzen und des Kasp. Meeres sind bes. die Protobulgaren, die Chasaren, Petschenegen und Polowzer (Kumanen) bekannt geworden.

Türlin, Heinrich von dem ↑Heinrich von dem Türlin
Turm [frz., zu lat. turris mit gleicher Bed.], Bauwerk von großer Höhe im Vergleich zur Grundfläche, freistehend oder als Teil eines größeren Gebäudes. Das Altertum kannte T. v. a. im Zusammenhang mit Wehrmauern, so in Mesopotamien, in Jericho und Ägypten (Tor-T.), dann auch bei röm. (Küsten)festungen und am Limes. Außerdem waren Leucht-T. üblich (Pharos). Als frühe freistehende Wehr-T. sind die ↑Nuraghen auf Sardinien zu nennen. Eine Sonderform sind die ↑Türme des Schweigens. Zu Kirchen gehörende T. wurden (v. a. zur Aufnahme von Glocken) seit frühchristl. Zeit gebaut, zuerst in Syrien; in der islam. Kunst setzen Bestrebungen ein (Abteikirche von Centula, 8. Jh.), jeweils mehrere T. in den Kirchenbau einzubeziehen; die Doppelturmfassade erwies sich als klass. Lösung, die auch im Barock oft wieder aufgenommen wurde. T. sind außerdem ein wichtiges Element ma. Burgen und Städte. Die

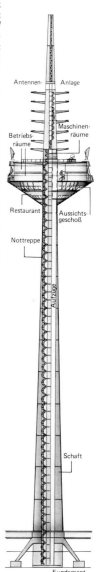

Turm. Querschnitt des 331 m hohen Fernmeldeturms in Frankfurt am Main

Turmair

Turmschnecken.
Gemeine Turmschnecke

Turmfalke.
Männchen

Stadtmauern erhielten T. und Tor-T., die Rathaus-T. waren Ausdruck bürgerl. Macht, bes. in Italien auch an den Wohnbauten einzelner Familien (sog. Geschlechter-T., bes. bekannt San Gimignano). Im Schloßbau der Renaissance setzten Treppen-T. architekton. Akzente. In der Moderne dienen T. außer der Demonstration techn. Möglichkeiten (Eiffelturm in Paris als Symbol der Weltausstellung 1889 verschiedenen prakt. Zwecken: Wasser-, (Radar)kontroll-, Sende-T. Neue Materialien und Bauweisen ermöglichten neue Höhenrekorde (z. B. Fernsehturm in Toronto, 553 m).
▷ Schachfigur (↑ Schach).

Turmair, Johannes [...maɪər] ↑ Aventinus, Johannes.

Turmalin [singhales.-frz.], zu den Cyclosilicaten (↑ Silicate) zählendes, in zahlr. Farbvarianten vorkommendes trigonales Mineral, $XY_3Z_6[(OH)_4|(BO_3)_3|Si_6O_{18}]$, wobei X für Na, K, Li oder Ca, Y für Mg, Fe'', Mn oder (Li, Al) und Z für Al, z.T. auch Fe''' oder Cr''' steht. T. bildet meist säulige oder radialstrahlige Aggregate; auch Schmuckstein. Wichtige Abarten sind *Achroit* (farblos bis blaßgrün), *Rubellit* (rot), *Apyrit* (pfirsichrot), *Siberit* (lilarot bis violettblau), *Indigolith* (blau), *Dravit* (braun), *Verdelith* (grün), *Chrom-T.* (tiefgrün) und *Schörl* (schwarz). Mohshärte 7–7,5; Dichte 2,9–3,25 g/cm³.

Turmbau zu Babel ↑ Babylonischer Turm.

Türme des Schweigens (Dakhma [altpers. „Grab"]), in drei konzentr. Kreisen (für Männer, Frauen und Kinder) errichtete, oben offene Türme, in denen die Parsen ihre Verstorbenen den Aasvögeln aussetzen, um die Erde nicht zu verunreinigen.

Türmer, Der, dt. Kulturzeitschrift (1898–1943) mit prot.-konservativer Grundhaltung.

Turmerlebnis ↑ Luther, Martin.

Turmfalke (Falco tinnunculus), fast 35 cm langer Greifvogel (Fam. ↑ Falken), v. a. in offenen Landschaften Europas sowie in großen Teilen Asiens und Afrikas; ♂ mit blaugrauem Oberkopf und ebensolchem Schwanz sowie dunklen Flecken auf dem rotbraunen Rücken und der weißl. Unterseite; ♀ ähnlich gezeichnet, allerdings ohne blaugraue Färbung und anstelle der Rückenflecken mit dunklen Querbändern. Der T. ist heute der häufigste Greifvogel Deutschlands. Er jagt – vornehmlich im freien Feld – v. a. Mäuse. Der T. brütet auf Bäumen oder in Höhlungen und Nischen von Gebäuden (bevorzugt in Türmen) und Felswänden.

Turmkarst ↑ Karst.

Turmschädel (Turrizephalie), Schädelanomalie mit abnorm hoher, auch spitz zulaufender Schädelform infolge vorzeitiger Verknöcherung einzelner Schädelnähte, v. a. der Kranznaht.

Turmschnecken (Turritellidae), seit der Kreide bekannte, heute mit rd. 50 Arten in allen Meeren verbreitete Schneckenfam.; Gehäuse hochgetürmt, schlank und spitz; sehr häufig in Schlammböden europ. Meere die **Gemeine Turmschnecke** (Turritella communis) mit bis 5 cm hohem, rotviolett und braun geflammtem Gehäuse.

Turmspringen ↑ Schwimmen.

Turmverfahren ↑ Schwefelsäure.

Turnbewegung, wesentlich im Zeichen nat. Erneuerung stehende, durch F. L. Jahn um 1810 begr. soziale Bewegung für körperl. Ertüchtigung. – Die *Dt. Turnerschaft* war eine farbentragende [schlagende] Studentenverbindung mit dem Grundsatz, sportl. Leibesübungen in akadem. Kreisen zu fördern.

Turnen [zu griech.-lat. tornare „sich drehen, sich wenden"], von F. L. Jahn um 1810 geprägte Bez. für alle bekannten Leibesübungen. Zunächst enggefaßt als Geräte-T. an Reck, Barren, Pferd u. a., dann im Dt. Turner-Bund zur Bez. aller dort gepflegten Arten des T. wie Geräte-T., Gymnastik, Turnspiele, Fechten, Judo, Schwimmen erweitert. Die modernen, aus der Tradition der Turnerschaft herkommenden Großvereine bieten zunehmend eine Vielfalt von Sportarten und propagieren verstärkt ein **Jedermannturnen** (Breitensport), das nicht mehr einzelnen Sportarten zugerechnet werden kann. Das heutige T. i. e. S. umfaßt *Kunst-T., Hindernis-T.* (Verwendung der Geräte als Hindernisse) und *Sonder-T.* (Anwendung spezieller Übungsformen zur Verhinderung bzw. Korrektur von Haltungsfehlern und -schäden).

Geschichte: Die zu Beginn des 19. Jh. in Deutschland einsetzende **Turnbewegung** orientierte sich an den aufgeklärten Ideen der Philanthropen sowie an J. C. F. GutsMuths, G. U. A. Vieth und v. a. F. L. Jahn. Liberalismus und bürgerl. Nationalismus bestimmten die gesellschaftl. und polit. Programmatik der Turnführer. Die starke gemeinschaftsorientierte Bindung der Turner galt als Vorbild und Vorstufe der staatl. Einheit und beanspruchte das einzelne Mgl. der **Turngemeinde** im Dienste des Ganzen. Nach der Aufhebung der **Turnsperre** in Preußen (1820–42) kam es zur schnellen Verbreitung des T. in Schulen, Vereinen und Burschenschaften. *Turnkleidung, Turnerfahne, Turnerwahlspruch* und die Einführung einer *Turnsprache* (u. a. neu geprägte Wörter) waren von bes. Bed. in dem Bestreben, Gemeinschaftlichkeit, Gleichheit und vaterländ. Gesinnung zum Ausdruck zu bringen. Das erste größere **Turnfest** in Deutschland wurde 1841 in Frankfurt am Main ausgerichtet. Die gesamte dt. **Turnerschaft** traf sich zum ersten Mal 1860 in Coburg (seit 1898 findet das Dt. Turnfest alle 5 Jahre statt). Seit 1868 bestand die Dt. Turnerschaft, von der sich 1893 eine proletar. Richtung (Arbeiter-Turn- und Sportbewegung) gründete. Die fortwährenden Auseinandersetzungen zw. der Dt. Turnerschaft und den Sportverbänden führten 1924 zur „reinl. Scheidung" von T. und Sport sowie zum Austritt der Dt. Turnerschaft aus dem Dt. Reichsausschuß für Leibesübungen (1925). Von 1933–45 war die Dt. Turnerschaft nach ihrer Auflösung in den Nationalsozialist. Reichsbund für Leibesübungen eingegliedert. 1950 wurde der Dt. Turner-Bund (Sitz Frankfurt am Main) gegründet. Der Dt. Turn- und Sportbund (DTSB) der DDR existierte als Dachorganisation des Sports 1957–90.

Turner [engl. 'tə:nə], Nat, * Southampton County (Va.) 2. Okt. 1800, † Jerusalem (Va.) 11. Nov. 1831 (hingerichtet), amerikan. schwarzer Rebell. – Hielt sich für einen Propheten Gottes, ausersehen zur Befreiung der Schwarzen aus der Sklaverei. Die von ihm geführte Revolte (21. Aug. 1831) wurde blutig niedergeschlagen und löste eine Verschärfung der Zwangsgesetze gegen die Sklaven aus.

T., William, * London 23. April 1775, † ebd. 19. Dez. 1851, engl. Maler. – Begann als Zeichner, v. a. topograph. Landschaften; um 1795 wandte er sich der Ölmalerei zu und schuf 1797–1801 zahlr. engl. Landschaftsbilder von lyr. Stimmung, es folgten von Claude Lorrain angeregte Landschaften mit mytholog. Gestalten. Mehrere Italienreisen (1819, 1828, 1840) bewirkten eine Auseinandersetzung mit Farbe und Licht; Umrisse und Formen werden fast völlig aufgelöst in eine atmosphär. Farbmalerei. Seine Darstellungsweise des Lichtes wurde von den Impressionisten weitergeführt, der visionäre Charakter seiner Malerei ist der künstler. Ausdruck einer pantheist. Grundhaltung. – *Werke:* Zinnoberrote Türme (1834; London, British Museum), Landschaft (1835; Paris, Louvre), Schneesturm auf dem Meer (um 1840; London, National Gallery), Regen, Dampf und Geschwindigkeit (um 1844; London, National Gallery).

William Turner. Schneesturm auf dem Meer, um 1840 (London, National Gallery)

Turnerkreuz, 1844 geschaffenes Emblem mit dem **Turnerwahlspruch:** „Frisch, fromm, fröhlich, frei".

Turnerschaften, farbentragende ↑studentische Verbindungen, die insbes. Turnen und Sport betreiben. Die aus der Turnbewegung des 19. Jh. entstandenen akadem. Turnvereine bildeten 1872 einen „Cartellverband". Der Verband (seit 1897 „Vertreter-Convent (VC), Verband der Turnerschaften auf dt. Hochschulen") hatte maßgebenden Anteil an der Entwicklung des dt. Hochschulsports; bei der Auflösung 1935 gehörten ihm 91 Turnerschaften an. 1951 vereinigte sich der wiedergegr. VC mit den Landsmannschaften zum ↑Coburger Convent akadem. Landsmannschaften und Turnerschaften.

Turner-Syndrom [engl. 'tə:nə; nach dem amerikan. Endokrinologen H. H. Turner, *1892, †1970], angeborene Mißbildung als Folge einer ↑Chromosomenanomalie. Die inneren Geschlechtsorgane der äußerlich weibl. Patienten sind unvollständig ausgebildet (Gonadendysgenesie), sekundäre Geschlechtsmerkmale fehlen, Minderwuchs.

Turnhallenkonferenz ↑Namibia (Geschichte).

Turnhout [niederl. 'tyrnhɔut], belg. Stadt im Kempenland, 18–35 m ü. d. M., 37 600 E. Museum des Kempenlandes, Spielkartenmuseum. Landw. Handelszentrum, Herstellung von Spielkarten, Maschinenbau, elektrotechn., Textil- u. a. Ind.; Kanalhafen. – Entstand bei einem um 1110 erbauten Jagdschloß der Hzg. von Brabant; 1212 Stadtrecht. – Got. Kirche Sint-Pieter (13. und 18. Jh.); Renaissanceschloß (16./17. Jh.); Barockkirche des Beginenhofs (geweiht 1665).

Turnier [frz.], die bei allen Völkern bekannten Waffenspiele zu Pferd oder zu Fuß. Ziel der ritterl. T. des MA war die Demonstration der vollkommenen Beherrschung von Pferd und Waffe. Beim Zweikampf **(Tjost)** mußte der Gegner mit der Lanze aus dem Sattel gehoben *(Gestech)* oder an einer bestimmten Stelle getroffen werden *(Rennen)*. Da die T. häufig tödlich endeten, wurden ab dem 13. Jh. die T.waffen entschärft. *Zeremoniell* und *Hauptphasen* des T. im MA beruhten auf dem Reglement des frz. Ritters Godefroy de Preulli († 1066). Der feierl. *Ansage* und *Aufforderung zum Kampf* durch die Herolde folgte die *Helmschau*, bei der die Identität des Kämpfenden mit seinem Wappen festgestellt wurde. Die T.parteien nahmen nach ihrem feierl. *Einzug* zu beiden Seiten eines Seiles Aufstellung, das nach dem Trompetensignal eines Herolds zerschnitten wurde. ▷ sportl. Wettbewerb mit großer Teilnehmerzahl sowie speziellem Austragungsmodus zum schnelleren Ablauf des Wettbewerbs.

Turnose [frz.] (Turnosgroschen, mittellat. denarius grossus, grossus turonus, grossus albus, frz. gros tournois [„Dickpfennig von Tours"]), der erste Groschen nördl. der Alpen, geschaffen 1266, Ausgangswert = 12 Pfennige (Deniers) = 1 Sol = 1/20 der Währung von Tours; wichtige Handelsmünze; nachgeahmt u. a. im Rheingebiet.

Turnpike [engl. 'tə:npaik], gebührenpflichtige Fernstraße in den USA.

Turnus [griech.-lat.], in gleicher Weise sich wiederholender Ablauf, Reihenfolge, regelmäßiger Wechsel; Umlauf.

Turnu Severin ↑Drobeta-Turnu Severin.

Turoldus [tuˈrɔldus, frz. tyrɔlˈdys] ↑Rolandslied.

Turquino, Pico [span. ˈpiko turˈkino], mit 1 972 m höchster Berg Kubas, in der Sierra Maestra.

Turrini, Peter, *Maria Saal 26. Sept. 1944, östr. Schriftsteller. – Verfasser provozierender gesellschaftskrit. Volksstücke, in denen [unter teilweisem Einsatz von Dialekt, bes. des Wiener Vorstadtidioms] Brutalität, Intoleranz und Korruption der modernen Gesellschaft entlarvt werden, v. a. „Sauschlachten" (1971), „Rozznjogd" (1973), „Tod und Teufel" (1990), „Alpenglühen" (UA 1993). Schrieb auch „Es ist ein gutes Land. Reden an Österreich" (1986).

Turrizephalie [lat./griech.], svw. ↑Turmschädel.

Tur-Sinai, Naphtali Hertz, eigtl. Harry Torczyner, *Lemberg 13. Nov. 1886, †Jerusalem 17. Okt. 1973, israel. Semitist und Exeget. – 1919–33 Dozent an der Hochschule für die Wiss. des Judentums in Berlin, ab 1933 Prof. an der Hebr. Univ. in Jerusalem. Vollendete das hebr. Wörterbuch E. Ben Yahudas, „Thesaurus totius hebraitatis"; gab 1927 ein „Dt.-hebr. Wörterbuch" heraus.

Turteltaube ↑Tauben.

Tusch, von einem Orchester oder auf dem Klavier ausgeführtes Signal (meist ein mehrmals wiederholter gebrochener Akkord), das eine Person, eine Rede, ein Ereignis u. a. ankündigt oder ehrt.

Tusche [zu frz. toucher „berühren"], urspr. mit wasserlösl. Bindemitteln (Gummiarabikum u. a.) angeriebener Ruß. Heute versteht man unter T. schwarze, weiße oder farbige, deckende oder lasierende, reichlich Bindemittel enthaltende Flüssigkeit, die einen dichten, relativ licht-, radier- und wasserfesten Strich ergibt und insbes. für techn. Zeichnungen verwendet wird.

Tuschmalerei. Sesshū, Herbstlandschaft, lavierte Tuschzeichnung, Ausschnitt (Tokio, Nationalmuseum)

Tuschmalerei, ostasiat. Aquarellmalerei mit schwarzer Tusche (aus Lampenruß) auf Papier oder Seide; in China unter dem Einfluß des Zen-Buddhismus entwickelt, findet sie ihre bedeutendsten Vertreter bereits in der Songzeit (Liang Kai und Mu Qi), in Japan ist Sesshū am berühmtesten. Die T. verlangt große Virtuosität, da der Malgrund die Tusche sofort aufsaugt und Korrekturen unmöglich sind.

Tuschpa, Residenz der Könige von Urartu, ↑Van.

Tuscia ↑Etrurien.

Tusculum (Tuskulum), röm. Stadt in der Nähe von ↑Frascati.

Tuskulaner, Bez. für die Grafen von Tusculum, ein röm. Geschlecht, das Anfang des 11. Jh. nach Kämpfen gegen die Crescentier als Parteigänger der Röm. Kaiser in Rom die Macht an sich riß; stellten die Päpste Benedikt VIII., Johannes XIX., Benedikt IX.

Tussahseide [Hindi/mittellat.-roman.], von Tussahspinnern stammende Wildseide. T. ist ungleichmäßiger als Maulbeerseide und hat einen härteren Griff, weil sie nicht entbastet werden kann. Handelsbez. für aus T. hergestellte Gewebe, die auch einfach *Tussah* oder *Tussor* genannt werden, sind Rohseide, Honanseide und Schantungseide.

Tussahspinner [Hindi/dt.] (Tussahseidenspinner) (Ind. T., Antheraea mylitta), bis 15 cm spannende Art der ↑Augenspinner in Vorderindien und Ceylon; ♂ gelbrot, ♀ gelbbraun gefärbt mit großem zentralem Augenfleck auf beiden Flügelpaaren; Raupen fressen an Blättern verschiedener Laubbäume; der Kokon ähnelt einer an einem langen Seidenstiel hängenden Nuß von etwa 4–6 cm Länge.

Peter Turrini

Tussaud

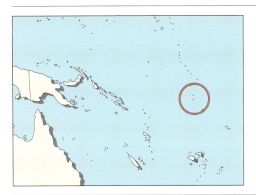

Tuvalu
Fläche: 26 km²
Bevölkerung: 9 100 E (1990), 350 E/km²
Hauptstadt: Funafuti
Amtssprachen: Englisch, Tuvalu
Währung: 1 Austral. Dollar ($A) = 100 Cents (c); daneben eigene Münzen
Zeitzone: MEZ +11 Stunden

Tuvalu
Staatswappen

Tutanchamun
(Goldmaske, um 1337 v. Chr.; Kairo, Ägyptisches Museum)

Desmond Mpilo Tutu

Tussaud, Marie [frz. ty'so], geb. Grosholtz, bekannt als Madame T., *Straßburg (⚭) 7. Dez. 1761, †London 16. April 1850, frz. Wachsbildnerin vermutlich schweizer. Herkunft. – Stellte in Paris Wachsfiguren von Anführern und Opfern der Revolution her; ging 1802 nach London und begr. dort das noch bestehende Wachsfigurenkabinett.

Tussi, ursprünglich äthiopides Volk im Zwischenseengebiet Ostafrikas, sprechen Rwanda bzw. Rundi (beides Bantusprachen); Großviehzüchter. Wanderten aus dem Nilgebiet ein, überlagerten die Hutu und bildeten eine aristokrat. Oberschicht. Rwanda wurde nach dem Sturz der T.monarchie (1959) durch die Hutu 1962 Republik unter Führung der Hutu (1973 Staatsstreich mit Massakern an den T.). In Burundi bestand die T.monarchie bis 1966; dann wurde auch Burundi Republik, allerdings weiterhin unter Führung der Tussi.

Tussis [lat.], svw. ↑Husten.

Tuszien, histor. Name für die ↑Toskana.

Tutanchamun (Tutenchamun), urspr. Tutanchaton, †1337 v. Chr. (ermordet ?), ägypt. König (seit 1347) der 18. Dynastie. – Nachfolger Echnatons, vermutlich auch dessen Sohn von einer Nebenfrau; bestieg etwa zehnjährig den Thron; kehrte 1344 zur alten Amunreligion zurück und änderte seinen Namen in Tutanchamun. Sein Grab in Biban Al Muluk wurde 1922 von H. Carter fast unversehrt gefunden (u. a. Thronsessel, Goldsarg des Königs, Goldmaske und goldener Brustschmuck der Mumie, Einrichtungsgegenstände; heute im Ägypt. Museum in Kairo).

Tutchalija (Dutchalija), Name mehrerer Könige der Hethiter, bekannt v. a.:
T. II., ⚭ Ende des 15. Jh. v. Chr.; legte durch seine Kriegszüge in N-Syrien die Basis für das hethit. Großreich.
T. IV., ⚭ etwa 1250–20; Sohn Hattusilis III.; veranlaßte Reformen des Kults und der Verwaltung sowie den Ausbau der Bibliothek und die Errichtung von Bauten in Boğazkale.

Tutilo (Tuotilo), * um 850, † Sankt Gallen 24. April 913 (?), Mönch in Sankt Gallen. – Zw. 895 und 912 vielseitige künstler. und literar. Tätigkeit: Baumeister, Goldschmied, Elfenbeinschnitzer, Komponist und erster namentl. gen. Verf. dt. und lat. Tropen in Prosa.

Tutor [lat. „Beschützer"], im Hochschulbereich ein meist älterer, erfahrener Studierender, der in Lehrveranstaltungen (Tutorien) einer Hochschule oder in Studentenwohnheimen Studienanfänger betreut. Vorbilder der Tutoren in der BR Deutschland waren die „tutorials" an angloamerikan. Hochschulen.

Tutti [italien. „alle"], das volle Orchester oder der ganze Chor, im Ggs. zum ↑Solo.

Tutti-frutti [italien. „alle Früchte"], gewürfelt geschnittener Fruchtsalat.

Tuttlingen, Krst. an der oberen Donau, Bad.-Württ., 645 m ü. d. M., 32 600 E. Zentrum eines kleinen Ind.gebietes am S-Rand der Schwäb. Alb, spezialisiert v. a. auf medizin. Instrumente, elektron. und Schuhind. – Funde aus der Bronze- und Hallstattzeit sowie röm. Überreste. 797 erstmals erwähnt; kam bald darauf an das Kloster Reichenau; um 1250 Stadt; seit 1377 zu Württemberg. Die um 1460 erbaute und 1645 zerstörte Burg *Honberg* war wichtige Landesfestung. – Ruine der spätgot. Burg; nach Brand (1803) klassizist. Wiederaufbau der Stadt.

T., Landkreis in Baden-Württemberg.

Tutu, Desmond Mpilo, *Klerksdorp (Prov. Transvaal) 7. Okt. 1931, südafrikan. anglikan. Theologe. – Seit 1976 Bischof von Lesotho, seit 1978 von Johannesburg, seit 1986 Erzbischof von Kapstadt (erstes schwarzes Oberhaupt der anglikan. Kirche); erhielt für sein Eintreten für friedl. Ausgleich der Rassengegensätze in Südafrika 1984 den Friedensnobelpreis.

Tutub, altoriental. Stadt, ↑Chafadschi.

Tutuila, Hauptinsel der östl. Samoainseln.

Tutuola, Amos *Abeokuta 11. Juni 1920, nigerian. Schriftsteller. – Schreibt in engl. Sprache; gab mit seinen Erzählungen, in denen Mythen und Märchen der Yoruba verarbeitet sind, der jungen nigerian. Literatur wesentl. Impulse, v. a. mit „Der Palmweintrinker" (1952); auch Romane.

Tutzing, Gem. am W-Ufer des Starnberger Sees, Bay., 611 m ü. d. M., 9 000 E. Ev. Akad., Akad. für polit. Bildung; Luftkurort.

Tuvalu, Staat im Pazifik, zw. 5° 30′ und 11° s. Br. sowie 176° und 180° ö. L. **Staatsgebiet:** Umfaßt die nw. der Samoainseln gelegenen Elliceinseln, eine Gruppe von 9 Atollen. **Verwaltungsgliederung:** 8 Verwaltungsbezirke. **Internat. Mitgliedschaften:** Commonwealth, SPC; dem GATT und der EWG assoziiert.
Landesnatur: Die Inseln sind aus Korallenkalken aufgebaut und ragen bis 5 m ü. d. M. auf. – Das Klima ist tropisch. – Die Vegetation besteht v. a. aus Kokospalmen.
Bevölkerung, Wirtschaft, Verkehr: Die E sind überwiegend prot. Polynesier. Mit Ausnahme von Niulakita werden alle Atolle ständig bewohnt. T. ist wirtsch. wenig entwickelt. Die Kopragewinnung in Kleinbetrieben, die Fischerei sowie die Einnahmen durch den Verkauf von Briefmarken haben die größte Bedeutung. Eine wichtige Einnahmequelle sind die Geldüberweisungen der im Ausland arbeitenden Tuvaluaner. Auf der Insel Funafuti befinden sich ein Hafen und ein internat. ⚓.
Geschichte: 1568 Entdeckung der ersten Insel durch den Spanier A. de Mendana; im 19. Jh. Dezimierung der Bev. durch Sklavenhändler; als Elliceinseln seit 1892 brit. Protektoratsgebiet, ab 1916 Bestandteil der brit. Kronkolonie *Gilbert and Ellice Islands.* Nach Referendum (1974) und Umbenennung in T. (1975) endgültig administrative Trennung von den Gilbertinseln am 1. Jan. 1976. Im Aug. 1977 wurde ein zwölfköpfiges Parlament gewählt. Ab Mai 1975 besaß T. innere Selbstverwaltung, am 1. Okt. 1978 erlangte es die volle Unabhängigkeit.
Politisches System: Nach der Verfassung vom 1. Okt. 1978 ist T. eine konstitutionelle Monarchie im Commonwealth. *Staatsoberhaupt* und oberster Inhaber der *Exekutive* ist die brit. Königin, vertreten durch den Generalgouverneur, der auf Vorschlag des Premiermin. ernannt wird und

in fast allen Angelegenheiten auf Rat des Kabinetts handelt. Das Kabinett wird vom Premiermin. geleitet, der aus dem Kreis der Parlaments-Abg. von diesen gewählt wird und auf dessen Vorschlag die anderen Min. vom Generalgouverneur ernannt werden. Das Kabinett ist dem Parlament verantwortlich. Die *Legislative* liegt beim Einkammerparlament (12 vom Volk gewählte Mgl.). *Parteien* bestehen nicht. *Verwaltungsmäßig* besitzt jede der 8 bewohnten Inseln einen gewählten Inselrat als Exekutive für lokale Angelegenheiten. Grundlagen des *Rechts* sind traditionelles und brit. Recht.

Tuwa ↑ Tuwinien.

Tuwim, Julian, * Łódź 13. Sept. 1894, † Zakopane 27. Dez. 1953, poln. Schriftsteller und Übersetzer. – Mit der Darstellung der Probleme des Großstadtlebens einer der bedeutendsten poln. Lyriker der Zwischenkriegszeit. Mitgründer der futurist. Dichtergruppe „Skamander". 1939–46 Exil in Frankreich und den USA.

Tuwinen, Volk in Tuwinien (185 000), in der Mongolei und in China (zusammen etwa 20 000); sprechen Tuwinisch, eine Turksprache. Sie sind Renzüchter, Jäger, im S auch Ackerbauern und Viehzüchter.

Tuwinien (Tuwa), autonome Republik innerhalb Rußlands, in S-Sibirien, 170 500 km^2, 309 000 E (1990), davon 64,3 % Tuwinen und 32 % Russen, Hauptstadt Kysyl. T. hat im N Anteil am Westl. Sajan, im S am Tannu-Ola. Die über 2 000 m hohen Gebirge umschließen das vom Jenissei durchflossene Tuwin. Becken (600–900 m ü. d. M.) im Zentral- und W-Teil. Das Klima ist extrem kontinental. Bergwälder (v. a. Arven) nehmen etwa die Hälfte der Fläche ein. Neben dem Bergbau ist die Viehzucht der wichtigste Wirtschaftsfaktor. – Seit dem Paläolithikum besiedelt, seit dem 6. Jh. zum alttürk. Großreich; im 8. Jh. von den Uiguren, im 9. Jh. von den Kirgisen, 1207 von Dschingis-Khan erobert; bis zum 18. Jh. unter mongol., 1757–1912 unter mandschur.-chin. Herrschaft; wurde 1914 russ. Protektorat (Urjanchaigebiet), 1921 VR Tannu-Tuwa, 1944 autonomes Geb. innerhalb der RSFSR, 1961 ASSR.

Tux, östr. Gem. in Tirol, im Tuxertal, einem Nebental des Zillertales, 1 700 E. Fremdenverkehr. Der Ortsteil **Hintertux** (1 493 m ü. d. M.) ist das höchstgelegene Thermalbad Österreichs und Wintersportort (auch Sommerski).

Tuxer Gebirge (Tuxer Alpen), Teil der Ostalpen, im S in die Zillertaler Alpen übergehend; bis 2 886 m hoch.

Tuxtla Gutiérrez [span. 'tustla γu'tjerres], Hauptstadt des mex. Staates Chiapas, im Valle Central, 530 m ü. d. M., 296 000 E. Bischofssitz; Univ. (gegr. 1975); archäolog.-histor. Museum, bot. Garten, Zoo; Konsumgüterind. – Der aus indian. Siedlung entstandene Ort wurde seit 1829 Stadt; 1843 zu Ehren des Patrioten J. M. Gutiérrez (* 1796, † 1838) benannt; seit 1892 Hauptstadt von Chiapas.

Tuzla [serbokroat. 'tuzla], Stadt in der Republik Bosnien und Herzegowina, 80 km nördl. von Sarajevo, 232 m ü.d.M., 65 000 E. Serb.-orth. Bischofssitz; Univ. (gegr. 1976). Mittelpunkt eines Ind.-, Bergbau- und Landw.gebiets. Am östl. Stadtrand das Heilbad **Slana Banja** mit kochsalzhaltigen Thermen. – T. entstand aus dem 15. Jh. gebildeten Orten **Donja Tuzla** und **Gornja Tuzla**; heutiger Name seit 1885.

TWA [engl. 'tiːdʌbljuːˈeɪ], Abk. für: **T**rans **W**orld **A**irlines Inc. (↑ Luftverkehrsgesellschaften, Übersicht).

Twain, Mark ↑ Mark Twain.

Twardowski, Alexandr Trifonowitsch, * Sagorje (Geb. Smolensk) 21. Juni 1910, † Moskau 18. Dez. 1971, russ. Schriftsteller. – 1950–54 und 1958–70 Chefredakteur der literar. Zeitschrift „Nowy Mir"; kämpfte v. a. gegen doktrinäre Tendenzen in der sowjet. Literatur. Verfaßte poet. volksliedhafte Verserzählungen (u. a. „Wunderland Murawia", 1934–36; „Wassili Tjorkin", 1944) sowie die Verssatire „Tjorkin im Jenseits" (1954–63).

T., Kazimierz, * Wien 20. Okt. 1866, † Lemberg 1938, poln. Philosoph. – Schüler F. Brentanos und W. Wundts; Begründer der sprachanalytisch ausgerichteten Warschau-Lemberg-Schule (↑ Warschauer Schule); T. versuchte die Grundlegung einer Philosophie auf der log. Analyse der Begriffe.

Tweed [engl. twiːd], Zufluß der Nordsee, in Schottland und England; entspringt am Fuß des Hart Fell (Borders Region), durchfließt die Southern Uplands, bildet kurz vor seiner Mündung bei Berwick-upon-T. die schott.-engl. Grenze; 156 km lang.

Tweed [engl. twiːd; nach dem gleichnamigen Fluß], Gewebe aus grünen und braunen Grundtönen mit grobem noppigem oder faserigem Aussehen; für Übergangsmäntel, Sportanzüge und -kostüme.

Twens [zu engl. twenty „zwanzig"], Bez. für etwa 20–30jährige (analog: Teens).

Twente, östl. Teil der niederl. Prov. Overijssel.

Twer (1931–90 Kalinin), russ. Gebietshauptstadt, an der Mündung der Twerza in die Wolga, 451 000 E. Univ. (1971 gegr.), drei Hochschulen, Gemäldegalerie, Museen; Maschinen-, Waggonbau, Textilind., Druckereien; bei T. Kernkraftwerk; Wolgahafen. – 1134/35 in Urkunden erwähnt; seit Mitte des 13. Jh. Hauptstadt des Ft. T. Im 14. und 15. Jh. bed. Handwerks- und Handelszentrum und Konkurrent Moskaus im Kampf um die Vorherrschaft in M-Rußland; seit 1775 Gouv.hauptstadt. – Frühklassizist. Magistratsgebäude (1770–80), ehem. Haus des Adels (1766–70).

Twist [engl.], weich gedrehter Zwirn aus mehreren lose nebeneinanderliegenden Fäden; zum Sticken oder Stopfen.

Twist [engl.-amerikan.], aus Amerika stammender, gegen Ende der 1950er Jahre in Europa aufgekommener Modetanz; musikalisch dem ↑ Rhythm and Blues verwandt.

Two Beat [engl. 'tuːbiːt „Zweischlag"], Bez. für eine Art des Fundamentalrhythmus im frühen Jazz, bei dem der 1. und 3. Schlag eines ⁴/₄-Taktes durch tiefagige Instrumente (Baß, Tuba, große Trommel) akzentuiert werden, während die anderen Instrumente der Rhythmusgruppe alle vier Schläge betonen.

Twombly, Cy [engl. 'twɔmbli], * Lexington (Va.) 25. April 1928, amerikan. Maler und Graphiker. – Lebt seit 1957 in Rom; Farblinien und skriptuale Elemente bestimmen sein maler. und zeichner. Werk; auch Skulpturen.

Twostep ['tuːstɛp; engl. „Zweischritt"], aus den USA um 1900 nach Europa gekommener Gesellschaftstanz in sehr schnellem Zweiertakt mit ausgeprägten Polkaschritten; wurde um 1912 vom ↑ Onestep verdrängt.

Txistu [span. 'tʃistu; bask.], bask. Einhandflöte (↑ Schwegel); zur Begleitung von Tanzliedern in der bask. Folklore.

Tyche, bei den Griechen Begriff und Vergöttlichung der Schicksalsfügung.

Tychon, Wassili Iwanowitsch Belawin ↑ Tichon, Wassili Iwanowitsch Belawin.

Tydeus, Held der griech. Mythologie; einer der ↑ Sieben gegen Theben.

Tyl, Josef Kajetán [tschech. til], * Kuttenberg 4. Febr. 1808, † Pilsen 11. Juli 1856, tschech. Dramatiker. – Verfaßte Historien, Possen, histor. Dramen, bürgerl. Rührstücke, bed. Märchenspiele („Der Dudelsackpfeifer von Strakonitz", 1847) und patriot. Erzählungen („Rosina Ruthard", 1838). Ein Lied aus seiner Posse „Fidlovačka" (1834) wurde 1. Textteil der tschech. Nationalhymne.

Tyler [engl. 'taɪlə], John, * Charles City County (Va.) 29. März 1790, † Richmond 18. Jan. 1862, 10. Präs. der USA (1841–45). – 1825–27 Gouverneur von Virginia, 1827–36 Senator, 1840 als Vizepräs. W. H. Harrisons aufgestellt und nach dessen Tod Präsident; unter ihm wurde 1845 Texas den USA angegliedert.

T., Royall, eigtl. William Clark T., * Boston 18. Juli 1757, † Brattleboro (Vt.) 26. Aug. 1826, amerikan. Schriftsteller. – Wurde mit „The contrast" (1790) Autor der ersten von einem gebürtigen Amerikaner verfaßten und von Berufsschauspielern aufgeführten Komödie.

T., Wat ↑ Wat Tyler.

Tylor, Sir Edward Burnett [engl. 'taɪlə], * London 2. Okt. 1832, † Wellington (Somerset) 2. Jan. 1917, engl. Ethnologe. – Forschungsreisen in N- und M-Amerika; wurde 1896 erster Lehrstuhlinhaber der Völkerkunde in Oxford. Untersuchte kulturelle Gleichförmigkeiten in gegenwärtigen und vergangenen Gesellschaften.

John Tyler

Alexandr Trifonowitsch Twardowski

Tympanalorgane [griech.] (Trommelfellorgane), unterschiedlich hoch differenzierte, symmetrisch angeordnete paarige Gehörorgane am Körper verschiedener Insekten, die mit einem „Trommelfell" *(Tympanum)* ausgestattet sind.

Tympanie [griech.], svw. ↑Trommelsucht.

Tympanon [griech.], Giebelfeld der antiken Tempels und Fläche über dem Türsturz eines Portals; bes. in der roman. und got. Baukunst bildnerisch reich gestaltet.

Tympanoplastik [griech.] (hörverbessernde Operation), mikrochirurg. Maßnahmen am Trommelfell (Trommelfellersatz) und im Mittelohr (Ersatz oder Wiederaufbau der Gehörknöchelchenkette) zur Behebung von Schalleitungsstörungen.

Tympanum [griech.-lat.], in der griech. Antike einseitig bespannte Handtrommel bzw. -pauke, urspr. bes. in orgiast. Kulten verwendet. In der röm. Antike und im MA ein- oder zweiseitig bespannte Trommelinstrumente; seit der Renaissance die Heerpauke.

Tyndale (Tindale), William [engl. tɪndl], *in der Grafschaft Gloucester 1490/91 (1484?), †Vilvoorde bei Brüssel 6. Okt. 1536, engl. luth. Theologe und Bibelübersetzer. – 1524 in Wittenberg Schüler Luthers; übersetzte (1525–34) in enger Anlehnung an Luther das N.T. ins Engl.; seine Schriften wurden verbrannt, er selbst kam als Ketzer auf den Scheiterhaufen.

John Tyndall

Tyndall, John [engl. tɪndl], *Leighlin Bridge (Carlow) 2. Aug. 1820, †Hindhead (Surrey) 4. Dez. 1893, ir. Physiker. – Prof. an der Royal Institution in London, ab 1867 auch deren Direktor. Seine Arbeiten betrafen u. a. den Diamagnetismus und die Thermoelektrizität, bes. aber die Absorption von Wärmestrahlung in Gasen und Dämpfen sowie die Streuung von Licht an feinen Partikeln (↑Tyndall-Effekt) und Molekülen. Bei seinen bakteriolog. Untersuchungen erkannte er, daß in keimfreier Luft Lebensmittel nicht verderben.

Tyndall-Effekt [engl. tɪndl], von J. Tyndall 1868 erstmals untersuchte Erscheinungen, die durch Lichtstreuung in trüben Medien (Suspensionen, Kolloide) hervorgerufen werden, wie Polarisation, Spektrum (Farbe), Intensität. Wird konvergentes Licht durch eine kolloidale Lösung geschickt, ist der Lichtkegel **(Tyndall-Lichtkegel)** infolge des Streulichts von der Seite aus sichtbar und die Lösung erscheint getrübt.

Tyndareos, in der griech. Mythologie Gemahl der ↑Leda; König von Sparta.

Tyne [engl. taɪn], Zufluß der Nordsee, im NO Englands; 100 km lang; entsteht durch Vereinigung der beiden Quellflüsse *North T.* und *South T.* nw. von Hexham, mündet bei Tynemouth und South Shields; im Bereich der Metropolitan County Tyne and Wear für Seeschiffe befahrbar; zw. Jarrow und Wallsend Straßentunnel.

Tyne and Wear [engl. 'taɪn ənd 'wɪə], Metropolitan County in NO-England.

Tynemouth [engl. 'taɪnmaʊθ], engl. Stadt an der Mündung des Tyne, in der Metropolitan County Tyne and Wear, 60 000 E. Umfaßt neben T., das auch Funktionen als Seebad besitzt, den Ind.- und Hafenort *North Shields* sowie das Seebad Cullercoast. – Im 8. Jh. erwähnt, 1849 Stadtrecht. – Reste der Priorei Saint Mary und Saint Oswin; Burg (14. Jh.).

Tynjanow, Juri Nikolajewitsch [russ. tɪ'njanɛf], *Reschiza (Gouv. Witebsk) 18. Okt. 1894, †Moskau 20. Dez. 1943, russ. Schriftsteller. – Eines der führenden Mgl. der formalist. Gruppe „Opojas"; verfaßte literaturtheoret. Arbeiten und u. a. Romane mit literaturhistor. Thematik, u. a. „Wilhelm Küchelbecker" (1925), „Puschkin" (1936).

Typ [zu griech. týpos „Schlag; Speer; Umriß"], allg. svw. Modell, Muster, Bauart; [Menschen]schlag, Gattung. – ↑Typus.

Type [griech.], svw. Drucktype; erhabener Metallbuchstabe auf einem Typenträger einer Schreibmaschine, der auf Papier abgedruckt wird.

Typengenehmigung ↑Betriebserlaubnis.

Typenprüfung, svw. ↑Musterprüfung.

Typenraddrucker, Schnelldruckmaschine (v. a. für Datenverarbeitungsanlagen); für jede Schreibstelle einer Zeile besitzt der T. einen vollständigen Satz von Typen.

Typentheorie (Stufentheorie), i. e. S. der von B. Russell und A. N. Whitehead vorgenommene stufenartige Aufbau der Mengenlehre; i. w. S. jedes System der Logik, in dem Ausdrücke und ihre Prädikatoren gleichen Typus nach ihrer Zugehörigkeit zu *Typenklassen (Stufen, Schichten)* gekennzeichnet werden, die durch Ordinalzahlen gekennzeichnet und in einer Typenhierarchie angeordnet sind.

Typhon, Ungeheuer der griech. Mythologie mit 100 Köpfen, Sproß der Gäa und des Tartarus; von Zeus überwältigt und unter dem Ätna begraben, der seither Feuer speit.

Typhon [griech.], elektrisch, mit Dampf oder Druckluft betriebenes Signalhorn auf Schiffen.

Typhus [zu griech. týphos „Qualm, Rauch; Verblendung"] (Typhus abdominalis, Unterleibstyphus), durch Salmonella typhi verursacht, meldepflichtige Infektionskrankheit. Die Übertragung erfolgt gewöhnlich durch verunreinigte Nahrungsmittel oder Trinkwasser, seltener durch Kontakt mit Kranken (Schmierinfektion). Der T. beginnt nach einer Inkubationszeit von etwa 10 (3–60) Tagen mit Abgeschlagenheit, Kopf- und Gliederschmerzen, Frösteln und dem in typ. Weise treppenförmig ansteigenden Fieber. Das Fieber bleibt dann bei zunehmendem Krankheitsgefühl ein bis drei Wochen gleichmäßig hoch um 40 °C; es lassen sich in dieser Zeit die T.bakterien im Blut nachweisen. Die Milz ist deutlich fühlbar; es besteht relativ niedrige Pulsfrequenz, auch Apathie bis zur Bewußtlosigkeit. Ein zarter fleckenförmiger Hautausschlag (Roseolen), bes. am Bauch, tritt oft in Schüben auf. In dieser Zeit zerfallen die Lymphfollikel des Darms geschwürig, und es kann zu dünnbreiigen Durchfällen oder zu Verstopfung kommen, schließlich auch zu Darmblutung oder Darmperforation mit Bauchfellentzündung. Zur *Vorbeugung* gehören v. a. hygien. Maßnahmen (z. B. Kochen von Trinkwasser und Speisen) und Schutzimpfung bes. vor Einreise in vom T. bedrohte Länder. Die *Behandlung* erfolgt mit Chemotherapeutika (bes. Chloramphenicol), Wasser- und Elektrolyteersatz u. a. Krankenhausbehandlung ist im Bundesseuchengesetz vorgeschrieben; vor Entlassung aus dem Krankenhaus wird festgestellt, ob der Erkrankte noch Keimträger ist.

Typhus exanthematicus [griech.], svw. ↑Fleckfieber.

Typikon [griech.], Name für 1. das liturg. Buch des byzantin. Ritus, das den Ablauf der Liturgie für das ganze Jahr regelt; 2. die Sammlung von Regeln bestimmter Klöster auf der Grundlage der Basiliusregel.

typisch, kennzeichnend, bezeichnend, unverkennbar.

Typisierung [griech.], die Einteilung in Typen (↑Typus).

Typograph Ⓦ [griech.], Name einer Zeilensetz- und -gießmaschine (↑Setzerei).

Typographie [griech.], Gestaltung eines Druckerzeugnisses, wenn die Anwendung von Schrift vorherrscht.

typographischer Punkt ↑Punkt.

Typologie [griech.], in der Anthropologie die Lehre von der Gruppenzuordnung auf Grund einer umfassenden Ganzheit von Merkmalen, die einen Menschentyp kennzeichnen, z. B. nach Temperament, Konstitution, Charakter oder Wahrnehmung.

typologische Sprachbetrachtung, in der Sprachwiss. Bez. für diejenige Forschungsrichtung, die verschiedene Sprachen nicht nach einer gemeinsamen Grundsprache klassifiziert (↑genetische Sprachbetrachtung), sondern nach dem formalen Aufbau. Die t. S. versucht, bestimmte Einzelmerkmale zu erarbeiten, die in ihrer Gesamtkombination eine Sprache typologisch bestimmen (↑Sprachtypologie).

Typus (Typos, Typ) [zu griech. týpos „Schlag, Abdruck, Form, Vorbild"], allg. 1. Urgestalt, Urbild oder Grundform, die ähnl. oder verwandten Individuen (Dingen, Gegenständen oder Lebewesen) zugrunde liegt; 2. die von den als unveränderlich und wesentlich angesehenen Merkmalen

einer Sache (eines Gegenstandes) oder Person ausgehende Gesamtvorstellung dieser Sache oder Person.
▷ in der *Biologie* allg. die für eine bestimmte systemat. Kategorie (Art, Gatt. usw.) charakterist., durch einen entsprechenden Bauplan (Urbild) gekennzeichnete Grundform (Urform).
▷ in der *zoolog.* und *botan. Nomenklatur* dasjenige Exemplar einer Art bzw. Unterart, das bei deren Entdeckung und erstmaligen Beschreibung vorlag und seitdem als Richtmaß (Belegexemplar) für die betreffende Art bzw. Unterart gilt.
▷ in der *Tierzucht* und *Tierhaltung* die Gesamtheit der äußerlich erkennbaren Körpereigenschaften eines Tiers, v. a. als Ausdruck seiner Nutzungseigenschaften und seiner Leistungsfähigkeit.
▷ in der *Anthropologie* die Summe der (phys. und psych.) Merkmale, die einer Gruppe von menschl. Individuen gemeinsam sind und eine bestimmte Ausprägung darstellen. Reine Typen, die alle diese Merkmale und keine anderen aufweisen, sind (gedachte) Idealfälle *(Idealtypen).*
▷ bes. im *Drama* bestimmte Gestalt mit unveränderl. „typ." Kennzeichen, deren [Charakter]zeichnung (meist auch ihre Funktion in der Handlung) festlegt.

Tyr (Tiu, Ziu), Kriegsgott der ↑germanischen Religion.
Tyrann [zu griech. týrannos „Herr, Herrscher"], 1. in der antiken griech. Dichtung der Landesherr, König; 2. der Inhaber der ↑Tyrannis; 3. im übertragenen Sinne ein grausamer, herrschsüchtiger, strenger Mensch.
Tyrannen (Tyrannidae) [griech.], formenreiche Fam. 7–30 cm langer Sperlingsvögel mit über 350 Arten in fast allen Biotopen N- und S-Amerikas, z. B. der **Mexikanische Königstyrann** (Onychorhynchus mexicanus); braun, grau und grünlich befiedert; teils Stand-, teils Zugvögel.
Tyrannenmord ↑Widerstandsrecht.
Tyrannis [griech.], unumschränkte Gewaltherrschaft eines einzelnen in antiken griech. Staaten. Die Entstehung der T. (*ältere T.:* 7./6. Jh. bis etwa Mitte des 5. Jh.) erklärt sich aus der nach dem Ende des Königtums entstandenen, zugleich durch das Aufkommen neuer Wirtschaftsformen (Ausdehnung des Handels, Geldwirtschaft) bedingten polit.-sozialen Auseinandersetzungen. Durch gewaltsame Aktionen – gestützt u. a. auf ihren Einfluß beim Volk, auf Vermögen, hohe Ämter (v. a. auch militär.), Söldner – zur Macht gelangt, versuchten einzelne, meist Aristokraten, die Probleme in ihrer Weise zu lösen, wobei die Sicherung ihrer Macht im Vordergrund stand (Förderung unterer Schichten auf Kosten oberer, Arbeits- und Kolonisierungsprogramme, Steuerpolitik); z. B. Kleisthenes von Sikyon, Peisistratos, Periander, Theagenes von Megara; so wurden Tyrannen zugleich zu bed. Trägern kulturellen Fortschritts und schufen in einer antiaristokrat. Politik gleichzeitig die Grundlagen weiterer Demokratisierung. Mit Dionysios I. beginnt die Zeit der *jüngeren T.* (Ende des 5. Jh. bis 3. Jh.).
Tyras, im Altertum Name des ↑Dnjestr sowie der Stadt ↑Belgorod-Dnestrowski.
Tyrosin [griech.] (p-Hydroxyphenylalanin), Abk. Tyr, nicht essentielle Aminosäure, die u. a. Vorstufe des Melanine ist. Chem. Strukturformel:

HO—⟨◯⟩—CH$_2$—CH—COOH
                    |
                    NH$_2$

Tyrosinasen [griech.], svw. ↑Phenoloxidasen.
Tyrsener (Tyrrhener), 1. bei den Griechen gebräuchl. Name für die Etrusker; 2. vorgriech. Volk des Ägäisraumes.
Tyrus (Tyros; hebr. Tsor), im Altertum bed. Hafenstadt der Phöniker; heute Sur (Libanon). Seit dem 2. Jt. v. Chr. erwähnt, wurde im 11./10. Jh. zur wichtigsten Stadt Phönikiens (neben Sidon); Ausgangspunkt der phönik. Kolonisation u. a. von Kition, Utica und Karthago; 332 von Alexander d. Gr. besetzt; seit 64/63 v. Chr. röm.; 638 durch die Araber erobert, 1124–1291 in der Hand der Kreuzfahrer, danach stark zerstört. Bei Ausgrabungen wurden zahlr. röm. Bauten gefunden (von der UNESCO zum Weltkulturerbe erklärt).
Tzara, Tristan, *Moinesti 16. April 1896, †Paris 25. Dez. 1963, frz. Schriftsteller rumän. Herkunft. – Mitbegründer des Dada in Zürich; ab 1917 Hg. der Zeitschrift „Dada"; ab 1920 in Paris. Protestierte in seiner Lyrik gegen die Gesetze der Logik, der Moral, der Gesellschaft; näherte sich im späten Schaffen dem Surrealismus.
Tzekung ↑Zigong.
Tzintzuntzán, ehem. Hauptstadt der Tarasken im mex. Staat Michoacán, am O-Ufer des Lago de Pátzcuaro; gegr. im 12. Jh.; Reste von fünf Pyramiden.

Tyrannen. Mexikanischer Königstyrann

U

U, Buchstabe des dt. Alphabets, der erst im 10. Jh. n. Chr. als Vokalzeichen aus ↑V differenziert wurde, als in der Minuskelschrift das Zeichen V (der Kapitalschrift) als Initiale für den Wortanlaut, das Zeichen U (der Unzialschrift) im Inlaut benutzt wurde und sich infolge der statist. Häufigkeit (lat. Wörter mit Anlaut *v-* sind häufiger als solche mit *u-*) die Scheidung in Vokal U und Konsonant V herausbildete.
▷ (Münzbuchstabe) ↑Münzstätten.
U, Abk. für: **U**mdrehung[en] (bei der Angabe von Drehzahlen).
U, chem. Symbol für ↑Uran.
u, Einheitenzeichen für vereinheitlichte atomare ↑Masseneinheit.
u. A. w. g., Abk. für: **u**m **A**ntwort **w**ird **g**ebeten.
Übach-Palenberg, Stadt am W-Rand der Jülicher Börde, NRW, 123 m ü. d. M., 23 300 E. Maschinenbau, Textil- und Metallwarenind. – Entstand 1935 durch den Zusammenschluß der Gemeinden **Übach** (1172 erstmals gen.), **Palenberg** (867 erstmals gen.) und **Frelenberg** (7./8. Jh.); seit 1967 Stadt. – In Palenberg Peterskapelle (urspr. karoling.); kath. Pfarrkirche (1930) mit der sog. Palenberger Madonna (um 1480); Haus Zweibrüggen (16. bis 18. Jh.) mit dreiflügeligem Herrenhaus.
U-Bahn, Kurzbez. für ↑Untergrundbahn.
Ubangi, größter Nebenfluß des Kongo, entsteht durch den Zusammenfluß von Uelle und Bomu, mündet 90 km sw. von Mbandaka, rd. 1 000 km lang. Grenzfluß von Zaire gegen die Republik Kongo und die Zentralafrikan. Republik; Wasserfälle im Mittellauf verhindern eine durchgehende Schiffahrt.
Ubangi-Schari ↑Zentralafrikanische Republik.
Übel (das Übel), Ggs. des Guten oder eines Gutes, das Unangenehme, Normenwidrige. Der Unterscheidung zw. *phys. Ü.* (z. B. Krankheit) und *moral. Ü.* (das Böse oder die Sünde) fügt Leibniz das *methaphys. Ü.* hinzu, das in der Endlichkeit aller geschaffenen Gegenstände besteht.
Übelkeit, meist mit Brechreiz verbundene Mißempfindung, die z. B. durch Magenstörungen, Erkrankungen von Galle, Leber oder Bauchspeicheldrüse, Genuß verdorbener Speisen, ungewohntem Tabak- und Alkoholgenuß, Gleichgewichtsstörungen (Seekrankheit) ausgelöst werden kann.

Überalterung

Überalterung, in der *Bevölkerungsstatistik* Bez. für einen Altersaufbau, der bei nur schwachbesetzten erwerbstätigen Gruppen eine große Anzahl nicht mehr erwerbstätiger Unterhaltsempfänger aufweist.
Überarbeit ↑ Mehrarbeit.
Überbau ↑ Marxismus.
▷ im *Recht* die Bebauung eines Grundstücks unter Verletzung der Grenze zum Nachbargrundstück. Fällt dem Überbauer weder Vorsatz noch Fahrlässigkeit zur Last und erhebt der Nachbar nicht vor oder sofort nach der Grenzüberschreitung Widerspruch, so ist der Ü. zu dulden und verbleibt im Eigentum des Überbauenden (§§ 912 ff. BGB). Der Nachbar ist durch eine Geldrente zu entschädigen. Andernfalls kann Beseitigung des Ü. verlangt werden bzw. gehört der Ü. dem Nachbarn.
Überbauschrank ↑ Schrank.
Überbein ↑ Ganglion.
Überbelichtung, Überschreiten des günstigsten Belichtungsspielraums einer photograph. Schicht.
Überbeschäftigung, die Vollbeschäftigung übersteigende Auslastung des Produktionspotentials einer Volkswirtschaft. – Ggs. ↑ Unterbeschäftigung.
überbetriebliche Ausbildung, Form der Berufsausbildung, bei der der prakt. Teil in ↑ Lehrwerkstätten durchgeführt wird. Die ü. A. soll im Berufsbild vorgesehen, im Betrieb jedoch nicht lehrbare Fähigkeiten vermitteln.
Überblasen, auf Blasinstrumenten das Anblasen eines höheren Teiltons anstatt des Grundtons durch Verstärkung von Luftdruck oder Lippenspannung; bei oktavierenden Instrumenten (wie der Flöte) entsteht der 1. Oberton (Oktave), bei quintierenden (wie der Klarinette) der 2. Oberton (Duodezime).
Überblendung, in der Film- und Fernsehtechnik stetiger Übergang von einer Szene zur anderen; entsprechend gibt es *Ton-Ü.* bei Schallaufnahmen und -wiedergaben.
Überbrettl, Beiname in Anlehnung an F. Nietzsches „Übermenschen" 1899 gegründeten und 1901 von E. von Wolzogen eröffneten „Bunten Theaters" in Berlin. – ↑ Kabarett.
Überbrückungskredit, Kredit zur Überbrückung eines vorübergehenden Geldbedarfs, meist ein Kontokorrentkredit.
Überdruckventil ↑ Ventil.
Übereignung, svw. ↑ Eigentumsübertragung.
Übereinstimmung ↑ Kongruenz.
Überempfindlichkeit (Hypersensibilität), erhöhte Empfindlichkeit gegenüber bestimmten allergieauslösenden Stoffen.
Überernährung, an Nährstoffen zu reiche Ernährung, häufigste Ursache der Fettsucht. – ↑ Ernährung.
Überfall, im *Strafrecht* ein unvorhergesehener Angriff, auf den sich der Angegriffene nicht rechtzeitig einstellen kann. Ein mehrlistige Ü. ist ein Tatbestandsmerkmal der gefährl. Körperverletzung. Im *Zivilrecht* wird mit Ü. das Hinüberfallen von Früchten auf ein Nachbargrundstück bezeichnet. Die Früchte gelten als Früchte des Nachbargrundstücks (§ 911 BGB).
Überfamilie (Superfamilia), v. a. in der zoolog. Systematik eine zw. Ordnung bzw. Unterordnung und Fam. stehende, mehrere Fam. zusammenfassende Kategorie. Ü. sind charakterisiert durch die Endung -oidea.
Überfangglas, mehrfarbiges Glas, bei dem zwei oder auch mehrere Schichten aufeinandergebracht sind; bei Scheiben wird die zweite Schicht auf die Rückseite der Glasscheibe aufgeschmolzen, bei Hohlgläsern wird die Glasblase in eine andersfarbige flüssige Glasmasse getaucht und dann ein Gefäß geblasen. Bes. Effekte lassen sich durch zusätzl. Glasschnitt erzielen. V. a. im Hellenismus (Portlandvase, 1. Jh. v. Chr.), Biedermeier und Jugendstil sowie in der ostasiat. Glaskunst.
Überflugrecht, das Recht ziviler Luftfahrzeuge, unter fremder Lufthoheit stehenden Luftraum zu durchfliegen. Der gesamte Luftraum bis zum Weltraum steht gemäß dem Abkommen von Chicago über die internat. Zivilluftfahrt vom 7. Dez. 1944 und nach Völkergewohnheitsrecht unter der Lufthoheit des Territorialstaates. Es steht grundsätzlich in dessen Belieben, den Überflug eines fremden Luftfahrzeugs zu verbieten.
Überflußgesellschaft ↑ Reichtum.
Überforderung, Bez. der Pädagogik für den Sachverhalt, daß eine Lernaufgabe für den Schüler auf Grund seiner Kenntnisse noch unlösbar ist. Ist eine Aufgabe zu leicht, spricht man von *Unterforderung.*
Überfrucht, svw. ↑ Deckfrucht.
Überfruchtung (Superfetation), die Befruchtung von zwei oder mehr Eiern aus aufeinanderfolgenden, getrennten Ovulationszyklen. Hierbei muß es bei bereits bestehender Schwangerschaft (bzw. Trächtigkeit) zu einem weiteren Follikelsprung kommen. Bei einigen Tieren häufig (z. B. Feldhase), beim Menschen nur sehr selten nachgewiesen.
Übergabe, im Sachenrecht die Verschaffung des unmittelbaren Besitzes an einer Sache durch Übertragung der tatsächl. Herrschaftsgewalt; wichtiger Bestandteil der Eigentumsübertragung. Im Grundstücksrecht geschieht die Ü. durch Eintragung des Veräußerungsakts im Grundbuch.
Übergabevertrag, ein unter Lebenden abgeschlossener Vertrag, durch den der Übergeber einem künftigen gesetzl. Erben oder einem Dritten einen Vermögensgegenstand überträgt, ohne das Überleben des Übernehmers zur Bedingung der Wirksamkeit dieses Geschäftes zu machen; fällt als Geschäft unter Lebenden nicht unmittelbar unter die Regeln des Erbrechts.
Übergang, Änderung des energet. Zustandes eines mikrophysikal. Systems infolge innerer oder äußerer Ursachen, der mit einer bestimmten, als seine *Ü.wahrscheinlichkeit* bezeichneten, relativen Häufigkeit pro Zeiteinheit erfolgt. Atomare Systeme können bei Energiezufuhr einen höheren Anregungszustand erreichen *(erzwungener Ü.)* oder unter Freisetzung von Energie in einen tieferen Quantenzustand *(spontaner Ü.)* übergehen. Man unterscheidet Strahlungs-Ü. und strahlungslose Übergänge. Die Menge der prinzipiell mögl. Ü. wird meist durch ↑ Auswahlregeln stark eingeschränkt.
Übergangsgesellschaft, allg. eine Gesellschaft im Übergang zu einer neuen Entwicklungsstufe (z. B. von der Agrar- zur Ind.gesellschaft).
Übergangsmetalle ↑ Periodensystem der chemischen Elemente.
Übergangsvorschriften, Rechtsvorschriften, die den Übergang von einem alten Rechtszustand zu einem durch eine neue Kodifikation geschaffenen Zustand regeln; i. d. R. stehen die Ü. am Schluß des neuen Gesetzes, bei großen Gesetzeswerken sind sie in einem bes. EinführungsG enthalten.
Übergangswahrscheinlichkeit ↑ Übergang.
Übergangswiderstand, svw. ↑ Kontaktwiderstand.
Übergangszustand (aktivierter Komplex), ein bei chem. Reaktionen unter Einwirkung von Aktivierungsenergie kurzzeitig auftretendes Aggregat der Moleküle bzw. Atome der Ausgangsstoffe, aus dem sich dann unter Neugruppierung der Atome die Moleküle der Endprodukte bilden.
Übergewicht ↑ Körpergewicht.
Überhaft, Haft, die vorgemerkt wird, wenn gegen einen Beschuldigten, der sich bereits in ↑ Untersuchungshaft, Strafhaft oder in sonstiger amtl. Verwahrung befindet, ein ↑ Haftbefehl erlassen wird, der erst im Anschluß an die andere Freiheitsentziehung vollzogen werden soll.
Überhangmandat ↑ Wahlen.
Überhitzung, Erwärmung eines Stoffes über eine Temperatur hinaus, bei der unter normalen Bedingungen entweder ein Übergang in eine andere Phase (z. B. den Dampfzustand) oder eine Modifikation erfolgt. Unter bes. Bedingungen jedoch unterbleibt der Übergang (z. B. beim Siedeverzug), oder es liegt ein Gleichgewicht zwischen zwei Phasen vor (z. B. bei der Erzeugung von überhitztem Dampf).
Überhöhung, im *Verkehrswesen* der Betrag, um den der äußere Kurventeil eines Verkehrsweges gegenüber dem inneren höher gelegt ist, um die Fliehkräfte eines Fahrzeugs beim Durchfahren abzufangen.

Überholen, seemänn. Bez. für Neigung eines Schiffes durch Ruderlegen oder Wellenwirkung.

Über-Ich (Superego), in der psychoanalyt. Theorie S. Freuds eine der Instanzen der Persönlichkeit mit den Funktionen des Gewissens, der Selbstbeobachtung und der Idealbildung (vergleichbar mit der Rolle des Richters oder Zensors). Das Ü.-I. vertritt die aus Familie und Gesellschaft übernommenen moral. Maßstäbe, Werte und Einstellungen. Spezif. psych. Störungen gehen nach Freud v. a. auf den Konflikt zw. dem Es einerseits sowie dem Ich und Ü.-I. andererseits zurück.

Überkalibergeschoß ↑ Munition.

Überkapazität, eine auf lange Sicht gesehen übergroße Ausstattung eines Unternehmens (auch Wirtschaftszweiges) mit Produktionsmitteln, insbes. Anlagen, die im Mißverhältnis zu den tatsächlich gegebenen Beschäftigungs- und Absatzmöglichkeiten steht; die Ü. erhöht die fixen Kosten und mindert dadurch den Unternehmensgewinn. Sie ist meist das Ergebnis einer zu optimist. Einschätzung der erwarteten Marktentwicklung.

Überkapitalisierung, zu hohe Kapitalausstattung eines Unternehmens im Verhältnis zur Ertragskraft, wodurch ein Kapitalüberfluß entsteht und die Rentabilität geschmälert wird. Die Beseitigung der Ü. erfolgt durch eine Kapitalherabsetzung bzw. durch Verkauf der ungenutzten Anlagen.

Überklasse (Superclassis), in der biolog. (insbes. botan.) Systematik eine zw. Stamm bzw. Unterstamm und Klasse stehende, mehrere Klassen zusammenfassende Kategorie.

Überkompensation, Begriff der Individualpsychologie A. Adlers, der den „Ausgleich" unbewußter Minderwertigkeitsgefühle, etwa durch überzogenes Geltungs-, Leistungs- oder Machtstreben bezeichnet.

überkritisch ↑ Kernreaktor (Prinzip).

Überlagerung, svw. ↑ Superposition. – ↑ Interferenz.

Überlagerungsempfänger (Superheterodynempfänger, Superhet, Super), Empfänger, bei dem die Empfangsfrequenz vor der Verstärkung und Demodulation mit einer veränderl. Hilfsfrequenz gemischt wird. Die entstehende Differenzfrequenz nennt man Zwischenfrequenz; sie hat einen konstanten Wert und läßt sich vor der Demodulation bei hoher Empfindlichkeit und guter Trennschärfe wirkungsvoll verstärken. Das Überlagerungsprinzip wird heute in allen Rundfunk- und Fernsehempfängern angewendet.

Überlagerungsprinzip, svw. ↑ Unabhängigkeitsprinzip.

Überläufer, Bez. für Soldaten, die (im Krieg) zum Feind *überlaufen;* auch von Politikern gesagt, die ihre Partei verlassen und sich der Gegenpartei anschließen.

Überlaufquelle ↑ Quellen.

Überleitungsgesetze, die Gesetze, mit denen nach Gründung der BR Deutschland Lasten (v. a. Aufwendungen für Kriegsfolgelasten) und Deckungsmittel (v. a. Steuerquellen) von den Ländern auf den Bund „übergeleitet" wurden.

Überleitungsvertrag ↑ Besatzungsrecht, ↑ Deutschlandvertrag.

Überlichtgeschwindigkeit, eine Geschwindigkeit, die oberhalb der Vakuumlichtgeschwindigkeit (c_0 = 2,9979 · 10^8 m/s) liegt. Nach der Relativitätstheorie kann sich eine physikalisch nachweisbare Wirkung (z. B. Energie, Materie) nicht mit Ü. ausbreiten; hingegen kann die ↑ Phasengeschwindigkeit c_0/n elektromagnet. Wellen in bestimmten Stoffen und für sehr kurze Wellenlängen im Bereich der Ü. liegen (in beiden Fällen ist die Brechzahl $n < 1$). I. w. S. auch die Geschwindigkeit v sich in einem materiellen Medium bewegenden Teilchen, wenn $c_0/n < v < c_0$ gilt und $n > 1$ ist (↑ Tscherenkow-Strahlung).

Überlingen, Stadt am Überlinger See, Bad.-Württ., 409 m ü. M., 19 800 E. Kneippkurort; Möbelind., Orgelbau, feinmechan. Ind., Maschinenbau; Weinbau. – 770 erstmals gen.; Residenz eines aleman. Herzogs, später fränk. Königshof, im 11. Jh. Marktort; von Kaiser Friedrich I. Barbarossa zur Stadt erhoben, 1268–1803 Reichsstadt; besaß seit 1547 Salzmonopol. – Got. Münster Sankt Nikolaus (1350–1562) mit got. Chorgestühl und frühbarockem Hochaltar von J. Zürn, spätgot. Franziskanerkirche (geweiht 1466) mit barocker Ausstattung. Spätgot. Rathaus (15. Jh.); spätgot. Patrizierhaus der Reichlin von Meldegg (1462 ff.; heute Museum); Reste der Stadtbefestigung mit zahlreichen Türmen (v. a. aus dem 15. Jh.).

Überlinger See ↑ Bodensee.

übermäßig, in der *Musik* werden solche Intervalle als ü. bezeichnet, die um einen chromat. Halbton größer sind als reine (z. B. c-fis oder ces-f statt der reinen Quarte c-f). In der ↑ Umkehrung werden ü. Intervalle zu ↑ verminderten. Der *übermäßige Dreiklang* (z. B. c-e-gis) setzt sich aus zwei großen Terzen zusammen.

Übermensch, ein die Grenzen des menschl. Wesens übersteigender, dem wirkl. Menschen überlegener Idealmensch. Der Begriff Ü. wurde von F. Nietzsche in den philosoph. Sprachgebrauch übernommen.

Übername, zusätzl., meist charakterisierender Name einer Person, eines Ortes oder einer Sache, der ein typ. Merkmal des Trägers hervorhebt. In der dt. Namengebung waren Ü. bes. im 14.–16. Jh. häufig.

übernormaler Schlüsselreiz, Reiz, der durch Überbetonung (insbes. von Größe, Form und Farbe[n]) eine bestimmte Verhaltensweise besser auslöst als ein normaler (natürl.) ↑ Schlüsselreiz. Das Phänomen des Übernormalen ist in der Natur weit verbreitet. – Es gibt zahlr. Hinweise dafür, daß auch der Mensch für übernormale Schlüsselreize sehr empfänglich ist. Dies wird – bewußt oder unbewußt – in Werbung u. a. durch überdeutl. Abhebung bestimmter Elemente wirkungsvoll genutzt.

Überordnung (Superordo), v. a. in der zoolog. Systematik eine zw. Klasse bzw. Unterklasse und Ordnung stehende, mehrere Ordnungen zusammenfassende Kategorie.

Über-Pari-Emission, Ausgabe von Wertpapieren zu einem Kurs, der über dem Nennwert liegt; bei der Aktienemission muß der über den Nennwert hinausgehende Betrag der Rücklage zugeführt werden.

Überproduktion, Herstellung von mehr Produkten, als der Markt aufzunehmen bereit bzw. in der Lage ist. Da durch die Ü. das Angebot größer als die Nachfrage ist, sinken normalerweise die Preise; begünstigt wegen verstärkter Konkurrenz die Kartellbildung.

Überprotektion (Overprotection), die unangemessen übertrieben beschützende Haltung eines Menschen gegenüber einem anderen ihm anvertrauten, z. B. einer Mutter gegenüber ihrem Kind (mit der mögl. Folge von späteren psych. Fehlhaltungen).

Überqualifikation, Bez. für den Tatbestand, daß die in Bildungseinrichtungen erworbenen Kenntnisse und Fähigkeiten über den aktuellen Erfordernissen und Nutzungsmöglichkeiten der Berufswelt liegen und deshalb nicht mehr eine der Ausbildung angemessene Beschäftigung zu finden ist.

Überreichweite, in der Funktechnik Bez. für eine nur unter bes. meteorolog. Bedingungen auftretende ungewöhnlich große Reichweite eines Funksenders.

Überriesen (Übergiganten) ↑ Stern.

Überrollbügel, bei Kfz (v. a. Sport- und Rennwagen, landw. Schlepper) eine über dem Sitz verlaufende Konstruktion, die dem Fahrer, falls das Fahrzeug sich überschlägt, Schutz bieten soll.

Überschallflug, Bewegung eines Flugkörpers mit einer Geschwindigkeit, die größer ist als die Schallgeschwindigkeit **(Überschallgeschwindigkeit).** Da diese u. a. vom Luftdruck und von der Lufttemperatur abhängt, ist die Grenze zum Ü. verschieden. Man bezieht die Fluggeschwindigkeit auf die jeweilige Schallgeschwindigkeit und drückt sie in Mach-Zahlen aus. Im Ggs. zum Unterschallflug ist der Luftwiderstand beim Ü. sehr viel größer, da die Luft dem Flugkörper nicht mehr ausweichen kann, sondern von ihm komprimiert wird (↑ Schallmauer). Die von der Spitze des Flugkörpers ausgehenden Schallwellen bilden eine Wellenfront in Form eines Kegels (Machscher Kegel, Kopfwelle). Die Kopfwelle zieht sich als Lärmteppich über das überflogene Gebiet, ihre kegelmantelförmige Verdichtungs-

Überschichtung

zone ist als starker **Überschallknall**, der auch mechan. Zerstörungen bewirken kann, wahrnehmbar. Der erste Ü. eines bemannten Flugzeugs wurde 1947 mit dem Raketenflugzeug Bell X-1 durchgeführt. – Etwa ab 1950 wurden Ü.zeuge zunehmend bei den Luftstreitkräften eingeführt; die brit.-frz. Concorde nahm 1976 als erstes für eine Reisegeschwindigkeit von Mach 2 ausgelegtes Überschallverkehrsflugzeug (SST) den planmäßigen Linienpassagierflug auf, 1977 die sowjet. Tupolew Tu-144.

Überschichtung, die Herausbildung sozialer Schichten (Herrscher und Beherrschte) innerhalb eines Volkes. Man unterscheidet eine ethn. (exogene) Ü. von einer sozialen (endogenen) Ü., je nachdem, ob äußere oder innere Vorgänge zur Veränderung einer Gesellschaft geführt haben.

Überschiebung, Lagerungsstörung von Gesteinsschichten, bei der entlang der Störungsfläche ein Gesteinskomplex auf einen anderen aufgeschoben wurde, so daß ältere Gesteine über jüngere zu liegen kommen. In Faltengebirgen treten großräumig **Überschiebungsdecken** auf.

Überschlag, (elektr. Ü.) in der Hochspannungstechnik elektr. Entladung zw. spannungführenden Teilen in Form von Funken oder Lichtbogen. Die niedrigste Spannung, bei der [an einer elektr. Anlage] ein Ü. auftreten kann, bezeichnet man als *Ü.spannung,* die elektr. Festigkeit, bei der ein Ü. gerade noch vermieden wird, als *Ü.festigkeit.*

▷ näherungsweise Berechnung des Wertes einer zusammengesetzten Größe unter Verwendung gerundeter Zahlenwerte.

▷ Turnelement, bei dem der Körper aus dem Stand oder Sprung vor- oder rückwärts eine ganze Umdrehung um die Breitenachse mit oder ohne Stütz der Hände vollführt.

Überschuldung, 1. Verschuldung, die das vorhandene Vermögen eines Wirtschaftssubjekts übersteigt. Zur Feststellung der Ü. ist eine Ü.bilanz aufzustellen, für die bes. Bewertungskriterien anzuwenden sind. Die Ü. ist bei jurist. Personen Konkursgrund; 2. als Ü. des Nachlasses das Überwiegen des Wertes aus dem Nachlaß zu befriedigenden Ansprüche gegenüber dem Wert der in ihm enthaltenen Rechte; führt zur Eröffnung des ↑Nachlaßkonkurses oder des ↑Nachlaßvergleichsverfahrens.

Überschwängerung (Superfekundation), Befruchtung von zwei Eizellen während einer Ovulation aus zwei Begattungsakten. Die Ü. ist beim Menschen möglich.

Überschwemmungssavanne, periodisch überschwemmtes, an manchen Stellen mit Palmen durchsetztes Grasland in allen Bereichen der Tropen.

überschweres Wasser ↑schweres Wasser.

Überseedepartement [...departə‚mã:] ↑französische Kolonien.

Überseeterritorium ↑französische Kolonien.

Übersetzer, svw. ↑Compiler.

Übersetzung, Wiedergabe eines Textes in einer anderen Sprache, Form der schriftl. Kommunikation über Sprachgrenzen hinweg im Ggs. zur aktuellen mündl. Vermittlung des Dolmetschers. Es lassen sich verschiedene Übersetzungsarten unterscheiden: 1. Ü. aus einer zeitgenöss. Sprache, aus einer älteren Sprache (z. B. Lateinisch) oder aus einer älteren Sprachstufe (z. B. Althochdeutsch); 2. Ü. eines Textes aus dem gleichen oder aus einem fremden Kulturkreis; 3. Ü. stellvertretend für das Original oder als Hilfsmittel für das Verständnis des Originals; 4. sinnwahrende Ü. (Paraphrase), formgetreue Ü. (bei poet. Texten) oder wortgetreue Ü. (Interlinearversion, Metaphrase). Nach der Nähe zum Originaltext wird z.T. auch differenziert zw. Ü. (möglichst wortgetreuer Anschluß ans Original), *Übertragung* (freiere sinnbetonte Wiedergabe unter voller Berücksichtigung der semant., idiomat. und stilist. Eigentümlichkeiten der Zielsprache), *Nachdichtung* (formbedachte und gehaltkonforme Nachschöpfung, bes. bei poet. Texten). Eine moderne Sonderform des Übersetzens ist die *Synchronisation* von (Ton-)filmen.

▷ in der *Technik* svw. ↑Übersetzungsverhältnis.

Übersetzungscomputer, ein Computer für die Übersetzung geschriebener Texte in eine Fremdsprache; Wörter werden mit einem im Ü. gespeicherten Wörterbuch verglichen, identifiziert, durch entsprechende Wörter der Zielsprache ersetzt und (unter Berücksichtigung grammatikal. Regeln) zu einem Text in der Zielsprache zusammengesetzt. Das in Deutschland entwickelte System METAL besteht aus einem Computer, an dem mehrere Benutzer arbeiten können, sowie Software für Übersetzung und Textverarbeitung. 1990 konnten damit Standardtexte für Ind. und Verwaltung in drei Sprachen verarbeitet werden; ein Übersetzer fügt notwendige Korrekturen ein. Der Prototyp eines im Rahmen eines EG-Forschungsprojektes entwickelten Ü. soll noch in diesem Jahrzehnt Übersetzungen in den EG-Amtssprachen vornehmen. – Neben *elektron. Wörterbüchern* (auch im Taschenrechnerformat) mit Display zur Anzeige der übersetzten Wörter und Redewendungen gibt es bereits „sprechende Wörterbücher". Ziel weiterer Entwicklungen ist die Erkennung und Verarbeitung gesprochener Sprache.

Übersetzungsverhältnis (Übersetzung), im *Maschinenbau* Bez. für das Verhältnis der Drehzahlen zweier (über ein Getriebe gekoppelter) Wellen, gerechnet in Richtung des Kraftflusses; man unterscheidet zw. Übersetzung ins Schnelle und Übersetzung ins Langsame (gemeinsprachlich „Untersetzung").

Übersichtigkeit (Weitsichtigkeit, Hyperopie, Hypermetropie), Form der Fehlsichtigkeit, bei der parallel ins Auge einfallende Strahlen erst hinter der Netzhaut vereinigt werden. Ursache der Ü. ist meist ein im Verhältnis zur Brechkraft des dioptr. Apparats zu kurz gebauter Augapfel. Die Korrektur der Ü. erfolgt durch Konvexgläser.

Überspannung, die elektr. Spannung in elektrotechn. Anlagen und Geräten, die höher als die Nennspannung ist; eine Abweichung bis 10 % ist zulässig.

übersponnenes Glas, svw. ↑Fadenglas.

Übersprungbewegung (Übersprunghandlung), bes. Verhaltensweise bei Tieren (auch beim Menschen) im Verlauf eines Verhaltenskomplexes ohne sinnvollen Bezug zur gegebenen Situation, etwa wenn der normale Ablauf einer Instinkthandlung gestört ist oder wenn gegenläufige Impulse (z. B. Flucht und Angriff) miteinander in Konflikt geraten. Ausweichhandlungen (Ersatzhandlungen) sind z. B. das plötzl. Gefiederputzen bei kämpfenden Vögeln-♂♂ sowie die menschl. Verlegenheitsgeste des Sich-am-Kopf-Kratzens (ohne Juckreiz).

Überstauung (Überstaubewässerung), Form düngender Bewässerung in der Ebene, bei der eingedämmte Ackerflächen (sog. Polder) mit an Sinkstoffen reichem Hochwasser überflutet werden, bis sich die nährstoffreichen Sinkstoffe abgesetzt haben.

Übersteuern, in der *Kfz-Technik* Bez. für ein Eigenlenkverhalten, bei dem das Fahrzeug in der Kurve mit dem Heck nach außen drängt.

▷ in der *Nachrichtentechnik* das Überschreiten eines zulässigen Aussteuerbereichs, so daß Verzerrungen auftreten, d. h. das Ausgangssignal nicht mehr proportional zum Eingangssignal ist.

Überstunden ↑Mehrarbeit.

Übertrag, der Vortrag der Seitensummen eines Kontos, Journals u. a. auf die folgende Seite.

übertragbare Krankheiten, svw. ↑Infektionskrankheiten.

Übertrager, in der Nachrichten- und Hochfrequenztechnik Bez. für Transformator.

Überträgerstoffe, svw. ↑Neurotransmitter.

Übertragung (Schwangerschaftsübertragung), Überschreitung der durchschnittl. Schwangerschaftsdauer von 280 Tagen um mehr als 10–14 Tage, ohne daß die Geburt in Gang kommt; meist wird die Geburt wegen drohender Fruchtschäden mechanisch eingeleitet (Sprengung der Fruchtblase, u. U. manuelle Dehnung des Muttermundes), oder es wird eine Schnittentbindung vorgenommen.

Übertragung, (Ü. des Eigentums) ↑Eigentumsübertragung.

▷ (Direktsendung) ↑Live-Sendung.

▷ in der *Psychoanalyse* Bez. für das Einbringen von Wünschen und Gefühlen, die gegenüber früheren Bezugsperso-

Überschiebung. Entwicklung einer Überschiebung aus einer stehenden über eine liegende Falte

nen (v. a. Eltern) entstanden sind, in Beziehungen zu anderen Personen (v. a. zum Therapeuten). Nach S. Freud ist Ü. ein wichtiges Hilfsmittel bei der Bewältigung verdrängter Konflikte.

Übertragungsbereich, Kenngröße für den Frequenzbereich bei Audio- und Videogeräten; gibt an, welche Tonfrequenzen in der Lautstärke gegenüber anderen Frequenzen weder merklich angehoben noch abgesenkt werden.

Übertragungsbilanz (Bilanz der unentgeltl. Leistungen), Teil der Zahlungsbilanz, der die Gegenbuchungen zu allen Übertragungen von Gütern und Forderungen mit dem Ausland, denen keine ökonom. Gegenleistung gegenübersteht, aufnimmt. Wichtigste Posten sind Entwicklungshilfe und Geldüberweisungen von ausländ. Arbeitnehmern.

Übertretung, früher leichteste Art der Straftaten (Freiheitsstrafe bis zu 6 Wochen oder Geldstrafe bis zu 500 DM). Die Ü. wurden entweder in Vergehen oder Ordnungswidrigkeiten umgewandelt bzw. entfielen ersatzlos. Das *östr.* StGB von 1974 kennt keine Ü. mehr. Im *schweizer.* Strafrecht ist die Ü. eine Straftat minderer Schwere, die mit Haft oder Buße bedroht ist.

Überversicherung, vertragl. Vereinbarung einer Versicherungssumme, die den Versicherungswert übersteigt; im umgekehrten Fall liegt eine *Unterversicherung* vor. Bei erhebl. Ü. haben Versicherungsnehmer und Versicherer das Recht, eine sofortige Herabsetzung der Versicherungssumme zu verlangen. Im Schadensfall wird nur der tatsächl. Schaden ersetzt.

Übervölkerung, (Überbevölkerung) zu große Bev.zahl eines bestimmten Raumes, gemessen an den wirtsch. Existenzgrundlagen. Ü. zwingt zur Abwanderung eines Teils der Bev. oder zu beschleunigter wirtsch. Entwicklung, deren Möglichkeiten jedoch durch eine zu große Zahl von Arbeitskräften beeinträchtigt werden.

▷ in der *Zoologie* abnorm hohe Individuenzahl (↑ Abundanz) im Territorium einer Tierart auf Grund einer ↑ Massenvermehrung, so daß das ökolog. Gleichgewicht erheblich gestört ist. Kann neben Aggressionshandlungen eine Massenabwanderung der Tiere (↑ Tierwanderungen) auslösen.

Überwallung, Kallusbildung bei Pflanzenverletzungen (↑ Kallus).

Überwälzung ↑ Steuerüberwälzung.

Überweisung, im *Bankwesen* der Geschäftsbesorgungsvertrag eines Kontoinhabers mit einem Kreditinst., wodurch dieses verpflichtet wird, zu Lasten des Girokontos des Kontoinhabers einen bestimmten Betrag dem Konto des Zahlungsempfängers gutschreiben zu lassen (↑ Giroverkehr).

Überweisungsbeschluß, Vollstreckungsmaßnahme bei der Zwangsvollstreckung wegen einer Geldforderung, die meist zusammen mit dem Pfändungsbeschluß erlassen wird und dem Gläubiger das gepfändete Recht zur Einziehung überweist.

Überweisungsverkehr, svw. ↑ Giroverkehr.

Überzeichnung, bei der Emission von Wertpapieren das Übersteigen der Summe der gezeichneten Beträge über den angebotenen Gesamtbetrag, so daß entweder eine beschränkte Zuteilung stattfinden oder der Emissionsbetrag entsprechend erhöht werden muß.

Überzeugungstäter, Straftäter, der sich trotz Kenntnis von der Strafbarkeit seines Tuns auf Grund seiner sittl., religiösen oder polit. Überzeugung zur Tat verpflichtet fühlt. Eine sittlich achtenswerte Überzeugung kann zu Strafmilderung führen.

Überzieher, glatter Herrenmantel; meist synonym mit Paletot gebraucht.

Überziehung (Überziehen), Kreditinanspruchnahme ohne vorhergehende Vereinbarung (Konto-Ü.), im Rahmen eines vereinbarten Dispositionskredits oder über den vereinbarten Kreditbetrag oder Termin hinaus.

Überziehungskredit, schriftlich oder mündlich vereinbarte Krediteinräumung für gelegentl. Überziehung des laufenden Kontos oder gewährten Kreditlimits. – (↑ Dispositionskredit)

ubi bene, ibi patria [lat.], „wo es mir gut geht, da ist mein Vaterland" (nach Cicero, Gespräch in Tusculum 5,37).

Ubichinone [lat./indian.] (Koenzym Q), in der Mitochondrienmembran tier. und pflanzl. Zellen vorkommende Derivate des para-Benzochinons, deren Moleküle jeweils eine aus 6 bis 10 Isoprenresten bestehende Seitenkette besitzen. Die U. sind als Elektronenüberträger in der Atmungskette wichtig.

Ubier (lat. Ubii), westgerman. Stamm, urspr. zw. unterer Lahn und Main ansässig; 38 v. Chr. vom röm. Feldherrn Agrippa in linksrhein. Gebiet umgesiedelt; ihr Hauptort war das Oppidum Ubiorum (= Köln).

Ubiquisten [zu lat. ubique „überall"], nicht an einen bestimmten Biotop gebundene, in verschiedenen Lebensräumen auftretende Pflanzen- oder Tierarten.

Ubiquität [zu lat. ubique „überall"], in der *reformator. Kontroverstheologie* Zentralbegriff der Abendmahlslehre Luthers, der auf Grund der U.lehre gegen Karlstadt und Zwingli die Vereinbarkeit der leibl. Realpräsenz Christi und dessen [gleichzeitiges] Sitzen „zur rechten Hand Gottes" vertrat.

üble Nachrede ↑ Beleidigung.

U-Boot, svw. ↑ Unterseeboot.

Ubsa Nur, abflußloser Salzsee im NW der Mongolei, 3 350 km², 743 m ü. d. M.

Übung, Verfahren zur Aneignung und zur Verbesserung von Kenntnissen und Fähigkeiten, das durch wiederholtes Vollziehen bestimmter Tätigkeiten gekennzeichnet ist und sich sowohl auf körperl. als auch auf geistige Tätigkeiten bezieht. Es wird allg. unterschieden zw. **funktionaler Übung,** die sich unbewußt in jedem wiederholten Tun vollzieht, und **intentionaler Übung;** letztere setzt eine *Ü.absicht,* ein gestecktes *Ü.ziel* und einen bes. *Ü.plan* voraus, nach dem sich die Aneignung der Fähigkeiten vollziehen soll. Bei der Ü. als einer wichtigen *Lernmethode* wird zw. gehäufter und verteilter Ü. unterschieden. Bei der **gehäuften (massierten) Übung** wird der Ü.stoff als Ganzes hintereinander eingeübt, bei der **verteilten Übung** wird er in mehrere Teile gegliedert, die einzeln in bestimmten *Ü.perioden* eingeübt werden.

▷ *Lehrveranstaltung* an Hochschulen die der selbständigen Anwendung wiss. Arbeitsmethoden und Kenntnisse sowie der Vertiefung des Erlernten dient.

▷ Form der *militär. Ausbildung,* bei der Verhalten und Fertigkeiten der Truppe unter der Annahme feindl. Aktivitäten trainiert und verbessert werden sollen.

Ucayali, Río [span. 'rrio uka'jali], rechter Quellfluß des Amazonas, in Peru, entsteht durch den Zusammenfluß von Río Urubamba und Río Apurímac (im Unterlauf Río Tambo gen.) bei Atalaya, etwa 1 900 km lang; schiffbar ab der Einmündung des Río Pachitea.

Uccello, Paolo [italien. ut'tʃɛllo], eigtl. Paolo di Dono, * Portovecchio bei Arezzo um 1397, † Florenz 10. Dez.

Paolo Uccello. Die Schlacht von San Romano, 1456–60 (Florenz, Uffizien)

Učka

1475, italien. Maler. – Zunächst Schüler Ghibertis in Florenz, 1425–31 Mosaikarbeiten in Venedig. Seit 1431 wieder in Florenz, entstanden Hauptwerke wie die Darstellung eines Reiterstandbildes für John Hawkwood (Giovanni Acuto) im Dom (1436), Fresken für Santa Maria Novella (um 1446, heute im Refektorium) sowie drei Tafeln mit Szenen der Schlacht von San Romano (1456–60; Florenz, Uffizien; Paris, Louvre; London, National Gallery). U. verband eine eigenartige freie Farbwahl mit kräftiger Betonung der Volumina.

Učka [serbokroat. 'utʃka], mit 1396 m höchstes Bergmassiv Istriens, Slowenien.

Uckermark, von der Eiszeit überprägtes Geb. beiderseits von Uecker und Randow, Meckl.-Vorp. und Brandenburg; S-Teil bewaldet (Schorfheide); Hauptort ist Prenzlau.

Ucuhubafett [indian./dt.] (Okubawachs, Virolafett), Fett aus den Samen des südamerikan. Muskatnußgewächses *Virola surinamensis;* v. a. für die Kerzen- und Seifenherstellung verwendet.

Ud [arab., eigtl. „Holz"], arab. Kurzhalslaute pers. Ursprungs, gilt als Vorläufer der abendländ. Laute. Im 7.–13. Jh. besaß der Ud Bünde und 4–5 in Quarten gestimmte Saiten. Der neuzeitl. Ud hat 4–7 Saitenpaare, Knickhals und ist bundfrei; gilt als vornehmstes Virtuoseninstrument der arab. Musik.

UDA [engl. 'juːdiːˈeɪ], Abk. für: ↑**U**lster **D**efence **A**ssociation.

Udaipur, Stadt im ind. Bundesstaat Rajasthan, am See Pichola, 578 m ü. d. M., 230 000 E. Univ. (gegr. 1962); Marktort für landw. Erzeugnisse, Herstellung von Spitzen und Terrakotten. – 1559 gegr.; war bis 1948 Hauptstadt des hinduist. Fürstenstaates U. (oder Mewar), der in der Union von Rajasthan aufging. – Kostbar ausgestattete Paläste, u. a. Residenz des Maharadscha (um 1570); Jaganatha-Tempel (um 1640).

Udalrich von Augsburg ↑Ulrich von Augsburg.

Uddevalla [schwed. ˈuːdəvala], Stadt im sw. Schweden, am Ende des Byfjords, 46 500 E. Museen; Werft, Textil- und Nahrungsmittelind., Hafen. – 1161 erstmals erwähnt, Stadtrecht 1498; bis 1658 dän.; im 18. Jh. eine der wichtigsten Handels- und Hafenstädte Schwedens, verlor seine Bed. durch die Eröffnung des Trollhättekanals.

UDEAC [frz. ydeˈak], Abk. für frz.: **U**nion **D**ouanière et **É**conomique de l'**A**frique **C**entrale, ↑Zentralafrikanische Zoll- und Wirtschaftsunion.

UDF [frz. ydeˈɛf], Abk. für frz.: ↑**U**nion pour la **D**émocratie **F**rançaise.

Udet, Ernst [...dɛt], * Frankfurt am Main 26. April 1896, † Berlin 17. Nov. 1941 (Selbstmord), dt. General. – Im 1. Weltkrieg Jagdflieger; in den 20er Jahren Schau- und Kunstflüge; 1935 als Oberst in das Reichsluftfahrtministerium berufen, ab 1936 Chef des Techn. Amtes der Luftwaffe, ab 1938 Generalluftzeugmeister. Für den letztlich unzureichenden Rüstungsstand der Luftwaffe verantwortlich gemacht, nahm U. sich das Leben. – Vorbild des Titelhelden in C. Zuckmayers Drama „Des Teufels General".

Uferschnepfe

Udine, italien. Stadt in der Tagliamentoebene, Friaul-Julisch-Venetien, 113 m ü. d. M., 98 900 E. Hauptstadt der Prov. U.; kath. Erzbischofssitz, Priesterseminar, literaturwiss. und histor. Inst., mehrere Museen und Gemäldegalerien. Metallverarbeitende, Textil- und Nahrungsmittelind. – Entstand an der Stelle eines Kastells **(Udene),** das Kaiser Otto II. 983 dem Patriarchen von Aquileja schenkte, der seit 1238 in U. residierte; Markt- und Stadtrecht 1. Hälfte des 13. Jh.; kam 1420 an Venedig; ab 1752 Erzbischofssitz; fiel 1797 an Österreich, 1866 an Italien. – Im Zentrum der Altstadt die Piazza della Libertà mit dem Palazzo del Comune in venezian. Gotik (gegen 1456 vollendet) und die Loggia di San Giovanni (1533–39) mit Uhrturm (1527). Schloß (1517 ff.); Paläste des 16.–18. Jh.; roman.-gotischer Dom (13.–15. Jh.; barockisiert).

Udmurten, Volk mit finno-ugr. Sprache (Udmurt) am Unterlauf von Kama und Wjatka (mittlere Wolga), das überwiegend (720 000) in Udmurtien lebt; urspr. Ackerbauern, Viehzüchter und Jäger.

Udmurtien, autonome Republik im europ. Teil Rußlands, an der Kama, 42 100 km², 1,61 Mill. E (1990), davon 31 % Udmurten, 59 % Russen und 7 % Tataren, Hauptstadt Ischewsk. Umfaßt ein flachwelliges Hügelland im Vorland des Mittleren Ural, das etwa zur Hälfte bewaldet ist. Anbau von Getreide, Futterpflanzen und Flachs; Nutzviehhaltung. Bed. sind v. a. Holzind. sowie Erdölförderung und -verarbeitung.

Geschichte: Gehörte vom 8.–13. Jh. zum Herrschaftsgebiet der Kama-Bulgaren; nach dem Tatareneinfall kam der südl. Teil an das Khanat Kasan, der nördl. Teil an das Gebiet Wjatka; 1489 Anschluß des nördl. Teils an Rußland; 1558 stellten sich auch die übrigen Teile unter russ. Oberhoheit; 1920 Bildung eines Autonomen Gebietes der Wotjaken, 1932 Umbenennung in Udmurt. Autonomes Gebiet, 1934 Umbildung in die Udmurt. ASSR.

Udokangebirge, Gebirge im nö. Transbaikalien, zw. Tschara und Oljokma, Rußland, rd. 250 km lang, bis 2515 m hoch.

Udon Thani [Thai uˈdɔːn thaːˈniː], thailänd. Stadt im N des Khoratplateaus, 81 200 E. Verwaltungssitz der Verw.-Geb. U. T.; kath. Bischofssitz; Zentrum eines Agrargebiets.

UDR [frz. ydeˈɛːr], Abk. für frz.: ↑**U**nion des **D**émocrates pour la **R**épublique.

UDSR [frz. ydeɛsˈɛːr], Abk. für frz.: ↑**U**nion **D**émocratique et **S**ocialiste de la **R**ésistance.

UdSSR, Abk. für: **U**nion **d**er **S**ozialistischen **S**owjet**r**epubliken (↑Sowjetunion).

UDT [frz. ydeˈte], Abk. für frz.: **U**nion **D**émocratique du **T**ravail, ↑Union des Démocrates pour la République.

Ueberweg, Friedrich [ˈyːbərveːk], * Leichlingen (Rheinland) 22. Jan. 1826, † Königsberg (Pr) 9. Juni 1871, dt. Philosoph. – Prof. in Königsberg; wurde v. a. durch sein philosophiehistor. Standardwerk „Grundriß der Geschichte der Philosophie" (1862–66, Nachdr. 1951–61) bekannt.

Uecker, Günther [ˈʏkər], * Wendorf (Mecklenburg) 13. März 1930, dt. Objektkünstler. – Mitbegr. der Gruppe „Zero"; erreicht opt. Bewegungseffekte mit genagelten Reliefs und Gegenständen, meist weiß bemalt.

Ueckermünde [ʏkər...], Krst. 2 km vor der Mündung der Uecker in das Kleine Haff, Meckl.-Vorp., 12 000 E. Eisengießereien, Ziegelwerk, Signalleuchtenbau, Fischverarbeitung; Jachthafen. – 1223 erstmals erwähnt, um 1260 lüb. Recht (1276 als Stadt bezeugt). – Reste eines Renaissanceschlosses (1546).

U., Landkr. in Mecklenburg-Vorpommern.

Ueda Akinari, * Naniwa (Ōsaka) 1734, † Kyōto 27. Juni 1809, jap. Schriftsteller. – Neben wiss. Werken stehen v. a. die realist. Erzählungssammlungen „Ugetsu-monogatari" [Geschichten beim regenverhangenen Mond] (1776) und „Harusame-monogatari" [Erzählungen beim Frühlingsregen] (um 1800).

UEDC [frz. yədeˈse], Abk. für frz.: ↑**U**nion **E**uropéenne **D**émocrate **C**hrétienne.

UEFA [uˈefa; yɛˈfa], Abk. für frz.: **U**nion **E**uropéenne de **F**ootball **A**ssociation, Europ. Fußballunion, heute Union

Udaipur. Residenz des Maharadscha, um 1570

Uganda

Uganda
Fläche: 236 036 km²
Bevölkerung: 17,6 Mill. E (1990), 75 E/km²
Hauptstadt: Kampala
Amtssprachen: Swahili, Englisch
Nationalfeiertag: 9. Okt. (Unabhängigkeitstag)
Währung: Ugand-Schilling (U.Sh.)
Zeitzone: MEZ +2 Stunden

des Associations Européennes de Football; 1954 in Basel gegr. internat. Vereinigung der europ. Fußballverbände; kontrolliert u. a. die Durchführung der Europameisterschaft und die Spiele um die Europapokale (↑ Fußball).
Uelle (frz. Uele [frz. wɛˈle]), linker Quellfluß des Ubangi, in Zaire, etwa 1 200 km lang.
Uelzen [ˈʏltsən], Krst. in der Lüneburger Heide, Nds., 35 m ü. d. M., 35 200 E. Museum; Nahrungsmittel-, Textil-, Elektro- und chem. Ind., Hafen am Elbeseitenkanal. – Entstand zw. 1250 und 1266 bei einem um 970 errichteten Kloster; 1270 Lüneburger Stadtrecht; seit 1374 als Mgl. der Hanse erwähnt. – Got. ev. Marienkirche (geweiht 1292); Heilig-Geist-Kapelle (14./15. Jh.) mit spätgot. Glasmalereien; Rathaus (spätbarock umgestaltet).
U., Landkr. in Niedersachsen.
UER [frz. yəˈɛːr], Abk. für frz.: **U**nion **E**uropéenne de **R**adiodiffusion, ↑ Union der Europäischen Rundfunkorganisationen.
Uexküll, Carl Wolmar Jakob von, * Uppsala 19. Aug. 1944, schwed. Journalist. – Enkel von Jakob Baron von U.; gründete 1980 die Stiftung „Right Livelihood Foundation", die seither jährlich die „alternativen Nobelpreise" vergibt.
U., Jakob Baron von [ˈʏkskyl], * Gut Keblas (Estland) 8. Sept. 1864, † auf Capri 25. Juli 1944, balt. Biologe. – Forschungs- und Studienreisen (u. a. nach Afrika), ab 1925 Prof. in Hamburg, richtete hier das „Institut für Umweltforschung" ein. – Begründer einer neuen *Umwelttheorie* (Bedeutungslehre), in der die subjektive, artspezif. Umwelt als Teil über ↑ Funktionskreise geschlossenen, sinnvollen biolog. Einheit dargestellt wird („Umwelt und Innenwelt der Tiere", 1909; „Theoret. Biologie", 1920).
Ufa [russ. uˈfa], Hauptstadt Baschkiriens innerhalb Rußlands, an der Belaja, 1,083 Mill. E. Univ. (gegr. 1957), sechs Hochschulen, Museen und Theater. Erdölraffinerien, chem. Ind.; Bau von Ausrüstungen für die Erdöl- und Erdgasind. – 1574 als Festung gegr.; 1586 Stadt; im 17. Jh. bed. Handelszentrum; 1865 Gouvernementsstadt; wurde 1922 Hauptstadt der Baschkir. ASSR.
U., rechter Nebenfluß der Belaja, entspringt im Mittleren Ural, mündet im Stadtbereich von U., 933 km lang.
Ufa (UFA), Abk. für: **U**niversum **F**ilm **AG**, am 18. Dez. 1917 auf Veranlassung Ludendorffs gegr. dt. Filmunternehmen (Zusammenschluß der wichtigsten Filmproduzenten) in Potsdam-Babelsberg; die Verstaatlichung der Filmwirtschaft 1936/37 durch anonymen Aufkauf der Ufa-Aktien durch die Regierung war 1942 mit Gründung der *Ufa-Film GmbH (Ufi)* vollendet (Vereinnahmung von 138 Einzelfirmen). 1953 Entflechtung; 1955 Gründung der *Ufa-Theater AG,* 1956 Neugründung der *Universum-Film AG* (beide wurden 1964 von der Bertelsmann-Gruppe übernommen). – In der ehem. DDR setzte die 1946 begr. *DEFA* als staatl. Filmgesellschaft die Filmproduktion fort; 1990 erfolgte die Gründung der DEFA-GmbH, 1992 die Übernahme durch die frz. Générale des Eaux-Gruppe; das DEFA-Filmarchiv wurde vom Bundesarchiv-Filmarchiv in Koblenz übernommen.

Uferläufer, (Raschläufer, Elaphrus) Gatt. der Laufkäfer mit fünf 6,5–9 mm langen einheim. Arten, v. a. an Ufern von Süßgewässern; jagen in schnellem Lauf kleinere Insekten oder Spinnen.
▷ (Fluß-U., Tringa hypoleucos, Actitis hypoleucos) etwa 20 cm langer, oberseits olivbrauner, unterseits weißer Schnepfenvogel (Gatt. Wasserläufer), v. a. an Flußufern großer Teile Eurasiens und N-Amerikas; Zugvogel.
Uferlinie, Grenze zw. dem Strand, der dem Gemeingebrauch unterliegt, und dem Gebiet, das in privatem Eigentum stehen kann. Die U. richtet sich nach landschaftl. Recht. Im Nordseegebiet ist die U. meist die Linie des mittleren Hochwasserstandes, an der Ostsee die untere Grenze des Pflanzenbewuchses.
Uferschnepfe (Limosa limosa), etwa 40 cm langer, hochbeiniger, oberseits auf rostbraunem Grund schwarz und grau gezeichneter ↑ Schnepfenvogel, v. a. auf Sümpfen sowie an Flüssen und Seen der gemäßigten Region Eurasiens; mit sehr langem, geradem Schnabel, weißer Flügelbinde und schwarzer Endbinde auf dem weißen Schwanz; brütet in einem Bodennest; Zugvogel.
Uferschwalbe ↑ Schwalben.
Uffizien [zu italien. uffizi, eigtl. „Ämter" (von lat. officium „Amt")] (Galleria degli Uffizi), Galerie in Florenz; Sammlung antiker Skulpturen, Gemälde (v. a. italien. Maler), Zeichnungen u. a. – ↑ Museen (Übersicht).
UFO (Ufo) [Kw. für engl.: **u**nidentified **f**lying **o**bject „nichtidentifiziertes fliegendes Objekt"], Bez. für die seit 30 Jahren in verschiedensten Gebieten der Erde beobachteten sog. „fliegende Untertassen", häufig hell leuchtende, sich bewegende Objekte unbekannter Art und Herkunft, die Anlaß zu Spekulationen über einen extraterrestr. Ursprung geben. Obwohl eine Vielzahl der Beobachtungen als opt. Täuschungen, atmosphär.-opt. Erscheinungen u. a. deutbar sind, bleiben Beschreibungen, für die sich bisher keine eindeutige Erklärung finden ließ.
Uganda (amtl.: Jamhuri ya Uganda, Republic of Uganda, dt. Republik Uganda), Staat in Ostafrika, zw. 1° 30′ s. Br. und 4° n. Br. sowie 29° 40′ und 35° ö. L. **Staatsgebiet:** U. grenzt im W an Zaire, im N an die Republik Sudan, im O an Kenia, im S an Tansania (die Grenze verläuft im O-Teil durch den Victoriasee), im SW an Rwanda. **Verwaltungsgliederung:** 34 Distrikte. **Internat. Mitgliedschaften:** UN, OAU, GATT, Commonwealth; der EWG assoziiert.
Landesnatur: U. ist Teil des Ostafrikan. Hochlandes, das vom Ostafrikan. Grabensystem durchzogen wird; es liegt durchschnittlich in 1 000–1 500 m ü. d. M. und steigt zu den seitl. Randschwellen, denen auch Vulkane aufsitzen, nach O (Mount Elgon 4 322 m) und W (Ruwenzori, 5 109 m) an. Im S liegt der Victoria- (N-Teil zu U.), nördl. davon der Kiogasee. Am W-Rand hat U. auch Anteil am Zentralafrikan. Graben, in dem Rutanzige- und Albertsee liegen.
Klima: U. hat dank seiner Höhenlage tropisch-temperiertes Klima mit 9–12 humiden Monaten im Hauptteil des

Staatswappen

Internationales
Kfz-Kennzeichen

Bruttoinlandsprodukt
1990

Ugarit

Uganda. Der Victorianil unmittelbar nach seinem Austritt aus dem Victoriasee

Landes. Wechselfeuchtes Klima mit einer halbjährigen Regenzeit (April–Sept.) hat das Geb. Karamoja im NO.
Vegetation: Überwiegend Feuchtsavanne, im NO Trocken- und Dornstrauchsavanne, in den feuchten Gebirgsbereichen dichte Regen- und Bergwälder, am Kiogasee ausgedehnte Papyrussümpfe.
Tierwelt: Reichtum an Großwild und Wassertieren. Drei Nationalparks und mehrere Reservate dienen ihrer Erhaltung, u. a. für das seltene Breitmaulnashorn.
Bevölkerung: U. wird von etwa 40 verschiedenen Völkern bewohnt. Den überwiegenden Bev.anteil bilden Bantustämme, die vorwiegend den W des Landes bewohnen. Im N leben die Hirtenstämme der Lango und Acholi, im NO die nilotohamit. Karamojong. Am höchsten ist die Bev.dichte westl. des Mount Elgon und im äußersten W, am niedrigsten im Geb. Karamoja. In U. besteht keine Schulpflicht. Eine Univ. gibt es in Kampala.
Wirtschaft: U. ist ein Agrarland; etwa 95 % der Exporterlöse stammen aus der Landw. Die Mißwirtschaft durch die Amin-Diktatur und der anschließende langjährige Bürgerkrieg führten zu einem wirtsch. Niedergang, von dem sich das Land nur langsam erholt. Wichtigstes Anbauprodukt ist Kaffee. Außerdem werden Tee und Tabak sowie für die Eigenversorgung Mehlbananen, Mais, Hirse, Bataten, Maniok, Hülsenfrüchte und Erdnüsse angebaut. Auch die Binnenfischerei im Victoria- und Kiogasee ist von großer Bedeutung. Bei Kilembe wird Kupfererz abgebaut. Die Ind. umfaßt hauptsächl. Betriebe der Nahrungsmittelind. Produziert werden auch Textilien, Leder(waren), Papier, Möbel und Kunststofferzeugnisse. Jinja ist Standort eines Kupfer- und Eisenhütten- sowie Stahlwerkes. Weitere wichtige Ind.standorte sind Kampala und Tororo.
Außenhandel: Die wichtigsten Handelspartner sind Kenia, Großbritannien und Deutschland. Exportiert werden v. a. Rohkaffee (wertmäßig 95 %), daneben auch Rohbaumwolle, Tee und Tabak, importiert Erdölprodukte, Maschinen und Kfz, Nahrungsmittel, industriell gefertigte Konsumgüter und Baustoffe.
Verkehr: Die Streckenlänge des Eisenbahnnetzes beträgt 1 240 km. Große Bed. hat die Eisenbahnfährverbindung auf dem Victoriasee zw. Jinja und Mwanza (Tansania). Von den rd. 28 300 km Straßen sind nur etwa 6 200 km Allwetterstraßen. Internat. ✈ ist Entebbe.
Geschichte: 1861 kamen die brit. Reisenden I. H. Speke und I. A. Grant als erste Europäer in das Gebiet des heutigen Uganda. Sie fanden dort die Himastaaten Ankole, Buganda, Bunyoro und Toro vor. 1890 wurden die 4 Himastaaten Großbritannien zugestanden, das 1896 das Protektorat U. proklamierte. Infolge der nat. Unabhängigkeitsbewegung kam es zur Gründung der Democratic Party (DP) und 1959 des Uganda People's Congress (UPC). U. erlangte am 9. Okt. 1962 die Unabhängigkeit. 1963 wurde U. Republik mit dem Kabaka von Buganda (Mutesa II.) als Präs. Ein Staatsstreich des Premiermin. A. M. Obote 1966 führte zur Auflösung der Himakönigreiche. Die Verfassung von 1967 erklärte U. zum Einheitsstaat. Staatsoberhaupt wurde Obote, der einen sozialist. Kurs verfolgte. 1971 putschte die Armee, Obote floh nach Tansania; neuer Präs. wurde I. Amin Dada, der die Verfassung suspendierte und sich 1976 zum Präs. auf Lebenszeit ernennen ließ. 1972 vertrieb er fast alle Asiaten aus U., anschließend wurden alle brit. Unternehmen verstaatlicht. Außenpolitisch wandte sich U., das von der Sowjetunion unterstützt wurde, den arab. Ländern, bes. Libyen, zu. Als Folge verworrener innenpolit. Verhältnisse, des Streits mit Nachbarstaaten und der Bedrohung und Ausweisung von Ausländern verfiel die Wirtschaft zusehends. Amin Dada, der sich ausschließlich auf die Armee stützte, vermochte sich nur durch systemat. Terror und Massenmord an der Macht zu halten. Nachdem Amins Truppen am 1. Nov. 1978 die Grenze zu Tansania überschritten hatten, begann am 28. Nov. 1978 eine Gegenoffensive tansan. Truppen, die am 11. April 1979 Kampala einnahmen. Heimkehrende Emigranten, in einer Uganda National Liberation Front (UNLF) vereinigt, erklärten am 13. April 1979 Yusufu Lule (* 1911, † 1985) zum Präs., am 20. Juni 1979 Godfrey Binaisa (* 1920). Amin Dada war nach Libyen geflüchtet. Am 13. Mai 1980 wurde Binaisa durch Militärputsch gestürzt; bei den Parlamentswahlen im Dez. 1980 siegte der zurückgekehrte frühere Präs. M. A. Obote. Tansanias Soldaten zogen im Juni 1981 ab.
Schon 1981 waren Amin-treue Soldaten von Sudan und Zaire aus wieder in Amins Heimatprov. West Nile eingedrungen; sie konnten erst im April 1982 vertrieben werden. Nördlich von Kampala führte Y. Museveni einen weiteren bewaffneten Aufstand an, den Obotes Armee erst Anfang 1983 niederschlagen konnte. Anhaltende Unruhe und Repression veranlaßte Zehntausende, in die Nachbarländer Sudan, Rwanda und Zaire zu fliehen. Ende Juli 1985 wurde Obote durch einen Militärputsch gestürzt; das Militär hob die Verfassung auf und löste das Parlament auf. Die Nat. Widerstandsbewegung NRM unter dem Führer des Uganda Patriotic Movement (UPM), Y. Museveni, nahm ihre Militäraktionen wieder auf und konnte Mitte Jan. 1986 die Hauptstadt Kampala einnehmen. Die Militärreg. setzte sich nach Tansania ab. Ende Jan. 1986 wurde Museveni als neuer Staatspräs. vereidigt (Amtszeit 1990 um 5 Jahre verlängert). Zwar konnte er sich an der Macht behaupten, es gelang ihm jedoch nicht, das Land völlig zu befrieden. Internat. Menschenrechtsorganisationen kritisieren Ausschreitungen der Armee gegen Zivilisten in den Rebellengebieten im N und O des Landes.
Politisches System: U. ist eine präsidiale Republik. Die Verfassung von 1967 ist seit 1985 weitgehend suspendiert, eine neue in Vorbereitung. *Staatsoberhaupt* und oberster Inhaber der *Exekutive* ist der Präs. Er ernennt den Vizepräs. und das Kabinett mit dem Premiermin. an der Spitze. Die *Legislative* liegt beim Übergangsparlament, dem Nat. Widerstandsrat (210 indirekt gewählte, 68 vom Präs. ernannte Mgl.). Das Verbot von *Parteien* wurde 1992 aufgehoben, sie können jedoch offiziell nicht aktiv werden. Neben dem regierenden National Resistance Movement (NRM) existieren der linksgerichtete Uganda People's Congress (UPC), die konservativ-kath. Democratic Party (DP) und die Conservative Party (CP).
Die *Gewerkschaften* sind in der National Organization of Trade Unions (NOTU) als Dachorganisation zusammengeschlossen. In das am brit. Vorbild orientierte *Rechtswesen* wurden die „African Courts" mit traditionellen Rechtsprechung integriert. Dem „High Court" als oberster Instanz sind Magistratsgerichte verschiedener Stufen nachgeordnet.

Ugarit, altoriental. Hafenstadt an der östl. Mittelmeerküste, heute *Ras Schamra,* bei Al Ladhakijja, Syrien. Frz. Ausgrabungen (seit 1929) konnten eine Besiedlung seit

Mitte des 7 Jt. v. Chr. nachweisen. In U. herrschte seit dem 2. Jt. eine semit. Dyn. Zahlr. Funde (Goldschalen, [Bronze]statuetten, Keramik, Tontafeln mit ugarit. Texten [↑Ugaritisch]) insbes. aus der Blütezeit von U. im 15. bis 13. Jh. Kurz nach 1200 v. Chr. wurde U. durch Erdbeben zerstört. Die archäolog. Funde zeigen starke Einflüsse ägypt., nordsyr.-anatol. und churrit.-babylon. Kultur.

Ugarit. Keramikflasche aus dem 13. Jh. v. Chr. (Damaskus, Nationalmuseum)

Ugaritisch, zu den semit. Sprachen gehörende Sprache von Ugarit im 2. Jt. v. Chr., überliefert auf Tontafeln mit alphabet. Keilschrift. Das U. ist die älteste direkt überlieferte nordwestsemit. Sprache. Die religiösen Texte (Mythenzyklen, Legenden) sind als älteste Quellen der altkanaanäischen Religion wichtig für die alttestamentl. Forschung.

ugrische Sprachen, Sammelbez. für die obugr. Sprachen (nach dem Fluß Ob) Ostjakisch und Wogulisch sowie die ungar. Sprache, die zus. eine historisch enger zusammengehörende Gruppe innerhalb der ↑finno-ugrischen Sprachen bilden.

Uhde, Fritz von, *Wolkenburg/Mulde 22. Mai 1848, †München 25. Febr. 1911, dt. Maler. – Ging 1877 nach Paris, lebte ab 1880 in München; befreundet mit M. Liebermann. Eines seiner zentralen Themen ist die Darstellung bibl. Szenen, die er ins zeitgenöss. Bauern- und Handwerkermilieu transponiert und mit Freilichtmalerei verbindet.

UHF, Abk. für engl.: **U**ltra **H**igh **F**requency, Frequenzbereich elektromagnet. Wellen von 300 bis 3 000 MHz.

Uhland, Ludwig, *Tübingen 26. April 1787, †ebd. 13. Nov. 1862, dt. Dichter. – Ab 1814 Rechtsanwalt in Stuttgart; 1819 freisinniger Abg. im württemberg. Landtag; 1829–32 Prof. für Germanistik in Tübingen; 1848 liberaler Abg. der Frankfurter Nat.versammlung, 1849 des Stuttgarter Rumpfparlaments; ab 1850 in Tübingen. Bedeutendster Vertreter der sog. schwäb. Romantik. U. wurde bes. bekannt mit volkstüml. Liebes- und Naturlyrik wie „Der gute Kamerad", „Schäfers Sonntagslied", „Der Wirtin Töchterlein" (alle 1815) sowie Balladen und Romanzen, die seine Beschäftigung mit altdt. Märchen, Sagen, Volksliedern und der ma. Geschichte spiegeln, u. a. „Des Sängers Fluch" (1804), „Graf Eberhard der Rauschebart" (1815), „Bertran de Born" (1829). Bed. Beiträge für die volkskundl. Forschung in Deutschland.

Uhlenbeck, George Eugene, *Batavia (= Jakarta) 6. Dez. 1900, †Boulder (Col.) 31. Okt. 1988, amerikan. Physiker niederl. Herkunft. – Prof. in Ann Arbor (Mich.), Utrecht und New York; Arbeiten zur Atom- und Kernphysik. Führte 1925 zus. mit S. A. Goudsmit den Elektronenspin ein.

Uhlenhuth, Paul, *Hannover 7. Jan. 1870, †Freiburg im Breisgau 13. Dez. 1957, dt. Mediziner. – Prof. in Straßburg, Marburg und Freiburg; Arbeiten zur Hygiene, Bakteriologie, Immunitätsforschung und Chemotherapie. U. entdeckte die Unterscheidungsmöglichkeit zw. verschiedenen Eiweißarten durch die Präzipitinreaktion (↑Präzipitation).

Uhlig, Max, *Dresden 23. Juni 1937, dt. Graphiker und Maler. – Gestaltet Zeichnungen und Lithographien in einem dynam., verdichteten Liniengefüge, bed. Künstlerbildnisse (1969–74); in der Malerei Bezüge zur informellen Kunst.

Uhlmann, Hans, *Berlin 27. Nov. 1900, †ebd. 28. Okt. 1975, dt. Bildhauer. – U. Plastiken sind geometr. Figurationen aus Draht- und Eisenelementen.

Uhr [afrz. (h)ore, zu lat. hora „Zeit, Jahres-, Tageszeit, Stunde"], jede Vorrichtung und jedes Gerät zur Darstellung des Zeitablaufs. Die fortlaufende analoge oder digitale Angabe der Zeit erfolgt durch die „normale U.", in der mittels definierter Schwingbewegungen eines Schwingsystems der Anschluß an die Zeit (Weltzeit UT) hergestellt wird, die sich durch Frequenzen atomarer Übergänge des Cäsium-133-Atoms herleitet; frühere Grundlage war die Erdrotation. Nach der Art der Zeitmessung unterscheidet man z. B. Sonnen-, Sand-, Wasser- und Licht-U. sowie U. mit mechan. Schwingsystemen. Vorrichtungen, mit deren Hilfe bei Sonnenschein die Richtung oder die Länge eines Schattens, die „wahre Sonnenzeit" aus der unmittelbaren Stellung der rotierenden Erde zur Sonne ermittelt werden kann, sind *Sonnen-U.* Andere zeitmessende Geräte nutzen die durch die Schwerkraft bedingte Lageveränderung von Sand oder Wasser, um eine begrenzte Zeitspanne anzugeben *(Sand-U., Wasser-U.).* Ebenso wird der Vorgang der Mengenminderung eines Stoffes, z. B. durch Verbrennen von Wachs oder Öl genutzt, um ungenau den Ablauf der Nachtstunden anzuzeigen *(Licht-U.).* Mechan. U. sind alle U. mit Zugfeder oder -gewichtsstück. *Elektr. U.* sind entweder mechan. U. mit elektr. Steuerung oder U. mit direktem elektr. Antrieb. *Elektron. U.* nutzen die physikal. Eigenschaften der Elektronen in Halbleitern. In allen Räder-U. werden ununterbrochen Bewegungen (z. B. schwingender Körper) aneinandergereiht oder die elektr. Frequenzen in quarzgesteuerten Schwingkreisen gezählt und auf einer Skala (Zifferblatt) oder digital sichtbar gemacht. Durch die *Quarz-U.* wird die Zeitmessung auf rein elektron. Grundlage möglich. Die *Atom-U.* nutzt die physikal. Eigenschaften der nahezu unveränderl. Eigenschwingungszahl bestimmter Atome bzw. Moleküle zur Zeitbestimmung von sonst unerreichter Genauigkeit. Die Einteilung der U. erfolgt nach Größe, Art des Schwingsystems und der Funktion, nach Antriebs- und Aufzugsart, Art der Laufdauer, nach

Ludwig Uhland (Lithographie)

Fritz von Uhde. Das Tischgebet, 1885 (Berlin, Staatliche Museen)

Uhrenparadoxon

Verwendungszweck, Art der Anzeige, Art des Aufbaus und der Form, der Hemmung oder nach sonstigen Merkmalen (z. B. Kunst-U.). Eine *astronom.* U. ist eine Präzisions-U., die in Sternwarten, geodät. Inst. oder Observatorien der Zeithaltung dient (die Zeitdauer zw. 2 astronom. Zeitbestimmungen überbrückt).

Geschichte: Früheste Zeitmesser waren Sonnen-U., seit ca. 400 v. Chr. auch als Reisesonnen-U. bekannt. Die Sand-U. ist erst für das 14. Jh. belegt. Daneben wurden schon in der Antike Wasser-U. benutzt. Ende des 13. Jh. kamen gewichtangetriebene Räder-U. mit horizontal schwingendem Balken *(Foliot* oder *Waag)* auf, im 14. Jh. auch mit Schlagwerken; später durch C. Huygens (1657) freischwingendes Pendel und um 1674 Unruh mit Spirale (für Taschen-U.) als Zeitnormal mit der Fähigkeit zu Eigenschwingungen. Parallel dazu Erfindung neuer Hemmungen (1680 Ankerhemmung von W. Clement, um 1690 Zylinderhemmung von G. Graham, 1759 freie Ankerhemmung von T. Mudge). Mit der Erfindung des Chronometer (1728 durch J. Harrison) standen erstmals genaue U. zur Längenbestimmung auf See zur Verfügung. Um 1500 kamen Taschen-U. in Gebrauch; der eigtl. Erfinder ist nicht bekannt. P. Henlein wird als erster Hersteller von Taschen-U. genannt; diese hatten zunächst nur Stundenzeiger, ab der 2. Hälfte des 17. Jh. dazu Minutenzeiger und ab dem 19. Jh. auch Sekundenzeiger. Kronenaufzug ab etwa 1845. Armband-U. gab es schon im 19. Jh., häufiger erst ab 1920; 1924 erster Automatikaufzug von J. Harwood. Durch M. Hetzel 1954 erste Stimmgabel-U.; Quarz-U. schon um 1928/33, als Armband-U. aber erst ab 1970 auf dem Markt. Erste praktisch verwendbare Atom-U. wurden 1948 gebaut.

Uhrenparadoxon (Zwillingsparadoxon), Schlußfolgerung aus der speziellen ↑Relativitätstheorie, wonach ein Mensch, der sich mit konstanter Geschwindigkeit von der Erde fortbewegt und wieder zurückkehrt, auf Grund der Zeitdilatation bewegter Uhren weniger gealtert sein sollte als sein auf der Erde gebliebener Zwillingsbruder. Vom Ruhsystem des Raumfahrers aus, bezüglich dessen sich der Erdbewohner bewegt, sollte jedoch die umgekehrte Schlußfolgerung gelten. – Das U. löst sich auf, wenn man beachtet, daß das ↑Bezugssystem des Raumfahrers kein Inertialsystem ist, da es zur Geschwindigkeitsumkehr beschleunigt (verzögert) wird.

Uhrwerkszünder ↑Munition.

Uhse, Bodo, *Rastatt 12. März 1904, †Berlin (Ost) 2. Juli 1963, dt. Schriftsteller. – Offizierssohn; schloß sich 1927 den Nationalsozialisten an; ab 1930 Mgl. der KPD, emigrierte 1933 nach Frankreich, Teilnahme am Span. Bürgerkrieg; ging 1940 nach Mexiko, kehrte 1948 nach Berlin (Ost) zurück; 1949–58 Chefredakteur der Zeitschrift „Aufbau", ab 1963 von „Sinn und Form" in Berlin (Ost). Schrieb v. a. Romane, u. a. „Söldner und Soldat" (1935), „Leutnant Bertram" (1944).

Uhu [lautmalend] ↑Eulenvögel.

Uhr

Links: ägyptische Auslauf-Wasseruhr, bei der durch eine kleine Öffnung am Boden das Wasser langsam abfloß. Am sinkenden Wasserspiegel konnte man an den Markierungen der Innenwand die Zeit ablesen, um 1400 v. Chr. Mitte: Äquatorial-Tischsonnen- und Monduhr mit Stunden- und Minutenangabe, versilbertem Mondzifferblatt und Kompaß, durch den die Himmelsrichtung exakt eingestellt werden konnte, 1754. Rechts: Öluhr, die während der Nacht als Öllampe brannte, wobei die sinkende Ölfüllung die Zeit anzeigte, um 1700

Links: sogenannte Dover Castle Clock, Turmuhrwerk, Schmiedeeisen, mit Waaghemmung sowie getrenntem Lauf- und Schlagwerk, um 1575. Mitte: hölzerne Waaguhr, 1605. Rechts: Schwarzwälder Stutzuhr mit Schaukelpendel, 19. Jahrhundert

Uhus (Bubo), Gatt. der Eulen mit rd. 10 weltweit verbreiteten Arten; wichtigste einheim. Art ist der Uhu (↑Eulenvögel).

Uiguren, Volk in NW-China, Kasachstan, Kirgisien, Usbekistan; Sprache: Uigurisch. – Das Turkvolk der U. errichtete um 745 ein Großreich in der Mongolei und angrenzenden Gebieten (Hauptstadt Kara Balgasun am Orchon); nach dessen Eroberung durch die Kirgisen (840) teils in das Gebiet um die Turfansenke, teils ins heutige Gansu abgedrängt; im 13. Jh. von den Mongolen unterworfen.

Uigurisch, zu den ↑Turksprachen gehörende Sprache, die urspr. im Uigur. Reich (um 745–840) und seinen Nachfolgestaaten gesprochen wurde. Die Fortsetzung dieses in verschiedenen Schriften überlieferten Alt-U. ist das ↑Tschagataiische, für dessen moderne Form 1920 die Bez. U. wieder aufgenommen wurde. Dieses Neu-U. wird u. a. in Usbekistan, Kirgisien, Kasachstan und Rußland (200 000 Sprecher) in kyrill., in China (etwa 6,5 Mill. Sprecher) in arab. bzw. (seit 1976 offiziell) in lat. Schrift geschrieben.

Uigurische Autonome Region Sinkiang (Hsinchiang; chin. Xinjiang Uygur), Region der Uiguren in NW-China, 1 600 000 km², 15,16 Mill. E (1990), Hauptstadt Ürümqi. Die Uiguren haben heute einen Anteil von etwa 50 % der Gesamtbev. Die Region gliedert sich in 3 Großräume: das Tarimbecken im S, die Dsungarei im N, beide getrennt durch den östl. Tian Shan. Die Abgeschlossenheit des Raumes und seine große Meeresferne haben ein extrem kontinentales Trockenklima zur Folge. Während in der Dsungarei überwiegend Weidewirtschaft (Schafe, Rinder, Kamele, Pferde) durch ehem. Nomaden betrieben wird, hat im Tarimbecken die Oasenwirtschaft größte Bed.; Anbau von Weizen, Mais, Reis, Baumwolle, Zuckerrohr, Aprikosen, Feigen, Melonen und Reben mit Hilfe künstl. Bewässerung; bed. Seidenraupenzucht. Reiche Vorkommen an Erdöl (Förderung bei Karamay), Uran, Eisenerz, Kohle (Abbau bei Hami und Ürümqi), Bunt- und Edelmetallen. Die Industrialisierung hat 1950 eingesetzt: Eisen- und Stahlind., chem. Werke, Maschinenbau, Baustoff-, Textil-, Leder-, Papier-, Nahrungs- und Genußmittelind. Am Lop Nor befindet sich das chin. Kernwaffenversuchszentrum. Die Hauptverkehrsverbindung zum übrigen China verläuft durch den Gansukorridor.

Geschichte: Seit der Hanzeit (206 v. Chr.–220 n. Chr.) chin. Einflußgebiet. Die in der Mingzeit (1368–1644) eingedrungenen westmongol. Stämme wurden 1758 von den mandschur. Qing unterworfen; 1759 Angliederung Sinkiangs an das chin. Kaiserreich. Aufständ. Muslime nahmen ab 1864 das Tarimbecken in Besitz (islam. Staat von Kaschgarien 1873), im N fast die gesamte Dsungarei, doch eroberten die Chinesen beide Gebiete zw. 1876 und 1878 zurück; 1881 wurde auch das 1871 von Rußland besetzte Iligebiet wieder chinesisch. 1884 Schaffung der Prov. Sinkiang (O-Turkestan; zw. 1911 und 1941 von der Reg. unabhängig); 1944 Aufstand im Iligebiet und Bildung der prosowjet. *Osturkestan. Republik* in Kuldja; 1949 durch eine für ganz Sinkiang zuständige, Peking unterstehende kommunist. Provisor. Volksreg. abgelöst; 1955 als Autonome Region konstituiert. 1962 verließen mit sowjet. Hilfe etwa 50 000 Uiguren und Kasachen Sinkiang; führte zur Schließung der Grenze zur Sowjetunion.

Uinta Mountains [engl. juːˈɪntə ˈmaʊntɪnz], W–O verlaufender Gebirgszug der Rocky Mountains, im nö. Utah, etwa 250 km lang, bis 60 km breit, bis 4 114 m hoch.

UIT [frz. y-iˈte], Abk. für frz.: **U**nion **I**nternationale des **T**élécommunications, ↑Internationale Fernmelde-Union.

U-Jagd, im militär. Sprachgebrauch übl. Abk. für Unterseebootjagd (gelegentlich auch als **Unterseebootbekämpfung** bezeichnet). U.-J.-Mittel bzw. -plattformen sind Überwasserschiffe (Zerstörer, Fregatten, spezielle „U-Jäger" in Korvettengröße), Unterseeboote, Luftfahrzeuge (U.-J.-Flugzeuge wie z. B. der bei der dt. Marine geflogene Typ Breguet Atlantic sowie Hubschrauber).
Die direkte Bekämpfung von U-Booten ist weitgehend abhängig von der Aufklärung mittels elektron. (Funkverkehr, Radar), akust. (Unterwasserhorchanlagen, Sonaranlagen) und opt. Überwachungsgeräte (auch Infrarotkameras), die an Land, in Satelliten, Flugzeugen und auf Schiffen oder unterseeisch stationiert sein können und es erlauben, erkannte gegner. U-Boote zu vermeiden oder direkt zu bekämpfen.

U-Jagd-Waffen (Anti-Submarine-Weapons [Abk. ASW]) sind Waffensysteme und Einrichtungen zur Abwehr und Bekämpfung von U-Booten: Wasserbomben, Minen, Torpedos und U-Jagd-Raketen. Die *kleinen U-Jagd-Raketen* (Reichweite 200 m) haben eine Masse von etwa 35 kg und sind mit Aufschlagzündern versehen. Die *großen U-Jagd-Raketen* haben eine Masse zw. 250 kg (Reichweite 1 000 m) und 2 200 kg (amerikan. U-Jagd-Rakete ASROC; Reichweite etwa 14 km); sie sind mit voreingestellten Zündern (Aufschlag- und Zeitzünder) ausgestattet. *U-Jagd-Torpedos* werden von Schiffen und Flugzeugen aus gestartet; sie sind mit Zielsucheinrichtungen versehen. – Der *U-Jagd-Raketentorpedo* (SUBROC; mit nuklearem Gefechtskopf) kann von einem getauchten U-Boot aus gestartet werden, steigt zur Wasseroberfläche auf und zündet den Raketentreibsatz, der den Torpedo als ballist. Flugkörper zum Zielpunkt bringt.
Nachdem man ganz zu Anfang U-Boote nur durch Rammstoß oder direkte Beschießung über Wasser bekämpfen konnte, entwickelte man im 1. Weltkrieg spezielle U-Boot-Minen und -Fallen (getarnte, bewaffnete Handelsschiffe), Netz- und Balkensperren sowie Wasserbomben. Im 2. Weltkrieg wurden die akust. und die elektromagnet. Aufklärung intensiviert und eigene U-Jagd-Gruppen aus Flugzeugträgern, Zerstörern und Fregatten aufgestellt und speziell eingerichtete Bombenflugzeuge eingesetzt.

Ujjain [uˈdʒaɪn], Stadt im ind. Bundesstaat Madhya Pradesh, auf dem Malwaplateau, 282 000 E. Univ. (gegr. 1957); Handelszentrum für Agrarprodukte. – U. ist archäologisch seit der 1. Hälfte des 1. Jt. v. Chr. nachweisbar; 4.–2. Jh. Residenz eines Vizekönigs im Maurjareich, im 4./5. Jh. eine der Hauptstädte des Guptareiches. U. ist eine der 7 hl. Städte Indiens.

Ujung Pandang [indones. ˈudʒʊŋ ˈpandaŋ] (früher Makassar), indones. Hafenstadt an der W-Küste der südl. Halbinsel von Celebes, 709 000 E. Verwaltungssitz der Prov. Südcelebes; kath. Erzbischofssitz; 3 Univ. (die staatl. 1949 gegr.); Hafen. – Bestand als Marktort schon bei Ankunft der Portugiesen (16. Jh.); seit 1667/69 unter niederl. Herrschaft; 1949 an die Republik Indonesien.

UK [engl. ˈjuːˈkeɪ], Abk. für engl.: **U**nited **K**ingdom [of Great Britain and Northern Ireland], ↑Großbritannien und Nordirland.

Ukelei

Ukelei [slaw.] (Laube, Blinke, Laugele, Albola, Alburnus alburnus, Alburnus lucidus), kleiner, meist 10–15 cm langer, heringsförmiger Karpfenfisch in Süß- und Brackgewässern Europas (mit Ausnahme des S und hohen N); stark silberglänzend, Rücken blaugrün.

Ukena, Focko, †1436, fries. Häuptling. – Zunächst (1421/22) Parteigänger Ockos II. tom Brok, dann dessen Gegner (Sieg 1427); erlangte eine beherrschende Stellung. Der Widerstand gegen ihn formierte sich ab 1430 im fries. Freiheitsbund unter Führung von E. Cirksena. 1433 unterlag der Sohn von U. dem Freiheitsbund; F. U. floh ins Groningerland; seine Enkelin Theda heiratete 1455 U. Cirksena.

Ukiyo-e [jap. „Bilder der fließenden, vergängl. Welt"], jap. Genremalerei seit Ende des 16. Jh.; die dargestellte heitere Welt des Vergnügens bedient sich v. a. Motiven aus dem Milieu der Kurtisanen, Schauspieler, Ringer u. a.; in der Kunst des jap. Holzschnitts von Weltgeltung (Utamaro, Hiroshige, Hokusai).

Ukraine

76

Ukraine

Fläche: 603 700 km²
Bevölkerung: 51,8 Mill. E (1990), 86 E/km²
Hauptstadt: Kiew
Amtssprache: Ukrainisch
Währung: Karbowanez (vorgesehen: Griwna)
Zeitzone: MEZ +1 Stunde

Ukraine

Staatswappen

Internationales
Kfz-Kennzeichen

Ukraine [ukra'inə, u'krainə] Republik in O-Europa zw. 44° und 52° n. Br. sowie 22° und 40° ö. L. **Staatsgebiet:** Die U. grenzt im W an die SR und Polen, im NW an Weißrußland, im NO, O und SO an Rußland, im S an das Asowsche und das Schwarze Meer, im SW an Moldawien, Rumänien und Ungarn. **Verwaltungsgliederung:** 24 Gebiete und die Autonome Republik Krim. **Internat. Mitgliedschaften:** UN, GUS.
Landesnatur: Die U. umfaßt den SW der Osteurop. Ebene, gekennzeichnet durch ein Nebeneinander von höheren Landplatten (im allg. 200–400 m, maximal bis 471 m ü. d. M.) und flachen Niederungen (Polesje, Dnjepr-, Schwarzmeerniederung). Mit einem Ausschnitt des Karpatenbogens (Waldkarpaten: Gowerla, 2 061 m) und dem Krimgebirge (bis 1 545 m hoch) hat sie außerdem Anteil an der alpid. Faltengebirgszone. Mit Ausnahme eines Gebietsstreifens im N ist die U. mit Löß bedeckt.
Klima: Es ist gemäßigt kontinental, an der Südküste der Krim herrscht subtrop. Mittelmeerklima. Von NW nach SO nimmt die Kontinentalität zu, wobei entsprechend die Sommer heißer, die Winter kälter und jährl. Niederschlagsmengen geringer werden; niederschlagsbegünstigt sind die Gebirgslagen. Im S sind oft 3 oder mehr Monate niederschlagslos.
Vegetation: Der nördl. Teil der U. liegt in der Mischwaldzone (Polesje), der mittlere und südl. Teil in der Waldsteppen- und Steppenzone mit fruchtbaren Schwarzerdeböden. Die Mischwaldzone und die krautreiche Wiesensteppe sind weitgehend in Ackerland verwandelt, ebenso die südl. anschließende Wiesensteppe. Hier sind Bodenerosions- sowie Dürreschäden (Staubstürme) bes. groß.
Tierwelt: Abgesehen von Naturschutzgebieten ist sie nur noch in der Polesje (Elch, Reh, Wildschwein, Wolf, Fuchs, Luchs, Dachs, Eichhörnchen) und in der Gebirgszone (Bär, Wildschwein, Hirsch, Reh) vorhanden.
Bevölkerung: Sie setzt sich (1989) aus Ukrainern (72,7 %), Russen (22,1 %), Weißrussen (0,9 %), Juden (0,9 %), Moldauern (Rumänen; 0,9 %) sowie aus anderen Völkern wie Bulgaren, Polen, Ungarn u. a. zusammen. 67 % der Bev. leben in Städten. Die Mrz. der Gläubigen ist orthodox (↑ukrainische Kirche). Die größte Bev.dichte weisen der Donbass, der SW-Teil der U. und Transkarpatien auf. Die U. verfügt über eine Akad. der Wiss., über 10 Univ. und 136 weitere Hochschulen.
Wirtschaft: Dank bed. Ind. und Landw. (Kornkammer) war die U. in der früheren Sowjetunion nach Rußland die zweitwichtigste Republik. Durch die Mißwirtschaft der zentralist. Planungsbehörden in Moskau verrotteten große Teile der Ind.anlagen; unzureichender Umweltschutz belastete Ind.städte und Landschaft, bes. die Schwarzerdezone. Das Reaktorunglück in ↑Tschernobyl machte weite Landstriche am Pripjet und Dnjepr unbewohnbar. Nach Erlangen der polit. und wirtsch. Unabhängigkeit 1991 begann die problemreiche Erneuerung der Wirtsch. durch Beschreiten eines marktwirtsch. orientierten Entwicklungsweges. – In der Landw. ist der Weizenanbau vorherrschend. Es werden aber auch Zuckerrüben, Sonnenblumen, Mais, Kartoffeln, Futterpflanzen, Gemüse und Tabak angebaut; daneben Obst- und Weinbau sowie Rinder-, Schweine-, Schafzucht und Geflügelhaltung. – Auf der Grundlage der vorhandenen Kohle- und Eisenerzlagerstätten entwickelte sich eine umfangreiche Schwerind. mit vielen Betrieben des militär.-industriellen Komplexes. Eisenschaffende Ind. und Schwermaschinenbau haben in der östl. U. 3 Schwerpunkte: im O ↑Donbass, im W im Bereich der Eisenerzlagerstätten von Kriwoi Rog und am großen Dnjeprknie bei Dnjepropetrowsk und Saporoschje am verkehrsgünstigen Schnittpunkt des Dnjepr mit den Schienensträngen von Kriwoi Rog nach Donezk. Daneben entstanden Hüttenwerke und Folgeind. (v. a. Schiffbau) in den Hafenstädten. Wichtig für die Stahlveredlung sind die Manganerze aus dem Raum Nikopol. Mit der Verkokung der Steinkohle für die Metall.-Ind. bildete sich eine bed. Kohlechemie heraus, zu der später die Erdölchemie trat. In den größeren Städten außerhalb der ostukrain. Ind.schwerpunkte entstand neben Betrieben der Nahrungsmittel-, Textil-, Leder-, Baustoff- und chem. Ind. auch Maschinen-, Fahrzeug- und Apparatebau. Außer Wärme- und Wasserkraftwerken (am Dnjepr) arbeiten mehrere Kernkraftwerke (Tschernobyl, Chmelnizki, Rowno, Saporoschje u. a.), die 30 % der erzeugten Elektroenergie liefern.
Außenhandel: Ausgeführt werden Kohle, Eisenerze, Elektroenergie, Erzeugnisse der Eisenmetallurgie, Nahrungsmittel (Getreideprodukte, Zucker, Fleisch, Obst, Wein), Schwermaschinen, Fahrzeuge (E-Loks, Flugzeuge) und elektrotechn. und elektron. Geräte, eingeführt Erzeugnisse der Leichtind. (v. a. Textilien), Erdöl und -gas, Ind.einrichtungen. Die wichtigsten Handelspartner sind Rußland u. a. Republiken der GUS, zunehmend auch Polen, Ungarn, die ČR und SR.
Verkehr: Die U. verfügt über ein relativ dichtes Verkehrsnetz. Das Eisenbahnnetz hat eine Länge von 22 760 km. 219 900 km Straßen besitzen eine feste Decke. Die wichtigsten Seehäfen sind Odessa, Iljitschowsk (Eisenbahnfähre nach Warna in Bulgarien), Cherson, Ismail, Mariupol und Kertsch. Die Gesamtlänge der Flußschiffahrtswege beträgt 3 900 km. Der bedeutendste internat. ✈ ist Borispol bei Kiew. Die S-Küste der Krim ist das wichtigste Kur- und Erholungsgebiet.
Geschichte: Nach skyth. und griech. Besiedlung (8./7. Jh. v. Chr.) ließen sich seit dem 3. Jh. v. Chr. Sarmaten in der U. nieder. Im 9. Jh. entstand am mittleren Dnjepr, einem Kerngebiet ostslaw. Stämme, die Kiewer Rus (↑Kiewer Reich); nach deren Zerfall im 12. Jh. bildeten sich in der U. mehrere Fürstentümer (bed. v. a. Galitsch-Wolynien), die 1239/40 unter die Herrschaft der ↑Goldenen Horde gerieten. Im 14. Jh. kamen Galizien (Galitsch) und ein Teil W-Wolyniens an Polen, an Litauen fielen Podolien, Kiew und z. T. Wolynien. Das um 1450 in der Süd-U. entstandene Krimkhanat unternahm im 15./16. Jh. verheerende Raubzüge in den SW des Landes. Durch die Lubliner Union 1569 (Zusammenschluß Litauens mit Polen) gelangte die

U. weitgehend unter poln. Herrschaft; mit der Union von Brest-Litowsk (1595/96) wurden Teile der orth. ukrain. mit der röm.-kath. Kirche zur ↑ ruthenischen Kirche vereinigt. Träger des Widerstandes gegen die poln. Magnaten waren die Saporoger Kosaken, die nach einem Aufstand unter Hetman S. B. M. Chmelnizki 1648 einen selbständigen Staat bildeten, der sich aber 1654 unter den Schutz des russ. Zaren stellte. Im darauffolgenden russ.-poln. Krieg (1654–67) verlor Polen die ukrain. Gebiete östlich des Dnjepr. Während des Nord. Krieges versuchte der Kosaken-Hetman I. S. Masepa 1709 vergeblich, die U. mit schwed. Hilfe von Rußland zu lösen; danach Beseitigung der Autonomie der Kosaken (1764 Aufhebung des Hetmanats, 1775 der Saporoger Setsch). Durch die Poln. Teilungen (1772–95) fielen die ukrain. Gebiete westlich des Dnjepr und Wolynien an Rußland (1796 Bildung von Gouv.); an Österreich kamen Galizien und die Bukowina. Die von den Zaren betriebene Russifizierungspolitik wurde bis in die 2. Hälfte des 19. Jh. fortgeführt (zeitweise Druckverbot für Bücher in ukrain. Sprache). Die nach der russ. Februarrevolution 1917 gebildete bürgerl. Zentral-Rada, die im Jan. 1918 die Unabhängigkeit der U. ausrief und im Febr. 1918 einen Separatfrieden mit den Mittelmächten schloß, stand der im Dez. 1917 in Charkow konstituierten prosowjet. Reg. im Machtkampf gegenüber. Im März/April 1918 besetzten dt. und östr.-ungar. Truppen die U. (bis Dez.); nat.konservative Kräfte errichteten mit dt. Unterstützung das Hetmanat wieder; bei dessen Sturz bildete sich im Nov. 1918 das kurzlebige ententefreundl. Direktorium unter S. W. Petljura. Die im Jan. 1919 in Kiew einziehenden Bolschewiki, die am 14. Jan. 1919 die Ukrain. SSR proklamierten, wurden nur noch vorübergehend von Truppen Denikins und im Mai/Juni 1920 von den Polen verdrängt. Im Frieden von Riga (1921) mußte aber das zeitweise schon sowjet. Galizien (West-Ukrain. VR) Polen überlassen werden. In der 1922 an der Gründung der Sowjetunion beteiligten Ukrain. SSR kam es durch die Zwangskollektivierung unter Stalin zu einer schweren Hungersnot (rd. 6–8 Mill. Opfer). Zu Beginn des 2. Weltkrieges 1939 gliederte sich die Ukrain. SSR die West-U. wieder an, 1940 auch Teile Bessarabiens und die nördl. Bukowina; 1941–44 war sie von dt. Truppen besetzt. Danach wurden Teile der Bev. unter dem (inzwischen revidierten) Pauschalvorwurf der Kollaboration mit den Deutschen v. a. nach Sibirien deportiert (bis 1950 etwa 300 000). 1946 kam Transkarpatien durch einen Vertrag an die U., die neben der Sowjetunion und Weißrußland 1945 Gründungs-Mgl. der UN war. 1954 ging auch die Krim in ihren Bestand ein.

Ende der 80er Jahre verstärkten sich in der U. die Unabhängigkeitsbestrebungen, die insbes. von der Volksbewegung „Ruch" getragen wurden. Nachdem sie bereits am 16. Juli 1990 ihre Souveränität erklärt hatte, proklamierte sie unter ihrem Parlamentspräsidenten L. Krawtschuk am 24. Aug. 1991 ihre Unabhängigkeit und verbot die Tätigkeit der KP. Im Dez. 1991 wurde L. Krawtschuk zum Staatspräs. gewählt. Im selben Monat gründete die U. mit Rußland und Weißrußland die ↑ GUS, in der sie sich gegen russ. Vormachtstreben wandte (Streit um die Schwarzmeerflotte, Konflikt um die Rechtmäßigkeit des Besitzwechsels der Krim 1954). Außenpolitisch orientiert auf Neutralität, kündigte die U. die Schaffung einer eigenen Armee an. Im Juni 1992 billigte das ukrain. Parlament der Krim weitreichende Autonomierechte zu (Volksabstimmung aufgeschoben).

Politisches System: Seit der Unabhängigkeitserklärung vom 24. Aug. 1991 (im Dez. 1991 durch Referendum bestätigt) ist die U. eine unabhängige Republik mit Präsidialsystem. *Staatsoberhaupt* ist der Präs., der für 5 Jahre direkt gewählt wird. *Legislativ*organ ist der Oberste Sowjet (450 Abg., für 4 Jahre gewählt). Die Reg. unter Vorsitz des Min.präs. ist dem Parlament verantwortlich. Zum breit gefächerten *Parteien*spektrum gehören u. a.: Christlich-Demokrat. Partei, Nat. Partei, Republikan. Partei, Vereinigte Sozialdemokrat. Partei, Sozialdemokrat. Partei, Demokrat. Bauernpartei, Demokrat. Partei, Sozialist. Partei sowie die Bürgerbewegung „Ruch".

Ukrainer (früher Kleinrussen, Ruthenen), ostslaw. Volk, v. a. in der Ukraine (37,6 Mill.), in Rußland (4,4 Mill.) und Kasachstan (0,9 Mill.) sowie in mehreren europ. Ländern und Nordamerika; insgesamt etwa 46 Mill. Angehörige.

ukrainische Kirche, Bez. für 1. die *orth. u. K.* und 2. die *kath. u. K.* mit byzantin.-slaw. Ritus, die beide in der Ukraine entstanden sind. Diese wurde im 10. Jh. von Byzanz aus christianisiert. Die *orth. u. K.* unterstand bis zur Eingliederung in die Moskauer Metropolie (1685) dem Patriarchat Konstantinopel. 1918 wurde die autokephale orth. u. K. ausgerufen; nach 1920 verfolgt, im 2. Weltkrieg neu formiert, bestand sie bis 1991 nur in der *Ukrainian Orthodox Church* weiter, die sich aus den Metropolien von Kanada und Amerika konstituierte. – Die aus der Union von Brest-Litowsk (1595/96) hervorgegangene *kath.* (unierte) *u. K.*, 1946 der russ.-orth. Kirche zwangsweise angegliedert, existiert heute als ↑ ruthenische Kirche v. a. in den USA und wie die orth. u. K. seit 1991 wieder in der Ukraine.

ukrainische Kunst, älteste Zeugnisse reichen bis ins Paläolithikum zurück. Vom 7. bis 4. Jh. v. Chr. entstand im Schwarzmeerraum eine lokale Variante der antiken Kultur (Stadtanlagen von Olbija, Cherson, Feodossija). Seit dem 10. Jh. verbreitete sich im Gebiet der Kiewer Rus der Steinbau unter dem Einfluß der byzantin. Kunst (Zehnt-[Desjatin-] Kirche, 989/96, Kiew; Sophienkathedrale, ab 1037, ebd.; Bauten in Tschernigow, verbunden mit Mosaiken und Freskomalereien. Im 12. bis 15. Jh. bildeten sich lokale Kunstschulen z. B. in Kiew, Tschernigow, Wolynien und Galizien heraus. Seit dem 17. Jh. entstanden in der Ikonenmalerei die sog. Parsunen als Vorgänger der Porträtmalerei. Der Buchdruck gewann große Bed. (I. Fjodorow, daneben der Holz- und Kupferstich (Meister Ilja). Nach 1654 verstärkte sich der Einfluß russ. Kunst. Im sog. ukrain. Barock (I. Barski, S. Kownir) entstanden ab Ende des 17. Jh. Einzelbauten und Komplexe der Sakral- und Festungsarchitektur (u. a. in Kiew, Tschernigow, Perejaslaw, Lemberg). Eigenständigkeit zeigte weiterhin die Volksarchitektur (Holzkirchen mit Vielstufendach und Galerien, bed. u. a. die Kirchen Mukatschewo und Romny (18. Jh.). Wichtige Vertreter der ukrain. Kunst wurden in Petersburg ausgebildet (A. Lossenko, D. Lewizki, W. Borowikowski, I. Martos, W. A. Tropinin). In der 2. Hälfte des 18. Jh. bis zum Beginn des 19. Jh. entstanden, häufig unter Beteiligung russ. und ausländ. Architekten (I. Starow, A. Sacharow, B. F. Rastrelli, J. de Thomon), bed. klassizist. Bauten. T. Schewtschenko begründete eine realist., um soziale Motive bereicherte Malerei, die vornehmlich durch die mit den russ. ↑ Peredwischniki verbundenen Künstler fortgesetzt wurde (N. Pimonenko, K. Kostandi, P. Nilus). In den ersten Jahrzehnten nach der Jh.wende verstärkte sich die Tätigkeit im Städtebau mit Wohn- und Gesellschaftsbauten (Haus der Industrie in Charkow, 1925/29 von S. Serafimow u. a.) und beim Bau von Ind.anlagen (Dnjeproges, 1927/32 von W. Wesnin u. a.). In Malerei, Graphik und Plastik griffen einzelne Künstler Einflüsse der westeurop. Moderne auf; besondere Bed. erlangten seit den 20er Jahren Agitationsgraphik, Plakat und Karikatur. 1922 wurden die Staatl. Kunsthochschule in Kiew, 1938 der Verband bildender Künstler gegründet. Die Maler und Graphiker G. Gljuk, T. Jablonskaja, A. Basilewitsch, G. Jakutowitsch und die Bildhauer W. Borodai, A. Kowaljow, A. Olejnik, M. Bronski, T. Ljaschtschuk, O. Terentjew erlangten im 20. Jh. Bedeutung.

ukrainische Literatur, im 13./14. Jh. ermöglichte die Herausbildung eigener sprachl. Systeme des Ukrainischen, Russischen und Weißrussischen [neben der vorherrschenden Kirchenslawischen] eine i. e. S. ukrainischsprachige bzw. russischsprachige Literatur, deren wesentl. nationalsprachige Komponenten jedoch erst im späten 18. Jh. hinzukamen. Die *ältere u. L.* des 14.–16. Jh. ist v. a. eine kirchenslaw.-ukrain. Übersetzungs- und Chronikliteratur. Ende des 16. und im 17. Jh. entstanden eine polem. Predigt- und Traktatliteratur gegen die Union mit Rom, Versdichtungen wie geistl. Lied, didakt. Epos sowie geistl. Schuldra-

ukrainische Musik

Ulan Bator
Hauptstadt der Mongolei (seit 1924)
·
560 600 E
·
Univ. (seit 1942)
·
Ind.zentrum des Landes
·
seit 1778 ständiger Sitz des Lamaismus in der Mongolei
·
zahlr. Museen

Walter Ulbricht

men. Das 18. Jh. stand unter dem Einfluß der westeurop. Barockliteratur. Die *neuere u. L.* begann im Zuge nat. Bewußtwerdung Ende des 18. Jh. mit I. P. Kotljarewski, der sich der ukrain. Volkssprache bediente. Bedeutendster nationalromant. Dichter wurde Taras G. Schewtschenko, dessen Gesamtwerk Elemente der Volksdichtung, des Brauchtums, der Bibel und der zeitgenöss. russ. und westeurop. Romantik vereinte und zum künstler. Kristallisationspunkt nat.-ukrain. Unabhängigkeitsbestrebungen wurde. Offizielle russ. Reaktion waren eine ab 1845 noch strengere Zensur und eine verschärfte Russifizierungspolitik; lediglich in der Westukraine, die mit ihrem kulturellen Zentrum Lemberg zu Österreich gehörte, konnte sich die u. L. freier entfalten: Einbeziehung realist. Thematik und Stilistik, teilweise auch soziale Fragestellungen, krit. Darstellung der ukrain. Intelligenz. Die 2. Hälfte des 19. Jh. prägte insbes. der westukrain. Schriftsteller, Journalist und Wissenschaftler I. J. Franko (*1856, †1916). Um die Wende zum 20. Jh. entstanden modernist. Strömungen, die ihre stoffl. Basis jedoch weitgehend in der ukrain. Problematik behielten und sich nach 1917 v. a. in symbolist., futurist., impressionist. und neoklassizist. Verdichtungen manifestierten. Unter den stalinist. Verfolgungen kamen zahlr. ukrain. Schriftsteller ums Leben (u. a. M. K. Serow [*1890, †1941?], M. Semenko [*1892, †1937], M. Kulisch [*1892, †1942], H. M. Kossynka [*1899, †1934], W. P. Pidmohylny [*1901, †1941]). Zu den Begründern der ukrain. Sowjetliteratur gehörten P. G. Tytschina (*1891, †1967), M. F. Rylski (*1895, †1964), A. Golowko (*1897, †1972), die in den 1930er Jahren die Positionen des sozialist. Realismus vertraten. – Von den bed. Autoren der zeitgenöss. u. L. sind u. a. die Erzähler O. T. Hontschar (*1918) und J. P. Huzalo (*1937), die Lyriker W. S. Stus (*1938, †1985 [im Straflager]), I. F. Dratsch (*1936) und I. Kalynez (*1939) sowie der Dramatiker D. J. Kornitschuk (*1905, †1972) zu nennen. – In der *Emigration* schrieben u. a. die Lyriker M. K. Orest-Serow (*1902, †1963), T. S. Osmatschka (*1895, †1962) und W. Barka (*1908) sowie die Erzähler W. P. Petrow-Domontowytsch (*1894, †1969) und I. W. Katschurowsky (*1918).

ukrainische Musik, zum ältesten Volksliedgut der Ukrainer gehören Frühlings-, Wiegen- und Hochzeitslieder, daneben sind histor. Gesänge und Heldenlieder überliefert. Wandernde Volkssänger (Kobsaren) bestimmten lange Zeit die Volksmusik. Sie begleiteten sich auf der Kobsa, einem lautenähnl. Instrument. Andere typ. Volksmusikinstrumente sind Lyra, Zimbel und Geige. – Die Quellen der ukrain. Kunstmusik gehen auf die Musik der Kiewer Rus zurück. Der mehrstimmige Gesang nach westeurop. Vorbild verbreitete sich im 17. Jh. Mitte des 19. Jh. bildete sich eine nat. ukrain. Komponistenschule heraus. 1863 schrieb S. Gulak-Artemowski die erste Nationaloper („Der Saporosher hinter der Donau"). Als Begründer der klass. ukrain. Musik gilt N. Lyssenko. Seit den 1920er Jahren waren die Komponisten bemüht, klass. und romant. Musikentwicklungen westeurop. Länder aufzuarbeiten. Wesentliches leisteten dabei L. Rewuzki, B. Ljatoschinski, W. Kossenko, S. Ljudkewitsch, N. Kolessa, J. Mejtus, G. Maiboroda und A. Schtogarenko. Unter den zeitgenöss. Komponisten fand v. a. W. Silwestrow internat. Anerkennung.

ukrainische Sprache (ruthenische Sprache), zum östl. Zweig der slaw. Sprachen gehörende Sprache der Ukrainer mit über 44 Mill. Sprechern v. a. in der Ukraine und weiteren etwa 2 Mill. Emigranten. Der heutigen ukrain. Schriftsprache geht eine jahrhundertelange Vorherrschaft des Kirchenslawischen voraus. Die moderne ukrain. Schriftsprache beruht auf der relativ einheitl. südostukrain. Dialektgruppe um die Städte Poltawa, Charkow und Kiew und hat sich Anfang des 19. Jh. mit der literar. Romantik herausgebildet. Im Russ. Reich wurde die weitere Ausbildung der u. S. verhindert; 1863, 1866, 1876–1906 und z. T. auch 1914–17 war es verboten, Bücher, Aufsätze usw. in u. S. zu drucken und zu veröffentlichen.

Die *Dialekte* werden in die drei Hauptgruppen der nordukrain. altertüml. Polesje-Mundarten, der südostukrain.

einheitl. Kolonistenmundarten und die Gruppe der vielfältig untergliederten südwestukrain. Mundarten gegliedert. Die u. S. wird mit kyrill. Buchstaben geschrieben.

Ukulele [polynes.], kleine Gitarre mit vier Stahlsaiten (Stimmung der Konzert-U. h^1 fis^1 d^1 a^1), die mit einem Spielplättchen angeschlagen werden.

UKW, Abk. für: **U**ltra**k**urz**w**ellen.

Ulan Bator, Hauptstadt der Mongolei, im N des Landes, 1 350 m ü. d. M., 560 600 E. Bildet ein eigenes Verw.-Geb.; Akad. der Wiss., Mongol. Staatsuniv. (gegr. 1942), Staatsarchiv, Religions-, Revolutions-, Stadt-, Palast-, Kunst- u. a. Museen, Nat.theater; wichtigstes Ind.zentrum der Mongolei; durch die Transmongol. Eisenbahn Anschluß an das russ. Eisenbahnnetz; internat. ✈. *Geschichte:* Urspr. Siedlung an der Teestraße; ab 1639 der zeitweilige, ab 1778 der ständige Sitz des Hauptes des Lamaismus in der Mongolei; der um das Kloster entstandene Ort wurde in der europ. Literatur bis 1924 **Urga** gen.; wuchs bis Anfang des 20. Jh. zum religiösen, administrativen (seit dem späten 18. Jh. Sitz der Vertreter der Mandschureg., 1911–21 Sitz der Autonomen Mongol. Reg.) und wirtsch. Mittelpunkt der N-Mongolei heran; nach Gründung der Mongol. VR (1924) deren Hauptstadt. *Bauten:* Reg.gebäude (1945), Theater (1947), Univ. (1943ff.), Kaufhaus in Form einer traditionellen mongol. Jurte (1962). Nur 4 Klosteranlagen sind erhalten, nur eine davon ist noch von Mönchen bewohnt. Die im Randgebiet der Stadt liegenden Jurtenkolonien sind z. T. Sommerwohnsitze der städt. Bevölkerung.

Ulanen [poln. zu türk. oğlan „Knabe, Bursche"], mit Lanzen bewaffnete Reiter; im 16. Jh. in Polen als leichte Kavallerie aufgestellt; seit 1734 in Preußen. U. gab es bis zum Ende des 1. Weltkrieges; sie trugen eine ↑Tschapka und die Ulanka (Waffenrock) mit 2 V-förmig angeordneten Knopfreihen.

Ulanowa, Galina Sergejewna [russ. u'lanɛːvɐ], *Petersburg 8. Jan. 1910, russ. Tänzerin. – Wurde 1928 Mgl. des Kirow-Balletts in Leningrad (St. Petersburg), 1944–61 Primaballerina assoluta des Bolschoi-Balletts in Moskau. Eine der bedeutendsten Ballerinen (bes. des klass. Fachs) der Ballettgeschichte; auch Balletpädagogin.

Ulawun, Mount [engl. ˈmaʊnt uːlɑːˈwʌn], aktiver Vulkan, mit 2 300 m höchste Erhebung der Insel Neubritannien, Papua-Neuguinea.

Ulan-Ude, Hauptstadt der Autonomen Republik Burjatien innerhalb Rußlands, in S-Sibirien, an der Selenga, 542 m ü. d. M., 353 000 E. Vier Hochschulen, Zweigstelle der Sibir. Abteilung der Russ. Akad. der Wiss., Museen und Theater; Eisenbahnausbesserungs-, Kabelwerk, Elektromaschinenbau, von der Transsib zweigt in U.-U. die Eisenbahnlinie nach Ulan Bator ab, ✈. – 1666 als Kosakenwinterlager **Udinskoje** gegr.; 1689 wurde daraus die Festung **Werchneudinsk** ausgebaut, um die im 18. Jh. die Stadt entstand; seit 1783 Kreisstadt, seit 1851 Zentrum des transbaikal. Gebietes; Verbannungsort.

Ulbricht, Walter, *Leipzig 30. Juni 1893, †Berlin (Ost) 1. Aug. 1973, dt. Politiker. – Tischler; trat 1912 der SPD, 1919 der KPD bei; 1923 in die Zentrale der KPD gewählt; 1926–28 MdL in Sachsen, 1928–33 MdR. Seit 1927 Mgl. des ZK der KPD, 1929–32 Mgl. des Politbüros; emigrierte 1933 nach Frankreich, 1938 in die Sowjetunion; 1943 Mitbegr. des Nationalkomitees Freies Deutschland; bereitete mit seiner „Gruppe U." seit 29. April 1945 in Deutschland die kommunist. Machtübernahme in der späteren SBZ vor. 1946–50 stellv. Vors. der SED und Mgl. des ZK; seit 1949 Mgl. des Politbüros, 1950–53 Generalsekretär, danach 1. Sekretär der SED; übernahm 1960 den Vorsitz des neu geschaffenen Staatsrates (Staatsoberhaupt) und des Nat. Verteidigungsrates der DDR. U. bestimmte unter sowjet. Anleitung zwei Jahrzehnte lang die Entwicklung der SED und der DDR. Innerparteil. Gegner, v. a. F. Dahlem (1952), W. Zaisser, R. Herrnstadt (1953) und K. Schirdewan (1957) schaltete er aus. Nach dem Bau der Berliner Mauer (1961) bemühte er sich um die internat. Anerkennung der DDR (bei Lockerungsversuchen von der sowjet. Vorherrschaft).

1968 gehörte er zu den schärfsten Kritikern der reformkommunist. Bestrebungen in der ČSSR. Nach seiner Entmachtung am 3. Mai 1971 durch E. Honecker blieb er bis zu seinem Tod formell Staatsoberhaupt.

Ulcinj [serbokroat. 'ultsiɲ], Ort an der Adriaküste in Montenegro (Jugoslawien), 7 500 E. Seebad; Schwefelquellen.

Ulcus (Mrz. Ulcera; Ulkus) [lat.], svw. ↑Geschwür.

Ulcus cruris [lat.], svw. ↑Beingeschwür.

Ulcus duodeni [lat.], svw. ↑Zwölffingerdarmgeschwür.

Ulcus molle [lat.] ↑Schanker.

Ulcus ventriculi [lat.], svw. Magengeschwür (↑Magenerkrankungen).

Uleåborg [schwed. ɵːlaoˈbɔrj] ↑Oulu.

Ulema [arab. „Gelehrte"], die religiösen Gelehrten und Repräsentanten der religiösen Institutionen des Islams.

Ulex [lat.], svw. ↑Stechginster.

Ulexit [nach dem dt. Chemiker G. L. Ulex, *1811, †1883] (Boronatrocalcit), triklines, in feinfaserigen Aggregaten vorkommendes, weißes Mineral, $NaCaB_5O_9 \cdot 8 H_2O$. Mohshärte 1, Dichte 2,0 g/cm³; Bor-Rohstoff.

U. L. F., Abk. für: ↑**U**nsere **L**iebe **F**rau.

Ulfilas (Ulfila, Gulfilas, Wulfila), *um 311, †Konstantinopel [?] 383, westgot. Bischof. – Wurde 341 zum Bischof für die Goten geweiht. Nach der Verfolgung durch Athanarich (348) zog er sich hinter die Reichsgrenze zurück, wirkte weiter als Missionsbischof und weltl. Führer (Primas). U. übersetzte die Bibel ins ↑Gotische.

Uli [melanes.], Bez. für geschnitzte und bemalte hölzerne Ahnenfiguren (v. a. von Häuptlingen) auf Neuirland und die damit in Zusammenhang stehenden Kulte.

Ulixes, lat. Name des ↑Odysseus.

Ulixippona ↑Lissabon.

Uljanow, Wladimir Iljitsch [russ. ulj'janɛf] ↑Lenin, Wladimir Iljitsch.

Uljanowsk [russ. ulj'janɛfsk], russ. Geb.hauptstadt, am W-Ufer des Samaraer Stausees, 625 000 E. Polytechn. und landw. Hochschule, PH; Lenin-Museum, Theater. Bau von Kfz, Flugzeugen, Schiffen, Maschinen, Elektroapparaten, Holzind.; Hafen, Bahnknotenpunkt, ⌅. – 1648 als Festung gegr. (**Simbirsk**); seit 1924 U. nach dem eigtl. Namen W. I. Lenins [Uljanow], der hier geboren wurde.

Ulkus (Mrz. Ulzera; Ulcus) [lat.], svw. ↑Geschwür.

Ulkuskrankheit, Sammelbez. für chron., in Abständen wiederkehrende Geschwürsleiden im Bereich des Magens und des Zwölffingerdarms.

Ull, svw. ↑Ullr.

Ullmann, Fritz, *Fürth 2. Juli 1875, †Genf 17. März 1939, dt. Chemiker. – 1905–26 Prof. an der TH Berlin; lebte danach in Genf; Hg. der „Encyclopädie der techn. Chemie" (1914–23), die u. d. T. „Ullmanns Encyclopädie der techn. Chemie" fortgeführt wurde.

U., Liv, *Tokio 16. Dez. 1938, norweg. Schauspielerin. – Intensiv gestaltete Filmrollen bes. unter der Regie von I. Bergman, u. a. „Persona" (1966), „Szenen einer Ehe" (1973), „Von Angesicht zu Angesicht" (1975), „Herbstsonate" (1978); schrieb „Wandlungen" (Autobiographie, 1975) und „Gezeiten" (1985); seit 1980 Sonderbotschafterin der UNICEF.

Ullr [ˈʊlar] (Ull), nordgerman. Gott („der Herrliche") aus dem Geschlecht der Asen; galt als Bogenschütze, der auf Skiern jagt.

Ullstein GmbH ↑Verlage (Übersicht).

Ullung, zu Süd-Korea gehörende Insel im Jap. Meer, 73 km², bis 975 m hoch.

Ulm, Krst. an der Mündung der Blau in die Donau, Bad.-Württ., 479 m ü.d.M., 108 900 E. Verwaltungssitz des Alb-Donau-Kreises, Univ. (gegr. 1967), Fachhochschule für Ingenieurwiss. und Informatik; Museen, u. a. Dt. Brotmuseum; Stadthaus am Münsterplatz; Theater; Donaustadion; Textil- und Bekleidungsind., Maschinen-, Fahrzeugbau sowie elektrotechn. Industrie.

Geschichte: Vermutlich in der 2. Hälfte des 8. Jh. Errichtung eines Stützpunktes durch das Kloster Reichenau, 854 als königl. Pfalz erstmals erwähnt (**Ulma**); zw. 1163 und 1181 Stadtrecht; im 14. Jh. Reichsstadt; im 14./15. Jh. bed. Handelsstadt; spielte eine führende Rolle in den schwäb. Städtebündnissen und im Schwäb. Bund; seit dem 17. Jh. Tagungsort des Schwäb. Reichskreises. Im Spät-MA gewann U. ein sich über die Schwäb. Alb bis ins obere Filstal erstreckendes Territorium, eines der größten reichsstädt. Herrschaftsgebiete. Führte 1529 die Reformation ein; 1616–23 zu einer der stärksten dt. Festungen des 17. Jh. ausgebaut; 1802 von Bayern besetzt, kam 1810 an Württemberg; die neue bayr.-württemberg. Grenze zerschnitt die alte Gemarkung; im 19. Jh. Bundesfestung des Dt. Bundes (Neubau einer Wallanlage mit Festungswerken).

Bauten: Schwere Zerstörungen im 2. Weltkrieg. Neben dem ↑Ulmer Münster wurden wieder hergestellt: Rathaus (14.–20. Jh.) mit Plastiken von H. Multscher (1427–30), Kornspeicher (1585–93), Kornhaus (1594). Reste der Stadtbefestigung (v. a. 14. Jh.). Im Stadtteil Wiblingen ehem. Benediktinerabtei mit barocker Kirche (1772–81).

U., Stadtkreis in Baden-Württemberg.

Ulm
Stadtwappen

Ulme [lat.] (Rüster, Ulmus), Gatt. der U.gewächse mit rd. 25 Arten in der nördl. gemäßigten Zone und in den Gebirgen des trop. Asiens; sommergrüne, seltener halbimmergrüne Bäume oder Sträucher; Blätter eiförmig, häufig doppelt gesägt, Blüten unscheinbar, Frucht eine von einem breiten Flügelrand umgebene Nuß. Wichtige einheim. Arten sind: **Bergulme** (Bergrüster, Ulmus montana), bis 30 m hoch, v. a. in Bergregionen; Blätter doppelt gesägt, oberseits rauh; **Feldulme** (Feldrüster, Ulmus campestris), bis 40 m hoch, in Wäldern und Flußauen tieferer Lagen; mit reichästiger, breiter Krone; **Flatterulme** (Flatterrüster, Ulmus laevis), bis 35 m hoch, v. a. in feuchten Wäldern; Blätter doppelt gesägt, unterseits behaart. Die aus dem östl. N-Amerika stammende **Amerikanische Ulme** (Ulmus americana) wird als Parkbaum angepflanzt. – ↑Hölzer (Übersicht).

Ulmengewächse (Ulmaceae), Pflanzenfam. mit mehr als 150 Arten in 16 Gatt., v. a. in den Tropen Asiens und Amerikas, seltener im trop. Afrika. Bekannte Gatt. sind Ulme und Zürgelbaum.

Ulmensplintkäfer, Bez. für einige ↑Borkenkäfer der Gatt. *Scolytus*, u. a. der 5 mm große, schwarze oder dunkelbraune Art. **Große Ulmensplintkäfer** (Scolytus scolytus), der an jungen Ulmenzweigen frißt; Brutgänge werden zw. Rinde und Splint angelegt.

Ulmensterben (Ulmenkrankheit), durch den Schlauchpilz Ceratocystis ulmi verursachte, weit verbreitete Krankheit bei Ulmen, wobei das wachsende Myzel die Wasserleitungsbahnen verstopft; an den Bäumen treten plötzlich Welkerscheinungen auf mit Blattfall, Absterben einzelner Zweige und ganzer Bäume. Die Pilzsporen werden durch den ↑Ulmensplintkäfer verbreitet.

Ulmer, Eugen, *Stuttgart 26. Juni 1903, †Heidelberg 26. April 1988, dt. Jurist. – Prof. in Heidelberg und in München, 1965–73 Leiter des Max-Planck-Inst. für ausländ. und internat. Patent-, Urheber- und Wettbewerbsrecht in München; maßgeblich an der Erarbeitung des Welturheberrechtsabkommens vom 6. 9. 1952 und dessen revidierter Pariser Fassung vom 24. 7. 1971 beteiligt.

Ulmer Münster, größte dt. Pfarrkirche. 1377 von Baumeistern der Parlerfamilie als got. Hallenkirche begonnen; vermutlich 1383/84 bis 1387 Umwandlung in eine Basilika. 1392 begann Ulrich Ensinger die Westvorhalle und den Westturm, der 1474–92 von M. Böblinger weitergeführt wurde (und nach dessen Riß als höchster Kirchturm der Welt 1890 vollendet wurde); 1507 Unterteilung der Seitenschiffe wegen des Schubs des Turms (B. Engelberg). Bed. die aus dem Parlerkreis stammende Bauplastik, der Schmerzensmann am Hauptportal von H. Multscher und die Ausstattung (Chorgestühl aus der Werkstatt von J. Syrlin d. Ä.). – Abb. S. 80.

Ulna [lat.] ↑Elle.

Ulpianus, Domitius, *Tyrus um 170, †Rom 228 (ermordet), röm. Jurist. – U. schrieb u. a. Kommentare zum prätor. Edikt (83 Bücher) und zum Zivilrecht des Sabinus (51 Bücher), deren Fragmente ein Drittel der Digesten des Corpus Iuris Civilis ausmachen.

Ulme. Blühender Zweig, Laubzweig und Frucht der Feldulme

Liv Ullmann

Ulmer Münster. Das 1377 ff. erbaute Ulmer Münster im Zentrum der Altstadt, im Vordergrund die Donau

Ulrich (Udalrich) **von Augsburg,** hl., *Augsburg 890, †ebd. 4. Juli 973, Bischof von Augsburg. – Verteidigte die von ihm 926 befestigte Stadt beim Ungarneinfall im Jahre 955; 993 in der ersten bekannten Heiligsprechung kanonisiert. – Fest: 4. Juli.

Ulrich von Ensingen ↑ Ensinger, Ulrich.

Ulrich von Etzenbach (Eschenbach), mittelhochdt. Epiker der 2. Hälfte des 13. Jh., wahrscheinlich aus N-Böhmen. – Vertreter des späten höf. Romans; u. a. „Wilhelm von Wenden" (um 1289/90), ein höf. Legendenroman mit Minne- und Orientabenteuern, „Herzog Ernst" (sog. „Herzog Ernst D"), 1280er Jahre).

Ulrich von Lichtenstein (Liechtenstein), *Lichtenstein (Steiermark) um 1200, † 1275 oder 1276, mittelhochdt. Dichter. – Aus Ministerialengeschlecht; zeigt sich in den 58 Minneliedern und seinem Leich als formgewandter Gestalter eines am histor. Ideal geschulten, jedoch stärker versinnlichten Minneideals. Schrieb ferner die paargereimte Ich-Erzählung „Frauendienst" (1255) und den minnetheoret. Disput „Frauenbuch" (1257).

Ulrich von Türheim, mittelhochdt. Epiker der 1. Hälfte des 13. Jh. – Aus [Augsburger] Ministerialengeschlecht; schrieb eine Fortsetzung (um 1235) zu Gottfried von Straßburgs Tristanroman sowie das Epos „Rennewart" (35 500 Verse, zw. 1240–1250), eine Fortsetzung von Wolfram von Eschenbachs „Willehalm".

Ulrich von Augsburg. Ausschnitt aus der Kupferplatte des Sarkophags von 1187 (Augsburg, Sankt Ulrich und Afra)

Ulrich von Württemberg, *Reichenweier 8. Febr. 1487, †Tübingen 6. Nov. 1550, Hzg. von Württemberg (seit 1498). – Regierte ab 1503 selbständig, verschuldete sein Land durch Mißwirtschaft; konnte 1514 die Erhebungen der Armen Konrad mit Hilfe der Städte niederwerfen; wurde, als er die Reichsstadt Reutlingen besetzte, 1519 von einem Heer des Schwäb. Bundes vertrieben. Durch Philipp I. von Hessen 1534 nach Auflösung des Schwäb. Bundes in sein Land zurückgeführt; erhielt Württemberg als östr. Afterlehen, führte die Reformation ein.

Ulrichs, Timm, *Berlin 31. März 1940, dt. Künstler. – Seit 1972 Prof. in Münster. Vertreter des Neodadaismus und der Concept-art. In seinen „Tautologien" benennt er die Doppeldeutigkeit von Worten, die er in Objekte umsetzt; auch Environments, Aktionen und Performances.

Ulsan, Hafen- und Ind.stadt im sö. Süd-Korea, an einer Bucht des Jap. Meeres, 551 000 E. Erdölraffinerie, bed. petrochem. Ind., Schiffbau, Aluminiumind., Maschinenbau, Zementwerk, Nahrungsmittelindustrie.

Ulster [engl. ˈʌlstə], histor. Prov. im N der Insel Irland, umfaßt die Distrikte Nordirlands sowie die Gft. Cavan, Donegal und Monaghan der Republik Irland. – ↑ Irland (Geschichte), ↑ Nordirland (Geschichte).

Ulster [nach der gleichnamigen ir. Provinz], zweireihiger loser Herrenmantel aus gleichnamigem Stoff; hat einen breiten Rückengürtel und breite Revers.

Ulster Defence Association [engl. ˈʌlstə diˈfɛns əsousiˈeɪʃən „Ulster-Verteidigungsvereinigung"], Abk. UDA, 1972 gegr. militante prot. Organisation in Nordirland; Gegnerin der kath.-nationalist. IRA.

Ultima [lat.], die letzte Silbe eines Wortes.

Ultima ratio [lat.], allg. svw. letztes, äußerstes Mittel. Die Wendung *U. r. regum* „[der Krieg als] letztes Mittel der Könige" geht auf P. Calderón de la Barca zurück.

Ultimatum [lat. „das letzte"], im *Völkerrecht* eine eindeutige, letzte und befristete Mitteilung eines Standpunkts oder einer Forderung eines Völkerrechtssubjekts, verbunden mit einer allg. *(einfaches U.)* oder konkreten *(qualifiziertes U.)* Drohung (insbes. mit einer Kriegserklärung) für den Fall einer ablehnenden Antwort.

Ultimo [lat.], im *Börsenverkehr* der letzte Börsentag des Monats.

Ultimogeld, am Geldmarkt aufgenommenes Leihgeld, das am Monatsende zur Rückzahlung fällig ist.

ultra..., Ultra... [lat.], Vorsilbe mit der Bed. „jenseits von, über – hinaus, übertrieben".

Ultrafilter (Membranfilter), zur *Ultrafiltration,* d. h. zum Abtrennen kolloidaler Teilchen aus kolloidalen Lösungen sowie von Bakterien und Viren aus Wasser, Seren u. a. verwendete, sehr feinporige Filter.

Ultrahocherhitzung (Uperisation), Sterilisierungsverfahren für Milch, die durch eine knapp 1 Sekunde dauernde Dampfinjektion auf 150 °C erhitzt, danach rasch abgekühlt und abgefüllt wird; durch die U. werden auch die gegen Pasteurisation resistenten Mikroorganismen abgetötet. Ultrahocherhitzte Milch kommt als *H-Milch* (haltbare Milch) in den Handel.

Ultraísmo [lat.-span.], span. und lateinamerikan. literar. Bewegung; 1919 in Madrid begr.; erstrebte in Anlehnung an futurist. Doktrinen eine Erneuerung der Lyrik durch ihre Reduktion auf eine v. a. die moderne Technik umgreifende Metaphern- und Bildersprache; Hauptvertreter: G. de Torre.

Ultrakurzwellen, Abk. UKW (internat. Abk.: VHF), elektromagnet. Wellen mit Wellenlängen zw. 3,43 m und 2,78 m, d. h. mit Frequenzen zw. 87,5 und 108 MHz. Wegen der verhältnismäßig großen Streckendämpfung der U. und der geringen Beugungsneigung über den Horizont (nahezu lichtähnl. Ausbreitung) ist der UKW-Sendebetrieb im allg. nur im Bereich von 40 bis 120 km möglich; bei bestimmten atmosphär. Bedingungen sind jedoch erhebliche Überreichweiten erzielbar.

Ultrakurzwellentherapie, Bestrahlungstherapie unter Anwendung von Ultrakurzwellen zur Erzeugung von Wärme in tieferen Körperschichten, v. a. bei rheumat. Erkrankungen. – ↑ Elektrotherapie.

Ultrakurzzeitgedächtnis ↑ Gedächtnis.

Ultramarin [zu lat. ultra „jenseits" und marinus „zum Meer gehörig"], Gruppe bes. lichtbeständiger Farbpigmente, chemisch ungefähr $Na_8[S_{2-4}](AlSiO_4)_6$, die u. a. zur Herstellung von Malerfarben verwendet werden. Grünes, blaues, violettes und rotes U. wird durch Zusammenschmelzen von Ton, Quarz, Soda, Schwefel und Holzkohle (als Reduktionsmittel) technisch hergestellt.

Ultrametamorphose, extreme Metamorphose, bei der Gesteine wiederaufschmelzen, umfaßt Anatexis, Diatexis und Palingenese.

Ultramikroskop ↑ Mikroskop.

Ultramontanismus [zu lat. ultra montes „jenseits der Berge" (d. h. der Alpen)], seit dem frühen 18. Jh. in Frankreich Bez. für die Richtung innerhalb des [polit.] Katholizismus, die im Ggs. zum Gallikanismus den Primat des Papstes innerhalb der Kirche vertrat und mit dem Papsttum gegen Aufklärung, Protestantismus, Liberalismus, Laizismus und nationalstaatl. Souveränität eintrat; U. wurde zum Schlagwort, das v. a. im ↑ Kulturkampf weite Verbreitung fand.

Ultrarot, ältere Bez. für ↑ Infrarot.

Ultraschall, für den Menschen unhörbarer Schall mit Frequenzen oberhalb 20 kHz. Anwendung findet U. zur Werkstoffprüfung und -bearbeitung, zur Entgasung von Metall- und Glasschmelzen, zur Nachrichtenübermittlung unter Wasser, als Echolot und in der Medizin zur ↑ Ultraschalldiagnostik und ↑ Ultraschalltherapie.

Ultraschalldiagnostik (Sonographie), Nutzung der teilweisen Reflexion von Ultraschallwellen an Grenzflächen unterschiedl. Gewebestrukturen im Körper zur Beurteilung zahlr. Organe (Bauchorgane, Herz, Blutgefäße, Schilddrüse, Augen, Gehirn) und des Feten, einschl. krankhafter Veränderungen (Tumor, Zyste, Abszeß, Stein, Blutungsherd u. a.). Ein Schallkopf sendet kurze Schallimpulse in den Körper, empfängt die reflektierten Echoimpulse und leitet sie zu einer Bildröhre weiter (Impulsechoverfahren). Beim *A-Bild-Verfahren (A-Scan)* werden die Echoamplituden als „Zacken" angezeigt; geeignet zur Erkennung von Hirntumoren und -blutungen sowie Augenfremdkörpern. Beim *B-Bild-Verfahren (Ultraschalltomographie, B-Scan)* tasten gerichtete Schallbündel Organe und Weichteilformationen im Körper entlang einer Schnittebene ab und zeichnen ein helligkeitsmoduliertes, zweidimensionales, anschaulicheres „Schnittbild" auf; bes. geeignet zur Oberbauchdiagnostik und in der Geburtshilfe. Mit dem *Weg-Zeit (Time-motion-)Verfahren* (modifizierte A-Bild-Methode) lassen sich Bewegungsvorgänge, bes. das pulsierende Herz, funktionsgerecht darstellen. Das *Ultraschall-Doppler-Verfahren (Dauerschallverfahren)* benutzt getrennte Sende- und Empfangswandler und beruht auf der Frequenzänderung von Schallwellen an bewegten Strukturen (Dopplereffekt); es dient vor allem der quantitativen Durchblutungsmessung. Vorteil der U. gegenüber der Röntgenuntersuchung sind u. a.: keine Belastung des Patienten, keine ionisierende Strahlung, keine Kontrastmittelinjektionen.

Ultraschallholographie ↑ Holographie.

Ultraschallkardiographie, svw. ↑ Echokardiographie.

Ultraschallmikroskop, Mikroskop, bei dem Ultraschallwellen auf das Untersuchungsobjekt fokussiert, dort reflektiert und elektronisch ausgewertet werden. Mit U. lassen sich Strukturgrößen von 0,3 µm darstellen.

Ultraschallortung, in der *Technik* die Suche, Lokalisierung und Entfernungsbestimmung von Objekten, Inhomogenitäten und Phasengrenzen in einem sonst homogenen Schallausbreitungsmedium durch Erfassung der von einem Ultraschallgeber [gerichtet] ausgesendeten und an den Objekten usw. reflektierten Ultraschallimpulse, wobei die Entfernung durch Messung der Laufzeit der Ultraschallwellen zw. Schallabgang und Echoeingang bestimmt wird. Als U.anlagen werden *Ultraschallecholote* verwendet. – Eine U. kommt auch bei *Tieren* vor. So orientieren sich z. B. Delphine, Fledermäuse und einige Spitzmausarten mit Hilfe des Echos der von ihnen ausgesandten Ultraschallsignale; auch Beutetiere werden auf diese Weise geortet. Delphinen dient die U. als innerartl. Kommunikation.

Ultraschallprüfung, zerstörungsfreie Werkstoffprüfung mit Ultraschall zur Auffindung von Lunkern, Rissen, Einschlüssen u. a. Fehlern. Zur Erzeugung des Ultraschallwellen benutzt man piezoelektr. Quarzkristalle *(Schwingquarze),* die im elektr. Wechselfeld zu Deformationsschwingungen angeregt werden; diese übertragen sich auf die umgebenden Medien und pflanzen sich als Ultraschallwellen fort. Beim **Impulsechoverfahren** werden Ultraschallimpulse auf das Werkstück übertragen, an der gegenüberliegenden Begrenzungsfläche reflektiert und vom inzwischen als Empfänger geschalteten Schwingquarz wieder aufgenommen. Tiefe und Größe des Fehlers lassen sich aus Lage und Form der „Echos" auf dem Bildschirm ermitteln.

Ultraschallreinigung, Reinigungsverfahren v. a. für kompliziert geformte Werkstücke, feinmechan. Aggregate u. a.: Die in einem ultraschallerregten Flüssigkeitsbad auftretenden hohen Beschleunigungskräfte u. a. bewirken eine hochgradige Reinigung der eingetauchten Werkstücke.

Ultraschallschweißen ↑ Schweißverfahren.

Ultraschalltherapie, Anwendung von hochfrequentem Ultraschall zu Heilzwecken. Die Ultraschallwellen werden über eine Membran unter Verwendung einer Kopplungsflüssigkeit (z. B. Öl) auf die Oberfläche des zu behandelnden Körperteils übertragen und bewirken in einer Tiefe von bis zu 7 cm eine Mikromassage und verstärkte Durchblutung des Gewebes; Anwendung v. a. bei chron. Gelenkerkrankungen und Nervenreizungen.

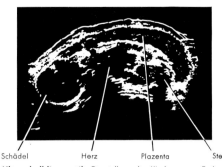

Schädel   Herz   Plazenta   Steiß

Ultraschalldiagnostik. Darstellung des Kindes gegen Ende der Schwangerschaft auf dem Bildschirm

Ultrastrahlung, svw. ↑ Höhenstrahlung.

Ultraviolett, Abk. UV, unsichtbare elektromagnet. Wellen mit Wellenlängen von etwa 5 bis 400 nm, die sich an das violette Ende des sichtbaren Spektrums anschließen. Für die UV-Strahlung gelten die gleichen Gesetzmäßigkeiten (Brechung, Reflexion, Beugung, Interferenz, Polarisation u. a.), wie sie für das sichtbare Licht bekannt sind. Im Ggs. zu diesem wird sie allerdings von Glas und Luft in starken Maße absorbiert. Eine natürl. UV-Quelle ist die Sonne; künstl. UV-Strahler sind Wolframbandlampen mit Quarzfenster, Edelgaslampen, Quecksilberdampflampen und Wasserstofflampen sowie hocherhitzte Temperaturstrahler. Anwendung findet die UV-Strahlung u. a. in Leuchtstofflampen und bei der synthet. Erzeugung chem. Produkte. Wichtig sind die biolog. Wirkungen: Bei kleiner Dosierung werden Stoffwechsel, Atmung, Kreislauf, Blutbeschaffenheit, Drüsenfunktion und Allgemeinzustand des Menschen meist günstig beeinflußt (bei einigen Krankheiten wirkt sie sich jedoch schädlich aus) sowie eine Pigmentierung (Bräunung) der Haut bewirkt und durch Bildung von Vitamin D aus Ergosterin Rachitis verhütet. Eine Überdosierung kann zu Schädigungen des Organismus (starke Hautverbrennungen, Netzhautablösung) führen. Die zellzerstörende Wirkung der Strahlung auf Viren, Bakterien, Bakteriophagen wird vielseitig therapeutisch sowie auch technisch zur Luftentkeimung und Sterilisation ausgenutzt.

Ultraviolettastronomie, Teilgebiet der Astronomie, das die von kosm. Objekten, insbes. der Sonne und speziellen Sterngruppen, emittierte Ultraviolettstrahlung untersucht.

Uludağ [türk. u'luda:] (Mysischer Olymp), Bergmassiv sö. von Bursa, Türkei, höchster Gipfel 2 543 m; Wintersportgebiet.

Ulug-Beg, eigtl. Muhammad Taragay, * Soltanijje (Prov. Sandschan) 22. März 1394, † bei Samarkand 27. Okt. 1449, usbek. Astronom. – Enkel Timur-Lengs; ab 1447 Haupt der Timuridendynastie. U.-B. errichtete in Samarkand 1420 eine Hochschule und die damals am besten ausgerüstete Sternwarte (Überreste 1908 freigelegt); Hauptinstrument

Ulugh Muztagh

Umbrien. Landschaft in der Provinz Perugia

war ein gemauerter Sextant mit einem Radius von 40,4 m. Die dort erstellten astronom. Tafeln weisen eine im Abendland erst sehr viel später erreichte Genauigkeit auf.

Ulugh Muztagh, mit 7 723 m höchster Gipfel des Kunlun, China.

Ulysses, Sonnenforschungssonde, die im Okt. 1990 vom Space Shuttle Discovery zum Jupiter gestartet wurde. Nach dem Vorbeiflug an Jupiter (dabei Untersuchungen von dessen Magnetfeld und Radiofreqenzstrahlung sowie am Jupitermond Io) und hierbei erfolgender Herauslenkung aus der Ekliptikebene (Swing-by-Technik) im Febr. 1992 soll U. 1994/95 die Sonnenpole überfliegen.

Ulzeration [lat.], svw. ↑Geschwürbildung.

Umbanda [afrikan.], Sammelbez. für eine Anzahl neuer Religionen Brasiliens mit synkretist. Götterglauben, in dem Gottheiten afrikan. Ursprungs mit kath. Heiligen, z. T. auch mit indian. Numina identifiziert werden. Der Schwerpunkt liegt stets in einer kult. Praxis, die durch ekstat. und spiritist. Momente gekennzeichnet ist sowie durch pflanzl. und tier. Opfer.

umbauter Raum, im Hochbau Bez. für den von Wänden, Decken u. a. eines Gebäudes umschlossenen Raum (in m^3).

Umberfische (Adlerfische, Sciaenidae), Fam. bis etwa 3 m langer Barschfische mit über 150 Arten, v. a. in küstennahen Meeresregionen der trop. bis gemäßigten Zonen, selten in Süßgewässern; der Körper ist seitlich zusammengedrückt, mit großem Kopf; vermögen durch sehr rasche Kontraktionen besonderer Muskeln trommelnde Laute zu erzeugen („Trommelfische"). – Zu den U. gehören u. a. **Meerrabe** (Corvina nigra; etwa 40 cm lang) und **Ritterfische** (Equetus; bis 50 cm lang, Rückenflosse säbelartig verlängert).

Umbilicus [lat.], svw. Nabel (↑Nabelschnur).

Umbilicus urbis Romae [lat. „Nabel der Stadt Rom"] ↑Nabel der Erde.

Umboi, Vulkaninsel im Bismarckarchipel, zu Papua-Neuguinea, rd. 800 km², bis 1 655 m ü. d. M., Hauptort Siassi.

Umbra [lat. „Schatten"], in der *Astronomie* das dunkle Kerngebiet eines Sonnenflecks.
▷ (Umbrabraun, Sepiabraun, Erdbraun) durch Verwitterung von Eisen- und Manganerzlagern entstandenes, braunes Pigment, das 20–35 % Fe_2O_3, 7–15 % Mn_2O_3, 7–15 % Al_2O_3, 20–30 % SiO_2, 4–8 % $CaCO_3$ und 10–17 % H_2O enthält; wird als Farbzusatz verwendet.

Umbralgläser Ⓦ [lat./dt.], farbige Brillengläser, die im gesamten sichtbaren Spektralbereich die Helligkeit gleichmäßig herabsetzen und ultraviolette Strahlen absorbieren.

Umbrechen ↑Umbruch.

Umbrer (lat. Umbri), altitalisches, zur osk.-umbr. Gruppe der italischen Sprache gehörendes Volk; nach 1000 v. Chr. von N her nach Ober- und Mittelitalien eingewandert; siedelte schließlich im Gebiet östl. des oberen Tibertales im Apennin und bildete kleine Stadtstaaten, u. a. Spoletium (= Spoleto); im 3. Jh. v. Chr. romanisiert.

Umbriel [...bri-ɛl; hebr.], einer der fünf Uranusmonde; mittlere Entfernung vom Planeten 267 300 km, Umlaufzeit 4,144 Tage, Durchmesser rd. 400 km.

Umbrien (italien. Umbria), mittelitalien. Region und Gebirgslandschaft, 8 456 km², 820 300 E (1990), Hauptstadt Perugia. U. umfaßt mit den Prov. Perugia und Terni die Höhenzüge des mittleren Apennin und die eingeschalteten Becken mit dem ↑Trasimenischen See, etwa das Einzugsgebiet des mittleren Tibers und seines Nebenflusses Nera. Reiches Landw.gebiet (Ölbäume, Reben, Weizen, Weideland); Ind. v. a. in Terni; histor. Städte (Perugia, Orvieto, Spoleto, Todi, Assisi) mit bed. Fremdenverkehr. – Das von den Umbrern bewohnte antike U. bildete zus. mit dem im 4./3. Jh. von Kelten besiedelten Küstengebiet des Ager Gallicus unter Augustus die 6. Region **(Umbria)**, unter Kaiser Diokletian mit Etrurien vereinigt; Zerfall in der Völkerwanderungszeit; danach dominierte das langobard. Hzgt. Spoleto; seit dem Hoch-MA ständige Konflikte zw. den Autonomiebestrebungen der Kommunen, dann Signorien, und kaiserl. wie päpstl. Herrschaftsansprüchen; 1549 fiel ganz U. an den Kirchenstaat; 1860 wurde es dem Kgr. Italien eingegliedert.

Umbrisch, zur osk.-umbr. Gruppe der ↑italischen Sprachen gehörende Sprache der Umbrer, die v. a. durch die Iguvin. Tafeln bekannt ist; wurde bereits früh vom Lateinischen verdrängt. Die Schrift geht über ein etrusk. Bindeglied auf ein griech. Vorbild zurück.

Umbruch, in der *Landw.* das durch Pflugarbeit bewirkte Wenden (Umbrechen) der Ackerkrume bzw. der Wiesennarbe.
▷ (Umbrechen) in der *graph. Technik* das Zusammenstellen des in Fahnen vorliegenden Satzes einschl. Bilder, Tabellen, ggf. Kolumnentitel, Bogensignaturen, Fußnoten zu Seiten genau gleicher Größe mit Kolumnen gleicher Länge; auch Zusammenstellung und Gestaltung von Seiten am Bildschirm, die in digitaler Form im Computerspeicher vorliegen und nach Bedarf abgerufen und positioniert werden.

Umdruckverfahren, Verfahren zur Übertragung von Druckvorlagen (z. B. vom Originallithographiestein) auf eine für den Auflagendruck verwendete Flachdruckform.
▷ Vervielfältigungsverfahren, bei dem das Original über ein Spezialpapier auf ein Druckpapier seitenverkehrt übertragen wird; durch Alkoholbefeuchtung ist eine beschränkte Anzahl von Abzügen möglich.

Umeå [schwed. ˌʉːmɔoː], schwed. Stadt am Umeälv, 88 700 E. Hauptstadt des Verw.-Geb. Västerbotten, Univ. (gegr. 1963), Freilichtmuseum. Papier- und Zellstofffabriken, Elektroind. und Lkw-Karosseriebau. Fährverbindung mit Vaasa in Finnland; ✈. – 1588 gegr.; erhielt 1622 Stadtrecht.

Umeälv [schwed. ˌʉːməˈɛlv], Fluß in N-Schweden, entspringt nahe der norweg.-schwed. Grenze, mündet 15 km sö. von Umeå in den Bottn. Meerbusen, 460 km lang; mehrere Kraftwerke.

Umfang, die Länge der Begrenzungslinie[n] einer Fläche; z. B. beträgt der Kreisumfang $2r\pi$, wenn r der Kreisradius ist.

Umfeld, der Rand des Wahrnehmungsfeldes, der nicht mit voller Aufmerksamkeit wahrgenommen wird. Der Gegenbegriff für die Mitte des Wahrnehmungsfeldes ist *Infeld*.

Umformer, in der *Elektrotechnik* Bez. für elektr. Maschinen und Maschinensätze, mit deren Hilfe elektr. Energie einer Form in eine andere (z. B. andere Spannung oder Frequenz) umgeformt wird.

Umfrageforschung ↑Meinungsforschung.

Umgangsrecht (bis 1979 Verkehrsrecht), nach der Scheidung der Eltern oder bei deren dauerndem Getrenntleben das Recht des Elternteils, dem die Personensorge nicht zusteht, mit dem Kind persönlich in Kontakt zu bleiben (§ 1634 BGB). Bei fehlender Einigung der Eltern kann das Familiengericht das U. näher regeln.

Umgangssprache, nicht einheitlich verwendeter Begriff, der einerseits die Sprachform bezeichnet, die ein Sprachteilhaber in der tägl. mündl. Kommunikation verwendet, andererseits die Existenzform der Sprache, die zw. den Mundarten und der überregionalen Hochsprache (Standardsprache) steht, die sich zwar in den Grundstrukturen nach den Normen der Hochsprache richtet, diese aber nur locker anwendet. Die sprachl. Merkmale der U. sind nicht als feste Normen zu verstehen; ihre regionale Begrenzung geht über Dialektgebiete hinaus. Typisch für die U. ist v. a. ihr Reichtum an festen bildhaften Ausdrücken und Wendungen.

Umgebinde, Balkengefüge (Pfosten, Rahmen, Riegel, Kopfbänder), das als tragendes Gerüst wie eine Blendarkade um die Blockstube eines Hauses (*U.haus*) gelegt wird; traditionelle Form des Hausbaus bes. in der Lausitz und in N-Böhmen.

Umgebung, in der *Mathematik* versteht man unter der U. eines Punktes x_0 eines [euklid.] Raumes jede offene Menge aus Punkten dieses Raumes, die x_0 enthält.

Umgeld ↑ Biersteuer.

Umiak [eskimoisch], offenes Boot (fellbespanntes Holzgerüst) verschiedener Eskimostämme.

umkehrbar ↑ reversibel.

Umkehrentwicklung, svw. ↑ Umkehrprozeß.

Umkehrfilm, photograph. Film, der im Umkehrprozeß zu Dias entwickelt wird.

Umkehrfunktion (inverse Funktion), die einer gegebenen (umkehrbaren) Funktion f mit der Funktionsgleichung $y = f(x)$ zugeordnete Funktion f^{-1}, deren Funktionsgleichung $y = f^{-1}(x)$ sich nach Auflösen der beim Vertauschen von x und y erhaltenen Gleichung $x = f(y)$ nach y ergibt.

Umkehrprisma ↑ Reflexionsprisma.

Umkehrprozeß (Umkehrentwicklung), zur Bildumkehr (Umwandlung des Negativs in ein Positiv) führender Entwicklungsprozeß, der sich in folgenden Schritten vollzieht: Das belichtete [Umkehr]material wird im [silberhalogenidlösenden] Entwickler entwickelt, das entstandene Silberbild ausgebleicht, die Schicht geklärt und das nicht belichtete und unentwickelt gebliebene restl. Silberhalogenid einer diffusen Nachbelichtung unterworfen; das dadurch entstehende Restbild wird in einem zweiten Entwicklungsgang normal entwickelt.

Umkehrschluß ↑ Argumentum e contrario.

Umkehrung, in der *Musik* das Vertauschen von Tönen und Stimmverläufen in der Vertikalen. Ein ↑ Intervall wird umgekehrt, indem ein Ton in die obere bzw. untere Oktave versetzt wird; dabei wird die Sekunde zur Septime (1), die Terz zur Sexte (2), die Quarte zur Quinte (3) usw. Bei der U. von Akkorden wird ein anderer Ton als der Grundton zum Baßton. Die U. des Dur- bzw. Molldreiklangs (4) sind der Sextakkord (5) und der Quartsextakkord (6); die U. des Septimenakkords (7) sind der Quintsextakkord (8), der Terzquartakkord (9) und der Sekundakkord (10). – Bei der U. von Motiven, Themen oder Melodien (auch als Gegenbewegung, Inversion bezeichnet) werden die Intervallschritte in die jeweils entgegengesetzte Richtung geführt. Die U. in der Horizontalen nennt man ↑ Krebs.

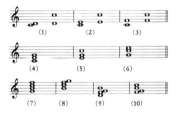
Umkehrung

Umkehrverfahren, photograph. Verfahren, das durch den ↑ Umkehrprozeß bei der Entwicklung zu einem [Dia]positiv anstelle des Negativs führt.

Umkreis, ein Kreis, der durch alle Ecken eines Vielecks geht.

Umkristallisation, in der *Chemie* Reinigungsverfahren für feste Substanzen durch mehrfach wiederholtes Lösen und Kristallisieren.

▷ in der *Mineralogie* Neubildung von Mineralen bei der ↑ Diagenese und ↑ Metamorphose.

Umlagerung (Umlagerungsreaktion), chem. Reaktion, bei der durch Neuknüpfen kovalenter Bindungen eine Umordnung im Molekül stattfindet, ohne daß Atome aufgenommen oder abgespalten werden; durch die U. entstehen isomere Moleküle.

Umlageverfahren, Verfahren zur Verteilung von Aufwendungen und zur Erhebung finanzieller Mittel aus einem bestimmten Personenkreis. Anwendung v. a. in der Individualversicherung bei Versicherungsvereinen auf Gegenseitigkeit; in der Sozialversicherung bei der Umlage der an die Versicherten gezahlten Leistungen auf die Sozialversicherungspflichtigen in der Weise, daß die Einnahmen eines bestimmten Zeitabschnittes die Ausgaben decken (Ausgabendeckungsverfahren); bei Genossenschaften, unter die einzelnen Geschäftsanteile übersteigenden Nachschüsse auf die Mgl. zu verteilen.

Umlaufberg, isolierte Bodenerhebung in einem Tal, entstanden durch Abschnürung einer ehem. Talmäanderschlinge des Flusses. Der U. ist nur einseitig vom Fluß begrenzt, während die anderen Seiten von dem (meist) trockenen Tal des urspr. Flußlaufes begrenzt werden.

Umlaufblende ↑ Filmkamera.

Umlaufgeschwindigkeit, die Bahngeschwindigkeit eines Körpers (bzw. Massenpunktes) bei einer Drehbewegung.

Umlaufkolbenmotor ↑ Rotationskolbenmotor.

Umlaufvermögen (Betriebskapital), unter den Aktiva ausgewiesene Vermögensteile, die nur kurzfristig (im Ggs. zum Anlagevermögen) im Unternehmen verbleiben, z. B. Vorräte, Forderungen, eigene Aktien.

Umlaufzahl, svw. Drehzahl.

Umlaufzeit, die Zeit, die ein Himmelskörper benötigt, um einen zweiten zu umkreisen. Je nach Bezugspunkt unterscheidet man *sider.* und *synod.* U., die sich auf die gleiche Stellung zu den Fixsternen bzw. zur Sonne beziehen.

Umlaut, partielle Assimilation eines Vokals durch einen Vokal (oder einen Halbvokal) der Folgesilbe. Zu unterscheiden sind eine Palatalisierung (i-Umlaut) velarer Vokale (*a, o, u*) durch (urspr.) folgendes *i, j* zu den „Umlauten" *ä, ö, ü* (dt. *alt: älter*) und eine Tonhöhensenkung von *i, u* (a-Umlaut) durch folgendes *a* zu *e, o* (dt. *Joch,* althochdt. *joh* aus urgerman. [erschlossen] *jukan*). In der dt. Sprache spielt der U. eine große Rolle in der Flexion und in der Wortbildung.

Umlegung, svw. ↑ Flurbereinigung.

Umlenkprisma ↑ Reflexionsprisma.

Umluft, in der *Klimatechnik* Bez. für jenen Teil der Abluft, der abgesaugt, aufbereitet und, mit Außenluft gemischt, erneut dem Raum bzw. einem Gebäudeteil zugeführt wird.

Umma [arab. „Volk, Gemeinschaft"], die Religionsgemeinschaft des Islams; im Koran Bez. für jedes Volk, dem Gott einen Propheten sandte; heute auch Bez. für Nation.

Umm Al Kaiwain, Scheichtum der ↑ Vereinigten Arabischen Emirate.

Ummanz, Insel vor der W-Küste von Rügen, Meckl.-Vorp., 19,7 km²; in der Kirche von U.-Waase (15. Jh.) u. a. Reste von Wandmalereien (um 1470) und bed. Antwerpener Schnitzaltar (um 1520).

Umm Kasr ↑ Basra.

Umnak Island [engl. ˈuːmnæk ˈaɪlənd], westlichste Insel der Fox Islands der Aleuten, USA, 134 km lang, 3–10 km breit, bis 2 109 m hoch.

Umru Al Kais (Amrilkais, Amru Al Kais, Imru Al Kais), † Ankara um 540 n. Chr., altarab. Dichter. – Bedeutendster arab. Dichter der vorislam. Zeit.

Umlaufberg. Entstehung eines Umlaufbergs (U)

Umsatz, Wert der abgesetzten Erzeugnisse und/oder der erbrachten Leistungen. Der U. ist eine der wesentl. betriebl. Kennzahlen und von Bedeutung zur Ermittlung der Wirtschaftlichkeit, der Rentabilität und der Umschlagshäufigkeit.
▷ (Stoff-U.) in der *Chemie* das Verhältnis aus der Menge Substanz, die reagiert hat, und der urspr. eingesetzten Substanzmenge.
Umsatzgeschwindigkeit, svw. ↑Umschlagshäufigkeit.
Umsatzsteuer, Steuer auf Lieferungen und sonstige Leistungen, die ein Unternehmer im Inland gegen Entgelt im Rahmen seines Unternehmens ausführt, auf den Eigenverbrauch und auf die Einfuhr von Gegenständen in das Zollgebiet **(Einfuhrumsatzsteuer).** Rechtsgrundlage ist nach dem U.gesetz (UStG), das am 1. 1. 1968 in Kraft trat und die alte Brutto-U. durch eine Netto-U. **(Mehrwertsteuer)** ersetzte, seit der Neufassung vom 8. 2. 1991 das U.gesetz 1991 (UStG 1991). Der Ermittlung der Steuerschuld liegt zunächst auf jeder Stufe der Bruttoumsatz zugrunde. Durch den ↑Vorsteuerabzug wird erreicht, daß tatsächlich aber nicht der Brutto-, sondern der Nettoumsatz jeder Stufe, der durch das Unternehmen erarbeitete Wertzuwachs, besteuert wird. Steuerträger ist letztlich der Endverbraucher. – ↑Steuern (Übersicht).
Umschichtung, in der *Soziologie* Bez. für Veränderungen im Gefüge der sozialen ↑Schichtung einer Gesellschaft. – ↑Mobilität.
Umschlag, in der *Medizin* ↑Packung.
Umschlagshäufigkeit (Umsatzgeschwindigkeit, Umschlagsgeschwindigkeit), Kenn- und Meßzahl, die zeigt, wie oft in einer Zeiteinheit ein durchschnittl. Mengen- oder Wertbetrag umgesetzt wird. V. a. im Handel eine der wichtigsten Kennzahlen.
Umschrift ↑Legende (Numismatik).
Umschuldung, die Umwandlung von Schulden, insbes. die Ablösung von Krediten durch neue Kredite. Eine U. erfolgt v. a. dann, wenn dadurch günstigere Konditionen für den Schuldner erreicht werden können.
Umschulung, der Übergang in eine andere Schule oder Schulart.
▷ (berufl. U.) die Gesamtheit der Maßnahmen, die das Ziel haben, den Übergang in eine andere berufl. Tätigkeit zu ermöglichen (§ 47 Arbeitsförderungsgesetz).
Umsetzer, in der *Nachrichtentechnik* eine Vorrichtung, die Systeme mit unterschiedl. schaltungstechn. Eigenschaften so aufeinander abstimmt, daß eine Übertragung möglich wird; insbes. die verschiedenen Arten der ↑Frequenzumsetzer.
Umsiedlung, die Veränderung des Wohnsitzes von Personen- oder Volksgruppen durch staatl. Förderung oder auf Grund völkerrechtl. Verträge. Bei zwangsweiser U. über die Grenzen eines Staatsgebietes hinweg spricht man von ↑Vertreibung. U. haben in der Vergangenheit häufig dem nationalstaatl. Ziel einer ethnisch einheitl. Bevölkerung gedient (z. B. Bevölkerungsaustausch zw. der Türkei und Griechenland nach dem 1. Weltkrieg; U.aktionen dt. Volksgruppen während des 2. Weltkrieges). Völkerrechtl. vereinbarte U. sind häufig mit ↑Option verbunden. – ↑Deportation.
Umspanner, svw. ↑Transformator.
Umspannstation, svw. Transformatorenstation.
Umstandsangabe, svw. ↑Adverbiale.
Umstandssatz, svw. ↑Adverbialsatz.
Umstandswort ↑Adverb.
Umsteuerung, Vorrichtung an Antriebsmaschinen zur direkten Umkehrung ihrer Drehrichtung, z. B. die ↑Kulissensteuerung bei Kolbendampfmaschinen; auch die Umkehrung der Drehrichtung selbst. Bei Verbrennungs- und Strömungskraftmaschinen wird ein Wendegetriebe verwendet, bei größeren Schiffen eine zusätzl. Rückwärtsturbine.
Umsturz, gewaltsame Ablösung führender Repräsentanten einer polit. Ordnung, häufig mit dem Ziel einer Änderung des Systems (↑Revolution).

Umtali, bis 1982 Name der Stadt ↑Mutare.
Umtata, Hauptstadt der Transkei, 699 m ü. d. M., 50 000 E. Sitz eines anglikan. und eines kath. Bischofs; Fleischwarenfabrik; Eisenbahnendpunkt, ✈.
Umtausch, von der Kulanz des Verkäufers oder seinen allg. Geschäftsbedingungen bzw. dem Bestehen eines entsprechenden Handelsbrauchs abhängige Rückgabe von gekauften Waren gegen Gutschrift des Rechnungsbetrags oder gegen Bezug anderer Waren. Vom U. zu unterscheiden ist die gesetzl. ↑Mängelhaftung.
Umtrieb (Umtriebszeit), in der *Forstwirtschaft* die Zeitspanne vom Pflanzen bis zum Ernten eines Bestandes bzw. bis zum Abholzen des Unterholzes im Mittelwald. Der U. richtet sich v. a. nach dem Standort und dem natürlich erreichbaren Lebensalter der jeweiligen Baumart (z. B. bei der Pappel 40–60, bei Fichte und Tanne 80–100, bei Buche, Ahorn, Lärche und Kiefer 120–140, bei der Esche 160–180, bei der Eiche 180–300 Jahre).
U-Musik, Kurzbez. für ↑Unterhaltungsmusik.
Umwälzpumpe, eine Pumpe, die eine Flüssigkeit in einem geschlossenen System fördert, z. B. in Heizanlagen.
Umwandlung, im *Handelsrecht* die Veränderung der Unternehmensform entweder als *formwechselnde* U. durch bloße Annahme einer anderen Rechtsform, so daß keine Vermögensübertragung stattfindet, oder als *übertragende* U. durch Auflösung der Gesellschaft und Übertragung des Vermögens auf ein anderes Unternehmen als Gesamtrechtsnachfolger.
▷ (U. von Strafen) in den *Gnadenordnungen* der Bundesländer vorgesehene Möglichkeit, eine verhängte Freiheitsstrafe durch Gnadenentscheid in eine Geldstrafe umzuwandeln.
Umwelt, im engeren biol. Sinn *(physiolog. U.)* die spezif., lebenswichtige Umgebung einer Tierart, die als *Merkwelt* (Gesamtheit ihrer Merkmale) wahrgenommen wird und als *Wirkwelt* (Gesamtheit ihrer Wirkungen) das Verhalten der Artvertreter bestimmt. Im weiteren, kulturell-zivilisator. Sinn *(Zivilisations-U., Kultur-U.)* versteht man unter U. auch den vom Menschen existentiell an seine Lebensbedürfnisse angepaßten und v. a. durch Technik künstlich veränderten Lebensraum, wodurch die Art künstl. Ökosystem geschaffen wurde (mit den heute zu einer Krisensituation angewachsenen Gefahren).
Umweltbelastung, die negative (belastende) Beeinflussung und Veränderung der natürl. Umwelt durch physikal., chem. und techn. Eingriffe. Verunreinigungen (z. B. durch Staub, Mikroorganismen, Chemikalien, Strahlen) können zur Umweltverschmutzung führen, wenn sie über die natürl. Regenerationskraft der verschmutzten Medien hinausgehen.
Umweltbilanz, die systemat. Erfassung der Auswirkungen des Schadstoffausstoßes und des Energie- und Rohstoffverbrauchs bei der Güter- und/oder Dienstleistungserstellung. U. sollen der Verbesserung der polit. und wirtsch. Entscheidungsfindung und -umsetzung (Optimierung der Einschätzung des Volkseinkommens und Sozialproduktes, Kosten-Nutzen-Analyse bezüglich Erhalt bzw. Wiederherstellung des Kapitals des ökolog. Gleichgewichts) dienen. Sie werden auf der Grundlage von ↑Umweltverträglichkeitsprüfungen von multinationalen (OECD, Weltbank), nationalen (Bundesumweltamt) und regionalen Einrichtungen erstellt, im Rahmen der Sozialbilanz auch von Wirtschaftskonzernen.
Umweltbundesamt ↑Bundesämter (Übersicht).
Umweltfaktoren, die biot. und abiot. Gegebenheiten und Kräfte, die als mehr oder minder komplexe Erscheinung die Umwelt eines Lebewesens bilden und auf dieses einwirken. Zu den biot. U. zählen Pflanzen, Tiere und Menschen sowie deren biolog. Lebensäußerungen und Beziehungen zueinander. Zu den abiot. Faktoren gehören: als *natürl.* U. v. a. Boden, Wasser, Luft, Klima, Erdmagnetismus und Schwerkraft, als *künstl.* U. alle vom Menschen gestalteten oder produzierten dingl. Gegebenheiten und Energien, z. B. Häuser, Fabrikanlagen, Abwärme, künstl. Licht, Abfälle.

Umweltforschung, im biolog. Sinne svw. ↑Ökologie, im soziolog. Sinne die Untersuchung und Erforschung der durch die Tätigkeit des Menschen auftretenden Veränderungen seiner Umwelt und der komplexen Wechselwirkungen zw. dieser künstl. Umwelt und dem natürl. Ökosystem. Die Ergebnisse der U. finden ihre prakt. Anwendung in Maßnahmen zur Erhaltung unserer Lebensgrundlagen (↑Umweltschutz). Die *Environtologie* (ein Teilgebiet der Futurologie) versucht v. a. festzustellen, welche Veränderungen in der Umwelt durch den wiss.-techn. Fortschritt zu erwarten sind und wie diese Veränderungen auf den Menschen zurückwirken könnten.

Umweltkontamination, zusammenfassende Bez. für chem. und physikal. Einflüsse auf die Umwelt mit negativen Auswirkungen; z. B. die Anreicherung von Schmutz, Pestiziden, Schwermetallen, Abgasen, Strahlung von Radionukliden.

Umweltkriegsübereinkommen ↑Konvention über das Verbot der Verwendung umweltverändernder Techniken zu militär. Zwecken.

Umweltschutz, die auf Umweltforschung und Umweltrecht basierende Gesamtheit der Maßnahmen (und Bestrebungen), die dazu dienen, die natürl. Lebensgrundlagen von Pflanze, Tier und Mensch zu erhalten bzw. ein gestörtes ökolog. Gleichgewicht wieder auszugleichen; i. e. S. der Schutz vor negativen Auswirkungen, die von der ökonom. Tätigkeit des Menschen, seinen techn. Einrichtungen und sonstigen zivilisator. Gegebenheiten ausgehen, wobei die Umweltvorsorge effektiver und billiger ist als nachträgl. Maßnahmen des techn. U. (↑Landespflege). Zum U. gehören nicht nur die Verhinderung fortschreitender Verkarstung, Versteppung und Verwüstung (z. B. durch Grundwasserabsenkung oder Überweidung) oder der Schutz des Bodens vor ↑Erosion und ↑Deflation, sondern v. a. die Maßnahmen z. B. zur Bewahrung von Boden und Wasser (↑Wasserrecht) vor Verunreinigung durch chem. Fremdstoffe (↑saurer Regen), durch ↑Abwasser (Abwasserbeseitigung, Abwasserreinigung), durch Auslaugung abgelagerter Stoffe auf Deponien (↑Müll) und durch Erdöl (↑Ölpest, ↑Meeresverschmutzung). Zum U. gehören ferner Vorschriften und Auflagen z. B. zur Erreichung größerer Umweltverträglichkeit von Wasch- und Reinigungsmitteln, zum Transport und zur grundwasserungefährl. Lagerung von Erdöl und Kraftstoffen sowie zur Rekultivierung ausgebeuteter Rohstofflagerstätten; dabei können auch Rechte aus Grundeigentum eingeschränkt werden. Ein engmaschiges Netz von Rechtsvorschriften und Auflagen dient auch dem Schutz der Bevölkerung und der Umwelt vor ihrer etwaigen Gefährdung durch Pflanzenschutzmittel (↑Schädlingsbekämpfung) und Tierseuchen. Der Verunreinigung der Luft und Rauchschäden durch Emissionen (v. a. von Ind.betrieben und Kfz und aus dem Wohnbereich) wird durch den ↑Immissionsschutz entgegengewirkt. In vielen Fällen, z. B. bei der Einhaltung der Vorschriften zur ↑Luftreinhaltung und zur Lärmbekämpfung (↑Lärmschutz) sind die Polizeibehörden eingeschaltet. Eine bes. Aktualität hat der ↑Strahlenschutz im Hinblick auf die Standortwahl von Kernkraftwerken und die Lagerung von ↑radioaktivem Abfall gewonnen. Eine bed. Rolle spielt die Wiedergewinnung von Abfallstoffen (↑Recycling) und Abwärme. Zu einem wirksamen U. gehört die Aufklärung der Bevölkerung (Entwicklung des Umweltbewußtseins) und deren aktive Mitwirkung beim Umweltschutz.

Teilaspekte des U. sind in zahlr. Gesetzen, Rechtsverordnungen und Verwaltungsvorschriften des Bundes und der Länder geregelt. Wichtige BG sind u. a. das ↑Atomgesetz, das ↑Abfallgesetz, das DDT-Gesetz vom 7. 8. 1972, das Bundes-ImmissionsschutzG i. d. F. vom 14. 5. 1990, das WasserhaushaltsG i. d. F. vom 23. 9. 1986, das AbwasserabgabenG i. d. F. vom 5. 3. 1987, das BundesnaturschutzG i. d. F. vom 12. 3. 1987. In vielen anderen Gesetzen sind einzelne Vorschriften zum U. enthalten, z. B. im BundesjagdG, im Baugesetzbuch, im BundeswaldG. Durch das Gesetz zur Bekämpfung der Umweltkriminalität vom 28. 3. 1980 wurden im 28. Abschnitt des StGB die wichtigsten Strafvorschriften bei Zuwiderhandlungen gegen den U. zusammengefaßt: 1. Verunreinigung eines Gewässers (§ 324 StGB); 2. Luftverunreinigung und Lärm (§ 325 StGB); 3. umweltgefährdende Abfallbeseitigung (§ 326 StGB); 4. unerlaubtes Betreiben von Anlagen (§ 327 StGB); 5. unerlaubter Umgang mit Kernbrennstoffen (§ 328 StGB); 6. Gefährdung schutzbedürftiger Gebiete (§ 329 StGB); 7. schwere Umweltgefährdung (§ 330 StGB; lückenfüllender Tatbestand); 8. schwere Gefährdung durch Freisetzen von Giften (§ 330 a StGB). Mit dem UmwelthaftungsG vom 10. 12. 1990 werden die Inhaber von benannten Anlagen verpflichtet, Personen- und Sachschäden zu ersetzen, die jemandem durch eine von ihrer Anlage ausgehende Umwelteinwirkung entstanden sind. Für die neuen Bundesländer gelten für den U. im Einigungsvertrag vereinbarte Sonderregelungen. Über die Aufnahme des U. in das GG wurde in der Gemeinsamen Verfassungskommission von Bundestag und Bundesrat beraten.

Geplante und bewußte **Umweltpolitik** erfolgt erst seit dem Beginn der 1970er Jahre. Während in der Bundesregierung zunächst v. a. das Bundesministerium des Innern für den U. zuständig war, wurde nach dem Reaktorunfall in ↑Tschernobyl im Juni 1986 ein eigenes Bundesministerium für Umwelt, Naturschutz und Reaktorsicherheit eingerichtet, dem das Umweltbundesamt nachgeordnet ist. Auch bei den Ländern bestehen z. T. eigene Umweltministerien, z. T. liegt die Zuständigkeit für den U. bei den Landw.ministerien. Internat. Bemühungen um den U. verfolgen u. a. die UN sowie die EG.

Infolge der Mangel- und Lückenhaftigkeit der Umweltpolitik staatl. Stellen sowie der etablierten Parteien in der BR Deutschland entstand seit den 1970er Jahren eine ökolog. Bewegung, die sich gegen Ursachen und Auswirkungen von Umweltzerstörung wendet. Sie setzt sich u. a. zusammen aus Bürgerinitiativen, U.verbänden und ökolog. Forschungsinstituten. – ↑Grüne, ↑Greenpeace.

Ein gravierendes Problem bildet die vor allem wirtsch. und sozial bedingte Umweltzerstörung in der dritten Welt. Hauptproblembereiche sind die negativen ökolog. Folgen von Monokulturen, die Abholzung von Wäldern, um Roh- und Brennstoffe oder Ackerflächen zu gewinnen, die Übernutzung von Weiden und Äckern, die Verschmutzung von Atmosphäre und Gewässern durch industrielle und landw. Aktivitäten, die kaum U.bestimmungen unterliegen, sowie die Umweltvernichtung im Gefolge krieger. Ereignisse (z. B. ↑Golfkrieg).

Umweltschutzpapier, vollständig aus Altpapier hergestellte Papiersorten.

Umwelttechnik, die Bereiche der Technik und Technologie, die mit den Maßnahmen zur Erhaltung und zum Schutz der Umwelt mit wiss. Methoden und techn. Mitteln befaßt sind. Hierzu gehören u. a. die meßtechn. Erfassung von Umweltschäden, Verunreinigungen und Schadstoffen, die Beseitigung, Behandlung und Verwertung von Abfällen, die Wasser- und Abwassertechnik sowie die Luft-, Staub- und Klimatechnik.

Umwelttoxikologie (Ökotoxikologie), Teilbereich der Toxikologie, der die Schadwirkungen von chem. Stoffen auf Ökosysteme und die Rückwirkungen auf den Menschen untersucht.

Umweltverschmutzung, die Belastung der Natur mit Abfall- und Schadstoffen als Zivilisationsfolge. – ↑Umweltbelastung.

Umweltverträglichkeitsprüfung, Abk. UVP, Verwaltungsverfahren zur Prüfung aller öff. Maßnahmen (z. B. Straßenbau) und der genehmigungsbedürftigen privaten Anlagen (z. B. Ind.betriebe mit Emissionen) unter dem Gesichtspunkt des Umweltschutzes. Durch die U. sollen die mögl. Schäden rechtzeitig erkannt und vermieden oder auf den geringsten Umfang gebracht werden.

Umweltzeichen, seit 1978 von einer unabhängigen Jury verliehene Kennzeichnung für ausgewählte Produkte oder Produktionsverfahren, die sich auf Grund bestimmter Eigenschaften im Vergleich mit gleichartigen als weniger umweltbelastend erwiesen haben.

Umweltzeichen

UN

Signet

Flagge

UN [uː'ʔɛn, engl. 'juːɛn], Abk. für engl.: **U**nited **N**ations (UNO, Abk. für engl.: United Nations Organization, dt. Vereinte Nationen), umfassendste internat. zwischenstaatl. Organisation der Gegenwart zur Sicherung des Weltfriedens und zur Förderung friedl. zwischenstaatl. Beziehungen und internat. Zusammenarbeit. Die UN wurden 1945 als Nachfolgeorganisation des Völkerbundes gegründet. Der *Sitz* des ständigen Hauptquartiers ist New York; UN-Zentren für Europa sind Genf und Wien, für Afrika Nairobi. Die zu den UN gehörenden zahlr. Unter- und Sonderorganisationen haben ihren Sitz an verschiedenen Orten. Die *Mitgliedschaft* steht allen Staaten offen (Universalitätsprinzip), die nach dem Urteil der Organisation fähig und gewillt sind, die in der ↑UN-Charta enthaltenen Verpflichtungen zu erfüllen. Im April 1993 hatten die UN 181 Mitglieder.

Organisation: Hauptorgane der UN sind die Generalversammlung, der [Welt]sicherheitsrat, der Wirtschafts- und Sozialrat, der Treuhandrat, der Internat. Gerichtshof und das Sekretariat.

Der *Generalversammlung* (Vollversammlung) gehören alle Mgl.staaten der UN an. Sie tritt regelmäßig zu ordentl. Jahrestagungen und, wenn erforderlich, zu außerordentl. Tagungen zusammen. Jedes Land hat dabei eine Delegation von höchstens 5 Personen, jedoch nur 1 Stimme. Die Generalversammlung kann über alle Gegenstände beraten, die durch die Charta erfaßt werden, und über alle Fragen verhandeln, die Zuständigkeit und Funktionen anderer Organe der UN betreffen. Sie kann auch jede Angelegenheit im Bereich der Zuständigkeit des Sicherheitsrates erörtern, die die internat. Sicherheit oder die Aufrechterhaltung des Friedens betrifft. Abstimmungen in „wichtigen Fragen" (z. B. Empfehlungen zur Aufrechterhaltung von Frieden und Sicherheit, die Wahl der nichtständigen Mgl. des Sicherheitsrates, die Aufnahme oder der Ausschluß von Mgl.) bedürfen der Zweidrittelmehrheit der Anwesenden; in anderen Fragen genügt einfache Mehrheit.

Der *Sicherheitsrat* (Weltsicherheitsrat) trägt die Hauptverantwortung für die Einleitung und Durchführung von Verfahren, mit denen internat. Streitigkeiten friedlich beigelegt, friedl. Ausgleich oder eine Politik der friedl. Veränderung herbeigeführt werden sollen. Im Rahmen der Charta sind die Mgl. seinen Entscheidungen unterworfen. Dem Rat gehören 5 ständige Mgl. (USA, Rußland, Großbritannien, Frankreich und China) und 10 nichtständige Mgl. an, die im zweijährigen Wechsel von der Generalversammlung gewählt werden. Jedes Rats-Mgl. hat nur einen Vertreter und jeweils eine Stimme, die ständigen Mgl. haben darüber hinaus ein *Vetorecht,* mit dem jedes einzelne von ihnen eine Entscheidung des Rates blockieren kann. Nur in Fällen der Friedensgefährdung oder einer bereits eingetretenen Verletzung der Friedenspflicht durch Friedensbruch oder Aggression hat der Sicherheitsrat eine zwingende Anordnungsbefugnis, ansonsten gibt er nur Empfehlungen ab. In Anbetracht der veränderten weltpolit. Lage, v. a. nach dem Auseinanderbrechen der Sowjetunion, wird seit 1991 über eine Veränderung der Zusammensetzung und der Aufgaben des Sicherheitsrates diskutiert. Die von der UN-Charta vorgesehene *internat. Streitmacht,* die in Fällen des Friedensbruchs vom Sicherheitsrat eingesetzt werden kann, konnte bisher noch nicht bereitgestellt werden, daher können die UN nur dadurch in Konflikte militärisch eingreifen, daß einzelne Mgl. ihnen hierfür Truppeneinheiten freiwillig zur Verfügung stellen („Blauhelme"; ↑UN-Friedenstruppe).

Der *Wirtschafts- und Sozialrat* (↑Economic and Social Council, Abk. ECOSOC) mit jeweils 54 für 3 Jahre von der Generalversammlung gewählten Mgl. nimmt für die UN die Aufgabe wahr, den wirtsch. und sozialen Fortschritt sowie die umfassende friedl. Zusammenarbeit der Staaten auf allen Gebieten zu fördern sowie den allg. Menschenrechten überall zur Geltung zu verhelfen. – Der *Treuhandrat* (auch Treuhandschaftsrat, engl. Trusteeship Council) ist das verantwortl. Organ für das Treuhandsystem (↑Treuhandgebiete) und die Gebiete ohne Selbstregierung.

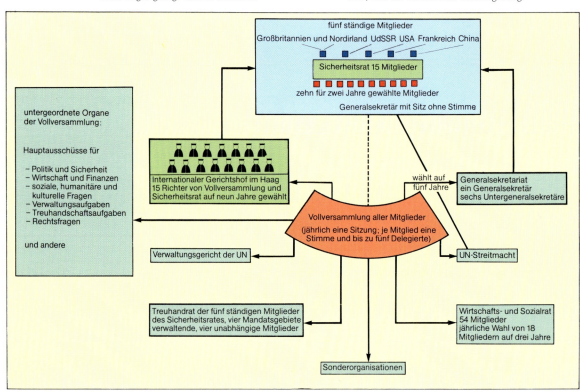

UN. Organisationsschema

Unabhängige Sozialdemokratische Partei Deutschlands

Der ↑Internationale Gerichtshof in Den Haag ist Nachfolgeorgan des Ständigen Internat. Gerichtshofs des Völkerbundes. Der Gerichtshof kann nur von Staaten, nicht von Einzelpersonen oder privaten Organisationen angerufen werden.

Generalsekretäre der UN	
Trygve Halvdan Lie (Norwegen)	1946–52
Dag Hammarskjöld (Schweden)	1953–61
Sithu U Thant (Birma)	1961–71
Kurt Waldheim (Österreich)	1972–81
Javier Pérez de Cuellar (Peru)	1982–91
Boutros Ghali (Ägypten)	seit 1992

Das *Sekretariat* ist das oberste Verwaltungsorgan der UN. Es steht unter der Leitung des Generalsekretärs, der auf Empfehlung des Sicherheitsrats von der Generalversammlung für 5 Jahre gewählt wird (Wiederwahl ist möglich). Der Generalsekretär faßt im Rahmen seiner Zuständigkeit Beschlüsse im eigenen Ermessen und hat eigene diplomat. Handlungsmöglichkeiten, er kann u. a. Fälle der Friedensbedrohung vor den Sicherheitsrat bringen.

Die *UN-Sonderorganisationen* sind keine Organe der UN im engeren Sinn. Sie sind selbständige zwischenstaatl. internat. Organisationen, durch Abkommen mit den UN verbunden und damit Teil des *UN-Systems* geworden. – Nachdem die Tätigkeit der UN durch den nach 1945 aufbrechenden Ost-West-Konflikt mit der Rivalität zw. den Supermächten stark beeinträchtigt war, eröffneten sich nach dem Ende des kalten Krieges und mit den demokrat. Veränderungen in Osteuropa seit Ende der 1980er Jahre für die UN neue Möglichkeiten, auf Aggressionen, Menschenrechtsverletzungen und internat. relevante nat. Konflikte zu reagieren (z. B. UN-Friedensmission in Somalia 1992).

Unabhängige Republikaner ↑liberale Parteien (Frankreich), ↑Fédération Nationale des Républicains Indépendants.

Unabhängige Sozialdemokratische Partei Deutschlands, Abk. USPD, 1917–1922 polit. Partei in Deutschland. Die Gegner der Zustimmung zu den Kriegskrediten bildeten im März 1916 die *Sozialdemokrat. Arbeitsgemeinschaft.* Vom 6. bis 8. April 1917 konstituierte sich in Gotha die USPD unter dem Vorsitz von H. Haase und W. Dittmann; nach der Novemberrevolution 1918 war sie bis Jahresende neben der SPD im Rat der Volksbeauftragten vertreten. Auf dem Parteitag in Halle/Saale im Okt. 1920

	UN-Sonderorganisationen und -unterorganisationen (Stand: 1990)		
Abk.	Name	Sitz	Gründungsjahr
UN-Sonderorganisationen			
FAO	Food and Agriculture Organization of the United Nations (Ernährungs- und Landwirtschaftsorganisation)	Rom	1945
GATT	General Agreement on Tariffs and Trade (Allg. Zoll- und Handelsabkommen)	Genf	1947
IAEA	International Atomic Energy Agency (Internat. Atomenergie-Organisation)	Wien	1956
IBRD	International Bank for Reconstruction and Development (Worldbank; Internat. Bank für Wiederaufbau und Entwicklung; Weltbank)	Washington	1944
IDA	International Development Association (Internat. Entwicklungs-Organisation)	Washington	1960
IFAD	International Fund for Agricultural Development (Internat. Fonds für landw. Entwicklung)	Rom	1976
IFC	International Finance Corporation (Internat. Finanz-Corporation)	Washington	1956/57
ICAO	International Civil Aviation Organization (Internat. Zivilluftfahrtorganisation)	Montreal	1944
ILO	International Labour Organization (Internat. Arbeitsorganisation)	Genf	1919
IMF	International Monetary Fund (Internat. Währungsfonds)	Washington	1944
IMO	International Maritime Organization (Internat. Seeschiffahrts-Organisation)	London	1948
ITU	International Telecommunication Union (Internat. Fernmelde-Union)	Genf (1865)	1947
UNESCO	United Nations Educational, Scientific and Cultural Organization (Organisation der UN für Erziehung, Wissenschaft und Kultur)	Paris	1945
UNIDO	United Nations Industrial Development Organization (Organisation der UN für industrielle Entwicklung)	Wien	1966/86
UPU	Universal Postal Union (Weltpostverein)	Bern (1874)	1948
WHO	World Health Organization (Weltgesundheitsorganisation)	Genf	1946
WIPO	World Intellectual Property Organization (Weltorganisation für geistiges Eigentum)	Genf	1967
WMO	World Meteorological Organization (Weltorganisation für Meteorologie)	Genf	1950
WTO	World Tourism Organisation (Weltorganisation für Tourismus)	Madrid	1975
UN-Unterorganisationen			
UNCTAD	UN Conference on Trade and Development (Konferenz der UN für Handel und Entwicklung; Welthandelskonferenz)	Genf	1964
UNCHS	UN Centre for Human Settlements (Habitat) (Zentrum der UN für Siedlungsfragen)	Nairobi	1978
UNDP	UN Development Programme (Entwicklungsprogramm der UN)	New York	1965
UNEP	UN Environment Programme (Umweltprogramm der UN)	Nairobi	1972
UNHCR	United Nations High Commissioner for Refugees (Hoher Flüchtlingskommissar der UN)	Genf	1950/51
UNICEF	United Nations Children's Fund (Weltkinderhilfswerk)	New York	1946
UNITAR	United Nations Institute for Training and Research (Ausbildungs- und Forschungsinstitut der UN)	New York	1963
UNRWA	United Nations Relief and Works Agency for Palestine Refugees (Hilfswerk der UN für arabische Flüchtlinge aus Palästina)	Wien	1949
WFP	World Food Programme (Welternährungsprogramm)	Rom	1963
Regionale UN-Wirtschaftskommissionen			
ECA	Economic Commission for Africa (Wirtschaftskommission für Afrika)	Addis Abeba	1958
ECE	Economic Commission for Europe (Wirtschaftskommission für Europa)	Genf	1947
ECLAC	Economic Commission for Latin America and the Caribbean (Wirtschaftskommission für Lateinamerika und die Karibik)	Santiago de Chile	1948
ESCWA	Economic and Social Commission for Western Asia (Wirtschafts- und Sozialkommission für Westasien)	Amman	1973/85
ESCAP	Economic and Social Commission for Asia and the Pacific (Wirtschafts- und Sozialkommission für Asien und den Pazifik)	Bangkok	1947

Unabhängigkeit

beschloß die linke Mehrheit der Delegierten die Vereinigung mit der KPD; der verbliebene Teil der USPD vereinigte sich im Sept. 1922 auf dem Nürnberger Parteitag wieder mit der SPD.

Unabhängigkeit, 1. im *Völkerrecht* Teil der ↑ Souveränität eines Staates. – 2. Die U. der ↑ Richter ist durch Art. 97 GG gewährleistet.

Unabhängigkeitserklärung, allg. eine Erklärung, in der die Bev. eines Gebiets ihre staatl. Abhängigkeit von einem Land löst.

Unabhängigkeitsprinzip (Überlagerungsprinzip, Superpositionsprinzip), von I. Newton als *Lexa quarta* formulierte physikal. Erfahrungstatsache: Die Wirkungen mehrerer an einem Körper angreifender Kräfte überlagern sich ungestört, d. h., sie beeinflussen sich gegenseitig nicht.

Unabkömmlichstellung Wehrpflichtiger, im öff. Interesse liegende vorübergehende Nichtheranziehung eines Wehrpflichtigen zum Wehrdienst, wenn und solange er für die von ihm ausgeübte Tätigkeit nicht entbehrt werden kann (§ 13 Wehrpflichtgesetz).

In *Österreich* können Wehrpflichtige von Amts wegen von der Leistung des Präsenzdienstes befreit werden. In der *Schweiz* sieht Art. 13 Militärorganisation für verschiedene Personengruppen während ihres Amtes vor, daß sie keinen Militärdienst zu leisten haben.

unabwendbares Ereignis, Geschehnis, das auch bei äußerster, nach den Umständen möglicher und zumutbarer Sorgfalt nicht zu vermeiden ist (z. B. elementare Naturereignisse). Ist das u. E. Ursache für einen Unfall im Straßenverkehr, so ist der Kraftfahrzeughalter von der Haftung befreit.

una corda [italien.] ↑ Corda.

Unalaska Island [engl. u:nə'læskə 'aɪlənd], Insel der Fox Islands der Aleuten, USA, etwa 50 km lang, 10–50 km breit, bis 2 036 m hoch. – 1741 von V. J. Bering entdeckt, wurde wichtigstes Handelszentrum der Russen in Alaska; kam 1867 an die USA.

Unamuno y Jugo, Miguel de [span. una'muno i 'xuɣo], *Bilbao 29. Sept. 1864, †Salamanca 31. Dez. 1936, span. Schriftsteller und Philosoph. – 1901–14 Rektor der Univ. in Salamanca; wegen Gegnerschaft zum Regime Primo de Riveras 1924 nach Fuerteventura (Kanar. Inseln) verbannt, im gleichen Jahr jedoch amnestiert; lebt bis 1930 im freiwilligen Exil in Frankreich; 1931–34 Prof. für span. Sprachgeschichte (bis 1936 Rektor) in Salamanca. Führender Vertreter der ↑ Generation von 98; vorwiegend Essayist, auch Lyriker, Romancier (u. a. „Nebel", 1914) und Dramatiker. Philosoph. Hauptwerke: „Das trag. Lebensgefühl" (12 Essays, 1913), „Die Agonie des Christentums" (1925).

Miguel de Unamuno y Jugo

Unanimismus [zu lat. una anima = eine Seele], zu Beginn des 20. Jh. in Frankreich ausgelöste philosophisch-ästhet. Bewegung. Ihrer Ansicht nach bildet eine Gruppe von Menschen eine gemeinsame Seele, die dem Individuum erst seine volle Entfaltung ermögliche. Ziel des U. ist es, die ganze Menschheit versöhnend zu einem Kollektiv zusammenzuschließen.

Una Sancta [lat.], Selbstbez. der röm.-kath. Kirche; vollständig: „Una sancta catholica et apostolica ecclesia" (die eine heilige kath. und apostol. Kirche).

Una-Sancta-Bewegung, eine v. a. nach dem 2. Weltkrieg in Deutschland entstandene kath. Form der ökumen. Bewegung, die seit dem 2. Vatikan. Konzil fast ganz im Ökumenismus aufging.

Unau [indian.] (Choloepus didactylus), bis 65 cm langes Faultier, v. a. in den Regenwäldern Zentral- und Südamerikas; Fell graubraun, langhaarig und strähnig.

Sigrid Undset

Unbedenklichkeitsbescheinigung, Bescheid des zuständigen Finanzamts über Unbedenklichkeit einer beabsichtigten Eigentumsübertragung von Grundstücken. Sie ist zu erteilen, wenn die Grunderwerbssteuer entrichtet, sichergestellt oder gestundet ist, oder bei Steuerbefreiung.

unbedingter Reflex ↑ Reflex.

Unbefleckte Empfängnis (Conceptio immaculata), 1854 durch Papst Pius IX. verkündetes Dogma der kath. Kirche, das Maria, die Mutter Jesu, als vor jedem Makel der Erbsünde bewahrt erklärt. – Das Fest der U. E. wird am 8. Dez. gefeiert. – ↑ Mariologie.

Unberührbare ↑ Paria.

Unbeschuhte Karmeliten ↑ Karmeliten.

unbestellte Warensendungen ↑ Ansichtssendungen.

unbestimmtes Fürwort, svw. Indefinitpronomen (↑ Pronomen).

Unbestimmtheitsrelation, svw. ↑ Unschärferelation.

unbewegliche Sachen ↑ Immobilien.

Unbewußtes (das Unbewußte), in der *Psychoanalyse* (nach S. Freud) der Bereich nichtbewußter Prozesse, der v. a. aus Verdrängtem besteht. Das Unbewußte entspricht weitgehend dem ↑ Es. – C. G. Jung unterscheidet von dem *persönl. Unbewußten* (Vergessenes, Verdrängtes usw.) das *kollektive Unbewußte,* das überindividuelle menschl. Urerfahrungen und Urbilder enthalte.

unbunt, Attribut einer Farbe (Weiß, Grau, Schwarz), die im Ggs. zur bunten Farbe keinen Farbton besitzt.

UN-Charta [...'karta], die am 26. Juni 1945 in San Francisco von 51 Staaten unterzeichnete und am 24. Okt. 1945 in Kraft getretene Verfassung der Vereinten Nationen (↑ UN). Die Charta regelt in Präambel und in 19 Kapiteln (111 Artikel) Ziele und Grundsätze der UN, Mitgliedschaft, Zusammensetzung, Aufgaben, Abstimmungs- und Verfahrensvorschriften ihrer Organe, die friedl. Beilegung von internat. Streitigkeiten, Maßnahmen bei Bedrohung oder Bruch des Friedens und bei Angriffshandlungen sowie die internat. Zusammenarbeit auf wirtsch. und sozialem Gebiet.

Uncle Sam [engl. 'ʌŋkl 'sæm „Onkel Sam(uel)"], scherzhafte Bez. für die USA; Ursprung ist wohl die ehem. amtl. Abkürzung U. S.-Am. (= U. S.-America).

UNCTAD ['ʊŋktat, engl. 'ʌŋktæd], Abk. für engl.: United Nations Conference on Trade and Development, ↑ Weltwirtschaftskonferenz.

Underground [engl. 'ʌndəɡraʊnd „Untergrund"], v. a. in den 1960er Jahren 1. Gruppe, Organisation außerhalb der etablierten Gesellschaft; 2. künstler. Protestbewegungen gegen den offiziellen Kulturbetrieb, u. a. ↑ Untergrundfilm und ↑ Untergrundliteratur.

Understatement [engl. 'ʌndə'steɪtmənt; zu to understate „zu gering angeben"], das Untertreiben (v. a. in der Selbstdarstellung).

Underwriter [engl. 'ʌndəraɪtə; eigtl. „Unterschreiber"], Makler oder Finanzier, der bes. bei Wertpapieremissionen einen (nicht untergebrachten) Teil der Emission übernimmt.

Undezime [zu lat. undecima „die elfte"], das Intervall im Abstand von elf diaton. Tonstufen (Oktave und Quarte).

UND-Glied ↑ Gatter.

Undine (Undene), weibl. Wassergeist, der durch Vermählung mit einem ird. Mann eine Seele erhalten konnte. – Titelgestalt einer Erzählung von F. Fouqué.

Undset, Sigrid [norweg. 'ɛnsɛt], *Kalundborg (Seeland) 20. Mai 1882, †Lillehammer 10. Juni 1949, norweg. Schriftstellerin. – 1940–45 Emigration in die USA. Begann mit Gegenwartsromanen („Jenny", 1911) und -novellen („Frühling", 1914); schrieb dann an den altisländ. Sagas orientierte Romane aus der norweg. Vergangenheit, u. a. „Kristin Lavransthochter" (Trilogie, 1920–22), „Olav Audunssohn" (1925–27). Das Spätwerk schildert Menschen in der Spannung zw. Diesseitigkeit und Gottgebundenheit, u. a. „Der brennende Busch" (R., 1930); 1928 Nobelpreis für Literatur.

Undulation [lat.], in der *Physik* svw. Wellenbewegung, Schwingung.

Undulationstheorie ↑ Licht (Geschichte).

undulierend [lat.], auf- und absteigend, wogend, wellenförmig verlaufend; in der *Medizin* v. a. vom Fieber gesagt.

Unebenbürtigkeit ↑ Ebenbürtigkeit.

Unechte Karettschildkröte ↑ Meeresschildkröten.

unedle Metalle ↑ Metalle.

uneheliche Kinder, veraltete Bez. für ↑nichteheliche Kinder.

unehrliche Gewerbe, vom MA bis ins 19. Jh. Tätigkeiten, deren Ausübung als ehrlos angesehen wurde und deshalb eine Einschränkung der Rechte der betreffenden Person bewirkte. Diese konnte u. a. kein öff. Amt bekleiden und war nicht eidesfähig; z. B. Scharfrichter, Abdecker, fahrende Sänger, Gaukler, Scherenschleifer.

uneidliche Falschaussage, svw. ↑falsche uneidliche Aussage.

unendlich, in der *Mathematik* größer als jede endl. Zahl (*u. groß* oder *transfinit;* Formelzeichen ∞); als *u. klein* oder *infinitesimal* jedoch kleiner als jede beliebig kleine Zahl, gegen Null strebend.

Unendliches (das Unendliche), in der *Philosophie* das Grenzenlose, Unbestimmte, unvorstellbar Große, Göttliche. In der antiken Philosophie wird es als ↑Apeiron diskutiert; Philon identifiziert das U. mit dem göttl. „Einen". Die christl. Theologie und Philosophie knüpft daran an: Unendlichkeit wird dem Göttlichen zugesprochen, während die Welt, der Kosmos, als endlich angenommen wird.
▷ in der *Mathematik* beruht der Begriff des *potentiell Unendlichen* auf der Tatsache, daß es zu jeder natürl. Zahl n eine größere gibt (z. B. ihr Nachfolger $n + 1$), so daß man auf diese Weise weiter zählen kann, ohne an eine Grenze zu kommen.

Unendlichkeitsstelle, svw. ↑Pol.

UNEP [Abk. für: United Nations Environment Programme], 1972 gegr. Umweltorganisation der UN, Sitz Nairobi; koordiniert weltweit die Umweltaktivitäten und gibt Anstöße für neue Umweltschutzmaßnahmen.

unerlaubte Handlung, widerrechtl. und schuldhafte Verletzung eines Rechtsgutes, die bei einem kausal entstandenen Schaden (↑Kausalität) Ansprüche auf Schadenersatz auslöst (§§ 823–853 BGB). Aus u. H. haftet, wer vorsätzlich oder fahrlässig das Leben, den Körper, die Gesundheit, die Freiheit, das Eigentum oder sonstige absolute Rechte (z. B. Besitz, Urheberrechte) eines anderen widerrechtlich verletzt oder gegen ein Schutzgesetz (ein Gesetz, das auch einzelne, nicht nur die Allgemeinheit schützt, z. B. § 303 StGB – Sachbeschädigung) verstößt. Ebenfalls u. H. sind die sittenwidrige Schädigung eines anderen sowie die Amtspflichtverletzung (↑Amtshaftung). *Schadensersatzpflichtig* ist, wer den Schaden schuldhaft verursacht hat, es sei denn, die Schadenszufügung geschah im unverschuldeten Zustand der Bewußtlosigkeit oder der Geistesstörung. Ein noch nicht siebenjähriges Kind ist nicht schadenersatzpflichtig, statt seiner z. U. die Aufsichtspflichtigen (↑Aufsichtspflicht). Sieben- bis Achtzehnjährige haften, wenn sie bei Begehung der schädigenden Handlung die zur Erkenntnis der Verantwortlichkeit erforderl. Einsicht hatten bzw. wenn bei Nichtverantwortlichkeit ihre Haftung angesichts ihrer Vermögensverhältnisse billig erscheint. Wer einen anderen zur Verrichtung bestellt, ist zum Ersatz des Schadens verpflichtet, den der andere (sog. *Verrichtungsgehilfe,* z. B. Lehrling) in Ausführung der Verrichtung einem Dritten – wenn auch schuldlos – widerrechtlich zugefügt hat, jedoch kann die Schadenersatzpflicht durch den sog. *Exkulpations-* bzw. *Entlastungsbeweis* abgewandt werden, wenn nachgewiesen wird, daß bei der Auswahl des Verrichtungsgehilfen die im Verkehr erforderl. Sorgfalt beachtet wurde bzw. der Schaden auch bei Anwendung der Sorgfalt entstanden wäre. Der durch Gebäudefehler (abbröckelndes Gestein) und Tiere entstandene Schaden ist vom Eigentümer unabhängig von seinem Verschulden zu ersetzen (Gefährdungshaftung), es sei denn, das Tier dient dem Beruf oder dem Unterhalt des Tierhalters (z. B. Blindenhund). Mehrere für eine u. H. Verantwortliche haften als Gesamtschuldner. *Schadensersatzberechtigt* ist grundsätzlich der unmittelbar Geschädigte; im Fall der Tötung derjenige, dem der Getötete kraft Gesetzes unterhaltspflichtig war oder werden konnte. Der zu leistende Schadenersatz umfaßt in bestimmten Fällen auch Schmerzensgeld. Ansprüche aus u. H. verjähren in 3 Jahren von dem Zeitpunkt an, in dem der Verletzte von dem Schaden und der Person des Ersatzpflichtigen Kenntnis erlangt, spätestens in 30 Jahren von der Begehung der Handlung an. – Für das *östr.* und *schweizer.* Recht gilt im wesentlichen Entsprechendes.

UNESCO, Abk. für engl.: **U**nited **N**ations **E**ducational, **S**cientific and **C**ultural **O**rganization [„Organisation der Vereinten Nationen für Erziehung, Wissenschaft und Kultur"], Sonderorganisation der Vereinten Nationen, 1945 in London gegr., seit 1946 mit Sitz in Paris; 159 Mgl. (1991). – **Aufgaben** der UNESCO sind v. a. die Förderung der internat. Zusammenarbeit auf den Gebieten der Erziehung, Wiss. und Information, die Förderung des Zugangs aller Menschen zu Bildung und Kultur, Durchsetzung der Menschenrechte und Hebung des Bildungsniveaus; sie befaßt sich mit dem Schutz des geistigen Eigentums und fördert den internat. Literatur- und Kulturaustausch. – **Organe** der UNESCO sind die Generalkonferenz, der Exekutivrat und das Sekretariat. – **Internationale Forschungsinstitute** der UNESCO sind u. a. in Europa: International Institute for Educational Planning (IIEP) in Paris, das Internat. Erziehungsbüro (IBE) in Genf und das UNESCO-Inst. für Pädagogik in Hamburg. – Die **nationalen Kommissionen** (u. a. die Dt. UNESCO-Kommission in Bonn) sind Informationsstellen für ihre Reg. und unterstützen die multilaterale Zusammenarbeit.

Unfall, unbeabsichtigtes, plötzl. Ereignis mit gesundheitsschädigender Wirkung für den Betroffenen. Die wichtigsten Gruppen sind Verkehrs-, Arbeits- sowie Haus- und Wegeunfälle. – ↑Elektrounfall.

Unfallflucht (Fahrerflucht, unerlaubtes Entfernen vom Unfallort), Straftat nach § 142 StGB, die der Unfallbeteiligte begeht, der sich nach einem Unfall im Straßenverkehr vom Unfallort entfernt, bevor er entweder zugunsten der anderen Unfallbeteiligten und der Geschädigten die Feststellung seiner Person, seines Fahrzeugs und der Art seiner Unfallbeteiligung durch seine Anwesenheit ermöglicht hat oder eine nach den Umständen angemessene Zeit gewartet hat, ohne daß jemand Feststellungen treffen wollte. Strafbar macht sich der Unfallbeteiligte auch, wenn er sich zwar erst nach angemessener Wartefrist oder berechtigt vom Unfallort entfernt, jedoch die Feststellungen nicht unverzüglich nachträglich ermöglicht. Unfallbeteiligter ist jeder, dessen Verhalten zur Verursachung des Unfalls beigetragen haben kann. Die Strafe für U. ist Freiheitsstrafe bis zu 3 Jahren oder Geldstrafe.

Unfallschutz (Unfallverhütung), Gesamtheit der techn., Ausbildungs- u. a. Maßnahmen zur Verhütung von Unfällen. In Betrieben erfolgt der U. im Rahmen des ↑Arbeitsschutzes, ferner im Rahmen der gesetzl. Unfallversicherung. Die Aufsicht über den U. obliegt den techn. Aufsichtsbeamten der Berufsgenossenschaften und den Beauftragten der Gewerbeaufsichtsämter. Nach der Reichsversicherungsordnung haben die Berufsgenossenschaft genehmigungspflichtige *Unfallverhütungsvorschriften* über die Maßnahmen der Unternehmer und das Verhalten der Versicherten zur Verhütung von Arbeitsunfällen, die ärztl. Untersuchung bes. gefährdeter Arbeitnehmer u. a. zu erlassen, deren Nichteinhaltung mit einer Geldbuße bis zu 20 000 DM geahndet werden kann. Weitere personelle und organisator. Maßnahmen sieht u. a. das Gesetz über Betriebsärzte, Sicherheitsingenieure und andere Fachkräfte für Arbeitssicherheit vom 12. 12. 1973 vor. Bei allen Unfallverhütungsmaßnahmen ist der Betriebsrat mitbestimmungsberechtigt.

Unfallversicherung, als *Individual-U.* die Gewährung von Versicherungsschutz bei Gesundheitsschädigung infolge eines Unfalls. Die *Unfallfolgen* werden unterschieden in vorübergehende oder dauernde Arbeitsunfähigkeit, Invalidität und Tod. Ein Unfall in diesem Sinne liegt vor, wenn der Versicherte durch ein plötzlich von außen auf seinen Körper wirkendes Ereignis unfreiwillig eine Gesundheitsschädigung erleidet. Die *Leistungen* des Versicherers bestehen im Fall des Todes in der Zahlung der versicherten Todesfallsumme, im Fall der Vollinvalidität in der Zahlung der vollen für den Invaliditätsfall vereinbarten Summe, bei Teilinvalidität eines entsprechenden Anteils, im Fall einer vorübergehenden Beeinträchtigung der Arbeitsfähigkeit in der

Giuseppe Ungaretti

Zahlung von Tagegeld (soweit vereinbart), bei vorübergehenden Gesundheitsschädigungen in der Übernahme der Kosten der ärztl. Behandlung und des Heilverfahrens.
Die *gesetzl. U.* als Zweig der Sozialversicherung gewährt Versicherungsschutz gegenüber den Folgen eines Arbeitsunfalls oder einer Berufskrankheit. Versicherungspflicht besteht für alle auf Grund eines Arbeits-, Dienst- oder Ausbildungsverhältnisses Beschäftigten (auch für Kinder in Kindergärten, Schüler und Studenten), ausgenommen Beamte und Personen, für die beamtenrechtl. Unfallfürsorgevorschriften gelten. Die Mittel der gesetzl. U. werden durch die Beiträge der Unternehmer aufgebracht. Die Leistungen der gesetzl. U. bestehen v. a. in *Heilbehandlung,* in *Übergangsgeld* (entspricht dem Krankengeld), in *besonderer Unterstützung* (zum Ausgleich unbilliger Härten), in berufsfördernden Leistungen zur Rehabilitation *(Berufshilfe),* in *Verletztenrente* (bei Minderung der Erwerbsfähigkeit über die 13. Woche hinaus), in *Sterbegeld* und *Hinterbliebenenrente.* Gesetzl. Grundlage der U. sind die §§ 537 ff. der Reichsversicherungsordnung.

Unfehlbarkeit (Infallibilität), in der *kath. Kirche* Bez. für die unter bestimmten Voraussetzungen gegebene, dogmatisch definierte Irrtumslosigkeit des Papstes. – Der *Begriff* U. in Bezug auf päpstl. Entscheidungen wurde Ende des 13. Jh. von Franziskanertheologen entwickelt, die damit die Möglichkeiten eines Papstes, frühere (für den Orden günstige) päpstl. Dekrete wieder aufzuheben, einschränken wollten. Erst im 16.–18. Jh. wurde die U.these mit dem Zweck einer Steigerung päpstl. Kompetenzen vertreten. Im 19. Jh. (1. Vatikan. Konzil) wurde sie schließlich gegen zahlr. innerkirchl. Widerstände verbindlich durchgesetzt.
Die *Lehre* von der U. des Papstes wurzelt in der urchristl. Überzeugung von der göttl. Wahrheit des Evangeliums bzw. der Offenbarung in Jesus und der Leitung seiner Gemeinden durch den Hl. Geist, so daß die Kirche als ganze nicht irren könne. Diese bis heute in der kath. Kirche verbindl. Lehre wurde im Lauf des MA durch die scholast. Theologie immer stärker auf *satzhafte Aussagen* der Überlieferung bezogen; christl. Wahrheit verstand man als „Richtigkeit" von Glaubenssätzen. Über die längste Zeit der Kirchengeschichte galten die Lehrentscheidungen der Bischöfe, verbindlich formuliert auf allg. Konzilien, als irreformabel. Das 1. Vatikan. Konzil definierte eine *päpstl.* U. so, daß der Papst nicht an bischöfl. Zustimmung gebunden ist. Diese seitdem ökumenisch und innerkath. umstrittene Aussage gilt aber auch nach der damaligen Definition nicht uneingeschränkt: 1. Grundlegend bleibt die U. der *Kirche,* die der Papst als Leiter lediglich *repräsentiert.* 2. Die U. ist eingeschränkt auf „ex-cathedra-Entscheidungen", in denen der Papst *förmlich* eine gesamtkirchl. Lehre verkünden will (nicht also Enzykliken u. a.). 3. Die U. gilt lediglich in *Glaubens- und Sittenfragen* (nicht also bei polit., wiss. u. a. Problemen). 4. Sachlich ist die U. des Papstes auf eine bloße Interpretation der Hl. Schrift beschränkt. – Das 2. Vatikan. Konzil hat die Lehre von der päpstl. U. nicht korrigiert, wohl aber eine Einbindung des Papstes in das *Kollegium der Bischöfe* angestrebt.

Unfreie ↑ Leibeigenschaft.

UN-Friedenstruppe, zusammenfassende Bez. für multinat. zusammengesetzte Truppenkontingente („Blauhelme"), die auf Ersuchen des UN-Sicherheitsrates zur Aufrechterhaltung des Weltfriedens und der internat. Sicherheit von Mgl.staaten der UN freiwillig zur Verfügung gestellt werden. UN-Friedensmissionen wurden seit 1948 in Konfliktgebiete entsandt, zuletzt 1992 nach Kambodscha, Kroatien/Bosnien und Herzegowina sowie Somalia. Die UN-F. erhielt 1988 den Friedensnobelpreis.

Unfruchtbarkeit, in *Biologie* und *Medizin* die Unfähigkeit zur Zeugung (↑ Impotenz) bzw. zum Gebären lebender Nachkommen (↑ Sterilität).

Unfruchtbarmachen ↑ Sterilisation.

Ungaretti, Giuseppe, *Alexandria (Ägypten) 10. Febr. 1888, †Mailand 1. Juni 1970, italien. Lyriker. – 1937–42 Prof. für italien. Literatur in São Paulo (Brasilien), 1942–59 Prof. für neuere italien. Literatur in Rom; mit seiner dunklen, die Wortmagie über den Inhalt stellenden Lyrik Exponent des ↑ Hermetismus. – *Werke:* Das verheißene Land (1950), Notizen des Alten (1960, 1968 u. d. T. Das Merkbuch des Alten).

ungarische Kunst, die ältesten Zeugnisse sind die persisch-sassanidisch beeinflußten Metallarbeiten (bes. Säbeltaschenplatten) des ungar. Reitervolkes (9. Jh.); die Zeugnisse der christl. Bautätigkeit fielen vielfach dem Mongolensturm (1241) zum Opfer; roman. Architektur und Plastik überdauerten u. a. in den Abteikirchen von Ják, Lébény (beide 1. Hälfte 13. Jh.) und Zsámbék (1220–56, Ruine). Wandmalereien zeigen byzantin. Einfluß, v. a. in der Krypta von St. Martin in Feldebrö (Bez. Heves, Ende 12. Jh.) und in der Palastkapelle in Veszprém (um 1250). Seit der Mitte des 13. Jh. setzte sich die Gotik durch (ehem. Franziskanerkirche in Sopron). Got. Freskenmalerei u. a. in der Burgkapelle in Esztergom (14. Jh.), die got. Tafelmalerei gipfelt im Werk des Meisters M. S. (um 1500). Die Renaissance fand als Hofkunst unter König Matthias I. Corvinus frühzeitig Eingang (Bakócz-Kapelle in Esztergom, 1506 bis 1507; wertvolle Handschriften, sog. Corvinen). Überwiegend östr. Künstler prägten die kaum der Türkenherrschaft aufblühende, im 18. Jh. kulminierende Barockkunst, so die Baumeister J. L. von Hildebrandt, der u. a. wohl an den Plänen für die Trinitarierkirche (1717–25) in Preßburg und der Minoritenkirche in Eger (1758 ff.) mitwirkte, A. Mayerhoffer (* 1690, † 1771) in Pest und J. Fellner (* 1722, † 1780) in Eger, der u. a. das Schloß Esterházy in Eisenstadt von 1722 umbaute und das Lyzeum in Eger (1760 ff.) sowie den Bischofspalast von Veszprém (1765 ff.) erbaute, die Maler P. Troger und F. A. Maulpertsch, der Bildhauer G. R. Donner. Hauptvertreter der klassizist. Bildhauerei ist I. Ferenczy (* 1792, † 1856), der Architektur M. Pollack (* 1773, † 1855) und J. Hild (* 1789, † 1867). In der Malerei des 19. Jh. ragt das realist. Werk von M. Munkácsy hervor (bes. sozialkrit. Genrebilder), ebenso das Schaffen seines Schülers J. Rippl-Rónai. Wichtig wurde auch die Freilichtmalerei: P. Szinyei Merse, L. Paál, K. Ferenczy, der der bis heute einflußreichen poet.-realist. Schule von Nagybánya angehörte. Die Architektur nahm v. a. in Budapest einen bed. Aufschwung. Seit dem 1. Weltkrieg bildete sich eine Avantgarde der geometr. Abstraktion, deren Vertreter größtenteils in der Emigration wirkten. L. Kassák, F. Molnár (* 1897, † 1945) und S. Bortnyik kehrten zurück, andere wie L. Moholy-Nagy oder M. L. Breuer als Vertreter des Neuen Bauens gingen ans Bauhaus und schließlich in die USA, V. de Vasarély ließ sich in Frankreich nieder. Nach dem 2. Weltkrieg setzte sich die moderne Architektur durch (mit kurzer Unterbrechung auf Grund neoklassizist. Tendenzen in der 1. Hälfte der 50er Jahre). In Plastik, Malerei und Graphik entwickelte sich nach Überwindung dogmat. Prinzipien Ende der 1950er Jahre ein breites Spektrum künstler. Stilrichtungen.

ungarische Literatur, die ältesten Schriftdenkmäler in ungar. Sprache sind eine Totenrede (um 1200) und eine Marienklage (um 1300). Daneben gab es bis zum Ende der Renaissance eine beachtl. *lat. Literatur:* Legenden, religöse Dichtung, Chroniken („Gesta Hungarorum", Ende des 13. Jh.). Die Dichtung des ungar. Humanismus erreichte in der Lyrik des Janus Pannonius (* 1434, † 1472) ihren Höhepunkt. Die *Reformation* verhalf der nat. Sprache auch in der Literatur zum endgültigen Durchbruch. Parallel zur Reformationsdichtung entwickelte sich die weltl. histor. Epik (Historiengesänge) und polit.-aktuelle Literatur. Den Höhepunkt der ungar. *Renaissancedichtung* bildeten die Liebes- und religiösen Gedichte von B. Balassi. Die Epoche des *Barock* ist durch die Türkenkriege und die Religionskämpfe gekennzeichnet; so rief M. Zrínyi (* 1620, † 1664) in einem Heldenepos und in Prosaschriften zum Widerstand gegen die Türken auf, glänzendster Stilist der Zeit war der Führer der Gegenreformation, Kardinal P. Pázmány; namhaftester Vertreter der prot. Prosa war P. Alvinczi (* um 1570, † 1634). Nach der Niederlage der nat. Befreiungsbewegung (1711) gegen die Habsburger, die für die 1. Hälfte des

ungarische Literatur

18. Jh. auch eine Stagnation in der Literatur bedeutete, erhielt die u. L. v. a. durch die Ideen der *Aufklärung* (G. Bessenyei [* 1747, † 1811]) neue Impulse; vorherrschend wurde der Klassizismus. Die ungar. *Romantik* fiel mit einer Zeit polit. Reformbestrebungen zus., die bes. von Dichtern vorangetrieben wurden (u. a. F. Kölcsey und K. Kisfaludy). Ihren Höhepunkt erreichte die u. L. des 19. Jh. im Werk von S. Petőfi und J. Arany; bed. Vertreter des histor. Romans waren J. von Eötvös und M. Jókai. Als Begründer der modernen ungar. Publizistik und geistiger Führer des Freiheitskampfes 1848 gilt L. Kossuth. Während das letzte Drittel des 19. Jh. im Zeichen des sich entfaltenden *Realismus* stand (u. a. die Erzähler K. Mikszáth, G. Gárdonyi [* 1863, † 1922] und Lyriker J. Vajda, G. Reviczky [* 1855, † 1889]), hinterließen die großen Stilrevolutionen des 20. Jh. in der u. L. nachhaltige Spuren. Führender Vertreter des *Modernismus* wurde E. Ady, der um die Zeitschrift „Nyugat" (Abendland) einen Kreis der bedeutendsten Dichter und Schriftsteller versammelte, u. a. M. Babits, D. Kosztolányi, Z. Móricz und F. Móra. Nach den Erschütterungen des 1. Weltkrieges setzte ein vielschichtiger Prozeß der Neuorientierung ein. Aus der Bewegung der *„Populisten"*, einer aus Schriftstellern und Politikern bestehenden Gruppierung, die im Bauerntum den Garanten des nat. Fortschritts sah, gingen vorwiegend Prosaschriftsteller hervor, u. a. L. Németh, G. Illyés, P. Veres (* 1897, † 1970), P. Szabó (* 1893, † 1957), J. Kodolányi (* 1899, † 1968), Á. Tamási (* 1897, † 1966). Repräsentanten der bürgerl. Strömungen waren in der Prosa F. Herczeg sowie L. Zilahy (* 1891, † 1974) und S. Márai, in der Dramatik F. Molnár und E. Illés (* 1902). Zu den Vertretern der urbanen, humanist.-intellektuellen Lyrik gehören L. Szabó (* 1900, † 1957), Z. Jékely (* 1913), G. Ronay (* 1913) und S. Weöres (* 1913, † 1989). Hervorragendste Persönlichkeit der sozialist. Literatur war der Lyriker A. József. Ebenfalls der Arbeiterbewegung standen der Romancier T. Déry, der Novellist A. E. Gelléri (* 1907, † 1945) und der Lyriker L. Kassák nahe; in der Emigration wirkten bis 1945 B. Illés (* 1895, † 1974) und G. Háy. Während Schriftsteller wie S. Márai und L. Zilahy Ende der 1940er Jahre Ungarn verließen, verstanden sich andere namhafte (teilweise aus dem Exil zurückgekehrte) Vertreter der u. L. (u. a. T. Déry, G. Háy, L. Nemeth, G. Illyes) und Literaturkritik (u. a. G. Lukács, J. Revai [* 1898, † 1959]) zunächst als sozialist. Kulturpolitiker; es gelang jedoch, die u. L. von dem parteipolit. Diktat des sog. sozialist. Realismus zu befreien, wobei Déry und Háy auch zu den

Ungarische Kunst

Links: József Rippl-Rónai, Dorfbewohner, Farblithographie, um 1890. Rechts: Innenhof des Barockschlosses der Fürsten Eszterházy in Fertőd („ungarisches Versailles"), 1760–69

Links: Jószef Hild, der dreischiffige, von einem breiten Querschiff in zwei Hälften geteilte Dom von Eger (Erlau), 1831–37. Rechts: Mihály von Munkácsy, Besuch bei der Wöchnerin, 1879 (München, Neue Pinakothek)

ungarische Musik

Ungarn

Fläche: 93 032 km²
Bevölkerung: 10,55 Mill. E (1990), 113,4 E/km²
Hauptstadt: Budapest
Amtssprache: Ungarisch
Nationalfeiertag: 20. Aug., 23. Okt.
Währung: 1 Forint (Ft) = 100 Filler (f)
Zeitzone: MEZ

Ungarn

Staatswappen

Internationales
Kfz-Kennzeichen

1970 1990   1970 1990
Bevölkerung   Bruttosozial-
(in Mill.)   produkt je E
              (in US-$)

Bevölkerungsverteilung
1990

Bruttoinlandprodukt
1990

Köpfen des Aufstands von 1956 gehörten. Zu den Exponenten der etwa seit den 1960er Jahren publizierenden Schriftstellergeneration gehören neben G. Konrád, M. Szabó, Miklos Mészöly (* 1921) und F. Sánta (* 1927) u. a. I. Mándy (* 1918), J. Pilinszky (* 1921, † 1981), E. Fejes (*1923), L. Nagy (* 1925, † 1978), S. Csoóri (* 1930), G. Moldova (* 1934), A. Tabák (* 1938) und D. Tandori (* 1938); von den jüngeren Vertretern der u. L. sind v. a. P. Nadas (* 1942), J. Belázs (* 1944), G. Dalos (* 1943) und P. Esterhazy (* 1950) zu nennen.

ụngarische Musik, charakteristisch ist die Mischung sehr verschiedener musikal. Einflüsse auf Grund der Lage des Landes. In der Volksmusik überleben mittel- und sogar ostasiat. pentaton. Typen noch aus der Nomadenzeit, Grundlage des „alten Stils". Darüber lagern in einem ständigen Assimilationsprozeß Elemente aus verschiedenen Epochen der u. M. Die Kunstmusik beginnt mit Gregorian. Gesängen sowie volksprachl. Epik und dem Wirken ausländ. Musiker am Königshof (um 1000). Mittel- und westeurop. Einwanderer (seit dem 12. Jh.) brachten ihre Musik mit; vermittelt durch Fahrende sind bis Ende des 15. Jh. ungar. Tänze (Ungaresca) Bestandteil des gesamteurop. Repertoires. Während der türk. Herrschaft (seit 1526) lebten bes. im östr. Teil „Historiengesänge" (Reimchroniken, polit. Lieder) weiter; sie fanden 1690–1711 in den „Kurutzenliedern" eine Fortsetzung. Seit etwa 1750 erscheint der meist von Roma gespielte Verbunkos; er und seine Abzweigungen in Csárdás, städt. Lied, Freiheits- und Studentenlied bilden den „neuen Stil", der von 1790 bis ins 20. Jh. als typisch ungarisch galt. F. Liszt, M. Mosonyi (* 1815, † 1870) und F. Erkel schufen eine nat. u. M. romant. Prägung. J. Hubay und E. von Dohnányi leiten zur Moderne über. Z. Kodály und B. Bartók griffen, bei hochentwickelter Kompositionstechnik, auf die urspr. Bauernmusik zurück. Kodálys System (seine vielen Schüler, u. a. M. Seiber, A. Dorati, S. Veress, wirkten in aller Welt) schuf mit Chorbewegung und Musikschulen bes. seit 1945 die Grundlage der neuen ungar. Musikkultur. Zu den bekanntesten ungar. Komponisten der Gegenwart zählen u. a. F. Farkas (* 1905), G. Kurtág (* 1926), S. Szokolay, I. Láng (* 1933), Z. Durkó (* 1934), A. Bozay (* 1939) und die im Ausland tätigen G. Ligeti und R. Wittinger.

Ụngarische Pforte, Talabschnitt der Donau zw. Hainburg an der Donau (Österreich) und Preßburg (SR); hier trennt die Donau die Hainburger Berge von den Kleinen Karpaten. Durch die U. P. fließt die Donau vom Wiener Becken ins Kleine Ungar. Tiefland.

Ụngarischer Enzian, svw. Brauner Enzian (↑ Enzian).

Ụngarisches Mittelgebirge, von SW nach NO verlaufender Gebirgszug in Ungarn, im NO noch bis in die SR reichend; umfaßt westlich der Donau das *Transdanub. Mittelgebirge* mit Bakony, Vértes-, Gerecsegebirge, Budaer Gebirge, Pilis- und Visegráder Gebirge, östlich der Donau das *Nordungar. Mittelgebirge* mit Börzsönygebirge, Cserhát, Mátra-, Bükk- und Zempléner Gebirge; Abbau von Bodenschätzen; Thermalquellen; Weinbau.

ụngarische Sprache (Magyarisch, Madjarisch), zu den ↑ uralischen Sprachen gehörende Sprache mit etwa 10 Mill. Sprechern in Ungarn, etwa 3 Mill. in den Nachbarstaaten Ungarns und etwa 1 Mill. in W-Europa und Amerika. Mit Ostjakisch und Wogulisch bildet die u. S. den ugr. Zweig der ↑finno-ugrischen Sprachen. – Die mit der Auflösung der ugr. Gemeinschaft (spätestens um 500 v. Chr.) einsetzende *urungar. Epoche* dauerte bis zur Landnahme (896) bzw. bis zu der um 1000 erfolgten Christianisierung der Ungarn; das *Altungarische* wurde im 14./15. Jh. vom *Mittelungarischen* abgelöst; die Ende des 16. Jh. beginnende Herausbildung der einheitl. Schriftsprache markiert den Beginn der *neuungarischen Epoche.* Für die Entwicklung der u. S. zur modernen Schriftsprache war die seit Ende des 18. Jh. bis weit in das 19. Jh. wirkende Bewegung der Spracherneuerung entscheidend. – Im Wortschatz finden sich etwa 1 000 Grundwörter finnougr. Herkunft; bedingt. Lehnwortschichten stammen aus den Turksprachen, den slaw. Sprachen sowie der dt. und lat. Sprache.

Ụngarisches Tiefland, zusammenfassende Bez. für das Kleine Ungarische Tiefland und das Große Ungarische Tiefland.

Ụngarn, svw. ↑ Magyaren.

Ụngarn (amtl.: Magyar Kőztársaság; dt. Republik Ungarn), Staat im sö. Mitteleuropa, zw. 45° 45' und 48° 35' n. Br. sowie 16° 05' und 22° 55' ö. L. **Staatsgebiet:** U. liegt zw. der Tschechoslowakei im N, der Ukraine im NO, Rumänien im O, Serbien, Kroatien und Slowenien im S und Österreich im W. **Verwaltungsgliederung:** 19 Komitate, die Hauptstadt und 5 Munizipalstädte. **Internat. Mitgliedschaften:** UN, GATT, Europarat.

Landesnatur und Klima

U. liegt fast ganz im Bereich des vom alpid. Gebirgssystem (Alpen, Karpaten, Dinariden) umschlossenen Pannon. Bekkens. Das durch Absenkung entstandene Ungar. Tiefland (rd. 60 % des Landes liegen unter 200 m ü. d. M.) wird durch das Ungar. Mittelgebirge in das Kleine Ungar. Tiefland (Kisalföld) im NW und in das von Donau und Theiß entwässerte Große Ungar. Tiefland (Alföld) gegliedert. Die Donau trennt das Ungar. Mittelgebirge in das Transdanub. Mittelgebirge westlich und das Nordungar. Mittelgebirge (Kékes mit 1 015 m im Mátragebirge) östlich des Stromes. Südlich des Transdanub. Mittelgebirges liegt zw. Plattensee und Donau das Mezőföld, ein Lößbecken. Eine stärkere Reliefierung hat außerhalb des Ungar. Mittelgebirges nur das Transdanub. Hügelland im SW von U. erfahren, aus dem im S das Mecsekgebirge und das Villanyer Gebirge aufragen. Durch die Binnen- und Beckenlage bedingt, ist das Klima überwiegend kontinental. Die Jahresamplitude der Temperatur liegt, nach O zunehmend, über 20 °C (Januarmittel −1,5 °C, Julimittel 21,5 °C). Die Niederschläge nehmen generell von W nach O ab. Die geringsten Niederschläge erhält das Große Ungar. Tiefland, bes. im Geb. der Theiß, wo häufig Dürreperioden eintreten.

Ungarn

Vegetation und Tierwelt

Die natürl. Vegetation ist bis auf die Gebirgswälder und Flußauen weitgehend verschwunden. In den Gebirgen wachsen Eiche, Esche, Buche, Ahorn und Birke. Im Transdanub. Hügelland gedeihen Edelkastanien und Maulbeerbäume. Im Großen Ungar. Tiefland, urspr. eine an den Flüssen von Auen- und Moorwäldern durchsetzte Waldsteppe (Pußta), bilden die im 18. Jh. eingeführten Robinien z. T. geschlossene Wälder.
Die urspr. Tierwelt wurde weitgehend zurückgedrängt, ein ansehnl. Wildbestand (u. a. Rotwild, Reh, Wildschwein) ist in den Wäldern erhalten geblieben.

Bevölkerung

Über 90 % der Bev. sind Ungarn. Die größte ethn. Minderheit bilden die überwiegend im W und SW des Landes lebenden U.deutschen (2,3 %); Serben, Kroaten u. a. Südslawen wohnen in S-U., Rumänen im O des Landes. Die Slowaken (1 %) leben verstreut im ganzen Land; etwa 500 000 Roma. Seit 1981 ist ein natürl. Rückgang der Bev.zahl zu verzeichnen. Bei anhaltender Urbanisierung leben fast 60 % der Einwohner in Städten (20 % in Budapest). Über 60 % sind Katholiken, rd. 20 % Kalvinisten. Daneben gibt es Anhänger der serb.-orth. und der griech.-kath. Kirchen sowie christl. Sekten. Schulpflicht besteht vom 6. bis zum 16. Lebensjahr. Es bestehen 18 Univ., die ältesten in Pécs (gegr. 1367) und Budapest (1635), darunter 6 TU; ferner Fachhochschulen.

Wirtschaft

Die Entwicklung U. von einem ehemals agrarisch ausgerichteten Land zu einem Ind.staat mit bed. Landw. vollzog sich im wesentlichen nach dem 2. Weltkrieg auf der Grundlage sozialist. Eigentumsverhältnisse. Ende der 70er und zu Beginn der 80er Jahre trat jedoch in der nach zentralplanwirtschaftl. Prinzipien geleiteten Volkswirtschaft eine verstärkte Stagnation bei gleichzeitig zunehmender Auslandsverschuldung ein. Mit dem 1988 begonnenen Übergang zur Marktwirtschaft ist eine grundlegende Strukturveränderung der Ind. und anderer Bereiche verbunden. Seit 1990 kontrolliert eine zentrale Privatisierungsbehörde (State Property Agency [SPA]) die Übertragung von Staatsunternehmen in Privateigentum. U. strebt die volle Konvertibilität seiner Währung sowie die EG-Mitgliedschaft an. Im Dez. 1992 schloß U. mit Polen und den Republiken der Tschechoslowakei ein Freihandelsabkommen. – Außer Bauxit (Abbau im Bakony überwiegend im Tagebau und im Vértesgebirge) können die sonst vom Bergbau geförderten Rohstoffe (Braun-, Steinkohle, Erdöl, Erdgas, Eisen-, Kupfererz und Uran [Vorkommen 1952 bei Pécs erschlossen]) nicht den Landesbedarf decken. Der Rohstoffarmut des Landes entsprechend ist die Ind. auf arbeitsintensive Zweige ausgerichtet. Bei der Verteilung der Ind. zeigt sich eine starke Konzentration auf den Raum Budapest, wo fast 50 % aller Ind.beschäftigten tätig sind. Bes. Bed. haben der Maschinen- und Fahrzeugbau, die Nahrungsmittelind., chem., metallurg., Textil- und Bekleidungs-, Baustoff-, Leder-, Holz- und Papierindustrie. Die Landw. nutzt etwa 70 % der Landesfläche, davon sind 72 % Ackerland, 19 % Wiesen und Weiden, 4 % Obst- und Weinbau- sowie 5 % Gartenland. Staatsgüter und Genossenschaften betreiben eine industriemäßig produzierende Großflächenwirtschaft, Privatbetriebe haben sich v.a. auf Obst- und Gemüsebau sowie Tierhaltung spezialisiert. Angebaut werden Weizen, Roggen, Reis (nördlichstes Reisanbaugebiet der Erde), Mais, Gerste, Zuckerrüben. An Gemüse werden v. a. Paprika und Tomaten produziert. Wesentlich ist die Schweine- und Schafzucht; Truthühner, Enten und Gänse werden v. a. für den Export gehalten.
Die wichtigsten Handelspartner sind Deutschland, Österreich, Rußland u. a. Republiken der GUS, die ČR und SR, Polen sowie Italien. Exportiert werden Maschinen und Fahrzeuge, chem. Erzeugnisse, Eisen und Stahl, lebende Tiere und Nahrungsmittel. Importiert werden Roh- und Brennstoffe, Maschinen und Geräte, chem. Erzeugnisse, Nichteisenmetalle, Textilien und Holz.

Verkehr

Das Verkehrsnetz ist dicht und gut ausgebaut. Das Eisenbahnnetz hat eine Länge von 7 619 km, davon sind 2 079 km elektrifiziert. Das Straßennetz umfaßt 29 701 km (218 km Schnellstraßen). Das schiffbare Wasserstraßennetz hat eine Länge von 1 622 km. U. besitzt trotz Fehlens eigener Seehäfen eine Hochseereederei. Die 1946 gegr. nat. Fluggesellschaft MALÉV verkehrt zw. dem Budapester ✈ Ferihegy und 40 Städten in Europa, Vorderasien und Nordamerika.

Geschichte

Zur **Vor-** und **Frühgeschichte** sowie **Antike** ↑ Europa, ↑ Pannonien.
Bis zur Christianisierung (5.–11. Jh.): Die Völkerwanderung brachte german. Stämme (Vandalen, Gepiden, Langobarden) ins Land, im 5. Jh. Mittelpunkt des Hunnenreiches unter Attila und im 6.–8. Jh. des Reiches der Awaren war. Seit 896 besetzten die ↑ Magyaren das Pannon. Becken und unternahmen Raubzüge in ganz Europa (besiegt von König Heinrich I. bei Riade 933, von Kaiser Otto I. auf dem Lechfeld 955, vor Byzanz 970). Fürst Géza (⚭ 972–997) festigte die fürstl. Macht und bereitete die Christianisierung vor. Sein Sohn Stephan I., der Heilige, ließ sich im Jahre 1001 zum König krönen (↑ Stephanskrone).
Das unabhängige Königreich Ungarn (1001–1526): Nach vorübergehender dt. Lehnsabhängigkeit unterwarf U. im Verlauf des 11. Jh. die Slowakei; 1091 wurde Kroatien (mit Slawonien und Dalmatien) in Personalunion mit U. verbunden (Dalmatien ging 1202 an Venedig verloren). Unter Géza II. (⚭ 1141–62) begann die Ansiedlung von Deutschen in Siebenbürgen (↑ Siebenbürger Sachsen), Ende des 12. Jh. auch in der ↑ Zips. Béla IV. (⚭ 1235–70) nahm die Kumanen in U. auf. 1241/42 besetzten die Mongolen das Land. Nach dem Aussterben der bis dahin regierenden Arpaden im Mannesstamm (1301) folgten Herrscher aus verschiedenen Häusern. Karl I. Robert (⚭ 1307–42) aus der neapolitan. Linie des Hauses Anjou mußte 1330 nach der Niederlage bei Posada die Unabhängigkeit der Walachei anerkennen. Sein Sohn, Ludwig I. (⚭ 1342–82), seit 1370 auch König von Polen, betrieb eine expansive Außenpolitik, die sich v. a. in dauernden Kriegszügen gegen die Balkan-

Ungarn. Wirtschaft

Ungarn

länder zeigte. Sein Schwiegersohn, Sigismund von Luxemburg (⚭ 1387–1437; seit 1410/11 auch Röm. König), wandte sich nach der Niederlage gegen die Osmanen bei Nikopolis 1396 (↑ Türkei, Geschichte) stärker der Politik im Heiligen Röm. Reich zu und suchte eine europ. Koalition gegen die Osmanen zu bilden. Aber erst der Sieg von J. ↑ Hunyadi bei Belgrad (1456) bannte die osman. Gefahr für längere Zeit. Dessen Sohn ↑ Matthias I. Corvinus (⚭ 1458–90) eroberte Mähren, Schlesien und die Lausitz, Niederösterreich und die Steiermark. 1485 zog er in Wien ein und machte es zu seiner Residenz; Wirtschaft und Kultur erlebten eine Blütezeit (Renaissance). Unter der Dyn. der Jagiellonen (1490–1526) zerfiel die Zentralmacht; aus einem Kreuzzug gegen die Osmanen entwickelte sich 1514 der größte Bauernkrieg der ungar. Geschichte unter G. Dózsa. Nach seiner grausamen Niederschlagung wurde die Leibeigenschaft verschärft und gesetzlich fixiert („Tripartitum" von I. ↑ Werböczi, 1514). Die verbliebene, zahlenmäßig schwache Adelsarmee unterlag den Türken 1526 bei Mohács, auch König Ludwig II. (⚭ 1516–26) fiel.

Ungarn unter den Osmanen und den Habsburgern (1526–1918): Nach der Doppelwahl von 1526 konnte Johann I. Zápolya, Woiwode von Siebenbürgen (⚭ 1526 bis 1564), mit osman. Unterstützung den Machtbereich seines habsburg. Gegenkönigs Ferdinand I. (⚭ 1526–64) auf Ober-U. (die Slowakei) und einen schmalen Teil West-U. beschränken, das zur östr. Prov. herabsank. Mittel-U. (mit Slawonien) wurde ab 1541 als Paschalik Buda türkisch *(Türkisch-U.)*, Ost-U. (Siebenbürgen) 1570 selbständiges Ft. unter türk. Oberhoheit. Fürst Stephan Báthory (⚭ 1571–86) legte die Grundlagen eines starken siebenbürg. Staates, der über Jahrzehnte eine selbständige Politik zw. Wien und der Pforte zu verfolgen vermochte und dessen Unabhängigkeit und Religionsfreiheit (Reformation) nach einem Aufstand der ungar. Stände unter I. ↑ Bocskai (1604/06) von König Rudolf (⚭ 1576–1608) im Wiener Frieden (1606) anerkannt wurde. Als die Türken im Aufstand von Graf I. ↑ Thököly (1678–82) unterstützten, entbrannte der *Große Türkenkrieg* (1683–99). Nach der raschen Eroberung U. durch kaiserl. Truppen (1686 Fall Budas, 1697 Sieg bei Zenta) traten die Osmanen im Frieden von Karlowitz 1699 U. (mit Ausnahme des Banats von Temesvar), Kroatien und Slawonien an die Habsburger ab. Nach dem Tokajer Kurutzenaufstand 1697 und einem das ganze Land erfassenden Freiheitskampf unter Franz II. Rákóczi (1703–11) sicherte der Friede von Sathmar (1711) die ständ. Verfassung und die Religionsfreiheit. Der ungar. Landtag stimmte 1722/23 als Gegenleistung der Unteilbarkeit des Habsburgerreiches (Pragmat. Sanktion) zu. Dennoch erreichte der Absolutismus der Habsburger und die Gegenreformation keinen vollständigen Sieg in U., die Stände behaupteten ihre Sonderrechte (Steuerfreiheit des Adels, Leibeigenschaftssystem). Im Gebiet der ↑ Militärgrenze wurden die vor den Türken geflohenen Serben und Kroaten angesiedelt. Die Kolonisation in der Batschka und im Banat (↑ Banater Schwaben), v.a. unter Maria Theresia (⚭ 1740–80), ließ die Magyaren im Land zur Minderheit werden. Die von Joseph II. (⚭ 1780–90) betriebene Reformpolitik (Religionsfreiheit durch das Toleranzpatent von 1781, Freizügigkeit für Leibeigene 1785, Deutsch als Verwaltungssprache) scheiterte am Widerstand des ungar. Adels (1788–90). Auf dem Landtag 1825–27 kam der Reformgeist zum Durchbruch, dessen Träger in U. in Ermangelung eines starken Bürgertums der Adel war. Führende Gestalt wurde ab 1841 L. Kossuth. Unter dem Eindruck der Revolutionen in Paris und Wien brach am 15. März 1848 unter Führung von S. Petőfi in Pest die ungar. Revolution aus. Am 17. März akzeptierte Wien die Bildung einer liberalen ungar. Reg. unter L. Graf Batthyány. Sept. 1848 kam es zum offenen Bruch mit Habsburg, dessen Truppen Kossuth mit der Honvéd-Armee bezwang (Anfang 1849). Am 14. April 1849 beschloß der Landtag in Debrecen die Erklärung der Unabhängigkeit Ungarns. Mit russ. Hilfe konnte Österreich den ungar. Freiheitskampf im Aug. 1849 niederwerfen; das um Siebenbürgen sowie Kroatien mit Slawonien und das Ba-

Ungarn. Die im 13. Jh. gegründete Burg Sümeg, eine wichtige Bastion im Kampf gegen die Türken

nat verkleinerte U. wurde der zentralist. östr. Verwaltung eingegliedert und nach dem Muster der übrigen östr. Kronländer regiert. Eine positive Wirtschaftsentwicklung setzte ein (Zollunion mit Österreich, 1850). Nach der Niederlage Österreichs im Deutschen Krieg (1866), auch gezwungen zunehmende innere Widersprüche (Vielvölkerstaat), kam es zum östr.-ungar. ↑ Ausgleich von 1867, durch den U. in Realunion mit Österreich selbständiges Kgr. wurde (↑ Österreich, Geschichte; ↑ Österreich-Ungarn). Der kroat.-ungar. Ausgleich vom Juni 1868 regelte das Verhältnis zu Kroatien mit Slawonien; die Union Siebenbürgens mit U. wurde auf Grund eines neuen Gesetzes im Dez. 1868 endgültig vollzogen. Das Banat war 1860 wieder an U. gekommen. Nach 1875 begann ein beachtl. wirtsch. Aufschwung. Dessenungeachtet verschärften sich die sozialen (Arbeiterunruhen) und nat. Gegensätze (v. a. durch die forcierte Magyarisierung). Zu spät versuchte 1913–17 Min.präs. I. Graf Tisza angesichts des auf Expansion drängenden Nationalismus Serbiens und Rumäniens eine Einigung mit den Nationalitäten herbeizuführen.

Die Republik Ungarn und die restaurierte Monarchie (1918–45). Die Niederlage im 1. Weltkrieg führte zur Revolution und Ausrufung der Republik am 16. Nov. 1918. Die Reg. unter M. Graf ↑ Károlyi von Nagykárolyi (seit 31. Okt. Min.präs., seit 16. Nov. Präs.) mußte weite Gebiete im S und O des Landes räumen. Kroatien-Slawonien hatte bereits am 29. Okt. die staatsrechtl. Verbindung mit U. gelöst. Unter dem Schutz der Entente-Alliierten besetzten die Tschechen Ober-U. (↑ Slowakische Republik), die Rumänen Siebenbürgen und die Serben Süd-U. Am 21. März 1919 mußte Károlyi einer sozialdemokrat.-kommunist. Reg. weichen (Revolutionärer Regierender Rat), die faktisch von B. ↑ Kun geleitet wurde und die *Ungar. Räterepublik* proklamierte. Mit Enteignungen und Verstaatlichungen sollte eine neue Ordnung nach sowjetruss. Muster errichtet werden. Die Bemühungen um internat. Anerkennung schlugen fehl. Rumänen und Tschechen griffen mit Hilfe der Entente Mitte April an. In aussichtsloser militär. Lage trat die Regierende Rat am 1. Aug. 1919 ab. Am 4. Aug. besetzte die königl. rumän. Armee Budapest. Der am 1. Aug. etablierten sog. Gewerkschaftsreg. folgte am 7. Aug. eine schwache und mehrmals umgebildete Reg. unter I. Friedrich. In Szeged hatte sich noch im Mai unter dem Schutz der frz. Besatzung eine gegenrevolutionäre Reg. gebildet, deren Kriegsmin. M. Horthy war. Er zog an der Spitze seiner Nat.armee am 16. Nov. 1919 in Budapest ein. Nach blutiger Abrechnung mit den Anhängern der Räterepublik und u. a. antisemit. Pogromen siegte bei den Wahlen zur Nat.versammlung die 1909 gegr. Partei der Kleinen Landwirte; am 1. März 1920 wählte die Nat.versammlung Horthy zum Reichsverweser und stellte trotz späterer Amtsenthebung der Habsburger (6. Nov. 1921) die Monarchie wieder her. Nach dem Friedensvertrag von ↑Trianon (4. Juni 1920) verlor U. 68 % seines früheren Staatsgebietes und 59 % seiner früheren Bev. Min.präs. I. Graf Bethlen von Bethlen (1921–31) gelang zwar die innenpolit. Konsolidierung, die sozialen Spannungen jedoch blieben. Der Freundschaftsvertrag von 1927 mit dem faschist. Italien (erneuert 1934 durch die ↑Römischen Protokolle) bedeutete das Ende der internat. Isolierung Ungarns. Die Wiener Schiedssprüche von 1938/40 und die Teilnahme am Angriffskrieg gegen Jugoslawien 1941 brachten U. einen Teil der 1918/20 verlorenen Gebiete zurück (Batschka, Karpato-Ukraine [↑Transkarpatien], Nordsiebenbürgen). Min.präs. L. Bárdossy (1941/42) erklärte am 27. Juni 1941 der Sowjetunion den Krieg. Am 19. März 1944 besetzten dt. Truppen das Land und zwangen Horthy, eine deutschfreundl. Reg. einzusetzen. Sein Versuch, am 15. Okt. 1944 Waffenstillstand zu schließen, scheiterte. Horthy dankte ab und übergab die Macht dem Pfeilkreuzlerführer F. Szálasi. Die Sowjets besetzten das Land schrittweise ab 23. Sept. 1944 bis zum 4. April 1945. Am 22. Dez. 1944 hatte sich im sowjetisch besetzten Debrecen eine provisor. Reg. der sog. Ungar. Nat. Unabhängigkeitsfront gebildet, die am 28. Dez. Deutschland den Krieg erklärte und am 20. Jan. 1945 einen Waffenstillstand mit den Alliierten schloß.

„Volksdemokratie" und kommunistische Herrschaft (1945–89): Nach den Wahlen vom Herbst 1945 wurde der Führer der Partei der Kleinen Landwirte, Z. Tildy, zum Min.präs. und am 1. Febr. 1946 zum Staatspräs. gewählt. Der Pariser Friede vom 10. Febr. 1947 stellte die ungar. Grenzen vom 1. Jan. 1938 wieder her und verpflichtete U. zu Reparationszahlungen, v. a. an die Sowjetunion. Noch die provisor. Reg. hatte am 17. März 1945 den Erlaß einer Bodenreform verabschiedet; 1946–49 erfolgte die Verstaatlichung der Großbanken und der Betriebe sowie des Schulsystems. Die treibende Kraft der innenpolit. Entwicklung wurden mit Hilfe der sowjet. Militärmacht die Kommunisten. Bis Sommer 1948 waren fast alle Parteien verboten bzw. hatten sich selbst aufgelöst; am 12. Juni 1948 erfolgte (unter Druck) die Vereinigung der Sozialdemokraten mit der KP zur Partei der Ungar. Werktätigen (seit 1956 Ungar. Sozialist. Arbeiterpartei [USAP]). Es begann eine Adaption des sowjet. Sozialismusmodells, die zu schweren wirtsch. und polit. Deformationen (Schauprozesse gegen Oppositionelle wie Kardinal ↑Mindszenty oder L. Rajk) führte. Die Verfassung vom 20. Aug. 1949 erklärte U. zur Volksrepublik. Innenpolit. Spannungen machten nach Stalins Tod (März 1953) eine Liberalisierung notwendig. Anstelle des Stalinisten M. Rákosi wurde am 3. Juli 1953 I. ↑Nagy als Min.präs. eingesetzt. Er führte 1953–55 polit. und wirtsch. Reformen (v. a. Milderung der schnellen Industrialisierung und der auf Gewalt begründeten Kollektivierung) durch; der polit. Terror ließ nach. Nagy scheiterte 1955 jedoch am Widerstand der dogmat. Kräfte um Rákosi, der 1956 durch den ebenfalls dogmat. Stalinisten E. Gerő als Generalsekretär abgelöst wurde. Dessen starrer Haltung ist es zuzuschreiben, daß es am 23. Okt. 1956 zum ungar. Volksaufstand kam; I. Nagy bildete eine Koalitionsreg. und kündigte den Austritt aus dem Warschauer Pakt an. Am 4. Nov. 1956 bildete J. ↑Kádár eine Gegenreg. und ließ den Volksaufstand von sowjet. Truppen blutig niederschlagen; fast 200 000 Ungarn flüchteten ins westl. Ausland. – Als Erster ZK-Sekretär der neuen USAP konnte J. Kádár (bis 1958 und 1961–68 auch Min.präs.) unter gewaltsamer Ausschaltung der Parteiopposition unter Nagy (1958 hingerichtet) sowie der Konservativen um J. Révai das polit. und ökonom. System konsolidieren. Nach einer in der Folgezeit wieder eindeutig prosowjet. Politik begannen Anfang der 60er Jahre schrittweise Korrekturen hin zu einem selbständigen Sozialismusmodell, welche relativ schnell zu sozialen Verbesserungen im Wirtschaftsaufschwung sowie einer gewissen Liberalisierung führten (sog. Gulaschkommunismus). Seit Ende der 70er Jahre verstärkten sich jedoch trotz weiterer Teilreformen (u. a. Bankenreform 1987, Einführung der Mehrwertsteuer zum 1. Jan. 1988) die wirtsch. Schwierigkeiten, die sich u. a. auch in einer zunehmenden Auslandsverschuldung U. (seit Mai 1982 Mgl. des IWF) ausdrückten. Die schon vor Beginn der sowjet. Politik von ↑Glasnost und ↑Perestroika einsetzenden reformkommunist. Bestrebungen, die dann durch die Verstärkung erfuhren, schlugen ab 1987 (u. a. Mai 1988 Entmachtung J. Kádárs) in eine umfassende Liberalisierung um, die den Übergang zum polit. Pluralismus (Okt. 1989 gesetzlich verankert) und zur Marktwirtschaft vorbereitete.

Das neue demokratische Ungarn (seit 1989/90): Schon am 27. Sept. 1987 war das Ungar. Demokrat. Forum (MDF bzw. UDF) gegr. worden. Weitere Parteien entstanden 1988/89, u. a. der Bund Freier Demokraten (SzDSz bzw. BFD; gegr. am 13. Nov. 1988), die Partei der Kleinen Landwirte (FGKP, wiedergegr. am 18. Nov. 1988) und die Christl.-Demokrat. Volkspartei (KDNP, gegr. am 11. April 1989). Der am 2. Mai 1989 begonnene Abbau der Sperranlagen an der östr.-ungar. Grenze führte im Sommer und Frühherbst 1989 zu einer in ihrem Ausmaß ungeahnten Flüchtlingswelle von DDR-Bürgern. Nachdem es am 19. Aug. 1989 durch ein vom UDF und von der Paneuropa-Union veranstaltetes Picknick zur ersten Grenzöffnung gekommen war, ließ Außenmin. G. Horn den DDR-Bürgern am 11. Sept. 1989 die Grenze zur freien Ausreise öffnen; die damit verbundenen schweren polit. Erschütterungen lösten schließlich die friedl. Herbstrevolution 1989 und den damit verbundenen tiefgreifenden gesellschaftl. Umbruch in der DDR und ganz Osteuropas (bis hin zur Wiederherstellung der staatl. Einheit Deutschlands am 3. Okt. 1990) aus. Im Ergebnis der Selbstauflösung der USAP (7./8. Okt. 1989) entstand u. a. die (sozialdemokrat.) Ungar. Sozialist. Partei (USP). Am 23. Okt. 1989 änderte das Parlament den Staatsnamen in Republik U. Am 10. März 1990 wurde der vollständige Abzug der sowjet. Truppen bis Ende Juni 1991 vereinbart (bis 17. Juni 1991 abgeschlossen). Die ersten freien Wahlen seit 1947 (25. März bzw. 8. April 1990) gewann das UDF (42,7 % der Stimmen und 164 Mandate). Der Bund Freier Demokraten erhielt 23,8 % und 92 Mandate, die FGKP 11,1 % und 44 Mandate, die USP 18,5 % und 33 Mandate, die KDNP 5,4 % und 21 Mandate. Min.-präs. einer Koalitionsreg. von UDF, FGKP und KDNP wurde der Vors. des UDF, J. Antall. Am 2. Mai 1990 wählte das Parlament Á. Göncz (BFD) zum Parlamentspräs., am 3. Aug. 1990 zum Staatspräs. Als erstes der ehem. Ostblockländer wurde U. am 9. Nov. 1990 in den Europarat aufgenommen. Die bürgerl. Reg. Antall strebt die schnelle EG-Mitgliedschaft an (Assoziierungsvertrag Dez. 1991). Während der polit. Systemwechsel (auch durch den Vorlauf der 1988–90 regierenden Reformer) vollzogen und verfassungsmäßig und gesetzlich gesichert ist, vollzieht sich die Umwandlung des Wirtschaftssystems unter größeren Schwierigkeiten (Erbe der Auslandsverschuldung; steigende Inflation und Arbeitslosigkeit). 1992 unterzeichnete U. neben dem Dt.-Ungar. Vertrag über Freundschaft und Zusammenarbeit das Mitteleurop. Freihandelsabkommen mit Polen, der ČR und SR.

Politisches System

Nach der Verfassung vom 18. Aug. 1949 (weitgehend revidiert 1972, 1989 und 1990) ist U. eine parlamentar. Republik. *Staatsoberhaupt* ist der vom Parlament gewählte Präsident. Die *Exekutive* liegt beim Min.rat unter Leitung des Min.präs. Der Min.rat wird vom Parlament gewählt und ist diesem rechenschaftspflichtig. *Legislativorgan* ist das Einkammerparlament (386 Abg., für 4 Jahre gewählt). Seit Okt. 1989 existiert in U. ein Mehrparteiensystem. Wichtigste im Parlament vertretene *Parteien* sind: Ungar. Demokrat. Forum (UDF bzw. MDF), Bund Freier Demokraten (BFD bzw. SzDSz), Partei der Kleinen Landwirte (FGKP), Ungar. Sozialist. Partei (USP; Nachfolgerin der kommunist. Ungar. Sozialist. Arbeiterpartei [USAP]), Christl.-Demokrat. Volkspartei (KDNP). 1992 wurde die bürgerlich-liberale Partei der Republik gegründet. Die nach dem Branchenprinzip gegliederten *Gewerkschaften* sind im Zentralrat der Ungar. Gewerkschaften zusammengeschlossen. Daneben existiert als

Ungarndeutsche

Dachverband die Demokrat. Liga der unabhängigen Gewerkschaften. Zur *Verwaltung* ist U. in 19 Komitate unter Leitung von Reg.beauftragten und 5 Munizipalstädte gegliedert, die Hauptstadt Budapest nimmt eine administrative Sonderstellung ein. Die örtl. Angelegenheiten werden von Räten und Vollzugsausschüssen wahrgenommen. Das *Gerichtswesen* ist dreistufig gegliedert; dem Obersten Gerichtshof sind als höchster Instanz Komitats- und Kreisgerichte nachgeordnet. Eine Verfassungsgerichtsbarkeit gibt es nicht. Die ungar. *Streitkräfte* umfassen (1992) rd. 87 000 Mann (Heer 66 400, Marine 400, Luftwaffe 20 000).

Ungarndeutsche, die heute zw. Ungar. Mittelgebirge und Donau ansässige dt. Bev.gruppe; etwa 240 000; größte ethn. Minderheit in Ungarn; leben v. a. in der Umgebung von Budapest, in Transdanubien, im S des Donautals und in den Städten an der östr. Grenze, bes. in Pécs (Fünfkirchen).
Geschichte: Nach den Ansiedlungen von dt. Bergleuten und Siedlern (sog. „Sachsen") im 12. Jh. in Siebenbürgen und in der Zips entstanden im 17./18. Jh. nach den Türkenkriegen im habsburg. Ungarn mehrere Siedlungsgebiete von zumeist aus Südwestdeutschland stammenden dt. Siedlern (*Donau-Schwaben* gen.), v. a. im Banat (Banater Schwaben), in der Baranya, in der Batschka, in Karparußland (↑Transkarpatien), in Slawonien sowie im Gebiet von Sathmar. Dazu kamen im 19. Jh. dt. Siedlungen an der ehem. ↑Militärgrenze in Bosnien. Die nach den Gebietsabtretungen 1918/20 (↑Ungarn, Geschichte) im Kerngebiet Ungarns verbliebenen U. wurden 1945/46, gestützt auf das Potsdamer Abkommen vom 2. Aug. 1945, zwangsausgesiedelt (↑Vertreibung); von etwa 633 000 blieben nur etwa 270 000 im Land. Schon im sozialist. Ungarn nach den KSZE-Richtlinien gleichberechtigt, gelang v. a. seit den 70er Jahren eine Wiederbelebung des kulturellen Eigenlebens; seit Ende der 80er Jahre bemüht sich der *Verband der U.* verstärkt um die Wahrung der nat. und kulturellen Identität (verankert auch im Dt.-Ungar. Vertrag über Freundschaft und Zusammenarbeit vom Febr. 1992).

Ungava Peninsula [engl. ʌŋˈgɑːvə pɪˈnɪnsjʊlə], Halbinsel im N von Labrador, Kanada, zw. Hudsonbai (im W) und Ungava Bay (im O); Eisenerzabbau und -anreicherung bei **Hopes Advance.**

Ungehorsam, 1. die Weigerung eines Kindes oder Jugendlichen, Anordnungen seines Erziehers ausnahmslos und unreflektiert nachzukommen und dessen Normen und Wertvorstellungen kritiklos zu übernehmen; 2. das Recht des einzelnen, sich hoheitl. Anordnungen zu widersetzen; ausgenommen sind Widerstand gegen die Staatsgewalt und Aufforderung zu Straftaten *(ziviler U.).* 3. Zum U. von Soldaten ↑Gehorsamspflicht.

Ungelernte, Arbeiter, die keinerlei Ausbildung erhalten haben und meist mit Hilfsarbeiten beschäftigt werden.

Ungenauigkeitsrelation, svw. ↑Unschärferelation.

ungerade Funktion, eine Funktion $y = f(x)$, für die $f(-x) = -f(x)$ gilt, z. B. die Funktionen $y = x^3$ und $y = \sin x$.

ungerade Zahl, jede nicht durch 2 teilbare ganze Zahl, z. B. 1, 3, 5, 7, 9 usw.

ungerechtfertigte Bereicherung, ohne rechtl. Grund auf Kosten eines anderen erlangte, rückgängig zu machende Vermögensmehrung. Die gesetzl. Regelung in §§ 812 ff. BGB bezweckt den Ausgleich ungeplanter oder fehlgeschlagener, den Wertungen der Rechtsordnung widersprechender Vermögensverschiebungen. Sie gewährt dem Berechtigten einen schuldrechtl. Anspruch auf die Herausgabe des unrechtmäßig Erlangten (condictio, Kondiktion). Die sog. *Leistungskondiktion* greift ein, wenn für die Vermögensverschiebung kein Rechtsgrund gegeben ist, z. B. Zahlung einer irrtümlich angenommenen Schuld. Die sog. *Eingriffskondiktion* dient dem Ausgleich eines ungerechtfertigten Vermögenserwerbs infolge des Eingriffs in fremde Rechte oder von Naturereignissen, z. B. die unberechtigte Inanspruchnahme fremder Güter.

Ungerer, Tomi, eigtl. Jean Thomas U., *Straßburg 28. Nov. 1931, frz. Zeichner. – Lebt seit 1976 in Irland; ge-

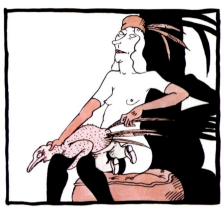

Tomi Ungerer. Ohne Titel, Illustration aus dem Buch „Liebesdienste" mit Texten von Ben Witter, 1976

hört als Karikaturist zu den bed. Vertretern des schwarzen Humors; auch Buchillustrator und Kinderbuchautor.

Ungern-Sternberg, Alexander Freiherr von, Pseud. Alexander von Sternberg, *Gut Noistfer bei Reval 22. April 1806, †Dannenwalde bei Stargard 24. Aug. 1868, dt. Schriftsteller. – Verfaßte histor. und gesellschaftskrit. Romane („Diane", 1842), Novellen („Die Zerrissenen", 1842) und Unterhaltungsliteratur.

Ungers, Oswald Matthias, *Kaisersesch bei Cochem 12. Juli 1926, dt. Architekt. – Betont als Vertreter des Rationalismus v. a. die strenge Stereometrie sowie das individuelle Einbinden in bestehende Strukturen. – *Werke:* Wohnhöfe in Berlin (1979–83; 1980–82), Deutsches Architekturmuseum (1984) und Messehallen (1980–83) in Frankfurt am Main, Badische Landesbibliothek in Karlsruhe (1980–84).

ungesättigte Verbindungen, organ. oder anorgan. Verbindungen mit Mehrfachbindungen oder freien Valenzen.

ungeschlechtliche Fortpflanzung ↑Fortpflanzung.

Ungeziefer, aus hygien. Gründen bekämpfte tier. Schädlinge (z. B. Flöhe, Läuse, Wanzen, Milben, Schaben, Motten), die als Blutsauger und Hautschmarotzer bei Menschen und Haustieren sowie als Schädlinge in Wohnräumen, Ställen, Speichern, an Textilien, Vorräten und an Zimmer- und Gartenpflanzen auftreten.

Ųngka [malai.] ↑Gibbons.

Ungleichung, Ausdruck für die Nichtgleichheit zweier mathemat. Objekte (Zahlen, Variable, Funktionen u. a.), der eines der Zeichen ≠ (ungleich), < (kleiner als), > (größer als), ≦ (kleiner [oder] gleich), ≧ (größer [oder] gleich) enthält. Beispiele: $a \neq b$ (a [ist] ungleich b); $3 < 5$ (3 [ist] kleiner [als] 5); $5x \geqq 6$ ($5x$ [ist] größer [als oder] gleich 6).

Unguentum [lat.] (Abk. Ungt., Ung.), svw. ↑Salbe.

Ųngula [lat.] ↑Huf.

unguligrad [lat.], auf den Zehenspitzen (bzw. Hufen) gehend; von Tieren *([Zehen]spitzengänger, Unguligrada)* gesagt, deren Füße nur mit dem letzten Zehenglied (der Zehenspitze) auf dem Boden aufsetzen. U. sind Einhufer und Paarhufer.

UNHCR [Abk. für engl.: **U**nited **N**ations **H**igh **C**ommissioner for **R**efugees] ↑Hoher Flüchtlingskommissar der Vereinten Nationen.

Unheil, religionswiss. Kontrastbegriff zu ↑Heil; er bezeichnet eine Existenzweise, die in den prophet. Religionen durch Gottferne charakterisiert ist.

Unhold [zu althochdt. unholdo „böser Geist"], roher, grausamer Mensch.

uni [frz. yˈni; lat.-frz.], einfarbig, ohne Muster.

uni..., Uni... [zu lat. unus „einer, ein einziger"], Bestimmungswort in Zusammensetzungen mit der Bed. „einzig, nur einmal vorhanden, einheitlich".

UNICEF, Abk. (ursprünglich) für engl.: **U**nited **N**ations **I**nternational **C**hildren's **E**mergency **F**und [= Fonds der Vereinten Nationen für internat. Kindernothilfe], heute für **U**nited **N**ations **C**hildren's **F**und [= Weltkinderhilfswerk der Vereinten Nationen]; 1946 gegr. Unterorganisation der UN. Urspr. wurde UNICEF eingerichtet, um den vom 2. Weltkrieg betroffenen Kindern zu helfen. Seit 1950 kümmert sich UNICEF bes. um die Kinder in den Entwicklungsländern; 1953 wurde UNICEF als ständiges Organ der UN eingerichtet. Seine *Aufgaben* umfassen: 1. Gesundheitsdienst für Kinder und Mütter (u. a. auch Mitwirkung bei der Familienplanung); 2. Erziehung und Ausbildung; 3. Katastrophenhilfe (Nahrungsmittel, Bekleidung, Medikamente). Bei der Erfüllung der Aufgaben arbeitet UNICEF eng mit den anderen UN-Sonder- und -Unterorganisationen zus. (v. a. mit der FAO und der WHO). Die Finanzierung der Aufgaben erfolgt aus freiwilligen Beiträgen (Reg.beiträge) und Spenden.

UNIDO [engl. jʊˈnaɪdoʊ], Abk. für engl.: **U**nited **N**ations **I**ndustrial **D**evelopment **O**rganization [= Organisation der UN für industrielle Entwicklung]; gegr. 1967, Sitz Wien. Aufgabe der UNIDO ist es v. a., die Industrialisierung der Entwicklungsländer zu fördern und dabei bes. die nat. und internat. Ressourcen für diese Länder zu mobilisieren.

unierte Kirchen [lat./dt.], eine Gruppe voneinander unabhängiger ↑ Ostkirchen, die mit Rom verbunden (uniert) sind, so daß sie neben der röm.-kath. Kirche zur kath. Kirche gehören.
▷ im prot. Bereich Bez. für alle Kirchen, die im 19. Jh. durch Zusammenschluß von Kirchen verschiedener Bekenntnisses entstanden sind.

unifazial [lat.], einseitig gestaltet; in der Botanik von Blättern oder Blattstielen gesagt, deren Oberfläche nur aus der stärker wachsenden Unterseite der Blattanlage gebildet wird, z. B. bei Lauch- und Schwertlilienarten.

uniform [lat.-frz.], gleichförmig, einförmig, einheitlich.

Uniform [lat.-frz.], nach einheitl. Richtlinien hergestellte [Dienst]kleidung, die die Zugehörigkeit einer Person zu einer bestimmten Institution (Militär, Polizei, Post, Eisenbahn, Feuerwehr usw. sowie Verbände, Vereine) äußerlich kennzeichnet.

Uniformitätsakte [lat.] (engl. Acts of Uniformity), Bez. für 4 engl. Staatsgesetze zur Einführung einer einheitl. Liturgie in der anglikan. Kirche: 1. Einführung des „Common Prayer Book" in der ersten Fassung von T. Cranmer (1549); 2. Einführung der zweiten (streng kalvinist.) Cranmerschen Fassung (1552); 3. Wiedereinführung der zweiten (nun gemildert kalvinist.) Fassung (1559); 4. Aufhebung der von O. Cromwell eingeführten Presbyterialverfassung und Wiederinkraftsetzung des Elisabethan. Gesetzes von 1559 (1662).

Uniformitätsregel [lat.] ↑ Mendelsche Regeln.

Unigenitus [lat. „der eingeborene (Sohn Gottes)"], nach ihrem Anfangswort ben. Bulle vom 8. Sept. 1713, die Papst Klemens XI. gegen den ↑ Jansenismus erließ.

Unikum [lat.], einziges Exemplar; (übertragen:) sonderl. Mensch.

UNILAC [Abk. für engl.: **Uni**versal **l**inear **ac**celerator „universeller Linearbeschleuniger"], Schwerionenbeschleuniger der Gesellschaft für Schwerionenforschung (GSI), Darmstadt. Mit dem 120 m langen U. können Schwerionen auf variable Energien bis 12 MeV pro Nukleon beschleunigt werden, z. B. Blei- oder Uranionen auf rd. 2,5 GeV. Der U. dient der Grundlagenforschung in der Kern- und Atomphysik.

Unilaterale [lat.] (Monolaterale), Laute, bei deren Artikulation die Luft nur an einer Seite der Zunge entweicht; z. B. bezeichnet kymrisch *ll* einen stimmlosen, dentalen lateralen Reibelaut; bes. in den west- und ostkaukas. Sprachen verbreitet.

Unilever-Konzern [engl. ˈjuːnɪlɪvə, niederl. ˈyːniˌleːvər], brit.-niederl. Nahrungsmittelkonzern, Sitz Rotterdam und London; gegr. 1930 durch internat. Fusion; heutiger Name seit 1952. Die brit. Gesellschaft Unilever Ltd. ist Dachorganisation für den Bereich des Commonwealth, die niederl. Unilever N. V. für die übrigen Länder.

Unimak Island [engl. ˈuːnɪmæk ˈaɪlənd], östlichste Insel der Fox Islands der Aleuten, USA, etwa 110 km lang, bis 50 km breit; bis 2 857 m hoch.

Unio mystica [lat./griech.] ↑ Mystik.

Union [lat.] (prot. U., ev. U.), auf Betreiben der Kurpfalz 1608 geschlossenes Bündnis süd- und westdt. prot. Reichsstände zur Abwehr von Rechtswidrigkeiten und Gewalttätigkeiten. Als kath. Gegenbündnis bildete sich 1609 die Liga. Bei Ausbruch des Dreißigjährigen Krieges in Böhmen erwies sich die U. als der Liga nicht gewachsen; sie schloß ein Neutralitätsabkommen mit der Liga und löste sich im Mai 1621 auf.

Union [lat.], Zusammenschluß, Vereinigung, Bund, Verband; bes. Fall eines Staatenbundes (↑ Personalunion, ↑ Realunion); auch Bez. für supranat. Einrichtungen, die zur Erreichung eines gemeinsamen polit. Zieles geschaffen werden (z. B. Montan-U., Zoll- und Währungsunion).
▷ im *kirchl.-theolog. Sprachgebrauch* ein Zusammenschluß von Kirchen verschiedener Riten (z. B. die U. der röm.-kath. Kirche mit den Griechen) oder – v. a. im prot. Raum – verschiedenen Bekenntnisses. Hier unterscheidet man: 1. *Konsensus-U.*: U. auf Grund gemeinsamer Glaubensintention bei verschiedenem Bekenntnis; 2. *Verwaltungs-U.*: administrativer Kirchenzusammenschluß ohne Berücksichtigung der Konfession; 3. *föderative U.*: einheitl. Verwaltung auf der Grundlage eines konfessionellen Gesamttypus (z. B. die U. von 1817 in Preußen).

Unión, La, Dep.hauptstadt im äußersten O von El Salvador, am Golf von Fonseca, 27 200 E. Handelszentrum mit verarbeitenden Betrieben; einer der wichtigsten Häfen des Landes; Endpunkt der internat. Eisenbahn von Zentralamerika. – Ende des 18. Jh. als *Puerto San Carlos* begr.; häufig von schweren Erdbeben heimgesucht.

Union Démocratique du Travail [frz. yˈnjɔ̃ demɔkraˈtik dytraˈvaj], Abk. UDT, ↑ Union des Démocrates pour la République.

Union Démocratique et Socialiste de la Résistance [frz. yˈnjɔ̃ demɔkraˈtik esɔsjaˈlist dəlarezisˈtɑ̃ːs], Abk. UDSR, 1946 gegr. polit. Partei in Frankreich, hatte auf Grund der parteipolit. Konstellationen bis zu ihrem Zerfall 1958 häufig eine Schlüsselrolle inne; stand den Sozialisten nahe; Vors. 1946–53 R. Pleven, 1953–58 F. Mitterand.

Union der Arabischen Maghreb-Staaten ↑ Maghreb-Union.

Union der Europäischen Rundfunkorganisationen (Abk. UER; Europ. Rundfunk-Union; engl. European Broadcasting Union, Abk. EBU; frz. Union Européenne de Radio-Télévision, Abk. UER), Organisation von europ. Rundfunkanstalten, der außereurop. Anstalten als Assoziierte angeschlossen sind; 114 Mgl. aus 79 Ländern (1993); gegr. 1950 (als Nachfolgerin der Internat. Rundfunkunion [1925–50]), Verwaltungssitz und Techn. Zentrum Genf. Hauptaufgaben: Vertretung der Interessen der Mitgliedsorganisationen, Förderung der Koordination und des Informationsaustausches, Gewährleistung der Einhaltung von internat. Abkommen auf allen Sektoren des Rundfunkwesens sowie Nachrichten- und Programmaustausch in der Eurovision.

Union der Sozialistischen Sowjetrepubliken ↑ Sowjetunion.

Union des Démocrates pour la République [frz. yˈnjɔ̃ de demɔˈkrat purlarepyˈblik], Abk. UDR, 1968–76 Name der gaullist. Partei in Frankreich; hervorgegangen aus der 1958 zur parlamentar. Unterstützung de Gaulles gegr. **Union pour la Nouvelle République** (Abk. UNR); 1962 Zusammenschluß mit der 1959 gegr. linksgaullist. **Union Démocratique du Travail** (Abk. UDT) zur UNR-UDT. 1967 nahm die Partei den Namen **Union des Démocrates pour la Ve République** an, im Mai 1968 erfolgte die Umbenennung in U.d.D.p. la R. Die als stärkste Partei 1958–81 ständig an der Reg. beteiligte gaullist. Partei wurde 1976 von J. R. Chirac zum Rassemblement pour la République (RPR) umgewandelt, der mit der UDF bis 1981

(Wahlsieg der Sozialisten) und erneut 1986–88 die Reg.-koalition bildete.

Union Européenne Démocrate Chrétienne [frz. y'njɔ̃ œrɔpe'ɛn demɔ'krat kre'tjɛn] (Europ. Union Christlicher Demokraten), Abk. UEDC, Zusammenschluß von christl.-demokrat. Parteien W-Europas; 1965 entstandene Nachfolgeorganisation der 1947 gegr. Nouvelles Équipes Internationales (Arbeitsgemeinschaft europ. christl.-demokrat. Politiker und Parteien); ging eine enge Zusammenarbeit mit der 1976 gegr. ↑Europäischen Volkspartei ein.

Union Française [frz. ynjõfrã'sɛːz] ↑Französische Union.

Union Internationale des Chemins de Fer [frz. y'njɔ̃ ɛtɛrnasjɔ'nal de'ʃmɛ̃ d'fɛːr] (Internat. Eisenbahnverband [Abk. IEV]), Abk. U.I.C., 1922 gegr. Organisation (Sitz Paris) mit dem Ziel, den internat. Eisenbahnverkehr rechtlich, technisch und betrieblich zu koordinieren und zu fördern.

Union Internationale des Télécommunications [frz. y'njɔ̃ ɛtɛrnasjɔ'nal detelekɔmynika'sjõ], Abk. UIT, frz. Name für ↑Internationale Fernmelde-Union.

Union Islands [engl. 'juːnjən 'aɪlandz] ↑Tokelauinseln.

Union Jack [engl. 'juːnjən 'dʒæk], volkstüml. Bez. für die brit. Nat.flagge.

Union monétaire latine [frz. y'njɔ̃ mɔne'tɛr la'tin] ↑Lateinischer Münzbund.

Union Pacific Railroad [engl. 'juːnjən pə'sɪfɪk 'rɛɪlroʊd] ↑Central Pacific Railroad.

Union Postale Universelle [frz. y'njɔ̃ pɔs'tal ynivɛr'sɛl], Abk. UPU, ↑Weltpostverein.

Union pour la Démocratie Française [frz. y'njɔ̃ purlademɔkra'si frã'sɛːz], Abk. UDF, im Zusammenhang mit den Parlamentswahlen von 1978 entstandener lockerer Zusammenschluß verschiedener frz. bürgerl. Parteien; forciert außenpolitisch die europ. Einigung. – ↑Frankreich (Politisches System).

Union pour la Nouvelle République [frz. y'njɔ̃ purlanu'vɛl repy'blik], Abk. UNR, ↑Union des Démocrates pour la République.

Unionskonzile, die ökumen. Kirchenversammlungen, die die Wiederherstellung der Einheit der Kirche erreichten: die Konzile von Lyon und Ferrara-Florenz (Union mit der Ostkirche) und das Konstanzer Konzil (Behebung des Abendländ. Schismas).

unipolar, einpolig, den elektr. Strom nur in einer Richtung leitend.

Unisono [italien.], das Fortschreiten mehrerer Stimmen im Einklang (auf gleicher Tonhöhe) oder in Oktaven.

unitär [lat.-frz.], einheitlich; Einigung bzw. Einheit bezweckend oder erstrebend, auf Vereinigung ausgerichtet.

Unitarier [lat.], seit Ende des 16. Jh. Bez. für die Gegner des Trinitätsdogmas (Antitrinitarier), die nur die Lehre vom Vater als einzigem wahren Gott und von Jesus als nicht präexistentem Gottessohn vertraten.

Unitarier, Deutsche, 1945 aus freiprot. Gruppen entstandene freie dt. Religionsgemeinschaft, die eine pantheist. und naturwiss.-humanist. Einheit (lat. unitas) von Gott, Mensch und Welt vertritt.

Unitarismus [zu lat. unitas „Einheit"], Bestreben, innerhalb eines Bundesstaates oder Staatenbundes die Kompetenzen der Zentralreg. gegenüber den Gliedstaaten zu erweitern (Ggs. Föderalismus, Regionalismus).

United Artists Corporation [engl. jʊ'naɪtɪd 'ɑːtɪsts kɔːpə'reɪʃən], amerikan. Filmproduktions- und -verleihgesellschaft; 1919 von C. Chaplin, M. Pickford, D. Fairbanks und D. W. Griffith gegründet; sollte die Kontrolle von Produktion und Verleih ihrer Filme durch andere Gesellschaften verhindern und unabhängige Produzenten unterstützen; 1967 Teil der Transamerica Corporation in San Francisco.

United Brands Company [engl. jʊ'naɪtɪd 'brændz 'kʌmpənɪ], Abk. U.B.C., transnat. amerikan. Lebensmittelkonzern; Sitz Boston; entstand 1970 durch Fusion der United Fruit Company mit dem bed. Unternehmen der Fleischverarbeitung John Morell.

United Fruit Company [engl. jʊ'naɪtɪd 'fruːt 'kʌmpənɪ], amerikan. Unternehmen der Nahrungsmittelind., gegr. 1899, seit 1970 Bestandteil der United Brands Company. Die U. F. C. betreibt v. a. den Anbau von Bananen in Zentralamerika und verfügt dort über ausgedehnten Grundbesitz.

United Kingdom of Great Britain and Northern Ireland [engl. jʊ'naɪtɪd 'kɪŋdəm əv 'greɪt 'brɪtn ənd 'nɔːðən 'aɪələnd] ↑Großbritannien und Nordirland.

United Nations [engl. jʊ'naɪtɪd 'neɪʃənz] ↑UN.

United Nations Conference on Trade and Development [engl. jʊ'naɪtɪd 'neɪʃənz 'kɔnfərəns ɔn 'treɪd ənd dɪ'vɛləpmənt] ↑Weltwirtschaftskonferenzen.

United Press International [engl. jʊ'naɪtɪd 'prɛs ɪntə'næʃənəl] ↑Nachrichtenagenturen (Übersicht).

United States Information Agency [engl. jʊ'naɪtɪd 'steɪts ɪnfə'meɪʃən 'eɪdʒənsɪ], Abk. USIA, 1953 durch Zusammenfassung verschiedener Institutionen entstandene, dem amerikan. Präs. direkt unterstellte Behörde mit der Aufgabe, im Ausland Öffentlichkeitsarbeit für die USA zu betreiben (in allen Medien, mit Informationszentren, Bibliotheken, Vorträgen, Ausstellungen usw.) sowie die Meinungsbildung über die USA zu beobachten. Der im Ausland so bezeichnete *United States Information Service* (Abk. USIS) wurde 1978 umbenannt in *International Communication Agency* (Abk. ICA), die zusätzlich die Abteilung für kulturelle Angelegenheiten beim Außenministerium der USA übernahm.

United States of America [engl. jʊ'naɪtɪd 'steɪts əv ə'mɛrɪkə] ↑USA.

United States of America Standards Institute [engl. jʊ'naɪtɪd 'steɪts əv ə'mɛrɪkə 'stændədz 'ɪnstɪtjuːt], Abk. USASI, die 1966 aus der *American Standards Association* (ASA) hervorgegangene zentrale amerikan. Normungs- und Standardisierungskörperschaft (Sitz New York). Ihr gehören über hundert nat. techn. Organisationen an; sie selbst ist Mgl. der ↑International Organization for Standardization.

United States Steel Corporation [engl. jʊ'naɪtɪd 'steɪts 'stiːl kɔːpə'reɪʃən] ↑USX.

universal [lat.] (universell), allgemein, gesamt; weltweit.

Universalaussage, svw. Allaussage, d. h. eine mit dem Quantor „alle" aus einer Aussageform gebildete Aussage.

Universalbanksystem ↑Banken.

Universalepiskopat, die bischöfl. Obergewalt des Papstes über die gesamte röm.-kath. Kirche.

Universalgeschichte (Weltgeschichte), die Erforschung und Darstellung der Menschheitsgeschichte. Die universalhistor. Betrachtung geht auf Voltaires „Versuch einer allg. Weltgeschichte..." (4 Bde., 1760–62) zurück; sie stellte die Geschichte der Menschheit als linearen Aufstieg von primitiver Barbarei zur Herrschaft der Vernunft und Tugend dar. Im 20. Jh. erhielt das Interesse an der U. neuen Auftrieb, wobei einerseits die Analyse der Vorgeschichte des gegenwärtigen Weltzusammenhangs, andererseits die vergleichende Beschreibung ähnlich strukturierter Phänomene in universalhistor. Perspektive ins Zentrum gerückt ist. Die moderne U. geht davon aus, daß Ursprung und Ziel der Geschichte wiss. nicht erforschbar seien und faßt U. nicht mehr als einheitl. Prozeß auf. – ↑Geschichtsphilosophie.

Universalien [lat.], in der *Philosophie* die Allgemeinbegriffe oder Allgemeinheiten.

Universalienstreit, Bez. für die über das gesamte MA hinweg (v. a. in der Scholastik) geführte Diskussion um die Wirklichkeit (Realität, deshalb auch *Realienstreit* genannt) und Bedeutung oder Unwirklichkeit der Allgemeinbegriffe (Universalien) in ihrem Verhältnis zum konkreten Einzelnen, aus dem sie durch Abstraktion gewonnen werden. In der Hauptsache wurden bei dem – bis heute nicht zufriedenstellend gelungenen – Versuch, dieses Problem zu lösen, drei Positionen vertreten: 1. der *Idealismus* (radikaler Begriffsrealismus), der den Allgemeinbegriffen eine von der des Einzeldings verschiedene Realität (Idee) zusprach (Vertreter: Platoniker, Johannes Scotus Eriugena u.a.); 2. der [gemäßigte] *Realismus,* der den Allgemeinbegriffen eine objektive Gültigkeit zuerkannte, da durch sie das Wesen des Seienden erfaßt werde (Vertreter: P. Abälard, Albertus Magnus, Thomas von Aquin); 3. der *Nominalismus* (Konzeptualismus), der in den Allgemeinbegriffen bloße Worte („nomina", „flatus vocis") sah, durch die lediglich Ähnliches zusammengefaßt werde (Vertreter: W. von Ockham, ↑Via moderna, moderne Sprachphilosophie).

Universalindikatoren ↑Indikator.

Universalismus [lat.], auf verschiedenen Gebieten verwendeter Begriff zur Interpretation der Wirklichkeit aus allgemeinsten (universalen) Prinzipien im Ggs. zur Betonung des Teils und des Einzelnen (Partikularismus, Individualismus). In der *Religionsgeschichte* gelten diejenigen Religionen als universalistisch, die einen Geltungsanspruch für die ganze Menschheit und Wirklichkeit erheben.

Universalität [lat.], 1. Allgemeinheit, Gesamtheit; 2. Allseitigkeit, allseitige, umfassende Bildung.

Universalmotor (Allstrommotor), Elektromotor für Gleich- und Wechselstrom.

Universal Pictures Company [engl. juːnɪˈvəːsəl ˈpɪktʃəz ˈkʌmpəni], 1912 von C. Laemmle begr. Filmstudio in Hollywood, das in den 20er Jahren in der Produktion von Serienfilmen, in den 30er Jahren in der Produktion von populären Horrorfilmen führend war und zahlr. Filme E. von Stroheims präsentierte.

Universal Postal Union [engl. juːnɪˈvəːsəl ˈpoʊstəl ˈjuːnjən], Abk. UPU, ↑Weltpostverein.

Universalprinzip (Weltrechtspflegeprinzip), Grundsatz, der gemäß § 6 StGB den Geltungsbereich des dt. Strafrechts unabhängig vom Territorialitätsprinzip auch auf bestimmte im Ausland begangene Taten erweitert (z.B. Völkermord, Menschenhandel).
▷ im Völkerrecht der Grundsatz, demzufolge allen Staaten in allg. internat. Organisationen und in allg. multilateralen völkerrechtl. Verträgen die Mitgliedschaft offensteht.

Universalsprachen, svw. ↑Welthilfssprachen.

Universalsukzession ↑Rechtsnachfolge.

universell [lat.-frz.], 1. umfassend, weitgespannt; 2. svw. ↑universal.

Universiade [Kw. aus **Universi**tät und Olympi**ade**], alle zwei Jahre veranstaltete Weltsportspiele der Studenten, unterteilt in Winter- und Sommer-U.; die erste (Sommer-)U. fand 1959 in Turin statt.

Universitas, 1946 in Stuttgart gegr. allg. Zeitschrift für Wiss., Kunst und Literatur.

Universität [zu lat. universitas „Gesamtheit (der Lehrenden und Lernenden)"], traditionell die ranghöchste und älteste Form der wiss. ↑Hochschule.

Universitätsboten, im MA Boteneinrichtungen an Univ., die den Studierenden bessere postal. Verbindungen mit ihren Angehörigen ermöglichen sollten. Die angesehenste Botenanstalt war an der Pariser Univ., der Sorbonne (erstmals 1297 erwähnt).

University Press [engl. juːnɪˈvəːsɪti ˈprɛs], Bez. für die brit. und amerikan. Univ. angeschlossenen Verlage (mit Druckereien), z.B. Cambridge University Press und Oxford University Press.

Universum [lat.], das (begrifflich) zu einer Einheit zus.-gefaßte Ganze; das ↑Weltall.

univok [lat.], eindeutig; mit einer Stimme.

UNIX [engl. ˈjuːnɪks; Kw.], 1969 bei Bell Laboratories entwickeltes offenes Betriebssystem für leistungsfähige Mikrocomputer, Computer und Großrechner, das auf Grund seiner leichten Anpassung an neue Rechner eine große Verbreitung erlangt hat. Es ist in der neuen Version fast vollständig in der Programmiersprache ↑C geschrieben und für den Mehrbenutzer- und Mehrprogrammbetrieb ausgelegt.

Unjamwesibecken, weiträumiges tekton. Becken in Ostafrika, in dessen tiefstem Teil der Victoriasee liegt.

Unkair, Jörg [...kaːr], gen. Meister Jürgen von Tübingen, *Lustnau (= Tübingen) um 1500, †Detmold 1553, dt. Baumeister. – Vertreter der frühen Weserrenaissance: Schloß Neuhaus bei Paderborn (1524 ff.), Flügel der Sche-

Jörg Unkair. Der um 1530 begonnene Renaissanceflügel der Schelenburg bei Osnabrück

lenburg bei Osnabrück (um 1530 ff.), Schlösser in Stadthagen (1534 ff.) und Detmold (1548 ff.).

Unkei, *um 1153 oder früher, †vermutlich 5. Jan. 1224, jap. Bildschnitzer. – Bedeutendster Vertreter der realist. Porträtkunst der Kamakurazeit.

Unken (Feuerkröten, Bombina), Gatt. der Froschlurche mit mehreren, etwa 3,5–7 cm großen Arten in Eurasien; Körper plump, mit warziger Rückenhaut; Oberseite schwarzgrau bis olivgrünlich, manchmal gefleckt, Unterseite grau bis blauschwarz mit leuchtend gelber bis roter Fleckung. In M-Europa kommen die ↑Gelbbauchunke und die ↑Rotbauchunke vor.

Unkrautbekämpfungsmittel, svw. ↑Herbizide.

Unkräuter (Segetalpflanzen), Bez. für unerwünschte Pflanzen in Nutzpflanzenbeständen; Stauden (*Wurzel-U.,* z.B. Quecke, Ackerschachtelhalm) oder ein- bzw. zweijährige Kräuter (*Samen-U.,* z.B. Ackersenf, Hederich), die mit den Nutz- bzw. Zierpflanzen um Bodenraum, Licht, Wasser und Nährstoffe konkurrieren und damit deren Ertrag mindern. U. sind gegenüber den Kulturpflanzen meist durch kürzere Entwicklungszeit, höhere Widerstandsfähigkeit (z.B. gegen Trockenheit) sowie hohe Regenerations- und Ausbreitungsfähigkeit besser an den jeweiligen Standort angepaßt. – U. verhindern jedoch auch Bodenerosion in Hanglagen, beschatten den Boden und sind als Wildpflanzen wichtige Gen-Reservoire, die im Hinblick auf zukünftige Nutzungsmöglichkeiten nicht ausgerottet werden dürfen.

unlauterer Wettbewerb, sittenwidriges, z.T. mit Strafe bedrohtes Verhalten im Geschäftsverkehr, geregelt im Gesetz gegen den u. W. (UWG) vom 7. 6. 1909. Wer im geschäftl. Verkehr zu Zwecken des Wettbewerbs Handlungen vornimmt, die gegen die guten Sitten verstoßen, kann auf Unterlassung und Schadenersatz in Anspruch genommen werden (Generalklausel des § 1). Gegen die guten Sitten verstoßen z.B. der wirtsch. Boykott, ruinöse Konkurrenz, insbes. Preisschleuderei. Sondertatbestände des u. W. sind u.a. die Falschwerbung durch wissentlich unwahre und irreführende Angaben, Verstöße gegen die Regeln des Ausverkaufs, Bestechung von Angestellten, Kreditschädigung durch Anschwärzung, geschäftl. Verleumdung, Verrat von Geschäftsgeheimnissen. Verstöße gegen diese Regeln bewirken grundsätzlich Ansprüche auf Unterlassung und auf Schadenersatz und sind z.T. bei Vorsatz oder Fahrlässigkeit – zumeist nur als Antragsdelikte im Privatklageverfahren – strafbar. – In *Österreich* (UWG 1984) und in der *Schweiz* (UWG vom 30. 9. 1943) gelten ähnl. Grundsätze.

unmittelbarer Zwang, im Recht ↑Zwangsmittel.

Unmittelbarkeitsgrundsatz

Unpaarhufer. Schematische Darstellung der Fußknochen: 1 Tapir; 2 Nashorn; 3 Pferd; II–V zweite bis fünfte Zehe

Unmittelbarkeitsgrundsatz, das zu den Prozeßmaximen gehörende Prinzip, wonach mündl. Verhandlung und Beweisaufnahme unmittelbar vor dem erkennenden Gericht erfolgen müssen. Die Beweisaufnahme kann nur in gesetzlich bestimmten Fällen einem Mgl. des Prozeßgerichts oder einem beauftragten Richter übertragen werden.

Unmöglichkeit der Leistung, im Schuldrecht ein Fall der Leistungsstörung bei Vertragsverhältnissen; die Leistung kann entweder vom Schuldner (*subjektive* Unmöglichkeit) oder von jedermann (*objektive* Unmöglichkeit) aus tatsächl. oder rechtl. Gründen nicht erbracht werden. Die *anfängl. urspr.* Unmöglichkeit (U. d. L. bei Vertragsschluß) führt bei objektiver U. d. L. zur Nichtigkeit des Vertrages (§§ 306–309 BGB; evtl. hat der Schuldner Schadenersatz zu leisten); die subjektive U. d. L. hat der Schuldner stets insoweit zu vertreten, als er Schadenersatz zu leisten hat. Bei *nachträgl.* Unmöglichkeit (nach Abschluß des Rechtsgeschäfts) wird der Schuldner von der Verpflichtung zur Leistung frei, sofern er die U. d. L. nicht zu vertreten hat, andernfalls ist er schadenersatzpflichtig bzw. kann der Gläubiger bei gegenseitigen Leistungsverpflichtungen vom Vertrag zurücktreten (§ 280). Hat bei beiderseitigen Leistungsverpflichtungen keine der Parteien die U. d. L. zu vertreten, so wird der Schuldner frei und verliert den Anspruch auf die Gegenleistung, es sei denn, der Gläubiger verlangt den für die untergegangene Leistung erlangten Ersatzvorteil (z. B. Versicherungsanspruch, § 323). Bei vom Gläubiger zu vertretender U. d. L. wird der Schuldner frei und behält den Anspruch auf die Gegenleistung (§ 324).

Unmündigkeit, rechtl. Zustand bis zur ↑Volljährigkeit.

Unna, Krst. im östl. Ruhrgebiet, NRW, 96 m ü. d. M., 61 100 E. Hellweg-Museum; u. a. Maschinen-, Rohrleitungs- und Apparatebau, Baustoff-, Stahl-, Elektro-, Metallwaren- und Textilind. – 1032 erstmals belegt, entstand bei einem Königshof; um die Mitte des 13. Jh. befestigt; um 1290 städt. Rechte; Münzstätte und Hansestadt. Die bei U. seit 1389 nachweisbaren Solquellen wurden mit Unterbrechungen bis 1941 genutzt. – Got. ev. Stadtpfarrkirche (1322–1467); Fachwerkbauten (16.–18. Jh.), Reste der ma. Stadtbefestigung.

U., Kreis in Nordrhein-Westfalen.

UNO, Abk. für engl.: **U**nited **N**ations **O**rganization, ↑UN.

Unpaarhufer (Unpaarzeher, Perissodactyla, Mesaxonia), seit dem Eozän bekannte, im Miozän sehr formenreiche, heute nur noch mit 17 Arten vertretene Ordnung der Säugetiere (Gruppe Huftiere); nicht wiederkäuende Pflanzenfresser, gekennzeichnet durch eine ungerade Anzahl der Zehen mit deutl. Tendenz zur Verstärkung oder alleinigen Ausbildung der mittleren (dritten) Zehe. Von den U. leben heute noch die Pferde, Nashörner und Tapire.

unperiodisch, svw. ↑aperiodisch.

Unpersonen, in totalitären Regimen ehem. einflußreiche Persönlichkeiten, deren Namen aus histor. und/oder publizist. Darstellungen entfernt werden, da sie nicht in das herrschende Geschichtsbild passen.

unpersönliches Verb ↑Impersonale.

UNR [frz. yɛ'nɛ:r], Abk. für: **U**nion pour la **N**ouvelle **R**épublique, ↑Union des Démocrates pour la République.

Unrechtsbewußtsein, Bewußtsein von der Rechtswidrigkeit des eigenen Verhaltens. Den konkret von ihm verletzten Rechtssatz oder die Strafbarkeit seiner Tat braucht der Täter nicht zu kennen. Das U. ist Voraussetzung für seine Bestrafung. – ↑Irrtum.

Unreinheit, im *religiösen* Verständnis kann U. (Ggs. ↑Reinheit) dinglich aufgefaßt und als Befleckung durch einen Sündenstoff verstanden werden. Menstruation, Krankheit und Tod gelten oft als unrein. Unreine Tiere werden mit einem Speisetabu belegt.

Unruh, Friedrich Franz von, *Berlin 16. April 1893, †Merzhausen bei Freiburg im Breisgau 16. Mai 1986, dt. Schriftsteller. – Bruder von Fritz von U.; Offizier; 1924–32 Journalist. Unter dem Eindruck des Kriegsgeschehens Kampf für den Frieden („Stufen der Lebensgestaltung", Essays, 1928). Warnte mit der Schrift „Nationalsozialismus" (1931) vor der nat.-soz. Gefahr. Verfaßte Novellen und Erzählungen: „Nach langen Jahren" (1960), zeitkrit. und histor. Darstellungen („Freundliche Fügungen", 1984).

U., Fritz von, *Koblenz 10. Mai 1885, †Diez 28. Nov. 1970, dt. Schriftsteller. – Offizier im 1. Weltkrieg; das Kriegserlebnis ließ ihn zum Pazifisten werden; 1932 Emigration über Italien nach Frankreich (dort 1940 interniert), dann in die USA, wo er den Anti-Hitler-Roman „Der nie verlor" (1947) verfaßte. Seine frühen Dramen, u. a. „Louis Ferdinand, Prinz von Preußen" (1913), erregten während des Kaiserreichs Mißfallen (Aufführungsverbote). Das Drama „Ein Geschlecht" (1917) und die Erzählung „Opfergang" (1919) gelten als bed. Werke des Expressionismus. – *Weitere Werke:* Platz (Trag., 1920), Bonaparte (Dr., 1927), Der Sohn des Generals (R., 1957), Kaserne und Sphinx (R., 1969).

U., Walther, *Dresden 10. Jan. 1898, †Wiesbaden 28. Aug. 1973, dt. Theatertechniker. – 1924 techn. Direktor am Landestheater Karlsruhe, 1925–34 am Nationaltheater Mannheim, 1934–45 an der Hamburg. Staatsoper; lehrte ab 1950 an der TU Berlin. Maßgeblich am Wiederaufbau bzw. Neubau der Theater in der BR Deutschland beteiligt; entwarf zahlr. Bühnenkonstruktionen.

Unruh, als Drehschwinger ausgebildetes, taktgebendes Schwungrad in mechan. Uhren.

Unschärferelation (Heisenbergsche U., Unbestimmtheitsrelation, Ungenauigkeitsrelation), von W. Heisenberg aus der Quantenmechanik abgeleitete Beziehung, die festlegt, wie genau zwei physikal. Größen eines mikrophysikal. Systems gleichzeitig gemessen werden können. Bezeichnet man mit Δp die Unschärfe (Ungenauigkeit) der Messung des Impulses und mit Δq die Unschärfe der gleichzeitig durchgeführten Messung des Ortes eines Teilchens, dann genügen diese beiden Größen der Beziehung $\Delta p \cdot \Delta q \geqq h/4\pi$ (h Plancksches Wirkungsquantum). Impuls p und Ort q eines Teilchens lassen sich demnach nicht gleichzeitig beliebig genau bestimmen. Auch zw. der Energie E eines Teilchens und dem Zeitpunkt t der Energiemessung gilt die U.: $\Delta W \cdot \Delta t \geqq h/4\pi$. Die U. ist nicht auf die Eigenschaften der benutzten Meßinstrumente zurückzuführen, sie ist ein die gesamte Mikrophysik beherrschendes Naturgesetz. In der klass. Physik gilt die U. im Prinzip auch, kann jedoch wegen der Kleinheit von $h/4\pi$ vernachlässigt werden.

Unschlitt, svw. ↑Talg.

Unschuldige Kinder, in Anlehnung an Matth. 2, 13–18 Gedächtnistag der kindl. Märtyrer des Bethlehemit. Kindermords (28. Dez.). Die Verehrung mit reichem Brauchtum (z. B. Kinderbischof und Kinderpapst, Rutenschlag) setzte im MA ein.

unselbständige Arbeit ↑Arbeit.

Unsere Liebe Frau, Abk. U. L. F., Ehrentitel Marias, der Mutter Jesu; die Bez. U. L. F. wird oft als Weihetitel (bes. für Kathedralen) verwendet.

unsilbisch (asyllabisch), in der Phonetik von Lauten gesagt, die keine Silben bilden, d. h. die nicht Silbenträger oder -gipfel sind, z. B. in „auch" [aʊ̯x] ist [ʊ̯] unsilbisch.

Unsöld, Albrecht, *Bolheim (= Herbrechtingen, Landkr. Heidenheim) 20. April 1905, dt. Astrophysiker. – Ab 1932 Prof. in Kiel, Direktor der dortigen Sternwarte; Arbeiten zur Physik der Sonnenatmosphäre und der Sternatmosphären, insbes. über die Bestimmung ihrer Temperaturen und chem. Zusammensetzungen aus den Spektren; u. a. „Der neue Kosmos" (1967).

unspezifisch, in der Medizin für: 1. nicht zu einem bestimmten Krankheitsbild gehörend; nicht durch einen spezif. Erreger hervorgerufen (z. B. bei Entzündungen); 2. nicht auf eine bestimmte Krankheit einwirkend, der allg. Stimulation des Organismus dienend (z. B. bei der Reiztherapie).

Unsterblichkeit, (U. der Seele, der Person) Unvernichtbarkeit des Lebens oder Überwindung des Todes als Übergang in eine neue Existenz. Der U.glaube findet sich in den meisten Religionen.

▷ (potentielle U.) ↑Tod.

Unstetigkeitsstelle, eine Stelle x_0 des Definitionsbereichs einer Funktion $f(x)$, an der diese Funktion nicht stetig ist. Bei *U. 1. Art* ist die Funktion $f(x)$ zwar an der Stelle x_0 unstetig, es existieren dort jedoch der rechts- und der linksseitige Grenzwert. Eine *U. 2. Art* liegt dagegen vor, wenn an dieser Stelle rechts- und/oder linksseitiger Grenzwert nicht existieren.

Unstrut ['ʊnʃtruːt, 'ʊnstruːt], linker Nebenfluß der Saale, entspringt im südl. Eichsfeld, durchbricht bei Heldrungen in der **Sachsenburger Pforte** oder **Thüringer Pforte** die nördl. Randgebirge des Thüringer Beckens, mündet bei Naumburg/Saale, 192 km lang. Am Unterlauf Weinbau.

Untätigkeitsklage ↑Verpflichtungsklage.

Unter (Wenzel) ↑Spielkarten.

Unterägypten, Bez. für Ägypten im Bereich des Nildeltas.

Unterallgäu, Landkr. in Bayern.

Unterarm ↑Arm.

Unterart (Subspezies, Abk. subsp., ssp., Rasse), systemat. Einheit, in der innerhalb einer Tier- oder Pflanzenart Individuen mit auffallend ähnl. Merkmalen zusammengefaßt werden.

Unterbelichtung, zu geringe Belichtung einer photograph. Schicht; die Tonwerte sind ungenügend differenziert („flau"), die Schatten weisen keine Zeichnung auf.

Unterbeschäftigung, Zustand mangelnder Ausnutzung des volkswirtsch. Produktionspotentials, verbunden mit einem hohen Stand von Arbeitslosigkeit.

unterbestimmt, in der Mathematik Bez. für ein Gleichungssystem, das weniger Gleichungen als Unbekannte aufweist.

Unterbewertung, 1. in der *Bilanz* der Ansatz von Aktivposten mit einem niedrigeren, von Passivposten mit einem höheren als dem rechtlich zulässigen Wert. Eine U. führt zur Bildung stiller Rücklagen. Der Jahresabschluß kann wegen U. nichtig sein; 2. bei *Währungen* ein Wechselkurs, der nicht der wirtschaftl. Stärke des betreffenden Landes entspricht, sondern durch Spekulationen und/oder Interventionen der Zentralbank niedriger gehalten wird.

Unterbewußtsein, seit dem 18. Jh. gebrauchter mehrdeutiger psycholog. Terminus, mit dem im allg. die Bereiche des Bewußtseins bezeichnet werden, deren Inhalte unterhalb der aktuellen Bewußtseinsschwelle liegen und so der rationalen Kontrollierbarkeit entzogen sind. – ↑Unbewußtes.

Unterbilanz, Unterschiedsbetrag zw. den Passivposten und den in der Bilanz ausgewiesenen, zu ihrer Deckung jedoch nicht ausreichenden Vermögenswerten. Erreicht bei Kapitalgesellschaften die U. die Hälfte des Grund- oder Stammkapitals, so ist eine Haupt- oder Gesellschaftsversammlung einzuberufen.

Unterbrecher, Vorrichtung zum period. Öffnen und Schließen eines Stromkreises und damit zum Erzeugen period. Stromimpulse. Unterschieden werden *selbsterregte U.,* wie der Wagnersche Hammer, von *fremderregten U.,* bei denen die Unterbrechungen von außen angeregt werden müssen, wie Motor-U., Zündunterbrecher.

Unterbrechung, im *Verfahrensrecht* das zeitweilige Ruhen oder Abbrechen einer Gerichtsverhandlung. Nach der U. wird das Verfahren dort fortgeführt, wo es unterbrochen worden war. Für die ↑Hauptverhandlung im Strafprozeß ist die mögl. Dauer der U. gesetzlich vorgeschrieben. Im *materiellen Recht* bewirkt die durch prozessuale oder außerprozessuale Handlungen (z. B. Klageerhebung, Zustellung eines Mahnbescheids, Anerkennung eines schuldrechtl. Anspruchs) herbeigeführte U. einer laufenden Frist (z. B. Verjährungs- und Ersitzungsfristen), daß diese nach erfolgter U. neu zu laufen beginnt.

Unterbringung [in einer Anstalt], (zeitweilige oder dauernde) Einweisung von schuldunfähigen Straftätern, Geisteskranken, Seuchenverdächtigen, Kindern, Jugendlichen u. a. in eine Anstalt. Die Anstalts-U. erfolgt durch das Straf- oder das Vormundschaftsgericht auf Grund der §§ 1631 b BGB, 63 ff. StGB sowie weiterer Vorschriften. – ↑einstweilige Unterbringung.

Unterbringungsbefehl, die gerichtl. Anordnung der ↑einstweiligen Unterbringung einer Person.

Unterdrautal ↑Drau.

Unterdruckkammer, druckdichte Stahlkammer, in der ein Unterdruck hergestellt werden kann; sie wird für luftfahrtmedizin. Untersuchungen (Höhenflugbedingungen), aber auch als Klimakammer verwendet.

Unterdrückung, im allg. Sprachgebrauch svw. ↑Repression.

Unterengadin ↑Engadin.

Unterer Hauenstein, Paß im schweizer. Jura, zw. Sissach und Olten, im Scheitelpunkt 691 m ü. d. M.

Unterernährung (Malnutrition, Hypotrophie), Folge einer mengenmäßig oder in ihrer Zusammensetzung unzureichenden Nährstoffaufnahme; führt bei längerer Dauer zu Abmagerung, Mangelkrankheiten und erhöhter Infektionsgefährdung. Bes. schwerwiegende Folgen hat die U. im Kindesalter.

Unterer Neckar, Region in Baden-Württemberg.

Untere Tunguska, rechter Nebenfluß des Jenissei, in Sibirien, entspringt 300 km nö. von Bratsk, mündet 200 km ssö. von Igarka, 2 989 km lang; schiffbar ab Tura.

unterfangen, das Fundament eines Bauwerks zur Erhöhung der Tragkraft oder zur Sicherung (z. B. bei Tiefbauarbeiten in unmittelbarer Nähe) verstärken bzw. tieferführen.

Unterflurmotor, Motor mit liegend angeordneten Zylindern, der insbes. bei Omnibussen und Lkws unter dem Fahrzeugboden eingebaut ist.

Unterfranken, Reg.-Bez. in Bayern.

Unterführung, Kreuzungsbauwerk, bei dem ein Verkehrsweg unter dem anderen hindurchgeführt wird.

Untergang ↑Aufgang.

untergärige Hefen, svw. ↑Unterhefen.

Untergewicht ↑Körpergewicht.

Unterglasurfarben ↑keramische Farben.

Untergräser, landw. Bez. für niedrig- bis mittelhochwüchsige, halmarme, aber blattreiche Gräser des Grünlands; Grundbestand von Weiden; z. B. Wiesenrispengras.

Untergrund, 1. Bez. für einen polit. Aktionsraum, der durch [aufgezwungene] Illegalität und strenge Geheimhaltung nach außen sowie unter den an einer Untergrundbewegung Beteiligten *(konspiratives Verhalten)* gekennzeichnet ist; 2. Bez. für die Lebensweise von einzelnen, die sich, v. a. um staatl. Verfolgung zu entgehen, verborgen halten; 3. im Sinne von ↑Underground gebraucht.

▷ in der *Bodenkunde* Ausgangsmaterial, das nicht von der Bodenbildung erfaßt wurde.

Untergrundbahn in Berlin

Untergrundbahn (U-Bahn), der reinen Personenbeförderung dienende, elektrisch betriebene Schnellbahn in großen Städten, deren Gleisnetz [weitgehend] unterirdisch in Tunnelbauten verläuft, so daß einerseits der Straßenverkehr entlastet wird, andererseits die Möglichkeit gegeben ist, bei dichter Zugfolge mit hoher Geschwindigkeit zu fahren (bis 100 km/h; Leistungsfähigkeit bis 40 000 Personen je Stunde und Richtung). Man unterscheidet *Unterpflasterbahnen* (Gleisanlage bis etwa 15 m unter der Erdoberfläche, offene Bauweise) und *Tiefbahnen* (Gleisführung bis 50 m

Untergrundbewegungen

unter der Erdoberfläche), wobei streckenweise auch eine Führung über dem Erdboden als *Hochbahn* erfolgt. Die elektr. Energie (meist Gleichstrom von 600–800 V) wird dem Triebwagen über eine neben den Fahrschienen befindl. Stromschiene zugeführt (Stromrückleitung im allg. über die Fahrschienen). Öffnen und Schließen der Türen zentral vom Triebwagen aus. Die Sicherungsanlagen von U. arbeiten vorwiegend automatisch (Streckenblockanlagen mit Indusi oder Fernsteuerung durch Linienzugbeeinflussung), so daß eine sehr dichte Zugfolge (bis zu 90 s) möglich wird. Auf Versuchsstrecken fahren U-Bahnen auch schon vollautomatisch ohne Triebfahrzeugführer (von Computern überwacht). – ↑ Metro.

Untergrundbewegungen, polit. Bewegungen, die im geheimen (illegal) auf die Veränderung bzw. den Umsturz bestehender Verhältnisse (etablierte Staatsmacht oder Besatzungsregime) hinarbeiten; entstehen v. a., wenn keine legale Opposition zugelassen ist, wenn nat. oder religiöse Minderheiten in ihren Rechten beschränkt bzw. unterdrückt werden, aber auch, wenn polit. Kräfte anstelle eines mögl. legalen Wirkens bewußt auf konspirative Tätigkeit setzen. Antifaschist. ↑ Widerstandsbewegungen während des 2. Weltkrieges in Europa (z. B. Résistance in Frankreich, Resistenza in Italien, Rote Kapelle) und antikoloniale Bewegungen (z. B. Mau-Mau in Kenia, Front de la Libération Nationale [FLN] in Algerien) arbeiteten im Untergrund. Nationalist. (ETA, IRA), links- und rechtsextremist. U. (z. B. RAF, Rote Brigaden) bedienen sich häufig terrorist. Mittel (↑ Terrorismus). – ↑ Geheimbünde.

Untergrundfilm (Undergroundfilm), unabhängig vom kommerziellen Filmschaffen produzierter und verliehener avantgardist. (experimenteller) Film, der als künstler. Protest gegen das kulturelle Establishment zu verstehen ist. Die Bez. kam in den USA in den 50er Jahren auf (seit den 60er Jahren New American Cinema [↑ Film]). Bed. Vertreter: A. Warhol, G. J. Markopoulos, J. Mekas, H. Costard, W. Schroeter, R. von Praunheim.

Untergrundliteratur (Subliteratur, Undergroundliteratur), 1. grundsätzlich jede Literatur, deren Verf. aus polit. und/oder ideolog. Gründen in den Untergrund gehen müssen, die heimlich erscheinen muß und im Verborgenen vertrieben wird (z. B. Samisdat); 2. speziell Sammelbez. für unterschiedl. literar. Strömungen und Formen, die seit etwa 1960, ausgehend von den USA, in den westl. Ind.staaten Teil einer zur offiziellen kulturellen und polit. Szene kontroversen Subkultur sind.

Unterhaar, Bez. für die im Unterschied zum Oberhaar (↑ Deckhaar) meist kürzeren, der Wärmedämmung dienenden Wollhaare der Säugetiere.

Unterhalt, Sach-, Dienst- und Geldleistungen, derer eine Person zum Leben bedarf (Ernährung, Bekleidung, Unterkunft, Ausbildung und Erfüllung persönl. Bedürfnisse, bei Kindern Erziehung und Ausbildung). Eine ↑ Unterhaltspflicht kann sich aus Vertrag (Leibrente), erbrechtl. (§§ 1963, 1969 BGB) und familienrechtl. Bestimmungen sowie daraus ergeben, daß Schadenersatz (z. B. für eine unerlaubte Handlung) zu leisten ist.

Unterhaltsgeld, finanzielle Unterstützung der Bundesanstalt für Arbeit an Personen in der berufl. Fortbildung oder der berufl. Umschulung mit ganztägigem Unterricht; gemäß § 44 ArbeitsförderungsG 73 % (bei einem Kind bzw. einem nicht erwerbstätigen, pflegebedürftigen Ehegatten), ansonsten 65 % des um die gesetzl. Abzüge verminderten Arbeitsentgelts.

Unterhaltspflicht, im Familienrecht allg. die auf Ehe oder Verwandtschaft beruhende gesetzl. Verpflichtung, für den Unterhalt eines anderen zu sorgen. Ihr gegenüber steht auf seiten des Berechtigten der *Unterhaltsanspruch*. Er setzt voraus, daß der Berechtigte außerstande ist, aus eigenem Einkommen und Vermögen den angemessenen Unterhalt zu bestreiten *(Bedürftigkeit)*, und der Verpflichtete in der Lage ist, ohne Gefährdung seines eigenen angemessenen Unterhalts den Unterhalt zu gewähren *(Leistungsfähigkeit)*.

Unterhaltspflicht der Ehegatten ist die gegenseitige Verpflichtung von in ehel. Lebensgemeinschaft lebenden Ehegatten, durch ihre Arbeit und mit ihrem Einkommen und Vermögen die Familie angemessen zu unterhalten (*Familienunterhalt,* § 1360 BGB). Ist die Haushaltsführung einem Ehegatten überlassen, so erfüllt er seine U. i. d. R. durch diese Tätigkeit. – Der Familienunterhalt ist zwingender Natur, auf ihn kann für die Zukunft nicht verzichtet werden. Der angemessene Unterhalt der Familie umfaßt alles, was nach den Verhältnissen der Ehegatten erforderlich ist, um die Kosten des Haushalts zu bestreiten und die persönl. Bedürfnisse der Ehegatten und den Lebensbedarf der gemeinsamen unterhaltsberechtigten Kinder zu befriedigen. – Der *getrennt lebende Ehegatte* kann vom anderen nach den Lebensverhältnissen und den Erwerbs- und Vermögensverhältnissen der Ehegatten angemessenen Unterhalt verlangen (§ 1361 BGB). Der nichterwerbstätige Ehegatte kann nur dann darauf verwiesen werden, seinen Unterhalt durch eine Erwerbstätigkeit selbst zu verdienen, wenn dies von ihm nach seinen persönl. Verhältnissen und den wirtschaftl. Verhältnissen beider Ehegatten erwartet werden kann. – Nach der *Ehescheidung* besteht bei Bedürftigkeit des einen und bei Leistungsfähigkeit des anderen Ehegatten ein Unterhaltsanspruch, wenn 1. eine Erwerbstätigkeit nicht erwartet werden kann wegen der Pflege und Erziehung eines gemeinsamen Kindes oder wegen Alters, Gebrechlichkeit oder Krankheit; 2. ein Teil keine angemessene Erwerbstätigkeit zu finden vermag; 3. der Ehegatte des Unterhalts bedarf, um eine in Erwartung der Ehe oder während der Ehe nicht aufgenommene oder abgebrochene Schul- oder Berufsausbildung aufzunehmen und 4. von ihm aus sonstigen schwerwiegenden Gründen eine Erwerbstätigkeit nicht erwartet werden kann und die Versagung von Unterhalt unter Berücksichtigung der Interessen beider Ehegatten grob unbillig wäre (§§ 1570 ff. BGB). Das Maß des Unterhalts bestimmt sich nach den ehel. Lebensverhältnissen, wobei es auf den Zeitpunkt der Scheidung, d. h. regelmäßig der Trennung der Ehegatten, ankommt. Der Unterhaltsanspruch entfällt oder wird beschränkt, wenn die Inanspruchnahme des anderen grob unbillig wäre, z. B. weil die Ehe von kurzer Dauer war. – Laut Einigungsvertrag gilt in den neuen Bundesländern für den Unterhaltsanspruch eines vor dem Beitritt geschiedenen Ehegatten DDR-Recht. – Ähnlich geregelt ist die U. in *Österreich* und in der *Schweiz.*

Unterhaltspflicht der Verwandten ist die nur in der geraden Linie der Verwandtschaft, wozu auch die durch die Annahme als Kind begründete Verwandtschaft gehört, bestehende Verpflichtung, für den Unterhalt zu sorgen (§§ 1601 ff. BGB). Eltern sind verpflichtet, alle verfügbaren Mittel zu ihrem und zum Unterhalt der minderjährigen unverheirateten Kinder gleichmäßig zu verwenden. – Unterhaltspflichtig sind die Abkömmlinge (und zwar in der Reihenfolge Kind, Kindeskinder usw.) vor den Verwandten der aufsteigenden Linie (Eltern, Großeltern usw.). Das ehel. Kind, das im Haushalt eines getrennt lebenden oder geschiedenen Ehegatten lebt, hat gegen den anderen Teil einen Unterhaltsanspruch bis zur Vollendung des 18. Lebensjahres, der mindestens dem für ein ↑ nichteheliches Kind der jeweils gleichen Altersstufe festgesetzten Regelbedarf entspricht (§ 1610 Abs. 3 BGB). – Ein nichteheliches Kind hat gegen seinen festgestellten Vater bis zur Vollendung des 18. Lebensjahres Anspruch mindestens auf Zahlung des durch Verordnung festgesetzten Regelunterhalts (§ 1615 f BGB). In bes. Fällen kann der Regelunterhalt bei entsprechender Leistungsfähigkeit des Vaters herabgesetzt werden. – Auf zukünftigen Unterhalt kann nicht verzichtet werden.

Unterhaltsvorschußgesetz, Gesetz vom 23. 7. 1979, das Kindern (bis zum vollendeten 6. Lebensjahr) alleinstehender Elternteile für längstens drei Jahre bei Säumnis oder Zahlungsunfähigkeit des außerhalb des Haushalts lebenden Unterhaltsverpflichteten (gegen den ein vollstreckbarer Titel vorliegt) einen Anspruch auf monatlich im voraus zu zahlende öff. Unterhaltsvorschüsse oder entsprechende Unterhaltsausfalleistungen in Höhe des Regelbedarfssatzes für nichtehel. Kinder gewährt. Soweit die öff. Hand Unterhaltszahlungen geleistet hat, gehen die Unterhaltsansprüche kraft Gesetzes auf sie über. Die Leistungen aus dem U. sollen evtl. ab 1993 verbessert werden.

Unterhaltungsindustrie, zusammenfassende Bez. für Unternehmen, die [überwiegend] der Unterhaltung dienende Produkte herstellen und vertreiben.

Unterhaltungsliteratur ↑ Trivialliteratur.

Unterhaltungsmusik, Abk. U-Musik, i.w.S. die in jeder Zeit und Kultur vorkommende Musik, die nicht religiös-kult., festlich-repräsentativen, militär., didakt. oder im Zusammenhang mit Arbeit stehenden Zwecken dient; i.e.S. eine im Lauf des 19. Jh. mit der Industrialisierung v. a. in Europa und den USA entstandene, sich zu einem eigenständigen musikkulturellen System im Ggs. zur „ernsten" Musik entfaltende Musikart. Zur U. zählen volkstüml. Lieder aller Art wie Chanson, Song, Schlager, Tanz- und Salonmusik, Marsch, Operette und Musical, Beat-, Pop- und Rockmusik, z.T. Jazz. – Obwohl U. primär Musik für die Massen ist, läßt sie sich keiner Sozialgruppe ausschließlich zuordnen. Ihr Wirkungsspektrum umfaßt Vergnügen, Entspannung, konfektionierten Gefühlsausdruck, Trost und Ablenkung von der Realität. Soweit es für die sehr große Arten- und Gattungsvielfalt allg. musikal. Kriterien gibt, ist die Verschränkung von Einfachheit und Raffinesse charakteristisch, weiter Dominanz des Sounds und kleiner Formen, histor. Konstanz musiksprachl. Grundlagen bei raschem mod. Wechsel und kommerzielle Orientierung. Auch innerhalb der U. gibt es erhebl. qualitative Unterschiede, die durch die (wertende) grobe Zweiteilung in U. und „ernste" Musik verdeckt werden.

Unterhaus, zweite Kammer eines Parlaments, das aus 2 Kammern besteht; z. B. in Indien, Kanada, Japan. – Im dt. Sprachgebrauch übl. Bez. für das *House of Commons* in Großbritannien, das zus. mit dem Monarchen und der ersten Kammer, dem House of Lords (↑Oberhaus) das brit. Parlament bildet (↑Großbritannien und Nordirland, polit. System). Abgesandte der Gft. und der Städte, Commons genannt, nahmen erstmals 1265 neben den Baronen an dem von Simon de ↑Montfort einberufenen Parlament teil. Seit dem 14. Jh. tagten Commons und Lords getrennt (im 16. Jh. offizielle Trennung). Spätestens ab 1377 wählten die Commons aus ihrer Mitte einen Speaker (ab 1547 als Vors. belegt), der als einziger die Meinung des Hauses gegenüber dem König vertreten durfte. Beide Häuser gewannen im 15. Jh. die Kontrolle über die Gesetzgebung, wobei sich das U. den Vorrang in der Finanzgesetzgebung sichern und sich im späten 17. Jh. schließlich als einzige Körperschaft mit dem Recht zur Initiative steuerlicher Maßnahmen etablieren konnte. Die Kämpfe zw. Parlament und Krone im 17. Jh. endeten mit dem Sieg des Parlaments. Im 18. Jh. bildete sich die Kabinettsreg. heraus, und seit den Wahlen von 1784 setzte sich in der Praxis das parlamentar. Reg.system durch. Bis ins 19. Jh. repräsentierte das U. keineswegs die brit. Bev., erst die Wahlrechtsreformen von 1832, 1867, 1884 und 1885 erweiterten jeweils den Kreis der Wahlberechtigten, bis schließlich 1918 das allg. Wahlrecht (auch für Frauen) durchgesetzt war.

Unterhaut ↑ Haut.

Unterhefen (untergärige Hefen), zur Bierbereitung verwendete, bei 5–9 °C gärende Hefen, die nach dem Gärvorgang auf den Boden der Gärgefäße sinken.

Unterholz, unterständige Baum- und Strauchschicht in Hoch- und Mittelwaldbeständen.

Unterkalibergeschoß ↑ Munition.

Unterkanada (engl. Lower Canada, frz. Bas-Canada), histor. Prov. in Brit.-Nordamerika, aus der die kanad. Prov. ↑Quebec hervorging.

Unterkapitalisierung, unzulängliche Kapitalausstattung eines Unternehmens, so daß wegen fehlender Mittel die Liquidität bedroht ist.

Unterkiefer ↑ Kiefer.

Unterkonsumtionstheorie [dt./lat./griech.], Sammelbez. für nat.-ökonom. Theorien, die die Wirtschaftskrisen aus einem Mißverhältnis zw. Gesamtkonsum und Nettoinvestition erklären. Wichtige Vertreter sind T. R. Malthus, J. C. L. Sismondi und F. A. Hayek. Unterkonsumtion wird in verschiedenen Versionen erklärt: a) Krisen entstehen nicht durch Sinken der Nachfrage, sondern durch rasches Steigen des Angebots an Konsumgütern auf Grund hoher Investitionen. b) Der Angebotsüberschuß entsteht durch raschere Entwicklung der Preise und damit der Gewinne gegenüber den Löhnen. Als Gegenmaßnahmen werden eine geeignete Geldpolitik, die zu hohe Investitionen vermeidet, sowie eine Erhöhung der Massenkaufkraft durch Lohnerhöhungen vorgeschlagen. Die U. stellt ein wichtiges Theorem innerhalb der [linkskeynesian.] Konjunkturtheorien der Gewerkschaften dar.

Unterkrain, Teil von ↑ Krain.

Unterkühlung, Abkühlung eines Stoffes bis unter die Temperatur eines Umwandlungspunktes, ohne daß eine Änderung des Aggregatzustandes oder der vorliegenden Modifikation erfolgt. Viele Flüssigkeiten lassen sich, wenn sie sehr rein sind und nicht erschüttert werden, durch langsames Abkühlen bis tief unter ihrem Schmelzpunkt flüssig halten; z. B. Wasser ist unterhalb −70 °C. Die entstehenden Zustände sind labil, plötzl. Erschüttern oder Einbringen von Kristallisationskeimen führt schlagartig zum Erstarren.
▷ in der *Medizin* die Verminderung der Körperkerntemperatur unter den Normwert.

Unterlage, im Obstbau ↑ Veredelung.

unterlassene Hilfeleistung, das strafbare Unterlassen einer Hilfeleistung bei Unglücksfällen, gemeiner Gefahr (z. B. Naturkatastrophen) oder Not, obwohl die Hilfeleistung objektiv erforderlich und den Umständen nach zumutbar gewesen wäre; gemäß § 323 c StGB mit Freiheitsstrafe bis zu 1 Jahr oder Geldstrafe bedroht.

Unterlassungsdelikt, Straftat, bei der im Unterschied zum Begehungsdelikt (↑Delikt) an das Unterlassen einer von der Rechtsordnung geforderten Handlung strafrechtl. Sanktionen geknüpft werden. *Echte U.* sind Straftaten, bei denen der Täter ein gesetzlich ausdrücklich gefordertes Tätigwerden unterläßt (unterlassene Hilfeleistung, Nichtanzeige geplanter Straftaten nach § 138 StGB). Beim *unechten U.* wird im normalerweise durch aktives Tun herbeigeführter strafrechtlich mißbilligter Erfolg (z. B. Körperverletzung, Tötung) dadurch verwirklicht, daß der Täter in einen Geschehensablauf nicht eingegriffen hat, obwohl durch sein Eingreifen der strafrechtl. Erfolg verhindert worden wäre und er auf Grund einer *Garantenstellung* eine Erfolgsabwendungspflicht gehabt hat (§ 13 StGB). Diese kann sich aus Gesetz, aus Vertrag, aus bes. Vertrauensverhältnissen oder aus gefährdendem Vorverhalten (z. B. schuldhafte Verursachung eines Verkehrsunfalls) ergeben. Die Strafbarkeit entfällt, wenn das Unterlassen nicht kausal für den Eintritt des strafrechtl. Erfolges gewesen ist. In *Österreich* und der *Schweiz* gilt im wesentlichen dem dt. Recht Entsprechendes.

Unterlassungsklage, auf die Verurteilung des Beklagten zur Unterlassung einer bestimmten Handlung gerichtete Klage. Die U. dient ausnahmsweise auch der Abwehr von drohenden, objektiv rechtswidrigen Eingriffen in rechtlich geschützte Lebensgüter und Interessen *(vorbeugender Rechtsschutz),* wenn anderenfalls ein Rechtsschutz nicht oder nur unzureichend möglich wäre.

Unterlegenheitsgeste, svw. ↑Demutsgebärde.

Unterleib, der untere Bereich des menschl. Bauchs, bes. die (inneren) weibl. Geschlechtsorgane.

Unterleibstyphus, svw. ↑Typhus.

Untermalung, die in Tempera- und Ölmalerei bis ins 19. Jh. weitgehend übl. erste Malschicht über der ↑Grundierung.

Untermenge ↑ Mengenlehre.

Untermiete, Weitervermietung einer gemieteten Sache, insbes. Wohnraum durch den Mieter; sie bedarf der Erlaubnis des Vermieters (§ 549 BGB).

Unternehmen (Unternehmung), die rechtl. und organisator. Gestaltungseinheit der ↑Betriebe in marktwirtschaftl. Wirtschaftssystemen, die sich aus der Zielsetzung des Unternehmers ergibt, langfristig das Gewinnmaximum durch Erstellen und Verwerten von Leistungen zu erreichen. In

Unternehmensberater

Die nach dem Umsatz größten Industrieunternehmen in der BR Deutschland (1991)			
Firma, Sitz	Branche	Umsatz (in Mill. DM)	Beschäftigte (in 1 000)
1. Daimler-Benz AG, Stuttgart	Automobil, Luft- und Raumfahrt, Elektronik, Elektrotechnik, Dienstleistungen	95 010	379,2
2. Volkswagen AG, Wolfsburg	Automobil	76 315	260,1
3. Siemens AG, München	Elektrotechnik	73 008	402,0
4. VEBA AG, Düsseldorf	Energie, Chemie	59 505	114,5
5. Rheinisch-Westfälische Elektrizitätswerke AG (RWE), Essen	Energie	49 891	102,2
6. Hoechst AG, Frankfurt am Main	Chemie	47 186	179,3
7. BASF AG, Ludwigshafen	Chemie	46 626	129,4
8. Bayer AG, Leverkusen	Chemie	42 401	164,2
9. Thyssen AG, Duisburg	Maschinenbau, Stahl, Handel	36 562	148,3
10. Bosch-Gruppe, Stuttgart	Elektrotechnik	33 600	177,1
11. BMW Bayrische Motorenwerke AG, München	Automobil/Luft- und Raumfahrt	29 839	74,4
12. Adam Opel AG, Rüsselsheim	Automobil	27 149	56,9
13. Preussag AG, Berlin/Hannover	Energie, Metall	25 455	71,7
14. Ruhrkohle, Essen	Bergbau, Energie, Handel	24 700	122,5
15. Mannesmann AG, Düsseldorf	Maschinen- und Anlagenbau, Röhren, Elektronik	24 315	125,2
16. Viag AG, Berlin/Bonn	Energie, Aluminium, Chemie, Handel	23 587	74,1
17. Ford-Werke AG, Köln	Automobil	22 360	48,2
18. Metallgesellschaft AG, Frankfurt am Main	Metall	21 180	38,2
19. MAN AG, München	Maschinenbau	19 031	64,6
20. Fried. Krupp AG, Essen	Stahl, Maschinen- und Anlagenbau, Handel, Elektronik	15 133	53,1

der Betriebswirtschaftslehre werden U. und Betrieb meistens dadurch unterschieden, daß das U. als rechtl., finanzielle oder Verwaltungseinheit und der Betrieb als techn. Einheit definiert wird. – Der steuerl. Begriff U. bezeichnet umfassender die gesamte gewerbl. und berufl. Tätigkeit des Unternehmens, sofern er sie selbständig ausübt.

Unternehmensberater (Betriebsberater), i. d. R. freiberuflich tätiger Fachmann mit wirtschaftswiss. Kenntnissen (nicht notwendig durch Hochschulstudium), der Unternehmen in sämtl. betriebswirtsch. und steuerrechtl. Fragen berät.

Unternehmensform, Rechtsform, unter der ein Unternehmen nach außen hin in Erscheinung tritt. Man unterscheidet Einzelunternehmen, Personengesellschaften (offene Handelsgesellschaft, Kommanditgesellschaft), Kapitalgesellschaften (Aktiengesellschaft, Gesellschaft mit beschränkter Haftung, Kommanditgesellschaft auf Aktien), Genossenschaften und die Europ. wirtsch. Interessenvereinigung.

Unternehmensforschung, svw. ↑Operations-research.

Unternehmensverträge, Begriff des Aktienrechts für Verträge, die die Beherrschung, Gewinnabführung, Teilgewinnabführung, Gewinngemeinschaft, Betriebspacht oder Betriebsüberlassung regeln. Der Abschluß von U. bedarf der Eintragung in das Handelsregister.

Unternehmer, derjenige, der selbständig und eigenverantwortlich ein Unternehmen leitet und hierüber zu umfassenden Entscheidungen befugt ist. Der selbständige U. ist Inhaber des von ihm geleiteten Unternehmens, hat die Verfügungsgewalt über den erwirtschafteten Gewinn und trägt das Risiko (↑Manager).

Unternehmereinkommen, Summe von ↑Unternehmerlohn, -gewinn und Zinsen auf das Eigenkapital, soweit der Unternehmer mit dem Kapitalgeber identisch ist.

Unternehmerlohn, Einkommen des Unternehmers als Entgelt für seine reine Arbeitsleistung. Die Höhe des U. richtet sich i. d. R. nach der vergleichsweisen Vergütung, die ein angestellter Unternehmer (z. B. Vorstandsmgl. einer Kapitalgesellschaft) erhielte.

Unternehmerpfandrecht ↑Werkvertrag.

Unternehmerverbände, Vereinigungen zur Wahrung von wirtschaftspolit. Unternehmerinteressen, z. B. Arbeitgeberverbände, Fachverbände, Berufsverbände. – ↑Wirtschaftsverbände.

Unternehmung, svw. ↑Unternehmen.

Unteroffizier, Soldat mit Dienstgrad vom U. bis zum Oberstabsfeldwebel (Übersicht ↑Dienstgradabzeichen); in der dt. Bundeswehr Laufbahngruppe mit den Dienstgradgruppen der U. mit Portepee (Feldwebel, Oberfeldwebel, Hauptfeldwebel, Stabsfeldwebel, Oberstabsfeldwebel; in der Marine Bootsmann, Oberbootsmann, Hauptbootsmann, Stabsbootsmann, Oberstabsbootsmann), der U. ohne Portepee (U., Stabs-U.; in der Marine Maat, Obermaat) und der U.anwärter. **Unteroffizier vom Dienst** (Abk. UvD) heißt der für 24 Stunden zum Wach- und Ordnungsdienst in einem bestimmten Bereich eingeteilte Soldat.

Unteroffizieranwärter, Abk. UA, Dienstgradgruppe innerhalb der Laufbahngruppe der Unteroffiziere; U. – es gibt sie in jedem Mannschaftsdienstgrad – führen als Zusatz zu ihrer Dienstgradbez. die Bez. UA oder RUA (Reserve-U.).

Unterordnung, in der *Sprachwiss.* svw. ↑Hypotaxe.

Unter-pari-Emission, Ausgabe von Wertpapieren zu einem unter dem Nennwert liegenden Kurs.

Unterpflasterbahn ↑Untergrundbahn.

Unterprima [zu lat. prima (classis) „erste (Klasse)"], Bez. für die vorletzte Klasse des Gymnasiums (Klasse 12).

Unterprivilegierung, Zustand der Benachteiligung, in dem sich einzelne Mgl. der Gesellschaft, soziale Gruppen (Unterschichten, Randgruppen, Minderheiten) und ganze Gesellschaften (z. B. Entwicklungsländer) im nat. oder internat. System der Verteilung von materiellen Gütern, Macht und Einfluß befinden.

Unterricht, geplanter Lehr- bzw. Lernprozeß, in dem durch einen oder mehrere Lehrer an einen oder mehrere Schüler Wissen, Fähigkeiten, Fertigkeiten, Handlungsweisen und Einstellungen in meist organisierter und institutionalisierter Form vermittelt werden. Vorgeschichtl. geschah diese Vermittlung vermutlich ausschließlich durch Nachahmung, Erfahrung, Beobachtung und Umgang sowie durch Überlieferung und Belehrung z. B. in alltägl. Arbeitszusammenhängen. In frühgeschichtl. Kulturen entwickelte sich mit zunehmender Spezialisierung und Differenzierung der Arbeit wahrscheinlich schon eine systemat. Berufsvorbereitung in zeitl. und räuml. Trennung von der eigtl. Berufsausübung. Erst in späteren Kulturen wurden aber für den U. eigenständige Institutionen, v. a. die Schule, geschaffen; Unterrichten wurde zum Beruf. U. wird durch mehrere voneinander abhängige Faktoren bestimmt: 1. die vorgegebenen oder selbst gestellten fachl. und überfachl. U.ziele; 2. die U.planung und die Auswahl der U.methoden; 3. die U.mittel; 4. die soziale Situation der Lehrenden und Lernenden; 5. die Art der jeweiligen Bildungsinstitution und deren Träger. – ↑Didaktik, ↑Lernen.

Unterrichtslehre, svw. ↑Didaktik.
Unterrichtsmunition ↑Munition.
Untersatz, in der *Orgel* eine (meist gedackte) Stimme zu 32- oder 16-Fuß, oft im Pedal.
▷ in der *Syllogistik* die zweite Prämisse eines Syllogismus.
Untersberg, Gebirgsstock der Berchtesgadener Alpen, an der bayer.-östr. Grenze, im Berchtesgadener Hochthron 1972 m hoch, stark verkarstet (zahlr. Höhlen). – Im Volksmund Sagen- und Zauberberg.
Unterschenkel ↑Bein.
Unterschenkelgeschwür, svw. ↑Beingeschwür.
Unterschicht ↑Schichtung.
unterschlächtig, durch Wasser von unten angetrieben (z. B. bei einem Mühlrad). – Ggs. oberschlächtig.
Unterschlagung, die nichtberechtigte Aneignung einer fremden bewegl. Sache, die man in Besitz oder Gewahrsam (z. B. zur Aufbewahrung) hat, wobei nach außen erkennbar sein muß, daß der Täter die Sache unter Ausschluß des Eigentümers seinem Vermögen einverleibt (z. B. durch Verkauf, Vermietung). Der Täter eignet sich die Sache zu, ohne sie zuvor einem anderen weggenommen zu haben. Die U. ist nach §246 StGB mit Freiheitsstrafe bis zu 3 (bei *Veruntreuung,* d. h. bes. Vertrauensbruch, bis zu 5) Jahren oder mit Geldstrafe bedroht; der Versuch ist strafbar. Die Nichtanzeige eines Funds (mit Ausnahme der Kleinfunde) kann als sog. *Fund-U.* strafbar sein. – In *Österreich* und der *Schweiz* gilt dem. Recht Entsprechendes.
Unterschlundganglion, bei Ringelwürmern und Gliederfüßern im Kopfteil unterhalb des Schlunds gelegener, mit dem ↑Oberschlundganglion bzw. Gehirn verbundener Ganglienkomplex aus Ganglienknoten des Bauchmarks.
Unterschrift, die schriftl. Bekenntnis zum Inhalt einer Urkunde durch den eigenhändigen Namenszug. Bei nicht des Schreibens Kundigen wird die U. durch ein ↑Handzeichen ersetzt.
Unterschwingungen, svw. ↑subharmonische Schwingungen.
Unterseeboot (U-Boot), Schiff zum Einsatz unter der Wasseroberfläche, im zivilen Bereich als Forschungs- oder Arbeitsfahrzeug für Unterwasserarbeiten (↑Tauchgeräte) oder auch als Frachtschiff („U-Deutschland", 1916), sonst aber fast ausschließlich für den militär. Einsatz gedacht. U. sind heute Ein-Hüllen-Fahrzeuge und haben einen zigarrenoder tropfenförmigen Rumpf, als Druckkörper entsprechend der erwünschten Tiefe ausgelegt ist. In diesem befinden sich die Aufenthalts- und Versorgungsräume für die Besatzung, die Operationsräume mit Ortungs-, Navigations- und Kommunikationseinrichtungen und die Kommandozentrale, die Antriebsanlagen mit Kernenergie- und Dampfturbinenanlage, Diesel- und Elektromotoren, die Trimm- und Regelzellen mit ihren Leitungen zum Manövrieren des U., Betriebsstofftanks sowie die Bewaffnung, die v. a. aus zielsuchenden oder drahtgesteuerten Torpedos, Raketentorpedos oder Marschflugkörpern und/oder Kurz-, Mittelstrecken- oder Interkontinentalraketen besteht. Der Druckkörper ist durch kugelschalenförmige Deckel abgeschlossen, durch die die Torpedorohre und die Schraubenwelle hindurchführen. Das vordere und das hintere Ende des Schiffs sind mit freiflutenden oder als Tauchzellen ausgebildeten Räumen überdeckt. Auf dem Druckkörper befindet sich der Turm (Segel), der die Ausfahrgeräte (Sehrohr, Antennen, Schnorchel, Radarmast) trägt und auf Grund seiner verschiedenen Formen ein wichtiges Erkennungsmerkmal des U. ist.

Man unterscheidet 1. *Kleinst-U.,* die im Krieg als schnell zu erstellender Notbehelf gelten, 2. *Küsten-U.* (bis ca. 1000 ts) und *Flotten-* oder *Hochsee-U.* mit konventionellem Antrieb (bis ca. 3500 ts) und 3. *Jagd-U.* (bis etwa 4000 ts) und *strateg. U.* (mit Raketenbewaffnung bis ca. 19000 ts) mit Nuklearantrieb. Die größeren U. werden heute oft Unterseeschiffe genannt.

Zum Tauchen muß ein U. sein Gewicht soweit vergrößern, daß es das der von ihm verdrängten Wassermenge übertrifft. Dies geschieht durch Fluten der Tauch- und Ballastzellen. Dann wird es so ausgewogen (getrimmt), daß es mit geringen Bewegungen der Tiefenruder, von seiner (heute meist einzigen) Schraube getrieben, den befohlenen Kurs in der befohlenen Tiefe steuern kann. Zum Auftauchen fährt das U. in die Nähe der Wasseroberfläche und drückt das Wasser mit Druckluft oder Lenzpumpen aus den Tauch- und Ballastzellen wieder heraus. Heute sind auch konventionell (dieselelektrisch) getriebene U. reine Unterwasserschiffe, da ihnen der über die Wasseroberfläche gestreckte (ausgefahrene) Schnorchel Außenluft und damit Sauerstoff für die Dieselmotoren zuführt, mit deren Hilfe die Batterien aufgeladen werden. Außenluftunabhängige, nichtnukleare U.antriebe werden erprobt.

Geschichte: Das erste eigtl. U. war die „Turtle" des Amerikaners Bushnell 1775. W. Bauer („Brandtaucher", 1850), der Franzose G. Zede, der Schwede T. V. Nordenfelt und der Amerikaner J. P. Holland waren im 19. Jh. weitere Pioniere des U.baues. Erst mit der Serienreife des Dieselmotors kurz vor dem 1. Weltkrieg wurde das U. zu einem Seekriegsmittel. Der Schritt zum reinen U. gelang erst mit der Einführung des Kernenergieantriebes (erstes nuklear getriebenes U.: „Nautilus", 4040 ts, 98 × 8,5 × 6,7 m, 1954–1980). Die modernen Atom-U. der amerikan. Tridentklasse haben eine Wasserverdrängung von (getaucht) 18700 ts bei einer Länge von 171 m, die der russ. Typhon-Klasse 18000 ts; die Geschwindigkeit bei beiden Typen beträgt über Wasser etwa 20 kn, getaucht etwa 30 kn (37 bzw. 56 km/h); die erreichbare Tauchtiefe liegt bei etwa 600 m; die U. der russ. Delta-II-Klasse haben eine Wasserverdrängung von 11750 ts und sind 152 m lang.

Unterseebootbekämpfung ↑U-Jagd.
Unterseebootkrieg, Form der Seekriegsführung, in erster Linie als Wirtschaftskrieg (Bekämpfung der feindl. Handelsschiffahrt mit Unterseebooten). – In beiden ↑Weltkriegen angewandt, v. a. vom Dt. Reich gegenüber Großbritannien.

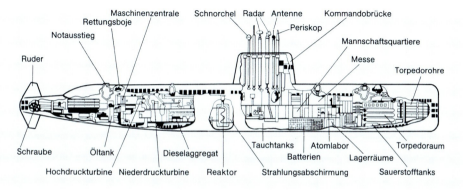

Unterseeboot. Schematische Darstellung eines mit Kernenergie angetriebenen Unterseeboots

Untersegel

Untersegel, das an der untersten Rah eines vollgetakelten Mastes angebrachte Segel (Fock-, Groß-, Kreuzsegel).
Untersetzung ↑Übersetzungsverhältnis.
Unterstand, meist unterird., befestigte militär. Feldunterkunft, die vor feindl. Waffenwirkungen schützt.
Untersteuern, Eigenlenkverhalten von Kfz in Kurven, bei dem das Fahrzeug über die Vorderräder nach außen drängt; die Vorderräder müssen stärker eingeschlagen werden, als es der Straßenverlauf verlangt.
Unterstimme, die tiefste Stimme eines mehrstimmigen musikal. Satzes.
Unterströmungstheorie ↑Gebirgsbildung.
Unterstützungskassen, meist privatrechtl. betriebl. Einrichtungen zur Ergänzung der betriebl. Alters- und Hinterbliebenenversorgung. Auf die von den U. gewährten Leistungen besteht seitens der Arbeitnehmer kein Rechtsanspruch.
Untersuchung, (ärztl. U.) alle zum Zweck der Krankheitserkennung an einem Patienten vorgenommenen Maßnahmen.
▷ im Strafverfahren die körperl. U. des Beschuldigten und ausnahmsweise anderer Personen (z. B. Zeugen) zur Feststellung von Tatsachen, die für das Verfahren erheblich sind (z. B. Entnahmen von Blutproben). Die von einem Arzt vorgenommene U. ist ohne Einwilligung des Beschuldigten bzw. anderer Personen zulässig, wenn kein Nachteil für die Gesundheit zu befürchten ist bzw. sie zumutbar und unerläßlich ist. Die Anordnung der U. erfolgt durch den Richter, in Eilfällen durch den Staatsanwalt oder die Polizei.
Untersuchungsausschuß, durch ein Parlament eingesetztes Gremium zur Aufklärung bestimmter Sachverhalte (z. B. polit. Vorfälle); der Gegenstand der Untersuchung ist genau festzulegen. Nach Art. 44 GG hat der Dt. Bundestag das Recht und auf Verlangen von ¼ der Mgl. die Pflicht, einen U. zu installieren. Der U. erhebt in öff. Verhandlung die Beweise (Ausschluß der Öffentlichkeit möglich); auf die Beweiserhebung finden die Vorschriften über den Strafprozeß sinngemäß Anwendung. Brief-, Post- und Fernmeldegeheimnis bleiben unberührt. Der Abschlußbericht wird dem Parlament vorgelegt. Der U. kann keine Entscheidungen fällen, v. a. keine strafrechtlichen oder disziplinarischen.
Untersuchungsgrundsatz (Untersuchungsmaxime), zu den Prozeßmaximen gehörender verfahrensrechtl. Grundsatz, wonach die Gerichte den entscheidungserhebl. Sachverhalt von Amts wegen zu erforschen haben. Der U. gilt in vielen Verfahrensarten, im Zivilprozeß nur ausnahmsweise (↑Verhandlungsgrundsatz); zum Strafverfahren ↑Inquisitionsprinzip.
Untersuchungshaft, die durch ↑Haftbefehl bei dringendem Tatverdacht und Vorliegen eines Haftgrundes angeordnete Freiheitsbeschränkung zur Sicherung der Durchführung eines Strafverfahrens und der späteren Strafvollstreckung. Während der U. kann der *Untersuchungsgefangene* jederzeit eine Haftprüfung beantragen (↑Haftprüfungsverfahren). Solange kein Urteil ergangen ist, darf der Vollzug der U. wegen derselben Tat über 6 Monate hinaus nur aufrechterhalten werden, wenn die bes. Schwierigkeit oder der Umfang der Ermittlungen die Fortdauer der Haft rechtfertigen. Die U. ist zu unterscheiden von der ↑einstweiligen Unterbringung und der ↑vorläufigen Festnahme. Für den Vollzug der U. sind im wesentlichen die Vorschriften der StPO und der U.vollzugsordnung maßgebend, daneben z. T. die des StrafvollzugsG und bes. Bestimmungen wie z. B. das KontaktsperreG. Sie regeln u. a. die Unterbringung, soziale Fürsorge und Besuchsrechte der Untersuchungsgefangenen. Im einzelnen obliegt dem Richter die Gestaltung des Vollzugs (Kontrolle des Schriftverkehrs, Beschränkung des Besuchs, Verhängung von Hausstrafen). Die vollstreckte U. ist bei der Strafzumessung auf die Freiheits- oder Geldstrafe grundsätzlich anzurechnen. – ↑Haftentschädigung.
In *Österreich* darf die U. nur vom Gericht verhängt werden, wenn der Beschuldigte dringend verdächtig ist, ein bestimmtes Verbrechen oder Vergehen begangen zu haben, ein gesetzl. Haftgrund vorliegt und der Beschuldigte vom Untersuchungsrichter bereits zur Sache und den Voraussetzungen der U. vernommen wurde. In der *Schweiz* sind im BG Voraussetzungen der U. festgelegt. In den StPO der Kantone ist die U. mit unterschiedl. Voraussetzungen geregelt.
Untersuchungskommissionen, im Völkerrecht unabhängige, meist gemischt zusammengesetzte Kommissionen, die zur friedl. Streitbeilegung zw. Staaten durch die Feststellung strittiger Tatsachen in einem gerichtsähnl., förml. Verfahren beitragen sollen. Sie werden meist ad hoc, nach manchen Verträgen auch als ständige U. gebildet. – ↑Haager Friedenskonferenzen, zu parlamentar. U. ↑Untersuchungsausschuß.
Untersuchungsmaxime ↑Untersuchungsgrundsatz.
Untersuchungsrichter, nach früherem Recht der mit der Voruntersuchung im Strafverfahren beauftragte Richter. In *Österreich* der am Gerichtshof erster Instanz tätige Richter, der die Vorerhebungen und Voruntersuchungen bei Straftaten führt sowie den schriftl. und mündl. Verkehr des Untersuchungshäftlings überwacht. In der *Schweiz* eröffnen die U. die Untersuchung bei Vorliegen der Voraussetzungen einer Strafverfolgung.
Untertagebau, im Bergwesen svw. Flözbau, untertägiger Abbau.
Untertagevergasung, die unmittelbare Vergasung nicht abbauwürdiger Kohlenflöze, wobei stark erhitzte Luft durch ein Bohrloch eingepreßt und das gebildete Kohlenmonoxid-Kohlenwasserstoff-Gemisch mit dem Kohlenstaub durch ein anderes Bohrloch abgesaugt und über Tage weiterverarbeitet wird.
Untertan (lat. subditus), im vorkonstitutionellen Staat der Staatsangehörige, wobei die Unterworfenheit unter den Landesherren (v. a. den absoluten Herrscher) betont wird.
Untertemperatur, svw. ↑Hypothermie.
Untertöne, in bestimmten mechanisch-akust. Schwingungssystemen auftretende ↑subharmonische Schwingungen im Hörbereich (Töne).
Unterwalden nid dem Wald (Nidwalden), zentralschweizer. Halbkanton, 276 km², 32 600 E (1990), Hauptort Stans. Umfaßt das Tal der Engelberger Aa, das S-Ufer des Vierwaldstätter Sees, den Bürgenstock und die nördl. Hälfte des Alpnacher Sees sowie den Pilatusnordhang. In der Landw. dominiert die Milchviehhaltung. Die Ind., v. a. Maschinenbau, befindet sich überwiegend im Raum Luzern. Bed. Fremdenverkehr.
Geschichte: 1240 schloß *Nidwalden* ein Bündnis mit Luzern, 1291 mit Uri und Schwyz den Bund der 3 Urkantone, dem wenig später auch *Obwalden* beitrat. 1309 erlangte ganz Unterwalden die Reichsunmittelbarkeit. 1798 unterwarf sich Unterwalden den Franzosen erst nach der Kapitulation des Kt. Schwyz. In der Helvet. Republik wurde Unterwalden mit Uri, Schwyz und Zug zum Kt. Waldstätten verschmolzen. 1803 wurden die beiden gleichberechtigten Halbkantone gebildet. Die Unabhängigkeitserklärung von der Eidgenossenschaft (1815) und Streitigkeiten um die neue Bistumseinteilung (1818) führten in Nidwalden zu militärische Besetzungen. Beide Halbkantone nahmen 1845–47 am kath. Sonderbund teil. 1850 erhielten sie neue Verfassungen. – ↑Schweiz (Geschichte).
Verfassung: Nach der Verfassung vom 10. Okt. 1965 liegt die *Exekutive* beim vom Volk für 4 Jahre gewählten Regierungsrat (9 Mgl.). Die *Legislative* bilden der vom Volk auf 4 Jahre gewählte Landrat (60 Mgl.) und das Volk selbst. Frauenstimmrecht seit 1973.
Unterwalden ob dem Wald (Obwalden), zentralschweizer. Halbkanton, 491 km², 28 800 E (1990), Hauptort Sarnen. Umfaßt das nördl. des Brünigpasses liegende Tal der Sarner Aa mit dem Lungerer und dem Sarner See sowie das Melchtal, ferner als Exklave das Geb. der ehem. Klosterrepublik Engelberg. Holzverarbeitung, Nahrungsmittelind., Maschinenbau sowie zahlr. Steinbruchbetriebe; Milchviehhaltung; bed. Fremdenverkehr.
Zur **Geschichte** ↑Unterwalden nid dem Wald.

Unterwalden nid dem Wald
Kantonswappen

Unterwalden ob dem Wald
Kantonswappen

Verfassung: Nach der Verfassung vom 19. Mai 1968 liegt die *Exekutive* beim vom Volk auf 4 Jahre gewählten Regierungsrat (7 Mgl.). Die *Legislative* bilden der vom Volk auf 4 Jahre gewählte Kantonsrat (51 Mgl.) und das Volk selbst; Frauenstimmrecht seit 1973.

Unterwasserbehandlung, Verfahren der Hydrotherapie mit Bewegungsübungen (*Unterwassergymnastik*) und Massagen mit den Händen (*Unterwassermassage*) oder mit einem Wasserdruckstrahl (100–200 kPa; *Unterwasserdruckstrahlbehandlung*) im warmen Vollbad. Durch die Auftriebskraft des Wassers wird die Überwindung von erhebl. Einschränkungen der Beweglichkeit, z. B. infolge Gelenkversteifung oder Muskelverspannung, erleichtert.

Unterwasserjagd, Disziplin im Tauchsport (↑Tauchen).

Unterwasserortung, Bez. für die Gesamtheit der Verfahren zur Erkennung und Ortung von unter Wasser befindl. Objekten sowie zur geomorphol. Aufnahme des Meeresbodens. Überwiegend kommen akust., d. h. mit Schall bzw. Ultraschall arbeitende Verfahren zur Anwendung. – ↑Sonar, ↑Echolot.

Unterwasserphotographie ↑Photographie.

Unterwellenborn, Ind.gemeinde östl. von Saalfeld, Thür., 2200 E. Eisen- und Stahlwerk (Maxhütte).

Unterwelt, in den Vorstellungen vieler Religionen das Reich der Verstorbenen, oft verbunden mit der Ansicht eines dort stattfindenden Totengerichts.

Unterwerfungsgebärde, svw. ↑Demutsgebärde.

Unterwerfungsklausel, die in eine gerichtl. oder notarielle Urkunde aufgenommene Erklärung des Schuldners, daß er sich wegen eines in der Urkunde bezeichneten Anspruchs der sofortigen Zwangsvollstreckung unterwerfe. Der Anspruch muß auf Leistung einer ziffernmäßig bestimmten Geldsumme oder von Wertpapieren oder anderen vertretbaren Sachen gerichtet sein.

Unter-Wisternitz ↑Dolní Věstonice.

Untiefe, flache Stelle in Gewässern.

Untreue, die strafbare vorsätzl. Schädigung fremden Vermögens durch Verletzung der Vermögensbetreuungspflicht gegenüber dem Vermögensträger (§ 266 StGB). Die U. kann in Form des *Mißbrauchstatbestandes* (der Täter mißbraucht [überschreitet] die ihm durch Gesetz, behördl. Auftrag oder Rechtsgeschäft eingeräumte Befugnis, über fremdes Vermögen zu verfügen) und des *Treubruchstatbestandes* (sonstige Verletzung einer ihm auf Grund eines Treueverhältnisses obliegenden Pflicht zur Wahrnehmung fremder Vermögensinteressen) begangen werden. U. wird mit Freiheitsstrafe bis zu 5 Jahren oder Geldstrafe geahndet.

U Nu, früher Thakin Nu, *Wakema (Verw.-Geb. Irrawaddy) 25. Mai 1907, birman. Politiker. – 1943/44 Außen-, 1944/45 Propagandamin.; ab 1947 Präs. der Anti-Fascist People's Freedom League; 1947–56, 1957/58 und 1960–62 Premiermin.; 1962 von Ne Win entmachtet, 1969–80 im Exil.

Ununterscheidbarkeit, eine mit formallog. Mitteln allein definierte zweistellige Relation zur Herstellung einer log. Gleichheit.

Ununterscheidbarkeitssatz, bei Leibniz Satz von der Identität des Ununterscheidbaren: Er definiert die Identität zweier Gegenstände durch die gegenseitige Ersetzbarkeit ihrer vollständigen Begriffe in beliebigen Aussagen, ohne daß sich dadurch etwas an deren Wahrheitswert ändert.

Unverantwortlichkeit, in *Österreich* und der *Schweiz* die ↑Immunität der Mgl. des Nationalrats, des Bundesrats und der Landtage bzw. der Bundesversammlung und der Kantonsparlamente. – ↑Indemnität.

Unverdorben, Otto, *Dahme (Landkr. Luckau) 13. Okt. 1806, †ebd. 28. Dez. 1873, dt. Chemiker und Apotheker. – Entdeckte 1826 bei der trockenen Destillation von Indigo das ↑Anilin.

Unverletzlichkeit der Wohnung, das dem Inhaber (Eigentümer, Besitzer [Mieter]) einer Wohnung (auch Betriebs- und Geschäftsräume) in Art. 13 GG gewährleistete Grundrecht auf Schutz des räuml. Privatbereichs. Es steht jedermann, d. h. auch Ausländern und jurist. Personen zu und ist Abwehrrecht gegen die Staatsgewalt. Wohnungsdurchsuchungen bedürfen grundsätzlich der richterl. Anordnung. Im übrigen sind Eingriffe und Beschränkungen ohne gesetzl. Grundlage nur zur Abwehr einer gemeinen Gefahr oder einer Lebensgefahr für einzelne Personen, auf Grund eines Gesetzes auch zur Verhütung dringender Gefahren für die öff. Sicherheit und Ordnung zulässig.

Unwirksamkeit, Ungültigkeit (↑Nichtigkeit) eines Rechtsgeschäfts. *Relative U.* liegt vor, wenn ein Rechtsgeschäft bestimmten Personen gegenüber nichtig ist (weil nur deren Schutz bezweckt ist), im übrigen aber voll wirksam ist. *Schwebende U.* tritt bei einem Rechtsgeschäft ein, das zu seiner Wirksamkeit noch der Zustimmung des Dritten bedarf.

Unwucht, unsymmetr. Massenverteilung eines rotierenden Körpers, bei der z. B. der Massenschwerpunkt außerhalb der Drehachse liegt; auch Bez. für die Gesamtheit der dazu führenden Massen.

Unze (lat. uncia), 1. antike Maß- und Gewichtseinheit; 2. antike Münzeinheit im griech. Sizilien und Unteritalien und in Rom, meist mit einer Kugel als Wertzeichen; 3. im MA und in der frühen Neuzeit = $1/12$ Pfund bzw. $1/8$ Gewichtsmark, später vielfach durch das Lot verdrängt; 4. als Feingewicht für Edelmetalle 29,82 g bzw. 30 g; in Großbritannien und den USA: ↑Ounce, in Italien: Oncia (meist zw. 26 und 30 g), in Spanien und den ehemals span. Kolonien: Onza (meist 28,7 g), in Frankreich: Once (= 30,594 g); 5. in der Geldrechnung mehrfach Bez. für den Wert von 20 Pfennigen.

Unzertrennliche (Agapornis), Gatt. bis 17 cm langer, kurzschwänziger, meist grüner, oft an Kopf, Bürzel und Schwanz bunt gezeichneter Papageien mit rd. zehn Arten in Steppen, Savannen und Wäldern Afrikas (einschl. Madagaskar); brüten teils in Baumhöhlen, teils in verlassenen Vogelnestern, eine Art (*Orangeköpfchen,* Agapornis pullaria) auch in Termitenbauten; z. T. beliebte Stubenvögel; z. B. *Fischers U.* (Agapornis fischeri).

Unzertrennliche. Fischers Unzertrennlicher

Unziale [lat.], ma. Majuskelschrift mit gerundeten Formen (*griech. U.* 4.–12. Jh.; *röm. U.* 4.–8. Jh.); Neuschöpfungen liegen u. a. von O. ↑Hupp vor. – ↑Halbunziale.

Unzucht, Verhalten, das das allg. Scham- und Sittlichkeitsgefühl in geschlechtl. Hinsicht nicht unerheblich verletzt. Das reformierte Strafrecht verwendet statt U. den Begriff der ↑sexuellen Handlungen.

unzulässiger Lärm, Erregung von Lärm ohne berechtigten Anlaß oder in einem unzulässigen oder nach den Umständen vermeidbaren Ausmaß, der geeignet ist, die Allgemeinheit oder die Nachbarschaft erheblich zu belästigen *(ruhestörender Lärm)* oder die Gesundheit eines anderen zu schädigen. U. L. kann als Ordnungswidrigkeit mit einer Geldbuße bis zu 10 000 DM geahndet werden.

Unzumutbarkeit, die (auf den Einzelfall bezogene) Unangemessenheit, ein von der Rechtsordnung an sich gebotenes Verhalten zu verlangen. U.gesichtspunkte liegen z. B. den Schuldnerschutzvorschriften im Zwangsvollstreckungsrecht zugrunde. Im Schuldrecht kann die Fortsetzung eines Vertragsverhältnisses unzumutbar sein.

Unzurechnungsfähigkeit

Uppsala. Das 1887 vollendete Hauptgebäude der 1477 gegründeten Universität, im Vordergrund das Denkmal für Erik Gustav Geijer

Uppsala Stadtwappen

Unzurechnungsfähigkeit ↑ Schuldunfähigkeit.

Unzustellbarkeit, im Postwesen die Unmöglichkeit, eine Postsendung zuzustellen, z. B. weil der Empfangsberechtigte nicht zu ermitteln ist oder die Annahme verweigert. Die Postsendung wird – abgesehen von Ausnahmefällen, z. B. bei Massendrucksachen – an den Absender zurückgesandt. Ist dies nicht möglich, handelt es sich um ↑ unanbringliche Sendungen.

Upanischaden [Sanskrit „das Sich-in-der-Nähe-Niedersetzen (bei einem Lehrer)"], philosoph.-theologische Abhandlungen des Brahmanismus in Prosa und Vers im Anschluß an die Weden. Im Mittelpunkt der U. steht das Nachdenken über den Ursprung der Welt, den Geburtenkreislauf, das Wirken des Karma und die Erlösung. Spekulationen der U. sehen im Atem die wichtigste Lebenskraft oder entwickeln aus der Lehre vom alles durchdringenden Feuer ein System, in dem die Erkenntnis der Einheit des individuellen Atman mit dem Brahman zur Erlösung führt.

Upasbaum [malai./dt.] (Antiaris toxicaria), Maulbeerbaumgewächs der Gatt. Antiaris in SO-Asien. Der giftige Milchsaft enthält die herzwirksamen Glykoside *Antiarin* und *Antiosidin* und liefert das *Ipopfeilgift*.

Updike [engl. ˈʌpdaɪk], Daniel Berkeley, *Providence 24. Febr. 1860, †Boston 28. Dez. 1941, amerikan. Buchkünstler. – Gründete 1893 in Boston die „Merrymount Press", die zahlr. buchkünstlerisch bed. Drucke herausbrachte.

U., John, *Shillington (Pa.) 18. März 1932, amerikan. Schriftsteller. – Gibt es einen gesellschaftskrit., z. T. satir. Romanen und Erzählungen eindringl. Schilderungen vom Alltagsleben des amerikan. Mittelstandes; bed. die „Rabbit"-Tetralogie „Hasenherz" (R., 1960), „Unter dem Astronautenmond" (R., 1971), „Bessere Verhältnisse" (R., 1981), „Rabbit in Ruhe" (R., 1990). – *Weitere Werke:* Der Zentaur (R., 1963), Der Coup (R., 1968), Die Hexen von Eastwick (R., 1984), Das Gottesprogramm (R., 1986).

Uperisation [Kw. aus **Ultra**pasteu**risation**], svw. ↑ Ultrahocherhitzung.

UPI [engl. ˈjuːpiːˈaɪ] ↑ Nachrichtenagenturen (Übersicht).

Upolu, eine der Hauptinseln des Staates ↑ Westsamoa, 1118 km², bis 1100 m hoch.

Upper Avon [engl. ˈʌpə ˈeɪvən, ˈʌpə ˈævən] ↑ Avon.

Uppercut [ˈʌpəkʌt; engl.], kurzer Aufwärtshaken beim Boxen.

Upper ten [engl. ˈʌpə ˈtɛn; kurz für: upper ten thousand], bildungssprachlich für: die oberen Zehntausend, Oberschicht.

Uppland, histor. Prov. in Schweden, an Bottn- und Ostsee, umfaßt das Verw.-Geb. Uppsala sowie Teile der Verw.-Geb. Västmanland und Stockholm. – Gehört seit dem frühen MA zum Kerngebiet des Kgr. Schweden.

Uppsala [ˈʊpsala, schwed. ˌʊpsɑːla], schwed. Stadt 60 km nnw. von Stockholm, 164 800 E. Hauptstadt des Verw.-Geb. U., Sitz des Erzbischofs der ev.-luth. Staatskirche; Univ. (gegr. 1477) mit berühmter Bibliothek, Landwirtschaftsuniv. (gegr. 1977), PH, Afrikainstitut; Museen (u. a. Upplands-Museum, Linné-Museum); graph. Betriebe, pharmazeut. und Nahrungsmittelindustrie. – Entstand im 12. Jh. als **Östra Aros;** 1130 Verlegung des Bistums Sigtuna nach **Gamla Uppsala** (**Alt-Uppsala;** etwa 5 km nördl. von Östra Aros), dem alten polit.-religiösen Zentrum des Reiches der Svear (im 6./7. Jh. Grabstätte der hier residierenden Ynglingarkönige); 1164 zum Erzbistum erhoben (seit 1531 luth.), dessen Sitz 1273 unter Beibehaltung des alten Namens nach Östra Aros verlegt wurde; erhielt 1314 Stadtrecht; Mitte des 16. Jh. bis ins 17. Jh. Residenz der schwed. Könige; 1643 planmäßig ausgebaut, 1707 durch Großbrand zerstört. – Got. Domkirche (1435 geweiht), Dreifaltigkeitskirche (z. T. 12. Jh.).

U., schwed. Verw.-Geb., 6 898 km², 264 700 E (1990), Hauptstadt Uppsala.

Upstallsboom (altfries. Obstallisbaem), urspr. bronzezeitl. Grabhügel bei Aurich (Ostfriesland), wo sich im 13./14., vielleicht schon im 12. Jh. die Vertreter der fries. Seelande zu Beratungen, Rechtsprechung und Landfriedenswahrung versammelten *(U.verband);* 1323 Erlaß umfassender Rechtssatzungen *(Leges Upstallsboomicae).* Der U. galt als Symbol fries. Freiheit.

up to date [engl. ˈʌp tə ˈdeɪt], auf dem neuesten Stand, zeitgemäß.

UPU [engl. ˈjuːpiːˈjuː], Abk. für engl.: **U**niversal **P**ostal **U**nion (↑Weltpostverein).

Ur, altoriental. Stadt in Sumer; der Ruinenhügel Tall Al Mukaijar im südl. Irak liegt heute rd. 15 km vom SW-Ufer des Euphrat entfernt. Ur war eine bed. Handelsstadt (Seehandel) und in frühdynast. Zeit (1. Dyn. von Ur um 2500) und v. a. unter der 3. Dyn. (etwa 2070–1950) polit. Zentrum von Sumer; Kult des Mondgottes Nanna (semit. Sin) und seiner Gemahlin Ningal. Engl. Ausgrabungen (bes. 1922–34 durch L. Woolley) fanden über der Kulturschicht des 5./4. Jh. (Ubaidkeramik) eine bis 4 m hohe Schlammschicht (4. Jt.); aus den Königsgräbern der frühdynast. Zeit wurden reiche Grabbeigaben (Schmuck, Musikinstrumente, Standarte) geborgen; charakterist. Einlegearbeiten. Aus der Zeit der 3. Dyn. stammen Reste vom Nanna-Heiligtum Ekischnugal und seiner dreistufigen Zikkurat (Tempelturm) Etemenniguru sowie von Palast- und Grabbauten.

Ur, svw. ↑Auerochse.

Urabi Pascha, Ahmad (Arabi Pascha), *Sakasik 1839, †Kairo 21. Sept. 1911, ägypt. Offizier und Politiker. –

Ur. Zikkurat Etemenniguru des Mondgottes Nanna, Ende des 3. Jt. v. Chr.

Führte 1881 eine Revolte gegen die türk. und europ. Vorherrschaft, erzwang die Einsetzung eines Parlaments und einer nationalist. Reg.; 1882 Kriegsmin.; 1882–1901 im Exil in Ceylon.

Urabstimmung, geheime Abstimmung von gewerkschaftlich organisierten Arbeitnehmern über Einleitung und Durchführung eines Streiks bzw. die Beendigung eines Arbeitskampfes. Meist ist eine Zustimmung von 75 % der betreffenden Arbeitnehmer erforderlich.

Urach, Stadt in Bad.-Württ., seit 1983 ↑ Bad Urach.

Uracil (2,4-Dihydroxypyrimidin), als Nukleinsäurebase ausschließlich in der ↑ RNS enthaltene Pyrimidinverbindung. U. bildet den Ausgangspunkt für den Pyrimidinabbau. Strukturformel:

Ural, über 2 000 km langes, größtenteils meridional verlaufendes Mittelgebirge zw. der Osteurop. Ebene und dem Westsibir. Tiefland, überwiegend in Rußland, S-Ausläufer in Kasachstan. Der nur bis rd. 150 km breite U. gilt als Grenze zw. Europa und Asien. Über die Rücken des Pachoiberglandes setzt sich der U. noch über weitere 1 200 km bis zum N-Ende der Doppelinsel Nowaja Semlja fort, nach S, jenseits des Flusses Ural, über weitere 200 km in den Mugodscharbergen. Der U. dacht sich nach W zur Osteurop. Ebene sanft, nach O zum Westsibir. Tiefland steil ab. Nur selten werden 1 500 m Höhe überschritten. Höchste Erhebung ist mit 1 895 m die Narodnaja. Polarural und Subpolarer U. haben Tundrenvegetation, Nördl. und Mittlerer U. liegen im Bereich der Taiga, der Südl. U. trägt in höheren Lagen Laubwald, sonst Waldsteppen-, im äußersten S Steppenvegetation. Im U. kommen Erze, Salze, Asbest sowie, in der westl. Vortiefe, Erdöl und -gas vor. Der Mittlere U. ist ein wichtiges Schwerind.gebiet Rußlands.

U., Grenzfluß zw. Europa und Asien, entspringt im Südl. Ural, mündet 25 km sw. von Gurjew in das Kasp. Meer, 2 428 km lang; schiffbar ab Uralsk, mehrfach gestaut.

uralische Sprachen, Oberbegriff für die ↑ finnougrischen Sprachen und die ↑ samojedischen Sprachen, deren nahe Verwandtschaft gesichert ist. Angenommen wird eine ural. Grundsprache, die einem ural. „Urvolk" zugeordnet wird, dessen Heimat (mit wechselnden Ansätzen zw. 4000 und 7000 v. Chr.) entweder in weiten Gebieten des nördl. europ. Rußland oder im nördl. Ural und Sibirien gesucht wird.

Uralsk, Geb.hauptstadt am Fluß Ural, Kasachstan, 200 000 E. Landw. Hochschule, PH, Theater; Nahrungsmittelind., Maschinenbau, Armaturenfabrik. – 1613–22 als befestigtes Städtchen der Uralkosaken gegr. **(Jaizkigorodok),** das sich 40 km vom heutigen U. entfernt befand; entstand nach Zerstörung durch die Tataren neu an der heutigen Stelle; 1775 Umbenennung in U.; seit 1868 Zentrum des Uralgebietes.

Urämie [griech.] (Harnvergiftung), stets mit akutem oder chron. Nierenversagen verbundene Anreicherung stickstoffhaltiger Stoffwechselabbauprodukte im Blut. Die U. bewirkt eine Erhöhung des Reststickstoffs, des Harnstoffs und des Kreatinins im Blut sowie eine zunehmende Übersäuerung in Blut und Gewebe. Symptome der U. sind u. a. quälender Durst, Erbrechen, Benommenheit bis zur Bewußtlosigkeit mit Krampfanfällen.

Uran [griech., nach dem im gleichen Jahrzehnt entdeckten Planeten Uranus], chem. Symbol U; radioaktives, metall. Element aus der Reihe der Actinoide des Periodensystems der chem. Elemente, Ordnungszahl 92, relative Atommasse 238,03, Dichte 18,95 g/cm³, Schmelzpunkt 1 132 °C, Siedepunkt 3 818 °C. An Isotopen sind U 227 bis U 240 bekannt, von denen U 238 mit $4{,}51 \cdot 10^9$ Jahren die längste Halbwertszeit hat; U 238 und U 235 sind die Anfangsglieder natürl. Zerfallsreihen. U. ist ein silberglänzendes, weiches Schwermetall, das von Säuren rasch, von Alkalien aber kaum angegriffen wird; mit Halogenen, Stick-

Uran. Uranerzbergbau in Gabun

stoff und Schwefel reagiert es z. T. schon bei Zimmertemperatur. Die wichtigste Sauerstoffverbindung ist das *U.dioxid,* UO_2, ein braunschwarzes Pulver, das mit U 235 angereichert zu Preßkörpern verarbeitet wird, die als Kernbrennstoff dienen. U. ist in sauren silicat. Gesteinen, daneben auch in Golderzen, Braunkohle und Ölschiefer enthalten. Wichtige Erze für die U.gewinnung sind ↑ Uranglimmer und ↑ Uranpecherz. Die Darstellung des reinen U. kann durch aluminotherm. Reduktion, durch Schmelzflußelektrolyse von U.oxid oder durch Elektrolyse von U.chloriden oder -fluoriden erfolgen. Übl. Verfahren zur Anreicherung des Isotops U 235 sind die Gasdiffusion, das ↑ Trenndüsenverfahren und das Zentrifugieren in einer ↑ Gaszentrifuge. Mit U 235 angereichertes U. wird in Kernreaktoren als Kernbrennstoff und Brutstoff sowie zur Herstellung von Kernwaffen verwendet. Die größten U.vorkommen besitzen die USA, Rußland, Schweden, Südafrika und Kanada. In Deutschland gibt es nur geringe Vorkommen im Schwarzwald, im W-Erzgebirge und in O-Thüringen (↑ Wismut AG). – U. wurde 1789 von M. H. Klaproth im Uranpecherz entdeckt.

Uranglas, svw. ↑ Uranylglas.

Uranglimmer, Mineralgruppe, wasserhaltige Uranylphosphate, -arsenate und -vanadate; bilden dünntafelige, zitronengelbe oder grünl., blättrig-glimmerige Kristalle, die meist tetragonal sind. Varietäten sind z. B. ↑ Autunit und ↑ Carnotit.

Urangst, psychoanalyt. Begriff zur Bez. der ursprünglichsten Angst, die (nach S. Freud) bei der Geburt durch die Trennung von der Mutter entsteht.

Urania, eine der ↑ Musen.

Uraninit [griech.] ↑ Uranpecherz.

uranisch, svw. himmlisch, auf den Himmel bezogen.

Uranismus [griech.], fachsprachl. Bez. für männl. ↑ Homosexualität.

Uranos, in der griech. Mythologie Begriff und Personifikation des „Himmels", eines der göttl. Ursprungsprinzipien, aus dessen Verbindung mit Gäa („Erde") die Zyklopen, Titanen und Hekatoncheiren hervorgehen. Letztere läßt U. nicht aus dem Schoß der Erde ans Licht, wofür er von Kronos entmannt und gestürzt wird.

Uranpecherz, stark radioaktives, meist in Form kryptokristalliner bis kolloidaler, nierig-traubiger, schwarzer bis pechglänzender Massen *(Pechblende, Uranpech, Nasturan),* seltener in würfeligen oder oktaedr., schwarz glänzenden Kristallen *(Uraninit)* oder in pulverigen, schwarzen Massen *(Uranschwärze)* auftretendes Mineral, das v. a. aus Urandioxid, UO_2, besteht. U. kommt v. a. in hydrothermalen, pegmat. und sedimentären Lagerstätten vor; bes. in N-Australien, Kanada, Südafrika, den USA und Zaire. Mohshärte 5–6; Dichte 10,3–10,6 g/cm³.

Uranus

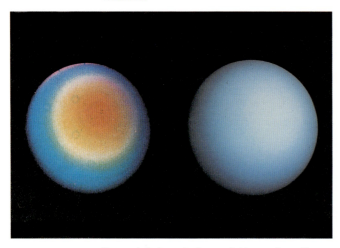

Uranus. Aufnahmen der Raumsonde Voyager 2 vom Planeten Uranus aus 9 Mill. km Entfernung beim Vorbeiflug im Januar 1986. Links: Falschfarbenbild. Rechts: Echtfarbenbild

Uräusschlange als altägyptisches Herrschersymbol, Wandmalerei in einem Grab in Theben

Papst Urban VIII.

Uranus [griech., nach Uranos], astronom. Zeichen ♅, von der Sonne aus gerechnet siebter Planet des Sonnensystems, der 1781 von F. W. Herschel entdeckt wurde. Er unterscheidet sich durch die Lage seiner Rotationsachse, die fast genau in seiner Bahnebene liegt, von allen anderen Planeten. Detaillierte Daten über U. lieferte die Raumsonde Voyager 2, die den Planeten im Jan. 1986 in 93 000 km Abstand passierte; Äquatordurchmesser 52 400 km; die Masse entspricht 14,56 Erdmassen; Dichte 1,27 g/cm³; sider. Umlaufzeit 84,67 Jahre. Die U.-Atmosphäre, deren mittlere Temperatur bei $-215\,°C$ liegt, besteht v. a. aus Wasserstoff und Helium, ferner treten Wolken von Methan und Ammoniak auf. U. besitzt ein schwach ausgebildetes Ringsystem und 15 Monde (u. a. Miranda, Ariel, Umbriel, Titania und Oberon).

Uranylglas (Uranglas), bei Bestrahlung mit UV-Licht fluoreszierendes Glas; die Fluoreszenz wird durch Uranylsalze bewirkt.

Uranylsalze, durch Umsetzen von Urantrioxid (Uran(VI)-oxid), UO_3, mit Säuren erhaltene Salze, die das Uranylkation, $(UO_2)^{2+}$, enthalten.

Urartäer (fälschlich Chalder, Chaldäer), die Bewohner des Reiches von **Urartu**, dessen Zentrum sich im armen. Hochland (zw. Vansee, Urmiasee, Sewansee) befand (Residenz Tuschpa [= Van]). Im 9./8. Jh. dehnten die U. ihr Reich bis nach N-Syrien und in den W-Iran aus und waren zeitweise gefährl. Gegner Assyriens. 609 erlag ihr Reich den Kimmeriern. Von der Religion der U. sind uns die Namen der Hauptgötter Chaldi, Teischeba und Schwini bekannt. – Erhalten sind umfangreiche Terrassen- und Kanalbauten. Der Steinbau (mehrstöckige Quaderbauten) war hoch entwickelt, auch die Metallkunst, insbes. Bronzeschmuck und -beschläge an Gerät und Möbeln (assyr. Einflüsse); in den Elfenbeinplastiken syr.-phönik. Einflüsse.

Urartäisch, Sprache der Urartäer; das auf Felseninschriften des 9. bis 7. Jh. in neuassyr. Keilschrift überlieferte U. ist eine mit den Churritischen, vielleicht auch mit ostkaukas. Sprachen verwandte Sprache agglutinierenden Typs.

Urartu, das Reich der ↑ Urartäer. Aus dem Namen U. entstand durch falsche Vokalisierung der Bergname Ararat.

Urate [griech.], die Salze der Harnsäure.

Uratmosphäre, Bez. für die im Frühstadium der Erdentwicklung vor etwa 4,5 bis 3,5 Mrd. Jahren vorhandene, vermutlich anfangs sehr dichte Atmosphäre, die sich in ihrer Zusammensetzung wesentlich von der heutigen unterschied. Man nimmt an, daß sich die U. bei der Abkühlung der Erde durch Freiwerden gasförmiger Substanzen aus dem Erdinneren gebildet hat und v. a. Wasserstoff sowie einfache Kohlenstoff-, Stickstoff-, Sauerstoff- und Schwefelverbindungen (wie Methan, Kohlenmonoxid, Ammoniak, Wasserdampf und Schwefelwasserstoff) enthielt; ferner vermutet man, daß sich in dieser reduzierend wirkenden Atmosphäre durch Energiezufuhr (insbes. durch die UV-Strahlung der Sonne und durch elektr. Entladungen) erste organ. Moleküle gebildet haben. Die Zusammensetzung der U. veränderte sich im Laufe der Zeit zunächst dadurch, daß der Wasserstoff allmählich in den Weltraum entwich; später setzte zuerst durch die Photolyse des Wassers, dann auch durch die photosynthet. Prozesse der Pflanzen eine Anreicherung an Sauerstoff ein, so daß allmählich die heutige, oxidierend wirkende Atmosphäre entstand.

Uraufführung, erste, öff. Aufführung eines musikal. oder dramat. Bühnenwerkes oder Films, im Unterschied zu der **Erstaufführung** eines bereits uraufgeführten Werks.

Uräusschlange [griech./dt.] (Naja haje), bis 2 m lange Kobra in Trockengebieten von N- bis SO-Afrika sowie auf der Arab. Halbinsel; einfarbig hellbraun bis fast schwarz, ohne Brillenzeichnung in der Nackenregion; wird oft von Schlangenbeschwörern zur Schau gestellt; Giftwirkung für den Menschen sehr gefährlich. – In der *altägypt. Kunst* Herrschersymbol.

Urawa, jap. Stadt auf Honshū, 401 000 E. Verwaltungssitz der Präfektur Saitama; kath. Bischofssitz, private Univ.; Pendlerwohngemeinde von Tokio; Textilindustrie.

Urbain, Georges [frz. yr'bɛ̃], * Paris 12. April 1872, † ebd. 5. Nov. 1938, frz. Chemiker. – Prof. an der Sorbonne; arbeitete u. a. über Magnetismus, Phosphoreszenz, Spektroskopie sowie insbes. über seltene Erden; entdeckte unabhängig von C. Auer von Welsbach 1907 das Lutetium, gewann 1935 metall. Gadolinium.

urban [zu lat. urbanus „städtisch"], weltgewandt und gebildet; charakteristisch für die Stadt.

Urban, Name vom Päpsten:

U. II., sel., * bei Châtillon-sur-Marne (?) um 1035, † 29. Juli 1099, vorher Oddo von Châtillon (oder Lagery), Papst (seit 12. März 1088). – Prior in Cluny, 1084/85 Legat Gregors VII. in Deutschland. Im Investiturstreit konnte U. das kaiserl. Schisma weitgehend überwinden und das gregorian. Reformpapsttum einem neuen Höhepunkt zuführen. Auf der Synode von Clermont (1095) rief U. zum (ersten) Kreuzzug auf.

U. VI., * Neapel um 1318, † Rom 15. Okt. 1389, vorher Bartolomeo Prignano, Papst (?) (seit 8. April 1378). – Überwarf sich mit den (v. a. frz.) Kardinälen, von denen 13 in einem Manifest seine Wahl für ungültig erklärten. Mit der Wahl Klemens' VII. (20. Sept. 1378) zum Papst begann das große ↑ Abendländische Schisma.

U. VIII., * Florenz 1568, † Rom 29. Juli 1644, vorher Maffeo Barberini, Papst (seit 6. Aug. 1623). – Dichter, Humanist, Förderer der Künste und Wissenschaften; weihte 1626 die Peterskirche; unterstützte im Dreißigjährigen Krieg das mit Schweden verbündete Frankreich gegen (das kath.) Habsburg und damit indirekt die prot. Partei; bekämpfte den Jansenismus und verurteilte 1633 G. Galilei.

Urbanisation [zu lat. urbs „Stadt"], 1. städtebaul. Erschließung; 2. durch städtebaul. Erschließung entstandene moderne Stadtsiedlung (zur Nutzung durch Tourismus oder Ind.); 3. (Urbanisierung, Verstädterung) der Prozeß zunehmender Bev.verdichtung in städt. Gebieten (bei entsprechendem Rückgang der Bev. in ländl. Bereichen). Die U. ist eine Folge der Industrialisierung; die Konzentration von industriellen Produktionsstätten, von Handel und Gewerbe in den Städten begünstigt sowohl den Zuzug aus dem ländl. Umland als auch eine Ausdehnung städt. Kultur und Lebensformen (Urbanität) in ländl. Bereiche (Pendler).

Urbanistinnen ↑ Klarissen.

Urban & Schwarzenberg ↑ Verlage (Übersicht).

Urbantu, hypothet. Ursprache der Bantu, die durch einen exakten lautl. Vergleich moderner Bantusprachen ermittelt worden ist. Als Begründer der histor.-vergleichenden Forschung der Bantusprachen gilt C. ↑ Meinhof. Der brit. Afrikanist M. Guthrie (* 1903, † 1972) revidierte und erweiterte Meinhofs U. und nannte es *Protobantu*.

Urbar (lat. Urbarium), ma. Güter- und Abgabenverzeichnis großer Grundherrschaften, mit Verzeichnis von Abgaben und Diensten sowie der Inhaber der Ländereien.

Urbarmachung, die Umwandlung von im Naturzustand befindl. Ländereien, d. h. mit Urvegetation, in land- oder forstwirtsch. nutzbares Kulturland.

urbi et orbi [lat.], „der Stadt (Rom) und dem Erdkreis" (Bez. für den Segen, den der Papst v. a. zu Weihnachten und Ostern von der Loggia der Peterskirche aus der ganzen Welt spendet).

Urbild, in der *Biologie* ↑Typus.
▷ in der *Mathematik* das Objekt einer ↑Abbildung, z. B. U.punkt.
▷ in der *Psychologie* svw. ↑Archetypus.

Urbino, italien. Stadt in den Marken, 485 m ü. d. M., 16 000 E. Kath. Erzbischofssitz; Univ. (gegr. 1506), Kunsthochschule; Galleria Nazionale delle Marche (v. a. Gemäldesammlung). – In der Antike **Urbinum Metaurense,** Bischofssitz seit dem 6. Jh. bezeugt (1563 zum Erzbistum erhoben), fiel 756 durch die Pippinsche Schenkung an den Papst; wurde ab 1213, unter päpstl. Lehnshoheit und 1443/74 zum Hzgt. erhoben, Mittelpunkt eines blühenden Staatswesens; 1631 direkt dem Kirchenstaat unterstellt. – Palazzo Ducale (1444 ff.); Dom (1474–1534; 1789 wiederaufgebaut); got. Kirche San Domenico (1362–65), Oratorio di San Giovanni Battista mit got. Fresken (1416); Geburtshaus Raffaels; Teatro Sanzio (19. Jh.).

Urbs vetus ↑Orvieto.

Urchristentum (Urkirche), zusammenfassende Bez. für die ersten Christengemeinden, die seit dem Tod Jesu (etwa im Jahre 30) zunächst in Jerusalem bzw. Palästina, bald aber auch im angrenzenden syr. Raum und in zahlr. Städten v. a. Kleinasiens und Griechenlands bis hin nach Rom entstanden sind. Die *zeitl.* Grenze zum Beginn der folgenden sog. *altkirchl.* Epoche ist unbestimmt (um 110). – Obwohl das U. weder in Lehre und Ethik noch in Gemeindekonzeption und -struktur oder gottesdienstl. Praxis einheitlich war, sind in den urchristl. Gemeinden doch die für die spätere Kirche konstitutiven Prozesse in Gang gesetzt worden: 1. Mit dem Bekenntnis zur alleinigen Heilsmittlerschaft Jesu wurden die bisher im Judentum exklusiv geltenden Instanzen (Gesetz und Propheten, Tempel, Beschneidung) aufgehoben, die Trennung von der jüd. Tempelgemeinde, die Öffnung der Mission und die Gründung einer weltweiten Kirche aus Christen jüd. Herkunft **(Judaisten, Judenchristen)** und Christen heidn. Herkunft **(Heidenchristen)** vollzogen. Dieser Schritt geschah nicht ohne heftige Auseinandersetzungen (↑Apostekdekret). 2. Die dazu unbedingt notwendige Übernahme der griech. Sprache (Koine) und des hellenist. Denkens. 3. Die Hellenisierung der Theologie führte zu radikalen Transformationen: Aus dem judenchristlich erhofften Heil für die menschl. *Geschichte* („Reich Gottes") wurde eine Heilung der menschl. *Natur* („Vergöttlichung"). 4. Die Entwicklung des Christentums zu einer „Schriftreligion" begann (Anfänge der Entstehung des N. T.). 5. Die zentralen gottesdienstl. Formen, u. a. Taufe und Eucharistiefeier, wurden ausgebildet. 6. Die Erwartung des baldigen Eintretens von Weltende und Wiederkunft Christi (endzeitl. Naherwartung) trat zurück. 7. Es wurde eine Reihe von Funktionen geschaffen, die v. a. den damaligen Erfordernissen der *Mission* (Apostolat), des *inneren Aufbaus* (Gemeindeunterweisung) und *sozialen Zwecken* (Diakonat) dienten. Später wurden *Ämter* erforderlich, die die Kontinuität und Stabilität der Gemeinden auf lange Sicht gewährleisten konnten (Gemeindeleitung).

Urd ↑Nornen.

Urdarm (Archenteron), der die *U.höhle* (Gastrozöl) umschließende Entodermanteil der ↑Gastrula, mit dem Urmund als Mündung nach außen. Der U. stellt die erste Anlage des späteren Darmtrakts bei den Vielzellern dar.

Ürdinger Linie, nördlichste Linie des ↑rheinischen Fächers, die durch den Krefelder Stadtteil Uerdingen verläuft und bis zu der in der zweiten Lautverschiebung -*k* zu -*ch* (*ik* zu *ich*) verschoben wurde.

Urdu, zu den indoar. Sprachen gehörende offizielle Staatssprache Pakistans mit über 8 Mill. Sprechern in Pakistan und etwa 42 Mill. in Indien. Das U. ist in der Grammatik mit dem Hindi identisch, sein Wortschatz wird von arab.-pers. Lehnwörtern beherrscht. U. wird in einer Variante der arab. Schrift geschrieben; seine Abgrenzung zum ↑Hindustani wird fließend. – ↑indische Sprachen.

Urdu-Literatur ↑indische Literaturen.

Urease [griech.], Enzym, das Harnstoff in Kohlendioxid und Ammoniak spaltet; kommt bes. in Pflanzensamen und Pilzen sowie in Bakterien, Krebsen und marinen Muscheln vor.

Urbino. In der Bildmitte der 1444 begonnene Palazzo Ducale, davor das Teatro Sanzio, 19. Jh., links Turm und Kuppel des Doms

Ureide [griech.] (N-Acylharnstoffe), Verbindungen des Harnstoffs mit organischen Säuren, allgemeine Formel: $H_2N-CO-NH-CO-R$ (R Acylrest); wichtig sind die mit Dicarbonsäuren erhaltenen cycl. U., zu denen die Derivate der ↑Barbitursäure gehören.

ureotelisch [griech.], Harnstoff als hauptsächl. Endprodukt des Eiweißstoffwechsels im Urin ausscheidend; von Tieren gesagt; u. sind z. B. Haie, terrestr. Lurche, einige Schildkröten und alle Säuger.

Urese [griech.], svw. Harnentleerung (↑Harn).

Ureter [griech.], svw. ↑Harnleiter.

Urethane [Kw.], die Ester der Carbaminsäure, auch *Carbamate* gen., allg. Formel: $H_2N-CO-OR$; Bedeutung als Schlaf- und Beruhigungsmittel sowie als Schädlingsbekämpfungsmittel. – ↑Polyurethane.

Urethra [griech.], svw. ↑Harnröhre.

Urethritis [griech.], svw. ↑Harnröhrenentzündung.

Urethroskop [griech.] ↑Endoskope.

Urey, Harold Clayton [engl. ˈjʊərɪ], *Walkerton (Ind.) 29. April 1893, †La Jolla (Calif.) 6. Jan. 1981, amerikan. Chemiker. – Prof. in New York, Chicago und San Diego. U. arbeitete v. a. über Spektren und Molekülstruktur, über das Frühstadium der Planeten und die Uratmosphäre sowie über die Isotopentrennung. Für seine Entdeckung des Wasserstoffisotops Deuterium (1931) erhielt er 1934 den Nobelpreis für Chemie.

Urfa, türk. Stadt in SO-Anatolien, 540 m ü. d. M., 195 000 E. Hauptstadt der Prov. U.; Fleisch-, Tabakverarbeitung, Landmaschinenwerk. – Bereits in altoriental. Zeit bed. Stadt; 333 v. Chr. von Alexander d. Gr. eingenommen (griech. **Orrhoe,** ab 304 v. Chr. **Edessa** nach der makedon. Hauptstadt); 132 v. Chr. bis 216 n. Chr. Hauptstadt des Reiches der Abgariden; im ausgehenden 2. Jh. wichtiges Zentrum des Christentums (↑Edessa); nach byzantin., zeitweise pers. Herrschaft 637 von den Arabern erobert **(Ar Ruha);** 1031 von Byzanz zurückerobert; 1098–1144/45 Zentrum eines Kreuzfahrerstaates; seit 1637 zum Osman.

Harold Clayton Urey

Urfarne

Reich. – Reste einer Festung aus der Kreuzfahrerzeit (12. Jh.) mit 2 Säulen eines ehem. Baaltempels. Unterhalb der sog. Teich Abrahams mit hl. Karpfen; Moscheen.

Urfarne (Psilophytopsida, Psilophytatae), im Devon verbreitete Klasse der Farnpflanzen mit der einzigen Ordnung ↑ Nacktfarne. Die gabelig verzweigten, blatt- und wurzellosen U. sind die ältesten Landpflanzen.

Urfaust, älteste erhaltene Fassung von Goethes „Faust" (↑ Faust, Johannes).

Urfé, Honoré d' [frz. yr'fe], Marseille 11. Febr. 1568 (1567?), † Villefranche (Alpes-Maritimes) 1. Juni 1625, frz. Dichter. – Sein umfangreicher Schäferroman „L'Astrée" (1607–27) bildet den Höhepunkt der frz. Schäferdichtung.

Honoré d'Urfé
(Kupferstich nach einem zeitgenössischen Gemälde von Anthonis van Dyck)

Urflügler (Urflüglerinsekten), Sammelbez. für einige ausgestorbene, vom Oberdevon bis Perm bekannte Ordnungen etwa 5–10 (maximal 40) cm langer, maximal 50 cm spannender Insekten; libellenähnl., schwerfällig fliegende Tiere mit starren, nicht zusammenlegbaren Flügeln und entweder einem Saugrüssel oder einem kurzen Stechrüssel. – Die U. waren wahrscheinlich nicht die direkten Vorfahren der heutigen Insekten, sondern bildeten einen frühen Seitenzweig.

Urflut, andere Bez. für Sintflut.

Urfrösche (Leiopelmatidae), ursprünglichste Fam. der Froschlurche mit nur 4 bekannten, bis 5 cm langen Arten, davon 3 in Neuseeland und eine im nw. N-Amerika (*Schwanzfrosch,* Ascaphus truei).

Urfttalsperre ↑ Stauseen (Übersicht).

Urgemeinde, Bez. für die aus Judenchristen (↑ Urchristentum) bestehende Gemeinde von Jerusalem als die älteste Kirche. Sie löste sich in den Jahren 64–66 auf.

Urgentsch [ur'gjɛntʃ], Hauptstadt des Geb. Choresm in Usbekistan, am unteren Amudarja, 128 000 E. PH, Theater; Naturseidenverarbeitung, Baumwollentkörnung, Weinkellerei.

Urgeschichte, ältester Abschnitt der Menschheitsgeschichte; seit den 1920er Jahren vielfach statt Vorgeschichte oder für deren ältere Abschnitte (Paläo- und Mesolithikum) verwendet.

Urgeschlechtszellen (Urkeimzellen, Urgenitalzellen), im tier. und menschl. Organismus vorhandene Ursprungszellen für die Entwicklung der Keimzellen.

Urheberrecht, in subjektiver Hinsicht das dem Urheber *(Autor, Verfasser)* eines Werkes der Literatur, Wiss. oder Kunst zustehende, gegen jedermann wirkende Recht an seiner geistigen Schöpfung; in objektivem Sinn das v. a. im Gesetz über U. und verwandte Schutzrechte (U.gesetz) von 1965 geregelte Sonderrecht, das die den U.schutz betreffenden Bestimmungen zusammenfaßt (das U.gesetz ist lt. Einigungsvertrag in den neuen Bundesländern auch auf vor dem Beitritt geschaffene Werke anzuwenden).

Von bes. Bed. ist der **internationale Urheberrechtsschutz.** Das Fundament bildet die 1886 abgeschlossene ↑ Berner Übereinkunft, die für die BR Deutschland seit 1966 in Kraft ist. Da der Berner Union große Kulturnationen fernblieben, kam 1952 auf Betreiben der UNESCO das umfassendere *Welturheberrechtsabkommen* zustande, dem auch die USA und die Sowjetunion beitraten (in der BR Deutschland seit 1974 in Kraft). Ziel dieser Abkommen ist es, dem Urheber, der einem der Mitgliedsstaaten angehört, in allen anderen Mitgliedsländern den gleichen U.schutz zu sichern wie deren eigenen Staatsangehörigen (Prinzip der Inländerbehandlung). Eine internat. wichtige Sonderregelung enthält das ↑ Copyright in den USA.

Zu den geschützten Werken gehören v. a. die sog. *Sprachwerke.* Dieser Begriff umfaßt literar. und wiss. Schriftwerke, ferner Reden, Vorträge, Interviews. Der U.schutz erstreckt sich auch auf Computerprogramme, Zeichnungen, Pläne, Karten, Tab. und plast. Darstellungen. Geschützt sind ebenso die Werke der Musik, der Pantomime, der Tanzkunst (Choreographie), der bildenden Kunst, der Baukunst, des Kunstgewerbes (Modeschöpfungen). Selbständig geschützte Werke sind auch Photographien und sonstige Lichtbildwerke sowie Film- und Fernsehwerke. Voraussetzung des Schutzes ist in allen Fällen, daß eine selbständige geistige Schöpfung vorliegt, die auch in der Bearbeitung eines fremden Werkes (z. B. Übersetzung) bestehen kann. Ein dem U. verwandtes Schutzrecht, den ↑ Leistungsschutz, genießen ausübende Künstler, auch Theater- und Konzertveranstalter, Schallplatten- und Tonbandhersteller. – Der Schutz des *geistigen Eigentums* (Eigentum an den eigenen geistigen Schöpfungen) sichert die ideellen und materiellen Interessen des Urhebers. Zu den ideellen Interessen gehört der Anspruch des Urhebers auf allg. Anerkennung seiner Urheberschaft am Werk sowie das sog. *Veröffentlichungsrecht,* wonach er allein darüber bestimmt, ob, wann und in welcher Form sein Werk der Öffentlichkeit zugänglich gemacht wird. Im Mittelpunkt der materiellen Interessen des Urhebers steht sein alleiniges *Verwertungsrecht* am Werk in Form der Vervielfältigung, Verbreitung und Ausstellung. Vervielfältigung ist auch die Übertragung des Werkes auf Bild- oder Tonträger (Tonbänder, Kassetten). Das Recht der öff. Wiedergabe des Werkes umfaßt neben dem Senderecht insbes. das Aufführungs- und Vorführungsrecht sowie die Wiedergabe durch Bild- und Tonträger (Verfilmungsrecht). Das Verwertungsrecht des Autors erstreckt sich auch auf Bearbeitungen oder Umgestaltungen des Werkes (z. B. Übersetzungen, Verfilmungen). Von der Bearbeitung zu unterscheiden ist die ↑ freie Benutzung.

Dem Urheber verbleibt, auch wenn er das Original aus der Hand gibt, stets das Recht des Zugangs zum Original. Der bildende Künstler besitzt außerdem das sog. ↑ Folgerecht. Dem Folgerecht des bildenden Künstlers entspricht die sog. *„Bestsellerklausel",* wonach ein Autor vom Verleger seines Werkes nachträglich eine angemessene Beteiligung am Ertrag des Werkes verlangen kann, wenn das urspr. vereinbarte Honorar in grobem Mißverhältnis zum tatsächl. Ertrag steht. Der Autor überläßt i. d. R. dem Verleger durch den Verlagsvertrag sein Werk gegen ein zu vereinbarendes Honorar zur Vervielfältigung und Verbreitung. Will er nur ein begrenztes Werknutzungsrecht überlassen, so räumt er ihm statt der umfassenden Verlagsrechts eine begrenzte Nutzungserlaubnis, die sog. *Lizenz,* ein. Weiterhin sind bei der Verwertung von Urheberrechten v. a. die sog. ↑ Verwertungsgesellschaften tätig.

Das U. erlischt nach dem Ablauf einer Schutzdauer von 70 Jahren (ab Tod des Urhebers), eine verkürzte Schutzdauer von 25 Jahren (ab Erscheinen) gilt u. a. für Werke der Photographie und für das Leistungsschutzrecht des ausübenden Künstlers. Das U. als solches ist nicht übertragbar, seine Vererbung ist aber unbeschränkt möglich. – Das Ausschließlichkeitsrecht des Urhebers ist im Interesse der allg. *Informationsfreiheit* eingeschränkt. Bei öff. Reden und Vorträgen, insbes. im Parlament, besteht weitgehend Wiedergabefreiheit. Auch sind u. a. Presse, Film und Funk bei der Bild- und Tonberichterstattung über Tagesereignisse von einer Rücksichtnahme auf etwaige U. befreit. – Dem Interesse der Wiss. trägt das Prinzip der *Zitierfreiheit* Rechnung. Bei allen Zitaten ist stets eine deutl. Quellenangabe erforderlich. Das Ausschließlichkeitsrecht des Urhebers muß dem Interesse der Allgemeinheit auch bei der Anfertigung von Photokopien und bei der sog. Tonbandüberspielung weichen, sofern derartige Entnahmen nur zum eigenen bzw. persönl. Gebrauch erfolgen. – Die Rechte des Urhebers sind durch einen umfassenden zivil- (gemäß § 823 BGB Ansprüche auf Unterlassung, Beseitigung und Schadensersatz) und strafrechtl. (§§ 106–111 U.gesetz) Schutz gesichert. Zusätzlich gewährt das U. Ansprüche auf Auskunfterteilung und Rechnungslegung sowie auf Vernichtung widerrechtlich hergestellter Vervielfältigungsstücke und der dazu benutzten Herstellungseinrichtungen.

Urhuftiere (Protungulata), seit der Oberkreide bekannte, mit Ausnahme des Erdferkels ausgestorbene Überordnung kleiner bis sehr großer Säugetiere, deren Zehenendglieder bei primitiven Formen bekrallt waren, bei höherentwickelten Tieren dagegen hufähnl. Bildungen aufwiesen. Vom Paläozän bis zum Oligozän lebten die *Condylarthra,* primitive, kurzbeinige, raubtierähnl. Tiere, aus denen sich aus zwei Seitenzweigen die ↑ Unpaarhufer und ↑ Paarhufer entwickelt haben.

Uri, zentralschweizer. Kt., 1 076 km², 33 600 E (1990), Hauptort Altdorf (UR). U. umfaßt im wesentlichen das Flußgebiet der Reuß vom Urserental bis zum Urner See. Seit dem 12./13. Jh. ist der Durchgangsverkehr auf der Gotthardroute eine wichtige wirtsch. Basis des Kantons. Die Landw. ist auf Viehhaltung ausgerichtet; Ind. findet sich fast ausschließlich im Raum Altdorf (UR); bed. Fremdenverkehr.
Geschichte: 853 von König Ludwig (II.), dem Deutschen, dem Kloster Fraumünster in Zürich geschenkt. Seine überragende Bed. gewann das Gebirgstal durch die Erschließung des Passes über den Sankt Gotthard (vor 1230). 1231 reichsfrei; 1291 schlossen sich U., Schwyz und Unterwalden im Bund der Urkantone zusammen. Die Reformation konnte in U. nicht Fuß fassen. 1798 wurde U. dem Kt. Waldstätten zugeteilt, entstand aber 1803 neu. Nahm am kath. Sonderbund (1845–47) teil. 1928 wurde die ↑Landsgemeinde durch Urnenabstimmungen ersetzt.
Verfassung: Nach der Verfassung vom 6. Mai 1888 liegt die *Exekutive* in der vom Volk auf 4 Jahre gewählten Regierungsrat (7 Mgl.). Die *Legislative* bilden der vom Volk auf 4 Jahre gewählte Landrat (64 Mgl.) und das Volk selbst. Frauenstimm- und Wahlrecht seit 1971.

Uri. Alter Streckenabschnitt des Sankt-Gotthard-Passes und Teufelsbrücke über die Schöllenen, dahinter die neue Brücke der Gotthardautobahn

Uria (Urija, Urias), ein Heerführer König Davids, Gatte der von David verführten Bathseba, den David mit der schriftl. Anweisung an den Feldherrn Joab schickte, den Überbringer des Briefes im Gefecht an exponierter Stelle einzusetzen, so daß er umkomme (2. Sam. 11); danach **Uriasbrief,** ein für den Überbringer unheilvolles Schreiben.
Uriel [...i-ɛl], häufiger Engelname der jüd.-christl. Tradition.
urikotelisch [griech.], Harnsäure als hauptsächl. Endprodukt des Eiweißstoffwechsels ausscheidend; von Tieren gesagt; Insekten, Tausendfüßer, Eidechsen, Schlangen und Vögel sind urikotelisch.
Urin [lat.], svw. ↑Harn.
Urinsekten (Flügellose Insekten, Apterygoten, Apterygota), zusammenfassende Bez. für die ursprünglichsten und ältesten Ordnungen primär flügelloser, in ihrer Individualentwicklung kein bes. Larvenstadium durchlaufender Insekten: Doppelschwänze, Beintastler, Springschwänze, Borstenschwänze.

Uris, Leon [Marcus] [engl. ˈjʊərɪs], *Baltimore 3. Aug. 1924, amerikan. Schriftsteller. – Verf. zeitgeschichtl. polit. Romane; bes. bekannt ist der mit Elementen der Reportage versehene Roman „Exodus" (1958), der die Entstehung des Staates Israel schildert.
Urkantone, die 3 ersten Kantone der Schweizer. Eidgenossenschaft (Schwyz, Uri und Unterwalden), die 1291 den „Ewigen Bund" schlossen.
Urkeimzellen, svw. ↑Urgeschlechtszellen.
Urkilogramm, das Normal (↑Normale) der Masseneinheit Kilogramm, das beim Bureau International des Poids et Mesures in Sèvres bei Paris aufbewahrt wird: Ein Zylinder aus Platin-Iridium von etwa 39 mm Durchmesser und 39 mm Höhe. – ↑Meterkonvention.
Urkirche, svw. ↑Urchristentum.
Urknall (Big Bang) ↑Kosmologie.
Urkommunismus (Urgesellschaft), in der Theorie des histor. Materialismus früheste Gesellschaftsformation, die kein Privateigentum, keine Ausbeutung, keine Klassen, keinen Staat sowie keine Mehrwertproduktion kannte und sich vom Kommunismus durch die Tatsache unterscheidet, daß in ihr noch keine Notwendigkeit zu gesellschaftlich organisierter Arbeit bestand; unterteilt in die Periode des *Matriarchats* mit Abstammungszählung in weibl. Linie und mütterl. Erbrecht und die des *Patriarchats* mit männl. Abstammungszählung und väterl. Erbrecht.
Urkunde, 1. im *Zivilrecht* jede in Schriftform verkörperte Gedankenerklärung. *Öff. U.* ist die von einer öff. Behörde innerhalb ihrer Amtsbefugnisse oder von einer mit öff. Glauben versehenen Person (z. B. Gerichtsvollzieher, Notar) innerhalb des ihr zugewiesenen Geschäftskreises in der vorgeschriebenen Form aufgenommene U. Sie begr. vollen Beweis des durch die Behörde oder die Urkundsperson beurkundeten Vorgangs (formelle Beweiskraft, § 415 ZPO). *Privat-U.* ist jede nicht öff. U.; ist sie vom Aussteller unterschrieben, so begr. sie vollen Beweis dafür, daß die in ihr enthaltene Erklärung vom Aussteller abgegeben ist. *Vollstreckbare U.* ist die von einem Gericht oder Notar aufgenommene U. über bestimmte Ansprüche (solche, die im Urkundenprozeß geltend gemacht werden können), wegen derer sich der Schuldner der sofortigen Zwangsvollstreckung unterworfen hat. *Unechte U.* ist eine U., die den Anschein erweckt, von einer anderen Person als dem wirkl. Aussteller herzurühren. U. sind Beweismittel im Sinne der ZPO. Beim **Urkundenbeweis** wird der Beweis durch *echte U.,* d. h. solche, die von demjenigen herrühren, den der Beweisführer als Aussteller benennt, geführt. Im **Urkundenprozeß,** ein beschleunigtes summar. Zivilverfahren, wird ein Anspruch geltend gemacht, der die Zahlung einer bestimmten Geldsumme oder die Leistung einer bestimmten Menge anderer vertretbarer Sachen oder Wertpapiere zum Gegenstand hat. Die zur Begründung des Anspruchs erforderl. Tatsachen müssen durch U. bewiesen werden können.
2. Im *Strafrecht* ist U. eine verkörperte Gedankenerklärung, die allg. oder für Eingeweihte verständlich ist, den Aussteller erkennen läßt und zum Beweis einer rechtlich erhebl. Tatsache geeignet und bestimmt ist (z. B. der Grenzstein, das amtl. Kfz-Kennzeichen). Wer eine unechte U. herstellt, eine echte U. verfälscht oder eine unechte oder verfälschte U. zur Täuschung im Rechtsverkehr gebraucht, wird wegen **Urkundenfälschung** mit Freiheitsstrafe bis zu 5 Jahren oder mit Geldstrafe bestraft (§ 267 StGB). Die **Wertzeichenfälschung** (Fälschung amtl. Wertzeichen, die keine U., sondern bloße Zahlungsmittel sind, z. B. Briefmarken) unterliegt der gleichen Strafdrohung nach § 148 StGB.
Im *östr.* und *schweizer.* Recht gilt im wesentlichen dem dt. Recht Entsprechendes.
▷ (lat. instrumentum, privilegium; mittelhochdt. brief, handveste) in der *U.lehre* ein schriftlich unter Beachtung bestimmter Formen angefertigtes Zeugnis rechtl. Natur; für die Geschichtswiss., bes. für die Mediävistik, eine grundlegende Quellengattung, da die Rechtsstellung des einzelnen und der Institution im MA kaum durch allgemein bindende Gesetze, sondern vielmehr durch individuelles Privilegien-

Uri
Kantonswappen

Urkundenbeweis

recht festgesetzt wurde. Die ↑Urkundenlehre unterscheidet je nach *rechtl. Geltung* Geschäfts- und Beweis-U., nach dem *Aussteller* Königs-, Papst- und Privat-U. (hier auch die U. der Städte und Landstände) sowie nach dem *Inhalt* zw. feierl., nach streng formalen Gesichtspunkten gegliedertem Diplom und Mandat. Wesentl. Teile des Diploms sind:
1. **Protokoll**, das in die U. einführt. Es besteht aus *Invocatio* (Anrufung Gottes verbal bzw. symbolisch durch Zeichen *[Chrismon]*), *Intitulatio* (Name und Titel des Ausstellers), *Inscriptio* (Empfänger) mit *Salutatio* (allg. Grußformel) und *Arenga* (allg. Begründung für die Ausstellung der U.).
2. **Text (Kontext)** mit *Promulgatio* (Verkündungsformel), *Narratio* (Erzählung der einzelnen Umstände, die die Ausfertigung der U. veranlaßten), *Dispositio* (Inhalt der Rechtshandlung), *Sanctio* (Poenformel, Strafandrohung bei Zuwiderhandlung), *Corroboratio* (Angabe eines Beglaubigungsmittels). 3. **Eschatokoll** (Schlußprotokoll) mit *Subscriptio* (Unterschriften, Nennung der Zeugen) und *Datierung* (Datum und Ort der Ausstellung). – U. können im Original oder in nichtoriginaler Form (z. B. als Kopie) überliefert sein. Letztere lassen sich einteilen in Schriftstücke mit und ohne Rechtskraft. Die Stücke mit Rechtskraft sind v. a. jene, in denen der Aussteller oder sein Nachfolger die von ihm gegebene U. später bestätigt oder erneuert. Meist geschah die Erneuerung dadurch, daß der neue Aussteller den Text des Originals seiner eigenen U. wörtlich einfügt **(Insertion);** dieses sog. *Transsumpt* hat die gleiche Rechtskraft wie das Original. – Die Kanzlei des Ausstellers hielt den Inhalt der U. häufig in Registern fest, die den Text in gekürzter Form wiedergeben. Die *Beglaubigung* der U. war wesentlich für deren Rechtskraft; Formen dafür waren 1) das ↑Chirographum; 2) die Aufbewahrung an öff. Stelle (Hinterlegung; heute noch üblich z. B. bei testamentar. Verfügungen) bzw. die Registrierung des Rechtsgeschäfts in den Stadtbüchern; 3) das Notariatsinstrument, das von einem öff. bestellten U.schreiber (Notar) in streng geregelten Formen ausgefertigt wurde; gleiche Beweiskraft hatte der im Notariatsregister eingetragene Entwurf **(Imbreviatur).** – Die *Echtheit* einer U. ist an der Schrift (Hinweis auf Kanzlei), am Siegel (bei einer Original-U.) oder durch Diktatvergleich (Stil; bei Kopialüberlieferung) festzustellen.

Urkundenbeweis ↑Urkunde (Zivilrecht).
Urkundenfälschung ↑Urkunde (Strafrecht).
Urkundenlehre (Diplomatik), histor. Hilfswiss., deren Aufgabe die krit. Bestimmung des Wertes von Urkunden als histor. Zeugnisse ist. Sie erforscht Entstehung, Datierung, Merkmale (Arten), Überlieferung und Echtheit (Schrift, Stil, Siegel) von Urkunden und macht sie krit. Editionen zugänglich. Die U. wurde durch J. Mabillon („De re diplomatica", 1681) begründet; in Deutschland v. a. durch das wiss. Programm der „Monumenta Germaniae historica" gefördert.
Urkundenprozeß ↑Urkunde (Zivilrecht).
Urkundsbeamter, Beamter bei der Geschäftsstelle eines Gerichts, der z. B. prozessuale Erklärungen beurkundet sowie Ladungen und Zustellungen bewirkt.
Urlaub, von Berufspflichten freier, der Erholung dienender Zeitraum, insbes. die dem Arbeitnehmer bei Fortzahlung des Arbeitsentgelts *(U.entgelt)* zu gewährende Arbeitsbefreiung *(Erholungs-U.)*. Rechtlich geregelt ist der U. im Mindesturlaubsgesetz für Arbeitnehmer *(Bundesurlaubsgesetz)* vom 8. 1. 1963 und in Tarifverträgen. Für Beamte, Richter, Soldaten bestehen Sondergesetze.
Der Anspruch auf U. besteht grundsätzlich für alle Arbeiter und Angestellten einschl. der Auszubildenden. Der U. beträgt jährlich mindestens 18 Werktage *(Mindest-U.;* lt. Einigungsvertrag für die neuen Bundesländer 20 Arbeitstage [bei 5 Arbeitstagen je Woche]). Der volle U.anspruch entsteht nach Ablauf einer *Wartezeit* von sechs Monaten. Erwirbt ein Arbeitnehmer keinen vollen U.anspruch, z. B. weil er die Wartezeit nicht mehr in dem Kalenderjahr erfüllen oder vor erfüllter Wartezeit aus dem Arbeitsverhältnis ausscheidet, so hat er Anspruch auf *Teil-U.* als ein Zwölftel des Jahres-U. für jeden vollen Monat des Bestehens des Arbeitsverhältnisses. – Bei der zeitl. Festlegung des U. sind

Urnammu vor Nanna, Teil der Vorderseite einer Stele aus dem Nannaheiligtum Ekischnugal in Ur, 2. Hälfte des 3. Jt. v. Chr. (Philadelphia, University Museum)

die Wünsche des Arbeitnehmers zu berücksichtigen. Davon und von der Vorschrift, daß der U. zusammenhängend zu gewähren ist, darf nur in begründeten Ausnahmefällen, insbes. wegen dringender betriebl. Belange, abgewichen werden. Auch eine Übertragung des U. auf das nächste Kalenderjahr ist nur in diesem Fall statthaft; der U. muß dann bis spätestens Ende März genommen werden. Eine finanzielle Abgeltung des U.anspruchs darf nur erfolgen, wenn der U. wegen Beendigung des Arbeitsverhältnisses ganz oder teilweise nicht mehr gewährt werden kann. Das vor Antritt des U. auszuzahlende U.entgelt bemißt sich nach dem durchschnittl. Arbeitsverdienst des Arbeitnehmers in den letzten 13 Wochen vor Beginn des Urlaubs.
In *Österreich* beträgt der Urlaub für Arbeitnehmer nach dem BG vom 7. 7. 1976 bei einer Dienstzeit von weniger als 25 Jahren 30 Werktage, danach 36 Werktage. – In der *Schweiz* besteht ein gesetzl. Mindestanspruch von 2 Wochen (Art. 329 a OR). Die Kantone sind befugt, die Mindestdauer zu verlängern.
Urlaubsgeld, 1. svw. Urlaubsentgelt (↑Urlaub); 2. zusätzlich zum Urlaubsentgelt auf Grund Tarifvertrags oder Betriebsvereinbarung gewährter Betrag, der dem Arbeitnehmer die Finanzierung seiner mit dem Urlaub verbundenen bes. Ausgaben (v. a. für eine Urlaubsreise) ermöglichen soll.
Urlaubsplan, Übersicht über die Verteilung des Jahresurlaubs der einzelnen Arbeitnehmer. Bei der Aufstellung des U. ist auf die persönl. Wünsche der einzelnen Arbeitnehmer Rücksicht zu nehmen. Die Aufstellung des U. unterliegt dem Mitbestimmungsrecht des Betriebsrats. Kommt zw. Arbeitgeber und Betriebsrat keine Einigung über den U. oder über die zeitl. Lage eines Urlaubs zustande, entscheidet die Einigungsstelle.
Urmaß ↑Normale.
Urmensch, in vielen Religionen verbreitete Vorstellung von einem ersten Menschen, der u. a. als Ahnherr der gesamten Menschheit (z. B. Adam im A. T.), als kosm. Herrscher einer paradies. Urzeit (in der iran. Königsideologie) oder als Sohn des Lichtkönigs (in der Gnosis) gedacht werden kann.
Urmenschen (Australopithecinae) ↑Mensch (Abstammung).
Urmeter, das bis 1960 gültige Normal (↑Normale) der Längeneinheit Meter, das beim Bureau International des Poids et Mesures in Sèvres bei Paris aufbewahrt wird: Ein aus einer Legierung aus 90 % Platin und 10 % Iridium bestehender Stab mit X-förmigem Querschnitt (Strichmaß von der Länge des Meters). – ↑Meterkonvention.
Urmia (früher Resaijje), iran. Stadt westl. des Urmiasees, 300 000 E. Hauptstadt der Prov. Aserbaidschan-West; Sitz eines chaldäischen Metropoliten; landw. Handelszentrum. – Freitagsmoschee (vermutlich vor 1277).

Urmiasee, abflußloser Salzsee mit unterschiedl. Wasserstand in NW-Iran, zw. 3900 und 5900 km², damit größter See des Landes, 1275 m ü.d.M., etwa 6 m tief.

Urmotten (Micropterigidae), Fam. sehr urspr. Schmetterlinge mit kauenden Mundwerkzeugen; einheimisch sind sieben Arten mit etwa 7–10 mm spannenden, goldvioletten oder bronzefarbenen, im Flug miteinander gekoppelten Flügeln; Imagines Pollenfresser, Larven fressen sich zersetzende Pflanzenteile.

Urmund (Prostoma, Blastoporus), bei der Gastrulation sich ausbildende, in den ↑Urdarm führende Öffnung. Je nachdem, ob der U. zum definitiven Mund oder zum After wird, unterscheidet man ↑Protostomier und ↑Deuterostomier.

Urmundtiere, svw. ↑Protostomier.

Urnammu (Ur-Nammu), neusumer. König (unabhängig 2047–30). – Gründer der 3. Dyn. von Ur; schuf von Ur aus ein zentral verwaltetes Reich in Babylonien und ermöglichte durch Sicherung der Fernhandelswege vom Pers. Golf nach Syrien dessen wirtsch. Aufschwung.

Urnen [lat.], Gefäße aus Ton, Stein oder Metall, urspr. zur Aufnahme der Grabbeigaben, dann zur Aufnahme des Leichenbrandes. Bestattung in U. war in vorgeschichtl. Zeit bes. typisch für die Urnenfelderkulturen. Vorgeschichtl. Sonderformen: ↑Gesichtsurnen, ↑Hausurnen.

Urnenfelderkulturen, vorgeschichtl. Kulturgruppen, die die Leichenbrände ihrer Toten in Urnen bergen und diese zu größeren Feldern (Friedhöfen) zusammenstellen; bes. typisch für die **Urnenfelderzeit** (13.–8. Jh.; späte Bronzezeit); in regional unterschiedl. Ausprägung von O-Europa bis W-Europa verbreitet (z. B. Lausitzer Kultur), grundlegend für die Hallstattkultur. Hinter der weiträumigen Verbreitung von verschiedenen Keramikformen, Bronzen (wie Schwerter, Messer, Waffen, Kultgeräte) und Symbolgut wurden von der älteren Forschung ethnisch einheitl. Träger (Illyrer) und die Ausbreitung von einem Zentrum (Lausitz) aus angenommen.

Urner See, zw. Reußmündung und Brunnen gelegener sö. Teil des ↑Vierwaldstätter Sees.

Urobilin [griech./lat.] (Mesobilin) ↑Gallenfarbstoffe.

Urochrom [...'kro:m; griech.], gelber Farbstoff des normalen Harns; er enthält v. a. Polypeptidverbindungen sowie Abbauprodukte des Hämoglobins.

Urodela (Urodelen) [griech.], svw. ↑Schwanzlurche.

Uroflowmetrie [...floʊ], Volumen-Zeit-Messung des Harnflusses zur Beurteilung von Harnblasenentleerungsstörungen; der Normalwert beträgt 20–50 ml/s, Werte unter 20 ml/s sind krankhaft.

urogenital [griech./lat.], Harn- und Geschlechtsorgane betreffend, zu ihnen gehörend.

Urogenitalsystem, Gesamtheit der Harn- und Geschlechtsorgane.

Urographie [griech.], Röntgenuntersuchung der Nieren, der Harnleiter und der Harnblase nach intravenöser Injektion von Kontrastmittel und dessen Ausscheidung über die Nieren *(Ausscheidungs-U.)* oder direkter Einbringung von Kontrastmittel über Harnleiterkatheter *(retrograde U. bzw. Pyelographie).*

Urologie [griech.], Fachgebiet der Medizin, das sich mit der Erforschung, Erkennung und Behandlung der Krankheiten der Niere, der Harnwege sowie der männl. Geschlechtsorgane befaßt. Der Arzt für U. heißt **Urologe.**

Uronsäuren [griech./dt.], sich von den Monosacchariden durch Oxidation der endständigen Alkoholgruppe ableitende organ. Säuren. In der Natur treten z. B. die Glucuronsäure und die Galakturonsäure auf.

Uropoese [griech.], svw. Harnbildung (↑Harn).

Urotropin ⓦ [Kw.], Handelsbez. für ↑Hexamethylentetramin.

Urozeane, Kernräume der Erde, die seit präkambr. Zeit vom Meer bedeckt waren.

Urpassat ↑Passate.

Urphar ['ʊrfar] ↑Wertheim.

Urpilze (Archimycetes), veraltete systemat. Bez. für eine Klasse der ↑Schleimpilze.

Urproduktion, im Ggs. zur Be- und Verarbeitung von Rohstoffen und Zwischenprodukten die Gewinnung materieller Güter unmittelbar aus der Natur, wobei unter Natur die gesamte naturgegebene Ausstattung eines Wirtschaftsraumes mit bestimmten Bodenqualitäten, Klima, Bodenschätzen, Fauna und Flora zu verstehen ist (z. B. Bergbau).

Urrassen, svw. ↑Primitivrassen.

Urraubtiere (Kreodonten, Creodonta), ausgestorbene, von der Oberkreide bis zum Miozän bekannte Ordnung primitiver Säugetiere mit raubtierartig differenziertem Gebiß; entweder Insektenfresser (kleinere Arten) oder Raubtiere und Aasfresser von Fuchs- bis Wolfgröße. Das nur aus Backenzähnen bestehende Brechscherengebiß sowie die klauenförmig ausgebildeten Zehenendglieder sind von jenen der heute lebenden Raubtiere so verschieden, daß diese Säuger nicht als deren Vorfahren gelten können. Aus ihnen haben sich im nordamerikan. und europ. Paläozän und Eozän die *Miacidae* (kleine bis mittelgroße, langschwänzige Fleischfresser) entwickelt, die bezüglich des Brechscherengebisses und der Krallenglieder mit den heutigen Raubtieren übereinstimmen.

Urringelwürmer (Archiannelida), Ordnung meist 0,3 bis 10 mm langer (maximal 10 cm messender) Ringelwürmer (Klasse Vielborster), v. a. im Sandlückensystem der Meere; in ihrer Organisation larvenartig stark vereinfachte Tiere mit homonomer Körpergliederung, völlig oder weitgehend reduzierten Parapodien (lappenartige Stummelfüße) und Borsten sowie stark vereinfachtem Nerven- und Blutgefäßsystem.

Ursache, in der philosoph. Tradition svw. ↑Causa. – Als U. wird im allg. das verstanden, was einen Gegenstand oder ein Ereignis (die Wirkung) hervorbringt und von dem aus der Gegenstand oder das Ereignis erklärt werden kann. – ↑Kausalität.

Ursa Maior, svw. Großer ↑Bär.

Ursa Minor, svw. Kleiner ↑Bär.

Urschreitherapie ↑Primärtherapie.

Urschrift, in der Textphilosophie die auf den Verf. selbst zurückgehende Urfassung oder die von ihm überarbeitete oder redigierte Niederschrift eines Textes, im Ggs. zur oft nicht authent. oder autorisierten Abschrift.

Urserental, oberster Talabschnitt der Reuß zw. Gotthard- und Dammagruppe, im schweizer. Kt. Uri.

Ursinus, Zacharias, *Breslau 18. Juli 1524, †Neustadt an der Weinstraße 6. März 1583, dt. ref. Theologe. – Schüler Melanchthons; Prof. in Heidelberg, wo er zus. mit C. Olevian den „Heidelberger Katechismus" verfaßte.

Ursula. Meister der Kölner Ursulalegende, Erscheinung des Engels, 1495–1500 (Köln, Wallraf-Richartz-Museum)

Ursprache

Ursprache, in der histor. Sprachwiss. früher übl., heute meist gemiedene Bez. für eine auf der Grundlage der Lautgesetze im Laut- und Formenbestand teilweise rekonstruierbare, mehreren verwandten Sprachen gemeinsame Grundsprache („Urgermanisch" usw.).

Ursprung, in der *Philosophie* ↑ Arche.

▷ in der *Mathematik* Bez. für den Nullpunkt eines Koordinatensystems (↑ Koordinaten).

Ursprungsbezeichnung, das Ursprungsland einer Ware kennzeichnende Bez. auf der Verpackung oder der Ware selbst, z. B. Made in Germany. – Die zuerst 1887 von Großbritannien vorgeschriebene U. für Importe wurde rasch zu einer Art Markenzeichen, so daß schon 1891 das Madrider Abkommen zum Schutz vor falschen oder irreführenden Herkunftsangaben abgeschlossen wurde.

Ursprungszeugnis (Ursprungsnachweis), teils von Zollämtern, meist von Handelskammern des Herkunftlandes ausgestelltes und beglaubigtes Dokument, das die tatsächl. Herkunft sowie Menge, Art, Beschaffenheit der betreffenden Handelswaren eindeutig ausweist.

Urstand, heilsgeschichtl. Begriff in der christl. Theologie zur Bez. des urspr., durch den Sündenfall Adams verlorenen Zustandes der menschl. Vollkommenheit.

Urstromtal, während einer Stillstandslage des pleistozänen Inlandeises als Sammelrinne der parallel zu den Eisrändern abfließenden Schmelzwässer entstandene breite, flache Talung.

Ursula, hl., Märtyrerin des 4./5. Jh. (?). – Nach der Legende Tochter eines brit. Königs, die von den Hunnen wegen ihres Glaubens zus. mit 11 000 Gefährtinnen in Köln umgebracht wurde. – Fest: 21. Oktober.   Abb. S. 115.

Ursulinen (lat. offiziell: Ordo Sanctae Ursulae, Abk. OSU; Gesellschaft der hl. Ursula), die Mgl. des 1535 in Brescia von der hl. Angela Merici gegr. Schwesternordens mit eigener Regel und der Verpflichtung zur Erziehung der weibl. Jugend. Die U. sind (1992) in 27 Kongregationen mit rd. 11 400 Mgl. weltweit verbreitet.

Ursus und Viktor, hl., † Solothurn um 302, Märtyrer. – Nach der Legende Angehörige der Thebaischen Legion; seit dem 5./6. Jh. v. a. in der Schweiz verehrt. – Fest: 30. September.

Urteil, im *Verfahrensrecht* die bes. Formvorschriften unterliegende schriftl. Entscheidung eines Gerichts, die einen Rechtsstreit in der jeweiligen Instanz ganz *(End-U.)* oder teilweise *(Teil-U.)* beendet. Das durch U. entschiedene Verfahren wird als *U.verfahren* bezeichnet (Ggs. *Beschlußverfahren*). Das U. ergeht im Namen des Volkes.

Zivilprozeß: Das U. besteht aus *Rubrum* (U.kopf), das insbes. die Parteien, ihre (gesetzl.) Vertreter und Prozeßbevollmächtigte, das Gericht und die Richter sowie den Tag der letzten mündl. Verhandlung bezeichnet, dem *Tenor* (U.formel) mit der Entscheidung über die zur Hauptsache gestellten Schlußanträge, die Verteilung der Kosten und ggf. die vorläufige Vollstreckbarkeit, dem *Tatbestand* (knappe Darstellung des Sach- und Streitstandes) sowie den *Entscheidungsgründen,* in denen das Gericht den Sachverhalt rechtlich würdigt und seine Entscheidung begründet (§ 313 ZPO). Tatbestand und Entscheidungsgründe können gemäß § 313 a ZPO in bestimmten Fällen entfallen. Von den **Prozeßurteilen** (U., die nur über prozessuale Fragen, z. B. über die Zulässigkeit der Klage entscheiden) sind die **Sachurteile** zu unterscheiden. Diese enthalten eine Entscheidung über den geltend gemachten prozessualen Anspruch, d. h. darüber, ob eine Klage begründet ist. Beim *Vorbehalts-U.* wird der Beklagte unter dem Vorbehalt verurteilt, daß über von ihm erhobene Einwendungen (z. B. Aufrechnung) noch in demselben Rechtszug entschieden wird. Das *Zwischen-U.* dient der Klärung prozessualer Vorfragen hinsichtlich des End-U. (entscheidet z. B. darüber, ob die Prozeßvoraussetzungen gegeben sind). Nach der rechtl. Wirkung des U. wird zw. Leistungs-U. (Verurteilung des Beklagten zu einer Leistung), ↑ Feststellungsurteil und Gestaltungs-U. (↑ Gestaltungsklage) unterschieden. U. werden am Schluß der mündl. Verhandlung oder in einem bes. Termin vom Vorsitzenden durch Verlesen der U.formel verkündet. Nach vollständiger schriftl. Abfassung werden U. den Parteien von Amts wegen zugestellt, was den Lauf der Rechtsmittelfristen in Gang setzt. – ↑ Anerkenntnisurteil, ↑ Versäumnisurteil.

Arbeits-, Verwaltungs-, Finanz- und *Sozialgerichtsverfahren:* Es gelten die Formvorschriften im Zivilprozeß, zusätzlich müssen die U. die Rechtsmittelbelehrung enthalten.

Strafprozeß: Das U. beendet das Hauptverfahren. Es kann im Tenor auf Einstellung des Verfahrens, Verurteilung, Freispruch oder Anordnung einer Maßregel der Besserung und Sicherung lauten. Der Tatbestand und die maßgebl. Entscheidungsgründe sind in den „U.gründen" gemäß § 267 StPO darzulegen. Das U. soll am Schluß der Hauptverhandlung, es muß spätestens am 11. Tag danach öff. verkündet werden. Der Verkündigungstermin ist für die Rechtsmittelfristen von Bedeutung.

In *Österreich* und der *Schweiz* gilt im wesentlichen dem dt. Recht Entsprechendes.

▷ in der *Philosophie* seit Leibniz die intensionale Bed. einer Aussage (d. h., die Wahrheit oder Falschheit des U. hängt nicht nur von der Wahrheit und Falschheit der verknüpften Aussagen, sondern auch von deren Inhalt ab) und damit logisch gleichwertig zu Sachverhalt. Daher kommt in der *traditionellen Logik* ein U. durch log. Verbindung oder Trennung zweier oder mehrerer Begriffe zustande. Man unterscheidet u. a. *analyt. U.* (Tautologie; ein nur erläuterndes U., bei dem das Prädikat im Subjekt enthalten ist), *synthet. U.* (erkenntniserweiterndes U.; das Prädikat ist nicht im Subjekt enthalten), *assertor. U.* (der Prädikatsbegriff kommt dem Subjektsbegriff tatsächlich zu), *apodikt. U.* (der Prädikatsbegriff kommt dem Subjektsbegriff notwendig zu) sowie *hypothet.* (nur bedingt richtige) und *disjunktive U.* (einem Subjektsbegriff werden mehrere Prädikatsbegriffe durch „oder" zugeordnet). Auch in der *modernen Logik* und Wiss.theorie nimmt die Untersuchung der Aussagen und ihrer Beziehungen *(U.theorie)* eine zentrale Stellung ein.

Urtica [lat.], svw. ↑ Brennessel.

Urtierchen, svw. ↑ Protozoen.

Urtika [lat.], svw. ↑ Quaddel.

Urtikaria [lat.], svw. ↑ Nesselsucht.

Urtitersubstanz, unbegrenzt haltbare, chemisch reine, nicht hygroskop. Chemikalie, die sich zur Herstellung von sog. Urtiterlösungen eignet, mit denen der Gehalt anderer, bei der Maßanalyse verwendeter Titrierlösungen bestimmt werden kann.

Uru, indian. Bev.gruppe auf Inseln des Titicacasees und im Ufergelände des Río Desaguadero und Poopósees, Bolivien; heute stark mit Ayamará vermischt. Sie stellen Binsenboote und -matten her.

Uruguay. Das Seebad Punta del Este an der Mündung des Rio de la Plata

Uruguay

Uruguay
Fläche: 176 215 km²
Bevölkerung: 3,03 Mill. E (1990), 17,2 E/km²
Hauptstadt: Montevideo
Amtssprache: Spanisch
Nationalfeiertag: 25. Aug. (Unabhängigkeitstag)
Währung: 1 Peso Uruguayo = 1 000 Nuevos Pesos (seit 1. März 1993)
Zeitzone: MEZ − 4 Stunden

Uruguay ['ʊrugvaɪ, uruˈgvaːi] (amtl.: República Oriental del Uruguay), Republik im sö. Südamerika, zw. 30° 5' und 34° 58' s. Br. sowie 53° 7' und 58° 28' w. L. **Staatsgebiet:** Umfaßt das Gebiet zw. dem Atlantik im SO, dem Río de la Plata im S und dem Fluß Uruguay im W; grenzt im N an Brasilien, im W an Argentinien. **Verwaltungsgliederung:** 19 Dep. **Internat. Mitgliedschaften:** UN, OAS, ALADI, SELA, GATT.
Landesnatur: U. nimmt den äußersten S des Brasilian. Schildes ein. Das Land hat den Charakter eines flachwelligen, weiten Hügellandes, das durch die zum Uruguay fließenden Flüsse gegliedert wird. Die O–W verlaufenden Hügelreihen werden als Cuchillas bezeichnet. Nur 10 % des Landes liegen höher als 200 m ü. d. M. Die höchste Erhebung findet sich mit 501 m ü. d. M. in der Sierra de las Ánimas im SO. Der östl. Küstenstreifen, am offenen Atlantik, wird von Schwemmland mit Lagunen und Landzungen gebildet.
Klima: U. hat subtrop., vollhumides Klima, das sowohl von feuchten Luftmassen aus NO als auch von Kaltlufteinbrüchen aus dem S, den sog. Pamperos, beeinflußt wird. Die sommerl. Temperaturmittelwerte liegen zw. 21–23 °C an der Küste und 25–26 °C im Landesinneren. Hauptregenzeit ist der Herbst, im NW der Sommer. Die jährl. Niederschlagsmenge erreicht etwa 1 000 mm.
Vegetation: Vorherrschend sind die von Gehölzen und Einzelbäumen durchsetzten weiten Grasflächen der Campos, die als natürl. Weide genutzt werden. Am Uruguay dringt subtrop. Feuchtwald als Galeriewald nach S vor.
Bevölkerung: Rd. 90 % der Einwohner sind europ., meist span. oder italien. Abstammung; etwa 10 % Mestizen und Mulatten. Bis 1930 war U. ein traditionelles Einwandererland. Der Anteil der Stadtbev. ist mit 88 % hoch. Etwa 70 % der Bev. sind röm.-kath., daneben Protestanten und Juden. Einzige Univ. des Landes in Montevideo (gegr. 1849).
Wirtschaft: U. ist ein Agrarland mit bed. Viehhaltung bei vorherrschendem Großgrundbesitz (Estancias). Die Landw. erbringt den größten Teil des Exportwertes. Die traditionell auf Fleisch- und Wollerzeugnisse orientierte Viehzucht (Rinder, Schafe, Pferde) wird in extensiver Weidewirtschaft (77 % der landw. Nutzfläche) betrieben. Wichtige Anbauprodukte sind Weizen, Reis, Mais und Zuckerrohr. Nach staatl. Förderung erbringt die Fischerei wachsende Erträge. Schwerpunkt der Ind. ist die Verarbeitung landw. Rohstoffe; ferner von Bed.: chem., Metall- und Zementind. Bedeutendster Ind.standort ist Montevideo. Die Energieerzeugung basiert zu zwei Dritteln auf Wasserkraft. U. ist arm an Bodenschätzen. Es werden v. a. Kalk und Quarz abgebaut.
Außenhandel: Die bedeutendsten Handelspartner sind Brasilien, die USA, Argentinien und Deutschland. U. exportiert Textilien (einschl. Wolle; 30 %), Fleisch, lebende Tiere, Reis, Weizen, Felle, Leder und Pelze. Importiert werden Maschinen und Geräte, Erdöl, chem. Erzeugnisse, Transportmittel.

Verkehr: Das Streckennetz der Eisenbahn umfaßt 2 991 km. Das Straßennetz hat eine Gesamtlänge von 52 000 km, davon sind rd. 11 960 km befestigt. Wichtigster Seehafen ist Montevideo; internat. ✈ bei Montevideo. Nat. Fluggesellschaft waren die PLUNA.
Geschichte: *Vorgeschichte:* Funde deuten auf eine jäger. Bev. seit um 10 000 v. Chr. hin, auch auf Beziehungen zu O-Brasilien und dem Andengebiet. Unter den Jäger- und Fischervölkern waren bei Ankunft der Spanier die krieger. Charrua die Hauptgruppe.
Kolonialgeschichte: U. wurde 1515 von J. Díaz de Solís entdeckt. Die Charrua verhinderten lange die Kolonisierung des Landes, das unter dem Namen Banda Oriental de U. der Viehzucht für Siedler am S-Ufer des La Plata diente. 1680 gründete der Gouverneur von Rio de Janeiro im Rahmen der brasilian. Expansion die erste bed. Siedlung, Nova Colonia do Sacramento, 1724 entstand Montevideo als Gegengründung der Spanier. Die Banda Oriental wurde Teil des neuen Vizekgr. Río de La Plata. Nach Ausrufung der Unabhängigkeit in Buenos Aires (25. Mai 1810) erhoben sich die Bewohner von U. und besiegten unter J. Artigas die spanientreuen Gruppen (Las Piedras, 18. Mai 1811). Ein erneutes Vordringen der Brasilianer führte 1817 zur Eingliederung von U. als „Cisplatan. Prov." in Brasilien. Im April 1825 begann der Unabhängigkeitskampf; ein Kongreß verkündete am 25. Aug. 1825 in Florida die Unabhängigkeit, die durch den Frieden von Rio de Janeiro (27. Aug. 1828) endgültig gesichert wurde.
Unabhängigkeit: Die Jahre bis zur Jh.wende waren mit innerpolit. Streit, Revolutionen und bürgerkriegsähnl. Auseinandersetzungen erfüllt. Die Einmischung Argentiniens und Brasiliens führte zu dem Krieg der Allianz Argentinien, Brasilien und U. gegen Paraguay (1865–70). Seit Mitte des 19. Jh. wurde die polit. Leben von den 2 großen Parteien, den liberalen Colorados und den konservativen Blancos, bestimmt. 1903 wurde J. Batlle y Ordóñez (Colorados) zum Präs. gewählt, er schuf die Grundlagen des heutigen Uruguay. In 2 Amtsperioden verwirklichte er ein Programm, das u. a. Arbeitsgesetzgebung, staatl. Sozialfürsorge, staatl. Kontrolle des Baus von Eisenbahnen und Straßen umfaßte. 1952–66 war das Amt des Staatspräs. zugunsten des kollegial besetzten Nat.rats abgeschafft. Die Amtszeit des Präs. J. Pacheco Areco (1967–72) war von wirtsch. Problemen gekennzeichnet. Auf Grund der verstärkten terrorist. Aktivitäten der ↑Tupamaros wurden ihm 1970 diktator. Vollmachten eingeräumt. Der Wandel zum diktator. Staat setzte sich 1972–76 unter Präs. J. M. Bordaberry (Colorados) fort. Der Ausnahmezustand (seit 1969) wurde auf unbestimmte Zeit verlängert, die Tupamaros wurden durch Einsatz von Militär, Polizei und ultrarechten Gruppen niedergeworfen. Nach bürgerkriegsähnl. Unruhen löste Bordaberry in einem Staatsstreich mit Zustimmung des Militärs 1973 das Parlament auf und ersetzte es durch einen von ihm ernannten Staatsrat. 1976 wurde Bordaberry von den Militärs gestürzt. Die Militärreg. arbeitete eine Verfassung aus, die jedoch am 30. Nov. 1980 in einer Volksabstim-

Uruguay

Staatswappen

Internationales Kfz-Kennzeichen

Uruguay

Uruk. Wandfragment des Stiftmosaikhofes aus dem Inannaheiligtum Eanna (Bagdad, Iraq Museum)

mung abgelehnt wurde. Weitere Vorbereitungen für eine Demokratisierung waren 1982 parteiinterne Wahlen der zugelassenen Gruppierungen, 1983 die Ausarbeitung eines neuen Verfassungsentwurfs, 1984 die Aufhebung des Betätigungsverbots für einige linke Parteien. Bei den allg. Wahlen im Nov. 1984 wurde der Spitzenkandidat des Partido Colorado, J. M. Sanguinetti, zum neuen Staatspräs. gewählt. Er trat sein Amt am 1. März 1985 an. Das Parlament billigte im Dez. 1986 ein Amnestiegesetz, das Militärangehörige vor Strafverfolgungen wegen Menschenrechtsverletzungen schützte. Mit dem im Nov. 1989 gewählten Nachfolger Sanguinettis, L. A. Lacalle, kam ein Vertreter des Partido Nacional (Blancos) an die Macht. Er versucht von neoliberalen Positionen aus, die wirtsch. Probleme des Landes (u. a. hohe Inflationsrate) zu lösen und durch Strukturreformen den Staat zu entbürokratisieren.
Politisches System: Nach der Verfassung von 1967 ist U. eine präsidiale Republik. *Staatsoberhaupt* und oberster Inhaber der *Exekutive* (Reg.chef) ist der für 5 Jahre gewählte Präs.; er ernennt die Minister. Die *Legislative* liegt beim vom Volk auf 5 Jahre gewählten Zweikammerparlament, bestehend aus Senat (30 Mgl.) und Abg.haus (99 Abg.). Im Parlament vertreten sind folgende *Parteien:* der Partido Nacional (Blancos), der Partido Colorado (Colorados), die Frente Amplio, ein aus 13 Parteien und Gruppen bestehendes Bündnis, und der Nuveo Espacio (zus. mit den Grünen). Neben den sog. autonomen *Gewerkschaften* existiert der Dachverband Plenario Intersindical de Trabajadores-Convención Nacional de Trabajadores (PIT-CNT), in dem rd. 200 Einzelgewerkschaften zusammengeschlossen sind. *Verwaltungsmäßig* ist U. in 19 halbautonome Dep. mit eigenen Gesetzgebungs- und Verwaltungsorganen aufgegliedert. Das *Gerichtswesen* kennt Friedensrichter, Dep.gerichte (in Montevideo Gerichte 1. Instanz), Appellationsgerichte und den Obersten Gerichtshof.
Uruguay [ˈʊrugvaɪ, uruˈgvaːi], Fluß in Südamerika, im Oberlauf Rio Pelotas gen., entspringt auf der W-Abdachung der Serra do Mar (Brasilien), durchfließt das Brasilian. Bergland und das Paraná-Uruguay-Tiefland, mündet nördl. von Buenos Aires in den Río de la Plata, 1 600 km lang. Er bildet zw. Salto Grande del Uruguay und Barra do Quaraí die argentin.-brasilian., von Barra do Quaraí bis zur Mündung die argentin.-uruguay. Grenze. Wasserkraftwerke **Salto Grande** (1 890 MW; seit 1980) als argentin.-uruguay. und **El Palmar** (330 MW; seit 1982) als brasilian.-urguay. Gemeinschaftskomplex.
uruguayische Literatur, erste Bed. erlangte F. Acuña de Figueroa (* 1791, † 1862), der Dichter der uruguay. Nationalhymne. Realist. bzw. naturalist. Gestaltung des ländl. Lebensbereiches stammen von J. de Viana (* 1869, † 1926) und C. Reyles (* 1868, † 1938). Hauptrepräsentant des *Modernismo* ist J. Herrera y Reissig (* 1875, † 1910), bed. Lyrikerinnen der modernist. Richtung sind M. Eugenia Vaz Ferreira (* 1875, † 1924) und D. Agustini (* 1886, † 1914). Kontinentale Bed. hatten die sozialkrit.-realist. Theaterstücke von F. Sánchez und die teils dramat.-realist., teils halluzinator.-phantast. Erzählungen von H. Quiroga. Zu den wichtigsten zeitgenöss. Autoren zählen u. a. J. C. Onetti, C. Martínez Moreno und M. Benedetti. Die ver-

stärkt nach dem Staatsstreich von 1973 einsetzende Verfolgung von Künstlern und Schriftstellern ließ das Kulturleben Uruguays bis zur Wiederherstellung der Demokratie 1985 verarmen.
Uruk (sumer. Unug), altoriental. Stadt, heute Ruinenstätte Warka im südl. Irak. Besiedelt vor 4000 v. Chr., im 5. Jh. n. Chr. wegen der Verlagerung des Euphrat aufgegeben. Um 3000 v. Chr. mächtigste Stadt Sumers. Von den frühdynast. Königen Enmerkar, Lugalbanda, Dumusi und Gilgamesch, dem auch der Bau der 9 km langen Stadtmauer (um 2700) zugeschrieben wird, handeln sumer. Mythen und Epen. Gegen 2350 unter Lugalzagesi von Umma und um 2070 unter Utuchengal erneut führende Stadt Babyloniens. Ausgrabungen in U. (1854; 1912–13, 1928–39, seit 1954) brachten v. a. Reste des Inannaheiligtums Eanna und des Anuheiligtums vom 4. Jt. an zutage; Stiftmosaike des 4. Jt., Monumentalplastik (Alabasterkopf, 28. Jh.), Reliefkunst auf Stelen und Gefäßen sowie zahlr. Keilschrifttafeln.
Ürümqi [uigur. …ˈtɕi] (Urumtschi, Wulumuqi, bis 1954 Dihua [Tihwa]), Hauptstadt der Uigur. Autonomen Region Sinkiang (China), Oasenstadt am NO-Fuß des Tian Shan, 1,15 Mill. E. Eisen- und Stahlind., Bau von Traktoren und Kraftwerkausrüstungen, Urananreicherungsanlage u. a.; Endpunkt der Eisenbahnlinie von Lanzhou, ✥.
Urumtschi ↑ Ürümqi.
Urväter, im A. T. die Häupter der zehn vorsintflutl. (nichthistor.) Generationen von Adam bis Noah.
Urvogel ↑ Archäopteryx.
Urvölker, fälschl. Bez. für Wildbeuter und Rückzugsvölker.
Urwald, im Ggs. zum Wirtschaftswald bzw. Naturwald der vom Menschen nicht oder wenig beeinflußte Wald der verschiedenen Vegetationszonen der Erde. U. ist heute nur noch in begrenzter, in den einzelnen Vegetationszonen unterschiedl. Ausdehnung vorhanden. Durch Rodung (zur Gewinnung landw. Nutzflächen) und Raubbau an Nutzhölzern sind bes. in dichtbesiedelten Gebieten (S-, SO- und O-Asien, M- und S-Europa, später auch N-Amerika) die urspr. Wälder schon früh zerstört und durch eine artenärmere Sekundärvegetation (z. B. Macchie, Garrigue, Kultursteppe) ersetzt worden, in vielen Gebieten verbunden mit Verarmung und Erosion des Bodens. Seit 200 Jahren werden auch der schwer zugängl. ↑ Regenwald der inneren Tropen (mit bes. tiefgreifenden negativen ökolog. Folgen) und der boreale Nadelwald im N Amerikas und Eurasiens großflächig ausgebeutet. In neuerer Zeit versucht man durch Schaffung von Reservaten noch vorhandene U.bestände zu schützen.
Urwildpferd, svw. ↑ Prschewalskipferd.
Urysson (Urysohn) [russ. urison], Pawel Samuilowitsch, * Odessa 3. Febr. 1898, † Batz-sur-Mer (Dep. Loire-Atlantique) 17. Aug. 1924 (ertrunken), russ. Mathematiker. – Seine grundlegenden Untersuchungen betrafen v. a. die Topologie und die Mengenlehre; zus. mit P. S. Alexandrow begründete er die sowjet. Schule der Topologie.
Urzeugung (Abiogenese, Archigonie), spontane, elternlose Entstehung von Lebewesen aus unbelebter Materie, im Ggs. zur Erschaffung von Lebewesen durch einen göttl. Schöpfungsakt; wurde bis zur Erfindung leistungsfähiger Mikroskope bes. für einfache Organismen als möglich angesehen. Daß das Phänomen der U. für die Mikrowelt Gültigkeit haben könnte, wurde endgültig durch L. Pasteur im 19. Jh. widerlegt. Es darf heute als gesichert angesehen werden, daß sich (ausgenommen die erste Entstehung von ↑ Leben überhaupt) ein lebender Organismus nur aus Lebendigem entwickeln kann.
Urzidil, Johannes [ˈʊrtsidɪl], * Prag 3. Febr. 1896, † Rom 2. Nov. 1970, östr. Schriftsteller. – Emigrierte 1939, ab 1946 Bürger der USA. Schrieb nach Anfängen mit expressionist. Lyrik v. a. Romane („Das große Halleluja", 1959) und Erzählungen („Prager Triptychon", 1960) sowie Essays („Goethe in Böhmen", 1932, erweitert 1962). – *Weitere Werke:* Die verlorene Geliebte (En., 1956), Bekenntnisse eines Pedanten (En. und Essays, hg. 1972).

USA

USA
Fläche: 9 529 063 km²
Bevölkerung: 251,39 Mill. E (1990), 26,4 E/km²
Hauptstadt: Washington
Amtssprache: Englisch
Nationalfeiertag: 4. Juli (Unabhängigkeitstag)
Währung: 1 US-Dollar (US-$) = 100 Cents
Zeitzonen (von W nach O): MEZ −12 bis −6 Stunden

USA [u:ˈɛsˈˈaː, engl. ˈjuːɛsˈɛɪ] (amtl.: United States of America; dt. Vereinigte Staaten von Amerika), Staat in Nordamerika und im Pazifik. **Staatsgebiet:** Der festländ. Hauptteil der USA wird im W vom Pazifik, im N von Kanada, im O vom Atlantik und im S vom Golf von Mexiko sowie von Mexiko begrenzt. Dieses Geb. liegt zw. 25° 7′ und 49° 23′ n. Br. sowie 66° 57′ und 124° 44′ w. L. Daneben gehören noch Alaska und Hawaii zum Staatsgebiet. **Verwaltungsgliederung:** 50 Bundesstaaten, 1 Bundesdistrikt. **Internat. Mitgliedschaften:** UN, GATT, NATO, OAS, OECD, Colombo-Plan, NAFTA.

Landesnatur

Der festländ. Teil der USA hat Anteil an 4 Großlandschaften N-Amerikas: den Kordilleren im W, den Inneren Ebenen, den Appalachen und den Küstenebenen am Atlantik und am Golf von Mexiko. Das gesamte westl. Drittel der USA wird von den *Kordilleren* eingenommen. Dieser im W unmittelbar an den Pazifik grenzende Großraum läßt sich in zwei Gebirgssysteme untergliedern: die Rocky Mountains im O und das pazif. Gebirge im W. Die Rocky Mountains beginnen in Nordalaska mit W–O-Verlauf, biegen auf kanad. Boden nach S um und streichen in New Mexico in einer Reihe niedriger Gebirgsketten aus. Die Rocky Mountains und das pazif. Gebirge werden durch zahlr. intramontane Becken und Plateaus voneinander getrennt (Yukonbekken, Columbia Plateau, Great Basin, Colorado Plateau, Hochland von Arizona und New Mexico). Das pazif. Gebirge besteht aus einer vielfach gegliederten Doppelkette (Coast Ranges sowie Cascade Range und südlich davon die Sierra Nevada [Mount Whitney mit 4 418 m höchster Berg der USA außerhalb Alaskas]), die eine Längstalzone umschließt. Die Längstalzone gliedert sich in die Puget-Willamette-Senke im N und das Kaliforn. Längstal im S. Östlich der Rocky Mountains schließen sich in einer W–O-Ausdehnung von 2 000 km die *Inneren Ebenen* (Interior Plains) an. Hierbei handelt es sich um eine von weiten Ebenen, flachen Tälern und den Großen Seen erfüllte Muldenzone, die im O von den Appalachen, im N vom Kanad. Schild und im S von der Golfküstenebene begrenzt wird. Die Inneren Ebenen lassen sich in 4 große Teilräume gliedern: das Appalachenplateau, das Zentrale Tiefland, das südlich davon gelegenen zentralen Plateaulandschaften und im W die den Rocky Mountains vorgelagerten, in erster Linie weidewirtschaftlich genutzten Great Plains, die im S bis zur Golfküstenebene reichen. Östlich der Inneren Ebenen schließt sich das Gebirgssystem der *Appalachen* an, das durch die Hudson-Champlain-Senke in eine nördl. Rumpfflächenlandschaft und eine südl. Gebirgslandschaft mit mehreren NO-SW verlaufenden Längszonen unterteilt wird. Das jüngste Formenelement bilden die *Küstenebenen* am Atlantik und am Golf von Mexiko, die im Bereich der Halbinsel Florida ineinander übergehen. Die erdölreiche Golfküstenebene buchtet sich nach N bis zur Einmündung des Ohio in den Mississippi hin aus.

Klima

Der größte Teil der USA liegt in der warm- und kühlgemäßigten Zone, im Bereich vorherrschender Westwinde. Die sommerfeuchten Randtropen greifen auf das südl. Florida und Texas über, Teile des SW liegen im Bereich der Subtropen, das südkaliforn. Küstengeb. hat winterfeuchtes Mediterranklima. Hawaii hat ausgeglichenes trop. Seeklima und Alaska Boreal- oder Tundraklima. Während die N–S verlaufenden hohen Gebirge im W das Vordringen pazif. Luftmassen in das Innere des Kontinents verhindern, ermöglicht das Fehlen einer W–O gerichteten Gebirgsschranke den ungehinderten Austausch polarer und trop. Luftmassen. Der Übergang zw. kalten und warmen Luftmassen erfolgt oft abrupt und führt häufig zur Bildung von Tornados. Schwere Verwüstungen verursachen auch die Hurrikane im Bereich der Atlantik- und Golfküste. Durch den ungehinderten meridionalen Luftmassenaustausch kommt es im Landesinneren und an der O-Küste zu starken Temperaturschwankungen. Heiße Sommer und kalte Winter sind daher kennzeichnend für weite Teile der USA. Bes. deutlich beeinflußt das N–S verlaufende Gebirgssystem im W der USA die Verteilung der Niederschläge. Während an der nördl. Pazifikküste z. T. über 3 000 mm Niederschlag/Jahr fallen, liegen im Regenschatten der Cascade Range und der Sierra Nevada ausgesprochene Trockengeb. mit Niederschlägen unter 200 mm. Stellenweise findet sich echtes Wüstenklima. Erst östl. des Mississippi steigen die Niederschläge wieder auf mehr als 1 000 mm, im SO auf mehr als 1 500 mm, stellenweise sogar auf 2 500 mm/Jahr an.

Vegetation und Tierwelt

Die natürl. Vegetation im Bereich der USA zeigt entsprechend der Niederschlagsverteilung weithin eine meridionale Anordnung. Vor der Erschließung des Landes durch europ. Siedler war der O bis zum Mississippi, teilweise darüber hinaus, von geschlossenen Waldbeständen bedeckt. Im NO und O der USA gedeihen heute Tanne, Fichte, Eiche, Buche, Ahorn und Kiefer (im gesamten Bereich der Küstenebenen). Nach W geht die Waldzone allmählich in ein offenes, baumarmes Grasland, die Prärie, über. In den Bereichen mit Niederschlägen unter 200 mm findet sich Kurzgrastrockensteppe mit Zwergsträuchern. Im sw. Texas tritt Dornstrauchsavanne an ihre Stelle. Die niederschlagsreicheren, höheren Lagen des W (oberhalb 1 500 m) werden von Nadelwald eingenommen (Sitkafichte, Douglasie, Küstensequoia, Mammutbaum, Ponderosakiefer). Für weite Teile Kaliforniens (40–43° n. Br.) waren Hartlaubwälder charakteristisch; heute sind überwiegend macchieähnl. Hartlaubstrauchformationen (Chaparral) an ihre Stelle getreten. Der S Floridas und Teile der Küste Louisianas weisen an Farnen, Lianen und Epiphyten reiche Waldinseln, lichte Kiefernwälder, Mangroven und Sumpfzypressen auf. In Alaska besitzt der südl. Küstenbereich ähnl. Nadelwald

USA

Staatswappen

Internationales Kfz-Kennzeichen

1970 1990 1970 1990
Bevölkerung Bruttosozial-
(in Mill.)   produkt je E
             (in US-$)

Bevölkerungsverteilung 1990

Bruttoinlandsprodukt 1989

USA

wie die pazif. NW-Küste (Sitkafichte), im Yukonbecken dominiert Weißfichte.

Die einst sehr zahl- und artenreiche Tierwelt, zu deren bekanntesten Vertretern die Braun- und Grizzlybären, der Bison, der Puma, der Wapiti und der Elch gehörten, ist im Laufe der letzten Jh. stark dezimiert worden, so daß sich nur noch Reste davon, v. a. in Naturparks, erhalten haben.

Bevölkerung

Durch den Zustrom von europ. Siedlern seit dem frühen 17. Jh., die Einfuhr von über 650 000 Sklaven aus Schwarzafrika in die Plantagen des Südens sowie durch die Einwanderung aus ostasiat. Ländern, v. a. in den pazif. Bereich, und aus Mexiko in die angrenzenden Staaten der USA, wurde der zuvor von wenigen Mill. ↑ Indianern bewohnte Kontinent bevölkert. Die Indianer leben heute zumeist in den ihnen seit Ende des 19. Jh. zugewiesenen Reservaten, die überwiegend westl. des Mississippi liegen. Während zweier großer Einwanderungswellen (bis 1890 und 1890 bis 1910) kamen v. a. Engländer, Iren, Deutsche und Skandinavier (1. Welle) sowie süd- und osteurop. Einwanderer (2. Welle). Insgesamt wanderten 1820–1990 rd. 57 Mill. Menschen in die USA ein, davon 7,1 Mill. aus Deutschland und 5,4 Mill. aus Italien; in den letzten Jahrzehnten verlagerte sich der schwerpunktmäßige Anteil der Einwanderer auf Mexiko und die zentralamerikan. Länder (1990 rd. 900 000) sowie Asien (1990 rd. 340 000).

Der Anteil der Schwarzen an der Gesamtbev. der USA wuchs von 1,3 % (1630) auf 25 % (1790) und fiel dann infolge der europ. Einwanderung trotz absoluter Zunahme auf 16 % (1850), 12 % (1900) und 12,1 % (1990). Gegenwärtig ist die Wachstumsrate der Schwarzen höher als die der Weißen (1980–90: 16 % zu 8 %). Die nicht zu den Weißen (75 % der Gesamtbev.), Indianern (zus. mit Eskimo und Aleuten fast 2 Mill.) und Schwarzen gerechnete Bev. besteht hauptsächlich aus Lateinamerikanern (mit 22,5 Mill. = 9 % zweitgrößte Minderheit), Chinesen, Filipinos und Japanern; die Bev.gruppe asiat. Abstammung wuchs zw. 1980 und 1990 auf das Zweifache (7,2 Mill. = 2,9 %). Von den 143,8 Mill. Angehörigen größerer Religionsgemeinschaften sind rd. 55 % Protestanten, 37 % Mgl. der röm.-kath. Kirche, 4 % Juden und 2,8 % orth. Christen. Die Bev.verteilung ist sehr unterschiedlich. Alaska, die ausgedehnten Trockengeb. und die Gebirgsgegenden sind äußerst dünn besiedelt (unter 10 E/km²). Ausgesprochene Ballungsräume sind der S Neuenglands, Teile der mittelatlant. Staaten, das Geb. der Großen Seen sowie Teile von Texas und Kaliforniens. Zw. 1980 und 1990 stieg die Bev. v. a. im S und W zu Lasten der Regionen des Nordostens und Mittelwestens an. Den höchsten Bev.anteil aller Bundesstaaten mit 11,7 % der Gesamtbev. weist Kalifornien auf.

Das freie öff. Bildungswesen („free public education") verkörpert mit seiner Durchgängigkeit den Typ der Gesamtschule: Auf den Kindergarten (4. bis 6. Lebensjahr) folgt die Elementary School mit 6 bzw. 8 Stufen (6. bis 11. bzw. 13. Lebensjahr), der sich die High School mit 4 bzw. 6 Stufen (12. bzw. 14. bis 17. Lebensjahr) anschließt. Umfaßt sie 6 Jahre, ist sie in eine Junior (3 Stufen) und eine Senior High School untergliedert und schließt an die 6. Stufe der Elementary School an. Von der High School ist der Übergang an Hoch- oder Fachschulen („higher education") möglich, entweder an ein College, eine Univ., eine Fachschule (Professional School) oder an eine Schule der Streitkräfte (US Service School). Die bedeutendsten Univ. sind die Harvard University (Cambridge/Mass.), die Stanford University (Stanford/Calif.), die Yale University (New Haven/Conn.); wichtigste TH ist das Massachusetts Institute of Technology in Boston. Insgesamt gibt es 1 582 staatl. und 1 983 private Univ. bzw. Colleges. Schulpflicht besteht i. d. R. vom 6.–16. Lebensjahr.

Presse, Hörfunk und Fernsehen werden überwiegend privatwirtsch. betrieben. 1990 erschienen über 1 600 Zeitungen mit einer Gesamtauflage von fast 63 Mill. Exemplaren. Die über 1 000 kommerziellen Fernsehstationen finanzieren sich aus dem Verkauf von Sendezeit. Eine beherrschende Stellung beim Hörfunk (rd. 520 Mill. Empfangsgeräte) und Fernsehen (rd. 200 Mill. Geräte) errangen 4 nat. Programmgesellschaften: National Broadcasting Company (NBC), American Broadcasting Company (ABC), Columbia Broadcasting System (CBS), Mutual Broadcasting System (MBS).

Wirtschaft

Die USA sind der bedeutendste Ind.staat der Erde, dessen Entwicklung durch die reiche Ausstattung mit natürl. Ressourcen wesentlich begünstigt wurde. Mit einem Anteil von 5 % an der Weltbev. und 6 % an der Landfläche der Erde erbringt das Land fast ein Viertel des Weltsozialprodukts. Ihre absolute Überlegenheit in der Weltproduktion

Verwaltungsgliederung (Stand 1990)

Bundesstaat bzw. -distrikt	Fläche (km²)	E (in 1000)	Hauptstadt
Alabama	133 915	4 063	Montgomery
Alaska	1 530 700	552	Juneau
Arizona	295 260	3 678	Phoenix
Arkansas	137 754	2 362	Little Rock
Colorado	269 596	3 308	Denver
Connecticut	12 997	3 296	Hartford
Delaware	5 295	669	Dover
District of Columbia (Washington)	178	610	–
Florida	151 939	13 003	Tallahassee
Georgia	152 576	6 508	Atlanta
Hawaii	16 759	1 115	Honolulu
Idaho	216 432	1 012	Boise
Illinois	145 934	11 467	Springfield
Indiana	93 720	5 564	Indianapolis
Iowa	145 753	2 787	Des Moines
Kalifornien	411 049	29 839	Sacramento
Kansas	213 098	2 486	Topeka
Kentucky	104 660	3 699	Frankfort
Louisiana	123 677	4 238	Baton Rouge
Maine	86 156	1 233	Augusta
Maryland	27 092	4 799	Annapolis
Massachusetts	21 456	6 029	Boston
Michigan	151 586	9 329	Lansing
Minnesota	218 601	4 387	Saint Paul
Mississippi	123 515	2 586	Jackson
Missouri	180 516	5 138	Jefferson City
Montana	380 848	804	Helena
Nebraska	200 350	1 585	Lincoln
Nevada	286 352	1 206	Carson City
New Hampshire	24 032	1 114	Concord
New Jersey	20 169	7 749	Trenton
New Mexico	314 925	1 522	Santa Fe
New York	127 190	18 045	Albany
North Carolina	136 413	6 658	Raleigh
North Dakota	183 119	641	Bismarck
Ohio	107 044	10 887	Columbus
Oklahoma	181 186	3 158	Oklahoma City
Oregon	251 419	2 854	Salem
Pennsylvania	117 348	11 925	Harrisburg
Rhode Island	3 140	1 006	Providence
South Carolina	80 582	3 506	Columbia
South Dakota	199 730	700	Pierre
Tennessee	109 152	4 897	Nashville
Texas	691 030	17 060	Austin
Utah	219 889	1 723	Salt Lake City
Vermont	24 900	565	Montpelier
Virginia	105 586	6 217	Richmond
Washington	176 479	4 888	Olympia
West Virginia	62 760	1 802	Charleston
Wisconsin	145 436	4 907	Madison
Wyoming	253 326	456	Cheyenne

abhängige Gebiete ([1] 1988, [2] 1989)

Amerikanisch-Samoa	197	38[1]	Pago Pago
Guam	541	132[1]	Agana
Palauinseln	497	14,2[2]	Koror
Puerto Rico	8 897	3 599	San Juan
Virgin Islands of the United States	344	101	Charlotte Amalie

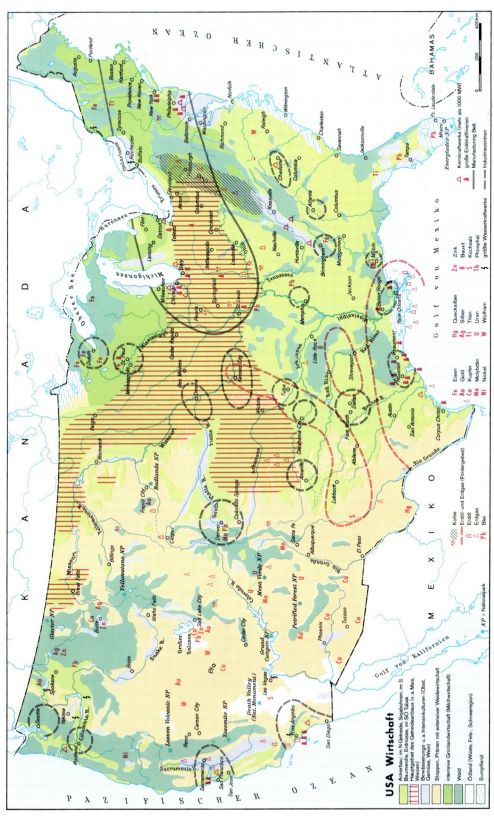

USA

und im Welthandel haben die USA aber gegenüber Westeuropa und Japan in vielen Bereichen eingebüßt. Die Herausbildung von Großbetrieben und der Zusammenschluß zu umfangreichen Konzernen ist charakteristisch für die Wirtschaft. – Die USA gehören zu den wichtigsten Bergbaunationen der Erde. In der Förderung von Erdgas, Erdöl, Steinkohle, Kupfer und Blei nehmen sie die 2. Stelle, bei Gold die 3. Stelle und bei Eisenerz die 5. Stelle in der Weltproduktion ein. Die USA verfügen über die größten Kohlenvorkommen der Erde (Reserven 2 Billionen t, gegenwärtig nutzbar 300 Mrd. t). Bis 1952 erbrachten sie mehr als die Hälfte der Weltproduktion von Erdöl. Durch Rückgang der Förderung (z. T. bewußte Drosselung) in den USA und Erschließung der Vorkommen in Vorderasien und N-Afrika ist dieser Anteil bis 1991 auf rd. 13 % gefallen. Wegen des hohen Eigenbedarfs sind bei vielen mineral. Rohstoffen große Importe notwendig. Die USA verbrauchen $\frac{1}{4}$ der Weltenergieproduktion. An der Energieerzeugung hatten 1990 Wärmekraftwerke einen Anteil von 70 %, (112) Kernkraftwerke 19 % und Wasserkraftwerke 10 %. Der wirtsch. Aufschwung während der 80er Jahre brachte eine deutl. Strukturänderung zugunsten des Dienstleistungsbereiches und zu Lasten der verarbeitenden Ind. Dieser Zweig erbringt nur noch knapp 24 % des Bruttosozialprodukts (Dienstleistungsbereich: fast 72 %). Die Ind.schwerpunkte konzentrieren sich bes. im N, NO und O *(Manufacturing Belt)*, doch findet eine deutl. Verlagerung in den S und an die Westküste statt. Die umfangreichen Steinkohlevorkommen (Abbau in den Appalachen, im O von Pennsylvania, im Zentralfeld [Ohio, Illinois]) sowie die einheim. Lagerstätten an Eisenerzen (Förderung am Oberen See [Mesabikette], im N der Appalachen, in den Kordilleren) trugen zur Entwicklung der Eisen- und Stahlind. mit ihren Schwerpunkten um Pittsburgh und am Südufer der Großen Seen bei. Neuere Standorte, die auf der Basis importierter Eisenerze arbeiten, entwickelten sich an der Atlantikküste und in Texas. Die Aluminiumherstellung erfolgt im Geb. des Columbia bzw. Tennessee River und in der Golfküstenebene. Die USA stellten 1990 20,1 % der Weltproduktion von Kfz; bei der Luftfahrtind. betrug ihr Anteil fast 75 %. Die Flugzeug-, Raumfahrt- und Elektronikind. gehören überwiegend zur Rüstungsind. (Golfküste, Kalifornien [Silicon Valley]). Dem bed. Aufschwung der chem. Ind. nach dem 2. Weltkrieg folgte der Ausbau der Raffineriekapazität. Außerdem sind von Bed. die Gummi- und Reifenind., die Chemiefaserproduktion, die Textil-, Bekleidungs- und Lederind. sowie Papier- und Zelluloseherstellung. Der Hochtechnologiebereich zeigt weiterhin starke Wachstumsraten. In der Nahrungsmittel- und Genußmittelind. (v. a. Mittlerer Westen, Prärie- und Plainsstaaten) herrschen Klein- und

USA

Links: Skyline von New York mit dem World Trade Center. Rechts: Farbiger Jazzmusiker in Haarlem

Links: Obdachloser in einer Straße von New York. Rechts: die Spielerstadt Las Vegas

Mittelbetriebe vor. – Die USA besitzen außerordentlich günstige landw. Möglichkeiten. Dennoch stellen die Land- und Forstwirtschaft einschl. Fischerei nur noch 2,5 % des Bruttoinlandsprodukts. Die landw. Nutzfläche umfaßt rd. 190 Mill. ha Ackerland, 2 Mill. ha Dauerkulturen und 241 Mill. ha Wiesen und Weiden (mehr als $1/4$ der Staatsfläche); insgesamt werden fast 20 Mill. ha Land künstlich bewässert. Die Zahl der Farmen hat sich von 6,35 Mill. (1940) auf 2,14 Mill. (1990) verringert. Ausgesprochene *Landwirtschaftszonen* („belts") finden sich im feuchten O mit Regenfeldbau und intensiver Viehwirtschaft, weniger deutlich ausgeprägt sind sie im trockenen W mit Dry-farming, Bewässerungswirtschaft und extensiver Weidewirtschaft. Der gesamte NO und der nördl. Mittlere Westen (Michigan, Minnesota, Wisconsin) gehören zur Milchwirtschaftsregion *(Dairy Belt)*. Der zentrale Teil der Inneren Ebenen ist eine Region intensiven Ackerbaus (Mais, Sojabohnen, Weizen, Hafer; *Corn Belt*) als Grundlage für eine ebenso intensive Viehzucht. Eine Zone gemischter Landw. schließt sich nach S und SO an (Missouri, Illinois, Kentucky, Ohio, Virginia, Tennessee) und trennt den Corn Belt von dem inzwischen weitgehend aufgelösten *Cotton Belt* (Baumwollanbaugebiet). Im Bereich der Prärie- und Plainsstaaten liegt eine Region extensiven Weizenanbaus *(Wheat Belt)*. Obst-, Gemüse- u. a. Sonderkulturen zeigen eine gewisse Konzentration in klimatisch bzw. für den Absatz günstigen Teilen der USA, so in Kalifornien (Kaliforn. Längstal), im Golfküstenbereich, in Florida sowie um die Stadtregionen an der Küste der mittelatlant. Staaten und im Bereich der Großen Seen. Der gesamte Kordillerenbereich schließlich ist ein Geb. extensiver Rinder- und Schafhaltung. Die USA sind der bedeutendste Exporteur für Weizen und Tabak sowie zweitwichtigstes Lieferland für Reis. Tropenfrüchte wie Ananas und Bananen stammen ausschließlich von den Hawaii-Inseln. $2/3$ des heutigen Waldbestandes sind wirtsch. nutzbar. Die forst- und holzwirtsch. bed. Regionen sind die Nadelwälder des NW (Washington, Oregon) und die Kiefern- und Mischwälder im SO. Im NW ist die größte Sägeind. der Erde entstanden, die v. a. Bauholz liefert, während die Holzeinschläge im SO von der Papier- und Zelluloseind. verwertet werden. In Alaska, das zu 35 % waldbedeckt ist, nimmt die Holzwirtschaft die 2. Stelle hinter der Fischind. ein. Sie ist hier stark exportorientiert, wobei bes. Japan als Abnehmer auftritt. Die wichtigsten Fanggründe liegen vor Alaska, der Pazifik- und Atlantikküste sowie auf der Großen Neufundlandbank. Obwohl die USA die 4. Stelle unter den Fischereinationen der Erde einnehmen, muß Fisch importiert werden.

Die wichtigsten Handelspartner sind Kanada (↑NAFTA), Japan, die EG-Staaten (v. a. Deutschland, Großbritannien),

Links: Teton Range in den Rocky Mountains von Wyoming. Rechts: Farm im Corn Belt, Illinois

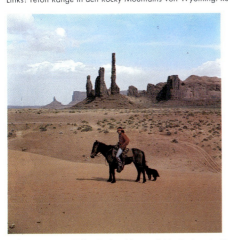

Links: Monument Valley. Rechts: Mammoth Hot Springs im Yellowstone National Park

USA

Taiwan, Mexiko und Süd-Korea. Exportgüter sind Maschinen, elektrotechn. Geräte und Fahrzeuge (41%), chem. Erzeugnisse, Nahrungs- und Genußmittel, Kohle und Mineralölprodukte. Importiert werden Maschinen und Transportausrüstungen, Erdöl- und Mineralölprodukte, Eisen und Stahl, Agrar- und Fischereiprodukte u.a.

Verkehr

Die USA haben in relativ kurzer Zeit die verschiedensten verkehrstechn. Entwicklungen durchlaufen. Die Ära der Binnenschiffahrt dauerte von 1825 bis 1851, darauf folgte die Epoche der Eisenbahn, die 1916 mit 428 687 km Streckenlänge ihre größte Ausdehnung erreichte, dann aber durch den Straßenverkehr abgelöst wurde. Heute wird das Flugzeug bei der Personenbeförderung über größere Strecken vorgezogen. Das Streckennetz der Straßen umfaßt 6 238 453 km, davon sind 1 211 399 km innerstädtisch und 4 738 603 km Überlandstraßen. Die Länge des Schienennetzes beträgt nur noch 278 245 km. Das Rohrleitungsnetz umfaßt rd. 687 000 km (Fernleitung für Erdöl, Erdgas und Raffinerieprodukte). In der Binnenschiffahrt (40 000 km schiffbare Gewässer) dominiert der Verkehr auf dem Mississippiflußsystem mit rd. 60% der Gesamtleistungen vor den Großen Seen mit rd. 20%. Seit dem Bau des Sankt-Lorenz-Seeweges können rd. 80% aller Seeschiffe vom Atlantik her in das Seengebiet einlaufen. Die wichtigsten Seehäfen sind New York, New Orleans, Baltimore, New Port, Houston, San Francisco und Los Angeles. Die meistfrequentierten ✈ sind O'Hare (Chicago), Los Angeles, Atlanta, John F. Kennedy International Airport (New York), San Francisco, La Guardia (New York), Miami, Dallas, National Airport (Washington), Boston und Denver.

Geschichte

Zur **Vorgeschichte, Entdeckungs- und Kolonialgeschichte** ↑Nordamerika (Geschichte).
Erringung der Unabhängigkeit, territoriale Ausdehnung und Sezessionskrieg (1763–1865): Den Anlaß für die Loslösung der 13 brit. Kolonien an der Ostküste Nordamerikas vom Mutterland bildete der Versuch Großbritanniens, einen Teil seiner im siegreichen, z.T. in Nordamerika geführten Krieg gegen Frankreich (1756–63) entstandenen beträchtl. Schulden durch die Kolonien abtragen zu lassen. Der rasch zunehmende, offene Widerstand der Kolonien richtete sich insbes. gegen die Erhebung neuer Steuern (z. B. Stempelakte 1765), strengere Handels- und Zollgesetze sowie brit. Bestrebungen zur Zentralisierung der Verwaltung (de facto Ausschaltung der verbrieften Autonomie der Kolonien). Die 1765 entstandene Geheimorganisation „Sons of Liberty" (Söhne der Freiheit) verübte u. a. gezielte Anschläge gegen die brit. Steuerverwaltung; die ↑Boston Tea Party (1773) verschärfte die Auseinandersetzung. Der 1. Kontinentalkongreß (1774), auf dem außer Georgia und den kanad. Prov. alle brit. Kolonien vertreten waren, bekräftigte die Opposition („no taxation without representation") gegen die restriktiven brit. Parlamentsgesetze und beschloß einen strikten Boykott brit. Waren. Zu den ersten Gefechten zw. brit. Truppen und amerikan. Miliz kam es am 19. April 1775 bei Lexington und Concord (Mass.). Der im Mai 1775 beginnende 2. Kontinentalkongreß veranlaßte die Bildung einer gemeinsamen Kontinentalarmee aller Kolonien unter dem Oberbefehl von G. Washington; am 4. Juli 1776 nahm er die von T. Jefferson entworfene Unabhängigkeitserklärung an. Der ↑Nordamerikanische Unabhängigkeitskrieg (1775–83), in dem die amerikan. Kolonien durch Frankreich unterstützt wurden (Bündnis vom Febr. 1778), führte nach wechselvollem Verlauf 1781 zu einer brit. Niederlage (Kapitulation von General C. Cornwallis bei Yorktown); er endete mit dem Frieden von Paris (1783), in dem Großbritannien die Unabhängigkeit seiner ehem. Kolonien anerkannte und das westl. Hinterland bis zum Mississippi verzichtete; Kanada blieb brit. Besitz. Die neuen Verfassungen, die sich 11 Staaten zw. 1776 und 1780 gaben, garantierten Grundrechte und sahen Gewaltenteilung vor. Mit den 1781 in Kraft getretenen Konföderationsartikeln schlossen sich die souveränen Einzelstaaten zunächst zu einem lockeren Staatenbund zus., dessen Kompetenzen jedoch stark begrenzt waren. Seine Umwandlung in einen Bundesstaat mit gestärkter Zentralgewalt (Präsidialsystem) erfolgte durch die 1787 ausgearbeitete und 1788 ratifizierte Verfassung. Erster Präs. der USA wurde G. Washington (1789–97). Innenpolitisch zeichnete sich seit den 1790er Jahren die Herausbildung zweier polit. Lager ab, der eher bundesstaatl.-brit. orientierten ↑Federalist Party und den sog. Antiföderalisten um T. ↑Jefferson. Mit dem Kauf des westl. ↑Louisiane von Frankreich (1803) begann die territoriale Ausdehnung der USA. Der von ↑Tecumseh organisierte Widerstand der Indianer gegen das Vordringen weißer Siedler wurde 1811 in der Schlacht am Tippecanoe River unterdrückt. Unter Präs. J. Madison (1809–17) kam es 1812 über die fortgesetzte Mißachtung der Neutralitätsrechte der USA (Zwangsrekrutierung amerikan. Matrosen in den Napoleon. Kriegen) und der amerikan. Hoffnung auf Aneignung von Teilen Kanadas und Floridas zu einem Krieg mit Großbritannien; der Friede von Gent (1814) bestätigte den Status quo ante und die Unab-

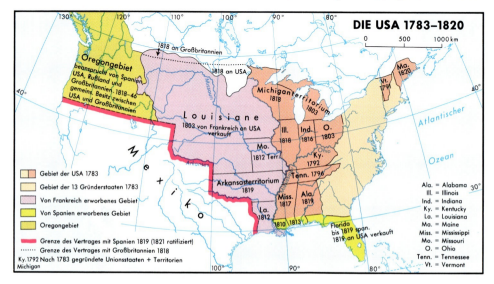

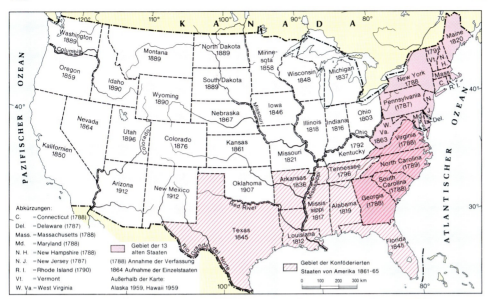

USA. Entwicklung der Union

hängigkeit der USA. 1819 kauften die USA von Spanien Florida. Zur Verhinderung einer Einmischung der Hl. Allianz in den aufständ. span. Kolonien in Süd- und Mittelamerika sowie zur Abwehr der Ansprüche Rußlands auf die NW-Küste Nordamerikas stellte Präs. J. Monroe (1817–25) 1823 die ↑Monroedoktrin auf. 1845 wurde das durch nordamerikan. Siedler von Mexiko losgetrennte Texas Bundesstaat der USA, die 1846 auch den langen Grenzstreit mit Großbritannien um Oregon durch einen Vertrag beenden konnten. Im ↑Mexikanischen Krieg 1846–48 eigneten sich die USA das Gebiet von New Mexico bis Kalifornien an. Die innenpolit. Entwicklung war um die Mitte des 19. Jh. entscheidend geprägt durch den Gegensatz zw. dem industrialisierten NO, der eine wirtsch. Expansion auf der Grundlage von Schutzzöllen und einer liberalist. Arbeitsmarktpolitik betrieb, und dem auf Sklaverei beruhenden Plantagensystem im S, das auf stat. gesellschaftl. Verhältnisse setzte. Vermehrte Baumwollnachfrage, bes. aus Großbritannien, bedingte eine starke Zunahme der Plantagensklaverei, wogegen sich die Bewegung der ↑Abolitionisten richtete, die die Sklaverei v. a. aus humanitären Gründen abschaffen wollten. Die Kansas-Nebraska-Bill (1854) überließ den Einzelstaaten die Sklavenfrage und hob damit das Verbot der Sklaverei nördlich von 36° 30′ n. Br. auf (1820 im Missourikompromiß festgelegt). Die Sklavereigegner gründeten 1854 die Republikan. Partei, die zus. mit der bereits 1828 entstandenen Demokrat. Partei seitdem das polit. System der USA weitgehend bestimmt. Den Wahlsieg des republikan. Kandidaten A. Lincoln 1860 nahmen die 11 Südstaaten zum Anlaß, um aus der Union auszutreten und 1861 die Konföderierten Staaten von Amerika (Präs. J. Davis) zu bilden. In dem daraufhin ausbrechenden Bürgerkrieg (↑Sezessionskrieg 1861–65), der mit äußerster Erbitterung geführt wurde (rd. 620 000 Gefallene, Verwüstung weiter Landstriche), zerbrach das Plantagensystem in den Südstaaten; zugleich kam es zu einem kriegsbedingten konjunkturellen Aufstieg der Nordstaaten, deren Sieg (9. April 1865 Kapitulation der Konföderationsarmee bei Appomatox) die Einheit der Union wieder herstellte.

Von der Reconstruction bis zum Eintritt in den 1. Weltkrieg (1865–1917): Die Periode der ↑Reconstruction (1865–77), in der sich zwar die regionalen wirtsch. Unterschiede verringerten, die Situation der Schwarzen sich hingegen trotz Abschaffung der Sklaverei (1862) auf lange Sicht kaum änderte (v. a. im S durch rassentrennende Gesetze und Verweigerung des Stimmrechts verhindert; ↑Ku-Klux-Klan), leitete eine Zeit explosionsartiger Industrialisierung ein. Diese Entwicklung ging einher mit der seit Mitte des 19. Jh. verstärkt einsetzenden Erschließung des W (1869 Vollendung der 1. transkontinentalen Eisenbahnlinie), die im Zeichen einer bereits 1820 begonnenen freien Landnahme (große Siedlungstrecks von zumeist europ. Einwanderern, Vordringen von Squattern, Trappern, Händlern, Viehzüchtern) und des Kampfes der Indianer um ihre angestammten Gebiete stand. Goldfunde beschleunigten die Westwanderung (insbes. der „Gold Rush" nach Kalifornien 1848/49, später Funde in den Black Hills). Die Siedlung an der ↑Frontier war für viele der nach einer neuen Existenz suchenden Einwanderer (rd. 15 Mill. zw. 1865 und 1900; v. a. Briten, Iren, Deutsche, später Ost- und Südosteuropäer) erstrebenswert und rief einen beständigen Landhunger hervor. Die sich gegen ihre Vertreibung zur Wehr setzenden Prärieindianer (1876 letzter großer Sieg der Indianer unter Führung Sitting Bulls in der Schlacht am Little Bighorn River gegen US-Truppen unter General G. A. Custer) wurden in jahrzehntelangen Kriegen dezimiert, ihrer Existenzgrundlage beraubt (Vernichtung der Büffelherden) und teilweise in Reservate deportiert (erst 1924 formale Zuerkennung der Bürgerrechte). Die verlustreichen Auseinandersetzungen mit den Indianern, der Pioniergeist bei der Erschließung des W (Abschluß um 1890), der harte Einwanderer- und Siedleralltag, v. a. aber die sich nur allmählich etablierende Gesetzlichkeit in den neuen Gebieten finden sich wieder im Mythos vom „Wilden Westen".

Die rasche und zunächst unreglementierte Industrialisierung des Landes (Entstehung mächtiger Konzerne), die damit verbundene Urbanisierung und Herausbildung einer sich aus unterschiedl. Nationen rekrutierenden Arbeiterschaft sowie die anhaltende Einwanderung waren von einer Zuspitzung der sozialen Probleme begleitet und bewirkten u. a. die Gründung von auf lange Sicht allerdings politisch wenig erfolgreichen Organisationen der Arbeiterschaft (z. B. 1886 American Federation of Labor).

Außenpolitisch war für die USA in der 2. Hälfte des 19. Jh. die Absicherung wirtsch. Interessen bestimmend (z. B. gewaltsame Öffnung Japans für den amerikan. Handel, 1854); erst die gegen Ende des Jh. rasch anwachsenden Auslandsinvestitionen (↑Dollarimperialismus), v. a. im politisch unruhigen Lateinamerika, führten in wachsendem

USA

Maße zu Interventionen in diesem Gebiet und zum Erwerb von Außenterritorien. Bereits 1867 sicherten sich die USA Alaska durch Kauf von Rußland. Durch den ↑Spanisch-Amerikanischen Krieg (1898) gewannen sie Puerto Rico, Kuba (1902 formal unabhängig), die Philippinen und Guam; ebenfalls 1898 wurde Hawaii annektiert. Die USA veranlaßten die Abspaltung Panamas von Kolumbien (1903) und sicherten sich die Rechte zu Bau und Nutzung des ↑Panamakanals. Nach anfängl. Neutralität traten die USA mit der Kriegserklärung an Deutschland am 6. April 1917 in den 1. Weltkrieg ein, nachdem dieses den uneingeschränkten U-Boot-Krieg proklamiert hatte (1918 Entsendung eines amerikan. Expeditionsheeres unter General J. J. Pershing auf den frz. Kriegsschauplatz).

Zwischenkriegszeit und 2. Weltkrieg (1918–45): 1918 verkündete Präs. T. W. Wilson (1913–21) seine ↑Vierzehn Punkte als Grundlage für Friedensverhandlungen, konnte sein Programm aber auf der Pariser Friedenskonferenz von 1919 nur teilweise gegenüber den europ. Westmächten durchsetzen. Nachdem der amerikan. Senat 1920 die Ratifizierung des Versailler Vertrages abgelehnt hatte und die USA somit außerhalb des Völkerbundes blieben, trat die Politik des Isolationismus wieder in den Vordergrund. Durch den 1. Weltkrieg waren die USA zum Gläubiger der meisten europ. Länder geworden; 1921 schlossen sie einen Separatfrieden mit Deutschland und wirkten maßgebend an der wirtsch. und polit. Stabilisierung Europas nach 1923, v. a. mittels der Regelung der Reparationsfrage durch den Dawesplan (1924) und den Youngplan (1929), mit. Unter den republikan. Präs. W. G. Harding (1921–23) und C. Coolidge (1923–29) begann erneut eine Zeit des Big Business (1919–29), die jedoch von Korruptionsskandalen erschüttert wurde. Die 1920–33 gültige ↑Prohibition war von einem Aufschwung des organisierten Gangstertums begleitet. Die Weltwirtschaftskrise (1929–33) bereitete auch der „Prosperität" in den USA ein Ende (25. Okt. 1929 „Schwarzer Freitag" an der New Yorker Börse, zeitweise 15 Mill. Arbeitslose, Absinken der Ind.produktion um rd. 50 %). Nach einer schweren Wahlniederlage der Republikaner (1932) wurde der Demokrat F. D. Roosevelt Präs. (1933–45), der zur Überwindung der Krise die Politik des ↑New Deal einleitete, die Fortschritte in der Sozialgesetzgebung enthielt und erstmals staatl. Eingriffe in das Wirtschaftsleben vorsah.

1933 nahmen die USA diplomat. Beziehungen zur Sowjetunion auf; angesichts der Expansionspolitik der Achsenmächte wurde die „isolationist." Außenpolitik aufgegeben. Nach Beginn des 2. Weltkrieges in Europa lieferten die USA Kriegsmaterial an die westl. Alliierten (Leih- und Pachtgesetz vom März 1941), seit Nov. 1941 auch an die Sowjetunion; mit dem jap. Überfall auf Pearl Harbor und der dt. sowie italien. Kriegserklärung traten die USA selbst in den Krieg ein. Ihr Eingreifen auf dem europ. Kriegsschauplatz (insbes. seit der angloamerikan. Invasion in der Normandie im Juni 1944) trug maßgeblich zur bedingungslosen Kapitulation Deutschlands im Mai 1945 bei. Der Einsatz von Atombomben (Abwurf auf Hiroshima und Nagasaki im Aug. 1945) beendete den Krieg gegen Japan (Sept. 1945) und wies die USA als erste Nuklearmacht der Welt aus.

Die Weltmacht USA (seit 1945): Aus dem 2. Weltkrieg gingen die USA als Vormacht der westl. Staaten hervor; in Abkehr von ihrer traditionellen Bündnisverpflichtungen meidenden Außenpolitik engagierten sie sich zunehmend gemäß ihrer polit. und wirtsch. Weltmachtstellung in internat. Organisationen (NATO, UN, GATT). Bald nach Kriegsende begann die Allianz mit der UdSSR auf Grund der völligen Divergenz bei der Gestaltung der Nachkriegsordnung zu zerbrechen (Entstehung des Ost-West-Gegensatzes nach Errichtung kommunist. Regime in Mittel- und Osteuropa). Der demokrat. Präs. H. S. Truman (1945–53) versuchte, mit einer Politik des ↑Containment der sowjet. Expansion in Europa und Asien einzudämmen. Die Spannungen zw. den Alliierten entwickelten sich zum ↑kalten Krieg, der zuerst außenpolitisch (1947/48 Berliner Blockade, 1949 Gründung der NATO, 1950–53 Koreakrieg), unter dem republikan. Präs. Eisenhower (1953–61) aber auch innenpolitisch geführt wurde (Kommunistengesetze 1954 und „rote Psychose" durch J. R. McCarthy. Außenmin. J. F. Dulles (1953–59) verfolgte eine Politik der Zurückdrängung des Ostblocks (Roll back). 1954 intervenierten die USA in Guatemala, mit der ↑Eisenhowerdoktrin (1957) meldeten sie ihre strateg. Ansprüche im Nahen Osten an. Nachdem sich der Ost-West-Konflikt mit dem Bau der Berliner Mauer (1961) und der Kuba-Krise (1962) erneut gefährlich zugespitzt hatte, war die Außenpolitik des demokrat. Präs. J. F. Kennedy (1961–63) auf einen Abbau der Spannungen zur Sowjetunion (u. a. ↑heißer Draht Washington–Moskau 1963, Einschränkung der Kernwaffenversuche durch den Moskauer Vertrag 1963) und auf eine verbesserte Zusammenarbeit mit den europ. Verbündeten gerichtet. Innenpolitisch zielte Kennedy unter seiner Forderung nach einem Aufbruch zu „neuen Grenzen" (New Frontiers) auf die Durchsetzung eines weitreichenden sozial- und wirtschaftspolit. Programms. Nach der Ermordung Kennedys in Dallas (22. Nov. 1963) setzte sein Nachfolger L. B. Johnson (1963–69) diesen innenpolit. Kurs fort (u. a. Programm der „Great Society" 1965). Die Rassenfrage war während der 60er Jahre der brisanteste innere Konflikt. Unter Führung von M. L. King hatte die schwarze Bev. 1954 die Aufhebung der Rassentrennung an den Schulen sowie erste Bürgerrechtsgesetze (1957, 1960) erreicht. Das Bürgerrechtsgesetz von 1964 gewährte den Schwarzen im Anschluß an den Schutz bei der Ausübung des Wahlrechts, förderte die Schulintegration und verbot die Rassendiskriminierung; die anhaltende wirtsch. Benachteiligung der Schwarzen zog aber Radikalisierung (↑Black Power) und Ghettoaufstände (1966/67) nach sich. Ende der 60er Jahre brachte überdies die tiefste Rezession seit der Weltwirtschaftskrise schwere soziale und wirtsch. Probleme.

1965 intervenierten die USA in der Dominikan. Republik. Die bereits in der Reg.zeit Kennedys verstärkte Militärpräsenz in Süd-Vietnam steigerte Johnson 1964 (Tonkin-Zwischenfall) zum direkten militär. Einsatz im ↑Vietnamkrieg, der bis Anfang der 70er Jahre stetig eskalierte. Die Mißerfolge seiner Vietnampolitik und die ab 1965 von den Univ. ausgehende Protestbewegung gegen die amerikan. Kriegsbeteiligung veranlaßten Johnson zur Einstellung der Bombardierung Nord-Vietnams und zur Aufnahme von Verhandlungen (1968) sowie zum Verzicht auf eine zweite Präsidentschaftskandidatur. Der republikan. Präs. R. Nixon (1969–74) leitete 1972 eine Normalisierung der Beziehungen zur VR China ein und suchte mit der Sowjetunion zu Abrüstungsvereinbarungen zu kommen (SALT-Verhandlungen). Über eine „Vietnamisierung" (d. h. Rücknahme aller nichtvietnames. Steitkräfte aus dem militär. Geschehen) erreichte er durch seinen Sonderberater H. A. Kissinger 1973 einen Waffenstillstand mit Nord-Vietnam. Darüber hinaus nahmen die USA seit 1973 an der ↑KSZE teil.

Innenpolitisch bewirkte der Vietnamkrieg einen Verlust an nat. Stärkebewußtsein (sog. „Vietnam-Syndrom") und eine massive Vertrauenskrise gegenüber der Reg., die durch die ↑Watergate-Affäre und den dadurch erzwungenen Rücktritt Nixons (1974) noch erheblich vertieft wurde. Dem republikan. Präs. G. Ford (1974–77) folgte der Demokrat J. E. Carter in das Amt (1977–81), der in seiner Politik anfangs nachdrücklich die Menschenrechte betonte, in Verträgen mit Panama (1978 ratifiziert) die schrittweise Übergabe des Panamakanals vereinbarte und im Nahostkonflikt 1979 einen Separatfriedensvertrag zw. Ägypten und Israel vermittelte. Die zunächst fortgesetzte Entspannungspolitik (im Juni 1979 Unterzeichnung des SALT-II-Abkommens mit der UdSSR, dessen Ratifizierung jedoch ausblieb) geriet durch den sowjet. Einmarsch in Afghanistan im Dez. 1979 in eine schwere Krise. Die islam. Revolution in Iran 1979 brachte die USA, die das Schah-Regime gestützt hatten, in außenpolit. Verwicklungen, die im Nov. 1979 in der Besetzung der Teheraner US-Botschaft und der bis Jan. 1981 währenden Festsetzung von über 50 US-Bürgern als Geiseln gipfelten.

Präsidenten der USA

1. George Washington, Föderalist	1789–1797
2. John Adams, Föderalist	1797–1801
3. Thomas Jefferson, Rep. (Dem.)	1801–1809
4. James Madison, Rep. (Dem.)	1809–1817
5. James Monroe, Rep. (Dem.)	1817–1825
6. John Qu. Adams, Unabhängiger	1825–1829
7. Andrew Jackson, Dem.	1829–1837
8. Martin Van Buren, Dem.	1837–1841
9. William H. Harrison, Whig	1841
10. John Tyler, Whig (später Dem.)	1841–1845
11. James K. Polk, Dem.	1845–1849
12. Zachary Taylor, Whig	1849–1850
13. Millard Fillmore, Whig	1850–1853
14. Franklin Pierce, Dem.	1853–1857
15. James Buchanan, Dem.	1857–1861
16. Abraham Lincoln, Rep.	1861–1865
17. Andrew Johnson, Rep.	1865–1869
18. Ulysses S. Grant, Rep.	1869–1877
19. Rutherford B. Hayes, Rep.	1877–1881
20. James A. Garfield, Rep.	1881
21. Chester A. Arthur, Rep.	1881–1885
22. S. Grover Cleveland, Dem.	1885–1889
23. Benjamin Harrison, Rep.	1889–1893
24. S. Grover Cleveland, Dem.	1893–1897
25. William McKinley, Rep.	1897–1901
26. Theodore Roosevelt, Rep.	1901–1909
27. William H. Taft, Rep.	1909–1913
28. T. Woodrow Wilson, Dem.	1913–1921
29. Warren G. Harding, Rep.	1921–1923
30. Calvin Coolidge, Rep.	1923–1929
31. Herbert C. Hoover, Rep.	1929–1933
32. Franklin D. Roosevelt, Dem.	1933–1945
33. Harry S. Truman, Dem.	1945–1953
34. Dwight D. Eisenhower, Rep.	1953–1961
35. John F. Kennedy, Dem.	1961–1963
36. Lyndon B. Johnson, Dem.	1963–1969
37. Richard M. Nixon, Rep.	1969–1974
38. Gerald R. Ford, Rep.	1974–1977
39. James E. Carter, Dem.	1977–1981
40. Ronald W. Reagan, Rep.	1981–1989
41. George Bush, Rep.	1989–1993
42. Bill Clinton, Dem.	seit 1993

Rep.: Republikaner; Dem.: Demokrat

Der republikan. Präs. R. W. Reagan (1981–89), der bei seinem Amtsantritt ein Programm der „nat. Erneuerung Amerikas" verkündete, verfolgte zunächst eine Politik der strikt antikommunist. ausgerichteten äußeren Stärke und Aufrüstung (u. a. ↑SDI, Aufstellung amerikan. Mittelstreckenraketen in Westeuropa) und betonte die Rolle der USA als Ordnungsmacht in Mittelamerika (u. a Invasion in Grenada 1983, Unterstützung der Contras gegen das sandinist. Nicaragua). Reagans wirtschaftspolit. Konzept (sog. Reaganomics), das auf den Abbau staatl. Regulierungen und eine Anregung des privaten Sektors zielte, wurde durch die beträchtl. Erhöhung der Militärausgaben, die trotz drast. Sparmaßnahmen bes. im Bereich der Sozialausgaben einen sprunghaften Anstieg der Staatsverschuldung zeitigten, überlagert. In seiner 2. Amtszeit suchte Reagan einen Ausgleich mit der Sowjetunion zu erreichen, der durch die 1985 begonnene sowjet. Reformpolitik unter M. S. Gorbatschow und den Abzug der sowjet. Truppen aus Afghanistan (1988/89) möglich wurde. Nach mehreren amerikan.-sowjet. Gipfeltreffen seit 1985, in deren Mittelpunkt v. a. Fragen der Abrüstung standen, wurde mit der Unterzeichnung des INF-Vertrages zur Beseitigung der Mittelstreckenraketen beider Länder (8. Dez. 1987 in Washington, durch den Senat im Mai 1988 ratifiziert) erstmals ein Erfolg bei Abrüstungsinitiativen im Bereich der atomaren Waffen erzielt (nachfolgend Abbau der in Deutschland stationierten amerikan. Cruise-Missile- und der sowjet. SS-20-Stellungen). Für eine nachhaltige Schwächung der Position Präs. Reagans sorgte 1987 die Iran-Contra-Affäre („Irangate") um den von Reg.beamten organisierten geheimen Waffenhandel mit dem Iran zur Finanzierung der nicaraguan. Contras.

Bei den Präsidentschaftswahlen im Nov. 1988 konnte sich der republikan. Vizepräs. G. Bush gegen den Demokraten M. Dukakis durchsetzen und trat im Jan. 1989 sein Amt als 41. Präs. der USA an. Durch eine militär. Intervention in Panama im Dez. 1989 wurde der Machthaber General Noriega gestürzt, gefangengenommen und in den USA wegen Rauschgifthandels verurteilt. Im 2. ↑Golfkrieg (17. Jan. bis 28. Febr. 1991) stellten sich die USA an die Spitze einer multinat. Militärkoalition, die die Räumung Kuwaits durch Irak durchsetzte. Präs. Bush führte daneben die Annäherung an die Sowjetunion fort (Juli 1991 Unterzeichnung des START-Vertrages in Moskau). Nach deren Auflösung zielte die Politik der USA gegenüber den in der GUS zusammengeschlossenen Nachfolgestaaten der Sowjetunion, insbes. gegenüber Rußland, auf die Verwirklichung bereits vereinbarter Abrüstungsschritte und ihre Weiterführung (START-II-Vertrag im Jan. 1993); des weiteren suchten die USA durch Gewährung umfangreicher wirtsch. Hilfen an der Konsolidierung der GUS-Staaten mitzuwirken. Ihre militär. Präsenz in Asien und Europa begannen die USA 1991 zu verringern (Räumung von Stützpunkten, einsetzender Abzug der Atomwaffen). Innenpolitisch sah sich Präs. Bush mit enormen, z. T. aus der Amtszeit Reagans überkommenen wirtsch. und sozialen Problemen (blutige Unruhen in Los Angeles im Mai 1992, Bildungsnotstand) konfrontiert, die ausschlaggebend für den Wahlsieg des Gegenkandidaten der Demokrat. Partei, B. Clinton, bei den Präsidentschaftswahlen im Nov. 1992 wurden. Nach seinem zunächst von euphor. Erwartungen begleiteten Amtsantritt am 20. Jan. 1993 bemühte sich Präs. Clinton, aktiv unterstützt von seiner Ehefrau Hillary, um Programme zur wirtsch. Konsolidierung und innenpolit. Reform; außenpolitisch folgte er überwiegend den von seinem Vorgänger festgelegten Leitlinien.

Politisches System

Die USA sind eine präsidialdemokrat. Republik mit bundesstaatl. Verfassung. Die Verfassung vom 17. Sept. 1787, ergänzt durch 26 Verfassungszusätze („amendments"), enthält einen Grundrechtskatalog (Bill of Rights) und sieht Gewaltenteilung („separation of powers") und Gewaltenbalance („checks and balances") vor.

Die *exekutive Gewalt* des Bundes liegt beim Präs., der zugleich Staatsoberhaupt, Reg.chef und Oberbefehlshaber der Streitkräfte ist. Er wird zus. mit dem Vizepräs. durch Wahlmänner für 4 Jahre gewählt (seit 1951 einmalige Wiederwahl zulässig). Der Wahlvorgang ist mehrstufig: Zunächst werden die Wahlmänner in den Einzelstaaten in allg. und direkter Vorwahl ermittelt. Jedem Staat stehen soviel Wahlmänner zu, wie er Abg. in den Kongreß (Repräsentantenhaus und Senat) entsendet. Die Präsidentschaftskandidaten werden im Sommer des Wahljahres von den nat. Parteikonventen nominiert. Die Wahlmänner sind in den nat. Präsidentschaftswahlen auf den Kandidaten ihrer Partei verpflichtet.

Der Präs. ernennt mit Zustimmung des Senats die Mgl. der Reg. sowie der obersten Bundesbehörden; er vertritt die USA nach außen, hat das Recht, mit Zustimmung des Senats Verträge zu schließen und hat gegenüber Beschlüssen des Kongresses ein suspensives Vetorecht. Formal steht ihm kein Recht auf Gesetzesinitiative zu, er kann dem Kongreß jedoch Maßnahmen zur Beratung empfehlen. Der Präs. ist dem Kongreß nicht verantwortlich und kann ebenso wie der Vizepräs. nur auf dem Wege der Anklage wegen Verfassungs- und Rechtsverletzungen abgesetzt werden. Wichtigste Funktion des Vizepräs. (neben dem Vorsitz im Senat und der Vertretung des Präs. bei Missionen im Ausland) ist die Amtsnachfolge im Falle des Todes, Rücktritts oder der Amtsenthebung des Präsidenten. Dem Kabinett, einem beratenden Gremium, gehören der Präs. und der Vizepräs., die Leiter der Ministerien (Departements) sowie andere vom Präs. ausgewählte hohe Beamte und persönl. Berater an. Dem Präs. unmittelbar unterstellt ist das Executive Office of the President, das aus verschiedenen selbständigen Einheiten besteht: Das White House Office umfaßt u. a. die persönl. Assistenten und Berater des Präs. und den Personalchef (Chief of Staff); das Office of Management and Budget ist v. a. für den Bundeshaushalt verantwortlich; der Nat. Sicherheitsrat (National Security Council), 1947 zunächst als Koordinierungsorgan für alle mit der Verteidigungspolitik zusammenhängenden Fragen geschaffen, fungiert als zentrale Instanz außenpolit. Entscheidungsprozesse. Ihm gehören neben Präs. und Vizepräs. der Außen- und der Verteidigungsmin., der Vors. der Vereinigten Stabchefs der Streitkräfte, die Direktoren des Amtes für Notstandsplanung und des CIA an.

Die *Legislative* liegt beim Kongreß (Congress of United States), bestehend aus Senat (100 Mgl., für 6 Jahre gewählt) und Repräsentantenhaus (House of Representatives; 435 Abg., für zwei Jahre gewählt).

Senat und Repräsentantenhaus sind im wesentlichen gleichberechtigt; jede Gesetzesvorlage bedarf der Zustimmung beider Kammern. Während das Repräsentantenhaus das Budgetinitiativrecht genießt, hat der Senat Vorrechte in der Exekutive durch Mitwirkung bei der Besetzung von Stellen in der Bundesreg. und -verwaltung sowie beim Abschluß internat. Verträge, die der Zweidrittelmehrheit bedürfen. Jede Gesetzesvorlage und Entschließung des Kongresses wird dem Präs. zugeleitet und erhält Rechtskraft, wenn dieser sie unterzeichnet. Legt der Präs. sein Veto ein, müssen beide Häuser des Kongresses die Vorlage nochmals – nunmehr mit Zweidrittelmehrheit – beschließen, damit sie rechtskräftig wird. Das schärfste Kontrollinstrument des Kongresses gegenüber der Exekutive ist das Amtsanklageverfahren (↑ Impeachment).

Die *Parteien* sind in der Verfassung nicht erwähnt, doch haben alle Einzelstaaten Parteiengesetze erlassen. Die USA haben ein Zweiparteiensytem, das bestimmt wird von der Demokrat. Partei (Democratic Party) und der Republikan. Partei (Republican Party). Kleinere, nicht im Parlament vertretende Parteien sind politisch ohne Bedeutung. Im Unterschied zu den europ. sind die amerikan. Parteien keine Mitglieder- und Programmparteien, sondern Wählerparteien, deren Wirken im wesentlichen von den zahlr. Wahlen bestimmt wird (auf lokaler und Bundesebene Existenz von rd. 500 000 Wahlämtern). Die Parteien sind gleichsam lockere Wählerkoalitionen ohne feste Mitgliedschaft und hauptamtl. Apparat. Obgleich sich in beiden großen Parteien progressive, gemäßigte und konservative Politiker finden und zw. den Parteien keine ideolog. Konflikte vorherrschen, lassen sich doch unterschiedl. polit. Tendenzen feststellen. Mit allen Vorbehalten können die Demokraten als eher staatsinterventionistisch und wohlfahrtsstaatlich orientiert bezeichnet werden. Gewählt werden die Demokraten v. a. in den großen Städten von den weniger wohlhabenden Schichten, von Gewerkschaftsangehörigen, Einwanderern, Schwarzen, Intellektuellen, Katholiken und Juden. Die konservativeren Republikaner finden ihre Wähler v. a. unter den Vermögenden, der Mittelschicht, den wohlhabenden Farmern und den Protestanten brit. Herkunft. Angesichts dieses Parteisystems ist ein zunehmender Einfluß von Interessengruppen (Political Action Committees) auf die Politiker zu verzeichnen. Die größten Unternehmerorganisationen sind die Chamber of Commerce of the United States (Handelskammer), die National Association of Manufacturers (Nat. Fabrikantenverband) und die American Management Association. Die wichtigsten landw. Interessenverbände auf nat. Ebene sind die National Grange und die National Farmers Union. Rund 20 Mill. Arbeitnehmer sind in den ↑ *Gewerkschaften* organisiert, denen es v. a. um höhere Löhne und bessere Arbeitsbedingungen im Rahmen des privatwirtschaftl. Systems geht.

Die *bundesstaatl. Ordnung:* Die amerikan. Verfassung enthält nur wenige Bundeskompetenzen, v. a. auf den Gebieten der Steuer-, Wirtschafts-, Zoll- und Verteidigungspolitik. Doch wuchs mit der Ausbildung des modernen Ind.- und Sozialstaates auch die Zentralgewalt gegenüber den Einzelstaaten. Die polit. Struktur der Einzelstaaten stimmt mit der des Bundes weitgehend überein. Die Legislative liegt in allen Staaten (Nebraska nur eine Kammer) bei einem Zweikammerparlament. Die Exekutive ruht in der Hand eines Gouverneurs, der in allg. und direkten Wahlen vom Volk gewählt wird. Die *Verwaltung* ist stark durch Föderalismus und Dezentralisierung (kommunale Selbstverwaltung) geprägt. Die Einzelstaaten sind in Counties unterteilt, denen außer einigen Großstädten alle Gemeinden angehören. Kennzeichnend ist der Dualismus der Verwaltung, d. h. Bundesgesetze werden durch bundesstaatl. Verwaltung und einzelstaatl. Gesetze durch einzelstaatl. Verwaltung ausgeführt.

Das amerikan. *Gerichtswesen* ist dualistisch; die Einzelstaaten und der Bund besitzen jeweils voll ausgebildete Gerichtssysteme. Die Zuständigkeit der Bundesgerichte erstreckt sich auf das Bundesrecht sowie auf alle Rechtsfälle, in denen die USA, mehrere Einzelstaaten, Einwohner verschiedener Einzelstaaten oder ausländ. Personen Partei sind. Die einzelstaatl. Rechtsprechung steht in der Tradition des ↑ Common Law. Die Gerichtsbarkeit der Einzelstaaten besteht aus 4–5 Instanzen mit einem Obersten Gericht an der Spitze. Die ordentl. Richter werden durch Volkswahl, parlamentar. Wahl oder Ernennung durch den Gouverneur berufen. Die Gerichtsorganisation des Bundes ist dreistufig mit Distriktgerichten erster Instanz, Appellationsgerichten und dem Obersten Gerichtshof. Daneben existieren für bestimmte Bereiche eingesetzte Gerichte, z. B. für das Steuer-, Zoll-, Patentwesen und die Kriegsgerichtsbarkeit. Alle Bundesrichter werden vom Präs. mit Zustimmung des Senats auf Lebenszeit ernannt. Der Oberste Gerichtshof nimmt eine Schlüsselstellung ein. Er ist nicht nur letzte Instanz der Bundesgerichtsbarkeit, sondern hat als Verfassungsgericht das Recht, die Gesetze der Einzelstaaten und des Bundes in konkreten Rechtsfällen auf Verfassungsmäßigkeit zu überprüfen. Eine eigene Verwaltungsgerichtsbarkeit gibt es nicht.

Dem Präs. als Oberbefehlshaber der *Streitkräfte* unterstehen der Verteidigungsmin. und die Vereinigten Stabschefs (Joint Chiefs of Staff), die beiden wichtigsten Entscheidungszentren des Verteidigungsministeriums (Pentagon). Seit 1973 ist der Militärdienst freiwillig. Die *Streitkräfte* der USA umfassen (1992) rd. 2,01 Mill. Soldaten (Heer rd. 731 700, Luftwaffe rd. 517 400, Marine rd. 570 500, Marinekorps rd. 194 000). Die strateg. Atomstreitkräfte umfassen die atomgetriebenen Raketen-U-Boote der Flotte, das strateg. Luftkommando und die Luftverteidigungseinrichtungen. Als Heeresreserve dient die Nationalgarde mit einer Stärke von 446 700 Mann, eine Art Bürgerwehr, die dem Bund untersteht und von diesem unterhalten wird.

USA, Kunst, die Kunst in den Vereinigten Staaten wird mit ihrer Unabhängigkeitserklärung von 1776, deren Voraussetzung die europ. Kunst bzw. ihre Übernahme im Kolonialstil bildete und deren Entwicklung bis ins 20. Jh. weitgehend von Europa abhängig blieb. Seit Mitte des 20. Jh. bed. Rückwirkungen der amerikan. Kunstszene auf Europa.

Architektur: Der Wohn- und Repräsentationsbau in den USA wurzelt in den Kolonialstilen. Indian. Elemente (Lehmziegel [Adobe], abgerundete Ecken und fensterlose Fassaden) gingen in die im S und an der W-Küste verbreitete span. Kolonialarchitektur ein, z. B. beim Palace of the Governors (1610–14, heute Museum of New Mexico) in Santa Fe. Der Kolonialstil an der O-Küste ist vom engl. und niederl. Klassizismus (Palladianismus) geprägt. V. a. entstanden Holzhäuser, z. T. mit Backsteinfassaden. Beispiele für die städt. Wohnhausarchitektur des 18. Jh. haben sich u. a. in Salem (Mass.) und in Philadelphia erhalten, wo auch als frühes Beispiel repräsentativer öff. Bautätigkeit das Pennsylvania State house 1732, die spätere Independence Hall, entstand (Georgian style). In Virginia und Carolina wurden nach engl. Vorbild Landhäuser im Georgian style gebaut (Backsteinbauten mit hellen Fenster- und Türrahmen). Die New Yorker Wohnhäuser waren vierstöckig, meist mit Außentreppen (niederl. Einfluß). Neben den öff. Gebäuden im klassizist. Repräsentationsstil (Kapitol in Washington, 1793 ff. und 1850 ff.) entstanden im 19. Jh. Kirchen im neugot. Stil („gothic revival"). Der amerikan. Wolkenkratzer nahm seinen Ausgang mit vorbildl. Verwaltungshochhäusern in der Schule von Chicago (J. W. Root, L. H. Sullivan). An den Landhausstil knüpfte der moderne Villenstil von F. L. Wright an. Großen Einfluß auf alle Gatt. der Architektur gewannen die europ. Vertreter funktionalen Bauens (W. Gropius, L. Mies van der Rohe, E. Mendelsohn, R. Neutra, Le Corbusier, A. Aalto) während und v. a. nach dem 2. Weltkrieg, als eine erhöhte Bautätigkeit einsetzte. Zu den bekanntesten Architekturbüros zählt Skidmore, Owing & Merrill, für die u. a. G. Bunshaft tätig war. Außerdem sind L. J. Kahn, E. Saarinen, P. Rudolph und I. M. Pei bes. hervorzuheben, in jüngster Zeit P. C. Johnson, R. Venturi, C. W. Moore, H. Jahn und R. A. Meier.

Plastik: Neoklassizist. Stiltendenzen bestimmten die Marmorfiguren und -porträts des 19. Jh., bis um 1870 realist. Tendenzen aufkamen, wobei als Material nun Bronze bevorzugt wurde (A. Saint-Gaudens). 1895 wurde F. S. Remington mit dramatisch bewegten Reiterbildern (Western art) berühmt. In den 1930er Jahren kamen u. a. die Kubisten und Konstruktivisten A. Archipenko, N. Gabo, J. Lipchitz, L. Moholy-Nagy in die USA. A. Calder (Mobiles) wurzelte ebenfalls in europ. (frz.) Kunst, mittelbar war auch David Smith von ihr beeinflußt (Picasso, Gonzáles). Er gab im Unterschied zu I. Noguchi die organ. zugunsten einer streng geometr.-kub. Formenwelt auf. Es folgten die Vertreter der Minimal art, der Objektkunst (L. Nevelson), der Pop-art und des Environments (G. Segal, D. Hanson, C. Oldenburg, E. Kienholz), die ihrerseits z. T. wesentlich die europ. Kunst beeinflußten.

In der **Malerei** entfaltete sich seit Mitte des 17. Jh. eine naive Porträtkunst, die sich zunehmend am europ. Geschmack orientierte, die bedeutendsten Porträt- und Historienmaler des 18. Jh. (J. S. Copley, B. West, G. Stuart, J. Trumbull) gingen nach England. Im 19. Jh. entwickelte sich neben naiver Kunst eine von der europ. Malerei (dt. Romantik) beeinflußte bed. Landschaftsmalerei; schulebildend v. a. T. Cole (↑ Hudson River School). Romant. Abenteuergeist prägte die ↑ Western art, wachsendes Geschichtsbewußtsein das Historienbild (S. E. B. Morse, E. G. Leutze). Als Begründer des amerikan. Stillebens gilt R. Peale. Von der frz. Freilichtmalerei waren W. M. Hunt, G. Inness und W. Page beeinflußt, Hauptvertreter einer realist. Konzeption (Landschaft, Genre) war W. Homer. Realist. Porträts schufen T. Eakins und J. S. Sargent. Die erste Begegnung mit moderner Kunst des 20. Jh. vermittelte 1913 die ↑ Armory Show. Vor und nach dem 2. Weltkrieg erlangte die amerikan. Kunst internat. Geltung, zunächst v. a. durch die Einflüsse europ. Emigranten (Dada in New York); seit den 1950er Jahren gingen uIt. avantgardist. Strömungen von den USA aus und prägten auch die europ. Kunstentwicklung: abstrakter Expressionismus ([Action painting] J. Pollock, W. De Kooning), Happening (A. Kaprow), Farbfeldmalerei (K. Noland, H. Frankenthaler, Ad Reinhardt, M. Rothko), Pop-art (R. Lichtenstein, A. Warhol), Photorealismus (H. Kanovitz, R. Estes), Konzeptkunst (J. Kossuth, Arakawa) und Land-art (D. Oppenheim, Christo, R. Smithson), Videokunst (B. Naumann, D. Graham). Neben New York etabliert sich eine bed. Kunstszene in Los Angeles. – Das künstler. Schaffen afro-amerikan. (C. White), indian. u. a. ethn. Minderheiten bildet einen wesentl. Teil der Kunstlandschaft in den USA. – Abb. S. 130/131.

USA, Literatur, die Literatur der USA ist durch die Aufnahme europ. Kulturgutes wesentlich bestimmt. Schneller als in anderen Nationalliteraturen führte ihre Entwicklung zu internat. Rang.

Koloniale Phase (1607–1763): Die geistige und kulturelle Entwicklung war v. a. vom Puritanismus geprägt. Ab 1650 entstand im S der USA zunächst wiss. und beschreibende Prosaliteratur (Chroniken, Reise- und Entdeckungsberichte), im N ein reichhaltiges histor. Schrifttum sowie Memoiren, Predigt- und Traktatliteratur (u. a. C. Mather, J. Edwards); Tagebuch und Autobiographie waren charakterist. Ausdrucksformen von W. Penn, J. Woolman, T. Shepard. Erste weltl. Dichterin des Puritanismus wurde A. Bradstreet. Der Aufklärung verhalf B. Franklin zum Durchbruch.

Nationale Konstitutionsphase (1763 bis um 1850): Geistige Wegbereiter der Unabhängigkeit waren T. Paine und J. Dickinson (* 1732, † 1808). Die Zeit von 1760–90 wurde zur Blütezeit polit. Prosaschriften insbes. von T. Jefferson, J. Adams und A. Hamilton. Eine eigenständige nat. Dichtung wurde zuerst von der akadem. Dichterschule der „Hartford Wits" um T. Dwight angestrebt. Mit den Schauerromanen C. B. Browns gewann das Genre des Romans an literar. Gewicht. M. G. J. de Crèvecœurs Darstellungen der Revolutionszeit begründeten in Europa das romant. Amerikabild. Erster eigenständiger Lyriker war der Frühromantiker P. M. Freneau. Bahnbrechend für die Entstehung einer amerikan. romant. Tradition wurde J. F. Cooper; mit seinen „Lederstrumpf"-Erzählungen bildete sich eine neue Gatt. amerikan. histor. Romane heraus. Meister literar. Kurzformen und Begründer der Short story wurde W. Irving; ihre theoret. Grundlage erhielt diese durch E. A. Poe, der sie auch zur formalen Vollkommenheit entwickelte. Bed. Erzähler sind auch R. M. Bird und W. G. Simms. Als Lyriker übte bes. E. A. Poe starken Einfluß auf die frz. Symbolisten aus. Die etwa gleichzeitig mit der Romantik einsetzende Bewegung des neuengl. Transzendentalismus (1836–60; S. M. Fuller, R. W. Emerson, H. D. Thoreau) gab der Literatur der USA eine völlig neue Richtung.

Prämoderne (1850–1917): In den Romanen und Geschichten N. Hawthornes und H. Melvilles wurde das puritan. Erbe kritisch bewertet. W. Whitman wurde zum Wegweiser der amerikan. Lyrik. Auf Grund der rücksichtslosen wirtsch. Expansion waren die gesellschaftl. Konflikte vorprogrammiert, die in der lebensnahen Wiedergabe der Situation der Schwarzen (H. Beecher-Stowe), der kaliforn. Goldgräbersiedlungen (B. Harte) und in der Berücksichtigung regionaler Aspekte (u. a. H. Frederic) Eingang in den realist. Roman fanden. W. D. Howells und Mark Twain machten die Beschreibung menschl. Schwächen zur Grundlage einer moral. Einflüssen orientierten Gesellschaftskritik. Im nachfolgenden Naturalismus wurde der Mensch als Produkt von Erbanlagen und Milieu gezeigt und wurden die Schwächen der menschlichen Natur und der bürgerlichen Gesellschaft dargestellt. Hauptvertreter der Prosa: H. Garland, S. Crane, A. G. Bierce, F. Norris, J. London. Ein Vertreter des soziolog.-utopist. Romans war E. Bellamy. Bed. Lyrik verfaßten E. Dickinson, S. Lanier, J. G. Whittier. Europ. Traditionen verpflichtet waren u. a. H. W. Longfellow und J. R. Lowell. Erste Dramatiker der USA waren J. A. Herne (* 1839, † 1901), D. Belasco (* 1859, † 1931), C. W. Fitch (* 1865, † 1909); die Dramen von W. V. Moody (* 1869, † 1910) leiteten vom kommerziellen zum Experimentierdrama über.

Moderne (1917–1950): Nach dem 1. Weltkrieg erfolgte ein intensiver Kulturaustausch mit Europa (u. a. E. Pound, T. S. Eliot, G. Stein). Im *Roman* wurde die sozialkrit. Komponente durch die Darstellung grotesker Gestalten (S. Anderson) oder die satir. Spiegelung der Gesellschaft (S. Lewis) modernisiert. In den 20er Jahren setzte eine Konzentration auf die existentielle Befindlichkeit des Menschen ein, die F. S. Fitzgerald am „Jazz age", E. Hemingway an der Desillusionierung der Nachkriegszeit, W. Faulkner an der Desintegration der Südstaatenkultur, T. Wolfe an der Sehnsucht nach Alleinsein und H. Miller an der Sexualität sichtbar machte. Die Komplexität moderner Existenz fand ihre Entsprechung in der Überlagerung verschiedener Zeitebenen (Faulkner), in der Montagetechnik (J. Dos Passos). Für die Radikalisierung der Sozialproblematik in den 30er Jahren, der sog. „roten Dekade", stehen stellvertretend die verzweifelten Menschen bei J. Steinbeck, J. T. Farrell, E. Caldwell und R. Wright. Eine Radikalisierung der grotesken und absurden Weltsicht zeigte sich in der Pervertierung des „American dream" (N. West), in den Kriegsromanen J. Jones, N. Mailer und J. Hawkes kurz vor und nach dem 2. Weltkrieg sowie in den zur grotesken Welt verkommenen Bildern der Südstaatenkultur (C. McCullers, F. O'Connor, A. Tate, R. P. Warren) und der schwarzen Existenz (R. W. Ellison). Die weitere Entwicklung einer feminist. Frauenliteratur zeigt sich v. a. in den Werken von D. Barnes,

USA, Literatur

E. Ferber, D. Parker, J. West und A. Nin. In der *Lyrik* begann die Moderne mit Pounds 1912 begründeter Bewegung des ↑Imagismus sowie mit der Zeitschrift „Poetry" (hg. v. H. Monroe), in der zunächst imagist. Gedichte von H. Doolittle, A. Lowell, J. G. Fletcher und C. P. Aiken erschienen. Dieser z. T. esoter. Dichtung, die H. Crane und W. Stevens durch eigene symbolist. Entwürfe und amerikan. Schauplätze ergänzten, standen traditionelle Formen bei V. Lindsay, C. Sandburg, R. L. Frost und E. A. Robinson gegenüber. Experimentelle Dichtungen schrieben E. E. Cummings, M. Moore sowie W. C. Williams und L. Zukofsky. Weitere bed. Lyriker sind R. Jeffers, E. V. Millay, S. V. Benét, William Rose Benét, R. Jarrell, D. Schwartz, die Vertreter des ↑New criticism K. Shapiro, D. Ignatow, S. Kunitz und R. Wilbur. Die afroamerikan. Literatur trat in den 20er und 30er Jahren v. a. auf dem Gebiet der Lyrik und des Dramas hervor. Ausgehend von den Spirituals und den Rhythmen des Blues entwickelte sich eine selbständige, auf die Identifikation mit der Rasse zielende Poesie bei P. L. Dunbar, J. W. Johnson, C. Cullen, L. Hughes, C. McKay, J. Toomer und Margaret Walker. Auf dem Gebiet des *Dramas* begann eine Neuorientierung mit der Aufführung moderner europ. Stücke durch avantgardist. Schauspieltruppen (u. a. Provincetown Players, 1915–29). Die Rezeption des expressionist. und symbolist. Dramas in George Pierce Bakers (*1866, †1935) „47 Workshop" an der Harvard University förderte Talente wie E. O'Neill, der europ. Theaterformen weiterentwickelte. Die amerikan. Version des ep. Theaters vertritt T. Wilder. Das politisch engagierte Drama repräsentieren E. Rice, J. H. Lawson, R. Sherwood, C. Odets, A. Maltz, S. Kingsley, I. Shaw, L. Hellman. An die Stelle komödienhafter Gesellschaftsstücke traten Musicals. Psycholog. Charakteranalyse und schonungslose Offenlegung des Glaubens an den „American dream" verband A. Miller mit sozial-eth. Engagement bei der Darstellung der Mittelklasse. E. Albee schuf mit seinen Stücken eine amerikan. Version des absurden Theaters; L. Hughes, R. Wright, J. Baldwin und L. Hansberry vertreten das afroamerikan. Theater.

Postmoderne (seit 1950): In der Lyrik zeigt sich der Übergang vom formorientierten Modernismus zum postmodernen Spiel bei den als Avantgarde begriffenen Vertretern der 50er und 60er Jahre: F. O'Hara, K. Koch, W. S. Merwin, J. Ashbery, C. Olson, R. Creeley, R. Duncan, A. Ginsberg, K. Rexroth, J. Wieners, G. S. Snyder, G. Corso. Unter dem Eindruck der Bürgerrechts- und Anti-Vietnam-Bewegung

USA, Kunst

Links: John Singer Sargent, Edward Darley Boits Töchter, 1882 (Boston, Museum of Fine Arts). Rechts: Thomas Cole, Der Ochsenbogen des Connecticut River, 1836 (New York, The Metropolitan Museum of Art)

Links: John Singleton Copley, Watson und der Hai, 1778 (Boston, Museum of Fine Arts). Rechts: Ned Smyth, Reverent Grove, Zementguß mit Pigmenten, 1978 (St. Thomas, U.S. Virgin Islands)

USA, Literatur

wurde Lyrik zum Mittel polit. Protests sowie ethn. Identifikation. E. Bishop, J. Merrill, Ashbery, R. Lowell, A. Sexton, D. Wakoski, W. D. Snodgrass und A. Goldbarth bestimmten die 70er Jahre. Zur jüngeren Generation gehören Frank Bidart, R. Pinsky, L. Glück, A. R. Ammons und D. Smith. Im Drama verlief die Entwicklung zu den subjektiven Visionen eines poet. Theaters, wobei private Kleinbühnen (↑ Off-Broadway) mit den kommerziellen Interessen der Broadway-Bühnen konkurrierten. Polit. Intentionen verfolgten v. a. L. Jones, E. Bullins, C. Fuller, Hansberry und L. Valdes. D. Rabe schilderte die Auswirkungen des Vietnamkrieges auf die persönl. Situation, L. Wilson die heuchler. Moral, D. Mamet die Verdinglichung zwischenmenschl. Beziehungen. Formal radikal-innovativ, praktizierten die avantgardist. Theaterensembles (↑ Off-Off-Broadway) die Aufhebung der Grenze zw. Theater und Leben, die zu Gesamtkunstwerken wie „Paradise now!" (1968; Living Theatre) führte. Die vollkommene Auflösung von Figuren und Handlung war die Voraussetzung für R. Foremans, L. Breuers und R. Wilsons „Theatre of images".

In traditionell erzählten Romanen bieten S. Bellow, I. B. Singer, B. Malamud und P. Roth ihre existentiell-humanist. Anliegen dar; amerikan. Geschichte oder modernen Alltag schildern M. McCarthy, W. Percy, J. D. Salinger, K. Vonnegut, J. Purdy, G. Vidal, E. L. Doctorow, J. Updike, T. Robbins, J. C. Oates, J. Irving. Bei den Afroamerikanern I. Reed und C. Major, den Indianern N. S. Momaday und L. M. Silko sowie dem Chicano R. A. Anaya verbindet sich das Thema der Identitätssuche mit phantast. Elementen. Die parodist. Auseinandersetzung mit Krieg, Gewalt, Drogen und Sex als universellen Phänomenen (J. Kerouac, W. S. Burroughs, H. Selby, V. Nabokov, J. Hawkes, J. Heller, W. Styron, J. N. Kosinski, W. Abish, R. Coover, T. Pynchon) zus. mit autobiograph. Thematik sowie der Unmöglichkeit des Erzählens angesichts des Verlustes von Subjektivität und log. Handlungszusammenhängen (J. Barth, D. Barthelme, W. Gaddis, W. H. Gass, R. Federman, S. Katz, G. Sorrentino, R. Sukenick) werden zu den beherrschenden Themen der postmodernen Fiktion. Prosa als Verschmelzung von Fiktion und journalist. Tatsachenbericht liefert T. Capote. Die Erneuerung realist. Prosa leitete in den 80er Jahren schließlich neorealist. Tendenzen im Roman, dem wichtigsten literar. Medium der Gegenwart, ein (P. Auster, R. Carver, R. Ford, J. McInerney, T. Wolfe); seit den 70er Jahren etablierten sich daneben zunehmend gesellschaftspolit. engagierte Strömungen.

 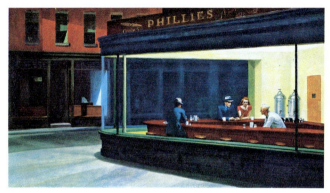

Links: John Ahearn, Luis mit Bißwunde an der Stirn, bemalter Gipsguß (Privatbesitz). Rechts: Edward Hopper, Nighthawks, 1942 (Chicago, Art Institute)

Links: Thomas Hart Benton, Boom Town, 1928 (Rochester, N.Y., Memorial Art Gallery of the University of Rochester). Rechts: Claes Oldenburg, Herrenjacke mit Oberhemd und Krawatte, 1961 (Köln, Museum Ludwig)

USA, Musik

Gleichzeitig bildete sich in den 1970 und 80er Jahren eine feminist. Schreibweise heraus, die traditionelle Kulturwerte mit phantast. Elementen zur Lösung von Gegenwartsproblemen verbindet (T. Morrison, A. Walker, C. Ozick, E. Welty, A. Tyler) und polit. Engagement zur Verbesserung der gesellschaftl. Rolle der Frau (R. Adler, J. Didion, E. Hardwick, S. Sontag, E. Jong, K. Millett, T. Olsen, U. Le Guin, M. Piercy, J. Russ) einsetzt. – ↑afroamerikanische Literatur, ↑schwarzafrikanische Literatur.

USA, Musik, charakteristisch ist der Reichtum an verschiedenartiger Volksmusik. Einerseits bewahrten die ethn.-nat., sozialen oder religiösen Gruppen der Einwanderer ihre kulturelle Eigenständigkeit, andererseits vermischten sich ihre unterschiedl. Musikarten. Während die Musik der indian. Ureinwohner (↑indianische Musik) fast ohne Einfluß blieb, erwies sich die ↑afroamerikanische Musik, zumal der ↑Blues und seine Weiterentwicklungen, als sehr fruchtbar. Elemente dieser Folklore wiederum gingen ständig in die populäre Musik ein, die seit dem 1. und verstärkt seit dem 2. Weltkrieg die internat. Unterhaltungsmusik beherrscht. Demgegenüber fällt der Beitrag der USA zur Kunstmusik erst seit dem 2. Weltkrieg ins Gewicht.

Die Musik der puritan. Siedler in Neuengland beschränkte sich auf metr. Psalmengesänge („Bay Psalm Book", 1640). Mehrstimmige Psalmenkompositionen brachte der Bostoner W. Billings (* 1746, † 1800) ab 1770 heraus. In den Städten entfaltete sich nach engl. und dt. Muster ein gehobenes bürgerl. Musikleben; ein Zentrum war seit etwa 1755 Philadelphia (A. Reinagle [* 1756, † 1809]; F. Hopkinson [* 1737, † 1791]). Nach 1800 wurden unter starker dt. Beteiligung (L. Damrosch [* 1832, † 1885] und W. Damrosch [* 1862, † 1950]) Musikgesellschaften, Chöre, Orchester gegründet. – Seit etwa 1800 bildete sich das ↑Negro Spiritual und die Minstrel show (↑Minstrel) als eine spezif. US-amerikan. Form heraus. Ein bed. Komponist dieser Sphäre war S. Foster. Zu den ersten afroamerikan. Komponisten zählt der Ragtime-Pianist S. Joplin. Kreol. Volksmusik verarbeitete L. M. Gottschalk (* 1828, † 1869). – An klass.-romant. Traditionen orientierten sich die „Bostoner Klassizisten" (A. Foote, G. Chadwick, H. Parker, E. A. MacDowell [* 1861, † 1908]). Nach dem Vorbild der neueren europ. Schulen bezogen dagegen die „Amerikanisten" folklorist. Elemente ein, so J. A. Carpenter (* 1876, † 1951), W. G. Still (* 1895, † 1978), R. Harris, A. Copland, E. Bloch; sie leiten schon zur neuen Musik über. Spätromant. Traditionen verpflichtet sind u. a. W. Piston, E. Carter (* 1908), S. Barber. Zur sehr verbreiteten gemäßigten Moderne zählen u. a. C. T. Griffes (* 1884, † 1920), R. Sessions, V. Thomson, W. H. Schuman, L. Bernstein. Der bisher bedeutendste Komponist ist der universale C. Ives; ebenfalls eine Sonderstellung hat G. Gershwin, mit „Porgy and Bess" (1935) Schöpfer der US-amerikan. „Volksoper". – Als spezif. Form des amerikan. Musiktheaters entwickelte sich in den 1920er Jahren das ↑Musical, zu dessen Entfaltung u. a. auch K. Weill einen bed. Beitrag leistete. Die hinter der Musicalproduktion zurückstehende Oper förderten u. a. V. Thomson, M. Blitzstein (* 1905, † 1964; „The cradle will rock", 1937), S. Barber, G. C. Menotti. – Die durch den Nationalsozialismus seit 1933 ausgelöste Einwanderung europ. Komponisten wie A. Schönberg, H. Eisler, E. Toch, E. Křenek, P. Hindemith, D. Milhaud, I. Strawinski, B. Martinů, B. Bartók bestärkte bereits bestehende avantgardist. Bestrebungen: u. a. H. D. Cowell, G. Antheil und E. Varèse. Den stärksten Einfluß hatten der Neoklassizismus und Schönbergs Zwölftontechnik, u. a. bei G. Perle (* 1915) und M. Babbitt (* 1916). Eine Verschmelzung von Jazz und sinfon. Musik strebt u. a. G. Schuller an. Seit Mitte der 1950er Jahre wirkt J. Cage mit seinen anarchaist.-dadaist. Konzeptionen entscheidend auf die europ. Avantgarde. Oft stark unter seinem Einfluß stehen Komponisten wie L. Hiller (* 1924; Computerkompositionen), E. Brown (* 1926), M. Feldman, C. Wolff (* 1934) und F. Rzewski. Zu den Vertretern der ↑Minimal music gehören T. Riley (* 1935), La Monte Young (* 1935), S. Reich und P. Glass (* 1937). Neben diesen Komponisten, die im musikal. Schaffen der Gegenwart tonangebend sind, wären noch zu nennen G. H. Crumb (* 1929), M. Subotnick (* 1933), B. Rands (* 1934) und C. Wuorinen (* 1938).

Wie schon der ↑Ragtime überfluteten meist aus der afroamerikan. Kultur stammende Modetänze (Cakewalk, Onestep, Shimmy, Foxtrott, Charleston) seit Beginn des 20. Jh. Europa. Abgesehen vom ↑Jazz mit seiner relativ eigenständigen Entwicklung wurde der afroamerikan. Blues bes. fruchtbar; trotz der Konkurrenz der weißen, von Broadway-Musical und Hollywood-Filmmusik mitgeprägten angloamerikan. Schlagermusik setzten sich städt. Weiterbildungen (↑Rhythm and Blues) seit den 1940er Jahren in wachsendem Maß als Teil der populären Musik durch. Wie in den Rock'n'Roll seit der Mitte der 1950er Jahre gehen auch in die neuere Rockmusik (↑Rock) und die ↑Country-music v. a. des Mittelwestens und Südens immer wieder Elemente afroamerikan. städt. Folklore (↑Gospel, ↑Soul) ein. In letzter Zeit wird auch die Musik anderer farbiger Minderheiten (Salsa der Puertorikaner) oder exot. Folklore verwertet.

Uşak [türk. uʃak], türk. Stadt in Westanatolien, 900 m ü. d. M., 88 100 E. Hauptstadt der Prov. U. und deren Handelszentrum; Teppichherstellung.

Uşak [türk. uʃak] ↑Orientteppiche (Übersicht).

Usambaraveilchen [nach den Usambara Mountains in Tansania] (Saintpaulia), in O-Afrika heim. Gatt. der Gesneriengewächse mit rd. 20 Arten; kleine Stauden mit in Rosetten stehenden, rundl., meist fleischigen, weich behaarten Blättern und blauvioletten, fünfzähligen Blüten in Trugdolden; v. a. die Art **Saintpaulia ionantha** ist eine beliebte Zimmerpflanze mit zahlr. Sorten.

Usance [frz. yˈzãːs], Brauch, Gepflogenheit im Geschäftsverkehr.

Usbeken, Volk in Usbekistan (1989: 10,57 Mill.), in Tadschikistan (873 000), Kirgisien (426 000), Kasachstan (263 000), Turkmenistan (234 000), N-Afghanistan (1,6 Mill.) und W-China (13 000); spricht Usbekisch. Die U. sind Ackerbauern und Viehzüchter. Sie sind sunnit. Muslime. – Die aus Turkstämmen hervorgegangenen U. wurden nach Khan Usbek (Özbeg) der Goldenen Horde ben., die sie unter seiner Herrschaft (1313–41) einte; drangen um 1500 in Transoxanien ein und vermischten sich mit der dortigen türk. und z. T. iran. Bev.; begründeten die Khanate Buchara, Chiwa und Kokand; kamen im 19./20. Jh. unter russ. Herrschaft.

Usbekien ↑Usbekistan.

Usbekisch, zur südöstl. Gruppe der Turksprachen gehörende Sprache der Usbeken, Nachfolgesprache des ↑Tschagataiischen. Die wenig einheitl. Sprache zerfällt in eine nichtiranisierte Dialektgruppe (bis gegen 1940 Basis der Schriftsprache) und eine iranisierte Gruppe (Basis der heutigen Schriftsprache); die Schrift war bis 1928 arabisch, dann lateinisch, seit 1940 kyrillisch.

usbekische Kunst, älteste Kulturdenkmäler der im engen Zusammenhang zur Kultur der Völker M-Asiens stehenden u. K. gehen in das 3. Jt. v. Chr. zurück. Vom 3. Jh. v. Chr. bis zum 3./4. Jh. n. Chr. entstanden die Städte Samarkand, Termes, Tobrak-Kala mit Festungsanlagen, Palästen, Tempeln und Profanbauten; Reste von Wandmalerei und farbiger Tonplastik sind überliefert. Im 9./10. Jh. dominierten Ziegelgewölbe und Kuppeln (Afrasiab) bei Palästen und Mausoleen (Buchara, Mausoleum des Ismail Samani). Das Portal (Pischtak) war in der architekton. Blütezeit (11.–13. Jh.) Kompositionselement (Karawanserei Rabat-i-Malik). Die Miniaturmalerei hatte ihre Blütezeit im 14. Jh. in Samarkand mit Abd al Chaia, im 16./17. Jh. eben in Buchara mit M. Mussachchib. Für den Höhepunkt nach der Unterwerfung durch die Mongolen sind die reichen Bauten in Samarkand (Moschee der Bibi-Chanym 1399/1404, Mausoleum Gur-Emirs Anfang 15. Jh., Medrese des Ulug-Beg [vollendet 1420] im Ensemble des Registan-Platzes) und Buchara charakteristisch. Nach der Angliederung an Rußland mehrten sich in der Kunst Usbekistans europ. Einflüsse. Während des 2. Weltkriegs und danach spielte der Industriebau eine wichtige Rolle. 1918

Usambaraveilchen

Usbekistan

Usbekistan
Fläche: 447 400 km²
Bevölkerung: 20,3 Mill. E (1990), 45 E/km²
Hauptstadt: Taschkent
Amtssprache: Usbekisch, in der Autonomen Republik Karakalpakien Karakalpakisch
Währung: 1 Rubel = 100 Kopeken (vorgesehen: Sum)
Zeitzone: MEZ +3 Stunden

wurden das Museum für Bildende Kunst in Taschkent und die Kunstschule in Samarkand gegründet, 1919 folgte die Kunsthochschule in Taschkent; 1932 wurde der Verband bildender Künstler gegründet.

usbekische Literatur, früheste schriftl. Zeugnisse der sich auf einer reichen Volkstradition (v. a. Heldenepen) gründenden altusbek. Literatur entstammen dem 11. Jh.: „Das Wörterbuch der Turksprachen" und das didakt. Poem „Kutadgu bilig" (Ein Wissen, das glücklich macht) vermitteln ein eindrucksvolles Bild ma.-islam. Poesie. In der Prosa entstanden Traktate und Anthologien (Tazkira). Die Tradition der Poesie in Turki (mittelasiat. türk. Literatursprache) begründeten Sakkaki, Lütfi und v. a. N. A. Nawoï; daneben gab es als Sprache der Poeten das Farsi (Persisch). Besondere techn. Virtuosität erlangte das Ghasel in der Zeit der klass. usbek. Lyrik (S. M. Babur, B. Maschrab, Nachira). Im 19. Jh. entwickelte sich die u. L. unter dem Einfluß der klass. russ. Literatur (M. A. Mukumi, H. Hamsa). Seit den 20er Jahren des 20. Jh. entstanden erste Theaterstücke und Romane (A. Kadyri, A. Kachchar). Histor. Stoffe, Kriegsthematik und Alltagsprobleme im orientalisch geprägten Usbekistan bestimmen Werke der Gegenwartsautoren, von denen u. a. G. Ghulom, C. Olimdschan, Oibek, U. Haschimour, Uigun, A. Muchtar, S. Aglan zu nennen sind; einen bes. Platz hat das auch internat. beachtete Schaffen von T. Pulatow.

usbekische Musik, in der jahrhundertealten, reichen Musiktradition der Usbeken bildet der aus mehreren vokalinstrumentalen Suiten bestehende Schaschmakom (u. a. „Schaschmakom von Buchara", „Makom von Choresm", „Makom von Taschkent und Fergana") einen Höhepunkt. Zu den typ. Volksmusikinstrumenten gehören Gidshak (Streichinstrument), Karnai (Trompete), Doira (Handtrommel), Sarnai (Rohrpfeife) und Tschang (Hackbrett). – Seit den 1920er Jahren begann sich eine neue, eigenständige usbek. Musik herauszubilden. Von Bed. für die Musikentwicklung waren die Übernahme der europ. Notenschrift sowie von Grundlagen, Formen und Genres der Mehrstimmigkeit. Auf der Basis der nat. Folklore entstanden in den 20er und 30er Jahren in Zusammenarbeit von russ. und usbek. Komponisten zahlr. Opern, Ballette und Musikdramen. Den Nationaloper („Buran", 1939) komponierte M. Aschrafi gemeinsam mit S. Wassilenko. Zu den bedeutenden Musikschaffenden Usbekistans gehören S. Judakow, M. Burchanow, M. Lewiew, I. Chamrajew, S. Babajew, I. Akbarow, A. Koslowski, G. Muschel, F. Janowski, R. Wildanow, T. Kurbanow, S. Dschalil und M. Tadschijew.

Usbekistan (Usbekien, Republik Usbekistan), Republik im nördl. und mittleren Teil Mittelasiens zw. 37° 11′ und 45° 36′ n. Br. sowie 56° 00′ und 73° 10′ ö. L. **Staatsgebiet:** Grenzt im W und N an Kasachstan, im NO und O an Kirgisien, im SO an Tadschikistan und Afghanistan und im S und SW an Turkmenistan. **Verwaltungsgliederung:** 12 Gebiete, im W-Teil die Autonome Republik Karakalpakien. **Internat. Mitgliedschaften:** UN, GUS.

Landesnatur: U. liegt im Zwischenstromland von Amudarja und Syrdarja und hat im NW Anteil am wüstenhaften Ust-Urt-Plateau und an der Sandwüste Kysylkum östl. des austrocknenden Aralsees und des unteren Amudarja. Im O geht die Wüste allmählich in ein flaches Vorgebirgsland mit der bewässerten Oase von Taschkent und der bewässerten Südl. Hungersteppe über. Die Hochgebirge, die U. im O begrenzen, sind Ausläufer des Tian Shan (im N) und des Hissar-Alai-Systems (im S); sie umschließen mehrere Gebirgssenken, darunter das Ferganabecken.

Klima: Es ist ausgeprägt kontinental und durch heiße trokkene Sommer gekennzeichnet. Die wenigen Niederschläge fallen im Winter und im sehr kurzen Frühjahr.

Vegetation: Gegenüber dem großen Wüstengebiet ist die Flora der Vorgebirgsebene reichhaltiger (Grassteppe), aber auch nur im Frühjahr. An den Flüssen breiten sich Auwälder aus. Die Gebirge sind von Steppen, in höheren Lagen stellenweise von Hochgebirgswiesen und Wäldern überzogen.

Bevölkerung: Sie setzt sich (1989) zu 71,4 % aus Usbeken, 8,3 % Russen (seit 1991 starke Abwanderung), 4,7 % Tadschiken, 4,1 % Kasachen, 2,1 % Tataren und 2,1 % Karakalpaken zusammen; daneben leben Kirgisen, Koreaner, Ukrainer, Turkmenen und Mescheten in U.; 41 % der Bev. wohnen in Städten. Die traditionelle Religion der Usbeken ist der sunnit. Islam. Am dichtesten sind die Vorgebirgsebenen und das Ferganabecken besiedelt. Neben 43 Hochschulen verfügt U. über 3 Univ. und eine Akad. der Wissenschaften.

Wirtschaft: Nur etwa 1/10 der Landesfläche kann durch die Landwirtschaft genutzt werden. Größte Bed. haben der Anbau und die Erstverarbeitung von Baumwolle, gefolgt von der Karakulschaf- (in den Halbwüsten- und Wüstengebieten) und Seidenraupenzucht. Der von der Moskauer Zentralregierung veranlaßte extensive Bewässerungsfeldbau mit dem Ziel, Maximalerträge an Baumwolle für die Devisenbeschaffung zu erhalten, führte wie in Tadschikistan und Turkmenistan zu großen ökol. Schäden (Bodenversalzung; ↑Aralsee). In der Autonomen Republik Karakalpakien wird Pelztierzucht betrieben. Bes. der Eigenversorgung dient die Erzeugung von Getreide, Gemüse, Jute, Obst und Wein. U. ist ein wichtiger Erdgasproduzent (Gasli bei Buchara, Mubarek, Dscharkak), auch Erdöl, Gold, Braunkohle und Buntmetallerze werden gefördert. Maschinenbau und chem. Ind. (Mineraldüngererzeugung) sind eng mit dem Baumwollanbau verbunden. Wichtigste Produkte der Nahrungsmittelind. sind Baumwollöl, Obstkonserven und Wein.

Außenhandel: Ausgeführt werden Rohbaumwolle, Erdgas, Karakule, Naturseide, Erzeugnisse der Nahrungsmittelind., Mineraldünger, Zement, Kohle, Landmaschinen, eingeführt Maschinen, Erzeugnisse der Eisenmetallurgie, Holz und Papier, Erdölprodukte, Getreide, Zucker und Waren der Verbrauchsgüterindustrie. Wichtigste Handelspartner sind Rußland, Kasachstan, Tadschikistan, Turkmenistan u. a. Republiken der GUS.

Usbekistan

Staatswappen

U-Schätze

Verkehr: Größte Bedeutung hat der Eisenbahnverkehr. Das Eisenbahnnetz ist 3490 km (bes. Teilstrecken der Transkasp. und Turkestan-Sibir. Eisenbahn), das asphaltierte Straßennetz 70 800 km lang, davon 59 700 km mit fester Decke. Taschkent besitzt den wichtigsten usbek. internat. ✈. Die Städte Samarkand, Buchara und Chiwa sind Hauptanziehungspunkte des internat. Fremdenverkehrs.
Geschichte: Im 2./1. Jt. v. Chr. von iran. Völkern (Baktrer, Choresmier und Sogdier) besiedelt, wurde U. im 4. Jh. v. Chr. von Alexander d. Gr. erobert und gehörte nach dessen Tod zum Seleukidenreich. Seit der 2. Hälfte des 7. Jh. wurde das Gebiet von den Arabern beherrscht, im 9. Jh. setzte sich der Islam durch. In das 1219/20 durch die Mongolen unterworfene Land fielen zu Beginn des 16. Jh. die turkstämmigen Usbeken ein, die die Khanate Buchara (seit dem 18. Jh. Emirat), Chiwa und Kokand gründeten; in den 1860er und 1870er Jahren von Rußland erobert. Aus Teilen der Turkestan. ASSR sowie den 1920 gegr. Volksrepubliken Buchara und Choresmien (ehem. Khanat Chiwa) wurde am 27. Okt. 1924 die Usbek. SSR gebildet, die seit 1925 zur UdSSR gehörte. 1929 wurde aus ihr die Tadschik. SSR ausgegliedert; 1936 ging die Karakalpak. SSR in ihren Bestand ein. Unter S. Raschidow (Parteichef 1959–83), der sich als „Otakhan" huldigen ließ, bildete sich eine ausgeprägte Cliquenwirtschaft heraus (großangelegte Unterschlagungen und Planfälschungsaffären im Baumwollsektor). Die während des 2. Weltkrieges nach U. (u. a. ins Ferganatal) zwangsumgesiedelten turkstämmigen Mescheten waren 1989 von blutigen Pogromen betroffen (danach Evakuierung). Am 20. Juni 1990 erklärte U. seine Souveränität, am 31. Aug. 1991 seine Unabhängigkeit. Unter Präs. I. Karimow (im Dez. 1991 im Amt bestätigt) wurde die bisher von ihm geführte KP im Sept. 1991 in die Demokrat. Volkspartei umgewandelt. Im Dez. 1991 trat U. der ↑GUS bei. Außenpolitisch und wirtschaftlich bemüht sich U. um enge Kooperation mit der Türkei und Rußland.
Politisches System: Seit der Unabhängigkeitserklärung vom 31. Aug. 1991 ist U. eine souveräne Republik mit Präsidialsystem. *Staatsoberhaupt* und oberster Inhaber der *Exekutive* (Reg.chef) ist der direkt gewählte, mit weitgehenden Vollmachten ausgestattete Präs. Die *Legislative* liegt beim Obersten Rat. Neben der Volksdemokrat. Partei (Nachfolgeorganisation der Kommunist. Partei) blieben, abgesehen von „Erk" (dt. „Unabhängigkeit"), einer Abspaltung der pantürk. nat. Volksfront „Birlik", oppositionelle *Parteien* (u. a. Islam Partei der Wiedergeburt) illegal.

U-Schätze ↑ Schatzanweisungen.

Uschebti, altägypt. Figürchen (Grabzeichen) aus Fayence, Stein oder Holz (2000–300 v. Chr.), die dem Verstorbenen im Jenseits die (landw.) Arbeit abnehmen sollen.

Uschgorod [russ. 'uʒɡerɔt], Hauptstadt des Geb. Transkarpatien, am S-Fuß der Waldkarpaten, Ukraine, 117 000 E. Univ. (gegr. 1945), drei Museen; Theater; Möbel-, Geräte- und Maschinenbau; Fremdenverkehr; Endpunkt von Pipelines. – Gehörte im 10./11. Jh. zum Kiewer Reich; seit Ende des 11. Jh. unter ungar. Herrschaft, 1919–45 zur Tschechoslowakei, seitdem zur UdSSR.

Usedom [ˈuːzədɔm], Stadt im SW der Insel U., Meckl.-Vorp., 2800 E. Fremdenverkehr. – Entstand als Mittelpunkt einer slaw. Burgsiedlung, 1140 erstmals urkundlich gen., erhielt 1298 lüb. Recht. – Spätgot. Anklamer Tor (um 1450; mit Heimatstube).
U., Insel vor dem Stettiner Haff, durch die Swine im O von Wollin und durch die Peene im S und W vom Festland getrennt, 445 km²; überwiegend zu Deutschland (Meckl.-Vorp.), O-Zipfel zu Polen.

Usher (Ussher), James [engl. ˈʌʃə], latinisiert Usserius, * Dublin 4. Jan. 1581, † Reigate 20. Febr. 1656, ir. anglikan. Theologe. – Seit 1625 Erzbischof von Armagh und Primas von Irland; legte 1630 sein Amt nieder. Royalist und entschiedener Gegner der kath. Kirche, versuchte vergeblich, zw. Anglikanern und Puritanern zu vermitteln; bed. Patristiker und Kirchenhistoriker; verfaßte u. a. 1615 die 104 „Irischen Artikel", die auf der Westminstersynode (1643) Grundlage der Westminster-Confession wurden.

Peter Ustinov

Ushuaia [span. uˈsuaia], argentin. Stadt an der S-Küste von Feuerland, 11 000 E. Hauptstadt des Nationalterritoriums Tierra del Fuego; Handelsplatz, Hafen; Marinebasis; südlichste Stadt der Erde. – 1868 als prot. Missionsstation gegr., 1884 zur Hauptstadt erhoben; ab 1886 Strafkolonie.

Usija (Asarja, Osias), alttestamentl. Name 1. für einen König von Juda (787–736), der erfolgreiche Kriege gegen die Philister führte, und 2. für einen der drei Freunde Daniels.

Usingen, hess. Stadt im östl. Hintertaunus, 292 m ü. d. M., 11 800 E. Mittelpunkt des Usinger Beckens; Metallverarbeitung, chem. und Textilind.; Erdfunkstelle. – Bereits im 8. Jh. bezeugt, als Stadt 1377; Residenz der Grafen (seit 1688 Fürsten) von Nassau-U. (1659–1744 und 1813/14). – Ev. Pfarrkirche (1651–58) mit spätgot. W-Turm (1490 ff.); Teile der Stadtbefestigung (14. Jh.); Rathaus (1687).

Uskoken [zu serbokroat. uskoci „Flüchtlinge"], seit Ende des 15. Jh. vor den Osmanen geflüchtete Serben, Bosnier und Kroaten, die sich überwiegend in Klis (Clissa; Dalmatien), nach dessen Einnahme durch die Osmanen (1537) in Senj niederließen. 1617 siedelte Österreich die U. an der südl. Militärgrenze (U.gebirge) an.

Uskokengebirge, waldreiches Gebirge westl. von Zagreb, über das die Grenze zw. Slowenien und Kroatien verläuft, bis 1181 m hoch.

Uslar, Stadt am S-Rand des Solling, Nds., 173 m ü. d. M., 16 300 E. Eisen- und holzverarbeitende Ind. – Anfang des 10. Jh. erstmals gen., 1269 erstmals als Stadt bezeichnet (1345 bestätigt). – Johanniskirche (13. Jh.; umgestaltet); Rathaus (17. Jh.).

Usnea [arab.] ↑ Bartflechten.

Usninsäure [arab./dt.] (Flechtensäure), $C_{18}H_{16}O_7$; in Flechten enthaltene Säure mit bakteriostat. Wirkung; wird als Konservierungsmittel in Kosmetika (bis 0,2 %) und als Zusatz zu Desodoranzien verwendet.

USPD, Abk. für: ↑ **U**nabhängige **S**ozialdemokratische **P**artei **D**eutschlands.

Ussuri (chin. Wusuli Jiang), rechter Nebenfluß des Amur, entspringt im Sichote-Alin (2 Quellflüsse), bildet z. T. die Grenze zw. China und Rußland, mündet bei Chabarowsk auf russ. Gebiet, 897 km lang; schiffbar bis Lessosawodsk. – Auf der im U. gelegenen Damanskiinsel heftige Kämpfe zw. sowjet. und chin. Grenztruppen März 1969.

Ussurisk, russ. Stadt im Fernen Osten, 162 000 E. Landw. Hochschule, PH; metallverarbeitende, Nahrungsmittelind.; Bahnknoten an der Transsib. – Gegr. 1866.

Ustascha (kroat. Ustaša [„Aufständischer"]), radikale Organisation kroat. Nationalisten, ab Frühjahr 1929 aus Protest gegen die Errichtung der „Königsdiktatur" durch König Alexander I. von A. Pavelić aus dem italien. Exil aufgebaut; kämpfte für die staatl. Unabhängigkeit ↑ Kroatiens, von Italien und Ungarn unterstützt; bildete nach Ausrufung des „Unabhängigen Staates Kroatien" 1941–45 die Reg., Pavelić wurde Staatschef („Poglavnik"), Juden, Muslime und Serben wurden grausam verfolgt.

Uster, schweizer. Bez.hauptort östl. des Greifensees, Kt. Zürich, 463 m ü. d. M., 25 000 E. Apparate- und Maschinenbau, Textilindustrie. – Prot. Kirche (1823/24) mit breiter Freitreppe. Burg (um 1100; umgebaut).

Ustilago [lat.], svw. ↑ Flugbrand.

Ústí nad Labem [tschech. ˈuːstji ˈnadlabɛm] ↑ Aussig.

Ustinov, Sir (seit 1990) Peter [engl. ˈʊstɪnɔf], eigtl. Petrus Alexandrus von U., * London 16. April 1921, engl. Schriftsteller, Regisseur und Schauspieler russ.-frz. Abstammung. – Verf. geistvoll-satir. Romane, Bühnenstücke, u. a. „Die Liebe der vier Obersten" (Kom., 1951), „Romanoff und Julia" (Dr., 1957), „Beethovens Zehnte" (Kom., 1985), und zahlr. Kurzgeschichten. Bed. Rollen in den Filmen „Quo vadis?" (1952), „Tod auf dem Nil" (1978). – *Weitere Werke:* Der Verlierer (R., 1961), Mein Rußland (1983), Der Intrigant (Nov., 1989).

Ustinow [russ. usˈtinef] ↑ Ischewsk.

Ust-Kamenogorsk [russ. ustjkemɪnaˈɡɔrsk], Hauptstadt des Geb. Ostkasachstans, 324 000 E. Straßenbauhoch-

Utah. Ausgetrocknetes Flußbett im Arches National Monument, einem Naturschutzgebiet am Colorado

schule, PH; bed. Zentrum der Nichteisenmetallverhüttung, Metallverarbeitung, Elektroind., Seidenweberei. – 1720 als Festung gegr.; später Zollstation.

Ust-Ordynski [russ. ustjar'dinskij], Ort und Verwaltungssitz des Burjat. Autonomen Kreises U.-O. (22 400 km², 136 000 E [1989]) in S-Sibirien, Rußland, 10 700 E. Holzwirtschaft.

Ust-Urt-Plateau [russ.-frz. ustj'urt pla'to:], Kalkplatte im Tiefland von Turan, Usbekistan und Kasachstan, zw. der Halbinsel Mangyschlak und dem Kara-Bogas-Gol (Kasp. Meer) im W und dem Aralsee im O, bis 370 m ü. d. M.; Salzwüstenvegetation, Weidegebiet; Erdöl- und Erdgasvorkommen.

Usurpation [lat.], widerrechtl. Inbesitznahme, gesetzeswidrige Machtergreifung; **Usurpator,** jemand, der widerrechtlich die Staatsgewalt an sich reißt.

USX [engl. 'ju:es'eks], einer der größten amerikan. Stahlkonzerne mit starker ausländ. Produktionsbasis und wachsender Stellung in der Rohstoffgewinnung (Erdöl und -gas, Kohle, Eisenerze, Mangan, Uran u. a.) sowie in der Kohle-, Agro- und Petrochemie und im Maschinenbau; bis 1986 als *United States Steel Corporation* (U. S. Steel) firmierend; gegr. 1901; Sitz Pittsburgh.

Ut, die erste der Solmisationssilben (↑Solmisation); im Frz. Bez. für den Ton C.

UT [engl. 'ju:'ti:], Abk. für engl.: **U**niversal **T**ime (↑Weltzeit).

Uta von Ballenstedt, * vor 1000, † 23. Okt. vor 1046, Markgräfin der Ostmark und von Meißen. – Gemahlin des Markgrafen Ekkehard II. der Ostmark und von Meißen; bekannt durch die Darstellung als Stifterfigur (13. Jh.) im Naumburger Dom.

Utagawa Hiroshige, anderer Name von Andō ↑Hiroshige.

Utah [engl. 'ju:tɑ:], Bundesstaat im W der USA, 219 889 km², 1,776 Mill. E (1990), Hauptstadt Salt Lake City.
Landesnatur: Das in U. durchschnittlich 1 500 m hohe Great Basin ist gekennzeichnet durch bis zu 120 km lange, oft über 20 km breite Bergketten, die sog. Ranges, und dazwischenliegende flache Becken. Eine hohe Bruchstufe grenzt die bis 3 660 m hohe Wasatch Range, den westl. Teil der Rocky Mountains, vom Great Basin ab. Auf der Breite von Salt Lake City stoßen die bis 4 114 m hohen Uinta Mountains auf die Wasatch Range. Im O haben sich der Colorado und seine Nebenflüsse in tiefen Cañons in das Colorado Plateau eingeschnitten und die Hochfläche in zahlr. ebene Platten (Mesas) geteilt. – U. gehört größtenteils zum intramontanen Trockengebiet der USA. Die jährl. Niederschläge nehmen, im W bei 220 mm liegend, nach O zu und steigen im Gebirge rasch auf über 1 000 mm an. Der W besitzt keinen natürl. Abfluß zum Meer. Der größte der hier entstandenen Endseen ist der Great Salt Lake. – Auf den Salzböden herrscht die dem trockenen Klima angepaßte Beifußart Artemisia tridentata vor, im S vergesellschaftet mit dem Kreosotstrauch.
Bevölkerung, Wirtschaft, Verkehr: 84 % der Bev. wohnen in geschlossenen städt. Siedlungen, da die Mormonen während der Landnahme Einzelsiedlungen ausschlossen. Für die indian. Minderheit (1,3 % der Gesamtbev.) bestehen 6 Reservate. 73 % der Gesamtbev. sind Mormonen. Neben zahlr. staatl. und kirchl. Colleges verfügt U. über Univ. in Salt Lake City, Logan und Provo. – Die größte Bewässerungsoase ist das 250 km lange Great Salt Lake Valley, der histor. Kern des Mormonenlandes. Als Ergänzung des in 3 Höhenstufen erfolgenden Feldbaus betreiben die meisten Farmen Viehhaltung. U. ist einer der führenden Bergbaustaaten der USA. Kupfer wird in dem großen Tagebaugebiet bei Bingham Canyon gefördert. Nebenprodukte sind Gold, Silber, Blei und Zink; außerdem werden Silber, Wolfram, Molybdän, Uran, Erdöl und Erdgas gewonnen sowie Salze aus dem Great Salt Lake. Die wichtigsten Ind.-zweige sind Hütten-, chem. und Nahrungsmittelind. sowie der Fremdenverkehr. – Das Eisenbahnnetz ist rd. 2 800 km lang, das Highwaynetz 69 153 km. U. verfügt über 102 ✈.
Geschichte: Das Ende des 18. Jh. erstmals von Spaniern durchquerte und nach dem Indianerstamm Ute ben. U. wurde seit 1847 (Gründung von Salt Lake City) durch Mormonen besiedelt; kam 1848 von Mexiko in den Besitz der USA; 1850 als Territorium eingerichtet (von den Mormonen *Deseret* gen.). Nach Aufgabe der Polygamie durch die Mormonengemeinde (1890) und Ausarbeitung einer neuen Verfassung (1895) wurde U. (zugunsten von Colorado, Wyoming und Nevada beträchtlich verkleinert) am 4. Jan. 1896 als 45. Staat in die Union aufgenommen.

Utah Lake [engl. 'ju:tɑ 'leɪk], Süßwassersee im nördl. Utah, etwa 360 km², entwässert zum Great Salt Lake.

U-Tal ↑Trogtal.

Utamaro Kitagawa, * Kawagoe (?) 1753, † Edo (= Tokio) 31. Okt. 1806, jap. Maler und Holzschnittmeister. – Tätig in Edo; v. a. anmutige erot. Frauendarstellungen. Über die Thematik des ↑Ukiyo-e hinaus gehen seine Darstellungen von Insekten, Blumen, Vögeln, häusl. Szenen und Landschaften.

UTC [engl. 'ju:ti:si:], Abk. für engl.: **U**niversal **T**ime **C**oordinated (↑Zeitmessung).

Utamaro Kitagawa. Erwiderte Liebe, Holzschnitt, um 1794

Sithu U Thant

Utrecht
Stadtwappen

Ute [engl. 'ju:t(ı)] (Utah-Indianer), indian. Sprachfamilie des Shoshone (Uto-Aztekisch) in Utah und W-Colorado. Die U. waren urspr. Wildbeuter, sie übernahmen nach Erwerb des Pferdes die krieger. Plainskultur.

Utensilien [lat.], notwendige Geräte, Gebrauchsgegenstände, Hilfsmittel.

uterin [lat.], zur Gebärmutter gehörend.

Uterinmilch (Embryotrophe), Nährflüssigkeit für den Säugetierembryo, die nicht über die Plazenta, sondern direkt aufgenommen wird, v. a. Sekret von Drüsen der Gebärmutterwand.

Uterus [lat.], svw. ↑ Gebärmutter.

Uteruskarzinom, svw. Gebärmutterkrebs (↑ Gebärmuttererkrankungen).

Uterusprolaps, svw. Gebärmuttervorfall (↑ Gebärmuttererkrankungen).

Utgard [altnord. „äußeres Gehöft"], in der nordgerman. Kosmologie das außerhalb des menschl. Lebensraumes lokalisierte Reich der Riesen und Dämonen.

U Thant, Sithu, * Pantanaw (Verw.-Geb. Irrawaddy) 22. Jan. 1909, † New York 25. Nov. 1974, birman. Politiker. – Ab 1949 Informationsmin.; wurde 1957 ständiger Vertreter bei den UN, setzte sich als deren Generalsekretär (1961–71) bes. für die Schlichtung internat. Krisen ein (u. a. Kubakrise 1962, Kongokrise 1960–64, Bangladesch 1971).

Utica, histor. Ort in N-Tunesien, in der Mündungsebene des Oued Medjerda, 30 km sö. von Biserta. – Im 11. Jh. v. Chr. von Phönikern am Meer gegr. (heute 10 km landeinwärts gelegen); nach der Zerstörung Karthagos (146 v. Chr.) Hauptstadt der röm. Prov. Africa; als Bischofssitz erstmals 256 erwähnt; im 3. Jh. Versandung des Hafens. – Erhalten sind u. a. röm. Mosaiken und Reste einer pun. Nekropole.

Utilitarismus [lat.], Theorie der Ethik und Sozialphilosophie, des Rechts sowie der Nationalökonomie, nach der eine Handlung danach beurteilt und bewertet wird, in welchem Maße sie zur Förderung und Mehrung des Glücks der meisten Menschen „nützlich" ist, d. h. beiträgt. Nach diesem sog. *Nützlichkeitsprinzip* wird eine Handlung also nicht an dem Motiv oder der Gesinnung, sondern an den Folgewirkungen gemessen. Als geschlossenes eth. System wurde der U. von J. ↑ Bentham begründet und von J. Mill und J. S. ↑ Mill weiterentwickelt; diente der Begründung einer wohlfahrtsstaatl. Sozialpolitik.

Uto-Aztekisch [as...], eine Gruppe von Indianersprachen, die im W der USA, in Mexiko und im N von Guatemala gesprochen werden. Untergruppen sind u. a. Shoshone, Hopi, Nahua und Sonora. Mit Tano, Kiowa und Zuni werden diese Sprachen zur Gruppe Uto-Aztekisch-Tano zusammengefaßt.

Utopie [zu griech. ou „nicht" und tópos „Ort"], ein dem Kunstwort „Utopia" im Titel von T. Mores Staatsroman „De optimo reipublicae statu deque nova insula Utopia" (1516) nachgebildeter Begriff zur Erfassung 1. einer die Realitätsbezüge ihrer Entwürfe bewußt oder unbewußt vernachlässigenden Denkweise sowie 2. einer literar. Denkform, in der Aufbau und Funktionieren idealer Gesellschaften und Staatsverfassungen eines räumlich und/oder zeitlich entrückten Ortes (z. B. das Land „Nirgendwo"), oft in Form fiktiver Reiseberichte, konstruiert werden.
Nach Anfängen im 12. und 13. Jh. nimmt das christlich-abendländ. Denken die U. im Zeitalter der religiösen Krisen seit dem 16. Jh. wieder auf. Religiös-polit. Mischformen gehen voraus (Hussiten-, Täuferbewegung), die den theolog. Chiliasmus endgültig in die Sozialutopie überführen. In der Aufklärung beschränkt die Philosophie das utop. Denken auf den Entwurf des rational als möglich Vorstellbaren und vermeidet so den Vorwurf des Irrationalismus. Utop. Denken findet sich später in den Schriften des Anarchismus, ferner bei A. Comte und K. Marx, die ihre Prognosen aus histor. Gesetzmäßigkeiten abzuleiten beanspruchen und den wiss. Charakter ihrer U. betonen. Im Denken der Gegenwart tritt die U. v. a. als negative oder Anti-U. auf, die den Verlust der Freiheit durch Perfektion von Technik und Wiss. mit den Mitteln der klass. U. beschreibt, sowie als positive Sozial-U., z. B. bei E. Bloch.
Bevorzugte Gatt. der *literar. U.* ist der **utopische Roman (Zukunftsroman)**, in dem i. d. R. ein in den Augen des Verfassers ideales Gegenbild zu den sozialen, polit. und wirtsch. Verhältnissen der jeweiligen Gegenwart entworfen wird. Als Vorbild einer literar. U. gilt Platons Idealstaatsentwurf in seiner „Politeía" (etwa 374 v. Chr.). Eine erste Blüte utop. Staatsromane setzt auf dem Hintergrund polit.-gesellschaftl. Umbrüche im Gefolge von T. Mores „Utopia" ein, am bedeutendsten T. Campanellas „Sonnenstaat" (1623) und F. Bacons „Nova Atlantis" (1627). Im 18. Jh. verschmolzen U. mit populären zeitgenöss. Romanformen: Von den Robinsonaden beeinflußt ist J. G. Schnabels „Insel Felsenburg" (1731–43); J. Swifts Roman „Gullivers sämtl. Reisen" (1726) verbindet utop. Züge mit schärfster Satire. Die techn.-naturwiss. Entwicklung und die industrielle Revolution waren Nährboden für die v. a. mit J. Verne beginnende ↑ Science-fiction. Als Gegenreaktion auf den ungetrübten Fortschrittsglauben sind die sog. Antiutopien zu sehen, in denen die Gefahren einer Überbetonung von Technik und Naturwiss. in Schreckensvisionen von einer total industrialisierten Welt, von einer totalitär beherrschten Massengesellschaft sowie der Situation nach einem Atomkrieg beschworen werden, so etwa in J. I. Samjatins „Wir" (1924), in A. Huxleys „Schöne neue Welt" (1932), in G. Orwells „1984" (1949), in A. Schmidts „Kaff auch Mare Crisium" (1960) und in C. Amerys „Der Untergang der Stadt Passau" (1975).

utopisch, unerfüllbar, unwirklich; wirklichkeitsfremd.

utopischer Roman ↑ Utopie.

utopischer Sozialismus ↑ Sozialismus.

Utraquisten [lat.] ↑ Hussiten.

Utrecht ['u:trɛçt, niederl. 'y:trɛxt], niederl. Stadt am Kromme Rijn und Amsterdam-Rhein-Kanal, östl. Kern des N-Flügels der Randstad Holland, 230 600 E. Verwaltungssitz der Prov. U., Sitz des altkath. und des kath. Erzbischofs der Niederlande, des Ökumen. Rats niederl. Kirchen und zahlr. kirchl. Einrichtungen, Univ. (gegr. 1636), mehrere pädagog. Akad., Konservatorium, Laboratorien der Königl.-Niederl. Akad. der Wiss., Inst. für Völkerrecht; Sternwarte; viele Museen; botan. Garten. Zentrum des niederl. Binnenhandels mit zahlr. Fachmessen und Kongressen; Eisen- und Stahlind., Maschinenbau, metallverarbeitende, Elektro-, Papier-, chem., Lebensmittel-, Textil- u. a. Industrien.
Geschichte: Etwa 48 n. Chr. gründeten die Römer am heutigen Domplatz ein Kohortenkastell, nahebei entstand eine zivile Ansiedlung (**Traiectum [ad Rhenum]**); nach der Völkerwanderung unter der Herrschaft der Franken, um 695 Bischofssitz (**Castellum Traiectum**). Im 12. Jh. stieg (**Ut-)Trecht** zur bedeutendsten nordniederl. Stadt auf. Die Bürgerschaft löste sich weitgehend von der bischöfl. Herrschaft, 1304 gewannen die Zünfte entscheidenden Einfluß

Utopie. Illustration zu Thomas Mores Staatsroman „De optimo reipublicae statu deque nova insula Utopia", 1516

Utrecht. Die Oudegracht mit dem 1321–82 errichteten alleinstehenden Turm der Kathedrale

auf den städt. Rat. In napoleon. Zeit war U. Residenz König Ludwigs von Holland (1806–10). – Der **Friede von Utrecht** beendete mit 9 Verträgen (Verträge zw. Frankreich und Großbritannien, den Generalstaaten, Preußen, Portugal und Savoyen [11. April 1713] sowie Verträge Spaniens mit Großbritannien, Savoyen [13. Juli 1713], den Generalstaaten [26. Juni 1714] und Portugal [6. Febr. 1715]) den ↑Spanischen Erbfolgekrieg. – ↑Utrechter Union.
Bauten: Got. Kathedrale (1254–1517) mit isoliert stehendem Turm (1321–82) und Kreuzgang (14./15. Jh.); bed. Kirchen, u. a. Janskerk (11., 16. und 17. Jh.), Pieterskerk (11. Jh.), Catharijnekerk (1524–37; Fassade 1900). Paushuize (Papsthaus, um 1520); got. Patrizierhaus Oudaen, Theater Lucas Bolwerk (1938–41).
U., niederl. Provinz nördl. des Lek, 1 434 km^2 (davon 71 km^2 Binnenwasserflächen), 1,016 Mill. E (1990), Verwaltungssitz Utrecht. Gliedert sich in die Niederung des Geldersche Vallei, den Utrechter Hügelrücken, das Flußgebiet von Lek, Kromme Rijn und Vecht sowie in die alten Fehngebiete um die Loosdrechtsche Plassen und im W der Provinz. Bed. Landw. (Milchviehhaltung, Erwerbsgartenbau und Blumenzucht). Wirtsch. Zentren sind die Stadt U. und ↑Amersfoort. – 695 erhielt der angelsächs. Missionar Willibrord das *Castellum Traiectum* als Sitz eines neuen Bistums; v. a. seit dem 11. Jh. errichteten die Bischöfe von U. ein größeres weltl. Territorium, das neben dem Kerngebiet, dem *Niederstift* (in etwa die heutige Prov.), auch Länder östl. der IJssel *(Oberstift)* mit dem heutigen Overijssel umfaßte. 1528 wurde das Niederstift habsburg.; im niederl. Freiheitskampf ein Zentrum des antispan. Aufstandes.
Utrecht, Kirche von (offiziell: Kerkgenootschap der Oud-Bischoppelijke Clerezie), seit dem 18. Jh. von Rom getrennte niederl. Kirche jansenist. Prägung, die jedoch die apostol. Sukzession bewahrte; schloß sich 1889 in der ↑Utrechter Union mit den Altkatholiken zus. und gilt heute als altkath. Kirche der Niederlande.
Utrechter Hügelrücken, niederl. Landschaft zw. Geldersche Vallei im O und dem Flußgebiet des Kromme Rijn bzw. den Loosdrechtsche Plassen im Westen.
Utrechter Union, der am 23. Jan. 1579 geschlossene Bund der 7 nördl. (v. a. kalvinist.) Prov. der Niederlande im Kampf gegen die span. Herrschaft; entstand als Gegenbewegung zur kath. Union von Arras.
▷ der Zusammenschluß der Altkatholiken mit der Kirche von Utrecht auf Grund der Utrechter Erklärung (Konvention) vom 24. Sept. 1889, die den universalen Lehr- und Jurisdiktionsprimat des Papstes, das Dogma von der Unbefleckten Empfängnis Mariä und die tridentin. Disziplinarentscheidungen verwirft, die kath. Abendmahlslehre jedoch voll anerkennt. 1910 wurde die Liturgie in der Landessprache eingeführt, 1922 der Zölibatszwang aufgehoben.
Utriculus [lat.], in der *Anatomie* ↑Labyrinth.
Utrillo, Maurice [u'trɪlo, frz. ytri'jo], *Paris 26. Dez. 1883, †Dax oder Paris 5. Nov. 1955, frz. Maler. – Sohn der Malerin S. Valadon. Sein Hauptthema fand er in Pariser Stadtansichten, die anfangs, beeinflußt von C. Pissarro, durch pastosen Farbauftrag gekennzeichnet sind; in der folgenden Periode überwiegen gedämpfte Weiß- und Grautöne; sein Spätwerk zeigt ein festes zeichner. Gefüge und hell leuchtende Lokalfarben.
Utrum [lat.], gemeinsame Form für das männl. und weibl. Geschlecht von Substantiven, z. B. im Schwedischen.
Utsunomiya, jap. Stadt auf Honshū, am N-Rand der Kantōebene, 419 000 E. Verwaltungssitz der Präfektur Tochigi; Tabakverarbeitung, Maschinenbau und Nahrungsmittelindustrie. – Schon im Altertum Ansiedlung und religiöse Kultstätte; seit Anfang des 17. Jh. systemat. Ausbau als Burgstadt; seit 1884 Hauptstadt der Präfektur Tochigi. – Nahebei der Kwannontempel mit 10 Buddhareliefs aus der Heianzeit (794–1185).
Uttar Pradesh ['ʊtar pra'deʃ], nordind. Bundesstaat, 294 411 km^2, 135 Mill. E (1990), Hauptstadt Lucknow. U. P. liegt überwiegend in der Gangesebene, hat im N Anteil am Himalaja, im S an den randl. Teilen des Hochlands von Dekhan. Der Bundesstaat ist einer der führenden Agrarproduzenten Indiens. Zu den wichtigsten Erzeugnissen zählen Weizen, Mais, Hirse, Reis, Zuckerrohr, Baumwolle, Jute, Erdnüsse, Tee und Tabak. Bed. Ind.betriebe, u. a. Textil- und Nahrungsmittelind., Metallverarbeitung, Elektro-, Glas-, chem. und pharmazeut., Aluminium-, Gummi-, Zement- und lederverarbeitende Ind., Kunsthandwerk. An Bodenschätzen verfügt der Bundesstaat über reiche Schwefelvorkommen, außerdem über Magnesit und Gips.
Geschichte: Im Altertum Mittelpunkt der Sanskrit-Kultur, wurde das Gebiet von U. P. ab dem 12./13. Jh. ein Zentrum

Maurice Utrillo. Impasse Cottin, um 1910 (Paris, Musée National d'Art Moderne)

Utzon

Uxmal. Tempelpyramide des Wahrsagers

islam. Herrschaft. In der 1. Hälfte des 19. Jh. von den Briten erworben (zuletzt Oudh 1856). 1857 Hauptschauplatz eines großen antibrit. Aufstandes. 1877 Zusammenschluß der NW-Prov. (Agra) mit Oudh, seit 1902 United Provinces of Agra and Oudh (seit 1937 kurz United Provinces) gen.; wurde 1947 Bundesstaat Indiens; nach Eingliederung der Fürstenstaaten Benares, Rampur und Tehru 1950 in U. P. umbenannt.

Utzon, Jorn [dän. 'udsɔn], *Kopenhagen 9. April 1918, dän. Architekt. – Mitarbeiter von A. Aalto in Helsinki; sein bekanntester Bau ist das Opernhaus in Sydney (1959–75; Bauausführung ab 1966 durch Ove Arup und Peter Hall).

Uusimaa [finn. 'u:sima:] (schwed. Nyland), Verw.-Geb. und histor. Prov. in S-Finnland, 10 404 km², davon 9 098 km² Land, 1,23 Mill. E (1990); Hauptstadt Helsinki. Umfaßt die Abdachung vom Salpausselkä im N bis zum Finn. Meerbusen. Wirtsch. Kerngeb. des Landes.

UV, Abk. für: ↑ **U**ltra**v**iolett.

UV-Absorber, überwiegend organ. Verbindungen, die ultraviolettes Licht absorbieren und als Lichtfilter dienen.

Uvala [serbokroat.], schüsselförmige geschlossene Hohlform in einem Karstgebiet.

UvD, Abk. für: **U**nteroffizier **v**om **D**ienst, ↑ Unteroffizier.

Uvea [lat.], Gesamtheit von Aderhaut, Ziliarkörper und Regenbogenhaut des Auges.

UVP, Abk. für: ↑ **U**mwelt**v**erträglichkeits**p**rüfung.

Uvula (U. palatina) [lat.] ↑ Gaumen.

UVW-Regel ↑ Rechte-Hand-Regel.

Uxmal [span. uʃˈmal], Ruinenstätte der Maya auf der Halbinsel Yucatán, Mexiko, südl. von Mérida. Besiedelt zw. dem 7. und 11. Jh.; bed. Stadt mit Bauten im *Puucstil,* deren Außenwände mit Steinmosaikfriesen (Masken des Regengottes, geometr. Muster) verziert sind. Rekonstruiert wurden u. a. das „Nonnenkloster", der „Gouverneurspalast" und die Tempelpyramide des Wahrsagers.

Uz, Johann Peter, *Ansbach 3. Okt. 1720, † ebd. 12. Mai 1796, dt. Dichter. – Schrieb heitere, gesellig-graziöse Lyrik sowie das kom. Epos „Der Sieg des Liebesgottes" (1753) und die Ode „Theodicee" (1768).

Uznach, Bez.hauptort im schweizer. Kt. Sankt Gallen, am N-Rand der Linthebene, 427 m ü. d. M., 4 300 E. Chem., Textil-, Möbelind., Maschinenbau und Schirmfabrikation. – 741 erstmals erwähnt; um 1220 wurde die Stadt gegr.; 1469 Übergang an die Orte Glarus und Schwyz als gemeine Herrschaft (bis 1798). – Ehem. Pfarrkirche (9. Jh.[?]; 1505 spätgot. erneuert).

V

V, 22. Buchstabe des dt., 20. des lat. Alphabets (hier mit dem Lautwert [u]), der auf griechisch ↑ Ypsilon zurückgeht; die Beschränkung auf konsonant. Verwendung des Zeichens (während zur Vokalbezeichnung ↑ U herausgebildet wurde) vollzog sich im MA; so bezeichnet V heute meist den stimmhaften labiodentalen Reibelaut [v], teils (wie im Deutschen) den stimmlosen labiodentalen Reibelaut [f].
▷ (Münzbuchstabe) ↑ Münzstätten.

V, Abk. für: ↑ **v**ertratur.

V, Kurzzeichen:
▷ (chem. Symbol) für ↑ Vanadium.
▷ (Einheitenzeichen) für ↑ Volt.
▷ *(V)* physikal. Zeichen für ↑ Volumen.

v *(v),* physikal. Zeichen für die ↑ Geschwindigkeit.

v., Abk.
▷ für: lat. **v**ox, italien. **v**oce, frz. **v**oix, engl. **v**oice, svw. ↑ Stimme.
▷ in der Botanik für: **v**arietas (Varietät; ↑ Abart).

V., Abk. für: ↑ **V**ioline.

V 1, V 2 ↑ V-Waffen.

Va, Abk. für: ↑ **V**iola.

VA, Einheitenzeichen für ↑ **V**olt**a**mpere.

Vaal [engl. va:l, Afrikaans fa:l], rechter Nebenfluß des Oranje, Republik Südafrika, entspringt in den Drakensbergen, mündet westl. von Douglas, 1 200 km lang; mehrere Staudämme für die Bewässerung.

Vaalserberg [niederl. va:lsərˈbɛrx], mit 322 m ü. d. M. höchste Erhebung in den Niederlanden (im SO des südlimburg. Hügellandes).

Vaasa [finn. 'va:sa] (schwed. Vasa; beides amtl.), finn. Hafenstadt am Bottn. Meerbusen, 53 400 E. Hauptstadt des Verw.-Geb. V., Wirtschaftshochschule; Textil-, Nahrungsmittel-, chem. und holzverarbeitende Ind., Eisenbahnendpunkt, im Sommer Fährverbindung mit Schweden; . – 1606 bei der Festung Korsholm gegr.; wurde 1688 Prov.hauptstadt; hieß 1855–1917 **Nikolaistad.**

va banque spielen [frz. vaˈbãːk „es geht (gilt) die Bank"], alles aufs Spiel (um die Bank) setzen, alles auf eine Karte setzen.

Vác [ungar. va:ts], ungar. Stadt an der Donau, 36 000 E. Kath. Bischofssitz; Museum; Schiffswerft; Nahrungsmittel- u. a. Ind. – Barocker Dom (18. Jh.), bischöfl. Palast (1771 vollendet); sog. Steinernes Tor (1764).

vacat [lat. „es fehlt"], svw. nicht vorhanden, leer (↑ Vakat).

Vaccarès, Étang de [frz. etɑ̃dvakaˈrɛs], Strandsee in der südl. Camargue, Frankreich, im Mittel 6 000 ha groß (starken Schwankungen unterworfen); Vogelschutzgebiet.

Vaculík, Ludvik [tschech. ˈvatsuli:k], *Brumov (Südmähr. Bez.) 23. Juli 1926, tschech. Schriftsteller. – Hauptvertreter des „Prager Frühlings", den er in seinem Roman „Das Beil" (1966) vorbereitete und in seinem weltbekannt gewordenen „Manifest der 2 000 Worte" 1968 programmatisch verteidigte; Mitinitiator der „Charta 77".

Vademekum (Vademecum) [lat. „geh mit mir!"], Bez. für ein Buch handl. Formats, das als Leitfaden für das im Titel angegebene Gebiet benutzt werden soll.

Vadianus (Vadian), Joachim [va...], eigtl. J. von Watt, *Sankt Gallen 29. Nov. 1483 (1484?), † ebd. 6. April 1551, schweizer. Humanist. – 1514 zum Poeta laureatus gekrönt; 1526–50 Bürgermeister von Sankt Gallen, wo er [als Freund Zwinglis] die Reformation durchsetzte.

Ludvik Vaculík

Vakuum

Vaduz. Schloß Vaduz aus dem 12. Jh., 1905–12 erneuert

Vadim, Roger, eigtl. R. V. Plemiannikov, * Paris 26. Jan. 1928, frz. Filmregisseur. – War u. a. ⚭ mit Brigitte Bardot und Jane Fonda; seine Filme kennzeichnen erot. Thematik und dekorative Bildgestaltung, u. a. „Und immer lockt das Weib" (1956, neuverfilmt „Adams kesse Rippe", 1989), „Barbarella" (1968).

Vadodara (früher Baroda), ind. Stadt 100 km sö. von Ahmadabad, Bundesstaat Gujarat, 745 000 E. Univ. (gegr. 1949), Museum, Kunstgalerie; Baumwollwebereien.

vadoses Wasser [lat./dt.] ↑ juveniles Wasser.

Vadsø [norweg. ˌvatsø], Hauptstadt des norweg. Verw.-Geb. Finnmark, am Varangerfjord, 6 100 E. Fischereihafen mit Fischverarbeitung. – 1833 Stadt.

Vaduz [faˈdʊts], Hauptstadt des Ft. Liechtenstein, am Rand der Alpenrheinebene, 455–576 m ü. d. M., 5 000 E. Gemäldesammlung, Landes-, Postmuseum; Fremdenverkehr; zus. mit dem nördl. angrenzenden Schaan größter Ind.standort Liechtensteins. – 1150 erstmals erwähnt; wurde 1342 Hauptstadt der später gleich ben. Gft. (Schloß V. Sitz der Grafen seit der Mitte des 14. Jh.), die 1396 Reichsunmittelbarkeit erlangte und 1712 an das Haus Liechtenstein (1719 reichsfürstlich, 1806 souverän) fiel. – Schloß V. (1905–12 erneuert; Residenz des Landesfürsten) mit Bergfried und Schloßkapelle aus dem 12. Jahrhundert.

vae victis! [ˈvɛː ˈvɪktɪs; lat. „wehe den Besiegten!"], angebl. Ausspruch des Keltenfürsten Brennus.

Vaga ↑ Béja [Tunesien].

Vagabund [lat.], Landstreicher.

vagabundierende Ströme ↑ Erdströme.

Vagabundismus ↑ Nomadismus.

Vaganten [lat.], zwischenständ. Schicht der ↑ Fahrenden im Hoch-MA: Studierende (Scholaren) und Studierte (Kleriker, Geistliche). V. suchten ihren Lebensunterhalt beim lateinkundigen Teil der Bev., die sie mit ihren Künsten (↑ Vagantendichtung) unterhielten. Die V. traten seit der Entstehung der weltl. Wiss. und ihrer Schulen und Univ. im 12. Jh. auf, urspr. v. a. in Frankreich.

Vagantendichtung, umstrittene Bez. für weltl. lat. Dichtung v. a. des 12. und 13. Jh., bes. für ma. Lyrik verschiedenster Gatt., Parodien, Satiren und Schwänke.

Vágar [färöisch ˈvɔːar], eine der Hauptinseln der Färöer, 178 m², bis 722 m hoch.

vage (vag) [lat.-frz.], unbestimmt, ungewiß, verschwommen.

vagil [lat.], freilebend, beweglich, umherschweifend; gesagt von Lebewesen, die nicht festsitzend (sessil) sind.

Vagina [lat.], svw. ↑ Scheide.
▷ Gewebsscheide, Gewebshülle, bindegewebige Hülle von Organen; z. B. V. tendinum, svw. Sehnenscheide.

vaginal [lat.], zur weibl. Scheide gehörend, die Scheide betreffend.

Vaginismus [lat.], svw. ↑ Scheidenkrampf.

Vaginitis [lat.], svw. ↑ Scheidenentzündung.

Vagotomie [lat./griech.], operative Durchtrennung der den Magen versorgenden Äste des Vagus zur Behandlung von Magen- und Zwölffingerdarmgeschwüren. Die V. bewirkt durch Hemmung der Magensekretion eine Verminderung der Salzsäureproduktion.

Vagotonie [lat./griech.], erhöhte Erregbarkeit des parasympath. Nervensystems (Übergewicht über das sympath. System).

Vagus [lat. „der Umherschweifende"] (Nervus vagus), der X. Hirn- oder Kopfnerv der Wirbeltiere und des Menschen; versorgt mit seinen parasympath. Bestandteilen einen großen Teil der inneren Organe.

Váh [slowak. vaːx] ↑ Waag.

Vaihingen an der Enz [ˈfaɪɪŋən], Stadt an der Enz, Bad.-Württ., 245 m ü. d. M., 23 800 E. Weinmuseum; Marktort; Leim- und Lederfabrik, Textil- und photochem. Ind., Maschinenbau; Weinbau. – Im Anschluß an die 779 erstmals erwähnte Siedlung und Burg Vaihingen wurde die Stadt zu Beginn des 13. Jh. angelegt. – Ev. spätgot. Stadtkirche (1513); ehem. Schloß Kaltenstein (16. Jh.), Reste der Stadtbefestigung.

Vaihinger, Hans [ˈfaɪɪŋər, ˈvaɪ...], * Nehren (Landkr. Tübingen) 25. Sept. 1852, † Halle/Saale 18. Dez. 1933, dt. Philosoph. – Prof. in Straßburg und Halle/Saale; gründete 1904 die „Kant-Gesellschaft"; entwickelte in seiner Philosophie des Als-ob den *Fiktionalismus* als System des idealist. Positivismus: Alle Begriffe sind Fiktionen, d. h. subjektive bildl. Vorstellungsweisen, die so betrachtet werden, *als ob* sie wahr wären. Jede Fiktion ist ein method. Mittel des Denkens. – *Werke:* Kommentar zu Kants Kritik der reinen Vernunft (1891/92), Die Philosophie des Als-Ob (1911).

Vailland, Roger [frz. vaˈjɑ̃], * Acy-en-Multien (Oise) 16. Okt. 1907, † Meillonnas (Ain) 12. Mai 1965, frz. Schriftsteller. – Mitbegr. der surrealist. Zeitschrift „Le Grand Jeu"; Journalist, Kriegsberichterstatter, Mgl. der Résistance; 1952–56 Mgl. der KP. Verf. realist. Zeitromane meist marxist. Tendenz mit oft erot. Thematik, u. a. „Seltsames Spiel" (1945), „Hart auf hart" (1957).

Vaison-la-Romaine [frz. vɛzɔ̃laʀɔˈmɛn], frz. Stadt in der Provence, Dep. Vaucluse, 5 900 E. Archäolog. Museum. – Urspr. Hauptstadt der kelt. Vokontier, 123 v. Chr. von den Römern erobert (**Vasio Vocontiorum**); wurde Ende des 3. Jh. Bischofssitz; im 13./14. Jh. entstand am linken Ufer der Ouvèze im Schutz der Burg der Grafen von Toulouse eine neue Stadt; seit dem 18. Jh. Wiederbelebung der alten Stadt. – Ausgrabungen der röm. Stadt seit 1907, wobei die Fundamente zweier ausgedehnter Wohnviertel freigelegt wurden; gut erhaltene röm. Brücke und röm. Theater. Die heutige Kathedrale (11.–13. Jh.) steht an Stelle eines merowing. Baus; Kloster (11./12. Jh.), roman. Chapelle-Saint-Quenin (12. Jh.); z. T. ma. Stadtbild der oberen Stadt, Ruinen der Burg (12.–15. Jh.).

Vajda, János [ungar. ˈvɔjdɔ], * Pest (= Budapest) 7. Mai 1827, † Budapest 17. Jan. 1897, ungar. Lyriker und Publizist. – Gehörte zum Kreis um S. Petőfi, nahm 1848/49 am ungar. Freiheitskampf teil; bekämpfte in den 1850er Jahren mit seiner Dichtung die Herrschaft der Habsburger.

vakant [lat.], frei, leer, unbesetzt, offen; **Vakanz,** freie [Dienst]stelle.

Vakat [lat.], in der graph. Technik übl. Bez. für eine leere Seite.

Vakuole [lat.] (Zellvakuole), meist von einer Membran umschlossener, flüssigkeitsgefüllter Hohlraum in tier. und pflanzl. Zellen. I. e. S. die von einer dünnen Plasmahaut (Tonoplast) umschlossene V. ausdifferenzierter, lebender Pflanzenzellen. Der V.inhalt *(Zellsaft)* ist für die osmot. Eigenschaften der pflanzl. Zelle bestimmend. Bei Einzellern und tier. Zellen dienen sie v. a. der Nahrungsaufnahme und Verdauung *(Nahrungs-* bzw. *Verdauungsvakuolen).*

Vakuum [zu lat. vacuum „leerer Raum"], gasverdünnter [abgeschlossener] Raum, in dem der Druck geringer als der Atmosphärendruck ist; auch Bez. für den Zustand in diesem Raum. In der V.technik unterscheidet man nach

Vaduz
Stadtwappen

Vaduz
Hauptstadt des Ft.
Liechtenstein

5 000 E

1150 erstmals erwähnt

Schloß

Hans Vaihinger

Roger Vailland

Vakuumextraktion

Druckbereichen *Grob-V.* ($10^5 - 10^2$ Pa), *Fein-V.* ($10^2 - 10^{-1}$ Pa), *Hoch-V.* ($10^{-1} - 10^{-7}$ Pa) und *Ultrahoch-* bzw. *Höchst-V.* ($< 10^{-7}$ Pa), die physikalisch durch die mittlere freie Weglänge der Gasmoleküle und die Art der Gasströmung charakterisiert werden. Zur Erzeugung eines V. dienen V.pumpen (↑Vakuumtechnik), die Druckmessung erfolgt mit dem ↑Vakuummeter.
Geschichte: Nach der theoret. Diskussion über das V. in der Antike (↑Horror vacui, ↑Raum) gewann das Problem des [luft]leeren Raumes erst durch Versuche von E. Torricelli (1644), B. Pascal (1647/48) und O. von Guericke (1654) prakt. Bedeutung. Diese erbrachten den experimentellen Nachweis luftverdünnter und luftleerer Räume.

Vakuumextraktion, geburtshilfl. Operationsverfahren zur Geburtsbeendigung, z. B. bei Wehenschwäche, bedrohl. Zuständen des Kindes; mit einer auf den kindl. Schädel aufgesetzten *Saugglocke*, die durch Erzeugung eines Unterdruckes fest haftet, zieht der Geburtshelfer im Wehenrhythmus das Kind aus dem Geburtskanal.

Vakuumlichtbogenofen ↑Schmelzöfen.

Vakuumlichtgeschwindigkeit ↑ Lichtgeschwindigkeit.

Vakuummetallurgie, Teilgebiet der Metallurgie, das sich mit der Durchführung metallurg. Prozesse bei Unterdruck befaßt. Durch V. kann man hochschmelzende Metalle (Molybdän, Wolfram, Titan u. a.) in sehr reiner Form durch Umschmelzen erzeugen, Metalle entgasen und sauerstoffaffine Erdalkalimetalle, z. B. Magnesium, gewinnen.

Vakuummeter, Manometer zur Messung von Gasdrücken, die weit geringer als der Normaldruck sind. Nur im Bereich des Grobvakuums ist der Druck des Restgases groß genug, um einen Meßmechanismus zu betätigen. Dieser verursacht in *mechan. V.,* wie z. B. beim quecksilbergefüllten *U-Rohr-V.* und dem *Membran-V.,* einen meßbaren Ausschlag an einer Skala. Bei geringeren Drücken ($< 10^2$ Pa) muß dem Gas eine Hilfsenergie zugeführt werden. Bei Zufuhr mechan. Energie kann im Druckbereich zw. 10 und 10^{-5} Pa mit dem *Kompressions-V.* (z. B. nach McLeod) oder dem *Reibungs-V.* gemessen werden. *Wärmeleitungs-V.* wie das *Pirani-* oder *Widerstands-V.* nutzen die Druckabhängigkeit der Wärmeleitung eines Gases aus. Das *Molekulardruck-, Knudsen-* oder *Radiometer-V.* beruht auf der unterschiedl. therm. Geschwindigkeit und Druckwirkung der Gasmoleküle in der Nähe verschieden temperierter Platten und arbeitet im Bereich von 10^{-1} bis 10^{-6} Pa. Bei den *elektr. V.* wird aus der Stärke des Ionenstroms bei einer Gasentladung auf den Gasdruck geschlossen. Hierzu gehören der *Ionisations-V.,* die Drücke unter 10^{-8} Pa messen können, insbes. das *Penning-V.* und das bis unter 10^{-11} Pa messende *Redhead-V.* oder *Magnetron-V.*, bei dem durch ein starkes Magnetfeld die Ionisierungswahrscheinlichkeit der Elektronen stark erhöht wird.

Vakuumtechnik, Teilgebiet der Technik, das sich mit den Verfahren zur Erzeugung bzw. Aufrechterhaltung eines Vakuums (mit Hilfe von Vakuumpumpen) und seiner Anwendung sowie – im Rahmen der *Vakuummeßtechnik* – mit den Verfahren zur Messung kleiner Gasdrücke (mit ↑Vakuummetern) befaßt. Das früher für Vakuumapparaturen ausschließlich verwendete Glas wird zunehmend durch hochglanzpolierte, dadurch ein verringertes Haften von Gasmolekülen aufweisende Metalle (z. B. Nickel und Kupfer, nichtrostende Stähle) ersetzt. Die V. spielt in vielen Bereichen der Technik und der Naturwiss. eine bed. Rolle, insbes. in der chem. Verfahrenstechnik (z. B. bei der Vakuumdestillation), in der pharmazeut. und Lebensmittelind. (↑Vakuumtrocknung) sowie in der Metallurgie (↑Vakuummetallurgie). In der Raumfahrtforschung werden Vakuumanlagen zum Test von Satelliten unter Weltraumbedingungen, für Materialtests u. a. benutzt. Die *Hoch-V.* ist v. a. von großer Bed. bei der Herstellung von elektr. und elektron. Geräten (z. B. Elektronen- und Fernsehbildröhren), beim Vakuumaufdampfen (z. B. von dünnen Metallschichten bei der Herstellung von Spiegeln für Projektoren, Reflektoren und Scheinwerfer, bei der Vergütung opt. Systeme) sowie beim Betrieb unterschiedl. Geräte bzw. Anlagen (z. B. Elektronenmikroskope, Teilchenbeschleuniger). Die *Höchst-V.* wird u. a. bei der Untersuchung der Eigenschaften sehr reiner Oberflächen und dünner Schichten angewandt.

Zur Erzeugung eines Vakuums werden unterschiedl. Pumpentypen verwendet. Zu den **Vakuumpumpen,** die im Grob- bzw. Feinvakuum arbeiten, gehören die **Verdrängerpumpen,** deren Arbeitsweise auf der period. Erweiterung und Verengung des Pumpraums beruht. Bei der *Drehschieberpumpe* sind an einem exzentrisch gelagerten Rotor mehrere Schieber angeordnet, die durch Feder- und Zentrifugalkraft an die Gehäusewand gepreßt werden. Zum Absaugen von Dämpfen benutzt man *Gasballastpumpen,* in denen durch zusätzl. Ansaugen von Luft die Kondensation der Dämpfe vermieden wird. **Treibmittelpumpen** nutzen die Saugwirkung eines aus einer Düse austretenden Flüssigkeitsstrahls *(Wasserstrahlpumpen)* oder Gasstrahls. *Dampfstrahlpumpen* arbeiten mit Wasser-, Quecksilber- oder Öldampf. In großtechn. Vakuumanlagen werden für Drücke bis zu 1 Pa häufig mehrstufige Aggregate eingesetzt. Zu den Hochvakuumpumpen gehören die **Diffusionspumpen.** Als Treibmittel wird Quecksilber- oder Öldampf benutzt, wobei die *Quecksilber-* bzw. *Öldiffusionspumpen* ein Vorvakuum benötigen; das abzupumpende Gas diffundiert in das Strahlinnere; durch Ausfrieren von rückströmenden Dämpfen bzw. mit gekühlten Dampfsperren (Baffles) läßt sich ein Endvakuum unter 10^{-6} Pa erreichen. **Molekularpumpen,** die in einem ähnl. Druckbereich liegen, erteilen den Molekülen infolge einer schnell rotierenden Trommel einen Impuls, so daß sie in einen Raum höheren Drucks gefördert werden. **Ionenpumpen** werden auch zur Erzeugung eines Ultrahochvakuums eingesetzt. In ihnen wird das Restgas ionisiert, wodurch dessen Adsorption und chem. Bindung begünstigt wird. In der **Ionengetterpumpe** wird dieser Effekt durch das gleichzeitige Verdampfen geeigneter Substanzen (sog. *Getter*), wie z. B. Titan, verstärkt. **Kryopumpen** enthalten tiefgekühlte Wandflächen, an denen eine Kondensation von Gasen und Dämpfen in Form eines festen Niederschlags erfolgt, so daß eine Pumpwirkung im Bereich von Hoch- und Ultravakuum erzielt wird.

Vakuumtiegelöfen ↑Schmelzöfen.

Vakuumtrocknung, zur Konservierung von Lebensmitteln (auch zur Herstellung von Pulvern für Instantgetränke) angewandte Trocknung bei Unterdruck. Ein bes. schonendes V.verfahren ist die ↑Gefriertrocknung.

Vakuumverpackung ↑Verpackung.

Vakzination [lat.], Gesamtheit der Impfungen mit lebenden oder toten Erregern sowie Toxoidimpfstoffen; i. e. S. svw. Pockenimpfung.

Vakzine (Vakzin) [zu lat. vacca „Kuh"], svw. ↑Impfstoffe.

Val, Abk. für: ↑**Val**in.

Val [zu lat. vallis „Tal"], frz. und italien. svw. Tal.

Valadon, Suzanne [frz. vala'dõ], eigtl. Marie-Clémentine Valade, *Bessines-sur-Gartempe (Haute-Vienne) 23. Sept. 1865, †Paris 19. April 1938, frz. Malerin. – Mutter von M. Utrillo; Autodidaktin; schuf, angeregt von E. Degas und P. Gauguin, v. a. figürl. Darstellungen, Landschaften und Stilleben von strenger, hart konturierter Linienführung und kräftigen, kontrastierenden Farben.

Valais [frz. va'lε], schweizer. Kt., ↑Wallis.

Val Camonica, rd. 80 km langer Talabschnitt des Oglio zw. Tonalepaß und Iseosee, Italien. Dem V. C. folgen Eisenbahn und Straße zw. Tonalepaß und Bergamo bzw. Brescia. In *Capo di Ponte* Nationalpark mit bed. Felsbildern der Bronze- und Eisenzeit (z. B. Dolche, Schwerter und Wagen), die von der UNESCO zum Weltkulturerbe erklärt wurden.

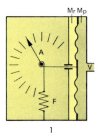
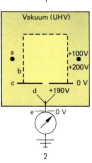

Vakuummeter. 1 Membranmanometer, A Anzeigenmechanik mit Druckskala und Rückstellfeder F, Mr Membranraum unter Vakuum bzw. Referenzdruck, Mp Membranraum für veränderlichen Druck mit Anschluß zur Vakuumapparatur V; 2 Ionisationsmanometer, die Kathode a emittiert Elektronen, die im Stoßraum b positive Ionen erzeugen, diese werden durch die mit c und d bezeichnete Optik zum Auffänger e geführt und sind ein Maß für den Totaldruck (UHV Ultrahochvakuum)

Val-de-Marne [frz. valdə'marn], Dep. in Frankreich.
Valdes, Petrus ↑ Waldes, Petrus.
Valdés [span. bal'des], Juan de, *Cuenca um 1500 (um 1490?), †Neapel im Mai 1541, span. Schriftsteller und Humanist. – Ging 1531 nach Italien; stand, wie sein Bruder *Alfonso V.* (*1490, †1532), in Verbindung mit Erasmus von Rotterdam; einer der ersten span. Anhänger der Reformation. Schrieb eine der bedeutendsten frühen Abhandlungen zur span. Sprachgeschichte.
V., Juan Meléndez, span. Dichter, ↑ Meléndez Valdés, Juan.
Valdés Leal, Juan de [span. bal'dez le'al], eigtl. Juan de Valdés de Nisa, *Sevilla 4. Mai 1622, †ebd. 15. Okt. 1690, span. Maler portugies. Herkunft. – Ein Hauptvertreter der Sevillaner Malerschule, äußerst naturalist. und von barocker Dramatik erfüllte Bilder.
Val-d'Isère [frz. valdi'zε:r], Wintersportort in den frz. Alpen, Dep. Savoie, 1850 m ü.d.M., 1600 E. Lifte bis in 3350 m Höhe; Sommerski; Höhenflugplatz.
Valdivia, Pedro de [span. bal'diβia], *Villanueva de la Serena (Prov. Badajoz) 1500, †Tucapel (Chile) 25. Dez. 1553, span. Konquistador. – Brach 1540 von Cuzco aus zu einer Expedition nach Chile auf; gründete u.a. am 12. Febr. 1541 Santiago de Chile; fiel im Kampf gegen die Araukaner.
Valdivia [span. bal'diβia], chilen. Stadt im Kleinen Süden, 117 200 E. Kath. Bischofssitz; Univ. (gegr. 1954), dt. Schule. Werften, Reederei, Möbel-, Leder- und Schuhfabriken, Nahrungsmittel- u.a. Ind.; Hafen, Eisenbahnendpunkt. – 1552 von P. de Valdivia gegr., zuerst ein strategisch wichtiger Außenposten in den Kämpfen mit den Araukanern, die die Stadt 1599 zerstörten (1645 wiederaufgebaut); schwere Schäden durch Erdbeben und Springflut am 22. Mai 1960.
Val-d'Oise [frz. val'dwa:z], Dep. in Frankreich.
vale! [lat. „lebe wohl!"], altröm. Abschiedsgruß.
Valence [frz. va'lɑ̃:s], frz. Stadt an der mittleren Rhone, 123 m ü.d.M., 66 000 E. Verwaltungssitz des Dep. Drôme; kath. Bischofssitz; Kunstmuseum, Maschinen- und Apparatebau, Elektro-, Textil-, Möbel- und Nahrungsmittelind., Schmuckherstellung; ⚓. – Zur Römerzeit **Colonia Valentia;** 374 Bischofssitz. 413 westgot., 507 fränk.; kam mit dem Kgr. Burgund 1032 zum Hl. Röm. Reich, 1396 an die Dauphiné; 1452 Gründung einer Univ. (in der Frz. Revolution aufgehoben). – Kathedrale (11./12. und 17. Jh.), ehem. bischöfl. Palais (16. und 18. Jh.).
Valencia [va'lɛntsia, va'lɛnsia; span. ba'lenθia], span. Stadt an der Mündung des Turia in den Golf von V., 732 000 E. Verwaltungssitz der Prov. und Mittelpunkt der Region V.; kath. Erzbischofssitz; Univ. (gegr. 1500), polytechn. Hochschule, Hochschule für bildende Künste, Musik und Theater; Museen; botan. Garten. V. ist eine der wichtigsten Handelsstädte Spaniens und bed. Ausfuhrhafen für Agrarprodukte der Region. Nahrungsmittelind., Werften, Waggonbau, Automontage, chem., Textil- und Papierind., ⚓.
Geschichte: 138 v. Chr. als **Valentia Edetanorum** (Prov. Hispania Tarraconensis) von den Römern an der Stelle einer griech. oder phönik. Siedlung gegr.; 413 von den Westgoten erobert, 714 von den Arabern; 1021 Hauptstadt eines unabhängigen maur. Kgr.; der ↑ Cid eroberte die Stadt 1094 und behauptete sie bis zu seinem Tod (1099) gegen die Almoraviden. 1102 gehörte V. wieder zum maur. Kgr.; 1238 endgültig von König Jakob I. von Aragonien zurückerobert; das formal fortbestehende Kgr. V. wurde 1319 mit Aragonien durch Personalunion verbunden (Sonderrechte bis zum Anfang des 18. Jh.). 1812/13 von den Franzosen besetzt. Im Span. Bürgerkrieg war V. von Nov. 1936–Okt. 1937 Sitz der republikan. Regierung.
Bauten: Gotische Kathedrale (1262–1480) mit barocker W-Fassade (1703–13) und isoliert stehendem Glockenturm „Miguelete" (1381 bis 1429), Barockkirche Los Santos Juanes (17./18. Jh.). Spätgot. Lonja de la Seda (Seidenbörse, 1483–98); Palacio de la Generalidad (15. Jh.); ehem. Priesterseminar Colegio del Patriarca (1586–1610), Palacio del Marqués de Dos Aguas (18. Jh.), Reste der Stadtbefestigung.

V., Region (ehem. histor. Prov.) in O-Spanien, 23 305 km², 3,781 Mill. E (1990), wichtigste Stadt Valencia. V. erstreckt sich längs der Küste um den Golf von V. und besteht aus einer wechselnd breiten Küstenebene, die gegen W von Teilen des Iber. Randgebirges begrenzt wird; das bis zum Kap Náo ins Mittelmeer vorspringende Bergland von Alcoy erreicht 1158 m ü.d.M. Während das Gebirgshinterland und das Bergland von Alcoy zum semihumiden Klimabereich zählen, weist die Küstenebene ein semiarides, um Alicante ein fast immertrockenes Klima auf. Der Bewässerungsfeldbau spielt deshalb eine überragende Rolle: Reisanbau, Apfelsinen-, Mandarinen- und Zitronenkulturen. Trockenfelder (z.T. terrassiert) reichen in das Gebirge hinein (Getreide- und Weinbau, Olivenpflanzungen). Waldgebiete im Gebirge wurden ständig durch Anpflanzung von Aleppokiefern erweitert. Die Ind. ist v.a. auf die Bedürfnisse der Landw. ausgerichtet; Schwerind. entwickelte sich u.a. in Sagunto und Valencia. Zahlr. Fischerdörfer haben sich zu Seebädern gewandelt.
Die **Geschichte** des alten Kgr. V. entspricht der seiner ehem. Hauptstadt ↑ Valencia.
V., [span. ba'lensia] Hauptstadt des Staates Carabobo in N-Venezuela, 480 m ü.d.M., 568 000 E. Erzbischofssitz; Univ. (gegr. 1852); wichtiges Handels- und Ind.zentrum in einem der führenden Agrargebiete des Landes; Eisenbahnendpunkt. – Gegr. 1555; zu Beginn der Befreiungskriege Hauptstadt von Venezuela (gleichfalls 1830 und 1858).
Valenciennes [frz. valɑ̃'sjɛn], frz. Ind.stadt an der oberen Schelde, Dep. Nord, 40 000 E. Univ.zentrum (gegr. 1969); Kunstmuseum. Zentrum des nordostfrz. Kohlenreviers; Eisen- und Stahlind., Metallverarbeitung, Düngemittel-, Textil- u.a. Ind. – Röm. Gründung; wurde im 11. Jh. Hauptstadt der Gft. Hennegau; im 16./17. Jh. zw. Spanien und Frankreich umkämpft, seit 1678 frz.; hatte im 18. Jh. als Wirkungsstätte vieler Künstler den Beinamen „Athen des Nordens". – Got. Kirche Saint-Géry (13. Jh.; mit bed. Chorgestühl).
Valens, Flavius, *Cibalae (= Vinkovci) 328, ✗ Adrianopel (= Edirne) 9. Aug. 378, röm. Kaiser (seit 364). – Nach Erhebung durch seinen Bruder Valentinian I. Kaiser im östl. Reichsteil; schlug den Aufstand des Prokop (365/366) nieder und führte 366/367–369 erfolgreich Krieg gegen die Westgoten; deren Aufnahme in die Prov. Mösien (376) führte zur Schlacht von Adrianopel, in der V. fiel.
Valentia Edetanorum ↑ Valencia.
Valentin ['valɛnti:n] (V. von Rom, V. von Terni), hl., Märtyrer und Bischof (?). – Viel verehrter Heiliger, dessen Identität kaum auszumachen ist; sein Kult geht in Rom bis ins 5. Jh. zurück. In Frankreich, den angelsächs. Ländern und auch Deutschland ist der **Valentinstag** (ohne Verbindung zur V.legende) zum „Tag der Liebenden", einem Geschenktag („Valentine greetings") geworden. – Fest: 14. Februar.
Valentin, Karl ['falɛnti:n], eigtl. Valentin Ludwig Fey, *München 4. Juni 1882, †ebd. 9. Febr. 1948, dt. Komiker und Schriftsteller. – Verfaßte Couplets, Monologe und kurze, kom. Szenen von abstrakter, absurder Logik, z.T. von beißender Ironie, die er zus. mit L. ↑ Karlstadt aufführte, z.T. auch als Film (u.a. „Die Orchesterprobe", 1933; „Der Firmling", 1934). Einfluß auf die Jugendarbeiten B. Brechts.
V., Thomas ['va:lɛnti:n], *Weilburg 13. Jan. 1922, †Lippstadt 22. Dez. 1980, dt. Schriftsteller. – Setzte sich in eindringlich gestalteten gesellschaftskrit. Romanen wie „Die Fahndung" (1962), Dramen und Erzählungen mit Gegenwartsproblemen auseinander. Auch Fernsehspiele, Lyrik, Kinderbücher. – *Weitere Werke:* Hölle für Kinder (R., 1961), Die Unberatenen (R., 1963; Dr., 1965), Grabbes letzter Sommer (R., 1980), Niemandslicht (Gedi., 1980), Schnee vom Ätna. Sizilian. Geschichten (hg. 1981).
Valentin de Boulogne (Boullongne) [frz. valɑ̃tɛ̃dubu-'lɔɲ], *Coulommiers (Seine-et-Marne) 1591 oder im Jan. 1594, †Rom 7. Aug. 1632, frz. Maler. – Lebte ab 1613 in Rom. Neben G. de La Tour der bedeutendste Vertreter des frz. Caravaggismus; Volksszenen, auch religiöse Szenen.

Valencia
Stadtwappen

Karl Valentin

Valentinian

Eamon de Valera

Juan Valera y Alcalá Galiano

Paul Valéry

Maximilian Valier

Valentinian (lat. Valentinianus), Name röm. Kaiser: **V. I.** (Flavius Valentinianus), *Cibalae (= Vinkovci) 321, †Brigetio (Pannonien) 17. Nov. 375, Kaiser (seit 364). – Ernannte seinen Bruder Valens und 367 seinen Sohn Gratian zu Augusti; kämpfte als Kaiser des westl. Reichsteils ab 365 u. a. erfolgreich gegen die Alemannen; sicherte 368–370 die Grenzen Britanniens.
V. III. (Flavius Placidus Valentinianus), *Ravenna 2. Juli 419, †Rom 16. März 455, Kaiser (seit 425). – Sohn von Konstantius III.; durch Theodosius II. 425 zum Augustus erhoben; anfangs Ausübung der Herrschaft durch seine Mutter Galla Placidia und Berater (u. a. Aetius); kämpfte gegen Germanen und Hunnen; wurde nach Tötung des nach dem Hunnensieg von 451 mächtigen Aetius von dessen Gefolgsleuten ermordet.

Valentinianer, christl. Sekte des Altertums, ben. nach dem Gnostiker Valentinos (*um 100, †um 160), die einen gemäßigten gnost. Dualismus vertrat.

Valentinit [nach dem dt. Alchimisten B. Valentinus, 15. Jh.] (Antimonblüte), rhomb., in säuligen Kristallen, häufig in stengeligen bis faserigen Aggregaten vorkommendes, farbloses oder gelbl. Mineral der Zusammensetzung Sb_2O_3; tritt als Verwitterungsprodukt antimonhaltiger Erze auf. Mohshärte 2–3; Dichte 5,6–5,8 g/cm^3.

Valentino, Rudolph, eigtl. Rodolfo Guglielmi, *Castellaneta bei Tarent 6. Mai 1895, †New York 23. Aug. 1926, italien.-amerikan. Schauspieler. – Kam 1913 in die USA; Star in Hollywood und Frauenidol, u. a. durch „Die vier apokalypt. Reiter" (1921), „Der Scheich" (1921).

Valentinstag ['valenti:n] ↑Valentin, hl.

Valenz [zu lat. valentia „Stärke"] (Wertigkeit), in der *Chemie* das Mengenverhältnis, in dem sich ein Element mit einem anderen zu einer Verbindung umsetzt. Die *V.zahl* oder *stöchiometr. Wertigkeit* eines Elements gibt an, mit wie vielen Wasserstoffatomen sich ein Atom des Elements verbinden kann.
▷ in der *Sprachwiss.* die semant.-syntakt. Eigenschaft des Verbs und anderer Prädikatsausdrücke, zur Bildung eines inhaltlich und syntaktisch vollständigen Satzes eine bestimmte Zahl von Ergänzungsbestimmungen zu fordern. Nach der Zahl der Leerstellen unterscheidet man zw. nullwertigen Verben, die keine inhaltl. Ergänzung zulassen *(Es regnet),* einwertigen Verben *(Das Kind schläft),* zweiwertigen Verben *(Das Buch liegt auf dem Tisch)* und dreiwertigen Verben *(Grete legt das Buch auf den Tisch).*
▷ in der *Psychologie* svw. ↑Aufforderungscharakter.

Valenzelektronen, die für chem. Reaktionen verfügbaren Elektronen eines Atoms, die sich in den unvollständig besetzten, äußeren Elektronenschalen befinden.

Valenzisomerie, bei organ. Verbindungen mit Einfach- und Doppelbindungen auftretende Isomerieform, bei der durch Umordnung der Sigma- und Pielektronen isomere Moleküle entstehen, die sich nur durch die Lage ihrer Bindungen unterscheiden.

Valenzstrichformel, svw. Strukturformel (↑chemische Formeln).

Valenztheorie, theoret. Begründung für die Entstehung von Molekülen und die Ausbildung chem. Bindungen. Nach der *elektrochem. Theorie* von J. J. von Berzelius (1811) sind Verbindungen aus Atomen oder Atomgruppen entgegengesetzter Ladung aufgebaut; durch Übertragung dieser Theorie auf die organ. Chemie entstand die *Radikaltheorie,* nach der bestimmte Atomgruppen, sog. Radikale, als Molekülbausteine angenommen wurden. Aufbauend auf dem von E. Frankland 1852 geprägten Begriff der *Wertigkeit* schufen 1854 A. S. Couper und A. Kekulé von Stradonitz die eigtl. V.; Erweiterungen der V. waren die Annahme von Mehrfachbindungen, die Aufstellung der Ringformel des Benzols sowie die Grundlegung der Stereochemie durch J. H. van't Hoff und J. A. Le Bel (1874). 1916 wurde von W. Kossel und G. N. Lewis die *Valenzelektronentheorie* aufgestellt, wonach die Bindung der Atome untereinander durch Elektronenpaare (bei der Atombindung), durch Übertragung von Elektronen bzw. elektrostat. Wechselwirkung (bei der Ionenbindung) oder (bei Metallen) durch zw. den Atomrümpfen freibewegl. Elektronen zustandekommt. Diese Theorie wurde durch die Anwendung der Quantenmechanik auf die ↑chemische Bindung ausgebaut *(quantenmechan. V.).*

Valera, Eamon de [engl. də vəˈlɛərə], *New York 14. Okt. 1882, †Dublin 29. Aug. 1975, ir. Politiker. – 1906–14 Prof. für Mathematik in Dublin; wirkte seit 1913 führend in der ir. Unabhängigkeitsbewegung; kapitulierte beim Osteraufstand 1916 als letzter Kommandant in Dublin; von einem brit. Gericht zum Tode verurteilt, aber als gebürtiger Ausländer (amerikan. Staatsbürger) begnadigt; ab 1917 Präs. der Sinn Féin (Vertreter des radikalen Flügels); 1919–21 Exil in den USA; unterstützte in ir. Bürgerkrieg die Republikaner, deshalb 1923/24 von der Reg. Cosgrave inhaftiert. 1926–59 Führer der von ihm gegr. Fianna Fáil; 1932–48, 1951–54 und 1957–59 Premiermin.; löste den Freistaat Irland schrittweise von Großbritannien (Wirtschaftskrieg) und proklamierte 1937 die Republik; 1959–73 Staatspräsident.

Valera y Alcalá Galiano, Juan [span. baˈlera i alkaˈla ɣaˈljano], *Cabra (Prov. Córdoba) 18. Okt. 1824, †Madrid 18. April 1905, span. Schriftsteller. – Ab 1846 Diplomat. Mit „Pepita Jiménez" (1874) und „Die Illusionen des Doctor Faustino" (1875) Schöpfer des modernen span. Romans.

Valerian (Publius Licinius Valerianus), *um 190, †nach 259, röm. Kaiser (seit 253). – Als militär. Kommandant in Rätien 253 zum Kaiser ausgerufen; ernannte seinen Sohn Gallienus zum Mitregenten; kämpfte gegen die Perser, wurde 259 bei Edessa von Schapur I. besiegt; starb in der Gefangenschaft.

Valeriana [mittellat.], svw. ↑Baldrian.

Valeriansäuren [mittellat./dt.] (Pentansäuren), die vier strukturisomeren, von den Pentanen abgeleiteten Carbonsäuren der Summenformel C_4H_9COOH. Die aus der Baldrianwurzel gewonnene, flüssige *Isovaleriansäure (3-Methylbutansäure)* der Formel $(CH_3)_2CH-CH_2-COOH$, dient zur Herstellung von Beruhigungsmitteln. Die Salze und Ester der V. heißen *Valerianate* oder *Valerate.*

Valerius (Publius V. Poplicola [„Volksfreund"]), †503 v. Chr., röm. Konsul (509–507, 504 nach traditioneller Datierung). – Nach der Sage an der Vertreibung der etrusk. Könige aus Rom beteiligt; ihm werden für die Republik grundlegende Gesetze zugeschrieben.

Valerius Flaccus, Gaius, †vor 95 n. Chr., röm. Epiker. – Zählt mit dem unvollendeten myth. Epos „Argonautica" neben Statius zu den Nachklassikern der röm. Literatur; war um eine psycholog. Deutung des Stoffes bemüht.

Valéry, Paul [Ambroise] [frz. valeˈri], *Sète (Hérault) 30. Okt. 1871, †Paris 20. Juli 1945, frz. Dichter. – Bedeutendster frz. Lyriker des 20. Jh.; Schüler und Nachfolger S. Mallarmés; seit 1925 Mgl. der Académie française. Ab 1937 Prof. für Poetik am Collège de France. Wandte sich nach Anfängen mit symbolist. Lyrik erst 1917 wieder der Dichtung zu („Die junge Parze", 1917; „Der Friedhof am Meer", 1920), für die ein von klassizist. Formenstrenge getragener und in äußerster geistiger Selbstdisziplin reflektierter Poésie pure sublimierter Symbolismus kennzeichnend ist. Zahlr. Essays sind dem Problem der Dichtung und der Analyse des künstler. Bewußtseins gewidmet („Zur Theorie der Dichtkunst", 1938); auch zeitkrit. kulturphilosoph. Schriften („Die Krise des Geistes", dt. Auswahl 1956).

Valeurs [vaˈløːrs; lat.-frz.], Tonwerte, feine Abstufungen einer oder mehrerer verwandter Farben innerhalb eines Bildes.

Valhöll, svw. ↑Walhall.

Vali ↑Wali.

Validität [lat.], die Gültigkeit eines wiss. Versuchs oder eines Meßverfahrens, insbes. eines psychologischen Tests. Die V. gibt den Grad der Genauigkeit an, mit dem ein Verfahren das mißt, was es messen soll.

Valier, Maximilian (gen. Max) [vaˈliːɐ], *Bozen 9. Febr. 1895, †(verunglückt bei Raketenversuchen) Berlin 17. Mai 1930, dt. Ingenieur und Schriftsteller östr. Herkunft. – Bed. Beiträge zur Raketentechnik; konstruierte 1928 ein von Raketen getriebenes Auto, 1928/29 einen von Pulverraketen getriebenen Schlitten (unbemannt, 380 km/h).

Valin [Kw.] (α-Aminoisovaleriansäure, 2-Amino-3-methylbuttersäure), Abk. Val, eine essentielle Aminosäure. Chem. Strukturformel:

$$(CH_3)_2CH-CH-COOH$$
$$|$$
$$NH_2$$

Valkenauer, Hans ['fal...], *um 1448, †nach 1518, östr. Bildhauer. – Vertreter der spätgot. Plastik in Salzburg; zahlr. Grabdenkmäler; Statuen für ein monumentales Kaisergrabmal für den Speyerer Dom (1514 ff., Salzburg, Städt. Museum).

Valla, Lorenzo, auch L. della Valle, *Rom 1407, †ebd. 1. Aug. 1457, italien. Humanist. – Wies als Begründer einer philolog.-histor. Quellenkritik die Konstantin. Schenkung als Fälschung nach.

Valladolid [span. baʎaðo'lið], span. Stadt in Altkastilien, 692 m ü. d. M., 329 000 E. Verwaltungssitz der Prov. V.; kath. Erzbischofssitz; Univ. (gegr. 1346); u. a. archäolog. Museum; Handelszentrum; Maschinenbau, Nahrungsmittel-, chem., Auto- u. a. Ind. – Erste Erwähnung 1074; im 15./16. Jh. vorübergehend Residenz der kastil. Könige; Zentrum der span. Renaissance (1603–06 lebte hier Cervantes); 1809 Hauptquartier von Napoleon. – Unvollendete Kathedrale (1585 ff., nach Plänen von J. de Herrera), Klosterkirche San Pablo mit plateresker Fassade (1488–91 von Simon von Köln), ehem. Colegio de San Gregorio (1488–96, Museum) mit prachtvoller plateresker Fassade; Colegio Mayor de Santa Cruz (1487–91), Haus des Cervantes, Kolumbusdenkmal; von Arkaden umgebene Plaza Mayor (16. Jh.).

Valle [italien. 'valle, span. baʎe, 'baje; zu lat. vallis „Tal"], italien. und span. svw. Tal.

Valle Central [span. 'baje sen'tral], intensiv landw. genutzte Senkungszone im zentralen Costa Rica, südl. der Cordillera Central.

V. C., Landschaft im mex. Staat ↑ Chiapas.

Valle del Cauca [span. 'baje ðel 'kauka], Dep. in W-Kolumbien, 22 140 km², 3 Mill. E (1985), Hauptstadt Cali. Das Dep. erstreckt sich von der Zentralkordillere bis zur Küste.

Valledupar [span. bajeðu'par], Hauptstadt des Dep. Cesar in N-Kolumbien, 224 000 E. Kath. Bischofssitz; Zentrum eines Agrargebiets.

Vallée, Jean de la [schwed. va'le:], *1620, †Stockholm 9. März 1696, schwed. Baumeister frz. Herkunft. – Erbaute v. a. vom röm. Barock beeinflußt, im wesentlichen das Riddarhus (1674 vollendet) und 1656–95 die Katharinenkirche, beide in Stockholm.

Vallée [frz. va'le:], frz. svw. Tal.

Vallée-Poussin, Charles de la (seit 1928) [frz. valepu'sɛ̃], *Löwen 14. Aug. 1866, †ebd. 2. März 1962, belg. Mathematiker. – Ab 1892 Prof. in Löwen; grundlegende Arbeiten zur Zahlentheorie, Analysis, Potentialtheorie und analyt. Mechanik.

Valle-Inclán, Ramón María del [span. 'baʎeiŋ'klan], *Villanueva de Arosa (Prov. Pontevedra) 28. Okt. 1866, †Santiago de Compostela 5. Jan. 1936, span. Schriftsteller. – Origineller Vertreter des span. Modernismo, dessen Romane (u. a. „Sommersonate", 1903) und Dramen insbes. Menschen seiner Heimat und aus Madrid darstellen. Gelangte in seinen sozialkrit.-satir. Theaterstücken zu einer grotesken Verzerrung der Realität.

Vallejo [engl. vəˈleɪoʊ], Stadt in Kalifornien, USA, 40 km nnö. von San Francisco, 93 600 E. Akad. für Seefahrt; Bootsbau, Holzverarbeitung, Nahrungsmittelind.; Hafen. – Entstand Ende der 1840er Jahre; 1851–53 Hauptstadt von Kalifornien.

Vallenar [span. baje'nar], chilen. Stadt im Kleinen Norden, 44 200 E. Zentrum eines Agrar- und Bergbaugebiets; Export von Erzen im nahegelegenen Hafen **Huasco.**

Vallendar ['faləndar], Stadt am unteren Mittelrhein, Rhld.-Pf., 69 m ü. d. M., 9 400 E. Theolog. Hochschule der Pallottiner, wiss. Hochschule für Unternehmensführung Koblenz; Wallfahrtsort, Heilbad und Luftkurort; Emaillierwerk, Bimsstein- und Tongruben. – 836 erstmals genannt; 1856 Stadtrecht. – Barocker Wiltberger Hof (17. Jh.); Marienburg (Haus d'Ester, 1773) im frz.-klassizist. Stil; Gnadenkapelle in V.-Schönstatt (↑ Schönstatt-Werk).

Vallès, Jules [frz. va'lɛs], *Le Puy 11. Juni 1832, †Paris 14. Febr. 1885, frz. Journalist und Schriftsteller. – 1871 Mgl. der Kommune; bis 1880 im Exil in Großbritannien. Kämpfte in seinen Werken für den Sozialismus, gegen die bürgerl. Gesellschaft, gegen Krieg und Tyrannei; realist.-naturalistisch ist die autobiograph.-sozialkrit. Romantrilogie „Jacques Vingtras. Geschichte eines Insurgenten" (1879–86).

Valletta (amtl. il-Belt Valletta), frühere Bez. La Valetta, Hauptstadt des Staates Malta, an der O-Küste der Insel Malta, 9 200 E. Sitz des Parlaments und des höchsten Gerichtshofes; kath. Erzbischofssitz; Univ. (gegr. 1592 als päpstl. Akad.), Malta College of Arts, Science and Technology; Souvereign Order of St. John of Jerusalem (Johanniterorden); Observatorium; Nationalmuseum; Opernhaus; botan. Garten. Das Dienstleistungsgewerbe und der Hafen Marsamxett sind die wichtigsten Erwerbsquellen.

Valladolid
Stadtwappen

Valletta. Blick auf die Altstadt

1566 durch den Großmeister des Johanniterordens, J. P. de La Valette (*1494, †1568), als neue Hauptstadt der dem Orden übergebenen Insel gegr., planmäßig auf schachbrettähnl. Grundriß angelegt und stark befestigt; ab 1798 kurzfristig frz., ab 1800 brit. besetzt, 1814 an Großbritannien (Kronkolonie Malta), wichtiger brit. Flottenstützpunkt bis Mitte des 20. Jh.; im 2. Weltkrieg schweren italien. und dt. Luftangriffen ausgesetzt; seit 1964 Hauptstadt der unabhängigen Republik Malta. – Die bedeutendsten Bauwerke stammen aus dem 16. Jh., u. a. Kirche San Giovanni mit Großmeistergrabmälern und das Großmeisterhospital des Johanniterordens. – V. wurde von der UNESCO zum Weltkulturerbe erklärt.

Vallin de la Mothe, Jean-Baptiste Michel [frz. valɛ̃dla'mɔt], *Angoulême 1729, †ebd. 7. Mai 1800, frz. Baumeister. – Schuf für Katharina II. zahlr. Bauten im Übergang vom Barock zum Klassizismus, so v. a. in Petersburg: Katharinenkirche (1763 ff.), Akad. der Künste (1764–72), Erste Eremitage für Katharina II. (1764–67).

Vallisneria (Vallisnerie) [nach dem italien. Botaniker A. Vallisnieri, *1661, †1730], svw. ↑ Wasserschraube.

Vallotton [frz. valɔ'tõ], Benjamin, *Gryon (Waadt) 10. Jan. 1877, †Sanary-sur-Mer (Var) 19. Mai 1962, schweizer. Schriftsteller. – Verf. humorvoller, bisweilen leicht mo-

Valletta
Hauptstadt Maltas
(seit 1964)

·

9 200 E

·

1566 durch den
Johanniterorden gegr.

·

Univ. (seit 1592)

·

San Giovanni mit
Grabmälern der
Großmeister des
Johanniterordens

Valmy

ralisierender Romane [in frz. Sprache] über volkstüml. Typen, u. a. „Polizeikommissiär Potterat" (1915), „Der Blitz schlägt ins Haus" (1943).

V., Félix, *Lausanne 28. Dez. 1865, † Paris 29. Dez. 1925, frz. Maler und Graphiker schweizer. Herkunft. – Ging 1882 nach Paris und schloß sich dort den Nabis an, Vertreter von Symbolismus und Art Nouveau (Jugendstil). Holzschnitte und Gemälde mit klar abgegrenzten Flächen und Linien.

Félix Vallotton. Der Besuch, 1899 (Zürich, Kunsthaus)

Valmy [frz. val'mi], frz. Gem. nö. von Châlons-sur-Marne, Dep. Marne, 290 E. – Mit der Schlacht von V., bei der fast ausschließlich die Artillerie zum Tragen kam (daher **Kanonade von V.;** 20. Sept. 1792), begann im 1. ↑Koalitionskrieg der siegreiche Vormarsch der frz. Revolutionsarmee zum Rhein; Beschreibung durch J. W. v. Goethe („Die Campagne in Frankreich 1792", 1822), der als Begleiter des Weimarer Herzogs Karl August am Feldzug teilnahm.

Valois [frz. va'lwa], ehem. Grafschaft, ab dem 15. Jh. Hzgt. in Frankreich; heute Teil der Dep. Oise und Aisne. – Das *Haus V.,* eine Seitenlinie der ↑Kapetinger, regierte Frankreich 1328–1498, mit den Nebenlinien V.-Orléans und V.-Angoulême bis 1589.

Ninette de Valois

Valois, Dame (seit 1951) Ninette de [engl. 'vælwa:], geb. Edris Stannus, *Baltiboys (Grafschaft Wicklow) 6. Juni 1898, ir. Tänzerin und Choreographin. – 1923 Mgl. von Diaghilews Ballets Russes; eröffnete 1926 in London die Academy of Choreographic Art, gründete das Vic-Wells Ballet, aus dem das Sadler's Wells Ballet und das spätere ↑Royal Ballet hervoging, das sie bis 1963 leitete.

Valoren [lat.] (Valeurs), allg. Wertgegenstände, Schmuck; im Bankverkehr früher gebräuchl. Bez. für alle Wertpapiere i. w. S. einschl. der Banknoten.

Valorismus [lat.] ↑Geldschuld.

Valparaíso [span. balpara'iso], Hauptstadt der Region Aconcagua in Zentralchile, Hafen am Pazifik, 278 800 E. Bischofssitz; 2 Univ. (gegr. 1928 bzw. 1981), TU, hydrograph., ozeanograph. Inst. Marineakad. Textil-, Bekleidungs-, Lederind., Gießereien, Fischkonservenfabriken, Werften. Der Hafen ist der größte an der W-Küste Südamerikas und Hauptimporthafen Chiles; Eisenbahnendpunkt, ✈. – 1536 oder 1544 von Spaniern gegr.; im 16. Jh. von den Engländern geplündert (u. a. 1578 von Sir Francis Drake), 1600 von Niederländern eingenommen und zerstört; 1795 zur Stadt erhoben; 1885–1916 wichtigster Hafen für den Salpeterhandel.

Valparaíso Stadtwappen

Valpolicella [italien. valpoli'tʃɛlla; nach dem gleichnamigen Tal (nw. von Verona)], frischer Rotwein aus vier verschiedenen Traubensorten.

Valsalva-Versuch [nach dem italien. Anatomen A. Valsalva, *1666, †1723], Ohrtrompetenfunktionsprüfung: Pressen bei geschlossenem Mund und zugehaltener Nase nach tiefer Einatmung führt normalerweise zum Eindringen von Luft durch die Ohrtrompete in die Paukenhöhle.

▷ Herzfunktionsprüfung: Pressen nach tiefer Einatmung führt bei Schluckbewegungen zu Druckerhöhung im Brustkorb und normalerweise zu einer Verkleinerung des Herzens.

Valuta [italien.; zu lat. valere „gelten"], gesetzl. Zahlungsmittel *(Währungsgeld)* eines Landes, meist auf ausländ. Währungen angewandt; im staatl. Geldhandel spricht man von Inlandsvaluta.

▷ ↑Wertstellung eines Postens auf dem Konto.

Valutageschäft (Geldwechselgeschäft), Umtausch von inländ. Geld in ausländ. und umgekehrt.

Valutakredit, in ausländ. Währung an Inländer gegebener Kredit, v. a. im Rahmen der Außenhandelsfinanzierung.

Valutapapiere, ausländ. oder auf fremde Währung lautende Wertpapiere.

Valuten, Kupons von Valutapapieren; auch Bez. für ausländ. Geldsorten (Banknoten und Münzen) im Ggs. zu Devisen.

Valutierung [lat.-italien.], svw. ↑Wertstellung.

Valva (Mrz. Valvae) [lat.], in der *Anatomie* Bez. für klappenartige Schleimhautfalten zur Regulierung des Flüssigkeitsstromes im Organismus; z. B. *V. aortae* (Aortenklappe).

Valvation [lat., zu valere „gelten"], Festlegung des Kurswertes umlaufender, bes. landfremder Münzen auf Grund von Münzproben.

Valverde, Vincente de [span. bal'βerðe], *Oropesa (Prov. Toledo) um 1500, † auf der Isla Puná im Nov. 1541 (1542 ?), span. kath. Theologe. – Dominikaner; ging 1529 mit F. Pizarro nach Peru; wurde von Karl V. zum Bischot von Südamerika und „Protektor der Indios" ernannt. V. wurde in der Schlacht von Chupas von Indianern getötet; seine Aufzeichnungen bieten wichtiges Quellenmaterial für die Kolonialgeschichte Perus.

Valvula (Mrz. Valvulae) [lat.], in der *Anatomie* Bez. für kleinere, klappen- bzw. faltenartige Strukturen in Blut- und Lymphgefäßen oder in der Darmschleimhaut.

Vámos, Youri (György) [ungar. 'va:moʃ], *Budapest 21. Nov. 1946, ungar. Tänzer und Choreograph. – War Solotänzer in Budapest und München; tanzte Rollen des klass. Balletts sowie in Choreographien von J. Cranco, M. Béjart, J. Neumeier. 1978 debütierte er als Choreograph, wurde 1985 Ballettdirektor und Chefchoreograph in Dortmund und wechselte 1988 an die Oper in Bonn, daneben seit 1991 Ballettdirektor beim Theater in Basel. – *Ballette:* u. a. „Rhapsodie" (1978), „Tschaikowski" (1980), „Carmina burana" (1985), „Julien Sorel", „Vathek" (beide 1991).

Vamp [vɛmp; engl., gekürzt aus vampire], Frauentyp bes. des amerikan. Films: verführerische, erotisch anziehende, dabei oft kalt berechnende Frau.

Vampir [slaw.], angeblich ein Verstorbener, der nachts unverwest dem Grab entsteigt, um Lebenden das Blut auszusaugen. Die auf dem Glauben vom *lebenden Leichnam* basierende V.vorstellung entstammt dem südslaw., rumän. und griech. Volksglauben von *Wiedergänger;* in Deutschland (um 1720 zuerst belegt) sprachl. Variante zu **Blutsauger.** – ↑Horrorfilm, ↑Vampirroman.

Vampire [slaw.] (Echte V., Desmodontidae), Fam. der Fledermäuse mit drei Arten, v. a. in trockenen Landschaften und feuchten Wäldern der amerikan. Tropen und Subtropen (von der südl. Grenze der USA bis nach Argentinien); Körperlänge 6,5–9 cm; fliegen aus ihren Tagesquartieren erst bei völliger Dunkelheit aus; ernähren sich ausschließlich von Blut von Säugetieren (v. a. Haustiere, selten auch Menschen) oder Vögeln; sie schneiden dazu mit ihren messerscharfen Schneide- und Eckzähnen (völlig schmerzlos) eine Wunde und lecken das ausfließende Blut auf; manchmal tritt längeres Nachbluten durch den gerinnungshemmenden Speichel der V. auf. V. können gefährl. [Haustier]krankheiten (z. B. auch Tollwut) übertragen.

Vampirroman, Spät- und Sonderform der Gatt. Schauerroman. Hauptwerk und den Prototyp der Gatt. schuf B. Stoker mit dem Roman „Dracula" (1897).

Van, türk. Stadt in Ostanatolien, nahe dem O-Ufer des Vansees, 1725 m ü.d.M., 121 300 E. Hauptstadt der Prov. V., landw. Handelszentrum; Zementfabrik; Eisenbahnstation, ✈. – V. liegt im urspr. armen. Siedlungsgebiet (1895/96 Schauplatz antiarmen. Pogrome); 1916 zerstört; in den 1920er Jahren in einer Oase neu angelegt. – Auf dem Felsen von V. am Ufer des Sees lag die ältere Residenzburg der Könige von Urartu mit Namen *Tuschpa (Turuschpa),* mächtige Reste der Burg Sardurs I. Auf dem Felsen *Toprakkale,* etwa 5 km östl. von V., lag die jüngere Residenz *Rusachinili* (Ende des 8.Jh. v.Chr.), Ruinen der Burg mit Tempel des Chaldi (Hauptgott der Urartäer); Funde zahlr. Metallarbeiten.

Vanadin, svw. ↑Vanadium.

Vanadinit (Vanadinbleierz), gelbes, braunes oder orangerotes, in kurzsäuligen Kristallen oder in derben Massen vorkommendes hexagonales Mineral, $Pb_5[Cl|(VO_4)_3]$; wird v. a. in der Oxidationszone von Bleierzlagerstätten gebildet, wichtiges Vanadiumerz. Mohshärte 3; Dichte 6,8–7,1 g/cm³.

Vanadium (Vanadin) [nach dem Beinamen Vanadis der altnord. Göttin Freyja], chem. Symbol V; metall. Element aus der V. Nebengruppe des Periodensystems der chem. Elemente, Ordnungszahl 23, relative Atommasse 50,942, Dichte 6,11 g/cm³, Schmelzpunkt etwa 1890 ± 10 °C, Siedepunkt 3 380 °C. V. ist ein graues, chemisch beständiges Metall, das nur von oxidierenden Säuren angegriffen wird. Die wichtigste Sauerstoffverbindung des V. ist das *V.pentoxid* (Vanadium(V)-oxid), V_2O_5, ein orangegelbes bis rotes Pulver, das u.a. als Katalysator bei verschiedenen Synthesen verwendet wird. In seinen Verbindungen tritt V. meist fünf-, seltener zwei-, drei- und vierwertig auf. V. kommt meist als Begleitmetall in Eisen-, Blei-, Chrom- und Zinkerzen vor; reine V.minerale sind selten. Bei der Verarbeitung vanadiumhaltiger Eisenerze im Hochofen kann V. aus der Schlacke durch Rösten mit Soda, Überführen in V.pentoxid und anschließende Reduktion mit Calcium oder Aluminium gewonnen werden. Techn. Bed. hat das aus V.pentoxid und Eisenoxid durch Aluminium oder Silicium reduzierte *Ferro-V.,* das zur Herstellung harter, schwingungs- und hitzebeständiger Stähle *(V.stähle)* dient. – V. wurde 1801 von dem mex. Mineralogen A. M. del Rio in einem Bleierz entdeckt.

Van-Allen-Gürtel [engl. væn 'ælɪn; nach dem amerikan. Physiker J. A. Van Allen (*1914)], zwei Strahlungsgürtel der Erde, die sich als Zonen ionisierender Strahlung hoher Intensität in mittleren Höhen von 4 000 km und 16 000 km befinden. Die V.-A.-G. sind rotationssymmetrisch zur magnet. Erdachse und nahezu spiegelsymmetrisch zur magnet. Äquatorialebene. Es handelt sich hierbei um Bereiche, in denen elektrisch geladene Teilchen aus dem Weltall vom Erdmagnetfeld eingefangen und gespeichert werden. – Die V.-A.-G. entdeckte Van Allen bei Experimenten mit künstl. Erdsatelliten der Explorer-Serie (ab 1958).

Van Buren, Martin [engl. væn 'bjʊərən], *Kinderhook (N.Y.) 5. Dez. 1782, †ebd. 24. Juli 1862, 8. Präs. der USA (1837–41). – Anwalt; 1821–28 Senator, 1829 Gouverneur von New York, 1829–31 Außenmin., 1833–37 Vizepräsident. V. B. galt als einer der Hauptverfechter des ↑Spoils system.

Vance, Cyrus Roberts [engl. væns], *Clarksburg (W.Va.) 27. März 1917, amerikan. Politiker (Demokrat. Partei). – Rechtsanwalt; 1976–80 Außenmin.; 1991–93 UN-Sonderbeauftragter im Jugoslawienkonflikt.

Vancouver [engl. væn'ku:və], Stadt am Columbia River, im SW des Bundesstaates Washington, USA, 44 400 E. Chem., Papierind., Aluminiumschmelze; Flußhafen. – Entstand um die 1824 errichtete Handelsstation Fort Vancouver; seit 1857 City. – Das histor. Fort ist heute Nationaldenkmal.

V., kanad. Hafenstadt am Pazifik, in British Columbia, 420 000 E, Metropolitan Area 1,49 Mill. E. Sitz eines kath. Erzbischofs und eines anglikan. Bischofs; Univ. (gegr. 1908); Kunstgalerie, Stadt-, Schiffahrts-, geolog., anthropolog. Museum; Wirtschaftszentrum des zum Pazifik orientierten äußersten W von Kanada. Nahrungsmittelind., holzverarbeitende Betriebe, Metallverarbeitung, Maschinenbau, Erdölraffinerien. Der Hafen ist der größte an der kanad. Pazifikküste und der zweitwichtigste Kanadas. Fährverkehr nach Victoria und Nanaimo auf V. Island. 1 517 m lange Hängebrücke über den Burrard Inlet nach West V.; Endpunkt transkontinentaler Eisenbahnlinien und des Trans-Canada-Highway; internat. ✈. – Seit etwa 1865 besiedelt, seit 1886 City.

Vancouver Island [engl. væn'ku:və 'aɪlənd], kanad. Insel im Pazifik, vor dem Festland von British Columbia und der Olympic Peninsula des Bundesstaates Washington, USA, 440 km NW–SO-Erstreckung, bis 130 km breit, mit 31 284 km² die größte Insel vor der W-Küste Nordamerikas, bis 2 200 m hoch; wichtigste Stadt ist Victoria, die Hauptstadt von British Columbia. – Um 1775 im Auftrag des Vizekönigs von Mexiko erstmals erforscht; 1778 landete J. Cook am Nootka Sound, wo Spanier 1789 die erste Dauersiedlung anlegten, was zum Krieg zw. Spanien und Großbritannien führte. 1792 entdeckte der brit. Seefahrer G. Vancouver den Inselcharakter von V. I., das in den Besitz der Hudson's Bay Company kam und ab 1849 brit. Kronkolonie war; 1866 mit British Columbia vereinigt, das 1871 dem Dominion Kanada als Prov. eingegliedert wurde.

Vančura, Vladislav [tschech. 'vantʃura], *Háj bei Opava 23. Juni 1891, †Prag 1. Juni 1942 (hingerichtet), tschech. Schriftsteller. – Arzt; gehört zu den bedeutendsten tschech. Prosaschriftstellern zw. den beiden Weltkriegen. Behandelte in seinen Romanen das Leben von Außenseitern („Der Bäcker Jan Marhoul", 1924), Antikriegsstoffe sowie aktuelle nat. und histor. Themen („Marketa und Miklas", R., 1931).

Vandalen (lat. Vandali; Wandalen), ostgerman. Volk, dessen urspr. Siedlungsgebiet wohl N-Jütland oder M-Schweden war; seine bedeutendsten Teilstämme waren die Silingen (um die Zeit vor Christi Geburt im Besitz M-Schlesiens) und Hasdingen (im 2. Jh. n. Chr. nördl. von Dakien nachweisbar), die 406 zus. mit Sweben und Alanen den Rhein überqueren und 409 über Gallien nach Spanien vorstießen. Dort von den Westgoten bedrängt, wurden die V. zus. mit den Alanen von Geiserich (⚔428–477) nach N-Afrika geführt (435 Föderatenvertrag mit Rom); sie gründeten dort ein Reich mit Karthago als Hauptstadt, das das westl. Mittelmeergebiet beherrschte. 455 plünderten die V. Rom. 534 wurde ihr Reich durch den oström. Feldherrn Belisar zerstört.

Vandalismus, svw. barbar., blinde Zerstörungswut; bezieht sich auf die Plünderung Roms durch die Vandalen (455).

Van de Graaff, Robert Jemison [engl. 'vændəgræf], *Tuscaloosa (Ala.) 20. Dez. 1901, †Boston 16. Jan. 1967, amerikan. Physiker. – 1931–60 am Massachusetts Institute of Technology in Cambridge tätig; entwickelte 1929 den nach ihm ben. elektrostat. Generator zur Hochspannungserzeugung (↑Bandgenerator) und widmete sich später vorwiegend dessen Weiterentwicklung und Anwendung.

Vandenberg Air Force Base [engl. 'vændənbə:g 'ɛəfɔ:s 'beɪs], Raketenstartgelände der amerikan. Luftstreitkräfte an der kaliforn. Küste, 220 km nw. von Los Angeles.

Vandenhoeck & Ruprecht ['fandənhu:k], ↑Verlage (Übersicht).

Vanderbijlpark [Afrikaans fandər'bɛilpark], Stadt in S-Transvaal, Republik Südafrika, 79 000 E. Außenabteilung der Univ. Potchefstroom; Zentrum der südafrikan. Eisen- und Stahlindustrie. – 1942 gegründet; planmäßig ausgebaut; seit 1952 Stadt.

Van der Meersch, Maxence [frz. vādɛr'mɛrʃ], eigtl. M. Vandermeersch, *Roubaix 4. Mai 1907, †Le Touquet-Paris-Plage 14. Jan. 1951, frz. Schriftsteller. – Verf. naturalist. Romane und Erzählungen um das nordfrz. Ind.gebiet; u.a. der Arztroman „Leib und Seele" (1943). – *Weitere Werke:* Sein Vermächtnis (R., 1936), Die kleine Heilige (R., 1947).

Vandervelde, Émile [niederl. vandər'vɛldə], *Ixelles 25. Jan. 1866, †Brüssel 27. Dez. 1938, belg. sozialist. Politi-

Van-der-Waals-Kräfte

John Robert Vane

John Hasbrouck Van Vleck

ker. – Jurist; Führer der belg. Arbeiterpartei; seit 1894 Abg.; 1900–14 Präs. der 2. Internationale; seit 1914 mehrfach Min.; reformierte als Justizmin. (1918–21) den Strafvollzug; unterzeichnete als Außenmin. (1925–27) den Locarnopakt; 1929–36 Präs. der Sozialist. Arbeiter-Internationale.

Van-der-Waals-Kräfte [niederl. vɑndər'wa:ls; nach J. D. van der Waals], zw. den Gitterbausteinen von Molekülkristallen und zw. Gasmolekülen wirkende, auf gegenseitiger Induzierung von Dipolmomenten beruhende Anziehungskräfte. – ↑Molekularkräfte.

Van-der-Waalssche Zustandsgleichung [niederl. vɑndər'wa:ls; nach J. D. van der Waals] ↑Zustandsgleichung.

van der Waerden, Bartel Leendert [niederl. vɑndər'wa:rdə] ↑Waerden, Bartel (Leendert) van der.

Vane, John Robert [engl. vɛɪn], *Tardebigg (Worcestershire) 29. März 1927, brit. Pharmakologe. – Erhielt für grundlegende Arbeiten über Prostaglandine 1982 den Nobelpreis für Physiologie oder Medizin (mit S. Bergström und B. Samuelsson).

Vanen ↑Wanen.

Vänersborg [schwed. vɛːnərs'bɔrj], Hauptstadt des schwed. Verw.-Geb. Älvsborg, am SW-Ende des Vänersees, 36 200 E. Schuh-, Bekleidungs-, Elektrogeräteind., nahebei (in Vargön) Zellstoff- und Papierfabrik sowie Werk für Eisenlegierungen; Binnenhafen. – Gegr. 1664.

Vänersee (schwed. Vänern), See im westl. Mittelschweden, 5 585 km², bis 92 m tief, 44 m ü. d. M., größter Zufluß ist der Klaräly; Abfluß durch den Götaälv. Der V. ist reguliert, sein Wasserstand kann um 1,7 m verändert werden.

Vanguard [engl. 'væŋɡɑːd; eigtl. „Vorhut"], Name einer Serie amerikan. Meßsatelliten im Rahmen des Geophysikal. Jahres (1958/59).

Vaňhal, Jan Křtitel [tschech. 'vaɲɦal], dt. Johann Baptist Vanhal, *Nechanice (Ostböhm. Bez.) 12. Mai 1739, †Wien 20. Aug. 1813, tschech. Komponist. – Mit mehr als 100 Sinfonien, die von der tschech. Volksmusik geprägt sind, gilt er als bed. Vorläufer der klass. Wiener Sinfonik; daneben 2 Opern, Konzerte, etwa 100 Streichquartette, Kammer- sowie Klaviermusik und zahlr. Kirchenmusikwerke.

Vanille. Blüten und Fruchtstand der Gewürzvanille

Vanille (Vanilla) [vaˈnɪljə, vaˌnɪlə; span., eigtl. „kleine Scheide, kleine Schote" (zu lat. vagina „Scheide")], Gatt. der Orchideen mit rd. 100 Arten im trop. Amerika, in W-Afrika, auf Malakka und Borneo; Lianen mit fleischigen Blättern und schotenähnl. Kapselfrüchten. Die wirtsch. wichtigste Art ist die in den gesamten Tropen kultivierte **Gewürzvanille** (Echte V., Vanilla planifolia) mit bis 25 cm langen, ellipt. Blättern und gelblichweißen, duftenden Blüten. Die zu Beginn der Reife geernteten, bis 30 cm langen Früchte liefern die ↑Vanillestangen. Die in den Küstenwäldern des trop. Amerika vorkommende, v. a. auf Tahiti angepflanzte *Pompon-V.* (Vanilla pompona) liefert ↑Vanillons. **Geschichte:** Den Azteken diente die V. zum Würzen von Kakaobrei. Durch die Spanier wurde die V. Ende des 16. Jh. in Europa bekannt, wo sie bei der Kakao- und Schokoladenbereitung verwendet wurde. Der Inhaltsstoff Vanillin wurde 1874 synthetisiert, worauf der Anbau von V. stark zurückging.

Vanillestangen (Vanilleschoten) [vaˈnɪljə, vaˌnɪlə], die glänzend schwarzbraunen, durch Trocknungs- und Fermentierungsprozesse eingeschrumpften Fruchtkapseln der Gewürzvanille (↑Vanille). Die V. enthalten 0,8–2,9 % Vanillin, Vanillinalkohol, Zimtsäureester und verschiedene Mono- und Disaccharide. Sie werden als Gewürz für Süßspeisen und zur Gewinnung von Duftstoffen in der Parfümerie verwendet.

Vanillin (Vanillinaldehyd, 4-Hydroxy-3-methoxy-benzaldehyd), in äther. Ölen zahlr. Pflanzen, v. a. in den Kapselfrüchten von Vanillearten enthaltener aromat., farbloser, kristalliner Aldehyd, der durch Wasserdampfdestillation oder synthetisch aus dem bei der Zellstoffproduktion anfallenden Lignin gewonnen und als Geruchs- und Geschmacksstoff in der Lebensmittelind. sowie in der Parfümind. verwendet wird. Chem. Strukturformel:

$$\text{CHO}\text{—}\bigcirc\text{—}\text{OCH}_3, \text{OH}$$

Vanillons [frz. vaniˈjõ; lat.-span.-frz.], Früchte zahlr. Vanillearten, v. a. der Pomponvanille; die Aromastoffe sind durch Beimischung von Piperonal und Anisalkohol weniger wertvoll als die der Vanillestangen. Die V. finden v. a. in der Parfümind. Verwendung.

Vanitas [lat. „Leere, Wahn, Eitelkeit"], die Vergänglichkeit alles Irdischen, Thema abendländ. Dichtung und bildender Kunst, in der sich eine **Vanitassymbolik** herausbildete. Im MA v. a. figürl. Darstellungen wie „Frau Welt", ↑Totentanz, Lebensalter, dazu kommen im 16. Jh. Tod und Mädchen, Liebespaar und Tod, Personifikationen der V. als Frau mit Spiegel. Der Totenkopf trat seit dem 15. Jh. in Zusammenhang mit Bildnissen auf, seit dem 17. Jh. bildete sich mit weiteren Attributen wie Stundenglas, Kerze, Kugel, Briefen, Blumen v. a. in der niederl. Kunst ein eigener Typus des Stillebens aus.

Vannes [frz. van], frz. Stadt an der S-Küste der Bretagne, 42 000 E. Verwaltungssitz des Dep. Morbihan; kath. Bischofssitz; Kunst-, vorgeschichtl. und naturwiss. Museum; metallverarbeitende, Textil-, Reifen- und Nahrungsmittelind.; Hafen. – Hauptort der kelt. Veneter (**Darioritum**); wurde im 5. Jh. Bischofssitz und Hauptort einer Gft., die 990 zur Domäne des Herzogs der Bretagne kam; im späten MA Residenz der breton. Herzöge; Versammlungsort der breton. Stände, die hier 1532 die Vereinigung des Hzgt. mit Frankreich beschlossen. – Kathedrale (13., 15./16. und 18. Jh.); maler. Altstadt mit zahlr. Häusern des 14.–16. Jh.; Reste der Stadtbefestigung (13.–17. Jh.).

Vanoise [frz. vaˈnwaːz], von den Nebenflüssen der Isère stark zerschnittenes Gebirgsmassiv in den frz. N-Alpen, zw. den Talschaften Tarentaise und Maurienne, bis 3 852 m hoch, z. T. vergletschert; 53 000 ha sind Nationalpark (gegr. 1963).

Vanitas. Die Toilette der Venus, Simon Vouet zugeschrieben, um 1625/26 (Berlin, Staatliche Museen)

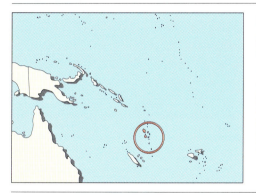

Vanuatu

Fläche: 14 763 km²
Bevölkerung: 150 000 E (1990), 10,2 E/km²
Hauptstadt: Vila (auf Efate)
Amtssprachen: Bislama, Englisch, Französisch
Nationalfeiertag: 30. Juli (Unabhängigkeitstag)
Währung: Vatu (VT)
Zeitzone: MEZ +10 Stunden

Vansee, abflußloser See in Ostanatolien, 1 648 m ü. d. M., 3 574 km², maximal 451 m tief, Salzgehalt 21,6 ‰, mit 8,7 ‰ Soda größter Sodasee der Erde.

Vansittart, Robert Gilbert, Baron (seit 1941) [engl. væn'sɪtət], * Farnham 25. Juni 1881, † Denham (Buckinghamshire) 14. Febr. 1957, brit. Diplomat. – 1930–38 ständiger Unterstaatssekretär im Außenministerium; forderte eine rigorose antidt. Politik **(Vansittartismus)** und warnte die brit. Reg. vor dem NS-Regime.

van't Hoff, Jacobus Henricus [niederl. vɑnt'hɔf] ↑ Hoff, Jacobus Henricus van't.

Van't-Hoff-Gesetz [niederl. vɑnt'hɔf; nach J. H. van't Hoff] ↑ Osmose.

Vantongerloo, Georges [niederl. vɑn'tɔŋərlo:], * Antwerpen 24. Nov. 1886, † Paris 6. Okt. 1965, belg. Bildhauer und Maler. – Mgl. der ↑ Stijl-Gruppe. Lebte ab 1919 in Frankreich, Mitbegr. der Gruppe ↑ Abstraction-Création. Vertreter der geometr. Abstraktion.

Vanua Levu [engl. və'nu:ə 'lɛvu:], mit 5 556 km² zweitgrößte der ↑ Fidschiinseln.

Vanuatu [engl. vɛnuˈɑ:tu:] (Republik Vanuatu), Staat im sw. Pazifik, zw. 13° und 21° s. Br. sowie 166° und 171° ö. L. **Staatsgebiet:** Umfaßt die Neuen Hebriden. **Verwaltungsgliederung:** 11 Räte (Councils). **Internat. Mitgliedschaften:** UN, Commonwealth, Südpazif. Forum; der EWG assoziiert.
Landesnatur: Die Neuen Hebriden bestehen fast ausschließlich aus gebirgigen, von Korallenriffen gesäumten Vulkaninseln, z. T. mit noch aktiven Vulkanen.
Klima: Abgesehen von den südlichsten Inseln mit trockenen Wintern herrscht trop. Regenklima.
Vegetation: Im N ist trop. Regenwald, im S sind Trockenwälder und Savannen verbreitet.
Bevölkerung: Die überwiegend christl. Bev. setzt sich aus Melanesiern (97 %), Polynesiern und Mikronesiern, Europäern u. a. Minderheiten zusammen.
Wirtschaft: Hauptwirtschaftszweig ist die Kopragewinnung, daneben Kaffee- und Kakaoplantagen. Der Anbau von Jams, Taro, Gemüse, Süßkartoffeln und Maniok dient der Eigenversorgung. Gehalten werden Fleischrinder, Schweine und Schafe; außerdem werden Fischerei und Holzeinschlag, bei Efate Manganerzabbau betrieben. Eine wichtige Einnahmequelle ist der Fremdenverkehr.
Außenhandel: Ausgeführt werden v. a. Kopra, Fleisch und Fleischwaren, Holz und Kakao, eingeführt Investitions- und Konsumgüter, Nahrungsmittel und Brennstoffe. Die wichtigsten Partner sind Australien, Japan, Neuseeland, Fidschi und Frankreich.
Verkehr: Das Straßennetz ist 1 062 km lang. Überseehäfen sind Vila (auf Efate) und Santo (auf Espiritu Santo). Der Verkehr zw. den Inseln wird mit Motor- und Segelbooten sowie Flügen der Air Melanesia durchgeführt. Internat. ✈ auf Efate.
Geschichte: Die vor mehr als 3 000 Jahren von Melanesiern teilweise besiedelten Inseln wurden 1606 von dem span. Seefahrer P. F. de Quiros entdeckt (1768 Wiederentdeckung durch den Franzosen L. A. de Bougainville) und erhielten 1774 von J. Cook den Namen *Neue Hebriden*. Seit der 1. Hälfte des 19. Jh. wanderten Europäer ein (christl. Missionierung, beginnender Sandelholzeinschlag). Nach kolonialpolit. Rivalitäten schlossen Großbritannien und Frankreich 1887 einen Vertrag über die gemeinsame Verwaltung der Inseln (seit 1906 Kondominium). Träger der Unabhängigkeitsbewegung wurde die 1972 gegr. VAP. 1977 erlangten die Neuen Hebriden ihre innere Autonomie. Nach dem Wahlsieg der VAP (Nov. 1979) kam es im Mai 1980 zu einem Sezessionsversuch der Insel Espiritu Santo, den brit.-frz. Truppen unterbanden. Am 30. Juli 1980 wurden die Neuen Hebriden als V. („das Land, das sich aus dem Meer erhebt") unter Präs. A. G. Kalkoa (der sich nach seiner Wahl, einer melanes. Sitte folgend, Sokomanu [„Führer von Tausenden"] nannte) und Min.präs. W. H. Lini, einem anglikan. Pfarrer, eine unabhängige Republik (im Aug. 1980 Abzug der brit.-frz. Militäreinheiten). Im April 1983 erklärte sich V. per Gesetz zur atomwaffenfreien Zone. Gemeinsam mit Papua-Neuguinea und den Salomoninseln schloß V. im März 1988 ein Abkommen über Grundsätze einer engeren Zusammenarbeit. Machtkämpfe innerhalb der VAP (als Reg.partei durch Wahlen im Nov. 1987 bestätigt) führten im Jan. 1989 zur Amtsenthebung von Sokomanu, dessen Nachfolger F. Timakata wurde. Der im Sept. 1991 an einem Mißtrauensvotum gescheiterte Min.präs. Lini wurde durch D. Kalpokas (seit Aug. 1991 Vors. der VAP) als Reg.chef abgelöst. Die Parlamentswahlen im Dez. 1991 gewann die oppositionelle UMP, die mit M. Carlot den Min.präs. stellt.
Politisches System: Nach der Verfassung vom 30. Juli 1980 ist V. eine parlamentar. Republik. *Staatsoberhaupt* ist der Präs. (Amtszeit 5 Jahre). Die *Exekutive* liegt bei der Reg., die dem Parlament verantwortlich ist, die *Legislative* beim Einkammerparlament (46 Abg., für 4 Jahre gewählt), neben dem der Nat.rat der Häuptlinge beratende Funktion hat. Wichtigste *Parteien* sind die Union der gemäßigten Parteien (UMP), die Nat. Vereinigte Partei (NUP), die Vanuaaku Partei (Unser-Land-Partei; VAP) sowie die Melanes. Fortschrittspartei und die Tan Union. Höchste Instanz der *Recht*sprechung ist der Oberste Gerichtshof.

Van Vleck, John Hasbrouck [engl. væn 'vlɛk], * Middletown (Conn.) 13. März 1899, † Cambridge (Mass.) 27. Okt. 1980, amerikan. Physiker. – 1926–28 Prof. in Minneapolis, danach in Madison, ab 1934 an der Harvard University. V. V. war wesentlich an der Entwicklung der Quantentheorie der magnet. Suszeptibilität und des Magnetismus beteiligt. Nobelpreis für Physik 1977 (zus. mit P. W. Anderson und Sir N. F. Mott).

Vaquero [va'ke:ro; span., zu lat. vacca „Kuh"], Kuhhirte, Viehtreiber, ↑ Cowboy.

Vaquez-Osler-Krankheit [frz. va'kɛz, engl. 'ouzlə; nach dem frz. Internisten L.-H. Vaquez, * 1860, † 1936 und dem kanad. Internisten W. Osler, * 1849, † 1919], svw. ↑ Polyzythämie.

Var [frz. va:r], Dep. in Frankreich.

Vanuatu

Staatswappen

Var 148

Edgar Varèse

Agnes Varda

Tibor Varga

Mario Vargas Llosa

V., Zufluß des Mittelmeeres, entspringt in den Meeralpen, mündet bei Saint-Laurent-du-V., 120 km lang; mehrere Kraftwerke.

Var [Abk. für frz. volt-ampère-réactif], Einheitenzeichen var, Benennung der SI-Einheit Watt bei Angabe von elektr. Blindleistungen; 1 var = 1 Watt.

VAR, Abk. für: ↑**V**ereinigte **A**rabische **R**epublik.

var., in der Botanik Abk. für: **var**ietas (Varietät; ↑ Abart).

Varanasi (früher Benares), ind. Stadt am linken Ufer des Ganges, Bundesstaat Uttar Pradesh, 82 m ü. d. M., 721 000 E. Sanskrit-Univ. (gegr. 1958), Hindu-Univ. (gegr. 1916); archäolog. Museum. Bedeutendster Pilgerort der Hindus (über 1 500 Tempel und Kultstätten); 6 km des Gangesufers sind hl. Land, 47 hundertstufige Steintreppen („ghats") führen zum Fluß hinab. Wichtigster Ind.zweig ist die Textilind., ferner Bau von Elektrolokomotiven, aluminiumverarbeitende, chem., Papier-, Glas- und Tabakind.; bed. Kunsthandwerk. V. ist das Verkehrszentrum der mittleren Gangesebene; Brücke über den Ganges; 込. – Seit der 1. Hälfte des 1. Jt. v. Chr. archäologisch nachweisbar; geriet im späten 12. Jh. unter muslim. Herrschaft, nach und nach wurden die alten Tempel zerstört bzw. überbaut; 1781 von den Briten erobert.

Varangerfjord [norweg. vaˈraŋərfjuːr], von der Barentssee ausgehender größter Fjord Norwegens (2 258 km²), verläuft südl. der Varangerhalbinsel, 118 km lang.

Varangerhalbinsel, Halbinsel im äußersten NO Norwegens, vom Tanafjord im W und dem Varangerfjord im S begrenzt. Das Innere ist eine plateauartige Gebirgseinöde mit weiten, oft versumpften Tälern und spärl. Vegetation (Renweide).

Varaždin [serbokroat. vaˌraʒdiːn], Stadt in Kroatien, an der Drau, 173 m ü. d. M., 34 000 E. Gemäldegalerie, Theater; Textilind. – 1181 erstmals erwähnt; ab 1209 königl.-ungar. Freistadt (Rechte 1220 erneuert); teilte seit dem MA die Geschichte Kroatiens. – Burg (13. Jh.; mit Museum); barocke Bauten, u. a. Jesuitenkirche, Franziskanerkloster mit Kirche und Paläste.

Varaždinske Toplice [serbokroat. vaˌraʒdiːnskɛ ˌtɔplitsɛ], Thermalbad 15 km ssw. von Varaždin, in Kroatien, rd. 2 000 E. Heilquelle. – Bereits zur Römerzeit als **Aquae Jasae** bekannter Badeort. – Reste röm. Thermen mit Mosaiken; Burg (12. Jh., rekonstruiert).

Varda, Agnes, * Ixelles 30. Mai 1928, frz. Filmregisseurin und -autorin. – Seit 1962 ∞ mit J. Demy. Wegbereiterin der Nouvelle Vague; dreht v. a. künstlerisch ambitionierte Kurz- und Spielfilme. – *Filme:* Das Glück (1965), Menschengesichter (1981), Vogelfrei (1985), Die Zeit mit Julien (1987), Jane B. ... wie Birkin (1987).

Vardar, Hauptfluß Makedoniens, entspringt im O der Sar planina, mündet westl. von Saloniki (Griechenland) in den Thermaischen Golf des Ägäischen Meeres, 420 km lang. Über die niedrige Wasserscheide (460 m ü. d. M.) zw. dem linken Nebenfluß Pčinja und dem Moravanebenfluß Moravica verläuft die bedeutendste Verkehrsleitlinie der Balkanhalbinsel, die *Morava-V.-Furche.*

Vardø [norweg. ˌvardø], östlichste Stadt Norwegens auf der Insel **Vardøy** (3,7 km²) in der Barentssee, 3 700 E. Fischereiversuchsstation; Fischfang und -verarbeitung. – Die Festung, bei der die heutige Stadt entstand, wurde im 13. Jh. gebaut und heißt seit 1340 V.; 1638 Garnison; 1789 Stadt.

Varè, Daniele [italien. vaˈrɛ], * Rom 12. Jan. 1880, † ebd. 27. Febr. 1956, italien. Schriftsteller. – Verf. geistreicher und amüsanter Unterhaltungsliteratur in engl. und italien. Sprache über Begegnungen und Erlebnisse im diplomat. Berufsleben; u. a. Roman-Trilogie über China „Der Schneider himml. Hosen" (1936), „Das Tor der glückl. Sperlinge" (1938), „Der Tempel der kostbaren Weisheit" (1940).

Varel [ˈfaːrəl], Stadt südl. des Jadebusens, Nds., 8 m ü. d. M., 23 800 E. Heimatmuseum; Nahrungsmittel-, Halbzellstoff-, Baustoff- und Maschinenbauind., Flugzeugbau und Porzellanfabrik; kleiner Sielhafen (Küstenfischerei). – Erstmals 1124 gen.; seit 1856 Stadt. – Ev. Schloßkirche (um 1200), im 13. Jh. erweitert.

Varese [italien. vaˈreːse], italien. Stadt in der Lombardei, am S-Rand der Bergamasker Alpen, 382 m ü. d. M., 88 000 E. Hauptstadt der Prov. V.; Museen, Leder-, metallverarbeitende, elektrotechn., Druck-, Auto-, chem. Ind.; 込. – Hauptkirche San Vittore (1580–1615) mit klassizist. Fassade, Kampanile (17. Jh.) und roman. Baptisterium (12./13. Jh.).

Varèse, Edgar [frz. vaˈrɛːz], * Paris 22. Dez. 1883 (oder 24. Dez. 1885), † New York 6. Nov. 1965, amerikan. Komponist frz.-italien. Herkunft. – Schüler von A. Roussel, V. d'Indy und C. Widor; lebte ab 1915 in New York. V. trug mit der Befreiung des Klangs einschl. des Geräuschs entscheidend zur Entwicklung der neuesten Musik bei (z. B. der Klangfarbenkomposition seit Anfang der 60er Jahre). Seine Klangvorstellungen realisierte er anfangs mit dem tradierten instrumentalen Apparat („Intégrales" für 11 Bläser und Schlagzeug, 1924), erweiterte diesen aber allmählich („Ionisation" für Schlagzeugensemble mit zwei Sirenen und Klavier, 1930/31) bis hin zur Verwendung elektron. Instrumente und elektron. Musik („Poème électronique", 1957/58).

Varga, Imre [ungar. ˈvɔrgɔ], * Siófok 1. Nov. 1923, ungar. Bildhauer. – Wurde bekannt mit Denkmals- und Kleinplastik in einer realist., z. T. dem Neuen Realismus nahestehenden Grundhaltung.

V., Jenő (Eugen) [ˈvarga, ungar. ˈvɔrgɔ], * Nagytétény (= Budapest) 6. Nov. 1879, † Moskau 7. Okt. 1964, ungar. Nationalökonom. – 1906 Mgl. der Ungar. Sozialdemokrat. Partei, 1918 Prof. in Budapest, 1919 Vors. des Obersten Rates der Volkswirtschaft der Ungar. Räterepublik; emigrierte 1920 in die Sowjetunion und wurde dort Mgl. der KPR (B) (später KPdSU); 1927–4/ dann d. Inst. für Weltwirtschaft und Weltpolitik der Moskauer Akad. der Wiss.; persönl. Berater Stalins für Wirtschaftsfragen; erhielt 1954 den Stalinpreis, 1963 den Leninpreis. – V. beschäftigte sich u. a. mit Fragen des Übergangs vom Kapitalismus zum Sozialismus („Die wirtschaftspolit. Probleme der proletar. Diktatur", 1920), entwickelte Methoden der marxist. Konjunkturanalyse und trat mit Arbeiten über Wirtschaftszyklen und -krisen hervor („Die Niedergangsperiode des Kapitalismus", 1922; „Der Kapitalismus des 20. Jh.", 1962). Kurz vor seinem Tode rückte er vom Stalinismus ab.

V., Tibor [ungar. ˈvɔrgɔ], * Győr 4. Juli 1921, ungar. Violinist. – Schüler von J. Hubay und C. Flesch; wurde bekannt als Interpret zeitgenöss. Musik (B. Bartók, A. Schönberg u. a.); 1949–86 Prof. an der Nordwestdt. Musikakademie in Detmold. Gründete 1954 das Kammerorchester T. Varga (bis 1988 dessen künstler. Leiter) sowie 1964 das Festival T. Varga in Sitten (Kt. Wallis, Schweiz).

Vargas, Getúlio Dornelles, * São Borja (Rio Grande do Sul) 19. April 1883, † Rio de Janeiro 24. Aug. 1954 (Selbstmord), brasilian. Politiker. – 1926 Finanzmin., 1928 Gouverneur von Rio Grande do Sul; ab 1930 provisor., 1934 gewählter Präs.; 1937–45 durch Staatsstreich Diktator; 1950 erneut gewählt; 1954 von der Armee zum Rücktritt gezwungen; trug durch wirtsch. und soziale Maßnahmen in starkem Maße zur Umwandlung Brasiliens in einen modernen Staat bei.

Vargas Llosa, Mario [span. ˈbaɾyas ˈjosa], * Arequipa 28. März 1936, peruan. Schriftsteller und Literaturkritiker. – Lebte 1958–74 in Europa; 1976–79 Präs. des internat. PEN-Clubs. Kandidierte 1990 erfolglos für das Amt des Staatspräs. in Peru. – Übt in seinen vielschichtigen, oft brutal-realist. Romanen schonungslose Kritik an der Gesellschaft Perus, u. a. „Die Stadt und die Hunde" (1962), „Das grüne Haus" (1965), „Gespräch in der Kathedrale" (1969). Auch Erzählungen und Essays. – *Weitere Werke:* Die andere Seite des Lebens (R., 1969), Der Hauptmann und sein Frauenbataillon (R., 1973), Tante Julia und der Lohnschreiber (R., 1977), Der Krieg am Ende der Welt (R., 1984), Wer hat Palomino Molero umgebracht? (R., 1988).

Vargas Vila, José María [span. ˈbaɾyas ˈβila], * Bogotá 23. Juli 1860, † Barcelona 23. Mai 1933, kolumbian. Schriftsteller. – Kämpfte in seinen stilistisch brillanten polit. Schriften gegen die antidemokrat. Kräfte Lateinamerikas und den Imperialismus der USA. Verfaßte auch Gedichte, Theaterstücke, Erzählungen und [melodramat.] Romane.

Vari [Malagassi] ↑Lemuren.

Varia [lat.], im Buchwesen Bez. für Vermischtes, Verschiedenes, Allerlei.

variabel [lat.], veränderlich, abwandelbar; schwankend.

Variabilität [lat.], in der Biologie die Eigenschaft der Veränderlichkeit der Lebewesen, die Fähigkeit zum Abweichen von der Norm (↑Variation).

Variable [lat.], allg. ein beliebiges Element aus einer vorgegebenen Menge; speziell eine mathemat. Größe (auch *Veränderliche*), deren Wert im Ggs. zu einer Konstanten nicht festgelegt oder zu Beginn der Betrachtung noch unbekannt ist. Die Elemente des Definitionsbereichs einer ↑Funktion werden als *unabhängige V.*, die des Wertebereichs als *abhängige V.* bezeichnet.

▷ in der *formalen Logik* Zeichen, die (in Aussagen) stellvertretend für Eigennamen von Gegenständen, Eigenschaften, Beziehungen usw. von Ausdrücken stehen.

▷ in der *Datenverarbeitung* log. Speicherplatz mit dessen Wert. Je nach Datentyp unterscheidet man *numer. V.*, die nur Zahlen und V., die nur Zeichenketten beinhalten können.

variable Kosten ↑Kosten.

variable Metren, von B. Blacher 1950 eingeführte Bez. für planvoll (nach mathemat. Regeln) angelegte Taktwechsel, die für die Struktur eines Musikstücks bestimmend sind.

Variante [lat.], in der *Linguistik* stellungsbedingt oder stellungsunabhängig auftretende phonolog. oder morpholog. Einheit, die dieselbe Funktion wie eine andere Einheit hat (↑Allomorph, ↑Allophon).

▷ Bez. der *Textkritik* für Textabweichungen bei zwei oder mehreren Fassungen (↑Lesart).

▷ von H. Riemann in der *Musiktheorie* eingeführte Bez. für den durch die Veränderung der Terz (groß statt klein und umgekehrt) herbeigeführten Wechsel von Moll nach Dur (und Dur nach Moll) im Tonikadreiklang.

▷ im *Schach* eine von mehreren Zugfolgen, die in einer bestimmten Stellung möglich und sinnvoll sind.

Varianz [lat.], in der Wahrscheinlichkeitsrechnung und Statistik verwendetes Maß für die Größe der Abweichung einer Zufallsgröße von ihrem Mittelwert.

variatio delectat [lat.], Abwechslung macht Freude (nach Euripides' „Orest").

Variation [zu lat. variatio „Veränderung"], allg. svw. Abänderung, Veränderung.

▷ in der *Biologie* die bei einem Lebewesen im Erscheinungsbild (Phänotyp) zutage tretende Abweichung von der Norm, die der betreffenden Art bzw. einer entsprechenden Population eigen ist. Die individuelle V. ist durch innere (physiolog. und/oder genet. [Mutation]) und/oder äußere Faktoren (Modifikation) bedingt. Die abweichenden Individuen werden als *Varianten* bezeichnet.

▷ in der *Musik* i. w. S. die Veränderung einer gegebenen melod., klangl. oder rhythm. Struktur als elementares Gestaltungsprinzip. Als bes. Technik ist die V. Grundlage einer Vielzahl von Satzweisen und Formtypen der abendländ. Musik. 1. Bei der melod. V. wird eine Melodie durch Verzierungen, Umrhythmisierung, Takt- oder Tonartwechsel, Motivveränderung oder -abspaltung bearbeitet oder umgewandelt. Sie findet sich in vielen Gattungen und Formen seit dem MA und liegt auch der themat. Arbeit und der Leitmotivik zugrunde. 2. Bei der kontrapunkt. V. werden zu einer mehrfach unverändert wiederkehrenden Stimme (Cantus firmus) oder zu einem gleichbleibenden Thema (Subjekt) jeweils neue, kontrapunktierende Stimmen gesetzt. Sie findet sich u. a. in den Messen der Niederländer, in Choralvorspielen und -bearbeitungen des 17. Jh., in Kanon und Fuge. 3. Bei der als Reihungsform gestalteten V. wird ein umfangsmäßig und meist auch harmonisch festgelegtes Modell in jeweils neuer Gestalt wiederholt. Die Ostinato-V. des 16./17. Jh. entsteht über einer als Gerüst konstant bleibenden Baßmelodie, die V.suite aus nur

rhythm. Wechsel bei konstanter Oberstimmenmelodie. 4. Bei der freien V. (Charakter-V.) wird das Thema nicht als Modell variiert, sondern aus seinem Ausdrucksgehalt heraus bis hin zur Aufgabe seines Grundcharakters entwickelt. Die Musik des 20. Jh. pflegt die V. als zykl. Reihungsform weiter; als Kompositionsprinzip ist sie außerdem eine Grundlage der Reihentechnik.

Variationsbewegungen (Turgorbewegungen), bei Pflanzen durch reversible Änderungen des in bestimmten Zellen oder Gewebszonen herrschenden Turgors hervorgerufene, meist ungerichtete Bewegungen.

Variationsbreite (Spannweite, Streubreite), in der Wahrscheinlichkeitsrechnung und Statistik die Differenz zw. größtem und kleinstem Wert.

Variationsrechnung, Teilgebiet der höheren Analysis. Die V. untersucht die Funktionen *(Extremale)*, für die ein ↑Funktional, z. B. ein gegebener Integralausdruck, einen möglichst großen oder kleinen Wert *(Extremum)* annimmt. Die notwendigen Bedingungen für das Eintreten eines Extremums erhält man durch kleine Änderungen *(Variationen)* der als existent vorausgesetzten Lösung.

Variationston, ein Ton, dessen Schwingungsamplitude sich periodisch ändert.

Varietät [...i-e-...; lat.], svw. ↑Abart.

Varieté [vari-e'te:; eigtl. Varietétheater (nach frz. théâtre des variétés; zu lat. varius „verschiedenartig")], Theater für artist. Darbietungen, Musicals und Revuen.

varikös [zu lat. varix „Krampfader"], im Zusammenhang mit Krampfadern stehend.

Varikozele [lat./griech.] (Krampfaderbruch), krankhafte Erweiterung und Schlängelung der Venen des Samenstrangs; tritt meist einseitig, am häufigsten zw. 15. und 25. Lebensjahr auf; kann zur Zeugungsunfähigkeit führen.

Varin, Jean [frz. va'rɛ̃], frz. Bildhauer fläm. Herkunft, ↑Warin, Jean.

Variola [zu lat. varius „verschieden, buntfarbig"], svw. ↑Pocken.

Variomatic ⓌZ [Kw.], ein stufenloses Pkw-Getriebe (↑automatisches Getriebe).

Variometer [lat./griech.], allg. ein Gerät zur Messung bzw. Registrierung *(Variograph)* der örtl. oder zeitl. Veränderungen einer Größe.

▷ Gerät zur Messung kleiner Änderungen des Luftdrucks; in einfacher Form ein ↑Aneroidbarometer mit einer Vidie-Dose aus sehr dünnem Blech und mit sehr weichen Spannfedern; die Bewegung der Dosenmembran wird optisch durch die Drehung eines Spiegels oder über ein Zeigersystem auf die Anzeigeskala übertragen. V. in spezieller Form dienen bei Flugzeugen zur Messung und Anzeige der Steig- oder Sinkgeschwindigkeit *(Höhenänderungsmesser)*.

variskische Gebirgsbildung [nach dem german. Volksstamm der Varisker] (herzyn. Gebirgsbildung), Ära der Gebirgsbildung im Paläozoikum, führte in Mitteleuropa zur Auffaltung des **Variskischen Gebirges**, das sich vom Frz. Zentralplateau in 2 großen Bögen nach NW (↑Armorikanisches Gebirge) und NO über Vogesen, Schwarzwald bis zu den Sudeten erstreckte.

Varistor [engl., gebildet aus lat. var*ius* „verschieden" und lat.-engl. res*istor* „Widerstand"] (VDR-Widerstand), spannungsabhängiger elektr. Widerstand (Bauelement) aus gesintertem Siliciumcarbid, dessen Widerstandswert mit steigender Spannung abnimmt.

Variszit (Variscit, früher Sphärit), blaß- bis smaragdgrünes, auch bläulichgrünes bis farbloses, meist feinkörnige Massen bildendes rhomb. Mineral, $Al[PO_4] \cdot 2H_2O$; Mohshärte 3,5–4; Dichte 2,57 g/cm³.

Varize (Varix) [lat.], svw. ↑Krampfader.

Varizellen [lat.], svw. ↑Windpocken.

Varizenverödung, svw. ↑Venenverödung.

Värmland [schwed. 'værmland], Verw.-Geb. in M-Schweden, 17 584 km², 282 400 E (1990), Hauptstadt Karlstad.

V., histor. Prov. im westl. M-Schweden, zentraler Ort Karlstad. V. umfaßt das wald- und seenreiche Gebiet nördl. vom Vänersee. Der O gehört zum Bergbaugebiet von Bergs-

Harold Eliot Varmus

Karl August Varnhagen von Ense (Zeichnung)

Rahel Varnhagen von Ense (Zeichnung)

lagen. Die Bed. der Landw. ist rückläufig. Führender Ind.-zweig ist die Metallverarbeitung, ferner Glas-, Textil- und chem. Ind. – 1639 gebildet, kam 1648 zum Generalgouvernement Västergötland, bildete 1654 zus. mit Närke ein Län (Verw.-Geb.); in seinen heutigen Grenzen seit 1779.

Varmus, Harold Eliot [engl. 'vɑːməs], *Oceanside (N.Y.) 18. Dez. 1939, amerikan. Mediziner. – Seit 1979 Prof. an der University of California School of Medicine in San Francisco; erhielt 1989 mit M. J. Bishop für die Entdeckung des zellulären Ursprungs der retroviralen Krebs- bzw. Onkogene den Nobelpreis für Physiologie oder Medizin.

Varnhagen von Ense ['farnhaːgən], Karl August, *Düsseldorf 21. Febr. 1785, †Berlin 10. Okt. 1858, dt. Schriftsteller und Literaturkritiker. – 1804–06 mit Chamisso Hg. des „Musenalmanachs"; 1815–19 Min.resident in Karlsruhe; lebte danach meist in Berlin. Bed. Publizist des literar. Vormärz. Seine „Biograph. Denkmale" (5 Bde., 1824–30) beschreiben u. a. histor. Persönlichkeiten; von zeitgeschichtl. Wert sind auch seine „Tagebücher" (14 Bde., hg. 1861–70) und sein umfangreicher Briefwechsel.

V. v. E., Rahel, geb. Levin, *Berlin 26. Mai 1771, †ebd. 7. März 1833, dt. Schriftstellerin. – Seit 1814 Gattin von Karl August V. von Ense. Ihr Berliner Salon war ein bed. Mittelpunkt eines großen Kreises von Philosophen, Literaten und Künstlern (Zentrum der Berliner Romantik). Ihre Briefe und Aufzeichnungen „Rahel. Ein Buch des Andenkens für ihre Freunde" (hg. 1833) und „Galerie von Bildnissen aus Rahels Umgang und Briefwechsel" (hg. 1836) kennzeichnen sie als Vorkämpferin für die Gleichberechtigung der Juden und der Frauen.

Varro, Marcus Terentius, gen. Reatinus (nach Reate [= Rieti], wo er Landbesitz hatte), *116, †27, röm. Gelehrter und Schriftsteller. – Im Bürgerkrieg Anhänger des Pompejus; nach der Schlacht bei Pharsalus (48 v. Chr.) von Cäsar begnadigt. Nach Cäsars Ermordung von Antonius geächtet (entging 43 der Exekution). Vielseitigster und produktivster Gelehrter der röm. Republik; ein von Hieronymus angefertigtes, unvollständiges Schriftenverzeichnis nennt 39 Titel mit insgesamt 490 Büchern; 24 weitere Werke sind aus anderen Quellen bekannt. Die Enzyklopädie in 41 Büchern „Antiquitates rerum humanarum et divinarum" behandelt die röm. Staats- und Kulturaltertümer. Von seinen anderen Werken (über Recht, Kunst, Grammatik, Literaturgeschichte) sind nur 3 Bücher „Res rusticae" (Landwirtschaft) und die Bücher 5–10 eines Werkes „Über die lat. Sprache" („De lingua Latina") erhalten. Fragmente der „Saturae Menippeae" (Menippeische Satiren) zeigen V. als drast. Zivilisations- und Gesellschaftskritiker.

Varuna ↑Waruna.

Varus, Publius Quinctilius, *um 46 v. Chr., †9 n. Chr., röm. Statthalter Germaniens. – 13 v. Chr. Konsul, wohl 7 Prokonsul von Africa, 6–4 Statthalter (Legat) in Syrien, ab 7 n. Chr. in Germanien, wo er die Romanisierung des Gebietes zw. Rhein und Elbe durch intensivierte Verwaltung voranzutreiben suchte. V. wurde im Herbst 9 n. Chr. im ↑Teutoburger Wald mit seiner mehrere tausend Mann starken Truppe vernichtend durch den Cheruskerfürst Arminius geschlagen; nahm sich wegen der Niederlage das Leben.

Varviso, Silvio, *Zürich 26. Febr. 1924, schweizer. Dirigent. – 1956 musikal. Oberleiter des Stadttheaters Basel; kam 1962 an die Metropolitan Opera in New York, 1972 bis 1979 Generalmusikdirektor der Württemberg. Staatsoper in Stuttgart, 1979–81 Direktor der Pariser Opéra, wirkt seitdem als Gastdirigent an verschiedenen Opernhäusern.

Vas (Mrz. Vasa) [lat.], in der *Anatomie* Bez. für röhrenartige Strukturen, v. a. bestimmte Blut- und Lymphgefäße.

Vasa ↑Wasa.

Vasall [kelt.-mittellat.-frz.], im MA der Freie, der sich in den Schutz eines mächtigen Herrn begab, von diesem seinen Unterhalt bezog und sich dafür zu Gehorsam und Dienst, später zu Rat und Hilfe verpflichtete. Die **Vasallität,** das persönl. Verhältnis zw. dem V. und seinem Herrn, war ein wichtiges Element des Lehnswesens.

Victor de Vasarély. Harlekin, 1935 (Privatbesitz)

Vasarély, Victor de [frz. vazaˈreli], eigtl. Viktor Vásárhelyi, *Pécs 9. April 1908, frz. Maler ungar. Herkunft. – Ausbildung in der Bauhaustradition. 1930 Übersiedlung von Budapest nach Paris. 1929–39 figürl. Bilder mit Schwarz-Weiß-Kontrasten (Zebrabilder, Tiger, Harlekine, Schachbretter). Um 1951 formulierte er die Prinzipien der ↑Op-art bzw. der Farbkinetik: Durch sich kreuzende Linien bzw. Netzüberlagerungen werden Bewegungseffekte hervorgerufen. Seine Arbeiten beruhen auf mathemat. Berechnungen.

Vasari, Giorgio, *Arezzo 30. Juli 1511, †Florenz 27. Juni 1574, italien. Maler, Baumeister und Kunstschriftsteller. – Schuf Tafelbilder und Fresken in manierist. Stil sowie von Michelangelo beeinflußte Bauten (u. a. Uffizien, Florenz, 1560 ff.). Wegweisend wurde er mit seinen Künstlerbiographien („Die Lebensbeschreibungen der berühmtesten italien. Architekten, Maler und Bildhauer", 1550, erweiterte Ausgabe 1568), die zu den wichtigsten Quellen der Kunstgeschichte gehören. Bed. ist V. auch für die Theatergeschichte (Einführung der Wandeldekorationen).

Vasco [portugies. 'vaʃku], eigtl. V. Fernandes, *Viseu um 1480, †ebd. 1543, portugies. Maler. – Bed. Vertreter der portugies. Renaissancemalerei (italien. und fläm. Einflüsse), u. a. „Kreuzigung Christi" für die Kathedrale in Viseu (heute im Museum ebd.).

Vasco da Gama [portugies. 'vaʃku ðɐ 'ɣɐmɐ] ↑Gama, Dom Vasco da.

Vasektomie [lat./griech.], svw. ↑Vasoresektion.

Vaseline [Kw. aus Wasser und griech. élaion „Öl"], aus Gemischen v. a. gesättigter Kohlenwasserstoffe bestehendes, salbenartiges, aus hochsiedenden Erdölfraktionen oder durch Lösen von Paraffin in Paraffinöl gewonnenes Produkt, das als Salbengrundlage in der pharmazeut. Ind. und in der Technik als Schmierstoff und Rostschutzmittel dient.

Vasen [frz.-lat.], Gefäße aus Porzellan, Glas, Kristall oder Keramik; in der Antike die Keramik des ägäischen Raums, v. a. kret. und griech. Ware, bemalte gebrannte Tongefäße verschiedener Form, die als Vorratsbehälter, Misch-, Schöpf- und Gieß-, Trink-, Salb- sowie als Kultgefäße dienten. – ↑Vasenmalerei.

Vasenmalerei, im besonderen die Malerei auf Vasen des ägäischen Raums. Der minoische *Kamaresstil* (↑Kamaresvasen, 2000 bis 1700) zeigt ornamentalisierende Buntmalerei auf dunklem Grund, die Zeit der Neuen Paläste (1700–1450) den naturalist. Flora- und Meeresstil auf hellem Grund, den die myken. V. übernimmt. Am Beginn der griech. Kunst steht der *geometr. Stil* (900–700). Die dunkelwandigen Vasen werden sparsam mit schmalen, später breiteren geometr. Ornamentstreifen geschmückt, im 8. Jh. kommen auch Tierfriese und figürl. Bilder hinzu (Dipylonvasen). In *archaischer Zeit* (7. und 6. Jh.) verdrängt die Figurenmalerei die Ornamentik. In Korinth setzt sich seit Anfang des 6. Jh. der **schwarzfigurige Stil** durch. Bei dieser Technik wird die auf das luftgetrocknete Gefäß aufgebrachte Umrißzeichnung mit einem Tonschlicker ausgemalt, der beim Brennen schwarz wird (der Grund ist rot). Binnenzeichnungen werden (vor dem Brennen) in diese Schicht eingeritzt. Bed. sind v. a. die Vasen mit vielfigurigen Miniaturmalerei im *protokorinth. Stil.* Im späten 7. bis zur Mitte des 6. Jh. folgen großfigurige Szenen (korinth. Stil). Die *att.* V. übernimmt um 580 den schwarzfigurigen Stil. Sophilos und Kleitias schaffen figurenreiche Friese (↑Françoisvase), der ↑Amasis-Maler und ↑Exekias geben die Friese auf. Der Übergang zum **rotfigurigen Stil** vollzieht sich um 530. Hierbei wird der Grund zw. den Figuren mit dunklem Malschlicker überzogen, so daß die Binnenzeichnung mit einem Pinsel o. ä. aufgetragen werden kann. Dieser Stil erzielt eine starke plast. Wirkung. Hauptmeister der Frühzeit sind: der ↑Andokides-Maler, ↑Euthymides, ↑Euphronios, ↑Oltos; im 1. Viertel des 5. Jh.: der ↑Kleophrades-Maler, der ↑Berliner Maler, der ↑Panaitios-Maler und die übrigen Schalenmaler ↑Makron, ↑Duris und der Brygos-Maler (↑Brygos); um die Mitte des 5. Jh.: der Niobiden-Maler, ↑Hermonax und der ↑Penthesilea-Maler; hochklass. Maler sind Polygnotos, der ↑Achilleus-Maler, der ↑Kleophon-Maler. Den sog. reichen Stil des späten Jh. vertreten der Eretria-Maler und der Meidias-Maler (↑Meidias). Wichtig neben dem rotfigurigen Stil ist die weißgrundige V. insbes. der Lekythen: Auf weiß gedecktem Grund wird gezeichnet und braunrot und gelb gehöht. Eine Nachblüte des rotfigurigen Stils bringt das 4. Jh. (sog. Kertscher Vasen). Der rotfigurige Stil fand seit dem späten 5. Jh. in Unteritalien Verbreitung.

vaskulär [lat.], in der *Medizin* und *Biologie* für: zu den Körpergefäßen gehörend, Gefäße enthaltend.

Vaslui [rumän. vas'lui], rumän. Stadt in der Moldau, 62 400 E. Verwaltungssitz des Bez. V.; Textil-, Bekleidungs-, Nahrungsmittelind. – 1335 erstmals urkundlich erwähnt; im 15. Jh. zeitweise Sitz der moldau. Fürsten. – Kirche des hl. Johannes des Täufers (1490); Ruinen des Herrscherhofes (15. Jh.).

Vasmer, Max ['fasmər], *St. Petersburg 28. Febr. 1886, †Berlin 30. Nov. 1962, dt. Slawist. – Prof. u. a. in St. Petersburg, Dorpat und Leipzig, ab 1925 in Berlin; bed. Arbeiten zur slaw. Siedlungsgeschichte, Ortsnamen- und Lehnwortkunde und zur Etymologie.

Vasodilatantia [lat.], svw. ↑gefäßerweiternde Mittel.

Vasographie [lat./griech.], svw. ↑Angiographie.

Vasokonstringenzien (Vasokonstriktanzien) [lat.], svw. ↑gefäßverengende Mittel.

Vasomotoren [lat.] (vasomotorische Nerven), Gefäßnerven, die die Blutverteilung einzelner Körperteile regeln. Man unterscheidet V., deren Reizung eine Zusammenziehung der in der Gefäßwand verlaufenden Ringmuskulatur bewirkt (Vasokonstriktoren), und solche, deren Erregung diese Muskulatur erschlaffen läßt (Vasodilatatoren).

vasomotorisch [lat.], in der *Medizin* für: auf die Gefäßnerven bezüglich; von den Gefäßnerven gesteuert, durch sie ausgelöst.

Vasoneurose [lat./griech.] (Angioneurose, Gefäßneurose), vasomotor. Übererregbarkeit, z. B. bei vegetativer Dystonie (geht mit Erröten und Erblassen, Kopfschmerzen und Migräne einher).

Vasopressin [lat.] (Adiuretin, ADH), Peptidhormon des Hypophysenhinterlappens. V. wird im Hypothalamus gebildet und auf dem Weg der Neurosekretion aus dem Hypophysenhinterlappen freigesetzt. Eine Mehrausschüttung von V. erfolgt z. B. bei Wasserverlust infolge Schweißsekretion. Das Hormon hemmt die Diurese, d. h., es fördert die Rückresorption des Wassers in der Niere und damit eine Konzentrierung des Harns.

Vasoresektion [lat.] (Vasektomie), operative Entfernung eines 2–3 cm langen Stücks des Samenleiters, z. B. zur Sterilisation des Mannes.

Vásquez, Gabriel [span. 'baskɛθ] ↑Vázquez, Gabriel.

Vassilikos, Vassilis, *Kavala 18. Nov. 1933, neugriech. Schriftsteller. – 1967–74 im Exil; verfaßte engagierte zeitkrit. dokumentar. Romane; bes. bekannt wurde er durch die Verfilmung seines Romans „Z" (1966).

Vassy [frz. va'si], ältere Schreibung der frz. Stadt Wassy (Haute-Marne); ↑Hugenotten.

Västerås [schwed. vɛstər'oːs], schwed. Stadt am N-Ufer des Mälarsees, 117 700 E. Hauptstadt des Verw.-Geb. Västmanland, luth. Bischofssitz; Elektro-, Metall-, Textilind.; Binnenhafen; ⚓. – Im 12. Jh. als **Väster Aros** belegt, vor 1164 Bischofssitz (seit 1534 luth.); 1244 Gründung eines Dominikanerklosters, im 14. Jh. einer königl. Burg (im 18. Jh. erneuert); Stadtrecht seit 1360 nachweisbar; Tagungsort des Reichstages. – Roman. Domkirche (1271 geweiht).

Västerbotten [schwed. ˌvɛstərbɔtən], Verw.-Geb. in N-Schweden, 55 401 km², 250 100 E (1990), Hauptstadt Umeå.

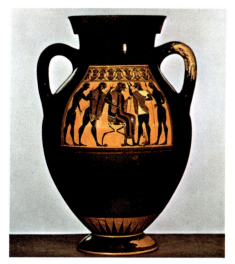

Vasenmalerei. Oben: Duris, Eos und Memnon, rotfigurige Malerei auf der Innenseite einer schwarzgrundigen Schale aus Santa Maria Capua Vetere bei Capua, um 490 v. Chr. (Paris, Louvre). Unten: Amasis-Maler, Herrscher und Krieger, schwarzfigurige Malerei auf einer Bauchamphora, um 540 v. Chr. (Privatbesitz)

Västerdalälv

V., histor. Prov. in N-Schweden, steigt von der Küste aus gleichmäßig zur Grenze gegen Lappland an, weithin von Moränen, Mooren und marinen Tonen bedeckt; kontinentales Klima; die Häfen sind i. d. R. 6 Monate vereist. Die Besiedlung konzentriert sich auf die Küstenbereiche und Täler. V. hat bed. Wasserkräfte und reiche Erzvorkommen; bed. Hüttenwerke sowie Holzverarbeitung.

Västerdalälv ↑ Dalälv.

Västergötland [schwed. ˌvɛstərjøːtland], histor. Prov. in W-Schweden. Umfaßt Teile der heutigen Verw.-Gebiete Göteborg och Bohus, Skaraborg und Älvsborg. Das Klima ist abgesehen vom O maritim. V. ist waldreich. Metall-, Textil-, Bekleidungs-, Holz- und Holzveredelungsindustrie.

Västernorrland [schwed. ˌvɛstərnɔrland], Verw.-Geb. in N-Schweden, 21 678 km², 260 500 E (1990), Hauptstadt Härnösand.

Västmanland [schwed. ˌvɛstmanland], Verw.-Geb. im östl. M-Schweden, 6 302 km², 256 500 E (1990), Hauptstadt Västerås.

V., histor. schwed. Prov. nw. des Mälarsees. Der NW ist reich an Eisenerz (Bergbaugebiet Bergslagen), der S und O sind von Moränen und marinen Tonen überdeckt. V. hat ein gemäßigtes Binnenlandklima. Die Landw. hat sich im SO auf Getreideanbau spezialisiert. In der Ind. dominiert die Eisenind., ferner Maschinenbau, Holz-, Zement-, Salpeterind. und Ziegeleien.

Vaszary, Gábor von [ungar. ˈvosɔri], * Budapest 7. Juni 1905, † Lugano 22. Mai 1985, ungar. Schriftsteller. – Lebte seit 1961 in der Schweiz; iron.-humorist. Romancier; schrieb u. a. ,,Monpti" (1934), ,,Mit 17 beginnt das Leben" (1943), ,,Heirate mich, Chérie" (1956), ,,Man nannte sie Céline" (1975).

Vaté, Île [frz. ilaˈte] ↑ Efate.

Vater, der Erzeuger eines Kindes; im rechtl. Sinn der Mann, dessen ↑ Vaterschaft anerkannt bzw. festgestellt ist oder der die ↑ elterliche Sorge über ein Kind ausübt (auch der *Adoptiv-V.*, nicht aber der *Stiefvater*).
Mit zunehmender Entwicklung der Fam. zur Kleinfam. hat sich die *Rolle* des V. in bezug auf Erziehung und Sozialisation der Kinder stark gewandelt. In der bäuerl. oder handwerkl. Fam., in der Berufs- und Fam.leben eng miteinander verbunden waren, galt der V. als unmittelbar wirkendes Vorbild und war u. a. für die Sozialisation der Söhne verantwortlich. In der Ind.gesellschaft wurde die materielle Versorgung der Fam. meist nur noch durch Arbeit in einem vom Haus getrennten Betrieb möglich, wodurch der V. meist völlig aus dem Erziehungs- und Sozialisationsprozeß seiner Kinder herausgelöst war. Infolge der Auflösung überkommener Rollenschemata durch die Emanzipation der Frau zeichnet sich eine neue, gleichmäßig partnerschaftl. Teilhabe des V. an der erzieher. und prakt. Aufgabe der Kleinfamilie ab. – ↑ Patriarchat
▷ in der *Religionsgeschichte* weit verbreitete Bez. des Hochgotts (z. B. Zeus: ,,V. der Menschen und Götter"). Im Christentum findet der V.gedanke in der Vorstellung von der menschl. Gotteskindschaft seinen vergeistigten Ausdruck.

Vaterbindung, starke libidinöse Beziehung des Kindes, bes. der Tochter, zum männl. Elternteil (entsprechend der ↑ Mutterbindung). Von der V. können sowohl Idealvorstellungen vom Sexual- und Ehepartner als auch die Motive der Entscheidungen bei der Partnerwahl beeinflußt werden.

Vaterland (lat. patria), eigtl. das Land der Vorfahren, auch die [weitere] Heimat.

Vaterländische Front, 1933 von E. Dollfuß gegr. polit. Sammlungsbewegung, die programmatisch die Selbständigkeit Österreichs und einen autoritär-ständestaatl. Gesellschaftsaufbau verfocht. Die Verfassung von 1934 verlieh der V. F. in der polit. Betätigung das Monopol; sie war nach dem Führerprinzip organisiert und gliederte sich in eine Zivil- und eine Wehrfront (zu ihr gehörten u. a. die Heimwehren); konnte ihr Ziel, den Parteienstaat zu überwinden, nicht erreichen, da sie weder die sozialdemokrat. Arbeiter noch die nat.-soz. Rechte integrieren konnte; stand bis 1934 unter der Führung von Bundeskanzler Dollfuß, dann von E. R. Starhemberg, seit Mai 1936 von Bundeskanzler K. von Schuschnigg; nach dem ,,Anschluß" an das Dt. Reich 1938 aufgelöst.

Vaterländischer Krieg (1812), in Rußland bzw. in der Sowjetunion gebräuchl. Bez. für den Krieg gegen Napoleon I. (↑ Napoleonische Kriege).

Vatermörder, Bez. für einen hohen, steifen Kragen, mit Spitzen bis an die Wangen.

Vater-Pacini-Körperchen [italien. paˈtʃiːni; nach dem dt. Anatomen A. Vater, * 1684, † 1751, und dem italien. Anatomen F. Pacini, * 1812, † 1883], in der Unterhaut sowie im Bindegewebe zahlr. innerer Organe lokalisierte Drucksinnesorgane bei Reptilien, Vögeln und Säugetieren (einschl. Mensch).

Vaterrecht, ethnolog. Begriff zur Bez. einer Gesellschaftsstruktur, die durch die Vormachtstellung des Mannes in der Familie und im öff. Leben gekennzeichnet ist.

Vaterschaft, im Recht die Feststellung des Erzeugers eines Kindes, d. h. des Vaters. Die V. wird vermutet, wenn der Mann der Mutter während der ↑ Empfängniszeit beigewohnt hat. – ↑ nichteheliche Kinder.

Vaterschaftsanerkenntnis, höchstpersönl., einseitige Erklärung des Anerkennenden, daß er das nichtehel. Kind als von ihm gezeugt ansieht (§§ 1 600 b ff. BGB). Das V. bedarf zu seiner Wirksamkeit der Zustimmung des Kindes, vertreten durch das Jugendamt. Anerkennungs- und Zustimmungserklärung müssen öff. beurkundet werden. Der anerkennende Mann, dessen Eltern und die Mutter des Kindes können binnen Jahresfrist, das Kind kann binnen zwei Jahren das V. anfechten. Ist die Vaterschaft nicht anerkannt, so kann sie gerichtlich festgestellt werden.

Vaterschattsgutachten, auf humangenet. Grundlagen und Methoden der vergleichenden Messung und Beschreibung in der Anthropologie basierendes *erbbiol.* (erbkundl.) *Gutachten*, das zivilrechtlich und strafrechtlich, aber auch außergerichtlich als Beweismittel zur Feststellung der Vaterschaft herangezogen werden kann. Das **negative Verfahren** stützt sich v. a. auf serolog. Merkmale und erlaubt bei bestimmten Genkonstellationen den Vaterschaftsausschluß; dies ist in etwa 70 % der fragl. Fälle schon auf Grund verschiedener Bluteigentümlichkeiten mit einfachem Erbgang möglich. Das zusätzlich anzuwendende **positive Verfahren** stützt sich auf eine polysymptomat. Analyse von Ähnlichkeiten zw. Vater und Kind (z. B. Vergleich von Hautleistenstrukturen, Umrissen, Formen und Maßen von Kopf und Gesicht usw.). Durch V. kann die biolog. Vaterschaft in 992 von 1 000 Fällen sicher nachgewiesen werden.

Vaterschaftsnachweis, Nachweis der Abstammung durch ein anthropolog.-erbbiolog. Gutachten (↑ Vaterschaftsgutachten).

Vaterunser (Paternoster), das Matth. 6, 9–13 (,,Langform" mit 7 Bitten) und Luk. 11, 2–4 (,,Kurzform" mit 5 Bitten) überlieferte ,,Gebet des Herrn" (Herrengebet) in zwei Strophen. Das V. blieb bis heute die elementare Gebet aller christl. Konfessionen (in einigen ev., v. a. ref. Kirchen ,,Unser Vater" genannt). Liturgisch wurde es zunächst in den Taufritus, seit dem 5. Jh. auch in die Eucharistiefeier übernommen.

Vaticana (Biblioteca Apostolica V., Vatikan. Bibliothek) ↑ Bibliotheken (Übersicht).

Vaticanus [lat.], svw. ↑ Codex Vaticanus.

Vatikan, nach dem auf dem *Mons Vaticanus* (Monte Vaticano) in Rom gelegenen Wohnsitz (und Residenz) des Papstes geprägte Kurzbez. für die oberste Behörde der röm.-kath. Kirche.

Vatikanische Bibliothek (Vaticana) ↑ Bibliotheken (Übersicht).

Vatikanische Konzile (V. Konzilien), die nach ihrem Tagungsort (Vatikan) ben. allg. Konzile der kath. Kirche: das *1. Vatikan. Konzil* (Vaticanum I [= 21. bzw. 20. allg. Konzil] 1869/70) und das *2. Vatikan. Konzil* (Vaticanum II [= 22. bzw. 21. allg. Konzil] 1962–65).

Das **1. Vatikanische Konzil** wurde von Papst Pius IX. zum 8. Dez. 1869 einberufen mit dem Ziel der Abwehr von Zeitirrtümern und der Verbesserung der kirchl. Gesetzgebung.

Vatikanstadt

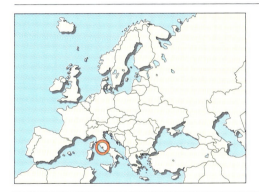

Vatikanstadt
Fläche: 0,44 km²
Bevölkerung: 1 000 E (1990), 2 273 E/km²
Amtssprachen: Latein, Italienisch
Nationalfeiertag: 22. Okt.
Währung: 1 Vatikan. Lira = 100 Centesimi (Parität zur italien. Lira)
Zeitzone: MEZ

Vatikanstadt

Wappen

Internationales Kfz-Kennzeichen

Am 24. April 1870 nahm das Konzil sein erstes dogmat. Dekret an, die Konstitution „Dei Filius", die gegen Pantheismus, Materialismus und Rationalismus die kath. Lehre über Gott, die Schöpfung, die Offenbarung und den Glauben formulierte. Die Konstitution „Pastor aeternus" formuliert die kath. Lehre über die Stellung des Papstes in der Kirche: Der päpstl. Primat wird als das Fundament der Einheit der Kirche bezeichnet. Der Jurisdiktionsprimat des Papstes über die Gesamtkirche sei Petrus direkt durch Christus übertragen worden. Dieser Primat lebe durch den Willen Christi in den Nachfolgern des Petrus, den Bischöfen von Rom, fort. Der Papst besitze die ordentl., unmittelbare und bischöfl. Jurisdiktion, nicht nur in Fragen des Glaubens, sondern auch der kirchl. Disziplin. Im Primat des Papstes sei dessen höchste Lehrgewalt eingeschlossen. Der Papst besitze die ↑Unfehlbarkeit, wenn er „ex cathedra" spreche, d. h., wenn er eine Glaubens- oder Sittenfrage für die ganze Kirche verbindlich entscheide. Wegen des Ausbruchs des Dt.-Frz. Krieges und der Besetzung Roms durch die italien. Regierung vertagte der Papst am 20. Okt. 1870 das Konzil auf unbestimmte Zeit. Die Dogmatisierung der päpstl. Unfehlbarkeit rief u. a. in Deutschland eine Opposition hervor, die sich später im Altkatholizismus sammelte.
Das **2. Vatikanische Konzil** wurde von Johannes XXIII. zum 11. Okt. 1962 einberufen. Über 2 500 Konzilsväter nahmen an den Beratungen teil. Als Beobachter waren 93 Vertreter nichtkath. christl. Gemeinschaften vertreten. – In der *1. Sitzungsperiode* vom 11. Okt. bis 8. Dez. 1962 wurden u. a. die Vorlagen (Schemata) über die Liturgie, über die Offenbarungsquellen und die publizist. Mittel beraten. Am 3. Juni 1963 starb Johannes XXIII. Sein Nachfolger Paul VI. erklärte bereits am 22. Juni 1963, daß er das Konzil weiterführen werde. – Die *2. Sitzungsperiode* vom 29. Sept. bis 4. Dez. 1963 begann mit der Erörterung des umgearbeiteten Schemas über die Kirche. Dabei wurde bes. die Frage diskutiert, ob das Kollegium der Bischöfe zus. mit seinem Haupt Gewalt und Verantwortung für die ganze Kirche trage. – Die *3. Sitzungsperiode* vom 14. Sept. bis 21. Nov. 1964 verabschiedete das Schema über die Kirche, die Dekrete über die Ostkirche und den Ökumenismus. Das Kapitel über die Kollegialität der Bischöfe wurde durch den Papst authentisch interpretiert. Eingehend berieten die Konzilsväter die Schemata über die Religionsfreiheit, das Verhältnis zu Juden und Nichtchristen, über die Kirche in der Welt von heute und über den Apostolat der Laien. – In der *4. Sitzungsperiode* vom 14. Sept. bis 8. Dez. 1965 verabschiedeten die Väter am 7. Dez. die umgearbeiteten und verbesserten Vorlagen der 3. Sitzungsperiode, das Schema über die Religionsfreiheit, die Mission, über Priesterdienst und Priesterleben. Am 8. Dez. 1965 schloß Paul VI. feierlich das Konzil. – Die *Bedeutung* des 2. Vatikan. Konzils liegt bes. in den Aussagen über die Kirche, u. a. über die Kollegialität der Bischöfe, über die Religionsfreiheit und über den Ökumenismus. Ungeklärt ist die Frage, welche dogmat. Verbindlichkeit den einzelnen Konzilsaussagen zukommt.

Vatikanische Sammlungen (Pinacoteca Vaticana) ↑Museen (Übersicht).
Vatikanisches Archiv (italien. Archivio Segreto Vaticano), umfangreiche, v. a. für die europ. Geschichte des 13.–16. Jh. bed. päpstl. Archivsammlung im Vatikan. – Obwohl ein päpstl. Archiv seit der Spätantike nachzuweisen ist, haben sich zusammenhängende Bestände erst von 1198 an erhalten. Das V. A. im eigtl. Sinne wurde von Paul V. geschaffen, der 1611–14 Archivalien der Engelsburg, der päpstl. Behörden und der Vatikan. Bibliothek zu einem Geheimarchiv vereinigte. Leo XIII. richtete das V. A. als Zentralarchiv der Kurie ein und verfügte 1881 seine Öffnung für wiss. Zwecke (Zeitgrenze bis 1878). Seit 1884 ist dem V. A. die „Scuola pontificia di paleografia, diplomatica e archivistica" angegliedert.
Vatikanstadt (amtl.: Stato della Città del Vaticano), autonomer Stadtstaat (Monarchie) im NW von Rom (Italien). Die V. umfaßt die Peterskirche, den Petersplatz, den Vatikanspalast (Vatikan) und seine Gärten mit Vatikan. Sammlungen, Vatikan. Bibliothek und Vatikan. Archiv. Weitere Kirchen und Paläste in Rom genießen Exterritorialität, ebenso der Sommersitz des Papstes in Castel Gandolfo. Die V. besitzt eine eigene Garde (Schweizergarde), die auch Polizeifunktionen ausübt, zahlr. wiss. Studieneinrichtungen, Rundfunkanstalt (Radio Vatikan sendet in 34 Sprachen), Observatorium, Zeitungen, Post- und Telegrafenamt, Druckerei; sie gibt eigene Münzen und Briefmarken heraus. Eigener Bahnhof mit Anschluß an das Netz der italien. Staatsbahnen. Die wirtsch. Interessen der V. werden durch Banken vertreten, außerdem ist sie an zahlr. Ind.unternehmen beteiligt.
Zur **Geschichte** ↑Papsttum, ↑Kirchenstaat.

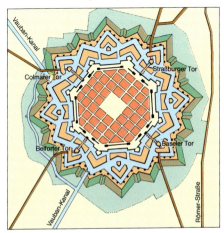

Sébastien le Prestre de Vauban. Plan der Festung Neubreisach, 1699–1708

Vatnajökull

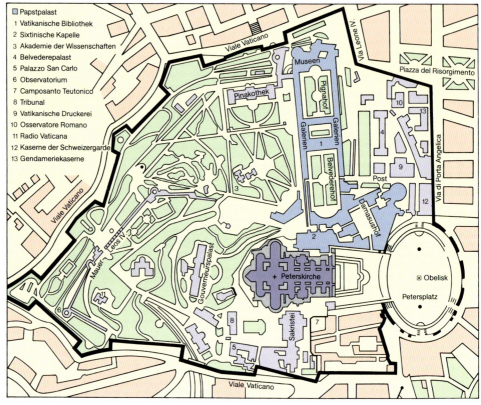

Vatikanstadt. Übersicht

Sébastien le Prestre de Vauban

Politisches System: Die V. ist seit den Lateranverträgen 1929 souveräner Staat (↑Apostolischer Stuhl). Nach dem Staatsgrundgesetz von 1929 (ergänzt 1984) ist die V. eine absolute Monarchie. *Staatsoberhaupt* ist der Papst (seit 1978 Papst Johannes Paul II.); er hat die höchste *legislative, exekutive* und *judikative* Gewalt inne und regiert mit Hilfe von ihm ernannter und von ihm abhängiger Organe (↑Kurie). Bei Sedisvakanz liegen diese Vollmachten bei einem Kardinalskollegium, das jedoch Gesetze nur für die Dauer der Sedisvakanz erlassen kann. Die V. hat ein eigenes Gerichtswesen. Appellationsgericht ist der Gerichtshof der ↑Rota.

Vatnajökull [isländ. ˈvaːtnajœːkydl], Plateaugletscher in SO-Island, mit 8 456 km² und einer Eismächtigkeit von über 1 000 m der größte Gletscher Europas. Unter dem V. liegen mehrere Vulkane.

Vättersee (schwed. Vättern), See im östl. S-Schweden, 88 m ü. d. M., mit 1 912 km² zweitgrößter schwed. See, 128 km lang, 31 km breit, bis 128 m tief, durch den ↑Götakanal mit Vänersee und Ostsee verbunden.

Vatu, Abk. VT, Währungseinheit in Vanuatu.

Vauban, Sébastien le Prestre de [frz. voˈbã], *Saint-Léger (= Saint-Léger-Vauban [Yonne]) 1. Mai 1633, †Paris 30. März 1707, frz. Marschall (seit 1703) und Festungsbaumeister. – Ingenieuroffizier in der span. Armee, ab 1653 in frz. Diensten; unter Ludwig XIV. ab 1678 Generalinspekteur des Festungswesens; legte planmäßig im gesamten N und O Frankreichs Sperrfestungen an (u. a. Metz, Straßburg, Neubreisach [1699–1708]) und trug so zur Begründung der größten Militärmacht Europas bei. Als Nat.ökonom trat er als Repräsentant eines pragmat. Liberalismus gegen staatl. Eingriffe in die Wirtschaft auf und wandte als einer der ersten sozialstatist. Methoden zur Untersuchung von Bev.bewegungen und Einkommensentwicklung an. – Abb. S. 153.

Vaucluse [frz. voˈklyːz], Dep. in Frankreich.

Vaud [frz. vo], schweizer. Kt., ↑Waadt.

Vaudeville [vodəˈviːl; frz.], urspr. populäre Lieder sowie Liedeinlagen in den Stegreifstücken der italien. Komödianten in Paris (seit etwa 1640), dann auch Bez. der Stücke und schließlich das Theater selbst. Das V. war zw. etwa 1700 und 1750 die Hauptform des frz. Singspiels, v. a. als Zeitkritik und Satire auf dem Pariser Jahrmarktstheater gepflegt; eine wesentl. Wurzel der Opéra comique.

Vaudou (Vaudoux) [frz. voˈdu], synkretist. Geheimkult in Haiti, ↑Wodu.

Vaughan, Sarah [engl. vɔːn], *Newark (N. J.) 27. März 1924, †Hidden Hills (Calif.) 3. April 1990, amerikan. Jazzmusikerin (Gesang, Klavier). – Gehörte zu den bedeutendsten Sängerinnen des modernen Jazz; ihr Stil war u. a. durch instrumentalen Einsatz der Stimme gekennzeichnet.

Vatnajökull. Blick von Süden auf den Talgletscher Svinafellsjökull am Südrand des Vatnajökull

Vaughan Williams, Ralph [engl. 'vɔːn 'wɪljəmz], *Down Ampney (Gloucestershire) 12. Okt. 1872, †London 26. Aug. 1958, engl. Komponist. – Integrierte Traditionen des engl. Volkslieds und der Kunstmusik von der Tudorzeit bis H. Purcell; in seinen späteren Werken entwickelte er eine werkspezif. Tonordnung im Rahmen erweiterter Tonalität; u. a. Opern, Oratorien, Ballette, Orchesterwerke (u. a. 9 Sinfonien), Kammer-, Klavier- und Orgelmusik, Chorwerke und Lieder.

Vaugoin, Karl [frz. voˈgwɛ̃], *Wien 8. Juli 1873, †Krems an der Donau 10. Juni 1949, östr. Politiker. – 1920–33 Abg. im Nationalrat; schuf als Min. für das Heerwesen 1921 und 1922–33 das östr. Bundesheer; Sept. bis Nov. 1930 Bundeskanzler; 1930–34 Obmann der Christlichsozialen Partei, 1938/39 in nat.-soz. Haft, danach bis 1945 Zwangsaufenthalt in Thüringen.

Vauquelin, Nicolas Louis [frz. voˈklɛ̃], *Saint-André-d'Hébertot (Calvados) 16. Mai 1763, †ebd. 14. Nov. 1829, frz. Chemiker. – Prof. an der École polytechnique in Paris und an anderen Hochschulen; entdeckte 1797 das Chrom und stellte das Beryllium dar.

Vauthier, Jean [frz. voˈtje], *Bordeaux 20. Sept. 1910, †Paris 7. Mai 1992, frz. Dramatiker. – Vertreter der zeitgenöss. frz. Theateravantgarde, dessen Drama „Kapitän Bada" (1952) am Beginn der Ära des absurden Theaters steht; behandelt häufig den Schaffensprozeß des Dichters („Fortissimo", 1955); auch Hörspiele.

Vautier, Ben [frz. votˈje], eigtl. Benjamin V., *Neapel 18. Juli 1935, frz. Künstler italien. Herkunft. – Schließt sich an M. Duchamp an; seine Auffassung „Alles ist Kunst" widerspiegelt sich in seinem vielseitigen Schaffen (u. a. Happenings).

Vauvenargues, Luc de Clapiers, Marquis de [frz. vovˈnarg], *Aix-en-Provence 6. Aug. 1715, †Paris 28. Mai 1747, frz. philosoph. Schriftsteller. – Freund Voltaires. Seine aphorismenartigen Reflexionen weisen ihn als Gegner des Rationalismus und Vertreter stoischer Lebenshaltung aus; erblickte im unmittelbaren, myst.-frommen Gefühl die Quelle des Erkennens; mit nachhaltigem Einfluß auf Nietzsche. – *Werke:* Einleitung zur Kenntnis des menschl. Geistes (1746), Betrachtungen und Maximen (1746).

Vaux, Roland de [frz. vo], eigtl. R. Guérin de V., *Paris 17. Dez. 1903, †Jerusalem 10. Sept. 1971, frz. kath. Theologe und Archäologe. – Dominikaner; 1933 Prof. und 1945–65 Direktor der „École biblique et archéologique française de Jérusalem"; leitete 1946–60 die Ausgrabungen von Tel Fara (der Residenzstadt Thirsa der alttestamentl. Könige Jerobeam bis Omri) und 1949–58 von Kumran.

Vaux-le-Vicomte [frz. volviˈkõːt], frz. Schloß 5 km sw. von Melun, 1656–61 erbaut von L. ↑Le Vau; herausragendes Beispiel der frz. Schloßbaukunst, Vorstufe von Versailles; großartiger Park von A. Le Nôtre (1653–60).

Växjö [schwed. ˌvɛkʃøː], schwed. Stadt in Småland, 68 900 E. Hauptstadt des Verw.-Geb. Kronoberg, luth. Bischofssitz; Hochschule (gegr. 1977), Museen; Maschinenbau, Holzind. – Alte Kultstätte; 1164/70 Bischofssitz (seit 1530 luth.); im MA bed. Handelsplatz; seit 1342 Stadt.

Vázquez (Vásquez), Gabriel [span. ˈbaθkeθ], gen. Bellomontanus, *Villaescusa de Haro 18. Juni 1549, †Jesús del Monte 30. Sept. 1604, span. kath. Theologe und Jesuit. – Prof. in Ocaña, Madrid und am Jesuitenkolleg in Alcalá; 1586–91 am Collegium Romanum in Rom; ab 1591 wieder in Alcalá; einer der bedeutendsten Vertreter der Schule von Salamanca und der Barockscholastik, bemühte sich v. a. um Verknüpfung von thomist.-spekulativer mit positiver Theologie.

Vázquez de Coronado, Francisco [span. ˈbaθkeθ ðe koroˈnaðo], *Salamanca um 1510, †Mexiko Ende 1554, span. Konquistador. – Brach 1540 von Neuspanien zur Suche nach den legendären 7 Städten von Cíbola auf; entdeckte und erforschte den Grand Canyon, Teile New Mexicos und Arizonas, die Mündung des Colorado und Teile von Texas und Kansas.

Vc., Abk. für: ↑Violoncello.

v. Chr., Abk. für: **v**or **Chr**istus (vor Christi Geburt).

Vaux-le-Vicomte. Das 1656–61 von Louis Le Vau erbaute Schloß

VDA, Abk. für: ↑**V**erband **d**er **A**utomobilindustrie e. V.

VDE, Abk. für: ↑**V**erband **D**eutscher **E**lektrotechniker e. V.

VDEW, Abk. für: ↑**V**ereinigung **D**eutscher **E**lektrizitätswerke e. V.

VDI, Abk. für: ↑**V**erein **D**eutscher **I**ngenieure e. V.

VDS, Abk. für: ↑**V**ereinigte **D**eutsche **S**tudentenschaften.

VE, Abk. für: ↑**V**errechnungs**e**inheit.

Veadar [hebr. „und ein (weiterer Monat) Adar"] (Adar scheni), 13. Monat des jüd. (Schalt)jahres, zum Ausgleich der Differenz zw. Mondjahr und Sonnenjahr.

VEB, Abk. für: ↑**V**olks**e**igener **B**etrieb.

VEBA AG, dt. Konzern der Energiewirtschaft, Sitz Düsseldorf, gegr. 1929 vom Freistaat Preußen als Vereinigte Elektrizitäts- und Bergwerks-AG; wichtige Unternehmensbereiche: Elektrizitätswirtschaft, Mineralöl, Chemie sowie Handel und Verkehr. Zum Konzern gehören mehrere hundert Tochter- und Beteiligungsgesellschaften, u. a. Preussen-Elektra AG, Hüls AG, Stinnes AG, Aral AG, Ruhrkohle AG. – Nach Teilprivatisierungen (1965 und 1980) verkaufte der Bund 1987 seine Kapitalanteile vollständig.

Veblen, Thorstein Bunde [engl. ˈvɛblən], *Valders (Wis.) 30. Juli 1857, †Menlo Park (Calif.) 3. Aug. 1929, amerikan. Nationalökonom und Soziologe. – Begründer des Institutionalismus; auch bekannt durch seine Analyse externer Effekte beim Konsum, wonach bei gegebenem tatsächl. Preis die Nachfrage um so größer ist, je höher der vermeintl. Preis in den Augen der anderen liegt (**Veblen-Effekt**).

Vecchi, Orazio [italien. ˈvɛkki], ≈ Modena 6. Dez. 1550, †ebd. 19./20. Febr. 1605, italien. Komponist. – 1581 Domkapellmeister in Salò, 1584 in Modena, ab 1586 Kanonikus am Dom von Correggio, ab 1596 wieder Domkapellmeister in Modena, ab 1598 auch Hofkapellmeister. Einer der bedeutendsten Madrigal- und Kanzonettenkomponisten der Zeit. Bes. bekannt durch seine Madrigalkomödie „L'Amfiparnaso" (1594).

Vecchietta, il [italien. vekˈkjetta], eigtl. Lorenzo di Pietro, *Castiglione d'Orcia bei Siena um 1412, †Siena 6. Juni 1480, italien. Maler und Bildhauer. – Verband einen von Sassetta beeinflußten sienes. Traditionsstil mit Errungenschaften der florentin. Frührenaissance.

Vecellio, Tiziano [italien. veˈtʃelljo] ↑Tizian.

Vechta [ˈfɛçta], Krst. im Oldenburg. Münsterland, Nds., 34 m ü. d. M., 23 000 E. Abteilung der Univ. Osnabrück und der Kath. Fachhochschule Norddeutschland; Landesreit- und Fahrschule; Bischöfl. Münstersches Offizialat. Maschinenbau, Bekleidungs- und Nahrungsmittelind. – Entstand bei einer um 1150 errichteten Burg der Grafen von Kalvelage (später: von V. oder von Ravensberg); Stadtrecht wohl seit dem 13. Jh. – Pfarrkirche Sankt Georg (1452 ff., im 18. Jh. erneuert), ehem. Franziskanerkirche (1642).

V., Landkr. in Niedersachsen.

Luc de Clapiers, Marquis de Vauvenargues (zeitgenössischer Kupferstich)

Herman van Veen

Vectis, röm. Name der Insel Wight.
Veda ↑ Weda.
Vedanta ↑ Wedanta.
vedische Religion ↑ wedische Religion.
Vedova, Emilio [italien. 'veːdova], *Venedig 9. Aug. 1919, italien. Maler und Graphiker. – Autodidakt; sozial und politisch engagiert; einer der wichtigsten Vertreter des abstrakten Expressionismus in Italien.
Vedute [italien. „Ansichten" (zu lat. videre „sehen")], topographisch getreue Wiedergabe einer Landschaft, eines Stadtpanoramas, auch von Plätzen; v. a. in der Malerei und Graphik des 17.–19. Jahrhunderts.
Veen [niederl. veːn], Adriaan van der, *Venray 16. Dez. 1916, niederl. Schriftsteller. – Zunächst stark vom Surrealismus beeinflußt; beschäftigt sich in seinen Romanen mit dem Verhältnis des einzelnen zur Gesellschaft.
V., Herman van, *Utrecht 14. März 1945, niederl. Entertainer. – In seinen Liedern greift er bes. Probleme des Alltags auf und wendet sich gegen Intoleranz, Egoismus und Gefühlsarmut; schrieb u. a. die Märchenoper „Die seltsamen Abenteuer des Alfred Jodocos Kwak" (1985) und Filmmusiken; daneben Kinderbuch- und Kinderfilmautor sowie Filmschauspieler.
Vega, Garcilaso de la [span. 'beɣa] ↑ Garcilaso de la Vega.
Vega [span.] ↑ Huerta.
Vega Carpio, Lope Félix de [span. 'beɣa 'karpi̯o] (Lope de Vega), *Madrid 25. Nov. 1562, †ebd. 27. Aug. 1635, span. Dichter. – Bedeutendster span. Lyriker von außerordentl. Volkstümlichkeit; Begründer des nat. span. Theaters. Aus einfachen Verhältnissen; nahm an der Expedition der Armada gegen England teil; 1590–95 Sekretär des Herzogs von Alba; 1614 zum Priester geweiht; 1627 Ernennung zum Johanniterritter. Neben Romanzen, Eklogen, Kanzonen und Sonetten stehen erzähler. Werke wie der autobiograph. Roman „Dorothea" (1632), Schäferromane („Arkadien", 1598) und Verserzählungen; seine Hauptleistung liegt jedoch auf dramat. Gebiet, v. a. in der Entwicklung einer ausgeglichenen, spannungsreichen Handlung, deren bewegende Kräfte Ehre, Treue, Hingabe an das Königtum, span.-kath. Glaube und leidenschaftl. Liebe sind; die Charaktere sind der Handlung untergeordnet, die Grenzen zw. Rationalem und Irrationalem verwischt, der Handlungsablauf wird immer wieder durch unmittelbares Eingreifen übernatürl. Mächte beeinflußt. Von seinen angeblich 1500 Dramen sind rd. 500 erhalten: u. a. histor. („Die Jüdin von Toledo", 1617), religiöse, mytholog. Schauspiele, Komödien („Die schlaue Susanna", hg. 1635), Mantel- und Degenstücke, Dramatisierungen von Heiligenleben, Autos sacramentales.
Vegesack, Siegfried von ['feːgəzak], *Gut Blumbergshof bei Valmiera (Livland) 20. März 1888, †Burg Weißenstein bei Regen 26. Jan. 1974, dt. Schriftsteller. – Aus balt. Adel; ab 1918 in Deutschland. 1934–38 in der Emigration (Schweden, Südamerika). V. hatte bes. Erfolg mit balt. Er-

Lope Félix de Vega Carpio

Vedute. Bernardo Bellotto, Blick auf Dresden, 1748 (Dresden, Gemäldegalerie)

Emilio Vedova. Herausragend '82-2, 1982 (Privatbesitz)

zählungen und Romanen, u. a. „Die balt. Tragödie" (R.-Trilogie, 1933–35), „Tanja" (En., 1959), „Die Überfahrt" (R., 1967). Auch Lyriker („Das Unverlierbare", 1947), Hörspielautor und Übersetzer.
vegetabilisch [lat.], pflanzlich.
vegetabilische Gerbung, svw. pflanzl. Gerbung (↑ Lederherstellung).
vegetabilische Wolle, svw. ↑ Kapok.
Vegetarier [engl., zu lat. vegetare „beleben"], Mensch, der sich ausschließlich oder vorwiegend von pflanzl. Nahrung ernährt.
Vegetarismus [lat.-engl.], Ernährungsweise, die nur rein pflanzl. Kost gelten läßt und alle tier. Produkte ablehnt *(strenger V.)*; gemäßigtere Form ist der *Lakto-V.,* der neben pflanzl. Kost auch tier. Produkte wie Eier, Milch und Milcherzeugnisse zuläßt.
Vegetation [zu lat. vegetatio „Belebung, belebende Bewegung"] (Pflanzendecke), Gesamtheit der Pflanzen, die die Erdoberfläche bzw. ein bestimmtes Gebiet mehr oder weniger geschlossen bedecken. Die V. der Erde bzw. eines Teilgebietes läßt sich nach verschiedenen Kriterien gliedern: 1. pflanzengeographisch-systematisch nach Florenreichen; 2. pflanzensoziologisch nach Pflanzengesellschaften; 3. physiognomisch-ökologisch nach Pflanzenformationen (↑ Vegetationszonen).
Vegetationsgeographie, Teilgebiet der Biogeographie bzw. geograph. Forschungsrichtung der Geobotanik, die die räuml. Verbreitung der Pflanzen auf der Erde darzustellen und ursächlich zu erklären versucht.
Vegetationsgottheiten, in der Religionsgeschichte Bez. für sterbende und auferstehende Götter, deren Tod die einbrechende Dürre, deren Wiederkehr den Beginn der Regenzeit brachte. Tod und Auferstehungen der V. wurden im **Vegetationskult** rituell gefeiert; z. B. im Alten Orient ↑ Adonis.
Vegetationsgürtel, svw. ↑ Vegetationszonen.
Vegetationskegel, svw. ↑ Vegetationspunkt.
Vegetationskunde ↑ Geobotanik.
Vegetationsorgane, in der Botanik diejenigen Teile der Pflanze, die im Ggs. zu den Geschlechtsorganen nur der Lebenserhaltung und nicht der geschlechtl. Fortpflanzung dienen (z. B. Laubblätter, Wurzeln).
Vegetationsperiode (Vegetationszeit), derjenige Zeitraum des Jahres, in dem Pflanzen photosynthetisch aktiv sind, d. h. wachsen, blühen und fruchten.

Vegetationspunkt (Vegetationskegel), kegel- oder kuppenförmige Spitzenregion von Sproß und Wurzel bei Farn- und Samenpflanzen. Der *Sproß-V.* besteht aus primärem Bildungsgewebe, das durch fortlaufende Zellteilungen das Ausgangsmaterial für die in der anschließenden Differenzierungszone stattfindende Organbildung und Gewebsdifferenzierung liefert. Der *Wurzel-V.* wird von einer sich ständig erneuernden Wurzelhaube geschützt. Der V. gewährleistet das lebenslang anhaltende Wachstum der Pflanze.

Vegetationsstufen (Höhenstufen), durch Temperatur und Niederschlag bedingte Vegetationszonen (auch Wirtschaftszonen), die an einem Gebirgshang (vertikal) aufeinander folgen. In den gemäßigten Breiten (von unten): **Planare Stufe** (Ebenenstufe) mit Küsten- und Binnenebenen unter 100 m. **Kolline Stufe** (Hügellandstufe), umfaßt das Hügelland und die Hanglagen der Mittelgebirge bis 500 (maximal 800) m; beide Stufen sind Standorte für wärmeliebenden Eichenmischwald und Kiefernwald. **Montane Stufe** (Bergwaldstufe), im allg. mit Buchen-Tannen-Fichten-Wäldern; bis etwa 1 400 bis 1 600 m. **Alpine Stufe**, von der Baumgrenze bis zur klimat. Schneegrenze; bis etwa 2 500 m. Nach den Wuchsformen der vorherrschenden Pflanzen werden unterschieden (von unten nach oben aufeinanderfolgend): Krummholz-, Zwergstrauch-, Matten- *(subalpine Stufe)* und Polsterpflanzengürtel. **Nivale Stufe** (Schneestufe), die hier noch wachsenden Moose und Flechten treten in Gruppen oder nur noch einzeln an schneearmen Standorten (Grate, Felswände) auf; in den Alpen von 2 700–3 100 m.

Vegetationszeit, svw. ↑Vegetationsperiode.

Vegetationszonen (Vegetationsgürtel, Vegetationsgebiete), den Klimazonen der Erde zugeordnete, mehr oder weniger breitenkreisparallel verlaufende Gebiete, die von bestimmten, für die jeweiligen klimat. Bedingungen charakterist. Pflanzenformationen besiedelt werden (zonale Vegetation; z. B. Regenwald und Savanne der Tropen, Laubwald der gemäßigten Zonen, Tundra der subpolaren Gebiete).

vegetativ [lat.], ungeschlechtlich; nicht mit der geschlechtl. Fortpflanzung in Zusammenhang stehend.
▷ unwillkürlich, unbewußt; in der Biologie und Medizin von den Funktionen des vegetativen Nervensystems gesagt.

vegetative Dystonie ↑Dystonie.

vegetative Fortpflanzung ↑Fortpflanzung.

vegetative Muskeln ↑Muskeln.

vegetative Neurose, svw. ↑Organneurose.

vegetative Phase, die der ↑reproduktiven Phase vorausgehende Entwicklungs- und Wachstumsphase eines Lebewesens.

vegetatives Nervensystem (autonomes Nervensystem, Eingeweidenervensystem), bei den Wirbeltieren (einschl. Mensch) Teil des Nervensystems, dessen Leistungen nicht dem Willen unterliegen. Es regelt grundlegende Lebensfunktionen (Stoffwechsel, Blutkreislauf, Atmung u. a.) und besteht aus ↑Sympathikus und ↑Parasympathikus. – ↑Nervensystem.

vegetieren [lat.], kümmerlich, kärglich dahinleben.

Végh, Sándor (Alexandre) [ungar. ve:g], *Klausenburg 17. Mai 1912, ungar.-frz. Violinist. – 1940 Prof. in Budapest; gründete ein eigenes Quartett, mit dem er seit 1946 internat. Konzerttourneen unternahm. Unterrichtete in Basel, Freiburg im Breisgau, Düsseldorf, leitet seit 1978 die Salzburger Camerata Academia.

vehement [lat.], heftig, ungestüm, jäh; **Vehemenz**, Heftigkeit, Schwung.

Vehikel [zu lat. vehiculum „Fahrzeug"], 1. Hilfsmittel; etwas, das als Mittel zu etwas dient; etwas, wodurch etwas ausgedrückt oder befördert wird; 2. umgangssprachlich für altes, klappriges Fahrzeug; 3. wirkungsloser Stoff in Arzneien zum Transport der Wirkstoffe.

Veidt, Conrad [faɪt], *Berlin 22. Jan. 1893, †Los Angeles-Hollywood 3. April 1943, dt. Schauspieler. – Spielte häufig dämon.-böse Rollen, u. a. „Das Kabinett des Dr. Caligari" (1919), „Das Wachsfigurenkabinett" (1924), „Der

Vegetationspunkt. Rasterelektronenmikroskopische Aufnahme eines Sproßvegetationspunkts der Waldkiefer

Student von Prag" (1926); emigrierte 1932 nach Großbritannien. – *Weitere Filme:* Der Kongreß tanzt (1931), Der Dieb von Bagdad (1940), Casablanca (1943).

Veil, Simone [frz. vɛj], *Nizza 13. Juli 1927, frz. Politikerin. – Während der nat.-soz. Zeit zeitweise im KZ Ravensbrück; 1974–79 Gesundheitsmin., seit 1993 Min. für Soziales, Gesundheit und Städte; 1979–82 Präs. des Europ. Parlaments; Karlspreis 1981.

Veilchen [zu lat. viola „Veilchen"] (Viola), Gatt. der V.gewächse mit rd. 450 Arten in der nördl. gemäßigten Zone und den Gebirgen der Tropen und Subtropen; meist Stauden, seltener Halbsträucher; Blätter wechsel- oder grundständig, oft ei- oder herzförmig, mit Nebenblättern; Blüten meist einzeln, zweiseitig-symmetrisch, mit Sporn. – Die häufigsten der in Deutschland vorkommenden 22 Arten sind **Hundsveilchen** (Viola canina, niedrige Staude mit kriechendem Stengel und blauen Blüten mit gelbl. Sporn; auf Heiden und in Wäldern), **Waldveilchen** (Viola reichenbachiana, 5–20 cm hohe Staude mit aufsteigenden Stengeln; Blüten violett, mit langem meist tiefviolettem Sporn; in Mischwäldern), **Spornveilchen** (Viola calcarata, 4–10 cm hoch, Blüten 2,5–4 cm lang, meist dunkelviolett, mit meist 8–15 mm langem Sporn; in den Alpen ab etwa 1 600 m). Häufigste Zierform ist das meist dunkelviolett blühende März-V. (Viola odorata). Zur Gatt. V. gehört auch das ↑Stiefmütterchen.

Veilchengewächse (Violaceae), Fam. der Zweikeimblättrigen mit rd. 900 Arten in 22 Gatt., v. a. in den Tropen und Subtropen; einzelne Gatt., v. a. die Gatt. ↑Veilchen, auch in den gemäßigten Zonen bis in die Arktis; Kräuter, [Halb]sträucher oder auch kleine Bäume.

Veilchenschnecken (Floßschnecken, Janthina), Gatt. 1–5 cm langer, die Hochsee bewohnender Vorderkiemer mit dünnwandigem, rundl., violett gefärbtem Gehäuse ohne Deckel. Die räuberisch lebenden Tiere treiben an der Wasseroberfläche an einem selbstgebauten luftgefüllten, aus erhärtetem Schleim gebildeten „Schwimmfloß", das auch zur Eiablage dient.

Veilchenwurzel (Beißwurzel), saponinhaltiger Wurzelstock des Märzveilchens.

Veiling [niederl. 'vɛilɪŋ], in den Niederlanden und in Belgien Ende des 19. Jh. entstandene Versteigerungsmethode für landw. u. a. leicht verderbl. Produkte. Die Versteigerung erfolgt meist durch Abschlag, indem von einem [hohen] Preis so lange nach unten gegangen wird, bis sich ein Bieter findet.

Veillon-Preis [frz. vɛˈjõ] (Charles-V.-P.), 1947 von dem schweizer. Industriellen C. Veillon (* 1900, † 1971) gestifteter internat. Literaturpreis.

Veilsdorf [ˈfaɪlsdɔrf], Gem. an der Werra, Thür., 2 200 E. Im ehem. *Kloster V.* (1524/25 aufgegeben) wurde 1760 eine Porzellanmanufaktur gegr. (Geschirre und v. a. Plastik im Rokoko- und klassizist. Stil).

Veit, hl. [faɪt] ↑Vitus, hl.

Veitshöchheim [faɪtsˈhøːçhaɪm], Gem. am rechten Mainufer, Bay., 178 m ü. d. M., 8 800 E. Meisterschule der

Simone Veil

Veilchen. Hundsveilchen

Veilchenschnecke mit Schwimmfloß aus erhärtetem Schleim

Veitstanz

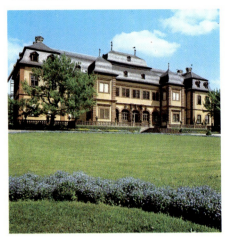

Veitshöchheim. Mittelbau des ab 1763 umgestalteten ehemaligen Lustschlosses der Würzburger Fürstbischöfe

Bayer. Landesanstalt für Wein-, Obst- und Gartenbau. – Ehem. Lustschloß der Würzburger Fürstbischöfe (1763 ff. umgestaltet und erweitert) mit frz. Park.

Veitstanz [ˈfaɪts; nach dem hl. Veit (↑Vitus)], Gehirnkrankung mit unwillkürl., raschen Bewegungen der Muskulatur, v. a. an Armen und Beinen, die im Schlaf unterbleiben. Die **Chorea minor**, die bei Kindern v. a. zw. dem 6. und 13. Lebensjahr (im Anschluß an Streptokokken-Infektionen) auftritt, heilt meist nach Wochen vollständig ab; sie neigt jedoch zu Rückfällen. Die **Huntington-Chorea (Chorea major)** ist eine dominant vererbbare Erkrankung des Zentralnervensystems mit Zelluntergang im Streifenhügel und in der Stirnhirnrinde. Als Ursache wird ferner eine Störung des Neurotransmitterstoffwechsels diskutiert. Zw. dem 30. und 50. Lebensjahr kommt es außer zu Bewegungsstörungen auch zu schweren seel. Veränderungen (Störungen des Antriebs und der Affekte, Wahnvorstellungen, Psychosen) und Intelligenzminderung bis zur Demenz.

Veji (lat. Veii), wohl größte etrusk. Stadt, etwa 19 km nw. von Rom, beim heutigen Isola Farnese; seit der Villanovazeit besiedelt; im etrusk. Zwölfstädtebund; hatte um 500 v. Chr. bed. Werkstätten der Tonplastik; nach der Überlieferung im Krieg mit Rom seit dessen Anfängen; nach langer Belagerung 396 v. Chr. von den Römern erobert; später röm. Munizipium. Etrusk. Reste: Minervatempel auf Portonaccio (berühmte Terrakottaplastiken, darunter der Apollon von V.), ein in den Felsen gehauener Wassertunnel (Ponte Sodo; 6. Jh. v. Chr.), Grabanlage (Tomba Campana; wohl älteste etrusk. Grabmalereien, Anfang 6. Jh. v. Chr.), Akropolis.

Vektor [lat.; eigtl. „Träger, Fahrer"], eine in *Mathematik, Physik* und *Technik* oft verwendete Größe, die in geo-

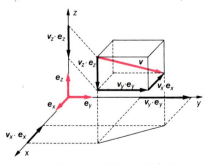

Vektor. Darstellung eines Vektors **v** durch Komponentenzerlegung im kartesischen Koordinatensystem

metr. Deutung als eine mit bestimmtem Richtungssinn versehene Strecke aufgefaßt und durch einen Pfeil dargestellt werden kann, der parallel verschoben werden darf. Allg. wird ein V. in einem n-dimensionalen Raum durch n Komponenten $v_1, v_2, ..., v_n$ bezüglich eines Koordinatensystems festgelegt, die ein geordnetes n-Tupel von n reellen Zahlen bilden; man schreibt $\boldsymbol{v} = (v_1, ..., v_n)$, speziell im dreidimensionalen Raum mit einem kartes. Koordinatensystem: $\boldsymbol{v} = (v_x, v_y, v_z)$. Die skalare Größe

$$|\boldsymbol{v}| = v = \sqrt{v_x^2 + v_y^2 + v_z^2}$$

nennt man den *Betrag* des V. $\boldsymbol{v}$; sie ist gleich der Länge einer gerichteten Strecke, die $\boldsymbol{v}$ repräsentiert. V. mit dem Betrag 1 nennt man *Einheits-V.* Durch die in Richtung der Koordinatenachsen weisenden Einheits-V. $\boldsymbol{e}_x, \boldsymbol{e}_y, \boldsymbol{e}_z$ kann ein beliebiger V. in eindeutiger Weise dargestellt werden: $\boldsymbol{v} = v_x \boldsymbol{e}_x + v_y \boldsymbol{e}_y + v_z \boldsymbol{e}_z$. – ↑Vektorraum, ↑Vektorrechnung.

Vektoranalysis, Teilgebiet der Vektorrechnung, das Vektoren als Funktionen einer oder mehrerer Veränderlicher untersucht. Die Grundoperationen der V. sind ↑Divergenz, ↑Gradient und ↑Rotation.

Vektorbosonen, svw. ↑Eichbosonen.

vektoriell [lat.], svw. vektorartig (↑Vektor).

Vektorkardiographie, Verfahren der Elektrokardiographie, mit dem die Aktionsströme der Herzmuskelfasern während des zeitl. Ablaufs der Herzaktion so aufgezeichnet werden, daß ein räumlich-stereoskop. Bild entsteht *(Vektorkardiogramm).*

Vektorprodukt ↑Vektorrechnung.

Vektorraum (linearer Raum), eine Menge V, für deren als *Vektoren* bezeichnete Elemente ($\boldsymbol{u}, \boldsymbol{v}, \boldsymbol{w}, ...$) die Addition, ferner die Multiplikation mit den als *Skalare* bezeichneten Elementen eines ↑Körpers K (der reellen oder komplexen Zahlen) definiert sind: 1. Je zwei Elementen $\boldsymbol{u}, \boldsymbol{v} \in V$ ist eindeutig ein Element ($\boldsymbol{u} + \boldsymbol{v}) \in V$ zugeordnet, die Summe von $\boldsymbol{u}$ und $\boldsymbol{v}$; V bildet bezüglich der Addition eine abelsche ↑Gruppe. 2. Die Multiplikation mit einem Skalar $k \in K$ ordnet jedem Element $\boldsymbol{u} \in V$ eindeutig ein Element $k \cdot \boldsymbol{u} \in V$ zu; für diese Multiplikation mit Skalaren aus K gelten die Regeln:

(a) $a \cdot (\boldsymbol{u} + \boldsymbol{v}) = a \cdot \boldsymbol{u} + a \cdot \boldsymbol{v}$
(b) $(a + b) \cdot \boldsymbol{u} = a \cdot \boldsymbol{u} + b \cdot \boldsymbol{u}$
(c) $a \cdot (b \cdot \boldsymbol{u}) = (a \cdot b) \cdot \boldsymbol{u}$
(d) $1 \cdot \boldsymbol{u} = \boldsymbol{u}$

für alle $a, b \in K$ und $\boldsymbol{u}, \boldsymbol{v} \in V$.

Vektorrechner (Feldrechner), Computer für sehr schnelles Rechnen mit Vektoren bzw. Tensoren; verfügt über parallel arbeitende Rechenwerke.

Vektorrechnung, Teilgebiet der Mathematik, das sich mit den ↑Vektoren und ihren algebraischen Verknüpfungen befaßt. Die *Summe* zweier Vektoren $\boldsymbol{v} = (v_x, v_y, v_z)$ und $\boldsymbol{w} = (w_x, w_y, w_z)$ ist definiert als

$$\boldsymbol{v} + \boldsymbol{w} = (v_x + w_x, v_y + w_y, v_z + w_z).$$

Die *Multiplikation* eines Vektors $\boldsymbol{u} = (u_x, u_y, u_z)$ mit einem Zahlenfaktor (Skalar) λ ist erklärt durch $\lambda \boldsymbol{u} = (\lambda u_x, \lambda u_y, \lambda u_z)$. Es gelten folgende Rechnerregeln:

1) $\boldsymbol{u} + (\boldsymbol{v} + \boldsymbol{w}) = (\boldsymbol{u} + \boldsymbol{v}) + \boldsymbol{w}$ (Assoziativgesetz),
$\boldsymbol{u} + \boldsymbol{v} = \boldsymbol{v} + \boldsymbol{u}$ (Kommutativgesetz),
2) $\lambda(\mu \boldsymbol{u}) = (\lambda \mu) \boldsymbol{u} = \mu(\lambda \boldsymbol{u})$,
3) $(\lambda + \mu) \boldsymbol{u} = \lambda \boldsymbol{u} + \mu \boldsymbol{u}$ } (Distributivgesetze),
$\lambda(\boldsymbol{u} + \boldsymbol{v}) = \lambda \boldsymbol{u} + \lambda \boldsymbol{v}$
4) $1 \boldsymbol{u} = \boldsymbol{u}.$

Dabei sind λ und μ reelle Zahlen. Das *Skalarprodukt (inneres Produkt)* $\boldsymbol{u} \cdot \boldsymbol{v} = (\boldsymbol{u}, \boldsymbol{v})$ zweier Vektoren $\boldsymbol{u}$ und $\boldsymbol{v}$ definiert man als

$$\boldsymbol{u} \cdot \boldsymbol{v} = u_x v_x + u_y v_y + u_z v_z$$
$$= |\boldsymbol{u}| \cdot |\boldsymbol{v}| \cdot \cos \varphi = u \cdot v \cdot \cos \varphi$$

($|\boldsymbol{u}|$ und $|\boldsymbol{v}|$ Beträge der Vektoren $\boldsymbol{u}$ und $\boldsymbol{v}$, φ Winkel zw. $\boldsymbol{u}$ und $\boldsymbol{v}$). Das Skalarprodukt ist kein Vektor, sondern eine Zahl. Es ist Null, wenn mindestens einer der beiden Vekto-

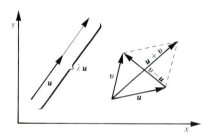

Vektorrechnung. Links: Multiplikation eines Vektors *u* mit einem skalaren Faktor $\lambda > 1$. Rechts: Addition und Substraktion zweier Vektoren *u* und *v* im zweidimensionalen Raum mit Hilfe eines sogenannten Vektorparallelogramms

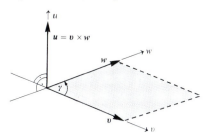

Vektorrechnung. Graphische Darstellung des Vektorprodukts zweier Vektoren *u* und *w*, der Betrag des resultierenden Vektors *u* ist gleich dem Inhalt des von *v* und *w* unter dem Winkel γ aufgespannten Parallelogramms, der Vektor *u* steht auf diesem senkrecht

ren Null ist oder wenn die beiden Vektoren senkrecht aufeinander stehen (cos 90° = 0).
Das *Vektorprodukt (äußeres Produkt, Kreuzprodukt)*, das je zwei Vektoren *v*, *w* einen dritten Vektor $u = v \times w$ zuordnet, ist definiert als

$$u = \begin{vmatrix} v_y & w_y \\ v_z & w_z \end{vmatrix} e_x + \begin{vmatrix} v_z & w_z \\ v_x & w_x \end{vmatrix} e_y + \begin{vmatrix} v_x & w_x \\ v_y & w_y \end{vmatrix} e_z.$$

Der Vektor *u* steht senkrecht auf *v* und auf *w*, er ist so gerichtet, daß die Vektoren *v*, *w* und *u* ein Rechtssystem bilden. Sein Betrag $|u| = |v||w| \cdot \sin \gamma$ (γ Winkel zw. *v* und *w*) ist gleich dem Inhalt des von *v* und *w* aufgespannten Parallelogramms.

Vela [lat.] (Segel des Schiffes) ↑ Sternbilder (Übersicht).
velar [zu lat. velum „(Gaumen)segel"], in der Phonetik: auf den hinteren Gaumen bezogen, mit Hilfe des Gaumensegels artikuliert, z. B. der Laut [x] in *ach*. Velare Konsonanten [k, g, ŋ, x, ɣ] werden auch als Gaumensegellaute bezeichnet, velare Vokale, z. B. [o, ʌ, ɔ, ɑ] nennt man meist hintere Vokale.
Velasco Ibarra, José María [span. be'lasko i'βarra], *Quito 19. März 1893, †ebd. 30. März 1979, ecuadorian. Jurist und Politiker. – 1934/35, 1944–47, 1952–56, 1960/61 und 1968–72 Staatspräs.; mehrmals gestürzt und im argentin. Exil.
Velay [frz. vəˈlɛ], Bergland beiderseits der oberen Loire im östl. Zentralmassiv, Frankreich, bis 1421 m hoch, Hauptort Le Puy.
Velázquez, Diego Rodríguez de Silva y [span. beˈlaθkeθ], ≈ Sevilla 6. Juni 1599, †Madrid 6. Aug. 1660, span. Maler. – Schüler und Schwiegersohn von F. Pacheco in Sevilla. Sein Frühwerk steht wesentlich unter dem Einfluß Caravaggios und der niederl. Malerei, v. a. in den Genrebildern des einfachen Volkes („Bodegón"). 1622 und 1623 Aufenthalt in Madrid, wo er für sein Porträt Philipps IV. (nicht bekannt) zum Hofmaler berufen wurde, danach Beginn einer glänzenden Hofkarriere (1652 Hofmarschall, 1658 Ritter des Santiago-Ordens); Bekanntschaft mit Rubens (1628), auf einer Italienreise 1629–31 mit J. de Ribera. Das leuchtende Kolorit der großen Venezianer (Ti-

zian) wirkte in der folgenden Madrider Zeit auf sein Werk, er dämpfte die Farbigkeit seiner Malerei jedoch wieder bis hin zu einem Silberton feinster (v. a. Grau-)Nuancen in seinem Spätwerk, dabei ist der Farbauftrag vergleichsweise dick („pastos"). 1649–51 erneut in Italien (Bildnis Papst Innozenz' X., Rom, Galleria Doria Pamphili). V. zählt zu den bedeutendsten Vertretern der Porträtmalerei. – *Werke:* Der Wasserträger von Sevilla (um 1620, London, Privatsammlung), Philipp IV. (zw. 1631–35, London, National Gallery); in Madrid, Prado: Triumph des Bacchus (1629), Die Schmiede Vulkans (1630), Ansichten der Gärten der Villa Medici (1630), Prinz Baltasar Carlos zu Pferde (1634/1635), Die Übergabe von Breda (1635), Der Hofnarr Don Diego de Acedo (1644), Las Meninas (1656), Die Spinnerinnen (um 1659), Die Infantin Margarita (um 1660).
Velbert [ˈfɛlbərt], Stadt im Niederberg. Land, NRW, 77–303 m ü. d. M., 88 700 E. Dt. Schloß- und Beschlägemuseum. Zentrum der dt. Beschläge-, Schlösser- und Schlüsselind.; Textilind. – 875 zuerst erwähnt; seit 1860 Stadt. 1975 wurden die ehem. selbständigen Städte Langenberg (Stadtrecht 1831), Neviges (als Hardenberg-Neviges 1922 Stadtrecht, seit 1935 Neviges) und V. zur neuen Stadt V. zusammengeschlossen. – In **Neviges** Wallfahrtskirche Maria, Königin des Friedens (1965–68); Schloß Hardenberg (16., 17. und 18. Jh.).
Veld [fɛlt; Afrikaans], subtrop., sommerfeuchtes Grasland im inneren Hochland S-Afrikas.
Velde, van de [niederl. ˈvɛldə], Name einer bed. niederl. Malerfamilie des 16. und 17. Jh. Bed. Vertreter:
V., Adriaen van de, ≈ Amsterdam 30. Nov. 1636, □ ebd. 21. Jan. 1672. – Bruder von Willem van de V., d. J.; schuf weite, sonnige, horizontal gegliederte Flachlandschaften mit tiefem Horizont, bes. auch Strandbilder und Winterlandschaften von heiterer festl. Stimmung, u. a. „Strand von Scheveningen" (1658, Kassel, Staatl. Kunstsammlungen).
V., Esaias van de, *Amsterdam 1590 oder 1591, □ Den Haag 18. Nov. 1630. – Onkel von Adriaen und Willem van de V., d. J.; Reitergefechte, Überfälle und Plünderszenen waren vorbildlich für viele Pferdemaler, seine Landschaften gehören zu den ersten Stimmungslandschaften, v. a. Winterlandschaften in silbrigem Ton; Lehrer J. van Goyens.
V., Willem van de, d. J., ≈ Leiden 18. Dez. 1633, †London 6. April 1707. – Bruder von Adriaen van de V.; seit 1674 am engl. Hof; schuf Seeschlachtenbilder, in denen er zeichner. Virtuosität mit der Wiedergabe stimmungsvoller Seelandschaften von transparenter Farbigkeit verband. – Abb. S. 160.

Diego Rodríguez de Silva y Velázquez. Die Spinnerinnen, um 1659 (Madrid, Prado)

Velde [niederl. 'vɛldə], Anton van de, *Antwerpen 8. Juni 1895, †s'Gravenwezel (Prov. Antwerpen) 21. Juni 1983, fläm. Schriftsteller und Theaterregisseur. – Als Verf. expressionist. [histor.] Schauspiele Erneuerer des fläm. Theaters nach dem 1. Weltkrieg; schrieb auch Romane („Der Tag hat 24 Stunden", 1950) und Kinderbücher.

V., Bram van, *Zoeterwoude (Südholland) 19. Okt. 1895, †Grimaud (Dep. Var, Frankreich) 28. Dez. 1981, niederl. Maler. – Vertreter der École de Paris; seine Kompositionen suggerieren trotz ihrer abstrakten Formwerte figürl. Andeutungen.

V., Henry van de, *Antwerpen 2. April 1863, †Zürich 25. Okt. 1957, belg. Architekt und Kunstgewerbler. – 1902 als künstler. Berater an den großherzogl. Hof nach Weimar berufen, begr. 1906 die Kunstgewerbeschule ebd.; 1907 Mitbegr. des Dt. Werkbundes. Seit 1926 war er in Brüssel tätig, von 1947 an lebte er in der Schweiz. In seiner Forderung nach Funktions- und Materialgerechtigkeit und seiner Verbindung von Kunst und Handwerk wurde V. zum führenden Künstler und Theoretiker des Jugendstils. Zu seinen Hauptwerken zählen Wohnhäuser (u. a. sein eigenes in Uccle bei Brüssel, 1895), die Innenausstattung für das Folkwangmuseum in Hagen (1900–02; Original in Essen) und das Werkbundtheater in Köln (1914; abgebrochen).

V., Theodo[o]r Hendrik van de, *Leeuwarden 12. Febr. 1873, †27. April 1937 (Flugzeugabsturz), niederl. Frauenarzt und Sexualforscher. – V. versuchte, phys. und psych. Störungen in Ehebeziehungen zu erforschen und zu behandeln. Von seinen Werken wurde bes. „Die vollkommene Ehe" (1926) zu einem Welterfolg.

Veldeke, Heinrich von ↑Heinrich von Veldeke.

Veldes ['fɛl...] ↑Bled.

Veles [makedon. 'vɛlɛs] (1946–91 Titov Veles), Stadt in Makedonien, am Vardar, 174 m ü. d. M., 36 000 E. Verkehrsknotenpunkt. – In der Antike **Bylazora,** Hauptort der Päonier. – Demetrioskirche (14. Jh.); Nikolauskirche mit Freskenresten aus dem 14. Jh.; Moscheen aus osman. Zeit.

Vélez de Guevara, Luis [span. 'beleð ðe ɣe'βara], *Écija im Juli 1579, †Madrid 10. Nov. 1644, span. Dichter. – Verf. des span. Schelmenromans „El diablo cojuelo" (1641), der durch die Bearbeitung von A. R. Lesage („Der hinkende Teufel", 1707) berühmt wurde; steht als Dramatiker in der Nachfolge Lope de Vegas.

Velin [ve'lɛ̃:; ve'li:n; lat.-frz.; eigtl. „vom Kalb"], urspr. Bez. für handgeschöpftes feines, weiches pergamentähnl. Papier; seit Mitte des 18. Jh. mit glatter, gleichmäßiger Oberfläche (ohne Wasserzeichen).

Velitrae ↑Velletri.

VELKD, Abk. für: **V**ereinigte **E**vangel.-**L**uth. **K**irche **D**eutschlands, ↑Evangelische Kirche in Deutschland.

VELK in der DDR, Abk. für: ↑**V**ereinigte **E**vangelisch-**L**utherische **K**irche in der **D**eutschen **D**emokratischen **R**epublik.

Willem van de Velde d. J. Schiffe am Ufer, 1661 (London, National Gallery)

Vellberg ['fɛlbɛrk], Stadt am NW-Rand der Ellwanger Berge, Bad.-Württ., 375 m ü. d. M., 3 700 E. Gips-, Textilverarbeitung. – Aus einer Burgsiedlung hervorgegangen, 1102 erstmals erwähnt; 1500 Stadt. – Weitgehend erhaltene Befestigung (15. und 16. Jh.); ehem. Schloß, z. T. im Renaissancestil (16. Jh., jetzt Rathaus und Hotel).

Velleius Paterculus, Gajus (?), *um 20 v. Chr., †nach 30 n. Chr., röm. Offizier und Geschichtsschreiber. – U. a. Legionslegat des Tiberius in Germanien und Pannonien; Verf. eines Abrisses der röm. Geschichte bis 30 n. Chr. in 2 Büchern.

Velletri [italien. vel'le:tri], italien. Stadt in Latium, Prov. Rom, am S-Rand der Albaner Berge, 352 m ü. d. M., 44 400 E. Kath. Bischofssitz; Museum; landw. Markt und Weinhandelszentrum; Fremdenverkehr. – **Velitrae,** im 6. Jh. v. Chr. von den Volskern, 338 v. Chr. von Rom unterworfen, wurde unter Claudius Colonia; Mitte des 5. Jh. Bischofssitz; im Spät-MA städt. Autonomie. – Dom (13. und 14. Jh.; 1659–62 erneuert), Kirche Santa Maria del Trivio (1662, umgestaltet 1762) mit roman.-got. Kampanile; achteckiges Oratorium Santa Maria del Sangue (16. Jh.; heute Gedenkstätte); Palazzo Comunale (v. a. 17. Jh., nach 1944 restauriert).

Velo [Kw. aus Velozipped], schweizerisch für ↑Fahrrad.

veloce [ve'lo:tʃe; italien.], musikal. Vortragsbez.: schnell, geläufig.

Velodrom [frz., zu Veloziped und griech. drómos „Lauf"], geschlossene Radrennbahn mit überhöhten Kurven.

Velours [və'lu:r, ve'lu:r; frz.; zu lat. vilosus „zottig"], 1. svw. Samt; 2. Gewebe mit samtartiger, gewalkter, gerauhter, weicher Oberfläche; 3. Gewirke und Gestricke mit stark gerauhter und geschorener Rückseite; 4. Teppiche oder textile Fußbodenbeläge mit aufgeschnittenen Polnoppen.

Veloursleder [və'lu:r, ve'lu:r], auf der Fleischseite geschliffenes Rauhleder; für Bekleidung, als Schuhobermaterial und Täschnerleder.

Veloziped [frz., zu lat. velox „schnell" und pes „Fuß"], veraltet für Fahrrad.

Velsen [niederl. 'vɛlsə], niederl. Gem. in der Prov. Nordholland, am Nordseekanal, 58 500 E. Besteht aus der Stadt V. sowie dem Ind.- und Hafenort **IJmuiden,** aus Santpoort und Driehuis. Niederl. Forschungsinst. für Fischerei; Eisen- und Stahlwerk, Stickstoffwerk, bed. Papierindustrie.

Velten, Johannes ['fɛl...], *Halle/Saale 27. Dez. 1640, †Hamburg 8. April 1693 (?), dt. Schauspieler. – Universitätsstudium, danach Mgl. einer Wandertruppe; 1678 Leiter einer eigenen Truppe („Kursächs. Komödianten"), bildete 1685–92 die Hofkomödie der Dresdener Residenz. Erweiterte durch Übersetzungen den Spielplan (insbes. Molière und Calderón) und verbesserte den Darstellungsstil durch Überwindung des überzogenen Stegreifspiels.

Bram van Velde. Komposition, 1957 (Privatbesitz)

Veltlin [fɛlt'li:n, vɛlt'li:n], Tallandschaft der Adda in der Lombardei, trennt die Berninagruppe im N von den Bergamasker Alpen im S, reicht von Bormio bis zum N-Ende des Comer Sees. – Im MA lombardisch, 11.–13. Jh. zw. Como und Mailand umstritten, kam schließlich unter Mailänder Herrschaft, 1500 an Frankreich, 1512 an Graubünden. 1797 der Zisalpin. Republik einverleibt, kam 1814/15 mit der Lombardei an Österreich, 1859/61 an Sardinien bzw. Italien.

Velum [lat.], (Velarium) im antiken Theater die an Seilen aufziehbare Plane zum Schutz der Zuschauer vor der Sonne (Sonnensegel). Im röm. Haus ein Türvorhang.
▷ liturg. Tuch: 1. zum Bedecken der eucharist. Gaben und Geräte; 2. Umhang des kath. Priesters beim Erteilen des sakramentalen Segens.
▷ in der *Anatomie* bzw. *Morphologie* Bez. für segelartige Strukturen am oder im Körper verschiedener Lebewesen.

Veluwe [niederl. 've:lʏwə], Hügellandschaft in der niederl. Prov. Geldern; im S der rd. 6 000 ha große Nationalpark **Hoge Veluwe**, mit Wildpark, Kröller-Müller-Museum (v. a. moderne Kunst und Werke von Vincent van Gogh) und der 4 600 ha große Nationalpark **Veluwezoom**.

Velvet ['vɛlvət; englː] (Samt), 1. Gewebe mit kurzem, aufrecht stehendem, geschnittenem Pol; 2. Grundbindung für Kettengewirke.

Ven [schwed. ve:n], schwed. Insel im Sund, 7,5 km²; Tycho-Brahe-Museum. – 1576–97 dem schwed. Astronomen T. Brahe überlassen. Von seinem Schloß und dem Observatorium sind nur Reste erhalten.

Venantius Fortunatus (V. Honorius Clementianus F.), * bei Treviso um 530, † Poitiers um 600, lat. christl. Dichter. – Hofdichter am merowing. Hof; 599/600 Bischof in Poitiers. Verfaßte Hymnen, Elegien, Epigramme, Gelegenheitsgedichte, lehrhafte Prosastücke und Heiligenviten.

Venatorius, Thomas, wahrscheinlich eigtl. T. Gechauf oder T. Jäger, * Nürnberg um 1488, † ebd. 4. Febr. 1551, dt. ev. Theologe und Humanist. – Ab 1534 Leiter des Schulwesens in Nürnberg, 1544 Einführung der Reformation in Rothenburg ob der Tauber; edierte viele klass. Werke und verwaltete den wiss. Nachlaß Pirckheimers.

Venda, ehem. Bantuheimatland der V. im äußersten NO von Transvaal, Republik Südafrika, 7 460 km², de jure sind 650 000 Venda Bürger von V., de facto 460 000 E. Hauptstadt Thohoyandou. V. ist weitgehend Landw.gebiet. An Bodenschätzen verfügt es über Graphit, Kohle, Magnesit, Gold und Sandstein.

Geschichte: Das Volk der Venda drang zu Beginn des 18. Jh. von Simbabwe aus nach S und geriet Mitte des 19. Jh. in Konflikt mit der Burenrepublik Transvaal, die das Gebiet 1898 annektierte. Seit 1962 Bantuheimatland, wurde V. 1973 ein sich selbstregierendes Territorium; im Sept. 1979 von der südafrikan. Reg. formell für unabhängig erklärt. Im April 1990 wurde die zivile Reg. durch General G. Ramushwana gestürzt.

Venda, Bantuvolk in der Republik Südafrika (650 000), auch im südl. Simbabwe (250 000), betreiben noch weitgehend Ackerbau (Mais, Hirse) und Viehhaltung.

Vendée [frz. vã'de], histor. Geb. in W-Frankreich südl. der unteren Loire; hinter der von Dünen begleiteten Küste liegen eingepolderte Marschen, im Inneren Bocagelandschaft. Bed. Viehwirtschaft; an der Küste Fischerei, Austernzucht und Fremdenverkehr. – Während der Frz. Revolution Zentrum royalist.-klerikaler Bauernerhebungen gegen die Revolutionsreg. (1793–96, 1799/1800); 1815 und 1832 kämpften die Bauern erneut für das Thronrecht der Bourbonen.
V., Dep. in Frankreich.

Vendelstil [schwed. 'vɛndəl; nach dem schwed. Fundort Vendel (nördl. von Uppsala)] ↑ germanische Kunst.

Vendémiaire [vãdemi'ɛːr; frz. „Wein(lese)monat"], nach dem Kalender der Frz. Revolution der 1. Monat des Jahres (22., 23. bzw. 24. Sept. bis 21., 22. bzw. 23. Oktober). – Am 13. V. (5. Okt.) 1795 schlug Napoléon Bonaparte im Auftrag der bürgerl. Reg. einen royalist. Aufstand gegen die Direktorialverfassung in Paris nieder.

Vendetta [italien.], Rache, v. a. in Sizilien Bez. für Blutrache.

Vendôme [frz. vã'do:m], Name von 2 Linien des Hauses Bourbon: 1. die von Jakob I., Graf de la Marche († 1361), begr. jüngere Linie Bourbon, von der König Heinrich IV. von Frankreich abstammt. Sie erhielt 1374 durch Heirat die Gft. V. (ab 1514 Hzgt.); 2. die von César (* 1594, † 1665), Sohn Heinrichs IV. und seiner Mätresse Gabrielle d'Estrées, begr. bourbon. Bastardlinie, die 1727 erlosch.

Vendôme [frz. vã'do:m], frz. Stadt am Loir, Dep. Loir-et-Cher, 18 000 E. Museum. – Seit dem 6. Jh. belegt; im 11. Jh. Gründung der Benediktinerabtei La Trinité, im Hoch-MA bed. kirchl. Zentrum. Das Gebiet um V. (**Vendômois**) wurde 1214 der frz. Krondomäne einverleibt; 1514–1712 bourbon. Hzgt. – Romanisch-got. ehem. Abteikirche (11.–16. Jh.) mit bed. Glasfenstern; got. Stadttor (14. Jh.; nach 1945 wiederhergestellt); Ruinen des Schlosses (12.–15. Jh.).

Vendsyssel-Thy [dän. 'vɛnsysəl'tyː'] (Nordjüt. Insel), der nördl. des Limfjords gelegene Teil von ↑ Jütland, Dänemark.

Vendée
Historisches Wappen

Venedig. Blick auf den Kampanile und den Dogenpalast, hinter ihm sind die Kuppeln von San Marco sichtbar

Venedig (italien. Venezia), Hauptstadt der italien. Region Venetien, auf 118 eng beieinanderliegenden Inseln in der Lagune von V., 4 km vom Festland entfernt, 321 000 E. Verwaltungssitz der Prov. V., kath. Erzbischofssitz; Univ. (gegr. 1868), Hochschulen für Architektur, Musik und Fremdsprachen, Akad. der Wiss., Kunstakad., naut. und ozeanograph. Inst., Markusbibliothek (gegr. 1468); Staatsarchiv, zahlr. Museen und Gemäldesammlungen; internat. Biennale für zeitgenöss. Kunst, Film- und Musikfestspiele, Opernhäuser und Theater. Im engeren Stadtbereich sind meist kunstgewerbl. Betriebe angesiedelt. Die Ind.viertel liegen auf dem Festland in **Mestre** und **Marghera**. Von größter wirtsch. Bed. ist der Fremdenverkehr. Seit 1846 ist V. durch eine Eisenbahnbrücke mit dem Festland verbunden, seit 1933 auch durch eine Straßenbrücke. Der innerstädt. Verkehr erfolgt zum großen Teil mit Barken und Motorbooten. Die Bauten sind auf weit in den schlammigen Untergrund getriebenen Pfählen errichtet worden. Durch eine langsame Absenkung des gesamten Lagunengebietes ist V. gefährdet, ebenfalls durch die mangelhafte Kanalisation, den gestiegenen Schiffsverkehr und Luftverunreinigungen.

Geschichte: Nach neueren Grabungen reichen die histor. Wurzeln von V. bis in das 1. Jh. v. Chr. zurück. Die nach den hunn. und langobard. Verwüstungen des Festlandes (5./6. Jh.) besiedelten Laguneninseln unterstanden dem byzantin. Exarchen von Ravenna, die direkte Herrschaft übte ein 639 erstmals gen. Magister militum aus, an dessen Stelle 697 ein gewählter Dux (seit 742 Doge, Residenz ab 811 auf der Insel Rialto) trat. 828 wurden die legendären

Venedig
Hauptstadt der italien. Region Venetien

•

321 000 E

•

seit dem 12. Jh. dominierende Stellung im Mittelmeerhandel und Aufbau eines Herrschaftsgebietes in Oberitalien (Terra ferma)

•

Markusplatz mit Basilica di San Marco und Dogenpalast

•

Canal Grande

•

Biennale

Venektasie

Venedig
Stadtwappen

Reliquien des hl. Markus aus Alexandria nach V. gebracht. Seit dem 9./10. Jh. Haupthandelspartner von Byzanz und der Levante (v. a. Gewürze, Wein, Oliven, Waffen), begann V. im 10. Jh. in Istrien und Dalmatien Fuß zu fassen und konnte seit dem 12. Jh. durch Ausnutzung der Kreuzzüge seine Stellung im östl. Mittelmeer ausbauen (1204 auf Betreiben des Dogen E. Dandolo beim 4. Kreuzzug Eroberung Konstantinopels und Errichtung des ↑ Lateinischen Kaiserreichs). Die *Verfassung* von V. nahm im 13. Jh. Züge einer strengen Oligarchie an (↑ Doge). Nachdem V. im sog. Chioggiakrieg (1378–81) Genua besiegt hatte, eroberte es bis zum Frieden von Lodi (1454) ein geschlossenes Gebiet im östl. Oberitalien (↑ Terra ferma). Seine Handelsverbindungen reichten im 15. Jh. bis nach England und Flandern. Die Einnahme Konstantinopels durch die Osmanen (1453), die Entdeckung Amerikas (1492) und die Öffnung des Seewegs nach Indien (1498) verlagerten den Schwerpunkt des Welthandels, auch der wachsende osman. Druck (Verlust von Rhodos 1523, Zypern 1573) und die Konkurrenz Portugals im Gewürzhandel verminderten Macht und Einfluß V., 1669/70 verlor es auch Kreta. In der Mitte des 18. Jh. erlangte die Stadt noch einmal gesellschaftl. Bed. als „Hauptstadt des Rokoko". Nach der Absetzung des letzten Dogen durch frz. Truppen kam V. 1797 an Österreich, 1805–14 an das napoleon. Kgr. Italien, 1815 an das habsburg. Kgr. Lombardo-Venetien, 1866 an das Kgr. Italien.
Bauten: Mittelpunkt der Stadt ist der Markusplatz mit der Basilica di San Marco bzw. die Piazzetta mit dem Dogenpalast (14./17. Jh.; Prachtbau in got. und byzantin. Formen, reiche Innenausstattung). San Marco, ein byzantin. Zentralbau mit 5 Kuppeln über einem griech. Kreuz, stammt aus dem 11. Jh. (Vorgängerbau aus dem 9. Jh.); Säulenfassade, Mosaiken und Marmorinkrustationen im Inneren (13. Jh.) sind typisch für die venezian. Protorenaissance; über dem Mittelportal die berühmten Bronzepferde, das einzige vollständig erhaltene antike Viergespann (Originale heute im Museum San Marco). Weitere Bauten am Markusplatz: Alte Bibliothek von I. Sansovino (1537 ff.), die Prokurazien (16.–19. Jh.), Uhrturm (um 1500), Münze (1537–45, heute Biblioteca Marciano), der Kampanile (12. Jh.) mit Loggetta von I. Sansovino (1536–40). Am Canal Grande mit der Rialtobrücke (1588–91) liegen zahlr. Paläste aus Gotik, Renaissance und Barock, u. a. Ca' d'Oro (1421–40), die Palazzi Vendramin-Calergi und Corner-Spinelli (beide um 1500, von M. Coducci), Corner (1537 ff. von I. Sansovino), Grimani (1540 ff.), Rezzonico (um 1660; Fresken von Tiepolo, 1758), Ca'Pesaro (1676). Die charakterist. Säulenarkaden wurden im 12. und 13. Jh. entwickelt. Sakralbauten: Dominikanerkirche Santi Giovanni e Paolo (13.[?]–15. Jh.; mit zahlr. Grabdenkmälern der Dogen), Santa Maria Gloriosa dei Frari (14./15. Jh.; mit Tizians Assunta); Scuola di San Rocco (1524–60; mit Gemäldezyklen von Tintoretto). Hauptwerk des venezian. Barock ist Santa Maria della Salute (1631–87 von B. Longhena). Die Reiterstatue des Colleoni von Verrocchio vor Santi Giovanni e Paolo ist die bedeutendste der italien. Renaissance. – V. wurde von der UNESCO zum Weltkulturerbe erklärt.
V., Erzbistum, 774 auf der Insel Olivolo als Suffragan des Patriarchats Grado gegr.; 1451 wurde V. Patriarchat; das heutige Patriarchat hat 9 Suffraganbistümer.

Venektasie [lat./griech.] (Phlebektasie), auf Erschlaffung der Gefäßwände beruhende Venenerweiterung.

Venen [lat.] (Blutadern), bei Wirbeltieren (einschl. des Menschen) diejenigen Blutgefäße, die das Blut aus den Kapillaren sammeln und dem Herzen zuführen. Sie unterscheiden sich von den Arterien durch eine dünnere Wandung, das Fehlen des Pulses und das Vorhandensein von *V. klappen* (ähnlich den Taschenklappen des Herzens) im Bereich der oberen und unteren Gliedmaßen, die den Rückfluß des Blutes verhindern.

Venenentzündung (Phlebitis), vom Gefäßlumen (z. B. bei einer infizierten Thrombose) oder von der entzündeten Umgebung ausgehende entzündl. Erkrankung der Venenwand, bes. häufig bei Krampfadern; tritt vorwiegend an den Beinen auf.

Venenknoten, svw. ↑ Krampfader.
Venenstripping, operative Entfernung varikös erweiterter Venen (Krampfadern). Die erkrankte Vene wird von 2 Freilegungsstellen aus auf eine Spezialsonde (sog. *Venenstripper*) aufgefädelt und unter der Haut herausgezogen.

Venenum [lat.], fachsprachlich d. h.: Gift.

Venenverödung (Varizenverödung, Gefäßverödung), Unwegsammachen von Venen oder Krampfadern durch die Injektion von Verödungsmitteln, die über eine Entzündung der Gefäßinnenhaut zur dauernden narbigen Verlegung der Gefäßlichtung führen.

venerabel [lat.], verehrungswürdig; **Veneration,** Verehrung; **venerieren,** (als hl.) verehren.

venerisch [lat., nach der röm. Liebesgöttin Venus], die Geschlechtskrankheiten betreffend, durch Geschlechtsverkehr übertragen; **venerische Krankheiten,** svw. ↑ Geschlechtskrankheiten.

Venerologie [nach der röm. Liebesgöttin Venus], Lehre von den Geschlechtskrankheiten, d. h. sexuell übertragbaren Krankheiten; Teilbereich der Dermatologie.

Venesis, Ilias, eigtl. I. Mellos, *Ayvale (Anatolien) 4. März 1904, †Athen 3. Aug. 1973, neugriech. Schriftsteller. – Schrieb vorwiegend autobiographisch geprägte Romane („Äolische Erde", 1943) und Erzählungen „Die Boten der Versöhnung" (dt. Auswahl 1958).

Veneter (lat. Veneti), Name mehrerer antiker Völker bzw. Stämme, u. a.: 1. V. an der italien. Adriaküste; wurden 215 v. Chr. von den Römern abhängig; 2. V. in der südl. Bretagne an der Atlantikküste, als Seefahrer berühmter Keltenstamm, den Cäsar 54 v. Chr. unterwarf; 3. V. an der mittleren Weichsel und im östl. Baltikum; als V. wurden mindestens seit dem 6. Jh. n. Chr. die Slawen bezeichnet (bei den Germanen: „Wenden").

Venetien (italien. Veneto), italien. Region und Großlandschaft am Adriat. Meer, 18 364 km², 4,39 Mill. E (1990), Hauptstadt Venedig. V. reicht von den Dolomiten im N über die östl. Poebene bis zur lagunenreichen Küste am Golf von Venedig. Zw. den eingedeichten Flüssen wird in der dichtbesiedelten, von Kanälen durchzogenen Ebene intensiver Ackerbau, auf den trockenen Schotterflächen Getreideanbau und Viehzucht betrieben. Die Bev. der Gebirgssiedlungen lebt aber ebenso wie die der schnellwachsenden Küstenorte v. a. vom Fremdenverkehr. Ind. in den Alpenrandstädten und im Großraum Venedig.
Geschichte: Urspr. von Venetern besiedelt; seit dem 3. Jh. v. Chr. mit Rom verbündet, bildete nach der Einteilung Kaiser Augustus' mit Istrien die 10. Region **(Venetia et Histria)**; fiel nach späteren Besitzwechseln im MA im 14./15. Jh. an Venedig (Ausbau der ↑Terra ferma); 1797 zu Österreich; 1815 mit der Lombardei zum Kgr. Lombardo-V. vereinigt; kam 1859 von Österreich an Italien (V. 1866). Die heutige Region V. wurde 1947 geschaffen. ↑Friaul-Julisch-Venetien.

Venetisch, einheim. indogerman. Sprache der vorröm. Bevölkerung (↑Veneter) im östl. Oberitalien, die heute meist als selbständiger Zweig der indogerman. Sprachen gilt. Die knapp 400 Inschriften aus dem 6. bis 2. Jh. v. Chr. (Fundorte: Este, Padua, oberes Piavetal, Gailtal) sind meist in *venet. Schrift* geschrieben, die in verschiedenen lokalen Abarten bekannt ist; sie ist von der ↑etruskischen Schrift abgeleitet.

venezianische Schule, Gruppe von Kapellmeistern und Organisten, die zw. 1530 und 1620 in Venedig wirkten und in ihren Kompositionen die Hauptformen des Barock ausprägten. Begründer war A. Willaert; weitere Vertreter waren C. de Rore, G. Zarlino, C. Monteverdi sowie C. Merulo, A. und G. Gabrieli. Sie entwickelten die vokalinstrumental gemischte oder rein instrumentale Mehrchörigkeit.

venezianisches Glas, seit dem 14./15. Jh. aufblühende Glasproduktion und -technik in venezian. Glashütten auf der Insel Murano bei Venedig. – ↑ Glas.

Venezianischrot ↑ Caput mortuum.

venezolanische Literatur, früheste Chronisten Venezuelas sind die Franziskaner P. de Aguado († nach 1589)

Venezuela

Venezuela
Fläche: 912 050 km²
Bevölkerung: 19,75 Mill. E (1990), 21,7 E/km²
Hauptstadt: Caracas
Amtssprache: Spanisch
Nationalfeiertag: 5. Juli (Unabhängigkeitstag)
Währung: 1 Bolívar (Bs) = 100 Céntimos
Zeitzone: MEZ −5 Stunden

und P. Simón (* um 1574, † 1630). Überragende Dichtergestalt der Epoche der Freiheitskämpfe bis zum Beginn der Konsolidierung der Republik war der Neoklassizist A. Bello. Zur *Romantik* zählen J. V. González (* 1811, † 1866), mit subjektiver, gefühlsbetonter Prosa und histor.-biograph. Essays sowie die Lyriker J. A. Maitín (* 1804, † 1874) und J. A. Pérez Bonalde (* 1846, † 1892). Der *Modernismo* manifestierte sich v. a. in der nuancenreichen, preziösen Prosa der Romane von M. Díaz Rodríguez (* 1871, † 1927). Dem Naturalismus verpflichtet waren die zeitsatir. Romane von R. Blanco Fombona (* 1874, † 1944). Im Rahmen der allg. Reaktion auf den Modernismo suchten die Mgl. der „Generation von 1918" europ. Normen mit nat. Themen zu verbinden: R. Gallegos gab mit seinen Romanen ein komplexes Bild des Landes; J. R. Pocaterra (* 1889, † 1955) kritisierte aggressiv-ironisch die durch jahrzehntelange Diktatur korrumpierte bürgerl. Gesellschaft; T. de la Parra (* 1890, † 1936) schilderte die Dekadenz der Oberschicht. Mit der Rückkehr zahlr. Emigranten nach dem Tod des Diktators J. V. Gómez (1935) setzten sich avantgardist. Tendenzen, v. a. *Ultraismo* und *Surrealismus,* durch; in der Lyrik bei A. M. Queremel (* 1899, † 1939), J. R. Heredia (* 1900, † 1948), P. Rojas Guardia (* 1909), V. Gerbasi (* 1913), bei den Prosaisten insbes. R. Díaz Sánchez (* 1903, † 1968), M. Otero Silva. Weitere Romancier und Erzähler sind A. Márquez Salas (* 1919), G. Díaz Solís (* 1920), A. Armas Alfonso (* 1921), S. Garmendia (* 1928), O. Trejo (* 1928), A. González León (* 1931). Das Großstadtleben thematisierten insbes. J. Balza (* 1939), L. Britto García (* 1940), L. Antillano (* 1950). Bed. jüngere Lyriker sind G. Pereira (* 1940) und L. A. Crespo (* 1941).

Venezuela [venetsuˈeːla, span. beneˈsu̯ela] (amtl.: República de Venezuela), Bundesrepublik im nördl. Südamerika, zw. 0° 45' und 12° 10' n. Br. sowie 59° 45' und 73° 10' w. L. **Staatsgebiet:** V. grenzt im N an das Karib. Meer und den offenen Atlantik, im W an Kolumbien, im S an Brasilien und im O an Guyana. **Verwaltungsgliederung:** 20 Bundesstaaten (Estados), 1 Bundesdistrikt, 2 Bundesterritorien (Amazonas, Delta Amacuro) und die aus 72 Inseln im Karib. Meer bestehenden Dependencias Federales. **Internat. Mitgliedschaften:** UN, OAS, ALADI, Andenpakt, SELA, OPEC.

Landesnatur: Den gesamten SO nehmen Teile des Berglandes von Guayana ein. Im W und N des Landes erstrecken sich die nö. Ausläufer der Anden mit dem Senkungsfeld um Maracaibo und der durch mehrere Hochbecken gegliederte karib. Küstenkordillere östl. von Barquisimeto. Im Andenteil Venezuelas liegt mit 5 007 m ü. d. M. (Pico Bolívar) die höchste Erhebung des Landes. Zw. Kordilleren und Bergland von Guayana ist das meist unter 200 m ü. d. M. gelegene Orinokotiefland (Llanos del Orinoco) eingesenkt. Der Orinoko (drittgrößtes Stromgebiet S-Amerikas) entwässert 70 % Venezuelas.

Klima: V. hat wechselfeuchtes Tropenklima, mit einer winterl. Trockenzeit und einer Regenzeit von April bis Okt. Der nördl. Küstenbereich ist überwiegend trocken, im Orinokotiefland nehmen die Niederschläge von O nach W (1 850 mm/Jahr) zu. In den Anden werden 3 000 mm/Jahr erreicht. Hinsichtlich der Temperaturen ergeben sich mehrere Höhenstufen von der Tierra caliente (bis etwa 800 m ü. d. M.; 25–29 °C) über die Tierra templada (bis etwa 2 000 m; 15–25 °C) zur Tierra fría (über 2 000 m; 11 °C).

Vegetation: Im Bereich der Tierra caliente des stärker beregneten Kordillerengebiets ist trop. Regenwald verbreitet, der im Tiefland von Maracaibo allmählich in Trockenwald übergeht. Trop. Höhenwald (Nebelwald) findet sich oberhalb von 1 800 m, darüber folgt die Páramovegetation. Ausgedehnte Grasfluren mit Galeriewäldern bedecken die inneren Llanos, im Bergland von Guayana wechseln Feuchtwälder mit Savannen.

Bevölkerung: Über ²/₃ der Bev. sind Mestizen und Mulatten, 9 % Schwarze. Die Weißen (rd. 20 %) sind hauptsächlich span. und italien. Herkunft. Indianer (2 %) leben in kleinen Stammesverbänden, deren Rückzugsgebiete im äußersten NW, im Orinokodelta und im Bergland von Guayana liegen. Mehr als ²/₃ der Bev. wohnen im gut erschlossenen N des Landes. Bevorzugte Siedlungsräume sind die karib. Küstenkordillere (Tierra templada) und das Andengebiet im W des Landes. Das Bergland von Guayana ist fast unbesiedelt. Die Landflucht in V. ist v. a. auf die größeren Städte gerichtet (Stadtbev. über 85 %). Der überwiegende Teil der Einwohner gehört der röm.-kath. Kirche an. Es besteht Schulpflicht vom 7.–13. Lebensjahr, jedoch kann sie nur unzureichend durchgesetzt werden. Es bestehen 17 Universitäten.

Wirtschaft: Die Wirtschaft des ehemals agrarisch ausgerichteten Staates hat unter dem Einfluß des Erdöls (seit 1920, verstärkt seit 1945) bed. Wandlungen erfahren. Wichtigster Zweig ist die 1976 verstaatlichte Erdölindustrie. Erdöl und seine Produkte erbringen über 60 % der Mittel des Staatshaushaltes und 80 % der Exporteinnahmen. V. ist das Land mit den viertgrößten nachgewiesenen Erdölreserven der Erde. 75 % der gesamten venezolan. Erdölförderung (Staatsunternehmen PETROVEN) stammen aus dem Maracaibobecken. Einen weiteren Schwerpunkt bilden die Lagerstätten des Orinokogebietes, in dem sich auch bed. Ölsandvorkommen befinden. Rasch wachsende wirtsch. Bed. erlangt die Erdgasförderung (zunehmender Erdgaseinsatz für die expandierenden petrochem. Ind.). Zweitwichtigstes Bergbauprodukt ist Eisenerz (über 60 % Fe-Gehalt; Förderzentrum Cerro Bolívar), das zu 65 % exportiert wird (v. a. in die USA). Eisenerzbergbau und eisenschaffende Ind. wurden 1975 verstaatlicht. Weiterhin werden Manganerz, Gold (z. T. illegale Transporte nach Brasilien und Kolumbien), Diamanten und Bauxit gewonnen. V. verfügt außerdem über Vorkommen an Nickel, Kupfer-, Blei- und Zinkerzen. Wichtige Ind.zweige sind die Nahrungsmittel- und Genußmittel-, petrochem. Ind., Eisen-, Stahl- und Aluminiumerzeugung sowie die Textilindustrie. Die Elektroenergieerzeugung erfolgt zu über 50 % durch das Wasserkraftwerk Guri (8 800 MW; 1985 fertiggestellt) am Río Caroní. Die während des Erdölbooms in den 70er

Staatswappen

Internationales Kfz-Kennzeichen

1970 1990 1970 1990
Bevölkerung Bruttosozialprodukt je E
(in Mill.) (in US-$)

Bevölkerungsverteilung 1990

Bruttoinlandsprodukt 1990

Venezuela, Golf von

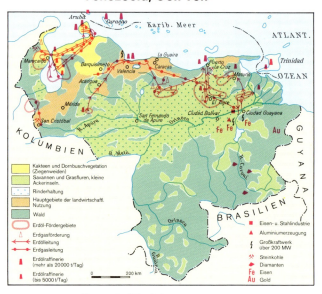

Venezuela. Wirtschaft

bis Mitte der 80er Jahre vernachlässigte Landw. beschäftigt zwar etwa 14 % der Erwerbstätigen, erbringt jedoch nur einen Anteil von rd. 6 % des Bruttoinlandprodukts. Ihre Produktion konnte aber in den letzten Jahren durch Vergrößerung der Anbauflächen wesentlich verbessert und die hohe Importabhängigkeit des Landes bei Agrarprodukten zurückgedrängt werden. Bei vorherrschendem Großgrundbesitz werden Mais (auf 25 % der Anbaufläche), Reis, Baumwolle, Zuckerrohr, Bohnen, Maniok und Sesam sowie Gemüse angebaut. Trop. Früchte (Bananen, Ananas, Orangen) werden in großen Mengen geerntet. Der Kaffee, an den Kordillerenhängen angebaut, bildete bis 1925 das wichtigste Exportprodukt.
Außenhandel: Haupthandelspartner sind die USA, die EG-Länder (v. a. Deutschland), Japan, Kanada und Brasilien. Exportiert werden: Erdöl, Erdölderivate, Eisenerze, Aluminium, Kakao, Kaffee. Importiert werden Maschinen, techn. Geräte, chem. Erzeugnisse, Lebensmittel und Kfz.
Verkehr: Von den nördl. Landesteilen abgesehen, ist die Verkehrserschließung noch unzulänglich. Das Streckennetz der Eisenbahn hat eine Länge von 439 km; wichtigste Linie Puerto Cabello–Barquisimeto. Das Straßennetz ist rd. 76 650 km lang, davon sind rd. 24 000 km asphaltiert. Die wichtigsten Überseehäfen sind La Guaira und Puerto Cabello sowie Maracaibo und Puerto Ordaz, über die der Erdöl- bzw. Eisenerzexport erfolgt. V. besitzt ein ausgedehntes inländ. Flugnetz und 7 internat. ✈, von denen der von Caracas (Maiquetía) am wichtigsten ist.
Geschichte: *Vorgeschichte:* Die ältesten Funde, datiert um 15 000 v. Chr., stammen aus Muaco (Falcón). Um 2500 v. Chr. läßt sich im Maracaibobecken Keramik nachweisen. Im größten Teil von V. beginnen Feldbau und Keramik erst im 1. Jt. v. Chr.
Kolonialgeschichte: 1498 entdeckte Kolumbus auf seiner 3. Reise die venezolan. Küste zw. Orinokomündung und Isla Margarita; die übrige Küste entdeckte u. a. A. de Ojeda, der dem Land auf Grund der Pfahlbauten am Golf von Maracaibo den Namen V. gab (Klein-Venedig). Kurz nach 1500 wurde die erste span. Siedlung gegr., bis 1546 stand das Land auch unter Statthaltern der ↑Welser. Caracas (gegr. 1567) wurde 1577 Sitz eines Gouverneurs, der der Audiencia von Santo Domingo unterstand. 1777 wurde das Generalkapitanat V. geschaffen, dem die Prov. Cumaná, Guayano, Maracaibo und die Inseln Margarita und Trinidad angeschlossen wurden. Die Entdeckungszüge am Orinoko weiteten das Territorium aus.

Unabhängigkeit: Die ersten Versuche (1797, 1806), die Unabhängigkeit zu erringen, scheiterten. Die Revolution von 1810 führte zwar 1811 zur Unabhängigkeitserklärung und Ausrufung der Republik, doch konnte erst 1821 S. Bolívar nach wechselvollen Kämpfen den entscheidenden Sieg über die Spanier erringen. Unter Bolívar vereinigten sich V., Neugranada (Kolumbien, Panama) und Quito (Ecuador) zur Republik Groß-Kolumbien (1819/22); mit dem Zerfall dieser Föderation (1829/30) wurde V. selbständig. Bis weit ins 20. Jh. hinein prägten Bürgerkrieg und Diktatur das Land. Seit den 1920er Jahren profitierte V. von seinen Erdölvorkommen und entwickelte sich auf dieser Grundlage zu einem der modernsten lateinamerikan. Staaten. Im 2. Weltkrieg entstanden neue polit. Parteien, die sich den drängenden sozialen Fragen zuwandten (z. B. 1941 die Acción Democrática, AD). Die AD, 1945–48 erstmals an der Macht, wurde zwar nach dem Putsch des Militärs gegen Präs. R. Gallegos (gewählt 1947) verboten, aber nach dem Sturz des Diktators M. Pérez Jiménez (1958) war sie erneut die stärkste polit. Kraft. 1964 erlebte V. den ersten verfassungsmäßigen Präs.wechsel. Soziale Unruhen konnten beigelegt werden, auch gelang die Eindämmung der Guerillabewegung, deren Aktivitäten 1962–65 ihren Höhepunkt erreicht hatten. 1968–83 wechselten AD und das christlich-soziale Comité Organización Politica Electoral Independiente (COPEI) in der Reg.verantwortung einander ab; die Wahlen 1983 (J. Lusinchi) und 1988 gewann die AD. 1989–93 hatte C. A. Pérez das Amt des Präs. inne: Sein Sparprogramm zur Sanierung der Staatsfinanzen führte 1989 zu blutigen Unruhen; 1990 zeigten sich erste Erfolge bei der Bekämpfung der Inflation, doch kam es immer wieder zu Protesten gegen die rigorose Wirtschaftspolitik (Massendemonstrationen im Jan., Putschversuch im Febr. und Nov. 1992); innenpolit. Reformen (Schaffung des Amts eines Min.präs., Verfassungsänderung) wurden angekündigt, jedoch nicht verwirklicht. Im Mai 1993 wurde gegen Pérez ein Anklageverfahren wegen Korruptionsverdacht eingeleitet; Pérez gab daraufhin sein Amt ab. Nachfolger wurde im Juni 1993 R. J. Velásquez. Außenpolitisch distanziert sich V. von den Diktaturen Südamerikas; es engagiert sich aber in der lateinamerikan. Zusammenarbeit.
Politisches System: Nach der Verfassung von 1961 ist V. präsidiale Bundesrepublik. *Staatsoberhaupt* und oberster Inhaber der *Exekutive* (Reg.chef) ist der Präs.; er ist Oberbefehlshaber der Streitkräfte und ernennt und entläßt die Reg.mgl.; er wird für 5 Jahre (ohne unmittelbare Wiederwahlmöglichkeit) zus. mit dem Parlament vom Volk gewählt. Die *Legislative* liegt beim Zweikammerparlament, dem Kongreß, bestehend aus Abg.kammer (204 Abg.) und Senat (49 Mgl., davon je 2 Repräsentanten der Bundesstaaten und 5 Minderheitsvertreter sowie die Ex-Präs.). Wichtigste der im Parlament vertretenen *Parteien* sind die linksgemäßigte Acción Democrática (AD), das christlich-soziale Comité Organización Politica Electoral Independiente (COPEI), die in einem linksdemokrat. Wahlbündnis vereinten Movimiento al Socialismo (MAS) und Movimiento de Izquierda Revolucionaria (MIR) sowie die Nueva Generación Democrática (NGD). Die meisten Einzelgewerkschaften sind in einem der 3 Dachverbände zusammengeschlossen: Confederación de Trabajadores de Venezuela (CTV), Confederación de Sindicatos Autónomos de Venezuela (CODESA) und Movimiento Nacional de Trabajadores para la Liberación (MONTRAL).
*Verwaltung*smäßig ist V. in 20 Bundesstaaten, den Bundesdistrikt mit der Hauptstadt, 2 zentral verwaltete Bundesterritorien und bundesabhängige Gebiete (72 kleinere Westind. Inseln) gegliedert. Die Bundesstaaten haben eigene gesetzgebende Versammlungen und gewählte Gouverneure. Oberstes Organ der *Recht*sprechung ist der Oberste Gerichtshof; er ist zugleich höchstes Verwaltungsgericht und mit verfassungsgerichtl. Kassationskompetenz gegenüber Gesetzgebung und Verwaltungsakten ausgestattet. Zivil- und Strafrecht sind nach westeurop. Vorbild gestaltet.
Venezuela, Golf von, Bucht des Karib. Meers vor der Küste Venezuelas und Kolumbiens.

Venia legendi [lat. „Erlaubnis, zu lesen"] ↑ Habilitation.

Veni creator spiritus! [lat. „Komm, Schöpfer Geist!"], liturg. Vesperhymnus der Pfingstzeit; erstmals in Handschriften des 9. Jh. nachgewiesen; dt. Fassung von Luther: „Komm, Gott Schöpfer, Hl. Geist".

Veniselos ↑ Weniselos.

veni, vidi, vici [lat.], ich kam, ich sah, ich siegte (nach Plutarch Aussage Cäsars über seinen 47 v. Chr. bei Zela errungenen Sieg über den pont. König Pharnakes II.).

Venizelos ↑ Weniselos.

Venlo [niederl. 'vɛnloː], niederl. Stadt an der Maas, 63 600 E. Gartenbaufachschulen, pädagog. Akad.; Museen. Zentrum des nördl. Teils der Prov. Limburg, Mittelpunkt eines Erwerbsgartenbaugebiets; metallverarbeitende, opt., elektrotechn., Papier- u. a. Ind. – Stadtrecht 1343; Hansestadt 1481; kam 1543 unter habsburg. Herrschaft; fiel 1715 an die Vereinigten Niederlande, 1794 an Frankreich, 1814 wieder an die Niederlande; 1830–39 belgisch. – Spätgotische Kirche Sint Martinus (15. Jh.), Renaissancerathaus (1597–99), Giebelhäuser (16. und 18. Jh.).

Venn [fɛn], svw. ↑ Fehn.

Venn-Diagramm [engl. vɛn; nach dem brit. Logiker J. Venn, *1834, †1923] (Euler-Venn-Diagramm, Mengendiagramm), schemat. Darstellung von Mengen und ihren Verknüpfungen bzw. Relationen. Man ordnet jedem Element einer endl. Menge einen Punkt der Ebene zu und umgibt diese Punkte mit einer geschlossenen Kurve.

Venographie [lat.-griech.], svw. ↑ Phlebographie.

venös [lat.], venenreich; zu den Venen gehörend.

Venosa, italien. Stadt in der Basilicata, 412 m ü. d. M., 12 000 E. Kath. Bischofssitz; Museum; Maschinenbau, Käserei, Speiseöl- und Weinherstellung. – In der Antike **Venusia,** wurde nach der Einnahme durch die Römer 291 v. Chr. Colonia latin. Rechts und bed. militär. Stützpunkt; im 5. Jh. als Bischofssitz bezeugt. – Dom (1470–1502); Benediktinerabtei (gegr. 1046) mit Normannenkirche sowie unvollendeter Stauferkirche (1135 ff.). Kastell (15. Jh.); Ruinen eines röm. Amphitheaters.

Venstre [dän. 'vɛnsdrə „Linke"], dän. liberale Partei; nach 1870 aus bäuerl. Interessengruppen hervorgegangen, 1872–1924 stärkste Partei im Folketing; in der Nachkriegszeit bemüht, gegen ihren Ruf als liberale Laissez-faire-Partei anzugehen. Seit 1905 besteht neben der V. die Sozialliberale Partei (Radikale Venstre).

Vent, Hans, *Weimar 13. Febr. 1934, dt. Maler und Graphiker. – Lebt in Berlin. Seine Malerei (bes. Landschaften, figürl. Darstellungen) verbindet Sinnlichkeit mit maler. Expressivität; reiches druckgraph. Werk.

Venta, La [span. la 'βenta], Ruinenstätte auf einer trockenen Anhöhe in sumpfigem Gelände im Küstentiefland von Mexiko; um 1000 v. Chr. als Kultstätte gegr.; Ausgrabungen seit 1938 (zahlr. Funde); ↑ Olmeken.

Ventadorn, Bernart von [frz. vãta'dɔrn] ↑ Bernart de Ventadour.

Venter [lat.], svw. ↑ Bauch.

Ventilation [lat., zu ventus „Wind"], Lüftung, Luftwechsel.

Ventilator [lat.-engl.] (Lüfter), meist von einem Elektromotor angetriebene, mit einem rotierenden Flügel- oder Schaufelrad arbeitende Vorrichtung (Verdichter) zur Erzeugung von Luftströmungen zum rascheren Luftaustausch in Lüftungsanlagen.

Ventile [zu mittellat. ventile „Schleuse eines Wasserkanals"], häufigste Form der Absperrorgane *(Absperr-V.)*. Das Verschlußelement wird vorwiegend in Durchflußrichtung bewegt. Der abschließende Teil, z. B. V.teller oder V.kegel, wird beim Öffnen vom V.sitz abgehoben, beim Schließen auf den Sitz gedrückt. – Beim *Nadel-V.* dichtet die Spindelspitze selbst. Beim *Kugel-V.* arbeitet eine Kugel oder eine kugelig gewölbte Tellerfläche mit einer kegeligen Sitzfläche im Gehäuse zusammen. Beim *Freifluß-* oder *Schrägsitz-V.* ist der Durchflußwiderstand durch die Schräglage von Spindel und Sitz geringer, da die Strömung weniger umgelenkt wird als beim Normalventil. Beim *Rückschlag-V.* verschließt rückströmendes Wasser das V. selbsttätig. Zur Druckminderung werden *Reduzier-V.* eingesetzt, wenn ein Medium aus einem Raum höheren Drucks (z. B. Gasflasche) nur mit einem bestimmten Druck ausströmen darf. Beim *Sicherheits-V.* oder *Überdruck-V.* wird der V.kegel durch eine einstellbare Feder (oder ein Gewicht) auf den Sitz gedrückt. Es wird bei unzulässig hohem Innendruck automatisch geöffnet. – Bei Kolbenmotoren dienen die im Einlaß- und Auslaßkanal eines Zylinders angebrachten V. zur Steuerung (mittels Nockenwelle) des Ladungswechsels. Es werden ausschließlich *Teller-V.* verwendet.

▷ (elektr. V.) elektr. Bauelemente der Leistungselektronik, die nur in einer Richtung stromdurchlässig verwendet werden können. – ↑ Gleichrichter.

▷ Vorrichtung an Orgeln und Blechblasinstrumenten zur Steuerung des Luftstroms. Bei der Orgel führen Fang-, Saug- oder Schöpf-V. den Luftstrom zum Balg, Kropf-V. zu den Windkanälen, durch die Klaviatur geöffnete Spiel-V. zu den Pfeifen. Bei den Blechblasinstrumenten machen V. die Töne der chromat. Tonleiter spielbar. Sie verlängern oder verkürzen die Schallröhre oder verändern die Gesamtstimmung des Instruments.

Ventilhorn, das heute im Orchester übl. Waldhorn mit Ventilen.

ventilieren [lat.-frz.], 1. lüften; 2. (übertragen:) sorgfältig prüfen, von allen Seiten betrachten.

Ventilsitte, Bez. für soziale Regeln, die der Neutralisierung von gesellschaftl. bzw. gruppeninternen Spannungen und Aggressionen dienen, indem sie diese in institutionalisierte und damit kontrollierte Bahnen lenken (z. B. Kampfspiele, Prostitution).

Ventimiglia [italien. venti'miʎʎa], italien. Hafenstadt im westl. Ligurien, 26 000 E. Archäolog. Museum; Grenzbahnhof zw. Frankreich und Italien; Blumenmarkt; Bade- und Winterkurort. – In der Römerzeit **Album Intimilium (Albintimilium),** seit dem 1. Jh. n. Chr. Munizipium; während der Völkerwanderung verlassen, später westl. davon neu gegr.; seit dem 4. Jh. als Bischofssitz bezeugt. – Roman. Dom (12. Jh.) mit got. Portal, roman. Baptisterium (11. Jh.), Kirche San Michele, im 11. Jh. mit Säulen eines röm. Tempels. Nahebei Ausgrabungen der röm. Siedlung. In den umliegenden Tälern bronze- und früheisenzeitl. Wohnhöhlen mit Felsbildern.

Vento, Ivo de [niederl. 'vɛntoː], *um 1544, †München 1575, dt. Komponist wahrscheinlich niederl. Herkunft. – Organist und Kapellmeister in München und Landshut. Neben mehreren größeren Motettenausgaben für vier und fünf Stimmen erschienen von ihm über 100 dt. Lieder sowie ein Buch mit Motetten, Liedern und Chansons (1575).

Ventôse [frz. vã'toːz; zu lat. ventosus „windig"], nach dem Kalender der Frz. Revolution der 6. Monat des Jahres (19., 20. bzw. 21. Febr. bis 20. bzw. 21. März).

Ventoux, Mont [frz. mõvã'tu], verkarsteter Gebirgsrücken in den südl. frz. Kalkvoralpen, in westl. Fortsetzung der Montagne de Lure, 1 912 m hoch; Observatorium.

ventral [lat., zu venter „Bauch"], in der *Anatomie:* an der Bauchseite gelegen, zur Bauchseite hin.

Ventriculus [lat.] ↑ Ventrikel.
▷ svw. ↑ Magen.

Ventrikel (Ventriculus) [lat., eigtl. „kleiner Bauch"], in der Anatomie Bez. für: Kammer, Hohlraum, bes. von Organen; z. B. *Herz-V., Gehirn-V.* (↑ Gehirn).

Ventrikulographie [lat./griech.], röntgenograph. Darstellung der Gehirnkammern nach Kontrastmittelinjektion; v. a. zur Erkennung von Gehirntumoren.

Ventriloquist ↑ Bauchreden.

Venture Capital [engl. vɛntʃə 'kæpitl „Risikokapital"], Form der Unternehmensfinanzierung, bei der sich Geldgeber an Firmen beteiligen, die neuartige Projekte in Angriff nehmen wollen. Der Kapitalgeber erhält keine Zinsen, sondern erzielt Gewinne durch die erwartete Wertstei-

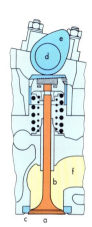

Ventile. Das durch eine obenliegende Nockenwelle betätigte Tellerventil eines Kolbenmotors; a Ventilteller, b Ventilschaft, c Ventilsitz, d Nockenwelle, e Nocke, f Gaskanal

Venturi

gerung und den anschließenden Verkauf seiner Beteiligung. Mit der Kapitalvergabe ist i. d. R. auch eine Unternehmensberatung verbunden.

Venturi, Robert [engl. vɛnˈtʊərɪ], * Philadelphia (Pa.) 25. Juni 1925, amerikan. Architekt. – Vertreter der ↑ Postmoderne. Mitarbeiter u. a. von Eero Saarinen, ab 1958 eigenes Büro in Philadelphia. Erbaute u. a. das Guild House in Philadelphia (1960–63), Allen Art Museum des Oberlin College, Oberlin, Ohio (1973–76); verfaßte u. a. „Vielfalt und Widerspruch" (1966).

Venturia [nach dem italien. Botaniker A. Venturi, 19. Jh.], artenreiche Schlauchpilzgatt.; die Pilze parasitieren in Blättern, Zweigen und Früchten von Pflanzen; sie verursachen Schorf und sind z. T. sehr schädlich.

Venturi-Rohr [nach dem italien. Physiker G. B. Venturi, * 1746, † 1822] (Venturi-Düse), Rohr mit düsenförmiger Verengung, das aus dem Unterschied zw. dem Druck im Eingangsquerschnitt und dem Druck an der engsten Stelle Geschwindigkeit und Menge der durchströmenden Flüssigkeiten oder Gase zu messen gestattet; u. a. zur Messung der Fluggeschwindigkeit.

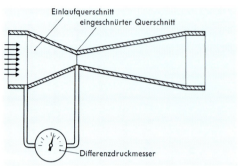

Venturi-Rohr. Längsschnitt

Venüle [Kw. aus **Ven**e und Kan**üle**], Glasröhrchen mit eingeschmolzener Kanüle zur keimfreien Blutentnahme aus Körpervenen.

Venus, bei den Römern Begriff für Anmut und Liebreiz, personifiziert zur Göttin der (geschlechtl.) Liebe und mit der griech. Aphrodite gleichgesetzt. Die Verknüpfung der röm. Gründungssage mit Äneas ließ dessen göttl. Mutter V. zur röm. Nationalgöttin werden. Cäsar ließ ihr als seiner „Ahnherrin" einen Tempel errichten.
In der *bildenden Kunst* sind v. a. die griech. Statuen in zahlr. röm. Kopien erhalten, in der Malerei wichtiges Bildthema seit der Renaissance (↑ Aphrodite).

Venus [nach der röm. Göttin], astronom. Zeichen ♀, der (von der Sonne aus gesehen) zweite Planet unseres Sonnensystems. V. bewegt sich auf einer sehr wenig exzentr. Ellipse um die Sonne. Sie nähert sich der Erde bis auf 38 Mill. km und kommt ihr dabei so nahe wie kein anderer Planet. Als innerer Planet kann sie sich, von der Erde aus gesehen, nicht weit von der Sonne entfernen (größte Elongation 47°). Steht V. westlich der Sonne, so geht sie als *Morgenstern* vor der Sonne im Osten auf. Bei östl. Elongation ist V. am Abendhimmel als *Abendstern* zu sehen. Sie zeigt Phasen und ist nach Sonne und Mond der hellste Himmelskörper. V. und Erde sind sich bezüglich Masse, Dichte und Radius sehr ähnlich (↑ Planeten, Übersicht). Eine Besonderheit gegenüber allen anderen Planeten ist die langsame V.rotation

Venus. Am 19. Februar 1979 von der amerikanischen Pioneer-Venus-Raumsonde aus 65 000 km Entfernung aufgenommenes Photo vom Planeten Venus und seiner turbulenten Atmosphäre

von 243 Erdtagen. Da die Rotation um die Achse und die Bahnbewegung um die Sonne entgegengerichtet sind, entspricht ein Sonnentag auf der V. 117 Erdtagen.

V. besitzt eine dichte *Atmosphäre,* die eine direkte Beobachtung im opt. Bereich verhindert und hauptsächlich aus Kohlendioxid (96 %) und Stickstoff (3,5 %) besteht; der Rest entfällt v. a. auf Wasserdampf, Kohlenmonoxid, Schwefeldioxid, Schwefelsäure und Argon. An der Oberfläche herrscht ein Druck von rd. 9 Mill. Pa bei einer mittleren Temperatur von etwa 460 °C. Die Wolkendecke besteht aus mehreren Schichten. Die oberste und mit maximal 14 km stärkste Schicht erstreckt sich zw. 56 und 70 km Höhe; sie besteht aus Schwefelsäuretröpfchen, ihre Temperatur beträgt etwa −20 °C. Unter 32 km Höhe ist die V.atmosphäre wolkenfrei. Kohlendioxid, Wasserdampf sowie feste und flüssige Teilchen der Atmosphäre bewirken eine Aufheizung (Treibhauseffekt) der V.oberfläche.

Auf der *Oberfläche* der V. gibt es mehrere Hochländer. Hauptkennzeichen der V.topographie sind große meteorit. Krater, spaltendurchsetzte Ebenen, Vulkane (z. B. der 2 000 m hohe „Sif Mons") und Calderas sowie langgezogene Gebirgsmassive mit jeweils mehreren parallel angeordneten Ketten. Offenbar ist die V. weiterhin vulkanisch aktiv. Vermutlich ähnelt der innere Aufbau der V. dem der Erde. Ein starkes Magnetfeld ist nicht vorhanden. Die meisten Kenntnisse über die V. sind den sowjet. Venus- und amerikan. Mariner- und Pioneersonden zu danken. Einige Sonden (↑ Venus) konnten sogar weich landen und Bilder der V.oberfläche zur Erde funken. Seit 1990 liefert die amerikan. V.sonde Magellan Radarbilder höherer Auflösung von der V.oberfläche, bis 1995 sollen 80 % der Oberfläche abgebildet werden.

Venus (russ. Wenera), Name einer Serie sowjet. Raumsonden, die seit 1961 zur Erforschung des Planeten Venus gestartet wurden, *V. 1* war die erste Planetensonde überhaupt; von *V. 4* (Start Juni 1967) wurde im Okt. 1967 eine Landekapsel auf dem Planeten abgesetzt, die beim Niedergehen erstmals direkte Meßwerte über die Atmosphäre des Planeten lieferte, die von weiteren V.sonden und auch von amerikan. Marinersonden ergänzt wurden. Insbes. übermittelten die im Okt. 1975 abgesetzten Landeeinheiten von *V. 9* und *V. 10* die ersten Fernsehbilder von der Venusoberfläche. Die Landekapseln der Sonden V. 11–V. 16 lieferten eine Vielzahl von Meßdaten, z. T. farbige Panoramaphotos von der Landegegend sowie aus Bodenproben ermittelte Daten, Radardaten der Venusoberfläche (V. 15 und V. 16).

Venus [nach der röm. Göttin], in der Alchimie Bez. für das Kupfer.

Venusberg, Berg und Höhle der sagenhaften Königin Sibylle bei Spoleto (Italien); in Deutschland wurden mehrere Berge, v. a. in Thüringen und Schwaben, mit „Frau Venus" in Verbindung gebracht; auch mit der Sage vom Tannhäuser in Beziehung gesetzt.

Venusfliegenfalle [nach der röm. Göttin] (Dionaea), Gatt. der Sonnentaugewächse mit der einzigen Art *Dionaea muscipula* auf Mooren von North Carolina und South Carolina (USA); fleischfressende, ausdauernde, krautige Pflanze mit weißen Blüten in langgestielter Doldentraube. Die grundständigen mit Fühlerhaaren besetzten Blätter klappen bei Berührung oder durch Stoßreize scharnierartig zusammen. Dabei verschränken sich die steifen Randborsten, so daß ein Entkommen der gefangenen Tiere (v. a. Insekten) nicht mehr möglich ist. Durch auf der Blattinnenseite befindl. Drüsen werden Enzyme ausgeschieden, die die Beute zersetzen.

Venusgürtel [nach der röm. Göttin] ↑Rippenquallen.
Venushügel, svw. ↑Schamberg.
Venusmuscheln [nach der röm. Göttin] (Veneridae), Fam. der Muscheln, v. a. auf Sand- und Weichböden küstennaher Meeresregionen; Schalen rundlich bis länglich, 0,5–8 cm lang. Zu den V. gehört u. a. die in der Nordsee vorkommende *Venus gallina*. Einige Arten sind eßbar.
Venusschuh [nach der röm. Göttin] (Paphiopedilum), Gatt. der Orchideen mit rd. 50 Arten im trop. Asien, u. a. *Paphiopedilum hirsutissimum;* erdbewohnende Pflanzen mit meist einzeln an einem Schaft stehenden, prächtigen Blüten mit schuhförmiger Lippe. Zahlr. Arten und Hybriden sind für Zimmerkultur geeignet.
Venusstatuetten, jungpaläolith., in der Regel 6–12 cm hohe weibl. Statuetten; ↑Idol.
Venus von Milo ↑Aphrodite.
Venuti, Joe, eigtl. Giuseppe V., *an Bord eines Einwandererschiffs von Italien in die USA 1. Sept. 1904, †Seattle 14. Aug. 1978, amerikan. Jazzmusiker (Violinist) italien. Abstammung. – Zusammenarbeit mit Musikern des Chicagostils; gilt als der erste bed. Violinist der Jazzgeschichte.
Veracini, Francesco Maria [italien. veraˈtʃiːni], * Florenz 1. Febr. 1690, †ebd. 31. Okt. 1768, italien. Violinist und Komponist – 1717 Kammervirtuose in Dresden, ging 1722 nach Florenz, 1735 nach London (bis 1744); komponierte u. a. 24 Violinsonaten, Violinkonzerte, Sinfonien und fünf Opern.

Venus. Aufnahme der Raumsonde Magellan von dem 2000 m hohen Venusvulkan „Sif Mons"

Veracruz [veraˈkruːs; span. beraˈkrus], Staat in Mexiko, am Golf von Mexiko, 71 699 km², 6,22 Mill. E (1990), Hauptstadt Jalapa Enríquez. Der Staat erstreckt sich fast ganz in der Golfküstenebene, im W z. T. begrenzt durch die Hänge der Sierra Madre Oriental. Westl. des Isthmus von Tehuantepec erhebt sich das Vulkangebirge von San Andrés Tuxtla. Das Klima ist tropisch; die Savanne im N der Küstenebene wird gegen das Innere hin immer trockener; erst am Gebirgsrand stellt sich Feuchtwald ein. Hauptanbaugebiet ist die Gebirgsabdachung im zentralen Bereich. Die nördl. Küstenebene dient v. a. der Rinderhaltung. Der ergiebigste Wirtschaftszweig ist die Erdölförderung, außerdem Salz- und Schwefelgewinnung; chem. Industrie.
Geschichte: Als Cortés 1519 hier landete (Küste 1518 entdeckt), lebten im N Huaxteken und Totonaken, im zentralen Teil Nahuasprachige und im SO Olmeken; gehörte zum Vize-Kgr. Neuspanien, wurde 1786 Intendancia, mit einigen Grenzänderungen 1824 Staat.
Veracruz Llave [span. beraˈkrus ˈjaβe], mex. Hafenstadt am Golf von Mexiko, 328 000 E. Kath. Bischofssitz; Musikakad., meeresbiolog. Station, Regionalmuseum; Nahrungs- und Genußmittel-, Textilind.; Fischerei; durch Bahn und Straßen mit der Stadt Mexiko verbunden. – An der be-

Verarbeitung

Venusschuh. Paphiopedilum hirsutissimum

reits 1518 erkundeten Stelle von V. L. betrat Cortés am 21. April 1519 erstmals das mex. Festland. Das aus klimat. Gründen nö. von Zempoala gegr. **Villa Rica de Vera Cruz** wurde 1525 nach dem heutigen La Antigua (20 km nw. von V. L.), 1598 an die heutige Stelle verlegt; besaß in der Kolonialzeit das Monopol für die Aus- und Einfuhr des Landes. 1821 ergab sich hier für die letzte span. Vizekönig mex. General Itúrbide; 1838 und 1861–67 von frz., 1847 von amerikan. Truppen besetzt. – Die Stadt ist im Schachbrettgrundriß angelegt; Kathedrale Nuestra Señora de la Asunción (1734).
Veranda [portugies.-engl.], gedeckter, oft seitlich verglaster Vorbau eines Hauses.
Veränderliche (veränderl. Sterne), Sterne, bei denen eine oder mehrere Zustandsgrößen, bes. die scheinbare Helligkeit, das Spektrum und das Magnetfeld, in bestimmten Beobachtungszeiträumen einer Änderung unterworfen sind.
Veränderungssperre, der Beschluß einer Gemeinde, baul. Veränderungen bis zur Aufstellung eines Bebauungsplanes nicht mehr zuzulassen *(Bausperre);* die V. ist auf zwei, höchstens vier Jahre begrenzt (§§ 14 ff. Baugesetzbuch).
Veranlagung (Steuerveranlagung), Feststellung, ob und in welcher Höhe eine Steuerschuld besteht, sowie Festsetzung der Steuerschuld durch das Finanzamt für einen bestimmten Zeitraum.
Verantwortlichkeit, Einstehenmüssen für eine Rechtsverletzung. Die rechtl. Regelung der V. legt fest, unter welchen Voraussetzungen eine natürl. oder jurist. Person für die Verletzung bestimmter Pflichten oder für Schäden aus dem Betreiben von Gefahrenquellen einzustehen hat und welche Rechtsfolgen den Verantwortlichen treffen. – In Staaten mit parlamentar. Reg.system unterliegen die Min. parlamentar. Verantwortlichkeit.
Verantwortung, urspr. v. a. in der Rechtsprechung verwendeter Terminus zur Bez. des Rechenschaftgebens für ein bestimmtes Handeln oder für dessen Folgen. Als soziale Beziehungsstruktur umfaßt V. einen Träger, einen Bezugspunkt (V. für Person[en] oder Sache[n]) und eine Legitimationsinstanz (V. vor Person[en] oder Transzendentem). V. setzt Mündigkeit voraus, d. h. die Fähigkeit, das eigene Handeln frei zu bestimmen und dessen Folgen abzusehen.
verarbeitende Industrie, Sammelbez. für Ind.betriebe, die Rohstoffe und Zwischenprodukte umwandeln oder veredeln; im wesentlichen alle Ind.betriebe, die Güter von einer vorgeschalteten Produktionsstufe beziehen und diese zu Fertigfabrikaten verarbeiten.
Verarbeitung, Herstellung einer neuen bewegl. Sache durch Umbildung eines oder mehrerer Stoffe. Der Verarbeitende erwirbt durch die V. von Gesetzes wegen das Eigentum an der verarbeiteten Sache, sofern der Wert der Verarbeitung nicht erheblich geringer ist als der Wert des Stoffes (§ 950 BGB). Derjenige, der auf Grund der V. einen Rechts-

Venusmuscheln.
Venus gallina

Venusfliegenfalle

Veratrum

verlust erleidet (der frühere Eigentümer), hat gegen den Verarbeitenden einen Anspruch aus ungerechtfertigter Bereicherung (§ 951 BGB).

Veratrum [lat.], svw. ↑Germer.

Verätzung, mit einem Substanzverlust durch Nekrose verbundene flächenhafte Schädigung der Haut oder Schleimhaut durch starke Säuren oder Laugen. – ↑Erste Hilfe.

Veräußerung, rechtsgeschäftl. Übertragung von Sachen (Übereignung), Forderungen (Abtretung) und dingl. Rechten.

Veräußerungsgewinn, der bei Veräußerung eines Betriebes oder Betriebsteiles entstehende Gewinn. V. unterliegt der Einkommensteuer, soweit er einen bestimmten Freibetrag übersteigt.

Veräußerungsverbot, das gesetzl. Verbot, über bestimmte Gegenstände Verfügungen zu treffen. *Absolut* ist ein V., wenn eine bestimmte Verfügung im Interesse aller verboten ist (z. B. Grundstücksveräußerung an Ausländer), *relativ* dann, wenn es im Interesse bestimmter Personen besteht. Die gegen ein absolutes V. verstoßende Verfügung ist nach § 134 BGB absolut nichtig; der Verstoß gegen ein relatives V. ist [nur] dem geschützten Personenkreis gegenüber („relativ") unwirksam, gegenüber allen anderen Personen jedoch voll wirksam (§§ 135, 136 BGB).

Veräußerungswert (Realisationswert), der bei der Veräußerung eines Gutes erzielbare Preis. Der V. ist als Wertansatz der Vermögensgegenstände in der Liquidationsbilanz maßgebend.

Verb [lat. verbum, eigtl. „Wort"] (Verbum, Zeitwort, Tätigkeitswort, Tuwort; Mrz. Verben, Verba], Wortart, die in ihrer Form veränderlich ist und der ↑Konjugation unterliegt, die semantisch ein Sein oder Geschehen kennzeichnet und in syntakt. Hinsicht gewöhnlich den grammat. Kern der Aussage eines Satzes, das Prädikat, bildet. Das V. wird durch Angaben zu der Zeit des Geschehens bzw. Seins im Verhältnis zur Gegenwart der Äußerung charakterisiert, bes. durch die Tempora (↑Tempus). Dabei werden in den einzelnen Sprachen jeweils verschiedene Kategorien ausgedrückt: bestimmte Modi (↑Modus), die eine Stellungnahme des Sprechers zum Geltungsgrad der verbalen Aussage als tatsächlich, wirklich (Indikativ), möglich (Konjunktiv), erwünscht (Optativ), befohlen (Imperativ) u. a. beinhalten, die unterschiedl. Betrachtungsweise eines Urhebers einer Handlung oder der Handlung selbst durch den Sprecher/ Schreiber (Aktiv, Passiv, Medium); Person und Numerus, in manchen (z. B. den semit.) Sprachen sogar das grammat. Geschlecht (↑Genus) beim Subjekt, teilweise auch beim Objekt; in vielen Sprachen auch bestimmte Sehweisen des objektiven Ablaufs eines Geschehens (↑Aktionsart) oder der subjektiven Einstellung des Sprechers dazu (↑Aspekt). Das V. als konstitutives Element eines Satzes bedarf verschiedener, in ihrer Zahl und Art jeweils festgelegter Ergänzungsbestimmungen (↑Valenz).

Die nicht konjugierten, aber von Verbalstämmen gebildeten Verbalnomina wie Infinitiv, Partizip usw. werden unter dem Begriff *Verbum infinitum* (↑infinite Form; Ggs.: *Verbum finitum*, ↑finite Form) zusammengefaßt.

Nach ihrer *syntakt. Verwendung* unterscheidet man die auf ein Objekt als Zielpunkt gerichteten sog. *transitiven V.,* die auch ein persönl. Passiv bilden können, und die niemals ein direktes Objekt regierenden *intransitiven V.;* bei den *reflexiven V.* ist das V. eine feste Verbindung mit dem Reflexivpronomen eingegangen („ich ärgere mich"). V., die nur in Verbindung mit einem anderen V. (Voll-V.) ihre semant.-syntakt. Funktion erfüllen können, heißen *Modal-V.* (z. B. „Ich muß gehen"); ein V., das ein durch einen Infinitiv mit „zu" ausgedrücktes Sein oder Geschehen modifiziert, heißt *modifizierendes V.* (z. B. „Er *pflegt* lange zu schlafen"). – Nach der *Formbildung* sind etwa zu unterscheiden: in den indogerman. Sprachen *themat.* und *athemat.* V. je nach dem Vorhandensein oder Fehlen eines ↑Themavokals, in den german. Sprachen *starke* und *schwache* V. je nach der Bildung des Präteritums und des 2. Partizips (↑schwaches Verb). – ↑Hilfsverb.

verbal [lat.], 1. wörtlich, mit Worten, mündlich; 2. auf das Verb bezüglich, als Verb [gebraucht].

Verbaladjektiv, 1. als Adjektiv gebrauchte Verbform, z. B. das Partizip „blühend"; 2. das von einem Verb abgeleitete Adjektiv, z. B. „tragbar".

Verbalinspiration ↑Inspiration.

verbalisieren [lat.], Gedanken, Gefühle, Vorstellungen u. a. in Worten ausdrücken.

▷ in der *Sprachwiss.* ein Wort zu einem Verb umbilden, z. B. *tanken* aus Tank.

verballhornen (ballhornisieren), Äußerungen verbessern wollen und dabei aus Unvermögen oder aus Mißverständnis verschlechtern bzw. entstellen.

Verbalnomina ↑Nomen.

Verbalphrase, Abk. VP, in der Linguistik, bes. in der generativen Grammatik, gewöhnlich alle Teile eines Satzes außer der ↑Nominalphrase. Die V. besteht aus einem Verb, zu dem Objekte treten müssen oder können und das durch adverbiale Bestimmungen näher bestimmt werden kann. – ↑Konstituentenanalyse.

Verbalsubstantiv, zu einem Verb gebildetes Substantiv, das ein Nomen actionis (↑Nomen), eine Geschehensbezeichnung ist (z. B. *Gabe* zu geben).

Verband, zur Verfolgung gemeinsamer Interessen gebildeter Zusammenschluß, z. B. Arbeitgeberverbände.

▷ *militär.* die Zusammenfassung mehrerer Einheiten von Bataillonstärke an aufwärts; von Brigadestärke an aufwärts spricht man vom Großverband.

▷ *im techn. Bereich:* 1. Konstruktion im Fachwerkbau, die der Aufnahme von Seitenkräften und der Formerhaltung eines Tragwerkes dient; 2. svw. Mauer-V.; 3. versteifendes, stützendes oder tragendes Bauteil (Längs-, Quer-, Stütz-V.) im Schiffbau.

▷ eine algebraische Struktur V mit zwei zweistelligen Verknüpfungen, die als *Durchschnitt* ($\sqcap$) und *Vereinigung* ($\sqcup$) bezeichnet werden, wobei für die beiden Verknüpfungen das ↑Assoziativgesetz und das ↑Kommutativgesetz gelten sowie für beliebige Elemente a, b aus V die *Verschmelzungsgesetze* $a \sqcup (a \sqcap b) = a$ und $a \sqcap (a \sqcup b) = a$ erfüllt sind. Gelten zusätzlich noch die ↑Distributivgesetze, so spricht man von einem *distributiven* V. Ein V. V heißt *komplementär,* wenn er ein Nullelement 0 und ein Einselement 1 besitzt und wenn es zu jedem Element $a \in V$ ein $\bar{a} \in V$ gibt mit $a \sqcap \bar{a} = 0$ und $a \sqcup \bar{a} = 1$. Ein V. ist z. B. die Menge der natürl. Zahlen mit den Verknüpfungen kleinstes gemeinsames Vielfaches und größter gemeinsamer Teiler. – ↑Boolescher Verband.

▷ in der *Medizin* ↑Verbände.

Verband alleinstehender Mütter und Väter, Abk. VAMV, Selbsthilfegruppen zur gegenseitigen Unterstützung bei der Kinderbetreuung und Information über soziale Rechte und behördl. Beistand; Sitz Bonn.

Verband der Automobilindustrie e. V., Abk. VDA, Spitzenverband der Kfz-Ind. Deutschlands, Sitz Frankfurt am Main; gegr. 1949.

Verband der Chemischen Industrie e. V., Abk. VCI, Spitzenverband der chem. Ind. Deutschlands, Sitz Frankfurt am Main; gegr. 1877 unter dem Namen „Verein zur Wahrung der Interessen der chem. Ind.", unter dem heutigen Namen 1951 neu gegründet.

Verband der Diözesen Deutschlands, Zusammenschluß (1967) der Diözesen der BR Deutschland zur Wahrnehmung überdiözesaner Aufgaben der Verwaltung und Organisation; Sitz Bonn.

Verband der Haftpflicht-, Unfall-, Auto- und Rechtsschutzversicherer e. V. (HUK-Verband), Spitzenverband der privaten und öff.-rechtl. Versicherungen Deutschlands, Sitz Hamburg; gegr. 1947.

Verband der Reservisten der Deutschen Bundeswehr e. V., Abk. VdRBw, 1960 gegr. Zusammenschluß von Reservisten der Bundeswehr u. a.; Sitz Bonn.

Verband der Unabhängigen (Wahlpartei der Unabhängigen), Abk. VdU, im März 1949 in Österreich gegr. bürgerl.-liberale Partei; löste sich im April 1956 nach Bildung der Freiheitl. Partei Österreichs (Nov. 1955) auf.

Verband der Vereine Deutscher Studenten, Abk. VVDSt, gegr. 1881 als Kyffhäuser-Verband der Vereine Dt. Studenten. Die einzelnen *Vereine Dt. Studenten (VDSt),* die Mensuren und Farbentragen ablehnen, pflegen seit der Gründungszeit eine betont christl.-nat. Haltung.

Verband der wissenschaftlichen katholischen Studentenvereine Unitas, Abk. UV, Verband kath. nichtfarbentragender, nichtschlagender student. Verbindungen; gegr. 1855 als Verband von Theologenvereinen, seit 1887 für Studenten aller Fakultäten offen.

Verband Deutscher Elektrotechniker (VDE) e. V., 1893 gegr. techn.-wiss. Verband; Sitz Frankfurt am Main. Zu den Aufgaben gehören u. a. die fachliche Betreuung und Fortbildung seiner Mgl. in vier wiss. Fachgesellschaften (Energietechn. Gesellschaft, Nachrichtentechn. Gesellschaft, VDI/VDE-Gesellschaft Meß- und Regelungstechnik, VDI/VDE-Fachgruppe Feinwerktechnik) sowie die berufs- und bildungspolit. Vertretung der Interessen der Elektroingenieure. Der VDE ist der Hg. des VDE-Vorschriftenwerks, das die vom VDE getragene *Dt. Elektrotechn. Kommission* (DKE) erarbeitet. In dieses Vorschriftenwerk werden aufgenommen: *VDE-Bestimmungen, VDE-Richtlinien* und *VDE-Merkblätter* als Empfehlungen oder Informationen über techn. Sachverhalte. VDE-Bestimmungen und VDE-Richtlinien sind gleichzeitig DIN-Normen. Für bestimmte elektr. Geräte und Bauteile erteilt die *VDE-Prüfstelle* den Herstellern die Erlaubnis zur Anbringung des *VDE-Sicherheitszeichens,* die bei Geräten, die unter das Gesetz über techn. Arbeitsmittel (GtA) fallen, die Erlaubnis zur Anbringung des *Sicherheitszeichens GS* („Geprüfte Sicherheit") des Bundesarbeitsministeriums in Verbindung mit dem VDE-Sicherheitszeichen.

Verband deutscher Schriftsteller e. V. ↑ Schriftstellerverbände.

Verbände, Hilfsmittel zur Abdeckung von offenen Wunden *(Schutzverband)* oder zur Fixierung und Ruhigstellung von Körperteilen bei geschlossenen Verletzungen bzw. zur Stützung und Stellungskorrektur von Gliedmaßen und Rumpf. Zur Blutstillung dient der *Druckverband,* bei dem ein keimfreies Verbandpolster auf die Wunde gepreßt wird. Bei geschlossenen Körperverletzungen wie Prellungen, Zerrungen oder nach Verrenkungen sind *Stütz-V.* aus Zinkleim- oder elast. Pflasterbinden gebräuchlich. Bei Knochenbrüchen dient der *Gipsverband* als umhüllender Verband zur Fixierung der Bruchenden, bei Brüchen im Becken- und Wirbelsäulenbereich als Lagerungsschale. Bei Brüchen, deren Bruchenden zur Verlagerung neigen, werden *Streck-V.* in Form von einfachen Zugmanschetten, als ↑ Extensionsverband oder als *Zinkleim-Gips-Verband* (v. a. bei Kleinkindern) angelegt.

Verbänderung (Fasziation), durch Wachstumsstörungen am Vegetationskegel hervorgerufene abnorme bandartige Verbreiterung pflanzl. Sproßachsen.

Verbandsgemeinde, in Rhld.-Pf. gebildete Gebietskörperschaften, die aus benachbarten Ortsgemeinden des gleichen Landkreises bestehen; nehmen anstelle der Ortsgemeinden wesentl. Selbstverwaltungsaufgaben wahr.

Verbandsklage, von Verbänden erhobene Klage, mit der diese keine eigenen Rechte, sondern Interessen ihrer Mgl. oder der Allgemeinheit geltend machen. V. sind nur zulässig, wenn sie ausdrücklich vom Gesetz vorgesehen sind (z. B. § 35 Abs. 3 Gesetz gegen Wettbewerbsbeschränkungen). Nach der Verwaltungsgerichtsordnung ist die V. unzulässig; Klage kann nur erheben, wer geltend macht, in seinen Individualrechten verletzt zu sein. Im Umweltrecht (NaturschutzG und Atomrecht) wird zunehmend gefordert, Naturschutzverbänden und ähnl. Organisationen ein Klagerecht zu geben. Im Brem. NaturschutzG vom 17. 9. 1979 ist die V. verankert.

Verbannung, in der Antike, aber auch noch im 20. Jh. (z. B. Rußland/Sowjetunion, Südafrika) praktizierte Verweisung einer Person aus und bisweilen auch in ein bestimmtes Gebiet aus rechtl. oder polit. Gründen auf Dauer oder zeitlich beschränkt.

Verbascum [lat.], svw. ↑ Königskerze.

Verbraucherschutz

Verbindlichkeiten, vorwiegend aus Warenlieferungen und Leistungen resultierende Zahlungsverpflichtungen gegenüber Geschäftspartnern; in der Kontokorrentbuchhaltung als Kreditoren bezeichnet.

Verbindung, im *Zivilrecht* das Zusammenfügen einer Sache mit einem Grundstück oder anderen beweglichen Sachen dergestalt, daß sie wesentl. ↑ Bestandteil des Grundstücks oder einer einheitl. Sache wird, d. h. ohne (ihre) Zerstörung nicht mehr entfernt werden kann. Das Eigentum am Grundstück erstreckt sich dann auch auf die bewegl. Sache, bzw. die bisherigen Eigentümer mehrerer bewegl. Sachen werden Miteigentümer oder, wenn eine der bewegl. Sachen als Hauptsache anzusehen ist, erwirbt ihr Eigentümer das Alleineigentum (§§ 946, 947 BGB). Wer infolge der V. einen Rechtsverlust erleidet, hat gegen den Begünstigten einen Anspruch aus ungerechtfertigter Bereicherung. Das gleiche gilt bei untrennbarer Vermischung (von Flüssigkeiten) oder Vermengung.

▷ im Verfahrensrecht die Verbindung mehrerer Verfahren zu einem (§ 147 ZPO, § 237 StPO).

▷ ↑ chemische Verbindungen.

Verblenden, das Verdecken von Bauteilen mit hochwertigen Baustoffen zur besseren Sichtflächengestaltung.

Verblitzung, svw. ↑ Schneeblindheit.

Verblutung (Exsanguinatio), zum Tode führender akuter Blutverlust infolge äußerer oder innerer Blutung. Beim gesunden Menschen ist gewöhnlich ein Blutverlust von 1,5–2,5 l tödlich.

Verborgenrüßler (Ceutor[r]hynchinae), weltweit verbreitete, sehr artenreiche Unterfam. kleiner, gedrungener Rüsselkäfer, die ihren Rüssel in einer Rinne der Vorderbrust verbergen können. Einige Arten (z. B. ↑ Kohlgallenrüßler) schädigen Nutzpflanzen.

verbotene Eigenmacht, Entziehung oder Störung des Besitzes an einer Sache ohne Willen des unmittelbaren Besitzers (↑ Besitz), sofern das Gesetz diese nicht ausnahmsweise gestattet, z. B. bei Notwehr (§ 858 BGB). – ↑ Besitzschutzanspruch.

verbotene Zone ↑ Bändermodell.

Verbotsirrtum, Irrtum über das Verbotensein eines strafrechtlich relevanten Verhaltens. Der Täter nimmt irrig an, sein Verhalten sei erlaubt, so daß ihm das Unrechtsbewußtsein fehlt (§ 17 StGB). Beim *direkten V.* kennt der Täter die Verbotsnorm nicht, hält sie für ungültig oder auf seinen Fall nicht anwendbar und deshalb sein Verhalten für erlaubt. Beim *indirekten V.* kennt der Täter das Verbot, glaubt aber an das Eingreifen eines Rechtfertigungsgrundes (z. B. Notwehr). Der *unvermeidbare V.* (Täter kann auf Grund seiner Fähigkeiten und Kenntnisse nicht zur Unrechtseinsicht gelangen) ist Schuldausschließungsgrund. Der *vermeidbare V.* hingegen kann nur zur Strafmilderung führen.

verbrannte Erde, Kriegstaktik, die die Vernichtung der gesamten Lebensgrundlage beim Rückzug geräumter Gebiete beabsichtigt: u. a. Zerstörung von Verkehrsverbindungen, Ind.- und Versorgungsanlagen.

Verbrauch ↑ Konsum.

Verbraucherforschung, Teilgebiet der ↑ Marktforschung, befaßt sich mit der Analyse der Bedürfnisse und des Bedarfs unterschiedl. Verbrauchergruppen sowie der Kaufmotive und mit dem Vergleich der Meinungsbilder über konkurrierende Produkte.

Verbrauchergenossenschaften, svw. ↑ Konsumgenossenschaften.

Verbraucherkreditgesetz ↑ Abzahlungsgeschäft.

Verbrauchermärkte, Selbstbedienungsläden oder -abteilungen mit mehr als 2 000 m² Verkaufsfläche, die ein warenhausähnl. Sortiment anbieten.

Verbraucherpreise, [Endverkaufs]preise für Güter und Dienstleistungen, die vom Endverbraucher gekauft werden. Sie werden in Verbindung mit bestimmten Warenkörben (↑ Lebenshaltungskosten) zur Ermittlung der verschiedenen Preisindizes für die Lebenshaltung privater Haushalte herangezogen.

Verbraucherschutz, Gesamtheit der rechtl. Vorschriften, die den Verbraucher (Käufer, Kreditnehmer, Tourist)

Verband Deutscher Elektrotechniker (VDE) e. V.

Verbraucherverbände

vor Benachteiligungen im Wirtschaftsleben schützen sollen. Wichtige Vorschriften zum V. sind z. B. VerbraucherkreditG, HaustürgeschäftewiderrufsG, ProduktaftungsG und lebensmittelrechtl. Bestimmungen.

Verbraucherverbände, Organisationen, deren satzungsgemäße Aufgabe die Vertretung der Interessen der Verbraucher ist. Die Tätigkeit der V. bzw. der *Verbraucherzentralen* besteht in der Information und Beratung *(Verbraucheraufklärung),* wobei die V. auch zur Rechtsberatung befugt sind. Außerdem sind sie berechtigt, mit Unterlassungsklagen bei Verstößen gegen das Gesetz gegen den unlauteren Wettbewerb vorzugehen.

Verbrauchsgewohnheiten (Konsumgewohnheiten), Verhaltensweisen der Konsumenten in Hinsicht auf angebotene Güter und Dienstleistungen. Als *urspr. V.* sind die Maßnahmen zur Befriedigung elementarer Bedürfnisse anzusehen. Daraus abgeleitet gelten als *mittelbare V.* Entscheidungen über Umfang und Häufigkeit des Konsums, Auswahl der Produkte nach Qualität und Nutzen sowie die Bevorzugung bestimmter Marken.

Verbrauchssteuern, indirekte Steuern auf die Einkommensverwendung beim Kauf bestimmter Waren (z. B. Mineralöl, Tabakwaren, Branntwein) und einiger Dienstleistungen *(spezielle V.).* Den Charakter von V. tragen auch Abgaben wie die ↑ Umsatzsteuer, Zölle oder Aufwandsteuern, die an den Gebrauch spezieller Güter gebunden sind (z. B. Kfz-Steuer, Hundesteuer).

Verbrechen ↑ Straftat.

Verbrechen gegen den Frieden, nach dem Statut des Internat. Militärgerichtshofs (↑ Nürnberger Prozesse) vom 8. Aug. 1945 das Planen, Vorbereiten, Einleiten und Durchführen von Aggressionskriegen und -akten sowie Kriegshetze und -propaganda. V. g. d. F. sind im innerstaatl. dt. Strafrecht als Verbrechen unter Strafe gestellt. – ↑ Friedensverrat.

Verbrechen gegen die Menschlichkeit, nach dem Statut des Internat. Militärgerichtshofs (↑ Nürnberger Prozesse) Mord, Ausrottung, Versklavung, Deportation und andere unmenschl. Handlungen, begangen an einer Zivilbevölkerung (auch der eigenen) vor und während des Krieges, sowie Verfolgung aus polit., rass. oder religiösen Gründen (↑ Verschleppung, ↑ politische Verdächtigung, ↑ Völkermord).

Verbrennung, unter Flammenbildung und Wärmeentwicklung ablaufende Reaktion von Stoffen mit Sauerstoff oder anderen Oxidationsmitteln nach Erreichen der jeweiligen Entzündungstemperatur. Mit Hilfe eines Kalorimeters kann die bei der vollständigen V. eines Stoffs freiwerdende Wärmemenge (*V.wärme;* gemessen in kJ/kg bzw. in kJ/mol) bestimmt werden. Bei vollständiger V. von organ. Brennstoffen entstehen vorwiegend Kohlendioxid und Wasserdampf, bei unvollständiger V. Ruß und Kohlenmonoxid.

▷ (Combustio) durch örtl. Hitze- oder Strahleneinwirkung (Licht- und Strahlenschäden) hervorgerufene Gewebeschädigung. Als V.ursachen kommen heißes Wasser oder andere heiße Flüssigkeiten *(Verbrühung),* Heißwasserdampf, Feuer und elektr. Strom in Betracht. Nach der Tiefe der Schädigung unterscheidet man drei Schweregrade: Bei *V. ersten Grades (Combustio erythematosa)* kommt es zu örtl. Rötung mit Schwellung und brennendem Schmerz. Bei *V. zweiten Grades (Combustio bullosa)* entstehen zusätzlich die außerordentlich schmerzhaften Brandblasen, die Hautoberfläche wird zerstört. Bei *V. dritten Grades (Combustio escharotica)* werden alle Hautschichten bis zum Unterhautgewebe schwer geschädigt (Nekrose bis zur sog. Verkohlung). Wichtiger als die Tiefe der V. ist ihre Ausdehnung. V. sind lebensgefährlich, wenn die Ausdehnung bei Kindern über 10 % und bei Erwachsenen über 20 % der Körperoberfläche beträgt. Der hochgradige Eiweiß- und Flüssigkeitsverlust bei Störung der Wärmeregulation der Haut sowie die Giftwirkung der durch V. veränderten Gewebseiweißstoffe führen u. a. zu Bluteindickung und Kreislaufschädigung. Bei V. von mehr als 15 % der Körperoberfläche kann sich eine **Verbrennungskrankheit** entwickeln. Kennzeichen sind Organfunktionsstörungen, v. a. von Lunge und Nieren, Flüssigkeitsverschiebungen, Beeinträchtigung der Abwehrlage. – Bei ausgedehnten V. ist eine sofortige Krankenhauseinweisung erforderlich. Die *Behandlung* besteht in reichl. Wärme- und Flüssigkeitszufuhr, Bekämpfung des Schocks sowie der Gabe von Herz-, Kreislaufmitteln, Antibiotika u. a.; bei schwerer V. Intensivtherapie in einer Spezialklinik. Nach Entfernung des heißen oder brennenden Materials erfolgt die Kühlung der geschädigten Hautflächen, z. B. durch Übergießen mit kaltem Wasser. Betroffene Körperteile sind keimfrei abzudecken, keine Anwendung von Salben, Brandbinden, Öl und Mehl.

Verbrennungskraftmaschinen, Wärmekraftmaschinen, bei denen mechan. Arbeit durch die unmittelbar im Zylinder bzw. in einer Brennkammer stattfindende rasche Verbrennung eines Brennstoff-Luft-Gemischs gewonnen wird; period. Ablauf z. B. in Verbrennungsmotoren, kontinuierl. z. B. in der Gasturbine.

Verbrennungsmotoren, Kraftmaschinen, bei denen in einem Zylinder durch Verbrennung eines Brennstoff-Luft-Gemisches ein Kolben bewegt und so über diesen die Wärmeenergie in mechan. Energie umgewandelt wird. Nach dem Arbeitsablauf unterscheidet man z. B. Zweitakt- und Viertaktmotoren, nach der Art der Gemischbildung und -zündung Ottomotoren, Einspritzmotoren und Dieselmotoren, nach der Steuerung der Kraftstoffzufuhr Motoren mit Ventilsteuerung und Schiebersteuerung, nach der Zahl der Zylinder Ein-, Zwei-, Drei- usw. Zylindermotoren, nach der Art der Zylinderanordnung Reihenmotoren (u. a. auch Boxermotoren, V-Motoren, H-Motoren), Sternmotoren u. a., nach der Kolbenart und -bewegung Hubkolbenmotoren (u. a. auch Doppelkolbenmotoren, z. B. Gegenkolbenmotoren) und Rotationskolbenmotoren (speziell Wankelmotor). – ↑ Stelzer-Motor.

Geschichte: Der erste brauchbare Verbrennungsmotor war die von É. Lenoir 1860 konstruierte und 1862 erstmals eingesetzte Gasmaschine. Der von N. A. Otto und E. Langen 1876 vorgestellte Ottomotor wurde ab 1882 v. a. von Daimler und Maybach in Cannstatt zum schnellaufenden Benzinmotor weiterentwickelt und ab 1886 als Fahrzeugantrieb eingesetzt. Die Entwicklungen von R. Diesel (1893–97) führten mit dem Dieselmotor zu einem einsatzfähigen Ölmotor. Ab 1926 befaßte sich F. Wankel mit der Konstruktion von Rotationskolbenmotoren; Serienproduktion des sog. Wankelmotors ab 1964.

Verbrennungswärme ↑ Verbrennung.

Verbruggen (Verbrugghen) [niederl. vərˈbrʏxə], flämische Bildhauerfamilie des 17./18. Jh., tätig v. a. in Antwerpen, spezialisiert auf Holzschnitzereien. Bed. v. a.:

V., *Pieter, d. Ä.,* ≈ Antwerpen 5. Mai 1615, † ebd. 31. Okt. 1686. – Vermutlich Schüler, später Schwiegersohn von E. Quellinus; wichtigster Vertreter des fläm. hochbarocken Kircheninventars. Seine Söhne *Pieter d. J.* (* 1640, † 1691) und *Hendrik Frans V.* (* 1654, † 1724) schufen auch Kircheneinrichtungen.

Verbrühung ↑ Verbrennung.

Verbum finitum [lat.] ↑ finite Form.

Verbum infinitum [lat.].] ↑ infinite Form.

Verbundbauweise, eine Bauweise, bei der für eine tragende Konstruktion unterschiedl. Baustoffe verwendet werden.

Verbundguß ↑ Gießverfahren.

Verbundkern, svw. ↑ Compoundkern.

Verbundplatte, häufig in Leichtbauweise ausgeführte Platte aus zwei dünnen Außenschichten und einer Zwischenschicht (Kern) als Stützelement. Verwendung u. a. im Behälter-, Schiff- und Flugzeugbau.

Verbundsicherheitsglas ↑ Sicherheitsglas.

Verbundtriebwerk, svw. ↑ Compoundtriebwerk.

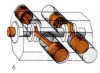

Verbrennungsmotoren. Schematische Darstellung verschiedener Hubkolbenmotoren: 1–3 Einzylindermotoren; 1 stehend; 2 hängend; 3 liegend; 4–7 Vierzylinderreihenmotoren; 4 Reihenmotor stehend; 5 V-Reihenmotor stehend; 6 Boxermotor; 7 H-Reihenmotor; 8 Sechszylinderstermotor; 9 als Gegenkolbenmotor ausgeführter Doppelkolbenmotor, mit einem gemeinsamen Verbrennungsraum für beide Kolben

Verbundwerkstoffe (Kompositwerkstoffe), aus mehreren Komponenten zusammengesetzte Werkstoffe. Typ. Beispiel für *Faser-V.* sind die glasfaserverstärkten Kunststoffe (↑GFK-Technik), deren Zugfestigkeit in Faserrichtung in der gleichen Größenordnung wie die des Stahls liegt, wobei das Gewicht jedoch nur etwa $^1/_4$ beträgt, ferner Faser-V. mit Bor- (borfaserverstärkte Kunststoffe; BFK) oder Kohlenstoffasern (kohlefaser- oder carbonfaserverstärkte Kunststoffe, Abk. KFK bzw. CFK), die in Kunststoffe, Aluminium oder Titan eingebettet sind (v. a. im Flugzeugbau) sowie Faser-V. mit Kristallfäden (Whisker), die bezüglich der Festigkeitswerte an der Spitze aller Faser-V. liegen. – *Schicht-V.* werden durch Aufdampfen, Spritzen, Plattieren u. a. von dünnen Schichten auf einen Grundwerkstoff hergestellt. – Bei *Teilchen-V.* wird aus verschiedenartigen Materialien durch Mischen, Pressen, Sintern u. a. ein einheitl. Werkstoff erzeugt. – Zu den *Tränklegierungen* gehören V., die aus einem porösen keram. oder metall. Grundwerkstoff bestehen, der mit einem Metall getränkt wird.

Verbundwirtschaft, Zusammenschluß von mehreren Unternehmen zur Steigerung der Rentabilität; er kann die rechtl. bzw. wirtsch. Selbständigkeit aufheben, kann aber auch nur organisator. Art sein, so z. B. in der europ. V. für Energie, die so gestaltet ist, daß ein Ausgleich der territorial unterschiedlichen Hauptbelastung des Energienetzes herbeigeführt werden kann.

Vercelli [italien. verˈtʃɛlli], italien. Stadt in Piemont, in der westl. Poebene, 131 m ü. d. M., 50 300 E. Hauptstadt der Prov. V.; kath. Erzbischofssitz; Museen und Gemäldesammlungen, Staatsarchiv; Mittelpunkt des norditalien. Reisbaugebiets; Reismühlen, Textil- und Lederind. – Als **Vercellae** röm. Munizipium; im 4. Jh. Bischofssitz; unter den Langobarden Mittelpunkt eines Hzgt., dann einer fränk. Gft.; seit der 2. Hälfte des 11. Jh. eine der blühendsten Kommunen N-Italiens; gelangte 1335 an die Visconti, 1427 an Savoyen. – Dom (16. und 18. Jh.) mit Kampanile; romanische Zisterzienserkirche Sant' Andrea (1219–24), Dominikanerkirche San Cristoforo (1526).

Verchromen, Verfahren der Oberflächenbehandlung, bei dem Metallgegenstände mit einer Chromschicht als Korrosionsschutz überzogen werden; meist durch elektrolyt. Metallabscheidung. Beim **Glanzverchromen** (zum Schutz und Verschönern von Oberflächen) werden meist Schichten von 0,3–0,5 μm Dicke, beim **Hartverchromen** (v. a. zum Schutz von mechanisch stark beanspruchten Metallgegenständen) Schichten bis zu 0,5 mm Dicke aufgetragen.

Vercingetorix, *um 82, †Rom 46, König der gall. Arverner. – 52 v. Chr. Führer des gesamtgall. Aufstandes gegen Cäsar; wurde nach anfänglichen Erfolgen bei Alesia eingeschlossen und zur Kapitulation gezwungen. 46 im Triumphzug Cäsars mitgeführt und anschließend hingerichtet.

Vercors [frz. vɛrˈkɔːr], eigtl. Jean Bruller, *Paris 26. Febr. 1902, †ebd. 10. Juni 1991, frz. Schriftsteller und Verleger. – Seine Novellen („Das Schweigen des Meeres", 1942) und Romane („Das Geheimnis der Tropis", 1952) u. a. über die Zeit der dt. Besetzung sind von einem engagierten Humanismus getragen. – *Weitere Werke:* Auflehnung (R., 1956), Zoo oder Der menschenfreundl. Mörder (Kom., 1964), Anne Boleyn (Essay, 1985).

Vercors [frz. vɛrˈkɔːr], Massiv der nördl. frz. Kalkvoralpen, bis 2 341 m hoch.

Verdacht, svw. ↑Tatverdacht.

Verdächtigung, 1. ↑falsche Verdächtigung; 2. ↑politische Verdächtigung.

Verdammnis, nach bibl. und christl. Auffassung der Zustand ewiger Totalbestrafung (ewige V.); Ort der V. ist die ↑Hölle.

Verdampfen, allg. svw. ↑Verdampfung (als Vorgang); i. e. S. in der therm. Verfahrens- bzw. Trocknungstechnik das Trennen miteinander vermischter oder ineinander gelöster fester und flüssiger Stoffe durch Überführen der flüssigen Anteile in den Dampfzustand (z. B. bei der Meerwasserentsalzung) mit Hilfe von Verdampfern.

Verdampfung, Übergang eines Stoffes vom flüssigen in den gasförmigen Aggregatzustand durch ↑Sieden oder ↑Verdunstung.

Verdampfungswärme, Wärme[energie]menge, die erforderlich ist, um eine Flüssigkeit am Siedepunkt ohne weitere Temperaturerhöhung in den gasförmigen Aggregatzustand zu überführen. Der Quotient aus der V. und der Masse der Flüssigkeit wird als *spezif. V.* bezeichnet (für Wasser 2 257 kJ/kg).

Verdauung (Digestion), Gesamtheit aller Vorgänge, durch die die aufgenommene Nahrung in den zur Resorption und anschließenden Weiterverarbeitung (durch ↑Verdauungsenzyme) geeigneten Zustand gebracht wird. Dazu gehören motor. Vorgänge, wie Kauen, Schlucken, Transport und Mischbewegungen (Peristaltik, Pendelbewegungen des Darmes u. a.), Entleerung des Magens sowie sekretor. Vorgänge, durch die die V.säfte (Speichel, Magen-, Bauchspeicheldrüsen-, Darmsaft, Galle) bereitgestellt werden. Motorik des Sekretorik werden nerval (reflektorisch) sowie durch ein örtl. Nervensystem in der Wand des V.kanals und humoral gesteuert und sind abhängig vom Funktionszustand des Zentralnervensystems. Bei Einzellern, Schwämmen, Hohltieren, Strudelwürmern, einigen Muscheln und Schnecken erfolgt die V. innerhalb der Zellen *(intrazellulare V.),* bei höheren Tieren im Darm *(extrazelluläre V.).* Einige Tiere können die V. außerhalb des Körpers einleiten, indem sie (z. B. Spinnen) den V.saft ausspeien, der die Beute auflöst.

Verdauungsenzyme, i. w. S. alle Enzyme, die eine ↑Verdauung bewirken; i. e. S. nur die von in den Darmtrakt mündenden Verdauungsdrüsen bzw. aus Darmepithelzellen stammenden Enzyme. Man unterscheidet die zu den Hydrolasen zählenden Glykosidasen, Proteasen und Lipasen. Zu den *Glykosidasen* zählen u. a. die Stärke und Glykogen bis zu den Oligo- bzw. Disacchariden abbauenden Amylasen und die Zellulose bis zur Glucose abbauenden Zellulasen. Bei den *Proteasen* unterscheidet man Endopeptidasen (z. B. Pepsin, Trypsin) und Exopeptidasen (↑Peptidasen). Die Fette in Glycerin und Fettsäuren spaltenden *Lipasen* können erst nach Einwirken der Gallensäuren wirksam werden.

Verdauungsstörung (Indigestion), Störung der Verdauungstätigkeit, gekennzeichn. durch Blähungen, Appetitlosigkeit, Sodbrennen, Aufstoßen, Erbrechen, Durchfall. Ursachen können Überfüllung des Magens, Aufnahme nicht bekömml. oder verdorbener Speisen und Krankheiten des Magen-Darm-Kanals (z. B. Reizmagen, Darmkatarrh) sein. ↑Dyspepsie ist die ungenaue und z. T. veraltete Bez. für die nicht organisch bedingten Störungen der Verdauung.

Verden [ˈfeːrdən], Landkr. in Niedersachsen.

Verden (Aller) [ˈfeːrdən], Krst. oberhalb der Mündung der Aller in die Weser, Nds., 20 m ü. d. M., 24 300 E. Verwaltungssitz des Landkr. Verden; Rechenzentrum zur Förderung der Landwirtschaft; Reit- und Fahrschule; Dt. Pferdemuseum; Reiterstadt mit Turnieren, Rennen und Reitpferdeauktionen. – 810 als **Ferdi** urkundlich erstmals gen.; geht auf eine aus einem karoling. Königshof entstandene Marktsiedlung zurück. Im 9. Jh. wurde der Bischofssitz von Bardowick nach V. verlegt, das 985 Markt- und Münzrecht erhielt (1192 erstmals als Stadt gen.); fiel mit dem 1566 reformierten und 1648 säkularisierten Bistum 1648 an Schweden, 1712/19 an Kurhannover, 1866 an Preußen. – 782 wurden bei V. 4500 aufständ. Sachsen vom sächs. Adel ausgeliefert und auf Befehl Karls d. Gr. getötet (sog. **Blutbad von Verden**). – Got. ev. Dom (12.–15. Jh.) mit roman. Teilen, ev. roman. Andreaskirche (frühes 13. Jh.), ev. Johanniskirche (13.–15. Jh.).

Verdi, Giuseppe, *Le Roncole (= Busseto, Prov. Parma) 10. Okt. 1813, †Mailand 27. Jan. 1901, italien. Komponist. – V. wurde 1836 städt. Musikdirektor in Busseto. Seine erste, stilistisch konventionelle Oper „Oberto" (1839) war nur mäßiger Erfolg beschieden; auch die zweite, „Un giorno di regno" (oder „Il finto Stanislao"), die V. komponierte, während Frau und Kind einer epidem.

Vercingetorix
(Münzporträt,
1. Jh. v. Chr.)

Verden (Aller)
Stadtwappen

Verdichter

Krankheit erlagen, fiel durch. Aus der verzweifelten Situation befreite ihn der nat. und internat. Erfolg des „Nabucco" (1842). Patriot. Thematik in histor. Stoffen machte V. zum Repräsentanten der nat. italien. Oper und des Risorgimento, so u. a. „Ernani" (1844; nach V. Hugo) und bes. „Die Schlacht von Legnano" (1849), in Rom unmittelbar vor Garibaldis Einmarsch uraufgeführt. Von seinen drei Opern nach Schiller „Giovanna d'Arco" (1845), „I masnadieri" (1847) und „Luisa Miller" (1849) überdauerte nur die letztere. Seit 1847 lebte V. mit der Sängerin Giuseppina Strepponi (* 1817, † 1897) auf seinem Landgut Sant'Agata zusammen. – Eine Verstärkung realist. Züge zeichnete sich im „Macbeth" (1847; Neufassung 1865) ab, bis heute populär sind „Rigoletto" (1851, nach V. Hugo), „Der Troubadour" (1853) und „La Traviata" (1853, nach A. Dumas d. J.). – Auf „Simon Boccanegra" (1857) folgten dann die bekannteren „Ein Maskenball" (1859) und „Die Macht des Schicksals" (1862). – Zum Alterswerk leiten „Don Carlos" (1867, Neufassung 1894; nach Schiller) und „Aida" über (komponiert 1869 zur Eröffnung des Sueskanals; UA 1871 in Kairo). Weitere Werke sind das Streichquartett (e-Moll, 1873) und das hochdramat. „Requiem" (1873/74). – Aus der Zusammenarbeit mit dem Librettisten A. Boito entstanden noch zwei Opern nach Shakespeare: „Otello" (1887) und die lyr. Komödie „Falstaff" (1893). Zwei geistl. Werke, „Te Deum" (1895) und „Stabat Mater" (1897), beendeten V. Lebenswerk, das die lange Tradition der italien. Oper zu einem neuen, letzten Höhepunkt führte.

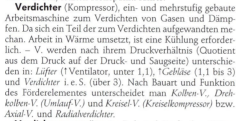

Giuseppe Verdi (Ausschnitt aus einem Gemälde, 1886)

Verdichter (Kompressor), ein- und mehrstufig gebaute Arbeitsmaschine zum Verdichten von Gasen und Dämpfen. Da sich ein Teil der zum Verdichten aufgewandten mechan. Arbeit in Wärme umsetzt, ist eine Kühlung erforderlich. – V. werden nach ihrem Druckverhältnis (Quotient aus dem Druck auf der Druck- und Saugseite) unterschieden in: *Lüfter* (↑Ventilator, unter 1,1), ↑*Gebläse* (1,1 bis 3) und *Verdichter* i. e. S. (über 3). Nach Bauart und Funktion des Förderelementes unterscheidet man *Kolben-V., Drehkolben-V. (Umlauf-V.)* und *Kreisel-V. (Kreiselkompressor)* bzw. *Axial-V.* und *Radialverdichter*.

Verdichtungsgeräte, im Erd- und Straßenbau (↑Straßenbaumaschinen) zur Verdichtung des Bodens oder von Beton eingesetzte Maschinen, insbes. Vibratoren, Stampfer und Walzen.

Verdichtungsverhältnis, Quotient ε aus dem Volumen vor der Verdichtung V_1 und dem Volumen nach der Verdichtung V_2. Bei Verbrennungsmotoren ist $V_1 = V_H + V_C$ (V_H Hubvolumen bzw. Hubraum eines Zylinders, V_C Volumen des Verdichtungsraums eines Zylinders) und $V_2 = V_C$, also $\varepsilon = V_H/V_C + 1$. Übl. V. bei Verbrennungsmotoren: $\varepsilon = 7$ bis 11 für Ottomotoren, $\varepsilon = 16$ bis 24 für Dieselmotoren.

Verdickungsmittel (Quellungsmittel), meist hochmolekulare, in Flüssigkeiten (v. a. Wasser) quellbare Substanzen (z. B. Gelatine, Stärke, Polyacryl- und Polyvinylverbindungen), die Produkten (z. B. Farbmitteln, Klebestoffen, Lebensmittelzubereitungen) zur Konsistenzbeeinflussung zugegeben werden.

Verdienst, in der *jüd. Rechtfertigungslehre* der auf der Entsprechung von Leistung und Lohn beruhende Gedanke, daß der Mensch durch die Erfüllung der Gebote der Thora vor Gott gerecht wird, sich also durch seine guten Werke sein Heil selbst schafft. Auch wenn sich der Begriff V. in der Bibel nicht findet, geht die *kath. Theologie* davon aus, daß seine Elemente – Lohn, Strafe, Vergeltung, Gericht – in der Predigt Jesu und in der Verkündigung der Urkirche enthalten sind. – Die *reformator. Theologie* mit ihrer Lehre von der Rechtfertigung des Sünders allein aus Gnade lehnt den V.gedanken ab (↑Rechtfertigung).

Verdienstbescheinigung, dem Arbeitnehmer vom Arbeitgeber auszuhändigende Bescheinigung, die Auskunft über die Höhe des Arbeitsentgelts, die vorgenommenen Abzüge sowie zusätzlich zum Arbeitsentgelt gewährte Beträge gibt. Die V. ist am Ende eines jeden Jahres oder beim Ausscheiden des Arbeitnehmers zu erstellen.

Verdienstorden ↑Orden.

Verdienstorden der Bundesrepublik Deutschland (Bundesverdienstkreuz), vom Bundespräs. am 7. Sept. 1951 gestiftete und nur durch ihn verliehene Auszeichnung für „Leistungen, die im Bereich der polit., wirtsch., sozialen und geistigen Arbeit dem Wiederaufbau des Vaterlandes dienten"; umfaßt 8 Stufen und eine Medaille, nach den internat. Normen in 3 Klassen unterteilt: Verdienstkreuz, Großes Verdienstkreuz und Großkreuz. Die Sonderstufe des Großkreuzes wird nur an Staatsoberhäupter verliehen.

Verdikt [lat.], Urteil[sspruch der Geschworenen], Entscheidung.

Verdinglichung (Vergegenständlichung), die Einsetzung einer Person zum Mittel, mit dessen Hilfe sachl. Zwecke erreicht werden sollen. Bes. bei Hegel und Marx im Zusammenhang mit dem Problem der ↑Entfremdung behandelt. Während für Hegel sich die V. des Menschen dann aufhebt, wenn dieser ein Bewußtsein seiner Freiheit gewinnt und die Einsicht in die Sittlichkeit, die sich in der bürgerl. Gesellschaft wie im Staat verwirklicht, läßt sich nach Marx der die (die bürgerl.-kapitalist. Gesellschaft kennzeichnende) V. nur aufheben durch Änderung der ökonom. Bedingungen und durch die Revolutionierung von Staat und Gesellschaft.

Verdingung ↑Ausschreibung.

Verdingungsordnungen, Verwaltungsvorschriften über die Vergabe von Aufträgen und für den Inhalt der entsprechenden Verträge; enthalten in der *Verdingungsordnung für Bauleistungen (VOB)* i. d. F. vom 25. 10. 1979 und in der *Verdingungsordnung für [andere] Leistungen (VOL)* vom 11. 5. 1960. Teil A der VOB bzw. VOL enthält Bestimmungen über die Vergabe der Leistungen (insbes. die *Ausschreibung* und Zuschlagsbedingungen), Teil B allg. Vertragsbedingungen für die Ausführung der Leistungen. Teil B gilt im Einzelvertrag nur, wenn ausdrücklich vereinbart.

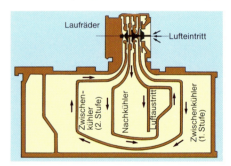

Verdichter. Arbeitsprinzip eines Kreiselverdichters

Verdrängerpumpen ↑Pumpen.

Verdrängung (Repression), in der *Psychoanalyse* Bez. für einen Abwehrmechanismus, durch den Triebwünsche, die im Konflikt mit anderen Forderungen (z. B. des Gewissens) stehen und traumatische Erinnerungen, deren Wahrnehmung zu schmerzhaft wäre, ins Unbewußte abgedrängt und dort fixiert werden. Das Verdrängte ist nach psychoanalyt. Lehrmeinung nicht verloren, sondern kehrt in Träumen, Fehlhandlungen (z. B. Sichversprechen) und Krankheitssymptomen wieder und kann den Verhaltensspielraum einer Person z. T. erheblich beeinflussen.

Verdrängungsboot, Wasserfahrzeug, das beim Fahren das es umgebende Wasser verdrängt. – Ggs. ↑Gleitboot.

Verdrängungslagerstätten ↑Erzlagerstätten.

Verdross, Alfred [ˈfɛrdrɔs], * Innsbruck 22. Febr. 1890, † ebd. 27. April 1980, östr. Jurist. – Prof. in Wien; gehörte 1957–64 der Völkerrechtskommission der UN an, 1958–77 dem Europ. Gerichtshof für Menschenrechte. – *Werke:* Die Verfassung der Völkerrechtsgemeinschaft (1926), Völkerrecht (1937), Abendländ. Rechtsphilosophie (1958), Universelles Völkerrecht (1976; mit B. Simma).

Verdun [frz. vɛrˈdœ̃], frz. Stadt an der Maas, Dep. Meuse, 200–275 m ü. d. M., 22 000 E. Kath. Bischofssitz;

Kriegs-, archäolog. Museum; Textilind. – Urspr. kelt. Oppidum **Verodunum**; im 4. Jh. Bischofssitz (1801–22 aufgehoben); kam bei der Teilung des Fränk. Reichs im **Vertrag von Verdun** 843 zunächst an das Mittelreich, 880 zum Ostfränk. Reich und somit später zum Hl. Röm. Reich; seit den Karolingern bed. Handelsplatz; wurde im 13. Jh. Reichsstadt. 1552 erhielt der frz. König das Reichsvikariat über V. 1648 trat das Reich V. an Frankreich ab; wegen seiner strategisch wichtigen Lage (Maasübergang) von Vauban zur starken Festung ausgebaut, erneut nach Räumung durch dt. Truppen 1873. Die **Schlacht um Verdun** (Febr.–Dez. 1916) wurde zum Symbol der nat. Widerstandskraft Frankreichs sowie einer verfehlten „Ausblutungsstrategie" des Chefs des dt. Generalstabs Gen. Falkenhayn (rd. 700 000 Mann Verluste auf beiden Seiten). – Kathedrale (11.–14. Jh., spätgot. Kreuzgang); Bischofspalais (18. Jh.); Rathaus (17. Jh.); Reste der Stadtbefestigung (14. Jh.); nahebei Fort ↑Douaumont.

Verdunkelungsgefahr, der dringende Verdacht, daß der einer Straftat Beschuldigte zur Erschwerung der Wahrheitsfindung Beweismittel vernichten, verändern, beiseite schaffen, unterdrücken oder fälschen bzw. auf Mitschuldige, Zeugen oder Sachverständige in unlauterer Weise einwirken oder andere zu solchem Verhalten veranlassen wird. V. ist ein Haftgrund (↑Haftbefehl).

Verdunstung, der sich unterhalb des Siedepunktes vollziehende Übergang einer Flüssigkeit an ihrer Oberfläche in den gasförmigen Zustand, v. a. von Wasser in Wasserdampf. Die bei der V. verbrauchte Wärmeenergie (bei Wasser von 25 °C 2 441 kJ/kg) wird der verdunstenden Flüssigkeit und damit der Umgebung entzogen; daher ist V. mit Abkühlung verbunden (*V.kühlung* z. B. beim Schwitzen). Die große Bed. der V. für den Wärmehaushalt der Natur liegt darin, daß die im Wasserdampf latent gebundene Wärme bei dessen Kondensation wieder der Atmosphäre zugeführt wird. Eine von der verfügbaren Wassermenge, dem Sättigungsdefizit der Luft und deren Temperatur, dem Luftdruck und der Luftbewegung abhängige V. findet sowohl von Wasserflächen als auch vom festen Erdboden mit seiner Pflanzendecke statt. Auch Schnee und Eis verdunsten, wenn die Temperatur über dem Taupunkt der Luft liegt. Die V. ist ein wichtiges Glied im Kreislauf des Wassers zw. Meer, Atmosphäre und Festland. Sie bildet die Grundlage für das gesamte Pflanzenleben, da erst durch die Wasser-V. von den Blättern den Pflanzen die Aufnahme von Nährlösungen aus dem Boden ermöglicht wird.

Verdunstungsmesser, (Atmometer, Evaporimeter) Gerät zur Bestimmung der von einer Oberfläche verdunsteten Wassermenge.
▷ (Heizkostenverteiler) mit einer speziellen Flüssigkeit gefülltes Glasröhrchen (mit Skala) an Heizkörpern. Die entsprechend der Betriebsdauer und der Heizkörpertemperatur daraus verdunstete Flüssigkeitsmenge ist ein Maß für die abgegebene Wärmemenge und dient zur Berechnung der auf die einzelnen Heizkörper entfallenden Heizkostenanteile.

Verdursten ↑Durst.

Veredelung (Veredlung), in der *verarbeitenden Ind.* die Bearbeitung eines Rohstoffs oder Produkts, die, ohne wesentl. stoffl. Veränderung des bearbeitenden Gegenstandes, zu einer Qualitätsverbesserung führt. *Zollrechtlich* ist V. ein Be- oder Verarbeitungsvorgang, zu dessen Ausführung ein Gut die Zollgrenze eines Landes einmal oder mehrfach zollbegünstigt passiert. Dieser sog. *V.verkehr* tritt in drei Formen auf: 1. *aktiver V.verkehr:* Ausländ. Güter werden im Inland veredelt und danach wieder ausgeführt; Arten des aktiven V.verkehrs sind die *Lohn-V.* (V. im Inland für Rechnung eines Gebietsfremden bzw. unentgeltlich) und die *Eigen-V.* (V. im Inland auf eigene Rechnung); 2. *passiver V.verkehr:* Die V. findet im Ausland statt; 3. *Freihafen-V.:* Die V. findet in einem Freihafen statt. Um die internat. Arbeitsteilung durch Zölle nicht zu be- oder verhindern, wird im aktiven und im Freihafenveredelungsverkehr kein Zoll erhoben; im passiven V.verkehr unterliegt nur die Wertschöpfung durch die V. dem Zoll.

▷ in der *Metallverarbeitung* die Erzielung eines feinen Gußgefüges und verbesserter Festigkeitseigenschaften bei Metallen durch Zugabe spezieller Zusätze zur Schmelze. – ↑Oberflächenbehandlung.
▷ ↑Textilhilfsmittel.
▷ im *Pflanzenbau* das der Qualitätssteigerung, der vegetativen Vermehrung, der Resistenz gegen Krankheitserreger u. a. Zwecken dienende Überpflanzen eines Teils (Edelreis, Edelauge) einer gewünschten Pflanze (v. a. Obst- und Rosensorten) auf eine geeignete (weniger edle) Unterlage, mit der die übergepflanzte Teil zu einer künstl. Lebensgemeinschaft verwächst. Man unterscheidet ↑Okulation und **Reisveredelung** (Vereinigung eines Edelreises mit einer geeigneten Unterlage). Reisveredelungsverfahren sind: ↑Pfropfung; **Ablaktieren,** dabei wird das Edelreis erst nach Verwachsung mit der Unterlage von der Mutterpflanze abgetrennt. Dann wird auch die Unterlage dicht oberhalb der V.stelle abgeschnitten. Bei der **Kopulation** wird das Edelreis über schräge, gleich lange Schnittflächen mit der Unterlage vereinigt.

Veredelungsverkehr ↑Außenhandelsstatistik, ↑Veredelung.

vereidigter Buchprüfer (Buchprüfer), nach der Wirtschaftsprüferordnung anerkannter Berufsstand mit der Aufgabe, Prüfungen auf dem Gebiete des betriebl. Rechnungswesens, insbes. Buch- und Bilanzprüfungen, durchzuführen.

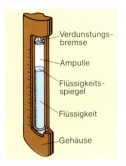

Verdunstungsmesser. Schematische Darstellung eines Heizkostenverteilers

Vereidigung, Abnahme eines ↑Eides durch ein dazu befugtes Organ (z. B. Gericht, Untersuchungsausschuß, Dienstvorgesetzter und Bundestag). – ↑Amtseid.

Verein, freiwilliger Zusammenschluß von Personen zu einem bestimmten Zweck mit einer von der Individualität der jeweiligen Mgl. unabhängigen (körperschaftl.), den Bestand auf Dauer sichernden Organisation (§§ 21 ff. BGB). Die Gründung eines V. geschieht durch Einigung der Gründer, die die Satzung mit Namen und Zweck des V. feststellen. Höchstes Organ des V. ist die Mitgliederversammlung. Sie handelt durch V.beschlüsse und wählt i. d. R. auch den Vorstand, der die Geschäfte des V. führt und ihn nach außen vertritt. Zur Auflösung des V. ist ein bes. Auflösungsbeschluß erforderlich, der zur Liquidation des V. führt. Der *rechtsfähige* **Verein** ist ↑juristische Person, d. h., er ist selbst Träger von Rechten und Pflichten. Der *rechtsfähige wirtsch. V.* ist auf einen wirtsch. Geschäftsbetrieb gerichtet und erhält seine Rechtsfähigkeit durch staatl. Verleihung (sog. Konzessionssystem). Der *rechtsfähige nicht wirtsch. V.* (sog. Ideal-V.) erlangt die Rechtsfähigkeit durch Eintragung in das vom Amtsgericht geführte **Vereinsregister** (eingetragener V., „e. V."). Voraussetzungen für die Eintragung sind: schriftl. Satzung mit dem gesetzlich vorgeschriebenen Inhalt (z. B. Name und Sitz des V., Bestimmung über Ein- und Austritt der Mgl.), Mindestmitgliederzahl von 7 Personen und die Anmeldung durch alle Vorstandsmitglieder in öff. beglaubigter Form. Für Schäden, die ein durch Satzung berufener Vertreter des V. (z. B. der Vorstand) anrichtet, ist der V. nach den Grundsätzen der Organhaftung verantwortlich. Auf den **nichtrechtsfähigen** (nichteingetragenen) **Verein** finden nach § 54 BGB die Vorschriften über die ↑Gesellschaft des bürgerl. Rechts Anwendung. Diese

Verdun Stadtwappen

Verein Deutscher Ingenieure e. V.

Vereinigte Arabische Emirate
Fläche: 83 600 km²
Bevölkerung: 1,9 Mill. E (1990), 27 E/km²
Hauptstadt: Abu Dhabi
Amtssprache: Arabisch, daneben Englisch
Nationalfeiertag: 2. Dez.
Währung: 1 Dirham (DH) = 100 Fils
Zeitzone: MEZ +3 Stunden

Vereinigte Arabische Emirate

Staatswappen

Internationales Kfz-Kennzeichen

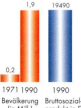

1971 1990 1990
Bevölkerung Bruttosozial-
(in Mill.) produkt je E
            (in US-$)

Bevölkerungsverteilung 1990

Bruttoinlandsprodukt 1990

Verweisung wird allg. als verfehlt angesehen und weitestgehend das Recht des rechtsfähigen V. (§§ 55 ff. BGB) auch auf den nichtrechtsfähigen V. angewandt. Die Haftung der V.mitglieder wird regelmäßig auf den Anteil am V.vermögen beschränkt.

Verein Deutscher Ingenieure e. V. [ɪnʒɛniˈøːrə], Abk. VDI, 1856 gegr. Verein von Ingenieuren aller Fachrichtungen mit dem Ziel der Förderung und des Austausches der techn.-wiss. Erkenntnisse und der Vertretung ihrer berufl. Interessen; 1946 Neugründung mit Sitz in Düsseldorf. Die techn.-wiss. Arbeit des Verbandes koordiniert ein wiss. Beirat. Innerhalb des VDI bestehen 18 Fachgliederungen (VDI-Fachgruppen, VDI-Gesellschaften und VDI-Kommissionen), in denen u. a. die *VDI-Richtlinien* als „anerkannte Regeln der Technik und Maßstäbe für einwandfreies techn. Verhalten" erarbeitet werden.

Verein für Socialpolitik, 1872 in Eisenach von sozialpolitisch orientierten Nationalökonomen (u. a. G. Schmoller, L. Brentano und A. H. G. Wagner) gegr. Verein, der insbes. gegen den strikten Freihandel eingestellt war und eine den nat. Interessen entsprechende Wirtschaftspolitik sowie eine reformerisch orientierte Sozialpolitik befürwortete. Teilweise polemisch als Vereinigung von ↑Kathedersozialisten bezeichnet, verwandelte sich der V. f. S. ab 1905 in eine rein wiss. Forschungsgesellschaft zu Fragen der Wirtschaftstheorie und -politik. 1936 aufgelöst und 1948 in Marburg erneut gegr., trägt er seit 1955 den Namen „Gesellschaft für Wirtschafts- und Sozialwissenschaften – Verein für Socialpolitik"; seit 1948 gibt er wieder eine Schriftenreihe heraus.

Vereinigte Arabische Emirate (amtl.: Al Imarat Al Arabijja Al Muttahida), Föderation von 7 Emiraten auf der Arab. Halbinsel, zw. 23° und 26° n. Br. sowie 51° und 56° 30′ ö. L. **Staatsgebiet:** Die V. A. E. grenzen im N an den Pers. Golf, im NO an den Golf von Oman, im O an Oman, im S und W an Saudi-Arabien und im NW an Katar. Die Landgrenzen (außer im NO) sind nicht genau festgelegt. **Verwaltungsgliederung:** Die einzelnen weitgehend autonomen Emirate sind (Angaben von 1985): *Abu Dhabi,* 73 548 km², 670 000 E; *Dubaij,* 3 750 km², 419 000 E; *Schardscha,* 2 500 km², 269 000 E; *Adschman,* 250 km², 64 300 E; *Umm Al Kaiwain,* 777 km², 29 200 E; *Ras Al Chaima,* 1 625 km², 116 000 E; *Fudschaira,* 1 150 km², 54 400 E. **Internat. Mitgliedschaften:** UN, Arab. Liga, OPEC, OAPEC.

Landesnatur: Das Territorium der Emirate umfaßt den früher Piratenküste (Seeräuberküste) genannten flachen Küstenabschnitt am Pers. Golf, der über weite Strecken von Sandbänken, Korallenriffen und Wattengebieten begleitet wird. Das Hinterland dieses Küstenstreifens ist bereits Teil der Sandwüste Rub Al Khali mit Wanderdünen. Unter den vereinzelten Oasen ist v. a. Al Buraimi von Bedeutung. Im NO reichen die V. A. E. bis auf das Omangebirge hinauf und umfassen im äußersten NO sogar dessen Ostfuß mit einem vorgelagerten schmalen Küstenstreifen am Golf von Oman.

Klima, Vegetation: Das Klima ist schwülheiß mit seltenen Niederschlägen. Außer in den Oasen findet sich kein Pflanzenwuchs.

Bevölkerung: Von den Bewohnern, die zu 87 % in den größeren Städten leben, sind nur noch knapp ein Drittel einheim. Araber aus mehr als 40 Stämmen (meist sunnit. Muslime). Der Großteil der Bev. sind Gastarbeiter, und zwar Araber aus anderen Staaten (56 %), Inder und Pakistani (9 %), Perser, Europäer sowie Nordamerikaner. Am meisten sind die erdölfördernden Emirate Abu Dhabi, Dubaij sowie auch Schardscha überfremdet. In der Oasenstadt Al Ain besteht seit 1977 eine Universität.

Wirtschaft: Erdöl- und Erdgasförderung bilden die hauptsächl. Einnahmequelle der Emirate und bestimmen die wirtsch. Entwicklung. Die V. A. E. weisen eines der höchsten Pro-Kopf-Einkommen der Erde auf und verfügen über sehr hohe Währungsreserven. Abu Dhabi (Erdölförderung seit 1962) liefert mehr als 70 % des in den V. A. E. geförderten Erdöls, Dubaij (seit 1969) über 20 %, Schardscha (seit 1974) 4 % und Ras Al Chaima (seit 1984) weniger als 1 %. Abu Dhabi und Dubaij bilden die Hauptzentren der industriellen Entwicklung. Schwerpunkte sind die erdöl- und erdgasverarbeitende Ind., Raffinerien (Großraffinerie in Ruwais [Abu Dhabi]), Gasverflüssigungsanlagen, eine Aluminiumhütte, ein Flüssiggaswerk in Dschebel Ali (Ind.- und Freihandelszone in Dubaij) und Meerwasserentsalzungsanlagen. Um die Küstenorte erfolgt Landw. im Gartenbau; in den Oasengruppen Al Buraimi und Al Dschiwa Gemüsebau und große Dattelpalmenbestände. Die Fischerei in Dhaus wird v. a. an der Küste von Adschman und Umm Al Kaiwain betrieben. Der Handel ist der eigtl. Grund für die Existenz der Küstenorte. Dubaij besitzt den einzigen natürl. Hafen an diesem Küstenabschnitt und entwickelte sich daher zu einem bed. Handelszentrum im östl. Pers. Golf mit hohen Import- und Reexportwerten und zum größten Goldumschlagplatz im Nahen Osten. Die V. A. E. sind heute ein regionales Finanzzentrum mit rd. 50 Banken.

Außenhandel: Die Handelsbilanz ist positiv. Zum Export kommen fast ausschließlich Erdöl, Erdgas (zunehmend Flüssiggas) und Raffinerieprodukte, daneben Trockenfisch und Datteln. Über 50 % der Erdölausfuhr gehen nach Japan, mit Abstand folgen die EG-Länder, Oman und Süd-Korea. Importiert werden Maschinen, Haushaltswaren, Nahrungsmittel und Bekleidung, v. a. aus den EG-Staaten, Japan und den USA.

Verkehr: Das Straßennetz (rd. 4 360 km) verbindet alle Hauptorte. Bed. ist die Küstenstraße Ras Al Chaima – Abu Dhabi mit ihrer westl. Verlängerung (Anschluß an das Transarab. Straßensystem). Eisenbahnlinien gibt es nicht. Dem Rohöltransport dienen Unterwasserpipelines im Umkreis der Insel Das. Hochseehäfen besitzen Dubaij, Abu Dhabi und Schardscha. Die Erdölverschiffung erfolgt in Dschabal Dhanna und vor der Insel Das. Den Flugverkehr versieht v. a. die Gulf Air. Internat. ✈ besitzen Abu Dhabi, Dubaij, Schardscha, Ras Al Chaima und Fudschaira (seit 1987).

Geschichte: Im 8. Jh. errichtete die islam. Sekte der Charidschiten ein Staatswesen, vom 9. bis 11. Jh. gehörte das Gebiet zum Staat der schiit. Karmaten. Den im 18. Jh. einsetzenden Versuch der brit. Ostind. Kompanie, den Seeweg im Pers. Golf zu kontrollieren, widersetzten sich die einheim. und europ. Piraten. 1853 schlossen die lokalen Herrscher einen Friedensvertrag mit Großbritannien und unterstanden seitdem als „Befriedetes Oman" brit. Oberhoheit. 1968 entstand der Plan einer Föderation der *Arab. Emirate am Pers. Golf.* Am 2. Dez. 1971 erklärte Großbritannien die Unabhängigkeit des Gebiets; gleichzeitig schlossen sich 6 der Scheichtümer zu den V. A. E. zusammen, erließen eine provisor. Verfassung und wählten den Herrscher des Scheichtums Abu Dhabi, Scheich Said Ibn Sultan An Nuhajan (* 1923) zum Präs. (wiedergewählt zuletzt 1991); Min.präs. und Vizepräs. wurde der Scheich von Dubaij, Raschid Ibn Saidal Maktum (* 1914, † 1990), seit Okt. 1990 ist es Scheich Maktum Ibn Raschid Al Maktum. Im Febr. 1972 schloß sich auch Ras Al Chaima der Föderation an. 1975 wurde eine endgültige Verfassung entworfen. Die V. A. E. waren Gründungsmgl. des Golfrates, dessen erste Gipfelkonferenz 1981 in Abu Dhabi stattfand. Im 2. ↑Golfkrieg (Jan./Febr. 1991) beteiligten sie sich wesentlich an der antiirak. Allianz unter Führung der USA.

Politisches System: Die V. A. E. bilden eine bundesstaatl. Föderation 7 selbständiger Emirate. *Staatsoberhaupt* ist der Präs. (Amtszeit 5 Jahre); er leitet zus. mit dem Vizepräs. das wichtigste Föderationsgremium, den Obersten Rat, der von den Herrschern der 7 Emirate gebildet wird und Organ der *Exekutive* und *Legislative* ist. Eine vom Obersten Rat ernannte Föderationsreg. nimmt die Verwaltungsaufgaben wahr. Die Föderative Nat.versammlung (40 gewählte Mgl.), eine Art Parlament, hat nur beratende Funktion. Es gibt keine polit. *Parteien.* Die Einzelstaaten werden nach traditionellem Feudalsystem von Scheichen, Emiren und deren Familien regiert. Die *Recht*sprechung erfolgt weitgehend nach islam. Tradition durch das Staatsoberhaupt, ein Mgl. seiner Familie oder den Kadi.

Vereinigte Arabische Republik (Abk. VAR), 1958–61 Staatenbund zw. Syrien und Ägypten.

Vereinigte Deutsche Studentenschaften, Abk. VDS, freiwilliger Dachverband der Studentenschaften Deutschlands. 1975 hervorgegangen aus dem Zusammenschluß des 1949 gegr. Verbandes Deutscher Studentenschaften (VDS) mit dem Studentenverband Deutscher Ingenieurschulen (SVI e. V.). Aufgabe des VDS ist es, für die Interessen und Forderungen der Studenten einzutreten, die Arbeit der Studentenschaften zu koordinieren sowie internat. Beziehungen zu fördern.

Vereinigte Evangelisch-Lutherische Kirche Deutschlands, Abk. VELKD, ↑Evangelische Kirche in Deutschland.

Vereinigte Evangelisch-Lutherische Kirche in der Deutschen Demokratischen Republik, Abk. VELK in der DDR, der am 1. Dez. 1968 erfolgte Zusammenschluß der bis dahin der VELKD angehörenden ev.-luth. Landeskirchen in Sachsen, Thüringen und Mecklenburg als rechtlich und institutionell selbständige Kirche; 1991 in der VELKD aufgegangen.

Vereinigte Flugtechnische Werke – Fokker GmbH ↑Messerschmitt-Bölkow-Blohm GmbH.

Vereinigte Großlogen von Deutschland [...loʒən], Abk. VGLvD, Zusammenschluß aller dt. freimaurer. Großlogen zu einer souveränen Körperschaft durch Vertrag *(Magna Charta)* vom 17. Mai 1958, zur Vertretung der dt. Freimaurerei gegenüber der ausländ. Freimaurerei und gegenüber der Öffentlichkeit; Sitz Berlin.

Vereinigte Österreichische Eisen- und Stahlwerke – Alpine Montan AG ↑VÖEST-Alpine Stahl AG.

Vereinigte Ostindische Kompanie (niederl. Vereenigde Oost-Indische Compagnie), 1602–1798 bestehende niederl. Handelskompanie, die maßgeblich an der Errichtung des niederl. Kolonialreichs in SO-Asien beteiligt war. 1619 wurde das heutige Jakarta ihr Verwaltungszentrum in Übersee.

Vereinigte Protestantisch-Evangelisch-Christliche Kirche der Pfalz, dt. ev. Landeskirche auf dem Gebiet des früheren Reg.bez. Pfalz in Rheinland-Pfalz, der saarländ. Landkr. Sankt Ingbert, Homburg und Sankt Wendel; Gliedkirche der EKD.

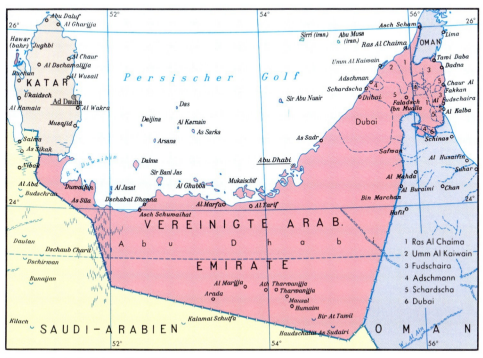

Vereinigte Arabische Emirate. Übersichtskarte

Vereinigter Großer Senat ↑ Bundesgerichtshof.
Vereinigte Staaten von Amerika ↑ USA.
Vereinigte Stahlwerke AG, 1926 durch Zusammenschluß von 7 Gesellschaften entstandenes Unternehmen, das bis 1945 der größte europ. Montankonzern war. Im Zuge der Entflechtung der dt. Montanind. wurde die V. S. AG in zahlr. Nachfolgegesellschaften aufgeteilt, darunter die August-Thyssen-Hütte AG, die Gelsenkirchener Bergwerks-AG, die Dortmund-Hörder Hüttenunion AG und die Stahlwerke Südwestfalen AG.
Vereinigte Vaterländische Verbände Deutschlands, Abk. VVVD, Dachorganisation nationalist. Verbände (1922/23–1933/34), der auf ihrem Höhepunkt rd. 130 Organisationen angehörten; programmat. Ziel war der Kampf gegen den Versailler Vertrag und gegen die parlamentar. Demokratie; unter dem Vorsitz von R. Graf von der Goltz (seit 1924) unterstützten die VVVD die DNVP und NSDAP, 1931 die Harzburger Front, 1932 Hitlers Kandidatur für das Amt des Reichspräsidenten.
Vereinigung (V.menge), Menge der Elemente, die (bei zwei gegebenen Mengen A und B) in A oder in B enthalten sind; Formelzeichen $A \cup B$. – ↑ Mengenlehre.
Vereinigung der gegenseitigen Bauernhilfe, Abk. VdgB, 1946–90 Massenorganisation der Genossenschaftsbauern, Gärtner und Winzer in der DDR; 1946 aus den Bauernkomitees und Ausschüssen der gegenseitigen Bauernhilfe entstanden; 1950 Zusammenschluß mit den landw. Genossenschaften.
Vereinigung der Verfolgten des Naziregimes, Abk. VVN, 1947 in Berlin (Ost) und (für Westdeutschland) in Frankfurt am Main gegr. Zusammenschluß ehem. Widerstandskämpfer gegen das NS-Regime; 1953 in der DDR durch das „Komitee der Antifaschist. Widerstandskämpfer" ersetzt. 1950 gründeten in der BR Deutschland nichtkommunist. Mgl. der VVN den „Bund der Verfolgten des Naziregimes – BVN – Die Mahnung" mit Sitz in Berlin (West). Die „VVN – Bund der Antifaschisten" der BR Deutschland hat ihren Sitz in Frankfurt am Main.
Vereinigung Deutscher Elektrizitätswerke e. V., Abk. VDEW, Spitzenverband der Unternehmen der Elektrizitätsversorgung Deutschlands, Sitz Frankfurt am Main; 1950 gegr. in Nachfolge der 1892 gegr. „Vereinigung der Elektrizitätswerke".
Vereinigungen, Zusammenschlüsse von (gleichgesinnten) Personen zur Verfolgung eines gemeinsamen Zweckes, die im Unterschied zum Verein rechtlich unverbindlich gestaltet sein können. Zu unterscheiden sind V. im privatrechtl. Sinne (↑ Verein), im strafrechtl. Sinne (↑ kriminelle Vereinigung, ↑ terroristische Vereinigung) und im öff.-rechtl. Sinne (↑ Vereinsgesetz, ↑ verfassungswidrige Organisationen). *Geschlossene V.* sind V., bei denen die Mitgliedschaft an bestimmte Voraussetzungen gebunden und damit nur einem begrenzten Personenkreis zugänglich ist.
Vereinigung evangelischer Freikirchen in Deutschland, seit 1926 bestehende Arbeitsgemeinschaft aus dem „Bund Ev.-Freikirchl. Gemeinden", dem „Bund Freier ev. Gemeinden" und der „Ev.-methodist. Kirche" zur Vertretung nach außen und Förderung zwischenkirchl. Beziehungen.
Vereinigungsfreiheit (Vereinsfreiheit), die in Art. 9 GG allen Deutschen gewährte Freiheit, Vereine und Gesellschaften zu bilden, insbes. die ↑ Koalitionsfreiheit. Vereinigungen, deren Zwecke oder deren Tätigkeit den Strafgesetzen zuwiderlaufen oder die sich gegen die verfassungsmäßige Ordnung oder gegen den Gedanken der Völkerverständigung richten, sind verboten. Nähere Regelungen trifft das ↑ Vereinsgesetz, das in § 1 die grundsätzl. (also auch für Ausländer geltende) Vereinsfreiheit normiert. In *Österreich* und der *Schweiz* gilt Entsprechendes.
Vereinigungskirche e. V. (Unification Church), 1954 von dem Koreaner San Myung Mun (* 1920) unter dem Namen „Tong-Il" (korean. „Vereinigung") gegr. neue Religion, die sich später auch „*Gesellschaft zur Vereinigung des Weltchristentums*" nannte, heute aber meist nach ihrem Gründer „*Mun-Sekte*" genannt wird. Die V. verehrt ihren Gründer als zweiten Messias, der den Satan endgültig unterwerfen wird, dessen Wirken sie v. a. im Kommunismus sieht.
Vereinigungsmenge, svw. ↑ Vereinigung.
Vereinigungstheorie ↑ Strafe.
Vereinsgesetz, Gesetz zur Regelung des öff. Vereinsrechts vom 5. 8. 1964; es regelt das Verbot von Vereinen bei Mißbrauch der Vereinsfreiheit (↑ Vereinigungsfreiheit). Ein Verein darf erst dann als verboten behandelt werden, wenn durch Verfügung der Verbotsbehörde festgestellt ist, daß seine Zwecke oder seine Tätigkeit den Strafgesetzen zuwiderlaufen oder sich gegen die verfassungsmäßige Ordnung oder den Gedanken der Völkerverständigung richten. Mit dem Verbot ist i. d. R. die Beschlagnahme und die Einziehung des Vereinsvermögens verbunden. Ausländervereine können auch dann verboten werden, wenn sie durch polit. Betätigung erhebl. Belange Deutschlands gefährden.
Vereinsregister ↑ Verein.
Vereinstaler, letzter dt. Taler, 1857–71 von den meisten Taler- und Guldenländern, bis 1867 auch von Österreich(-Ungarn) als Vereinsmünze über sonst divergierenden einzelstaatl. Systemen geprägt; 1871–75 offiziell als *Reichstaler* bezeichnet; im Wert von 3 Mark als Silberkurantmünze bis 1907 in Kurs, danach (bis 1908) Scheidemünze.
Vereinte Nationen ↑ UN.
Vereisung, Bildung von Eis (Klareis, Rauheis) an Körpern beim Auftreffen unterkühlter Wassertröpfchen, speziell an Luftfahrzeugen beim Flug durch Wolken mit Temperaturen unterhalb des Gefrierpunkts.
▷ svw. ↑ Vergletscherung.
▷ in der *Medizin:* 1. oberflächl. Anästhesie durch Einfrieren des Gewebes mit Chloräthylspray, Kohlensäureschnee oder flüssigem Stickstoff; wird jedoch wegen der dabei möglicherweise auftretenden Gewebeschäden nicht mehr angewendet; 2. Einfrieren von Gewebe zum Zweck der Zerstörung und/oder operative Entfernung (↑ Kryochirurgie).
Vereitelung ↑ Strafvereitelung.
Verelendungstheorie, in der ersten Hälfte des 19. Jh. im Zuge der Industrialisierung entstandene Theorie, wonach die Löhne der Ind.arbeiter im Verlauf der kapitalist. Entwicklung unter das Existenzminimum sinken würden. V. wurden sowohl von konservativen wie von sozialist. Kritikern (v. a. K. Marx) der industriell-kapitalist. Entwicklung formuliert. Die Armut ist danach nicht einfach Resultat absolut unzureichender Lebensverhältnisse, sondern Ergebnis der Produktion des Reichtums unter kapitalist. Verhältnissen. Je mehr industrieller Reichtum als Kapital produziert wird, desto ärmer wird der Arbeiter.
Vererbung, Übertragung von Merkmalsanlagen (d. h. von genet. Information) von den Elternindividuen auf deren Nachkommen bei Pflanzen, Tieren und Menschen. Die Entstehung eines neuen Organismus aus Strukturen seiner Eltern kann vegetativ oder sexuell (über ↑ Geschlechtszellen) erfolgen (↑ Fortpflanzung). Immer ist der materielle Träger der im Erbgut enthaltenen, als Gene bezeichneten „Anweisungen" zur Ausbildung bestimmter Eigenschaften die DNS bzw. (bei einigen Viren) die virale RNS. Bei Organismen mit echtem Zellkern, den Eukaryonten, ist die genet. Information v. a. in den einzelnen Chromosomen bzw. in den dort lokalisierten, die dann beim V.vorgang von Generation zu Generation weitergegeben werden (*chromosomale V., karyont. V.*; im Unterschied zur *akaryont. V.* bei den Prokaryonten [Bakterien, Blaualgen]). Je nachdem, ob entsprechende (allele) Erbanlagen (Gene), die die Nachkommen von ihren Eltern mitbekommen haben, gleich oder ungleich sind, spricht man von rein- oder von mischerbigen Merkmalen bzw. Individuen (↑ Homozygotie, ↑ Heterozygotie); bei Mischerbigkeit kann das eine allele Gen dominant (↑ Dominanz) und damit das andere rezessiv sein (↑ Rezessivität), oder beider Einfluß auf die Merkmalsausbildung ist etwa gleich stark (*intermediäre Vererbung*). Auf diesen Verhältnissen beruhen die klass. ↑ Mendelschen Regeln, die in reiner Ausprägung, jedoch durch Faktorenaustauschvorgänge auch durch Mutationen,

meist nicht verwirklicht sind. Von einer *geschlechtsgebundenen V.* wird dann gesprochen, wenn in V.gang ↑geschlechtsgebundene Merkmale eine bes. Rolle spielen. Die Ausbildung des jeweiligen Geschlechts erfolgt v. a. durch die Geschlechtschromosomen. Ein einzelnes Merkmal kann durch ein einzelnes Gen, durch mehrere oder durch viele Gene bedingt sein. Neben der chromosomalen V. gibt es noch die (nicht den Mendelschen-Regeln folgende) *extrachromosomale V. (Plasma-V.)* über sog. im Zellplasma lokalisierte Plasmagene. Die Plasma-V. höherer Organismen zeigt, entsprechend den Plasmaanteilen von Eizelle und Spermien, bei der Zygote einen mütterl. Erbgang. Die den ↑Genotyp ergebenden V.faktoren führen zus. mit (modifizierenden) Umweltfaktoren zur Ausbildung des jeweiligen ↑Phänotyps. – Die Wiss. und Lehre von der V. ist die ↑Genetik.

Vererbungslehre, svw. ↑Genetik.

Veress, Sándor [ungar. 'vɛrɛʃ], *Klausenburg 1. Febr. 1907, †Bern 5. März 1992, ungar. Komponist und Musikforscher. – Schüler von Z. Kodály und B. Bartók, lehrte Komposition in Budapest, seit 1950 in Bern. Von ungar. Volksmusik geprägter, rhythmisch und kontrapunktisch differenzierter Stil, u. a. Ballette, 2 Sinfonien (1936; 1954), „Erinnerung an Paul Klee" (1952), Violin- und Klavierkonzert, Kammermusik, Chorwerke, Lieder.

Veresterung, Umsetzung von Alkoholen und Säuren zu ↑Estern.

Verfahrensbeteiligte, i. w. S. alle diejenigen – mit Ausnahme des Gerichts bzw. der verfahrensleitenden Behörde –, denen in einem Verfahren eine Funktion zukommt oder deren Rechte von dem Verfahren berührt werden, auch der *Nebenbeteiligte* im Strafverfahren (z. B. der von einer Beschlagnahme betroffene Dritte). – ↑Beteiligter.

Verfahrensgrundsätze ↑Prozeßmaximen.

Verfahrenstechnik, anwendungsorientierte Wiss., die sich mit Entwurf, Projektierung und Betrieb von Verfahren und Anlagen der Stoffwandlung beschäftigt. Aufgaben für die V. finden sich u. a. in der chem. Ind., Mineralölind., Energiewirtschaft, Hütten-, Textil- und Nahrungsmittelind. Die *theoret. V.* setzt sich u. a. auseinander mit Fragen der chem. bzw. techn. Thermodynamik, der Reaktionskinetik, des Stoffaustausches in seinen verschiedenen Formen sowie des Wärmeaustausches. Die *angewandte V.* beschäftigt sich insbes. mit den physikal.-techn. Grundverfahren (Zerkleinern, Trennen, Agglomerieren, Fördern usw.), den chem. Grundverfahren (Oxidation, Reduktion, Neutralisation, Polymerisation usw.) und – in der *Reaktionstechnik* – mit der Erarbeitung der optimalen techn. Reaktionsführung für die Fabrikationsprozesse.

Verfahrensvoraussetzungen ↑Prozeßvoraussetzungen.

Verfall, der Verlust eines Rechtes ohne Willen des Berechtigten. Im *Strafverfahren* oder einem bes. Sicherungsverfahren die Abschöpfung der durch eine rechtswidrige Tat erlangten Vermögensvorteile; diese verfallen durch gerichtl. Anordnung (V.erklärung) an den Staat. Der V. wird nicht angeordnet, wenn aus der Tat erwachsene Ansprüche des Verletzten beeinträchtigt werden.

Verfallklausel (Verwirkungsklausel, kassatorische Klausel), Vereinbarung, durch die der Schuldner aller seiner Rechte verlustig gehen soll, sofern er seine Pflichten aus dem Vertrag schuldhaft oder nicht rechtzeitig erfüllt (§ 360 BGB).

Verfasser ↑Urheberrecht.

Verfassung (Konstitution, lat. constitutio), i. w. S. die in einem Staat bestehende polit. Kräfteverteilung, die übl. Macht- und Entscheidungsmechanismen, die nicht unbedingt in bestimmter Form fixiert sein müssen; i. e. S. die Gesamtheit der Regeln über die Staatsform, über die Leitung des Staates, über die Bildung und den Aufgabenkreis der obersten Staatsorgane (**Verfassungsorgane,** in der BR Deutschland z. B. Bundespräs., Bundestag, Bundesrat, Bundesreg., Bundesverfassungsgericht), über Verfahren zur Bewältigung von Konflikten und die Beschreibung der ↑Grundrechte (**Verfassungsrecht**). Diese Regeln sind meist (nicht jedoch z. B. in Großbritannien) in einem formellen Gesetz – das selbst auch V. genannt wird – niedergelegt, das i. d. R. in einem bestimmten Verfahren (durch eine verfassunggebende Versammlung) zustande kommt und nur mit qualifizierten Mehrheiten geändert werden kann. Die geschriebene V. steht im allg. in einem Spannungsverhältnis zur tatsächl. Machtverteilung (z. B. Parteien- und Verbändeeinfluß) und zum polit. Prozeß in einem Staat (**Verfassungswirklichkeit**). Als **Verfassungsstaaten** werden allg. alle Staaten mit einer V.urkunde bezeichnet, i. e. S. nur Staaten, in denen durch V. die Staatsgewalt prinzipiell beschränkt und aufgeteilt ist, eine unabhängige Rechtsprechung besteht und Grundrechte der Bürger garantiert sind.

Die V. der *BR Deutschland,* das ↑Grundgesetz, legt als Kern der freiheitl. demokrat. Grundordnung u. a. folgende, auch strafrechtlich geschützte **Verfassungsgrundsätze** fest: Volkssouveränität, Gewaltenteilung, allg., unmittelbares, freies, gleiches und geheimes Wahlrecht, Bindung der Gesetzgebung an die V. sowie der vollziehenden Gewalt und der Rechtsprechung an Gesetz und Recht, Recht auf Ausübung einer parlamentar. Opposition, die Verantwortlichkeit der Reg. gegenüber der Volksvertretung, Unabhängigkeit der Richter, Ausschluß jeder Gewalt- und Willkürherrschaft. Diese Grundsätze sowie die Gliederung des Bundes in Länder und deren grundsätzl. Mitwirkung bei der Gesetzgebung dürfen durch **Verfassungsänderungen** in ihrem Wesensgehalt nicht angetastet werden; im übrigen sind Grundgesetzänderungen nur durch Gesetz mit Zustimmung einer Zweidrittelmehrheit des Bundestags und des Bundesrats möglich (↑Verfassungskommission). Zur Regelung von V.streitigkeiten wurde eine eigene ↑Verfassungsgerichtsbarkeit geschaffen.

Die V. der *DDR* von 1949 wurde 1968 durch eine V. ersetzt, die den sozialist. Staat proklamierte (↑deutsche Geschichte, Abschnitt Dt. Demokrat. Republik).

Die V. *Österreichs* ist in dem ↑Bundes-Verfassungsgesetz i. d. F. von 1929 niedergelegt, das 1945 wieder in Geltung gesetzt wurde. Weitere V.gesetze sind z. B. das Staatsgrundgesetz über die allg. Rechte der Staatsbürger von 1867 und die Europ. Menschenrechtskonvention von 1950 sowie andere Gesetze mit V.rang. Jede Gesamtänderung der Bundes-V. unterliegt einer Volksabstimmung, Teiländerungen nur, wenn ein Drittel der Mgl. des Nationalrates oder des Bundesrates dies verlangt.

In der *Schweiz* gilt die mehrfach ergänzte Bundes-V. (BV) aus dem Jahr 1874. V.änderungen unterliegen in jedem Fall einer ↑Volksabstimmung *(V.referendum),* wobei in der Mehrheit der Kantone ein zustimmendes Ergebnis erforderlich ist.

Verfassungsbeschwerde, verfassungsrechtlich mögl. Beschwerde vor dem Bundesverfassungsgericht (Art. 93 Abs. 1 Nr. 4a GG), die von jedermann (natürl. oder jurist. Person) mit der Behauptung erhoben werden kann, durch die öff. Gewalt (Gesetzgebung, Rechtsprechung, Verwaltung) in einem seiner Grundrechte oder in anderen Rechten, auf die in Art. 93 GG verwiesen wird, unmittelbar verletzt zu sein. Das Bundesverfassungsgericht entscheidet auch über V. von Gemeinden und Gemeindeverbänden wegen Verletzung des Rechts auf Selbstverwaltung durch ein Gesetz. Grundsätzlich kann die V. erst erhoben werden, wenn der Rechtsweg erschöpft ist, d. h. mit allen gegebenen Rechtsmitteln versucht worden ist, vor den jeweils zuständigen Gerichten die Beseitigung des verletzenden Hoheitsaktes (Verwaltungsakt, Gerichtsurteil) zu erreichen. In *Österreich* kann der einzelne V. beim Verfassungsgerichtshof erheben, wenn er in einem verfassungsgesetzlich gewährleisteten Recht verletzt zu sein behauptet. In der *Schweiz* kann mit der staatsrechtl. Beschwerde jeder nationale Hoheitsakt wegen Verletzung verfassungsmäßiger Rechte der Bürger vor das Bundesgericht gebracht werden. Eine V. gegen Hoheitsakte des Bundes ist nicht vorgesehen.

Verfassungsgerichtsbarkeit, die in Deutschland durch das ↑Bundesverfassungsgericht und in den Ländern durch die Staats- bzw. Verfassungsgerichtshöfe ausgeübte

Verfassungsinitiative

Gerichtsbarkeit zur Entscheidung von Verfassungsstreitigkeiten. Das Bundesverfassungsgericht entscheidet als „Hüter der Verfassung" v. a. in folgenden Fällen: 1. Streitigkeiten über den Umfang der Rechte und Pflichten eines obersten Bundesorgans oder anderer Beteiligter, die durch das GG oder die Geschäftsordnung eines obersten Bundesorgans mit eigenen Rechten ausgestattet sind, z. B. einer Fraktion *(Organstreitigkeiten)*; 2. im Verfahren der abstrakten ↑ Normenkontrolle; 3. Streitigkeiten zw. Bund und Ländern und zw. verschiedenen Ländern; 4. Verfassungsbeschwerden (zahlenmäßig bedeutendste Form der V.); 5. im Verfahren der konkreten ↑ Normenkontrolle, wenn ein Gericht, das ein Gesetz, auf dessen Gültigkeit es bei seiner Entscheidung ankommt, für verfassungswidrig hält, es im Vorlageverfahren gemäß Art. 100 GG zur Entscheidung über die Verfassungsmäßigkeit vorlegt; 6. in sonstigen im GG genannten Fällen (z. B. Parteiverbot, Verwirkung von Grundrechten). Die Staats- und Verfassungsgerichtshöfe der Länder entscheiden nach landesrechtl. Verfassungsstreitigkeiten; Prüfungsmaßstab ist die jeweilige Landesverfassung. In *Österreich* wird die V. durch den Verfassungsgerichtshof ausgeübt, dessen Kompetenzen sich aus dem B-VG ergeben. In der *Schweiz* werden Funktionen der V. im Wege parlamentar. Verfassungskontrolle, bundesgerichtl. Verfassungsrechtsprechung und allg. richterl. Prüfung vorgenommen. Der bundesgerichtl. Verfassungsjustiz obliegt insbes. die Beurteilung von Verfassungsbeschwerden sowie die Entscheidung über die sich aus der föderativen Struktur der Schweiz ergebenden Streitigkeiten.
Nach dem 1. Weltkrieg entstanden zudem nach dem Vorbild der USA (Supreme Court) Verfassungsgerichte in zahlr. Staaten, u. a. Australien, Indien oder Italien.

Verfassungsinitiative ↑ Volksabstimmung.

Verfassungskommission, von Jan. 1992 bis Juli 1993 unter Vors. von R. Scholz und H. Voscherau tagende Gemeinsame V. von Bundestag und Bundesrat (je 32 Mgl., die je zur Hälfte von Reg. und Opposition gestellt wurden); sie verabschiedete entsprechend dem Einigungsvertrag Vorschläge zu Änderungen des GG (u. a. Bund-Länder-Verhältnis, Neuaufnahme von Staatszielen [Umweltschutz], Bürgerbeteiligung [Volksabstimmungen]).

Verfassungsorgane ↑ Verfassung.

Verfassungsrecht ↑ Verfassung, ↑ Staatsrecht.

Verfassungsreferendum ↑ Verfassung (Schweiz), ↑ Volksabstimmung.

Verfassungsschutz, i. w. S. die Gesamtheit der Normen, Einrichtungen und Maßnahmen zum Schutz der freiheitl. demokrat. Grundordnung, des Bestandes und der Sicherheit der BR Deutschland; i. e. S. Sammelbez. für das Bundesamt für V. und die V.ämter der Länder. Die Aufgaben dieser Behörden sind im Gesetz über die Zusammenarbeit des Bundes und der Länder in Angelegenheiten des V. vom 20. 12. 1990 geregelt; sie umfassen u. a. die Sammlung und Auswertung von Auskünften, Nachrichten und sonstigen Unterlagen über Bestrebungen gegen die freiheitl. demokrat. Grundordnung, über sicherheitsgefährdende oder geheimdienstl. Tätigkeiten für eine fremde Macht und über gewaltsame Bestrebungen gegen auswärtige Belange der BR Deutschland. Der V. wirkt ferner mit bei der Überprüfung von Geheimnisträgern sowie von Personen, die an sicherheitsempfindl. Stellen von lebens- und verteidigungswichtigen Einrichtungen beschäftigt sind. Er hat keine polizeil. Befugnisse, ist aber zur Anwendung nachrichtendienstl. Mittel berechtigt. Die Rechte und Pflichten des Bundesamtes für V. im Umgang mit personenbezogenen Daten sind 1990 erstmalig gesetzlich geregelt worden.
In *Österreich* und der *Schweiz* gibt es keine bes. V.ämter.

Verfassungsstaat, svw. Rechtsstaat.

verfassungswidrige Organisationen, Sammelbez. für die vom Bundesverfassungsgericht für verfassungswidrig erklärten Parteien (↑ Parteiverbot) und für Parteien oder Vereinigungen, von denen unanfechtbar festgestellt worden ist, daß sie Ersatzorganisation einer solchen Partei sind, für nach dem ↑ Vereinsgesetz verbotene Vereinigungen und deren Ersatzorganisationen sowie für Regierungen, Vereinigungen oder Einrichtungen außerhalb des Geltungsbereichs des StGB, die für die Zwecke einer der genannten Organisationen tätig sind. Die Fortführung einer für verfassungswidrig erklärten Partei oder ihrer Ersatzorganisation, der Verstoß gegen ein Vereinigungsverbot sowie das Verbreiten von Propagandamitteln und die Verwendung von Kennzeichen v. O. wird nach den §§ 84 ff. StGB bestraft. Der Begriff *verfassungsfeindl. Organisationen* ist die gesetzlich nicht vorgesehene Bez. für Parteien und Vereinigungen, die aus polit. Opportunitätsgründen nicht für verfassungswidrig erklärt bzw. verboten werden, deren Mgl. jedoch von der Beschäftigung im öff. Dienst ferngehalten werden sollen (↑ Extremistenbeschluß).

Verfilmungsrecht ↑ Urheberrecht.

Verflüssigung, Überführung von Stoffen in den flüssigen Aggregatzustand. Feststoffe werden durch Zuführen von Wärme (Schmelzen) oder Erhöhung des Druckes flüssig. – ↑ Gasverflüssigung.
▷ Herstellung flüssiger Substanzen durch chem. Umsetzung fester Ausgangsprodukte, z. B. Kohleverflüssigung (↑ Kohlehydrierung).

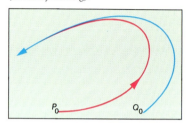

Verfolgungskurve. Rot dargestellte Verfolgungskurve mit Startpunkt P_0; Q_0 markiert den Startpunkt auf der verfolgten Kurve

Verfolgungskurve (Hundekurve, Fluchtkurve), Bahnkurve, die ein Punkt (Körper) P beschreibt, wenn er sich ständig [mit konstanter Geschwindigkeit v_P] in Richtung auf einen anderen Punkt (Körper) Q zu bewegt, der seinerseits [mit konstanter Geschwindigkeit v_Q] eine bestimmte Kurve beschreibt ($v_P > v_Q$).

Verfolgungsrennen ↑ Radsport.

Verfolgungswahn, Vorstellung und Überzeugung, von anderen beobachtet, überwacht, bedroht und verfolgt zu werden; tritt z. B. bei Schizophrenie und Alkoholismus auf.

Verfolgung von NS-Verbrechen, Anklage und Verurteilung wegen Straftaten, die während der Herrschaft des NS begangen wurden, insbes. Verbrechen gegen den Frieden, Kriegsverbrechen und Verbrechen gegen die Menschlichkeit. Die Hauptkriegsverbrecher wurden auf Grund des Londoner Abkommens von 1945 in Verfahren vor dem Internat. Militärgerichtshof in Nürnberg abgeurteilt (↑ Nürnberger Prozesse). Danach verfolgten die Besatzungsgerichte und später dt. Gerichte die NS-Verbrechen u. a. auf Grund des Kontrollratsgesetzes Nr. 10 (Verbrechen gegen die Menschlichkeit). Ab 1950 hatte die westdt. Justiz bei der Aburteilung von NS-Gewaltverbrechen nur noch dt. Strafrecht anzuwenden. Zu verfolgen waren v. a. die bei der Judenverfolgung, in den Konzentrationslagern (↑ Auschwitz-Prozesse) und in den besetzten Gebieten begangenen Verbrechen, aber auch die Verhängung überhöhter Strafen durch Sondergerichte. – ↑ NS-Prozesse.

Verformungsbruch ↑ Bruch.

Verfremdung, Begriff, der allg. die Thematisierung der grundlegenden Distanz der künstler.-poet. Realität zur Alltagsrealität bezeichnet. In B. Brechts Theorie vom ↑ epischen Theater soll das vorhandene ungenügende Verstehen durch den Schock des Nicht-Verstehens zum wirkl. Verstehen geführt werden (V. als Negation der Negation).

Verfügung, 1. im öff. Recht ein ↑ Verwaltungsakt; 2. im Verfahrensrecht eine i. d. R. prozeßleitende gerichtl. Entscheidung des Vorsitzenden, die meist den äußeren Ablauf des Verfahrens betrifft (↑ einstweilige Verfügung); 3. im Zivilrecht ein ↑Rechtsgeschäft, das unmittelbar darauf gerichtet ist, ein bestehendes Recht zu übertragen, zu ändern oder aufzuheben (V.geschäft), z. B. die Übereignung einer Sache (auch Veräußerung genannt), die Bestellung einer Hypothek, die Abtretung, der Erlaß oder die Kündigung einer Forderung. Die V. ist streng zu trennen von dem ihr i. d. R. zugrundeliegenden Rechtsgrund (z. B. Kaufvertrag). Die V. ist grundsätzlich nur wirksam, wenn der Verfügende die ↑Verfügungsbefugnis hat. Eine abweichende Bed. hat der Begriff der V. (Testament) im Erbrecht. Im *östr.* und *schweizer. Recht* gilt weitgehend dem dt. Recht Entsprechendes.

Verfügungsbefugnis, Berechtigung, über ein Recht bzw. über einen Gegenstand wirksam zu verfügen. Sie ist von der Geschäftsfähigkeit zu unterscheiden. Die V. steht grundsätzlich dem Inhaber des Rechtes zu, z. B. hat der Eigentümer einer Sache das Recht, über diese Verfügungen zu treffen. Der Rechtsinhaber kann einen anderen ermächtigen, mit Wirkung gegen ihn über das Recht zu verfügen. Der Rechtsinhaber kann in seiner V. auf Grund eines Gesetzes (↑Veräußerungsverbot) oder behördl. Anordnung beschränkt sein **(Verfügungsbeschränkung).** Verfügt ein Nichtberechtigter über ein Recht, so kann seine Verfügung unter bestimmten Voraussetzungen wirksam sein (↑gutgläubiger Erwerb, ↑Gutglaubensschutz).

Verfügungsgrundsatz, svw. ↑Dispositionsmaxime.
Verfügung von Todes wegen, Oberbegriff für die für den Fall des Todes getroffenen Verfügungen, d. h. Testament oder Erbvertrag; ungenaue Bez. auch für die einzelne erbrechtl. Anordnung, z. B. eine Erbeinsetzung als Alleinerbe oder ein Vermächtnis.

Verführung (Verführung Minderjähriger), das strafbare Verleiten eines Mädchens unter 16 Jahren zum Vollzug des Beischlafs (§ 182 StGB). Verführen ist jede Form des Einwirkens auf den Willen unter Ausnutzung der sexuellen Unerfahrenheit und geringen Widerstandskraft des Mädchens. Die V. ist ein ↑Antragsdelikt; § 182 wird lt. Einigungsvertrag in den neuen Bundesländern nicht angewendet.

Verga, Giovanni [italien. 'verga], *Aci bei Catania 31. Aug. 1840, †Catania 27. Jan. 1922, italien. Schriftsteller. – Hauptvertreter des ↑Verismus. Verbindung zur nonkonformist. Künstlergruppe „Scapigliatura". Schrieb histor.-patriot. Romane, später autobiograph., psycholog.-realist. Romane („Die Malavoglia", 1881) sowie Novellen aus dem sizilian. Landleben („Sizilian. Novellen", 1883); darunter auch „Cavalleria rusticana", die von V. 1884 dramatisiert wurde und P. Mascagni als Opernlibretto diente.

vergällen ↑denaturieren.
Vergangenheit ↑Präteritum.
Vergaser, Vorrichtung an Ottomotoren, die das zum Betrieb notwendige Kraftstoff-Luft-Gemisch aufbereitet. Zur restlosen Verbrennung von einem Gewichtsanteil Benzin werden theoretisch rd. 15 Gewichtsteile Luft benötigt. Wird mehr Luft beigemischt, so wird das Gemisch als *mager,* bei Luftmangel als *fett* bezeichnet. Bei *Fallstrom-V.* geht der Gemischstrom von oben nach unten, bei *Schrägstrom-V.* schräg nach unten. *Steigstrom-V.* (heute selten) haben aufsteigenden, *Flachstrom-V.* waagerechten Gemischstrom. – Der Kraftstoff fließt vom Tank zum Schwimmergehäuse, in dem ein Schwimmer die Zufuhr regelt; durch die Kraftstoffdüse kommt der Kraftstoff zur Zerstäuberdüse, wo er von der in den Zylinder gesaugten Luft erfaßt und fein zerstäubt wird, so daß er anschließend teilweise verdampfen kann. Die Anpassung des Mischungsverhältnisses an die unterschiedl. Betriebszustände des Motors wird durch Verschieben einer kon. Nadel in der Hauptdüse oder durch Ausgleichsdüsen erreicht. In der Verteilerleitung zu den Zylindern sitzt eine Drosselklappe, mit der die Motorleistung bei Bedarf bis zum Leerlauf herabgesetzt wird. Spezielle *Startvorrichtungen* bewirken die zusätzl. Gemischfettung, z. B. die drehbar am Eingang des Mischkanals sitzende Starterklappe; Betätigung von Hand *(Choke)* oder automatisch über eine Bimetallfeder *(Startautomatik). Beschleunigungspumpen* erlauben den Ausgleich der Gemischabmagerung bei raschem Gasgeben.

Vergaserkraftstoffe (Ottokraftstoffe), Gemische verschiedener flüssiger Kohlenwasserstoffe, die als Motorenbenzin für Kfz verwendet werden. Anforderungen an V.: hoher Heizwert, Reinheit, hohe Klopffestigkeit, günstiger Siedeverlauf (zw. 30 und 200 °C), rückstandsarme Verbrennung. Im allg. werden V. in *Normalbenzin* (20–30 % aromat. Verbindungen) und *Super[benzin]* (40–50 % aromat. Verbindungen; erhöhte Klopffestigkeit) eingeteilt. Während die Klopffestigkeit von V. bisher v. a. durch bleitetraäthylhaltige Antiklopfmittel erhöht wurde, wird sie bei *bleifreiem Benzin* durch zusätzl. Verfahrensschritte bei der Herstellung (v. a. höherer Anteil klopffester Kohlenwasserstoffanteile) erreicht.

Vergasung, Umwandlung fester oder flüssiger Brennstoffe in Brenngase durch Umsetzen mit Luft (Sauerstoff) oder Wasserdampf bei erhöhten Temperaturen, z. B. Kohle-V. (↑Kohleveredlung).
▷ Bekämpfung von Ungeziefer durch Gase (↑Begasung).
▷ während des NS Massenvernichtung von Juden durch Giftgase in ↑Vernichtungslagern.

Giovanni Verga

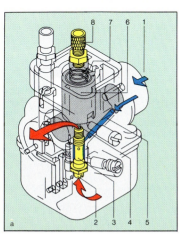
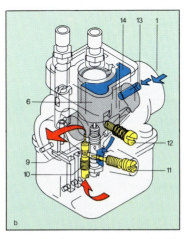
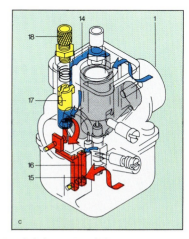

Vergaser. Funktionszeichnung eines Flachstrom/Schrägstrom-Schiebervergasers bei unterschiedlicher Betriebsfunktion: a Betrieb des Hauptreguliersystems, b Betrieb des Leerlaufsystems, c Betrieb des Startvergasers, wobei die entsprechenden Bauteile jeweils hervorgehoben sind; 1 Luftzufuhr, 2 Hauptdüse, 3 Nadeldüse, 4 Düsennadel, 5 Korrekturkanal, 6 Gasschieber, 7 Rückholfeder, 8 Stellschraube, 9 Leerlauf-Austrittsbohrung, 10 Leerlaufdüse, 11 Luftregulierschraube, 12 Gasschieber-Stellschraube, 13 Bohrung zur zusätzlichen Luftbeimengung, 14 Beruhigungskammer, 15 Startdüse, 16 Vorkammer, 17 Schieber des Startvergasers, 18 Stellschraube des Startvergasers

Vergatterung

Vergißmeinnicht.
Sumpfvergißmeinnicht

Vergatterung, beim Militär urspr. das Signal (mit Trommel, Horn oder Trompete) zur Wachablösung; heute die formelle Belehrung der Wachsoldaten beim Antritt des Wachdienstes, die mit dem Kommando „V." abgeschlossen wird.

Vergegenständlichung, svw. ↑Verdinglichung.

Vergehen ↑Straftat.

Vergeltung, allg. die Reaktion auf eine moralisch abzulehnende oder auch anzuerkennende Tat.
▷ im *Strafrecht* eine der mögl. Sinngebungen für die staatl. ↑Strafe.
▷ in der *Religionsgeschichte* der Glaube an eine über die aktuelle Situation hinauswirkende und künftiges Schicksal des Menschen bestimmende Bedeutung ird. Taten.

Vergemeinschaftung, von M. Weber (als Ggs. zum stat. Gemeinschaftsbegriff F. Tönnies') geprägte Bez. für Prozesse des sozialen Handelns, die auf der Basis gegenseitiger Zuneigung, gesellschaftlich festgelegter Zusammengehörigkeitsgefühle und Emotionen soziale Beziehungen herstellen und aufrechterhalten (z. B. in der Familie); der Gegenbegriff **Vergesellschaftung** bezeichnet soziale Beziehungsstrukturen, die durch wert- oder zweckrational ausgerichtetes soziales Handeln zustande kommen (z. B. in Parteien).

Vergesellschaftung ↑Sozialisierung.

Vergessen, das Schwinden von Bewußtseinsinhalten, das ein absichtl., vollständiges oder teilweises Erinnern an derselben verhindert. Das V. ist eine normale Begleiterscheinung des ↑Gedächtnisses und hängt bes. von der seit dem Erlernen verstrichenen Zeit, dem Nichtgebrauch oder der fehlenden Wiederholung der Lerninhalte ab.

Vergewaltigung, Straftat gegen die sexuelle Selbstbestimmung der Frau. Wer eine Frau mit Gewalt oder durch ↑Drohung mit gegenwärtiger Gefahr für Leib und Leben zum außerehel. Beischlaf mit dem Täter selbst oder einem Dritten nötigt, wird mit Freiheitsstrafe nicht unter 2 Jahren und, wenn der Täter leichtfertig den Tod des Opfers verursacht, nicht unter 5 Jahren bestraft (§ 177 StGB). – ↑sexueller Mißbrauch.

Vergiftung, (Intoxikation) schädigende Einwirkung von chem., tier., pflanzl., bakteriellen oder sonstigen Giftstoffen auf den Organismus. Zur Soforthilfe ↑Erste Hilfe.
▷ im Strafrecht das Beibringen von Gift oder anderen Stoffen, die geeignet sind, die Gesundheit zu zerstören, in der Absicht, die Gesundheit eines anderen zu schädigen; wird mit Freiheitsstrafe von einem bis zu 10 Jahren bestraft. Beim Tod des Opfers drohen lebenslange Freiheitsstrafen oder Freiheitsstrafe nicht unter 10 Jahren (§ 229 StGB). Handelt der Täter fahrlässig, ist er nur strafbar, wenn ein Schaden verursacht worden ist. – ↑gemeingefährliche Vergiftung.

Vergil (Publius Vergilius Maro), * Andes (= Pietole) bei Mantua 15. Okt. 70, † Brundisium (= Brindisi) 21. Sept. 19 v. Chr., röm. Dichter. – Aus bäuerl. Milieu; sorgfältige Ausbildung in Rhetorik und Philosophie; lebte meist in Neapel. Seit 39 Mgl. des Dichterkreises um Maecenas. Während die frühesten Gedichte in der Nachfolge Catulls standen, knüpfte V. mit den 10 Hirtengedichten („Bucolica", auch „Eclogae" gen.; entstanden 42–39) an Theokrits Idyllen an; die vierte Ekloge, eine dunkle Prophetie, die ein neues Zeitalter des Friedens verheißt, wurde in der christl. Tradition als Ankündigung des Heilands gedeutet. Die „Georgica", ein kunstvoll komponiertes landw. Lehrgedicht in 4 Büchern (entstanden 39–29), sind durch ihren existenzdeutenden Anspruch der altgriech. Epik (bes. Hesiod) sowie Lukrez und durch ihren geschliffenen Stil der didakt. Poesie des Hellenismus verpflichtet. Sein Epos „Äneis" (12 Bücher) über die Irrfahrten der Trojaner unter Führung des Äneas bis zu ihrer Ansiedlung in Latium wurde röm. Nat.-epos. Das im Anschluß an Homer entstandene Werk unterscheidet sich jedoch durch seinen Symbolgehalt vom griech. Vorbild. Dargestellt wird die Herrschaft des Augustus als die Erfüllung des vom Schicksal bestimmten Verlaufs der röm. Geschichte. V. war von der röm. Kaiserzeit bis zum Barock Maßstab für große Dichtung.

Vergil
(aus einem römischen Mosaik,
1. Jh. n. Chr.)

Vergißmeinnicht (Myosotis), Gatt. der Rauhblattgewächse mit rd. 80 Arten im gemäßigten Eurasien, in den Gebirgen des trop. Afrika bis zum Kapland, auf Neuguinea, in Australien und Neuseeland; Kräuter mit rauhhaarigen Blättern; Blüten in trauben- bis ährenförmigen Wickeln; Blütenkrone blau, rosafarben oder weiß. Einheimisch sind u. a. das **Sumpfvergißmeinnicht** (Myosotis palustris; bis 50 cm hohe Staude mit blauen oder weißen Blüten; auf feuchten Böden) und das **Ackervergißmeinnicht** (Myosotis arvensis); vom **Waldvergißmeinnicht** (Myosotis silvatica) leiten sich zahlr. Gartenformen ab. – Das V. galt bei den Germanen als Symbol der Freundschaft und Erinnerung.

Vergleich, im *Recht* 1. ein Vertrag, durch den der Streit oder die Ungewißheit der Parteien über ein Rechtsverhältnis im Wege gegenseitigen Nachgebens (z. B. durch Erlaß, Anerkenntnis, Stundung) beseitigt wird (§ 779 BGB); ein ↑Irrtum über den als feststehend zugrundegelegten Sachverhalt (V.basis) macht ihn unwirksam; 2. der im ↑Vergleichsverfahren zustandegekommene Vertrag; 3. im Prozeßrecht ↑Prozeßvergleich.
Im *östr. Recht* ein zweiseitig verbindl. Vertrag, in dem streitige oder zweifelhafte Rechte bestimmt werden. Die gerichtl. Entscheidung über die Änderung von Forderungen, die mehreren Gläubigern gegenüber einem Schuldner zustehen, wird als *Ausgleich* bezeichnet. Das Ausgleichsverfahren ist vergleichbar dem dt. Vergleichsverfahren.
Im *schweizer. Obligationenrecht* ist der V. nicht eigens geregelt.
▷ als rhetor. Figur eine Sinnfigur, die die Anschaulichkeit erhöhen soll. Zw. zwei Bereichen, die in einem Punkt (dem Tertium comparationis) übereinstimmen, wird zumeist mit Hilfe von Vergleichswörtern (so–wie) eine verdeutlichende Analogie hergestellt („Keine ist so schön wie Christine").

vergleichende Erziehungswissenschaft (vergleichende Pädagogik), Forschungszweig der ↑Pädagogik, dessen Aufgabe die vergleichende Betrachtung verschiedener Erziehungssysteme, -ideen, -ziele sowie spezif. Bildungsprobleme einzelner Länder bzw. regionaler Bereiche ist.

vergleichende Literaturwissenschaft (komparative Literaturwissenschaft, Komparistik), beschäftigt sich bes. mit Beziehungen, Verwandtschaften, Gemeinsamkeiten und Unterschieden zw. den Nationalliteraturen. – ↑Literatur.

vergleichende Sprachwissenschaft (Sprachvergleichung, Komparistik), Richtung der Sprachwiss., die mittels der histor.-vergleichenden Methode durch Vergleichen verwandter Sprachen und Feststellen der zw. diesen bestehenden Gleichheiten oder Ähnlichkeiten den Vorgeschichte untersucht und die ihnen zugrundeliegende Grundsprache zu rekonstruieren versucht. – ↑Sprachtypologie.

Vergleichsmiete, die einem Mieterhöhungsverlangen zugrundezulegende ortsübl. Miete für Wohnraum vergleichbarer Art, Größe, Ausstattung, Beschaffenheit und Lage. – ↑Mietpreisrecht.

Vergleichsverfahren, gerichtl. Verfahren zur Abwendung des Konkurses, geregelt in der Vergleichsordnung vom 26. 2. 1935 (gilt lt. Einigungsvertrag in den neuen Bundesländern nicht; anzuwenden sind die Vorschriften der Gesamtvollstreckungsordnung i.d.F. vom 23. 5. 1991). Ziel des V. ist die Herbeiführung eines Vergleichs (sog. Akkord), d. h. eines Vertrages zw. dem Schuldner und der Gläubigermehrheit, der mit Wirkung für und gegen alle Gläubiger die anteilige Befriedigung der Gläubiger gegen den Erlaß der Restforderungen sicherstellen soll, damit das insolvente schuldner. Unternehmen im Interesse von Schuldner, Gläubiger, der dort Beschäftigten und nicht zuletzt aus gesamtwirtsch. Gründen fortgeführt und saniert werden kann. Der Antrag auf Eröffnung des Vergleichs kann nur vom Schuldner und nur bis zur Konkurseröffnung gestellt werden. Er muß einen *Vergleichsvorschlag* enthalten, der angibt, zu welchem Teil, d. h. zu welcher Quote **(Vergleichsquote)** – mindestens 35 % – die Forderungen der Gläubiger befriedigt werden. Dieser Mindestprozentsatz der Vergleichsquote muß auch beim *Liquidationsver*-

gleich (Schuldner überläßt den Gläubigern sein Vermögen ganz oder teilweise, mit der Abrede, daß der durch die Verwertung nicht gedeckte Teil der Forderungen erlassen sein soll) gewährleistet sein. Im Falle der Eröffnung des V. bestellt das Gericht den ↑Vergleichsverwalter und fordert die Gläubiger auf, ihre Forderungen anzumelden (↑Gläubigerverzeichnis). Der Vergleich kommt durch die Annahme des Vergleichsvorschlags und die Bestätigung des Gerichts zustande. Lehnt das Gericht die Eröffnung des V. oder die Bestätigung des Vergleichs ab oder stellt das Verfahren ein, hat es von Amts wegen über die Eröffnung des Konkursverfahrens (↑Konkurs) zu entscheiden. Das Konkurs- und Vergleichsrecht soll reformiert und für ganz Deutschland vereinheitlicht werden. – Zum *östr. Recht* ↑Vergleich. Im *schweizer. Recht* entspricht der gerichtl. Nachlaßvertrag dem dt. Vergleichsverfahren.

Vergleichsverwalter, mit Prüfungs- und Überwachungsaufgaben betrauter, von Schuldner und Gläubigern unabhängiger Amtsträger im Vergleichsverfahren. Der vom Gericht bestellte V. hat die wirtsch. Lage des Schuldners zu prüfen sowie seine Geschäftsführung und Lebenshaltung zu überwachen. Sein Amt erlischt mit der Aufhebung des Verfahrens. Das Vergleichsverfahren wird mit der Bestätigung des Vergleichs durch das Gericht aufgehoben, wobei sich der Schuldner bei der Vergleichserfüllung der Überwachung durch einen ↑Sachwalter unterwirft.

Vergletscherung (Vereisung), Bildung und Ausbreitung von Gletschereis bzw. Gletschern.

Verglühbrand, svw. ↑Glühbrand.

Vergnügungssteuer, von den Gem. in einigen Bundesländern auf Grund von Landesgesetzen erhobene Verbrauchssteuer (u. a. für Tanzveranstaltungen, Kino, Theater). Die V. wird zumeist als Kartensteuer (i. d. R. 20 % des Eintrittspreises) oder als Pauschalsteuer (bemessen nach Raumgröße) erhoben.

Vergolden, Überziehen von Metall- oder Nichtmetallgegenständen für dekorative oder techn. Zwecke mit Gold, meist elektrolytisch aus cyanidhaltigen u. a. Lösungen, ferner durch chem. Reduktion, durch Aufwalzen dünner Goldfolien (↑Doublé) oder durch Aufdampfen im Hochvakuum. – ↑Blattgold.

Vergöttlichung ↑Apotheose.

Vergrößerung, in der *Optik* das Verhältnis vom Tangens des Sehwinkels mit vergrößerndem Instrument zum Tangens des Sehwinkels ohne Instrument in einer vorgegebenen Bezugsentfernung (bei Mikroskop und Lupe die deutl. Sehweite, bei Fernrohren im allg. die wirkl. Objektweite). – ↑Abbildungsmaßstab.
▷ in der *Musik* ↑Augmentation.

Vergrößerungsglas, svw. ↑Lupe.

Vergrusung, der durch physikal. Verwitterung verursachte Zerfall grobkristalliner Gesteine zu Schutt von Feinkiesgröße.

Vergütung (Vergüten), (Entspiegelung) in der *Optik* das Aufbringen einer dünnen reflexvermindernden Schicht (**Antireflexbelag,** z. B. aus Calciumfluorid oder Lithiumchlorid) auf Linsen, Prismen u. a., die das an der freien Glasoberfläche reflektierte Licht durch Interferenz weitgehend auslöscht, bei viellinsigen Objektiven den Durchlaßgrad (d. h. die Transparenz) erhöht und durch Mehrfachreflexionen das Bild gelangendes Streulicht oder Nebenbilder unterdrückt. Für die Entspiegelung über einen größeren Spektralbereich werden heute Mehrfachschichten aus unterschiedlich brechenden Substanzen verwendet (sog. **Multicoating**).
▷ in der *Metallkunde* die Verbesserung der Eigenschaften von Stählen durch Härten und Anlassen.

Vergütung, Entgelt für eine Leistung, v. a. für eine Arbeitsleistung in Form von Lohn, Gehalt, Honorar.

Verhaeren, Émile [frz. vɛraˈrɛn, niederl. vərˈhaːrə], *Sint-Amands (Antwerpen) 21. Mai 1855, †Rouen 27. Nov. 1916 (Eisenbahnunglück), belg. Dichter. – Bedeutendster frz.sprachiger belg. Lyriker. Mitbegr. der Bewegung um die Zeitschrift „La Jeune Belgique". Begann mit symbolist. Gedichten; wurde nach seiner Hinwendung zum Sozialismus mit den Gedichten „Die geträumten Dörfer" (1895), „Die Gesichter des Lebens" (1899), in denen Großstadt, moderne Technik und Arbeitswelt thematisiert wurden, zum lebensbejahenden „Sänger des Maschinenzeitalters"; auch Dramatiker. Setzte sich bes. für Frieden und Völkerfreundschaft ein.

Verhaftung, die Festnahme eines Beschuldigten auf Grund eines ↑Haftbefehls.

Verhalten, i. w. S. die Gesamtheit aller beobachtbaren (feststellbaren oder meßbaren) Reaktionsweisen oder Zustandsänderungen von Materie, insbes. das Reagieren lebender Strukturen auf Reize; i. e. S. die Gesamtheit aller Körperbewegungen, Körperhaltungen und des Ausdrucksverhaltens eines lebenden tier. Organismus in seiner Umwelt. Dieses letztere V. ist der Untersuchungsgegenstand der vergleichenden ↑Verhaltensforschung. Ein anderer method. Ansatz liegt dem ↑Behaviorismus zugrunde. – Heute unterscheidet man im allg. Kategorien bestimmter V.weisen. So versteht man unter *autochthonem* V. die Gesamtheit der Reaktionen, die auf einem spezif. Antrieb beruhen und durch einen passenden Schlüsselreiz ausgelöst werden. Im Unterschied dazu wird V., dem auch individuelle Lernvorgänge zugrunde liegen, als *allochthones* V. bezeichnet. Des weiteren wird etwa zw. *spontanem* V., *agonist.* V. (V. im Zusammenhang mit [kämpfer.] Auseinandersetzungen) und *appetitivem* V. (↑Appetenzverhalten) unterschieden. Bes. Interesse wird dem insgesamt artspezif. V. in seiner Angepaßtheit (Funktion) und stammesgeschichtl. Entwicklung (Evolution) entgegengebracht, das bei der Mehrzahl der einer bestimmten Tierart zugehörigen Individuen in relativ ähnl. Situationen und unter relativ ähnl. Begleitumständen regelmäßig auftritt. Zu grundlegend neuen Aspekten in der V.wiss. haben in den letzten Jahren Ansätze geführt, die aus der Kybernetik und Systemanalyse hervorgegangen sind. Es werden hierbei kybernet. Modelle der *V.organisation* entwickelt, in denen der Organismus weniger im Wesen ist, das auf seine (inneren) Bedürfnisse und (äußeren) Verhältnisse oder Situationen nach einer durch Vererbung und Erfahrung entstandenen Vorprogrammierung und Programmierung reagiert, als vielmehr ein in hohem Grade aktives System, das sich Reizen zuwendet, sie aufnimmt, umformt, koordiniert und verarbeitet und die Verarbeitungsergebnisse in neue Aktivitäten umsetzt; dadurch wiederum wird die äußere Reizsituation beeinflußt. V. ist damit kein Mechanismus, der an einer bestimmten Stelle beginnt und dann abläuft, sondern eine Ganzheit in einem geschlossenen System von Organismus und Umwelt, die voneinander abhängig sind und sich gegenseitig modifizieren.

Verhaltensforschung (vergleichende V., Ethologie), Teilgebiet der Biologie, das sich mit der objektiven Erforschung des ↑Verhaltens der Tiere *(Tierethologie)* und des Menschen *(Humanethologie)* befaßt. Die *deskriptive* V. beobachtet und registriert Verhaltensabläufe in möglichst natürl. Umgebung. Demgegenüber arbeitet die *analyt. (experimentelle)* V. mit veränderten Untersuchungsbedingungen, um Einblick in die Kausalzusammenhänge zu gewinnen. Insgesamt werden von der *allg.* V. u. a. die neuro- und sinnesphysiolog. sowie u. a. die hormonalen und auch morpholog. Grundlagen des Verhaltens untersucht. Die *spezielle* V. befaßt sich u. a. mit den Formen der Orientierung, des stoffwechselbedingten Verhaltens, des Fortpflanzungsverhaltens und des sozialen Verhaltens. Die *vergleichende* V. unterscheidet sich von anderen Verhaltenswiss. dadurch, daß sie die Funktion eines Verhaltens für die ontogenet. oder phylogenet. Anpassung eines Lebewesens in den Mittelpunkt ihrer Forschungen stellt.

Geschichte: Die V. im heutigen Sinn (als Biologie des Verhaltens) wurde 1895 von L. Dollo begründet. Als eigtl. Begründer der modernen V. gilt K. Lorenz, ein Schüler Heinroths, der sich u. a. mit dem Instinktverhalten beschäftigte. Erst E. von Holst allerdings konnte 1937 nachweisen, daß es angeborene, arteigene Bewegungsfolgen gibt, die nicht – wie viele andere tier. und menschl. Verhaltensweisen – den bedingten und unbedingten Reflexen zuzuordnen sind, sondern auf der automat.-rhythm. Erzeugung von Reizen

Émile Verhaeren

Paul Verhoeven

im Zentralnervensystem beruhen. Mit diesem wohl wichtigsten Forschungsergebnis begann der endgültige Eigenweg der Verhaltensforschung. – Die Ergebnisse der V. faßte erstmals N. Tinbergen in einem Lehrbuch („Instinktlehre", 1952) zusammen.

Verhaltensmuster ↑ Pattern.

Verhaltensstörungen, eine Gruppe funktioneller psychophys. Störungen, die zu einer mehr oder minder starken Beeinträchtigung im Leistungs- und sozialen Bereich führen, aber nicht primär auf körperl. Veränderungen oder Schädigungen zurückzuführen sind.

Verhaltenstherapie, die Gruppe der auf der Lerntheorie aufbauenden Formen der Psychotherapie. Im Unterschied zur Tiefenpsychologie geht die V. davon aus, daß neurot. Störungen auf erlernte Fehleinstellungen zurückzuführen sind, die durch ein Gegentraining (Dekonditionierung) aufgehoben werden können. Anwendung u. a. bei Depressionen, Stottern, Suchterscheinungen.

Verhältnis (V.größe), Bez. für Brüche, bei denen Zähler und Nenner Größen gleicher Art (z. B. Längen, Leistungen) oder auch reine Zahlen sind.

Verhältnisgleichung, svw. ↑ Proportion.

Verhältnismäßigkeitsgrundsatz, aus dem Rechtsstaatsprinzip des GG abgeleiteter allg. Grundsatz des öff. Rechts, wonach unter mehreren (rechtlich und tatsächlich) mögl. Maßnahmen des Hoheitsträgers diejenige auszuwählen ist, die den Betroffenen am wenigsten beeinträchtigt; auch darf die Maßnahme nicht weitergehen, als zur Erreichung des angestrebten Zwecks erforderlich ist *(Übermaßverbot)*. Ferner darf ein zu erwartender Schaden nicht in grobem Mißverhältnis zum erstrebten Erfolg stehen. Der V. gilt für die Verwaltungsakte (bes. im Polizeirecht), ferner im Zivilprozeß, bei der Zwangsvollstreckung, im Strafprozeßrecht (z. B. bei Verhaftung und Beschlagnahme), im Strafrecht und – auch im Zivilrecht – bei Fragen der Notwehr, Selbsthilfe u. a. Im *Strafrecht* gebietet der V., daß die angedrohte und verhängte Strafe in einem angemessenen Verhältnis zur Schwere der Tat und zum Verschulden des Täters stehen muß.

Verhältniswahl ↑ Wahlen.

Verhältniswort, svw. ↑ Präposition.

Verhandlungsfähigkeit, im Strafprozeß die Fähigkeit eines Beteiligten, seine Interessen wirksam wahrzunehmen, Prozeßerklärungen abzugeben und entgegenzunehmen. Endgültige Verhandlungsunfähigkeit bewirkt die Einstellung des Verfahrens. Im Zivilprozeß entspricht der V. die Prozeßfähigkeit.

Verhandlungsgrundsatz (Verhandlungsmaxime), zu den Prozeßmaximen gehörender Verfahrensgrundsatz, wonach die Sammlung des für die Entscheidungsfindung (z. B. Urteil) benötigten Tatsachenstoffes grundsätzlich den Prozeßparteien obliegt (auch *Beibringungsgrundsatz*). Das Gericht darf bei seiner Entscheidung nur solche Tatsachen berücksichtigen, die die Parteien selbst im Verfahren vorgetragen haben sowie nur die von den Parteien angebotenen Beweise erheben; z. B. hat es unstreitige Tatsachen als wahr hinzunehmen. Das Gericht muß allerdings durch die Erörterung des Sach- und Streitstandes mit den Parteien, insbes. durch die Ausübung des Fragerechts, auf vollständige Erklärungen der Parteien hinwirken. Der V. gilt (mit Ausnahmen) im Zivilprozeß sowie (mit Einschränkungen) im Arbeitsgerichtsprozeß. – ↑ Untersuchungsgrundsatz.

Verhandlungsprotokoll, im Verfahrensrecht die Niederschrift, die über jede mündl. Verhandlung, Beweisaufnahme sowie Hauptverhandlung aufzufertigen ist. Das V. ist öff. Urkunde und hat Beweiskraft dafür, daß die gesetzlich vorgeschriebenen Förmlichkeiten der Verhandlung eingehalten worden sind.

Verhärtung, svw. ↑ Induration.

Verharzung, die Bildung harzartiger, meist dunkler, schwer- bis unlösl. Produkte, die durch Polymerisation ungesättigter oder carbonylgruppenhaltiger Verbindungen, z. B. in Fetten, Mineralölen oder äther. Ölen, entstehen.

Verhelst, Aegid, d. Ä. [niederl. vərˈhɛlst], * Antwerpen 13. Dez. 1696, † Augsburg 19. April 1749, fläm. Bildhauer und Stukkator. – Schuf in Oberbayern und Schwaben u. a. Apostelfiguren für die Fassade der Klosterkirche von Ettal; vier allegor. Figuren (1740–42) für die ehem. fürstäbtl. Residenz in Kempten; sechs Standfiguren (1748/49) für den Hochaltar der Wies.

Verheugen, Günter, * Bad Kreuznach 28. April 1944, dt. Politiker. – 1960–82 Mgl., 1978–Sept. 1982 Generalsekretär der FDP; im Nov. 1982 Übertritt zur SPD; MdB seit März 1983; 1987–89 Chefredakteur des „Vorwärts".

Verhoeven [fɛrˈhøːfən], Michael, * Berlin 13. Juli 1938, dt. Filmregisseur und Schauspieler. – Sohn von Paul V.; Arzt; mit seiner Frau, der Schauspielerin Senta Berger (* 1941), seit 1965 Besitzer der Sentana-Filmproduktion. Drehte u. a. die Filme „MitGift" (1975), „Sonntagskinder" (1979), „Die weiße Rose" (1982), „Killing Cars" (1985), „Das schreckliche Mädchen" (1990).

V., Paul, * Unna 23. Juni 1901, † München 22. März 1975, dt. Schauspieler, Regisseur, Bühnen- und Filmautor. – Engagements in München, Dresden, Wien und Frankfurt am Main, 1933 am Dt. Theater in Berlin, 1943/44 Intendant des Theaters unter den Linden; 1945–49 Intendant des Bayer. Staatstheaters. Verfaßte Drehbücher, u. a. für „Das kalte Herz" (1950), die er selbst inszenierte.

Verholzung, Verfestigung (und damit verbundene Verdickung) der Zellwände im Festigungs- und Leitgewebe der Sproßachsen und Wurzeln mehrjähriger Pflanzen durch Einlagerung von ↑ Lignin.

Verhör ↑ Vernehmung.

Verhüttung, industrielle Verarbeitung von Erzen zur Gewinnung von Metallen.

Verifikation [zu lat. verus „wahr"], allg. die Überprüfung einer Aussage auf ihre Wahrheit; [wiss.] Erhärtung; **verifizieren,** als wahr erweisen; bestätigen, überprüfen. – Ggs. ↑ Falsifikation.
▷ formaler Nachweis von Eigenschaften eines Programms, die als Ein- und Ausgabebedingungen spezifiziert sein müssen, zum Beweis seiner semantischen Korrektheit. Man unterscheidet zwischen partieller und totaler Korrektheit. Ein Programm heißt *partiell korrekt,* wenn es für eine Eingabe terminiert und die gewünschte Aufgabe liefert. Ein Programm heißt *total korrekt,* wenn es für alle Eingaben terminiert und zugleich partiell korrekt ist.

Verifikationsprinzip, von Philosophen des Wiener Kreises eingeführte method. Norm der Wissenschaftskritik, nach der die (wiss.) Behauptungssätze (Aussagen) nur dann überhaupt sinnvoll sind, wenn es möglich ist, sie auf formaler oder empir. Basis zu verifizieren, d. h. zu bestätigen.

Veringenstadt [ˈfeːrɪŋən], Stadt auf der Schwäb. Alb nö. von Sigmaringen, Bad.-Württ., 620–820 m ü. d. M., 2 200 E; Heimatmuseum; Textil-, Baustoffind. – 1251 erstmals erwähnt; als planmäßige Anlage der Grafen von V. unterhalb der Burg entstanden (1393 Stadtrecht). – In der Umgebung Höhlen und Felsüberhänge mit zahlr. Spuren aus vorgeschichtl. Zeit (seit dem Moustérien). – Burgruine (z. T. 12. Jh.) mit roman. Kapelle.

Verinnerlichung, svw. Internalisierung (↑ internalisieren).

Verismus [zu lat. verus „wahr"] (italien. verismo), Bez. für die ungeschminkte Wiedergabe einer harten und bes. auch häßl. Wirklichkeit in ep. und dramat. Literatur, bildender Kunst, Photographie und Film; beabsichtigt ist zumeist eine soziale Anklage. In der bildenden Kunst der 1920er Jahre gab es starke verist. Tendenzen; bes. die Vertreter der Neuen Sachlichkeit nutzten den V. zur Gestaltung gesellschaftskrit. Themen (O. Dix, G. Grosz). Verist. Tendenzen kennzeichnen bes. den zeitgenöss. [italien.] Film und die Stücke der neuen Volksdramatik. – Als **Verismo** wird die italien., dem europ. Naturalismus entsprechende Stilrichtung bezeichnet; Hauptvertreter in der [bald regionalist.] Literatur waren G. Verga und L. Capuana. Nach dem 2. Weltkrieg knüpfte der italien. Neorealismus an die naturalist. (verist.) Tendenzen an. – In der *Musik* zielte der v. a. vom naturalist. Drama geprägte [italien.] Opernstil seit 1890 auf ein „wahres", naturgetreues Bild der Realität. Verist. Opern sind u. a. „Cavalleria rusticana" (1890) von P. Mascagni

"I pagliacci" (1892) von R. Leoncavallo und "Tiefland" (1903) von E. d'Albert.

veritabel [lat.-frz.], wahrhaft, echt.

Verjährung, im *Zivilrecht* der durch Zeitablauf eintretende Verlust der Durchsetzbarkeit eines Rechts (§§ 194 ff. BGB). Der V. unterliegen grundsätzlich alle Ansprüche, dagegen nicht die sonstigen Rechte wie Persönlichkeitsrechte, das Eigentum usw. Die **Verjährungsfrist** beträgt allg. 30 Jahre, für Ansprüche aus den häufigsten und praktisch wichtigsten Umsatz- und Dienstleistungsgeschäften, d. h. den Geschäften des tägl. Lebens, hingegen 2 Jahre, für Ansprüche aus unerlaubter Handlung 3 Jahre. Die nach Fristablauf eingetretene V. beseitigt den Anspruch als solchen nicht, gibt jedoch dem Schuldner ein einredeweise geltend zu machendes Leistungsverweigerungsrecht. Die V. beginnt i. d. R. mit dem Tag der Entstehung des Anspruchs, die genannte kurze V.frist (2 bzw. 3 Jahre) beginnt mit dem Schluß des Jahres, in dem der Anspruch entstanden ist. Die *Hemmung* (das Ruhen) *der* V. tritt durch ↑ Stundung der Leistung oder bei Stillstand der Rechtspflege (z. B. Verhinderung der Rechtsverfolgung durch höhere Gewalt, Kriegswirren) ein. Die V. wird *unterbrochen* und muß von neuem beginnen im Falle des Anerkenntnisses (z. B. durch Abschlagszahlung, Sicherheitsleistung des Schuldners) sowie durch Klageerhebung. Bei *Ordnungswidrigkeiten* tritt die Verfolgungs-V. je nach Höhe der angedrohten Geldbuße nach 3, 2, 1 Jahr bzw. nach 6 Monaten ein; die Vollstreckungs-V. tritt nach 5 bzw. 3 Jahren ein.
Im *östr. Zivilrecht* gelten dem dt. Recht im wesentlichen ähnl. Vorschriften. Im *schweizer. Obligationenrecht* beträgt die allg. V.frist 10 Jahre. Forderungen aus den Geschäften des tägl. Lebens verjähren i. d. R. in 5 Jahren. Zur V. im *Strafrecht* ↑ Strafverfolgung.

Verjüngung (Bestandsverjüngung), in der *Forstwirtschaft* die Ablösung einer alten Baumgeneration durch eine junge. Bei der *natürl.* V. (Natur-V.) geht der Jungwuchs aus Stockausschlägen, aus Wurzelsprossen oder aus herabfallenden Samen hervor. Zur *künstl.* V. werden Stecklinge oder bewurzelte Pflanzen verwendet oder Samen ausgesät.

Verkabelung, allg. das Verlegen von Kabeln (z. B. anstelle von Freileitungen), i. e. S. der Aufbau eines Kabelnetzes – insbes. im Rahmen des ↑ Kabelfernsehens –, um Verbrauchern bzw. Anbietern vielfältigere Möglichkeiten in technisch guter Qualität zu geben.

Verkalkung, in der Medizin: 1. physiolog. Einlagerung von Calciumsalzen in die Knochen; 2. krankhafte Ablagerung von Calciumsalzen im Bereich abgestorbener oder schlecht ernährter Gewebe, auch im Gefolge abgelaufener Entzündungen. – ↑ Arteriosklerose.

Verkäsung (Tyrosis), käsige Degeneration, bestimmte Entzündungsform, bei der das Gewebe zu einer gelblich verfetteten, käseartigen Masse zerfällt (z. B. bei der Lungentuberkulose).

Verkauf, alle in direktem Kontakt mit dem Kunden durchgeführten Vorgänge bei der Veräußerung von Gütern und Dienstleistungen.

Verkäufermarkt, Markt, auf dem die Verkäufer auf Grund eines Nachfrageüberschusses das Marktgeschehen entscheidend beeinflussen können (insbes. durch Preissteigerungen). – Ggs. ↑ Käufermarkt.

Verkaufsförderung ↑ Sales-promotion, ↑ Merchandising.

Verkaufspreis, der dem Abnehmer in Rechnung gestellte Preis. Man unterscheidet den *Brutto-V.,* der noch Rabatt, Skonto u. a. enthält, und den *Netto-V.,* den der Käufer effektiv zahlt.

Verkaufspsychologie, Bestandteil der Verkaufsförderung; beschäftigt sich u. a. mit psycholog. Wirkung von Waren und deren Repräsentation, mit Bedürfnissen und Gewohnheiten von Käufern sowie entsprechender Schulung des Verkaufspersonals.

Verkehr, 1. svw. ↑ Geschlechtsverkehr; 2. i. w. S. alle Arten und Formen sozialer Kontakte; in diesem Sinne spricht man so gesellschaftl. V., V.sitte (z. B. unter Kaufleuten), verkehrsüblich; 3. in den Wirtschaftswiss. die Ortsveränderung von Personen, Gütern und Nachrichten als Voraussetzung für arbeitsteiliges Wirtschaften und Spezialisierung. Moderner *Personen-V.* ist eine Folge von Unterschieden zw. Orten und Zeiten des Wohnens, Arbeitens, des Einkaufs sowie der Freizeitaktivitäten, führt zu wachsender Mobilität und beeinflußt grundlegend die Siedlungsstrukturen. Der *Güter-V.* beruht auf Unterschieden zw. Orten und Zeiten der Entstehung und Verwendung von Gütern sowie der Spezialisierung der Produktionen.
Je nach V.weg wird unterschieden zw. Straßen-, Schienen-, Wasser- und Luftverkehr. Der *Nachrichten-V.* nutzt elektr. Leiter bzw. elektromagnet. Wellen für die Zwecke der Nachrichtenübertragung. Nach Art der V.teilnehmer und V.mittel lassen sich *Individual-V.* (Fußgänger, Pkw) und *öff. V.* (Busse, Straßenbahn, Eisenbahn) unterscheiden. Im Straßen-V. wird u. a. zw. *ruhendem V.* (parkende Fahrzeuge) und *fließendem V.* (die V.teilnehmer nehmen aktiv am V. teil) unterschieden. Als V.zwecke lassen sich v. a. der *Berufs-V.* (zw. Wohnung und Arbeitsplatz), der *Einkaufs-V.* (zw. Wohnung und Geschäftsvierteln) sowie der *Freizeit-* und *Urlaubs-V.* feststellen. Darüber hinaus wird je nach der Entfernung zw. *Nah-* und *Fern-V.* unterschieden.
Infolge seiner großen wirtsch. Bed. hat sich die staatl. Planung des V.wesens angenommen. Dies betrifft v. a. die Bereiche des Schienen-V., dessen Bed. für den *Nah-V.* in den großen Ballungsgebieten durch den Zusammenschluß verschiedener V.betriebe (Dt. Bundesbahn, kommunale und private V.betriebe) zu einem **Verkehrsverbund** (z. B. in Hamburg, im Ruhrgebiet, Rhein-Main-Gebiet), beträchtlich gewachsen ist, und den Bereich des Straßen-V., der v. a. durch die Straßenverkehrszulassungsordnung und die Straßenverkehrsordnung reglementiert ist. Das starke Anwachsen des Straßen-V. und die damit verbundenen ökol. Probleme sowie steigende Unfallziffern erfordern in starkem Maße verkehrspolit. Maßnahmen (Ausbau des Schienen-V. und des öff. Nah-V., Schaffung verkehrsberuhigter Zonen, Übergang zum kombinierten V.).

Geschichte: Tragtier, zweirädriger Karren, Boot oder Schiff auf Flüssen bzw. auf See waren in der vorindustriellen Gesellschaft die wichtigsten V.mittel in Europa. Erste Reglementierungen des V. trafen um 1220 der Sachsenspiegel für die Landfahrzeuge und das Hamburger Schiffsrecht aus dem Jahr 1270 für Schiffe. Im Laufe des 16. Jh. bildeten sich weitverzweigte Speditionsfirmen, die den Transport im Fernhandel übernahmen. Indem der Straßenbau in der Ära des Merkantilismus Gegenstand von Planung und Förderung wurde, verbesserten sich die Bedingungen für den Land-V., v. a. den Handelsorten wurden verringert. Die Schiffbarmachung zahlr. Flüsse und Kanalbauten seit 1750 (v. a. in England) wurde, ähnlich dem zu Beginn des 19. Jh. einsetzenden Eisenbahnbau, zu einem zentralen Investitionsbereich und beschäftigte viele Menschen. Im Übersee-V. wurden neue Routen befahren. Mit der Erfindung der Dampfmaschine wurde das V.wesen revolutioniert: Als Lokomotive zog sie Eisenbahnzüge, im Schiff eingebaut, ermöglichte sie seit Ende des amerikan. Sezessionskrieges eine schnellere Überquerung des Ozeans, obgleich die Segelschiffe bis Ende des 19. Jh. ihre Bed. behielten.
Seit dem 1. Weltkrieg nahm die Motorisierung einen starken Aufschwung. Die Verwendung des Lastkraftwagens wurde durch die Wirtschaftskrise 1929–33 begünstigt, da mit ihm leichter zu disponieren war als mit Eisenbahnwaggonladungen. Im Personennah-V. ergänzten Busse die Eisenbahnen und verdrängten Straßenbahnen. Der Gedanke, eigene V.wege für das Kfz zu bauen, wurde erstmals mit der Avus in Berlin verwirklicht (↑ Straße, Geschichte). Die Entwicklung billiger Kraftwagentypen während des 2. Weltkriegs und in der Nachkriegszeit weitete den privaten Individual-V. aus und führte dazu, daß der Automobilind. eine Schlüsselfunktion in der Industrialisierung zufiel. Unter dem Konkurrenzdruck des Straßen-V. und des Luft-V. für die schnelle Beförderung von Gütern sank der Anteil der Beförderungsleistungen der Eisenbahnen am Gesamtverkehrsaufkommen, was zu einem immer expansiveren

Verkehrszeichen

Gefahrzeichen
1 Gefahrstelle
2 Kreuzung oder Einmündung mit Vorfahrt von rechts
3 Kurve (rechts)
4 Doppelkurve (zunächst rechts)
5 Gefälle
6 Steigung
7 unebene Fahrbahn
8 Schleudergefahr bei Nässe oder Schmutz
9 Steinschlag von rechts
10 Seitenwind von links
11 verengte Fahrbahn
12 einseitig (rechts) verengte Fahrbahn
13 Baustelle
14 Gegenverkehr
15 bewegliche Brücke
16 Ufer
17 Lichtzeichenanlage
18 Fußgängerüberweg
19 Kinder
20 Radfahrer kreuzen
21 Viehtrieb, Tiere
22 Wildwechsel
23 Flugbetrieb
24 Bahnübergang mit Schranken oder Halbschranken
25 unbeschrankter Bahnübergang
26 Warnbaken vor Bahnübergängen
 a dreistreifige Bake rechts etwa in 240 m
 b zweistreifige Bake rechts etwa in 160 m
 c einstreifige Bake rechts etwa in 80 m Entfernung

Vorschriftzeichen
27 Andreaskreuz (dem Schienenverkehr Vorrang gewähren)
28 Vorfahrt gewähren!
29 Halt! Vorfahrt gewähren!
30 dem Gegenverkehr Vorrang gewähren!
31 vorgeschriebene Fahrtrichtung
 a rechts
 b hier rechts
 c geradeaus und rechts
32 vorgeschriebene Vorbeifahrt (rechts vorbei)
33 Sonderwege
 a Radfahrer
 b Reiter
 c Fußgänger
 d getrennter Rad- und Fußweg
 e gemeinsamer Fuß- und Radweg
34 Einbahnstraße
35 Haltestelle für Straßenbahnen oder Linienbusse
36 Taxenstand
37 Sonderfahrstreifen für Linienomnibusse
38 Verbot für Fahrzeuge aller Art
39 Verbot für Kraftwagen und sonstige mehrspurige Kraftfahrzeuge
40 Verbot für Kraftfahrzeuge mit einem zulässigen Gesamtgewicht über 2,8 t einschließlich ihrer Anhänger und Zugmaschinen, ausgenommen Personenkraftwagen und Kraftomnibusse
41 Verbot für kennzeichnungspflichtige Kraftfahrzeuge mit gefährlichen Gütern
42 Verbot für Fahrzeuge
 a deren tatsächliches Gewicht,
 b tatsächliche Achslast,
 c Breite,
 d Höhe,
 e Länge je einschließlich Ladung die angegebene Grenze überschreitet
43 Verbot der Einfahrt
44 Schneeketten sind vorgeschrieben
45 Verbot für Fahrzeuge mit wassergefährdender Ladung
46 Verkehrsverbot bei Smog oder zur Verminderung schädlicher Luftverunreinigungen
47 Verbot des Fahrens ohne einen Mindestabstand
48 zulässige Höchstgeschwindigkeit
49 vorgeschriebene Mindestgeschwindigkeit
50 Überholverbot
 a für Kraftfahrzeuge aller Art
 b für Kraftfahrzeuge mit einem zulässigen Gesamtgewicht über 2,8 t einschließlich ihrer Anhänger und für Zugmaschinen, ausgenommen Personenkraftwagen und Kraftomnibusse
51 a–d Ende von Verbotsstrecken

Verkehrsampel

Straßenbau und zur Ausweitung der Flughäfen, aber auch zur Überlastung des Straßen-V. und zu den mit diesem verbundenen ökol. Schäden führte.

Verkehrsampel ↑ Verkehrssignalanlage.
Verkehrsamt ↑ Verkehrsvereine.
Verkehrsauffassung ↑ Verkehrssitte.
Verkehrsflugzeugführer ↑ Pilot.
Verkehrsfund ↑ Fund.
Verkehrsfunk (Verkehrswarnfunk), in regelmäßigen Abständen auf bestimmten Frequenzen von UKW-Sendern abgestrahlte Verkehrsmitteilungen (für Autofahrer), die über die aktuelle Verkehrssituation Auskunft geben. Das in Deutschland seit Juni 1974 eingeführte Verfahren (*ARI-Verfahren;* Abk. für: **A**utofahrer-**R**undfunk-**I**nformation) arbeitet mit doppelter Kennung: Den Sendern wird eine Kennung von 57 kHz aufmoduliert, die mit Hilfe eines V.decoders zur Anzeige am Autoradio führt, sobald ein entsprechender Sender eingestellt ist. Zusätzlich wird eine Modulationsfrequenz ausgestrahlt, die jeweils einem bestimmten Gebiet zugeordnet ist. Entsprechende Decoder im Autoradio sprechen auf die Kennungen an, so daß der Empfänger nur V.sender aufnimmt bzw. einschaltet (sog. Stummschaltung), wenn eine mit der in Betracht kommenden Durchsagekennung versehene Verkehrsmeldung erfolgt.
Verkehrsgefährdung ↑ Straßenverkehrsgefährdung, ↑ Transportgefährdung.
Verkehrsgewerbe, alle Dienstleistungsbetriebe, die am Transport, an der Verteilung von Gütern sowie an der Beförderung von Personen beteiligt sind.
Verkehrsgleichung ↑ Quantitätsgleichung.
Verkehrsleitsystem, in Entwicklung befindl., elektron. vernetzte Regelung und Optimierung des Autoverkehrs. Durch Informationsübertragung zw. Fahrzeug und zentralen Verkehrsleitrechnern über eine straßenseitige Infrastruktur soll langfristig das Konzept eines „kooperativen Verkehrsmanagements" verwirklicht werden: Erhöhung der Fahrsicherheit (Kolonnenfahren, Kontrolle der Fahrzeugabstände, Straßenzustandsberichte), individuelle Routen- und Verkehrsmittelempfehlungen, Überwachung und Lenkung des Verkehrsflusses, ↑ Verkehrsplanung. Neben zahlr. Feldversuchen besteht u. a. das durch Eureka geförderte Projekt „Prometheus" (**Pro**gram for a Eu**ro**pean **T**raffic with **H**ighest **E**fficiency and **U**nprecedented **S**afety).
Verkehrsplanung, systemat. Vorbereitung und Durchführung von Entscheidungsprozessen zur Gestaltung eines effizienten Verkehrsnetzes unter Beachtung finanz-, wachstums- und raumpolit. sowie energie-, umwelt- und sicherheitspolit. Aspekte. Die V. widmet sich sowohl der Verkehrsinfrastruktur als auch der Regelung des Verkehrsflusses in räuml.-zeitl. Hinsicht.
Verkehrspolitik, alle Maßnahmen des Staates und der öff. Körperschaften im Zusammenhang mit der Raumüberwindung. Maßnahmen der *Ordnungspolitik* beziehen sich auf die Regulierung des Verkehrs durch Verbesserung des Wettbewerbs, Regulierung der Märkte (staatl. Kontrolle), Beaufsichtigung und Angleichung der Preise und Kosten, soweit Differenzen in der Preishöhe nicht durch techn. Verschiedenartigkeit bedingt sind. Maßnahmen der *Strukturpolitik* sind auf bestimmte volkswirtsch. Ziele ausgerichtet. *Wirtschafts-* und *sozialpolit. Zielsetzungen* erlauben ein Abweichen vom Grundsatz der Kostendeckung. Eines der Hauptprobleme der V. ist die Beeinflussung der Anteile der konkurrierenden Verkehrsträger am Verkehrsaufkommen. Im Vordergrund steht dabei neben der Konkurrenz beim Güterverkehr zw. dem [öff. betriebenen] Schienenverkehr und dem [privatwirtsch.] Straßenverkehr das Problem des in Stoßzeiten das Straßennetz überbelastenden Individualverkehrs bei gleichzeitigem Rückgang des Anteils des öff. Nahverkehrs.
Verkehrspolizei, mit der Regelung und der Überwachung des [Straßen]verkehrs betraute Beamte der Vollzugspolizei (↑ Polizei).
Verkehrspsychologie, Teilgebiet der angewandten Psychologie, das sich mit den Problemen des Straßenverkehrs sowie des Schienen-, Wasser- und Luftverkehrs be-

faßt. Die gewonnenen Erkenntnisse dienen der prakt. Verbesserung der Verkehrsanlagen, der Verkehrsmittel, der Verkehrserziehung und der Prüfung der Fahrtüchtigkeit.
Verkehrsrecht, 1. ↑ Umgangsrecht; 2. in ↑ Eisenbahnrecht, ↑ Luftfahrtrecht, ↑ Schiffahrtsrecht und ↑ Straßenverkehrsrecht untergliederte Rechtsmaterie.
Verkehrssicherstellungsgesetz ↑ Sicherstellungsgesetze.
Verkehrssicherungspflicht, Bez. für die Pflicht, Orte, die der Allgemeinheit ohne einen bestimmten Personenkreis zugänglich sind, zu deren Schutz ausreichend abzusichern. Die V. trifft den, der eine Gefahrenquelle geschaffen hat (z. B. Baugrube), ansonsten den Verfügungsberechtigten und den Eigentümer der Sache. Bei Verletzung der V. sind i. d. R. Ansprüche aus unerlaubter Handlung gegeben, ggf. auch aus Amtshaftung. Ein Sonderfall der V. ist die Streupflicht bei Schnee und Glatteis.
Verkehrssignalanlage (Lichtzeichenanlage, Lichtsignalanlage), unter Normalbedingungen mit Wechselzeichen *(Lichtsignalen)* arbeitende Anlage zur Regelung des Straßenverkehrs (meist als *[Verkehrs]ampel* bezeichnet): drei übereinander angeordnete Signallichter (Rot, Gelb, Grün [von oben nach unten]), die an Kreuzungen oder Einmündungen die Fahrt in bestimmte Richtungen sperren (Rot) bzw. freigeben (Grün); Gelb ordnet an: Vor der Kreuzung auf das nächste Zeichen warten bzw. Kreuzung räumen. Gelbes Blinklicht dient der Forderung nach erhöhter Aufmerksamkeit. V. können festzeitgesteuert (mit festgelegten Signalzeiten) oder verkehrsabhängig gesteuert sein; dabei wird der Verkehr durch Detektoren erfaßt und die Signalschaltung diesem laufend angepaßt. Ist die V. eines Knotenpunktes mit der benachbarter Knoten zeitlich abgestimmt („grüne Welle"), so spricht man von *koordinierter Signalsteuerung*.
Verkehrssitte, Inbegriff von ungeschriebenen Rechtsgrundsätzen, die sich im Rechtsverkehr bei der Abwicklung von Rechtsgeschäften (z. B. Verträge) herausgebildet haben. Die V., d. h. die herrschende Auffassung und tatsächl. Übung *(Verkehrsauffassung)* der am Rechtsverkehr Beteiligten (meist eines bestimmten Kreises, z. B. Kaufleute), ist bei der ↑ Auslegung von Rechtsgeschäften zur Erreichung lebensnaher Entscheidungen nach Treu und Glauben zu berücksichtigen. Die V. ist weder Rechtsnorm noch Gewohnheitsrecht; sie hat bes. Bed. im Handelsrecht (↑ Handelsbrauch).
Verkehrssprache, eine Sprache, mit deren Hilfe Angehörige verschiedener Sprachgemeinschaften miteinander kommunizieren können. V. kann eine weitverbreitete geläufige Sprache (z. B. Englisch) sein oder auf jeweils verschiedener Grundlage ausgebildet werden, z. B. die ↑ Lingua franca des östl. Mittelmeerraumes.
Verkehrssünderkartei ↑ Verkehrszentralregister.
Verkehrsteuern, Steuern auf Vorgänge des Rechts- und Wirtschaftsverkehrs. Dazu gehören v. a. die Umsatzsteuer (ohne Einfuhrumsatzsteuer), Grunderwerb-, Kfz-, Börsenumsatz-, Versicherung-, Rennwett- und Lotteriesteuern.
Verkehrsverbund ↑ Verkehr.
Verkehrsvereine, lokale Institutionen zur Werbung für den Besuch einer Stadt oder eines Ortes, meist organisiert als eingetragener Verein (e. V.), häufig auch der kommunalen Verwaltung zugeordnetes Amt *(Verkehrsamt)*.
Verkehrswacht, gemeinnützige Selbsthilfeorganisation, die in Zusammenarbeit mit den zuständigen Behörden zur Erhöhung der Verkehrssicherheit durch die Schaffung eines höheren Verantwortungsbewußtseins der Verkehrsteilnehmer beitragen will. Die in Deutschland bestehenden über 500 örtl. V. sind in Landes-V. zusammengeschlossen mit der *Bundes-V. e. V.* (Dt. V. e. V.; Sitz Bonn) als Spitzenorganisation.
Verkehrswarnfunk, svw. ↑ Verkehrsfunk.
Verkehrswert ↑ gemeiner Wert.
Verkehrswirtschaft, svw. ↑ Marktwirtschaft.
Verkehrszeichen, Zeichen zur Regelung des Straßenverkehrs, unterschieden in Gefahr-, Vorschrift- und Richtzeichen; können mit Zusatzzeichen versehen sein. *Gefahr-*

zeichen (Grundform Dreieck) kündigen eine Gefahrenstelle an; *Vorschriftzeichen* (Grundform Kreis, aber u. a. auch Fahrbahnmarkierungen) enthalten Gebote und Verbote; *Richtzeichen* (Grundform Viereck, z. B. Wegweiser) geben Hinweise zur Erleichterung des Verkehrs. Wechsel-V. zeigen einen wechselnden Inhalt und werden ferngesteuert der Verkehrssituation angepaßt. – Die in Deutschland gültigen V. sind in der Straßenverkehrsordnung aufgeführt. – Abb. S. 184/185.

Verkehrszentralregister, vom Kraftfahrt-Bundesamt in Flensburg geführtes Verzeichnis (sog. *Verkehrssünderkartei*) über Verkehrsverstöße von Kraftfahrern und entsprechenden Verwaltungs- und Gerichtsentscheidungen (z. B. rechtskräftige Verurteilungen wegen Verkehrsstraftaten, rechtskräftige Entscheidungen wegen im Straßenverkehr begangener Ordnungswidrigkeiten, wenn eine Geldbuße von mehr als 80 DM festgesetzt worden ist, [vorläufige] Entziehung oder Versagung der Fahrerlaubnis sowie Fahrverbote). Jeder Verkehrsverstoß wird nach dem Bußgeldkatalog mit 1–7 Punkten bewertet. Beim Erreichen von 9 Punkten erfolgt eine schriftl. Verwarnung, bei 14 Punkten muß die theoret., eventuell auch die prakt. Fahrprüfung wiederholt werden; werden 18 Punkte in zwei Jahren erreicht, erfolgt Führerscheinentzug. Die Eintragungen sind nach zwei Jahren (bei Ordnungswidrigkeiten), fünf Jahren (Verurteilung zu Geldstrafe und zu Freiheitsstrafe bis zu drei Monaten, Entziehung oder Versagung der Fahrerlaubnis) oder nach zehn Jahren zu tilgen. Auskünfte erhalten neben den Betroffenen nur Gerichte und Verwaltungsbehörden, soweit sie für Verkehrssachen zuständig sind. Rechtsgrundlagen sind das StraßenverkehrsG und die Straßenverkehrszulassungsordnung.

Verkieselung (Silifikation, Silifizierung), sekundäre Ersetzung der urspr. Substanz eines Gesteins oder Fossils durch Kieselsäure; als Quarz, seltener Chalcedon oder Opal.

Verkiesung, Ersetzung der urspr. Substanz eines Gesteins oder Fossils durch Sulfide (meist Pyrit oder Markasit).

Verklappen, das Einbringen von Abfallstoffen durch Spezialschiffe ins Meer. Die Schiffe öffnen auf hoher See die Klappen bzw. Ventile der Abfallbehälter, so daß die Abfallstoffe ins Meer fließen können. Verklappt werden v. a. Klärschlämme, die als unverwertbare Rückstände in ↑Kläranlagen anfallen, und bei chem.-techn. Prozessen entstehenden, meist stark verunreinigten Abfallsäuren niederer Konzentration **(Dünnsäuren).** Das V. ist teilweise (u. a. von der BR Deutschland) wegen der Schadstoffbelastung der Schelfmeere eingestellt worden.

Verklärung Christi, die im N. T. (Mark. 9, 2–10 u. a.) berichtete Offenbarung der *messian. Würde Jesu* auf dem Berg Tabor und der Verwandlung („Verklärung") der Gestalt Jesu in die Daseinsweise der himml. Wesen.

Verkleinerung, in der Musik ↑Diminution.

Verkleinerungsform, svw. ↑Diminutiv.

Verknöcherung, svw. Knochenbildung (↑Knochen).

Verknüpfung, (algebraische Operation) eine Abbildung der Produktmenge $M_1 \times M_2 \times ... \times M_n$ von n Mengen $M_1, M_2, ..., M_n$ in eine Menge M (genauer spricht man von einer *n*-stelligen V.). Jedem *n*-Tupel $(x_1, x_2, ..., x_n)$ mit $x_i \in M_i$ wird dabei eindeutig ein Element

$$\varphi(x_1, x_2, ..., x_n) \in M$$

zugeordnet. Ist $M_1 = M_2 = ... = M_n = M$, so liegt eine V. *in M* oder *innere* V. vor. Bes. wichtig ist der Fall der *zweistelligen* oder *binären* V. in einer Menge M. Beispiele für kommutative und assoziative binäre V. sind die Addition und die Multiplikation von Zahlen.

▷ (log. V.) in der *Logik* eine mit Hilfe eines Junktors dargestellte Zusammensetzung oder Umwandlung von Aussagen.

Verknüpfungsgebilde, svw. ↑algebraische Struktur.

Verknüpfungsglied, svw. ↑Gatter.

Verkohlung, die Zersetzung organ. Stoffe durch Erhitzen unter Sauerstoffmangel oder durch Einwirken wasserabspaltender Substanzen, z. B. konzentrierter Schwefelsäure, wobei stark kohlenstoffhaltiges Material zurückbleibt.

▷ in der *Medizin* ↑Verbrennung.

Verkokung ↑Kohleveredlung.

Verkrampfung, (Muskel-V.) Muskelverspannung im Bereich der Rumpf- oder Extremitätenmuskulatur auf Grund unphysiolog. Beanspruchung (z. B. ungewohnte Körperhaltung).

▷ (psych. V., seel. V.) vorübergehende seel. Gehemmtheit; zeitweilige Unfähigkeit, angemessen zu reagieren.

Verkündigung, dt. Bez. für ↑Kerygma.

Verkündigung Mariä, die im N. T. (Luk. 1, 26–38) berichtete Mitteilung des Engels Gabriel an Maria über die Empfängnis Jesu *(Engl. Gruß)*. Die theolog. Tradition sieht in dem Lukastext die exeget. und dogmat. Grundlage für die Lehren der Mariologie.

In der *bildenden Kunst* ist die V. M. eines der häufigsten Themen der christl. Kunst überhaupt, bes. beliebt im 14.–16. Jh., jedoch bereits im 5. Jh. belegt.

Verkündigung Mariä. Peter Paul Rubens, Mariä Verkündigung, um 1612 (Wien, Kunsthistorisches Museum)

Verkündung, 1. (V. von Rechtsvorschriften) amtl. Bekanntmachung in der durch Verfassung oder sonstige Bestimmungen vorgeschriebenen Form von Gesetzen und VO in den sog. Verkündungsblättern (Bundesgesetzblatt, Gesetzblätter der Länder; VO auch im Bundesanzeiger). – ↑Gesetzgebungsverfahren. 2. (V. von Entscheidungen) das Verlesen von ↑Urteilen, Beschlüssen oder Verfügungen durch den Vorsitzenden des Gerichts.

Verkupfern, Aufbringen dünner Kupferschichten, z. B. als Korrosionsschutz, auf metall. Unterlagen; meist durch elektrolyt. Metallabscheidung aus sauren Lösungen von Kupfer(II)-Salzen oder alkal. bzw. cyanidhaltigen Lösungen von Kupfer(I)-Salzen.

Verkürzung ↑perspektivische Verkürzung.

Verladebrücke ↑Kran.

Verlag, 1. Unternehmen, das die Veröffentlichung (Herstellung und Vertrieb) von Druckerzeugnissen betreibt, indem es entweder von den Verfassern der Manuskripte (Schriftsteller, Autoren) das Verlagsrecht erwirbt oder die Manuskripte im V. selbst erstellen läßt. Man unterscheidet im wesentlichen den als Teil des ↑Buchhandels (herstellender Buchhandel) fungierenden Buch-V. und den der journalist. Presse zuzuordnenden Zeitungs- und Zeitschriften-V. Ein V. kann mit einer Druckerei verbunden sein. Eine Besonderheit des V.wesens in Deutschland ist die für V.erzeugnisse zulässige vertikale ↑Preisbindung; 2. ↑Verlagssystem. – Übersicht S. 188/189.

Buchverlage (Auswahl)
(Gründungsjahr in eckiger Klammer)

Bundesrepublik Deutschland
Akademie-Verlag GmbH, Berlin [1946]: 3, 4, 5, 7, 10, 12, 14, 15, 17, 18, 19, 27
Arena Verlag GmbH, Würzburg [1949]: 1, 9, 26
Aufbau Verlag Berlin und Weimar GmbH i. A. [1945]: 7, 8, 14, 26
Verlag Karl Baedeker GmbH, Kemnat bei Stuttgart [1827]: 16
Bärenreiter-Verlag Karl Vötterle GmbH & Co. KG, Kassel [1923]: 10, 11, 13, 24
Richard Bechtle Graphische Betriebe und Verlagsgesellschaft, Esslingen [1949]: 8, 27
C. H. Beck'sche Verlagsbuchhandlung Oskar Beck, München [1763]: 1, 4, 5, 8, 14
Julius Beltz GmbH & Co. KG, Weinheim/Basel [1841]: 3, 6, 8, 9, 10, 11, 27
Verlagsgruppe Bertelsmann GmbH, Gütersloh/München [1968]: 6, 8, 9, 10, 11, 12, 13, 14, 15, 16, 17, 20, 23, 24, 25
Bibliographisches Institut & F. A. Brockhaus AG, Mannheim/Leipzig/Wien/Zürich [1826/1805]: 1, 3, 7, 9, 11, 12, 13, 14, 15, 16, 18, 19, 20, 24, 25, 26
Bibliographisches Institut GmbH, Leipzig [1826]: 25
Blanvalet Verlag GmbH, München [1935]: 8, 9
BLV Verlagsgesellschaft mbH, München [1946]: 11, 14, 15, 16, 18, 22, 23, 27
Böhlau-Verlag GmbH & Cie, Köln [1951]: 2, 4, 5, 6, 7, 12, 13, 14, 25, 27
Breitkopf & Härtel, Wiesbaden [1719]: 13
F. A. Brockhaus GmbH, Mannheim [1805]: 1, 9, 11, 14, 15, 18, 25
F. Bruckmann Verlag + Druck GmbH & Co. Produkt KG, München [1858]: 1, 2, 14, 15, 24, 27
Buchheim-Verlag, Inh. Lothar-Günther Buchheim, Feldafing [1951]: 12, 15
Burda GmbH, Offenburg/Berlin/Darmstadt/München [1908]: 15, 27
Georg D. W. Callwey GmbH & Co., München [1884]: 12, 14, 20, 22, 27
Claassen Verlag GmbH, Düsseldorf [1834]: 8, 12, 14
Cornelsen Verlagsgesellschaft mbH & Co. KG, Bielefeld [1966]: 10, 11
Deutscher Kunstverlag GmbH, München [1921]: 1, 12, 25, 27
Deutscher Taschenbuch Verlag GmbH & Co. KG, München [1960]: 26
Deutscher Verlag der Wissenschaften GmbH, Berlin [1954]: 3, 14, 18, 19, 27
Deutsche Verlags-Anstalt GmbH, Stuttgart [1831, 1848]: 1, 3, 6, 8, 12, 14, 15, 18, 20, 25, 27
Eugen Diederichs Verlag GmbH & Co. KG, München [1896]: 3, 6, 8, 12, 14, 15
Moritz Diesterweg GmbH & Co., Frankfurt am Main [1860]: 10, 11, 27
Dietz Verlag Berlin GmbH, Berlin [1945]: 5, 6, 14, 26
Domowina-Verlag GmbH, Bautzen [1958]: 1, 2, 7, 8, 9, 10, 11, 12, 13, 14, 15, 16, 23, 24, 25, 26, 27
Droemersche Verlagsanstalt Th. Knaur Nachf. GmbH & Co., München [1901]: 1, 8, 25, 26
DuMont Buchverlag GmbH & Co. KG, Köln [1956]: 12, 14, 15, 16, 26
Duncker & Humblot GmbH, Berlin [1798]: 3, 4, 5, 6, 14, 18
Econ-Verlag GmbH, Düsseldorf [1950]: 5, 6, 8, 14, 20, 23
Ehrenwirth Verlag GmbH, München [1945]: 1, 8, 9, 10, 11, 17, 18, 22
N. G. Elwert Verlag, Inh. Dr. Wilhelm Braun-Elwert, Marburg [1726]: 2, 4, 7, 14
Europäische Verlagsanstalt GmbH, Hamburg [1946]: 4, 5, 6, 12, 14
Evangelische Verlagsanstalt GmbH, Leipzig [1946]: 2, 8, 10, 12, 27
Fachbuchverlag, Leipzig [1949]: 1, 11, 19, 20, 21, 23, 27
Gustav Fischer Verlag GmbH & Co. KG, Stuttgart [1878]: 1, 5, 17, 18, 20
Fischer Taschenbuch Verlag GmbH, Frankfurt am Main [1951]: 26
S. Fischer Verlag GmbH, Frankfurt am Main [1886]: 1, 6, 8, 13, 14, 25
Forum Verlag Leipzig Buch-Gesellschaft mbH, Leipzig [1990]: 6, 8, 14
Franckh-Kosmos Verlags-GmbH & Co., Stuttgart [1822]: 9, 10, 14, 15, 18, 20, 24, 25, 27
Wilhelm Goldmann Verlag GmbH, München [1922]: 8, 12, 15, 16, 18, 20, 26
Gräfe und Unzer Verlag GmbH, München [1722]: 14, 15, 22, 23
Grote'sche Verlagsbuchhandlung GmbH & Co. KG, Köln [1849]: 4, 5, 14, 27
Gruner + Jahr AG & Co., Hamburg [1965]: 1, 27
Walter de Gruyter & Co., Berlin [1919]: 2, 3, 4, 5, 6, 7, 10, 12, 14, 17, 20, 25, 26
Carl Hanser GmbH & Co., München [1928]: 5, 6, 7, 8, 9, 13, 18, 20, 27
Harenberg Kommunikation Verlags- und Mediengesellschaft mbH & Co. KG, Dortmund [1973]: 14, 24, 25, 26, 28
Otto Harrassowitz, Wiesbaden [1872]: 7, 14, 15
Henschel Verlag GmbH, Berlin [1945]: 6, 8, 12, 13, 26, 27
F. A. Herbig Verlagsbuchhandlung GmbH, München [1821]: 5, 6, 8, 9, 14, 23
Verlag Herder GmbH & Co. KG, Freiburg im Breisgau [1801]: 2, 3, 5, 6, 7, 8, 9, 10, 11, 12, 14, 15, 23, 26
Carl Heymanns Verlag KG, Köln/Bonn/Berlin/München [1815]: 4, 5, 6
Wilhelm Heyne Verlag GmbH & Co. KG, München [1934]: 8, 9, 26
Hinstorff Verlag GmbH, Rostock [1831]: 8, 14, 15
Hirmer Verlag GmbH, München [1948]: 12, 15
Hoffmann und Campe Verlag, Hamburg [1781]: 1, 6, 8, 14, 27
Insel Verlag Frankfurt am Main und Leipzig [1899]: 8, 9, 14, 26
Gustav Kiepenheuer Verlag Leipzig [1909]: 6, 8, 14
Verlag Kiepenheuer & Witsch GmbH & Co. KG, Köln [1948]: 1, 3, 6, 8, 14
Kindler Verlag GmbH, München [1951]: 1, 3, 6, 8, 9, 10, 12, 14, 25, 26
Ernst Klett Schulbuchverlag GmbH & Co. KG, Stuttgart [1844]: 10, 11
Klett-Cotta, Stuttgart [1977]: 1, 3, 6, 7, 8, 10, 14

W. Kohlhammer GmbH, Stuttgart/Köln/Berlin [1866]: 1, 4, 5, 6, 7, 14, 16, 18, 20
Kösel-Verlag GmbH & Co., München [1593]: 2, 3, 6, 7, 8, 10, 11, 14, 27
Alfred Kröner Verlag GmbH & Co. KG, Stuttgart [1904]: 7, 12, 14, 18, 20, 25, 26
Albert Langen/Georg Müller Verlag GmbH, München [1894]: 8, 12, 13, 14
Langenscheidt Kommanditgesellschaft, Berlin/München [1856]: 11
Lappan Verlag GmbH (bis 1984 Gerhard Stalling AG), Oldenburg [1789]: 1, 6, 9, 12, 14
LinksDruck Verlag GmbH, Berlin [1990]: 6, 14
Paul List Verlag GmbH & Co., München [1894]: 1, 3, 7, 8, 10, 14, 16, 26
Hermann Luchterhand Verlag GmbH & Co. KG, Neuwied/Berlin [1924]: 4, 5, 6, 25
Mitteldeutscher Verlag GmbH [1946]: 8, 12, 14, 15, 16, 24, 27
J. C. B. Mohr (Paul Siebeck), Tübingen [1801]: 2, 3, 4, 5, 14
Max Niemeyer Verlag GmbH & Co. KG, Tübingen [1870]: 3, 7, 13, 14
R. Oldenbourg Verlag GmbH, München [1858]: 10, 11
Paul Parey, Hamburg/Berlin [1848]: 1, 22, 23, 27
C. F. Peters GmbH u. Co. KG, Frankfurt am Main [1800]: 13
R. Piper GmbH & Co. KG, München [1904]: 1, 5, 8, 9, 10, 12, 25, 26, 27
Ravensburger Buchverlag Otto Maier GmbH, Ravensburg [1883]: 9, 10, 11, 23, 26
Philipp Reclam jun. Verlag GmbH, Ditzingen bei Stuttgart [1828]: 7, 8,10, 12, 13, 14, 25, 26
Reclam-Verlag Leipzig, Leipzig [1828]: 3, 8, 12, 14, 26
Rowohlt Taschenbuch Verlag GmbH, Reinbek [1953]: 26
Rowohlt Verlag GmbH, Reinbek [1908]: 1, 6, 7, 8, 25
Rütten & Loening Berlin Verlag GmbH i. A., Berlin [1952]: 3, 8, 9, 14, 15, 16
Scherz Verlag GmbH, München [1957]: 1, 6, 8
Franz Schneider Verlag GmbH, München [1913]: 9, 13, 25
Ferdinand Schöningh, Paderborn [1847]: 2, 3, 4, 6, 7, 10, 11, 15, 27
B. Schott's Söhne, Mainz [1770]: 13
Schroedel Schulbuchverlag GmbH, Hannover [1981]: 9, 10, 11
E. A. Seemann Kunstverlagsgesellschaft mbH i. A., Leipzig [1858]: 12, 25
Springer-Verlag GmbH & Co. KG, Berlin/Heidelberg [1842]: 3, 17, 18, 19, 20, 27
Franz Steiner Verlag Wiesbaden GmbH, Stuttgart [1949]: 3, 4, 5, 7, 12, 13, 14, 15, 18, 27
Suhrkamp Verlag, Frankfurt am Main [1950]: 3, 6, 7, 8, 14, 26
Georg Thieme Verlag, Stuttgart [1886]: 17, 18
K. Thienemanns Verlag GmbH & Co., Stuttgart [1849]: 9
Verlag Ullstein GmbH, Berlin [1877]: 1, 3, 6, 8, 12, 14, 15, 25, 26
Urania-Verlagsgesellschaft mbH, Leipzig [1924]: 1, 14, 18, 19, 23
Urban & Schwarzenberg GmbH, München [1866]: 17
Vandenhoeck & Ruprecht (GmbH & Co. KG), Göttingen [1735]: 2, 3, 4, 5, 7, 10, 26
Verlag Hermann Böhlaus Nachfolger Weimar GmbH & Co., Weimar [1624]: 2, 7, 14, 24
Verlag Neues Leben GmbH Berlin, Berlin [1946]: 8, 9
Verlag Volk und Wissen GmbH, Berlin [1945]: 10, 11, 27
Friedr. Vieweg & Sohn Verlagsgesellschaft mbH, Wiesbaden [1786]: 18, 20, 27
Klaus Wagenbach GmbH, Berlin [1964]: 6, 8, 26, 27
Westdeutscher Verlag GmbH, Wiesbaden [1947]: 5, 6, 10, 14, 27
Georg Westermann Verlag GmbH, Braunschweig [1982]: 14, 15, 16, 20, 25, 27

Frankreich
Librairie E. Flammarion et Cie, Paris [1875]: 1, 8, 9, 10, 12, 14, 15, 16, 17, 18, 23
Éditions Gallimard, Paris [1911]: 3, 5, 7, 8, 12, 14, 15, 26, 27
Société des Éditions Grasset & Fasquelle S. A., Paris [1907]: 1, 8
Librairie Hachette S. A., Paris [1826]: 1, 3, 5, 6, 8, 9, 11, 12, 13, 14, 16, 25, 26, 27
Librairie Larousse S. A., Paris [1852]: 1, 8, 9, 13, 25

Großbritannien
The Cambridge University Press, Cambridge [1534]: 2, 3, 4, 5, 6, 7, 14, 16, 17, 18, 19, 20, 21, 22, 26
J. M. Dent & Sons Ltd., London [1888]: 1, 2, 3, 5, 6, 7, 8, 9, 12, 13, 14, 16, 23, 25, 26
Faber & Faber Ltd., London [1929]: 1, 2, 3, 4, 5, 6, 7, 8, 9, 10, 12, 13, 14, 16, 18, 20, 21, 23
Victor Gollancz Ltd., London [1928]: 3, 5, 6, 7, 8, 9, 12, 13
International Publishing Corporation Ltd. (IPC Press), London [1963]: 1, 4, 27
Macmillan Publishers Ltd., Basingstoke [1843]: 2, 3, 5, 6, 8, 9, 12, 13, 14, 15, 16, 17, 20, 21, 23, 25
Oxford University Press, Oxford [1478]: 1, 2, 3, 4, 5, 6, 7, 8, 9, 10, 12, 13, 14, 15, 16, 17, 18, 19, 20, 22, 23, 25, 26
Penguin Books Ltd., Harmondsworth [1935]: 1, 3, 6, 7, 8, 12, 14, 16, 26
Pergamon Press plc., Oxford [1948]: 2, 3, 4, 6, 7, 8, 12, 14, 17, 18, 19, 20, 21

Buchverlage (Fortsetzung)

Italien
Giulio Einaudi Editore S.p.A., Turin [1933]: 3, 5, 6, 8, 9, 12, 13, 14, 19
Giangiacomo Feltrinelli Editore, Mailand [1954]: 1, 5, 6, 8, 14, 26
Arnoldo Mondadori Editore S.p.A., Mailand [1909]: 1, 2, 3, 5, 6, 7, 8, 14, 15, 16, 17, 18, 19, 23, 27

Niederlande
E. J. Brill N. V. Boekhandel en Drukkerij v/h, Leiden [1683]: 2, 3, 5, 7, 8, 14
Elsevier Nederland, B. V., Amsterdam [1880]: 5, 6, 7, 8, 10, 12, 17, 18, 20, 25
Mouton B. V. Uitgeverij, Den Haag ('s-Gravenhage) [1884]: 2, 3, 4, 5, 6, 7, 8, 14, 16, 17

Österreich
Akademische Druck- und Verlagsanstalt Dr. Paul Struzl, Graz [1949]: 2, 7, 13, 14, 25, 27
Amalthea-Verlag Ges. m. b. H., Wien [1917]: 6, 8, 12, 13, 14
Wilhelm Braumüller, Universitäts-Verlagsbuchhandlung GmbH, Wien [1783]: 3, 4, 5, 6, 7, 10, 14, 15
Freytag-Berndt u. Artaria KG Kartographische Anstalt, Wien [1879]: 11, 16
Brüder Hollinek & Co. Verlagsbuchhandlung, Wien [1978]: 27
Jugend und Volk Verlagsgesellschaft mbH, Wien [1921]: 4, 5, 6, 9, 10, 11, 12, 13, 14, 24, 25, 26, 27
Kremayr & Scheriau Verlag, Wien [1951]: 6, 8, 9, 14, 17
Leykam Buchverlag GmbH, Graz [1585]: 8, 10, 11, 12
Manz'sche Verlags- und Universitätsbuchhandlung (Julius Klinkhardt & Co.), Wien [1849]: 4, 5, 6, 11, 17, 21, 27
Otto Müller Verlag KG, Salzburg [1937]: 2, 3, 7, 8, 16
Österreichischer Bundesverlag Gesellschaft mit beschränkter Haftung, Wiener Neudorf [1772]: 9, 10, 11, 27
Residenz Verlag Ges. m. b. H., Salzburg [1956]: 8, 12, 13
Anton Schroll & Co. KG., Wien/München [1884]: 12, 15, 24
Carl Ueberreuter Verlag Ges. m. b. H., Wien [1548]: 9, 11
Universitätsverlag Wagner GmbH, Innsbruck [1554]: 8, 14, 16
Verlag für Geschichte und Politik Ges. m. b. H., Wien [1946]: 5, 6, 11
Verlag Styria, Graz [1869]: 2, 3, 6, 8, 9, 14
Verlagsanstalt Tyrolia GmbH, Innsbruck [1907]: 2, 5, 8, 9, 11, 12, 14, 15, 16, 24, 27
Paul Zsolnay Verlag GmbH, Wien [1923]: 6, 8, 12

Schweiz
Die Arche Verlags-AG Raabe + Vitali, Zürich [1944]: 8
Artemis Verlags-AG, Zürich [1943]: 7, 8, 12, 14, 15
Atlantis Verlag AG, Zürich [1933]: 12
Benziger Verlag AG, Zürich [1792]: 1, 8, 9, 10, 14, 25, 26
Birkhäuser Verlag AG, Basel [1879]: 8, 12, 15, 18, 19, 20, 27
Diogenes Verlag AG, Zürich [1953]: 8, 9, 12, 26
Éditions d'Art Albert Skira, Genf [1928]: 12, 14, 15
Europa Verlag AG, Zürich [1933]: 3, 6, 8, 12, 14
Francke Verlag AG, Bern [1990]: 3, 7, 14, 25, 26
Hallwag AG, Bern [1912]: 1, 12, 14, 15, 16, 20, 26, 27
Paul Haupt AG, Bern/Stuttgart [1906]: 1, 5, 6, 10, 11, 14, 15
Hans Huber, Bern/Stuttgart/Wien [1927]: 3, 17, 27
Huber & Co. AG, Frauenfeld [1809]: 7, 8, 9, 10, 11, 12, 14
S. Karger AG, Basel [1890]: 17, 18
Kümmerly & Frey AG, Bern [1852]: 15, 16
Manesse Verlag GmbH, Zürich [1944]: 8, 12, 27
Müller Rüschlikon Verlags AG, Cham [1936]: 1, 3, 8, 9, 13, 15, 20, 23
Orell Füssli Verlag, Zürich [1519]: 4, 7, 8, 9, 11, 12, 14, 15, 16, 20
Friedrich Reinhardt, Basel [1900]: 2, 8, 9, 14, 18
Ringier & Co. AG, Zofingen/Zürich [1833]: 1, 8, 23, 27
Sauerländer AG, Aarau [1807]: 8, 11, 18, 27
Scherz Verlag AG, Bern [1838]: 1, 8, 14, 15, 26
Schulthess Polygraphischer Verlag AG, Zürich [1791]: 4, 5, 6, 11, 14
Schwabe & Co., Basel [1488]: 3, 11, 12, 14, 17
Stämpfli & Cie AG, Bern [1799]: 4, 5, 6, 11
Walter Verlag AG, Olten [1916]: 2, 3, 8, 12, 16

Schweden
Almqvist & Wiksell International, Stockholm [1878]: 1, 2, 3, 4, 5, 6, 7, 8, 9, 10, 14, 16, 17, 18, 19, 22, 23, 25, 27
Albert Bonniers Förlag AB, Stockholm [1837]: 1, 3, 4, 5, 7, 8, 9, 13, 14, 15, 16, 18, 23

USA
Bantam Books Inc., New York [1946]: 1, 6, 8, 25, 26
Doubleday & Co. Inc., New York [1897]: 2, 3, 5, 6, 7, 10, 12, 14, 16, 17, 18, 19, 22, 23
Harper & Row Publishers Inc., New York [1817]: 1, 2, 3, 4, 5, 6, 8, 9, 10, 12, 14–20
Harvard University Press, Cambridge (Mass.) [1913]: 1, 2, 3, 4, 5, 6, 7, 12, 13, 14, 15, 16, 17, 18, 19, 20, 21
McGraw-Hill Book Co., New York: 1, 2, 3, 4, 8, 9, 10, 12, 15, 17, 18, 19, 20, 22, 25
Prentice-Hall International Inc., Englewood Cliffs (N. J.) [1913]: 1–10, 12–23, 25, 26
Princeton University Press, Princeton (N. J.) [1910]: 1, 2, 3, 6, 8, 12, 14, 18, 19, 20, 26
The Reader's Digest Association, Pleasantville (N. Y.) [1922]: 1, 27
Time-Life Books, New York: 1, 5, 6, 12, 14, 15, 23
Yale University Press, New Haven (Conn.) [1908]: 1, 2, 3, 4, 5, 6, 7, 10, 12, 13, 14, 16, 17, 18, 19

Verlagsgebiete: **1** allg. Sachbuch; **2** Theologie, Religionswissenschaft; **3** Philosophie, Psychologie; **4** Rechtswissenschaft, Verwaltung; **5** Wirtschafts- und Sozialwissenschaften; **6** Politik, Zeitgeschichte, Wehrwesen; **7** Sprach- und Literaturwissenschaft; **8** Belletristik; **9** Kinder- und Jugendliteratur, Bilder- und Bastelbücher; **10** Pädagogik, Jugendpflege; **11** Schulbücher, Lehrmittel, Wörterbücher; **12** Bildende Kunst, Photographie, Architektur, Kunstgewerbe; **13** Musik, Tanz, Theater, Film, Rundfunk, Fernsehen; **14** Geschichte, Kulturgeschichte, Volkskunde; **15** Geographie, Völkerkunde, Reisen, Bildbände; **16** Reiseführer, Karten, Atlanten; **17** Medizin; **18** Naturwissenschaften; **19** Mathematik; **20** Technik, Industrie, Handwerk, Gewerbe; **21** Handel, Verkehrswesen; **22** Land- und Forstwirtschaft, Gartenbau; **23** Sport- und Hobbyliteratur, Spiele; **24** Jahrbücher, Almanache; **25** Lexika, Nachschlagewerke; **26** Taschenbücher; **27** Zeitschriften.

Verlagsalmanach, Querschnitt der Jahresproduktion eines Verlages.

Verlagsbuchhandel, herstellender ↑ Buchhandel.

Verlagsgesetz ↑ Verlagsrecht.

Verlagskatalog, Verzeichnis der Produktion eines Verlags, meist vollständig, z. T. thematisch oder zeitlich begrenzt. Der V. entwickelte sich aus den Bücheranzeigen (Einblattdrucke) der Frühdrucker; erster V. 1498 von A. Manutius.

Verlagsrecht, 1. im *objektiven Sinne* die im VerlagsG vom 19. 6. 1901 enthaltenen weitgehend dispositiven Normen über die Rechte und Pflichten aus dem ↑ Verlagsvertrag. 2. im *subjektiven Sinne* ein aus dem Urheberrecht abgeleitetes Nutzungsrecht, das dem Verleger das ausschließl. Vervielfältigungs- und Verbreitungsrecht für ein Werk der Literatur oder der Tonkunst gewährt (§ 8 VerlagsG). Es entsteht in der Regel erst mit Ablieferung des Manuskripts an den Verleger und erlischt mit Beendigung des durch den ↑ Verlagsvertrag begr. Rechtsverhältnisses.

Verlagssystem, frühe Form der arbeitsteiligen Gütererzeugung; Übergangsstadium von der handwerkl. Produktion zur Manufaktur und zum späteren Fabrikbetrieb, das sich im 14. und 15. Jh. in Norditalien und Flandern herausbildete. Im V. geraten ehem. selbständige Handwerker in die Abhängigkeit von Großkaufleuten, die ihnen die Rohstoffe zur Produktion in Heimarbeit „vorlegen" und dafür die Abnahme des Produkts garantieren. Mit der Zeit erstreckt sich der „Verlag" auch auf die Arbeitsgeräte, so daß die Heimarbeit der Beschäftigten als dezentralisierte Fabrikarbeit für den „Verleger" verstanden werden kann. Die so entstehenden Hausgewerbe, die außerhalb des Zunftzwangs stehen, werden dann vorwiegend nicht mehr von Handwerkern ausgeübt, sondern von „versteckten" Lohnarbeitern. Das bes. im 17. und 18. Jh. von den absolutist. Staaten geförderte V. paßte sich wegen mangelnder Arbeitsteilung dem steigenden Bedarf nicht an und stand der weiteren Entwicklung der industriellen Produktion im Wege. Die Zerstörung des V. rief Widerstand der Betroffenen hervor und führte zu sozialen Unruhen (↑ Weberaufstand).

Verlagsvertrag, gegenseitiger Vertrag, durch den einerseits der Verfasser eines Werkes der Literatur oder der Tonkunst sich verpflichtet, dem Verleger das druckreife Werk zur Vervielfältigung und Verbreitung auf eigene Rechnung zu überlassen (Verlagsrecht im subjektiven Sinne), und anderseits der Verleger sich verpflichtet, das

Paul Verlaine
(Ausschnitt aus einem
Gemälde von Eugène
Carrière, 1891;
Paris, Louvre)

Werk zu vervielfältigen und zu verbreiten sowie ein vereinbartes Honorar (i. d. R. bei Ablieferung des Werkes) zu zahlen. Gegenstand des V. können auch künftige Werke sein. In der Praxis spielen sog. *Normalverlagsverträge,* d. h. Formularverträge für a) das schöngeistige und b) das wiss. Schrifttum eine große Rolle. Das Eigentum an dem Manuskript verbleibt auch nach der Übergabe an den Verleger i. d. R. beim nach dem Urheberrecht zu bestimmenden Verfasser. Kein V. ist der ↑ Bestellvertrag.

Verlaine, Paul [frz. vɛr'lɛn], * Metz 30. März 1844, † Paris 8. Jan. 1896, frz. Dichter. – Als einer der bedeutendsten Lyriker des frühen frz. Symbolismus von großem Einfluß auf die gesamte moderne Dichtung. Sohn eines Offiziers; kam 1851 nach Paris; wurde Verwaltungsbeamter; 1870–74 ∞ mit Mathilde Mauté (* 1853, † 1914); Alkoholiker; 1871–73 in enger Beziehung zu A. Rimbaud, den er bei einer Auseinandersetzung mit einem Schuß verletzte (1873–75 im Gefängnis von Mons). Seine ersten Verssammlungen, u. a. „Saturn. Gedichte" (1866) und „Galante Feste" (1869) standen noch ganz im Zeichen des Parnassiens; erst unter dem Einfluß Rimbauds fand er seinen eigenen Stil: Befreiung vom starren Reim- und Regelzwang, doch ohne Verzicht auf den Reim, Sichtbarmachung der [seel.] Zwischentöne, Betonung der Musikalität der Sprache. – *Weitere Werke:* Lieder ohne Worte (1874), Einst und jüngst (1885), Frauen (1890).

Verlandung, fortschreitende Ausfüllung nährstoffreicher stehender Gewässer durch Anschwemmung fester Stoffe, verbunden mit dem Vordringen der Ufervegetation.

verlängertes Mark ↑ Gehirn.

Verlaufsform, im Dt. mit „am, im, beim" in Verbindung mit „sein" und einem substantivierten Infinitiv gebildete Form, die ein Geschehen als zeitlich unbegrenzt kennzeichnet („Er ist am Arbeiten"; „Sie ist beim Lesen").

Verlegenheitsgeste (Verlegenheitsgebärde), ritualisierte Verhaltensweise in Form einer ↑ Übersprungbewegung.

Verleger, (Verlagsbuchhändler) Unternehmer, der einen ↑ Verlag (↑ Buchhandel) betreibt.
▷ ↑ Verlagssystem.

Verleih ↑ Film (Filmwirtschaft).

Verletzung ↑ Trauma, ↑ Wunde.

Verletzung der Fürsorge- oder Erziehungspflicht, Straftat nach § 170 d StGB, wonach die gröbl. V. der F.- oder E. gegenüber einer Person unter 16 Jahren, so daß diese in Gefahr gebracht wird, in ihrer körperl. oder psych. Entwicklung erheblich geschädigt zu werden oder einen kriminellen Lebenswandel zu führen, mit Freiheitsstrafe bis zu 3 Jahren oder mit Geldstrafe bestraft wird.

Verleumdung ↑ Beleidigung.

Verlies, meist unterird. Kerker.

Verlöbnis, das gegenseitige Versprechen von Mann und Frau, die Ehe miteinander einzugehen sowie das durch dieses Versprechen begr. Verhältnis (§§ 1297 ff. BGB). Bes. Förmlichkeiten (z. B. Ringwechsel) sind für das V. nicht erforderlich. Bei beschränkter Geschäftsfähigkeit eines oder beider Teile ist die Zustimmung des jeweiligen gesetzl. Vertreters zur Gültigkeit des V. erforderlich. Aus einem V. kann nie auf Eingehung der Ehe geklagt werden. Das V. begründet zw. den Verlobten Pflichten zu gegenseitiger Hilfe, die strafrechtlich von Bed. sein können, ferner die Eigenschaft als „Angehöriger" im Sinne des StGB und Zeugnisverweigerungsrechte im Prozeß. Ein Rücktritt vom V. ohne Vorliegen eines anerkennenswerten wichtigen Grundes oder das Veranlassen des Rücktritts aus einem solchen Grunde, verpflichtet gegenüber dem Partner zum Schadensersatz. Verlobungsgeschenke *(Brautgeschenke)* sind nach den Regeln der ungerechtfertigten Bereicherung zurückzugeben. – ↑ Deflorationsanspruch.
Die Regelungen in *Österreich* und in der *Schweiz* entsprechen denen des dt. Rechts.

verlorene Form ↑ Gießverfahren.

verlorene Generation ↑ Lost generation.

verlorenes Profil, die Abwendung eines Kopfes aus der Profilstellung in die Bildtiefe hinein.

Jan Vermeer. Der Maler im Atelier (Allegorie der Malerei), um 1666 (Wien, Kunsthistorisches Museum)

Verlust, in der Gewinn-und-Verlust-Rechnung und Bilanz ermitteltes negatives Betriebsergebnis. Während der V. bei Einzelfirmen und Personengesellschaften von den Kapitalkonten abgesetzt wird, erfolgt bei Kapitalgesellschaften der Ausweis von V. nach Saldierung mit etwaigen Gewinnvorträgen auf der Aktivseite der Bilanz (V.vortrag, wenn der V. nicht durch Auflösung der gesetzl. oder freien Rücklagen ausgeglichen wird).

Verlustabzug, nach § 10 d des Einkommensteuergesetzes bestehende Möglichkeit, Verluste vorangegangener Veranlagungszeiträume wie Sonderausgaben vom Gesamtbetrag der Einkünfte abzuziehen.

Verlustausgleich, nach dem Einkommensteuergesetz bestehende Möglichkeit, Verluste aus einer oder mehreren Einkunftsarten mit anderen Einkünften auszugleichen.

Verlust der Amtsfähigkeit, der Wählbarkeit sowie des Wahl- und Stimmrechts, die mit einer Verurteilung wegen eines Verbrechens zu Freiheitsstrafe von mindestens 1 Jahr verbundene Nebenfolge, wonach der Täter für die Dauer von 5 Jahren die Fähigkeit, öff. Ämter zu bekleiden (Amtsfähigkeit) und Rechte aus öff. Wahlen zu erlangen (passives Wahlrecht) verliert. Bei anderen, im StGB bes. genannten Straftaten kann das Gericht als Nebenstrafe die Amtsfähigkeit sowie das aktive und passive Wahlrecht für die Dauer von 2–5 Jahren aberkennen (z. B. bei Landesverrat).

Verlustvortrag, Form des Verlustabzugs; bei Kapitalgesellschaften Übertragung des Verlustes auf das neue Geschäftsjahr.

Vermächtnis, auf Grund von Testament oder Erbvertrag erfolgende Zuwendung eines bestimmten Vermögensvorteils, ohne daß der Bedachte (V.nehmer) als Erbe eingesetzt wird. Der V.nehmer erwirbt den betreffenden Gegenstand nicht mit dem Tode des Erblassers unmittelbar, sondern erlangt einen [schuldrechtl.] Anspruch gegen den mit dem V. Belasteten (i. d. R. ist das der Erbe). Das V. ist somit von der ↑ Erbeinsetzung und von der ↑ Auflage zu unterscheiden. Ein *Voraus-V.* ist die Zuwendung eines Gegenstandes an einen von mehreren Erben mit der Maßgabe, daß er bei der Teilung des Nachlasses nicht auf den Anteil des Betreffenden angerechnet werden soll. Beim *Nach-V.* wird hinsichtlich desselben Gegenstandes erst eine Person, später eine andere V.nehmer. Beim *Mit-V.* werden mehrere Personen hinsichtlich desselben Gegenstandes V.nehmer. Im Zweifel sind sie zu gleichen Bruchteilen bedacht. Ein *Unter-V.* liegt vor, wenn ein V.nehmer selbst zugleich mit einem V. beschwert ist.

Vermainkraut, svw. ↑ Leinblatt.
Vermännlichung ↑ Virilisierung, ↑ Virilismus.
Vermarkung, dauerhafte Kennzeichnung eines bei der geodät. Vermessung verwendeten Punktes durch eine „Marke" aus Metall, Stein oder Beton.
Vermeer, Jan (Johannes), gen. V. van Delft, ≈ Delft 31. Okt. 1632, □ ebd. 15. Dez. 1675, niederl. Maler. – In seinen sorgfältig ausgearbeiteten, häufig allegor. genrehaften Darstellungen werden meist ein oder zwei Figuren in kleinstem Raumausschnitt in stillebenhafter, konzentrierter Erscheinung wiedergegeben. Der Klarheit in der Komposition entspricht eine subtile Farbgebung, in der häufig Komplementärfarben (Blau – Gelb) nebeneinanderstehen; durch Anwendung großer Farbintervalle und sphär. wie barock-theatral. Lichtführung wird eine außergewöhnl. Stimmung ermöglicht. Zu den bedeutendsten seiner dokumentarisch nicht erschließbaren rd. 40 Werke zählen „Bei der Kupplerin" (1656; Dresden, Gemäldegalerie), „Die kleine Straße" (um 1660; Amsterdam, Rijksmuseum), „Ansicht von Delft" (um 1660; Den Haag, Mauritshuis), „Die Briefleserin" (um 1664; Amsterdam, Rijksmuseum), „Die Spitzenklöpplerin" (um 1664/65; Paris, Louvre), „Das Mädchen mit der Perle" (um 1665; Den Haag, Mauritshuis), „Der Maler im Atelier" („Die Allegorie der Malerei"; um 1666; Wien, Kunsthistor. Museum).
Vermeil [vɛrˈmɛːj; lat.-frz.] ↑ silbervergoldet.
Vermengung ↑ Verbindung.
Vermes [lat.], svw. ↑ Würmer.
Vermessungsformel, im Segelsport eine Formel für Hochseejachten, damit ein sinnvoller Wettbewerb unterschiedl. Boote möglich wird. Seit 1969 wird die sog. *IOR-Formel* (Abk. für engl.: International offshore rule) verwendet, um Länge, Tiefgang, Segelfläche u. a. auszugleichen.
Vermessungskunde, svw. ↑ Geodäsie.
Vermessungsschiff, mit Spezialgeräten ausgerüstetes Schiff zur Durchführung von Lotungen und Seevermessungen sowie meereskundl. Untersuchungen.
Vermessungswesen (Vermessungstechnik), Sammelbegriff für alle Aufgaben, die dazu dienen, die Landesvermessung durchzuführen, laufend zu ergänzen und in Kartenwerken festzuhalten. Dazu gehören die das Gelände darstellenden topograph. Karten und die zum Nachweis rechtmäßiger Grenzen und der Bebauung erstellten Kataster- und Spezialkarten.
Vermeylen, August [niederl. vərˈmɛilə], *Brüssel 12. Mai 1872, †Uccle bei Brüssel 10. Dez. 1945, fläm. Schriftsteller und Kunsthistoriker. – 1910–23 Prof. in Brüssel, 1923–40 in Gent; geistiger Führer der Emanzipation der Flamen. Literatur in der 1. Hälfte des 20. Jh.; als Sinnbild des eigenen Volkes diente ihm Ahasver in der symbol. Erzählung „Der ewige Jude" (1906); auch Essays.
Vermiculit [zu lat. vermiculus „Würmchen"], zu den Hydroglimmern zählendes, gelbbraunes bis bronzegelbes, in vielen Tonen enthaltenes monoklines Mineral, $(Mg, Fe^{2+}, Fe^{3+})_3[(OH)_2 | (Si,Al)_4O_{10}] \cdot 4H_2O$; Mohshärte 1–1,5; Dichte 2,4–2,7 g/cm³. Beim Brennen dehnt sich V. auf das 25- bis 50fache seines Volumens aus und bildet dann lockere Massen, die als Wärmeisoliermaterialien verwendet werden.
Vermigli, Pier Martire [italien. verˈmiʎʎi], latin. Petrus Martyr Vermilius, *Florenz 8. Sept. 1500, † Zürich 12. Dez. 1562, italien. reformator. Theologe. – Augustiner-Chorherr; wollte als Abt von Lucca die Glaubenserneuerung mit einer polit. Stadtrevolution verbinden; wurde deshalb von der Inquisition verfolgt; floh nach Straßburg, wo er bis 1547 A. T. lehrte; ab 1556 in Zürich; Autor bibl. Kommentare und weitverbreiteter kontroverstheolog. Schriften.
Vermilionville [frz. vɛrmiljõˈvil] ↑ Lafayette (Stadt).
vermindert, um einen chromat. Halbton kleiner als reine (z. B. c-fes statt c-f) oder kleine (z. B. e-ges statt e-g) Intervalle. Die Umkehrung v. Intervalle ergibt übermäßige Intervalle. – Der *v. Dreiklang* (z. B. h-d-f) besteht aus zwei kleinen Terzen; der *v. Septakkord* (z. B. h-d-f-as) ist ein Vierklang aus drei kleinen Terzen.
Vermischung ↑ Verbindung.

Vermißte, Personen, deren Aufenthalt während längerer Zeit unbekannt ist. – ↑ Todeserklärung.
Vermittlung, im *Völkerrecht* ein Verfahren der friedl. Streitbeilegung zw. Staaten, wobei ein unbeteiligter Dritter (Staat, internat. Organisation, Privatperson) den Parteien sachl. Vorschläge ohne bindende Wirkung zum Ausgleich des Interessenkonflikts unterbreitet. Die Rolle des Vermittlers endet, wenn seine Vorschläge nicht angenommen werden. – ↑ Haager Friedenskonferenzen.
Vermittlungsausschuß, durch Art. 77 GG im ↑ Gesetzgebungsverfahren institutionalisiertes Organ zur Harmonisierung der Gesetzgebungsarbeit zw. Bundestag und Bundesrat. Dem V. gehören je 16 vom Bundestag gewählte MdB und von den Ländern entsandte, nicht weisungsgebundene Mgl. des Bundesrats an; er kann von Bundesrat, Bundestag und Bundesreg. angerufen werden (von letzteren beiden nur bei den sog. Zustimmungsgesetzen) und kann i. d. R. Einigungsvorschläge empfehlen, die auf Änderung, Aufhebung oder Beseitigung des vom Bundestag beschlossenen Gesetzes lauten und dann von beiden Gesetzgebungsorganen beschlossen bzw. abgelehnt werden müssen.
Vermittlungstheologie, neben der restaurativen und der liberalen Theologie eine der Hauptrichtungen der ev. Theologie des 19. Jh., die zw. Liberalismus und Konfessionalismus, modernem wiss. Geist und Tradition zu vermitteln suchte.
Vermizid [lat.], wurmtötendes Arzneimittel.
Vermoderung, gemeinsprachl. Bez. für Humifizierung (↑ Humus).
Vermögen, die auf der Aktivseite der Bilanz ausgewiesenen V.gegenstände: Anlage-V., Umlauf-V.; nach Abzug der Schulden ergibt sich das Rein-V. – V. gemäß dem Bewertungsgesetz ist die Summe der Einheitswerte des land- und forstwirtsch. V., des Grund- und Betriebs- sowie des sonstigen V. nach Abzug der Schulden und Lasten.
Vermögensabgabe, einmaliger Zugriff auf alle Vermögen, meist zur Beseitigung staatl. Überschuldung. 1948 erfolgte z. B. in der BR Deutschland eine V. zum Lastenausgleich.
Vermögensaufstellung, Zusammenstellung der Besitz- und Schuldposten zur Ermittlung des Einheitswertes eines Gewerbebetriebes.
Vermögensbildung, durch das 5. V.gesetz vom 19. 1. 1989 (mit Änderungen vom 22. 2. 1990) geförderte tariflich vereinbarte Zuwendung vermögenswirksamer Leistungen der Arbeitgeber an Arbeitnehmer, die der Förderung der Sparfähigkeit von Empfängern niedriger Einkommen dienen soll. Nach dem V.gesetz wird dem Arbeitnehmer vom Staat eine *Arbeitnehmer-Sparzulage* für maximal 936 DM (je nach Anlageform zw. 10 % und 20 %) gezahlt, sofern sein zu versteuerndes Einkommen im Kalenderjahr der vermögenswirksamen Leistung 27 000 DM (bei Zusammenveranlagung von Ehegatten 54 000 DM) nicht übersteigt. Arbeitnehmer-Sparzulagen sind im Ggs. zu den vermögenswirksamen Leistungen selbst nicht steuerpflichtig. Förderungsfähig sind z. B. Sparbeiträge auf Grund eines Sparvertrages über Wertpapiere u. a. Vermögensbeteiligungen, Bausparbeiträge, Aufwendungen zum Kauf von Eigentumswohnungen.
Vermögensgesetz, Kurzbez. für das Gesetz zur Regelung offener Vermögensfragen i. d. F. vom 18. 4. 1991 (↑ Privatisierung, ↑ Rückübertragung).
Vermögensschaden ↑ Schaden, ↑ Schadenersatz.
Vermögenssorge ↑ elterliche Sorge.
Vermögensteuer, Besitzsteuer, deren Bemessungsgrundlage das Gesamtvermögen des Steuerpflichtigen ist. Die V. fließt den Ländern zu. Sie ist eine direkt erhobene und persönl. Steuer, bei deren Festsetzung die persönl. Verhältnisse der Steuerpflichtigen durch bes. *Freibeträge* berücksichtigt werden. Unbeschränkt vermögensteuerpflichtig sind mit ihrem gesamten Vermögen alle natürl. und jurist. Personen, die im Inland wohnen; Personen, die im Ausland wohnen, sind beschränkt vermögensteuerpflichtig (nur mit ihrem Inlandsvermögen); von der V. befreit sind

Vermögensverteilung

verschiedene Körperschaften des öff. Rechts sowie alle Körperschaften, die ausschließlich gemeinnützigen, mildtätigen oder kirchl. Zwecken dienen; in den neuen Bundesländern Aussetzung der V. bis Ende 1994.

Vermögensverteilung, anteilige Zurechnung des Vermögens einer Volkswirtschaft auf die Bev.gruppen. V. ist eng mit der ↑Einkommensverteilung verknüpft, denn durch Sparen wird aus Einkommen Vermögen gebildet, und angelegtes Vermögen stellt zugleich eine Einkommensquelle dar. – ↑Vermögensbildung.

Vermögensverwaltung ↑Treuhandgeschäfte.

vermögenswirksame Leistungen ↑Vermögensbildung.

Vermont [engl. vəːˈmɔnt], Bundesstaat im NO der USA, 24 900 km², 562 000 E (1990), Hauptstadt Montpelier.
Landesnatur: V., das in den Appalachen liegt, erreicht in den Green Mountains mit 1 339 m seinen höchsten Punkt. Zw. den Green Mountains und dem Tal des Connecticut River (im O) breitet sich das Plateau der New England Uplands aus mit Höhen zw. 300 und 600 m. Lake Champlain und der nach S fließende Hudson River liegen in einer tekton. Senke. – Das Klima ist kontinental. – Die natürl. Vegetation ist der Mischwald, der heute noch etwa ²/₃ der Fläche einnimmt.
Bevölkerung, Wirtschaft, Verkehr: Die Bev. ist überwiegend brit. Abkunft. Der Grad der Verstädterung ist gering. V. verfügt über 6 Colleges und 2 Univ. Landw. wird v. a. in den Flußtälern und in der Champlainsenke betrieben (Milchwirtschaft, Anbau von Futterpflanzen und Kartoffeln; Obstkulturen sowie Gewinnung von Ahornsirup). Dem Produktionswert nach führen Maschinen-, elektron., Holz- und Nahrungsmittelind., Papierherstellung sowie Gewinnung und Verarbeitung von Natursteinen. Bed. Fremdenverkehr (auch Skisport). – Das Eisenbahnnetz ist 1 276 km lang, das Straßennetz rd. 22 400 km. V. verfügt über 18 ⚑.
Geschichte: 1609 drang der Franzose S. de Champlain als erster Europäer in das Gebiet von V. vor, wo 1666 ein frz. Stützpunkt (Fort St. Anne) entstand und seit 1724 engl. Kolonisten siedelten (an der heutigen Grenze zu Massachusetts). 1777 konstituierte sich V. als unabhängiger Staat (erste Verfassung mit einem Verbot der Sklaverei) und wurde im März 1791 als 14. Staat in die Union aufgenommen.

Vermuntstausee ↑Stauseen (Übersicht).

Vermutung (gesetzl. Vermutung), im Recht die Annahme einer Tatsache als wahrscheinlich wahr. Die V. ist *Tatsachen-V.,* wenn von dem Vorliegen eines bestimmten Umstandes auf eine Tatsache als wahr geschlossen wird (z. B. die gesetzl. Vaterschafts-V., ↑eheliche Kinder). Sie ist *Rechts-V.,* wenn von einem bestimmten Umstand auf ein Recht geschlossen wird (z. B. die V. zugunsten des Besitzers einer bewegl. Sache, daß er Eigentümer ist). Im Verfahrensrecht dient der V. der Beweiserleichterung; sie kann i. d. R. durch den Gegenbeweis widerlegt werden *(widerlegl. Vermutung).*

Vernalisation [zu lat. vernalis „zum Frühling gehörig"] (Jarowisation), Einleitung der Blütenbildung, also des Übergangs einer Pflanze aus der vegetativen in die generative Phase ihrer Entwicklung durch Kälte. – ↑Lyssenko.

Verne, Jules [frz. vɛrn], * Nantes 8. Febr. 1828, † Amiens 24. März 1905, frz. Schriftsteller. – Seine wiss.-phantast. Romane und Abenteuerromane stehen am Beginn der ↑Science-fiction und gehören zu den meistübersetzten Werken der frz. Literatur, u. a. „Reise nach dem Mittelpunkt der Erde" (1864), „Von der Erde zum Mond" (1865), „20 000 Meilen unter'm Meer" (1870), „Reise um die Erde in 80 Tagen" (1873).

Vernehmung (Verhör), die i. d. R. mündl. Befragung einer Person (z. B. Zeuge, Sachverständiger, Beschuldigter, Parteien) über verfahrensrechtlich bedeutsame Sachverhalte; u. U. besteht ein Aussageverweigerungsrecht. Zeugen müssen vor der V. zur Sache auf ein etwaiges Zeugnisverweigerungsrecht hingewiesen werden. Im *Strafverfahren* sind bestimmte V.methoden nach § 136 a StPO verboten

Jules Verne

(z. B. Drohung, Zwang, Ausnützen einer Ermüdung). – ↑Kreuzverhör, ↑Parteivernehmung.

Verneinung, svw. ↑Negation.

Vernersches Gesetz, die von dem dän. Sprachwissenschaftler Karl Verner (* 1846, † 1896) als lautgesetzl. Ausnahme zur german. (ersten) ↑Lautverschiebung erkannte Regel, daß die indogerman. stimmlosen Verschlußlaute (erschlossen) *p, t, k/kʼ, kᵘ* (sowie die Spirans *s*) dann nicht zu german. stimmhaften Reibelauten *b̄, d̄, ḡ, ḡʷ* (sowie *z*) geworden sind, wenn der freie Wortakzent auf der unmittelbar vorangehenden Silbe lag. Das V. G. formuliert die Bedingungen, unter denen der sog. *grammat. Wechsel* im Konjugationssystem der german. schwachen Verben stattfindet (z. B. *leiden – litten*).

Vernet, Joseph [frz. vɛrˈnɛ], * Avignon 14. Aug. 1714, † Paris 3. Dez. 1789, frz. Maler. – Die Stärke seiner klassizist. Landschaftsmalerei liegt im Atmosphärischen; wählte v. a. Motive wie Sturm und Unwetter sowie Schiffbrüche („Häfen Frankreichs", 1753–65, 24 Gemälde; Paris, Louvre).

Verneuerte Landesordnung, bis ins 19. Jh. geltendes Staatsgrundgesetz für Böhmen (10. Mai 1627) und Mähren (10. Mai 1628); es sicherte dem Monarchen u. a. das primäre Gesetzgebungsrecht und das Recht zur Aufhebung gerichtl. Entscheidungen des Landtags.

Verneuil [frz. vɛrˈnœj], Henri, eigtl. Achod Malakian, * Rodosto (Türkei) 15. Okt. 1920, frz. Filmregisseur. – Insbes. Actionfilme, u. a. „Der Tisch mit den Kadavern" (1951), „Staatsfeind Nr. 1" (1953), „Der Clan der Sizilianer" (1969), „Der Körper meines Feindes" (1976), „Die Glorreichen" (1984).

V., Louis, eigtl. Louis Colin du Bocage, * Paris 14. Mai 1893, † ebd. 3. Nov. 1952 (Selbstmord), frz. Schriftsteller und Schauspieler. – Schrieb Gesellschaftskomödien über polit. und erot. Themen, u. a. „Meine Schwester und ich" (1930), „Staatsaffären" (1952).

Verneuil-Verfahren [frz. vɛrˈnœj; nach dem frz. Chemiker A. V. L. Verneuil, * 1856, † 1913], tiegelfreies Kristallzüchtungsverfahren bes. für hochschmelzende Verbindungen, z. B. Korunde (Rubin, Saphir) und Spinelle, bei dem das pulverförmige Ausgangsmaterial in einer Gasflamme oder einem Plasma über der epitaktisch wachsenden Kristalloberfläche geschmolzen wird.

Vernichtungslager, von der SS seit Ende 1941 zum Zweck der Massentötung der europ. Juden errichtete Lager. Mehr als die Hälfte der nahezu 6 Mill. Opfer der nat.-soz. Judenverfolgung kamen in V. um, die aus Geheimhaltungsgründen im besetzten Polen errichtet wurden, u. a. in Bełżek (1942/43, 600 000 Opfer), Sobibór (1942/43, 250 000), Treblinka (1942/43, zw. 700 000 und 900 000), Auschwitz-Birkenau (als KZ 1940, als V. 1941–45, 2,5–4 Mill. [geschätzte Zahl]) und Lublin-Majdanek (1941–44, um 250 000, nach anderen Schätzungen 360 000). Die beiden letztgenannten Lager waren sowohl V. als auch ↑Konzentrationslager.

Vernichtungsstrahlung, in der *Physik* bei einer ↑Paarvernichtung von Teilchen und Antiteilchen ausgesandte, zumeist elektromagnet. Strahlung.

Vernier, Pierre [frz. vɛrˈnje], * Ornans bei Besançon 19. Aug. 1584, † ebd. 14. Sept. 1638, frz. Mathematiker. – Erfand und beschrieb (1631) den ↑Nonius.

Vernis mou [vɛrniˈmu, „weicher Firnis"], Radierung, bei der durch Papier in den Ätzgrund gezeichnet wird, wodurch die Härte der Linien abgeschwächt wird.

Vernissage [vɛrniˈsaːʒə; frz. vɛrniˈsaːʒ; eigtl. „Lackierung"], Ausstellungseröffnung in einer Kunstgalerie.

Vernon, Konstanze [vɛrˈnõ], geb. Herzfeld, * Berlin 2. Jan. 1939, dt. Tänzerin. – 1962 bis 1980 Primaballerina an der Bayer. Staatsoper in München, wo sie in Rollen des klass. und modernen Repertoires auftrat. Gründerin (1978) der Heinz-Bosl-Stiftung, heute Ballettakademie des Freistaates Bayern, deren Leiterin sie ist, sowie Direktorin des 1989 von ihr gegr. Bayer. Staatsballetts.

Vernunft, in der *Philosophie* das Vermögen der Ideenbildung bzw. das Vermögen, die Dinge und Erscheinungen in

Verona. Brücke über die Etsch, links der romanische Dom aus dem 12. Jahrhundert

ihrem inneren und äußeren Zusammenhang zu begreifen. – In der neuzeitl. Philosophie, bes. seit Kant, gilt die V. in Unterscheidung zu dem Begriff des Verstands als höchstes Erkenntnisvermögen. Die Unterscheidung von V. und Verstand geht auf die Unterscheidung von „noũs" bzw. „intellectus" (Geist) und „diánoia" bzw. „ratio" (zergliederndes Denken) in der antiken und ma. Philosophie zurück. Seit der griech. Philosophie ist durch den Begriff V. das philosoph. Grundproblem bezeichnet, für welche unverzichtbaren Bedingungen menschl. Redens und Handelns der Mensch zurückgreifen können muß, um sich seiner eigenen Möglichkeiten zu vergewissern. – Die Unterscheidung von V. und Verstand spielt in der modernen Philosophie keine wesentl. Rolle mehr; heute stehen eher sprachanalyt., wissenschaftstheoret. und log. Begründungsversuche im Vordergrund.

Verödung (Obliteration), in der Medizin Verstopfung bzw. Verschluß des ↑Lumens von Körperhöhlen, Kanälen oder Gefäßen (u. a. durch entzündl. Veränderungen oder Thromben verursacht).

▷ svw. ↑Venenverödung.

Verona, italien. Stadt in Venetien, an der Etsch, 59 m ü. d. M., 258 500 E. Hauptstadt der Prov. V.; kath. Bischofssitz; Fachhochschulen, kunsthistor. Inst.; zahlr. Museen, Opern- und Theateraufführungen im röm. Amphitheater; internat. Landw.messe, holzverarbeitende, Metall-, chem., pharmazeut. Ind. und graph. Gewerbe, Eisenbahn- und Straßenknotenpunkt; ✈.

Geschichte: Die Stadt wurde 89 v. Chr. röm. Colonia latin. Rechts, 49 v. Chr. Munizipium; wahrscheinlich seit dem 3. Jh. Bischofssitz; eine der Residenzen des Ostgotenkönigs Theoderich d. Gr. („Dietrich von Bern" [Bern = V.]) und des Langobardenkönigs Alboin; ab 572 Mittelpunkt eines Hzgt., seit 774 Hauptort einer fränk. Gft.; 952 Errichtung der **Mark Verona,** seit 976 Teil des neugegr. Hzgt. Kärnten; seit Beginn des 12. Jh. freie Kommune, gründete 1164 den **Veroneser Bund,** ein Militärbündnis, das sich 1167 zum Lombardenbund erweiterte; verdoppelte 1193 seinen Herrschaftsbereich durch die Erwerbung von Garda und dessen Umgebung; stand 1222–59 unter der Herrschaft von Ezzelino III. da Romano; ab 1259 unter der Herrschaft der Scaliger, fiel 1387 an die Visconti von Mailand; gelangte 1405 an die Republik Venedig, wurde 1797 mit Venetien östr. und bildete nach der napoleon. Zeit (1805–14) mit Mantua, Peschiera del Garda und Legnago das östr. Festungsviereck in Oberitalien; 1866 dem Kgr. Italien eingegliedert.

Bauten: Aus röm. Zeit sind aus dem 1. Jh. n. Chr. v. a. das Amphitheater („Arena") und die Porta dei Borsari erhalten. Zahlreiche ma. Sakralbauten (charakterist. bänderartiges Schmuckmotiv aus verschiedenartigen Steinen): roman. Dom (12. Jh., got. Langhaus), Santa Maria Antica (1185 geweiht), daneben die got. Scaliger-Gräber, roman.-gotisch San Zeno Maggiore (die bed. Fassade 1138 vollendet) mit Kampanile (1178), Doppelkirche San Fermo Maggiore (1065–1143; Oberkirche 13./14. Jh.). Profanbauten: Castel Vecchio (ehem. Scaligerburg, 1354–56); von dem 83 m hohen Lambertiturm überragt der Palazzo del Comune (1194, erneuert und ergänzt im 13., 15., 19. Jh., 1942 restauriert), Palazzo del Governo (13. Jh., mehrfach umgebaut, 1928–30 restauriert), Loggia del Consiglio im Frührenaissancestil (1476–93); bed. Renaissancepaläste baute M. Sanmicheli um 1530 ff.: Palazzo Pompei, Palazzo Canossa und Palazzo Bevilacqua.

Veronese, Paolo, eigtl. P. Caliari, * Verona 1528, † Venedig 19. April 1588, italien. Maler. – Seit 1553 in Venedig ansässig, verarbeitete v. a. Einflüsse des Manierismus und Tizians zu einer klass. Konzeption im Sinne der Hochrenaissance. Zu seinen Hauptwerken gehören die Ausmalung der Villa Barbaro in Maser bei Treviso (1561/62) und monumentale Gastmahlbilder („Hochzeit zu Kana" 1563; Paris, Louvre; „Gastmahl des Levi" 1573; Venedig, Accademia). In lichtdurchfluteter Architektur wird eine Vielzahl prunkvoll kostümierter Figuren in gelassener Bewegung dargestellt. V. arbeitete mit effektvollen, klaren Komplementär-Farbwirkungen, die nach 1570 einem gedämpfteren Kolorit mit gebrochenen Tönen und verschwimmenden Übergängen weichen. Seine Bilder und Fresken der 1580er Jahre, u. a. „Apotheose Venedigs" in der Sala del Maggior Consiglio im Dogenpalast (um 1582), sind ein Vorgriff auf die Barockmalerei.

Veroneser Klause (Berner Klause), Engtalstrecke der mittleren Etsch vor ihrem Austritt in die Poebene.

Veronica [nach der hl. Veronika], svw. ↑Ehrenpreis.

Veronika, hl., legendäre Frau aus dem Kreis der Frauen um Jesus von Nazareth. – Die Legende (4. Jh.) kennt eine Frau namens Beronike, die ein wahres Bild Christi entweder als Abdruck Christi in dem von Beronike dem kreuztragenden Jesus gereichten Schweißtuch **(Schweißtuch der Veronika)** oder durch ein Wunder empfangen hat. – Abb. S. 194.

Verordnung, svw. ↑Rechtsverordnung.

Verpackung, Umhüllung von Produkten unterschiedlichster Art zum Schutz bei Transport und Lagerung, häufig zugleich zur Unterteilung in bestimmte, der Verwendung oder dem Transport angepaßte Mengen *(Abpackung).* Als *V.mittel* dienen Tüten, Säcke, Schachteln, Dosen, Kisten, Fässer, Tuben, Flaschen usw.; als *V.material* werden Papier, Pappe, Holz, Glas, Metalle (Bleche, Folien), Kunststoffe (v. a. Klarsicht-, Schrumpffolien, Schaumstoffe) u. a. verwendet. Die Wahl des V.mittels und V.materials hängt von dem V.gut und der Art der zu erwartenden äußeren Einflüsse ab (z. B. können Druck- und Stoßunempfindlichkeit, Temperaturbeständigkeit, Lichtundurchlässigkeit, Fett- und

Verona Stadtwappen

Paolo Veronese. Die Hochzeit zu Kana, 1563 (Paris, Louvre)

Verpackungsmaschinen

Öldichtigkeit, Luftdurchlässigkeit usw. von einer V. gefordert werden). Als V. für zum Verkauf ausliegende Ware fanden in den letzten Jahren Klarsichtfolien weite Verbreitung, die die bei Unterdruck verpackte Ware eng umschließen (sog. *Vakuum-V.*). Bes. Ansprüchen muß das V.material von Lebensmitteln genügen; es darf z. B. nicht den Nähr- und Genußwert der Lebensmittel beeinträchtigen und keine fremden Stoffe an sie abgeben.
Die ständig steigende Verwendung von Kunststoffen brachte ernstzunehmende Probleme der Umweltbelastung bei der Abfallbeseitigung mit sich. Bes. *Einweg-V.* (z. B. Joghurt-V., Bierdosen), die nach Gebrauch bzw. Verbrauch des Inhalts weggeworfen werden, erhöhen die Abfallmenge (50 % des Hausmülls). Geeigneter sind oft *Mehrweg-V.* (z. B. Pfandflaschen); sie verringern Abfallmenge und -volumen und sind durch Einsparung von Energie und Rohstoffen kostengünstiger. – ↑Verpackungsverordnung.

Verpackungsmaschinen, Maschinen und Anlagen zum teil- oder vollautomat. Abpacken bzw. Abfüllen bestimmter Mengen eines Produkts sowie zur Dekoration und zum Beschriften der Verpackung. Je nach zu verpackendem Produkt und Verpackungsmaterial werden V. unterschiedlichster Art verwendet, die einzelne Arbeitsgänge automatisch verrichten (z. B. Verschnürmaschinen) oder den gesamten Abfüll- bzw. Abpack- und Verpackungsvorgang (innere Verpackung, äußere Verpackung) bis zur Versand- bzw. Lagerfertigkeit vollautomatisch durchführen. Liegt die Verpackung bereits in einer zum Abfüllen vorbereiteten Form (Schachteln, Flaschen, Ampullen usw.) vor, so spricht man meist von **Abfüllmaschinen.** Sie enthalten als wesentl. Teile eine Dosiereinrichtung, die eigtl. Füllanlage sowie eine Verschließanlage.

Verpackungsverordnung, VO über die Vermeidung von Verpackungsabfällen vom 12. 6. 1991; danach sollen Verpackungen aus umweltverträgl. und die stoffl. Verwertung nicht belastenden Materialien hergestellt werden und so beschaffen sein, daß sie möglichst wiederverwendet werden können (Mehrwegverpackungen). Bei Einwegverpackungen ist der Vertreiber (Verkaufsstelle) ab 1. 1. 1993 verpflichtet, vom Endverbraucher die gebrauchte *Verkaufsverpackung* kostenlos zurückzunehmen. *Umverpackungen* (Kartonagen oder ähnl. Umhüllungen zusätzlich um die Verkaufsverpackung) müssen ab 1. 4. 1992 vom Vertreiber zurückgenommen werden, *Transportverpackungen* bereits ab 1. 12. 1991. Hersteller und Vertreiber sind verpflichtet, die zurückgenommenen Verpackungen einer erneuten Verwendung oder stoffl. Verwertung zuzuführen. – ↑duales Abfallsystem.

Verpflichtungsgeschäft, das auf einem Rechtsgrund (causa) beruhende ↑Rechtsgeschäft (z. B. Kaufvertrag), mit dem eine Verpflichtung (z. B. die Kaufsache nach Kaufpreiszahlung zu übereignen) begründet wird. Das V. ist streng zu trennen von dem aus ihm u. U. folgenden Erfüllungsgeschäft (↑Verfügung, z. B. Übereignung der Kaufsache).

Verpflichtungsklage (Vornahmeklage), bes. Klageart (Unterart der ↑Leistungsklage) in der Verwaltungs-, Finanz- und Sozialgerichtsbarkeit. Mit der V. kann der Kläger begehren, den Beklagten (Bund, Land, Gemeinde usw.) zu verurteilen, einen ihn begünstigenden Verwaltungsakt (z. B. Baugenehmigung) zu erlassen. Die V. ist fristgebunden; i. d. R. muß ihr ein Vorverfahren vorangehen.

Verpuffung, selbständige Flammenfortpflanzung in Gasen, Dämpfen oder Stäuben, die im Ggs. zur Explosion mit nur geringer Geschwindigkeit und Druckwirkung und mit dumpfem Geräusch verläuft.

Verpuppung, bei den Insekten die Umwandlung der Larve in die ↑Puppe.

Verputz, svw. Putz.

verquicken, im *Hüttenwesen* und in der *Galvanotechnik* svw. ↑amalgamieren.

Verrat, von german. Zeit bis in die Zeit des Lehnswesens schwerste Straftat, die alle Treueverletzungen gegenüber Gemeinschaft, Herrn, Familie umfaßte. Zum geltenden Recht ↑Geheimnisverrat, ↑Hochverrat, ↑Landesverrat und Gefährdung der äußeren Sicherheit.

Andrea del Verrocchio. David, vor 1476 (Florenz, Bargello)

Verrechnungseinheit, Abk. VE, in internat. Zahlungsabkommen vereinbarte Währungseinheit, zu der unabhängig von Kursschwankungen zu leistende Zahlungen zw. den beteiligten Ländern abgerechnet werden.

Veronika mit dem Schweißtuch, Gemälde des Meisters der hl. Veronika, um 1415 (München, Alte Pinakothek)

Verrenkung (Luxation), Verschiebung zweier durch ein Gelenk verbundener Knochenenden gegeneinander mit Überdehnung oder Zerreißen des Kapsel-Band-Apparats. Die Zeichen einer V. sind neben einer schmerzhaften Schwellung und Einschränkung der Beweglichkeit die Fehlstellung der betroffenen Gliedmaße und die Lagerung des Gelenkkopfs außerhalb der Pfanne (Auskugelung). Die Therapie einer V. besteht in der Wiedereinrichtung *(Reluxation)* in lokaler oder allg. Betäubung und danach in einer Ruhigstellung.

Verrichtungsgehilfe ↑unerlaubte Handlung.

Verrocchio, Andrea del [italien. verˈrɔkkjo], eigtl. A. di Cione, * Florenz 1435, † Venedig vor dem 7. Okt. 1488, italien. Bildhauer und Maler. – Als Goldschmied ausgebildet, zeitweilig in der Bildhauerwerkstatt Donatellos tätig, dann seit 1465 selbst Inhaber einer vielseitigen Werkstatt in Florenz; Lehrherr u. a. von Leonardo da Vinci. Er schuf neben kraftvoll-eleganten Bronzewerken („David", vor 1476, Florenz, Bargello) das Grabmal für Piero und Giovanni de' Medici in San Lorenzo (1472) und fand mit der Thomas-Gruppe (1465/66–1483) für eine Außennische an Or San Michele eine ungewöhnl. dramat. Lösung des Themas. Seit 1486 betrieb er in Venedig (Verlegung der Werkstatt) an dem Modell des Reiterdenkmals des Bartolomeo Colleoni. Sein maler. Werk ist weitgehend ungesichert, eine Ausnahme bildet die „Taufe Christi" (um 1470/80; Mitarbeit von Leonardo da Vinci), das V. maler. Bemühen um anatom. und plast. Genauigkeit aufzeigt.

Verruca [lat.], svw. ↑Warze.

Vers [zu lat. versus, eigtl. „Umwendung (des Pflugs)", „Furche, Reihe"], metrisch gegliederte Zeile einer Dichtung in gebundener Rede, die einen bestimmten Rhythmus aufweist. Die V.struktur kann je nach den phonet. Voraussetzungen der zugrundeliegenden Sprachen 1. durch die bloße Silbenzahl *(silbenzählendes V.prinzip),* 2. durch die Zahl der betonten Silben bei freier Umgebung *(akzentuierendes V.prinzip),* 3. durch die geregelte Abfolge qualitativ unterschiedener Silbenfolgen (lang–kurz, betont–unbetont; *quantitierendes V.prinzip)* definiert werden; hinzu können Binnenpausen **(Zäsuren)** kommen, die den V. in z. T. gegensätzlich gestaltete rhythm. Einheiten **(Kolon)** teilen. Das Ende des V. ist die durch das Zeilenende repräsentierte **Pause,** die in der Regel mit einer syntakt. Pause zusammenfällt und die durch Klangsignale (Reim, Assonanz, Kadenz) verstärkt werden kann. Die Parallelität der V.struktur kann durch den Zeilensprung (Enjambement) durchbrochen werden. Unter **Schwellvers** versteht man eine durch erhöhte Silbenzahl „aufgeschwellte" Sonderform von Versen (z. B. in der german. Stabreimdichtung).

Die **Verslehre (Metrik)** im Sinne einer systemat. Erfassung der in verschiedenen Literaturen jeweils bindenden Regeln der V.sprache und des V.baus umfaßt rhetor.-stilist. Einzelerscheinungen des V. (Lautwiederholungen z. B. in der Form der Alliteration oder des Reims), die Regelung der Silbenfolge in akzentuierender oder quantitierender Dichtung oder in V., die nicht durch ein bestimmtes **Metrum (Versmaß)** geordnet sind (freie oder eigenrhythm. Verse). Das metr. Schema eines V., d. h. die mehr oder weniger fest geregelte Anzahl und Abfolge der in Quantität und Qualität unterschiedl. Silben, wird durch das Metrum gekennzeichnet. Hierbei ergibt sich in akzentuierender Dichtung auf Grund der Variationsmöglichkeiten bei der sprachl. Ausgestaltung der metr. Schemata aus dem Widerstreit zw. Sprache und metr. Organisation der Rhythmus. In der Bed. **Versfuß** (Fuß) bezeichnet Metrum die kleinste feste Einheit des metr. Baus eines Verses. Ein V.fuß (z. B. Jambus, Trochäus, Daktylus) besteht aus einer festgelegten Anzahl und einer bestimmten Abfolge von langen oder kurzen, bzw. betonten oder unbetonten Silben. In der dt. Metrik verwendet man gelegentlich die der Musik entlehnte Bez. **Takt** anstelle von Metrum oder V.fuß. Im Zusammenhang damit werden die Symbole – für eine lange und ⌣ für eine kurze Silbe durch die Zeichen x́ (betont) und x (unbetont) ersetzt.

Eine Hilfsdisziplin der Metrik ist die **Prosodie** als Lehre von den für die V.struktur konstitutiven Elementen einer Sprache.

Die *Geschichte* des V. in Europa begann mit dem auf dem quantitierenden V.prinzip fußenden griech. V.; die Nachfolgesprachen des Lateinischen gaben die Unterscheidung von Silbentypen im wesentlichen auf und gelangten zum silbenzählenden V.prinzip. Die german. Sprachen zeigten von Anfang an das akzentuierende V.prinzip, wobei die Zahl der Hebungen fest ist. Bewahrt im Volks- und Kirchenlied, bildeten diese Bauformen einen bis in die neueste V.geschichte reichenden Impuls.

Ver sacrum [lat. „hl. (gottgeweihter) Frühling"], nach altitalischem Brauch der in schwerer Not den Göttern (Mars, Jupiter) geweihte „heilige Frühling"; das in dieser Zeit geborene Vieh wurde geopfert, die Kinder wurden nach ihrem Heranwachsen zur Suche neuer Wohnsitze gezwungen.

Versailler Vertrag [vɛrˈsaːjər], wichtigster der Pariser Vorortverträge, die 1919/20 den 1. Weltkrieg beendeten. Der V. V. wurde am 28. Juni 1919 im Versailler Schloß zw. dem Dt. Reich und 27 alliierten und assoziierten Mächten unterzeichnet und trat am 10. Jan. 1920 in Kraft. – Ohne dt. Beteiligung wurde ab 18. Jan. 1919 in Paris der Text des Friedensvertrages zw. Wilson, Lloyd George, Clemenceau und Orlando (Die „Großen Vier") ausgearbeitet. Am 7. Mai 1919 wurde der Text der Dt. Delegation zugestellt und am 16. Juni 1919 ultimativ die Vertragsannahme binnen 5 Tagen gefordert. Die Weimarer Nat.versammlung stimmte (mit 237 Abg. gegen 138 Abg. bei 6 Enthaltungen) am 22. Juni 1919 der Unterzeichnung zu.

Der V. V. umfaßte 440 Artikel in 15 Teilen. Teil I enthielt die Satzung des Völkerbunds. Die Teile II und III legten die neuen dt. Grenzen und die polit. Bestimmungen über Europa fest: Moresnet und Eupen-Malmedy fielen an Belgien. Luxemburg schied aus dem dt. Zollverein aus und verlor seinen neutralen Status. Elsaß-Lothringen kam ohne Abstimmung an Frankreich. Fast ganz Westpreußen, die Prov. Posen, das Gebiet um Soldau und Teile Pommerns fielen an Polen (Poln. Korridor). Danzig wurde als Freie Stadt dem Völkerbund unterstellt. Das Memelland kam unter alliierte Verwaltung. Das Hultschiner Ländchen fiel an die Tschechoslowakei. Volksabstimmungen wurden für Oberschlesien, das südliche Ostpreußen, Westpreußen östl. der Weichsel und Schleswig vorgesehen (sog. *Abstimmungsgebiete*). Sie führten zur Teilung Oberschlesiens, wobei die kohlereichen Gebiete im SO an Polen kamen, und zur Abtretung Nordschleswigs an Dänemark. Das Saargebiet wurde für 15 Jahre vom Völkerbund verwaltet. Der von Österreich proklamierte Anschluß an das Dt. Reich wurde untersagt. Dieses verlor (ohne Kolonien) durch Gebietsabtretungen 70 579 km² seines ehem. Territoriums mit etwa 6,5 Mill. E (1910). Teil IV legte die Abgabe der Kolonien an den Völkerbund sowie den Verzicht auf vertragl. Rechte im Ausland fest. Teil V enthielt die militär. Entwaffnungsbestimmungen: Das Heer wurde auf 100 000 Mann (spätere Reichswehr), die Marine auf 15 000 Mann mit geringem Schiffsbestand beschränkt. Wehrpflicht, Generalstab und Kriegsakad. wurden abgeschafft, schwere Artillerie, Panzer- und Luftwaffe verboten. Teil VI regelte Fragen der Kriegsgefangenen und Soldatengräber. Teil VII enthielt die Forderungen nach Auslieferung Wilhelms II. durch die Niederlande und Bestimmungen über Kriegsverbrecherprozesse. Die Teile VIII und IX behandelten die dt. Reparationen, ohne deren Höhe und Laufzeit festzulegen. Sie wurden mit der in Art. 231 genannten dt. Alleinschuld am 1. Weltkrieg *(Kriegsschuldfrage)* begründet. Als Wiedergutmachung hatte das Dt. Reich Eisenbahneinrichtungen, Fernkabel und 90 % der Handelsflotte auszuliefern, ferner umfangreiche Lieferungen an Kohle, Maschinen, Fabrikeinrichtungen, Werkzeugen und Haustieren zu leisten. In Teil X–XII mußte es der Konfiskation des dt. Eigentums und sonstiger Rechte im Ausland, der Einräumung des Meistbegünstigungsrechts für die alliierten Staaten ohne Gegenseitigkeit, der Beschränkung der dt. Eisenbahnhoheit sowie der Privilegierung der Alliierten in der Luftfahrt und den dt. Häfen und der Internationalisierung der dt. Flüsse zustimmen. Teil XIII betraf die Gründung der Internat. Arbeitsorganisation. Teil XIV bestimmte den Rückzug der dt. Truppen aus dem ehem. russ. Gebieten und die Besetzung des Saargebietes, des linken Rheinufers mit rechtsrhein. Brückenköpfen bei Köln, Koblenz und Mainz für 15 Jahre sowie die etappenweise Räumung in jeweils 5 Jahren. Die Besatzungskosten hatte das Reich zu tragen.

Bei aller materiellen und massenpsycholog. Belastung („Diktat von Versailles") beließen die Bedingungen des V. V. dem Dt. Reich den Status einer potentiellen Großmacht. Die Reg. der Weimarer Republik erreichten zudem die vorzeitige Räumung der Rheinlande 1930, das fakt. Ende der Reparationen 1931/32, die formelle Anerkennung als Großmacht (beim Eintritt in den Völkerbund 1926) und die Gleichberechtigung bei den Abrüstungsverhandlungen 1932; sie konnten aber nicht verhindern, daß die Revision des V. V. in der öff. Meinung grundsätzlich als vorrangiges außenpolit. Ziel dt. Politik galt, das die antidemokrat. Kräfte als einen entscheidenden Anknüpfungspunkt für ihre Agitation zur Zerstörung der parlamentar. Demokratie mißbrauchten.

Versailles [frz. vɛrˈsaːj], frz. Stadt im sw. Vorortbereich von Paris, 130 m ü. d. M., 91 500 E. Verwaltungssitz des Dep. Yvelines; kath. Bischofssitz; Univ. (gegr. 1991), Fachhochschule für Gartenbau, histor. Wagenmuseum. – Seit 1037 belegt, 1561 Marktrecht. 1627 kaufte es König Ludwig XIII., der dort ein Jagdschloß errichten ließ. Im Auftrag Ludwigs XIV. entstand nach 1661 die glanzvollste Schloßanlage Europas, Residenz der frz. Könige bis zur Revolution. – Am 18. Jan. 1871 wurde im Spiegelsaal des Schlosses von V. König Wilhelm I. von Preußen zum Kaiser proklamiert; am 28. Juni 1919 wurde in demselben Saal der Versailler Vertrag unterzeichnet. – Der Bau Ludwigs XIII. bildet den Kern des Schlosses. Die weitläufigen Anbauten (v. a. von Le Vau, Innenausstattung von Le Brun) wirkten vorbildhaft für viele Barockschlösser. Von großer Wirkung ist die streng gegliederte Gartenfassade. Die berühmte Spiegelgalerie (1686 vollendet) wurde von Hardouin-Mansart gebaut. Die Schloßkapelle (1699–1710) greift den Typus der zweigeschossigen Palastkapelle auf. Im Park (von Le Nôtre) kunstvolle Wasserspiele und die Lustschlösser ↑Trianon. Seit Louis Philippe sind Schloß und Park Nat.-museum, von der UNESCO wurden sie zum Weltkulturerbe erklärt. – Abb. S. 196.

Versailles
Stadtwappen

Versalien

Versailles. Spiegelgalerie des Schlosses

Versalien [lat.], im Druckwesen Bez. für die Großbuchstaben (↑Majuskeln).

Versammlung, zu einem bestimmten Zweck zusammengekommene Personen. *Öff. V.* sind V. in geschlossenen Räumen (geschlossene V.) oder unter freiem Himmel (z. B. Demonstrationen). Die **Versammlungsfreiheit,** d. h. das Recht, sich friedlich, ohne Waffen zu versammeln, ist in Art. 8 GG allen Deutschen als Grundrecht gewährleistet. Zu Beschränkungen der Versammlungsfreiheit ↑Versammlungsgesetz.
In *Österreich* und der *Schweiz* ist das V.recht ebenfalls gewährleistet.

Versammlungsgesetz, auf Grund von Art. 8 Abs. 2 GG erlassenes Gesetz i. d. F. vom 15. 11. 1978, das Inhalt und Schranken der Versammlungsfreiheit konkretisiert. Die Versammlungsfreiheit in geschlossenen Räumen kann nur in einzelnen Ausnahmefällen eingeschränkt werden. Versammlungen unter freiem Himmel hingegen sind mindestens 48 Stunden vor der Bekanntgabe bei der zuständigen Behörde anzumelden. Diese kann bei unmittelbaren Gefahren für die öff. Sicherheit oder Ordnung die Versammlung verbieten bzw. von bestimmten Auflagen abhängig machen. Bei Verstößen gegen das V. kann die Auflösung der Versammlung erfolgen. Verbotene Versammlungen sind aufzulösen.
In *Österreich* gilt im wesentlichen Entsprechendes; Versammlungen sind 24 Stunden vor ihrer Durchführung anzuzeigen. In der *Schweiz* fällt die Regelung des Versammlungswesens in die Kompetenz der Kantone.

Versandbuchhandel ↑Buchhandel.

Versandhandel (Distanzhandel), Handelsform, die durch Anbieten der Ware in Prospekten, schriftl. Bestellung durch den Käufer und Zustellung der Ware auf dem Versandwege gekennzeichnet ist.

Versandhäuser, Einzelhandelsunternehmen mit einem breiten Sortiment, die ihre Kunden überwiegend auf dem Versandwege (↑Versandhandel) bedienen.

Versatz, in *Bergbau* die Ausfüllung leergeförderter Abbauräume mit taubem Gestein, Kesselasche u. a. zur Einsturzsicherung.
▷ in der *Bautechnik* das Zusammenpassen von zwei oder mehr Hölzern an ihren Berührungsflächen ohne oder mit zusätzl. Sicherung durch Bolzen, Dübel, Klammern, Nägel, Schrauben.

Versatzstücke, im Theater die bewegl., versetzbaren Teile der Bühnenausstattung.

Versäumnisurteil, im Zivilprozeß das bei Säumnis, d. h. bei Ausbleiben einer Partei in einem ordnungsgemäß anberaumten Termin zur mündl. Verhandlung auf Antrag der Gegenpartei ergehende Urteil (§§ 330 ff. ZPO). Bei Säumnis des Klägers ist die Klage abzuweisen, bei Säumnis des Beklagten gilt das tatsächl. mündl. Vorbringen des Klägers als zugestanden; rechtfertigt es die Klage (↑Schlüssigkeit), ist der Beklagte antragsgemäß zu verurteilen, andernfalls die Klage abzuweisen (sog. *unechtes Versäumnisurteil*). Gegen ein echtes V. ist der Rechtsbehelf des ↑Einspruchs gegeben, der den Prozeß in die Lage vor Eintritt der Säumnis zurückversetzt. Ein unechtes V. kann nur mit der Berufung bzw. Revision angegriffen werden.

Versäumung, Nichtvornahme einer ↑Prozeßhandlung innerhalb des dafür vorgeschriebenen Zeitraums mit der grundsätzl. Folge, daß die spätere Vornahme dieser Prozeßhandlung ausgeschlossen ist. In zahlr. Fällen besteht aber die Möglichkeit der ↑Wiedereinsetzung in den vorigen Stand.

Verschaffelt, Pieter-Antoon [niederl. vərˈsxafəlt], *Gent 8. Mai 1710, †Mannheim 5. Juli 1793, fläm. Bildhauer und Baumeister. – Stilbestimmung für sein Gesamtwerk wurde die klassizist. Schulung in Paris ab 1730 und der Romaufenthalt 1737 ff.; seit 1752 in Diensten des Kurfürsten Karl Theodor in Mannheim. Hauptwerke: hl. Michael als Bekrönung der Engelsburg in Rom (1748–52), Skulpturen für den Schwetzinger Schloßgarten (um 1772), Reliefs u. a. für das Zeughaus in Mannheim (1777/78).

Verschiebebahnhof ↑Bahnhof.

Verschiebung, in der *Mathematik* svw. ↑Parallelschiebung.
▷ (elektr. V.) svw. ↑Verschiebungsdichte.
▷ Vorrichtung beim Klavier, durch die mit Hilfe eines Pedals die Mechanik so verschoben wird, daß der Hammer jeweils nur eine oder zwei Saiten des Bezugs trifft.

Verschiebungsdichte (elektr. Flußdichte, elektr. Verschiebung), in der Physik die vektorielle Größe D, die neben der elektr. Feldstärke E das elektr. Feld charakterisiert; SI-Einheit C/m². Es gilt $D = \varepsilon_r \varepsilon_0 E$ (ε_r relative Dielektrizitätskonstante, ε_0 elektr. Feldkonstante).

Verschiebungsstrom, in der Physik der elektr. Strom in Nichtleitern, der durch eine zeitl. Änderung der Verschiebungsdichte, nicht durch Ladungsträgertransport verursacht wird. – ↑Maxwellsche Gleichungen.

Verschleierung (V. der Bilanz), Verstoß gegen das Prinzip der Bilanzklarheit, z. B. durch Verwendung irreführender Bezeichnungen, Zusammenfassung oder Aufrechnung nicht zusammengehöriger Bilanzposten. Bei wesentl. Beeinträchtigung der Klarheit und Übersichtlichkeit ist der Jahresabschluß einer AG nichtig.

Verschleimung, vermehrte Schleimsekretion im Bereich des Respirationstrakts, v. a. bei Bronchitis.

Verschleiß, bleibende Form- und bzw. oder Stoffänderung von festen Körpern durch Reibung; *adhäsiver V.* entsteht durch punktweises Verschweißen oder Adhäsion der Reibpartner; *abrasiver V.* durch Oberflächenrauhigkeiten des härteren Reibpartners oder durch harte lose Teilchen; *korrosiver V.* durch chem. Umsetzungen; *Ermüdungs-V.* durch wiederholte elast. oder plast. Verformungen der Oberflächenschichten. Durch strömende Flüssigkeiten hervorgerufener V. wird als ↑Kavitation bezeichnet.

Verschleppung, Straftat, die begeht, wer einen anderen durch List, Drohung oder Gewalt in ein Gebiet außerhalb Deutschlands verbringt, ihn veranlaßt, sich dorthin zu begeben, oder davon abhält, von dort zurückzukehren, und ihn dadurch der Gefahr aussetzt, aus polit. Gründen verfolgt zu werden und hierbei durch Gewalt oder Willkürmaßnahmen Schaden an Leib und Leben zu erleiden, der Freiheit beraubt oder in seiner berufl. oder wirtsch. Stellung beeinträchtigt zu werden. V. ist nach § 234 a StGB mit Freiheitsstrafe nicht unter 1 Jahr, in minder schweren Fällen mit Freiheitsstrafe von 3 Monaten bis zu 5 Jahren bedroht; bereits die Vorbereitung ist strafbar.

verschlossenes Depot [deˈpoː] ↑Depot.

Verschluß ↑photographische Apparate.
▷ (V.einrichtung) bei Feuerwaffen (Hinterladern) ein den Lauf oder das Rohr (bzw. Patronen- oder Kartuschenlager) nach hinten abschließender bewegl. Teil, der auch die

Spann-, Abzugs-, Sicherungsvorrichtungen und den Auswerfer enthält. – ↑Gewehr, ↑Geschütz, ↑Maschinenwaffen, ↑Pistole.

Verschlußlaut (Sprenglaut, Explosiv[laut], Klusil, Muta, Okklusiv, Plosiv), Laut, bei dessen Artikulation der von innen nach außen drängende Luftstrom im Mundraum oder am Hintergaumen völlig gestoppt wird. Man unterscheidet u. a. bilabiale [p, b], dentale [t, d] und velare V. [k, g]. – ↑Stimmritzen-Verschlußlaut.

Verschnitt, bei der Holzbe- und -verarbeitung anfallender kleinstückiger Abfall.
▷ bei der Herstellung von Weinen und Spirituosen Mischung verschiedener Jahrgänge oder verschiedener Rebsorten oder von Weinen verschiedener Herkunft; Spitzenprodukte sind z. B. Portweine, Cognac, schott. Whisky. Es bestehen z. T. gesetzl. Vorschriften für das Verschneiden (bes. bei Weinen).

Verschollenheit ↑Todeserklärung.

Verschränkung, das Ineinandergreifen zweier musikal. Phrasen, wobei der Schluß der ersten zugleich Beginn der neuen Phrase ist; bes. häufig in der Musik der Klassik.

Verschulden, im *Zivilrecht* die Beurteilung menschl. Verhaltens als objektiv pflichtwidrig und vorwerfbar und damit als Schuld. Die beiden Formen des V. sind ↑Vorsatz und ↑Fahrlässigkeit. Der Schuldner hat grundsätzlich für jedes V. einzustehen *(Vertretenmüssen)*, d. h. Schadensersatz zu leisten, es sei denn, ihm kann die Verletzung seiner Pflichten mangels V.fähigkeit nicht zugerechnet werden. Die V.fähigkeit fehlt (§§ 827, 828 BGB) bei Kindern unter 7 Jahren sowie bei demjenigen, der sich bei der Handlung im Zustand der Bewußtlosigkeit oder in einem die freie Willensbestimmung ausschließenden Zustand krankhafter Störung der Geistestätigkeit befindet. Die Verantwortlichkeit von Personen zw. 7 und 18 Jahren ist von deren Einsichtsfähigkeit abhängig (↑Deliktsfähigkeit). Ein V. des gesetzl. Vertreters und ↑Erfüllungsgehilfen im Rahmen eines bestehenden Schuldverhältnisses hat der Schuldner wie eigenes V. zu vertreten (§ 278 BGB). Trifft den Geschädigten bei der Entstehung des Schadens selbst ein V., so ist bei der Höhe des Schadensersatzes zu berücksichtigen *(konkurrierendes Verschulden).* – ↑Verrichtungsgehilfe. – In *Österreich* und der *Schweiz* gilt Entsprechendes.
▷ im *Strafrecht* ↑Schuld.

Verschuldungsgrenze, nicht absolut festzulegende Grenze, bis zu der sich der Staat verschulden kann. Mögl. Kriterien für die Beurteilung der Staatsverschuldung sind die *Schuldenquote,* d. h. die Relation Staatsschuld zu Sozialprodukt und die *Zins-Steuer-Quote,* d. h. das Verhältnis zw. den Zinsverpflichtungen des Staates und dem Steueraufkommen.

Verschwiegenheitspflicht, ↑Amtsverschwiegenheit, ↑Schweigepflicht.

Versehrtensport (Behindertensport, Invalidensport) ↑Sport.

Verseifung, in der Chemie die hydrolyt. Spaltung von Estern zu Säuren und Alkoholen unter dem Einfluß von Säuren, Basen oder Enzymen. Die Bez. V. rührt von der Bildung von ↑Seifen bei der Spaltung von Fetten (Ester aus Glycerin und Fettsäuren) mit Alkalien her.

Verseifungszahl, Abk. VZ, Kennzahl von Fetten und Ölen, die angibt, wieviel mg Kaliumhydroxid zur Verseifung von 1 g Fett erforderlich sind; je niedriger die V. ist, desto höher ist die Qualität des Fetts.

Versender, 1. im *Speditionsgeschäft* derjenige, für dessen Rechnung der Spediteur die Versendung (Beförderung von Ort zu Ort) der Güter betreibt; 2. im *Außenwirtschaftsrecht* Person, die auf Weisung eines anderen (Exporteur) auf Grund vertragl. Bindungen Waren an ausländ. Abnehmer schickt.

Versendungskauf, Kauf, bei dem der Verkäufer die zusätzl. Pflicht übernimmt, die verkaufte Sache auf Verlangen des Käufers nach einem anderen Ort als dem Erfüllungsort zu versenden (§ 447 BGB). Mit Auslieferung der Kaufsache an die zur Versendung bestimmte Person (Spediteur, Frachtführer) geht die Gefahr des zufälligen Untergangs oder der Beschädigung der Sache auf den Käufer über.

Versenkbühne ↑Theater.

Versenker (Senkstift, Setzeisen), Stahlstift mit kegelstumpfförmiger Spitze zum Versenken eingeschlagener Nägel.

Versenkung ↑Kontemplation.

Versepos ↑Epos.

Verserzählung, kürzere Erzählung in Versen; im MA z. B. ↑Bispel, ↑Fabliau, ↑Lai; auch beliebtes Genre der Romantik.

Versetzung, (innerbetriebl. V., Arbeitsplatzwechsel) im Sinne des BetriebsverfassungsG die Zuweisung eines anderen räuml. oder funktionalen Arbeitsbereiches für eine längere Zeit als einen Monat oder unter erhebl. Änderungen der Arbeitsbedingungen. *Richtlinien* über die personelle Auswahl bei V. bedürfen der Zustimmung des Betriebsrates. In Betrieben mit mehr als 20 wahlberechtigten Arbeitnehmern hat der Arbeitgeber den Betriebsrat von jeder geplanten V. unter Mitteilung des in Aussicht genommenen Arbeitsplatzes zu unterrichten. – Bei Beamten ist V. die dauernde Übertragung eines neuen Amtes bei einer anderen Dienststelle. Ist es dienstlich erforderlich und entspricht die neue Amtsstelle der bisherigen Laufbahn, ist eine V. ohne Zustimmung des Beamten möglich; die V. in den Bereich eines anderen Dienstherrn erfordert dagegen die Zustimmung des Beamten.
▷ Vorrücken des Schülers in die nächsthöhere Klasse einer nach Jahrgangsklassen aufgebauten Schule. Die Richtlinien für die V. sind unter Berücksichtigung der von der Kultusministerkonferenz aufgestellten Grundsätze in den Schulgesetzen der Länder festgelegt worden. Danach wird die Entscheidung i. d. R. am Schuljahresende von den Lehrern des Schülers und vom Schulleiter getroffen, wobei die Leistungen in den Schulfächern (Noten) maßgebend sind. Der Wert der V. als pädagog. Maßnahme wird durch die negativen psych. und sozialen Auswirkungen in Frage gestellt, die eine Nicht-V., das **Sitzenbleiben,** mit sich bringt (z. B. Überalterung, Motivationsverlust). Verschiedene Reformbemühungen zielen daher auf den Verzicht des Sitzenbleibens ab (u. a. Förderunterricht, schulpsycholog. Dienste).
▷ durch Wind, Seegang und/oder Strömung (Strom-V.) verursachte Abweichung des wirkl. Standorts eines Schiffes vom vorausberechneten.
▷ in der *Physik* ↑Gleitung.

Versetzung in den Ruhestand ↑Ruhestand des Beamten.

Versetzungszeichen ↑Vorzeichen.

Versfuß (Metrum), nach Klangmerkmalen (meist Quantität oder Akzent) geordnete Silbenabfolge (lange und kurze bzw. betonte und unbetonte Silben in charakterist. Reihung); kleinste Einheit des metr. Schemas bei einem ↑Vers.

Versicherung (Assekuranz), Deckung eines durch zufällige Ereignisse hervorgerufenen schätzbaren Bedarfs unter (organisierter) Verteilung auf zahlr. gleichartig bedrohte Wirtschaftseinheiten oder Personen. Der Eintritt und die Höhe der Bedarfsfälle (z. B. der Schäden) lassen sich um so sicherer berechnen, je größer die Zahl der zu einer Gefahrengemeinschaft vereinigten Einheiten ist (Gesetz der großen Zahlen).
Die V. gliedert sich in die ↑Sozialversicherung und die meist freiwillige Individual-V. Weitere Einteilungen sind: Personen-V., Sach- und Vermögens-V., ferner Schaden- und Summen-V. Die Individual-V. liegt in den Händen von AG, Versicherungsvereinen auf Gegenseitigkeit (VVaG) sowie öff.-rechtl. V.anstalten. Die öff.-rechtl. Unternehmen, den VVaG sehr ähnlich, sind Organisationen (Anstalten oder Körperschaften) des öff. Rechts. Sie sind entweder Zwangs- (z. B. für die Gebäudefeuer-V.) oder Monopolversicherungsanstalten in einem bestimmten Gebiet oder stehen meist, wie z. B. die öff.-rechtl. Lebensversicherungsanstalten, im freien Wettbewerb mit der Privat-V. Pflicht-V. gibt es nur ausnahmsweise (z. B. Kraftfahrzeughaftpflicht-V.). Zu den Personen-V. gehören die Lebens-, Renten-, Kran-

Versicherung an Eides Statt

ken- und Unfall-V., zu der Sach- und Vermögens-V. u. a. die Feuer-, Betriebsunterbrechungs-, Einbruchdiebstahl-, Haftpflicht-V. – ↑ Rückversicherung.

Versicherung an Eides Statt, svw. ↑ eidesstattliche Versicherung.

Versicherungsämter ↑ Versicherungsbehörden.

Versicherungsaufsichtsgesetz, Abk. VAG, Kurzbez. für das [Reichs-]Gesetz über die Beaufsichtigung der privaten Versicherungsunternehmen i. d. F. vom 13. 10. 1983, das in Deutschland (im Jahre 1901) die Staatsaufsicht *(Versicherungsaufsicht)* über die privaten Versicherungsunternehmen einführte, die zur Wahrung der Belange der Versicherten und zur Sicherung einer dauernden Erfüllbarkeit der Verpflichtungen aus den Versicherungsverträgen ausgeübt wird. Die Aufsicht (nicht über Sozialversicherung, seit Juli 1990 nicht über Ind.versicherungen) erfolgt durch die obersten Wirtschaftsbehörden der Länder und durch das Bundesaufsichtsamt für das Versicherungswesen.

Versicherungsbehörden, Aufsichts- und Verwaltungsbehörden in der Sozialversicherung, deren Aufgabe u. a. die Beratung der Versicherten und die Erstellung von Gutachten ist. Die *Versicherungsämter* sind die unterste Instanz (im allg. bei unteren Verwaltungsbehörde der Landkreise und bei den kreisfreien Städten), die *Oberversicherungsämter* sind die obersten Aufsichts- und Verwaltungsbehörden der Länder. Das *Bundesversicherungsamt* in Berlin ist die oberste Instanz.

Versicherungsbetrug, im Strafrecht das Inbrandsetzen einer gegen Feuergefahr versicherten Sache bzw. das Sinken- oder Strandenlassen eines Schiffes, das als solches oder in seiner Ladung oder in seinem Frachtlohn versichert ist, in der betrüger. Absicht, die Versicherungssumme zu erlangen, auf die kein [oder nur zum Teil ein] Anspruch besteht (gemäß § 265 StGB mit Freiheitsstrafe von 1 bis zu 10 Jahren, in minder schweren Fällen von 6 Monaten bis zu 5 Jahren bedroht).

Versicherungsfall, im jurist. Sinn ein Ereignis, das einen Schaden zu verursachen imstande ist und objektiv unter die Haftung des Versicherers fällt.

Versicherungsfreiheit, innerhalb der Sozialversicherung als Ausnahme vom Prinzip der Versicherungspflicht in der gesetzl. Kranken- und in der Rentenversicherung bestehende Möglichkeit der freiwilligen Selbstversicherung kraft Gesetzes oder kraft Antrags.

Versicherungsgericht (Eidgenöss. V.) ↑ Bundesgerichte (Schweiz).

Versicherungskarte ↑ grüne Versicherungskarte.

Versicherungsmathematik, Zweig der angewandten Mathematik, der v. a. mit Hilfe der Wahrscheinlichkeitsrechnung die Häufigkeit der für die verschiedenen Versicherungszweige relevanten [Zufalls]ereignisse ermittelt. Die V. liefert die Grundlage für die Prämienberechnung.

Versicherungsnachweisheft, in der sozialen Rentenversicherung verwendetes Heft, das den *Versicherungsausweis* (mit der Versicherungsnummer), die Entgeltbescheinigung, Vordrucke zur An- und Abmeldung sowie zur Anforderung von neuen V. enthält. – ↑ Sozialversicherungsausweis.

Versicherungspflicht, 1. in der *Sozialversicherung* die kraft Gesetzes bewirkte Zugehörigkeit zu einem bestimmten Zweig der Versicherung (↑ Pflichtversicherung); 2. in der *Individualversicherung* die Pflicht zum Abschluß oder zur Aufrechterhaltung eines Versicherungsvertrages, so v. a. bei der Kraftfahrzeughaftpflichtversicherung oder der Haftpflichtversicherung für bestimmte Berufe.

Versicherungspolice [po'liːsə] ↑ Versicherungsvertrag.

Versicherungsprämie ↑ Prämie.

Versicherungsrecht, rechtl. Regelung des Versicherungswesens, die unterteilt wird in das Sozial-V. (↑ Sozialversicherung) und Privat-V. Zum *Privat-V.* gehören das VersicherungsvertragsG, das die allg. Versicherungsbedingungen, also die Versicherungsverträge, regelt, das Versicherungsunternehmensrecht, das die Rechtsverhältnisse der Versicherungsunternehmen erfaßt, das Versicherungsvermittlerrecht, das Versicherungswettbewerbsrecht (Regelung des Wettbewerbs, der Werbung sowie KartellG) und das Versicherungsaufsichtsgesetz.

Versicherungsschein ↑ Versicherungsvertrag.

Versicherungssumme, in der Summenversicherung (z. B. Lebensversicherung) der Betrag, den der Versicherer im Versicherungsfall ohne Rücksicht auf die Schadenshöhe zu zahlen hat. In der Sachversicherung wird die Entschädigung bestimmt durch die V., die Höhe des Schadens und den Versicherungswert. In der Haftpflicht- und Unfallversicherung stellt die V. grundsätzlich die Haftungsobergrenze dar.

Versicherungsteuer, Verkehrsteuer auf die Zahlung des Versicherungsentgelts aus einem Versicherungsverhältnis mit einem inländ Versicherungsnehmer. Ausgenommen von der V. sind die Arbeitslosenversicherung und bestimmte Unfall-, Lebens-, Kranken-, Pensions- und Sozialversicherungen. Der Steuersatz beträgt in Deutschland derzeit 10 % des Versicherungsentgelts.

Versicherungsverein auf Gegenseitigkeit, Abk. VVaG, typ. Unternehmensform der Versicherungswirtschaft; privater rechtsfähiger Verein, bei dem die Gesamtheit der Versicherten zugleich den Versicherer bildet; ähnl. Organisation wie die AG.

Versicherungsvertrag, privatrechtl. Vertrag zw. einem Versicherungsunternehmen (VU) und dem Versicherungsnehmer (VN), in dem das VU verspricht, eine bestimmte, versicherte Gefahr zu tragen (die vertraglich vereinbarte Versicherungssumme beim Eintritt des Versicherungsfalles zu zahlen), und der VN als Gegenleistung die vereinbarte Prämie sowie die Versicherungsteuer zu entrichten hat. – Bei einer **Gruppenversicherung** ist eine Personenmehrheit durch einen V. bezugsberechtigt. Gruppen-V. werden vornehmlich von Firmen und Vereinen für ihre Arbeitnehmer bzw. Mgl. abgeschlossen.

Der V. wird häufig durch Vertreter vermittelt, sein Abschluß ist nicht formbedürftig. Die Rechtsgrundlagen des V. sind im wesentlichen das V.gesetz vom 30. 5. 1908 und die staatl. Kontrolle unterliegenden *Allg. Versicherungsbedingungen* (AVB). Die gegenseitigen Verpflichtungen von VU und VN werden zunächst im *Versicherungsschein (Versicherungspolice,* kurz *Police),* v. a. aber in den AVB festgelegt. Individualvereinbarungen sind zwar grundsätzlich möglich, werden jedoch weitgehend durch standardisierte Vertrags- bzw. Antragsregelungen ersetzt. Die AVB beschreiben das versicherte Risiko, enthalten für bestimmte Fälle Ausschlußklauseln und legen dem VN und den mitversicherten Personen bestimmte Pflichten auf (z. B. Anzeigepflichten bei Gefahrenerhöhung). Die Leistung des VU kann entweder in der Schadloshaltung oder in der Zahlung einer bestimmten – schadensunabhängigen – Summe liegen. Haben andere Personen als der VN Anspruch auf die Versicherungssumme, so ist der V. als Vertrag zugunsten Dritter ausgestaltet. Der V. endet grundsätzlich entweder nach Ablauf einer bestimmten Versicherungsdauer oder durch Kündigung. Wird ein V. mit einer längeren Laufzeit als 1 Jahr abgeschlossen, gewährt das V.gesetz dem VN (der nicht Kaufmann ist und keinen sofortigen Versicherungsschutz vereinbart hat) eine Widerrufsfrist von 10 Tagen ab Unterzeichnung des Versicherungsantrags.

Versicherungsvertreter, Handelsvertreter, der damit betraut ist, Versicherungsverträge zu vermitteln oder abzuschließen (§§ 92, 84 ff. HGB).

Versicherungszeiten, Zeiten, in denen Beiträge gezahlt werden, die die Höhe des Leistungsanspruchs sowie den Leistungsanspruch in der sozialen Rentenversicherung begründen. – ↑ Ausfallzeit, ↑ Ersatzzeiten.

Versiegelung, Verschließen von Briefen, Paketen u. a. mit einem Siegel.

▷ Oberflächenbehandlung von Holzfußböden mit Kunstharzlacken, die in das Holz eindringen und auf der Oberfläche einen Schutzfilm bilden.

Versilbern, das Aufbringen dünner Silberüberzüge v. a. auf Bestecke, Tafelgeräte und Schmuck durch elektrolyt. Metallabscheidung aus silbercyanidhaltigen galvan. Bädern oder Tauchen in Silbersalzlösungen.

Version [lat.-frz.], im 16. Jh. aus dem Frz. übernommene Bez. für Übersetzung, Lesart, spezielle Fassung eines Textes; allg. svw. Darstellung, Sicht.

Verslehre ↑ Vers.

Versmaß (Metrum) ↑ Vers.

Verso [lat.], Bez. für die Rückseite eines Blattes v. a. von nichtpaginierten Drucken und Handschriften (Ggs. Rekto).

Versöhnung, in vielen Religionen (nicht im Buddhismus) übl. Glaube an eine personale Verständigung mit Gott (den Göttern) zur Vergebung eingestandener menschl. Schuld sowie damit verbundener Erlösung (Sühne); in der christl. Glaubenslehre die Aufhebung der Gottentfremdung des Menschen durch die Erlösungstat Christi.

Versöhnungstag, hoher jüd. Feiertag (hebr. ↑ Jom Kippur), der vor der Zerstörung des Tempels (70 n. Chr.) feierlich im Tempel unter der Leitung des Hohenpriesters begangen wurde, der das Volk, das Heiligtum und sich selbst entsühnte (↑ Asasel, ↑ Sündenbock).

Versorgung, Sicherung des Lebensunterhalts für Arbeitsunfähige, Ruheständler und Hinterbliebene; insbes. die Maßnahmen des Staates zugunsten bestimmter eigener Bediensteter, bes. geschädigter Personenkreise sowie aller alten Staatsbürger. Hauptformen der V. sind die ↑ Kriegsopferversorgung, die Soldaten-V. und die V. ihrer Hinterbliebenen sowie die V. der im Ruhestand lebenden Beamten und der Witwen und Waisen von Beamten. Im Ggs. zur Sozialversicherung beruhen die V.leistungen nicht auf der Vorsorge der Berechtigten durch Beitragsleistung, sie werden aus öff. Mitteln finanziert. Auch Arbeiter und Angestellte des öff. Dienstes erhalten – neben den Renten der Sozialversicherung – eine überbetriebl. Alters-V. durch die ↑ Versorgungsanstalt des Bundes und der Länder.

Versorgungsanstalt des Bundes und der Länder, Abk. VBL, Einrichtung zur Gewährung einer privatrechtl. zusätzl. Alters- und Hinterbliebenenversorgung für Arbeitnehmer öff. Verwaltungen, Anstalten und Stiftungen des öff. Rechts sowie sonstiger Körperschaften; Sitz Karlsruhe. Die Versorgung besteht aus Ruhegeldern, Witwen-, Witwer- und Waisenrenten, Sterbegeldern und Kinderzuschlägen. Voraussetzung für die Gewährung ist jedoch eine Vereinbarung zw. der arbeitgebenden Behörde und der VBL.

Versorgungsausgleich, der bei der Ehescheidung vor Ausspruch der Scheidung durch das Familiengericht durchzuführende Ausgleich zw. den Anwartschaften der Ehegatten auf eine voneinander unabhängige Versorgung wegen Alters, Berufs- oder Erwerbsunfähigkeit (§§ 1587 ff. BGB). Der V. bezweckt, den Ehegatten, der während der Ehe nicht oder nicht voll erwerbstätig war und daher kein oder nur eine geringwertige eigene Altersversorgung aufbauen konnte, bei der Ehescheidung an den während der Ehezeit erworbenen Anwartschaften oder Aussichten gerecht zu beteiligen. Der V. (öff.-rechtl. V.) erfolgt in der Weise, daß nach Ermittlung von Art und Höhe der jeweiligen Versorgungstitel beider Ehegatten (z. B. Renten aus der Sozialversicherung, Beamtenpensionen, betriebl. Altersversorgung, Renten aus einer Zusatzversorgung oder einer privaten Versicherung) der Ehegatte mit den werthöheren Anwartschaften als Ausgleich die Hälfte des Wertunterschiedes an den anderen Ehegatten zu übertragen hat (sog. *Wertausgleich*). Rentenanwartschaften aus der gesetzl. Rentenversicherung werden durch unmittelbare Übertragung der Hälfte des Wertunterschiedes auf den versorgungsrechtl. schlechter gestellten Ehegatten ausgeglichen, sog. **Renten-Splitting.** Bei Beamtenpensionen oder diesen gleichgestellten Versorgungstiteln werden zu Lasten des Versorgungskontos eines Beamten für den ausgleichsberechtigten Ehegatten neue Anwartschaften in der gesetzl. Rentenversicherung als Form der fiktiven Nachversicherung begr., sog. **Quasi-Splitting.** Bei einer betriebl. Altersversorgung oder einer privaten Lebensversicherung hat der ausgleichspflichtige Ehegatte den Berechtigten durch Beitragszahlungen in entsprechender Höhe in der gesetzl. Rentenversicherung zu versichern. Auf Antrag findet der **schuldrechtliche Versorgungsausgleich** statt, wenn ein öff.-rechtl. V. nicht durchgeführt werden kann (z. B. wenn der Berechtigte bereits in einer gesetzl. Rentenversicherung ist) oder das Familiengericht ihn anordnet oder die Ehegatten diesen vereinbart haben. Der Ausgleich erfolgt dann durch Zahlung einer Geldrente des ausgleichspflichtigen an den ausgleichsberechtigten Ehegatten. Der V. kann durch Ehevertrag vom Familiengericht wegen grober Unbilligkeit ausgeschlossen werden oder durch notariell beurkundete oder gerichtlich protokollierte Vereinbarung durch die Ehegatten mit Genehmigung des Familiengerichts selbst geregelt werden. Festlegungen zum V. für die neuen Bundesländer sind im Art. 234, § 6 EinführungsG zum BGB enthalten.

Versorgungswirtschaft, Teil der Wirtschaft, der in Gemeinwesen die Versorgung mit Energie (Elektrizität, Gas, Fernwärme) und Wasser sowie den öff. Nahverkehr betreibt; häufig werden auch Gesundheitseinrichtungen (Krankenhäuser) einbezogen. Die **Versorgungsbetriebe** haben den Charakter öff. Wirtschaftsbetriebe; sie sind i. d. R. Gemeindeeigentum, sofern sie nicht eigene Rechtspersönlichkeit besitzen. Die Versorgungsunternehmen, die meist den Namen Gemeindewerk oder Stadtwerk führen, unterliegen i. d. R. dem ↑ Anschluß- und Benutzungszwang.

Versprödung, das Absinken der Zähigkeit und damit der Festigkeit eines Werkstoffs. Als Ursachen gelten u. a. mechan. Wechselbelastungen (Schwingungen), plötzl. Temperaturänderungen (Thermoschocks) oder hohe Temperaturen über längere Zeiträume, Neutronenbestrahlung (*Neutronen-V.* z. B. im Material von Kernreaktoren). In versprödeten Werkstoffen können u. a. intermetall. Verbindungen, Gefügeumwandlungen, äußerlich auch Haarrisse nachgewiesen werden. In Extremfällen führt die V. zum sog. *Sprödbruch.*

Verstaatlichung, Form der ↑ Sozialisierung von Unternehmen, bei der das Eigentum und damit die Dispositionsgewalt über Produktion und Vertrieb auf den Staat bzw. die öff. Hand übergeht. Eine V. ist in Deutschland nur durch ein Gesetz, das Art und Ausmaß der Entschädigung regelt, zulässig.

Verstädterung, svw. ↑ Urbanisation.

Verstand, die menschl. Fähigkeit des analyt. Denkens bzw. des richtigen Erkennens und Beurteilens. – Nach Aristoteles ist der V. das Vermögen des begriffl. und schlußfolgernden (diskursiven) Denkens. Die ma. Philosophie folgt der Unterscheidung des Augustinus zw. einer „ratio inferior", die sich mit den endl. Dingen befaßt, und einer „ratio superior", die das Ewige zu erfassen sucht. In der von Kant geprägten neuzeitl. Philosophie erscheint der V. als Vermögen der Begriffsbildung, das der ↑ Vernunft als Vermögen der Ideenbildung untergeordnet ist.

Verstandesbegriffe, bei Kant svw. ↑ Kategorien.

Verstärker, elektron. Schaltung zur Signalverstärkung (Amplitudenvergrößerung elektr. Spannungen, Ströme, Leistungen). Nach den elektron. *Bauelementen* werden Röhren-, Transistor- und integrierte. (z. B. Operations-V.) unterschieden, nach dem *Frequenzbereich* Gleichstrom-, Gleichspannungs- sowie Nieder-, Hoch- und Höchstfrequenz-V., nach der *Bandbreite* Breitband- und Selektiv-V., nach dem *Pegel* Kleinsignal-V. und Großsignal-V. (Leistungs-, Sender-, End-V.) sowie nach der Art des *Schaltungsaufbaus* Differenz-, Eintakt-, Gegentakt-, gegengekoppelte und mitgekoppelte V. – Für elektr. Energieübertragung und -umformung werden neben elektron. V. der Transduktor, ein Magnet-V. mit verkoppelten Steuer- und Arbeitskreisen, und die V.maschine, eine elektr. Kommutatormaschine mit hoher Leistungsverstärkung, eingesetzt.

Verstärkerhypothese, in der Medienwirkungsforschung die Annahme, daß nicht Veränderung, sondern Verstärkung bestehender Einstellungen und Meinungen dominierender Effekt der Massenkommunikation sei. Gestützt wird die V. durch empir. Befunde der Soziologie und Psychologie.

Verstärkung (Reinforcement), in der *Lernpsychologie* die Erhöhung der Motivation oder ↑ Handlungsbereitschaft – und damit die Wahrscheinlichkeit für Handlungswiederholungen – durch Erfolg oder Belohnung *(positive V.)* bzw. der Nichtbereitschaft durch Mißerfolg oder Bestrafung *(negative*

Verstauchung

V.). Bes. B. F. Skinner ging bei seinen lernpsycholog. Experimenten davon aus, daß Organismen von sich aus (d. h. ohne Anregung durch Umweltreize) aktiv sind und daß diese Aktivität jeweils durch Reaktionen der Umwelt positiv oder negativ verstärkt wird.

Verstauchung (Distorsion), durch plötzl. Überschreiten der normalen Bewegungsgrenze eines Gelenks hervorgerufene Verletzung (Zerrung oder Riß der Gelenkbänder), meist am Hand- oder Sprunggelenk.

Verstehen, 1. das Erfassen von Zusammenhängen (zw. Dingen, Menschen und Gedanken), unmittelbar oder durch Abrufung des aus früherem Erfassen resultierenden Wissens; 2. das nachvollziehende Begreifen seel. Zustände (Gefühle, Motivationen) anderer Menschen; 3. das Erfassen einer Bedeutung, bes. eines Symbol- oder Regelsystems, z. B. einer Sprache oder eines Spiels.

verstehende Psychologie, auf W. Dilthey zurückgehende psycholog. Richtung, deren Ziel nicht die nomothet. (allgemeingültige Gesetze verwendende) Erklärung sich wiederholender einfacher Prozesse, sondern die idiograph. (das Einmalige aufspürende) Beschreibung eines Individuums in seiner Komplexität ist (↑beschreibende Psychologie).

Versteigerung (Auktion), öff. Verkauf eines Gegenstandes an den Meistbietenden. 1. Im *Schuldrecht* ist die V. zulässig beim Selbsthilfeverkauf, bei Fundsachen und bei der Pfandleihe sowie bei den zur ↑Hinterlegung ungeeigneten Sachen. Die V. ist unter Angabe von Zeit und Ort öff. bekanntzumachen und wird durch den Gerichtsvollzieher oder einen öff. bestellten Versteigerer *(Auktionator)* durchgeführt. Der Kaufvertrag kommt durch Gebot des Bieters und Zuschlag des Versteigerers zustande. – ↑Veiling. – 2. In der Zwangsvollstreckung werden bewegl. Sachen durch den Gerichtsvollzieher öff. versteigert. Diese V. ist Hoheitsakt. Die Empfangnahme der V.erlöses durch den Gerichtsvollzieher gilt bei gepfändeten Sachen als Zahlung seitens des Schuldners (§ 819 ZPO). Die Verwertung von Grundstücken erfolgt durch *Zwangsversteigerung.*
Im *östr.* und *schweizer. Recht* gilt im wesentlichen Entsprechendes.

Versteinerung, 1. Vorgang der ↑Fossilisation; 2. zu Stein gewordener Überrest von Tieren oder Pflanzen (↑Fossilien).

Verstellflügel, svw. ↑Schwenkflügel.
Verstelluftschraube ↑Luftschraube.
Verstellpropeller ↑Schiff (Aufbau des Schiffes).

Versteppung, 1. durch Klimaänderung und damit verbundene Senkung des Grundwasserspiegels bedingte natürl. Umwandlung eines Waldgebiets an seiner Trockengrenze in Steppe; 2. populärwiss. Bez. für Austrocknung des Bodens und damit verbundene Veränderung der Vegetation, hervorgerufen durch Entwaldung und/oder Eingriffe in den Wasserhaushalt. – ↑Kultursteppe.

Verstopfung (Obstipation, Konstipation, Darmträgheit, Hartleibigkeit), die verzögerte oder erschwerte Stuhlentleerung; Ursachen sind organ. Erkrankungen, nervöse Darmregulationsstörungen, Arzneimittel oder falsche Lebensweise (ballastarme Kost, Bewegungsmangel, ungenügende Pflege der Darmtätigkeit u. a.). Die chron. V. zählt zu den Zivilisationskrankheiten. Beschwerden sind allg. Unwohlsein, Völlegefühl, Appetitlosigkeit, belegte Zunge, Bauchdruck oder -schmerz. Der Dickdarm kann bei V. entweder erschlafft *(aton. V.)* oder verkrampft sein *(spast. V.)*. Zur Behandlung gehört die Gewöhnung des Darms an eine regelmäßige Tätigkeit. Die Einnahme von ↑Abführmitteln (über längere Zeit) ist möglichst zu vermeiden. Hausmittel sind z. B. eingeweichte Feigen oder Backpflaumen oder ein Teelöffel Leinsamen. Die Ernährung sollte aus Rohkost, rohem Sauerkraut, frischem Gemüse, Vollkornbrot und Sauermilch bestehen.

Verstrahlung, im militär. Bereich übl. Bez. für das Vorhandensein von radioaktiven Substanzen (aus Kernwaffenexplosionen) auf Kleidung, Waffen und Gerät. Im nichtmilitär. Bereich spricht man meist von *radioaktiver Verseuchung.*

Verstrecken, Verfahren zur Verfestigung von ↑Chemiefasern.

Verstrickung, rechtl. Zustand einer Sache nach dem Hoheitsakt der Beschlagnahme oder der Pfändung, wodurch die Verfügungsmacht dem bisherigen Eigentümer genommen wird oder eingeschränkt ist.

Verstromungsgesetze, Gesetze von 1965, 1966 und 1974, die die Verwendung von Kohle in Kraftwerken zur Stromerzeugung fördern. Die Förderung erfolgt durch Steuervergünstigungen, Subventionen und Ausgleichszahlungen, die z. T. der Endverbraucher (↑Kohlepfennig) finanziert.

Verstümmelung (Mutilation), durch äußere Gewalt oder Krankheit (z. B. Lepra) hervorgerufene sichtbare Entstellung von Körperteilen.

Versuch, im *Strafrecht* die begonnene, aber noch nicht vollendete Straftat. Eine Straftat wird begonnen, wenn der Täter auf Grund seines Tatentschlusses Handlungen ausführt, mit denen er nach seiner subjektiven Vorstellung von der Tat unmittelbar zur Verwirklichung des strafbaren Tatbestands ansetzt (§ 22 StGB). Vom V. abzugrenzen ist die straflose Vorbereitungshandlung, die das geschützte Rechtsgut noch nicht konkret gefährdet (Vorfahren vor dem Haus, in das eingebrochen werden soll). Den V. einer fahrlässigen Tat gibt es nicht. Der V. eines Verbrechens ist stets strafbar, der V. eines Vergehens nur, wenn es das StGB ausdrücklich bestimmt. Der V. kann milder bestraft werden als die vollendete Tat. Der Täter bleibt straflos, wenn er freiwillig vom V. zurücktritt, d. h. von der Tatbestandsverwirklichung absieht, obwohl diese an sich noch möglich ist (↑Rücktritt, § 24 StGB). Auch der *untaugl. V.,* d. h. der V. mit untaugl. Mitteln (Vergiftungs-V. mit ungiftigen Mitteln) sowie der V. am untaugl. Objekt (Mordversuch an Leiche) ist wegen der vom Täter bewiesenen Auflehnung gegen die Rechtsordnung strafbar, das Gericht kann jedoch von Strafe absehen.
Für das *östr.* und *schweizer. Recht* gilt im wesentlichen Entsprechendes.
▷ svw. ↑Experiment.
▷ in leichtathlet. Wettkämpfen Möglichkeit zum Leistungsnachweis in den techn. und Sprungdisziplinen (je 3 im Vor- und Endkampf bzw. bei jeder Höhe).

Versuchsperson, svw. ↑Proband.
Versuchsschulen, svw. ↑Modellschulen.
Versuch und Irrtum ↑Trial-and-error-Methode.

Versuchung, jede aktuelle Hinlenkung des Willens auf eine dem religiösen oder sittl. Gebot widersprechende Haltung.

Versuchung Jesu, das im N. T. von allen drei synopt. Evangelien im Anschluß an die Taufe Jesu und seinen vierzigtägigen Wüstenaufenthalt berichtete Geschehen, das in drei Vorgängen die (vergebl.) V. J. durch den Satan beschreibt (Sinnenglück, Massenberauschung, Weltherrschaftsanspruch).

Versus [lat.], im MA in vielfacher Bed. verwendeter Begriff, der zunächst v. a. im Bereich der Liturgie für einen als Gebets- oder Gesangstext gebrauchten ↑Vers aus der Bibel gebraucht wurde. Bereits um 900 auf eine liturg. (Hymnus) oder geistl. Dichtung (Tropus, Conductus, liturg. Drama) übertragen.

Vertagung, 1. im *Strafverfahren* svw. ↑Aussetzung der Hauptverhandlung; 2. im *Zivilprozeß* die Bestimmung eines neuen Termins zur Verhandlung in einem noch nicht beendeten Termin durch das Gericht. Die V. ist von der *Verlegung* zu unterscheiden, die nur in der gerichtl. Termin vor Beginn der mündl. Verhandlung vom Vorsitzenden auf einen neuen Termin gelegt wird.

vertäuen, ein Schiff mit Trossen an Pollern u. ä. festmachen.

Vertebrae [lat.] ↑Wirbel.
vertebral [lat.], in der *Anatomie* und *Medizin* den Wirbel oder die Wirbelsäule betreffend.
Vertebrata (Vertebraten) [lat.], svw. ↑Wirbeltiere.
Verteidiger, unabhängiges, Gericht und Staatsanwalt gleichgeordnetes Organ der Rechtspflege. Der *Straf-V.* hat

die Interessen des Beschuldigten zu vertreten, dessen Rechte zu wahren und auf die Einhaltung eines rechtmäßigen Verfahrens hinzuwirken. Beschuldigte können sich in jeder Lage des Verfahrens des Beistandes von bis zu 3 V. bedienen (§ 137 StPO). Die gemeinschaftl. Verteidigung mehrerer Beschuldigter durch einen V. ist unzulässig. Zum V. können die bei einem dt. Gericht zugelassenen Rechtsanwälte und die Rechtslehrer an dt. Hochschulen gewählt werden. Die Mitwirkung eines V. im Strafverfahren ist u. a. notwendig, wenn die Hauptverhandlung im ersten Rechtszug vor dem Oberlandesgericht oder dem Landgericht (in den neuen Bundesländern vor dem Bezirksgericht) stattfindet bzw. wenn die Anklage wegen eines Verbrechens erhoben wird. In einem Fall *notwendiger Verteidigung* erhalten Beschuldigte, die keinen *Wahl-V.* haben, vom Gericht einen *Pflicht-V.* beigeordnet. Der V. hat ein Akteneinsichtsrecht; die Einsicht kann ihm vor Abschluß der Ermittlungen versagt werden, wenn sie den Untersuchungszweck gefährdet. Dem Beschuldigten ist schriftl. und mündl. Verkehr mit dem V. gestattet; in Verfahren gegen mutmaßl. Terroristen können richterlich nicht kontrollierte Schriftstücke zurückgewiesen werden, bei Gesprächen wird die Übergabe von Gegenständen z. B. durch Trennscheiben verhindert. Vor und in der Hauptverhandlung stellt der V. Beweis- u. a. Anträge, befragt Zeugen und Sachverständige, gibt Erklärungen ab und erörtert im Schlußvortrag die Schuld- und Rechtsfrage.

In *Österreich* und der *Schweiz* gilt im wesentlichen Entsprechendes. – ↑ Prozeßkostenhilfe.

▷ im *Sport* bei Mannschaftspielen svw. Abwehrspieler.

Verteidigung, die völkerrechtlich zulässige Abwehr eines Angriffs. Das grundsätzl. Gewaltverbot der UN-Charta legt den Mgl.staaten der UN die Pflicht auf, sich in ihren internat. Beziehungen jeder Drohung mit Gewalt oder Gewaltanwendung, die gegen die territoriale Unversehrtheit oder die polit. Unabhängigkeit irgendeines Staates gerichtet ist, zu enthalten. Für den Fall eines bewaffneten Angriffs räumt die Charta in Art. 51 eine Ausnahme ein: das Recht auf individuelle und kollektive Selbstverteidigung. Ob die V. erst dann zulässig ist, wenn der Angriff sein erstes Ziel erreicht hat, oder ob auch eine V. gegen einen unmittelbar bevorstehenden Angriff oder gegen die Vorbereitung eines Angriffs erlaubt ist *(präventive V.),* ist umstritten. Die Anerkennung der kollektiven Selbstverteidigung legitimiert V.bündnisse. – V. als *militär. Kampfart* zielt darauf, dem angreifenden Gegner bereits bei der Annäherung hohe Verluste beizubringen, seine Feuerkraft entscheidend zu schwächen, den Stoß der Hauptkräfte aufzufangen und abzuschwächen und so den Angriff abzuwehren.

Verteidigungsfall, äußerer, durch einen mit Waffengewalt geführten oder unmittelbar drohenden Angriff auf das Bundesgebiet hervorgerufener ↑ Notstand (Art. 115 a GG; ↑ Ausnahmezustand). Die Feststellung des V. hat grundsätzlich auf Antrag der Bundesreg. durch den Bundestag mit Zustimmung des Bundesrates zu erfolgen. Ausnahmsweise trifft die Feststellung der ↑ Gemeinsame Ausschuß. Ist auch dieser verhindert, so gilt die Feststellung des V. als für den Zeitpunkt getroffen und verkündet, in dem der Angriff begonnen hat. In den anderen Fällen treten die Vorschriften über den V., die sog. Notstandsverfassung, erst mit Verkündung der Feststellung des V. durch den Bundespräs. in Kraft.

Im V. geht die ↑ Befehls- und Kommandogewalt auf den Bundeskanzler, die Strafgerichtsbarkeit über die Angehörigen der Streitkräfte auf Wehrstrafgerichte über (Art. 96 Abs. 2 GG). Die Streitkräfte können Aufgaben des zivilen Objektschutzes und der Verkehrsregelung wahrnehmen (Art. 87 a Abs. 3). Ferner kann die Bundesreg. den ↑ Bundesgrenzschutz im gesamten Bundesgebiet einsetzen sowie Landesreg. und Landesbehörden Weisungen erteilen (Art. 115 f). Ist die Bundesreg. zur Gefahrenabwehr außerstande, so können die Landesreg. für ihren Zuständigkeitsbereich Maßnahmen nach Art. 115 f. treffen. Das Gesetzgebungsverfahren kann beschleunigt werden. Wehrpflichtige, die weder zum Wehr- noch zum Ersatzdienst herangezogen sind, können zu zivilen Dienstleistungen verpflichtet werden (Art. 12 a Abs. 3). Frauen im Alter zw. 18 und 55 Jahren können zu Dienstleistungen im zivilen Sanitäts- und Heilwesen sowie in ortsfesten militär. Lazarettorganisationen herangezogen werden (Art. 12 a Abs. 4).

Zur Vorbereitung auf den V. ist der Gesetzgeber in Friedenszeiten befugt, „für den V." Gesetze zu erlassen, die normalerweise in den Zuständigkeitsbereich der Länder fallen. Während des V. kann durch BG von den in Friedenszeiten geltenden Normen hinsichtlich Verwaltung, Finanzwesen, Enteignungsentschädigung und der ohne richterl. Anordnung erfolgenden Freiheitsentziehung abgewichen werden (Art. 115 c). Zur Vorbereitung auf Dienstleistungen nach Art. 12 a Abs. 3 kann die Teilnahme an Ausbildungsveranstaltungen in Friedenszeiten zur Pflicht gemacht werden. Stellung und Funktion des ↑ Bundesverfassungsgerichts dürfen nicht beeinträchtigt werden. Im V. bleiben Parlamente, Bundesverfassungsrichter und Bundespräs. auch nach Ablauf ihrer Wahlperiode im Amt. Neuwahlen haben 6 Monate (beim Bundespräs. 9 Monate) nach Beendigung des V. stattzufinden.

Der Bundestag muß mit Zustimmung des Bundesrates den V. unverzüglich für beendet erklären oder zur Normallage zurückkehren, wenn die Voraussetzungen für seine Feststellung nicht mehr gegeben sind (Art. 115 l, Abs. 2). Der Beschluß über den Friedensschluß hat durch Bundesgesetz zu erfolgen.

Verteidigungspolitik, alle Maßnahmen eines Staates, die der Abwehr von Angriffen anderer Staaten auf das eigene Territorium dienen, insbes. der Unterhalt eigener Verteidigungsstreitkräfte *(Militärpolitik)* sowie der Bereich der internat. Bündnispolitik; i. w. S. auch innerstaatl. Maßnahmen, die die innenpolit. Stabilität sichern und keine Möglichkeiten zur Einwirkung von außen bieten. – ↑ Sicherheitspolitik.

Verteidigungsrat (Bundesverteidigungsrat) ↑ Bundessicherheitsrat.

Verteilungsfunktion, in der *statist. Mechanik* eine für jedes mikrophysikal. System sehr vieler Teilchen definierte Funktion der absoluten Temperatur und der Energie bzw. der Hamilton-Funktion, die, die thermodynam. Wahrscheinlichkeit der einzelnen Zustände des Systems festlegt. Mit ihr lassen sich Mittelwerte von beobachtbaren physikal. Größen des Systems bilden.

▷ in der *Wahrscheinlichkeitsrechnung* die einer Zufallsgröße X zugeordnete Funktion $F(x) = P(X \leq x)$, die die Wahrscheinlichkeit $P(X \leq x)$ dafür angibt, daß die Zufallsgröße X höchstens den Wert x annimmt.

Verteilungsverfahren, 1. bei der ↑ Zwangsvollstreckung von bewegl. Vermögen ein von Amts wegen durchzuführendes Verfahren, wenn ein auf Grund der Pfändung erlangter Geldbetrag hinterlegt worden ist, der zur Befriedigung der Gläubiger nicht ausreicht. Das Amtsgericht stellt einen Verteilungsplan auf, nach dem der hinterlegte Betrag unter Beachtung des Ranges der Pfändungspfandrechte verteilt wird; 2. bei der Zwangsversteigerung und der Zwangsverwaltung von unbewegl. Vermögen das dem Zuschlag folgende Verfahren zur Verteilung des Erlöses, wenn sich nicht die Beteiligten außergerichtlich darüber einigen.

Vértesgebirge [ungar. 've:rtɛʃ], von SW nach NO streichender mittlerer Teil des Transdanub. Mittelgebirges, Ungarn, bis 480 m hoch.

Vértesszőlős (Vértesszölös) [ungar. 've:rtɛʃsø:llø:ʃ]; Fundort (bei Tata, Ungarn; Ausgrabung 1963–65) altpaläolith. Steinwerkzeuge mit Feuerstellen und u. a. menschl. Schädelresten; auf Grund der Fauna in ein Interstadial der Mindeleiszeit datiert; einer der ältesten Belege für die Nutzung des Feuers durch Menschen.

Vertex [lat. „Scheitel"], (Fluchtpunkt) in der *Astronomie* ↑ Bewegungssternhaufen.

▷ in der *Anatomie* und *Morphologie* ↑ Scheitel.

Vertigo [lat.], svw. ↑ Schwindel.

Vertikale [lat.], senkrechte Gerade oder Ebene; als *Vertikalkreis (Vertikal)* wird ein senkrecht (vertikal) auf dem Horizont stehender Großkreis durch den Zenit bezeichnet.

Vertisol [Kw. aus lat. vertere „umwenden" und sol „Boden"], Boden mit AC-Profil und hohem Anteil an quellfähigen Tonmineralen in trop. und subtrop. Gebieten.

Vertrag (Kontrakt), Rechtsgeschäft zur Begründung, Aufhebung oder Änderung eines Rechtsverhältnisses, das durch übereinstimmende Willenserklärungen, nämlich ↑Antrag und ↑Annahme, zw. zwei oder mehreren Personen (V.parteien, V.gegner) zustandekommt (§§ 305 ff. BGB). Zu unterscheiden sind **öffentlich-rechtliche Verträge** (V., die sich auf ein Rechtsverhältnis auf dem Gebiet des öff. Rechts beziehen, z. B. V. über die Vorauszahlung von Erschließungsbeiträgen) und **privatrechtliche Verträge**. Letztere sind wieder zu unterteilen in *obligator.* (schuldrechtl., z. B. Kauf), *dingl.* (sachenrechtl., z. B. Verpfändung), *familienrechtl.* (Ehe-V.) und *erbrechtl. V.* Das Zustandekommen eines wirksamen V. kann von der Einhaltung einer bestimmten ↑Form, der Zustimmung dritter Personen oder einer Behörde, der (konstitutiven) Eintragung in ein Register (z. B. Grundbuch) und dem Eintritt einer ↑Bedingung abhängig sein. Die *entgeltl. V.* unterscheiden sich von den *unentgeltl.* (z. B. Schenkung, Leihe) dadurch, daß bei letzteren keine Gegenleistung erfolgt. Die obligator. V. sind entweder einseitig verpflichtende V. (Schenkung), unvollkommen zweiseitig verpflichtende V. (z. B. Auftrag, Leihe) oder gegenseitige V., je nach dem, ob durch sie eine Verpflichtung nur für einen oder für beide V.teile begr. wird und ob einander gleichwertige Leistungen geschuldet werden.
Die sog. **Vertragsfreiheit** (Parteiautonomie) beinhaltet das Recht, über den Abschluß eines V. (sog. Abschlußfreiheit) sowie über dessen Inhalt (Inhaltsfreiheit) frei zu bestimmen. Die V.freiheit findet ihre Grenzen durch das Verbot der Gesetzes- sowie der Sittenwidrigkeit. Sie ist ferner durch den Grundsatz von Treu und Glauben sowie der Billigkeit und bei Monopolstellungen durch den *Kontrahierungszwang* (z. B. müssen Verkehrs- und Versorgungsunternehmen der öff. Hand Beförderungs-V. abschließen) eingeschränkt. Aus dem Grundsatz der V.freiheit ergibt sich, daß ein V. zu Lasten Dritter nicht zulässig ist. Ein *V. zugunsten Dritter*, bei dem eine vertraglich versprochene Leistung nicht dem Versprechensempfänger (V.gegner), sondern einem Dritten geschuldet wird (z. B. der Bezugsberechtigte bei einer Lebensversicherung), ist hingegen zulässig. Verhindert ein V.partner das Eintreten des mit dem V. gewollten Erfolges (V.verletzung), so ist er zum Schadensersatz verpflichtet. Durch einen *Vor-V.* begründen die Parteien die (erzwingbare) Verpflichtung zum späteren Abschluß eines Haupt-V. Der Vor-V. bedarf i. d. R. der gleichen Form wie der Haupt-V. – ↑Verzug, ↑Verfallklausel, ↑Staatsverträge, ↑völkerrechtliche Verträge.

Vertragsforschung ↑Forschung.

Vertragshändler (Eigenhändler, Konzessionär), selbständiger Unternehmer, der durch einen Rahmenvertrag (V.vertrag) mit einem Hersteller von Waren (meist ↑Markenartikel) in dessen Vertriebsorganisation eingegliedert ist, aber im eigenen Namen und auf eigene Rechnung Waren des Herstellers ankauft und weiterveräußert. Der V. hat meist, ähnlich wie ein Handelsvertreter, einen Alleinvertriebsbezirk; damit ist er verpflichtet, keine Verkäufe außerhalb seines Bezirkes durchzuführen. Grundsätzlich darf er auch keine anderen Waren als die des Herstellers verkaufen.

Vertragsklauseln, svw. ↑Handelsklauseln.

Vertragslehre (Vertragstheorie), in vielen Varianten die Gesellschaftslehre der Aufklärung bestimmende sozialphilosoph. Anschauung, nach der sich die Menschen als gleiche und freie Wesen auf Grund eines Vertrages zu Staat und Gesellschaft (Gesellschaftsvertrag) zusammengetan haben. Die V. beruhte auf dem ↑Naturrecht und richtete sich bes. gegen das absolutist. Dogma des von Gott eingesetzten Herrschers. Hauptvertreter waren T. Hobbes, J. Locke, J.-J. Rousseau, B. Spinoza, P. Gassendi, H. Grotius, C. Thomasius, I. Kant, T. Jefferson und T. Paine.

Vertragsstrafe (Konventionalstrafe), Versprechen einer Geldsumme als Strafe für den Fall, daß der Versprechende eine Schuld gegenüber dem Gläubiger nicht oder nicht gehörig erfüllt (§ 339 ff. BGB). Mangels anderer Vereinbarung ist die Strafe verwirkt, d. h. fällig, wenn der Schuldner mit der von ihm geschuldeten Leistung in Verzug kommt oder wenn gegen eine Unterlassungspflicht verstoßen wird.

Vertrauensarzt, Arzt, der im Auftrag der gesetzl. Kranken- und Rentenversicherung beratende und gutachterl. Funktionen ausübt.

Vertrauensfrage, in parlamentar. Reg.-systemen vom Reg.chef gestellter Antrag an das Parlament, ihm das Vertrauen auszusprechen; bei Ablehnung erfolgt i. d. R. der Rücktritt der Reg. und/oder Auflösung des Parlaments. Wenn in Deutschland die vom Bundeskanzler gestellte V. nicht von der Mehrheit der Mgl. des Bundestages bejaht wird, kann der Bundespräs. den Bundestag auf Vorschlag des Bundeskanzlers binnen 21 Tagen auflösen. Das Auflösungsrecht erlischt, sobald der Bundestag mit der Mehrheit seiner Mgl. einen neuen Bundeskanzler wählt (Art. 68 GG). – ↑Gesetzgebungsnotstand, ↑Mißtrauensvotum.

Vertrauensinteresse (negatives Interesse, Vertrauensschaden), das Interesse desjenigen, der dadurch, daß er auf einen bestimmten rechtl. Zustand vertraut hat (z. B. auf die Gültigkeit eines Rechtsgeschäfts, das sich jedoch später als unwirksam erweist), einen Schaden erlitten hat (Vertrauensschaden), so gestellt zu werden, wie er stünde, wenn er auf diesen Zustand (d. h. den Vertragsabschluß) nicht vertraut hätte. Das V. ist meist begrenzt durch die Höhe des Erfüllungsinteresses (danach ist der Gläubiger so zu stellen, als sei vom Schuldner ordnungsgemäß erfüllt worden) und ist bei der Schadenberechnung von Bedeutung.

Vertreibung, mit Drohung oder Gewalt bewirkte Aussiedlung der Bev. aus ihrer Heimat über die Grenzen des vertreibenden Staates hinweg (↑Deportation). Die V. der eigenen Staatsangehörigen ist ein Verbrechen gegen die Menschlichkeit und ein Verstoß gegen Menschenrechte. Die V. fremder Staatsangehöriger, d. h. der Zivilbev. aus einem besetzten Gebiet, stellt einen Verstoß gegen Art. 49 des Genfer Abkommens zum Schutz der Zivilbev. von 1949 dar. Die vorübergehende Räumung eines besetzten Gebietes aus militär. Gründen kann allerdings zulässig sein. Eine histor. Wurzel des Phänomens V. liegt im Nationalismus des 19. Jh., in den Bestrebungen, sprachl. und ethn.[-religiöse] Übereinstimmung im Staatsgebiet herzustellen. Zu V. kam es v. a. im Gefolge von Kriegen und im Zuge der Entkolonisation (wobei die Grenzen zw. V. und Flucht fließend sind): z. B. die Zwangsumsiedlung von Türken und Griechen nach dem Griech.-Türk. Krieg 1919–22, von Hindus und Muslimen bei der Unabhängigkeit Indiens und Pakistans 1947, die Ausweisung der (wirtsch. führenden) ind. Minderheit aus Uganda 1972; die V. der Mescheten durch Usbeken (1989/90) oder der Kroaten durch Serben im serb.-kroat. Bürgerkrieg 1991.
Die auf den Konferenzen von Teheran, Jalta und Potsdam festgelegte *V. der Deutschen* (↑Vertriebene) aus den ehem. ↑deutschen Ostgebieten und den dt. Siedlungsgebieten im Ausland (1937 zus. etwa 16,6 Mill.) erfolgte in mehreren Etappen. Schon in der Endphase des 2. Weltkrieges kam es beim Vormarsch der sowjet. Truppen im Frontbereich zur Evakuierung bzw. Flucht der Hälfte der dt. Bev. (↑Aussiedler). Im Sommer 1945 setzte die erste V.welle v. a. aus dem Hinterland ein. Gleichzeitig fanden Massenaustreibungen der ↑Sudetendeutschen in der Tschechoslowakei statt. Trotz der Verfügung von Artikel VIII des *Potsdamer Abkommens* vom 2. Aug. 1945, die „Überführung" in „geordneter und humaner Weise" und erst nach Aufstellung eines Ausweisungsplans durch den Alliierten Kontrollrat vorzunehmen, erfolgte die V. zunächst ungeregelt. Seit dem „Überführungsplan" (17. Okt. 1945) auch in geschlossenen Transporten durchgeführt, waren die systemat. Massenweisungen im allg. 1947 abgeschlossen. Später kam es noch zur V. der „Volksdeutschen" aus dem ehem. poln. Staatsgebiet und aus dem an die UdSSR gefallenen Ostpreußen.

vertretbare Sache ↑Sache.

Vertretenmüssen ↑Verschulden.

Vertreter ↑Stellvertretung, ↑Handelsvertreter.
Vertrieb, zusammenfassende Bez. für Vorbereitung, Anbahnung, Durchführung und Abwicklung absatzorientierter Tätigkeiten; häufig synonym gebraucht mit den Begriffen Absatz und Verkauf.
Vertriebene, dt. Staatsangehörige oder dt. Volkszugehörige, die ihren Wohnsitz in den ehem. ↑deutschen Ostgebieten oder in den Gebieten außerhalb der Grenzen des Dt. Reiches nach dem Gebietsstand vom 31. 12. 1937 (im NS sog. Volksdeutsche) hatten und diesen durch und nach dem 2. Weltkrieg infolge ↑Vertreibung, insbes. durch Ausweisung oder Flucht, verloren haben (Zahlen: ↑Deutsche). – Gesetzl. Grundlage der Kriegsfolgenrechte der V. ist das ↑Bundesvertriebenengesetz (BVFG). Es unterscheidet von der V. die **Heimatvertriebenen,** die am 31. Dez. 1937 oder vorher einmal ihren Wohnsitz in Vertreibungsgebieten hatten und bes. Unterstützung erfahren. – Die V. wurden 1945/46 vorwiegend in landw. Gebiete gelenkt; in der BR Deutschland erfolgte Ende Nov. 1949 bis Ende 1962 noch einmal eine Umlenkung der V. von Schl.-H., Nds. und Bay. in die übrigen Bundesländer. Die in der DDR verbliebenen V. (1945–49 4,4 Mill., dann bis auf 1,7 Mill. zurückgegangen), dort *Umsiedler* gen., erhielten keinen Lastenausgleich; etwa 91 000 Familien wurden durch die Enteignungen im Zusammenhang mit der sog. ↑Bodenreform (1945–49) auf dem Land angesiedelt. – Ein Teil der V. ist noch heute in *V.verbänden* (↑Landsmannschaft) organisiert.
Vertriebsgesellschaft, Gesellschaft, die auf Grund steuerl. Erwägungen oder zum Zwecke der Rationalisierung zum Vertrieb der Produkte eines oder mehrerer Produktionsunternehmen gegründet wird.
Vertriebskosten, die beim Vertrieb von Erzeugnissen oder Leistungen anfallenden *Vertriebssonderkosten* (Ausgangsfrachten, Provision, Verpackung) und *Vertriebsgemeinkosten* (Personal-, Werbe-, Reise-, Bürokosten u.a.).
Vertumnus, röm. Vegetationsgott etrusk. Herkunft (Voltumna).
Verulamium ↑Saint Albans.
Verumpräparat [lat.] ↑Placebo.
Verunglimpfung ↑Beschimpfung.
Verunglimpfung des Andenkens Verstorbener ↑Beleidigung.
Veruntreuung ↑Unterschlagung.
Verursacherprinzip, v. a. im Zusammenhang mit dem Umweltschutz häufig herangezogenes Prinzip, wonach der Verursacher von Umweltschäden die Kosten für deren Beseitigung oder Vermeidung tragen muß. In der Praxis stößt die Verwirklichung des V. jedoch auf viele Schwierigkeiten und Widerstände; zum einen ist häufig der Kreis der Verursacher nur schwer abzugrenzen, zum anderen bestehen vielfach – bes. bei Unternehmen – Möglichkeiten, auferlegte Belastungen zum Ausgleich von verursachten Umweltschäden abzuwälzen auf nicht zum Kreis der Verursacher Gehörende. Hinzu kommt, daß immaterielle Schäden, z. B. Ausrottung von Tierarten, Zerstörung des Landschaftsbildes, nachträglich nicht mehr durch finanzielle Aufwendungen auszugleichen sind.
Verus, Lucius Aurelius (Lucius V.), eigtl. Lucius Ceionius Commodus, *Rom 15. Dez. 130, †Altinum Jan./Febr. 169, röm. Kaiser (seit 161). – Von Antoninus Pius adoptiert (138), durch Mark Aurel 161 zum Mitkaiser ernannt; führte 162–166 erfolgreich Krieg gegen die Parther.
Verve [ˈvɛrə; frz.], Schwung, Elan.
Vervielfältigungsrecht, das dem Urheber vorbehaltene Recht, Vervielfältigungsstücke seines Werkes herzustellen (↑Urheberrecht).
Vervielfältigungsverfahren, alle techn. Verfahren zur Herstellung einer begrenzten Zahl von Kopien nach einer Vorlage mit mechan.-physikal. oder chem. Weg mittels Druckverfahren oder durch Strahlung, wie bei der Reprographie. – In der *Bürotechnik* Verfahren zur Herstellung von (wenigen) Kopien mittels einfacher Geräte oder spezieller Maschinen. Beim **Schreibverfahren** werden die Vorlagen nochmals mit Schreibmaschinen oder Schreibautomaten abgeschrieben. Bei **Druckverfahren** wird Farbe von einer Druckform auf den Bedruckstoff übertragen (Hektographieverfahren, Kleinoffsetdruck, Metallblatt-, Prägedruckverfahren). **Photochemische Verfahren** sind alle Verfahren, bei denen Kopien auf opt. Wege bei Verwendung lichtempfindl., entwickelbarer photograph. Schichten hergestellt werden (z. B. Mikroreproduktion, Thermokopierverfahren). **Elektrophotographische Verfahren** sind Elektrofaxverfahren und Xerographie.
Verviers [frz. vɛrˈvje], belg. Stadt 20 km östlich von Lüttich, 167–237 m ü. d. M., 53 400 E. Kunst- und archäolog. Museum; Mittelpunkt eines sich bis Eupen erstreckenden Textilind.gebiets und Zentrum der belg. Wollind.; Leder-, Papierind., Maschinenbau. Im 7. Jh. erwähnt, erhielt 1651 Stadtrecht. – Kirche Notre-Dame (17. Jh.) mit Glockenspiel (40 Glocken); klassizist. Stadthaus (18. Jh.).
Verwachsenkiemer (Septibranchia), Ordnung 4–40 mm langer Muscheln mit rd. 600 Arten in der Tiefsee; mit einer (im Unterschied zu allen übrigen Muscheln völlig andersartigen) Atemstromtechnik, die wegen fehlender Wimpern durch Heben und Senken der muskulösen Kiemensepten erfolgt, wobei mit dem Atemwasser bis 2 mm große Beutetiere eingesaugt werden.
Verwachsung, in der *Medizin* entzündl. Verklebung, flächenhafte oder strangförmige, schließlich dauerhafte Vereinigung bes. von serösen Häuten im Brust- und Bauchraum.
▷ in der *Mineralogie* Bez. für den natürl., mehr oder weniger innig zusammengewachsenen, festen Verband mehrerer Kristalle bzw. Mineralkomponenten gleicher oder verschiedener Art.
Verwahrfunde ↑Depotfunde.
Verwahrlosung, ein Zustand der menschl. Persönlichkeit, der durch das Fehlen einer Minimalanpassung an gesellschaftl. Verhaltensanforderungen gekennzeichnet ist. V. beruht auf – v. a. milieubedingten – Sozialisationsdefiziten.
Verwahrung, im *Zivilrecht* (§§ 688 ff. BGB) Aufbewahrung einer bewegl. Sache auf Grund selbständiger Vertragsverpflichtung (V.vertrag) oder als Nebenpflicht eines anderen Vertrages (z. B. Kauf). Die *unentgeltl.* V. ist ein Gefälligkeitsverhältnis, bei dem der Verwahrer nur für die Sorgfalt haftet, die er in eigenen Angelegenheiten anzuwenden pflegt; die *entgeltl.* V. ist ein gegenseitiger Vertrag mit normalem Haftungsmaßstab. Die wichtigsten Fälle der V. sind durch spezielle Vorschriften geregelt (z. B. die V. von Wertpapieren durch Banken). Im *Verwaltungsrecht* liegt eine öff.-rechtl. V. vor, wenn eine Verwaltungsbehörde in Wahrnehmung ihrer Befugnisse Sachen in Besitz genommen hat (die Regeln des BGB gelten entsprechend).
Verwahrungsbruch, Straftat, die begeht, wer Schriftstücke oder andere bewegl. Sachen, die sich in dienstl. Verwahrung (Gewahrsam) befinden, zerstört, beschädigt, unbrauchbar macht oder der dienstl. Verfügung entzieht; gemäß § 133 StGB mit Geld- oder Freiheitsstrafe bis zu 2 Jahren bedroht.
Verwaltung (Administration), Tätigkeit, die bestimmte Lebensbereiche nach gegebenen Weisungen oder Richtlinien ordnet oder gestaltet. Während man im Privatrecht mit V. i. d. R. eine Tätigkeit in Ansehung fremder Objekte (Vermögen) meint, z. B. V. eines fremden Gebäudes, versteht man im öff. Recht unter V. eine bestimmt geartete Tätigkeit eines Trägers öff. Gewalt (Bund, Länder, Gemeinden, sonstige Körperschaften, Anstalten oder Stiftungen des öff. Rechts; *öff. V.*), ohne Rücksicht darauf, ob diese Tätigkeit den Regeln des öff. (hoheitl. V.) oder Privatrechts (fiskal. V.) folgt. Die Staats-V. gliedert sich in die Auswärtige V., Innere V., Militär-, Justiz-, Finanz-, Wirtschafts-, Verkehrs-, Arbeits-, Kultus-V. u. a. Nach den Trägern spricht man von Staats- und Kommunal-V. oder unterscheidet die Staats-V. von der ↑Selbstverwaltung als der Wahrnehmung an sich staatl. Aufgaben durch verselbständigte V.träger (rechtsfähige V.einheiten). Mit dieser Einteilung deckt sich weithin die unmittelbare und mittelbare Staats-V., je nachdem, ob die staatl. Aufgaben von unmittelbaren

Verwaltungsakt

Staatsbehörden oder von verselbständigten V.trägern unter Staatsaufsicht (mit Weisungsrecht) wahrgenommen werden. Die V. der verselbständigten V.träger ist Eigen- oder ↑Auftragsverwaltung. Im Bundesstaat sind ↑Bundesverwaltung und ↑Landesverwaltung zu unterscheiden. In Deutschland führen die Länder die Bundesgesetze als eigene Angelegenheit aus, soweit das Grundgesetz nichts anderes bestimmt oder zuläßt (Art. 83 ff., 108 GG). Die Tätigkeit der V. erfolgt im ↑Verwaltungsverfahren, in bloßer Vollziehung der Gesetze und der inneren Dienstanweisungen oder mit eigener Initiative im Rahmen der Gesetze („Recht der freien Selbstgestaltung"). – ↑Verwaltungsreform.

Verwaltungsakt, hoheitl. Maßnahme (Verfügung, Entscheidung, Anordnung), die eine Verwaltungsbehörde im Verwaltungsverfahren zur Regelung eines Einzelfalles auf dem Gebiet des öff. Rechts trifft und die auf unmittelbare Rechtswirkung nach außen gerichtet ist (§ 35 VerwaltungsverfahrensG vom 25. 5. 1976). Der V. ist neben Rechts-VO, Satzungen, öff.-rechtl. und privatrechtl. Verträgen sowie Realakten wichtigstes Handlungsinstrument der öff. Verwaltung. Der V. kann schriftlich (dann mit Begründung), mündlich oder in sonstiger Weise (konkludent) erlassen werden. Er wird wirksam mit seiner Bekanntgabe (z. B. mit Zugang des Schreibens). Ein V. ist rechtswidrig, wenn er mit einem inhaltl., Form-, Verfahrens- oder Zuständigkeitsmangel behaftet ist (bes. schwerwiegende Mängel haben die Nichtigkeit des V. zur Folge). Der rechtswidrige (belastende) V. ist wirksam und erlangt Bestandskraft, wenn nicht der durch den V. in seinen Rechten Betroffene diesen durch Widerspruch und verwaltungsgerichtl. Anfechtungsklage (die i. d. R. ↑aufschiebende Wirkung haben) innerhalb der jeweiligen 4-Wochen-Fristen anficht. Der Erlaß eines zu Unrecht abgelehnten begünstigenden V. kann nach erfolglosem Widerspruchsverfahren durch Verpflichtungsklage begehrt werden. Bei Vorliegen bestimmter Voraussetzungen kann die Behörde einen von ihr erlassenen rechtmäßigen und bestandskräftigen V. widerrufen bzw. einen rechtswidrigen und bestandskräftigen V. zurücknehmen. Dem V. des dt. Rechts entsprechen in der *östr. Terminologie* der individuelle V. oder Bescheid, in der *schweizer.* der V. („acte administratif") oder die Verfügung.

Verwaltungsbauten (Bürobauten, Bürohäuser), Verwaltungszwecken und der Organisation von geschäftl. Kontakten dienende Gebäude. Etwa seit 1800 Abtrennung der Wohnräume; die Trennung in Büronutzraum und Verkehrsraum zeigt als einer der ersten V. das Rappoldshaus in Hamburg (1910, Architekt: F. Höger). Die ↑Stahlskelettbauweise ermöglichte das moderne Bürohochhaus: Lever Brothers, New York, 1951–52 (Skidmore, Owings & Merrill); J. E. Seagram & Sons, New York, 1956–58 (L. Mies van der Rohe und P. C. Johnson). Seit den 1960er Jahren findet das Großraumbüro Verbreitung, bei dem die Arbeitsplätze und -einheiten nur durch halbhohe Stellwände abgetrennt sind. Ein neues Konzept entwickelte H. Hertzberger 1968–72 in Apeldoorn (V. der Versicherung Centraal Be-

heer): offene, individuell einzurichtende Kuben (für je 12 Personen) sind um Lichthöfe gruppiert und durch Brücken verbunden.

Verwaltungsbehörden, organisatorisch selbständige Stellen, die Aufgaben der öff. Verwaltung wahrnehmen (§ 1 Abs. 4 VerwaltungsverfahrensG). – ↑Behörde.

Verwaltungsgerichtsbarkeit, bes. Gerichtszweig für öff.-rechtl. Streitigkeiten nichtverfassungsrechtl. Art, soweit die Streitigkeit nicht einem anderen Gericht ausdrücklich zugewiesen ist (sog. allg. V.). Zur bes. V. zählen die Finanz- und die Sozialgerichtsbarkeit. Die V. wird in den Ländern durch die Verwaltungsgerichte und die Oberverwaltungsgerichte (in Bad.-Württ., Hessen und Bay. als Verwaltungsgerichtshof bezeichnet) und im Bund durch das Bundesverwaltungsgericht ausgeübt. Die Kammern der Verwaltungsgerichte sind mit drei Berufs- und zwei ehrenamtl. Richtern besetzt (letztere wirken außerhalb der mündl. Verhandlung und bei Vorbescheiden nicht mit). – ↑Große Senate.

In *Österreich* ist die V. im wesentlichen bei dem Verwaltungsgerichtshof in Wien konzentriert. In der *Schweiz* werden das Bundesgericht und bes. kantonale sowie eidgenöss. Verwaltungsgerichte tätig.

Verwaltungsgerichtsverfahren (Verwaltungsprozeß, Verwaltungsstreitverfahren), das durch die Verwaltungsgerichtsordnung (VwGO) i. d. F. vom 19. 3. 1991 geregelte Verfahren vor einem Gericht der Verwaltungsgerichtsbarkeit. Das Gericht wird nur auf Antrag (Klage) eines Beteiligten tätig. Vor Klageerhebung ist die Recht- und Zweckmäßigkeit des Verwaltungshandelns in einem Vorverfahren zu überprüfen (§ 68 VwGO). Danach muß der Betroffene binnen eines Monats nach Bekanntgabe der Entscheidung Widerspruch einlegen. Hilft die Behörde dem Widerspruch nicht ab, hat die nächsthöhere Instanz den Widerspruchsbescheid zu erlassen. Binnen eines weiteren Monats kann hiergegen Klage zum Verwaltungsgericht erhoben werden. Um eine Sachentscheidung fällen zu können, müssen (mehrere) ↑Prozeßvoraussetzungen erfüllt sein. Das Gericht entscheidet auf Grund mündl. Verhandlung (es sei denn, die Entscheidung erfolgt durch ↑Gerichtsbescheid); eine Vertretung durch Prozeßbevollmächtigte ist möglich. Es erforscht den Sachverhalt von Amts wegen (Untersuchungsgrundsatz). Je nach Lage des Falles kann das Gericht bei Rechtswidrigkeit auf Aufhebung eines Verwaltungsakts, auf Rückgängigmachung eines bereits vollzogenen Verwaltungsakts (Folgenbeseitigung), auf Verpflichtung zum Erlaß eines beantragten Verwaltungsakts u. a. erkennen. Gegen die Urteile erster Instanz ist grundsätzlich die Berufung zulässig. Die Endentscheidungen des Oberverwaltungsgerichts können unter bestimmten Voraussetzungen mit der Revision an das Bundesverwaltungsgericht angefochten werden.

In *Österreich* ist das V. v. a. im VerwaltungsgerichtshofG 1985 geregelt. Es gliedert sich in ein schriftl. Vorverfahren und eine mündl. Verhandlung, die öffentlich ist. In der *Schweiz* enthalten das Gesetz zur Organisation der Bundesrechtspflege und die verschiedenen kantonalen Gesetze entsprechende Vorschriften.

Verwaltungskosten, Gebühren und Auslagen, die für die öff.-rechtl. Verwaltungstätigkeit der Behörden auf Grund von V.gesetzen erhoben werden. Die gebührenpflichtigen Tatbestände, die Gebührensätze und die Auslagenerstattung sind durch Gebührenordnungen bzw. Kostenordnungen näher geregelt.

Verwaltungspolizei ↑Polizei.

Verwaltungsrat, ein dem Aufsichtsrat der AG entsprechendes Organ bei Körperschaften, Anstalten und Stiftungen des öff. Rechts.

Im *schweizer. Aktienrecht* das für die Geschäftsführung der AG verantwortl. Organ.

Verwaltungsrecht, Gesamtheit der Rechtsnormen, die die Tätigkeit der öff. Verwaltung regeln. Das V. ist **Verwaltungsprivatrecht** (das Recht, i. d. R. Privatrecht, das Anwendung findet, wenn ein Träger öff. Verwaltung in privatrechtl. Rechtsformen handelt, z. B. bei der Stromversor-

Verwaltungsbauten. Das 1968–72 von dem 1932 geborenen niederländischen Architekten Herman Hertzberger erbaute Bürogebäude der Centraal Beheer in Apeldoorn

gung) und als Teil des öff. Rechts V. i. e. S. Das allg. V. beinhaltet die für die Verwaltung allg. geltenden Regelungen (in den ↑Verwaltungsverfahrensgesetzen des Bundes und der Länder teilweise kodifiziert). Das bes. V. umfaßt die jeweiligen speziellen Materien (z. B. Polizei-, Bau-, Gemeinde-, Wehr-, Beamten-, Gewerbe-, Schul-, Wegerecht).

Verwaltungsreform, umfassende Veränderung der Verwaltungsorganisation, oft in Verbindung mit einer räuml. Neugliederung der Verwaltungseinheiten (Gebietsreform). Sie soll unter veränderten Verhältnissen eine optimale Leistungsfähigkeit und Wirtschaftlichkeit, aber auch größere Transparenz und Bürgerfreundlichkeit der Verwaltung herbeiführen. Zu unterscheiden ist die Reform im Verwaltungsaufbau von der Funktionalreform, durch die die Verwaltungskompetenzen verlagert werden. – ↑Kommunalreform.

Verwaltungs- und Wirtschaftsakademien, Abk. VWA, berufsbegleitende Fortbildungsstätten für Beamte und Angestellte des öff. Dienstes sowie für Nachwuchskräfte des mittleren Managements in der Wirtschaft. Träger sind i. d. R. Gemeinden, die von der Bundesanstalt für Arbeit sowie vom jeweils zuständigen Land unterstützt werden. Als Studienrichtung werden Verwaltungs-, Kommunal- und Wirtschaftswissenschaften angeboten. Die **Hochschule für Verwaltungswissenschaften** in Speyer bildet Referendare für den höheren Verwaltungsdienst aus und veranstaltet für höhere Beamte Fortbildungskurse.

Verwaltungsverfahren, i. w. S. jedes von einer Verwaltungsbehörde durchgeführte Verfahren; i. e. S. nach dem ↑Verwaltungsverfahrensgesetz die nach außen wirkende Tätigkeit einer Behörde, die auf den Erlaß eines Verwaltungsakts oder auf den Abschluß eines öff.-rechtl. Vertrages gerichtet ist. *Arten des V.:* Den Regelfall bildet das einfache (nichtförml.) V.; ein förml. V. oder ein Planfeststellungsverfahren findet nur dann statt, wenn dies bes. vorgeschrieben ist. Ein V. ist ferner das Rechtsbehelfs-, insbes. das Widerspruchsverfahren. Im V. gilt der Untersuchungsgrundsatz. Vor Erlaß eines Verwaltungsakts, der in die Rechte eines Beteiligten eingreift, muß diesem rechtl. Gehör gewährt werden. Eine mündl. Verhandlung findet regelmäßig nur im förml. V. und im Planfeststellungsverfahren statt.

Verwaltungsverfahrensgesetz, Abk. VwVfG, BG vom 25. 5. 1976, regelt das Verwaltungsverfahren i. e. S. sowie erhebl. Teile des materiellen allg. Verwaltungsrechts, insbes. den Verwaltungsakt und den öff.-rechtl. Vertrag. Es gilt im wesentlichen nur für die Behörden des Bundes und auch für sie nur, soweit sie im konkreten Fall eine öff.-rechtl. Verwaltungstätigkeit ausüben und nicht Rechtsvorschriften des Bundes inhaltsgleiche oder entgegenstehende Bestimmungen enthalten. 1976 und 1977 haben auch die Länder (Landes-)VerwaltungsverfahrensG erlassen. Diese gelten für die Landes- und Kommunalbehörden, und zwar auch dann, wenn diese Bundesrecht ausführen. – ↑Auftragsverwaltung.

Verwaltungsvollstreckungsgesetz ↑Verwaltungszwangsverfahren.

Verwaltungsvorschriften, allg. Verwaltungsanordnungen vorgesetzter Behörden für die nachgeordneten Instanzen (z. B. Dienstvorschriften, Runderlasse, Richtlinien), die lediglich verwaltungsintern verbindlich sind.

Verwaltungszustellungsgesetz, Abk. VwZG, Gesetz vom 3. 7. 1952, das die förml. Bekanntgabe von Verwaltungsentscheidungen, d. h. die Zustellung von Schriftstücken der Bundesbehörden regelt. Die Länder haben entsprechende Gesetze erlassen.

Verwaltungszwangsverfahren, im VerwaltungsvollstreckungsG vom 27. 4. 1953 geregeltes Vorgehen der Verwaltung des Bundes zur Durchsetzung hoheitl. Anordnungen gegenüber dem Bürger (entsprechende Gesetze bestehen in den Ländern). Die Verwaltung kann im V. ihre gesetzl. begr. Ansprüche gegen den Bürger ohne vorherige gerichtl. Prüfung selbst durch Verwaltungsakt festsetzen und durch eigene Behörden selbst vollstrecken *(Verwaltungsvollstreckung)*. Das V. gliedert sich in: 1. die sog. Beitreibung (§§ 1–5 VerwaltungsvollstreckungsG). Die Beitreibung bedient sich derselben Mittel wie die ↑Zwangsvollstreckung. Voraussetzung für die Anwendung des Verwaltungszwangs ist die Bekanntgabe des Leistungsbescheids, die Fälligkeit der Leistung, der Ablauf einer Schonfrist von einer Woche sowie die Mahnung mit einer Zahlungsfrist von einer weiteren Woche. Die Anwendung des Zwangs erfolgt auf Grund einer Vollstreckungsanordnung. Die Kosten des V. trägt der Vollstreckungsschuldner. 2. die Erzwingungsvollstreckung (§§ 6–18 VerwaltungsvollstreckungsG), die mit spezif. Beugemitteln, sog. ↑Zwangsmitteln, arbeitet.

Verwandtenheirat, zusammenfassende Bez. für die Heirat zw. Kindern von Geschwistern (z. B. **Kreuz-Vettern-Heirat** bei Verbindung von Kindern eines Bruders und einer Schwester), ferner zw. Großonkel und Großnichte oder Großtante und Großneffe. – Im geltenden dt. Recht ist eine Verwandtenehe nicht zulässig (↑Eheschließung [Eheverbote]).

Verwandtschaft, im *Recht* i. e. S. der durch gemeinsame Abstammung miteinander verbundene Kreis von Personen *(Blutsverwandtschaft).* Dabei sind Personen, die voneinander abstammen, in gerader Linie, Personen, die von derselben dritten Person abstammen, in der Seitenlinie miteinander verwandt. Der Grad der V. bestimmt sich nach der Zahl der sie vermittelnden Geburten. Die V. schließt auch nichtehel. Kinder sowie adoptierte Kinder (↑Annahme als Kind) ein. I. w. S. gehören zur V. auch die Verwandten des Ehegatten *(Schwägerschaft).* Linie und Grad der Schwägerschaft bestimmen sich nach der Linie und dem Grad der sie vermittelnden Verwandtschaft. Von bes. Bed. ist die V. bezüglich familien- und erbrechtl. (↑Erbfolge) Rechte und Pflichten.

Verwandtschaftssystem, in der *Völkerkunde* Gesamtheit der Beziehungen zw. verwandten Personen; spielt als Forschungsgegenstand eine große Rolle, da die Verwandtschaft bei den meisten Völkern und Stämmen durch eine Heiratsordnung festgelegt ist und die **Verwandtschaftsordnung** Folgen für die Sozialordnung hat. Beim **klassifikatorischen Verwandtschaftssystem** wird nach der Zugehörigkeit zu Generationsgruppen unterschieden, z. B. werden alle Mgl. der eigenen Generation (also auch Vettern, Basen, Schwäger) als Geschwister bezeichnet. Geschwisterehen sind somit vielfach in Wirklichkeit Basen-Vettern-Ehen.

Verwarnung, im *Recht* 1. die im *Verwaltungsrecht* bei geringfügigen Ordnungswidrigkeiten bestehende Möglichkeit, ein Fehlverhalten zu ahnden; vielfach wird eine *gebührenpflichtige V.* (zw. 5 und 75 DM gemäß § 56 OrdnungswidrigkeitenG) erteilt. – 2. im *Jugendstrafrecht* die für die Ahndung einer Straftat zur Verfügung stehenden ↑Zuchtmittel. – 3. im *Strafrecht* kann eine V. mit Strafvorbehalt in bestimmten Fällen statt einer Verurteilung zur Geldstrafe bis zu 180 Tagessätzen erteilt werden (§ 59 StGB). Der Verwarnte wird jedoch zur vorbehaltenen Strafe verurteilt, wenn er sich innerhalb einer bestimmten Bewährungszeit nicht bewährt.

▷ im *Sport* bei *Mannschaftsspielen* die Androhung des Schiedsrichters, einen sich unsportlich oder regelwidrig verhaltenden Spieler des Spielfeldes zu verweisen (Feldverweis); im *Boxen* Verweis des Ringrichters bei grober (wiederholter) Regelwidrigkeit; im *Ringen* verwarnt der Mattenleiter wegen Passivität; in der *Leichtathletik* (bei Lauf- oder Gehwettbewerben) Maßnahme des Starters bei einem Fehlstart bzw. von Gehrichtern wegen „unreinen" Gehens.

Verweiblichung ↑Feminisierung.

Verweis ↑Disziplinarmaßnahmen.

Verweisung, im *Prozeßrecht* die Abgabe einer Streitsache an das nach Ansicht des [unzuständigen] verweisenden Gerichts zuständige Gericht. Erfolgt im Zivilprozeß nur auf Antrag des Klägers.

▷ im *Schulrecht* der Ausschluß von der Schule. Gegen eine V. kann vom volljährigen Schüler oder dem Erziehungsberechtigten Widerspruch oder Anfechtungsklage erhoben werden.

Verwendungen

Verwendungen, vermögenswerte Leistungen des Besitzers einer Sache auf die Sache, deren wirtsch. Erfolg dem Eigentümer der Sache zugute kommt. Muß der Besitzer auf Grund der Eigentumsklage die Sache dem Eigentümer herausgeben, so kann er für die auf die Sache gemachten V. vom Eigentümer gemäß §§ 994 ff. BGB Ersatz verlangen. Man unterscheidet: 1. *notwendige V.,* d. h. die zur Erhaltung einer Sache objektiv erforderl. V. (sind zu ersetzen); 2. *nützl. V.,* die nicht notwendig sind, aber den Wert einer Sache objektiv steigern (sind dem redl. Besitzer zu ersetzen); 3. *Luxus-V.,* die den Wert einer Sache nicht erhöhen (werden nicht ersetzt).

Verwerfen, das vorzeitige Ausstoßen der (nicht lebensfähigen) Leibesfrucht bes. bei Haustieren (auch *Verkalben, Verfohlen, Verlammen* und *Verferkeln* gen.). V. wird durch nichtinfektiöse Ursachen (Fütterungsfehler, Überanstrengung, Stoßeinwirkung u. a.) und durch Infektionserreger (Brucellen, Salmonellen u. a.) hervorgerufen.

Verwerfung (Störung), tekton. Störung einer urspr. intakten Gesteinslagerung, wobei diese an einer Bewegungsfläche (Bruchfläche) in zwei Schollen zerbrochen wird und diese gegeneinander verschoben werden. Gleichsinnig einfallende V. nennt man **synthetisch**, gegensinnig einfallende **antithetisch**. Die Bewegung kann nicht nur steil, sondern auch in waagrechter Richtung erfolgen **(Horizontalverschiebung).** Die Differenz zweier vertikal gegeneinander verschobener Gesteinsschichten wird **Sprunghöhe** genannt. Nach der Art der relativen Bewegung der Gesteinsschollen unterscheidet man **Abschiebung** und **Aufschiebung;** oft ist nicht nur eine Bewegungsfläche, sondern ein V.system entwickelt, so daß ein **Staffelbruch** entsteht bei gleichsinnig einfallenden Verwerfungen.

Verwerfungslinie (Bruchlinie), Schnittlinie von Bruchfläche und Erdoberfläche.

Verwerfungsquelle ↑ Quelle.

Verwertungsgesellschaften (V. für Urheberrechte), Gesellschaften, die geschäftsmäßig aus dem Urheberrechtsgesetz sich ergebende Nutzungsrechte, Einwilligungsrechte oder Vergütungsansprüche für Rechnung mehrerer Urheber oder Inhaber verwandter Schutzrechte (↑ Urheberrecht) zur gemeinsamen Auswertung wahrnehmen. Sie bedürfen für ihre Tätigkeit der Erlaubnis durch das Bundespatentamt, dem auch die weitere Beaufsichtigung der V. obliegt. Die V. unterliegen einem doppelten ↑ Abschlußzwang: 1. Gegenüber Urhebern und Inhabern verwandter Schutzrechte sind sie verpflichtet, deren Rechte und Ansprüche wahrzunehmen, wenn eine wirksame Wahrnehmung anders nicht möglich ist. 2. Sie haben jedermann zu angemessenen Bedingungen Nutzungsrechte einzuräumen oder Einwilligungen zu erteilen. Die V. haben die Einnahmen aus ihrer Tätigkeit nach einem *Verteilungsplan* aufzuteilen. Die wichtigsten V. in Deutschland sind nach der ↑ GEMA die „V. Wort", Sitz München, für schriftsteller. Arbeiten, und die „Gesellschaft zur Verwertung von Leistungsschutzrechten mbH", Sitz Hamburg, die entsprechende Aufgaben für ausübende Künstler und Schallplattenfabrikanten hat.

Verwitterung. Wollsackverwitterung von Granit im Erongogebirge, Namibia

Verwertungsrechte, die vermögensrechtl. Befugnisse des Urhebers. Der Urheber kann die V. (z. B. Vervielfältigungs-, Verbreitungs-, Ausstellungsrecht) entweder selbst ausüben oder anderen ein Nutzungsrecht einräumen (z. B. Verlag).

Verwesung, der mikrobielle (durch Bakterien und Pilze bewirkte) Abbau organ. (menschl., pflanzl., tier.) Substanz unter Luftzufuhr zu einfachen anorgan. Verbindungen. Die V. geht bei mangelndem Sauerstoffzutritt in ↑ Fäulnis über.

Verwey, Albert [niederl. vərˈwɛi], * Amsterdam 15. Mai 1865, † Noordwijk-aan-Zee 8. März 1937, niederl. Schriftsteller. – Als Führer der Tachtigers Erneuerer der niederl. Dichtung aus romant.-klassizist. Erbe. Schrieb u. a. „Mein Verhältnis zu S. George" (1934).

Verwindung, in der *Elastomechanik* svw. ↑ Torsion.

Verwirkung, aus dem Grundsatz von Treu und Glauben entwickeltes Verbot mißbräuchl. Rechtsausübung. Die

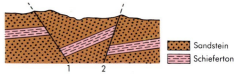

Verwerfung. Schematische Darstellung verschiedener Verwerfungsformen: 1 gegensinnig einfallende oder antithetische Verwerfung; 2 gleichsinnig einfallende oder synthetische Verwerfung

V. führt zum Verlust eines Rechts, wenn 1. ein Recht während einer längeren Zeit nicht geltend gemacht wurde, 2. der Berechtigte durch sein Verhalten einen Vertrauenstatbestand gesetzt hat, aus dem sich ergibt, daß er sein Recht nicht mehr auszuüben gedenkt, oder daß ein sonstiger Umstand eingetreten ist, der die verspätete Geltendmachung als mißbräuchlich erscheinen läßt, und 3. der Verpflichtete im Vertrauen darauf sich auf die Nichtgeltendmachung des Rechts eingerichtet hat.

Nach Art. 18 GG kann *V. von Grundrechten* vom Bundesverfassungsgericht auf Antrag des Bundestags, der Bundesreg. oder einer Landesreg. ausgesprochen werden, wenn ein Grundrecht vorsätzlich zum Kampf gegen die freiheitl. demokrat. Grundordnung mißbraucht wurde.

Verwirkungsklausel ↑ Verfallklausel.

Verwitterung, der durch äußere Einflüsse bewirkte Zerfall von Gesteinen und Mineralen an oder nahe der Erdoberfläche. Man unterscheidet: 1. **mechanische Verwitterung** (physikalische Verwitterung), bei der der Zerfall auf Grund physikal.-mechan. Vorgänge stattfindet, z. B. die Wirkungen ständiger großer Temperaturschwankungen, in Spalten gefrierendes Wasser und auskristallisierende Salze (Frost- bzw. Salzsprengung, Abwitterung von Gesteinsfragmenten), z. B. Entstehung kantengerundeter Gesteinsblöcke im Falle von Granit (sog. *Wollsackverwitterung*). 2. **chemische Verwitterung,** die auf der Lösungsfähigkeit des Wassers beruht und zu Korrosion führt; sie geht in geringerem Maße auch auf atmosphär. Gase zurück (Rauchschäden); 3. **biogene Verwitterung,** verursacht durch Pflanzen und Tiere, z. B. die Sprengwirkung von Wurzeln, die grabende Tätigkeit vieler Organismen. – Art und Intensität der V. sind von Gestein und Klima abhängig. Sie ist die Voraussetzung für die Bodenbildung sowie die Abtragung und Neubildung von Sedimentgesteinen.

Verwoerd, Hendrik Frensch [Afrikaans fərˈvuːrt], * Amsterdam 8. Sept. 1901, † Kapstadt 6. Sept. 1966 (ermordet), südafrikan. Politiker. – 1950–58 Min. für Eingeborenenfragen, seit 1958 Premiermin. und Vors. der National Party; verfocht eine rigorose Apartheidpolitik und gründete Bantuheimatländer; setzte 1961 den Austritt Südafrikas aus dem Commonwealth und die Umwandlung des Landes in eine Republik durch.

Verwundete, im Zusammenhang mit Kriegshandlungen Verletzte, die auf Grund des Genfer Abkommens vom 12. Aug. 1949 (↑ Genfer Konventionen) zu schonen und zu schützen sind; dies gilt auch für Teilnehmer an Konflikten ohne internat. Charakter (etwa in einem Bürgerkrieg) und auf Grund des Zusatzprotokolls vom 12. Dez. 1977 auch für Zivilpersonen.

Verzahnung, in der Technik allg. das Ineinandergreifen zweier Bau- oder Maschinenteile, auch die dazu erforderl. spezielle Form der entsprechenden Teile (z. B. der Zähne von Zahnrädern).

Verzasca, Val [italien. 'val ver'dzaska], von der Verzasca durchflossenes, etwa 30 km langes Tal im schweizer. Kt. Tessin; vor ihrer Mündung ist die Verzasca zum Lago di Vogorno gestaut (470 m ü. d. M.); bed. Ausflugsverkehr.

Verzeichnung (Verzeichnungsfehler) ↑ Abbildungsfehler.

Verzerrung, in der *Elektroakustik* und *Nachrichtentechnik* die Abweichung der Wiedergabe vom Original. *Lineare V.* treten bei Änderung des Frequenzganges, der Phase, Laufzeit und Dämpfung auf; Ausgleich z. B. mit Entzerrvorverstärker. *Nichtlineare V. (Intermodulationen)* liegen vor, wenn Ausgangs- und Eingangssignal nicht proportional sind, z. B. durch Entstehung neuer Frequenzen. Ein Maß für nichtlineare V. ist der *Klirrfaktor*.
▷ in der *Kartographie* ↑ Kartennetzentwurf.
▷ in der *Optik* svw. Verzeichnung (↑ Abbildungsfehler).

Verzicht, die rechtsgeschäftl. Aufgabe eines Rechts bzw. rechtl. Vorteils. Der V. erfolgt bei Vermögensrechten meist durch einseitiges Rechtsgeschäft, z. B. beim Eigentum an bewegl. Sachen durch eine bloße Willensbetätigung bzw. durch Erklärung gegenüber dem durch den V. Begünstigten oder gegenüber einer Behörde (bei Rechten an Grundstücken ist die Eintragung im Grundbuch erforderlich). Auf Forderungen kann nur durch Vertrag verzichtet werden (Erlaßvertrag). Ein Verzicht auf künftige Rechte ist der ↑ Erbverzicht.

Verzichtsurteil, im Zivilprozeß auf Antrag des Beklagten ergehendes, klageabweisendes Urteil, wenn der Kläger bei der mündl. Verhandlung auf den geltend gemachten Anspruch verzichtet hat (§ 306 ZPO).

Verzierungen (Ornamente, Manieren, Auszierungen, Koloraturen; Agréments, Ornements; Fioriture; Graves, Ornaments), in der Vokal- und Instrumentalmusik die Ausschmückungen von Melodien, meist durch bes. Zeichen oder kleinere Noten angedeutet. Ausgangspunkt der V. ist die improvisator. Spiel- und Gesangspraxis, die bei Wahrung des melod. Grundgerüsts einzelne Töne umspielt. Die V. wurden im 17./18. Jh. von frz. Musikern normiert und systematisiert. Das Ausschreiben der V. setzte sich mit der Wiener Klassik durch; die V. wurden auf wenige Typen der Gruppen ↑ Vorschlag, ↑ Triller und ↑ Doppelschlag reduziert.

Verzinken, Korrosionsschutzverfahren, v. a. für Werkstücke aus Eisen und Stahl, die mit einer Zinkschicht überzogen werden. Beim *Feuer-* oder *Tauch-V.* wird die Zinkschicht durch Eintauchen der Werkstücke in eine Zinkschmelze, beim *Spritz-V.* durch Aufspritzen des geschmolzenen Zinks aufgebracht. Bedeutung hat daneben die elektrolyt. Metallabscheidung *(Naß-V., Galvano-V.)* aus einer Zinksalzlösung. Beim *Diffusions-V.* oder *Sheradisieren* wird das Werkstück in Gemischen aus Zink, Zinksalzen u. a. geglüht.

Verzinnen, Korrosionsschutzverfahren v. a. für Eisen- und Stahlbleche. Beim *Feuer-* oder *Tauch-V.* werden Metallgegenstände in eine Zinnschmelze eingetaucht. Bei der elektrolyt. Metallabscheidung *(Naß-V.)* wird die Zinnschicht z. B. aus einer sauren Lösung von Zinn(II)-Salzen auf den Metallgegenständen abgeschieden. – ↑ Weißblech.

Verzinsung, Zahlung von (in Prozenten ausgedrückten) Teilbeträgen auf den Nennwert einer ausgeliehenen Summe von Geldkapital als Preis für die Bereitstellung (↑ Zinsen).

Verzollung, Bezahlung der Zollschuld, die im Zollerhebungsverfahren durch mündl. oder schriftl. Zollbescheid festgesetzt wird.

Verzuckerung, die hydrolyt. Spaltung von Polysacchariden in niedermolekulare Zucker, z. B. von Zellulose in Glucose (↑ Holzverzuckerung).

Verzug, im Schuldrecht ein Fall der Leistungsstörung. 1. **Schuldnerverzug** (Leistungs-V.) ist die Verzögerung der Leistung durch den Schuldner (§§ 284 ff. BGB). Er setzt voraus, daß die Leistung nachholbar und fällig ist, eine ↑ Mahnung erfolgt ist (entfällt, wenn die Leistung nach dem Kalender bestimmt ist) und, daß der Schuldner den V. zu vertreten hat. *Rechtsfolgen:* der Schuldner bleibt i. d. R. zur Leistung verpflichtet und hat darüber hinaus dem Gläubiger den durch den V. eingetretenen Schaden (sog. **Verzugsschaden**) samt **Verzugszinsen** (für eine Geldschuld i. d. R. 4%) zu ersetzen. Der Gläubiger kann unter Ablehnung der Leistung Schadenersatz wegen Nichterfüllung des Vertrages verlangen. Bei einem gegenseitigen ↑ Vertrag kann der Gläubiger die Leistung ablehnen bzw. vom Vertrag zurücktreten (↑ Rücktritt) oder Schadenersatz wegen Nichterfüllung verlangen. Während des V. hat der Schuldner jede Fahrlässigkeit zu vertreten und haftet i. d. R. auch für den zufälligen Untergang der Sache. 2. **Gläubigerverzug** (Annahme-V.) ist die Verzögerung der Annahme einer dem Gläubiger angebotenen Leistung oder der zur Erfüllung eines Schuldverhältnisses notwendigen Mitwirkungspflicht des Gläubigers (§§ 293 ff. BGB). Der Gläubiger gerät in V., wenn ihm die Leistung am Leistungsort, zur Leistungszeit in der geschuldeten Art, Menge und Güte *(Realangebot)* tatsächlich angeboten wird. Ein wörtl. Angebot *(Verbalangebot)* genügt, wenn der Gläubiger erklärt hat, er werde die Leistung ablehnen. Ist für die Mitwirkungshandlung des Gläubigers eine Zeit nach dem Kalender bestimmt, so bedarf es keinerlei Angebots. *Rechtsfolgen:* Die Haftung des Schuldners beschränkt sich auf Vorsatz und grobe Fahrlässigkeit, der Schuldner ist mit befreiender Wirkung zur ↑ Hinterlegung befugt und behält seinen Vergütungsanspruch, auch wenn die Leistung unmöglich geworden ist. Ferner kann der Schuldner Ersatz der notwendigen Mehraufwendungen verlangen. Im Arbeitsrecht behält der Schuldner seinen Vergütungsanspruch.
Im *östr.* und *schweizer. Recht* gilt im wesentlichen dem dt. Recht Entsprechendes.

Verzweigung (Ramifikation), die räuml. Aufgliederung der Sproßachse und Wurzel (bei höheren Pflanzen) bzw. des Thallus (bei Lagerpflanzen) nach bestimmten Ordnungsprinzipien: bei niederen Pflanzen durch gabelige Teilung des Thallus (↑ Dichotomie), bei höheren Pflanzen durch seitl. V. der Sproßachse, die in ↑ monopodiale Verzweigung und ↑ sympodiale Verzweigung unterteilt werden kann.

Vesaas, Tarjei [norweg. 've:so:s], *Vinje (Telemark) 20. Aug. 1897, †Oslo 15. März 1970, norweg. Schriftsteller. – Seine Themen entstammen dem bäuerl. Milieu sowie der Welt der Kinder und Jugendlichen. V. macht in seinen realist., später symbol. Romanen die reale Welt transparent, v. a. „Nachtwache" (1940), „Das Eis-Schloß" (1966) und „Drei Menschen" (1967), „Boot am Abend" (1968); auch Erzählungen, Gedichte, Hörspiele.

Vesal, Andreas, latinisiert A. Vesalius, *Brüssel in der Silvesternacht 1514/15, †auf Sakinthos um den 15. Okt. 1564, fläm. Arzt und Anatom dt. Abstammung. – Prof. in Padua, dann Leibarzt Kaiser Karls V. in Brüssel und König Philipps II. in Madrid; forderte für Ärzte ein auf der Sektion menschl. Leichen beruhendes gründl. Studium des Körpers und wurde dadurch zum Begründer moderner anatom. Methoden. Die Ergebnisse seiner Arbeiten faßte er in 7 ausgezeichnet bebilderten Büchern vom Bau des menschl. Körpers („De humani corporis fabrica libri septem") zusammen.

Vesdre [frz. 'vɛzdr], Fluß in Deutschland und in Belgien, ↑ Weser.

Vesica [lat.], in der Anatomie svw. Blase (↑ Gallenblase, ↑ Harnblase).

vesikal [lat.], zur [Harn]blase gehörend, sie betreffend.

Vesoul [frz. vəˈzul], frz. Stadt im W der Burgund. Pforte, 18 400 E. Verwaltungssitz des Dep. Haute-Saône; Museum; Metallwaren- und Textilind. – Im 16. Jh. Stadtrecht; gehörte zur Franche-Comté. – Klassizist. Kirche Saint-Georges (18. Jh.).

Tarjei Vesaas

Andreas Vesal
(Ausschnitt aus einem Holzschnitt aus dem Lehrbuch „De humani corporis fabrica libri septem", 1543)

Vespasian

Frederic Vester

Guntram Vesper

Amerigo Vespucci

Vespasian (Titus Flavius Vespasianus), *bei Reate (= Rieti) 17. Nov. 9 n. Chr., †Rom 24. Juni 79, röm.Kaiser (seit 69). – Vater des Titus und des Domitian; Begründer der 1. flav. Dyn.; ab 66 Oberbefehlshaber im 1. jüd.-röm. Krieg. Nach Ausrufung zum Kaiser durch das Heer (Juli 69) und Vernichtung des Vitellius bei Betriacum mußte V. bes. in Gallien die Folgen der Wirren des Jahres 68/69 (sog. Vierkaiserjahr) bewältigen. Seine Außenpolitik bestand in der Sicherung des Grenzvorfeldes. Seine Innenpolitik ist gekennzeichnet u. a. durch Veteranenversorgung, Reorganisation des Heeres, Bautätigkeit (u. a. Kolosseum), rigorose Steuerpolitik und Sparsamkeit.

Vesper [ˈfɛspər], Bernward, *Gut Triangel bei Gifhorn 1. Aug. 1938, †Hamburg 15. Mai 1971 (Selbstmord), dt. Schriftsteller. – Führendes Mgl. der APO; 1965–67 befreundet mit G. Ensslin. In „Die Reise" (Romanessay, hg. 1977) beschreibt V. seinen Weg aus einem konservativen, nat.-soz. Elternhaus in die Drogen- und Terrorszene.

V., Guntram, *Frohburg (Landkr. Geithain) 28. Mai 1941, dt. Schriftsteller. – Kam 1957 in die BR Deutschland, lebt in Göttingen. Verf. knapper Situationslyrik („Fahrplan", 1964; „Leuchtfeuer auf dem Festland", 1989) und gesellschaftskrit. Prosa („Kriegerdenkmal ganz hinten", 1970, „Nördlich der Liebe und südlich des Hasses", 1979, „Dunkelkammer", 1987). Schreibt auch Hörspiele und Radioessays.

Vesper [ˈfɛspər; zu lat. vespera „Abend"], liturg. Abendgottesdienst der kath. Kirche, der aus Hymnus, Psalmen, bibl. Kurzlesung und Fürbittgebet zusammensetzt; auch ev. Kirchen kennen die V. als Gemeindegottesdienst. Die V. ist auch als nachmittägl. Volksandacht mit z. T. eigenen Stilgesetzen in Gebrauch.
▷ Zwischenmahlzeit, bes. am Nachmittag.

Vesperale [ves...; lat.], liturg. Buch mit den Texten und Melodien (gregorian. Choral) der ↑Vesper.

Vesperbild [ˈfɛspər] ↑Pieta.

Vespucci, Amerigo [italien. vesˈputtʃi], *Florenz 9. März 1454 (1451?), †Sevilla 22. Febr. 1512, italien. Seefahrer und Entdecker. – Erkannte auf seinen vier Reisen in mittel- und südamerikan. Küstengebiete (1497 bis 1504), daß diese nicht bes. zusammenhängenden Erdteil angehören, den M. Waldseemüller 1507 nach dem Vornamen von V. „Amerika" benannte.

Vesta, bei den Römern die Göttin des häusl. Herdes und des hl. Herdfeuers, das in einem Tempel am Fuß des Palatins von den ↑Vestalinnen gehütet wurde und den Bestand des Staates symbolisierte und sicherte. Fest (die *Vestalia*) am 9. Juni.

Vest-Agder [norweg. ˌvestˈagdər], Verw.-Geb. im südl. Norwegen, 7 280 km², 144 000 E (1990), Hauptstadt Kristiansand. V.-A. umfaßt die Küste des Skagerraks und deren Hinterland. Die Landw. hat sich v. a. auf die Milchproduktion spezialisiert. Bed. Molybdänvorkommen.

Vestalia ↑Vesta.

Vestalinnen (Vestalische Jungfrauen), jungfräul., aus vornehmen röm. Familien stammende Dienerinnen der Göttin Vesta, denen die Bewahrung des Staatsfeuers im Tempel der Vesta oblag. Sie mußten sich zu 30jährigem Dienst verpflichten, genossen bes. Ehrenrechte und trugen den Ehrentitel *Virgines sanctae* („hl. Jungfrauen"). Auf Verlust ihrer Jungfräulichkeit stand die Strafe der lebendigen Einmauerung.

Vester, Frederic [ˈfɛstər], *Saarbrücken 23. Nov. 1925, dt. Biochemiker und Umweltfachmann. – Lehrte in Saarbrücken, Konstanz, Essen und Karlsruhe (Kernforschungszentrum); gründete 1970 und leitet seither die private „Studiengruppe für Biologie und Umwelt GmbH" in München. V. wurde v. a. durch seine biokybernet. Arbeiten sowie seine Fernsehsendungen und Buchpublikationen bekannt (u. a. „Phänomen Streß", 1976; „Das Ei des Kolumbus", 1978; „Neuland des Denkens", 1980; „Vorsprung durch vernetztes Denken", 1991).

Vesterålinseln [norweg. ˈvɛstərɔːl], nö. Fortsetzung der Lofotinseln, 2 368 km².

Vestfjord [norweg. ˈvɛstfjuːr], Meeresarm sö. der Lofotinseln mit zahlr. ins Festland eingreifenden Fjorden.

Vestfold [norweg. ˌvɛstfɔl], norweg. Verw.-Geb. westl. des Oslofjords, 2 216 km², 197 200 E (1990), Hauptstadt Tønsberg. Bed. Agrargebiet. Wichtig sind Nahrungsmittel- und chem. Ind., ferner Werften, Aluminiumverarbeitung.

Vestibül [lat.-frz.], Vorhalle, Treppenhalle.

Vestibularapparat, Gleichgewichtsorgan im Ohr, bestehend aus dem Vorhof und den häutigen Bogengängen.

vestibulärer Schwindel (Ohrschwindel, Vertigo vestibularis) ↑Schwindel.

Vestibulum [lat.], Vorhalle des altröm. Hauses.
▷ in der *Anatomie* als Vorhof eine den Eingang zu einem Organ bildende Erweiterung.

Vestvågøy [norweg. ˌvɛstvoːgœj], eine der Lofotinseln, 411 km², bis 965 m hoch.

Vesuv, aktiver Vulkan am Golf von Neapel, Italien, 1 281 m ü. d. M. Der Doppelgipfel besteht aus dem Monte Somma und dem jungen Kegel des eigtl. V., der nach dem Ausbruch vom 24. 8. 79 n. Chr. (Zerstörung der röm. Siedlungen Pompeji, Herculaneum und Stabiae) entstand und seine heutige Gestalt nach über 70 nachgewiesenen Ausbrüchen erhielt. Unter dem z. Z. über 200 m tiefen, 400–600 m breiten Krater mit schwacher Fumarolentätigkeit wurde der Magmaherd in 4–5 km Tiefe festgestellt. Am W-Hang liegt in 608 m Höhe ein vulkanolog. Inst. und Observatorium.

Veszprém [ungar. ˈvɛspreːm] (dt. Veszprim), ungar. Stadt nördl. des Plattensees, 66 000 E. Verwaltungssitz des Bez. V.; kath. Bischofssitz; TU für Chemie, Bakony-Museum; Zentrum des Bergbau- und Ind.gebiets des Bakony. – Liegt auf dem Gebiet des röm. **Gimbriana;** im 7. Jh. awar. Befestigung; im 9. Jh. Residenz der Fürsten des Großmähr. Reichs, im 11.–13. Jh. bevorzugte Residenz der Königinnen der ungar. Arpaden-Dyn.; seit 1009 Bischofssitz; nach Verwüstung durch die Mongolen (1241) befestigt. – Roman. Dom (im 20. Jh. erneuert), Giselakapelle (jetzige Gestalt 13. Jh.) mit bed. Fresken. Barocker Bischofspalast (1765–76), barocke Dreifaltigkeitssäule (18. Jh.).

Veteran [lat., zu vetus „alt"], altgedienter Soldat; im Dienst alt gewordener, bewährter Mann.

Veteranenkrankheit, svw. ↑Legionärskrankheit.

Veterinärmedizin, svw. ↑Tiermedizin.

Veterinärmediziner [frz., zu lat. veterinae „Zugvieh"], svw. ↑Tierarzt.

Vetiveria [Tamil-frz.], Gatt. der Süßgräser mit zehn paläotrop. Arten. Die bekannteste, in Vorderindien heim., in den gesamten Tropen kultivierte Art ist **Vetiver** (Vetiveria zizanioides) mit harten, bestachelten Hüllspelzen und in Rispen stehenden Ährchen. Das Rhizom und die Wurzeln liefern das u. a. in der Parfümerie verwendete Vetiveröl.

Vesuv. Blick in den Krater

Vetorecht [zu lat. veto „ich verbiete"], das Recht, durch Einspruch *(Veto)* das Zustandekommen eines Beschlusses endgültig *(absolutes V.)* oder aufschiebend *(suspensives V.)* zu verhindern. In *Deutschland* hat der Bundesrat ein suspensives V. bei Einspruchsgesetzen und ein absolutes V. bei Zustimmungsgesetzen; in *Österreich* hat der Bundesrat i. d. R. lediglich ein suspensives V. gegenüber dem Nat.rat; in der *Schweiz* besitzen Nat.rat und Ständerat jeweils ein absolutes V.; im *Völkerrecht* besitzen die 5 ständigen Mgl. des Sicherheitsrats der UN ein absolutes Vetorecht.

Vetter, Heinz Oskar, *Bochum 21. Okt. 1917, †Mülheim a. d. Ruhr 18. Okt. 1990, dt. Gewerkschafter. – Schlosser; seit 1953 Mgl. der SPD, 1964–69 2. Vors. der IG Bergbau und Energie; 1969–82 Vors. des DGB; 1974–79 Präs. des Europ. Gewerkschaftsbundes; 1979–89 MdEP.

Vettersfelde. Aus Goldblech getriebener Fisch, vermutlich eine Schildzier, 6. Jh. v. Chr.

Vettersfelde [fɛ...] (poln. Witaszkowo), Fundort (10 km sö. von Guben, Polen) der 1882 geborgenen Grabausstattung oder des Schatzes eines skyth. Fürsten aus dem 6. Jh. v. Chr.; die meisten Gegenstände sind Goldarbeiten im skyth. Tierstil.

Vetulonia, im 7. Jh. v. Chr. an der Stelle einer Siedlung der Villanovakultur gegr. etrusk. Küstenstadt (bei Grosseto); Mgl. des etrusk. Zwölfstädtebundes. Bed. Nekropolen der Villanovakultur und der Etrusker (Steinkreisgräber, Kammergräber); Funde (Bronzegerät, Großplastik, Grabstele mit Relief eines Kriegers, Goldschmiedearbeiten) im Archäolog. Museum Florenz.

Vetus Latina [lat.] ↑ Bibel.

Vevey [frz. və'νɛ], schweizer. Bez.hauptort am Genfer See, Kt. Waadt, 383 m ü. d. M., 16 000 E. Hindemith-Inst.; Gemälde- und Skulpturensammlung; heilklimat. Kurort, Nahrungsmittel-, Tabakind., Druckereien, Maschinenbau. – Got. Kirche Saint-Martin (12., 14., 15. Jh.), klassizist. Markthalle (1808).

Vexierbild [zu lat. vexare „plagen, quälen"], Suchbild, das eine nicht sofort erkennbare Figur enthält.

Vexillum [lat.], röm. ↑ Feldzeichen.

Vézelay [frz. ve'zlɛ], frz. Ort in Burgund, 45 km sö. von Auxerre, Dep. Yonne, rd. 600 E. Museum. Berühmte roman. Abteikirche Sainte-Madeleine (11.–13. Jh., im 19. Jh. vollständig restauriert) mit bed. Hauptportal (um 1130); von der UNESCO zum Weltkulturerbe erklärt.

VFR, Abk. für engl.: **v**isual **f**light **r**ules (↑ Sichtflug).

v. H., Abk. für: **v**om **H**undert (↑ Prozent).

VHF (vhf) [Abk. für engl.: **v**ery **h**igh **f**requency], internat. übl. Abk. für den Frequenzbereich der Ultrakurzwellen.

VHSIC, Abk. für engl.: **v**ery **h**igh **s**peed **i**ntegrated **c**ircuits, integrierte Schaltung, die bei einer Taktfrequenz von 100 MHz arbeitet.

via [lat.], [auf dem Weg] über.

Via Aemilia [ɛ...] ↑ Römerstraßen.

Via antiqua [lat.] ↑ Via moderna.

Via Appia ↑ Römerstraßen.

Via Aurelia ↑ Römerstraßen.

Via Cassia ↑ Römerstraßen.

Via Claudia Augusta ↑ Römerstraßen.

Viadana, Lodovico, eigtl. L. Grossi da V., *Viadana bei Mantua um 1560, †Gualtieri 2. Mai 1627, italien. Komponist. – Gilt als erster bed. Meister des konzertierenden Stils; neu war, daß er den Generalbaß als obligate Stimme behandelte. Komponierte u. a. „Cento concerti ecclesiastici" (3 Bde.; 1602, 1607, 1609), „Sinfonie musicali" (1610) sowie v. a. zahlr. Messen, Motetten.

Viadukt [lat.], über größere Talabschnitte führende Brücke.

Via Egnatia ↑ Römerstraßen.

Via Flaminia ↑ Römerstraßen.

Via Mala, Schlucht des Hinterrheins oberhalb von Thusis im schweizer. Kt. Graubünden, bis 600 m tief, rd. 6 km lang.

Via moderna [lat.], seit dem 14. Jh. im Unterschied zur **Via antiqua** (thomist. Realismus) Bez. für die scholast. Position des Nominalismus des MA, insbes. aber für alle neueren Strömungen der Hochscholastik bzw. des Spät-MA, v. a. für die in der Nachfolge Wilhelms von Ockham vertretenen philosoph. und theolog. Positionen.

Vian, Boris [frz. vjã], *Ville-d'Avray 10. März 1920, †Paris 23. Juni 1959, frz. Schriftsteller. – Ingenieur, dann Schauspieler, Chansonnier, Jazzmusiker. Verfaßte surrealistisch und existentialistisch beeinflußte phantast.-groteske Romane („Chloé", 1947 [1977 u. d. T. „Die Gischt der Tage"]; „Herbst in Peking", 1947; „Der Herzausreißer", 1953) und Erzählungen.

Viana do Castelo [portugies. 'viɛnɐ ðu keʃ'tɛlu], Stadt in N-Portugal, am Atlantik, 15 000 E. Verwaltungssitz des Distr. V. do C.; histor. Inst., Museum, Theater; Fischereihafen. – Schon in vorchristl. Zeit besiedelt; 1258 Errichtung eines Kastells; hieß zeitweilig **Viana do Minho** bzw. **Viana de Caminha** oder **Viana da Foz do Lima**; v. a. nach der Entdeckung Brasiliens 1500 Erweiterung des Seehandels. – Maler. Stadtbild; Pfarrkirche (15. Jh.), Rathaus (16. Jh.).

Vianden [fi'andən], luxemburg. Stadt an der Our, 230 m ü. d. M., 1 500 E. Museum; Sommerfrische. – Burgruine (12.–17. Jh.). Nahebei Pumpspeicherwerk (Leistung 1 100 MW).

Vianney, Jean-Baptiste Marie [frz. vja'nɛ], hl., gen. Pfarrer von Ars, *Dardilly (Rhône) 8. Mai 1786, †Ars (Ain) 4. Aug. 1859, frz. kath. Priester. – Beichtvater und Prediger

Heinz Oskar Vetter

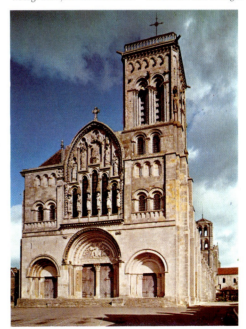

Vézelay. Abteikirche Sainte-Madeleine, 11.–13. Jahrhundert

mit weitreichender Wirkung; 1850 Ehrendomherr, 1855 Ritter der Ehrenlegion; Patron der Seelsorger. – Fest: 9. August.

Viardot-García, Pauline [frz. vjardogar'sja], * Paris 18. Juli 1821, † ebd. 18. Mai 1910, span.-frz. Sängerin (Mezzosopran). – Schwester von M. F. Malibran und M. P. R. García; wurde in London und Paris als Primadonna gefeiert und unternahm ausgedehnte Konzertreisen. Nach 1860 zog sie sich von der Bühne zurück und lebte in Baden-Baden, ab 1871 in Paris.

Viatikum [lat.], svw. ↑ Wegzehrung.

Viaud, Julien [frz. vjo], frz. Schriftsteller, ↑ Loti, Pierre.

Viborg [dän. 'viborʔ], dän. Stadt in Jütland, 39 600 E. Hauptstadt der Amtskommune V., luth. Bischofssitz. Textil-, Maschinenbau-, Möbel- und Nahrungsmittelind. – Heidn. Kultstätte; wurde 1065 Bischofssitz (1537 luth.); bereits im MA bed. Handelsplatz; 1150 Stadtrecht; bis 1340 Wahlort der dän. Könige. – Der urspr. roman. Dom wurde bis auf die Krypta 1864–74 erneuert. Ehem. Rathaus (18. Jh.; Museum).

Vibrant [lat.] (Schwinglaut), Laut, bei dessen Artikulation das artikulierende Organ (Zungenspitze, Zäpfchen) vom Luftstrom in Schwingung versetzt wird, wobei es bei jedem „Schlag" zu einer Unterbrechung des Luftstroms kommt, z. B. [r] (Zungenspitzen-R).

Vibraphon [lat./griech.], in den 1920er Jahren entwickeltes Metallstabspiel mit klaviaturmäßig angeordneten Platten aus Leichtmetall (Umfang f–f³), die mit Schlegeln angeschlagen werden. Unter den Platten befinden sich abgestimmte Resonanzröhren, in deren oberen Enden auf gemeinsamen Wellen angebrachte Drehklappen durch einen Elektromotor mit regelbarer Drehzahl angetrieben werden. Sie bewirken das typ. An- und Abschwellen der Resonanz.

Vibration [lat.], mechan. Schwingungen von geringer Amplitude, Zitterbewegung.

Vibrationssinn (Erschütterungssinn), mechan. Sinn (bes. Form des Tastsinns), der zahlr. Tiere und den Menschen befähigt, rhythm. mechan. Schwingungen (Erschütterungen) wahrzunehmen.

Vibrato [lat.-italien.], rasche Wiederholung von geringen Tonhöhenschwankungen bei Singstimmen, Blasinstrumenten und v. a. Streich- und Zupfinstrumenten mit Griffbrett.

Vibrator [lat.], Gerät zur Erzeugung mechan. Schwingungen (Vibration), z. B. an Siebvorrichtungen, an [Vibrations]massagegeräten, zur Bodenverdichtung.

Vibrionen [lat.], allg. Bez. für kommaförmige Bakterien. ▷ Bakterien der Gatt. *Vibrio;* gekrümmte oder gerade, polar begeißelte, fakultativ anaerobe, gramnegative Stäbchen; leben in Süß- und Salzgewässern. Einige können sich im Verdauungssystem des Menschen vermehren und zu Krankheitserregern werden (u. a. Vibrio cholerae [↑ Cholera]).

Vibrissae [lat.], svw. ↑ Tasthaare.

Viburnum [lat.], svw. ↑ Schneeball.

vic ↑ vicinale Stellung.

Vicarius [lat. „Stellvertreter"], 1. spätantiker Verwaltungsbeamter; als Stellvertreter eines Prätorianerpräfekten Leiter einer Diözese; 2. (vicarius imperii) ↑ Reichsvikariat.

Vicarius Christi [lat. „Stellvertreter Christi"], Titel des Papstes.

Vicarius generalis [lat.], Abk. vic. gen., svw. ↑ Generalvikar.

Vicente, Gil [portugies. vi'sentɐ], * Lissabon (?) um 1465, † ebd. (?) um 1536, portugies. Dichter, Schauspieler und Musiker. – Eigtl. Goldschmied (Monstranz für Belém [heute Lissabon, Museum für alte Kunst]). Begründer des portugies. Dramas, bedeutendster portugies. Dichter neben Camões. Seine über 40 z. T. verlorengegangenen Dramen verbinden Volkstümlichkeit mit Renaissancegeist und Einflüssen des Humanismus. – *Werke:* Der Indienfahrer (Farce, hg. 1562), Lusitania (Farce, hg. 1562; 1940 u. d. T. Jedermann und Niemand).

Vicenza [italien. vi'tʃɛntsa], italien. Stadt in Venetien, am N-Fuß der Monti Berici, 40 m ü. d. M., 109 100 E.

Hauptstadt der Prov. V.; kath. Bischofssitz; Priesterseminar, Kunstakad., bed. Museen, Staatsarchiv. Verwaltungs- und Handelszentrum; Theaterfestspiele, Kunsthandelsmessen.

Geschichte: In der Antike **Vicetia (Vicentia);** wurde 49 n. Chr. röm. Munizipium; seit dem 6. Jh. Bischofssitz; im Früh-MA Sitz eines langobard. Hzgt., dann einer fränk. Gft.; seit dem 10. Jh. zur Mark Verona; kämpfte als freie Kommune und Mgl. des Lombardenbundes gegen Kaiser Friedrich I. Barbarossa; unterstellte sich nach verschiedenen Besitzwechseln 1404 der Republik Venedig.

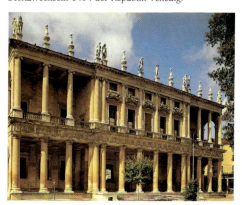

Vicenza. Der 1551 begonnene Palazzo Chiericati von Andrea Palladio

Bauten: An der Stelle des antiken Forums entstand die repräsentative Piazza dei Signori mit der sog. Basilica Palladiana (1549 ff.), einer Versammlungshalle, die als Hauptwerk Palladios gilt, der Torre di Piazza (13.–15. Jh.) und der Loggia del Capitano (1571 ff., ebenfalls von Palladio). Zahlr. Kirchen, u. a. got. Dom (im Kern 1400 ff., Chor und Kuppel 16. Jh., 1946–50 wieder hergestellt), Oratorio di San Nicola (1617 ff.; 1946/47 restauriert; mit Bildern u. a. von F. Maffei) und Paläste, u. a. Palazzo Civena-Trissino (1540), Palazzo Porto-Festa (1551/52; von Palladio u. a.), Palazzo Thiene (1550 ff.), Palazzo Chiericati (1551 ff.; von Palladio), Palazzo Valmarana (1565 ff.), das Teatro Olimpico (1580 ff.); nahe der Stadt die Villa „La Rotonda" (1566/67 ff.) und die Villa Valmarana dei Nani (1669 ff.) mit Fresken von G. Tiepolo (1757).

vice versa [lat.], Abk. v. v., umgekehrt.

Vich [span. bik], span. Stadt in Katalonien, 484 m ü. d. M., 27 500 E. Kath. Bischofssitz; Diözesanmuseum, Lapidarium. Textilind., Lederverarbeitung. – In der Römerzeit **Ausa;** wurde unter den Westgoten 516 Bischofssitz; 1306 Stadtrechte. – Von der urspr. roman. Kathedrale sind Krypta und Turm (11. Jh.) erhalten; got. Kreuzgang (14. Jh.).

Vichada [span. bi'tʃaða], Verw.-Geb. (Comisaría) in O-Kolumbien, 100 242 km², 18 700 E (1989), Hauptstadt Puerto Carreño. V. liegt in den Llanos und ist kaum erschlossen.

Vichy [frz. vi'ʃi], frz. Heilbad 45 km nö. von Clermont-Ferrand, Dep. Allier, 261 m ü. d. M., 31 000 E. Kunst- u. histor. Museum; mehrere Theater, Freilichtbühne; Reitbahn; Tafelwasserabfüllung. – Von den Römern wegen der warmen Quellen gegr.; die Anlagen wurden in der Völkerwanderungszeit zerstört; die Stadt entstand um das im 11. Jh. gegr. Kloster (heute Ruine). 1940–44 Hauptstadt des État Français.

vicinale Stellung, Abk. vic [für lat. vicinalis „benachbart"], Bez. für die benachbarte Stellung von Substituenten in einer chem. Verbindung.

Vickershärte [engl. 'vɪkəz; nach der englischen Firma Vickers-Armstrong Ltd.] ↑ Härteprüfverfahren.

Vicksburg [engl. 'vɪksbəːg], Stadt in W-Mississippi, USA, am Mississippi, 63 m ü. d. M., 25 000 E. Flußhafen;

Vibraphon

Vicenza
Stadtwappen

Vichy
Stadtwappen

u. a. chem. Ind. – Gegr. 1814 als methodist. Missionsstation bei dem 1791 errichteten span. Fort Nogales (seit 1795 Fort Henry); im Sezessionskrieg nach dem Fall von New Orleans und Memphis (Frühjahr 1862) letzter Stützpunkt der Konföderierten am Mississippi. Die Kapitulation des stark befestigten V. nach siebenwöchiger Belagerung am 4. Juli 1863 war zus. mit dem gleichzeitigen Sieg der Union bei Gettysburg (Pa.) der Wendepunkt des Krieges.

Vico, Giovanni Battista (Giambattista) [italien. ˈviːko], *Neapel 23. Juni 1668, †ebd. 23. Jan. 1744, italien. Geschichts- und Rechtsphilosoph. – 1697 Prof. der Rhetorik in Neapel, 1734 Historiograph König Karls von Neapel. Begründer der Völkerpsychologie und der neuzeitl. spekulativen Geschichtsphilosophie; Wegbereiter des Historismus; gilt zudem als Systematiker der Geisteswissenschaften. V. setzt gegen den Rationalismus Descartes' in „De antiquissima Italorum sapientia ..." (1710) den erkenntnistheoret. Grundsatz: „Nur das kann erkannt werden, was einer selbst hervorgebracht hat". Deshalb ist eine universale Erkenntnis nur Gott möglich, das vornehml. Erkenntnisobjekt des Menschen ist die Geschichte. In seinem Werk „Von dem einen Ursprung und Ziel allen Rechtes" (1720) beschreibt V. die Geschichtlichkeit des Rechts und entwickelt das gesetzmäßigen Wiederkehr je eines theokrat., heroischen und menschl. Zeitalters in einem Zyklus von Aufstieg, Verfall und ständiger Wiederkehr. V. beeinflußte Herder, seinen Entdecker, Goethe und die gesamteurop. Geschichtsphilosophie.

Vicomte [frz. viˈkõːt; zu spätlat. vicecomes „ständiger Vertreter des Grafen"], frz. Adelstitel (weibl. Form *Vicomtesse*) im Rang zw. Baron und Graf; entsprechende Titel sind in Italien *Visconte (Viscontessa)*, in Spanien *Vizconde (Vizondesa)* und in Großbritannien *Viscount (Viscountess)*.

Vic-sur-Seille [frz. viksyrˈsɛj], frz. Gem. in Lothringen, Dep. Moselle, 1 400 E. – Wegen der Salzgewinnung seit vorgeschichtl. Zeit besiedelt; Blüte in der Römerzeit; ab 13. Jh. Residenz der Bischöfe von Metz. – Spätgot. Kirche mit bed. Ausstattung des 15. Jh.

Victimologie [zu lat. victima „Opfer"] ↑Viktimologie.

Victoria, bei den Römern Begriff und vergöttlichte Personifikation des „Sieges"; ihr Kult wurde in den Kaiserkult integriert.

Victoria, Tomás Luis de [span. bikˈtorja], *Ávila um 1548/50, †Madrid 27. Aug. 1611, span. Komponist. – 1569 Kapellmeister und Organist in Rom, 1571 Nachfolger Palestrinas als Musiklehrer am Collegium Romanum, spätestens 1573 Kapellmeister am Collegium Germanicum und an Sant' Apollinare; kehrte 1585 nach Spanien zurück. V. ist einer der bedeutendsten span. Vertreter der röm. Schule. Er komponierte u. a. 20 Messen, 44 Motetten, 34 Hymnen, Magnifikats, Responsorien sowie „Officium hebdomadae sanctae" (1585) und „Missa da Requiem" (1603).

Victoria [engl. vɪkˈtɔːrɪə], Hauptstadt der Seychellen, auf Mahé, 23 300 E. Konsumgüterindustrie; Hafen.

V., Hauptstadt der kanad. Prov. British Columbia, an der SO-Küste von Vancouver Island, 66 000 E. Sitz eines kath. und eines anglikan. Bischofs; Univ. (gegr. 1963), astrophysikal. Observatorium; Schiffahrtsmuseum. Holzverarbeitung und Schiffbau; 2 natürl. Tiefwasserhäfen; Fährverkehr nach Vancouver, Seattle und Port Angeles. – 1843 Anlage des Pelzhandelspostens und der Siedlung Fort Victoria; 1859 Hauptstadt der Kolonie Vancouver Island, 1868 von British Columbia.

V., Hauptstadt von ↑Hongkong.

V., früherer Name von ↑Limbe.

V., Hauptort der Insel ↑Labuan.

V., Bundesland in SO-Australien, 227 618 km², 4,4 Mill. E (1990), Hauptstadt Melbourne. V. hat im O Anteil an den Austral. Alpen, deren Ausläufer den zentralen Teil von V. durchziehen. Im N liegen die ausgedehnten Ebenen des Murraybeckens. Die Küstenebene erfährt durch die Port Phillip Bay eine Zweiteilung. V. liegt überwiegend im südaustral. Winterregengebiet. Feuchte Eukalyptuswälder sind im Bergland verbreitet, trockene Eukalyptuswälder an der N-Abdachung und in Teilen des Küstentieflandes.

Neben Neusüdwales ist V. das volkreichste und am stärksten verstädterte Bundesland Australiens. In der Landw. gibt es v. a. Schafzucht (Woll- und Fleischgewinnung), Milchwirtschaft und Fleischrinderzucht. Ackerbau bes. in der Küstenebene und im Murraytal. An Bodenschätzen verfügt das Land über Braunkohle, Erdgas und Erdöl. Etwa 70 % aller Ind.betriebe sind im Raum Melbourne konzentriert. Wichtigster Hafen ist Melbourne, ebd. internat. ⚓.
Geschichte: Das seit den 1830er Jahren von Tasmanien aus besiedelte V. wurde 1850/51 separate brit. Kolonie (1851 Goldfunde).

Victoria [nach Königin Viktoria von England], Gatt. der Seerosengewächse mit 2 Arten im trop. S-Amerika. Die bekannteste, im Amazonasgebiet heim. Art ist *V. amazonica* mit bis 2 m im Durchmesser erreichenden, kreisrunden Schwimmblättern mit bis 6 cm hoch aufgebogenem Rand und kupferroter Unterseite; Blüten 25–40 cm im Durchmesser, duftend, nur zwei Nächte geöffnet, beim ersten Erblühen weiß, beim zweiten Erblühen dunkelrot.

Giovanni Battista Vico

Victoria. Die Art Victoria amazonica

Victoria and Albert Museum [engl. vɪkˈtɔːrɪə ənd ˈælbət mjuːˈzɪəm] ↑Museen (Übersicht).

Victoriafälle ↑Sambesi.

Victoria Island [engl. vɪkˈtɔːrɪə ˈaɪlənd], Insel im Kanad.-Arkt. Archipel, 217 290 km².

Victorialand, Teil der Ostantarktis, westl. des Rossmeeres.

Victorianil, Nilabschnitt in Uganda, entfließt dem Victoriasee, durchfließt den Kiogasee, mündet in den Albertsee.

Victoriasee, größter Süßwassersee Afrikas, 68 000 km², 1 134 m ü. d. M., 85 m tief, viele Inseln. Hauptzufluß ist der Kagera, Abfluß der Victorianil.

Victoria Strait [engl. vɪkˈtɔːrɪə ˈstreɪt], Meeresstraße im Kanad.-Arkt. Archipel, zw. Victoria Island (im W) und King William Island (im O).

Vidal, Gore [engl. vaɪdl], *West Point (N.Y.) 3. Okt. 1925, amerikan. Schriftsteller. – Bed. zeitgenöss. amerikan. Romancier, der v. a. gegenwartsbezogene Themen behandelt. Das Drama „Der beste Mann" (1960) schildert die oft skrupellosen Methoden bei der Wahl des amerikan. Präsidentschaftskandidaten; auch Kriminalromane (unter dem Pseud. Edgar Box), Dramen, Fernsehstücke. – *Weitere Werke:* Julian (R., 1964), Betrachtungen auf einem sinkenden Schiff (Essays, 1969), Burr (R., 1973), Lincoln (R., 1984), Hollywood (R., 1990).

Videla, Jorge Rafael [span. biˈðela], *Mercedes 2. Aug. 1925, argentin. General und Politiker. – 1976–78 Chef der Militärjunta, die 1976 die Macht übernahm; 1976–81 Staatspräs.; 1985 wegen Menschenrechtsverletzungen zu lebenslanger Haft verurteilt; 1990 begnadigt.

Video... [engl., zu lat. videre „sehen"], Bestimmungswort von Zusammensetzungen mit der Bed. „Fernseh...", mit dem Fernsehgerät arbeitend, zum Fernsehbild gehörend".

Videoclip, Videoaufzeichnung, die v. a. zu Werbezwecken gleichzeitig mit einem Musiktitel erscheint; Sänger oder Band bringen mit dem V. eine visuelle Interpretation ihres Songs.

Gore Vidal

Victoria Landeswappen

Videokamera

Videokamera. Camcorder in Kompaktbauweise und Fernbedienungsgerät

Videokamera, Aufzeichnungsgerät, bei dem die Bildaufnahmen einschl. Begleitton auf das Magnetband einer Videokassette aufgezeichnet werden. Im Falle der heute verwendeten **Kamerarecorder (Camcorder)** können die Aufzeichnungen unmittelbar danach im Sucher der V. oder am Bildschirm eines mit der Kamera verbundenen Fernsehgeräts betrachtet werden.

Videokunst, die Benutzung elektron.-opt. Medien (Videoaufzeichnungen bzw. Direktübertragung, sichtbar gemacht durch Monitoren) als künstler. Aussagemittel. Voraussetzungen liegen in der Fluxusbewegung (um 1960 der Versuch eines Medienverbundes von Musik, Theater und bildender Kunst; ↑Fluxus), der elektron. Experimentalmusik und dem Film. V. ermöglicht die Gestaltung zeitl. Abläufe und Bewegungen. Eingesetzt bei Projekten der Landart und der Body-art bzw. darsteller.-gest. Aktionen von Performances.

Videoplatte (Bildplatte, Video disc), rundes scheibenförmiges Trägermedium zur Speicherung von Videosignalen; für die Wiedergabe von Fernsehsendungen, Filmen (z. B. Werbeangebote in Kaufhäusern) u. a. einschl. Begleitton. Es gibt zwei Grundvarianten der V. Beim System *CAV* (Abk. für engl. *c*onstant *a*ngular *v*elocity) läuft die V. mit konstanter Winkelgeschwindigkeit (1 500 Umdrehungen/min.). Beim System *CLV* (Abk. für engl. *c*onstant *l*inear *v*elocity) hat die V. eine konstante Lineargeschwindigkeit und wird von innen (1 500 Umdrehungen/min.) nach außen (500 Umdrehungen/min.) abgetastet. Man unterscheidet mehrere Speicherprinzipien. Beim System *TED* (Abk. für engl. *t*elevision *d*isc) sind die elektr. Signale in Tiefenschrift gespeichert und werden mechanisch mittels Diamantkufe abgetastet (Ø 21 cm; Spieldauer 10 min.). Die opt. V. (*VLP;* Abk. für engl. video *l*ong *p*lay) enthält die Information auf einer metallisierten Kunststoffolie in Form mikroskop. Vertiefungen. Eine Photodiode empfängt den von der V. reflektierten zur Abtastung benutzten Laserstrahl und wandelt die opt. Signale in elektr. um (Ø 30 cm; Spieldauer 2 × 30 min.). Für die kapazitive Abtastung gibt es die beiden Systeme *CED* (Abk. für engl. *c*apacitance *e*lectronic *d*isc) und *VHD* (Abk. für engl. *v*ideo *h*igh *d*ensity) (Ø 30 bzw. 26 cm; Spieldauer 2 × 1 Stunde). Das System *MDR* (Abk. für engl. *m*agnetic *d*isc *r*ecording) benutzt eine Magnetplatte als Speichermedium (Ø 30 cm, Spieldauer 2 × 15 min.).

Videoprogrammsystem, Abk. VPS, System zur automat. Steuerung (Ein- und Ausschalten) von Videorecordern zur Aufzeichnung von Fernsehsendungen; arbeitet mit Hilfe eines zu Beginn der Sendung ausgestrahlten Codes, der den Recorder ein- und entsprechend wieder ausschaltet.

Videorecorder, Gerät zur *magnet. Bildaufzeichnung* (MAZ) von Fernsehsendungen oder Aufnahmen mit einer ↑Videokamera bzw. zur Wiedergabe von auf Magnetband (sog. *Videoband*) gespeicherten Bild-Ton-Inhalten über ein Fernsehgerät.
Im Unterschied zum Tonbandgerät (Tonfrequenzbereich bis 20 kHz; Längsspurverfahren bzw. Längsschrift) müssen V. in der Lage sein, Videosignale von 2,5 bis 5,5 MHz aufzuzeichnen. Handelsübl. V. für den Heimgebrauch arbeiten daher mit dem sog. *Schrägspurverfahren.* Das ½ Zoll = 12,7 mm breite Magnetband enthält auf schräg liegenden Spuren die Videosignale (1 Halbbild pro Schrägspur) und auf zwei schmalen Randspuren jeweils Ton- bzw. Synchron- oder Kontrollsignale in Längsschrift. Das Band läuft schräg an der sich mit 25 Umdrehungen pro Sekunde drehenden *Kopftrommel* vorbei. Diese trägt 2 *Videoköpfe,* die bei jeder Umdrehung 2 Halbbilder, d. h. pro Sekunde 50 Halbbilder aufzeichnen bzw. abtasten (Fernsehnorm). Kopf und Band bewegen sich [aneinander reibend] verhältnismäßig schnell, aber in derselben Richtung. Die Aufzeichnungsgeschwindigkeit für Videosignale ist gleich der Relativgeschwindigkeit, d. h. gleich der Differenz zw. Kopfgeschwindigkeit (5–8 m/s) und Band[transport]geschwindigkeit (z. B. 2 cm/s).
Den verschiedenen europ. V.systemen (z. B. *VCR-System* [Video-Cassetten-Recorder], *Video 2 000*) und japan. Systemen (z. B. *Betamax, VHS* [Video-Home-System]) ist das Schrägspurverfahren gemeinsam. Unterschiede beruhen u. a. auf unterschiedl. Aufnahme- bzw. Bandgeschwindigkeiten und auf unterschiedl. Art der Bandführung an der Kopftrommel.
In Fernsehstudios finden technisch aufwendigere Geräte Anwendung (MAZ-Technik). Die Videosignale werden in *Querschrift,* d. h. quer zur Bandlaufrichtung von der Kopftrommel mit insges. 4 Videoköpfen auf 2 Zoll breites Band aufgezeichnet (Bandgeschwindigkeit 38 cm/s).

Videosignal, svw. Bildsignal (↑Fernsehen).

Videospiele, andere Bez. für ↑Bildschirmspiele.

Videotext, svw. ↑Bildschirmzeitung. – ↑Bildschirmtext.

Videothek [lat./griech.], öff. oder private Sammlung von Videokassetten, die mit Hilfe von Videorecordern und Fernsehgeräten bzw. Monitoren gezeigt werden können.

Vidie-Dose [frz. vi'di; nach dem frz. Mechaniker L. Vidie, * 1805, † 1866] ↑Aneroidbarometer.

Vidikon [lat./griech.] (Vidicon, Endikon, Resistron), eine zu den ↑Bildspeicherröhren zählende Fernsehaufnahmeröhre, die zur Abtastung der Speicherplatte langsame Elektronen verwendet und dabei den inneren Photoeffekt ausnutzt. Die Speicherschicht aus halbleitendem Material befindet sich auf einer durchsichtigen, elektrisch leitenden Schicht, die als Signalplatte dient, und wird vom Elektronenstrahl negativ aufgeladen. Durch das auf sie geworfene

Videokunst. Videoinstallation „Mond, Erde, Sonne" von Nam June Paik, 1990

opt. Bild bildet sich ein von Punkt zu Punkt unterschiedl. elektr. Widerstand aus, so daß die Ladungen unterschiedlich rasch zur positiven Signalplatte abwandern; es entsteht ein entsprechendes Ladungsbild, das beim nächsten Abtastzyklus wieder gelöscht wird. Die auf diese Weise entstehenden Strom- und Spannungsschwankungen liefern dann das Bildsignal. – Eine Weiterentwicklung ist das Plumbikon.

Vidor [engl. vɪˈdɔː], Charles, urspr. Károly V., *Budapest 27. Juli 1900, †Wien 5. Juni 1959, amerikan. Filmregisseur ungar. Herkunft. – Drehte u.a. „Die Brücke" (1929), „Polonaise" (1937), „Gilda" (1946).

V., King, *Galveston (Tex.) 8. Febr. 1895, †bei Paso Robles (Calif.) 1. Nov. 1982, amerikan. Filmregisseur. – Drehte seit 1918 sozialkrit., gefühlvoll und übersteigert inszenierte Spielfilme, u.a. „Die große Parade" (1925), „Ein Mensch der Masse" (1928), „Ein amerikan. Romanze" (1944), „Duell in der Sonne" (1946), „Krieg und Frieden" (1956).

Viebig, Clara [ˈfiːbɪç], *Trier 17. Juli 1860, †Berlin (West) 31. Juli 1952, dt. Schriftstellerin. – Ab 1896 ⚭ mit dem Verlagsbuchhändler F.T. Cohn. Ihre Novellen „Kinder der Eifel" (1897) sowie der Roman „Das Weiberdorf" (1900) erregten durch genaue Milieuerfassung und plast. Personenzeichnung großes Aufsehen. In späteren Romanen verbinden sich Unterhaltung mit Sozialkritik, so in „Das tägl. Brot" (1902), „Das schlafende Heer" (1904), „Die Passion" (1926), „Insel der Hoffnung" (1933). Schrieb auch Dramen.

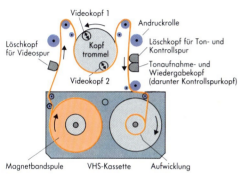

Videorecorder. Schematische Darstellung des Aufbaus eines im Schrägspurverfahren arbeitenden VHS-Systems zur magnetischen Bildaufzeichnung und -wiedergabe

Viechtach [ˈfiç...], Stadt am Schwarzen Regen, Bay., 435 m ü.d.M., 8 100 E. Mineralienmuseum; Hotelfachschule; metallverarbeitende, Kunststoff-, Textilind.; Luftkurort. – Anfang des 12. Jh. erstmals erwähnt; 1272 Markt, 1953 Stadt. – Got. Spitalkirche (1350), spätbarocke Stadtpfarrkirche (1760), Burgruine Neunußberg.

Viedma [span. ˈbjeðma], Hauptstadt der argentin. Prov. Río Negro im nördl. Patagonien, 7 m ü.d.M., 24 300 E. Kath. Bischofssitz; Erdbebenwarte, Theater. – Gegr. 1779.

Vieh, Sammelbez. für landw. Nutztiere. Man unterscheidet *Großvieh* (z.B. Rinder, Schweine, Pferde, Esel) und *Kleinvieh* (z.B. Ziegen, Kaninchen, Geflügel).

Viehkauf, der Kauf bestimmter Tiere (Pferde, Esel, Maulesel, Rinder, Schafe, Schweine), bei dem der Verkäufer, abweichend von der für den Kauf geltenden Mängelhaftung, nur *Hauptmängel* (gemäß §§ 481 ff. BGB) innerhalb bestimmter Fristen *(Gewährfristen)* zu vertreten hat. Der Käufer kann nur Wandlung verlangen.

Viehsalz, meist mit Eisen(III)-oxid denaturiertes Kochsalz, das als Auftaumittel und zur Vieh- und Wildfütterung verwendet wird.

Viehseuchen, Infektionskrankheiten landw. Nutz- und Zuchttiere (↑Tierseuchen).

Viehseuchengesetz ↑Tierseuchen.

Viehwirtschaft (Viehhaltung), neben dem Ackerbau der wichtigste Zweig der Landw., der in weiten Gebieten

Viehbestand in der Bundesrepublik Deutschland (in 1000 Stück)		
	1981	1990
Pferde	363	491
Rinder	14 992	19 488
davon Milchkühe	7 560	6 355
Schweine	22 310	30 818
Schafe	1 108	3 240
Geflügel	80 508	106 054
davon Legehennen	42 985	53 652

der Erde (Trockengebiete der Tropen und Subtropen und Gebiete mit kurzer Vegetationsperiode) die einzig mögl. Form der Bodennutzung darstellt.

Vieira [portugies. ˈvjeire], António, *Lissabon 6. Febr. 1608, †Bahia (= Salvador, Brasilien) 18. Juli 1697, portugies. kath. Theologe. – Jesuit; kam 1612 nach Brasilien; wegen seines Eintretens für die Indianer 1661–69 nach Portugal verbannt; kehrte 1682 endgültig nach Brasilien zurück; Missionar, Schriftsteller und Gegner der Sklaverei.

V., João Bernardo, *Bissau 27. April 1939, Politiker von Guinea-Bissau. – 1970/71 Mgl. des Kriegsrats; ab 1973 Verteidigungsmin., seit 1978 Erster Kommissar (Min.präs.), seit 1980 (nach Absetzung des bisherigen Staatschefs L. Cabral) Staatsoberhaupt und Reg.chef; seit 1981 Vors. der regierenden PAIGC.

V., Luandino, eigtl. José Vieira Mateus da Graça, *Lagoa de Furadouro (Portugal) 4. Mai 1935, angolan. Schriftsteller. – Als Kind Auswanderung nach Angola; kämpfte aktiv gegen den portugies. Kolonialismus, 1963–72 aus polit. Gründen im Gefängnis. Schreibt Prosa in portugies. Sprache, die er insbes. mittels sprachl. Besonderheiten, die die angolan. Kultur reflektieren, variiert. – *Werke:* Das wahre Leben des Domingos Xavier (E., 1961), Vidas novas (En., 1975), João Vêncio: Os seus amores (R., 1979), Lourentinho, dona Antónia de Sousa Neto e eu (E., 1981).

Vieira da Silva, Maria Elena (Marie Hélène) [portugies. ˈvjeire de ˈsilve; frz. vjɛradaˈsilva], *Lissabon 18. Juni 1908, †Paris 6. März 1992, frz. Malerin portugies. Herkunft. – Studierte anfangs Bildhauerei, ging 1929 zur Malerei über. Lyr.-abstrakte Arbeiten, deren räuml. Komponente durch ein Liniengitterwerk geschaffen wird.

Vielborster (Polychäten, Polychaeta), Klasse fast ausschließlich meerbewohnender Ringelwürmer mit rd. 5 300 Arten von weniger als 1 mm bis etwa 3 m Länge; Gliederung homonom, jedes Segment mit einem Paar wohlentwickelter Zölomsäckchen und meist einem Paar mit Borstenbüscheln versehener Stummelfüße; Kopflappen meist mit einem Paar antennenähnl. Anhänge oder mit Tentakelkrone; überwiegend getrenntgeschlechtl. Tiere.

Maria Elena Vieira da Silva. Große Fuge, 1954 (Mannheim, Städtische Kunsthalle)

Vieleck

Vienne. Mosaik in einer römischen Villa, 2. Jh. n. Chr.

Vieleck (Polygon), geometr. Gebilde aus n Punkten $P_1, P_2, ..., P_n$, den *Ecken* und n Verbindungsstrecken $\overline{P_1P_2}$, $\overline{P_2P_3}, ..., \overline{P_{n-1}P_n}, \overline{P_nP_1}$, den *Seiten* des Vielecks. Nach der Anzahl der Ecken unterscheidet man Dreieck, Viereck usw. und spricht allg. auch von einem n-Eck (von einem V. meist nur für $n > 4$). Die Verbindungsstrecken nicht benachbarter Ecken bezeichnet man als *Diagonalen*; ihre Anzahl ist $n(n-3)/2$. Verlaufen alle Diagonalen im Inneren des V., so bezeichnet man es als *konvexes*, andernfalls als *konkaves V.*, falls sich zwei (oder mehr) Seiten schneiden, als *überschlagenes Vieleck*. Bes. Bedeutung besitzen die *regulären (regelmäßigen) Polygone*, das sind konvexe V., bei denen alle Seiten gleich lang und alle Innenwinkel gleich groß sind (z. B. gleichseitiges Dreieck, Quadrat).

Vielehe ↑ Ehe (Völkerkunde).
Vielfachmeßinstrument ↑ elektrische Meßgeräte.
Vielflach (Vielflächner), svw. ↑ Polyeder.

Vielfraß. Järv

Vielfraß [umgedeutet aus norweg. fjeldfross „Bergkater"] (Gulo), Gatt. der Marder mit dem *Järv* (Jerf, Carcajou, Gulo gulo) als einziger Art; plumpes, bärenähnlich aussehendes Raubtier v. a. in Wäldern und Tundren N-Eurasiens und großer Teile N-Amerikas; Körperlänge rd. 65–85 cm; Schulterhöhe etwa 45 cm; Fell sehr dicht und lang, dunkelbraun, mit breitem, gelblichbraunem Seitenstreifen; vorwiegend Bodentier, das kleinere Säugetiere sowie Jungtiere größerer Säuger und Vögel jagt, daneben auch Aas und pflanzl. Substanzen (bes. Beeren) frißt; legt Vorratsgruben an.

Vielkörperproblem, svw. ↑ Mehrkörperproblem.
Vielkristall (Polykristall, Kristallaggregat), fester Körper, der im Ggs. zum *Einkristall* aus einer Vielzahl [mikroskopisch] kleiner Kristalle (Kristallite) aufgebaut ist, die in verschiedener Orientierung aneinandergelagert sind.
Vielle [frz. vjɛl], svw. ↑ Drehleier.
Vielmännerei ↑ Ehe (Völkerkunde).
Vielseitigkeitsprüfung, im Pferdesport neuere Bez. für ↑ Military.
Vielstachler, Bez. für verschiedene Arten der ↑ Nanderbarsche.

Vielstoffmotor, svw. ↑ Mehrstoffmotor.
Vielvölkerstaat ↑ Nationalitätenstaat.
Vielweiberei ↑ Ehe (Völkerkunde).
Vielzähner, svw. ↑ Löffelstöre.
Vielzeller (Metazoen, Metazoa), in allen Lebensräumen weltweit verbreitetes Unterreich des Tierreichs, dessen über 1 Million Arten im Ggs. zu den Protozoen aus zahlr. Zellen zusammengesetzt sind, die in mindestens zwei Schichten angeordnet und im Erwachsenenzustand in Körperzellen und Keimzellen (Geschlechtszellen) gesondert sind. Zu den V. zählen die Mesozoen, Parazoa und die echte Gewebe aufweisenden *Gewebetiere* (Eumetazoa, Histozoa). Die letzteren umfassen die überwiegende Masse der Tiere.
Vielzitzenmäuse (Vielzitzenratten, Mastomys), Gatt. der Echtmäuse mit weiter Verbreitung in Afrika südl. der Sahara sowie in Marokko; Körperlänge etwa 10–15 cm, mit ebensolangem Schwanz; mit 12–24 Zitzen.
Vienenburg ['fi...], Stadt im nördl. Harzvorland, Nds., 139 m ü. d. M., 11 100 E. Textilind., Metallverarbeitung. – Entstand um die um 1300 angelegte Vienenburg (seit 1803 hannoversche Staatsdomäne); wurde 1935 Stadt.
Vienne [frz. vjɛn], frz. Stadt an der Rhone, Dep. Isère, 29 000 E. Lapidarium, Museum christl. Kunst, Kunst- und archäolog. Museum; Textil-, metallverarbeitende und pharmazeut. Ind. – Als Hauptort der kelt. Allobroger wurde **Vienna** 121 v. Chr. röm., unter Cäsar Colonia latin. Rechts, erhielt unter Caligula Vollbürgerrecht (**Colonia Iulia Augusta Florentia Vienna**); unter Diokletian Verwaltungsmittelpunkt; nachweisbar seit 314 Bischofs-, später Erzbischofssitz (1801 aufgehoben); wurde 464/471 Hauptort der Burgunder, 534 fränk., 879 Hauptstadt des Kgr. Niederburgund (Arelat). Die Erzbischöfe wurden 1023 Grafen des **Viennois**, das im 12. Jh. an die Herren der Dauphiné, mit dieser 1349 an Frankreich kam. – Bed. Reste röm. Bauten, u. a. Tempel und Theater (1. Jh. v. Chr. bis 2. Jh. n. Chr.), Mosaiken aus Villen. Romanisch-got. ehem. Kathedrale (12. bis 16. Jh.), ehem. Klosterkirche Saint-André-le-Bas (12. Jh.), roman. Kirche Saint-Pierre (heute Museum). Wohnhäuser des 15. bis 18. Jahrhunderts.

V., Dep. in Frankreich.

V., linker Nebenfluß der Loire, entspringt im westl. Zentralmassiv, mündet oberhalb von Saumur, 372 km lang.

Vienne, Konzil von [frz. vjɛn], das 15. allg. Konzil vom 16. Okt. 1311 bis zum 6. Mai 1312 unter Papst Klemens V.; Hauptthemen des Konzils waren die Reform der Kirche, die Wiedergewinnung des Hl. Landes und die Aufhebung des Templerordens.

Vientiane [viɛnti'a:nə], Hauptstadt von Laos, am Mekong, 160 m ü. d. M., 377 400 E. Verwaltungssitz der Präfektur V.; Univ. (gegr. 1958), medizin. Hochschule, PH; Nationalbibliothek; Brauerei, Nahrungsmittelind.; archäolog. Museum; Marktort; Flußhafen, internat. ✈. – V., das alte **Wiangchan,** gehörte Ende des 12. Jh. zum Khmerreich von Angkor, dann zum Reich Sukhothai, seit 1353 zu dem neugegr. laot. Lanchangreich; wurde 1694 Hauptstadt eines der neu entstandenen Teilstaaten, 1778 von Thai erobert, 1827 zerstört; unter frz. Herrschaft (seit 1893) Handelsmetropole und Verwaltungszentrum von Laos. – Bedeutendstes Bauwerk ist das Heiligtum That Luang (1586 erbaut, jetziger Zustand 18./19. Jh.), ein 35 m hoher, auf einem quadrat. Unterbau errichteter Stupa.

Vieraugenfische (Anablepidae), den Zahnkarpfen nahestehende Fam. bis 30 cm langer Knochenfische, v. a. in Süß- und Brackgewässern Mittel- und nördl. S-Amerikas; breitköpfige Oberflächenfische mit (zum gleichzeitigen Sehen in der Luft sowie unter der Wasseroberfläche) zweigeteilten Augen.

Vieraugenfische. Vierauge

Viereck (Tetragon), ebene geometr. Figur, die durch die Verbindung von vier Punkten *A, B, C, D* einer Ebene entsteht, von denen keine drei auf einer Geraden liegen *(einfaches V.)*. Je zwei benachbarte Seiten des V. bilden die Schenkel eines *Innenwinkels* ($\alpha, \beta, \gamma, \delta$), deren Summe, wie auch die der ↑*Außenwinkel* ($\alpha_1, \beta_1, \gamma_1, \delta_1$), 360° beträgt.

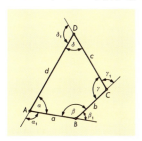

Viereck.
Seiten und Winkel eines allgemeinen Vierecks

Spezielle V. sind Drachen-V., Parallelogramm, Trapez, Rechteck, Raute und Quadrat.

Viereckflosser (Tetras, Tetragonopterinae), mit einigen hundert Arten größte Unterfam. 2–15 cm langer, oft prächtig gefärbter Salmler in Süßgewässern S- und M-Amerikas. Hierher gehören viele Warmwasseraquarienfische, bes. aus den Gatt. **Neonfische** (Neons); u. a. der **Rote Neon** (Cheirodon axelrodi) mit roter Bauchseite.

Vientiane. Das 1586 errichtete buddhistische Heiligtum That Luang, jetziger Zustand 18./19. Jahrhundert

Vierer, ein von 4 Ruderern angetriebenes Boot, als Riemenboot mit und ohne Steuermann (Länge etwa 12,80 m, Breite etwa 0,46 m), als Skullboot **Doppelvierer**.
▷ ↑Radsport.

Viererbande, Bez. für die vier Exponenten des ultralinken Flügels der KP Chinas, die nach Mao Zedongs Tod 1976 verhaftet und 1977 offiziell aus der Partei ausgeschlossen wurden: Maos Witwe Jiang Qing, Wang Hongwen, Zhang Chunqiao und Yao Wenyuan. Der 1980/81 gegen die V. geführte Prozeß wegen Verbrechen während der ↑Kulturrevolution endete mit Todesurteilen gegen Jiang Qing und Zhang Chunqiao (in lebenslange Freiheitsstrafen umgewandelt) und hohen Haftstrafen für die anderen Angeklagten.

Viererpakt (Viermächtepakt), am 15. Juli 1933 in Rom unterzeichneter Vertrag zw. Italien, Deutschland, Frankreich und Großbritannien zur Zusammenarbeit; wurde durch den dt. Austritt aus dem Völkerbund nicht wirksam.

Vierervektoren (Vierergrößen), die Vektoren in der vierdimensionalen relativist. Raum-Zeit-Welt (↑Minkowski-Raum), insbes. die aus den räumlichen Koordinaten $\mathbf{r} = \{x, y, z\}$ und der imaginären Zeitkoordinate ict (c Lichtgeschwindigkeit, i imaginäre Einheit) gebildeten vierdimensionalen Ortsvektoren (Raum-Zeit-V., Weltvektoren) $R = \{\mathbf{r}, ict\}$. V. sind u. a. die Vierergeschwindigkeit, -beschleunigung, -kraft, der Viererimpuls und das Viererpotential.

Vierfarbendruck ↑Drucken.

Vierfarbenproblem, Bez. für die graphentheoret. Fragestellung: Kann man die Länder jeder Landkarte mit vier Farben so färben, daß benachbarte Länder stets verschiedene Farben haben? – Dieses topolog. Problem, das in der Geschichte der Mathematik eine bed. Rolle spielte, wurde erst 1976 im positiven Sinne gelöst.

Vierfarbentheorie ↑Farbensehen.

Vierfingerfurche, svw. ↑Affenfurche.

Vierflach (Vierflächner), svw. ↑Tetraeder.

Vierfleck (Wanderlibelle, Libellula quadrimaculata), bis fast 9 cm spannende Segellibelle an stehenden Süßgewässern Europas, Vorderasiens und des westl. N-Amerika; am Vorderrand der vier Flügel je ein auffallender schwarzer Mittelfleck.

Vier Freiheiten (Four-Freedoms), von Präs. F. D. Roosevelt am 6. Jan. 1941 verkündete „wesentl. menschl. Freiheiten", die einer friedl. Nachkriegsordnung als Grundlage dienen sollten: Meinungs- und Redefreiheit, Religionsfreiheit, Freiheit von Not (d. h. internat. wirtsch. Kooperation) und Freiheit von Angst (d. h. internat. Abrüstung).

Vierfüßer (Tetrapoden, Tetrapoda), zusammenfassende Bez. für alle Wirbeltiere mit Ausnahme der Fische und Rundmäuler; zu den V. zählen Lurche, Kriechtiere, Vögel und Säugetiere; primär mit vier zum Gehen geeigneten Gliedmaßen (z. T. rückgebildet oder umgewandelt).

Viergespann ↑Quadriga.

Vierjahresplan, Wirtschaftsplan der nat.-soz. Reichsreg. (VO vom 18. 10. 1936) mit dem Ziel, Unabhängigkeit vom Ausland bei der Versorgung mit Roh- und Grundstoffen zu erreichen und Wehrmacht und Wirtschaft in vier Jahren „einsatzfähig" und „kriegsfähig" zu machen. Als Beauftragter für den V. erhielt H. Göring umfassende Vollmachten.

Vierkaiserjahr, der Zeitraum 68/69 n. Chr., in dem nacheinander Galba, Vitellius, Otho, Vespasian zu röm. Kaisern ausgerufen wurden. Aus den Kämpfen der 4 Kaiser ging Vespasian als Sieger hervor.

Vierkampf, Mehrkampf im Eisschnellauf; *kleiner V.:* 500 m und 3 000 m am 1. Tag, 1 500 und 5 000 m am 2. Tag; *großer V.:* 500 m und 5 000 m am 1. Tag, 1 500 und 10 000 m am 2. Tag; *V. für Damen:* 500 m und 1 500 m am 1., 1 000 und 3 000 m am 2. Tag; *Sprinter-V.* für Damen und Herren: über 500 und 1 000 m jeweils an 2 Tagen.

Vierkandt, Alfred ['fi:rkant], * Hamburg 4. Juni 1867, † Berlin (West) 24. April 1953, dt. Soziologe. – 1909 Mitbegr. der Dt. Gesellschaft für Soziologie; seit 1913 Prof. in Berlin (1934–46 emeritiert); einer der bed. Vertreter der sog. formalen Soziologie. Sein Gesellschaftsverständnis sieht soziale Verhältnisse auf Gegenseitigkeit und Anerkennung gegründet, je nach dem Grad innerer Verbundenheit als „gemeinschaftsnah" oder „-fern" einzustufen. – Werke: Naturvölker und Kulturvölker (1896), Gesellschaftslehre (1923), Handwörterbuch der Soziologie (1931).

Vierlande, Flußmarschenlandschaft im Bereich des Elbe-Urstromtales im NÖ. Teil der Freien und Hansestadt Hamburg; bed. Gemüseanbaugebiet.

Vierling, in der Numismatik meist der 4. Teil eines Pfennigs, geprägt etwa seit dem 12. Jh. und solange der Pfennig eine Silbermünze mit hoher Kaufkraft war.

Vierlinge ↑Mehrlinge.

Viermächteabkommen über Berlin, offizielle Bez. für das sog. ↑Berlinabkommen.

Viermächtepakt, svw. ↑Viererpakt.

Vierne, Louis[-Victor-Jules] [frz. vjɛrn], * Poitiers 8. Okt. 1870, † Paris 2. Juni 1937, frz. Organist und Komponist. – Von Geburt an blind; wirkte ab 1900 als Organist an Notre-Dame, ab 1911 auch als Lehrer an der Schola Cantorum. Komponierte u. a. 6 Sinfonien für Orgel, 2 sinfon. Dichtungen, Kammermusik, Lieder und Gesänge.

Vierfleck

Alfred Vierkandt

Viernheim

Viernheim [ˈfiːr...], hess. Stadt 10 km nö. von Mannheim, 101 m ü. d. M., 30 200 E. Metallverarbeitung, Elektro-, Textil- und chem. Industrie; in der Umgebung Tabak- und Spargelanbau. – Erstmals 777 bezeugt; seit 1948 Stadt.

Vierpaß, got. Maßwerkfigur, die aus vier Dreiviertelkreisen („Pässen") zusammengesetzt ist.

Vierpol, elektr. Netzwerk mit je einem Eingangs- und einem Ausgangsklemmenpaar, das der Übertragung elektr. Leistung oder elektr. Signale dient. V. sind z. B. Übertrager, Verstärker.

Vierpunkt

Vierpunkt (Ameisensackkäfer, Clytra quadripunctata), etwa 1 cm langer europ. Blattkäfer mit vier bläulichschwarzen Punkten auf den leuchtend gelben Flügeldecken; das ♀ klebt an jedes abgelegte Ei mehrere Kotballen, bis es tannenzapfenähnlich aussieht; wird meist direkt auf Ameisenhaufen abgelegt. Die Larve entwickelt sich als Ameisengast.

Vierschichtdiode (Dinistor, Shockley-Diode), ein dem ↑Thyristor vergleichbares Halbleiterbauelement, das aber im Unterschied zu diesem keine Steuerelektrode aufweist; wegen seiner zwei mögl. Zustände als Schalter bei niedrigen Leistungen geeignet. Als *Triggerdiode (Diac)* bezeichnet man die Kombination zweier antiparallel geschalteter Vierschichtdioden.

Viersen [ˈfiːrzən], Krst. im Niederrhein. Tiefland, NRW, 38–83 m ü. d. M., 76 700 E. Nahrungs- und Genußmittelind., Elektro-, Textil-, Leder-, Papier- u. a. Ind. – Das 1182 erstmals gen. V. (Stadtrecht vor 1856) sowie **Süchteln** (erste Erwähnung 1123, Stadtrechtsbestätigung 1826) und **Dülken** (erste Erwähnung vor 1210, Stadtrecht zw. 1352 und 1364) wurden 1970 zum heutigen V. zusammengeschlossen. – Spätgot. Pfarrkirche (15. Jh.). – **V.**, Kreis in Nordrhein-Westfalen.

Viersiebziger (470er[-]Jolle], Vierhundertsiebziger), Zweimannjolle, Länge 4,70 m, Breite 1,68 m, Tiefgang 1,05 m, Masse 115 kg; Segelfläche 12,70 m² (zusätzl. Spinnaker erlaubt); Klassenzeichen im Segel: 470. Seit 1976 olympische Klasse.

Vierstreifennatter (Streifennatter, Elaphe quatuorlineata), bis 2,4 m lange, muskulöse Kletternatter S-Europas und W-Asiens; erwachsene V. graubraun mit zwei dunklen Längsstreifen auf den Körperseiten oder (bei der östl. Unterart) mit dunkler Fleckenzeichnung.

Viertaktverfahren, aus vier Takten bzw. Hüben (↑Hubraum) zusammengesetztes Arbeitsspiel bei **Viertakt[verbrennungs]motoren** (Ottomotor, Dieselmotor). Während des 1. Taktes *(Ansaugen)* erzeugt der abwärtsgehende Kolben Unterdruck und saugt durch das Einlaßventil beim Ottomotor ein Kraftstoff-Luft-Gemisch, beim Dieselmotor reine Luft in den Zylinder. Während des 2. Taktes *(Verdichten)* geht der Kolben bei geschlossenen Ventilen aufwärts. Gegen Ende dieses Taktes, wenn sich der Kolben fast am OT (oberer Totpunkt) befindet, wird beim Ottomotor das Gemisch durch die Zündkerze gezündet, beim Dieselmotor der Kraftstoff in die verdichtete Luft eingespritzt; die Verbrennung setzt ein. Der 3. Takt *(Ausdehnen)* ist der Arbeitstakt; der Druck der Verbrennungsgase treibt den Kolben bei geschlossenen Ventilen zum UT (unterer Totpunkt). Im 4. Takt *(Ausschieben)* drückt der aufwärtsgehende Kolben die Abgase bei geöffnetem Auslaßventil aus dem Zylinder.

vierte Dimension, Bez. für die Zeit, die, multipliziert mit der Lichtgeschwindigkeit und der imaginären Einheit, mit den drei räuml. Koordinaten die vierdimensionale Raum-Zeit-Welt bildet. – ↑Minkowski-Raum.

vierte Geschlechtskrankheit, svw. ↑Lymphogranuloma inguinale.

Vierteilen, Vollstreckungsart der Todesstrafe (z. T. bis ins 18. Jh.) v. a. für Verrat; der Körper des Verurteilten wurde mit Beil oder Messer in vier Teile zerlegt oder von Pferden zerrissen.

Vierte Internationale ↑Internationale.

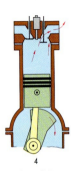

Viertaktverfahren. Schematische Darstellung der Vorgänge eines im Viertaktverfahren arbeitenden Ottomotors: 1 Ansaugen im 1. Takt; 2 Verdichten im 2. Takt; 3 Arbeiten im 3. Takt; 4 Ausschieben im 4. Takt

Viertel, Berthold [ˈfɪrtəl], *Wien 28. Juni 1885, †ebd. 24. Sept. 1953, öster. Regisseur und Schriftsteller. – Mitarbeiter führender literar. Zeitschriften (u. a. der „Fackel" von K. Krauss); Mitbegr. (1912) und Dramaturg (bis 1914) der Wiener „Volksbühne"; Bühnen- und Filmregisseur u. a. in Berlin, London, Hollywood (1938–48), Zürich, Wien; auch Lyriker, Dramatiker und Erzähler.

Viertel (Stadt-V., Quartier), seit dem 13. Jh. Bezirk der Städte, urspr. eingerichtet im Rahmen der Wehrorganisation (Wache), später auch Polizei-, Steuererhebungs-, Wahlbezirk und allg. Verwaltungseinheit.
▷ auf Ottokar II. von Böhmen zurückgehende verwaltungsmäßige Unterteilung von Nieder- und Oberösterreich von 1254; erhielt sich in den Namen einzelner Landesteile (z. B. Niederösterreich: Wald-V., Wein-V.; Oberösterreich: Mühl-V., Inn-V.).

Viertelstab (Viertelrundstab), dreikantige Leiste mit viertelkreisförmigem Profil.

Viertelstamm ↑Obstbaumformen.

Vierteltonmusik, Musik, die unter Verwendung von Vierteltönen komponiert wird, d. h., die auf einem durch Halbierung der 12 Halbtöne der Oktave gewonnen 24stufigen temperierten Tonsystem beruht; erstmals 1898 von J. H. Foulds (*1880, †1939) in einem Streichquartett angewendet. Mit V. befaßten sich u. a. F. Busoni und A. Hába.

Vierte Republik (Quatrième République), der frz. Staat 1944–58. – ↑Frankreich (Geschichte).

vierter Stand, von W. H. Riehl in Analogie zur Bez. dritter Stand geprägte Bez. für die als Folge der industriellen Revolution unterhalb der Schicht des Bürgertums entstandene Schicht der lohnabhängigen Arbeiter.

vierte Welt, von den UN geprägter Begriff für die 28 (1990) am wenigsten entwickelten Länder *(Least developed countries)* der Erde, die am stärksten von Armut, Hunger und Auslandsverschuldung betroffen sind. Für die Zuordnung eines Landes zur v. W. entwickelten die UN bestimmte wirtsch. und soziale Kriterien (↑Entwicklungsländer).

Vierung, im Kirchenbau der Raumteil, in dem sich Langhaus und Querhaus durchdringen. Bei gleicher Breite und Höhe entsteht das **Vierungsquadrat**; es ist Grundlage des ↑gebundenen Systems und der sog. **ausgeschiedenen Vierung**, die deutlich gegen Chorraum, Lang- und Querhaus abgesetzt ist (durch Wand- und Pfeilervorlagen) wird. Oft überkuppelt und mit **Vierungsturm** versehen.

Vierwaldstätter See [fiːr...], von der Reuß durchflossener See am Alpennordrand in der Z-Schweiz, 434 m ü. d. M., 114 km², 214 m tief, gegliedert in Küßnachter, Luzerner, Alpnacher und Urner See.

Vierzehn Heilige ↑Nothelfer.

Vierzehnheiligen [fiːr...], Wallfahrtskirche in Oberfranken, südl. von Lichtenfels, Bayern; von J. B. Neumann erbaut (1743–72), Basilika mit Doppelturmfassade; bed. Rokokoausstattung (Gnadenaltar der 14 Nothelfer).

Vierzehn Punkte, Friedensprogramm des amerikan. Präs. W. Wilson vom 8. Jan. 1918 zur Beendigung des 1. Weltkriegs; enthielt folgende Grundsätze: 1. keine Geheimdiplomatie, 2. uneingeschränkte Freiheit der Schiffahrt, 3. allg. Wirtschafts- und Handelsfreiheit, 4. internat. Abrüstung, 5. unparteiische Regelung aller kolonialen Ansprüche unter Berücksichtigung der Interessen der Kolonialvölker, 6. Räumung der besetzten russ. Gebiete, 7. Freigabe des annektierten belg. Territoriums, 8. Räumung und Rückgabe des besetzten frz. Gebietes (einschließl. Elsaß-Lothringens), 9. Neufestlegung der Grenze in Oberitalien entspr. der Sprachgrenze, 10. autonome Entwicklung der Völker Österreich-Ungarns, 11. Wiederherstellung von Serbien, Rumänien und Montenegro, 12. Lösung der nichttürk. Völker aus dem Osman. Reich; freie Schiffahrt durch die Dardanellen, 13. Errichtung eines unabhängigen poln. Staates, 14. Gründung eines Völkerbundes. Die V. P. wurden von den Alliierten mit gewissen Modifikationen gebilligt, ohne indessen den Versailler Vertrag maßgeblich zu bestimmen.

Vierzigstundenwoche, zuerst in den USA, in Kanada und Frankreich während der Weltwirtschaftskrise und

Vietnam

Vietnam
Fläche: 329 556 km²
Bevölkerung: 68,5 Mill. E (1990), 207,8 E/km²
Hauptstadt: Hanoi
Amtssprache: Vietnamesisch
Nationalfeiertag: 2. Sept. (Jahrestag der Unabhängigkeitserklärung)
Währung: 1 Dong (D) = 10 Hào = 100 Xu
Zeitzone: MEZ +7 Stunden

schließlich in der BR Deutschland seit Mitte der 1950er Jahre schrittweise eingeführte wöchentl. Arbeitszeit. 1991 betrug die durchschnittl. Arbeitszeit pro Woche in den westl. Bundesländern 38,1 Std., in einigen Tarifbereichen wurde bereits eine Absenkung auf 35 Std. pro Woche bis 1995 vereinbart. In den neuen Bundesländern gilt als Arbeitszeitstandard die V., z. T. werden noch 42,75 Std. gearbeitet.

Vierzigstündiges Gebet, svw. ↑Ewige Anbetung.

Vieta, Franciscus ↑Viète, François.

Vietasche Wurzelsätze [nach F. Viète], Sätze, die den Zusammenhang zw. den Koeffizienten $a_1, a_2, ..., a_n$ einer algebraischen Gleichung n-ten Grades der Form

$$x^n + a_1 x^{n-1} + ... + a_n = 0$$

und ihren Lösungen (Wurzeln) $x_1, x_2, ..., x_n$ beschreiben. Speziell für eine quadrat. Gleichung der Form $x^2 + a_1 x + a_2 = 0$ mit den Lösungen x_1 und x_2 gilt: $x_1 + x_2 = -a_1$ und $x_1 \cdot x_2 = a_2$.

Vietcong [viˈɛtkɔŋ, viɛtˈkɔŋ], Abk. für: Viêt Nam Công San („vietnames. Kommunisten"), seit 1957 in S-Vietnam, dann auch in der westl. Welt gebräuchl. Bez. für die südvietnames. Guerillakämpfer, als deren Dachorganisation 1960 unter kommunist. Führung die Front National de Libération du Viêt Nam Sud (FNL; Nat. Befreiungsfront von S-Vietnam) entstand. – ↑Vietnam (Geschichte), ↑Vietnamkrieg.

Viète, François [frz. vjɛt], latinisiert Franciscus Vieta, * Fontenay-le-Comte (Vendée) 1540, † Paris 23. Febr. 1603, frz. Mathematiker. – Die Schriften des Diophantos von Alexandria regten ihn zur Entwicklung der Buchstabenalgebra an, die es ihm ermöglichte, Gleichungen beliebigen Grades zu erforschen. Er erkannte den Zusammenhang zw. den Koeffizienten und den Lösungen von Gleichungen (↑Vietasche Wurzelsätze).

Vieth von Golßenau, Arnold Friedrich [ˈfiːt], dt. Schriftsteller, ↑Renn, Ludwig.

Vietminh [viˈɛtmɪn], Kurzbez. für Viêt Nam Dôc Lâp Đông Minh Hôi („Liga für die Unabhängigkeit Vietnams"), 1941 von Ho Chi Minh in S-China gegr. und unter kommunist. Führung stehende vietnames. Unabhängigkeitsbewegung, deren militär. Verbände 1941–45 einen Guerillakrieg gegen die jap. Besatzungsmacht und 1946–54 gegen die frz. Kolonialmacht führten. – ↑Vietnam (Geschichte), ↑Vietnamkrieg.

Vietnam [viˈɛtnam, viɛtˈnam] (amtl.: Sozialist. Republik Vietnam), Staat in SO-Asien, zw. 8° 33′ und 23° 22′ n. Br. sowie 102° 08′ und 109° 28′ ö. L. **Staatsgebiet:** V. grenzt im N an China, im W an Laos und Kambodscha, im S und O an den Golf von Thailand bzw. an das Südchines. Meer. V. erhebt außerdem Anspruch auf die Spratlyinseln. **Verwaltungsgliederung:** 36 Prov., 3 regierungsunmittelbare Städte sowie ein Sondergebiet. **Internat. Mitgliedschaften:** UN, Colombo-Plan, ASEAN.

Landesnatur: V. erstreckt sich mit einer Länge von über 1 600 km an der O-Küste der Halbinsel Hinterindien. Die Breite, im N 600 km, im S 350 km, verringert sich in der Mitte bis auf 60 km. Die Kernräume des Landes sind Aufschüttungstiefländer des Roten Flusses im N (Tonkin, 22 000 km²) und des Mekong im S (Cochinchina, 70 000 km²). Unmittelbar nördl. des Tonkindeltas steigt ein stark gegliedertes Bergland auf, das fast ³⁄₄ von Nord-V. einnimmt. Das Bergland ist durchschnittlich 1 000–1 500 m hoch, im Fan Si Pan, dem höchsten Berg Indochinas, werden 3 142 m Höhe erreicht. Nach S setzt sich das Gebirgsland als schmale Küstenkette von Annam fort, die den etwa 960 km langen Küstentieflandsaum stellenweise bis auf 10 km Breite einengt. Im südl. V. nimmt das Gebirgsland mit ausgedehnten Plateaus nochmals breiten Raum ein.

Klima: Überwiegend trop.-monsunales Klima mit einer feucht-schwülen Regenzeit im Sommer (Südwestmonsun) und einer trockenheißen Vormonsunzeit. Ho-Chi-Minh-Stadt weist nur geringe jahreszeitl. Temperaturschwankungen auf (Jahresmittel 27 °C). Die Durchschnittstemperaturen in Hanoi liegen dagegen im Jan. bei 16,5 °C, im Juni bei 29 °C (Jahresmittel: 23,6 °C). An der O-Küste sind in der Zeit von Juni bis Nov. Taifune häufig; sie bringen hohe Regenmengen (über 3 000 mm/Jahr).

Vegetation: In hohen Gebirgs- und Luvlagen ist trop. Regenwald vorherrschend, ausgenommen die Hochlagen des nördl. V., die vielfach Nadelwälder tragen. In den Leelagen der Becken und Plateaus sind laubabwerfende Monsunwälder verbreitet. An den Küsten finden sich Mangroven.

Bevölkerung: Die fast ausschließlich in den Tieflandsgebieten lebenden Vietnamesen (früher Annamiten) machen etwa 84 % der Gesamtbev. aus. In den agrar. Gunsträumen des Tonkin- und Mekongdeltas übersteigen die Bev.dichten 1 000 E/km² z. T. erheblich. Die Konzentration der Vietnamesen auf die beiden Deltagb. und die Küstenzone beruht auf der Wirtschaftsform des Naßreisanbaus. Die menschenarmen Berg- und Gebirgsländer werden von 52 andersvölk. Minderheiten bewohnt, v. a. von Thai (und verwandten Stämmen), Miao, Muong, Yao, Dao u. a.; im südvietnames. Siedlungsgebiet von Cham, Khmer und Chinesen. Der Bev.zuwachs ist mit über 2 % sehr hoch, der Urbanisierungsgrad mit 20 % gering. Traditionell bekennt sich die Bev.mehrheit zum Buddhismus. Es besteht zehnjährige Schulpflicht. V. verfügt über 80 Hochschulen und 3 Universitäten.

Wirtschaft: V. ist ein Agrarstaat mit einer v. a. auf der Verarbeitung von Agrarprodukten und Bodenschätzen basierenden Ind. Nach dem Pro-Kopf-Einkommen zählt der Staat zu den ärmsten Ländern der Welt. Die sich seit 1985 erneut verschärfende Wirtschaftskrise, verbunden mit einer hohen Arbeitslosenzahl und stark angewachsener Inflationsrate, konnte zwischenzeitlich durch wirtschaftspolit. Maßnahmen (Reformen im Lohn-, Preis-, Steuer- und Währungssystem; ausländ. Kapitalinvestitionen) eingedämmt werden, hat sich aber seit 1990 wieder zugespitzt. Eine Weiterführung marktwirtsch. Reformen (bei überwiegender Beibehaltung staatl. Eigentums an Grund und Boden) soll die Wirtschaft konsolidieren. Die Landw. ist der wich-

Staatswappen

Internationales Kfz-Kennzeichen

Bevölkerung (in Mill.) / Bruttosozialprodukt je E (in US-$)

Bevölkerungsverteilung 1990

Bruttoinlandsprodukt 1985

Vietnam

tigste Wirtschaftszweig mit etwa 70 % aller Beschäftigten. Hauptanbaukultur ist Reis, für den Export werden Tee, Ananas, Tabak, Zuckerrohr, Kaffee, Kautschuk und Baumwolle angebaut. Die Ind. konzentriert sich v. a. im N des Landes (Steinkohlen- und Braunkohlenabbau, Förderung von Eisen-, Wolfram-, Chrom- und Zinnerzen; Eisen- und Stahlerzeugung, Maschinenbau, chem. und Zementind.). Im S hat sich ein stark ausgebauter Handels- und Dienstleistungssektor erhalten. Seit 1984 wird im Schelf des Sondergebietes Vung Tau–Côn Dao Erdöl und Erdgas gefördert. Hauptind.standorte sind Hanoi, Haiphong, Da Năng und Ho-Chi-Minh-Stadt.

Außenhandel: Zu den wichtigsten Exportgütern zählen Bergbauprodukte, Kautschuk, Kaffee, Tee, Holz, Bekleidung und kunstgewerbl. Erzeugnisse. Importiert werden Chemikalien, Maschinen, elektrotechn. Geräte und Transportmittel. Haupthandelspartner sind Rußland u. a. Staaten der GUS, Japan und Singapur.

Verkehr: Das Straßennetz ist rd. 350 000 km lang, davon sind etwa 65 000 km Hauptstraßen. Die Hauptverkehrsader bildet zus. mit der parallel verlaufenden Küstenstraße die 1730 km lange Eisenbahnverbindung Hanoi–Ho-Chi-Minh-Stadt. In den Deltagebieten spielt die Binnenschifffahrt eine große Rolle. Die wichtigsten Überseehäfen sind Haiphong, Ho-Chi-Minh-Stadt und Da Năng. Internat. ✈ sind Hanoi und Ho-Chi-Minh-Stadt.

Geschichte: Älteste Überlieferungen berichten von dem legendären Königreich der Viêt-Stämme Van Lang (2879 bis 258 v. Chr.) südl. des Jangtsekiang. Etwa im 4./3. Jh. entwickelte sich in Nord-V. eine hochstehende Bronzekultur, die Dongsonkultur.

Erstmals auf vietnames. Boden, im Delta des Roten Flusses, errichteten die Viêt 257 v. Chr. den Staat Aulac, der in dem nach 209 v. Chr. entstandenen Reich Nam Viêt aufging; 111 v. Chr. wurde es eine chin. Prov. und fortan in starkem Maße von chin. Kultureinflüssen geprägt. Nach mehreren Aufständen (z. B. unter Führung der Schwestern Trung 39–43 n. Chr.) gelang 939 die Vertreibung der Chinesen. Das 968 gegr. Reich Ðai Viêt (Groß-Viêt; 1804 in Viet-Nam umben.) unterwarf unter der späten Lê-Dyn. (1428–1788) das mittelvietnames. Reich Champa (1471). Die kurzzeitige Verdrängung (1527–92) der Lê-Dyn. durch die Mac-Dyn. wurde durch die Feudalgeschlechter Nguyên und Trinh aufgehoben; diese bauten bei nomineller Wiederherstellung der Lê-Dyn. ihre eigene Macht aus. Das Haus Trinh stellte von nun an die Reichsverweser; die Nguyên errichteten in Süd-V. ein seit 1620 autarkes Herrschaftsgebiet und nahmen dabei einen florierenden Handelsverkehr mit den Europäern auf, die ihnen auch Waffen lieferten. Die Macht der Nguyênfürsten, die sich nördl. ihrer Hauptstadt Phu Xuan (heute Huê) etwa bis zum 17. Breitengrad erstreckte, dehnte sich bis S bis zum Golf von Thailand aus. Die Zweiteilung des Landes, die zur Herausbildung zweier selbständiger Kultur- und Wirtschaftszentren führte, wurde im Tây-So'n-Aufstand (1772–78) beendet. Nach dem Sieg über die Nguyên und Trinh rief sich Nguyên Huê aus dem Geschlecht Tay So'n zum Kaiser einer neuen Dyn. aus, deren Macht aber schon 1801/02 mit frz. Hilfe durch die Nguyên wieder gebrochen wurde. Die Nguyên-Dyn. mußte 1862 die reichste Prov. in Süd-V. (Cochinchina) an Frankreich abtreten, das 1880–85 Annam und Tonkin ein Protektoratsverhältnis aufzwang und diese dann 1887 mit der frz. Kolonie Cochinchina zur Indochin. Union vereinte. In der 1. Hälfte des 20. Jh. entstand eine Unabhängigkeitsbewegung (Intellektuellengesellschaften, 1926 Gründung der bürgerl. Vietnames. Nat.partei), deren Führung nach einem gescheiterten Aufstand (1930) an den kommunistisch dominierten, 1941 von Ho Chi Minh gebildeten Vietminh überging; dieser richtete seinen Widerstand im 2. Weltkrieg v. a. gegen die Besetzung des Landes durch die Japaner (ab 1940). Im Aug. 1945 dankte Kaiser Bao Dai ab. Am 2. Sept. 1945 rief Ho Chi Minh die Demokrat. Republik V. (DRV) aus. Entgegen dem frz.-vietnames. Abkommen vom 6. März 1946, das der DRV den Status eines freien Staates innerhalb der Frz. Union zuerkannte, betrieb Frankreich eine Rekolonialisierungspolitik, der der Vietminh militär. und polit. Widerstand entgegensetzte (↑Vietnamkrieg). Entschieden wurde der verlustreiche Kampf Frankreichs gegen die von General Vo Nguyên Giap geführte Befreiungsarmee durch die Niederlage des frz. Expeditionskorps in Ðiên Biên Phu (7. Mai 1954). Auf der Genfer Indochina-Konferenz 1954 wurde die provisor. Teilung von V. in eine nördl. Zone, in die sich die Truppen des Vietminh, und in eine südl., in die sich die des frz. Expeditionskorps zurückziehen sollten, festgelegt (vorläufige Demarkationslinie am 17. Breitengrad) und für 1956 wurden gesamtvietnames. Wahlen vereinbart (↑Genfer Konferenzen).

In *Nord-V.* festigte die seit Nov. 1955 durchgeführte Landreform die Macht der Kommunisten, unter der Staatspräs. Ho Chi Minh Hilfsabkommen mit der UdSSR und China abschlossen. 1960 trat eine neue Verfassung in Kraft, und die ersten Wahlen seit 1946 wurden abgehalten. Die starke Abhängigkeit von den sowjet. Kriegsmateriallieferungen für den Guerillakrieg in Süd-V. bewirkte die zunehmende Orientierung nach Moskau. Die amerikan. Bombenangriffe während des ↑Vietnamkrieges auf Nord-V. ab 1964 brachten zwar erhebl. Verluste (etwa 4 % der Zivilbev.) und Zerstörungen (45 % der Städte, 75 % der Ind.anlagen, 25 % der landw. Produktion), unterbanden jedoch den Nachschub nach Süd-V. nicht.

In *Süd-V.* wurde 1954 der von den USA unterstützte Katholik Ngô Ðinh Diêm zum Reg.chef berufen, der im Okt. 1955 die Republik Süd-V. ausrief und deren erster Präs. wurde. Seine Gewaltherrschaft führte zum Anschluß auch der nat.gesinnten bürgerl. Kräfte an die kommunistisch geführte Nat. Befreiungsfront von Süd-V. (↑Vietcong), die sich seit ihrer Konstituierung (1960) auf eine seit 1956 zunehmend ausgeweitete Guerillatätigkeit stützen konnte. Nach dem Sturz und der Ermordung Ngô Ðinh Diêms (1963) durch eine Militärrevolte, der weitere folgten, wurde 1965 General Nguyên Van Thieu Staatsoberhaupt (1967 Präs.). Nur widerwillig nahm die Saigoner Reg. ab 1969 an den Friedensgesprächen teil, die die USA und Nord-V. seit Mai 1968 in Paris führten. Nachdem sie unter starkem amerikan. Druck dem Friedensabkommen vom Jan. 1973 zugestimmt hatte, verhinderte sie hartnäckig die dort vorgesehene polit. Lösung. Unterdessen versuchten die Saigoner Reg. und die FNL, ihre Gebiete mit Waffengewalt zu vergrößern. Dieser Teil der Auseinandersetzung endete im April 1975 mit dem völligen Zusammenbruch der Republik Süd-V., der Besetzung Saigons durch FNL-Truppen und der Übernahme der Reg.gewalt durch die Provisor. Revolutionsreg. von Süd-Vietnam.

Mit der Gründung der „Sozialist. Republik V." (SRV) am 2. Juli 1976 wurde die offizielle Wiedervereinigung von Nord- und Süd-V. unter kommunist. Herrschaft vollzogen. Der zunächst behutsame Prozeß der Integration von Süd-V. verschärfte sich ab 1978 und führte zu einem nicht abreißenden Flüchtlingsstrom (↑Boat people). Ende 1977 begannen krieger. Auseinandersetzungen mit dem von den ↑Roten Khmer beherrschten, prochin. orientierten Kambodscha, das vietnames. Truppen im Jan. 1979 besetzten (Einsetzung der Reg. Heng Samrin). Die VR China reagierte mit dem Einmarsch in Nord-V. Anfang 1979, zog sich aber nach für beide Seiten verlustreichen Kämpfen nach einigen Wochen aus den meisten besetzten Gebieten zurück. Entlang der kambodschan.-thailänd. Grenze kam es immer wieder zu bewaffneten Auseinandersetzungen zw. vietnames. Truppen und kambodschan. Rebellen, die sich seit Anfang 1983 verstärkten und zu ernsten Spannungen zw. V. und Thailand führten. Nachdem es V. im Rahmen der zentralist. Planwirtschaft trotz beträchtl. Entwicklungshilfe (insbes. aus der UdSSR) nicht gelungen war, den wirtsch. Wiederaufbau nach dem Vietnamkrieg in erforderl. Maße zu realisieren, leitete die KPV nach dem Rücktritt von Vertretern der alten polit. Führungsriege (Dez. 1986) unter ihrem neuen Generalsekretär Nguyên Van Linh (1986–91) 1987 wirtsch. Reformen mit marktwirtsch. Orientierung ein (Zulassung von Privatunternehmen, Teilprivatisierung der Landw., Subventionsabbau). Die ohne polit. Kursänderung begonnene wirtsch. Öffnung geriet angesichts der seit Ende der 80er Jahre drastisch zurückgegangenen sowjet. Unterstützung in Schwierigkeiten, die durch einen seit Ende des Vietnamkrieges bestehenden Wirtschaftsboykott der USA verstärkt wurden. 1987 übernahm Vo Chi Cong das Amt des Vors. des Staatsrats (Staatsoberhaupt). Auf Grund des internat. Drucks zog V. 1989 seine Truppen aus Kambodscha vollständig zurück. Im Juni 1991 löste der bisherige Min.präs. Do Muoi den KP-Generalsekretär Nguyên Van Linh ab; neuer Reg.chef wurde im Aug. 1991 der reformorientierte Vo Van Kiet. Außenpolitisch kam es unter dem Eindruck des Zusammenbruchs der kommunist. Regime in Osteuropa und der sich abzeichnenden Beendigung des Kambodschakonflikts 1991 wieder zu einer Annäherung an China. Trotz der Festschreibung gewisser marktwirtsch. Reformen und einer Stärkung des Parlaments in der neuformulierten Verfassung vom April 1992 hielt die polit. Führung am Sozialismus als Staatsziel fest. Erster Staatspräs. wurde im Sept. 1992 Le Duc Anh, zugleich wurde Vo Van Kiet für fünf Jahre im Amt bestätigt.

Vietnamesische Kunst. Figur eines Gottes aus der Stadt Indrapura, der Hauptstadt der Cham, 9. Jh. (Zürich, Museum Rietberg, Sammlung van der Heydt)

Politisches System: Nach der am 15. April 1992 von der Nat.versammlung verabschiedeten Verfassung ist V. eine sozialist. Volksrepublik („im Übergang zum Sozialismus"). Der in der vorangegangenen Verfassung vom 18. Dez. 1980 als kollektives *Staatsoberhaupt* vorgesehene Staatsrat (14 von der Nat.versammlung gewählte Mgl.) wurde durch das neueingerichtete Amt des von der Nat.versammlung gewählten Staatspräs. ersetzt, das den Oberbefehl über die Streitkräfte und den Vors. im Nationalen Verteidigungs- und Sicherheitsrat in sich verbindet. Die *Exekutive* liegt bei der Reg. unter Vorsitz des Min.präs., die der Nat.versammlung verantwortlich ist. Die *Legislative* wird von der Nat.versammlung (496 Abg., für 5 Jahre gewählt) ausgeübt. Staatstragende *Partei* ist die Kommunist. Partei Vietnams (KPV, bis Dez. 1976 Vietnames. Arbeiterpartei). Die Demokrat. Partei V. und die Sozialist. Partei V. dienen der Integration insbes. der Gewerbetreibenden und der Intellektuellen. Die *Massenorganisationen* (Gewerkschafts-, Jugend- und Frauenverband, Bauernunion, Berufsverbände und religiöse Vereinigungen) sind gemeinsam mit den Parteien in der Vietnames. Vaterländ. Front zus.gefaßt. *Verwaltungsmäßig* ist V. in 36 Prov., 3 regierungsunmittelbare Städte (Hanoi, Ho-Chi-Minh-Stadt, Haiphong), das Sondergebiet Vung Tau—Côn Dao sowie Distr. und Kommunen untergliedert. Auf allen Ebenen werden Volksräte als Vertretungsorgane und örtl. Organe der Staatsgewalt gewählt. Die Ausführung der lokalen und zentralen Entscheidungen obliegt Verwaltungskomitees, deren Mgl. von den Volksräten gewählt werden. Organe der *Rechtsprechung* sind der Oberste Volksgerichtshof und die Volksgerichte der Prov. und Distrikte. Die Überwachung der Gesetzesbefolgung durch Staatsorgane und Bürger sowie die Strafverfolgung obliegen dem Obersten Volkskontrollorgan sowie örtl. Volkskontrollorganen.

Vietnamesisch (Annamitisch), südostasiat. Sprache der Vietnamesen, eine flexionslose und syntakt. Stellungsgesetzen folgende „Mischsprache", die von den indones. und den Mon-Khmer-Sprachen beeinflußt ist. Das Tonalsystem (6 Töne) ist für die einsilbigen Wortwurzeln bedeutungsbestimmend. Der Wortschatz enthält zahlr. chin. Lehnwörter. – Die chin. Ideogrammschrift war bis ins 19. Jh. die gebräuchlichste Schrift. Unter Verwendung chin. Zeichenelemente entstand seit dem 13. Jh. die sog. „Nôm"-Schrift, in der v. a. die Werke der klass. Literatur aufgezeichnet wurden. Anstelle des nur den Gelehrten verständl. „Nôm" schufen christl. Missionare im 17. Jh. mit lat. Buchstaben und diakrit. Zeichen zur Kennzeichnung der Töne das „Quôc-ngu'" („Landesschrift"), das seit 1910 offizielle Nat.schrift ist.

vietnamesische Kunst, die Kunst der heute und einst auf dem gegenwärtigen Staatsgebiet Vietnams lebenden Völker (Vietnamesen, Cham, Thai- und Mon-Khmer-Gruppen). Sie vereint kulturelle Einflüsse v. a. aus China und Indien mit ethn. Eigenheiten. In der vorgeschichtl. Zeit war die ↑Dongsonkultur weithin verbreitet. Die Kunst in dem sich entlang der Ostküste erstreckenden Reich **Champa** nahm wiederholt ind. Elemente in Architektur und Plastik auf. Seit dem 7. Jh. erbauten die Cham Tempeltürme (Kalan) mit eigener Formsprache, die Einflüsse der Khmer sowie aus Java zeigen. Ihre hierat. Plastik gibt den ethn. Typ der Cham wieder. Diese Strenge wurde im 10. Jh. durch die eleganten Skulpturen von Mi-Son und Tra-Kiêu abgelöst. Mit dem Abschütteln der chin. Herrschaft über N-Vietnam (111 v. Chr. bis 939 n. Chr.) setzte die eigtl. v. K. ein, die durch den Buddhismus und die Kunst Chinas beherrscht wurde. In Dai-La, Hauptstadt des chin. Statthalters (bei Hanoi), verbanden sich eigene Traditionen mit Elementen aus China, Champa, Indien und Zentralasien. Die sakralen Ziegelbauten überwogen (Stupa von Binh-Son aus der Zeit der frühen Lê-Dyn., 980–1009), die Skulptur ist v. a. indisch beeinflußt. Hochentwickelte Keramik entstand nach chin. Vorbild v. a. in der neuen Hauptstadt Thang-Long (heute Hanoi) unter der Ly-Dyn. (1010–1225). Unter der Tran-Dyn. (1225–1413) Anlage großzügiger Zitadellen (u. a. in Thanh Hoa, 1397). Aus der späteren Lê-Dyn. (1428–1527 bzw. 1788) stammen königl. Grabbauten (Kalksteinstelen), bevorzugtes Ornament sind Drachen. Aus dem 16.–18. Jh. sind Pagoden, Tempel und Stupa erhalten; es überwiegt der chin. Einfluß. Die Kunst der Nguyên-Dyn. (1802–1945) wird v. a. vertreten durch die nach dem Vorbild Pekings errichtete Palaststadt in der Hauptstadt Huê. Das moderne Kunsthandwerk versucht, alte Techniken der Schnitzerei und der Perlmuttinkrustation neu zu beleben. In der bildenden Kunst sind traditionelle Techniken wie Aquarellmalerei auf Seide, kolorierter Holzschnitt, Farbholzschnitt, Schleiflacktechnik und Lackmalerei bed.; die Ölmalerei nach europ. Vorbild wird durch die Hochschule für bildende Künste in Hanoi vermittelt.

Vietnamesische Kunst. Teil der kaiserlichen Palastanlage in Huê, 19. Jahrhundert

vietnamesische Literatur

vietnamesische Literatur, auf Grund des während der Herrschaft des chin. Kaiserreiches über die nördl. Provinzen des heutigen Vietnam (111 v.Chr. bis 10.Jh. n.Chr.) stattfindenden Sinisierungsprozesses der politisch führenden Oberschicht wurde die chin. Sprache in Wort und Schrift als amtl. Verwaltungs- und Literatursprache übernommen, das Vietnamesische selbst jedoch als Umgangssprache belassen. Im Zuge der nat. Selbstbesinnung wurde im 13.Jh. ein eigenes Schriftsystem (die sog. „Nôm"-Schrift) der vietnames. Sprache geschaffen; in ihm sind u.a. *Geschichtswerke* und *Annalen, Gedichte, Versromane* und *Elegien* überliefert. Neben der nur einer dünnen Oberschicht verständl. chin. Literatur existierte seit ältester Zeit eine weithin unbeachtete mündlich tradierte *Volksliteratur* (Liebeslieder, Arbeitsgesänge der Bauern und Fischer, Mythen, Sagen, Märchen und Sprichwörter). Höhepunkt der klass. v.L. ist das vietnames. Nationalepos „Das Mädchen Kiêu" des Nguyên-Du. Die *moderne v.L.* begann mit der Einführung der von kath. Missionaren des 17.Jh. entwickelten Buchstabenschrift („Quôc-ngu") und der Anerkennung des Vietnamesischen als offizielle Landes- und Literatursprache, die als Mittel einer umfassenden Volksbildung und als Instrument antikolonialist. und sozialrevolutionärer Propaganda, u.a. in den Schriften und Gedichten von Ho Chi Minh, eingesetzt wurde. Mit dem durch Frankreich vermittelten westl. Ideengut setzte sich eine „Unabhängige Literatengruppe" auseinander. Zentrale Thematik in der Dichtung und Romanliteratur bis in die Zeit des Vietnamkrieges war die Bewältigung sozialer und polit. Probleme Vietnams; seit 1975 stand v.a. der Aufbau des Sozialismus im Vordergrund des literar. Schaffens.

vietnamesische Musik, die seit dem 10.Jh. historisch faßbare v.M. ist von der ind. und der chin. Musikkultur geprägt. Bis ins 15.Jh. überwogen eher die ind., bis zum 18.Jh. dann die chin. Einflüsse, während vom 19.Jh. bis zur Gegenwart – im Kontakt auch mit der Musik des Abendlandes – sich ein verhältnismäßig eigenständiger nat. Stil herausbildete. Die musikal. Stilvielfalt Hinterindiens spiegelt sich sowohl im vietnames. Instrumentarium als auch in den Gatt. der Volks- und Kunstmusik wider. Zu

Vietnamkrieg

Links: Ho Chi Minh, Präsident der Demokratischen Republik Vietnam, im Jahr 1946 bei einer Konferenz in Paris. Rechts: Wenige Tage vor dem Fall von Điên Biên Phu am 7. Mai 1954 werden verwundete Soldaten aus den französischen Stellungen abtransportiert

Links: Nordvietnamesische Fliegerabwehr beschießt amerikanische Bomber, die seit Februar 1965 über dem Ho-Chi-Minh-Pfad operieren. Rechts: Amerikanische Flugzeuge versprühen über den Regenwäldern Süd-Vietnams das Entlaubungsmittel Agent Orange

Vietnamkrieg

den archaischen Musikinstrumenten chin. Herkunft gehören die Mundorgel und die Klangplattenspiele aus Stein oder Metall. Dem ind. Kulturraum entstammt die zweifellige Trommel. Ind. Musizierpraxis verpflichtet sind die traditionellen improvisator. Vorspiele sowie die rhythm. Formeln als Basis der stets binären, gelegentlich polyrhythm. zeitl. Strukturierung. Die v. M. beruht auf einer halbtonlosen pentaton. Skala, bestehend aus neun Tönen (angenähert temperiert: c-d-f-g-a-c'-f'-g'), aus denen zwei-, drei-, vier- und fünftönige Skalen mit oder ohne zusätzl. Zwischentöne gebildet werden. In der Kunstmusik beherrschen zwei (stimmungsmäßig entgegengesetzte) modale Typen in vielfältiger Differenzierung die Musik, dabei dem Prinzip des ind. ↑Raga näherstehend als den abendländ. Tonarten. Die rituellen Gatt. der Hofmusik von Huê sind heute ebenso vom Aussterben bedroht wie die traditionelle Theatermusik, während die volkstüml. Kultmusik und die regional unterschiedl. Unterhaltungsmusik weiterleben. Als neue Gatt. entstehen Chöre, Sinfonien, Tänze und Musiktheater (1965 erste vietnames. Oper).

Vietnamkrieg, in 3 Phasen verlaufener militär. Konflikt in Indochina (daher auch Indochinakrieg) 1946–75, der seinen Ursprung und Hauptschauplatz in Vietnam hatte.
In der *1. („frz.") Phase* (1946–54) kämpfte die von Vo Nguyên Giap aufgestellte vietnames. Partisanenarmee des ↑Vietminh gegen ein frz. Expeditionsheer, das nach dem Abzug der Japaner aus dem von ihnen im 2. Weltkrieg besetzten Frz.-Indochina und der Proklamation einer „Demokrat. Republik Vietnam" unter der Führung des Kommunisten Ho Chi Minh 1945 die frz. Kolonialmacht wiederherstellen sollte. Auslöser des Krieges war der Haiphong-Zwischenfall (Beschießung des Vietnamesenviertels der Hafenstadt Haiphong durch frz. Kriegsschiffe am 23. Nov. 1946, als der Forderung des frz. Oberbefehlshabers nach sofortigem Abzug aller Truppen des Vietminh aus der Stadt nicht entsprochen wurde). Daraufhin wurden im Dez. 1946 die frz. Garnisonen durch Vietminh-Einheiten angegriffen, die sich jedoch (nach mehrwöchiger Schlacht um Hanoi) zunächst zurückziehen mußten und ihr Hauptquartier in der

Links: Der Saigoner Polizeichef Nguyên Ngoc Loan tötet am 1. Februar 1968 einen gefangenen Vietcong-Offizier auf offener Straße.
Rechts: Während der Osterunruhen 1968 demonstrieren Studenten in München vor allem auch gegen den Vietnamkrieg

Links: die Delegationen der vier Kriegsparteien am runden Tisch zu Beginn der Pariser Vietnamkonferenz am 25. Januar 1969. Rechts: Kinder auf der Flucht nach einem Napalmangriff der südvietnamesischen Luftwaffe auf Trang Ban am 8. Juni 1972

unzugängl. Gebirgsgegend westl. von Hanoi (Viet Bac) errichteten. 1949 setzten die Franzosen den ehem. vietnames. Kaiser Bao Dai formell als „Staatschef" wieder ein. Das frz. Expeditionskorps (insges. rd. 160 000 Mann) erwies sich jedoch bald als unterlegen. Seit dem Sieg der Kommunisten im angrenzenden China (1949) erhielt der Vietminh von dort militär. Ausrüstungshilfe und polit. Unterstützung; die seitdem vom Westen gehegte Befürchtung, ein Erfolg im V. würde auch in den benachbarten Staaten zum kommunist. Umsturz führen *(Dominotheorie)*, veranlaßte die amerikan. Reg. ab 1950 nach einem entsprechenden frz. Hilfeersuchen zu umfangreicher Finanzhilfe und zur Entsendung amerikan. Militärberater nach Saigon. 1953 war der militärisch offensive und von der bäuerl. Bev. unterstützte Vietminh in weiten Teilen des Landes präsent. Nach der endgültigen frz. Niederlage in der Schlacht bei Ðiên Biên Phu (7. Mai 1954) wurden auf der Genfer Indochina-Konferenz am 21. Juli 1954 Waffenstillstandsabkommen abgeschlossen (↑Genfer Konferenzen), die u. a. zur militär. Entflechtung in eine vorläufige Demarkationslinie am 17. Breitengrad vorsahen. Die in der (von der Garantiemacht USA nicht unterzeichneten) Schlußerklärung der Konferenz angekündigten gesamtvietnames. Wahlen zur Wiedervereinigung Vietnams scheiterten am Widerstand des von den USA protegierten südvietnames. Reg.chefs Ngô Đình Diệm (1954–63), der die Franzosen aus dem Land drängte, dieses zu einem antikommunist. Vorposten ausbaute (Aufbau eines 300 000-Mann-Heeres) und alle oppositionellen Kräfte ausschaltete bzw. in den Untergrund zwang. Dagegen richteten sich die seit 1957 ständig zunehmenden Guerillaaktionen des ↑Vietcong, der sich 1960 in der von N-Vietnam gelenkten „Nat. Befreiungsfront von S-Vietnam" (FNL) organisierte (zudem wachsende Zahl der aus N-Vietnam „einsickernden" Kader) und immer größere ländl. Gebiete unter seine Kontrolle brachte (Anfang 1964 etwa zwei Drittel aller Dörfer).

Nachdem die USA bereits unter Präs. J. F. Kennedy ihre Militärpräsenz in S-Vietnam ständig verstärkt hatten (Ende 1963 16 300 Militärberater), ließ sich der amerikan. Präs. L. B. Johnson nach dem nie ganz aufgeklärten Tonkin-Zwischenfall (angebl. Beschießung von zwei amerikan. Zerstörern durch nordvietnames. Kriegsschiffe im Golf von Tonkin am 2. und 4. Aug. 1964) vom Kongreß eine Generalvollmacht für den Einsatz amerikan. Truppen in Indochina geben, womit die *2. („amerikan.") Phase* des V. begann. Truppenverstärkung (rd. 540 000 amerikan. Soldaten 1969), systemat. Bombardierung wirtsch. und militär. Ziele in N-Vietnam (ab Febr. 1965), Luftangriffe gegen das von den N-Vietnamesen benutzte Straßennetz des Ho-Chi-Minh-Pfades in Laos und Kambodscha und die direkte Beteiligung von Militärkontingenten einiger mit den USA verbündeter Staaten (Süd-Korea, Thailand, Australien, Neuseeland, Philippinen) folgten. In S-Vietnam konnten die Amerikaner durch den Einsatz ihrer überlegenen Luftwaffe und Anwendung neuer Kampfmethoden (z. B. massive Hubschraubereinsätze zur Bekämpfung der Partisanen) zwar einen militär. Gesamtsieg ihres Gegners verhindern, aber keinen Sieg erzwingen. Verschiedene Umsiedlungsaktionen von Vietnamesen in „Wehrdörfer", Napalmeinsätze, chem. Entlaubung durch Herbizide und die anhaltenden Bombardements sollten den FNL-Guerillas die Lebensbasis entziehen und entvölkerten ganze Landstriche. Die amerikan. Luftangriffe schadeten der Infrastruktur N-Vietnams enorm und machten es abhängig von sowjet. sowie chin. Rüstungs- und Wirtschaftshilfe, sie wirkten aber zugleich innenpolitisch solidarisierend und behinderten den Nachschub nach S-Vietnam nicht ernsthaft. Obwohl die großangelegte Tet-Offensive der Truppen Vo Nguyên Giaps (Ende Jan. 1968) militärisch letztlich erfolglos blieb, wirkte sie auf Grund der unerwarteten Schlagkraft der Vietnamesen in den USA als Schock. Insbes. dort, aber auch weltweit nahm die Kritik an der amerikan. Vietnampolitik zu (v. a. an den Bombenabwürfen auf die Zivilbev., den Ausschreitungen von Truppen wie das Massaker von My Lai, am Einsatz chem. Mittel). Mit der Einstellung der amerikan. Bombardements auf N-Vietnam wurde die wichtigste Bedingung für die Aufnahme von Verhandlungen (ab Mai 1968 in Paris) erfüllt. Die Lösung der USA aus dem V. strebte Präs. R. M. Nixon durch den Abbau der amerikan. Streitmacht in Vietnam seit Anfang 1969, in bilateralen Geheimverhandlungen seines Sonderbeauftragten H. A. Kissinger mit N-Vietnam (Verhandlungsführer Lê Đức Thọ) seit Aug. 1969 und durch die „Vietnamisierung" des Konflikts (d. h. den massiven Aufbau der südvietnames. Armee) an. Das Waffenstillstandsabkommen vom 27. Jan. 1973 bestimmte den Abzug des gesamten militär. Personals der USA, ohne Festlegungen über die im S befindl. nordvietnames. Truppen (etwa 145 000 Mann) zu treffen. Die polit. Regelung sah vor, daß ein „Nat. Versöhnungsrat" aus Vertretern der Saigoner Reg. unter Nguyên Văn Thiêu, der von der FNL 1969 gebildeten „Provisor. Revolutionsreg." (PRRSV) und der „Dritten Kraft" (Oppositionelle außerhalb der FNL) allg. Wahlen in S-Vietnam durchführen sollte, doch die Verhandlungen blieben ergebnislos. Statt dessen versuchten die Saigoner Reg. und die kommunist. Truppen, die von ihnen kontrollierten Gebiete mit Waffengewalt zu vergrößern, was die *3. (Bürgerkriegs-)Phase* des V. einleitete. Nach Einstellung der finanziellen Hilfe durch die USA und dem Fall der militär. Stützpunkte im Hochland von Annam im März 1975 zogen sich die südvietnames. Reg.truppen rasch zurück und lösten sich unter dem Druck der nachrückenden kommunist. Truppen auf. Am 21. April 1975 trat der südvietnames. Präs. Nguyên Văn Thiêu zurück. Am 30. April 1975 wurde Saigon von Einheiten der „Provisor. Revolutionsregierung" der FNL mit nordvietnames. Unterstützung besetzt; ein großer Flüchtlingsstrom setzte ein. Im Gefolge dieser letzten Phase des V. kam es am 2. Juli 1976 zur Wiederherstellung eines gesamtvietnames. Staates unter kommunist. Führung (Sozialist. Republik Vietnam).

Viëtor, Karl [viˈeːtɔr], *Wattenscheid 29. Nov. 1892, †Boston 7. Juni 1951, dt.-amerikan. Literaturhistoriker. – Ab 1925 Prof. in Gießen; nach seiner Emigration ab 1937 an der Harvard University; zahlr. Untersuchungen zur dt. Literatur und zu den Gattungen.

Vietzer Schanze ↑Höhbeck.

Viewdata [engl. ˈvjuːdeɪtə], svw. ↑Bildschirmtext.

Vigée-Lebrun, Élisabeth [frz. viʒeləˈbrœ̃], *Paris 16. April 1755, †Louveciennes (Yvelines) 30. März 1842, frz. Malerin. – Ihr klassizist. Porträtstil (v. a. Frauenporträts des frz. Hochadels) ist an Rubens und van Dyck geschult.

Vigeland, Gustav [norweg. ˈviːɡəland, ˈviːɡələn], *Mandal 11. April 1869, †Oslo 12. März 1943, norweg. Bild-

Gustav Vigeland. Monolith und Figurengruppen im Frognerpark in Oslo, begonnen 1906

hauer. – Schuf u. a. die etwa 100 Skulpturen im Frognerpark in Oslo (1906 ff.).

Vigil [zu lat. vigilia „Wache, Nachtwache"], in der altkirchl. Gebetsordnung eine nächtl. Gebetszeit (Matutin, Mette). I. e. S. eine urspr. nächtl. Feier als Vorbereitung auf ein kirchl. Fest, die seit dem frühen MA auf den Vortag des Festes gerückt ist.

Vigneaud, Vincent du [engl. vɪnˈjoʊ], *Chicago 18. Mai 1901, †White Plains (N. Y.) 11. Dez. 1978, amerikan. Biochemiker. – Prof. an der Cornell University (New York). Für die Isolierung, Aufklärung der chem. Struktur und Synthetisierung der Hormone Oxytozin und Vasopressin erhielt er 1955 den Nobelpreis für Chemie.

Vignette [vɪnˈjɛtə; frz., eigtl. „kleine Weinrebe" (zu lat. vinea „Weinstock")], in ma. *Handschriften* Weinrankenzierrat, in der *Buchkunst* ornamentales Zierstück, oft auch mit bildl. Darstellung, auf dem Titelblatt (Fleuron), zu Beginn oder am Ende eines Kapitels oder eines Buches (Cul-de-lampe).
▷ in der *Photographie* eine Maske mit bestimmten Ausschnitten vor dem Objektiv einer Bildaufnahmekamera; auch Bez. für eine Maske, die zur Verdeckung bestimmter Stellen eines Negativs beim Kopieren dient.
▷ im *Verkehrswesen* Gebührenmarke für die Autobahnbenutzung; 1985 in der Schweiz eingeführt.

Il Vignola. Palazzo Farnese in Caprarola, 1559–64

Vignola, il, eigtl. Iacopo Barozzi [italien. vɪnˈpɔːla], *Vignola bei Modena 1. Okt. 1507, †Rom 7. Juli 1573, italien. Architekt. – Erhielt 1534–36 erste Bauaufgaben (am Vatikan), 1540/41 mit Primaticcio in Frankreich; seit 1546 wieder in Rom und dessen Umgebung tätig. Meisterwerke des Manierismus sind die Villa Giulia (1551 ff.) in Rom und der Palazzo Farnese (1559–64) in Caprarola. Mit Il Gesù in Rom (seit 1568; Verbindung von Zentralraum [der überkuppelten Vierung] und basilikalem, tonnengewölbten Längsbau [mit Kapellenreihen statt Seitenschiffen]) prägte V. einen im ganzen Abendland wirksamen Typus an der Schwelle zum Barock. Seine „Regole delli cinque ordini d'architettura" (1562) wurden zu einem architekturtheoret. Standardwerk.

Vigny, Alfred Comte de [frz. viˈɲi], *Schloß Loches (Indre-et-Loire) 27. März 1797, †Paris 17. Sept. 1863, frz. Dichter. – 1814–27 Offizier; Dichter der frz. Romantik, dessen Werk weitgehend von einem aristokrat. und stoischen Pessimismus geprägt ist, u. a. „Chatterton" (Dr., 1835), „Cinq Mars" (R., 1826), „Le journal d'un poète" (hg. 1867); wurde 1845 Mgl. der Académie française.

Vigo, Jean [frz. viˈgo], eigtl. J. Almereyda, *Paris 26. April 1905, †ebd. 5. Okt. 1934, frz. Filmregisseur. – Drehte surrealist. und sozialkrit. Elemente verbindende Dokumentar- und Spielfilme, u. a. „Betragen ungenügend" (1932) „Atalante" (1934).

Vigo [ˈviːgo, span. ˈbiɣo], span. Hafenstadt in Galicien, 263 000 E. Gemäldegalerie; Hauptzentrum der span. Fischkonservenind., Werften, Porzellan-, Glas-, Auto-, holzverarbeitende, Eisen- und Stahlind. – Seit der Antike bed. Hafen (in der Römerzeit **Vicus**); 1719 von den Briten erobert (Zerstörung aller Befestigungsanlagen); 1808/09 frz. besetzt. – Klassizist. Kollegialkirche (19. Jh.).

vigoroso [italien.], musikal. Vortragsbez.: energisch, lebhaft, kräftig.

Vihuela [viuˈeːla; span.], seit dem 13. Jh. in Spanien Bez. für Saiteninstrumente mit scharf abgesetztem Hals und einem Korpus mit Zargen. Das Instrument konnte mit Federkiel gezupft oder mit einem Bogen gestrichen werden. Im 16. Jh. trat die **Vihuela de mano** (Hand-V.) in den Vordergrund, die mit den Fingern gezupft wurde. Sie glich der Gitarre, hatte aber 5–7 doppelchörige Saiten.

Viipuri [finn. ˈviːpuri, ↑Wyborg.

Vijayawada [vɪˈdʒaːjəvaːdə], ind. Stadt an der Krishna, Bundesstaat Andhra Pradesh, 462 000 E. Kath. Bischofssitz; buddhist. und hinduist. Pilgerzentrum; Handelsplatz.

Vik, Bjørg [norweg. viːk], *Oslo 11. Sept. 1935, norweg. Schriftstellerin. – Mit Novellen, Romanen und Schauspielen von maßgebl. Einfluß auf die feminist. Bewegung und die Frauenliteratur in Norwegen.

Vikar [zu lat. vicarius „Stellvertreter"], in der *kath.* Kirche der Vertreter einer geistl. Amtsperson (Apostol. V., Kapitels-V., Pfarr-V.). – Die *ev.* Kirchenverfassungen kennen den V. für alle kirchl. Ämter. Auch Frauen **(Vikarinnen)** sind zugelassen.

vikariierende Arten [lat.], nah verwandte Pflanzen- bzw. Tierarten, die auf Grund unterschiedl. Standortansprüche nicht gemeinsam vorkommen, aber am jeweiligen Standort einander vertreten; z. B. Rostrote Alpenrose auf sauren Böden, Behaarte Alpenrose auf Kalkböden der Alpen.

Viking [engl. ˈvaɪkɪŋ], Name zweier amerikan. Planetensonden, die 1975 zur Erforschung des Mars gestartet wurden. *V. 1* (Start Aug. 1975) konnte im Juli 1976 eine Landeeinheit im äquatornahen Bereich des Planeten absetzen, die bereits 18 Minuten nach der Landung erste Funksignale zur Erde übermittelte. *V. 2* (Start Sept. 1975) setzte im Sept. 1976 eine Landeeinheit im Polarbereich des Planeten ab, die trotz beschädigter Antenne ebenfalls funktionsfähig war. Die V.sonden lieferten neben rd. 10 000 Aufnahmen hervorragender Qualität eine Fülle von Informationen über den Mars. Spuren organ. Lebens konnten nicht entdeckt werden.

Viktimologie [zu lat. victima „Opfer"], eine gegen Ende des 2. Weltkrieges entstandene Forschungsrichtung, die sich überwiegend als Teil der Kriminologie versteht. Die V. geht davon aus, daß Persönlichkeitsstruktur und Situation des Verbrechensopfers einen erhebl. Anteil an der Entstehung des Verbrechens haben, und versucht, die aus der Erfahrung dieses Phänomens gewonnenen Erkenntnisse u. a. für die Zwecke der Verbrechensprophylaxe fruchtbar zu machen.

Viktor von Solothurn, hl., röm. Märtyrer, ↑Ursus und Viktor.

Viktor, Name von Päpsten:
V. I., hl., Papst (189¿–198¿). – Unter ihm trat in der röm. Gemeinde das lat. Element stark hervor, ebenso der röm. Führungsanspruch im Osterfeststreit. – Fest: 28. Juli.
V. II., †Arezzo 28. Juli 1057, vorher Gebhard von Eichstätt, Papst (seit 13. April 1055). – 1042 Bischof von Eichstätt; vertrauter Kaiser Heinrichs III., der ihn im Herbst 1054 zum Nachfolger von Papst Leo IX. bestimmte; 1055 in Rom inthronisiert. Mit seinem Tod endete die kaiserl. Führung in der Kirchenreform.

Viktor, Name von Herrschern:
Italien:
V. Emanuel II., *Turin 14. März 1820, †Rom 9. Jan. 1878, König von Sardinien (1849–61) und Italien (seit 1861). – Akzeptierte mit der Beibehaltung der Verfassung von 1848 das Bündnis mit der liberalen Nat.bewegung, den Übergang zum parlamentar. Reg.system und die Unterstützung auch der demokrat.-republikan. Kräfte (Garibaldi) bei der Einigung Italiens (↑Italien, Geschichte), konnte jedoch der Krone eine starke Stellung wahren.

Vincent du Vigneaud

Alfred Comte de Vigny (Lithographie von Charles de Lafosse)

Viktor Emanuel II., König von Italien

Viktoria

Viktor Emanuel III., König von Italien

V. Emanuel III., *Neapel 11. Nov. 1869, †Alexandria (Ägypten) 28. Dez. 1947, König (1900–46). – Sohn Humberts I.; unterstützte vor 1914 die Reformpolitik G. Giolittis; 1915 begünstigte er den Kriegseintritt Italiens. Er widersetzte sich nicht dem drohenden Faschismus und ernannte am 30. Okt. 1922 B. Mussolini zum Min.präs. Während des Faschismus spielte er keine polit. Rolle, doch gelang es ihm, zus. mit dem „Großrat des Faschismus" am 24. Juli 1943 Mussolini zu stürzen und durch das Militärkabinett Badoglio zu ersetzen. Mußte auf Druck des Nat. Befreiungskomitees zugunsten seines Sohnes, Humbert II., abdanken (5. Juni 1944, endgültig 9. Mai 1946).

Sardinien:
V. Amadeus I., *Turin 14. Mai 1666, †Moncalieri 31. Okt. 1732, Hzg. von Savoyen (1675–1730; als V. A. II.), König von Sizilien (1713–1718/20) und Sardinien (1718/20–30). – V. A. I. gelang es, Savoyen aus der Abhängigkeit von Frankreich zu lösen und durch Teilnahme am Span. Erbfolgekrieg 1713 seinem Haus die Königskrone zu sichern. Als 1720 Österreich Sizilien erhielt, wurde V. A. I. durch Sardinien entschädigt. Führte dort umfassende Reformen durch.

Viktoria, Name von Herrscherinnen:
Dt. Reich:

Viktoria, Königin von Großbritannien und Irland

V., *London 21. Nov. 1840, †Schloß Friedrichshof (bei Kronberg) 5. Aug. 1901, preuß. Königin und Kaiserin. – Älteste Tochter der brit. Königin Viktoria; seit 1858 ⚭ mit dem späteren Kaiser Friedrich III. (daher nach 1888 „Kaiserin Friedrich"), auf den sie großen Einfluß nahm; politisch entschieden liberal eingestellt, geriet sie oft in Ggs. zu Bismarck; Mutter Wilhelms II.

Braunschweig-Lüneburg:
V. Luise, *Potsdam 13. Sept. 1892, †Hannover 11. Dez. 1980, Herzogin. – Einzige Tochter Kaiser Wilhelms II., ⚭ mit Hzg. Ernst August von Braunschweig-Lüneburg; schrieb u. a. „Ein Leben als Tochter des Kaisers" (1965).

Großbritannien und Irland:
V., *Kensington Palace (London) 24. Mai 1819, †Osborne House (Isle of Wight) 22. Jan. 1901, Königin (seit 1837) und Kaiserin von Indien (seit 1876). – Tochter des Hzg. Eduard von Kent (einem Sohn König Georgs III.); Nachfolgerin ihres Onkels, Wilhelm IV.; seit 1840 ⚭ mit ihrem Vetter Albert, Prinz von Sachsen-Coburg-Gotha, der sie in ihrer Reg.führung maßgeblich beeinflußte. V. war durch ehel. Bindungen ihrer 9 Kinder mit fast allen europ. Fürstenhöfen verwandt („*Großmutter Europas*"; u. a. war der dt. Kaiser Wilhelm II. ihr Enkel); während ihrer langen Herrschaft (letzte Monarchin aus dem Hause Hannover) erlebte Großbritannien die Blütezeit als Wirtschafts- und Kolonialmacht (sog. **Viktorianisches Zeitalter**).

Viktoriaorden (The Royal Victorian Order), brit. Orden (↑Orden, Übersicht).

Viktorinerschule ↑Sankt Viktor, Schule von.

Viktualien [lat.], veraltete Bez. für Lebensmittel.

Vikunja [indian.] (Lama vicugna), kleinste Kamelart in den Anden Perus, Boliviens, Argentiniens und Chiles, zw. etwa 3 500 und knapp 6 000 m Höhe; Länge 125–190 cm, Schulterhöhe 70–110 cm; mit dichtem, oberseits bräunlichgelbem bis braunem, unterseits weißl. Fell; liefert kostbare, feine und leichte Wolle; wurde von den Inkas in Farmen gehalten und geschoren, später jedoch von den Europäern zur Wollgewinnung rücksichtslos bejagt; Fortbestand in Reservaten gesichert.

Vila [engl. 'vi:lə], Hauptstadt von Vanuatu, auf der Insel Efate, 19 400 E. Kath. Bischofssitz; Museum; Hafen, internat. ✈.

Vila, Einz. von ↑Vilen.

Vila Cabral ↑Lichinga.

Vila Nova de Gaia, portugies. Stadt gegenüber von Porto, 62 000 E. Museum. Zentrum des Portweinhandels; Metallwaren-, Textilind. – Bereits in röm. Zeit besiedelt; im 13. Jh. als V. N. de G. gen. (vorher: **Santa Marinha de Portugal**); erhielt erste Privilegien 1255.

Vilar, Esther, *Buenos Aires 16. Sept. 1935, dt. Publizistin. – Ärztin; Übersetzerin, Schriftstellerin und Rundfunkautorin; erregte mit ihrem Buch „Der dressierte Mann" (1971) Aufsehen; schrieb u. a. auch „Das polygame Geschlecht" (1974), „Das Ende der Dressur" (1977), „Die Mathematik der Nina Gluckstein" (1985).

V., Jean, *Sète 25. März 1912, †ebd. 28. Mai 1971, frz. Schauspieler und Regisseur. – Gründete 1947 das „Festival d'Art Dramatique" von Avignon, das er bis zu seinem Tod leitete. 1951–63 Leiter des „Théâtre National Populaire", das er zu einem Volkstheater ausbaute (v. a. Werke von Pirandello, Tschechow, Brecht und Shakespeare).

Vila Real [portugies. 'vilɛ 'rrjal], Stadt in N-Portugal, 13 300 E. Verwaltungssitz des Distr. V. R.; kath. Bischofssitz; ethnograph. Museum; Weinbauzentrum. – Geht auf die Errichtung einer Einsiedelei 1272 zurück; erhielt 1289 erste Privilegien. – Spätgot. ehem. Klosterkirche (14./15. Jh.).

Vilbel, Bad ['fɪl...] ↑Bad Vilbel.

Vildrac, Charles [frz. vil'drak], eigtl. C. Messager, *Paris 22. Nov. 1882, †Saint-Tropez 25. Juni 1971, frz. Schriftsteller. – Anhänger des Unanimismus; Freund G. Duhamels, versuchte in seinen Dramen in alltägl. Situationen des Arbeiter- und Kleinbürgerlebens den wirkl. Menschen zu zeigen.

Vilen (Einz. Vila), bei den Südslawen kollektive Bez. für weibl. Geister von bezaubernder Schönheit, die auch als Falken oder Schwäne auftreten. Meist sind sie den Menschen wohlgesonnen; können aber auch den Verstand verwirren und Kinder stehlen.

Villa ['bija], Francisco, gen. Pancho V., eigtl. Doroteo Arango, *Río Grande (= San Juan del Río), †Parral 20. Juli 1923 (ermordet), mex. Revolutionär. – Führer einer Partisanenarmee im NW Mexikos, eroberte zus. mit E. ↑Zapata 1914 die Hauptstadt Mexiko. Unterlag 1917 der Armee V. Carranzas.

Villa (Mrz. Villen) [lat.], herrschaftl. Wohnhaus. Bei den Römern eigtl. das zu einem Landgut gehörende Wohngebäude, dann auch Landhaus ohne Wirtschaftsgebäude, schließlich auch städt. Wohnsitz. Für die häufig von Gartenanlagen umgebene V. sind eine freie Grundrißdisposition mit Säulenhallen und -gängen sowie Terrassierungen charakteristisch (↑Hadriansvilla bei Tivoli). In der italien. Renaissance bezeichnete der Begriff V. eine große Gartenanlage mit „Casino" (Gartenpalast). Bed. Beispiele sind die V. Farnesina und V. Madama in Rom, V. Lante bei Viterbo, die V. d'Este in Tivoli. Als Höhepunkt der V.architektur gelten Palladios V. Carpa („La Rotonda") bei Vicenza und V. Barbaro in Maser. – Im 19. Jh. wurde die V. zur bevorzugten Bauform Wohlhabender (V. Hügel der Fam. Krupp in Essen). Luxuriöse Einfamilienhäuser des 20. Jh. mit Garten stehen in dieser Tradition.

Villa Basilica ↑Bonn.

Villa Borghese [italien. bor'geːze], große Gartenanlage mit Casino (Gartenpalast) auf dem Pincio in Rom, 1613–16 im Auftrag von Kardinal S. Borghese von dem niederl. Baumeister Giovanni Vasanzio (um 1550–1621) errichtet, später in einen engl. Park verwandelt; bed. Skulpturen- und Gemäldesammlungen.

Villa Borghese. Casino, 1613–16 erbaut von dem niederländischen Baumeister Giovanni Vasanzio, um 1550–1621

Villach [ˈfɪlax], östr. Stadt in Kärnten, an der Drau, 501 m ü. d. M., 52 700 E. Paracelsus-Inst., Stadtmuseum, Nahrungsmittel-, Textil- und Lederind., Holzveredlung, Lackfabrik; chem., Elektro- und elektron. Ind., Maschinenbau; Fremdenverkehr; der Stadtteil **Warmbad Villach** ist Kurbad. – V., in dessen Umgebung der Mensch bereits im Neolithikum siedelte, entstand an der Stelle zweier Römersiedlungen **(Bilachinium** und **Santicum)** um die 878 erstmals erwähnte Draubrücke; erscheint 1239/40 erstmals als Stadt; gelangte durch Fernhandel im Spät-MA zur Blüte; 1348 durch Erdbeben und Feuer vernichtet; fand in den folgenden Jh. eine neue wirtsch. Grundlage im Bleibergbau und in der Eisenverarbeitung der Umgebung; kam 1759 durch Kauf an das Haus Österreich. – Spätgot. Hauptstadtpfarrkirche Sankt Jakob (14./15. Jh.; barockisiert) mit hohem W-Turm (um 1300), spätbarocke Stadtpfarr- und Wallfahrtskirche zum Hl. Kreuz (1726–38); Burgruine Landskron (14. Jh., 1952 ausgebaut); Schloß Mörtenegg (16. und 18. Jh.). Im Ortsteil **Maria Gail** alte Wehrkirche (1606 Wiederaufbau).

Villa de Guadalupe Hidalgo [span. ˈbija ðe ɣuaðaˈlupe iˈðalɣo], mex. Stadt im nö. Vorortbereich der Stadt Mexiko, bedeutender Wallfahrtsort. – Der 1848 hier geschlossene Friede von Guadalupe Hidalgo beendete den ↑Mexikanischen Krieg der USA. – Wallfahrtskirche (1533 gegr., 1709 erneuert).

Villa d'Este [italien. ˈdɛste], im W von Tivoli gelegene Villa mit manierist. Gartenanlagen, die 1550 ff. von P. Ligorio für Kardinal I. d'Este angelegt wurden.

Villaespesa, Francisco [span. biˈʎaesˈpesa], *Laujar de Andarax (Prov. Almería) 14. Okt. 1877, †Madrid 9. April 1936, span. Schriftsteller. – Als Lyriker, Dramatiker und Romancier führender Vertreter des span. Modernismo.

Villafranca di Verona, Vorfriede von, am 11. Juli 1859 in Villafranca di Verona (Prov. Verona) abgeschlossener frz.-östr. Waffenstillstand (im Sardin.-Frz.-Östr. Krieg); Frankreich erhielt von Österreich die Lombardei und gab sie an Sardinien weiter.

Villa Hammerschmidt, Sitz des Bundespräs. der BR Deutschland in Bonn, ben. nach dem Großindustriellen R. Hammerschmidt (*1853, †1922), 1863–65 errichtet, 1878 umgebaut.

Villahermosa [span. bijaɛrˈmosa], Hauptstadt des mex. Staates Tabasco, in der Golfküstenebene, 390 000 E. Kath. Bischofssitz; Univ. (gegr. 1958); archäolog. Museum; Holz-, Tabak- und Nahrungsmittelind., Hafen, internat. ✈. – 1596 als **Villa Felipe II** gegr., hieß ab 1598 **San Juan de Villa Hermosa,** ab 1826 **San Juan Bautista;** seit 1915 Villahermosa.

Villa-Lobos, Heitor [brasilian. ˈvilaˈlobus], *Rio de Janeiro 5. März 1887, †ebd. 17. Nov. 1959, brasilian. Komponist und Dirigent. – In seinem umfangreichen, alle Gattungen umfassenden Werk verbindet er impressionist. und neoklassizist. mit folklorist. Stilelementen; u. a. Opern, Operetten, Ballette, 12 Sinfonien, sinfon. Dichtungen, Suiten, „Chôros" (1920–29), „Bachianas brasileiras" (1930–44), Kammermusik (u. a. 17 Streichquartette), Klaviermusik, Chorwerke, Lieder.

Villa Massimo (Deutsche Akademie V. M.), der Stiftung Preuß. Kulturbesitz untergeordnete kulturelle Einrichtung der BR Deutschland mit Sitz in Rom, in der sich jährlich 12 Maler, Bildhauer, Architekten, Schriftsteller und Komponisten für 6, 9 oder 12 Monate aufhalten, um künstlerisch zu arbeiten. Die V. M. gehörte ab 1910 dem preuß. Staat und diente den Trägern des Rom-Preises der preuß. Akad. der Künste als Aufenthaltsort; seit 1956 im Besitz der BR Deutschland.

Villancico [span. biʎanˈθiko; zu mittellat. villanus „Bauer"], eine seit Ende des 15. Jh. bekannte span. Liedform mit Refrain. – Im 17./18. Jh. bezeichnete V. bei hohen kirchl. Festen aufgeführte Kantaten; im heutigen span. Sprachgebrauch ist V. ein volkstüml. Weihnachtslied.

Villandry [frz. vilãˈdri], frz. Ort am Cher, Dep. Indre-et-Loire, 740 E. Dreiflügeliges Renaissanceschloß (16. Jh.) mit Donjon der urspr. Burg und berühmten Gartenanlagen.

Villard de Honnecourt

Villa d'Este. Panoramaansicht, Gemälde nach einer Radierung (Privatbesitz)

Villanelle (Villanella) [lat.-italien.], im 16. Jh. in Italien (Neapel) aufgekommenes volkstüml., urspr. dreistimmiges Chorlied. In Frankreich und England bezeichnet V. v. a. seit dem 19. Jh. eine lyr. Form, bei der die 1. und 3. Zeile der ersten Strophe in den folgenden abwechselnd wiederholt wird.

Villanovakultur, nach dem Gut Villanova (10 km sö. von Bologna), wo 1853 ein Gräberfeld entdeckt wurde, ben. früheisenzeitl. Kulturgruppe M- und Oberitaliens (10.–8. Jh.), die aus der lokalen Bronzezeit erwuchs („Proto-V.") und später von der etrusk. Kultur abgelöst wurde; die Funde stammen überwiegend aus Brandgräberfeldern; charakteristisch für die Keramik ist die sog. Villanova-Urne mit kon. Hals und geometr. Verzierungen.

Villanueva, Carlos Raul [span. bijaˈnueβa], *London 30. Mai 1900, †Caracas 16. Aug. 1975, venezolan. Architekt und Stadtplaner. – Einer der führenden Architekten Venezuelas; baute u. a. die Univ.stadt in Caracas sowie Wohnsiedlungen.

Villanueva y Geltrú [span. biˈʎaˈnueβa i xɛlˈtru], span. Stadt in Katalonien, Prov. Barcelona, 43 600 E; Museen; Seebad; Nahrungsmittel-, Textil-, Leder-, chem., Kautschukind., Elektrogerätebau. – Schloß (12. Jh.; im 14. und 15. Jh. umgebaut).

Villard de Honnecourt [frz. vilardɔnˈkuːr], frz. Baumeister des 13. Jh. aus Honnecourt (= Honnecourt-sur-Escaut). – Sein Bauhüttenbuch (1230–35; Paris, Bibliothèque Nationale) ist das einzige erhaltene Musterbuch aus der Zeit der Hochgotik. Erhalten sind 325 Federzeichnungen auf 33 Blättern (von 63).

Heitor Villa-Lobos

Villard de Honnecourt. Bär und Schwan, Seite aus dem Bauhüttenbuch, um 1230–35 (Paris, Bibliothèque Nationale)

François Villon
(Holzschnitt aus der Erstausgabe von „Le grand testament", 1489)

Villingen-Schwenningen
Stadtwappen

Villars, Claude Louis Hector Herzog von [frz. vi'la:r], *Moulins 8. Mai 1653, †Turin 17. Juni 1734, frz. Marschall. – Unterdrückte 1704 die prot. Erhebung in den Cevennen (↑Kamisarden). Während des Span. Erbfolgekrieges unterlag V. bei Malplaquet (1709), eroberte Landau in der Pfalz und Freiburg im Breisgau (1713) und schloß 1714 den Frieden von Rastatt.

Villavicencio [span. biJaβi'sensjo], Hauptstadt des Dep. Meta in Z-Kolumbien, 500 m ü. d. M., 191 000 E. Kath. Bischofssitz; Univ. (gegr. 1974); Nahrungsmittelindustrie.

Ville ['vilə], schmaler, NW–SO gerichteter Höhenrücken im S der Niederrhein. Bucht, bis 177 m hoch; ehem. Braunkohlentagebau (heute umfangreich rekultiviert).

Villefranche-de-Rouergue [frz. vilfrãʃdə'rwɛrg], frz. Stadt am Aveyron, Dep. Aveyron, 12 700 E. Archäolog. und volkskundl. Museum; Gerberei-, Bekleidungs- und Konservenind. – 1252 gegr. – Got. Kirche Notre-Dame (14./15. Jh.); spätgot., gut erhaltene Klosteranlage der Kartäuser (1451–59).

Villehardouin [frz. vilaar'dwɛ̃], frz. Adelsfam. aus der Champagne. Gottfried I. (†um 1228) begründete die Herrschaft der V. im Kreuzfahrerstaat Achaia (Morea; bis 1318), die unter Wilhelm II. (1246–78) auf den Höhenpunkt gelangte (Bau der Festung Mistra). Bed. Vertreter:
V., Geoffroi de, *Villehardouin (Aube) um 1150, †in Thrakien um 1213, Geschichtsschreiber. – Führte die Verhandlungen der Kreuzfahrer mit Venedig über einen Transportvertrag für den 4. Kreuzzug, der zur Eroberung von Konstantinopel (1204) führte; diese schildert er in seinem bed. Werk „La conquête de Constantinople" (hg. 1938/39).

Villella, Edward [engl. vɪ'lɛlə], *New York 1. Jan. 1936, amerikan. Tänzer und Choreograph. – 1957 Mgl. des New York City Ballet, an dem er durch seine Virtuosität und brillante Technik bald zu den führenden Solisten gehörte. 1980–84 Choreograph des André Eglersky State Ballet of New York, 1983–86 künstler. Direktor des Ballet Oklahoma, seit 1986 des Miami City Ballet.

Villeneuve-lès-Avignon [frz. vilnœvlezavi'ɲõ], frz. Gem. gegenüber von Avignon, Dep. Gard, 9 300 E. Museum (mit der Marienkrönung des E. ↑Quarton). – Gegr. durch Philipp den Schönen; Blüte z. Z. des Papstexils in Avignon. – Kartäuserkloster, gegr. 1356 (in der 1358 geweihten Kirche das Grab Papst Innozenz' VI.), Fort Saint André (1363–68).

Villiers de L'Isle-Adam, Philippe Auguste Graf von [frz. viljedlila'dã], *Saint-Brieuc 7. Nov. 1838, †Paris 18. Aug. 1889, frz. Dichter. – Spätromantiker; Vorläufer des Symbolismus. Verkehrte in der literar. Bohème, Verbindung zu S. Mallarmé und C. Baudelaire; beeinflußt u. a. von E. A. Poe; als Erzähler Neigung zu Ironie und Satire, zum Myst.-Phantast., u. a. „Grausame Geschichten" (1883), „Die Eva der Zukunft" (R., 1886); auch Lyrik und Theaterstücke.

Villikation [lat.] (Fronhofsverband), in der Forschung Bez. für grundherrschaftl. Verbände (vom Ende des 7. Jh. an) in Streulage, mit Zentrum in einem vom Grundherrn betriebenen Fronhof sowie eventuell Nebenhöfen und den von Unfreien selbständig bewirtschafteten Bauerngütern.

Villingen-Schwenningen ['fɪlɪŋən], Krst. in Bad.-Württ., die Doppelstadt reicht vom O-Rand des Schwarzwaldes bis zur Neckarquelle, 660–975 m ü. d. M., 77 200 E. Verwaltungssitz des Schwarzwald-Baar-Kr.; Museen, Theater; Zentrum der Uhrenind.; Metallwaren-, Elektro-, Elektronikind., Schuh- und Kartonagenherstellung; Kneippkurort. – Das 895 erstmals erwähnte **Schwenningen** entstand aus einem Haufendorf und erhielt 1907 Stadtrecht. – Das 817 erstmals erwähnte **Villingen** erhielt 999 Markt-, Münz- und Zollrecht und wurde 1119 planmäßig als Stadt neu gegründet. 1972 wurden beide Städte zur Stadt V.-S. vereinigt. – Beim Ortsteil Villingen liegt einer der mächtigsten Grabhügel Deutschlands, der **Magdalenenberg** (118 m Durchmesser, 8 m hoch); das Zentralgrab (6. Jh. v. Chr.) wurde 1890 ausgegraben, der gesamte Hügel 1970–1973 (Funde u. a. von Pferd und Wagen). – In Villingen: Reste der Stadtbefestigung (v. a. 15. und 16. Jh.); roman.-got. Pfarrkirche Unsere Liebe Frau (sog. Münster; 12. Jh. ff.), barocke Kirche des ehem. Reichsstifts Sankt Georgen (1688 ff.); Altes Rathaus (1534), barockes Neues Rathaus (18. Jh.).

Villon [frz. vi'jõ], François, eigtl. F. de Montcorbier oder F. des Loges, *Paris um 1431, †nach dem 5. Jan. 1463, frz. Dichter. – Aus armen Verhältnissen, gen. nach seinem Gönner, dem Kaplan Guillaume de V., der ihn an der Sorbonne studieren ließ; 1452 Magister artium; floh 1455 aus Paris wegen Totschlags eines Priesters; Vagabundendasein, 1462 Inhaftierung wegen Diebstahls, 1463 in Paris zum Galgen verurteilt, zu 10jähriger Verbannung aus Paris begnadigt, dann verschollen. Sein Werk ist Ausklang und zugleich Höhepunkt der ma. Dichtung in der traditionellen Balladenform; Hauptwerk ist das bekenntnishafte Gedicht „Le grand testament" (2 023 Verse, entstanden 1461, gedruckt 1489; dt. 1907 u. d. T. „Das große Testament"), in dem neben derb-zyn. Witz tiefe Empfindung und erschütternde Aufrichtigkeit stehen.
V., Jacques, eigtl. Gaston Duchamp, *Damville (Eure) 31. Juli 1875, †Puteaux bei Paris 9. Juni 1963, frz. Maler. – Bruder von M. Duchamp und R. Duchamp-V.; Mgl. der Künstlergruppe Section d'Or, die aus dem Kubismus eine Wirklichkeitsabbildung in einer rhythm.-linearen Ordnung ableitete.

Jacques Villon. Selbstbildnis, undatiert (Privatbesitz)

Vilm, kleine, bewaldete Ostseeinsel vor der S-Küste von Rügen, Meckl.-Vorp., 0,9 km^2; internat. Naturschutzzentrum (Südbalt. Naturschutz-Akademie).

Vilmar ['fɪlma:r], August Friedrich Christian, *Solz (= Bebra) 21. Nov. 1800, †Marburg 30. Juli 1868, dt. ev. Theologe, Schriftsteller und Literarhistoriker. – Prof. in Marburg; reformierte das kurhess. Schulwesen; polit. und theolog. Führer eines restaurativen kirchl. Konservatismus.
V., Wilhelm, *Solz (= Bebra) 4. Juni 1804, †Melsungen 7. Dez. 1884, dt. ev. Theologe. – Bruder von August Friedrich Christian V.; 1830 Pfarrer in Rotenburg, 1851 Metropolitan in Melsungen, ab 1868 suspendiert; Führer der gegen die preuß. Unionsbestrebungen gebildeten konfessionell-luth. Bewegung der „Hess. Renitenz".

Vilnius, litau. Name von ↑Wilna.

Vilsbiburg [fɪls'...], Stadt an der Großen Vils, Bay., 449 m ü. d. M., 10 200 E. Textilind., Metallverarbeitung. – Etwa zw. 990 und 1000 erstmals erwähnt; 1929 Stadt. –

Spätgot. Pfarrkirche Mariä Himmelfahrt (1412–27, später erweitert), Spitalkirche (15. Jh.).

Vilshofen [fɪls...], Stadt an der Mündung der Vils in die Donau, Bay., 307 m ü. d. M., 15 500 E. Textilind., Kartonagenherstellung, Betonwerk, Brauerei. – Um 731 als **Filusa** erwähnt, gehörte V. um 1100 zum Bistum Passau; seit Mitte des 13. Jh. Stadt. – Spätbarocke Pfarrkirche Sankt Johannes Baptist (1803 ff.) mit got. Resten, barocke Wallfahrtskirche Mariahilf (1691–94).

Viña del Mar [span. 'biɲa ðɛl 'mar], chilen. Stadt 5 km onö. von Valparaíso, 297 000 E. Meeresbiolog. Inst.; dt. Schule; internat. Seebad, Kongreßort. Entwickelte sich ab 1875 zum exklusiven Seebad.

Vinaigrette [frz. vinɛ'grɛt, eigtl. „kleiner Essig"], kalte Soße aus Essig, Öl und ggf. Gewürzen.

Viñas, David [span. 'biɲas], *Buenos Aires 1929, argentin. Schriftsteller. – Behandelt in Essays und Romanen die sozialen und ökonom. Strukturwandlungen sowie histor. und polit. Krisensituationen seines Landes.

Vinca [lat.], svw. ↑ Immergrün.

Vincaalkaloide, Alkaloide aus Immergrünarten, bes. Catharanthus roseus (Vinca rosea), die zur Tumorchemotherapie verwendet werden; z. B. *Vinblastin (Vincaleukoblastin)* und *Vincristin (Leukocristin).*

Vinčakultur [serbokroat. 'vintʃa], nach dem serb. Dorf Vinča (= Belgrad; Fundort einer großen, mehrschichtigen Tellsiedlung) ben. neolith. Kulturgruppe (5. Jt. v. Chr., früher in 4. Jt. angesetzt), verbreitet u. a. in Serbien, W-Bulgarien, Siebenbürgen und im Banat. Die ältere V. (auch **Vinča-Turdaş-Kultur**) wird u. a. durch Keramik mit Streifen- bzw. Bandmustern und spiralähnl. Mustern sowie durch zahlr. Idolplastiken, die jüngere V. (auch **Vinča-Pločnik-Kultur**) u. v. a. durch die ältesten Kupfergeräte dieses Raumes und durch schwarze polierte Keramik gekennzeichnet.

Vincennes [frz. vɛ̃'sɛn], frz. Stadt im östl. Vorortbereich von Paris, Dep. Val-de-Marne, 43 000 E. Univ. (gegr. 1968), großes Parkgelände mit Museum der Kunst Afrikas und Ozeaniens, Zoo; Maschinenbau, Optik-, Parfümerie-, Elektronikind. – 847 erstmals belegt; bevorzugtes Jagdgebiet der Könige. Die 1738 gegr. Porzellanmanufaktur wurde 1756 nach Sèvres verlegt. – Schloßanlage aus dem 15./16. Jh. mit großem Donjon (14. Jh., kriegsgeschichtl. Museum).

Vincent de Paul [frz. vɛ̃sãd'pɔl] ↑ Vinzenz von Paul, hl.

Vincent, Edgar [engl. 'vɪnsənt] ↑ D'Abernon, Edgar Vincent, Viscount.

Vincentius von Lerinum ↑ Vinzenz von Lérins.

Vinci [italien. 'vintʃi], Leonardo da, italien. Maler, Bildhauer, Baumeister, Zeichner und Naturforscher, ↑ Leonardo da Vinci.

V., Leonardo, *Strongolo (Prov. Catanzaro) oder Neapel zw. 1690 und 1696, †Neapel 27. oder 29. Mai 1730, italien. Komponist. – Ab 1725 Kapellmeister in Neapel; einer der ersten Vertreter der ↑ neapolitanischen Schule. Komponierte zahlr. Bühnenwerke, darunter Komödien in neapolitan. Dialekt und Opere serie, Oratorien und Kirchenmusik.

Vindeliker (lat. Vindelici), kelt. Volk im Alpenvorland; ihr Gebiet gehörte zur röm. Prov. Raetia et Vindelicia (Rätien).

Vindhya Range [engl. 'vɪndjə 'reɪndʒ], W–O verlaufender Höhenzug auf dem nördl. Dekhan, Indien, erstreckt sich über rd. 1 000 km, im W bis 881 m hoch, gilt als Grenze zw. N-Indien und der Halbinsel Indiens.

Vindobona ↑ Wien.

Vindonissa ↑ Windisch.

Vineta, ehem., der Sage nach vom Meer verschlungene Stadt an der Ostsee; wahrscheinlich auf die Slawen- oder Wikingersiedlung Julin auf der Insel Wollin zu beziehen, wo Grabungen Reste einer Stadt des 11. Jh. zutage förderten, die nach Überlieferung im 12. Jh. zerstört wurde.

Vingboons, Philip [niederl. 'vɪŋbo:ns], *Amsterdam 1607 oder 1608, †ebd. 10. Febr. 1678, niederl. Baumeister. – Schuf den Typ des schmalen, tiefen Amsterdamer Kaufmannshauses.

Vinkovci [serbokroat. 'vi:ŋkɔːvtsi], Stadt in Kroatien, 30 km ssö. von Osijek, 29 000 E. Museum mit röm. Ausgrabungen; Holzverarbeitung, Nahrungsmittel- und Seidenind. – In der Antike **Cibalae;** im 2. Jh. n. Chr. Munizipium, im 3. Jh. Colonia. – Zahlr. prähistor., kelt. und röm. Funde sowie aus got.-gepid. und awar. Zeit.

Vinkulationsgeschäft [lat./dt.], Bevorschussung von Waren in Ex- und Importgeschäften, die per Bahn oder Lastzug transportiert werden. Für ihre Kreditgewährung an Ein- bzw. Ausfuhrländer verlangen Banken die Sicherungsübereignung der Waren.

Vinkulierung [von lat. vinculum „Band"], Bindung von Wertpapieren in der Form, daß sie ohne Genehmigung des Ausgebers nicht auf einen Dritten übertragen werden können (z. B. bei *vinkulierten Aktien*).

Vinland ['vi:n-; „Weinland", nach den wildwachsenden Reben], normann. Name für einen Abschnitt der nö. Küste Nordamerikas, an dem der Wikinger Leif Eriksson um 1000 landete; wahrscheinlich Newfoundland (Neufundland); lange Zeit als Küste von Massachusetts bei der heutigen Stadt Boston gedeutet.

Vintschgau ['fɪntʃ...], Tallandschaft der oberen Etsch in Südtirol, Italien, westl. von Meran.

Vinyl- [lat./griech.] (Äthenyl-, Ethenyl-), Bez. der chem. Nomenklatur für die einwertige Gruppe $-CH=CH_2$.

Vinylalkohol (Äthenol, Ethenol), $CH_2=CHOH$; einfachster ungesättigter Alkohol; nur in Form seiner Ester und Äther bekannt.

Vinylchlorid (Monochloräthen, Monochlorethen), $CH_2=CHCl$, farblose, gasförmige, sehr reaktionsfähige Substanz, die v. a. zur Herstellung des Kunststoffs ↑ Polyvinylchlorid (PVC) und zahlr. Mischpolymerisate verwendet wird. V. führt nach längerer Einwirkungsdauer zu erhebl. Gesundheitsschäden (krebserregend).

Vinylierung, Reaktion von Acetylen mit Chlorwasserstoff, Carbonsäuren, Alkoholen u. a. zu Vinylverbindungen.

Vinzentiner ↑ Lazaristen.

Vinzentinerinnen (Barmherzige Schwestern vom hl. Vinzenz von Paul, Töchter der christl. Liebe), Name der Mgl. der größten und (in über 10 Kongregationen) verbreitetsten religiös-laikalen Frauengenossenschaft der Welt mit sozial-karitativer Zielsetzung; die Ursprungskongregation wurde 1633 vom hl. Vinzenz von Paul und Louise de Marillac gegründet. Die V. legen nur für jeweils ein Jahr Gelübde ab. – Etwa 62 000 Mgl. in über 5 000 Niederlassungen.

Vinzenz von Beauvais ['vɪntsɛnts, frz. bo'vɛ], *zw. 1184 und 1194, †Beauvais um 1264, frz. Pädagoge und Dominikaner. – V. wirkte am Hof König Ludwig IX.; sein dreiteiliges „Speculum maius" (erstmals gedruckt 1474) ist die erste und umfassendste Enzyklopädie des MA.

Vinzenz von Lérins ['vɪntsɛnts, frz. le'rɛ̃s] (Vincentius von Lerinum), hl., †im Kloster Lerinum auf Saint-Honorat (Îles de Lérins) vor 450, Priestermönch. – Lebte im Kloster Lerinum; als altkirchl. Schriftsteller bekämpfte er die nestorian. Christologie und v. a. die Augustin. Gnaden- und Prädestinationslehre. – Fest: 24. Mai.

Vinzenz von Paul ['vɪntsɛnts] (Vincent de Paul), hl., *Pouy (= Saint-Vincent-de-Paul, bei Dax) 24. April 1581, †Paris 27. Sept. 1660, frz. kath. Theologe. – Seit 1613 Hausgeistlicher und Lehrer; gründete 1617 eine „Confrérie des Dames de la Charité", eine Frauenvereinigung zur Betreuung armer Kranker, aus der später die ↑ Vinzentinerinnen hervorgingen, und 1625 die ↑ Lazaristen; Erneuerer der Volksfrömmigkeit in Frankreich und Begründer der neuzeitl. Karitas. – Fest: 27. September.

Vinzenz Ferrer ['vɪntsɛnts, span. fɛ'rrɛr] (Vicente Ferrer), hl., *Valencia um 1350, †Vannes (Bretagne) 5. April 1419, span. kath. Bußprediger. – Dominikaner; 1377–85 Prior und Lehrer an der Kathedralschule von Valencia; wirkte als einer der bedeutendsten Bußprediger des MA in Spanien, Oberitalien und Frankreich. – Fest: 5. April.

Vinzenzkonferenzen (Vinzenzvereine) ['vɪntsɛnts], auf dem Gedankengut des Vinzenz von Paul basierende

David Viñas

Vinzenz von Paul
(Ausschnitt aus einem Gemälde)

Vio

Viola da gamba

Viola d'amore

kath. Laiengruppen in Pfarreien, Schulen und Univ. mit der Aufgabe karitativer Arbeit; die erste V. wurde 1833 in Paris von A. F. ↑Ozanam gegründet; in über 100 Ländern etwa 32 000 V. mit über 400 000 Mitgliedern.

Vio, Jacobus de ↑Cajetan, Thomas.

Viola [lat.], svw. ↑Veilchen.

Viola (Mrz. Violen) [altprovenzal.-italien.], 1. Sammelname für Streichinstrumente, die seit dem 16. Jh. im wesentlichen zwei nach der Spielhaltung unterschiedenen Familien angehören: die mit Kniehaltung gespielten Instrumente der Viola-da-gamba-Familie (kurz Gambenfamilie, ↑Viola da gamba) und die in Armhaltung gespielten Instrumente der Viola-da-braccio-Familie (kurz Violinfamilie, ↑Viola da braccio). Die V. sind den im 16. Jh. in Italien verbreiteten Liren (↑Lira) verwandt (Form des Korpus, Stimmung in Quinten). – 2. heute bezeichnet V. (Abk. Va) ohne Zusatz speziell das Altinstrument der Violinfamilie (gemeinsprachlich dt. Bratsche, in Frankreich seit Ende des 18. Jh. „alto"), wie die Violine viersaitig, in Quinten gestimmt (c g d¹ a¹), mit einer Korpuslänge von 40–42,5 cm und einer Zargenhöhe von 3,8 cm. Die V. gelangte im 17. Jh. ins Orchester. Seit dem 18. Jh. wird sie auch als Soloinstrument eingesetzt.

Viola da braccio [italien. 'bratʃo „Armgeige"], Sammelname für die Streichinstrumente der Violinfamilie (Violine, Viola, Violoncello, Kontrabaß).

Viola da gamba [italien. „Beingeige"] (Kniegeige, Gambe), Familie von Streichinstrumenten, die auf die Beine gestützt und mit untergriffiger Bogenhaltung gespielt werden. Die Normalform des Korpus hat abfallende Schultern (wie meist heute noch der Kontrabaß), hohe Zargen, Decke und Boden ohne Randüberstand, flachen, zum Hals hin abgeschrägten Boden und meist C-förmige Schallöcher. Die 6 Darmsaiten sind in Quarten mit einer Terz in der Mitte gestimmt, das Griffbrett trägt 7 Bünde im Abstand von chromat. Halbtönen. Speziell bezeichnet V. da g. (bzw. Gambe) das Instrument in Tenor-Baß-Lage mit der Stimmung D G c e a d¹. Ferner gab es die V. da g. in Diskant-, Alt- und Tenorlage. Die V. da g. war eines der wichtigsten Streichinstrumente des 16.–18. Jahrhunderts.

Viola d'amore [italien. da'more „Liebesgeige"], im Barock beliebtes Altinstrument der Viola-da-gamba-Familie mit 5–7 Griffsaiten aus Darm (mit variabler Stimmung) und 7–14 unter dem Griffbrett verlaufenden, metallenen Resonanzsaiten.

Viole [lat.] (Nelke, Veilchendrüse), die nahe der Schwanzwurzel auf dem Rücken des Schwanzes befindl. Duftdrüse des Rotfuchses, die (bes. stark in der Ranzzeit) ein nach Veilchen duftendes Sekret abscheidet.

violento [italien.], musikal. Vortragsbez.: heftig, gewaltsam, stürmisch.

Violett [lat.-frz.], Name für den Farbenbereich zw. Blau und Rot, insbes. für eine gleichteilige Mischung aus Rot und Blau. Ein aufgehelltes V. ist das Lila; das V.rot wird auch als Purpurrot (↑Purpur) bezeichnet.

Violettverschiebung (Blauverschiebung), die durch den Doppler-Effekt bewirkte Verschiebung von Spektrallinien nach kürzeren (violetten) Wellenlängen; wurde z. B. beim Andromedanebel beobachtet und als Radialgeschwindigkeit auf die Sonne hin gedeutet.

Violine [italien.] (italien. violino, frz. violon, engl. violin, dt. gemeinsprachlich ↑Geige), Abk. V.; Diskantinstrument der modernen Streichinstrumentenfamilie vom Violada-braccio-Typus. Die Form der V., die Elemente der ma. Fidel, des Rebec und der Lira in sich vereinigt, stand spätestens um 1560 fest. Die V. besteht aus einem in der Mitte eingezogenen Resonanzkörper (Korpus), dem angesetzten Hals mit bündelosem Griffbrett (Ebenholz) und dem in die Schnecke auslaufenden Wirbelkasten mit den seitl. Stimmwirbeln. Der Korpus besteht aus der Decke mit zwei f-förmigen Schallöchern (bes. aus Fichtenholz), dem Boden sowie den Zargen (beides aus Ahornholz). Aus Symmetriegründen ist die Decke fast immer, meist auch der Boden hälftig aus zwei Teilen in Längsrichtung verleimt. Wölbung und seitl. Randüberstand von Decke und Boden erhöhen die Druckfestigkeit des Korpus. Der Lack beeinflußt die klangl. Eigenschaften und schützt das Instrument vor Feuchtigkeit. Die vier in Quinten gestimmten Saiten (g d¹ a¹ e²) aus Darm oder heute häufiger auch aus Stahl oder metallumsponnenem Kunststoff laufen von den Wirbeln über den Sattel und den zweifüßigen Steg aus Hartholz zum beweglich an der Zarge befestigten Saitenhalter. Akust. und stat. Funktion haben Stimmstock und Baßbalken. Der Stimmstock, ein 3 bis 5 mm dickes Holzstäbchen, wird in der Nähe des Diskantstegfußes zw. Boden und Decke gestellt. Dadurch wird ein Einsinken der Decke unmittelbar beim Steg verhindert. Der unterhalb der tiefsten Saite leicht schräg verlaufende Baßbalken erhöht die Tragfähigkeit und Spannung der Decke. Die Tonerzeugung erfolgt durch Streichen der Saiten mit einem in Obergriffhaltung geführten Bogen. Seltener werden die Saiten auch gezupft (pizzicato). Der **Geigenbau** hat vom 16.–18. Jh. einige berühmte Schulen hervorgebracht, so die Schule von Brescia (Gasparo da Salò [* 1540, † 1609]), Cremona (A. Amati, A. Stradivari, G. A. Guarneri) und die Tiroler (J. Stainer) und Mittenwalder Schule (M. Klotz).

Violinmusik, als früheste gedruckte V. gelten die fünfstimmigen Streichersätze des Pariser „Balet comique de la Royne" (1582). 1610 erschien die erste Violinsonate (G. P. Cima [* um 1570]); eine spezif. Violintechnik entwickelte sich in der begleiteten Solo- und der Triosonate. Den ersten kompositor. und spieltechn. Höhepunkt bildeten A. Corellis 12 Violinsonaten op. 5 (1700), die für viele italien. und dt. Komponisten beispielgebend waren. Aus dem Concerto mit solist. Violine erwuchs das epochemachende, von Vivaldi (op. 3, erschienen 1711) ausgeprägte Violinkonzert. In Frankreich lebte das Violinspiel durch das Wirken J.-B. Lullys auf. Seit der 2. Hälfte des 17. Jh. widmeten sich dt. Komponisten der virtuosen, durch reiches Doppelgriff- und

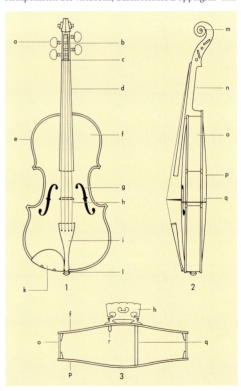

Violine. Schematische Darstellung der Teile einer Violine: 1 Aufsicht; 2 Seitenansicht; 3 Querschnitt; a Wirbel, b Wirbelkasten, c Obersattel, d Griffbrett, e Einlage, f Decke, g f-Löcher, h Steg, i Saitenhalter, k Kinnhalter, l Untersattel, m Schnecke, n Hals, o Zarge, p Boden, q Stimmstock, r Baßbalken

Akkordspiel gekennzeichneten Solosonate ohne Baßbegleitung, die in J. S. Bachs sechs Sonaten und Partiten (1720, darin die berühmte Chaconne) gipfelt. In Paris und London schufen J. Schobert, J. Christian Bach und der junge Mozart Klaviersonaten mit begleitender Violine, aus denen sich die klass. Violinsonate mit vollgültigen Violinpart entwickelte. Seit dem frühen 19. Jh. schrieben auch Komponisten, die keine Geiger waren, Violinkonzerte, so Beethoven, F. Mendelssohn Bartholdy, J. Brahms, M. Bruch, P. I. Tschaikowsky und A. Dvořák. Wichtige Beiträge zur konzertanten V. leisteten im 20. Jh. J. Sibelius, A. Schönberg, B. Bartók, I. Strawinski, A. Berg, S. S. Prokofjew und P. Hindemith.

Violinschlüssel ↑Schlüssel.

Viollet-le-Duc, Eugène Emmanuel [frz. vjɔlɛl'dyk], * Paris 27. Jan. 1814, † Lausanne 17. Sept. 1879, frz. Baumeister und Architekturhistoriker. – Bed. sein zehnbändiges „Dictionnaire raisonné de l'architecture française du XIe au XVIe siècle" (1854–68) u. a. Schriften. Übernahm seit 1840 Restaurierungsaufgaben (u. a. Sainte-Chapelle und Notre-Dame in Paris).

Violon [frz. vjɔ'lõ], 1. frz. Bez. für ↑Violine; 2. im 18. Jh. in Deutschland auch Bez. für den ↑Kontrabaß (↑Violone).

Violoncello [...'tʃɛlo; italien.] (dt. Kurzform Cello, Abk. Vc.; das Tenor-Baß-Instrument der Violinfamilie (↑Viola da braccio) mit der Stimmung C G d a, das wegen seiner Größe zw. den Knien gehalten wird (der Gebrauch des Stachels wurde erst um 1860 üblich). Eine Sonderform des V. im 18. Jh. war das *V. piccolo*, ein von J. S. Bach verwendetes fünfsaitiges V. mit der Stimmung C G d a e^1.

Violone [italien.], im 16. und 17. Jh. Bez. für die Baßinstrumente der Violinfamilie (↑Violoncello) oder auch der Viola-da-gamba-Familie. Seit dem 18. Jh. allg. Bez. für die in ihrer Stimmung unter dem normalen Baßinstrument liegenden, großen Instrumente (Contrabasso da viola, Kontrabaß).

Vionville [frz. vjõ'vil], frz. Gem. westlich von Metz, Dep. Moselle, rd. 150 E. – In der mit einem dt. Sieg endenden *Schlacht bei V. und Mars-la-Tour* (16. Aug. 1870) während des Dt.-Frz. Krieges 1870/71 war eine Kavallerieattacke letztmalig schlachtentscheidend in der Kriegsgeschichte.

Viotti, Giovanni Battista, * Fontanetto Po (Prov. Vercelli) 12. Mai 1755, † London 3. März 1824, italien. Violinist und Komponist. – Berüste ab 1780 als Violinvirtuose Europa. 1788–92 war er Theaterleiter in Paris, 1819–22 Direktor der dortigen Grand Opéra; komponierte u. a. 29 Violinkonzerte.

VIP [vɪp, viɑr'pi; Kw. für engl. **v**ery **i**mportant **p**erson], wichtige Persönlichkeit [mit bes. Privilegien].

Viper [lat.], gemeinsprachl. Kurzbez. für die ↑Aspisviper; auch Bez. für andere Giftschlangenarten (↑Vipern).

Viperfische (Chauliodontidae), Fam. tiefseebewohnender Knochenfische (Unterordnung Großmäuler) mit wenigen, bis etwa 25 cm langen Arten; Mundspalte weit, mit sehr langen Zähnen.

Vipern [lat.] (Ottern, Viperidae), Fam. meist gedrungener, kurzschwänziger, 30 cm bis 1,8 m langer Giftschlangen (Gruppe Röhrenzähner) mit rd. 60 Arten in Afrika und in wärmeren Regionen Eurasiens; durch bestimmte Drohreaktionen und typ. Beuteerwerbsverhalten gekennzeichnete Reptilien mit breitem, dreieckförmigem, deutlich vom Hals abgesetztem Kopf und meist senkrecht-ellipt. Pupille. Die Mehrzahl der V. ist lebendgebärend. – Zu den V. gehören u. a. ↑Aspisviper, ↑Sandotter, ↑Wiesenotter, ↑Hornvipern, ↑Puffotter und die etwa 1,6 m lange **Kettenviper** (Vipera russellii) in S-Asien; mit drei Reihen großer, rotbrauner, schwarz gesäumter Ringflecke auf hellbraunem Grund.

Vipernatter (Natrix maura), bis knapp 1 m lange Natter, v. a. in an Süßgewässern SW-Europas und NW-Afrikas; Oberseite meist grau- bis rötlichbraun mit dunklen Fleckenreihen und an den Körperseiten mit je einer Reihe dunkler, weißl. gekernter Augenflecke; Bauchseite gelblich, rötlich oder grünlich, mit verwaschener dunkler Fleckung; frißt v. a. Fische und Frösche.

Vipiteno ↑Sterzing.

Viracocha [span. vira'kotʃa] (Huiracocha), Schöpfergott und Kulturheros im andinen Hochland, auch von den Inka verehrt.

Viraginität [lat.], männl. Sexualempfinden der Frau.

Virago [lat.], Frau mit den Symptomen der Viraginität.

virale RNS [lat.] (Virus-RNS), die die genet. Information enthaltende ein- oder doppelsträngige RNS der ↑RNS-Viren.

Virämie [lat./griech.], Vorhandensein von Viren im Blut (nach Virusinfektion).

Virchow, Rudolf ['vɪrço], * Schivelbein (Pommern) 13. Okt. 1821, † Berlin 5. Sept. 1902, dt. Pathologe, Anthropologe und Politiker. – Prof. in Würzburg und ab 1856 in Berlin; begründete die mikroskop. patholog. Anatomie, vertrat die Ansicht, daß Zellen nur aus Zellen entstehen können, war auf Grund seiner den Krankheitsprozeß durch Veränderungen der Zelle erklärenden ↑Zellularpathologie bis weit in das 20. Jh. hinein maßgebend für die gesamte Medizin; leistete Bedeutendes auch auf anderen Gebieten der Medizin und Naturwiss., wie Geschichte der Medizin, Onkologie, Hygiene (beeinflußte die Hygienegesetzgebung); war Mitbegründer der neuzeitl. Anthropologie und Ethnologie. – Unterbreitete schon 1848 Vorschläge zu einschneidenden sozialpolit. Reformen; Mitbegr. der Dt. Fortschrittspartei (1861); seit 1862 Mgl. des preuß. Abg.hauses; Gegner Bismarcks im preuß. Verfassungskonflikt; prägte als liberaler Gegner der Kirche Anfang der 1870er Jahre die Bez. Kulturkampf; 1880–93 MdR (ab 1884 für die Dt. Freisinnige Partei).

Rudolf Virchow

Virelai [frz. virˈlɛ] (Chanson baladée), frz. Liedform des 13. bis 15. Jh., ein Tanzlied mit Refrain. Das V. beginnt mit einem einzelnen, später auch nur einzeiligen Refrain; es folgt eine dreiteilige Strophe, deren 3. Teil dem Refrain formal und musikalisch entspricht. Meist folgen zwei weitere Strophen dieser Art. Vers- und Reimformen sind frei. Ein V. aus nur einer Strophe wird als „Bergerette" bezeichnet. Das V. begegnet einstimmig oder im Kantilenensatz.

Viren (Einz. Virus) [zu lat. virus „Schleim, Saft, Gift"], urspr. allg. Bez. für Krankheitserreger, seit etwa 1900 nur noch Bez. für (krankheitserregende) Partikel, die bakteriendichte Filter passieren und deren Größe zw. 10 und 300 nm liegt. V. sind in Proteinhüllen verpackte Stücke genet. Materials, die den biochem. Apparat geeigneter Wirtszellen auf Produktion neuer V. derselben Art umprogrammieren können. V. haben keinen eigenen Stoffwechsel; sie sind für ihre Vermehrung ganz auf chem. Bausteine, Energie und Enzyme lebender Zellen angewiesen. Die Grenze zw. V. und zellulärem genet. Material ist fließend; manche V. können über lange Zeit frei oder ins Genom einer Wirtszelle integriert existieren und dabei symptomlos oder unter Transformation der Zelle im Rhythmus der Zellteilung mitvermehrt werden. V. bestehen im wesentlichen aus Nukleinsäuren und Protein. Jedes Virus enthält nur eine Art von Nukleinsäure, entweder doppel- oder einsträngige DNS bzw. RNS. Isolierte virale Nukleinsäure ist in vielen Fällen infektiös, da die Virusvermehrung oft nur durch spezielle im Viruspartikel mitgebrachte Enzyme eingeleitet werden kann. Die meisten V. sind entweder stäbchenförmig oder annähernd kugelig. Bei allen ist die Nukleinsäure von einer Proteinhülle, dem ↑Kapsid, umgeben. Bei der Infektion gelangt entweder nur die Nukleinsäure (z. B. bei Bakteriophagen) oder (meistens) das intakte Viruspartikel *(Virion)* in die Zelle, in der dann die Nukleinsäure freigegeben wird. Während der folgenden Periode der Eklipse (während dieser Zeit werden in der Zelle neue V. produziert) läßt sich kein infektiöses Virus mehr nachweisen: dieses ist in seine Teile zerfallen. Die in die Zelle gelangte virale Nukleinsäure dirigiert den Zellstoffwechsel so um, daß v. a. Virusbausteine synthetisiert werden. Die Virionen werden entweder durch Zellyse frei oder treten unter Knospung durch die Zellmembran. – V. werden mit Trivialnamen bezeichnet, die auf Wirt, Krankheitssymptome und Vorkommen bezogen sind (z. B. Afrikan. Schweinefiebervirus), doch wird eine Nomenklatur mit latinisierten Gattungsnamen und Kurzbez. für die einzelnen Typen angestrebt. – Manche V. ha-

Violoncello

Virga

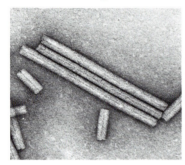
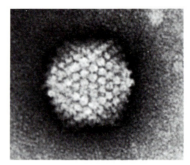
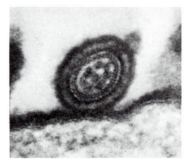

Viren. Links: Tabakmosaikviren in 150 000facher Vergrößerung. Mitte: Adenovirus in 350 000facher Vergrößerung. Rechts: Influenzavirus in 220 000facher Vergrößerung

▭▭▭▭ Virus
▭▭▭ Virus-Nukleinsäure
▭▭▭▭ DNS der Wirtszelle
▯ Virus-Strukturen

Viren. Schematische Darstellung des Vermehrungszyklus

ben ein enges Wirtsspektrum, andere besiedeln sehr viele Arten. – Eine Virusvermehrung gelingt nur in lebenden Wirtsorganismen oder Zellkulturen. – V. werden durch Hitze, Desinfektionsmittel, oft auch durch organ. Lösungsmittel zerstört. – ↑ Viroide.
Geschichte: Die V. wurden erst um die Jh.wende als Krankheitserreger bes. Art erkannt, erstmals 1898 durch F. Löffler und Paul Frosch (*1860, †1928) für die Maul- und Klauenseuche. Der Aufbau der V. und die Vorgänge bei ihrer Vermehrung wurden erst ab 1930 allmählich aufgeklärt, wobei als Modellsysteme das Tabakmosaikvirus und die Bakteriophagen eine entscheidende Rolle spielten.
Virga [lat.], ma. Notenzeichen (↑ Neumen).
Virgel ['vɪrgəl; zu lat. virgula „kleiner Zweig"], Schrägstrich zw. zwei Wörtern, z. B. in *Halle/Saale;* Vorläufer des Kommas.
Virgil (Vergil), hl., †Salzburg 27. Nov. 784, Bischof. – Kam als Wandermönch aus Irland, 745 Bischof und Abt in Salzburg sowie Missionar in Kärnten. Aus kirchenrechtl. Gründen und wegen abweichender Ansichten (Kugelgestalt der Erde, Antipoden) wurde V. von Bonifatius angegriffen. – Fest: 27. November.
Virginal, mittelhochdt. Heldenepos aus der Mitte des 13. Jh.; im Mittelpunkt zahlr. Abenteuer von Zwergen, Riesen und Drachen steht die Befreiung der Zwergenkönigin V. durch Dietrich von Bern und dessen Waffenmeister Hildebrand.
Virginal [zu lat. virga „Stab"], eine v. a. im 16. und 17. Jh. gebräuchl. Kleinform der ↑ Kielinstrumente, im heutigen Sprachgebrauch die im Ggs. zum ↑ Spinett rechteckige Form mit einspringender Klaviatur.
Virginalisten [lat.-engl.], Bez. für die engl. Komponisten der elisabethan. Zeit, die v. a. mit Werken für ↑ Virginal hervortraten, u. a. W. Byrd, T. Morley, J. Bull, G. und R. Farnaby und O. Gibbons.
Virginia [vɪr'dʒɪ:nɪa; engl. və'dʒɪnjə], Bundesstaat im O der USA, an der Atlantikküste, 105 586 km², 6,16 Mill. E (1990), Hauptstadt Richmond.
Landesnatur: Auf die durch marin überflutete Flußmündungen, zahlr. Inseln und Halbinseln gegliederte Küste folgt die z. T. versumpfte Küstenebene. Von ihr ist das Piedmont Plateau durch einen Anstieg auf 300–450 m ü. d. M. deutlich abgegrenzt (Fall Line). Im W hat V. Anteil an den Appalachen. Höchste Erhebung ist mit 1 745 m der Mount Rogers im SW des Bundesstaats. – Das Klima ist mild und ausgeglichen. – In der Küstenebene und dem Piedmont Plateau wurden die urspr. Wälder stark gerodet. Die Bergzüge sind noch weitgehend bewaldet.
Bevölkerung, Wirtschaft, Verkehr: Neben den E europ. Abstammung sind etwa 19 % der Bev. Nachkommen schwarzafrikan. Sklaven. 66 % der E leben in Städten. V. verfügt neben mehreren Colleges über 11 Univ. – Hauptanbauprodukte der Landw. sind Tabak, Mais, Weizen, Hafer, Bataten, Erdnüsse und Baumwolle. An Vieh werden v. a. Rinder, Schweine und Schafe gehalten. Bed. Küstenfischerei und Austernzucht. Bergbau auf Kohle, ferner Blei- und Zink- sowie Titanerze. Innerhalb der eisenverarbeitenden Ind. nimmt der Schiffbau die 1. Stelle ein, weiterhin elektrotechn., chem., tabakverarbeitende Ind., bes. südl. von Richmond. Der Fremdenverkehr konzentriert sich auf die Küste und die Nationalparks in den Appalachen. – Das Eisenbahnnetz hat die Länge von 5 943 km, das Straßennetz von 108 277 km. Die Flüsse sind von der Küste bis zur Fall Line schiffbar.
Geschichte: Nach einem gescheiterten Ansiedlungsversuch auf Roanoke Island (1584–89) im Auftrag Sir Walter Raleighs wurde V. 1607 (Gründung von Jamestown) erste engl. Kolonie in N-Amerika (Tabakanbau, ab 1619 schwarze Sklaverei). Seit 1624 Kronkolonie, spielte V. in der Unabhängigkeitsbewegung seit 1763 eine führende Rolle (u. a. Wirken von T. Jefferson, J. Madison, G. Washington) und war einer der Gründerstaaten der USA. 1861 zählte V. zu den von der Union abgefallenen S-Staaten (einer der Hauptkriegsschauplätze im Sezessionskrieg); eine Ausnahme bildete der sklavenlose W des Landes, der sich 1863 zu einem neuen, der Union angehörenden Staat (W-V.) konstituierte. Nach Ausarbeitung einer neuen Verfassung wurde V. 1870 wieder in die Union aufgenommen.
Virginia Bill of Rights [engl. və'dʒɪnjə 'bɪl əv 'raɪts] (Virginia Declaration of Rights), am 12. Juni 1776 vom Konvent von Virginia angenommene Menschenrechtserklärung; sie diente als Vorbild für die ersten Sätze der Declaration of Independence und war eine der Grundlagen der amerikan. Bill of Rights.
Virginiahirsch [vɪr'dʒɪ:nɪa] ↑ Neuwelthirsche.
Virginiawachtel [vɪr'dʒɪ:nɪa] (Colinus virginianus), über 20 cm langer, mit Ausnahme eines breiten, weißen Überaugenstreifs und der weißen Kehle vorwiegend brauner Hühnervogel in den USA, in Mexiko und Kuba.
Virginiazigarre (Virginia) [vɪr'dʒɪ:nɪa], lange, dünne, aus kräftigem Kentucky- oder Virgin. Tabak hergestellte Zigarre mit einem Mundstück aus Stroh.
Virgin Islands of the United States [engl. 'və:dʒɪn 'aɪləndz əv θə ju'naɪtɪd 'steɪts], Inselgruppe der Kleinen Antillen, ↑ Jungferninseln.
Virgo [lat. „Jungfrau"] ↑ Sternbilder (Übersicht).
viril [lat.], 1. männlich, mannhaft; das männliche Geschlecht betreffend. 2. charakterist. männl. Züge oder Eigenschaften aufweisend; vermännlicht (speziell von Frauen, aber auch von Knaben gesagt).
Virilisierung [lat.] (Maskulinisierung), die der ↑ Feminisierung entsprechende, auf weibl. Lebewesen bezogene, hormonell bedingte *Vermännlichung.*
Virilismus [lat.], (Vermännlichung) auf die Wirkung von Androgenen zurückführbares starkes Hervortreten der „männl." Eigenschaften beim weibl. Geschlecht; im biolog. Bereich bes. die Ausprägung männl. sekundärer Geschlechtsmerkmale; im psych. Bereich die Orientierung am „männl." Denken, Fühlen und Handeln.
▷ (Pubertas praecox) vorzeitige Geschlechtsreife bei Knaben.
Virilstimme, Recht eines einzelnen, bei Abstimmungen in verfassungsrechtl. Kollegien eine eigene Stimme zu führen.

Virion [lat.], in der neueren virolog. Nomenklatur Bez. für ein einzelnes infektionsfähiges Viruspartikel.

Viroide [lat./griech.], sehr kleine, virusähnl. Erreger von Pflanzenkrankheiten, die aus einer einzelsträngigen, ringförmigen RNS bestehen, die nicht von einer Proteinhülle umgeben ist.

Virologie [lat./griech.], Wiss. und Lehre von den Viren.

Virosen [lat.], svw. ↑Viruskrankheiten.

Virtanen, Artturi Ilmari, * Helsinki 15. Jan. 1895, † ebd. 11. Nov. 1973, finn. Biochemiker. – Prof. in Helsinki; Untersuchungen auf dem Gebiet der Agrikultur- und Nahrungsmittelchemie; erhielt 1945 den Nobelpreis für Chemie.

virtuell [lat.], der Kraft oder Möglichkeit nach vorhanden; anlagemäßig.

virtuelle Prozesse, Vorgänge in mikrophysikal. Systemen, bei denen für äußerst kurze Zeiten unter vorübergehender Verletzung des Energiesatzes Elementarteilchen (bzw. Feldquanten) entstehen und wieder verschwinden; sie werden als *virtuelle Teilchen* bezeichnet. Analog spricht man von virtuellen Zuständen, Übergängen.

virtuelles Bild ↑Abbildung.

virtuos [lat.-italien.], meisterhaft, [techn.] vollendet.

Virtuose [lat.-italien.], im frühen 18. Jh. Bez. für einen bed. Musiker, seit etwa 1740 mit weiterer Bedeutungsverengung nur noch Bez. für einen qualifizierten ausübenden Musiker, bes. für den Solisten.

Virtus, bei den Römern Begriff und vergöttlichte Personifikation der „Mannhaftigkeit", d. h. das Ideal staatsbürgerl. Handelns und Verhaltens..

virulent [lat.], krankmachend, schädlich, aktiv; von Krankheitserregern im Organismus gesagt.

Virungavulkane, Vulkankette im Zentralafrikan. Graben, nördl. und nö. des Kiwusees, in Rwanda, Zaire und Uganda, im Kirisimbi bis 4507 m ü. d. M.; Nat.park.

Virunum, röm. Stadt der Prov. Noricum, auf dem Zollfeld (Kärnten, Österreich). Um 45 n. Chr. als Munizipium und Nachfolgerin der Siedlung auf dem ↑Magdalensberg gegr., war bis um 178 Hauptstadt der Prov.; Bischofssitz in der späten Kaiserzeit; seit Diokletian Sitz der Zivilverwaltung der Prov. Noricum mediterraneum, um 591 durch die Awaren zerstört. Ausgrabungen: Forum mit Kapitol, Tempelanlage, Bühnentheater, Bäderbezirk (mit Bacchusmosaik).

Virus [lat.] ↑Viren.

Virusgrippe, svw. ↑Grippe.

Virushepatitis ↑Leberentzündung.

Viruskrankheiten (Virosen), durch Viren hervorgerufene akute, seltener auch chron. Infektionskrankheiten bei Mensch, Tier und Pflanzen. Zu den V. des Menschen gehören z. B. Grippe, Masern, Röteln, Mumps, Hepatitis, Pocken und Kinderlähmung. Sie hinterlassen oft eine langfristige Immunität. Eine Vorbeugung ist durch Schutzimpfung z. T. möglich. – *V. bei Haustieren* verursachen je nach Art und Ausbreitung erhebl. wirtsch. Schäden, z. B. Maul- und Klauenseuche, Schweinepest, Geflügelpest, Influenza bei Pferd und Schwein, Leukosen. Sie werden durch verbesserte Impfverfahren und Sperrmaßnahmen verhindert bzw. bekämpft. – *V. bei Pflanzen* äußern sich häufig in Störungen der Blattgrünbildung (Mosaikkrankheiten) sowie in Blattmißbildungen, ferner treten Verkrüppelung oder Rauhschaligkeit von Früchten auf. Ihre Übertragung erfolgt durch Vektoren (Insekten, bes. Blattläuse u. a.) bzw. durch Kontakt erkrankter mit gesunden Pflanzen (wobei Verletzungen als Einlaßstellen vorliegen müssen). – Die Bekämpfung von V. bei Pflanzen im Sinne einer Therapie ist bisher kaum möglich, es kann lediglich die Übertragung behindert bzw. virusfreies oder resistentes Zuchtmaterial verwendet werden.

Viruspneumonie ↑Lungenentzündung.

Virusträger, svw. ↑Dauerausscheider.

Virza, Edvarts [lett. 'vɪrza], eigtl. E. Lieknis, * Salgales Rāceņi (Semgallen) 27. Dez. 1883, † Riga 1. März 1940, lett. Schriftsteller. – Behandelt in seiner Lyrik v. a. polit.-nat. Themen. Schildert in dem Roman „Die Himmelsleiter" (1933) den Jahreszyklus auf einem lett. Bauernhof und die ewige Ordnung in der Natur in einer an heidn. Überlieferung und die Bibel anknüpfenden Sprache.

Vis (italien. Lissa), dalmatin. Adriainsel in Kroatien, ssw. von Split, 90 km², bis 587 m hoch; Hauptorte sind Komiža und V. (2 200 E). – In der **Seeschlacht bei Lissa** schlug die östr. Flotte am 20. Juli 1866 im Dt. Krieg mit Hilfe der Rammtaktik die überlegene italien. Flotte.

Visakhapatnam, ind. Hafenstadt am Golf von Bengalen, Bundesstaat Andhra Pradesh, 584 000 E. Kath. Bischofssitz; Univ. (gegr. 1926); Schiffbau, chem., Textil- und Nahrungsmittelind.; Eisenbahnknotenpunkt an der Strecke Madras–Kalkutta.

Visavis [viza'vi:; frz.], Gegenüber; **vis-à-vis,** gegenüber.

Visbreaking ⓦ [engl. 'vɪsbreɪkɪŋ; Kw. aus engl. **vis**cosity **breaking**], Verfahren zum therm. Kracken von schweren, hochviskosen Erdölfraktionen zur Gewinnung von Heizöl.

Visby [schwed. 'vi:sby:], schwed. Stadt an der W-Küste der Insel Gotland, Verwaltungssitz des Verw.-Geb. Gotland, 20 700 E. Wirtsch. und Verwaltungszentrum der Insel; luth. Bischofssitz (seit 1772); Museum; elektrotechn., Nahrungsmittel- und Holzind.; Fremdenverkehr; ⚓. – Hafen- und Marktort; im MA Zentrum des Ostseehandels; 1280 Hansestadt; 1361 von den Dänen erobert und gebrandschatzt; wurde mit Gotland 1645 endgültig schwedisch. – Domkirche (1225 geweiht), Ruinen mehrerer roman. und got. Kirchen, gut erhaltene Stadtmauer (13. Jh.) mit Türmen.

Viscacha [vɪsˈkatʃa; indian.-span.] (Große Chinchilla, Lagostomus maximus), geselliges, nachtaktives Nagetier (Fam. Chinchillas), v. a. im Flachland des südl. S-Amerika; Körperlänge knapp 50–65 cm, Schwanz etwa 15–20 cm lang; Kopf auffallend groß, mit schwarz-weißer Zeichnung; Pflanzenfresser, die umfangreiche Gangsysteme in der Erde graben.

Viscaria [lat.], svw. ↑Pechnelke.

Viscera [lat.], svw. ↑Eingeweide.

Vischer, Friedrich Theodor von (seit 1870), * Ludwigsburg 30. Juni 1807, † Gmunden 14. Sept. 1887, dt. Schriftsteller und Philosoph. – Pfarrersohn; befreundet mit E. Mörike und D. F. Strauß; 1837 Prof. in Tübingen; 1848 libera-

Virginiawachtel

Peter Vischer d. Ä. Sebaldusgrab in der Sebalduskirche in Nürnberg, 1507–19

Vischnu

Friedrich Theodor Vischer

ler Abg. in der Frankfurter Nationalversammlung; 1855 Prof. am Zürcher, 1866–77 am Stuttgarter Polytechnikum. V. übte v. a. als krit. Publizist („Kritische Gänge", 1844; „Neue Folgen", 1860–73) eine große Wirkung auf seine Zeit aus. Als Philosoph und Ästhet („Ästhetik oder Wiss. des Schönen", 3 Tle., 1846–57) zeigte er sich als Vertreter der Hegelschen Schule. V. schrieb anonym die „Epigramme aus Baden-Baden" (1868) und (unter dem Pseud. *Deutobold Symbolizetti Allegoriowitsch Mystifizinsky*) die Parodie „Faust. Der Tragödie dritter Theil" (1862) sowie den grotesken Roman „Auch Einer" (1879) und Gedichte „Lyrische Gänge" (1882).

V., Peter, d. Ä., * Nürnberg um 1460, † ebd. 7. Jan. 1529, dt. Erzgießer. – Bedeutendstes Mitglied der Nürnberger Erzgießerfamilie V. Sein Hauptwerk, das nach seinem Entwurf begonnene Sebaldusgrab in der Sebalduskirche in Nürnberg (1507–19), spiegelt die Wandlung der dt. Spätgotik zur Renaissance wider (Mitarbeit seiner Söhne *Hermann V.* [* vor 1486, † 1517] und *Peter V. d. J.* [* 1487, † 1528]). Für die bed. Produktion von Grabplatten (Grabmal des Erzbischofs Ernst von Sachsen im Magdeburger Dom, 1494/95) verwendete er nicht nur eigene Modelle. Vielleicht nach Entwürfen A. Dürers entstanden die Standbilder der Könige Theoderich und Artus am Maximiliansgrab in Innsbruck (1513, Hofkirche). – Abb. S. 231.

Vischnu ↑ Wischnu.
Visconte [lat.-italien.] ↑ Vicomte.
Visconti [italien. vis'kɔnti], lombard. Adelsgeschlecht. Die ghibellin. V. erlangten 1277 die Herrschaft in Mailand, die sie im 14. Jh. auf die Lombardei und fast ganz Oberitalien ausdehnten. Seit 1395 im Besitz des Herzogstitels; die Hauptlinie erlosch 1447; ihre Herrschaft ging auf die Sforza über. – Bed. Vertreter:

V., Giangaleazzo, * Pavia 16. Okt. 1351, † Melegnano 3. Sept. 1402, Hzg. von Mailand (seit 1395). – Vereinte ab 1379 sämtl. Besitzungen der Fam. in seiner Hand; von König Wenzel zum Reichsfürsten und 1. Hzg. von Mailand sowie zum Hzg. der Lombardei (1397) erhoben. Zwang weite Teile Ober- und Mittelitaliens unter seine Herrschaft.

V., Matteo I., * Invorio (Prov. Novara) 15. Aug. 1250, † Crescenzago (= Mailand) 24. Juli 1322, Signore von Mailand (seit 1313). – Mehrfach Capitano del popolo, 1294 kaiserl. Vikar; 1302 von den Guelfen vertrieben, kehrte dank Kaiser Heinrich VII. 1310 zurück, unterwarf zahlr. lombard. Städte.

V., Ottone, * Ugogne 1207, † Chiavaralle Milanese (= Mailand) 1295, Erzbischof von Mailand (seit 1262) und Signore (1277/78 und seit 1282). – Führer der Ghibellinen in der Lombardei; verdrängte 1277 die guelf. Della Torre aus Mailand und begründete die Herrschaft der V. in der Stadt.

Luchino Visconti

Visconti, Luchino [italien. vis'kɔnti], * Mailand 2. Nov. 1906, † Rom 17. März 1976, italien. Regisseur. – Vertreter des neorealist. Films, u. a. „Von Liebe besessen" (1942), „Die Erde bebt" (1948), „Weiße Nächte" (1957), „Rocco und seine Brüder" (1960), „Der Leopard" (1962), „Die Verdammten" (1968), „Der Tod in Venedig" (1970), „Ludwig II." (1972), „Die Unschuld" (1976).

Viscount [engl. 'vaɪkaʊnt] ↑ Vicomte.
Viscum [lat.], svw. ↑ Mistel.
Visegrád [ungar. 'viʃɛgra:d], ungar. Ort am rechten Donauufer, 1 900 E. Ausflugs- und Erholungsort. – Röm. Lagerstadt; der ungar. Ort V. ist seit den ersten Arpaden belegt. Die Burg V. wurde wahrscheinlich nach 1241 erbaut, 1323–50 Residenz der ungar. Könige; König Matthias I. Corvinus baute das Schloß in V. zu einem der prächtigsten Renaissanceschlösser der Zeit aus (mehrmals von den Osmanen erobert, z. T. verschüttet; ab 1934 Freilegung und Restauration); erhalten bzw. restauriert sind der Wohnturm (Anfang 14. Jh.) sowie ein Arkadenhof mit Brunnenbecken (15. Jh.).

Viseu [portugies. vi'zeu], portugies. Stadt 80 km sö. von Porto, 21 000 E. Verwaltungssitz des Distr. V.; kath. Bischofssitz; volkskundl. Museum, Gemäldesammlung. Marktort eines Agrargebiets. – In röm. Zeit wichtiger Militär- und Straßenstützpunkt (sog. **Cava de Viriato,** Reste eines röm. Feldlagers, nördl. von V.); wurde wohl schon im 5. Jh. Bischofssitz. – Roman.-got. Kathedrale (12., 16. und 17. Jh.) mit Barockfassade und Kreuzgang.

Visible speech [engl. 'vɪzəbl 'spi:tʃ] ↑ synthetische Sprachen.

Visier [frz., zu lat. visus „Gesicht"], bewegl. eiserner Gesichtsschutz des ritterl. Helms (v. a. 14.–16. Jh.) mit Sehschlitzen und Ventilationslöchern.

Visier. Beweglicher Teil des Helmes bei mittelalterlichen Rüstungen

▷ Zielvorrichtung an Feuerwaffen u. a. Geräten, die auf einen bestimmten Zielpunkt [aus]gerichtet werden müssen; im Unterschied zu *mechan. V.* (z. B. ↑ Kimme und ↑ Korn, Ring-V., Rohrsucher) ermöglichen *opt. V.* (z. B. in Form des sog. Richtglases, als Reflex-V. oder als Albada-V.), daß Zielpunkt und Zielmarke (z. B. ein Fadenkreuz) gleichzeitig scharf gesehen werden können.

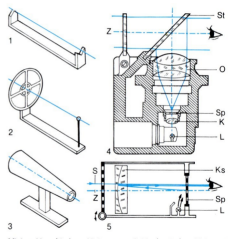

Visier. Verschiedene Visiertypen: 1 Mechanisches Visier mit Kimme und Korn; 2 Ringvisier; 3 Rohrsucher; 4 Reflexvisier; 5 Albadavisier; Z Ziellinie, St Strahlenteilerplatte, O Kollimatorobjektiv, Sp Strichplatte, die beim Albadavisier mit einer Zielmarke versehen ist, K Kondensorlinse, L Lichtquelle, S vom Zielpunkt kommender Lichtstrahl, Ks teildurchlässiger Kugelspiegel

Visierlinie, Verbindungslinie zweier sich für einen Beobachter deckender Punkte.

Vision [zu lat. visio „das Schauen"], Bez. für eine ↑ Halluzination aus dem opt. Sinnesbereich. – Im theolog. Sprachgebrauch ein psych. Erlebnis, in dem ihrer Natur nach unsichtbare und unhörbare Objekte (Gott, Engel, Verstorbene, Menschen im endzeitl. Zustand u. a.) auf übernatürl. Weise (als Erscheinung) erkannt werden; im A. T. ist die V. als Mittel der Offenbarung (v. a. bei den Propheten) immer mit einer *Audition* (Wortoffenbarung) verbunden.

visionär [lat.], seherisch, traumhaft; im Geiste schauend.

Visitation [lat.] (Kirchenvisitation), seit dem 4./5. Jh. bezeugtes Mittel der kirchl. Aufsicht über das glaubens-, sitten- und ordnungsgemäße Verhalten der Kirchenangehörigen sowie über den Zustand der kirchl. Sachen, Anstalten und Orte zur Erhaltung von Lehre und Sitte. Nach dem Recht der *röm.-kath. Kirche* ist z. B. der Diözesanbischof verpflichtet, seine Diözese wenigstens alle fünf Jahre zu visitieren. In den *reformator. Kirchen* wurden V. erstmals 1526 in Kursachsen durchgeführt. Die V. und ihre Durchführung durch das landesherrl. Beamtentum trugen wesentlich zur Bildung neuer Kirchenordnungen und eines ev. Kirchenrechts bei.

viskos [lat.], zähflüssig, leimartig.
Viskose [lat.], die bei der Herstellung von **Viskosefasern** († Viskoseverfahren) entstehende dickflüssige Spinnlösung; auch Bez. für die aus regenerierter Zellulose bestehenden Viskosefasern (früher Reyon gen.) selbst.
Viskoseverfahren, Verfahren zur Herstellung von Zelluloseregeneratfasern. Ausgangsprodukt sind Zellstoffplatten. Aus der Natronlauge gelöst werden beim Zerkleinern und Reifung (partieller oxidativer Abbau der Zellulose) mit Schwefelkohlenstoff zu lösl. *Natriumzellulosexanthogenat* umgesetzt, das in Natronlauge zu zähflüssiger Viskose gelöst und in ein aus Natriumsulfat und Schwefelsäure bestehendes Spinnbad gepreßt wird, in dem die Zellulose wieder ausfällt (regeneriert wird). Zelluloseregeneratfasern besitzen gute Färbbarkeit, große Wasseraufnahmefähigkeit bei geringem Quellvermögen und sind gut waschbar.
Viskosimeter [lat./griech.], Gerät zum Messen der Viskosität. Beim *Kapillar-V.* wird sie aus der Durchflußzeit eines bestimmten Volumens durch eine Kapillare, beim *Kugelfall-V. (Fallkörper-V.)* nach Höppler aus der Fallzeit einer Kugel in einem flüssigkeits- bzw. gasgefülltem Rohr bestimmt. *Rotations-V.* sind das *Couette-V.* und das *Kegel-V.*, bei denen eine Strömung zw. zwei konzentr. Zylindern bzw. Kegeln besteht, von denen einer angetrieben und die auf den zweiten übertragene Kraft gemessen wird.
Viskosität [lat.] (Zähigkeit), die innere Reibung von Gasen oder Flüssigkeiten. Nach dem Newtonschen Reibungsgesetz $F = \eta v A/d$ ist F die Kraft, die notwendig ist, um zwei parallele Platten der Fläche A im Abstand d im viskosen Stoff mit der Geschwindigkeit v aneinander vorbeizubewegen. η, die *dynam. V.,* ist bei den meisten (sog. Newtonschen) Flüssigkeiten eine Materialkonstante; ihre SI-Einheit ist Pa·s. Die *kinemat. V.* $\nu = \eta/\varrho$ (ϱ Dichte) wird in m^2/s gemessen.
Visp, Bez.hauptort im schweizer. Kt. Wallis, 8 km westl. von Brig, 663 m ü.d.M., 6 500 E. Chem. Ind. – 1972 erfolgte der Zusammenschluß der Gemeinden V. und Eyholz. – Dreikönigskirche (1761 vollständig barockisiert) mit roman. Turm und Krypta.
Vispertal, von der Vispa durchflossenes linkes Nebental der Rhone in den Walliser Alpen.
Visser 't Hooft, Willem Adolph [niederl. vɪsərt'ho:ft], * Haarlem 20. Sept. 1900, † Genf 4. Juli 1985, niederl. ev. Theologe. – 1924 Sekretär des Weltbundes des Christl. Vereins Junger Männer; 1931 Generalsekretär des Christl. Studenten-Weltbundes; Mitbegr. und bis 1966 Generalsekretär des Ökumen. Rates der Kirchen; 1966 erhielt er zus. mit A. Bea den Friedenspreis des Börsenvereins des Dt. Buchhandels.
Visualität [lat.], Gesamtbereich der opt. Wahrnehmung, Auffassung und Vorstellung; in der Psychodiagnostik auch für Formauffassung oder Formgedächtnis oder auch für die räuml. Vorstellung.
visuell [lat.], das Sehen, den Gesichtssinn betreffend.
visuelle Dichtung † experimentelle Dichtung.
visuelle Kommunikation, Informationsvermittlung durch optisch wahrnehmbare Zeichen bzw. Signale, z.B. Schrift, Bild, Gestik, Flaggensignale. – † Kommunikation.
Visum [lat. „Gesehenes"], svw. † Sichtvermerk.
VISUM, Fotografenvereinigung, die 1975 in Essen von A. Gelpke, R. Meisel und G. Ludwig gegr. wurde und neben † Magnum zu den bedeutendsten Fotoagenturen der Welt gehört.
Visus [lat.], svw. † Sehschärfe.
Vis vitalis [lat.], svw. † Lebenskraft.
viszeral [lat.], in der Medizin und Biologie für: die Eingeweide betreffend.

Viszeralbögen, svw. † Kiemenbögen.
Vita [lat. „Leben"] (Mrz. Viten), Lebensbeschreibung; Abriß der aktenmäßigen Lebensdaten (Curriculum vitae), v.a. Bez. und Titel der antiken und ma. † Biographie.
Vita activa [lat.], idealtypisch konstruierte Lebensform der griech. und ma. Philosophie, das tätige, polit.-prakt. Leben. Im Ggs. dazu steht die **Vita contemplativa** als das beschaul., theoret. Leben in freier Muße (positiv) bzw. in trägem Genießen (negativ).
vital [lat.], lebenswichtig; lebens-, funktionstüchtig.
Vital, Chajim, * Safed (= Zefat) 1543, † Damaskus 1620, jüd. Kabbalist. – Gehörte mit seinem Lehrer Isaak Ben Salomon Luria zu den Hauptvertretern des Zentrums der Kabbalistik im Palästina des 16. Jh. (Safed).
Vitalfärbung † Färbung.
Vitali, Filippo, * Florenz um 1590, † ebd. 1653, italien. Komponist. – Wirkte u.a. als Kapellmeister in Florenz. Früher Vertreter der Monodie; komponierte v.a. weltl. (Madrigale) und geistl. Vokalwerke.
V., Giovanni Battista, * Bologna 18. Febr. 1632, † Modena 12. Okt. 1692, italien. Komponist. – Ab 1674 Kapellmeister an der herzogl. Kapelle in Modena. Einer der führenden Violinisten seiner Zeit und bed. Sonatenkomponist vor A. Corelli.
Vitalienbrüder [vi'ta:liɛn...] (niederdt. Likendeeler, „Gleichteiler"), Freibeuter der Nord- und Ostsee; versorgten 1389–92 das von Dänemark eingeschlossene Stockholm von See her mit Lebensmitteln (Vitalien); kaperten danach (1398 vom Dt. Orden von Gotland vertrieben) v.a. Hanseschiffe in der Nordsee; 1401 von der Hanse besiegt; ihre (später volkstümlich gewordenen) Führer Klaus Störtebeker und Godeke Michels wurden 1402 in Hamburg hingerichtet.
Vitalis, Pseud. des schwed. Dichters Erik † Sjöberg.
Vitalismus [zu lat. vita „Leben"], Theorien, die zur Erklärung von Entstehung, Struktur oder Funktion des Lebens oder lebender Systeme die Existenz von Substanzen oder Prinzipien annehmen, die sich dem Nachweis oder der Erklärung durch mathemat., physikal. und chem. Methoden prinzipiell entziehen. – Als Begründer des V. gilt Aristoteles; er nimmt an, daß die leblose Materie kraft der Prägung durch die Organisationsmuster der jeweiligen „Seele" zu einem Organismus wird. Im 18. und 19. Jh. wird in Auseinandersetzung mit dem † Mechanismus der aristotel. Begriff der „Seele" weitgehend durch den der † Lebenskraft ersetzt. Kant nimmt eine vermittelnde Stellung zw. Mechanismus und V. ein; nach ihm ist eine mechanist. Erklärung von Organismen unmöglich, aber ein teleolog. Erklärungsmuster, in dem Vitalkräfte einen Platz haben, zu heurist. Zwecken denkbar.
Vitalität [lat.-frz.], die genet. und von Umweltbedingungen beeinflußte Lebenstüchtigkeit eines Organismus oder einer Population; äußert sich in Anpassungsfähigkeit an die Umwelt, Widerstandskraft gegen Krankheiten, körperl. und geistiger Leistungsfähigkeit sowie Fortpflanzungsfähigkeit.
Vitalkapazität, Fassungsvermögen der Lunge an Atemluft (etwa 3,5–5 l), bestehend aus inspirator. Reservevolumen, Atemzugvolumen und exspirator. Reservevolumen. Die V. wird bei körperl. Tauglichkeitsuntersuchungen überprüft. – Abb. S. 234.
Vitamine [Kw. aus lat. vita „Leben" und Amine], zusammenfassende Bez. für eine Gruppe von chemisch sehr unterschiedl., v.a. von Pflanzen und Bakterien synthetisierten Substanzen, die für den Stoffwechsel der meisten Tiere und des Menschen unentbehrlich (essentiell) sind, die aber vom tier. und menschl. Organismus nicht synthetisiert werden können und daher ständig mit der Nahrung zugeführt werden müssen. Die V.eigenschaft bezieht sich nicht auf eine bestimmte chem. Struktur, sondern allein darauf, ob der betreffende Stoff von einem Tier (bzw. vom Menschen) gebraucht wird. Ascorbinsäure z.B. ist für Menschen, Affen und Meerschweinchen ein V., nicht jedoch z.B. für Ratten. Einige V. können vom tier. Organismus aus bestimmten biolog. Vorstufen, den *Pro-V.,* in einem letzten

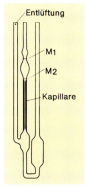

Viskosimeter.
Kapillarviskosimeter;
M$_1$, M$_2$
Meßmarkierungen

Vitamine

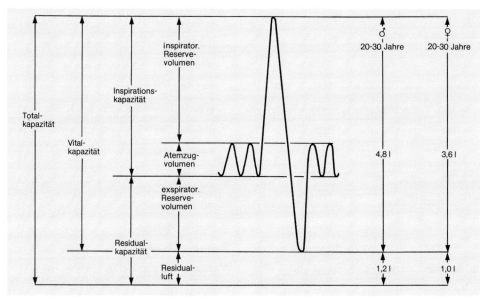

Vitalkapazität. Schemadarstellung der einzelnen Lungenvolumina und Lungenkapazitäten, die die Beziehungen der Größen untereinander wiedergibt; im Mittelteil die Kurvenverläufe des bei der normalen Atmung bewegten Atemzugvolumens von 0,5 l und der bei der Lungenfunktionsprüfung aufgenommenen Vitalkapazität, rechts die geschlechtsspezifischen Unterschiede in der Vitalkapazität

Syntheseschritt hergestellt werden, z. B. die Vitamine A_1 und A_2 aus β-Karotin, die Vitamine D_2 und D_3 aus Ergosterin bzw. Dehydrocholesterin und die Nikotinsäure aus Tryptophan. Ein Mangel an V. kann zu verschiedenen ↑ Vitaminmangelkrankheiten führen; jedoch sind bei einigen V. (Vitamin A und D) auch Störungen und Vergiftungen durch Vitaminüberdosierung bekannt. Bei den anderen V. treten ähnl. Erscheinungen nicht auf, da der menschl. Organismus die V. nicht speichern kann und einen Überschuß meist rasch wieder ausscheidet oder abbaut. Die V. zeigen bereits in kleinsten Dosierungen (1 mg und weniger) biolog. Aktivitäten. Ihre biochem. Wirkung beruht v. a. bei den V. der B-Gruppe auf ihrer Funktion als Koenzyme; Vitamin A bildet in Form des Retinals zus. mit dem Eiweißstoff Scotopsin das für den Sehvorgang wichtige Rhodopsin.

Die V. werden üblicherweise mit einem Buchstaben und/ oder einem Trivialnamen bezeichnet und nach ihrer Löslichkeit in die Gruppen der *fettlösl.* (Vitamin A, D, E, K) und der *wasserlösl.* V. (Vitamine der B-Gruppe, Vitamin C und H) eingeteilt. Daneben werden häufig auch einige weitere

		Vitamine		
Vitamine		Funktion	Vitaminmangelerkrankungen	Vorkommen
A	Retinol	Schutz und Regeneration epithelialer Gewebe; Aufbau des Sehpurpurs	Nachtblindheit, Epithelschädigungen von Auge und Schleimhaut	Lebertran, Kalbsleber, Eidotter, Milch, Butter; Provitamin, Karotin in Karotten und Tomaten
B_1	Thiamin (Aneurin)	Regulation des Kohlenhydratstoffwechsels	Beriberi; Störungen der Funktionen von Zentralnervensystem und Herzmuskel	Hefe, Weizenkeimlinge, Schweinefleisch, Nüsse
B_2	Riboflavin	Regulation von Atmungsvorgängen; Wasserstoffübertragung	Haut- und Schleimhauterkrankungen	Hefe, Leber, Fleisch, Nieren, Milch, Gemüse
	Folsäure	Übertragung von Einkohlenstoffkörpern (C_1) im Stoffwechsel	Blutarmut	Leber, Niere, Hefe
	Pantothensäure	Übertragung von Säureresten im Stoffwechsel	beim Menschen unbekannt	Hefe, Früchte
	Nikotinsäure, Nikotinsäureamid (Niacin PP-Faktor)	Regulation von Atmungsvorgängen; Wasserstoffübertragung; Bestandteil der Koenzyme NAD und NADP	Pellagra	Hefe, Leber, Reiskleie, Möhren, Weizen
	Biotin	Koenzym von an Carboxylierungsreaktionen beteiligten Enzymen	Hautveränderungen, Haarausfall, Appetitlosigkeit, Nervosität	Hefe, Erdnüsse, Schokolade, Eidotter, Leber
B_6	Pyridoxol-Gruppe	Übertragung von Aminogruppen im Aminosäurestoffwechsel	Hautveränderungen	Hefe, Weizen, Getreidekeimlinge, Kartoffeln, Mais
B_{12}	Cobalamine	Reifungsfaktor der roten Blutkörperchen	perniziöse Anämie	Leber, Rindfleisch, Austern, Eidotter
C	Ascorbinsäure	Redoxsubstanz des Zellstoffwechsels	Skorbut, Moeller-Barlow-Krankheit	Zitrusfrüchte, Johannisbeeren, Paprika, Kiwi
D	Calciferole	Regulation des Calcium- und Phosphatstoffwechsels	Rachitis, Knochenerweichung	Lebertran, v. a. von Thunfisch, Heilbutt, Dorsch; Eidotter, Milch, Butter
E	Tocopherole	antioxidativer Effekt (u. a. in Keimdrüsenepithel, Skelett- und Herzmuskel	Mangelsymptome beim Menschen nicht sicher nachgewiesen	Weizenkeimöl, Baumwollsamenöl, Palmkernöl, Nüsse, Sonnenblumenöl
K	Phyllochinon, Menachinone	Bildung von Blutgerinnungsfaktoren; v. a. von Prothrombin	Blutungen, Blutgerinnungsstörungen	grüne Pflanzen (u. a. Kohl, Spinat)

Substanzen, die z. T. ebenfalls als essentielle Nahrungsbestandteile angesehen werden, zu den V. gerechnet, u. a. das *Vitamin P* (Rutin), sowie die oft als *Vitamin F* zusammengefaßten ungesättigten Fettsäuren.

V. sind in den meisten Nahrungsmitteln, insbes. in frischem Gemüse, Milch, Butter, Eidotter, Leber, Fleisch, Getreide, in ausreichender Menge enthalten, so daß bei einer ausgewogenen Ernährung keine Vitaminmangelerkrankungen auftreten. Durch unsachgemäße Lagerung oder Zubereitung der Lebensmittel kommt es jedoch zu einer beträchtl. Zerstörung der vielfach sauerstoffempfindl. und hitzelabilen V. Ein überhöhter Vitaminbedarf kann u. a. im Wachstumsalter, bei Schwangerschaft, Krankheit und Rekonvaleszenz sowie bei Resorptionsstörungen im Alter vorliegen. – Für die meisten V. sind heute Methoden zur Synthese bzw. Partialsynthese bekannt, und für eine Vitaminsubstitutionstherapie stehen zahlr. Vitaminpräparate zur Verfügung. – Erhöhte Gaben von Vitamin C, E und β-Karotin, aus dem der Körper selbst das Vitamin A synthetisiert, können möglicherweise das Risiko von Krebserkrankungen senken.

Vitaminmangelkrankheiten, Erkrankungen, die durch relativen oder absoluten Mangel eines oder mehrerer Vitamine hervorgerufen werden. Ursachen sind ein zu geringes oder fehlendes Angebot an Vitaminen in der Nahrung, Verdauungs- oder Resorptionsstörungen und Erkrankungen mit erhöhtem Bedarf an Vitaminen. Es gibt Hypovitaminosen (V. leichten Grades) und Avitaminosen (starke Mangelsymptome). Bes. bekannt sind u. a. Skorbut (Vitamin-C-Mangel) und Rachitis (Vitamin-D-Mangel).

vite [frz. vit] (vitement), musikal. Vortragsbez.: schnell, rasch.

Vitellius, Aulus, *7. Sept. 12 n. Chr., † Rom 20. Dez. 69, röm. Kaiser (69). – Gegen Galba zum Kaiser ausgerufen, konnte er Otho, den Nachfolger Galbas, bei Betriacum besiegen. V. fiel jedoch im Kampf gegen die Truppen Vespasians, der nach ihm Kaiser wurde.

Viterbo, italien. Stadt im nördl. Latium, 327 m ü. d. M., 59 800 E. Hauptstadt der Prov. V.; kath. Bischofssitz; bed. Museum, Gemäldesammlung, Staatsarchiv; Herstellung von Käse-, Wurst- und Likörspezialitäten, Maschinenbau, Gießereien, Ziegeleien. – In der Römerzeit wahrscheinlich **Vicus Elbii,** fiel 754/756 durch die Pippinsche Schenkung an den Papst; wurde 773 befestigt; errang Ende des 11. Jh. kommunale Freiheit; 1192 Bischofssitz; nach Zerstörung im 2. Weltkrieg wiederaufgebaut. – Gut erhaltene Stadtmauer (13.–15. Jh.); roman. Dom (12. Jh.); roman. Kirche San Giovanni in Zoccoli (11. Jh.); got. Papstpalast (1257 bis 1266) mit offener Loggia; ma. Stadtviertel San Pellegrino. – Abb. S. 236.

Vitex [lat.], svw. ↑ Mönchspfeffer.

Viti Levu [engl. 'viːtiː 'lɛɪvuː], Hauptinsel der ↑ Fidschiinseln, mit Suva, der Hauptstadt von Fidschi.

Vitiligo [lat.] (Weißfleckenkrankheit, Leucopathia acquisita), weiße, scharf begrenzte, meist langsam größer werdende Flecke der Haut infolge Pigmentmangels (Farbstoffmangel); es besteht eine erhöhte Empfindlichkeit gegen Sonnenlicht; Ursache unbekannt.

Vitis [lat.], svw. ↑ Weinrebe.

Vitium [lat.], in der Medizin Bez. für: organ. Fehler, organ. Defekt.

Vitoria, Francisco de [span. bi'toria] (Franz von Vitoria), *Burgos (Vitoria?) zw. 1483 und 1493, † 12. Aug. 1546, span. kath. Theologe und Dominikaner (seit 1502). – Ab 1526 Prof. für Theologie in Salamanca; Gründer der Schule von Salamanca (↑ Salamanca, Schule von). Angeregt durch die Entdeckung Amerikas, entwickelte er Gedanken zu einer Kolonialethik (Menschenrechte, Völkerrecht) und v. a. eine Definition des Völkerrechts als *„ius inter gentes"* (Recht zw. den Völkern) statt bisher *„ius gentium"* (Recht der Völker), die ihn zum eigtl. Begründer des modernen Völkerrechts machte.

Vitória [brasilian. vi'tɔria], Hauptstadt des brasilian. Bundesstaates Espírito Santo, im SW der Ilha de Vitória, 277 00 E. Kath. Erzbischofssitz; Univ., Museen; wichtiger Exporthafen; Eisenbahnendpunkt. – 1551 gegr.; seit 1823 Hauptstadt von Espírito Santo.

Vitoria-Gasteiz [span. bi'toria gas'teiθ], span. Stadt im Baskenland, 539 m ü. d. M., 200 700 E. Verwaltungssitz der Prov. Álava; kath. Bischofssitz. Metallverarbeitung, Textil-, chem., Nahrungsmittel- und Getränkeind., Spielkartenherstellung, Holzverarbeitung. – Nach umstrittener Überlieferung von Westgotenkönig Leowigild (568–586) nach seinem Sieg über die Vaskonen (Basken) als **Victoriacum** gegr.; in westgot. Zeit **Gaztez;** gehörte seit 1382 zu Kastilien. – Got. Alte Kathedrale (um 1500 vollendet); neugot. Neue Kathedrale (20. Jh.); von Arkaden umgebene Plaza de España (1791).

Vitr., Abk. für lat.: **Vitr**um, auf Rezepten Bez. für: Arzneiflasche.

Vitrac, Roger [frz. vi'trak], *Pinsac (Lot) 17. Nov. 1899, † Paris 22. Jan. 1952, frz. Dramatiker. – Vorläufer des absurden Theaters. Gründete 1927 mit A. Artaud das „Théâtre Alfred Jarry". Schrieb sketchartige, satir.-groteske Farcen („Victor oder Die Kinder an der Macht", 1930).

Vitré [frz. vi'tre], frz. Stadt in der Bretagne, an der Vilaine, 13 000 E. Schuhind., Landmaschinenbau. – Spätgot. Kirche Notre-Dame (15./16. Jh.); got. festungsartiges Schloß (14./15. Jh.); gut erhaltene Altstadt.

Vitreous China [engl. 'vitriəs 'tʃainə] (Halbporzellan), Feinsteinzeug für Sanitärzwecke, Wandfliesen usw.

Vitrine [frz., zu lat. vitrum „Glas"], gläserner Schaukasten, Glasschrank.

Vitriole [mittellat., zu lat. vitreus „gläsern"], früher gebräuchl. Bez. für die Sulfate zweiwertiger Metalle, die mit Kristallwasser kristallisieren und häufig kräftig gefärbt sind (z. B. das tiefblaue kristallwasserhaltige Kupfersulfat, $CuSO_4 \cdot 5H_2O$).

Vitruv (Vitruvius), röm. Architekturtheoretiker des 1. Jh. v. Chr. (*um 84 v. Chr.?). – Tätig als Militärtechniker, Baumeister (Basilika in Fano, vermutlich seine Geburtsstadt) und Ingenieur (seit 33 v. Chr. in Rom). Seine um 25 v. Chr. herausgegebenen 10 Bücher „De architectura", die sich stark auf hellenist. Schrifttum stützen, sind das einzige erhaltene antike Lehrwerk über Architektur und Technik und waren bed. für die Renaissance, bes. Säulenordnung und Proportionslehre des menschl. Körpers.

Vitry, Philippe de [frz. vi'tri] ↑ Philippe de Vitry.

Vittel, frz. Heilbad in den Monts Faucilles, Dep. Vosges, 340 m ü. d. M., 6 400 E. Mineralquellen; Thermalinstitut.

Vittone, Bernardo Antonio, *Turin 1704 oder 1705, † ebd. 19. Okt. 1770, italien. Baumeister. – Unter dem Einfluß von G. Guarini und F. Iuvara wurde V. zum bedeutendsten Baumeister des Rokoko in Piemont; u. a. Santa Chiara in Bra (Piemont; 1742).

Vittoria, Alessandro [italien. vit'tɔria], *Trient 1525, † Venedig 27. Mai 1608, italien. Bildhauer. – Schüler und Mitarbeiter von il Sansovino (I. Tatti); tätig v. a. in Venedig und Vicenza, Zusammenarbeit mit Palladio und Veronese in der Villa Barbaro-Volpi in Maser (Venetien). Schuf v. a. Bildnisbüsten, Kleinbronzen, Medaillen, Grabmäler und Altäre.

Vittoria [italien. vit'tɔria], italien. Stadt auf Sizilien, 18 km westl. von Ragusa, 169 m ü. d. M., 55 300 E. Kunststoff- und Metallverarbeitung; größter Weinmarkt von Sizilien.

Vittorini, Elio, *Syrakus 23. Juli 1908, † Mailand 13. Febr. 1966, italien. Schriftsteller und Übersetzer. – Journalist; Mgl. der Widerstandsbewegung und (bis 1947) der KP Italiens. Beeinflußt von E. Hemingway, W. Faulkner, J. Steinbeck, brach V. mit den traditionellen italien. Prosastil und wurde zu einem der Mitbegründer des italien. Neorealismus. In dem Roman „Tränen im Wein" (1941, 1948 u. d. T. „Gespräch in Sizilien") sind sozialkrit. Tendenz und realist. Darstellungsweise mit symbolhaftem, lyr.-rhapsod. Stil verbunden. – *Weitere Werke:* Die rote Nelke (R., 1948), Die Frauen von Messina (R., 1949), Offenes Tagebuch (1957).

Vittorio Veneto [italien. vit'tɔrio 'vɛːneto], italien. Stadt in Venetien, 60 km nördl. von Venedig, 149 m ü. d. M., 30 000 E. Kath. Bischofssitz; bed. Seidenind., Me-

Vitamine. Mikroaufnahmen verschiedener Vitamine. Oben: Vitamin A in 800facher Vergrößerung. Mitte: Vitamin B 12 in 170facher Vergrößerung. Unten: Vitamin C in 440facher Vergrößerung

Vitus

Viterbo. Der 1257–66 erbaute Papstpalast

Antonio Vivaldi (Kupferstich, 1723)

tallverarbeitung, Nahrungsmittelind. – Entstand nach Eingliederung Venetiens in das Kgr. Italien (1866) durch Vereinigung der Gemeinden **Ceneda** (wohl seit dem 7. Jh. Bischofssitz) und **Serravalle** (seit 1337 Teil Venetiens) und erhielt seinen Namen zu Ehren König Viktor Emanuels II. – Bei V. V. fanden die Kämpfe an der Piavefront in den letzten Tagen (24. Okt.–3. Nov. 1918) des 1. Weltkriegs statt, die zum Zusammenbruch des östr. Widerstands und am 3. Nov. zum Waffenstillstand führten. – In Ceneda barocker Dom (18. Jh.) mit roman. Kampanile; Loggia Cenedese (ehem. Rathaus, 1537/38). In Serravalle sind Teile der antiken Mauer erhalten; barocker Dom (18. Jh.) mit Altarbild von Tizian (1547).

Vitus (Veit), hl., † um 305(?), frühchristl. Märtyrer der Diokletian. Verfolgung. – Angeblich in Rom seines Glaubens wegen in siedendes Öl geworfen. Zentren der V.verehrung sind u. a. die Abteien Corvey und Ellwangen sowie Prag. Seit dem MA wird V. zu den 14 Nothelfern gezählt. – Fest: 15. Juni.

Vitzliputzli, svw. ↑Huitzilopochtli.

Vitznau ['fɪtsnaʊ], schweizer. Gem. am Vierwaldstätter See, Kt. Luzern, 441 m ü. d. M., 1 000 E. Heilklimat. Kurort; Zahnradbahn auf den ↑Rigi; 998 erstmals urkundlich erwähnt. – Spätklassizist. Kirche (1841/42).

vivace [vi'vatʃe; italien.], musikal. Vortragsbez.: lebhaft, schnell; **vivacissimo,** sehr schnell.

Vivaldi, Antonio, gen. il Prete rosso, *Venedig 4. März 1678, †Wien 28. Juli 1741, italien. Komponist und Violinist. – Wurde 1703 zum Priester geweiht; im gleichen Jahr Violinlehrer, Dirigent und Hauskomponist am Ospedale della Pietà in Venedig (mit Unterbrechungen bis 1740). V., einer der bedeutendsten Violinisten seiner Zeit, trug wesentlich zur Entwicklung und Ausbreitung der Solokonzertform (↑Konzert) bei. Sein Werk wurde erst seit 1926 durch einen bed. Handschriftenfund erschlossen. Bekannt sind etwa 770 Werke, davon 46 Opern (21 erhalten; u. a. „Orlando furioso", 1727; „Griselda", 1735), drei Oratorien (u. a. „Juditha triumphans", 1716), 344 Solokonzerte (u. a. 12 Violinkonzerte „Il cimento dell'armonia e dell'inventione" op. 8, 1725 [darin die sog. „Vier Jahreszeiten"]), 81 Konzerte mit zwei oder mehr Soloinstrumenten, 61 Sinfonien und Ripienokonzerte, 23 Kammerkonzerte, 93 Sonaten und Trios, viele weltl. und geistl. Vokalwerke.

Vivarais, Monts du [frz. mɔ̃diviva're], Bergland am O-Rand des frz. Zentralmassivs, bis 1 753 m hoch.

Vivarini, italien. Künstlerfam. des 15. Jh. in Venedig, Hauptvertreter der sog. Schule von Murano, durch die sich die venezian. Malerei vom byzantin. Schematismus löste; begr. von Antonio da Murano, gen. V. (*um 1418, †vor 1484 oder nach 1491). Bed. Vertreter sind sein Bruder *Bartolomeo V.* (*um 1432, †um 1499) und sein Sohn *Alvise V.* (*um 1445, †um 1504).

Vivarium [lat.], Anlage, in der v. a. wechselwarme lebende Tiere gezeigt werden; z. B. Aquarium, Terrarium.

vivat! [lat.], er (sie, es) lebe hoch!

vivat, crescat, floreat! [lat.], er (sie, es) lebe, blühe und gedeihe!

Vivekananda (Wiwekananda), eigtl. Narendranath Datta, *Kalkutta 12. Jan. 1863, †Belur Math bei Kalkutta 4. Jan. 1902, ind. hinduist. Mönch. – Bedeutendster Schüler Ramakrishnas und Begründer (1897) der ↑Ramakrishna-Mission zur Verbreitung der Lehre des ↑Wedanta.

Vives, Juan Luis [span. 'biβes], *Valencia 6. März 1492, †Brügge 6. Mai 1540, span. Humanist. – 1523–28 Erzieher am Hofe König Heinrichs VIII. von England. Wegen seines Widerstandes gegen dessen Ehescheidung aus England verbannt, lebte er bis zu seinem Tod in Brügge. V. war Gegner der Scholastik. In seinem Hauptwerk „De disciplinis" (Über die Wissenschaften, 1531) fordert er eine experimentelle, auf unmittelbarer Beobachtung beruhende Naturwissenschaft. Mit seinem Werk „De anima et vita" (Über die Seele und das Leben, 1538) gilt V. als Begründer einer empir. Psychologie.

Vivianit [nach dem brit. Mineralogen J. G. Vivian, 19. Jh.] (Blaueisenerz), farbloses bis weißes, nach Oxidation des Fe^{2+} zu Fe^{3+} blau werdendes, längl. Kristalle oder erdige Massen *(Blaueisenerde)* bildendes monoklines Mineral, $Fe_3(PO_4)_2 \cdot 8 H_2O$. V. bildet sich bei der Einwirkung von phosphathaltigen Lösungen auf Eisen(II)-Verbindungen unter Abschluß von Luftsauerstoff u. a. in Tonen und in moorigen Böden. Mohshärte 2; Dichte 2,6 bis 2,7 g/cm³.

Vivin, Louis [frz. vi'vɛ̃], *Hadol (Vosges) 27. Juli 1861, †Paris 28. Mai 1936, frz. naiver Maler. – Postbeamter; malte v. a. poet. Pariser Stadtansichten.

vivipar [lat.], svw. ↑lebendgebärend; ↑auch Viviparie. ▷ auf der Mutterpflanze auskeimend; von Pflanzensamen z. B. des Mangrovebaums gesagt.

Viviparie [lat.], in der *Zoologie* im Ggs. zur ↑Oviparie und ↑Ovoviviparie das Gebären von lebenden Jungen, die die Eihüllen schon vor oder während der Geburt durchbrechen. V. ist kennzeichnend für die Säugetiere einschl. Mensch (Ausnahme sind die Kloakentiere) und kommt auch bei manchen Kriechtieren, Lurchen, Fischen und Wirbellosen vor.

Vivisektion [lat.] ↑Tierversuch.

vivo [italien.], musikal. Vortragsbez.: lebhaft.

Vix, frz. Gem. im Dep. Côte-d'Or. Fundstelle eines frühkelt. Fürstengrabes des ausgehenden 6. Jh. v. Chr. mit der Bestattung einer etwa 30jährigen Frau auf dem Kasten eines Prunkwagens in einer Holzkammer unter einem Grabhügel von 40 m Durchmesser; unter den Beigaben Bronzekrater (1,64 m hoch, 208,6 kg schwer) aus Korinth, um 530 v. Chr. (Châtillon-sur-Seine, Archäolog. Museum).

Vix. Griechischer Bronzekrater mit Relieffries, um 530 v. Chr. (Châtillon-sur-Seine, Archäologisches Museum)

Vizconde [span. vis'kɔnde] ↑Vicomte.

Vize... [fi:tsə; lat.], Bestimmungswort von Zusammensetzungen mit der Bed. „stellvertretend" oder „zweithöchster" (im Rang).

Vizeadmiral ↑Dienstgradbezeichnungen (Übersicht).

Vizekönig, Titel eines Generalgouverneurs oder Statthalters als Vertreter des Monarchen.

Vizenor, Gerald Robert [engl. 'vaizənə], *Minneapolis 22. Okt. 1934, amerikan. Schriftsteller. – Ojibwa-Indianer, Mgl. des Chippewa-Stammes in Minnesota; Prof. für American Indian Studies an der University of Minnesota und der University of California. Schreibt Romane und Erzählungen, auch Gedichte, in denen er insbes. Fragen indian. Kultur und Identität der Gegenwart aufgreift.

Viztum ['fitstu:m, 'vi:tstu:m; mittellat.] (Vizedom, lat. vicedominus), in fränk. Zeit Verwaltungsbeamter in kirchl. Grundherrschaften (Kleriker); später in den dt. Territorialstaaten (v. a. Bayern) Beamter des Landesherrn mit administrativen Aufgaben (v. a. Finanzverwaltung).

Vlaanderen [niederl. 'vla:ndərə] ↑Flandern.

Vlaardingen [niederl. 'vla:rdɪŋə], niederl. Hafenstadt im westl. Teil der Agglomeration Rotterdam, 73 900 E. Fischereimuseum; Teil des Hafen- und Ind.gebiets Rotterdam-Europoort. – Besiedlung in der Mitte des 3. Jh. v. Chr. archäologisch nachgewiesen; im frühen 8. Jh. Taufkirche; 1018 Burgbau durch die Grafen von Holland, die der Siedlung Zoll- und Stapelrechte verliehen und sie 1326 zur Stadt erhoben. – Stadthaus im Renaissancestil (1650), Waage (1556), Fleischhalle (1681).

Vlădeasa, Munții [rumän. 'muntsi vlə'deasa] ↑Westsiebenbürgisches Gebirge.

Vlad Țepeș [rumän. 'vlad 'tsepeʃ], *Sighișoara(?) 1430 oder 1431, †bei Bukarest Ende 1476/Anfang 1477, Fürst der Walachei 1448, 1456–62, 1476/77. – Sohn des Fürsten Vlad Dracul (daher auch Draculea oder Dracula [„Sohn des Dracul"] gen.). Zeitweise sehr erfolgreich gegen die Türken; wurde berühmt durch die Grausamkeit (rumän. țepeș „Pfähler"), mit der er Feinde umbringen ließ. Die rumän. Volkssage hat ihn zum strengen, aber gerechten Herrscher verklärt.

Vlaminck, Maurice de [frz. vla'mɛ̃:k], *Paris 4. April 1876, †Rueil-la-Gadelière (Eure-et-Loir) 11. Okt. 1958, frz. Maler und Graphiker. – Von van Gogh angeregt, wurde V. zu einem Hauptvertreter des Fauvismus; v. a. Landschaftsmotive und Stilleben.

V-Leitwerk, ein Flugzeugleitwerk in V-Form, das die Aufgaben von Höhen- und Seitenleitwerk übernimmt.

Vlieland [niederl. 'vli:lɑnt], eine der Westfries. Inseln, Niederlande, 34 km², 1 000 E, einziger Ort ist das Seebad Oost-Vlieland; Vogelschutzgebiet.

Vlies [niederl.] (Wollvlies), die zusammenhängende Haarmasse der Wollschafe. Durch Kräuselung und Fettschweiß sind jeweils mehrere eng zusammenstehende Haare zu sog. *Strähnchen* verbunden. Beim bes. dichten V. der Merinoschafe ist jeweils eine größere Anzahl von Strähnchen zu einem *Stapel* vereinigt.

Vliesstoffe, Bez. für flexible, poröse textile Flächengebilde, die durch mechan. oder anderes Verfestigen von Faserflorschichten (Faservliesen) hergestellt werden *(Nadelvliesstoff)* und mehrere vliesstoffähnl. Erzeugnisse. Steigende Bedeutung haben sog. *Spinnvliese (Spinn-V.),* die direkt aus geschmolzenen und gelösten Polymeren hergestellt werden. V. dienten v. a. zur Herstellung von Einlagen sowie als Filtertuche; heute werden sie auch zur Herstellung zahlr. Haushaltsartikel wie Tischdecken und Wischtücher verwendet.

Vlissingen [niederl. 'vlɪsɪŋə], niederl. Hafenstadt an der S-Küste von Walcheren, 43 900 E. Seefahrts- und Binnenschiffahrtsschule; Museen; Handels- und Fischereihafen; Schiffbau und Schiffsreparaturen, Maschinen-, Motorenbau, Fischverarbeitung, Seilereien, chem. Ind., Erdölraffinerie; Seebad. – Ende des 12. Jh. erstmals erwähnt; um 1315 Stadtrecht; 14. bis Mitte des 18. Jh. wichtiges Zentrum für Handel und Schiffahrt. – Kirche Sint Jacob (14. Jh.); Alte Börse (17. Jh.); ehem. Stadthaus (18. Jh.); Stadttor (16. Jh.).

Vlorë [alban. 'vlorə], Stadt in S-Albanien, 67 600 E. Verwaltungssitz des Bez. V.; histor. Museum. Zementfabrik, Textil-, Leder-, Nahrungsmittelind., Salinen. 2 km westl. von V. Erdölhafen, auch Fischereihafen. – Entstand an der Stelle des antiken **Aulona;** im 5. Jh. als Bischofssitz erwähnt; bis zur serb. Eroberung (1337) zum Röm. bzw. Byzantin. Reich, bildete 1371–1414 ein eigenes Despotat, danach von den Osmanen erobert; mehrfach für kurze Zeit unter venezian. Herrschaft **(Valona);** 1912 Sitz der provisor. alban. Reg.; 1914–20 von Italien besetzt.

Vlotho ['flo:to], Stadt an der Weser, NRW, 50 m ü. d. M., 19 000 E. Gesamteurop. Studienwerk; Textil- und Möbelind., Maschinen-, Fahrzeugbau, Tabakmanufaktur; Moor- und Schwefelbäder. – 1198 erstmals erwähnt, Anfang des 13. Jh. Stadt. – Got. ev. Stephanskirche (13. und 17. Jh.).

VLSI, Abk. für engl.: **V**ery **L**arge **S**cale **I**ntegration, Integrationsstufe von integrierten Schaltkreisen mit über 50 000 Funktionen oder 100 000 Transistoren pro Chip.

VLT, Abk. für engl.: **V**ery **L**arge **T**elescope, Spiegelteleskop der Europ. Südsternwarte (ESO), das auf dem 2 664 m hohen Cerro Paranal in Chile errichtet werden soll. Das VLT wird aus vier 8-m-Spiegeln bestehen, die auf einer Länge von über 100 m linear angeordnet sind und die in jeder mögl. Kombination, also auch einzeln, betrieben werden können; das Gesamtsystem entspricht einem 16-m-Spiegel. Beim VLT werden zahlr. techn. Neuerungen angewendet, die beim ↑NTT vorher erprobt wurden. Durch Kopplung zweier oder mehrerer Teleskope kann das VLT als Interferometer betrieben werden und erreicht eine für opt. Teleskope bisher nicht annähernd erzielte Auflösung. Das erste der vier Einzelteleskope soll 1995 fertiggestellt sein.

Maurice de Vlaminck. Landschaft mit roten Bäumen, 1906 (Paris, Musée National d'Art Moderne)

Vltava [tschech. 'vltava] ↑Moldau (Fluß).

V-Mann [Kurzbez. für **V**erbindungs-, **V**ertrauens**mann**], Informant [gegen Entgelt] für Organisationen, insbes. Zuträger der Polizei.

V-Motor, Verbrennungsmotor, bei dem die Zylinder paarweise so angeordnet sind, daß ihre Achsen einen spitzen Winkel (V-Form) miteinander bilden.

VOB, Abk. für: **V**erdingungs**o**rdnung für **B**auleistungen (↑Verdingungsordnungen).

Voce ['vo:tʃe; italien.], Singstimme; *V. alta,* hohe (auch laute) Stimme; *V. bassa,* tiefe (auch leise) Stimme; ↑colla voce, ↑mezza voce, ↑sotto voce.

Vocke, Wilhelm, *Aufhausen (= Forheim, Landkr. Donau-Ries) 9. Febr. 1886, †Frankfurt am Main 19. Sept. 1973, dt. Bankfachmann. – 1919–20 Mgl. des Reichsbankdirektoriums; als Präs. des Direktoriums der Bank dt. Länder bzw. der Dt. Bundesbank (1948–57) maßgeblich an der Neuordnung der Währung der BR Deutschland beteiligt.

Vöcklabruck [fœ...], oberöstr. Bez.-hauptstadt im Attergau, 433 m ü. d. M., 11 100 E. Waagen- und Maschinenbau; Baustoff-, Textil-, elektron. Ind. – 1134 (Pfarrkirche 824) erstmals gen.; Mitte des 14. Jh. Stadtrecht. – Spätgot. Pfarrkirche (14./15. Jh.) mit barocker Einrichtung, barockisierte Ägidiuskirche.

Vocoder [voˈkoːdər; engl. ˈvoʊkoʊdə; Kw. aus engl. **vo**ice **coder**], Gerät zur leitungsgebundenen oder drahtlosen Übertragung von Sprache bei stark verminderter Bandbreite; besteht aus dem Analyseteil *(Coder),* der nur wenige für die Spracherkennung wesentl. Parameter aus dem zu übertragenden Sprachsignal extrahiert, und dem sog. *Voder* (Synthesator, Sprachgenerator), der ein dem urspr. Sprachsignal ähnl. Sprachsignal synthetisch erzeugt.

Vodoo (Voodoo) ↑Wodu.

Voerde [ˈføːrdə] ↑Ennepetal.

VÖEST-Alpine Stahl AG, östr. Unternehmen der Stahlind., gegr. 1938 als *Reichswerke AG. Alpine Montanbetriebe,* 1946 nach Verstaatlichung *Vereinigte Östr. Eisen- und Stahlwerke,* seit 1973 nach Fusion mit der Östr.-Alpine Montangesellschaft AG jetziger Name; Sitz Wien.

Vogel, Bernhard, *Göttingen 19. Dez. 1932, dt. Politiker (CDU). – Bruder von H.-J. Vogel; 1965–67 MdB; in Rheinland-Pfalz 1967–76 Kultusmin., 1974–88 CDU Landesvors., 1976–88 Min.präs.; seit 1989 Vors. der Konrad-Adenauer-Stiftung; seit Febr. 1992 Min.präs. von Thüringen.

V., Eduard, *Krefeld 7. März 1829, †Wara (ehem. Hauptstadt von Wadai) im Febr. 1856 (ermordet), dt. Afrikaforscher. – Bereiste ab 1853 im Auftrag der brit. Reg. den mittleren Sudan, bes. das Gebiet um den Tschadsee.

V., Hans-Jochen, *Göttingen 3. Febr. 1926, dt. Politiker (SPD). – Bruder von B. Vogel; 1960–72 Oberbürgermeister von München; 1972–77 Landesvors. der bayr. SPD; 1972–81 und seit 1983 MdB; 1972–74 Bundesmin. für Raumordnung, Bauwesen und Städtebau, 1974–81 Bundesjustizmin.; Jan.–Juni 1981 Regierender Bürgermeister von Berlin (West); 1983 – 1991 Vors. der Bundestagsfraktion, 1987–91 Parteivorsitzender.

V., Hermann Karl, *Leipzig 3. April 1841, †Potsdam 13. Aug. 1907, dt. Astrophysiker. – Pionier der Astrospektroskopie; konstruierte 1888 den ersten Sternspektrographen und entwickelte ein spektroskop. Methode zur Messung der Radialgeschwindigkeit.

V., Hermann Wilhelm, *Dobrilugk (= Doberlug-Kirchhain) 26. März 1834, †Berlin 17. Dez. 1898, dt. Chemiker. – Prof. in Berlin; entdeckte 1873 die orthochromat. Sensibilisierung von Photoplatten durch organ. Farbstoffe.

V., Wladimir, *Moskau 29. Febr. 1896, †Zürich 19. Juni 1984, schweizer. Komponist dt.-russ. Herkunft. – Zunächst expressionist. (A. N. Skrjabin) und klassizist. (F. Busoni) Einflüsse, ab 1937 auch Zwölftontechnik; vielseitiger Einsatz von Sprechchören; u. a. „Thyl Claes" (1937, Neufassung 1943), „Arpiade" (1954), Oratorium „Jona ging doch nach Ninive" (1958), „Variationen über Tritonus und Septime" (1978), „In signum IM" (1981), zahlr. Vokalwerke.

Vögel (Aves), von Reptilien abstammende, heute mit rd. 8 600 Arten in allen Biotopen weltweit verbreitete Klasse warmblütiger, befiederter, meist flugfähiger Wirbeltiere, deren Vordergliedmaßen zu Flügeln umgebildet sind; Skelett teilweise lufthaltig (relative Verringerung des Körpergewichts); Haut ohne Schweißdrüsen und mit einer meist großen ↑Bürzeldrüse; im Unterschied zu den Reptilien vollständig getrennte Herzkammern; Lunge relativ klein, wenig dehnbar, ohne Lungenbläschen, jedoch mit z. T. sich in die Röhrenknochen erstreckenden Luftsäcken; Stoffwechsel sehr intensiv; Körpertemperatur hoch (gegen

Vögel. Habitus eines Buchfinken

42 °C); entsprechend der Ernährung Schnabel unterschiedlich geformt; unverdaul. Nahrungsreste werden bes. von Eulen und Greifvögeln als ↑Gewölle ausgeschieden; mit Ausnahme von Strauß, Gänsevögeln und wenigen anderen Gruppen kein Penis vorhanden, dafür haben alle V. eine ↑Kloake; Harnblase fehlend, es wird Harnsäure ausgeschieden. V. legen stets von Kalkschalen umschlossene Vogeleier in häufig kunstvoll gebaute Nester oder einfach auf dem Boden ab. Brütende V. bilden stets einen sog. ↑Brutfleck aus. Ihre Jungen schlüpfen entweder als Nesthocker oder Nestflüchter. – An Sinnesorganen steht bei den V. der Gesichtssinn im Vordergrund (Farbensehen im allg. ähnlich wie beim Menschen; Sehvermögen sonst dem Menschenauge überlegen hinsichtlich der Größe des Gesichtsfeldes und der Sehschärfe). Der gut ausgebildete Gehörsinn entspricht etwa dem des Menschen, wohingegen der Geruchssinn sehr schwach entwickelt ist. Die Lauterzeugung erfolgt meist durch einen bes. Kehlkopf (↑Syrinx). – Unter den V. unterscheidet man bezüglich ihrer Zuggewohnheiten Standvögel, Strichvögel, Zugvögel und Teilzieher. Zu den rezenten V. gehören u. a. Steißhühner, Hühnervögel, Rallen, Kraniche, Trappen, Watvögel, Flamingos, Stelzvögel, Ruderfüßer, Sturmvögel, Pinguine, Steißfüße, Taubenvögel, Papageien, Nachtschwalben, Trogons, Rackenvögel, Seglerartige, Spechtvögel und Sperlingsvögel.

Vogelbeerbaum, gemeinsprachl. Bez. für die Eberesche.

Vogelbeere, die Frucht der Eberesche.

Vogeler, Heinrich, *Bremen 12. Dez. 1872, †Schoroschewskoje (Kasachstan) 14. Juni 1942, dt. Graphiker, Maler und Kunsthandwerker. – Seit 1893 in Worpswede; schuf v. a. empfindsame Graphiken und Buchillustrationen im Jugendstil; seit 1908 auch Möbel. V. war Mgl. des Arbeiter- und Soldatenrates in Bremen und begr. 1908 in Worpswede die Künstlerkolonie „Barkenhoff" (bis 1919). Nach dem 1. Weltkrieg entwickelte er sich zum Protagonisten proletar. Kunst. Reisen in die Sowjetunion (1923/24 und 1926/27) prägten sein Schaffen. Für seine Agitpropkunst (Komplexbilder) bediente er sich spätexpressionist., futurist. und dadaist. (Collage) Mittel; lebte seit 1931 in Moskau, später zwangsweise in Kasachstan.

Vogelfeder (Feder), charakterist. Epidermisbildung der Vögel. V. sind Horngebilde von nur geringem Gewicht. Sie dienen v. a. der Wärmeisolation und sind eine notwendige Voraussetzung für das Fliegen. Man unterscheidet ↑Dunen und bei erwachsenen Tieren über den Pelzdunen (vielästige Dunen) liegende Konturfedern (den Körperumriß, die Kontur bestimmende Federn), die in Schwungfedern, Deckfedern und Schwanzfedern unterteilt werden. Eine Konturfeder besteht aus einem *Federkiel* (Federachse, Federschaft, Rhachis, Scapus), der die *Federfahne* (Vexillum) trägt; sie ist

Bernhard Vogel

Hans-Jochen Vogel

bei den Schwung- und Schwanzfedern asymmetrisch ausgebildet. Die Federfahne wird aus *Federästen* (Rami) gebildet, die nach oben *(Hakenstrahlen)* und unten *(Bogenstrahlen)* gerichtete, kürzere *Federstrahlen* (Radii) tragen. Die Hakenstrahlen sind mit Häkchen *(Radioli)* besetzt, die in die Bogenstrahlen greifen (Reißverschlußprinzip), so daß die Federfahne eine geschlossene Fläche bildet. Der unterhalb der Federfahne anschließende Abschnitt des Federkiels steckt teilweise in dem in die Epidermis eingesenkten *Federbalg* und wird als *Federspule* (Calamus) bezeichnet. Die hohle Federspule enthält im Innern die Reste des bei der Federentwicklung beteiligten Unterhautbindegewebes, die sog. *Federseele*. – Die V. entsteht aus einer Epidermisausstülpung, die sich mit ihrer Basis in die Haut einsenkt. Der innere, aus Unterhautbindegewebe bestehende Teil der Ausstülpung, die *Federpapille* (Pulpa), enthält Nerven und Blutgefäße und ernährt die sich entwickelnde Feder, die von einer zylinderförmigen Hornschicht, der *Federscheide,* umhüllt ist. Die Entfaltung der fertigen Feder erfolgt nach Platzen der Federscheide. Die Federn werden ein- oder zweimal im Jahr gewechselt (↑ Mauser).

Vogelfluglinie [nach der Route, der die Zugvögel folgen], Name für den südl. Abschnitt der kürzesten Eisenbahn- und Straßenverbindung zw. Mitteleuropa und der skand. Halbinsel (Eisenbahn- und Straßenbrücke über den Fehmarnsund, Straße und Bahnstrecke durch die Insel Fehmarn, Fährverbindung zw. Puttgarden und Rødbyhavn [auf Lolland]).

vogelfrei, bes. im ma. Recht der Zustand völliger Rechtlosigkeit. Den Geächteten durfte niemand unterstützen; jeder konnte ihn töten, ohne bestraft zu werden.

Vogelfuß, svw. ↑ Serradella.

Vogelherdhöhle, bei Stetten ob Lontal (Gem. Niederstotzingen, Bad.-Württ.) gelegene Höhle mit 3 Eingängen, 1931 ausgegraben; 9 Fundschichten des Mittel- und Jungpaläolithikums sowie des Neolithikums; bes. reiche Funde aus den Aurignacienschichten: v. a. die 12 meistens aus Mammutelfenbein geschnitzten Kleinplastiken, die zu den ältesten Kunstwerken des Jungpaläolithikums gehören.

Vogelkirsche (Süßkirsche, Prunus avium), in Europa, W-Sibirien und Vorderasien heim. Rosengewächs der Gatt. Prunus; bis 20 m hoher Baum; Früchte der Wildform nur bis 1 cm im Durchmesser, bei der Reife schwarz, bittersüß schmeckend. Die V. wird unter der Bez. ↑ Süßkirsche in den beiden Kulturformen Herzkirsche und Knorpelkirsche vielfach angepflanzt.

Vogelkophalbinsel [niederl. 'voːxəlkɔp], Halbinsel im NW Neuguineas, Irian Jaya; bis 3 000 m ü. d. M.

Heinrich Vogeler. An den Frühling, Radierung zu Oscar Wildes Märchensammlung „Das Granatapfelhaus", 1904

Vogelkunde, svw. ↑ Ornithologie.

Vogelmiere ↑ Sternmiere.

Vogelmilbe (Rote V., Hühnermilbe, Dermanyssus gallinae), etwa 0,75 mm lange Milbe; saugt nachts Blut, v. a. an Hühnern und Stubenvögeln.

Vogelmuscheln (Pteria), Gatt. meerbewohnender Muscheln mit stark ungleichklappigen, innen perlmutterartig glänzenden Schalen und schnabelartig verlängertem hinterem Schloßrand; im Mittelmeer die 6–8 cm lange *Pteria hirundo*.

Vogelperspektive ↑ Perspektive.

Vogelsang, Klaus, *Radebeul bei Dresden 27. April 1945, dt. Maler und Zeichner. – Gehört zur Berliner Gruppe der Krit. Realisten; an G. Grosz und O. Dix orientiert.

Vogelspinnen. Eigentliche Vogelspinne

Vogelsberg, Mittelgebirge in Hessen, mit rd. 2 500 km² größtes geschlossenes Basaltvorkommen Deutschlands mit etwa kreisförmigem Umfang, das sich bei radialer Entwässerung und Zertalung (u. a. durch Nidda, Nidder, Wetter, Ohm, Schwalm) stufenförmig zu den umliegenden Landschaften abflacht, im Taufstein 774 m hoch. Im Ggs. zum dichtbewaldeten Oberwald ist der Untere V. (unterhalb von 500 m ü. d. M.) am Übergang zur Wetterau stärker ackerbaulich genutzt.

Vogelsbergkreis, Landkr. in Hessen.

Vogelschutz, alle Maßnahmen zum Schutz der wildlebenden (nicht jagdbaren) Vögel; v. a. eth. V. (Natur-, Tierschutz) und wirtsch. V. (zur biolog. Schädlingsbekämpfung; viele einheim. Singvögel ernähren sich bis zu 90 % von Schadinsekten). Die Maßnahmen des V. umfassen Biotopschutz, Schaffung von Nistgelegenheiten, Winterfütterung, Unterstützung der Arbeiten der V.warten. *V.gebiete* sind meist als Naturschutz- und Landschaftsschutzgebiete ausgewiesen.

Vogelschutzwarte, staatl. Inst., das sich (im Unterschied zur ↑Vogelwarte) dem Vogelschutz und der angewandten Vogelkunde widmet. In Deutschland bestehen V. in Essen, Frankfurt am Main, Garmisch-Partenkirchen, Hamburg, Hannover, Kiel und Karlsruhe.

Vogelspinnen (Orthognatha), Unterordnung 6–100 mm langer Spinnen mit rd. 1 500 vorwiegend trop. und subtrop. Arten; gekennzeichnet durch lange Basalglieder der Kieferfühler, die den Stirnrand überragen, und durch annähernd parallel zur Körperlängsachse einschlagbare Giftklauen. Zu den V. gehören u. a. die **Eigentlichen Vogelspinnen** (Buschspinnen, Aviculariidae): dicht braun bis schwarz behaart; fangen ihre Beute ohne Fangnetz nachts auf Büschen und Bäumen.

Vogelwarte, Inst. für wiss. Vogelkunde, das sich als „Beringungszentrale" vorwiegend mit der Aufklärung des Vogelzugs befaßt. In Deutschland gibt es die *V. Helgoland* (Sitz Wilhelmshaven), die *V. Radolfzell,* die *V. Hiddensee,* in Österreich die *V. Neusiedler See,* in der Schweiz die *V. Sempach.*

Vogelweide

Vogelweide, Walther von der ↑ Walther von der Vogelweide.

Vogelwicke ↑ Wicke.

Vogelzug, die bei Vögeln zu beobachtende regelmäßige, jahreszeitlich bedingte Wanderung zw. zwei (häufig weit voneinander entfernt gelegenen) Gebieten (Brutgebiet und Winterquartier). Dabei unterscheidet man zw. *Herbstzug* (nach S ins Winterquartier führender Zug) und *Frühjahrszug* (nach N führende Rückkehr ins Brutgebiet). Verlaufen Weg- und Heimzug auf verschiedenen Wegen, spricht man von *Schleifenzug*. – Als *Auslösefaktoren* für den V. kommen wahrscheinlich innere, genetisch vorprogrammierte Faktoren in Betracht, wie z. B. hormonelle Einflüsse, ausgelöst durch Stoffwechseländerungen oder Lichtintensitätsab- bzw. -zunahme. – Bezüglich der *Orientierung* der Tiere ist u. a. bekannt, daß sich die Tagzieher (die meisten Zugvögel) nach der Sonne und nach landschaftl. Richtmarken, die Nachtzieher dagegen (z. B. Nachtigall, Nachtschwalben, viele Grasmücken) vorwiegend nach den Sternen orientieren. Für Rotkehlchen und Dorngrasmücken ist das Magnetfeld der Erde richtungweisend.

Vogesen (früher dt. Wasgenwald; frz. Vosges), Mittelgebirge in O-Frankreich, erstreckt sich über 125 km am W-Rand des Oberrhein. Tieflands. Die Begrenzung gegen den Pfälzer Wald bildet die Zaberner Steige. Markant ist der zum Rheingraben abfallende, durch kurze Abdachungstäler gegliederte O-Rand der V., an deren Fuß es zur Ausbildung einer Vorbergzone kam (Hauptweinbaugebiet des Elsaß). Von ähnl. Beschaffenheit ist der S-Abfall zur Burgund. Pforte. In den südl. V. liegen die Hauptmassive mit Großem Belchen (1 423 m ü. d. M.), Hohneck (1 362 m) und Elsässer Belchen (1 247 m). Der Hauptkamm, der vom Donon (1 008 m) in den nördl. V. über den Hohneck zum Elsässer Belchen verläuft, bildet die Wasserscheide zw. Rheinzuflüssen und den auf der W-Abdachung entspringenden Flüssen Meurthe und Mosel bzw. Saône mit ihren Einzugsgebieten. Spuren pleistozäner Vergletscherungen tragen v. a. die niederschlagsreichen W-Vogesen. Durch Stau im W steigen die Niederschläge bis zum Hauptkamm von etwa 1 000 mm auf 1 960 mm an, wogegen die Leeseite um 500 mm Jahresniederschlag (bei Colmar) empfängt. Die natürl. Vegetation besteht oberhalb einer Fußstufe mit Buchen ab 400/600 m aus Tannen-Buchen-Wald, der bei 1 000 m ü. d. M. in einen Buchen-Fichten-Bergahorn-Mischwald übergeht. Die Gipfellagen sind, soweit sie nicht kümmerwüchsige Buchenbestände tragen, auf Grund der Weidewirtschaft waldfrei bzw. von sumpfigen und vertorften Gebieten eingenommen. – In der heute rückläufigen Landw. überwiegt die Viehwirtschaft (Käsereien), in der Vorhügelzone Ackerbau (Getreide, Obst, Mais u. a.) sowie Weinbau, der bis in die Täler der Süd-V. reicht. Neben Holz- und Textilind. hat der Fremdenverkehr große Bedeutung.

Vogler, Georg Joseph, gen. Abbé V., *Würzburg 15. Juni 1749, †Darmstadt 6. Mai 1814, dt. Komponist und Musiktheoretiker. – In Rom zum Priester geweiht; gründete 1776 die Mannheimer Tonschule; 1784 Hofkapellmeister in München, 1786 in Stockholm, 1807 in Darmstadt. Bed. Orgelimprovisator und Musikschriftsteller (u. a. „Tonwiss. und Tonsetzkunst", 1776; „Betrachtungen der Mannheimer Tonschule", 1778–81).

Vogt [fo:kt], Alfred, *Menziken 31. Okt. 1879, †Oberägeri (Kanton Zug) 10. Dez. 1943, schweizer. Augenarzt. – Prof. in Basel und Zürich; bed. Arbeiten zur mikroskop. Augenuntersuchung mit der Spaltlampe und zur Entstehung von Augenkrankheiten.

V., Oskar, *Husum 6. April 1870, †Freiburg im Breisgau 31. Juli 1959, dt. Neurologe. – Prof. in Berlin und Direktor des dortigen Kaiser-Wilhelm-Inst. für Hirnforschung. Seine Arbeiten betrafen die Hirnforschung und die Psychiatrie (bes. Hypnoseforschung); sezierte das Gehirn Lenins.

V., Walter, *Zürich 31. Juli 1927, †Muri bei Bern 21. Sept. 1988, schweizer. Schriftsteller. – Zuerst Röntgenarzt, dann Psychiater. Die Themenkreise seiner Erzählungen und Romane liegen meist im ärztl. Milieu, das zum Spiegelbild der Gesellschaft wird; seine Erzählweise ist satirisch mit Neigung zum Grotesken. – *Werke:* Wüthrich. Selbstgespräch eines sterbenden Arztes (R., 1966), Der Wiesbadener Kongreß (R., 1972), Altern (R., 1981), Metamorphosen (En., 1984), Maskenzwang (En., 1985), Der Garten der Frau des Mannes, der Noah hieß (En., 1987).

Vogt [entlehnt aus lat. (ad)vocatus „Sachwalter"], 1. (*Kirchen-V.,* lat. Advocatus ecclesiae) urspr. Laie, der im MA Kleriker oder kirchl. Institutionen in weltl. Angelegenheiten, insbes. vor Gericht, vertrat. Im späten Hoch-MA brachten die dt. Fürsten zahlr. **Vogteien** an sich; seit dem 12. Jh. wurde so die landesherrl. *Schirmvogtei* (Schirm-V., Schutz-V.) zum wichtigsten Element bei der Ausbildung der Landesherrschaft; 2. (Bezirks-)Beamter, zumeist Verwaltungsbeamter (Amtmann) und zugleich Richter, auch über größere Gebiete (*Reichs-V.,* seit dem 12. Jh. Verwalter des Reichsguts [↑Landvogtei]; in den dt. Städten des MA der vom Stadtherrn mit der hohen Gerichtsbarkeit Beauftragte [auch *Stadt-V.* gen., zumeist Burggraf]).

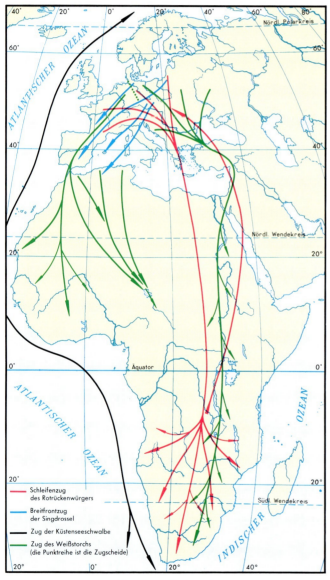

Vogelzug. Ausgewählte Beispiele

Legend:
— Schleifenzug des Rotrückenwürgers
— Breitfrontzug der Singdrossel
— Zug der Küstenseeschwalbe
— Zug des Weißstorchs (die Punktreihe ist die Zugscheide)

Vogtland, Bergland zw. Frankenwald im W, Fichtelgebirge im S und Erzgebirge im SO, in Sa. und Thür., der S-Teil fällt als Elstergebirge (bis 758 m ü. d. M.) steil zur ČR ab. Das V. ist eine wellige, 400–600 m hohe, sich nach N in Staffeln abdachende Hochfläche. Saale, Weiße Elster und ihre Nebenflüsse haben das V. in tiefe, steilwandige Waldtäler zerschnitten. Anbau von Gerste, Roggen, Kartoffeln. Musikinstrumentenbau, Textilgewerbe (seit dem 17. Jh.), Holzverarbeitung; Hauptort ist Plauen.
Geschichte: Das seit dem 6. Jh. von Sorben (schwach) besiedelte Gebiet wurde seit dem 10. Jh. ins Reich einbezogen und in der Stauferzeit als Reichsgut von Ministerialen als Reichsvögten verwaltet; von diesen gelang einem Geschlecht, das sich vor 1209 *Vögte von Weida* nannte (Vogttitel umstritten; daher V., lat. **Terra advocatorum**, gen.), der Aufstieg zur Landesherrschaft, dabei Kolonisation durch ostfränk., thür. und bair. Bauern. Seit Mitte des 14. Jh. durch Erbteilungen zersplittert (↑ Reuß); Plauen kam 1466 an die Wettiner, die V. 1485–1547 (Ernestiner) und endgültig 1575/77 an Kursachsen (Albertiner).

Vögtle, Anton ['fø:ktlə], * Vilsingen (= Inzigkofen, Landkr. Sigmaringen) 17. Dez. 1910, dt. kath. Theologe. – Prof. in Freiburg im Breisgau; Vorsitzender des Kath. Bibelwerkes; gehörte zu den bedeutendsten kath. Exegeten der Gegenwart, v. a. durch seine Arbeiten zur Jesusforschung und zur Entmythologisierung. – *Werke:* Das N. T. und die neuere kath. Exegese. Teil I (1966), Das N. T. und die Zukunft des Kosmos (1970), Offenbarungsgeschehen und Wirkungsgeschichte (1985).

Vogts, Hans Hubert („Berti"), * Büttgen 30. Dez. 1946, dt. Fußballspieler und -trainer. – Als Abwehrspieler mit Borussia Mönchengladbach Dt. Meister 1970, 1971, 1975 bis 1977, UEFA-Cup-Sieger 1975 und 1979; Weltmeister 1974 (96 A-Länderspiele); ab 1979 Junioren-Trainer, seit 1989 Trainer der A-Nationalmannschaft (Bundestrainer) des DFB.

Vogüé, Eugène Melchior Vicomte de [frz. vɔˈgɥe], * Nizza 24. Febr. 1848, † Paris 24. März 1910, frz. Schriftsteller. – Verdient um die Verbreitung der russ. Literatur des 19. Jh. in Frankreich. Verfaßte Reisebeschreibungen, idealist. Romane und Erzählungen („Wintermärchen", 1885); wurde 1888 Mgl. der Académie française.

Voice of America [engl. 'vɔɪs əv əˈmɛrɪkə „Stimme Amerikas"] der ICA unterstellte Rundfunkanstalt der USA, die mit Sendestationen im In- und Ausland (v. a. auf Kurzwelle) Hörfunksendungen in 35 Sprachen ausstrahlt (insbes. an das Publikum in Entwicklungsländern gerichtet).

Voiculescu, Vasile [rumän. vojkuˈlesku], * Pîrscov (Buzău) 9. Dez. 1884, † Bukarest 27. April 1963, rumän. Schriftsteller. – Prof. für Medizin; künstler. Leiter des Bukarester Rundfunks; nach 1945 polit. Haft und Zwangsarbeit. Gilt mit seiner religiösen Lyrik und phantast. Erzählungen („Mag. Liebe", dt. Auswahl 1970) als einer der bedeutendsten Dichter Rumäniens seiner Zeit.

Voigt [fo:kt], Elisabeth, * Leipzig 5. Aug. 1898, † ebd. 8. Nov. 1977, dt. Malerin und Graphikerin. – Schülerin von K. Hofer und K. Kollwitz, 1946–58 Prof. an der Hochschule für Graphik und Buchkunst in Leipzig; trat mit Holzschnitten, Lithographien und Aquarellzeichnungen hervor; Zyklen zu histor. und religiösen Themen.

V., Wilhelm, * Tilsit 13. Febr. 1849, † Luxemburg 3. Jan. 1922, der „Hauptmann von Köpenick". – Schuhmacher; sah sich nach Verbüßung einer Strafe zu jenem Handstreich veranlaßt, durch den er weltberühmt wurde (↑ Köpenickiade). Zu 4 Jahren Gefängnis verurteilt, nach rd. 2 Jahren begnadigt.

V., Woldemar, * Leipzig 2. Sept. 1850, † Göttingen 13. Dez. 1919, dt. Physiker. – Prof. in Königsberg (Pr) und Göttingen. Trug wesentlich zur Entwicklung der Kristallphysik bei; weitere bed. Arbeiten betreffen die Magneto- und Elektrooptik sowie die Absorption, Brechung, Dispersion und Reflexion von Licht.

Voigt-Diederichs, Helene [fo:kt], * Gut Marienhof bei Eckernförde 26. Mai 1875, † Jena 3. Dez. 1961, dt. Schriftstellerin. – 1898–1911 ⚭ mit dem Verleger E. Diederichs. Schleswig-Holstein und seine Menschen stehen im Mittelpunkt ihrer Erzählungen und Romane.

Voith-Schneider-Propeller [fɔyt; nach der Herstellerfirma J. M. Voith GmbH (Heidenheim an der Brenz) und dem östr. Feinmechaniker und Erfinder E. L. Schneider, * 1894, † 1975] ↑ Schiff (Aufbau des Schiffes).

Voitsberg ['fɔyts...], östr. Bez.hauptstadt in der westl. Mittelsteiermark, 394 m ü. d. M., 10 900 E. Glashütte, Pumpen-, Röhren- und Maschinenbau; Braunkohlentagebau. – Entstand 1200 als Straßenmarkt im Schutz einer nach 1170 erbauten Burg; um die Mitte des 13. Jh. (1245?) Stadtrecht; entwickelte sich zur bed. Handelsstadt. – Roman.-spätgot. Kirche zum hl. Michael (13.–15. Jh.), ehem. barocke Karmelitenkirche (1690–1708), Burgruine Obervoitsberg (12. Jh.).

Voiture, Vincent [frz. vwaˈtyːr], * Amiens 24. Febr. 1598, † Paris 24. (25.?) Mai 1648, frz. Schriftsteller. – 1639 Haushofmeister des frz. Königs; Mgl. der Académie française seit ihrer Gründung (1634); Verfasser stilistisch glänzender Briefe (hg. 1650).

Vojnović, Ivo Graf [serbokroat. ˌvɔjnɔvitɕ], * Dubrovnik 9. Okt. 1857, † Belgrad 30. Aug. 1929, kroat. Dramatiker. – 1907–14 Dramaturg des Nationaltheaters in Zagreb; sein Hauptwerk ist die „Raguser Trilogie" (1902), die den Niedergang der Adelsrepublik Ragusa behandelt; schrieb auch Novellen.

Vokabel [lat.], Einzelwort, bes. einer Fremdsprache.

Vokabular [lat.], 1. alphabetisch oder nach Sachgebieten geordnetes Wörterverzeichnis; 2. Wortschatz.

Vokal [zu lat. vocalis „tönend, stimmreich"] (Selbstlaut, Freilaut), im Ggs. zum Konsonanten ein ↑ Laut, bei dessen Artikulation die Atemluft verhältnismäßig ungehindert ausströmt. In vielen Sprachen sind die V. silbenbildende Laute und Träger der prosod. Merkmale (Akzent, Tonhöhe u. a.). An der Artikulation sind v. a. Zungenrücken und Lippen beteiligt.

Vokalharmonie, Beeinflussung eines Vokals durch einen anderen, z. B. althochdt. *gibirgi* („Gebirge") aus *gabergi*. Als wichtiges Lautgesetz der ural., altaischen und paläosibir. Sprachen bezeichnet V. die Angleichung eines Suffixvokals in seiner Qualität an den Vokal der Stamm- oder Wurzelsilbe.

Vokalisation (Vokalisierung) [lat.], in der *Sprachgeschichte* die Verwandlung eines Konsonanten in einen Vokal, z. B. *l* zu *u* (lat. *alba* zu frz. *aube* [„Morgendämmerung"]); in der *Phonetik* die vokal. Aussprache eines Konsonantenphonems.

Vokalise [lat.-frz.], Gesangsübung auf Vokale oder Silben; in neuerer Musik auch kompositorisch verwendet. – ↑ Scat.

Vokalmusik, von Singstimmen solistisch oder chorisch, ein- oder mehrstimmig, mit oder ohne Begleitung von Instrumenten aufgeführte Musik; im Unterschied zur Instrumentalmusik stets an Sprache gebunden. Ihren Höhepunkt hatte die V. in der klass. Vokalpolyphonie Palestrinas.

Vokalverschleifung, svw. ↑ Synizese.

Vokation [lat.], in den ev. Kirchen die „Berufung" (Bevollmächtigung) seitens der Kirchenbehörde zur Erteilung von Religionsunterricht und zum Abhalten von Gottesdiensten; ihr entspricht in der kath. Kirche in etwa die ↑ Missio canonica.

Vokativ [lat., zu vocare „rufen"] (Anredefall), Kasus v. a. in älteren indogerman. Sprachen (u. a. Latein, Griechisch, Sanskrit), der dem direkten Anruf und der Anrede eines Wesens dient und oft mit einer Interjektion (z. B. o *Herr!*) verbunden ist. Der V. ist allmählich fast vollständig durch den Nominativ (Anredenominativ) ersetzt worden.

Vol., Abk. für: **Vol**umen.

Vol.-%, Abk. für: Volum[en]prozent.

Volans [lat.] (Fliegender Fisch) ↑ Sternbilder (Übersicht).

Volant [voˈlãː; lat.-frz., eigtl. „fliegend"], Stoffstreifen, der an einer Seite angekraust und als Besatz auf- oder angesetzt wird.

▷ veraltet: Lenkrad eines Kraftwagens.

Volapük

Volapük [Kw. aus vol (von engl. world) „Welt" und pük (von engl. speak) „Sprache"], 1879 von dem dt. Geistlichen J. M. Schleyer (* 1831, † 1912) geschaffene, Ende des 19. Jh. verbreitete ↑ Welthilfssprache.

Volcánica, Cordillera [span. kɔrði'jera βɔl'kanika], O–W streichende, transkontinentale Vulkanzone in Mexiko, bildet den S-Rand des zentralmex. Hochlandes, im Citlatépetl 5 700 m hoch. In 1 900–2 400 m Höhe befinden sich mehrere von Seeablagerungen erfüllte Hochbecken, Kernlandschaften alter mex. Kulturen.

Volendam [niederl. vo:lən'dam] ↑ Edam.

Volhard, Franz ['fɔl...], * München 2. Mai 1872, † Frankfurt am Main 24. Mai 1950, dt. Internist. – Prof. in Halle/Saale und Frankfurt am Main; Arbeiten zur Pathogenese und Systematik der Nierenkrankheiten.

Voliere [lat.-frz.], bes. großer Vogelkäfig, in dem Vögel auch frei fliegen können.

Volk, Hermann, * Steinheim am Main 27. Dez. 1903, † Mainz 1. Juli 1988, dt. kath. Theologe und Kardinal (seit 1973). – 1946–62 Prof. für Dogmatik in Münster; 1962–82 Bischof von Mainz; Mgl. der Glaubenskongregation und des Sekretariats für die Einheit der Christen.

Hermann Volk

Volk, eine durch gemeinsame Kultur, Geschichte und meist auch Sprache verbundene Gesamtheit von Menschen; auch Hauptmasse einer Bevölkerung insbes. im Unterschied zur Oberschicht, zur polit. Führung, zur Reg. Politisch und historisch wird V. oft als Nation oder Staats-V. verstanden, ist aber nicht notwendig damit identisch. Das *Staats-V.* ist in Demokratien Träger der verfassungs- und gesetzgebenden Gewalt.

Volkach ['fɔlkax], Stadt am linken Mittelmainufer, Bay., 204 m ü. d. M., 8 600 E. Dt. Akad. für Kinder- und Jugendliteratur; Marktort. – 906 erstmals erwähnt, 1258 als Stadt bezeichnet; verdankt seine frühe Bed. dem Weinbau und einer Zollstätte. – Spätgot. Bartholomäuskirche (15. Jh.; 1754 barockisiert); spätgot. Wallfahrtskirche Sankt Maria im Weingarten (Mitte 15. bis Anfang 16. Jh.) mit Rosenkranzmadonna von T. Riemenschneider (1521–24); Renaissancerathaus (1544 ff.) und Wohnhäuser des 16. bis 18. Jh.; Türme der Stadtbefestigung (16. Jh.). Nahebei die Hallburg mit Bergfried (13. Jh.) und got. Kapelle (14. oder 15. Jh.).

Volker von Alzey ['fɔlkər], Held des Nibelungenlieds; Ritter und Spielmann, neben Hagen der stärkste und tapferste der burgund. Helden; wird am Hof Etzels getötet.

Völker, Karl, * Halle 17. Okt. 1889, † Weimar 28. Dez. 1962, dt. Maler und Graphiker. – Anfangs von Expressionismus und Konstruktivismus beeinflußt, wandte er sich später der Neuen Sachlichkeit zu; wurde bes. bekannt mit sozialkritisch engagierten Arbeiten.

Völkerball, Wurfballspiel zw. 2 Mannschaften zu je 5–10 Spielern, die versuchen, die Mgl. der gegner. Mannschaft mit einem Ball abzuwerfen; wer getroffen wird (ohne den Ball zu fangen), muß das Spielfeld verlassen, kann sich aber von außerhalb weiterhin am Abwerfen beteiligen.

Völkerbund (frz. Société des Nations, engl. League of Nations), 1920–46 bestehende internat. Organisation von Staaten; Sitz Genf. Die Bildung des V. wurde auf der Pariser Friedenskonferenz am 14. Febr. 1919 beschlossen; seine Satzung **(Völkerbundakte)** trat als Bestandteil des Versailler Vertragssystems am 20. Jan. 1920 in Kraft.
Oberste **Organe** waren die *Bundesversammlung,* in der jedes Mgl. eine Stimme besaß, sowie der *V.rat,* dem 4 bis 6 ständige Mgl. (Großbritannien, Frankreich, Italien bis 1937, Japan bis 1933, Deutschland 1926–33, UdSSR 1934–39) und zuletzt 9 nichtständige, jeweils auf 3 Jahre gewählte Mgl. angehörten. Das *Sekretariat* wurde vom Generalsekretär geleitet (1920–33 J. E. Drummond, Earl of Perth [* 1876, † 1951], 1933–40 J. Avenol [* 1879, † 1952]). Den Aufgaben des V. dienten mehrere spezielle Organe, u. a. Internat. Arbeitsorganisation, Internat. Gerichtshof, Kommissionen zur Bekämpfung der Sklaverei, für soziale Fragen und Flüchtlingsschutz, Hoher Kommissar für Danzig, Reg.-kommission für das Saargebiet.

Die Gründung des V. ging auf einen Vorschlag des amerikan. Präs. W. Wilson vom 8. Jan. 1918 zurück. Mgl. waren urspr. die 32 Siegermächte des 1. Weltkrieges und neutrale Staaten. Die USA traten dem V. nicht bei. Weitere Staaten konnten mit Zweidrittel-Mehrheitsbeschluß aufgenommen werden. Austritt war nach zweijähriger Kündigung möglich. Hauptanliegen des V. waren die Erhaltung des Weltfriedens, die Wahrung der territorialen Integrität der Mgl.staaten nach dem Prinzip der kollektiven Sicherheit sowie die Förderung der wirtsch. und kulturellen Zusammenarbeit der Nationen. In innerstaatl. Angelegenheiten durfte der V. nicht eingreifen. Für Streitfragen wurde ein Schiedsgerichtsverfahren vereinbart.
Der V. konnte auf humanitärem Gebiet Bedeutendes leisten, scheiterte aber bei der Lösung der ihm obliegenden politischen Aufgaben, vor allem bei der Erhaltung des Friedens und der territorialen Integrität der Mgl.länder stets dann, wenn Interessen von Großmächten berührt waren (jap. Expansion gegen China ab 1931, italien. Einfall in Äthiopien 1935 und Zerschlagung der ČSR 1938/39 durch Hitler). Erfolgreich war die Schlichtung bei den Konflikten um Wilna 1920, Korfu 1923 und Mosul 1925. Mehrere Austrittserklärungen schwächten die Position des V. (z. B. Brasilien 1928, Japan und Deutschland 1933, Italien 1937). Als einziger Staat wurde die UdSSR 1939 wegen des Überfalls auf Finnland vom V. ausgeschlossen. Die polit. Ohnmacht des V. wurde bei Ausbruch und im Verlauf des 2. Weltkrieges deutlich. Nach Kriegsausbruch arbeiteten lediglich die wirtsch. und sozialen Organisationen des V. dank der Unterstützung der USA und Kanadas weiter. Nach Gründung der UN beschloß der V. am 18. April 1946 seine Auflösung.

Völkergewohnheitsrecht, die durch eine gleichmäßige und konstante Übung (Staatenpraxis) sowie durch die Anerkennung dieser Übung als Recht entstandenen Rechtssätze des ↑ Völkerrechts. Neben dem *universellen* V. (z. B. die Freiheit der Meere) gibt es *regionales* oder *partikulares V.,* das nur für eine Gruppe von Staaten gilt, sowie *bilaterales V.,* das nur auf die gegenseitigen Beziehungen zweier Staaten Anwendung findet (z. B. Grenzverlauf in einem Fluß). V. kann durch die Etablierung einer gegenteiligen Praxis außer Kraft treten, nicht aber durch einseitige Handlungen oder Verträge einzelner Staaten.

Völkerkunde, svw. ↑ Ethnologie.

Völkermarkt, östr. Bez.hauptstadt in Unterkärnten, 25 km östl. von Klagenfurt, 462 m ü. d. M., 11 200 E. Herstellung von opt. Geräten, Betonfertigteilen und Hemden. – 1105 erstmals erwähnt, 1254 Stadtrecht. – Spätgot. Stadtpfarrkirche (15. Jh.) mit spätroman. W-Türmen des Vorgängerbaus; Altes Rathaus (1499), roman. Pfarrkirche Sankt Ruprecht (11./12. Jh.).

Völkermord (Genocidium, Genozid), im 20. Jh. entwickelter Begriff, der die vollständige oder partielle, direkte oder indirekte phys. Ausrottung von nat., ethn., rass., religiösen oder sozialen Gruppen umfaßt. Als histor. Phänomen ist V. von der Antike an belegt. In der Neuzeit wurde V. begangen v. a. im Zusammenhang mit der kolonialen Expansion Europas (z. B. von den Engländern an den Indianern), in Verbindung mit der Entkolonisation (von verschiedenen ethn. Gruppen untereinander, z. B. in Biafra, Bangladesch) sowie während des 1. und 2. Weltkriegs (Massenmorde an den Armeniern durch die Türken, nat.-soz. Rassenpolitik [↑ Wannseekonferenz], v. a. die Judenverfolgung [↑ Holocaust]). Das Statut für den internat. Militärgerichtshof vom 8. Aug. 1945 (↑ Nürnberger Prozesse) fixierte als erstes positivrechtlich den Tatbestand des Völkermordes. Am 9. Dez. 1948 nahm die Generalversammlung der UN (bei Nichtteilnahme Südafrikas) einstimmig die *Konvention über die Verhütung und Bestrafung des V.* an, die den V. als ein Delikt wider die Völkerrecht deklarierte und die Vertragsstaaten verpflichtete, V. unter Strafe zu stellen. Dem entsprach die BR Deutschland 1954 mit § 220a StGB. Danach wird mit lebenslanger Freiheitsstrafe bestraft, wer in der Absicht eine nat., rass., religiöse oder ethn. Gruppe zu zerstören, 1. Mgl. der Gruppe tötet; 2. ihnen schwere körperl. oder seel. Schäden zufügt; 3. die Gruppe unter Lebensbedingungen stellt, die geeignet sind, deren körperl. Zerstörung ganz oder teilweise herbeizuführen; 4. Geburten innerhalb der Gruppe verhindert; 5. Kinder der Gruppe gewaltsam in eine andere Gruppe überführt. Das Verbrechen des V. verjährt nicht.

Völkerpsychologie (Ethnopsychologie), von dem dt. Philosophen M. Lazarus (*1824, †1903) und dem Sprachwissenschaftler H. Steinthal 1860 begründete psycholog. Disziplin mit der Aufgabe, komplexe psych. Vorgänge und Entwicklungen aus der Vielfalt geistiger Produkte (Sprache, Kunst, Recht, Brauchtum usw.) der Völker zu erschließen. Die V. sollte nach W. Wundt („Völkerpsychologie", 10 Bde., 1900–1920) als „Gemeinschaftspsychologie" eine Ergänzung der [individuellen] experimentellen Psychologie sein; verlor bald ihre Bedeutung.

Völkerrecht, Gesamtheit der durch Vertrag oder Völkergewohnheitsrecht begründeten Rechtssätze, die Beziehungen zw. Staaten u. a. Völkerrechtssubjekten regeln.
Im Ggs. zum innerstaatl. Recht verfügt die V.ordnung weder über ein zentrales Rechtsetzungsorgan noch über spezielle Organe der Rechtsdurchsetzung. Da sich das V. in erster Linie an souveräne Rechtsgemeinschaften wendet, kann es nur durch das Zusammenwirken dieser Rechtsgemeinschaften geschaffen, ausgelegt und ausgeführt werden. Die Anwendung völkerrechtl. Normen, d. h. die Verbindlichkeit des V., wird durch das Prinzip der Gegenseitigkeit gesichert. Die internat. Gerichtsbarkeit (↑Schiedsgerichtsbarkeit) spielt eine untergeordnete Rolle. Ein bes. gesetzgebendes Organ wird ersetzt durch internat. multilaterale Konferenzen, deren Beschlüsse jedoch nur empfehlenden Charakter haben. Ungewisses oder umstrittenes Recht wird kompensiert durch völkerrechtl. Verträge, durch das Instrument der Anerkennung (Festlegung des rechtlich unsicheren Tatbestandes mit verbindl. Kraft für den anerkennenden Staat) sowie durch den Grundsatz der Effektivität, wonach eine tatsächl. Situation dann als gegeben angesehen, d. h. ihr rechtlich selbständige Bed. beigemessen wird, wenn sie sich in der Welt der Tatsachen als dauerhaft und wirksam erwiesen hat. Das allg. V. der nichtorganisierten Staatengemeinschaft, das sog. traditionelle oder klass. V., war ein bloßes Recht der Koexistenz, indem es die staatl. Souveränitätsbereiche in räuml., zeitl., persönl. und sachl. Hinsicht voneinander abgrenzte. Das auch heute noch geltende klass. V. wird seit dem Inkrafttreten der Charta der UN durch ein rasch wachsendes V. der Kooperation ergänzt, das die Staaten auf bilateraler, regionaler und universaler Ebene unter Beteiligung internat. Organisationen zu einem positiven Zusammenwirken verpflichtet. Das V. hat zwar einen höheren Rang als das Landesrecht, muß aber, um innerstaatlich verbindlich zu sein, durch staatl. Hoheitsakt in die jeweilige nat. Rechtsordnung aufgenommen worden sein.
Bis Anfang dieses Jh. umfaßte das V. v. a. die Regeln über Gebietserwerb, völkerrechtl. Delikt, Seerecht (↑Seerechtskonferenzen), Kriegsrecht und das Recht der Neutralität. Seither umspannt das V. alle Bereiche der zw.staatl. Beziehungen (z. B. Menschenrecht, Weltraumrecht, Recht der internat. Organisationen, insbes. der UN, Gewaltverbot, Verbot der Intervention, Selbstbestimmungsrecht).

völkerrechtliches Delikt, die einem Staat oder sonstigen Völkerrechtssubjekt zuzurechnende Handlung oder Unterlassung, die gegen eine Norm des Völkerrechts verstößt. Ein v. D. verpflichtet den verletzten Staat gegenüber zur Wiedergutmachung, durch die so weit wie möglich alle Folgen des Delikts zu beseitigen sind. Wird ein v. D. gegen eine Privatperson begangen, steht der Wiedergutmachungsanspruch nur ihrem Heimatstaat zu, der ihn im Wege des diplomat. Schutzes geltend machen kann.

völkerrechtliche Verträge, Willenseinigungen zw. Staaten und anderen Völkerrechtssubjekten, in denen sich diese zu bestimmten Leistungen, Duldungen oder Unterlassungen völkerrechtlich verpflichten. Das Recht der v. V. beruht auf Völkergewohnheitsrecht (insbes. der Satz: Pacta sunt servanda [„Verträge sind zu halten"]) und allg. Rechtsgrundsätzen (z. B. der Grundsatz von Treu und Glauben, das Verbot des Rechtsmißbrauchs), die für zw.staatl. Verträge in der Wiener Konvention über das Recht der v. V. vom 23. Mai 1969 (seit 27. Jan. 1980 in Kraft) kodifiziert sind.
Jeder Staat ist befähigt, v. V. abzuschließen. Welche Organe zum Vertragsschluß, d. h. zur völkerrechtl. Vertretung berechtigt sind, ergibt sich aus der jeweiligen innerstaatl. Rechtsordnung. Bei Staatsoberhäuptern, Reg.chefs und Außenmin. besteht eine Vermutung für die völkerrechtl. Vertretungsbefugnis (die Nichterfüllung eines Vertrages kann nicht durch Berufung auf entgegenstehendes innerstaatl. Recht gerechtfertigt werden). Deutschland wird vom Bundespräs. völkerrechtlich vertreten, der sein Vertretungsrecht jedoch nur mit Zustimmung der Reg. ausüben kann (Art. 59 GG). Der Vertragsabschluß besteht aus der Annahme des Textes, seiner Authentifizierung, eventuell Paraphierung, Unterzeichnung und aus der Ratifikation. Abschluß und Inkrafttreten eines Vertrages fallen nicht notwendig zusammen. – Im Einigungsvertrag wurde festgelegt, daß v. V., die die BR Deutschland vor der Wiedervereinigung abschloß bzw. denen sie beitrat, ihre Gültigkeit behalten und die daraus folgenden Rechte und Verpflichtungen sich auch auf die neuen Bundesländer beziehen (bis auf einige Ausnahmen). Des weiteren wurde festgeschrieben, daß die v. V. der ehem. DDR mit den Vertragspartnern zu erörtern sind, um ihre Fortgeltung, Anpassung oder ihr Erlöschen zu regeln.

Völkerrechtssubjekt, natürl. oder jurist. Person, die Träger von völkerrechtl. Rechten und Pflichten sein kann. Ursprünglich waren nur souveräne Staaten V., im Lauf der Geschichte haben sich aber zur Erfüllung neuer Bedürfnisse des internat. Lebens weitere V. gebildet, so z. B. der Apostol. Stuhl und seit Ende des 19. Jh. zahlr. internat. Organisationen. Auch Einzelpersonen sind in begrenztem Umfang V. (↑Menschenrechtskonventionen). I. e. S. sind V. heute im wesentlichen Staaten, da nur sie befugt sind, völkerrechtl. Normen zu setzen und damit Rechte und Pflichten des Völkerrechts zu begründen.

Völkerschlacht bei Leipzig ↑Leipzig (Geschichte).

Völkerschlachtdenkmal, in Leipzig 1898–1913 errichtetes Ehrenmal zum Gedächtnis an die Völkerschlacht von 1813.

Völkerwanderung, i. w. S. die seit Ende des 3. Jt. v. Chr. u. a. durch Landnot, Klimawechsel, Naturkatastrophen oder Einfall fremder Völker hervorgerufenen Wanderungen ganzer Völker und Stämme (z. B. die Dor. Wanderung im 12. Jh. v. Chr., die Wanderungen der Kelten im 7. und 4./3. Jh. v. Chr.); i. e. S. die im 4. Jh. n. Chr. einsetzende Wanderung dtsch. Völkerschaften und Stammesverbände nach S- und W-Europa, die zu Reichsbildungen auf dem Boden des auseinanderbrechenden Röm. Reiches führte und bis zum 6. Jh. andauerte. Frühe german. Wanderungen (Kimbern, Teutonen) gab es bereits im 3. Jh. v. Chr. Mit ihrer Abwanderung von der Weichselmündung zum Schwarzmeerraum lösten die Goten im 2. Jh. n. Chr. eine weitere größere Völkerverschiebung aus (↑Germanen); der Druck auf die röm. Grenzen verstärkte sich (teilw. Durchbrechung des Limes), an denen german. Völkerschaften als röm. Bundesgenossen angesiedelt wurden. Die eigtl. V. wurde erst mit dem Einbruch der Hunnen in Europa (375 Unterwerfung der Ostgoten) ausgelöst. Die Westgoten fielen ins Oström. Reich ein (Niederlage von Kaiser Valens bei Adrianopel 378), zogen unter Alarich (⚭ 395–410) nach Italien (410 Eroberung Roms) und errichteten 419 zw. Pyrenäen und Loire das Tolosan. Reich, das unter Eurich (⚭ 466–484) Spanien zu erobern begann. Anders als die Sweben (Quaden), die ihre Herrschaft von Callaecia (= Galicien) aus bis 585 gegen die Westgoten behaupteten, wanderten Vandalen und Alanen 429 unter König Geiserich (⚭ 428–477) nach N-Afrika aus, das sie bis 439 (Fall Karthagos) eroberten. 413 nahmen Burgunder das Gebiet um Worms und Speyer in Besitz, wurden jedoch 436 von hunn. Truppen im Auftrag des Aetius besiegt und 443 in der Sapaudia (= Savoyen) angesiedelt. Angeln, Sachsen und Jüten nahmen um 450 Britannien ein. Das Hunnen-

Volk Gottes

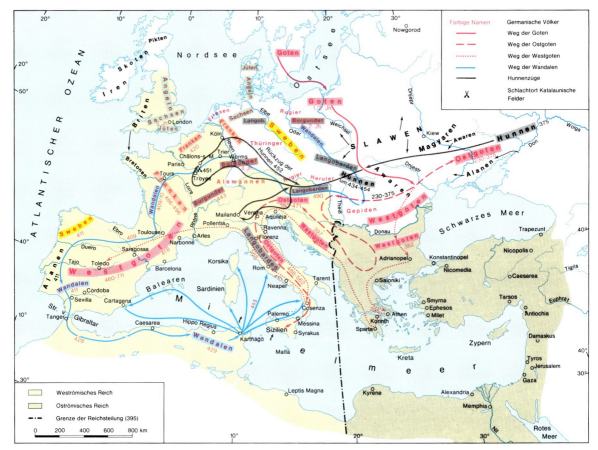

Völkerwanderung

reich brach nach dem Tod König Attilas (453) zusammen. Das weström. Kaisertum wurde 476 durch Odoaker (⌒476–493) beseitigt. Die Ostgoten fielen 489 in Italien ein und errichteten unter Theoderich d. Gr. das Ostgotenreich (493). Die Feldherren des oström. Kaisers Justinian I. (⌒527–565), Belisar und Narses, eroberten 533/534 das Vandalenreich Gelimers und 552/553 das Ostgotenreich unter Totila und Teja. Byzanz konnte aber nicht verhindern, daß die Langobarden unter König Alboin (⌒560/565–572) 568 in N-Italien einfielen (Langobardenreich bis 774). Die Westgoten des Tolosan. Reiches wurden 507 von den Franken unter Chlodwig I., die 486/487 das röm. Restreich des Syagrius in Gallien beseitigt hatten, nach Spanien zurückgeworfen, wo sie sich bis 711 behaupteten. Dem Fränk. Reich, das als einziges Reich seinen Bestand langfristig zu wahren vermochte, wurden 531 auch das Thüringerreich und 532/534 das Burgunderreich einverleibt.

Volk Gottes, in der *christl. Theologie* am A.T. orientierte Bez. für die Gesamtheit der an den Gott der Bibel glaubenden Menschen (Gottesvolk); in der *kath. Theologie* ersetzt V.G. seit dem 2. Vatikan. Konzil auch den Begriff ↑Corpus Christi mysticum.

völkisch, allg. (wie „volklich") svw. „sich auf das Volk beziehend, dem Volk gemäß, zum Volk gehörig". Seit dem letzten Drittel des 19. Jh. insbes. als Eindeutschung für „national" verwendet, diente speziell zur Kennzeichnung eines ethnisch exklusiven, meist antisemitischen Nationalismus.

Völkischer Beobachter, dt. Tageszeitung, hervorgegangen aus dem 1887 gegr. „Münchener Beobachter"; erschien ab 1918 als V. B., 1920 von der NSDAP als Zentralorgan erworben; ab 1923 Tageszeitung, 1924/25 verboten, ab 1925 zum polit.-propagandist. Massenblatt ausgebaut; am 27. April 1945 eingestellt.

Völklingen ['fœlk...], Stadt an der Saar, Saarland, 190 m ü. d. M., 43 500 E. Eisen- und stahlschaffende Ind., Steinkohlenbergbau im südl. Stadtgebiet (Grube Warndt). – 822 erstmals erwähnt; blieb bis zur Gründung des Völklinger Eisenwerks (1873) ein unbed. Ort; 1937 Stadtrecht.

Volksabstimmung (Plebiszit), Abstimmung der [wahlberechtigten] Bürger über eine bestimmte Sachfrage; i. d. R. auch als **Volksentscheid** bezeichnet.

Innerstaatlich ein Instrument der unmittelbaren (plebiszitären) Demokratie im Unterschied zur Wahl als einem Instrument der mittelbaren (repräsentativen) Demokratie. In Deutschland sieht das GG (Art. 29) die V. nur für die Neugliederung des Bundesgebietes vor; daraus wird geschlossen, daß in anderen zur Zuständigkeit des Bundes gehörenden Sachfragen eine V. nicht zulässig ist. Größeren Raum für die V. eröffnen einzelne Landesverfassungen, so kann z. B. in Bad.-Württ. durch eine V. der Landtag aufgelöst sowie eine durch Volksbegehren eingebrachte Gesetzesvorlage verabschiedet werden.

Das **Volksbegehren** ist der von einem Teil des Volkes (der Wahlberechtigten) ausgehende Antrag, im Weg einer V. dem Parlament einen Gesetzentwurf zur Beschlußfassung vorzulegen oder vom Parlament die Ausarbeitung eines Gesetzes zu verlangen. Einige Landesverfassungen sehen Volksbegehren vor.

In *Österreich* findet auf Bundesebene die V. (Referendum) statt bei Gesamtänderungen der Verfassung (**obligatorisches Referendum**); bei Teiländerungen der Verfassung auf Verlangen eines Drittels der Mgl. des Nat.- oder Bundesrats oder bei einfachen Gesetzesbeschlüssen auf Beschluß des Nat.rats oder auf Verlangen der Mehrheit seiner Mgl. (**fakultatives Referendum**). Daneben gibt es das Volksbegehren: jeder von 100 000 Stimmberechtigten oder je einem Sechstel der Stimmberechtigten dreier Länder gestellte Antrag, auch in Form eines Gesetzentwurfs (Art. 41 Abs. 2 B-VG); er ist dem Nat.rat zur Beratung vorzulegen. Dieser ist rechtlich frei, die Vorlage anzunehmen oder abzulehnen. Ferner ist die V. in den Bundesländern Salzburg, Tirol und Vorarlberg vorgesehen.

In der *Schweiz* spielt die V. (Referendum) eine bes. große Rolle. Auf Bundesebene steht dem Volk 1. die Entscheidung darüber zu, ob eine Gesamtänderung der Verfassung durchzuführen ist (Art. 120 BV). 2. Jede Verfassungsänderung tritt erst in Kraft, wenn sie von der Mehrheit der an der Abstimmung teilnehmenden Bürger und von der Mehrheit der Kt. angenommen worden ist (**obligatorisches Referendum**, Art. 123 BV). 3. Wenn es von 50 000 Stimmberechtigten oder von 8 Kt. verlangt wird, sind Bundesgesetze und allg. verbindl. Bundesbeschlüsse dem Volk zu Annahme oder Verwerfung vorzulegen (**fakultatives Referendum**, Art. 89 BV). 4. Entsprechendes gilt für Staatsverträge mit dem Ausland, die unbefristet oder für länger als 15 Jahre abgeschlossen sind (Art. 89 BV). 5. Ein dringl. Bundesbeschluß tritt 1 Jahr nach Inkraftsetzung außer Kraft, wenn er nicht innerhalb dieser Frist vom Volk gutgeheißen wurde, soweit die V. durchzuführen verlangt wurde (Art. 89 BV). In den Kt. ist die V. unterschiedlich geregelt, überall gilt sie jedoch als obligatorisch bei Änderung der Kt.verfassung. Außerdem gibt es (dem Volksbegehren in Deutschland und Österreich entsprechend) die **Volksinitiative:** das Recht einer bestimmten Anzahl von Stimmbürgern, durch Antrag ein Gesetzgebungsverfahren in Gang zu setzen; es kann sich richten auf eine Total- bzw. eine Partialrevision der Bundesverfassung (Verfassungsinitiative auf Begehren von mindestens 100 000 Stimmberechtigten), in den Kt. auf Verfassungsänderung und einfache Gesetzgebung (Gesetzesinitiative).

Völkerrechtlich: Als V. wird im Völkerrecht die Abstimmung der Bev. eines bestimmten Gebietes über Gebietsveränderungen bezeichnet, wobei die stimmberechtigte Bev. i. d. R. darüber zu entscheiden hat, ob sie im bisherigen Staat verbleiben oder die Staatsangehörigkeit wechseln will bzw. ob das Gebiet beim bisherigen Staat verbleiben, einem anderen Staat zugeschlagen, unabhängig werden oder unter ein bes. Reg.system gestellt werden soll. Der Bev. des betreffenden Gebietes wird durch die V. die Entscheidung über die völkerrechtl. Zugehörigkeit des Gebietes eingeräumt; sie ist von bes. Bed. bei Gebietsabtretungen durch Zessionsverträge oder Annexionen. Histor. Beispiele von V. sind die von Neapel (1860), Rom (1870), Nordschleswig (auf Grund des Prager Friedens von 1866). In neuerer Zeit sind die V. auf Grund des Versailler Vertrages von 1919 (↑ Abstimmungsgebiete) und V. in den ehem. Unionsrepubliken der Sowjetunion (1991) über die Proklamation der Unabhängigkeit von Bedeutung.

Volksbanken ↑ Kreditgenossenschaften.

Volksbegehren ↑ Volksabstimmung.

Volksbildungswerk (Bildungswerk), Bez. für Einrichtungen der ↑ Erwachsenenbildung meist unter konfessioneller Trägerschaft (u. a. Mütterschulen, Kolpingvereine), die vergleichbar den ↑ Volkshochschulen allgemeinbildende, nicht allein auf den religiösen Bereich ausgerichtete Themen anbieten.

Volksbildungswesen, Bildungseinrichtungen außerhalb von Schule und Beruf, vorrangig für Erwachsene.

Volksbuch, von J. von Görres eingeführter Begriff; bezeichnete zunächst romanhafte Prosafassungen ma. Versepen, später auch populäre Novellensammlungen der Renaissance. In der Romantik ordnete man dem V. Werke des 15. und 16. Jh. zu: u. a. Melusine, Herzog Ernst, Magelone, Faust, Genoveva; darüberhinaus auch Schwankserien wie Eulenspiegel und Schildbürger.

Volksbücherei, svw. öff. Bücherei; ↑ Bibliothek.

Volksbühne, als Zweig der Arbeiterbildungsvereine (↑ Arbeitervereine) gegr. Theaterbesuchsorganisation, die gegen einen niedrigen einheitl. Betrag regelmäßige Theaterbesuche ermöglichen will. 1890 Gründung der ersten „Freien V." in Berlin; 1920 wurde der „Verband der dt. V.-Vereine e. V." gegr., dessen Sitz heute Berlin ist. 1953 Errichtung eines V.theaters in Berlin (Ost), 1963 Eröffnung eines eigenen Theaters der „Freien V." in Berlin (West).

Volksbund Deutsche Kriegsgräberfürsorge e. V., 1919 gegr. Verein, dem die Sorge für die Gräber der Kriegsgefallenen (Deutschland: über 6 Mill. mit Gräbern in 80 Ländern; verzeichnet in der Zentralgräberkartei) obliegt; Sitz Kassel.

Volksdemokratie, in der marxist.-leninist. Theorie eine Variante der ↑ Diktatur des Proletariats: Unter Führung der kommunist. Partei sichert die V. den „Übergang vom Kapitalismus zum Sozialismus". Bei formalem Weiterbestehen des Parteienpluralismus garantiert das sog. System der Blockparteien das Führungsmonopol der kommunist. Partei und schaltet eine Opposition aus (z. B. ↑ Nationale Front der DDR). Der Begriff wurde von G. M. Dimitrow entwickelt und nach dem 2. Weltkrieg in allen unter sowjet. Einflußbereich geratenen Ländern Mittel-, O- und SO-Europas („Ostblock") in die Praxis umgesetzt.

Volksdeutsche, im NS Bez. für außerhalb Deutschlands (in den Grenzen von 1937) und Österreichs lebende ↑ Deutsche, v. a. in ost- und südosteurop. Ländern bis zur ↑ Vertreibung 1945/47.

Volksdichtung (Volkspoesie), auf J. G. Herder zurückgehender und v. a. von der Romantik getragener Sammelbegriff für u. a. Volkslieder, Volksmärchen, Volkssagen, Volksbücher.

volkseigener Betrieb, Abk. VEB, in der ehemaligen DDR Bez. für einen verstaatlichten bzw. vom Staat errichteten Betrieb in allen Bereichen der Volkswirtschaft; durch die zentralist. Planwirtschaft war die Selbständigkeit der häufig Gegenstand von Wirtschaftsreformen bildenden VEB stark eingeschränkt. 1990 wurden die VEB in Kapitalgesellschaften, d. h. in Gesellschaften mit beschränkter Haftung bzw. Aktiengesellschaften umgewandelt und der Treuhandanstalt unterstellt, die diese bis zur Überführung in private Rechtsformen verwaltet.

Volksbuch. Illustration aus dem Volksbuch von der Meerfee Melusine, 1479 in Augsburg gedruckt

Volkseigentum, in der DDR Bez. für staatl. Eigentum in allen Bereichen des gesellschaftl. Lebens, v. a. in der Volkswirtschaft. Auch Bodenschätze, Berg- und Kraftwerke, Gewässer, Handelsbetriebe, Banken, Versicherungen, Verkehrsbetriebe u. a. waren V. Nach 1945 durch Enteignung von Privateigentum entstanden, wurde das V. ständig vergrößert. V. durfte weder verpfändet, gepfändet noch belastet werden und bildete die Grundlage des staatl. Regimes und der zentralist. Planwirtschaft.

Volkseinkommen (Nationaleinkommen), Summe aller den inländ. Wirtschaftssubjekten aus dem In- und Ausland in einer Periode zufließenden Einkommen. Das V. errechnet sich aus dem **Bruttosozialprodukt** vermindert um die Abschreibungen und die direkten Steuern zuzüglich der Subventionen; es ist damit identisch mit dem **Nettosozialprodukt** zu Faktorkosten. Das um die Gewinne der öff. Unternehmen verminderte und um die staatl. Transferzahlungen vermehrte V. ergibt das sog. **private Einkommen.** Subtrahiert man von diesem die unverteilten Gewinne der Privatunternehmen, so erhält man das **persönliche Einkommen,** werden die direkten Steuern und die Sozialversicherungsbeiträge der privaten Haushalte abgezogen, ergibt sich das **persönlich verfügbare Einkommen.**

Volksentscheid ↑Volksabstimmung.

Volksetymologie, Deutung fremden oder unverstandenen Wortguts durch Anlehnung an bekanntes Sprachmaterial, wobei die Lautform verändert wird; z. B. Sündflut statt Sintflut.

Volksfeste, seit Ende des 18. Jh. Bez. für große örtl. oder regionale Feiern und Feste; herausragende Einschnitte im Volksleben, mit bewußt erlebter Befreiung vom Alltag, gekennzeichnet durch Arbeitsruhe, Geselligkeit und wahlloses, aber auch weltl.-abergläub. Brauchtum (z. B. Erntefest, Fastnacht). Viele urspr. kirchl. Feste entwickelten sich im MA, verbunden mit Jahrmärkten u. a., zu weltl. V. (z. B. Kirmes). Im 20. Jh. entstanden neue V. (Heimatfeste, Blüten- und Weinfeste); das bekannteste dt. V. ist heute das Münchner ↑Oktoberfest.

Volksfront, Bez. für eine Koalition, die im Ggs. zur Einheitsfront neben kommunist. und sozialdemokrat. auch linksbürgerl. Parteien einschließt, wobei nicht alle V.parteien in einer V.regierung vertreten sein müssen. Die von der Sowjetunion primär aus außenpolit. Motiven nach der Machtergreifung Hitlers durch den 7. Weltkongreß der Komintern 1935 zu verbindl. Richtschnur gemachte **Volksfrontpolitik** führte zwar zunächst zu den V.regierungen von L. Blum in Frankreich (1936/37 und 1938), von Azaña y Díaz, Largo Caballero und Negrín 1936–39 in Spanien und zur V.ära in Chile 1938–47, scheiterte aber schließlich an der ablehnenden Haltung der Kommunisten gegenüber der parlamentar. Demokratie. Stalin rückte daher Ende der 1930er Jahre von der V.politik ab. Nach dem 2. Weltkrieg hatte die V.politik in der gewandelten Form der Politik der Nat. Front (↑Block) wesentl. Anteil an der Durchsetzung der sog. antifaschistisch-demokrat. Ordnung und der Etablierung der kommunist. Herrschaft im europ. Einflußbereich der Sowjetunion. Weitere V.regierungen gab es in Finnland 1966–70 und in Chile (unter S. Allende Gossens) 1970–73.

Volksfront zur Befreiung Palästinas ↑Palästinensische Befreiungsorganisation.

Volksfürsorge ↑Versicherungsgesellschaften (Übersicht).

Volksgerichtshof, durch Gesetz vom 24. 4. 1934 geschaffenes Sondergericht, das als Erst- und Letztinstanz die Aufgaben des Reichsgerichts bei Hoch- und Landesverrat u. a. polit. Delikten übernahm und dessen Mgl. der Reichskanzler Hitler ernannte. In seinen Verhandlungen brauchten jeweils nur der Vors. und 1 Beisitzer (von 4 Richtern) Berufsrichter zu sein; die ehrenamtl. Beisitzer (1944: 173) stammten aus Wehrmacht, Polizei und NSDAP. Ankläger war der Oberreichsanwalt beim Volksgerichtshof. Der V. diente zur Unterdrückung polit. Gegner und im Krieg bes. zur Bekämpfung von „Wehrkraftzersetzung" und „Feindbegünstigung" und verhängte v. a. 1944/45 viele Todesurteile und schwere Zuchthausstrafen. Präs. des V. waren O. G. Thierack (1936–42), R. Freisler (1942 bis Febr. 1945), H. Haffner (März/April 1945).

Volksglaube, volkskundl. Begriff für den im Volk lebendigen Glauben und damit verbundene Praktiken (Aberglauben; z. T. synonym gebraucht), im Ursprung häufig mit religiös-mag. Brauchtum verbunden; beeinflußte u. a. Brauchtum, Volksfrömmigkeit (Heiligenverehrung) und Volksmedizin.

Volksheer, in der Frz. Revolution entstandener Typ der Armee auf der Grundlage der allg. Wehrpflicht. – ↑Militärgeschichte.

Volkshochschule, autonome überparteil. und überkonfessionelle Weiterbildungseinrichtung, meist unter kommunaler Trägerschaft, die i. d. R. in Abendveranstaltungen ein thematisch breit angelegtes und nicht von inhaltl. Begrenzungen bestimmtes Programm anbietet; meist werden die Lehrveranstaltungen von nebenberufl. Mitarbeitern durchgeführt. Ihre Aufgabe ist es, den Weiterbildungsbedarf in der arbeitsteiligen Ind.gesellschaft in thematisch und niveaumäßig differenzierten Kursen abzudecken. Zunehmend werden Kurse, die der berufl. Weiterbildung dienen und deren Abschlüsse von den Arbeitgebern anerkannt werden, angeboten. Die Finanzierung der V. erfolgt durch den Träger und die Ministerien der Länder.

Die ländl. **Heimvolkshochschulen** nehmen dagegen stärker Einfluß auf Art und Ziel der Veranstaltungen. Sie sind zumeist in Internatsform organisiert und betreuen in privater Trägerschaft die berufsbezogene und allg. Weiterbildung und entstanden in der Mitte des 19. Jh. aus den Bemühungen um eine allg. Volksbildung sowie der ↑Arbeiterbildung und der brit. University extension. Name und Idee stammen von dem dän. Pädagogen N. F. S. ↑Grundtvig. Während sich in Deutschland mehr die Form der Abend-V. verbreitete, bes. nach dem 1. Weltkrieg, setzte sich Grundtvigs Idee der Heim-V. überwiegend in den skand. Ländern durch. Mit dem NS wurde die Bewegung der V. in Deutschland zerschlagen. Erst nach 1945 konnten die V. ihre Arbeit wieder aufnehmen. 1953 schlossen sich die V. zum **Deutschen Volkshochschul-Verband e. V.** zusammen, der über die zentrale Pädagog. Arbeitsstelle (PAS) verfügt. Aufgabe der Pädagog. Arbeitsstelle ist die Veröffentlichung von Publikationen (auch Kursmaterial), die rechtl. und organisator. Beratung der V. und die Mitarbeiterfortbildung.

Volksinitiative ↑Volksabstimmung.

Volkskammer, Volksvertretung der DDR, hervorgegangen aus dem 2. Dt. Volksrat, der sich am 7. Okt. 1949 zur provisor. Volkskammer konstituierte. – ↑deutsche Geschichte (Deutsche Demokrat. Republik).

Volkskirche, christl. Kirche, in der der einzelne durch seine Zugehörigkeit zu einem bestimmten Volk und durch die Kindertaufe ohne eigene Entscheidung Mgl. wird und deren Wirken sich auf das Volk als Ganzes bezieht. Der V. steht die **Freiwilligenkirche** gegenüber.

Volkskommissare, 1917–46 Bez. für die sowjet. Minister.

Volkskommune, Form der Vereinigung von kollektiver Wirtschaft und staatl. Verwaltung auf dem Lande in China; entstanden 1958 auf Veranlassung Mao Zedongs aus dem Zusammenschluß jeweils mehrerer landw. Produktionsgenossenschaften; nach Reorganisation (1962) unterteilt in *Produktionsbrigaden* (durchschnittlich je 170–180 Haushalte) und *Produktionsgruppen* (durchschnittlich je etwa 20 Haushalte). Mit Hilfe der V. sollte das festgefügte Familiensystem beseitigt werden; nach 1982 wurden die V. schrittweise aufgelöst.

Volkskongreß, Parlament der VR China (↑China, politisches System).

Volkskonservative Vereinigung, Abk. VKV, 1930 v. a. von G. R. Treviranus gegr. Sammelbecken konservativer Gegner Hugenbergs; formierte sich vor der Septemberwahl 1930 mit einer deutschnat. Splittergruppe um K. Graf von Westarp zur **Konservativen Volkspartei** (Abk. KVP), die 4 Reichstagsmandate errang und die Reg. Brüning stützte; vor 1933 aufgelöst.

Volkskunst. Der heilige Florian rettet ein Haus, Wachsvotiv, 2. Hälfte des 18. Jh. (München, Stadtmuseum)

Volkskunde (europ. Ethnologie), Wiss. von Kultur- und Lebensformen der Mittel- und Unterschichten, die sie unter dem Aspekt ihrer Geschichte, Erscheinung und Funktion untersucht; analysiert sowohl Verhalten (Bräuche, Feste, Volksglauben usw.) als auch Volkskultur (Arbeit und Gerät, Hausrat, Tracht, Volkskunst, -recht, -dichtung usw.).
Geschichte: In Deutschland ist die V.forschung eng mit der Herausbildung der wiss. Germanistik verbunden, v. a. durch die historisch-philolog. Forschungen der Brüder Grimm zu Märchen, Sage und Mythologie *(dt. Volkskunde).* Den gesellschaftsbezogen-empir. (sozialwiss.) Ansatz betonte W. H. Riehl, der V. als „Hilfsdisziplin der Staatswiss." betrachtete und aus konservativer Sicht die bürgerl. und insbes. die bäuerl. Kultur beschrieb. Mit zunehmder Industrialisierung wuchs das Interesse an vor- und nichtindustriellen Lebensformen; so wurde seit der Gründung kulturhistor. Museen mit volkskundl. Abteilungen sowie V.museen zunehmend auch materielle Volkskultur dokumentiert, deren systemat. Erforschung im ausgehenden 19. Jh. einsetzte. Um 1900 etablierte sich die V. als selbständiges Fach an den Univ. Während des NS war die V., auf „Bauernkunde" reduziert, v. a. geprägt durch german. Kontinuitätsvorstellungen und rass. Forschungen. Die ↑Ergologie, in Ansätzen schon in den 1920er Jahren betrieben, wurde nach 1945 zum wiss. gleichberechtigten Teilgebiet der V. In der BR Deutschland wurde nach 1945 die sog. „Münchner Schule" mit histor. Untersuchungen zur Volkskultur bedeutsam. In der DDR löste nach 1965 die (marxistisch konzipierte) Erforschung der Kultur und Lebensweise bes. der Unterschichten die zunächst dominierende Sachkulturforschung ab. In jüngster Zeit vollzog sich allg., auch unter sozialwiss. Aspekt, eine Hinwendung zu auch empir. Untersuchungen zum Alltagsleben, bes. des MA und der frühen Neuzeit.

Volkskundemuseum, Sammlung und Präsentation von Volkskunst, Gebrauchsgegenständen, Trachten und Mobiliar der einheim. Bev. Die Mehrzahl der V. wurde im letzten Viertel des 19. Jh. zu Beginn des 20. Jh. begr. (in Deutschland u. a. Berlin 1889, Dresden 1896); auch National- und Landes- sowie Heimatmuseen besitzen volkskundl. Abteilungen. – ↑Freilichtmuseen.

Volkskunst, die in Motivik, Typik und Stilistik eigenen Traditionslinien folgende künstler. Betätigung und materielle Kultur der Mittel- und Unterschichten, v. a. der ländl. Handwerker und Bauern *(Bauernkunst),* aber auch der unteren Bürgerschichten (v. a. der Kleinstädte); reicht vom Alltagsgerät (z. B. Krüge) über Ziergegenstände (z. B. Hinterglasmalerei) bis zum Brauchtumserzeugnis (z. B. Votivbild). Nach der Blütezeit seit dem 17. Jh. übernahm ab der 2. Hälfte des 19. Jh. industriell hergestellte Massenware die Funktion der V.; in dieser Zeit entstand auch der Begriff V. Oft in Produktionszentren und von mehr oder weniger hauptberufl. Spezialisten, wie es schon für das 16. Jh. belegt ist (Töpferwaren in Wanfried, Messingblechwaren in Aachen), geschaffen, zeigt die V. z. T. starke regionale und lokale Unterschiede, die auf dem Festhalten an den örtl. Traditionen, auf örtl. Brauchtum (Fastnachtsbräuche, religiöse Feste, z. B. Krippen[darstellungen]), geograph. oder sozialethn. Abgeschlossensein (z. B. jüd. Kunst) sowie den jeweiligen Lebensformen (z. B. regional unterschiedl. Volkstrachten, Zunftzeichen) beruhen. Zudem haben einzelne Berufszweige ein spezielles Brauchtum entwickelt (z. B. Bergleute [Tracht], Sennen). Neue, aus der Hochkunst mit zeitl. Verzögerung übernommene Motive (z. B. Einfluß des Barock auf Bauernmöbel) werden einem stilist. Einformungsprozeß unterworfen: z. B. Verzicht auf Körperlichkeit und Räumlichkeit, Flächenhaftigkeit, Figuren werden auf Bildern möglichst nebeneinander dargestellt; vereinfachte Formelhaftigkeit; Reihung; Gegenständigkeit (Symmetrie); ornamental-geometr. Stilisierung. Viele Ornamente (z. B. Dreieck, Kreis, Spirale, Stern [↑Drudenfuß], Lebensbaum, Rad, Ei, Herz, Sonne), auch Bauglieder sowie die oft lebhafte Farbigkeit hatten kult. bzw. gemäß dem Volksglauben symbol. Bedeutung. – Am längsten hielt sich die V. in spät von der Industrialisierung erfaßten Gebieten. Als neues Phänomen entstand die ↑naive Kunst.

Volkslied ↑Lied.

Volksmarine, 1960–90 Bez. der Seestreitkräfte der DDR (↑Nationale Volksarmee).

Volksmedizin, volkstüml. heilkundl. Vorstellungen und Heilmaßnahmen, die auf überliefertem pflanzenkundl. und mineralog. Wissen, abergläub. und myth.-religiösen Vorstellungen und Erfahrungen (Heilmagie) beruhen. Ihre *Träger* waren in der Vergangenheit hauptsächlich Hebammen, Schäfer, sog. Kräuterweiblein und Schmiede (Tiermedizin). Grundsätzlich wurde *Krankheit* als etwas Fremdes angesehen, so daß auch Geister und Dämonen (Alp, Pest, Schelm) als Verursacher galten. Man begegnete ihnen mit Gegenzauber, Besprechen, Wallfahrten (Pest), Amuletten bzw. verschiedenen Heilmitteln. Die *Heilverfahren* der V. stimmen nicht unbedingt mit den bisher bekannten Erkenntnissen und Methoden der wiss. begr. Medizin überein. Sie sind jedoch in vielen Fällen geeignet, Befindlichkeitsstörungen und leichte Erkrankungen selbst zu behandeln oder andere therapeut. Maßnahmen zu unterstützen. In der V. besitzt die Verwendung pflanzl. Drogen (Tees, Tinkturen, Extrakte u. a.) eine große Bedeutung. Beispiele für den befruchtenden Einfluß der V. auf die Schulmedizin sind die Entdeckungsgeschichte des Chinins und die Pokkenimpfung.

Volkskunst. Gastmahl des Herodes, Ausschnitt aus einem Teppich, Norwegen, 2. Hälfte des 17. Jh. (Oslo, Norsk Folkemuseum)

Volksmission, in der *kath. Kirche* eine außerordentl. Form der Pfarrseelsorge mit dem Ziel der religiösen Erneuerung, nach dem Tridentinum im 16. Jh. entstanden, um 1650 v. a. von Vinzenz von Paul in ihre heutige Form gebracht (Zentralmission, Generalbeichte). – In den *ev. Kirchen* ist V. v. a. von der Inneren Mission ausgehende missionar. Arbeit in Bibelstunden, Vorträgen, Zeltmission und Besuchsdienst.

Volksmusik (Musikfolklore), vokal und/oder instrumental ausgeführte Musizierformen und -praktiken unterschiedl. ethn. und sozialer Gruppen. V. wird i. d. R. von Laien ausgeführt und ist zumeist nicht schriftlich fixiert. Die mündl. Überlieferung und die auf gehörmäßiger Nachahmung beruhende Vermittlung bedingen willkürlich oder unwillkürlich vorgenommene Veränderungen der Musik, weiter feststehende Formeln wie z. B. Spielfiguren zum leichteren Erlernen und Spielen von Instrumenten oder melod. Floskeln, die den (oft improvisator.) Gesangsvortrag stützen. Verwendet werden sowohl einfache wie auch hochdifferenzierte Musikinstrumente (wie Fidel, Drehleier, Akkordeon, Dudelsack, Banjo). Wiss. Sammelinteresse, Massenmedien und Ausbau der Bildungseinrichtungen haben im 19. und 20. Jh. wesentlich auf die volksmusikal. Traditionen eingewirkt; die mündl. Überlieferung der nun durch schriftl. oder phonograph. Aufzeichnung beliebig reproduzierbaren V. wurde weitgehend eingeschränkt. Im Ggs. zur professionell-kommerziellen Pflege von V., die heute weite Bereiche des Musikmarktes abdeckt, beschränkt sich die von Laien geübte Musik v. a. auf vereinsmäßig organisierte Gruppen (Blasmusik, Trachtenkapellen, Gesangvereine).

Volksnationale Reichsvereinigung, Abk. VR, 1930 gegr. bürgerl. Splitterpartei auf der organisator. Basis des Jungdt. Ordens, die sich für die Reichstagswahlen vom Sept. 1930 mit der DDP zur Dt. Staatspartei zusammenschloß (6 volksnat. Abg.), aber schon im Okt. 1930 wieder aus ihr ausschied; unterstützte die Reg. Brüning; ging 1931 im Jungdt. Orden auf.

Vokspartij voor Vrijheid en Democratie [niederl. ˈvɔlkspɑrtɛi voːr ˈvrɛihɛit ən deːmoːkraːˈsi:, „Volkspartei für Freiheit und Demokratie"], Abk. VVD, 1948 entstandene liberale Partei der Niederlande; 1948–51, 1959–73, 1977–81 und 1982–89 Reg.partei.

Volkspoesie ↑Volksdichtung.

Volkspolizei (Dt. V.), Abk. DVP, VP, Bez. für die Polizei der DDR.

Volksrepublik, 1945/49–1989/90 offizieller Name der meisten sozialistischen Staaten, die sich als Volksdemokratien verstanden.

Volksschauspiel, Bez. für Stücke, die von Laienorganisationen mit großem Personen-, auch Ausstattungsaufwand aufgeführt, meist auch verfaßt werden. Vorläufer waren im MA z. B. das ↑Mysterienspiel aus religiösem Anlaß oder das ↑Fastnachtsspiel aus saisonalem Anlaß.

Volksschule, in Deutschland frühere Bez. für die ↑Grundschule und ↑Hauptschule, die heute zwei selbständige Schulformen sind. Vorläufer der V. waren die ↑Schreibschulen (↑Schule) sowie die Bemühungen um eine allg. Volksbildung bes. im 19. Jahrhundert.

Volkssouveränität, Grundprinzip der Legitimation demokrat. Herrschaft, fixiert in den Verfassungssatz, daß alle Staatsgewalt vom Volke ausgeht. Herrschaftsausübung soll letztlich immer auf Zustimmung des Volkes – geäußert in unmittelbarer Sachentscheidung oder Wahl und Kompetenzzuweisung (Parlamentarismus) – zurückführbar sein. Das Prinzip der V. in seiner neuzeitl. Fassung ist von der rationalist. Naturrechtsphilosophie entwickelt worden. Ihre klass. Formulierung findet die Idee der V. bei J.-J. Rousseau; nach der in seinem Werk „Du contrat social..." (1762) entwickelten Theorie ist der wahre Volkswille nicht einfach der Wille der jeweiligen Mehrheit, sondern setzt die Annahme eines objektiven, durch Vernunft erfaßbaren Allgemeinwohls voraus, in dessen Dienst sich die Individuen stellen und damit einen Staatskörper mit einem Gemeinwillen (Volonté générale) bilden.

Volksstaat (freier V.) ↑Republik.

Volksstück, von professionellen Schauspieltruppen für ein breites Publikum teils auf Wanderbühnen, teils an festen Bühnen gespieltes volkstüml. Stück; bedeutendste Ausprägungen im süddt. Raum, v. a. in Wien. In seinen Hauptvertretern J. A. Stranitzky, G. Prehauser, P. Hafner, J. A. Gleich, A. Bäuerle und v. a. F. Raimund und J. N. Nestroy entwickelte das V. eine Verbindung von Realismus, Sprachwitz, Satire, Charakter-, Zeit- und Gesellschaftskritik mit Sentiment, Skurrilem und Phantastischem. Das süddt. V. faszinierte durch seine Integration literar., theatral. und volkstüml., sogar banaler Elemente. Moderne Autoren sind u. a. G. Hauptmann, L. Anzengruber, L. Thoma, H. von Hofmannsthal, B. Brecht, Ö. von Horváth, M. Fleißer, H. Lautensack, F. X. Kroetz, P. Turrini, W. Bauer, M. Sperr.

Volkssturm, durch Erlaß Hitlers vom 25. Sept. 1944 aus allen nicht der dt. Wehrmacht angehörigen, waffenfähigen Männern zw. 16 und 60 Jahren gebildetes letztes militär. Aufgebot zur Unterstützung der Wehrmacht im Kampf um das Reichsgebiet; unterstand dem Reichsführer SS, H. Himmler.

Volkstanz, Gesamtheit der überlieferten Tänze sozialer oder regionaler Gemeinschaften, bei festl. oder geselligen Anlässen mit instrumentaler oder vokaler Begleitung. Seiner Funktion nach wird der V. in drei Gruppen gegliedert: 1. Tänze für bestimmte Kulte oder Bräuche (wie Schwerttanz, Bandeltanz um den Maibaum), 2. Tänze, die von einzelnen (bzw. Paaren) zur Schau gestellt werden (wie Geschicklichkeitstänze, Werbetänze, z. B. Ländler und Schuhplattler), 3. gesellige Tänze (wie Reigen, Hora, Kolo, Country-dance, Square dance). In seiner urspr. Tradition v. a. in O- und S-Europa erhalten.

Volkstrachten, landschaftlich gebundene Kleidung (Tracht) v. a. der ländl.-bäuerl. Bev., deren Differenzierung auf territorialer Basis erfolgt. Abgrenzung beruht (*Trachtenlandschaften),* mit Blütezeit im 18. Jh. In Einzelheiten (Kopfputz, Farben) unterschieden die V. streng die verschiedenen Altersstufen und Lebensordnungen einer Gemeinschaft (Kinder, Verheiratete, Verwitwete). Von der *Festtagstracht* (bes. zum Kirchgang benutzt) hebt sich die *Trauertracht,* bes. aber die *Brauttracht* ab, während die bäuerl. *Alltagstracht* durch einfache Kleidungsstücke wie Holzschuh, Lodenumhang u. a. geprägt ist. V. weisen einen großen Formenreichtum auf, zu erkennen an den wichtigsten dt. V. (vgl. Abb.): bayr. Tracht, Schwarzwälder Tracht, fränk. Tracht, Schaumburger Tracht, östr. Tracht, Schweizer Tracht, Mecklenburger Tracht, ostpreuß. Tracht, pommersche Tracht, fries. Tracht, hess. Tracht, rhein. Tracht, schles. Tracht, Braunschweiger Tracht, schwäb. Tracht, Siebenbürger Tracht, Altenburger Tracht, württemberg. Tracht und elsäss. Tracht. Heute werden die V. in Deutschland weitgehend nur noch in *Trachtenvereinen* durch bewußte Pflege tradiert (oder modisch abgewandelt getragen). In O- und SO-Europa hielten sich die V. am längsten, sind aber auch im Schwinden begriffen.

Volkstrauertag, seit 1952 nat. Trauertag in der BR Deutschland (vorletzter Sonntag vor dem 1. Advent) zum Gedenken der Gefallenen beider Weltkriege und der Opfer des NS; geht zurück auf den seit 1926 begangenen Gedenktag für die Opfer des 1. Weltkrieges, seit 1934 „Heldengedenktag" (5. Sonntag vor Ostern).

Volkstribun (lat. tribunus plebis) ↑Tribun.

Volksunie [niederl. ˈvɔlksyːni:] ↑Flämische Bewegung.

Volksverein für das katholische Deutschland, Abk. VkD, 1890 von L. Windthorst und F. Hitze gegr. Organisation dt. Katholiken zur Verbreitung religiöser, kultureller, sozialer und polit. Bildung; 1933 verboten.

Volksverhetzung, Straftat, begeht, wer in einer Weise, die geeignet ist, den öff. Frieden zu stören, die Menschenwürde anderer angreift, indem er zum Haß gegen Teile der Bev. aufstachelt, zu Gewalt- oder Willkürmaßnahmen gegen sie auffordert oder sie beschimpft, böswillig verächtlich macht oder verleumdet. Als Strafe droht Freiheitsstrafe von 3 Monaten bis zu 5 Jahren (§ 130 StGB).

Volksvermögen (Reinvermögen einer Volkswirtschaft), Summe der Realvermögensbestände (Boden, Gebäude, Einrichtungen, Maschinen, Vorräte usw.) aller der Volkswirtschaft zugehörigen Wirtschaftssubjekte einschl. der dem Staat gehörigen Realvermögensbestände *(Staatsvermögen)* zuzüglich der Differenz zw. Forderungen und Verpflichtungen gegenüber dem Ausland. Wegen der Ermittlungsprobleme umfaßt das angegebene V. meist nur das Produktivkapital, enthält also nicht das Konsumtivkapital.

Volksversammlung, Zusammentreten aller stimmberechtigten Bürger eines Staatswesens zur Wahrnehmung ihrer polit. Rechte; heute noch in einigen schweizer. Kt. üblich († Landsgemeinde). – In verschiedenen Staaten wird auch das Parlament als V. bezeichnet.

Volksvertretung, das † Parlament.

Volkswagen AG, dt. Unternehmen der Automobilind., Sitz Wolfsburg; 1938 als Staatsunternehmen aus der 1937 gegr. Gesellschaft zur Vorbereitung des dt. Volkswagens hervorgegangen, seit 1960 AG. Die Umwandlung in eine AG erfolgte durch Teilprivatisierung (Volksaktien; 728 000 Aktionäre), jedoch behielt das Land Niedersachsen 20 % des stimmberechtigten Grundkapitals. Zum Konzern gehören zahlr. Beteiligungs- und Tochtergesellschaften im In- und Ausland (u. a. Audi AG, Ingolstadt, SEAT S. A., Madrid, Skoda, Pilsen, Volkswagen Sachsen GmbH, Mosel bei Zwickau). – † Stiftung Volkswagenwerk.

Volkswartbund, 1898 in Köln gegr. Vereinigung von Katholiken zur Bekämpfung öff. Unsittlichkeit v. a. durch Volksbildung, Jugendpflege, -fürsorge und -schutz; heute ein Verband der „Kath. Bundesarbeitsgemeinschaft Jugendschutz e. V."; Sitz Hamm.

Volkswettbewerbe, sportl. Massenwettbewerbe für alle Altersklassen mit unterschiedl. Leistungsstufen, u. a. Volkslauf, -wandern, -radsport, -schwimmen, -skilauf.

Volkswirtschaft, die Gesamtheit des wirtschaftenden Zusammenwirkens aller privaten und öffentl. Wirtschaftssubjekte innerhalb des [mit dem Staatsgebiet zusammenfallenden] Wirtschaftsraums. Dabei ergibt sich die V. nicht allein als Summe ihrer Teile, sondern erhält durch einheitl. Wirtschaftssystem, eine einheitl. Geld- und Währungsordnung sowie die staatl. Wirtschaftspolitik und die gegebenen Rechts- und Gesellschaftsverhältnisse, die natürl. Ausstattung des Wirtschaftsraumes usw. ihr besonderes, sie von anderen V. unterscheidendes Gepräge.

volkswirtschaftliche Gesamtrechnung, kontenmäßige Erfassung der Güter- und Einkommensströme in der Volkswirtschaft; hat die Aufgabe, umfassend, übersichtlich und gut gegliedert ein quantitatives Gesamtbild des wirtsch. Geschehens nach Abschluß einer Wirtschaftsperiode zu geben. Die v. G. ist Grundlage volkswirtsch. Analysen und prognost. Einschätzungen. Sie basiert auf der † Kreislauftheorie, nach der die Unternehmen und Haushalte in Sektoren zusammengefaßt werden, die wiederum durch Güter-, Geld- und Leistungsströme miteinander verbunden sind.

Volkswirtschaftslehre (Nationalökonomie, Sozialökonomie), Teilgebiet der Wirtschaftswiss., das die gesamte Wirtschaft einer Gesellschaft zum Gegenstand hat. Neben der Analyse einzelwirtsch. Phänomene erforscht sie v. a. gesamtwirtsch. Zusammenhänge und Prozesse. Kerngebiet der V. ist die Wirtschaftstheorie; i. w. S. zählen zur V. auch die theoret. Wirtschaftspolitik, die Finanzwiss., Teile der Wirtschaftsgeschichte sowie die Geschichte der V. selbst; Hilfswiss. sind v. a. die Statistik sowie die Ökonometrie. – Die V. wird z. T. auch *polit. Ökonomie* genannt. Die *Geschichte* der V. i. e. S. beginnt mit dem † Merkantilismus, v. a. mit dem Tableau économique von F. Quesnay, dem Begründer der Schule der Physiokraten. In Deutschland entwickelte sich die V. dieser Zeit v. a. als Kameralwiss. († Kameralismus). Voll ausgebildet wurde die V. als Nationalökonomie bzw. polit. Ökonomie durch die sog. Klassiker († klassische Nationalökonomie) A. Smith, D. Ricardo, T. R. Malthus, J. B. Say. In der Folgezeit differenzierte sich die V. in verschiedene Schulen, z. B. die marxist. polit. Ökonomie, die † historische Schule, die † Grenznutzenschule und die neoklass. Schule († klassische Nationalökonomie). In neuerer Zeit erfuhr die V. eine Belebung einerseits durch J. M. Keynes und seine Anhänger († Keynesianismus), andererseits durch den † Monetarismus.

Volkszählung (Zensus), statist. Erhebung über den Bev.bestand eines Staates. Die letzte V. in der BR Deutschland erfolgte am 25. Mai 1987 auf der Grundlage des V.gesetzes vom 8. 11. 1985, das datenschutzrechtl. Auflagen des Bundesverfassungsgerichts Rechnung trägt. – † Mikrozensus.

Vollbeschäftigung, volle Auslastung des volkswirtsch. Produktionsapparates und voller Einsatz aller Wirtschaftssubjekte im Produktionsprozeß. Die quantitative Konkretisierung der V. erfolgt u. a. durch die Arbeitslosenquote (Anteil der Arbeitslosen an den abhängig Beschäftigten) oder den Auslastungsgrad des Arbeitskräftepotentials (Arbeitskräftepotential × potentielle durchschnittl. Jahresarbeitszeit). Nach Ansicht der Klassiker besteht durch Preis-, Lohn- und Zinsmechanismus in der Marktwirtschaft die Tendenz zur V.; nach J. M. Keynes dagegen sind stabile Gleichgewichtslagen auch bei Unterbeschäftigung möglich. Seit der Weltwirtschaftskrise gehört die Erreichung und Erhaltung der V. zu den grundlegenden wirtschaftspolit. Zielen. – † Beschäftigungstheorie.

Vollblut (Vollblutpferd), in zwei Rassen (Arab. Vollblut, Engl. Vollblut) gezüchtetes, bes. edles Hauspferd; v. a. als Rennpferd, Dressurpferd, Militarypferd.

Vollerhebung (Totalerhebung), in der Statistik die vollständige Erfassung eines Erhebungsobjektes († Erhebung) im Unterschied zur Teilerhebung.

Vollerwerbsbetrieb, landw. Betrieb, der von der Bauernfamilie hauptberuflich bewirtschaftet wird und ohne Nebenberuf der Haushaltsangehörigen ein ausreichendes Jahreseinkommen sicherstellt.

Volleyball ['vɔlɪ; engl./dt., zu lat.-frz. volée „Flug(bahn)"], Rückschlagspiel für 2 Mannschaften zu je 6 Spielern und 6 ständigen Auswechselspielern auf einem Spielfeld von 18 × 9 m, das durch ein Netz über einer Mittellinie in zwei Hälften geteilt ist. Der Ball wird durch eine Aufgabe ins Spiel gebracht und muß im Fluge innerhalb einer Mannschaft so zugespielt werden, daß er spätestens nach der 3. Ballberührung (ausgenommen Blockierung) in die gegner. Spielfeldhälfte gelangt. Jede Mannschaft versucht, den Ball so in das gegner. Feld zu spielen, daß er dort den Boden berührt oder nur fehlerhaft angenommen werden kann; er darf jedoch auch außerhalb der Spielfeldgrenzen angenommen werden. Nur die Mannschaft, die das Aufgaberecht hat, kann (mit Ausnahme eines möglicherweise notwendigen 5. Satzes) Punkte erzielen. Sie verliert es an den Gegner, wenn sie einen Fehler macht. Bei jedem Aufgabenwechsel haben die Spieler der aufgebenden Mannschaft ihre Plätze im Uhrzeigersinn um eine Position zu wechseln. Sieger eines Satzes ist die Mannschaft, die zuerst 15, gegebenenfalls 17 Punkte erreicht. Sieger eines Spiels ist, wer 3 Sätze gewonnen hat.

Vollgeschosse † Munition.

Völligkeit, Bez. für das Volumen-Form-Verhältnis bei Schiffen. Zur Beurteilung von Form, bes. des Unterwasserschiffes, Ladefähigkeit, Schwimmeigenschaften und Geschwindigkeit benutzt man den V.grad oder Formparameter der a) Wasserlinien-, b) Hauptspantfläche, c) Verdrängung und d) den Schärfegrad, wobei ins Verhältnis gesetzt werden: bei a)–c) Fläche bzw. Volumen zu dem umgebenden Rechteck bzw. Quader, bei d) die Wasserverdrängung zum Produkt aus Hauptspantfläche und Schiffslänge.

Volljährigkeit (Mündigkeit), die mit Vollendung des 18. Lebensjahres erlangte Rechtsstellung, die die *Minderjährigkeit* beendet, d. h. zur Mündigkeit im Rechtsleben führt († Tabelle Rechte und Pflichten nach Altersstufen, Bd. 18 S. 122). In *Österreich* beginnt die V. mit Vollendung des 19., in der *Schweiz* mit Vollendung des 20. Lebensjahres.

Vollkaskoversicherung † Kraftverkehrsversicherung.

Vollkaufmann, Kaufmann, der ein Grundhandelsgewerbe nach § 1 HGB betreibt und im Handelsregister eingetragen ist.

vollkommene Zahl, natürl. Zahl, die halb so groß ist wie die Summe ihrer Teiler. Eine v. Z. ist z. B. 6, denn

$$6 = (1+2+3+6)/2.$$

Im MA wurden vollkommenen Zahlen eine myst. Bed. zugesprochen. Bisher hat man nur gerade v. Z. gefunden (28, 496 usw.).

Vollkommenheit, Begriff der Ontologie bzw. Metaphysik zur Bez. der Vollständigkeit sowie der Übereinstimmung aller Bestimmungen eines Objektes zu einer geordneten Einheit. In der *Ethik* ein anzustrebendes, aber nie voll erreichbares Ideal.

Vollkornbrot, dunkles, aus Vollkornschrot (↑Mehl) hergestelltes Brot.

Vollmacht, durch Rechtsgeschäft erteilte Vertretungsmacht (gewillkürte ↑Stellvertretung) (§§ 164 ff. BGB). Die V. wird erteilt durch einseitige Erklärung gegenüber dem Vertreter (Innen-V.) oder dem Geschäftsgegner oder durch öff. Bekanntmachung (Außen-V.). Ihr Umfang bestimmt sich nach der formlosen Erklärung des Bevollmächtigenden; in einigen Fällen ist ihr Umfang gesetzlich festgelegt, z. B. bei der Prokura. Die *Gattungs-V.* (Art-V.) bezieht sich auf eine bestimmte Art von Geschäften, die *General-V.* (Blanko-V.) auf alle Geschäfte schlechthin. Erteilt der zu einem Geschäft Bevollmächtigte seinerseits einem anderen V., so liegt eine *Unter-V.* vor. Die V. kann über den Tod des V.gebers hinaus erteilt werden. Das Erlöschen der V. bestimmt sich nach dem Rechtsverhältnis, das ihrer Erteilung zugrunde liegt (Auftrag, Dienstvertrag usw.). Danach erlischt die V. u. a. durch Zeitablauf. Ein Widerruf der V. ist grundsätzlich jederzeit möglich. Bei öff. Bekanntmachung, Erteilung einer V.urkunde oder Mitteilung der Bevollmächtigung an den Partner gilt die V. so lange als fortbestehend, bis sie ebenso widerrufen wird, wie sie erteilt worden ist, es sei denn, dem Partner ist das Erlöschen der V. durch Fahrlässigkeit unbekannt. – ↑Prozeßvollmacht, ↑Anscheinsvollmacht.

Vollmoeller, Karl Gustav [ˈfɔlmølər], * Stuttgart 7. Mai 1878, † Los Angeles 18. Okt. 1948, dt. Schriftsteller. – Auto- und Flugzeugkonstrukteur; Filmpionier. Schrieb Dramen und Lyrik; Mitautor des Drehbuchs zu dem Film „Der blaue Engel" (1930).

Vollrente, in der schweizer. Alters- und Hinterlassenenversicherung die Rente, die geschuldet wird, wenn der Versicherte die gleiche Anzahl von Jahren wie sein (Geburts-)Jahrgang Beiträge geleistet hat; bei Beitragslücken wird von der V. ausgehend die entsprechende Teilrente berechnet.

Vollschiff ↑ Segelschiff.

vollständige Induktion, Beweisverfahren der Mathematik: Wenn (1.) eine Aussage $A(n)$ für $n = 1$ richtig ist und wenn (2.) aus der Richtigkeit der Aussage für $n = k$ stets die Richtigkeit für den Nachfolger $n = k' = k + 1$ folgt, dann ist diese Aussage für alle natürl. Zahlen richtig.

vollständiges Differential ↑ Differentialrechnung.

Vollständigkeit, im *log.-metamathemat.* Sinn besteht die V. eines formalen Systems T (bzw. des diesem zugrunde liegenden Axiomensystems A) darin, daß jeder Satz von T (aus A) ableitbar ist.

Vollstreckung, 1. im Strafrecht die zwangsweise Durchsetzung einer rechtmäßig und rechtskräftig verhängten Strafe (Straf-V.; ↑Strafvollzug); 2. im Verwaltungsrecht die Durchsetzung von Verwaltungsakten im ↑Verwaltungszwangsverfahren; 3. im Steuerrecht die Durchsetzung von Verwaltungsakten (insbes. Steuerbescheiden) durch die Finanzbehörden, denen als Zwangsmittel das Zwangsgeld, die Ersatzvornahme und der unmittelbare Zwang zur Verfügung stehen; 4. im Zivilrecht ↑Zwangsvollstreckung.

Vollstreckungsbescheid ↑ Mahnverfahren.

Vollstreckungserinnerung ↑ Zwangsvollstreckung.

Vollstreckungsgericht, Amtsgericht, in dessen Bezirk das Verfahren der Zwangsvollstreckung stattfinden soll oder stattgefunden hat. Es funktioniert zuständig für die vom Gesetz dem V. zugewiesenen Aufgaben (z. B. hat es über Anträge, Einwendungen und Erinnerungen gegen die Art und Weise der Zwangsvollstreckung zu entscheiden). Für bestimmte Maßnahmen ist das V. auch ↑Vollstreckungsorgan.

Vollstreckungsklausel, notwendiger Vermerk auf der vollstreckbaren Ausfertigung eines ↑Vollstreckungstitels, der die Vollstreckbarkeit bescheinigt. Die V. ist Voraussetzung der Zwangsvollstreckung.

Vollstreckungsorgan (Vollstreckungsbehörde), das die Zwangsvollstreckung durchführende staatl. Organ, der Gerichtsvollzieher, das Vollstreckungsgericht, das Prozeßgericht u. a. Behörden. In den Aufgabenbereich des *Gerichtsvollziehers* fallen v. a. die Vollstreckungshandlungen, die eine Ausübung unmittelbaren Zwanges erfordern, die ↑Pfändung bewegl. Sachen, die Erzwingung der Herausgabe bewegl. Sachen sowie die Verhaftung des Schuldners; in den Bereich der Zuständigkeit des Amtsgerichts als *Vollstreckungsgericht* fallen die Zwangsvollstreckung in Forderungen und andere Vermögensrechte, die Abnahme der eidesstattl. Versicherung, das Verteilungsverfahren und die Immobiliarzwangsvollstreckung. Das *Prozeßgericht* erster Instanz ist zuständig für die Zwangsvollstreckung zur Erzwingung von Handlungen und Unterlassungen; das *Grundbuchamt* und die *Schiffsregisterbehörde* sind als V. insbes. zuständig für die Eintragung von Zwangshypotheken.

Vollstreckungsschutz, im Urteil oder erst in der Zwangsvollstreckung gewährter Schutz zur Abwehr oder Milderung von Vollstreckungsmaßnahmen aus Gründen, die in der Person des Schuldners liegen (§§ 765 a, 850 a ZPO). V. wird nicht angeordnet, wenn überwiegende Belange des Gläubigers entgegenstehen. Das Vollstreckungsgericht kann insbes. auf Antrag des Schuldners Zwangsvollstreckungsmaßnahmen ganz oder teilweise aufheben, untersagen oder einstellen, wenn sie wegen der Umstände eine Härte bedeuten, die mit den guten Sitten nicht vereinbar ist.

Vollstreckungstitel (vollstreckbarer Titel), öff. Urkunde, aus der sich der vom Vollstreckungsorgan durchzusetzende Anspruch ergibt und die kraft Gesetzes Grundlage für die Vollstreckung sein kann, insbes. Urteile, Prozeßvergleiche, vollstreckbare ↑Urkunden. – Der V. muß *vollstreckungsfähig* sein, d. h. bestimmt oder bestimmbar die Parteien sowie Inhalt, Art und Umfang der Zwangsvollstreckung erkennen lassen.

Vollstreckungsurteil, Gestaltungsurteil, durch das einem ausländ., formell rechtskräftigen Urteil die Vollstreckbarkeit in Deutschland verliehen wird (§§ 722, 723 ZPO).

Vollstreckungsvereitelung, im Strafrecht die Veräußerung oder das Beiseiteschaffen von Vermögensbestandteilen in der Absicht, bei einer drohenden Zwangsvollstreckung die Befriedigung des Gläubigers zu vereiteln (mit Freiheits- oder Geldstrafe bedroht; § 288 StGB). – ↑Strafvereitelung.

Vollton, in der graph. Technik eine (nicht gerasterte) gleichmäßig gedeckte Fläche.

Vollversammlung, svw. ↑ Plenum.

Vollwinkel, Winkel von 360°.

Vollzeitschulen, im Unterschied zu den **Teilzeitschulen** (z. B. Abendschule oder Berufsschule) wird die gesamte zur Ausbildung vorgesehene Zeit des Schülers in Anspruch genommen; die V. können als Halbtagsschule mit den Unterricht ergänzenden Hausaufgaben oder als **Ganztagsschule** organisiert sein. V. sind die Grund-, Haupt-, Realschulen und Gymnasien, im Bereich der berufl. Bildung die Berufsgrundschulen, die Berufsfachschulen und die Fachschulen.

vollziehende Gewalt (Exekutive), nach dem Prinzip der Gewaltentrennung die dritte Staatsfunktion neben Legislative (↑Gesetzgebung) und Jurisdiktion (↑Rechtsprechung). Die polit. Spitze der v. G. ist die Reg., der Vollzug der Gesetze obliegt der ↑Verwaltung; in parlamentar. Reg.systemen kommt es zu Überschneidungen zw. Legislative und vollziehender Gewalt.

Volontär [lat.-frz.], Bez. für einen in der Ausbildung befindlichen Arbeitnehmer, der die Einarbeitung in eine bestimmte (v. a. journalist.) Tätigkeit anstrebt.

Alessandro Volta

Volonté générale [frz. vɔlõˈte ʒeneˈral], in der Staats- und Sozialphilosophie J.-J. Rousseaus der auf das allg. Beste gerichtete „[All]gemeinwille".

Volsinii [...ni-i] (etrusk. Velsu, Velzna), eine der bedeutendsten Städte Etruriens (264 v. Chr. von den Römern erobert und zerstört, angeblich an andere Stelle verlegt), in deren Gebiet das Voltumnaheiligtum, Zentralheiligtum des etrusk. Zwölfstädtebundes, lag; umstritten ist, ob V. bei Bolsena (Reste des römerzeitl. V.) oder bei Orvieto lag.

Voltaire. Titelblatt der Erstausgabe des Romans „Candide oder Der Optimismus", 1759

Volsker (lat. Volsci), altital., zur osk.-umbr. Sprachgruppe gehörender Volksstamm, seit dem 6. Jh. v. Chr. im Bergland des südl. Latium ansässig; 329 v. Chr. durch Rom unterworfen.

Völsunga saga („Die Geschichte von den Völsungen"), altisländ. Heldenroman, der im wesentlichen das Schicksal Sigurds, des Drachentöters, schildert. Älteste Handschrift entstand um 1400 auf Island.

Volt [nach A. Graf Volta], Einheitenzeichen V; SI-Einheit der elektr. Spannung. Festlegung: 1 V ist gleich der elektr. Spannung oder elektr. Potentialdifferenz zw. zwei Punkten eines fadenförmigen, homogenen und gleichmäßig temperierten Leiters, in dem bei einem zeitlich unveränderl. elektr. Strom der Stärke 1 Ampere zw. den beiden Punkten die Leistung 1 Watt umgesetzt wird; $1\,V = 1\,W/A$.

Volta, Alessandro Graf (seit 1810), *Como 18. Febr. 1745, †ebd. 5. März 1827, italien. Physiker. – Prof. in Como und Pavia. V. verbesserte das Elektroskop und erfand 1782 den Plattenkondensator. Er erkannte, daß für die Entstehung galvan. Elektrizität zwei Metalle und ein Elektrolyt notwendig sind; er entdeckte die Kontaktelektrizität zw. verschiedenen Metallen. Um 1800 erfand er die *V.sche Säule,* eine Reihenschaltung galvan. Elemente, die als erste elektrochem. Stromquelle relativ hohe Spannungen lieferte. 1801 stellte er die erste Spannungsreihe auf.

Volta, größter Fluß Ghanas, entsteht im mittleren Ghana durch Zusammenfluß von Schwarzem und Weißem Volta; mündet bei Accra in den Golf von Guinea, mit Schwarzem Volta rd. 1 800 km lang; wird bei ↑Akosombo (Kraftwerk) zum 8 480 km² großen **Voltasee** gestaut.

Volta [italien. „Mal, Umdrehung"], in der Notenschrift Bez. für verschiedene Schlüsse bei Wiederholungen: *prima v.,* Abk. 1ma, das erste Mal; *seconda v.,* Abk. 2da, das zweite Mal.

▷ aus der Provence stammender höf. Paartanz im schnellen Dreiertakt, im 16./17. Jh. in Europa verbreitet. Charakteristisch sind wirbelnde Drehungen und hohe Sprünge bei engem Körperkontakt.

Volta-Element [nach A. Graf Volta], ältestes elektrochem. Element, bestehend aus einer Kupfer- und einer Zinkelektrode in verdünnter Schwefelsäure; die Klemmenspannung beträgt etwa 1 Volt.

Voltaire [frz. vɔlˈtɛːr], eigtl. François Marie Arouet, *Paris 21. Nov. 1694, †ebd. 30. Mai 1778, frz. Schriftsteller und Philosoph. – Sohn eines wohlhabenden Notars; beste Ausbildung im Jesuitenkolleg Louis-le-Grand; Jurastudium; wegen krit. Äußerungen gegen den Hof 1716 verbannt; 1717 wegen einer ihm zugeschriebenen Satire 11 Monate in der Bastille. Ersten großen Erfolg errang er mit der Tragödie „Oedipus" (1719), europ. Ruhm erreichte er mit dem Epos über Heinrich IV. „Die Henriade" (1723). 1726 wurde er wegen einer persönl. Auseinandersetzung mit dem Chevalier de Rohan aus Paris verbannt und ging nach Großbritannien (bis 1729), wo er sich intensiv mit der engl. Philosophie, dem polit. System der konstitutionellen Monarchie, dem öff. Leben beschäftigte und ein Vermögen erwarb. Literar. Ergebnis waren die „Philosoph. Briefe", deren (anonyme) Veröffentlichung in Frankreich 1734 ihm einen Haftbefehl einbrachte, da die Schrift erstmals die Vorstellungen der ↑Aufklärung über Gewissensfreiheit, religiöse Toleranz und polit. Gleichheit zusammenfaßte. V. floh nach Lothringen, wo er bis 1744 auf Schloß Cirey bei der Marquise Du ↑Châtelet lebte und arbeitete (u. a. „Elemente der Philosophie Newtons", 1738; „Das Zeitalter Ludwigs XIV.", 1751). Mitte der 1740er Jahre versuchte er sich wieder mit dem Hof zu arrangieren (1745 Ernennung zum Hofhistoriographen, 1746 Mgl. der Académie française). 1750–53 folgte er der Einladung Friedrichs d. Gr. nach Potsdam, konnte sich aber auf Dauer den dortigen Verhältnissen nicht anpassen und kaufte das Gut Ferney an der frz.-schweizer. Grenze, wo er sich endgültig niederließ. Von hier aus korrespondierte er mit fast allen wichtigen Persönlichkeiten Europas, v.a. aber griff er mit seinen Schriften in das polit. und gesellschaftl. Leben Frankreichs ein und erreichte durch sein Engagement die Rehabilitierung von Opfern der absolutist. Justiz. Auch an der „Encyclopédie" Diderots und d'Alemberts arbeitete er mit; daneben schrieb er ein eigenes „Dictionnaire philosophique" (1764), das zu den bissigsten Angriffen auf die kath. Kirche im 18. Jh. gehört. Im Febr. 1778 kehrte er nach Paris zurück, um die Uraufführung seiner Tragödie „Irène" zu erleben. Kurz nach dem triumphalen Erfolg starb er. In Paris wurde ihm das christl. Begräbnis verweigert, auf das er selbst großen Wert gelegt hatte. Seit 1791 ruht er im Panthéon. – V. außerordentlich umfangreiches Werk (in der frz. Edition [1877–82] 52 Bände, außerdem 107 Bände Korrespondenz) umfaßt alle von der frz. Aufklärung gepflegten Gattungen. Die Tragödien verbinden klassizistisch

Voltaire. Zeitgenössisches Ölgemälde von Nicolas Largillière

strenge Form mit aufklärer. Inhalt: „Zaïre" (1732), „Mahomet" (1741, dt. von Goethe, 1802). Zu den lebendigsten literar. Zeugnissen des 18. Jh. gehören die „kleinen Romane", bes. „Candide oder Der Optimismus" (1759), wo er die Leibnizschen Lehren ironisch umkehrt. Mit seinen historiograph. Werken (v. a. „Versuch einer allg. Weltgesch.", 7 Bde., 1753–56) wurde er Vorläufer der modernen Geschichtsschreibung. Seine krit. Methode knüpft an P. Bayle an, bes. aber sind alle seine Schriften beeinflußt von der engl. Philosophie (J. Locke). Sein unermüdl. Kampf für Toleranz und Gerechtigkeit, den er mit beißendem, gefürchtetem Witz führte, seine große Popularität und herausragende Stellung im geistigen Leben Europas gaben dem 18. Jh. seinen Namen: Das Jh. Voltaires.

Weitere Werke: Zadig (E., 1747), Micromegas (E., 1752), Die Waise in China (Dr., 1756), Poem über das Erdbeben von Lissabon (1756), Das Mädchen von Orléans (Epos, 1762), Das Naturkind (E., 1767).

voltaische Sprachen, svw. ↑ Gursprachen.

Voltameter [nach A. Graf Volta] (Coulombmeter, Coulometer), Gerät zur Messung von Elektrizitätsmengen, die einen Stromkreis in einer bestimmten Zeit durchflossen haben, durch Bestimmung der Menge der vom Strom bewirkten elektrolyt. Abscheidungen (z. B. Knallgas oder Metall).

Voltammetrie [nach A. Graf Volta, Kw. aus **Volt**ametrie und **Amp**erometrie], Verfahren der elektrochem. Analyse, bei dem man die Abhängigkeit der sich zw. einer polarisierten Meßelektrode und einer unpolarisierten Bezugselektrode einstellenden Stromstärke von der angelegten Spannung mißt.

Voltampere [...ä'per], Einheitenzeichen VA, bei der Angabe elektr. Scheinleistung übl., gesetzlich zulässige Bez. für das ↑ Watt.

Volta Redonda, brasilian. Stadt 100 km wnw. von Rio de Janeiro, 200 000 E. Zentrum der brasilian. Stahlindustrie; Hüttenwerk.

Volte ['vɔltə; frz.], *Fechten:* seitl. Ausweichen aus der Gefechtslinie.
▷ *Pferdesport:* Figur der Hohen Schule (Kreis von 6 Schritten [5 m] Durchmesser).
▷ Kunstgriff beim *Kartenspiel,* durch den beim Mischen einem Kartenblatt eine gewünschte Lage gegeben wird.

Volterra, italien. Stadt in der Toskana, 531 m ü. d. M., 14 000 E. Kath. Bischofssitz; Museen, Gemäldegalerie; Zentrum der Alabasterverarbeitung. – Das etrusk. **Velathri** entstand im 7./6. Jh. an der Stelle einer Siedlung der Villanovakultur; Mgl. des etrusk. Zwölfstädtebundes; ab 298 v. Chr. mit Rom verbündet, später röm. Munizipium **Volaterrae;** seit dem 5. Jh. Bischofssitz; in fränk. Zeit Sitz eines Grafen; im 12. Jh. freie Kommune; fiel 1361 an Florenz. – Etrusk. Baureste, u. a. die gut erhaltene Stadtmauer mit 2 Toren; Reste eines röm. Theaters. Urspr. roman. Dom (im 16. Jh. umgebaut) mit oktogonalem Baptisterium (1284).

Voltigieren [vɔlti'ʒiːrən; frz.], im *Pferdesport* Geschicklichkeitsübungen auf dem und am galoppierenden Pferd.

Voltmeter [elektr.] Spannungsmesser, zur Messung von elektr. Gleich- und Wechselspannungen dienende ↑ elektrische Meßgeräte.

Voltumna ↑ Vertumnus.

Volturno, italien. Fluß im nördl. Kampanien, entspringt in den südl. Abruzzen, mündet bei Castel V. in den Golf von Gaeta; 175 km lang, ab Capua schiffbar.

Volubilis ↑ Moulay-Idriss.

Volumen [lat., zu volvere „wickeln"], (Rauminhalt) der von der Oberfläche eines Körpers eingeschlossene Teil eines Raumes; Formelzeichen V. SI-Einheit des V. ist das Kubikmeter (Einheitenzeichen m³) bzw. seine dezimalen Vielfachen und Teile: Kubikkilometer (km³), Kubikdezimeter (dm³), Kubikzentimeter (cm³) und Kubikmillimeter (mm³): 1 m³ = 1 000 dm³ = 1 000 000 cm³ = 10⁹ mm³. SI-fremde, aber allg. anwendbare Einheit ist das Liter (l oder L), 1 l = 1 dm³.

Das V. einfacher Körper (Würfel, Quader u. a.) ist aus Länge, Breite und Höhe berechenbar; die Berechnung des V. von Körpern, deren Oberfläche durch Gleichungen für die Raumkoordinaten festgelegt ist, erfolgt mit Hilfe der Integralrechnung. Das V. eines unregelmäßig geformten festen Körpers kann man ermitteln, indem man ihn in einen mit einer Flüssigkeit gefüllten Meßzylinder bringt und aus dem Anstieg der Flüssigkeitsoberfläche das von ihm verdrängte Flüssigkeits-V. bestimmt. – ↑ molare Größen.
▷ (Mrz. Volumina; Abk. Vol.) im Buchwesen Schriftrolle, Band.

Volumenprozent ↑ Volumprozent.

Volumetrie [lat./griech.], svw. ↑ Maßanalyse.

Volumprozent (Volumenprozent), Abk. Vol.-%, Anzahl der cm³ eines gelösten Stoffes, die in 100 cm³ einer Lösung enthalten sind.

Völundur, altnordisch für ↑ Wieland.

Voluntarismus [zu lat. voluntarius „freiwillig"], von F. Tönnies eingeführte Bez. für die philosoph. Position, nach der der Wille als Basis der Erkenntnis (erkenntnistheoret. V.), als Grundfunktion der Seele (psycholog. V.), als bestimmendes Prinzip der Welt (metaphys. V.), als Grundprinzip der Ethik (eth. V.) oder als vorherrschende Eigenschaft Gottes (theolog. V.) gilt. Der *erkenntnistheoret.* und der *psycholog.* V. betonen, daß der menschl. Wille (nicht seine Vernunft) theoret. und prakt. Handeln bestimmt. A. Schopenhauer sieht im Willen das Grundprinzip nicht nur des Menschen, sondern der Welt überhaupt. Diese Zurückführung der gesamten Wirklichkeit auf den Willen ist das Merkmal des *metaphys.* V., der sich in Ansätzen auch bei J. G. Fichte und H. Bergson findet. Für den *eth.* V. wird Moralität nicht (wie bei Platon) durch Einsicht in die Idee des Guten, nicht (wie bei Kant) durch den rationalen Beweggrund des Handelns aus Pflicht, sondern durch die Eigenliebe und die Freiheit des Willens bestimmt. Der *theolog.* V. bezieht sich einerseits auf den Primat des göttl. Willens (vor der Vernunft), andererseits auf den Vorrang des Willens bzw. des Glaubens[entschlusses] vor dem Intellekt.

Voluntativ (Volitiv) [lat., zu volo „ich will"], Form des Verbs, die einen Wunsch, eine Absicht oder eine Aufforderung ausdrückt; als V. dienen v. a. Modi oder Tempora wie der Konjunktiv (lat. *eamus* „gehen wir!"), das Futur (lat. *ibo* „ich will gehen") oder der Imperativ.

Vǫluspá [altisländ. „Der Seherin Gedicht"], Lied aus der ↑ „Edda".

Volute [lat., zu voluta „schneckenförmige Einrollung"], spiralförmig eingerolltes Ornament oder Bauglied an Kapitell oder Giebel.

Volute
eines ionischen Kapitells

Volvo AB, schwed. Kfz- und Maschinenbaukonzern, hervorgegangen aus einer 1915 gegr. Tochtergesellschaft der Svenska Kullagerfabriken AB; Sitz Göteborg.

Volvox [lat.] (Gitterkugel, Kugelalge), Gatt. der Grünalgen mit über zehn frei im Süßwasser lebenden Arten; hohlkugelförmige Kolonie aus bis zu 20 000 jeweils mit zwei Geißeln ausgestatteten Zellen, zwischen denen zwei Plasmastränge miteinander in Verbindung stehen. Durch ungeschlechtl. Vermehrung entstehen im Inneren der Kolonie Tochterkugeln, zur geschlechtl. Fortpflanzung werden Ei- und Samenzellen gebildet. Die V. ist bereits ein echter mehrzelliger Organismus.

Volvulus [lat.], svw. ↑ Darmverschlingung.

Vomitus [lat.], svw. ↑ Erbrechen.

Vondel, Joost van den [niederl. 'vɔndəl], * Köln 17. Nov. 1587, † Amsterdam 5. Febr. 1679, niederl. Dichter. – Meister des barocken Trauerspiels, das der niederl. Nationaltheater entscheidend prägte. Seine Dramen sind v. a. durch lyr. Chöre gekennzeichnet, u. a. „Maria Stuart" (1646), „Lucifer" (1654), ein Weltschöpfungsspiel, in dem er schon

Volvox.
Im Inneren zwei
Tochterkugeln

vor Milton mit visionärer Kraft das Urbild des Weltenzwiespalts konzipierte. Verfaßte auch Lyrik.

Vo Nguyên Giap [vietnames. vɔŋuiən ʒap], *Quang Binh 1911 (nach anderen Angaben 1912), vietnames. General und Politiker. – 1941 in China Mitbegr. des Vietminh; 1945 Innenmin. der von Ho Chi Minh proklamierten Demokrat. Republik Vietnam. Als Oberbefehlshaber (seit 1946) der von ihm aufgestellten Vietminh-Streitkräfte errang er 1954 bei Điên Biên Phu den entscheidenden Sieg über die Franzosen; ab 1967 auch Oberkommandierender der nordvietnames. Truppen im Vietnamkrieg (maßgebl. Anteil an der Entwicklung der Strategie des modernen Guerillakampfes). 1951–82 Mgl. des Politbüros der KP Vietnams; 1954–80 Verteidigungsmin. und 1955–91 stellv. Min.präs. N-Vietnams bzw. (ab 1976) des vereinigten Vietnams.

Vonnegut, Kurt [engl. ˈvɔnɪgʌt], *Indianapolis 11. Nov. 1922, amerikan. Schriftsteller. – Seine zeitkrit. satir. Romane („Schlachthof 5 oder Der Kinderkreuzzug", 1969; „Frühstück für starke Männer", 1973; „Slapstick oder Nie wieder einsam", 1976) und Erzählungen („Geh zurück zu deiner lieben Frau und deinem Sohn", 1968), in denen sich Elemente der Science-fiction mit schwarzem Humor verbinden, wenden sich gegen Krieg, Gewalt, Rassenhaß und soziale Ungerechtigkeit; auch Dramen und Essays. – *Weitere Werke:* Die Sirenen des Titan (R., 1959), Galgenvogel (R., 1979), Galápagos (R., 1985), Blaubart (R., 1989).

Von-Neumann-Rechner, 1946 von J. von Neumann entwickeltes Konzept für Universalrechner, an dem sich fast alle bisherigen Computer orientieren. Ein V.-N.-R. besteht aus den Funktionseinheiten Steuerwerk, Rechenwerk, Speicher, Eingabeeinheit, Ausgabeeinheit. Seine Struktur ist unabhängig vom zu bearbeitenden Problem. Zur Lösung eines Problems muß ein Programm eingegeben werden, das im selben Speicher wie Daten und Ergebnisse abgelegt und von dort vom Steuerwerk zur Verarbeitung abgerufen wird. Das Programm ist eine Folge von Befehlen, die, wie alle Daten binär codiert werden. Im Programmablauf sind Sprünge und Verzweigungen möglich.

Voorne-Putten [niederl. ˈvoːrnəˈpʏtə], Doppelinsel im Rhein-Maas-Delta, in der niederl. Prov. Südholland, zw. dem Brielschen Meer und dem Haringvliet; Hauptorte Hellevoetsluis, Spijkenisse und Brielle.

VOR ↑VOR-Verfahren.

Voranschlag, im Rahmen der Finanzplanung Aufstellung über die geschätzten künftigen Einnahmen, Ausgaben, Kosten und Erlöse; beim Werkvertrag als *Kosten-V.* die überschlägige Berechnung der voraussichtl. entstehenden Kosten der Herstellung eines versprochenen Werks. Bei einer wesentl. Überschreitung des Kosten-V. kann der Besteller den Werkvertrag kündigen, er hat in diesem Fall nur die bereits geleistete (gelieferte) Arbeit zu vergüten.

Vorarlberg [ˈfoːrˈarlbɛrk, -ˈ--], westlichstes Bundesland von Österreich, 2 601 km², 329 200 E (1990), Hauptstadt Bregenz. V. hat Anteil an 4 Landschaftseinheiten: Der Aufschüttungsebene des Alpenrheins, den Voralpen, die hier vom Bregenzerwald gebildet werden, den Nördl. Kalkalpen und ganz im S an den Zentralalpen, und zwar an der Silvrettagruppe (mit dem Piz Buin [3312 m]) und der Verwallgruppe. Die Rheinebene und der bis Bludenz ausgreifende, von der unteren Ill durchflossene Walgau stehen unter dem Einfluß des Bodensee-Lokalklimas. Der Bregenzerwald zählt zu den niederschlagsreichsten Geb. Österreichs (2 000–3 000 mm jährlich).

Bevölkerung, Wirtschaft, Verkehr: Der größte Teil der Bev. lebt im Rhein- und im unteren Illtal, wo sich ein fast geschlossenes Siedlungsband von Bregenz über Dornbirn und Feldkirch bis Bludenz hinzieht. Ebenfalls dichter besiedelt sind das Montafon, das Klostertal und der Vorderwald. – Bes. hoch entwickelt sind Molkereiwirtschaft und Viehzucht; Ackerbau wird nur in der Rheinebene betrieben; am Bodensee gibt es auch Obstanlagen. Wichtigster Ind.zweig ist die Textil- und Bekleidungsind. (v. a. Stickereiind.), gefolgt von Bauwesen, Handel und Metallverarbeitung, Nahrungs- und Genußmittel-, Elektro- und Metallindustrie; bed. sind Elektrizitätsgewinnung (Wasserkraftwerke) und Fremdenverkehr. Viele Bewohner arbeiten in der Schweiz, in Deutschland und in Liechtenstein. – Die wichtigsten Achsen sind das Rhein- und untere Illtal. Straße und Bahn zum Inntal führen unter dem Arlbergpaß durch Tunnels. Weitere W–O-Verbindungen sind die Silvretta-Hochalpenstraße und die Straße im Lechtal.

Geschichte: Im N von den kelt. Brigantiern, im übrigen Teil von den wohl rät. Vennonen bewohnt; 15 v. Chr. vom Röm. Reich unterworfen, der Prov. Rätien, im 4. Jh. der Prov. Raetia prima (Hauptstadt Curia [= Chur]) zugeschlagen. Seit dem 5. Jh. Einwanderung von Alemannen; doch blieb das Rätoromanentum im S z. T. (Montafon, Walgau) bis ins 17. Jh. lebendig. Um 537 fränkisch; 1032/40 Teilung in Bregenz, Unter- und Oberrätien; seit dem 13. Jh. bauten die Grafen von Montfort eine Landesherrschaft auf. Seit 1363 erwarben die Habsburger Land in V., bis 1523 einigten sie V. unter ihrer Herrschaft. Bis 1752 und seit 1782 Tirol unterstellt (1752–82 Vorderösterreich), mit dem es 1805 an Bayern fiel, bevor es 1814 endgültig an Österreich kam; 1918 von Tirol gelöst. 1919 östr. Bundesland (1938–45 wieder Tirol angegliedert).

Vorarlberger Bauschule, Gruppe von Baumeistern, Maurermeistern, Stukkatoren, Malern usw. aus Vorarlberg, v. a. die Familien Beer, Thumb und Moosbrugger, die während des 17. und 18. Jh. in Süddeutschland und in der Schweiz wirkten, u. a. in Weingarten, Einsiedeln und Obermarchtal. Sie entwickelten das *Vorarlberger Schema* (Wandpfeilerkirche): Hallenlanghaus mit eingezogenen Strebepfeilern und Kapellennischen (statt Seitenschiffen), kaum ausgeprägtes Querhaus.

Vorau [ˈfoːrau], östr. Marktgemeinde in der O-Steiermark, 659 m ü. d. M., 1 500 E. Augustiner-Chorherrenstift (gegr. 1163), Barockanlage mit bed. Stiftskirche (1660–62) und Bibliothekssaal (um 1731).

Voraus, das dem Ehegatten des Erblassers neben seinem gesetzl. Erbteil zustehende gesetzl. Vermächtnis (§ 1932 BGB). Der V. umfaßt die zum ehel. Haushalt gehörenden Gegenstände und die Hochzeitsgeschenke. Der V. steht dem Ehegatten, der die Erbfolge neben Kindern des Erblassers antritt, nur zu, wenn er die Gegenstände zur Führung eines angemessenen Haushalts benötigt.

Vorausexemplare, im *Buchwesen* die Bücher, die vor der Auslieferung als Besprechungs- und Werbeexemplare versandt werden.

Vorausklage, ↑Bürgschaft.

Vorausnahme, in der Musik svw. ↑Antizipation.

Voraussetzung, svw. ↑Prämisse.

Vorbehalt, im *Privatrecht* Willenserklärung, ↑Eigentumsvorbehalt. Im *Verwaltungsrecht* ist der *V. des Gesetzes* die Ausprägung des rechtsstaatl. Gebotes, wonach Eingriffsverwaltung einer gesetzl. Ermächtigung bedarf.

Vorbehaltseigentum ↑Eigentumsvorbehalt.

Vorbehaltsgut, bei der ehel. Gütergemeinschaft das aus dem Gesamtgut ausgeschlossene, der alleinigen Zuständigkeit und selbständigen Verwaltung durch den einzelnen Ehegatten vorbehaltene Vermögen; entsteht z. B. durch Ehevertrag oder Bestimmung des Erblassers (§ 1418 BGB).

Vorbereitungsdienst (Referendariat), berufspraktische Ausbildung der Anwärter für die höhere Beamtenlaufbahn (↑Referendar).

Vorbescheid, im *Sozialgerichtsverfahren* die gerichtl. Entscheidung, mit der eine Klage, die sich als unzulässig oder offenbar unbegründet erweist, ohne Anberaumung einer mündl. Verhandlung abgewiesen werden kann. Auch im *Finanzgerichtsverfahren* kann ein V. erteilt werden (zum Verwaltungsgerichtsverfahren ↑Gerichtsbescheid). Im *Baurecht* ein Verwaltungsakt der Baubehörde, mit dem sie dem Bauherrn auf Anfrage zu wichtigen Fragen der (zukünftig zu erteilenden) Baugenehmigung verbindlich Auskunft erteilt (z. B. Zusagen und Befreiungen).

Vorbeugehaft, Inhaftnahme ohne richterl. Entscheidung durch die Polizei oder polizeiähnl. Organe. In totalitären Staaten dient die V. der Ausschaltung polit. Gegner unter Umgehung rechtsstaatl. Kontrolle.

Vo Nguyên Giap

Kurt Vonnegut

Vorarlberg
Landeswappen

Vorbewußtes (das Vorbewußte), in der *Psychoanalyse* (nach S. Freud) das zw. dem Bewußten und dem Unbewußten liegende, von diesen durch „zensierende" Reizregulatoren, die nur das jeweils „Zuträgliche" durchlassen, getrennte System des psych. Apparats.

Vorbild, das an bestimmte (lebende oder histor.) Personen gebundene Bild, an dem v. a. heranwachsende Individuen ihr Verhalten orientieren [wollen].

Vorblatt ↑ Braktee.

Vorbörse, Wertpapierhandel vor Beginn der offiziellen Börsenzeit. In der V. betreiben die Banken oft einen lebhaften Handel per Telefon, sofern sich bestimmte Kurstendenzen abzeichnen (↑ Nachbörse).

Vordemberge-Gildewart, Friedrich, * Osnabrück 17. Nov. 1899, † Ulm 19. Dez. 1962, dt. Maler und Graphiker. – Lehrte seit 1955 an der Ulmer Hochschule für Gestaltung; beeinflußt von El Lissitzky und K. Schwitters entwickelte er (seit 1919) geometr. Konstruktionen („Skulpto-Bild"); wurde 1924 Mgl. der Stijl-Gruppe.

Vörden ['føːrdən] ↑ Marienmünster.

Vorderachse ↑ Fahrwerk.

vorderasiatische Kunst, die Kunst Vorderasiens im Altertum (↑ assyrische Kunst, ↑ babylonische Kunst, ↑ hethitische Kunst, ↑ iranische Kunst, ↑ jüdische Kunst, ↑ persische Kunst, ↑ phönikische Kunst, ↑ sassanidische Kunst, ↑ sumerisch-akkadische Kunst, Kunst von ↑ Elam, Kunst der Urartäer).

vorderasiatische Rasse, den Europiden zuzurechnende Menschenrasse von mittelhohem Körperwuchs; mit langer Nase, hohem Gesicht, leicht bräunl. Haut, schwarzbraunem Haar und braunen Augen; Hauptverbreitungsgebiet: Armenien, Iran und östl. Mittelmeerraum.

Vorderasien, der südwestl. Teil Asiens; umfaßt die Türkei, Zypern, Libanon, Israel, Jordanien, Syrien, Irak, Iran, Afghanistan und die Länder auf der Arab. Halbinsel.

Vordereifel ↑ Eifel.

Vorderer Bayerischer Wald ↑ Bayerischer Wald.

Vordergaumenlaut ↑ Palatale.

Vorderhimalaja [hiˈmaːlaja, himaˈlaːja] ↑ Himalaja.

Vorderhirn ↑ Gehirn.

Vorderindien (Ind. Subkontinent), im NW, N und NO durch Gebirge vom übrigen Asien getrennter Raum; Zentralgebiet ist die nach S spitz auslaufende Halbinsel mit dem Hochland von Dekhan.

Vorderkiefer, svw. ↑ Mandibeln.

Vorderkiemer (V.schnecken, Prosobranchia, Streptoneura), seit dem Kambrium bekannte Unterklasse primitiver, fast ausschließlich getrenntgeschlechtiger Schnecken mit rd. 20 000 Arten, in Meeren; Gehäuse im allg. vorhanden, kräftig entwickelt, meist mit Deckel; Mantelhöhle stets vorn (hinter dem Kopf) gelegen mit vor dem Herzen ausgebildeten Kiemen und Längsnervenüberkreuzung. – Zu den V. gehören u. a. Nadelschnecke, Porzellan-, Kreisel-, Pantoffel-, Flügel-, Tonnen-, Strand-, Veilchenschnecken, Seeohren und Schmalzüngler.

Vorderlader, Feuerwaffe, bei der Treibladung und Geschoß von der Rohr- oder Laufmündung her eingeführt werden.

Vorderösterreich, die aus dem (1268 erloschenen) Hzgt. Schwaben entstandenen südwestdt. habsburg. Länder, im 14. und 15. Jh. zum Teil-Ft. der **vorderen Lande** bzw. **Vorlande** zus.gefaßt, seit dem 16. Jh. V. gen.; bestand v. a. aus der Land-Gft. im Oberelsaß (Sundgau), der Reichslandvogtei über die elsäss. Dekapolis, der Landvogtei Ortenau, dem Breisgau, dem südl. Schwarzwald, den Waldstädten am Hochrhein sowie aus „Schwäb. Österreich" (Burgau, Hohenberg, Nellenburg [Stockach], Reichslandvogtei in Ober- und Niederschwaben) mit den Donaustädten; 1648 fielen die Gebiete im Elsaß an Frankreich; 1801–05 kam das restl. V. an Bayern, Württemberg und Baden.

Vorderpfalz, Landschaft im oberrhein. Tiefland, Rhld.-Pf., zw. der dt.-frz. Grenze im S, der Pfrimm im N, der Haardt im W und der Rheinaue im O; ein Gebiet intensiver landw. Nutzung (u. a. Weinbau).

Vorderradantrieb, svw. ↑ Frontantrieb.

Vorderrhein ↑ Rhein.

Vordersatz, in der *Musik* ↑ Periode.
▷ in der *Orgel* die vorn (im Prospekt) stehenden Orgelpfeifen.

Voreid ↑ Eid.

Vorerbschaft, Erbschaft, die durch die Einsetzung eines Nacherben (↑ Nacherbschaft) durch den Erblasser beschränkt ist.

Voretzsch, Karl ['foːrɛtʃ], * Altenburg 17. April 1867, † Naumburg/Saale 15. Jan. 1947, dt. Romanist. – Prof. in Tübingen (ab 1892), Kiel (ab 1910) und Halle (ab 1913); erforschte bes. die altfrz. Literatur und Sprachgeschichte, Hg. altfrz. Texte.

Vorfach ↑ Angelfischerei.

Vorfall, svw. ↑ Prolaps.

Vorfastenzeit, in der kath. Liturgie seit dem 5./6. Jh. die Zeit zw. dem Sonntag Septuagesima und dem Aschermittwoch als Zeit der Vorbereitung auf die eigtl. Fastenzeit.

Vorfinanzierung, Aufnahme eines kurzfristigen Überbrückungs- oder Zwischenkredits zur vorläufigen Deckung eines langfristigen Finanzbedarfs bis zur [späteren] Ablösung des kurzfristigen Fremdkapitals durch Eigenkapital oder langfristiges Fremdkapital.

Vorfluter, Gewässer (Flüsse, Bäche), die ober- und unterirdisch zufließendes Wasser (z. B. aus Kläranlagen) aufnehmen und abführen sollen.

Vorfrieden, svw. ↑ Präliminarfrieden.

Vorführung, Erzwingung des Erscheinens von Beschuldigten (im Strafverfahren §§ 134 ff. StPO) und Zeugen (im Straf-und Zivilverfahren, §§ 51 StPO, 380 ZPO) vor Gericht oder einer anderen Behörde. Ist nicht erfolgloser schriftl. Ladung zulässig. Die V. erfolgt durch die Polizei auf Grund eines *V.befehls.* Bei der V. wird der Betroffene, anders als beim Haftbefehl, zum spätest notwendigen Zeitpunkt (i. d. R. am frühen Morgen des Terminstages) in Gewahrsam genommen. Zur Strafvollstreckung ist die V. zulässig, wenn der Verurteilte der Ladung zum Strafantritt nicht Folge leistet oder wenn er fluchtverdächtig oder entwichen ist (§ 457 StPO).

Vorgabe, Ausgleichsverfahren im Sport; im *Golf* die Differenz zw. den vom Platzstandard vorgeschriebenen und den vom Spieler gebrauchten Schlägen; die Spieler werden auf Grund eines Jahresdurchschnitts in verschiedene V.stufen eingeteilt; spielt ein schlechterer gegen einen besseren Spieler, so erhält er eine V. (Handikap).

Vorgänger, in der Mathematik zu einem Element b einer geordneten Menge M ein Element a von M, das kleiner als b ist und wofür es zw. a und b keine weiteren Elemente von M gibt.

Vorgelege, Zahnradgetriebe zur Änderung des Übersetzungsverhältnisses zw. treibender und angetriebener Welle.

Vorgeschichte, 1. Zeitraum der menschl. Frühzeit, der der durch schriftl. Überlieferungen erhellbaren Vergangenheit (Geschichte) vorangeht; 2. ([prähistor.] Archäologie) Wiss.zweig, der sich der Erforschung und Interpretation aller Überreste menschl. Aktivitäten dieser Epoche widmet. – Systemat. Bemühungen um eine zeitl. Einordnung vorgeschichtl. Funde setzten erst im frühen 19. Jh. ein. Der Däne C. J. Thomsen begründete das Dreiperiodensystem (Nachweis einer Bronzezeit zw. Stein- und Eisenzeit). Zw. 1880 und 1912 wurden die noch heute gültigen chronolog. Systeme für die europ. V. geschaffen, deren Begriffe jedoch entweder nur regional begrenzt gültig sind (z. B. Hallstattzeit) oder in den einzelnen Regionen mit zeitl. Verschiebungen vorkommen (z. B. Neolithikum, Bronze- und Eisenzeit). Die seit etwa der Mitte unseres Jh. entwickelten naturwiss. Methoden der Altersbestimmung ermöglichen es in zunehmendem Maße einen Überblick über gleichzeitige Vorgänge auch in den anderen Erdteilen zu gewinnen und die meist europazentr. Geschichtsbilder abzulösen, die ohne Kenntnis der V. konstruiert wurden.

Nach der Definition des Menschen als „Werkzeug herstellendes Lebewesen" (B. Franklin) beginnt das Forschungsge-

Vorgeschichte

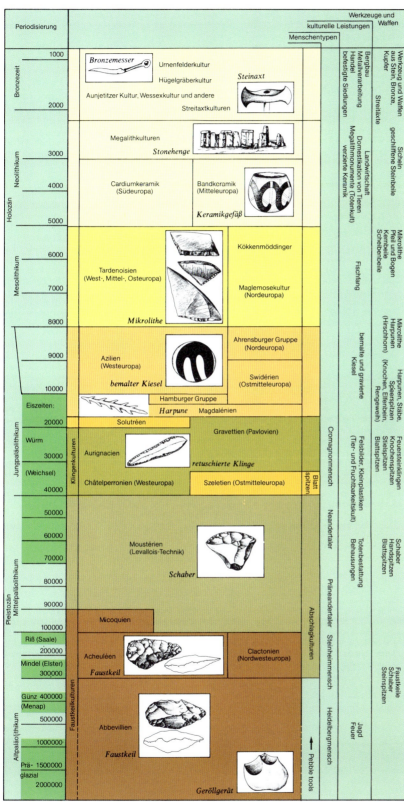

Vorgeschichte. Übersicht über die vorgeschichtlichen Kulturen und Perioden Europas

biet der V. mit der ↑ Steinzeit (↑ Paläolithikum). Die ältesten datierbaren Funde von Steinwerkzeugen sind 2–3 Mill. Jahre alt und wurden in O-Afrika gemacht, jedoch können andere Gebiete noch nicht als Entstehungsräume der menschl. Kultur ausgeschlossen werden. Regionale und entwicklungstypolog. Gliederungsmöglichkeiten werden erst mit dem Auftreten von ↑ Faustkeilen (Afrika, W-Europa, Iber. Halbinsel, Vorderasien, Indien) erkennbar. Außerhalb des Gebietes der Faustkeilkultur kommen in N-Frankreich und auf den Brit. Inseln, in Mähren und in Ungarn sowie in SO- und O-Asien Fundgruppen vor, bei denen sich die ältesten Belege für Feuerstellen fanden. Vor etwa 50 000/40 000 Jahren waren anscheinend auch gemäßigte und weniger günstige Klimazonen Afrikas und Eurasiens bewohnt. Es folgte die Ausbreitung nach Australien und – spätestens vor etwa 25 000 Jahren – nach Amerika. Mit der vor etwa 10 000 Jahren einsetzenden Herausbildung produktiver Wirtschaftsformen durch Kultivierung von Pflanzen und Domestikation von Tieren (↑ Neolithikum) war eine starke Bev.vermehrung verknüpft, eine Voraussetzung für weitere kulturelle Aufsplitterung (Entstehung erster Hochkulturen).

vorgeschobener Beobachter, Abk. VB, Offizier oder Unteroffizier einer Artillerie- oder Mörserbatterie, der zur vorne kämpfenden Truppe abgestellt ist, um dort das Verhalten des Feindes zu beobachten, Ziele zu orten und das Feuer der Geschütze anzufordern und zu lenken; fährt heute i. d. R. im Beobachtungspanzer.

Vorgesetzter, jemand, der in einem Betrieb einem anderen übergeordnet ist und Anordnungen erteilen kann. – Der *Dienst-V.* (Dienstherr) ist ein Beamter, der für Entscheidungen über persönl. Angelegenheiten (z. B. Urlaub) der ihm nachgeordneten Beamten zuständig ist.
▷ in der Bundeswehr nach § 1 Abs. 4 SoldatenG Person, die befugt ist, einem Soldaten Befehle zu erteilen. Die VO über die Regelung des militär. V.verhältnisses vom 4. 6. 1956 unterscheidet folgende V.verhältnisse: 1. Zu den *V. auf Grund der Dienststellung* mit Befehlsbefugnis gegenüber den ihnen unterstellten Soldaten gehören die unmittelbaren V. (z. B. Kommandeure, Kompaniechefs, Gruppenführer, Dienststellenleiter, die Fach-V. mit fachdienstl. Befehlsbefugnis und die V. mit bes. Aufgabenbereich (z. B. Standortkommandant, Angehörige des Wachdienstes oder der Feldjägertruppe; im allg. befehlsbefugt ohne Rücksicht auf den Dienstgrad). 2. Das *V.verhältnis auf Grund des Dienstgrades* wird nur innerhalb der Kompanien und entsprechenden Einheiten sowie innerhalb von Schiffsbesatzungen begründet. 3. Dem *V. auf Grund bes. Anordnung* werden nur vorübergehend Soldaten zur Ausführung bestimmter Aufgaben unterstellt. 4. Zum *V. auf Grund eigener Erklärung* über Soldaten, die im Dienstgrad nicht über ihm stehen, kann sich ein Offizier oder Unteroffizier machen, wenn die Behebung einer Notlage, die Aufrechterhaltung von Disziplin oder Sicherheit oder die Herstellung einheitl. Befehlsgebung in einer krit. Lage dies erfordern.

vorgespanntes Glas ↑ Sicherheitsglas.

Vorhalt, im mehrstimmigen musikal. Satz ein harmoniefremder, dissonanter Ton auf betontem Taktteil bzw. das verzögerte Eintreten eines Akkord- oder Melodietons. Der V. kann in einer oder mehreren Stimmen gleichzeitig auftreten. Beim *vorbereiteten (gebundenen) V.* wird der

Vorhalt. Verschiedene Arten: a vorbereiteter Vorhalt; b freier Vorhalt; c halbfreier Vorhalt; * Vorhaltton

V.ton aus dem vorausgehenden Akkord übernommen, beim *freien V.* ist er nicht im vorausgehenden Akkord, beim *halbfreien V.* in einer anderen Stimme dieses Akkords enthalten.

Vorhand, im Tennis, Tischtennis, Badminton, Polo und [Eis-]Hockey ein Schlag, bei dem die Handfläche dem anfliegenden Ball zugewandt ist.
▷ im *Kartenspiel* derjenige Spieler, der beim Geben zuerst bedient wird.

Vorhangwand, svw. ↑ Curtain-wall.
Vorhaut ↑ Penis.
Vorhautverengung, svw. ↑ Phimose.
Vorherbestimmung, svw. ↑ Prädestination.
Vorhof, svw. Vorkammer (↑ Herz).
Vorhoffenster, svw. ↑ ovales Fenster.
Vorhofflimmern ↑ Herzkrankheiten.
Vorhölle ↑ Limbus.
Vorhut, selbständiger (militär.) Verband, der vor der marschierenden Truppe Sicherungsaufgaben wahrnimmt.
Vorkammer ↑ Herz.
Vorkaufsrecht, das Recht einer Person, in einen von dem Vorkaufsverpflichteten mit einem Dritten geschlossenen Kaufvertrag einzutreten, d. h. einen Gegenstand zu den gleichen Bedingungen, die der Verpflichtete mit dem Dritten vereinbart hat, zu erwerben. Man unterscheidet das lediglich zw. dem Berechtigten und dem Verpflichteten wirkende *persönl. (schuldrechtl.) V.* (bezogen also auf eine bestimmte Person; §§ 504 ff. BGB) sowie das als eintragungsfähige Grundstücksbelastung ausgestaltete *dingl. V.,* das nur an einem Grundstück oder an grundstücksgleichen Rechten (z. B. Hypothek, Grundschuld, Nießbrauch; §§ 1094 ff. BGB) zulässig ist. Das dingl. V. kann zugunsten einer bestimmten Person, des jeweiligen Eigentümers eines anderen Grundstücks, aber auch für mehrere oder alle Verkaufsfälle bestellt werden. Es hat die Wirkung einer Vormerkung zur Sicherung des künftig bei Ausübung des V. entstehenden Eigentumsübertragungsanspruchs. Das V. entsteht durch Vertrag oder beruht auf Gesetz (z. B. das V. der Miterben, wenn ein Miterbe seinen Erbanteil verkauft, §§ 2 034 ff, BGB). Große prakt. Bed. hat das gesetzl. **Vorkaufsrecht der Gemeinden** für öff. Zwecke (§§ 24 ff. Baugesetzbuch).

Vorkeim, Bez. für den Gametophyten der Farnpflanzen (↑ Prothallium) und für das ↑ Protonema der Moose.
▷ (Proembryo) bei den Samenpflanzen die aus der befruchteten Eizelle durch Querteilungen hervorgehende Zellreihe, aus der sich der Embryo entwickelt.

vorkolumbische Kulturen (präkolumb. Kulturen), Bez. für die Gesamtheit der vor der Entdeckung Amerikas (durch C. Kolumbus) entstandenen kulturellen Manifestationen; oft fälschlich **vorkolumbianische Kulturen** gen. – ↑altamerikanische Kulturen, Mesoamerika.

Vorlande ↑ Vorderösterreich.

Vorländer, Karl ['foːr...], * Marburg 2. Jan. 1860, † Münster 6. Dez. 1928, dt. Philosoph. – Vertreter der Marburger Schule; bed. Kant-Forscher; bemühte sich um eine Verbindung von Kantianismus und Sozialismus; schrieb u. a. „Geschichte der Philosophie" (1902).

Vorlandseen (Randseen), am Rande ehem. vergletscherter Gebirge in Zungenbecken liegende und durch Moränenwälle abgedämmte Seen.

vorläufige Dienstenthebung (Suspendierung), vorläufige Enthebung eines Beamten vom Dienst, wenn das förml. ↑ Disziplinarverfahren gegen den Beamten eingeleitet wird oder bereits eingeleitet worden ist. Gleichzeitig mit der v. D. oder später kann die Einbehaltung eines Teils (höchstens die Hälfte) der Dienstbezüge angeordnet werden, wenn im Disziplinarverfahren voraussichtlich auf Entfernung aus dem Dienst oder auf Aberkennung des Ruhegehalts erkannt werden wird.

vorläufige Festnahme (Sistierung), vorläufige Freiheitsentziehung bis zur richterl. Entscheidung über die Freilassung oder den Erlaß eines Haftbefehls. Wird jemand bei Ausführung einer Straftat bzw. sofort danach am Tatort gestellt oder verfolgt, kann ihn jedermann vorläufig festnehmen, wenn er der Flucht verdächtig ist oder die Feststellung seiner Identität nicht sofort möglich ist (§ 127 Abs. 1 StPO). Erlaubt sind die Festnahmeerklärung, die Festnahme – notfalls unter Anwendung von Gewalt – und die Übergabe an die nächste Polizeidienststelle. Darüber hinaus sind Staats-

anwalt und Polizeibeamte zur v. F. befugt, wenn Gefahr im Verzug ist und die Voraussetzungen für den Erlaß eines Haft- oder Unterbringungsbefehls vorliegen (§ 127 Abs. 2 StPO). Der Festgenommene ist (soweit er nicht wieder freigelassen wird) unverzüglich, spätestens am Tag nach der v. F. dem Amtsrichter vorzuführen, der über den Erlaß eines Haftbefehls oder die Freilassung (§ 128 StPO) entscheidet. Eine vorübergehende Festnahme ist im Rahmen einer Strafverfolgung auch zur bloßen Feststellung der Identität einer unverdächtigen Person möglich.
In *Österreich* und der *Schweiz* gilt im wesentlichen Entsprechendes; in Österreich als *vorläufige Verwahrung* bezeichnet.

vorläufige Vollstreckbarkeit, im Zivilprozeß die in der Urteilsformel i. d. R. gegen Sicherheitsleistung erklärte Vollstreckbarkeit eines nicht in Rechtskraft erwachsenen Urteils (Ausnahme: Ehe- und Kindschaftssachen). Die Sicherheitsleistung ist durch den Gläubiger zu erbringen für Schäden, die dem Schuldner dadurch entstehen können, daß aus einem eventuell unrichtigen Urteil vollstreckt wird, das später im Rechtsmittelverfahren aufgehoben wird.

Vorlegungsfrist, Zeitraum, in dem ein ↑Scheck zur Zahlung vorzulegen ist.

Vorleistung, in der *Bilanz* transitor. Posten der Rechnungsabgrenzung: im voraus geleistete Mieten, Beiträge, Versicherungen, Gebühren sind *aktive Posten* der Rechnungsabgrenzung; im voraus erhaltene Mieten usw. sind *passive Posten* der Rechnungsabgrenzung.

Vorleistungspflicht, im *Zivilrecht* bei gegenseitigen Verträgen (Dienst-, Werk-, Mietvertrag) die Verpflichtung einer Partei, vor der anderen Partei zu leisten.

Vormagen, svw. ↑Drüsenmagen.

Vormärz, der. Geschichte zw. Wiener Kongreß (1815) und ↑Märzrevolution (1848), z. T. auch nur der Zeitraum zw. 1830 und 1848; auch Bez. für die nat. und liberalen Kräfte, die die Märzrevolution herbeiführten. Der V. ist gekennzeichnet durch die Zersplitterung Deutschlands in zeitweise 39 Einzelstaaten (im Rahmen des ↑Deutschen Bundes nur locker verbunden), gewaltsam erzwungene innere Ruhe im „System Metternich" mit Hilfe von Bundesbeschlüssen (u. a. ↑Karlsbader Beschlüsse), durch allmählich einsetzende Industrialisierung, ein (bes. seit etwa 1830) verbreitetes Massenelend (Pauperismus), durch den Ausbau des Kommunikationsnetzes (Eisenbahn, 1834 Zollverein) und die zunehmenden Forderungen nach polit. Emanzipation des Bürgertums (Pressefreiheit, Verfassungen) und nat. Einheit, geäußert u. a. auf zahlr. polit. Festen (1817 Wartburgfest, 1832 Hambacher Fest).

Vormenschen, svw. Ramapithecinae (↑Mensch, Abstammung).

Vormerkung, Vermerk im Grundbuch zur Sicherung des persönl. (schuldrechtl.) Anspruchs auf Eintragung einer dingl. Rechtsänderung (z. B. Eigentumsübertragung, Bestellung einer Hypothek) hinsichtlich eines Grundstücksrechts (§§ 883 ff. BGB). Mit der V. soll verhindert werden, daß der im Grundbuch als Inhaber des Rechts Ausgewiesene (z. B. der im Grundbuch als Eigentümer eingetragene) in der oft langen Zeit zw. schuldrechtl. Vertrag (z. B. Grundstückskaufvertrag) und der zum Eigentumsübergang notwendigen Grundbucheintragung als Buchberechtigter weitere wirksame Verfügungen über den Vertragsgegenstand trifft. Jede Verfügung über das Grundstück oder ein Grundstücksrecht, die nach Eintragung der V. getroffen wird, ist dem Anspruchsberechtigten gegenüber insoweit unwirksam, als sie seinen gesicherten Anspruch vereiteln oder beeinträchtigen würde. Im Konkurs des V.schuldners ist der Konkursverwalter zur Erfüllung des durch V. gesicherten Anspruchs verpflichtet. In der Praxis von bes. Bed. sind die *Auflassungs-V.* (Sicherung des Anspruchs auf Übertragung des Eigentums an einem Grundstück) und die ↑Löschungsvormerkung.

Vormilch, svw. ↑Kolostrum.

Vormund ↑Vormundschaft.

Vormundschaft, staatlich beaufsichtigte Fürsorge für Person und Vermögen eines Menschen, der außerstande ist, seine Angelegenheiten selbst zu besorgen *(Mündel)*. Die V. wird bei Minderjährigen angeordnet, wenn sie nicht unter elterl. Sorge stehen (z. B. keiner von beiden Elternteilen zur gesetzl. Vertretung befugt ist; §§ 1773 ff. BGB). Die V. beginnt mit ihrer Anordnung durch das V.gericht, sie endet mit Volljährigkeit oder Tod des Mündels, Eintritt der elterl. Sorge und Aufhebung der V. durch das Gericht. Ausgeübt wird die V. durch den *Vormund,* der der Aufsicht des V.gerichts unterliegt und in der Verwaltung des Vermögens bei bestimmten gesetzlich festgelegten Geschäften der Genehmigung des V.gerichtes bedarf. Die Auswahl des Vormundes obliegt dem V.gericht (es sei denn, die Eltern des Mündels haben durch letztwillige Verfügung einen Vormund benannt). Der ausgewählte Vormund (u. U. auch ein vom Landesjugendamt für geeignet erklärter rechtsfähiger Verein oder das Jugendamt [↑Amtsvormundschaft]) ist grundsätzlich zur Übernahme der V. verpflichtet. Für ein Mündel können mehrere Vormünder mit gleichem Rang *(Mitvormünder)* oder teils zur Fürsorge, teils zur Kontrolle ein *Gegenvormund* bestellt werden. Der Vormund kann von bestimmten Vorschriften, z. B. zur Anlegung von Mündelgeld, befreit werden (sog. befreite V.). Er haftet dem Mündel für jedes Verschulden bei Führung der V. auf Schadenersatz. Bei Volljährigen wurde nach den bis 31. 12. 1991 geltenden Vorschriften des BGB (§§ 1896 ff.) die V. angeordnet, wenn sie entmündigt waren. Das seit 1. 1. 1992 gültige *BetreuungsG* vom 12. 9. 1990 soll die Rechtsstellung von psychisch Kranken und körperlich sowie geistig Behinderten verbessern. Es schafft die Entmündigung ab und sieht statt V. und Gebrechlichkeitspflegschaft die **Betreuung** vor. Die Betreuung schränkt im Ggs. zur Entmündigung die Geschäftsfähigkeit des Betroffenen nicht automatisch ein. Der Betreuer hat nur bestimmte Aufgaben wahrzunehmen, die der Kranke oder Behinderte auf Grund seiner Krankheit oder Behinderung nicht selbst besorgen kann. In *Österreich* ist die V. durch §§ 187–283 ABGB geregelt, in der *Schweiz* durch Art. 360–456 ZGB.

Vormundschaftsgericht, bes. Abteilung des Amtsgerichts, dem die gerichtl. Entscheidungen im Familienrecht übertragen sind, soweit nicht das ↑Familiengericht oder das Prozeßgericht (z. B. in Kindschaftssachen) zuständig ist. Das V. nimmt i. d. R. durch den Rechtspfleger insbes. die staatl. Aufsicht über die Vormundschaft und Pflegschaft und die Kontrolle und Unterstützung bei der Ausübung der elterl. Sorge wahr. Das Verfahren des V. richtet sich nach den Regeln der freiwilligen Gerichtsbarkeit.

Vornahmeklage ↑Verpflichtungsklage.

Vorname, der ↑Name, der in Verbindung mit dem Familiennamen eine Person bezeichnet. Die Beilegung von V. erfolgt seitens der Personensorgeberechtigten (Eltern) oder einer Behörde und wird in das Geburtenbuch eingetragen. In bestimmten Fällen ist eine ↑Namensänderung möglich.

Vorneverteidigung, im Rahmen ihrer Strategie der flexible response von der NATO von Ende der 60er Jahre bis 1990 verfolgte strategisch-operative Konzeption, derzufolge eine militär. Aggression der Warschauer Pakt-Staaten in Mitteleuropa (d. h. an der O-Grenze der BR Deutschland) möglichst nahe hinter der Grenze hätte gestoppt werden sollen.

Vorniere (Pronephros), erste, bei allen Wirbeltieren embryonal auftretende Nierenanlage; bleibt nur bei einigen niederen Wirbeltieren (Rundmäulern) auch im Reifestadium funktionstüchtig und wird sonst durch Ur- und Nachniere ersetzt.

Vorort, Randgemeinde einer größeren Stadt, entweder selbständig oder eingemeindet, die größtenteils von den zentralörtl. Einrichtungen derselben abhängig ist.
▷ leitender Ort in einem Verband: 1. in der Schweiz vor 1848 im Turnus wechselnder Ort, in dem die Tagsatzung beriet; 2. bei der Hanse u. ä. Städtebünden die führende Stadt einer Städtegruppe.

Vorparlament, ohne Wahl und Mandat gebildete Versammlung von 574 Mgl., die vom 31. März bis 3. April 1848 in Frankfurt am Main tagte und die Wahlen zur ↑Frankfurter Nationalversammlung vorbereitete.

Vorpfändung, vor der Pfändung erfolgende private Vollstreckungsmaßnahme des Gläubigers, mit der dieser dem Drittschuldner und dem Schuldner die Benachrichtigung zustellen läßt, daß die Pfändung durch Pfändungsbeschluß bevorstehe und der Drittschuldner aufgefordert wird, nicht an den Schuldner zu zahlen (§ 845 ZPO). Die Benachrichtigung an den Drittschuldner hat die Wirkung eines ↑ Arrestes; diese Wirkung entfällt, wenn nicht innerhalb von 3 Wochen nach Zustellung der Benachrichtigung die Pfändung erfolgt ist.

Vorpommern, 1532 vom übrigen ↑ Pommern abgeteilter westl. Landesteil.

Vorrang des Gesetzes, Rangordnung der Normen innerhalb der Rechtsordnung. Größte Geltung haben Verfassungsnormen, dann folgen ↑ Gesetze im formellen Sinn vor Rechtsverordnungen und Satzungen. Nach dem Grundsatz des V. d. G. dürfen Rechtsvorschriften von niedrigerem Rang nicht gegen höherrangige verstoßen. I. w. S. besagt der Grundsatz auch, daß das Gesetz Richtschnur und Grenze des Verwaltungshandelns ist (↑ Gesetzmäßigkeit der Verwaltung).

Vorratsmilben (Acaridae), weltweit verbreitete Fam. bis etwa 1 mm großer, weißl. oder gelbl. Milben. V. befallen in oft riesigen Mengen Vorräte und Möbel; sie können beim Menschen allerg. Erscheinungen hervorrufen. Bekannt ist die Mehlmilbe.

Vorratsschädlinge, Sammelbez. für Insekten (v. a. Käfer, Schmetterlinge, Fliegen und/oder deren Larven), Milben und Nagetiere, die meist an vegetabil. Vorräten v. a. Fraßschäden hervorrufen. Der Verbreitung von V. durch den Handel wird mit Warenkontrollen und Quarantänebestimmungen entgegengewirkt.

Vorrechtsaktien, svw. ↑ Vorzugsaktien.

Vorruhestandsregelung, gesetzliche Maßnahmen als Rahmen für tarif- oder arbeitsvertragl. Vereinbarungen, die zur Entlastung des Arbeitsmarkts das vorzeitige Ausscheiden von Arbeitnehmern aus der Erwerbstätigkeit erleichtern sollen. Rechtl. Grundlage in den alten Bundesländern ist insbes. das am 1. 5. 1984 in Kraft getretene (bis 31. 12. 1988 befristete) **Vorruhestandsgesetz** vom 13. 4. 1984 (mit Begleitgesetzen). Es regelt nicht das Vorruhestandsgeld, das der tarif- oder arbeitsvertragl. Vereinbarung bedarf, sondern den Zuschuß der Bundesanstalt für Arbeit an den Arbeitgeber bei Zahlung von Vorruhestandsgeld. Der Arbeitgeber erhält 35 % Zuschuß zu seinen Aufwendungen für Vorruhestandsleistungen an Arbeitnehmer ab vollendetem 58. Lebensjahr (Vorruhestandsgeld und Arbeitgeberanteil für Kranken- und Rentenversicherung), wenn das Arbeitsverhältnis einvernehmlich beendet wird, das Vorruhestandsgeld mindestens 65 % des Bruttoarbeitsentgelts beträgt und der Arbeitsplatz wieder neu besetzt wird. Ab 1. 1. 1989 unterstützt die Bundesanstalt für Arbeit nach dem **Altersteilzeitgesetz** vom 20. 12. 1988 (befristet zunächst bis 31. 12. 1992) den gleitenden Übergang von Arbeitnehmern (durch Arbeitszeitverkürzung) in den Ruhestand, wenn dadurch die Einstellung eines Arbeitslosen möglich wird. - In der ehem. DDR wurde auf Grund der VO vom 8. 2. 1990 Vorruhestandsgeld an Arbeiter und Angestellte ab 5. Jahr vor Erreichen des Rentenalters in Höhe von 70 % des durchschnittl. Nettoverdienstes gewährt. Im Einigungsvertrag wurde die Zahlung von ↑ Altersübergangsgeld geregelt.

Vorsatz, im *Meßwesen* Silben, die zur dezimalen Vervielfachung und dezimalen Teilung vor den Namen einer Einheit gesetzt werden, z. B. Kilo für das 1 000fache. Die zugehörigen Kurzzeichen heißen **Vorsatzzeichen,** z. B. k für Kilo. - ↑ Physikalische Größen und ihre Einheiten (Übersicht).

▷ (Dolus) 1. im *Strafrecht* das Wissen und Wollen der Verwirklichung eines gesetzl. Straftatbestands. Der V. ist als Merkmal der Vorwerfbarkeit des Täterverhaltens notwendiger Bestandteil der Schuld, soweit nicht bereits die weniger vorwerfbare fahrlässige Tatbegehung unter Strafe steht. *Direkter V.* (Dolus directus) liegt vor, wenn der Täter den mit Strafe bedrohten Tatbestand kennt und ihn verwirklichen will (eine Form des direkten V. ist die *Absicht*). Hingegen liegt *bedingter V.* (Dolus eventualis) vor, wenn der Täter die Verwirklichung des gesetzl. Straftatbestands weder anstrebt noch für sicher, durch sein Verhalten jedoch ernstlich für möglich hält und sich damit abfindet. Vom bedingten V. ist die bewußte ↑ Fahrlässigkeit abzugrenzen. - ↑ Irrtum. - Im *östr.* und *schweizer. Recht* gilt Entsprechendes. 2. im *Zivilrecht* Form des Verschuldens. V. ist gegeben bei Kenntnis der Pflichtwidrigkeit des Handelns und zumindest billigender Inkaufnahme des rechtswidrigen Erfolges. Die Haftung für V. kann nicht vertraglich ausgeschlossen werden.

Vorsatzlinse, zur Brennweitenverkürzung oder -verlängerung vor dem Photoobjektiv anzubringende Linse.

Vorschlag (Appoggiatura), in der *Musik* Verzierung, die aus dem Einschub von einem oder mehreren Tönen zwischen zwei Melodietönen besteht und meist von der Unter- oder Obersekunde zur Hauptnote geführt wird. Der *lange* V. verkürzt die Hauptnote um die Hälfte ihres Werts, bei punktierten Noten um ²/₃, oder ersetzt diese ganz. Er wird gewöhnlich „auf den Schlag" und meist von der Obersekunde ausgeführt. Der *kurze* V. kann auf den Schlag (Verkürzung der Hauptnote) oder (seit etwa 1850 meist) „vor dem Schlag" (Verkürzung der vorangehenden Note) ausgeführt werden. Bes. Formen des V. sind der Doppel-V. (oder Anschlag), bestehend aus zwei V.noten, und der ↑ Schleifer. - ↑ Nachschlag.

Vorschlag. Notierungs- und Ausführungsvarianten: a kurzer Vorschlag; b langer Vorschlag

Vorschule, Erziehungseinrichtung im 19. Jh., die (schulgeldpflichtig) auf den Eintritt in die unterste Klasse einer höheren Schule vorbereitete; i. d. R. drei Schuljahre; durch das Reichsschulgesetz von 1920 aufgelöst.

vorschulische Erziehung (Vorschulerziehung), Förderung von Kindern der Altersstufe von 3-6 Jahren v. a. durch öff. Erziehungseinrichtungen. Neben einer allg. Förderung der ↑ Intelligenz des Kindes und damit der Schulchancen sollen eventuell vorhandene sprachl., kognitive, emotionale und soziale Entwicklungsrückstände ausgeglichen und gemildert werden. Mögl. Formen der v. E. sind v. a. Vorklassen für Fünfjährige bzw. die Arbeit des (reformierten) ↑ Kindergartens.

Vorschuß, Vorauszahlung von Lohn bzw. Gehalt, die mit der regelmäßigen Lohn- bzw. Gehaltszahlung verrechnet wird. Der V. unterscheidet sich von der Abschlagszahlung dadurch, daß er ohne rechtl. Verpflichtung gezahlt wird, während die Abschlagszahlung die teilweise Begleichung einer bestehenden Geldschuld ist.

Vorsehung, urspr. von der Stoa entwickelter Begriff für eine vernunftmäßig über die Welt waltende Macht. - Die christl. Theologie deutet die V. als theozentr., soteriolog. und eschatolog. Lenkung von Welt, Geschichte und Menschen durch Gott.

Vorsignal ↑ Eisenbahn (Betriebsführung).

Vorsilbe, svw. ↑ Präfix.

Vorsitzender Richter, bei einem Kollegialgericht der mit der Vorbereitung und Leitung der Verhandlung betraute Richter (↑ gesetzlicher Richter); bei Abstimmung hat er gleiches Stimmrecht wie die Beisitzer.

Vorsokratiker ↑ griechische Philosophie.

Vorsorgeaufwendungen, steuerrechtlich ein Teil der Sonderausgaben (↑ Einkommensteuer), die sich als Versicherungs- oder Bausparbeiträge darstellen.

Vorsorgemedizin, svw. ↑ Präventivmedizin.

Vorsorgeprinzip, im Zusammenhang mit dem Umweltschutz häufig herangezogenes Prinzip, wonach Umweltbelastungen ohne Berücksichtigung eventueller Schädigungen grundsätzlich zu vermeiden oder auf ein nach dem sog. Stand der Technik erreichbares Mindestmaß zu beschränken sind.

Vorsorgeuntersuchung, gezielte medizin. Untersuchung zur Früherkennung von Erkrankungen. V. sind vorgeschrieben als Einstellungs- und regelmäßige Überwachungsuntersuchungen bei Personen, die berufsmäßig einer erhöhten gesundheitl. Gefährdung ausgesetzt sind. Empfohlen wird die V. allen Personen ab einem bestimmten Alter zur frühzeitigen Krebserkennung (Frauen vom Beginn des 20., Männer vom 45. Lebensjahr an).

Vorspann, Titel, Darsteller- und Herstellerverzeichnis beim Film und im Fernsehen (auch als **Nachspann**).

Vorspiel, (Anteludium) die instrumentale Einleitung eines Musikstücks (↑ Präludium).
▷ Szene, Szenenfolge oder einaktiges Stück als Eröffnungsteil eines Dramas, einer Oper, eines Films; gehört thematisch und funktional zum folgenden Stück.
▷ der einer sexuellen Vereinigung vorausgehende, die sexuelle Bereitschaft steigernde sowie den Koitus vorbereitende und einleitende Austausch von Zärtlichkeiten.

Vorspruch, svw. ↑ Prolog.

Vorspur ↑ Fahrwerk.

Vorstadt, Teil der Stadt, der aus den Ansiedlungen der Bev. außerhalb der Stadtmauern oder Festungsanlagen und jenseits des freizuhaltenden Schußfeldes entstand.

Vorstand, geschäftsführendes Organ einer jurist. Person des bürgerl. (Stiftung, Verein) und des Handelsrechts (AG).

Vorsteherdrüse, svw. ↑ Prostata.

Vorsteherdrüsenkrebs, svw. ↑ Prostatakarzinom.

Vorstehhunde (Hühnerhunde), meist mittelgroße Jagdhunde, die Niederwild durch *Vorstehen* (Stehenbleiben in charakterist. Körperhaltung) anzeigen; u. a. Dt. Drahthaar, Dt. Kurzhaar, Dt. Langhaar, Münsterländer sowie Pudelpointer; engl. Rassen sind für das Vorstehen auf Flugwild spezialisiert: u. a. die Gruppe der Setter und die Gruppe der Spaniel.

Vorstellung, psych. Abbilder der in Sinnes- und Selbstwahrnehmung im Bewußtsein gegenwärtigen Gegenstände (Objekte) und Erscheinungen. Es lassen sich an V. drei Aspekte unterscheiden. der *V.akt* (als Tätigkeit des Vorstellens), der *V.inhalt* (als Bewußtseinsbild) und der *V.gegenstand* (derjenige Gegenstand, der durch den V.inhalt dargestellt wird).
▷ Aufführung u. a. eines Theaterstücks, Films.
▷ im *Arbeitsrecht* bei der Bewerbung für eine Stelle das persönl. Aufsuchen eines potentiellen Arbeitgebers. Dem Arbeitnehmer muß nach der Kündigung eines dauernden Arbeitsverhältnisses eine angemessene Zeit zum Aufsuchen eines neuen Arbeitgebers ohne Lohnabzug gewährt werden (§ 629 BGB).

Vorster, Balthazar Johannes [Afrikaans ˈfɔrstər], *Jamestown (Kapprovinz) 13. Dez. 1915, † Kapstadt 10. Sept. 1983, südafrikan. Politiker. – Seit 1953 Abg. der National Party; 1961–66 Justizmin.; 1966–78 Vors. der regierenden National Party und Min.präs.; 1978/79 Staatspräs.; entschiedener Verfechter der Apartheid-Politik.

Vorsteuerabzug, bei der Ermittlung der Umsatzsteuerschuld (Mehrwertsteuerschuld) der Abzug der von Lieferanten in Rechnung gestellten Umsatzsteuer. Der V. vermeidet das praktisch schwierige Problem der Ermittlung der Wertschöpfung auf jeder Stufe.

Vorsteven ↑ Steven.

Vorstrafen, die zeitlich vor einer erneuten Verurteilung rechtskräftig gegen einen Straftäter verhängten Strafen. Sie sind u. a. für die Strafzumessung von Bed. und können bei entsprechendem Gewicht zur Anordnung der Sicherungsverwahrung führen. – V. können ferner die Aufnahme in den öff. Dienst oder die Zulassung zu bestimmten Berufen erschweren. – ↑ Straftilgung.

Vortäuschen einer Straftat, die wider besseres Wissen einer Behörde gegenüber aufgestellte Behauptung, daß eine rechtswidrige Tat begangen wurde bzw. bevorstehe, um dadurch ein Einschreiten des staatl. Verfolgungsapparates auszulösen; mit Freiheitsstrafe bis zu drei Jahren oder mit Geldstrafe bedroht; die gleiche Strafe droht für die Täuschung über Tatbeteiligte (§ 145 d StGB).

Vorteil, im *Tennis* ↑ Einstand.
▷ (Vorteilsauslegung) im *Fußball* u. a. Sportspielen bestehende Möglichkeit des Schiedsrichters, das Spiel nicht zu unterbrechen, wenn die durch eine Regelwidrigkeit benachteiligte Mannschaft in Ballbesitz bleibt.

Vorteilsausgleichung, bei der ↑ Schadenberechnung Anrechnung desjenigen Vorteils auf den zu leistenden Schadenersatz, der durch ein zum Schadenersatz verpflichtendes Ereignis ausgelöst wurde. V. findet dann statt, wenn das schädigende Ereignis den Vorteil *adäquat* (d. h. objektiv vorhersehbar) verursacht hat und die V. dem Zweck des Schadenersatzes nicht dadurch widerspricht, daß sie den Schädiger unbillig entlastet.

Vortizismus (Vorticism) [zu lat. vortex „Wirbel"], kurzlebige literar. und künstler. Bewegung in England um W. Lewis und seine Zeitschrift „Blast, review of the great English vortex" (1914/15); ihr gegen die epigonale Romantik gerichtetes Erneuerungsprogramm versuchte insbes. Kubismus und Futurismus für Literatur und Kunst fruchtbar zu machen.

Vortopp, bei Segelschiffen die Spitze des vorderen Mastes.

Vortrag, im *Prozeßrecht* svw. ↑ Darlegung.
▷ in der *Buchführung* Saldo eines Kontos, der zu Beginn eines neuen Rechnungsabschnitts übertragen wird.

Vortragsbezeichnungen, die den Notentext (↑ Noten) ergänzenden Hinweise (z. B. Worte, Abbreviaturen, Zeichen) für den musikal. Vortrag, u. a. über Zeitmaße (z. B. presto), Ausdruckscharaktere (z. B. maestoso), Lautstärke (z. B. piano), Spiel- und Gesangstechnik (z. B. legato).

Vortragsrecht, das Recht des Urhebers eines Sprachwerkes, sein Werk durch persönl. Darbietung öff. zu Gehör zu bringen.

Vortrieb, in der Bewegungsrichtung eines Schiffes oder Flugzeugs wirkende Kraft.
▷ im *Bergbau* Auffahren eines Grubenbaues, z. B. Streckenvortrieb.

Vorurteil, kritiklos, ohne persönl. Urteilsbildung oder Erfahrung übernommene Meinung, die einer sachl. Argumentation nicht standhalten kann. Es dient der psych. Entlastung des Urteilenden in Angstsituationen mangels Orientierung und dem Abbau von Unsicherheit in sozialen Handlungsfeldern. Gruppen-V., mit denen eigenes Unvermögen dadurch kompensiert wird, daß dieses u. a. auf fremde Völker, rass., religiöse oder nat. Minderheiten und/oder deren Wertsysteme verlagert wird, werden oft durch Manipulation vermittelt oder bestärkt.

Vorverfahren, im *Verwaltungsrecht* das ↑ Widerspruchsverfahren.

VOR-Verfahren [engl. ˈviːoʊˈɑː], Kurzbez. für engl.: **V**ery-high-frequency-**o**mnidirectional-**r**ange-Verfahren, internat. standardisiertes Funknavigationsverfahren für die Kurz- und Mittelstreckennavigation; arbeitet mit einem am Boden installierten UKW-Drehfunkfeuer (VOR), bestehend aus einer Rundstrahlantenne und einer mit 30 U/s umlaufenden Richtantenne, die im Empfangsgerät an Bord des Flugzeugs eine in der Phase richtungsabhängige Wechselspannung liefern, so daß mit Hilfe einer Phasenmessung eine Richtungsbestimmung bezüglich des VOR möglich ist.

Vorvergangenheit, svw. ↑ Plusquamperfekt.

Vorvertrag ↑ Vertrag.

Vorwehen ↑ Geburt.

Vorzeichen, mathemat. Zeichen zur Unterscheidung positiver und negativer Zahlen; positive Zahlen, d. h. Zahlen, die größer als Null sind, werden durch das *positive V.* (Pluszeichen, +), negative durch das *negative V.* (Minuszeichen, −) gekennzeichnet.
▷ (Versetzungszeichen, Akzidentien) in der *Musik* Zusatzzeichen vor den ↑ Noten, die die chromat. Veränderung eines Tons oder die Aufhebung derselben anzeigen. Das Kreuz (♯) erhöht um einen Halbton, das Doppelkreuz (×) um zwei Halbtöne; B (♭) erniedrigt um einen Halbton, Doppel-B (♭♭) um zwei Halbtöne; das Auflösungszeichen (♮) hebt bisherige Erhöhung oder Erniedrigung auf.

Balthazar Johannes Vorster

vorzeitiger Erbausgleich

Henning Voscherau

Johann Heinrich Voß
(Ausschnitt aus einem
Gemälde von Johann
Heinrich Wilhelm
Tischbein, 1818)

vorzeitiger Erbausgleich, Abgeltung des künftigen ↑Erbersatzanspruchs eines nichtehel. Kindes gegen seinen Vater zu dessen Lebzeiten. Das Kind hat, wenn es 21, aber noch nicht 27 Jahre alt ist, einen Geldanspruch, der i. d. R. auf das Dreifache des jährl. Unterhalts geht, den der Vater ihm im Durchschnitt der letzten 5 Jahre, in denen es voll unterhaltsbedürftig war, zu leisten hatte (§ 1934 d BGB; gilt in den neuen Bundesländern nicht, wenn das Kind vor dem Beitritt geboren wurde).

Vorzugsaktien (Vorrechtsaktien, Prioritätsaktien), Aktien, die gegenüber den Stammaktien bestimmte Vorrechte genießen. Diese Vorrechte beziehen sich insbes. auf die Gewinnverteilung (Zusicherung einer erhöhten oder einer Mindestdividende), auf die Vermögensverteilung bei Auflösung der AG und auf das ↑Stimmrecht.

Vorzugsdividende, Gewinnausschüttung auf Vorzugsaktien (↑Dividende).

Vorzugsmilch ↑Milch.

Vorzukunft, svw. ↑Futurum exaktum.

Voscherau, Henning [ˈfɔs...], *Hamburg 13. Aug. 1941, dt. Politiker (SPD). – Jurist; seit 1974 Mgl. der Hamburg. Bürgerschaft, 1982–87 dort Vors. der SPD-Fraktion; seit 1981 stellv. Landesvors.; seit 1988 Erster Bürgermeister von Hamburg; 1992/93 Vors. der Gemeinsamen ↑Verfassungskommission von Bundestag und Bundesrat.

Vosges [frz. voːʒ], Dep. in Frankreich.

Vöslau, Bad ↑Bad Vöslau.

Voß, Johann Heinrich [fɔs], *Sommerstorf (= Grabowhöfe, Landkr. Waren) 20. Febr. 1751, †Heidelberg 29. März 1826, dt. Dichter. – 1772 Mitbegr. des „Göttinger Hains"; 1775 als Hg. des „Göttinger Musenalmanachs" in Wandsbek; ab 1805 in Heidelberg. Bedeutsam sind v. a. seine Idyllen. V. erschloß mit seinen Nachdichtungen griech. und röm. Autoren seiner Zeit ein neues Verhältnis zur Antike.

Voss, Gert [fɔs], *Schanghai 10. Okt. 1941, dt. Schauspieler. – Seit 1947 in Deutschland. Sein Spiel ist v. a. durch die seit 1974 bestehende enge Zusammenarbeit mit C. Peymann geprägt; Engagements u. a. ab 1979 in Bochum, ab 1986 in Wien, seit 1993 in Berlin.

Vossische Zeitung [ˈfɔs...], Berliner Tageszeitung mit wechselnden Titeln ab 1617; nach dem Familiennamen der Besitzer 1751–95 meist als „V. Z." bezeichnet, seit 1910/11 unter dem offiziellen Titel „V. Z."; linksliberal orientiert; 1934 eingestellt; bekannte Mitarbeiter waren u. a. G. E. Lessing und T. Fontane.

Vossler, Karl [ˈfɔs...], *Hohenheim (= Stuttgart-Hohenheim) 6. Sept. 1872, †München 18. Mai 1949, dt. Romanist. – Prof. in Heidelberg, Würzburg und München. Wandte sich gegen den sprachwiss. Positivismus der Junggrammatiker und forderte eine ästhet. Betrachtung der Sprache („Positivismus und Idealismus in der Sprachwiss.", 1904; „Sprache als Schöpfung und Entwicklung", 1905). Bed. Literaturhistoriker; schrieb u. a. „Die göttl. Komödie. Entwicklungsgeschichte und Erklärung" (1907–10).

Vostell, Wolf [fɔsˈtɛl], *Leverkusen 14. Okt. 1932, dt. Happeningkünstler. – Seine Decollage-Happenings werden als gesellschaftskrit. Analysen interpretiert; seit 1959 einer der führenden europ. Fluxuskünstler, arrangierte 1982 den Fluxus-Zug.

Voth, Hannsjörg [fɔːt], *Bad Harzburg 6. Febr. 1940, dt. Künstler. – Lebt in München. Gestaltet aufwendige Großprojekte mit archaisierenden Symbolen, die durch Rückgriffe auf Mythisches gegen zeitgenöss. Zwänge aufbegehren (Himmelstreppe, 1985–87, Marokko; Lebensbogen, 1989, München). Zahlr. Bilder und Zeichnungen.

votieren [lat.-engl.-frz.], sich für jemanden oder etwas entscheiden; abstimmen.

Votivbild, gemalte Bitt-, Gelübde- oder Danktafel, auf der der Anlaß und das angerufene Gnadenbild dargestellt sind sowie die Inschrift ex voto („auf Grund eines Gelübdes"). Seit dem Spät-MA Volkskunst in Zusammenhang mit dem Wallfahrtsbrauchtum.

Votive [zu lat. votivus „durch ein Gelübde versprochen, geweiht"] (Votivgaben, Weihegaben), Gaben, die einer Gottheit, einem Gott oder einem Heiligen aus Dankbarkeit oder mit der Bitte um Hilfe in bestimmter Not dargebracht werden (↑Votivbild).

Votivfunde ↑Depotfunde.

Votivgaben, svw. ↑Votive.

Votivmessen, in der kath. Liturgie „Messen in bes. Anliegen"; v. a. Meßfeiern zur Danksagung für empfangene Wohltat oder zur Unterstützung der Bitte um Hilfe in bestimmter Not.

Votivtafel, kath. Votivgabe in Form einer kleinen Tafel mit Inschrift (meist: „... hat geholfen").

Votum [lat.], 1. [feierl.] Gelübde; 2. Urteil, Gutachten; [Wahl]stimme; [Volks]entscheid[ung].

Vouet, Simon [frz. vwɛ], ≈ Paris 9. Jan. 1590, †ebd. 30. Juni 1649, frz. Maler. – In Italien von Caravaggio angeregt; später weichere Licht- und Schattenwirkungen; wegweisend für die frz. Barockmalerei. Zahlr. Dekorationen u. a. für den Louvre und das Palais du Luxembourg; Gobelinentwürfe, Pastellporträts, Gemälde und Altarbilder.

Vox [lat.], bei der Orgel Bez. für verschiedene Register: *V. angelica* („Engelsstimme"), ein flötenartiges Zungenregister zu 4- oder 2-Fuß; *V. humana* („menschl. Stimme"), ein Zungenregister zu 8-Fuß von nasalem Klang.

Vox nihili [lat. „Stimme des Nichts"], svw. ↑Ghostword.

Voyager [engl. ˈvɔɪədʒə „Reisender"], Name zweier amerikan. Raumsonden, die 1977 zur Erforschung der äußeren Planeten des Sonnensystems gestartet wurden. Die Sonden enthalten neben den Forschungsgeräten auch Botschaften für mögl. außerird. Zivilisationen. Im März 1979 erreichte V. 1 nach einem Flug von 1½ Jahren den kürzesten Abstand zum Jupiter (rd. 278 000 km). – Im Juli 1979 erreichte V. 2 den Jupiter und konnte beim Vorbeiflug (Abstand 647 000 km) rd. 15 000 Bilder und zahlr. Daten über Jupiter und seine Monde zur Erde übermitteln (u. a. wurden 2 weitere Monde entdeckt). V. 1 passierte im Nov. 1980 Saturn in rd. 123 000 km Entfernung; zahlr. Bilder mit Einzelheiten des Ringsystems, Wolkenformationen an der Oberfläche und 3 weiteren Monden. Der Vorbeiflug von V. 2 am Saturn (Abstand von der Wolkengrenze 101 000 km) im Aug. 1981 brachte sensationelle Ergebnisse bezüglich des Ringsystems und der Monde des Saturns

Simon Vouet. Allegorie des Reichtums, undatiert (Paris, Louvre)

Voyager. Die Raumsonde Voyager 2 bei der Endmontage im Jahr 1977

(u. a. Entdeckung von 4, wahrscheinlich sogar 6 neuen Monden) sowie einer Planetenatmosphäre. Im Jan. 1986 erreichte V. 2 Uranus (Vorbeiflug in etwa 93 000 km Abstand) und erbrachte auch hier eine Vielzahl neuer Erkenntnisse, u. a. Entdeckung 10 neuer Uranusmonde. Im Okt. 1989 erreichte V. 2 den Planeten Neptun.

Voyeurismus [voajø...; zu lat.-frz. voyeur, eigtl. „Zuschauer"] (Skopophilie), sexuelle Perversion, bei der eine Person *(Voyeur)* durch das heiml. Betrachten der Geschlechtsorgane und das Zuschauen bei sexuellen Handlungen anderer sexuelle Luststeigerung erfährt.

VPS, Abk. für: ↑ Videoprogrammsystem.

Vranitzky, Franz, *Wien 4. Okt. 1937, östr. Politiker (SPÖ). – Wirtschaftswissenschaftler; seit Sept. 1984 Bundesmin. für Finanzen; seit Juni 1986 Bundeskanzler, seit Mai 1988 Vors. der SPÖ.

Vranje [serbokroat. 'vranjɛ], Ort in Serbien, 90 km südl. von Niš, 487 m ü. d. M., 26 000 E. Nahebei das Heilbad **Vranjska Banja** mit heißen Quellen (65–95 °C, schwach schwefel- und kochsalzhaltig). – Zahlr. türk. Bauten.

Vrchlabí [tschech. 'vr̩xlabi:] (dt. Hohenelbe), Stadt am Oberlauf der Elbe, Ostböhm. Bez., ČR, 484 m ü. d. M., 13 600 E. Riesengebirgsmuseum; u. a. Maschinen- und Karosseriebau. – Schloß (1546–1614), Rathaus (1735 barokkisiert).

Vrchlický, Jaroslav [tschech. 'vr̩xlitski:], eigtl. Emil Frída, *Louny 17. Febr. 1853, † Domažlice 9. Sept. 1912, tschech. Dichter. – Ab 1893 Prof. für Literatur an der Univ. Prag. V. a. durch seine zahlr. Übersetzungen (Dante, Petrarca, Calderón, Molière, Hugo, Baudelaire, Shelley, Goethe, Schiller) und seine Lyrik erhielt die tschech. Literatur Anschluß an die literar. Entwicklung Europas. Sein umfangreiches Werk (mehr als 100 Bände Dramen, Dichtungen, Novellen) schöpft aus allen Kulturkreisen und Epochen.

Vredeman de Vries, Hans (Jan) [niederl. 'vre:dəman də 'vri:s] (Fredeman, Hans), *Leeuwarden 1527, † nach 1604 (?), niederl. Zeichner. – Wichtig seine Stichfolgen (seit 1555) und später theoret. Werke mit perspektiv. Phantasiearchitekturansichten.

Vreden ['fre:dən], Stadt im westl. Münsterland, NRW, 40 m ü. d. M., 19 100 E. Hamaland-, Bauernhausmuseum; metallverarbeitende, Textil- und Bekleidungs-, Schmuck-, Leder- und Papierind. – Entstand bei einem 839 (?) gegr. Kanonissenstift; Stadtrechte spätestens seit 1252. – Nach schweren Zerstörungen des 2. Weltkriegs wurde an der Stelle einer spätgot. Hallenkirche die Pfarrkirche Sankt Georg modern errichtet (1952–57), die Reste der Krypta (9. und 11. Jh.) zugänglich gemacht (bed. Antwerpener Schnitzaltar; um 1520); die roman. ehem. Stiftskirche mit got. Chor (15./16. Jh.) und bed. Krypta (11. Jh.) wurde wiederaufgebaut; Reste der Stadtmauer.

Vrenelisgärtli ↑ Glärnisch.

Vrettakos, Nikiforos, *Krokeä bei Sparta 1. Jan. 1912, † Athen 4. Aug. 1991, neugriech. Lyriker. – Lebte während der Militärdiktatur 1967–74 im Exil in der Schweiz und Italien; zahlr. Gedichtbände.

Vrîdanc ['fri:daŋk] ↑ Freidank.

Vries [vri:s], Adriaen de, *Den Haag um 1560, □ Prag 15. Dez. 1626, niederl. Bronzebildhauer. – Schüler von Giovanni da Bologna in Florenz; 1596 ff. in Augsburg (Merkur- und Herkulesbrunnen), 1601 ff. in Prag am Hof Kaiser Rudolfs II. (Kaiserbüsten, 1603 und 1607, Wien, Kunsthistor. Museum); nach dem Tode des Kaisers (1612) für Ernst von Schaumburg in Bückeburg (Taufbecken der Stadtkirche, 1615) und Stadthagen (Mausoleum des Fürsten, 1618–20) sowie in Dänemark (Neptunbrunnen für Schloß Frederiksborg, 1616–23, heute im Park von Drottningholm), zuletzt für Wallenstein in Prag tätig.

V., Hans (Jan) Vredeman de ↑ Vredeman de Vries, Hans.

V., Hugo de, *Haarlem 16. Febr. 1848, † Lunteren bei Amsterdam 21. Mai 1935, niederl. Botaniker und Genetiker. – Seine Vererbungsstudien führten ihn um 1900 zur Wiederentdeckung der Mendelschen Regeln und zur Aufstellung der Mutationstheorie.

V., Jan de, *Amsterdam 11. Febr. 1890, † Utrecht 23. Juli 1964, niederl. Religionswissenschaftler und Germanist. – Prof. in Leiden; verfaßte bed. Werke zur Mythologie und Religionsgeschichte sowie zur Volkskunde, Etymologie, Sprach- und Literaturwissenschaft.

V., Theun de, eigtl. Theunis Uilke de V., *Veenwouden (Friesland) 26. April 1907, niederl. Schriftsteller. – Im 2. Weltkrieg Redakteur eines illegalen Blattes; kam ins KZ. Schrieb Gedichte, sozialkrit., Geschichts- und Heimatromane sowie Hörspiele, u. a. „Das Glücksrad" (R., 1938), „Die Freiheit geht im roten Kleide" (R., 1946), „Das Mädchen mit dem roten Haar" (R., 1956), „De blinde Venus" (R., 1980).

Vriesea ['fri:zea; nach dem niederl. Botaniker W. H. de Vriese, *1807, † 1862], Gatt. der Ananasgewächse mit rd. 200 Arten im trop. Amerika; meist Epiphyten mit in Rosetten angeordneten, oft marmorierten Blättern; Blüten gelb, weiß oder grün, in oft schwertförmigen Ähren, mit leuchtend gefärbten Deckblättern. Zahlr. Arten und Hybriden sind beliebte Zimmerpflanzen.

Vring, Georg von der [friŋ], *Brake (Unterweser) 30. Dez 1889, † München 1. März 1968, dt. Schriftsteller. – Schrieb liedhafte Liebes- und Naturlyrik („Bilderbuch für eine junge Mutter", 1938; „Verse für Minette", 1947; „Der Schwan", 1961; „Gesang im Schnee", 1967), Romane (auch Kriminal-, Abenteuer- und Unterhaltungsromane); auch Kriegsbücher („Soldat Suhren", R., 1928) sowie Hörspiele und Übersetzungen.

Vršac [serbokroat. 'vrʃats], Stadt in der Wojwodina (Serbien), nö. von Belgrad, 92 m ü. d. M., 34 000 E. Serb.-orth. Bischofssitz; Mittelpunkt eines Weinbaugebiets. – Gegen Ende des 15. Jh. erstmals als **Podvršac** erwähnt; kam 1552 unter osman. Herrschaft; im 17. Jh. eine reiche Handelsstadt. – Stadtturm (15. Jh.); Nikolauskirche (1783–85).

V-Stähle, Gruppe von säurefesten und nichtrostenden Stählen: z. B. *V 2A-Stahl* (18 % Cr, 8 % Ni und bis 0,12 % C) und *V 4A-Stahl* (18 % Cr, 11 % Ni und bis 0,7 % C).

Vučedolkultur [serbokroat. vu'tʃɛdɔl], nach der vorgeschichtl. „Burg" Vučedol (5 km östl. der kroat. Stadt Vukovar) ben. endneolith. Kulturgruppe (Ende des 3. Jt. v. Chr.), verbreitet von Bosnien bis S-Ungarn und Niederösterreich sowie in Böhmen und in der Slowakei; kennzeichnend sind Fußschalen, Henkelkannen und meist doppelkon. Gefäßformen mit Bänderverzierung in Furchen-, Ritz-, Schnitt- oder Stempeltechnik.

Vuillard, Édouard [frz. vɥi'ja:r], *Cuiseaux (Saône-et-Loire) 11. Nov. 1868, † Baule (Loiret) 21. Juni 1940, frz.

Hugo de Vries

Franz Vranitzky

Jaroslav Vrchlický

Édouard Vuillard. Im Park, drei Folgen aus einer neunteiligen Serie, 1894 (Paris, Musée d'Orsay)

Maler und Graphiker. – Mitbegr. der ↑Nabis. Interieurs von stiller Intimität und intensiver Farbigkeit (locker gesetzte Farbflecken); mit großflächig gegliederten Lithographien Wegbereiter der modernen Graphik.

Vuillaume, Jean-Baptiste [frz. vɥi'joːm], *Mirecourt (Vosges) 7. Okt. 1798, †Paris 19. März 1875, frz. Geigenbauer. – Wurde bekannt durch den Nachbau von Stradivari-Geigen. Schuf einen Bratschentyp mit bes. vollem Ton (,,Contralto'') und einen vier Meter hohen Kontrabaß (,,Octobasse''; noch zwei Exemplare erhalten).

Vukovar [serbokroat. vu,kɔva:r], Stadt in Kroatien, am rechten Ufer der Donau, 108 m ü. d. M., 30 000 E. Textil-, Holz-, Schuhind.; Donauhafen. – Entstand im 13. Jh. aus einer älteren Siedlung; erhielt 1345 Markt- und Zollrecht, 1919 Stadtrecht. Im serbisch-kroat. Bürgerkrieg 1991 stark zerstört. – Franziskanerkloster, Rochuskapelle, orth. Nikolauskirche, Komitatspalast (alle 18. Jh.).

Vulcano, eine der Lipar. Inseln, Italien, 21 km², im Monte Aria, einem erloschenen Stratovulkan, 499 m hoch. Dem Gran Cratere entweichen schwefelhaltige Dämpfe bis über 500 °C.

Vulcanus (Volcanus), in der röm. Mythologie Gott des Feuers; als kunstfertiger Schmied angesehen; sein Fest (die *Volcanalia*) wurde am 23. Aug. begangen.

Vulci (etrusk. Velch), etrusk. Stadt in Mittelitalien, Prov. Viterbo, sw. des Bolsenasees. Bed. Fundstätte etrusk. Kunst in den riesigen Nekropolen, u. a. Bronzegeräte des 6. Jh., frühe Steinskulpturen (Flügellöwen, Kentaur) sowie nahezu 4 000 griech. Vasen des 7. und 6. Jh., meist athen. Herkunft. Die Fresken der 1857 entdeckten sog. Tomba François (4. Jh. v. Chr.?) befinden sich heute zum großen Teil im Museo Torlonia in Rom.

vulgär [frz., zu lat. vulgus ,,Volk''], gewöhnlich, gemein, niedrig.

Vulgärmarxismus, Bez. für eine zu grob vereinfachende Anwendung der marxist. Theorie bzw. das zu oberflächl. Aufgreifen marxist. Theoreme. In seiner Anwendung auf die Politik sozialist. Parteien begünstigte der V. im 19. Jh. z. B. das (reine) Abwarten einer revolutionären Situation in der Erwartung, die Geschichte werde ohne bewußtes Zutun quasi naturgesetzlich ablaufen.

Vulgarrecht ↑römisches Recht.

Vulgata [zu lat. (versio) vulgata ,,allg. gebräuchl., übl. Fassung''], auf Hieronymus zurückgehende, seit dem 8. Jh. maßgebl. und seit dem Tridentinum (1546) als authentisch und in Glaubens- und Sittenlehre verbindlich geltende lat. Bibelübersetzung. – Hieronymus überarbeitete im Auftrag Papst Damasus' I. ab 383 das N. T. und einige Schriften des A. T. Von seiner ab 390 erschienenen lat. Übersetzung des A. T. aus dem Hebr. setzte sich schließlich die unter Sixtus V. erarbeitete revidierte Fassung (*Sixtina;* 1590) durch, die dann als *Sixtina-Clementina* (1592) durch Klemens VIII. zur offiziellen Bibelausgabe der kath. Kirche wurde. Das 2. Vatikan. Konzil setzte eine Kommission zur erneuten Revision der V. ein.

vulgo [lat.], gemeinhin, gewöhnlich.

Vulkane [nach Vulcanus], durch vulkan. Tätigkeit entstandene geolog. Bauformen, ↑Vulkanismus.

Vulkaneifel ↑Eifel.

Vulkane, Nationalpark der, Nationalpark in NW-Rwanda, umfaßt das rwand. Geb. der ↑Virungavulkane; Schutzgeb. u. a. für Berggorillas.

Vulkanfiber [lat.-engl.], aus zellulosehaltigem Material, insbes. Papier, durch starkes Quellen mit konzentrierter Zinkchloridlösung und anschließendes Pressen hergestellter harter bis elast. Kunststoff, v. a. für Schleifscheiben, Dichtungen, Koffer.

Vulkaninseln (jap. Iō Rettō, engl. Iwo Islands), jap. Inselgruppe im Pazifik, umfaßt die Inseln Kita Iōjima (5,4 km²), Naka Iōjima (Iwojima; 20,1 km²) und Minami Iōjima (3,8 km²).

Vulkanisation [lat.-engl.; zu engl. to vulcanize, eigtl. ,,dem Feuer aussetzen''], die Umwandlung des nur wenig elast., rasch brüchig werdenden Rohkautschuks (Naturkautschuk und Synthesekautschuk) in elast. und beständigeres Gummi durch Vernetzung der Kettenmoleküle mit Hilfe geeigneter Chemikalien, meist Schwefel oder schwefelabgebende Substanzen wie Dischwefeldichlorid. Die wenige Minuten bis mehrere Stunden dauernde *Heiß-V.* wird bei 130–145 °C durchgeführt, die nur wenige Sekunden dauernde *Kalt-V.* bei Zimmertemperatur (nur bei dünnen Folien anwendbar). Mit *V.beschleunigern* (z. B. Magnesiumoxid) läßt sich die V.dauer verkürzen oder die V.temperatur herabsetzen.

vulkanisches Glas, vulkan. Gestein mit glasigem Gefüge.

Vulkanismus, alle Vorgänge, die mit dem Austritt fester, flüssiger und gasförmiger Stoffe aus dem Erdinneren an die Erdoberfläche in Zusammenhang stehen. Die Förde-

Vulci. Der Herr Vel Saties und sein Sklave Arnza, Ausschnitt aus einem Fresko der Tomba François, 4. Jh. v. Chr. (Rom, Museo Torlinia)

rung, die durch Spalten und Schlote erfolgt, geht von Vulkanherden (Ansammlungen von ↑Magma) aus, die in etwa 2 bis über 50 km Tiefe liegen. Typisch für Vulkane mit heißen (1 000 °C und mehr), dünnflüssigen bas. Laven ist das ruhige Ausfließen (Effusion), typisch für Vulkane mit 700–800 °C heißen, zähflüssigen sauren Laven die explosive Förderung. Diese beiden Typen sind auf der Erde weitgehend getrennt verbreitet. Die explosiven Vulkane bilden einen Gürtel rings um den Pazifik, die effusiven treten auf dem mittelozean. Rücken sowie im Bereich des Ostafrikan. Grabensystems auf. Die durch vulkan. Tätigkeit entstandenen geolog. Formen nennt man **Vulkane**. Man unterscheidet: 1. überwiegend aus Lava aufgebaute *Lavavulkane*. Zu ihnen gehören die **Schildvulkane**, bei denen man den kleineren isländ. vom größeren Hawaii-Typ unterscheidet. Bei letzterem enthält der Krater einen kochenden Lavasee. Durch langanhaltenden Austritt dünnflüssiger Laven aus vielen benachbarten Spalten entstehen Plateaubasalt oder Trappdecken. 2. *Gemischte Vulkane* bestehen aus einer Wechselfolge von Lavaergüssen und Lockermaterial. Wegen dieses schichtartigen Aufbaus nennt man sie **Stratovulkane**. Ihre Form ist im allg. ein Kegel; die Spitze ist durch den zentralen Krater gekappt. Entsteht eine ↑Caldera, so kann es durch erneute Ausbrüche auf deren Boden zum Aufbau meist kleinerer Vulkankegel kommen (Vesuv- oder Monte-Somma-Typ). 3. *Lockervulkane* entstehen, wenn nur Lockermaterial gefördert wird. Sie sind deckenförmig, als Ringwall um den Ausbruchstrichter oder als Aschenkegel ausgebildet. 4. *Gasvulkane* sind die Folge von [fast] reinen Gas- oder Wasserdampfausbrüchen. Dazu gehören die Maare und Durchschlagsröhren. 5. *Vulkanotekton. Horste* entstehen durch Aufwölbung von Deckschollen durch hochgepreßtes Magma. Wenn die eigtl. vulkan. Tätigkeit erlischt, treten sog. postvulkan. Erscheinungen auf (Ausströmen von heißen Gasen, Austreten heißer Quellen). Die durch vulkan. Tätigkeit verursachten und ausgelösten Schäden können katastrophale Ausmaße erreichen (z. B. beim Ausbruch des ↑Krakatau), sind aber zeitlich und räumlich begrenzt. Anderseits sind Böden auf vulkan. Gesteinen sehr fruchtbar, darüber hinaus werden in Vulkangebieten Schwefel, Erze und Energie gewonnen.

Vulkanite [lat.], svw. Ergußgesteine, ↑Gesteine.
Vulkanologie, Wiss., die sich mit dem ↑Vulkanismus befaßt.
Vulpecula [lat. „Füchschen"] ↑Sternbilder (Übersicht).
Vulpera ↑Schuls.
Vulpius, Christian August, *Weimar 23. Jan. 1762, †ebd. 26. Juni 1827, dt. Schriftsteller. – Bruder der Christiane von Goethe; durch Goethes Vermittlung ab 1797 Theater- und Bibliothekssekretär in Weimar. Verfaßte zu seiner Zeit viel gelesene Ritter- und Schauerromane, u. a. „Rinaldo Rinaldini, der Räuberhauptmann" (1798).
V., Christiane ↑Goethe, Christiane von.
Vulva [lat.] (Scham), die äußeren Geschlechtsorgane der Frau, bestehend aus den großen und kleinen Schamlippen, die den Scheidenvorhof mit der Schamspalte umgrenzen.
v. v., Abk. für: ↑**v**ice **v**ersa.
VVaG., Abk. für: **V**ersicherungs**v**erein **a**uf **G**egenseitigkeit.
V-Waffen, Kurzbez. für 2 während des 2. Weltkriegs auf dt. Seite entwickelte, neuartige Waffensysteme, als „Vergeltungswaffen" bezeichnet; **V 1**: unbemannter, mit Tragflächen und Leitwerk ausgestatteter und mit einer Selbststeuerungsanlage versehener Flugkörper, rd. 8 m lang, Gefechtskopf mit rd. 850 kg Sprengstoff, Pulsotriebwerk; Erstflug Dez. 1942, Reichweite rd. 330 km; rd. 21 500 V 1 wurden gestartet; **V 2**: ballist. Flüssigkeitsrakete; rd. 14,30 m lang; Gefechtskopf mit rd. 1 000 kg Sprengstoff; Erststart Okt. 1942, Reichweite rd. 320 km, maximale Flughöhe ca. 100 km, Geschwindigkeit 5 630 km/h; über 3 000 V 2 wurden gestartet.
VwGO, Abk. für: **V**erwaltungs**g**erichts**o**rdnung (↑Verwaltungsgerichtsverfahren).
Vyšší Brod [tschech. 'viʃiːbrɔt] (dt. Hohenfurth), Stadt an der Moldau, Südböhm. Bez., ČR, 2 500 E. Möbelindustrie. – Zisterzienserkloster (gegr. 1259) mit got. Kirche (13./14. Jh.). – ↑Hohenfurther Altar.
VZ, Abk. für: ↑**V**erseifungs**z**ahl.

Christian August Vulpius (Zeichnung von Johann Joseph Schmeller)

W

W, 23. Buchstabe des dt. Alphabets, der im MA durch Verdoppelung des V bei Verwendung als Konsonantenzeichen entstand; er bezeichnet im Deutschen und in anderen Sprachen den stimmhaften labiodentalen Reibelaut [v], im Englischen und Niederländischen den Halbvokal [u̯].
▷ (Münzbuchstabe) ↑Münzstätten.
W, Kurzzeichen:
▷ (chem. Symbol) für ↑Wolfram.
Wa, eine austroasiat. Sprache sprechendes Volk in der chin. Prov. Yunnan und im Schanhochland NO-Birmas.
Waadt [vat, vaːt], amtl. Canton de Vaud [frz. kɑ̃tɔd'vo], Kt. im SW der Schweiz, 3 219 km², 583 600 E (1990), Hauptstadt Lausanne. Der zum Kettenjura gehörende **Waadtländer Jura** erreicht im Mont Tendre 1 679 m ü. d. M.; etwa ²⁄₃ des Gebiets liegen im Schweizer Mittelland, in die Voralpen und Alpen reicht die W. östl. von Montreux, hier werden 3 210 m ü. d. M. erreicht (Les Diablerets). – Die W. besitzt große, intensiv genutzte Landw.gebiete: Die Wein- und Obstbaugebiete am N-Ufer des Genfer Sees, im Rhonetal und um den Neuenburger See; die v. a. ackerbaulich genutzten Geb. der Rhoneebene, des Venogetales, des Gros de Vaud und der meliorierten Orbe- und Broyeebene. Im Jura und in den niederschlagsreichen Geb. der Alpen und Voralpen herrscht Viehhaltung vor. In den landw. wenig begünstigten Juragebieten hat sich schon früh die arbeitsintensive Uhren- u. a. feinmechan. Ind. entwickelt. Es finden sich außerdem Maschinenbau, Nahrungsmittel-, Tabak-, chem. und Textilind. Mittelpunkt des Fremdenverkehrs sind v. a. das klimatisch bevorzugte Geb. am Genfer See, ferner Luftkurorte und Wintersportstationen in den Alpen und im Jura. – Die W. ist Schnittpunkt wichtiger Verkehrslinien, u. a. der Bahnlinien Genf–Lausanne–Zürich–Basel und Paris–Lausanne–Simplon–Mailand.
Geschichte: Seit 58 v. Chr. römisch (Civitas Helvetiorum; Hauptstadt Aventicum [= Avenches]). Im 5. Jh. ließen sich Burgunder nieder, kam mit dem Kgr. Burgund 1032 an das Hl. Röm. Reich. Der Großteil des Gebiets war Besitz verschiedener Adelsfamilien. Im 13./14. Jh. von Savoyen unterworfen, im Burgunderkrieg (1474–77) besetzte Bern erstmals die W., erneut 1536, die W. wurde Berner Untertanengebiet. Jan. bis April 1798 als **Lemanische Republik** unabhängig, trat im April 1798 als Kt. Léman der Helvet. Republik bei. Seit 1803 Kt. W. (1815 durch Bundesvertrag garantiert). – ↑Schweiz, Geschichte.

Waadt Kantonswappen

Verfassung: Nach der Verfassung vom 1. März 1885 liegt die Exekutive beim vom Volk auf vier Jahre gewählten Staatsrat (Conseil d'État, sieben Mgl.). Die Legislative liegt bei dem vom Volk auf vier Jahre gewählten Großen Rat (Grand Conseil, 200 Mgl.) und der Volksversammlung. Den Präs. und den Vizepräs. wählt der Staatsrat jährlich selbst. Frauenstimmrecht und -wahlrecht seit 1959.

Waag (slowak. Váh), linker Nebenfluß der Donau, entsteht im Liptauer Becken aus den in der Hohen bzw. Niederen Tatra entspringenden Quellflüssen *Schwarze* und *Weiße W.*, vereinigt sich bei Kolárovo mit der Kleinen Donau zur **Waagdonau**, mündet bei Komárno, 378 km lang; mehrere Talsperren.

Waage ↑ Sternbilder (Übersicht).

Waage, Meßgerät zur Bestimmung von Massen oder Gewichten. – Der Zweck einer *Wägung* ist die Ermittlung der unbekannten Masse eines Objekts. Nach ihrer Wirkungsweise und dem physikal. Meßprinzip können die W. in folgende Hauptgruppen unterteilt werden: Bei *Hebel-W.* wird die unbekannte Masse (Last) durch den Ausgleich der Hebeldrehmomente mit der bekannten Masse (Gewicht) direkt verglichen. Hierzu gehören die gleicharmigen *Balken-W.* mit angehängten Schalen und Gewichtssatz, die ungleicharmigen W. mit verschiebbaren Gewichten *(Laufgewichts-W.)* und die *Neigungs-W.,* bei denen der W.balken die Form eines Winkelhebels hat (z. B. Brief-W.). Bei *Feder-* und *Torsions-W.* wird das Gewicht der Last durch Formänderung (Dehnung von Federn, Verdrillung von Drähten oder Bändern) bestimmt. Bei *hydraul. W.* ergibt sich das Gewicht der Last aus der Größe des Druckes, den die Last mit einem Kolben auf eine Flüssigkeit in einem Behälter ausübt. Bei *elektron. W.* wird das Gewicht der Last in elektr. Größen umgesetzt und mit elektr. Meßinstrumenten gemessen. Bei elektron. W. mit Digitalanzeigen werden die analogen elektr. Größen (z. B. Stromstärke) durch sog. Analog-Digital-Umwandler in digitale Größen überführt. Durch den Einbau von Mikroprozessoren in elektron. W. können von diesen vielfältige Funktionen übernommen werden, z. B. Mittelwertbildung aus aufeinanderfolgenden Meßwerten, Speicherung und Verrechnung verschiedener Meßwerte, Fünferrundung der letzten Meßwertstelle und Steuerung der Digitalanzeige. Durch den Anschluß an Terminals, Drucker u. a. periphere Geräte können mikroprozessorgesteuerte W. zu leistungsfähigen Wägesystemen erweitert werden, die z. B. als sog. „intelligente Meßwertgeber" bei Prozeßsteuerungen eingesetzt werden können.

Zur Einstufung nach der *W.genauigkeit* wird nach internat. Vereinbarungen von der relativen Ablesbarkeit, dem Verhältnis von Höchstlast zur Ablesegenauigkeit der W., ausgegangen. Es wird folgende Unterscheidung getroffen: *Grob-W.* (Höchstlasten 1 kg bis 10 t, relative Ablesbarkeit 10^2 bis 10^3); *Handels-W.* (Höchstlasten 20 g bis 100 t, relative Ablesbarkeit 10^3 bis 10^4); *Präzisions-W.* (Höchstlasten 1 g bis etwa 100 kg, relative Ablesbarkeit 10^4 bis 10^5); *Fein-W.*, z. B. *Mikro-W.* und *Analysen-W.* (Höchstlast etwa 0,1 g bis 200 g, relative Ablesbarkeit 10^5 bis 10^8).

▷ in verschiedenen Sportarten (z. B. Turnen, Eis- und Rollkunstlauf, Kunstkraftsport, Kunstradfahren) Figur oder Übungsteil, bei dem der Körper in die Horizontale gebracht wird. – ↑ Standwaage.

Johannes Diderik van der Waals

Edo de Waart

Wabenkröten. Wabenkröte (Pipa pipa)

Waagepunkt ↑ Äquinoktialpunkte.

waagerecht (waagrecht, horizontal), rechtwinklig zur Lotrichtung verlaufend, in einer (z. B. mit der Wasserwaage feststellbaren) Äquipotentialfläche des Schwerefeldes der Erde liegend.

Waal, Hauptmündungsarm des Rheins und wichtigster Schiffahrtsweg des Rhein-Maas-Deltas in den Niederlanden; entsteht bei Pannerden durch die Aufspaltung des Rheins in Pannerdensch Kanaal und Waal. Bei Tiel zweigt der ↑ Amsterdam-Rhein-Kanal ab.

Waalkes, Otto [Gerhard], * Emden 22. Juli 1948, dt. Komiker. – Seit den 1970er Jahren als „Otto" zahlr. Auftritte in Blödelshows und Kinofilme (auch Produzent); Cartoons.

Waals, Johannes Diderik van der, * Leiden 23. Nov. 1837, † Amsterdam 8. März 1923, niederl. Physiker. – Prof. in Amsterdam; grundlegende Arbeiten über den gasförmigen und den flüssigen Aggregatzustand der Materie. 1873 stellte v. d. W. die nach ihm ben. Zustandsgleichung der realen Gase auf. 1889 formulierte er die Theorie der binären Gemische, später auch thermodynam. Theorien der Oberflächenspannung (1894) und der Kapillarität. Nobelpreis für Physik 1910.

Waalwijk [niederl. 'wa:lwɛik], niederl. Stadt an der Bergsche Maas, 28 700 E. Lederforschungsinst., Schuh- und Lederwarenmuseum; ein Zentrum der niederl. Lederind. – Ref. spätgot. Kirche (1450–1520); neubyzantin. Kirche (1926).

Waart, Edo de, * Amsterdam 1. Juni 1941, niederl. Oboist und Dirigent. – Seit 1967 Dirigent, 1973–79 musikal. Direktor und erster Dirigent des Philharmon. Orchesters in Rotterdam, 1977–85 musikal. Direktor des San Francisco Symphony Orchestra und seit 1986 des Minnesota Orchestra in Minneapolis.

Waasland, Landschaft im N der belg. Prov. Ostflandern, seit dem 14. Jh. kultiviertes Landw.gebiet. Hauptort: Sint-Niklaas.

Wabash River [engl. 'wɔ:bæʃ 'rɪvə], rechter Nebenfluß des Ohio, entspringt 150 km nw. von Columbus, bildet im Unterlauf die Grenze zw. Indiana und Illinois, 764 km lang; schiffbar.

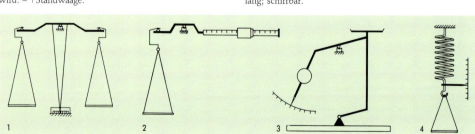

Waage. Schematische Darstellung verschiedener Waagentypen: 1 gleicharmige Balkenwaage, 2 Laufgewichtswaage, 3 Neigungswaage, 4 Federwaage

Wabe, vielzelliger, aus körpereigenem Wachs gefertigter Bau von Bienen und Wespen; dient zur Aufzucht der Larven und zur Speicherung von Honig und Pollen.

Wabenkröten (Pipa), Gatt. der Zungenlosen Frösche mit 7 etwa 5–20 cm großen Arten im trop. Amerika; Körper extrem abgeflacht, mit dreieckigem Kopf; reine Wasserbewohner. Die Eier entwickeln sich in wabenartigen Vertiefungen der Rückenhaut des ♀, die bei der Paarung kissenartig anschwillt. Die bekannteste Art ist die bis 20 cm lange *Wabenkröte* (Pipa pipa) in Guayana und N-Brasilien.

Waberlohe [altnord. vafrlogi „flackernde Flamme"], in der nordgerman. Mythologie der Feuerwall, mit dem Odin die Burg der ungehorsamen und in einen Zauberschlaf versetzten Walküre Brunhilde umgeben hat. Sigurd durchbricht die W. und erweckt die Walküre.

Wäbi Schäbäle [amhar. wεbi ʃεbεlε] (Webbe Shibeli), Fluß in O-Äthiopien und S-Somalia, entspringt im Äthiop. Hochland, versiegt meist vor Erreichen des Juba, etwa 1 900 km lang.

WAC [engl. wæk], Abk. für: ↑Women's Army Corps.

Wace [frz. vas] (fälschl. Robert W.), * auf Jersey um 1100, † Caen (?) um 1174, anglonormann. Dichter. – Kanonikus in Bayeux; erster namentlich bekannter Dichter der frz. Literatur; schrieb u. a. Heiligenleben und 2 Reimchroniken, von denen „Le roman de Brut" (beendet 1155) in über 15 000 Versen die Geschichte Britanniens erzählt. Erstmals in der frz. Literatur wird darin von König Artus' Tafelrunde berichtet.

Wach, Joachim, * Chemnitz 25. Jan. 1898, † Orselina bei Locarno 27. Aug. 1955, dt. Religionswissenschaftler. – Prof. für Religionsgeschichte in Leipzig; emigrierte 1935 in die USA, dort Prof. in Providence (Rh. I.) und Chicago (Ill.). W. war führend auf den Gebieten der Religionssoziologie und der wiss.theoret. Grundlegung einer „Religionswiss. des Verstehens". – *Werke:* Religionswiss. Prolegomena zu ihrer wiss.theoret. Grundlegung (1924), Religionssoziologie (1944), Vergleichende Religionsforschung (1958).

Wachau, Engtalstrecke der Donau zw. Melk und Krems an der Donau, etwa 30 km lang; bed. Obst- und Weinbau; Fremdenverkehr.

Wache, 1. beim *Militär* die einem Wachvorgesetzten unterstellten Soldaten, die den Wachdienst versehen und die militär. Dienststellen, Einrichtungen sowie Anlagen schützen und sichern; sind durch die ↑Vergatterung aus dem allg. Unterstellungsverhältnis herausgelöst. Das **Wachbataillon** beim Bundesministerium der Verteidigung wurde 1957 zu Repräsentationszwecken aufgestellt. 2. In der *Seeschiffahrt* die Einteilung der Borddienstes, insbes. des „W.gehens"; auch die Dauer des Wachdienstes.

Wachenheim an der Weinstraße, Stadt an der Haardt, Rhld.-Pf., 158 m ü. d. M., 4 200 E. Weinbau und -handel, Sektkellerei; beim Forsthaus Rotsteig Freizeit- und Hochwildschutzpark. – Im 8. Jh. erstmals erwähnt, seit 1341 Stadt. – Ehem. Adelshöfe aus dem 16. und 17. Jh., frühgot. Pfarrkirche, Reste der Stadtbefestigung.

Wacholder (Juniperus), Gatt. der Zypressengewächse mit rd. 60 Arten auf der N-Halbkugel; immergrüne, meist zweihäusige Sträucher oder Bäume; Blätter nadelartig oder schuppenförmig; Zapfen zur Samenreife beerenartig, aus mehreren verwachsenen Schuppen gebildet; meist giftige Pflanzen. Einheim. Arten: **Heidewacholder** (Gemeiner W., Machandel, Kranewitt, Juniperus communis), säulenförmiger Strauch oder bis 12 m hoher Baum mit stechenden Nadeln und schwarzblauen, bereiften, dreisamigen Beerenzapfen *(Wacholderbeeren);* auf Sand- und Heideböden der nördl. gemäßigten und kalten Zonen. Die W.beeren werden zur Herstellung von Säften und Schnäpsen sowie als Gewürz verwendet. **Sadebaum** (Sade-W., Juniperus sabina), niedriger Strauch, Früchte kugelig bis eirund, blauschwarz, bereift; niederliegende Formen werden als Ziersträucher angepflanzt, wie auch zahlr. aus N-Amerika und O-Asien stammende Arten.

Wacholderdrossel (Krammetsvogel, Ziemer, Turdus pilaris), in M-Europa und im nördl. Eurasien heim. Drosselart; bis 25 cm langer Singvogel mit hellgrauem Kopf und Bürzel, kastanienbraunem Rücken und rostfarbener, schwarzgefleckter Kehle und Brust.

Wachsausschmelzungsverfahren, Gießverfahren mit verlorener Form zur Herstellung von Feinguß. Der Formkern (das Modell) wird aus Ton hergestellt, gebrannt, mit einer Schicht Wachs umgeben und mit Einguß- und Luftkanälen versehen. Darüber wird der Tonmantel aufgetragen. Das Wachs wird ausgeschmolzen und das geschmolzene Metall (Bronze, Gold) eingefüllt.

Wachsbildnerei ↑ Zeroplastik.

Wachsblume, (Cerinthe) Gatt. der Rauhblattgewächse mit rd. 10 Arten im Mittelmeergebiet und in M-Europa; einjährige oder ausdauernde Kräuter mit bläulich bereiften Stengeln und Blättern; Blüten gelb.

▷ (Porzellanblume, Hoya [falsche lat. Gatt.bezeichnung Asclepias]) Gatt. der Schwalbenwurzgewächse mit rd. 100 Arten im trop. Asien, in Australien und Ozeanien; meist windende Sträucher mit fleischigen Blättern und in Trugdolden stehenden Blüten. Die Art **Fleischige Wachsblume** (Hoya carnosa) mit weißen oder rosafarbenen, in der Mitte rotgefleckten Blüten ist eine beliebte Zimmerpflanze.

Wachsbohne, Zuchtsorte der Gartenbohne mit gelben (wachsfarbenen) Hülsen.

Wachsch [russ. vaxʃ], rechter Nebenfluß des Pjandsch (↑Amudarja) in Tadschikistan, entspringt als **Kysylsu** im Transalaigebirge, Kirgisien, trägt nach der Vereinigung mit dem Muxu den Namen **Surchob** und wird dann W. gen., 524 km lang; im Unterlauf schiffbar. Am W. befinden sich mehrere Staustufen mit Wasserkraftwerken. Vom *Nureker Stausee* (Fläche 98 km², Stauraum 10,5 Mrd. m³) verläuft ein 7,5 km langer Tunnel durch das W.gebirge zur Bewässerung des Dangaratales.

Wachse, natürl. oder synthet., chemisch uneinheitl. Substanzgemische mit stark temperaturabhängiger Konsistenz (bei 20 °C knetbar, fest über brüchig hart, über 40 °C ohne Zersetzung schmelzend). W. sind undurchsichtig, grob- bis feinkristallin und unter leichtem Druck polierbar. *Ester-W.* bestehen aus Estern langkettiger, ein- oder zweiwertiger Alkohole mit langkettigen Fettsäuren (sog. *Wachsalkohole* und *Wachssäuren); Paraffin-W.* aus höheren Kohlenwasserstoffen. *Natürl.* W. werden in solche pflanzl. (z. B. das Karnaubawachs), tier. (z. B. Bienenwachs und Schellack) und mineral. Herkunft unterschieden (z. B. Erdwachs und die im Erdöl enthaltenen Paraffine). Zu den *synthet.* W. zählt das paraffinartige Polyäthylen-W. und die nach der Fischer-Tropsch-Synthese gewonnenen Paraffine. W. werden als Dichtungsmittel, zur Kerzen-, Zündholz- und Bohnerwachsherstellung verwendet.

Wachsenburg, Burg in Thür., ↑Gleichen.

Wachsfarben, Farbpigmente bzw. daraus gefertigte Malstifte, bei denen die Pigmentstoffe durch Wachs gebunden sind (↑Enkaustik).

Wachsfigurenkabinett, Sammlung von meist lebensgroßen Nachbildungen berühmter, auch berüchtigter Persönlichkeiten in Wachs; am bekanntesten ist das W. der Madame ↑Tussaud in London.

Wachshaut, weiche, stark verdickte Basis des Oberschnabels mancher Vögel (z. B. bei Papageien, Tauben und Greifvögeln); oft auffällig gefärbt; umschließt meist die Nasenlöcher, kann aber auch (z. B. bei den Sumpf- und Wasservögeln) fast den ganzen Schnabel bis zur Spitze überziehen.

Wachsmalerei, svw. ↑Enkaustik.

Wachsmann, Konrad, * Frankfurt (Oder) 16. Mai 1901, † Los Angeles 27. Nov. 1980, amerikan. Architekturtheoretiker dt. Herkunft. – Wurde bekannt durch seine Konstruktionssysteme für industrielles Bauen; emigrierte 1941 in die USA, wo er zus. mit W. Gropius eine der ersten Fabriken für industriell vorgefertigte Bauelemente gründete.

Wachsmotten (Wachszünsler, Galleriinae), weltweit verbreitete Unterfam. mottenähnl. Kleinschmetterlinge (Fam. Zünsler) mit 6 einheim. Arten; Raupen oft schädlich in Bienenstöcken oder an Trockenfrüchten. Bekannt ist die graubraune, etwa 3 cm spannende *Große Wachsmotte* (Galleria melonella).

Wachsblume.
Fleischige Wachsblume

Wacholder.
Heidewacholder

Jewgeni
Bagrationowitsch
Wachtangow

Wachtelweizen.
Wiesenwachtelweizen

Wilhelm Heinrich
Wackenroder
(Marmorrelief, 1798)

Wachspalme, (Copernicia) Gatt. der Palmen mit über 40 Arten in trop. S-Amerika. Die wirtsch. wichtigste Art ist die Karnaubapalme (↑ Karnaubawachs).
▷ (Ceroxylon) Gatt. der Palmen mit rd. 20 Arten im westl. S-Amerika. Die wichtigste Art ist *Ceroxylon andicola,* ein bis 30 m hoher Baum, dessen Stamm von einer dicken Wachsschicht bedeckt ist.

Wachspapier, mit gereinigtem Paraffin imprägniertes, wasserfestes Papier für Verpackungszwecke.

Wachsschildlaus (Ericerus pela), bis etwa 5 mm große, in O-Asien gezüchtete Schildlausart; ♀♀ mit dunkelbraunrotem, kugeligem Schild. Die ♂ Larven scheiden Pelawachs aus, das z. B. für Kerzen verwendet wird.

Wachsschildläuse, svw. ↑ Napfschildläuse.

Wachstuch, mit einer glänzenden, elast. Schicht aus Leinölfirnis beschichtetes, meist buntbedrucktes Gewebe; v. a. für Tischdecken; heute weitgehend durch Beschichtung mit PVC ersetzt.

Wachstum, irreversible Volumenzunahme einer Zelle oder eines Organismus bis zu einer genetisch festgelegten Endgröße. Das W. beruht auf dem Aufbau körpereigener Substanz und ist daher eine Grundeigenschaft des Lebens; es wird (zumindest bei mehrzelligen Organismen) hormonell gesteuert. Bei den Wirbeltieren (einschl. des Menschen) z. B. wirken das W.hormon Somatotropin und das Schilddrüsenhormon Thyroxin wachstumssteigernd, während die Geschlechtshormone das W. beenden. Bei den höheren Pflanzen wird das W. durch verschiedene Phytohormone (Indolylessigsäure, Gibberelline, Zytokinine) geregelt. Das W. ist in seiner Intensität auch abhängig von äußeren Faktoren (v. a. Ernährung, Temperatur, bei Pflanzen auch Licht). Bei einzelligen Lebewesen ist das W. nach Erreichen einer bestimmten Kern-Plasma-Relation abgeschlossen. Bei mehrzelligen Tieren und beim Menschen beruht das W. auf Zellteilung und damit Zellvermehrung. Während der Embryonalentwicklung (d. h. während der Zeit der größten Zellteilungsaktivität) ist das W. deshalb am stärksten und nimmt nach der Geburt ab (mit Ausnahme des ersten Lebensjahrs beim Säugling). Die W.geschwindigkeit der einzelnen Organe und Körperteile ist unterschiedlich. Kurz nach der Geschlechtsreife ist das W. gewöhnlich weitgehend abgeschlossen. Bei Pflanzen dagegen hält das W. die gesamte Lebensdauer über an, bewirkt durch ständig teilungsfähige, undifferenzierte (embryonale) Zellen sowie durch starke Streckung der Zellen. – ↑ Dickenwachstum.
▷ in der *Wirtschaft* kurzfristig Zunahme des realen Bruttosozialprodukts gegenüber dem Vorjahresergebnis, mittel- und langfristig Zuwachs des Produktionspotentials einer Volkswirtschaft. Determinanten des wirtsch. W. sind Zunahme der Erwerbsbev. und des Kapitaleinsatzes sowie techn. Fortschritt. Seit den 1970er Jahren ist in der Diskussion um die W.politik umstritten, welche W.raten angemessen sind. Dabei stehen zwei, das W. begrenzende Faktoren im Vordergrund: 1. Rohstoffknappheit; ausgehend von einer Fortschreibung der W.raten läßt sich errechnen, wann die bekannten Reserven verschiedener ↑ Rohstoffe erschöpft sein werden. Solche Berechnungen zeigen die Notwendigkeit, frühzeitig nach Alternativrohstoffen und neuen Produktionsverfahren zu forschen. Dieser Aspekt wurde durch die Ölkrise 1974 überaus aktuell. Auch bei noch hinlängl. Rohstoffvorräten kann eine Gefährdung des W. aus der Verteuerung der zu importierenden Rohstoffe und der damit einhergehenden Passivierung der Leistungsbilanz resultieren. 2. Umweltbelastung; das rein quantitativ verstandene W. erhöht nicht notwendigerweise die Lebensqualität, sondern führt zu Umweltbelastung, ökolog. Zerstörungen und steigenden sozialen Kosten, die bei der Berechnung des Sozialprodukts keine Berücksichtigung finden. Aus diesen Gründen wird verstärkt zw. *quantitativem W.* (gemessen an der Zunahme des Sozialprodukts) und *qualitativem W.* (Verbesserung der Lebensqualität) unterschieden.

Wachstumshormon, svw. ↑ Somatotropin.

Wachstumsrate ↑ Wachstumstheorie.

Wachstumsstörungen, krankhafte, meist hormonell bedingte Abweichungen der Körperlänge von der normalen Körperlänge. Es kann ein Minder- (↑ Zwergwuchs) oder Höherwuchs (↑ Riesenwuchs) bestehen.

Wachstumstheorie, Teilgebiet der Volkswirtschaftstheorie, das die Faktoren und Bedingungen analysiert, die auf gesamtwirtsch. Ebene langfristig die wirtsch. Wachstum beeinflussen. Die W. unterscheidet dabei zw. globaler und Pro-Kopf-Veränderung des Sozialprodukts; das Verhältnis zw. Zuwachs und Ausgangswert wird als *Wachtumsrate* bezeichnet. In modernen (postkeynesian. und neoklass.) W. spielt das sog. gleichgewichtige Wachstum im Ggs. zum tatsächl. Wachstum eine bes. Rolle. Unter *gleichgewichtigem Wachstum* wird eine hypothet. Entwicklung des Sozialprodukts und seiner Bestimmungsgrößen verstanden, die sich unter Berücksichtigung gesamtwirtsch. Gleichgewichtsbedingungen ergibt, wozu insbes. die Gleichheit der geplanten von vornherein festgelegten (Ex-ante-)Größen von Ersparnis und Investition zählt.

Wachszünsler, svw. ↑ Wachsmotten.

Wachtangow, Jewgeni Bagrationowitsch [russ. vax'tangef], *Wladikawkas 13. Febr. 1883, †Moskau 29. Mai 1922, russ. Schauspieler und Regisseur. – Gilt neben A. J. Tairow und W. E. Mejerchold als einer der wichtigsten Vertreter des russ. Revolutionstheaters.

Wächte [schweizer., eigtl. „Angewehtes"] (Schneewächte), im Gebirge am Rand von Plateauabstürzen, an den Kanten von Kämmen und Graten, auch an Gletscherspalten *(Spalten-W.)* durch den Wind abgelagerte, auf der Leeseite dachartig überhängende *(W.dach)* Schneemassen, die sich allmählich durch ihre zunehmende Schwere unter Bildung einer *W.hohlkehle* senken und unter Lawinenbildung (z. B. bei Neuschneefall) abstürzen können.

Wachtelkönig (Crex crex), im gemäßigten Eurasien auf Wiesen und in Getreidefeldern lebende, bis 27 cm lange Ralle; Gefieder mit Ausnahme der rostbraunen Flügel gelbbraun, am Rücken schwarz gefleckt.

Wachteln ↑ Feldhühner.

Wachtelweizen (Melampyrum), Gatt. der Rachenblütler mit ca. 25 Arten in der nördl. gemäßigten Zone; einjährige Halbschmarotzer mit lanzettförmigen Blättern und gelben, purpurfarbenen oder weißl. Blüten. Einheim. Arten sind u. a. ↑ Ackerwachtelweizen, **Wiesenwachtelweizen** (Melampyrum pratense) mit gelbl.-weißen Blüten und **Waldwachtelweizen** (Melampyrum silvaticum) mit gelben, in einseitswendigen Trauben stehenden Blüten.

Wächtersbach, hess. Stadt an der Kinzig, 162 m ü. d. M., 10 500 E. Heimatmuseum; Ausbildungsstätte des Dt. Entwicklungsdienstes; Herstellung von Apparaten, Gummiwaren, Kunststoffen, Kartonagen, Steingut u. a. – Entstand neben der wohl im 12. Jh. errichteten Burg; seit 1404 Stadt. – Pfarrkirche (14. Jh., 1702 umgebaut), Schloß (15. bis 19. Jh.); Fachwerkrathaus (1495).

Wachtmeister, 1. militär. Dienstgrad (↑ Feldwebel); 2. i. w. S. Bez. für die im Polizeivollzugsdienst tätigen Dienstkräfte; i. e. S. Amtsbez. der im mittleren (uniformierten) Polizeivollzugsdienst Beschäftigten (z. B. Polizeiwachtmeister, Polizeioberwachtmeister). 3. als Justizwachtmeister ein mit Vollzugs- und Sicherungsaufgaben betrauter Beamter in gerichtl. Verfahren.

Wachtraum (Tagtraum), lebhafte Phantasietätigkeit, bei der man sich unwirkl. (meist gewünschte) Erlebnisse in unverhüllter Form vorstellt.

Wachtturm Bibel- und Traktatgesellschaft, Deutscher Zweig e. V. ↑ Zeugen Jehovas.

Wach- und Schließgesellschaften, konzessionspflichtige private Dienstleistungsunternehmen zur Bewachung von Gebäuden, Parkplätzen, [Fabrik]anlagen u. ä.; auch als Werkschutz, Personenschutz sowie bei Geld- und Werttransporten tätig.

Wachzentrum ↑ Schlafzentrum.

Wackenroder, Wilhelm Heinrich, *Berlin 13. Juli 1773, †ebd. 13. Febr. 1798, dt. Schriftsteller. – Freund L. Tiecks; übte auf die Entwicklung der romant. Bewegung und deren Kunstauffassung entscheidenden Einfluß aus.

F. K. Waechter. Titelblatt der Cartoonsammlung „Wahrscheinlich guckt wieder kein Schwein", 1978

W. hinterließ eine Sammlung von Aufsätzen über das Wesen der Kunst, die (ergänzt durch 4 Beiträge von L. Tieck) 1796 anonym unter dem Titel „Herzensergießungen eines kunstliebenden Klosterbruders" erschienen ist. – *Weitere Werke:* Die Unsichtbaren (R., 1794), Phantasien über die Kunst, für Freunde der Kunst (hg. 1799).

Wackernagel, Jacob (Jakob), *Basel 11. Dez. 1853, †ebd. 22. Mai 1938, schweizer. Sprachwissenschaftler und Philologe. – Sohn von Wilhelm W.; Prof. in Basel und Göttingen; bed. Indogermanist; u. a. Werke zur Grammatik des Griechischen und zur Syntaxforschung; sein Hauptwerk ist die „Altind. Grammatik" (1896 ff.).

W., Philipp, *Berlin 28. Juni 1800, †Dresden 20. Juni 1877, dt. Literar- und Kirchenliedhistoriker. – Bruder von Wilhelm W.; schuf mit seiner 5bändigen Sammlung „Das dt. Kirchenlied von der ältesten Zeit bis zum Anfang des 17. Jh." (1864–77) ein hymnolog. Standardwerk.

W., Wilhelm, *Berlin 23. April 1806, †Basel 21. Dez. 1869, dt. Philologe. – Ab 1833 Prof. in Basel; neben J. Grimm der bedeutendste Germanist seiner Zeit; veröffentlichte zahlr. Untersuchungen zur altdt. Literatur; bed. Hg. der dt. und frz. Literatur des Mittelalters.

Wadai, ehem. sudan. Reich; war Bornu und Darfur tributpflichtig. Im 18. Jh. unabhängig, eroberte einen Teil der zu Bornu gehörenden Prov. Kanem und errang im frühen 19. Jh. auch die Oberherrschaft über Bagirmi; verlor infolge innerer Wirren nach 1898 schnell an Bed.; wurde 1912 frz. Kolonialgebiet.

Wade (Sura), die durch den kräftigen dreiköpfigen Wadenmuskel stark muskulöse Rückseite des Unterschenkels des Menschen.

Wadenbein ↑ Bein.

Wadenkrampf ↑ Muskelkrampf.

Wadenstecher ↑ Stechfliegen.

Wädenswil, Stadt im schweizer. Kt. Zürich, am W-Ufer des Zürichsees, 408 m ü. d. M., 19 100 E. Eidgenöss. Forschungsanstalt für Obst-, Wein- und Gartenbau; Schweizer. Obst- und Weinfachschule; Heimatmuseum; Textilind., Metallverarbeitung, Brauerei. – Spätbarocke Kirche ref. (1764–67); klassizist. Schloß (1812–18), oberhalb der Stadt Ruinen der Burg Alt-W. (15. Jh.).

Wader, Hannes, *bei Bielefeld 23. Juni 1942, dt. Folksänger und Liedermacher. – Begann Mitte der 60er Jahre Lieder zu schreiben und zur Gitarre vorzutragen; trat v. a. mit engagierten, polit.-sozialkrit. Songs hervor.

Wadi [arab.] (frz. Oued [frz. wɛd]), meist tief eingeschnittenes Bett eines Wüstenflusses, das nur episodisch nach plötzl. heftigen Regenfällen Wasser führt.

Wadi Amud ↑ Amud, Wadi.

Wad Madani, Hauptstadt der Region Zentralstaat in der Republik Sudan, am Blauen Nil, 407 m ü. d. M., 141 000 E. Univ. (gegr. 1975); Wirtschaftszentrum des Anbaugebiets Al Gasira; Bahnstation, ⚐. – 1821 bis zur Gründung von Khartum wichtigster ägypt. Stützpunkt im Sudan.

Wadschrajana (Vadschrayana) [Sanskrit „Diamantfahrzeug"], tantr. Richtung des späten nördl. Buddhismus, die sich um die Mitte des 1. Jt. n. Chr. zu entwickeln begann und v. a. in Tibet und O-Asien (im Lamaismus) Verbreitung fand. Der W. sucht Erlösung durch mag. Praktiken oder auch durch rituelle sexuelle Vereinigung.

Waechter ['vɛç...], Eberhard, *Wien 8. Juli 1929, †ebd. 29. März 1992, östr. Sänger (Bariton). – Wurde 1955 Mgl. der Wiener Staatsoper; gastierte an zahlr. bed. Bühnen; ab 1987 Direktor der Wiener Volksoper.

W., F[riedrich] K[arl], *Danzig 3. Nov. 1937, dt. Karikaturist und Schriftsteller. – Bekannt durch satir. Zeichnungen u. a. für „Pardon" und „Titanic"; schrieb und illustrierte zahlreiche Kinderbücher, u. a. „Der Anti-Struwwelpeter" (1970); verfaßte auch (Kinder)theaterstücke, u. a. „Die Bremer Stadtmusikanten" (1977, nach dem gleichnamigen Märchen), „Nach Aschenfeld" (1984); zahlr. Veröffentlichungen von Cartoons, u. a. „Wahrscheinlich guckt wieder kein Schwein" (1978).

Eberhard Waechter

Waerden, Bartel (Leendert) van der [niederl. 'wa:rdə], *Amsterdam 2. Febr. 1903, niederl. Mathematiker. – Prof. in Groningen, Leipzig, Amsterdam und Zürich; bed. Arbeiten zur Algebra, Statistik, Zahlentheorie, Gruppentheorie und Quantenmechanik.

Wafd-Partei, nationalist. Partei in Ägypten, hervorgegangen aus der 1918 gebildeten Delegation (arab. wafd), die die Unabhängigkeit von Großbritannien fordern sollte; wurde ab 1924 zum bestimmenden innenpolit. Faktor; vertrat schließlich die Interessen der westlich orientierten Oberschicht; 1953 verboten; 1977 neu gegr., 1978 Selbstauflösung. Der 1983 gegr. Neo-Wafd ist eine bed. liberalkonservative Oppositionspartei.

Wafer [engl. 'weɪfə; „Oblate"] ↑ Chip.

Waffen, alle Mittel, die zum Angriff bzw. zur Verteidigung oder auch zu weidmänn. oder sportl. Zwecken (Jagd-W., Sport-W.) dienen; *militär. W. (Kriegs-W.)* bewirken eine Schädigung bzw. Vernichtung des Gegners. Man unterscheidet allg. Hieb- und Stoß-W. (*kalte* oder *blanke W.* wie Degen, Säbel, Bajonett, Dolch, Lanze), Feuer-W. (*heiße W.*) und *Wurf-W.* (früher: Wurfäxte, -hölzer und -messer, Wurflanzen, -speere, -spieße sowie Wurfmaschinen; heute: Handgranaten, Wurfminen, Flieger- und Wasserbomben). Nach der Wirkung unterscheidet man W. mit Sprengwirkung, biolog. W., chem. W. und Kern-W. (↑ABC-Waffen). Bei den *konventionellen* W. (alle W. außer den ABC-W.) unterscheidet man *Nahkampf-W.* (z. B. blanke W., Handfeuer-W., Faustrohr-W., Handgranaten, Flammenwerfer) und *Fernkampf-W.* (z. B. Geschütze, Raketen, Torpedos; ↑Fernlenkwaffen). Im militär. Bereich gliedert man die Feuer-W. in *Schützen-W.* (Handfeuer-W., Maschinengewehre, Panzernahbekämpfungs-W., leichte Granatwerfer u. a.), *Artillerie-W.* (Geschütze, Minenwerfer, schwere Granatwerfer) und *Raketen-W.* (↑ Raketen). Nach dem Zerstörungspotential unterscheidet man in der atomaren Kriegführung zw. ↑strategischen Waffen und ↑taktischen Waffen.

Geschichte: Schild, Helm, Panzer, Harnisch (↑Rüstung) und Küraß dienten größtenteils schon in vorgeschichtl. Zeit dem Körperschutz; sie zählen zu den Defensiv- oder Schutz-W. Offensiv-W., zu denen in vorgeschichtl. Zeit schon Beil, Axt, Dolch, Dolchstab, Schwert, Lanze gehören, umfassen u. a. die Hieb- und Stich-W. wie Schwert, Degen, Säbel und Dolch, zu denen im 17. Jh. noch das Spundbajonett, im 19. Jh. das Seitengewehr kamen. Eine bes. Kategorie bilden die sog. Mordäxte, wie Streitbeil, Streithammer, Streitkolben und Morgenstern, die in Europa bis zum

Jacob Wackernagel

Hannes Wader

Waffenfliegen

17. Jh. in Gebrauch waren, im Orient und bei Naturvölkern jedoch bis zu Beginn des 20. Jh. Die Stangen-W. (Spieß, Lanze, Hellebarde, Gleve, Partisane) verloren durch die größere Wirksamkeit der Feuer-W. im 17. Jh. ihre Bed. und wurden durch Sponton und Kurzgewehr der Unteroffiziere abgelöst. Z. T. schon in vorgeschichtl. Zeit größte Bed. hatten die Fern-W., wie Schleuder, Speer, Speerschleuder, Pfeil und Bogen, Armbrust, sowie die schweren Kriegsmaschinen der Antike und des MA. Diese Art der Fern-W. verlor (mit der Erfindung des Schießpulvers) in Europa gegen Mitte des 14. Jh. ihre Wirkung; sie wurden von den nun aufkommenden Feuer-W. verdrängt, nur Speer, Pfeil und Bogen und Armbrust fanden bei der Jagd noch Verwendung. Die Hand- und Faustfeuer-W. unterschieden sich nur durch die verschiedenartige Funktionsweise der Zündung (↑Gewehr). Mit der Konstruktion der Hinterlade-, Repetier-W. sowie der halb- und vollautomat. Schuß-W. (↑Maschinenwaffen) in den letzten hundert Jahren erreichten diese ihren höchsten Stand. Die Entwicklung vom Vorder- zum Hinterlader vollzog sich auch bei den Geschützen. Die seit dem 1. Weltkrieg entwickelten hochtechnisierten konventionellen und insbes. die ABC-W. sowie die kosm. Angriffs-W. haben ein bislang nicht gekanntes Vernichtungspotential geschaffen (↑Rüstung, ↑Abrüstung).
Zu den *rechtl.* Bestimmungen ↑Waffenrecht.

Waffenfliegen (Stratiomyidae), weltweit verbreitete Fam. der Fliegen mit rd. 1 500 etwa 0,5–1,5 cm großen Arten; meist metallisch glänzend oder schwarz-gelb gezeichnet; Hinterleib breit und flach; Blütenbesucher; Larven im Boden an faulenden Substanzen oder im Wasser. – Zu den W. gehören u. a. ↑Chamäleonfliege ↑Donnfliegen.

Waffenrecht, Gesamtheit der gesetzl. Regelungen über die Herstellung und den Umgang mit Waffen, geregelt insbes. im Bundeswaffengesetz i. d. F. vom 8. 3. 1976; darin enthalten sind nähere Bestimmungen über die Erlaubnis zur Herstellung, Bearbeitung und Instandsetzung von Waffen sowie den Handel damit. Es schreibt die Führung von Waffenherstellungs-, Waffenhandels- und Munitionshandelsbüchern vor, verpflichtet die Schußwaffenhersteller zur deutl. Kennzeichnung der Schußwaffen, schreibt die Beschußpflicht und Beschußprüfung (amtl. Überprüfung von Handfeuerwaffen u. ä.) vor und trifft nähere Regelungen für die Einfuhr, den Erwerb und das Überlassen von Waffen und Munition. Wer Schußwaffen erwerben und die tatsächl. Gewalt über sie ausüben will, d. h. sie innerhalb seiner Wohnung, Geschäftsräume oder seines befriedeten Besitztums gebrauchen will, bedarf der **Waffenbesitzkarte.** Wer Schußwaffen außerhalb seines befriedeten Besitztums bei sich führen will, benötigt einen **Waffenschein.** Verstöße gegen das WaffenG können mit Freiheitsstrafe bis zu 10 Jahren bzw. mit Geldstrafe oder mit Geldbuße bis zu 10 000 DM geahndet werden. Daneben können die Waffen eingezogen werden. Kriegswaffen dürfen nach Art. 26 Abs. 2 GG nur mit Zustimmung der Bundesreg. hergestellt, befördert und in den Verkehr gebracht werden. Nähere Einzelheiten sind im KriegswaffenG i. d. F. vom 22. 11. 1990 geregelt. Rechtsgeschäfte, die sich auf Kriegswaffen, insbes. auf deren Erwerb beziehen, sowie die Vermittlung von Geschäften über Kriegswaffen, die sich im Ausland befinden, unterliegen einer Genehmigungspflicht.

Waffenruhe, im Völkerrecht Vereinbarung über eine vorübergehende Einstellung bewaffneter Feindseligkeiten zw. Kriegsparteien; sie soll z. B. die Bergung Verwundeter, die Evakuierung der Zivilbevölkerung, den Durchlaß von Parlamentären und neutralen Diplomaten oder die Respektierung religiöser Feiertage ermöglichen.

Waffenschein ↑Waffenrecht.

Waffensegen, im MA die nur vom Papst bzw. Bischof vorgenommene Segnung des Schwertes (Schwertweihe) anläßlich der *Schwertleite* (↑Rittertum). – Obwohl eine liturg. Segnung von [Vernichtungs]waffen in keiner Agende und keinem Rituale einer christl. Konfession zu finden ist, wurde sie in nahezu allen Kriegen vorgenommen.

Waffen-SS, seit 1939/40 gebräuchl. Bez. für die bewaffneten Formationen der Schutzstaffel (Abk. SS); umfaßte die im Krieg eingesetzten militär. Verbände und die Wachmannschaften der Konzentrationslager. Grundstock für die W.-SS waren die Polit. Bereitschaften der SS (später SS-Verfügungstruppe) und die Totenkopfverbände, die 1938 zur „stehenden bewaffneten Truppe der SS" erklärt wurden. Nach dem Polenfeldzug 1939 wurden die SS-Verfügungsdivision und die SS-Totenkopfdivision gebildet, die Grundlage für den Ausbau der W.-SS von 100 000 (1940) auf rd. 900 000 Mann (1944) waren. Sie bestand höchstens zur Hälfte aus Freiwilligen. Die Konkurrenzsituation zur Wehrmacht bei der Rekrutierung und die Kriegslage führten dazu, daß zunehmend Volksdeutsche (rd. 300 000, z. T. zwangsverpflichtet) und ausländ. Freiwillige (wenigstens 200 000) in die W.-SS aufgenommen wurden. Ihre aktiven Verbände kämpften im Rahmen des Heeres, wurden z. T. aber auch zu verbrecher. Sonderaktionen eingesetzt, z. B. als KZ-Wachmannschaften; zw. diesen und den Feldeinheiten gab es im Krieg Personalaustausch.

Waffenstillstand, über die Waffenruhe hinausgehende Vereinbarung der Kriegsparteien, bewaffnete Feindseligkeiten zeitweilig oder dauernd, allg. oder für einen Teil des Kriegsgebietes zu beenden; i. d. R. zeitlich begrenzt zu Verhandlungen über einen Friedensvertrag. Gemäß den Genfer Konventionen sind die Kriegsparteien verpflichtet, im W.vertrag oder in einem bes. Vertrag die Rückkehr der Zivilinternierten und der Kriegsgefangenen vorzusehen.

Waffentanz (Kriegstanz), v. a. unter Naturvölkern (Maori, Indianer) verbreiteter, von bewaffneten Männern ausgeführter Tanz vor oder nach einem Kampf; soll eine Zauberwirkung auf die Tänzer oder auf ihre Feinde ausüben; bei den Germanen war der *Schwerttanz* verbreitet, der im MA zum Schautanz wurde.

Waffentechnik, Bereich der Technik, der sich mit der Entwicklung und Bereitstellung von Waffen, Waffenleitanlagen, Waffensystemen und Waffenträgern befaßt. Neben der Entwicklung von Waffen i. e. S. gehört dazu auch die Entwicklung von Systemen, die der militär. Aufklärung dienen, so z. B. Radaranlagen für die Fernaufklärung, Radar-, Funküberwachungsgeräte und opt. Geräte in Aufklärungsflugzeugen und -schiffen, Navigations- und Ortungsanlagen, Anlagen zur Übertragung der Aufklärungsdaten, Einrichtungen zur Freund-Feind-Unterscheidung usw. Entsprechendes gilt für den Bereich der *[Waffen]leitanlagen:* radartechn., opt., akust. und auf Infrarotbasis arbeitende Zielerfassungs- und -verfolgungsgeräte, Rechengeräte zur automat. Zielsuche, Anlagen zur Weitergabe der Werte an den Schußwertrechner sowie zur Weiterleitung der Schußwerte an die betreffenden Waffen, Bildschirmgeräte zur Zieldarstellung.

Waffenträger, alle mit Waffen ausgerüsteten Land-, Wasser-, Luftfahrzeuge und Raketen.

Wafio [neugriech. vaˈfjɔ] (Vaphio), südl. der griech. Stadt Sparta (Lakonien) gelegener Fundort des Kuppelgrabes eines myken. Fürsten; 1888 ausgegraben. Wichtigste Beigabe: ein Paar goldene Becher kret. Ursprungs (1. Hälfte des 15. Jh. v. Chr.; Athen, Archäolog. Nationalmuseum) mit getriebenen Reliefs, wohl die bedeutendsten erhaltenen minoischen Treibarbeiten.

Waganowa, Agrippina Jakowlewna [russ. vaˈganevɐ], * Petersburg 24. Juni 1879, † Leningrad (= St. Petersburg) 5. Nov. 1951, russ. Tänzerin und Ballettpädagogin. – Entwickelte als Lehrerin an der Leningrader Choreograph. Schule das sog. W.-Unterrichtssystem, das zur Grundlage der Ballettausbildung wurde. Schrieb „Die Grundlagen des klass. Tanzes" (1934).

Wagarschapat ↑Etschmiadsin.

Wagemann, Ernst, * Chanarcillo (Chile) 18. Febr. 1884, † Bonn 20. März 1956, dt. Nationalökonom. – Prof. in Berlin, 1923–33 Präs. des Statist. Reichsamts, Gründer (1925) und Leiter (1925–45) des Inst. für Konjunkturforschung (heute: Dt. Inst. für Wirtschaftsforschung) in Berlin; 1949–53 Prof. in Santiago de Chile. Das von ihm entwickelte Konjunkturbarometer, ein System ökonom. Kategorien zur statist.-empir. Konjunkturdiagnose und -prognose, machte ihn internat. bekannt.

Ernst Wagemann

Wilhelm Wagenfeld. Service in Kubusform, 1938

Wagen, ein- oder auch mehrachsiges Räderfahrzeug zum Transport von Gütern, Personen u. a.; im urspr. Sinne ein bespanntes, d. h. von Zugtieren (v. a. Pferden) gezogenes Fuhrwerk mit drehbarer Vorderachse und damit verbundener Deichsel (z. B. Droschke, Kutsche, Leiter- u. a. Acker-W.), heute svw. Kraftwagen oder Eisenbahnwagen. Die Entwicklung des W. (vermutlich aus der Schleife) begann mit der Erfindung des Rads im späten Neolithikum. Eine Darstellung aus Ur zeigt um 2600 v. Chr. einen W. bei einer Prozession.
▷ ↑ Schreibmaschine.
▷ (Großer W., Kleiner W.) ↑ Bär.

Wagenbach, Verlag Klaus ↑ Verlage (Übersicht).

Wagenbühne ↑ Theater.

Wagenburg, ringförmige Aufstellung von Wagen zur Verteidigung gegen Feinde (z. B. in den Hussitenkriegen und der nordamerikan. Kolonialzeit).

Wagenfeld, Wilhelm, * Bremen 15. April 1900, † Stuttgart 28. Mai 1990, dt. Ind.designer. – 1931–35 und 1947–49 Prof. an der Kunsthochschule Berlin; besaß seit 1954 eine Werkstatt in Stuttgart. Bestimmend für seine Designs v. a. von Gebrauchsgegenständen wurden Funktionalität, Materialeigenschaften und Fabrikationsmöglichkeiten.

Wagenführ, Rolf, * Langewiesen 5. Nov. 1905, † Heidelberg 15. April 1975, dt. Statistiker und Volkswirtschaftler. – Prof. in Heidelberg, 1958–66 Generaldirektor des Statist. Amtes der EG; entwickelte ein am wirtsch. Kreislauf orientiertes System der Wirtschafts- und Sozialstatistik.

Wagengrab, vorgeschichtl. Grabtyp, gekennzeichnet durch Mitbestattung eines Wagens; z. T. sind Zugtiere beigegeben; seit dem jüngeren Neolithikum Eurasiens bekannt, üblich v. a. in der späten Bronze- und frühen Eisenzeit und auf die Oberschicht beschränkt.

Wageningen [niederl. ˈwaːxənɪŋə], niederl. Stadt 17 km westl. von Arnheim, 32 500 E. Landw. Hochschule; internat. Forschungsinst. für Landgewinnung und Kultivierung, bodenkundl. Forschungsinst., Internat. Museum für Bodenkunde; graph. Gewerbe, Baustoff- und Bekleidungsindustrie.

Wagenrennen, v. a. bei den Festspielen der Antike im griech.-röm. Kulturkreis im Hippodrom bzw. in der Arena des röm. Zirkus ausgetragene Rennen mit leichten zweirädrigen Wagen mit Zwei- und Viergespannen; Länge der Rennstrecke in Olympia über 9 km.

Wagenseil, Georg Christoph, * Wien 29. Jan. 1715, † ebd. 1. März 1777, östr. Komponist und Pianist. – War in Wien Musiklehrer der kaiserl. Familie, ab 1739 kaiserl. Hofkomponist, 1741–50 Organist an der Kapelle der Kaiserinwitwe Elisabeth Christine. Bed. Vertreter der Wiener Schule; komponierte u. a. 16 Opern, 3 Oratorien, 36 Sinfonien, 27 Klavierkonzerte, Klaviersonaten, Kantaten.

Waggerl, Karl Heinrich, * Badgastein 10. Dez. 1897, † Wagrain (bei Sankt Johann im Pongau) 4. Dez. 1973, östr. Schriftsteller. – Seine bäuerl. Herkunft war bestimmend für sein Schaffen, das das einfache, beständige, der Natur zugewandte Leben oft humorvoll fabulierend schildert, v. a. in „Brot" (R., 1930), „Das Jahr des Herrn" (R., 1933), „Wagrainer Tagebuch" (1936), „Fröhl. Armut" (En., 1948), „Ein Mensch wie ich" (Autobiographie, 1963), „Wagrainer Bilderbuch" (Skizzen, 1973).

Waggon [vaˈgõː; engl.], svw. Eisenbahnwagen.

Waginger See, See im oberbayer. Alpenvorland, nö. von Traunstein, 442 m ü. d. M., 9 km lang, bis 28 m tief.

Wagner, Adolph Heinrich Gotthilf, * Erlangen 25. März 1835, † Berlin 8. Nov. 1917, dt. Nat.ökonom. – Prof. u. a. in Wien und Berlin; Mgl. des preuß. Abg.hauses (Christl.-Soziale Partei, 1882–85) und des preuß. Herrenhauses (ab 1910). Als sog. Kathedersozialist Mitbegr. des Vereins für Socialpolitik, vertrat ein Konzept umfassender Staatseingriffe in die Wirtschaft („Staatssozialismus"). – *Werke:* Die Abschaffung des privaten Grundeigentums (1870), Grundlegung der polit. Ökonomie (1876).

W., Carl-Ludwig, * Düsseldorf 9. Jan. 1930, dt. Politiker (CDU). – Jurist; 1969–76 MdB; 1979–81 Justizmin. in Rhld.-Pf., 1981–88 dort Finanzmin.; 1983–91 MdL; 1988–91 Min.präs. von Rheinland-Pfalz.

W., Christophorus, in den Bearbeitungen des Fauststoffes der Famulus des ↑ Faust.

W., Cosima, * Como 24. Dez. 1837, † Bayreuth 1. April 1930, Frau von Richard Wagner. – Tochter Franz Liszts und der Marie Gräfin d'Agoult; ab 1857 ⚭ mit H. von Bülow, ab 1870 mit Richard W.; hatte 1883 bis 1906 die künstler. und organisator. Leitung der Bayreuther Festspiele inne.

W., Eduard, * Kirchenlamitz 1. April 1894, † Zossen 23. Juli 1944, dt. General. – 1940 Generalquartiermeister; Mitglied des militär. Widerstandes gegen Hitler; nahm sich nach dem mißglückten Attentat (20. Juli 1944) das Leben.

W., Heinrich Leopold, * Straßburg 19. Febr. 1747, † Frankfurt am Main 4. März 1779, dt. Dramatiker. – Neben F. M. von Klinger und J. M. R. Lenz typ. Vertreter des Sturm-und-Drang-Dramas; bes. bekannt sein sozialkrit. Drama „Die Kindermörderin" (1776).

W., Martin, * Königsberg (Pr) 5. Nov. 1885, † Cambridge (Mass.) 28. Mai 1957, dt. Architekt. – 1926–33 als Stadtbaurat in Berlin tätig, in enger Zusammenarbeit u. a. mit L. Mies van der Rohe, W. Gropius und H. Scharoun; ab 1938 Prof. für Städtebau an der Harvard University in Cambridge (Mass.).

W., Otto, * Penzing (= Wien-Penzing) 13. Juli 1841, † Wien 11. April 1918, östr. Architekt. – Gelangte zu einem

Karl Heinrich Waggerl

Carl-Ludwig Wagner

Cosima Wagner

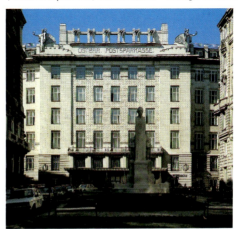

Otto Wagner. Das Postsparkassenamt in Wien, 1904–06

Richard Wagner
(Ausschnitt aus einem
Gemälde von Franz
von Lenbach)

Siegfried Wagner

Wieland Wagner

Wolfgang Wagner

aus Funktion, Konstruktion und Material bestimmten „Nutzstil", der ihn zum führenden Architekten Österreichs machte. Nach seinen Bauten für die Wiener Stadtbahn (1894–97) wurde Höhepunkt dieser Entwicklung das Postsparkassenamt in Wien (1904–06). Durch seine Bed. als Lehrer (1894–1912 Prof. an der Kunstakad. in Wien) und seine publizist. Tätigkeit wirkte W. weit in das 20. Jahrhundert.

W., Peter, *Obertheres (= Theres [bei Haßberge]) 26. Febr. 1730, †Würzburg 7. Jan. 1809, dt. Bildhauer. – Bis in die 1770er Jahre schuf er bewegte Rokokoskulpturen, später entwickelte er frühklassizist. Formen. V. a. Entwurf und teilweise Ausführung der Kreuzwegstationen des Käppele (1767 ff., Würzburg); Figuren für Treppenhaus und Hofgarten der Würzburger Residenz (bis 1779).

W., Richard, *Leipzig 22. Mai 1813, †Venedig 13. Febr. 1883, dt. Komponist. – Verbrachte seine Jugend in Dresden und Leipzig; wesentl. künstler. Eindrücke vermittelten ihm die Musik Mozarts, Beethovens, C. M. von Webers sowie die Dichtungen Shakespeares und E. T. A. Hoffmanns. 1833 begann W. seine Theatertätigkeit als Chordirektor in Würzburg; es folgten bis 1837 Anstellungen als Musikrektor in Lauchstädt, Magdeburg, Königsberg. Damals entstanden die beiden ersten vollendeten Opern, die W. – wie sämtl. späteren musikdramat. Werke – auf eigene Texte komponierte: „Die Feen" (1833/34; UA 1888) und „Das Liebesverbot" (1834–36; UA 1836). 1836 heiratete er die Schauspielerin Minna Planer (*1809, †1866). 1837–39 war er Musikdirektor in Riga. Hier schrieb er den Text von „Rienzi" und begann mit der Komposition der beiden ersten Akte. Im März 1839 mußte W., hochverschuldet, Riga heimlich verlassen. Über London kam er nach Paris; hier vollendete er 1840 den „Rienzi"; zudem entstanden die „Faust-Ouvertüre" sowie „Der fliegende Holländer" (1839–41). Die Annahme des „Rienzi" durch die Dresdner Hofoper veranlaßte W. zur Übersiedlung nach Dresden. Die UA (1842) wurde ein großer Erfolg und führte zur Annahme auch des „Fliegenden Holländers" (UA 1843) wie zur Ernennung zum Königl. Sächs. Hofkapellmeister. Seine Hauptwerke der Dresdner Zeit sind die beiden romant. Opern „Tannhäuser" (1842–45; UA 1845) und „Lohengrin" (1845–48; UA 1850). Hier griff W. erstmals zu Stoffen aus der dt. ma. Literatur. Musikalisch führt er die Ansätze des „Holländers" zur Leitmotivtechnik weiter, daneben sind charakteristisch die Auflösung des traditionellen Nummernaufbaus zugunsten größerer szen. Einheiten sowie die Verfeinerung von Harmonik und Instrumentation. – 1848 schrieb W. den Text zur Heldenoper „Siegfrieds Tod" (Vorform der späteren „Götterdämmerung"). Auf Grund seiner Beteiligung an der dt. Revolution 1848/49 wurde er nach dem gescheiterten Dresdner Maiaufstand von 1849 steckbrieflich gesucht und floh in die Schweiz. Er ließ sich in Zürich nieder (ab 1857 in einer von dem Großkaufmann Otto Wesendonck [*1815, †1896] und seiner Frau Mathilde [*1828, †1902] eingerichteten Wohnung). Hier verfaßte W. einige seiner wichtigsten Kunstschriften: „Das Kunstwerk der Zukunft" (1849), „Oper und Drama" (1850/51). 1851/52 erweiterte W. die Operndichtung „Siegfrieds Tod" durch Voranstellung von „Der junge Siegfried" (später „Siegfried"), „Die Walküre" und „Das Rheingold" zum „Ring des Nibelungen" (mit der Gattungsbez. „Bühnenfestspiel"). Komponiert 1853–57, wurde hierin die Leitmotivtechnik tragendes Kompositionsprinzip. 1857–59 entstanden Text und Musik von „Tristan und Isolde". Die Musik erreicht in der Chromatisierung der Harmonik die Grenzen der funktionalen Tonalität und verbindet entfernteste Ausdrucksbereiche durch die „Kunst des feinsten allmählichsten Überganges". Die aus W. Neigung zu M. Wesendonck erwachsenden Spannungen zw. den beiden Familien nötigten 1858 zur Aufgabe des Zürcher Exils. Es folgten Jahre des unseßhaften Lebens u. a. in Venedig, Luzern, Paris, Wien. 1864 berief Ludwig II. von Bayern den völlig verschuldeten W. nach München und finanzierte seine Komponistentätigkeit. 1865 wurde in München „Tristan" unter der Leitung H. von Bülows uraufgeführt. Noch im gleichen Jahr mußte W. wegen Spannungen mit dem bayer. Kabinett München verlassen, wurde aber weiter von Ludwig II. unterstützt. 1866–67 wohnte W. in Tribschen bei Luzern. Hier vollendete er 1867 „Die Meistersinger von Nürnberg" (begonnen 1861; UA 1868). Das Werk wurde wegen des volkstüml. Stoffs und der im Vergleich zum „Tristan" eingängigeren Musik sofort erfolgreich und blieb sein populärstes Werk. 1868 zog Cosima von Bülow nach Tribschen zu W., der sie 1870 heiratete (Kinder sind Isolde [*1865, †1919], Eva [*1867, †1942] und Siegfried). – 1872 übersiedelte W. mit Familie nach Bayreuth. Im Festspielhaus (Grundsteinlegung 1872) erlebte „Der Ring des Nibelungen" 1876 seine UA. 1877 folgte die Ausarbeitung der Dichtung von „Parsifal" und der Beginn der Komposition (Abschluß 1882). In diesem „Weltabschiedswerk" verbindet W. das Musikdrama mit Zügen des Mysterienspiels und des Oratoriums. In der musikal. Motivik kontrastieren Diatonik und Chromatik, in der Orchesterbehandlung Farbmischung mit registerartigem Einsatz der Instrumentengruppen. Nach den 2. Bayreuther Festspielen mit der UA des „Parsifal" (1882) reiste W. nach Venedig, wo er 1883 an einem chron. Herzleiden starb. – Sein musikdramat. Werk bildet als Realisierung der Idee einer erneuerten dramat. Kunst in einem Gesamtkunstwerk, durch die Aktualisierung von ma. Dichtung und Gedankenwelt und die Kraft der musikal. Erfindung und Gestaltung eine der herausragenden Leistungen des 19. Jh. Seine musikhistor. Wirkung reicht bis an die Schwelle der Neuen Musik (A. Bruckner, G. Mahler, R. Strauss, A. Schönberg), seine Musik und sein gedankl.-philosoph. Werk zogen immer wieder Schriftsteller (C. Baudelaire, B. Shaw, T. Mann) und Philosophen (F. Nietzsche, E. Bloch, T. W. Adorno) an.

W., Siegfried, *Tribschen bei Luzern 6. Juni 1869, †Bayreuth 4. Aug. 1930, dt. Komponist, Dirigent und Regisseur. – Sohn von Richard W.; leitete ab 1908 die Bayreuther Festspiele; komponierte 13 Opern bewußt volkstüml. Art, zu denen er auch die Texte verfaßte, u. a. „Der Bärenhäuter" (1899).

W., Wieland, *Bayreuth 5. Jan. 1917, †München 17. Okt. 1966, dt. Regisseur und Bühnenbildner. – Sohn von Siegfried W.; übernahm mit seinem Bruder Wolfgang 1951 die künstler. Leitung der Bayreuther Festspiele. Er schuf einen neuen Inszenierungsstil für die Werke von Richard W., indem er die Bühne von allem Überflüssigen „entrümpelte" und durch Abstraktion das Symbolhafte betonte.

W., Winifred, geb. Williams, *Hastings 23. Juni 1897, †Überlingen 5. März 1980, Frau von Siegfried W. – Übernahm nach dem Tod ihres Mannes 1930 die Leitung der Bayreuther Festspiele bis 1944; wegen ihrer positiven Einstellung zum NS heftig angegriffen.

W., Wolfgang, *Bayreuth 30. Aug. 1919, dt. Regisseur. – Sohn von Siegfried W.; übernahm mit seinem Bruder Wieland 1951 die Leitung der Bayreuther Festspiele; nach dessen Tod (1966) alleiniger Leiter. Seit 1953 auch zunehmend Regisseur der Bühnenwerke von Richard W. in Bayreuth.

Wägner, Elin [schwed. 'vɛːgnər], *Lund 16. Mai 1882, †Lilla Björka 7. Jan. 1949, schwed. Schriftstellerin. – Vorkämpferin der Frauenemanzipation („Kämpfende Frauen", R., 1915). Schrieb auch realist.-humorvolle Bauernromane aus Småland.

Wagner-Régeny, Rudolf [ˈreːgɛni], *Sächsisch-Reen (= Reghin) 28. Aug. 1903, †Berlin 18. Sept. 1969, dt. Komponist. – Ab 1947 Rektor der Musikhochschule in Rostock, 1950–68 Kompositionslehrer an der Dt. Hochschule für Musik in Berlin (Ost). Komponierte v. a. Opern, in denen er sich der Brechtschen Theaterkonzeption näherte. Erfolgreich war bes. „Der Günstling" (1935), ferner „Die Bürger von Calais" (1939), „Johanna Balk" (1941), „Pers. Episode" (1951), „Das Bergwerk zu Falun" (1961).

Wagnerscher Hammer [nach dem dt. Ingenieur J. P. Wagner, *1799, †1879], elektr. Unterbrecher, der einen elektr. Stromkreis in schneller Folge öffnet und schließt; ein Elektromagnet zieht einen Anker an, der den Erregerstromkreis unterbricht; der Anker schwingt in seine Ruhelage zurück, wobei er den Stromkreis wieder schließt, so daß der Vorgang erneut beginnt.

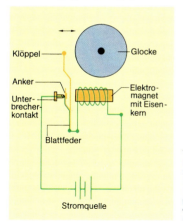

Wagnerscher Hammer. Schematische Darstellung des Funktionsprinzips in einer elektrischen Klingel

Wagnertuba (Waldhorntuba), engmensurierte ↑Tuba mit Waldhornmundstück und 4 Ventilen, in B (Umfang $_1E-b^2$) und F (Umfang $_1Es-f^2$). Auf Anregung R. Wagners gebaut.

Wagner von Jauregg, Julius Ritter (J. Wagner-Jauregg), *Wels 7. März 1857, †Wien 27. Sept. 1940, östr. Psychiater. – Prof. in Graz und Wien; führte 1917 die Malariaimpfung zur Behandlung der progressiven Paralyse ein; hierfür erhielt er 1927 den Nobelpreis für Physiologie oder Medizin.

Wagnisse, Risiko und Verlustgefahren, die sich aus der unternehmer. Tätigkeit ergeben; man unterscheidet: 1. *kalkulierbare Einzel-W.* (Anlagen-, Bestände-, Fertigungs- und Absatz-W.), 2. nicht kalkulierbares *allg. Unternehmer-W.*, das im Gewinn abgegolten wird.

Wagram ↑Deutsch-Wagram.

Wagrien [ˈvaːgriən], Teil des Ostholstein. Hügellandes zw. Kieler und Lübecker Bucht. – Nach dem wend. Stamm der **Wagrier,** einem Teilstamm der Obotriten, ben.; um 968 Gründung des Bistums Oldenburg (in Holstein); 983 Slawenaufstand; seit 1126 Neubeginn der Mission durch den hl. Vicelin; ab 1143 Ansiedlung dt. Siedler.

Wahhabiten, Anhänger einer puritan. Bewegung des Islams, deren Begründer ↑Muhammad Ibn Abd Al Wahhab in Anlehnung an die Lehren Taki Ad Din Ahmad ↑Ibn Taimijjas den Islam auf seine urspr. Form (absolutes Genußmittel- und Bilderverbot; altarab. Strafgesetze) zurückführen wollte. Im Hinblick auf die gebotene ausschließliche Verehrung Gottes lehnen die W. jede Art von Totenkult wie auch die Verehrung des Propheten Mohammed ab. Um 1740 gewann Ibn Abd Al Wahhab den Stammesscheich Ibn Saud († 1765) für seine Lehren; dessen Nachfolger breiteten sie über ganz Z-Arabien aus, eroberten 1806 Mekka und Medina und bedrohten die osman. Herrschaft über Arabien. 1883 wurde das Haus Ibn Saud aus Ar Rijad vertrieben und fand Zuflucht in Kuwait. Erst 1902 gelang es Abd Al Asis ↑Ibn Saud, zurückzukehren und die Macht seines Hauses wieder aufzubauen. Die Lehren der W. sind die herrschende religiöse Doktrin in dem von Ibn Saud begr. Kgr. Saudi-Arabien.

Wahlanfechtung ↑Wahlprüfung.

Wählbarkeit, svw. passives ↑Wahlrecht.

Wahldelikte, zusammenfassende Bez. für die in den §§ 107 ff. StGB normierten Straftaten, die im Zusammenhang mit der Wahl der Abg. zu den Volksvertretungen, zum Europ. Parlament und sonstigen Wahlen und Abstimmungen des Volkes in Bund, Ländern, Gemeinden und Gemeindeverbänden sowie bei Urwahlen in der Sozialversicherung begangen werden. Mit Freiheitsstrafe bis zu 5 Jahren oder mit Geldstrafe werden bestraft: die *Wahlbehinde-*

rung (Verhinderung oder Störung einer Wahl bzw. der Feststellung ihres Ergebnisses durch Gewalt oder durch Drohung mit Gewalt), die *Wahlfälschung* (Herbeiführen eines unrichtigen Wahlergebnisses [z. B. durch unbefugtes Wählen] oder Verfälschen des Wahlergebnisses), die *Wählernötigung* (die Hinderung eines anderen mit Gewalt, durch Drohung, durch sonstigen wirtsch. Druck zu wählen oder sein Wahlrecht in einem bestimmten Sinne auszuüben; in bes. schweren Fällen Freiheitsstrafe bis zu 10 Jahren) und die *Wählerbestechung* (das Anbieten, Versprechen oder Gewähren von Geschenken oder anderen Vorteilen dafür, daß nicht oder in einem bestimmten Sinne gewählt wird). Mit Freiheitsstrafe bis zu 2 Jahren werden bestraft die *Verletzung des Wahlgeheimnisses* und die *Wählertäuschung* (der durch Täuschung bewirkte Irrtum über den Inhalt einer Wahlerklärung bzw. die durch Täuschung bewirkte Nichtwahl oder ungültige Wahl). Mit Freiheitsstrafe bis zu 6 Monaten oder mit Geldstrafe bis zu 180 Tagessätzen wird die *Fälschung von Wahlunterlagen* (z. B. hinsichtlich einer Eintragung in die Wählerliste) bestraft. Der Wahl oder Abstimmung steht das Unterschreiben eines Wahlvorschlages oder das Unterschreiben für ein Volksbegehren gleich. – Die Ahndung entsprechender Straftaten bzw. Ordnungswidrigkeiten bei Wahlen zum Betriebsrat, Personalrat, Aufsichtsrat u. a. ist in den einschlägigen Gesetzen geregelt. Im *östr.* und *schweizer. Recht* (Stimmrechtsdelikte) gelten im wesentlichen dem dt. Recht entsprechende Vorschriften.

Wahlen, Friedrich Traugott, *Gmeis (= Mirchel, Kt. Bern) 10. April 1899, †Bern 7. Nov. 1985, schweizer. Politiker (BGB/SVP). – 1942–45 Beauftragter des Bundesrats für den **Plan Wahlen,** der die Anbaufläche der schweizer. Landw. gegenüber der Vorkriegszeit verdoppelte; 1942–49 Ständerat, 1943–49 Prof. in Zürich; 1949–58 bei der FAO tätig; Bundesrat 1959–65, 1961 Bundespräs.; 1967–74 Vors. der sog. **Wahlenkommission** für die Vorbereitung der Totalrevision der Bundesverfassung; schrieb agrarpolit. Werke.

Friedrich Traugott Wahlen

Julius Wagner von Jauregg

Wahlen, Verfahren in Staaten, Gebiets- u. a. Körperschaften sowie Personenvereinigungen und Organisationen zur Bestellung von repräsentativen Entscheidungs- oder herrschaftsausübenden Organen. Aus W. können Abg. (bei *Landtags-* und *Bundestags-W.*), Kreis-, Stadt-, Gemeinderäte (bei *Kommunal-W.*), Vereins- und Kirchenvorstände, Präs. und Reg.chefs, Betriebs- und Personalräte, Jugendvertreter usw. hervorgehen. Diese Amts- oder Mandatsinhaber erhalten ihre Legitimation dadurch, daß eine Personengruppe in einem vorher festgelegten Verfahren ihren Willen äußert. Die Summe der Einzelentscheidungen führt zur Gesamtentscheidung, der Wahl.

Wahlgrundsätze: Man unterscheidet grundsätzlich zw. **allgemeiner Wahl** (das ↑Wahlrecht steht allen Staatsbürgern ohne Ansehen des Geschlechts bzw. der Berufs-, Gruppen-, Schichten- oder Klassenzugehörigkeit zu) und **beschränktem Wahlrecht** (z. B. Ausschluß des Frauenwahlrechts, ↑Dreiklassenwahlrecht), zw. **unmittelbarer (direkter) Wahl** und **indirekter Wahl** (zw. Wählern und Wahlbewerbern gibt es eine weitere Instanz, z. B. eine Wahlmännerversammlung), zw. **freier Wahl** (jede Art von Druck auf die Wahlberechtigten von öff. oder privater Seite ist untersagt; jeder Wähler wählt freiwillig) und **Wahlpflicht** (das Fernbleiben einer Wahl wird mit Strafe bedroht), zw. **gleicher Wahl** (jede Stimme hat gleiches Gewicht; jeder Wähler darf die gleiche Stimmenanzahl abgeben; es muß *Chancengleichheit* zw. den Wahlbewerbern herrschen) und *Ungleichheit der Wahlchancen* (z. B. bei Klassenwahlrecht, Listenbeschränkung, evtl. auch bei Sperrklausel), zw. **geheimer Wahl** (verdeckte Stimmabgabe auf Stimmzetteln oder mit Hilfe von Wahlmaschinen) und **offener Wahl** (durch Handzeichen; oft in Vereinssatzungen verankert). – In *Deutschland* gelten für die W. zum Bundestag die Grundsätze der allg., unmittelbaren, freien, gleichen und geheimen Wahl (Art. 38 Abs. 1 GG). Das Prinzip der [Chancen]gleichheit wird durch die ↑Fünfprozentklausel beschnitten, eine *Sperrklausel,* mit der eine Zersplitterung des Parteiengefüges verhindert werden soll, die aber auch

wahlfreier Unterricht

aussichtsreichen neuen polit. Gruppierungen den Start erschwert.

Wahlsysteme: Es wird zw. Mehrheits-, Verhältnis- und Mischwahlsystemen unterschieden. – Bei der **Mehrheitswahl** gelten die Abg. als *Repräsentanten* (Vertreter) ihrer Wahlkreise; es bestehen u. a. folgende *Mehrheitswahlverfahren*: In *Einerwahlkreisen* (pro Wahlkreis wird 1 Abg. gewählt) gilt derjenige Kandidat als gewählt, der die relative bzw. absolute Mehrheit auf sich vereinigt; bei absoluter Mehrheitswahl wird ein 2. Wahlgang erforderlich (*Stichwahl;* oft der beiden Bestplazierten), wenn im 1. Wahlgang keiner der Kandidaten die absolute Mehrheit erreicht hat. In *Mehrerwahlkreisen* (pro Wahlkreis wird eine festgelegte Anzahl von Abg. gewählt) hat bei sog. *Persönlichkeitswahl* i. d. R. jeder Wähler so viele Stimmen, wie Mandate im Wahlkreis zu vergeben sind. Beim *Mehrheitssystem mit freien Listen* kann der Wähler Kandidaten aus verschiedenen Listen wählen *(panaschieren);* bei *Mehrheitswahl mit Kumulation* (Stimmenhäufung) kann der Wähler alle oder einen bestimmten Teil seiner Stimmen auf einen Wahlbewerber vereinen *(kumulieren);* gewählt sind jeweils die Kandidaten mit höchster Stimmenzahl. Beim *Mehrheitssystem mit starren Listen* sind alle Wahlbewerber der Liste, die die Stimmenmehrheit erreicht habe, gewählt. – Ziel der **Verhältniswahl** (Proportionalwahl) ist eine möglichst genaue und repräsentative Widerspiegelung der in der Wählerschaft vorhandenen polit. Richtungen im zu wählenden Vertretungsorgan; zur Durchführung der Verhältniswahl bedarf es keiner Wahlkreise. Die Parteien stellen für das ganze Land *(Einheitswahlkreis)* Listen auf, zw. denen die Wähler zu entscheiden haben *(Listenwahl)*. Man unterscheidet *starre Listen* (jeder Wähler hat nur eine Stimme für eine Liste, die nicht verändert werden darf), *einfach gebundene Listen* (der Wähler darf auf der von ihm gewählten Liste die Reihenfolge der Kandidaten ändern, einem oder mehreren Kandidaten Vorzugsstimmen einräumen oder einen Bewerber aus der von ihm gewählten Liste namentlich wählen) und *freie Listen* (der Wähler kann panaschieren, d. h. Kandidaten verschiedener Listen wählen bzw. Kandidaten aus der von ihm gewählten Liste streichen und durch Kandidaten aus anderen Listen ersetzen). Die Verteilung der Mandate auf die einzelnen Parteien erfolgt entsprechend ihrem Anteil an den insges. abgegebenen Stimmen. – Aus dem Mehrheits- und dem Verhältniswahlsystem kombinierte Systeme werden den **Mischwahlsysteme** genannt.
Beispiel des Mischwahlsystems an Hand der Wahl zum Dt. Bundestag: Das Bundesgebiet ist in 328 Wahlkreise eingeteilt, in denen die Parteien oder Wählervereine Direktkandidaten aufstellen. 328 der insges. 656 Abg. werden in den Wahlkreisen nach den Grundsätzen der relativen Mehrheitswahl mit der Erststimme (↑Wahlsystem) gewählt; mit seiner Zweitstimme wählt der Wähler die Landesliste einer Partei, wobei er mit diesen beiden Stimmen verschiedene Parteien wählen kann (sog. **Splitting**). Nach den Grundsätzen der Verhältniswahl werden seit 1985 die auf die Parteien entfallenen Mandate mit Hilfe des ↑Hare-Niemeyer-Verfahrens errechnet. Wenn feststeht, wie viele Sitze auf jede Partei entfallen, werden von dieser Gesamtzahl die durch die Erststimmenauszählung bereits gewonnenen Direktmandate abgezogen. Die restl. Sitze werden aus den Landeslisten in der dort festgelegten Reihenfolge besetzt. Sollte eine Partei in einem Bundesland mehr Direktmandate erhalten haben, als ihr nach dem Ergebnis der Zweitstimmen zustehen, erhöht sich die Gesamtzahl der Bundestagssitze um diese **Überhangmandate.** Der Bundestag wird alle 4 Jahre gewählt *(Wahlperiode);* vorzeitige W. finden statt, wenn das Parlament aufgelöst wird. Die Wahlkreiskandidaten werden in Mgl.- bzw. Delegiertenversammlungen der Parteien gewählt, die Landeslisten werden von den Landesdelegiertenkonferenzen bzw. Landesparteitagen aufgestellt. – In *Österreich* wird der Nationalrat nach den Grundsätzen der Verhältniswahl gewählt. Das Bundesgebiet wird nach der Nationalrats-Wahlordnung in 9 Wahlkreise (identisch mit den Bundesländern) geteilt, die in 2 Wahlkreisverbänden zus.gefaßt werden. Der Nationalrat hat 183 Mgl.; die Anzahl der Mandate ist auf die Wahlkreise im Verhältnis der Bürgerzahl zu verteilen. – In der *Schweiz* wird bei der Wahl zum Nationalrat das System der Verhältniswahl angewandt, wobei jeder Kanton einen Wahlkreis bildet. Die Aufstellung der Kandidatenlisten wird von den kantonalen Parteien vorgenommen.

Vor der W. versuchen Parteien und Wählervereinigungen, mit Hilfe der Kandidatenaufstellung, der Erstellung eines Wahlprogramms, mit einem aus verschiedenen Formen von Wahlveranstaltungen und Werbemaßnahmen bestehenden **Wahlkampf** auf das Wählerverhalten Einfluß zu nehmen. Bei der Planung dieser Maßnahmen stützen sie sich auf von Meinungsforschungsinst. erstellte **Wahlprognosen** (Vorhersage über das Wahlverhalten), deren Techniken (v. a. richtige Stichprobenauswahl, z. B. nach Alter, Geschlecht, sozialer Schicht, [Berufs]gruppenzugehörigkeit des Befragten sowie nach der ökonom. und konfessionellen Struktur seines Wohnorts im Rahmen der *empir. Wahlforschung* der Wahlsoziologie entwickelt wurden. Nach denselben Prinzipien werden zum Zweck der schnellen Wahlberichterstattung repräsentative Stimmbezirke (die Sozialstruktur des Stimmbezirks entspricht der der gesamten Wählerschaft) ausgewählt, deren tatsächl. Teilwahlergebnisse hochgerechnet werden (↑Hochrechnung), oder denen Wähler nach der Stimmabgabe außerhalb des Wahllokals über ihre Wahlentscheidung befragt werden (**Wahlnachfrage**). Die **Wahlsoziologie,** eine Teildisziplin der polit. Soziologie, die u. a. die Wechselbeziehungen zw. Wählerverhalten und der allg. polit. Entwicklung untersucht, unterscheidet nach dem *Wählerverhalten* zw. weltanschaulich und parteipolitisch gebundenem *Stammwähler* und *Wechselwähler* (auf den mit Wahlaussagen und Wahlversprechungen eingewirkt wird), wobei sie die für die Entscheidungen des ↑Wechselwählers wichtigen Faktoren untersucht.

wahlfreier Unterricht, der neben den Pflichtfächern oder Pflichtkursen den Schülern in Wahlpflichtfächern oder – ohne eingrenzende Bestimmung – frei zu wählenden Wahlfächern oder Wahlkursen zusätzlich angebotene Unterricht (↑Gymnasium).

Wahlkampf ↑Wahlen.

Wahlkapitulation, im MA und in der Neuzeit schriftlich fixierter Vertrag, durch den der Wähler einem zu Wählenden Bedingungen für seine künftige Reg. stellten. Die Notwendigkeit der Bindung des Herrschers an das Recht führte seit dem 9. Jh. zu Königsversprechen und Krönungsgelübden. Im Hl. Röm. Reich legten seit Beginn des 13. Jh. in den geistl. Territorien die Domkapitel W. vor, in denen es um stand. Forderungen ging. 1519 mußte Karl V. als erster Röm. Kaiser einer W. zustimmen, seit 1711 gab es eine ständige, unveränderl. W. (capitulatio perpetua). Sie galt als Grundgesetz des Hl. Röm. Reiches und enthielt Bestimmungen zum Schutz der Libertät der dt. Fürsten und Forderungen der Reichsreform.

Wahlkonsul ↑Konsul.

Wahlkreis ↑Wahlen.

Wahlmänner, Personen, die in einem System mit indirekter Wahl (↑Wahlen) von den Urwählern in ein Gremium gewählt werden, dessen Aufgabe in der Wahl der eigtl. Vertreter bzw. Amtsträger besteht.

Wahlnachfrage ↑Wahlen.

Wahlordnungen ↑Wahlrecht.

Wahlperiode ↑Wahlen.

Wahlpflichtfach ↑wahlfreier Unterricht.

Wahlprognose ↑Wahlen.

Wahlprüfung, Verfahren zur Feststellung der Gültigkeit einer Wahl; für die Wahlen zum Dt. Bundestag geregelt in Art. 41 GG und im W.gesetz vom 12. 3. 1951. Die W., die sich auf die Wahl des ganzen Bundestages oder eines einzelnen Abg. erstrecken kann, erfolgt nur auf Einspruch, den jeder Wahlberechtigte, jede Gruppe von Wahlberechtigten und in amtl. Eigenschaft jeder Landeswahlleiter, der Bundeswahlleiter und der Präs. des Bundestages einlegen können *(Wahlanfechtung, Wahlprotest).* Die Entscheidung über den Einspruch trifft der Bundestag mit einfacher Mehrheit nach Vorbereitung durch seinen W.ausschuß. Ge-

Wahlstatt. Die 1723–29 erbaute Klosteranlage mit der Klosterkirche Sankt Hedwig, 1727–31

gen diese Entscheidung ist Beschwerde an das Bundesverfassungsgericht zulässig.
In *Österreich* entscheidet der Verfassungsgerichtshof über Wahlanfechtungen. In der *Schweiz* entscheidet über Einsprüche bei den Nationalratswahlen zunächst die jeweilige Kantonsreg., dann der Nationalrat.

Wahlrecht, 1. die Berechtigung, jemanden zu wählen **(aktives Wahlrecht)** bzw. in ein Amt oder Mandat gewählt zu werden **(passives Wahlrecht, Wählbarkeit)**; 2. die Gesamtheit der Rechtsvorschriften zur Durchführung einer Wahl. In Staaten und Gebietskörperschaften sind die Grundlagen für das W. meist in den Verfassungen enthalten, während die Einzelheiten des Wahlverfahrens in **Wahlgesetzen** und **Wahlordnungen** geregelt werden. Das W. in anderen Körperschaften und Vereinigungen wird in deren Satzungen und Geschäftsordnungen festgelegt. In *Deutschland* besteht aktives und passives W. nach Vollendung des 18. Lebensjahres. In *Österreich* sind für die Wahl zum Nat.rat aktiv wahlberechtigt alle Staatsbürger, die zum Stichtag der Wahl das 19., passiv wahlberechtigt, die das 21. Lebensjahr vollendet haben. Es besteht *Wahlpflicht* in den Bundesländern, in denen diese durch Landesgesetz angeordnet wird. – In der *Schweiz* steht auf Bundesebene das aktive und passive W. jedem Schweizerbürger zu, der im Besitz des ↑Aktivbürgerrechts und mindestens 18 Jahre alt ist. – ↑Wahlen.

Geschichte: Die Geschichte des W. in der *Neuzeit* ist geprägt durch die Bestrebungen, das nur Privilegierten zustehende, weil an Herkunft, Eigentum, Einkommen oder Geschlecht gebundene W. zu einem *Massen-W.* einschl. des *Frauen-W.* zu entwickeln. So war das Parlament in *England/Großbritannien* über Jh. hinweg eine Ständevertretung, aus der sich erst durch eine Reihe von W.reformen im 19. und beginnenden 20. Jh. eine Volksvertretung entwickelte (↑Reform Bill). In *Frankreich* ist der Übergang von den Generalständen zur Nat.versammlung, dem bürgerl. Parlament, eng mit der Frz. Revolution verbunden. Die Verfassung von 1791 führte ein Zensus-W. ein, das 1848 vom allg. W. für Männer abgelöst wurde (1944 auch den Frauen eingeräumt). In einem Teil der *dt. Staaten* (u. a. 1814 in Nassau, 1816 in Sachsen-Weimar, 1818 in Bayern und Baden, 1819 in Württemberg) wurden zu Beginn des 19. Jh. Verfassungen gewährt, die Zweikammerparlamente vorsahen. Das W. war beschränkt und meist an Besitz gebunden. In anderen dt. Staaten blieb es weiterhin bei Ständevertretungen. Das von der Frankfurter Nat.versammlung 1849 verabschiedete ReichswahlG sah das allg. W. für alle männl. Deutschen ab dem 25. Lebensjahr vor. In Preußen wurde 1849 das ↑Dreiklassenwahlrecht eingeführt und bis 1918 beibehalten. Auf Reichsebene galt seit 1867/71 das allg. W. für Männer. Bei der Wahl zur Nat.versammlung 1919 waren die Frauen erstmals wahlberechtigt. In *Österreich* wurde 1907 das allg. W. für Männer eingeführt, 1918 das für Frauen. In der *Schweiz* wurde das Männer-W. endgültig 1848 gewährt, das Frauen-W. auf Bundesebene erst 1971.

Wahlschein ↑Briefwahl.
Wahlsoziologie ↑Wahlen.
Wahlspruch (Devise) ↑Wappenkunde.
Wahlstatt (poln. Legnickie Pole [poln. lɛgˈnitskjɛ ˈpɔlɛ]), Gemeinde in Niederschlesien, südöstlich von Liegnitz, Polen. – Hier unterlag am 9. April 1241 ein dt.-poln. Ritterheer unter Herzog Heinrich II. von Schlesien einem großen mongol. Reiterheer. Auf dem Schlachtfeld barocke Klosteranlage (1723–29) und Klosterkirche Sankt Hedwig (1727–31) von K. I. Dientzenhofer zum Gedenken der in der Schlacht gefallenen Christen (Benediktinerpropstei).

Wahlsystem, Gesamtheit der Rechtsvorschriften zur Durchführung einer Wahl (Art und Weise der Mehrheitsbildung). Zu den verschiedenen W. ↑Wahlen. – In *Deutschland* besteht bei der Wahl zum Bundestag ein Mischwahlsystem: Jeder Wähler hat 2 Stimmen; mit der **Erststimme** wird mehrheitlich (Mehrheitswahl) der Abg. des jeweiligen Wahlkreises gewählt; über die Fraktionsstärke der Parteien, die Landeswahllisten eingereicht haben **(Listenwahl)**, entscheidet der Wähler mit seiner (insgesamt wichtigeren) **Zweitstimme**.

Wählton (Amtszeichen, Wählzeichen), Schaltkennzeichen der Wahlaufforderung in Fernsprechvermittlungen, meist Dauerton.

Wahlverteidiger ↑Verteidiger.

Wahn (W.gedanke, W.idee), Störung der Denktätigkeit; bei sonst klarem Denken und Bewußtsein bilden sich falsche Vorstellungen oder Überzeugungen, die trotz log. Einwände nicht unterdrückt werden können, subjektiv nicht als krankhaft anerkannt werden und somit auch nicht korrigierbar sind. Nach dem Inhalt des W. sind verschiedene W.formen zu unterscheiden, z. B. Beziehungs-, Größen-, Eifersuchts-, Verfolgungs- und Verarmungs-W.; tritt v. a. bei Schizophrenie, Paranoia, Manie, Psychose und endogener Depression auf.

Wahnsinn (Insania), umgangssprachl. Bez. für psych. Störungen, bei denen Wahnideen und als deren Folge sinnlose Handlungen auftreten.

Wahrheit, 1. allg. der im Rahmen eines sprachlich-intersubjektiven Bezugssystems (Kategorien-, Normen- oder Wertesystems) stehende, mit Gründen (und nach W.kriterien) einlösbare und insofern haltbare Geltungsanspruch von Aussagen bzw. Urteilen über einen Sachverhalt, die somit *wahr* sind; i. e. S. in der formalen Logik der Anspruch einer Aussage, wahr zu sein; 2. in der Ontologie Bez. einer (transzendentalen) Eigenschaft, die – im Ggs. zum Schein – dem Sein und dem Seienden selbst zukommt (*ontolog.* bzw. *ont. W.*). Thomas von Aquins klass. Formel der W. („*veritas*") als der ↑Adaequatio intellectus et rei (der Übereinstimmung des Geistes mit dem Sein; *Adäquationstheorie*) ist grundlegend für alle Explikationsversuche des W.begriffs in den modernen W.theorien: In der *Korrespondenztheorie* wird W. als Übereinstimmung mit Tatsachen und Fakten bestimmt, wobei eine „selbständige" Wirklichkeit vorausgesetzt wird; in der *Widerspiegelungstheorie* wird W. definiert als Abbild der Wirklichkeit, so etwa im Marxismus und teils auch in der analyt. Philosophie. Die *semant. Theorie* der W., die von A. Tarski zur Vermeidung der semant. Antinomien entwickelt wurde, läßt sich als Präzisierung der Korrespondenztheorie sehen. In der *Kohärenztheorie* bestimmt W. sich als Geltungsanspruch im Ganzen eines bestimmten Sprach- bzw. Kategoriensystems. Vom W.begriff sind streng zu unterscheiden die *W.kriterien*, mittels derer festgestellt werden soll, ob eine Aussage wahr oder falsch ist. Allerdings läßt sich kein W.kriterium mit dem Anspruch auf Allgemeingültigkeit formulieren. Der *religiöse* Begriff „W." meint letztlich die Gewißheit von der Authentizität und Vollkommenheit des offenbarten Glaubensinhalts.

Wahrheitsfunktion (Wahrheitswertfunktion), in der formalen Logik eine [Aussagen]funktion, deren Argumente *Aussagen* und deren Werte *Wahrheitswerte* sind.

Wahrheitstafeln, in der Logik die auf G. Frege, C. S. Peirce und L. Wittgenstein zurückgehende Darstellung einer Wahrheitsfunktion mit den Wahrheitswerten „wahr" und „falsch" zweier Aussagen A, B und deren junktorenlog. Verknüpfung[en] in log. Matrizen. W. dienen oft der Durchführung von Entscheidungsverfahren.

Wahrheitswert, in der formalen Logik der Wert der Wahrheitsfunktion, insbes. in der klass. Aussagenlogik „wahr" (Zeichen: w) und „falsch" (Zeichen: f). Werden Aussagenfunktionen auf der Grundlage von mehr als zwei W. betrachtet (z. B. über „wahr" und „falsch" hinaus noch „unbestimmt"), so erhält man eine mehrwertige Logik.

Wahrnehmung, der außer durch Empfindungen auch durch Gedächtnisinhalte, Interessen, Gefühle, Erwartungen u. a. mitbestimmte physiopsych. Prozeß der Gewinnung und Verarbeitung von Informationen aus äußeren und inneren Reizen, die zu einem – meist bewußten – Auffassen und Erkennen von Gegenständen und Vorgängen führen. Nach heutigem erkenntnistheoret. Verständnis besteht die Aufgabe der W. in der Entwicklung eines [Um]weltbildes, auf Grund dessen es dem Individuum möglich ist, sich in seiner Umwelt erfolgreich zu verhalten.

Wahrnehmungspsychologie (Sinnespsychologie), interdisziplinäres Forschungsgebiet der allg. Psychologie, das die Zusammenhänge zw. den objektiven (physikal.) Eigenschaften des durch ↑Rezeptoren Wahrzunehmenden und den physiolog. Bedingungen der Wahrnehmung einerseits sowie die dabei auftretenden Sinneserlebnisse andererseits untersucht. Forschungsthemen der W. sind z. B. im opt. Bereich die Raum-, Form-, Farb- oder Bewegungswahrnehmung sowie die Untersuchungen des Einflusses der Wahrnehmung auf das Verhalten und auf die Beziehungen zu anderen psych. Prozessen (Lernen, Denken, Motivierung u. a.) oder die Untersuchungen der Wahrnehmungsabhängigkeit von sozialen und individuellen Gegebenheiten.

Wahrnehmungstäuschung, psych. Effekt, bei dem subjektiv Wahrgenommenes nicht der objektiven [Reiz]gegebenheit entspricht.

Wahrsagen, Sammelbez. für die vorgeblich auf außersinnl. Wahrnehmung beruhende „Fähigkeit", Aussagen über verborgene gegenwärtige und zukünftige Ereignisse oder Lebensumstände zu machen. Die Praktiken des W. reichen vom Handlesen (↑Mantik), Wahrträumen und Kartenlegen bis zur Sterndeutung (↑Astrologie).

Wahrscheinlichkeit, allg. ein Begriff zur klassifikator., komparativen oder quantitativen Einstufung von Aussagen oder Urteilen nach dem Grad ihres Geltungsanspruchs zw. Möglichkeit und Gewißheit; insbes. in Mathematik und Statistik der Grad der Möglichkeit bzw. Voraussagbarkeit (Prognostizierbarkeit) des Eintretens eines Ereignisses (↑Wahrscheinlichkeitsrechnung).

Wahrscheinlichkeitsamplitude ↑Psifunktion.

Wahrscheinlichkeitslogik, die von H. Reichenbach mittels der statist. Wahrscheinlichkeit gedeutete mehrwertige Logik mit unendlich vielen kontinuierl. Wahrheitswerten, wobei eine beliebige Aussage nur mehr oder weniger wahrscheinlich ist.

Wahrscheinlichkeitsrechnung, Teilgebiet der Mathematik, das sich mit den Gesetzmäßigkeiten zufälliger Ereignisse befaßt, die bei Massenerscheinungen verschiedenster Art auftreten.

Definition der Wahrscheinlichkeit: Gegeben sei eine Menge von unbeschränkt wiederholbaren Versuchen oder Stichproben, wie die Menge aller mögl. Würfe mit einem Würfel. Die mögl. Ergebnisse der Versuche, z. B. die „Augenzahlen" 1, 2, 3, 4, 5 oder 6, nennt man *Elementarereignisse*. Gewisse Mengen von Elementarereignissen bezeichnet man als *Ereignisse* (z. B. Würfeln einer geraden Augenzahl), sie bilden die Gesamtheit der „günstigen" Fälle. Die Annahme der *klass. W.*, daß alle Elementarereignisse *gleich wahrscheinlich* sind, führte zur Laplaceschen Definition der **klassischen Wahrscheinlichkeit:** Die Wahrscheinlichkeit $P(E)$ für das Eintreten des Ereignisses E ist gleich dem Quotienten aus der Anzahl g der für das Ereignis „günstigen" und der Anzahl m der „möglichen" Elementarereignisse: $P(E) = g/m$. Eine wesentl. Einschränkung dieser Definition ist durch die Bedingung der gleichmögl. Fälle gegeben. Man führt daher die Definition der **statistischen Wahrscheinlichkeit** ein, indem die Wahrscheinlichkeit für das Eintreffen des Ereignisses E als Grenzwert der *relativen Häufigkeit* des Ereignisses E bei unendl. Anzahl von Beobachtungen bestimmt wird:

$$P(E) = \lim_{m \to \infty} g/m.$$

Nach dem *Gesetz der großen Zahl* nähert sich die statist. Wahrscheinlichkeit $P(E)$ bei genügend großer Anzahl von Beobachtungen einem konstanten Wert.

Eigenschaften von Wahrscheinlichkeiten (*Kolmogorowsches Axiomensystem*): 1. Es ist stets $0 \leq P(E) \leq 1$; 2. die Aussage $P(E) = 1$ bzw. $P(E) = 0$ bedeutet, daß E ein sicheres bzw. ein unmögl. Ereignis ist. Ist $P(E)$ die Wahrscheinlichkeit für das Eintreten von E, so ist $1 - P(E)$ die Wahrscheinlichkeit für das Nichteintreten von E. – 3. *Additionssatz der W.*: Sind A und B unvereinbare Ereignisse, so gilt für das Eintreten von A oder B:

$$P(A \cup B) = P(A) + P(B).$$

Können Ereignisse gleichzeitig eintreten, so bezeichnet man sie als *[stochastisch] unabhängig,* wenn das Eintreten des einen die Wahrscheinlichkeit für das Eintreten des anderen in keiner Weise beeinflußt *(bedingte Wahrscheinlichkeit).* Für diese Ereignisse gilt der *Multiplikationssatz der W.*:

$$P(AB) = P(A) \cdot P(B).$$

Zufallsgrößen: Eine Größe, die bei mehreren, unter gleichen Bedingungen durchgeführten Versuchen verschiedene Werte annehmen kann, von denen jeder Wert ein zufälliges Ereignis ist, nennt man *Zufallsgröße* oder -variable. Eine Zufallsgröße X mit den Werten x_i und den Wahrscheinlichkeiten $p_i = P(X = x_i)$ wird durch folgende Größen charakterisiert: 1. den *Erwartungswert (Mittelwert)*

$$E[X] = \sum_i p_i x_i;$$

$E[X]$ gibt den bei einer großen Anzahl von Versuchen zu erwartenden Durchschnittswert für X als diskrete Zufallsgröße an. 2. die *Varianz (Dispersion, Streuungsquadrat)*

$$V[X] = E[(X - E[X])^2];$$

$V[X]$ beschreibt die Abweichung vom Mittelwert. Die Größe $\sigma = \sqrt{V[X]}$ wird als *Standardabweichung (mittlere quadrat. Abweichung, Streuung)* von E bezeichnet. Die statist. Abhängigkeit zweier Zufallsgrößen X, Y erfaßt man mit Hilfe der *Kovarianz*

$$K[X, Y] = E[(X - E[X])(Y - E[Y])].$$

Währung, 1. Währungseinheit eines Landes, die gesetzl. Zahlungsmittel ist; 2. Geldordnung und damit Normen, die das Geldsystem eines Landes regeln. Der Außenwert der W. ist die Kaufkraft der inländ. W. im Ausland, die durch den ↑Wechselkurs festgelegt wird. Über den Wechselkurs ergibt sich die *W.parität,* d. h. das Verhältnis zweier W. zueinander. Das *W.gebiet* ist der Raum, in dem eine W. gilt. – Nach dem Verhältnis zum Gold unterscheidet man an das Gold gebundene W. (↑Goldwährung) und freie W. *(Papier-W.),* die an keinen Metallwert gebunden sind; besteht statt dessen eine Bindung des Geldwerts an einen bestimmten Preisindex *(Index-W.),* so muß Geldmenge bzw. Geldumlaufgeschwindigkeit von der Zentralnotenbank entsprechend manipuliert werden.

Währungsblock, Währungsgemeinschaft mehrerer Länder, bei der verschiedene nat. Währungen eng an eine bestimmte Leitwährung gebunden sind. Die Funktion des Sterling- bzw. Dollarblocks (seit 1960 an Bed. verloren) bestand z. B. in der Bindung schwach entwickelter Länder an den Sterling- bzw. Dollarkurs sowie in der Übertragung ihrer Devisenreserven an die Zentralbanken Großbritanniens und der USA.

Währungsgebiet ↑Währung.

Währungsgesetz ↑Währungsreform.

Währungspolitik, Gesamtheit aller Maßnahmen des Staates und der Zentralbank (↑Deutsche Bundesbank) zur Konstituierung einer Währungsordnung (z. B. Wahl der Recheneinheit bei freier oder gebundener Währung, stabilen oder flexiblen Wechselkursen, mit oder ohne Konvertibilität) sowie zur Erreichung der im ↑magischen Viereck definierten Zielsetzungen wirtschaftspolit. Zielsetzungen durch die Beeinflussung des Wertes der Währung: 1. Stabilisierung des Innenwertes der Währung (Preisstabilität) durch die ↑Geldpolitik; 2. Stabilisierung des Außenwertes der Währung (Wechselkursstabilität), v. a. durch Interventionen der Zentralbank; 3. Erhaltung von Vollbeschäftigung und wirtsch. Wachstum durch Geldschöpfung. Träger der *internat.* W. sind u. a. der ↑Internationale Währungsfonds und die ↑Bank für Internationalen Zahlungsausgleich.

Währungsreform, allg. die Neuordnung des Geldwesens durch gesetzl. Maßnahmen, i. e. S. die Umstellung von Reichsmark auf Dt. Mark in den westl. Besatzungszonen am 21. Juni 1948 und Berlin (West) am 25. Juni 1948 nach Anordnung der westl. Alliierten und auf Grundlage des *Währungsgesetzes* sowie des Emissionsgesetzes und nach Gründung der Bank Dt. Länder. Notwendig geworden war die W. v. a. durch die zurückgestaute Inflation als Folge der nat.-soz. Kriegswirtschaft. Während in Gesetzen und Verwaltungsakten durch die bloße Ersetzung der Bez. Reichsmark durch D-Mark im Verhältnis 1:1 – mit etlichen Ausnahmeregelungen – umgestellt wurde, galt für die meisten Verbindlichkeiten auf Grund des § 16 Umstellungsgesetz ein Verhältnis von 10:1; davon wurden jedoch Löhne und Gehälter, Miet- und Pachtzinsen sowie Renten und Pensionen (die im Verhältnis 1:1 umgestellt wurden) ausgenommen. Die sog. Altgeldguthaben in Reichsmark wurden im Verhältnis 10:1 umgestellt und zunächst zur Hälfte auf ein [frei verfügbares] *Freikonto,* zur anderen Hälfte auf ein *Festkonto* gutgeschrieben. Später wurden auf Grund des *Festkontogesetzes* die auf das Festkonto gutgeschriebenen Beträge zu 20 % auf das Freikonto und zu 10 % auf ein besonderes Anlagekonto überführt, während die restl. Guthaben erloschen. Am Währungsstichtag selbst erhielt jede natürl. Person einen Kopfbetrag von 40 DM gegen Reichsmark im Verhältnis 1:1; im Aug. wurden auf die gleiche Weise weitere 20 DM pro Person ausgezahlt. Unternehmen erhielten außerdem einen Betrag von 60 DM je Arbeitnehmer. Zur Regelung der Folgen der W. wurde in den nächsten Jahren eine Reihe weiterer Gesetze erlassen, so bes. das DM-Bilanzgesetz vom 21. 8. 1949, mit dem für Unternehmen die Erstellung von Eröffnungsbilanzen in DM auf den Stichtag der W. vorgeschrieben wurde, und das ↑Altsparergesetz. Unmittelbare Folge der W. war ein sprunghafter Anstieg des Angebots an Konsumgütern durch die Auflösung bis dahin gehorteter Warenlager. Längerfristig erwies sich die W. als erfolgreich durch den gleichzeitigen Übergang zur Marktwirtschaft. – In der SBZ wurde auf Anordnung der SMAD vom 24. bis 28. Juni 1948 ebenfalls eine W. durchgeführt, bei der das gesamte Bar- und Girogeld im Verhältnis 10:1 von Reichsmark auf Dt. Mark (Ost) umgestellt wurde (Ausnahme: u. a. Kopfbetrag pro Bürger 70 Reichsmark Bargeld 1:1, Spareinlagen seit dem 9. Mai 1945 bis zu 100 Reichsmark 1:1, bis zu 1 000 Reichsmark 5:1). Dabei erhielt die bisherige Reichsmarkwährung einen Spezialkupon aufgeklebt, erst in der Zeit vom 25. bis 28. Juli 1948 erfolgte der Umtausch der Banknoten in Dt. Mark der Dt. Notenbank; am 13. Okt. 1957 wurden die Noten erneut umgetauscht. – Mit den jeweils separat durchgeführten W. begann die Spaltung Deutschlands (↑deutsche Geschichte).
Im Zuge der Realisierung der Wirtschafts- und ↑Währungsunion zw. der BR Deutschland und der DDR als Vorstufe der Wiederherstellung der dt. Einheit erfolgte am 1. Juli 1990 die Umstellung des Währungssystems der DDR auf die D-Mark.

Währungsreserven ↑Devisen.

Währungsschlange, Bez. für die 1972 beschlossene Einbindung der Währungen der EG-Länder in ein Wechselkurssystem mit enger Schwankungsbreite (sog. Blockfloating) bei nach außen flexiblen Wechselkursen. Die W. wurde 1979 durch das ↑Europäische Währungssystem abgelöst.

Währungssystem (Währungsordnung), Geldordnung eines Landes: 1. gebundene Währung, die an einen bestimmten Stoff (Metall) gebunden ist. Bei dieser Metallwährung ist das gesetzl. Zahlungsmittel entweder an ein einziges Metall gebunden *(Monometallismus),* wobei zw. Goldwährung und Silberwährung unterschieden werden kann, oder gleichzeitig an zwei Metalle *(Bimetallismus).* Bei der *Parallelwährung* kann das gesetzl. Zahlungsmittel in Gold und Silber geprägt werden, ohne daß das Wertverhältnis zw. beiden zueinander fixiert wäre; bei der *Doppelwährung* dagegen ist das Wertverhältnis zw. Gold und Silber festgelegt, bei der *hinkenden Währung* wird das Wertverhältnis durch die bewußte Verknappung des nicht ausprägbaren Metalls fixiert; 2. freie Währung: Währung, die nicht an einen bestimmten Metallwert gebunden ist, sondern bei der die Zentralnotenbank die Aufgabe der Geldmengenregulierung wahrnimmt. Hierunter fallen manipulierte Währungen in Form von Papier- oder Indexwährungen, bei denen der Geldwert an einen bestimmten Preisindex gebunden ist. Dabei sind freie Währungen immer insofern „manipulierte" Währungen, als eine Instanz auf die umlaufende Geldmenge Einfluß ausüben muß. – ↑Europäisches Währungssystem, ↑Weltwährungssystem.

Währungsunion, Zusammenschluß von Staaten zur Bildung eines gemeinsamen Währungsgebietes mit einheitl. Währung und Währungspolitik. Die W. zw. der BR Deutschland und der DDR (verbunden mit einer Wirtschafts- und Sozialunion) wurde am 1. Juli 1990 als erster Schritt der Vereinigung beider dt. Staaten realisiert, wobei Zeitpunkt und Modus v. a. unter wirtschafts- und finanzpolit. Aspekten umstritten waren. Entsprechend dem Staatsvertrag zw. der BR Deutschland und der DDR vom Mai 1990 wurde folgender Umtauschkurs von Mark der DDR auf DM festgelegt: Löhne, Gehältern, Renten, Mieten, Pachten u. a. wiederkehrende Zahlungen im Verhältnis 1:1, andere Forderungen und Verbindlichkeiten 2:1. Für private Spareinlagen (Umtausch war nur über Bankguthaben möglich) galt bis zu bestimmten Grenzen (i. d. R. 4 000 Mark) ein Umtauschkurs von 1:1, darüber hinausgehende Einlagen wurden 2:1 umgestellt. Guthaben von Personen und Firmen, die keinen Sitz in der DDR hatten, wurden im Verhältnis 3:1 getauscht.

Waiblingen, Krst. in einer Talweitung der Rems, Bad.-Württ., 220–325 m ü. d. M., 50 000 E. Verwaltungssitz des Rems-Murr-Kreises; Metall-, Nahrungsmittel-, Textilind., Lederwarenherstellung, Möbelfabriken. – Als karoling. Pfalz 885 erstmals gen.; stauf. Herrschaftszentrum (nach W. ben. die ↑Ghibellinen); Stadtrecht seit um 1246; im Dreißigjährigen Krieg 1634 nahezu vollständig zerstört. – Ev. spätgot. Michaeliskirche (1459–89); ev. Nikolauskirche (13. und 17. Jh.); sog. Nonnenkirchle (1496); Großes Haus (um 1550; heute Stadtmuseum).

Waiblinger, Wilhelm Friedrich, *Heilbronn 21. Nov. 1804, †Rom 17. Jan. 1830, dt. Dichter. – Studierte im Tübinger Stift, u. a. mit Hölderlin, Mörike und G. Schwab befreundet. Bed. Lyriker und virtuoser Nachbildner antiker und klass. Formen („Lieder der Griechen", 1823); lyr. Sprache bestimmt auch seine Dramen, insbes. „Anna Bullen, Königin von England" (1829).

Waid (Isatis), Gatt. der Kreuzblütler mit rd. 30 Arten, verbreitet von M-Europa bis Z-Asien und im Mittelmeergebiet; Kräuter mit gelben Blüten und geflügelten Früchten. In Deutschland heimisch ist der bis 1,4 m hohe, an Wegen und in Schuttkrautgesellschaften wachsende **Färberwaid** (Dt. Indigo, Isatis tinctoria); früher zur Gewinnung des Farbstoffs Indigo angebaut.

Waidhofen an der Thaya, niederöstr. Bez.hauptstadt im nördl. Waldviertel, 510 m ü. d. M., 5 400 E. Landw. Han-

Waid. Färberwaid

Waidhofen an der Ybbs

Theodor Waigel

John Wain

Andrzej Wajda

Wakasugi Hiroshi

delszentrum. – Ende des 12. Jh. als Burgstadt planmäßig neben einer Siedlung gegr.; um 1230 Stadtrecht. – Spätbarocke Pfarrkirche (18. Jh.), Renaissancerathaus (16. Jh.); Schloß (um 1770 umgebaut).

Waidhofen an der Ybbs ['ɪps], niederöstr. Stadt 50 km sö. von Linz, 358 m ü. d. M., 11 300 E. Herstellung von Büromöbeln, Metall- und Kunststoffwaren, Maschinen und Apparaten. – 1186 erstmals erwähnt, 1277 erstmals als Stadt genannt. – Spätgot. Pfarrkirche (um 1470).

Waigatschinsel, Insel zw. Kara- und Barentssee, Rußland, 3 383 km², bis 170 m hoch.

Waigel, Theodor, * Oberrohr bei Günzburg 22. April 1939, dt. Politiker (CSU). – Jurist; seit 1972 MdB; 1982–89 Vors. der CSU-Landesgruppe und 1. stellv. Vors. der CDU/CSU-Fraktion im Bundestag; seit Nov. 1988 CSU-Vors.; seit April 1989 Bundesmin. der Finanzen.

Waika ↑ Yanoama.

Waikato River [engl. waɪˈkætoʊ ˈrɪvə], längster Fluß Neuseelands, auf der Nordinsel, entspringt an der O-Flanke des Ruapehu, durchfließt den Lake Taupo, mündet südl. von Auckland in die Tasmansee, 425 km lang.

Waikiki Beach [engl. waɪkɪˈkiː ˈbiːtʃ, ˈwaɪkiːkiː ˈbiːtʃ], Seebad im Stadtgebiet von ↑ Honolulu, Hawaii, USA.

Wain, John [engl. weɪn], * Stoke-on-Trent 14. März 1925, engl. Schriftsteller. – Wendet sich gegen Brutalität und menschl. Gleichgültigkeit, bes. in seinen realist.-satir. pikaresken Romanen. – *Werke:* Blick auf morgen (1955), Liebhaber und Machthaber (1958), Young shoulders (1982), Open country (Ged., 1987).

Waischeschika [Sanskrit „unterscheidend"], eines der 6 klass. Systeme der ind. Philosophie. Grundlage des W. bilden die W.-Sutras (1. Jh. n. Chr. [?]), zu denen Praschastapada im 5. Jh. einen autoritativen Kommentar schrieb. Danach ist das W. eine urspr. atheist. Naturphilosophie, die einen Dualismus von materiellen Atomen, aus denen alle Dinge bestehen, und individuellen Atmans, die sich mit den Atomen verbinden und Träger der Reinkarnation sind, lehrt.

Waisenfürsorge, die [staatl.] Fürsorgemaßnahmen für Kinder ohne Eltern oder mit nur einem Elternteil. Heute ist die W. Bestandteil der Jugendhilfe, die v. a. im ↑ Kinder- und Jugendhilfegesetz geregelt ist.

Waisengeld, monatl. Beträge, die Waisen vom Staat bzw. aus gewerbl. oder betriebl. Witwen- und Waisenkassen erhalten. Nach dem Beamtenversorgungsg z. B. steht Halbwaisen 12 %, Vollwaisen 20 % des Ruhegehalts, das der Verstorbene erhalten hätte, zu. – ↑ Waisenrente.

Waisenhaus, Einrichtung zur Unterbringung elternloser Kinder. – Seit Ende des 15. Jh. entstanden W. in Italien, den Niederlanden und Deutschland (Augsburg 1572), zunächst als kirchl. Einrichtungen; später traten die Gemeinden oder Vereine und Stiftungen als Träger der W. auf. 1695 gründete A. H. Francke das berühmte W. in Halle/Saale, und Anfang des 18. Jh. folgten zahlr. weitere Gründungen, u. a. das Militär-W. in Potsdam von Friedrich Wilhelm I. Die kleineren Kinderasyle waren oft den örtl. Armen- und Krankenhäusern eingegliedert. Gegen Ende des 18. Jh. führten die Philanthropen den berühmten W.streit gegen die in den Anstalten herrschenden Mißstände. Im 19. Jh. gingen die W. weitgehend in Erziehungsanstalten auf.

Waisenrente, die Leistungen der gesetzl. Sozialversicherung an Waisen: In der *Unfallversicherung* erhält jedes Kind des durch Arbeitsunfall Verstorbenen bis zur Vollendung des 18. Lebensjahres eine W. von ³⁄₁₀, wenn es Vollwaise ist, und von ⅕ des Jahresarbeitsverdienstes, wenn es Halbwaise ist. In der *Rentenversicherung* der Arbeiter und Angestellten erhalten die Kinder und Pflegekinder nach dem Tode des Versicherten W. bis zur Vollendung des 18. Lebensjahres. Befinden sich die Kinder in der Schul- oder Berufsausbildung, wird die W. längstens bis zur Vollendung des 27. Lebensjahres, im Falle der Unterbrechung oder Verzögerung der Schul- oder Berufsausbildung durch Wehr- oder Ersatzdienst auch über das 27. Lebensjahr hinaus gewährt.

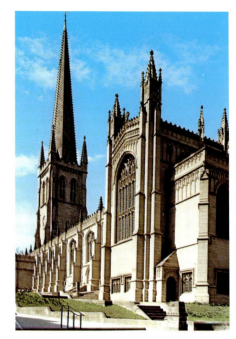

Wakefield. Südostansicht der spätgotischen Kathedrale

Waitaki River [engl. waɪˈtækɪ ˈrɪvə], Fluß auf der Südinsel Neuseelands, entspringt in den Neuseeländ. Alpen (mehrere Quellflüsse), mündet nördl. von Oamaru in den Pazif. Ozean; 209 km lang; mehrmals gestaut.

Waits, Tom [engl. 'weɪts], eigtl. Thomas Alan W., * Pomona (Calif.) 7. Dez. 1949, amerikan. Rockmusiker und Schauspieler. – Die Geschichten seiner Lieder handeln von Menschen auf der Schattenseite des Lebens; schrieb auch Filmmusiken (u. a. zu „Night on Earth", 1991) und wirkte in Filmen mit (u. a. „Down by Law", 1986).

Waitz, Georg, * Flensburg 9. Okt. 1813, † Berlin 24. Mai 1886; dt. Rechtshistoriker. – Schüler L. von Rankes; Prof. in Kiel, Göttingen und Berlin; 1848/49 Mgl. der Frankfurter Nat.versammlung (Erbkaiserl. Partei); 1. Vors. der Direktion der Monumenta Germaniae historica (1875–86). Besorgte 1869–83 die 3.–5. Auflage von F. C. Dahlmanns „Quellenkunde ...".

Wajang (Wayang) [indones.], seit dem 8. Jh. n. Chr. auf Java und später auch auf Bali bekanntes, vom ↑ Gamelan begleitetes Theaterspiel, das als *W. purva* (Schattenspiel mit Puppen aus gefärbtem Büffelleder), *W. golek* (Spiel mit vollplast., bemalten Figuren) und *W. wong* (anstelle der Figuren treten Tänzer auf) vorkommt.

Wajda, Andrzej [poln. 'vajda], * Suwałki 6. März 1926, poln. Regisseur. – Seine Bed. für den poln. Film begründete er mit der Trilogie „Generation" (1954), „Der Kanal" (1956), „Asche und Diamant" (1958); die jüngere Vergangenheit Polens reflektierende Filme sind u. a. auch „Das gelobte Land" (1974), „Der Mann aus Marmor" (1976), „Ohne Betäubung" (1979), „Der Mann aus Eisen" (1981), „Korczak" (1990). Seit 1989 Direktor des Powszechny-Theaters Warschau.

Wakanda (Wakonda) ↑ Großer Geist.

Wakasugi Hiroshi, * Tokio 31. Mai 1935, jap. Dirigent. – Gründete 1965 in Tokio das Yomiuri Nippon Symphony Orchestra. Seit 1975 Dirigent des Kyōto Symphony Orchestra. 1977–83 Chefdirigent des Sinfonieorchesters des WDR in Köln, 1981–86 Generalmusikdirektor der Dt. Oper am Rhein in Düsseldorf-Duisburg sowie seit 1982 ständiger Dirigent der Staatsoper und Staatskapelle Dresden, seit 1988 Chefdirigent und künstler. Direktor des Tonhalle-Orchesters Zürich.

Wakatakadynastie, ind. Herrscherhaus, das um 250–510 den nördl. Dekhan beherrschte und Vasall des Guptareiches wurde; bed. Förderer von Kunst und Literatur (Inschriften in Ajanta).

Wakayama (Wakajama), jap. Hafenstadt 60 km sw. von Ōsaka, 401 400 E. Verwaltungssitz der Präfektur W.; Univ. (gegr. 1949); Stahlwerke, Erdölraffinerie, chem., Textilind., Schiff- und Maschinenbau. – Schloß (1585 erbaut; 1958 erneuert).

Wakefield [engl. 'weɪkfi:ld], Stadt in N-England, am Calder, 60 500 E. Verwaltungssitz der Metropolitan County West Yorkshire; anglikan. Bischofssitz; Textil-, Farbstoff-, metallverarbeitende u. a. Ind. – Im Domesday Book (1086/87) als Königsgut belegt, vom 11. Jh. bis 1832 Baronie; 1204 Marktrecht; vermutlich seit 1231 Stadt, seit 1888 City; seit 1915 Stadtgrafschaft. – Kathedrale (ehem. Pfarrkirche All Saints) im spätgot. ↑ Perpendicular style; Kapelle Saint Mary (1342 ff.) auf der Calderbrücke.

Wake Island [engl. 'weɪk 'aɪlənd], von den USA verwaltetes Atoll im nördl. Pazifik, 7,8 km²; Luftstützpunkt, Marinestation. – 1796 entdeckt, 1899 von den USA in Besitz genommen; seit 1972 untersteht die Insel der Verwaltung der US-Luftstreitkräfte.

Wakhan, Gebiet in NO-Afghanistan, das sich als 300 km langer und 20–60 km breiter Zipfel zw. Tadschikistan (im N) und Pakistan (bzw. Indien [Kaschmir]) bis zur chin. Grenze (im O) erstreckt; Hochgebirgsland (bis fast 6 000 m hoch), das vom *W. Rud,* dem Oberlauf des Pjandsch, durchflossen wird.

Wakidi, Al, Muhammad Ibn Umar, *Medina 747, †Bagdad 28. April 823, arab. Geschichtsschreiber. – Von Harun Ar Raschid zum Kadi ernannt; verfaßte Werke über die Frühgeschichte des Islams, insbes. das „Buch über die Feldzüge (des Propheten)".

Waksman, Selman [engl. 'wɑ:ksmən], *Priluki bei Kiew 22. Juli 1888, † Hyannis (Mass.) 16. Aug. 1973, amerikan. Mikrobiologe russ. Herkunft. – Prof. an der Rutgers University in New Brunswick (N. J.); isolierte aus dem Strahlenpilz Streptomyces griseus das Streptomyzin; erhielt 1952 den Nobelpreis für Physiologie oder Medizin.

Wal ↑ Wale.

Walaat (Walaas, Clione limacina), bis 4 cm lange, schalenlose Schnecke (Ordnung Ruderschnecken) in polaren Meeren; kommt zeitweise in so großen Schwärmen vor, daß sie als Hauptnahrung der Bartenwale dient.

Walachei, histor. Landschaft in S-Rumänien, zw. den Karpaten und der Donau, im NO in die Moldau übergehend, durch den Alt geteilt in die *Kleine W.* (Oltenien) im W und die *Große W.* (Muntenien) im O.
Geschichte: Fürst Basarab I. (⚭seit um 1310–52) vereinte das Gebiet beiderseits des Alt und begründete das Ft. der W. (bis 1330 unter ungar. Lehnshoheit). Ihre größte Ausdehnung erreichte die W. unter Fürst Mircea dem Alten (⚭1386–1418), der auch die Dobrudscha, beide Donauufer von Zimnicea bis zum Schwarzen Meer sowie die siebenbürg. Gebiete Amlaş und Făgăraş und das Banat von Severin beherrschte, jedoch 1415 jedoch zur Tributzahlung an die Osmanen gezwungen war; unter Michael dem Tapferen (⚭1593–1601) war das Land, erstmals für kurze Zeit mit Siebenbürgen (ab Okt. 1599) und der Moldau (ab Mai 1600) vereinigt, von den Osmanen unabhängig. Ab 1714 wurden die Herrscher von den Osmanen eingesetzt (bis 1821 Phanarioten). Der Vertrag von Adrianopel (1829) schränkte die osman. Einflußnahme erheblich ein und gab die Donauhäfen Giurgiu, Brăila und Turnu (= Turnu Măgurele) an die W. zurück und hob das osman. Handelsmonopol auf. 1828–34 war die W. von Rußland besetzt. Die Revolution von 1848 wurde von russ. und osman. Truppen unterdrückt. Mit der Wahl von A. I. Cuza zum Fürsten der Moldau und der W. (1859) begann die Entstehung des Staates Rumänien (1862).

Walachen, svw. Wlachen, d. h. Rumänen.

Walahfrid Strabo, *in Schwaben 808 oder 809, †18. Aug. 849 (in der Loire ertrunken), dt. Benediktiner und Dichter. – Mönch des Klosters Reichenau; 826–829 Studien bei Hrabanus Maurus in Fulda; 829 Hofmeister Karls II., des Kahlen, in Aachen; 828 von Ludwig I., dem Frommen, zum Abt von Reichenau ernannt. Sein dichter. Werk (in klass. Form ohne Reim) umfaßt u. a. Briefgedichte, eine Gedichtsammlung über Blumen und Pflanzen („De cultura hortorum" oder „Hortulus"); ferner Heiligenviten sowie eine Neuausgabe von Einhards „Vita Caroli magni".

Walbrook, Anton [engl. 'wɔ:lbruk], brit. Filmschauspieler, ↑ Wohlbrück, Adolf.

Watbrzych [poln. 'vaubʒix], poln. Name von ↑ Waldenburg (Schles.).

Walburga (Walburg, Waldburg, Waldburga, Walpurgis), hl., *Wessex um 710, † Heidenheim (Landkr. Gunzenhausen) 25. Febr. 779, angelsächs. Benediktinerin. – Von ihrem Verwandten, dem hl. Bonifatius, nach Deutschland gerufen, wurde sie Äbtissin (761) im Doppelkloster Heidenheim; galt u. a. als Beschützerin der Wöchnerinnen vor Hexen. – Fest: 25. Februar.

Walch, Jakob ↑ Barbari, Iacopo de'.

Walcha, Helmut, *Leipzig 27. Okt. 1907, † Frankfurt am Main 11. Aug. 1991, dt. Organist. – Mit 16 Jahren erblindet, Schüler von G. Ramin; 1929–14 Organist an der Friedenskirche in Frankfurt am Main, 1946–81 an der Dreikönigskirche ebd.; bed. Bach-Interpret.

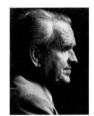
Helmut Walcha

Walchensee, mit 16,4 km² größter dt. Alpensee; 802 m ü. d. M., bis 192 m tief; Kraftwerk (1925 fertiggestellt).

Walcheren [niederl. 'walxərə], ehem. Nordseeinsel in der niederl. Prov. Seeland, heute über Zuid-Beveland mit dem Festland verbunden, 216 km², Hauptorte sind Middelburg und Vlissingen.

Walcker, Eberhard Friedrich, *Cannstatt (= Stuttgart) 3. Juli 1794, † Ludwigsburg 2. Okt. 1872, dt. Orgelbauer. – Gründete 1820 in Ludwigsburg eine Orgelbaufirma, die nach dem Bau der großen Orgel der Paulskirche in Frankfurt am Main (1833) als eine der bedeutendsten in Deutschland galt. Sein Enkel *Oskar W.* (*1869, †1948) baute Orgeln mit elektropneumat. Traktur und bis zu 200 Registern. Der heute unter dem Namen „E. F. W. + Cie. Orgelbau" firmierende Betrieb wird seit 1948 von Oskars Enkel *Werner W.-Mayer* (*1923) geleitet.

Selman Waksman

Walcott, Derek [engl. 'wɔ:lkət], *Castries 23. Jan. 1930, Schriftsteller aus Saint Lucia. – Lebt seit 1953 auf Trinidad; zunächst Theater- und Literaturkritiker; Prof. für Literatur in Boston; schreibt vornehmlich Lyrik (dt. Auswahl „Das Königreich des Sternapfels", 1989) in engl. Sprache, in der Kultur und Tradition der Karibik mit europ. Anregungen verschmelzen, daneben auch Bühnenstücke; erhielt 1992 den Nobelpreis für Literatur. – *Werke:* In a Green Night. Poems 1948–60 (Ged., 1962), Another Life (Ged., 1973), Omeros (Ged., 1990).

Wald, George [engl. wɔ:ld], *New York 18. Nov. 1906, amerikan. Biochemiker. – Prof. an der Harvard University in Cambridge (Mass.); arbeitete über den Mechanismus des Farbensehens. Für seine Entdeckungen über die chem. und physiol. Grundlagen der Sehvorgänge im Auge erhielt er (mit R. A. Granit und H. K. Hartline) 1967 den Nobelpreis für Physiologie oder Medizin.

Derek Walcott

Wald, Gem. im nw. Oberschwaben, Bad.-Württ., 671 m ü. d. M., 2 400 E. Ehem. Zisterzienserinnenkloster mit barocker Kirche (1696–98; bed. Innenausstattung, nach 1751).

Wald, natürl. Lebensgemeinschaft und Ökosystem von dicht stehenden Bäumen mit spezieller Tier- und Pflanzenwelt sowie mit bes. Klima- und Bodenbedingungen. Hinsichtlich der Entstehung des W. unterscheidet man zw. dem Natur-W. (Ur-W.), dem nach menschl. Eingriffen (z. B. Rodung) natürl. nachwachsenden *Sekundär-W.* und dem vom Menschen angelegten *Wirtschafts-W.,* hinsichtlich des Baumbestandes zw. *Reinbestand* (eine einzige Baumart) und *Mischbestand* (mehrere Baumarten; *Misch-W.*). Nach der Höhe des Bewuchses unterscheidet man pflanzensoziolog. Boden-, Streu-, Kraut-, Strauch- und Baumschicht (gegliedert in Stamm- und Kronenschicht). Die Pflanzen stehen miteinander in ständiger Wechselbeziehung, indem

George Wald

Waldaihöhen

sie sich gegenseitig fördern oder miteinander um Licht, Wasser und Nährstoffe konkurrieren. Als Tief- und Flachwurzler schließen sie den Boden auf, verändern und entwickeln das Bodenprofil und schaffen einen Oberboden, in dem eine spezielle Mikroflora und Mikrofauna gedeihen und ihre Wirkung entfalten. Das *W.klima* zeichnet sich im Verhältnis zu Klima offener Landschaften durch gleichmäßigere Temperaturen, höhere relative Luftfeuchtigkeit, geringere Lichtintensität und schwächere Luftbewegung aus. Der W. hat einerseits eine sehr hohe Transpirationsrate, andererseits vermag er in seinem Boden große Wassermengen schnell aufzunehmen und darin zu speichern.
Unter entsprechenden Klimabedingungen gilt der W. als dominierende pflanzl. Formation. Er entwickelt sich ganz allmählich in größeren Zeiträumen. In der Natur-W. der N-Halbkugel stellt sich diese Entwicklung wie folgt dar: *Vor-W.* (Pionierbaumarten sind z. B. Birke, Robinie, Espe, Erle, Pappelarten) besiedelt ein baumfreies Gelände. Der dadurch verbesserte Frost- und Strahlungsschutz läßt zunehmend schattenertragende Baumarten *(Zwischen-W.)* gedeihen. Diese wachsen zum Gefüge des *Haupt-W.* heran, bis das oberste Kronendach keinen Jungwuchs mehr aufkommen läßt. Wird dieser *Schluß-W.* etwa durch Feuer, Sturm oder Schädlingskatastrophen zerstört, so wiederholt sich der Vorgang der *W.bildung.* – In der Randzone eines W. *(W.saum, W.mantel, W.trauf),* in der die Bäume gewöhnlich fast bis zum Boden beastet sind, wächst eine reichhaltige Strauch- und Krautvegetation. Die Randzone bietet somit Schutz gegen Wind, übermäßige Sonneneinstrahlung und Bodenerosion.
Die Wälder der Erde unterscheiden sich in ihrem Baumbestand, der durch die jeweils unterschiedl. ökolog. Faktoren bedingt ist (↑Regenwald, ↑Mangrove, ↑Galeriewald, ↑Monsunwald, regengrüner ↑Trockenwald, Lorbeerwald, ↑Hartlaubwald, sommergrüner ↑Laubwald und ↑borealer Nadelwald).
Der größte Teil der W.fläche entfällt auf die beiden breiten (heute nicht mehr ganz so geschlossenen) Gürtel des trop. Regen-W. und des borealen Nadel-W., die zus. rd. 80 % des Gesamtwaldbestandes der Erde ausmachen. – In *Deutschland* gibt es, von gewissen ↑Naturwaldreservaten abgesehen, nur den nach waldbaul. Grundsätzen angelegten W. Dabei unterscheidet man (als Bewirtschaftungsformen) *Nieder-W.* (Laub-W., bei dem sich der Baumbestand aus Stöcken und Wurzeln der gefällten Bäume erneuert), *Hoch-W.* (der Baumbestand wird durch Anpflanzen oder Saat erneuert) und *Mittel-W.* (in ein dichtes, alle 10–15 Jahre geschlagenes und immer wieder neu austreibendes Unterholz sind besser geformte Stämme eingestreut). Deutschland liegt in der Zone des sommergrünen Laub-W., in den montane Nadelwaldareale eingestreut sind. – Über seine Funktion als Holzlieferant und Lebensstätte des Wildes hinaus kommen dem W. u. a. noch wichtige landeskulturelle und soziale Funktionen zu, z. B. als ↑Schutzwald und als Erholungsraum. – ↑Waldsterben.

Geschichte: Die urspr. ausgedehnten mitteleurop. Wälder wurden etwa seit der Völkerwanderung (4. Jh. n. Chr.) durch extensive Rodungen auf rd. ein Drittel der Bestände reduziert. Die Rodung betraf bes. die Laubwälder der fruchtbaren Böden in den Ebenen und Flußtälern. Mit den Rodungen wurden die vielfältigen urspr. Versorgungsfunktionen des W. für den Menschen (z. B. Lieferung von Brenn- und Bauholz, Schutz vor Feinden und Naturgewalten, Viehmast, Energieversorgung durch Holzkohle, Lieferung chem.-techn. Ausgangsstoffe wie Pottasche für die Seifen- und Glasherstellung, Rinden für die Gerberei, Früchte und Blätter zur Nahrungs- und Arzneimittelgewinnung, Imkerei) beeinträchtigt. Seit dem 15. Jh. gibt es in M-Europa keinen besitzlosen W. mehr. Auch die dann erlassenen Rodungsverbote konnten den andauernden Raubbau, der Ende des 18. Jh. schließlich katastrophale Ausmaße annahm, nicht verhindern. Im 19. Jh. wurde abermals viel W. abgeholzt, um den hohen Holzbedarf (u. a. Eisenbahnschwellen, Leitungsmasten, Stützen für den Grubenausbau) zu decken. Eine „rationelle Forstwirtschaft" setzte sich erst in der 2. Hälfte des 19. Jh. durch; abgeholzter Laub-W. wurde jetzt zunehmend durch Nadel-W. ersetzt.

Waldaihöhen, bewaldetes Hügelland im NW des europ. Teils Rußlands, bis 343 m ü. d. M.; Quellgebiet von Wolga, Dnjepr und Düna.

Waldalgesheim, Gem. 4 km wsw. von Bingen, Rhld.-Pf., 2 800 E. Das hier 1869 entdeckte kelt. Fürstengrab ist wahrscheinlich ein Frauengrab (mit Wagen- und [?] Pferdebeigabe). Die Verzierung der Goldgegenstände wurde namengebend für den *Waldalgesheimstil* (↑keltische Kunst).

Waldameisen (Formica), Gatt. der Ameisen (Fam. Schuppenameisen) mit rd. 15 z. T. schwer unterscheidbaren einheim. Arten. Am bekanntesten ist die geschützte **Rote Waldameise** (Formica rufa; ♂ und ♀ 9–11 mm lang, Arbeiterinnen 4–9 mm lang). Sie baut ein bis 1,8 m hohes Nest, dessen Hauptteil aus unterirdisch angelegten Gängen und Kammern besteht, in denen die Eier aufbewahrt und die Larven gepflegt werden. Im Frühsommer schwärmen ♂♂ und ♀♀ aus; die befruchteten ♀♀ verbleiben im alten Nest oder gründen eine neue Kolonie.

Waldbau, naturnaher Waldbau, Waldwirtschaft, die sich im Gegensatz zum Altersklassenwald an den natürl. Strukturen und Lebensabläufen in Waldökosystemen orientiert und sich durch standortgerechte natürl. Baumartenzusammensetzung und die Mischung verschiedener Altersklassen auszeichnet. Kahlschläge, Einsatz von Großmaschinen und Pestiziden werden abgelehnt. Naturnahe Wälder sind unempfindlicher als Monokulturen gegenüber Schädlingskalamitäten und Windbruch.

Waldbaumläufer (Certhia familiaris), etwa 13 cm langer Singvogel (Fam. Baumläufer), v. a. in Wäldern Eurasiens, N- und Z-Amerikas; unterscheidet sich vom sehr ähnl. ↑Gartenbaumläufer v. a. durch weiße Flanken und den kürzeren Schnabel.

Waldböcke (Tragelaphinae), Unterfam. reh- bis rindergroßer, schlanker und hochbeiniger Paarhufer (Fam. Horn-

Waldbestände auf der Erde
(in Auswahl), jeweils in % der Gesamtfläche eines Landes

Europa
Deutschland ...29,7
Baden-
 Württemberg 37,4
Bayern 34,4
Berlin 19,9
Brandenburg ...36,0
Bremen.........1,9
Hamburg 4,8
Hessen 40,2
Mecklenburg-
 Vorpommern 22,4
Niedersachsen 21,1
Nordrhein-
 Westfalen ...25,1
Rheinland-Pfalz 40,7
Saarland 33,4
Sachsen 26,9
Sachsen-Anhalt 23,6
Schleswig-
 Holstein 9,5
Thüringen 31,0

Finnland 68,7
Frankreich 26,6
Großbritannien 9,5
Island 1,2
Italien 22,3
Niederlande 8,0
Österreich 38,2
Polen 27,9
Rumänien 26,7
Schweden 62,3
Schweiz 25,5
Spanien 31,2

Afrika
Ägypten 0,0
Äthiopien 3,6
Algerien 2,0
Libyen 0,4
Nigeria 15,5
Südafrika 3,7
Zaire 74,7

Amerika
Argentinien ...21,5
Brasilien 65,5
Guatemala 36,6
Kanada 35,5
Kolumbien 45,0
Mexiko 22,5
USA 28,3

Asien
China 12,1
Indien 20,4
Iran 10,9
Japan 66,5
Malaysia 59,4
Saudi-Arabien ..0,6
Thailand 28,1

Australien und Ozeanien
Australien 13,8
Neuseeland 20,0

Wald. Pflanzensoziologische Schichtung

(Kronenschicht, Stammschicht, Strauchschicht, Krautschicht, Streuschicht, Bodenschicht)

Waldenburg (Schles.)

Waldeck. Burg Waldeck, 13. Jh., im 16./17. Jh. ausgebaut

tiere) mit rd. zehn Arten, v.a. in Wäldern, Dickichten und Savannen Afrikas und Indiens. Zu den W. gehören u.a. die ↑ Drehhornantilopen.

Waldbrand, Schadfeuer in Wäldern, das als *Bodenfeuer* oder *Lauffeuer* (am häufigsten), als *Gipfelfeuer* oder *Kronenfeuer* (am gefährlichsten), als *Stammfeuer* (an Einzelstämmen) oder als *Erdfeuer* (unterird. Feuer von Torf- und Rohhumus) entsteht. Die Bekämpfung von W. erfolgt je nach dem Ausmaß der Gefährdung, Windrichtung und -geschwindigkeit u.a. durch Löscharbeiten (auch vom Flugzeug aus), durch Aufhalten („Ausfegen") des Feuers und Begrenzung durch Anlegen holzfreier Isolierstreifen oder durch Anlegen von Feuer, das dem eigtl. Brand die Nahrung entzieht (*Vorfeuer* oder *Gegenfeuer,* das durch den Sog des Großfeuers angezogen wird).

Waldbrunner, Karl, *Wien 25. Nov. 1906, †ebd. 5. Juni 1980, östr. Politiker (SPÖ). – 1945–71 Nat.rat; 1946–56 Generalsekretär der SPÖ; 1947–49 bevollmächtigter Min. bei den Londoner Verhandlungen um den Östr. Staatsvertrag; ab 1962 1. Vizepräs., 1970/71 Präs. des Nat.rats; 1965–74 stellv. Vors. der SPÖ.

Waldburg, urspr. stauf. Ministerialengeschlecht, benannte sich im 13. Jh. nach der Stammburg bei Ravensburg. Die W. führten 1419–1808 den Titel **Truchseß von Waldburg;** 1525 Reichserbtruchsessen, 1628 Reichsgrafen, 1803 Reichsfürsten; 1805/06 mediatisiert. Heute noch bestehen die Linien *Zeil-Trauchburg* und *Wolfegg-Waldsee.* – Bed. Vertreter:
W., Gebhard Frhr. zu ↑Gebhard Frhr. zu Waldburg.
W., Georg Truchseß von, gen. **der Bauernjörg,** *Waldsee (= Bad Waldsee) 25. Jan. 1488, †ebd. 29. Mai 1531, Feldhauptmann. – Feldherr des Schwäb. Bundes, kämpfte 1519 gegen Herzog Ulrich von Württemberg und warf im Frühjahr 1525 die aufständ. Bauern grausam nieder.

Waldburga ↑ Walburga.

Waldchampignon ↑ Champignon.

Waldeck, Benedikt, *Münster 31. Juli 1802, †Berlin 12. Mai 1870, preuß. Politiker. – Jurist; 1848 Führer der demokrat. Linken in der preuß. Nat.versammlung; beeinflußte maßgeblich die preuß. Verfassungsberatungen 1848 (*Charte Waldeck*). Einer der Führer der Dt. Fortschrittspartei, 1861–69 Mgl. des preuß. Abg.hauses, 1867–69 Mgl. des Norddt. Reichstags.
W., Georg Friedrich Fürst von ↑ Georg Friedrich (Waldeck).
W., Heinrich Suso, eigtl. Augustin Popp, *Wscherau bei Pilsen 3. Okt. 1873, †Sankt Veit im Mühlkreis 4. Sept. 1943, östr. Schriftsteller. – Gestaltete in seiner Lyrik ein dämon. Naturgefühl; schrieb auch religiöse Lieder.

Waldeck, ehem. Gft. im heutigen N-Hessen und Niedersachsen. Seit 1349 Reichslehen, seit 1431/38 unter hess. Landes- (bis 1648) und Lehnshoheit. Die Grafen (seit 1180 bezeugt) konnten trotz dynast. Teilungen u.a. 1625 die Gft. Pyrmont, 1682/1712 die Reichsfürstenwürde erwerben. W. trat 1807 dem 2. Rheinbund, 1815 dem Dt. Bund bei; seit 1867 unter preuß. Verwaltung; wurde im Nov. 1918 Freistaat, kam 1922 (Pyrmont) und 1929 (W.) zu Preußen (Prov. Hannover bzw. Hessen-Nassau).
W., hess. Stadt am N-Ufer des Edersees, 404 m ü.d.M., 7 200 E. Luftkurort. – Entstand als Burgflecken einer Burg der seit 1180 bezeugten gleichnamigen Familie; erlangte in der 1. Hälfte des 13. Jh. Stadtrecht (1232 „civitas"); bis 1665 Residenz. – Ev. got. Pfarrkirche (v.a. 16. Jh.); Burg Waldeck (13., 16. und 17. Jh.).

Waldecker Upland, im äußersten NO des Hochsauerlandes gelegener Teil des Rothaargebirges (Hessen und NRW).

Waldeck-Frankenberg, Landkr. in Hessen.

Waldeck-Rousseau, Pierre [frz. valdɛkru'so], *Nantes 2. Dez. 1846, †Paris 10. Aug. 1904, frz. Politiker. – Rechtsanwalt; 1879–89 Abg. der gemäßigten Republikaner; 1881/82 sowie 1883–85 Innenminister. Als Premiermin. (1899–1902) begnadigte er A. ↑Dreyfus, leitete die Trennung von Staat und Kirche ein und berief mit A. Millerand erstmals einen Sozialisten in ein Min.amt.

Waldemar, Name von Herrschern:

Dänemark:
W. I., der Große, *14. Jan. 1131, †Schloß Vordingborg 12. Mai 1182, König (seit 1157). – Stellte die Einheit des Reiches wieder her; huldigte 1162 Friedrich I. Barbarossa als Lehnsmann, um Unterstützung gegen Heinrich den Löwen zu erhalten. Eroberte bei einem Feldzug gegen die Wenden 1168/69 Rügen und verstärkte das Danewerk (*Waldemarsmauer*).
W. II., der Sieger, *1170, †28. März 1241, König (seit 1202). – Sohn von W. I.; unternahm 1219 einen Kreuzzug gegen die Esten und erstrebte die Herrschaft über die Ostsee; von den verbündeten norddt. Fürsten 1227 bei Bornhöved besiegt.
W. IV. Atterdag, *um 1320, †Schloß Gurre 24. Okt. 1375, König (seit 1340). – Jüngster Sohn Christophs II. 1361 zerstörte er die Hansestadt Visby und erlangte so die Herrschaft über Gotland, geriet dadurch aber in einen langwierigen Krieg mit der Hanse, den die dän. Stände im Frieden von Stralsund (1370) eigenmächtig beendeten.

Walden, Herwarth, eigtl. Georg Levin, *Berlin 16. Sept. 1878, †Saratow 31. Okt. 1941, dt. Schriftsteller und Kunstkritiker. – 1901–11 ⚭ mit E. Lasker-Schüler. Gründete 1904 den Berliner Verein für Kunst, 1910 die avantgardist. Zeitschrift „Der Sturm", 1912 die Sturm-Galerie; setzte sich für Futurismus, Expressionismus, Kubismus ein (u.a. E. Nolde, E. L. Kirchner, A. Kubin, W. Kandinsky), veranstaltete ab 1912 „Sturm-Kunstausstellungen". 1917 gründete W. mit L. Schreyer die Sturm-Bühne. Ging 1932 als Fremdsprachenlehrer nach Moskau, 1941 verhaftet, starb im Gefängnis. W. verfaßte u.a. musik- und kunsthistor. Schriften („Einblick in die Kunst. Expressionismus, Futurismus, Kubismus", 1917; „Die neue Malerei", 1919), Dramen („Letzte Liebe", 1918), Romane („Unter den Sinnen", 1919), Gedichte.

Waldenbuch, Stadt im Schönbuch, Bad.-Württ., 362 m ü.d.M., 7 700 E. Schokoladenfabrik, Herstellung von Löt- und Schweißgeräten u.a. – 1296 erstmals erwähnt; 1363 erstmals als Stadt bezeichnet. – Ev. Pfarrkirche (1606 ff.); ehem. Renaissanceschloß (1717 barockisiert); Fachwerkrathaus (18. Jh.).

Waldenburg, Stadt in Spornlage über der Hohenloher Ebene, Bad.-Württ., 506 m ü.d.M., 2 800 E. Luftkurort. – Entstand bei der um 1200 errichteten Stauferburg; 1330 erstmals Stadt genannt, seit 1553 Residenz der Gft. Hohenlohe-Waldenburg. – Ev. spätgot. Stadtpfarrkirche (1589 bis 1594). Barockschloß mit spätbarocker Michaelskirche (1783).
W., Bez.hauptort im schweizer. Kt. Basel-Landschaft, 535 m ü.d.M., 1 300 E. Feinmechan. Ind., Maschinenbau. – Spätgot. Kirche (1471), Neue Kirche (1833).

Waldenburg (Schles.) (poln. Wałbrzych), Stadt im Waldenburger Bergland, Polen, 450 m ü.d.M., 140 000 E.

Pierre Waldeck-Rousseau

Herwarth Walden (Zeichnung von Emil Orlik, 1926)

Waldenser

Verwaltungssitz der Woiwodschaft Wałbrzych; Museum; Theater; Zentrum eines bed. Steinkohlebergbau- und Ind.-reviers. – Um 1290 entstanden, Stadtrecht vor 1400. – Marienkirche (14. Jh., im 18. Jh. umgebaut); klassizist. Schloß.

Waldhorn. Doppelhorn in B/F

Waldenser, Anhänger der von P. ↑ Waldes in Lyon zw. 1170 und 1176 innerhalb der kath. Kirche S-Frankreichs zur Verkündigung des Evangeliums gegr. und nach dem Vorbild Jesu in Armut lebenden Laienbruderschaft. Wegen ihrer Praxis der Laienpredigt wurden die W. schon 1184 von Papst Lucius III. exkommuniziert. Die dadurch einsetzende Vertreibung bzw. Emigration der W. aus Lyon führte zu einer Verbindung mit anderen asket. Strömungen (Katharer, Albigenser, Humiliaten) und zu einer uneinheitl. Bewegung, deren innere Ggs. 1205 und 1218 die Trennung in frz. und lombard. W. zur Folge hatten. Während die frz. W. im 14. Jh. verschwanden, fanden die einen weiteren Armutsbegriff vertretenden lombard. W. rasche Verbreitung in Frankreich, N-Spanien, Italien, Deutschland, in der Schweiz, Österreich, Böhmen, Ungarn und Polen, v. a. im Bürgertum. Der Einfluß der Genfer Erweckungsbewegung brachte den W. ab 1815 eine geistig-kirchl. Erneuerung und eine ausgedehnte Diaspora (v. a. in Uruguay). Die jährl. Synode der W. tagt in Torre Pellice (sw. von Turin). Die W. zählen sechs Distrikte in Italien und einen in Uruguay/Argentinien mit insgesamt etwa 50 000 Mgl.; ihre theolog. Fakultät befindet sich in Rom.

Kurt Waldheim

Waldersee, Alfred Graf von, *Potsdam 8. April 1832, †Hannover 5. März 1904, preuß. Generalfeldmarschall (seit 1900). – 1889–91 als Nachfolger Moltkes Chef des Großen Generalstabs; stärkte die Selbständigkeit des Generalstabs und des Militärs gegenüber dem Kriegsministerium und der Reichsleitung. Im chin. Boxeraufstand Oberbefehlshaber der europ. Interventionstruppen.

Waldes, Petrus (P. Waldensis, Valdes, Valdus, Valdesius), †zw. 1184 und 1218, Begründer der Waldenserbewegung. – Reicher Lyoner Kaufmann; bekehrte sich um 1170 zur apostol. Armut, ließ die Bibel in die Volkssprache übersetzen und praktizierte mit seinen Anhängern (↑Waldenser) die Laienpredigt; deshalb 1184 exkommuniziert.

Waldgärtner (Kiefernmarkkäfer, Blastophagus), Gatt. der Borkenkäfer mit 2 einheim. Arten; **Großer Waldgärtner** (Blastophagus piniperda) in N-Amerika, Europa, O-Asien; 3,5–5 mm lang; **Kleiner Waldgärtner** (Blastophagus minor) in Eurasien; 3,5–4 mm lang, schwarzbraun mit rotbraunen Flügeldecken; Forstschädlinge.

Waldgrenze, klimatisch bedingte Grenzzone, bis zu der geschlossener Wald noch gedeiht.

Waldhausen im Strudengau, oberöstr. Marktgemeinde im östl. Mühlviertel, 475 m ü. d. M., 2 600 E. Bed. Pfarrkirche (1610–12) in gotisierendem Renaissancestil mit spätgot. Chor (15. Jh.); ehem. Stiftskirche (17. Jh.).

Waldheim, Kurt, *Sankt Andrä-Wördern (Niederösterreich) 21. Dez. 1918, östr. Diplomat und Politiker. – 1955/56, 1964–68 und 1970/71 östr. Vertreter bei den UN; 1968–70 Außenmin.; 1971–81 Generalsekretär der UN; 1986–92 (als Kandidat der ÖVP) Bundespräsident; um sein Verhalten im 2. Weltkrieg auf dem Balkan hatte es während des Wahlkampfes und danach schwere polit. Auseinandersetzungen gegeben.

Waldheim, Stadt südl. von Döbeln, Sa., an der Zschopau, 9 800 E. Möbelbau, Kosmetikproduktion. Südl. von W. Talsperre (1,3 km² großer Stausee) und Burg Kriebstein. – Entstand als Burgflecken der 1198(?) bzw. 1271 bezeugten Burg und besaß schon 1286 Stadtrecht.

Waldheim-Prozesse ↑NS-Prozesse.

Waldhorn (Horn), Blechblasinstrument mit kreisförmig gewundenem, stark kon. Rohr, trichterförmigem Mundstück, ausladender Stürze und drei Ventilen (mit zusätzl. Stopfventil), von weichem, warmem Klang. – Seit dem 12. Jh. sind gewundene Hörner (↑Horn) in Europa bekannt. Durch das Einsetzen von ↑Stimmbögen (seit etwa 1715) konnte das Instrument tiefer gestimmt werden. Mit Hilfe der um die Mitte des 18. Jh. erfundenen Stopftechnik (Einführen der Hand in das Schallstück) wurde der Ton jeweils um einen Halbton erhöht. Spätestens seit dem Anbringen von Ventilen (Ventilhorn) verfügt das W. über die vollständige chromat. Skala. Heute wird v. a. das Doppelhorn in B/F (mit Umschaltventil) oder das Horn in F (Umfang $_1$B bis f²) verwendet.

Waldhufendorf ↑Dorf.

Waldhühner, wm. Sammelbez für Auer-, Birk-, Hasel- und Schneehühner.

Walditis ↑Iltisse.

Waldis, Burkhard, *Allendorf (=Bad Sooden-Allendorf) um 1490, †Abterode (=Meißner, Werra-Meißner Kreis) 1556, dt. Dichter. – Zunächst Franziskaner in Riga, dann Anhänger Luthers; später ev. Pfarrer in Abterode; setzte sich in polem.-satir. Schriften sowie in dem in niederdt. Sprache 1527 uraufgeführten Fastnachtspiel „Vam Verlorn Szon" für die Lehre Luthers ein. Verf. der bed. Fabelsammlung „Esopus" (1548).

Waldkarpaten ↑Karpaten.

Waldkatze, Unterart der europ. Wildkatze (Felis silvestris silvestris); Länge 50–80 cm, Schwanz bis 35 cm lang und leicht buschig behaart, schwarzspitzig und schwarz geringelt.

Waldkauz ↑Eulenvögel.

Waldkirch, Stadt im Breisgau, Bad.-Württ., 263 m ü. d. M., 19 100 E. Kneippkurort; u. a. metallverarbeitende, Textil-, opt.-elektron. Ind. – Entstand aus einer Siedlung bei dem um 918 gegr. Kloster und einer planmäßigen Gründung der 2. Hälfte des 13. Jh.; 1300 Freiburger Stadtrecht. – Barocke Pfarrkirche (1732–34) mit Rokokoausstattung, Propsteigebäude (1754 ff.), Ruine der Kastelburg (13. bis 16. Jh.).

Waldkraiburg, Stadt am unteren Inn, Bay., 434 m ü. d. M., 23 800 E. U. a. Metall-, Gummi-, Glasind., Musikinstrumentenherstellung. – W. entstand 1950 auf einem ehem. Munitionsfabrikgelände als erste Heimatvertriebenengemeinde der BR Deutschland; Stadt seit 1960.

Waldlandtradition (Woodland tradition), voreurop. Kulturtradition im östl. Nordamerika (ab etwa 1000 v. Chr.), charakterisiert durch Errichtung von Erdbauten (Grabhügel u. a.), beginnenden Pflanzenbau und Keramik mit Schnur- und Textileindrücken; ab 700 n. Chr. z. T. von der Mississippikultur überlagert; hielt sich im NO, aufgespalten in zahlr. Einzelkulturen (u. a. Adenakultur, Hopewellkultur).

Waldgärtner. Großer Waldgärtner. Links: Käfer. Rechts: Fraßbild

Waldlauf, eine Form des Geländelaufs. Die seit 1921 stattfindenden dt. W.meisterschaften wurden 1974 durch die Cross-Country-Meisterschaften ersetzt.

Waldlehrpfad, Wanderweg im Wald, der durch Tafeln über die Bed., den Namen und das Alter der Bäume, auch über sonstige Pflanzen, über Tiere des Waldes sowie über ökolog. Zusammenhänge und forstl. Maßnahmen unterrichtet.

Waldmann, Dieter, *Greifswald 20. Mai 1926, †Bühlertal bei Rastatt 5. Dez. 1971, dt. Dramatiker. – Autor von Komödien, u. a. „Atlantis" (1963), „Die Schwätzer" (1965), Hör- und Fernsehspielen.

Waldmeister ↑ Labkraut.

Waldmüller, Ferdinand Georg, *Wien 15. Jan. 1793, †Hinterbrühl bei Mödling 23. Aug. 1865, östr. Maler. – 1829–57 Prof. an der Wiener Akad.; Hauptvertreter des Wiener Biedermeier.

Waldnashorn, svw. Mercknashorn (↑ Nashörner).

Waldoff, Claire, *Gelsenkirchen 21. Okt. 1884, †Bad Reichenhall 22. Jan. 1957, dt. Kabarettistin. – Schauspielerin in Berlin, die v. a. durch ihre urwüchsig-drast. Couplets bekannt wurde. Schrieb „Weeste noch ...!" (Autobiographie, 1953).

Waldohreule ↑ Eulenvögel.

Waldorfschulen, private Gesamtschulen, 1919 in Stuttgart von dem Direktor der Waldorf-Astoria-Zigarettenfabrik, Emil Molt (*1876, †1936), für die Arbeiter- und Angestelltenkinder seines Werkes gegr. Der erste Leiter dieser Schule, R. Steiner, arbeitete die pädagog. und organisator. Leitideen auf der Grundlage der ↑ Anthroposophie aus. Bis zum Verbot durch den NS 1938 gab es 8 Schulen in Deutschland und weitere im Ausland; nach 1945 zahlr. Neugründungen. Schulträger jeder W. ist ein eigener Schulverein, in dessen Vorstand Eltern und Lehrer gleichberechtigt sind. Den Schwerpunkt des Unterrichts bilden die künstler. und handwerkl. Fächer (die leistungsorientierte Auslese der traditionellen Schultypen soll durch eine breitangelegte Begabtenförderung ersetzt werden). Fremdsprachl. Unterricht (Englisch, Französisch, z. T. Russisch) beginnt im 1. Schuljahr. Wichtiger Teil des künstler. Unterrichts ist die von Steiner entwickelte ↑ Eurythmie. In einem 12jährigen Bildungsgang erhalten die Schüler je nach ihrer Entwicklungsstufe Unterricht, wobei die Zeugnisse durch Elternbriefe und Schülercharakteristiken ersetzt sind. Ein Sitzenbleiben gibt es nicht. Bis zum 8. Schuljahr unterrichtet ein Klassenlehrer, danach die jeweiligen Fachlehrer. Das 13. Schuljahr bereitet auf das Abitur, das staatlich anerkannt ist, vor.

Waldpferd (Equus caballus robustus), vom Ende des Pleistozäns bis zum Anfang des Holozäns verbreitete Unterart großer, schwerer, vorwiegend waldbewohnender Pferde.

Waldportier. Links: Großer Waldportier. Rechts: Kleiner Waldportier

Waldportier [...pɔrtje:] (Waldpförtner), verschiedene in lichten Wäldern und auf waldnahen Wiesen vorkommende, 5–6,5 cm spannende, einheim. Arten der Augenfalter; u. a. **Großer Waldportier** (Hipparchia fagi): dunkelbraun, mit heller Flügelbinde; **Kleiner Waldportier** (Hipparchia alcyone): braun, mit weißl. Flügelbinde; **Blauäugiger Waldportier** (Minois dryas): dunkelbraun, Vorderflügel mit zwei bläulichweißen, schwarz umrandeten Augenflecken; **Weißer Waldportier** (Brintesia circe): braunschwarz, mit weißl., auf den Vorderflügeln unterbrochener Binde.

Waldrebe (Klematis, Clematis), Gatt. der Hahnenfußgewächse mit rd. 400 weltweit verbreiteten Arten; meist kletternde Sträucher oder auch aufrechte Halbsträucher oder Stauden; Blattstiele oft windend; Blüten glockig bis tellerförmig, einzeln oder in Rispen, oft weiß oder violett. Einheimisch ist neben der ↑ Alpenwaldrebe die **Gemeine Waldrebe** (Hexenzwirn, Clematis vitalba) mit bis 7 m hoch kletternden Zweigen und kronblattlosen Blüten mit weißen bis gelbl. Kelchblättern; Früchte mit langen Griffeln.

Waldreservat, zusammenfassende Bez. für Schonwald und Naturwaldreservat.

Waldsassen, Stadt in der Wondrebsenke, Bay., 7 900 E. Stiftlandmuseum; u. a. Porzellanfabrik, Glasind., Metallverarbeitung, Mineralbrunnen. – Gründung des Zisterzienserklosters W. 1133, 1147 reichsunmittelbar (bis Mitte des 16. Jh.); bis 1571 säkularisiert, 1661/69 unter bayr. Herrschaft wiederhergestellt; bei der Auflösung (1803) eines der reichsten in Deutschland; 1863 als Zisterzienserinnenkloster neu gegr., seit 1925 Abtei. Der Ort entstand 1613, ab 1693 Markt, 1896 Stadt. – Barocke Abteikirche (1681 bis 1704; Stukkaturen von G. B. Carlone) und Klostergebäude mit bed. Bibliotheksraum (1724–26).

Waldschliefer (Baumschliefer, Dendrohyrax), Gatt. der Säugetiere (Ordnung Schliefer) mit 3 Arten in Afrika südl. der Sahara; Körperlänge 45–55 cm; ohne äußerlich sichtbaren Schwanz; Färbung überwiegend braun bis grau- oder schwarzbraun; nachtaktiv.

Waldsee, Bad ↑ Bad Waldsee.

Waldseemüller, Martin, *Radolfzell 1470 (?), †Saint-Dié 1518 (?), dt. Kartograph. – Auf seiner Globuskarte und Weltkarte (beide 1507) erscheint erstmals der Name „America" für den neu entdeckten Kontinent.

Waldshut ↑ Waldshut-Tiengen.

W., Landkr. in Baden-Württemberg.

Waldshut-Tiengen ['tɪŋən], Krst. am Hochrhein, 310–700 m ü. d. M., Bad.-Württ., 21 600 E. Metallverarbeitende, chem., elektron. u. a. Ind. – **Waldshut** wurde vor 1240 als rechteckige Marktsiedlung gegr.; wichtigste der 4 vorderösterr. Waldstädte; Ende des 13. Jh. Stadt gen. **Tiengen** wird zw. 858 und 867 als Thingstätte erwähnt; im 12. Jh. Stadtrecht; beide Städte wurden 1975 mit der Ge-

Waldrebe. Gemeine Waldrebe

Waldsassen. Der 1724–26 gestaltete Bibliotheksraum des 1133 gegründeten Zisterzienserklosters

Waldspitzmaus

meinde **Gurtweil** zur Stadt W.-T. zusammengeschlossen. – In Waldshut frühklassizist. Pfarrkirche (19. Jh.), barocke Friedhofskapelle (17. Jh.), spätbarockes Rathaus (18. Jh.); spätgot. Stadttore. In Tiengen barocke Marienkirche (18. Jh.), Schloß (1571–1619).

Waldspitzmaus ↑ Rotzahnspitzmäuse.

Waldstädte, die am Hochrhein gelegenen, bis 1801/03 zu Vorderösterreich gehörenden Städte Laufenburg, Rheinfelden, Säckingen und Waldshut.

Waldstätte, Bez. für die um den Vierwaldstätter See liegenden schweizer. Kt. Uri, Schwyz, Unterwalden und Luzern.

Waldstein ↑ Wallenstein.

Waldsterben, das großflächige Absterben von Nadel- und Laubbäumen, das zuerst bei der Weißtanne beobachtet wurde (Tannensterben). Schon seit dem 19. Jh. sind Waldschäden durch Abgase von Ind.anlagen, allerdings ausschließlich in deren Nahbereich, bekannt. Seit etwa 1975 treten jedoch in emittentfernen Gebieten neuartige unterschiedl. Schadbilder (neuartige Waldschäden) auf. Diese Entwicklung wurde zunächst an Nadelbäumen beobachtet, hat aber in den letzten Jahren nahezu alle Waldbaumarten erfaßt. Charakterist. Symptome sind: 1. Verfärbung und Abwurf von Nadeln oder Blättern (Verlichtung der Krone); 2. große Schäden im Feinwurzelsystem, wodurch die Wasser- und Nährstoffaufnahme des Baumes vermindert wird; 3. Wachstumsstörungen. Die Ursachen des W. sind noch nicht eindeutig geklärt, auch sind es z. B. im Flachland andere als im Gebirge (komplexe Hochlagenerkrankung u. a. durch stärkere Ozoneinwirkung); ein Zusammenwirken mehrerer Faktoren scheint jedoch gesichert zu sein. Als Schadfaktoren gelten der ↑ saure Regen, die durch Kfz, Haushalte, Ind. und Landw. erzeugten Stickstoffoxide, Schwermetalle, ↑ Photooxidanzien und Ammoniak. Auch andere, nicht immissionsbedingte Faktoren, z. B. extreme Witterungs- und Klimaereignisse, waldbaul. Fehler, Pilze, Bakterien, Schadinsekten, können Sekundärschäden verursachen oder die Wirkung der Schadstoffe verstärken.

Derzeit kommt in der Waldschadensforschung den Stickstoffoxiden (bes. dem starken Anstieg der Emissionen durch den Straßenverkehr) und dem Ammoniak, das in Gebieten mit intensiver Tierproduktion verstärkt freigesetzt wird, bes. Bed. zu. Der erhöhte Stickstoffeintrag stört das labile Gleichgewicht der ↑ Mykorrhiza (Symbiose zw. Waldbäumen und Pilzen) so, daß die normalerweise weitgehend von Mykorrhizapilzen übernommene Wasser- und Nährstoffversorgung des Baumes durch das Absterben des Pilzgeflechtes eingeschränkt wird und der Baum an Wasser- und Nährstoffmangel leidet. – Auf Grund der bereits aufgetretenen Waldschäden (nach den Ergebnissen der Waldschadenserhebung 1992 für Deutschland liegt der Anteil der Bäume mit deutl. Schäden im Durchschnitt bei 27 % und der Anteil der Bäume mit schwachen Schäden bei 41 %, betroffen sind vorzugsweise Nadelbäume) ist es dringend geboten, bes. durch ↑ Luftreinhaltung, die weitere Ausbreitung des W. zu verhindern.

Waldstorch, svw. Schwarzstorch (↑ Störche).

Waldveilchen ↑ Veilchen.

Waldviertel, nw. Landesteil von Niederösterreich, westl. des Manhartsberges und nördl. der Donau, kuppige, tiefzertalte, waldreiche Hochfläche (400–700 m; im Tischberg 1073 m ü. d. M.); durchflossen vom mäanderreichen Kamp (Talsperren); an den Donauhängen Weinbau; Steinbrüche, Kaolin-, Torfabbau; Textil-, Holz-, Glasind.; Fremdenverkehr.

Waldvögelein (Cephalanthera), Gatt. der Orchideen mit 14 Arten im gemäßigten Eurasien und in N-Amerika; Erdorchideen mit beblättertem Stengel und in lockerer Ähre stehenden Blüten. Einheimisch sind 3 Arten, u. a. das in lichten Buchenwäldern vorkommende **Weiße Waldvögelein** (Cephalanthera damasonium) mit längl. Blättern und gelbweißen Blüten.

Waldzecke, svw. ↑ Holzbock.

Waldziegenantilopen (Nemorhaedini), Gatt.gruppe der Ziegenartigen mit 2 etwa ziegengroßen Arten, v. a. in dichten Gebirgs- und Bambuswäldern S- und O-Asiens. Etwa 90–130 cm lang und rd. 55–75 cm schulterhoch ist der **Goral** (Naemorhedus goral); beide Geschlechter mit kurzen, spitzen, leicht nach hinten gekrümmten Hörnern; Fell dicht und lang; Färbung überwiegend braun.

Waldziegenantilopen. Goral

Wale (Cetacea), seit dem mittleren Eozän bekannte, heute mit rd. 90 Arten weltweit verbreitete Ordnung der Säugetiere von etwa 1,25–33 m Körperlänge und rd. 25 kg bis über 135 t Gewicht; mit Ausnahme weniger Zahnwalarten ausschließlich im Meer; Gestalt torpedoförmig, fischähnlich (jedoch waagerecht gestellte Schwanzflosse); Vorderextremitäten zu Flossen umgewandelt, Hinterextremitäten vollständig rückgebildet, Becken nur rudimentär erhalten; Rückenfinne fast stets vorhanden; mit Ausnahme von zerstreuten Borsten am Kopf (Sinneshaare) Haarkleid rückgebildet; Haut ohne Schweiß- und Talgdrüsen, von mehr oder minder stark ausgebildeter Fettschicht unterlagert, die der Wärmeisolierung dient und aus der v. a. bei ↑ Bartenwalen Tran gewonnen wird; äußeres Ohr fehlend; Augen sehr klein; Nasenlöcher („Spritzlöcher") paarig (Barten-W.) oder unpaarig (Zahn-W.), weit nach hinten auf die Kopfoberseite verschoben (ausgenommen Pottwal); Gesichtssinn schwach, Geruchs- und Gehörsinn meist gut entwickelt; Verständigung zw. Gruppenmitgliedern der meist sehr gesellig lebenden W. durch ein umfangreiches, teilweise im Ultraschallbereich liegendes Tonrepertoire, auch Ortung durch Ultraschall; Kopf groß, vom Rumpf kaum oder gar nicht abgesetzt; Gebiß aus zahlr. gleichförmigen, kegelartigen Zähnen (fischfressende Zahn-W.) teilweise rückgebildet (tintenfischfressende Zahn-W.) oder völlig reduziert und funktionell durch Barten ersetzt (Barten-W.). – W. sind ausgezeichnete Schwimmer und Taucher (können z. T. bis rd. 1000 m Tiefe [z. B. Pottwal] und u. U. länger als eine Stunde tauchen). Die nach dem Auftauchen durch die Spritzlöcher ausgestoßene Luft (*Blas*) wird durch kondensierenden Wasserdampf erkennbar, wobei die Form des Blas oft arttypisch ist. – Nach einer Tragzeit von rd. 11–16 Monaten wird meist nur 1 Junges geboren, das bei der Geburt etwa $\frac{1}{4}$–$\frac{1}{3}$ der Länge der Mutter hat. – Die W. zählen zu den intelligentesten und lernfähigsten Tieren. Wegen verschiedener industriell nutzbarer Produkte (z. B. Walrat, Amber, Fischbein, Vitamin A [aus der Leber], Öl) wurden W. mit modernen ↑ Walfangschiffen stark bejagt, was zu drast. Bestandsabnahmen bzw. bei einigen Arten fast zum Aussterben geführt hat. Versuche des gesetzl. Schutzes und der Fangbeschränkung gibt es seit 1937, doch erst seit einigen Jahren werden die [oft überschrittenen] Fangquoten durch die Internat. Walfangkommission festgelegt (↑ Walfang).

Walensee, Alpenrandsee in den schweizer. Kt. Glarus und St. Gallen, zw. den Churfirsten im N und den Ausläufern der Glarner Alpen im S, 15 km lang, bis 2 km breit, 144 m tief, 419 m ü. d. M.; entwässert durch den Linthkanal zum Zürichsee nach Westen.

Waldvögelein. Weißes Waldvögelein

Wales [engl. weɪlz], Teil von Großbritannien und N-Irland; umfaßt die westl. Halbinsel Großbritanniens zw. der Ir. See und dem Bristolkanal sowie die Insel Anglesey.
Geschichte: Das von kelt. Kymren besiedelte W. stand im 1.–5. Jh. unter röm. Herrschaft. Die sich danach bildenden Kleinkgr. wurden seit dem 6. Jh. Rückzugsgebiet der von den Angelsachsen verdrängten brit. Kelten, die mit den Kymren verschmolzen (in dieser Zeit auch Christianisierung). Nach der normann. Eroberung (1066) belehnte Wilhelm I. Ritter aus seinem Gefolge mit den Grenzgebieten und Teilen des südl. W. (sog. marcher lords). Die im 13. Jh. noch einmal erstarkten walis. Ft. (v. a. Gwynedd) konnten erst unter Eduard I. nach 2 erfolgreichen Feldzügen (1277 und 1282–84) dem engl. Herrschaftsbereich eingegliedert werden. Den Titel ↑Prince of Wales übertrug Eduard 1301 seinem Sohn, dem späteren Eduard II. (seitdem dem engl. Thronfolger verliehen). Den letzten Versuch, wieder die nat. Unabhängigkeit zu erlangen, unternahm 1400 O. Glendower, der sich mit frz. Unterstützung bis 1408 behaupten konnte. Eine endgültige Unterwerfung der Waliser gelang erst den Tudors, die selbst walis. Abstammung waren. Durch die Acts of Union von 1536 und 1542 wurde W. von Heinrich VIII. mit England vereinigt. Eine neue Belebung erfuhr das nat. Bewußtsein durch die „kelt. Renaissance" des 18. Jh. Ein weiterer Ggs. zu Großbritannien entstand durch die konfessionelle Sonderentwicklung; ³⁄₄ der Waliser bekannten sich im 19. Jh. zum prot.-methodist. Nonkonformismus. Walis. Autonomieforderungen erwirkten zu Beginn des 20. Jh. Zugeständnisse von der brit. Reg. im kulturellen Bereich. Die Welsh Disestablishment Bill von 1912 entband die walis. Nonkonformisten von der Oberhoheit der anglikan. Kirche. Eine größere polit. Autonomie (eigenes Parlament) lehnten die Waliser in einer Volksabstimmung im März 1979 ab.

Wales
Flagge

Walhalla. 1830–42 östlich von Regensburg erbaut

Wałęsa, Leszek („Lech") [poln. vaˈwɛsa], * Popowo (bei Bromberg) 29. Sept. 1943, poln. Politiker. – Urspr. Elektromonteur; erstmals 1970, erneut 1980 Streikführer der Werftarbeiter in der Danziger Bucht; setzte die Zulassung freier Gewerkschaften in Polen durch; 1980–90 Vors. der ↑Solidarność (1981/82 interniert); im Dez. 1990 zum Staatspräs. gewählt. – Erhielt 1983 den Friedensnobelpreis.
Walewski, Alexandre Florian Joseph Colonna, Graf, * Walewice (Woiwodschaft Skierniewice) 4. Mai 1810, † Straßburg 27. Sept. 1868, frz. Politiker und Diplomat. – Sohn Napoleons I. und der poln. Gräfin Maria Walewska (* 1789, † 1817), 1855–60 Außenmin., 1860–63 Staatsmin.; seit 1866 Herzog.
Walfang, gewerbsmäßige Jagd auf Wale. Das von der Internat. Walfangkommission für 1986 geplante Fangverbot für die stark bedrohten Wale wurde erst 1988 wirksam, wird aber nicht von allen Staaten eingehalten.
Walfangschiff, Fangschiff von rd. 60 m Länge und rd. 1 000 ts Wasserverdrängung, das an seiner hohen Back mit der darauf stehenden Harpunenkanone und dem Laufsteg zur Brücke zu erkennen ist. Bis zu 25 dieser Fangboote bilden mit dem **Walfangmutterschiff** (über 200 m lang, 45 000 ts, über 500 Mann Besatzung) eine *Fangflotte.* Das Walfangmutterschiff zieht die von den Fangschiffen erlegten Wale über seine Heckschleppe an Bord aufs Oberdeck, zerlegt und verarbeitet sie bis zum Endprodukt.
Walfisch ↑ Sternbilder (Übersicht).
Walfischbai [...bɛi] (engl. Walvis Bay), Stadt an der Walfischbucht, bildet mit dem Hinterland eine südafrikan. Exklave in Namibia von 1 124 km² mit 30 000 E. Fischverarbeitung; einziger Tiefwasserhafen Namibias. Eisenbahnendpunkt, ✈. – Kam 1878 unter brit. Schutz; seit 1884 von der Kapkolonie verwaltet; danach wieder der Kapprovinz unterstellt; von Namibia beansprucht, das 1991 Verhandlungen mit Südafrika aufnahm (Einigung über eine gemeinsame Verwaltung im Sept. 1991).
Walfischbucht, Bucht des Atlantiks an der Küste Namibias.
Walfische, falsche Bez. für ↑ Wale.
Walfischrücken, untermeer. Schwelle im sö. Atlantik, trennt das Angolabecken (im N) vom Kapbecken, bis 892 m u. d. M. aufragend.
Walgau, Talschaft der Ill zw. Bludenz und Feldkirch (Vorarlberg).
Walhall (Walhalla, altnord. Valhöll), die „Halle der Gefallenen (Erwählten)" in der nordgerman. Jenseitsvorstellung; neben Hel eines der Totenreiche, der Aufenthaltsort der gefallenen Krieger (↑Einherier).
Walhalla, nach dem Entwurf von L. von Klenze 1830–42 bei Donaustauf östl. von Regensburg erbaute „Ruhmeshalle" in Form eines griech. Tempels mit Bildnisbüsten berühmter Deutscher.
Wali [arab.-türk.] (Vali), der höchste Reg.-vertreter in einer Prov. des Osman. Reiches, heute in einem Verw.-Geb. (Il) der Türkei.
Walid I. Ibn Abd Al Malik, * um 670, † Damaskus 23. Febr. 715, Kalif (705–715) aus der Dyn. der Omaijaden. – Unter seiner Herrschaft erreichte das Kalifat von Damaskus seine größte Ausdehnung.
Walisisch (Kymrisch), zur britann. Gruppe der kelt. Sprachen gehörende Sprache, die in Wales nur noch von etwa 0,5 Mill. Personen gesprochen wird. Die Unterschiede zw. der standardisierten Literatursprache und der gesprochenen Umgangssprache sind sehr groß. Man unterscheidet eine nördl. und eine südl. Dialektgruppe.
walisische Literatur (kymr. Literatur), **frühe Epoche** (550–1100): Die Preisgedichte, Elegien und religiöse Dichtungen enthaltenden „Vier alten Bücher von Wales" sind in 5 Handschriften erhalten, die erst im 13. und 14. Jh. niedergeschrieben wurden. Die **mittlere Epoche** (1100–1350) ist durch die bard. Hofdichtung gekennzeichnet, v. a. Lob- und Klagelieder, die mit Instrumentalbegleitung vorgetragen wurden.
Neuere Epoche (1350–1750): Der in der gehobenen Umgangssprache dichtende Dafydd ap Gwilym gehört zu den bed. Lyrikern des europ. MA. Um die Mitte des 15. Jh. gewann die Autorität der klass. Bardenschule erneut Bedeutung. Unter dem Druck der engl. Herrschaft brachen jedoch Aktivität und Organisation der Barden im 17. Jh. vollständig zusammen. Die im Zusammenhang mit Reformation und Gegenreformation entstandene religiöse Prosa sowie die Bibelübersetzung (1588) durch William Morgan (* um 1545, † 1604) schufen die Grundlagen für eine literar. Prosasprache.
Moderne Epoche (ab 1750): Die um die Mitte des 18. Jh. einsetzende Erneuerungsbewegung brachte eine Anknüpfung an die klass. Bardenschule. Die freien Metren der Volksdichtung wurden v. a. für die von der methodist. Erweckungsbewegung inspirierten religiösen Hymnen verwendet. V. a. in den polit. Schriften von S. Roberts (* 1800,

Lech Wałęsa

Walken

† 1885) und den Romanen von D. Owen (* 1836, † 1895) erlebte die Prosa einen neuen Aufschwung. Eine 2. Erneuerungsbewegung setzte im Zusammenhang mit der Gründung der Univ. von Wales (1893) ein; ihre Initiatoren waren u. a. O. M. Edwards (* 1858, † 1920) und J. Morris-Jones (* 1864, † 1929). Zu den bed. Lyrikern des 20. Jh. zählen D. Gwenallt Jones (* 1899, † 1968), W. Williams (* 1904, † 1971) und B. Jones (* 1929), als Erzähler sind D. J. Williams (* 1885, † 1970) und K. Roberts (* 1891, † 1985) zu nennen, als Dramatiker J. Gwilym Jones (* 1904).

Walken, in der *Textiltechnik* Verdichten und Verfilzen textiler Flächen aus oder mit Wolle durch Stoßen, Drücken, Reiben in schwach alkal. oder stark saurer Flüssigkeit.
▷ in der *Lederherstellung* Bearbeitung von Leder im Walkfaß, z. B. zum Lockern des Fasergefüges.

Walkenried, Gem. 5 km osö. von Bad Sachsa, Nds., 2 500 E. – Ruine der ehem. Klosterkirche (13. Jh.), einer Basilika mit fünfschiffigem Chor; die Konventsgebäude sind fast vollständig erhalten, u. a. Kreuzgang (14. Jh.).

Walker [engl. 'wɔːkə], Alice [Malsenior], * Eatonton (Ga.) 9. Febr. 1944, amerikan. Schriftstellerin. – Lehrt u. a. an der Yale University. Wurde bekannt mit dem Roman „Die Farbe Lila" (1982; verfilmt von S. Spielberg). – *Weitere Werke:* Auf der Suche nach den Gärten unserer Mütter (Essays, 1983), The Temple of My Familiar (R., 1989).

W., Sir (seit 1930) Emery, * London 2. April 1851, † ebd. 22. Juli 1933, brit. Typograph. – Mitbegr. der dann von T. Cobden-Sanderson allein weitergeführten Doves-Press; entwickelte die Doves-Type.

W., William, * Nashville (Tenn.) 8. Mai 1824, † Trujillo (Honduras) 12. Sept. 1860 (hingerichtet), amerikan. Abenteurer. – Versuchte, M-Amerika unter seine Herrschaft zu bringen; konnte 1855 Nicaragua erobern (1856/57 dort Präs.); wurde 1857 vertrieben; bei einem Invasionsversuch in Honduras 1860 gefangengenommen.

Walküren [altnord. „Wählerinnen der Toten auf dem Kampfplatz"], in der german. Mythologie die Botinnen des obersten Gottes Wodan (Odin), die über die Schlachtfelder reiten, die gefallenen ↑ Einherier durch ihren Kuß zu ewigem Leben erwecken und sie nach Walhall geleiten.

Wallabha, * bei Benares 1479, † 1531, ind. Religionsphilosph. – Philosoph des Wedanta und letzter großer Kommentator der Brahmasutras. W. sieht in dem transzendenten Krischna das höchste Prinzip, zu dem der Gläubige auf dem Weg der Gottesliebe geführt wird.

Alice Walker

Edgar Wallace

Wallabys. Bennettkänguruh mit Jungtier

Wallabys [engl. 'wɔləbɪz; austral.] (Wallabia), Gatt. mittelgroßer Kängurus mit etwa 10 Arten, z. B. **Benettkänguruh** (Wallabia rufsgrisea frutica).

Wallace [engl. 'wɔlɪs], Alfred Russel, * Usk (Monmouth) 8. Jan. 1823, † Broadstone (Dorset) 7. Nov. 1913, brit. Zoologe und Forschungsreisender. – Forschungsreisen u. a. im Amazonas- und Río-Negro-Gebiet sowie im Malaiischen Archipel. W. untersuchte bes. die geograph. Verbreitung von Tiergruppen und teilte die Erde in tiergeograph. Regionen ein (↑ Wallacea). Er stellte unabhängig von C. Darwin die Selektionstheorie auf.

W., Edgar, * Greenwich (= London) 1. April 1875, † Los Angeles-Hollywood 10. Febr. 1932, engl. Schriftsteller. – Schrieb weit über 100 Kriminalromane und -erzählungen (zahlr. Verfilmungen), u. a. „Der Hexer" (1925, dramatisiert 1926), „Der Zinker" (1927); auch Afrikaromane.

W., Henry Agard, * Adair County (Iowa) 7. Okt. 1888, † Danbury (Conn.) 18. Nov. 1965, amerikan. Politiker (Demokrat). – Als Landw.min. (1933–40) einer der führenden Politiker des ↑ New Deal; 1941–45 Vizepräs.; 1945/46 Handelsminister.

W., Lew[is], * Brookville (Ind.) 10. April 1827, † Crawfordsville (Ind.) 15. Febr. 1905, amerikan. Schriftsteller. – Rechtsanwalt; militär. Karriere im Bürgerkrieg, 1878–81 Gouverneur von New Mexico, 1881–85 Botschafter in Istanbul; schrieb u. a. den histor. Roman „Ben Hur" (1880; verfilmt).

Wallacea [vala'tseːa; nach A. R. Wallace] (oriental.-austral. Übergangsgebiet, indoaustral. Zwischengebiet), in der Tiergeographie ein Übergangsgebiet zw. der oriental. und der austral. Region und daher mit einem Gemisch oriental. und austral. Faunenelemente.

Wallach, Otto, * Königsberg (Pr) 27. März 1847, † Göttingen 26. Febr. 1931, dt. Chemiker. – Prof. in Bonn und Göttingen; isolierte zahlr. Terpene und ermittelte ihre Struktur, wofür er 1910 den Nobelpreis für Chemie erhielt.

Wallach [nach der Walachei], kastriertes ♂ Pferd.

wallachische Phase ↑ Faltungsphasen (Übersicht).

Wallat, Hans, * Berlin 18. Okt. 1929, dt. Dirigent. – War 1961–64 Kapellmeister an der Württemberg. Staatsoper in Stuttgart, 1964/65 an der Dt. Oper Berlin, 1965–70 Generalmusikdirektor in Bremen, 1970–80 in Mannheim, seitdem in Dortmund.

Wallberg, Heinz, * Herringen (Hamm) 16. März 1923, dt.-östr. Dirigent. – 1961–74 Generalmusikdirektor des Hess. Staatstheaters in Wiesbaden, 1964–75 Chefdirigent des Niederöstr. Tonkünstlerorchesters in Wien. 1975 Chefdirigent des Münchner Rundfunkorchesters (bis 1982) und Generalmusikdirektor in Essen (bis 1991).

Walldürn, Stadt am O-Rand des Odenwalds, Bad.-Württ., 409 m ü. d. M., 10 800 E. Elfenbeinmuseum; Elektroind., Herstellung von Kunstblumen und Wachswaren; Wallfahrtsort. – Erstmals 795 erwähnt; um 1264 befestigt (Stadterhebung vor 1250). – Pfarr- und Wallfahrtskirche Hl. Blut (v. a. 17. und 18. Jh.) mit Heiligblutaltar; Schloß (16. Jh., stark umgebaut); röm. Kastellbad.

Walldürn. Innenansicht der im wesentlichen im 17. und 18. Jh. erbauten Pfarr- und Wallfahrtskirche Heilig Blut

Wallenberg [schwed. ‚valənbærj], schwed. Bankiers- und Industriellenfamilie. Die Holdinggesellschaft des W.-Konzerns ist an den bedeutendsten schwed. Unternehmen wesentlich beteiligt. Bed. Verteter:
W., André Oskar, *Linköping 19. Nov. 1816, †Stockholm 12. Jan. 1886. – Gründete 1856 das Stammhaus der Fam., die Stockholm Enskilda Bank.
W., Knut Agaton, *Stockholm 19. Mai 1853, †ebd. 1. Juni 1938. – Sohn von André Oskar W.; 1886 Leiter der Stockholm Enskilda Bank, die unter seiner Führung zur bedeutendsten Bank Schwedens wurde. Als schwed. Außenmin. (1914–17) vertrat er eine strikte Neutralitätspolitik.
W., Marcus Laurentius, *Stockholm 5. März 1864, †ebd. 22. Juli 1943. – Stiefbruder von Knut Agaton W.; Gründer und Mitbegr. einer Reihe schwed. und norweg. Unternehmen, z. B. Telefonaktiebolaget L. M. Ericsson, Norsk Hydro AS.
W., Raoul, *Stockholm 1912, †Moskau 1947. – Großneffe von Knut Agaton W.; rettete als Diplomat in Budapest vielen Juden das Leben; 1945 vom sowjet. Geheimdienst in die Sowjetunion verschleppt; starb in einem Moskauer Gefängnis (erst 1992 durch den KGB bekannt geworden).
Wallenstein (Waldstein), Albrecht Wenzel Eusebius von, Hzg. von Friedland (seit 1625), Fürst (seit 1627/28), Hzg. von Mecklenburg (seit 1627/29), gen. der Friedländer, *Hermanitz (= Heřmanice, Ostböhm. Bez.) 24. Sept. 1583, †Eger 25. Febr. 1634 (ermordet), Feldherr und Staatsmann. – Aus altböhm. Adelsgeschlecht, konvertierte 1601 (1606?) zum Katholizismus; ab 1604 in habsburg. Diensten; gewann durch seine Heirat (1609) mit Lukrezia von Witschkow († 1614) reichen Besitz in Mähren. Während des Böhm. Aufstandes (1618/19) kaisertreu, verlor W. seinen gesamten Besitz, wurde nach der Schlacht am Weißen Berg 1620 Militärbefehlshaber in N-Böhmen, 1622 Gubernator (Landvogt) Böhmens und erwarb große Ländereien (mit Friedland, Jičín, Reichenberg) im NO Böhmens (1624 zum Ft. Friedland erhoben; W. wurde damit Reichsfürst). 1623 Heirat mit Isabella Katharina von Harrach († 1656), der Tochter eines der engsten Vertrauten des Kaisers. 1625 stellte W. auf eigene Kosten Kaiser Ferdinand II. ein Söldnerheer zur Verfügung und erhielt den Oberbefehl über die kaiserl. Truppen im Reich. Im April 1626 schlug er an der Dessauer Elbbrücke die Armee Hzg. Ernsts II. von Mansfeld, 1627 vertrieb er mit Tilly Christian IV. von Dänemark aus N-Deutschland und drang bis Jütland vor. Die Stärkung der kaiserl. Macht durch den Verständigungsfrieden von Lübeck (1629) veranlaßte die Reichsfürsten, die Entlassung W.s zu erzwingen (Regensburger Kurfürstentag 1630). Doch die Eroberung nahezu ganz Deutschlands durch die Schweden führte zur erneuten (von W. nur zögernd akzeptierten) Übertragung des Oberbefehls mit unbeschränkter Vollmacht für Kriegführung und Friedensverhandlungen (Göllersdorfer Kapitulation, 13. April 1632). W. vertrieb die Schweden aus S-Deutschland und zog sich nach der Schlacht bei Lützen (16. Nov. 1632; Tod Gustavs II. Adolf) nach Böhmen zurück. Seine Versuche, teils durch seine militär. Überlegenheit, teils durch Friedensgespräche v. a. mit Sachsen und Schweden die Basis eines allg. Reichsfriedens zu schaffen (1633), führten dazu, daß der Kaiser W. absetzte und schließlich offen des Hochverrats bezichtigte (22. Febr. 1634). Darauf fielen fast alle Offiziere und Truppen von ihm ab, und W. wurde mit seinen letzten Getreuen (C. Frhr. von Ilow, A. E. Terzka und W. Kinský) von kaiserl. Offizieren in Eger ermordet. – Dramentrilogie „Wallensteins Lager", „Die Piccolomini", „Wallensteins Tod" (1800) von F. Schiller.
Waller, Fats [engl. 'wɔlə], eigtl. Thomas W., *New York 21. Mai 1904, †Kansas City 15. Dez. 1943, amerikan. Jazzmusiker (Pianist, Organist, Sänger, Komponist). – Trat ab 1930 v. a. als Solist und Leiter eigener Gruppen hervor. Als Pianist knüpfte W. zunächst an die sog. Stridepiano-Spielweise von J. P. Johnson an und entwickelte sich dann zu einem der stilbildenden Pianisten des ↑Swing.
Wallfahrt (Pilgerfahrt), Fahrt bzw. Wanderung zu hl. Stätten, Gräbern oder Gnadenbildern v. a. zur Danksagung für empfangene Wohltat, Bitte um Hilfe, Erleben der religiösen Gemeinschaft am Kultmittelpunkt.
Wallfahrtspfennige (Wallfahrtsmedaillen), neuzeitl., kleinmünzenähnl. Pilgerzeichen, die als **Weihemünzen** an Wallfahrtsorten verteilt oder vertrieben wurden.
Wallia (Walja), †Ende 418, König der Westgoten (seit 415). – Vernichtete 416–418 in röm. Diensten die nach Spanien eingedrungenen Alanen und vandal. Silingen; erhielt 418 von Rom Land zur Ansiedlung in Aquitanien, begr. damit das Tolosan. Reich.
Wallis, John [engl. 'wɔlis], *Ashford (Kent) 3. Dez. 1616, †Oxford 8. Nov. 1703, engl. Mathematiker. – Prof. für Geometrie in Oxford. Er stellte die Zahl π als ein unendl. Produkt dar (↑Wallissches Produkt) und führte das Zeichen ∞ für „unendlich" ein.
Wallis [frz. Valais], südschweizer. Kt., 5226 km^2, 248300 E (1990), Hauptstadt Sitten. Das W. umfaßt den obersten Talabschnitt des Rhonetales bis zur Mündung in den Genfer See, mit der steilen S-Abdachung der Berner Alpen und dem größten Teil der Walliser Alpen südl. der Rhone. Das dt.-sprachige *Oberwallis* reicht von den Pässen Furka und Grimsel bis zum Pfinwald bei Leuk, nach W schließt das frz.-sprachige *Unterwallis* an. Im Rhonetal Getreide-, Gemüse-, Obst-, Weinbau, in den höheren Lagen Alpwirtschaft. Das Trockenklima erfordert Bewässerung der Kulturen. Vielseitige Ind. (bes. Metall-, Holz-, Chemie-, Nahrungsmittelind., Maschinenbau); Elektrizitätswerke. Große Bed. hat der Fremdenverkehr. Durch das W. führen die wichtigen internat. Eisenbahnlinien Paris–Lausanne–Simplon–Mailand und Bern–Lötschberg–Simplon, ferner die Furka-Oberalp-Bahn von Brig nach Andermatt und Disentis (heute Museumsbahn); Straßenpässe bilden Teile internat. (u. a. Simplon und Großer Sankt Bernhard nach Italien) und nat. (Nufenenpaß, Furka, Grimsel) Verkehrsverbindungen.
Geschichte: 25 v. Chr. von den Römern erobert; gehörte später zur Prov. Rätien; Mitte des 5. Jh. drangen Burgunder im heutigen Unter-W. ein, später die Alemannen ins heutige Ober-W.; 999 kam die Gft. W. an den Bischof von Sitten. 1475–77 eroberten die 7 Zenden (bäuerl. Gemeindeverbände des Ober-W.) das bisher savoyische Unter-W. und verwalteten es bis 1798 als gemeine Herrschaft. 1416/75 wurde das W. zugewandter Ort der Eidgenossenschaft. Im 16. Jh. erzwangen sich die Zenden ihre Unabhängigkeit vom Bischof. 1802 erklärte Napoléon Bonaparte das W. zur unabhängigen Republik, 1810 zum frz. „Département du Simplon". Seit 1814 Kt. der Eidgenossenschaft, 1845–47 Mgl. des Sonderbundes.
Verfassung: Nach der Verfassung vom 8. März 1907 liegt die Exekutive beim vom Volk auf 4 Jahre gewählten Staatsrat (Conseil d'État, 5 Mgl.). Die Legislative bilden der vom Volk auf 4 Jahre gewählte Große Rat (Grand Conseil, 130 Mgl.) und das Volk selbst. Frauenstimmrecht und -wahlrecht seit 1970.
Wallisch, Friedrich, *Mährisch-Weißkirchen 31. Mai 1890, †Wien 7. Febr. 1969, östr. Schriftsteller. – Arzt; zeitweilig Journalist. Hinterließ als Erzähler ein umfangreiches Werk, u. a. „Die Rosenburse" (Nov., 1944), „Das Prantnerhaus" (R., 1953), „Dschungel" (R., 1962).
Walliser Alpen, stark vergletscherte Gebirgsgruppe südl. des Walliser Rhonetals, zw. dem Griespaß im O und dem Großen Sankt Bernhard im W, umfassen die Monte-Rosa-, die Mischabel-, die Matterhorn-, die Dent-Blanche- und Grand-Combin-Gruppe.
Wallis et Futuna [frz. walisefyty'na], frz. Überseeterritorium im südl. Pazifik, nö. von Fidschi, umfaßt die Inselgruppen Îles Wallis und Îles de Horn, 274 km^2, 15400 E, Verwaltungssitz Mata Utu. Die Gruppe der *Îles Wallis* (159 km^2) besteht aus der Vulkaninsel **Ouvéa,** an deren O-Küste Mata Utu (815 E; Hafen, ✈) liegt, und 22 Koralleninseln. Die *Îles de Horn* (115 km^2) bestehen aus den beiden gebirgigen Vulkaninseln **Futuna** (Hauptort Sigavé) und **Alofi** (unbewohnt). Anbau von Bananen, Zitrusfrüchten, Zuckerrohr, Kokospalmen u. a. – Seit 1888 frz. Protektorat, seit Juli 1961 Überseeterritorium.

Wallis
Kantonswappen

Wallenstein
(Ausschnitt aus einer Grisaille von Anthonis van Dyck als Vorlage für einen Kupferstich, zw. 1636–41; München, Pinakothek)

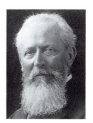

Otto Wallach

Walter Wallmann

Wallissches Produkt [engl. 'wɔlɪs; nach J. Wallis], konvergentes unendl. Produkt zur Darstellung der Zahl π:

$$\frac{2}{1} \cdot \frac{2}{3} \cdot \frac{4}{3} \cdot \frac{4}{5} \cdot \frac{6}{5} \cdots = \frac{\pi}{2}$$

Wallmann, Walter, *Uelzen 24. Sept. 1932, dt. Politiker (CDU). – Jurist; 1972–77 MdB, 1982–91 Landesvors. der hess. CDU; 1983–91 MdL; 1986–87 Bundesmin. für Umwelt, Naturschutz und Reaktorsicherheit; 1987–91 hess. Min.präsident.

Wallnister (Thermometerhuhn, Leipoa ocellata), etwa 60 cm langes Großfußhuhn in S-Australien; Oberseite braun mit weißl. Querbänderung, Unterseite überwiegend bräunlichweiß; nutzt zum Ausbrüten der in einer zentralen Eikammer abgelegten Eier die Gärungswärme eines Laubhaufens aus.

Wallonen, Bez. für die frz. Mundarten sprechende Bev. Belgiens.

Wallonisch, Bez. für die in Belgien gesprochenen nordfrz. Mundarten (mit Ausnahme des Pikardischen im Hennegau und des südlich des Flusses Semois gesprochenen Lothringischen). Die Bez. des Sprachgebiets als „La Wallonie" taucht erstmals 1858 auf. W. gliedert sich in vier Mundarten. Hauptmerkmal ist die Bewahrung altertüml. Sprachformen; der Wortschatz weist starken german. Einfluß auf, ebenso die Syntax. Eine Schriftsprache hat sich nicht entwickelt, doch fanden die Mundarten literar. Verwendung.

Wallonische Bewegung, Anfang des 20. Jh. in Reaktion auf die ↑Flämische Bewegung entstandene Sammlungsbewegung unter der frankophonen Bev. Belgiens mit dem Ziel, deren kulturelle und polit. wirtsch. Sonderinteressen zu wahren. Mit der Verlagerung des wirtsch. Schwergewichts nach Flandern seit dem 2. Weltkrieg gewann die W. B. zunehmend an Bed. und schlug sich in Parteibildungen nieder (Front Démocratique des Bruxellois Francophones, Parti Wallon), wobei die Zielsetzung zw. Regionalisierung (1970/80 erreicht) und Anschluß an Frankreich variierte. – ↑Belgien (Geschichte und polit. System).

Wallot, Paul, *Oppenheim 26. Juni 1841, †Langenschwalbach (= Bad Schwalbach) 10. Aug. 1912, dt. Architekt. – Seit 1868 in Frankfurt am Main. 1896–1911 Prof. an der Akad. in Dresden. Sein Stil der Gründerzeit ist geprägt durch italien. Renaissance- und Barockformen. Sein Hauptwerk ist das Reichstagsgebäude in Berlin (1884–94).

Wallraff, Günter, *Burscheid 1. Okt. 1942, dt. Publizist. – Buchhändler; verfaßte Reportagen aus der Arbeitswelt, u. a. „Ihr da oben, wir da unten" (1973; mit B. Engelmann). Aufsehen erregten seine ungewöhnl. Methoden der Recherche – das Verbergen seiner Identität –, um (u. a. als Mitarbeiter der „Bild-Zeitung") gesellschaftl. „Geheimbereiche" auszuleuchten. – *Weitere Werke:* 13 unerwünschte Reportagen (1969), Die unheiml. Republik (1982), Ganz unten (1985; Erfahrungen in der Rolle des Türken „Ali").

Wallraf-Richartz-Museum ↑Museen (Übersicht).

Wallriff ↑Korallenriff.

Wallstreet [engl. 'wɔːlstriːt], Banken- und Börsenstraße im New Yorker Stadtteil Manhattan; übertragen das Finanzzentrum der USA.

Wall Street Journal [engl. 'wɔːl 'striːt 'dʒɜːnl], amerikan. Tageszeitung.

Wallung, svw. ↑Hitzewallung.

Walmdach ↑Dach.

Walnuß [niederdt., zu althochdt. walah „Welscher" (da die W. aus Italien kam)] (Juglans), Gatt. der W.gewächse mit rd. 15 Arten im sö. Europa, in gemäßigten Asien, in N-Amerika und in den nördl. Anden; sommergrüne Bäume mit großen, unpaarig gefiederten Blättern und einhäusigen Blüten; Steinfrucht mit eßbaren Samen; wichtige Holzlieferanten. Bekannte Arten sind: **Gemeine Walnuß** (W.baum, Nußbaum, Juglans regia), ein bis 30 m hoher, aus SO-Europa stammender Baum mit aus 5–9 länglich-eiförmigen, ganzrandigen Blättchen zusammengesetzten Blättern; Früchte kugelig, grün mit hellbraunem, gefurchtem Steinkern, der Samen liefert ein wertvolles Speiseöl; **Schwarz-**

Wallnister

nuß (Schwarze W., Juglans nigra), bis 50 m hoch, im östl. N-Amerika; Borke tief rissig, Blätter 30–60 cm lang, mit 15–23 ei- bis lanzettförmigen Fiederblättchen; Früchte kugelig, 4–5 cm groß, mit rauher, sehr dicker, in reifem Zustand dunkelbrauner Schale und schwarzer, dickschaliger Nuß; Kern süßlich und ölreich.

Walnußgewächse (Juglandaceae), Fam. der Zweikeimblättrigen mit rd. 60 Arten in der nördl. gemäßigten Zone, v. a. im östl. N-Amerika und in O-Asien; meist Bäume mit unpaarig gefiederten Blättern und windbestäubten, eingeschlechtigen Blüten. Die wichtigsten Gatt. sind ↑Hickorybaum und ↑Walnuß.

Walpole [engl. 'wɔːlpoʊl], Horace, Earl of Orford, eigtl. Horatio W., *London 24. Sept. 1717, †ebd. 2. März 1797, engl. Schriftsteller. – Sohn von Robert W.; sein Roman „Schloß Otranto" (1764) wurde bes. von den dt. Romantikern geschätzt. – ↑Gothic novel.

W., Sir (seit 1937) Hugh, *Auckland (Neuseeland) 13. März 1884, †London 1. Juni 1941, engl. Schriftsteller. – Stellte in zahlr. Romanen, in denen sich realist. und romant. Stilzüge verbinden, Generationenprobleme dar, u. a. in der teils autobiograph. R.-Trilogie „Jeremy" (1919), „Jeremy und sein Hund" (1923) und „Jeremy auf der Schule" (1927); die „Herries-Saga" (1930–33) ist ein kulturhistor. Familienroman.

W., Robert, Earl of Orford (seit 1742), *Houghton (Norfolk) 26. Aug. 1676, †London 18. März 1745, brit. Staatsmann. – Führer der Whigs; 1708–10 Kriegsmin. Als Erster Schatzlord und Schatzkanzler (1715–17 und 1721–42) war W. der erste eigtl. „Premiermin." Großbritanniens; er ordnete die Staatsfinanzen und verhalf Handel und Ind. zu neuem Aufschwung; sah sich infolge wachsender Opposition 1739 zur Kriegserklärung an Spanien gedrängt und trat 1742 zurück.

Walpurgis ↑Walpurga.

Walnuß. Zweig mit Früchten der Gemeinen Walnuß

Günter Wallraff

Walpurgisnacht, die Nacht vor dem 1. Mai, in der nach dem Volksglauben die Hexen zu ihren Tanzplätzen (Blocksberg) fliegen und Menschen, Vieh und Äckern Unheil zufügen können. – Die Verbindung mit der hl. Walpurgis (↑ Walburga) ist ungeklärt (vermutlich Übertragung vorchristl., um eine Frau bzw. Göttin gruppierter Frühlingsriten zum Maibeginn).

Walras, Marie Esprit Léon [frz. val'ra], * Évreux 16. Dez. 1834, † Clarens (= Montreux) 5. Jan. 1910, schweizer. Nat.ökonom. – Prof. in Lausanne; entwickelte eine mathematisch fundierte Theorie des wirtsch. Gleichgewichts und gilt als Begr. der Lausanner Schule der Grenznutzentheorie (↑ Grenznutzenschule).

Walrat (Cetaceum, Spermazet), weißl., wachsartige Masse, die aus den Stirnbeinhöhlen des Pottwals gewonnen wird; besteht chemisch aus einem Gemisch von Wachsestern sowie Fettsäureglyceriden. W. wird v. a. in der pharmazeut. und kosmet. Ind. als Salbengrundlage verwendet. – ↑ Spermöl.

Walroß (Odobenus rosmarus), plumpe, etwa 3 (♀)–3,8 m (♂) lange, gelbbraune bis braune Robbe im N-Pazifik und N-Polarmeer; Haut dick, von einer starken Fettschicht unterlagert; nur schwach behaart, auf der Oberlippe Schnauzbart aus dicken, starren Borsten; obere Eckzähne stark verlängert, liefern Elfenbein, was zu übermäßiger Bejagung und gebietsweiser Ausrottung geführt hat; Bestände noch immer teilweise gefährdet, Bejagung nur noch den Eskimo u. a. Anwohnern der arkt. Meere zu ihrer Ernährung gestattet. – Man unterscheidet drei Unterarten, u. a. *Polarmeer-W.* (Odobenus rosmarus rosmarus); von der Jenisseimündung über Spitzbergen und Grönland bis Kanada (Hudsonbai) verbreitet.

Walser, Martin, * Wasserburg (Bodensee) 24. März 1927, dt. Schriftsteller. – 1949–57 Rundfunk- und Fernsehregisseur am Süddt. Rundfunk. Seine Romane, u. a. „Ehen in Philippsburg" (1957), „Halbzeit" (1960, zur Trilogie erweitert mit „Das Einhorn [1966], „Der Sturz" [1973]), „Das Schwanenhaus" (1980), „Brandung" (1985), „Die Jagd" (1988) und „Die Verteidigung der Kindheit" (1991) sowie die Novelle „Ein fliehendes Pferd" (1978) zeichnen ein krit. Bild der bundesrepublikan. Gesellschaft, enthalten aber auch regionale Bezüge; schrieb neben polit. Essays auch Hörspiele und zahlr. Theaterstücke, u. a. „Eiche und Angora" (1962; revidiert 1963), „Überlebensgroß Herr Krott" (1964), „Die Ohrfeige" (UA 1987). 1981 erhielt er den Georg-Büchner-Preis. – *Weitere Werke:* Jenseits der Liebe (R., 1976), Seelenarbeit (R., 1979), Alexander und Annette. Ein innerer Monolog (1989), Ohne einander (R., 1993).

W., Robert, * Biel (BE) 15. April 1878, † Herisau 25. Dez. 1956, schweizer. Schriftsteller. – Lebte 1905–13 in Berlin, danach wieder in Biel, ab 1921 als Archivar in Bern; wegen nervl. Zerrüttung und Selbstmordversuchen 1929 Einlieferung in eine Nervenheilanstalt; ab 1933 bis zu seinem Lebensende in der Nervenklinik Herisau. W. hinterließ ein von seinen Zeitgenossen mit Ausnahme von Kafka, R. Musil und H. Hesse wenig beachtetes, erst nach 1945 wiederentdecktes Erzählwerk. Charakteristisch für seine autobiographisch gefärbten Romane, Erzählungen und Kurzprosa (Parabeln, literar. Miniaturen, Essays, davon über 1000 Texte erhalten, 300 gelten als verschollen) ist die analyt. Beobachtungsgabe in detail; die Vorliebe zu Wortspielen lebt von Witz und Ironie; das Paradoxe (der Welt in Kleinigkeiten) vermischt sich mit dem Phantastischen und Skurrilen. – *Werke:* Fritz Kochers Aufsätze (E., 1904), Geschwister Tanner (R., 1907), Der Gehülfe (R., 1908), Jakob von Gunten (R., 1909), Gedichte (1909), Kleine Dichtungen (En., 1914), Kleine Prosa (1917), Der Spaziergang (E., 1917), Die Rose (Prosaskizzen, 1925), Gedichte (1944), Aus dem Bleistiftgebiet – Mikrogramme 1924–25 (3 Bde., hg. 1985/86).

Walser, die aus dem Oberwallis stammende, Alemannisch sprechende Bev., die seit dem 13. Jh. in hochgelegene Talschaften der Alpensüdseite sowie im Einzugsgebiet des Rheins einwanderte.

Walsh, Raoul [engl. wɔ:lʃ], * New York 11. März 1892, † Los Angeles 31. Dez. 1980, amerikan. Filmregisseur. – 1910–28 Filmschauspieler; ab 1912 etwa 200 eigene Filme, u. a. „Der Dieb von Bagdad" (1924), „Der große Trail" (1930), „Die wilden Zwanziger" (1939), „Vogelfrei" (1949), „Den Hals in der Schlinge" (1951).

Walsrode, Stadt am W-Rand der Lüneburger Heide, Nds., 45 m ü. d. M., 22 400 E. Heidemuseum; Vogelpark. Leder-, chem., Elektroind., Spirituosenfabrik; Fremdenverkehr. – Wuchs aus der älteren Siedlung **Rode** und dem 986 von Graf Wala gegr. und nach ihm benannten Kloster W. zusammen; 1383 städt. Rechte. – Ev. Stadtkirche (19. Jh.) mit spätgot. Chor der ehem. Klosterkirche.

Walstatt (altnord. valr, mittelhochdt. walstat), in der german. Heldensage Bez. für „Schlachtfeld, Kampfplatz".

Wälsungen (altnord. Völsungar; auch Welsungen, Völsungen), nach der nordgerman. „Völsunga saga" Name eines von Odin abstammenden Heldengeschlechts, als dessen Ahnherr König Völsung galt.

Waltari, Mika, * Helsinki 19. Sept. 1908, † ebd. 26. Aug. 1979, finn. Schriftsteller. – Schrieb erfolgreiche, großangelegte histor. Romane, u. a. „Sinuhe, der Ägypter" (1945) und „Michael, der Finne" (1948); auch Kriminalromane.

Waltenhofensches Pendel [nach dem östr. Physiker A. von Waltenhofen, * 1828, † 1914], auf dem Prinzip der Wirbelstrombremse (↑ Wirbelströme) beruhendes Pendel, dessen Pendelkörper (eine Kupferscheibe) zw. den Polen eines Elektromagneten schwingt.

Walter, Bruno, eigtl. B. W. Schlesinger, * Berlin 15. Sept. 1876, † Beverly Hills 17. Febr. 1962, amerikan. Dirigent dt. Herkunft. – Wirkte seit 1901 an der Wiener Hofoper (von G. Mahler engagiert), 1913–22 Generalmusikdirektor in München, ab 1925 an der Städt. Oper in Berlin, 1929–33 Gewandhauskapellmeister in Leipzig (Nachfolger W. Furtwänglers), 1936–38 Dirigent und künstler. Berater der Wiener Staatsoper. 1939 Emigration in die USA, ab 1948 auch wieder in Europa tätig.

W., Fritz, * Kaiserslautern 31. Okt. 1920, dt. Fußballspieler. – Spielführer der dt. Weltmeisterschaftsmannschaft 1954; 61 Länderspieleinsätze (1940–58); Ehrenspielführer des DFB.

W., Johann[es], * Kahla oder Großpürschütz 1496, † Torgau 25. März 1570, dt. Kantor und Komponist. – Gab 1524 in Wittenberg das „Geystl. gesangk Buchleyn" heraus, das älteste (mehrstimmige) Gesangbuch der ev. Kirche.

W., Otto F[riedrich], * Aarau 5. Juni 1928, schweizer. Schriftsteller. – Bed. Vertreter des zeitgenöss. dt.sprachigen Romans, u. a. „Die Stumme" (1959), „Herr Tourel" (1962), „Die ersten Unruhen" (1972), „Die Verwilderung" (1977), „Das Staunen der Schlafwandler am Ende der Nacht" (1983), „Zeit des Fasans" (1988).

Martin Walser

Robert Walser

Bruno Walter

Waltershausen. Klaustor, unterer Teil 1561, oberer Teil 1728 und 1768

Walter-Antrieb

Walter-Antrieb, von dem Maschinenbauer H. Walter (* 1900, † 1980) seit 1933 entwickeltes luftsauerstoffunabhängiges Triebwerk, das auf der Zersetzung von hochprozentigem Wasserstoffperoxid, H_2O_2, beruht. Beim kalten Verfahren wird das Peroxid durch Katalysatoren in einem Zersetzer gespalten und das entstehende Sauerstoff-Wasserdampf-Gemisch als Vortriebsstrahl bei Raketen (z. B. als Starthilfe für Flugzeuge) oder zum Antrieb einer Turbine verwendet. Beim heißen Verfahren wird der Sauerstoff zusätzlich mit einem Kohlenwasserstoff verbrannt. Die Verbrennungsgase werden in gleicher Weise genutzt. Außer in der Raketentechnik wird der W.-A. auch als Antriebsmaschine für U-Boote (heute meist durch Nuklearantrieb verdrängt) verwendet.

Waltershausen, Stadt sw. von Gotha, Thür., am NO-Rand des Thüringer Waldes, 14 000 E. GutsMuths-Gedenkstätte im Ortsteil **Schnepfenthal.** Kleintransporterbau, Gummiwerk, Puppen-, Spielwaren-, Glasschmuckherstellung. – Vermutlich im 9. Jh. gegr. Siedlung, entwickelte sich bei der 1176 bezeugten Burg Tenneberg zur 1209 ersterwähnten Stadt. – Barocke Stadtkirche (Zentralbau 1719–23; Turm 1458); Klaustor (16. und 18. Jh.); über W. das aus der Burg hervorgegangene Renaissanceschloß Tenneberg (v. a. 16. Jh.). – Abb. S. 287.

Walter Verlag AG ↑ Verlage (Übersicht).

Waltharius (W. manu fortis [mittellat. „Walther mit der starken Hand"]) (Waltharilied), mittellat. hexametr. Epos in 1456 Versen, überliefert vom 11.–15. Jh., einzige lat. Bearbeitung eines german. Heldenlieds. Datierungen des wohl im oberrhein. Raum entstandenen Gedichts schwanken zw. 9 und 10. Jh. Der Held Walther von Aquitanien wurde vom geistl. Verfasser zum Wunschbild des neuen christl. Kämpfers umgeformt.

Walther von Châtillon [frz. ʃati'jõ] (Gautier de C., Gautier de Lille), latinisiert Gualterus de Insulis, * Lille um 1135, † Amiens (?) um 1200, mittellat. Dichter. – Gehört zu den bed. Dichtern des MA, die sich weltl. Stoffen zuwandten, u. a. in dem Epos „Alexandreis" in 10 Büchern (um 1180).

Walther von der Vogelweide, * um 1170, † 1230, mittelhochdt. Dichter. – Stammte wohl aus Österreich. Gilt als

Walther von der Vogelweide. Sprüche Walthers von der Vogelweide aus der Stuttgarter Liederhandschrift, Anfang des 14. Jh. (Stuttgart, Württembergische Landesbibliothek)

Walther von der Vogelweide. Miniatur aus der Stuttgarter Liederhandschrift, Anfang des 14. Jh. (Stuttgart, Württembergische Landesbibliothek)

bedeutendster dt.sprachiger Lyriker des MA; als fahrender Berufsdichter begann er um 1190 als Minnesänger (etwa 70 Lieder) am Babenberger Hof in Wien, wobei er neben Liedern der „hohen Minne" auch „Mädchenlieder" (Begegnung mit der Frau nichtadeligen Standes) verfaßte. Ab 1198/99 wirkte er an verschiedenen Höfen als Sänger polit. Sangsprüche, dessen virtuose Sprachbeherrschung, v. a. die Fähigkeit zur polem. Pointierung, zu Wortspiel und Wortwitz, herausragte. Seine religiösen Lieder (Kreuzzugslyrik) sind in der Form des ↑ Leich verfaßt.

Walther, Franz Erhard, * Fulda 22. Juli 1939, dt. Künstler. – Hauptvertreter der Prozeßkunst; entwickelte ein Konzept der Plastik als Handlungsform, die nicht mehr als Objekt, sondern als Instrument für körperl. Aktionen verstanden wird.

W., Johann Gottfried, * Erfurt 18. Sept. 1684, † Weimar 23. März 1748, dt. Komponist. – Schüler von J. S. Bach, ab 1702 Organist in Erfurt, ab 1707 Stadtorganist in Weimar. Komponierte ausschließlich für Tasteninstrumente, v. a. Choralbearbeitungen; auch Musiktheoretiker, bed. ist sein „Musical. Lexikon" (1732).

Walton [engl. 'wɔ:ltən], Ernest, * Dungarvan (Waterford) 6. Okt. 1903, ir. Physiker. – Prof. am Trinitiy College in Dublin. Mit J. D. Cockcroft entwickelte W. den Kaskadengenerator, mit dessen Hilfe beiden Forschern 1932 die ersten Kernumwandlungen mit künstlich beschleunigten Protonen und Heliumkernen gelangen; 1951 erhielten sie hierfür den Nobelpreis für Physik.

W., Sir (seit 1951) William Turner, * Oldham (Lancashire) 29. März 1902, † auf Ischia 8. März 1983, engl. Komponist. – Wurde 1923 mit einem Streichquartett und dem „Façade" betitelten „Entertainment" bekannt; kehrte in seinen Kompositionen von der atonalen Richtung zum neuromant. Stil E. Elgars zurück; schrieb u. a. die Opern „Troilus and Cressida" (1954), „The bear" (1967), das Oratorium „Belshazzar's feast" (1931), Orchester-, Kammer- und Klaviermusik, Lieder.

Waltrop, Stadt am N-Rand des Ruhrgebiets, NRW, 70 m ü. d. M., 29 000 E. Steinkohlenbergbau in der Lippe-Zone, Fahrzeugbau, Holz- und Textilind.; Hafen am Dortmund-Ems-Kanal; westlich von W. Schiffshebewerk Henrichenburg. – Erste gesicherte Erwähnung 1147; seit 1938 Stadt. – Spätgot. Pfarrkirche (um 1500 und 1892) mit roman. Taufstein (12. Jahrhundert).

Walvater (altnord. Valfathr „Totenvater"), in der „Edda" Beiname des Gottes Odin, der ihn als Herrn der Walstatt und Vater der im Kampf Gefallenen bezeichnet.

Walvis Bay [engl. 'wɔːlvɪs 'beɪ] ↑ Walfischbai.

Walze, svw. gerader Kreiszylinder (↑ Zylinder).

▷ *Straßenbaumaschine* zum Verdichten des Bodens, von Schotter und Straßendecken, als *Anhänge-W.* oder *Selbstfahr-W.* ausgeführt. Am weitesten verbreitet ist die *Glatt-W.* mit glattem, zylinderförmigem W.körper. Zunehmend werden sog. *Rüttel-* und *Vibrations-W.* verwendet, bei denen die Wirkung durch Rüttel- bzw. Vibrationsbewegungen verstärkt wird, oder *Gummirad-W.,* die mit nebeneinandergesetzten Gummirädern arbeiten.

▷ *Ackergerät* zum Verfestigen des Bodens, Zerdrücken von Schollen, Brechen der Kruste, Andrücken von Samen. Als *Acker-W.* werden vorwiegend sog. *Rauh-W.* verwendet.

▷ (Rollschweller) ↑ Schwellwerk.

Walzel, Oskar, *Wien 28. Okt. 1864, † Bonn 29. Dez. 1944, dt. Literaturhistoriker. – Prof. in Bern, Dresden, Bonn. Hg. der „Untersuchungen zur neueren Sprach- und Literaturgeschichte" (1932 ff.), ab 1923 des „Handbuchs der Literaturwiss."; einflußreicher Vertreter der geistesgeschichtlich orientierten Literaturwissenschaft.

Walzen, Verfahren zur spanlosen Formung metall. Werkstoffe; ihre Streckung [bzw. Stauchung] erfolgt dabei jeweils im Spalt zw. zwei umlaufenden Walzen, wobei das Material vorwiegend in der Längsrichtung geformt wird. Die bei einem Durchgang, dem sog. *Stich,* erzielbaren Querschnittsabnahmen – und damit die Anzahl der Stiche vom Rohblock (Bramme) bis zum Fertigprodukt – sind u. a. von Werkstoff und Temperatur abhängig. Für das Formen von Platten, Blechen und Bändern werden Walzen mit glatter Oberfläche verwendet, für die Herstellung anderer Querschnittsformen (z. B. Profileisen) profilierte *Kaliberwalzen.* Bei kontinuierlich arbeitenden Walzwerken sind die Arbeitsgänge vom Rohblock bis zum Endprodukt durch die Hintereinanderschaltung der entsprechenden Walzgerüste, Transport- und Hilfsvorrichtungen teilweise oder auch vollständig automatisiert. Walzgerüste mit Antriebs-, Hilfs- und Adjustagevorrichtungen werden zu sog. *Walzwerks-* oder *Walzenstraßen* zusammengefügt. *Blockwalzstraßen* dienen dem W. schwerer Blöcke und Knüppel, *Grob-* und *Halbzeugstraßen* der Formung von Knüppeln, Platinen, Trägern und Schienen; Stab- und Winkelstahl sowie Träger werden auf *Mittelstraßen* und *Stabwalzwerken* hergestellt, Schienen-, Stab- und Profilstahl, Winkel-, Form- und Bandstahl auf *Feinstraßen* und *Formstahlwerken.* Grob- und Feinbleche werden auf *Blechwalzwerken,* Drähte auf *Drahtwalzwerken* hergestellt.

Der Warmformung durch W. schließt sich sehr häufig ein Kalt-W., das sog. *Nach-W.,* an, z. B. zur Erzielung sauberer Oberflächen und großer Endgenauigkeit.

Für das Rohr-W. wurden bes. Verfahren entwickelt. Zur Herstellung hohlzylinderförmiger *Rohrluppen* dienen v. a. *Lochwalzwerke,* deren Walzen einen bestimmten Winkel miteinander bilden (*Schrägwalzwerke*); die Fertigbearbeitung erfolgt häufig auf Pilgerschrittwalzwerken. Beim *Stopfenwalzverfahren* erfolgt die Reduzierung der Wandstärke durch W. über eine Dornstange. – Abb. S. 290.

Walzendruck ↑ Stoffdruck.

Walzenechsen, svw. ↑ Skinke.

Walzenmühle ↑ Mühle.

Walzenskinke (Chalcides), Gatt. bis etwa 45 cm langer Reptilien (Fam. Skinke) mit drei Arten im Mittelmeergebiet; Körper kräftig bis schlangenförmig; Gliedmaßen wohlentwickelt oder stummelförmig. Im westl. Mittelmeergebiet kommt die bis 40 cm lange **Erzschleiche** (Chalcides chalcides) vor; Körper blindschleichenförmig, oberseits oft auf metallisch grauem bis olivgrünem Grund hell-längsgestreift mit langem Schwanz und stummelförmigen Gliedmaßen.

Walzenskinke. Erzschleiche

Walzenspinnen (Solifugae), Ordnung bis etwa 7 cm langer Spinnentiere mit rd. 800 Arten, v. a. in Wüsten und Steppen der Subtropen und Tropen; Hinterleib walzenförmig; Beine lang, mit auffallend langen Sinneshaaren, Kieferfühler sehr stark entwickelt; Biß für den Menschen ungefährlich.

Walzer, Paartanz im $^3/_4$-Takt, der um 1770 im östr.-süddt. Raum aus ↑ Ländler und dt. Tanz, einem volkstüml., ungeradtaktigen Paartanz, entstand; setzte sich seit etwa 1790 zuerst in Wien und seit dem Wiener Kongreß (1815) internat. durch; gehört heute zu den ↑ Standardtänzen. – Die ersten W. waren kurz, wurden aber bald zu längeren W.folgen zusammengestellt. Modellhaft wirkte C. M. von Webers „Aufforderung zum Tanz" (1819), ein W.zyklus mit langsamer Einleitung und Koda. Zu dieser Formerweiterung (Einleitung, fünf W., themat. Koda) griffen auch seit etwa 1820 J. Lanner und J. Strauß Vater und Sohn. – Neben dem schnellen **Wiener Walzer** und dem **Langsamen Walzer** (oder English Waltz) entstand der langsame ↑ Boston.

Wälzlager, aus zwei Laufringen, den Wälzkörpern und dem Käfig bestehendes, meist genormtes Stützelement für drehbare Maschinenteile (z. B. Anker von Elektromotoren). Als *Wälzkörper* werden *Kugeln* und *Rollen* (Zylinder-, Tonnen-, Kegelrollen, Nadeln) verwendet. Der *Käfig* hat die Aufgabe, die Wälzkörper in gleichem Abstand zu halten. Laufringe und Wälzkörper berühren sich bei Kugellagern punktförmig, bei Rollenlagern linienförmig. – Grundsätzlich unterscheidet man nach der Form der Wälzkörper zw. *Kugel-* und *Rollenlagern* und je nach Belastung (Radial- oder Axialbelastungen) zw. ↑ Radial- und ↑ Axiallagern.

Die neben Zylinderrollen- und Axialrillenkugellagern am häufigsten verwendeten W.arten sind die **Radialrillen-**

Wälzlager. Verschiedene Formen: 1 Radialrillenkugellager; 2 Schrägkugellager; 3 Pendelkugellager; 4 Zylinderrollenlager; 5 Pendelrollenlager; 6 Kegelrollenlager; 7 Axialrillenkugellager; 8 Axialpendelrollenlager

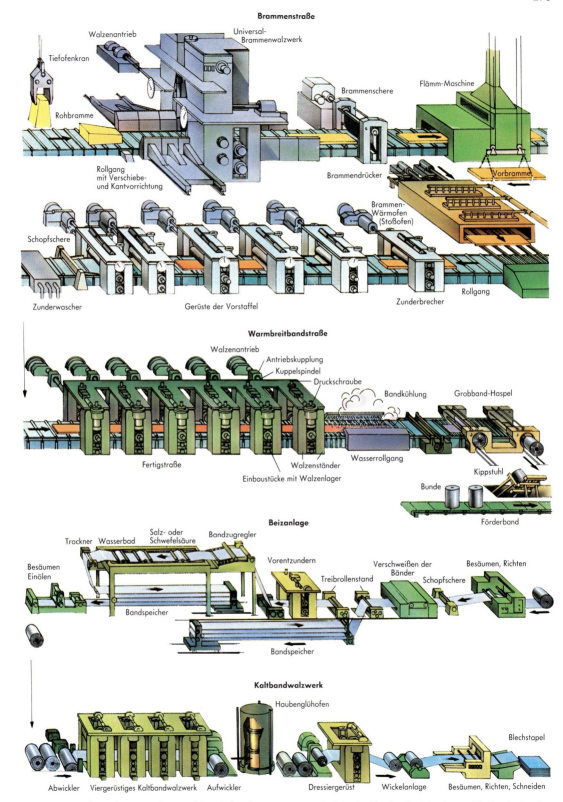

Walzen. Schema eines kontinuierlichen Walzwerks mit Brammenstraße, Warmbreitbandstraße, Beizanlage und Kaltbandwalzwerk

kugellager, die für radiale und axiale Belastungen, selbst bei hohen Drehzahlen, geeignet sind. **Nadellager** mit langen dünnen Wälzkörpern zeichnen sich durch geringen Raumbedarf in radialer Richtung aus. Bei Nadelkränzen (ohne Laufringe) oder Nadelhülsen (mit gehärteter Stahlhülse als äußerem Laufring) ist die Bauhöhe noch geringer.

Walzwerk ↑ Walzen.

Wamme (Wampe), in der *Zoologie* für die von der Kehle bis zur Brust reichende Hautfalte an der Unterseite des Halses verschiedener Tierarten (v. a. der Rinder).
▷ (Dünnung) *wm.* für die Flanke beim Schalenwild (u. a. Reh-, Rotwild, Gemse).

Wams, urspr. das unter dem Panzerhemd getragene gesteppte Untergewand; seit dem 15. Jh. allg. unter dem Überrock (Schecke) getragen, entwickelte sich dann selbst zum Obergewand (Landsknechtstracht, span. Tracht [mit Schultermantel]).

WAN, Abk. für engl.: **W**ide **A**rea **N**etwork, im Unterschied zu *LAN* (↑ lokales Netz) weit gestrecktes ↑ Netzwerk, zu dem z. B. die öff. Datennetze gehören.

Wanaprastha ↑ Aschrama.

Wand, Günter, * Elberfeld (= Wuppertal) 7. Jan. 1912, dt. Dirigent. – Leitete 1946–74 das Kölner Gürzenichorchester und unterrichtete seit 1948 an der Musikhochschule in Köln; wurde 1982 (bis 1990) Chefdirigent des NDR-Sinfonieorchesters in Hamburg und leitender Gastdirigent beim BBC Symphony Orchestra in London.

Wand, flächiger, vertikaler Raumabschluß. Nach der stat. Beanspruchung unterscheidet man u. a. tragende und nichttragende Wände, nach der Lage bezüglich des Gebäudes Außen- und Innenwände, nach der Funktion Trenn- und Brandwände.

Wandalen ↑ Vandalen.

Wandelanleihe, svw. ↑ Wandelschuldverschreibung.

Wandelklee (Desmodium), Gatt. der Schmetterlingsblütler mit rd. 200 Arten, v. a. in den trop. und subtrop. Amerika und in Asien; Kräuter oder Halbsträucher mit meist dreizähligen Fiederblättern und blauen, roten oder weißen Blüten.

Wandelnde Blätter ↑ Gespenstschrecken.

Wandelröschen (Lantana), Gatt. der Eisenkrautgewächse mit rd. 160 Arten im trop. und subtrop. Amerika, in O-Afrika und Indien. Die bekannteste, im trop. Amerika heim., als Rabattenpflanze kultivierte Art ist **Lantana camara,** ein 0,3–1 m hoher Strauch mit runzeligen Blättern und kleinen, dicht in Köpfchen stehenden Blüten, deren Farbe je nach Entwicklungsstand wechselt.

Wandelschuldverschreibung (Wandelanleihe, Wandelobligation), Schuldverschreibung einer AG, die dem Inhaber neben dem Anspruch auf Rückzahlung des Nennwerts und fester Verzinsung das Recht verbrieft, sie nach einer bestimmten Zeit gegen eine Aktie der betreffenden AG einzutauschen.

Wandelsterne, svw. ↑ Planeten.

Wanderalbatros (Diomedea exulans), bis 1,3 m langer Sturmvogel (Fam. Albatrosse) über den Meeren der S-Halbkugel; der maximal 3,5 m Flügelspannweite und 8 kg Gewicht größter heute lebender Meeresvogel; ♂ und ♀ in erwachsenen Zustand weiß mit meist schwarzbrauner Flügeloberseite.

Wanderameisen (Dorylidae), Fam. räuberisch lebender Ameisen, die in langen Kolonnen durch Wald, Busch und Grasland der südamerikan. und afrikan. Tropen ziehen. Man unterscheidet zwei Unterfam.: *Afrikan. W.* (*Treiberameisen,* Dorylinae), die bis zu 200 m lange Kolonnen bilden und in Größe, Aussehen (meist schwarzbraun) und Lebensweise stark ähnelnden *Südamerikan. W.* (Heeresameisen, Ecitoninae), deren Kolonnen kürzer und breiter sind.

Wanderbühne ↑ Theater.

Wanderdüne ↑ Dünen.

Wanderfalke (Taubenstößer, Falco peregrinus), bis 48 cm (♀) bzw. 40 cm (♂) langer, v. a. in Wald- und Gebirgslandschaften sowie in Tundren und an Meeresküsten fast weltweit verbreiteter Falke; im erwachsenen Zustand Oberseite (mit Ausnahme des schwarzen Oberkopfs und eines schwarzen, über die Wange verlaufenden „Bartstreifens") vorwiegend schiefergrau, Unterseite weißlich, an Brust und Bauch dunkel quergebändert.

Wanderfalter, Schmetterlinge, die regelmäßig einzeln oder in großen Mengen im Laufe des Jahres ihr Ursprungsgebiet verlassen und über oft sehr weite Strecken in andere Gegenden einfliegen. Zu den bekanntesten W., die aus S-Europa einwandern, zählen u. a. Admiral, Distelfalter, Postillion, Goldene Acht, Totenkopfschwärmer.

Wanderfeldmotor, svw. ↑ Linearmotor.

Wanderfeldröhre ↑ Laufzeitröhre.

Wanderheuschrecken, verschiedene Arten, bes. subtrop. und trop. Feldheuschrecken, die unter günstigen Bedingungen zur Massenvermehrung neigen. In z. T. riesigen Schwärmen wandern sie aus ihrem Ursprungsgebiet aus, wobei von den Imagines nicht selten Entfernungen von 1 000 bis 2 000 km überwunden werden. Die wichtigsten Arten der W. sind: *Wüstenheuschrecke* (Schistocerca gregaria; in N-Afrika und Vorderasien; bis 8 cm lang); *Marokkan. W.* (Dociostaurus maroccanus; im Mittelmeergebiet; etwa 2–3 cm lang); *Europ. W.* (Locusta migratoria; mit mehreren Unterarten in verschiedenen Teilen Asiens, Afrikas und regelmäßig auch in S-Europa; bis 6 cm lang).

Wanderigel (Alger. Igel, Aethechinus algirus), schlanker, relativ hochbeiniger, dämmerungsaktiver Igel, v. a. in felsigen und steppenartigen Landschaften SW-Europas (einschließlich Balearen) und N-Afrikas; Körperlänge 20–25 cm, mit deutlich vom Rumpf abgesetztem Kopf und relativ großen Ohren; Stachelkleid blaßbräunlich, auf der Kopfoberseite gescheitelt.

Wandermuschel (Dreieckmuschel, Dreikantmuschel, Dreissena polymorpha), 2–4 cm lange Muschel die in histor. Zeit vom Schwarzen und Kasp. Meer in fließende Süßgewässer Eurasiens eingewandert ist; weit verbreitet, bes. in Wolga, Donau, Rhein, Weser, Elbe; mit dreikantigkahnförmiger, mit dunklen Wellenlinien gezeichneter Schale.

Wanderniere, svw. ↑ Nierensenkung.

Wanderpreis (Wanderpokal), Preis bei sportl. Wettbewerben, der erst nach mehrfachem Erringen durch denselben Sieger oder nie *(ewiger W.)* in dessen endgültigen Besitz übergeht.

Wanderratte ↑ Ratten.

Wandersaibling (Rotforelle, Salvelinus alpinus), meist 50–60 cm langer Lachsfisch, v. a. im Nordpolarmeer (einschl. seiner Zuflüsse) und im Alpengebiet; Rücken blaßblau, Seiten blaugrau oder grün, mit kleinen, roten bis orangegelben Flecken, Bauchseite leuchtend rot; geschätzter Speisefisch.

Wandertrieb, (Poriomanie) in der *Medizin* dranghaftes Weglaufen z. B. bei endogener Depression oder als Konfliktreaktion.
▷ in der *Zoologie* ↑ Tierwanderungen, ↑ Migration.

Wanderungen, in der *Soziologie* umfassende, jedoch uneinheitlich definierte Bez. für alle Prozesse räuml. Bewegungen (Migration, räuml. Mobilität) von Individuen, Gruppen, Völkern oder Volksteilen (z. B. ethn. oder religiöse Minderheiten). Eingeschlossen sind Binnen-, Ein-, Auswanderung (einschl. Emigration), Umsiedlung, Vertreibung, Flucht, Verbannung, Stadt-Land-Bewegungen bis hin zu jedem einzelnen Wohnsitzwechsel eines Individuums.

Wandervogel, um 1895 von Hermann ↑ Hoffmann begründete Gruppenbildung von Schülern des Gymnasiums in Steglitz (= Berlin), die zum Ausgangspunkt der dt. ↑ Jugendbewegung wurde. Der W. erstrebte die Überwindung der Großstadtzivilisation und versuchte, einen eigenen jugendspezif. Lebensstil zu entwickeln. 1904 spaltete sich der W.; 1907 entstand der „*Dt. Bund für Jugendwanderungen*", 1910 der „*Jungwandervogel*". 1913 schlossen sich diese Bünde zum „*W. e. V., Bund für dt. Jugendwandern*" zus., der 1913 rd. 25 000 Mgl. zählte. 1933 erfolgte die Auflösung der W.bünde im Zuge der nat.-soz. Gleichschaltung; nach dem 2. Weltkrieg wurden zahlr. W.gruppen neu gegründet.

Wanderfalke

Wanderzellen

Wanderzellen, sich selbständig (amöboid) fortbewegende, v. a. als Freßzellen fungierende Zellen des tier. und menschl. Organismus, bes. die Histiozyten *(Gewebs-W.),* Monozyten *(Blut-W.)* und Granulozyten.

Wandlung, in der *kath. Kirche* Bez. für die Transsubstantiation, den liturg. Mittelpunkt der Messe.
▷ (Wandelung) im *Schuldrecht* die Rückgängigmachung eines Kauf- oder Werkvertrages durch einseitige Erklärung des Käufers oder Bestellers, wenn die Voraussetzungen der ↑Mängelhaftung gegeben sind (§§ 462, 634 BGB). Ist die W. vollzogen, d. h., hat sich der Verkäufer auf Verlangen des Käufers mit ihr einverstanden erklärt, so entsteht ein Rückgewährschuldverhältnis, d. h., die Vertragsparteien müssen sich die schon erbrachten Leistungen nach den Regeln des ↑Rücktritts zurückgewähren.

Wandmalerei, die Bemalung von Gesteinswänden und insbes. von verputztem Mauerwerk, Wänden, Gewölben und Decken, auch von Holz[decken]; häufig wird die ↑Deckenmalerei abgegrenzt. I. w. S. wird auch musiv. Werk unter W. eingeordnet (↑Mosaik). Abgesehen von speziellen Verfahren bei ↑Felsbildern kommen als Techniken Seccomalerei (Tempera, Aquarell) auf Ton- oder Gipsputz u. ä. oder ↑Freskomalerei auf feuchten Kalk, auch Kalkkaseinmalerei (sog. Kaseinfresko) auf trockenen (wieder angefeuchteten) Kalkputz vor. Wasserfarbenmalerei (auf Gipsputz) ist schon in Çatal Hüyük (6. Jt.) bezeugt, frühe Zeugnisse auch in Indien (z. B. Ajanta) oder Ägypten, wo auch bereits ebenso wie in Kreta Freskotechnik nachzuweisen ist. – Hatte W. der alten Hochkulturen offenbar immer die Funktion der Raumbegrenzung, so tritt erstmals in der röm. Kunst (z. B. in Pompeji) und dann bei Giotto räuml. Illusionierung an ihre Stelle. Die Entwicklung der Zentralperspektive in der Renaissance führte zur illusionist. Auflösung des gebauten Raumes in der Deckenmalerei im Spätbarock (Tiepolo).

Wandpfeilerkirche, neben einigen spätgot. und Renaissancevorformen v. a. ein von der ↑Vorarlberger Bauschule entwickeltes Grundrißschema.

Wandschirm (span. Wand, Paravent), mehrteilige Stellwand mit (bewegl.) Flächen. In O-Asien mit Lackmalerei, später auch mit Malerei auf Seide oder Papier geschmückt (16. Jh.), in Europa v. a. im 18. Jahrhundert.

Wandteppich ↑Bildteppich.

Wandzeitung, im allg. handschriftlich hergestellter Anschlag aktueller Informationen, Meinungen und Appelle, in überschaubaren Kommunikationsräumen (z. B. Schule, Betrieb) meist an zentraler Stelle angebracht; existiert generell nur in einem Exemplar; war in kommunist. Ländern ein wichtiges Massenmedium, spielte v. a. in der VR China während der Kulturrevolution eine bed. Rolle.

Wanen (Vanen), in der german. Mythologie uraltes Göttergeschlecht, das in den Tiefen der Erde und des Meeres wohnt und den Menschen Wohlergehen bringt. Nach einem Krieg mit den Asen **(Wanenkrieg)** herrscht Einigkeit zw. den Göttergeschlechtern.

Wanga ↑Bengalen.

Wang Anshi (Wang An-shih) [chin. uaŋanʃi], * in der Prov. Jianxi 18. Dez. 1021, † in der Prov. Jiangsu Mai/Juni 1086, chin. Politiker und Literat. – Bed. Reformer im kaiserl. China; trat 1058 für die Bildung eines unbürokrat. Fachbeamtentums ein; leitete als Kanzler (1069–1076) u. a. Maßnahmen zur Dämpfung der Staats- und Militärausgaben ein und schuf staatl. Darlehen für verschuldete Bauern, scheiterte jedoch mit seinen Reformen am Widerstand der Oberschicht.

Wang Ching-wei ↑Wang Jingwei.

Wang Chong (Wang Tschung; Wang Ch'ung) [chin. uaŋtʃuŋ], * Shangyu 27, † 100 [97?], chin. Philosoph. – In seinem Werk „Lunheng" (= Krit. Abwägen der philosoph. Lehren) stellt er die idealist. und metaphys. Ideen des Konfuzianismus radikal in Frage und entwickelt ein materialist. philosoph. System; gilt als einer der frühen dialekt. Philosophen Chinas.

Wange, (Backe) der die seitl. Mundhöhlenwand bildende (zw. Nase, Auge und Ohr liegende), mehr oder weniger fleischige Teil des Kopfes bzw. Gesichts v. a. der Säugetiere (einschl. des Menschen).
▷ Seitenwand, z. B. eines Chorgestühls.

Wangenbein, svw. ↑Jochbein.

Wangenbrand, svw. ↑Noma.

Wangen im Allgäu, Stadt im nördl. Allgäu, Bad.-Württ., 570 m ü. d. M., 24 200 E. Staatl. Milchwirtschaftl. Lehr- und Forschungsanstalt; Käsereimuseum, Eichendorff-Museum; Luftkurort; Textil- und Elektroind., Behälterbau, Skifabrik, Käsereien. – 815 erwähnt; 1217 Stadt; ab etwa 1347 bis 1802/03 Reichsstadt. – Spätgot. Pfarrkirche (14./15. Jh.), Friedhofskirche (1593 ff.), barocke Spitalkirche (1719–21); Rathaus (1719–21, mit got. Teilen); Stadttore (z. T. barockisiert).

Wangerooge [vaŋər'o:gə, 'vaŋər'o:gə], östlichste der Ostfries. Inseln, Nds., 4,7 km², bis 15 m ü. d. M. Das in der Mitte der Insel gelegene, 1860 entstandene Nordseeheilbad W. (1 100 E) ist Nachfolger des am W-Ende durch eine Sturmflut (1854/55) zerstörten alten Dorfes. Schiffsverbindung von Harlesiel.

Wang Hongwen (Wang Hung-wen) [chin. uaŋxuən], * Changchun 1935, † Peking 3. Aug. 1992, chin. Politiker. – 1973 Mgl. des Ständigen Ausschusses des Politbüros der KPCh und einer der stellv. Parteivors.; gehörte zum ultralinken Führungskern der KPCh, deshalb im Okt. 1976 als Mgl. der ↑Viererbande aus der Partei ausgeschlossen und in einem Prozeß wegen Verbrechen im Rahmen der sog. Kulturrevolution im Jan. 1981 zu lebenslanger Haft verurteilt.

Wang Jingwei (Wang Ching-wei) [chin. uaŋdʒinɥei], eigtl. Wang Zahoming, * Kanton 1884, † Nagoya 10. Nov. 1944, chin. Politiker. – Gehörte seit 1917 zu den Führern der Kuomintang (1925/26 Vors. und 1938/39 stellv. Vors.); 1932–35 Min.präs., 1933–35 auch Außenmin.; brach 1939 endgültig mit Chiang Kai-shek; 1940–44 Präs. einer von Japan unterstützten Marionettenregierung.

Wang Meng [chin. uaŋmən], * Peking 15. Okt. 1934, chin. Schriftsteller. – 1958 als „Rechtselement" verurteilt, später verbannt, 1979 rehabilitiert und Rückkehr nach Peking. Schrieb über Ereignisse der Kulturrevolution, Erfahrungen der Verbannung, Bürokratismus und Korruption, wobei er neue literar. Formen und Techniken erprobte. 1986 bis zu den Juniereignissen 1989 Kulturminister. In dt. Sprache erschienen u. a.: „Hundert Blumen. Moderne chin. Erzählungen" (Anthologie, 1980), „Ein Schmetterlingstraum" (En., 1988).

Wang Wei [chin. uaŋɥei], * Taiyuan (Prov. Shanxi) 699, † bei Zhangan (Prov. Shaanxi) 759, chin. Maler und Dichter. – Widmete sich buddhist. Thematik. Bed. Initiator der monochromen chin. Landschaftsmalerei (nur frühe Kopien erhalten), gilt als Begründer der poet. Sicht der Südschule; seine Gedichte zählen zu den Höhepunkten chin. Lyrik.

Wankel, Felix, * Lahr 13. Aug. 1902, † Heidelberg 9. Okt. 1988, dt. Ingenieur. – Befaßte sich ab 1926 mit der Konstruktion von Rotationskolbenmotoren. In den 1936 vom Reichsluftfahrtministerium eingerichteten *„W.-Versuchswerkstätten"* in Lindau (Bodensee) konnte 1944 der erste Drehkolbenverdichter erprobt werden. Ab 1953 förderten die NSU Motorenwerke AG die Entwicklung des *W.-motors,* der ab 1957 erprobt wurde und 1964 erstmals in Serienproduktion ging.

Felix Wankel

Wankelmotor [nach F. Wankel] ↑Rotationskolbenmotor.

Wankie [engl. 'wɒŋkɪ] ↑Hwange.

Wanne-Eickel, Stadtteil von ↑Herne.

Wannenofen ↑Schmelzöfen.

Wannsee, 2,7 km² große Havelbucht im SW von Berlin; Strandbad, Wassersport.

Wannseekonferenz, am 20. Jan. 1942 abgehaltene Konferenz von Spitzenvertretern oberster Reichs- und Parteidienststellen unter Vorsitz von R. Heydrich im Berliner Interpolgebäude (Am Großen Wannsee 56–58; seit Jan. 1992 Gedenkstätte „Haus der W."); legte im Zuge der „Endlösung der Judenfrage" (↑Judenverfolgungen, ↑Holocaust) Maßnahmen zur Vernichtung von über 11 Mill. Juden fest.

Wappen. Wappenbuch: Faksimile einer Seite aus Siebmachers Wappenbuch der Ausgabe von 1612

Wanten, zum stehenden Gut der Takelage eines Segelschiffes gehörende starke Taue oder Drahtseile, die den Mast seitlich stützen.

Wanzen (Halbflügler, Ungleichflügler, Heteroptera), seit dem Perm bekannte, heute mit fast 40 000 Arten weltweit verbreitete Ordnung land- oder wasserbewohnender Insekten (davon rd. 800 Arten einheimisch); Körper meist abgeflacht, 1 mm bis 12 cm lang; Kopf mit stechend-saugenden Mundwerkzeugen und entweder langen (Unterordnung ↑Landwanzen) oder sehr kurzen Fühlern (Unterordnung ↑Wasserwanzen); Brustsegment durch großen ersten Abschnitt gekennzeichnet (oft als Halsschild umgebildet); Vorderflügel zu Halbdeckflügeln umgebildet, Hinterflügel weichhäutig. Die Beine der W. sind meist als Schreitbeine entwickelt, aber auch als Raubbeine (bei Raub-W.) oder Schwimmbeine (bei Wasser-W.). Stinkdrüsen (Wehrdrüsen) sind bei W. sehr verbreitet. Die Fortpflanzung der W. erfolgt meist durch Eiablage; selten sind W. lebendgebärend. Die Larven machen im allg. fünf Entwicklungsstadien durch. Die meisten W. sind Pflanzensauger, andere Arten saugen Körpersäfte erbeuteter anderer Insekten und deren Larven, wieder andere können Blutsauger bei Vögeln und Säugetieren (einschließlich des Menschen) sein (z. B. Bettwanze); häufig kommt es dabei zur Übertragung von Krankheitserregern.

Wanzen, ↑Abhörgeräte.

Wanzenkraut (Silberkerze, Cimicifuga), Gatt. der Hahnenfußgewächse mit rd. zehn Arten in O-Europa, im gemäßigten Asien und in N-Amerika. Das in Deutschland eingeschleppte **Stinkende Wanzenkraut** (Europ. W., Cimicifuga europaea) ist eine unangenehm riechende Staude mit sehr großen, zwei- bis dreifach gefiederten Blättern und grünl. Blüten.

Wapiti [indian.] ↑Rothirsch.

Wapnewski, Peter, * Kiel 7. Sept. 1922, dt. Literarhistoriker und -kritiker. – Prof. in Heidelberg, Berlin (West) und Karlsruhe; 1981–86 Rektor des Wiss.-Kollegs in Berlin; zahlr. Veröffentlichungen zur ma. und zeitgenöss. dt. Literatur; 1962 ff. Mithg. der Zeitschrift „Euphorion".

Wappen [zu mittelhochdt. wāpen, eigtl. „Waffe, Schildzeichen"], farbiges Abzeichen, das eine Person, Familie *(Familien-W.),* Körperschaft oder Institution *(Amts-W.)* repräsentiert. Seit Beginn des 12. Jh. war das W. in W- und M-Europa das auf dem Schild der gleichförmig gerüsteten Ritter angebrachte Unterscheidungszeichen (z. B. beim Turnier), etwa zur selben Zeit entstanden die Staaten-W.; im 13./14. Jh. wurde es mit dem Niedergang des Rittertums zum Symbol von Adels- und Bürgerfamilien, aber auch von Klerikern, Bistümern, Abteien und Städten. Herolde und Kanzleien erstellten *W.verzeichnisse* (**Wappenrolle, Wappenbuch** [z. B. Wappenbuch von J. ↑Siebmacher], seit dem 13. Jh. angelegt) als Hilfsmittel zur Identifizierung der W. und entwickelten *W.recht* und herald. Regeln, nach denen W. seit dem 14. Jh. nur noch vom Oberherrn (Kaiser, Fürst usw.) durch **Wappenbriefe** (Urkunde über die Verleihung bzw. Änderung des W.; heute bei Gleichsetzung des W.rechts mit dem Namensrecht nur noch Bestätigung der Registrierung im *W.register,* z. B. der Dt. W.rolle) verliehen wurden. – ↑Wappenkunde.

Wappendichtung ↑Heroldsdichtung.

Wappenkunde (Heraldik), Lehre von den Regeln der Wappenführung und -darstellung *(systemat. W.)* sowie die Geschichte des Wappenwesens *(histor. W.).*
Für die Erforschung der Wappen wichtig sind u. a. Genealogie (z. B. bei *Familienwappen*), staatl., kommunale und kirchl. Rechts- und Verfassungsgeschichte (z. B. bei *Amtswappen*), Sozial- und Wirtschaftsgeschichte, Kostümkunde sowie Volkskunde. Als Quellen dienen neben den in relativ

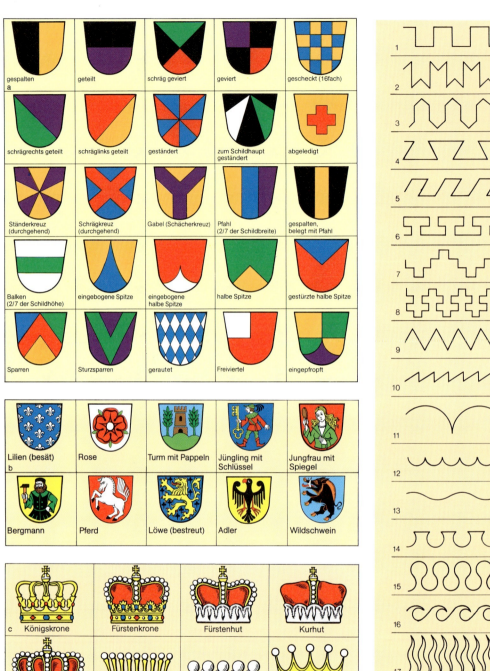

Wappenkunde. a Heroldsbilder; b Wappenzeichen; c Rangkronen; d die wichtigsten heraldischen Schnitte als Teilungs- und Begrenzungslinien: 1 Zinnenschnitt, 2 Schwalbenschwanzzinnenschnitt, Welschzinnenschnitt, 3 Eisenhutschnitt, 4 Breitzinnenschnitt, 5 Schrägzinnenschnitt, 6 Krückenschnitt, 7 Stufengiebelschnitt, 8 Kreuzzinnenschnitt, 9 Spickelschnitt, 10 Sägezahnschnitt, 11 Bogenschnitt, 12 Dornenschnitt, Spitzen nach oben, nach rechts oder zur Schildmitte, 13 Wellenschnitt, 14 Jochschnitt, 15 Wolkenschnitt, 16 Sturzwogenschnitt, 17 Flammenschnitt, 18 Tannenreisschnitt, 19 Kleeblattschnitt, 20 Lilien- und Gegenlilienschnitt

wenigen Exemplaren erhaltenen originalen Wappenschilden, Helmen, Bannern usw. v. a. Siegel, Münzen, Besitzerwappen an Gebäuden und Grabmälern, graph. Wappendarstellungen, Wappenrollen, Wappenbücher, Wappenregister, Wappenbriefe und Urkunden.
Die **Wappenbeschreibung (Blasonierung)** erfolgt nach festumrissenen Regeln im wesentlichen nach der unten genannten Reihenfolge, wobei die Teile des Wappens vom Schildträger aus (also für den Betrachter seitenverkehrt) beschrieben werden.
Wichtigster Teil des Wappens ist der *Schild,* der urspr. als Schutzwaffe diente und eine einfache Bemalung hatte; seine Gesamtfläche wird *Feld* genannt. Durch z. T. als Zierlinien *(herald. Schnitte)* gestaltete geometr. Teilungslinien, die das Wappen in verschiedene Felder *(Plätze)* teilen, entstanden die **Heroldsbilder (Heroldsfiguren, Heroldsstücke).** Das Heroldsbild, u. U. kombiniert mit *gemeinen Figuren* **(Wappenzeichen),** ergibt die *Wappenfigur (Schildfigur),* den Hauptbestandteil des Wappens. Bei Raubtieren als Wappenfiguren werden die Zähne, Krallen, Schnabel (sog. *Bewehrung*) oft farbig vom übrigen Körper abgesetzt. Auf dem Wappenschild befinden sich **Helm** (Stechhelm bei Bürgerlichen, Spangen- oder Bügelhelm bei Adligen) und **Helmdecke** (gibt allg. die Wappenfarben wieder). Über den Helm erhebt sich als Persönlichkeitsabzeichen die **Helmzier (Helmkleinod).** Seit Beginn des 14. Jh. wird der Übergang vom Helm zu Helmzier durch den *Helmwulst* oder die *Helmkrone* (beim Adel) verdeckt. Anstelle des Helms erscheint beim Adel oft eine *Rangkrone* bzw. bei geistl. Würdenträgern eine Mitra. **Pracht-** oder **Prunkstücke** sind alle Beigaben um ein Wappen, die nur dem dekorativen Schmuck dienen. Dazu zählen insbes. **Schildhalter** (Figuren, die den Schild halten oder stützen), **Wappenmäntel** oder **-zelte,** die den Wappenschild umschließen, **Wort-** oder **Bilddevisen** (z. B. die Tudorrose des engl. Königshauses). *Wappenvereinigungen* wurden vorgenommen z. B. bei der Heirat (sog. *Allianz-* oder *Heiratswappen*), dabei wurden die Einzelwappen einander zugewendet *(Courtoisie).* Zur Kennzeichnung verschiedener Linien eines Geschlechts werden Wappen durch differenziert und mit Beizeichen (z. B. Turnierkragen, *Faden,* oder auch Bastardfaden [Einbruch]) versehen.
Große Bed. kommt den **heraldischen Farben (heraldische Tinkturen)** zu; sie bestehen aus den Tönen Rot, Blau, Grün, Schwarz, selten Purpur; hinzu treten die Metalle Gold (auf Papier, Stoff: Gelb) und Silber (Weiß). Bei schwarzweiß wiedergegebenen Wappen erscheinen die Farben in Schraffur. Den Farben gleichgesetzt ist in der W. das sog. **heraldische Pelzwerk:** Das *Feh* erscheint in weiß-blauer Farbe als Wolken- oder Eisenhutfeh, bei der *Kürsch* wird das Fell natürlich dargestellt, *Hermelin* erscheint nur außerhalb des Schildes als Futter des Wappenmantels oder -zelts bzw. als Besatz an Rangkronen und Fürstenhüten.
Geschichte: Die Träger der W. im MA waren die Herolde (deshalb auch Heroldskunst gen.), die bei Turnieren und bei Fehden die Wappen bestimmen mußten und dabei erstmals systemat. Verzeichnisse anlegten. In der 2. Hälfte des 17. Jh. entwickelte sich eine wiss. W. mit Arbeiten des frz. Jesuiten C. F. Menestrier († 1659) und des dt. Theologen P. J. Spener. Heute ist die W. eine der histor. Hilfswissenschaften.

Waräger, Bez. für die schwed. Wikinger, die im 9. Jh. in Rußland eindrangen und laut ↑Nestorchronik die dort lebenden slaw. Stämme einten.

Warane [arab.] (Varanidae), Fam. etwa 20 cm bis über 3 m langer Echsen mit rd. 30 Arten, v. a. in Wüsten, Steppen, Wäldern und in der Nähe von Gewässern in Afrika, S-Asien (einschl. der Sundainseln) und Australien; tagaktive, räuberisch lebende Tiere mit langgestrecktem, oft sehr massigem Körper, kräftigen, scharf bekrallten Beinen und langem, rundl. oder seitlich abgeplattetem Schwanz; W. laufen, klettern, graben und schwimmen sehr gut. – Zu den W. gehören u. a. der etwa 3 m lange, grauschwarze **Komodowaran** (Varanus komodoensis) und der bis über 2 m

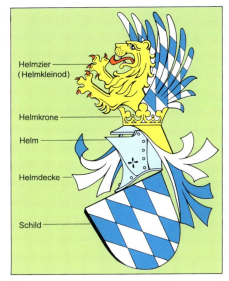

Wappenkunde. Die wichtigsten Bestandteile eines Vollwappens

lange **Nilwaran** (Varanus niloticus); v. a. in und an Gewässern Afrikas südl. der Sahara.

Warangal [engl. wəˈræŋgəl], Stadt im südind. Bundesstaat Andhra Pradesh, auf dem Dekhan, 263 m ü. d. M., 336 000 E. Kath. Bischofssitz; Univ. (seit 1976); Baumwollverarbeitung, Teppichknüpferei, Seidenind. – Hinduist. Tempel (1162), der v. a. wegen seiner tausend Säulen berühmt ist.

Warburg, Aby, *Hamburg 13. Juni 1866, †ebd. 26. Okt. 1929, dt. Kunst- und Kulturhistoriker. – Bruder von Felix und Max W.; untersuchte v. a. die Grundmuster mytholog. Vorstellungen in der Spannung zw. Kosmos und Chaos („Pathosformeln"); u. a. „Heidn.-antike Weissagung in Wort und Bild zu Luthers Zeiten" (1920) sowie zahlr. ikonolog. Einzeluntersuchungen. Das *W.-Institut,* seine Bibliothek, kam 1933/34 von Hamburg nach London.

W., Emil, *Altona (= Hamburg) 9. März 1846, †Grunau (= Bayreuth) 28. Juli 1931, dt. Physiker. – Vater von Otto

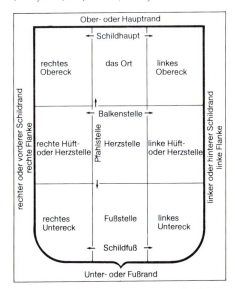

Wappenkunde. Bezeichnung der einzelnen Schildplätze

Warburg

W.; Prof. in Straßburg, Freiburg und Berlin; 1905–22 Präs. der dortigen Physikal-Techn. Reichsanstalt. W. lieferte mit seinen Experimenten zur inneren Reibung, Wärmeleitung und Atomwärme der Gase (mit A. Kundt) eine eindeutige Bestätigung der kinet. Gastheorie; einer der Mitbegr. der quantitativen Photochemie.

W., Felix, *Hamburg 14. Jan. 1871, †New York 20. Okt. 1937, amerikan. Bankier dt. Herkunft. – Bruder von Aby und Max W.; wurde 1896 Teilhaber des Bankhauses Kuhn, Loeb & Co. in New York; beteiligte sich an der Gründung der Jewish Agency (ab 1929 deren Präs.) sowie am Aufbau der Hebr. Univ. Jerusalem.

W., Max, *Hamburg 5. Juni 1867, †New York 26. Dez. 1946, dt. Bankier. – Bruder von Aby und Felix W.; seit 1893 in der väterl. Bank M. M. Warburg & Co., Hamburg. 1919–25 Mgl. des Zentralausschusses, 1924 bis 1933 des Generalrats der Reichsbank; emigrierte 1938 in die USA.

W., Otto, *Freiburg im Breisgau 8. Okt. 1883, †Berlin 1. Aug. 1970, dt. Biochemiker. – Prof. in Berlin, ab 1931 Direktor des dortigen Kaiser-Wilhelm-Instituts bzw. (ab 1953) des Max-Planck-Instituts für Zellphysiologie. W. arbeitete u. a. über Atmungsenzyme, Stoffwechselvorgänge in Körperzellen und Photosynthese, förderte auch die Kenntnisse über die Vorgänge in Krebszellen. Für seine Arbeiten zur Zellatmung erhielt er 1931 den Nobelpreis für Physiologie oder Medizin.

Otto Warburg

Warburg, Stadt an der Diemel, NRW, 204 m ü. d. M., 22 000 E. Textil-, Nahrungsmittelind., Maschinenbau, chem. und Papierind. Der Ortsteil **Germete** ist Luftkurort mit Heilquelle. – Entwickelte sich bei der um 1000 errichteten Burg, 1239 Erwähnung als Stadt; Altstadt und Neustadt wurden 1436 rechtlich vereinigt. – Spätroman.-frühgot. Neustädter Pfarrkirche (13.–15. Jh.), frühgot. Altstädter Marienkirche (Weihe 1299); gotisierende Burgkapelle (1681) über der roman. Krypta (12. Jh.) der ehem. Burgpfarrkirche; Renaissancerathaus (1568 und 1902); guterhaltene Stadtbefestigung (13. und 14. Jh.).

Warburg-Atmungsferment [nach O. Warburg], svw. ↑Atmungsferment.

Warburger Börde, Becken im Weserbergland, an der mittleren Diemel; Anbau von Weizen, Zuckerrüben und Kartoffeln.

Ward [engl. wɔːd], Sir (seit 1918) Leslie, pseud. Spy, *London 21. Nov. 1851, †ebd. 15. Mai 1922, engl. Karikaturist. – Schuf für die Zeitschrift „Vanity Fair" berühmte Karikaturen zeitgenöss. Persönlichkeiten.

W., Lester Frank, *Joliet (Ill.) 18. Juni 1841, †Washington 18. April 1913, amerikan. Soziologe. – Seit 1912 Prof. an der Brown University in Providence (R. I.); zählt zu den Begründern der amerikan. Soziologie.

W., Maria (Mary) ↑Englische Fräulein.

Ware, 1. ↑Handelsgut; 2. in der polit. Ökonomie für den Tausch bestimmtes Produkt.

Waren, Krst. am N-Ende der Müritz, Meckl.-Vorp., 67 m ü. d. M., 24 000 E. Müritzmuseum; Dieselmotorenbau, Holz-, Nahrungsmittelind.; Fremdenverkehr. – Die Altstadt wurde um 1270 gegr.; nach 1300 entstand die seit Beginn des 13. Jh. bezeugten Burg die spätere Neustadt; 1347–1425 Residenz von Werle-W. – Marienkirche, Georgenkirche (13./14. Jh.; Backsteinbauten).

W., Landkr. in Mecklenburg-Vorpommern.

Warenausgangsbuch ↑Wareneingangsbuch.

Warenbörsen (Produktenbörsen), Warenmärkte, auf denen börsenmäßig Rohwaren gehandelt werden. Nach ihrer Verwendung unterscheidet man W. für gewerbl. Rohstoffe und Nahrungs- und Genußmittel; eine weitere Differenzierung wird nach Einzelmärkten bestimmter Rohstoffe vorgenommen (z. B. Baumwoll-, Kupfer-, Weizenmarkt).

Warendorf
Stadtwappen

Warendorf, Krst. im östl. Münsterland, NRW, 56 m ü. d. M., 34 400 E. Dt. Lehranstalt für Agrartechnik, Dt. Reitschule; Sitz des Dt. Olymp. Komitees für Reiterei; Westfäl. Landgestüt; Textilind., Landmaschinenbau. – Erste Nennung der Siedlung um 1050, etwa 1200 Stadtrecht (1534–56 aufgehoben). – Spätgot. Pfarrkirche (15. Jh., neugotisch erweitert), barocke Franziskanerkirche (1652–73); spätgot. Rathaus (mehrfach umgebaut); im Ortsteil **Freckenhorst** frühroman. Pfarrkirche (1129 vollendet).

W., Kreis in Nordrhein-Westfalen.

Wareneingangsbuch, Nebenbuch der Buchführung zur Erfassung der Wareneingänge (Art, Preis, Tag der Lieferung und Bezahlung der Ware) des gewerbl. Unternehmen, ist 10 Jahre lang aufzubewahren. Das W. muß von allen Gewerbetreibenden geführt werden, die von der Führung von Handelsbüchern befreit sind. Großhändler, die Waren an Gewerbetreibende veräußern, haben die Warenausgänge in einem **Warenausgangsbuch** zu verbuchen.

Warenhaus, Betriebsform des Einzelhandels; Großbetrieb mit breitem Sortiment, zwanglosem Zutritt, offener Warenpräsentation, partieller Selbstbedienung.

Warenkonto, Konto bei der doppelten Buchführung, das dem Kontenrahmen entsprechend in Wareneinkaufs- und Warenverkaufskonto aufgeteilt ist (früher als „gemischtes Konto" geführt). Das **Wareneinkaufskonto** ist ein Bilanzkonto, bei dem im Soll Warenanfangsbestand und -zugänge zu Einkaufspreisen sowie Bezugskosten, im Haben Rücksendungen, Nachlässe, Warenentnahmen für private Zwecke sowie der Einkaufswert der verkauften Waren gebucht werden. Das **Warenverkaufskonto** ist ein Erfolgskonto, bei dem im Soll Warenrücksendungen, Nachlässe sowie die verkauften Waren zum Einkaufswert, im Haben die Warenverkäufe zu Verkaufspreisen verbucht werden.

Warenkorb ↑Lebenshaltungskosten, ↑Preisindex.

Warensendung, tarifbegünstiger postal. Versand von Warenproben, Mustern oder kleinen Gegenständen in offener Umhüllung ohne briefl. Mitteilung; Höchstgewicht: 500 Gramm.

Warentermingeschäfte, an den Warenbörsen abgeschlossene Zeitgeschäfte. Im Ggs. zu den Termingeschäften an den Wertpapierbörsen, bei denen meist nur ein Monat vorausnotiert wird, liegen die Termine bei den W. bis zu 14 Monaten später.

Warentest, Prüfung gleichartiger Waren von verschiedenen Firmen auf Qualität und Preiswürdigkeit (z. B. ↑Stiftung Warentest).

Warenzeichen, geschäftl. Kennzeichnungsmittel, das dazu dient, Waren eines Herstellers ihrer Herkunft nach zu individualisieren und von gleichartigen Waren anderer Gewerbetreibender zu unterscheiden. Das W. bedarf zur Erlangung förml. Schutzes der Eintragung in die ↑Zeichenrolle (Eintragungsgrundsatz). Es kann aus Buchstaben, Bildzeichen und zweidimensionalen Kombinationen beider bestehen und sich auf einen bestimmten Herstellerbetrieb (Fabrikmarke) oder auf einen Handelsbetrieb (Handelsmarke) beziehen. Das W. ist an den Geschäftsbetrieb gebunden und erlischt, wenn dieser nicht mehr fortgesetzt wird. W. können auch von rechtsfähigen Vereinen, die gewerbl. Zwecke verfolgen, für ihre Mgl. angemeldet werden (Verbandszeichen). Auch ↑Dienstleistungsmarken sind eintragungsfähig, ↑Freizeichen dagegen nicht.

Warenzeichenrecht, Regelung des urheberrechtsähnl. Schutzes der Warenzeichen und sonstigen zur Unterscheidung verwendeten Warenkennzeichnungen sowie des Wettbewerbs unter Verwendung dieser Zeichen. Das W. ist in Deutschland im WarenzeichenG (WZG) i. d. F. vom 2. 2. 1968 geregelt. Danach erlangt der Inhaber eines Warenzeichens durch dessen Eintragung in die ↑Zeichenrolle das Recht, *Waren* der angemeldeten Art oder ihre *Verpackung* mit dem Warenzeichen zu versehen, die so bezeichneten Waren in Verkehr zu bringen, das Zeichen auf Preislisten, Geschäftsbriefe u. ä. zu setzen und Dritten den Gebrauch des geschützten Warenzeichens zu verbieten. Wer das Warenzeichen eines anderen vorsätzlich oder fahrlässig mißbraucht (Verwechslungsgefahr genügt), ist dem Verletzten zu Schadenersatz verpflichtet. Der *Warenzeichenschutz* dauert 10 Jahre nach Anmeldung, die Schutzdauer kann um jeweils 10 Jahre verlängert werden. Der Inhaber kann jederzeit beantragen, das Zeichen löschen zu lassen. Es wird von Amts wegen nach Ablauf der Schutzdauer gelöscht. Das W.

umfaßt auch den Schutz der *Warenausstattung* und der *Herkunfts-* und *Beschaffenheitsangaben.* Lt. Einigungsvertrag genießen vor dem Beitritt in der ehem. DDR bzw. im alten Bundesgebiet eingetragene Warenzeichen Schutzrechte nach den zu diesem Zeitpunkt geltenden Rechtsvorschriften mit Wirkung für das jeweilige Gebiet.

Warft [niederdt.], svw. ↑Wurt.

Warhol, Andy [engl. ˈwɔːhɔːl], eigtl. Andrew Warhola, * Pittsburgh 6. Aug 1927, † New York 22. Febr. 1987, amerikan. Maler, Graphiker und Filmemacher. – Führender Vertreter der Pop-art; reihte in Siebdruckserien Werbeklischees (z. B. Suppendosenbilder, Filmstars) u. a. Bilder von der amerikan. Massenzivilisation aneinander. Seit 1963 entstanden in seiner „Fabrik" (New York) über 80 meist überlange, bewegungs- und handlungsarme Filme, die oft um erot. Besessenheit kreisen (Regie meist Paul Morrissey), u. a. „Schlaf" (1963), „Flesh" (1968), „Trash" (1970).

Warin (Varin), Jean [frz. vaˈrɛ̃], * Lüttich 1604, † Paris 26. Aug. 1672, frz. Bildhauer fläm. Herkunft. – Seit 1625 in Paris, schuf er zahlr. Bildnismedaillen, Gedenkmünzen sowie Porträtbüsten (u. a. „Ludwig XIII.", Louvre; „Ludwig XIV.", Versailles). W. reorganisierte das gesamte frz. Münzwesen.

Warireich, präkolumb. Reich in Peru (etwa 700–800), ben. nach seiner Hauptstadt Wari (Huari) im westl. Z-Peru. Von hier aus dehnte es sich durch Eroberungen ab 700 aus bis ins Tal des Río Chicama und bis Cajamarca im N, bis zum Titicacasee und zum Río Ocaña im S. Dieser Ausdehnung folgte die Ausbreitung der ↑Huarikultur.

Warmblut (Warmblutpferd), in der dt. Pferdezucht Bez. für die durch Einkreuzung von Arabern und Vollblutpferden in regionale Landschläge gezüchteten ausdauernden, temperamentvollen und anspruchsvollen Hauspferderassen (u. a. Hannoveraner, Holsteiner).

Warmblüter (eigenwarme Tiere, homöotherme Tiere), Vögel und Säugetiere, auch der Mensch, die im Unterschied zu den ↑Kaltblütern eine von der Außentemperatur unabhängige, gleichbleibende Körperwärme besitzen. Verschiedene Mittel der Wärmeregulation halten die Körpertemperatur gleichmäßig. Einen wesentl. Wärmeschutz bieten Haarkleid oder Gefieder und Unterhautfett. Die niedrigsten mittleren Körpertemperaturen weisen die urtüml. Säugetiere auf (z. B. Ameisenigel 30 °C), die höchsten dagegen die kleinsten Vögel (z. B. Zaunkönig 42–44 °C).

Warmbrunn, Bad ↑Bad Warmbrunn.

Wärme (Wärmeenergie), Zeichen Q, Energieform, die eine ganz bestimmte physiolog. Empfindung im menschl. Organismus hervorruft. Nach der kinet. Gastheorie kann man die W. als ↑Wärmebewegung der Moleküle bzw. Atome eines Stoffes auffassen. Die Energie dieser Bewegung wird als *W.energie* oder *W.menge* bezeichnet. Im Unterschied zur inneren Energie eines Systems (↑Thermodynamik) hängt die W.energie nicht nur vom Anfangs- und Endzustand eines Prozesses, sondern wesentlich von dessen Verlauf ab. SI-Einheit der W. ist das ↑Joule.

Wärmeäquivalent (Energieäquivalent der Wärme, kalor. Arbeitsäquivalent, kalor. Energieäquivalent), Betrag einer Energiemenge, die einer in Kalorien (cal) gemessenen Wärmemenge gleichwertig ist; *mechan. W.:* 1 cal = 0,426939 kpm, *elektr. W.:* 1 cal = 4,18684 Ws bzw. J.

Wärmeausbreitung, svw. ↑Wärmeübertragung.

Wärmeausdehnung (therm. Ausdehnung), die bei Temperaturerhöhung im allg. auftretende Vergrößerung des Volumens bzw. der Länge eines Körpers; sie ist eine Folge der mit zunehmender Temperatur stärker werdenden Wärmebewegung im Körper.

Wärmeaustausch, ungenaue Bez. für ↑Wärmeübertragung.

Wärmebarriere, svw. ↑Hitzeschwelle.

Wärmebehandlung, zeitlich begrenztes Erwärmen metall. Werkstücke bzw. Halbzeuge auf bestimmte Temperaturen unter Beachtung der Erwärmungs- und der Abkühlungsgeschwindigkeit zur Verbesserung der Werkstoffeigenschaften (Aufhebung von Eigenspannungen, Abbau von Texturen, Verbesserung der Verformbarkeit u. a.).

Verfahren der W. mit Wirkung auf die Oberfläche sind u. a. **Flammenhärten** *(Flammhärten, Brennhärten, Autogenhärten):* Härten der Metalloberfläche durch örtl. Erhitzen der Randschicht mit Gas- oder Sauerstoffbrenner; **Induktionshärten** *(Hochfrequenzhärten):* Härten der Oberfläche durch Erhitzen der Randschicht mit Wirbelströmen hoher Frequenz (600–2 000 kHz); **Tauchhärten:** Härten der Oberfläche durch kurzzeitiges Eintauchen des Werkstücks in ein hocherhitztes Salz- oder Metallbad. **Nitrierhärten:** Härten der Oberfläche durch Erhitzen des Werkstücks in stickstoffabgebenden Mitteln. **Einsatzhärten:** Härten der Oberfläche kohlenstoffarmer Stähle durch Aufkohlen der Werkstückrandzone bei hoher Temperatur über lange Zeit in festen, flüssigen oder gasförmigen Aufkohlungsmitteln und nachfolgendes Abschrecken.

Die wichtigsten Verfahren der W. mit Wirkung auf das *gesamte Werkstückgefüge* sind: **Glühen:** Erwärmen eines Werkstücks auf eine bestimmte Glühtemperatur, Halten bei dieser Temperatur während einer bestimmten Dauer und nachfolgendes, meist langsames Abkühlen. Man unterscheidet u. a. Normal-, Weich-, Rekristallisations-, Spannungsfrei- und Diffusionsglühen, Perlitisieren, Anlassen und Tempern. **Härten:** Verfahren zur Erzielung einer örtl. oder durchgreifenden Härtesteigerung metall. Werkstoffe, bei dem durch Erhitzen und anschließendes sehr schnelles Abkühlen *(Abschrecken)* ein martensit. Gefüge des Werkstücks angestrebt wird. Man unterscheidet je nach Abschreckmittel u. a. Warmbad-, Wasser-, Luft- und Ölhärten. **Vergüten:** Härten und nachfolgendes Anlassen auf höhere Temperaturen (400–750 °C) bei Stählen mit weniger als 0,6 % Kohlenstoff zur Erzielung einer größeren Zähigkeit bei einer bestimmten Zugfestigkeit. Man unterscheidet u. a. Wasser-, Luft-, Ölvergütung (je nach Abschreckmittel), *Patentieren* (W. von meist unlegiertem Stahldraht bzw. -band von etwa 0,7 % Kohlenstoffgehalt zur Erzielung eines feinstreifigen perlit. Gefüges).

▷ therapeut. Anwendung von Wärme (z. B. Infrarotstrahlung, Wärmflasche) zur Erzielung einer großen Blutfülle und einer vermehrten peripheren Durchblutung; soll eine Schmerzlinderung bewirken.

Wärmebewegung (therm. Bewegung), ungeordnete Bewegung der Teilchen eines Stoffes, die auf Grund der molekularen Stöße mit der Temperatur zunimmt und deren Energie makroskopisch als ↑Wärme aufgefaßt wird. – ↑Wärmeleitung.

Wärmebildgeräte ↑Thermographie.

Wärmeenergie (therm. Energie), svw. ↑Wärme; ↑Energie.

Wärmeflußbild, svw. ↑Sankey-Diagramm.

Wärmefunktion (Gibbssche W.), svw. ↑Enthalpie.

Wärmegewitter ↑Gewitter.

Wärmeisolation (Wärmedämmung, Wärmeschutz), Verhinderung bzw. Verminderung eines Wärmeaustauschs und damit von Wärmeverlusten; auch Bez. für dazu erforderl. Maßnahmen. Wärmeleitung verringert man mit Hilfe von wärmedämmenden bzw. -isolierenden Stoffen, die meist eine Vielzahl kleiner luftgefüllter Hohlräume aufweisen und dadurch den Wärmefluß eindämmen. Wärmekonvektion wird beträchtlich durch Anbringen evakuierter Zwischenräume verhindert, wobei die Wände außerdem meist mit Aluminium verspiegelt sind, um den Wärmeaustausch durch Wärmestrahlung zu vermindern (Prinzip der Thermosgefäße). – Durch W. wird sowohl ein Hitze- als auch ein Kälteschutz erzielt.

Wärmekapazität, Formelzeichen C, Quotient aus zugeführter Wärmemenge ΔQ und der dadurch hervorgerufenen Temperaturerhöhung ΔT; $C = \Delta Q/\Delta T$. SI-Einheit der W. ist Joule/Kelvin (J/K). – ↑Atomwärme, ↑spezifische Wärmekapazität.

Wärmekonvektion, Form der ↑Wärmeübertragung durch strömende Flüssigkeiten oder Gase.

Wärmekopierverfahren, svw. Thermokopierverfahren (↑Kopierverfahren).

Wärmekraftwerk ↑Kraftwerke.

Wärmelehre, svw. ↑Thermodynamik.

Wärmeleitfähigkeit

Wärmeleitfähigkeit (Wärmeleitzahl, spezif. Wärmeleitvermögen, therm. Leitfähigkeit), Zeichen λ, Materialeigenschaft, die die Wärmeübertragung eines Stoffes durch Wärmeleitung charakterisiert. Stoffe mit hoher W. sind gute Wärmeleiter; die SI-Einheit der W. ist $W/(m \cdot K)$.

Wärmeleitfähigkeit (bei 20°C; in $W/m \cdot K$)			
Kohlendioxid	0,016	Stahlguß	52
Luft	0,026	Zinn	65
Glaswolle	0,035	Eisen	73
Wasser	0,6	Messing	112
Gummi	0,15	Aluminium	226
Holz	0,14–0,21	Gold	314
Glas	≈1,0	Kupfer	398
Blei	35	Silber	418

Wärmeleitung, Transport von Wärmeenergie, der durch die Wärmebewegung der Teilchen in Richtung abnehmender Temperatur erfolgt: Die aus den wärmeren Bereichen kommenden, im therm. Mittel schnelleren atomaren Teilchen übertragen bei Stößen Wärme als kinet. Energie auf die im Mittel langsameren atomaren Teilchen der kälteren Bereiche. Auf diese Weise fließt im stationären Zustand Wärme längs *Wärmestromlinien*, die senkrecht auf Flächen gleicher Temperatur stehen. Ein Maß für die W. ist die ↑Wärmeleitfähigkeit.

Wärmeleitzahl, svw. ↑Wärmeleitfähigkeit.
Wärmemauer, svw. ↑Hitzeschwelle.
Wärmemenge ↑Wärme.
Wärmepole, Orte der Erdoberfläche mit den höchsten beobachteten Lufttemperaturen. Sie liegen infolge der unregelmäßigen Land-Meer-Verteilung nicht am Äquator, sondern auf der N-Halbkugel im Bereich des subtrop. Hochdruckgürtels.

Wärmepumpe, maschinelle Anlage, die unter Aufwendung mechan. bzw. elektr. Energie einem auf relativ niedriger Temperatur befindl. Wärmespeicher Wärmeenergie entzieht und sie einem anderen Wärmespeicher bzw. Wärmetauscher, der bereits eine höhere Temperatur besitzt, zuführt und ihn so weiter erwärmt. Sie arbeitet im Prinzip wie eine Kältemaschine (↑Kältetechnik). Bei der W. wird aber im Ggs. zur Kältemaschine die im Kondensator abgegebene, auf höherem Temperaturniveau befindl. Wärmemenge nutzbar gemacht, während die im Verdampfer erzeugte Kälte meist unausgenutzt bleibt oder zur Raumkühlung herangezogen wird. – W. können zur Heizung von Gebäuden eingesetzt werden, wenn die zur Verdichtung benötigte mechan. bzw. elektr. Energie billig ist und ein günstiger Wärmespeicher (z.B. ein großer See) zur Verfügung steht; es kann aber auch das Grundwasser, der Erdboden oder die Außenluft zur Wärmeabgabe herangezogen werden. Bei Beachtung der zum Betrieb des Verdichters und der Umwälzpumpen benötigten Energie kann man bei gleichem Stromverbrauch mit einer W. mehr als dreimal soviel Wärme ins Haus bringen wie mit einer Elektroheizung. Außer zur Heizung werden W. zur Wärmerückgewinnung aus Wärmeträgern und zur Abwärmenutzung herangezogen.

Wärmeregulation, svw. ↑Thermoregulation.
Warmer See ↑Peipussee.
Wärmeschutz, svw. ↑Wärmeisolation.
Wärmesinn ↑Temperatursinn.
Wärmespeicher, techn. Anlage, die Wärme aufnehmen, sie längere Zeit speichern und bei Bedarf wieder abgeben kann. In Dampfkraftanlagen dienen als W. der *Gefällespeicher* (*Ruthsspeicher;* Speicherung von Heißdampf) und der *Gleichdruckspeicher* (Speicherung von heißem Wasser, das als Speisewasser an die Dampfkessel abgegeben wird), *Verbraucher-W.* sind die Heißwasserspeicher und die Wärmespeicherheizgeräte. *Sonnen-W.* zur Aufnahme der von Sonnenkollektoren u.a. aufgenommenen Sonnenenergie enthalten als wärmespeichernde Medien Flüssigkeiten, Steinschüttungen und Hydrate.

Wärmespeicherheizgeräte (Nachtstrom-Speicheröfen), Heizgeräte, die die von den Energieversorgungsunternehmen in Schwachlastzeiten zu Niedrigtarifen bereitgestellte elektr. Energie zur Raumheizung ausnutzen. Die W. bestehen aus Heizkörper, Speicherkern, Wärmeisolation und Außenmantel. Ein thermostatgesteuerter Ventilator bläst kühle Raumluft über den heißen Speicherkern. – ↑Heizung.

Wärmestrahlung (therm. Strahlung), allg. jede elektromagnet. Strahlung, die intensiv genug ist, um Wärme zu erzeugen bzw. zu übertragen; insbes. die Infrarotstrahlung und die Strahlung glühender Körper.

Wärmesummensatz, svw. ↑Hess-Gesetz.
Wärmetheorem ↑Thermodynamik.
Wärmetod (Kältetod), Bez. den hypothet. Endzustand des Weltalls, der durch einen aus dem 2. Hauptsatz der Thermodynamik folgenden Ausgleich aller Temperaturdifferenzen in dem als thermodynamisch abgeschlossen System „Weltall" gekennzeichnet ist. In diesem Zustand überall gleicher, endl., minimaler Temperatur (daher auch Kältetod) könnten keine Energieumwandlungen mehr stattfinden, so daß alle thermodynam. Prozesse aufhören würden. Nach neueren kosmolog. Theorien ist diese einfache Anwendung der Thermodynamik auf das Weltall als Ganzes nicht statthaft.

Wärmetönung, veraltet für Reaktionswärme (↑Reaktion).
Wärmeübergang, Wärmeaustausch zw. einem festen Körper und einem flüssigen oder gasförmigen Medium.
Wärmeübertrager (Wärmeaustauscher, Wärmetauscher), techn. Apparatur zur Übertragung und evtl. Rückgewinnung von Wärmeenergie, wobei Wärme von einem heißen Medium (z.B. Wasser, Luft, Gas) an ein kaltes abgegeben wird. **Regeneratoren** arbeiten mit einer Speichermasse, die vom Heizmedium erwärmt und durch das Kühlmittel wieder abgekühlt wird. Beide Stoffströme können entweder abwechselnd durch die Speichermasse geleitet werden (z.B. beim Hochofenwinderhitzer), oder eine rotierende Speichermasse transportiert die Wärme vom Heizmedium zu dem Kühlmittel (z.B. Drehluftvorwärmer in Dampferzeugern). **Rekuperatoren** sind kontinuierlich nach dem Gegen-, Gleich- oder Querstromprinzip arbeitende W. ohne Speicherung, wobei das wärmeabgebende vom wärmeaufnehmenden Medium durch eine Wand (Heizfläche) getrennt ist (z.B. Rohrbündel-W.).

Wärmeübertragung (Wärmeausbreitung, Wärmetransport), Übertragung von ↑Wärme von einem Ort höherer zu einem Ort tieferer Temperatur durch *Wärmeleitung*, *Wärmekonvektion* und/oder *Wärmestrahlung*.

Wärmezähler, Gerät zur Messung der von Heizungen abgegebenen oder von strömenden Wärmeträgern in Rohrleitungen übertragenen Wärmemengen. Beim *Heizkostenverteiler* (an Heizkörpern) verdunstet aus einem Metallröhrchen eine Spezialflüssigkeit; der zur gesamten Wärmeabgabe proportionale Verbrauch wird an einer Strichskala abgelesen. Auch den Strom eines am Heizkörper angebrachten Thermoelements messende *Elektrolytzähler* werden als W. verwendet. Die von einem strömenden Medium abgeführten Wärmemengen werden über Messungen des Massenstroms mit Trommel- oder Flügelradzählern und der Temperatur (in Warmwasserheizungen der Temperaturdifferenz zw. Vor- und Rücklauf) ermittelt.

Warmfront, vom Erdboden ausgehende, geneigte Trennfläche zweier verschieden dichter Luftmassen, an der die wärmere Luftmasse auf die vor ihr liegende kältere aufgleitet (*Aufgleitfront*). Dabei kühlt sie sich ab, so daß schließlich Kondensation eintritt und sich ein ausgedehnter Wolkenschirm ausbildet. Dieser eilt der Bodenfront weit voraus und bringt gleichmäßig fallenden Regen (*Landregen*) mit sich. Mit dem Durchzug der W. setzt am Boden ein merkl. Temperaturanstieg ein; der Regen läßt nach, die Bewölkung bricht auf.

warmgemäßigte Zone, Bereich der mittleren Breiten mit warmen Sommern und milden Wintern.
Warmluftheizung ↑Heizung.

Earl Warren

Robert Penn Warren

Warmsektor (Warmluftsektor), der von Warmluft eingenommene Bereich eines ↑ Tiefdruckgebietes.
Warmwasserheizung ↑ Heizung.
Warmzeichner ↑ photographische Apparate.

Warna, bulgar. Hafenstadt an der Bucht von W. des Schwarzen Meeres, bis 40 m ü. d. M., 305 900 E. Verwaltungssitz der Region W.; orth. Metropolitensitz; mehrere Hochschulen, Forschungsinst., Delphinarium, archäolog. Museum; Schiff-, Maschinenbau, Elektro-, Textil-, chem. und Nahrungsmittelind.; Eisenbahnfährverbindung zum ukrain. Hafen Iljitschowsk; Seebad; ⚓. – Als **Odessos** von Griechen aus Milet im 6. Jh. v. Chr. gegr., in der röm. Kaiserzeit zur Prov. Moesia inferior, seit Ende des 7. Jh. n. Chr. zum 1. Bulgar. Reich; 1391 von den Osmanen erobert, ab 1878 wieder bulgarisch; 1906 Bau eines modernen Hafens. – Bei W. besiegten am 10. Nov. 1444 die Osmanen unter Murad II. das poln.-ungar. Heer. – Gräberfeld (Anfang des 5. Jt. v. Chr.) mit reichen Gold- und Kupferbeigaben; bed. Reste röm. Bauten: mehrere Tempel, Thermen (2.–4. Jh.) und Befestigungen; 2 frühchristl. Kirchen.

Warna [Sanskrit „Farbe"], Einteilungskategorie der ↑ Kasten in Indien.

Warnblinkanlage ↑ Kraftfahrzeugbeleuchtung.
Warndienst ↑ Zivilschutz.
Warndreieck, dreieckiges Warnschild (mit 450 mm langen, 45 mm breiten, rückstrahlenden Schenkeln; weißes Feld mit schwarzem Strich), das gemäß § 53 a StVZO in amtlich genehmigter Bauart in Kfz mitgeführt werden muß und außerhalb geschlossener Ortschaften mindestens 150 m hinter einem Pannenfahrzeug aufgestellt werden soll (zusätzlich zum Warnblinklicht).

Warneck, Gustav, *Naumburg/Saale 6. März 1834, †Halle/Saale 26. Dez. 1910, dt. ev. Theologe. – Begründer der systemat. prot. Missionswissenschaft.

Warnemünde, Stadtteil von ↑ Rostock.

Warner Brothers Pictures Inc. [engl. 'wɔːnə 'brʌðəz 'pɪktʃəz ɪŋ'kɔːpəreɪtɪd], 1923 von den Brüdern Harry (*1881, †1958), Albert (*1883, †1967), Sam (*1888, †1927) und Jack (*1892, †1978) Warner gegr. amerikan. Filmstudio, in dem 1927 der erste Tonfilm („The Jazz Singer") produziert wurde. 1972 Fusion mit dem Unternehmen „Kinney Services" zu *Warner Communications Inc.*; 1989 Fusion mit Time Inc. zu ↑ Time Warner Inc.

Warnkreuz ↑ Andreaskreuz.

Warnow ['varno], Küstenfluß zur Ostsee, in Meckl.-Vorp., entspringt nördl. von Parchim, in Rostock seenartig zum **Breitling** mit dem Hochseehafen Rostock erweitert; 128 km lang.

Warnzeichen, im Straßenverkehr Zeichen, die auf Störstellen oder bes. Umstände aufmerksam machen sollen; i. e. S. die Gefahr-, die Schall- und die Lichtzeichen.

Warrant [engl. 'wɔrənt], Lagerschein über eingelagerte Güter.

Warren [engl. 'wɔrɪn], Earl, *Los Angeles 19. März 1891, †Washington 9. Juli 1974, amerikan. Jurist und Politiker (Republikaner). – 1939–43 Generalstaatsanwalt, 1943–53 Gouverneur von Kalifornien; 1953–69 Oberster Bundesrichter der USA. Der Bericht (1964) einer von ihm geleiteten Untersuchungskommission über die Ermordung J. F. Kennedys (**Warrenreport**), der die alleinige Verantwortung von L. H. Oswald für die Tat außer Frage stellte, wurde in seiner Glaubwürdigkeit immer wieder bestritten.

W., Robert Penn, *Guthrie (Ky.) 24. April 1905, †Stratton (Vt.) 15. Sept. 1989, amerikan. Schriftsteller. – Einer der führenden Vertreter der regionalist. Dichtung des amerikan. Südens; Mgl. der „Fugitives". 1950–73 Prof. an der Yale University. Bekannte Romane sind u. a. „At heaven's gate" (1943), „Der Gouverneur" (1946); „Now and then. Poems 1976–1978" (Ged., 1979); „New and selected poems 1923–85" (Ged., 1985); dreifacher Pulitzerpreisträger, bed. Vertreter des ↑ New criticism und Autor biograph., histor. sowie soziolog. Studien.

Warri [engl. 'wɔriː], Hafenstadt in Nigeria, im westl. Nigerdelta, 91 100 E. Kath. Bischofssitz; Erdölverarbeitung, Stahlwerk.

Warrington [engl. 'wɔrɪŋtən], engl. Ind.stadt am Mersey und am Manchester Ship Canal, 136 000 E. 1968 zur New Town erklärt; Aluminiumherstellung, chem., Textilind., Brauereien, Maschinenbau, Sägewerke. – Erstmals im Domesday Book erwähnt (1086/1087), 1255 Marktrecht, 1847 Stadt. – Kirche Saint Elphin (13./14. Jh.); Rathaus (18. Jh.).

Warschau (poln. Warszawa), Hauptstadt Polens, Verwaltungssitz der Woiwodschaft W., beiderseits der mittleren Weichsel, 90–116 m ü. d. M., 1,65 Mill. E. Sitz eines kath. Erzbischofs und ev. Bischofs, Sitz der Poln. Akad. der Wiss. u. a. Akad., mehrere Forschungsinst., Univ. (gegr. 1818), TU und 11 weitere Hochschulen; Nat.bibliothek, Observatorium, zahlr. Museen (bes. Nat.museum) und Theater, Opernhaus, Philharmonie; botan. Garten; Zoo; jährl. internat. Buchmesse; Chopin-Festspiele, Warschauer Herbst (Konzerte). Zu den wichtigsten Ind.zweigen gehören Maschinen- und Fahrzeugbau, Edelstahlhütte, elektrotechn. und elektron., chem., Kosmetik-, Bekleidungs-, Nahrungsmittelind., Druckereien und Verlage. Wichtigster Verkehrsknotenpunkt Polens mit dem größten poln. ✈; U-Bahn im Bau.

Warschau
Stadtwappen

Geschichte: 1241 erstmals als Siedlung erwähnt, erhielt vermutlich vor 1339 Stadtrecht; ab 1596 Sitz der poln. Könige, im heutigen Stadtbezirk Wola wurden die Könige gewählt; nach Niedergang in der 2. Hälfte des 17. Jh. infolge von Bränden, Epidemien und Zerstörungen durch die Schweden erneute Blüte unter König Stanislaus II. August (1764–95); infolge der 2. Teilung Polens (1793), Verwüstungen durch Kosaken und der 3. Teilung Polens (1795), durch die W. an Preußen kam, wieder Niedergang und Entvölkerung. 1807–15 war W. Hauptstadt des gleichnamigen Hzgt., das auf Drängen Napoleons I. aus den an Preußen gefallenen Gebieten gebildet wurde, dann des in Personalunion mit Rußland vereinigten Kgr. Polen (sog. ↑ Kongreßpolen); durch zahlr. Aufstände in eine weitläufige Festung umgewandelt; im 1. Weltkrieg von dt. Truppen besetzt; seit 1918 Hauptstadt Polens; ab 1939 abermals von dt. Truppen besetzt. Etwa 400 000 poln. Juden wurden im Ghetto von W. zusammengetrieben, davon 300 000 wurden bis 1943 im Vernichtungslager Treblinka ermordet. Im Verlauf der ↑ Warschauer Aufstände (1943 und 1944) wurde W. fast vollständig zerstört. Wiederaufbau nach dem Krieg.

Bauten: Ab 1946 grundlegender Wiederaufbau der histor. Stadt (von der UNESCO zum Weltkulturerbe erklärt), z. T. mit Hilfe topograph. Veduten von B. Bellotto, z. B. der Altstadtmarkt. Es erstanden zunächst die Stadtmauern (14. und 15. Jh.) mit der Barbakane (16. Jh.) sowie die got. Kathedrale Sankt Johannes (2. Hälfte des 14. Jh., dreischiffige Hallenkirche) wieder und seit 1971 auch das Königsschloß (1680–92; vorwiegend klassizist. Innenausstattung von

Warschau. Denkmal König Sigismunds III. Wasa aus dem Jahr 1643/44 und Königsschloß, erbaut 1680–92

Warschau-Berliner Urstromtal

Warschau
Hauptstadt Polens (seit 1918)

1,65 Mill. E

1241 erstmals erwähnt

ab 1596 Sitz der poln. Könige

Schauplatz des Warschauer Ghettos

im Verlauf der Warschauer Aufstände fast vollständig zerstört

zahlr. Paläste des 17./18. Jh.

Belvedere

D. Merlini). Wahrzeichen der Stadt ist das Denkmal König Sigismunds III. Wasa (1643/44) auf dem Schloßplatz. Weitere histor. Sakralbauten: Sankt-Anna-Kirche (15.–17. Jh.; klassizist. Fassade 18. Jh.); Visitantinnenkirche (1755 bis 1761; bed. Rokokoausstattung); Kapuzinerkirche (1683 bis 1692) und Sakramentskirche (1688–89) von Tylman van Gameren; Karmelitenkirche (17. Jh.; Fassade 1777–80). Unter den Profanbauten ragen die Paläste des 17. und 18. Jh. hervor, das barocke Palais Krasiński (1682–94 von Tylman van Gameren) und das Palais Gniński (ehem. Ostrogski; Ende des 17. Jh.; Chopinmuseum), das Palais „Unter dem Blechdach" (1720), das Große Theater (1825–32), ein bed. Bau des Klassizismus von A. Corazzi, und die Univ. (1660, im 18. Jh. u. a. durch K. F. Pöppelmann erweitert). Im Łazienkipark liegt der klassizist. Łazienkipalast (1784–95 von D. Merlini) in einem kleinen künstl. See sowie das Belvedere (1818–20, heute Sitz des Staatspräs.). – In der Nähe von W. ließ König Johann III. Sobieski das Schloß Wilanów (1681–94) anlegen, eines der Hauptwerke der poln. Barockarchitektur.

Warschau-Berliner Urstromtal, im östl. Norddt. Tiefland verlaufende O–W gerichtete Talung von der Elbe bei Havelberg nach W. bis zur Höhe von Warschau.

Warschauer Aufstand, Bez. für 2 Erhebungen während der dt. Besetzung Polens im 2. Weltkrieg: Der *1. W. A.* von 1943 (19. April–16. Mai), ausgelöst durch den (seit Juli 1942) tägl. Abtransport von 12 000 Juden aus dem Ghetto in Warschau in das Vernichtungslager Treblinka, wurde durch Waffen-SS und Polizei brutal niedergeschlagen; rd. 50 000 Juden fanden während und nach den Kämpfen den Tod. Bei dem Versuch, Warschau vor der anrückenden Roten Armee zu befreien, löste die der Londoner Exilregierung unterstehende poln. Heimatarmee (Armia Krajowa) am 1. Aug. 1944 den *2. W. A.* aus, der ihr gegen die schlecht vorbereitete dt. Besatzung die weitgehende Kontrolle der Stadt sicherte; wegen fehlender Unterstützung durch die Rote Armee und unzureichender Versorgung durch die Alliierten aus der Luft mußte General T. Bór-Komorowski am 2. Okt. 1944 kapitulieren. Warschau wurde, gemäß einem Befehl Hitlers, von SS-Einheiten fast völlig zerstört.

Warschauer Pakt, 1955–91 bestehendes Militärbündnis, gegr. am 14. Mai 1955 in Warschau mit dem von Albanien, Bulgarien, der DDR, Polen, Rumänien, der Tschechoslowakei, der Sowjetunion und Ungarn unterzeichneten „Vertrag über Freundschaft, Zusammenarbeit und gegenseitigen Beistand" **(Warschauer Vertrag)** sowie mit dem Beschluß über die Bildung eines „Vereinten Kommandos der Streitkräfte". War neben dem COMECON wichtigste multilaterale Organisation der europ. kommunist. Staaten. Veranlaßt durch die Mgl.schaft der BR Deutschland in der NATO, wollte die Sowjetunion vertraglich gesicherte Rechte zur Stationierung ihrer Truppen in den Staaten Ostmittel- und Südosteuropas erhalten und damit ein Gegengewicht zur NATO bilden, die Streitkräfte der europ. kommunist. Staaten einheitlich zusammenfassen und diese Staaten möglichst eng an sich binden. Durch Truppenstationierungsverträge der Sowjetunion mit Polen (1956), der DDR (1957), Rumänien (1957), Ungarn (1957) und der Tschechoslowakei (1968) ergänzt.
Der Warschauer Vertrag verpflichtete zu Konsultationen in allen wichtigen Fragen der internat. Politik, v. a. bei Gefahr für die Sicherheit eines der Vertragspartner (Art. 3), zu gegenseitigem militär. Beistand bei einem bewaffneten Überfall in Europa auf einen oder mehrere Teilnehmerstaaten (Art. 4) sowie zur Unterstellung der Streitkräfte unter ein gemeinsames Oberkommando (Art. 5). Die Kündigung der Mgl.schaft durch Ungarn 1956 im Verlauf des Ungar. Volksaufstandes wurde durch die bewaffnete sowjet. Intervention unwirksam gemacht. Faktisch schon 1961 mit dem Aufkommen des sowjet.-chin. Konflikts, offiziell 1968, trat Albanien aus dem Bündnis aus. Nach den polit. Umwälzungen in M-, O- und SO-Europa 1989/90 sollten zunächst Charakter und Funktion des W. P. geändert werden; am 25. Febr. 1991 beschlossen die Mgl.staaten jedoch, die Militärstrukturen zum 1. April 1991 aufzulösen. Am 1. Juli 1991 wurde das Abschlußprotokoll über die endgültige Auflösung des W. P., d. h. auch der polit. Organisation, unterzeichnet.
Politische Organisation: Als polit. Führungsorgan des W. P. fungierte der *Polit. Beratende Ausschuß,* in dem jeder Teilnehmerstaat vertreten war (Art. 6). 1976 wurden 2 Hilfsorgane mit Sitz in Moskau gebildet: das *Vereinigte Sekretariat* und das *Komitee der Außenmin.,* dessen Kompetenz sich auf die Ausarbeitung von Empfehlungen in außenpolit. Fragen erstreckte.
Militärische Organisation: Das militär. Führungsorgan des W. P. bildete das *Vereinte Oberkommando der Streitkräfte* mit Sitz in Moskau. 1969 wurden 2 weitere Institutionen geschaffen, der *Militärrat* und das *Komitee der Verteidigungsmin.;* der *Oberbefehlshaber* der Vereinten Oberkommandos war immer ein sowjet. Offizier, dem neben seinen Stellvertretern ein aus Vertretern der einzelnen nat. Generalstäbe gebildeter *Stab der Vereinten Streitkräfte* zur Seite stand.

Warschauer Schule, die aus dem Schülerkreis von K. Twardowski hervorgegangene philosoph. Forschergemeinschaft, die v. a. zu Themen der Logik (Junktorenlogik, mehrwertige Logik, Metalogik) forscht. Als Begründer gelten S. Leśniewski und J. Łukasiewicz, als wichtigster Repräsentant A. Tarski.

Warschauer Vertrag ↑ Deutsch-Polnischer Vertrag, ↑ Warschauer Pakt.

Warstein [ˈvaːrʃtain, ˈvarʃtain], Stadt im nördl. Sauerland, 220–580 m ü. d. M., 28 200 E. Städt. Museum Hans Kupferhammer (18. und 19. Jh.); Abbau devon. Massenkalke; Schotterwerke, Metallverarbeitung, Brauerei, Elektro-, Textilind. – 1072 erstmals gen., 1276 als Stadt neu gegr.; nach einem Brand (1802) neu angelegt; 1975 wurden die Städte W., **Belecke** (1296 Stadtrecht) und **Hirschberg** (1308 Stadtrecht) sowie 5 weitere Gemeinden zur neuen Stadt W. zusammengeschlossen. – Frühgot. Alte Pankratiuskirche (13. Jh., barock verändert).

Warszawa [poln. varˈʃava] ↑ Warschau.

Wartburg, Walther von, * Riedholz (Kt. Solothurn) 18. Mai 1888, † Basel 15. Aug. 1971, schweizer. Romanist. – Prof. in Bern, Lausanne, Leipzig, Chicago, Basel, daneben ab 1948 an der Dt. Akad. der Wiss. (Berlin [Ost]). Zahlr. bed. Arbeiten zur roman. Sprachwiss.; sein Hauptwerk ist das „Frz. etymolog. Wörterbuch" (24 Bde., 1922 ff.).

Wartburg

Wartburg, über der Stadt Eisenach liegende Burg; Baubeginn kurz vor 1157, unter Landgraf Hermann I. von Thüringen bed. Zentrum höf. Kultur (↑Wartburgkrieg); Zufluchtsort Luthers (1521/22); 1817 ↑Wartburgfest; Bauten v. a. 19. Jh. (als Restaurierungen), z. T. noch 12. Jh. der spätroman. Palas; im Landgrafenzimmer, dem Sängersaal und in der Galerie Freskenzyklen von M. von Schwind (1853–55).

Wartburgfest, Zusammenkunft von über 400 (nahezu durchweg ev.) Studenten aus 11 dt. Univ. auf der Wartburg am 18./19. Okt. 1817 zur Erinnerung an das Reformationsjahr 1517 und die Völkerschlacht bei Leipzig 1813; wurde durch die anschließende Verbrennung reaktionärer Schriften und Accessoires durch einige Teilnehmer zu einer Demonstration patriot. und liberaler Kräfte gegen das konservative Gefüge des territorial zersplitterten Deutschland; gilt als bed. Manifestation der frühen dt. Nationalbewegung und als Ansatzpunkt zur Gründung der ↑ Burschenschaften.

Wartburgkrieg (Sängerkrieg auf der Wartburg), um 1260/70 in Thür. entstandene Sammlung mehrerer urspr. selbständiger Gedichte in verschiedenen Strophenformen; am wichtigsten das *„Fürstenlob"*, Rollenspiel eines angebl. Sängerwettstreits am Hof Hermanns I. von Thüringen zu Anfang des 13. Jh., bei dem Heinrich von Ofterdingen unterliegt, und das *„Rätselspiel"* („Urrätselspiel" um 1239), in dem Klingsor (literar. Gestalt aus dem „Parzival") und Wolfram von Eschenbach gegeneinander antreten; Wolfram siegt als inspirierter Laiendichter über den Gelehrten.

Wartenberg, Johann Kasimir von Kolbe, Reichsgraf (seit 1699) von, * in der Wetterau 4. Febr. 1643, † Frankfurt am Main 4. Juli 1712, preuß. Minister. – 1697 Nachfolger E. von Danckelmans als leitender Min.; erreichte 1701 die Proklamation eines Königtums der Hohenzollern in Preußen; wegen seiner korrupten Amtsführung entlassen.

Wartenburg i. Ostpr. (poln. Barczewo), Stadt im südl. Ermland, Polen, 5 900 E. – Gegr. 1364 als Burg des Bischofs von Ermland. – Spätgot. Pfarrkirche Sankt Anna (Chor 1894).

Warteschleife (Wartestand), Regelung des Einigungsvertrages über das Ruhen der Arbeitsverhältnisse von Arbeitnehmern des öff. Dienstes in den neuen Bundesländern, wenn diese Arbeitnehmer in Einrichtungen beschäftigt waren, die nicht durch ein Land oder den Bund übernommen, sondern abgewickelt wurden. Die betroffenen Arbeitnehmer wurden vom Zeitpunkt des Wirksamwerdens des Beitritts an (oder bis zu 3 Monaten später) nicht mehr beschäftigt, sie erhielten für die Zeit der W. (6 Monate; bei Arbeitnehmern über 50 Jahre 9 Monate) ein monatl. Wartegeld in Höhe von 70 % des durchschnittl. monatl. Arbeitsentgelts der letzten 6 Monate. Wurde der Arbeitnehmer innerhalb der Wartezeit nicht weiterbeschäftigt, endete das Arbeitsverhältnis mit Ablauf der Frist automatisch (ohne Kündigung). Das Bundesverfassungsgericht bestätigte in seinem Urteil vom 24. 4. 1991 die Rechtmäßigkeit der W.regelung, lediglich der Verstoß gegen Kündigungsvorschriften des Mutterschutzes wurde für verfassungswidrig erklärt. Für Schwangere und Frauen, die unter den Mutterschutz fielen, war die W.regelung demzufolge nicht anwendbar. Ferner wurden der Bund und die Länder dazu verpflichtet, bei Neueinstellungen Härtefälle (Schwerbehinderte, Alleinerziehende, ältere Arbeitnehmer) angemessen zu berücksichtigen.

Wartezeit (Karenzzeit), in der *Sozialversicherung* der Zeitraum, den ein Versicherter in der Sozialversicherung versichert sein muß, ehe er bestimmte Versicherungsleistungen erhalten kann. Die W. beträgt: für das *Arbeitslosengeld* mindestens 360 Tage versicherungspflichtige Beschäftigung innerhalb einer Rahmenfrist von drei Jahren; für die *Arbeitslosenhilfe* i. d. R. mindestens 150 Tage Beschäftigung im letzten Jahr vor der Meldung als Arbeitsloser; für die *Berufsunfähigkeitsrente*, die *Erwerbsunfähigkeitsrente* und die *Hinterbliebenenrente* 60 Monate.
▷ in der *Individualversicherung* der Zeitabschnitt, für den bei Eintritt des Versicherungsfalles kein Anspruch auf die eigtl. Versicherungsleistung besteht.

Warthe, wichtigster rechter Nebenfluß der Oder, Polen, entspringt in der Krakau-Tschenstochauer Höhe, mündet bei Küstrin, 808 km lang; Kanalverbindungen zur oberen Netze, oberen Obra und Weichsel; Staustufe bei Sieradz. Am Unterlauf der fruchtbare W.bruch.

Wartheland, nach der Besetzung Polens durch Erlaß Hitlers 1939 errichteter Reichsgau; umfaßte die Reg.-Bez. Posen, Hohensalza und Litzmannstadt (Łódź); Reichsstatthalter und Gauleiter A. Greiser erhielt für die Neuordnung Vollmachten, die ihn von der allg. Reichsverwaltung in starkem Maße unabhängig machten; NSDAP und SS gewannen dadurch weitgehend freie Hand für eine rigorose Politik der „Eindeutschung" und der „Entpolonisierung" mit barbar. Unterdrückungsmethoden.

Waruna (Varuna), Gott der ↑ wedischen Religion; straft als Gott der Wahrheit den Lügner mit Wassersucht. Im Hinduismus ist W. ein Meergott, der auf einem Krokodil reitend mit einer Schlinge in der Hand dargestellt wird.

Warve [schwed.] ↑ Bänderton.

Warwick [engl. 'wɔrɪk], engl. Earlstitel, 1088 erstmals verliehen; kam 1268 an die Beauchamp von Elmley, 1450 an die Neville, 1547 an die Dudley, 1618 an die Rich und 1759 an die Greville. Bed. v.a.:

W., Richard Neville, Earl of (gen. „der Königsmacher"), * 22. Nov. 1428, ⚔ bei Barnet (= London) 14. April 1471, Adliger. – Unterstützte in den Rosenkriegen zunächst das Haus York gegen Heinrich VI. und setzte 1461 die Krönung Eduard IV. durch, überwarf sich aber später mit ihm und rief Heinrich VI. 1470 wieder zum König aus; fiel schließlich im Kampf gegen Eduard IV.

Warwickshire [engl. 'wɔrɪkʃɪə], Gft. in M-England.

Warze (Verruca), gutartige, infektiöse, durch Viren hervorgerufene, mit vermehrter Hornbildung einhergehende Neubildung der Haut. Die Inkubationszeit beträgt 6 Wochen bis 20 Monate. Bei den *jugendl. W.* (Verrucae juveniles) handelt es sich um kleinste Hautwucherungen in Form rötlichgelber, runder, flacher Knötchen, deren Oberfläche kaum verhornt ist. Sie können einzeln oder in großer Anzahl gleichzeitig auftreten. Die Übertragung erfolgt vom Menschen auf den Menschen, doch werden nur bes. disponierte Personen befallen. – Die *gewöhnl. W.* (Stachel-W., Verrucae vulgares) stellen stecknadelkopf- bis erbsengroße Wucherungen mit graugelber, stärker verhornter und oft zerklüfteter Oberfläche dar. Bevorzugter Sitz sind Hand- und Fingerrücken. Bes. an der Fußsohle können gewöhnl. W. tief eingetreten, von einer Schwiele bedeckt und sehr schmerzhaft sein (sog. *Dorn-W.*). – Die *Alters-W.* (Verrucae seniles, Verrucae seborrhoicae), die meist am Rücken und im Gesicht auftreten, linsen- bis pflaumengroß (mit fettigem Überzug) und gelbbraun bis braunschwarz gefärbt sind, treten meist erst vom 5. Lebensjahrzehnt an auf. Ihre Ursache ist unbekannt. – Die Behandlung einer gewöhnl. W. erfolgt durch Ätzen mit W.mitteln (z. B. Trichloressigsäure) oder elektrochirurg. Entfernen; bei jugendl. W. werden Schälsalben verwendet. Beide Formen können spontan oder durch Suggestivbehandlung verschwinden. Alters-W. werden durch Abschaben mit dem scharfen Löffel und Nachätzen entfernt.

Warzenbeißer ↑ Laubheuschrecken.

Warzenfortsatz (Processus mastoideus), Knochenvorsprung des Schläfenbeins hinter der Ohrmuschel; enthält viele kleine, luftgefüllte und mit Schleimhaut ausgekleidete Hohlräume, die mit dem Mittelohr (Paukenhöhle) in Verbindung stehen.

Warzenkaktus (Mamillenkaktus, Mammillaria), Gatt. der Kaktusgewächse mit rd. 300 Arten, v.a. in Mexiko und den angrenzenden Ländern; kugelförmige bis zylindr. Kakteen mit runden oder eckigen, in spiraligen Reihen angeordneten Höckern; Areolen filzig oder wollig behaart; Blüten überwiegend gelb oder rot; Frucht eine saftige Beere.

Warzenschwein (Phacochoerus aethiopicus), tagaktive Schweineart in Savannen Afrikas (südl. der Sahara); Länge rd. 1,5–1,9 m (♂ stärker als ♀), Schulterhöhe etwa 65–85 cm; braun- bis schiefergrau, mit Ausnahme der Nacken- und Rückenmähne kaum behaart; Körper massig, mit großem Kopf, mit großen, warzenartigen Hauthöckern im Gesicht und extrem stark verlängerten, gekrümmten Eckzähnen (bes. im Oberkiefer); lebt meist in Familienverbänden.

Wasa (Vasa), schwed. Königsgeschlecht; gelangte 1523 mit Gustav I. auf den schwed. Thron. Sigismund III (⚭ 1592–99) begründete 1587 die poln. Linie (bestand bis 1668), verlor aber 1599 die schwed. Krone an seinen Onkel

Johann Kasimir von Kolbe, Reichsgraf von Wartenberg (Kupferstich)

Wasalauf

Karl IX. (⚭ 1600/04–11), dem sein Sohn Gustav II. Adolf (⚭ 1611–32) folgte. Der Thronverzicht von dessen Tochter Christine 1654 beendete die Herrschaft der W. in Schweden.

Wasalauf (Gustav-Wasa-Lauf) [zur Erinnerung an die Flucht von Gustav Erikson Wasa (König Gustav I.) vor den Dänen 1521], seit 1922 alljährlich ausgetragener schwed. Skilanglauf von Sälen nach Mora in M-Schweden. Heutige Streckenlänge: 86 km.

Waschbären (Procyon), Gatt. der Kleinbären mit 7 Arten in N-, M- und S-Amerika (einschl. verschiedener Inseln im Karib. Meer und vor der W-Küste Mexikos); Länge rd. 40–70 cm; Färbung überwiegend grau mit schwarzer Gesichtsmaske; geschickt kletternde und gut schwimmende Allesfresser; bekannteste Art: **Nordamerikanischer Waschbär** (Procyon lotor): in busch- und waldreichen Landschaften (auch im Kulturland) N- und M-Amerikas; in M-Europa nach gezielter Einbürgerung im Gebiet des Edersees (1934) rasche Ausbreitung; kommt heute in großen Teilen Deutschlands vor; Länge rd. 50–70 cm, Schwanz etwa 20–25 cm lang, buschig, braun und schwarz geringelt; Gestalt gedrungen, kurzbeinig; reibt seine Nahrung auf einer Unterlage.

Waschbenzin ↑ Benzin (Tabelle).

Waschbeton, Betonteile (Fassadenplatten, Gehwegplatten u. a.), bei denen durch Abbürsten und Abwaschen der obersten Schicht (die durch Aufbringen sog. Betonaufrauhmittel nicht abgebunden hat) oder durch Abwaschen mit Salzsäure die Zuschlagstoffe (z. B. Kieselsteine) aus der Oberfläche hervortreten und einen Schmuckeffekt ergeben.

Waschen, im *Bergbau* bei der Aufbereitung von Erzen und Kohle das Entfernen von Begleitstoffen aus den zerkleinerten Rohstoffen durch Behandeln mit fließendem Wasser (Läuterung; ↑ Aufbereitung), in der *chem. Technik* das Entfernen von Verunreinigungen aus Gasen, Filterrückständen usw. durch geeignete Waschflüssigkeiten; i. e. S. das Reinigen von Textilien mit Hilfe von geeigneten Waschflüssigkeiten (früher wässerige Seifenlösungen, heute Lösungen wasserlösl. Waschmittel).

Waschflasche, im chem. Labor verwendete Glasflasche zum Trocknen und Reinigen von Gasen mit Hilfe von Flüssigkeiten.

Waschmaschine, elektr. Haushaltsgerät zur Reinigung verschmutzter Wäsche und Kleidung in erwärmtem Wasser unter Zugabe von Waschmitteln; auch als Ind.-W. für verschiedenste Zwecke in vielen Ausführungen. Bei der heute allg. übl. *Trommel-W.* befindet sich die Wäsche in einer gelochten, innen mit Mitnehmerrippen versehenen [Edel]stahltrommel, die im Laugenbehälter abwechselnd nach beiden Seiten gedreht wird; Beschickung der Trommel von vorn (frontalbeschickt) oder oben (mantelbeschickt). Man unterscheidet zw. Vollautomaten, in denen alle Arbeitsgänge (Vorwäsche, Hauptwäsche, Spülen, Schleudern) einschl. Waschmitteleinspülung selbsttätig ablaufen, Automaten (bei ihnen erfolgt nach dem letzten Spülgang kein Schleudern) und Teilautomaten, in denen lediglich Temperatur und Waschzeit automatisiert sind. Die wesentl. Bauteile sind: Elektromotor für den Antrieb; zumeist Wasserstandsregler für die Steuerung des Wassereinlaufs und -niveaus; Heizstäbe im Laugenbehälter; Thermostat zur Einstellung der Wassertemperatur; Laugenpumpe zur Abführung des Wassers. Die Steuerung der einzelnen Vorgänge für den Waschablauf erfolgt durch das Programmsteuergerät.

Waschmittel, zum Waschen von Textilien verwendete Gemische aus Tensiden (früher Seife) und zahlr. weiteren, der Verbesserung des Waschvermögens dienenden Substanzen. Man unterscheidet *Koch-* (*Voll-*), *Bunt-* und *Synthetik-* sowie *Fein-W.* Die für alle Waschtemperaturen (bis 95 °C) geeigneten **Vollwaschmittel** enthalten neben 10–15 % Tensiden 30–40 % Komplexbildner zur Wasserenthärtung (v. a. Alkalipolyphosphate oder Natriumaluminiumsilicate), 20–30 % Bleichmittel (v. a. Natriumperborat), 2–4 % Bleichmittelstabilisatoren, die das Zersetzen des Bleichmittels bei der höchsten Waschtemperatur verhindern (z. B. Magnesiumsilicat), 2–4 % Schaumregulatoren (v. a. Seifen langkettiger Fettsäuren), 1–2 % Vergrauungsinhibitoren (v. a. Carboxymethylcellulose), 5 % Korrosionsinhibitoren zum Schutz von Waschmaschinenteilen (v. a. Natriumsilicate), 0,1–0,3 % opt. Aufheller, 0,1–1 % Enzyme (Proteasen) zum Auswaschen eiweißhaltiger Flekken, 0,2 % natürl. oder synthet. Parfümöle zur Geruchsverbesserung des W. und der Wäsche sowie 5–30 % Füllstoffe (v. a. Natriumsulfat). Die bis 60 °C wirksamen **Bunt- und Synthetikwaschmittel** enthalten mehr Komplexbildner (35–60 %), aber keine Bleichmittel und Korrosionsinhibitoren. Die bis 30 °C Waschtemperatur verwendeten **Feinwaschmittel** bestehen aus einem höheren Anteil an Waschrohstoffen (20–35 %), enthalten aber keine Bleichmittel, opt. Aufheller und Korrosionsinhibitoren. Das Gesetz über die Umweltverträglichkeit von Wasch- und Reinigungsmitteln (Wasch- und Reinigungsmittelgesetz, Abk. WRGM) vom 20. 8. 1975 (Neufassung vom 5. März 1987) schreibt u. a. bestimmte Höchstmengen an Phosphaten sowie Dosierungsangaben auf der Verpackung phosphathaltiger W. vor, um Belastung der Gewässer und Beeinträchtigung des Betriebs von Abwasseranlagen durch Überdüngung mit Phosphaten zu verhindern. Ferner müssen die in den W. enthaltenen grenzflächenaktiven Stoffe (nach der Tensidverordnung vom 30. 1. 1977) zu mindestens 80 % biologisch abbaubar sein.

Waschung, im religiösen Bereich eine rituelle Reinigung durch Wasser, die in vielen Religionen einer materiellen Sündentilgung dient (z. B. ↑ Taufe) und meist vor dem Betreten eines Heiligtums oder vor der Teilnahme an einem Kult als Tauchbad, Teilwaschung oder rituelle Besprengung vollzogen wird.

Waschzwang, neurot. Bedürfnis, sich mit unnötiger Häufigkeit und Sorgfalt zu waschen. – ↑ Neurosen.

Wasgenwald ↑ Vogesen.

Wash, The [engl. ðə ˈwɔʃ], seichte Bucht der Nordsee an der O-Küste, urspr. gemeinsames Ästuar der Flüsse Ouse, Nene, Welland und Witham.

wash and wear [engl. ˈwɔʃ ənd ˈwɛə „waschen und tragen"] ↑ Pflegeleichtausrüstung.

Washington [engl. ˈwɔʃɪŋtən], Booker Taliaferro, * County Franklin (Va.) 5. April 1856, † Tuskegee (Ala.) 14. Nov. 1915, amerikan. Pädagoge. – Als Sklave geboren, Begründer (1881) und Leiter einer v. a. auf Vermittlung prakt. Fertigkeiten ausgerichteten Schule für Schwarze. Sein Ziel war, die Ungleichheit zw. Schwarzen und Weißen durch Bildung und berufl. Ausbildung zu vermindern.

W., George, * Wakefield (Westmoreland County, Va.) 22. Febr. 1732, † Mount Vernon (Va.) 14. Dez. 1799, amerikan. General und 1. Präs. der USA (1789–97). – Tabakpflanzer; kämpfte als Offizier der Kolonialmiliz von Virginia seit 1754 gegen Franzosen und Indianer im Ohiotal; schloß sich als Mgl. der Bürgerversammlung von Virginia (1759–74) der Unabhängigkeitsbewegung an und nahm am 1. und 2. Kontinentalkongreß teil. Als Oberbefehlshaber der Armee der Kolonien (1775–83) entschied er mit frz. Unterstützung durch den Sieg über die brit. Truppen bei Yorktown (19. Okt. 1781) den nordamerikan. Unabhängigkeitskrieg. 1787 Vors. des Verfassungskonvents. 1789 einstimmig zum ersten Präs. der USA gewählt, vertrat W. den Gedanken einer starken Zentralreg., befürwortete den Ausgleich mit Großbritannien und wahrte Neutralität in den europ. Kriegen der Revolutionsära. Innenpolitisch entwickelte er das Kabinettssystem.

George Washington (Ausschnitt aus einem Gemälde, 1796)

Washington (D. C.) Stadtwappen

Washington [engl. ˈwɔʃɪŋtən], Bundeshauptstadt der USA, verwaltungs- und flächenmäßig identisch mit dem ↑ District of Columbia, am linken Ufer des Potomac River, 626 000 E. Die Metropolitan Area, die auch Gem. in Maryland und Virginia umfaßt, hat 3,5 Mill. E. Sitz eines kath. Erzbischofs, eines anglikan. und eines methodist. Bischofs; 6 Univ. (gegr. zw. 1795 und 1976), Colleges; Nat. Akad. der Wiss., Nat. Forschungsrat, Sitz der NASA und zahlr. Institutionen, Nat.archiv, mehrere bed. Museen, Observatorium, Zoo. Wichtigster Arbeitgeber ist die Bundesregierung; bed. Fremdenverkehr. Knotenpunkt für den Schienen- und Straßenverkehr, Untergrundbahn. W. verfügt über den W. National Airport und den Dulles International Airport.

Geschichte: 1790 als Hauptstadt der USA (ab 1800 in Funktion) gegr.; der Kongreß entschloß sich zum Bau einer neuen Stadt auf neutralem Territorium (District of Columbia), um der Rivalität um den Sitz der Bundesbehörden ein Ende zu bereiten. 1814 besetzten die Briten W. und zerstörten v.a. die Reg.gebäude. Im Sezessionskrieg (1861–65) war das stark befestigte W. mehrfach von konföderierten Truppen bedroht.

Stadtanlage und Bauten: Das Zentrum von W. entstand nach dem 1791 im Auftrag von G. Washington entworfenen Plan des Franzosen P. C. L'Enfant am linken Ufer des Potomac River. Die nach dem Sezessionskrieg regellos entstandenen Wohnviertel wurden seit 1893 in die Straßenplanung einbezogen. Nach dem Weltkrieg dehnte sich die Bebauung über den ganzen District of Columbia aus. Die Mitte des N–S und O–W angeordneten Straßennetzes, das von diagonal verlaufenden Avenuen durchschnitten wird, bildet das ↑Kapitol auf einem Terrassenvorsprung 25 m ü. d. M. (über die Kapitolkuppel hinaus darf nicht gebaut werden). Vom Kapitol aus erstreckt sich die Mall, eine 3,5 km lange und 500 m breite Parkanlage, nach W bis zum Potomac River. Die Reg.gebäude sowie zahlr. bed. Museen liegen beiderseits der Mall, im NW das ↑Weiße Haus. – Nördl. des Reg.viertels liegt das Hauptgeschäfts- und Bankenviertel, das sich anschließenden alten Wohngürtel sind heute verslumt, weiter im NW liegen die bevorzugten Wohnviertel. – Die ältesten Bauten W. nehmen europ. Stilepochen auf, so die National Collection of Fine Arts (1777–1807, Renaissance) und die Custis-Lee Mansion (1802–17, Klassizismus). Die historisierende Architektur reicht bis in die 1930er Jahre: neugot. Washington National Cathedral (1907 ff.), Library of Congress (1888–97, nach dem Vorbild der Pariser Oper). Eigenständige moderne Architektur repräsentieren u. a. das John F. Kennedy Center for the Performing Arts (1964–71) und der Neubau (East Building) der National Gallery of Art (vollendet 1978). – W. besitzt mehrere große hist. Gedenkstätten, u. a. Lincoln Memorial (1915–22), Washington Monument, ein 170 m hoher Obelisk (1848–84) und Jefferson Memorial (1943).

W., Bundesstaat im NW der USA, 176 479 km², 4,657 Mill. E (1990), Hauptstadt Olympia.

Landesnatur: W. liegt in den Kordilleren. Die Pazifikküste wird von den Coast Ranges begleitet, die im Mount Olympus 2 428 m erreichen. Nach O folgt die Williamette-Puget-Senke als nördl. Fortsetzung des Kaliforn. Längstals, im O begrenzt von der Cascade Range. Hier liegt die höchste Erhebung von W., der Mount Rainier (4 392 m) sowie der Mount Saint Helens, der vor seinem Ausbruch im Mai 1980 2 497 m hoch war. Östl. der Cascade Range erstreckt sich der nördl. Teil des Columbia Plateaus. Im äußersten NO hat W. noch Anteil an den Rocky Mountains. – Das Klima ist im W hochozeanisch, im O semiarid. Die Sommer an der Küste sind kühl, das Landesinnere ist sommerheiß und winterkalt. – Die W-Seite der Coast Ranges weist Sitkafichtenwälder auf, auf ihren O-Hängen, in der Williamette-Puget-Senke und der W-Seite der Cascade Range finden sich Douglasienwälder. Im Columbia Plateau treten Kurzgrasfluren und Zwergstrauchsteppen auf.

Bevölkerung, Wirtschaft, Verkehr: Die ersten Siedler europ. Abkunft kamen zw. 1830/50 aus dem Mittleren Westen. Nach 1920 folgten v. a. skand. und kanad. Einwanderer. Die heutige Bev. setzt sich zu über 97 % aus Weißen zusammen, den Rest bilden Schwarze, Chinesen, Japaner u. a. Für die indian. Minderheit bestehen 27 Reservate. Neben 27 Colleges verfügt W. über 2 Univ. – Wichtigster Wirtschaftszweig ist die Luft- und Raumfahrtind., gefolgt vom Maschinen- und Schiffbau, der chem. sowie der Holz- und Papierind. Bed. Wasserkraftwerke (u. a. Grand Coulee) begünstigen energieintensive Ind. (Aluminium-, Kupfergewinnung); große Bewässerungsanlagen am Columbia River ermöglichen die Erweiterung der landw. Produktion. Die Landw. ist z. T. auf Obst- und Beerenkulturen spezialisiert; außerdem Weizen-, Hopfen- und Gemüseanbau sowie Viehwirtschaft (Fleisch, Milch, Geflügel); bed. Holzwirtschaft. Die Fischerei ist bes. auf Lachs-, Heilbutt- und Krabbenfang orientiert. An Bodenschätzen werden Zink- und Bleierze, Kohle, Sand, Kies und Ton abgebaut. – Das Eisenbahnnetz ist rd. 9 750 km, das Straßennetz rd. 131 000 km lang. Wichtigster Hafen ist Seattle; zahlr. ⚓.

Geschichte: Das Gebiet von W. kam 1846 durch Teilung des brit.-amerikan. Kondominiums Oregon in den Besitz der USA. 1853 entstand das Territorium W. (seit 1863 in den heutigen Grenzen); trat 1889 als 42. Staat der Union bei.

Washington. Blick auf Regierungsgebäude, Museen und die Mall, in der Mitte das Kapitol

Washingtoner Artenschutzabkommen [engl. ˈwɔʃɪŋtən], internat. Abkommen vom 3. März 1973 (für die BR Deutschland in Kraft seit 20. Juni 1976), nach dem der gewerbsmäßige Handel und Andenkenerwerb mit Exemplaren gefährdeter Arten freilebender Tiere und Pflanzen verboten und behördlich kontrolliert wird.

Washingtoner Flottenabkommen [engl. ˈwɔʃɪŋtən], zw. den USA, Großbritannien, Japan, Frankreich und Italien 1921/22 abgeschlossener Vertrag, der insbes. die Flottenstärken festlegte und bis 1936 bestehen sollte; 1934 durch Japan gekündigt.

Wasilewska, Wanda [poln. vaɕiˈlɛfska], *Krakau 21. Jan. 1905, †Kiew 29. Juli 1964, poln. Schriftstellerin. – Ging 1939 nach Lemberg, erhielt die sowjet. Staatsbürgerschaft; seit 1945 ∞ mit A. J. Korneitschuk. Verfaßte anklagende Romane wie „Magda" (1935 [über die Ausbeutung poln. Landarbeiter]), „Regenbogen über dem Dnjepr" (1942 [über den sowjet. Widerstand im 2. Weltkrieg]), „Lied von den Wassern" (Trilogie, 1952).

Wasmann, Erich, *Meran 29. Mai 1859, †Valkenburg 27. Febr. 1937, dt.-niederl. Zoologe; Jesuit (seit 1875). – Neben Arbeiten zur Tierpsychologie („Instinkt und Intelligenz im Tierreich", 1897) grundlegende Studien über das Gemeinschaftsleben sozialer Insekten.

Wasnezow, Wiktor Michailowitsch [russ. vɛsnɪˈtsɔf], *Lopjal (Geb. Kirow) 15. Mai 1848, †Moskau 23. Juni 1926, russ. Maler. – Gestaltete Themen aus Geschichte und Volksepos in einer monumental-dekorativen und stilisierten Auffassung; entwarf die Kirche in Abramzewo und die Fassade der Tretjakow-Galerie in Moskau.

WASP, Abk. für: **W**hite **A**nglo-**S**axon **P**rotestant; gegen Ende des 19. Jh. aufgekommene Bez. für Amerikaner prot.-brit. Herkunft, die sich ethn., rass. und religiösen Minder-

Wassä

heiten gegenüber überlegen fühlten (heute meist kritisch gebraucht).

Wassä ↑ Bassai.

Wasser, H$_2$O; chem. Verbindung von Wasserstoff und Sauerstoff (Wasserstoffoxid). W. ist eine farblose, in dicker Schicht bläul. Flüssigkeit; Schmelzpunkt bei 0 °C, Siedepunkt bei 100 °C (bei 0,1 MPa; Fixpunkte der Celsiusskala der Temperaturmessung). Die Dichte flüssigen W. beträgt bei 0 °C 0,9998 g/cm^3, bei Eis von 0 °C nur 0,91674 g/cm^3; bei 4 °C ist das Dichtemaximum von 1,0000 g/cm^3 erreicht, bei weiterem Erwärmen nimmt die Dichte wieder ab (bei 20 °C 0,998 g/cm^3). Deshalb schwimmt Eis auf flüssigem W. und gefrieren Gewässer stets von der Oberfläche her. Die Volumenvergrößerung von etwa 9 % beim Gefrieren von W. bewirkt das Platzen mit W. gefüllten Gefäßen bei Frost sowie die Frostsprengung von Gesteinen. W. ist die häufigste chem. Verbindung auf der Erdoberfläche; es bedeckt die Erdoberfläche zu 71 % und ist in Form von W.dampf bis zu 4 % in der Atmosphäre enthalten. W. mit weniger als 1 g Abdampfrückstand pro Liter wird als *Süß-W.* bezeichnet; der Gehalt an Calcium- und Magnesiumionen bestimmt dabei die Härte des Wassers. Chemisch reines W. zur Verwendung in der analyt. Chemie und Medizin erhält man durch Destillation (sog. *destilliertes W.*) oder über Ionenaustauscher. *Trink-W.* enthält alle mineral. Bestandteile, ist aber weitgehend keimfrei.

Die Körpersubstanz der meisten Organismen besteht zu 60–70 % aus W.; es ist Ausgangsprodukt der Photosynthese, Lösungs- und Transportmittel für Nährstoffe und Gase und dient der Aufrechterhaltung des osmot. Drucks in den Zellen.

W. ist das wichtigste Lösungs-, Kühl- und Reinigungsmittel und wird als Ausgangsprodukt für zahlr. Synthesen sowie zur W.stoffgewinnung verwendet. – ↑schweres Wasser. *Religionsgeschichte:* In vielen Kosmogonien bezeichnet W. den chaot. Urzustand der Welt. Es gilt aber auch als machthaltige Substanz, die Leben, Gesundheit und Fruchtbarkeit spendet und Sündentilgung bewirkt (↑Waschung). In polytheist. Religionen gilt das W. oft als Machtbereich einer bestimmten Gottheit.

Wasseragame (Physignathus lesueurii), etwa 70 cm lange Agame, v. a. an Gewässerrändern O-Australiens; grau oder graubraun mit dunklen Querbindungen über Körper und Schwanz; flinker Baumbewohner, ausgezeichneter Schwimmer.

Wasseralfingen, ehem. selbständige Stadt am Oberlauf des Kocher, Bad.-Württ., seit 21. Juni 1975 mit Aalen zusammengeschlossen; Hüttenwerk, Maschinenbau, Textilind. – Zw. 1188 und 1217 erstmals gen.; Marktrecht seit 1828; Stadt seit 1951. – Kath. got. Stephanskirche, mehrmals umgebaut; Wasserschloß (Binnenhofanlage des 14. Jh.; häufig verändert).

Wasseraloe [...alo-e] ↑ Krebsschere.

Wasseramseln (Cinclidae), Fam. bis fast 20 cm langer, kurzschwänziger, meist braun, grau und weiß gefärbter Singvögel mit 5 Arten, v. a. an schnell strömenden Gebirgs- und Vorgebirgsbächen großer Teile Eurasiens, N-, M- und S-Amerikas; in Europa als einzige Art die **Eurasiatische Wasseramsel** (Wasserschwätzer, Cinclus cinclus): 18 cm lang; oberseits schwärzlich, unterseits weiß und dunkelbraun gefärbt; taucht zur Nahrungssuche (bes. Insekten, Würmer) unter Wasser.

Wasserasseln, zusammenfassende Bez. für verschiedene Gruppen wasserbewohnender Asseln: 1. Gatt. **Meerasseln** (Ideota): 20–40 mm lange Tiere; 2. Fam. **Süßwasserasseln** (Asellidae): pflanzenfressende Krebse mit zahlr. Arten in Süßgewässern, darunter in M- und N-Europa die *Gemeine Wasserassel* (Asellus aquaticus; bis über 1 cm lang, auf grauem Grund weißlich gefleckt).

Wasseraufbereitung, Gewinnung von nutzbarem Wasser aus Grund- bzw. Oberflächenwasser mittels chem.-physikal. und physikal. Aufbereitungsverfahren. Während die Trink-W. v. a. hygienisch einwandfreies Wasser liefern muß, ist die Brauch-W. häufig dem jeweiligen Verwendungszweck angepaßt (z. B. enthärtetes Speisewasser für Dampfkessel, eisen- und manganfreies, härtearmes Wasser für Brauereien, Färbereien und Textilfabriken). – ↑Wasserversorgung.

Wasserball, mit den Händen gespieltes, im Wasser schwimmend ausgeübtes Torspiel zweier Mannschaften von je 7 Spielern und 4 Auswechselspielern. Das Spielfeld ist bis zu 20 m × 30 m groß. Der 400 bis 450 g schwere Hohlball von 68 bis 71 cm Umfang soll möglichst oft in das gegner. Tor befördert werden. Die Spielzeit beträgt 4 × 7 min., im Verantwortungsbereich der Europ. Schwimmliga 4 × 9 min. effektiv. Der Ball darf nur mit der Innenfläche einer Hand geworfen, Tore können mit jedem beliebigen Körperteil erzielt werden. Regelverstöße werden in einfache (ergibt Freiwurf für den Gegner) und schwere Fehler (ergibt Strafwurf für den Gegner oder [Zeit]herausstellungen) unterteilt.

Wasserblüte, Massenentwicklung von Phytoplankton in nährstoffreichen Gewässern, die dadurch intensiv grün, bräunlich oder rot gefärbt werden.

Wasserböcke, svw. ↑Riedböcke.

Wasserbombe, von Flugzeugen abgeworfene oder von Schiffen in die Nähe eines Zieles unter Wasser gebrachte U-Jagd-Waffe mit Uhrwerk- und/oder Druckzünder (spricht bei einem bestimmten durch die Wassertiefe gegebenen Druck an).

Wasserbruch (Hydrozele), schmerzlose Flüssigkeitsansammlung in den Hodenhüllen mit Vergrößerung des Hodensacks. Die Behandlung erfolgt bei größerer Ausdehnung operativ.

Wasserbüffel (Arni, Bubalus arnee), massig gebautes Wildrind, v. a. in sumpfigen Landschaften S- und SO-Asiens; Länge rd. 2,5–3 m, Schulterhöhe etwa 1,5–1,8 m; grau, spärl. Behaarung; Hörner sichelförmig, flach nach hinten geschwungen, kräftige Querwülste auf der flachen Oberseite, bei ♂♂ und ♀♀ nahezu gleich stark entwickelt (bis etwa 1,2 m ausladend). – Der W. wurde vermutlich bereits im 3. Jt. in N-Indien oder Indochina zum *Hausbüffel* (Ind. Büffel, Kerabau, Bubalus arnee bubalis) domestiziert; eines der wichtigsten trop. Haustiere, heute in fast allen warmen Ländern; v. a. Zugtier, kann wegen der breiten Hufe auch zum Pflügen in sumpfigen [Reis]feldern eingesetzt werden.

Wasserburg, durch Wassergräben geschützte ↑Burg. Die urspr. Burganlage wurde seit der Renaissance häufig in ein *Wasserschloß* umgebaut.

Wasserburg a. Inn, Stadt in einer Flußschlinge des oberen Inn, Bay., 427 m ü. d. M., 9 500 E. Halbleiterfertigung, Kunststoff-, Metallverarbeitung, Textil-, Nahrungsmittel- und Getränkeind. – Burg seit dem Früh-MA über einer Schiffersiedlung (Ersterwähnung 1085), Stadtrechte wohl seit 1294 (Erneuerung 1374). – Spätgot. Pfarrkirche Sankt Jakob (1410–78), Frauenkirche mit got. Backsteinstaffelhalle (14. Jh., Innenausstattung 16. und 18. Jh.); Heiliggeist-Spital (14.–16. Jh.); spätgot. Burg; spätgot. Rathaus (1457–59; mehrfach verändert). Wohnhäuser des 14.–16. Jh. mit Lauben- und Gaubendächern.

Wasserburg (Bodensee), Gem. am NO-Ufer des Bodensees, Bay., 400 m ü. d. M., 2 800 E. Fremdenverkehr.

Wasserdampf ↑ Dampf.

Wasserdost (Eupatorium), Gatt. der Korbblütler mit rd. 600 Arten in Amerika und Eurasien; die einzige einheim. Art ist der auf feuchten Böden verbreitete, bis etwa 1,70 m hohe **Gemeine Wasserdost** (Wasserhanf, Eupatorium cannabinum) mit handförmigen Blättern und rosafarbenen Blüten in wenigblütigen Köpfchen, die eine dichte Doldentraube bilden.

Wasserfall, senkrecht abstürzender Wasserabfluß über eine oder mehrere Stufen; entstanden durch Anschnitt härterer Gesteinsschichten im Flußbett, durch junge tekton. Verstellungen oder durch unterschiedl. glaziale Übertiefung in Haupt- und Nebentälern ehem. vergletscherter Gebiete.

Wasserfallboden ↑ Stauseen (Übersicht).

Wasserfalle (Aldrovanda), Gatt. der Sonnentauwächse mit der einzigen Art **Aldrovanda vesiculosa** in

Wasserdost.
Gemeiner Wasserdost

Wasserfarn, svw. ↑ Algenfarn.
▷ ↑ Hornfarn.

Wasserfeder (Hottonia), Gatt. der Primelgewächse mit 2 Arten; einheimisch ist die unter Naturschutz stehende **Sumpf-Wasserfeder** (Hottonia palustris), eine bis 30 cm hohe Staude mit fiederteiligen Blättern und in Quirlen stehenden, weißen oder rötl. Blüten; in stehenden oder langsam fließenden Gewässern.

Wasserflöhe (Cladocera, Kladozeren), Unterordnung im Durchschnitt etwa 0,4–6 mm langer Krebstiere (Unterklasse Blattfußkrebse) mit über 400 Arten; gekennzeichnet durch hüpfende Schwimmweise; u. a. Daphnia und Rüsselkrebschen.

Wasserflorfliegen ↑ Schlammfliegen.

Wasserflugzeuge, Flugzeuge, die auf Grund ihrer bes. Konstruktion auf Wasserflächen starten und landen („wassern") können; W. besitzen bootsähnliche Schwimmer *(Schwimmerflugzeuge)* oder sind im unteren Rumpfteil wie ein Bootsrumpf gestaltet *(Flugboote).*

Wasserfrosch ↑ Frösche.

Wassergas, aus 50 % Wasserstoff, 40 % Kohlenmonoxid, 5 % Stickstoff und 5 % Kohlendioxid bestehendes Gasgemisch, das sich beim Überleiten von Wasserdampf über glühenden Kohlenstoff bildet; als Heizgas sowie für Synthesen und zur Gewinnung von Wasserstoff verwendet.

Wassergefäßsystem, svw. ↑ Ambulakralsystem.

Wassergeister (Wassergottheiten), in den polytheist. Religionen göttl. Wesen, die Macht über das Wasser haben, z. T. auch darin leben. Hierzu gehören u. a. der sumer. Gott Enki und der griech. Poseidon, auch sein Gefolge, die Nymphen und Tritonen. Im Volksglauben werden W. Neck (Nöck, Wassermann) bzw. Nixen genannt. Sie treten oft kollektiv auf, haben meist dämon. Züge und sind den Menschen feindlich gesinnt. In Märchen und Sage erscheinen W. häufig als *Meerjungfrauen.*

Wasserglas, glasartige Alkalisilicate sowie ihre stark basisch reagierenden, viskosen wäßrigen Lösungen. Wichtig sind das *Natron-* oder *Natrium-W.* (aus Na_2SiO_3 und $Na_2Si_2O_5$) und das *Kali-* oder *Kalium-W.* (aus K_2SiO_3 und $K_2Si_2O_5$), die als *Festglas* in den Handel kommen. Flüssiges W. (unter Druck in Wasser gelöstes Festglas) wird als Imprägnierungs-, Binde- und Korrosionsschutzmittel, als Kleb- und Füllstoff, Natron-W. auch als Konservierungsmittel und zur Gewinnung säurefreier Kitte, Kali-W. als wichtiges Flammschutzmittel verwendet.

Wassergraben, im *Pferdesport* ein 3–5 m breites Becken, das bei verschiedenen Sprungprüfungen zu überwinden ist.
▷ in der *Leichtathletik* ein 3,66 m breites Hindernis (mit 3,96 m breiter, feststehender Hindernishürde) beim 3000-m-Hindernislauf.

Wasserharnruhr, svw. ↑ Diabetes insipidus.

Wasserhärte (Härte des Wassers) ↑ Härte.

Wasserhaushalt, die Prozesse der Aufnahme, Verteilung und Abgabe von Wasser, durch die der Wassergehalt der Organismen bestimmt wird. Niedere Wassertiere nehmen das Wasser mit der Körperoberfläche auf, Trockenlufttiere und der Mensch durch den Mund. Der Wasserabgabe dienen Haut (↑ Schweiß), Lunge, Darm und Niere (↑ Harn). Der tägl. Wasserbedarf des Menschen beträgt etwa 2,5–3,5 l; er wird durch Aufnahme mit der Nahrung sowie durch Oxidation von Wasserstoff zu Wasser im Stoffwechsel gedeckt. Einige Tiere können ihren Wasserbedarf dauernd (z. B. Kleidermotten) oder zeitweise (z. B. Kamele) durch das bei der Zellatmung entstehende Wasser (Oxidationswasser) decken. Die Wasseraufnahme wird durch den ↑ Durst auf den aktuellen Wasserbedarf des Körpers abgestimmt. Bereits bei einem Wasserverlust von etwa 0,5 % des Körpergewichts entsteht Durst. Ein Wasserverlust von etwa 10 % führt bei Wirbeltieren zum Tod. – Höhere Pflanzen nehmen Wasser hauptsächlich (durch ↑ Osmose) durch die Wurzeln auf, bei Moosen dagegen erfolgt die Wasseraufnahme ausschließlich über die Blätter. Die Wasserabgabe geschieht bei Landpflanzen v. a. durch ↑ Transpiration.

Wasserhaushaltsgesetz, Abk. WHG, BG zur Ordnung des Wasserhaushalts i. d. F. vom 23. 9. 1986. Das W. gilt für oberird. Gewässer (Flüsse, Seen), Küstengewässer und das Grundwasser; es beinhaltet den Grundsatz, daß Gewässer so zu bewirtschaften sind, daß sie dem Wohl der Allgemeinheit und im Einklang damit auch dem Nutzen einzelner dienen und daß jede vermeidbare Beeinträchtigung zu unterbleiben hat. Die Benutzung von Gewässern über den Gemeingebrauch hinaus (z. B. Entnehmen und Ableiten von Wasser, Errichtung von Stauanlagen, Einleiten von Stoffen in die vom W. erfaßten Gewässer) bedarf der behördl. Erlaubnis (wird widerruflich erteilt) oder Bewilligung (im Bewilligungsverfahren müssen Betroffene und beteiligte Behörden Einwendungen geltend machen können), die Verlegung von Rohrleitungen zum Befördern wassergefährdender Stoffe der Genehmigung (kann unter Bedingungen und Auflagen erteilt werden). Für die Änderung der Beschaffenheit des Wassers (etwa durch Einleiten von chem. Stoffen) ist im W. eine Gefährdungshaftung (↑ Haftung) normiert.
Verstöße gegen das W. können als Ordnungswidrigkeiten mit einer Geldbuße bis zu 100 000 DM geahndet oder nach dem StGB als Straftaten gegen die Umwelt mit Freiheitsstrafe bis zu 5 Jahren bestraft werden (§§ 324 ff. StGB).

Wasserhyazinthe (Eichhornia), im trop. und subtrop. Amerika heim. Gattung der Pontederiengewächse mit sechs Arten. Die bekannteste, heute in den gesamten Tropen und Subtropen als lästiges Wasserunkraut auftretende Art ist **Eichhornia crassipes** mit starker Ausläuferbildung, Rosettenblättern mit blasenartig aufgetriebenen Blattstielen und großen, violettpurpurfarbenen bis blauen Blüten.

Wasserjungfern, svw. ↑ Libellen.

Wasserkäfer, zusammenfassende Bez. für vorwiegend im Wasser lebende Käfer, z. B. Schwimm-, Haken- und Taumelkäfer, **Eigentlicher Wasserkäfer** (Hydrophilidae; mit rd. 2300 Arten, darunter die Kolbenwasserkäfer) und der Fam. **Hydraenidae** (mit rd. 300 1–3 mm langen Arten, davon rd. 40 Arten in Deutschland).

Wasserkelch ↑ Cryptocoryne.

Wasserkopf (Hydrocephalus, Hydrozephalus), abnorm vergrößerter Schädel infolge übermäßiger Ansammlung von Gehirn-Rückenmark-Flüssigkeit in den Hirnhöhlen oder im Subarachnoidalraum; angeboren oder im frühen Kindesalter auftretend, hervorgerufen durch intrauterine Entwicklungsstörungen oder verschiedene Gehirnmißbildungen bzw. -erkrankungen. Die Behandlung erfolgt neurochirurgisch durch Ventrikeldränage zur Ableitung der Gehirn-Rückenmarks-Flüssigkeit.

Wasserkraftwerk ↑ Kraftwerke.

Wasserkreislauf, natürl., auch mit Änderungen des Aggregatzustands verbundene Bewegung des Wassers auf der Erde zw. Ozeanen, Atmosphäre und Festland. Erwärmte Luft nimmt bis zu einem gewissen Grad durch Verdunstung entstandenen Wasserdampf auf. Bei Abkühlung gibt die Luft Wasser ab, das unter Wolkenbildung kondensiert oder sublimiert. Weitere Abkühlung führt zum Niederschlag. Das Niederschlagswasser fließt ab oder versickert. – Abb. S. 306.

Wasserkultur, svw. ↑ Hydrokultur.

Wasserkünste, zusammenfassende Bez. für die künstl. Bewegung von Wasser und die zugehörigen baul. und techn. Anlagen. W. werden häufig als Teil der Gartenkunst konzipiert, aber auch als Akzentuierung eines Platzes (↑ Brunnen). Sie wurden bes. seit der Renaissance beliebt; charakteristisch sind überlaufende Becken oder Kaskaden. Der Manierismus entwickelte zahlr. *Wasserspiele,* ebenso Grottenwerke, Nymphäen sowie Fontänen (im Barock).

Wasserkuppe, mit 950 m höchster Berg Hessens (aus tertiärem Basalt und Phonolith), in der Hohen Rhön; Segelflugsport.

Wasserläufer

Wasserläufer, (Tringa) Gatt. lerchen- bis hähergroßer, langbeiniger Schnepfenvögel mit 15 Arten, v. a. an Süßgewässern, auf Sümpfen und nassen Wiesen Eurasiens und N-Amerikas; schlanke, gesellige, melodisch pfeifende Watvögel, die mit Hilfe ihres langen, geraden Schnabels im Boden nach Nahrung (bes. Insekten, Würmer) stochern; Zugvögel. – Hierher gehört u. a. der fast 30 cm lange **Rotschenkel** (Tringa totanus); mit roten Beinen, rotem Schnabel und weißem Bürzel.

▷ Bez. für einige Familien der ↑Landwanzen, die auf der Wasseroberfläche laufen können: 1. **Stoßwasserläufer** (Bachläufer, Veliidae): mit rd. 200 meist flügellosen, längl. Arten, von denen vier 2–8 mm lange Arten in Deutschland vorkommen. 2. **Teichläufer** (Hydrometridae): rd. 50 Arten (2 einheimisch), mit Stelzbeinen. 3. **Wasserschneider** (Wasserreiter, Gerridae): rd. zehn Arten in M-Europa; Länge 5–20 mm; Körper spindelförmig, braun bis schwarz; Vorderbeine als „Fangbeine" normal entwickelt, Mittel- und Hinterbeine extrem lang und dünn, unterseits (wie die Körperunterseite) mit haarigem, luftführendem Filz bedeckt, der die betreffenden Körperstellen vor Benetzung schützt.

Wasserleitung ↑Wasserversorgung.

Wasserlinse (Entengrütze, Entenlinse, Lemna), Gatt. der einkeimblättrigen Pflanzenfam. W.gewächse (Lemnaceae) mit rd. zehn fast weltweit verbreiteten Arten; kleine Wasserpflanzen mit blattartigen Sproßgliedern. Die häufigste der drei einheim. Arten ist die **Kleine Wasserlinse** (Lemna minor) mit 2–3 mm langen, rundl., schwimmenden Sproßgliedern.

Wasserlunge, Atmungsorgan der Seegurken mit Darmatmung: meist paarige, baumförmig verzweigte Ausstülpungen des Enddarms in die Leibeshöhle. W. dienen durch Aufnahme und Ausstoßen von Wasser der Atmung und der Exkretion.

Wasserlungenschnecken (Basommatophora), Ordnung primitiver, in Gewässern lebender Lungenschnecken mit rd. 4000 Arten; stets mit Gehäuse. Man unterscheidet je nach ihrem Vorkommen **Süßwasserlungenschnecken** (ohne Gehäusedeckel) von den **Meereswasserlungenschnecken.**

Wassermann, August von, *Bamberg 21. Febr. 1866, †Berlin 16. März 1925, dt. Bakteriologe und Serologe. – Prof. in Berlin; W. baute die Immunitätslehre aus und entdeckte die nach ihm benannte Blutreaktion bei Syphilis (↑Wassermann-Reaktion).

W., Jakob, *Fürth 10. März 1873, †Altaussee 1. Jan. 1934, dt. Schriftsteller. – Nach dem 1. Weltkrieg einer der meistgelesenen Autoren Deutschlands. Sein Engagement für Gerechtigkeit wurde von den Nationalsozialisten als „jüdisch" denunziert; seine Werke, u. a. die Romane „Die Juden von Zirndorf" (1897), „Caspar Hauser oder Die Träg-

Wasserläufer. Rotschenkel

heit des Herzens" (1909), „Der Fall Maurizius" (1928), wurden verboten.

Wassermann ↑Sternbilder (Übersicht).
Wassermann ↑Wassergeister.
Wassermann-Reaktion [nach A. von Wassermann], Abk. WaR, Serumreaktion (Komplementbindungsreaktion) zum Nachweis des Vorhandenseins von Antikörpern gegen den Erreger der ↑Syphilis; sie kann auch positiv ausfallen, ohne daß eine Syphilis vorliegt, wird zunehmend durch andere Verfahren ergänzt oder ersetzt.

Wassermarder, svw. ↑Otter.

Wassermelone (Citrullus), Gatt. der Kürbisgewächse mit vier Arten, verbreitet im trop. und südl. Afrika sowie vom Mittelmeergebiet bis Indien; Kräuter mit niederliegenden Stengeln, gelappten Blättern und einzelnstehenden Blüten. Die wichtigsten Arten sind: **Echte Zitrulle** (Koloquinte, Citrullus colocynthis) mit grün bis gelblichweiß gezeichneten etwa orangengroßen, hartschaligen Früchten; das bitter schmeckende Fruchtfleisch wird in der Medizin z. B. als Abführmittel verwendet. Die eigtl. **Wassermelone** (Arbuse, Dschamma, Citrullus vulgaris) wird in allen wärmeren Ländern angebaut; Früchte mit dunkelgrüner, glatter Schale und hellrotem, süß oder säuerlich schmeckendem Fruchtfleisch, das bis zu 93 % Wasser enthält. Auch die Samen sind eßbar.

Wassermesser, svw. ↑Wasserzähler.
Wasserminze ↑Minze.
Wassermolche ↑Molche.
Wassermotten ↑Köcherfliegen.
Wassermühle, durch Wasserkraft angetriebene ↑Mühle.

Wassernabel (Hydrocotyle), Gatt. der Doldengewächse mit rd. 80 fast weltweit verbreiteten Arten. In Deutschland kommt zerstreut auf Flachmooren der **Gemeine Wassernabel** (Hydrocotyle vulgaris) vor: mit langgestielten, runden Schildblättern sowie sehr kleinen, weiß- oder rötlichweißen Blüten.

Wasserorgel, svw. ↑Hydraulis.

Wasserpest (Elodea, Helodea), Gatt. der Froschbißgewächse mit rd. 15 Arten in N- und S-Amerika; untergetaucht lebende, zweihäusige Wasserpflanzen mit quirligen oder gegenständigen Blättern. Weltweit kommt in stehenden oder langsam fließenden Gewässern die bis 3 m lange Sprosse bildende **Kanadische Wasserpest** (Elodea canadensis) vor.

Wasserpfeife, in Afrika und Asien, bes. in Persien und der Türkei (Nargileh), verbreitetes Rauchgerät. Es besteht aus einem z. T. gefüllten Wassergefäß mit einer gerade noch ins Wasser tauchenden Röhre, auf der ein großer Pfeifenkopf sitzt, sowie aus einem oder mehreren am Gefäß oberhalb des Wasserspiegels angesteckten Saugrohren bzw. Schläuchen mit Mundstücken. Der Rauch wird auf dem Weg durch das Wasser gekühlt und gefiltert. – Vorläufer der W. ist die ind. *Huka;* in einen tönernen Pfeifenkopf wird auf glühende Kohlestückchen Tabak gelegt, der Rauch wird von dort durch ein Rohr in eine zur Hälfte mit Wasser gefüllte Kokosnußschale geführt und aus dieser durch ein Loch über ein zweites Rohr inhaliert.

Wasserpflanzen (Hydrophyten), höhere Pflanzen mit bes. morpholog. und physiolog. Anpassungen an das Leben im Wasser. W. treten als wurzellose Schwimmpflanzen oder im Boden verankert, submers (ganz untergetaucht) oder an der Wasseroberfläche schwimmend auf. Die Ver-

Jakob Wassermann

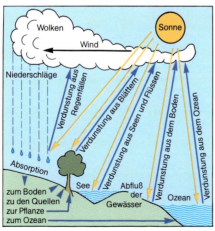

Wasserkreislauf der Erde. Schematische Darstellung

sorgung submerser W. mit Kohlendioxid, Sauerstoff und Nährsalzen erfolgt aus dem Wasser durch Diffusion über die häufig durch starke Zerteilung der Wasserblätter vergrößerte Oberfläche.

Wasserpocken, svw. ↑Windpocken.

Wasserprobe ↑Gottesurteil.

Wasserrad, zur Ausnutzung der Strömungsenergie des Wassers sich in senkrechter Ebene drehendes Rad, dessen Umfang mit Zellen oder Schaufeln besetzt ist. Beim *oberschlächtigen W.* tritt das Wasser von oben in das W. ein; die gefüllten Zellen senken sich durch ihre Schwere und steigen leer wieder auf. Die *unterschlächtigen W.,* die mit ihrem untersten Teil in strömendes Wasser eintauchen, werden durch die Stoßkraft des Wassers in Drehung versetzt.

Wasserratten ↑Schermaus.

Wasserrecht, Gesamtheit der die Wasserverhältnisse regelnden Vorschriften. Zu unterscheiden sind die rechtl. Regelungen bezüglich der Bed. des Wassers als Verkehrs- und Transportweg (↑Bundeswasserstraßen) von dem Wasserwirtschaftsrecht. Letzteres ist teils Bundes-, teils Landesrecht. Die Länder haben im wesentlichen das ↑Wasserhaushaltsgesetz des Bundes ergänzende Wassergesetze erlassen; sie regeln insbes. Aufgaben und Zuständigkeit der Gewässeraufsicht, den Gewässerschutz, die Reinhaltung, die Unterhaltung und den Ausbau der Gewässer, die wasserwirtsch. Planung, die Führung der Wasserbücher (Eintragung alter Befugnisse, auch von Erlaubnissen und Bewilligungen) sowie die Zuständigkeit der Wasserbehörden und das Verwaltungsverfahren (einschl. Enteignung für wasserwirtsch. Zwecke).

Das östr. Wasserrecht ist bundeseinheitlich geregelt im WasserrechtsG 1959. In der *Schweiz* hat der Bund die Gesetzgebungskompetenz über die Erhaltung und Erschließung der Wasservorkommen, über die Benutzung der Gewässer zur Energieerzeugung und für Kühlzwecke sowie bezüglich allgemeiner Eingriffe in den Wasserkreislauf.

Wasserreis, (Zizania) Gatt. der Süßgräser mit drei Arten an See- und Flußufern N-Amerikas und O-Asiens; die bekannteste Art ist der **Tuscarorareis** (Indianerreis, Zizania aquatica), dessen Früchte von den Indianern gegessen wurden.

▷ ↑Reis.

Wasserreiser (Wasserschosse), auf Grund anomaler Bedingungen (z.B. Störung des Triebspitzenwachstums) aus schlafenden Augen hervorgehende Seitensprosse mit stark verlängerten Internodien, bes. bei Laubbäumen.

Wasserrohrkessel ↑Dampfkessel.

Wasserrübe ↑Rübsen.

Wassersackniere, svw. ↑Hydronephrose.

Wasserscheide, meist Höhenrücken und Gebirgskämmen folgende Grenzlinie zw. zwei Abflußgebieten. Infolge junger Flußnetzveränderungen kann sie jedoch auch als sog. *Talwasserscheide* innerhalb einer Talstrecke oder Talung liegen.

Wasserschierling (Cicuta), Gatt. der Doldengewächse mit sieben Arten auf der N-Halbkugel. Die einzige einheim., unter feuchten Böden vorkommende Art ist **Cicuta virosa,** eine bis 1,5 m hohe, unangenehm riechende Staude mit 2- bis 3fach gefiederten Blättern und weißen Blüten; Rhizom knollig verdickt, hohl, innen gekammert. Die Pflanze enthält das Alkaloid *Cicutoxin* und ist sehr giftig.

Wasserschildkröten, nichtsystemat. zusammenfassende Bez. für süßwasserbewohnende Schildkröten.

▷ (Clemmys) Gatt. etwa 10–25 cm langer Sumpfschildkröten mit rd. 10 Arten in Europa, Asien, N-Afrika und N-Amerika; Rückenpanzer nur flach gewölbt; u.a. **Kaspische Wasserschildkröte** (Clemmys caspica), v.a. in Süß- und Brackgewässern Spaniens, NW-Afrikas und SO-Europas bis Vorderasiens; Panzer bis 20 cm lang, Rückenpanzer olivgrün bis braun, mit großen, dunkelbraunen, häufig gelblich umrandeten Flecken.

Wasserschimmelpilze (Saprolegniaceae), Pilzfam. der Ordnung Saprolegniales. Die Pilze leben meist saprophytisch im Wasser auf toten Insekten und Pflanzenresten, einige sind Parasiten bes. an Fischen.

Wasserschlange, dt. Name für das Sternbild Hydra *(Weibl.* oder *Nördl. W.)* und das Sternbild Hydrus *(Männl.* oder *Südl. Wasserschlange). –* ↑Sternbilder (Übersicht).

Wasserschlauch (Wasserhelm, Utricularia), Gatt. der W.gewächse mit rd. 120 v.a. in den Tropen verbreiteten Arten; sowohl Wasser- als auch Landpflanzen; Wasserblätter bzw. (bei landbewohnenden Arten) Seitensprosse mit Blasen zum Fang von Insekten oder Kleinkrebsen. Einheimisch ist der **Gemeine Wasserschlauch** (Utricularia vulgaris) mit 0,30–2 m langen, flutenden Sprossen.

Wasserschlauchgewächse (Lentibulariaceae), Fam. der Zweikeimblättrigen mit rd. 180 weltweit (v.a. in den Tropen) verbreiteten Arten; überwiegend im Wasser und in Sümpfen lebende, fleischfressende Pflanzen. Die wichtigsten Gatt. sind Fettkraut und Wasserschlauch.

Wasserschloß ↑Wasserburg.

Wasserschnecke (archimedische Schraube), svw. ↑ägyptische Schraube.

Wasserschöpfrad ↑Noria.

Wasserschosse, svw. ↑Wasserreiser.

Wasserschraube (Sumpfschraube, Vallisneria), Gatt. der Froschbißgewächse mit 2 Arten v.a. in den Tropen und Subtropen; untergetaucht lebende Pflanzen mit langen, bandförmigen Rosettenblättern. Die wichtigste Art, v.a. als Aquarienpflanze, ist die nördl. bis zu den oberitalien. Seen vorkommende **Schraubenvallisnerie** (Gemeine Sumpfschraube, Vallisneria spiralis) mit bis 80 cm langen, grasartigen Blättern.

Wasserschutzgebiet, das nähere Einzugsgebiet einer Wassergewinnungsanlage, in dem die Flächen präventiv zum Schutz eines für die öff. Wasserversorgung genutzten Wasservorkommens bestimmten Nutzungsbeschränkungen oder -verboten unterliegen. W. werden nach dem ↑Wasserhaushaltsgesetz in einem förml. Verfahren festgesetzt.

Wasserschutzpolizei, Landesbehörden des polizeil. Vollzugsdienstes zur Überwachung des Verkehrs auf den schiffbaren Wasserstraßen.

Wasserschweine, svw. ↑Riesennager.

Wasserskisport, Sportart, bei der man auf Skiern im Schlepp eines Motorbootes über das Wasser gleitet. Wettkampfdisziplinen sind *Slalom* (meist mit einem Ski), *Figurenlaufen* (mit einem oder zwei Skiern) und *Schanzenspringen* (mit zwei Skiern); neben diesen drei Disziplinen gibt es W.-Racing (auf einer etwa 2,5 km langen Rundkurs) und Barfußlauf.

Wasserskorpion ↑Skorpionswanzen.

Wasserspeier (Abtraufe), Rohr, das das Regenwasser eines Daches von den Mauern ablenkt. Bereits am griech. Tempel künstler. gestaltet (Löwenköpfe), v.a. jedoch in der Gotik (Menschen, Tiere, Fabelwesen).

Wasserspiele ↑Wasserkünste.

Wasserspinne (Silberspinne, Argyroneta aquatica), 1–1,5 cm lange, braune Trichterspinne, v.a. in sauerstoffreichen Süßgewässern Europas, N- und Z-Asiens; lebt unter dem Wasserspiegel, wo sie zw. Pflanzen nach unten offene Gespinstglocken anlegt, die sie mit von der Wasseroberfläche geholter Luft füllt und in der sich alle Lebensvorgänge abspielen; jagt u.a. Wasserasseln und Flohkrebse.

Wasserspitzmaus ↑Rotzahnspitzmäuse.

Wassersport, alle Sportarten, die im, auf oder unter dem Wasser ausgeübt werden: Kanusport, Motorbootsport, Rudersport, Schwimmen, Segelsport, Tauchen, Wasserball, Wasserskisport, Wasserspringen, Wellenreiten, Windsurfing.

Wasserspringen ↑Schwimmen.

Wasserstand, Höhe der Wasseroberfläche eines Gewässers über oder unter einem bestimmten Bezugsniveau (↑Pegel). Der jeweilige W. ist insbes. für die Schiffahrt von Bedeutung.

Wasserstein, gemeinsprachl. für ↑Kesselstein.

Wasserstern (Callitriche), einzige Gatt. der zweikeimblättrigen Pflanzenfam. *Wassersterngewächse* (Callitrichaceae) mit rd. 17 weltweit verbreiteten Arten. Einheimisch ist u.a. der **Teich-Wasserstern** (Callitriche stagnalis) mit

Wasserschlauch. Blühender Sproß des Gemeinen Wasserschlauchs

Wasserschraube. Schraubenvallisnerie

Wasserschierling. Unten rechts Schnitt durch den innen hohlen und gekammerten Wurzelstock

6–8 in Rosetten angeordneten, breit-ellipt. oder kreisrunden Schwimm- und ellipt. bis spatelförmigen Wasserblättern.

Wasserstoff, chem. Symbol H (von lat. „hydrogenium"); gasförmiges, der I. Hauptgruppe des Periodensystems der chem. Elemente zugeordnetes Element, Ordnungszahl 1, relative Atommasse 1,0079, Dichte (bei 0 °C) $0,08988 \cdot 10^{-3}$ g/cm³, Schmelzpunkt $-259,14$ °C, Siedepunkt $-252,87$ °C. Vom W. sind drei Isotope bekannt: H 1 (Protium; Anteil am natürlich vorkommenden W. 99,984 %), H 2 (*schwerer W.,* Deuterium, D; Anteil am natürl. W. 0,016 %) und das radioaktive H 3 (*überschwerer W.,* Tritium, T; Anteil am natürl. W. 10^{-15} %). W. ist ein farb- und geruchloses Gas und das leichteste aller Elemente. Er kommt normalerweise in Form zweiatomiger Moleküle (als H₂) vor, kann aber kurzzeitig atomar (als sehr reaktionsfähiger, sog. *naszierender W.* oder *W. in statu nascendi*) beim Freisetzen aus W.verbindungen auftreten. W. reagiert nur mit Fluor schon bei tiefen Temperaturen explosionsartig; mit Chlor und Sauerstoff bildet er explosive Gemische (Knallgas). Mit anderen Elementen reagiert W. erst bei höheren Temperaturen und/oder in Gegenwart von Katalysatoren. W. steht in der Häufigkeit der chem. Elemente in der Erdkruste an 9. Stelle (im Weltraum ist W. das häufigste Element). Technisch wird W. durch therm. Zersetzung von Wasserdampf mit Kohle, Koks, Erdöl oder Erdgas, durch therm. Zersetzung (Kracken) von Kohlenwasserstoffen oder durch Elektrolyse von Wasser gewonnen und kommt in roten Stahlflaschen in den Handel. W. wird v. a. zur Synthese von Ammoniak, Chlorwasserstoff, Methanol und Aldehyden, zum Hydrieren von Erdölkrackprodukten und zur Fetthärtung verwendet. Im Gemisch mit Sauerstoff dient W. zum Schweißen von Metallen. Flüssiger W. wird u. a. als Kühlmittel für Generatoren und Kältemaschinen sowie in der Elementarteilchenphysik in Blasenkammern verwendet. W. hat auch als Raketentreibstoff Bedeutung. – W. wurde 1766 von H. Cavendish entdeckt.

Wasserstoffbombe (H-Bombe, Kernfusionsbombe), zu den Kernwaffen zählende Massenvernichtungswaffe, deren Wirkung auf der bei ihrer Zündung in unkontrollierten thermonuklearen Reaktionen von Deuterium- und Tritiumkernen entstehenden, extrem energiereichen Strahlung sowie in gewaltiger Druck- und Wärmeentwicklung beruht (↑ ABC-Waffen). Um die zum Ingangsetzen der thermonuklearen Reaktionen notwendigen hohen Temperaturen von mehr als 100 Mill. Kelvin zu erhalten, muß die W. durch eine (gewöhnl.) Atombombe gezündet werden. Während der W.explosion wird durch die D-D-Reaktion bzw. durch Einwirkung entstehender Neutronen auf das in Form von LiD beigefügte Lithiumisotop Li6 ständig neues Tritium (³T) nachgebildet, das seinerseits mit Deuterium (²D) unter beträchtl. Energiefreisetzung zu Helium (⁴He) verschmilzt.

Wasserstoffbrückenbindung (Wasserstoffbrücke), schwache chem. Bindung zw. einem an elektronegative Atome gebundenen Wasserstoffatom und einem weiteren elektronegativen Atom, $X-H \cdots Y$ (X, Y: Sauerstoff, Stickstoff, Schwefel, Fluor, Chlor). Die W. bedingt u. a. die Bildung von Molekülassoziationen, wodurch die Schmelz- und Siedepunkte der betreffenden Verbindungen deutlich erhöht werden (z. B. beim Wasser). Eine wichtige Rolle spielt die Bildung und Lösung von W. bei biochem. (z. B. enzymat.) Reaktionen, auch der Zusammenhalt der Peptidketten der Eiweiße und der Einzelstränge der DNS beruhen auf W. der Form $N-H \cdots O$.

Wasserstoffelektrode, eine Gaselektrode, die aus platiniertem Platinblech besteht, das in einer Wasserstoffionenlösung von reinem, gasförmigem Wasserstoff umspült wird. Zw. den absorbierten Wasserstoffatomen und den in der Lösung befindl. Wasserstoffionen bildet sich eine Potentialdifferenz, die durch das Gleichgewicht $H_2 \rightleftarrows 2H^+ + 2e$ bestimmt wird. Eine Lösung mit einem Wasserstoffgasdruck von 101,3 kPa und der Wasserstoffionenaktivität 1 mol/l liefert eine *Normal-W. (Standard-W.).* Das Potential dieser Elektrode wird als *Normalpotential (Standardpotential)* bezeichnet und vereinbarungsgemäß mit dem Wert Null festgesetzt. Es dient als Bezugselektrode für die Messung der Normalpotentiale der übrigen Elemente zur Aufstellung elektrochem. Spannungsreihen.

Wasserstoffperoxid (früher Wasserstoffsuperoxid), H_2O_2; neben Wasser eine der beiden beständigen Wasserstoff-Sauerstoff-Verbindungen, $H-O-O-H$. W. ist eine farblose, in wäßriger Lösung sauer reagierende Flüssigkeit (Dichte bei 0 °C 1,47 g/cm³, Schmelzpunkt $-0,41$ °C, Siedepunkt 150 °C). W. zerfällt bei Zimmertemperatur sehr langsam in Wasser und Sauerstoff; durch Verunreinigungen (bes. Schwermetallionen), Erhitzen oder Bestrahlung mit energiereichen Strahlen wird die Zersetzung beschleunigt und kann explosionsartig erfolgen. W. ist ein starkes Oxidationsmittel; es wird als solches oder in Form von Peroxohydraten zum Bleichen von Textilien, Pelzen, Hölzern, Papier usw., zur Herstellung von Epoxiden und organ. Peroxiden sowie als Desinfektionsmittel verwendet. Technisch wird W. z. B. durch Hydrolyse von Peroxodischwefelsäure, $H_2S_2O_8$, hergestellt. Die anfallenden wäßrigen W.lösungen werden konzentriert und kommen mit 3 bis über 30 % (Perhydrol ⓌⓏ) W.gehalt in den Handel; mit über 70 % W.gehalt dienen sie als Oxidator für Raketentreibstoffe.

Wasserstoffspektrum, Gesamtheit der Spektrallinien, die a) aus dem Linienspektrum des Wasserstoffatoms, b) aus den dazugehörigen Seriengrenzkontinua und c) aus den Linien des Bandenspektrums des Wasserstoffmoleküls besteht.

Wassersucht, svw. ↑ Ödem, ↑ Hydrops.

Wassertreten, Form der Kneippkur, bei der wenige Minuten in kaltem fließendem Wasser (Bach, Becken) auf- und abgegangen wird; dient der Abhärtung.

Wassertreter (Phalaropodidae), Fam. bis etwa amselgroßer, gesellig lebender Watvögel mit drei Arten, v. a. auf Süßwasserseen und an Meeresküsten N-Eurasiens und N-Kanadas. – Zu den W. gehört u. a. das etwa 18 cm lange, oberseits graue, unterseits weiße **Odinshühnchen** (Phalaropus lobatus); mit langem, spitzem Schnabel.

Wasserturbine, die potentielle und kinet. Energie des Wassers ausnutzende Strömungskraftmaschine, bes. zum Antrieb von Generatoren. Die W. besteht aus einer Leitvorrichtung und einem Laufrad. Die Leitvorrichtung besteht meist aus Schaufeln, die so angeordnet sind, daß die Energie des Wassers weitgehend in Drehbewegung umgewandelt wird. In den Leitschaufeln erhält das Wasser eine gerichtete Geschwindigkeit, um anschließend seine Energie unter Änderung dieser Geschwindigkeit nach Betrag und Richtung an die Laufschaufeln abzugeben (Aktionswirkung). W. werden unterteilt: 1. nach der Art der Beaufschlagung des Laufrades (*Axial-, Radial-, Tangentialturbinen);* 2. nach dem Grad der Beaufschlagung des Laufrades (*vollbeaufschlagte Turbinen, teilbeaufschlagte Turbinen);* 3. nach der Bauart (z. B. *Francis-, Kaplan-, Peltonturbine).*

Wasserturm ↑ Wasserversorgung.

Wasseruhr, Zeitmeßgerät der Antike und des MA bis zum Aufkommen der mechan. Uhren. W. bestanden aus zylindr. oder kon. Hohlgefäßen, in denen der Wasserspiegel des ein- bzw. auslaufenden oder -tropfenden Wassers als Zeitmaß diente.
▷ svw. ↑ Wasserzähler.

Wasser- und Bodenverbände, Körperschaften des öff. Rechts mit bes. Aufgaben auf wasserwirtsch. Gebiet, z. B. Gewässerregulierung, Herstellung und Unterhaltung von Schiffahrtsanlagen, Stauanlagen und Wasserkraftanlagen, Ent- und Bewässerung von Grundstücken und deren Schutz vor Hochwasser und Sturmflut, Abwasserbeseitigung und Wasserversorgung sowie Verbesserung des landw. Bodens.

Wasser- und Schiffahrtsdirektion, Abk. WSD, Mittelbehörde der Wasser- und Schiffahrtsverwaltung des Bundes, der zus. mit den ihr unterstellten Wasser- und Schiffahrtsämtern die Verwaltung der Bundeswasserstraßen, insbes. deren Unterhaltung, Ausbau und Neubau, ferner die Strom- und Schiffahrtspolizei obliegt.

Wasserverdrängung (Deplacement) ↑ Schiff (Schiffsvermessung).

Wasserverschmutzung svw. ↑Gewässerverschmutzung; ↑Gewässerschutz, ↑Gewässergüteklassen.

Wasserversorgung, alle Maßnahmen und Einrichtungen, die der Versorgung von Bev. und Ind. mit Wasser dienen. – Der jährl. Wasserverbrauch beträgt in den alten Bundesländern rd. 44,6 Mrd. m³.

Wassererfassung: Für die W. kann Regen-, Oberflächen-, Grund- und Meerwasser herangezogen werden. Wo immer möglich, wird *Grundwasser* für die W. verwendet, da es infolge der Reinigungswirkung des Untergrundes meist hygienisch einwandfrei vorkommt. Grundwasser tritt in *Quellen* zutage. Um Verunreinigungen zu vermeiden, werden Quellen unterird. gefaßt und durch eine Ton- oder Lehmüberdeckung vor Einsickern des Oberflächenwassers geschützt. *Uferfiltriertes Grundwasser* wird in Brunnenanlagen gewonnen, die in der Nähe eines Gewässers angelegt sind. Der steigende Wasserbedarf zwingt dazu, für die W. auch auf *Oberflächenwasser* zurückzugreifen. Wegen der Verschmutzung der Flüsse kann *Flußwasser* sowie das *Wasser von Seen* direkt oft nur als Brauchwasser (für gewerbl. und industrielle Zwecke) verwendet werden. Nach verschiedenen Verfahren der ↑Meerwasserentsalzung kann Trinkwasser auch aus *Meerwasser* gewonnen werden.

Wasseraufbereitung: Gefaßtes Rohwasser, das nicht den Anforderungen für Trinkwasser genügt, muß in einer *Wasseraufbereitungsanlage* aufbereitet werden *(Trinkwasseraufbereitung).* Das Abtrennen ungelöster Schwebestoffe einschl. der daran haftenden Bakterien erfolgt im Absetzbecken und in Filtern. Das vorgeklärte Wasser durchläuft einen Sandfilter, wobei restl. Schwebstoffe zurückgehalten werden. Enthält das Wasser mehr als 0,1 mg Eisen oder mehr als 0,05 mg Mangan je Liter, so muß es einer *Enteisenung* bzw. *Entmanganung* unterzogen werden. Die *Carbonathärte* (↑Härte) wird für industrielle Zwecke (z. B. bei der Verwendung als Speisewasser) mit Ionenaustauschern entfernt *(Enthärtung).* Die *Entkeimung* des Wassers kann durch Abkochen, Filtern, durch Ozonisierung und durch Chloren erfolgen.

Anlagen der Wasserleitung: Zum Heben und Fördern des Leitungswassers werden ein- und mehrstufige Kreiselpumpen, Verdrängungspumpen und Kolbenpumpen eingesetzt. Das aufbereitete Wasser wird meist in *Hochbehältern* (z. B. *Wassertürmen*) gespeichert. Sie gleichen die Verbrauchsschwankungen aus, ermöglichen bei gleichmäßigem Pumpbetrieb und sorgen für konstanten Wasserdruck in den Leitungen. Das *Wasserversorgungsnetz* verteilt das vom Wasserwerk geförderte Wasser an die einzelnen Verbraucher. Beim *Verästelungsnetz* zweigen von einer Hauptleitung Nebenleitungen ab, beim *Umlaufnetz* sind die Endstränge miteinander verbunden. Sehr betriebssicher und an Erweiterung des Versorgungsgebietes anpassungsfähig ist das *Ringnetz,* bei dem eine Ringleitung den Kern des Versorgungsgebietes umgibt und von dem die Verzweigungsleitungen ausgehen. – In bes. dichtbesiedelten Gebieten ist es zuweilen erforderlich, Wasser mit Hilfe umfangreicher Leitungs-, Pump-, Speicher- und Drucksteigerungsanlagen aus weit entfernten Wasserreservoiren heranzuschaffen *(Fern-W.).* Ein Beispiel hierfür ist die Fern-W. des Großraums Stuttgart und weiter Teile Bad.-Württ. durch die Bodenseewasserversorgung.

Wasserwaage (Setzwaage, Richtwaage), Gerät zur Prüfung der waagerechten oder senkrechten Lage ebener Flächen. Eine Luftblase spielt in einer sog. *Libelle,* einer mit Flüssigkeit gefüllten Röhre oder Dose und stellt sich gemäß dem Neigungswinkel der zu prüfenden Unterlage ein.

Wasserwanzen (Hydrocorisae), seit dem Jura bekannte, heute mit über 1 000 Arten in stehenden und fließenden Süßgewässern weltweit verbreitete Unterordnung der Wanzen; wenige Millimeter bis 10 cm lange, sekundär zum Wasserleben übergegangene Insekten, die sich von den ↑Landwanzen v. a. durch kurze, in Gruben verborgene Fühler und häufig zu Schwimmbeinen umgebildete Laufbeine unterscheiden. – Zu den W. gehören u. a. Rückenschwimmer, Ruderwanzen, Schwimmwanzen und Skorpionswanzen.

Wasserwerfer, im Polizeieinsatz zum Zerstreuen von Menschenansammlungen verwendete, meist auf gepanzerten Fahrzeugen installierte Vorrichtung zum Ausbringen eines gezielten, scharfen Wasserstrahls.

Wasserwirtschaft, planmäßige Bewirtschaftung der Wasservorräte; umfaßt Be- und Entwässerung, Versorgung von Bev. und Ind. mit Trink- und Brauchwasser, Bau von Talsperren, Stadtentwässerung und Abwasserreinigung, Ausbau der Binnenwasserstraßen sowie Gewässerschutz. Zusätzl. Aufgaben erwachsen der W. aus der beständigen Zunahme des Wasserverbrauchs bei gleichzeitigem Absinken des Grundwasserspiegels in weiten Bereichen und aus ökolog. Problemen. Die Aufgaben der W. werden wahrgenommen von den Wasserbehörden und den Wasserwirtschaftsverbänden auf der Grundlage des Wasserhaushaltsgesetzes.

Wasserzähler (Wasseruhr, Wassermesser), Gerät zur Ermittlung der durch eine Rohrleitung fließenden Wassermenge. Übl. Bauarten sind der *Ringkolbenzähler,* bei dem die durch die Strömung verursachte kreisende Bewegung eines ringförmigen Kolbens auf die Zählwerkswelle übertragen wird, der *Flügelradzähler* und der *Woltman-Zähler* (↑Durchflußmessung).

Wasserzeichen, im Papier in der Durchsicht erscheinende Muster, die zur Charakterisierung bestimmter Papiersorten dienen, z. B. als Markenzeichen einer Papierfabrik, als Echtheitsnachweis u. a. bei Banknoten und Wertpapieren und bei ↑Briefmarken. – W. werden bei der Papierherstellung durch Verdrängen oder Zusammenpressen der Papiermasse angebracht, „unechte" W. durch Aufdrucken von Farbstoffen oder durch Prägung erzeugt.

Wasserzieher, Ernst, * Stettin 15. Mai 1860, † Halberstadt 21. April 1927, dt. Sprachwissenschaftler. – Bemühte sich in allg.verständl. Abhandlungen um die Pflege der dt. Sprache.

Wassilewski, Alexander Michailowitsch [russ. vɐsʲɪˈlʲjɛfskʲɪj], * Nowaja Golschika (Gebiet Kostroma) 30. Sept. 1895, † Moskau 5. Dez. 1977, sowjet. Heerführer und Marschall (seit 1943). – Leitete die Schlachten von Stalingrad (1942) und Kursk (1943); danach u. a. Oberbefehlshaber der 3. Weißruss. Front, die Ostpreußen einnahm; 1945 Oberkommandierender in Fernost; 1949–53 Kriegsmin.; 1952–61 Mgl. des ZK der KPdSU.

Wassili [russ. vaˈsʲilʲij], Name russ. Fürsten:

W. I. Dmitrijewitsch, * 1371, † im Febr. 1425, Großfürst von Wladimir und Moskau (seit 1389). – Ältester Sohn von Dmitri Iwanowitsch Donskoi; erwarb 1392 Nischni Nowgorod und Murom, 1397/98 Wologda, Welikij Ustjug und die Komi-Gebiete; verlor 1404 Smolensk an Litauen.

W. II. Wassiljewitsch Tjomny („der Dunkle" [d. h. der Blinde]), * Moskau im März 1415, † im März 1462, Großfürst von Moskau (seit 1425). – Sohn von W. I. Dmitrijewitsch; stärkte die großfürstl. Macht, indem er u. a. die Klein-Ft. beseitigte; 1446 von Gegnern geblendet; schuf 1448 durch die Wahl eines Moskauer Metropoliten eine selbständige russ. Kirche.

W. IV. Iwanowitsch Schuiski, * 1552, † in Polen 12. Sept. 1612, russ. Zar (1606–10). – Ließ 1606 den von Polen unterstützten falschen Demetrius (↑Dmitri Iwanowitsch) durch einen organisierten Volksaufstand töten und sich zum Zaren ausrufen. 1610 wurde er von Sigismund III. Wasa besiegt und den Polen ausgeliefert.

Wassilikos, Wassilis, * Kawala 18. Nov. 1933, neugriech. Schriftsteller. – 1967–74 im Exil; engagierte zeitkrit. [dokumentar.] Romane wie „Griech. Trilogie" (1961), „Die Fotografien" (1964), „Z" (1968); auch Erzählungen, Lyrik und Essays.

Wassiljew, Fjodor Alexandrowitsch [russ. vaˈsʲilʲjɪf], * Petersburg 22. Febr. 1850, † Jalta 6. Okt. 1873, russ. Maler. – Seine stimmungsvollen Landschaften gehören zu den Hauptleistungen der russ. Landschaftsmalerei des 19. Jahrhunderts.

Wassjugan, linker Nebenfluß des mittleren Ob, Rußland, entspringt in der Wassjuganje, 1 082 km lang; schiffbar.

James Dewey Watson

James Watt
(Ausschnitt aus einem Kupferstich)

Wassjuganje, versumpfte Landschaft im Westsibir. Tiefland, Rußland, zw. Ob und Irtysch, im S in die Barabasteppe übergehend.

Wassukạnni (hethit. Waschuschukanni; Wassugganni), Hauptstadt des Reichs (Mitanni) der Churriter im 15.–13. Jh., im Quellbereich des Chabur, genaue Lage nicht bekannt.

Wast, Hugo [span. ụast], eigtl. Gustavo Martínez Zuviría, *Córdoba (Argentinien) 22. Okt. 1883, †Buenos Aires 28. März 1962, argentin. Schriftsteller. – Einer der populärsten argentin. Romanciers seiner Zeit, u. a. mit „Das Rabenhaus" (1916), „Die Unerbittliche" (1923), „Der Pfad der Lamas" (1930).

Wästberg, Per [schwed. ˌvɛstbærj], *Stockholm 20. Nov. 1933, schwed. Schriftsteller. – 1979–86 Präs. des Internat. PEN. Reflektiert in sozialkrit. Romanen („Gelöste Liebe", 1969) und Reportagen („Auf der schwarzen Liste", 1960) die Suche nach Freiheit und Unabhängigkeit hinter der Scheinwelt materieller Werte; Hg. afrikan. Literatur.

Wasungen, Stadt in Thür., in der Werrasenke an der oberen Werra, 270 m ü. d. M., 4 200 E. Dachpappenwerk u. a. Leichtind. – Von zahlr. Fachwerkbauten geprägtes Stadtbild: Rathaus (1533), ehem. Adelshöfe (16./17. Jh.), Stadtkirche (1584–96); Burgruine Maienluft.

Watbein, in der *Anatomie* ↑ Stelzfuß.

Waterford [engl. ˈwɔːtəfəd], ir. Stadt am Zusammenfluß von Barrow und Suir in den Waterford Harbour, 39 500 E. Verwaltungssitz der Gft. W.; Sitz eines kath. und eines anglikan. Bischofs. Hafen mit Containerterminal; Kristallglasfabriken, Fleischkonservenfabriken, Papiermühle, Gießereien, Düngemittelind. – 914 von dän. Wikingern, 1172 von Anglonormannen erobert; Stadtrecht 1206 bestätigt. – Kathedralen Holy Trinity (vollendet 1796) und Christ Church (1779, 1891 verändert). City Hall (1788); Ruinen der Franziskanerkirche (1240); Turm der Wikingerburg (1003).
W., Gft. in der ir. Prov. Munster. – Im MA Teil des Kgr. Leinster; 1172 von den Anglonormannen erobert.

Watergate-Affäre [engl. ˈwɔːtəɡeɪt], nach einem Büro- und Hotelgebäudekomplex in Washington (D. C.) ben. innenpolit. Skandal in den USA. Ein Einbruch im demokrat. Wahlkampfhauptquartier in den Watergate-Appartements im Sommer 1972 und die zw. den Einbrechern und dem Komitee für die Wiederwahl des republikan. Präs. Nixon bestehenden Verbindungen führten zu einer erhebl. Belastung engster Mitarbeiter des Präs. und schließlich Nixons selbst, so daß der Kongreß ein ↑ Impeachment gegen Nixon vorbereitete, dem dieser durch seinen Rücktritt (Aug. 1974) zuvorkam. Sein Nachfolger G. R. Ford befreite Nixon von jeder Strafverfolgung, während hohe Funktionäre der Nixon-Administration gerichtlich verurteilt wurden.

Waterloo [niederl. ˈwaːtərloː], belg. Gem. 15 km südl. von Brüssel, 90–130 m ü. d. M., 25 000 E. Wellington-, Napoleon-Museum. – Die Entscheidungsschlacht der Befreiungskriege am 18. Juni 1815 wurde von Wellington nach seinem Hauptquartier W. benannt, während Blücher die Bez. ↑ Belle-Alliance vorzog.

Waterpolo [engl. ˈwɔːtəpoʊloʊ], engl. Bez. für Wasserball.

waterproof [engl. ˈwɔːtəpruːf], wasserdicht; bezeichnet entsprechende Materialien und Gegenstände, z. B. Gewebe, Uhrengehäuse.

Watkins [engl. ˈwɔtkɪnz], Peter, *Norbiton (Surrey) 1935, brit. Filmregisseur. – Drehte engagierte Filme wie „The War Game" (1965) über die Folgen eines angenommenen Atomkriegs. – *Weitere Filme:* Punishment Park (1970), Das Abendland (1977), The Journey (1987).
W., Vernon Phillips, *Maesteg 27. Juni 1906, †Seattle (Wash.) 8. Okt. 1967, walis. Lyriker. – Stellte in von W. B. Yeats beeinflußten Gedichten meist Natur und Folklore seiner südwalis. Heimat dar; Hg. der von seinem Freund D. Thomas an ihn gerichteten Briefe (1957).

Watson [engl. wɔtsn], James Dewey, *Chicago 6. April 1928, amerikan. Biochemiker. – Prof. für Biologie an der Harvard University in Cambridge (Mass.); entwickelte mit F. H. C. Crick das Watson-Crick-Modell für die Molekularstruktur der Desoxyribonukleinsäuren (DNS). Er erhielt (mit Crick und M. H. F. Wilkins) 1962 den Nobelpreis für Physiologie oder Medizin.
W., John Broadus, *Greenville (S. C.) 9. Jan. 1878, †New York 25. Sept. 1958, amerikan. Psychologe. – Prof. in Baltimore, 1921–45 in der Werbung tätig, Begründer des ↑ Behaviorismus. Er forderte, die Psychologie nach dem Vorbild der Physiologie als exakte Naturwiss. zu betreiben, die sich auf (meßbares) Verhalten beschränken sollte. Hinsichtlich der Erziehbarkeit des Menschen vertrat W. einen milieutheoret. Optimismus (↑ Milieutheorie), von dem außer der Pädagogik auch die Entwicklung der Milieu- und Verhaltenstherapie stark beeinflußt wurde. – *Werke:* Behaviorismus (1913), Psychology from the standpoint of a behaviorist (1919), Psych. Erziehung im frühen Kindesalter (1928).

Watt, James [engl. wɔt], *Greenock (Strathclyde) 19. Jan. 1736, †Heathfield (= Birmingham) 19. Aug. 1819, brit. Ingenieur und Erfinder. – Verbesserte 1765 die (atmosphär.) Dampfmaschine T. Newcomens durch Einführung des vom Zylinder getrennten Kondensators (erste direktwirkende Niederdruckdampfmaschine). 1782–84 konstruierte er eine doppeltwirkende Dampfmaschine. Die von der Firma Boulton & Watt gebauten Dampfmaschinen trugen wesentlich zur industriellen Revolution bei.

Watt [nach J. Watt], Einheitenzeichen W, SI-Einheit der Leistung. Festlegung: 1 W ist gleich der Leistung, bei der während der Zeit 1 Sekunde die Energie 1 Joule umgesetzt wird: 1 W = 1 J/s = 1 N m/s.

Watt [niederdt., eigtl. „Stelle, die sich durchwaten läßt"], an flachen Gezeitenküsten vom Meer täglich zweimal überfluteter und wieder trockenfallender Meeresboden. Die vom Meer transportierten und abgelagerten W.sedimente sind Sand und Schlick. Das das W. überspülende Wasser hat in ihm ein verzweigtes Rinnensystem (Baljen, Priele, Wattrinnen) geschaffen, das einem Flußsystem ähnlich ist und bei Niedrigwasser als solches zu erkennen ist. Durch Verlandung des W. entsteht die ↑ Marsch. Die Vegetation des W. besteht ausschließlich aus Wattpflanzen (u. a. Queller, Salzmelde). Zur reichen Tierwelt gehören Würmer, Muscheln, Schnecken, Garnelen u. a. Krebse, Fische, Vögel, Seehunde. – Zum Schutz des Wattenmeeres wurden vor der dt. Nordseeküste ↑ Nationalparks eingerichtet.

Watt. Kothaufen der im Schlick lebenden Köderwürmer; Kieselalgen verursachen die braungrüne Färbung des Wassers

Watte [mittellat.-niederl.], ein nur lose zusammenhängender Verbund von [Textil]fasern, insbes. von Baumwoll- oder Zellwollfasern; v. a. für Polsterzwecke oder (nach entsprechender Vorbehandlung) für medizin. Zwecke.

Watteau, Jean Antoine [frz. vaˈto], *Valenciennes 10. Okt. 1684, †Nogent-sur-Marne 18. Juli 1721, frz. Maler. – Kam 1702 nach Paris; war 1719/20 in London. W., der bedeutendste frz. Maler des 18. Jh., verarbeitete Einflüsse von Rubens, Tizian und Veronese, aber auch der niederl. Kunst (G. Dou). Er gilt als Schöpfer einer neuen Bildgattung, der „Fêtes galantes", intimer Gesellschaftsstücke, die eine verfeinerte, von Erotik, mytholog. Anspielungen und gesellschaftl. Umgangsformen geprägte höf. Kultur vorstellen. – *Werke:* Aufbruch von Kythera (mehrere Fassungen, u. a. 1717, Paris, Louvre), Gilles (1718, Paris, Louvre), Das Ladenschild des Kunsthändlers Gersaint (1720, Berlin, Schloß Charlottenburg).

Wattenbach, Wilhelm, *Rantzau (Landkr. Plön) 22. Sept. 1819, † Frankfurt am Main 20. Sept. 1897, dt. Historiker. – Prof. für Geschichte in Heidelberg und Berlin; 1886–88 Vors. der Zentraldirektion der Monumenta Germaniae historica. – *Hauptwerk:* Deutschlands Geschichtsquellen im MA bis zur Mitte des 13. Jh. (Hg.; 1858).

Wattens, Gem. im östr. Bundesland Tirol, im Unterinntal, 564 m ü. d. M., 6700 E. Industrie- und Vorgeschichtemuseum; bed. Glas- und Edelsteinschleiferei; Feinpapierfabrik; Fremdenverkehr.

Wattenscheid ↑ Bochum.

Watts, Robert [engl. 'wɔts], *Burlington (Ia.) 14. Juni 1923, amerikan. Künstler. – Experimentiert mit Environments, Happenings, Mixed-Media- und Fluxus-Aktionen.

Wattsekunde [nach J. Watt], Einheitenzeichen Ws, SI-Einheit der Energie bzw. Arbeit: 1 Ws = 1 J = 1 Nm.

Wattstunde [nach J. Watt], Einheitenzeichen Wh, SI-Einheit der Energie bzw. Arbeit: 1 Wh = 3600 Ws = 3600 J. ↑ Kilowattstunde.

Wat Tyler [engl. 'wɔt 'taɪlə] (Walter T.), † Smithfield (= London) 15. Juni 1381 (ermordet), engl. Bauernführer. – Führer des Bauernaufstands von 1381; wurde nach der Einnahme Londons bei Verhandlungen mit König Richard II. getötet.

Watussirind [nach dem ostafrikan. Volk Watussi (↑ Tussi)], sehr großwüchsige, schlanke, v. a. im östl. Afrika gehaltene, meist braune Hausrindrasse mit bis über 1 m langen, leierförmigen Hörnern.

Watvögel (Regenpfeiferartige, Charadrii, Limikolen), mit rd. 200 Arten weltweit verbreitete Unterordnung meist zieml. hochbeiniger Vögel, die in flachen Süß- und Salzgewässern waten bzw. in Sümpfen, Mooren oder in feuchten Landschaften leben. – Zu den W. gehören u. a. Schnepfenvögel, Regenpfeifer, Säbelschnäbler, Rallenschnepfen, Blatthühnchen, Austernfischer, Brachschwalben.

Watzek, Hans, *Bílina 1848, † Wien 1903, österr. Photograph. – Entwickelte zus. mit H. Kühn und H. Henneberg (*1863, † 1918) den mehrfarbigen Gummidruck (Kombinationsdruck).

Watzmann, Gebirgsstock der westl. Salzburgisch-Oberöstr. Kalkalpen, Bay.; in der *Mittelspitze* 2713 m hoch.

Wau, svw. ↑ Reseda.

Waugh, Evelyn [Arthur St. John] [engl. wɔː], *London 28. Okt. 1903, † Taunton (Somerset) 10. April 1966, engl. Schriftsteller. – Neben G. Greene der bedeutendste Vertreter der neukath. engl. Literatur. Konvertierte 1930 zum Katholizismus. Übte zunächst in den kom.-satir. Romanen „Auf der schiefen Ebene" (1928) und „... aber das Fleisch ist schwach" (1930) scharfe Kritik an der zeitgenöss. dekadenten Gesellschaft; betonte in seinen späteren Werken v. a. das religiöse Element, u. a. in „Wiedersehen mit Brideshead" (R., 1945), „Tod in Hollywood" (R., 1948), „Gilbert Pinfolds Höllenfahrt" (autobiograph. R., 1957).

Wauwiler See ↑ Egolzwiler Kultur.

Wavellit [nach dem brit. Arzt W. Wavell, † 1829], rhomb., in radialstrahligen Aggregaten auftretendes, grünlichweißes Mineral, $Al_3[(OH)_3|(PO_4)_2] \cdot 5 H_2O$; hydrothermal entstanden. Mohshärte 3,5–4; Dichte 2,3–2,4 g/cm³.

Wayne, John [engl. weɪn], eigtl. Marion Michael Morrison, *Winterset (Iowa) 26. Mai 1907, † Los Angeles 11. Juni 1979, amerikan. Filmschauspieler, -regisseur und -produzent. – Spielte v. a. in Western, u. a. „Höllenfahrt nach Santa Fé" (1939, unter d. T. „Ringo"), „Bis zum letzten Mann" (1948), „Rio Bravo" (1959), „Alamo" (1960; auch Regie), „El Dorado" (1967), „Der Marshal" (1971).

Wb, Einheitenzeichen für ↑ Weber.

WC, Abk. für engl.: **w**ater**c**loset (↑ Abort).

WCHUTEMAS [fxu...], Abk. für russ.: **W**yssschije **chu**doschestwenno-**te**chnitscheskije **mas**terskije „Höhere künstler.-techn. Werkstätten", 1920 in Moskau gegr. Lehranstalt, die, von der Konzeption einer neuen Einheit der Künste ausgehend, Künstler, Kunsthandwerker und Ind.-designer in enger Verbindung ausbildete; 1926 Umbenennung in **WCHUTEIN** (Abk. für „Höheres künstler.-techn. Institut") mit stärkerer Spezialisierung der Ausbildung; 1930 aufgelöst.

Weald, The [engl. ðə 'wiːld], teils ebene, teils hügelige Landschaft in SO-England, zw. North und South Downs; Erholungsgebiet.

Wearmouth [engl. 'wɪəmaʊθ] ↑ Sunderland.

Webb, Chick, eigtl. William W., *Baltimore 10. Febr. 1902, † ebd. 16. Juni 1939, amerikan. Jazzmusiker (Schlagzeuger, Orchesterleiter). – Gründete Ende der 20er Jahre in New York ein Swing-Orchester; einer der bedeutendsten Schlagzeuger des Swing.

W., Sidney James, Lord Passfield of Passfield Corner (seit 1929), *London 13. Juli 1859, † Liphook (Hampshire) 13. Okt. 1947, brit. Sozialpolitiker. – Mitbegr. (1883/84) und bedeutendster Theoretiker der ↑ Fabian Society; beschäftigte sich zus. mit seiner Frau Beatrice (geb. Potter, *1858, † 1943) mit Fragen der Sozialreform und der Gewerkschaftsbewegung; sie gründeten die London School of Economics sowie die Zeitschrift „New Statesman" und verfaßten u. a. die Schriften „Theorie und Praxis der engl. Gewerkvereine" (1897) sowie „Das Problem der Armut" (1911). S. J. W. war ab 1922 Unterhaus-Abg. (Labour Party), ab 1929 Mgl. des Oberhauses; 1929/30 Staatssekretär für die Dominions.

Webband ↑ Band.

Webber, Lloyd Andrew ↑ Lloyd Webber, Andrew.

Webbe Shibeli ↑ Wäbi Schäbäle.

Webeblatt ([Anschlag]kamm, Blatt, Riet), kammartige Vorrichtung an Webstühlen, die den zuletzt eingetragenen Schußfaden an das bisher abgewobene Gewebe heranschiebt (anschlägt). Das W. besteht aus zahlr. in genauer Teilung stehenden, feinen Stäben (Rietstäben), in deren Lücken die Kettfäden eingezogen sind.

Weben (Abweben), Herstellung textiler Flächengebilde durch rechtwinkelige Verkreuzung zweier Fadensysteme (Kett- und Schußfäden) nach den Regeln der Bindungslehre. Die einzelnen Arbeitsgänge beim W. auf dem Webstuhl und auf automat. Webmaschinen sind: 1. *Fachbildung,* d. h. Aufteilen der vom Kettbaum über den *Streichbaum* und die Kreuzschienen durch Schäfte parallel geführten Kettfäden in gehobene und gesenkte unter Ausbildung des Fachs; 2. *Schußeintrag,* d. h. Hindurchführen des Schußfadens durch das Fach mit Hilfe des durch Schlag mit dem Picker beschleunigten Webschützens; 3. *Schußanschlag,* d. h. Andrücken des zuletzt eingetragenen Schußfadens an das bis-

Jean Antoine Watteau. Aufbruch von Kythera, 1717 (Paris, Louvre)

Evelyn Waugh

John Wayne

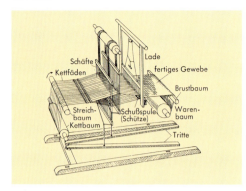

Weben. Schematische Darstellung eines Trittwebstuhls

her abgewobene Gewebe (Warenrand) mit Hilfe des Webeblatts (Lade); 4. *Warenschaltung (Regulation),* d. h. schrittweises Weiterbewegen der vom Kettbaum abgegebenen Kettfäden und Aufwickeln des fertigen Gewebes auf dem Warenbaum. Die wichtigsten Systeme bei webschützenlosen Webmaschinen arbeiten mit Schußeintrag durch Greiferschiffchen (Harpunen) von einer oder zwei Seiten bzw. mit Schußeintrag durch Luftdruck oder Wasserstrahl *(Düsenwebmaschine).*

Geschichte: Bereits um 5000 v. Chr. wurden in Ägypten Stoffe gewebt. In Mesopotamien sind Leinen- und Wollweberei für das 4. Jt. v. Chr., in China für das 2. Jt. v. Chr. nachweisbar. Die Griechen verwendeten vertikal aufgestellte Webstühle. Der Trittwebstuhl kam in Europa im 13. Jh. auf. Erste Entwürfe für automat. Webstühle entstanden im 18. Jh. Schon 1733 hatte J. Kay den sog. Schnellschützen erfunden. Von dem E. Cartwright ab 1784 entwickelte Maschinenwebstuhl wurde bes. von R. Roberts Anfang der 1820er Jahre in Manchester weiterentwickelt. Den ersten Tuchwebstuhl in Deutschland konstruierte 1836 L. Schönherr. Den ersten elektrisch angetriebenen Webstuhl stellte 1879 W. von Siemens vor. J. H. Northrop erfand den automat. Schußspulenwechsler (1889). In den 1920er Jahren entwickelten R. Rossmann u. a. Webmaschinen mit Greiferschiffchen.

Max Weber

Alfred Weber

Weber, Alfred, *Erfurt 30. Juli 1868, †Heidelberg 2. Mai 1958, dt. Nationalökonom und Soziologe. – Bruder von Max W.; ab 1904 Prof. in Prag, ab 1907 in Heidelberg, zog sich 1933 ins Privatleben zurück; 1945 Wiederaufnahme der Lehrtätigkeit in Heidelberg; entwickelte eine Kultursoziologie und gilt als Begründer der industriellen Standortlehre. – *Werke:* Über den Standort der Ind.: Reine Theorie des Standorts (1909), Ideen zur Staats- und Kultursoziologie (1927), Kulturgeschichte als Kultursoziologie (1935), Prinzipien der Geschichts- und Kultursoziologie (1951), Der Dritte oder der Vierte Mensch (1953).

W., A[ndreas] Paul, *Arnstadt 1. Nov. 1893, †Schretstaken bei Lauenburg 9. Nov. 1980, dt. Zeichner. – Seine virtuosen und phantasievollen Bildreihen werden von Themen der Zeitkritik und polit. Satire beherrscht („Krit. Kalender", jährl. 1959–72). Seine zeitkrit. Satire kommt in ihrer allegor.-symbol. Verschlüsselungen und einem überquellenden Formenreichtum dem Surrealismus nahe ist zutiefst pessimistisch.

W., Carl Maria von, *Eutin 18. oder 19. Nov. 1786, †London 5. Juni 1826, dt. Komponist. – W. entstammt einer Musikerfamilie. Musikunterricht erhielt er von M. Haydn in Salzburg sowie Abbé Vogler. 1807–10 war er in Stuttgart Sekretär und Musiklehrer von Hzg. Ludwig. Danach trat er v. a. als Reisepianist auf, u. a. in der Schweiz, Prag und Berlin. 1813 wurde er Operndirektor am landständ. Theater in Prag, 1817 an der neugegr. Dt. Oper in Dresden, die er zu einem Zentrum nat. Musikpflege auszubauen suchte. – Ebenso erfolgreich wie musikhistor. bed. war sein „Freischütz" (Libretto von J. F. Kind; UA 1821 in Berlin), Modell einer nat. dt. romant. Oper. Im Dienst charakterist.

Carl Maria von Weber
(Ausschnitt aus einem Gemälde)

Ausdrucks erweiterte W. die Instrumentation durch ungewöhnliche Klangfarben; „Erinnerungsmotive" weisen auf Wagners Leitmotivtechnik voraus. Erwähnenswert sind auch die Opern „Abu Hassan" (1811), „Preziosa" (1821), „Euryanthe" (1823) und „Oberon" (1826). W. schrieb ferner zwei Sinfonien, zwei Klarinetten- und zwei Klavierkonzerte, Kammer- und Klaviermusik (u. a. „Aufforderung zum Tanz", 1819), Bühnenmusiken, Messen, Kantaten, Arien und Lieder. Außerdem trat er als Musikkritiker und -schriftsteller hervor.

W., Ernst Heinrich, *Wittenberg 24. Juni 1795, †Leipzig 26. Jan. 1878, dt. Anatom und Physiologe. – Bruder von Wilhelm Eduard W.; Prof. in Leipzig; bed. Arbeiten im Grenzgebiet zw. Sinnesphysiologie und -psychologie; Versuche, um die Stärke von Reizen mit der Stärke von Empfindungen in Beziehung zu setzen und Schwellenwerte zu ermitteln.

W., Helene, *Elberfeld (= Wuppertal) 17. März 1881, †Bonn 25. Juli 1962, dt. Politikerin. – Lehrerin; führend in der kath. Frauenbewegung, 1919/20 Mgl. der Weimarer Nat.versammlung (Zentrum), 1921–24 MdL in Preußen, 1924–33 MdR; 1945 Mitbegr. der CDU; 1948/49 Mgl. des Parlamentar. Rates und seit 1949 MdB; 1952–61 Vors. des Kuratoriums des Dt. Mütter-Genesungswerks.

W., Max, *Erfurt 21. April 1864, †München 14. Juni 1920, dt. Wirtschafts- und Sozialwissenschaftler. – Prof. für dt. und Handelsrecht in Berlin (1893), für Nationalökonomie in Freiburg im Breisgau (1894–97) und Heidelberg (1897–1903), für Soziologie in Wien (1918) und für Nationalökonomie in München (1919/20); Gründungs-Mgl. der Dt. Gesellschaft für Soziologie und der Dt. Demokrat. Partei; Mgl. der Kommission für die Weimarer Verfassung. – Im Mittelpunkt seines wiss. Werkes stehen Studien zum Verhältnis von Religion, Wirtschaft und Gesellschaft. In seiner Untersuchung „Die prot. Ethik und der Geist des Kapitalismus" (1904/05) sucht W. die Entstehung der kapitalist. Gesellschaft aus puritan. Religiosität und rationaler Lebensführung zu erklären. In den „Gesammelten Aufsätzen zur Religionssoziologie" (1920/21) handelt er (mit Ausnahme des Islams) die großen Weltreligionen ab. Die Arbeit über „Die ‚Objektivität' sozialwiss. und sozialpolit. Erkenntnis" (1904) widmet sich dem Problem der Wertfreiheit von Wissenschaft. W. plädiert für eine Trennung von polit.-prakt. Handeln und soziolog. Erkenntnis, von Politik und Wissenschaft. Er gilt als Begründer der verstehenden Soziologie. Diese will mit Hilfe von „Idealtypen" (↑Idealtyp) deutend die gesellschaftl. Wirklichkeit erschließen. In seinem Hauptwerk „Wirtschaft und Gesellschaft" (hg. 1921) beschreibt W. den Entwicklungsprozeß der Ind.gesellschaft als zunehmende „Entzauberung der Welt". Sie gibt dem Menschen einerseits die Möglichkeit, seine Umwelt besser zu beherrschen, schafft aber andererseits selbst „Gehäuse neuer Hörigkeit".

W., Wilhelm [Eduard], *Wittenberg 24. Okt. 1804, †Göttingen 23. Juni 1891, dt. Physiker. – 1831–37 (↑Göttinger Sieben) und wieder ab 1849 Prof. in Göttingen (1843–49

A. Paul Weber. Das Bildungspflänzchen, Lithographie

Webmaschine. Vierfarbenwebmaschine

in Leipzig). Sein Hauptarbeitsgebiet war der Elektromagnetismus (in Zusammenarbeit mit C. F. Gauß, mit dem er 1833 den elektromagnet. Telegrafen entwickelte). Durch elektrodynam. Maßbestimmungen schuf er die Grundlage für spätere internat. Maßeinheiten.

Weber [nach W. E. Weber], Einheitenzeichen Wb, SI-Einheit des magnet. Flusses; Festlegung: 1 Wb ist gleich dem magnet. Fluß, bei dessen gleichmäßiger Abnahme während 1 Sekunde auf null in einer ihn umschlingenden Windung die elektr. Spannung 1 Volt induziert wird: 1 Wb = 1 V s (Voltsekunde) = 1 Nm/A.

Weberameisen (Smaragdameisen, Oecophylla), Gatt. etwa 1 cm langer, gelbbrauner Schuppenameisen in Afrika und S-Asien; bauen in Baumkronen Nester, indem die Arbeiterinnen die z. T. klebriges Speicheldrüsensekret abgebenden Larven in den Mandibeln halten, sie von Blatt zu Blatt führen und die Blätter so zusammenspinnen.

Weberaufstand, Hungerrevolte der schles. Weber in Peterswaldau und Langenbielau (4.–6. Juni 1844) als Folge der dramat. Verschlechterung der Erwerbs- und Lebensbedingungen; erste proletar. Erhebung in Deutschland mit überregionaler Bed., wurde von preuß. Truppen blutig niedergeschlagen. – Drama von G. Hauptmann („Die Weber", 1892).

Weber-Fechnersches Gesetz (Webersches Gesetz, Fechnersches Gesetz), umstrittene, von G. T. Fechner 1880 vorgenommene mathemat. Formulierung der physiolog. Gesetzmäßigkeit des Zusammenhangs von Reiz und menschl. Sinnesempfindung, die eine Erweiterung des von E. H. Weber 1834 aufgestellten Gesetzes darstellt, wonach die für eine eben merkl. Zunahme der Empfindungsstärke erforderl. Reizsteigerung dem Ausgangsreiz proportional ist.

Weberknechte (Kanker, Afterspinnen, Opiliones), mit über 3 000 Arten (einheimisch rd. 35 Arten) weltweit verbreitete Ordnung bis über 2 cm langer, landbewohnender Spinnentiere mit z. T. extrem (bis 16 cm) langen, dünnen Beinen (brechen leicht an einer vorgebildeten Stelle ab und lenken dann durch Eigenbewegungen einen Angreifer ab); Spinn- und Giftdrüsen fehlen; fressen Pflanzenstoffe und kleine Wirbellose. Bekannt ist die Fam. **Fadenkanker** (Nemastomatidae) mit etwa 50 Arten, v. a. in Gebirgen und feuchten Wäldern Europas, Kleinasiens, N-Afrikas und N-Amerikas.

Webern, Anton (von), *Wien 3. Dez. 1883, †Mittersill 15. Sept. 1945, östr. Komponist und Dirigent. – Schüler von G. Adler (1906 Promotion) und A. Schönberg (1904–08); ab 1908 Theaterkapellmeister u. a. in Wien, Danzig, Stettin, Prag. 1921–34 leitete er die Arbeiter-Sinfoniekonzerte und den Wiener Arbeiter-Singverein. 1938 erhielt er Aufführungs- und Publikationsverbot. W. lebte v. a. musikal. Privatunterricht (Schüler u. a. K. A. Hartmann). – In W. Schaffen steht die Textvertonung im Mittelpunkt. Die von ihm veröffentlichten Kompositionen op. 1 bis op. 31 lassen sich in drei Perioden gliedern. Die Werke von 1907/08–1914 zeigen seinen Weg von der Spätromantik zur freien Atonalität. Die Werke von 1915–26 zeigen W. Entwicklung von der freien zur reihengebundenen Atonalität (↑Zwölftontechnik). Die Werke von 1927–1943 bedienen sich ausschließlich der Reihentechnik, die W. erst nach längerem Zögern übernahm. Am bekanntesten wurden folgende Werke: Sinfonie op. 21 (1928), die Kantate „Das Augenlicht" (Text von H. Jone) für Chor und Instrumente op. 26 (1935), die Variationen für Orchester op. 30 (1940) und einige Kammermusikstücke. W. wurde zum Vorläufer der seriellen Komponisten nach 1950 (K. Stockhausen, P. Boulez, L. Nono).

Webervögel (Ploceidae), Fam. etwa 10–20 cm langer (mit der Schmuckfedern des Schwanzes oft bis fast 70 cm messender) Singvögel mit rd. 150 Arten in Steppen und Savannen Afrikas und S-Asiens, von wo aus einige Arten (der Sperlinge) bis nach Europa vorgedrungen und heute weltweit verbreitet sind; gesellige, während der Fortpflanzungszeit oft prächtig gefärbte Vögel mit meist kleinem, kegelförmigem Schnabel; bauen oft kunstvoll gewebte Beutel- oder Kugelnester aus feinen Pflanzenfasern mit langer, abwärts gerichteter Einflugsröhre. – Zu den W. gehören u. a. ↑Sperlinge, ↑Witwen und die *Eigtl. Weber* (Ploceinae) mit rd. 70 Arten, darunter der über 15 cm lange **Textorweber** (Textor cucullatus). W. sind z. T. Stubenvögel.

Webfach ↑Fach.

Webmaschine, Maschine zur industriemäßigen Produktion von Geweben, bestehend aus den Baugruppen Kettablaßvorrichtung, Gewebeabzugsgetriebe, Vorrichtung für den Schußfadeneinzug und für die Fachbildung. Nach dem Prinzip des Eintragens des Schußfadens werden nichtautomat. und automat. W. unterschieden. – **Nichtautomatische Webmaschinen:** Bei der *Spulenschützen-W.* wird der Webvorgang durch Nachfüllen des Spulenschützen unterbrochen. Auf den *Hodgsonstühlen* werden leichte Baumwoll-, Wollmisch- und Seidengewebe hergestellt, auf den schweren, langsamer laufenden *Cromptonstühlen* Wollgewebe, Möbelbezugsstoffe und Teppiche. Genügt bei einfachen Mustern zur Fachbildung eine Trittvorrichtung, müssen bei größeren Mustern die Hubbewegungen der Schäfte durch Schaftmaschinen nach Musterkarten gesteuert werden. Komplizierte Webmuster werden auf *Jacquard-W.* hergestellt. – **Automatische Webmaschinen:** Bei Webautomaten werden Spulen bzw. Schützen selbsttätig gewechselt (Spulenwechsel- bzw. Schützenwechsel-Webautomat). Auf der bis zu 3,5 m breiten *Buckskin-W.* werden schwere Oberkleidungsgewebe hergestellt. *Polgewebe-W.* haben Einrichtungen zur Schlingenbildung und *Polkette,* *Ruten-W.* bewegl. Schneid- bzw. Zugruten, um Samte, Plüsche u. a. herzustellen. *Doppel-W.* erzeugen in einem Arbeitsgang zwei gleiche Gewebe (Ober- und Unterware), die durch ein zw. beiden Geweben bewegtes Messer getrennt werden. Bei *Band-W.* können mehrere als Bandketten auf Scheiben gewickelte Kettfäden nebeneinander gewebt werden. Auf *Rund-W.* wird Schlauchware, auf *Bobinet-W.* werden Tüllgardinen hergestellt. Bei der *Greiferschützen-W.* übernimmt der Greiferschützen, der keine Spule trägt, abwechselnd von beiden Seiten den Schußfaden und trägt ihn ein, während beim *Greiferwebautomaten* der Schußfaden durch einen bzw. zwei beiderseits angebrachte Greifer eingetragen wird. Der Schußeintrag bei *Düsen-W.* erfolgt pneumatisch (Luftstrahl) oder hydraulisch (Wasserstrahl).

Anton Webern

Wilhelm Weber

Webschützen

Webschützen (Schützen, [Web]schiffchen), Vorrichtung, die beim ↑Weben durch das Fach geführt wird und dabei den Schußfaden einträgt; besteht aus einem mehrere Zentimeter langen, bootförmigen Gerät, das in einer Vertiefung die Schußfadenspule enthält, die beim Fachdurchgang den Schußfaden abgibt.

Webster [engl. 'wɛbstə], Ben, eigtl. Benjamin Francis W., *Kansas City 27. Febr. 1909, †Amsterdam 20. Sept. 1973, amerikan. Jazzmusiker (Tenorsaxophonist). – Von C. Hawkins beeinflußt, entwickelte sich W. zu einem der bedeutendsten Swing-Saxophonisten. Charakteristisch für seine Spielweise ist der Kontrast zw. extrovertierter Growl-Artikulation und verhaltener Tonbildung mit weitem Vibrato.

W., Daniel, *Salisbury (= Franklin, N. H.) 18. Jan. 1782, †Marshfield (Mass.) 24. Okt. 1852, amerikan. Politiker. – Rechtsanwalt; kandidierte 1836 und 1940 erfolglos um das Präsidentenamt; schloß als Außenmin. (1841–43 und 1850–52) mit Großbritannien 1842 den **Webster-Ashburton-Vertrag,** in dem die seit 1783 umstrittene NO-Grenze der USA auf den heutigen Verlauf nördl. des 45. Breitengrades festgelegt wurde.

W., Noah, *West Hartford (Conn.) 16. Okt. 1758, †New Haven (Conn.) 28. Mai 1843, amerikan. Publizist und Lexikograph. – Verf. sprachwiss. und lexikograph. Werke, veröffentlichte 1828 „An American dictionary of the English language" (im 19. und 20. Jh. laufend neu bearbeitet).

Webstuhl, Gerät zur meist handwerkl. Herstellung von Geweben, dessen Arbeitsprinzip in die ↑Webmaschine übernommen und dort weiterentwickelt worden ist.

Wechmar, Rüdiger Freiherr von, *Berlin 15. Nov. 1923, dt. Diplomat und Journalist. – Seit 1958 im Auswärtigen Dienst; seit 1971 Mgl. der FDP; 1973/74 als Staatssekretär Leiter des Presse- und Informationsamtes der Bundesreg.; 1974–81 Botschafter bei den UN, 1981–83 in Rom, 1983–88 in London; 1980/81 Präs. der UN-Vollversammlung; seit 1989 MdEP.

Rüdiger Freiherr von Wechmar

Wechsel, schuldrechtl. Wertpapier, das eine schriftl., unbedingte, jedoch befristete Zahlungsverpflichtung in gesetzlich vorgeschriebener Form enthält (↑Orderpapiere). Der gezogene W. (Tratte) ist eine bes. Art der Anweisung, der Sola-W. (eigener W.) ist eine Art des Schuldversprechens. Beim **gezogenen Wechsel** weist der Aussteller den Bezogenen an, einen bestimmten Betrag (W.summe) bei Verfall, d. h. Fälligkeit des W., an einen Dritten (W.nehmer, Remittent) oder dessen Order zu zahlen; der Bezogene verpflichtet sich durch das Akzept zur Zahlung. Der **Solawechsel** stellt ein wechselmäßiges Zahlungsversprechen des Ausstellers selbst dar, bei Verfall die W.summe an den W.nehmer oder dessen Order (den Indossatar) zu zahlen; der Aussteller haftet hier wie der Akzeptant (↑Akzept) beim gezogenen W. Beide W.arten sind von dem ihnen zugrundeliegenden Rechtsverhältnis (z. B. Kauf, Darlehen) rechtlich unabhängig, d. h., die wechselmäßige Verbindlichkeit besteht auch dann, wenn das Grundgeschäft mangelhaft ist.

Das *W.gesetz* vom 21. 6. 1933 (WG), das wie die meisten europ. W.gesetze auf der Grundlage der Genfer W.rechtskonferenz von 1930 erlassen worden ist, stellt folgende Formerfordernisse: 1. beim gezogenen W.: die *W.klausel,* d. h. die ausdrückl. Bez. als W. im Text der Urkunde; die unbedingte Anweisung, eine bestimmte Geldsumme zu zahlen; die Angabe des Bezogenen; die Angabe der Verfallzeit (fehlt diese, gilt der W. als Sicht-W.); die Angabe des Zahlungsortes (fehlt diese, so gilt der bei der Bezogenen angegebene Ort als der Zahlungsort; fehlt auch diese Angabe, ist der W. nichtig; die Angabe des Akzeptanten (ist dieser noch nicht bekannt, kann sich der Aussteller selbst als Akzeptanten einsetzen [trassiert eigener W.]); Tag und Ort der Ausstellung und die eigenhändige Unterschrift des Ausstellers; 2. beim eigenen W. sind dieselben Bestandteile vorgeschrieben, mit Ausnahme der Angabe eines Bezogenen. Fehlt einer der Bestandteile des W., abgesehen von den oben genannten Ausnahmen, so ist der W. nichtig. – *Übertragen* wird der W. durch ↑Indossament.

Nach der *Fälligkeit* ist zw. *Tag-W.* (an einem bestimmten Kalendertag fällig), *Dato-W.* (zu einem bestimmten Zeitpunkt nach der Ausstellung fällig), *Sicht-W.* (nach dem Tag der Vorlegung) oder *Nachsicht-W.* (zu einem bestimmten Zeitpunkt nach Vorlegung des W.) zu unterscheiden. Arten des W. sind: **Aktivwechsel,** er wird auf der Aktivseite der Bilanz verbucht und stellt eine Geldforderung dar im Ggs. zum **Passivwechsel** (Schuld-W.), der eine Verbindlichkeit darstellt; ein **Finanzwechsel** (Kreditakzept, Leer-W.) dient lediglich Finanzierungsmaßnahmen im Ggs. zum **Handels-** oder **Warenwechsel,** der auf einem Warengeschäft beruht und unter bestimmten Voraussetzungen von der Notenbank diskontiert werden kann; ein **Depotwechsel** ist ein vom einem Kreditnehmer akzeptierter und bei der Bank zur Erleichterung der Geltendmachung einer Forderung aus gewährtem Kredit hinterlegter W.; erst wenn die Forderung fällig ist, darf der Gläubiger ihn weitergeben. Ein **Gefälligkeitsakzept** (Gefälligkeits-W.) ist das gefälligkeits-, nicht zahlungshalber erteilte ↑Akzept, dem die mit dem Aussteller getroffene (Dritten gegenüber nicht wirksame) Abrede zugrundeliegt, daß der Akzeptant vor Verfall des W. von der W.verbindlichkeit freigestellt werden soll. Aus dem W. zu zahlen sind *W.summe,* 6 % W.zinsen, die Auslagen (Protestkosten u. a.) und eine Provision von ⅓ %. Die Weigerung der Zahlung muß durch ↑Wechselprotest festgestellt werden. Der W.anspruch ist in erleichterter Form im W.prozeß geltend zu machen, sonst in den normalen Prozeßwege. – Der W., urspr. nur Zahlungsmittel, ist heute v. a. ein Instrument des Kreditverkehrs zur kurzfristigen Finanzierung des Warenhandels.

▷ im *Sport:* 1. bei Mannschaftsspielen (z. B. Basketball, Eishockey, Football, Fußball, Handball, Volleyball) der geregelte Spieleraustausch während des Spielablaufs; erfolgt der W. während einer Angriffsaktion, spricht man von einem *fliegenden W.* (Eishockey); 2. bei Staffelwettbewerben, im Schwimmen oder beim Skilanglauf die Ablösung eines Athleten durch den nächsten; speziell in der Leichtathletik die Übergabe des Stabes an den nächsten Läufer.

▷ (Wild-W.) wm. für den vom Wild regelmäßig benutzten Pfad zw. dem gewöhnl. Standort des Wildes und dem Ort der Nahrungsaufnahme bzw. Tränke, Suhle und Salzlecke. Den regelmäßig benutzten Pfad des niederen Haarwilds (z. B. Hase, Fuchs, Luchs) nennt man *Paß.*

Wechselbäder, wechselweises Anwenden von heißem und kaltem Wasser; fördert die Durchblutung und regt das Atemzentrum an.

Wechselbalg, im Volksglauben ein häßl., mißgestaltetes Kind (auch Kielkropf gen.), das einer Wöchnerin von bösen Menschen oder Geistern (Zwerge, Alp) – anstelle ihres eigenen Kindes – untergeschoben wurde.

Wechselburg, Gem. in Sa., an der Zwickauer Mulde, südl. von Rochlitz, 1200 E. – Roman. ehemalige Stifts-(Schloß-)Kirche (1160–80; 1871–84 und 1953 ff. restauriert; bed. spätroman. Lettnerplastik, Triumphkreuzgruppe, 1230–35; Grabmal des Stifterpaares Dedo und Mechthild von Groitzsch, um 1235), Barockschloß (1753–56), barocke Pfarrkirche (1730–37).

Wechselbürgschaft, Übernahme der Bürgschaft für die Wechselverbindlichkeit eines Ausstellers, Akzeptanten oder sonstigen Wechselschuldners durch einen Dritten oder eine Person, deren Unterschrift sich schon auf dem Wechsel befindet, als Gesamtschuldner (↑Aval).

Wechseldominante (Doppeldominante), Sonderform der ↑Zwischendominante, die ↑Dominante der Dominante (z. B. in C-Dur d–fis–a); Zeichen $\mathrm{D\!\!\!/}$.

Wechselfieber, svw. ↑Malaria.

Wechselgesang, die Ausführung von Gesängen im Wechsel zw. verschieden besetzten Gruppen, z. B. von Vorsänger und Chor, Solisten und Chor, Chor und Orgel. – ↑alternatim, ↑Antiphon, ↑Responsorium.

Wechseljahre (Klimakterium, Klimax), die Zeitspanne etwa zw. dem 45. und 55. Lebensjahr der Frau, während der es gewöhnlich zum allmähl. Versiegen der Geschlechtsfunktion kommt. Eine zunehmende Verminderung der Eierstockhormone (Östrogen und Gestagen) führt zu unregelmäßigen Regelblutungen und am Ende der W. zu einem vollständigen Versiegen der Blutungen. Als Folge der hormonellen Umstellungen kann es zu Hitzewallungen und Schweißausbrüchen kommen; daneben können mitunter auch psychonervöse (z. B. Reizbarkeit, Lustlosigkeit, Leistungsabfall, Schlafstörungen) und körperl. (Rückbildung der Geschlechtsorgane und Brustdrüsen, Knochenbrüchigkeit u. a.) Störungen auftreten. Die Behandlung der Beschwerden der W. und der Zeit danach *(Postmenopause)* ist v. a. durch Östrogenpräparate möglich. – Forschungen über W. beim Mann blieben bisher wenig konkret.

Wechselkredit, kurzfristiger Kredit (i. d. R. bis zu 90 Tagen) von Banken oder Lieferanten zur Finanzierung von Handelsgeschäften. Zu unterscheiden sind: **Diskontkredit,** den eine Bank durch den Ankauf von Wechseln vor deren Fälligkeit gewährt (Handels- oder Warenwechsel); **Akzeptkredit,** den eine Bank dadurch gewährt, daß sie einen auf sie gezogenen Wechsel akzeptiert (Kreditleihe); **Wechselkredit im Auslandsgeschäft:** einfache W. durch Diskontierung von Akzepten von Ausländern oder Wechseldokumentarkredite, die nur gegen direkte oder indirekte Vorlage der Versandpapiere gewährt werden (Remburskredit).

Wechselkröte (Grüne Kröte, Bufo viridis), bis 10 cm lange Kröte in Europa (außer W-Europa), in W- und Z-Asien sowie in N-Afrika; Oberseite hellgrau bis hell olivfarben mit großen, dunkelgrünen Flecken und zahlr. kleinen, roten Warzen.

Wechselkröte

Wechselkurs (Devisenkurs), Preis einer Währungseinheit. Der W. wird als Preis einer ausländ. Währung in heim. Währung *(Preisnotierung)* oder als Preis einer heim. Währung in ausländ. Währung *(Mengennotierung)* angegeben. Zu unterscheiden ist zw. einem System fester und einem System flexibler Wechselkurse. Bei *festen* W. bestehen bestimmte Paritäten zw. den Währungen, die entweder von den Reg. festgesetzt sind oder – wie beim Goldstandard üblich – sich automatisch durch die Festlegung von *Goldparitäten* (Austauschverhältnis der Währungen untereinander auf Grund des festgelegten Feingoldgehaltes) für die einzelnen Währungen ergeben. Eine andere Parität ist die sog. *Kaufkraftparität*, die Relation zweier Währungen, gemessen am Preis der Güter (in jeweiliger Landeswährung) in einem sog. „Warenkorb". Ein System fester W. erfordert Interventionen der Zentralbanken, um die vereinbarten Paritäten zu verteidigen, wenn auf dem Devisenmarkt durch Angebot und Nachfrage ein W. zustande käme, der stärker von der vereinbarten Parität abweicht, als zulässig ist. Als zulässig gelten Abweichungen innerhalb einer in Prozent vom W. ausgedrückten ↑Bandbreite, deren Grenzen die obere bzw. untere *Interventionspunkt* sind. Im System flexibler W. bildet sich der W. am Devisenmarkt täglich neu auf Grund von Angebot und Nachfrage (↑Floating).

Wechselkursfreigabe, Übergang von festen Wechselkursen zum ↑Floating. Eine W. ist erforderlich, wenn der bisherige feste Wechselkurs durch Interventionen der Zentralbank nicht mehr oder nur noch mit unverhältnismäßig großem Einsatz an Währungsreserven innerhalb der zulässigen Bandbreiten zu halten ist.

Wechselnehmer, bei Wechseln gleichbed. mit ↑Remittent.

Wechselnote (Nota cambiata), vom Akkord- oder Melodieton in die Ober- oder Untersekunde und zurück wechselnder, meist unbetonter harmoniefremder Ton.

Wechselplattenspeicher ↑Magnetspeicher.

Wechselprotest, öff. Beurkundung, insbes. der Verweigerung der Annahme oder der Zahlung eines ↑Wechsels, auf der Rückseite des Wechsels oder auf einem mit dem Wechsel verbundenen Blatt *(Protesturkunde)*. Jeder W. muß durch einen Notar, einen Gerichtsbeamten oder (seltener) einen Postbeamten aufgenommen werden. Er muß innerhalb der Zahlungsfrist bzw. vor dem Verfalltag (= Tag der Fälligkeit) erfolgen. Der W. ist Voraussetzung für die Wechselregreß.

Wechselprozeß ↑Wechsel- und Scheckprozeß.

Wechselregreß (Wechselrückgriff), der [Rückgriffs-]anspruch des Inhabers eines ↑Wechsels gegen sämtl. aus einer Wechselverbindlichkeit Verpflichtete, wenn der Wechsel am Verfalltag (= Tag der Fälligkeit) nicht bezahlt oder vom Bezogenen nicht angenommen worden ist. Der W. setzt die rechtzeitige Benachrichtigung des Vormannes und des Ausstellers sowie einen gültigen ↑Wechselprotest voraus. Der Rückgriffsgläubiger kann einen einzelnen Wechselschuldner in Anspruch nehmen oder alle (sie haften dann als Gesamtschuldner).

Wechselreiterei, Austausch von ↑Akzepten zw. finanzschwachen Partnern, ohne daß ein Grundgeschäft besteht. Die W. dient der Kreditschöpfung oder der Verdeckung der Zahlungsunfähigkeit. Einen Reitwechsel diskontieren zu lassen, erfüllt i. d. R. den Tatbestand des Betrugs.

Wechselrichter, heute meist elektron., häufig mit Thyristoren arbeitende Geräte zur Umwandlung von Gleichspannungen in Wechselspannungen. *Zerhacker* sind mechan., d. h. mit bewegten Kontakten arbeitende Wechselrichter.

Wechselrückgriff, svw. ↑Wechselregreß.

Wechselschuldner, Aussteller und Akzeptant (Hauptschuldner) sowie sämtl. Indossanten eines Wechsels und der Wechselbürge. Die W. haften als Gesamtschuldner.

Wechselspannung, Schaltzeichen ~, elektr. Spannung, deren Stärke (und Vorzeichen) sich periodisch mit der Zeit ändert. In der Technik werden meist sinusförmige W. verwendet; für ihren zeitl. Verlauf gilt: $U(t) = U_0 \cdot \sin \omega t$ ($U(t)$ *Momentanwert* zum Zeitpunkt t, ω Kreisfrequenz, U_0 *Scheitelspannung*). Unter dem Effektivwert einer W. *(Effektivspannung)* U_{eff} versteht man diejenige Spannung, die eine Gleichspannung haben müßte, um im selben Widerstand die gleiche Leistung umzusetzen wie die betrachtete Wechselspannung.

Wechselsprechen (Simplexbetrieb), in der Sprechfunktechnik eine Betriebsart, bei der jeweils nur in einer Richtung Sprachübertragung möglich ist (im Ggs. zum Gegensprechen).

wechselständig ↑Laubblatt.

Wechselstrom, elektr., von einer Wechselspannung angetriebener Strom, dessen Richtung und Betrag sich periodisch, häufig sinusförmig zw. positivem und negativem Scheitelwert *(Maximalwert, Spitzenwert, Amplitude* bei sinusförmigen Größen) ändert und dessen Mittelwert bei reinem W. Null ist. Die Schwingungen des W. je Sekunde werden durch die Frequenz $f = 1/T$ (in Hz) oder als Kreisfrequenz $\omega = 2\pi/T$ (T Periodendauer) angegeben. Nenn- und Meßwerte des W. sind in der Praxis der W.technik fast immer die *Effektivwerte* (bei sinusförmigem W. $0{,}707 \times$ Amplitude). Der Widerstand des W.kreises ist die *Impedanz* (komplexer Widerstand), die sich aus *Resistanz* (Wirkwiderstand, ohmscher Widerstand) und dem *induktiven* sowie dem *kapazitiven Blindwiderstand*, beide zus. *Reaktanz* (Blindwiderstand) gen., zusammensetzt. Durch die Blindwiderstände tritt eine *zeitl. Phasenverschiebung* zw. Strom und Spannung um den Phasenwinkel φ auf ($\cos \varphi$ Leistungsfaktor, Wirkfaktor). Leistungen im W.kreis sind Wirkleistung als Maß für die Energieumsetzung, Scheinleistung für die Erwärmung der Generatoren und Transformatoren und

Wechselstrommaschinen

Blindleistung, die durch Blindleistungskompensation möglichst klein gehalten wird. – W. läßt sich verlustarm mittels Transformatoren auf hohe Spannungen transformieren und über weite Entfernungen wirtsch. übertragen. Man unterscheidet *Einphasenstrom (Einphasen-W.), Zweiphasenstrom* oder allg. *Mehrphasenstrom (Mehrphasen-W.),* darunter *Drehstrom (Dreiphasenstrom, Kraftstrom)* als wichtigste Stromart der Elektroenergieversorgung, der aus drei zeitlich um eine Drittelperiode (120°) gegeneinander phasenverschobenen Einphasenströmen gebildet und über drei (Dreileitersystem) oder vier Leiter (*Vierleitersystem* [mit Nulleiter]) übertragen wird. Bei Drehstrom steht neben der Spannung zw. den Leitern (Leiterspannung, Dreieckspannung) die um den Faktor $\sqrt{3}$ kleinere Spannung (Sternspannung, Strangspannung) gegen Null (Erde) zur Verfügung. In Kraftwerken wird fast ausschließlich Drehstrom und nur für Fernbahnen Einphasenstrom erzeugt (letzterer auch aus Drehstrom mit Bahnumformer gewonnen). Für Beleuchtungsanlagen, Haushaltgeräte und kleine Elektrowerkzeuge wird Einphasenstrom zw. einem Leiter des Drehstromsystems und dem Sternpunktleiter abgegriffen.

Wechselstrommaschinen, rotierende elektr. Maschinen, die Wechsel- bzw. Drehstrom erzeugen (Generatoren) oder verbrauchen (Motoren). Die Umwandlung von mechan. in elektr. Energie oder umgekehrt erfolgt dadurch, daß in einer Spule, die sich in einem magnet. Wechselfeld befindet, eine elektr. Spannung induziert wird und daß bei Stromfluß eine Kraft auf sie ausgeübt wird. Im Prinzip können alle W. als Generator oder als Motor arbeiten. Sie bestehen aus einem feststehenden Teil, dem *Ständer (Stator),* und einem rotierenden Teil, dem *Läufer (Rotor),* der sich meist innerhalb des Ständers befindet. Diese durch einen Luftspalt voneinander getrennten Teile tragen Wicklungen. Je nachdem, ob der Ständer oder der Läufer die Erregerwicklung trägt, die das magnet. Hauptfeld bildet, unterscheidet man *Außen-* bzw. *Innenpolmaschinen.* In der jeweils auf dem anderen Maschinenteil befindl. Ankerwicklung induziert das Hauptfeld eine Spannung, so daß bei Generatorbetrieb Wechsel- bzw. Drehstrom ins Netz geliefert, bei Motorbetrieb Strom aufgenommen wird, der den Läufer in Drehung versetzt. Die gebräuchlichsten Wechselstromgeneratoren sind *Synchrongeneratoren:* eine gleichstromerregte Polradwicklung (Stromzuführung über Schleifringe) rotiert an einer feststehenden, stromliefernden Ständerwicklung

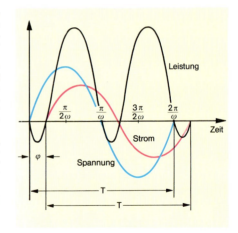

Wechselstrom. Zeitlicher Verlauf von Wechselstrom, Wechselspannung und resultierender elektrischer Leistung in einem Wechselstromkreis mit in Serie geschalteten ohmschen, induktiven und kapazitiven Widerständen; φ Phasenverschiebung zwischen Wechselstrom und Wechselspannung, ω Kreisfrequenz, T Periodendauer

vorbei. Ordnet man 3 um 120° versetzte Ständerspulen an, wird Drehstrom erzeugt (*Drehstromgenerator,* z. B. in der Ausführung eines durch eine Gas- oder Dampfturbine angetriebenen Turbogenerators). Der *Drehstromsynchronmotor* ist wie der Synchrongenerator aufgebaut: die drehstromgespeiste Ständerwicklung erzeugt ein Drehfeld, das das gleichstromerregte Polrad mitnimmt, allerdings erst bei Synchrondrehzahl, so daß ein Anlaßmotor erforderlich ist. Bei sehr kleinen Leistungen dient der *Synchronmotor* zum Antrieb von Uhren, Programmschaltwerken, Plattenspielern u. a. Der *Asynchronmotor (Induktionsmotor)* hat die gleiche drehfelderzeugende Ständerwicklung wie der Synchronmotor. Das Drehfeld (Drehzahl n_1) induziert in die Läuferwicklung Spannungen, die Kraftwirkung der daraus resultierenden Ströme treibt den Läufer bis zur Drehzahl n_2 an, die unter der Drehzahl des Ständerfeldes liegt, da bei

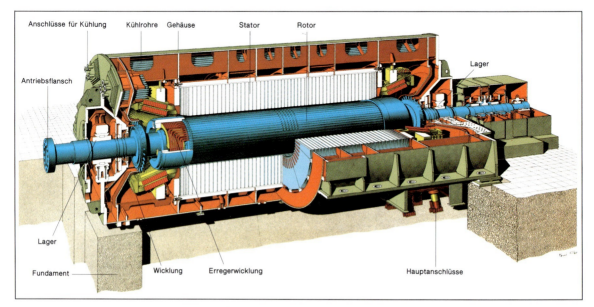

Wechselstrommaschinen. Schnittbild eines durch eine Dampf- oder Gasturbine angetriebenen Turbogenerators zur Erzeugung von Drehstrom

gleicher Drehzahl keine Spannung mehr in den Läufer induziert wird. Das Verhältnis n_2/n_1 heißt *Schlupf*. Schaltet man [Anlaß]widerstände über Schleifringe in den Läuferkreis, kann man Strom und Drehmoment wesentlich ändern *(Schleifringläufermotor)*. Der *Käfigläufermotor* hat eine direkt kurzgeschlossene käfigartige Läuferwicklung und ist wegen seiner Einfachheit und Betriebssicherheit am verbreitet. Ein nur mit Wechselspannung gespeister Asynchronmotor läuft nicht von selbst an; er hat neben seiner Arbeitswicklung eine Hilfswicklung. Der *Wechselstromreihenschlußmotor* wird v. a. als *Bahnmotor* (bei $16^2/_3$ Hz) und als *Universalmotor* für schnellaufende Kleingeräte eingesetzt.

Wechselstromtelegrafie ↑ Telegrafie.

Wechselstromwiderstand (komplexer Widerstand), der in einem Wechselstromkreis auftretende komplexwertige elektr. Widerstand, gegeben durch das von der Kreisfrequenz ω des Wechselstroms abhängige Verhältnis $Z = U/I$ von komplexer Wechselspannung U und komplexem Wechselstrom I. Bei einer Hintereinanderschaltung von ohmschem Widerstand R, Selbstinduktion L und Kapazität C gilt (i imaginäre Einheit):

$$Z = R + iX = R + i\omega L + 1/(i\omega C),$$

dabei wird der durch den ohmschen Widerstand R allein festgelegte Realteil als Wirkwiderstand oder *Resistanz,* der Imaginärteil X als Blindwiderstand oder *Reaktanz* sowie $\sqrt{R^2 + X^2}$ als *Scheinwiderstand* bezeichnet; die Größen ωL und $1/\omega C$ werden induktiver bzw. *kapazitiver [Blind]widerstand* oder *Induktanz* bzw. *Kondensanz* (auch *Kapazitanz*) genannt.

Wechseltierchen, svw. ↑ Nacktamöben.

Wechsel- und Scheckprozeß, durch kürzere Fristen und Beschränkung der Beweismittel beschleunigtes Verfahren zur schnellen Durchsetzung der Wechsel- *(Wechselprozeß)* und Scheckansprüche *(Scheckprozeß)*. Beide Prozesse sind eine bes. Form des Urkundenprozesses (↑Urkunde).

Wechselwähler, in der Wahlforschung Bez. für einen Wähler, der seine Wahlabsichten ändert oder bei aufeinanderfolgenden Wahlen verschiedene Parteien wählt.

wechselwarm, svw. ↑ poikilotherm. – ↑ Kaltblüter.

Wechselwinkel ↑ Schnittwinkel.

Wechselwirkung, gleichzeitige gegenseitige Einwirkung zweier physikal. Systeme aufeinander; durch Austausch von Energie und eventuell weiterer physikal. Größen gekennzeichnet. Die W. wird in der nichtrelativist. Mechanik durch die entgegengesetzt gleichen Kräfte (actio = reactio) der Systeme aufeinander beschrieben, die augenblicklich über beliebige Entfernungen wirken; nach der relativist. Physik erfolgt die W. lokal in jedem Raum-Zeit-Punkt vermittels realer Felder bzw. durch Austausch von Feldquanten. Solange, wie man die Hadronen (Baryonen und Mesonen) als elementare Teilchen auffaßte, unterschied man vier fundamentale W., die durch unterschiedl. Kopplungskonstanten charakterisiert sind: die *Gravitation* zw. allen Massen, wobei als Feldquant das [hypothet.] Graviton ausgetauscht wird, die *elektromagnet.* W. zw. geladenen Teilchen, bei der Photonen ausgetauscht werden, die *schwache* W. aller Elementarteilchen (außer dem Photon) und die *starke* W. (Kernkraft) der Hadronen. Berücksichtigt man den Aufbau der Hadronen aus ↑ Quarks, so greift die starke W. an deren Farbladungen an, wobei Gluonen als Feldquanten ausgetauscht werden, und die schwache W. greift unter Austausch der intermediären Bosonen an den Flavourladungen der Quarks an. Die fundamentalen W. können dann als *universelle W.,* d. h. für alle unmittelbaren W.partner gleichartig W. von Eichfeldern interpretiert werden, wobei die Stärke der W. (Kopplungskonstante) energieabhängig ist. Es wird angenommen, daß die genannten Grundtypen der W. aus einer der für große Energien einheitl. Theorie der Elementarteilchen hervorgehen.

Wechselwirkungsprinzip ↑ Newtonsche Axiome.

Wechselwirtschaft, landw. Fruchtfolgesystem feuchtkühler Klimagebiete, bei dem mindestens 25 % der Ackerfläche mit Gras und Klee eingesät sind. – ↑ Feld-Gras-Wirtschaft.

Wechsler, David [engl. 'weksla], *Lespede (Rumänien) 12. Jan. 1896, †New York 2. Mai 1981, amerikan. Psychologe. – Entwickelte mit der *W. Bellevue Intelligence Scale* in den 1930er Jahren ein Verfahren der Intelligenzmessung mit insgesamt 10 Untertests.

Weckamine (Weckmittel), Arzneimittel mit stark erregender Wirkung auf das Zentralnervensystem und Weckwirkung, die chemisch dem Adrenalin nahestehen. Sie beseitigen die Müdigkeit und steigern kurzfristig die Leistungsfähigkeit; Beispiele: Amphetamin (Benzedrin ⓦ), Methamphetamin (Pervitin ⓦ). Mißbrauch der W. führt zu psych. und körperl. Abhängigkeit. Medizinisch werden W. zur Behandlung der ↑ Narkolepsie verwendet. – ↑ Appetitzügler.

Wecker, Konstantin, *München 1. Juni 1947, dt. Liedermacher und Lyriker. – Seit Mitte der 70er Jahre erfolgreich mit nonkonformist. polit. Liedern (u. a. „Willy", „Frieden im Land") und Chansons; schrieb auch Filmmusiken. Veröffentlichte u. a. „Lieder und Gedichte" (1981), „Uferlos" (R., 1992).

Konstantin Wecker

Weckherlin, Georg Rudolf [...li:n], *Stuttgart 15. Sept. 1584, †London 13. Febr. 1653, dt. Lyriker. – 1620 Sekretär, dann Unterstaatssekretär, später Parlamentssekretär in London. Frühbarocker Lyriker; schrieb Gelegenheitsgedichte und pathet. Gesellschaftslieder („Oden und Gesänge", 1618/19; „Geistl. und weltl. Gedichte", 1641).

Weckmann, Niklaus, d. Ä., *um 1450, †nach 1526, dt. Bildschnitzer. – Unterhielt seit 1481 eine Werkstatt in Ulm, in der in Zusammenarbeit u. a. mit seinem Stiefsohn *Niklaus W. d. J.* (*um 1480) bed. spätgot. Bildwerke entstanden, z. T. als Auftragsarbeit für J. Syrlin d. J.

Weckmittel, 1. svw. ↑ Analeptika; 2. svw. ↑ Weckamine.

Weckzentrum ↑ Schlafzentrum.

Georg Rudolf Weckherlin (Ausschnitt aus einem Kupferstich nach einem 1643 entstandenen Gemälde)

Weda (Veda; Mrz. Weden) [Sanskrit „Wissen"], älteste indoar. Literatursammlung, die zu den hl. Schriften des Hinduismus zählt (↑wedische Religion). Der W. ist etwa 1200–600 v. Chr. entstanden und umfaßt vier Sammlungen **(Samhita)**, bestehend aus Rigweda (Götterhymnen), Samaweda (Opfergesänge), Jadschurweda (Riten und Opferformeln), Atharwaweda (Zaubersprüche und Beschwörungsformeln) und den sich an die Samhitas anschließenden Brahmanas, Aranjakas und Upanischaden. Der W. beeinflußte, v. a. durch die **Wedangas,** die sechs Hilfsmittel zur traditionellen W.erklärung (Grammatik, Phonetik, Etymologie, Metrik, Ritual, Astronomie), nachhaltig die ind. Philosophie.

Wedanta (Vedanta) [Sanskrit „Ende des Weda"], eines der sechs klass. Systeme der ind. Philosophie. Der W. lehrt, ausgehend von den Upanischaden und den Brahmasutras, in den verschiedenen Schulen einen mehr oder minder strengen Monismus, in dem allein das Brahman real ist, während die Erscheinungswelt auf Täuschungen beruht. Der W. wurde von ↑ Ramanudscha geprägt.

Wedda, die Urbev. Ceylons. Die rassisch zu den Wedaiden gehörenden, früher als Wildbeuter lebenden W. sind heute stark mit den Singhalesen (deren Sprache sie übernommen haben), z. T. auch mit den Tamilen vermischt; nur noch etwa 1000 Menschen.

Weddellmeer [engl. wedl], antarkt. Randmeer des Atlantiks, zw. der Antarkt. Halbinsel und Coatsland. 1823 von dem brit. Seefahrer J. Weddell (*1787, †1834) entdeckt. Im S vom ↑ Filchner-Ronne-Schelfeis eingenommen.

Weddide, zum europiden Rassenkreis gehörende Menschenrasse; Menschen mit kleinem, grazilem und untersetztem Körper, mittelbrauner Haut, welligem schwarzem Haar, großem, rundl. Gesicht und dicklippigem Mund. Die W. sind in den Waldgebirgen Vorderindiens, auf der Insel Ceylon sowie in östl. Randgebieten der indones. Inseln verbreitet.

Wedekind, Frank, *Hannover 24. Juli 1864, †München 9. März 1918, dt. Dramatiker, Lyriker und Erzähler. – Journalist, Mitarbeiter des „Simplicissimus", Dramaturg in München, Schauspieler in eigenen Stücken; 1899/1900 Festungshaft wegen Majestätsbeleidigung; 1901/02 Lautensänger und Rezitator im Kabarett „Die Elf Scharfrichter",

Frank Wedekind

Wedel (Holstein)

Jan Baptiste Weenix. Die Furth, 1647 (Sankt Petersburg, Eremitage)

ab 1902 in Wolzogens „Überbrettl", 1905–08 Mgl. des Dt. Theaters in Berlin. Seine gegen alle Erstarrung des Bürgertums, bes. gegen dessen konventionelle Moral, gegen alle Behinderung eines freien, auch sexuell betonten Lebens gerichteten Dramen, deren Aufführungen durch Zensurverbote behindert wurden, hatten eine bed. Wirkung auf die Weiterentwicklung des Dramas in der dt. Literatur, u. a. „Frühlings Erwachen" (1891), „Der Erdgeist" (1895), „Die Büchse der Pandora" (1902, die beiden letzteren 1913 zusammengefaßt u. d. T. „Lulu"; Vorlage für die gleichnamige, unvollendete Oper von A. Berg, 1929–35). Seine Lyrik („Die vier Jahreszeiten", 1905), satir. Balladen und Chansons greifen ebenfalls das Spießbürgertum an. – *Weitere Werke:* Totentanz (Dr., 1906), Bismarck (Dr., 1916), Die Kaiserin von Neufundland (Pantomime, UA 1979).

Klaus Wedemeier

Wedel (Holstein), Stadt an der Unterelbe, Schl.-H., 8–32 m ü. d. M., 30 500 E. Fachhochschule für physikal. Technik und Informatik; opt., pharmazeut., chem. Ind. Metallverarbeitung und Apparatebau, Erdölraffinerie, Jachthafen. – 1212 erstmals gen.; 1875 Stadtrecht.

Wedemeier, Klaus, * Hof (Saale) 12. Jan. 1944, dt. Politiker (SPD). – Seit 1971 Abg. der Bremer Bürgerschaft, seit 1979 deren SPD-Fraktionsvors.; seit 1985 Bürgermeister und Präs. des Senats von Bremen.

Wedgwood, Josiah [engl. ˈwɛdʒwʊd], ≈ Burslem (Stafford) 12. Juli 1730, † Etruria (= Stoke-on-Trent-Etruria) 3. Jan. 1795, engl. Kunstkeramiker. – Gründete 1757 seine erste eigene Manufaktur; stellte seit etwa 1760 die sog. Cream-Ware (Queen's Ware) her, als *W.steinzeug* eroberte sie den europ. Markt. Produzierte auch reliefverzierte schwarze Basaltware und *Jasperware* in kräftigen Farben. Stilistisch gehört seine Produktion zum Klassizismus.

Wedgwood Benn, Anthony [Neil] [engl. ˈwɛdʒwʊd ˈbɛn] ↑ Benn, Anthony [Neil] Wedgwood.

Josiah Wedgwood. Vase, um 1800 (London, Victoria and Albert Museum)

Wedisch (Vedisch), die Sprache des Weda, die älteste bezeugte Form des zur indoar. Gruppe der indogerman. Sprachen gehörenden *Altindischen.* Grundlage des W. ist ein nordwestindoar. Dialekt des Pandschab. Das W. läßt sich periodisieren in: 1. die Sprache des ältesten und ältesten Textes, des Rigweda; 2. die bereits weniger altertüml. Sprache des Atharwaweda und der Mantras der übrigen Weden; 3. die Sprache der wed. Prosastücke; 4. die der Brahmanas; 5. das „Spätwedische" der Upanischaden und Wedangas. – ↑ Indische Sprachen, ↑ Sanskrit.

wedische Religion (Wedismus, vedische R.), älteste, von den einwandernden indogerman. Ariern mitgebrachte, im ↑ Weda überlieferte Religion Indiens, die sich durch die Einbeziehung einheim. ind. Elemente weiterentwickelte.

Ihr Pantheon kennt neben Naturgöttern wie Himmel (Djaus), Erde (Prithivi), Feuer (Agni), Wind (Waju), Sonne (Surja) oder Morgenröte (Uschas) auch eth. Gottheiten wie die Aditjas, Mitra und Waruna, der über das ↑ Rita und damit über die Ordnung der Welt wacht. Große Bed. kommt dem Kriegsgott ↑ Indra zu, der den Menschen erst durch die Befreiung von Kühen und Überschwemmungen das Leben ermöglicht. Der Kult findet auf dem Opferplatz statt, Tempel sind unbekannt. Die Menschen laden die Götter zum Gastmahl, bringen ihnen Libationen ins hl. Feuer dar und genießen den Rauschtrank ↑ Soma. Nach dem Tod erhofft man sich im Jenseits eine Wiedervereinigung mit den Vorfahren; die Wiedergeburtslehre entwickelt sich erst in spätwed. Zeit (↑ Samsara). Die Toten werden verbrannt oder begraben.

Weenix, Jan, * Amsterdam 1640, □ ebd. 19. Sept. 1719, niederl. Maler. – Sohn von Jan Baptiste W.; schuf Jagdstilleben vor abendl. Parklandschaften (auch skulptierten röm. Steinvasen) in italianisierendem Kolorit.

W., Jan Baptiste, * Amsterdam 1621, † Huister Mey (bei Utrecht) vor dem 6. Okt. 1663, niederl. Maler. – Vater von Jan W.; 1642–47 in Rom. Effektvoll gemalte [Ruinen]landschaften, volkstüml. Szenen, Strandbilder, Seehäfen mit antikisierenden Architekturen.

Weert, niederl. Stadt im östl. Kempenland, 40 300 E. Landwirtschaftl. Fachschule; Straßenbahnmuseum; metallverarbeitende, elektrotechn., Nahrungsmittel-, Genußmittel- u. a. Ind. – Spätgot. Kirche Sint-Martinus (15./16. Jh.; Türme im 19. und 20. Jh. erhöht).

Weerth, Georg, * Detmold 17. Febr. 1822, † Havanna (Kuba) 30. Juli 1856, dt. Schriftsteller und Publizist. – Ab 1843 in einem engl. Textilunternehmen tätig, mit Engels und Marx befreundet, 1848/49 Feuilletonredakteur der „Neuen Rhein. Zeitung" in Köln; wurde wegen seiner Satire auf das preuß. Junkertum „Leben und Taten des berühmten Ritters Schnapphahnski" (Buchausg. 1849) zu 3 Monaten Gefängnis verurteilt; schrieb teils volksliedhaftheitere, teils gesellschaftskrit. Lyrik.

Wega [arab.], der hellste Stern (α) im Sternbild Lyra (Leier) und am nördl. Himmel.

Wegameisen (Lasius), Gatt. der Schuppenameisen mit mehreren einheim. Arten; Nester in Holz oder im Boden; ernähren sich v. a. vom Honigtau der Blattläuse, die von den W. betreut werden. Die 3–5 mm (♂) lange **Schwarzgraue Wegameise** (Gartenameise, Lasius niger) ist die häufigste Ameisenart in M-Europa.

Wegener, Alfred, * Berlin 1. Nov. 1880, † Grönland Ende Nov. 1930, dt. Geophysiker und Meteorologe. – Prof. in Hamburg und Graz. W. entwickelte die Theorie der ↑ Kontinentalverschiebung (veröffentlicht 1912); er arbeitete außerdem v. a. über die Thermodynamik der Atmosphäre und die Entwicklung geophysikal. Instrumente; schrieb u. a. „Die Entstehung der Kontinente und Ozeane" (1915).

W., Paul, * Arnoldsdorf bei Wąbrzeźno (Woiwodschaft Toruń) 11. Dez. 1874, † Berlin 13. Sept. 1948, dt. Schauspieler und Filmregisseur. – 1906–20 Schauspieler am Dt. Theater in Berlin unter M. Reinhardt; spielte ab 1913 (,,Der Student von Prag") in Filmen, für die er oft auch als [Mit]regisseur und Autor tätig war, u. a. „Der Rattenfänger von Hameln" (1918), „Der Golem" (1920), „Alraune" (1927), „Die Weber" (1927); später Schauspieler des nationalsozialist. Films (u. a. „Der große König", 1942; „Kolberg", 1945).

Wegerecht ↑ Straßen- und Wegerecht.

Wegerich (Plantago), fast weltweit verbreitete Gatt. der W.gewächse mit über 250 Arten; Kräuter und Halbsträucher mit parallelnervigen, oft in Rosetten stehenden Blättern und unscheinbaren Blüten in Köpfchen oder Ähren. Von den acht einheim. Arten sind am häufigsten der 5–40 cm hohe **Breitwegerich** (Plantago major) mit einer Rosette aus langgestielten, breitförmigen, stark längsnervigen Blättern und bräunl. Blüten in langen Ähren und der 5–50 cm hohe **Spitzwegerich** (Plantago lanceolata) mit Rosetten aus lanzettlinealförmigen 10–30 cm langen Blättern; Blüten klein, in dichter Ähre.

Wegerichgewächse (Plantaginaceae), Fam. der Zweikeimblättrigen mit über 250 fast weltweit verbreiteten Arten in drei Gatt.; einjährige oder ausdauernde Kräuter sowie Halbsträucher mit unscheinbaren Blüten; wichtigste Gatt. ist ↑ Wegerich.

Wegeunfall ↑ Arbeitsunfall.

Weggis, heilklimat. Kurort im schweizer. Kt. Luzern, am Vierwaldstätter See, 444 m ü. d. M., am Fuß des Rigi, 2 400 E.

Weglänge, ([mittlere] freie W.) Begriff der kinet. Gastheorie und der Teilchenphysik; diejenige Strecke, die ein Teilchen im Mittel zw. zwei aufeinanderfolgenden Zusammenstößen mit anderen Teilchen zurücklegt. In Luft unter Normalbedingungen beträgt die freie W. etwa 10^{-5} cm. ▷ ↑ optische Weglänge.

Weglaßprobe (Abstrichmethode), Verfahren der Sprachwiss. zur Erfassung der Grundformen der Sätze: Durch das Wegstreichen aller für den Sinn des Satzes entbehrl. Glieder wird der Satz auf ein Minimum an Gliedern (Satzgerüst) zurückgeführt.

Wegmesser (Hodometer, Wegstreckenzähler), mit einem Rollen- oder Zeigerzählwerk gekoppelte Vorrichtung zum Messen der Länge eines u. a. beim Gehen oder Fahren zurückgelegten Weges. Die Messung erfolgt meist durch Abrollen eines Rades von bekanntem Umfang, Registrieren der Anzahl der Radumdrehungen und Anzeige der Weglänge in km (Prinzip des Kilometerzählers in einem Kfz). Beim *Schrittzähler (Pedometer),* einem kleinen Gerät in Taschenuhrform, werden die Erschütterungen beim Gehen auf das Zählwerk übertragen.

Wegnahmerecht, Recht des zur Herausgabe Verpflichteten (z. B. Mieter), eine Einrichtung, mit der er eine Sache versehen hat, wegzunehmen, sobald er die Sache (z. B. dem Vermieter) herausgeben muß (z. B. Badezimmereinrichtung in der Wohnung). Gemäß § 258 BGB ist nach der Wegnahme der urspr. Zustand wieder herzustellen.

Wegner, Armin T[heophil], Pseud. Johannes Selbdritt, *Elberfeld (= Wuppertal) 16. Okt. 1886, † Rom 17. Mai 1978, dt. Schriftsteller. – Pazifist; wegen eines Briefes an A. Hitler („Ich beschwöre Sie, wahren Sie die Würde des dt. Volkes", 11. April 1933, gedruckt 1968) 1933/34 im KZ; danach Emigration über England nach Italien. Schrieb Gedichte („Zwischen zwei Städten", 1909), Erzählungen, Romane („Das Geständnis", 1922) und Hörspiele.

Paul Wegener in der Titelrolle des unter eigener Regie gedrehten Stummfilms „Der Golem", 1920

Węgorzewo [poln. vɛŋɡɔˈʒɛvɔ] ↑ Angerburg.

Wegschnecken (Arionidae), Fam. 2–15 cm langer Nacktschnecken mit 6 Arten (zusammengefaßt in der Gatt. *Arion*), v. a. in Gärten und Wäldern; ernähren sich vorwiegend von Pflanzenblättern und Pilzen. – Zu den W. gehören u. a. die 10–13 cm lange *Schwarze Wegschnecke* (Arion ater) und die bis 15 cm lange *Rote Wegschnecke* (Arion rufus).

Wegwarte (Zichorie, Cichorium), Gatt. der Korbblütler mit 8 Arten in Europa und im Mittelmeergebiet. Die bekannteste Art ist die **Gemeine Wegwarte** (Kaffeezichorie, Cichorium intybus), eine an Wegrändern häufig vorkommende, 30–130 cm hohe Staude mit schrotsägeförmigen Grundblättern und meist hellblauen Zungenblüten. Sie wird in zwei Kulturvarietäten angebaut: als ↑ Salatzichorie und als *Wurzelzichorie,* deren Wurzel geröstet als Kaffee-Ersatz verwendet wird. Eine Sorte der Wurzelzichorie ist der *Radicchio,* dessen rote Blätter roh als Salat gegessen werden.

Wegwespen (Psammocharidae), mit rd. 3 000 Arten weltweit verbreitete Fam. der Hautflügler (Unterordnung Stechimmen), davon rd. 100 Arten einheimisch; 1–1,5 cm (trop. Arten bis 6 cm) lang, schwarz mit meist roter Zeichnung; einzellebende Spinnenjäger, z. B. die Art *Psammochares fuscus.*

Wegzehrung (Viatikum), in der kath. Kirche Bez. für die den Sterbenden gereichte letzte Kommunion.

Wehen ↑ Geburt.

Wehenhemmung, svw. ↑ Tokolyse.

Wehlau (russ. Snamensk), ostpreuß. Ort an der Mündung der Alle in den Pregel, Rußland, hatte 1939 8 500 E. – 1336 an der Stelle einer Befestigung der Pruzzen gegr.; zeitweilig bed. Handelsstadt. 1657 in W. Abschluß des Vertrages, der Preußen von Polen unabhängig machte. – Pfarrkirche (1360–1400); Rathaus mit Staffelgiebeln (1380–82, mehrfach umgebaut); sog. Haus des Witold (um 1350–60).

Wehler, Hans-Ulrich, *Freudenberg 11. Sept. 1931, dt. Historiker. – 1970/71 Prof. in Berlin (West), seit 1972 in Bielefeld; arbeitet unter sozialhistor. Sicht bes. zu Problemen des 19./20. Jh.; publizierte u. a. „Bismarck und der Imperialismus" (1969), „Dt. Gesellschaftsgeschichte" (4 Bde., Band 1 und 2 1987 erschienen).

Wehner, Herbert, *Dresden 11. Juli 1906, † Bonn-Bad Godesberg 19. Jan. 1990, dt. Politiker. – Seit 1927 Mgl. der KPD, seit 1929 Sekretär der Revolutionären Gewerkschaftsopposition, in Sachsen 1930/31 MdL und stellv. Fraktionsvors.; ab 1932 enger Mitarbeiter Thälmanns, arbeitete 1933–35 für die verbotene KPD in Deutschland, danach v. a. im westl. Ausland; ab 1937 in Moskau bei der Komintern tätig; 1941 nach Schweden zur Überprüfung dt. Kommunisten entsandt, 1942 dort zu 1 Jahr Haft verurteilt; wurde aus der KPD ausgeschlossen und vollzog den Bruch mit dem Kommunismus; kehrte 1946 nach Deutschland zurück, trat 1946 der SPD bei, gehörte bald zum engeren Kreis um K. Schumacher; 1949–83 MdB, 1949–66 Vors. des Bundestagsausschusses für gesamtdt. und Berliner Fragen, 1958–73 stellv. Parteivors., 1966–69 Bundesmin. für gesamtdt. Fragen, 1969–83 Vors. der SPD-Bundestagsfraktion. Seit Ende der 50er Jahre maßgeblich die Strategie der SPD bestimmend, betrieb W. deren Umwandlung in eine linke Volkspartei, setzte die Zustimmung seiner Partei zu Adenauers NATO- und Europapolitik (1960) durch und war entscheidend an der Bildung der großen Koalition 1966–69 beteiligt.

Wehr, in ein Flußbett quer eingebautes Sperrenbauwerk, das v. a. der Erhöhung des Wasserspiegels dient. Man unterscheidet zw. festen W. (mit unbewegl. W.körpern), bei denen eine gezielte oder willkürl. Beeinflussung des Stauspiegels nicht oder nur begrenzt möglich ist (z. B. *Überfall-W.* und *Heber-W.*), und bewegl. W., bei denen einzelne W.felder ganz oder teilweise freigegeben und somit Stauspiegel und Durchfluß reguliert werden können (z. B. *Staubalken-W.*). Nach der Art der bewegl. W.verschlüsse unterscheidet man W. mit Schützen, Klappen-, Sektor-, Segment- und Walzenwehre. Die Verschlüsse werden heute meist aus Stahl mit Gummidichtungen hergestellt.

Wegwespen. Psammochares fuscus

Hans-Ulrich Wehler

Herbert Wehner

Wehrbeauftragter

Wehrbeauftragter, zum Schutz der Grundrechte der Soldaten und als Hilfsorgan des Bundestages bei der Ausübung der parlamentar. Kontrolle über die Bundeswehr vom Bundestag auf 5 Jahre gewählter Beauftragter (Art. 45 b GG); erstattet dem Bundestag Berichte über Einzelfälle, in denen er u. a. auf Grund von Beschwerden von Soldaten tätig wurde, sowie einen jährl. Gesamtbericht.

Wehrbeschwerderecht, gesetzliches Recht des Soldaten (§ 34 SoldatenG), sich zu beschweren. Der Soldat, der glaubt, von Vorgesetzten oder von Dienststellen der Bundeswehr unrichtig behandelt oder durch pflichtwidriges Verhalten von Kameraden verletzt worden zu sein, kann beim nächsthöheren Disziplinarvorgesetzten schriftl. oder mündl. Beschwerde einlegen und damit das förml. *Wehrbeschwerdeverfahren* einleiten (geregelt in der Wehrbeschwerdeordnung. i. d. F. vom 11. 9. 1972). – Unabhängig davon hat jeder Soldat das Recht, sich unmittelbar an den Wehrbeauftragten zu wenden.

Wehrdienst, auf Grund der ↑ Wehrpflicht zu leistender Dienst des Soldaten *(Militärdienst),* umfaßt den Grund-W., den W. in der Verfügungsbereitschaft, Wehrübungen und den unbefristeten W. im Verteidigungsfall. Der **Grundwehrdienst** dauert 12 Monate und beginnt i. d. R. in dem Kalenderjahr, in dem der Wehrpflichtige das 19. Lebensjahr vollendet hat. Nach Vollendung des 28. Lebensjahres kann der Wehrpflichtige nicht mehr zum Grund-W. herangezogen werden (gesetzlich geregelte Ausnahmen bis zur Vollendung des 32. Lebensjahres). Im Anschluß an den Grund-W. oder an die Beendigung eines Dienstverhältnisses als Soldat auf Zeit kann ein 12monatiger **Wehrdienst in der Verfügungsbereitschaft** angeordnet werden, während dessen der Wehrpflichtige jederzeit erreichbar sein muß. **Wehrübungen,** die vom Wehrpflichtigen nach Beendigung des Grund-W. zu leisten sind, dauern insgesamt bei Mannschaften höchstens 9, bei Unteroffizieren 15, bei Offizieren 18 Monate; eine einzelne Übung dauert höchstens 3 Monate. – *Vom W. ausgenommen* sind körperlich oder geistig W.unfähige und Entmündigte sowie wegen eines Verbrechens zu einer Freiheitsstrafe von mindestens 1 Jahr oder wegen eines Staatsschutzdelikts zu einer Strafe von 6 Monaten oder mehr Verurteilte, ferner Vorbestrafte, denen die Fähigkeit zur Bekleidung öff. Ämter abgesprochen wurde. *Vom W. befreit* sind [ordinierte] Geistliche, Schwerbehinderte und Spätheimkehrer; auf Antrag zu befreien sind Wehrpflichtige, die sämtl. Geschwister oder als einziger lebender Sohn Vater und/oder Mutter durch militär. Dienstverrichtung oder Krieg verloren haben. *Vom W. freigestellt* werden Wehrpflichtige, die sich auf mindestens 8 Jahre im Zivil- oder Katastrophenschutz oder mindestens 2 Jahre im Entwicklungsdienst verpflichtet haben. *Nicht zum W. herangezogen* werden als Kriegsdienstverweigerer anerkannte Wehrpflichtige sowie Personen, die dem Vollzugsdienst des Bundesgrenzschutzes oder dem sonstigen Vollzugsdienst der Polizei angehören. Ein zeitweiliger Aufschub der Heranziehung zum W. ist die Zurückstellung. Sie erfolgt: 1. *von Amts wegen,* wenn der Wehrpflichtige a) vorübergehend nicht wehrdienstfähig ist, b) eine Freiheitsstrafe verbüßt bzw. in einem psychiatr. Krankenhaus untergebracht ist, c) unter vorläufige Vormundschaft gestellt ist oder d) zum Bundes- oder Landtag bzw. Europ. Parlament kandidiert; 2. *auf Antrag,* wenn der Wehrpflichtige a) sich auf das geistl. Amt vorbereitet oder b) die Heranziehung zum W. für ihn aus persönl. Gründen eine bes. Härte bedeuten würde. – In *Österreich* umfaßt der W. den 6monatigen Grund-W. sowie Wehrübungen, die maximal 2 Monate dauern. In der *Schweiz* besteht der W. aus einer 17wöchigen Grundausbildung und dann aus in der Dauer gestaffelten Wiederholungskursen, so daß eine Gesamtdienstzeit von etwa 1 Jahr erreicht wird.

Wehrdienstentziehung, die vorsätzl. Hinderung an der Erfüllung der Wehrpflicht durch Selbstverstümmelung oder arglistige, auf Täuschung berechnete Machenschaften. Für Soldaten nach dem WehrstrafG (§§ 17, 18), für Nichtsoldaten nach dem StGB (§§ 109, 109a) mit Freiheitsstrafe [bis zu fünf Jahren oder mit Geldstrafe] bedroht.

Wehrdienstgerichtsbarkeit, Gerichtsbarkeit des Bundes zur Entscheidung über Disziplinarvergehen von Soldaten nach dem Wehrdisziplinarordnung und über Beschwerden von Soldaten nach der Wehrbeschwerdeordnung. Die **Wehrdienstgerichte** gliedern sich in *Truppendienstgerichte* (in Münster, Koblenz und Ulm), die in der Hauptverhandlung mit einem Richter als Vorsitzender und zwei ehrenamtl. Richtern besetzt sind, und die beim Bundesverwaltungsgericht als Berufungs- und Beschwerdeinstanz gegen Beschlüsse und Urteile des Truppendienstgerichts gebildeten *Wehrdienstsenate* (Sitz München), die in der Besetzung von drei Richtern und zwei ehrenamtl. Richtern entscheiden.

Wehrdienstverhältnis, das Dienst- und Treueverhältnis des Soldaten, das durch Einberufung zum ↑ Wehrdienst oder Ernennung zum Berufssoldaten oder Soldaten auf Zeit begründet wird. Das W. ist gegenseitiges Treueverhältnis zw. Staat und Soldaten.

Wehrdienstverweigerung, svw. ↑ Kriegsdienstverweigerung.

Wehrdisziplinaranwälte, bei den Truppendienstgerichten bestellte Beamte mit der Befähigung zum Richteramt. Ihnen obliegt die Vertretung der das *Wehrdisziplinarverfahren* (↑ Wehrdisziplinarrecht) einleitenden Behörden (höherer Vorgesetzter bzw. der Bundesmin. für Verteidigung) und die Vollstreckung von Wehrdisziplinarmaßnahmen.

Wehrdisziplinarordnung, Abk. WDO, gesetzliche Regelung i. d. F. vom 4. 9. 1972 über die Würdigung bes. Leistungen durch förml. Anerkennung und insbes. die Ahndung der Dienstvergehen von Soldaten durch Disziplinarmaßnahmen. – ↑ Wehrdisziplinarrecht.

Wehrdisziplinarrecht, die rechtl. Bestimmungen, die insbes. die Dienstvergehen eines Soldaten nach dem SoldatenG und die Durchführung der Wehrdisziplinarverfahren nach der Wehrdisziplinarordnung regeln. Der Disziplinarvorgesetzte verhängt die *einfachen Disziplinarmaßnahmen:* Verweis, strenger Verweis, Disziplinarbuße, Ausgangsbeschränkung und Disziplinararrest; der Soldat kann dagegen nach der *Wehrbeschwerdeordnung* (↑ Wehrbeschwerderecht) Beschwerde (Disziplinarbeschwerde) einlegen, die die Vollstreckung der Disziplinarmaßnahmen hemmt. Die Wehrdienstgerichte (↑ Wehrdienstgerichtsbarkeit) verhängen die *gerichtl. Disziplinarmaßnahmen:* Gehaltskürzung, Beförderungsverbot, Dienstgradherabsetzung, Entfernung aus dem Dienstverhältnis, Kürzung und Aberkennung des Ruhegehalts; sie können auch einfache Disziplinarmaßnahmen aussprechen. Gegen das in nichtöff. Hauptverhandlung ergehende Urteil ist Berufung, gegen einen Beschluß ist Beschwerde an das Bundesverwaltungsgericht zulässig. – ↑ Wehrstrafrecht.

Das östr. HeeresdisziplinarG unterscheidet Ordnungsstrafen (entsprechen den einfachen Disziplinarmaßnahmen) und Disziplinarstrafen (entsprechen im wesentlichen den gerichtl. Disziplinarmaßnahmen). In der *Schweiz* sind die Bestimmungen des W. im MilitärstrafG enthalten (Disziplinarstrafen: Verweis, einfacher und scharfer Arrest, Geldbuße).

Wehrdörfer, Siedlungstyp in Israel, ↑ Nachal.

Wehrersatzwesen, die Heranziehung der Wehrpflichtigen zum Wehrdienst und die Überwachung der Reservisten durch Behörden der Bundeswehrverwaltung. Die Aufgaben des W. werden wahrgenommen vom **Bundeswehrverwaltungsamt** (als zentrale Fachaufsichtsbehörde) und den **Wehrbereichsverwaltungen** (als Bundesmittelbehörden) mit nachgeordneten Behörden (Kreiswehrersatzämter, Standortverwaltungen u. a.). Die **Kreiswehrersatzämter** als für den personellen Bedarf der Streitkräfte zuständige Behörden mustern die Wehrpflichtigen und stellen ihre Verwendungseignung fest. Die **Standortverwaltungen** sind zuständig für die verwaltungsmäßige und wirtsch.-soziale Betreuung der in ihrem Bereich gelegenen Truppenteile und Dienststellen der Bundeswehr.

Wehrkirche, ein zur Verteidigung eingerichtetes Gotteshaus mit einem Chorturm als wehrhaftem Kern; wurde nicht selten zur **Kirchenburg** *(Kirchenkastell)* mit Wehrgang und Zwinger sowie Bauten zur Vorratshaltung ausgebaut. Die gesamte christl. Welt kannte Formen der W., Schwerpunkte waren S-Frankreich (heute noch 350 W. aus der Zeit der Religionskriege) und Siebenbürgen (etwa 150 W.; wegen der Bedrohung durch das islam. Osman. Reich); in der Steiermark, Kärnten oder N-Europa v. a. Rundkirchen.

Wehrli, Johann Jakob, * Eschikofen (Thurgau) 6. Nov. 1790, † Guggenbühl bei Kreuzlingen 15. März 1855, schweizer. Pädagoge. – 1810–33 Leiter der von P. E. von Fellenberg gegr. Armenerziehungsanstalt in Hofwil, 1833–53 des Lehrerseminars in Kreuzlingen. W. verband die Erziehung der Kinder mit der Anleitung zu prakt. Tätigkeit.

Wehrvögel. Tschaja

Wehrmacht, amtl. Bez. für die Streitkräfte des Dt. Reichs seit 1935, als durch Gesetz die allg. Wehrpflicht eingeführt wurde. Oberster Befehlshaber der W. war A. Hitler, Oberbefehlshaber Reichskriegsmin. W. von Blomberg (1935–38); Oberbefehlshaber des Heeres waren W. von Fritsch (1935–38), W. von Brauchitsch (1938–41) und Hitler (1941–45), Oberbefehlshaber der Kriegsmarine E. Raeder (1935–43) und K. Dönitz (1943–45), Oberbefehlshaber der Luftwaffe war der Reichsmin. der Luftfahrt H. Göring (1935–45). Am 4. Febr. 1938 übernahm Hitler die Befehlsgewalt über die W. unmittelbar. Als sein militär. Stab wurde das Oberkommando der W. (OKW) unter W. Keitel neu geschaffen. Die W. umfaßte 1939: Heer 2,6 Mill., Luftwaffe 0,4 Mill., Marine 50 000 Mann; 1944: Heer 6,5 Mill., Luftwaffe 1,5 Mill., Marine 0,8 Mill. Mann.

Wehrpaß, öff. Urkunde zum Nachweis des militär. Werdegangs eines Wehrpflichtigen (wird in der Bundeswehr seit Einführung der EDV nicht mehr ausgegeben).

Wehrpflicht, die Verpflichtung jedes wehrfähigen Bürgers, Wehrdienst zu leisten, um gegebenenfalls mit seiner Person für die Verteidigung des Staates eintreten zu können. In Deutschland besteht die allg. W., d. h., alle dt. Männer vom vollendeten 18. Lebensjahr an sind wehrpflichtig. Die W. ist im WehrpflichtG vom 21. 7. 1956 geregelt; sie wird durch den Wehrdienst oder den Zivildienst erfüllt und umfaßt verschiedene Nebenpflichten (u. a. Meldepflicht). Sie endet mit Ablauf des Jahres, in dem der Wehrpflichtige das 45. Lebensjahr, im Verteidigungsfall sowie bei Offizieren und Unteroffizieren das 60. Lebensjahr, bei Berufssoldaten das 65. Lebensjahr vollendet.
In *Österreich* besteht allg. W. für die männl. Staatsbürger zw. dem 18. und 51. Lebensjahr, Präsenzdienstpflicht bis zum 35. (Offiziere bis zum 50.) Lebensjahr. In der *Schweiz* besteht gleichfalls die allg. W. für männl. Staatsbürger vom 20. bis 50. Lebensjahr (Offiziere bis zum 55.).

Wehrsold, Geldbezüge von Soldaten, die Wehrdienst oder [Wehr]übungen ableisten, ergänzt durch freie Verpflegung und Unterkunft, Dienstbekleidung und Heilfürsorge sowie durch Entlassungsgeld.

Wehrsteuer, 1. bereits im Altertum erhobene außerordentl. Vermögensteuer zur Rüstungs- und Kriegsfinanzierung; 2. Abgabe von Wehrpflichtigen, die ihre Dienstpflicht nicht ableisten: Im Dt. Reich 1937–41, in der Schweiz bis heute als *Militärpflichtersatz* erhoben.

Wehrstrafgerichte ↑ Militärgerichtsbarkeit.

Wehrstrafrecht, die im WehrstrafG i. d. F. vom 24. 5. 1974 normierten bes. strafrechtl. Regelungen für Straftaten der Bundeswehrsoldaten, der militär. Vorgesetzten, die nicht Soldaten sind, sowie ziviler Anstifter oder Gehilfen. Das W. enthält im Allg. Teil des StGB abweichende Rechtsgrundsätze (z. B. über die Verbindlichkeit eines Befehls) sowie Bestimmungen über ↑ militärische Straftaten. Das WehrstrafG wird ergänzt durch entsprechende Strafbestimmungen für Nichtsoldaten in den §§ 109 ff. StGB. Die Regelungen des *östr.* und *schweizer.* W. entsprechen im wesentlichen denen des dt. Rechts.

Wehrüberwachung, Überwachung jedes Wehrpflichtigen durch Wehrersatzbehörden, um dessen Verfügbarkeit oder Art des Einsatzes bei Eintritt des Verteidigungsfalles sicherzustellen.

Wehrübung ↑ Wehrdienst.

Wehrvögel (Anhimidae), Fam. bis 90 cm langer, ziemlich hochbeiniger, gut fliegender und schwimmender Vögel (Ordnung Gänsevögel) mit drei Arten, v. a. an Süßgewässern und in Sümpfen S-Amerikas; haben am Flügelbug je zwei spitze, wehrhafte Sporne; brüten in Bodennestern. Zu den W. gehört u. a. der **Tschaja** (Chauna torquata; Oberseite grau mit schwarzem Hals, weißl. Kopf, gelbem Schnabel und roter Augenumgebung).

Weibliche Wasserschlange ↑ Sternbilder (Übersicht).

Weichbild [vermutl. zu mittelhochdt. wich „Stadt" und bilde „Bild; Kreuz zur Bez. der Grenze des Stadtgebiets" oder zu bilidi „Recht"], im ma. Rechtsgebrauch der Ort, an dem Stadtrecht galt (im Ggs. zum Landrecht); heute im Sinne von Einzugsbereich, Bannmeile; städt. Siedlungsgebiet.

Weiche ↑ Eisenbahn (Gleisanlagen).

Weichen, Bez. für zwei Regionen beiderseits am Bauch von Säugetieren: den seitlich der Nabelgegend gelegenen unteren Teil der ↑ Flanke und die weiche Bauchgegend längs des Rippenbogens.

weicher Schanker ↑ Schanker.

Weicher Stil (Schöner Stil, internat. Stil, internat. Gotik), etwa 1390–1430 in Europa dominierende Stilrichtung mit Vorliebe für ein elegantes Linien- und Farbenspiel, anmutig-zarte Gebärden und stoffreiche, weiche Faltengebung. Typ. Werke des W. S. sind u. a. die Schönen Madonnen (↑ Mariendarstellungen).

Weichfäule, meist mit üblem Geruch verbundene feuchtfaule Zersetzung des Gewebes von Früchten, Knollen oder Wurzeln durch Bakterien und Schadpilze.

Weichholz, svw. Splintholz (↑ Holz).

Weichhölzer, holztechnisch für alle Nadelhölzer (außer Eibe) sowie für Laubhölzer mit einer Rohdichte unter 0,55 g/cm³ (Erle, Pappel, Espe, Weide, Linde, Roßkastanie).

Weichkäfer (Soldatenkäfer, Kanthariden, Cantharidae), mit über 4 000 Arten weltweit verbreitete Fam. häufig bunter Käfer, davon etwa 80 Arten einheimisch; Körper meist sehr langgestreckt; Flügeldecken weich; W. leben räuberisch von Blattläusen, Raupen u. a.; einige können durch Fraß an Baumblüten oder -trieben schädlich werden. Die Larven sind meist nützlich, weil sie holzzerstörende Insekten fressen. Ein bekannter W. ist der **Gemeine Weichkäfer** (Cantharis fusca): etwa 1,5 cm lang mit grauschwarzen Flügeldecken und gelbrotem Prothorax.

Weichlöten ↑ Löten.

Weichmacher (Plastifikatoren), niedermolekulare Substanzen (v. a. Ester der Phosphorsäure und organ. Säuren wie Phthal-, Adipin-, Olein-, Stearin- und Zitronensäure), die die Plastizität von thermoplast. Kunststoffen und Kautschuk erhöhen. W. wirken als Lösungsmittel, die schon in geringen Mengen den Kunststoff aufquellen und in einen gelartigen Zustand überführen.

Weichmanganerz, svw. ↑ Pyrolusit.

Weichporzellan

Weide.
Salweide.
Oben links:
männliche Kätzchen.
Oben rechts:
weibliche Kätzchen.
Unten: Laubzweig

Weiderich.
Blütenstand des
Blutweiderichs

Weichporzellan ↑ Porzellan.
Weichschildkröten, Sammelbez. für die Vertreter zweier Schildkrötenfam. der Unterordnung ↑ Halsberger, deren Panzer anstelle von Hornschilden aus einer dicken, lederartigen Haut besteht; leben meist in Süßgewässern Afrikas, S- und O-Asiens sowie N-Amerikas: 1. **Echte Weichschildkröten** (Lippen-W., Trionychidae): rd. 25 Arten, deren Knochenpanzer weitgehend reduziert ist. 2. **Neuguinea-Weichschildkröte** (Carettochelyidae): mit der einzigen Art *Carettochelys insculpta* in S-Neuguinea und N-Australien; mit noch vollständigem Knochenpanzer.
Weichsel (poln. Wisła), Strom in Polen, entspringt in den Westbeskiden, durchbricht die Krakau-Tschenstochauer Höhe und folgt dann einer Störungslinie zw. Kielcer Bergland im W und Lubliner Hügelland im O, durchfließt die masow. und kujaw. Tiefebene und quert den Balt. Landrücken. Bei Gniew beginnt ihr Mündungsgebiet an der Danziger Bucht (Ostsee), die **Weichsel-Nogat-Niederung** (zw. 9 m ü. d. M. und 1,8 m u. d. M.). Die W. ist 1047 km lang, davon sind 941 km schiffbar; sie ist über Kanäle mit Netze, Warthe und Oder sowie Narew, Bug und Memel verbunden.
Weichseleiszeit, nach der Weichsel benannte letzte Eiszeit des nordeurop. Vereisungsgebiets.
Weichselkirsche, svw. ↑ Sauerkirsche.
▷ svw. ↑ Felsenkirsche.
Weichselzopf [poln.-schles.] (Trichom), bei hochgradiger Kopfverlausung auftretende Verfilzung der Haare.
Weichspülmittel, Substanzen (v. a. kationenaktive Tenside), die die beim Trocknen von Textilien auftretende „Trockensteife", d. h. die Adhäsion zw. den Fasern, verhindern.
Weichteile, alle nicht knöchernen Teile des Körpers wie Muskeln, Eingeweide, Sehnen, Bindegewebe.
Weichteilrheumatismus ↑ Rheumatismus.
Weichtiere (Mollusken, Mollusca), seit dem Unterkambrium nachgewiesener, heute mit rd. 125 000 Arten in Meeren, Süßgewässern und auf dem Land weltweit verbreiteter Tierstamm; sehr formenreiche, 1 mm bis 8 m lange Wirbellose, deren Körper sich z. T. (Schnecken, Kahnfüßer, Kopffüßer) in einen mehr oder weniger abgesetzten Kopf, Fuß und Eingeweidesack gliedert. Bei den sog. *Urmollusken* (Archimollusca) ist der Körper abgeflacht und mit einer voll bewimperten Gleitsohle sowie einer kutikulären, von eingelagerten Kalkschuppen bedeckten Rückenhaut versehen, die am Hinterkörper eine Hautduplikatur bildet, in der die Atemorgane, der After und die paarigen Ausführöffnungen der Harn- und Geschlechtswege liegen. Bei den höherentwickelten W. (↑ Stachelweichtiere und ↑ Schalenweichtiere) ist die Gleitsohle im mittleren und/oder hinteren Fußabschnitt erhalten geblieben. Aus der urspr. Mantelbedeckung entwickelte sich eine einheitl. Schale. Durch Ausdehnung des Mantelraums nach vorn entstand stufenweise ein Kopf mit Tentakeln oder (bei Kopffüßern) Fangarmen. Das Nervensystem setzt sich aus Gehirn und je einem seitl. Körperlängsstrang auf der Ventralseite zusammen. Die meisten W. haben eine ↑ Radula zur Nahrungsaufnahme. Die Körperhöhle ist mit einem lockeren Mesenchymgewebe ausgefüllt, durch dessen Lücken vom rückenständigen Herzen im Hinterkörper Blut (Hämolymphe) nach vorn gepumpt wird („offener Blutkreislauf"). An Sinnesorganen stehen die Osphradien (kiemenähnlich; Chemorezeptoren) im Vordergrund. – Die Fortpflanzung der W. erfolgt ausschließlich geschlechtlich; bei Zwittern treten Geschlechtshilfsorgane (z. B. ↑ Liebespfeile) hinzu. Verschiedene W. haben kulturelle und ökonom. Bed. erlangt (z. B. Perlmuscheln, Kaurischnecken, Miesmuscheln, Weinbergschnecke). Einige Gruppen sind ausgestorben, z. B. Ammoniten, Belemniten.
Weichwanzen, svw. ↑ Blindwanzen.
Weichzeichnung, photograph. Abbildungseffekt, der durch Überstrahlung der einzelnen Zerstreuungskreise von Objektpunkten in der Bildebene erzeugt wird; beruht u. a. auf geringen Abbildungsfehlern des Objektivs, einer vorgesetzten *Weichzeichnerscheibe*.

Weida, 1122 erstmals bezeugtes dt. Adelsgeschlecht. – ↑ Reuß, ↑ Vogtland (Geschichte).
Weida, Stadt in Thür., an der Mündung der Auma in die Weida, 245 m ü. d. M., 10 100 E. Textil- und Schuhindustrie. Bei W. liegen die Weida- und Aumatalsperre. – Entstand vor 1122 als Burgflecken; Mitte des 12. Jh. Stadtrecht. – Schloß Osterburg (12.–15. und 16./17. Jh., heute Museum und Jugendherberge); Renaissancerathaus (1587 bis 1589); Reste der Stadtbefestigung.
Weidblatt ↑ Jagdwaffen.
Weide (Salix), Gatt. der W.gewächse mit rd. 300 Arten, v. a. in der nördl. gemäßigten und subarkt. Zone, einige Arten auch in S-Amerika; meist sommergrüne Bäume oder Sträucher mit meist lanzettförmigen Blättern; Blüten zweihäusig; Frucht eine zweiklappige Kapsel; Samen mit Haarschopf. Einheimisch sind 30 Arten und zahlr. Artbastarde, u. a.: **Korbweide** (*Salix viminalis*), Strauch oder bis 10 m hoher Baum mit biegsamen, gelbl. Zweigen und kätzchenartigen Blütenständen; in Auengebüschen auf nassen Böden. Die Zweige werden zum Korbflechten verwendet. **Salweide** (Palm-W., *Salix caprea*), bis 3 m hoher Strauch oder bis 7 m hoher Baum mit glänzend rotbraunen Zweigen, bei ♀ Pflanzen meist grün; Blüten vor dem Aufblühen in zottigen, silberweiß glänzenden Kätzchen (Palmkätzchen); ♂ Kätzchen bis 4,5 cm lang, dick, goldgelb; ♀ Kätzchen grünlich. Die an Flüssen, Waldrändern und auf Lichtungen verbreiteten Sal-W. sind die ersten Bienenfutterpflanzen des Jahres. **Purpurweide** (*Salix purpurea*), bis 6 m hoher Strauch oder Baum mit oft purpurroten, kahlen Zweigen; die 3–4 cm langen ♂ Blütenkätzchen haben anfangs purpurrote Staubbeutel, die später gelb bzw. schwarz werden; in Auwäldern und auf feuchten Wiesen. **Reifweide** (*Salix daphnoides*), großer Strauch oder bis 10 m hoher Baum mit gelbbraunen bis roten, oft stark blau bereiften Zweigen; Kätzchen bis 3 cm groß, silbrig; in den Alpen. Als **Trauerweide** bezeichnet man die durch hängende Zweige gekennzeichneten Kulturformen verschiedener W.arten. **Weißweide** (*Salix alba*), 6–25 m hoher, raschwüchsiger Baum mit in der Jugend behaarten Zweigen und 6–10 cm langen, lanzettförmigen, seidig behaarten, unterseits bläul. Blättern; eine beliebte Untersorte ist die *Dotter-W.* (Gold-W.) mit dottergelben, biegsamen Zweigen.

Christoph Weiditz. Adam und Eva, um 1540–50 (Wien, Kunsthistorisches Museum)

Weide, mit Gräsern, Klee u. a. bestandene, zum Abweiden durch landw. Nutztiere bestimmte Fläche.
Weide-Euterseuche, svw. ↑Holstein-Euterseuche.
Weidekamm ↑Kaukasus.
Weidelgras, svw. ↑Lolch.
Weidenbohrer (Cossus cossus), bis 9 cm spannender Schmetterling (Fam. Holzbohrer) in Europa, östl. bis zum Amur verbreitet; Vorderflügel braun und weißgrau, mit schwarzen Querstrichen; Raupen bis 8 cm lang, fleischrot, an den Seiten gelblich, leben zweijährig im Holz von Laubbäumen, werden jedoch nur selten schädlich.
Weidengewächse (Salicaceae), Pflanzenfam. der Zweikeimblättrigen mit rd. 350 Arten in den beiden Gatt. ↑Pappel und ↑Weide; Bäume und Sträucher, vorwiegend in der nördl. gemäßigten und subarkt. Zone, nur wenige Arten in den Tropen; Blüten zweihäusig, in ährigen Kätzchen.
Weiden i. d. OPf. [in der Oberpfalz], bayr. Stadt an der oberen Naab, 390 m ü. d. M., 42 000 E. Glas-, Porzellan-, Textil- u. a. Industrie. – Erste Erwähnung 1241, vor 1283 Stadt. – Barockkirchen; Rathaus (1539–48, 1915 umgebaut); Alte Schule (1566, bestehend aus 8 selbständigen Reihenhäusern).
Weidenlaubsänger ↑Laubsänger.
Weidenmeise ↑Meisen.
Weidenröschen (Epilobium), Gatt. der Nachtkerzengewächse mit rd. 200 Arten in den außertrop. Gebieten der Erde; aufrechte oder kriechende Stauden oder Halbsträucher mit längl. Blättern und roten, purpurnen oder weißen, achselständigen Blüten; Samen mit Haarschopf. Einheimisch ist das in Hochstaudengesellschaften verbreitete **Zottige Weidenröschen** (Epilobium hirsutum), eine bis 1,5 m hohe Staude mit stengelumfassenden Blättern und purpurfarbenen Blüten. Einige Arten sind Gartenzierpflanzen.
Weidensdorfer, Claus, *Coswig 19. Aug. 1931, dt. Graphiker. – Lebt in Dresden. Seine urspr. ganz aus der Linie entwickelte Graphik ist von Spontaneität der Niederschrift und einer mitunter kauzig-humorvollen Sicht auf den Alltag geprägt.
Weidensperling ↑Sperlinge.
Weidenspinner, svw. ↑Pappelspinner.
Weiderich (Lythrum), weltweit verbreitete Gatt. der W.gewächse; überwiegend Kräuter oder Stauden mit sitzenden Blättern an vierkantigen Stengeln; Blüten mit röhrenförmiger Blütenhülle, in Trauben oder Ähren stehend. Von den zwei einheim. Arten ist nur der bis 1,2 m hohe **Blutweiderich** (Lythrum salicaria; mit bläulich-purpurroten Blüten, an Ufern und sumpfigen Stellen) häufig.
Weiderichgewächse (Lythraceae), Fam. der Zweikeimblättrigen mit rd. 450 Arten in 22 Gatt., v. a. im trop. Amerika; meist Kräuter oder Stauden. Bekannte Gatt. sind ↑Weiderich und ↑Sumpfquendel.
Weiditz, Christoph, *Freiburg im Breisgau (?) um 1500, †Augsburg 1559, dt. Medailleur. – Vermutlich Sohn von Hans W. d. Ä.; tätig u. a. in Straßburg und v. a. in Augsburg; im Dienste Karls V.; bed. Renaissancekünstler, schuf zahlr. Bildnismedaillen (Holzmodelle) sowie Kleinplastik.
W., Hans, d. Ä., 1497–1510 in Freiburg im Breisgau nachweisbar, dt. Bildschnitzer. – Meister kleinformatiger Figuren, in denen sich spätgot. Tradition mit Elementen der Renaissance verbindet, u. a. „Adam und Eva" (um 1510, Basel, Histor. Museum), Dreikönigsaltar (1505 datiert, Freiburger Münster), Schnewlinaltar (um 1514–16, zus. mit H. Baldung, ebd.).
Weidmann, wm. für einen Jäger, der nicht nur Beute macht, sondern das Wild auch hegt und schützt.
Weidmannssprache ↑Jägersprache.
Weidwerk, wm. svw. ↑Jagd; *kleines W.,* svw. ↑Niederjagd; *großes W.,* svw. ↑hohe Jagd.
weidwund, wm. für: ins Eingeweide geschossen, krankgeschossen.
Weierstraß, Karl, *Ostenfelde (= Ennigerloh, Landkr. Warendorf) 31. Okt. 1815, †Berlin 19. Febr. 1897, dt. Mathematiker. – Prof. in Berlin; begründete große Teile der Analysis neu und erzielte grundlegende Resultate in der Theorie der holomorphen Funktionen und in der Variationsrechnung.

Helene Weigel als Mutter Courage in der Verfilmung von Bertolt Brechts „Mutter Courage und ihre Kinder" unter der Regie von Peter Palitzsch und Manfred Wekwerth, 1960

Weigel, Hans, *Wien 29. Mai 1908, †Maria Enzersdorf am Gebirge (Niederösterreich) 12. Aug. 1991, östr. Schriftsteller und Kritiker. – 1938–45 in der Schweiz, dann wieder in Wien; verfaßte Romane („Der grüne Stern", 1946), Dramen („Barabbas", 1946) und Essays („Götterfunke mit Fehlzündung", 1971). Förderer junger östr. Schriftsteller. – *Weitere Werke:* Die Leiden der jungen Wörter. Ein Antiwörterbuch (1974), Man kann nicht ruhig darüber reden (1986).
W., Helene, *Wien 12. Mai 1900, †Berlin (Ost) 6. Mai 1971, dt. Schauspielerin und Theaterleiterin östr. Herkunft. – 1922–33 Engagements an verschiedenen Berliner Theatern (u. a. Staatstheater, Junge Bühne, Volksbühne), seit 1929 ∞ mit B. Brecht. Emigrierte 1933 nach Dänemark, 1939 nach Schweden; 1941–48 in den USA; seit 1949 Intendantin des gemeinsam mit Brecht gegr. ↑Berliner Ensembles; übernahm auch Film- und Fernsehrollen; zahlr. Gastspiele; gilt als bed. Interpretin Brechtscher Frauenrollen und Vertreterin einer realist. Schauspielkunst.
Weigelie (Weigelia) [nach dem dt. Naturwissenschaftler C. E. von Weigel, *1748, †1831], Gatt. der Geißblattgewächse mit elf Arten in O-Asien; Sträucher mit ellipt., gesägten Blättern und roten oder rosafarbenen, glockenförmigen Blüten; beliebte Ziersträucher.
Weihbischof (Auxiliarbischof), in der kath. Kirche des dt. Sprachraums Bez. für einen Titularbischof, der nur der Weihe nach Bischof, also nicht Diözesanbischof ist.
Weihe, 1. rituelle Kulthandlung, durch die eine Person oder Sache bes. geheiligt oder in göttl. Dienst gestellt werden soll; 2. Sakrament der W. in der röm.-kath. und der orth. Kirche, das durch ↑Ordination vollzogen wird.
Weihehindernis, nach röm.-kath. Kirchenrecht ein der Person anhaftender Umstand, der den Empfang oder die erlaubte Ausübung der ↑Weihe hindert. W. sind entweder *Irregularitäten* (z. B. Mißbildung, Geisteskrankheit, Fällung eines Todesurteils oder sittl. Makel wie Glaubensabfall, Mord) oder zeitlich begrenzte, von selbst wegfallende *einfache* W. (z. B. Ehestand).
Weihemünzen ↑Wallfahrtspfennige.
Weihen (Circinae), mit 17 Arten in offenen Landschaften weltweit verbreitete Unterfam. recht schlanker Greif-

Hans Weigel

Karl Weierstraß

Weiher

Weihen.
Kornweihe

vögel (Fam. Habichtartige); erjagen ihre Beutetiere aus niedrigem Flug; brüten in einem Horst bes. am Boden und im Röhricht. – In Deutschland kommen vor: **Kornweihe** (Circus cyaneus), etwa 50 cm groß; ♂ aschgrau mit weißem Bauch und Bürzel, ♀ bussardähnlich braun (mit weißem Bürzel); v. a. auf Feldern und Mooren; **Rohrweihe** (Circus aeruginosus), etwa 55 cm lang; ♂ oberseits hell- und dunkelbraun, mit dunklen Längsstreifen am Hals, blaugrauen Armschwingen und hellgrauem Schwanz, unterseits rostrot; ♀ kontrastreicher, Gefieder (mit Ausnahme des hellen Oberkopfs und der hellen Kehle) dunkelbraun; an stehenden Süßgewässern und in Rohrsümpfen; **Wiesenweihe** (Circus pygargus), etwa 45 cm groß; ähnelt stark der Korn-W.; ♂ mit schwarzem Flügelstreif, grauem Bürzel und (auf weißem Grund) braun gestreifter Unterseite; v. a. auf Feldern und Wiesen.

Weiher, 1. in der Limnologie ein natürl., stehendes Gewässer von geringer Tiefe, dessen Boden in seiner ganzen Ausdehnung auch von höheren Pflanzen besiedelt ist. 2. im allg. Sprachgebrauch, vornehmlich in SW-Deutschland und Bayern, svw. Teich.

Weihnachten [zu mittelhochdt. ze wîhen nahten „in den heiligen Nächten"] (Christfest, Weihnachtsfest, Nativitatis [Natalis] Domini), gesamtchristl. Fest der Geburt Jesu Christi, seit 354 am 25. Dez. gefeiert, anknüpfend an vorchristl. Feiern der Geburt des ↑ Sol invictus bzw. der Wintersonnenwende; Hauptfest der christl. Kirche. W. löste schon bald das ältere Fest ↑ Epiphanie ab (nicht in den Ostkirchen) und verbreitete sich rasch. Bereits seit dem 6./7. Jh. ist W. durch die Feier von drei verschiedenen Messen („Christmette", „Engelmesse" und der eigtl. Festmesse) sowie durch eine Oktav und die Schaffung eines eigenen **Weihnachtsfestkreises** (1. Advent bis Septuagesima) liturgisch ausgezeichnet. Der *Volksbrauch* **(Weihnachtsbrauch)** prägte mit seiner Vielfalt von liturg. und außerliturg. Brauchtum (z. B. Krippen, Sternsingen, Weihnachtsspiele) den heutigen überregionalen Charakter von W. aus; zentrales Sinnbild wurde der lichtergeschmückte *Weihnachtsbaum* (*Christbaum;* vereinzelt ohne Licht schon im beginnenden 16. Jh., seit dem letzten Drittel des 19. Jh. allg. üblich), im 20. Jh. kam der *Adventskranz* hinzu. Aus den Gabenbringern der Adventszeit (hl. Nikolaus, Knecht Ruprecht) wurde der *Weihnachtsmann* (erstmals belegt auf Bildern des 19. Jh.); Ende des 18. Jh., deutlich dann im 19. Jh., erhielt W. das familiäre Gepräge mit der Bescherung (Kinderbescherung seit dem 16. Jh. üblich) am *Hl. Abend* (auch *Hl. Nacht, Christnacht;* 24. Dez.), auf den sich heute auch die christl. Weihnachtsfeier (Weihnachtsvigil, Christmette) konzentriert. – ↑Zwölften.

Weihnachtsbaum (Christbaum) ↑ Weihnachten.

Weihnachtsgratifikation, dem Arbeitnehmer an Weihnachten zusätzlich zu seinem normalen Arbeitsentgelt vom Arbeitgeber erbrachte Zuwendung (↑Gratifikation).

Weihnachtsinsel, dt. Name für ↑Christmas Island. – ↑Kiritimati.

Weihnachtskaktus (Gliederkaktus, Zygocactus), Kakteengatt. mit mehreren Arten in O-Brasilien; epiphyt., kleine Sträucher mit aus zweikantig geflügelten Gliedern zusammengesetzten Flachsprossen; Blüten groß, mit zurückgebogenen Blütenhüllblättern, Staubblätter und Griffel hervorragend; z. T. beliebte Topfpflanzen.

Weihnachtsspiel, geistl. Spiel des MA. Die drei vom Evangelium vorgegebenen Haupthandlungen der Weihnachtsliturgie: Engelsverkündigung, Hirtenprozession *(Hirtenspiel),* Anbetung des Kindes in der Krippe *(Krippenspiel)* wurden durch Zusätze aus der bibl. Geschichte erweitert. Als lat. Fassung erstmals in der „Benediktbeurer Handschrift" des 13. Jh. dokumentiert; erstes volksspracht. W. ist das „Sankt Galler Spiel von der Kindheit Jesu" (Ende des 13. Jh.).

Weihnachtsstern (Adventsstern, Poinsettie, Euphorbia pulcherrima), in Mexiko und M-Amerika heim. Art der Gatt. Wolfsmilch; bis 1 m hoher (in seiner Heimat bis 4 m hoher) Strauch mit 7–15 cm langen, eiförmigen, gelappten Blättern und unscheinbaren, von leuchtend roten, rosafarbenen, gelben oder gelblichweißen Hochblättern umgebenen Scheinblüten; Zimmerpflanze.

Weihnachtsstil, svw. ↑Nativitätsstil.

Weihrauch (Olibanum, Gummi olibanum), v. a. von der Weihrauchbaumart Boswellia carteri gewonnenes Gummiharz; erstarrt an der Luft zu gelbl., rötl. oder bräunl., außen meist weiß bestäubten Körnern, die bei normaler Temperatur fast geruchlos sind, beim Verbrennen jedoch einen aromat. Duft entwickeln. – W. diente in zahlr. antiken und altorientalischen Kulten und Mysterien (auch im A.T.), im Totenkult sowie im röm.-byzantin. Hofzeremoniell als Räuchermittel. Seit dem 4./5. Jh. wird er auch in der christl. Liturgie gebraucht.

Weihrauchbaum (Weihrauchstrauch, Boswellia), Gatt. der Balsambaumgewächse mit über 20 Arten in den Trockengebieten O-Afrikas, der Arab. Halbinsel und Indiens; kleine Bäume oder Dornsträucher mit am Ende der Zweige stehenden, unpaarig gefiederten Blättern und meist weißl. oder rötl. Blüten. Verschiedene Arten liefern Harz, das als ↑Weihrauch Verwendung findet.

Weihrauchstraße, alter Handelsweg (wohl seit der Mitte des 3. Jt. v. Chr.) auf der Arab. Halbinsel, führte vom „Weihrauchland" im S mit Abzweigungen zu den Küstenstädten im W der Halbinsel und über die Oasen im Innern nach Gerrha und von dort nach Damaskus bzw. Aleppo.

Weihwasser, in der kath. Kirche geweihtes Wasser, das bei fast allen liturg. Segnungen, aber auch zur Aspersion und zur Selbstbekreuzigung verwendet wird.

Weikersheim, Stadt an der Tauber, Bad.-Württ., 230 m ü. d. M., 6 800 E. Heimatmuseum; Orgelbau, elektron. Ind., Maschinenbau. – Um 800 erstmals erwähnt; um 1244 an die Grafen von Hohenlohe, als deren Stammsitz es gilt; Erhebung zur Stadt wohl Anfang des 14. Jh. – Schloß (im Kern mittelalterl. Wasserburg), v. a. aus Renaissance (um 1600) und Barock (um 1700), mit Garten des frühen 18. Jh. und Orangerie.

Weil, André [frz. vɛjl], *Paris 6. Mai 1906, frz. Mathematiker. – Prof. in Aligarh, Straßburg, São Paulo und Chicago, seit 1958 am Institute for Advanced Study in Princeton. Untersuchungen förderten v. a. die Theorie topolog. Gruppen, die algebraische Geometrie und die Zahlentheorie. W. gehörte zu den Gründungsmgl. der Gruppe ↑Bourbaki.

W., Jiří [tschech. vɛjl], *Praskolesy bei Hořovice 6. Aug. 1900, †Prag 13. Dez. 1959, tschech. Schriftsteller. – Mgl. avantgardist. Gruppen. Verfaßte Reportagen sowie zeitgebundene Erzählungen und Romane („Leben mit dem Stern", 1949), die die tschech. Erzählkunst wesentlich beeinflußten.

Weikersheim. Der um 1600 gestaltete Rittersaal des Schlosses

Weimarer Klassik

W. (Weill), **Simone** [frz. vɛj], * Paris 3. Febr. 1909, † Ashford 24. Aug. 1943, frz. Philosophin. – Aus jüd. Familie; 1931 Lehrerin für Philosphie an Mädchenlyzeen; lebte ab 1942 in den USA, später in Großbritannien (Mgl. des Befreiungskomitees C. de Gaulles). Ihre radikale Sozialphilosophie und ihre Kritik des Fortschritts zielen auf die Humanisierung der Arbeit in einer weder kapitalist. noch sozialist. Gesellschaftsordnung, die in der von Gott gestifteten Ordnung verankert ist. Grundlegend für ihr gesamtes Denken ist ihre Mystik; zentrales Thema ist die Liebe Gottes. – *Werke:* Die Einwurzelung (hg. 1949), Das Unglück und die Gottesliebe (hg. 1951), Écrits historiques et politiques (hg. 1960).

Weil am Rhein, Stadt in Bad.-Württ., am Rheinknie unterhalb von Basel, 274 m ü. d. M., 26 900 E. Grenzstadt im Dreiländereck (Deutschland–Frankreich–Schweiz); Heimatmuseum; Textil- und Baustoffind., Büromöbelherstellung; Hafen. – 786 erstmals erwähnt, 1935 Stadtrechtsverleihung.

Weilburg, hess. Stadt an der mittleren Lahn, 126–370 m ü. d. M., 12 900 E. Staatl. Technikerschule; Bergamt; Museum Schloß W., Heimat- und Bergbaumuseum; opt-, chem. und Textilind., Maschinenbau, Keksfabrik und Brauerei; Luftkurort. – Seit merowing. Zeit Königsgut; Burgbau vor 906, 912 Gründung des Walpurgisstifts, an das sich der Ort anlehnte; 1295 Stadtrecht. 1355–1816 Residenz der Linie Nassau-W. – Barocke Schloß- und Stadtkirche (1707–13), spätgot. Heiliggrabkapelle (1505); bed. Renaissanceschloß (1535–75, 1702–46 im barocken Stil erweitert); Fachwerkhäuser (17.–19. Jh.).

Weil der Stadt, Stadt am O-Rand des Schwarzwaldes, Bad.-Württ., 405 m ü. d. M., 16 900 E. Kepler-Museum; Wolldeckenfabrik, Maschinenbau, Metallveredelung, elektron. und Holzind. – 1075 erstmals gen., Stadtrecht vor 1241; Reichsstadt seit etwa 1280 (bis 1803). – Spätgot. kath. Stadtkirche Sankt Peter und Paul (1492–1519) mit spätroman. Türmen; Rathaus (16.–18. Jh.).

Weiler [zu mittellat. villare „Gehöft"], kleine ländl. Gruppensiedlung mit 3–20 Wohnstätten und entsprechend kleiner Flur (meist Block- oder Streifengemenge); in M-Europa während der frühma. Rodungskolonisation entstanden. – ↑ Dorf.

Weilheim i. OB. [in Oberbayern], bayr. Krst. südl. des Ammersees, 562 m ü. d. M., 17 900 E. Verwaltungssitz des Landkr. Weilheim-Schongau; Marktort; Metall-, Textil- und Holzind. – 1010 erstmals erwähnt, 1236 Stadtrecht. – Spätgot. Friedhofskirche (15./16. Jh.), frühbarocke Pfarrkirche (17. Jh.).

Weilheim-Schongau, Landkr. in Bayern.

Weil-Krankheit [nach dem dt. Internisten A. Weil, * 1848, † 1916], durch Leptospira icterohaemorrhagiae verursachte meldepflichtige, akute Infektionskrankheit (Leptospirose), kennzeichnend sind u. a. hohes Fieber, Gelbsucht, Leber- und Milzschwellung sowie schwere Störungen des Allgemeinbefindens; Behandlung mit Tetrazyklinen.

Weill, Kurt, * Dessau 2. März 1900, † New York 3. April 1950, dt. Komponist. – Schüler von E. Humperdinck und F. Busoni; komponierte 1921 u. a. seine ekstat. 1. Sinfonie. Ab 1926 wandte er sich dem zeitkrit. Musiktheater zu, u. a. mit den Opern „Der Protagonist" (1926) und „Der Zar läßt sich photographieren" (1928). Mit B. Brecht konzipierte W. die Musik des „ep. Theaters" als Synthese von zeitgenöss. Tanz- und Unterhaltungsmusik, von Moritat, Chanson und Choral mit neusachl. Materialbehandlung; charakteristisch ist der das Bühnengeschehen kommentierende Song. Dazu zählen u. a. „Die Dreigroschenoper" (1928), „Happy End" (1929), „Aufstieg und Fall der Stadt Mahagonny" (1930) und „Der Ja-Sager" (1930). 1933 mußte W. emigrieren. In Paris entstand, nochmals mit Brecht, das Ballett mit Gesang „Die sieben Todsünden der Kleinbürger" (1933) und die 2. Sinfonie. Seit 1935 schrieb W. in den USA für den Broadway, u. a. „Knickerbocker holiday" (1938), „Lady in the dark" (1940), „Down in the valley" (1948) und „Lost in the stars" (1949). Eine kongeniale Interpretin v. a. seiner Lieder wurde seine Frau Lotte Lenya.

Weimar. Das 1907 als Hoftheater erbaute, 1919 umbenannte Deutsche Nationaltheater, davor das Goethe-Schiller-Denkmal

Weimar, kreisfreie Stadt und Krst. an der Ilm, Thür., 242 m ü. d. M., 61 000 E. Hochschule für Architektur und Bauwesen, für Musik; Staatsarchiv; neben den Museen und Gedenkstätten der klass. dt. Literatur Museum für Ur- und Frühgeschichte, Staatl. Kunstsammlungen im Schloßmuseum und Stadtmuseum; Staatskapelle Weimar; Dt. Nationaltheater; Landmaschinen-, Uhren-, Elektroarmaturenbau. Nördl. von W. das ehem. KZ ↑ Buchenwald.

Geschichte: Im Stadtteil Ehringsdorf bed. prähistor. Funde. Um 1250 wurde unmittelbar westl. der (975 erstmals bezeugten) Burg der Grafen von W. die Stadt gegr. (1254 erstmals als Civitas gen.); nach dem Schmalkald. Krieg (1546/47) Residenz der ernestin. Linie der Wettiner (1572 bzw. 1603: Hzgt. Sachsen-W., 1741: Hzgt. [seit 1815 Groß-Hzgt.] Sachsen-W.-Eisenach). Trotz Verlust zahlr. städt. Freiheiten im 17. Jh. zog die herzogl. Hofhaltung seit dem 16. Jh. bed. Künstler in die Stadt (L. Cranach d. Ä., J. S. Bach). Den kulturelle Blüte erreichte ihren Höhepunkt, nachdem Hzg. Karl August 1775 Goethe zum Min. ernannt hatte (↑ Weimarer Klassik). Seit 1842 wirkte in W. Franz Liszt, 1872 wurde die Orchesterschule (seit 1956 Franz-Liszt-Hochschule für Musik) gegr., 1860 die Kunstschule eröffnet (Vorgängerin des ↑ Bauhauses [1925 nach Dessau verlegt]). 1920–50 Hauptstadt des Landes Thüringen. – 1919 tagte im Dt. Nationaltheater, dem ehem. Hoftheater, die ↑ Weimarer Nationalversammlung.

Stadtbild und Bauten: Die ma. Bauten wurden u. a. durch Brände im 16./17. Jh. vernichtet. Die heutige Stadt ist geprägt von schlichten, meist klassizist. Bauten und großen Landschaftsparks im Ilmtal (darin u. a. Goethes Gartenhaus). Am Rande des Stadtkerns ehem. Residenzschloß (klassizist. Neubau, 1789–1803; Turm und Torbau aus dem 15. Jh.), Herderkirche (Hallenkirche 1498 bis 1500) mit Cranach-Altargemälde (1555); am Frauenplan befindet sich Goethes Wohnhaus (↑ Goethe-Nationalmuseum), an der Esplanade das Schillerhaus (1802–05 von dem Dichter bewohnt), am Markt das Lucas-Cranach-Haus (von 1549). Weitere histor. Gebäude: Herders Pfarrhaus, Eckermanns Haus, Liszthaus (1869–86 Wohnsitz des Komponisten), Haus von F. Bertuch, in der „Villa Silberblick" Nietzsche-Gedenkstätte (beherbergte 1897–1945 das Nietzsche-Archiv); Grünes Schloß (1562–69, Umbau 1761–66 zur Bibliothek); ehem. Fürstenhaus (Ende 18. Jh., umgebaut, jetzt Franz-Liszt-Hochschule), Hochschule für Architektur (1904/05 und 1911 von H. van de Velde). Fürsten- bzw. Goethe-Schiller-Gruft (1824/25) im Alten Friedhof. Vor dem Dt. Nationaltheater (seit 1919, als Hoftheater 1907 erbaut) das Goethe-Schiller-Denkmal (1857 von E. Rietschel). Bei W. befinden sich die Schlösser Tiefurt (1781–1806), Belvedere (1724–32) und Ettersburg (1706–12).

W., Landkr. in Thüringen.

Weimarer Klassik, eine v. a. von Goethe und Schiller geprägte Richtung der ↑ deutschen Literatur. In der älteren

Weimar Stadtwappen

Simone Weil

Kurt Weill

Weimarer Koalition

Literaturwiss. auch Epochenbez. für die Zeit zw. Sturm und Drang und Romantik.

Weimarer Koalition, in der Weimarer Nationalversammlung 1919 geschlossenes Bündnis von SPD, Zentrum und DDP; trug 1919/20 die Reichskabinette P. Scheidemann, G. Bauer und H. Müller, 1921/22 die beiden Kabinette J. Wirth; bestand auf Länderebene in Preußen 1919–21 und 1925–32, in Baden 1919–31.

Weimarer Nationalversammlung, verfassunggebende Versammlung der Weimarer Republik, gewählt am 19. Jan. 1919, tagte vom 6. Febr. bis 30. Sept. 1919 in Weimar, dann bis zur Auflösung am 21. Mai 1920 in Berlin. Von den 423 Mandaten der W. N. erhielt die SPD 165, das Zentrum 91, die DDP 75, die DNVP 44, die USPD 22, die DVP 19, Splitterparteien 7. Die W. N. wählte am 11. Febr. 1919 F. Ebert zum Reichspräs., stimmte am 22. Juni 1919 dem ↑Versailler Vertrag zu und nahm am 31. Juli 1919 die Weimarer Verfassung (↑Reichsverfassung) an; die ↑Weimarer Koalition verschaffte Min.-präs. P. Scheidemann die parlamentar. Mehrheit.

Weimarer Reichsverfassung ↑Reichsverfassung.

Weimarer Republik [nach Weimar, dem ersten Tagungsort der verfassunggebenden dt. Nat.versammlung 1919], das Dt. Reich in seiner durch die Weimarer ↑Reichsverfassung bestimmten Staats- und Reg.form; demokratisch-parlamentar. und föderative Republik; begann mit der ↑Novemberrevolution 1918 und endete 1933 mit dem Prozeß der „Machtergreifung" (Zustimmung der Reichstagsmehrheit zum ↑Ermächtigungsgesetz am 23. März).

Wein [entlehnt aus lat. vinum „Wein"], durch das WeinG über W., Likör-W., Schaum-W., weinhaltige Getränke und Brannt-W. aus W. i. d. F. vom 27. 8. 1982 geschützte Bez. für das durch alkohol. Gärung aus frischen oder auch eingemaischten W.trauben oder Traubenmost und häufig, nachdem der Gärprozeß abgeschlossen ist, unter Zugabe (4–10 %) von unvergorenem steril gemachten Most (Süßreserve) gewonnene Getränk. W. bildet die Grundlage für die Herstellung von Schaum-W., W.brand, Kräuter-W. (z. B. Wermut-W.) sowie von W.essig.

1 l W. enthält: 730–900 g Wasser; in leichten W. 67–75 g, in mittleren 75–90 g, in schweren 90–120 g (entsprechend 11–15 Vol.-%) Äthylalkohol; schwerere W. (mit mehr als 15 % Alkohol) wie Sherry, Port-W., Madeira oder Wermut-W. werden gespritet, d. h., es wird Alkohol zugesetzt. Als Nebenprodukt der alkohol. Gärung bildet sich stets der dreiwertige Alkohol (↑Glycerin; etwa ein Zehntel der Alkoholmenge); an Zucker sind im vollständig durchgegorenen

Weimarer Nationalversammlung. Die Abgeordneten der Nationalversammlung im Deutschen Nationaltheater in Weimar, Februar 1919

W. noch etwa 2 g/l enthalten. Ferner enthält W. neben der aus der alkohol. Gärung stammenden Kohlensäure zahlr. organ. Säuren wie W.säure, Apfelsäure, Milch- und Bernsteinsäure, zus. 4–12 g. Sie sind mit über 400 Bukettstoffen (v. a. Ester, höhere Alkohole, Säuren, Aldehyde; insges. 2 g) für das Bukett und das Aroma des W. mitentscheidend. Gerb- und Farbstoffe finden sich im Weiß-W. in Mengen bis 0,25 g, im Rot-W. bis 2,5 g. Mineralstoffe, v. a. Kalium- und Phosphorverbindungen, in Mengen von 1,5–4 g. Zum Zwecke der Haltbarkeit werden W. geschwefelt.

Nach der *Art der Kelterung* unterscheidet man 3 W.arten: Weiß-W. aus hellen Trauben, Rot-W. aus rot gekelterten blauen oder roten Trauben und Rosé-W. bzw. Weißherbst-W. aus hellgekelterten Rotweintrauben. Nach *Rebsorten* unterscheidet man in Deutschland v. a. Riesling, Silvaner, Müller-Thurgau, Traminer, Muskateller, Gutedel, Ruländer, Weißen Burgunder u. a. unter den Weiß-W., Blauen Spätburgunder, Schwarzriesling, Portugieser, Trollinger u. a. unter den Rotweinen.

Nach dem *Zeitpunkt der Lese,* die in Deutschland von Mitte Sept. bis Mitte Nov., bei Beeren- oder Trockenbeerenauslesen und Eis-W. erst im Dez. oder im Jan. erfolgt, bestimmen sich Prädikate wie Kabinett, Spätlese oder Beerenauslese.

In Deutschland ist für W. ist die qualitätsbezogene *Einteilung in 4 Klassen* festgelegt: Tafel-W. (Verschnitt aus verschiedenen Anbaugebieten; die 4 Tafelweinanbaugebiete sind Rhein-Mosel, Bayern, Neckar, Oberrhein und Untergebiete), Dt. Land-W. (bez. für 17 namentlich festgelegte W., der ausschließlich aus W.trauben stammen, die in dem umschriebenen Raum geerntet worden sind), Qualitäts-W. eines bestimmten Anbaugebietes (Abk. Q. b. A.; Verschnitt aus einem einzigen Anbaugebiet von 11 festgelegten Anbaugebieten wie Rheingau, Franken, Baden), Qualitäts-W. mit Prädikat (Prädikats-W.; ohne Anreicherung mit Zukker). Als Prädikat folgen aufeinander: Kabinett, Spätlese, Auslese, Beerenauslese, Trockenbeerenauslese und Eiswein.

Herstellung: Bei der *Weißweinherstellung* werden die Trauben in den Kellereien entrappt und vorsichtig zerquetscht (gemaischt); die Maische wird sofort abgekeltert. Vor dem Abpressen ablaufender Saft heißt Vorlauf; bei steigendem Druck entstehender Saft wird Preßmost genannt, der Rückstand Trester. Durch die mit den Trauben in den Saft gelangten Wildhefen beginnt dieser selbständig zu gären (Spontangärung). Meist werden heute jedoch zur Einleitung der ↑Gärung Reinzuchthefen (W.hefen) zugesetzt. Bei der *Rotweinherstellung* werden die entrappten Beeren auf der Maische vergoren. Dabei werden die nur in der Beerenhaut enthaltenen Farb- und Gerbstoffe vom entstehenden Alkohol freigesetzt. Für *Rosé-W.* bzw. *Weißherbst-W.* werden die Rotweintrauben nach einigen Stunden von der

Weinfachausdrücke (Auswahl)

Abgang (Schwanz)	nachhaltiger Geschmack im hinteren Gaumen
aromatisch	reich an Geschmacksstoffen
artig	typisch für die Weinsorte
ausgebaut	voll entwickelt, trinkreif
blank	zwischen heller und glanzheller Klarheit; Gegensatz trüb, blind
blumig	reich im Duftspiele
bukettreich	bes. reich an Duftstoffen
dick	überreich an Körper
dünn	extrakt- und alkoholarm
edel	von großer Art und feiner Reife
elegant	fein abgestimmt in Säure, Alkohol und Bukett
fad	ausdruckslos, säurearm
feurig	alkohol- und körperreich (bes. bei Rotweinen)
firn	alt, mit stark entwickeltem Bukett
fruchtig	mit kräftigem Sortenaroma
harmonisch	abgestimmtes Verhältnis der Inhaltsstoffe
herb	gerbstoffreich
kernig	kräftig, mit sortentyp. Säure
körperarm	mit wenig Substanz, Fülle; dünnflüssig
lieblich	leicht, mild, mit harmon. Süße
rassig	mit ausgeglichener, aber ausgeprägter Säure
spritzig	leicht, angenehm kohlensäurehaltig
trocken	völlig durchgegoren, mit geringem Restzucker
weich	mild, säurearm
würzig	mit sortenbedingtem Bukett

Maische abgekeltert und anschließend wie weißer Most vergoren. Nach Klärung des W., durch Filtrieren über Filter u. a. aus Kieselgur oder Zellstoff, wird er in ein anderes Faß abgezogen (erster Abstich), geschwefelt und, evtl. nach einem 2. Abstich, längere Zeit im vollen Faß gelagert. Danach folgen Maßnahmen zur geschmacklichen Verbesserung (Zugabe von unvergorenem Most oder Verschnitt fertiger Weine u. a.).

Herkunft und Verbreitung: Schon im 4. Jt. v. Chr. wurde W.bau im Zweistromland, im Nildelta und im Jordantal betrieben. Im 2. Jt. v. Chr. kam der W. nach Griechenland, N-Afrika und Spanien, im 1. Jt. v. Chr. nach Italien und S-Frankreich, von dort mit den Römern in die von ihnen eroberten Gebiete, nach Burgund und Bordeaux, ins Elsaß, an Rhein und Mosel. Ab dem 1. Jh. n. Chr. verbreitete er sich vom Bodenseegebiet aus über ganz SW-Deutschland. Die in Europa angebaute Rebe gelangte durch Missionare um 1520 nach Mexiko, 1560 nach Argentinien, um 1580 nach Peru, 1697 nach Kalifornien. 1655 pflanzte der Gründer der Kapprovinz erste Reben am Kap S-Afrikas, 1788 brachten Europäer den W.stock nach Australien.

Ertrag und Verbrauch: Innerhalb Europas, des größten und wichtigsten weinbaul. Wirtschaftsraums und W.konsumenten, waren 1991 die Haupterzeugerländer (in 1000 hl): Italien (57 000), Frankreich (43 000), Spanien (31 200), Portugal (10 000), Deutschland (9 500), Griechenland (4 000) und Österreich (3 100). Den höchsten Weinverbrauch wies 1991 Frankreich mit 72 l/E vor Italien mit 62 l/E auf; in der Schweiz belief er sich auf 47 l/E, in Österreich auf 35 l/E, in Deutschland auf 26 l/E.

Rebsorten: Von den mehr als 8 000 Rebsorten der Europ. Edelrebe gelten heute etwa 800 als anbauwürdig. In Deutschland sind 52 Sorten als Keltertrauben, 27 alte (freie) Standardsorten und 24 Neuzüchtungen (Kreuzungen), 41 helle und 20 blaue Traubensorten klassifiziert und zum Anbau zugelassen. Unterschieden werden: Rebsorten mit Keltertrauben, Rebsorten mit Tafeltrauben, Unterlagsrebsorten für Pfropfreben.

Weinbau, der im wesentlichen zu Erwerbszwecken (Weinherstellung, Tafeltrauben, Rosinen) betriebene Anbau der Kulturrebe (↑Weinrebe). Ein wirtsch. Anbau setzt ein bestimmtes Klima (↑Weinklima) und gute Nährstoffversorgung der Reben voraus. Die Hauptanbaugebiete der Erde liegen in der gemäßigten Zone. Die wärmeren W.gebiete (z. B. Spanien, Italien, Griechenland) liefern alkoholreichere Weine, während bukettreiche Weine aus Gebieten mit einem gemäßigten Klima kommen. Derartige *Weinlagen* finden sich u. a. in SW-Deutschland (z. B. Rheingau, Mosel, Kaiserstuhl, Ortenau, Pfalz) und O-Deutschland (Saale-Unstrut-Gebiet um Naumburg/Saale und Freyburg/Unstrut sowie Elbtal um Meißen). Hier wird der Weinstock in sog. *Weinbergen* auf sonnenreichen S- und SW-Hängen kultiviert. Die Weinberge sind oft terrassenförmig mit Stützmauern angelegt, es überwiegt der spalierartige Anbau an Drahtrahmen. Eine der wichtigsten Arbeiten der Winzer ist der Rebschnitt als wesentl. Voraussetzung für eine qualitativ und quantitativ befriedigende Traubenernte (Weinlese, Traubenlese, Lese). – ↑Wein.

Weinberg, Steven [engl. 'waɪnbɜːg], * New York 3. Mai 1933, amerikan. Physiker. – Prof. an der University of California in Berkeley, am Massachusetts Institute of Technology und an der Harvard University. Bed. Arbeiten zur Quantenfeldtheorie, zur Theorie der Elementarteilchen sowie zur Gravitationstheorie und Kosmologie. W. gehört zu den Mitbegr. einer einheitl. Theorie der elektromagnet. und der schwachen Wechselwirkung der Elementarteilchen. Dafür erhielt er 1979 den Nobelpreis für Physik (mit S. L. Glashow und A. Salam).

Steven Weinberg

Weinberger, Jaromír [tschech. 'vɛjmbɛrgɛr], * Prag 8. Jan. 1896, † Saint Petersburg (Fla.) 8. Aug. 1967, tschech. Komponist. – Schüler u. a. von M. Reger, lebte ab 1939 in den USA; in Europa wurde er bes. bekannt mit der Oper „Schwanda, der Dudelsackpfeifer" (1927).

Weinbergschnecke (Helix pomatia), große Landlungenschnecke (Fam. Schnirkelschnecken) M- und SO-Europas; Gehäuse kugelig, bis 4 cm groß, meist mit braunen Streifen; gräbt sich in der kühleren Jahreszeit in den Boden ein. W. sind Zwitter, die sich im Mai/Juni wechselseitig begatten. Im Juli/Aug. werden 40–60 kalkbeschalte Eier in einem Erdloch abgelegt. – Die als Delikatesse geschätzte W. wird vielerorts in sog. *Schneckengärten (Kochlearien)* gezüchtet.

Weinbrand, Qualitätsbranntwein aus Wein; mindestens 85 % des Alkohols müssen aus im Herstellungsland gewonnenem Weindestillat stammen, das mindestens 6 Monate in Eichenholzfässern gelagert wurde und dadurch eine goldgelbe bis goldbraune Farbe angenommen hat. Das abgelagerte Weindestillat wird auf Trinkstärke verdünnt und hat dann einen Mindestalkoholgehalt von 38 Vol.-%.

Weinbrenner, Friedrich, * Karlsruhe 24. Nov. 1766, † ebd. 1. März 1826, dt. Baumeister. – Als Baudirektor von Karlsruhe (ab 1800) wesentlich für das Stadtbild verantwortlich, eines der schönsten Beispiele geschlossener hochbarocker Stadtplanung; das Markgräfl. Palais (1803–14; Fassade bewahrt) und das Rathaus (1811–25) sind Meisterwerke des klassizist. *„Weinbrennerstils"*.

Weinen, die einerseits durch körperl. Schmerz oder psych. Erregung (Schmerz, Trauer, Freude), anderseits durch phys. Reize (Schälen von Zwiebeln, Kälte) gesteigerte Absonderung der Tränenflüssigkeit (↑Tränendrüsen). Das W. als Ausdruck bestimmter Stimmungslagen ist eine dem Menschen eigentüml. Verhaltensweise.

Weinert, Erich, * Magdeburg 4. Aug. 1890, † Berlin (Ost) 20. April 1953, dt. Schriftsteller. – Zunächst Schlosser, dann auch Zeichenlehrer; Teilnahme am 1. Weltkrieg; 1921 Rezitator und Hausdichter des Kabaretts „Retorte"; ab 1933 im Exil (Schweiz, Frankreich, UdSSR); Teilnahme am Span. Bürgerkrieg; 1946 Rückkehr nach Berlin (Ost). Schrieb engagierte, oft propagandist. sozialist. Lyrik und Prosa; auch Übersetzungen.

Weinbergschnecke

1   2   3   4   5   6

Wein. Verschiedene Rebsorten: 1 Traminer; 2 Spätburgunder; 3 Portugieser; 4 Silvaner; 5 Riesling; 6 Müller-Thurgau

Weinfelden

Weingarten. 1718–20 von Cosmas Damian Asam geschaffenes Deckengemälde in der 1715 begonnenen Klosterkirche der Benediktinerabtei

Felix von Weingartner

Weinrebe. Zweig mit Blütenrispe der Echten Weinrebe

Weinfelden, schweizer. Bez.hauptort im Thurtal, Kt. Thurgau, 432 m ü. d. M., 8 900 E. Im Sommer Tagungsort des thurgauischen Kantonsparlaments; Metallverarbeitung, Nahrungsmittel- und Schuhind. – 1180 erstmals erwähnt. – Spätgot. Haus zur Traube; Biedermeierhäuser (19. Jh.); Schloß (12. Jh.; 1860 wiederhergestellt).

Weingarten, Stadt in Oberschwaben, Bad.-Württ., 468–485 m ü. d. M., 22 100 E. PH, Akad. der Diözese Rottenburg, Religionspädagog. Inst.; Stadt- und Klosterarchiv, Alamannenmuseum; Holz-, Mühlen-, Textilind., Maschinenbau u. a.; Wallfahrtsort (1529 erster „Blutritt", Wallfahrt zum Hl. Blut). – Das Dorf **Altdorf** entstand bei einem in der 1. Hälfte des 10. Jh. von den Welfen gegr. Frauenkloster. Nach Brand (1053) wurde das Kloster in den bisherigen Wohnsitz der Welfen auf dem Martinsberg verlegt und nun W. gen. (welf. Grablege). W. war 1268–1806 reichsunmittelbar, Altdorf war seit dem 13. Jh. Sitz der Verwaltung der Landvogtei Oberschwaben, 1647 auch des Landvogts. 1865 wurden Altdorf und das (1806 bis 1922 säkularisierte) Kloster W. zur Stadtgemeinde W. zusammengeschlossen. – Barocke Benediktinerabteikirche (1715 ff.) mit Deckengemälden von C. D. Asam (1718–20), Chorgestühl von J. A. Feuchtmayer, Orgel von J. Gabler (1737–50); spätgot. Kreuzgang (1515–1605).

Weingartner, Felix von, * Zadar 2. Juni 1863, † Winterthur 7. Mai 1942, östr. Dirigent und Komponist. – Ab 1891 Kapellmeister der Königl. Kapelle in Berlin, 1898–1903 1. Dirigent der Kaim-Konzerte in München, 1908–11 Direktor der Wiener Hofoper, 1919–24 der Wiener Volksoper, 1927–33 des Konservatoriums in Basel. Komponierte u. a. Opern, 7 Sinfonien, 2 Violinkonzerte, Kammermusik und Chorwerke.

Weingartner Liederhandschrift [nach dem Aufbewahrungsort von Anfang des 17. bis Anfang des 19. Jh.], nach dem heutigen Aufbewahrungsort **Stuttgarter Liederhandschrift** gen. Strophensammlung von 26 mittelhochdt. Sangvdichtern, zw. 1310 und 1320 wohl in Konstanz angefertigt.

Weingeist, svw. ↑ Äthanol.

Weinheber, Josef, * Wien 9. März 1892, † Kirchstetten (Niederösterreich) 8. April 1945 (Selbstmord), östr. Schriftsteller. – Autodidakt; 1911–32 im östr. Postdienst. Bestimmend für seine Oden- und Hymnendichtung sind ausgeprägtes Formbewußtsein, sprachl. Kultur und künstler. Reimtechnik. Auch volksliedhaft schlichte musikal. Lyrik, Kalenderverse und Mundartgedichte sowie autobiograph. Romane („Das Waisenhaus", 1925) und Essays. Vorübergehend Anlehnung an nat.-soz. Ideen, die er später ablehnte. – *Weitere Werke:* Von beiden Ufern (Ged., 1923), Adel und Untergang (Ged., 1934), Zwischen Göttern und Dämonen (Ged., 1938).

Weinhefe, auf Weinbeeren in mehreren Wildrassen lebender Hefepilz; führt im abgepreßten Traubensaft zur Spontangärung.

Weinheim, Stadt an der Bergstraße, Bad.-Württ., 108 m ü. d. M., 42 100 E. Leder-, Kunststoff-, chem. und Nahrungsmittelind., Verlage; Obst- und Weinbau. – 755 erstmals erwähnt; zw. 1232–64 Anlage der befestigten und mit Stadtrecht ausgestatteten Neustadt; 1456 mit der Altstadt vereinigt. – Burgruine Windeck (12. Jh.); romantisierende Wachenburg (1907–28); ehem. Schloß (v. a. 17./ 18. Jh.) mit Park und Exotenwald; Altes Rathaus (1557); gut erhaltene Reste der Stadtbefestigung.

Weinheimer Senioren-Convent, Abk. WSC, 1863 gegr. Dachverband der student. Korps an den dt. techn. Hochschulen.

Weinklima (Weinbauklima, Rebenklima), ein Klima (Jahresdurchschnittstemperatur zw. 12 und 18 °C) in Gebieten v. a. zw. dem 35. und 45. Breitengrad, in denen neben Weinrebe auch Aprikose, Pfirsich, Edelkastanie, gegebenenfalls auch Feige, Paprika u. a. teilweise frostempfindl. Pflanzen gedeihen. Ein W. haben in Deutschland bis zum 51. Breitengrad hinaufreichende, klimatisch begünstigte Kleingebiete (Sonnenhänge) v. a. in Rheinland-Pfalz und Baden-Württemberg.

Weinkrankheiten, durch Bakterien sowie Hefe- und Schimmelpilze hervorgerufene Veränderungen des Geschmacks, des Geruchs und der Farbe des Weins. Zusammensetzung des Weins. Bes. gefährdet sind alkoholarme Weine. Zu den W. zählt u. a. das **Kahmigwerden** (Infektion mit alkoholzersetzenden Kahmhefen, der Wein wird trüb und muffig), das **Umschlagen** (Wein wird trüb, verliert Aroma und Säure und nimmt einen unangenehmen Geschmack und Geruch an) und das **Zähwerden** (junge, säure-, gerbstoff- und alkoholarme Weine werden schleimig-ölig und ziehen Fäden, v. a. durch Bakterien verursacht). Zur völligen Unbrauchbarkeit kann der (bes. in südl. Ländern verbreitete) **Essigstich** infolge Vergärung von Äthanol und Traubenzucker zu Essigsäure führen. Bei Milchsäureüberschuß **(Milchsäurestich)** erhält der Wein einen unangenehm süßsauren Geschmack und einen an Sauerkraut erinnernden Geruch. Das **Bitterwerden** des Rotweins wird durch spezielle Bitterstoffe verursacht, die nach biolog. Glycerinabbau zu Acrolein und dessen chem. Reaktion mit Polyphenolen gebildet werden.

Weinland-Effekt ↑ photographische Effekte.

Weinpalme, (Borassus) Gatt. der Palmen mit 9 Arten im trop. Afrika und Asien; bis 30 m hohe Fächerpalmen. Früchte kugelig, mit Steinkern. Bed. ist die u. a. Palmwein liefernde **Palmyrapalme** (Borassus flabellifer; in S-Asien). ▷ Bez. für verschiedene Palmwein liefernde Palmen, u. a. für Arten der ↑ Raphiapalme.

Weinraute ↑ Raute.

Weinrebe (Rebe, Vitis), Gatt. der W.gewächse mit rd. 60 Arten in der nördlich gemäßigten Zone, v. a. in N-Amerika und O-Asien; meist sommergrüne, mit Ranken kletternde Sträucher; Blüten fünfzählig, in Rispen stehend; Frucht eine Beerenfrucht. Die wirtsch. bedeutsamste, sehr formenreiche Art ist die **Echte Weinrebe** (Weinstock, Vitis vinifera), aus deren beiden wild vorkommenden Unterarten die zahlr. Sorten der **Kulturrebe** (Edelrebe, Vitis vinifera ssp. vinifera), z. B. durch Einkreuzung von in N-Amerika heim. W.arten (↑ Amerikanerreben), entstanden sind. Die Sprosse der Kulturrebe sind ein aus Lotten (Langtrieben) und Geiztrieben (Kurztrieben) bestehendes Sympodium (Scheinachse). Die Blätter sind rundlich herzförmig, 7–15 cm breit und 3- bis 5lappig. Die zwittrigen, duftenden Blüten haben an den Spitzen mützenförmig zusammenhängende, gelblich-grüne Kronblätter. Die Kulturrebe wird vegetativ durch Ableger vermehrt. – Die Früchte *(Weinbeeren)* sind je nach Sorte blau, rot, grün oder gelb in Fruchtständen *(Weintrauben)* angeordnet.

Weinrebengewächse (Rebengewächse, Vitaceae), Fam. der Zweikeimblättrigen mit rd. 700 v. a. in den Tropen verbreiteten Arten in 12 Gatt.; meist Kletterpflanzen mit häufig gefiederten Blättern und Ranken; Blüten meist 4–5zählig; Beerenfrüchte. Bekannte Gatt. sind ↑Jungfernrebe, ↑Klimme und ↑Weinrebe.

Weinrich, Franz Johannes, Pseud. Heinrich Lerse, *Hannover 7. Aug. 1897, †Ettenheim 24. Dez. 1978, dt. Schriftsteller. – Gehörte zum Bund kath. Expressionisten „Der weiße Reiter"; schrieb vorwiegend Mysterien- und Legendenspiele sowie religiöse Erzählwerke, Lyrik, Biographien und Hörspiele.

Weinsäure (2,3-Dihydroxybernsteinsäure), durch zwei Hydroxylgruppen substituierte Dicarbonsäure, die in drei stereoisomeren Formen vorkommt, von denen zwei, die D- und L-W., optisch aktiv sind; die Meso-W. ist optisch inaktiv. Optisch inaktiv ist auch das aus gleichen Teilen D- und L-W. bestehende Racemat, die D,L-W. *(Traubensäure).* Die Salze und Ester der W. heißen *Tartrate.* V. a. die L-W. kommt frei sowie in Form ihres Kaliumsalzes in den Blättern und Früchten der Weinrebe sowie zahlr. anderer Pflanzen vor; als Säuerungsmittel für Lebensmittel verwendet.

Weinsberg, Stadt 5 km östl. von Heilbronn, Bad.-Württ., 158 m ü. d. M., 9 500 E. Staatl. Lehr- und Versuchsanstalt für Wein- und Obstbau; Kerner-Haus. Metallverarbeitende und Textilind., Ziegelei. – 1147 erstmals erwähnt. Die Burg war vor 1000 in Reichsbesitz; die später entstandene Siedlung wurde um 1200 Stadt. Nach dem Sieg König Konrads III. gegen Welf VI. in der *Schlacht bei W.* 1140 ergab sich die belagerte Stadt. Als – nach der Sage – der König den Frauen freien Abzug gewährte und ihnen erlaubte, mitzunehmen, was sie tragen könnten, trugen sie ihre Männer aus der Stadt. – Ev. spätroman. Stadtkirche (13. und 15. Jh.); Burgruine Weibertreu (13./14. und 16. Jh.).

Weinschwärmer, Bez. für 3 Arten dämmerungs- bis nachtaktiver, meist farbenprächtiger Schmetterlinge (Fam. Schwärmer) mit 4–7 cm Flügelspannweite: *Kleiner W.* (Kleiner Weinvogel, Deilephila porcellus; v. a. im wärmeren M- und S-Europa); *Mittlerer W.* (Mittlerer Weinvogel, Deilephila elpenor; v. a. in Heidegebieten Europas und N-Asiens); *Großer W.* (Hippotion celerio; im trop. Afrika heimisch). Die Raupen fressen u. a. an Weinreben.

Weinstadt, Stadt im Remstal, Bad.-Württ., 220–470 m ü. d. M., 23 800 E. Silchermuseum im Ortsteil *Schnait.* Bed. Weinbau und -handel; Nahrungsmittelind., Verlag.

Albert Weisgerber. Jules Pascin, 1906 (Wuppertal, Von-der-Heydt-Museum)

Weinstein (Kaliumhydrogentartrat), das saure Kaliumsalz der L-Weinsäure; KOOC–CHOH–CHOH–COOH; farblose, kristalline, schwer wasserlösl. Substanz, die v. a. in Weintrauben enthalten ist und sich in Weinfässern und -flaschen abscheidet; wird zur Gewinnung der L-Weinsäure verwendet.

Weinstock ↑Weinrebe.

Weinstraßen, Straßen in Deutschland, Frankreich, Österreich und in der Schweiz, die durch namengebende Weinbaugebiete führen. Dt. W. sind: ↑Deutsche Weinstraße, **Badische Weinstraße,** führt von den Höhen über Baden-Baden nach Lörrach/Basel, **Schwäbische Weinstraße,** von Esslingen das Neckartal abwärts bis Gundelsheim, **Rheingauer-Riesling-Route** verbindet die Rheingauer Weinorte von Hochheim über Wiesbaden nach Lorch, **Nahe-Weinstraße,** von Bingen über Bad Kreuznach zurück nach Bingen, **Bocksbeutelstraße,** durch das fränk. Weinbaugebiet.

Weinviertel, nö. Landesteil Niederösterreichs, Teil des Karpatenvorlands. In den Talniederungen Viehzucht mit Milchwirtschaft, sonst verbreitet Weizen-, an der March und um Laa an der Thaya Zuckerrüben- und v. a. Weinbau; Erdöl- und Erdgasförderung.

Weir, Peter [engl. wɪr], *Sydney 21. Juni 1944, austral. Filmregisseur. – *Filme:* Picknick am Valentinstag (1975), Gallipolli (1981), Der einzige Zeuge (1985), Mosquito Coast (1987), Der Club der toten Dichter (1989), Green Card (1991).

Weise, Christian, *Zittau 30. April 1642, †ebd. 21. Okt. 1708, dt. Dichter. – Bed. Schuldramatiker und Komödiendichter; verwendete für seine rund 60 witzigen und bühnenwirksamen Stücke (erhalten sind 15), mit denen er die Schüler zu „polit." Verhalten erziehen wollte, bibl., histor. und literar. Stoffe; steht an der Wende vom Barock zur Aufklärung und zu einer bürgerl.-didakt. Dichtung, die v. a. seine satir. Romane bestimmte („Der polit. Näscher", 1676). – *Weitere Werke:* Bäurischer Machiavellus (Kom., 1681), Trauer-Spiel von dem Neapolitanischen Haupt-Rebellen Masaniello (Trag., 1683).

Weisel, Königin bei den ↑Honigbienen.

Weisenborn, Günther, Pseud. Eberhard Foerster, Christian Munk, *Velbert 10. Juli 1902, †Berlin (West) 26. März 1969, dt. Dramatiker und Erzähler. – 1928 Dramaturg in Berlin; 1930/31 Farmer und Postreiter in Argentinien. 1933 wurden seine Werke verboten und verbrannt; Widerstandstätigkeit in der „Roten Kapelle", 1942 verhaftet und bis 1945 im Zuchthaus; danach Bürgermeister von Luckau. 1945–47 Mithg. der Zeitschrift „Ulenspiegel", 1951–54 Chefdramaturg der Hamburger Kammerspiele. W. beschäftigte sich v. a. mit traditionellen wie experimentellen Formen des zeitgenöss. Dramas. Bekannt v. a. sein Drama „Die Illegalen" (1946), seine Erinnerungen „Memorial" (1948) und sein auf einer Materialsammlung R. Huchs beruhender Bericht über den antifaschist. Widerstand „Der lautlose Aufstand" (1953).

Weiser, Artur, *Karlsruhe 18. Nov. 1893, †Tübingen 5. Aug. 1978, dt. ev. Theologe. – Seit 1930 Prof. für A. T. in Tübingen; Hg. der Kommentarreihe „Das Alte Testament Deutsch" (seit 1949) und Autor zahlr. bed. krit.-exeget. Werke zum Alten Testament.

W., Grethe, geb. Nowka, *Hannover 27. Febr. 1903, †Bad Tölz 2. Okt. 1970 (Autounfall), dt. Schauspielerin und Kabarettistin. – 1928–30 an der Volksbühne Berlin, 1930–33 an Berliner Kabaretts; ab 1932 Filmrollen (u. a. „Die göttl. Jette", 1937; „Wir machen Musik", 1942; „Die Frau meiner Träume", 1944; „Der Vetter aus Dingsda", 1953).

Weisgerber, Albert, *Sankt Ingbert 21. April 1878, ✕ bei Fromelles bei Ypern 10. Mai 1915, dt. Maler. – 1905–07 Parisaufenthalt; in Auseinandersetzung mit dem frz. Fauvismus und Cézanne schuf er ein frühexpressionist. Werk mit mytholog. und religiöser Thematik; auch Graphik.

W., Antje, *Königsberg (Pr) 17. Mai 1922, dt. Schauspielerin. – 1941–43 Staatstheater Berlin, 1943–45 Burgtheater Wien, 1946–50 Dt. Theater Berlin, 1951–55 Düsseldorfer

Peter Weir

Christian Weise (Ausschnitt aus einem Kupferstich, 18. Jh.)

Günther Weisenborn

Grethe Weiser

Weishaupt

Leo Weisgerber

Peter Weiss

Schauspielhaus, 1955–63 Dt. Schauspielhaus Hamburg; zahlr. Gastspiele, in Film- und Fernsehrollen.

W., Leo, *Metz 25. Febr. 1899, †Bonn 8. Aug. 1985, dt. Sprachwissenschaftler. – Prof. in Rostock, Marburg, Bonn. Mit der von ihm begründeten „energet. Sprachwissenschaft" (↑Sprachinhaltsforschung) wollte W. ein „Weltbild der Sprache", die Wirkungen der Sprache auf die Menschen und auf ihr Tun ergründen. Seine Ideen bestimmten die Sprachdidaktik nach 1945 bis in die 60er Jahre.

We̱ishaupt, Adam, *Ingolstadt 6. Febr. 1748, †Gotha 18. Nov. 1830, dt. Philosoph. – 1772–85 Prof. für kanon. Recht in Ingolstadt; 1785 aus Bayern verbannt, weil er 1776 den ↑Illuminatenorden gegründet hatte und ein Vertreter der radikalen Aufklärung war.

Weisheit (Buch der Weisheit, Weisheit Salomos), Abk. Weisheit (Weish, Sap), wahrscheinlich im 1. Jh. v. Chr. wohl in griech. Sprache verfaßtes Buch des A. T., in dem der Verfasser die jüd. Weisheit als der griech. Philosophie überlegen darstellt, um den Verfall jüd. Sitten aufzuhalten.

Weisheit, im Unterschied zur Klugheit menschl. Grundhaltung, die auf einer allg. Lebenserfahrung und einem umfassenden Verstehen und Wissen um Ursprung, Sinn und Ziel der Welt und des Lebens sowie um die letzten Dinge gegründet ist.

Weisheitsliteratur, Literaturgattung des A. T., die aber auch im Alten Orient vorkommt. Im Mittelpunkt steht der Mensch in seiner Menschlichkeit; erst in nachexil. Zeit richtet sich das Augenmerk auf das Studium der Thora; zur W. des A. T. zählen die Bücher Hiob, Sprüche und Prediger (Kohelet), außerhalb des hebr. Kanons der Bibel v. a. das Buch der ↑Weisheit und Jesus Sirach.

Weismann, August, *Frankfurt am Main 17. Jan. 1834, †Freiburg im Breisgau 5. Nov. 1914, dt. Arzt und Zoologe. – Prof. in Freiburg; entwickelte die Keimplasmatheorie, wonach im Keimplasma die gesamte Erbsubstanz in Form sog. Anlageteilchen oder Determinanten enthalten ist. Begründete den Neodarwinismus, welcher die Vererbung erworbener Eigenschaften ablehnt, aber die Selektion als entscheidenden Vererbungsfaktor betont.

Weismantel, Leo, *Obersinn (Landkr. Main-Spessart) 10. Juni 1888, †Rodalben 16. Sept. 1964, dt. Schriftsteller und Pädagoge. – Gründete 1928 die pädagog. Forschungs- und Lehranstalt „Schule der Volkschaft" (1935 aufgelöst); 1939 und 1944 in Gestapohaft. Begann mit expressionist. Romanen („Mari Madlen", 1918) und Dramen; schrieb später v. a. durch kath.-religiöse Grundhaltung und kulturpädagog. Bestrebungen gekennzeichnete Romane („Dill Riemenschneider", 1936), Mysterien- und Festspiele.

Weiß, Emil Rudolf, *Lahr 12. Okt. 1875, †Meersburg 9. Nov. 1942, dt. Buchkünstler. – Geprägt vom Jugendstil; schuf Buchtitel, Einbände, Signete, Vignetten und Schriften, u. a. „Weiß-Fraktur", 1914; „Weiß-Antiqua", 1926; „Weiß-Gotisch", 1936.

W., Ernst, *Brünn 28. Aug. 1884, †Paris 15. Juni 1940 (Selbstmord), östr. Schriftsteller. – Arzt; emigrierte 1936 nach Paris; befreundet mit F. Kafka; expressionist. Dramatiker und Erzähler. – *Werke:* Die Galeere (R., 1913), Tanja (Dr., 1920), Ich – der Augenzeuge (R., Manuskript 1939 u. d. T. „Der Augenzeuge" fertiggestellt, hg. 1963).

Weiß, diejenigen neutralen (unbunten) Körperfarben, die nach dem DIN-Farbsystem (↑Farblehre) mit einer Dunkelstufe $D \leq 1$ und einer Sättigungsstufe $S \leq 2$ die hellsten von allen Farben sind und (im Ggs. zu Schwarz) das andere Ende der Grauskala bilden; auch jede vom Gesichtssinn vermittelte Farbempfindung, die durch weißes Licht hervorgerufen wird. – In der ↑Farbensymbolik bezeichnet W. das Reine und Vornehme; bei vielen Völkern ist W. die Farbe des kult. Kleides und Symbol der Unschuld und Keuschheit; auch Trauerfarbe.

Weiss, Jan [tschech. vɛjs], *Jilemnice (Ostböhm. Bez.) 10. Mai 1892, †Prag 7. März 1972, tschech. Schriftsteller. – Gilt zus. mit K. Čapek als Schöpfer des modernen psycholog.-phantast. Romans in der tschech. Literatur. In seinen Erzählungen und Romanen vermischen sich Traum und Wirklichkeit zu oft alptraumhafter Phantastik.

W., Peter, *Nowawes (= Potsdam) 8. Nov. 1916, †Stockholm 10. Mai 1982, dt. Schriftsteller, Maler und Filmregisseur. – Emigrierte 1934 nach London, lebte dann in der ČSR, 1939 Flucht über die Schweiz nach Schweden (seit 1946 schwed. Staatsbürgerschaft); lebte in Stockholm. Erst seit 1960 veröffentlichte W. in dt. Sprache: die experimentelle Prosa „Der Schatten des Körpers des Kutschers" (entstanden 1952, erschienen 1960), die autobiograph. Erzählung „Abschied von den Eltern" (1961). Internat. Erfolg erzielte das Stück „Die Verfolgung und Ermordung Jean Paul Marats, dargestellt durch die Schauspielgruppe des Hospizes zu Charenton unter Anleitung des Herrn de Sade" (1964, revidierte Fassung 1965). Experimentelles Erproben der Sprache, autobiograph. Züge und polit. Engagement, das W. nach Auseinandersetzung mit dem NS („Die Ermittlung. Oratorium in 11 Gesängen", 1965) zu einer zeitweiligen Hinwendung zum Marxismus führte („Diskurs über die Vorgeschichte und den Verlauf des lang andauernden Befreiungskrieges in Viet Nam ...", Dr., 1968), blieben auch für die folgenden Werke charakteristisch („Trotzki im Exil", Dr., 1970; „Hölderlin", Dr., 1971). Aufsehen erregte der autobiograph. Roman „Die Ästhetik des Widerstands" (3 Bde., 1975–81), in dem W. sowohl das künstler. als auch polit. Resümee seines Lebens zieht. Als Maler, Zeichner und Collagenkünstler entwickelte W. einen mag. Realismus mit expressiven und visionären Zügen. Georg-Büchner-Preis 1982. – *Weitere Werke:* Fluchtpunkt (R., 1960), Das Gespräch der drei Gehenden (E., 1963), 10 Arbeitspunkte eines Autors in der geteilten Welt (Essays, 1965), Gesang vom lusitan. Popanz (Dr., 1966), Wie dem Herrn Mockinpott das Leiden ausgetrieben wird (Dr., 1969), Das Duell (E., 1972), Der Prozeß (Dr., 1975; nach F. Kafka), Notizbücher 1960–80 (3 Bde., 1981–82).

Weissagung, Prophezeiung, Verkündung zukünftiger Ereignisse, aber auch Deutung gegenwärtigen Geschehens; in der *Religionsgeschichte* werden W. v. a. von Propheten berichtet. – ↑Mantik.

Weißährigkeit (Flissigkeit), v. a. durch Weißfärbung und verkümmerten Fruchtansatz der unteren Ährchen gekennzeichnete Krankheit der Gräser, bes. des Getreides; Ursache: Wasser- und Nährstoffmangel während der Ährenbildung, Parasitenbefall.

Weiss-Bezirke (Domänen) [nach dem frz. Physiker Pierre Weiss, *1865, †1940], kleine Bereiche innerhalb der Kristallite ferromagnet. Stoffe, die die elementaren magnet. Dipole der Ferromagnetika darstellen; innerhalb der W.-B. sind alle atomaren magnet. Dipole jeweils gleichsinnig gerichtet.

Weißbier (Weizenbier), ein helles, stark kohlensäurehaltiges, obergäriges Bier aus Gersten- und Weizenmalz (gemischt im Verhältnis 1:3); Alkoholgehalt etwa 3 %.

Emil Rudolf Weiß. Plakat für die Zeitschrift „Die Insel", 1899

Weißblech, zum Schutz gegen Rost mit Zinn überzogenes Eisenblech.
Weißbleierz, svw. ↑ Zerussit.
Weißbrot (Weizenbrot), Brotsorte aus Weizenmehl der Typen 405 und 550.
Weißbuche, svw. ↑ Hainbuche.
Weißbücher ↑ Farbbücher.
Weißdorn (Crataegus), Gatt. der Rosengewächse mit rd. 200 Arten in der nördl. gemäßigten Zone. In Deutschland heimisch sind der **Eingriffelige Weißdorn** (Crataegus monogyna), ein Strauch oder kleiner Baum mit bedornten Zweigen, drei- bis siebenlappigen Blättern und reinweißen, in Doldenrispen stehenden Blüten, sowie der **Zweigriffelige Weißdorn** (Mehldorn, Gemeiner W., Crataegus oxyacantha) mit drei- bis fünflappigen Blättern und weißen oder rosafarbenen, unangenehm riechenden Blüten, die wie Blätter und Früchte *(Mehlbeeren)* medizinisch als Herz- und Kreislaufmittel dienen.
Weiße, Christian Felix, *Annaberg-Buchholz 28. Jan. 1726, † Stötteritz (= Leipzig) 16. Dez. 1804, dt. Schriftsteller. – Begann als anakreont. Lyriker, schrieb dann v. a. rührende Rokokospiele und Tragödien. Beliebt waren seine Zeitschrift „Der Kinderfreund" (24 Bde., 1775–82) und seine Jugendbücher.
W., Christian Hermann, *Leipzig 10. Aug. 1801, † ebd. 19. Sept. 1866, dt. Philosoph. – Enkel von Christian Felix W.; ab 1845 Prof. in Leipzig. Entwarf – beeinflußt von Hegel und der Freiheitsphilosphie Schellings – ein spekulatividealist. System, in dessen Rahmen er den christl. Glauben und seine Sätze philosophisch entwickeln wollte.
W., Michael, *Neisse um 1488, † Landskron (= Lanškroun, Ostböhm. Bez.) im März 1534, dt. ev. Kirchenlieddichter. – Zunächst Mönch in Breslau; nach seiner Flucht aus dem Kloster (1518) Mgl. der Böhm. Brüder; hielt Kontakt zu Luther. Bed. erlangte sein „New Gesengbuchlen" (1531) mit 157 deutschsprachigen Kirchenliedern.
weiße Blutkörperchen ↑ Blut.
Weiße Elster, rechter Nebenfluß der Saale, entspringt im ČR-Teil des Elstergebirges, durchfließt das Vogtland und O-Thüringen, teilt sich in Leipzig in Luppe und W. E. und mündet oberhalb von Halle/Saale, 257 km lang; Flußlauf wegen der Braunkohlentagebaue südl. von Leipzig bis zur Mündung z. T. verlegt.
weiße Fahne, seit dem 18. Jh. im Krieg Zeichen der Übergabebereitschaft bzw. der Kapitulation, auch der Verhandlungsbereitschaft (Parlamentärflagge).
Weiße Fliege ↑ Mottenschildläuse.
Weiße Frau, als Schutzgeist oder Todesbotin erscheinende sagenhafte Ahnfrau eines adligen Geschlechts.
Weiße Insel, russ. Insel in der Karasee, 1 900 km², bis 24 m hoch.
Weiße Lütschine ↑ Lütschinental.
Weiße Maus, svw. Labormaus (↑ Hausmaus).
Weißenberg, Joseph, *Fehebeutel (Landkr. Striegau) 24. Aug. 1855, † Obernigk bei Breslau 6. März 1941, dt. Sektengründer. – W., der als „Heilmagnetiseur" in Berlin wirkte, sammelte ab 1904 seine Anhänger in der „Christl. Vereinigung ernster Forscher von Diesseits nach Jenseits, wahrer Anhänger der christl. Kirchen". 1920 gründete W. aus sozialen Gründen die sog. „Friedensstadt" bei Blankensee (= Potsdam); Spannungen mit den Kirchen führten 1926 zur Gründung der ↑ Evangelisch-Johannischen Kirche nach der Offenbarung St. Johannis (seit 1975 „Johann. Kirche").
Weissenberg, Alexis, *Sofia 26. Juli 1929, frz. Pianist bulgar. Herkunft. – Schüler von W. Landowska und A. Schnabel; tritt als gefeierter Virtuose v. a. mit Werken der Klassik und Romantik hervor.
Weißenborn, Theodor, *Düsseldorf 22. Juli 1933, dt. Schriftsteller. – Beabsichtigt mit seinen Kurzgeschichten, u. a. „Eine befleckte Empfängnis" (1969), „Der Sprung ins Ungewisse" (1975), und Hörspielen („Ein Zeugnis humanist. Reife", 1971) eine „permanente Verunsicherung des chronisch an Verdrängungen leidenden öff. und privaten Bewußtseins". – *Weitere Werke:* Sprache als Waffe (1976),

Weißenburg i. Bay. Das aus dem 14.–17. Jh. stammende Ellinger Tor, Teil der alten, bis auf das 12. Jh. zurückgehenden Stadtbefestigung

Gesang zu zweien in der Nacht. Texte gegen die Gewalt (1977), Die Paten der Raketen (1986), Opfer einer Verschwörung (Prosa, 1988).
Weißenburg, Otfried von ↑ Otfrid von Weißenburg.
Weißenburg (frz. Wissembourg), frz. Stadt an der Lauter, Elsaß, Dep. Bas-Rhin, 7 300 E. Maschinenbau, Baustoffind. – Urspr. 631/632 gegr. Benediktinerkloster (973 Reichsabtei, 1524 weltl. Stift); als Siedlung 1187 zuerst erwähnt; 1254 Mgl. des Rhein. Städtebundes, 1354 der Dekapolis; 1672 von den Franzosen besetzt; in der Folgezeit mehrfacher Besitzwechsel. – Got. Kirche Sankt-Peter-und-Paul (13. Jh.) mit Glasfenstern und Wandmalereien, Kreuzgang (14. Jh.); Rathaus (1741–52).
Weißenburg-Gunzenhausen, Landkreis in Bayern.
Weißenburg i. Bay., bayr. Krst. am N-Fuß der südl. Fränk. Alb, 422 m ü. d. M., 17 600 E. Verwaltungssitz des Landkr. W.-Gunzenhausen; Posamentenherstellung, Metallverarbeitung, Textil-, Nahrungsmittel- u. a. Ind. – Bei dem röm. Auxiliarkastell **Biricianis** (Biriciana; 1. Jh. n. Chr., 253 durch die Alemannen zerstört) entstand wohl schon vor dessen Zerstörung eine Siedlung. 867 wird ein Königshof *Uuizinburc* erwähnt, um dem sich ab 1241 als solche bezeichnet, 1338–1802/06 Reichsstadt) entwickelte. – Weitgehend erhaltene Stadtbefestigung (12. Jh. ff.) mit 2 Toren (z. B. Ellinger Tor, 14.–17. Jh.) und 38 Türmen. Ev. got. Stadtpfarrkirche Sankt Andreas (14./15. Jh.), spätgot. Rathaus (1470–76). – Reiche röm. Funde (u. a. Thermen); in der Nähe die Barockfestung Wülzburg (1588).
Weiße Nessel ↑ Boehmeria.
Weißenfels, Krst. an der Saale, Sa.-Anh., 96 m ü. d. M., 38 000 E. Europa-Akad. (1992 gegr.), Schuhmuseum; bis 1991 bed. Schuhind. (jetzt weitgehend eingestellt). – Entstand als Marktsiedlung, erhielt 1185 Stadtrecht; 1656 bis 1746 Residenz der Sekundogenitur Sachsen-W. – Spätgot. Pfarrkirche Sankt Marien (nach 1475), Barockrathaus (1720), Schloß Neu-Augustenburg (1660–93).
W., Landkr. in Sachsen-Anhalt.
Weißenhofsiedlung ↑ Stuttgart.
Weißenhorn, Stadt am NW-Rand der Iller-Lech-Platte, Bay., 501 m ü. d. M., 11 300 E. Herstellung von Aluminiumlegierungen, Elektromotoren u. a. – 1160 erstmals gen.; Anfang des 14. Jh. Stadt. – Ehem. Schloß (13./14. Jh. und 1513/14), mit oktogonalem Treppenturm; zwei spätgot. Stadttore.

Joseph Weißenberg

Alexis Weissenberg

Weißensee

Weißensee, See in Kärnten, mit 930 m ü. d. M. höchstgelegener Badesee Österreichs, 11,4 km lang, bis 600 m breit, bis 97 m tief.

Weißer Amur (Chinakarpfen, Graskarpfen, Chin. Graskarpfen, Ctenopharyngodon idella), bis etwa 1 m langer Karpfenfisch in fließenden Süßgewässern O-Asiens; silberglänzend, mit abgeplattetem Kopf; Pflanzenfresser; z. T. auch in europ. Gewässern gezüchtet.

Weißer Berg (tschech. Bílá hora), Berg in der ČR, östl. von Prag, 379 m. – In der *Schlacht am W. B.* besiegten die Truppen Kaiser Ferdinands II. und der kath. Liga am 8. Nov. 1620 das Heer des Kurfürsten Friedrich V. von der Pfalz, des böhm. „Winterkönigs"; sie beendete den Böhm. Aufstand zu Beginn des ↑Dreißigjährigen Krieges.

Weißer Jura ↑Malm.

Weißer Knollenblätterpilz, Bez. für zwei reinweiße, 10–15 cm hohe, lebensgefährlich giftige Knollenblätterpilze: 1. der **Frühlingsknollenblätterpilz** (Amanita verna; Stiel glatt, mit ausdauerndem, anliegendem Ring; auf Kalkböden in Südeuropa, selten in M-Europa); 2. der **Spitzhütige Knollenblätterpilz** (Amanita virosa; Stiel wollig-faserig, mit unvollständigem, vergehendem Ring; auf sauren Böden in M-Europa).

Weißer Main ↑Main.

Weißer Nil, Fluß in NO-Afrika, entfließt als Albertnil dem Albertsee, wird im anschließenden Oberlauf *Bahr Al Gabal* und nach der Mündung des Bahr Al Ghasal *Al Bahr Al Abjad* gen.; bildet bei Khartum zus. mit dem Blauen Nil den Nil; rd. 1 900 km lang.

Weiße Rose, student. Freundeskreis in München, der 1942/43 Studentenschaft und Bev. durch Flugblätter und Wandparolen aus religiös-sittlich motivierter Protesthaltung zum Widerstand gegen das NS-Regime aufrief. Die wichtigsten Mgl. (u. a. S. und H. Scholl, K. Huber) wurden im Febr. und März 1943 verhaftet und hingerichtet.

Weißer Senf (Sinapis alba), im Mittelmeergebiet und im sw. Asien heim. Kreuzblütler der Gatt. Senf; 30–60 cm hohes, einjähriges Kraut mit fiederspaltigen Blättern, gelben Blüten; häufig verwilderte Kulturpflanze. Die Samen werden als Gewürz und zur Herstellung von Tafelsenf verwendet.

Weißer Sonntag (lat. Dominica in albis), 1. Sonntag nach Ostern, ben. nach den weißen Gewändern der Täuflinge, die in der frühen Kirche in der Osterwoche die Taufe erhielten (deshalb auch *Quasimodogeniti* [„wie neugeboren"] genannt).

Weiße Rübe, svw. Wasserrübe (↑Rübsen).

Weißer Volta, linker Quellfluß des Volta, rd. 900 km lang.

Weißes Haus (engl. The White House), Amts- und Wohnsitz des Präs. der USA in Washington (in übertragenem Sinne auch Bez. für die Exekutive der USA); ab 1792 von J. Hoban im klassizist. Stil erbaut (ältestes Amtsgebäude der Stadt), 1800 von Präs. J. Adams bezogen, Bez. W. H. (im Ggs. zu den anderen rötl. Backsteingebäuden der Umgebung) offiziell seit T. Roosevelt.

Weißer Knollenblätterpilz. Oben: Frühlingsknollenblätterpilz. Unten: Spitzhütiger Knollenblätterpilz

Weißes Haus

Weißes Meer, Randmeer des Nordpolarmeers, südl. und östl. der Halbinsel Kola, grenzt an die Barentssee, 90 000 km²; in der Kandalakschabucht bis 350 m tief, Okt./Nov.–Mai/Juni eisbedeckt. Wichtigster Hafen ist Archangelsk, daneben v. a. Belomorsk am Beginn des ↑Weißmeer-Ostsee-Kanals sowie Onega und Kamenka.

weiße Substanz ↑Rückenmark.

Weiße Väter (frz. Pères Blancs, lat. Patres Albi, Abk. PA), 1868 von C. M. A. Lavigerie bei Algier gegr., aus Klerikern und Brüdern bestehende Missionskongregation für Afrika. Die W. V. schufen bed. afrikan. Sprachinstitute mit dem Ziel der Förderung eingeborener (kirchl.) Führungskräfte. Heute wirken etwa 2 690 W. V. in 590 Niederlassungen.

Den W. V. angeschlossen ist ein *weibl.* Zweig (*Weiße Schwestern,* Missionsschwestern Unserer Lieben Frau von Afrika), 1869 ebenfalls von Lavigerie gegr.; mit etwa 1 560 Mgl. in 516 Niederlassungen tätig.

weiße Zwerge, extrem kleine Sterne mit meist sehr hoher effektiver Temperatur und daher i. d. R. weißleuchtend; wegen der kleinen Oberflächen haben sie eine nur geringe Leuchtkraft, die etwa einige 100–1 000 mal geringer ist als die der Hauptsternenreihe gleicher Farbe. Die Massen der w. Z. unterscheiden sich nur wenig von der Sonnenmasse, so daß sie wegen der geringen Durchmesser (in der Größenordnung der Planeten) außergewöhnlich hohe Dichten von 10^5 bis 10^7 g/cm³ besitzen. Die w. Z. sind vermutlich Sterne, die ihren Wasserstoffgehalt durch Kernreaktionen aufgebraucht haben und nun ihre gespeicherte Wärmeenergie allmählich abstrahlen. Der Zustand der w. Z. wird im allg. als Endzustand der Sternentwicklung normaler Sterne angesehen.

Weißfäule ↑Kernfäule.

Weiß Ferdl, eigentl. Ferdinand Weisheitinger, *Altötting 28. Juni 1883, †München 19. Juni 1949, dt. Komiker. – Bes. populär mit humorvollen Szenen und Liedern (z. B. „Ein Wagen von der Linie 8"), die er v. a. auf der Münchner Volkskunstbühne „Platzl" vortrug. W. F. trat daneben auch in Filmen auf.

Weißfische, volkstüml. Bez. für einige silberglänzende, häufig kleinere Karpfenfische; z. B. Elritze, Rotfeder und Plötze.

Weißfleckenkrankheit, svw. ↑Vitiligo.

Weißfluß ↑Ausfluß.

Weißfußmäuse (Hirschmäuse, Peromyscus), Gatt. maus- bis rattengroßer Neuweltmäuse mit über 50 Arten in N-Amerika.

Weißgardisten (Weiße), Angehörige der russ. „weißen Armeen" während des Bürgerkrieges in Sowjetrußland (1918–21); rekrutierten sich v. a. aus zarist. Offizieren, Monarchisten, bürgerl. Kräften, Sozialrevolutionären und Kosaken zum Kampf gegen die Rote Armee (Rotgardisten). Die wichtigsten militär. Führer der W. waren A. I. Denikin, N. N. Judenitsch, A. W. Koltschak und P. N. Wrangel. Nach ihrer endgültigen Niederlage (um die Jahreswende 1921/1922) flüchteten die Reste der W. ins Ausland und bildeten z. T. Emigrantenorganisationen.

Weißgerbung ↑Lederherstellung.

Weißglut ↑Glühen.

Weißhaie (Carcharodon), Gatt. in allen warmen und gemäßigten Meeren verbreiteter ↑Makrelenhaie; können dem Menschen gefährlich werden („Menschenhai").

Weißherbst, aus blauen Spätburgunder- (Spätburgunder W.) oder Portugiesertrauben (Portugieser W.) durch rasches Abkeltern gewonnener sortenreiner heller, gold bis rötlich schimmernder Wein.

Weißhorn, Hauptgipfel der W.kette in den Walliser Alpen, mit 4 505 m dritthöchster Gipfel der Schweizer Alpen.

Weißklee ↑Klee.

Weißkohl (Weißkraut, Brassica oleracea var. capitata f. alba), Kulturvarietät des Gemüsekohls mit Kopfbildung und grünlichweißen Blättern, die roh als Salat und zur Sauerkrautherstellung, gekocht als Gemüse verwendet werden.

Weißkopf (Weisskopf), Gustav, Flugpionier, ↑Whitehead, Gustave.

Weisskopf, Victor Frederick, *Wien 19. Sept. 1908, amerikan. Physiker östr. Herkunft. – Prof. am MIT in Cambridge (Mass.); 1961–65 Generaldirektor von CERN in Genf. W. lieferte bed. Arbeiten zur Kern- und Elementarteilchenphysik.

Weißkrainer Land, Teil von ↑Krain.

Weißkunig ↑Maximilian I. (Hl. Röm. Reich).

Weißlachs (Stenodus leucichthys), bis über 1 m langer Lachsfisch in N-Amerika, Asien und O-Europa einschl. angrenzender Meere; Schuppen silberglänzend; Speisefisch.

Weißleim ↑Leime.

Weißlinge (Pieridae), mit über 1 500 Arten weltweit verbreitete Fam. der Schmetterlinge (davon etwa 15 Arten einheimisch); Flügel meist weiß, gelb und/oder orange gefärbt; Raupen meist grün, kurzbehaart, an Kreuz- bzw. Schmetterlingsblütlern. – Zu den W. gehören u. a. Kohlweißling, Resedafalter, Aurorafalter und Zitronenfalter.

Weißmeer-Ostsee-Kanal, Wasserstraße in Karelien (Rußland), von Belomorsk am Weißen Meer bis Powenez am Onegasee, von hier über Swir, Ladogasee und Newa Verbindung zur Ostsee, 227 km lang (davon 37 km künstl. Wasserweg); 19 Schleusen; 1930–33 gebaut.

Weißmetalle, Bez. für eine Gruppe von weißlich aussehenden Legierungen v. a. aus Zinn, Antimon, Blei und Kupfer; wegen guter Gleiteigenschaften insbes. als Lagermetalle verwendet.

Weißmoos. Polster der Art Leucobryum glaucum

Weißmoos (Ordenskissen, Leucobryum), Gatt. der Laubmoose mit rd. 100 überwiegend trop. Arten. Die einzige einheim. Art ist *Leucobryum glaucum,* ein auf sauren Heide- und Waldböden vorkommendes, große Polster bildendes, weißlichgrünes Moos.

Weissmuller, Johnny [engl. ˈwaɪsmʌlə], *Windber (Pa.) 2. Juni 1904, † Acapulco de Juárez 20. Jan. 1984, amerikan. Schwimmer und Filmschauspieler. – Schwamm 1922 (als erster) die 100 m Kraul unter 53 Sek. (52,6 Sek.); stellte insgesamt 18 Weltrekorde auf, wurde 1924 Olympiasieger über 100, 400 m und 4 × 200 m Kraul, 1928 über 100 m und 4 × 200 m Kraul. Seit 1932 beim Film; bekannt v. a. durch seine ,,Tarzan''-Serie.

Weißpfennig, seit dem Spät-MA Bez. für Groschenmünzen aus gutem Silber; Beispiele: Albus, Witten.

Weißrückenspecht (Elsterspecht, Dendrocopos leucotos), etwa 25 cm langer Specht in S-Skandinavien, den Alpen, O- und SO-Europa und Asien; gegenüber dem ähnl. Großen Buntspecht mit weißem Unterrücken (im ♂ Geschlecht).

Weißrussen (Belorussen), ostslaw. Volk v. a. in Weißrußland (7,95 Mill.) und in angrenzenden Republiken; insges. über 10 Mill. Angehörige.

Weißrussisch (Belorussisch), zu den ostslaw. Sprachen gehörende Sprache der Weißrussen. – Erste weißruss. Sprachelemente finden sich in den Smolensker Urkunden des frühen 13. Jh.; im Großfürstentum Litauen wurde W. zeitweilig zur Kanzleisprache. Im 16. Jh. wurde es vom Polnischen zurückgedrängt und 1696 durch den poln. Sejm als offizielle Sprache verboten. Ende des 19. Jh. bildete sich auf der Grundlage der Volksdialekte und durch die Werke F. K. Boguschewitschs (* 1840, † 1900) eine neue weißruss. Literatursprache, die 1919 in der UdSSR als offizielle Sprache anerkannt wurde. – W. wird in kyrill. Schrift (mit Abweichungen von der russ. Kyrilliza) geschrieben. Das morpholog.-syntakt. System ist dem Russischen ähnlich.

weißrussische Kunst, früheste Denkmäler stammen aus dem Paläolithikum (Knochenarbeiten) und Neolithikum (keram. Erzeugnisse mit geometr. Ornamenten). In der ma. Baukunst, die byzantin. Bauprinzipien mit denen der slaw. Holzbaukunst verband, dominierten Festungen, Wehranlagen (Lida, Grodno, Mir) und Wehrkirchen (Malo-Moschejkowo, Synkowitschi, Suprasl); eine zentrale Rolle kam dem Polozker Fürstentum zu. Im Barock wurden Schlösser (Grodno, Swjatsk) errichtet, Kirchen erhielten vorrangig Zweiturmfassaden (Grodno, Jesuitenkirche), doch wurden auch altruss. Traditionen weitergeführt (Witebsk, Elias-Kirche), mit flächiger Ornamentschnitzerei als Bauschmuck. Ornamente beherrschten auch die Buch- (Evangeliare von Mstisch und Orscha) und Ikonenmalerei des frühen MA. Die Wandmalerei folgte der spätbyzantin. Kunst (Fresken der Verkündigungskirche in Witebsk, 15./16. Jh.). Im 17. Jh. gelangte die Kupferstichtechnik durch die Fam. Woschtschanka zu einer Blüte. Die Bildhauerkunst stand seit dem MA unter westeurop. Einfluß. Noch vor der Vereinigung mit Rußland (1795) erfolgte eine Annäherung an die russ. Kunst. Die Neugestaltung der Städte erfolgte im Stil des Klassizismus, später des Eklektizismus. Nach dem 2. Weltkrieg wurden für verschiedene Städte Generalbebauungspläne erstellt (Witebsk, Gomel, Mogiljow). Die Malerei entwickelte sich Ende des 19. Jh. zum krit. Realismus (J. M. Pen, J. M. Kruger). Zahlr. Künstler erhielten ihre Ausbildung an der Petersburger Kunstakademie. In den 20er Jahren spielte die Witebsker Kunstschule (M. Chagall, K. Malewitsch, El Lissitzky) für die sowjet. Avantgarde eine maßgebl. Rolle. 1932 wurde der Verband bildender Künstler gegründet.

Victor Frederick Weisskopf

weißrussische Literatur (beloruss. Literatur), bedeutender als die ältere weißruss. Kunstdichtung ist die außerordentlich reiche weißruss. *Volksdichtung* mit Liedern, Rätseln, Märchen, Sprüchen, aber ohne ep. Großformen. Eine weißruss. *Nationalliteratur* auf der Grundlage der Volksdialekte entstand in der 1. Hälfte des 19. Jh.; mit den revolutionären Ereignissen 1905–07 verschaffte sich die weißruss. Nationalbewegung einen größeren Freiraum; bedeutendste literar. Vertreter waren J. Kupala und J. Kolas, in Gedichten, Dramen, Erzählungen und Romanen das weißruss. bäuerl. Leben patriotisch gestalteten. In der 2. Hälfte des 20. Jh. standen der 2. Weltkrieg, histor. und Revolutionsthematik im Mittelpunkt. Bekannte Autoren sind u. a. A. Adamowitsch, M. Tank, I. Schamjakin, I. Melesch und bes. W. Bykau.

weißrussische Musik, das Musikleben der Weißrussen ist seit Jahrhunderten mit der russ., ukrain. und poln. Musik verbunden. Den Volksliedern ist der lyr. Grundzug eigen. Der traditionelle Chorgesang ist einstimmig, der zwei- und dreistimmige Chorgesang kam erst später auf. Zu den typ. Volksmusikinstrumenten gehören Hackbrett, Lyra (fiedelähnl. Instrument), Flöte und Dudelsack. – Von S. Moniuszko beeinflußte Volksliedkompositionen und musikdramat. Werke entstanden in der 2. Hälfte des 19. Jh. In den 1940er Jahren bildete sich eine nat. Komponistenschule heraus, zu deren bed. Vertretern N. Aladow, W. Solotarjow und A. Bogatyrjow zählen. Das sinfon. Schaffen basierte auf der nat. Volksmusiktradition. In den 60er und 70er Jahren setzten sich die Musikschaffenden mit internat. Traditionen der Musikentwicklung und modernen Kompositionstechniken auseinander, so u. a. L. Abeliowitsch, einer der führenden Sinfoniker des Landes, H. Wagner, W. Woitik, J. Glebow. Stilistisch interessante Werke schufen auch D. Smolski, S. Kortes, F. Pytalew und G. Surus. Mit originellen, die Entwicklung sinfon. Gattungen schöpferisch erneuernden Werken traten u. a. die Komponisten O. Saletujew, W. Dorochin und W. Procherow hervor.

Weißrussischer Landrücken ↑Westrussischer Landrücken.

Weißrußland

Weißrußland
Fläche: 207 600 km²
Bevölkerung: 10,3 Mill. E (1990), 50 E/km²
Hauptstadt: Minsk
Amtssprache: Weißrussisch
Währung: 1 Rubel = 100 Kopeken
Zeitzone: MEZ +1 Stunde

Weißrußland

Staatswappen

Internationales Kfz-Kennzeichen

Weißrußland (Belorußland, amtl. Republik Weißrußland, Republik Bjelarus), Republik in Osteuropa, zw. 51° 14′ und 56° 10′ n. Br. sowie 23° 11′ und 32° 45′ ö. L. **Staatsgebiet:** W. grenzt im W an Polen und Litauen, im NW an Lettland, im N und O an Rußland und im SO und S an die Ukraine. **Verwaltungsgliederung:** 6 Gebiete. **Internat. Mitgliedschaften:** UN, GUS.
Landesnatur: W. liegt im Bereich der Osteurop. Ebene. Die Oberflächenformen werden wesentlich durch pleistozäne Ablagerungen geprägt. Den NW- und Zentralteil durchziehen flache, von SW nach NO streichende, bis 345 m hohe Endmoränenrücken, im S liegt das nördl. Sumpfgebiet der Polesje.
Klima: Es ist im W maritim, im O kontinentaler geprägt und hat realtiv milde, feuchte Winter und kühle regner. Sommer.
Vegetation: Rd. $^1/_3$ der Fläche werden von Mischwäldern eingenommen, über $^1/_5$ besteht aus Moorflächen.
Tierwelt: Wichtige Vertreter sind Elch, Reh, Wildschwein, Hirsch, Fuchs, Wolf, Bär, Hermelin, Dachs sowie das Eichhörnchen.
Bevölkerung: Sie setzt sich (1989) zu 77,9 % aus Weißrussen, 13,2 % Russen, 4,1 % Polen, 2,9 % Ukrainern, 1,1 % Juden sowie aus anderen Völkern zusammen. Zwei Drittel der Bewohner leben in Städten. Die Mehrzahl der Gläubigen gehört der russ.-orth. Kirche an. W. ist gleichmäßig besiedelt. Größere Bev.dichten sind im mittleren und sö. Landesteil vorhanden; schwächer sind der N und die Polesje bevölkert. W. verfügt über eine Akad. der Wiss., eine Univ. (in Minsk) und 32 Hochschulen.
Wirtschaft: Neben der von Rohstoffimporten abhängigen Ind. existiert eine auf Viehzucht (bes. Milchrinder, Schweine) ausgerichtete Landw. Angebaut werden v. a. Futterpflanzen, Kartoffeln und Flachs. An Bodenschätzen werden Kalisalze, Steinsalz, Torf und Phosphate, in geringen Mengen Erdöl und Erdgas gefördert. Traditionelle Ind.-zweige sind Textil- (bes. Leinenherstellung) und Holzind. Bes. seit 1965 wurden Werkzeugmaschinen- und Fahrzeugbau (Traktoren, Schwerlast-Lkw, Großraumbagger, Fahrräder), elektrotechn.-elektron., feinwerktechn. (Uhren), opt. und chem. Ind. ausgebaut. Nach der polit. und wirtsch. Unabhängigkeit von Moskau beschreitet W. zunehmend einen marktorientierten Entwicklungsweg.
Außenhandel: Ausgeführt werden Erzeugnisse des Maschinen- und Fahrzeugbaus, der Textil- und holzverarbeitenden Ind., Uhren, Holz, Fleisch und Kartoffeln, eingeführt Eisen- und Nichteisenmetalle, Steinkohle, Erdöl, Erdgas, Waggons, Ind.einrichtungen und Getreide. Bedeutendste Handelspartner sind Rußland, die Ukraine u. a. Republiken der GUS, die balt. Staaten und Polen.
Verkehr: W. ist ein wichtiges Transitland im Eisenbahn- (Streckennetz 5 580 km) und Straßenverkehr (90 300 km Straßen, davon 56 600 km mit fester Decke) von den mitteleurop. Ländern nach Rußland und den balt. Staaten. Das Binnenwasserstraßennetz hat eine Länge von 3 900 km. Internat. ✈ in Minsk.

Geschichte: In der 2. Hälfte des 1. Jt. n. Chr. bildeten sich in W. 3 große Stammesverbände heraus: die *Dregowitschen* in der Polesje und in Zentral-W., die *Radimitschen* am Sosch und die *Kriwitschen* an Düna und oberem Dnjepr. Hier fanden die Waräger schon Ft. vor (z. B. das Polozk); ihre Fürsten wurden Vasallen der Kiewer Großfürsten, die das Christentum einführten und unter deren Herrschaft im 11. Jh. die Städte Brest, Witebsk, Minsk und Pinsk entstanden. Seit Beginn des 13. Jh. dehnten die Großfürsten von Litauen ihre Herrschaft auf W. aus (1307 Eroberung von Polozk); Anfang des 16. Jh. wurde W. zum Streitobjekt zw. Litauen und dem Groß-Ft. Moskau. Der Friede von Andrussowo (1667) beließ W. bei Polen-Litauen; erst mit den Poln. Teilungen (1772, 1793, 1795) kam es zu Rußland. Im 1. Weltkrieg besetzten dt. Truppen 1915 zunächst westl. Teile, im Febr. 1918 weitere Gebiete von W. einschl. der Hauptstadt Minsk. Die nach dem Sturz des Zaren im Juli 1917 gebildete bürgerl. Weißruss. Rada strebte ein selbständiges W. an (eine im März 1918 von ihr ausgerufene Volksrepublik wurde von der dt. Besatzungsmacht nicht anerkannt). Am 25. Dez. 1918 wurde in Moskau eine Weißruss. Sowjetrepublik proklamiert, die bereits im Jan. 1919 hatte sich die Sowjetmacht in ganz W. etabliert (Febr.–Aug. 1919 bestand die Litauisch-Weißruss. SSR). Während des poln.-sowjet. Krieges (1919/1920) wurde W. von poln. Truppen besetzt; am 11. Juli 1920 konnte die Rote Armee Minsk zurückerobern. Im Frieden von Riga (18. März 1921) mußte W. seine westl. Gebiete (u. a. Brest, Grodno, Pinsk) an Polen abtreten; im Dez. 1922 gehörte es zu den Gründungsmgl. der UdSSR. Nach der militär. Niederlage Polens zu Beginn des 2. Weltkriegs gliederte die Sowjetunion auf Grund des dt.-sowjet. Vertrags vom 28. Sept. 1939 die 1921 an Polen gefallenen Gebiete wieder der Weißruss. SSR ein (Nov. 1939). In dem 1941–44 von dt. Truppen besetzten W. (schwere Zerstörungen, rd. 2 Mill. Tote, v. a. Juden) regte sich eine starke Partisanenbewegung. Der Grenzverlauf zw. Polen und dem weißruss. Territorium entspricht seit der 1945 erfolgten Rückgabe des Gebietes Białystok an Polen der ↑Curzon-Linie. W. war 1945 Gründungsmgl. der UN. Im Juli 1990 erklärte W. seine Souveränität innerhalb der UdSSR, am 26. Aug. 1991 seine Unabhängigkeit. Als Oppositionskraft gegen die 1991 gespaltene KP trat der 1989 gegr. Nat. Volksfront hervor, aus der mehrere Parteien entstanden. Im Sept. 1991 wurde S. Schuschkjewitsch Parlamentspräs. (Staatsoberhaupt). W. orientiert sich in seiner Außen- und Sicherheitspolitik an Neutralität und künftiger Kernwaffenfreiheit. Im Dez. 1991 gehörte W. zu den Mitbegründern der Gemeinschaft Unabhängiger Staaten (↑GUS).
Politisches System: Seit der Unabhängigkeitserklärung vom 26. Aug. 1991 ist W. eine souveräne Republik mit Mehrparteiensystem. *Staatsoberhaupt* ist der vom Parlament gewählte Vors. des Obersten Sowjet. Die *Legislative* liegt beim Obersten Sowjet; die *Exekutive* wird von der Reg. unter Vorsitz des Min.präs. wahrgenommen. Zum breit gefächerten *Parteien*spektrum gehören u. a.: Weißruss.

Bauernpartei, Weißruss. Sozialdemokrat. Hramada, Christlich-Demokrat. Union, Demokrat. Partei, National-Demokrat. Partei und Sozialdemokrat. Partei.

Weißschliff ↑Holzschliff.

Weißschwielenkrankheit, svw. ↑Leukoplakie.

Weißtöner, svw. ↑optische Aufheller.

Weißwal ↑Gründelwale.

Weißwasser, Krst. in der Oberlausitz, Sa., 136 m ü. d. M., 36 000 E. Bed. Standort der Glasind. (seit 1872); nahebei Braunkohleabbau und -verstromung. – Entstand wohl im 13. Jh. als sorb. Fischerdorf (erste Erwähnung 1452); 1935 Stadtrecht. – Jagdschloß (17. Jh., 1860 umgebaut).

W., Landkr. in Sachsen.

Weißwasserflüsse, Flüsse mit trübem, lehmgelbem Wasser im Amazonastiefland.

Weißwurst, Brühwurst aus passiertem Rind-, Schweine- und Kalbfleisch mit Kräutern, eine Münchner Spezialität.

Weißwurz, svw. ↑Salomonsiegel.

Weißzahnspitzmäuse (Wimperspitzmäuse, Crocidurinae), Unterfam. der Spitzmäuse mit rd. 180 Arten in Europa, Asien und Afrika; Zähne (im Ggs. zu denen der ↑Rotzahnspitzmäuse) weiß; 3 einheim. Arten: Hausspitzmaus (↑Spitzmäuse), **Feldspitzmaus** (Crocidura leucodon; 7–9 cm lang, Schwanz rd. 3–4 cm lang, Oberseite braungrau bis dunkelbraun, Unterseite scharf abgesetzt weißlich) und **Gartenspitzmaus** (Crocidura suaveolens; 6–8 cm lang, mit 2,5–4,5 cm langem Schwanz; Färbung oberseits braun bis graubraun, Unterseite dunkelgrau bis ockerfarben; in gemäßigten und südl. Regionen Eurasiens, Vorderasiens und N-Afrikas).

Weistum, Rechtsweisung, Aussage rechtskundiger Männer über das geltende Recht, die entsprechend der ma. Auffassung vom Wesen des Rechts nicht selbständige Setzung, sondern Findung und Verkündung vorgegebenen Rechts (Gewohnheitsrecht) bedeutete. So beruhten die Stammesrechte auf Weisung ebenso wie viele Reichsgesetze (z. B. Rhenser Kurfürsten-W., 1338). Zahlr. sind die seit dem 13. Jh. überlieferten, meist aber aus dem 15. und 16. Jh. stammenden bauerl. Weistümer.

Weisung, im Strafrecht, insbes. im Jugendstrafrecht, das Gebot (z. B. hinsichtlich Annahme einer Arbeits- oder Lehrstelle) oder Verbot (z. B. Lokalverbot) eines Strafgerichts, das die Lebensführung des Straftäters sichern und ihn von der Begehung neuer Straftaten abhalten soll. W. können dem erwachsenen Täter erteilt werden, dessen Freiheitsstrafe zur Bewährung ausgesetzt wird (§ 56 c StGB). Die W. nach dem JugendgerichtsG (§ 9) gehören zu den Erziehungsmaßregeln und sind die mildeste Sanktion für Straftaten Jugendlicher und Heranwachsender. Bei schwerem Verstoß gegen W. droht Jugendarrest. – Zu W. im militär. Bereich ↑Befehl, im Arbeitsrecht ↑Direktionsrecht, im Verwaltungsrecht ↑Weisungsrecht. – Im *österr.* und *schweizer. Recht* gilt im wesentlichen Entsprechendes.

Weisungsrecht, das Recht übergeordneter Behörden, nachgeordneten Stellen allg. und spezielle Anweisungen (Anordnungen, Richtlinien, Durchführungsvorschriften u. a.) zu erteilen. – ↑Befehl, ↑Direktionsrecht.

Weiterbildung ↑Erwachsenenbildung.

weiterführende Schulen, alle allgemeinbildenden Schulen, die über den Hauptschulabschluß und die gesetzl. Schulpflicht hinausführen (z. B. Berufsaufbauschulen, Realschulen, Gymnasien).

Weitling, Wilhelm, *Magdeburg 5. Okt. 1808, †New York 25. Jan. 1871, dt. Frühsozialist. – Schloß sich als Schneidergeselle auf der Wanderschaft in Paris 1837 dem „Bund der Gerechten" (später Bund der Kommunisten unter dem Einfluß von K. Marx und F. Engels) an. 1839 am Aufstand L. A. Blanquis beteiligt; lebte ab 1849 in den USA. In seinen von urchristl. Gedanken beeinflußten Schriften entwickelte W. die Konzeption einer auf revolutionärem Wege zu verwirklichenden egalitären Gesellschaft (Gütergemeinschaft).

Weitsichtigkeit, svw. ↑Übersichtigkeit.

Weitsprung, Disziplin der Leichtathletik. Nach (innerhalb der Anlage) beliebig langem Anlauf Absprung vom Sprungbalken, der nicht übertreten werden darf (Sprung sonst ungültig), und (beidbeinige) Landung in der Sprunggrube. Weltrekord für Männer: 8,95 m (1991), für Frauen: 7,52 m (1988).

Weitwinkelobjektiv ↑photographische Objektive.

Weiz, östr. Bez.hauptstadt 20 km nö. von Graz, Steiermark, 480 m ü. d. M., 9 600 E. Hochspannungslaboratorium; holzverarbeitende, Elektro- u. a. Ind. – Um 1200 als Markt bei einer Burg gegr.; seit 1932 Stadtrecht. – Taborkirche (12.–15. und 17. Jh.); ehem. Schloß (1555–65). Auf dem Weizberg barocke Wallfahrtskirche (1757 ff.).

Weizen (Triticum), Gatt. der Süßgräser, aus Kleinasien, Z-Asien und Äthiopien stammend, mit ca. 27 Arten; Ährengräser mit zweizeilig stehenden, begrannten oder unbegrannten Ährchen. Zahlr. Arten sind wichtige Getreidepflanzen, die in die Gruppen *Nackt-W.* (die Früchte lösen sich bei der Reife von den Spelzen ab, z. B. Saat-W.) und *Spelz-W.* (die Körner sind fest von den Spelzen umschlossen, z. B. Emmer) eingeteilt werden können. – Der Anbau von W. erstreckt sich von den Subtropen bis in ein Gebiet etwa 60° n. Br. und 27–40° s. Br., Hauptanbaugebiete sind Europa, N-Amerika und Asien. – Nach ihrer Genetik und Züchtungsgeschichte werden die W.arten gegliedert in die diploiden Arten der *Einkornreihe,* von denen nur das ↑Einkorn (heute sehr selten) kultiviert wird, in die tetraploiden Arten der *Emmerreihe* mit ↑Emmer, **Gommer** (Triticum polonicum, mit großen, blaugrünen Ähren und schmalen Körnern; wird vereinzelt noch in Äthiopien und Kleinasien angebaut), **Hartweizen** (Glas-W., Triticum durum, mit längl., zugespitzten, harten und glasigen Körnern; wird in allen heißen Steppengebieten angebaut) und **Rauhweizen** (Triticum turgidum, mit dichten, dicken, langen Ähren, Körner dick und rundlich; selten noch im Mittelmeergebiet angebaut) und in die hexaploiden Arten der *Dinkelreihe* mit dem ↑Dinkel und dem heute überwiegend angebauten **Saatweizen** (Gemeiner W., Weicher W., Triticum aestivum). Der Saat-W. hat eine zähe Ährenspindel und bei Reife aus den Spelzen fallende, runde bis länglich-ovale Körner. Er wird in zahlr. Sorten als Sommer- oder Winter-W. angebaut. Hohe Ansprüche stellt der Saat-W. an das Klima und den Nährstoffgehalt des Bodens. Die Körner enthalten etwa 70 % Stärke und etwa 10–12 % Eiweiß; Verwendung als Brotgetreide, für Grieß, Bierherstellung u. a. – Die Welternte an W. betrug 1990 595,1 Mill. t, Haupterzeuger waren die UdSSR mit 108,0 Mill. t, China mit 96,0 Mill. t, die USA mit 74,5 Mill. t, Indien mit 96,0 Mill. t, Kanada mit 31,7 Mill. t und Frankreich mit 33,3 Mill. t.

Geschichte: Die ältesten W.arten sind Emmer, Einkorn und Dinkel, die seit der Jungsteinzeit in Kultur waren. Der Saat-W. entstand in Europa zu Beginn der Eisenzeit durch Züchtung. Im MA hat der Saat-W. in Europa die alten W.arten allmählich verdrängt.

Weizenbaum, Joseph, *Berlin 8. Jan. 1923, dt. Mathematiker. – Emigrierte 1936 mit den Eltern in die USA. Seit 1963 Prof. für Informatik am MIT. Bekannt durch sein Programm ELIZA (1966), das ein Therapeut-Patient-Gespräch simulieren soll, und als Kritiker der künstl. Intelligenz.

Weizenbier, svw. ↑Weißbier.

Weizenkeimöl, aus den beim Mahlen von Weizen anfallenden Weizenkeimlingen gewonnenes Speiseöl mit bes. hohem Gehalt an Tokopherolen (Vitamin E).

Weizman, Ezer, *Jaffa (= Tel Aviv), 15. Juni 1924, israel. Politiker. – General bei der Luftwaffe, Unternehmer; bis 1980 Mgl. der Cherut-Partei (= Likud); gründete die nach den Parlamentswahlen von 1984 mit der Arbeiterpartei fusionierte liberale Zentrumspartei Yahad; mehrfach Min. (u. a. 1977–80 Verteidigungsmin.); seit 1993 Staatspräsident.

Weizmann, Chaim, *Motol bei Pinsk (Weißrußland) 27. Nov. 1874, †Rehovot 9. Nov. 1952, israel. Politiker. – Seit 1903 Prof. für Biochemie in Manchester; trat für einen „synthet. Zionismus" ein, der die polit. Ziele des Zionismus mit der jüd. Kultur vereinen sollte; 1917 am Zustande-

Weizen.
Saatweizen.
Oben: unbegrannte
Ährenform und
Weizenkorn.
Unten: begrannte
Ährenform

Wilhelm Weitling

Weizmann-Institut

Carl Friedrich Freiherr von Weizsäcker

Richard Freiherr von Weizsäcker

Wladimir Iossifowitsch Weksler

kommen der Balfour-Deklaration (↑ Palästina, Geschichte) beteiligt; gründete 1918 die Hebr. Univ. Jerusalem; 1920 bis 1931 und 1935–46 Präs. der Zionist. Weltorganisation, ab 1929 Leiter der Jewish Agency; trat nach dem 2. Weltkrieg für die Bildung eines arab. und eines jüd. Staates in Palästina ein; 1948 Mitbegr. und 1. Präs. des Staates Israel.

Weizmann-Institut (The Weizmann Institute of Science), nach C. Weizmann ben. und 1944 in Rehovot gegr. private Hochschule für theoret. und angewandte Naturwissenschaften.

Weizsäcker [ˈvaɪtszɛkər], Familie dt. Gelehrter und Politiker; bed.:
W., Carl Freiherr von (seit 1916), *Stuttgart 25. Febr. 1853, †ebd. 2. Febr. 1926, Politiker. – 1900–06 württemberg. Kultusmin., 1906–18 Min.präs. und Außenmin. von Württemberg.
W., Carl Friedrich Freiherr von, *Kiel 28. Juni 1912, Physiker und Philosoph. – Sohn von Ernst Freiherr von W.; 1942–44 Prof. in Straßburg, 1947–56 in Göttingen, danach bis 1969 Prof. für Philosophie in Hamburg, 1970–80 Direktor des Max-Planck-Inst. zur Erforschung der Lebensbedingungen der wiss.-techn. Welt in Starnberg. Seine Arbeiten betrafen zunächst die theoret. Kernphysik (1935 Bethe-W.-Formel für die Kernbindungsenergie); es folgten Arbeiten zur Astrophysik (1937 Theorie der Energieproduktion in Sternen und Aufstellung des ↑Bethe-Weizsäcker-Zyklus) und zur Kosmogonie (1943 Theorie der Entstehung des Planetensystems, 1959 über die Entwicklung von Sternen und Sternsystemen). Daneben leistete er bed. Beiträge zur Geschichte und zu Gegenwartsproblemen der Physik, zur Naturphilosophie, Quantenlogik, Erkenntnis- und Wiss.theorie sowie bes. zur Friedensforschung.
W., Ernst Freiherr von, *Stuttgart 12. Mai 1882, †Lindau (Bodensee) 4. Aug. 1951, Diplomat. – Sohn von Carl Freiherr von W.; seit 1920 im diplomat. Dienst; 1938–43 Staatssekretär im Auswärtigen Amt; 1943–45 Botschafter beim Vatikan; suchte (u. a. durch Warnung Großbritanniens) den Ausbruch des 2. Weltkrieges zu verhüten bzw. Friedensverhandlungen zu fördern, ohne sich dem Vorwurf ambivalenter Haltung gegenüber dem NS entziehen zu können; 1949 in den Nürnberger Prozessen zu 7 Jahren Haft verurteilt, 1950 vorzeitig entlassen.
W., Richard Freiherr von, *Stuttgart 15. April 1920, Politiker (CDU). – Sohn von Ernst Freiherr von W.; Wirtschaftsjurist und Rechtsanwalt; 1964–70 und 1979–81 Präs. des Dt. Ev. Kirchentages, 1969–84 Mgl. des Rates der EKD; seit 1954 Mgl. der CDU; 1969–81 MdB, 1972–79 stellv. Vors. der CDU-Bundestagsfraktion, 1979–81 Vizepräs. des Bundestags; 1981–84 Regierender Bürgermeister von Berlin (West); seit 1984 Bundespräs. der BR Deutschland.
W., Viktor Freiherr von, *Stuttgart 21. April 1886, †Heidelberg 9. Jan. 1957, Neurologe. – Bruder von Ernst Freiherr von W.; Prof. in Breslau und Heidelberg; bemühte sich um eine ganzheitl., anthropologisch ausgerichtete Medizin, bes. um die Entwicklung der Psychosomatik. Schrieb u. a. „Der Gestaltkreis" (1940), „Der kranke Mensch" (1951), „Pathosophie" (1956).

Wejherowo [poln. vɛjxɛˈrɔvɔ] (dt. Neustadt in Westpr.), poln. Stadt nw. von Danzig, 47 000 E. Wallfahrtsort der Kaschuben; Zement-, Leder- und Bekleidungsind. – Als slaw. Siedlung schon im 9. Jh. bekannt; entstand 1576 aus 2 Dörfern, Verleihung des Stadtrechts 1650 **(Weihersfrei)**; kam 1772 an Preußen **(Neustadt)**; seit 1920 zu Polen. – Ehem. Klosterkirche Sankt Anna (1651); ehem. Schloß (18. Jh., später ausgebaut).

Weksler, Wladimir Iossifowitsch, *Schitomir 4. März 1907, †Moskau 22. Sept. 1966, sowjet. Physiker. – Arbeitete über Höhenstrahlung und Hochenergiephysik, entwickelte 1945 die Grundlagen für die Konstruktion des Synchrotrons.

Wekwerth, Manfred, *Köthen/Anhalt 3. Dez. 1929, dt. Theaterregisseur. – Seit 1953 Regisseur (1977–91 Intendant) am ↑Berliner Ensemble v. a. mit Brecht-Inszenierungen; seit 1969 auch Gast- und Filminszenierungen.

Welcker, Karl Theodor, *Ober-Ofleiden (= Homberg/Ohm) 29. März 1790, †Neuenheim (= Heidelberg) 10. März 1869, dt. Staatsrechtslehrer und Politiker. – Seit 1814 Prof., ab 1831 mit K. W. R. von Rotteck Führer der liberalen Opposition in der bad. 2. Kammer. 1848 Mgl. der Frankfurter Nat.versammlung. Gab zus. mit Rotteck das den Liberalismus prägende „Staatslexikon" (15 Bde., 1834 bis 1844) heraus.

Welfen, fränk. Adelsgeschlecht, seit dem 8. Jh. im karoling. Kernraum um Maas und Mosel nachweisbar. Konrad (†863), der Sohn Welfs I. († um 820), begründete sowohl die *burgund.* (*Rudolfinger;* seit 888 Könige in Hochburgund, 1032 ausgestorben) als auch die *schwäb.* Linie der **älteren Welfen,** die eine der bedeutendsten dt. Adelsdyn. mit umfangreichem Allodial- und Lehnsbesitz in Schwaben, Rätien und Bayern wurde und mit Welf III. (1047–55 Hzg. von Kärnten) im Mannesstamm erlosch; sein Neffe Welf IV. († 1101), Sohn des Markgrafen Azzo II. von Este († 1097), den Heinrich IV. 1070 mit dem Hzgt. Bayern belehnte, begründete die Linie der **jüngeren Welfen** *(Welf-Este).* Seit der Königswahl von 1125 standen die W. im Ggs. zu den Staufern. Heinrich X., der Stolze, ⚭ mit Gertrud, Tochter Kaiser Lothars III., erhielt mit dessen Erbe 1137 auch das Hzgt. Sachsen. Der Aufstieg zum Königtum gelang jedoch nicht; Kaiser Friedrich I. Barbarossa konnte seinem Vetter Heinrich dem Löwen 1180 sowohl das (1156 zugestandene) Hzgt. Bayern (Vergabe an die Wittelsbacher) als auch Sachsen (Vergabe an die Askanier) abringen. Der stauf.-welf. Ggs. brach noch einmal im Thronstreit von 1198 auf, der mit der Niederlage Ottos IV. gegen Friedrich II. bei Bouvines (1214) endete. Aus dem welf. Hausbesitz zw. Elbe und Weser entstand 1235 das Hzgt. Braunschweig-Lüneburg; die lüneburg. Teillinie Calenberg gelangte nach dem Aufstieg zum Kur-Ft. Hannover (1692) auf den brit. Thron (1714).

Welfenfonds […fõ], 1868 von der preuß. Reg. aus dem Privatvermögen des 1866 abgesetzten Königs von Hannover, Georg V., gebildeter Fonds (16 Mill. Taler); wurde u. a. zur Finanzierung des ↑Reptilienfonds herangezogen; 1892 ließ Kaiser Wilhelm II. den W. und die aufgelaufenen Zinsen an die Erben Georgs V. auszahlen.

Welfenpartei ↑Deutsch-Hannoversche Partei.

Welfenschatz, Sammlung von kostbaren Reliquiaren aus dem Besitz des welf. Hauses Braunschweig-Lüneburg, die ehem. im Dom von Braunschweig aufbewahrt wurde; 1671 ging sie an das Haus Hannover über, das sie nach 1867 sukzessive verkaufte. Im Kunstgewerbemuseum Ber-

Welfenschatz. Kuppelreliquiar, um 1175 (Berlin, Staatliche Museen)

lin-Charlottenburg befinden sich u. a. der Tragaltar des Goldschmieds Eilbertus von Köln (um 1150–60) und das Welfenkreuz (Köln, 11. Jh.).

Welikije Luki [russ. vɪ'likijɪ 'luki], russ. Stadt am Lowat, 114 000 E. Landw.hochschule, zwei Museen; Maschinen- und Gerätebau, Leinenfabrik. – 1166 gegr., bald zu einer strategisch wichtigen Festung an der poln.-lit. Grenze ausgebaut; im 2. Weltkrieg fast vollständig zerstört.

Weliki Ustjug [russ. vɪ'likij us'tjuk], russ. Stadt an der Suchona, 38 000 E. Bürsten-, Harmonika-, Bekleidungs-, Möbelfabrik. – Eine der ältesten Siedlungen im nördl. europ. Rußland, bereits im 12. Jh. urkundlich erwähnt; im 16./17. Jh. bed. Handelsplatz, auch Sitz einer großen Kunstschule. Aus dem 17. Jh. stammen 2 Klöster und die Wosnessenski-Kirche.

Weliko Tarnowo [bulgar. vɛ'liko 'tərnovo], nordbulgar. Stadt an der Jantra, 224 m ü. d. M., 65 000 E. Univ. (gegr. 1971), histor. Museum, Gemäldegalerie; Nahrungsmittel-, Textil-, Holzind., Maschinen-, Radio- und Fernsehgerätebau; Fremdenverkehr. – In der Antike und im MA von großer strateg. Bed.; wurde 1185 Hauptstadt des 2. Bulgar. Reiches (bis Mitte des 14. Jh.) und Sitz des bulgar. Patriarchats (bis 1572); 1393 von den Osmanen erobert. – 1879 tagte hier die erste Nat.versammlung Bulgariens; 1908 wurde in W. T. die Unabhängigkeit verkündet. – Vierzig-Märtyrer-Kirche (1230), Sankt Peter und Paul (urspr. 14. Jh.).

Welin, Karl-Erik, *Genarp (Verw.-Geb. Malmöhus) 31. Mai 1934, †auf Mallorca 31. Mai 1992, schwed. Organist, Pianist und Komponist. – Trat seit 1962 als Interpret v. a. von avantgardist. Musik hervor; seine Kompositionen sind von M. Kagel beeinflußt.

Welk, Ehm, eigtl. Thomas Trimm, *Biesenbrow bei Angermünde 29. Aug. 1884, †Bad Doberan 19. Dez. 1966, dt. Schriftsteller. – Bauernsohn; Journalist; ab 1934 zeitweilig im KZ Oranienburg und Schreibverbot. Bekannt wurden v. a. die Romane „Die Heiden von Kummerow" (1937), „Die Gerechten von Kummerow" (1943) über das Leben norddt. Bauern; schrieb auch Tiergeschichten, Theaterstücke und Drehbücher.

Welkekrankheiten, durch fortschreitendes Welken gekennzeichnete Pflanzenkrankheiten; meist durch parasitäre Pilze oder Bakterien verursacht.

Welle, Vorgang, bei dem sich eine physikal. Größe örtlich und zeitlich ändert, z. B. eine sich ausbreitende Schwingung; wird mathematisch durch eine ↑Wellengleichung beschrieben. Mit einer W. wird Energie transportiert. Die einfachste W. ist die **harmonische Welle (Sinuswelle),** bei der für die Auslenkung der schwingenden Größe aus der Ruhelage räumlich und zeitlich periodisch erfolgt. W. spielen in vielen Gebieten der Physik eine bed. Rolle (z. B. Schall-W., elektromagnet. W., Erdbeben-W. u. a.). Während für die Ausbreitung mechan. W. ein Medium erforderlich ist, breiten sich elektromagnet. W. auch im Vakuum aus. Erregt man z. B. in einem elast. Medium eine Stelle **(Wellenzentrum)** zu Schwingungen, so breitet sich der Schwingungszustand des W.zentrums nach allen Seiten aus. Die so entstandene W. wird als **Kugelwelle** bezeichnet. Die **Wellenflächen** einer solchen Kugel-W., d. h. die geomet. Örter aller Punkte dieser W., die sich zu einem bestimmten Zeitpunkt im selben Schwingungszustand befinden, sind konzentr. Kugelschalen um das W.zentrum. Die **Wellennormalen,** d. h. die Senkrechten auf den W.flächen, sind Radien dieser Kugelschalen. Eine **ebene Welle** hat ebene W.flächen, ihre W.normalen verlaufen parallel zueinander. Zur Bestimmung einer W. verwendet man folgende Größen: 1. **Wellenlänge,** Formelzeichen λ: Abstand zweier aufeinanderfolgender, auf derselben W.normalen liegender Punkte einer W., die sich im selben Schwingungszustand (Phase) befinden. 2. **Wellenzahl,** Formelzeichen $\tilde{\nu}$: reziproker Wert der W.länge. Die W.zahl gibt an, wieviele W.längen in der Längeneinheit enthalten sind. 3. **Frequenz** der schwingenden Größe, Formelzeichen f oder ν. 4. **Fortpflanzungsgeschwindigkeit,** Formelzeichen c: die Geschwindigkeit, mit der sich die vom W.zentrum ausgehende Erregung im Ausbreitungsmedium fortpflanzt. Sie ist gleichbedeutend mit der Geschwindigkeit, mit der sich eine bestimmte Schwingungsphase fortpflanzt. Man spricht deshalb auch von der *Phasengeschwindigkeit.* Zw. Fortpflanzungsgeschwindigkeit c, W.länge λ und Frequenz f besteht die Beziehung $c = f \cdot \lambda$. 5. **Amplitude,** Formelzeichen A: Schwingungsweite.

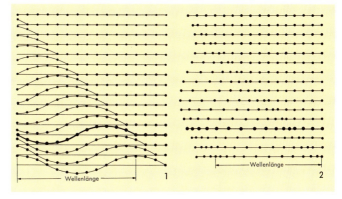

Welle. Bildung verschiedener Wellenformen, in der zeitlichen Abfolge von oben nach unten dargestellt: 1 Transversalwelle; 2 Longitudinalwelle

Je nach der Schwingungsrichtung unterscheidet man zwei Wellenarten: **Longitudinalwellen** *(Längs-W.),* bei denen Schwingungs- und Ausbreitungsrichtung parallel sind, und **Transversalwellen** *(Quer-W.),* bei denen Schwingungs- und Ausbreitungsrichtung senkrecht aufeinander stehen. Beim Durchgang einer W. durch ein Ausbreitungsmedium tritt infolge Absorption der von der W. transportierten Energie stets eine *Dämpfung,* d. h. ein Abklingen der Amplitude auf. Für die Überlagerung von W. gilt das *Superpositionsprinzip,* wonach sich W. unabhängig voneinander ausbreiten und überlagern. Laufen 2 W. gleicher Amplitude und Frequenz aufeinander zu, so kommt es bei ihrer Überlagerung zur Ausbildung einer **stehenden Welle;** dabei gibt es Stellen des Ausbreitungsmediums, die ständig in Ruhe sind *(Schwingungsknoten)* und solche, an denen ständig Schwingungen mit maximaler Amplitude stattfinden *(Schwingungsbäuche).* Alle W.arten unterliegen den physikal. Erscheinungen der ↑Beugung, ↑Brechung, ↑Reflexion, ↑Dispersion und ↑Interferenz; bei Transversal-W. kann auch noch eine ↑Polarisation auftreten. – ↑elektromagnetische Wellen, ↑Materiewellen, ↑Solitonen, ↑Stoßwelle.

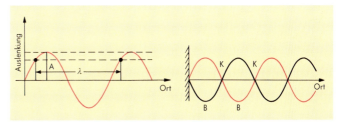

Welle. Links: harmonische Welle oder Sinuswelle; λ Wellenlänge, A Amplitude. Rechts: stehende Welle; B Schwingungsbauch, K Schwingungsknoten

▷ Maschinenelement zur Übertragung von Drehmomenten, Bewegungen und Kräften; glatte W. werden z. B. für Transmissionen verwendet, Kurbel-W. v. a. für Kolbenmotoren, biegsame W. u. a. zum Antrieb von Werkzeugen und Drehzahlmessern.

▷ im *Turnen* Umschwung bzw. Felge am Reck; im *Radsport* verbotene schlangenlinienförmige Fahrweise; in der *rhythm. Sportgymnastik* Auf- und Abwärtsbewegung des Körpers im Stand.

Wellenbereich

Wellenbereiche

Wellenlängen-bereiche	Frequenz-bereiche	deutsche Bezeichnung	internat. Abk.
100–10 km	3–30 kHz	Längstwellen, Myriameterwellen	VLF
10–1 km	30–300 kHz	Langwellen (LW), Kilometerwellen	LF
1–0,1 km	0,3–3 MHz	Mittelwellen (MW), Hektometerwellen	MF
100–10 m	3–30 MHz	Kurzwellen (KW), Dekameterwellen	HF
10–1 m	30–300 MHz	Ultrakurzwellen (UKW), Meterwellen	VHF
1–0,1 m	0,3–3 GHz	Dezimeterwellen	UHF
10–1 cm	3–30 GHz	Zentimeterwellen	SHF
10–1 mm	30–300 GHz	Millimeterwellen	EHF
10 cm–1 mm	3–300 GHz	Mikrowellen	
1–0,1 mm	0,3–3 THz	Dezimillimeterwellen, Submillimeterwellen	
1 mm–780 nm	$3 \cdot 10^{11} – 3{,}75 \cdot 10^{14}$ Hz	Infrarot	IR
780–380 nm	$3{,}75 \cdot 10^{14} – 7{,}5 \cdot 10^{14}$ Hz	sichtbares Licht	
380–100 nm	$7{,}5 \cdot 10^{14} – 3 \cdot 10^{16}$ Hz	Ultraviolett	UV
$10 – 10^{-5}$ nm	$5 \cdot 10^{15} – 3 \cdot 10^{25}$ Hz	Röntgenstrahlung einschl. Gammastrahlung (γ-Strahlung)	

1 nm = 10^{-9} m [= 10 Å]; 1 kHz = 10^3 Hz; 1 MHz = 10^6 Hz; 1 GHz = 10^9 Hz; 1 THz = 10^{12} Hz

Wellenbereich, durch ein bestimmtes Wellenlängen- oder Frequenzintervall gekennzeichneter Teilbereich aus dem Gesamtspektrum der elektromagnet. Wellen, im engeren Sinne aus dem Bereich der [Rund]funkwellen (z. B. Lang-, Mittel-, Kurz- und Ultrakurzwellen).
Wellenbrecher, moleähnl. Anlage, die anlaufende Wellen (z. B. vor Hafeneinfahrten) brechen soll.
▷ V-förmige, auf dem Vorschiffdeck angeordnete Schutzwand gegen überkommende Seen.
Wellenfläche ↑Welle.
Wellenfront, die vorderste[n] Wellenfläche[n] eines plötzlich einsetzenden Wellenvorgangs, z. B. bei einer Stoßwelle.
Wellenfunktion, svw. ↑Psifunktion. – ↑Atommodell.
Wellenfurchen, svw. ↑Rippeln.
Wellengleichung, partielle Differentialgleichung 2. Ordnung, die die Ausbreitung physikal. Größen ψ in Raum und Zeit t beschreibt. Bei Beschränkung auf eine Ortskoordinate x hat die W. die Form $c^2 \cdot d^2\psi/dx^2 = d^2\psi/dt^2$. Eine Lösung dieser W. ist die Funktion $\psi(x, t) = \psi_0 \sin 2\pi\nu(t - x/c)$ (harmon. Welle); ψ_0 Amplitude, ν Frequenz, c Phasengeschwindigkeit der Welle.
▷ (quantenmechan. W.) die ↑Schrödinger-Gleichung bzw. die ↑Dirac-Gleichung und die ↑Klein-Gordon-Gleichung.
Wellenlänge, physikal. Zeichen λ; in einer ↑Welle der Abstand zweier aufeinanderfolgender Örter gleicher Phase auf derselben Wellennormalen. Die W. ist um so kleiner, je höher die Frequenz ν der Welle ist. Die W. ist neben Frequenz und Amplitude ein wesentl. Charakteristikum einer Welle. – ↑elektromagnetische Wellen (Übersicht).
Wellenläufer ↑Sturmschwalben.
Wellenleistung, die an der Abtriebswelle einer Maschine (z. B. Schiffsmaschinenanlage) gemessene Leistung; angegeben in Kilowatt [Wellenleistung].
Wellenmechanik, von E. Schrödinger 1926 entwickelte nichtrelativist. Formulierung der Quantenmechanik, die von der Vorstellung der Materiewellen ausgeht und die Zustände mikrophysikal. Systeme durch bes. quantenmechan. Wellenfunktionen (↑Psifunktion) beschreibt.
Wellennormale ↑Welle.
Wellenoptik ↑Optik.
Wellenplan, internat. vereinbarter Plan über die Aufteilung der einzelnen Wellenlängen [eines bestimmten Wellenlängenbereichs] unter den einzelnen Staaten bzw. den dort jeweils betriebenen Sendern zur Vermeidung von Überlagerungen und dadurch bedingten Empfangsstörungen, insbes. im Mittel- und Langwellenbereich. Bei dem 1948 in Kopenhagen auf der 4. Wellenkonferenz (nach Bern 1925, Prag 1929, Luzern 1933) beschlossenen, im März 1950 in Kraft getretenen regionalen Frequenzbandverteilungsplan **(Kopenhagener Wellenplan)** wurde Deutschland kaum berücksichtigt. Nachdem es 1974 mehr als doppelt so viele Sender wie im Kopenhagener W. vorgesehen gab, wurde auf der Genfer Wellenkonferenz im Nov. 1975 ein neuer W. beschlossen **(Genfer Wellenplan)**, der am 23. Nov. 1978 in Kraft trat.
Wellenreiten ↑Surfing.
Wellensittich (Melopsittacus undulatus), fast 20 cm langer Papageienvogel (Gruppe Sittiche), v. a. in buschreichen Landschaften Australiens; in Schwärmen auftretende Tiere, die regelmäßige Wanderungen durchführen und in Baumhöhlen brüten; beliebter Stubenvogel, aus dessen gelbköpfiger, ansonsten grüner, oberseits dunkel gewellter Wildform seit 1840 viele Farbschläge gezüchtet wurden.
Wellentheorie, (W. des Lichtes) ↑Licht, ↑Optik.
▷ in der *Sprachwiss.* Bez. für die von J. ↑Schmidt begr. Theorie von der allmähl. Differenzierung von Sprachen durch Neuerungen, die sich von beliebigen Punkten (Zentren) aus verschieden weit (wellenartig) ausdehnen.
Wellenzahl ↑Welle.
Weller, Thomas Huckle [engl. 'wɛlə], *Ann Arbor (Mich.) 15. Juni 1915, amerikan. Bakteriologe. – Prof. in Boston; Arbeiten über Tropenmedizin, Hygiene und Kinderkrankheiten. Für die Entdeckung, daß Poliomyelitisviren in Gewebekulturen verschiedener Arten gezüchtet werden können, erhielt W. (mit J. F. Enders und F. C. Robbins) 1954 den Nobelpreis für Physiologie oder Medizin.
W., Walter ['– –], *Wien 30. Nov. 1939, östr. Dirigent und Violinist. – Ab 1969 Dirigent an der Wiener Volksoper und der Wiener Staatsoper, 1977–80 Chefdirigent des Royal Liverpool Philharmonic Orchestra, danach bis 1985 des Royal Philharmonic Orchestra in London, seit 1992 Chefdirigent und Musikdirektor des Royal Scottish Orchestra.
Wellershoff, Dieter, *Neuß 3. Nov. 1925, dt. Schriftsteller und Literaturkritiker. – 1959–70 Verlagsdirektor. W. wurde zum Begründer der „Kölner Schule" und Verfechter eines „neuen Realismus", einer u. a. vom frz. Nouveau roman und vom Film angeregten Darstellung krisenhafter Situationen, u. a. „Anni Nabels Boxschau" (Dr., 1962), „Ein schöner Tag" (R., 1966), „Einladung an alle" (R., 1972), „Die Schönheit des Schimpansen" (R., 1977). Verfaßte auch zahlr. Hörspiele und Essays (Wahrnehmung und Phantasie, 1987). – *Weitere Werke:* Die Schattengrenze (R., 1969), Die Sirene (Nov., 1980), Der schöne Mann u. a. En. (1988), Das geordnete Chaos. Essays zur Literatur (1992).
Welles, Orson [engl. wɛlz], *Kenosha (Wis.) 6. Mai 1915, †Los Angeles 10. Okt. 1985, amerikan. Schauspieler und Regisseur. – Zunächst beim Theater; nach seinem realist., die Hörer in Panik versetzenden Hörspiel „Krieg der

Thomas Huckle Weller

Dieter Wellershoff

Wellington mit dem Handelshafen

Welten" (1938; nach H. G. Wells) bis 1947 v. a. in Hollywood; danach Regisseur und Schauspieler (immer dem Werk Shakespeares verbunden) in verschiedenen Ländern (seit 1958 wieder in den USA). – *Filme:* Citizen Kane (1940), Der Fremde (1946), Die Lady von Shanghai (1947), Macbeth (1947), Der dritte Mann (1949), Othello (1951), Im Zeichen des Bösen (1957), Der Prozeß (1962), Die Stunde der Wahrheit (1967), Ein Mann zu jeder Jahreszeit (1967), Der zehnte Tag (1971).

Wellesley [engl. 'wɛlzlɪ], Arthur ↑Wellington, Arthur Wellesly, Herzog von.

W., Richard Colley, Earl of Mornington (seit 1781), Marquess W. (seit 1799), *Dangan Castle (bei Dublin) 20. Juni 1760, †London 26. Sept. 1842, brit. Staatsmann. – Bruder von Arthur W. Wellington; unterwarf als Generalgouverneur von Indien (1797–1805) das südl. Indien; 1821–28 und 1833/34 Lordstatthalter (Vizekönig) von Irland.

Wellesz, Egon ['vɛlɛs], *Wien 21. Okt. 1885, †Oxford 9. Nov. 1974, östr. Musikforscher und Komponist – 1929 Prof. in Wien, gründete 1932 das „Inst. für Byzantin. Musik", emigrierte 1938 nach England. Ausgehend von G. Mahler und A. Schönberg komponierte er u. a. Sinfonien und Opern.

Welle-Teilchen-Dualismus (Teilchen-Welle-Dualismus), die an Gesamtheiten von mikrophysikal. Objekten zu beobachtende Erscheinung, daß sie sich je nach Art des Experiments oder der Beobachtung entweder wie eine Gesamtheit von Teilchen oder wie eine Welle verhalten. So lassen sich die Beugungs- und Interferenzversuche an Licht zwanglos mit Hilfe eines ausgedehnten Wellenfeldes beschreiben, während die inelast. mikrophysikal. Wechselwirkung des Lichts mit Materie (z. B. Photoeffekt, usw.) nur als Absorption bzw. Emission von Photonen gedeutet werden kann. Entsprechend verhalten sich Strahlenbündel von atomaren Teilchen, z. B. Elektronen oder Neutronen, beim Durchgang durch Kristallgitter wie eine Wellenstrahlung, d. h., es treten Interferenz- und Beugungserscheinungen auf. Wie die Quantentheorie zeigt, sind das Teilchen- und das Wellenbild zueinander komplementäre Aspekte, von denen jeweils der eine oder der andere in den Vordergrund tritt: Je genauer eine Bestimmung des Ortes bzw. der Teilchenzahl durchgeführt wird (↑Unschärferelation), desto stärker tritt die Teilchennatur auf Kosten der Wellennatur hervor; umgekehrt verhält es sich bei einer genauen Bestimmung der Wellenlänge bzw. der Phase in einem Wellenvorgang.

Wellfleisch, in gewürztem Wasser gekochtes Bauchfleisch von frisch geschlachteten Schweinen.

Wellhausen, Julius, *Hameln 17. Mai 1844, †Göttingen 7. Jan. 1918, dt. ev. Theologe. – Prof. für A. T. in Greifswald, Halle, Marburg und Göttingen; bed. Exeget, Textforscher und Arabist, v. a. mit Arbeiten zum Pentateuch, zur Geschichte der Evangelien (synopt. Frage) und zur Religion der vorislam. Araber.

Wellhornschnecke (Buccinum undatum), nordatlant. Schnecke mit 8–12 cm langem, gelblichbraunem, stark gerieftem Gehäuse.

Wellington, Arthur Wellesley, Herzog von [engl. 'wɛlɪŋtən] (seit 1814), *Dublin 29. April oder 1. Mai 1769, †Walmer Castle (Kent) 14. Sept. 1852, brit. Feldmarschall und Politiker. – Kämpfte als Oberbefehlshaber des brit. Expeditionskorps in Portugal und Spanien (1808–14) erfolgreich gegen die frz. Truppen. 1815 Hauptbevollmächtigter beim Wiener Kongreß; besiegte zus. mit Blücher 1815 bei Waterloo Napoleon I. Als Premiermin. (1828–30) ließ W. 1829 das Gesetz zur Katholikenemanzipation passieren. 1834/35 Außenminister.

Wellington [engl. 'wɛlɪŋtən], Hauptstadt von Neuseeland, im SW der Nordinsel, an der Bucht Port Nicholson, 135 400 E. Sitz eines kath. Erzbischofs und eines anglikan. Bischofs; Univ. (gegr. 1897), Sternwarte; Nat.museum, Dominion-Museum, Nat. Kunstgalerie, Oper; botan. Garten, Zoo. W. bildet mit den Nachbarstädten im Hutt Valley eine bed. Ind.agglomeration mit Fahrzeug- und Maschinenbau, Werften, Textil-, chem. und Nahrungsmittelind. Eisen-

Wells. Westfassade der Kathedrale, 12.–15. Jahrhundert

bahnfähre über die Cookstraße nach Picton; Handelshafen; internat. ✈. – Die nach dem Hzg. von W. ben. Stadt geht auf eine unter der Schirmherrschaft der New Zealand Company entstandene brit. Siedlung von 1840 zurück; seit 1865 Reg.sitz von Neuseeland.

Wells, H[erbert] G[eorge] [engl. wɛlz], *Bromley (= London) 21. Sept. 1866, †London 13. Aug. 1946, engl. Schriftsteller. – Aus ärml. Verhältnissen; Autodidakt. Schüler T. H. Huxleys; Journalist. 1903–08 Mgl. der sozialist. Fabian Society; zeitlebens um Verwirklichung seiner idealist. polit. Pläne bemüht; in Verbindung u. a. mit Lenin, Roosevelt und Stalin; 1933–36 Präs. des Internat. PEN-Clubs. Mit „Die Zeitmaschine" (1895) hatte W. großen Einfluß auf die Entwicklung der ↑Science-fiction. Unter dem Eindruck des 2. Weltkrieges verlor W. seinen Glauben an die Realisierbarkeit eines utop. Weltstaates („Der Geist am Ende seiner Möglichkeiten", Studie, 1945). – *Weitere Werke:* Dr. Moreaus Insel (R., 1896), Der Unsichtbare (R., 1897), Der Krieg der Welten (R., 1898; Hörspielfassung von O. ↑Welles), Die ersten Menschen im Mond (R., 1901), Der Diktator (R., 1930).

Wells [engl. wɛlz], Stadt in SW-England, Gft. Somerset, 8 400 E. Wirkwaren-, Papierind. – In angelsächs. Zeit eine der bedeutendsten Städte des Kgr. Wessex; wurde 909 Sitz eines Bistums (1088 nach Bath verlegt); 1160 Stadtrecht. – Ma. Stadtbild; bed. Kathedrale (um 1180–1240 und um 1290–1340, Chor und Lady Chapel im Decorated Style), Kreuzgang (1425 ff.), Kapitelsaal (um 1319 vollendet).

Welpe, junger, noch nicht entwöhnter Hund, Fuchs oder Wolf.

Wels, Otto, *Berlin 15. Sept. 1873, †Paris 16. Sept. 1939, dt. Politiker. – Trat 1891 der SPD bei; 1907–18 Parteisekretär für Brandenburg; seit 1913 Mgl. des Parteivorstands, 1912–33 MdR (bzw. Mgl. der Weimarer Nat.versammlung); in der Novemberrevolution Stadtkommandant von Berlin; beeinflußte maßgeblich die dt. Außen- und Innenpolitik; seit 1931 Vors. der SPD; lehnte am 23. März 1933 namens der SPD-Fraktion das Ermächtigungsgesetz ab; 1933 als Parteivors. bestätigt; leitete nach der Emigration 1933 den Exilvorstand der SPD in Prag bzw. Paris.

Wels, Stadt mit eigenem Statut in Oberösterreich, an der Traun, 318 m ü. d. M., 54 000 E. Bez.hauptstadt. Stadt- und Burgmuseum. Landw. Handelszentrum der Welser Heide, mit Getreidemarkt, Internat. W.er Landw.messe; Maschinen- und Stahlbau, Bekleidungs-, holzverarbeitende, Metallwaren-, chem., Glas-, keram., Textil-, Nahrungsmittelind.; Verkehrsknotenpunkt. – Entstand an der Stelle des röm. **Ovilava** (Munizipium unter Hadrian, Colonia unter Caracalla, seit dem späten 2. Jh. wichtiger Verwaltungssitz); 776 erstmals als befestigter Ort gen.; 1061 Marktort, in der 1. Hälfte des 13. Jh. Stadt. – Got. Stadtpfarrkirche (13./14. Jh.) mit bed. Glasgemälden, frühgot. ehem. Minoritenkirche; got. ehem. kaiserl. Burg (stark verändert); Reste der Stadtbefestigung von 1376.

Wellensittich

Wellington
Hauptstadt von Neuseeland
(seit 1865)

135 400 E

bed. Ind.standort

entstanden aus einer 1840 gegr. brit. Siedlung, ben. nach dem Herzog von Wellington

Wellington
Stadtwappen

welsch, auf ein german. Substantiv zurückgehender Begriff, der urspr. die kelt. Bewohner westeurop. Gebiete bezeichnete (lat. volcae). Nach der Besetzung der kelt. Gebiete durch die Römer ging die Bez. auf die dortige roman. Bev. über, bes. in Gallien und Italien. Als **welsche Schweiz** wird der frz.sprachige Teil der Schweiz bezeichnet. In der Bez. Rotwelsch bedeutet „Welsch" svw. „fremde, unverständl. Sprache". – ↑ Kauderwelsch.

Welsch, Maximilian von, ≈ Kronach 23. Febr. 1671, † Mainz 15. Okt. 1745, dt. Baumeister. – Einer der bedeutendsten Baumeister des fränk.-rhein. Barock. Seit 1704 im Dienst des Kurfürsten Lothar Franz von Schönborn an den Gesamtentwürfen für die Würzburger Residenz, die Schönbornkapelle des Würzburger Doms und die Schlösser zu Pommersfelden und Bruchsal maßgeblich beteiligt. Eigene Werke sind die Orangerie in Fulda (1722–30) und die Abteikirche in Amorbach (1742 ff.).

Welse (Siluriformes), Ordnung der Knochenfische mit rd. 2000 weltweit (v. a. in S-Amerika) verbreiteten, fast ausschließlich im Süßwasser lebenden Arten; Haut stets schuppenlos, häufig mit darunterliegenden Knochenplatten, Mundöffnung mit Barteln umstellt, die als Geschmacks- und Tastorgane dienen; überwiegend dämmerungs- und nachtaktive, Brutpflege betreibende Fische. Zu den W. gehören u. a. ↑ Katzenwelse, ↑ Stachelwelse, ↑ Panzerwelse und die *Echten W.* (Siluridae) mit der einzigen einheim. Art **Wels** (Waller, Fluß-W., Silurus glanis): Körper bis 2,5 m lang; Afterflosse sehr lang; Kopf breit, mit großer Mundspalte und zwei sehr langen Barteln am Oberkiefer und vier kurzen Barteln am Unterkiefer; räuberisch lebend; überwintert im Bodenschlamm der Gewässer.

Bartholomäus Welser

Welser, seit dem 13. Jh. in Augsburg nachweisbares Patriziergeschlecht, das bereits unter Anton W. d. Ä. (* 1451, † 1518; 1498 Gründung der großen Augsburger Handelsgesellschaft) im europ. Großhandel sowie im Asienhandel (1505/06 Beteiligung an einer portugies. Indienflotte) tätig war. Bartholomäus W. und Anton W. d. J. (* 1486, † 1557) begr. 1525 den Handel mit Span.-Amerika (Zuckerplantagen auf Hispaniola). Karl V. verlieh den W. 1528 das Recht zur Kolonisation S-Amerikas, mit dem sie nach Abdankung verloren sie ihr span. Handelsgebiet. Als Gläubiger Frankreichs, Spaniens und der Niederlande erlitt das Augsburger Haus beträchtl. Verluste und machte 1614 Konkurs (1797 erlosch die Hauptlinie). Bed. v. a.:

W., Bartholomäus, * Memmingen (?) 25. Juni 1484, † Amberg (bei Bad Wörishofen) 28. März 1561. – Großkaufmann, neben den Fuggern Bankier Karls V. Rüstete 1528 in Spanien eine Expedition von 3 Schiffen aus, die unter dem Befehl A. Dalfingers einen Teil der Küste Venezuelas in Besitz nahm; 1532 geadelt.

W., Markus, * Augsburg 20. Juni 1558, † ebd. 23. Juni 1614, Humanist, Ratsherr (seit 1592), kaiserl. Rat und Stadtpfleger in Augsburg (seit 1600). – Bed. als Geschichtsschreiber und Altertumsforscher; verfaßte u. a. eine Geschichte Augsburgs und Bayerns und gab die Peutingersche Tafel heraus.

Welsh Corgi [engl. 'wɛlʃ 'kɔːgɪ; walis. corgi „kleiner Hund"], aus Wales stammender, kurzbeiniger, bis zu 30 cm schulterhoher, lebhafter, kurz- bis mittellanghaariger Zwergschäferhund in zwei Varietäten: 1. *Cardigan:* mit mäßig langer, horizontal getragener, fuchsähnl. Rute; Fell in allen Farben außer Reinweiß; 2. *Pembroke:* mit meist angeborener Stummelrute; Fell einfarbig rot oder braun (auch mit weißen Abzeichen).

Welskopf-Henrich, Liselotte, eigtl. Elisabeth Charlotte Welskopf, geb. Henrich, * München 15. Sept. 1901, † Berlin (Ost) 16. Juni 1979, dt. Historikerin und Jugendschriftstellerin. Ab 1960 Prof. für Alte Geschichte in Berlin (Ost); als Jugendbuchautorin v. a. durch ihre wiss. fundierten Indianerbücher bekannt („Die Söhne der großen Bärin", 6 Bde., 1951–67; „Nacht über der Prärie", 3 Bde., 1966–68).

Welt, allg. svw. Erde, v. a. in Wortverbindungen wie W.geschichte, W.reise u. a. – In der *Philosophie* der „Inbegriff aller Erscheinungen", die Gesamtheit des Erlebens *(Erlebnis-W.)* oder der Handlungsmaximen *(moral. W.).* Die *[philosph.-]kosmolog. Theorien* deuten die W. als beseeltes Wesen, als Gott, Bild oder Emanation Gottes oder als ↑ Schöpfung (Philosophie des MA). Der *erkenntnistheoret. Begriff* der W. beinhaltet zunächst die Erscheinungen und die Möglichkeit ihrer begriffl. (naturwiss.) Erfassung. *Moral. W.* ist die W., sofern sie als sittl. Gesetzen gemäß aufgefaßt wird. Für Kant ist die W. als „absolute Totalität des Inbegriffs existierender Dinge" eine transzendentale Idee, die sich auf die Bedingungen der Möglichkeit bezieht, Realität zu denken. Die Philosophie nach Kant versucht, entweder eine ontolog. Einheit von W.begriff und *realer W.* in Überwindung des Kritizismus Kants wiederherzustellen (Schelling, Hegel) oder die erkenntnistheoret. Bestimmung wieder aufzugreifen und zu erweitern. Husserl bestimmt W. phänomenologisch als Horizont der Erfahrung. Die Ganzheit der W. wird so verstanden als W. als „offene Horizont der Raum-Zeitlichkeit". W. ist für Heidegger Verstehenshorizont für das Seiende wie für den Menschen, d. h. die Ganzheit der Seinsmöglichkeit des Daseins. In der *philosoph. Anthropologie* ist W. nicht allein aprior. Entwurf, sondern umgreifendes Ganzes im Sinne der Sprach-W., der Geschichte wie auch im Sinne der objektiven Realität.

▷ in dt. Bibelausgaben Entsprechung für den griech. Begriff ↑ Äon.

Welt, Die, dt. Tageszeitung, ↑ Zeitungen (Übersicht).

Weltall (Kosmos, Universum), die Welt als Ganzes; der gesamte mit Materie erfüllte Raum, in dem sich alles uns faßbare Räumliche und Zeitliche abspielt, bzw. die Gesamtheit der existierenden Materie und der durch sie bedingten raumzeitl. Ordnung in Form einer vierdimensionalen Raum-Zeit-Welt. Die Erforschung der Entstehung, der Entwicklung, des Alters, der Ausdehnung und der Struktur des W. ist Aufgabe der ↑ Kosmologie. Ein Beobachtungsfaktum, das alle kosmolog. Theorien erklären müssen, ist die Rotverschiebung der Spektrallinien in den Spektren ferner Sternsysteme. Deutet man sie als Doppler-Effekt, so liegt eine *Expansion des W.* vor, die in ihrem zeitl. Verlauf jedoch noch nicht geklärt ist. Das sog. *Weltalter* (d. h. die seit der als *Big Bang* oder *Urknall* bezeichneten explosionsartigen Entstehungsphase verstrichene Zeit) wird mit etwa 10–20 Mrd. Jahren angegeben. Über die geometr. Gestalt des W. sind noch keine eindeutigen Aussagen möglich. Der gegenwärtig der astronom. Forschung mit den größten Radio- und Spiegelteleskopen zugängl. Teil des W. hat einen Radius von etwa 10 Mrd. Lichtjahren; in diesem „überschaubaren" Bereich befinden sich schätzungsweise 10 bis 100 Mrd. Sternsysteme.

Weltanschauung, im Unterschied zum naturwiss. Weltbild eine auf das Ganze der Welt und der menschl. Existenz abzielende Sinndeutung; W. sind v. a. aus den verschiedenen Systemen der Philosophie entwickelt worden. – ↑ Ideologie.

Weltärztebund (World Medical Association, Abk. WMA), internat. Vereinigung von (1991) 45 nat. ärztl. Standesorganisationen (z. B. Ärztekammern), Ärzten u. a. (fördernden) Mgl.; Sitz New York, Brüssel. Hauptziele sind die Herstellung enger Verbindungen zw. den Ärzten der Erde, die Schaffung eines Forums zur Diskussion medizin. Weltprobleme, Informationsaustausch, Hebung des Niveaus der Medizin.

Weltatlas, meist in Buchform herausgegebene Kartensammlung von allen Teilen der Erde.

Weltausstellungen, seit Mitte des 19. Jh. an wechselndem Ort durchgeführte internat. Ausstellungen, die der Information eines breiteren Publikums dienen und in nat. Selbstdarstellungen die Errungenschaften in Technik und Kultur zur Schau stellen. Bes. die nicht selten in Stil, Material und Konstruktion avantgardist. Bauten, v. a. Ausstellungsgebäude, sind oft als Symbole der Moderne empfunden worden (z. B. Kristallpalast von J. Paxton, London, 1851; Eiffelturm von G. Eiffel, Paris, 1889; dt. Pavillon von L. Mies van der Rohe, Barcelona, 1929; dt. Pavillon von R. Gutbrod und Frei Otto, Habitat-Komplex von M. Safdie u. a., Montreal, 1967).

Weltbank, svw. ↑ Internationale Bank für Wiederaufbau und Entwicklung.

Weltbestleistung, internat. bisher beste von einem Sportler erreichte Leistung in einer meßbaren Sportart; wird im Unterschied zum ↑Weltrekord nicht offiziell geführt (z. B. wegen fehlender vergleichbarer Normen).

Weltbild, Zusammenfassung der Ergebnisse objektivierbaren Wissens zu einer Gesamtansicht der Welt, und zwar meist als naturwiss.-physikal., biolog., soziolog. oder philosoph. W. Auch die formulierte Weltanschauung wird als W. bezeichnet.
▷ (Weltsystem) die auf naturwiss.-theoret. Basis gewonnene Vorstellung vom Aufbau des Weltalls; historisch von Bed. sind das *geozentr.* und das *heliozentr. Weltbild.*

Weltbühne, Die, 1918 aus der von S. Jacobsohn begr. Theaterzeitschrift „Die Schaubühne" hervorgegangene „Wochenschrift für Politik/Kunst/Wirtschaft"; 1926 hg. von K. Tucholsky, 1927–33 (Verbot) von C. von Ossietzky. 1933–39 erschien in Prag, Zürich und Paris unter W. Schlamm und (ab 1934) H. Budzislawski „Die Neue Weltbühne"; seit 1946 als „Die W." in Berlin (Ost) neu hg., seit 1989 von H. Reinhardt.

Weltbund der Bibelgesellschaften ↑Bibelgesellschaften.

Weltbürger, 1669 erstmals belegte Lehnübersetzung von *Kosmopolit;* seit der 2. Hälfte des 18. Jh. bezeichnet **Weltbürgertum** die Anschauung, daß alle Menschen gleichwertige und gleichberechtigte Mitbürger einer die Menschheit umfassenden Gemeinschaft seien; geht auf die antike griech. Philosophie zurück (v. a. Stoa), wurde vom Humanismus und später der Aufklärung übernommen, trat im 19. Jh. z. T. hinter den aufkommenden Nationalismus zurück; heute noch Bestandteil u. a. in Liberalismus, Sozialismus und Freimaurertum.

Weltchronik, Gatt. der ma. Geschichtsschreibung bzw. Geschichtsdichtung, die das gesamte Weltgeschehen seit der Schöpfung entweder (nach Orosius) darstellt als Aufeinanderfolge der 4 Weltreiche oder (nach Augustinus) in der Abfolge der 6 Weltalter, die zu den 6 Schöpfungstagen in Beziehung gesetzt wurden und mit den menschl. Altersstufen verglichen werden konnten. – Vorbildhaft für die im MA mit ihren Sagen, Legenden und Geschichten weitverbreiteten W. wurden Eusebios von Caesarea, Hieronymus und Isidor von Sevilla. Berühmt ist die volksprachl. ↑Schedelsche Weltchronik.

Welte, Bernhard, *Meßkirch 31. März 1906, †Freiburg im Breisgau 6. Sept. 1983, dt. kath. Theologe und Philosoph. – Setzte sich in seinen Werken mit dem Denken der Gegenwart im Hinblick auf die überlieferten Formen der christl. Glaubensaussagen auseinander. – *Werke:* Vom Wesen und Unwesen der Religion (1952), Nietzsches Atheismus und das Christentum (1958), Auf der Spur des Ewigen (1965), Heilsverständnis (1966), Religionsphilosophie (1978).

W., Michael, *Vöhrenbach 28. Sept. 1807, †Freiburg im Breisgau 17. Jan. 1880, dt. Spieluhrenmacher. – Gründete 1832 eine Musikwerkfabrik in Vöhrenbach, entwickelte 1845 das ↑Orchestrion; 1872–1954 Sitz der Firma in Freiburg im Breisgau. 1897 wurde die Holzstiftwalze des Spielwerks durch gelochte, pneumatisch abspielbare Papierrollen ersetzt.

Weltenbaum, kosmolog. Vorstellung von einem riesigen Baum, der von der Erde bis zum Himmel reicht und dessen Gewölbe stützt (z. B. die Weltesche *Yggdrasil* in der nordgerman. Mythologie).

Weltenburg, Benediktinerabtei bei Kelheim, am Beginn des Donaudurchbruchs, um 760 gegr.; barocke Anlage (1714–36); die Kirche (1718 geweiht), erbaut und ausgestattet von den Brüdern Asam, gehört zu den wichtigsten Werken des europ. Spätbarock.

Weltergewicht [engl./dt.] ↑Sport (Gewichtsklassen, Übersicht).

Welternährung, Bez. für Produktion, Handel und Verbrauch von Nahrungsmitteln im Weltmaßstab. Das Problem der W. zählt zu den herausforderungsreichsten Gegenwartsfragen. Das Auseinanderklaffen zw. wachsenden Überschüssen in vielen Ind.staaten sowie Armut und Unterernährung in den meisten Entwicklungsländern kennzeichnet die W.lage. Die Absatzfähigkeit der Überschüsse in diesen Ländern ist v. a. wegen der hohen Verschuldung der dritten Welt problematisch. Eine Lösung des Ernährungsproblems für die Hungergebiete in Lateinamerika, Asien, Afrika wird daher im Rahmen einer Entwicklungspolitik gesehen, die die Eigenanstrengungen der Entwicklungsländer zur Selbstversorgung fördert.
1991 lebten auf der Erde (UN-Schätzung) 5,4 Mrd. Menschen; mehr als 500 Mill. Menschen gelten als unter- oder mangelernährt. Da bis zum Jahr 2000 mit einem Anstieg der Weltbev. auf 6,3 Mrd. Menschen gerechnet werden muß, droht eine Verschärfung der Situation. Lösungen werden auf der einen Seite v. a. gesehen in Landreformen, genossenschaftl. Kooperationsmodellen, Ausweitung des Agrarkreditwesens, berufl. Schulung, Ausbau von Transportwegen sowie Absatzkanälen und bes. in einer expansionshemmenden Bev.politik (Geburtenkontrolle) in den Entwicklungsländern, auf der anderen Seite in einer Ausdehnung der Entwicklungshilfe, Unterstützung beim Abbau der Auslandsverschuldung und vermehrter Anstrengung zur Nutzungsfähigkeit der maritimen und synthet. Nahrungsressourcen.
Alle Maßnahmen zur Sicherung der W. können der Menschheit nur dann einen Fortbestand ohne Hungersnot gewährleisten, wenn es gelingt, die Regenerationsfähigkeit der Tier- und Pflanzenarten zu erhalten sowie Böden, Gewässer und Klima nicht stärker zu belasten.

Welternährungskonferenz, Konferenz der UN in Rom (5.–16. Nov. 1974), die sich mit den Möglichkeiten der internat. Zusammenarbeit bei der Bekämpfung von Hunger und Unterernährung befaßte.

Welternährungsprogramm (engl. World Food Programme, Abk. WFP), durch Resolution der FAO-Konferenz vom 19. Dez. 1961 begr. Hilfsprogramm, das Nahrungsmittelhilfe in Katastrophenfällen gewährt und Entwicklungsprojekte unterstützt; Sitz Rom. Die Finanzierung erfolgt durch freiwillige Beiträge der UN- und FAO-Mitglieder.

Weltgeist, Weltbegriff in panlogist. Systemen; zentral in Hegels Geschichtsphilosophie; in ihr wird die Weltgeschichte als „Auslegung und Verwirklichung des allg. Geistes" begriffen. In diesem Prozeß übernehmen welthistor. Individuen und Völker eine ihnen selbst verborgene Rolle.

Weltgeistlicher (Weltpriester, Säkularkleriker), kath. Kleriker, der keinem Orden und keiner Kongregation angehört; zus.fassende Bez.: *Weltklerus.*

Weltgeschichte ↑Universalgeschichte.

Weltgesundheitsorganisation (engl. World Health Organization [Abk. WHO]), Sonderorganisation der UN, gegr. 1948, Sitz Genf. Zu den Tätigkeiten der WHO gehören: Bekämpfung von Seuchen und Epidemien, Verbesserung der hygien. Verhältnisse und des Gesundheitsdienstes, v. a. in den Entwicklungsländern, Förderung von Forschung, Berufsausbildung und öff. Gesundheitsaufklärung sowie Beteiligung an der internat. Rauschgiftbekämpfung.

Weltgewerkschaftsbund ↑Gewerkschaften.

Welthandel, die Gesamtheit des internat. Güteraustausches, statistisch die Summe der Ex- und Importe. Umfang, Warenstruktur und Richtung bringen Stand und Entwicklung der internat. Arbeitsteilung zum Ausdruck. Die zunehmende Industrialisierung fördert objektiv den Drang nach internat. Kooperation und Spezialisierung der Produktion und damit die Ausweitung des Welthandels. Mit Gründung des internat. Währungsfonds, der Weltbank und des GATT wurden institutionelle Voraussetzungen für eine Liberalisierung des W. geschaffen.

Welthandelskonferenz ↑Weltwirtschaftskonferenzen.

Welthilfssprachen (Universalsprachen, Plansprachen), künstlich geschaffene, zum internat. Gebrauch bestimmte Sprachen (künstl. Sprachen; im Ggs. zu den natürl., d. h. historisch gewachsenen Sprachen). Die Erarbeitung des Wortschatzes kann nach zwei Prinzipien erfolgen: Auswahl der Wörter aus den bekannten Kultursprachen *(naturalist. Prinzip);* Neubildung der Wörter aus wenigen Grund-

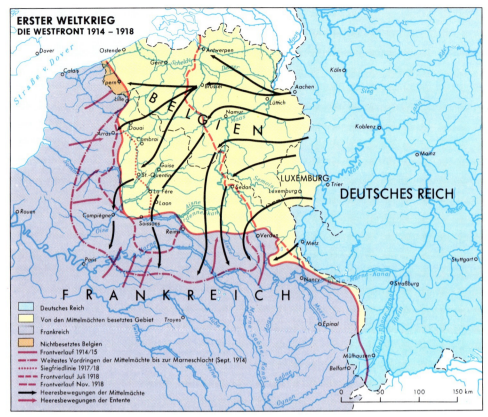

wörtern und einer großen Zahl frei verfügbarer Wortbildungssilben *(schemat. Prinzip)*. – Die erste praktisch verwendbare W. war *Volapük* (1879). 1887 legte der poln. Arzt L. Zamenhof (*1859, †1917) das ↑*Esperanto* vor, heute am weitesten verbreitet. Weitere Entwürfe: *Mundolingue* (1888); *Idiom Neutral* (1902), als konsequent natürl. W. umgearbeitetes Volapük; *Interlingua* (Latino sine flexione; 1903), von dem italien. Mathematiker G. Peano (*1858, †1932); *Ido* (1907), von L. de Beaufront, eine Weiterentwicklung des Esperanto; *Universal* (1906); *Interlingue* (Occidental) (1922), von E. von Wahl; *Novial* (1928), von O. Jespersen.

Welti, Albert Jakob, *Höngg (= Zürich) 11. Okt. 1894, †Amriswil (Thurgau) 5. Dez. 1965, schweizer. Schriftsteller. – Verfaßte [z. T. mundartl.] Romane („Martha und die Niemandssöhne", 1948; „Der Dolch der Lukretia", 1958), Dramen und Hörspiele.

W., Friedrich Emil, *Zurzach 23. April 1825, †Bern 24. Febr. 1899, schweizer. freisinniger Politiker. – Ab 1857 Mgl. des Ständerats; 1866–91 Bundesrat; mehrfach Bundespräs.; maßgebend an der Revision der Bundesverfassung von 1874 beteiligt.

Weltjahr, svw. ↑platonisches Jahr.

Weltjahre ↑Weltperioden.

Weltkinderhilfswerk ↑UNICEF.

Weltkirchenkonferenzen, period. Tagungen des Ökumen. Rates der Kirchen.

Weltkirchenrat, svw. ↑Ökumenischer Rat der Kirchen.

Weltklerus ↑Weltgeistlicher.

Weltkrieg, globaler, die meisten Staaten und Völker der Erde umfassender krieger. Konflikt, wobei sich die Kriegshandlungen auf alle Kontinente und Weltmeere erstrecken. Erdumspannende Konflikte gab es bereits im Span. Erbfolgekrieg (1701–13/14) und im Siebenjährigen Krieg (1756–63); die krieger. Auseinandersetzungen europ. Mächte in Übersee beschränkten sich damals auf relativ wenige, kurze und punktuelle Schlachten und Gefechte. Erstmals waren 1914–18 die meisten Völker der Erde direkt an einem Krieg beteiligt, indirekt alle von ihm betroffen.

Erster Weltkrieg (1914–18)

Vorgeschichte: Die Ursachen des Krieges lagen in den durch den europ. ↑Imperialismus und die ausufernden nationalist. Strömungen beförderten Spannungszuständen zw. den europ. Mächteblöcken seit dem Ende des 19. Jh. Die 1871 vollendete dt. Reichsgründung, gekoppelt mit rascher Industrialisierung, hatte das europ. Mächtegleichgewicht entscheidend verändert. Die Annexion Elsaß-Lothringens durch das Dt. Reich verhinderte eine Verständigung mit Frankreich. Der 1879 gebildete dt.-östr. Zweibund, 1882 um Italien zum Dreibund erweitert, rief eine Gegenkoalition hervor: Der frz.-russ. Zweiverband (1893/94) wurde durch ein System zweiseitiger Absprachen Großbritanniens mit Frankreich (Entente cordiale, 1904) und Rußland (1907) zur Tripelentente erweitert. Entscheidend für die Wendung Großbritanniens gegen Deutschland war v. a. der Bau einer starken dt. Kriegsflotte, die dem dt. Anspruch auf eine eigene „Weltpolitik" militär. Nachdruck verleihen sollte.

Die ↑Marokkokrisen 1905/06 und 1911, die östr. Annexion von Bosnien und Herzegowina 1908/09 sowie die Balkankriege 1912/13 führten Europa an den Rand einer krieger. Auseinandersetzung. Die Ermordung des östr.-ungar. Thronfolgers Franz Ferdinand in Sarajewo durch serb. Nationalisten am 28. Juni 1914 veranlaßte Wien zu einem fast unannehmbaren Ultimatum an Serbien (23. Juli), das faktisch die Aufgabe seiner polit. Eigenständigkeit bedeutete und Rußlands Widerstand hervorrief. Berlin vermittelte nur zögernd, da es auf die Erhaltung der Großmacht-

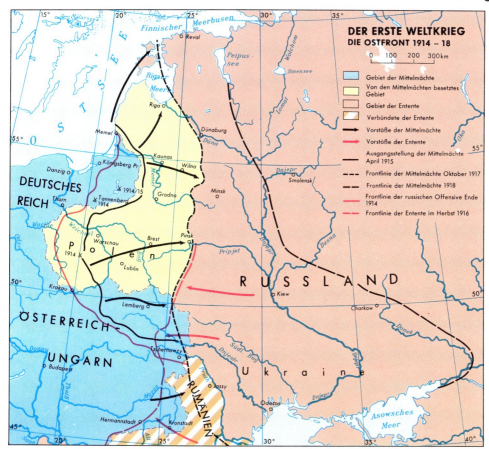

stellung seines östr.-ungar. Verbündeten angewiesen zu sein glaubte, die bes. seit den Balkankriegen 1912/13 bedroht war.

So entwickelte sich die Julikrise 1914 nach der ersten Kriegserklärung (Österreich-Ungarn an Serbien, 28. Juli) innerhalb von einer Woche mit Kriegserklärungen Deutschlands an Rußland (1. Aug.) und Frankreich (3. Aug.) zu einem Weltkrieg (brit. Kriegserklärung am 4. Aug.). Da Italien als Mgl. des Dreibunds zunächst neutral blieb, ergab sich folgende Mächtekonstellation: der urspr. Zweibund Deutschland und Österreich-Ungarn, später erweitert durch das Osman. Reich (Nov. 1914) und Bulgarien (Okt. 1915), als Mittelmächte gegen die Tripelentente (Großbritannien, Frankreich, Rußland), dazu Serbien und Belgien (nach dem dt. Einfall am 4. Aug. 1914) und Japan (23. August). Diesem Kriegsbündnis schlossen sich die übrigen Gegner der Mittelmächte als „Alliierte" an – bis auf Belgien –, später auch die USA, die als „Assoziierte" eine gewisse Distanz hielten. Wichtigste Kriegsteilnehmer auf seiten der Alliierten waren später Italien sowie Rumänien, Portugal (1916), USA, Griechenland, China, Brasilien und die meisten anderen lateinamerikan. Staaten (1917). Neutral blieben die Schweiz, die Niederlande, Dänemark, Schweden, Norwegen und Spanien.

Militärische Dimensionen: Kampfhandlungen fanden auf fast allen Kontinenten und den meisten großen Meeren statt. Schwerpunkt der Kämpfe zu Land war Europa mit je zwei Hauptfronten (W- und O-Front) und Nebenfronten (SO mit wechselnden Schauplätzen: Serbien, Rumänien, Salonikifront; Südfront: Italien, ab 1915).

In den ersten Kriegsmonaten scheiterten zunächst alle Offensiven: die dt. gegen Frankreich, die östr.-ungar. gegen Serbien sowie gegen Rußland in Galizien, die russ. gegen Deutschland in O-Preußen, gegen Österreich-Ungarn in den Karpaten, die frz. gegen Deutschland im Elsaß und in Lothringen. Nach dem Scheitern der dt. Offensive an der Marne mißlangen die Versuche beider Seiten, die gegner. Front durch Überflügelung im N zu umfassen („Wettlauf zum Meer"). Danach erstarrte die Westfront für fast 4 Jahre im Stellungs- und Grabenkrieg. Dagegen durchbrachen Offensiven der Mittelmächte im O und SO den Stellungskrieg durch Eroberungen Polens, Litauens und Kurlands, Serbiens (1915), Montenegros und Rumäniens (1916), jedoch ohne kriegsentscheidende Siege erringen zu können. Das Osman. Reich sperrte auf seiten der Mittelmächte den Nachschub der Westmächte für Rußland und verschärfte so dessen Versorgungskrise; alliierte Versuche, die Meerengen freizukämpfen, scheiterten.

Der Aug. 1916 brachte den Höhepunkt der militär. Krise für Deutschland: Die dt. Offensive bei Verdun war gescheitert, und im Juli hatte die brit.-frz. Offensive an der Somme begonnen. Die Brussilow-Offensive der Russen in Galizien und Wolynien sowie der Vorstoß Rumäniens nach Siebenbürgen führten für Österreich-Ungarn fast zum militär. Zusammenbruch; nur die italien. Front hielt (Isonzoschlachten). In dieser Situation wurden P. von Hindenburg und E. Ludendorff, die über die Russen bei Tannenberg und an den Masur. Seen (Aug./Sept. 1914) gesiegt hatten, in die Oberste Heeresleitung (OHL) berufen. Ihnen gelang es, die Rüstung anzukurbeln (Hindenburgprogramm) und die militär. Lage durch Abbruch der Verdunschlacht (die blutigste und verlustreichste Materialschlacht des 1. W.) sowie durch Siege über Rußland und Rumänien wieder zu stabilisieren. Für den Krieg auf den Meeren und in Übersee lagen die

Weltkrieg

Vorteile bei Großbritannien, dessen Potential verstärkt wurde durch die Flotten und Hilfsmittel Frankreichs im Mittelmeer, Japans im Fernen Osten und (ab 1917) der USA im Atlantik. Der moderne dt. Schlachtkreuzer „Goeben" und der kleine Kreuzer „Breslau", die im Mittelmeer stationiert waren, flüchteten zu Kriegsbeginn nach Konstantinopel und bildeten unter osman. Flagge den Kern der osman. Flotte. Das dt. ostasiat. Kreuzergeschwader unter Admiral M. von Spee wurde von einem brit. Geschwader bei den Falklandinseln vernichtet (8. Dez. 1914). Die von isolierten Kreuzern und U-Booten erzielten Erfolge hatten keine strateg. Wirkung, doch führte die Versenkung brit. Kreuzer zu einer Überbewertung der U-Boote bis hin zur Erwartung, Großbritannien durch den uneingeschränkten U-Boot-Krieg besiegen zu können. Zu Kriegsbeginn fiel jedoch eine folgenschwere Vorentscheidung im Seekrieg gegen Deutschland. Anstelle der hier erwarteten Blockade der Mündungen von Elbe, Weser und Ems sperrte Großbritannien Kanal und Nordsee zw. Norwegen und Schottland für die dt. Schiffahrt. Mit ihrem nur bis Großbritannien reichenden Aktionsradius konnte die dt. Hochseeflotte weder die Fernblockade brechen noch Teile der brit. Home Fleet vernichten.

Nach der Niederlage im Seegefecht bei Helgoland (28. Aug. 1914) wurde die dt. Hochseeflotte zurückgehalten. Der Vorstoß gegen die engl. O-Küste endete im Seegefecht auf der Doggerbank (24. Jan. 1915). Daraufhin begann Deutschland den uneingeschränkten U-Boot-Krieg (4. Febr. 1915) mit der Torpedierung von Handelsschiffen ohne Vorwarnung in den Gewässern um Großbritannien. Nach der Torpedierung des brit. Passagierdampfers „Lusitania" (7. Mai 1915), bei der zahlr. amerikan. Passagiere den Tod fanden, zwang die Kriegsdrohung der USA die dt. Führung zum Einlenken. Verstärkte Vorstöße der dt. Hochseeflotte führten zur Schlacht vor dem Skagerrak (31. Mai/1. Juni 1916), die trotz der hohen brit. Verluste einer dt. Niederlage gleichkam. Die Folgen waren der abermalige Entschluß zum uneingeschränkten U-Boot-Krieg (ab 1. Febr. 1917), der Kriegseintritt der USA gegen Deutschland (6. April 1917) und die Demoralisierung der Flotte, die sich bei Kriegsende in der Marinemeuterei von Wilhelmshaven widerspiegelte.

Mit dem Kriegseintritt der USA war die Lage der Mittelmächte hoffnungslos geworden. Zwar behauptete sich die dt. Armee an der W-Front gegenüber brit. und frz. Offensiven, während die russ. Februar- und Oktoberrevolution (März, Nov.) nach dem Scheitern der Kerenski-Offensive mit dem Waffenstillstand (15. Dez. 1917) und Frieden von Brest-Litowsk (3. März 1918) noch einmal die Chance zu einer Machtsteigerung im O und militär. Endsieg im W zu eröffnen schien. Tatsächlich standen die Mittelmächte aber bereits am Rande der phys. und moral. Er-

Weltkrieg

Links: Erster Weltkrieg, nach der Mobilmachung vom 1. August 1914 werden eingezogene Reservisten verabschiedet. Rechts: Erster Weltkrieg, durch Nervengas erblindete englische Soldaten; das deutsche Heer setzte 1915 vor Ypern erstmals Kampfgas ein

Links: Erster Weltkrieg, Krupp-Geschütz „Dicke Berta", ein 42-cm-Mörser, der bis zu 1160 kg schwere Panzergranaten bis 14,2 km weit verschießen konnte, Einsatz 1916 vor Verdun. Rechts: Erster Weltkrieg, ein deutscher Stoßtrupp kämpft sich bei Verdun durch ein Stacheldrahthindernis, rund 700 000 Deutsche und Franzosen fielen vor Verdun

schöpfung. Die Versuche der östr.-ungar. Reg. zu einem Sonderfrieden zu gelangen (↑Sixtus-Affäre 1917) und der Sturz des dt. Reichskanzlers Bethmann Hollweg zeigten die innere Krise. Das Scheitern des dt. uneingeschränkten U-Boot-Kriegs (Herbst 1917) und der dt. Frühjahrsoffensiven leitete den Umschwung ein. Auf die letzte dt. Offensive bis zur Marne (15. Juli) folgte bereits drei Tage später die entscheidende frz. Gegenoffensive (18. Juli), die brit. (8. Aug.) und die amerikan. (12. Sept.). Seitdem waren die dt. Truppen an der W-Front in der Defensive und traten den Rückzug an.

Mehr untergeordnete Bed. hatte der Krieg in den überseeischen Kolonien: Der gesamte dt. Kolonialbesitz wurde von den Alliierten im Laufe des Krieges besetzt.

Das Ende des Krieges kam im SO: Die alliierte Saloniki-Armee erzielte den entscheidenden Durchbruch durch die bulgar. Front in Makedonien (15. Sept.), wenig später brach die türk.-dt. Front in Palästina zusammen (19. Sept.). Dem Waffenstillstand zw. Bulgarien und den Alliierten (29. Sept.) folgte der mit dem Osman. Reich (30. Okt.) und mit Österreich-Ungarn (3. Nov. 1918). Auf Betreiben der OHL bot die dt. Reichsführung den Alliierten über die USA den Waffenstillstand an (3. Okt.). Der Waffenstillstand vom 11. Nov. war die logische Konsequenz aus dem Versuch, vor dem inneren Zusammenbruch den Krieg möglichst rasch beenden.

Politische Dimensionen: Der 1. W. hatte als imperialist. Machtkrieg begonnen, gewann aber durch die russ. Revolution 1917, Wilsons ↑Vierzehn Punkte mit der Forderung nach nat. Selbstbestimmung und durch die Novemberrevolution in Deutschland eine neue polit. Dimension: Die Mittelmächte unter der Führung Deutschlands hatten überwiegend eine dynastisch-imperiale Struktur. Spätestens seit der russ. Februarrevolution 1917 waren die Alliierten im Innern überwiegend demokratisch-parlamentarisch organisiert, so daß von nun an die Parole vom „Krieg der Demokratie gegen die Autokratie" eine innere Berechtigung hatte. Die Konfrontation von Demokratie und Autokratie erklärt auch die innere Schwäche der Mittelmächte. Die Spannungen in Deutschland wurden zunächst durch die nat. Einheitsfront des „Burgfriedens" mit Bewilligung der Kriegskredite (4. Aug. 1914) überspielt, schlugen aber mit der Dauer des Krieges und dem Schwinden der Erfolgsaussichten zunächst v. a. in der SPD durch (Abspaltung der Unabhängigen Sozialdemokratischen Partei Deutschlands, 1917). Entsprechend sammelten sich auf der Rechten die Kräfte in der Dt. Vaterlands-Partei (gegr. 1917). Die Polarisierung zw. Links und Rechts führte zum Sturz des Reichskanzlers Bethmann Hollweg und ermöglichte der verschleierte Militärdiktatur Ludendorffs (1916–18). Die militär. Niederlage setzte die angestauten inneren Spannungen revolutionär frei, die sich auch nicht mehr durch die Parla-

Links: Zweiter Weltkrieg, Soldaten der deutschen Wehrmacht zerstören am 1. September 1939 polnische Grenzanlagen. Rechts: Eine deutsche Panzerdivision auf dem Vormarsch ins neutrale Belgien, das am 10. Mai 1940 von Deutschland angegriffen und besetzt wurde

Links: Zweiter Weltkrieg, US-Marineinfanteristen kurz nach der Landung auf dem Strand der Insel Tarawa (heute zu Kiribati), die von 1941 bis 1943 von Japan besetzt war. Rechts: Zweiter Weltkrieg, Stuttgart am Ende des Krieges. Ähnlich sahen als Folge des alliierten Bombenkrieges fast alle deutschen Großstädte aus

Weltkrieg

mentarisierung und das Waffenstillstandsersuchen unter Reichskanzler Prinz Max von Baden auf Druck der OHL kanalisieren ließen. So sind der Sturz der Monarchie und die Novemberrevolution 1918 Reaktionen auf die militär. Niederlage und die Verschleppung grundlegender Reformen im preuß.-dt. Kaiserreich.
In Österreich-Ungarn und im Osman. Reich trugen nur die führenden Reichsvölker (Deutsche, Ungarn; Türken) die Kriegsanstrengungen ihrer Regierungen. Namentlich Tschechen (durch Massendesertionen) und Araber (durch ihren Aufstand) nahmen die Auflösung der Donaumonarchie bzw. des Osman. Reichs nach der militär. Niederlage Ende Okt. 1918 vorweg, so daß sich nach Kriegsende Österreich, Ungarn, die Tschechoslowakei, Jugoslawien und die Staaten des Vorderen Orients, darunter die Türkei, als Nat.staaten bildeten.
Am augenfälligsten wirkte sich der Zusammenhang zw. militär. Niederlage und polit. Krise in Rußland aus, dessen Oktoberrevolution nicht nur den Fortgang des 1. W., sondern auch die weitere welthistor. Entwicklung veränderte. Aber auch die übrigen Alliierten hatten während des Krieges innenpolit. Probleme zu überwinden und wurden nach dem Krieg von Inflation, Wirtschaftskrise sowie Zunahme und Verschärfung innerer Konflikte betroffen. Wesentl. Ergebnis in Großbritannien war der Zerfall der Liberal Party, der den Aufstieg der Labour Party zur Reg.partei erleichterte. Die Unabhängigkeit Irlands wurde Auftakt zur beginnenden Auflösung des brit. Empire.
In Frankreich behauptete sich trotz innerer Krisen die 3. Republik. In Italien führten die in der Folge des 1. W. verschärften sozialen Spannungen in Verbindung mit der allg. Unzufriedenheit über die Ergebnisse des Sieges zu einer Polarisierung der polit. Kräfte, die den Aufstieg des Faschismus begünstigte. Selbst die USA und Japan, die einzigen ökonom. Gewinner des 1. W., wurden durch innere Konflikte im Krieg und in der unmittelbaren Nachkriegszeit (Wirtschaftskrise, Rassenunruhen in den USA) erschüttert.
Insgesamt schwächte der 1. W. das imperialist. System. Durch Erweiterung des innenpolit. Spektrums in der Folge des Kriegs nach links (Kommunismus) und rechts (Faschismus) entstand jene Polarisierung in zahlr. Ländern (z. B. Deutschland, Italien, Frankreich) und in den internat. Beziehungen (Sowjetunion – nat.-soz. Deutschland), die das internat. System des Versailler Vertrags wie die polit. Ordnung in vielen Staaten in der Zwischenkriegszeit veränderte. Zugleich prägte die Verarbeitung des Fronterlebnisses des modernen Massenkrieges Politik, Gesellschaft und Kultur der Zeitgenossen, in Deutschland verstärkt durch das Trauma der Niederlage (verbrämt durch die sog. ↑ Dolchstoßlegende), die Aufnahme eines Passus über die umstrittene „Alleinschuld Deutschlands" in den Versailler Vertrag (Art. 231) und das allg. Bedürfnis nach einer Revision der als aufgezwungen erachteten Nachkriegsordnung.
Friedensschlüsse und Bilanz: Nach den Sonderfriedensschlüssen der Mittelmächte mit Sowjetrußland (Brest-Litowsk, 3. März 1918) und Rumänien (Bukarest, 7. Mai 1918) sowie nach den Waffenstillstandsabkommen der Alliierten mit Bulgarien (29. Sept.), dem Osman. Reich (30. Okt.), Österreich-Ungarn (3. Nov.) und Deutschland (11. Nov. 1918) fand der 1. W. völkerrechtlich seinen Abschluß in den Pariser Vorortverträgen: dem ↑ Versailler Vertrag (mit Deutschland, 28. Juni 1919) und den Friedensverträgen von Saint-Germain-en-Laye (mit Österreich, 10. Sept. 1919), Trianon (mit Ungarn, 4. Juni 1920), Neuilly-sur-Seine (mit Bulgarien, 27. Nov. 1919) und Sèvres (mit der Türkei, 10. Aug. 1920).
Über 65 Mill. Soldaten waren auf beiden Seiten mobilisiert. Insgesamt gab es rd. 8,5 Mill. Gefallene, über 21 Mill. Verwundete, 7,8 Mill. Kriegsgefangene und Vermißte. Eine bislang in diesem Ausmaß nicht erlebte Belastung erfuhr die Zivilbev. durch Flucht, Hunger und Entbehrungen aller Art. An direkten Kriegskosten waren auf beiden Seiten rund 956 Mrd. Goldmark aufzubringen, ohne Berücksichtigung der indirekten Verluste durch Produktionsausfälle und Inflation in und nach dem Krieg.

Zweiter Weltkrieg (1939–45)

Vorgeschichte: Der Ausbruch des 2. W. in Europa war die Folge der verbrecherischen und menschenverachtenden Politik des ↑ Nationalsozialismus. Die nat.-soz. Außenpolitik zeigte sich zunächst als Bündnispolitik, die – ausgehend von angeblich nicht existierenden Interessengegensätzen – Großbritannien und Italien zu primären Partnern bestimmte. Sie zielte auf die Umsetzung des von Hitler in seinen Schriften formulierten Programms. Auch in der Außenpolitik herrschte eine Polykratie der Konzeptionen und Entscheidungsträger. Beteiligt waren neben dem Auswärtigen Amt u. a. die nat.-soz. Kräfte in der Dienststelle Ribbentrop, das Außenpolit. Amt und die Auslandsorganisation der NSDAP. Daneben blieb Hitler selbst in diesem für ihn zentralen Bereich der Politik ausschlaggebend.
In der ersten Phase wurden die polit. und rüstungswirtsch. Aggressionsvorbereitungen mit einer Strategie der Verharmlosung abgeschirmt (z. B. „Friedensrede" Hitlers im Reichstag am 17. Mai 1933; Dt.-Poln. Nichtangriffsabkommen 26. Jan. 1934); sie unterschied sich nach außen hin kaum von den traditionellen Forderungen nach Revision des Versailler Vertrages und Wiederherstellung der „nat. Größe". Der erste Akt der Aggression mit dem Versuch des gewaltsamen „Anschlusses" von Österreich an Deutschland scheiterte 1934 (fehlgeschlagener nat.-soz. Putsch, Ermordung des österr. Bundeskanzlers E. Dollfuss) und verstärkte die seit dem Austritt aus dem Völkerbund (14. Okt. 1933) bestehende diplomat. Isolierung des Dt. Reiches. Die Veränderung der internat. Konstellationen (Mussolinis Äthiopienkrieg 1935, Span. Bürgerkrieg 1936–39, permanente Spannungen in Ostasien, hervorgerufen durch die japan. Expansionspolitik) und die Verlagerung der weltpolit. Brennpunkte in den Mittelmeerraum und nach Ostasien nutzte Hitler zu einer forcierten Revisionspolitik: Wiedereinführung der allgemeinen Wehrpflicht (16. März 1935), Abschluß des Dt.-Brit. Flottenabkommens (18. Juni 1935), Einmarsch dt. Truppen in die entmilitarisierte Zone des Rheinlands (7. März 1936, d. h. Bruch der Verträge von Versailles und von Locarno). Begünstigt wurde diese Politik durch den britisch-sowjet. Gegensatz in Europa wie durch die brit. Politik des ↑ Appeasement, die angesichts der vielfachen innen-, sozial- und außenpolit. Belastungen Großbritanniens militär. Konflikte in Mitteleuropa zu vermeiden suchte. Hinzu kam das Verlangen der westeurop. Öffentlichkeit nach Aufrechterhaltung des Friedens.
Nach dem gescheiterten Werben um ein Bündnis mit Großbritannien, das im Sinne von Hitlers außenpolit. Zielvorstellungen die Basis für seine kontinentalen Eroberungs- und Herrschaftspläne hätte bilden sollen, gelang es Hitler, seinem Programm entsprechend, das faschist. Italien für sich zu gewinnen („Achse Berlin–Rom", seit Okt. 1936). Während des Span. Bürgerkrieges beteiligte sich das nat.-soz. Dtl. neben Italien an der militär. Unterstützung der Aufständischen unter General F. Franco. Der Abschluß eines Militärbündnisses (↑ Stahlpakt, 22. Mai 1939) bekräftigte die Achse Berlin–Rom. Durch eine Vereinbarung mit Japan (Antikominternpakt 25. Nov. 1936, Beitritt Italiens 6. Nov. 1939) entstand eine Konstellation, die Großbritannien entweder neutral halten oder doch noch zum Einlenken bringen sollte. Auf der anderen Seite zerfiel das von Frankreich gestützte Bündnissystem der südost- und osteurop. Staaten.
Im Spätherbst 1937 nutzte Hitler Meinungsverschiedenheiten innerhalb der militär. und außenpolit. Führungsgruppen in Deutschland, um seine außen- und kriegspolit. Zielvorstellungen vor den Spitzen der Wehrmacht und des Auswärtigen Amtes zu entwickeln (↑ Hoßbachniederschrift) und die dort vorgetragenen Einwände gegen seine Außenpolitik unter skrupelloser Ausnutzung persönl. Angelegenheiten und gezielter Intrigen (Blomberg-Fritsch-Krise, Jan./Febr. 1938) mit der Ausschaltung konservativer Entscheidungsträger in der Wehrmacht und im Auswärtigen Amt zu überwinden. Das eröffnete ihm den Zugriff auf die Wehr-

macht wie den Durchbruch zur offenen Expansionspolitik: Die von den östr. Nationalsozialisten provozierte innenpolit. Krise Österreichs lieferte vor dem Hintergrund einer verbreiteten „Anschlußerwartung" in der östr. und dt. Öffentlichkeit den Vorwand für den militär. „Anschluß" Österreichs im März 1938. Das unter polit.-militär. Druck zustandegekommene ↑Münchner Abkommen (29. Sept. 1938), das die Abtretung der sudetendt. Gebiete an Deutschland bestimmte, band Hitler gegen seinen Willen in ein multilaterales Abkommen ein und verzögerte die eigentlich beabsichtigte „Zerschlagung" der Tschechoslowakei. Bei der weiteren Verfolgung seines Konzeptes, bei der zum Ausbau eines einheitl. Aufmarschgebietes gegen Osten die „Erledigung der Resttschechei" (15. März 1939) ohnehin feststand und die „Lösung der Polenfrage" in den Mittelpunkt rückte, mußte Hitler v. a. mit brit. Widerstand rechnen, da seine eigtl. Ziele damit deutlich zutage traten. Der Widerstand der Westmächte gegen Hitlers Expansionsbestrebungen zeigte sich in der britisch-frz. Garantieerklärung für Polen (31. März 1939). Da sich seine außenpolit. Ziele gegen den Widerstand Großbritanniens nicht verwirklichen ließen, war Hitler jetzt bereit, durch ein Bündnis mit der Sowjetunion eine gemessen an seinem Konzept verkehrte (d. h. antibrit.) Frontstellung einzugehen. Der ↑Hitler-Stalin-Pakt (23. Aug. 1939) ermöglichte es ihm, den Krieg gegen Polen zu eröffnen (1. Sept. 1939), der die zweite Stufe seines Planes (Westfeldzug) absichern sollte, sich aber zwei Tage später in einen europ. und spätestens 1941 zu einem weiteren Weltkrieg ausweitete.

Der europäische Krieg (1939–41): Hitler hatte bis zuletzt darauf gebaut, daß Großbritannien und Frankreich sich auch mit dem *Überfall auf Polen* abfinden würden. Als er auf ihr Ultimatum, seine Truppen zurückzuziehen, nicht reagierte, erklärten Großbritannien und Frankreich dem Dt. Reich am 3. Sept. 1939 den Krieg; die Commonwealthstaaten Australien, Neuseeland, Indien, Südafrika und Kanada schlossen sich an. Großbritannien entsandte ein Expeditionskorps auf den Kontinent, doch überschätzten die brit. und frz. Reg. Deutschlands militär. Stärke und verharrten deshalb passiv hinter der Maginotlinie. Das militärisch unvorbereitete Italien erklärte sich für „nicht kriegführend". Die den poln. Truppen weit überlegene dt. Wehrmacht besetzte Polen rasch. Der Kampf um Warschau endete am 27. Sept., am 6. Okt. kapitulierten die letzten poln. Verbände. Eine poln. Exilreg. unter General W. Sikorski bildete sich in Paris (seit Juni 1940 in London). Am 17. Sept. griff die *Sowjetunion,* die am Vortag einen Waffenstillstand mit Japan geschlossen hatte, Polen von O her an. Am 28. Sept. unterzeichneten die Außenmin. Ribbentrop und Molotow in Moskau einen Grenz- und Freundschaftsvertrag mit einem geheimen Zusatzabkommen. In Abänderung der Vereinbarung vom 23. Aug. wurde der Sowjetunion auch Litauen zugesprochen, während der dt. Anteil am poln. Gebiet bis zum Bug erweitert wurde. Danzig, die ehem. dt. Gebiete und Teile N- und W-Polens wurden an das Dt. Reich angeschlossen, aus dem Rest wurde das Generalgouvernement Polen gebildet. Zw. dem 28. Sept. und dem 10. Okt. 1939 zwang die Sowjetunion Estland, Lettland und Litauen, ihr das Recht zur Truppenstationierung einzuräumen. Aus dem von der Sowjetunion annektierten O-Polen wurde die poln. Führungsschicht deportiert. Die meisten der von der Roten Armee gefangengenommenen Offiziere wurden 1940 ermordet (↑Katyn). Als sich *Finnland* ähnlich motivierten Territorialansprüchen widersetzte, griff die Rote Armee das Land am 30. Nov. 1939 an (Finn.-Sowjet. Winterkrieg). Im Frieden von Moskau am 12. März 1940 mußten die Finnen den sowjet. Forderungen nachgeben und u. a. die karel. Landenge mit Wyborg und das Nordufer des Ladogasees an die Sowjetunion abtreten. Durch den Pakt mit der Sowjetunion konnte Deutschland das Gros seiner Truppen nach W verlegen. Hitler forderte Großbritannien und Frankreich am 6. Okt. 1939 auf, den neuen Status quo anzuerkennen und Frieden zu schließen, doch war er trotz der Warnungen führender Militärs zu einer Offensive im W entschlossen. Mängel in der Rüstung, die Wetterlage und der Pessimismus der Wehrmachtführung verzögerten jedoch die Realisierung von Hitlers Absicht, noch 1939 zur Kanalküste vorzustoßen, um aus dieser Position den Hauptgegner Großbritannien zum Einlenken zu zwingen oder in der Luft und zur See bekämpfen zu können. Überlegungen, Finnland zu helfen und Deutschland die Versorgung mit schwed. Erz abzuschneiden, führten zu westl. Vorbereitungen für eine Besetzung von Stützpunkten im neutralen Norwegen. In der Absicht, dort eigene Stützpunkte für den Seekrieg gegen Großbritannien zu gewinnen, entwickelte die dt. Marineführung ähnl. Pläne. Die dt. Operation gegen *Norwegen,* die am 9. April 1940 begann, kam dem brit. Vorhaben einer Verminung der dortigen Küstengewässer knapp zuvor. Dt. Truppen besetzten bis zum 10. Juni das Land. Auch *Dänemark* wurde am 9. April militärisch besetzt. *Schweden* blieb souverän, war aber zu wohlwollendem Verhalten gegenüber Deutschland gezwungen und mußte den dt. Truppen bis 1943 einen ungehinderten Transitverkehr zugestehen.

Am 10. Mai 1940 fielen die dt. Truppen in den *Niederlanden,* in *Belgien* und *Luxemburg* ein, unter Verletzung der Neutralität dieser Länder. Strateg. Ziel der Operation war, mit den schnellen Panzerverbänden und der den Westmächten überlegenen Luftwaffe durch die Ardennen nördl. der Maginotlinie rasch zur Kanalküste durchzubrechen, dadurch die brit. und frz. Truppen zu trennen und sie dann zu umfassen. Dieser strateg. „Sichelschnitt", der auf einen Plan des Generals E. von Manstein zurückging, führte weitgehend zum Erfolg. Die Niederlande und Belgien kapitulierten am 14. bzw. 28. Mai; am 20. Mai erreichten die dt. Truppen die Mündung der Somme. Der Versuch, dem brit. Expeditionskorps den Rückzug zum Meer abzuschneiden, gelang allerdings nicht. Hitler, der den bei Dünkirchen eingeschlossenen Gegner bereits in der Hand zu haben glaubte, hielt den Vorstoß der Panzertruppen nach N am 24. Mai für 2 Tage an, um sie für die weiteren Kämpfe zu schonen. Dadurch gelang es 340 000 brit., frz. und belg. Soldaten, nach Großbritannien zu entkommen. Zw. dem 5. und 22. Juni rückten dt. Truppen überall bis an die nord- und westfrz. Küste vor. Auf Grund des Waffenstillstandsabkommens von Compiègne (22. Juni 1940) besetzte Deutschland *Frankreich* zu ⅗, so daß die nordfrz. Ind.gebiete, Paris und die gesamte Kanal- und Atlantikküste bis zur span. Grenze unter direkter dt. Kontrolle (dt. Militärbefehlshaber in Paris) standen. Das Elsaß und Lothringen wurden ebenso wie Luxemburg unter einer dt. Zivilverwaltung dem Reich angegliedert. Die von Marschall P. Pétain neugebildete, faktisch auf den unbesetzten Teil von Frankreich und Teile der Kolonien beschränkte autoritäre Reg. etablierte sich in Vichy (État Français). Als Sprecher des Freien Frankreich bemühte sich unterdessen in London General C. de Gaulle um die Sammlung der Exilkräfte. Das in sich nicht einheitl. Bestreben der Vichy-Reg., die frz. Eigeninteressen gegenüber Deutschland zu wahren, hatte um den Preis begrenzter Kollaboration gewissen Erfolg.

Im Schatten des dt. Vormarsches wurden Italien und die Sowjetunion aktiv. *Italien* erklärte Frankreich und Großbritannien am 10. Juni den Krieg (Waffenstillstand mit Frankreich vom 24. Juni). Die *Sowjetunion* besetzte im Juni 1940 die balt. Staaten, erzwang von Rumänien die Abtretung Bessarabiens und der nördl. Bukowina und gliederte sich alle diese Gebiete an.

Nach dem schnellen Sieg über Frankreich befand sich Hitlers Prestige in Deutschland auf einem Höhepunkt. Die gegen die Skepsis führender Militärs errungenen Blitzsiege entzogen den oppositionellen Kräften in der Heeresführung den Boden, Hitler griff künftig häufiger in die operative Führung der Wehrmacht, v. a. des Heeres, ein. An der O-Flanke festigte die Sowjetunion ihre Position. Durch die Annexion Bessarabiens und der nördl. Bukowina rückte sie bedrohlich an die Ölfelder Rumäniens heran, woher die Wehrmacht den größten Teil des Treibstoffs bezog. Hitlers „Appell an die Vernunft auch in England" (Reichstagsrede vom 19. Juli 1940) und das Angebot, den brit. Besitzstand zu garantieren, wenn Großbritannien die dt. Herrschaft

Weltkrieg

über Europa hinnähme, fanden jedoch in London kein Echo. Deshalb wandte er sich noch im Juli 1940 der Alternative zu, den Krieg im W so rasch wie möglich militärisch zu entscheiden.

In *Großbritannien* hatte W. Churchill am 10. Mai 1940 Chamberlain als Premiermin. abgelöst und eine große Koalition gebildet, in der die Vertreter des Appeasement in der Minderheit waren. Eine Festigung der dt. Herrschaft auf dem Kontinent und der begonnene Ausbau der dt. Flotte mußten aus Churchills Sicht bereits mittelfristig die für den Handel und die Versorgung Großbritanniens lebenswichtigen Seeverbindungen durch das Mittelmeer (Malta, Zypern, Sueskanal) und den Atlantik zu den Dominions und den Kolonien bedrohen. Die strateg. Lage verurteilte Großbritannien vorerst zur Defensive, zumal die Briten auch auf die Verteidigung ihrer Besitzungen im Mittelmeerraum und in O-Afrika gegen Italien sowie ihres asiat. Herrschaftsbereichs gegen ein jap. Ausgreifen nach S bedacht sein mußten. Um Großbritannien zu bezwingen, standen Hitler mehrere Wege offen, die er z. T. auch nebeneinander einschlug. Doch stellte sich heraus, daß die Mittel der Wehrmacht unzureichend waren. In der „Schlacht um England" gelang es der Luftwaffe nicht, die brit. Luftabwehr entscheidend zu schwächen oder Großbritannien durch die Bombardierung von Städten (London, Coventry), die große Opfer unter der Zivilbev. forderte (bis Ende Juni 1941 rd. 100 000 Tote), den dt. Wünschen gefügig zu machen. Damit fehlte die wichtigste Grundlage für die Invasion, deren Vorbereitung Hitler am 16. Juli angeordnet hatte. Mangel an Transportraum und die Wetterlage trugen außerdem dazu bei, daß das Landungsunternehmen „Seelöwe" im Okt. auf 1941 verschoben wurde. Als direkt gegen die Insel wirksame Maßnahme blieben der Kampf gegen die brit. Seeherrschaft und der Handels- und Blockadekrieg. Für ersteres fehlte es jedoch an schweren Schiffen, für letzteres an U-Booten in ausreichender Zahl. In der 2. Phase der *Atlantikschlacht*, zw. Juni 1940 und März 1941, versenkten die wenigen einsatzfähigen dt. U-Boote zwar weit mehr Schiffsraum als die Briten neu bauten. Vom Sept. 1940 an (Verpachtung brit. Seestützpunkte an die USA gegen 50 alte Zerstörer für den Geleitschutz) und insbes. nach der Wiederwahl des amerikan. Präs. F. D. Roosevelt (5. Nov.) wurde aber zunehmend das amerikan. Interesse an der Erhaltung des Schutzes deutlicher, den der brit. Seeherrschaft mangels einer genügend großen US-Kriegsflotte für die amerikan. Atlantikküste bedeutete. Die amerikan. Materiallieferungen nahmen beständig zu. Verwundbar waren die Briten außerdem im *Mittelmeerraum* auf den Zufahrtswegen zu ihrem überseeischen Imperium. Auf Drängen der Heeres- und Marineführung wurde auch dieser Raum in die strateg. Planungen Deutschlands mit einbezogen. Der Plan zur Eroberung Gibraltars, die eine Schließung der Meerenge erlaubt hätte, scheiterte, da Spanien seine Mitwirkung versagte.

Im Dreimächtepakt (27. Sept. 1940) zw. Deutschland, Italien und Japan sicherten sich die 3 Reg. volle gegenseitige Unterstützung gegen einen Angriff der USA und der Anerkennung ihrer jeweiligen Vormachträume zu. In Europa richtete sich diese Maßnahme v. a. gegen Großbritannien; Hitler wollte deshalb für die Bildung eines Kontinentalblocks auch die Sowjetunion gewinnen, die ihre Interessen auf brit. Kosten im S (Indien, Pers. Golf) suchen sollte. Molotow betonte bei seinem Aufenthalt in Berlin (12./13. Nov. 1940) aber hartnäckig das starke Interesse seines Landes an seinem europ. Vorfeld. Die dahinter erkennbare Absicht einer sowjet. Expansion in N- und SO-Europa, die Deutschland in seinem Kampf gegen die Briten sehr gefährlich werden konnte, bestärkte Hitler nur in dem Entschluß, den er bereits im Juli 1940 gefaßt hatte. Aus seiner Sicht stellte die Sowjetunion den letzten potentiellen Gegner Deutschlands von Gewicht in Europa dar, auf den Churchill seine Hoffnungen setzen konnte. Am 21. Juli 1940 trug Hitler der Heeresführung auf, das „russ. Problem in Angriff zu nehmen". Am 31. Juli befahl er, den Angriff, der über die militär. Niederlage hinaus auf die „Vernichtung der Lebenskraft Rußlands" zielte, für den Mai 1941 vorzubereiten.

Allerdings konnte Hitler dieses Ziel nicht ungestört verfolgen. Italien erlitt bei seinen Angriffsunternehmen gegen *Ägypten* und *Griechenland* (Sept. und Okt. 1940) bald schwere Rückschläge, die Hitler zwangen, Italien auf dem *Balkan* und in *N-Afrika* zu unterstützen. Dt. Panzertruppen unter E. Rommel drängten zw. Febr. und April 1941 die Briten aus Libyen bis an die ägypt. Grenze zurück. Ungarn, Rumänien und die Slowakei traten im Nov. 1940 dem Dreimächtepakt bei, Bulgarien und Jugoslawien im März 1941. Ein hiergegen unternommener Staatsstreich in Belgrad hatte zur Folge, daß sich der Feldzug der Achsenmächte nunmehr gegen *Griechenland* und *Jugoslawien* richtete. Der Angriff begann am 6. April 1941. Am 17. April war Jugoslawien, am 11. Mai trotz brit. Hilfe ganz Griechenland einschl. der Inseln in dt. und italien. Hand; Kreta wurde gegen die brit. Besatzung aus der Luft erobert (20.–31. Mai). Griechenland wurde italien. und dt., Serbien dt. Militärverwaltung unterstellt; Jugoslawiens übriges Territorium wurde bis auf die neugeschaffenen Satellitenstaaten Kroatien (unter A. Pavelić) und Montenegro auf Deutschland, Italien, Ungarn und Bulgarien aufgeteilt. Die rigorose Teilungspolitik und Pavelićs brutales Regime (↑Ustascha) hatten einen erbitterten Partisanenkrieg zur Folge. Der Balkankrieg verbesserte zwar die strateg. Lage der Achsenmächte gegenüber Großbritannien und der Sowjetunion, doch verschob sich dadurch der Überfall auf die Sowjetunion, den Hitler am 18. Dez. 1940 für Mitte Mai 1941 beschlossen hatte, um 6 Wochen. Der für die Zukunft wichtigste Gesichtspunkt des Unternehmens „Barbarossa" aber war, daß Hitler Deutschland nun gerade in den Zweifrontenkrieg führte, vor dem er selbst immer gewarnt hatte. Am 22. Juni 1941 fiel die dt. Wehrmacht unter Bruch des Nichtangriffsvertrages in der *Sowjetunion* ein. Rumänien, Ungarn, Italien, die Slowakei und die „Blaue Division" aus Spanien schlossen sich dem Angriff an, Finnland kämpfte für die Wiedergewinnung der abgetretenen Gebiete. Das dt. O-Heer umfaßte 3,05 Mill. Soldaten (75 % des Feldheeres, dazu 61 % der Luftwaffe; 153 Divisionen, davon 19 der 21 Panzerdivisionen). Der Absicht, die Masse der sowjet. Truppen an der europ. Front (etwa 4,7 Mill. Soldaten) in einem weiteren Blitzfeldzug zu schlagen, kam entgegen, daß Stalin trotz gegenteiliger Anzeichen und Warnungen bis zuletzt nicht mit einem ernstete. Angriff gerechnet und die Umstrukturierung seiner Armee nicht beendet hatte, nachdem das Gros der Offiziere der Roten Armee ermordet oder inhaftiert worden war. Trotz des raschen dt. Vordringens in 3 Stoßrichtungen (Eroberung von Smolensk am 16. Juli, von Kiew am 19. Sept., Beginn des Angriffs auf Leningrad [= St. Petersburg] am 11. Sept.), bei dem weit über 1,5 Mill. Kriegsgefangene gemacht wurden, erreichte man bis zum Winter die als sicher erwartete Entscheidung nicht. Die Sowjetunion brach politisch nicht auseinander, wie die NS-Führung vorausgesagt hatte. Die dt. Gewaltpolitik in den eroberten Gebieten führte vielmehr dazu, daß der Widerstand auch unter den nichtruss. Nationalitäten zunahm und Ansätze, diese als Verbündete gegen das kommunist. System zu gewinnen, zunichte gemacht wurden. Das sowjet.-jap. Nichtangriffsabkommen (13. April 1941) und die seit Juli/Aug. deutlich werdende Orientierung der jap. Streitkräfte nach S erlaubte der Sowjetreg., Verstärkungen aus dem O heranzuführen. Es gelang ihr außerdem, mehr als 1 500 Ind.betriebe und etwa 10 Mill. Menschen in den O zu evakuieren. Dagegen litten die stark strapazierten dt. Truppen zunehmend unter Versorgungsschwierigkeiten. Trotzdem verwarf Hitler im Aug. den Rat des Oberkommandos des Heeres (OKH), die Kräfte zus.zufassen und die Entscheidung im Vorstoß auf das Zentrum Moskau zu suchen. Statt dessen befahl er die Einnahme von Leningrad im N und die Besetzung der Ukraine im S (zeitweilige Einnahme von Rostow am Don 21.–28. Nov.). Der Angriff auf Moskau verzögerte sich dadurch bis zum 2. Okt. Die Spitzen der auf den Winterkrieg völlig unvorbereiteten dt. Truppen erreichten die Außenbezirke der Hauptstadt, be-

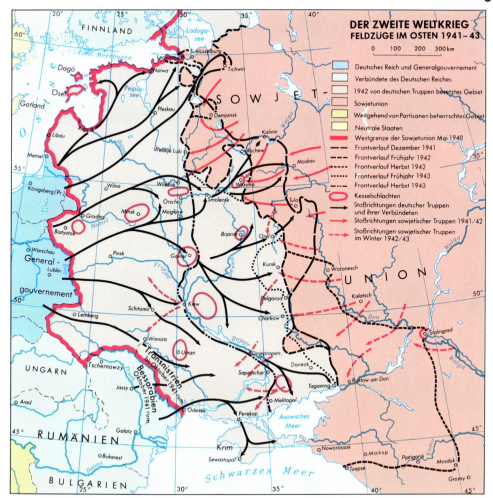

vor die Rote Armee durch eine am 5. Dez. beginnende Gegenoffensive Moskau entlastete. Am 19. Dez. übernahm Hitler selbst den Oberbefehl über das Heer anstelle von Brauchitschs, der den Rückzug in günstigere Winterstellungen befürwortet hatte. Das Scheitern der Blitzkriegsstrategie vor Moskau bedeutete die entscheidende Wende für Hitlers gesamten Kriegsplan. Kriegswirtsch. Auswirkung war, daß in Deutschland seit der 1. Jahreshälfte 1942 unter A. Speer die Rohstoff- und Rüstungsproduktion (bes. Panzer und U-Boote) ohne die bisherige Rücksichtnahme auf die zivile Produktion und unter vermehrtem Einsatz von Zwangsarbeitern vorangetrieben wurde. Als Japan sich 1942 in ähnl. Weise umorientierte, konzentrierten alle großen kriegführenden Mächte ihre wirtsch. Anstrengungen auf die Kriegsproduktion.

Der Weltkrieg (1941–45): Während sich der europ. Krieg auf N-Afrika sowie den Atlantik ausdehnte, außereurop. Mächte in ihn hineingezogen wurden und die Hauptkontrahenten bereits in globalen Kategorien planten, erhöhten sich auch die Spannungen im asiat.-pazif. Raum zw. Japan einerseits, den USA und den europ. Kolonialmächten andererseits. Durch den jap. Überfall auf die amerikan. Pazifikflotte in Pearl Harbor am 7. Dez. 1941 und die anschließende dt. und italien. Kriegserklärung an die USA (11. Dez.) eskalierten schließlich die regionalen Konflikte zu einem weltweiten Krieg.

Durch den dt. Überfall auf die Sowjetunion verringerte sich der militär. Druck auf *Großbritannien* beträchtlich. Die Briten konnten ihre Rüstungsproduktion ankurbeln und ihre See- und Landstreitkräfte reorganisieren. Die Hilfe der *USA* nahm währenddessen ständig zu. Dem direkten Eintritt in den Krieg wich Roosevelt aber zunächst noch aus. Die militär. Spitzen beider Länder vereinbarten im März 1941 für den Fall eines Kriegseintritts der USA, sich zuerst gegen Deutschland zu wenden. Um die Atlantikroute frei zu halten, unterstützten die USA die Briten schließlich bis zum unerklärten Krieg (amerikan. Geleitschutz für Atlantikkonvois; Besetzung Islands 7. Juli 1941; Schießbefehl bei Sichtung dt. Schiffe, 11. Sept. 1941). Als polit. Absichtserklärung gegen die Achsenmächte und als Aufruf an die unterdrückten Völker verkündeten Roosevelt und Churchill bei ihrem ersten Treffen am 14. Aug. 1941 die Atlantikcharta. In ihr forderten sie auch die vollständige Entwaffnung aller Aggressorstaaten bis zur Herstellung eines dauerhaften Systems der kollektiven Sicherheit und „die endgültige Beseitigung der Nazi-Tyrannei".

Die *Sowjetunion* gab nach dem dt. Überfall ihre abweisende Haltung gegenüber dem brit. Angebot militär. Zusammenarbeit sofort auf. Beide vereinbarten am 12. Juli 1941 ein Abkommen über gegenseitige Hilfe und den Verzicht auf einen Separatfrieden mit feindl. Mächten. Am 25. Aug. rückten sie gemeinsam in den Iran ein, um die Ölfelder und die südl. Transportroute in die Sowjetunion freizuhalten. Am 1. Okt. schlossen die drei Mächte, die Hitlers Politik zu gemeinsamen Abwehrbemühungen zusammengeführt hatte, ein Rüstungshilfeabkommen. Es brachte der Sowjet-

Weltkrieg

union zwar nicht sofort die dringend benötigte Erleichterung; die Lieferungen der Westmächte stellten aber im Verlauf des Krieges in bestimmten Bereichen eine substantielle, wenn auch nicht kriegsentscheidende Hilfe dar. Über 10 % der von der Roten Armee während des Krieges eingesetzten Panzer und Flugzeuge stammten aus den USA.

Das auf Zufuhr von Rohstoffen angewiesene *Japan* besetzte in seinem Bestreben, die Kolonialmächte aus O-Asien sowie aus der Südsee zu vertreiben und sich zur Vormacht einer großostasiat. „Neuen Ordnung" zu machen, bis 1941 fast $1/3$ Chinas. Der von den USA unterstützte chin. Widerstand und die Gefahr eines größeren Konflikts mit der Sowjetunion veranlaßte die Japaner jedoch, sich stärker nach S zu wenden. Frankreich nahmen sie im Sept. 1940 das nördl. Indochina ab. Durch das Nichtangriffsabkommen mit der Sowjetunion hielt Japan sich den Rücken frei für eine weitere Ausdehnung in den rohstoffreichen S und den Pazifik. Diese Konzeption behielt die jap. Reg. auch nach dem 22. Juni 1941 bei. Durch die jap. Besetzung des südl. Indochina verschärfte sich der Konflikt *Japans* mit den *USA*. Als die USA Japan vor die Alternative stellten, China und Indochina zu räumen und die Großmachtpläne aufzugeben oder Krieg zu führen, setzte sich in Tokio die Kriegspartei durch. Roosevelt rechnete allerdings mit einem jap. Vorgehen in SO-Asien. Der nicht erwartete Überfall auf Pearl Harbor am 7. Dez. 1941 traf die amerikan. Pazifikflotte schwer und gab den Japanern die Gelegenheit zu raschem Vordringen in SO-Asien und im Pazifik (Einnahme von Hongkong am 25. Dez. 1941, von Manila am 2. Jan. 1942, von Singapur am 15. Febr., Besetzung von Niederl.-Indien am 8. März, von Birma am 20. Mai). Die nach diesen schnellen Erfolgen einsetzende Erweiterung der strateg. Ziele (Aleuten, Hawaii, Australien, Ceylon) bedeutete aber auch eine Überbeanspruchung der begrenzten jap. Kräfte. Den besetzten Gebieten versprochene Befreiung von der Kolonialherrschaft blieb praktisch aus; die jap. Militärverwaltungen kontrollierten mit brutalen Methoden alle für Japan wichtigen Wirtschaftszweige und Lebensbereiche. Der amerikan. Seesieg bei den Midway Islands (3.–7. Juni 1942) verhinderte die Sicherung des pazif. Vorfeldes durch das jap. Großreich. Die Behauptung der Insel Guadalcanal und Neuguineas (Aug. 1942–Febr. 1943) schützte die alliierten Verbindungswege nach Australien und Neuseeland. Diese Erfolge leiteten die amerikan. Gegenoffensive ein, in deren Verlauf die Japaner 1943 und v. a. seit 1944 die eroberten Inseln wieder räumen mußten. Parallel dazu wurden in China die amerikan. Luftstützpunkte ausgebaut.

Nach dem Kriegseintritt der USA verbanden sich die *USA* und *Großbritannien* zu gemeinsamer strateg. Planung und Kriegführung. Im Jan. 1942 wurde in Washington (D. C.) das Gremium der „Combined Chiefs of Staff" geschaffen, eine gemeinsame Einrichtung der brit. und amerikan. Vereinigten Generalstäbe. Beim ersten Aufenthalt Churchills in Washington (22. Dez. 1941– 14. Jan. 1942) wurden die für die Jahre 1942–44 grundlegenden strateg. Entscheidungen bekräftigt: Deutschland blieb der Hauptgegner, dessen Ausschaltung auch Japans Zusammenbruch beschleunigen würde; Ausgangsbasis für die Offensive gegen Deutschland blieb – neben der O-Front – die brit. Insel. Eine erfolgreiche Landung auf dem Kontinent erforderte Vorbereitungen an Material und Personal (Eintreffen der ersten amerikan. Truppen in N-Irland am 26. Jan. 1942). Die Bildung einer Zweiten Front im W, die Stalin zur Entlastung der Roten Armee seit Sept. 1941 unablässig forderte, wurde ihm zunächst für 1942, dann im Aug. 1942 (Churchill in Moskau, 12.–15. Aug.) für 1943 in Aussicht gestellt, verzögerte sich aber bis zum 6. Juni 1944.

Während dieser Zeit trug die *Sowjetunion* an einer zeitweilig bis zu 3 500 km breiten Front die Hauptlast des Krieges. Allerdings konnte sie ihre Kräfte konzentrieren, während die W-Mächte auf vielen Kriegsschauplätzen gleichzeitig engagiert waren. Die westl. Materiallieferungen über Iran, Murmansk/Archangelsk und Wladiwostok, die indirekte Entlastung durch die alliierten Luftangriffe auf Deutschland und die 1942/43 im Mittelmeerraum errungenen Erfolge bezeichnete Stalin als unzureichenden Ersatz für die Zweite Front. Ihr Ausbleiben verstärkte Stalins Mißtrauen gegen die polit. Zukunftsabsichten der W-Mächte. Bereits im Dez. 1941 machten Stalin und Molotow klar, daß die Sowjetunion bei entsprechend günstigem Kriegsverlauf für ihre künftige Sicherheit die bisher gemachten Eroberungen und weitere Territorien und Stützpunkte beanspruchen würde. Das sowjet. Bekenntnis zur Atlantikcharta und zur Washingtoner Erklärung der in der Anti-Hitler-Koalition zusammengeschlossenen „Vereinten Nationen" (1. Jan. 1942) verdeckte diese Zielsetzung nach außen und ließ in den Augen der W-Mächte Chancen für eine Zusammenarbeit bei der Friedenswahrung nach Kriegsende bestehen. Der brit.-sowjet. Beistandsvertrag auf 20 Jahre (26. Mai 1942) klammerte die polit. Kontroverse aus, deren Lösung der tatsächl. Entwicklung des Krieges auf dem europ. Kontinent vorbehalten blieb. Bis 1943 lag das Hauptinteresse der W-Mächte darin, daß die Sowjetunion nicht durch eine Niederlage oder einen Separatfrieden aus dem Kampf ausschied.

Deutschland hatte sich lange bemüht, den USA keinen Vorwand zum Kriegseintritt zu geben. Seine Kriegserklärung vom 11. Dez. 1941 erfolgte, um unter den gegebenen Umständen die USA möglichst rasch in einen Krieg auf den beiden großen Ozeanen zu verwickeln, bevor sich ihre materielle Überlegenheit zuungunsten der Achsenmächte auswirken konnte. Anders als die USA und Großbritannien führten Deutschland und Japan ihre Kriege jedoch weiterhin getrennt. Die Schlagkraft des dt. O-Heeres war 1942 schon eingeschränkt. Seine Offensive konzentrierte sich auf die Schwächung des Gegners durch die Besetzung der Versorgungsgebiete am Don und an der unteren Wolga und des Erdölgebiets von Baku und Batumi. Teilerfolge (Einnahme von Sewastopol am 2. Juli, von Rostow am Don am 23. Juli, des Erdölgebiets von Maikop am 9. Aug.) führten weder im Kaukasus noch in Stalingrad (Wolgograd) zu einer Entscheidung. Durch den am 19./20. Nov. beginnenden sowjet. Gegenangriff wurde die 6. Armee unter Generalfeldmarschall Paulus bei Stalingrad eingekesselt und mußte am 31. Jan./2. Febr. 1943 kapitulieren. Der Rückzug aus dem Kaukasus und die anschließende Stabilisierung der Front gelangen nur mit Mühe. Die Gesamtverluste, die die Wehrmacht im Kriegsjahr 1942/43 erlitt, betrugen fast 1 Mill. Soldaten. Als Mitte Juli 1943 eine dt. Großoffensive zur Begradigung der SO-Front bei Kursk von einer sowjet. Gegenoffensive beantwortet wurde, hatte die Rote Armee an der O-Front endgültig die Initiative übernommen. Auch im atlant. Krieg bedeutete die Versorgung Großbritanniens, im Luftkrieg über Europa und in Afrika setzte 1942 die Wende zugunsten der Alliierten ein.

Gegen die *Seeverbindungen* zw. Großbritannien und USA erzielte die dt. U-Boote 1942 große Erfolge. Im Sept. 1943 waren jedoch alle bisherigen alliierten Kriegsverluste durch Neubauten ausgeglichen. In der Phase der Atlantikschlacht von Juli 1942 bis Mai 1943 verbesserten sich die techn. und die takt. Abwehrvorkehrungen der Alliierten entscheidend (Luftüberwachung, Radar). Am 24. Mai 1943 brach der neue Oberbefehlshaber der dt. Kriegsmarine, K. Dönitz, die Konvoibekämpfung im N-Atlantik ab und beschränkte den Kampf auf die Störung des Handels und die Bindung feindl. Kräfte. Die Versorgung Großbritanniens und der Sowjetunion über den Atlantik und der Aufbau der alliierten Streitmacht für den Angriff auf den Kontinent wurden kaum gestört. Der *Luftraum* im W war nach dem Abbruch der Schlacht um England entblößt worden, weil die Luftwaffe auf dem Balkan und dann gegen die Sowjetunion benötigt wurde. Ab 1942 erreichten brit. Bomberangriffe immer häufiger Städte im N und W Deutschlands, v. a. die Ind.zentren an Rhein und Ruhr (1 000-Bomber-Angriff auf Köln am 30./31. Mai 1942). Im Jan. 1943 begannen die amerikan. Tagesangriffe, im Juni setzte die kombinierte Bomberoffensive mit amerikan. Präzisionsbombardierungen bei Tag und brit. Flächenangriffen bei Nacht ein.

Weltkrieg

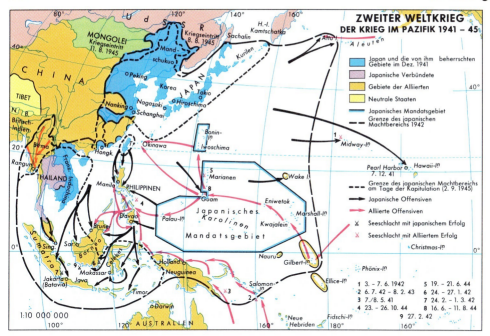

In *N-Afrika* verloren die Briten durch Rommels Vorstoß nach Ägypten ab Jan. 1942 zunächst viel Raum (Fall von Tobruk am 21. Juni 1942). Bei Al ↑ Alamein, der letzten brit. Verteidigungsstellung vor Alexandria, lief sich die durch Versorgungsprobleme behinderte dt.-italien. Offensive im Juli/Aug. jedoch fest. Ende Okt. 1942 traten die Briten unter General Montgomery zur Offensive an und drängten Rommel bis Mitte Febr. 1943 über 2 000 km weit nach Tunesien zurück. Unterdessen hatte am 7./8. Nov. 1942 im Rücken des dt.-italien. Afrikaheeres die Operation „Torch" begonnen, auf die sich die Westmächte im Juli geeinigt hatten. Sie sollte zunächst die alliierte Position im Mittelmeerraum stabilisieren und die Kräfte der Achsenmächte schwächen, um dadurch die Invasion im W des europ. Kontinents zu erleichtern. Starke alliierte Verbände unter General Eisenhower landeten in Marokko und Algerien, wo die frz. Truppen mit heiml. Zustimmung Pétains einen Waffenstillstand eingingen (12. Nov. 1942). Hitler ließ daraufhin den bislang unbesetzten, von der Vichy-Reg. verwalteten Teil Frankreichs militärisch besetzen. Zw. 2 Fronten hielt sich die dt.-italien. Heeresgruppe noch bis Anfang Mai 1943, mit der Kapitulation von 250 000 Mann (13. Mai) endeten die Kämpfe in Afrika.

Als im Sommer 1943 die Alliierten zum Eindringen in die „*Festung Europa*" ansetzten, hatten das NS-Regime und seine Verbündeten den Kontinent scheinbar noch fest in der Hand. Die Stabilität ihrer Herrschaft war aber auch von innen bedroht. Die Kampfkraft der überbeanspruchten Wehrmacht wurde geringer (Stärke des Feldheeres 1941: 3,8 Mill., 1942: 4 Mill., 1943: 4,25 Mill., 1944: 4 Mill. Mann; Waffen-SS 1941: 150 000, 1942: 230 000, 1943: 450 000, 1944: 600 000 Mann. Tote, Gefangene, Entlassene der Wehrmacht im Kriegsjahr 1940/41: 217 000, 1941/42: 627 000, 1942/43: 967 000, 1943/44: 1,71 Mill., 1944/45: 434 000 Mann). Auch im techn. Bereich wurde gleichwertiger Ersatz immer knapper, da die wirtsch. Basis fehlte. Rationalisierung, gezielter Einsatz der knappen Rohstoffe u. a. Maßnahmen bewirkten zw. Anfang 1942 und Mitte 1944 zwar eine Verdreifachung der Rüstungsproduktion, doch blieb Deutschland damit weit hinter dem Ausstoß seiner Gegner zurück. Die USA produzierten bereits 1943 mehr Kriegsmaterial als alle anderen kriegführenden Mächte zusammen.

Zwei Gesichtspunkte dominierten in der nat.-soz. Herrschaft über das besetzte Europa: Der *Einsatz des Wirtschafts- und Menschenpotentials* für die dt. Kriegführung und die *Vernichtung des europ. Judentums*. Seit 1942 setzten vom Generalbevollmächtigten für den Arbeitseinsatz, F. Sauckel, in immer größerer Anzahl meist unter Zwang rekrutierte Fremdarbeiter (zus. mit Kriegsgefangenen und Juden im Sept. 1944: 7,5 Mill.) dt. Arbeitskräfte für den Wehrdienst frei. Die systemat. Massenvernichtung der Juden (bis Kriegsende nahezu 6 Mill. Opfer) begann mit dem Überfall auf die Sowjetunion durch die Tätigkeit der sog. Einsatzgruppen und die Errichtung der Vernichtungslager. Die dt. Gewaltmaßnahmen in den besetzten Ländern stimulierten die *Widerstands- und Partisanentätigkeit*, die in Frankreich (↑ Résistance) und Polen sowie bes. auf dem Balkan und in der Sowjetunion beträchtl. dt. Kräfte banden. Auch in Deutschland regte sich die ↑ Widerstandsbewegung wieder stärker, nachdem man damit rechnen mußte, daß Hitler den nach Stalingrad von Goebbels (18. Febr. 1943) proklamierten totalen Krieg bis zur Katastrophe weiterführen würde. Anders als Hitler scheint Stalin auf Grund der bedrängten Situation seines Landes 1942/43 bereit gewesen zu sein, die Möglichkeiten für einen *Separatfrieden* mit Deutschland zu erkunden. Sondierungen im neutralen Stockholm verliefen jedoch im Sande, und ab Sommer 1943 wurden die Aussichten auf einen eindeutigen militär. Sieg über Deutschland zus. mit den W-Mächten immer günstiger. Roosevelt und Churchill verkündeten ihrerseits bei der Konferenz von Casablanca (14.–26. Jan. 1943) als grundsätzliches *Kriegsziel* die bedingungslose Kapitulation Deutschlands, Italiens und Japans. Hitler war nicht bereit, vor der totalen Niederlage aufzugeben; die Bev. leistete dagegen keinen Widerstand.

In Casablanca beschlossen Amerikaner und Briten, von N-Afrika aus *Sizilien* zu erobern. Im Mai 1943 entwickelten sie daraus den Plan eines Angriffs auf *Italien*. Die Invasion in N-Frankreich wurde auf brit. Drängen gegen den amerikan. Wunsch auf Mai 1944 verschoben, weil die Vorbereitungen einen Erfolg noch nicht sicher genug erscheinen ließen. Die alliierte Besetzung Siziliens (10. Juli–17. Aug. 1943) führte dazu, daß Mussolini vom Faschist. Großrat gestürzt wurde (25. Juli). Am Tag der alliierten Landung an der S-Spitze Italiens kapitulierte die neue Reg. Badoglio

Weltkrieg

(3. Sept., Bekanntgabe 8. Sept. 1943). Sie erklärte Deutschland am 13. Okt. den Krieg. Die Bedrohung der S-Flanke zwang Hitler dazu, nun auch N- und M-Italien zu besetzen (Rom 10. Sept.). Dazu mußte er kampfstarke Verbände von der O-Front abziehen. Gegen heftigen dt. Widerstand kamen die Alliierten 1944 in Italien nur langsam voran (Einmarsch in Rom am 4. Juni 1944). Allerdings war es ihnen jetzt möglich, Deutschland (v. a. auch die Ind.gebiete in M-Deutschland) von allen Seiten her zu bombardieren. An der O-Front rückte die Rote Armee mit starker Übermacht in der 2. Jahreshälfte 1943 auf 1 000 km Breite um 300 km vor (Räumung von Smolensk am 24. Sept., von Kiew am 6. Nov., Befreiung Leningrads im Jan. 1944); ihr Vormarsch beschleunigte sich 1944. Sie zwang Rumänien (12. Sept.), Finnland (19. Sept.) und Bulgarien (28. Okt.) zum Waffenstillstand. Die dt. Truppen räumten Griechenland (2. Nov.) und S-Jugoslawien, Belgrad wurde am 20. Okt. von der Roten Armee und von jugoslaw. Partisanenverbänden (Tito) eingenommen. Budapest wurde am 24. Dez. eingekreist. Weiter nördl. kamen die erschöpften sowjet. Truppen nach stürm. Vormarsch seit Ende Aug. an der Weichsel (Verweigerung der Unterstützung des nichtkommunist. Warschauer Aufstands gegen die dt. Besatzung, 1. Aug.–2. Okt. 1944) und vor Ostpreußen zum Stillstand. Nach gründl. Vorbereitung (in Großbritannien waren dafür fast 3 Mill. Soldaten versammelt) begann die anglo-amerikan. *Invasion in der Normandie* (an der O-Küste der Halbinsel Cotentin) am 6. Juni 1944 und damit die Eröffnung der Zweiten Front. V. a. dank ihrer Luftüberlegenheit und mittels künstl. Häfen konnten die Alliierten einen starken Brückenkopf errichten. Anfang Aug. setzte ihr zügiger Vormarsch nach S und O ein. Paris wurde am 25. Aug. 1944 eingenommen (zugleich Einmarsch de Gaulles, der am 9. Sept. die Provisor. Reg. bildete), Brüssel am 3. Sept., Aachen am 21. Okt. Bei Dijon schloß am 11. Sept. eine 2. (amerikan.-frz.) Invasionsarmee auf, die seit dem 15. Aug. von S-Frankreich nach N vorgestoßen war. Im Nov. 1944 gelang es den dt. Truppen noch einmal, entlang Oberrhein, Westwall und Niederrhein eine feste Front zu bilden. *Deutschland* war nun von O, S und W eingekreist. Auch die Einführung neuer Waffen (u. a. V 1 und V 2) brachte keine Änderung dieser Situation. Die Ardennenoffensive (16.–24. Dez. 1944), Hitlers letzter Versuch, den feindl. Ring im W zu durchbrechen, scheiterte. Die dt. Rüstungsproduktion sank rasch ab; seit Mai 1944 wurden die dt. Benzin- und Chemiewerke gezielt bombardiert, von Sept. an auch das Verkehrsnetz. Des weiteren war am 20. Juli 1944 der letzte Versuch der dt. Widerstandsbewegung fehlgeschlagen, Hitler zu beseitigen und den Krieg zu beenden.

Während die alliierten Mächte ihre Truppen für den Sturm ins Reichsinnere reorganisierten, sahen sich ihre Reg. vor die Frage gestellt, wie künftig der *Frieden* in der Welt und bes. in Europa gesichert werden sollte. Die (amerikan.-brit.-sowjet.-chin.) Dumbarton-Oaks-Konferenz (21. Aug. bis 7. Okt. 1944) empfahl den Reg. die Gründung der Weltorganisation der UN anstelle des Völkerbundes. Stalin, Churchill und Roosevelt akzeptierten diesen Vorschlag, folgten im übrigen aber unterschiedl. Ansätzen zur Wahrung von Frieden und Sicherheit in Europa. Stalin erstrebte weiterhin die Sicherung des strateg. Vorfeldes der Sowjetunion von N- bis SO-Europa. Jenseits der bekannten Territorialansprüche war er in seinen Methoden und Zielen flexibel. Er war bereit, sich mit den W-Mächten zu arrangieren, wenn ihm nicht der Kriegsverlauf Gelegenheit bot, seine Ansprüche ungehindert gegen die kleineren Staaten jenseits der geforderten W-Grenze durchzusetzen. Churchill und Roosevelt wurden von einer gemeinsamen Grundtendenz geleitet: Der möglichst rasche militär. Sieg war das Hauptziel, die polit. Entscheidungen über die Einzelheiten der künftigen Friedensordnung sollten anschließend in erster Linie von den großen Siegermächten getroffen werden. Churchill war dabei mißtrauischer gegenüber den Plänen der Sowjetunion in M- und SO-Europa; er hoffte, den Kontinent gegen das Vordringen der Sowjets durch die Schaffung von Föderationen und Mittelmächten (unter Einbeziehung dt. Teilstaaten und eines isolierten Preußens) stabilisieren zu können. Als die Sowjetunion sich anschickte, den Balkan unter ihre Kontrolle zu bringen, scheute Churchill sich nicht, Einflußzonen mit Stalin (Besuch in Moskau, 9.–20. Okt. 1944) festzulegen. Churchill konnte sich aber gegenüber Roosevelt nicht durchsetzen. Der amerikan. Präs. glaubte an die Realisierbarkeit eines Bündnisses, in dem die Großen Drei und China in Absprache miteinander weltweit Recht und Ordnung wahren würden. Im Ggs. zu Churchill hatte Roosevelt wenig Interesse daran, daß die USA sich in Europa langfristig engagierten. Er hielt einen maßgebl. Einfluß der Sowjetunion auf das Nachkriegseuropa für unvermeidlich, sah jedoch in der wirtsch. Überlegenheit der USA ein Mittel, mäßigenden Einfluß auszuüben. Daher wurde die amerikan. Strategie im Kampf um Europa mehr von militär. als von polit. Gesichtspunkten bestimmt. Erst auf Grund der von den Sowjets geförderten Machtergreifungsaktionen kommunist. Bewegungen in Polen (Jan. 1945), Bulgarien, Rumänien und Jugoslawien und der gewaltsamen Ausschaltung der nach W orientierten Kräfte wandelte sich seit März 1945 die Einstellung Churchills und dann auch die von Roosevelts Nachfolger H. S. Truman zu größerer Härte im diplomat. Umgang mit der Sowjetunion.

Unter diesen Umständen erbrachten die *Kriegskonferenzen* der Großen Drei (u. a. Moskauer Konferenz der Außenmin., 19.–30. Okt. 1943; Konferenz der Reg.chefs von Teheran, 28. Nov.–1. Dez. 1943; Treffen Churchills und Roosevelts in Quebec, 11.–16. Sept. 1944; Moskauer Konferenz zw. Churchill und Stalin, 9.–20. Okt. 1944; Jalta-Konferenz der Reg.chefs, 4.–11. Febr. 1945) und die Ansätze zu gemeinsamer *Nachkriegsplanung* nur wenige konkrete Vereinbarungen. Die bedeutendste war die Gründung der UN (Konferenz von San Francisco, 25. April–26. Juni 1945). Die in Jalta vereinbarte „Erklärung über das befreite Europa", die allen Völkern die freie Wahl ihrer Reg.form verhieß, blieb ohne prakt. Wirkung. Gegenüber Deutschland schälten sich bestimmte gemeinsame Grundforderungen heraus, die, so in Jalta, auch öff. verkündet wurden (u. a. vollständige Entmilitarisierung; rüstungswirtsch. Entmachtung und Kontrolle; Reparationen; territoriale Einbußen; Schwächung der Zentralgewalt, wenn nicht staatl. Teilung; Bestrafung der Kriegsverbrecher). Um die Unabhängigkeit Polens gegenüber der Sowjetunion zu sichern, hatte Churchill sich seit 1943 dafür eingesetzt, daß die poln. Exilreg. auf die 1939 an die Sowjetunion verlorenen

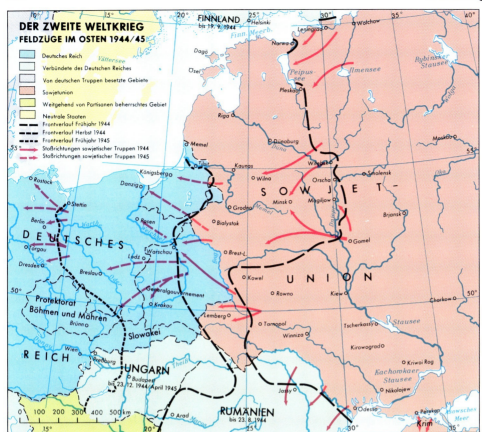

Gebiete östl. der ↑Curzon-Linie verzichten und dafür durch die Übernahme dt. Territorien östl. der Oder (↑Oder-Neiße-Linie) entschädigt werden sollte. Die Exilreg. ging darauf nicht ein. Mit der am 1. Jan. 1945 gebildeten, von Moskau abhängigen Gegenreg. (seit 18. Jan. in Warschau) vollzog die Sowjetunion die gewünschten Maßnahmen dann ohne Absprache mit den W.-Mächten. Die im Okt. 1943 von den 3 Außenmin. gegr. Europ. Beratende Kommission blieb von begrenztem Wert. Auf ihre Empfehlung gehen aber die Abkommen über die gemeinsame militär. Besetzung und Verwaltung Deutschlands in den Grenzen von 1937 (14. Nov. 1944) und die Einteilung in 3 bzw. (nach Hinzuziehung Frankreichs) 4 Besatzungszonen (12. Sept. 1944, 26. Juli 1945) zurück. Mit dem von der Provisor. Reg. de Gaulles geführten Frankreich trat seit Herbst 1944 eine Kraft auf, die bes. Sicherheitsansprüche gegen Deutschland geltend machte. Frankreich wurde jedoch ungeachtet des Beistandspakts mit der Sowjetunion (10. Dez. 1944) weder in Jalta noch in Potsdam zu den Beratungen der Großen Drei hinzugezogen.

Mit ihren Großoffensiven rückten ab Mitte Jan. 1945 die Rote Armee und ab Febr. die Truppen der W.-Mächte unaufhaltsam vor. Am 25. April 1945 begegneten sich bei Torgau an der Elbe sowjet. und amerikan. Truppen, am 2. Mai kapitulierte Berlin (wo Hitler am 30. April Selbstmord begangen hatte), am gleichen Tag trat die Kapitulation der dt. Truppen in Italien in Kraft. Am 7. Mai kapitulierte die dt. Wehrmacht in Reims bedingungslos (mit Wirkung vom Beginn des 9. Mai). Der Kapitulationsakt wurde am 9. Mai in Berlin-Karlshorst auch vor dem sowjet. Oberkommandierenden vollzogen. Die Reg. des von Hitler vor seinem Tod zum Reichspräs. ernannten Admirals Dönitz wurde am 23. Mai 1945 in Flensburg verhaftet. Am 5. Juni gaben die Oberkommandierenden der 4 Besatzungsmächte in Berlin die Übernahme der obersten Reg.gewalt in Deutschland, die Einteilung Deutschlands in Besatzungszonen und die Konstituierung des Alliierten Kontrollrats bekannt. Damit hatte das Dt. Reich seine Handlungsfähigkeit verloren. Churchills Rat, die von amerikan. Truppen jenseits der vereinbarten Grenze der sowjet. Zone besetzten Territorien in Sachsen und Thüringen als Pfand zu benutzen, um die Sowjetunion zu Zugeständnissen auf anderen polit. Gebieten zu zwingen, wurde von Truman verworfen. Auf der Potsdamer Konferenz (17. Juli–2. Aug. 1945) legten die Großen Drei vorläufige Bestimmungen für die Behandlung Deutschlands fest (↑Potsdamer Abkommen). Der in Potsdam eingesetzte Rat der Außenmin. bereitete die Friedensschlüsse vom 10. Febr. 1947 mit Rumänien, Italien, Ungarn, Bulgarien und Finnland (↑Pariser Friede) vor. Die dt. Frage blieb so ungelöst, so daß sich im Zuge der wachsenden Spannungen zw. den W.-Mächten und der Sowjetunion (↑kalter Krieg) das östl. und die 3 westl. Besatzungsgebiete entlang der (1944 nur als zeitweilige Demarkationslinie vereinbarten) Zonengrenze immer mehr auseinanderentwickelten.

Im *Pazifik* hatten die Amerikaner, der strateg. Grundentscheidung für die alliierte Kriegführung entsprechend, 1943 weniger Truppen als in Europa; dagegen lag im Atlantik die Zahl der Kriegsschiffe niedriger. Vor die Alternative gestellt, den kürzesten Weg zu den jap. Inseln zu suchen oder über Neuguinea und die Philippinen die jap. Hauptstellungen zu umgehen und den jap. Rohstoffnachschub zu stören, verfolgte die amerikan. Marine zunächst beide Wege. Im Juli 1944 wurde beschlossen, die Kraft auf die Eroberung der Philippinen zu konzentrieren. Von Okt. 1944 bis Aug. 1945 konnten zwar die Hauptinseln nicht völlig von jap. Truppen geräumt werden, doch drangen die Amerikaner weiter vor. Mit Iwo Jima (26. März) und Okinawa

Weltkriegsbücherei

(21. Juni 1945) fielen 2 Inseln, die als Basen für wirkungsvolle Luftangriffe auf jap. Städte bes. Bed. hatten. Auch auf dem Festland erlitten die Japaner 1944/45 Rückschläge (Verlust Birmas Jan.–Mai 1945). Am 8. Aug. 1945 erklärte die Sowjetunion Japan den Krieg. Vor einer Landung auf den Hauptinseln, bei der mit weiteren verlustreichen Kämpfen zu rechnen war, weil Japan die Aufforderungen zur Kapitulation zurückwies, entschied sich Truman für den Abwurf der kurz zuvor fertiggestellten Atombombe auf Hiroshima (6. Aug., über 200 000 Tote) und Nagasaki (9. Aug., 74 000 Tote). Sowjet. Truppen zerschlugen bis zum 19. Aug. die jap. Kwantungarmee, befreiten NO-China, Teile N-Koreas und nahmen S-Sachalin und die Kurilen ein. Am 2. Sept. 1945 unterzeichnete Japan die bedingungslose Kapitulation. Damit waren auch die Kampfhandlungen im Pazifik und der 2. W. beendet.

Opfer und Folgen: Der 2. W. richtete furchtbare Verheerungen an. Von 110 Mill. Soldaten fielen 27 Mill.; 25 Mill. Zivilpersonen starben (darunter fast 6 Mill. Opfer des nat.-soz. Rassenwahns; 3 Mill. Menschen blieben vermißt. Die Sowjetunion verlor 20 Mill. Menschen, China wenigstens 10 Mill., Deutschland 4,8 Mill. (weitere 2,5 Mill. durch Flucht, Vertreibung und Verschleppung als unmittelbare Folgen des Krieges), Polen 5,8 Mill., Japan 2 Mill., Jugoslawien 1,7 Mill., Frankreich 600 000, Großbritannien 400 000, die USA 300 000.

In den ↑Nürnberger Prozessen wurden 12 von 22 angeklagten „Hauptkriegsverbrechern" zum Tode verurteilt.
Politisch veränderte der 2. W. die internat. Lage grundlegend. Deutschland und Japan, aber auch Großbritannien und Frankreich büßten ihre weltpolit. Bed. ein; die Staaten O-Europas gerieten unter sowjet. Hegemonie. Dagegen dehnte sich das Engagement der USA, später auch der Sowjetunion weltweit aus. In Europa, insbes. auf dt. Boden, und in Asien (Korea) standen sich in der Folge des 2. W. 2 ideolog.-machtpolit. Kontrahenten gegenüber, die auf Grund ihres wirtsch. und militär. Potentials und v. a. wegen der Verfügung über Kernwaffen bis in die 80er Jahre die beiden allein führenden Weltmächte darstellten. Deutschland, das seine staatl. Identität verloren hatte, wurde infolge des O-W-Konflikts geteilt, die beiden Teile in 2 gegensätzl. Paktsysteme eingebunden. Großbritannien, Frankreich, aber z. B. auch die Niederlande wurden vom Prozeß der Entkolonisation betroffen, den der 2. W., zunächst v. a. in Asien, stark beschleunigte. In China verschob sich während des Kampfes gegen Japan das Gewicht zugunsten der Kommunist. Partei unter der Führung Mao Zedongs, die innerhalb von 4 Jahren das ganze Land eroberte. In W-Europa löste die polit. Teilung des Kontinents verstärkte Bemühungen zur wirtsch., militär. und polit. Zusammenarbeit aus.

Weltkriegsbücherei ↑Bibliothek für Zeitgeschichte.

Weltkulturerbe (Weltkulturgüter), von der UNESCO als schutzwürdig erklärte Kunstwerke und Baudenkmäler, bei deren Schutz und/oder Restaurierung fachl. und materielle Hilfe geleistet wird. Das Programm wurde mit einem Aufruf der UNESCO vom 8. März 1960 zur Rettung nub. Denkmäler im Zusammenhang mit dem Bau des neuen Assuan-Staudammes eingeleitet. Unter dem Begriff **Welterbe** werden neben Kulturgütern auch schutzwürdige Landschaftsregionen zusammengefaßt und in der Welterbeliste (World Heritage List) registriert. Rechtsgrundlage ist die Internat. Konvention zum Schutz des Kultur- und Naturerbes der Welt (1972 von der UNESCO angenommen, seit 1975 in Kraft).

Weltlinie ↑Minkowski-Raum.

Weltliteratur ↑Literatur.

Weltmacht, Staaten, die auf Grund ihres militär. und/oder wirtsch. Gewichts im internat. Staatensystem eine Spitzenstellung einnehmen, indem sie bestimmenden polit. Einfluß auszuüben in der Lage sind. Ende des 19. Jh. waren Rußland, Frankreich und Großbritannien Weltmächte. Nach dem 1. Weltkrieg verlagerte sich das Schwergewicht der internat. Politik nach den USA. Im 1. und 2. Weltkrieg versuchte Deutschland – im 2. Weltkrieg auch Japan – eine W.stellung zu erringen. Nach dem Ende des 2. Weltkriegs waren die Sowjetunion und die USA die politisch, militärisch und wirtsch. vorherrschenden Weltmächte. Nach dem Zusammenbruch der Sowjetunion, den polit. Umwälzungen in Europa sowie angesichts der Konfliktherde im Nahen Osten und der wirtsch. erstarkten Konkurrenten der USA (Westeuropa, Japan) ergeben sich neue weltpolit. Orientierungen.

Weltmarktpreis, Preis für Welthandelsgüter (v. a. Rohstoffe), der sich an internat. Warenbörsen, stark beeinflußt von Angebot und Nachfrage, herausbildet.

Weltmeer, große zusammenhängende Wassermasse der Erde. Die heutige Wassermenge des W. beträgt 1 350 Mill. km^3, seine Gesamtoberfläche 362 Mill. km^2, d. h. 70,8 % der Erdoberfläche. Seine größte Tiefe, 11 034 m, liegt im Marianengraben (Witjastiefe I). Das W. gliedert sich in 3 Ozeane: Pazif., Atlant. und Ind. Ozean sowie deren Nebenmeere. Letztere sind als *Randmeere* den Kontinenten angelagert (z. B. Nordsee), als große *interkontinentale Mittelmeere* von mehreren zusammenhängenden Kontinenten eingeschlossen (z. B. Mittelländ. Meer) oder als kleine *intrakontinentale Mittelmeere* in einen einzelnen Kontinent eingebettet (z. B. Ostsee). Die Abgrenzungen der Ozeane wurden, wo keine Kontinente sie trennen, willkürlich festgelegt; sie setzen an den S-Spitzen der 3 großen Landmassen an. Das Bodenrelief des W. ist außerordentlich mannigfaltig. Seine Hauptformen, d. h. Kontinentalränder, Tiefseebecken und Mittelozean. Rücken, nehmen jeweils etwa $^1\!/_3$ des gesamten Meeresbodens ein. Untermeer. Kuppen und ozean. Inseln haben eine Sonderstellung. – Das W. stellt bei vernünftiger Nutzung seiner Vorräte (ohne Störung des biolog. Gleichgewichts) eine sich selbst regenerierende, unerschöpfl. Nahrungsquelle dar. Es ist für den Menschen darüber hinaus bed. als Verkehrsträger, Wasser- und Energiereservoir, als Erholungsraum sowie als Rohstoffquelle (z. B. Manganknollen, Erdöl, Erdgas). – ↑Meeresströmungen.

Weltmeisterschaft, Abk. WM, von internat. Sportfachverbänden veranstalteter Wettbewerb, der in vielen Sportarten in regelmäßigen Abständen ausgetragen wird.

Weltorganisation für Meteorologie ↑UN (Übersicht).

Weltperioden (Weltzeitalter, Weltjahre), Zeitabschnitte, in die nach mytholog. oder religiöser Vorstellung (z. B. bei Augustinus; ↑Weltchronik) der Ablauf der menschl. Geschichte eingeteilt ist.

Weltpokal ↑Worldcup.

Weltpolitik, 1. Bez. für die Gesamtheit der internat. Beziehungen, die ihren Ausdruck u. a. in der Politik internat. Organisationen (v. a. der UN mit ihren Sonder- und Unterorganisationen) findet; 2. Bez. für die Außenpolitik einzelner Staaten (v. a. der Welt- und Großmächte), die einen Großteil der anderen Staaten auf der Welt direkt oder indirekt berührt.

Weltpostverein (Weltpostunion, engl. Universal Postal Union, frz. Union Postale Universelle [Abk. UPU]), Sonderorganisation der UN, die auf eine 1874 von H. von Stephan gegr. Organisation zurückgeht, deren 21 Mgl.staaten durch Unterzeichnung eines Weltpostvertrags sich für die ungehinderte Briefbeförderung einsetzten. Nach Abschluß des *Weltpostvertrages* 1878 Umbenennung in W. (Sitz Bern); die Vertragsländer gelten als einheitl. Postgebiet (einheitl. Postgebührengefüge). Ziele des W.: Vervollkommnung des Postdienstes sowie Förderung der internat. Zusammenarbeit. Seit 1948 Sonderorganisation der UN mit der neuen Aufgabe, techn. Hilfsleistung beim Aufbau des Postwesens in Ländern der dritten Welt zu erbringen. Höchstes Organ des W. ist der alle 5 Jahre zusammentretende Kongreß. In der Zwischenzeit trägt ein Ausschuß (Commission Exécutive et de Liaison) die Arbeit. Internat. Postsprache ist Französisch, internat. Rechnungseinheit ist der Goldfranc.

Weltpunkt ↑Minkowski-Raum.

Weltrat der Kirchen, svw. ↑Ökumenischer Rat der Kirchen.

Welträtsel, von E. Du Bois-Reymond in seinem Werk „Die sieben W." (1882) geprägte Bez. für „tiefliegende" philosoph. Probleme, für die das ↑„ignoramus et ignorabi-

mus" gilt: 1. das Wesen von Materie und Kraft, 2. der Ursprung der Bewegung und 3. der Wahrnehmung, 4. die Entstehung des Lebens, 5. die Anpassungsfähigkeit der Organismen, 6. die Entwicklung von Vernunft und Sprache, 7. die Willensfreiheit.

Weltraum, allg. svw. ↑Weltall; i. e. S. der außerhalb der Erdatmosphäre befindl., erdnahe Raum sowie der interplanetare Raum, der mit Hilfe der Raumfahrt erreichbar ist oder erreichbar erscheint.

Weltraumfahrt, svw. ↑Raumfahrt.

Weltraumrecht, völkerrechtl. Regeln in bezug auf den Weltraum, deren Ausarbeitung im wesentlichen innerhalb der UN seit 1958 erfolgte. Am 27. Jan. 1967 wurde der „Vertrag über die Grundsätze zur Regelung der Tätigkeit von Staaten bei der Erforschung und Nutzung des Weltraums einschl. des Mondes u. a. Himmelskörper" **(Weltraumvertrag)** geschlossen, der als Prinzipien des W. die Weltraumfreiheit (d. h., der Weltraum als gemeinschaftl. Raum unterliegt nicht der nat. Aneignung durch Okkupation, Nutzung o. ä.) und die Freiheit zur friedl. Erforschung und Nutzung des Weltraums (Forschungsfreiheit, Raumfahrtfreiheit, Freiheit des Satellitenfluges) für alle Staaten festschreibt. Der Weltraumvertrag wird durch das Übereinkommen zur Regelung der Tätigkeit von Staaten auf dem Mond u. a. Himmelskörpern **(Mondvertrag)** vom 18. Dez. 1979 ergänzt. Mit speziellen Problemen befassen sich darüber hinaus der Vertrag vom 19. Dez. 1969 über die Rettung und Rückführung von Raumfahrern und die Rückgabe von in den Weltraum gestarteten Gegenständen, der Vertrag vom 29. März 1972 über die völkerrechtl. Haftung für Schäden durch Weltraumgegenstände sowie das Übereinkommen über die Registrierung von in den Weltraum gestarteten Gegenständen vom 14. Jan. 1975. Die Grenze zw. Luftraum und Weltraum (nach herrschender Auffassung bei rd. 80 km Höhe) ist bisher rechtlich nicht festgelegt.

Weltraumteleskope, Teleskope, die außerhalb der ird. Atmosphäre arbeiten und vorwiegend auf Satelliten installiert sind. Neben opt. Teleskopen handelt es sich vor allem um Geräte der Gamma-, Röntgen-, Ultraviolett- und Infrarotastronomie. – ↑Hubble-Weltraumteleskop, ↑ROSAT.

Weltraumvertrag ↑Weltraumrecht.

Weltraumwaffen, Waffen[systeme], die vollständig oder in bestimmten Systemteilen (z. B. als Killersatelliten) im Weltraum stationiert sind oder gegen dort befindl. gegner. Ziele eingesetzt werden können.

Weltrechtspflegeprinzip ↑Universalprinzip.

Weltrekord, offiziell anerkannte und geführte beste Leistung in einer meßbaren Sportart (z. B. Leichtathletik) auf der Grundlage internat. Normen der jeweiligen Fachverbände (Voraussetzung: ständige Wiederholbarkeit unter gleichen Bedingungen). – ↑Weltbestleistung.

Weltreligionen, jene Religionen, die eine universelle Geltung beanspruchen, überregionale Mission betreiben und/oder sich über einen größeren Teil der Erde erstrecken, z. B. Judentum, Christentum, Islam, Buddhismus und Hinduismus.

Weltschmerz, von Jean Paul in „Selina oder Über die Unsterblichkeit der Seele" (hg. 1827) geprägter Begriff für ein pessimist. Lebensgefühl, das aus der Diskrepanz zw. seel. Bedürfnissen und Wünschen sowie einer als kalt und abweisend erfahrenen Wirklichkeit erwächst und zu einer inneren Zerrissenheit oder auch zu melanchol. Resignation führt; Symptome dieses Lebensgefühls finden sich im Zeitalter der Empfindsamkeit („Wertherfieber"), Romantik (Jean Paul, L. Tieck), zu einer europ. Erscheinung wurde der W. in der ersten Hälfte des 19. Jh. Hauptvertreter waren in England Lord Byron („Byronismus"), in Frankreich A. de Musset, in Italien G. Leopardi, in Deutschland H. Heine, C. D. Grabbe, A. von Platen und N. Lenau; ferner in der Musik (H. Marschner, „Hans Heiling", 1833; R. Wagner, „Der fliegende Holländer", 1843) und der Philosophie A. Schopenhauers („Die Welt als Wille und Vorstellung", 1819), die jedoch erst in der 2. Hälfte des 19. Jh. wirkte (S. Kierkegaard, F. Nietzsche). Um 1850/60 galt der W. als überwunden.

Weltseele, Lebens- und Vernunftprinzip der Welt als Ganzes, wobei stets angenommen wird, daß der Kosmos ein lebendiger Organismus sei und der Makrokosmos Welt der Mikrokosmos Mensch entspreche (erstmals bei Platon im „Timaios").

Weltspartag, auf den letzten Werktag im Okt. festgesetzter, seit 1925 jährlich weltweit begangener Werbetag für das Bilden von Ersparnissen.

Weltsprachen, auf der ganzen Erde oder zumindest weit über das eigtl. jeweilige Sprachgebiet hinaus verstandene und im internat. Verkehr von Angehörigen verschiedener Sprachgemeinschaften bevorzugt angewandte Sprachen (internat. Verkehrssprachen). Die einzige auf der gesamten Erde gebräuchl. Sprache ist heute das Englische; Weltgeltung besitzen auch die frz. und die span. Sprache.

Welttheater (Theatrum mundi), Vorstellung der Welt als eines Theaters, auf dem die Menschen (vor Gott) die ihnen zugewiesenen Rollen spielen. War seit dem 12. Jh. v. a. durch den „Policraticus" (entstanden 1159) des Johannes von Salisbury ein bis in die Barockzeit weitverbreiteter literar. Topos z. B. bei M. Luther, P. de Ronsard, W. Shakespeare, M. de Cervantes Saavedra, B. Gracián y Morales und P. Calderón de la Barca; im 20. Jh. u. a. bei H. von Hofmannsthal.

Weltuntergang, das Ende dieser Welt, das in der Religionsgeschichte oft in Analogie zu der chaot. Urzeit vor der Schöpfung und in apokalypt. Visionen vorgestellt wird.

Welturheberrechtsabkommen, völkerrechtl. Vertrag zum Schutz des ↑Urheberrechts.

Weltvektor ↑Minkowski-Raum.

Weltverband der Arbeitnehmer ↑Gewerkschaften.

Weltwährungsfonds [...fõ] ↑Internationaler Währungsfonds.

Weltwährungssystem, Gesamtheit der Regelungen, auf denen der zw.staatl. Waren-, Dienstleistungs-, Zahlungs- und Kreditverkehr basiert. Bis zum 1. Weltkrieg ergab sich das W. von selbst dadurch, daß fast alle Länder Goldwährungen besaßen. Nach dem 1. Weltkrieg wurden Versuche mit einer Kombination von Gold und Devisen, dem sog. *Gold-Devisen-Standard,* unternommen. Eine Neuordnung des W. erfolgte mit dem Abkommen von Bretton Woods (↑Internationaler Währungsfonds), mit dem die Rolle des Goldes begrenzt und der US-Dollar zum Hauptelement des W. wurde. Die USA verpflichteten sich, jederzeit Dollar gegen Gold zu tauschen und von den Zentralbanken Gold zu kaufen bzw. Gold zu verkaufen *(Dollarstandard).* Mit der offiziellen Einstellung dieser Verpflichtung am 15. Aug. 1971, die durch zunehmende Leistungsbilanzdefizite der USA erforderlich geworden war, wurde dieses System durch prinzipiell freie Wechselkurse ersetzt. Vereinbarungen zw. den führenden Ind.staaten (↑OECD, ↑Europäische Wirtschaftsgemeinschaft) sollen extreme Kursausschläge verhindern.

Weltwirtschaft, Gesamtheit der internat. Wirtschaftsbeziehungen und -verflechtungen; zunehmende Arbeitsteilung und Industrialisierung haben die Entwicklung der W. gefördert. Die volle Entfaltung der W. setzt jedoch Liberalisierung von Handel und Verkehr, freie Konvertibilität der Währungen sowie Förderung durch internat. Handels-, Zoll- und Währungsabkommen voraus (u. a. ↑GATT). – ↑Internationale Bank für Wiederaufbau und Entwicklung, ↑Internationaler Währungsfonds, ↑Neue Weltwirtschaftsordnung, ↑Welthandel.

Weltwirtschaftsgipfel, seit 1975 jährlich stattfindende Konferenz der Staats- bzw. Reg.chefs der 7 führenden westl. Ind.länder (Deutschland, Frankreich, Großbritannien, Italien, Japan, Kanada, USA) zu Problemen der Weltwirtschaft sowie zur Abstimmung ihrer Wirtschaftspolitik. Neuerdings werden auch Drogen- und Umweltprobleme sowie die Unterstützung der marktwirtsch. Reformen in den Ländern M- und O-Europas beraten.

Weltwirtschaftskonferenzen, internat. Konferenzen über Probleme der Weltwirtschaft, insbes. zur Förderung des multilateralen Handels. W. wurden u. a. 1927 in Genf, 1933 in London, 1947/48 in Havanna abgehalten. 1964

Weltreligionen. Symbole

Judentum. Siebenarmiger Leuchter

Christentum. Lamm Gottes

Islam. Glaubensbekenntnis

Hinduismus. Aum- oder Omzeichen

Buddhismus. Rad des Gesetzes

Weltwirtschaftskrise

tagte in Genf zum ersten Mal die durch Beschluß der UN-Vollversammlung ins Leben gerufene **Welthandelskonferenz** (engl. United Nations Conference on Trade and Development [Abk. UNCTAD]); diese tritt alle 5 Jahre zus., ihre Beschlüsse sind (im Ggs. zu denen des ↑GATT) nicht verbindlich.

Weltwirtschaftskrise, in seinen Ausmaßen und Auswirkungen umfassender wirtsch. Zusammenbruch in großen Teilen der Weltwirtschaft. Ursachen der W. von 1929–1932/33, die sich nach dem New Yorker Börsenkrach am ↑Schwarzen Freitag global ausweitete, waren: durch einseitige Reparationsleistungen Deutschlands ausgelöste kriegs- und nachkriegsbedingte Störungen und die Zerschneidung der internat. Wirtschaftsbeziehungen bei insgesamt intaktem Produktionsapparat der Weltwirtschaft und unzureichende wirtschaftspolit. Maßnahmen bes. Großbritanniens und der USA zur Stabilisierung der Weltwirtschaft. Die W. führte zu einer Beschränkung weltwirtsch. Verflechtungen, verstärkte Autarkiebestrebungen und bereitete mit ihren sozialen Auswirkungen (Firmenzusammenbrüche, Massenarbeitslosigkeit, fallende Löhne, steigende Preise usw.) den Boden für das Erstarken radikaler Massenbewegungen (in Deutschland des NS).

Weltwunder, Sieben ↑Sieben Weltwunder.

Weltzeit, Abk. WZ (engl. UT [Universal Time]), die zum nullten Längengrad (Meridian von Greenwich) gehörende mittlere Sonnenzeit, daher im internat. Verkehr auch Greenwich Mean Time (Abk. GMT; dt. Mittlere Greenwich-Zeit [MGZ], Greenwicher Zeit) gen. – ↑Zeitmessung.

Weltzeitalter ↑Weltperioden.

Weltzeituhr, eine Uhr, auf der neben der Ortszeit des jeweiligen Standorts (bzw. der entsprechenden Zonenzeit) die Uhrzeiten der verschiedenen Zeitzonen der Erde (bzw. großer Städte in der jeweiligen Zone) abgelesen werden können.

Welwitschia [nach dem östr. Botaniker F. Welwitsch, *1806, †1872], einzige Gatt. der Nacktsamerfam. Welwitschiagewächse (Welwitschiaceae) mit der einzigen Art *Welwitschia mirabilis* in der Namib-Wüste, SW-Afrika; ausdauernde Pflanze mit nur wenig aus dem Erdboden hervortretender, verholzter, bis 1 m Durchmesser erreichender Sproßachse und nur zwei (bis mehrere Meter langen) bandförmigen Laubblättern, die durch ein Bildungsgewebe am Blattgrund ständig wachsen; Blüten in Zapfen.

Welwyn Garden City [engl. ˈwɛlɪn ˈɡɑːdn ˈsɪtɪ], engl. Stadt in der Gft. Hertford, 41 000 E.; elektron., chem., pharmazeut., Druckind., Maschinenbau. – Gegr. 1948. Kern ist die 1920 von Sir E. Howard (*1850, †1928) erbaute Gartenstadt.

Welzel, Hans, *Artern/Unstrut 25. März 1904, †Andernach 5. Mai 1977, dt. Strafrechtslehrer. – Prof. in Göttingen (ab 1940) und Bonn (ab 1952); wurde insbes. durch die Entwicklung der finalen Handlungslehre bekannt, die als strafrechtlich relevante Handlung eine auf eine Umweltveränderung gerichtete Zwecktätigkeit versteht (die Lehre verursachte z. B. Bedenken bei der Beurteilung von Fahrlässigkeitsdelikten); u. a. „Das dt. Strafrecht" (1947), „Das neue Bild des Strafrechtssystems" (1951), „Naturrecht und materiale Gerechtigkeit" (1951).

Wemfall, svw. ↑Dativ.

Wenchow ↑Wenzhou.

Wendehals (Jynx torquilla), bis über 15 cm langer Specht, v. a. in lichten Laubwäldern, Feldgehölzen und Gärten fast ganz Europas sowie der nördl. und gemäßigten Regionen Asiens; ziemlich kurzschnäbliger, oberseits graubrauner, unterseits weißl. und rostgelber Vogel, der bes. bei Gefahr pendelnde und drehende Kopfbewegungen ausführt; ernährt sich mit Hilfe seiner weit vorstreckbaren, klebrigen Zunge bes. von Ameisen.

Wendekreis, Bez. für die beiden zum Äquator parallelen Kreise an der Himmelskugel, an denen die Sonne zum Zeitpunkt einer Sonnenwende (↑Solstitium) ihre scheinbare Bewegungsrichtung umkehrt. Man unterscheidet zw. dem nördl. *W. des Krebses,* den die Sonne am 21./22. Juni, der Sommersonnenwende, erreicht, und dem südl. *W. des Steinbocks,* in dem die Sonne zur Wintersonnenwende am 21./22. Dezember steht. Die beiden Breitenkreise (23,5° nördl. bzw. südl. Breite) auf der Erdkugel, über denen die Sonne zu diesen Zeitpunkten senkrecht steht, werden ebenfalls als W. bezeichnet.

▷ bei einem Kfz der kleinste Kreis, der durch die am weitesten nach außen vorstehenden Fahrzeugteile bei größtem Lenkradeinschlag beschrieben wird; der W.durchmesser von Pkw liegt im allg. zw. 9 und 12 m.

Wendel, schraubenlinienförmiges Gebilde, insbes. schraubenlinienförmig gewundener Draht (z. B. in der Glühlampe als Glühfaden).

Wendelähre (Drehwurz, Wendelorchis, Spiranthes), Orchideengatt. mit über 30 mit Ausnahme S-Amerikas weltweit verbreiteten Arten; die grünl. bzw. weißen Blüten der beiden einheim. geschützten Arten sind spiralig in einer Ähre angeordnet.

Wendelin [...li:n], hl., Mönch des 6. Jh. – Einsiedler in den Vogesen; seit dem 11. Jh. ist sein Grab in Sankt Wendel ein bed. Wallfahrtsort; als typ. Volksheiliger bes. im alemann.-fränk. Raum verehrt. – Fest: 20. (oder 23.) Oktober.

Wendelstein, Gipfel des Mangfallgebirges, Bay., 1 838 m hoch; Sendeanlagen, Sonnenobservatorium, Wetterstation; Zahnradbahn von Brannenburg im Inntal, Seilbahn von Bayrischzell.

wenden, ein am Wind segelndes Schiff durch entsprechendes Ruderlegen mit dem Bug durch den Wind drehen, wobei die Segel gleichzeitig auf die andere Seite genommen werden. – Ggs. ↑halsen.

Wenden, urspr. dt. Bez. für die Slawen, i. e. S. für die ↑Sorben.

Wendenkreuzzug, mit poln. und dän. Hilfe, aber geringem Erfolg 1147 durchgeführter Kriegszug sächs. Fürsten gegen die heidn. elbslaw. Stämme (Obotriten, Liutizen); religiös und machtpolitisch motiviert, von Papst Eugen III. sanktioniert.

Wendepunkt, in der *Mathematik* ein Punkt einer [ebenen] Kurve, in dem die Kurvenkrümmung das Vorzeichen ändert, in dem also die Kurve aus der Rechts- in die Linkskrümmung übergeht oder umgekehrt. Ist die ebene Kurve durch eine differenzierbare Funktion $y = f(x)$ gegeben, dann ist die Bedingung $f''(a) = \ldots = f^{(2n)}(a) = 0$ und $f^{(2n+1)}(a) \neq 0$ ($n = 1, 2, \ldots$) hinreichend dafür, daß bei $x = a, y = f(a)$ ein W. vorliegt.

▷ (Solstitialpunkt) ↑Solstitium.

Wenders, Wim, *Düsseldorf 14. Aug. 1945, dt. Filmregisseur und -produzent. – Vertreter des „Neuen Dt. Films", dessen Filme häufig von (psych.) Reisen handeln, im Prozeß der Selbstfindung die Widersprüche zw. Realität und Vorstellungswelt aufdecken, u. a. „Die Angst des Tormanns beim Elfmeter" (1971; nach P. Handke), „Alice in den Städten" (1974), „Der amerikan. Freund" (1977), „Der Stand der Dinge" (1982), „Paris, Texas" (1984), „Der Himmel über Berlin" (1987), „Bis ans Ende der Welt" (1991), „In weiter Ferne, so nah" (1993).

Wendetangente, die im ↑Wendepunkt an eine Kurve gelegte Tangente.

Wendezeiger, Flugzeugbordgerät zur Überwachung bestimmter Winkelgeschwindigkeiten beim Kurvenflug, jedoch v. a. zur Überwachung des exakten Geradeausflugs. Meßfühler ist ein Kreisel, dessen Achse parallel zur Längs- oder Querachse des Flugzeugs steht. Die bei einer Drehung des Flugzeugs um seine Hochachse auftretende Präzessionsbewegung der Achse wird von einem Zeiger („Pinsel") angezeigt. Der W. ist i. d. R. mit einem ↑künstlichen Horizont zum *Wendehorizont* kombiniert.

Wendhausen, Ort in der Gem. Lehre, 9 km nö. von Braunschweig, Nds. Das barocke Schloß, 1688 erbaut an der Stelle einer ma. Wasserburg, 1733 umgebaut, ist eine von Gräben umgebene dreiflügelige Anlage.

Wendisch, svw. ↑Sorbisch.

Wendland, Heinz-Dietrich, *Berlin 22. Juni 1900, dt. ev. Theologe. – Prof. für N. T. und Sozialethik in Kiel und Münster (Westfalen); gab der neueren dt. Sozialethik wesentl. systemat. Impulse, indem er von einem universalen

Wim Wenders

Wendehals

eschatolog. Ansatz her ein theolog. Verständnis der Gesellschaft zu erarbeiten suchte. – *Werke:* Die Eschatologie des Reiches Gottes bei Jesus (1931), Die Kirche in der modernen Gesellschaft (1956), Ethik des N.T. (1970).

Wendland, Landschaft im östl. Nds. und nördl. Sa.-Anh. Zentrale Orte sind Lüchow, Dannenberg (Elbe) und Salzwedel.

Wenfall, svw. ↑Akkusativ.

Wengen, schweizer. Wintersportzentrum, ↑Lauterbrunnen.

Weniaminow, Innokenti [russ. vnia'minɛf], hl., eigtl. Iwan Jewsejewitsch W., *Aginskoje 6. Sept. 1797, †Moskau 12. April 1879, russ.-orth. Missionar und Metropolit von Moskau (seit 1868). – Wirkte ab 1823 als Missionar auf den Aleuten und in Alaska; 1850 Erzbischof; dehnte seine Missionstätigkeit bis nach Japan aus und gründete 1870 die „Orth. Missionsgesellschaft" zur Koordinierung der Mission. W. gilt als einer der bedeutendsten Missionare der russ.-orth. Kirche. – Fest: 31. März.

Wenigborster (Oligochaeta), Ordnung der Ringelwürmer (Klasse Gürtelwürmer) mit über 3 000 Arten. Körper drehrund, weitgehend homonom segmentiert; Parapodien (lappenartige Stummelfüße) bis auf Borstenbündel zurückgebildet; stets zwittrig. – Zu den W. gehören u. a. Regenwürmer und Enchyträen.

Weniger, Erich, *Steinhorst (Landkr. Gifhorn) 11. Sept. 1894, †Göttingen 2. Mai 1961, dt. Pädagoge. – 1930 Leiter der Pädagog. Akad. in Altona, 1932/33 in Frankfurt am Main, 1945 Leiter der PH Göttingen, 1949 Prof. an der Univ. Göttingen; führender Vertreter der geisteswiss. Pädagogik. – *Werke:* Die Eigenständigkeit der Erziehung in Theorie und Praxis (1952), Polit. Bildung und staatsbürgerl. Erziehung (1954).

Wenigfüßer (Pauropoda), mit rund 360 Arten weltweit verbreitete Unterklasse bis knapp zwei mm langer Tausendfüßer, davon zehn Arten einheimisch; mit meist neun Beinpaaren ausgestattet.

Weniselos (Venizelos, Venizelos) [neugriech. vɛni'zɛlɔs], Eleftherios, *Murnia (bei Chania, Kreta) 23. Aug. 1864, †Paris 18. März 1936, griech. Politiker. – Jurist; wurde als Gründer und Führer der liberalen Partei 1910 griech. Min.präs.; reformierte Justiz, Verwaltung, Landw., Schul- und Heerwesen und setzte eine Verfassungsrevision (1911) durch; erreichte mit der Beteiligung an beiden Balkankriegen 1912/13 beträchtl. Gebietserweiterung Griechenlands und den endgültigen Anschluß Kretas; 1915 wegen seiner ententefreundl. Politik vom König zweimal zum Rücktritt gezwungen; rief am 16. Okt. 1916 in Saloniki eine provisor. Reg. aus, erklärte nach dem Rücktritt Konstantins I. (Juni 1917) den Mittelmächten den Krieg und erreichte 1919 weitere territoriale Gewinne für Griechenland; 1920–23 im Exil; 1924, 1928–Mai 1932, Juni–Okt. 1932 und Jan.–März 1933 Min.präs.; ging 1935 ins Exil.

W., Sofoklis, *Chania (Kreta) 17. Nov. 1894, †auf See zw. Chania und Piräus 6./7. Febr. 1964, griech. Politiker. – Sohn von Eleftherios W.; wurde 1920 liberaler Abg., 1936–44 im Exil; zw. 1943–63 mehrfach Min.präs. und Min. (u. a. Außenmin. 1950–52, 1963); ab 1949 Führer der liberalen Partei.

Wenker, Georg, *Düsseldorf 25. Febr. 1852, †Marburg 17. Juli 1911, dt. Germanist und Bibliothekar. – Beschäftigte sich mit der dialektgeograph. Erfassung der dt. Sprache und entwickelte den Plan eines großangelegten „Dt. Sprachatlasses", für den er 1876 ein Inst. (↑Deutscher Sprachatlas) gründete.

Wenner-Gren, Axel Leonard [schwed. ˌvɛnər'greːn], *Uddevalla 5. Juni 1881, †Stockholm 24. Nov. 1961, schwed. Industrieller. – Gründete 1919 die Electrolux AB und beteiligte sich später an multinat. Unternehmen; förderte nach dem 2. Weltkrieg die Entwicklung der nach ihm ben. Alwegbahn. – W.-G. rief bed. Stiftungen ins Leben: 1937 die *Wenner-Grenska samfundet,* aus der u. a. das Stockholmer Inst. für experimentelle Biologie hervorging, und 1941 in New York die *W.-G. Foundation* für anthropolog. und soziolog. Forschung.

Wenningstedt (Sylt), Gem. auf der W-Seite der Insel Sylt, Schl.-H., 13 m ü. d. M., 1 600 E. Nordseeheilbad.

Wentzel, Gregor, *Düsseldorf 17. Febr. 1898, †Ascona 12. Aug. 1978, amerikan. Physiker dt. Herkunft. – Prof. in Leipzig, Zürich und Chicago; bed. Beiträge zur Wellenmechanik. Seine „Einführung in die Quantentheorie der Wellenfelder" (1943) war die erste Darstellung der Quantenfeldtheorie.

Wenzel (Wenzeslaus; tschech. Václav), Name von Herrschern:
Hl. Röm. Reich:
W., *Nürnberg 26. Febr. 1361, †bei Kunratice u Prahy (Mittelböhm. Bez.) 16. Aug. 1419, als W. IV. König von Böhmen (seit 1363), Röm. König (1376/78–1400). – Luxemburger; 1376 zum Röm. König gewählt, trat 1378 die Nachfolge seines Vaters, Kaiser Karls IV., an; versuchte, eine Mittlerstellung zw. Fürsten und Städten einzunehmen („Heidelberger Stallung", 1384), scheiterte aber trotz des großen Reichslandfriedens von Eger (1389). Wegen seiner Erfolglosigkeit bei der Bekämpfung des Abendland. Schismas und der innerdt. Auseinandersetzungen (Schwäb. Städtekrieg) wurde er am 20. Aug. 1400 durch die 4 rhein. Kurfürsten abgesetzt. In Böhmen begünstigte er später die Hussiten.
Böhmen:
W. I., der Heilige, *um 903, †Altbunzlau (= Brandýs nad Labem-Stará Boleslav) 28. Sep. 935 (ermordet), Herzog (seit 921/922). – Przemyslide; begünstigte den Aufbau des frühfeudalen Staates in Böhmen sowie dessen Christianisierung. 929 von König Heinrich I. unterworfen und tributpflichtig gemacht, wurde von seinem Bruder Boleslaw I. ermordet; Landespatron Böhmens (Fest: 28. Sept.). – ↑Wenzelskrone.
W. I., *1205, †bei Beraun (= Beroun, ČR) 23. Sept. 1253, König (seit 1228/30). – Przemyslide; Sohn Ottokars I., Schwiegersohn des Röm. Königs Philipp von Schwaben, dennoch häufig Gegner der Staufer; förderte die dt. Siedlung in Böhmen.
W. II., *17. Sept. 1271, †Prag 21. Juni 1305, König von Böhmen (seit 1283) und Polen (seit 1300). – Przemyslide; Sohn Ottokars II., Enkel W. I.; erlangte 1289/92 die Lehnsherrschaft über die oberschles. Ft., wurde 1289 dt. Kurfürst und 1300 durch Heirat König von Polen; dichtete Minnelieder.
W. III., *6. Okt. 1289, †Olmütz 4. Aug. 1306, König von Böhmen (seit 1305), Ungarn (als W.; 1301–05) und Polen (1305/06). – Letzter Przemyslide, Sohn Wenzels II., der ihn 1301 zum König von Ungarn erheben und 1302 krönen ließ; wurde auf dem Weg nach Polen ermordet.
W. IV. ↑Wenzel (Hl. Röm. Reich).

Wenzelskrone [ben. nach dem hl. Wenzel], für die Krönung Wenzels I. (6. Febr. 1228) hergestellte böhm. Königskrone, die Kaiser Karl IV. 1340/44 und um 1376 in die heute erhaltene Form verändern ließ. Mit päpstl. Bulle vom

Eleftherios Weniselos

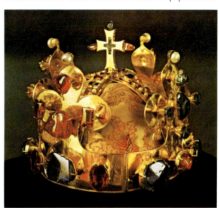

Wenzelskrone (Prag, Sankt-Veits-Dom)

6. Mai 1346 wurde bestimmt, daß sie auf dem Haupt des hl. Wenzel, einem Kopfreliquiar im Sankt-Veits-Dom in Prag, ruhen solle; seit 1860 Symbol des böhm. Staatsrechts (,,Länder der W.").

Wenzhou [chin. uəndʒɔu] (Wenchow), südostchin. Hafenstadt 20 km oberhalb der Mündung des Wu Jiang in das Ostchin. Meer, 325 000 E. Fischereibasis und Handelszentrum für SO-Zhejiang.

Wenzinger, August, *Basel 14. Nov. 1905, schweizer. Violoncellist, Gambist und Dirigent. – Unternahm als Solist und Kammermusiker (u. a. als Mgl. des Kammermusikkreises Scheck-W.) internat. Tourneen; 1934–70 Lehrer an der Schola Cantorum Basiliensis, leitete 1954–58 die Cappella Coloniensis des WDR Köln.

Weöres, Sándor [ungar. 'vørɛʃ], *Szombathely 22. Juni 1913, †Budapest 22. Jan. 1989, ungar. Lyriker und Übersetzer. – Größter Formkünstler der modernen ungar. Dichtung. Charakteristisch für seine Lyrik sind surrealist. Bilder, Hinwendung zur Natur und zum Mythischen; schrieb auch Kindergedichte.

Werbeagentur, Dienstleistungsunternehmen der Werbewirtschaft zur Werbeanalyse und -beratung, Planung und Durchführung von Werbemaßnahmen sowie Kontrolle des Werbeerfolgs. Die W. übernimmt auch die Vermittlung zw. werbenden Unternehmen und Werbeträgern.

Werbeanalyse ↑ Werbung.

Werbeantwort, spezielle Postsendung, deren Gebühr beim Empfänger eingezogen wird. Die Postsendung muß die Kennzeichnung als W. und den Hinweis enthalten, daß der Empfänger die Gebühr bezahlt.

Werbeetat [...ta] ↑ Werbung.

Werbegeschenke, als Werbemittel an Händler und Kunden verschenkte Gegenstände mit dem Namen des Werbenden bzw. der Marke der Produkte. W. in wert- und mengenmäßig nicht vertretbarem Umfang sowie eine mit der Schenkung verbundene Kaufverpflichtung sind als unlauterer Wettbewerb anzusehen.

Werbekosten, alle Aufwendungen, die einem Unternehmer im Zusammenhang mit Werbemaßnahmen entstehen. Steuerlich sind W. als ↑ Betriebsausgaben zu behandeln.

Werbellinsee, langgestreckter Rinnensee (10,6 km lang) nw. von Eberswalde-Finow, Brandenburg, in der Schorfheide, 7,9 km² groß, bis 54 m tief.

Werbemittel ↑ Werbung.

Werbepsychologie ↑ Werbung.

Werbeslogan [...slo͡ʊgən] ↑ Slogan.

Werbespot ↑ Spot.

Werbeträger ↑ Werbung.

Werbewirtschaft, Gesamtheit der Werbung betreibenden Einrichtungen und Unternehmen, darunter v. a. Werbeagenturen. Spitzenverband der W. ist der Zentralausschuß der Werbewirtschaft e. V. (ZAW), Sitz Bonn.

Werbőczi, István [ungar. 'vɛrbø:tsi], *Verbőc (Komitat Ugocsa = Werbowez, Ukraine) um 1458, †Ofen (= Budapest) Mitte Okt. 1541, ungar. Rechtsgelehrter und Staatsmann. – Nach der Wahl König Johanns I. Zápolya Kanzler und Gesandter beim Sultan. 1541 von Sulaiman II. zum obersten Richter der Ungarn ernannt. Sein „Tripartitum" (1514) war das wichtigste Gesetzbuch des ständ. Ungarn.

Werbung, Versuch der zwangfreien Meinungsbeeinflussung durch bes. Kommunikationsmittel; bezieht sich diese Beeinflussung auf polit., kulturelle oder religiöse Ziele, spricht man von ↑ Propaganda; bezieht sie sich auf wirtsch. Ziele, spricht man von **Wirtschaftswerbung** (ältere Bez. ↑ Reklame), die unterteilt wird in *W. um öff. Vertrauen* (↑ Öffentlichkeitsarbeit) und Absatz-W. Die **Absatzwerbung** gilt als wichtiges absatzpolit. Instrument, das alle Maßnahmen der Herstellung, Anwendung und Verbreitung von Werbemitteln umfaßt, die zum Kauf von Gütern bzw. Dienstleistungen anregen sollen. **Werbemittel** in diesem Sinne sind z. B. Anzeigen, Plakate, Kataloge, Werbefilme, Verkaufsgespräche, Vorführungen, Ausstellungen, Werbegeschenke. **Werbeträger,** wie Zeitungen, Zeitschriften, Litfaßsäulen, Hörfunk und Fernsehen, Verkehrsmittel, Sportlertrikots, veröffentlichen Werbemittel bzw. bieten sie als sog. *Streumedien* dar. – Wird der potentielle Verbraucher durch Briefe, Prospekte usw. unmittelbar kontaktiert, spricht man von **Direktwerbung.** Nach mögl. Zielen der Absatz-W. werden Einführungs-, Erinnerungs- oder Stabilisierungs- und Expansions-W. unterschieden. W. wird dem Anspruch, als Verbraucherinformation und Mittel der Markttransparenz gerecht zu werden, jedoch nur bei Produkten gerecht, die von den Verbrauchern als homogen betrachtet werden und bei denen eine Veränderung des Marktanteils nur über die Preisgestaltung erfolgen kann (v. a. landw. Produkte) und für die deshalb auch häufig Gemeinschafts-W. zugunsten der Gesamtbranche und zu Lasten konkurrierender Branchen (z. B. Milch gegen Bier) durchgeführt wird. Bei starker Produktdifferenzierung mit behaupteten Qualitätsunterschieden innerhalb derselben Branche ist jedoch die Erhöhung des Marktanteils des eigenen Produktes zu Lasten konkurrierender Produkte einziges Werbeziel, so daß auch dann weiter geworben wird, wenn die Verbraucher bereits über Qualität und Preis des Produkts informiert sind. Statt einer *informativen W.* bedient sich das werbende Unternehmen nun einer *suggestiven W.,* die beim Verbraucher eine nicht oder nicht allein verstandesmäßige Willenswirkung auslösen soll. Dazu bedient sich die Wirtschaft der **Werbepsychologie** (Teilgebiet der angewandten Psychologie), die u. a. die Ursachen von Kaufentschlüssen untersucht *(Motivforschung),* um Werbemittel so zu gestalten, daß beim Verbraucher beim Erkennen des Produkts ein Kaufimpuls ausgelöst wird. Den **Werbeetat** (Gesamtheit der in einem festgelegten Zeitraum bereitgestellten finanziellen Mittel zur Deckung der W.kosten) von Unternehmen verwalten oft ↑ Werbeagenturen, die auch die **Werbeanalyse** (Untersuchung der Verbrauchergewohnheiten, Marktlücken und mögl. Werbemittel auf ihre Brauchbarkeit) durchführen. – Kritisiert werden das Eindringen der W. in fast alle Bereiche des Alltagslebens und die künstl. Bedürfnisweckung mit Hilfe suggestiver Werbung.

Werbungskosten, bei der ↑ Einkommensteuer die Aufwendungen zur Erwerbung, Sicherung und Erhaltung der Einnahmen.

Werchojansker Gebirge [russ. vɪrxa'jansk...], Gebirge in NO-Sibirien, erstreckt sich entlang der unteren Lena und dem unteren Aldan, 1 200 km lang, bis 2 389 m hoch.

Werckmeister, Andreas, *Benneckenstein/Harz 30. Nov. 1645, †Halberstadt 26. Okt. 1706, dt. Organist und Musiktheoretiker. – 1675 Organist in Quedlinburg, 1696 in Halberstadt. Galt in seiner Zeit als geschätzter Orgelprüfer und Musiktheoretiker, fand die gleichschwebend temperierte ↑ Stimmung.

Werdandi (Verdandi) ↑ Nornen.

Werdau, Krst. an der Pleiße, Sa., 275 m ü. d. M., 20 000 E. Textilind. – Entstand wohl gegen Ende des 12. Jh. als Waldhufendorf; 1304 als Civitas bezeichnet. – Barocke Stadtkirche Sankt Marien (1760–64).

W., Landkr. in Sachsen.

Werden, Grundbegriff der griech. Metaphysik und deren europ. Tradition. Aristoteles unterschied zw. W. als Entstehung und W. als akzidentieller Veränderung. Dabei werden die Begriffe des „Zugrundeliegenden" (Substanz, Substrat), der Form und des Formmangels (Steresis) als allg. Prinzipien des W. gewonnen. In der nacharistotel. Metaphysik greift erst wieder Hegel auf die Kategorie des W. mit den bestimmten Momenten des Entstehens und Vergehens zurück.

Werdenfelser Land, histor. Landschaft zw. Garmisch-Partenkirchen und Mittenwald, Bayern. Im 13. Jh. gebildetes Territorium der Bischöfe von Freising, urspr. um die Burg Werdenfels; 1802/03 an Bayern.

Werder (Wert[h], Wört[h]), Flußinsel, auch entwässertes Niederungsgebiet oder zw. Flüssen und stehenden Gewässern gelegenes Gebiet.

Werder/Havel, Stadt auf einer Havelinsel, bei Potsdam, Brandenburg, 38 m ü. d. M., 10 600 E. Obstbaumuseum, Zentrum des havelländ. Obstbaugebiets. – 1317 erstmals erwähnt (als Oppidum), 1459 Stadt genannt.

Marianne von Werefkin. Selbstbildnis, um 1908 (München, Städtische Galerie)

Werefkin, Marianne von [...ki:n], *Tula 11. Sept. 1860, †Ascona 6. Febr. 1938, schweizer. Malerin russ. Herkunft. – Studierte zunächst in Petersburg bei I. Repin, ehe sie 1896 nach München übersiedelte; 1909 Gründungsmgl. der „Neuen Münchner Künstlervereinigung"; stellte später auch mit der Gruppe des „Blauen Reiters" aus; schuf dekorative, von Kandinsky beeinflußte Bilder mit expressionist. Elementen.

Werenskiold, Erik [norweg. ˈveːrənʃɔld], *Kongsvinger 11. Febr. 1855, †Oslo 23. Nov. 1938, norweg. Maler und Graphiker. – Beeinflußt durch die frz. Freiluftmalerei, durch V. van Gogh, P. Cézanne sowie W. Leibl; schuf genrehafte Landschaftsbilder und bed. Porträts; auch Buchillustrationen.

Werfall, svw. ↑Nominativ.

Werfel, Franz, *Prag 10. Sept. 1890, †Beverly Hills (Calif.) 26. Aug. 1945, östr. Schriftsteller. – Nach Erscheinen seiner ersten [expressionist.] Gedichte („Der Weltfreund", 1912) 1912–14 Verlagslektor in Leipzig, wo er mit W. Hasenclever und K. Pinthus 1913 die Sammlung „Der jüngste Tag" begründete; seit 1929 ∞ mit A. Mahler, der Witwe des Komponisten G. Mahler. Emigrierte 1938/40 über Frankreich, Spanien („Das Lied von Bernadette", R., 1941) und Portugal in die USA. Schrieb neben ekstat.-visionärer Lyrik („Der Gerichtstag", 1919) symbol.-expressive Ideenromane („Spielmensch", 1920); später Wandlung zu histor.-polit. Realismus. Pazifist. Grundhaltung zeigen der Roman „Stern der Ungeborenen" und die Komödie „Jacobowsky und der Oberst" (beide 1944). – *Weitere Werke:* Nicht der Mörder, der Ermordete ist schuldig (Nov., 1920), Verdi (R., 1924), Die vierzig Tage des Musa Dagh (R., 1933), Der veruntreute Himmel (R., 1939), Zwischen Gestern und Morgen (Ged., 1942).

Werft [zu niederl. werf; eigtl. „Schiffszimmerplatz"], Betrieb für den Bau, die Reparatur und auch das Abwracken von Schiffen, meist spezialisiert auf See- oder Binnenschiffe, bzw. Booten. Neben Verwaltungs- und Konstruktionsgebäuden gehören zu einer W. Schiffbauhallen, Hellingen oder Baudocks und Schwimmdocks, dazu verschiedene Werkstätten.

Werftkäfer (Lymexylonidae), mit rd. 75 Arten fast weltweit verbreitete Fam. schlanker, mittelgroßer Käfer (davon zwei Arten einheimisch); Flügeldecken oft mehr oder weniger stark verkürzt; Larven fressen horizontale Gänge in Laubholzstämme; zuweilen in Werften eingeschleppt ist der **Schiffswerftkäfer** (Lymexylon navale; 7–13 mm groß; rotgelb mit schwärzl. Flügeldecken).

Werg (Hede), Fasermaterial aus wirren, kurzen Fasern, das bei verschiedenen Arbeitsgängen der Gewinnung von Bastfasern, insbes. beim Hecheln von Flachs und Hanf, als Nebenprodukt anfällt.

Wergeland, Henrik Arnold [norweg. ˈværɡəlan], Pseud. Siful Sifadda, *Kristiansand 17. Juni 1808, †Kristiania (= Oslo) 12. Juli 1845, norweg. Dichter. – Wichtiger Anreger der neueren norweg. Literatur; trat als Dichter, Kritiker, Politiker und Volkserzieher für nat. Selbständigkeit und polit. sowie geistige Freiheit ein.

Wergeld [zu althochdt. wer „Mann"] (Blutgeld), nach german. Recht (bis zum 13. Jh.) die der Sippe eines Getöteten vom Täter bzw. dessen Sippe zu zahlende Geldbuße.

Weria [neugr. ˈvɛrja], griech. Stadt in Makedonien, 37 100 E. Hauptort des Verw.-Geb. Imathia; Textilind. – In der Antike als **Beroia** militärisch bed. Stadt, wurde 168 v. Chr. römisch. – Mauerreste aus hellenist. und röm. Zeit; über 30 byzantin. Kirchen und Kapellen (14. Jh.); maler. Türkenviertel und Ghetto (z. T. verfallen); Reste der ma. Befestigungen.

Wer ist Wer? ↑Who's Who.

Werjina, griech. Gem. in Makedonien, am N-Abhang des Pieriagebirges, 1 200 E. Fundort (1977) vermutlich des Grabes Philipps II. und seiner Frau Kleopatra. In dem unversehrten Kammergrab und der Vorkammer 2 Sarkophage mit goldenem Schrein mit dem Sternemblem der makedon. Könige. Unter den Grabbeigaben 5 Elfenbeinköpfchen, 2 Diademe, Rüstung mit ungleichen Beinschienen, goldener Myrthenkranz. Der Fund stützt die These, daß nahebei die älteste Hauptstadt Makedoniens, Aigai, lag.

Werk, im *Recht* 1. die durch das UrheberrechtsG (↑Urheberrecht) geschützte persönl. geistige Schöpfung; 2. im Zivilrecht der Gegenstand eines W.vertrags.
▷ in der *Wirtschaft* eine [räumlich zusammenhängende] Produktionsstätte innerhalb eines Unternehmens.

Werkarzt svw. ↑Betriebsarzt.

Werkberufsschulen ↑Werkschulen.

Werkbund ↑Deutscher Werkbund.

Werkgerechtigkeit, Begriff der theolog. Ethik und Erlösungslehre; mißt der eth. Tat, dem Werk, einen von der Gesinnung unabhängigen Wert bei. – ↑Rechtfertigung.

Werkkreis Literatur der Arbeitswelt (auch Werkkreis 70), Vereinigung v. a. von Arbeitern und Angestellten, nach 1978 überwiegend Intellektuellen; gegr. 1970 (wirkte bis 1987) in Köln nach Abspaltung von der „Gruppe 61"; wollte in örtl. Werkstätten mit Schriftstellern, Journalisten und Wissenschaftlern zusammenarbeiten, die Situation abhängig Arbeitender v. a. mit sprachl. Mitteln darstellen und dazu beitragen, die gesellschaftl. Verhältnisse im Interesse der Arbeitenden zu verändern. Es bestanden 35 Werkstätten mit rd. 370 Mgl. Der W. L. d. A. publizierte in „Werkstatt-Heften" und in einer „Werkstatt-Reihe" (1973–87) in Anthologieform.

Werkkunstschulen, Berufsfachschulen, die zum Gestalter in verschiedenen Werkbereichen (z. B. Raumgestaltung, Gebrauchsgraphik, freie Graphik, Plastik, Photographie, Textil- und Buchkunst, Leder und Mode) ausbildeten. In den 1970er Jahren wurden sie als eigenständige Fachbereiche in die neu gegr. Fachhochschulen integriert, die v. a. Studiengänge zum Industriedesigner (Produktdesigner), Graphikdesigner, Textildesigner und Innenarchitekten anbieten.

Werklieferungsvertrag ↑Werkvertrag.

Werkschulen, private, v. a. von großen Handels- und Ind.unternehmen sowie von Bundesbahn und Bundespost unterhaltene Werkberufsschulen bzw. Fachschulen, die entweder die theoret. Ausbildung ergänzenden oder unterstützenden Unterricht anbieten oder den Berufsschulunter-

Werftkäfer. Schiffswerftkäfer. Oben: Männchen. Unten: Weibchen

Franz Werfel

Werkschutz

richt ersetzen oder aber der Weiterbildung und berufl. Förderung der Mitarbeiter dienen.

Werkschutz ↑ Betriebsschutz.

Werkstätten für Behinderte, svw. ↑ beschützende Werkstätten.

Werkstattheater, Studiobühne, die neue Dramen- und Spielformen erprobt; meist den größeren Schauspielhäusern angeschlossen. Die Zuschauer werden häufig in das Spiel miteinbezogen oder zu einer anschließenden Diskussion angeregt.

Werksteine, bearbeitete Natursteine, die als Bausteine verwendet werden.

Werkstoffe, alle Materialien, die – insbes. im Maschinenbau und in der Elektrotechnik (im Bauwesen spricht man meist von Baustoffen) – zur Herstellung von Geräten, Maschinen, Bauteilen und Bauelementen verwendet werden. Man unterscheidet *metall.* W. (Metalle und Legierungen) und *nichtmetall.* W. (Kunststoffe, keram. W., Glas, Gummi, Beton u.a.) sowie *Spezial-W.* (z.B. Verbund-W.).

Werkstoffprüfung (Materialprüfung), Untersuchung an Materialien auf ihre technolog., physikal. und chem. Eigenschaften, um Aufschlüsse über ihre Bearbeitbarkeit, Beanspruchbarkeit, über Fehler im Werkstück u.ä. zu erhalten. Aufgaben der W. sind u.a. Fertigungsüberwachung, Abnahmeprüfung, Materialüberwachung, Schadensuntersuchung, Werkstofforschung. *Mechan.-technolog. Prüfverfahren* sind Zugversuch, Härteprüfverfahren, Druckversuch, Biegeversuch, Schlagversuch, Dauerschwingversuch und Standversuch. Zu den *physikal. Prüfverfahren* gehören Dichtemessung, Messung der elektr. Leitfähigkeit, Schmelzpunktbestimmung, Schallmessung, Messung der Brechzahl, der Opazität und der Transparenz. *Chem. Prüfverfahren* sind qualitative und quantitative Analyse, Spektralanalyse und Brandversuch. *Mikroskop. Prüfverfahren* beschäftigen sich v.a. mit dem Gefüge des zu untersuchenden Stoffes mittels Licht- und Elektronenmikroskopen. Die bei der *zerstörungsfreien W.* angewandten Verfahren sind neben der Klangprüfung die Ultraschallprüfung, Magnetpulverprüfung, induktive Prüfung (Wirbelstromverfahren), die holograph. Interferometrie und Durchstrahlverfahren (Prüfung auf Inhomogenitäten im Werkstoff durch Röntgenuntersuchung). Die Schallemissionsanalyse untersucht den bei mechan. Belastung, Verformung und z.B. bei der Rißbildung abgestrahlten Ultraschall.

Werkstück, aus Roh- oder Werkstoffen gewonnenes Zwischenprodukt (Rohteil, Halbzeug), das durch weitere Bearbeitung Bauelement oder Fertigerzeugnis wird.

Werkstudent, Studierender, der neben dem Studium an einer Hochschule ständig oder zeitweise einer Neben- oder Aushilfsbeschäftigung nachgeht, um damit Lebensunterhalt und Studium zu finanzieren.

Werkverkehr, nach dem ↑ Güterkraftverkehrsgesetz die Beförderung von Gütern mit betriebseigenen Fahrzeugen für eigene Zwecke des Unternehmens.

Werkvertrag, entgeltl., gegenseitiger Vertrag, durch den der Unternehmer (Hersteller) sich zur Herstellung des versprochenen Werkes, der Besteller (Kunde) sich zur Leistung der vereinbarten Vergütung verpflichtet (§§ 631 ff. BGB). Im Unterschied zum ↑ Dienstvertrag ist wesentl. Kriterium für den W., daß der Unternehmer über ein bloßes Tun hinaus einen konkreten, bestimmten Erfolg schuldet (wie z.B. die Herstellung eines Maßanzugs, Bauwerks, Gutachtens). Der Unternehmer ist verpflichtet, das Werk termingerecht (andernfalls kann der Besteller vom Vertrag zurücktreten) und frei von Mängeln herzustellen. Bei einem Werkmangel hat der Besteller primär den Anspruch auf Nachbesserung, nach Fristsetzung mit Ablehnungsandrohung das Recht zur Wandelung oder Minderung oder, bei Verschulden des Unternehmers, auf Schadensersatz wegen Nichterfüllung (↑ Mängelhaftung). Der Besteller ist verpflichtet, das mängelfreie Werk abzunehmen und die Vergütung zu zahlen. Zur Sicherung seiner Forderungen aus dem W. hat der Unternehmer ein gesetzl. Pfandrecht an den in seinen Besitz gelangten bewegl. Sachen des Bestellers bzw. bei Bauwerken einen Anspruch auf Einräumung einer Sicherungshypothek an dem Baugrundstück. Die Gewährleistungsansprüche des Bestellers verjähren in 6 Monaten, bei Arbeiten an einem Grundstück in einem Jahr, bei Bauwerken in fünf Jahren. Eine Sonderform des W. ist der **Werklieferungsvertrag,** bei dem der Unternehmer die Herstellung einer Sache aus einem von ihm zu beschaffenden Stoff übernommen hat (§ 651 BGB). – Im *östr.* und *schweizer. Recht* gilt im wesentlichen Entsprechendes.

Werkwohnung, in werkseigenen (oder vom Arbeitgeber gemieteten) Gebäuden dem Arbeitnehmer auf Grund eines bestehenden Dienst- oder Arbeitsverhältnisses vermieteter Wohnraum (§§ 565 b, d BGB). Nach Beendigung des Dienst- oder Arbeitsverhältnisses steht dem Vermieter eine verkürzte Kündigungsfrist zur Lösung des Mietverhältnisses zu, im übrigen gelten die Vorschriften des Wohnraumkündigungsschutzgesetzes.

Werkzeug, allg. jedes Hilfsmittel, das zur leichteren Handhabung, zur Herstellung oder zur Bearbeitung eines Gegenstandes verwendet wird. Man unterscheidet *Hand-W.*, wie Hammer, Zange und Säge, und *Maschinen-W.*, wie Bohrer, Fräser und Drehstahl.

Werkzeugmaschinen, Arbeitsmaschinen, die dazu dienen, einem Werkstück die gewünschte Form und/oder Oberflächenbeschaffenheit zu geben, d.h. Maschinen zur spanenden Bearbeitung (einschl. Oberflächenbehandlung), wie Drehmaschine, Hobelmaschine, Schleifmaschine, und zur Umformung, wie Presse, Maschinenschere, Biegemaschine. Man unterscheidet *Einfach-* oder *Produktionsmaschinen* für einen oder wenige Arbeitsgänge von *Universal-W.* für verschiedene Arbeitsgänge und Bearbeitungsarten. Bei *W. mit Programmsteuerung* läuft eine Folge von Bearbeitungsvorgängen, oft an unterschiedl. Werkstücken, selbsttätig ab. Das gilt bes. für die Numerikmaschinen. Bei der Automatisierung von W. finden auch Ind.roboter (↑ Roboter) breite Anwendung.

Werl, Stadt am Hellweg, NRW, 90 m ü.d.M., 27 900 E. Missionsmuseum; Metallverarbeitung, Möbel-, Bekleidungs-, Nahrungsmittelind., Kunststoffverarbeitung. – Nachweislich vom Neolithikum bis zur Karolingerzeit besiedelt, wohl auf Grund der Salzgewinnung (belegt seit dem 10. Jh.), 1024 erste Nennung des Castrum Werlense; 1271 Bestätigung des Stadtrechts. Die Salzquellen versiegten um 1919, das 1888 gegr. Solbad mußte 1927 seinen Betrieb einstellen. – Got. Propsteikirche Sankt Walburga (v.a. 14. Jh.); neuroman. Franziskaner- und Wallfahrtskirche Mariä Heimsuchung (1904–06) mit got. Gnadenbild (13. Jh.), das 1661 durch Schenkung nach W. kam (seitdem Wallfahrten).

Werla, ehem. Burganlage etwa 16 km nö. von Goslar über der Oker; erstmals 926 erwähnt. Versammlungsort des sächs. Stammes im 10./11.Jh. und bed. Königspfalz unter den Ottonen, verlor mit der Verlegung der Pfalz nach Goslar durch Heinrich II. ihre Bed. – Nur geringe Reste erhalten.

Wermelskirchen, Stadt im Mittelberg. Land, NRW, 97–345 m ü.d.M., 35 300 E. Metallverarbeitung, Herstellung von Verbandsstoffen, ferner Schuh- und Textil- u.a. Ind. – Um 1230 zuerst erwähnt. Die Stadt W. entstand 1873 durch Zusammenschluß mit umliegenden Gemeinden. – Ev. klassizist. Kirche (1838) mit roman. W-Turm (um 1200).

Wermut, svw. ↑ Echter Wermut.

Wermutsteppe, an die Federgrassteppe anschließende, z.T. halbwüstenartige Steppenform auf Salzböden der S-Ukraine und nördl. Krim.

Wermutwein (Wermut, Vermouth), mit Wermutkraut (Artemisia absinthium) u.a. Kräutern aromatisierte, gespritete (Muskat)weine. Alkoholgehalt 15 bis 20 Vol.-%.

Werne, Stadt an der Lippe, NRW, 52 m ü.d.M., 29 000 E. Heimatmuseum; Nahrungsmittel-, metallverarbeitende, Möbel-, Textil-, pharmazeut. und elektrotechn. Ind. – 803 erstmals erwähnt; Bestätigung des Stadtrechts 1362/85. – Kath. spätgot. Pfarrkirche Sankt Christophorus (15. Jh.); Kapuzinerkloster mit barocker Kirche (1677–80); Rathaus (v.a. 16. Jh.) mit got. Laubenhalle.

Wernigerode. Das um 1420 entstandene, später umgestaltete Rathaus

Werneck, Marktgem. sw. von Schweinfurt, Bay., 9 900 E. Bed. Barockschloß, 1734–45 von B. Neumann erbaut (heute Krankenhaus); original erhaltene Schloßkirche.

Werner der Gärtner ↑ Wernher der Gartenaere.

Werner, Abraham Gottlob, *Wehrau bei Görlitz 25. Sept. 1749, †Dresden 30. Juni 1817, dt. Mineraloge und Geologe. – Dozent für Mineralogie und Bergbaukunde an der Bergakad. Freiberg. Die Trennung der Gesteinskunde von der Geologie geht im wesentlichen auf seine Arbeiten zurück; entwickelte die geolog. Theorie des Neptunismus.

W., Alfred, *Mülhausen 12. Dez. 1866, †Zürich 15. Nov. 1919, schweizer. Chemiker elsäss. Herkunft. – Begründete die Stereochemie anorgan. Verbindungen, wofür er 1913 den Nobelpreis für Chemie erhielt.

W., Ilse, *Batavia (= Jakarta) 11. Juli 1921, dt. Schauspielerin. – Seit 1938 Film- und Rundfunktätigkeit; wurde bes. mit ihren „gepfiffenen" Schlagern populär. – *Filme:* Bel ami (1939), Die schwed. Nachtigall (1941), Wir machen Musik (1942), Große Freiheit Nr. 7 (1944).

W., Johannes, latinisiert Vernerus, *Nürnberg 14. Febr. 1468, †ebd. im Mai (?) 1522, dt. Astronom und Mathematiker. – Geistlicher in Nürnberg; verfaßte u. a. Studien über Kegelschnitte und sphär. Trigonometrie.

W., Pierre, *Saint-André (Dep. Nord, Frankreich) 29. Dez. 1913, luxemburg. Politiker (Christl.-Soziale Partei). – Jurist; 1959–74 und 1979–84 Reg.chef (Staatsmin.), zeitweise gleichzeitig Außen-, Justiz-, Schatz- bzw. Finanzmin. Der 1970 von ihm vorgelegte *Werner-Plan* sah die stufenweise Verwirklichung der Wirtschafts- und Währungsunion in der EWG vor.

W., Theodor, *Jettenburg (= Kusterdingen bei Tübingen) 14. Febr. 1886, †München 15. Jan. 1969, dt. Maler. – ∞ mit der Bildwirkerin Woty W. (*1903, †1971); 1909–14 in Paris, wo er, angeregt vom Kubismus, seine gegenstandslose Bildsprache entwickelte. 1930–35 wieder in Paris, dann in Potsdam, ab 1958 in München; ausgewogene Farbigkeit und lebhafte Bewegung bestimmen das spätere Werk.

W., Zacharias, *Königsberg (Pr) 18. Nov. 1768, †Wien 17. Jan. 1823, dt. Dramatiker. – Wurde 1814 Priester, berühmter Kanzelredner. Ekstat. Stil, rhetor. Pathos und Bühnenwirksamkeit kennzeichnen sein Werk, das später Stilzüge des Realismus vorwegnimmt; mit dem von Goethe 1810 in Weimar uraufgeführten Stück „Der vierundzwanzigste Februar" begann das romant. Schicksalsdrama.

Wernerit [nach A. G. Werner], svw. ↑ Skapolith.

Wernher der Gartenaere (Werner der Gärtner) [...hɛr], mittelhochdt. (vermutl. östr.) Dichter. – Schrieb in der 2. Hälfte des 13. Jh. das satir.-realist. Versepos „(Meier) Helmbrecht", in dem er den Verfall des Rittertums ebenso scharf zeichnet wie den gegen seinen Stand aufbegehrenden jungen Bauern.

Wernigerode, Krst. am nördl. Harzrand, Sa.-Anh., 240–480 m ü. d. M., 36 800 E. Fachhochschule, Harz-, Feudalmuseum. Luftkurort; u. a. Elektromotoren-, Metallguß-, Schreibgerätewerk; Harzquerbahn nach Nordhausen und zum Brocken (Brockenbahn). – Entstand im 9. Jh.; ab 1112 Sitz der Grafen von Haymar; 1229 Stadtrechtsverleihung; 1429 ging die Gft. an die Grafen von Stolberg über (Stolberg-W.), 1714 wurden die Grafen zugunsten Brandenburg-Preußens mediatisiert. – Frühgot. Sankt-Silvestri-Kirche (13. Jh., im 17. und 19. Jh. verändert); zahlr. Fachwerkbauten (15.–17. Jh.), u. a. Fachwerkrathaus (um 1420, später umgestaltet); Schloß (1862–81 erneuert).

W., Landkr. in Sachsen-Anhalt.

Werra, Hauptquellfluß der Weser, entspringt nö. von Eisfeld im Thüringer Schiefergebirge, vereinigt sich bei Hann. Münden mit der Fulda zur Weser, 293 km lang. Die Abwässer der Kaliind. am Unterlauf bei Bad Salzungen (Kaliabbau seit 1990/91 erheblich eingeschränkt) haben zu einer starken Versalzung geführt. Am Oberlauf Talsperren.

Werra-Meißner-Kreis, Landkr. in Hessen.

Werst [russ.], alte russ. Längeneinheit; entsprach 1 066,80 m.

Wert, im *soziokulturellen Entwicklungsprozeß* einer Gesellschaft sich herausbildende, von der Mehrheit der Gesellschafts-Mgl. akzeptierte und internalisierte Vorstellung über das Wünschenswerte als grundlegender Orientierungsmaßstab bei Handlungsalternativen; aus den W. leiten sich ↑ Normen und ↑ Rollen ab, die das Alltagshandeln bestimmen. Die Gesamtheit der gesellschaftl. W. bildet das für die Integration und Stabilität einer Gesellschaft bedeutsame *W.system.* Grund-W. stehen an der Spitze der gesellschaftl. W.hierarchie, *instrumentelle W.* sind untergeordnet.

▷ in der *Philosophie* in einem weiten Sinn svw. Grund, Norm bzw. Ergebnis einer (positiven) Wertung, d. h. die Bevorzugung einer Handlung vor einer anderen oder eines Gegenstandes, eines Sachverhaltes vor einem anderen. W. im Sinne der Gründe und Normen für Wertungen sind Thema und Gegenstand der Wertphilosophie im Rahmen werttheoret. Konzeptionen (↑Wertphilosophie und ↑Wertethik) und jeder eth.-polit. Theorie. – Im Bereich der christl. Ethik entspricht dem Begriff W. der der Tugend.

▷ in der *Volkswirtschaftslehre* Bedeutung, die Gütern im Hinblick auf ihre Fähigkeit, Mittel der Bedürfnisbefriedigung zu sein, beigemessen wird. Der W. von Gütern wird bestimmt durch den auf Grund der Bedarfsdeckung gewährten Nutzen sowie den Grad der Knappheit im Verhältnis zum Bedarf. Je nach Verwendungszweck eines Gutes wird zw. ↑Gebrauchswert und ↑Tauschwert unterschieden. – ↑Werttheorie.

Wertangabe ↑Wertsendungen.

Wertberichtigung (Berichtigungsposten), Passivposten in der Bilanz zur Korrektur des Wertansatzes eines Aktivpostens.

Wertbrief ↑Wertsendungen.

Wertebereich ↑Abbildung (Mathematik).

Wertethik, aus der phänomenolog. Wertlehre stammende ↑Ethik, die menschl. Handeln in bezug auf zeitlose, ideale Werte begründen will.

Wertfreiheit, wissenschaftstheoret. Position, nach der ↑Werturteile nicht zum wiss. Gegenstands- bzw. Objektbereich gehören.

Werth, Johann Reichsgraf (seit 1647; geadelt 1632, Reichsfreiherr 1634) von (Jan van Werth, Jean de Weert), *Büttgen (= Kaarst) 6. April 1590, †Benátky nad Jizerou (Mittelböhm. Bez.) 16. Sept. 1652, General im Dreißigjährigen Krieg. – Bauernsohn; diente zuerst im span. Heer unter Spinola, ab 1630 in bayr. Diensten im Heer der Liga; wesentlich am Sieg von Nördlingen (1634) beteiligt; stieß 1636 bis Paris vor.

Abraham Gottlob Werner (Ausschnitt aus einem Gemälde)

Alfred Werner

Zacharias Werner (Bleistiftzeichnung von E. T. A. Hoffmann)

Lorenz Werthmann

Wertheim, Stadt an der Mündung der Tauber in den Main, Bad.-Württ., 144 m ü. d. M., 21 100 E. Bundesglasfachschule; Glasmuseum. Zentrum der Glasind.; Wäschefabrik, Mühlenwerk, Maschinenbau; Hafen. – Entstand im Schutz der im frühen 12. Jh. angelegten Burg; 1306 Stadtrecht; Mittelpunkt der Gft. W. (ab etwa 1600 Löwenstein-W.). – Ev. got. Pfarrkirche (1383 ff.) mit gräfl. Grablege (14.–17. Jh.), spätgot. ehem. Kilianskapelle (1472 ff.); Renaissancerathaus (1560), Reste der Befestigung (v. a. 15./16. Jh.); Burgruine (12.–17. Jh.). Im Stadtteil **Urphar** ev. spätroman. Jakobskirche (Chorturm um 1295 umgestaltet, Gewölbemalerei und Altarmensa aus dem 13. Jh.).

Wertheimer, Max, * Prag 15. April 1880, † New York 12. Okt. 1943, östr.-amerikan. Psychologe. – Dozent in Berlin (↑ Berliner Schule), anschließend Prof. in Frankfurt am Main und ab 1933 an der New School for Social Research in New York. Seine gestaltpsycholog. Arbeiten gründen sich auf seine experimentellen Studien über das Bewegungssehen. W. stellte die Hypothese auf, daß den phänomenolog. Strukturen der Wahrnehmung ebenso ganzheitlich strukturierte neurophysiolog. Erregungsvorgänge entsprächen.

Werthmann, Lorenz, * Geisenheim 1. Okt. 1858, † Freiburg im Breisgau 10. April 1921, dt. kath. Theologe. – Gründete 1897 in Köln den ↑ Deutschen Caritasverband und war dessen erster Präsident.

Wertigkeit, in der *Sprachwissenschaft* svw. ↑ Valenz.
▷ in der *Chemie* in verschiedenem Sinn gebrauchter Begriff: 1. *[stöchiometr.] W.* svw. ↑ Valenz. 2. Als *Ionen-W. (Ladungszahl)* wird die Anzahl der Elementarladungen bei Ionen bezeichnet. 3. Die *elektrochem. W.* heißt ↑ Oxidationszahl. 4. Die *koordinative W.* nennt man Koordinationszahl (↑ Koordinationsverbindungen). 5. Die *Bindungs-W.* wird als ↑ Bindigkeit bezeichnet. 6. Darüber hinaus dient der Begriff W. zur Charakterisierung von chem. Verbindungen, die mehrere funktionelle Gruppen im Molekül enthalten; z. B. werden Alkohole mit einer, zwei, drei usw. Hydroxylgruppen als ein-, zwei-, dreiwertige usw. Alkohole bezeichnet.

Wertlehre (Axiologie, Werttheorie), die im Rahmen der modernen Wertphilosophie entwickelte Lehre von der Erkenntnis, der Begründung, der Geltung und der [Rang]ordnung der Werte.

Wertminderung, durch verschiedene Ursachen (z. B. Abnutzung durch Gebrauch, wirtsch. bzw. techn. Überholung) verursachte Entwertung von Vermögensgegenständen. In der Buchführung findet die W. ihren Ausdruck in ↑ Abschreibungen.

Wertmüller, Lina, eigtl. Arcangela Felice Assunta W. von Elgg, * Rom 14. Aug. 1928, italien. Autorin, Regisseurin und Drehbuchautorin. – Zunächst beim Theater; dreht seit 1964 insbes. zeitkrit. Filme, u. a. „Alles auf seinem Posten und nichts in Ordnung" (1974), „In einer Regennacht" (1978), „Camorra" (1986); 1990 erschien „Iris und der Scheich" (Radioroman).

Wertow, Dsiga [russ. ˈvjɛrtɐf], eigtl. Denis Arkadjewitsch Kaufman, * Białystok 2. Jan. 1896, † Moskau 12. Febr. 1954, russ. Dokumentarfilmregisseur und Filmtheoretiker. – Ab 1918 dokumentar. Filme, u. a. „Kinoprawda. Ein Filmjournal" (1922–25 [Serie von 23 Dokumentations- und Informationsfilmen]), „Der Mann mit der Kamera" (1929), „Die Donbass-Sinfonie"/„Enthusiasmus" (1930), „Drei Lieder über Lenin" (1934), „Wiegenlied" (1937).

Wertpaket ↑ Wertsendungen.

Wertpapierbörse ↑ Börsen.

Wertpapiere, i. w. S. alle diejenigen Urkunden, in denen ein privates Recht in der Weise verbrieft ist, daß es zur Ausübung des Rechts erforderlich ist, die Urkunde in Besitz zu haben; i. e. S. nur diejenigen Urkunden, bei denen das „Recht aus dem Papier dem Recht am Papier" folgt, so daß dem Eigentümer des Papiers das im Papier verbriefte Recht zusteht; hiernach zählen zu den W. nur die Inhaber- und die [indossierbaren] Orderpapiere. – Die W. setzen sich zus. aus dem Mantel, d. h. der Urkunde, die das eigtl. Recht (das Eigentum an der Aktie, den schuldrechtl. Anspruch bei der Obligation) verbrieft, und dem Kuponbogen (Ertragnis- und Erneuerungsschein). Wer aus einem W. zur Leistung verpflichtet ist, kann für die Leistung die Vorlage und Rückgabe (bzw. Entwertung) des Papiers verlangen. Zu den W. zählen insbes. ↑ Effekten sowie Wechsel, Scheck, Teilschuldverschreibung, Fahrkarten, Lotterielose und Sparbücher.

Nach der Person des Berechtigten bzw. der Art der Übertragung unterscheidet man: a) **Inhaberpapiere:** Nur der Schuldner ist namentlich genannt; Berechtigter ist der jeweilige Inhaber (Eigentümer) der Urkunde; der Aussteller muß an ihn leisten, wenn er nicht nachweist, daß der Inhaber in Wahrheit nicht berechtigt ist. Inhaberpapiere sind insbes. Inhaberschuldverschreibung, Inhaberaktien und Inhaberschecks. Inhaberpapiere sind stets auch Legitimationspapiere; b) **Namenspapiere** (Rektapapiere): Sie lauten auf den Namen des Berechtigten; die verbrieften Rechte können nur von diesem oder seinem Rechtsnachfolger geltend gemacht werden; sie gewähren dem Berechtigten eine große Sicherheit, sind aber im Verkehr schwerfälliger. Zu den Namenspapieren gehören die ↑ Anweisung, das qualifizierte Legitimationspapier nach § 808 BGB (u. a. Sparbuch, Versicherungspolice, Depotschein; c) **Orderpapiere** (z. B. Wechsel, Scheck, Zwischenschein).

Nach der Art des verbrieften Rechts werden unterschieden: a) **schuldrechtliche Wertpapiere** (W. über Forderungen), z. B. Inhaberschuldverschreibung, Wechsel, Scheck; b) **sachenrechtliche Wertpapiere,** d. h. Papiere, die ein im Sachenrecht verbriefen (Hypothekenbrief, Grundschuldbrief); c) **Mitgliedspapiere,** d. h. Papiere, die ein Mitgliedschaftsrecht verbriefen (z. B. Aktie, Kux, Zwischenschein).

Wertpapierfälschung, svw. ↑ Geld- und Wertzeichenfälschung.

Wertpapierrecht, das insbes. im Wechsel- und ScheckG, im AktienG, im BGB (für die Inhaberpapiere) und im HGB (für die kaufmänn. Orderpapiere) geregelte Recht der ↑ Wertpapiere.

Auch in *Österreich* ist das W. in verschiedenen Gesetzen geregelt, während in der *Schweiz* die wesentl. Bestimmungen im OR (Art. 965 ff.) zusammengefaßt sind.

Wertpapierverwahrung, Bankgeschäft, das auf die Verwahrung von Wertpapieren für Dritte *(Aberdepot)* gerichtet ist. Es kann auch die Verwaltung der im Depot befindl. Wertpapiere, z. B. Einlösung fälliger Zins- und aufgerufener Dividendenscheine, umfassen.

Wertphilosophie, 1. allg. jede philosoph. Beschäftigung mit Fragen der Werte (nach dem Guten), ihres Verhältnisses zum Sein, ihrer Seinsweise, ihres Verhältnisses zum Sollen, der Erkenntnis und der Begründung der Werte; 2. i. e. S. das seit R. H. Lotze entwickelte Denken, das die Bereiche der Wirklichkeit, der Wahrheit, das Sein der Dinge von dem Bereich und der Geltung der Werte unterscheidet.

Wertrationalität, von Max Weber erkanntes Prinzip, an dem sich menschl. Handeln ausrichten kann. Wertrational handelt, wer sein Tun ausschließlich an seiner eigenen Überzeugung, am eth., polit. usw. Eigenwert der „Sache" ohne Einbeziehung mögl. Nebenfolgen seines Handelns orientiert.

Wertschöpfung, einzelwirtsch. die Summe der in einem Unternehmen während einer Periode durch Tätigkeit geschaffenen wirtsch. Werte. Die Höhe der W. ergibt sich als Wert der Nettoproduktion aus dem ↑ Bruttoproduktionswert abzüglich sämtl. Vorleistungen, Abschreibungen und indirekten Steuern, zuzüglich der staatl. Subventionen. Der zusammengefaßte Wert aller W.beiträge der inländ. Wirtschaftsbereiche ergibt die *W. der Volkswirtschaft,* die dem Nettoinlandsprodukt zu Faktorkosten entspricht.

Wertsendungen, Briefe *(Wertbriefe)* und Pakete *(Wertpakete),* bei denen durch die *Wertangabe* des Absenders eine Sonderbehandlung während der Beförderung gesichert werden soll. Die maximale Wertangabe beträgt 100 000 DM, bei Luftpostsendungen 10 000 DM. Im Falle des Verlusts oder der Beschädigung von W. entsteht ein Schadenersatzanspruch bis zur Höhe der Wertangabe, es sei denn, diese war in betrüger. Absicht zu hoch angesetzt.

Wertsicherungsklauseln, Vertragsklauseln, die Gläubiger von Geldschulden vor der Gefahr einer Geldentwertung sichern sollen. Die Sicherung kann erfolgen durch Verknüpfung der Höhe des geschuldeten Geldbetrags mit dem Wert anderer Währungen *(Berechnungsklausel)* oder bestimmter Sachen – z. B. dem Goldpreis *(Goldklausel,* Zahlung des Preises in Gold) – oder einem statist. Index *(Indexklausel)* sowie durch die Vereinbarung, daß ein bestimmter Betrag einer fremden Währung *(Währungsklausel)* oder eine bestimmte Menge Gold *(Goldwertklausel)* geschuldet sein soll. W. sind, um nicht das Vertrauen in die Währung zu untergraben, gemäß § 3 WährungsG grundsätzlich verboten. Ausnahmen bedürfen einer Genehmigung durch die zuständige Landeszentralbank. Genehmigungsbedürftig sind v. a. die sog. *Gleitklauseln,* bei denen sich der geschuldete Betrag automatisch an die Bezugsgröße anpaßt. Zu den nicht genehmigungspflichtigen W. gehören *Spannungsklauseln,* die den geschuldeten Betrag von dem künftigen Preis vergleichbarer Leistungen (den Mietzins von der ortsübl. Vergleichsmiete) abhängig machen, sowie *Leistungsvorbehalte,* d. h. auf Verlangen einer Partei soll der geschuldete Geldbetrag den veränderten Bedingungen angepaßt werden (nicht automatisch).

Wertstellung (Valutierung), Festsetzung des Tages, an dem im Kontokorrentverkehr die zinsmäßige Gutschrift oder Belastung für den Kunden erfolgt; i. d. R. nicht mit dem Buchungstag identisch.

Wertstempel, briefmarkenähnl. Eindruck in Höhe des entsprechenden Portos, v. a. auf Postkarten, Briefumschlägen, auch auf postal. Formularen. W. werden zu den Ganzsachen gerechnet.

Werttheorie, zentrale Theorie der Nationalökonomie, die von der Frage nach den Bestimmungsgründen des Tauschwertes von Gütern ausgeht. Die **Kostenwerttheorien** (objektivist. W.) betrachten die für die Herstellung eines Gutes aufgewendeten Kosten als Maßstab des Tauschwertes und lassen den Gebrauchswert außer acht. Die ↑ Arbeitswertlehre sieht in den Arbeitskosten den wertbildenden Faktor. Nach der Produktionskostentheorie (A. Smith) wird der Wert der Waren durch die Kosten der 3 Produktionsfaktoren Kapital, Arbeit und Boden bestimmt. Die **Nutzwerttheorien** (subjektivist. W.) leiten den Wert der Güter aus ihrem Gebrauchswert, d. h. aus der Beziehung der Güter zu den Bedürfnissen, ab. Ausprägung fand diese Konzeption in der ↑ Grenznutzenschule. Die **Gleichgewichtstheorie** betrachtet den Zusammenhang zw. Angebot und Nachfrage als Maßstab zur Bestimmung des Tauschwertes.

Werturteil, normativer (präskriptiver) Satz, durch den ein Sachverhalt oder Gegenstand a) unter Bezug auf eine angenommene oder tatsächl. Relevanz für eine Handlung durch einen Wertbegriff mit Anspruch auf Objektivität beurteilt oder b) durch Wertbegriffe mit Interessen von Handelnden unter allg. Anspruch auf Geltung verbunden wird.

Werturteilsstreit, seit Anfang des 20. Jh. andauernde wissenschaftsmethodolog. Kontroverse um die v. a. von Max Weber und dem Positivismus vertretene These von der Wertfreiheit theoret. Erkenntnis und um die Möglichkeit der Begründung der Objektivität prakt. Werturteile. Nach der Wertfreiheitsthese ist es unmöglich, Wertaxiome zu begründen; daher müsse Wertneutralität innerhalb der Wirtschafts- und Sozialwiss. gefordert werden.

Wertzeichen (amtl. Wertzeichen), von staatl. Stellen herausgebene Marken, die einen bestimmten Geldwert verkörpern, insbes. Postwertzeichen sowie Steuerzeichen (z. B. für die Tabaksteuer), Beitragsmarken zur Sozialversicherung und Gebührenmarken der Verwaltung.

Wertzeichenfälschung ↑ Geld- und Wertzeichenfälschung, ↑ Urkunde.

Wertzoll ↑ Zölle.

Wertzuwachssteuer, Vermögenssteuer, die den Unterschied zw. Erwerbs- und Veräußerungspreis bestimmter Vermögensgegenstände, insbes. Grundstücke, betrifft. In der Praxis ist die W. in anderen Steuern (z. B. Grunderwerbsteuer) enthalten.

Werwolf [zu althochdt. wer „Mann, Mensch"], im *Volksglauben* ein Mann, der sich zeitweilig (v. a. nachts) in einen dämon. Wolf verwandelt und Untaten verübt.
▷ dt. Wehrverband, 1923 gegr., 1933 in die SA eingegliedert.
▷ nat.-soz. Untergrundbewegung (1944/45), die sich v. a. aus Jugendlichen und Evakuierten rekrutierte und in den bereits von alliierten Truppen besetzten dt. Gebieten militärisch bedeutungslose Sabotage- und Terrorakte verübte; die Anschuldigung der W.tätigkeit führte häufig (ungeprüft) zur Einlieferung in die Internierungslager der SMAD.

Wesel, Krst. an der Mündung der Lippe in den Rhein, NRW, 27 m ü. d. M., 59 100 E. Katastrophenschutzschule; Schill-Museum; Städt. Bühnenhaus; Niederrheinhalle; Glashütten, keram., feinmechan., Elektroind., Turbinenfabrik. Häfen. – In der 1. Hälfte des 8. Jh. erstmals erwähnt; Ortskern war ein fränk. Reichshof; erhielt 1241 Stadtrecht, ab 1407 Mgl. der Hanse; 1614–29 unter span. Besetzung Ausbau der ma. Befestigungsanlagen zur Festung, unter brandenburg. Herrschaft 1680–1730 verstärkt; erneuter Festungsbau unter frz. (1808–14) und preuß. Herrschaft (1816–70); Schleifung der Befestigungen 1919/20. – Im 2. Weltkrieg stark zerstört; wiederaufgebaute spätgot. Willibrordikirche (1498–1539); Pfarrkirche Sankt Martini (1948/49) mit Teilen der spätgot. Ausstattung der zerstörten Fraterherrenkirche; Berliner Tor (18. Jh.), ehem. Festungsanlagen wiederaufgebaut.
W., Kreis in Nordrhein-Westfalen.

Wesel-Datteln-Kanal, westl. Teilstück des Lippe-Seitenkanals, zweigt in Datteln vom Dortmund-Ems-Kanal ab und verläuft am N-Rand des Ruhrgebiets bis zum Rhein bei Wesel; 60,2 km lang, 6 Schleusen.

Wesen (griech. ousía, lat. essentia), allg. 1. Lebewesen, Geschöpf, 2. Eigenart, hauptsächl. Charakterzüge eines Menschen, 3. das Bleibende, Allgemeine gegenüber dem Veränderlichen einer Sache, eines Dinges. – In der *Philosophiegeschichte* wird das Problem des W. seit Platon, der zw. W. (dem stets Bleibenden, dem Urbild [in der Scholastik: Substanz]) und der Erscheinung (dem Abbild) eines Dinges unterschied, diskutiert als Frage nach der Realität als solches nicht erkennbaren, sondern nur durch begriffl. Abstraktion erschließbaren W. (↑ Definition) im Verhältnis zur sinnlich unmittelbar wahrnehmbaren Existenz (Dasein) eines Dinges. Dies führte in der Hoch- und Spätscholastik zum ↑ Universalienstreit zw. Realismus und Nominalismus. Durch die Metaphysikkritik (v. a. seit Locke und Hume) als unerkennbar und deshalb für die Erfahrung folgenlos erklärt, gewann der Begriff des W. noch einmal method. Bedeutung in der Phänomenologie (Husserl) und in der Existenzphilosophie (Sartre). – ↑ Essentia.

Wesendonck (Wesendonk), Mathilde, *Elberfeld (= Wuppertal) 23. Dez. 1828, †Traunblick am Traunsee 31. Aug. 1902, dt. Schriftstellerin. – In Zürich mit R. Wagner eng befreundet, der 1857/58 die von ihr verfaßten „Fünf Gedichte" vertonte *(„W.-Lieder").* Auch Dramen und dramat. Gedichte.

Wesensphilosophie, als **Essentialismus** von P. Duhem Anfang des 20. Jh. eingeführter Begriff zur Kennzeichnung der im ma. Universalienstreit vom Realismus vertretenen Position, daß das begriffl. Allgemeine als eigenes Wesen (essentia) unabhängig von den konkreten Einzeldingen existiere.

Wesensverwandlung, svw. ↑ Transsubstantiation.

Weser, Fluß in Nord- und Mitteldeutschland, entsteht bei Hann. Münden durch den Zusammenfluß von ↑ Fulda und ↑ Werra, durchfließt zw. Hann. Münden und Minden das Weserbergland, nach dem Durchbruch durch die Porta Westfalica erreicht sie das Norddt. Tiefland, mündet bei Bremerhaven in die Nordsee; ab Minden kanalisiert, 440 km lang, auf der ganzen Länge befahrbar, bis Bremen auch für Seeschiffe. Der Mittellandkanal verbindet die W. mit Rhein und Elbe.
W. (frz. Vesdre), rechter Nebenfluß der Ourthe in Belgien, entspringt am Hohen Venn, mündet südl. von Lüttich, rd. 70 km lang.

Mathilde Wesendonck

Weserbergland

Wespen. Links: Deutsche Wespe. Rechts: Erdnest der Deutschen Wespe

Weserbergland, kleingekammertes Berg- und Hügelland zw. Hann. Münden und Minden beiderseits der oberen Weser, gliedert sich in das östl. der Weser liegende und bis zum Harz reichende ↑ Niedersächsische Bergland und die westl. von ihr gelegenen Randlandschaften gegen die Westfäl. Bucht (Warburger Börde, Pyrmonter Bergland, Lipper Bergland, Ravensberger Land und Wiehengebirge).

Weser-Ems, Reg.-Bez. in Niedersachsen.

Wesergebirge, Höhenzug im Weserbergland, östl. der Porta Westfalica, bis 321 m hoch.

Wesermarsch, Landkr. in Niedersachsen.

Wesermünde, früherer Name von ↑ Bremerhaven.

Weserrenaissance [...rənɛsãs], die auf Grund einer bes. wirtsch. Blüte entstandene Baukunst im Wesergebiet (etwa 1530–1630). Charakteristisch sind meist mehrflügelige Schloßbauten, oft mit Wendeltreppenturm (Stadthagen, Schwöbber, Hämelschenburg, Varenholz, Bevern u. a.), die wie auch viele Rat- und Bürgerhäuser (Lemgo, Hameln, Minden, Höxter u. a.) reichgeschmückte Fassaden besitzen. In der Frühzeit überwiegen spätgot. Formen, gemischt mit Elementen der italien. Renaissance, später geht eine starke Anregung vom niederl. Manierismus aus.

Wesfall, svw. ↑ Genitiv.

Helene Wessel

Wesir [arab.], Min. in islam. Staaten; als Titel für den obersten Beamten der zivilen Verwaltung von den Abbasiden eingeführt. – Seit Muhammad II. (1451–81) gab es den Titel ↑ Großwesir.

Wesker, Arnold [engl. 'wɛskə], * London 24. Mai 1932, engl. Dramatiker. – Gründete und leitete 1961–70 das Kulturinstitut für Arbeiter „Centre 42"; Zeit- und engagierter sozialist. Gesellschaftskritiker; seine Stücke sind stilistisch dem Naturalismus verpflichtet, v. a. die Trilogie „Hühnersuppe mit Graupen" (1959), „Tag für Tag" (1959), „Nächstes Jahr in Jerusalem" (1960); spätere Stücke zeigen symbolist. Elemente, u. a.: „Die Alten" (1972), „Liebesbriefe auf blauem Papier" (1974), „Toys" (1985), „The Mistress" (1989); auch Kurzgeschichten.

Arnold Wesker

Wesley [engl. 'wɛzlɪ, 'wɛslɪ], Charles, * Epworth (Lincolnshire) 18. Dez. 1707, † London 29. März 1788, engl. Theologe und Liederdichter. – Mit seinem Bruder John W. Mitbegr. des Methodismus; hatte mit diesem etwa 6500 geistl. Liedern bed. Einfluß auf Methodismus und Erweckungsbewegung.

W., John, * Epworth (Lincolnshire) 17. Juni 1703, † London 2. März 1791, engl. Theologe und Begründer des Methodismus. – 1728 anglikan. Geistlicher; lernte als Missionar in Georgia (Nordamerika) die Herrnhuter Brüdergemeine kennen; nach Bekehrung 1738 in England ausgedehnte Reise- und Predigttätigkeit. Die gewonnenen Anhänger schloß er zu „methodisch" geregelten „Vereinigten Gesellschaften" zus., in denen er „Bundesgottesdienste" hielt; von der Kirche von England als Konventikel und Sekten angesehen und abgelehnt. – ↑ Methodismus.

Wesnin [russ. vɪsˈnin], Name von drei russ. Architekten (Brüder): 1. Alexandr Alexandrowitsch, * Jurjewez (Geb. Iwanowo) 28. Mai 1883, † Moskau 7. Nov. 1959; 2. Leonid Alexandrowitsch, * Nischni Nowgorod 10. Dez. 1880, † Moskau 8. Okt. 1933; 3. Wiktor Alexandrowitsch, * Jurjewez 9. April 1882, † Moskau 17. Sept. 1950. – Die Brüder W. entwarfen in den 20er bis Anfang der 30er Jahre gemeinsam Bauten von konstruktivist. Prägung (Dnjepr-Wasserkraftwerk, 1927–32).

Wespen (Echte W., Vespinae), Unterfam. der Falten-W. mit zahlr. v. a. in den Tropen verbreiteten, staatenbildenden, stechenden Arten. Unter den elf einheim. Arten ist neben der ↑ Hornisse v. a. die (auch im übrigen Europa, in N-Afrika, im gemäßigten Asien und in Indien häufige) bis 2 cm lange *Dt. Wespe* (Paravespula germanica) zu nennen. Sie zeigt eine typ. schwarz-gelbe Zeichnung. Ihre Staaten bestehen aus durchschnittlich 1500 Tieren (ein ♀ Geschlechtstier [Königin], Arbeiterinnen und ♂♂). Nur die im Laufe des Sommers entstandenen, im Herbst begatteten ♀♀ überwintern und gründen im Frühjahr neue Völker. Die grauen, papierähnl. Nester werden von den Arbeiterinnen aus zerkautem Pflanzenmaterial hergestellt, das mit Speichel und oft mit Holzstückchen oder Erde vermischt ist.

Wespenbussarde (Pernis), mit den Bussarden eng verwandte Gatt. der Greifvögel mit über zehn Arten in Wäldern Eurasiens, Afrikas, Z- und S-Amerikas. Die einzige einheim. Art ist der *Eurasiat. Wespenbussard* (Pernis apivorus): von SW-Europa bis W-Asien verbreitet; 50–60 cm lang; frißt Wespen und Hummeln (jedoch ohne den Stechapparat) und deren Larven, wozu er im Boden angelegte Wespennester aufscharrt.

Wespenspinne (Argiope bruennichi), einzige Art der Gatt. Argiope, eine ↑ Radnetzspinne.

Wessel, Caspar, * Vestby (Verw.-Geb. Akershus) 8. Juni 1745, † Kopenhagen 25. März 1818, norweg. Mathematiker. – Besorgte die kartograph. Erfassung Dänemarks. Stellte die komplexen Zahlen (1799) erstmals in der Ebene dar.

W., Gerhard, * Neumünster 24. Dez. 1913, dt. General (seit 1958). – Ab 1942 Mitarbeiter R. Gehlens in der Abteilung „Fremde Heere Ost" des Generalstabs des Heeres; nach 1945 in der Ind. tätig; ab 1952 am Aufbau der militär. Abwehr beteiligt; ab 1957 Vertreter der BR Deutschland im Ständigen Militärausschuß der NATO; 1968–78 Präs. des Bundesnachrichtendienstes.

W., Helene, * Dortmund 6. Juli 1898, † Bonn 13. Okt. 1969, dt. Politikerin. – 1928–33 MdL in Preußen für das Zentrum, 1945 führend an dessen Wiedergründung beteiligt, 1949–52 Vors.; 1949–53 und 1957–69 MdB; als Gegnerin der Wiederbewaffnung der BR Deutschland mit G. Heinemann 1952 Begründerin der Gesamtdt. Volkspartei; trat 1957 zur SPD über.

W., Horst, * Bielefeld 9. Okt. 1907, † Berlin 23. Febr. 1930, dt. Student. – Seit 1926 Mgl. der NSDAP, seit 1929 SA-Sturmführer; erlag den Folgen eines Überfalls; von Goebbels zum nat.-soz. Märtyrer stilisiert; verfaßte das sog. ↑ Horst-Wessel-Lied.

Wesselburen, Stadt in Dithmarschen, Schl.-H., 8 m ü. d. M., 3200 E. Hebbel-Museum; Handels- und Verarbeitungszentrum landw. Erzeugnisse. – 1187 erstmals bezeugt, entstand als Wurtensiedlung auf einer später verlandeten Insel; 1899 Stadtrecht. – Spätbarocke Kirche (1737/ 1738) mit roman. Chor.

Wesseling, Stadt am Rhein, NRW, 45 m ü. d. M., 30300 E. Polit. Akademie Eichholz; Erdölraffineriezentrum, chem. Ind., Maschinenbau, Schleifmittelwerke; Hafen. – In der Römerzeit Auxiliarkastell; 820 als **Waslicia** gen.; 1266 in Nieder- und Ober-W. geteilt; Stadtrecht 1972; 1975 Eingliederung in Köln; seit 1976 wieder selbständig.

Wesselmann, Tom [engl. 'wɛslmən], * Cincinnati (Ohio) 23. Febr 1931, amerikan. Maler und Graphiker. – Vertreter der Pop-art; Bild- und Objektserien der „Great American nudes", zum klischeeartigen Zeichen vereinfachte Aktdarstellungen.

Wessely, Paula [...li], * Wien 10. Jan. 1907, östr. Schauspielerin. – ⚭ mit Attila Hörbiger; Engagements in Wien,

Prag, Berlin und seit 1953 am Burgtheater; bed. Charakterdarstellerin (z. B. als „Rose Bernd" im Dt. Theater Berlin, 1932); seit 1934 auch populär durch zahlr. Unterhaltungsfilme.

Wessenberg, Ignaz Heinrich Frhr. von, * Dresden 4. Nov. 1774, † Konstanz 9. Aug. 1860, dt. kath. Theologe und Kirchenpolitiker. – Ab 1802 Generalvikar von Karl Theodor von Dalberg, nach dessen Tod 1817–27 Kapitularvikar (vom Papst nicht anerkannt); 1819–33 Abg. der bad. 1. Kammer. W. entfaltete als Vertreter der kath. Aufklärung eine rege kirchenpolit. und seelsorgl. Tätigkeit (dt. Sprache bei Sakramentenspendung, dt. Vespern und Metten, 1812 erstes Konstanzer Gesangbuch).

Wessex [engl. 'wɛsɪks], ehem. angelsächs. Kgr. im SW Englands; im 8. Jh. unter der Vorherrschaft Mercias, konnte unter König Egbert (⚭ 802–839) selbst die Führung der restl. angelsächs. Reiche übernehmen.

Wessexkultur [engl. 'wɛsɪks], nach Grabhügelfunden im Gebiet des angelsächs. Kgr. Wessex ben. frühbronzezeitl. Kulturgruppe (16./15. Jh.) S-Englands mit der Salisbury Plain als Kerngebiet. Die W. weist enge Beziehungen zur breton. Gruppe der Frühbronzezeit auf.

Weßling, Gem. 20 km sw. von München, Bay., 4300 E. Im Ortsteil **Oberpfaffenhofen** Forschungszentrum der Dt. Forschungsanstalt für Luft- und Raumfahrt.

Wessobrunn, Gem. 15 km sw. des Ammersees, Bay., 701 m ü. d. M., 1800 E. Ehem. Benediktinerabtei (gegr. 753 [?]); bed. kulturelles Zentrum seit dem frühen MA; barocke Klosterbauten mit Stuckarbeiten der ↑Wessobrunner Schule; erhalten u. a. der sog. Gäste- oder Fürstenbau (1680 ff. von J. Schmuzer).

Wessobrunner Schöpfungsgedicht, auch unter der Bez. **Wessobrunner Gebet** bekanntes zweiteiliger althochdt. Text, der in einer lat. Sammelhandschrift des 9. Jh. aus dem Kloster Wessobrunn überliefert ist (heute Staatsbibliothek München).

Wessobrunner Schule, aus Wessobrunn stammende und dort über Süddeutschland, die Schweiz, Österreich bis nach Böhmen und Oberitalien verbreitete Stukkatorenschule des 17. und 18. Jh.; Hauptvertreter sind die Familien Feuchtmayer, Schmuzer und Zimmermann.

West, Benjamin, * Springfield (Pa.) 10. Okt. 1738, † London 11. März 1820, engl. Maler amerikan. Herkunft. – Seit 1763 in London (1772 Historienmaler Georgs III.; 1792 Präs. der Königl. Akad.). Wählte seine Themen aus Antike, engl. Literatur sowie engl. und amerikan. Geschichte; großer Einfluß auf die amerikan. Malerei.

W., Mae, * Brooklyn (= New York) 17. Aug. 1893, † Hollywood 22. Nov. 1980, amerikan. Schauspielerin. – Sexstar des amerikan. Theaters und Films der 30er Jahre. – *Filme:* Sie tat ihm Unrecht (1933), Ich bin kein Engel (1933), Klondike Annie (1936), Mein kleiner Gockel (1940), Sextett (1977).

Tom Wesselmann. Bathtub 3, 1963 (Köln, Museum Ludwig)

W., Morris L[anglo], * Saint Kilda (Victoria) 26. April 1916, austral. Schriftsteller. – Verfasser von Hörspielen, Feuilletons und Dramen, Unterhaltungsromanen, u. a. „Des Teufels Advocat" (1959), „In den Schuhen des Fischers" (1963), „Der Salamander" (1974), „Proteus" (1978), „In einer Welt von Glas" (R., 1983), „Die Fuchsfrau" (R., 1992).

W., Nathanael, eigtl. Nathan Wallenstein Weinstein, * New York 17. Okt. 1902, † bei El Centro (Calif.) 21. Dez. 1940 (Autounfall), amerikan. Schriftsteller. – Ab 1935 Drehbuchautor in Hollywood; schrieb v. a. pessimist., teils satir. [zeitkrit.] Romane, u. a. „Schreiben Sie Miß Lonelyhearts" (1933), „Eine glatte Million oder die Demontage des Mister Lemuel Pitkin" (1934), „Tag der Heuschrecke" (1939).

W., Rebecca, eigtl. Dame (seit 1959) Cecily Isabel Andrews, geb. Fairfield, * in der Gft. Kerry 25. Dez. 1892, † London 15. März 1983, angloir. Schriftstellerin. – Schrieb psycholog. angelegte Romane wie „Der Brunnen fließt über" (1957), „Die Zwielichtigen" (1966); auch Essays, Biographien.

Westalpen, Teil der ↑Alpen westl. der Linie Alpenrheintal–Hinterrheintal (bis Splügen) und weiter zum Comer See.

Westarp, Kuno Graf von, * Ludom (= Ludomy bei Posen) 12. Aug. 1864, † Berlin 30. Juli 1945, dt. Politiker. – Jurist; 1908–18 MdR (Deutschkonservative Partei); ab 1913 Fraktionsvors.; 1918 Mitbegr. der DNVP (ab 1920 MdR, 1925–29 Fraktionsvors.), suchte als Parteivors. (1926–28) die Deutschnationalen zur Mitarbeit an der Weimarer Republik zu führen, scheiterte am Oppositionskurs Hugenbergs; schloß sich 1930 der Volkskonservativen Vereinigung an (MdR bis 1932).

Westaustralien (amtl. Western Australia), Bundesland Australiens, 2525500 km², 1,63 Mill. E (1990), Hauptstadt Perth. Landschaftsprägend ist eine ausgedehnte wellige Fastebene, die eine mittlere Höhenlage von 300 bis 500 m aufweist und von Inselbergen und zerschnittenen Tafel- und Stufenländern überragt wird. Südl. und nördl. von Perth erstreckt sich eine schmale Küstenebene. Große Flächen des Binnenlandes werden von der Großen Sandwüste und der Großen Victoriawüste eingenommen, die ebenso wie auch die Nullarborebene im S größtenteils keine Oberflächenentwässerung haben. – In W. leben auf rd. $1/3$ der Fläche Australiens nur knapp $1/10$ der Bev. gesamt, davon 71 % im Großraum Perth. – Ausgedehnte Gebiete im Innern sind landw. gar nicht, große Flächen nur als extensives Weideland (Merinoschafe) nutzbar. Ackerbau ist auf das niederschlagsreichste SW und auf den N beschränkt (Getreide, Kartoffeln, Obst, Wein, bei Bewässerung Baumwolle). In den Ackerbaugebieten Milchvieh- und Schweinezucht. W. ist mit über 90 % an der austral. Erzförderung beteiligt, bes. Eisenerz (Pilbara), Gold, Uran, Bauxit, Nickel- und Zinnerz, Tantalit, Rutil, Zirkon und Ilmenit. Außerdem umfangreicher Abbau von Steinkohle, Salz, Erdöl, Erdgas und Diamanten. Die Ind. ist fast ausschließlich im Raum Perth konzentriert. Bed. sind metallurg. und metallverarbeitende Werke, Nahrungs- und Genußmittelind., chem. und petrochem. Industrie.

Geschichte: Das 1616 von dem Niederländer D. Hartog entdeckte W. wurde ab 1826 von Briten besiedelt (1829 Gründung von Perth). Seit 1829 separate brit. Kolonie, seit 1890 Selbstverwaltung, seit 1901 zum Austral. Bund.

West Bank [engl. 'wɛst bæŋk „Westufer (des Jordan)"], engl. Bez. für Westjordanien, ↑Palästina.

West Bengal [engl. 'wɛst bɛŋ'gɑːl], Bundesstaat in O-Indien, 87853 km², 65,5 Mill. E (1990), Hauptstadt Kalkutta. W. B. nimmt überwiegend den westl. Teil des Tieflands von Bengalen ein. Südl. der Agglomeration von Kalkutta beginnt das unwegsame Land des aktiven Ganges-Brahmaputra-Deltas (Sundarbans) mit seinen Mangrovewäldern. Das subtrop. Monsunklima weist 8–9 feuchtheiße Monate auf. – Die Landw. produziert v. a. Reis, Jute, Mais, Hirse, Ölfrüchte, Zuckerrohr, Baumwolle und Tabak; das Geb. um Darjeeling ist berühmt für seinen Tee. Industrielle Schwerpunkte sind das randlich auf W. B. übergrei-

Morris L. West

Ignaz Heinrich Freiherr von Wessenberg (zeitgenössischer Stahlstich)

Mae West

West-Coast-Jazz

fende Erz- und Kohlenrevier des Damodartales mit dem Zentrum Asansol sowie der Raum Kalkutta–Howrah. Mit der Gangesebene, Assam und dem Dekhan ist W. B. durch ein gut ausgebautes Eisenbahnnetz verbunden. Kalkutta verfügt über einen Überseehafen und einen internat. ✈. Zur *Geschichte* ↑Bengalen (Geschichte).

West-Coast-Jazz [engl. ˈwɛst ˈkoʊst ˈdʒæz], Stilbereich des Jazz, der um die Mitte der 1950er Jahre an der Westküste der USA entstand und v. a. von weißen Musikern gespielt wurde. Er prägte keine eigenständigen Gestaltungsprinzipien und Ausdrucksmittel aus, sondern blieb weitgehend dem ↑Cool Jazz verbunden.

Westdeutsche Allgemeine Zeitung, dt. Tageszeitung, ↑Zeitungen (Übersicht).

Westdeutsche Landesbank Girozentrale, Abk. WestLB, größtes dt. Zentralinstitut der Sparkassen, Sitz Düsseldorf/Münster. Gebildet 1969 durch Fusion der „Rhein. Girozentrale und Provinzialbank" und der „Landesbank für Westfalen – Girozentrale". Verfügt über zahlr. Niederlassungen im In- und Ausland, Tochtergesellschaften sowie direkte Beteiligungen an anderen Kreditinstituten.

Westdeutsche Rektorenkonferenz ↑Hochschulrektorenkonferenz.

Westdeutscher Rundfunk ↑Rundfunkanstalten (Übersicht).

Westdeutscher Verlag GmbH ↑Verlage (Übersicht).

Westdeutschland, im polit. Sprachgebrauch nach 1945 Bez. für die aus den 3 westl. Besatzungszonen **(Westzonen)** hervorgegangene BR Deutschland (im Unterschied zu ↑Ostdeutschland).

Weste [frz., zu lat. vestis „Kleid, Gewand"], zuerst unter dem Justaucorps getragenes tailliertes Kleidungsstück mit aufschlaglosen Ärmeln; seit etwa 1750 ohne Ärmel und Schöße, Rückenpartie aus Futterstoff. Ende des 18. Jh. hochgeschlossen (Gilet), seit dem 19. Jh. mit verschiedenen Ausschnitten. Gelangte mit dem Kostüm auch in die Damenmode.

Westen, die auf den ↑Westpunkt weisende Himmelsrichtung.

Westerbork, niederl. Gem. in der Prov. Drente, 7 400 E. In **Beilen** Museum für Scherenschnitte; Nahrungsmittel- und Genußmittelind.; Radioteleskop.

Westerburg, Stadt am S-Rand des Hohen Westerwaldes, Rhld.-Pf., 380 m ü. d. M., 5 100 E. Luftkurort. – 1209 erstmals gen.; seit 1292 Stadt. – Ev. spätgot. Pfarrkirche (1516 ff.), kath. Wallfahrtskirche Unserer Lieben Frau (Neubau 1898/99), kath. Pfarrkirche Christkönig (1961) mit altem Gnadenbild (14. Jh.); Schloß (13.–18. Jh.).

Westerland, Stadt auf Sylt, Schl.-H., 4 m ü. d. M., 9 400 E. Bioklimat. Inst. der Kieler Univ., Nordsee-Aquarium; Nordseeheilbad, Kongreßstadt; Endpunkt der Bahnstrecke über den ↑Hindenburgdamm; ✈. – Entstand als Neusiedlung spätestens im 15. Jh. nach Vernichtung des bereits um 1200 besiedelten *Eytum* (sw. der heutigen Stadt) durch Flutkatastrophen (vor 1436); 1905 Stadtrecht.

Westermann, Diedrich [ˈ---], * Baden (= Achim) 24. Juni 1875, † ebd. 31. Mai 1956, dt. Ethnologe und Afrikanist. – Missionar in Togo (bis 1903), ab 1921 Prof. in Berlin. Zahlr. Forschungsreisen in O- und W-Afrika; beschäftigte sich v. a. mit den Sprachen, der Geschichte und den Akkulturationsproblemen der schriftlosen Gesellschaften Afrikas. – *Werke:* Die Sudansprachen (1911), Völkerkunde von Afrika (1940; mit H. Baumann und R. Thurnwald), Geschichte Afrikas (1952).

W., Horace Clifford [engl. ˈwɛstəmæn], * Los Angeles 11. Dez. 1922, amerikan. Künstler. – Nach kleinformatigen Objekten zur Kriegsthematik schuf er Hausmodelle und Objektkästen, die dem Dadaismus und Surrealismus nahestehen.

Westermann Verlag, Georg ↑Verlage (Übersicht).

Western [engl.], Roman oder Film über die amerikan. Grenzgebiete, den sog. Wilden Westen, der z. Z. der Besiedlung v. a. im 19. Jh. spielt, deshalb auch **Wildwestroman** bzw. **Wildwestfilm**.

Diedrich Westermann

In der *Literatur* die spezifisch amerikan. Sonderform der Abenteuerliteratur und des histor. Romans. Der W. schildert den Mythos einer heroischen amerikan. Vergangenheit in der Auseinandersetzung zw. Pionieren, Indianern, Siedlern, Goldsuchern und Cowboys. Im Mittelpunkt steht der individualist. Einzelgänger mit einem ausgeprägten Gerechtigkeitssinn; die Darstellung im W. kollidiert zumeist mit der geschichtl. Wirklichkeit und propagiert ein dem W. eigenes Verständnis von Recht und Ordnung (Gut-Böse-Schema), Faustrecht sowie rass. Vorurteile. Klass. Vorläufer sind die Werke von J. F. Cooper und Mark Twain. Um 1900 erlebte der W. seine erste Blütezeit (O. Wister, E. Z. C. Judson, Z. Grey). Nachahmung fand der W. z. B. bei K. May. W. erfuhren frühzeitig eine weite Verbreitung, z. B. als Heftromane, in denen klischeehaft gute und böse Figuren in Konflikt geraten und die mit wenigen stereotypen Requisiten (Prärie, Pferde, Salon, Sheriff usw.) auskommen.

Im *Film* ist der W. eines der ältesten Genres; der erste erzählende W. entstand 1903 (E. S. Porter, „The Great Train Robbery"). Zum ersten W.klassiker wurde J. Fords „Höllenfahrt nach Santa Fé" (1939; auch u. d. T. „Ringo"), der die Blütezeit des Genres in den 1940er und 1950er Jahren einleitete. Unter Regisseuren wie F. Zinnemann, M. Curtiz, H. Hughes, H. Hawks, D. Siegel, J. Huston, J. Sturges, A. Penn, H. Hathaway oder S. Peckinpah erreichte der W. eine größere Realitätsnähe durch die Schilderung der psycholog. Motivation der W.helden oder der Auseinandersetzung mit sozialen Problemen und dem eigenen Mythos. In den 60er Jahren entstand in Europa der *Italo-W.* (u. a. S. Leone), der den geschichtl. amerikan. Hintergrund zugunsten einer zynisch-brutalisierenden Action weitgehend vernachlässigt. Seit Ende der 70er Jahre setzte eine W.renaissance ein, bei der man sich wieder bes. um Authentizität und Entheroisierung bemüht, z. B. in „Ich, Tom Horn" (1980), „Der mit dem Wolf tanzt" (1990), „Erbarmungslos" (1992).

Western art [engl. ...ˈɑːt], Bez. für die Kunst, die den amerikan. Westen zum Gegenstand hat; im weitesten Sinne auch die Kunst und das Kunstgewerbe der nordamerikan. Indianer. I. e. S. die Malerei und Skulptur europäischstämmiger oder amerikan. Künstler, die in ihrer z. T. traditionalist., regionalist., eklektizist. Kunstauffassung die amerikan. Pioniergeschichte darstellten. Hauptvertreter: A. Bierstadt (* 1830, † 1902), der auch als Ethnograph bed. G. Catlin, T. Eakins, T. Moran (* 1837, † 1926), F. Remington, A. Wyeth und C. M. Russell (* 1864, † 1926), G. Wood.

Western art. Frederic Remington, Der Gesetzlose, 1906 (Fort Worth, Tex., Amon Carter Museum of Western Art)

Western Isles [engl. 'wɛstən 'ailz], Region in Schottland.

Westerschelde [niederl. 'wɛstərsxɛldə], südl. (heute einziger) Mündungstrichter der Schelde in die Nordsee, zw. der Küste von Seeländ.-Flandern (im S) und den ehem. Inseln Walcheren und Zuid-Beveland.

Westerstede [vɛstərˈʃteːdə], Krst. im Ammerland, Nds., 13 m ü. d. M., 18 300 E. Verwaltungssitz des Landkr. Ammerland; Dt. Lehranstalt für Agrartechnik, Verarbeitung landw. Produkte, Textil-, Möbel- und Maschinenfabrik; Baumschulen. – Erstmals 1269 gen.; seit 1977 Stadt. – Ev. Kirche Sankt Peter (13. und 15. Jh.); barockes Haus Fikensholt (18. Jh.).

Westerwald, Teil des Rhein. Schiefergebirges zw. dem unteren Mittelrheintal, dem unteren Lahntal, dem Dill- sowie dem Siegtal; i. w. S. wird das östl. der Dill anschließende **Gladenbacher Bergland** dem W. zugerechnet. Das Landschaftsbild wird von Rumpfflächen geprägt, die im **Hohen Westerwald** (zw. Dillenburg und Hachenburg) zw. 500 und 600 m ü. d. M. liegen, überragt von Basaltkuppen wie dem Fuchskauten (656 m, höchste Erhebung des W.), und nach W und S hin zum Rhein und zur Lahn allmählich abdachen. Im Hohen W. Weidewirtschaft, in den tiefer gelegenen Teilen Feld-Gras-Wirtschaft. An Bodenschätzen haben v. a. tertiäre Tone Bed. (↑Kannenbäckerland). Im W. zahlr. Luftkur-, Wintersport- und Erholungsorte.

Westerwaldkreis, Landkr. in Rheinland-Pfalz.

Westeuropa, westl. Teil ↑Europas mit Frankreich, den Brit. Inseln (geographisch auch als NW-Europa definiert) und den Benelux-Staaten (geographisch auch zu M-Europa gerechnet).

Westeuropäische Union, Abk. WEU, im Okt. 1954 (↑Pariser Verträge 1954) abgeschlossener, am 6. Mai 1955 in Kraft getretener kollektiver Beistandspakt im Rahmen der NATO, dem Großbritannien, Frankreich, die Benelux-Staaten, die BR Deutschland, Italien, seit 1989 Spanien und Portugal, seit 1992 Griechenland angehören. Vorläufer war der brit.-frz. Bündnisvertrag von Dünkirchen (1947), der im *Brüsseler Pakt (Brüsseler Vertrag)* von 1948 (Westunion) um die Benelux-Staaten erweitert wurde. Organe: 1. Rat der WEU (Außen- und/oder Verteidigungsmin. der Mgl.staaten) mit dem Ständigen Rat (in London akkreditierte Botschafter) als Hilfsorgan; 2. Versammlung (89 Vertreter der WEU-Staaten in der Beratenden Versammlung des Europarats); 3. Generalsekretariat (in Brüssel); 4. Agenturen für Sicherheitsfragen (in Paris). Für die militär. Aufgaben der WEU ist der NATO-Oberbefehlshaber zuständig.

westeuropäische Zeit, Abk. WEZ, die Zonenzeit des Meridians von Greenwich; gilt in Großbritannien, Irland und Portugal.

Westfalen, NO-Teil von NRW, umfaßt die Westfäl. Bucht, das nw. Weserbergland und das Sauerland, Hauptort ist Münster. – Nach der Zerschlagung des Hzgt. Sachsen (1180) kam dessen westl. Teil als *Herzogtum W.* an das Erzstift Köln. Das sich aus dem Hzgt. im Spät-MA bildende Kurft. Köln umfaßte jedoch nur den Kern von W. (Sauerland); von den zahlr. Städten erlangte nur Dortmund die Reichsfreiheit. Seit dem 17. Jh. fielen bed. Gebiete W. an Brandenburg-Preußen (1614/66 Mark, Ravensberg und Kleve, 1648 Minden, 1702/07 Lingen und Tecklenburg, 1803 O-Teil des Oberstifts Münster sowie Paderborn). Das kurköln. W. kam 1803 an Hessen-Darmstadt, das westl. Münsterland und die ehem. linksrhein. Geschlechter, Dortmund und Corvey an Nassau. Napoleon I. bildete 1807 u. a. aus Braunschweig, dem größten Teil Kurhessens, hannoverschen und sächs. Gebieten sowie aus preuß. Territorium westl. der Elbe das *Königreich W.* (Hauptstadt Kassel) unter seinem Bruder Jérôme, das 1810 um die restl. Hannover (außer Lauenburg) vergrößert wurde, im selben Jahr aber den NW an Frankreich verlor und im Nov. 1813 zerbrach. 1815 kam das heutige W. an Preußen *(Prov. W.),* Osnabrück an Hannover; Lippe blieb selbständig. 1946 ging W. in dem neugebildeten Land Nordrhein-W. auf.

Westfalen, westgerman. bzw. dt. Stamm, der sich von seinem Kernland zw. Ems und Hunte bis Ende des 7. Jh. nach S und W ausdehnte und neben Angrivariern und Ostfalen einen Volksteil der Sachsen ausmachte. Trotz ihrer Unterwerfung in den Sachsenkriegen Karls d. Gr. bewahrten die W. so große Eigenständigkeit, daß der Name W. seit dem 12. Jh. das gesamte Gebiet zw. Rhein und Weser bezeichnete.

Westfälisch, niederdt. Mundart, ↑deutsche Mundarten.

Westfälische Bucht, südl. Ausbuchtung des Norddt. Tieflands gegen die Mittelgebirgsschwelle, im O von Teutoburger Wald und Egge, im S von Haar und Ardey begrenzt, nach W gegen die Niederrhein. Bucht und die Niederlande geöffnet, untergliedert in das zentrale Münsterland, die Paderborner Hochfläche im O und den Hellweg im Süden.

Westfälische Pforte ↑Porta Westfalica.

Westfälischer Frieden, die Friedensverträge zur Beendigung des Dreißigjährigen Kriegs zw. dem Kaiser und den dt. Reichsständen einerseits und Frankreich **(Friede von Münster)** sowie Schweden **(Friede von Osnabrück)** andererseits, abgeschlossen am 24. Okt. 1648.

Wichtigste Bestimmungen in *konfessioneller Hinsicht* waren die Wiederherstellung des ↑Augsburger Religionsfriedens und des kirchl. Besitz- und Bekenntnisstandes nach dem ↑Normaljahr 1624, die Anerkennung der Kalvinisten (Reformierte) als Konfession sowie das Auseinandertreten der Reichsstände in Religionssachen in ein Corpus catholicorum und ein Corpus evangelicorum, die einander nicht überstimmen konnten.

Für die *Reichsverfassung* wurden bis 1806 bedeutsame Veränderungen wirksam: die dt. Reichsstände erhielten die volle Landeshoheit in geistl. und weltl. Hinsicht sowie das Recht auf eigene Bündnispolitik mit auswärtigen Partnern (nicht gegen Kaiser und Reich); der Kaiser wurde bei den Reichsgeschäften und der Gesetzgebung an die Zustimmung der Reichsstände gebunden, zu denen neben Kurfürsten und Fürsten nun endgültig die Reichsstädte (dritte Kurie) traten; damit verlagerte sich der polit. Schwerpunkt eindeutig in die Territorien (↑deutsche Geschichte). Bayern behielt die gewonnene Kurwürde, für die Pfalz wurde eine 8. Kur errichtet.

Die wesentl. *territorialen Regelungen* waren die Herstellung der vollen Souveränität für die Schweiz und die Niederlande, die Besitzbestätigung für Frankreich an den Bistümern Metz, Toul und Verdun; außerdem erhielt es von den Habsburgern die Landgft. Ober- und Unterelsaß, den Sundgau und die Landvogtei über 10 elsäss. Reichsstädte (nicht Straßburg), die Festungen Breisach und Pinerolo sowie das Besatzungsrecht in Philippsburg. Schweden gewann Vorpommern (mit Rügen, Stettin und der Odermündung) und Wismar sowie das Erzstift Bremen und das Stift Verden als Reichslehen mit Sitz und Stimme auf dem Reichstag. Brandenburg, das Erbansprüche auf Pommern geltend machen konnte, erhielt Hinterpommern mit dem Stift Cammin, die Stifte Halberstadt und Minden sowie die Anwartschaft auf das Erzstift Magdeburg. Die Bistümer Schwerin und Ratzeburg fielen an Mecklenburg; Kursachsen erhielt die Ober- und Niederlausitz als erbl. böhm. Lehen (seit 1635 in Pfandbesitz), Bayern die Oberpfalz zugesprochen.

Westfeste ↑Ostfeste.

Westflandern (niederl. West-Vlaanderen, frz. Flandre Occidentale), Küstenprov. in Belgien, Teil der histor. Landschaft Flandern, 3 134 km², 1,10 Mill. E (1990), Verwaltungssitz Brügge. Die 65 km lange Nordseeküste weist zahlr. Seebäder und Hafenstädte auf. Wirtschaftlich wichtig ist die auf traditionellem Gewerbe beruhende Textilind., außerdem Schiff-, Motoren- und Schwermaschinenbau, Stahlind., Hochseefischerei.

Westfriesisch ↑friesische Sprache.

Westfriesische Inseln, bogenförmige Inselkette in der Nordsee vor der niederl. Küste, westl. Fortsetzung der Ostfries. Inseln: Rottumeroog, Rottumerplaat, Boschplaat, Simonszand, Schiermonnikoog, Ameland, Terschelling, Vlieland und Texel.

Westgermanen

Westgermanen, zusammenfassende Bez. für die in den ersten Jh. n. Chr. westl. der Oder siedelnden Germanen, die in Rhein-Weser-Germanen, Nordsee- und Elbgermanen unterteilt werden. – ↑Germanen.

Westghats ['wɛstgɑːts], Gebirgszug an der W-Küste Indiens, erstreckt sich über rd. 1 500 km von der Tapti in N bis zur S-Spitze Indiens, bis 2 695 m hoch (Anai Mudi). Die W. stellen den aufgebogenen W-Rand des Dekhan dar; gegen Konkan- und Malabarküste fallen sie in einer stark zerschnittenen Bruchstufe ab. Der SW-Monsun bringt der W-Seite 3 800–5 000 mm Niederschlag/Jahr, den im Luv gelegenen Teilen 500–600 mm.

West Glamorgan [engl. 'wɛst glə'mɔːgən], Gft. in Wales.

Westgoten (Wisigoten, Wesegoten; lat. Visigothae, Vesegothae; Terwingen), einer der beiden großen Stämme der ↑Goten; siedelte im 3. Jh. zw. Dnjestr und Donau. Um 375 von den Hunnen verdrängt, besiegten 378 den röm. Kaiser Valens bei Adrianopel und wurden 382 als ↑Foederati (röm. Bundesgenossen) in Mösien angesiedelt; zogen 395 unter Alarich I. nach Italien (410 Plünderung Roms), nach dessen Tod (410) unter Athaulf nach Gallien, wo sie (nach einem neuen Föderatenvertrag mit Rom) 419 in der röm. Prov. Aquitania secunda das nach seiner Hauptstadt Toulouse ben. *Tolosan. Reich* gründeten. Unter Eurich (⚔ 466 bis 484), der die erste Kodifikation german. Rechts schaffen ließ (Codex Euricianus; um 475), erreichte das 475 durch die Römer als selbständig anerkannte westgot. Reich seine größte Ausdehnung (fast ganz Spanien und Gallien bis zur Loire). 507 von den Franken unter Chlodwig I. besiegt, verloren die W. ihre gall. Besitzungen, eroberten aber 585 das span. Swebenreich. 587 traten die bis dahin arian. W. zum Katholizismus über; ihr *Reich von Toledo* (letzter König Roderich 710/11) erlag 711 den Angriffen der Araber.

Westland National Park. Franz-Joseph-Gletscher

Westindische Assoziierte Staaten (engl. West Indies Associated States), Gruppe ehem. brit. Kolonien im Bereich der Kleinen Antillen, die 1967 den Status von mit Großbritannien assoziierten Staaten erhielten. Die Assoziation endete mit der Konstituierung ihrer Mgl. als unabhängige Staaten. Der Min.rat der W. A. S. wurde durch die 1981 gegr. **Organization of Eastern Caribbean States** (OECS) ersetzt, die die Wirtschafts-, Außen- und Verteidigungspolitik der Mgl. koordinieren soll.
Geschichte: Die Inseln wurden 1493 von Kolumbus entdeckt, seit den 1620er Jahren englisch besiedelt; 1871 bis 1956 dem Bund der Leeward Islands eingegliedert. 1958 schlossen sich die meisten westind. Kolonien Großbritanniens (Barbados, Trinidad und Tobago, Jamaika sowie die Windward und Leeward Islands [ohne die Virgin Islands]) zur Westind. Föderation zus., die 1962 wieder aufgelöst wurde, als Jamaika sowie Trinidad und Tobago unabhängig wurden; Barbados folgte 1966. 1967 wurden die W. A. S. mit den Mgl. Antigua, Saint Christopher-Nevis-Anguilla, Dominica, Saint Lucia, Grenada gegr.; Saint Vincent schloß sich 1969 an. Grenada wurde 1974 unabhängig, Dominica 1978, Saint Lucia und Saint Vincent 1979. Anguilla schied 1969 aus seiner Verbindung mit Saint Christopher and Nevis aus und bildet seit 1980 ein von Großbritannien abhängiges Territorium; Antigua wurde als Antigua und Barbuda 1981 ein unabhängiger Staat.

Westindische Inseln (Karibische Inseln), die in einem aufgelockerten, etwa 4 000 km langen Bogen östl. der zentralamerikan. Landbrücke zw. den Kontinenten Nord- und Südamerika angeordneten Inseln; sie erstrecken sich von Kuba und den Bahamainseln bis Trinidad. Gegliedert werden die W. I. in die Großen und Kleinen ↑Antillen, die Bahamainseln (↑Bahamas) sowie Trinidad und Tobago.

Westinghouse, George [engl. 'wɛstɪŋhaʊs], *Central Bridge (N. Y.) 6. Okt. 1846, †New York 12. März 1914, amerikan. Erfinder und Industrieller. – W. erfand die Druckluftbremse für Eisenbahnen (erstes Patent 1867). 1869 gründete er in Pittsburgh (Pa.) die *W. Airbrake Company* (W.-Bremse) und 1886 die *W. Electric Corporation* (elektr. Generatoren und Turbinen).

Westirian, indones. Prov., ↑Irian Jaya.

Westjordanland (Westjordanien, engl. West Bank), ↑Jordanien (Geschichte), ↑Palästina.

Westjuden ↑Ost- und Westjuden.

westkaukasische Sprachen (abchas.-tscherkess. Sprachen.) ↑kaukasische Sprachen.

Westland National Park [engl. 'wɛstlənd 'næʃənəl 'pɑːk], Nationalpark (seit 1960) auf der Südinsel Neuseelands, 886 km² groß. Zahlr. Gletscher, u. a. der 12 km lange Franz-Joseph-Gletscher.

Westler, um 1840 entstandene Strömung der russ. Intelligenz, deren Vertreter (v. a. P. Tschaadajew, A. I. Herzen, W. G. Belinski) sich für einen engen Anschluß Rußlands an die westeurop. Kultur, für eine konstitutionelle Monarchie und die Abschaffung der Leibeigenschaft einsetzten; standen in Auseinandersetzung mit den ↑Slawophilen („Russophilen").

Westliche Morava, linker Quellfluß der ↑Morava.

Westlicher Indischer Rücken, untermeer. Schwelle im sw. Ind. Ozean, trennt Natal- bzw. Madagaskarbecken vom Südwestind. Becken.

Westlicher Sajan, Gebirge im südl. Sibirien, erstreckt sich vom Quellgebiet des Abakan in nö. Richtung bis zum Östl. Sajan, 650 km lang, bis 3 121 m hoch.

West Lothian [engl. 'wɛst 'loʊðjən], ehem. schott. Gft. in den östl. Lowlands, am Südufer des Firth of Forth.

Westmächte, die westl. Kriegsgegner des Dt. Reiches 1914–18 (v. a. Frankreich, Großbritannien; ab 1917 auch die USA); seit dem Ende des 2. Weltkrieges Oberbegriff für das von den USA geführte Bündnissystem west-, mittel- und südeurop. Staaten.

Westmännerinseln, Inselgruppe (14 Inseln) vor der SW-Küste Islands, 21 km², Hauptinsel ↑Heimaey.

Westmeath [engl. wɛst'miːð], Gft. im mittleren Irland, 1 763 km², 63 400 E (1988), Verwaltungssitz Mullingar. – Gehörte im MA zum Kgr. Meath; 1173 von den (Anglo-)Normannen erobert, 1316 wieder mit dem übrigen Meath vereinigt, 1543 endgültig als selbständige Gft. abgetrennt.

West Midlands [engl. wɛst 'mɪdləndz], Metropolitan County in M-England.

Westminster, City of [engl. 'sɪtɪ əv 'wɛstmɪnstə], Stadtbezirk in Z-London, England, 173 400 E. Im Zuge der Verwaltungsneugliederung von Groß-London hervorgegangen aus den ehem. Städten Westminster, Paddington und Saint Marylebone der Gft. London. – Entstand auf einer Themseinsel um ein im 7. Jh. gegr., dann von den Dänen zerstörtes und erneut um 958 gegr. Kloster, das 1540 aufgehoben wurde; seit 1066 Krönungsort der engl. bzw. brit. Könige und deren Residenz bis zu Heinrich VIII.; wurde 1850 Sitz eines kath. Bischofs, 1899 Stadtteil von London.

Westminster Abbey [engl. 'wɛstmɪnstə 'æbɪ], Kirche der ehem. Benediktinerabtei in London, engl. Krönungskirche; an der Stelle des normann. Vorgängerbaus unter Heinrich III. (1245 ff.) errichtete, von der frz. Gotik geprägte dreischiffige Basilika mit Querhaus, Chor, Chorumgang; spätgot. Kapelle Heinrichs VII. (1503–12), Grablege der engl. Könige; gotisierende Doppelturmfassade (18. Jh.). Von der UNESCO zum Weltkulturerbe erklärt.

Westminster Confession [engl. 'wɛstmɪnstə kən'fɛ-ʃən], ↑ Presbyterianer.

Westminster Hall [engl. 'wɛstmɪnstə 'hɔːl], ältester erhaltener Teil des 1834 durch Feuer zerstörten *Palace of Westminster* in London; urspr. von dem normann. König Wilhelm II. 1097 errichtet; der jetzige spätgot. Bau wurde 1398 vollendet.

Westminsterstatut [engl. 'wɛstmɪnstə], vom brit. Parlament 1931 verabschiedetes Gesetz, das den Dominions praktisch den Status selbständiger Staaten mit voller gesetzgeber. Souveränität gab.

Westminstersynode [engl. 'wɛstmɪnstə] (engl. Westminster Assembly of Divines), nach ihrem Tagungsort (Westminster Abbey) ben., 1643–52 tagende Synode zur konformen (puritan.) Kirchenreform Englands, Schottlands und Irlands in bezug auf Bekenntnis *(Westminster Confession* und *Westminsterkatechismus),* Kirchenverfassung *(Presbyterialsystem),* Gottesdienstordnung *(Directory of Public Worship)* und kirchl. Unterricht. Die W. bildet den dogmat. Abschluß der anglokalvinist. Reformation (17. Jh.).

Westmitteldeutsch, mitteldt. Mundartgruppe, ↑ deutsche Mundarten.

Weston, Edward [engl. 'wɛstən], * Highland Park (Ill.) 24. März 1886, † Carmel (Calif.) 1. Jan. 1958, amerikan. Photograph. – Seine Photographien wurden durch den streng formalen Bildaufbau und ihre präzise Wiedergabe wegweisend.

Weston-Element [engl. 'wɛstən; nach dem amerikan. Elektroingenieur E. Weston, * 1850, † 1936], eine sehr konstante Spannung (1,01865 Volt bei 20 °C) lieferndes elektrochem. Element, dessen Pluspol aus reinstem, mit Quecksilber(I)-sulfat überzogenem Quecksilber und dessen Minuspol aus Cadmiumamalgam mit einem Überzug aus Cadmiumsulfat besteht; der Elektrolyt ist eine gesättigte Cadmiumsulfatlösung.

Weston-super-Mare [engl. 'wɛstən 'sjuːpə 'mɛə], engl. Stadt am Bristolkanal, Gft. Avon, 62 300 E. Museum, Kunstgalerie. Bed. Seebad. – Seit 1937 Stadt.

Westphal ['vɛstfaːl], Gert, * Dresden 5. Okt. 1920, dt. Schauspieler und Regisseur. – 1952–59 Chefregisseur und Hauptabteilungsleiter des Südwestfunks; seit 1959 Engagement u. a. am Schauspielhaus Zürich (bis 1980).

West Point [engl. 'wɛst 'pɔɪnt], Militärgebiet im SO des Bundesstaates New York, USA, am rechten Ufer des unteren Hudson River, 80 km nördl. von New York; United States Military Academy (gegr. 1802).

Westpreußen, ehem. preuß. Prov. beiderseits der unteren Weichsel, Hauptstadt Danzig. – 1466 mußte der Dt. Orden das Culmer Land und Pomerellen mit den Städten Danzig, Thorn, Elbing, Marienburg (Westpr.) sowie das Bistum Ermland an Polen abtreten, mit dem diese Gebiete bis 1569 nur in Personalunion verbunden waren. Nach ihrer Annexion durch das Kgr. Preußen in der 1. und 2. Poln. Teilung 1772/93 wurden sie W. gen.; 1815 wurde aus diesen Gebieten (außer dem Ostpreußen eingegliederten Ermland, aber einschl. der Kreise Marienwerder und Rosenberg) die Prov. W. (mit den Reg.-Bez. Danzig und Marienwerder) gebildet, die 1824/29 mit Ostpreußen zur Prov. Preußen verschmolz, 1878 jedoch wieder selbständig wurde. Durch den Versailler Vertrag (1919/20) kam der größte Teil von W. – Pomerellen (ohne die Freie Stadt Danzig) und das Culmer Land – an Polen (↑ Polnischer Korridor). Die restl. Teile wurden Ostpreußen (Reg.-Bez. W.), Pommern und der 1922 gebildeten Grenzmark Posen-W. angegliedert. Nach dem dt. Überfall auf Polen wurde 1939 der Reichsgau Danzig-W. gebildet. 1945 kam ganz W. zu Polen (↑ deutsche Ostgebiete).

Westminster Abbey

Westpunkt, der Punkt des Horizonts, an dem die Sonne am Tag der Tagundnachtgleiche (Frühlings- bzw. Herbstanfang) untergeht; Schnittpunkt des Horizonts mit dem Himmelsäquator (Gegenpunkt des Ostpunkts).

Westrich, Hochfläche südlich des Pfälzer Gebrüchs, 350–450 m hoch.

Weströmisches Reich, die 395 n. Chr. bei der Teilung des Röm. Reiches (↑ römische Geschichte) geschaffene westl. Reichshälfte.

Westrussischer Landrücken (Weißrussischer Landrücken), rd. 500 km langer Endmoränenzug in Weißrußland, bis 345 m hoch.

Westsahara (früher Span. Sahara), ehem. span. Überseeprovinz in W-Afrika, grenzt im W an den Atlantik, im N an Marokko, im äußersten NO an Algerien, im O und im S an Mauretanien, 266 769 km², 180 000 E (1986). W. umfaßt den nordwestlichsten Teil der Sahara mit wenigen Oasen und hat extrem trockenes Wüstenklima. Die Landesbewohner (Saharier) sind Berber und Araber. Der größte Teil sind Nomaden. Sie betreiben Selbstversorgungswirtschaft und Tauschhandel. Wichtigster Wirtschaftsfaktor ist das Phosphat, das seit 1971 bei Bu Craa im Tagebau abgebaut und mittels Förderband zum Verschiffungsplatz vor der Küste von Aaiún transportiert wird.

Geschichte: Spanien proklamierte 1885 das Protektorat über Río de Oro. 1946 wurde das Gebiet mit Ifni zu *Span.-Westafrika* zusammengefaßt; 1958 wurde aus Río de Oro und Saguia el Hamra die Überseeprov. *Span. Sahara* geschaffen. Die Ansprüche Marokkos und Mauretaniens auf das Gebiet (insbes. nach der Entdeckung bed. Phosphatlager) führten 1975 zu einem internat. Konflikt. Nach dem Einmarsch marokkan. Zivilisten im Nov. 1975 erklärte sich Spanien zur Übergabe (bis Febr. 1976) an Marokko und Mauretanien zur gemeinsamen Verwaltung (bis zu einer unter UN-Aufsicht durchzuführenden Volksabstimmung) bereit. Während die beiden Staaten die W. nach dem Abzug der Spanier ohne Volksabstimmung unter sich aufteilten, rief die Befreiungsbewegung ↑ FPOLISARIO in Algerien die Demokrat. Arab. Republik Sahara aus (1984 Mgl. der OAU) und verstärkte den Guerillakrieg. Nach dem Umsturz in Mauretanien 1978 verzichtete dieses in einem Friedensvertrag mit der FPOLISARIO auf die W. Nach dem Rückzug Mauretaniens erklärte Marokko auch den südl. Teil der W. zu marokkan. Gebiet. Im Sept. 1991 trat ein Waffenstillstand zw. FPOLISARIO und Marokko in Kraft; ein Referendum unter UN-Aufsicht über die polit. Zukunft der W. wird vorbereitet.

Gert Westphal

Westsamoa

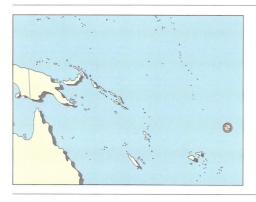

Westsamoa
Fläche: 2 831 km²
Bevölkerung: 165 000 E (1990), 58,3 E/km²
Hauptstadt: Apia (auf Upolu)
Amtssprachen: Englisch, Samoanisch
Nationalfeiertag: 1. Juni
Währung: 1 Tala (WS$, $) = 100 Sene (s)
Zeitzone: MEZ +12 Stunden

Westsamoa

Staatswappen

Internationales Kfz-Kennzeichen

Westsamoa (amtl.: Malo Sa'oloto Tuo'atasi o Samoa i Sisifo; engl. Independent State of Western Samoa; dt. Unabhängiger Staat Westsamoa), Staat im südl. Pazifik, zw. 13° und 15° s. Br. sowie 171° und 173° w. L. **Staatsgebiet:** W. umfaßt den westl. Teil der 3 000 km nö. von Neuseeland gelegenen Samoainseln, mit den beiden großen Inseln Savai'i (1 708 km²) und Upolu (1 118 km²), den kleinen Inseln Manono und Apolima sowie 5 unbewohnten Eilanden. **Verwaltungsgliederung:** 24 Distrikte. **Internat. Mitgliedschaften:** UN, Commonwealth, Südpazif. Forum; der EWG assoziiert.
Landesnatur: Von Korallenriffen umschlossene, z. T. steil aufragende Vulkaninseln, die auf Upolu bis 1 100 m und auf Savai'i im Silisili bis 1 844 m ü. d. M. erreichen.
Klima: Warmfeuchtes Tropenklima; Regenzeit Nov. bis April. Durch den ganzjährig wehenden SO-Passat erhalten die südl. und östl. Teile bis zu 3 400 mm Niederschlag/Jahr.
Vegetation: Dichter Wuchs aus Myrtengewächsen, Muskatnußbäumen, Bambus und Farnbäumen; an den Küsten Kokospalmen.
Bevölkerung: Die Bev. besteht überwiegend aus Polynesiern, die christl. Konfessionen angehören. 72 % der Bev. leben auf Upolu. Seit 1966 besteht eine Fakultät für Landw. der University of the South Pacific.
Wirtschaft: Neben den Exportprodukten (Kopra, Bananen, Kakao, Kaffee) dienen Mais, Hülsenfrüchte, Melonen, Bataten, Taro, Brotfrüchte u. a. der Eigenversorgung. Die Viehhaltung gewinnt an Bed., der Fremdenverkehr entwickelt sich zum wichtigsten Devisenbringer. Bed. sind die Geldüberweisungen der im Ausland (v. a. Neuseeland) arbeitenden Westsamoaner.
Außenhandel: Haupthandelspartner sind Neuseeland, Australien, Japan und die USA. Importiert werden Nahrungsmittel, Maschinen, Erdöl, industrielle Konsumgüter, exportiert Agrargüter (bes. Kopra).
Verkehr: Das Straßennetz umfaßt 2 095 km (davon 480 km asphaltiert). Zw. den Inseln Schiffs- und Flugverkehr (eigene Luftverkehrsgesellschaft Polynesian Airlines); Haupthafen ist Apia, internat. ✈ (Faleolo) bei Apia auf Upolu.
Geschichte: Die von Polynesiern besiedelten und 1722 von dem Holländer J. Roggeveen entdeckten Inseln wurden ab 1830 missioniert; seit 1850 entstanden u. a. dt. Handelsniederlassungen. Das aus der Teilung der ↑Samoainseln 1899 hervorgegangene dt. Schutzgebiet W. wurde 1914 von neuseeländ. Truppen besetzt; es kam 1920 als Mandatsgebiet des Völkerbunds und nach dem 2. Weltkrieg als Treuhandgebiet der UN unter neuseeländ. Verwaltung und erhielt am 1. Jan. 1962 die Unabhängigkeit.
Politisches System: Nach der Verfassung vom 10. Mai 1961 ist W. eine parlamentar. Häuptlingsaristokratie. Das derzeitige *Staatsoberhaupt* hat das Amt auf Lebenszeit inne, nach seinem Tod wird das Staatsoberhaupt von der Gesetzgebenden Versammlung für 5 Jahre gewählt. Die *Exekutive* liegt beim Kabinett, bestehend aus dem Premiermin., der Mehrheit im Parlament bedarf, und 8 von ihm ausgewählten Min. Die *Legislative* liegt bei der Gesetzgebenden Versammlung (47 für 3 Jahre gewählte Mgl.). 1991 wurde das allg. Wahlrecht für alle Westsamoaner eingeführt, das passive Wahlrecht besitzen weiterhin nur die rd. 20 000 Matai (Häuptlinge). Wichtigste *Parteien* sind die Human Rights Protection Party (HRPP) und die Samoan National Development Party (SNDP). Die *Rechtsprechung* basiert auf Traditionen und dem brit. Common Law. Auf Grund eines Freundschaftsvertrages mit Neuseeland von 1962 nimmt dieses Außenvertretung und Landesverteidigung wahr.

Westsibirisches Tiefland, Tiefland zw. dem Ural im W, dem Jenissei im O, der Karasee im N, der Kasach. Schwelle im S und dem Altai, Salairrücken sowie Kusnezker Alatau im SO; Rußland, S-Teil in Kasachstan, rd. 2,6 Mill. km². Es bildet eine kaum merklich nach N geneigte Ebene, im N und Zentrum 50–150 m ü. d. M. Der 285 m hohe Sibir. Landrücken quert das W. T. in O–W-Richtung. Das W. T. wird vom Ob und Irtysch entwässert, die ausgedehnte Sumpflandschaften bilden. Im südl. Teil liegen die Ischim-, Kulunda- und Barabasteppe. Das Klima ist kontinental. Die breitenparallele Abfolge der Vegetationsgürtel Tundra, Taiga, Waldsteppe bis zum Übergang zur Steppe ist deutlich ausgebildet. Im südl. Teil Weizenanbau. Das W. T. ist das Hauptgebiet der Erdölförderung Rußlands, verbunden mit umfangreicher Erdgasgewinnung. Bed. Standorte der petrochem. Ind. sind Omsk und Tomsk.

Westsiebenbürgisches Gebirge, zusammenfassende Bez. für den Gebirgskomplex in NW-Rumänien. Das Zentrum bilden das bis 1 848 m hohe **Bihargebirge** und die nördl. anschließenden bis 1 836 m hohen **Munții Vlădeasa.** Südl. des Bihargebirges erstreckt sich das bis 860 m hohe **Zarander Gebirge** weit nach W. Die östl. Fortsetzung wird auch ↑Siebenbürger Erzgebirge genannt.

Westslawen ↑Slawen.

West Sussex [engl. 'wɛst 'sʌsɪks], Gft. in SO-England.

westsyrische Kirchen, eine Gruppe syr. Kirchen, die dem westsyr. Ritus (↑Ostkirchen) angehören.

West-Turkestan ↑Turkestan.

West Virginia [engl. 'wɛst və'dʒɪnɪə], Bundesstaat der USA, 62 760 km², 1,86 Mill. E (1990), Hauptstadt Charleston.
Landesnatur: W. V. reicht vom oberen Ohiotal im W über das Alleghenyplateau und das Große Appalachental bis an die W-Flanke der Blue Ridge, die das Tal des Shenandoah River im O begrenzt. Die sw. Grenze bildet der Tug Fork River. Im N schiebt sich ein schmaler Landstreifen (Panhandle) zw. die Geb. von Pennsylvania und Ohio. Die höchste Erhebung ist mit 1 481 m der Spruce Knob. – W. V. liegt in der feucht-kontinentalen Klimaregion der USA. Urspr. war das ganze Geb. von Wald bedeckt, heute sind es noch 75 % der Fläche.
Bevölkerung, Wirtschaft, Verkehr: Die Bev. ist überwiegend brit., dt. und südeurop. Abkunft; über 3 % sind afrikan. Herkunft. Neben mehreren Colleges bestehen Univ. in

Morgantown (gegr. 1867) und Huntington (gegr. 1837). – Auf Grund des Bodens und der klimat. Verhältnisse ist die Viehwirtschaft lohnender als der Ackerbau. Wirtschaftsgrundlage ist der Bergbau mit bed. Kohleförderung (hochwertige bituminöse Kohle). Weitere Bodenschätze sind Erdöl, Erdgas, Salz, Kalkstein, Sand und Kies, die die Grundlage der chem., Glas- und Keramikind. bilden. W. V. liegt am sö. Rand des ↑Manufacturing Belt (Eisen- und Stahlind. u. a.). – Das Eisenbahnnetz ist rd. 4 660 km lang, das Straßennetz 55 483 km. Die Binnenwasserstraßen sind 725 km lang mit günstiger Verbindung zu den Großen Seen und damit zum Atlantik sowie über den Ohio zum Mississippi und damit zum Golf von Mexiko.
Geschichte: Das nach 1670 von Europäern erkundete und seit Mitte des 18. Jh. besiedelte westl. Virginia, in dem es kaum Sklaverei gab, trennte sich im Sezessionskrieg 1861 von Virginia; es wurde als W. V. am 20. Juni 1863 als 35. Bundesstaat in die Union aufgenommen.

Westwall (Siegfriedlinie), zw. Mai 1938 und Aug. 1939 erbautes Befestigungssystem an der W-Grenze des Dt. Reiches von Aachen bis Basel, das in seiner strateg. Bed. überschätzt wurde. Die rd. 15 000 Bunkeranlagen, Panzersperren usw. waren Ende 1944 in nicht mehr verteidigungsbereitem Zustand und konnten den Vormarsch der Alliierten kaum behindern; nach Kriegsende geschleift; die erhaltenen Reste sind denkmalgeschützt.

Westwerk, ein als selbständiger Kultraum karoling. Kloster- oder Bischofskirchen an Stelle einer Fassade vorgelagerter Querbau, meist mit niedriger Durchgangshalle und darüber einem ebenfalls zum Langhaus hin geöffneten Raum mit Emporen (Herrscherempore); der turmartige Abschluß sowie die beiden flankierenden Treppentürme verleihen dem W. seine Monumentalität; gut erhalten z. B. in Corvey (873–885). Das karoling. W. wurde in der otton. und roman. Kunst zum **Westbau** umgeformt mit der Doppelturmfassade als klass. Form.

Westwerk. Querschnitt des Westwerks der Klosterkirche von Corvey, 873–885

Westwinddrift (Westdrift), kräftige, von West nach Ost gerichtete Luftströmung der gemäßigten Breiten, die sich im Durchschnitt zw. 35 und 60° Breite einstellt; über den Ozeanen der Südhalbkugel in Form der ↑Braven Westwinde bes. stark ausgeprägt.

West Yorkshire [engl. ˈwɛst ˈjɔːkʃɪə], Metropolitan County in N-England, im Bereich der nö. Pennines.

Westzonen ↑Westdeutschland.

Wẹtar, Insel der S-Molukken, Indonesien, in der Bandasee, nördl. von Timor, 3 888 km², bis 1 412 m hoch, Hauptort Ilwaki.

Wettbewerb (Konkurrenz), Rivalität zw. Wirtschaftssubjekten auf dem jeweiligen Markt um Marktanteile. Der W. erfüllt in einer Marktwirtschaft die Funktion der Steuerung des Wirtschaftsprozesses.
In der Geschichte der Nationalökonomie hat der Begriff W. zentrale Bedeutung. In der klass. Nationalökonomie ging die gegen die feudalen Fesseln gerichtete Forderung nach freiem W. einher mit pessimist. Betrachtungen über seine Einschränkung durch Monopole (A. Smith). In der anschließenden Phase wurden dem W. geradezu wundersame Wirkungen im Sinne einer sich optimal, rasch und harmonisch entwickelnden Wirtschaft zugeschrieben. Die Kritik an dem Konkurrenzsystem verband sich bald mit einer grundsätzl. Kritik an der marktwirtsch. Ordnung bzw. dem Kapitalismus. In der theoret. Auseinandersetzung mit den sozialist. Theorien und später mit den das Konkurrenzsystem im Kern negierenden Planwirtschaften, v. a. aber aus dem Bestreben, eine Antwort auf die mit der zunehmenden Konzentration des Kapitals einhergegangenen wirtsch. Krisen zu finden, rückte der W. erneut in den Mittelpunkt ordnungspolit. Betrachtungen. In der sozialen ↑Marktwirtschaft wird ihm große Bed. beigemessen.

Wettbewerbsbeschränkungen, Maßnahmen zur Einschränkung oder Aufhebung des Wettbewerbs: a) seitens des Staates, z. B. durch Importverbote; b) seitens der Konkurrenten durch Kartelle oder abgestimmtes Verhalten *(Verhandlungsstrategie),* durch Boykott, Lieferverweigerung, Preisdiskriminierung *(Behinderungsstrategie)* sowie durch Unternehmenszusammenschlüsse *(Konzentrationsstrategie).* – ↑Kartellrecht.

Wettbewerbspolitik, Gesamtheit der staatl. Maßnahmen, die dazu dienen, einen funktionsfähigen Wettbewerb zu schaffen bzw. zu gewährleisten; sie erfolgt in drei Varianten: 1. Sie hat einen *konstitutionellen* Charakter, wenn sie darauf ausgerichtet ist, eine Wettbewerbsverfassung erst einmal herzustellen (z. B. Reprivatisierung einer verstaatlichten Ind.). 2. Sie hat *ordnungspolit.* Charakter, wenn sie darauf zielt, Verfälschungen des Wettbewerbs zu verhindern (in Deutschland z. B. durch das Gesetz gegen den unlauteren Wettbewerb). 3. Sie hat *prozeßpolit.* Charakter, wenn sie Wettbewerbsbeschränkungen ständig verhindert (z. B. Fusionskontrolle).

Wettbewerbsrecht, Gesamtheit der Rechtsnormen, die den freien Wettbewerb regeln und schützen sollen. Das W. richtet sich insbes. gegen alle den Wettbewerb einschränkende Absprachen bzw. Verträge zw. Unternehmen. Die Vorschriften des W. sind v. a. enthalten im Gesetz gegen den unlauteren Wettbewerb, im ↑Kartellrecht, im WarenzeichenG, im HGB, BGB und in Vorschriften der EG.

Wettbewerbsverbot (Konkurrenzverbot), gesetzl. Verbot für bestimmte Personen, in Wettbewerb mit Unternehmen zu treten, an die sie bereits vertraglich gebunden sind. W. gelten z. B. für Handlungsgehilfen (§ 60 HGB), persönlich haftende Gesellschafter einer OHG oder KG (§§ 113, 165 HGB) und Vorstands-Mgl. der AG (§ 88 AktienG). Weitergehender Schutz kann durch die nur begrenzt zulässige **Wettbewerbsklausel** (Konkurrenzklausel) erreicht werden. Diese beinhaltet i. d. R. Vereinbarungen über ein W. zw. dem Unternehmer und seinen Angestellten, die ersteren nach Beendigung des Dienstverhältnisses schützen sollen, den Angestellten jedoch in seiner gewerbl. Tätigkeit behindern.

Wette, Vereinbarung zw. zwei oder mehreren Vertragspartnern, daß zur Bekräftigung bestimmter widerstreitender Behauptungen demjenigen, dessen Behauptung sich als richtig erweist, ein Gewinn zufallen soll. Im Unterschied zum Spiel ist Vertragszweck nicht Unterhaltung oder Gewinn, sondern die Bekräftigung des Meinungsstreits. Bei den sog. Spiel-W. (z. B. Renn-W.) handelt es sich rechtlich um ein Spiel (↑Lotterie). Obwohl durch Spiel oder durch W. eine Verbindlichkeit nicht begr. wird, kann das auf Grund des Spiels oder der W. Geleistete nicht deshalb zurückgefordert werden, weil eine Verbindlichkeit nicht bestanden hat (§ 762 BGB).

Wetter, Friedrich, *Landau in der Pfalz 20. Febr. 1928, dt. kath. Theologe. – 1953 zum Priester geweiht; 1968–82 Bischof von Speyer; seit Okt. 1982 Erzbischof von München und Freising, seit 1985 Kardinal.

Wetter, in der *Meteorologie* der Zustand der Atmosphäre zu einem bestimmten Zeitpunkt an einem bestimmten Ort, wie er durch die Größe der meteorolog. Elemente (Luftdruck, Lufttemperatur, Luftfeuchte, Wind u. a.) und ihr Zusammenwirken gekennzeichnet ist (im Unterschied zur ↑Witterung und zum ↑Klima); das W.geschehen spielt sich in der Troposphäre ab.
▷ bergmänn. Bez. für das in einem Bergwerk vorhandene Gasgemisch. – ↑Grubenbewetterung.

Wetteramt ↑Deutscher Wetterdienst.

Wetterau, Senke zw. Vogelsberg und Taunus, von der Hess. Senke zur Oberrhein. Tiefebene überleitend, im Unterschied zu dieser als Hügelland ausgebildet. Lößböden sind mit günstigen klimat. Bedingungen die Grundlage des Weizen- und Zuckerrübenanbaus; Feldgemüsebau findet sich v. a. in der südl. W.; Obstbau am Taunusrand; Grünland in den Flußniederungen.

Wetteraukreis, Landkr. in Hessen.

Wetterbeeinflussung, Versuche des Menschen, die Wettervorgänge zu seinen Gunsten zu beeinflussen *(beabsichtigte W.).* Sie umfaßt Auflösung von Nebel, Auslösung von Niederschlag durch Impfen (Einbringen von Kondensations- bzw. Kristallisationskeimen, z. B. Silberjodid) von Wolken, Hagelbekämpfung und ist im allg. auf kleine Gebiete beschränkt. Beispiele für die im Gegensatz dazu stehende *unbeabsichtigte W.* im lokalen Bereich sind u. a. von Kühltürmen erzeugte Wolken, Brandwolken, Anreicherung von Aerosolpartikeln über Industriegebieten und daraus folgende Wolkenbildung.

Wetterboje, automat. Wetterstation, die in wenig oder gar nicht befahrenen Seegebieten ausgelegt ist und in regelmäßigen Abständen über Funk die Meßergebnisse für wichtige Wetterelemente meldet.

Wetterdienst ↑Deutscher Wetterdienst.

Wetterdistel, svw. ↑Eberwurz.

Wetterfühligkeit (Meteoropathie), Beeinflußbarkeit von Allgemeinbefinden, Stimmung und Leistungsfähigkeit durch Witterungserscheinungen, z. B. Föhn (↑Föhnkrankheit). W. tritt bei etwa 30 % der mitteleurop. Bev. auf. Bes. betroffen sind Menschen mit Kreislaufstörungen. Von der W. zu unterscheiden ist die *Wetterempfindlichkeit,* die sich durch Verschlimmerung bestehender Krankheiten, örtl. Beschwerden und Schmerzen äußert.

Wetterführung, svw. ↑Grubenbewetterung.

Wetterhorn, Hauptgipfel der W.gruppe in den Berner Alpen, 3 701 m hoch, stark vergletschert.

Wetterkarte, stark vereinfachte Landkarte, in der die Wetterlage zu einem bestimmten Zeitpunkt mit Hilfe von Symbolen und Zahlenangaben (z. B. Luftdruck, Temperatur) dargestellt ist. Aus Gründen der Übersichtlichkeit werden die Bodenbeobachtungen zu Boden-W., die aerolog. Meldungen zu Höhen-W. zusammengefaßt.
Bodenwetterkarten: Zu internat. vereinbarten Zeiten (meist 0^h, 3^h, ..., 18^h, 21^h Weltzeit), den sog. synopt. Terminen, führen Stationen in allen Teilen der Erde Wetterbeobachtungen durch. Die Meß- und Beobachtungsergebnisse werden einer Wetterdienstzentrale zugeleitet, von wo aus sie als Sammelmeldungen über die Fernmeldenetze an die Wetterdienste in aller Welt weitergegeben werden. Die einlaufenden Meldungen werden in Form von Zahlen oder Symbolen in die W. eingetragen. Anschließend erfolgt die weitere Auswertung der W. durch den sog. Synoptiker. Dieser muß anhand der in großer Zahl vorliegenden Einzelbeobachtungen die charakterist. Merkmale der jeweiligen Wetterlage herausarbeiten und in die W. einzeichnen (z. B. Hochdruck- und Tiefdruckgebiete, Niederschlags- und Nebelgebiete usw.).
Höhenwetterkarten: Zur Erforschung der physikal. Prozesse in höheren Luftschichten werden mindestens zweimal täglich (0^h und 12^h Weltzeit) von etwa 500 aerolog. Stationen auf der N-Halbkugel mit Hilfe von Radiosonden Messungen in der freien Atmosphäre durchgeführt. Die Meßergebnisse werden ähnlich wie die Bodendaten behandelt.

Wetterkunde, svw. ↑Meteorologie.

Wetterlampe (Davy-Lampe), die früher zum Ableuchten in schlagwettergefährdeten Gruben verwendete benzingespeiste Handleuchte, die durch eine Aureole auf Vorhandensein und Intensität schlagender Wetter schließen ließ. Heute sind die W. meist durch elektr. Grubenlampen ersetzt.

Wetterleuchten ↑Gewitter.

Wettermoos ↑Drehmoos.

Wetterregeln ↑Bauernregeln.

Wetter (Ruhr), Stadt an der zum Harkortsee aufgestauten Ruhr, NRW, 110 m ü. d. M., 28 400 E. Stahlind., Maschinenbau, Eisenwarenfabriken. – Bei einer Burg der Grafen von der Mark entstanden; Stadtrecht 1355 bestätigt, 1809–1909 entzogen. – Burgruine Volmarstein (13. bis 15. Jh.).

Wettersatelliten (Meteorologiesatelliten), künstl. Erdsatelliten für die großräumige Beobachtung und Erforschung des Wetters, frühzeitiges Erkennen von Wirbelstürmen u. a. *(Satellitenmeteorologie).* W. liefern mit Hilfe spezieller Kameras Wolkenaufnahmen, die durch ein automat. Bildübertragungssystem (APT-System) ohne zeitl. Verzögerung von Bodenstationen empfangen werden können. Farbaufnahmen, auf denen niedrigere Wolken gelblicher erscheinen als hohe, lassen die Wolkenhöhe erkennen. Während der Nachtzeit werden die Beobachtungen durch Messungen der Infrarotstrahlung der Wolken ergänzt. – Aus den Wolkenbewegungen kann Einblick in das globale Windfeld gewonnen werden. Aus Strahlungsmessungen in verschiedenen Wellenlängenbereichen ist die Temperatur in verschiedenen Höhen der Atmosphäre ableitbar. Strahlungsmessungen geben auch über die Feuchtverteilung in der Atmosphäre Aufschluß. Die Temperatur des Erdbodens kann anhand der Ausstrahlung im Infrarot- und Mikrowellenbereich bestimmt werden. Landflächen mit Niederschlägen lassen sich gegenüber niederschlagslosen Gebieten durch unterschiedl. Emissionsvermögen (im Mikrowellenbereich) und Reflexionsvermögen (im sichtbaren Spektralbereich) abgrenzen.
Der erste W. war 1960 der amerikan. Satellit Tiros 1 (insges. 10 W. vom Typ Tiros). 1966–69 wurden 9 mit dem APT-System ausgestattete ESSA-Satelliten gestartet. Der Start der ersten experimentellen Satelliten SMS auf geostationärer Umlaufbahn 1974 bzw. 1975 folgten 1975 und 1977 GOES. Als erster europ. W. lieferte der 1977 gestartete Meteosat 1 Bilddaten des Wettergeschehens.

Wetterscheide, Trennzone zw. Gebieten verschiedenen Witterungscharakters; meist ein sich quer zur Hauptwindrichtung erstreckendes Gebirge.

Wetterschleuse ↑Grubenbewetterung.

Wettersteingebirge, Teil der Tirol.-Bayer. Kalkalpen zw. der Loisach im W und der Isar im O (Bayern und Tirol); in der Zugspitze 2 942 m hoch; kleine Gletscher.

Wetterstrom ↑Grubenbewetterung.

Wettervorhersage (Wetterprognose), vom Wetterdienst herausgegebene Vorhersage der künftigen Wetterentwicklung. Nach dem Vorhersagezeitraum sind *Kurzfrist-* (ein bis zwei Tage), *Mittelfrist-* (zwei bis sieben Tage) und *Langfristprognosen* (über sieben Tage) zu unterscheiden. Die Kurzfristprognose muß Angaben über einzelne meteorolog. Faktoren (Temperatur, Wind, Bewölkung, Niederschläge u. a.) und bes. Wettererscheinungen (Gewitter, Nebel usw.) enthalten. Mittel- und Langfristprognosen, die im Ggs. zur kurzfristigen W. eigentlich Witterungsprognosen darstellen, können nur den allg. Witterungscharakter eines bestimmten Zeitraums, aber keine einzelnen Wetterereignisse beinhalten. Große Bed. hat die *numer.W.,* bei der mit Hilfe elektron. Datenverarbeitungsanlagen die künftige Wetterentwicklung berechnet wird. – ↑Meteorologie.

Wettin, Stadt an der Saale, Sa.-Anh., 80 m ü. d. M., 2 200 E. – Entstand als Ansiedlung der 961 erstmals bezeugten Stammburg der Wettiner, erhielt vor 1288 Stadtrecht. – Die Burg wurde im 19. Jh. völlig umgebaut (geringe Reste aus dem 16./17. Jh.). – Pfarrkirche Sankt Nikolai (wohl 15. Jh.).

Wettiner, altes dt. Herrschergeschlecht, das sich seit Beginn des 12. Jh. nach der Burg Wettin benannte. Die Machtstellung der W. begründete Konrad I., d. Gr. († 1157), der 1123 von dem späteren König Lothar III. die Mark Meißen erhielt und auch die Mark-Gft. Niederlausitz, die Gft. Groitzsch (1135) und das Land um Bautzen und Dresden gewann. Heinrich III., der Erlauchte, erwarb im thüring.-hess. Erbfolgekrieg (1247–64) Thüringen. Friedrich I., der Streitbare, erhielt 1423 nach dem Aussterben der Askanier das Hzgt. Sachsen-Wittenberg mit der Kurwürde. 1485 kam es zur sog. Leipziger Teilung: die *Ernestin. Linie,* die zunächst die Kurwürde erhielt, förderte die Reformation (v. a. Friedrich III., der Weise), verlor die Kurwürde und wichtige Territorien im Schmalkald. Krieg und spaltete sich in der Folgezeit auf (↑ Sächsische Herzogtümer); die *Albertin. Linie,* die unter Herzog Moritz in der **Wittenberger Kapitulation** (19. Mai 1547) die Kurwürde erhielt, stellte mit Friedrich August I., dem Starken, und Friedrich August II. die Könige von Polen und kam 1806 durch Napoleon I. zur sächs. Königswürde; Friedrich August III. verzichtete am 13. Nov. 1918 auf den Thron.

Wettingen, Stadt im schweizer. Kt. Aargau, östl. Nachbarstadt von Baden, 408 m ü. d. M., 18 300 E. Textil-, Elektroind., Metall- und Holzverarbeitung. – Ehem. Zisterzienserabtei (1227 gegr.; 1841 aufgehoben; heute Lehrerseminar); got. Abteikirche (nach 1227, später verändert), Kreuzgang (z. T. 13. Jh.).

Wettkampf, [sportl.] Leistungsvergleich im Rahmen vorgeschriebener Regeln.

Wettkampfgymnastik, svw. ↑ Rhythmische Sportgymnastik.

Wettstein, Johann Rudolf, *Basel 27. Okt. 1594, † ebd. 12. April 1666, schweizer. Staatsmann. – Ab 1645 Bürgermeister der Stadt Basel; erreichte 1648 im Westfäl. Frieden die formelle Lösung der Eidgenossenschaft vom Hl. Röm. Reich.

W., Richard, Ritter von Westersheim, *Wien 30. Juni 1863, † Trins (Tirol) 10. Aug. 1931, östr. Botaniker. – Prof. in Prag und Wien. Bed. Vertreter der phylogenet. Forschungsrichtung der Pflanzensystematik.

Wetzlar, hess. Krst. an der Mündung der Dill in die Lahn, 168 m ü. d. M., 51 000 E. Verwaltungssitz des Lahn-Dill-Kr.; städt. Museum mit Lottehaus (Goethe-Gedenkstätte), Palais Papius (Sammlung europ. Wohnkultur), Ind.festspiele; feinmechan.-opt. Ind., ferner Eisen- und Stahlind., Elektroind., Holzverarbeitung und Nahrungsmit-

Wettin. Die 961 erstmals bezeugte, im 19. Jh. völlig umgebaute Burg

telindustrie. – Die 1141/42 bezeugte Siedlung entstand bei einer 897 geweihten Kirche (an der Stelle des späteren Doms); fiel nach dem Aussterben der Konradiner (Mitte des 10. Jh.) an das Reich und war später Stützpunkt stauf. Machtpolitik; wurde zw. 1165 und 1180 Stadt mit Frankfurter Recht, schloß sich als Reichsstadt (bis 1802/03) Städtebünden an; 1693–1806 Sitz des Reichskammergerichts. Im Jan. 1977 mit der Stadt Gießen und 14 weiteren Gemeinden zur Stadt **Lahn** zusammengeschlossen, die am 1. Aug. 1979 wieder aufgelöst wurde. – Gut erhaltene Altstadt mit got. Dom (13./14. Jh., bed. roman. Teile), ev. Hospitalkirche zum Hl. Geist (18. Jh., Rokoko), ehem. Deutschordenshof (13.–18. Jh., Museum), Fachwerkhäuser (16.–18. Jh.); Reste der Stadtbefestigung (13./14. Jh.); Ruine der stauf. Reichsburg Kalsmunt (12. Jh.).

WEU, Abk. für: ↑ **W**est**e**uropäische **U**nion.

Wewerka, Stefan, *Magdeburg 27. Okt. 1928, dt. Architekt und Objektkünstler. – Studium bei B. Taut; seit 1961 wandte er sich vorrangig neodadaist. Objektkunst zu, indem er Möbelstücke (v. a. Stühle) teilweise umgestaltete und damit ihrer ursprüngl. Funktion entzog.

Wexford [engl. ˈwɛksfəd], Stadt an der SO-Küste Irlands, 11 000 E. Verwaltungssitz der Gft. W.; Automontagewerk, Gießereien, Landmaschinenbau; Mälzerei. Hafen im Seebad Rosslare (Fährverkehr mit Fishguard in Wales). – Seit 1172 Stadt. – Ruinen der ehem. Abtei Saint Sepulchre. **W.,** Gft. in SO-Irland, im O und S von der Irischen See, im W von Waterford Harbour und Barrow begrenzt, 2 351 km², 102 600 E (1991), Verwaltungssitz Wexford. – Gehörte im MA zum Kgr. Leinster; wurde Anfang des 12. Jh. Verwaltungsgrafschaft (County).

Weyden, Rogier van der [niederl. ˈwɛidə], *Tournai 1399 oder 1400, † Brüssel 18. Juni 1464, fläm. Maler. – Das Frühwerk zeigt deutl. Einflüsse seines Lehrers R. Campin (Meister von Flémalle), dessen Werk früher als Anfangsphase der Kunst Rogiers betrachtet wurde, und J. van Eycks; seit 1436 in Brüssel, 1450 Reise nach Rom; die eleganten, plastisch erfaßten Figuren seiner Bilder sind aufeinander bezogen in Ausdruck, Bewegung und Farbe, jedoch in einer maler. Distanz gegeben. Sein Werk wurde stilbildend für die niederl. und die dt. Kunst des späten 15. und frühen 16. Jh. – *Werke:* Kreuzabnahme (vor 1443; Madrid, Prado), Jüngstes Gericht (vollendet um 1451/52; Beaune, Hôtel-Dieu), Bladelin-Altar (Middelburger Altar; zw. 1452 und 1460; Berlin, Staatl. Museen), Columbaaltar (vor 1462; München, Alte Pinakothek), zahlr. Porträts.

Weyer, Willi, *Hagen 16. Febr. 1917, † auf Juist 25. Aug. 1987, dt. Politiker (FDP). – Jurist; 1956–72 in NRW Landesvors., 1964–68 stellv. Bundesvors. der FDP; 1953/54 MdB; in NRW 1950–54 und 1958–75 MdL, stellv. Min.präs. (1956–58, 1962–75) und Innenmin. (1962–75); 1974–86 Präs. des Dt. Sportbundes.

Rogier van der Weyden. Anbetung des Kindes, Mittelteil des Bladelin-Altars, zwischen 1452 und 1460 (Berlin, Staatliche Museen)

Wetzlar Stadtwappen

Richard Wettstein

Maxime Weygand

Hermann Weyl

Karl Weyprecht

Wolfgang Weyrauch

Charles Wheatstone

Weygand, Maxime [frz. vɛˈgã], * Brüssel 21. Jan. 1867, † Paris 28. Jan. 1965, frz. General. – 1914–20 Stabschef des Generals Foch; im poln.-sowjet. Krieg (1920/21) Berater des poln. Generalstabs; 1923/24 Hochkommissar für Syrien und den Libanon; 1931–35 Generalinspekteur der frz. Armee. Im Mai 1940 zum Oberbefehlshaber aller frz. Truppen ernannt, konnte W. die Niederlage gegen die dt. Wehrmacht nicht mehr abwenden. Juni–Sept. 1940 Verteidigungsmin. des État Français, danach bis Nov. 1941 Generaldelegierter Pétains für das frz. Afrika; 1942–45 in dt. Haft; 1948 vom Vorwurf der Kollaboration freigesprochen.

Weyl, Hermann, * Elmshorn 9. Nov. 1885, † Zürich 8. Dez. 1955, dt. Mathematiker. – Prof. in Zürich, Göttingen und nach Emigration aus Deutschland 1933–51 am Institute for Advanced Study in Princeton (N. J.). Einer der bedeutendsten und vielseitigsten Mathematiker seiner Zeit. Seine Zusammenarbeit mit A. Einstein veranlaßte ihn, die mathemat.-physikal. sowie philosoph. Grundlagen der allg. Relativitätstheorie herauszuarbeiten („Raum, Zeit, Materie", 1918); daneben Arbeiten über die Theorie und Darstellung kontinuierl. Gruppen und bed. Beiträge zur algebraischen Zahlentheorie, Funktionalanalysis, Invariantentheorie und Topologie sowie zur mathemat. Logik.

Weymouth and Melcombe Regis [engl. ˈweɪməθ ənd ˈmɛlkəm ˈriːdʒɪs], engl. Hafenstadt am Kanal, Gft. Dorset, 46 000 E. Weymouth ist Seebad und Fährhafen für den Verkehr zu den Kanalinseln. – Weymouth wurde 938 erstmals erwähnt, erhielt 1252 Stadtrecht, im MA bed. Hafenstadt; 1571 mit Melcombe Regis vereinigt.

Weymouthskiefer [ˈvaɪmuːt, engl. ˈweɪməθ; nach T. Thynne, Viscount of Weymouth, † 1714] ↑ Kiefer.

Weyprecht, Karl, * Bad König 8. Sept. 1838, † Michelstadt 29. März 1881, dt.-östr. Polarforscher. – Offizier; leitete mit J. Ritter von Payer (* 1841, † 1915) 1872–74 die östr.-ungar. Nordpolarexpedition, die zur Entdeckung von Franz-Joseph-Land führte.

Weyrauch, Wolfgang, * Königsberg (Pr) 15. Okt. 1904, † Darmstadt 7. Nov. 1980, dt. Schriftsteller. – An Döblin und Brecht geschulter Stilexperimentator, der Ende der 40er Jahre mit der sog. Kahlschlagprosa eine Erneuerung der dt. Literatur anstrebte und in seiner z. T. aggressiven Lyrik („Die Spur", 1963), in seinem zeitkrit. Erzählwerk, u. a. „Hans Dumm. 111 Geschichten" (1978) sowie in Hörspielen engagiert Stellung nahm gegen die Enthumanisierung der Welt. Hg. bed. Prosa- und Lyrikanthologien.

Weyse, Christopher Ernst Friedrich, * Altona (= Hamburg) 5. März 1774, † Kopenhagen 8. Okt. 1842, dän. Komponist dt. Herkunft. – Schüler von J. A. P. Schulz; Organist in Kopenhagen; gilt als Begründer der nat. dän. Musik.

WEZ, Abk. für: **w**esteurop. **Z**eit.

WFP, Abk. für: **W**orld **F**ood **P**rogramme (↑ Welternährungsprogramm).

WGB, Abk. für: **W**elt**g**ewerkschafts**b**und (↑ Gewerkschaften).

Wh, Einheitenzeichen für ↑ Wattstunde.

Whampoa (Huangpu) [chin. xuaŋbu] ↑ Kanton.

Wheatstone, Sir (seit 1868) Charles [engl. ˈwiːtstən], * Gloucester 6. Febr. 1802, † Paris 19. Okt. 1875, brit. Physiker und Erfinder. – W. erfand 1837 einen Nadeltelegrafen, 1838 das Stereoskop, gab 1843 die nach ihm ben. Brückenschaltung an und fand 1867 unabhängig von W. von Siemens das dynamoelektr. Prinzip.

Wheatstone-Brücke [engl. ˈwiːtstən; nach Sir C. Wheatstone], eine Brückenschaltung zur Messung elektr. Widerstände, bestehend aus den bekannten Widerständen R_1 und R_2, dem Vergleichswiderstand R_V, dem zu bestimmenden Widerstand R_x und dem im Diagonalzweig (der sog. Brücke) liegenden, als Nullinstrument verwendeten Galvanometer; bei Stromlosigkeit des Diagonalzweiges gilt $R_x = (R_2/R_1) R_V$.

Wheeler, John Archibald [engl. ˈwiːlə], * Jacksonville (Fla.) 9. Juli 1911, amerikan. Physiker. – Prof. an der Princeton University; maßgebend an der Entwicklung der Wasserstoffbombe und an Kernfusionsexperimenten beteiligt.

Whigs [engl. wɪgz], 1. in *England* bzw. *Großbritannien* ab Ende des 17. Jh. die den Tories gegenüberstehende Parlamentsgruppe; vertraten die Interessen der aristokrat. Grundbesitzer und des Großbürgertums. Nach der von ihnen unterstützten Thronbesteigung des Hauses Hannover 1714 stellten sie fast 50 Jahre lang den Premierminister. Seit 1784 in die Opposition gedrängt, spalteten sich die W. in eine eher konservative Gruppe um E. Burke, die sich den Tories anschloß, und eine gemäßigtere liberale Gruppe um C. J. Fox, die erst 1830 wieder an die Macht kam und sich zur modernen *Liberal Party* entwickelte. 2. (Whig Party) 1834–56 in den *USA* bed. polit. Partei; entstand als Koalition verschiedener Gruppen gegen die sog. Jacksonian democracy (↑ Jackson, A.) und stellte die Präs. W. H. Harrison, J. Tyler, Z. Taylor und M. Fillmore.

Whip [engl. wɪp „Peitsche"] ↑ Einpeitscher.

Whippet [engl. ˈwɪpɪt] (Englischer Windhund, Englisches Windspiel), in England gezüchteter kleiner Windhund; bis 48 cm schulterhoher, zierl. Hund mit Rosenohren und sichelförmig herabhängender, dünner Rute; Behaarung kurz, fein, dicht anliegend, in allen Farben und Farbkombinationen.

Whipple, Georg [Hoyt] [engl. wɪpl], * Ashland (N. H.) 28. Aug. 1878, † Rochester (N. Y.) 1. Febr. 1976, amerikan. Pathologe. – Prof. in Baltimore, Berkeley und Rochester; erhielt für seine Forschungen auf dem Gebiet der Lebertherapie bei perniziöser Anämie mit G. R. Minot und W. P. Murphy 1934 den Nobelpreis für Physiologie oder Medizin.

Whisker [engl., eigtl. „Barthaar"], svw. ↑ Haarkristall.

Whisky [engl. ˈwɪskɪ; gekürzt aus engl. whisky bae (von gäl. uisge-beatha, eigtl. „Lebenswasser")] (Whiskey), Getreidebranntwein, Alkoholgehalt mindestens 43 Vol.-%; als ältester W. gilt der „Scotch W." (schott. W.), der als unverschnittener „Straight" oder als „Blended", d. h. Mischung versch. W.sorten, auf den Markt kommt; eine schott. Besonderheit ist der „Malt W." aus Gerstenmaische; ir. Whiskey ist immer unverschnitten aus gemalzter und ungemalzter Gerste sowie Weizen und Hafer; amerikan. Whiskey wird aus überwiegend Mais und Roggen (Bourbon), überwiegend Roggen (Rye) oder nur Mais (Corn) gebrannt, kanad. aus Weizen.

Whist [vɪst; engl.], aus England stammendes Kartenspiel für 4 Personen; gespielt wird mit der W.karte zu 52 Blättern; auch zw. 3 Personen und einem Strohmann möglich. Aus dem W. entwickelte sich das Bridge.

Whistler, James [Abbot McNeill] [engl. ˈwɪslə], * Lowell (Mass.) 10. Juli 1834, † London 17. Juli 1903, amerikan. Maler und Radierer schott. Abkunft. – Lebte seit 1855 abwechselnd in Paris und in London. Dem Impressionismus verbunden, jedoch in der Stimmungswiedergabe und Betonung der Silhouette Vorläufer des Jugendstils.

Whitby [engl. ˈwɪtbɪ], engl. Hafensiedlung an der Nordsee, Gft. North Yorkshire, 14 000 E. Kunstgalerie, Theater; Badebetrieb. – Auf der **Synode von Whitby** 664 wurde die Frage, ob sich die Kirche in England hinsichtlich des Osterdatums dem röm. Ritus anschließen oder weiterhin

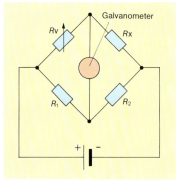
Wheatstone-Brücke. Schaltschema

dem ir.-kelt. folgen solle, zugunsten der röm. Praxis entschieden.

White [engl. waɪt], Edward Higgins, *San Antonio (Tex.) 14. Nov. 1930, †Kap Kennedy 27. Jan. 1967, amerikan. Astronaut. – 1965 umkreiste W. in Gemini 4 62mal die Erde, wobei er als erster Amerikaner die Raumkapsel (für 36 Minuten) verließ. Verunglückte tödlich beim Bodentest einer Raumkapsel.

W., Patrick, *London 28. Mai 1912, †Sydney 30. Sept. 1990, austral. Schriftsteller. – Bed. zeitgenöss. Erzähler Australiens; setzt sich in psycholog. Romanen mit menschl. Existenzproblemen auseinander, u. a. „Zur Ruhe kam der Baum des Menschen nie" (1955), „Die ungleichen Brüder" (1966), „Im Auge des Sturms" (1973), „Memoirs of many in one" (1986); schrieb auch Dramen („Nacht auf dem kahlen Berg", 1965) und Lyrik. 1973 Nobelpreis für Literatur.

Whitefield, George [engl. ˈwaɪtfiːld], *Gloucester 16. Dez. 1714, †Newburyport (Mass.) 30. Sept. 1770, engl. Prediger. – Neben den Brüdern Wesley wichtigster methodist. Prediger in England, Schottland und Amerika. Auf ihn geht die Praxis der Predigt auf offenem Feld zurück.

Whitehead, [engl. ˈwaɪthɛd], Alfred North, *Ramsgate (Kent) 15. Febr. 1861, †Cambridge (Mass.) 30. Dez. 1947, brit. Mathematiker und Philosoph. – 1914 Prof. für angewandte Mathematik in London, 1924 bis 1937 für Philosophie an der Harvard University. Nach Untersuchungen zur Axiomatik und Geometrie sowie zu anderen mathemat. Gebieten unternahm W. mit seinem Schüler B. Russell den Versuch einer Gesamtdarstellung der Mathematik auf dem Fundament der formalen Logik. In seiner späteren Naturphilosophie, in der er Kritik an der Atomisierung (↑logischer Atomismus) der konkreten Naturerfahrung durch die Wiss. übt, versteht er die Substanz der Realität als sich selbst produzierende „Einheiten"; die Bildung dieser „Einheiten" ist als organ. „Zusammenwachsen" ihrer „Objektivationen" oder als „Prehensionen" anderer Einheiten zu verstehen. – *Werke:* Principia Mathematica (1910–13; zus. mit B. Russell), Einführung in die Mathematik (1911), Wiss. und moderne Welt (1925), Abenteuer der Ideen (1933).

W., Gustave, urspr. Gustav Weißkopf, *Leutershausen 1. Jan. 1873, †Fairfield (Conn.) 10. Okt. 1927, amerikan. Flugpionier dt. Herkunft. – Auswanderung in die USA (1895). W. konstruierte einen Eindecker, mit dem er am 14. Aug. 1901 den ersten Motorflug in der Geschichte unternahm.

Whiteman, Paul [engl. ˈwaɪtmən], *Denver (Colo.) 28. März 1890, †Doylestown (Pa.) 29. Dez. 1967, amerikan. Orchesterleiter. – Wurde während der 20er Jahre zum Hauptvertreter des sog. Symphonic Jazz.

White Mountains [engl. ˈwaɪt ˈmaʊntɪnz], Teil des appalach. Gebirgssystems östl. des Hudson River, im Mount Washington 1917 m hoch.

Whiteout [engl. ˈwaɪtaʊt] ↑Antarktis.

White River [engl. ˈwaɪt ˈrɪvə], rechter Nebenfluß des Mississippi, entsteht auf dem Ozark Plateau, mündet etwa 150 km sö. von Little Rock; 1100 km lang.

Whitman, Walt[er] [engl. ˈwɪtmən], *West Hills bei Huntington (N. Y.) 31. Mai 1819, †Camden (N. Y.) 26. März 1892, amerikan. Dichter. – Bedeutendster amerikan. Versdichter der 2. Hälfte des 19. Jh. Die Lyrik, einerseits volksverbunden bzw. Macht und Bed. der Masse verherrlichend, andererseits Shakespeare, Ossian, Homer, der Bibelsprache, der oriental. Literatur und Philosophie sowie pantheist. Gedankengut verpflichtet und stark von den Ideen der Transzendentalisten geprägt, ist Ausdruck seiner Auffassung von der prophet. Sendung des Dichters („Grashalme", 1855 [endgültige Fassung 1891/92 mit fast 400 Gedichten]). Kennzeichend hierfür ist die früh entwickelte, im Spätwerk vollendete Neigung zu myst. Übersteigerung seiner Ideale. In den Essays „Demokrat. Ausblicke" (1871) gestaltete er das bereits entwickelte Bewußtsein der geistigen Autonomie der USA.

Whitney, Mount [engl. ˈmaʊnt ˈwɪtni], mit 4418 m höchster Berg der Sierra Nevada, Kaliforniern.

Whittaker, Sir (seit 1945) Edmund Taylor [engl. ˈwɪtɪkə], *Birkdale (Lancashire) 24. Okt. 1873, †Edinburgh 24. März 1956, brit. Astronom und Mathematiker. – Prof. in Dublin und Königl. Astronom von Irland, danach Prof. in Edinburgh. Bed. Beiträge zur Analysis, zur numer. Mathematik und zum Dreikörperproblem.

Whittier, John Greenleaf [engl. ˈwɪtɪə], *Haverhill (Mass.) 17. Dez. 1807, †Hampton Falls (N. H.) 7. Sept. 1892, amerikan. Dichter. – Volksdichter der USA. Seine romant., neuengl. Heimat- und Naturdichtung mit vielfach idyll. Zügen gipfelte in dem Gedicht „Eingeschneit" (1866).

Whitworth, Sir (seit 1869) Joseph [engl. ˈwɪtwəθ], *Stockport (Cheshire) 21. Dez. 1803, †Monte Carlo 22. Jan. 1887, brit. Ingenieur. – Führte 1841 das nach ihm benannte System für Schraubengewinde ein (*W. gewinde;* Zollbasis); erfand den Stahldruckguß; konstruierte Bohr- und Hobelmaschinen.

WHO, Abk. für: **W**orld **H**ealth **O**rganization (↑Weltgesundheitsorganisation).

Who, The [engl. ðə ˈhuː], 1964 in London als „The Highnumbers" gegr. engl. Rockgruppe: **Pete Townshend** (*1945; Gitarre, Gesang), **Roger Daltrey** (*1944; Gesang), **John Entwistle** (*1945; Baßgitarre, Gesang), **Keith Moon** (*1946, †1978; Schlagzeug), ab 1978 **Kenny Jones** (*1948; Schlagzeug). – Die Gruppe erlangte mit aggressiver Rockmusik, exzentr. Bühnenshows sowie mit ihrer Rockoper „Tommy" (1969/70) große Popularität.

Whorf, Benjamin Lee [engl. wɔːf], *Winthrop (Mass.) 24. April 1897, †Wethersfield (Conn.) 26. Juli 1941, amerikan. Ethnologe und Sprachwissenschaftler. – Studien über Indianersprachen, v. a. die uto-aztek. Sprache der Hopi; Forschungen auf dem Gebiet der Sprachphilosophie und Metalinguistik. – ↑Sapir, Edward.

Who's Who [engl. ˈhuːz ˈhuː: „wer ist wer"], seit 1849 jährlich in London erscheinendes biograph. Lexikon über Personen des gesamten öff. Lebens in Großbritannien; die brit. Ausgabe wurde Vorbild ähnl. Verzeichnisse in aller Welt.

Whyalla [engl. waɪˈælə], Hafenstadt an der W-Küste des Spencergolfs, Südaustralien, 27300 E. Eisen- und Stahlind., Schiff-, Maschinenbau, chem. Ind.; Meersalzgewinnung; ⚓. – Bis 1920 kleiner Hafen als **Hummock Hill;** 1930 Anlage des neuen Hafens; seit 1961 City.

Whymper, Edward [engl. ˈwɪmpə], *London 27. April 1840, †Chamonix 16. Sept. 1911, brit. Forschungsreisender und Alpinist. – Erstbesteigungen verschiedener Alpengipfel, u. a. 1865 des Matterhorns; Forschungsreisen in Grönland und in den Anden (1880 Erstbesteigung des Chimborasso).

Wichern, Johann Hinrich, *Hamburg 21. April 1808, †ebd. 7. April 1881, dt. ev. Theologe. – Gründete 1833 das ↑„Rauhe Haus"; entwickelte den Gedanken der „Inneren Mission" und erreichte auf dem ersten Dt. Ev. Kirchentag in Wittenberg 1848 die Gründung des „Centralausschusses für die innere Mission der dt. ev. Kirche". 1858 Gründung des „Ev. Johannesstifts" zur Erneuerung des Strafvollzugs. W. verstand sein Anliegen im Sinne einer die polit. und konfessionellen Grenzen überschreitenden „ev. Katholizität", gab so Anstöße zur Ökumene und zur christl.-sozialen Bewegung.

Wichita [engl. ˈwɪtʃɪtɔː], Konföderation von Caddo sprechenden Indianerstämmen in der südl. Prärie, von Kansas bis Texas.

Wichita [engl. ˈwɪtʃɪtɔː], Stadt in Kansas, USA, am Arkansas River, 392 m ü. d. M., 295000 E. Kath. Bischofssitz; Univ. (gegr. 1895 als College), Friends University (Quäker; gegr. 1898); Luftfahrtind., Erdölraffinerie, Textil-, Lederu. a. Ind.; Viehhöfe und Getreidesilos. – Gegr. 1868.

Wichita Falls [engl. ˈwɪtʃɪtɔː ˈfɔːlz], Stadt in N-Texas, USA, 290 m ü. d. M., 94200 E. Univ. (gegr. 1922); Erdölraffinerie, Gießereien. – Entstand 1861 als Handelsstation.

Wichs, 1. traditionelle Festtracht der ↑Chargen student. Korporationen; 2. landschaftlich für: gamslederne Hosen der alpenländ. Tracht.

Patrick White

Alfred North Whitehead

Johann Hinrich Wichern

Walt Whitman

Wolfgang Wickler

Erwin Wickert

Bernhard Wicki

Wichte (spezif. Gewicht), Formelzeichen γ, Quotient aus der Gewichtskraft G eines Körpers und seinem Volumen V, also $γ = G/V$, bzw. Produkt aus der ↑Dichte $ϱ$ eines Körpers und der Fallbeschleunigung g, also: $γ = ϱ · g$. SI-Einheit der W. ist Newton durch Kubikmeter (N/m^3).

Wicke (Vicia), Gatt. der Schmetterlingsblütler mit mehr als 150 Arten, v. a. in der nördl. gemäßigten Zone, einige Arten auch im südl. S-Amerika, in den Anden und den Gebirgen O-Afrikas; meist kletternde Kräuter mit paarig gefiederten Blättern und Ranken sowie einzeln oder in Trauben stehenden Blüten. Bekannte, teilweise als Futter- und Gründüngungspflanzen genutzte Arten sind: **Saatwicke** (Vicia sativa), 30–90 cm hoch, mit behaartem, vierkantigem Stengel und behaarten Blättern; Blüte rotviolett. **Vogelwicke** (Vicia cracca), mit bis über 1 m langen Stengeln und blauvioletten Blüten in dichten Trauben; auf nährstoffreichen Böden.

Wickel, Umschlag, Teilpackung (↑ Packung).
▷ ↑ Blütenstand.

Wickelbären (Honigbären, Cercoleptinae), Unterfam. der Kleinbären mit der einzigen Gatt. *Potos* und der einzigen Art **Kinkaju** (Wickelbär, Potos flavus) in M- und S-Amerika; Länge 40–60 cm, mit etwa ebensolangem Greifschwanz; Kopf rundlich; nachtaktiver, v. a. Pflanzen fressender Baumbewohner.

Wickert, Erwin, *Bralitz bei Bad Freienwalde 7. Jan. 1915, dt. Schriftsteller. – 1976–80 Botschafter in Peking; schrieb u. a. Romane über China und die Antike („Der Purpur", 1965; „Der verlassene Tempel", 1985), die sich aus fiktiven histor. Dokumenten zusammensetzen; 1951 Hörspielpreis der Kriegsblinden für „Darfst du die Stunde rufen?".

Wickert Institute, privates Unternehmen in Tübingen und Altenstadt zur Markt- und Meinungsforschung im In- und Ausland; 1951 gegr. und seither geleitet von G. Wickert (* 1928); 1966 Angliederung des Inst. für wirtsch. Zukunftsforschung.

Wicket [engl. 'wɪkɪt], das Tor beim ↑Kricket.

Wicki, Bernhard, *Sankt Pölten 28. Okt. 1919, östr. Schauspieler und Regisseur. – Seit 1945 ⚭ mit A. Fink (*1919). Zunächst Theater-, dann Filmschauspieler (seit 1950; u. a. in „Die Nacht", 1961; „Der Mann im Schilf", 1978); Filmregisseur seit 1958, u. a. „Die Brücke" (1959), „Das Wunder des Malachias" (1961), „Die falsche Gewicht" (1971), „Die Eroberung der Zitadelle" (1977), „Die Grünstein-Variante" (1985), „Sansibar oder Der letzte Grund" (1987), „Das Spinnennetz" (1989).

Wickler, Wolfgang, *Berlin 18. Nov. 1931, dt. Verhaltensforscher. – Direktor am Max-Planck-Institut für Verhaltensphysiologie in Seewiesen (bei Starnberg); Arbeiten v. a. zur stammesgeschichtl. Entwicklung, Anpassung und Ritualisierung des Verhaltens. – *Werke:* Stammesgeschichte und Ritualisierung. Zur Entstehung tier. und menschl. Verhaltensmuster (1970), Die Biologie der Zehn Gebote (1971), Das Prinzip Eigennutz. Zur Evolution sozialen Verhaltens (1991; mit U. Seibt).

Wickler (Tortricidae), mit mehr als 5000 weltweit verbreitete Fam. etwa 1–3 cm spannender, meist dämmerungs- oder nachtaktiver Schmetterlinge, darunter rd. 400 Arten einheimisch; Raupen meist in eingerollten (Name!) oder zusammengesponnenen Blättern, auch im Innern von Pflanzen und Früchten; können an Nutzpflanzen schädlich werden (z. B. Apfel-, Fruchtschalen-, Trauben-, Eichenwickler).

Wicklow [engl. 'wɪkloʊ], Gft. in O-Irland, an der Irischen See, 2025 km², 97300 E (1991), Verwaltungssitz Wicklow (5200 E). – Kam Anfang des 10. Jh. zum Wikinger-Kgr. Dublin; wurde im 12. Jh. wegen seiner unzugängl. Berge Rückzugsgebiet der Iren vor der anglonormann. Eroberung.

Wicklung, in der Elektrotechnik Bez. für die meist als Spule ausgebildete (oder eine Zusammenschaltung von Spulen darstellende) Leiteranordnung, in der in einer elektr. Maschine eine Spannung induziert wird.

Wickram, Jörg, *Colmar um 1505, †Burgheim am Rhein (Elsaß) vor 1562, dt. Dichter. – Wahrscheinlich Handwerker und Gerichtsschreiber in Colmar, wo er 1549 eine Meistersingerschule begründete; 1555 Stadtschreiber in Burgheim. Sein „Rollwagenbüchlin" (1555) gehört zu den besten Schwank- und Anekdotensammlungen. Bed. auch seine Bearbeitungen älterer Schweizer Fastnachtspiele sowie Erzählungen. Der Roman „Der Goldtfaden" (1557) begründete den neuhochdt. Prosaroman und wurde richtungsweisend für das 17. Jahrhundert.

Wickrath ↑ Mönchengladbach.

Wicksell, Knut [schwed. vikˈsɛl], *Stockholm 20. Dez. 1851, †Stocksund (bei Stockholm) 3. Mai 1926, schwed. Nationalökonom. – Prof. in Lund; von der Grenznutzenschule beeinflußter Geld-, Kapital- und Zinstheoretiker. – *Werke:* Über Wert, Kapital und Rente (1893), Geldzins und Güterpreise (1898), Vorlesungen über Nationalökonomie auf Grundlage des Marginalprinzipes (1913–22).

Wiclif, John [engl. 'wɪklɪf] ↑Wyclif, John.

Widder ↑ Sternbilder (Übersicht).

Widder, (Schafbock) ♂ Schaf.
▷ Kriegsmaschine der Antike und des MA: ein langer Balken zum Einrennen von Mauern und Toren; dabei urspr. von den Kriegern auf den Armen getragen, später in einem Gerüst hängend.

Widderbären (Fleckwidderchen, Syntomidae), weltweit verbreitete Fam. mittelgroßer Schmetterlinge mit schlanken, oft lebhaft gefärbten, z. T. auch durchsichtigen Vorderflügeln und kleinen Hinterflügeln (den ↑Widderchen ähnlich); Flügel in Ruhehaltung dachförmig; Raupen behaart, fressen v. a. an krautigen Pflanzen. In M-Europa kommen 6 Arten vor, darunter das **Weißfleckwidderchen** (Amata phegea) mit weißen Flecken auf den schwarzblauen Flügeln.

Widderböcke (Clytus), Gatt. der Bockkäfer mit vier etwa 5–20 mm langen, schwarzen bis braunschwarzen einheim. Arten; mit auffallend gelben Querbinden; Larven in Baumstümpfen und gefälltem Holz.

Widderchen (Blutströpfchen, Zygaenidae), mit rd. 1000 Arten weltweit verbreitete Fam. etwa 2–4 cm spannender Schmetterlinge, darunter rd. 30 einheim. Arten, u. a. das **Gemeine Blutströpfchen** (Zygaena filipendulae); Vorderflügel lang und schmal, einfarbig metallisch grün oder auf dunklem Grund lebhaft rot gefleckt; Fühler lang, am Ende keulenförmig verdickt; tagaktiv; Flügel dachförmig über dem Körper zusammengelegt.

Widderpunkt ↑Äquinoktialpunkte.

Widerbart (Epipogium), Gatt. der Orchideen mit 5 Arten in Eurasien, Australien, Neukaledonien und im trop. W-Afrika; blattlose Saprophyten. Die einzige europ. Art ist die (selten) in schattigen Buchen-, Fichten- und Tannenwäl-

Bernhard Wicki. Szene aus dem Film „Die Brücke", 1959

dern vorkommende Art *Epipogium aphyllum* mit gelbl., nach Bananen duftenden Blüten mit rot gestrichelter Lippe.

Widerberg, Bo [Gunnar] [schwed. ˌviːdərbærj], * Malmö 8. Juni 1930, schwed. Schriftsteller, Filmregisseur und -kritiker. – Dreht v. a. zeitkrit. Filme wie „Der Kinderwagen" (1963), „Roulette der Liebe" (1965), „Fimpen, der Knirps" (1974), „Der Mann auf dem Dach" (1976), „Victoria" (1979; nach K. Hamsun).

Widerklage ↑ Klage.

Widerlager, schwerer, massiver Baukörper aus Mauerwerk oder Beton, der den Druck eines Tragwerkes (z. B. Brückenbogen), den Schub eines Gewölbes u. a. aufnimmt und auf den Baugrund überträgt.

Widerlegung, Nachweis der Ungültigkeit oder Falschheit einer Behauptung.

Wideröe, Rolf [...rø], * Oslo 11. Juli 1902, schweizer. Physiker norweg. Herkunft. – Entwickelte 1928, unabhängig von D. W. Kerst, das Prinzip des Betatrons. Außerdem arbeitete er über Probleme der Strahlenbiologie, Strahlentherapie und Dosimetrie.

Widerrist, der erhöhte Teil des Rückens landw. Nutztiere.

Widerruf, im *Privatrecht* die ↑ Willenserklärung, die eine andere, noch nicht endgültig wirksame Willenserklärung beseitigen soll, z. B. W. eines Testaments. Im *Verwaltungsrecht* die Aufhebung eines rechtmäßigen Verwaltungsakts durch die Behörde, die ihn erlassen hat (Ggs.: Rücknahme eines rechtswidrigen Verwaltungsakts). Während belastende Verwaltungsakte ohne weiteres widerrufen werden dürfen, ist der W. begünstigender Verwaltungsakte (z. B. Erlaubnis) nur für die Zukunft und nur bei Vorliegen bestimmter Voraussetzungen sowie i. d. R. nur gegen Ersatz des Vertrauensschadens statthaft.

Widerspiegelungstheorie ↑ Abbildtheorie.

Widerspruch, 1. im *Zivilrecht* allg. eine ablehnende Stellungnahme, die in bestimmten Fällen dem Gegner die Durchsetzung eines Rechts erschwert (z. B. dem Vermieter von Wohnraum die Kündigung). – Als *Rechtsbehelf* führt der W. zur Überprüfung einer Entscheidung in der gleichen Instanz (z. B. im ↑ Mahnverfahren); zum W. in der Zwangsvollstreckung ↑ Drittwiderspruchsklage. – Im *Grundbuchrecht* ist der W. ein vorläufiges Sicherungsmittel dessen, der einen Anspruch auf ↑ Grundbuchberichtigung (§ 894 BGB) hat. Die Eintragung eines W. gegen die Richtigkeit des Grundbuchs erfolgt auf Grund einer Bewilligung des durch den W. Betroffenen oder auf Grund einer einstweiligen Verfügung. Der **Amtswiderspruch** wird (von Amts wegen) eingetragen, wenn sich ergibt, daß das Grundbuchamt unter Verletzung gesetzl. Vorschriften eine Eintragung vorgenommen hat, durch die das Grundbuch unrichtig geworden ist. Der W. zerstört den öff. Glauben an der Eintragung, auf die er sich bezieht; insbes. hindert er so einen ↑ gutgläubigen Erwerb vom eingetragenen Nichtberechtigten. – Zum *Verwaltungsrecht* ↑ Widerspruchsverfahren.

▷ in der *Logik* die dem Denken unvollziehbare Vereinigung einander ausschließender sich gegenseitig aufhebender Bedingungen (**Kontradiktion**; Aussageform: *A* und nicht-*A*); dieses Prinzip vom ausgeschlossenen W. *(Principium contradictionis; Satz vom W.)* besagt, daß zwei sich logisch widersprechende Aussagen nicht zus. wahr sein können.

▷ in der *marxist.* und *marxistisch orientierten philosoph. Literatur* im Anschluß an Hegel (↑ Dialektik) als realer oder dialekt. W. Bez. für ein Verhältnis von Gegensätzen, die einander bedingen, aber zugleich ausschließen („Einheit und Kampf der Gegensätze"); insofern auch „das Prinzip aller Selbstbewegung".

widerspruchsfrei (konsistent), in der mathemat. Logik Bez. für die Eigenschaft einer Menge *S* von Ausdrücken eines formalen Systems, die gegeben ist, wenn es in *S* nicht möglich ist, eine Aussage *A* und zugleich ihre Negation ¬ *A* abzuleiten.

Widerspruchsklage, svw. ↑ Drittwiderspruchsklage.

Widerspruchsverfahren, Vorverfahren in der Verwaltungs- und Sozialgerichtsbarkeit, das durch einen Widerspruch eingeleitet wird und gegen den Erlaß oder das Unterlassen eines bestimmten begünstigenden Verwaltungsakts gerichtet ist. Im W. sollen Recht- und Zweckmäßigkeit des Verwaltungsakts von der **Widerspruchsbehörde** (i. d. R. die nächsthöhere Behörde) überprüft werden. Die Durchführung des W. ist Voraussetzung für die Erhebung der Anfechtungs- und Verpflichtungsklage. Es ist binnen eines Monats nach Bekanntgabe des Verwaltungsakts einzuleiten und endet durch schriftl., mit Begründung und Rechtsmittelbelehrung versehenen **Widerspruchsbescheid,** der zuzustellen ist. Im *östr.* und *schweizer. Recht* gilt im wesentlichen Entsprechendes.

Widerstand, der Bewegung eines Körpers bzw. physikal. Systems entgegengerichtete Kraft, z. B. der Luftwiderstand.

▷ (elektr. W.) Formelzeichen *R*, die Eigenschaft von Stoffen, den elektr. Stromfluß zu hemmen, wenn die in ihnen befindl. „freien" Ladungsträger von elektr. Feldern bzw. Spannungen in Bewegung gesetzt werden; definiert als Quotient aus der zw. den Enden eines Leiters bestehenden elektr. Gleichspannung *U* und der Stromstärke *I* des in ihm fließenden Gleichstroms: $R = U/I$. In den Wechselstromkreisen treten neben diesem als *ohmscher W.* bezeichneten Gleichstrom-W. zusätzliche induktive und kapazitive [Blind]widerstände auf (↑ Wechselstromwiderstand). SI-Einheit des elektr. W. ist das ↑ Ohm (Ω). Als *spezif. elektr. W.* wird die Größe $\varrho = R \cdot q/l$ bezeichnet (q Leiterquerschnitt, *l* Leiterlänge). Der spezif. elektr. W. ist eine Materialkonstante; er wird gemessen in der SI-Einheit $\Omega \cdot m$ (Ohm mal Meter).

▷ in der *Elektrotechnik* Bauelement, das dem elektr. Strom einen definierten elektr. W. entgegensetzt. Mit W. können z. B. Spannungen herabgesetzt, Teilspannungen gewonnen sowie Ströme eingestellt oder begrenzt werden. Wichtigste Kennwerte eines W. sind der W.wert (in Ω) und die (wegen der am W. in Wärme umgesetzten elektr. Leistung) zulässige Belastbarkeit (in W). Nach dem Verlauf der Strom-Spannungs-Kennlinie werden *lineare W.* (die Kennlinie ist eine Gerade) und *nichtlineare W.* (Kennlinie gekrümmt; z. B. bei Heißleiter, Kaltleiter und Varistor) unterschieden. Zur näheren Bezeichnung der W. werden techn.-technolog. Besonderheiten und wirkungs- bzw. anwendungstechn. Merkmale verwendet. Beim *Draht-W.* ist der W.wert durch entspr. Werkstoffe mit bestimmtem spezif. W. in Form von Drähten oder Bändern bedingt, die als Wicklung auf einem Trägerkörper aufgebracht sind; beim *Schicht-W.* ist der W.wert durch Dicke, Fläche, Länge und spezif. W. von in Schichten auf einem Trägerkörper aufgebrachtem W.material bestimmt. Der *Volumen-W.* (früher Masse-W.) hat keinen gesonderten Trägerkörper. Der W.wert ist durch den Werkstoff des Bauelementes selbst bedingt. – Innerhalb dieser Gruppen wird grundsätzlich unterschieden, ob der W.wert fest oder veränderbar ist, dabei gelten als *Fest-W.* die W., bei denen der W.wert vom Hersteller als unveränderbar vorgegeben sind. *Veränderbare W.* sind W., bei denen durch mechan. Betätigung der W.wert innerhalb vorgegebener Grenzen eingestellt werden kann. Zusätzlich wird hierbei eine Unterscheidung nach der Art dieser Betätigung bzw. Konstruktion vorgenommen (z. B. Schiebe-, Dreh-, Kurbel-, Stöpsel-, Spindel-W.) und z. T. werden aus der Funktion abgeleitete Bez. (z. B. Trimmer, Potentiometer, Lautstärkeregler, Einstellregler) verwendet.

▷ in der *Politik* Verhalten von einzelnen oder von Gruppen gegen eine von ihnen abgelehnte Reg. oder deren Ziele in unterschiedl. Formen, als militanter W. (z. B. mit Waffengewalt) oder als passiver W. (↑ Gewaltlosigkeit). – ↑ Befreiungsbewegungen, ↑ Widerstandsbewegung.

Widerstand gegen die Staatsgewalt, zusammenfassende Bez. für die Strafbestimmungen im StGB, die Widerstand gegen bestimmte Maßnahmen der öff. Gewalt (§§ 111 ff.) unter Strafe stellen. Dazu gehören öff. ↑ Aufforderung (zu Straftaten), ↑ Gefangenenbefreiung, ↑ Gefangenenmeuterei und Widerstand gegen Vollstreckungsbeamte (§ 113 StGB). Die Vorschrift des § 113 schützt v. a. die tägl. Arbeit der Polizei und anderer Vollstreckungsorgane. We-

Rolf Wideröe

Widderchen. Gemeines Blutströpfchen

Widerstandsbewegung

Wiedehopf

gen Widerstands gegen Vollstreckungsbeamte macht sich strafbar, wer einem Amtsträger (z. B. Richter, Polizist, Gerichtsvollzieher, Jagdaufseher) oder Soldaten der Bundeswehr, der zur Vollstreckung von Gesetzen, Rechtsverordnungen, Urteilen, Gerichtsbeschlüssen oder behördl. Verfügungen berufen ist, bei der Vornahme einer solchen Diensthandlung mit Gewalt oder durch Drohung mit Gewalt Widerstand leistet oder ihn dabei tätlich angreift. Als Strafe drohen Freiheitsstrafe bis zu 2 Jahren oder Geldstrafe, in bes. schweren Fällen Freiheitsstrafe von 6 Monaten bis zu 5 Jahren.
In *Österreich* und der *Schweiz* gilt im wesentlichen dem dt. Recht Entsprechendes.

Widerstandsbewegung, organisierte Gegnerschaft gegen eine als tyrannisch, unrechtmäßig oder verfassungswidrig empfundene oder von einer ausländ. Macht eingesetzte Herrschaft, insbes. die auf Erringung der freiheitl. Selbstbestimmung eines Volkes gerichtete Umsturzbewegung in totalitären Staaten. Die Teilnahme an einer W. sehen die Widerstandskämpfer unter Berufung auf das ↑Widerstandsrecht als ethisch gerechtfertigt an; die in der Reg. stehenden jeweiligen Machthaber verfolgen sie als Hoch- und Landesverrat. *Aktiver Widerstand* zielt auf den gewaltsamen Sturz des Regimes; *passiver Widerstand* setzt zivilen Ungehorsam, Demonstrationen und politische Streiks ein.
I. e. S. wird als W. die aktive Opposition gegen die Gewaltherrschaft und die Kriegspolitik der faschist. Diktaturen in Europa zw. 1922 und 1945 bezeichnet, insbes. gegen den italien. Faschismus und den dt. NS und die mit ihnen kollaborierenden Kräfte (↑Antifaschismus). Nach Beginn des 2. Weltkrieges entwickelten sich in allen von Deutschland besetzten Gebieten W. gegen die nat.-soz. Herrschaft (bes. ↑Résistance, ↑Resistenza, ↑Četnici) aus sehr unterschiedl. polit., ideolog. und eth. Motiven sowie organisatorisch auf unterschiedl. Niveau, getragen von nahezu allen Bev.gruppen. – Nach der Machtübernahme Hitlers bildete sich in Deutschland eine W. gegen das totalitäre Reg.system; sie war organisatorisch und politisch äußerst uneinheitlich. Die Kommunisten versuchten, sich als Untergrundbewegung zu organisieren, scheiterten jedoch; vielfach wurde der Kampf vom Exil aus (v. a. Sowjetunion, Frankreich, Mexiko) fortgesetzt. Auch viele Sozialdemokraten (J. Leber), bes. sozialdemokrat. Gewerkschafter (W. Leuschner) suchten den Widerstand zu aktivieren. Ansätze zu gemeinsamem Handeln zeigten sich früh in Kontakten zw. Gewerkschaftern aller Richtungen, bes. zw. Leuschner und J. Kaiser (Christl. Gewerkschaften). – Aus christl.-humanitären Antrieben richtete sich der Protest vieler engagierter Christen (↑Bekennende Kirche) gegen die totalitären Herrschaftsmethoden und Anschauungen (bes. gegen Judenfeindlichkeit und Euthanasieprogramm) des NS (M. Niemöller u. a.). Häufig traten polit. Motivationen hinzu (D. Bonhoeffer, A. Delp). Die politisch vielfältig gegliederte bürgerl.-liberale und nat.-konservative Opposition (U. von Hassel u. a.) fühlte sich den Werten der dt. und preuß. Tradition verpflichtet und suchte aus diesem Grunde der nat.-soz. Gewaltpolitik entgegenzuwirken. Führend trat der ehem. Oberbürgermeister von Leipzig, C. F. Goerdeler, hervor, der neben General L. Beck zu einer entscheidenden Integrationsfigur der dt. W. wurde.
Die durch Hitlers aggressive Außenpolitik entfachte Kriegsgefahr in Europa verstärkte die Bed. der Wehrmacht als Faktor des Widerstands. Doch das für Hitler erfolgreiche Münchener Abkommen ließ alle Staatsstreichpläne scheitern. Auch die militär. Erfolge der dt. Wehrmacht nach Kriegsausbruch lähmten zunächst jeden ernsthaften Widerstand. Ein von dem Tischler G. Elser am 8. Nov. 1939 ausgeführtes Sprengstoffattentat auf Hitler schlug fehl. Mit dem dt. Angriff auf die UdSSR (Juni 1942) entfaltete die kommunistisch orientierte ↑Rote Kapelle ihre Tätigkeit. Der militär. Niedergang seit Ende 1942 (Schlacht um Stalingrad 1942/43), Nachrichten über nat.-soz. Verbrechen in den besetzten Gebieten, bes. an Juden, gaben der Opposition neuen Auftrieb. Im ↑Kreisauer Kreis H. J. von Moltkes ver-

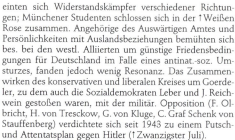

einten sich Widerstandskämpfer verschiedener Richtungen; Münchener Studenten schlossen sich in der ↑Weißen Rose zusammen. Angehörige des Auswärtigen Amtes und Persönlichkeiten mit Auslandsbeziehungen bemühten sich bes. bei den westl. Alliierten um günstige Friedensbedingungen für Deutschland im Falle eines antinat.-soz. Umsturzes, fanden jedoch wenig Resonanz. Das Zusammenwirken des konservativen und liberalen Kreises um Goerdeler, zu dem auch die Sozialdemokraten Leber und J. Reichwein gestoßen waren, mit der militär. Opposition (F. Olbricht, H. von Tresckow, C. von Kluge, C. Graf Schenk von Stauffenberg) verdichtete sich seit 1943 zu einem Putsch- und Attentatsplan gegen Hitler (↑Zwanzigster Juli).

Widerstandsöfen ↑Schmelzöfen.
Widerstandspreßschweißen ↑Schweißverfahren.
Widerstandsrecht, Recht zur Auflehnung gegen eine rechtswidrig handelnde Staatsobrigkeit; abgeleitet aus übergesetzl. Grundnormen, die um höherer oder besserer Werte willen die Erhebung gestatten oder zur Pflicht machen, wenn die Obrigkeit ihre Macht mißbraucht.
In der BR Deutschland wurde das W. im Rahmen der Notstandsgesetzgebung von 1968 in Art. 20 Abs. 4 GG ausdrücklich anerkannt. Danach haben alle Deutschen, wenn andere Abhilfe nicht möglich ist, das Recht zum Widerstand gegen jeden, der es unternimmt, die verfassungsmäßige Ordnung zu beseitigen. Das Bundesverfassungsgericht hat folgende Grundsätze aufgestellt (Urteil gegen die KPD vom 17. 8. 1956): Das W. kann nur als Notrecht zur Bewahrung und Wiederherstellung der Rechtsordnung benutzt werden; das bekämpfte Unrecht muß offenkundig sein; hierbei muß der Widerstand das letzte verbleibende Mittel zur Erhaltung und Wiederherstellung des Rechts sein. – In der östr. und der schweizer. Verfassung ist das W. nicht ausdrücklich niedergelegt, wird jedoch auf rechtsphilosoph. Grundlage allg. anerkannt.
Geschichte: Widerstand gegen die Tyrannis galt in der Bibel wie im klass. Altertum als sittl. und religiöse Pflicht. Aus german. Volksrecht und Lehnsrecht entstand die Lehre vom W. gegen staatl. Gewalt, während W. überhaupt bei den Kirchenvätern und der christl. Ethik des MA von der Idee des Gewissens, des Naturrechts und des Gemeinwohls abgeleitet wurde. Im Ständestaat wurde das W. von den Landständen allein in Anspruch genommen. Seit der Reformation wurde es Bestandteil reformator. und gegenreformator. Lehren. Seitdem kennt die ev. Theologie ein polit. W. im Fall der Korruption der Staatsgewalt durch einen Usurpator. Dem einzelnen wird hier nur ein passives W., die Gehorsamsverweigerung, zuerkannt. – Das Naturrecht gründete die Lehre vom W. im MA auf Gewissen und ewiges Gesetz, das über jedem Gewissen, auch gegen kirchl. Obrigkeit, steht, in der Neuzeit auf den Gedanken der Volkssouveränität; prot. und kath. ↑Monarchomachen verfochten die Zulässigkeit des **Tyrannenmordes,** der von Thomas von Aquin für legitim erklärt worden war, aber z. B. von Luther abgelehnt wurde. In der Folge der amerikan. und Frz. Revolution wurde dann das W. zum Teil der Menschenrechte.

Widerstoß (Limonium), Gatt. der Bleiwurzgewächse mit rd. 200 Arten, v. a. vom östl. Mittelmeergebiet bis zum Hochland von Iran; oft in Küsten-, Steppen- und Wüstengebieten vorkommende Kräuter oder Halbsträucher mit Blütenständen aus zahlr. kleinen, meist blauen oder weißen Blüten. Mehrere Arten werden als Trockenblumen für den Schnitt kultiviert, u. a. der einheim. geschützte 20–50 cm hohe **Strandflieder** (Limonium vulgare); Blätter ledrig, 5–15 cm lang, spatelförmig, in Rosetten; Blüten blauviolett.

Widewdat ↑Awesta.
Widia ⓦ [Kw. aus: **wi**e **Dia**mant], Handelsbez. für eine Gruppe von Sinterhartmetallen aus Wolframcarbid (etwa 94 %) und Kobalt (etwa 6 %), heute meist mit Zusätzen von Titan-, Niob- oder Tantalcarbid.
Widin, bulgar. Stadt am rechten Donauufer, 64 900 E. Museum; Sinfonieorchester; chem., Nahrungsmittelind., Tabakverarbeitung, Porzellanmanufaktur, Maschinenbau;

Widerstoß.
Strandflieder

Hafen. – Urspr. thrak. Siedlung, in röm. Zeit Militärlager und Siedlung **Bononia** (Mösien; neu befestigt unter Justinian I.); im 14. Jh. Hauptstadt des Widiner Zarenreiches; 1396–1878 zum osman. Reich. – Ma. Festung Baba Wida (an der Stelle des röm. Militärlagers); Kirchen des hl. Panteleimonos und der hl. Petka (17. Jh.), Moschee (1801).

Widmannstättensche Figuren [nach dem östr. Chemiker A. von Widmannstätten, *1754, †1849], die durch Anätzen der Schliffflächen von Eisenmeteoriten (Oktaedriten) sichtbar gemachten Verwachsungen der Nickeleisenminerale Kamazit und Taenit.

Widmark, Richard [engl. ˈwɪdmaːk], *Sunrise (Minn.) 26. Dez. 1914, amerikan. Filmschauspieler. – Seit 1947 beim Film, u. a. „Cheyenne" (1964), „Das Urteil von Nürnberg" (1961), „Mord im Orient Expreß" (1974), „Ein Aufstand alter Männer" (1987).

Widmer, Urs, *Basel 21. Mai 1938, schweizer. Schriftsteller. – Verfasser von Erzählungen („Die Amsel im Regen im Garten", 1971; „Schweizer Geschichten", 1975; „Der blaue Siphon", 1992) und Romanen („Die Forschungsreise", 1974; „Der Kongreß der Paläolepidopterologen", 1989) mit phantast.-surrealen Tendenzen. Auch Essays, Hörspiele und das Stück „Frölicher – Ein Fest" (1991).

Widmung, allg. svw. Text, mit dem jemandem etwas zugeeignet (geschenkt) wird. – Im *Recht* ein Hoheitsakt, der die Eigenschaft einer Sache (z. B. Straße) als öff. Sache begründet und damit deren Zweckbestimmung festlegt. Die W. (z. B. zum Gemeingebrauch) wird i. d. R. durch Gesetz, VO, Satzung oder Einzelakt (Verwaltungsakt) vorgenommen. Die Aufhebung der Eigenschaft einer Sache als öff. Sache geschieht durch **Entwidmung**.

Widor, Charles-Marie, *Lyon 21. Febr. 1844, †Paris 12. März 1937, frz. Organist und Komponist. – 1870–1934 Organist an Saint-Sulpice in Paris, lehrte 1891–1905 am Pariser Conservatoire. Bed. Improvisator, begründete die neue frz. Orgelschule und entwickelte die Gattung Orgelsinfonie.

Widschajanagar [Sanskrit „Stadt des Sieges"], Ruinenstadt bei Hospet in Karnataka, Hauptstadt des gleichnamigen, letzten hinduist. Großreichs in Indien (um 1336–1565). Erhalten sind Ruinen des Basars, des Harems und mehrerer Tempel (Vitthala-Tempel, 1513–65).

Widukind (Wittekind), Führer der aufständ. Sachsen (778–785). – Westfäl. Adliger; entfachte ab 777 immer wieder Aufstände gegen die fränk. Herrschaft. Nachdem Karl d. Gr. 784/785 das Land verwüstet hatte, unterwarf sich W. und ließ sich 785 taufen.

Widukind von Corvey, *um 925, †Corvey nach 973, sächs. Mönch und Geschichtsschreiber. – Vermutlich aus adligem Geschlecht; verfaßte eine Sachsengeschichte in 3 Büchern („Rerum Saxonicarum libri III"; bis 973 fortgesetzt); bed. Quelle für die Zeit Heinrichs I. und Ottos I.

Wiechert, Emil, *Tilsit 26. Dez. 1861, †Göttingen 19. März 1928, dt. Geophysiker. – Prof. in Königsberg und Göttingen. 1900 entwickelte W. einen Seismographen, mit dem horizontale und vertikale Komponenten der seism. Erdbewegung registriert werden konnten, und wandte seism. Methoden bei der Erkundung von Lagerstätten an.

W., Ernst, Pseud. Barany Bjell, *Forsthaus Kleinort bei Sensburg 18. Mai 1887, †Uerikon (Kt. Zürich) 24. Aug. 1950, dt. Schriftsteller. – 1938 zwei Monate im KZ Buchenwald, dann unter Gestapoaufsicht; ab 1948 in der Schweiz. Seine Romane und Novellen um schwermütige Grüblernaturen verbinden Naturmystik mit verinnerlichter Humanität; die Menschen erscheinen z. T. myst.-religiös verklärt. – *Werke:* Der Wald (R., 1922), Der Totenwolf (R., 1924), Die Majorin (R., 1934), Das einfache Leben (R., 1939), Die Jerominkinder (R., 1945–47), Der Totenwald (Bericht, 1945), Missa sine nomine (R., 1950).

Wiechert-Gutenberg-Diskontinuität [nach Emil Wiechert und dem dt. Geophysiker B. Gutenberg, *1889, †1960], Unstetigkeitsfläche in 2900 km Tiefe der Erde (zw. äußerem Kern und Mantel), an der sich die Geschwindigkeit der Erdbebenwellen sprunghaft ändert, entsprechend einem Sprung der Dichte von 6,7 auf 9 bis 10 g/cm³.

Wieck, Clara, dt. Pianistin, †Schumann, Clara.

W., Friedrich, *Pretzsch/Elbe (Landkr. Wittenberg) 18. Aug. 1785, †Loschwitz (= Dresden) 6. Okt. 1873, dt. Musikpädagoge. – Ab 1840 Klavierlehrer in Dresden; Lehrer seiner Tochter Clara Schumann, H. von Bülows und R. Schumanns.

Wied, Grafengeschlecht und Gft. im Engersgau, ben. nach der Burg Altwied; 1595 Teilung des Territoriums: Die obere Gft. W. (Residenz Dierdorf) blieb seit 1698 bei der älteren Linie *W.-Runkel* (1824 erloschen), währen die jüngere Linie *W.-Neuwied* (Residenz Neuwied) an die jüngere Linie *W.-Neuwied* fiel; ihre Territorien wurden 1815 der preuß. Rheinprovinz eingegliedert. – Bed. Vertreter:

W., Hermann Graf von †Hermann (Köln).

W., Maximilian Prinz zu, *Neuwied 23. Sept. 1782, †ebd. 3. Febr. 1867, dt. Naturforscher und Ethnograph. – Aus der Linie W.-Neuwied; diente zunächst in der preuß. Armee, unternahm dann Forschungsreisen nach Brasilien (1815 bis 1817) und Nordamerika (1832–34). Er beschrieb v. a. die Indianerstämme der Botokudo und Mandan.

Wiedehopf (Stinkhahn, Stinkvogel, Kotvogel, Upupa epops), fast 30 cm langer Rackenvogel (Gatt. Hopfe), v. a. in Wäldern, parkartigen Landschaften und Steppen Afrikas sowie der gemäßigten und südl. Regionen Eurasiens; mit Ausnahme der schwarz-weiß gebänderten Flügel und des fast ebenso gezeichneten Schwanzes Gefieder hellbraun, mit aufrichtbarer Haube; frißt u. a. Maden, die er mit seinem langen Schnabel aus dem Boden oder aus Dung holt; brütet in faulenden Baumstämmen, Höhlungen von Gebäuden und Erdwällen; Nestlinge verspritzen bei Störungen dünnflüssigen Kot; Zugvogel.

Wiedemann, Gustav Heinrich, *Berlin 2. Okt. 1826, †Leipzig 23. März 1899, dt. Physiker. – Prof. in Basel, Braunschweig, Karlsruhe und Leipzig. Arbeitete über Elektromagnetismus sowie Elektrizitätsleitung in Festkörpern und Elektrolyten.

Wiedemann-Dysmeliesyndrom [nach dem dt. Kinderarzt H.-R. Wiedemann, *1915], svw. †Thalidomidembryopathie.

Wiedenbrück †Rheda-Wiedenbrück.

Wiederaufarbeitung (Wiederaufbereitung), Rückgewinnung des noch spaltbaren Materials, bes. des Uranisotops U 235 und des Plutoniumisotops Pu 239, aus den abgebrannten Brennelementen von Kernreaktoren. Für die W. sind spezielle *W.anlagen* erforderlich. In sog. heißen Zellen werden die Brennelemente mit Hilfe von Manipulatoren in die einzelnen Brennstäbe zerlegt. Diese werden in Stücke zerschnitten und anschließend mit Salpetersäure behandelt, wobei der Inhalt der Brennstäbe aufgelöst wird, während die Ummantelungsstücke zurückbleiben. Aus den Lösungen werden das Uran und das Plutonium durch Extraktionsprozesse isoliert und von den Spaltprodukten abgetrennt. Die entstandenen Uran- bzw. Plutoniumkonzentrate dienen zur Herstellung neuer Brennelemente (bzw. von Atomwaffen). Die Konzentrate der Spaltprodukte hingegen müssen zunächst mehrere Jahre unter kontrollierten Bedingungen (Kühlung) gelagert werden, bevor sie einer Endlagerung (†radioaktiver Abfall) zugeführt werden können. – Von Kritikern der Kernenergie wird vermerkt, daß bei der W. erhebl. Mengen von radioaktiven Stoffen freigesetzt werden, die Rückgewinnung von U 235 unwirtsch. und die Verwertung des gewonnenen Plutoniums für normale Kernreaktoren ebenfalls ökonomisch nicht sinnvoll sei; die Endlagerung der in einer W.anlage anfallenden radioaktiven Abfälle ist weltweit ungelöst. – Die Entsorgung dt. Kernkraftwerke stützt sich auf Verträge mit Frankreich und Großbritannien; nur eine geringe Menge von Brennelementen wird in der Versuchswiederaufbereitungsanlage Karlsruhe behandelt. Der 1986 begonnene Bau einer nat. W.anlage in Wackersdorf (Oberpfalz) wurde 1989 eingestellt. – Abb. S. 380.

Wiederaufbereitung, allg. die Wiedergewinnung nutzbarer Substanzen aus Abfällen, z. B. die Rückgewinnung von Schmieröl aus Altöl (†Recycling); i. e. S. †Wiederaufarbeitung.

Richard Widmark

Urs Widmer

Gustav Heinrich Wiedemann

Ernst Wiechert

Wiederaufnahmeverfahren

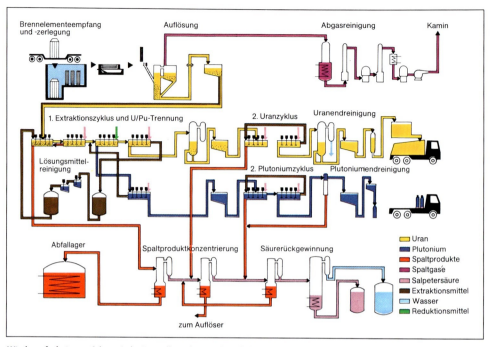

Wiederaufarbeitung. Schematische Darstellung der Wiederaufarbeitung von Brennelementen in der Wiederaufbereitungsanlage Karlsruhe

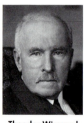

Theodor Wiegand

Wiederaufnahmeverfahren, gerichtl. Verfahren mit dem Ziel der rückwirkenden Beseitigung eines rechtskräftigen Urteils und der erneuten Verhandlung und Entscheidung der Streitsache. Es ist in allen Prozeßarten vorgesehen.
Im **Zivilprozeß** (§§ 578 ff. ZPO) unterscheidet man nach der Art des Wiederaufnahmegrundes die Nichtigkeitsklage (bei schweren Verfahrensverstößen, z. B. unvorschriftsmäßiger Besetzung des Gerichts) und die ↑Restitutionsklage (bei einer unrichtigen, v. a. verfälschten Urteilsgrundlage, z. B. Meineid sowie bei nachträgl. Auffinden einer der das W. betreibenden Partei günstigen Urkunde). Das W. ist zulässig, wenn der Wiederaufnahmegrund nicht durch Einlegung eines ↑Rechtsmittels hatte geltend gemacht werden können. Im **Strafprozeß** (§§ 359 ff. StPO) gibt es die – zeitlich uneingeschränkt zulässige – Wiederaufnahme zugunsten (u. a. bei neuen Tatsachen oder Beweismitteln) wie auch zuungunsten des Angeklagten. Die Wiederaufnahmegründe sind denen des Zivilprozesses verwandt; überdies findet das W. im Falle eines vom Bundesverfassungsgericht für nichtig erklärten Gesetzes statt, auf dem das Strafurteil beruht.
In *Österreich* gilt im wesentlichen dem dt. Recht Entsprechendes. In der *Schweiz* erfüllt die Funktion des W. die Revision, die auf Neudurchführung eines bereits erledigten Prozesses auf verbesserter Grundlage abzielt.
Wiederaufrüstung (Wiederbewaffnung), der Prozeß des Wiederaufbaus von Streitkräften nach der vollständigen Entwaffnung eines Staates; die Aufstellung dt. Streitkräfte nach 1945 vollzog sich in Abkehr von Bestimmungen der dt. Kapitulation vom 7./8. Mai 1945 über die vollständige Entwaffnung und des Potsdamer Abkommens vom 2. Aug. 1945 über die Entmilitarisierung Deutschlands vor dem Hintergrund des Ost-West-Konflikts. Der Koreakrieg seit 1950 führte v. a. in den USA und in der BR Deutschland zu einer Diskussion über einen bundesdt. Verteidigungsbeitrag, der durch die Pariser Verträge von 1954 im Rahmen der WEU und der NATO erfolgte. In der DDR begann 1952 der Aufbau der Kasernierten Volkspolizei (↑Nationale Volksarmee).

Wiederbelebung (Reanimation), Maßnahmen zur Abwendung akuter Lebensgefahr bei Atem- oder Herz-Kreislauf-Stillstand mit Bewußtlosigkeit nach Unfällen, Vergiftungen, Narkose- und Operationszwischenfällen und im krankheitsbedingten Schock. Aussicht auf Erfolg hat W. nur, wenn sie innerhalb von 2 bis 6 Minuten nach einem Herzstillstand begonnen wird. Zu den notfallmäßigen Sofortmaßnahmen der W. gehören u. a. Freimachen der Atemwege, künstl. Beatmung und Herzmassage. – ↑Erste Hilfe.
Wiederbeschaffungskosten, die für den Ersatz eines Gutes sich aus dem Einkaufspreis des Bewertungsstichtages ergebenden Kosten.
Wiederbewaffnung, svw. ↑Wiederaufrüstung.
Wiedereinsetzung in den vorigen Stand, gerichtl. Entscheidung, die eine unverschuldet versäumte und innerhalb der Wiedereinsetzungsfrist von 2 (ZPO) bzw. 1 Woche (StPO) seit dem Ende des Hinderungsgrundes nachgeholte Prozeßhandlung für rechtzeitig erklärt. Die Möglichkeit der W. i. d. v. S. (§§ 233 ff. ZPO, §§ 44 ff. StPO) besteht im Zivilprozeß i. d. R. nur hinsichtlich bestimmter prozessualer Fristen, im Strafprozeß auch wegen eines versäumten Termins. Sie erfolgt auf Grund eines Antrags, der die Gründe für die Versäumung (z. B. Erkrankung) angeben und glaubhaft machen muß.
In *Österreich* dient der Antrag auf W. i. d. v. S. als Rechtsbehelf gegen den unverschuldeten Ablauf von Fristen. In der *Schweiz* gilt Entsprechendes; man spricht dort von *Wiederherstellung*.
Wiedergänger ↑Bestattung.
Wiedergeburt, die *religionsgeschichtlich* weit verbreitete Vorstellung von Geburt und erneutem Erdenleben Verstorbener (↑Seelenwanderung). – Der *christl.,* eng mit der Taufe verbundene Gedanke der W. aus dem Geist ist heilstheologisch zu verstehen und meint das Neuwerden des Menschen durch die gnadenhafte Heilszuwendung Gottes in dem einmaligen Erdenleben eines Menschen.
Wiedergutmachung, im *Staatsrecht* der finanzielle Ausgleich für Schäden, die durch weltanschaulich, politisch, religiös oder rassisch begründete Verfolgungsmaß-

nahmen des NS hervorgerufen wurden. Die W. umfaßt die ↑Rückerstattung entzogenen Eigentums und den Ersatz sonstiger Schäden (z. B. Amtsenthebung, Berufsverbot, Inhaftierung, Gesundheitsschädigung, Tötung). In der BR Deutschland wurde die W. zunächst durch Landesgesetze über die W. nat.-soz. Unrechts geregelt. Der Bund, der die Zuständigkeit für die gesetzl. Regelung der W. besitzt (Art. 74 GG), hat von ihr durch zwischenstaatl. Verträge, z. B. Vertrag mit Israel vom 10. 9. 1952, und durch W.gesetze (insbes. BundesentschädigungsG i. d. F. vom 29. 6. 1956) Gebrauch gemacht. Für jüd. Verfolgte, die ohne bekannte Erben verstorben waren oder Rückerstattungsansprüche nicht angemeldet hatten, machten jüd. Nachfolgeorganisationen (jüd. Rückerstattungsnachfolgeorganisationen) als Treuhänder Rückerstattungsansprüche geltend. In der DDR gab es keine vergleichbaren Formen der individuellen W. Vom NS Verfolgte erhielten u. a. Sonderleistungen im Arbeitsleben, im Gesundheitswesen, bei Wohnraumversorgung u. a. Sozialleistungen sowie Ehrenpensionen.

Im *Völkerrecht* Schadenersatz für den Geschädigten eines völkerrechtl. Delikts. Die W. erfolgt durch Naturalrestitution bzw., wenn diese faktisch nicht mehr möglich ist, in Geld. – ↑Reparationen.

Wiederholungszeichen (früher auch Reprise), in der Notenschrift die Zeichen ‖: :‖, die die Wiederholung eines Abschnitts verlangen. Sie stehen am Anfang (außer am Beginn eines Musikstücks) und am Ende des zu wiederholenden Teils.

Wiederkäuer (Ruminantia), Unterordnung der Paarhufer mit 145 weltweit verbreiteten Arten; Pflanzenfresser, die ihre Nahrung wiederkäuen (↑Magen). – Zu den W. gehören die Fam. Zwergmoschustiere, Hirsche, Giraffen, Gabelhorntiere und Horntiere.

Wiederkäuermagen ↑Magen.

Wiederkauf (Rückkauf), dem Verkäufer im Kaufvertrag vorbehaltenes Recht, die verkaufte Sache innerhalb einer bestimmten Frist (im Zweifel bei Grundstücken 30 Jahre, bei anderen Gegenständen 3 Jahre) zurückzukaufen (§§ 497 ff. BGB).

Wiederkunft Christi ↑Parusie.

Wiedertaufe, die nur bei Verdacht der Ungültigkeit einer früheren Taufe erneut gespendete sog. **Konditionaltaufe.**

Wiedertäufer, svw. ↑Täufer.

Wiedervereinigung, die Wiederherstellung der staatl. Einheit eines (in der Folge eines Krieges) gespaltenen Landes. Der Ost-West-Konflikt und innere Gegensätze führten nach dem 2. Weltkrieg in Europa zur Teilung Deutschlands und zur Gründung der BR Deutschland und der DDR, in Asien zur Spaltung des zuvor jap. beherrschten Korea (1945) und des aus frz. Kolonialherrschaft sich befreienden Vietnam (1954). Während N- und S-Vietnam im Gefolge des ↑Vietnamkrieges unter kommunist. Vorzeichen 1976 wiedervereinigt wurden, konnte sich 1990 die Wiederherstellung der staatl. Einheit Deutschlands, ausgelöst durch den polit. Umbruch im ehem. Ostblock, auf friedl. Wege und auf der Grundlage der freiheitl. demokrat. Rechtsordnung der BR Deutschland nach Art. 23 GG vollziehen (↑deutsche Geschichte).

Wiedewelt, Johannes [dän. ˈviːðəvɛlˀd], *Kopenhagen 1. Juli 1731, †ebd. 17. Dez. 1802, dän. Bildhauer. – Hofbildhauer und Prof. an der Kunstakad. in Kopenhagen; Lehrer von Thorvaldsen; schuf klassizist. Grabmäler (Dom von Roskilde), Figurenstatuen, Porträtbüsten; leitete eine große Werkstatt.

Wiegand, Theodor, *Bendorf 30. Okt. 1864, †Berlin 19. Dez. 1936, dt. Archäologe. – Leiter der Ausgrabungen in Priene, Milet, Didyma, Samos und Pergamon. 1899–1911 Direktor des Dt. Archäolog. Inst. in Konstantinopel, 1911–31 Leiter der Antikenabteilung der Berliner Museen, ab 1932 Präs. des dt. Archäolog. Inst. in Berlin, Begründer des Berliner Pergamonmuseums.

Wiege, Schaukelbett für Kleinkinder aus Holz oder Flechtwerk. Die **Hängewiege** ist an vier Seilen aufzuhängender Kasten, bei der **Ständerwiege** ist der Kasten in ein Gestell beweglich eingehängt. Die **Kufenwiege,** i. d. R. ein Querschwinger mit parallel zu Kopf- und Fußbrett laufenden Kufen, hatte wohl einen runden Korb als Vorläufer.

Wiegendrucke, svw. ↑Inkunabeln.

Wiehengebirge, Höhenzug im Weserbergland, westl. der Porta Westfalica, mit Steilabfall zum Ravensberger Hügelland und sanftem Einfallen zum Norddt. Tiefland, stark bewaldet, bis 320 m hoch.

Wiehl, Stadt im Berg. Land, NRW, 250 m ü. d. M., 22 400 E. Luftkurort; Metallwarenherstellung; in der Nähe Tropfsteinhöhle und W.talsperre (32 Mill. m³ Stauinhalt). – Ev. klassizist. Kirche (1841–43) mit roman. W-Turm.

Wiek [niederdt.], kleine, flache Bucht der Ostseeküste.

Wieland (altnord. Völundr, Völundur), in der altnord. und german. Mythologie ein kunstreicher Schmied mit albischen Zügen (↑Elfen), der eine Schwanenjungfrau zur Frau gewinnt. Nachdem sie ihn verlassen hat, wird er von dem goldgierigen König Nidhod (Nidung) gefangengenommen, gelähmt und zu kostbaren Schmiedearbeiten gezwungen. W. rächt sich, indem er die beiden Söhne des Fürsten tötet, dessen Tochter vergewaltigt und mittels eines selbstgefertigten Fluggewands durch die Lüfte entflieht. Neben Nacherzählungen (A. Oehlenschläger, 1804; K. Simrock, 1835) bestehen ein Dramenentwurf R. Wagners (1849) und G. Hauptmanns „Veland" (1925).

Wieland, Christoph Martin, *Oberholzheim (= Achstetten bei Biberach) 5. Sept. 1733, †Weimar 20. Jan. 1813, dt. Dichter. – Bedeutendster Prosadichter und Verserzähler der dt. Aufklärung und (neben F. G. Klopstock und G. E. Lessing) Wegbereiter der dt. Klassik. 1773–1810 gab er die erste bed. literar. Zeitschrift „Der [ab 1790: neue] Teutsche Merkur" heraus. Sein umfangreiches und vielseitiges Werk verbindet rokokohafte Grazie mit Kritik am Feudalabsolutismus. Mit der „Geschichte des Agathon" (2 Bde., 1766/1767) eröffnete W. die Tradition des dt. Bildungsromans. Auch in „Der goldene Spiegel oder Die Könige von Scheschian" (R., 4 Bde., 1772) proklamierte W. ein Humanitätsideal, das um harmon. Ausgleich zw. Sinnlichkeit und Vernunft bemüht ist. W. schrieb meisterhafte Verserzählungen („Musarion oder Die Philosophie der Grazien", 1768) und -märchen („Oberon", 1780) sowie Übersetzungen (22 Dramen Shakespeares, sämtl. Werke Lukians, Horaz' Episteln und Satiren). – *Weitere Werke:* Die Natur der Dinge (Ged., 1752), Die Abderiten (R., 1774), Aristipp und einige seiner Zeitgenossen (R.-Fragment, 1800/01).

W., Heinrich, *Pforzheim 4. Juni 1877, †München 5. Aug. 1957, dt. Biochemiker. – Prof. in München und Freiburg; untersuchte Naturstoffe, v. a. Sterine sowie Alkaloide und Pterine. Für seine Forschungen über den Aufbau der Gallensäuren erhielt er 1927 den Nobelpreis für Chemie.

Wieliczka [poln. vjɛˈlitʃka], Stadt in S-Polen, im Karpatenvorland, 18 000 E. Salzbergbau, -siederei. In einem Salzbergwerk in 63–135 m Tiefe Bergbaumuseum, Sanatorium, Grotten, Bergseen, in Salz gehauene Kapellen und Kammern (von der UNESCO zum Weltkulturerbe erklärt).

Christoph Martin Wieland (Gemälde, 1806)

Heinrich Wieland

Wieliczka. Im 17. Jh. gestaltete Legendenkammer des Salzbergwerks

Wieman

Mathias Wiemann

Wilhelm Wien

Wien
Stadtwappen

Wieman, Mathias, *Osnabrück 23. Juni 1902, †Zürich 3. Dez. 1969, dt. Schauspieler. – 1924–32 an verschiedenen Berliner Bühnen, ab 1928 auch Filmtätigkeit (u. a. „Der Schimmelreiter", 1934; „Viktoria", 1935; „Königl. Hoheit", 1953); wirkte nach 1945 an vielen Hörspielinszenierungen mit; bekannt als Rezitator klass. Dichtung.

Wien, Wilhelm (Willy), *Gaffken (Landkr. Samland) 13. Jan. 1864, †München 30. Aug. 1928, dt. Physiker. – Prof. in Aachen, Gießen, Würzburg und München. Am bedeutsamsten sind seine theoret. Arbeiten zur Temperaturstrahlung des schwarzen Strahlers: 1893/94 formulierte er das ↑Wiensche Verschiebungsgesetz und 1896 das W.sche Strahlungsgesetz. Dafür erhielt er 1911 den Nobelpreis für Physik.

Wien, Bundeshauptstadt und kleinstes der Bundesländer Österreichs, an der Donau, 172 m ü. d. M. (am Dom), 414,9 km², 1,522 Mill. E, gegliedert in 23 Gemeindebez. sowie das exterritoriale Geb. der UN-City am linken Donauufer. Sitz der Bundesreg. und des Parlaments, der Wiener und niederöstr. Landesreg., der UN-Sonderorganisation für industrielle Entwicklung, der Internat. Atomenergie-Organisation, der OPEC, des Inst. für Angewandte Systemanalyse, eines kath. Erzbischofs, eines ev. Bischofs und eines griech.-orth. Metropoliten. Östr. Akad. der Wiss., Univ. (gestiftet 1365), TU, Univ. für Bodenkultur, Wirtschaftsuniv., veterinärmedizin. Univ., Bundesanstalt für Leibeserziehung, Diplomat. Akad., Hochschule für Musik und darstellende Kunst, Hochschule für angewandte Kunst, Akad. der bildenden Künste, Konservatorium, Afro-Asiat. Inst., Volkssternwarte; Östr. Nat.bibliotheken, östr. Staatsarchiv, Zentralarchiv des Dt. Ordens; über 60 Museen und Gemäldegalerien, u. a. Kunsthistor. Museum mit Schatzkammer, Naturhistor. Museum, Albertina, Museum für Völkerkunde, angewandte Kunst, Ind. und Gewerbe, der Stadt W., des 20. Jh., Theatermuseum; zahlr. Theater, u. a. Staatsoper, Burgtheater, Volksoper, Theater in der Josefstadt, Volkstheater; Span. Reitschule (gegr. 1572). W. ist Sitz der Zentralen von Großbanken, Sparkassen und Großhandelsgesellschaften; Börse. Maschinen- und Stahlbau, metallverarbeitende, Nahrungsmittel- und Genußmittel-, Elektro-, chem., Textil- und Holzind., östr. Zentrum der Mode- und Kunstgewerbeind., Kongreß- und Messestadt, Fremdenverkehr. Straßen- und Eisenbahnknotenpunkt; U-Bahn; mehrere Donaubrücken und Häfen; internat. ✈ in Schwechat.

Geschichte: W. geht auf die kelt. Siedlung *Vindobona* und auf das gleichnamige röm. Militärlager (Legionslager etwa seit 100 n. Chr.) mit Zivilstadt zurück; um 170 in den Markomannenkriegen zerstört, durch Mark Aurel wieder aufgebaut (wohl Sterbeort des Kaisers), 213 (?) zum Munizipium erhoben; um 400 von den Goten zerstört, 433 in der Hand der Hunnen, zuletzt 493 erwähnt. 881 wird es als *Wenia* wieder gen. Die Siedlung entwickelte sich bis ins 11. Jh.

Wien. Die in ihren Teilen vom 13.–20. Jh. erbaute Hofburg, in der Bildmitte der halbrunde Bau der Neuen Hofburg, 1881–1913

zum wichtigen Handelsplatz. Um 1130 an die Babenberger gefallen; 1137 als Civitas erwähnt. Unter Heinrich II. Jasomirgott (⚭ 1147–77) wurde W. in Nachfolge von Klosterneuburg zur Residenzstadt ausgebaut, zu Beginn des 13. Jh. ummauert. 1221 erhielt W. Stadt- und Stapelrecht und war von 1237 (neues Stadtrecht) bis zum Aussterben der Babenberger (1246) reichsunmittelbar. König Ottokar II. von Böhmen (⚭ 1251–76) verlor W. an Rudolf von Habsburg (1296 neues Stadtrecht). Hzg. Rudolf IV., der Stifter, gründete 1365 die Univ. 1469 wurde W. Bischofssitz (1722 Erzbischofssitz).

Im 15. Jh. schwächte der Niedergang des Osthandels die wirtsch. Stellung der Stadt, doch wurde die Krise durch die neue Rolle als Residenzstadt des Hl. Röm. Reiches (seit 1611 ständig) überwunden. 1529 wurde W. von den Türken belagert und daraufhin 1532 bis 1672 mit einem neuen Befestigungsgürtel versehen (1858 abgebrochen), der 1683 der erneuten Türkenbelagerung standhielt (Schlacht am Kahlenberg). In der Folge setzte ein glanzvoller Aufstieg als Kaiserresidenz und europ. Kulturzentrum ein, verbunden mit großem Bev.zuwachs: gegen Ende des MA etwa 50 000 E, 1700 gegen 100 000, 1800 231 000, 1850 431 000 E. 1804 wurde W. Hauptstadt des Kaisertums Österreich, 1805 und 1809 war es frz. besetzt, 1814/15 Schauplatz des ↑Wiener Kongresses. Die östr. Märzrevolution wurde mit Besetzung von W. durch Truppen des Fürsten Windischgrätz unterdrückt (Okt. 1848).

Die Industrialisierung brachte u. a. mit mehreren Wirtschaftskrisen (Börsenkrach 1873), aber auch der Weltausstellung von 1873 starke soziale Spannungen. Die Liberalen verloren 1895 die Mehrheit im Gemeinderat an die Christlichsozial. Partei K. Luegers (1895/97–1910 Vizebürgermeister bzw. Bürgermeister von W.), die sich für Kommunalisierung und Ausbau der städt. Infrastruktur sowie für soziale Einrichtungen einsetzte. Mit dem Zerfall der östr.-ungar. Monarchie nach dem 1. Weltkrieg änderte sich die Stellung W.: Die Hauptstadt beherbergte fast ein Drittel der Bev. der Republik Österreich. Seit 1922 eigenes Bundesland, war W. 1938–45 Reichsgau des „Großdt. Reiches", 1944/45 starke Zerstörungen durch Luftangriffe und Bodenkämpfe. Nach dem 2. Weltkrieg war W. bis zum Abzug der Besatzungstruppen (1955) in vier Besatzungszonen geteilt.

Stadtanlage und Bauten: Die *Stadtanlage* zeigt eine ringförmige Gliederung: 1. die innere Stadt, bis 1857 fast allseitig von Bastei und Glacis umgeben; 2. die nach Schleifung der Befestigung angelegte Ringstraße mit Repräsentationsbauten, Plätzen und Grünanlagen; 3. die älteren Vorstädte jenseits der Ringstraße; 4. jüngere Wohnvororte jenseits der äußeren Befestigungslinie (Gürtel). Im S, SO, W und NO befinden sich ausgedehnte Fabrikanlagen mit Arbeiterwohnblöcken, u. a. Karl-Marx-Hof (1927); die Siedlungskerne im NW haben Weinbauerndörfer, die ihre urspr. Funktion z. T. erhalten haben. Das Gebiet links der Donau wurde nach deren Regulierung (1870–75) in die städt. Entwicklung einbezogen. Hier liegt der parkähnl. Prater, am gegenüberliegenden Ufer das Auwaldgebiet der Lobau. Die westl. Stadtgrenze verläuft über die Höhen des Wienerwaldes. – *Bauten:* Der Kern der Stadt wird vom Barock geprägt; wichtige ältere Bauten sind der ↑Stephansdom, das Wahrzeichen Wiens, die got. Kirche Maria am Gestade (1330–1414) und die got. Augustinerkirche (14. Jh.). Von den barocken Kirchen sind v. a. zu nennen: ehem. Jesuitenkirche (im Kern spätgotisch; 1607–10 erweitert und barokkisiert, Fassade 1662); Kapuzinerkirche (1622–32) mit Kapuzinergruft (kaiserl. Grablege); Karlskirche, die bedeutendste Barockkirche in W. (1716–39 von J. B. Fischer von Erlach und seinem Sohn), Peterskirche (1702 ff., wohl von J. L. von Hildebrandt). Zu den herausragenden Profanbauten zählen die Hofburg (13.–20. Jh.; Teile 1992 durch Brand zerstört) mit der Neuen Hofburg (1881–1913), Schloß Schönbrunn (1695/96 ff. nach Plänen J. B. Fischers von Erlach; 1744–49 umgebaut), Schloß Belvedere (1714–23 von J. L. von Hildebrandt) sowie zahlr. Adelspaläste des 17. und 18. Jh.; Prachtbauten des 19. Jh. am Ring sind Univ., Rathaus, Parlament, Burgtheater, Naturhistor. und Kunsthistor. Museum, Staatsoper. Typ. Jugendstilbau ist die „Secession" (1898/99). Moderne Bauten sind u. a. die Stadthalle (1953–58), das ORF-Zentrum (1968 ff.), die Kirche „Zur heiligsten Dreifaltigkeit" (vollendet 1976) von F. Wotruba, die Neue Moschee (1979) am linken Donauufer bei der UN-City (1973) und die Wohnanlage von F. Hundertwasser (1983–85).

W., Erzbistum, 1469 durch Abzweigung von Passau als exemtes Bistum gegründet, seit 1722 auf Drängen Karls VI. Erzbistum; Suffragane sind Eisenstadt, Linz und Sankt Pölten. – ↑katholische Kirche (Übersicht).

Wienbarg, Ludolf, Pseud. Ludolf Vineta, Freimund, *Altona (= Hamburg-Altona) 25. Dez. 1802, †Schleswig 2. Jan. 1872, dt. Schriftsteller. – Wortführer des Jungen Deutschland, dem er in seiner Abhandlung „Ästhet. Feldzüge" (1834) den Namen gab; begründete mit K. Gutzkow in Frankfurt am Main die radikale „Dt. Revue".

Wiene, Robert, *Dresden 16. Nov. 1881, †Paris 17. Juli 1938, dt. Filmregisseur. – Zunächst beim Theater; ab 1912 in Wien und beim Film; 1938 in Paris; schuf v. a. expressionist.-phantast. Filme wie „Das Cabinet des Dr. Caligari" (1919), „Raskolnikow. Schuld und Sühne" (1922/23), „Orlacs Hände" (1924), „Der Andere" (1930).

Wiener, Alexander Solomon, *New York 16. März 1907, †ebd. 8. Nov. 1976, amerikan. Hämatologe. – Prof. in New York; entdeckte 1940 mit K. Landsteiner das Rhesussystem (↑Blutgruppen).

W., Norbert, *Columbia (Mo.) 26. Nov. 1894, †Stockholm 18. März 1964, amerikan. Mathematiker. – Prof. am MIT; Begründer der ↑Kybernetik; schuf unabhängig von C. E. Shannon u. a. die Grundlagen der Informationstheorie und leistete bed. Beiträge zur formalen Logik und ihrer Anwendung sowie zur mathemat. Grundlagenforschung.

Wiener Aktionismus, östr. Ausprägung der Aktionskunst, die unter Bezugnahme auf tiefenpsychol. Erkenntnisse religiöse und sexuelle Tabus in Frage stellt; zielt auf den Abbau von Aggressionen und die Freisetzung einer urspr., anarch. Kreativität. Vertreter: O. Muehl, H. Nitsch.

Wiener Becken, von der Donau zentral durchflossene Landschaft in NO-Österreich, ein vom Tertiär eingebrochenes Becken, das vom O-Rand der Alpen, dem Rosaliengebirge, Leithagebirge und den Hainburger Bergen sowie den Kleinen Karpaten und dem Hügelland des Weinviertels begrenzt wird; im NO Übergang in die Marchauen; Erdöl- und Erdgasvorkommen.

Wiener Friede, Bez. für mehrere in Wien geschlossene Friedensverträge:
1. Vertrag zw. Erzherzog Matthias (für Kaiser Rudolf II.) und I. Bocskai (23. Juni 1606; ↑Ungarn, Geschichte).
2. 1735 als Vorfriede geschlossener, am 18. Nov. 1738 bestätigter Vertrag zw. Österreich und Frankreich; beendete den Poln. Thronfolgekrieg (1733–1735/38): Stanislaus I. Leszczyński, der Schwiegervater Ludwigs XV., erhielt für seinen Verzicht auf den poln. Thron das Hzgt. Bar und die Anwartschaft auf Lothringen, auf das Herzog Franz Stephan im Tausch gegen die ihm zugesagte Nachfolge im Groß-Hzgt. Toskana verzichtete. Österreich, das mit Rußland Friedrich August II. unterstützte, trat Neapel und Sizilien an den span. Prinzen Karl, Novara und Tortona an Sardinien ab, erhielt dafür die Hzgt. Parma und Piacenza; Frankreich erkannte die Pragmat. Sanktion von 1713 an.
3. Vertrag zw. Dänemark, Preußen und Österreich (30. Okt. 1864), beendete den Dt.-Dän. Krieg: Dänemark mußte die Hzgt. Schleswig, Holstein und Lauenburg an Preußen und Österreich (Kondominium bis 1865) abtreten.
4. Vertrag zw. Italien und Österreich (3. Okt. 1866), in dem Italien Venetien erhielt.

Wiener Gruppe, seit 1958 Name einer Wiener Schriftstellergruppe mit avantgardist. Zielen; zu ihr gehörten die Autoren F. Achleitner, H. C. Artmann (bis 1958), K. Bayer, G. Rühm und O. Wiener, die am Dadaismus und Surrealismus anknüpften; 1964 löste sich die Gruppe auf.

Wiener Internationale (internat. Arbeitsgemeinschaft sozialist. Parteien) ↑Internationale.

Wiener Klassik, in der Musik eine Stilperiode, das das v. a. auf Wien konzentrierte Schaffen J. Haydns, W. A. Mozarts und L. van Beethovens zw. etwa 1770 und 1827 (Geburts- und Todesjahr Beethovens) umfaßt. Der Begriff W. K. betont die Vollendung, das Mustergültige und die überragende musikhistor. Bed. eines Stils, dessen Eigenart etwa mit Übereinstimmung von Inhalt und Form, Ausgewogenheit, Einheitlichkeit, Einfachheit, Universalität zu umschreiben ist. Voraussetzung für die Entstehung der W. K. war die gesellschaftl. und geistige Dynamik der Übergangszeit zw. Ancien régime und moderner bürgerl. Gesellschaft, die sich in einem hochentwickelten, von Adel und Bürgertum getragenen privaten und öff. Musikleben in den europ. Zentren (Paris, London, Wien, Mannheim, Mailand, Neapel) niederschlug. – Die **Vorklassik** als Zwischenphase brach mit der übersteigert empfundenen kompositor. Techniken des Spätbarocks und wandte sich schlichterer, gefälligerer, gefühlshafter Musik zu. Der Stilwandel war nicht die Leistung einer einzigen Schule oder eines einzigen Landes; an ihm hatten relativ unabhängig voneinander italien., frz. und dt. Musiker teil. Mit einer neuen Kunsthaltung trugen sie zur Ausbildung der Klavier- und Violinsonate (↑Sonate), der ↑Sinfonie und des ↑Streichquartetts bei, die, zus. mit der für die Frühzeit typ. Divertimento, ↑Serenade und dem aus dem Barock übernommenen Solokonzert (↑Konzert), die Hauptgattungen der W. K. **(Hochklassik)** waren. Die in der Vorklassik hervorgetretene Tendenz zu Einfachheit, Faßlichkeit und Allgemeinverständlichkeit blieb bei aller Verfeinerung der musikal. Mittel ein Grundzug der W. K. Die Norm des Satzes bildet die der Volksmusik entnommene achttaktige Periode, die oft kunstvoll überformt wird. Das Verfahren der Entwicklung und Abwandlung des ↑Themas (themat.-motiv. Arbeit) und seiner Verteilung auf die verschiedenen Stimmen (↑durchbrochene Arbeit, ↑obligates Akkompagnement) kennzeichnet seit Haydns 6 Streichquartetten op. 33 (1781) die für die W. K. grundlegende instrumentale Bauform der zyklisch eingebundenen ↑Sonatensatzform. Die vorklass. Einfachheit der Harmonik wurde in der W. K. abgelöst von einem kühnen Gebrauch von Chromatik, Dissonanz und Modulation. Gleichfalls als Folge gesteigerten Ausdrucksbedürfnisses wurden neue Möglichkeiten der Besetzung (z. B. Vermehrung der Streicher) und der dynam. und klangfarbl. Nuancierung (spezif. Einsatz der Bläser) erschlossen.

Wiener Kongreß, Zusammenkunft der europ. Monarchen und Staatsmänner zur polit. Neuordnung Europas nach dem Sturz Napoleons I. in Wien (Sept./Okt. 1814 bis Juni 1815), unterbrochen durch die Rückkehr Napoleons (↑Hundert Tage). Eine führende Rolle spielten neben dem östr. Staatskanzler K. W. Fürst Metternich der russ. Zar Alexander I., der brit. Außenmin. R. S. Viscount Castlereagh, der preuß. Staatskanzler K. A. Fürst von Hardenberg und der Vertreter C. M. de Talleyrand, dessen diplomat. Geschick seinem Land eine nahezu gleichberechtigte Position zurückgewann. Im Zentrum der Verhandlungen standen die Wiederherstellung der vorrevolutionären Ordnung (Vorbereitung der Hl. Allianz) und die territoriale Neuordnung unter dem Aspekt des Gleichgewichts der europ. Mächte, wobei v. a. der russ. Anspruch auf Polen und die preuß. Kompensationsforderung nach Annexion ganz Sachsens zu klären waren: *Rußland* erhielt den größten Teil des Hzgt. Warschau als Kgr. in Personalunion **(Kongreßpolen),** *Preußen* die N-Hälfte Sachsens (seitdem preuß. Prov. Sachsen), die Rheinlande, Westfalen, das restl. Schwed.-Vorpommern sowie aus seinen Erwerbungen von 1793/95 Danzig, Thorn und Posen. *Österreich* erhielt seinen Besitz zurück, außerdem die Lombardei und Venetien, was ihm die Vormachtstellung in Italien sicherte; es verzichtete auf den Breisgau sowie auf die östr. Niederlande, die, gefördert von Großbritannien, dem neugebildeten Kgr. der Vereinigten Niederlande angeschlossen wurden. Die *Schweiz* gewann mit dem Wallis, Neuenburg und Genf 3 Kantone und erhielt die Garantie ihrer immerwährenden Neutralität. An die Stelle des 1806 aufgelösten Hl. Röm. Reiches trat der ↑Deutsche Bund, dessen Bundesakte Be-

Wien. Riesenrad im Prater

Norbert Wiener

Wien

Hauptstadt Österreichs

·

1,522 Mill. E

·

aus einer kelt. Siedlung entstanden

·

seit dem 12. Jh. unter Babenbergern und Habsburgern zur Residenzstadt ausgebaut

·

mehrfach von den Türken belagert

·

1814/15 Wiener Kongreß

·

ringförmige Stadtanlage

·

Stephansdom

·

zahlr. bed. Theater und Museen

Wiener Konventionen

standteil der *Wiener Kongreßakte* vom 9. Juni 1815 wurde, mit der der W. K. endete (später ergänzt durch die ↑Wiener Schlußakte).

Wiener Konventionen, die **Wiener Konvention über diplomat. Beziehungen** vom 18. 4. 1961 (↑Gesandtschaftsrecht) sowie das **Wiener Übereinkommen über konsular. Beziehungen** vom 24. 4. 1963.

Wiener Kreis (Wiener Schule), aus einem seit 1922 bestehenden Diskussionskreis um M. Schlick hervorgegangene Gruppe von Wissenschaftlern des Neopositivismus (R. Carnap, V. Kraft, urspr. auch K. R. Popper u. a.) zunächst an der Univ. Wien, die die philosoph. Grundlagen der Einzelwiss. mit den von G. Frege und B. Russell neu geschaffenen Hilfsmitteln der modernen formalen Logik möglichst frei von hergebrachter Metaphysik und mit Hilfe einer wiss. Einheitssprache behandeln wollten.

Wiener Moderne ↑Jung-Wien.

Wiener Neustadt, östr. Stadt im südl. Wiener Becken, 265 m ü. d. M., 40 800 E. Handels- und Militärakad.; Städt. Museum; Theater. Textilind., Metallverarbeitung, Betonwerk, Brotfabrik, Herstellung von Wand- und Fußbodenverkleidung, Wellpappe und Lederwaren; Harz- und Terpentinraffinerie. Verkehrsknotenpunkt. – Die 1194 gegr. befestigte **Nova Civitas** (Neustadt) erhielt vor 1210 Marktrecht, 1277 ein stadtrechtähnl. Privileg; 1469–1784 Bischofssitz; unter Kaiser Friedrich III. zeitweise Residenzstadt; heutiger Name seit dem 17. Jh. – Roman.-frühgot. Stadtpfarrkirche (1279 geweiht), ehem. Zisterzienserstift Neukloster (umgebaut im 18. Jh., Kirche 14. Jh. mit Barockausstattung); ehem. Burg (1378 erneuert, im 18. Jh. ausgebaut; Maria Theresia richtete hier 1752 die Militärakad. ein) mit Georgskirche (1449–60; Wappenwand von 1453).

Wiener Philharmoniker, 1842 auf Initiative O. Nicolais in Wien aus Musikern der Hofoper gebildetes Orchester von internat. Rang. Zu den ständigen Dirigenten zählten: O. Nicolai (1842–47), H. Richter (1875–98), G. Mahler (1898–1901), F. von Weingartner (1908–27), C. Krauss (1930–33). Seit 1933 wirken Gastdirigenten.

Wiener Porzellan, in der östr. Manufaktur in Wien (1717 als Privatfirma und 2. europ. Manufaktur gegr.; 1744–1864 Staatsbesitz) hergestelltes ↑Porzellan: vorzügl. Geschirre und Figuren im Rokokostil, später auch im Stil des Klassizismus und Biedermeier. Die Wiener Manufaktur wurde 1864 aufgelöst und 1922 als Wiener Porzellanfabrik Augarten AG wiedererrichtet.

Wiener Reglement [frz. reglə'mã] ↑Gesandtschaftsrecht.

Wiener Sängerknaben, 1924 gegr. Knabenchor in Wien, der auf einen im Zuge der Reorganisierung der Wiener Hofkapelle unter 1498 in den Knabenchor zurückgeht. Das Konvikt für Sängerknaben dient der mus. Erziehung stimm- und musikbegabter Jungen; durch Konzertreisen weltweit bekannt.

Wiener Schiedssprüche, durch Deutschland und Italien getroffene Entscheidungen über ehem. ungar. Gebiete, die im Frieden von Trianon 1920 an die ČSR bzw. Rumänien gefallen waren; danach erhielt Ungarn die südl. Randgebiete der Slowakei und der Karpato-Ukraine (1. W. S., 2. Nov. 1938; ↑Transkarpatien) sowie N-Siebenbürgen und das Szeklerland (2. W. S., 30. Aug. 1940), Bulgarien die südl. Dobrudscha (Vertrag von Craiova, 7. Sept. 1940) zugesprochen. Die W. S. wurden im Pariser Frieden vom 10. Febr. 1947 wieder rückgängig gemacht (die Süddobrudscha verblieb bei Bulgarien).

Wiener Schlußakte, die auf den Wiener Ministerialkonferenzen (1819/20) erarbeitete, die Dt. Bundesakte von 1815 ergänzende, durch die Bundesversammlung am 8. Juli 1820 angenommene Zusammenfassung des Bundesrechts (Grundgesetz des Dt. Bundes; 1815–66).

Wiener Schnitzel ↑Schnitzel.

Wiener Schule, in der *Philosphiegeschichte* svw. ↑Wiener Kreis.

▷ in der *Psychologie* Bez. für verschiedene Richtungen der Tiefenpsychologie. Die von S. Freud begründete „orth." psychoanalyt. Schule (↑Psychoanalyse) wird als *erste W. S.,*

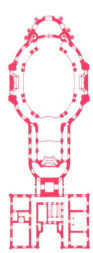

Wies. Grundriß der Kirche und des Priesterhauses

Wiener Porzellan. Teller mit Camaieumalerei, 1733 (Privatbesitz)

die auf A. Adler zurückgehende individualpsycholog. Variante als *zweite W. S.* und die von V. E. Frankl u. a. vertretene existenzanalyt. Richtung als *dritte W. S.* bezeichnet. Als W. S. gelten auch der von C. Bühler organisierte Forscherkreis bed. Kinder- und Jugendpsychologen sowie eine von H. Rohracher begr., naturwiss. ausgerichtete Schule der experimentellen Psychologie.

▷ innerhalb der *Nationalökonomie* eine seit den 1880er Jahren bestehende, durch C. Menger, E. Böhm-Bawerk, F. Wieser repräsentierte Richtung, die eine auf der Grenznutzentheorie (↑Grenznutzenschule) basierende Preis- und Verteilungstheorie entwickelte. Vertreter der sog. *jüngeren W. S.* (L. Mises, F. A. Hayek, O. Morgenstern u. a.) konzipierten eine auf dem Grenznutzenprinzip beruhende Überinvestitionstheorie.

▷ in der *Musik:* 1. die Gruppe von Komponisten, die im 2. Drittel des 18. Jh. (zus. mit der ↑Mannheimer Schule) als Wegbereiter der ↑Wiener Klassik auftraten. Ihre wichtigsten Vertreter waren M. G. Monn und G. C. Wagenseil. Sonate und Sinfonie der W. S. sind bestimmt von kleingliedriger, liedartiger Thematik, motiv. Elementen der Opera buffa und häufigem Affektwechsel (Abkehr vom barocken Einheitsablauf). Innerhalb der Sonatensatzform sind das zweite Thema und die Durchführung zunehmend deutlich ausgeprägt. – 2. **(Zweite Wiener Schule)** A. Schönberg und sein Schülerkreis. Die Bez. W. S. verweist programmatisch auf die Wiener Klassik (J. Haydn, W. A. Mozart, L. van Beethoven) zurück; in diesem Traditionszusammenhang wollte die W. S. ihr Schaffen verstanden wissen. Zugleich ist die Bez. auch Reaktion auf die starken Widerstände, denen die Neue Musik begegnete. Die Bed. der W. S. besteht darin, daß sie einerseits die Harmonik der Musik des ausgehenden 19. Jh. gleichsam zu Ende dachte (z. B. Schönbergs Kammersinfonie op. 9) und andererseits aus dieser Situation heraus Grundlagen zur Ausbildung einer wesentl. Strömung der Neuen Musik (ab etwa 1907/08) fand, der Atonalität (↑atonale Musik) und die ↑Zwölftontechnik.

Wiener Schule des Phantastischen Realismus, Mitte der 1950er Jahre geprägte Bez. für eine Gruppe in Wien tätiger Maler (E. Brauer, E. Fuchs, R. Hausner, W. Hutter, A. Lehmden). Sie vertraten bereits früh eine sich von den Haupttendenzen zeitgenöss. Kunst abgrenzende Feinmalerei in einem psychologisierend-dekorativen Stil, der auch surrealist. Elemente aufnahm. Das Interesse gilt einer phantasmagor. Bildwirkung, nicht so sehr einer Konstitution einer Überrealität (wie im Surrealismus). In der Nachfolge entwickelte sich in Wien eine zweite Generation der Phantast. Realisten (u. a. H. Leherb, A. Litschke, L. Raidl). Außerhalb Österreichs haben sich verschiedene Künstler dem Phantast. Realismus zugewandt.

Wiener Volkstheater, spezif. Wiener Vorstadttheater im 18. bis zur Mitte des 19. Jh.; sein Repertoire umfaßte v. a. heitere oder satir. [Lokal]possen, Zauberstücke, Singspiele. Wichtigste Repräsentanten waren J. A. Stranitzky, Gottfried Prehauser (* 1699, † 1769), P. Hafner, Karl Meisl (* 1775, † 1853), A. Bäuerle, F. Raimund und J. N. Nestroy. Die berühmtesten Vorstadtbühnen waren: Kärntnertor-Theater, Theater in der Leopoldstadt, Wiedner Theater (später Theater an der Wien), Theater in der Josefstadt.

Wienerwald, nordöstlichster Teil der O-Alpen, Österreich; reicht bis an die Donau. Höchste Erhebung ist der Schöpfl mit 890 m; Naherholungsgebiet der Wiener.

Wiener Werkel, 1939 gegr. polit.-satir. Kleinkunstbühne in Wien, Zentrum geistiger Widerstandsbewegung gegen den NS; Sept. 1944 geschlossen.

Wiener Werkstätte, 1903 von J. Hoffmann und Kolo Moser (* 1868, † 1918) gegr., bis 1932 bestehendes Unternehmen, das komplette Innendekorationen von Möbeln bis zu kunsthandwerkl. Gegenständen, wie Lederarbeiten, Schmuck, Bucheinbände, Stoffe, nach Entwürfen der Künstler der Wiener Sezession und der Wiener Kunstgewerbeschule herstellte und vertrieb.

Wienhausen, Gem. 9 km sö. von Celle, Nds., 3 400 E. Ehem. Zisterzienserinnenkloster (in W. seit 1231; seit 1562 ev. Damenstift), einschl. der Ausstattung erhaltene got. Anlage, Backsteinbauten (14. Jh.), Kirche (im Kern romanisch, 1704–07 umgebaut) mit bed. Malereien (um 1330). Berühmt die 8 Wienhauser Teppiche.

Wiensches Verschiebungsgesetz, von W. Wien gefundenes Gesetz, wonach sich das Intensitätsmaximum der von einem schwarzen Strahler ausgesandten Strahlung mit steigender Temperatur nach kürzeren Wellenlängen hin verschiebt.

Wieringermeer-Polder, erster und unmittelbar ans Altland angeschlossener, 1927 bis 1930 im Rahmen der Abschließungsarbeiten der Zuidersee (IJsselmeer) trockengelegter Polder, in den Niederlanden, 210 km^2, 12 000 E. Anbau von Getreide, Kartoffeln, Zuckerrüben, Flachs und Hülsenfrüchten.

Wies (Wieskirche), Wallfahrtskirche in der Gem. Steingaden, erbaut 1745–54 von D. Zimmermann, ein Hauptwerk des Rokoko, auch durch die Innenausstattung (Deckenmalerei und Stukkaturen) von J. B. Zimmermann. – Von der UNESCO zum Weltkulturerbe erklärt.

Wiesbaden, Hauptstadt von Hessen, im Taunusvorland, 83–584 m ü. d. M., 256 900 E. Sitz der hess. Landesreg. und Ministerien; Statist. Bundesamt, Bundeskriminalamt; Bundesinst. für Bev.forschung; Fachhochschule (Fachbereiche Gestaltung, Sozialwesen und Wirtschaft), Fachhochschule Fresenius (Chemie), Konservatorium; Hess. Landesbibliothek, Hess. Hauptstaatsarchiv, Hess. Landesamt für Bodenforschung; Hess. Staatstheater; Museum. Kongreß-, Kur- und Badestadt (Rheuma, Gicht, Katarrh der Atemwege), Spielbank. Chem. und pharmazeut. Ind., Zementwerk, Sektkellereien, Verlage, Kunststoffverarbeitung, elektrotechn. und elektron., feinmechan. und opt. Ind., bed. Fremdenverkehr; Rheinhafen.

Geschichte: Befestigter Platz wahrscheinlich schon seit der Zeit des Augustus; Steinkastell auf dem Heidenberg zw. 83 und 90, aufgegeben 121/122. Die Zivilsiedlung **Aquae Mattiacae** entwickelte sich zum bed. Kurort (Thermen seit Mitte des 1. Jh. n. Chr.), wurde Hauptort der Mattiaker; um 250–260 (259?) von den Alemannen zerstört, unter Valentinian I. 364–375 Versuch einer Stadtbefestigung (sog. Heidenmauer), etwa 400 endgültig alemannisch, um 500 fränkisch. Der 829 als **Wisibada** belegte befestigte Ort gewann bereits im frühen MA stadtähnl. Charakter; hatte zu Beginn des 13. Jh. den Status einer Reichsstadt. Kam zw. 1242 und 1281 zu Reichslehen an die walram. Linie der Grafen von Nassau. Wurde 1744 Hauptstadt des Ft. Nassau-Usingen. Kam 1866 an Preußen, Hauptstadt des Reg.-Bez. W. der 1867/68 gebildeten Prov. Hessen-Nassau. Seit 1945 Hauptstadt des Landes Hessen.

Bauten: Reste der röm. Stadtbefestigung (4. Jh.); neugot. Pfarrkirche Sankt Bonifatius, russ. Kapelle auf dem Neroberg (beide 19. Jh.), Schloß (1837–41, heute Sitz des Hess. Landtags), Kuranlage (1906) mit klassizist. Kolonnaden, Altes Rathaus (1609 und 1828).

Wiesdorf ↑ Leverkusen.

Wiese, Benno von, eigtl. B. von W. und Kaiserswaldau, * Frankfurt am Main 25. Sept. 1903, † München 31. Jan. 1987, dt. Literarhistoriker. – Sohn von Leopold von W.; 1932 Prof. in Erlangen, 1943 in Münster, 1956 in Bonn. Trat für eine werkimmanente Interpretation des dichter. Kunstwerkes, später für die Verknüpfung von geistes- und sozialgeschichtl. Methodik ein. Herausgeber u. a. der Interpretationssammlungen „Die dt. Lyrik" (1956), „Das dt. Drama" (1958) und „Der dt. Roman" (1963).

W., Leopold von, eigtl. L. von W. und Kaiserswaldau, * Glatz 2. Dez. 1876, † Köln 11. Jan. 1969, dt. Soziologe und Nationalökonom. – Ab 1908 Prof. in Hannover, ab 1919 in Köln; entwickelte eine „formale Soziologie", mit der jedes gesellschaftl. Verhalten und alle gesellschaftl. Erscheinungen unabhängig von der jeweiligen histor. Bedingtheit beschrieben werden sollten.

Wiese, gehölzfreie oder -arme, v. a. aus Süßgräsern und Stauden gebildete Pflanzenformation. Natürl. W. sind an bestimmte Standorte gebunden. Die landw. Nutz-W. werden im Ggs. zur ↑ Weide regelmäßig gemäht und dienen der Heugewinnung. Man unterscheidet Fett-W. (mit zweimaliger Mahd pro Jahr und hohem Heuertrag; auf nährstoffreichen Böden mit hohem Grundwasserstand) und Mager-W. (mit einmaliger Mahd pro Jahr und geringem Heuertrag; an trockenen, nährstoffarmen Standorten).

Wiesel, Elie, * Sighet (heute Sighetu Marmației) 30. Sept. 1928, amerikan. Schriftsteller rumän. Herkunft. – Wuchs in der Tradition des ↑ Chassidismus auf; wurde mit seiner Familie 1944 nach Auschwitz und Buchenwald deportiert; lebte nach der Befreiung 1945 als Journalist in Paris, seit 1956 in den USA (1963 amerikan. Staatsbürger). Sein in frz. Sprache geschriebenes Werk ist der Geschichte der Toten und Überlebenden des Holocaust sowie der Überlieferung der jüd. Tradition gewidmet. Erhielt 1986 den Friedensnobelpreis. – Werke: Die Nacht zu begraben, Elischa (R.-Trilogie, 1958–61), Gezeiten des Schweigens (R., 1962), Gesang der Toten (En., 1966), Der Bettler von Jerusalem (R., 1968), Das Testament eines ermordeten jüd. Dichters (R., 1980), Der fünfte Sohn (R., 1983), Twilight (R., 1988).

W., Torsten Nils, * Uppsala 3. Juni 1924, schwed. Neurobiologe. – Prof. an der Harvard Medical School in Boston (Mass.). Für die grundlegenden Entdeckungen hinsichtlich der Informationsverarbeitung opt. Reize durch das Gehirn erhielt W. (mit D. H. Hubel und R. W. Sperry) 1981 den Nobelpreis für Physiologie oder Medizin.

Wiesel (Mustela), Gatt. der Marder mit über zehn Arten in Europa, N-Afrika, Asien und N-Amerika; Körper schlank, kurzbeinig; flinke Raubtiere. – Bekannte Arten sind u. a. ↑ Mink; **Hermelin** (Großes W., Mustela erminea), etwa 22–30 cm lang, Schwanz 8–12 cm lang, mit schwarzer Spitze; Fell im Sommer braun mit weißer bis gelbl. Unterseite, im Winter weiß; in Eurasien sowie im nördl. und mittleren N-Amerika. **Mauswiesel** (Kleines W., Mustela

Torsten Nils Wiesel

Wiesbaden
Stadtwappen

Wiesbaden. Kurhaus, 1906

Wieselartige

Wiesel. Hermelin im Winterkleid

nivalis), bis 23 cm lang, mit oberseits braunem, unterseits weißem Fell; in Eurasien, N-Afrika und Kanada.
Wieselartige (Mustelinae), Unterfam. der Marder mit über 30 Arten; mit Ausnahme Australiens weltweit verbreitet. Bekannt sind ↑Edelmarder, ↑Steinmarder, ↑Zobel, ↑Iltisse, ↑Nerze, ↑Wiesel und ↑Vielfraß.
Wieselmakis ↑Lemuren.
Wiesenfuchsschwanzgras (Kornschmiele, Alopecurus pratensis), im nördl. Eurasien heim. Süßgras der Gatt. Fuchsschwanzgras; 30–100 cm hohes Ährenrispengras mit zottig bewimperten Hüllspelzen und begrannten Deckspelzen; häufig auf Wiesen.
Wiesenhafer, svw. ↑Glatthafer.
Wiesenknopf (Sanguisorba), Gatt. der Rosengewächse mit rd. 30 Arten in der nördl. gemäßigten Zone; einheimisch sind auf Feuchtwiesen der 30–90 cm hohe **Große Wiesenknopf** (Sanguisorba officinalis) mit dunkelbraunroten Blüten; auf Trockenrasen der 20–60 cm hohe **Kleine Wiesenknopf** (Bibernelle, Sanguisorba minor) mit rötl. Blüten.
Wiesenotter (Spitzkopfotter, Vipera ursinii), bis 50 cm lange Viper, verbreitet in offenen Landschaften vom südl. M-Europa (v. a. Neusiedler See, Abruzz. Apennin) bis Z-Asien; Giftschlange mit dunklem, wellenförmigem Rückenlängsband auf hellgrünem bis -braunem Grund.
Wiesenraute (Thalictrum), Gatt. der Hahnenfußgewächse mit ca. 250 Arten, v. a. auf der N-Halbkugel, z. B. die Akeleiblättrige Wiesenraute (Thalictrum aquilegifolium); Stauden mit mehrfach gefiederten Blättern und in Rispen oder Trauben stehenden Blüten mit unscheinbaren Blütenhüllblättern und zahlr. Staubblättern mit oft auffällig gefärbten Staubfäden.
Wiesenschaumkraut ↑Schaumkraut.
Wiesenthal, Simon, *Buczacz (Ukraine) 31. Dez. 1908, östr. Publizist. – Architekt; als Jude 1941 in Lemberg verhaftet und bis 1945 im KZ; trug wesentlich zur Aufspürung A. Eichmanns in Argentinien (1960) und anderer NS-Verbrecher bei; eröffnete 1961 das jüd. Dokumentationszentrum in Wien, das er seitdem leitet.
Wieser, Friedrich Freiherr von, *Wien 10. Juli 1851, †Sankt Gilgen am Sankt-Wolfgang-See 23. Juli 1926, östr. Nationalökonom. – Prof. in Prag und Wien; 1917/18 Handelsmin.; einer der Hauptvertreter der ↑Wiener Schule. – *Werke:* Über den Ursprung und die Hauptgesetze des wirtsch. Wertes (1884), Der natürl. Wert (1889), Theorie der gesellschaftl. Wirtschaft (1914), Das Gesetz der Macht (1926).
Wieskirche ↑Wies.
Wiesloch, Stadt am NW-Rand des Kraichgaus, Bad.-Württ., 123 m ü. d. M., 22 500 E. Metall-, leder- und papierverarbeitende Ind., Tonwaren- und Baustoffind.; Obst- und Weinbau. – 801 erstmals erwähnt; erhielt vermutlich 965 Marktrecht, bald nach 1225 zur Stadt erhoben. – Spätbarocke kath. Laurentiuskirche (1750–53, später erweitert).
Wiessee, Bad ↑Bad Wiessee.
Wiflisburg, schweizer. Ort, ↑Avenches.
Wigalois, Held des Kreises um König Artus; Titelgestalt des gleichnamigen Versromans von ↑Wirnt von Grafenberg.

Wiesenfuchsschwanzgras

Wiesenknopf. Großer Wiesenknopf

Wigand, Albert, *Ziegenhain (Hessen) 24. Aug. 1890, †Leipzig 17. Mai 1978, dt. Maler und Zeichner. – Lebte in Dresden. Angeregt von der klass. frz. Malkultur, schuf kleinformatige Interieurs, Stilleben und Straßenbilder, deren Farbtektonik bestimmendes Gestaltungsmittel ist; auch Zeichnungen und Collagen.
Wight [engl. waɪt], engl. Insel und Gft. *(Isle of W.)* im Kanal, von der südengl. Küste bei Southampton durch Solent und Spithead getrennt, 381 km², 130 500 E, Verwaltungssitz Newport. Von einer Kreidehügelkette durchzogen, im S bis 240 m hoch; mildes Klima, Fremdenverkehr (zahlr. Seebäder); Häfen Cowes und Newport. – Wurde 43 n. Chr. röm. **(Vectis)**; im 5. Jh. von Jüten erobert, kam 661 zu Wessex, später zu Sussex bzw. zu Hampshire; seit 1890 eigener Grafschaftsrat.
Wigman, Mary, eigtl. Marie Wiegmann, *Hannover 13. Nov. 1886, †Berlin (West) 19. Sept. 1973, dt. Tänzerin, Choreographin und Tanzpädagogin. – Schülerin von É. Jaques-Dalcroze und R. von Laban; gründete 1920 in Dresden eine Schule, aus der u. a. G. Palucca und H. Kreutzberg hervorgingen. Ab 1919 gab sie ihre ersten Solotanzabende, in denen sie einen neuen, absoluten Tanzstil prägte. Ihre später nach Leipzig verlegte Schule baute sie dort nach 1945 wieder neu auf. 1949 eröffnete sie eine Schule in Berlin (West), die bis in die 60er Jahre ein bed. Zentrum des Ausdruckstanzes in Deutschland war. Schrieb „Die Sprache des Tanzes" (1963).
Wigner, Eugene Paul [engl. ˈwɪgnə], *Budapest 17. Nov. 1902, amerikan. Physiker östr.-ungar. Herkunft. – Prof. an der Princeton University (N. J.). Bed. theoret. Physiker. Von ihm stammen wesentl. Beiträge zur Anwendung der Quantenmechanik in der Festkörper-, Atom- und Kernphysik. Während des 2. Weltkrieges war er maßgebend an der Entwicklung der Atombombe und der Kernreaktoren beteiligt. Von grundlegender Bed. wurden seine Überlegungen zur Raumspiegelung, Parität und Zeitumkehr sowie über Invarianz in physikal. Theorien; erhielt 1963 den Nobelpreis für Physik (zus. mit M. Goeppert-Mayer und J. H. D. Jensen).

Wiesenotter

WIG-Verfahren ↑Schweißverfahren.
Wigwam [indian.], urspr. die kuppelförmige Hütte der Algonkinstämme des östl. Waldlands N-Amerikas; die Bez. wurde von den Europäern auf alle Behausungen der nordamerikan. Indianer ausgedehnt.
Wijk aan Zee [niederl. ˈweɪk aːn ˈzeː] ↑Beverwijk.
Wik [zu lat. vicus „Dorf, Gehöft"], urspr. der aus Gerten geflochtene Zaun, dann Bez. für eine umsäumte Siedlung, einen Wohnplatz oder eine Flur; Hauptverbreitungsgebiet der W.siedlungen ist NW-Europa.
Wikinger (lat. Northmanni, Dani, Lomanes; Rus, Waräger), skand. Kriegerscharen, die vom 6.–11. Jh., bes. im 9. und 10. Jh., Plünderungszüge durch ganz Europa unternahmen und die Handelswege beherrschten; ihre wichtigsten Handelsplätze waren ↑Birka und ↑Haithabu. Neben Unternehmungen von Gefolgschaften unter Führung eines Häuptlings gab es große militär. Expeditionen ganzer Reiche, z. B. 991 den Kriegszug aller drei skand. Reiche unter

Führung von Olaf I. Tryggvesson gegen England. Die W. erlernten im Laufe des 7. Jh. die Segeltechnik (W.schiff). Die Züge der *Norweger* führten v. a. den Brit. Inseln (8. Jh.), nach Island (um 860), nach Grönland (Entdeckung 982 durch Erich den Roten) und N-Amerika (Entdeckung um 1000 durch Leif Eriksson). Die *Dänen* wandten sich dagegen seit 834 dem Kontinent zu, besetzten Friesland, richteten ihre Fahrten nach 866 gegen England und setzten sich 911 unter der Führung Rollos in der Normandie (Normannen) fest. 1013 eroberten sie unter König Svend I. Tveskæg England. Im Ostseeraum und in Rußland waren seit dem 9. Jh. bes. die *Schweden* aktiv, als Rus oder Waräger bezeichnet.

Wikingerschiff, schlank gebautes, für Hochsee- und Flußfahrt geeignetes, offenes Kielboot der Wikinger mit Spanten und Klinkerbeplankung; Mast mit Rahsegel; Vorder- und Achtersteven stark hochgezogen, oft reich mit Schnitzwerk verziert. W. wurden mit 40–80 Riemen gerudert. Bed. Funde: u. a. Gokstad, Oseberg (Votivschiffe), Roskilde; Darstellung auf dem Bayeux-Teppich.

Wilamowitz-Moellendorff, Ulrich von ['mœləndɔrf], * Markowitz (Woiwodschaft Bydgoszcz) 22. Dez. 1848, † Berlin 25. Sept. 1931, dt. klass. Philologe. – Ab 1876 Prof. in Greifswald, 1883 in Göttingen, 1897 in Berlin. Prägte durch Forschungen über griech. Kultur und Literatur die klass. Philologie in hohem Maße.

Wilanów [poln. vi'lanuf], Barockschloß im S von ↑ Warschau.

Wilbye, John [engl. 'wɪlbɪ], ≈ Diss (Norfolk) 7. März 1574, † Colchester im Sept. 1638, engl. Madrigalkomponist. – Musiker im Dienste des Grafen Kytson in Hengrave Hall. Seine ausdrucksstarken, satztechnisch durchgefeilten 3- bis 6stimmigen Madrigale gehören zu den besten engl. Madrigalen.

Wilczekland ['vɪltʃɛk], Insel im O von Franz-Joseph-Land, im Nordpolarmeer, Rußland, 2 000 km², bis 606 m ü. d. M., eisbedeckt.

Wild, Heinrich, * Uster (Kt. Zürich) 17. Dez. 1833, † Zürich 5. Sept. 1902, schweizer. Physiker und Meteorologe. – W. entwickelte und verbesserte verschiedene Längenmeß- und Wägungsmethoden zur Festlegung der Urmaße. Er zählte zu den führenden Meteorologen seiner Zeit und entwickelte meteorolog. und magnet. Meßinstrumente.

Wild, alle jagdbaren Säugetiere (Haarwild) und Vögel (Federwild), auch unterschieden in *Raub-* und *Nutz-W.* – ↑ Hochwild, ↑ Niederwild.

Wildbad im Schwarzwald, Stadt im nördl. Schwarzwald, an der Enz, Bad.-Württ., 430–950 m ü. d. M., 11 100 E. Luftkurort und Heilbad (Rheuma, Gicht, Nervenleiden); Holzverarbeitung, Metallind. – 1345 erstmals erwähnt; erhielt 1367 Stadtrecht; verdankt seine Entstehung der Entdeckung der Thermalquellen. – Rokokopfarrkirche (1746–49).

Wildbann ↑ Bannforsten.

Wildberg, Stadt im nördl. Schwarzwald, an der Nagold, Bad.-Württ., 365–550 m ü. d. M., 9 100 E. Luftkurort; Metallverarbeitung, Spielwaren-, Küchenmöbelfabrik. – Stadtrecht vor 1281. – Ev. spätroman. Pfarrkirche mit spätgot. Chor (1467), Langhaus barockisiert. Spätgot. Rathaus (1480).

Wildberger, Jacques, * Basel 3. Jan. 1922, schweizer. Komponist. – Knüpfte in seinen Kompositionen an den späten A. Webern an, u. a. „Tre mutazioni" für Kammerorchester (1953), „Epitaphe pour Évariste Galois" (1964), „Rappresentazione profana" für Sprecher, Sopran und Orchester (1987/88).

Wildbeuter (Jäger und Sammler), in der *Völkerkunde* Jäger-, Fischer- und Sammelvölker mit „aneignender Wirtschaftsform", in der die von der Natur angebotenen tier. und pflanzl. Produkte ausgebeutet werden, ohne daß zu ihrer Vermehrung beigetragen wird. Vorratswirtschaft ist nicht oder gering entwickelt. Der Mann ist in erster Linie Jäger, Aufgabe der Frau ist es, sich um die Kinder zu sorgen, die Behausung zu errichten, die Nahrung zu bereiten und das Feuer zu unterhalten. Daneben sammelt sie Pflanzen, wilden Honig und Kleingetier. Ethn. Einheit sind Lokalgruppen, die aus mehreren Einzelfam. bestehen. W. leben heute in Rückzugsgebieten (↑ Rückzugsvölker).

Wildbret [zu mittelhochdt. wiltprete „Wildfleisch"], Fleisch des Nutzwildes.

Oscar Wilde.
Illustration zu „Salome" von Aubrey Vincent Beardsley, 1894

Wilde, Oscar Fingal[l] O'Flahertie Wills [engl. waɪld], * Dublin 16. Okt. 1854, † Paris 30. Nov. 1900, engl. Schriftsteller ir. Herkunft. – Hervorragendster literar. Vertreter des Ästhetizismus in England. Von seiner Versdichtung wurde die „Ballade vom Zuchthause zu Reading", 1898 nach der Verbüßung einer 2jährigen Zuchthausstrafe wegen Homophilie entstanden, bes. bekannt. 1893 entstand unter dem Einfluß des frz. Symbolismus die frz. geschriebene Tragödie „Salome" (engl. 1894, 1905 als Oper vertont von R. Strauss). Seine Gesellschaftskomödien, die in der Tradition der Comedy of manners stehen, glossieren witzig-frivol herrschende Denk- und Verhaltensweisen des Viktorian. Zeitalters, u. a. „Lady Windermeres Fächer" (1893), „Eine Frau ohne Bedeutung" (1894), „Ein idealer Gatte" (1899) und „Ernst sein!" (1899). Sein einziger Roman „Dorian Gray" (1891) ist eine teilweise bekenntnishafte Darstellung eines skrupellosen Genußmenschen, der an seinen Lastern zugrunde geht. Auch Märchen, Erzählungen, Essays und der autobiograph., postum publizierte Brief „De profundis" (gekürzt 1905, vollständig 1949).

wilde Deponien ↑ Müll.

Wilde Jagd (Wilde Fahrt, Wildes Heer), im Volksglauben ein Totenheer, das, angeführt vom **Wilden Jäger** (urspr. Wodan), in Sturmnächten durch die Lüfte reitet.

Wildenbruch, Ernst von, * Beirut 3. Febr. 1845, † Berlin 15. Jan. 1909, dt. Schriftsteller. – Enkel des Prinzen Louis Ferdinand von Preußen. Vielgespielter Dramatiker der Wilhelmin. Zeit; schrieb histor.-patriot. Dramen, auch Erzählungen, und Lyrik mit patriot., teils sozialkrit. Themen.

Wildenten, volkstüml. für alle wildlebenden Enten (z. B. die Stockente).

Wilder [engl. 'waɪldə], Billy, eigtl. Samuel W., * Sucha (Galizien) 22. Juni 1906, amerikan. Filmregisseur österr. Herkunft. – Filmjournalist und Drehbuchautor (u. a. Mitautor von „Menschen am Sonntag", 1929, und „Ninotschka", 1930); emigrierte 1933 nach Frankreich, dann in die USA. Drehte dort v. a. gesellschaftskrit. und Lustspielfilme wie „Frau ohne Gewissen" (1943), „Boulevard der Dämmerung" (1950), „Zeugin der Anklage" (1957), „Manche mögen's heiß" (1959), „Das Appartement" (1960), „Das Mädchen Irma La Douce" (1963), „Fedora" (1978), „Buddy, Buddy" (1981).

W., Thornton, * Madison (Wis.) 17. April 1897, † Hamden bei New Haven (Conn.) 7. Dez. 1975, amerikan. Schriftsteller. – T. begann mit christlich geprägten Erzählwerken, u. a. „Die Brücke von San Luis Rey" (R., 1927). Während

Ulrich von Wilamowitz-Moellendorff

Billy Wilder

Thornton Wilder

der Roman „Dem Himmel bin ich auserkoren" (1934) noch persönl. religiöse Überzeugungen spiegelt, tritt das Bekenntnishafte in dem Cäsarroman „Die Iden des März" (1948) gegenüber der allg.gültigen geistesgeschichtl. Analyse zurück. In seinen Dramen „Unsere kleine Stadt" (1938) und „Wir sind noch einmal davongekommen" (1942) werden unter Verwendung der Mittel des ep. Theaters zeitlose menschl. Probleme dargestellt. – *Weitere Werke:* Der achte Schöpfungstag (R., 1967), Theophilus North oder ein Heiliger wider Willen (R., 1974).

Wilder Alexander ↑ Alexander.

Wilder Apfelbaum ↑ Holzapfelbaum.

Wilder Birnbaum (Holzbirne, Pyrus piraster), in Auenwäldern oder wärmeliebenden Wäldern vorkommende Birnenart; bis 20 m hoher, häufig dorniger Baum mit weißen oder rosafarbenen Blüten. Die rundl. bis birnenförmigen Früchte sind bis 3,5 cm lang und auf Grund ihres Gerbstoffgehaltes kaum genießbar. Der W. B. gilt als eine der Stammformen des Kulturbirnbaums.

Wilderei, unrechtmäßiges Jagen oder Fischen in fremdem Revier; Jagd- und Fisch-W. werden mit Freiheitsstrafe bis zu 5 Jahren oder mit Geldstrafe bestraft (§§ 292, 293 StGB).

Wilder Kaiser ↑ Kaisergebirge.

Wilder Mann, in der Volkssage ein dämon. Wesen, das als riesiger, mit langen Haaren bedeckter Waldmensch geschildert wird und als Wetter-, v.a. als Winterdämon gilt.

Wilder Mann, Ständer im alemann. und fränk. Fachwerkbau aus sich überschneidenden Streben (die gestreckte „Arme" und „Beine" bilden).

wilder Streik ↑ Streik.

Wilder Wein ↑ Jungfernrebe.

Wilder Westen, in N-Amerika die v.a. während des 19. Jh. im Rahmen der Expansion nach W vorrückende Übergangsregion von administriertem Siedlungsgebiet der Einwanderer zu dem von Indianern beherrschten Land. Der W. W., geprägt durch blutige Kriege mit den Prärieindianern, Pioniergeist und harten Existenzkampf (z.T. gewalttätige Selbsthilfe) der Siedler, Goldsucherströme und die Auseinandersetzungen zw. Ranchern, Cowboys und den sie verdrängenden Ackerbauern, wurde vielfach in Literatur und Film thematisiert. – ↑ Western.

wildes Fleisch (Caro luxurians), überschüssig wucherndes, schwammiges Granulationsgewebe an heilenden Wunden.

Wildeshausen, Stadt an der Hunte, Nds., 20 m ü.d.M., 14 000 E. Futtermittel-, Vulkanfiber-, Maschinenfabrik, Tabakfabrikation; Luftkurort. – Mittelpunkt eines Megalithgräberfeldes. Erstmals 851 erwähnt; 1270 Stadtrecht. – Spätroman. ehem. Stiftskirche (1224 ff.; Turm 14. Jh.); Rathaus (15. Jh.).

Wildes Heer ↑ wilde Jagd.

Wildfrüchte, eßbare Früchte wild wachsender Pflanzen; z.B. Hagebutten.

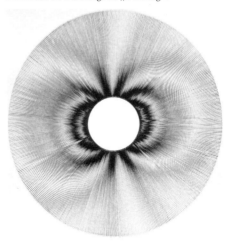

Wildgans, Anton, *Wien 17. April 1881, †Mödling 3. Mai 1932, östr. Lyriker und Dramatiker. – 1921–23 und 1930/31 Direktor des Wiener Burgtheaters; schrieb vom Symbolismus beeinflußte Lyrik („und hättet der Liebe nicht...", 1911). Auch naturalist., später expressionist. Dramen, u.a. „Kain" (1920). – *Weitere Werke:* Kirbisch oder Der Gendarm, die Schande und das Glück (Epos, 1927), Rede über Österreich (1930), Ich beichte und bekenne (aus dem Nachlaß, hg. 1933).

Wildgänse, volkstümlich für alle wild lebenden Echten Gänse, i.e.S. für die Graugänse.

Wildgrafen, um 1113 von Emicho II. († 1135) begr. Grafengeschlecht mit Amtsbereich beiderseits der Nahe und Besitz im Hunsrückgebiet; 1350 bzw. 1408 von den Rheingrafen beerbt, die sich nun *Wild- und Rheingrafen* nannten.

Wildhefen, im Unterschied zu den ↑ Kulturhefen in der freien Natur auf zuckerhaltigen Stoffen (z.B. Nektar, reifende Früchte) sowie in Böden vorkommende Schlauchpilze (Hefepilze, hefeartige Pilze), die eine alkohol. Gärung bewirken.

Wildhorn, Hauptgipfel der stark vergletscherten W.gruppe in den Berner Alpen, 3 248 m hoch.

Wildhunde, verschiedene wildlebende Vertreter der Hundeartigen: ↑ Hyänenhund, ↑ Rothunde und ↑ Dingo.

Wilding, Ludwig, *Grünstadt 19. Mai 1927, dt. Maler und Objektkünstler. – Vertreter der Op-art. Bringt in seinen Arbeiten identisch aufgebaute Lineaturen mit einer minimalen Abweichung zur „Deckung".

Ludwig Wilding. Überlagerung eines Strahlenrasters, 1966 (Privatbesitz)

Wildkaninchen (Oryctolagus), Gatt. der Hasen mit der einzigen, über weite Teile Europas verbreiteten, in Australien, Neuseeland und Chile eingebürgerten Art *Europ. W.* (Oryctolagus cuniculus); 35–45 cm Körperlänge, 7–8 cm lange Ohren; oberseits graubraun, unterseits weißlich; lebt gesellig in ausgedehnten Erdröhrensystemen und vermehrt sich stark; Stammform der zahlr. Hauskaninchenrassen.

Wildkatze (Felis silvestris), in Europa, N-Afrika und SW-Asien heim. Kleinkatze; Länge 45–80 cm, Schwanz 25–40 cm lang, buschig behaart; mit dunkler Ringelung und schwarzer Spitze; Körperfärbung je nach Vorkommen hell sandfarben bis graubraun oder rötlichbraun, mit dunkler Flecken- und Streifenzeichnung; Unterarten sind ↑ Falbkatze, ↑ Steppenkatze und ↑ Waldkatze.

Wildleder, Handelsbez. für Ober- und Bekleidungsleder aus Wildfellen und -häuten, i.w.S. jedes Rauhleder.

Wildpferd, svw. ↑ Prschewalskipferd.
▷ Bez. für halbwilde oder wildlebende Hauspferde (z.B. Camargueperd).

Wildpflanzen, im Ggs. zu den Kulturpflanzen die innerhalb ihres Verbreitungsgebietes ohne menschl. Zutun lebenden Pflanzenarten.

Wildschaden, der durch Schalenwild, Wildkaninchen und Fasanen an Grundstücken, ihren Bestandteilen und Erzeugnissen durch Abäsen, Schälen, Brechen u.a. angerichtete Schaden. Entschädigung und Verhütung von W. sind im BundesjagdG geregelt.

Wildschweine (Sus), Gattung der Schweine mit vier Arten in Europa, Asien und N-Afrika. Die bekannteste Art ist das *Euras. Wildschwein* (Sus scrofa) mit 100–180 cm Körperlänge, 55–110 cm Schulterhöhe und bis rd. 200 kg Körpergewicht; Kopf groß, langgestreckt; Eckzähne verlängert, die des Oberkiefers nach oben gekrümmt (Gewaff), Fell mit langen, borstigen Haaren, braunschwarz bis hellgrau; Jungtiere (Frischlinge) braun und gelblich längsgestreift. Die ♀♀ bilden mit den Frischlingen zus. Gruppen. Die ♂♂ sind außerhalb der Paarungszeit Einzelgänger. Das Euras. Wildschwein ist die Stammform des ↑ Hausschweins.

Wildspitze, höchste Erhebung der Ötztaler Alpen, Tirol, 3 768 m, vergletschert.

Wildstrubel, stark vergletschertes, 3 244 m hohes Bergmassiv der Berner Alpen.
Wildtyp, in der *Genetik* Organismus, der die Normalform repräsentiert. – ↑Mutante.
Wildungen, Bad ↑Bad Wildungen.
Wildwasserrennen ↑Kanusport.
Wildwechsel ↑Wechsel (wm.).
Wildwestfilm ↑Western.
Wildwestroman ↑Western.
Wilfrith (Wilfrid, Wilfried) **von York,** hl., *Northumbria 634, †im Kloster Oundle (Mercia) im Okt. (24. April?) 709, angelsächs. Bischof. – Versuchte in seinem Kloster Ripon, die kelt. Bräuche zugunsten der röm. Liturgie und der Benediktregel abzuschaffen; 664 zum Bischof von York geweiht und Wortführer der röm. Observanz auf der Synode von ↑Whitby. – Fest: 12. Oktober.
Wilhelm, Name von Herrschern:
Hl. Röm. Reich:
W. von Holland, *1227 oder 1228, ⚔ bei Alkmaar 28. Jan. 1256, Röm. König (seit 1247). – Nach dem Tode Heinrich Raspes am 3. Okt. 1247 in Worringen (Köln) zum Gegenkönig gegen Friedrich II. gewählt und am 1. Nov. 1248 in Aachen gekrönt; durch seine Heirat (1252) mit Elisabeth († 1266), Tochter Hzg. Ottos I. von Braunschweig-Lüneburg, verschwägert mit Welfen und Askaniern; nach dem Tode Konrads IV. allg. anerkannt. Fiel auf einem Feldzug gegen die Friesen.
Dt. Reich:
W. I., *Berlin 22. März 1797, †ebd. 9. März 1888, Dt. Kaiser (seit 1871) und König von Preußen (seit 1861). – 2. Sohn König Friedrich Wilhelms III.; erhielt 1840 als Thronfolger den Titel „Prinz von Preußen". 1848 sprach er sich zugunsten der Niederwerfung der Revolution aus („Kartätschenprinz") und leitete 1849 die blutige Niederschlagung des pfälz.-bad. Aufstands. Nach Übernahme der Stellvertretung (Okt. 1857) bzw. Regentschaft (Okt. 1858) für seinen erkrankten Bruder Friedrich Wilhelm IV. leitete W. durch Entlassung des Ministeriums Manteuffel die liberale Neue Ära (Nov. 1858) ein, geriet aber ab 1859 mit der Landtagsmehrheit in Konflikt über die Heeresreform, der sich zum offenen preuß. Verfassungskonflikt ausweitete. Als W. an Abdankung dachte, setzte die Militärpartei 1862 Bismarck als Min.präs. durch. 1867 übernahm W. das Präsidium des Norddt. Bundes, am 18. Jan. 1871 wurde er in Versailles zum Dt. Kaiser ausgerufen. Bei gewissen Vorbehalten v. a. gegen Bismarcks Vorgehen im Kulturkampf gab W. der weitgehend eigenständigen Politik seines Kanzlers die traditionalist. Legitimation.
W. II., *Berlin 27. Jan. 1859, †Schloß Doorn 4. Juni 1941, Dt. Kaiser und König von Preußen (1888–1918). – Ältester Sohn des Kaisers Friedrich, Enkel von W. I.; ∞ in 1. Ehe (1881) mit Auguste Viktoria, in 2. Ehe (1922) mit der verwitweten Prinzessin Hermine von Schönaich-Carolath (*1887, †1947). Streng erzogen, früh in Opposition zur liberalen Aufgeschlossenheit seiner Eltern, auch aufgrund einer körperl. Behinderung innerlich unausgeglichen und bis zu seinem Tod überzeugt von seinem auf das Gottesgnadentum gestützten Führungsanspruch, spiegelte W. Grundzüge der polit. Kultur Deutschlands und seiner herrschenden Schichten wider **(Wilhelminismus)** und repräsentierte die äußerlich glanzvolle Epoche des **Wilhelminischen Zeitalters.** Als er 1888 den Thron bestieg, spitzten sich in der Sozialpolitik, in der W. zunächst auf Reformen drängte, und in der Außenpolitik, in der W. ein forscheres Eintreten („Säbelrasseln") für die angebl. Ansprüche Deutschlands („Platz an der Sonne") verlangte, infolge des von W. eingeforderten „persönl. Regiments" rasch die Gegensätze zu Bismarck zu. W. führte dessen Sturz herbei, wurde aber danach von den beherrschenden Kräften der dt. Innenpolitik mehr bestimmt, als daß er ihnen die Richtung wies. Seine sprunghafte und vorschnell-ungestüme Amtsführung beschwor vielmehr wiederholt Krisen z. T. katastrophaler Wirkung (↑Daily-Telegraph-Affäre) herauf, wohingegen sein direkter Einfluß auf polit. Entscheidungen, selbst beim von Tirpitz konzipierten, weltpolitisch riskanten Flottenbau gegen Großbritannien, eher gering blieb. In der Julikrise 1914 ermutigte W. zunächst die Kraftprobe Österreichs mit Serbien; dem Ausbruch des Politisch mitverursachten 1. Weltkrieges, in dessen Verlauf er gegenüber der militär. und polit. Reichsleitung völlig in den Hintergrund trat, suchte er jedoch auszuweichen. Trotz seiner unter dem Drängen Hindenburgs vollzogenen Flucht in die Niederlande (9./10. Nov. 1918) und seinem formellen Thronverzicht (28. Nov. 1918) hoffte er zeitlebens, seit 1926 in zunehmender Annäherung an den NS, die Monarchie restaurieren zu können. Auf Befehl Hitlers mit militär. Ehren beigesetzt.
Aquitanien:
W. IX. (Guilhelm IX.), Hzg. von Aquitanien und Graf von Poitiers, *Poitiers 22. Okt. 1071, †ebd. 10. Febr. 1127, provenzal. Troubadour. – Führte 1101 ein Kreuzfahrerheer nach Kleinasien.
England/Großbritannien:
W. I., der Eroberer, *Falaise (Calvados) um 1027, †Rouen 9. Sept. 1087, König (seit 1066). – Illegitimer Sohn Hzg. Roberts I., des Teufels; wurde 1035 Hzg. der Normandie. Landete 1066 mit einem Heer in England (Sussex), besiegte in der Schlacht bei Hastings (14. Okt.) den angelsächs. König Harold II. Godwinson und ließ sich am 25. Dez. in Westminster krönen. Nachdem er bis 1072 auch den N Englands erobert hatte, verteilte er das Land sowie fast alle freiwerdenden Bistümer und Abteien an den normann. Adel und schuf mit dieser Hilfe einen zentral gelenkten anglonormann. Feudalstaat. 1086/87 ließ er mit dem ↑Domesday Book eine Art Grundkataster des Landes anlegen.
W. III. von Oranien (Wilhelm Heinrich), *Den Haag 14. Nov. 1650, †Hampton Court 19. März 1702, König von England, Schottland und Irland (seit 1689). – Wehrte im Niederl.-Frz. Krieg (1672–78/79) als Erbstatthalter bzw. Statthalter von 5 niederl. Prov. und als Generalkapitän der niederl. Truppen den Angriff König Ludwigs XIV. von Frankreich ab. Seit 1677 ∞ mit Maria (II.) Stuart (Tochter des späteren engl. Königs Jakob II.). Die Opposition gegen Jakob II. rief ihn 1688 nach England und übertrug ihm zus. mit seiner Gemahlin nach der Flucht des Königs am 23. Febr. 1689 die Krone, um eine prot. Thronfolge zu sichern. Beide mußten zuvor der Bill of Rights zustimmen, wodurch die Entwicklung zur konstitutionellen Monarchie eingeleitet wurde. Der Seesieg von La Hogue (1692) sicherte seine Herrschaft endgültig gegenüber dem von Frankreich unterstützten Jakob II. und den Jakobiten.
W. IV., *London 21. Aug. 1765, †Windsor 20. Juni 1837, König von Großbritannien und Irland sowie Hannover (1830–37). – Folgte seinem Bruder Georg IV.; billigte die Parlamentsreform von 1832. Mit seinem Tod endete die Personalunion zw. Großbritannien und Hannover.
Hessen-Kassel:
W. IV., der Weise, *Kassel 24. Juni 1532, †ebd. 25. Aug. 1592, Landgraf (seit 1567). – Sohn Philipps I. von Hessen; schloß sich 1551 der von Moritz von Sachsen geführten Fürstenverschwörung gegen Karl V. an. Nach der Erbteilung von 1567 erhielt er Hessen-Kassel und begründete die dortige Landgrafenlinie.
W. I., *Kassel 3. Juni 1743, †ebd. 27. Febr. 1821, als W. IX. Landgraf (1785–1803), Kurfürst von Hessen (seit 1803). – Sohn Landgraf Friedrichs II.; beteiligte sich am 1. Koalitionskrieg gegen Frankreich. 1803 wurde er für den Verlust linksrhein. Gebiete durch die Kurwürde entschädigt. Seine spätere unentschlossene Neutralitätspolitik führte 1807 zur Angliederung seines Landes an das Kgr. Westfalen. 1813 trat er die Herrschaft in einem vergrößerten Kurhessen wieder an.
Modena:
W., *in Piemont um 1184, †Lyon 31. März 1251, Bischof (1222–34) und Kardinalbischof von Sabina (seit 1244). – Kartäuser; 1220–22 Vizekanzler der päpstl. Kanzlei; hat als päpstl. Legat für Livland die Mission im Ostseeraum gefördert und die Kirchenorganisation im Ordensland Preußen mit geschaffen.

Wilhelm I.,
Deutscher Kaiser

Wilhelm III.
von Oranien,
König von England,
Schottland und Irland
(Gemälde)

Wilhelm II.,
Deutscher Kaiser

Wilhelm

Wilhelm I.,
der Schweiger,
Prinz von Oranien
(Gemälde)

Niederlande:
W. I., der Schweiger, *Dillenburg 25. April 1533, † Delft 10. Juli 1584, Graf von Nassau, Prinz von Oranien (seit 1544), Statthalter. – Erbte 1544 mit Oranien ausgedehnte niederl. Besitzungen; wurde 1559 Mgl. des Staatsrats und Statthalter von Holland, Seeland, Utrecht und der Franche-Comté; führte seit 1561 zus. mit Graf Egmond und Graf Horne die Adelsopposition gegen die span. Herrschaft (insbes. gegen die Politik A. P. de Granvelles und Margaretes von Parma); kämpfte 1568 erfolglos gegen das Heer Hzg. Albas. 1572 von den Aufständischen der nördl. Landesteile zum Statthalter ernannt, vereinigte W. 1576 in der Genter Pazifikation alle niederl. Prov.; infolge der konfessionellen Ggs. gelang es ihm jedoch nicht, alle Prov. in einer Aufstandsbewegung zusammenzuhalten (1579 Spaltung in die Unionen von Arras und Utrecht). 1580 von König Philipp II. geächtet; von einem Katholiken ermordet.
W. III. von Oranien ↑ Wilhelm III., König von England.
W. I., *Den Haag 24. Aug. 1772, † Berlin 12. Dez. 1843, König (1815–40). – Bekämpfte 1793–95 die niederl. Truppen im Koalitionskrieg gegen Frankreich und ging 1799 nach Berlin. Erbte 1806 die Stammlande Nassau-Dietz und die mit diesen zu dem kurzlebigen Ft. Oranien zusammengeschlossenen Territorien. Kämpfte 1806 und 1809 gegen Napoleon I. 1815 in Den Haag zum König der vom Wiener Kongreß gebildeten Vereinigten Niederlande und zum Groß-Hzg. von Luxemburg ausgerufen; trat seine Stammlande an Preußen und Nassau ab. Residierte abwechselnd in Brüssel und Den Haag, bis sich Belgien durch die Revolution von 1830 abspaltete, wozu er durch seine starre Haltung in konstitutionellen und kirchl. Fragen beitrug; dankte 1840 zugunsten seines Sohnes Wilhelm II. ab.
W. III., *Brüssel 19. Febr. 1817, † Schloß Het Loo (bei Apeldoorn) 23. Nov. 1890, König (seit 1849), Groß-Hzg. von Luxemburg (seit 1849). – Mußte 1849 unter dem Druck der Liberalen J. R. Thorbecke zum Innenmin. und Reg.chef berufen und damit eine Verlagerung des polit. Gewichts auf das Parlament einleiten. Seine Verhandlungen mit Frankreich über den Verkauf des Groß-Hzgt. Luxemburg scheiterten 1867 an Deutschland.
Straßburg:
W. Egon Fürst von Fürstenberg, *Heiligenberg 2. Dez. 1629, † Paris 10. April 1704, dt. kath. Theologe und Kardinal (seit 1686). – Ab 1650 im diplomat. Dienst der Kölner Kurfürsten; wegen Abschlusses eines Geheimvertrags mit Frankreich (1658) im Niederl.-Frz. Krieg gefangengesetzt und nach Wien überstellt, auf Grund des Friedens von Nimwegen freigelassen; 1682 Wahl zum Fürstbischof von Straßburg; 1689 Flucht nach Frankreich.

Maurice Wilkins

Wilhelm, *Potsdam 6. Mai 1882, † Hechingen 20. Juli 1951, Kronprinz des Dt. Reiches und von Preußen. – Ältester Sohn Kaiser Wilhelms II.; führte im 1. Weltkrieg zunächst die 5. Armee, ab 1916 eine Heeresgruppe, beteiligte sich 1917 am Sturz Bethmann Hollwegs; ging 1918 ins niederl. Exil, aus dem er 1923 dank der Bemühungen Stresemanns zurückkehren konnte; unterstützte am Ende der Weimarer Republik Hitler.
Wilhelm von Aquitanien, hl., *um 750, † Gellone (= Saint-Guilhem-le-Désert, Dep. Hérault) 28. Mai 812, Graf von Toulouse (seit 790), Hzg. von Aquitanien. – Enkel Karl Martells; von Karl d. Gr. im Unter-Kgr. Aquitanien mit dem Schutz der Grenzregion gegen das omaijad. Emirat von Córdoba betraut; eroberte 801 Barcelona. Seit 806 Mönch in dem 804 von ihm gestifteten Kloster Gellone. Er ist der Guillaume d'Orange und Willehalm der Heldensage. – Fest: 28. Mai.
Wilhelm von Champeaux [frz. ʃã'po], latinisiert Guilelmus de Campellis (Campellensis), *Champeaux bei Melun um 1070, † Châlons-sur-Marne 1121 (1122?), frz. scholast. Theologe. – Schüler Anselms von Laon, Lehrer P. Abälards; begründete 1109/10 in Paris die Schule von ↑ Sankt Viktor; ab 1113 Bischof von Châlons-sur-Marne.
Wilhelm von Conches [frz. kõːʃ], *Conches-en-Ouche (Normandie) um 1080, † Paris (?) 1154, frz. Philosoph. – Vertreter der Schule von Chartres. Ausgehend von Platons

Geoffrey Wilkinson

„Timaios" und neuerschlossenen medizin. und naturwiss. Quellen entwickelte er in „De philosophia mundi" (um 1130) eine spekulative Kosmologie.
Wilhelm von Grumbach ↑ Grumbach, Wilhelm von.
Wilhelm von Jumièges [frz. ʒy'mjɛːʒ], † um 1090, normann. Geschichtsschreiber. – Mönch der Abtei Jumièges. Seine bald nach 1070 entstandenen „Gesta Normannorum ducum" umspannen den Zeitraum 851–1070 und schildern u. a. die Invasion von 1066 in England.
Wilhelm von Modena [italien. 'mɔːdena] ↑ Wiligelmus von Modena.
Wilhelm von Moerbeke [niederl. 'muːrbeːkə], *Moerbeke (Flandern) um 1215, † Korinth (?) vor 1286, flandr. Dominikaner. – Missionar in Griechenland; seit 1278 Erzbischof von Korinth; übersetzte (sehr wortgetreu) Werke des Aristoteles sowie Schriften anderer antiker Philosophen ins Lateinische.
Wilhelm von Ockham [engl. 'ɔkəm] ↑ Ockham, Wilhelm von.
Wilhelm von Orange [frz. ɔ'rãːʒ] ↑ Guillaume d'Orange.
Wilhelm von Saint-Thierry [frz. sɛ̃tjɛ'ri], sel., *Lüttich 1080 (1085?), † Signy (Ardennes) 8. Sept. 1148 (1149?), frz. Theologe und Geschichtsschreiber. – Benediktiner; 1119–35 Abt von Saint-Thierry (Marne); 1137 Zisterzienser in Signy; Autor der ersten Vita Bernhards von Clairvaux.
Wilhelm von Shyreswood (Sherwood) [engl. 'ʃəːzwʊd, 'ʃəːwʊd], *zw. 1200 und 1210, † zw. 1266 und 1271, engl. Logiker. – Um 1235–50 wahrscheinlich Lehrer in Paris, 1252 Magister in Oxford. Wichtig ist v. a. seine sprachphilosoph. Bedeutungstheorie, nach der die syntakt. Positionen („suppositio", „copulatio", „ampliatio") erst durch die Bedeutung („significatio") eines Terminus im Zusammenhang mit anderen Wörtern grammatisch konstituiert werden.
Wilhelm von Tyrus, *Jerusalem um 1130, † 1186 (Giftmord?), Kreuzzugschronist abendländ. (frz.?) Herkunft. – Aus bürgerl. Fam.; 1167 Archidiakon von Tyrus; 1174–84 Kanzler des Kgr. Jerusalem; 1175 Erzbischof von Tyrus; verfaßte 1169–84 eine Geschichte des Hl. Landes, der Kreuzzüge und des Kreuzfahrerreiches Jerusalem in 23 Büchern.
Wilhelm von Ware [engl. wɛə], eigtl. William Warre (Guaro, Varron), gen. Doctor fundatus, *Ware (Hertfordshire) um 1260, † nach 1305, engl. Franziskaner. – Lehrte in Paris und in Oxford; wahrscheinlich Lehrer des J. Duns Scotus; führte die Lehre von der Unbefleckten Empfängnis Mariä in die Universitätstheologie ein.
Wilhelm, Paul, *Greiz 29. März 1886, † Radebeul 23. Okt. 1965, dt. Maler. – 1946 Prof. an der Hochschule für Bildende Künste Dresden, schuf bes. Landschaftsdarstellungen und Blumenstilleben in der Tradition der impressionist. Dresdner Malkultur.
W., Richard, *Stuttgart 10. Mai 1873, † Tübingen 1. März 1930, dt. ev. Theologe und Sinologe. – 1899–1921 Missionar und Pfarrer in Tsingtau; 1921–24 Prof. in Peking, ab 1924 Prof. für Sinologie in Frankfurt am Main. Mit Übersetzungen aus der chin. Literatur und der Einrichtung des China-Inst. in Frankfurt förderte W. die Kenntnis der chin. Kultur in Deutschland.
Wilhelmina, *Den Haag 31. Aug. 1880, † Schloß Het Loo bei Apeldoorn 28. Nov. 1962, Königin der Niederlande (1890 bis 1948). – Einzige Tochter Wilhelms III. (Haus Oranien-Nassau); bis 1898 unter der Vormundschaft ihrer Mutter, Königin Emma (*1858, †1934); seit 1901 ∞ mit Hzg. Heinrich von Mecklenburg-Schwerin (*1876, †1934); trug während ihrer langen Reg.zeit wesentlich zur Stärkung der Monarchie bei gleichzeitiger Demokratisierung der polit. Institutionen bei; flüchtete im Mai 1940 vor den dt. Truppen ins brit. Exil, wo sie den Mittelpunkt der niederl. Résistance bildete; 1948 Thronverzicht zugunsten ihrer Tochter Juliana.
Wilhelmine, *Berlin 3. Juli 1709, † Bayreuth 14. Okt. 1758, Markgräfin von Bayreuth. – Lieblingsschwester Friedrichs II., d. Gr.; seit 1731 ∞ mit dem späteren Mark-

grafen Friedrich von Bayreuth (* 1711, † 1763); zeichnete in ihren „Denkwürdigkeiten" (2 Bde., dt. 1810–11) ein überkrit. Bild des Berliner Hofes.

Wilhelm-II.-Küste, Küstengebiet der Ostantarktis, zw. 87° und 92° ö. L., vom Inlandeis bedeckt; an der Küste überragt vom 369 m hohen Gaußberg.

Wilhelmshaven [...fən], Stadt am Ausgang des Jadebusens in die Nordsee, Nds., 90 100 E. Senckenberg-Forschungsanstalt für Meeresgeologie und Meeresbiologie, Niedersächs. Landesinst. für Marschen- und Wurtenforschung, Inst. für Vogelforschung – Vogelwarte Helgoland mit Vogelwartenmuseum; Fachhochschule; Küstenmuseum, Städt. Kunsthalle, Stadttheater; botan. Garten, Seewasseraquarium. Einrichtungen der Bundesmarine, wichtigster dt. Erdölumschlaghafen (Erdölpipelines nach Wesseling bzw. Dinslaken und nach Hamburg); Werft, Erdölraffinerie, chem., petrochem. und Textilind. – Verdankt sein Entstehen dem unter König Friedrich Wilhelm IV. 1856 angelegten preuß. Kriegshafen (auf 1854 angekauftem, vorher oldenburg. Gebiet); 1873 städt. Verfassung; mit der 1911 aus mehreren Gemeinden zusammengewachsenen Stadt **Rüstringen** 1937 zur Stadt vereinigt. – Ev. Kirche Neuende (13. Jh.), Rathaus (1928/29), Burg Kniphausen (15. bis 17. Jh.).

Wilhelmstraße, Berliner Straße östl. des Brandenburger Tors, zw. Unter den Linden und Stresemannstraße; Synonym für die Leitung der dt. Außenpolitik bis 1945, weil sich hier von 1871–1945 u. a. das Auswärtige Amt und die Reichskanzlei befanden.

Wilhelmszyklus (Wilhelmsgeste), einer der 3 großen altfrz. Epenzyklen (Chanson de geste). Zentralfigur des Zyklus in 24 Einzelepen ist Guillaume d'Orange.

Wilhelm Tell, schweizer. Sagengestalt, ↑Tell, Wilhelm.

Wiligelmus (Wilhelm) **von Modena** [italien. ˈmɔːdena], italien. Bildhauer des frühen 12. Jh. – Schuf laut Inschrift nach 1099 den Figurenfriese mit Szenen des A. T. an der Fassade und des Westportals des Domes von Modena; verarbeitete Einflüsse antiker und südwestfrz. Skulptur.

Wiljui, linker Nebenfluß der Lena, entspringt im zentralen Teil des Mittelsibir. Berglandes, Rußland, 2 650 km lang, davon 1 317 km schiffbar. Am Oberlauf Stausee und Wasserkraftwerk.

Wilke, Rudolf, * Volzum (= Sickte, Landkr. Wolfenbüttel) 27. Okt. 1873, † Braunschweig 4. Nov. 1908, dt. Zeichner. – V. a. als Karikaturist bekannt, ab 1896 ständiger Mitarbeiter der Zeitschrift „Jugend", dann auch des „Simplicissimus" in München.

Wilkes, Charles, * New York 3. April 1798, † Washington 8. Febr. 1877, amerikan. Admiral. – Leitete 1839–42 eine amerikan. Marineexpedition in der Südsee und entdeckte bei einem Vorstoß in das Südpolargebiet am 16. Jan. 1840 im südl. Ozean (Ostantarktis) das nach ihm ben. **Wilkesland.** W. wies erstmals die Existenz eines antarkt. Festlandes nach.

Wilkins, Sir (seit 1928) George Hubert, * Mount Bryan East (Südaustralien) 31. Okt. 1888, † Framingham (Mass.) 1. Dez. 1958, austral. Polarforscher. – Startete am 16. Nov. 1928 zum ersten Flug in die W-Antarktis, wo *W.straße* und *W.küste* nach ihm ben. wurden; versuchte 1931 als erster, mit einem U-Boot („Nautilus") den Nordpol zu erreichen.

W., Maurice [Hugh Frederick], * Pangora (Neuseeland) 15. Dez. 1916, brit. Biophysiker. – Zunächst Atomforscher, dann Prof. für Molekularbiologie in London; Arbeiten zur Röntgenstrukturanalyse v. a. von genet. Material. Für die Aufklärung der Molekularstruktur der ↑DNS erhielt er (mit F. H. C. Crick und J. D. Watson) 1962 den Nobelpreis für Physiologie oder Medizin.

Wilkinson, Sir (seit 1976) Geoffrey [engl. ˈwɪlkɪnsn], * Todmorden (Yorkshire) 14. Juli 1921, brit. Chemiker. – Prof. an der Harvard University und in London; klärte unabhängig von E. O. Fischer Struktur und Verhalten der Sandwichverbindungen (↑Koordinationsverbindungen) und erhielt hierfür mit Fischer 1973 den Nobelpreis für Chemie.

Willaert, Adrian [niederl. ˈwɪlaːrt], * Brügge oder Roeselare zw. 1480 und 1490, † Venedig 7. Dez. 1562, fläm. Komponist. – Wirkte ab 1527 als Kapellmeister an San Marco in Venedig; Begründer der sog. ↑venezianischen Schule; sein Stil ist eine Synthese der polyphonen niederl. Tradition mit italien. Satz- und Klangtechniken. Im Mittelpunkt seines Schaffens stehen die 4–7stimmigen Motetten (rd. 350); ferner frz. Chansons, neapolitan. Villanellen, italien. Madrigale sowie 8stimmige „Salmi spezzati" (1550).

Wille, Bruno, * Magdeburg 6. Febr. 1860, † Schloß Senftenau bei Lindau (Bodensee) 4. Sept. 1928, dt. Schriftsteller. – 1890 Mitbegr. und Hg. der Zeitschrift „Die Freie Volksbühne" in Berlin; sozialist. Theoretiker; schuf romant. Lyrik („Einsiedelkunst aus der Kiefernheide", 1897) und formal dem Naturalismus verpflichtete Romane („Der Maschinenmensch und seine Erlösung", hg. 1930).

Wille, allg. das handlungsleitende Streben. – In der klass. griech. *Philosophie* bezeichnet W. das gemäß der Vernunft bestimmte Streben. Demgegenüber wird im christl. Denken (v. a. Augustinus) der W. als eigenständiges, der Vernunft selbständig gegenüberstehendes Vermögen zur Bestimmung menschl. Handelns und Lebens angesehen, das außer- oder sogar überrational ist. Als Versuche zur Bildung einer Synthese aus dem griech. und christl. W.begriff lassen sich die verschiedenen neuzeitl. Entwürfe zu einer Theorie der Handlungs- und Normbegründung v. a. der Ethik des Utilitarismus und Kants verstehen, in denen Prinzipien vernünftiger W.bildung aufgestellt werden, durch die der Dualismus von W. und Vernunft überwunden werden soll. – ↑Willensfreiheit.

In der traditionellen *Psychologie* wird als W. meist das Vermögen des Menschen bezeichnet, sich bewußt für (oder gegen) eine bestimmte geistige Einstellung oder eine bestimmte Weise des Verhaltens zu entscheiden. Im Unterschied zur Triebhandlung wird als W.handlung daher die sich verwirklichende psych. Energie *(W.kraft)* angesehen, die sich durch ihre Bewußtheit und Zielgerichtetheit (Absichtlichkeit) vom Drang oder Trieb unterscheidet. – Die neuere Psychologie zieht anstelle des vorbelasteten Begriffs W. die Bez. Wollen vor, wodurch eine metaphys. Debatte um den ontolog. Status des W. weitgehend vermieden wird.
▷ zum *Recht* ↑Willenserklärung.

Willebadessen, Stadt am O-Fuß der Egge, NRW, 220 m ü. d. M., 7 900 E. Holz-, Textilind.; Luftkurort. – Bei dem 1066 erstmals erwähnten Kirchort W. wurde 1149 ein Benediktinerinnenkloster gegr. (1810 aufgehoben), das 1318 W. als befestigte Stadt gründete; nach einem Brand (1829) mit gitterförmigem Straßennetz neu angelegt. – Kath. spätroman. Pfarrkirche Sankt Vitus (12. Jh.) mit spätgot. Chor, 1720–27 barockisiert.

Wilhelmshaven
Stadtwappen

Wiligelmus von Modena. Erschaffung Evas und Sündenfall, Ausschnitt aus einem Fries an der Fassade des Domes von Modena, nach 1099

Willebrands, Jan, *Bovenkarspel (Prov. Nordholland) 4. Sept. 1909, niederl. kath. Theologe und Kardinal (seit 1969). – Prof. für Philosophie in Leiden; ab 1960 Sekretär des neugegr. Sekretariats für die Einheit der Christen, seit 1967 dessen Präs.; 1975–83 Erzbischof von Utrecht und Primas der niederl. kath. Kirche.

Willehad, hl., *in Northumbria um 745, †Blexen (= Nordenham) 8. Nov. 789, Bischof von Bremen (seit 787). – Wirkte als Vertreter der angelsächs. Mission, seit 780 im Auftrag Karls d. Gr., bei den Friesen an der unteren Weser. Begründete 787 das Bistum Bremen. – Fest: 8. Nov. und 13. Juli.

Willehalm, Held der gleichnamigen Reimpaarerzählung (rd. 14 000 Verse) von Wolfram von Eschenbach. Vorlage ist eine altfrz. Chanson de geste um Guillaume d'Orange. Sie bezieht sich auf die Kämpfe zw. Franken und Sarazenen im 8. Jahrhundert. Wolfram von Eschenbach näherte das heroische Epos durch die Einbeziehung von Höfischem, von Minnekult und Heidenproblematik dem höf. Roman an, die nat.-frz. Züge der Vorlage wurden durch Betonung des Reichsgedankens ersetzt.

Willendorf. Venus von Willendorf (Wien, Naturhistorisches Museum)

Willemer, Marianne von, geb. Jung, *Linz 20. Nov. 1784, †Frankfurt am Main 6. Dez. 1860, Freundin Goethes. – Kam 1798 mit einer Ballettruppe nach Frankfurt am Main; 1814 Bekanntschaft mit Goethe; Vorbild für die Suleika im „West-östl. Divan" (1819), zu dem sie einige Gedichte beitrug.

Willemstad, Hauptstadt der Niederl. Antillen, auf Curaçao, 70 000 E. Univ. (gegr. 1979); Museum; Hafen, Erdölraffinerie, petrochem. u. a. Ind.; internat. ⚓. – Prot. Kirche (1769), Synagoge (1732; älteste in Amerika).

Willendorf (amtl. W. in der Wachau, zur Marktgemeinde Aggsbach, Niederösterreich), Fundort jungpaläolith. Freilandstationen. Berühmt wurde bes. W. II mit 9 Kulturschichten des Aurignacien und des Gravettien, in denen u. a. die als *„Venus von W."* bekannte Kalksteinstatuette gefunden wurde.

Willenhag, Wolfgang von, östr. Dichter und Komponist, ↑Beer, Johann.

Betty Williams

Willenserklärung, Willensäußerung, die auf Erzielung einer Rechtsfolge gerichtet ist; im BGB in §§ 116–144 geregelt. Die W. ist wichtigster Bestandteil der Rechtsgeschäfte (z. B. eines Vertrages). Sie setzt sich aus dem Willen (Handlungs-, Erklärungs-, Rechtsfolgewillen) und der Erklärung zus. (nach anderer Ansicht ist sie der in einer Erklärung zum Ausdruck gebrachte Wille). Der *Handlungswille* ist das Wissen und Wollen des äußeren Tatbestandes der Erklärung; der *Erklärungswille* ist das Bewußtsein des Handelnden (Erklärungsbewußtsein), daß sein Handeln eine rechtserhebl. Erklärung darstellt. Als *Rechtsfolgewille* (auch Geschäftswille) bezeichnet man den Willen, mit dem eine Rechtsfolge herbeigeführt werden soll.

Die W. muß nach außen erkennbar gemacht werden. I. d. R. sind W. formlos gültig (es sei denn, daß eine ↑Form vorgeschrieben oder etwas anderes vereinbart ist), sie können also durch ein beliebiges, entsprechend deutbares (konkludentes) Verhalten (z. B. stillschweigende Bezahlung eines Eintrittspreises) abgegeben werden. Dementsprechend ist es ohne Bed., wenn sich der Erklärende insgeheim vorbehält, das Erklärte nicht zu wollen (*geheimer Vorbehalt,* sog. Mentalreservation). Das bloße Nichtstun (Schweigen) gilt nur ausnahmsweise als W. (z. B. im Handelsrecht das Schweigen auf ein Bestätigungsschreiben). Sind W. nicht eindeutig, so hat eine ↑Auslegung zu erfolgen. Voraussetzung für die Wirksamkeit einer W. ist die Rechtsfähigkeit und Geschäftsfähigkeit des Erklärenden zum Zeitpunkt der W. **Empfangsbedürftige Willenserklärungen** (z. B. Kündigungen), d. h. W., die zu ihrer Wirksamkeit im Ggs. zu den nicht empfangsbedürftigen W. (z. B. Testament) einer anderen Person zur Kenntnis gebracht worden sein müssen, werden erst mit ihrem Zugang wirksam. Mündl. Erklärungen werden wirksam, wenn der Empfänger sie richtig vernommen hat; schriftl. (verkörperte) W. werden wirksam, wenn sie derart in den Machtbereich des Empfängers gelangt sind, daß er unter normalen Umständen Kenntnis

Tennessee Williams

von ihnen erlangen kann. Eine W. wird jedoch nicht wirksam, wenn dem Empfänger vor- oder gleichzeitig mit ihr ein Widerruf zugeht. **Willensmängel** liegen vor bei Nichtübereinstimmung von Wille und Erklärung wie bei Irrtum, arglistiger Täuschung, Scheingeschäft. Rechtsfolgen sind meist ↑Nichtigkeit oder ↑Anfechtung. – Im Prozeßrecht entspricht der W. die Prozeßhandlung.

Willensfreiheit, Vermögen des Willens, sich Handlungsziele frei zu setzen („liberum arbitrium") oder nach bestimmten (eth., polit., religiösen usw.) Normen[systemen] zu handeln, *unabhängig* von innerem Zwang bzw. Fremdbestimmung. – In der Ethik ist W. *(Autonomie)* als prakt. Freiheit die Bestimmung des Handelns durch Vernunftgründe und durch eth. Prinzipien. – In der *Theologie der Reformatoren* ist die Haltung zur W. abhängig von der Interpretation der Rechtfertigungslehre. Infolge der stärkeren Betonung der Notwendigkeit „guter Werke" räumt deshalb Melanchthon der W. größeren Raum ein als Luther und v. a. als Zwingli und Calvin, die eine radikale Prädestination vertreten.

Wille zur Macht, zentrale Kategorie in F. Nietzsches Spätwerk und Nachlaß. Der W. z. M. ist von Nietzsche als lebenskonstituierender Wille („Wille des Lebens") konzipiert und wird vom Willen zur Selbsterhaltung („Wille zum Leben") und vom „Kampf ums Dasein" (Darwin) unterschieden.

Willemstad. Kontorhaus „Huis Penha" aus dem 18. Jahrhundert

Williams [engl. 'wɪljəmz], Betty, *Belfast 22. Mai 1943, nordir. Friedensaktivistin. – Begründete die Bewegung „Women for Peace", später „Community of the Peace People" mit Mairead Corrigan (*1944), mit der sie 1977 den Friedensnobelpreis des Jahres 1976 erhielt.

W., Emlyn, *Penyffordd (Clwyd) 26. Nov. 1905, †London 25. Sept. 1987, walis. Dramatiker. – Schauspieler; schrieb effektvolle Dramen („Die leichten Herzens sind", 1940; „Ein Mann wartet", 1954) und „Headlong" (R., 1980).

W., Sir (seit 1924) Owen, *Tottenham (= London) 1890, †ebd. 23. Mai 1969, engl. Architekt. – Bed. Vertreter des internat. Stils; baute u. a. die Büros für „The Daily Express" in London, Glasgow und Manchester (1930–59), das „Pioneer Health Centre" in Peckham (= London; 1934), Anlagen für die Olymp. Spiele in Wembley (1948).

W., Robin, *Chicago 21. Juli 1952, amerikan. Filmschauspieler. – Internat. Durchbruch v. a. mit iron.-komödiant. Rollen, u. a. in „Good Morning, Vietnam" (1987), „Der Club der toten Dichter" (1989), „König der Fischer" (1991), „Hook" (1991).

W., Tennessee, eigtl. Thomas Lanier W., *Columbus (Miss.) 26. März 1911, †New York 25. Febr. 1983, amerikan. Dramatiker. – Verfaßte Dramen, oft mit psychopath.

Figuren, in denen sexuelle Probleme, Einsamkeit der Menschen und der Ggs. von Illusion und Wirklichkeit behandelt werden, u. a. „Die Glasmenagerie" (1945), „Endstation Sehnsucht" (1947), „Die Katze auf dem heißen Blechdach" (1955), „Die Nacht des Leguan" (1962). Auch Erzähler und Lyriker.

W., William Carlos, *Rutherford (N. Y.) 17. Sept. 1883, †ebd. 4. März 1963, amerikan. Schriftsteller. – Einer der führenden Vertreter der amerikan. Lyrik in der 1. Hälfte des 20. Jh. („Die Worte, die Worte, die Worte", dt. Auswahl 1973). Auch realist. Romane sowie Essays („Die Neuentdeckung Amerikas", 1925).

Williamsburg [engl 'wiljəmzbə:g], Stadt in SO-Virginia, USA, 9 900 E. Inst. für frühe amerikan. Geschichte und Kultur. – Entstand 1633 unter dem Namen **Middle Plantation;** 1699 zu Ehren Wilhelms III. von Oranien umbenannt, bis 1780 Hauptstadt von Virginia; 1722 City. – W. wurde seit 1926 im Stil des 18. Jh. restauriert und steht unter Denkmalschutz; bed. u. a. das Kapitol (1701–05), der Gouverneurspalast (1706–20) und das College of William and Mary (1695–99).

Williams Christbirne ↑ Birnen (Übersicht).

Willibald (Wilbald), hl., *in England um 700, †Eichstätt 7. Juli 787, Bischof von Eichstätt. – Von Bonifatius als Helfer in die dt. Missionsarbeit berufen; 730–739 Mönch in Montecassino; ab 741 Bischof von Eichstätt; Mitbegr. der Klöster Heidenheim (das seine Schwester Walburga leitete) und Solnhofen. – Fest: 7. Juli.

Willibrord, hl., *in Northumbria um 658, †Echternach (?) 7. Nov. 739, angelsächs. Missionar. – Schüler des hl. Wilfrith und Lehrer des hl. Bonifatius; erhielt 690 von Pippin II., dem Mittleren, Westfriesland als Missionsgebiet; 695 zum Erzbischof geweiht; errichtete 697/698 das Kloster Echternach als Missionsstützpunkt; schuf die Grundlagen des Bistums Utrecht; gilt als Apostel der Friesen und Patron der Beneluxländer. – Fest: 7. November.

Willigis, hl., †23. Febr. 1011, Erzbischof von Mainz (seit 975). – 971 Reichskanzler und nach dem 13. Jan. 975 Erzbischof von Mainz und Erzkanzler des Reiches; 983–994 Regent für Otto III., mit dessen Mutter Theophanu und Großmutter Adelheid. Bed. Territorialpolitiker, Klostergründer und Bauherr (u. a. Mainzer Dom). – Fest: 23. Februar.

Willkomm, Ernst Adolf, *Herwigsdorf bei Löbau 10. Febr. 1810, †Zittau 24. Mai 1886, dt. Schriftsteller. – Vertreter des Jungen Deutschland; gab mit seinem Roman „Die Europamüden" (1838) dem jungdt. Pessimismus das vielgebrauchte Schlagwort.

Willkür, ein Handeln, eine Entscheidung nach eigenem Willen unter Inanspruchnahme von Freiheit, ohne Rücksicht auf eth., polit. oder soziale Normen und Werte.

Willkürverbot, sich aus Art. 3 Abs. 1 GG ergebendes Verbot, Gleiches ungleich und Ungleiches gleich zu behandeln. Das W. wendet sich sowohl an die Verwaltung als auch an den Gesetzgeber.

Willmann, Michael, ≈ Königsberg (Pr) 27. Sept. 1630, †Leubus (Niederschlesien) 26. Aug. 1706, dt. Maler. – Begründer einer Blütezeit barocker Malerei in Schlesien; führte mit Landschaftsbildern die Tradition der Elsheimerschule fort. Malte 12 Apostelmartyrien (1661–1700) und den Hochaltar (1681) für die Kirche des Klosters Leubus.

Willstätter, Richard, *Karlsruhe 13. Aug. 1872, †Muralto bei Locarno 3. Aug. 1942, dt. Chemiker. – Prof. in München, Zürich, Berlin; ermittelte die Struktur zahlr. Alkaloide und Pflanzenfarbstoffe (u. a. Chlorophyll) und synthetisierte u. a. das Kokain und Atropin. Für seine Untersuchungen über die Anthozyane und das Chlorophyll erhielt er 1915 den Nobelpreis für Chemie.

Willumsen, Jens Ferdinand [dän. 'vilom'sən], *Kopenhagen 7. Sept. 1863, †Cannes 4. April 1958, dän. Maler und Bildhauer. – Sein Frühwerk wird vom frz. Symbolismus geprägt, den W. über einen elementaren Naturalismus zum Expressionismus steigert.

Willy-Willy [engl. 'wɪlɪwɪlɪ], trop. Wirbelsturm an der Küste N-Australiens.

Wilmington [engl. 'wɪlmɪŋtən], Hafenstadt an der Mündung des Delaware River in den Atlantik, Delaware, USA, 78 m ü. d. M., 70 200 E. Sitz eines anglikan. und eines kath. Bischofs; College; Kunstmuseum; chem., Eisen- und Stahl-, Kautschuk-, Papier- u. a. Ind., Schiffbau. – Schweden gründeten hier 1638 **Fort Christina** in ihrer Kolonie Neuschweden (1655 Teil der Neuniederlande, seit 1664 englisch); 1730 **Willingtown,** seit 1745 W. – Schwedenkirche (1698).

W., Hafenstadt am Ästuar des Cape Fear River, North Carolina, USA, 44 000 E. Anglikan. Bischofssitz; u. a. Herstellung von Baumwollwaren, Kunstdünger. – Entstand um 1725, nachdem bereits 1665 Siedler von Barbados in das Gebiet von W. gekommen waren; urspr. **New Liverpool,** W. seit 1739.

Wilna (litauisch Vilnius), Hauptstadt von Litauen, am Neris, 582 000 E. Kath. Erzbischofssitz, Akad. der Wiss., Univ. (gegr. 1579), mehrere Hochschulen, Museen und Theater, Philharmonie. Maschinen- und Präzisionsgerätebau, elektrotechn., Textilind. Internat. ✈.

Geschichte: Die Stadt wurde im 10. Jh. gegr. und 1323 zur Hauptstadt Litauens erhoben; 1387 Magdeburger Stadtrecht; Blütezeit im 14./15. Jh.; 1503–22 ummauert; kam nach 1569 unter poln. Einfluß; 1655–60 von den Russen besetzt, im 2. Nord. Krieg von den Schweden zerstört (1702, 1706); nach der Angliederung Litauens an das Russ. Reich (1795) Gouvernementshauptstadt; 1920 von Polen annektiert, im Sept. 1939 von sowjet. Truppen besetzt, 1940–90 Hauptstadt der Litauischen SSR, seit 1990 der Rep. Litauen.

Bauten: Am Fuß des Burgberges mit den Überresten der Oberen und Unteren Burg aus dem 14. und 15. Jh. liegt die Altstadt mit bed. Bauten des 15.–18. Jh. Spätgot. Kirchen sind: Sankt Nikolai (15. Jh.), Bernhardinerkirche (1513 vollendet, Umbau zur Wehrkirche 2. Hälfte des 16. Jh.), Annenkirche (1499 begonnen); Barockbauten („Wilnaer Barock"): Michaeliskirche (1594–1625), Kasimirkirche (1596–1615), Peter-und-Paul-Kirche (1668 bis 1676, reiche Innenausstattung 1677–84), Sankt Johannis (Umbau von 1737–40), klassizist. Kathedrale (1771–1801) mit Kasimirkapelle (1624–36). Die wichtigsten Profanbauten sind das klassizist. Rathaus, das Medininkai-Tor (15. und 16. Jh.), die Univ.bauten (15.–18. Jh.). In der Nähe von W. die Wasserburg Trakai (14./15. Jh.).

Wilpert, Gero von, *Dorpat 13. März 1933, dt. Literarhistoriker. – Seit 1973 Prof. an der Univ. Sydney (Australien). Verfaßte Standardlexika zur Literatur, u. a. „Sachwörterbuch der Literatur" (1955, [7]1989), „Lexikon der Weltliteratur" (2 Bde., 1963–68, [3]1988 und [2]1980).

Wilseder Berg, mit 169 m höchste Erhebung der nördl. Lüneburger Heide; Naturschutzgebiet.

Wil (SG), Bez.hauptort im schweizer. Kt. Sankt Gallen, im Thurtal, 580 m ü. d. M., 16 000 E. Textilind., Metallverarbeitung. – Mitte 12. Jh. gegr.; 1354 Handfeste; 1379 Mgl. des Schwäb. Städtebundes; durch Vertrag 1451 Stadt unter eidgenöss. Schirmherrschaft (bis 1798). – Wohnhäuser (15.–17. Jh.) z. T. mit Lauben; spätgot. Stadtkirche Sankt Nikolaus (1429–78).

Wilson [engl. wɪlsn], Sir (seit 1980) Angus, eigtl. A. Frank Johnstone-W., *Bexhill (Sussex) 11. Aug. 1913, †Bury-Saint-Edmunds 31. Mai 1991, engl. Schriftsteller. – 1966–78 Prof. für engl. Literatur in Norwich. Verfaßte iron.-satir. Romane („Späte Entdeckungen", 1956; „Kein Grund zum Lachen", 1967; „Setting the world on fire", 1980).

W., Charles Thomson Rees, *Glencorse bei Edinburgh 14. Febr. 1869, †Carlops bei Edinburgh 15. Nov. 1959, brit. Physiker. – Prof. in Cambridge. Entdeckte bei Arbeiten zur Kondensation und Wolkenbildung, daß Ionen als Kondensationskerne wirken können; konstruierte daraufhin die ↑ Nebelkammer, mit der er 1911 erstmals Spuren von Alphateilchen sichtbar machen konnte. – Nobelpreis für Physik 1927 (mit A. H. Compton).

W., Sir (seit 1976) Harold, Baron W. of Rievaulx (seit 1983), *Huddersfield 11. März 1916, brit. Politiker (Labour

Wilna
Stadtwappen

Wilna
Hauptstadt von Litauen

582 000 E

Ind.standort

im 10. Jh. gegr.

Altstadt mit bed. spätgot. und barocken Kirchen

Richard Willstätter

Charles Thomson Rees Wilson

Party). – Wirtschaftswissenschaftler; 1945–83 Abg. im Unterhaus, seither Mgl. des Oberhauses; 1947–51 Handelsmin.; 1955/56 Präs. der Fabian Society; 1963–76 Parteiführer und 1970–74 Oppositionsführer. Als Premiermin. (1964–70 und 1974–76) betrieb er eine Restriktionspolitik zur Sanierung von Wirtschaft und Währung (Preis- und Lohnstopp), leitete die Wiederverstaatlichung der Eisen- und Stahlind. ein und erreichte durch eine Volksabstimmung 1975 eine $^2/_3$-Mehrheit für den brit. Beitritt zu den EG.

W., Kenneth G., * Waltham (Mass.) 8. Juni 1936, amerikan. Physiker. – Prof. an der Cornell-University in Ithaka (N.Y.). Grundlegende Arbeiten über Phasenumwandlungen und die an den jeweiligen Umwandlungspunkten auftretenden krit. Phänomene; Nobelpreis für Physik 1982.

Kenneth G. Wilson

W., Richard, * Penegoes (Powys) 1. Aug. 1714, † bei Llanberis (Gwynedd) 15. Mai 1782, engl. Maler. – Von Claude Lorrain angeregt, malte W. lichtdurchflutete italien., walis. und Londoner Landschaften.

W., Robert, * Waco (Tex.) 4. Okt. 1941, amerikan. Dramatiker und Theaterkünstler. – Gilt mit seinem Konzept des „total theatre" bzw. „theatre of vision" als einer der originellsten Erneuerer des Theaters der Gegenwart. Seine konventionellen Vorstellungen von Handlungs-, Charakter-, Sprach-, Raum- und Zeitgestaltung durch nonverbale, visuell verknüpfte Aktionsbilder und Toncollagen ersetzendes Theater (u. a. mit dem Komponisten Philip Glass [* 1937]) stellt an die Zuschauer hohe Anforderungen. Zu den bekanntesten Arbeiten zählen u. a.: „The Life and Times of Joseph Stalin" (Spoleto, 1973), „Einstein on the Beach" (Avignon, 1976), „the CIVIL warS" (Monumentalspektakel, 1983/84; Teilaufführungen in Rotterdam, Tokio, Rom, Köln), „Hamletmaschine" (New York, Hamburg, 1986), „Parzival" (Hamburg, 1987), „The Black Rider" (Hamburg, 1990).

Robert W. Wilson

W., Robert W., * Houston (Tex.) 10. Jan. 1936, amerikan. Physiker. – Entdeckte 1965 mit A. Penzias an einem Radioteleskop die ↑ kosmische Hintergrundstrahlung, wofür beide 1978 den Nobelpreis für Physik erhielten (mit P. L. Kapiza).

W., Woodrow, * Staunton (Va.) 28. Dez. 1856, † Washington (D. C.) 3. Febr. 1924, 28. Präs. der USA (1913–21). – Wurde 1890 Prof. für Rechtswiss. und Nationalökonomie an der Princeton University, 1902–10 deren Präs.; 1910–12 Gouverneur von New Jersey. Als Kandidat der Demokrat. Partei und führender Vertreter der ↑ Progressive Movement 1912 zum Präs. gewählt, suchte W. innenpolit. Reformen durchzusetzen: Zollsenkung, Errichtung des Federal Reserve Systems (amerikan. Zentralbanksystem) und einer Bundesbehörde für den Außenhandel, Clayton-Antitrust-Act, progressive Einkommensteuer. Außenpolitisch verfochte er eine Politik der offenen Tür bei grundsätzl. Ablehnung des Dollarimperialismus, ohne auf Interventionen in Lateinamerika (Mexiko 1914–16, Haiti und Dominikan. Republik 1915) zu verzichten. Bei Ausbruch des 1. Weltkriegs verkündete W. die Neutralität der USA; 1916 wurde er unter der Parole, die Einbeziehung der USA in den Krieg verhindert zu haben, als Präs. bestätigt. Die Verkündung des uneingeschränkten Unterseebootkrieges durch das Dt. Reich im Febr. 1917 veranlaßte die USA jedoch zur Abkehr vom Neutralitätskurs und zur Kriegserklärung an Deutschland im April 1917. W. konnte sein am 8. Jan. 1918 verkündetes demokrat. Friedensprogramm (↑ Vierzehn Punkte) auf der Pariser Friedenskonferenz 1919 nicht durchsetzen, erreichte aber die Gründung des Völkerbundes. 1920 mußte er die Ablehnung der Ratifizierung des Versailler Vertrages und des Beitritts der USA zum Völkerbund durch den mehrheitlich isolationistisch gesinnten Senat hinnehmen; im gleichen Jahr erhielt er den Friedensnobelpreis für das Jahr 1919.

Woodrow Wilson

Wilson, Mount [engl. ˈmaʊnt ˈwɪlsn], Berg nö. von Pasadena, Kalifornien, 1740 m hoch; astronom. Observatorium.

Wilson-Brocq-Krankheit [engl. wɪlsn, frz. brɔk; nach dem brit. Dermatologen Sir W. J. Wilson, * 1809, † 1884, und dem frz. Dermatologen L. A. Brocq, * 1856, † 1928] (Schälrötelsucht, Dermatitis exfoliativa generalisata), Hautentzündung mit flächenhafter Ablösung der Oberhaut, z. B. bei Leukämie oder Retikulose.

Wilson-Kammer [engl. wɪlsn, nach C. T. R. Wilson], svw. ↑ Nebelkammer.

Wilstermarsch, Marschengebiet in Schl.-H., nördl. der Unterelbe; Grünlandwirtschaft; zentraler Ort ist Wilster (4 400 E).

Wimberger, Gerhard, * Wien 30. Aug. 1923, östr. Komponist. – Komponierte Stücke für Musiktheater (u. a. „Dame Kobold", 1964; „Das Opfer Helena", 1968; nach W. Hildesheimer), Orchesterwerke, Konzerte (u. a. Klavierkonzert Nr. 2, 1984), Chor- und Kammermusik.

Wimbledon [engl. ˈwɪmbldən], ehem. selbständige engl. Stadt, heute zu Groß-London. Bekannt durch die seit 1877 alljährlich ausgetragenen „All England Championships", ein internat. Tennisturnier (inoffizielle Weltmeisterschaft).

Wimpel, schmale, meist dreieckige oder längl.-trapezförmige Flagge, z. B. als Signalflagge; sog. *Heimat-W.* werden von Schiffen geführt, die auf der Heimreise sind, *Kommando-W.* sind Kommandozeichen des Kommandanten von Kriegsschiffen.

Wimperfarn (Woodsia), Gatt. der Tüpfelfarngewächse mit rd. 40 Arten in den subpolaren und gemäßigten Zonen der N-Halbkugel. In Deutschland kommen in den Mittelgebirgen und den Alpen drei seltene Arten vor, darunter der **Südliche Wimperfarn** (Woodsia ilvensis) mit einfach gefiederten Blättern mit gebuchteten Fiedern und in lange Wimperhaare zerteilten Indusien (die Sporangien umgebende zarte Hülle).

Wimperg [zu althochdt. wintberga „Zinne, Giebel"], got. Ziergiebel über Fenstern, Portalen usw.; meist mit Blendmaßwerk.

Wimperg

Wimperlarven (Flimmerlarven), bewimperte, in Wasser lebende Larven verschiedener Wirbelloser; u. a. das Coracidium der Bandwürmer.

Wimpern, (Augen-W., Cilia) kräftige (markhaltige) Haare an der Vorderkante des Rands der Augenlider vieler Säugetiere, beim Menschen am oberen Lid aufwärts, am unteren abwärts gekrümmt, in zwei bis drei Reihen angeordnet; schützen das Auge gegen das Eindringen von Fremdkörpern.
▷ svw. ↑ Zilien.

Wimpertierchen (Infusorien, Ziliaten, Ciliata), Klasse freischwimmender oder festsitzender Protozoen im Meer und Süßwasser, aber auch parasitisch oder symbiotisch in Wirbeltieren lebend. Zur Fortbewegung und zum Nahrungserwerb dienen Wimpern. Charakteristisch sind der Kerndimorphismus und die geschlechtl. Fortpflanzung durch Konjugation. Die ungeschlechtl. Fortpflanzung erfolgt durch Querteilung oder Knospung. Zu den W. gehören z. B. Pantoffeltierchen, Glockentierchen, Trompetentierchen.

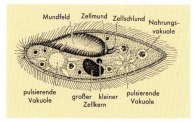
Wimpertierchen. Bau eines Pantoffeltierchens

Wimpfeling (Wimpheling, Wymphelling), Jakob, * Schlettstadt 27. Juli 1450, † ebd. 17. Nov. 1528, dt. Humanist, Geschichtsschreiber und Theologe. – 1481 Rektor der Univ. in Heidelberg und bis 1501 ebd. Prof. der Poesie; 1501–15 in Straßburg; kritisierte in seinen an Kaiser Maximilian I. gerichteten „Gravamina" (1520 gedruckt) die kirchl. Mißstände, die er durch eine Erziehungsreform, v. a. durch Vermittlung der lat. Sprache, beheben wollte; seine pädagog. Schriften trugen ihm den Titel „Praeceptor Germaniae" ein; schrieb die lat. Komödie „Stylpho" (aufgeführt 1480, gedruckt 1494); wurde durch seine histor. Schriften, in denen er für Kaiser und Reich eintrat, zum Begründer der dt. Geschichtsschreibung.

Wimpfen, Bad ↑Bad Wimpfen.

Wimpina, Konrad, eigtl. Koch, *Bad Wimpfen oder Buchen (Odenwald) um 1460, †Amorbach 16. Juni 1531, dt. kath. Theologe. – 1491 Prof. in Leipzig; richtete 1505/06 die Univ. Frankfurt (Oder) ein. Bed. literar. Gegner Luthers und Mitverf. der Gegenthesen J. Tetzels gegen Luther.

Wina (Vina) [Sanskrit], seit dem 7. Jh. in Indien bekannte Stabzither mit hohen Bünden und 2 Kalebassen als Resonatoren; heute v. a. eine Langhalslaute mit einem Holzkorpus in der Form eines halben Kürbis und einem am Hals befestigten Kürbis als zweitem Schallkörper. 3–5 Metallsaiten laufen von Wirbelkasten aus über den Steg zu dem an der Lautenschale befestigten Saitenhalter. Von seitlich im Hals steckenden Wirbeln gehen 3 rhythmisch gespielte Bordunsaiten aus.

Winajapitaka [Pali, Sanskrit „Korb der Ordenszucht"], erster Teil des „Tipitaka", in dem die Regeln für das Verhalten der buddhist. Mönche und Nonnen niedergelegt sind.

Winar, Jurij, *Radibor (Oberlausitz) 20. Nov. 1909, sorb. Komponist. – Leitete seit 1932 sorb. Volkschöre. Nach 1945 baute W. das sorb. Musikleben neu auf, u. a. Hg. von Liedsammlungen, 1952–60 Leiter des von ihm gegr. Staatl. Ensembles für sorb. Volkskultur, 1961–84 Direktor der Musikschule Bautzen. Komponierte Lieder, Kantaten, Orchester-, Kammer- und Filmmusik.

Winchester [engl. 'wɪntʃɪstə], südengl. Stadt 17 km nördl. von Southampton, 31 000 E. Verwaltungssitz der Gft. Hampshire, anglikan. Bischofssitz; eisenverarbeitende und Textilind. – Liegt an der Stelle der bed. kelt. Siedlung **Caer Gwent** (später der röm. Straßenknotenpunkt **Venta Belgarum**); wurde um 676 Sitz des Bistums Dorchester (1559 anglikanisch); im frühen MA Hauptstadt des Kgr. Wessex, bis Anfang des 12. Jh. neben London wichtigste Stadt Englands. – Bed. Kathedrale (1079 begonnen; entscheidender Umbau im 14. Jh., bis ins 17. Jh. erweitert), Glasmalereien im Decorated und Perpendicular style sowie geschnitztes Chorgestühl im Decorated style; Hospital Saint Cross (ma. Armenhaus; 12. und 15. Jh.); 2 Stadttore.

Winchester gallon [engl. 'wɪntʃɪstə 'gælən] ↑Gallon.

Winchester-Gewehre [engl. 'wɪntʃɪstə; nach O. F. Winchester, *1810, †1880], ab 1866 von der Winchester Repeating Arms Company in New Haven (Conn.) hergestellte Repetiergewehre.

Winckelmann, Johann Joachim, *Stendal 9. Dez. 1717, †Triest 8. Juni 1768 (ermordet), dt. Archäologe und Kunstgelehrter. – Seit 1755 in Rom, Sekretär des Kardinals Albani; 1763 Aufsicht über die Altertümer in und um Rom. Gilt mit seinem Hauptwerk „Geschichte der Kunst des Altertums" (1764) als Begründer der Archäologie. Durch seine ästhet. Kunstbetrachtung wurde die Blickrichtung auf die griech. Antike gelenkt, deren Wesen er als „edle Einfalt und stille Größe" charakterisierte; damit bestimmte er das Schönheitsideal der dt. Klassik. – *Weitere Werke:* Gedanken über die Nachahmung der griech. Werke in der Malerei und Bildhauerkunst (1755), Anmerkungen über die Baukunst der Alten (1762).

Winckler, Josef, *Rheine 6. Juli 1881, †Neufrankenhorst (= Bergisch Gladbach) 29. Jan. 1966, dt. Schriftsteller. – 1912 Mitbegr. des literar. „Bundes der Werkleute auf Haus Nyland"; verfaßte u. a. den Schelmenroman „Der tolle Bomberg" (1924) und die Sammlung westfälischer Schwänke „Pumpernickel" (1926); schrieb auch Gedichte.

Wind, im wesentlichen in horizontaler Richtung bewegte Luft; entsteht als Folge des Ausgleichs von Luftdruckunterschieden in der Atmosphäre. Die Luft strömt jedoch nicht in Richtung des Druckgefälles, sie wird infolge der ablenkenden Kraft der Erdrotation (↑Coriolis-Kraft) auf

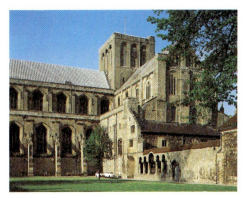

Winchester. Die 1079 begonnene Kathedrale

der N-Halbkugel nach rechts abgelenkt und bewegt sich in der freien Atmosphäre parallel zu den Linien gleichen Luftdrucks (Isobaren). In Bodennähe bewirkt die Reibung an der Erdoberfläche, daß der W. nicht isobarenparallel, sondern aus einem Hochdruckgebiet heraus- und in ein Tiefdruckgebiet hineinweht; infolge der Ablenkung nach rechts auf der N-Halbkugel umströmen die W. ein Hochdruckgebiet im Uhrzeigersinn, ein Tiefdruckgebiet entgegen dem Uhrzeigersinn. Der Winkel zw. Isobaren und W.vektor (W.richtung) hängt von der Rauhigkeit der Geländeoberfläche ab; er beträgt über See 0 bis 10°, über Land zw. 30 und 45°. – Als Folge der therm. Verhältnisse und bedingt durch die Orographie des Geländes entstehen verschiedene *lokale W.systeme:* thermisch bedingt z. B. Berg-W. und Tal-W., Land-W. und See-W.; orographisch bedingt z. B. Föhn, Bora, Mistral. – ↑Strahlstrom, ↑Atmosphäre.

▷ in der *Hüttentechnik* die bei einem metallurg. Prozeß zugeführte Luft.

Windaus, Adolf, *Berlin 25. Dez. 1876, †Göttingen 9. Juni 1959, dt. Chemiker. – Prof. in Innsbruck und Göttingen. Untersuchte den Aufbau der Sterine und klärte die Struktur der Vitamine D_2 und D_3 sowie ihrer Provitamine. 1928 Nobelpreis für Chemie.

Windbaum, typ. Wolkenerscheinung in hohen Schichten der Atmosphäre: ein langgestrecktes, fischgrätenförmiges Gebilde aus zarten, ineinander verwobenen Eiswolkenfasern (Zirrus).

Windblütigkeit (Anemophilie), die Verbreitung des Pollens durch den Wind, v. a. bei Bäumen sowie bei Süß- und Riedgräsern.

Windbruch (Windwurf), durch Sturm bes. im Winterhalbjahr entstehender Bruch oder Wurf von Bäumen oder ganzen Beständen. Störungen des Waldgefüges, Gefahr des Massenauftretens von Schädlingen und Holzverluste durch Splitterung und Pilzbefall sind die Folge. Bes. gefährdet sind gleichaltrige Bestände flachwurzelnder Baumarten in ungünstigen Lagen (z. B. Fichte).

Winde (Convolvulus), Gatt. der W.gewächse mit rd. 250 Arten, v. a. in den subtrop. und gemäßigten Gebieten; aufrechte, niederliegende oder windende Kräuter oder aufrechte, bisweilen dornige Halbsträucher mit meist einzelnstehenden Blüten; Blütenkrone glockenförmig, mit meist fünfeckigem Saum, z. B. die ↑Ackerwinde.

Windei (Fließei), ein Hühnerei (Vogelei) ohne oder mit nur dünner Schalenanlage.

Windelband, Wilhelm, *Potsdam 11. Mai 1848, †Heidelberg 22. Okt. 1915, dt. Philosoph. – Prof. in Zürich, Freiburg, Straßburg und Heidelberg. Neben H. Rickert Begründer der bad. bzw. südwestdt. Schule des Neukantianismus; entwickelte seine Philosophie im Rückgriff auf den Kritizismus Kants als krit. Wiss. von den allg.gültigen Werten; richtungweisend wurde seine Unterscheidung von nomothet. Naturwiss. und individualisierenden Kulturwissenschaften. Als Standardwerk gilt sein „Lehrbuch der Geschichte der Philosophie" (1892, ¹⁷1980).

Adolf Windaus

Wilhelm Windelband

Winden

Winden, Fördermittel zum Heben und Senken oder zum Heranziehen von Lasten; bei *Seil-W.* wird ein Seil, an dessen Ende sich die Last befindet, über eine Trommel aufgewickelt; bei *Schrauben-W.* wird eine Schraubenspindel in einer Mutter gedreht, die sich je nach Drehrichtung mit der Last hebt oder senkt; die *Zahnstangen-W.* bestehen aus einer gezähnten Hubstange, die durch eine Zahnradübersetzung bewegt wird; *hydraul. W.* arbeiten nach Art der hydraul. Presse.

Windenergieanlagen, svw. ↑Windkraftwerke.
Windengewächse (Convolvulaceae), Fam. der Zweikeimblättrigen mit rd. 1 800 Arten in 51 Gatt., v. a. in den Tropen und Subtropen; aufrechte oder windende Kräuter oder Sträucher, selten kleine Bäume; Blüten meist fünfzählig, fast stets radiärsymmetrisch.
Windenschwärmer (Windig, Herse convolvuli), bis 11 cm spannender, dämmerungsaktiver Schwärmer in den Subtropen und Tropen Afrikas, Australiens und Eurasiens (in M-Europa als Wanderfalter); vorwiegend an Winden- und Phloxblüten; Schmetterling mit graubraunen Flügeln sowie roten und schwarzen Hinterleibsquerbinden.
Winder [engl. 'waɪndə] ↑Transportautomatik.
Windesheimer Kongregation, 1387 von Florentius Radewijns und Brüdern vom gemeinsamen Leben vom Stammkloster Windesheim bei Zwolle aus gegr. Kongregation zur Verbreitung der Devotio moderna und zur Reform der Chorherrenstifte; 1803 Säkularisierung aller Klöster; 1961 Wiedererrichtung der W. K. durch päpstl. Dekret.
Windfall profits [engl. 'vɪndfɔːl 'prɒfɪts] (windfall gains), Gewinne, die durch außergewöhnl. Veränderungen der Weltmarktlage (z. B. Rohstoffverknappung) entstehen.
Windgassen, Wolfgang, *Annemasse (Haute-Savoie) 26. Juni 1914, †Stuttgart 8. Sept. 1974, dt. Sänger (Heldentenor). – Ab 1945 Mgl. der Württemberg. Staatsoper, deren Direktion er 1970 übernahm. Gefeiert v. a. in Wagner-Partien.
Windgesetz ↑barisches Windgesetz.
Windgott, in den polytheist. Religionen ein Gott, der dem Wind gleichgesetzt oder als Bewirker des Windes verstanden wird.
Windhalm (Ackerschmiele, Apera), Gatt. der Süßgräser mit 3 Arten in Eurasien. In Deutschland kommt als Getreideunkraut der einjährige **Gemeine Windhalm** (Apera spica-venti) mit 0,3–1 m hohen Stengeln und in lockerer, breiter Rispe stehenden Ährchen vor.
Windharfe, svw. ↑Äolsharfe.
Windharsch ↑Harsch.
Windheim, Dorothee von, *Volmerdingsen (= Bad Oeynhausen) 11. Juli 1945, dt. Plastikerin. – Vertreterin der ↑Spurensicherung; löst Putzfragmente aus ihrer urspr. Funktion und stellt sie in Bildreliefs in neue zeichenhafte Zusammenhänge.

Windhuk
Hauptstadt Namibias (seit 1990)
·
114 500 E
·
Handelszentrum
·
1840 von Hottentotten besiedelt
·
1891–1919 Hauptstadt von Deutsch-Südwestafrika

Windhuk. Christuskirche, erbaut 1907–10

Windhuk, Hauptstadt Namibias, im Zentrum des Landes, 1 645 m ü. d. M., 114 500 E. Anglikan. Bischofssitz; Goethe-Inst., Landesmuseum, Theater, Kunstgalerie, Zoo. Handelszentrum; Nahrungsmittel-, Holzind., Landmaschinenbau; internat. ✈. – 1840 von Hottentotten besiedelt; 1842–50 und 1871–80 Missionsstationen; 1890 Anlage der Garnisonsfestung für die dt. Schutztruppe; 1891–1919 Hauptstadt von Dt.-Südwestafrika; seit 1909 Stadtrecht; seit 1990 Hauptstadt Namibias.
Windhunde [eigtl. wohl „wendige Hunde"], Rassengruppe sehr schneller, urspr. für die Hetzjagd gezüchteter Haushunde; Kopf und Körper lang und schmal; Rute lang und kräftig; oft mit Rosenohren. Im Unterschied zu anderen Jagdhunden (die der Fährte mit der Nase nachspüren) verfolgen W. das Wild mit den Augen. Bekannte Rassen sind Afghan. Windhund, Barsoi, Saluki und Whippet.
Windhundrennen (Hunderennen), Geschwindigkeitsprüfung für Windhunde gleicher Rasse und gleichen Geschlechts, die eine mechanisch gezogene Hasenattrappe zu verfolgen haben; dabei Geschwindigkeiten bis zu 70 km/h.
Windisch, Ernst, *Dresden 4. Sept. 1844, †ebd. 30. Okt. 1918, dt. Indologe und Keltologe. – Prof. in Leipzig, Heidelberg und Straßburg; grundlegende Arbeiten zur kelt. Philologie, zur vergleichenden Sprachwiss. (v. a. zur indogerman. Syntax) sowie zur Geschichte des Buddhismus und der ind. Philosophie.
Windisch, Gem. im schweizer. Kt. Aargau, östl. an Brugg anschließend, 357 m ü. d. M., 7 200 E. Spinnereien. – Urspr. **Vindonissa,** helvet. Oppidum und nahebei errichtetes röm. Legionslager (17 n. Chr., um 46 aus Stein neu angelegt); Mitte des 2. Jh. geräumt und von der Zivilsiedlung eingenommen; um 260 z. T. neu befestigt; im 4. Jh. Bau eines kleineren Kastells **(Castrum Vindonissense)** im ehem. Lagerbereich; wohl schon um 400 Bischofssitz. – Spätgot., im 18. Jh. barockisierte Pfarrkirche. Ausgrabungen förderten Reste der Befestigung, eines röm. Amphitheaters, einer Thermenanlage und eines Forums zutage.
Windische, Bez. für die Slowenen in Kärnten und der Steiermark.
Windischeschenbach, Stadt in der Oberpfalz, Bay., 430 m ü. d. M., 5 900 E. Porzellan- und Glasind., Papierfabrik. – In W. wird seit 1990 die Hauptbohrung (geplante Tiefe mindestens 10 000 m) des Kontinentalen Tiefbohrprogramms zur Erkundung der Erdkruste niedergebracht.
Windischgarsten, oberöstr. Marktgem. 20 km nö. von Liezen, 600 m ü. d. M., 1 900 E. Fremdenverkehr. – Liegt an der Stelle der röm. Poststation **Gabromagus;** kam um 1012 an das Hochstift Bamberg; 1435 als wirtsch. Mittelpunkt des Garstentalbeckens an Spital am Pyhrn verkauft; zeitweise ein Mittelpunkt der reformator. Bewegung.
Windischgrätz, Alfred Fürst zu, *Brüssel 11. Mai 1787, †Wien 21. März 1862, östr. Feldmarschall. – Unterdrückte im Juni 1848 den Prager Aufstand und im Okt. 1848 als Oberkommandierender aller östr. Truppen außerhalb Italiens (bis April 1849) brutal den Wiener Aufstand; führte dann Krieg gegen die ungar. Aufständischen.

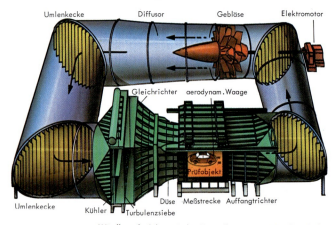

Windkanal. Schematische Darstellung eines Windkanals für Kraftfahrzeuge

Windischgraz ↑ Slovenj Gradec.

Windjammer [engl. zu wind „Wind" und to jam „(sich) drücken, (sich) drängen"], seemännisch für ein großes Segelschiff.

Windkanal, Versuchseinrichtung zur Bestimmung der aerodynam. Eigenschaften (z. B. Widerstandsbeiwert) von Modellkörpern (z. B. Kraftfahrzeuge), die in darin erzeugten, möglichst gleichmäßigen Luftströmung ausgesetzt werden. Die auftretenden Luftkräfte werden durch Mehrkomponentenwaagen, an denen das Modell aufgehängt ist, oder aus Druckverteilungsmessungen am Modell und in der Nachlaufströmung ermittelt; außerdem werden auch opt. Meßverfahren angewendet. Die Messungen werden am verkleinerten, geometrisch ähnl. Modell vorgenommen; Reynolds- und Mach-Zahl müssen bei Modell und Großausführung übereinstimmen. Man unterscheidet Unterschall-W., transson. W. (für den Bereich in der Nähe der Schallgeschwindigkeit), Überschall- und Hyperschall-W. nach der erreichbaren Mach-Zahl. Ein spezieller W.typ mit intermittierender Arbeitsweise ist das *Stoßwellenrohr* zur Untersuchung von Stoßwellen.

Windkraftwerke (Windenergieanlagen), Anlagen, die Windenergie in elektr. Energie umwandeln. Man unterscheidet Anlagen mit horizontaler Achse und solche mit vertikaler Achse: *Horizontalachsenanlagen* haben einen großen Turm, auf dem ein zwei- oder mehrblättriger Rotor angebracht ist, der über ein Getriebe an einen elektr. Generator gekoppelt ist. Die Rotorblätter werden meist computergesteuert in den Wind gedreht, um eine optimale Ausbeute zu erreichen; bei zu starkem Wind werden sie automatisch verriegelt. W. mit vertikalen Achsen besitzen sog. **Darrieus-Rotoren** zur Energieerzeugung. Gegenüber dem Horizontalrotor haben sie den Vorteil, von der jeweiligen Windrichtung unabhängig zu sein, was Regelprobleme erheblich reduziert. Sie können jedoch nicht von selbst anlaufen und werden daher meist mit relativ leicht anlaufenden Savonius-Rotoren kombiniert.

Windlade, bei der ↑Orgel die Kästen, in denen durch Ventile die Zufuhr der Druckluft zu den Pfeifen gesteuert wird.

Windmesser, svw. ↑Anemometer.

Windmill-Hill-Kultur [engl. ˈwɪndmɪl ˈhɪl], nach den Funden in einem Erdwerk auf dem Windmill Hill, 1,5 km nördl. von Avebury ben., älteste keramikführende neolith. Kultur auf den Brit. Inseln (ab 2. Hälfte des 4. Jt. v. Chr.); zunächst auf S-England beschränkt, jüngere Formen auch im N (Yorkshire); kennzeichnend: u. a. gut gearbeitete, unverzierte, rundbodige Keramik; Erdwerke mit Wällen, Gräben und mehreren Zugängen; als Grabform Langhügel mit oder ohne megalith. Kammern.

Windmühlen, die natürl. Energie der Luftströmungen (Windenergie) ausnutzende Maschinen *(Windkraftmaschinen),* deren wesentl. Bestandteile schräg zur Windrichtung gestellte, an einer Achse befestigte Flächen (Flügel, Schaufeln u. a.) sind, die von der Windkraft in Drehung versetzt werden. W. dienen v. a. zum Antrieb von Sägewerken und Mühlen. – Im wesentlichen gibt es zwei Typen von W.: die *dt. Mühle,* die ganz aus Holz besteht und bei der das gesamte (auf einen Bock montierte) Mühlenhaus über einen vertikalen Zapfen in die Windrichtung gedreht wird (deshalb auch *Bock-W.* gen.), und die *holländ. Mühle* (Turm-*W.*), bei der auf einem massiven (steinernen) Gebäude nur die Dachkappe mit dem meist vierflügeligen Windrad drehbar ist. – *Geschichte:* Erste sichere Nachrichten über W. stammen aus dem 10. Jh. aus Persien. Von dort verbreitete sich die W. (durch Segel über eine vertikale Achse gedreht) zunächst in den arab. Ländern, dann – wohl durch die Kreuzzüge – auch in Europa. Bereits die frühesten (um 1180) in Europa gebauten W. weisen die durch schräggestellte Flügel bewegte horizontale Achse auf. Im MA waren die W. (neben den Wassermühlen) wichtige, die menschl. Kraft ersetzende Maschinen.

Windows [engl. ˈwɪndoʊz „Fenster"], auf der ↑Fenstertechnik basierende Benutzeroberfläche für die Computer-Betriebssysteme MS-DOS und OS/2. W.-Programme, z. B. für Textverarbeitung, Datenbanken, Tabellenkalkulation oder Branchenlösungen, zeichnen sich durch einfache Bedienbarkeit aus.

Window-Technik [engl. ˈwɪndoʊ „Fenster"], svw. ↑Fenstertechnik.

Windpocken (Spitzpocken, Varizellen, Wasserpocken), sehr ansteckende, i. d. R. gutartig verlaufende virusbedingte Infektionskrankheit mit bläschenförmigem Hautausschlag. Befallen werden vorwiegend Kleinkinder. Die Übertragung erfolgt meist durch Tröpfcheninfektion; die Inkubationszeit beträgt 12–21 Tage. Nach uncharakterist. Frühsymptomen (Kopfschmerzen, Übelkeit, u. U. leichtes Fieber) tritt der Hautausschlag in Schüben im Verlauf einer Woche auf. Dabei entstehen jeweils innerhalb von Stunden aus linsengroßen, blaßroten Flecken Papeln und Bläschen mit rotem Saum, deren Decke leicht einreißt. Nach einigen Tagen stehen frische und unter einer Kruste abheilende Bläschen nebeneinander. Das Exanthem befällt unter leichtem Fieber den ganzen Körper. W. sind ansteckend bis zum Abfall der letzten Krusten (Isolierung des Erkrankten). Nach der Erkrankung besteht eine lebenslange Immunität. Die Therapie besteht bei Fieber in Bettruhe und Pudern der Bläschen zur Juckreizlinderung (Kratzen verhindern, da sonst die Gefahr späterer Narbenbildung besteht). Bei Schwangeren in den ersten drei Schwangerschaftsmonaten prophylakt. Isolierung und passive Immunisierung.

Windrichtung, die Himmelsrichtung, aus der der Wind weht.

Wind River Range [engl. ˈwɪnd ˈrɪvə ˈreɪndʒ], Gebirgszug der Rocky Mountains im westl. Wyoming, bis 4 202 m hoch.

Windkraftwerk. Anlage nach dem Darrieus-Prinzip: Gesamthöhe 6,5 m; Rotordurchmesser 5,5 m; Leistung 1 kW

Windmühlen. Links: deutsche Mühle auf Lolland, Dänemark, 1730. Rechts: holländische Mühle in Farve, Kreis Oldenburg

Windröschen, svw. ↑Anemone.
Windrose ↑Kompaß.
Windsack, aus festem Stoff gefertigter, kegelstumpfförmiger, an beiden Enden offener Sack, der an der größeren Öffnung durch einen Drahtring offengehalten wird und drehbar an einer Stange befestigt ist. Der W. dient zur weithin sichtbaren Anzeige von Windrichtung und -stärke.
Windsbraut, im Volksglauben ein [als weibl. Wesen vorgestellter] Wirbelwind.
Windschatten, Zone geringer Windgeschwindigkeit auf der windabgewandten Seite (Lee) eines Strömungshindernisses.
Windscheid, Bernhard, *Düsseldorf 26. Juni 1817, †Leipzig 26. Okt. 1892, dt. Jurist. – Prof. in Basel, Greifswald, München, Heidelberg und Leipzig. W. war einer der führenden Wissenschaftler auf dem Gebiet des röm. Rechts („Lehrbuch des Pandektenrechts", 1862–70); er hatte maßgebl. Einfluß auf die Ausarbeitung des ersten Entwurfs eines dt. BGB.
Windschutz, zur Einschränkung der Verdunstung und der Bodenabtragung sowie zur Verhinderung mechan. Schäden an Kulturpflanzen angelegte Hecken, Mauern oder Zäune.
Windsheim, Bad ↑Bad Windsheim.
Windsichter ↑Sichter.
Windsor [engl. ˈwɪnzə], 1917 vom brit. Königshaus Sachsen-Coburg-Gotha angenommener Name (nach der Sommerresidenz W. Castle). – *Herzog von W.*, Titel König ↑Eduards VIII. seit seiner Abdankung (Dez. 1936).
Windsor [engl. ˈwɪnzə], kanad. Hafen- und Ind.stadt in der Prov. Ontario, am Detroit River, gegenüber von Detroit, mit diesem durch Brücken und zwei Tunnel verbunden, 193 100 E. Univ. (gegr. 1857); Museum, Kunstgalerie. – 1857 Town, 1892 City.

Ludwig Windthorst

Windsor Castle [engl. ˈwɪnzə ˈkɑːsl], Stammschloß und Sommerresidenz des engl. Königshauses am westl. Stadtrand von Großlondon. Von Wilhelm dem Eroberer (um 1070) gegr. Burg, Steinbauten seit dem 12. Jh., im 13. und 14. Jh. wesentl. Erweiterung; Umgestaltung zum repräsentativen Schloß im 16./17. Jh. und v. a. seit 1824 durch J. Wyatville im Auftrag Georgs IV. Der riesige, bei einem Brand 1992 z. T. zerstörte Komplex erstreckt sich um zwei Höfe (Lower und Upper Ward), zw. denen der Round Tower liegt; dem Lower Ward schließt sich die Saint George's Chapel (1477–1528) im Perpendicular style an, während der State Apartments an der N-Seite des Upper Ward liegen, u. a. Speisezimmer Karls II., Rubenssaal, die eigtl. Gemäldegalerie und der Van-Dyck-Saal; bed. Sammlung von Handzeichnungen.
Windstärke, Stärke des Windes, die nach der von Sir F. Beaufort (1806) aufgestellten Skala (Beaufort-Skala) in 12 Stufen, entsprechend den Windwirkungen, geschätzt werden kann.
Windsurfing ↑Surfing.
Windthorst, Ludwig, *Gut Caldenhof (= Gemeinde Ostercappeln, Landkr. Osnabrück) 17. Jan. 1812, †Berlin 14. März 1891, dt. Politiker. – Zunächst als Rechtsanwalt tätig; 1851 Kammerpräs.; 1851–53 und 1862–65 in Hannover Justizmin.; führte nach der Annexion Hannovers durch Preußen 1866 für den entthronten König Georg V. von Hannover die Abfindungsverhandlungen. Seit 1867 Mgl. des preuß. Abg.hauses und MdR im Norddt. Bund, seit 1871 im Dt. Reich. Nach der Gründung des Zentrums (1870) entwickelte er sich rasch zu dessen unbestrittenem Wortführer und im Kulturkampf zum großen parlamentar. Gegenspieler Bismarcks.
Windvogelviereck, svw. ↑Deltoid.
Windward Islands [engl. ˈwɪndwəd ˈaɪləndz] ↑Antillen.
Winfried ↑Bonifatius, hl.
Winglets [engl. ˈwɪŋlɪts; „Flügelchen"], an den Flügelenden von Flugzeugtragflächen angeordnete, gegenüber der Tragflächenebene nahezu senkrecht stehende, kleine Hilfsflügel („Flügelohren"), die den ↑induzierten Widerstand der Tragflächen und die Ausbildung von Wirbelzöpfen hinter den Tragflächenenden verringern.
Wingolfsbund, Abk. WB, Verband farbentragender, nichtfechtender Studentenverbindungen mit überkonfessioneller christl. Ausrichtung.
Wingst, inselartig aus der Marsch- und Moorlandschaft herausragender Geestrücken in Niedersachsen, bis 74 m hoch.
Winkel, geometr. Figur aus zwei von einem Punkt S ausgehenden Strahlen g und h; den Punkt S bezeichnet man als den *Scheitel[punkt]* des W., die Strahlen g und h als seine *Schenkel*. W. bezeichnet man im allg. mit kleinen griech. Buchstaben ($\alpha, \beta, \gamma, ...$), mit $\sphericalangle (g, h)$ oder, falls A ein Punkt auf g und B ein Punkt auf h ist, mit $\sphericalangle ASB$. Die Größe eines W. wird in Grad (°) oder in Radiant (rad) angegeben. Ergänzen sich die Schenkel eines W. zu einer Geraden, so spricht man von einem *gestreckten* W. ($\alpha = 180°$); zwei W., die einen Schenkel gemeinsam haben und sich zu einem gestreckten W. ergänzen, heißen *Neben-W.* ($\alpha + \beta = 180°$). Einen W., der seinem Neben-W. gleich ist ($\alpha = \beta = 90°$), nennt man einen *rechten* W. (Zeichen ⌐ oder ⌙ oder R), ist α kleiner bzw. größer ist als sein Neben-W., einen *spitzen* bzw. *stumpfen* W. ($0 < \alpha < 90°$ bzw. $90° < \alpha < 180°$). Alle W. zw. 180° und 360° nennt man *überstumpf*; beim Voll-W. ($\alpha = 360°$) fallen die beiden Schenkel zusammen. Im Schnittpunkt zweier Geraden entstehen zwei Paare jeweils gleich großer *Scheitel-W*. – ↑Schnittwinkel.
Winkeldreiteilung, svw. ↑Dreiteilungsproblem.
Winkelfrequenz, svw. Kreisfrequenz (↑Schwingung).
Winkelfunktionen, svw. ↑trigonometrische Funktionen.
Winkelgeschwindigkeit, Formelzeichen ω, bei Drehbewegungen der Quotient aus durchlaufenem Winkel und der dazu erforderl. Zeit; SI-Einheit rad/s.

Windstärkeskala nach Beaufort			
Windstärke	Bezeichnung der Windstärke	Auswirkungen des Windes im Binnenland	Geschwindigkeit in m/s, gemessen in 10 m Höhe
0	Stille	Windstille, Rauch steigt gerade empor	0–0,2
1	leiser Zug	Windrichtung angezeigt nur durch Zug des Rauches, aber nicht durch Windfahne	0,3–1,5
2	leichte Brise	Wind am Gesicht fühlbar, Blätter säuseln, Windfahne bewegt sich	1,6–3,3
3	schwache Brise	Blätter und dünne Zweige bewegen sich, Wind streckt Wimpel	3,4–5,4
4	mäßige Brise	Wind hebt Staub und loses Papier, bewegt Zweige und dünnere Äste	5,5–7,9
5	frische Brise	kleine Laubbäume beginnen zu schwanken, auf Seen bilden sich Schaumköpfe	8,0–10,7
6	starker Wind	starke Äste in Bewegung, Pfeifen von Telegraphenleitungen, Regenschirme schwierig zu benutzen	10,8–13,8
7	steifer Wind	ganze Bäume in Bewegung, fühlbare Hemmung beim Gehen gegen den Wind	13,9–17,1
8	stürmischer Wind	Wind bricht Zweige von den Bäumen, erschwert erheblich das Gehen im Freien	17,2–20,7
9	Sturm	kleinere Schäden an Häusern, Dachziegel werden abgeworfen	20,8–24,4
10	schwerer Sturm	Bäume werden entwurzelt, bedeutende Schäden an Häusern	24,5–28,4
11	orkanartiger Sturm	verbreitete Sturmschäden (sehr selten im Binnenland)	28,5–32,6
12			32,7–36,9
13			37,0–41,4
14	Orkan	schwerste Verwüstungen	41,5–46,1
15			46,2–50,9
16			51,0–56,0
17			> 56,0

Umrechnungsfaktor 1 m/s = 3,6 km/h

Winkelhalbierende, vom Scheitel eines Winkels ausgehender Strahl, der den Winkel in zwei gleiche Teile teilt. Der Schnittpunkt der drei W. eines Dreiecks ist der Inkreismittelpunkt.

Winkelharfe ↑ Harfe.

Winkelheber, svw. Saugheber (↑ Heber).

Winkelmaß ↑ Sternbilder (Übersicht).

Winkelmaß, Meß- bzw. Zeichengerät für rechte Winkel; als *Anschlag-W.* mit einem T-förmigen Winkelschenkel.

Winkelmesser, Gerät zum Messen und Übertragen von Winkeln; in seiner einfachsten Form eine [halb]kreisförmige Skala mit Gradeinteilung (Scheitel des Winkels im Kreismittelpunkt). Bei dem in der Technik verwendeten *Universal-W.* wird die Lage (Neigung) einer in Längsrichtung verschiebbaren Meßschiene gegenüber einer festen Schiene an einem mit Nonius versehenen Teilkreis abgelesen.

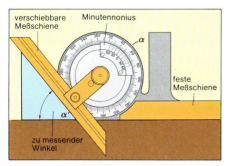

Winkelmesser. Funktionsweise eines Universalwinkelmessers

Winkelmeßgerät, bes. in Astronomie, Geodäsie und Feinmeßtechnik verwendetes Gerät zur Winkelmessung, z. B. Astrolabium, Sextant, Theodolit, Autokollimationsfernrohr, mechan., opt. und opt.-elektron. Winkelmesser.

Winkelried, Arnold (Erni) von, ⚔ angeblich Sempach 9. Juli 1386, sagenhafter schweizer. Nationalheld. – Bauer aus Staus (Unterwalden); soll in der Schlacht bei Sempach (1386) ein Bündel feindl. Langspieße auf sich gezogen und im Fallen eine Gasse in das östr. Ritterheer gebahnt haben, was zum Sieg der Eidgenossen führte.

Winkelspinnen, svw. ↑ Hausspinnen.

winkeltreue Abbildung, svw. ↑ konforme Abbildung.

Winkeltrisektion, svw. ↑ Dreiteilung des Winkels.

Winkelzahnmolche (Hynobiidae), Fam. bis 25 cm langer Schwanzlurche mit rd. 30 Arten in Asien; urtümlich in Körperbau und Fortpflanzung (äußere Befruchtung); Gaumenzähne winkelförmig angeordnet; z. B. *Sibir. W.* (Hynobius keyserlingii): bis 13 cm lang; olivgrün mit Bronzeschimmer, schwarzer Rückenlinie und dunklen Seitenflecken.

Winkerkrabben (Geigerkrabben, Uca), Gatt. vorwiegend Schlick, Algen und Fischleichen fressender Krabben mit rd. 65 meist etwa 1–3,5 cm breiten, teilweise leuchtend bunt gefärbten Arten an den Küsten warmer, bes. trop. Meere; ♂♂ mit meist überkörperlanger Schere, mit der sie winkende Bewegungen ausführen.

Winkler, Angela, * Templin 22. Jan. 1944, dt. Schauspielerin. – U. a. an der Berliner Schaubühne, bei den Salzburger Festspielen; auch in Filmen, z. B. „Die verlorene Ehre der Katharina Blum" (1975), „Die Blechtrommel" (1979), „Ediths Tagebuch" (1983).

W., Clemens, * Freiberg 26. Dez. 1838, † Dresden 10. Okt. 1904, dt. Chemiker. – Prof. an der Bergakad. in Freiberg; entwickelte die techn. Gasanalyse, untersuchte die Grundlagen des Kontaktverfahrens zur Herstellung von Schwefelsäure und entdeckte 1886 das Germanium.

W., Gerhard, Pseud. Ben Bern, * Berlin 12. Sept. 1906, † Kempten (Allgäu) 25. Sept. 1977, dt. Komponist. – Schrieb zahlr. populäre Schlager, u. a. „O mia bella Napoli", „Chianti-Lied", „Caprifischer", sowie Operetten und Filmmusiken.

W., Hans Günter, * Barmen (= Wuppertal) 24. Juli 1926, dt. Springreiter. – Fünffacher Olympiasieger (1956 Einzel- und Mannschaftswertung; Einzelwertung 1960, 1964, 1972); 1954 und 1955 Weltmeister; 1957 Europameister; fünfmal Dt. Meister.

W., Heinrich August, * Königsberg (Pr) 19. Dez. 1938, dt. Historiker. – Prof. in Freiburg im Breisgau; Forschungen zur dt. Geschichte des 19. und 20. Jh. (Nationalismus, Arbeiterbewegung).

W., Johannes, * Carlsruhe (O. S.) 29. Mai 1897, † Braunschweig 27. Dez. 1947, dt. Raketentechniker. – Begann 1930 mit dem Bau einer ersten Flüssigkeitsrakete und entwickelte die „HW 1" (Hücke-W.-Rakete; Start 1931); „HW 2" explodierte kurz vor ihrem Start (1932); einer der frühen wiss.-techn. Verfechter der Raumfahrt.

Winnenden, Stadt 18 km nö. von Stuttgart, Bad.-Württ., 292 m ü. d. M., 23 600 E. Musikinstrumentenbau, Elektro-, Holz-, metallverarbeitende Ind. – 1181 erstmals erwähnt, wohl in der 1. Hälfte des 13. Jh. zur Stadt erhoben. – Barocke ehem. Deutschordenskommende Schloß Winnental (Umbau des 17. Jh.).

Winnig, August, * Blankenburg/Harz 31. März 1878, † Bad Nauheim 3. Nov. 1956, dt. Politiker. – Maurer; trat früh der SPD bei; 1912 Vors. des Dt. Bauarbeiterverbands; 1919 zum Oberpräs. von Ostpreußen ernannt; Mgl. der Weimarer Nationalversammlung; wegen Unterstützung des Kapp-Putsches (1920) abgesetzt und aus der SPD ausgeschlossen; näherte sich 1930 den Volkskonservativen; war als Schriftsteller tätig.

Winnipeg [engl. 'wɪnɪpɛg], Hauptstadt der kanad. Prov. Manitoba, südl. des W.sees, 625 000 E. Sitz eines kath., eines anglikan., eines griech.-orth. und eines ruthen. Erzbischofs; zwei Univ., Kunstakademie, Finanz- und Wirtschaftszentrum des westl. Kanada, Getreidebörse, Verarbeitung landw. Produkte, Eisen- und Stahlerzeugung, Kfz-Montage, Papier- u. a. Ind., Verkehrsknotenpunkt. ✈. – Das frz. Fort Rouge (1738 gegr., nach 1760 aufgegeben) war die erste Europäersiedlung in diesem Gebiet; seit 1806 wurden neue Forts angelegt; die beim Upper Fort Garry (1835) entstandene Siedlung wurde 1870 als W. Verwaltungssitz der neugegr. Prov. Manitoba.

Winnipegsee, mit 24 390 km² größter Restsee des eiszeitl. Lake Agassiz, Kanada.

Winniza [russ. 'vinnitse], Geb.hauptstadt in der Ukraine, am oberen Südl. Bug, 374 000 E. Drei Hochschulen, mehrere Museen, zwei Theater; Chemiewerk, Metallverarbeitung, Nahrungsmittelind. – In der 2. Hälfte des 14. Jh. gegr.; 1648–54 einer der Schwerpunkte der Aufstände gegen die herrschende poln. Schlachta; kam 1795 unter russ. Herrschaft.

Winogradow, Alexander Pawlowitsch [russ. vina'gradəf], * St. Petersburg 21. Aug. 1895, † Moskau 16. Nov. 1975, russ. Chemiker. – Prof. in Moskau, Direktor des Inst. für Geochemie und Mgl. der Akad. der Wiss. der UdSSR; arbeitete über Geochemie, u. a. über Lagerstättenkunde und die Häufigkeit der chem. Elemente in der Erdkruste.

W., Wiktor Wladimirowitsch, * Saraisk (Geb. Moskau) 12. Jan. 1895, † Moskau 4. Okt. 1969, russ. Sprach- und Literaturwissenschaftler. – Prof. in Leningrad (= St. Petersburg), ab 1930 in Moskau; beeinflußt von F. de Saussure und dem russ. Formalismus; verfaßte zahlr. Arbeiten zur russ. Sprache sowie über Gogol, Puschkin, Dostojewski und Lermontow.

Winrich von Kniprode, * um 1310, † auf der Marienburg 24. Juni 1382, Hochmeister des Dt. Ordens (seit 1351). – Als Feldherr, Diplomat und Verwaltungsfachmann brachte er den Ordensstaat im Kampf gegen Litauen sowie durch Handel und zahlr. Städtegründungen zu höchster Blüte.

Winsen (Luhe), Krst. am N-Rand der Lüneburger Heide, Nds., 8 m ü. d. M., 26 800 E. Verwaltungssitz des Landkr. Harburg. Papier-, Nahrungsmittel-, Maschinenbau-, elektrotechn. Ind., bed. Obstbau. – 1158 **Winhusen**

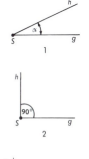

Winkel.
1 spitzer Winkel;
2 rechter Winkel;
3 stumpfer Winkel;
4 gestreckter Winkel;
5 überstumpfer Winkel;
6 Vollwinkel

gen.; 1293 als Stadt bezeichnet. – Schloß (14. und 16./17. Jh.), spätgot. ev. Marienkirche (14. Jh.); Alter Marstall (1599).

Winston-Salem [engl. ˈwɪnstənˈseɪləm], Stadt im nw. North Carolina, USA, 270 m ü. d. M., 141 000 E. 2 Univ. (gegr. 1834 bzw. 1892); Handels- und Verarbeitungszentrum für Tabak und Tabakwaren. – 1913 durch Zusammenschluß von **Salem** (gegr. 1766 durch Einwanderer der Brüdergemeine) und **Winston** (gegr. 1849) entstanden.

Winter, Fritz, *Altenbögge (= Bönen) 22. Sept. 1905, †Herrsching a. Ammersee 1. Okt. 1976, dt. Maler. – Studierte 1927–30 am Bauhaus; abstrakte Kompositionen in zunächst gedämpften Farben („Triebkräfte der Erde", 1944), später häufig dunkle, balkenartige Verspannung vor hellerem Grund.

W., Peter von, ≈ Mannheim 28. Aug. 1754, †München 17. Okt. 1825, dt. Komponist. – Wurde 1787 Vize- und 1798 Hofkapellmeister in München. Neben Sinfonien, Kammermusik, geistl. und weltl. Vokalwerken komponierte er v. a. Opern, u. a. „Das Labyrinth" (1798; als Fortsetzung von W. A. Mozarts „Zauberflöte").

Winter ↑ Jahreszeiten.

Winterannuelle, Kräuter, deren Samen im Herbst keimen und die im folgenden Sommer blühen und fruchten (z. B. Wintergetreide). – Ggs. ↑ Sommerannuelle.

Winterastern, svw. ↑ Chrysanthemen.

Winterberg, Stadt am Kahlen Asten, NRW, 668–841 m ü. d. M., 13 700 E. Heilklimat. Kurort und Wintersportort. – Gründung als befestigte planmäßige Stadtanlage auf rundem Grundriß um 1250; spätestens 1276 erstmals erwähnt. – Kath. klassizist. Pfarrkirche (1785 ff.).

Winterblüte (Chimonanthus), Gatt. der Gewürzstrauchgewächse mit 3 in China heim. Arten (ausschließlich Sträucher). Die Art *Chimonanthus praecox* mit vor dem Laub erscheinenden, außen hellgelben, innen bräunl. bis purpurfarbenen, duftenden Blüten wird als Zierstrauch kultiviert.

Winterfrucht, svw. ↑ Wintergetreide.

Wintergarten, bevorzugt mit Zimmerpflanzen ausgestatteter, heller, heizbarer Raum oder größerer Erker mit Glaswänden.

Wintergeld, nach dem ArbeitsförderungsG gewährte Leistungen aus Mitteln der Bundesanstalt für Arbeit zur Förderung der Beschäftigung im Baugewerbe während des Winters; erhalten die Arbeiter in Betrieben des Baugewerbes für in der witterungsungünstigen Zeit auf witterungsabhängigen Arbeitsplätzen geleistete Arbeitsstunden zum Ausgleich der witterungsbedingten Mehraufwendungen (z. B. Winterkleidung).

Wintergetreide (Winterfrucht), im Herbst ausgesätes, winterfestes Getreide. – Ggs. ↑ Sommergetreide.

Wintergrün (Pyrola), Gatt. der W.gewächse mit rd. 40 Arten, überwiegend in der nördl. gemäßigten Zone sowie in den Hochgebirgen der Subtropen und Tropen; ausdauernde Kräuter oder kleine Halbsträucher mit derben, immergrünen, ganzrandigen oder schwach gekerbten Blättern; einheimisch in Nadelwäldern 6 Arten, u. a. das **Nickende Wintergrün** (*Pyrola secunda*) mit glockigen, gelblichweißen Blüten.

Wintergrüngewächse (Pyrolaceae), Fam. der Zweikeimblättrigen mit rd. 75 Arten in 16 Gatt., v. a. auf der N-Halbkugel sowie in den Gebirgen der Tropen und Subtropen verbreitet. Kräuter oder Halbsträucher mit einfachen, immergrünen Blättern; u. a. ↑ Wintergrün, ↑ Winterlieb, ↑ Fichtenspargel.

Winterhafte (Schneeflöhe, Boreidae), Fam. wenige mm langer, häufig dunkel gefärbter Insekten mit rd. 25 Arten in Eurasien und N-Amerika (davon zwei Arten in Deutschland); bes. beim ♀ Flügel stark rückgebildet; Imagines wenig kälteempfindlich, kommen im Winter auf Schnee vor.

Winterhalter, Franz Xaver, *Menzenschwand 20. April 1805, †Frankfurt am Main 8. Juli 1873, dt. Maler. – Bed. Porträts, v. a. der Damen der Aristokratie (u. a. „Kaiserin Eugénie und ihre Hofdamen", 1855, Compiègne, Musée National).

Fritz Winter. Lichtsäulen, 1935 (Mannheim, Kunsthalle)

winterhart, von Pflanzen gesagt, die winterl. Witterung gut überstehen können.

Winterhilfswerk, 1933 im Rahmen der NS-Volkswohlfahrt e. V. gegr. Hilfsorganisation (seit 1936 eigene Rechtsfähigkeit); unterstand der Aufsicht des Propagandamin. Goebbels; sammelte u. a. Geld, Lebensmittel, Brennstoffe, Kleider zur Verteilung an Arbeitslose und Hilfsbedürftige.

Winterkönig, Beiname ↑ Friedrichs V. von der Pfalz.

Winterkrieg ↑ Finnisch-Sowjetischer Winterkrieg.

Winterlieb (Chimaphila), Gatt. der Wintergrüngewächse mit vier Arten in Europa, Japan und N-Amerika; niedrige Halbsträucher mit immergrünen, derben, gesägten Blättern; Blüten weiß oder rosafarben, meist in Doldentrauben.

Winterlinde ↑ Linde.

Winterling (Eranthis), Gatt. der Hahnenfußgewächse mit acht Arten in S-Europa und O-Asien; Kräuter mit grundständigen, handförmig geteilten Blättern. Eine frühblühende Zierpflanze ist der 10–15 cm hohe **Kleine Winterling** (*Eranthis hiemalis*) mit goldgelben Blüten.

Wintermücken (Winterschnaken, Petauristidae), Fam. etwa 4–7 mm langer, schnakenähnl. Mücken, v. a. auf der N-Halbkugel; im ♂ Geschlecht an sonnigen Wintertagen und im zeitigen Frühjahr in Schwärmen auftretende Insekten.

Winterpilz, svw. Samtfußrübling (↑ Rüblinge).

Winterpunkt ↑ Solstitium.

Winterregenklima, svw. ↑ Etesienklima.

Winterruhe, im Unterschied zum ↑ Winterschlaf ein nicht allzu tiefer, oft und auch für längere Zeit (für die Nahrungssuche) unterbrochener Ruhezustand bei verschiedenen Säugetieren (z. B. Eichhörnchen, Dachs, Braunbär, Eisbär) während des Winters, wobei die Körpertemperatur nicht absinkt und der Stoffwechsel normal bleibt.

Wintersaat, landw. Bez. für: 1. das Saatgut im Herbst auszusäender winterannueller (einjährig überwinternder) landw. Nutzpflanzen; 2. den aus dem Saatgut von Winterannuellen hervorgehenden Pflanzenbestand.

Winterschlaf, schlafähnl., z. T. hormonal gesteuerter und unter Mitwirkung der Tag-Nacht-Relation und der Außentemperatur ausgelöster Ruhezustand bei manchen Säugetieren (z. B. Hamster, Igel, Murmeltier, Ziesel), v. a. der gemäßigten Gebiete und der Gebirge, während des Winters. Im Unterschied zur ↑ Winterruhe wird der W. nur sel-

ten durch kurze Pausen (v. a. zum Harnlassen) unterbrochen. Während des W. sinkt die Körpertemperatur tief unter die Normaltemperatur bis auf eine bestimmte, artspezif., unter 5 °C liegende Grenztemperatur ab, bei der wieder eine mäßige zusätzl. Wärmeproduktion einsetzt oder das Tier aufwacht. Mit der Temperaturerniedrigung geht die Verlangsamung des Herzschlags und der Atmung einher; bei dem (stark verlangsamten) Stoffwechsel wird v. a. das Depotfett verwertet; bei verminderten Sinneswahrnehmungen bleibt im Unterschied zur ↑Winterstarre die Reflextätigkeit erhalten.
▷ ↑künstlicher Winterschlaf.

Winterschlußverkauf ↑Saisonschlußverkauf.

Winterschnitt ↑Obstbaumschnitt.

Wintersport, Sammelbez. für alle im Winter auf Schnee und Eis betriebenen Sportarten, u. a. Skilauf, Biathlon, Eislauf (Eiskunstlauf, -schnellauf), Eishockey, Eisstockschießen, Rodeln, Bobsport, Skeleton.

Winterstarre, bewegungsloser (starrer) Zustand bei wechselwarmen Tieren (z. B. Lurche; ↑Kaltblüter) der gemäßigten und kalten Gebiete während der Winterzeit. Bei einer solchen *Kältestarre* kann die Körpertemperatur im Unterschied zu der beim ↑Winterschlaf auch extrem tief (entsprechend der Umgebungstemperatur) absinken, so daß alle Aktivitäten (auch die Reflexe) zum Erliegen kommen. Zur Vermeidung eines *Kältetods,* der bei längerer Einwirkung von Temperaturen unter 0 °C eintritt, suchen die Tiere zum Überwintern möglichst frostfreie Schlupfwinkel auf; ein weiterer Kälteschutz ist die Verminderung des Wassergehalts des Körpers.

Winterstein, Eduard von, eigtl. E. Clemens Frhr. von Wangenheim, *Wien 1. Aug. 1871, †Berlin (Ost) 22. Juli 1961, dt. Schauspieler östr. Herkunft. – Seit 1895 Engagements v. a. als Charakterdarsteller in Berlin, u. a. unter M. Reinhardt und H. Hilpert.

Winterthur, Hauptstadt des Bez. W. im schweizer. Kt. Zürich, 440 m ü. d. M., 85 200 E. Technikum, Musikkollegium (gegr. 1629; Konservatorium und Orchester); Kunstmuseum, Gemäldegalerie Stiftung Oskar Reinhart, Sammlung Oskar Reinhart „Am Römerholz"; ein Zentrum der metallverarbeitenden Ind., Maschinen- und Fahrzeugbau, Textil-, Schuh-, Nahrungsmittelind. – An der Stelle des 294 erstmals erwähnten röm. Kastells **Vitudurum** gründeten die Kyburger im 12. Jh. **Niederwinterthur** (= W.); 1264 Übergang an die Habsburger, gleichzeitig Stadtrechtsbrief erneuert; 1415–42 Reichsstadt; 1467 an Zürich verpfändet. – Gotische Stadtkirche (1264–1515); Stadthaus von G. Semper (1867–69).

Winterzwiebel (Winterlauch, Johannislauch, Schnittzwiebel, Hackzwiebel, Allium fistulosum), Lauchart, die v. a. in O-Asien und in den Tropen kultiviert wird. Die W. besitzt eine längl. Zwiebel und immergrüne, röhrenförmige Blätter. Blätter und Stengel werden als Gemüse und Gewürz verwendet.

Wintner, Aurel [engl. ˈwɪntnə], *Budapest 8. April 1903, †Baltimore (Md.) 15. Jan. 1958, amerikan. Mathematiker. – Ab 1946 Prof. in Baltimore. Arbeiten zur Himmelsmechanik sowie zu verschiedenen Gebieten der Analysis, zur analyt. Zahlentheorie, zur Wahrscheinlichkeitsrechnung, zur Theorie des Hilbert-Raums sowie zur Geschichte der Mathematik.

Winzer, Otto, *Berlin 3. April 1902, †ebd. 3. März 1975, dt. Politiker (SED). – Schriftsetzer; trat 1919 der KPD bei; ab 1935 in der Emigration, zuletzt in der Sowjetunion; 1945 Rückkehr nach Berlin mit der „Gruppe Ulbricht"; seit 1947 Mgl. des Parteivorstands bzw. des ZK der SED; 1965–75 Außenmin. der DDR.

Winzer [zu lat. vinitor „Weinleser"] (Weingärtner), Beruf der Landw. mit dreijähriger Ausbildung. Der W. pflegt, kultiviert, erntet und veredelt die Weinrebe.

Winzergenossenschaften (Weingärtnergenossenschaften, Winzervereine), Zusammenschlüsse von Winzern auf genossenschaftl. Basis. – *Aufgabenbereiche:* Anbauberatung, Versorgung mit Pflanzgut und Düngern, Schädlingsbekämpfung, Verarbeitung der Ernte, Vermarktung und Marktforschung. – Erste *Gründungen* fanden in wirtsch. Notzeiten statt: Neckarsulm 1834, Asperg 1855, Mayschoß (Ahr) 1868, Hagnau (Bodensee) 1881.

Wipo, †nach 1046, dt. Geschichtsschreiber und Dichter. – Hofkaplan. Sein Hauptwerk, die Biographie Konrads II. („Gesta Chuonradi II imperatoris", 1040/46), ist eine bed. Quelle der ma. Geschichte.

Wipper, linker Nebenfluß der Unstrut, entspringt im Ohmgebirge, mündet unterhalb von Kannawurf, 75 km lang.
W., Oberlauf der ↑Wupper.

Wipper ↑Kipper und Wipper.

Wipperfürth, Stadt im Berg. Land, an der Wipper, NRW, 274 m ü. d. M., 20 900 E. Elektro-, Textilind., Metall- und Kunststoffverarbeitung. – Um 1130 erstmals erwähnt; entstand als Handelsplatz, Stadtrecht seit 1222. – Roman. kath. Pfarrkirche Sankt Nikolaus (12./13. Jh.), ehem. Franziskanerkirche (1670–74).

Wippmotten (Rundstirnmotten, Glyphipterygidae), weltweit verbreitete Fam. kleiner, durchschnittlich 12 mm spannender Schmetterlinge mit rd. 25 Arten in M-Europa; meist tagaktiv; wippen z. T. im Sitzen mit den Flügeln.

Wipptal, Talschaft in Österreich (Tirol), und Italien (Südtirol); umfaßt das Tal der Sill, die Brennerfurche und das obere Eisacktal bis Sterzing, bildet die kürzeste Verbindung zw. Inntal (Innsbruck) und Etschtal; wichtige Verkehrsleitlinie (Brennerbahn und -autobahn).

Wiprecht von Groitzsch, *um 1050, †Pegau (Sa.) 22. Mai 1124, Markgraf von Meißen (seit 1123). – Stammte aus der Altmark; erwarb in Obersachsen (v. a. Burg Groitzsch) ein bed. Territorium, wurde um 1084 Graf. Gegen seine Belehnung mit der Markgrafschaft Meißen (1123) erhob der Sachsenherzog Lothar III. von Supplinburg (seit 1125 Röm. König) zugunsten der Wettiner Einspruch.

Wiraschaiwa [Sanskrit „die heldenhaften Schiwaanhänger"], im 12. Jh. gegr. schiwait. Sekte mit gegenwärtig etwa 6 Mill. Anhängern in Mysore (= Karnataka), wo diese Lehre 1350–1610 Staatsreligion war. Die W., die nach ihrem Abzeichen, einem ständig getragenen ↑Linga, auch **Lingajatas** gen. werden, begraben im Ggs. zum orth. Hinduismus ihre Toten und lassen die Wiederverheiratung von Witwen zu.

Wirbel (Spondyli [Einzahl: Spondylus], Vertebrae, die im Verlauf der Individual- und Stammesentwicklung die ↑Chorda dorsalis verdrängenden und ersetzenden knorpeligen und knöchernen Einheiten, aus denen sich die ↑Wirbelsäule der Wirbeltiere (einschl. des Menschen) zusammensetzt. Beim Menschen haben alle W. (mit Ausnahme der ersten beiden Hals-W. Atlas und Axis) die gleiche Grundform. Jeder W. besteht aus dem W.körper, dem W.bogen, einem Dornfortsatz, zwei Querfortsätzen und zwei oberen und unteren Gelenkfortsätzen. Die Gesamtheit der W.löcher bildet den Rückenmarkkanal. Die W.körper und die Querfortsätze der Brust-W. tragen Gelenkflächen für die Rippen; sie sind für die Atembewegungen von Bed. Die nach hinten abwärts gerichteten Dornfortsätze sind als gratförmige Erhebungen zu tasten („Rückgrat"). Die Kreuzbein-W. *(Sakral-W.)* sind zum Kreuzbein verwachsen und mit dem Beckengürtel verbunden. – Die Beweglichkeit der W.körper wird u. a. auch durch die Bandscheiben gewährleistet. Sie liegen zw. den W.körpern und tragen die volle Last.
▷ in der *Strömungslehre* eine um ein Zentrum kreisende Strömung in einer Flüssigkeit oder in einem Gas. W. treten als Folge der inneren Reibung beim Umströmen von Körpern auf.
▷ Schlagart auf Trommeln u. a. Schlaginstrumenten, die aus schnellem, gleichmäßigem Wechsel beider Schlägel besteht.
▷ bei *Saiteninstrumenten* die drehbaren Pflöcke, Stifte oder Schrauben, um die das Ende der Saiten gewickelt ist und mit deren Hilfe die Saiten gestimmt werden. Die W. sitzen quer in einer kastenartigen Öffnung **(Wirbelkasten)** am Halsende der Instrumente.

Winterthur
Stadtwappen

Wirbelbruch

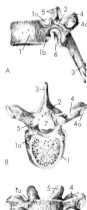
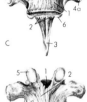
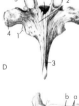

Wirbelbruch, Bruch eines oder mehrerer Wirbelkörper oder Wirbelfortsätze; entsteht meist durch übermäßiges Biegen oder Stauchung der Wirbelsäule (z. B. durch Sturz) und ist gefährlich, weil das Rückenmark verletzt werden kann. Völlige Durchtrennung des Rückenmarks oder Quetschung durch Bluterguß führt zur ↑ Querschnittslähmung.

Wirbellose (wirbellose Tiere, niedere Tiere, Invertebrata, Evertebrata), i. w. S. alle tier. Organismen ohne Wirbelsäule (also einschl. Einzeller), i. e. S. Sammelbez. für alle Vielzeller ohne Wirbelsäule. Den W. fehlt i. d. R. ein Innenskelett, dagegen ist oft ein Außenskelett ausgebildet, das durch seine Schwere einen begrenzenden Faktor hinsichtlich der Körpergröße darstellt; so sind W. häufig kleiner als Wirbeltiere. Die W. sind meist einfach organisiert (z. B. Schwämme, Hohltiere, Plattwürmer, Ringelwürmer); die am höchsten entwickelten W. sind die Kopffüßer, Spinnen und Insekten. Die W. umfassen 95 % aller bekannten Tierarten. Die wichtigsten Stämme der W. sind Nesseltiere, Plattwürmer, Schlauchwürmer, Ringelwürmer, Weichtiere, Gliederfüßer und Stachelhäuter.

Wirbelsäule (Rückgrat, Columna vertebralis), knorpelige oder (meist) knöcherne dorsale Achse des Skeletts der Wirbeltiere, die den Schädel trägt und (soweit ausgebildet) mit einem Schultergürtel (indirekt) und einem Beckengürtel in Verbindung steht. Die W. setzt sich zus. aus gelenkig und durch Bänder und Muskeln miteinander verbundenen ↑ Wirbeln (beim Menschen 33–34) sowie aus (zwischengeschalteten) knorpeligen ↑ Bandscheiben. Die Wirbelbögen umschließen den Wirbelkanal (Canalis vertebralis), in dem geschützt das Rückenmark liegt. Bei den höheren Wirbeltieren kann die W. in verschiedene Abschnitte gegliedert werden: Hals-W., Brust-W., Lenden-W., Kreuzbein und Schwanz-W. – Die W. des Menschen ist in der Seitensicht doppelt s-förmig gekrümmt und besteht aus 7 Hals-, 12 Brust- und 5 Lendenwirbeln sowie dem aus 5 Wirbeln entstandenen Kreuzbein und dem aus 4 oder 5 Wirbeln entstandenen Steißbein.

Wirbelsäulenerkrankungen, Erkrankungen der Wirbelsäule, die durch Fehlform, Fehlfunktion und Schmerzen charakterisiert sind. Zu nennen sind v. a. ↑ Bandscheibenvorfall, ↑ Wirbelbruch, ↑ Wirbelsäulenverkrümmung, ↑ Bechterew-Krankheit und ↑ Spondylose.

Wirbelsäulenverkrümmung (Rückgratverkrümmung), fixierte (starre) oder nicht fixierte Verformung der Wirbelsäule entlang ihrer Längsrichtung. Man unterscheidet ↑ Skoliose, ↑ Kyphose, ↑ Lordose sowie Mischformen (*Kyphoskoliose*). Zu den Ursachen einer W. gehören u. a.: Mißbildungen, Beckenschiefstand, Muskellähmung, Traumen, Rachitis.

Wirbelschichtverfahren (Staubfließverfahren, Fließbettverfahren), von dem dt. Ind.chemiker F. Winkler entwickeltes chem.-techn. Verfahren, bei dem der Wärmeübergang im Reaktionsgut bzw. die chem. Umsetzung durch ständige Durchmischung der feinverteilten Feststoffe stattfindet. Das W. wird z. B. beim Rösten sulfid. Erze, bei der Schwelung von Braunkohle und beim katalyt. Kracken von Erdölprodukten angewendet. Die Anwendung bei kohlebefeuerten Kraftwerken ist bes. umweltfreundlich, da bis zu 95 % des anfallenden Schwefeldioxids in der Brennkammer chemisch gebunden werden.

Wirbelsinterverfahren, Verfahren zur Erzeugung gesinterter Kunststoffüberzüge auf Metallen. Die hocherhitzten Werkstücke (200–400 °C) werden in das durch Druckluft oder -gas aufgewirbelte Thermoplastpulver eingetaucht, wobei allseitig eine Schicht aufsintert.

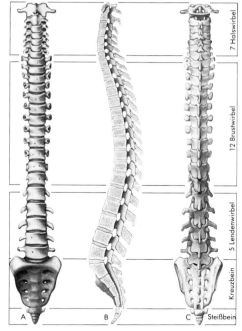

Wirbelsäule: A Vorder-, B Seiten- und C Rückenansicht

Wirbelströme, wirbelförmig verlaufende elektrische Ströme im Innern eines elektr. Leiters, wenn er durch ein Magnetfeld bewegt wird oder sich in einem magnet. Wechselfeld befindet. Die durch Induktion hervorgerufenen W. verursachen z. T. beträchtl. Energieverluste; um sie klein zu halten, werden z. B. die Anker und Ständer elektr. Maschinen und die Kerne von Transformatoren aus einzelnen Blechen aufgebaut (lamelliert), die gegenseitig elektrisch isoliert sind. In einem Magnetfeld bewegte Metallteile werden gemäß dem Lenzschen Gesetz abgebremst (Nutzung bei der sog. *Wirbelstrombremse*).

Wirbelstürme, heftige, orkanartige Luftwirbel; am gefährlichsten sind die *trop. W.* mit Windgeschwindigkeiten bis über 200 km/h; diese entstehen nur über warmen Meeresgebieten. In verschiedenen Bereichen der Tropenzone führen sie unterschiedl. Namen: *Hurrikan* im Bereich des Karib. Meeres, der Westind. Inseln und des Golfs von Mexiko; *Taifun* in den Gewässern Chinas und Japans; *Baguios* bei den Philippinen; *Zyklon* im Golf von Bengalen; *Willy-Willy* in Australien.

Wirbeltiere (Vertebraten, Vertebrata), Unterstamm der ↑ Chordatiere mit bilateral-symmetr., in Kopf, Rumpf und Schwanz gegliedertem Körper und meist verknöchertem Innenskelett mit charakterist. ↑ Wirbelsäule, die die embryonal stets vorhandene Chorda dorsalis ersetzt, sowie mit knorpeligem oder knöchernem Schädel. Die W. besitzen zwei Paar Gliedmaßen (Ausnahme: Rundmäuler), die bei wasserlebenden W. meist als Flossen entwickelt, bei Landbewohnern sehr verschiedenartig ausgebildet sind. Das Gehirn ist deutlich vom übrigen Nervensystem abgegliedert und wie die Sinnesorgane hoch entwickelt. Die Epidermis ist mehrschichtig. Das Blut enthält stets rote Blutkörperchen. W. sind fast immer getrenntgeschlechtig. Je nach Fehlen oder Vorhandensein von Embryonalhüllen werden Anamnier (*niedere W.*; mit Fischen und Lurchen) und Amnioten (*höhere W.*; mit Reptilien, Vögeln und Säugetieren) unterschieden.

Wirken ↑ Maschenwaren.

Wirkfaktor, svw. Leistungsfaktor (↑ Leistung).

Wirkleistung ↑ Leistung.

Wirklichkeit, 1. allg. svw. ↑ Realität; 2. philosophisch die Realität im Unterschied zur Möglichkeit und zum

Wirbelsäule. Verschiedene Ansichten auf den 6. Brustwirbel: A Seitenansicht von links, B Ansicht von oben, C Ansicht von vorn, D Ansicht von hinten; 1 Wirbelkörper, 1 a obere Gelenkfläche für das Rippenköpfchen, 1 b untere Gelenkfläche für das Rippenköpfchen, 2 Wirbelbogen, 3 Dornfortsatz, 4 Querfortsatz, 4 a Gelenkfläche für die Verbindung mit dem Rippenhöcker, 5 oberer Gelenkfortsatz mit Gelenkfläche, 6 unterer Gelenkfortsatz, 7 Wirbelloch; E Brustwirbel, 11 und 12 im medianen Längsschnitt mit Lendenwirbel 1, a Wirbelkörper, b Zwischenwirbel- oder Bandscheibe, c Zwischenwirbelloch, d Dornfortsatz; F die beiden oberen Halswirbel Atlas und Axis mit e Wirbelbogen, f Querfortsatz, g Gelenkflächen des Atlas für das Hinterhauptsbein, h Zahn des Axis um den sich der Atlas dreht, i Halteband des Atlas für den Zahn des Axis

Schein; bei Kant zählt die W. als Kategorie der Modalität zu den „Postulaten des empir. Denkens". – In der neueren Sprachkritik wird von „W." gesprochen in bezug auf Sätze, die begründete Situationsverständnisse darstellen: Ein Sachverhalt besteht oder ist wirklich genau dann, wenn die ihn darstellende Aussage wahr ist.

Wirkmal ↑Funktionskreise.

Wirkstoffe, Sammelname für biologisch aktive Verbindungen, z. B. Vitamine, Enzyme oder Hormone, ohne Differenzierung der Art ihrer Wirkung und Verwendung.

Wirkung, Geschehen und Handeln bzw. deren Ergebnis, das in einem Kausalzusammenhang mit einem anderen (vorausgehenden) Geschehen oder Ereignis bzw. Sachverhalt steht. – ↑Kausalität.

▷ in der *Physik:* Produkt aus Energie und Zeit bzw. aus Impuls und Weg; SI-Einheit J · s. – ↑Prinzip der kleinsten Wirkung.

Wirkungsforschung, in der Publizistik- und Kommunikationswiss. die empir. Untersuchung der Folgen medienvermittelter Prozesse im ideellen und materiellen Verhalten, im Wissen und Meinen. Die urspr. Annahme einer „Allmacht" der ↑Massenmedien wurde durch Erklärungsansätze abgelöst, die zum einen ein komplementäres Zusammenwirken von interpersonalen und mediengebundenen Kommunikationsprozessen (Zweistufenweg-Hypothese), zum anderen den Verstärkereffekt (↑Verstärkerhypothese) betonen. – ↑Fernsehen (Wirkungen).

Wirkungsgesetz der Wachstumsfaktoren (Mitscherlich-Gesetz), von E. A. Mitscherlich entwickeltes Gesetz, wonach jeder einzelne Wachstumsfaktor die Güte und Menge des Pflanzenertrags steigern kann. Der Mehrertrag nimmt mit zunehmender Annäherung an den Höchstertrag (im logarithm. Verlauf) ab.

Wirkungsgrad (Nutzeffekt), bei energieumwandelnden Prozessen oder Maschinen das Verhältnis von nutzbar abgegebener Energie bzw. Leistung zur aufgewandten. Der W. ist stets kleiner als 1 (bzw. als 100 %).

Wirkungslinie, svw. ↑Angriffslinie.

Wirkungsquantum, svw. ↑Plancksches Wirkungsquantum.

Wirkungsquerschnitt, für die Wechselwirkung eines einheitl. Teilchenstrahls (Primärstrahl), z. B. von Photonen oder Elektronen, mit einer bestimmten Materialsorte, z. B. Nukleonen eines Atomkerns, charakteristischer Quotient σ = (Anzahl einzelner Wechselwirkungsakte je Zeiteinheit)/(Anzahl der je Zeit- und Flächeneinheit senkrecht auf diese einfallenden Primärteilchen). Der W. wird in Barn (b) angegeben, 1 b = 10^{-28} m². Man unterscheidet z. B. *Absorptions-, Reaktions-* und *Streuquerschnitte.*

Wirkursache, svw. Causa efficiens (↑Causa).

Wirnt von Grafenberg, mittelhochdt. Epiker des 13. Jh. – Schrieb (vermutlich zw. 1204 und 1209) den Artusroman „Wigalois oder der Ritter mit dem Rade" (großer literar. Einfluß im späten MA).

Wirsing [lombard., zu lat. *viridia* „grüne Gewächse"] (W.kohl, Savoyerkohl, Pörschkohl), Kulturvarietät des Gemüsekohls mit gekrausten, sich zu einem lockeren Kopf zusammenschließenden Blättern; Kochgemüse.

Wirt, in der Biologie ein Lebewesen, das einem bestimmten Parasiten als Lebensstätte dient und ihn ernährt. – ↑Wirtswechsel.

Wirtel (Quirl), in der *Botanik* die Gesamtheit (mindestens zwei) der an einem Knoten der Sproßachse stehenden Laub- oder Blütenblätter.

Wirth, Joseph, *Freiburg im Breisgau 6. Sept. 1879, †ebd. 3. Jan. 1956, dt. Politiker (Zentrum). – Gymnasiallehrer; 1913 MdL in Baden und 1914 MdR; nach der Novemberrevolution 1918 bad. Finanzmin.; Mgl. der Nat.versammlung und MdR (bis 1933); 1920/21 Reichsfinanzmin., 1921/22 Reichskanzler; schloß den Rapallovertrag ab und setzte nach der Ermordung Rathenaus das Republikschutzgesetz durch; 1929/30 Reichsmin. für die besetzten Gebiete; 1930/31 Reichsinnenmin.; ab 1933 im schweizer. Exil. W. gründete 1948 die Partei „Union der Mitte", 1953 den Bund der Deutschen; lehnte die wirtsch. und militär.

Westintegration der BR Deutschland ab und trat für eine Neutralisierung Deutschlands ein.

Wirtschaft, Gesamtheit aller Einrichtungen und Tätigkeiten zur Befriedigung menschl. Bedürfnisse an Gütern und Dienstleistungen. Die Gesamtheit der laufenden Produktions- und Konsumvorgänge wird als *W.prozeß* bezeichnet, der Mensch als Gestalter der W. als *W.subjekt.* Die W. erhält ihr historisch einmaliges Gepräge durch sog. wirtsch. Rahmenbedingungen (↑Wirtschaftsordnung). Die moderne W., eine arbeitsteilige Tausch-W., hat sich über den engen nat. Rahmen hinaus zur Welt-W. entwickelt. Grundlegende W.systeme sind die ↑Marktwirtschaft und die ↑Planwirtschaft. Die wiss. Analyse der W. ist das Objekt der ↑Wirtschaftswissenschaften.

wirtschaftliche Güter ↑Gut.

Wirtschaftlichkeitsprinzip ↑ökonomisches Prinzip.

Wirtschaftsakademien ↑Verwaltungs- und Wirtschaftsakademien.

Wirtschaftsausschuß, in Unternehmen mit mehr als 100 Beschäftigen – außer in ↑Tendenzbetrieben – zu bildendes Gremium, das wirtsch. Angelegenheiten mit dem Unternehmer zu beraten und den Betriebsrat zu unterrichten hat. Zu den wirtsch. Angelegenheiten gehören u. a. Veränderungen der Produktionsbedingungen (Rationalisierungsvorhaben, Einführung neuer Arbeitsmethoden), die Einschränkung oder Stillegung von Betrieben oder Betriebsteilen, die wirtsch. und finanzielle Lage des Unternehmens. Die Mgl. des W. (zw. 3 und 7) werden vom Betriebsrat bestimmt.

Wirtschaftsbevölkerung, in der amtl. Statistik rechner. Größe zur Schätzung der insgesamt aus dem Erwerbsleben einer Gemeinde ihren Lebensunterhalt Beziehenden, einschl. der Pendler.

Wirtschaftsdemokratie, die demokrat. Reorganisation der Wirtschaft, in den 1920er Jahren polit. Forderung der freien ↑Gewerkschaften.

wirtschaftsfriedliche Gewerkschaften (wirtschaftsfriedl. Werkvereine, gelbe Gewerkschaften) ↑Gewerkschaften.

Wirtschaftsgebiet, Geltungsbereich des ↑Außenwirtschaftsgesetzes einschl. der Zollanschlüsse (ausländ. Ho-

Wirsing

Wirnt von Grafenberg. Seite aus „Wigalois oder der Ritter mit dem Rade", Papierhandschrift aus dem 15. Jh. (Donaueschingen, Fürstlich Fürstenbergische Hofbibliothek)

Wirtschaftsgeld

heitsgebiet, das aus geograph. oder verkehrstechn. Gründen dem inländ. Zollgebiet angeschlossen ist). Alle Gebiete außerhalb des W. gelten als *fremde W.*; die Zollausschlüsse an der dt.-schweizer. Grenze (Enklave Busingen) zählen als Teil fremder Wirtschaftsgebiete.

Wirtschaftsgeld ↑ Haushaltsgeld.

Wirtschaftsgemeinschaft Westafrikanischer Staaten (engl. Economic Community of West African States, Abk. ECOWAS), gegr. 1975; 16 Mgl. (1991); Sitz Lagos (Nigeria). Ziele: Schaffung eines gemeinsamen Marktes, einheitl. Wirtschaftspolitik, freier Verkehr innerhalb der Gemeinschaft, Errichtung gemeinsamer Objekte.

Wirtschaftsgeographie ↑ Geographie.

Wirtschaftsgeschichte, Zweig der Geschichtswiss., umfaßt die wiss. Sammlung, Beschreibung und Analyse von Informationen über Einrichtungen, Verhaltensweisen und Sachverhalte, die seit Beginn der Menschheit zur Deckung des materiellen menschl. Bedarfs gedient haben.

Wirtschaftsgüter, im *Steuerrecht* selbständig bewertbarer Teil des Betriebsvermögens, z. B. Maschinen und Werkzeuge, Rechte oder andere wirtsch. Werte. Die Anschaffungs- oder Herstellungskosten von abnutzbaren bewegl. W., die für das einzelne Wirtschaftsgut 800 DM nicht übersteigen *(geringwertige bzw. kurzlebige W.)*, können im Jahr der Anschaffung oder Herstellung in voller Höhe als Betriebsausgaben abgesetzt werden.

Wirtschaftsgymnasium, 1958 durch den „Schulversuch W." entwickelte Schulform, die aus den Wirtschaftsoberschulen hervorgegangen ist. I. d. R. entsprechen die W. heute berufsbezogenen Gymnasien in Aufbauform – Klasse 11 bis 13 –, in denen je nach Bundesland die allg. oder fachgebundene Hochschulreife erworben wird. Der Lehrplan enthält neben den regulären Fächern Volks- und Betriebswirtschaftslehre, Recht und Rechnungswesen.

Wirtschaftshochschule, nach dem 1. Weltkrieg entstandene Form der wiss. Hochschule mit Promotionsrecht zur Ausbildung des Nachwuchses in kaufmänn. Berufen; in der BR Deutschland seit Ende der 60er Jahre in die bestehenden wiss. Hochschulen integriert. In *Österreich* wurde die Hochschule für Welthandel in Wien (gegr. 1898) in eine Wirtschaftsuniv. umgewandelt; in der *Schweiz* besteht gegenwärtig noch die Hochschule für Wirtschafts- und Sozialwiss. in Sankt Gallen (gegr. 1898).

Wirtschaftsjahr, Zeitraum der abschließenden buchmäßigen Feststellung der Ergebnisse eines Betriebes. Steuerrechtlich entspricht das W. dem ↑ Geschäftsjahr.

Wirtschaftskrieg, schärfste Form wirtschaftspolit. Kampfes zw. Ländern mit dem Ziel, wirtsch., polit. oder militär. Vorteile zu erringen. Eine wichtige Form des W. ist der **Handelskrieg**, durch den der Außenhandel des Gegners beeinträchtigt oder unterbunden werden soll. Im Frieden beschränkt sich W. im wesentlichen auf Zollkrieg, Boykott, Sequestration, Embargo (u. U. auch Blockade), Dumping, kredit- und währungspolit. Maßnahmen. Im Krieg treten weitere Mittel des Handelskrieges hinzu, wobei der Blockade und der Unterbindung der Zufuhr von Rohstoffen, Lebensmitteln und Ind.gütern auf dem See-, Land- oder Luftweg bes. Bed. zukommt. Weitere Bestandteile des W. sind Wirtschaftsspionage und -sabotage. Histor. Beispiele für W. sind die Kontinentalsperre Napoleons I. sowie die über das Dt. Reich im 1. Weltkrieg und über den Waffenstillstand 1918 hinaus verhängte Blockade gegen die Rohstoffversorgung aus Übersee (Zufuhrkrieg).

Wirtschaftskriminalität, Straftaten, die durch Verstoß gegen Gesetze zur Regelung des Wirtschaftslebens begangen werden (z. B. Steuerhinterziehung, Konkursdelikte, Kredit- und Versicherungsbetrügereien, Subventionsbetrug, Computerkriminalität). W. wird häufig in Zusammenhang mit der berufl. Tätigkeit unter Ausnutzung einer berufl. Stellung verübt. Sie ist schwer aufzudecken. Um die Voraussetzungen für eine effektive Strafverfolgung zu schaffen, wurde 1976 das 1. und 1986 das 2. Gesetz zur Bekämpfung der W. in das StGB eingefügt. Schwerpunkt des 1. Gesetzes sind die Neuordnung des Konkursstrafrechts (§§ 283 ff. StGB), eine gegenüber dem Betrugstatbestand eigenständige Regelung des Subventions- (§ 264) und Kreditbetrugs (§ 265 b) sowie eine Zusammenfassung der Vorschriften gegen Wucher (§ 302 a). Das 2. Gesetz befaßt sich u. a. mit der ↑ Computerkriminalität, dem Mißbrauch von Scheck- und Kreditkarten (§ 266 b), dem Ausspähen von Daten (§ 202 a), der ↑ Untreue und dem Kapitalanlagebetrug (§ 264 a). Durch die Einrichtung von Schwerpunktstaatsanwaltschaften zur Bekämpfung der W. und die Bildung von Wirtschaftsstrafkammern konnte die Strafverfolgung intensiviert werden. – ↑ Wirtschaftsstrafrecht.

Wirtschaftskrise, ernste Störung des Wirtschaftsprozesses, z. B. infolge von Mißverhältnissen zw. Konsumgüterproduktion und Nachfrage oder gesunkener Konkurrenzfähigkeit auf dem Weltmarkt. Merkmale einer W. sind Produktionsrückgänge, Unternehmenszusammenbrüche, Massenarbeitslosigkeit u. a. Nach der Konjunkturtheorie (↑ Konjunktur) markieren W. die Wendepunkte der period. Konjunkturzyklen. W. können auf einzelne Wirtschaftsbereiche beschränkt bleiben, eine nat. Wirtschaft erfassen in Form von Agrar-, Struktur-, Wachstums- und Währungskrisen, Teile der Weltwirtschaft erfassen oder als ↑ Weltwirtschaftskrise auftreten.

Wirtschaftslehre, Schulfach an allg.bildenden und berufl. Schulen, das Grundlagen über ökonom. Strukturen, Begriffe und Prozesse sowie über Wirtschaftsgeschichte vermittelt.

Wirtschaftsordnung, Gesamtheit der Rahmenbedingungen, innerhalb derer der Wirtschaftsprozeß abläuft, insbes. die Art des Zusammenwirkens der einzelnen ↑ Wirtschaftssubjekte. Die entsprechenden das Wirtschaftsleben regelnden rechtl. Normen bilden die Wirtschaftsverfassung. Unterschieden werden die W. v. a. nach der Art und Weise, wie die in einer arbeitsteiligen Wirtschaft notwendige Aufgabe, die Einzelpläne in Übereinstimmung zu bringen, gelöst wird. Dabei bestehen als idealtyp. Modellfälle die *freie Marktwirtschaft* (↑ Marktwirtschaft) und die *Zentralverwaltungswirtschaft* (↑ Planwirtschaft), die in der Praxis in verschiedenen Misch- und Übergangsformen existieren. – ↑ soziale Marktwirtschaft.

Wirtschaftspädagogik ↑ Pädagogik.

Wirtschaftspartei ↑ Reichspartei des deutschen Mittelstandes.

Wirtschaftsplan, 1. von Wirtschaftseinheiten (Haushalte, Unternehmen, Körperschaften) oder zentralen Planungsbehörden für einen bestimmten Zeitraum aufgestellter Plan, der Mittel und Maßnahmen zur Erreichung von Sollgrößen bestimmt; 2. Haushaltsplan der ↑ Eigenbetriebe.

Wirtschaftspolitik, Maßnahmen staatl. Instanzen, die darauf gerichtet sind, die Wirtschaftsordnung zu gestalten und zu sichern *(Ordnungspolitik)* sowie Einfluß auf die Struktur *(Strukturpolitik)* und den Ablauf *(Prozeßpolitik)* des Wirtschaftsprozesses zu nehmen. Das Zielsystem der W. in Deutschland wird durch das Stabilitätsgesetz mit dem ↑ magischen Viereck gegeben. Soweit die W. auf die Beeinflussung der Konjunktur (↑ Konjunkturpolitik) gerichtet ist, sind die wichtigsten Mittel die Gestaltung des Staatshaushalts (↑ Haushaltspolitik) und – durch die Dt. Bundesbank – die Beeinflussung der Geldmenge (↑ Geldpolitik). **Geschichte:** Im Rahmen des ↑ Merkantilismus war die W. v. a. auf die Erreichung der Autarkie gerichtet. Dazu gehörten neben der Zollpolitik direkte staatl. Eingriffe zur Förderung der wirtsch. Entwicklung. Mit der Industrialisierung setzte sich in der W. das Prinzip des Liberalismus durch, wonach der Staat lediglich gehalten war, Rahmenbedingungen für das freie Wirtschaften auf der Grundlage des Privateigentums zu sichern. Doch griff auch in dieser Phase, insbes. ab 1870, der Staat häufig ein, um die einheim. Wirtschaft zu fördern und vor ausländ. Konkurrenz, insbes. durch Schutzzölle, zu sichern. Nachdem die Weltwirtschaftskrisen in den 1920er Jahren die Notwendigkeit zielgerichteter und wiss. begründeter staatl. W. deutlich gemacht hatten, begannen massive staatl. Eingriffe, z. B. in den USA durch den New Deal. Grundlegende wirtschaftspolit. Konzepte wurden im ↑ Keynesianismus und im Neomonetarismus (↑ Monetarismus) entwickelt.

Wirtschaftsprüfer (Abschlußprüfer, Bilanzprüfer), öff. bestellte und vereidigte Person mit abgeschlossenem wirtschaftswiss. oder jurist. Hochschulstudium und Berufserfahrung, die betriebswirtsch. Prüfungen von Unternehmen durchführt.

Wirtschaftsprüfung, Durchführung von Jahresabschlußprüfungen (Bilanz, Gewinn-und-Verlust-Rechnung, Geschäftsbericht) sowie von Sonderprüfungen (z. B. Gründungs-, Depot-, Unterschlagungs-, Wirtschaftlichkeits-, Kreditwürdigkeitsprüfung) durch *Wirtschaftsprüfer* bzw. *Wirtschaftsprüfungsgesellschaften.* Die Prüfung des Jahresabschlusses bezieht sich auf die Beurteilung der Ordnungsmäßigkeit der Buchführung, die zutreffende Gliederung von Bilanz und Gewinn-und-Verlust-Rechnung sowie die richtige Bewertung der Bilanzposten. Auch die Erläuterungen des Jahresabschlusses im Geschäftsbericht sind zu prüfen. Das Prüfungsergebnis wird in einem Bestätigungsvermerk *(Testat)* zusammengefaßt.

Wirtschaftsrechnung, repräsentative statist. Erhebung über die Einnahmen- und Ausgabenstruktur von privaten Haushalten verschiedener Einkommensklassen. Sie beruhen auf der freiwilligen Mitarbeit von Haushaltungen. Aus der W. wird der Preisindex für die Lebenshaltung ermittelt.

Wirtschaftsrecht, Gesamtheit der Rechtsvorschriften, mit denen die Rechtsbeziehungen der am Wirtschaftsleben beteiligten Organisationen und Personen geregelt werden. Während im liberalen Staat das Prinzip der Vertragsfreiheit bestimmend war, greift der heutige soziale Rechtsstaat in vielfältiger Weise ordnend und lenkend in das Wirtschaftsleben ein. Zum W. im klass. Sinne gehören BGB, Handels- und Gesellschaftsrecht, Wertpapierrecht, Börsen- und Versicherungsrecht sowie das gewerbl. Rechtsschutz. Des weiteren zählen hierzu das Währungs-, Geld- und Münzwesen, das Steuerrecht, das Kartellrecht, das Kammerrecht, insbes. der Industrie- und Handelskammern sowie der Handwerkskammern, und das Recht der Wirtschaftsaufsicht. Zur sozialen Marktwirtschaft gehören insbes. das Individual- und Kollektivarbeitsrecht (z. B. KündigungsschutzG, BetriebsverfassungsG, Mitbestimmungsrecht, Tarifrecht) sowie Regelungen zur Wirtschaftsförderung, z. B. Subventionierungen und Konjunkturprogramme. Wesentl. Bestandteil des W. ist das Haushaltsrecht des Bundes und der Länder. Das nat. W. wird vom Recht der EG überlagert.

Wirtschaftssicherstellungsgesetz ↑Sicherstellungsgesetze.

Wirtschaftsspionage, Ausforschen und Verrat von fremden Geschäfts- und Betriebsgeheimnissen. Soweit die W. nicht nach dem StGB (z. B. als Diebstahl oder Unterschlagung) strafbar ist, kann der Verrat von Geschäftsgeheimnissen durch Betriebsangehörige, u. U. auch durch Betriebsfremde, auf Antrag nach dem Gesetz gegen den unlauteren Wettbewerb bestraft werden.

Wirtschaftsstrafrecht, Gesamtheit der Rechtsvorschriften, die zum Schutz eines geordneten Wirtschaftslebens und zur Sicherung der am Wirtschaftsprozeß Beteiligten bestimmte Verhaltensweisen verbieten und mit Strafe oder Geldbuße bedrohen. Zum W. gehören Vorschriften des StGB (↑Wirtschaftskriminalität), das WirtschaftsstrafG i. d. F. vom 3. 6. 1975 (enthält Strafnormen für Verstöße gegen die ↑Sicherstellungsgesetze und einzelne Ordnungswidrigkeitentatbestände für Verstöße z. B. gegen die Preisregelung) sowie Straf- und Ordnungswidrigkeitentatbestände in zahlr. Einzelgesetzen auf dem Gebiet des Wirtschafts- und Wirtschaftsverwaltungsrechts (z. B. im AktienG, GmbH-Gesetz, Gesetz gegen den unlauteren Wettbewerb und in der Gewerbeordnung).

Wirtschaftsstufen, nach bestimmten (umstrittenen) Kriterien voneinander abgrenzbare Entwicklungsstadien in der Wirtschaftsgeschichte. Entwickelt wurde die Theorie der W. v. a. von der ↑historischen Schule [der Nationalökonomie], insbes. von F. List. Den Stufentheorien liegt die Auffassung zugrunde, daß die W. jeweils organisch auseinander hervorgehen. Unter den neueren Stufentheorien erlangte v. a. die von W. W. Rostow Bed., der fünf W. unterschied: eine traditionale Gesellschaft, ein Übergangsstadium, ein Startstadium, ein Reifestadium und schließlich die Massenkonsumgesellschaft.

Wirtschaftssubjekt, allg. jeder Teilnehmer am Wirtschaftsleben (Privatmann, jurist. Person, öff.-rechtl. Körperschaft, Staat); i. e. S. der Wirtschaftstheorie der Mensch als Gestalter und Träger des Wirtschaftsprozesses.

Wirtschaftssystem, nach W. Sombart durch die Wirtschaftsgesinnung (z. B. wirtsch. Prinzip), die Wirtschaftsordnung (z. B. Wettbewerbswirtschaft) und die Produktionstechnologie (z. B. Automatisierung) geprägte Wirtschaftsweise einer Gesellschaft.

Wirtschaftstheorie (Volkswirtschaftstheorie), Kerngebiet der Volkswirtschaftslehre, dessen Objekt die wiss. Beschreibung und Erklärung der Einzel- und insbes. der gesamtwirtsch. Prozesse ist.

Wirtschafts- und Sozialrat, Organ der UN, ↑Economic and Social Council.

Wirtschafts- und Sozialwissenschaftliches Institut des Deutschen Gewerkschaftsbundes GmbH, Abk. WSI, gegr. 1946 als ,,Wirtschaftswiss. Inst. der Gewerkschaften GmbH'' (WWI), heutiger Name seit 1972, Sitz Düsseldorf. Aufgaben des WSI sind Forschungen im Bereich der Wirtschafts- und Sozialwiss., der Futurologie und des Umweltschutzes, Beteiligung an in- und ausländ. Forschungsvorhaben, Förderung des wiss. Nachwuchses, Erstattung von Gutachten, Hg. von Publikationen.

Wirtschaftsverbände, Zusammenschlüsse von Unternehmern bzw. Unternehmen einzelner Wirtschaftszweige zur Wahrnehmung gemeinsamer wirtsch. Interessen, insbes. gegenüber der Öffentlichkeit und staatl. Stellen.

Wirtschaftswissenschaften, Wiss.disziplin, die sich mit Wesen, Ordnung, Aufbau, Ablauf und Ziel der Wirtschaft beschäftigt. Traditionell werden die W. je nach Untersuchungsgegenstand in die Hauptgebiete Betriebs- und Volkswirtschaftslehre einschl. Finanzwiss. unterteilt. – Neben der Mathematik sind für die W. v. a. von Bed.: Rechtswiss., Soziologie, polit. Wiss. sowie Statistik, Wirtschaftsgeschichte und -geographie, Arbeitsphysiologie und -psychologie.

Wirtschaftswunder, Schlagwort v. a. für die rasche wirtsch. Entwicklung in der BR Deutschland nach der ↑Währungsreform (1948).

Wirtschaftszeitschrift, Wirtschaftszeitung ↑Wirtschaftspublizistik.

Wirtshausschilder, Form der Aushängeschilder an Gasthäusern, meist an einem schmiedeisernen Arm hängende Zeichen und Embleme. Schon für die röm. Antike bezeugt, während im MA ein Ausschank nur durch Zeichen wie den grünen Kranz, Kannen, Maibüsche vor der Tür angezeigt wurden. Im 13. Jh. kam das städt. Beherbergungswesen auf; die W. bildeten vom 15. Jh. bis weit in das 19. Jh. hinein einen bed. Zweig der Volkskunst. Die Motive gehen auf Wappen, Zunftzeichen, Schutzpatrone u. a. zurück.

Wirtswechsel, in der Biologie der bei vielen Parasiten regelmäßig mit Erreichen eines bestimmten Entwicklungsstadiums erfolgende Übergang von einem Wirtsorganismus *(Wirt)* auf einen anderen. Beim letzten Wirt *(Endwirt)* erreicht der Parasit seine Geschlechtsreife; alle vorausgehenden Wirte heißen *Zwischenwirte.*

Wischnẹwskaja, Galina Pawlowna, *Leningrad (= St. Petersburg) 25. Okt. 1926, russ. Sängerin (Sopran). – Kam 1952 ans Moskauer Bolschoi-Theater, gastierte als Opern- und Konzertsängerin auch in den internat. Musikzentren, v. a. in Rollen des russ. und italien. Fachs. 1974 verließ sie mit ihrem Mann, M. L. ↑Rostropowitsch, die Sowjetunion (1978 ausgebürgert, 1990 Staatsbürgerschaft wieder zuerkannt).

Wischnẹwski, Hans-Jürgen, *Allenstein 24. Juli 1922, dt. Politiker (SPD). – Metallarbeiter; 1957–90 MdB; 1966–68 Min. für wirtsch. Zusammenarbeit; 1968–71 Bundesgeschäftsführer der SPD; 1974–76 Staatsmin. im Auswärtigen Amt, 1976–80 und 1982 im Bundeskanzleramt, 1979–82 stellv. Parteivors., 1980–83 stellv. Fraktionsvors.; 1984/85 SPD-Schatzmeister.

Hans-Jürgen Wischnewski

Wischnu

Wischnu (Vischnu), Gott des Hinduismus (auch Hari genannt). W. entwickelte sich im klass. Hinduismus neben Brahma und Schiwa zu einem der höchsten Götter. W., der in zehn Inkarnationen (↑Awatara) auf der Erde erscheint (u. a. als Krischna), um die Welt von Dämonen zu befreien und den ↑Dharma zu schützen, ist im Ggs. zu Schiwa ein gütiger Gott. Er wird dargestellt mit den Attributen Keule, Wurfscheibe (Rad), Muschel und Lotos in seinen vier Händen.

Wischnuismus (Vischnuismus), Hauptrichtung des Hinduismus, verehrt Wischnu als höchsten Gott. Seit dem ausgehenden 1. Jt. v. Chr. wurden lokale Götter und Heroen integriert, die Lehre von den ↑Awataras entwickelt und mit der Aufnahme der Bhagawata-Religion die Gottesliebe (↑Bhakti) als Heilsweg anerkannt. Zw. dem 11. und 15. Jh. bilden sich die vier klass. wischnuit. Schulen. Sie unterscheiden sich nach der Interpretation des Verhältnisses von Welt, Seele und Gott zueinander und gehen auf die Philosophen Ramanudscha (11. Jh.), Nimbarka (13. Jh.), Madhwa (13. Jh.) und Wallabha (15. Jh.) zurück.

Wisconsin [engl. wɪsˈkɔnsɪn], einer der Staaten des Mittleren Westens der USA, 145 436 km², 4,89 Mill. E (1990), Hauptstadt Madison.

Landesnatur: W. hat im nördl. Hügelland Anteil am Kanad. Schild, der S (zw. Michigansee und Mississippi) gehört zum Zentralen Tiefland. Abgesehen von einem Geb. im SW wurde das Landschaftsbild von der Eiszeit geprägt mit Endmoränenzügen und über 9 000 Seen. – Das vorherrschende Kontinentalklima wird durch die Großen Seen (im N Oberer See, im O Michigansee) gemildert. – Urspr. waren über 85 % des Geb. mit Wald bedeckt. Die Steppen im S und W werden heute landw. genutzt.

Bevölkerung, Wirtschaft, Verkehr: Rd. 95 % der Bev. sind europ., rd. 4 % afrikan. Herkunft; daneben leben indian. und asiat. Minderheiten in W.; neben staatl. und privaten Colleges 2 private Univ. und die University of W. System mit Hauptsitz in Madison. – W. gilt als der Milchwirtschaftsstaat der USA; angebaut werden Mais, Bohnen, Erbsen, Kartoffeln, Tabak, Hafer. Die Holzwirtschaft ist von großer Bed., da 43 % der Fläche bewaldet sind. Abgebaut werden Zink- und Kupfererze sowie Kalkstein, Kies und Sand. Die meisten Ind.betriebe liegen am Ufer des Michigansees. Schwerind. ist im Raum Milwaukee konzentriert; bed. Fremdenverkehr. – Das Eisenbahnnetz ist rd. 6 800 km lang, das Straßennetz rd. 176 130 km. Die Häfen sind für Hochseeschiffe über den Sankt-Lorenz-Seeweg zugänglich, auf dem Mississippi werden v. a. Kohle und Erdöl transportiert. W. verfügt über 95 öff. ✈.

Geschichte: Das 1634 vom Franzosen J. Nicolet erkundete Gebiet von W. kam Ende des 17. Jh. als Teil von Louisiane zu Frankreich, 1763 in brit. Besitz und 1783 als Teil der Northwest Territories in den Besitz der USA. Nach Beendigung der Kriege mit den Indianern ab Mitte der 1830er Jahre verstärkte Besiedlung (v. a. durch Deutsche und Skandinavier); 1836 als Territorium der USA anerkannt; 1848 als 30. Staat in die USA aufgenommen, stand im Sezessionskrieg auf der Seite der Union.

Wisconsin River [engl. wɪsˈkɔnsɪn ˈrɪvər], linker Nebenfluß des Mississippi, entspringt im nördl. Wisconsin, mündet nw. von Dubuque, 690 km lang.

Wise [engl. waɪz], Isaac Mayer, *Steingrub (Böhmen) 29. März 1819, †Cincinnati 26. März 1900, amerikan. Rabbiner. – Ab 1846 in den USA; Organisator des amerikan. Reformjudentums.

W., Stephen Samuel, *Budapest 17. März 1874, †New York 19. April 1949, amerikan. Rabbiner und Zionist. – Arbeitete an der Balfour-Deklaration mit. Mit N. Goldmann gründete er 1936 den ↑World Jewish Congress.

Wiseman, Nicholas Patrick [engl. ˈwaɪzmən], *Sevilla 2. Aug. 1802, †London 15. Febr. 1865, engl. kath. Theologe und Kardinal (seit 1850). – Erreichte 1850 die Wiederherstellung der kath. Hierarchie in England und wurde der erste Erzbischof von Westminster seit der Reformation.

Wisent (Bison bonasus), urspr. in Europa, Asien und N-Afrika v. a. in Wäldern weit verbreitete Rinderart; sehr groß und kräftig gebaut, Höchstgewicht 1 000 kg, Länge 3,1 bis 3,5 m, Schulterhöhe bis 2 m; Färbung dunkelbraun, Kopf und Vorderkörper lang wollig behaart, Hinterkörper kurzhaarig; relativ kurze, aufgebogene Hörner; Pflanzenfresser; zu Beginn des 20. Jh. fast ausgerottet, heute wieder über 1 000 z. T. in freier Wildbahn lebende Tiere.

Wista [poln. ˈvisu̯a], poln. Name der Weichsel.

Wislicenus, Johannes, *Kleineichstedt (bei Querfurt) 24. Juni 1835, †Leipzig 5. Dez. 1902, dt. Chemiker. – Prof. in Zürich, Würzburg und Leipzig; leistete Vorarbeiten zur Lehre vom asymmetr. Kohlenstoffatom und untersuchte v. a. die geometr. Isomerie chem. Verbindungen.

Wismar. Die sogenannte Wasserkunst, erbaut 1580–1602

Wismar Stadtwappen

Wismar, kreisfreie Stadt und Krst. am S-Ende der W.bucht, Meckl.-Vorp., 57 200 E. TH; Theater. Großwerft, Zulieferbetriebe für den Schiffbau; Hafen. – Erwähnt 1229 als Stadt mit lüb. Recht; 1257–1358 mecklenburg. Residenz; eine der mächtigsten Hansestädte (Wend. Hansequartier); kam 1648 als Reichslehen an die schwed. Krone (bis 1803; endgültiger Verzicht Schwedens 1903) und wurde zu einer starken Festung ausgebaut. – Stark zerstört im 2. Weltkrieg. Erhalten sind u. a. die spätgot. Nikolaikirche (14./15. Jh.), der Fürstenhof (16. Jh.) im Stil der italien. Frührenaissance, die sog. Wasserkunst (1580–1602), spätgot. Giebelhäuser sowie das klassizist. Rathaus (1817–19).

W., Landkr. in Mecklenburg-Vorpommern.

Wismut [„Wiesenmutung"; zu Wiesen, einem erzgebirg. Flurnamen, und Mutung, dem Anspruch auf bergmänn. Erzschürfung] (Bismut), chem. Symbol Bi, metall. Element aus der V. Hauptgruppe des Periodensystems, Ordnungszahl 83, relative Atommasse 208,9804, Dichte 9,747 g/cm³, Schmelzpunkt 271,3 °C, Siedepunkt 1 560 °C. Das rötl.-weiße Schwermetall tritt in seinen Verbindungen bevorzugt drei-, seltener fünfwertig auf; in nichtoxidierenden Säuren ist es unlöslich. W. kommt sowohl gediegen als auch in Form von Verbindungen vor; es wird v. a. aus den Abfallprodukten der Blei- und Kupfergewinnung sowie durch Rösten und anschließende Reduktion von W.erzen gewonnen. Die niedrigschmelzenden W.legierungen (Roses Metall und Woodsches Metall) werden für Schmelzsicherungen und Weichlote verwendet. W.verbindungen werden in der Medizin angewendet. – W. war schon im MA bekannt; seine Gewinnung wurde von G. Agricola beschrieben.

Wismut AG, Unternehmen für Uranerzbergbau mit Aufbereitungsanlagen in verschiedenen Teilen Ostdeutschlands. 1945 als *Sowjet. AG Wismut (SAG Wismut)* zur Ausbeutung der für die UdSSR wichtigen Uranvorkommen gegr., 1954 in die paritätisch zusammengesetzte *Sowjet.-Dt. AG Wismut (SDAG Wismut)* umgebildet, 1990 *W. AG,* seit 1991 *Wismut GmbH.* Auf Grund eines Abkommens zw. Deutschland und der Sowjetunion vom 16. Mai 1991 übertrug letztere ihren Aktienanteil (50 %) unentgeltlich in Bundesbesitz und wurde dafür der Sanierung der schwer umweltgeschädigten Region befreit.

Wismutglanz (Bismuthinit), zinnweißes rhomb. Mineral, strahlig-nadelig, auch säulig; Bi₂S₃; Mohshärte 2; Dichte 6,8–7,2 g/cm³.

Wissell, Rudolf, *Göttingen 8. März 1869, †Berlin (West) 13. Dez. 1962, dt. Politiker. – 1918 und ab 1920 MdR (SPD), nach der Novemberrevolution Mgl. des Rats der Volksbeauftragten, 1919 Mgl. der Nationalversammlung; Febr.–Juli 1919 Reichswirtschaftsmin.; 1919–23 Vorstandsmgl. des ADGB; 1928–30 Reichsarbeitsmin.; nach 1945 am Neuaufbau der Gewerkschaften beteiligt.

Wissen, 1. allg. verfügbare Orientierungen im Rahmen alltägl. Handlungs- und Sachzusammenhänge *(Alltags-W.)*; 2. im engeren, philosoph. und wiss. Sinne im Unterschied zu Meinung und (philosoph.) Glauben die auf Begründungen bezogene und strengen Überprüfungspostulaten unterliegende Kenntnis, institutionalisiert in den ↑Wissenschaften.

Wissenschaft, der Inbegriff des durch Forschung, Lehre und überlieferter Literatur gebildeten, geordneten und begründeten, für gesichert erachteten Wissens einer Zeit; auch die für seinen Erwerb typ. methodisch-systemat. Forschungs- und Erkenntnisarbeit sowie ihr organisatorisch-institutioneller Rahmen. W. wurde erstmals im W.verständnis der klass. griech. Philosophie von Sokrates bis Aristoteles im Sinne von rational begründetem Wissen begriffen. Bis ins 18. Jh. hinein wird kaum zw. Philosophie und W., z. B. Naturphilosophie und naturwiss. Physik, unterschieden. Seit dem 19. Jh. hat eine Auflösung des begründungsorientierten W.begriffs zugunsten method. Normen und der Beherrschung empir. Daten stattgefunden. Damit wird zugleich die traditionelle allg. Trennlinie zw. wiss. (philosoph.) und histor. Wissen hinfällig. Ihrem Inhalt nach werden die Natur-W. von den Geistes-W. unterschieden.

Wissenschaft des Judentums, um 1820 geprägte Bez. für die wiss. Erforschung der jüd. Religion sowie der Geschichte und Literatur der Juden. 1822/23 erschien die programmat.„Zeitschrift für die W. d. J.", deren Hauptanliegen die Erforschung der eigenen religiösen und kulturellen Vergangenheit war, um so zu einer neuen Selbstbestimmung zu gelangen und die jüd. Position in der Umwelt zu verdeutlichen; eigtl. Begründer: L. Zunz, weitere Hauptvertreter: S. J. L. Rapoport, A. Geiger und M. Steinschneider. Mit der Gründung der Hebr. Univ. Jerusalem 1925 wurde die W. d. J. erstmals wiss. Disziplin an einer Univ. und konnte ihre Forschungsgebiete weiter auffächern. Die W. d. J. wird heute in Deutschland als *Judaistik* an den Univ. in Berlin, Frankfurt am Main, Köln und Heidelberg gelehrt (auch in den meisten ev.-theolog. Fakultäten betrieben).

Wissenschaftliche Buchgesellschaft, gegr. 1949 in Tübingen als „Wiss. Buchgemeinschaft" (v. a. preiswerte Reprints); 1953 als W. B. nach Darmstadt verlegt; auch zahlr. Erstveröffentlichungen (für Mgl.).

wissenschaftlicher Rat, früher Hochschullehrer ohne eigenen Lehrstuhl; mit dem Hochschulrahmengesetz aufgehoben.

wissenschaftlicher Sozialismus ↑Marxismus, ↑Sozialismus.

wissenschaftlich-technischer Fortschritt ↑Fortschritt.

Wissenschaftsethik, die Sinn und Verantwortung von Wiss. untersuchende ↑Ethik.

Wissenschaftsfreiheit, die in Art. 5 Abs. 3 GG als Grundrecht gewährte Freiheit der Wiss., Forschung und Lehre. Die W. beinhaltet zum einen das Recht des einzelnen Wissenschaftlers auf wiss. Bestätigung, wiss. Erkenntnis und ihre Verbreitung bzw. lehrmäßige Vermittlung und zum anderen die institutionelle Garantie der wiss. Hochschule (Univ.) und ihrer akadem. Selbstverwaltung. An den Staat gerichtet enthält Art. 5 Abs. 3 GG den Verfassungsauftrag, Wiss. und Forschung zu pflegen; die Schranken der W. sind nicht festgelegt.

Wissenschaftsrat, (Dt. Wiss.rat) 1957 auf Grund eines Verwaltungsabkommens zw. Bund und Ländern in der BR Deutschland gegr. zentrales Beratungsgremium für die Förderung von Wiss. und Hochschulen; Sitz Köln. Hauptaufgaben des W. sind die Erarbeitung von Lösungsvorschlägen und Empfehlungen zur inhaltl. und strukturellen Förderung und Entwicklung von Hochschulen, Wiss. und Forschung und zum Hochschulbau.
▷ in der *Schweiz* 1965 gegr., seit 1968 im HochschulförderungsG verankertes beratendes Organ des Bundesrates für alle Fragen der nat. und internat. Wissenschaftspolitik.

Wissenschaftssoziologie, aus der Wissenssoziologie entstandene soziolog. Disziplin; untersucht die religiösen, kulturellen, polit. und sozialen Bedingungen für die Herausbildung der Wiss. einerseits und den Einfluß der wiss.-techn. Entwicklung auf die Gesellschaft andererseits (z. B. Lebens- und Arbeitsstil, Konsumverhalten).

Wissenschaftssprache, die Fachsprache einer Einzelwiss. oder der Wiss. insgesamt. Die W. soll frei sein von Mehrdeutigkeiten und Unbestimmtheiten in der Bed. ihrer Ausdrücke.

Wissenschaftstheorie, im ersten Drittel des 20. Jh. entstandenes, wichtigstes Teilgebiet der zeitgenöss. theoret. Philosophie; Gegenstand der W. sind alle Untersuchungen über Voraussetzungen, Methoden, Strukturen, Ziele und Auswirkungen von Wiss. Die Entwicklung der formalen Logik und der Sprachphilosophie sowie die im Rahmen klass. Denkgewohnheiten nicht erfaßbaren Vorstellungen der Quantentheorie und der Relativitätstheorie führten zur Entstehung der neueren W., die zunächst wesentlich bestimmt war durch den Neopositivismus bzw. log. Empirismus (↑analytische Philosophie). Dagegen begründete K. R. Popper die zweite Grundrichtung, den ↑kritischen Rationalismus, nach dem sich W. auf die Untersuchung der Bedingungen für eine Falsifikation der als Hypothesen aufgefaßten wiss. Theorien beschränken muß. Der begründungstheoret. Ansatz wird zum einen von der analyt. W., zum anderen in der von P. Lorenzen begründeten konstruktiven W. fortgeführt.

Wissenssoziologie, soziolog. Disziplin, die sich mit der Zuordnung von Sein und Bewußtsein, von gesellschaftl. Strukturen, materiellen Daseinsbedingungen und soziohistor. Prozessen einerseits und ihrer theoret. Reflexion, den Vorstellungen über soziale Zusammenhänge, den Denkstrukturen und Bewußtseinslagen andererseits beschäftigt; entstand aus dem Bestreben, jegl. schicht- und klassengebundenes gesellschaftl. Denken unter „Ideologieverdacht" zu stellen und demgegenüber das Ideal einer „freischwebenden Intelligenz" (K. Mannheim) zu errichten.

Wissensverarbeitung, Forschungsgebiet der künstl. Intelligenz bzw. Methode der Informatik, Kenntnisse so zu speichern und zu kombinieren, daß daraus neues Wissen gewonnen wird. Voraussetzung für W. ist, daß in dem Bereich, in dem neue Aussagen gemacht werden sollen, kausale Beziehungen existieren, über die Regeln in Form von Wenn-Dann-Aussagen abgeleitet werden können. W. wird z. B. bei ↑Expertensystemen angewendet.

Wissler, Clark [engl. 'wɪslə], *in der County Wayne (Ind.) 18. Sept. 1870, †New York 25. Aug. 1947, amerikan. Ethnologe. – Entwickelte eine Methode zur Bestimmung des relativen Alters einzelner Kulturzüge entsprechend ihrer Häufigkeit und geograph. Verteilung.

Wissmann, Hermann von (seit 1890), *Frankfurt/Oder 4. Sept. 1853, †Weißenbach (= Haus, Steiermark) 15. Juni 1905, dt. Afrikaforscher. – Duchquerte 1880–82 als erster Äquatorialafrika von N nach O und erforschte 1884/85 das Kongogebiet. Als Reichskommissar für Dt.-Ostafrika warf er 1888–90 den Aufstand arab. Sklavenhändler mit Hilfe der ersten dt. Schutztruppe nieder; 1895/96 Gouverneur in Dt.-Ostafrika.

W., Matthias, *Ludwigsburg 15. April 1949, dt. Politiker (CDU). – Jurist; 1973–83 Bundesvors. der Jungen Union, seit 1975 Mgl. des Bundesvorstands der CDU; seit 1976 MdB; Jan.–Mai 1993 Bundesmin. für Forschung und Technologie, seither Bundesverkehrsminister.

W., Wilhelm, *Berlin 27. Febr. 1899, †München 21. Dez. 1966, dt. Indogermanist. – Prof. in Freiburg, Königsberg, Berlin und München; Vertreter einer philologisch orientierten Sprachwiss.; bed. Arbeiten insbes. zum Germanischen; Mitarbeit an großen lexikograph. Unternehmungen.

Rudolf Wissell

Hermann von Wissmann

Matthias Wissmann

Wissowa, Georg, *Breslau 17. Juni 1859, †Halle/Saale 11. Mai 1931, dt. klass. Philologe. – Prof. in Marburg und Halle/Saale. Unter seiner Leitung begann die Neuausgabe von A. Paulys „Realencyclopädie der class. Alterthumswissenschaft"; wichtige Studien über die röm. Religion und die Topographie Roms.

Wisten, Fritz, *Wien 25. März 1890, †Berlin (Ost) 12. Dez. 1962, dt. Schauspieler und Regisseur östr. Herkunft. – 1920–33 in Stuttgart und 1933–41 am Theater des jüd. Kulturbundes in Berlin; danach Verfolgung und Haft. 1946–54 Leiter des Theaters am Schiffbauerdamm, 1954–62 der Volksbühne.

Wisteria [nach dem amerikan. Anatomen C. Wistar, *1761, †1818], svw. ↑Glyzine.

Witbank [Afrikaans 'vɔtbaŋk], Stadt im östl. Transvaal, Republik Südafrika, 1622 m ü. d. M., 37 000 E. Zentrum eines Kohlenbergbaugebiets; Schwerindustrie.

Witebsk [russ. 'vitɪpsk], Geb.hauptstadt an der Düna, Weißrußland, 350 000 E. Vier Hochschulen; Maschinen-, Elektrogerätebau, Textil-, Leder- und Schuhind.; Verkehrsknotenpunkt, ✈. – Erstmals im frühen 11.Jh. als wichtiger Handelsplatz im Ft. Polozk erwähnt; im 13.Jh. Hauptstadt dieses Ft.; kam 1320 unter litauische Herrschaft, im 16.Jh. an Polen abgetreten, im 2. Nord. Krieg zerstört; fiel nach 1772 an Rußland, wurde 1802 Hauptstadt des Gouvernements.

Witege ↑Wittich.

Witherit [nach dem brit. Mediziner W. Withering, *1741, †1799], meist farbloses bis weißes rhomb. Mineral, derb, nierig-traubig oder kugelig; $BaCO_3$; Mohshärte 3–3,5; Dichte 4,3 g/cm³, Bariumrohstoff, giftig.

Witim, rechter Nebenfluß der Lena, in Sibirien, 1837 km lang; Wasserkraftwerk; im Unterlauf auf 300 km schiffbar.

Witjastiefe [russ. 'vitizj], Name für 4 im Pazifik gelegene, nach dem sowjet. Forschungsschiff Witjas benannte Meerestiefen: W. I im Marianengraben, die größte bisher ausgelotete Meerestiefe mit 11 034 m; W. II, die tiefste Stelle des Tongagrabens, 10 882 m; W. III, die tiefste Stelle des Kermadecgrabens, 10 047 m; W. IV, die tiefste Stelle des Kurilen-Kamtschatka-Grabens, 10 542 m.

Hans Witten. Tulpenkanzel, um 1508–10 (Dom zu Freiberg)

Witkiewicz, Stanisław Ignacy [poln. vitˈkjɛvitʃ], Pseudonym Witkacy, *Krakau 24. Febr. 1885, †Jeziory bei Dąbrowica (= Dubrowiza, Ukraine) 18. Sept. 1939, poln. Schriftsteller und Maler. – Haupttheoretiker der avantgardist. Maler- und Dichtergruppe „Formiści". Beging nach dem Einmarsch der Deutschen Selbstmord. Schrieb etwa 30 Theaterstücke, die Vorläufer des absurden Theaters sind, theoret. Arbeiten und kulturpessimist.-utop. Romane, u. a. „Die Pragmatiker" (Dr., 1920), „Narr und Nonne" (Dr., 1925), „Abschied vom Herbst" (R., 1927).

Witkowski, Maximilian Felix Ernst, urspr. Name des dt. Schriftstellers Maximilian ↑Harden.

Witoscha, Gebirgsstock südl. von Sofia, Bulgarien, bis 2290 m hoch; am N-Fuß Thermen; z. T. Nationalpark.

Witt, Johan de, *Dordrecht 24. Sept. 1625, †Den Haag 20. Aug. 1672, niederl. Staatsmann. – Leitete als Ratspensionär von Holland (seit 1653) die Innen- und Außenpolitik der Vereinigten Niederlande; suchte als Gegner des Hauses Oranien und Führer der republikanisch-ständ. Partei die Statthalterwürde ganz abzuschaffen und führte die Seekriege gegen England (1652–54 und 1665 bis 1667); wurde nach dem Einfall frz. Truppen in Holland 1672 gestürzt (Ausrufung Wilhelms III. von Oranien zum Statthalter) und von einer Volksmenge erschlagen.

Witte, Emanuel de [ˈ--], *Alkmaar um 1617, †Amsterdam Anfang 1692, niederl. Maler. – Tätig in Alkmaar, Rotterdam, Delft und Amsterdam. Malte lichtdurchflutete got. Kircheninterieurs, meist Phantasieansichten.

W., Pieter de [ˈ--], fläm. Maler, ↑Candid, Peter.

W., Sergei Juljewitsch Graf (seit 1905) [russ. 'viti], *Tiflis 29. Juni 1849, †Petrograd 13. März 1915, russ. Politiker. – Wurde 1892 Verkehrs- und Finanzmin.; förderte durch Schutzzölle, Aufnahme ausländ. Anleihen, Einführung der Goldwährung (1897) und Eisenbahnbau (Transsibir. Eisenbahn) die Industrialisierung Rußlands. Als Vors. des Min.-komitees (1903–05) schloß er 1905 den Frieden von Portsmouth zur Beendigung des Russ.-Jap. Krieges und entwarf das Verfassungsmanifest Nikolaus' II.; 1905/06 Ministerpräsident.

Wittek, Erhart, dt. Schriftsteller, ↑Steuben, Fritz.

Wittekind ↑Widukind.

Wittelsbacher, bayr. Herrscherhaus (1180–1918), das sich 1115 erstmals nach der Burg Wittelsbach (nö. von Aichach) nannte. Um 1120 erhielt Otto IV. (†1156) die bayr. Pfalzgrafenwürde (1208 erloschen) 1180 wurde Otto I. Herzog von Bayern; sein Sohn, Hzg. Ludwig I., der Kelheimer, und sein Enkel, Hzg. Otto II. (†1253; ab 1214 Pfalzgraf bei Rhein), waren die eigtl. Begründer der wittelsbach. Landesherrschaft. 1255 1. Teilung in die Pfalz-Gft. und Oberbayern (Zentrum München) sowie in Niederbayern (Zentrum Landshut). Aus der oberbayr. Linie stammte Kaiser Ludwig IV., der Bayer (⚭ 1314/28–1347), unter dem 1329 die opfälz. Linie (mit der Oberpfalz, 1356 mit der anfänglich gemeinsamen Kurstimme) selbständig wurde. Nach kurzzeitiger Vereinigung (1340) gab es 1349 die 2. Teilung in die Linien Ober- und Niederbayern, 1392 die 3. Teilung in die Linien *Bayern-Ingolstadt* (erloschen 1447), *Bayern-Landshut* (erloschen 1503) und *Bayern-München,* der 1504/05 unter Albrecht IV., dem Weisen, die erneute Zusammenfassung und unter Maximilian I. der Erwerb der (vorher pfälz.) Kurwürde (1623, endgültig 1648; die Pfalz erhielt eine 8. Kur) und der Oberpfalz (1628) gelang. 1777 wurde sie von dem pfälz. Kurfürsten Karl Theodor (Linie Pfalz-Sulzbach) beerbt. Nach dessen Tod 1799 trat Maximilian IV. (Linie Pfalz-Zweibrücken-Birkenfeld; ab 1806 als Maximilian I. bayr. König) das Erbe an. Daneben gibt es seit 1799 die Nebenlinie der „Herzoge in Bayern". 1918 dankten die W. als bayr. Könige ab.

Witten, Hans, *Braunschweig (?) wohl zw. 1470/80, †Annaberg (?) nach 1522, dt. Bildhauer. – Bed. spätgot. Plastik, die Naturnähe im Figürlichen wie Dekorativen widerspiegelt. Hauptwerke: Tulpenkanzel im Dom von Freiberg (um 1508–10), Schöne Tür in der Annenkirche zu Annaberg-Buchholz (1512), Geißelsäule in der Schloßkirche in Chemnitz (um 1515).

Witten, Stadt im östl. Ruhrgebiet, NRW, 85 m ü. d. M., 104 700 E. Private Univ. W./Herdecke, Märk. Museum; eisenschaffende und -verarbeitende Ind., Maschinenbau, Glas-, chem., elektrotechn. Ind. – 1214 erstmals urkundlich erwähnt; im 18. Jh. einer der wichtigsten westfäl. Kornmärkte; seit 1825 Stadt.

Witten [niederdt. „Weißer"] (lat. albus), Weißpfennig des lüb. Münzsystems, geprägt seit etwa 1340 als erste Groschenmünze dieses Raumes = 4 Pfennige (daher auch „Veerling, Vierling"), 1379 vom Wend. Münzverein aufgegriffen, geprägt bis ins 16. Jahrhundert.

Wittenberg. Marktplatz, auf der linken Seite das 1522–40 erbaute Rathaus, davor die Denkmäler Luthers und Melanchthons, im Hintergrund die Stadtkirche Sankt Marien, um 1300

Wittenberg (amtl. Lutherstadt W.), Krst. an der Elbe, Sa.-Anh., 63 m ü. d. M., 51 800 E. Ev. Predigerseminar, Lutherhalle u. a. Museen, Theater. Stickstoffwerk, Gummi-, Kerzen-, haushaltchem., metallverarbeitende u. a. Ind. – 1180 als Burgwardssitz (mit Fischerdorf) erwähnt; 1293 Magdeburger Stadtrecht; 1212–1422 Residenz der askan., dann der wettin. (1485–1547 ernestin., dann albertin. Linie) Herzöge bzw. Kurfürsten von Sachsen; Gründung der Univ. 1502; hier übernahm M. Luther 1512 eine Professur; seine in W. am 31. Okt. 1517 veröffentlichten 95 Thesen trugen entscheidend zum Beginn der ↑Reformation bei. Die Univ. wurde 1815 mit der von Halle vereinigt. – Schloß (1490 bis nach 1525; jetzt Museum für Natur- und Völkerkunde), spätgot. Schloßkirche (1490–99) mit den Grabstätten Luthers und Melanchthons. Got. Stadtkirche Sankt Marien (um 1300; 1412–70 erweitert; reiche Ausstattung); Melanchthonhaus (1536); Rathaus (1522–40, 1570–73 umgebaut), davor die Denkmäler Luthers (von J. G. Schadow) und Melanchthons (von F. Drake).

W., Landkr. in Sachsen-Anhalt.

Wittenberge, Stadt an der Elbe, Brandenburg, 28 m ü. d. M., 29 600 E. Zellstoff- und Zellwollwerk, Reichsbahnausbesserungswerk; Hafen, Verkehrsknoten. – Entstand bei der wohl bald nach 1136 erbauten Burg, vermutlich im 13. Jh. etwa 1 km nach W verlegt; seit 1300 als Stadt bezeichnet. – Steintor (14. Jh.; Backsteingotik).

Wittenberger Kapitulation ↑Sachsen (Geschichte), ↑Wettiner.

Wittenberger Konkordie, das 1536 erzielte Ergebnis der 1530 in Augsburg begonnenen Einigungsverhandlungen (lat. concordia „Eintracht, gutes Einvernehmen") in der Abendmahlsfrage zw. Luther und Bucer. Die Bed. der W. K. liegt eher auf konfessionspolit. Ebene, da durch sie der Anschluß der oberdt. Städte an das Luthertum erfolgte, während eine wirklich theolog. Annäherung nicht erzielt wurde.

Witterung ↑Klima.

▷ wm. Bez. für das Geruchsbild, das ein sich v. a. über den Geruchssinn orientierendes Tier (bes. Wild und Hunde) von anderen Tieren oder vom Menschen gewinnt.

Wittgenstein, Ludwig, *Wien 26. April 1889, †Cambridge 29. April 1951, östr. Philosoph. – Aus großbürgerl. jüd. Familie; seit 1908 in Großbritannien; Schüler von B. Russell. Nach Fertigstellung (1920) seiner „Log.-philosoph. Abhandlung" (seit 1922 u. d. T. „Tractatus logico-philosophicus") gab W. die Philosophie zunächst auf, verschenkte sein Vermögen und arbeitete als Dorfschullehrer und als Gärtner eines Klosters; 1929 Rückkehr nach Cambridge und seit 1939 dort Prof. für Philosophie. – W. gilt als führender Philosoph der ↑analytischen Philosophie und des Pragmatismus. In seinem Hauptwerk „Tractatus ..." vertritt W. die Auffassung, daß Aussagen ein Stück Welt abbilden können (Abbildtheorie), weil sie der sprachl. Ausdruck von Gedanken als log. Bilder von Tatsachen sind. Die Konsequenzen seiner frühen Ansichten für die Logik, Mathematik und Wahrscheinlichkeitstheorie wurden im Wiener Kreis bedeutsam. Nach 1929 änderte W. seine philosoph. Position: In den „Philosoph. Untersuchungen" (postum 1953) wird die Bed. eines sprachl. Ausdrucks unmittelbar in seinem alltägl. oder auch berufsspezif. Gebrauch gesucht, gegen eine idealisierte Sprachauffassung. – *Weitere Werke:* Bemerkungen über die Grundlagen der Mathematik (hg. 1956), Philosoph. Grammatik (hg. 1969), Über Gewißheit (hg. 1970), Prototractatus (hg. 1971).

Ludwig Wittgenstein

Wittich (Witege), Heldengestalt der dt. und engl. Dietrichsage, Weg- und Kampfgefährte Dietrichs von Bern.

Wittig, Georg, *Berlin 16. Juni 1897, †Heidelberg 26. Aug. 1987, dt. Chemiker. – Prof. in Braunschweig, Freiburg im Breisgau, Tübingen und Heidelberg; arbeitete über heterocycl. und metallorgan. Verbindungen, zur Stereochemie; entdeckte das Dehydrobenzol (Benz-in), entwickelte 1953 die ↑Wittig-Reaktion, wofür er 1967 den Otto-Hahn-Preis für Chemie und Physik und 1979 (mit H. C. Brown) den Nobelpreis für Chemie erhielt.

Wittig-Reaktion (Wittigsche Olefinsynthese), von G. Wittig 1953 entwickeltes Verfahren zur Herstellung ungesättigter organ. Verbindungen durch Umsetzen von Aldehyden oder Ketonen mit ↑Yliden; wichtig für die Herstellung ungesättigter Naturstoffe.

Wittingen, Stadt in der sö. Lüneburger Heide, Nds., 78 m ü. d. M., 11 600 E. Edelstahl- und Nahrungsmittelind., Brauerei; Hafen am Elbeseitenkanal. – Erstmals 1014 erwähnt; 1929 Stadtrecht; – Ev. Stadtkirche (Mitte des 13. Jh.) mit spätgot. Chor. Feldsteinkirchen (13./14. Jh.).

Wittlich, Krst. in Rhld.-Pf., 155 m ü. d. M., 15 400 E. Verwaltungssitz des Landkr. Bernkastel-W.; Metallverarbeitung, Gummi-, Elektro-, Textilind. – 1065 erstmals erwähnt, entstand um die Burg der Trierer Erzbischöfe; 1291 Stadtrecht. – Kath. spätmanierist. Pfarrkirche (1708–24); Renaissancerathaus (1652–76).

Wittlin, Józef, *Dmytrów 17. Aug. 1896, †New York 28. Febr. 1976, poln. Schriftsteller. – 1941 Emigration in die USA; bed. expressionist. Lyrik mit pazifist.-humanitären Idealen, z. B. in „Hymnen" (Ged., 1920); auch Romane („Das Salz der Erde", 1935).

Wittling [niederdt.] ↑Dorsche.

Wittlinger, Karl, *Karlsruhe 17. Mai 1922, dt. Dramatiker. – Verf. bühnenwirksamer Komödien mit sozialkrit. Thematik, teilweise in Nähe zum Kabarettistischen, u. a. „Kennen Sie die Milchstraße?" (1961); zahlr. Bearbeitungen für das Fernsehen.

Wittmund, Krst. in Ostfriesland, Nds., 7 m ü. d. M., 19 400 E. Kunststoffverarbeitung, Druckereien; Fremdenverkehr. – Erstmals im 12. Jh. gen.; das 1567 verliehene Stadtrecht ging verloren, erst 1929 wieder erteilt. – Ev. barocke Kirche (1775) mit Orgel von A. Schnitger (1648).

Georg Wittig

Wittstock, Krst. in der östl. Prignitz, Brandenburg, 66 m ü. d. M., 14 400 E. Tuch-, Holz-, Metall- und Nahrungsmittelind. – Entstand der 1150 bezeugten Grenzburg der Bischöfe von Havelberg; 1248 Stadtrechte; 1270–1548 Residenz der Bischöfe. – Torturm der Oberburg (13. Jh.;

Wittum

heute Museum); got. Marienkirche (13. Jh.), fast vollständig erhaltene Stadtbefestigung.

W., Landkr. in Brandenburg.

Wittum [zu mittelhochdt. wideme „Brautgabe"], im dt. MA die aus der Gabe des Mannes bei der Eheschließung hervorgegangene Witwenversorgung.

Witwatersrand [afrikaans vətvɑːtərsˈrant], Höhenzug in Transvaal, Republik Südafrika, etwa 200 km lang, bis 1 800 m ü. d. M.; wichtigstes afrikan. Bergbau- (Gold, Uran, Diamanten, Steinkohle) und Ind.gebiet mit dem Zentrum Johannesburg.

Witwen (Viduinae), Unterfam. bis 15 cm langer Webervögel im trop. Afrika; Brutschmarotzer, die ihre Eier in den Nestern von Prachtfinken ablegen; ♂♂ zur Brutzeit prächtig gefärbt; u. a. die **Paradieswitwe** (Steganura paradisaea) mit ockergelbem Genickband und roter Brust; Schwanz bis 40 cm lang.

Witwenblume, svw. ↑ Knautie.

Witwengeld, monatl. Geldzahlung an die Witwe eines Beamten in Höhe von 60 % des Ruhegehaltes, das der Verstorbene erhalten hat oder erhalten hätte, wenn er am Todestag in den Ruhestand getreten wäre. Im Falle einer Wiederverheiratung erhält die Witwe eine *Witwenabfindung* (Vierundzwanzigfaches des monatl. Witwengeldes).

Witwenrente ↑ Rentenversicherung.

Witwenverbrennung, Brauch im orth. Hinduismus: Die Witwe eines Verstorbenen läßt sich nach dem Vorbild der ↑ Sati verbrennen, um ihrem Mann nachzufolgen. Trotz Verbots heute noch (selten) praktiziert.

Witwerrente ↑ Rentenversicherung.

Witz, Konrad, *Rottweil (?) um 1400, † Basel (oder Genf) um 1445, dt. Maler. – Seit 1435 Bürger in Basel, 1444 in Genf tätig; Linkshänder. Überwand durch einen ausgeprägten Realismus in Nachfolge der niederl. Malerei (u. a. R. Campin) den Weichen Stil. – *Werke:* Heilsspiegelaltar (um 1435, unvollständig erhalten, 9 Tafeln im Basler Kunstmuseum, zwei in Dijon, Musée Municipal, eine in Berlin-Dahlem), Petrusaltar (1444; Genf, Musée d'Art et d'Histoire; erste identifizierbare Landschaftsdarstellung).

Witz, 1. urspr. Bed.: Wissen, Verstand, Klugheit, z. B. in Begriffen wie *Mutter-W., W. haben;* 2. Scherz, spezif. sprachl. Form des Komischen *(einen W. machen):* ein kurz umrissener Sachverhalt erhält eine überraschende Wendung durch seine unvermutete Verbindung mit einem abliegenden Gebiet, wodurch ein [scheinbar unbeabsichtigter] kom. Doppelsinn entsteht, der blitzartig die eingangs angesprochene Wertewelt (Normen, Sitten, Institutionen usw.) in Frage stellt. Die Wirkung, die durch das Durchschauen der Pointe ausgelöste Lachen, macht den W. zu einem an soziale, kulturelle und gesellschaftl. Umstände gebundenen Phänomen: Er bietet Identifikationsmodelle, seine Aggression, implizite Gesellschaftskritik oder Erotik gewinnt Ventilfunktion. Die Art und der Grad der sprachl. Manipulation bedingt den geistigen Anspruch eines W. sowie seine Verwandtschaft zu Zote, Wortspiel, Kalauer, Aphorismus, Anekdote, Rätsel.

Witzenhausen, hess. Stadt an der unteren Werra, 140–250 m ü. d. M., 16 400 E. Inst. für trop. und subtrop. Landw. mit Museum der Völkerkunde; Fachbereiche Landw. und internat. Agrarwirtschaft der Gesamthochschule Kassel; Textil-, Möbel-, Papier- und Tabakind.; der Ortsteil **Ziegenhagen** ist Kneippkurort. – Entstand aus einem um 743 angelegten fränk. Salhof; 1225 Marktrecht; 1247 als Stadt bezeichnet. – Spätgot. Liebfrauenkirche (14.–16. Jh.), Baureste des ehem. Wilhelmitenklosters (14. Jh.), z. T. erhaltene ma. Stadtbefestigung.

Witzleben, Erwin von, *Breslau 4. Dez. 1881, † Berlin-Plötzensee 8. Aug. 1944 (hingerichtet), dt. Generalfeldmarschall (seit 1940). – Vor und während der Sudetenkrise an Plänen zum Sturz Hitlers beteiligt, stand mit General L. Beck im Zentrum des militär. Widerstandes gegen Hitler; 1941/42 Oberbefehlshaber West; vom Kreis um Stauffenberg zum neuen Oberbefehlshaber der Wehrmacht vorgesehen; nach dem Attentat vom 20. Juli 1944 auf Hitler zum Tode verurteilt und hingerichtet.

Witwen. Paradieswitwe

Wivallius, Lars [schwed. viˈvɑlius], *Wivalla (Närke) 1605, † ebd. 5. April 1669, schwed. Dichter. – Erster klass.-volkstüml. Lyriker der schwed. Literatur.

Wiwekananda ↑ Vivekananda.

Wjasa [Sanskrit „Ordner"], myth. Weiser der Inder, dem die Abfassung des „Mahabharata" und der „Puranas" zugeschrieben wird.

Wjatka, 1781–1934 Name der russ. Stadt ↑ Kirow.

Wlachen (Walachen), alte Bez. für die Rumänen (↑ Rumänien, Geschichte).

Wladikawkas (Dsaudschikau, 1931–90 Ordschonikidse), Hauptstadt der Autonomen Republik Nordossetien innerhalb Rußlands, am N-Abfall des Großen Kaukasus, 300 000 E. Univ. (gegr. 1969), Hochschule für Metallurgie, landw. und medizin. Hochschule, Museen und Theater; Planetarium; Zinkelektrolysewerk, Maschinenbau, elektrotechn., chem., Nahrungsmittelind. – 1784 gegründet.

Wladimir [russ. vlaˈdimir], Name Kiewer Fürsten:

W. I. Swjatoslawitsch [russ. svitaˈslaviʃ], gen. der Heilige oder der Große, *956, † 1015, Großfürst (seit 978). – 969 Fürst von Nowgorod; festigte durch Feldzüge gegen Litauer, Petschenegen und Bulgaren das Kiewer Reich; unterstützte 988 den byzantin. Kaiser Basileios II. Bulgaroktonos militärisch und heiratete dessen Schwester Anna. Seine Taufe trug entscheidend zur Christianisierung Rußlands bei.

W. II. Wsewolodowitsch Monomach [russ. ˈfsjeveledə-vitʃ menaˈmax], *1053, † 19. Mai 1125, Großfürst (seit 1113). – 1078–94 Fürst von Tschernigow, dann von Perejaslaw; führte zw. 1103 und 1111 mehrere erfolgreiche Feldzüge gegen die Polowzer; wurde 1113 als Nachfolger Swjatopolk Isjaslawitschs nach Kiew berufen und konnte das zersplitterte Reich wieder weitgehend einigen. Sein literarisch bed. Werk „Poutschenie" („Belehrung") entwarf das Idealbild eines gerechten Herrschers.

Wladimir [russ. vlaˈdimir], Geb.hauptstadt im europ. Teil Rußlands, an der Kljasma, 350 000 E. Polytechn. Hochschule, PH, 2 Theater; Traktorenwerk, elektrotechn. und chem. Industrie.

Geschichte: Unter Fürst Wladimir II. wurde um 1108 die annähernd viereckige mittlere Stadt (Fürstenstadt) mit einer Palisade befestigt. Sein Sohn Juri Dolgoruki baute in der Nähe seinen Hof. 1158 verlegte Fürst Andrei Bogoljubski seine Residenz nach W., das zur Hauptstadt des bis zum Ende des 13. Jh. stärksten russ. Ft. ↑ Wladimir-Susdal ausbaute. Im O der Fürstenstadt entstand als 3. Stadtteil eine Handels- und Handwerkervorstadt (Possad). 1185 vernichtete ein Großbrand W., unter Wsewolod III. begann der Wiederaufbau. 1299–1326 Sitz des russ. Metropoliten. 1778 zerstörte ein weiterer Großbrand weite Teile der Stadt.

Bauten: Einflüsse aus Kiew und Nowgorod (westl. Romanik) verbinden sich ab der Mitte des 12. Jh. in den Bauten der Wladimirer Schule, für die das Festhalten am einkuppeligen Kirchentyp charakteristisch sind. Hauptwerke sind die Uspenski-Kathedrale (1158–60/61; nach Brand 1185–89 wiederaufgebaut und erweitert nach dem Modell der Kathedrale des Höhlenklosters in Kiew) und die Dmitri-Kathedrale (1194–97; mit Resten von Fresken mit dem Jüngsten Gericht [um 1195] sowie Fensterornamenten). Außerdem mehrere Klöster des 12./13. Jh. mit Kathedralen, meist stark erneuert. Von der Befestigungsanlage W. ist das Goldene Tor (im Kern 1164) erhalten. Die Altstadt von W. wurde von der UNESCO zum Weltkulturerbe erklärt. Nahebei entstand die Residenz ↑ Bogoljubowo.

Wladimir-Susdal [russ. vlaˈdimir ˈsuzdelj], Ft. im NO Rußlands (Residenz seit 1054 Rostow, dann Susdal, seit 1158 Wladimir); stieg unter Andrei Bogoljubski (⚭ 1157–74) zum mächtigsten russ. Teilstaat auf und erwarb 1169 auch Kiew. Seit 1242 Groß-Ft., verlor im 14. Jh. seine führende Stellung an Twer und Moskau.

Wladimir-Wolynski [russ. vlaˈdimirvaˈlinskij], Stadt am S-Rand der Polesje, Ukraine, 28 000 E. Nahrungsmittel-, Möbel-, Bekleidungsind. – Eine der ältesten Städte Rußlands (erstmals 988 erwähnt); im 11. Jh. zu einer großen

Festung ausgebaut, später Hauptstadt des Ft. Galizien-Wolynien. – Uspenski-Kathedrale (um 1160).

Wladislaw (poln. Władysław), Name von Fürsten:
Böhmen:
W., König, ↑Wladislaw II., König von Ungarn.
Polen:
W. I. Łokietek („Ellenlang"), * zw. dem 3. März 1260 und 19. Jan. 1261, † Krakau 2. März 1333, König (seit 1320). – Einigte die poln. Teilfürstentümer zu einem erneuerten zentralen Königtum; besiegte 1331 den Dt. Ritterorden bei Płowce.
W. II., König, ↑Jagello.
W. IV. Wasa, * Łobzów (Woiwodschaft Kattowitz) 19. April 1595, † Merkinė bei Wilna 20. Mai 1648, König (seit 1632). – Sohn Sigismunds III.; wurde 1610 zum russ. Zaren gewählt, ohne seinen Herrschaftsanspruch durchsetzen zu können. Seine militär. Erfolge im Krieg gegen Rußland (1632–34) münzte W. 1634 unter formellem Verzicht auf den Thron in Gebietsgewinne (Smolensk) um. Mit Schweden, auf dessen Krone er ebenfalls erfolglos Anspruch erhob, schloß er 1635 den Waffenstillstand von Stuhmsdorf.
Ungarn:
W. II., * Krakau 1. März 1456, † Buda (= Budapest) 13. März 1516, König von Böhmen (seit 1471) und Ungarn (seit 1490). – Sohn Kasimirs IV. Andreas von Polen; mußte 1478 Mähren und Schlesien an Matthias I. Corvinus abtreten; konnte sich im Kampf um dessen Nachfolge in Ungarn gegen Kaiser Maximilian I. behaupten.

Wladiwostok, größte Stadt Rußlands am Pazifik, 29 m ü. d. M., 648 000 E. Hauptstadt der Region Primorje; Univ. (gegr. 1920), 7 Hochschulen; Zweigstelle der Sibir. Abteilung der Russ. Akad. der Wiss.; Museen, Gemäldegalerie, Theater, Handels-, Marine- und Fischereihafen; Werften, Maschinenbau; Endpunkt der Transsib. internat. ✈. – 1860 gegr.; wurde 1862 Freihafen und erhielt den Namen W. („beherrsche den Osten"); ab 1876 zu einem bed. Hafen und zum Hauptstützpunkt der russ. Fernostflotte ausgebaut, 1880 zur Stadt erhoben; bis 1990 streng gesperrte Stadt; für den Auslandsverkehr wurde der Hafen von Nachodka und der Hafen Wostotschny angelegt.

Wlassow, Andrei Andrejewitsch [russ. ˈvlasɛf], * Lomakino bei Nischni Nowgorod 1900, † Moskau im Aug. 1946 (hingerichtet), sowjet. General. – Warf als Befehlshaber der 20. sowjet. Armee 1941 vor Moskau die dt. Truppen zurück; stellte sich nach seiner Gefangennahme im Wolchowkessel 1942 den Deutschen für das antisowjet. nationalist. „Russ. Komitee" zur Verfügung, durfte jedoch erst im Herbst 1944 mit der Aufstellung einer russ. „Befreiungsarmee" (sog. *W.-Armee*) aus russ. Kriegsgefangenen beginnen (im Jan. 1945 2 Divisionen); geriet im Mai 1945 in amerikan. Gefangenschaft und wurde an die Sowjetunion ausgeliefert.

Włocławek [poln. vuɔˈtsŭavɛk], poln. Stadt an der Weichsel, in Kujawien, 119 500 E. Hauptstadt der Woiwodschaft W.; kath. Bischofssitz; Museum; Zellstoff-, Papier-, Porzellan-, Nahrungsmittel-, chem. Ind.; Hafen. – Im 11. Jh. bereits als Piastensitz und Handelsplatz an der Weichsel bekannt; seit 1123 Bischofssitz; 1261 Culmer Recht; zu Beginn des 14. Jh. vom Dt. Orden zerstört; entstand wieder neu und erhielt 1339 Magdeburger Recht; 1793–1807 und 1815–1920 zu Preußen. – Got. Kathedrale (1340–1411; Türme 19. Jh.).

Woche, Zeitintervall von 7 Tagen, das als *Kalender-W.* zur fortlaufenden Unterteilung des Kalenderjahres ohne Rücksicht auf die Monats- und Jahresanfänge dient. Dabei gilt der Montag als erster und der Sonntag als siebter Tag der Kalender-W. Zu einem Kalenderjahr können 52 oder 53 Kalender-W. zählen. Nach DIN 1355 zählt als erste Kalender-W. eines Kalenderjahres diejenige W., in die mindestens vier der ersten sieben Januartage fallen.
Die Griechen rechneten anfänglich mit einer zehntägigen, die Römer mit einer achttägigen W.; die 321 n. Chr. von Konstantin I., d. Gr., im Röm. Reich eingeführte siebentägige W. stammt von den Babyloniern und Juden. Babylonier und Ägypter bezeichneten die einzelnen W.tage ebenso wie später die Griechen und Römer nach den sieben „Planeten" Sonne, Mond, Mars, Merkur, Jupiter, Venus und Saturn; bei den Germanen wurden diese dt. Göttemamen z. T. durch die entsprechenden eigenen ersetzt.

Woche, Die, dt. Wochenzeitung, ↑Zeitungen (Übersicht).

Wochenbett (Kindbett, Puerperium), 6–8 Wochen dauernde Zeitspanne nach der Geburt, in der sich die durch die Schwangerschaft veränderten Organe (bes. die Gebärmutter) der *Wöchnerin* wieder zurückbilden und in der die Tätigkeit der Brustdrüsen voll in Gang kommt. Das von den Gebärmutterschleimhautwunden abgesonderte Wundsekret, der Wochenfluß (↑Lochien), versiegt im Verlauf der 4.–6. Woche.

Wochenbettfieber (Kindbettfieber, Puerperalfieber), mit hohem Fieber und schwerem allg. Krankheitsgefühl verbundene, meldepflichtige Erkrankung der Wöchnerin, meist durch Infektion mit Bakterien (bes. Streptokokken, Staphylokokken, Kolibakterien). In günstigen Fällen bleibt die Entzündung auf die Gebärmutter beschränkt, in anderen greift sie auf die Umgebung über. In schwersten Fällen dringen die Erreger in die Blutbahn ein *(Puerperalsepsis).* Durch Antibiotika-Behandlung sind schwere Formen des W. inzwischen selten geworden.

Wochenfluß, svw. ↑Lochien.

Wochenpost, dt. Wochenzeitung, ↑Zeitungen (Übersicht).

Wochenschau, im Beiprogramm der Filmtheater gezeigte Zusammenstellung von Kurzfilmen v. a. über aktuelle Ereignisse. In Kriegszeiten oder in Diktaturen häufig staatlich kontrolliertes Propaganda- und Agitationsmittel. Nach dem 2. Weltkrieg übernahm die aktuelle Berichterstattung des Fernsehens zunehmend die Funktion der W. im Kino.

Wochenzeitung ↑Presse.

Wöchnerin (Puerpera), Frau während der Dauer des ↑Wochenbetts.

Wodan (Wotan) ↑Odin.

Wodka [russ., eigtl. „Wässerchen"], v. a. aus Kartoffeldestillaten, früher aus Korn- oder Korn-Kartoffel-Destillaten hergestellter Branntwein. Alkoholgehalt mindestens 40 Vol.-%.

Wodu (Vodoo, Voodoo, Wudu, frz. Vaudou, Vaudoux), aus der Ewe-Sprache W-Afrikas abgeleitete Bez. für „Schutzgeist", Name eines in Haiti weitverbreiteten synkretist. Geheimkults mit ekstat. Tänzen, die zur Identifikation von Kultteilnehmern mit Gottheiten führen sollen. Die polytheist. Gottheiten des W.kults sind afrikan. Herkunft, aber in synkretist. Weise mit kath. Heiligen verschmolzen. Die Leitung der W.gemeinden hat ein hierarchisch aufgegliedertes Priestertum.

Wodzisław Śląski [poln. vɔˈdʑisŭaf ˈɕlõski] (dt. Loslau), poln. Stadt sw. von Kattowitz, 109 800 E. v. a. Wohnsiedlung für das Rybniker Steinkohlenrevier. – Nach Zerstörung einer Vorgängersiedlung 1275 neu entstanden; Magdeburgr Recht; bis 1336 im Besitz der Piasten von Ratibor, danach unter böhm. Lehnshoheit, seit 1532 zu Österreich, 1742 an Preußen; 1921 zu Polen; im 2. Weltkrieg zu 80 % zerstört.

Woestijne [niederl. wuːˈstɛinə], Gustave van de, * Gent 2. Aug. 1881, † Uccle 21. April 1947, belg. Maler. – Bruder von Karel van de W.; symbolist. Bilder mit allegor. und bibl. Szenen. Das Spätwerk ist expressionistisch orientiert; auch Illustrationen.

W., Karel van de, * Gent 10. März 1878, † Zwijnaarde bei Gent 24. Aug. 1929, fläm. Schriftsteller. – Ab 1920 Prof. für niederl. Literatur in Gent. Bed. symbolist. Lyriker; setzte sich mit dem Ggs. zw. Geist und Sinnlichkeit auseinander.

Woëvre [frz. vwaːvr], Teil des lothring. Schichtstufenlandes zw. Maas- und Moselhöhen westl. von Metz, 200–240 m hoch.

Wogau, Boris Andrejewitsch [russ. vaˈgau], russ. Schriftsteller, ↑Pilnjak, Boris Andrejewitsch.

Adolf Wohlbrück

Friedrich Wöhler
(Ausschnitt aus einem Gemälde)

Gabriele Wohmann

Wogulisch ↑ obugrische Sprachen.

Wohlbrück, Adolf (engl. Anton Walbrook), *Wien 19. Nov. 1900, † Garatshausen (= Feldafing bei Starnberg) 9. Aug. 1967, brit. Filmschauspieler östr. Herkunft. – Im dt. Unterhaltungsfilm der 30er Jahre Erfolge in Gentleman-Rollen; u. a. in: „Viktor und Viktoria" (1933), „Der Student von Prag" (1935), „Gaslicht" (1940), „Die roten Schuhe" (1948), „Der Reigen" (1950), „Lola Montez" (1955).

Wöhler, August, *Soltau 22. Juni 1819, † Hannover 21. März 1914, dt. Ingenieur. – Entwickelte verschiedene Werkstoffprüfgeräte und gab 1867 Festigkeitsvorschriften für Eisen und Stahl heraus.

W., Friedrich, *Eschersheim (= Frankfurt a. M.) 31. Juli 1800, † Göttingen 23. Sept. 1882, dt. Chemiker. – Prof. in Berlin, Kassel und Göttingen. W. gewann erstmals Aluminium, Beryllium, Ittrium und Silicium; synthetisierte Cyansäure, Hydrochinon, Acetylen, Calciumcarbid, arbeitete (z. T. mit J. Liebig) über Amygdalin, Opiumalkaloide, Siliciumwasserstoffe und Mineralanalysen. Seine Synthese von „organ." Harnstoff aus „anorgan." Ammoniumcyanat (1828) gilt als Markstein in der Geschichte der Chemie.

Wohlfahrtsausschuß (frz. Comité de salut public), in der Frz. Revolution am 6. April 1793 eingesetztes Exekutivorgan des Nat.konvents mit zunächst 9, zuletzt 12 Mgl.; unter M. Robespierres Führung (27. Juli 1793 bis 27. Juli 1794) eines der wichtigsten Organe der jakobin. Schreckensherrschaft.

Wohlfahrtsmarken (Wohltätigkeitsmarken), Postwertzeichen mit Zuschlag für soziale Zwecke. Die ersten W. wurden 1897 in Victoria (Australien) ausgegeben.

Wohlfahrtsstaat, politisch und cutl. Begriff zur Charakterisierung eines Staats, die für Sicherung der materiellen Wohlfahrt der Bürger (Daseinsvorsorge) zu seiner umfassenden Aufgabe macht; ihr haben nicht nur Sozial- und Steuerpolitik, sondern auch Infrastruktur-, Bildungs-, Konjunktur- und Umweltpolitik usw. zu dienen (sog. Versorgungsstaat). Während der ↑ Sozialstaat auf dem Versuch beruht, soziale Sicherheit mit persönl. Freiheit zu verbinden, birgt der W. die Gefahr der Bevormundung bzw. die Tendenz, die persönl. Initiative und Verantwortung der einzelnen Bürgers der kollektiven Sicherheit unterzuordnen.

Wohlfahrtstheorie (Wohlfahrtsökonomik), volkswirtsch. Theorie, die das Wohlstandsoptimum einer Gesellschaft (Gleichgewicht) zu quantifizieren versucht und den Wohlstand insgesamt als Summe des Wohlergehens der Individuen betrachtet. Hauptvertreter: V. Pareto, S. C. Pigou, in neuerer Zeit N. Kaldor und P. A. Samuelson. Da monopolist. Beschränkungen der Konkurrenz sowie Krisenerscheinungen zu ökonom. Verlusten führen und eine optimale Produktion und Verteilung verhindern, sollen diese nach der W. mittels steuer- und finanzpolit. Maßnahmen überwunden werden.

Wohlstandsgesellschaft, Gesellschaft, in der dank hoher Industrialisierung und wirtsch. Prosperität Hunger und Armut als Massenphänomene weitgehend überwunden sind und das durchschnittl. Pro-Kopf-Einkommen der Bev. beträchtlich über dem Existenzminimum liegt.

Wohlverleih, svw. ↑ Arnika.

Wohlwill-Elektrolyse, von dem dt. Chemiker E. Wohlwill (*1835, †1912) entwickeltes Verfahren zur Raffination von Gold mit Rohgoldbarren als Anoden, Feingoldplatten als Kathoden und Goldchloridlösung als Elektrolyt. Die im Rohgold enthaltenen Platinmetalle reichern sich im Elektrolyten bzw. Anodenschlamm an und können daraus gewonnen werden.

Wohmann, Gabriele, geb. Guyot, *Darmstadt 21. Mai 1932, dt. Schriftstellerin. – Mgl. der „Gruppe 47"; Hauptthemen ihrer u. a. von J. Joyce und M. Proust beeinflußten Romane und Erzählungen sind die Unfähigkeit der Menschen zur Kommunikation sowie menschl. Fehlverhalten im alltägl. Leben. Auch zahlr. Hör- und Fernsehspiele sowie Lyrik. – *Werke:* Jetzt und nie (R., 1958), Abschied für länger (R., 1965), Treibjagd (En., 1970), Paulinchen war allein zu Haus (R., 1974), Schönes Gehege (R., 1975), Frühherbst in Badenweiler (R., 1978), Ach wie gut, daß niemand weiß (R., 1980), Der Irrgast (En., 1985), Der Flötenton (R., 1987), Kassensturz (En., 1989).

Wohnbevölkerung, in einer Volkszählung oder deren Fortschreibung die nach ihrem ständigen Wohnsitz erfaßte Bevölkerung.

Wohngeld, zur Sicherung angemessenen und familiengerechten Wohnens auf Antrag gewährter Zuschuß zu den Aufwendungen für den Wohnraum. W. wird gewährt als *Mietzuschuß* an einen Mieter, einen Nutzungsberechtigten von Wohnraum, einen Bewohner von Wohnraum im eigenen Haus, einen Heimbewohner, seit 1992 auch an Mieter von Ferienwohnungen und Wochenendhäusern zum dauernden Wohnen, oder als *Lastenzuschuß* an den Eigentümer eines Eigenheims, einer Kleinsiedlung oder einer landw. Nebenerwerbsstelle, einer Eigentumswohnung oder an den Inhaber eines eigentumsähnl. Dauerwohnrechts, sofern das jährl. Familieneinkommen bestimmte Höchstgrenzen nicht erreicht, die Miete oder Belastung das im W.gesetz fixierte zumutbare Maß übersteigt und nicht bes. Versagungsgründe vorliegen (W.gesetz i. d. F. vom 1. 7. 1991, gilt in den alten Bundesländern). In den neuen Bundesländern ist befristet bis zum 31. 12. 1993 das W.sondergesetz vom 20. 6. 1991 anzuwenden, nach dem W. auch als Zuschuß zu den Kosten für Heizung und Warmwasser gezahlt wird.

Wohnmobil (Campingbus), speziell zum Wohnen eingerichtetes Kfz, z. T. auch umgebauter Kleinbus oder Kleinlastwagen mit entsprechendem Spezialaufbau und entsprechender Innenausstattung. – ↑Wohnwagen.

Wohnort ↑Wohnsitz.

Wohnraumbeschaffung, Aufgabe staatl. Innenpolitik, v. a. in Zeiten akuten Wohnraummangels; erfolgt durch Unterstützung des ↑Wohnungsbaus bzw. durch Wohnraumbewirtschaftung (Kontrolle der Wohnungszuteilung und -belegung durch kommunale Wohnungsämter).

Wohnrecht, svw. dingl. Wohnrecht.

Wohnsitz, Ort der ständigen Niederlassung einer Person (§§ 7 ff. BGB). Der W. ist rechtlich u. a. von Bed. für die Bestimmung des ↑Gerichtsstands im Prozeßrecht, als Leistungsort sowie für die Eheschließung. Der **Aufenthaltsort,** d. h. der Ort der tatsächl. Anwesenheit, und der **Wohnort,** z. B. der Studienort, sind nicht identisch mit dem W., der durch den rechtsgeschäftl. Willen zur W.begründung bestimmt wird (sog. *gewillkürter W.*). Der W. kann gleichzeitig an mehreren Orten bestehen (**Doppelwohnsitz**); im öff. Recht ist daran der Ort der hauptsächl. regelmäßigen Niederlassung als **Hauptwohnsitz** maßgebend (z. B. für die Meldepflicht). Von dem gewillkürten W. ist der **gesetzliche Wohnsitz** zu unterscheiden: Volljährige Berufssoldaten oder Soldaten auf Zeit haben ihren W. am Standort, ein minderjähriges Kind teilt den W. der Eltern bzw. des Elternteils, dem die Personensorge zusteht. Zum W. jurist. Personen ↑Niederlassung.

Wohnung, in der Statistik nach außen abgeschlossene Wohneinheit mit eigener Küche oder Kochnische und eigenem Eingang. *Wohngelegenheiten* dagegen sind Räume ohne Küche sowie Unterkunftsmöglichkeiten u. a. in Kellern und Baracken. – ↑Unverletzlichkeit der Wohnung.

Wohnungsbau, die Erstellung von Wohnungen, wobei zu unterscheiden ist zw. dem öff. geförderten (↑ sozialer Wohnungsbau), dem steuerbegünstigten und dem frei finanzierten Wohnungsbau. Für den steuerbegünstigten W. ist eine entsprechende Anerkennung der Wohnung Voraussetzung, die dann zu erfolgen hat, wenn es sich um eine neugeschaffene Wohnung handelt, für die keine öff. Mittel eingesetzt wurden und die bestimmte Wohnflächengrenzen nicht überschreitet. Die *Steuerbegünstigung* besteht seit 15. 10. 1991 in Deutschland für selbstgenutztes Wohneigentum, das nach diesem Datum angeschafft oder errichtet wird, in einer auf 4 Jahre begrenzten Ermäßigung der Einkommensteuer um 6 % der Bau- und Erwerbskosten von höchstens 330 000 DM, in den 4 Folgejahren 5 % (zusätzlich Baukindergeld und Schuldzinsenabzug).

Wohnungsbaugenossenschaften (Baugenossenschaften), Wohnungsunternehmen, die Wohnungen zwecks Vermietung oder Verkauf an die Mgl. der Genossenschaft herstellen. Die im 19. Jh. als Selbsthilfeorganisationen entstandenen W. wandelten sich in der Zeit der Weimarer Republik zu Trägern öff. Wohnungsbaupolitik, die ihre Mittel zum großen Teil von der öff. Hand erhielten; nach dem 2. Weltkrieg zunehmend in Form der Kapitalgesellschaft als AG bzw. GmbH gegenüber den bis dahin vorherrschenden Personengesellschaften.

Wohnungsbauprämie, staatliche Förderungsmaßnahmen für den Wohnungsbau, die Bausparern nach Maßgabe des Wohnungsbau-Prämiengesetzes i. d. F. vom 27. 3. 1991 gewährt wird. Bis zu einer Einkommensgrenze von 27 000 DM bzw. (für Ehegatten) 54 000 DM werden Aufwendungen zur Förderung des Wohnungsbaus, wie z. B. Beiträge an Bausparkassen, Beiträge auf Grund von längerfristigen Sparverträgen, wenn die eingezahlten Sparbeiträge und Prämien zum Bau oder Erwerb einer Wohnung verwendet werden, wahlweise durch eine Prämie (Bausparprämie) oder Steuerermäßigung gefördert.

Wohnungseigentum, das mit dem Miteigentumsanteil an einem Grundstück verbundene *Sondereigentum* an einer in sich abgeschlossenen [Eigentums]wohnung (WohnungseigentumsG [WEG] vom 15. 3. 1951). Bei nicht Wohnzwecken dienenden (gewerblich genutzten) Räumen spricht man von *Teileigentum*. Das Sondereigentum ist untrennbar verbunden mit *Bruchteilseigentum* (Miteigentum nach frei vereinbarten Bruchteilen) an Grund und Boden sowie solchen Teilen des Gebäudes, die für dessen Bestand oder Sicherheit erforderlich sind oder dem gemeinschaftl. Gebrauch der Wohnungseigentümer dienen (z. B. Außenmauern, Dach, Treppenhaus, Heizungsanlage). Das W. wird begründet durch Vertrag der Miteigentümer an einem Grundstück oder (in der Praxis häufiger) durch Teilungserklärung des (vorherigen, alleinigen) Grundstückseigentümers (sog. *Vorratsteilung*) und Eintragung ins Grundbuch. Es ist wie Grundeigentum frei veräußerlich und vererblich sowie belastbar. Die Verwaltung des gemeinschaftl. Eigentums obliegt dem Verwalter, dessen Bestellung zwingend vorgeschrieben ist, dem (fakultativen) dreiköpfigen Verwaltungsbeirat sowie den Wohnungseigentümern gemeinschaftlich (§§ 21 ff. WEG).

Wohnungsmiete ↑ Miete.

Wohnungsmodernisierung, Maßnahmen, die den Gebrauchswert der Wohnung nachhaltig erhöhen, die allg. Wohnverhältnisse auf Dauer verbessern oder nachhaltig Einsparungen von Heizenergie bewirken (§ 3 MiethöheG vom 18. 12. 1974). Der Vermieter kann bei W. die jährl. Miete um 11 % der für die jeweilige Wohnung aufgewendeten Kosten erhöhen. Von der W. ist die Instandsetzung zu unterscheiden, die Maßnahmen umfaßt, die die Wohnung in einem Zustand erhalten oder diesen wiederherstellen, der einen vertragsgemäßen Gebrauch ermöglicht. Modernisierungsmaßnahmen muß der Mieter nach rechtzeitiger vorheriger Anmeldung grundsätzlich dulden (§ 541 b BGB). Ausnahmen von diesem Grundsatz und ein bes. Kündigungsrecht des Mieters sind ebenfalls im § 541 b BGB geregelt.

Wohnungsrecht, von der Miete zu unterscheidendes Recht, ein Gebäude oder einen Teil davon unter Ausschluß des Eigentümers als Wohnung zu benutzen (dingl. Wohnrecht). Das W., das häufig als Bestandteil des sog. ↑ Altenteils bestellt wurde, wird heute oft durch Wohnungseigentum und Dauerwohnrecht ersetzt.

Wohnungszwangswirtschaft, Maßnahmen der Wohnungsbestandspolitik in Form von staatl. Eingriffen durch Mietbindung, Mietschutz und Wohnraumbewirtschaftung. Die 1946 zur Behebung des Wohnraummangels eingeführte W. wurde in der BR Deutschland durch das AbbauG vom 23. 6. 1960 schrittweise beseitigt. Zum Schutz der Mieter wurden neue Mieterschutzvorschriften erlassen. Für die neuen Bundesländer gelten Übergangsregelungen.

Wohnwagen, fahrbare Wohnunterkunft. Für Campingzwecke gebaute W. *(Campingwagen, Caravan)* sind meist einachsige, häufig auch mit Tandemachse ausgerüstete Kfz-Anhänger mit starrem Aufbau und vollständiger Innenausstattung. – ↑ Wohnmobil.

Woinowitsch, Wladimir Nikolajewitsch, * Duschanbe 26. Sept. 1932, russ. Schriftsteller. – Lebt seit Ausbürgerung 1980 bei München. Bekannt v. a. als Satiriker; schrieb krit. Erzählwerke über den Alltag in der Sowjetunion; „Zwei Freunde" (R., 1967), „Iwan Tschonkin, Thronanwärter" (R., 1979), „Moskau 2042" (R., 1986).

Woiwode, urspr. im MA slaw. Bez. für einen gewählten Heerführer, der ein begrenztes Gebiet kontrollierte. In *Rußland* von der Mitte des 17. Jh. bis 1775 Vorsteher der Provinzialverwaltung. In *Polen* bildete sich das Amt des W. (Pfalzgraf) als Statthalter im 12. Jh. aus; seit 1918 Bez. für den obersten Beamten eines Verw.-Geb. (Woiwodschaft). Den Titel W. führten auch die Herrscher in der Walachei, der Moldau und in Siebenbürgen (bis ins 16. Jh.).

Wojtyła, Karol [poln. vɔjˈtiɥa] ↑ Johannes Paul II., Papst.

Wojwodina [vɔʏvɔˈdiːna, vɔrˈvoːdina], Prov. (Autonomiestatus 1990 aufgehoben) innerhalb der Republik Serbien, 21 506 km², 2,051 Mill. E (1989), Hauptstadt Novi Sad. Die W. liegt im südlichsten Teil des Pannon. Beckens. Landschaftsbestimmend sind lößbedeckte Platten und von Auwäldern bestandene Flußauen, unterbrochen vom Hügelland der Deliblatska peščara und der Fruška gora. 54 % der Bev. sind Serben und 19 % Ungarn; außerdem Kroaten, Slowaken, Rumänen, Montenegriner, Makedonier, Ukrainer u. a. – Wichtiges Landw.gebiet; angebaut werden Mais, Weizen, Sonnenblumen, Zuckerrüben u. a., Weinbau; Schweine-, Rinderzucht und Geflügelmast. Die Ind. verarbeitet landw. Erzeugnisse, außerdem Landmaschinenbau und chem. Ind.; Erdöl- und Erdgasgewinnung in der Batschka und im Banat.

Geschichte: Die W. gehörte seit dem 10. Jh. zu Ungarn; 1552–1699 von den Türken besetzt, wegen der Verödung in den Türkenkriegen serb. Ansiedlung. Flüchtlinge aus S-Serbien, im 18. Jh. u. a. von Deutschen („Donauschwaben"), Ungarn, Serben, Tschechen, Slowaken und Rumänen; 1849–60 mit dem Temesvarer Banat vorübergehend eigenes österr. Kronland, 1860 mit Ungarn vereinigt. 1919 (Vertrag von Saint-Germain) kam die W. größtenteils an Jugoslawien und zum kleineren Teil an Rumänien. Im 2. Weltkrieg wurde die jugoslaw. W. von dt. und ungar. Truppen besetzt. Nach der Vertreibung der Deutschen 1945/46 (1918 rd. 500 000) erhielt die W. 1946 innerhalb Serbiens den Autonomiestatus (1990 aufgehoben).

Wölber, Hans-Otto, * Hamburg 22. Dez. 1913, † ebd. 10. Aug. 1989, dt. ev.-luth. Theologe. – 1964–83 Landesbischof von Hamburg (seit 1977 Bischof des Sprengels Alt-Hamburg innerhalb der Nordelb. ev.-luth. Kirche), 1969–83 Leitender Bischof der VELKD, 1970–83 Mgl. des Rates der EKD.

Wolf, Christa, * Landsberg (Warthe) 18. März 1929, dt. Schriftstellerin. – Wurde mit ihren Romanen („Der geteilte Himmel", 1963; „Nachdenken über Christa T.", 1968; „Kassandra", 1983) und Erzählungen („Moskauer Novelle", 1961; „Unter den Linden", 1974; „Kein Ort. Nirgends", 1979; „Sommerstück", 1989) internat. bekannt; auch Filmdrehbücher. Ihre dem sozialist. Alltag der DDR gegenüber durchaus skept., jedoch von einer grundsätzl. Bejahung des Sozialismus getragene Haltung wurde 1990 Gegenstand einer heftigen Diskussion (sog. Literaturstreit). – Georg-Büchner-Preis 1980; Östr. Staatspreis für Europ. Literatur 1984. – *Weitere Werke:* Was bleibt (E., entstanden 1979, gedruckt 1990), Störfall (1987).

W., Christian Freiherr von, dt. Philosoph, ↑ Wolff, Christian Freiherr von.

W., Erik, * Biebrich (= Wiesbaden) 13. Mai 1902, † Oberrotweil 13. Okt. 1977, dt. Rechtsphilosoph und Kirchenrechtler. – Prof. für Rechtsphilosophie und Kirchenrecht in Rostock, Kiel und Freiburg; ab 1933 Mgl. der Bad. Landessynode, 1936 des Verfassungsausschusses der Bekennenden Kirche und 1946–48 Vors. des Verfassungsausschusses der EKD. Arbeiten zu Problemen des Strafrechts, der Rechtsgeschichte und -philosophie sowie einer theolog. Rechtsbegründung.

W., Ernst, * Prag 2. Aug. 1902, † Göttingen 11. Sept. 1971, dt. ev. Theologe. – Prof. für systemat. Theologie in Bonn,

Wladimir Nikolajewitsch Woinowitsch

Christa Wolf

Halle/Saale und Göttingen; führendes Mgl. der Bekennenden Kirche. Bemühte sich um eine am reformator. Zentralgedanken der Rechtfertigung orientierte Theologie einer gegenwartsbezogenen Weltverantwortung.

W., Friedrich, * Neuwied 23. Dez. 1888, † Lehnitz (Landkr. Oranienburg) 5. Okt. 1953, dt. Dramatiker. – Ab 1928 Mgl. der KPD; 1933 Emigration, Teilnahme am Span. Bürgerkrieg auf republikan. Seite. 1949–51 Botschafter der DDR in Warschau. Schrieb anfangs expressionist., dann radikal zeit- und sozialkrit. Dramen („Cyankali. § 218", 1929). In dem Schauspiel „Professor Mamlock" (1935) setzte sich W. schon früh mit der Tragik jüd. Intellektueller unter dem NS auseinander. Auch Filmdrehbücher, Hörspiele, Gedichte und populärwiss. medizin. Bücher.

W., Friedrich August, * Haynrode (Landkr. Worbis) 15. Febr. 1759, † Marseille 8. Aug. 1824, dt. klass. Philologe und Altertumswissenschaftler. – Prof. in Halle, ab 1810 an der Univ. Berlin, an deren Gründung er ab 1807 maßgebend beteiligt war. Durch seine „Prolegomena ad Homerum" (1795) initiierte er die krit.-philolog. Untersuchung der Homerischen Werke und ihrer Entstehung. Begründete die Altertumswiss. im Sinne des Neuhumanismus als universale Disziplin.

W., Hugo, * Windischgraz (heute Slovenj Gradec, Slowenien) 13. März 1860, † Wien 22. Febr. 1903, östr. Komponist. – Schrieb 1884–87 Musikkritiken im „Wiener Salonblatt", in denen er für R. Wagner, F. Liszt und A. Bruckner eintrat, J. Brahms aber ablehnte. Nach 1887 lebte er als freischaffender Komponist in Wien. Auf frühe Werke wie das Streichquartett d-Moll (1878–84) oder die sinfon. Dichtung „Penthesilea" (1883–85; nach Kleist) folgten seit etwa 1883 erste Klavierlieder. Drei Sammlungen, 53 „Gedichte von Eduard Mörike" (1888), 20 „Gedichte von Eichendorff" (1889) und 51 „Gedichte von Goethe" (1890), machten W. bekannt. Während der Arbeit an der (unvollendeten) Oper „Manuel Venegas" brach eine progressive Paralyse aus; 1897 kam W. in eine Heilanstalt. Die histor. wie ästh. Bed. W. beruht auf seinen etwa 300 Liedern. Er übertrug Wagners Konzeption von melod. Textdeklamation in der Singstimme und Textausdeutung im Orchester auf das Klavierlied. – *Weitere Werke:* „Span. Liederbuch" (1891; P. von Heyse und E. Geibel), „Italien. Liederbuch" (1896; Heyse), „Sechs geistl. Lieder für gemischten Chor a cappella" (1881; Eichendorff), „Elfenlied" (1889–91; Shakespeare), „Der Feuerreiter" (1882; Mörike) für Chor und Orchester; Italien. Serenade für kleines Orchester (1892), Oper „Der Corregidor" (1896); Kammermusik.

W., Maximilian (Max), * Heidelberg 21. Juni 1863, † ebd. 3. Okt. 1932, dt. Astronom. – Prof. in Heidelberg. Wurde durch von ihm entwickelte Methoden und Instrumente (bes. des Stereokomparators) zu einem der Bahnbrecher der Himmelsphotographie und Astrophysik. Er entdeckte über 200 Planetoiden, einige Kometen, daneben galakt. und extragalakt. Nebel sowie Sterne mit großer Eigenbewegung. Gemeinsam mit J. Palisa erstellte er den ersten Sternatlas auf photograph. Grundlage (Wolf-Palisa-Karten).

W., Ror, Pseud. Raoul Tranchirer, * Saalfeld/Saale 29. Juni 1932, dt. Schriftsteller. – Verf. einer Erzählprosa („Pilzer und Pelzer", R., 1967; „Raoul Tranchirers Mitteilung an Ratlose", Prosa 1989), die Gewohntes verfremdet, alltägl. Denk- und Verhaltensmuster aufbricht. Bevorzugt nutzt W. dabei populäre Themenbereiche (wie Fußball in „Punkt ist Punkt", Prosa, 1971, erweitert 1973) und Science-fiction in der Hörspiel-Trilogie „Auf der Suche nach Doktor Q." (1976).

W., Rudolf, * Fällanden bei Zürich 7. Juli 1816, † Zürich 6. Dez. 1893, schweizer. Astronom. – Prof. in Zürich; entdeckte den Zusammenhang zw. Sonnenflecken und erdmagnet. Veränderungen.

Wolf ↑ Sternbilder (Übersicht).

Wolf (Canis lupus), früher in ganz Eurasien und N-Amerika weit verbreitetes Raubtier (Fam. Hundeartige), das heute durch weitgehende Ausrottung nur noch in Rückzugsgebieten vorkommt (größere W.bestände gibt es nur noch in Rußland und den asiat. Republiken der GUS, in Alaska und Kanada); Größe und Färbung sind je nach Verbreitungsgebiet sehr unterschiedlich, Länge rd. 100–140 cm, Schulterhöhe 65–90 cm. Schwanz etwa 30–50 cm lang, Höchstgewicht 75 kg (♂ größer und stärker als ♀); sehr geselliger, in Rudeln mit ausgeprägter Rangordnung lebender Hetzjäger, der auch große Beutetiere (bis zu Hirschgröße) zur Strecke bringt; Angriffe auf Menschen sind umstritten, da W. die Nähe des Menschen i. d. R. meiden. Brunstzeit Ende Dez. bis April. Man unterscheidet zahlr. Unterarten, darunter den **Rotwolf** (Canis lupus niger; in küstennahen, sumpfigen Prärien von O-Texas und Louisiana; Bestände stark bedroht), die **Timberwölfe** (einige große Unterarten in den nordamerikan. Wäldern) und den **Polarwolf** (Canis lupus tundrarum; große Unterart im äußersten NW N-Amerikas; mit dichtem, langhaarigem, fast weißem Fell).

Wolf. Timberwolf

Steinzeitl. Wandbilder deuten darauf hin, daß der W. bereits im frühen Mesolithikum domestiziert wurde. In der Bibel wird von Überfällen durch W. auf [Schaf]herden berichtet. Jesus warnt in seiner Bergpredigt vor falschen Propheten, die er als W. im Schafspelz bezeichnet. Zu einem Wahrzeichen der Stadt Rom wurde die Kapitolin. Wölfin. Eine beachtl. Rolle spielt seit Äsop der W. als Fabeltier.

Wolf, Zerkleinerungsmaschine, z. B. Fleischwolf, Papierwolf, Reißwolf.

Wolf, umgangssprachl. Bez. für ↑Wundsein.

Wolfach, Stadt im Schwarzwald, an der Kinzig, Bad.-Württ., 262 m ü. d. M., 6100 E. Heimat- und Glasmuseum, Luftkurort; Glashütte, Metallwaren-, Kleider-, Kartonagenfabrik, Branntweinbrennerei; alte Fastnachtsbräuche. – 1030 erstmals gen.; Stadtgründung zw. 1275 und 1305; 1938 Erneuerung des Stadtrechts. – Barockschloß (17. Jh.) mit Schloßkapelle (1671–81), barocke Wallfahrtskirche Sankt Jakobus d. Ä. (1680 ff.).

Wolfdietrich, mittelhochdt. Volksepos, dessen Stoff dem merowing. Sagenkreis entnommen ist und das Schicksal von W., dem Sohn von Hugdietrich (= Chlodwig) schildert; im „Großen W." (um 1300) werden alle Sagen um W. zusammengefaßt und mit den Sagen um Ortnit, den Sohn des Zwerges ↑Alberich, der von W. gerächt wird, verknüpft.

Thomas Wolfe

Wolfe [engl. wulf], Thomas, * Asheville (N. C.) 3. Okt. 1900, † Baltimore 15. Sept. 1938, amerikan. Schriftsteller. – Sein teils von lyr., teils krit.-satir. Elementen geprägtes [autobiograph.] Gesamtwerk vermittelt durch eine Fülle von Impressionen, Erinnerungen und Assoziationen ein anfangs betont skept., später optimist., häufig ins Mythische gesteigertes Bild Amerikas. – *Werke:* Schau heimwärts, Engel! (R., 1929), Von Zeit und Strom (R., 1935), Es führt kein Weg zurück (R., unvollendet, hg. 1940), Hinter jenen Bergen (Prosastück, hg. 1941).

W., Tom, eigtl. Thomas Kennerly, * Richmond (Va.) 2. März 1931, amerikan. Journalist und Schriftsteller. – Arbeitete bei verschiedenen Zeitungen (u. a. „Washington Post", „New York Herald Tribune"), seit 1977 Mithg. des „Esquire Magazine". W. entwickelte den als „New Journalism" bezeichneten Schreibstil, bei dem tatsächl. Ereignisse mit fiktionalen Techniken dargestellt werden; veröffentlichte Essaysammlungen und Prosa. – *Werke:* Unter Strom (1968), The painted world (1975), Mit dem Bauhaus leben. Die Diktatur des Rechtecks (1981), Fegefeuer der Eitelkeiten (R., 1987), The New America (1989).

Wolfegg, Gem. im südl. Oberschwaben, Bad.-Württ., 690 m ü. d. M., 3 000 E. Oldtimermuseum. – Vierflügeliges Renaissanceschloß (1578–86; Ausstattung 17. und 18. Jh.) mit bed. Kunstsammlungen (↑Hausbuchmeister); Schloßkirche (1733–42) mit Rokokodekoration, Beamtenhäuser (18. Jh.).

Wolfen, Stadt im Bitterfelder Braunkohlenrevier, Sa.-Anh., 45 600 E. Chem. Ind. (v. a. Filmherstellung).

Wolfenbüttel [ˈvɔlfənbytəl, vɔlfənˈbytəl], Krst. an der Oker, Nds., 75 m ü. d. M., 51 400 E. Ev.-luth. Bischofssitz; Lessing-Akad.; Fachhochschule Braunschweig-W.; Niedersächs. Staatsarchiv W., Herzog-August-Bibliothek, Lessinghaus, Stadt- und Kreismuseum, archäol. Landesmuseum. Bed. Erwerbsgartenbau; chem., Elektro-, Spirituosen- und Maschinenbauind. – Die 1118 erwähnte, Mitte des 13. Jh. zerstörte Wasserburg W. wurde nach 1283 von den Welfen als Residenz ausgebaut; um 1500 zus. mit der Dammvorstadt (später Heinrichstadt) ummauert; erhielt zw. 1540 und 1570/78 Stadtrechte; seit 1567 entstand die Juliusvorstadt (im O), nach 1652 die Augustvorstadt (im W), die 1747 mit Heinrichstadt zur Stadt W. vereinigt wurden (Residenz bis 1753); an der von Herzog August d. J. von Braunschweig-W. gegr. (Staats-)Bibliothek wirkten 1690 bis 1716 Leibniz und 1770–81 Lessing. – Typ. Residenzstadt der Renaissance; Schloß (nach 1547 ff.); ev. Marienkirche (1607–26; erster bed. prot. Kirchenbau), ev. Johanniskirche (1663), Trinitatiskirche (1719 geweiht); Zeughaus (1613 begonnen); im mod. Kanzlei (1587/88).

W., Landkreis in Niedersachsen.

W., seit dem 13. Jh. aus den Teilungen des Hauses ↑Braunschweig hervorgegangenes welf. Ft. im Gebiet von Aller und Oker.

Wolfenbütteler Fragmente, Bez. für jene Teile der von H. S. Reimarus verfaßten „Apologie oder Schutzschrift für die vernünftigen Verehrer Gottes", die G. E. Lessing nach dessen Tod in den Wolfenbütteler Beiträgen „Zur Geschichte und Litteratur" 1774–77 u. d. T. „Fragmente eines Wolfenbüttelschen Ungenannten" veröffentlichte.

Wolfenstein, Alfred, *Halle/Saale 28. Dez. 1888, †Paris 22. Jan. 1945 (Selbstmord), dt. Schriftsteller. – Dichter und Theoretiker des Expressionismus. 1933 Emigration nach Prag, dann nach Paris. – *Werke:* Die gottlosen Jahre (Ged., 1914), Menschl. Kämpfer (Ged., 1919), Jüd. Wesen und neue Dichtung (Essay, 1922), Die Nacht vor dem Beil (Dr., 1929).

Wolff, (Wolf) Christian Frhr. von (seit 1745), *Breslau 24. Jan. 1679, †Halle/Saale 9. April 1754, dt. Philosoph. – 1706 Prof. für Mathematik in Halle. Auf Grund des Vorwurfs des „Determinismus" und der Religionsfeindlichkeit durch pietist. Theologen 1723 amtsenthoben und des Landes verwiesen. 1723 Prof. in Marburg. 1740 durch Friedrich II. Prof. in Leipzig für Natur- und Völkerrecht. Von R. Descartes und der Spätscholastik (v. a. F. Suárez) beeinflußt, brachte W. zentrale Teile der Leibnizschen Philosophie in eine schulmäßige, systemat. Fassung (deshalb: „Leibniz-Wolffsche Philosophie"); bed. Philosoph der frühen dt. Aufklärung. Er übertrug die mathemat. Methodik auf alles Denken. W. vertrat die Idee der bürgerl. Gesellschaft von der freien Entfaltung des Individuums in einem nach Vernunftgesetzen geordneten Rechtsstaat, der unlegitimierte Autorität von Kirche und Staat verwirft und die republikan. Staatsform favorisiert. – W., der als erster eine dt. Terminologie verwendete, gilt als einer der Mitbegr. des modernen Völkerrechts. – *Werke:* Anfangsgründe aller mathemat. Wiss. (1710), Vernünftige Gedanken von den Kräften des menschl. Verstandes ... (1713), Vernünftige Gedanken von Gott, der Welt und der Seele des Menschen ... (1720), Vernünftige Gedanken von dem gesellschaftl. Leben der Menschen ... (1721), Philosophia rationalis sive logica (1728), Psychologia rationalis (1734), Theologia naturalis (1736/37), Jus naturae ... (8 Bde., 1740–48), Jus gentium (1749), Philosophia moralis sive ethica (5 Bde., 1750–53), Oeconomica (1754/55).

W., Jacob, d. Ä. *Bamberg um 1546, †Nürnberg vor dem 16. Juli 1612, dt. Baumeister und Bildhauer. – Vater von Jacob W. d. J.; Stadtbaumeister von Nürnberg seit 1596; u. a. Neu- und Umbauten der Festung Marienberg in Würzburg (1601–05) sowie das Pellerhaus in Nürnberg (1602–07); nach 1945 teilweise wiederaufgebaut.

W., Jacob, d. J., *Bamberg (?) 1571, †Nürnberg 25. Febr. 1620, dt. Baumeister. – Sohn von Jacob W. d. Ä. Erbaute in repräsentativem Renaissancestil v. a. das Rathaus in Nürnberg (1616–22; nach 1945 wiederaufgebaut).

W., Kurt, *Bonn 3. März 1887, †Ludwigsburg 21. Okt. 1963, dt. Verleger. – Übernahm 1913 den 1908 von E. Rowohlt gegründeten Verlag in Leipzig (seither *K.-W.-Verlag;* 1917 nach Darmstadt, 1919 nach München verlegt); erwarb dazu 1917 den *Hyperion-Verlag* sowie den *Verlag der Weißen Bücher* und gründete 1924 in Florenz den Kunstverlag *Pantheon Casa Editrice S. A.* Er verlegte u. a. Werke von F. Kafka, F. Werfel, M. Brod, H. Mann, G. Meyrink und R. Tagore. Nach Auflösung seiner Firmen (1930) und Emigration (1933) gründete W. 1942 in New York den Verlag *Pantheon Books, Inc.*

W., Theodor, *Berlin 2. Aug. 1868, †ebd. 23. Sept. 1943, dt. Schriftsteller und Publizist. – 1889 Mitbegr. der Freien Bühne in Berlin; 1894–1906 Pariser Korrespondent des „Berliner Tageblatts", 1906–33 dessen Chefredakteur und Kommentator; 1918 Mitbegr. der DDP (Austritt 1926); emigrierte im Febr. 1933; 1934 Aberkennung der dt. Staatsbürgerschaft; 1943 in Nizza verhaftet, der Gestapo übergeben und ins KZ gebracht; starb im Israelit. Krankenhaus in Berlin; schrieb u. a. Romane und Theaterstücke. – Den 1961 gestiftete **Theodor-Wolff-Preis** für bed. journalist. Leistungen verlieh bis 1973 die „Axel-Springer-Stiftung", seitdem der Bundesverband Dt. Zeitungsverleger e. V.

W., Willy, *Dresden 5. Juli 1905, †ebd. 8. Juli 1985, dt. Maler, Zeichner und Plastiker. – Meisterschüler bei O. Dix; schuf gegenständl. Bilder und skurrile, detailpräzise Zeichnungen, in den 60er Jahren von der Pop-art beeinflußte Collagen, später Farbkompositionen und Metallobjekte im Sinne der ↑konkreten Kunst.

Wölfflin, Heinrich, *Winterthur 24. Juni 1864, †Zürich 19. Juli 1945, schweizer. Kunsthistoriker. – Prof. in Basel, Berlin, München, Zürich. Stellte in seinen Schriften die Gestalt des Kunstwerks statt kulturhistor. Zusammenhänge in den Vordergrund. Hauptwerk: „Kunstgeschichtl. Grundbegriffe" (1915).

Wolffs Telegraphen-Bureau [byˈroː], Abk. WTB, von B. Wolff (*1811, †1879) 1849 als „Telegraph. Correspondenz-Bureau" in Berlin gegr. erste dt. Nachrichtenagentur; wurde offiziöses Sprachrohr der preuß. Reg., seit 1874 AG; 1933 mit der Telegraphen-Union Hugenbergs zur Dt. Nachrichtenbüro GmbH (bis 1945) vereinigt.

Wolff von Amerongen, Otto, *Köln 6. Aug. 1918, dt. Industrieller. – Übernahm 1940 das in der Eisenind. angesiedelte Familienunternehmen; 1969–88 Präs. des Dt. Ind.- und Handelstages, seit 1957 Vors. des Ostausschusses der dt. Wirtschaft sowie 1967–90 Präs. der Ind.- und Handelskammer Köln.

Wolfgang, hl., *in Schwaben, †Pupping (Oberösterreich) 31. Okt. 994, dt. Missionar und Bischof. – 971 Missionar in Ungarn und ab 972 Bischof von Regensburg; wirkte hier v. a. als Klosterreformer. – Fest: 31. Oktober.

Wolfgangsee ↑Sankt-Wolfgang-See.

Wolfhagen, hess. Stadt am W-Fuß des Habichtswaldes, 280 m ü. d. M., 12 400 E. Apparate-, Maschinen- und Fahrzeugbau, Textil- und Elektroind. – Gegr. Anfang 13. Jh. in Anlehnung an eine Burg; vor 1264 Stadtrecht. – Got. ev. Stadtkirche (13. Jh.; mit spätgot. Chor); Fachwerkrathaus (1657–59); ma. Stadtbild. Nahebei Schloß Elmarshausen, eine spätma. Wasserburg.

Wolfram von Eschenbach, *Eschenbach (= Wolframs-Eschenbach) um 1170/80, †ebd. um 1220, dt. Dichter. – Seine Lebensumstände sind nur aus Angaben in sei-

Theodor Wolff

Christian Wolff
(Kupferstich aus dem Jahr 1755)

Wolfram

nem Werk zu rekonstruieren. Er entstammte wahrscheinlich einem bayr. Ministerialengeschlecht, führte ein Wanderleben, das ihn ins Main-Odenwald-Gebiet (Aufenthalt auf der Wildenburg bei Amorbach) führte; später lebte er wahrscheinlich in der Steiermark und hatte auch Kontakte zum Hof des Landgrafen Hermann I. von Thüringen; begraben ist er vermutlich in Eschenbach. W. ist der handschriftl. Überlieferung nach der wirkungsreichste Dichter des dt. MA. Sein Hauptwerk ist der Entwicklungsroman in Versen „Parzival" (um 1200–1210). Der Tor Parzival wird in den Kreis des Königs Artus aufgenommen und schließlich Herrscher über das Reich des Grals, nachdem er in verschiedenen Entwicklungsstufen die Reife zu diesem Amt erlangte. Die an histor. Fakten anknüpfende Reimpaarerzählung „Willehalm" (um 1212 begonnen, um 1217 abgebrochen) dehnt die Vorstellung vom gottbezogenen Ritter- und Menschentum auch auf die heidn. Welt aus. Fragment blieb auch die Minneerzählung in Versen „Titurel" (etwa gleichzeitig mit dem „Willehalm"), die das Schicksal des Liebespaares Sigune und Schionatulander gestaltet. W. schrieb auch 9 Lieder, davon 5 Tagelieder.

Wolfsburg Stadtwappen

Wolfram von Eschenbach. Darstellung in der Großen Heidelberger Liederhandschrift (Heidelberg, Universitätsbibliothek)

Wolfram [zu Wolf und landschaftlich Rahm „Ruß, Schmutz"] (engl. Tungsten), chem. Symbol W; metall. Element aus der VI. Nebengruppe des Periodensystems, Ordnungszahl 74, relative Atommasse 183,85, Dichte 19,3 g/cm³, Schmelzpunkt 3 410 °C, Siedepunkt 5 660 °C. Das silberweiße Schwermetall ist chemisch sehr beständig; von einem Gemisch aus Flußsäure und Salpetersäure wird es langsam gelöst. In seinen meist farbigen Verbindungen tritt W. meist sechs-, seltener zwei- bis fünfwertig auf. In der Natur kommt es nur in Form von Verbindungen vor. Zur Gewinnung werden W.erze in W.trioxid überführt, das mit Wasserstoff zum Metall reduziert wird. W. besitzt den höchsten Schmelzpunkt aller Metalle und wird daher zur Herstellung von Glühlampen für Glühlampen und Elektronenröhren verwendet. *W.legierungen* (u. a. mit Molybdän, Niob, Tantal und Eisen [W.stähle]) zeichnen sich durch große therm. und mechan. Beständigkeit aus. Verbindungen von W. mit Kohlenstoff (W.carbide) sind sehr harte Werkstoffe, z. B. die Wolframcarbid-Kobalt-Legierungen (Widia Ⓦ).

Wolframate, die Salze der Wolframsäure, H_2WO_4, die durch Auflösen von Wolframtrioxid, WO_3, in starken Alkalien entstehen; Verwendung u. a. als Leuchtstoffe.

Wolframit, dunkelbraunes bis schwarzes, metallisch glänzendes monoklines Mineral, $(Fe, Mn)WO_4$; Mohshärte 4,5; Dichte 6,7–7,5 g/cm³ (in Abhängigkeit vom Fe-Gehalt); Zwischenglied einer isomorphen Mischungsreihe mit den Mineralen *Ferberit,* $FeWO_4$, und *Hübnerit,* $MnWO_4$, als Endgliedern; wichtiges Wolframerz.

Wolfratshausen, Stadt an der Loisach, Bay., 577 m ü. d. M., 15 300 E. Pharmazeut. und feinmechan. Ind., Cembalobau. – 1003 erstmals gen.; seit 1280 Markt. 1961 Stadtrecht. – Frühbarocke Stadtkirche (17. Jh.).

Wolfsauge (Lycopsis), Gatt. der Rauhblattgewächse, die heute auch zur Gatt. ↑Ochsenzunge gestellt wird; einheimisch ist der auf Sandböden verbreitete **Ackerkrummhals** (Lycopsis arvensis), ein 20–40 cm hohes Kraut mit borstig behaarten, schmal lanzettförmigen Blättern und hellblauen, in Wickeln stehenden Blüten.

Wolfsbarsch, svw. ↑Seebarsch.

Wolfsberg, östr. Bez.hauptstadt im Lavanttal, Kärnten, 462 m ü. d. M., 28 100 E. Bekleidungs-, Schuh-, Papier-, Zellstoff-, metallverarbeitende Ind. – Bei einer 1178 erstmals gen. Burg entstanden, 1295 als Stadt bezeichnet (1331 neues Stadtrecht). – Roman. Stadtpfarrkirche (13. Jh.) mit got. Chor (14. Jh.).

Wolfsburg, Stadt am Mittellandkanal, Nds., 55–109 m ü. d. M., 126 700 E. Gemäldegalerie; Planetarium; Theater; Hoffmann-von-Fallersleben-Museum; Automobilbau. – Die 1938 auf dem Gebiet des Rittergutes W. und 6 umliegender Gemeinden (seit 1945 als Stadt bezeichnet) im Zusammenhang mit dem Volkswagenwerk (↑Volkswagen AG) gegr. Stadt gilt als bedeutendste Stadtgründung des 20. Jh. in M-Europa. 1972 wurden die Städte **Fallersleben** (im 10. Jh. zuerst erwähnt, Stadt seit 1929) und **Vorsfelde** (Ersterwähnung 1145, Stadt seit 1955) eingemeindet. – Schloß W. (13./14. und 16. Jh.) im Stil der Weserrenaissance, Kulturzentrum (1959–63; von A. Aalto), Theater (1971–73; von H. Scharoun).

Wolfsfische, svw. ↑Seewölfe.

Wolfshund, volkstüml. Bez. für den ↑Deutschen Schäferhund.
▷ (Ir. W.) ir. Windhundrasse; bis 95 cm schulterhohe, rauhhaarige Hunde mit langem Windhundkopf.

Wolfskehl, Karl, *Darmstadt 17. Sept. 1869, †Bayswater (Neuseeland) 30. Juni 1948, dt. Schriftsteller. – Mit S. George Hg. der „Blätter für die Kunst" und der Sammlung „Dt. Dichtung" (1901–03); sein Haus in Schwabing war Mittelpunkt des George-Kreises; Verbindung zum Münchner Kreis der „Kosmiker" um A. Schuler. 1933 Emigration. Verf. von Lyrik sowie von Essays, Mysterienspielen und Dramen; auch Übersetzer. – *Werke:* Saul (Dr., 1905), Der Umkreis (Ged., 1927), Bild und Gesetz (Essays, 1930), Die Stimme spricht (Ged., 1934), An die Deutschen (Ged., 1947), Sang aus dem Exil (Ged., hg. 1950).

Wolfskehlmeister, dt. Bildhauer um die Mitte des 14. Jh. – Ben. nach dem Grabmal des Bischofs Otto von Wolfskehl im Würzburger Dom (um 1348). Zu den bedeutendsten Werken der dt. Plastik des 14. Jh. zählt sein Grabmal des Bischofs Friedrich von Hohenlohe († 1352) im Bamberger Dom.

Wolfsmilch (Euphorbia), Gatt. der W.gewächse mit rd. 2 000 Arten, bes. in den Tropen und Subtropen (v. a. in Afrika); Kräuter, Sträucher und Bäume mit giftigem Milchsaft in ungegliederten Milchröhren. Viele Arten, v. a. afrikan., sind stammsukkulent und ähneln Kakteen. Bekannte Zierpflanzen sind ↑Christusdorn und ↑Weihnachtsstern. Einheimisch sind u. a.: **Gartenwolfsmilch** (Euphorbia peplus), Stengel 10–30 cm hoch, mit gestielten, rundl. Blättern und gelblichgrünen Blüten; Garten- und Ackerunkraut. **Zypressenwolfsmilch** (Euphorbia cyparissias), 15–30 cm hoch, mit dünnen, hellgrünen, linealförmigen, bis 3 mm breiten Blättern; Hüllblätter der Teilblütenstände gelb bis rötlich; auf trockenen, sandigen Böden. **Springwolfsmilch** (Kreuzblättrige W., Euphorbia lathyris), bis 1,5 m hoch, mit gekreuzt-gegenständigen, schmalen Blättern und haselnußgroßen, knackend aufspringenden Kapselfrüchten; wird häufig in Gärten angepflanzt (soll Wühlmäuse vertreiben).

Wolfsmilchgewächse (Euphorbiaceae), Familie der Zweikeimblättrigen mit rd. 7 500 Arten in etwa 300 Gatt., überwiegend in den Tropen und Subtropen. Bäume, Sträucher, Stauden oder einjährige Kräuter mit bisweilen giftigem Milchsaft; sehr vielgestaltige Pflanzen, oft sukkulent und kakteenähnlich. Wichtigste Gatt. sind Parakautschukbaum, Manihot, Rizinus, Wolfsmilch und Wunderstrauch.

Wolfsmilchschwärmer (Celerio euphorbiae), dämmerungsaktiver, 7–8 cm spannender Schmetterling (Fam. Schwärmer) in Eurasien und N-Afrika; Vorderflügel meist graugrün gefärbt, mit je einer olivgrünen Querbinde; Raupen bis 9 cm lang, fressen an Wolfsmilcharten.

Wolfsrachen (Cheilognathopalatoschisis), schwere angeborene Mißbildung, von der Oberlippe bis zum Gaumenzäpfchen durchgehende Lippen-Kiefer-Gaumen-Spalte.

Wolfsschanze, während des 2. Weltkriegs das Führerhauptquartier nahe Rastenburg; zw. dem 24. Juni 1941 und dem 20. Nov. 1944 von Hitler mit Unterbrechungen benutzt; Schauplatz des Attentats vom 20. Juli 1944.

Wolfsspinnen (Lycosidae), mit rd. 1 500 Arten weltweit verbreitete Fam. bis 5 cm langer Spinnen, davon 65 Arten einheimisch, z. T. in Erdröhren lebende Tiere, die keine Netze weben und ihre Beute im Sprung fangen. Zu den W. gehören u. a. die ↑Taranteln.

Wolfsspitz

Wolfsspitz, sehr alte dt. Hunderasse; bis 50 cm schulterhohe Spitze mit üppiger, wolfsgrauer Behaarung, Stehohren und Ringelrute.

Wolga, längster Strom Europas, entspringt in den Waldaihöhen, Rußland, mündet ins Kasp. Meer, 3 530 km lang, Einzugsgebiet 1,36 Mill. km². Zw. Okamündung und Wolgograd erstreckt sich rechtsseitig das Bergufer (bis 375 m ü. d. M.), dem linksseitig das (flache) Wiesenufer gegenüberliegt. Von der unteren W. zweigt der Nebenarm ↑Achtuba ab. Das etwa 19 000 km² große W.delta beginnt 46 km nördl. von Astrachan, es weist über 800 Wasserarme auf. Die W. ist die wichtigste Binnenwasserstraße Rußlands, sie ist von Rschew an auf 3 256 km schiffbar und durch Kanäle mit Ostsee, Weißem, Asowschem und Schwarzem Meer sowie mit Moskau verbunden. An ihrem Flußlauf liegen 8 Staustufen mit großen Stauseen und Wasserkraftwerken (W.kaskade), am Unterlauf Bewässerungsgebiete.

Wolgadeutsche ↑Rußlanddeutsche.

Wolgadeutsche Republik (Wolgarepublik), ehem. ASSR in Rußland, an der unteren Wolga, 28 200 km², 605 000 E (1939; etwa 400 000 [Wolga-]Deutsche), Hauptstadt Engels. – Das am 19. Okt. 1918 errichtete autonome Gebiet der Wolgadeutschen wurde am 6. Jan. 1924 in eine ASSR innerhalb der RSFSR umgewandelt; Amtssprache war Deutsch. Nach dem dt. Angriff auf die Sowjetunion (22. Juni 1941) wurde die dt. Bev. kollektiv der Kollaboration mit Hitler-Deutschland beschuldigt und zwangsweise nach Sibirien und M-Asien (Kasachstan, Kirgisien, Tadschikistan) umgesiedelt; die ASSR wurde aufgelöst (28. Aug. 1941; offiziell erst am 25. Sept. 1945). – ↑Rußlanddeutsche.

Wolga-Don-Schiffahrtskanal, Schiffahrtskanal zw. der unteren Wolga (Wolgograd) und dem unteren Don (Zimljansker Stausee); 101 km lang; 13 Schleusen.

Wolga-Ostsee-Wasserweg, Binnenwasserstraße, die die obere Wolga mit der Ostsee über [Stau]seen und Flüsse verbindet; etwa 1 100 km lang.

Wolgast, Krst. an der Peene, Meckl.-Vorp., 12 m ü. d. M., 17 400 E. Werft; Straßenbrücke nach Usedom. – Entstand als wend. Burg- und Marktflecken; seit 1257 Stadtrecht (lüb. Recht seit 1282). 1295–1464 und 1532 bis 1625 Residenz des Hzgt. Pommern-W.; Hansestadt; 1648 an Schweden, 1815 an Preußen (Prov. Pommern). – Spätgot. Petrikirche (14. Jh.), Gertrudenkapelle (um 1400).
W., Landkr. in Mecklenburg-Vorpommern.

Wolga-Ural-Erdölgebiet (veraltet Zweites Baku), zweitgrößtes Erdölfördergebiet Rußlands, im O des europ. Teils, zw. Wolga und Ural, etwa 700 000 km²; auch umfangreiche Erdgasgewinnung; Petrochemie (Ufa, Samara, Saratow, Wolgograd); Erdöl- und Erdgasfernleitungen.

Wolgemut, Michael, * Nürnberg 1434, † ebd. 30. Nov. 1519, dt. Maler und Zeichner für den Holzschnitt. – Schüler und 1473 Werkstattnachfolger von H. Pleydenwurff, Lehrer A. Dürers; beeinflußt von der niederl. Malerei und von M. Schongauer. Schuf Altäre (u. a. den Peringsdörfer Altar, 1486/88; Nürnberg, Friedenskirche). In seiner Werkstatt entstanden Holzschnitte zum „Schatzbehalter" (1491) und zur „Schedelschen Weltchronik" (1493).

Wolgodonsk [russ. vɐlgɐˈdɔnsk], Stadt am S-Ende des Zimljansker Stausees des Don, Rußland, 176 000 E. Bau von Ausrüstungen für Kernkraftwerke; Erdölverarbeitung.

Wolgograd [russ. vɐlgɐˈgrat], Geb.hauptstadt in Rußland, an der Wolga, 1 Mill. E. Univ. (1980 gegr.), 6 Hochschulen, Museen, Theater, Philharmonie; Planetarium. W. bildet zus. mit der Ind.stadt **Wolschski** (269 000 E) einen Ind.schwerpunkt an der Wolga; u. a. Traktorenwerk, Aluminiumhütte, Werft, Erdölraffinerie; Hafen. Oberhalb von W. bei Wolschski Wolgograder Stausee (3 117 km², 31,5 Mrd. m³; Wasserkraftwerk). – Gegr. 1589 als Festung **(Zarizyn);** 1670 teilweise zerstört; 1925 in **Stalingrad** umbenannt (seit 1961 W.); im 2. Weltkrieg (↑Stalingrad, Schlacht von) stark zerstört, planmäßig im Stil der späten Stalinzeit neu aufgebaut. Monumentaldenkmal (1963–67) auf dem Mamaihügel.

Wolhynien [voˈlyːni̯ən] ↑Wolynien.

wolhynisches Fieber [voˈlyː...], svw. ↑Fünftagefieber.

Wolken, sichtbare, in der Luft schwebende Ansammlungen von Kondensationsprodukten des Wasserdampfes, d. h. von sehr kleinen Wassertröpfchen, Eiskristallen oder beiden gemeinsam.
Die W.bildung setzt eine genügend feuchte, sich unter den ↑Taupunkt abkühlende Luft voraus, wobei gleichzeitig ↑Kondensationskerne in ausreichender Zahl vorhanden sein müssen, an denen sich die Wasserdampfmoleküle bei der Kondensation anlagern können. Die Abkühlung der Luft erfolgt v. a. durch Vertikalbewegungen: durch erzwungene Hebungsprozesse (Aufgleiten z. B. an Berghängen oder an Fronten in der Atmosphäre) oder Aufsteigen infolge Dichteunterschiedes ungleich erwärmter Luftmassen.

Michael Wolgemut. Kreuztragung Christi, Seitenflügel des Peringsdörfer Altars, 1486/88 (Nürnberg, Friedenskirche)

Wolkenbruch

Aufsteigende Luft kühlt sich trockenadiabatisch ab, bis der in ihr enthaltene Wasserdampf den Sättigungszustand (100 % relative Feuchtigkeit) erreicht hat. In dieser Höhe (Kondensationsniveau) beginnt die Kondensation des Wasserdampfes; kleine W.wassertröpfchen (Ø 2–15 μm) bilden sich. Die weitere Abkühlung geht feuchtadiabatisch (langsamer) vor sich. Steigt die Luft so weit auf, daß der Gefrierpunkt unterschritten wird, tritt im allg. noch kein Gefrieren ein; die W.tröpfchen bleiben vielmehr flüssig, die Wolke befindet sich zw. 0 und $-15\,°C$ im unterkühlten Zustand. Im allg. gefrieren unter $-15\,°C$ dann die ersten W.tröpfchen zu Eiskristallen. Aus der urspr. *reinen Wasserwolke* wird eine *Mischwolke* mit Wassertröpfchen und Eiskristallen. Mit abnehmender Temperatur vergrößert sich die Zahl der Eiskristalle. Unterhalb von $-35\,°C$ bestehen die W. als *Eis-W.* überwiegend aus Eiskristallen.

Nach internat. Vereinbarung werden nach Form und Höhe 10 W.gattungen unterschieden und sog. W.stockwerken (4 *W.familien*) zugeordnet.

Oberes Stockwerk (7–13 km): **Zirrus** (Cirrus, Ci): *Feder-W.*, aus einzelnen Fasern oder Büscheln bestehende, weiße, seidig glänzende Eiswolken. **Zirrostratus** (Cirrostratus, Cs): dünner, weißer Eiswolkenschleier, der meist den ganzen Himmel überzieht und Haloerscheinungen hervorruft. **Zirrokumulus** (Cirrocumulus, Cc): feine *Schäfchen-W.*, Flecken oder Felder kleiner, weißer W.flocken oder -bällchen. *Mittleres Stockwerk* (2–7 km): **Altokumulus** (Altocumulus, Ac): höhere, gröbere Schäfchen-W., Felder oder Bänke aus weißen oder grauen, flachen W.ballen oder -walzen, gröber als Zirrokumulus. **Altostratus** (As): graue oder bläul., gleichmäßige W.schicht, große Teile des Himmels bedeckend; läßt die Sonne stellenweise als verwaschene Scheibe erkennen. **Nimbostratus** (Ns): gleichmäßig strukturlose graue bis dunkelgraue W.schicht mit uneinheitl. Untergrenzen, aus der Niederschlag fällt; unterhalb der W.masse sich bildende W.fetzen können mit ihr zusammenwachsen. *Unteres Stockwerk* (0–2 km): **Stratokumulus** (Stratocumulus, Sc): tiefe, grobe Schicht oder Bänke aus grauen oder weißl., schollen-, ballen- oder walzenartigen W.teilen, die auch zusammengewachsen sein können. **Stratus** (St): graue, gleichförmige W.schicht mit tiefer Untergrenze, aus der – im Ggs. zu Nimbostratus – nur kleintropfiger Niederschlag fallen kann; charakterist. Form des Hochnebels. **Kumulus** (Cumulus, Cu): dichte, scharf abgegrenzte Haufen-W. mit nahezu horizontaler Untergrenze; entweder verhältnismäßig flach (Schönwetterkumulus) oder quellend in die Höhe wachsend; leuchtend weiß im Sonnenlicht. **Kumulonimbus** (Cumulonimbus, Cb): mächtig aufgetürmte Haufen-W. (oft große Höhen erreichend, in den Tropen bis 16 km), die höchsten Teile vielfach amboßartig ausgebreitet, aus der Schauerniederschläge, häufig von Gewittern begleitet (Gewitter-W.), fallen. Kumulus und Kumulonimbus zählen zu den *Quell-W.* und zeigen eine labile Schichtung der Atmosphäre an (Quellbewölkung; häufig mit Regenschauern).

Innerhalb dieser 10 Gattungen unterscheidet man noch mehrere Arten durch Zusätze wie *fibratus* (fib) = faserig, *stratiformis* (str) = schichtförmig *(stratiforme W.)* oder *lenticularis* (len) = linsenförmig *(Lentikularis-W.)*.

Wolkenbruch, heftiger, plötzlich einsetzender Regen.
Wolkenkratzer ↑ Hochhaus.
Wolkenstein, Oswald von ↑ Oswald von Wolkenstein.
Wollaffen (Lagothrix), Gatt. der Kapuzineraffenartigen mit zwei Arten bes. am oberen Amazonas; Körper rd. 50–70 cm lang, mit etwa körperlangem Greifschwanz; Fell sehr dicht, kurz und wollig, dunkel rötlichbraun bis grau oder schwärzlich. Die W. sind gesellige Baumbewohner, deren größte und bekannteste Art der 50–70 cm lange

Wolken

Links: Zirrus, hohe Federwolken. Rechts: Zirrostratus, hohe Federwolken in verschiedenen Stockwerken bei Sonnenuntergang

Links: Altokumulus, hohe Haufenschichtwolken in Linsenform gegen Sonnenuntergang. Rechts: Altostratus, Aufzug hoher Schichtwolken mit durchscheinender Sonne

Graue Wollaffe (Schieferaffe, Lagothrix lagotricha) mit dunkel- bis bräunlichgrauem Fell ist.

Wollaston, William Hyde [engl. 'wʊləstən], *Dereham (= East Dereham, Norfolk) 6. Aug. 1766, †London 22. Dez. 1828, brit. Naturforscher. – W. beschäftigte sich mit der pulvermetallurg. Verarbeitung des Platins und entdeckte dabei Palladium und Rhodium. Seine opt. Arbeiten betrafen u. a. die Lichtbrechung und das Spektrum; er beobachtete dunkle Linien im Sonnenspektrum. W. befaßte sich ferner mit Mineralogie und Kristallographie; entwickelte z. B. das Reflexionsgoniometer. Seine physiolog.-chem. Untersuchungen führten 1810 zur Isolierung der ersten natürl. Aminosäure.

Wollastonit [nach dem brit. Naturforscher W. H. Wollaston], weißes, glas-, auch perlmutterartig glänzendes, meist derbe strahlige Aggregate bildendes trimorphes Mineral, $Ca_3[Si_3O_9]$. Neben dem triklinen und dem monoklinen W. existiert oberhalb 1 125 °C noch die pseudohexagonale Modifikation, der *Cyclo-(Pseudo-)W.* Mohshärte 4,5–5; Dichte 2,8–2,9 g/cm³. Vorkommen in kontaktmetamorphen Kalken (Marmor) und in Ergußgesteinen.

Wolläuse, svw. ↑Schmierläuse.

Wollbaum, svw. ↑Kapokbaum.

Wollbaumgewächse (Baumwollbaumgewächse, Bombacaceae), Fam. der Zweikeimblättrigen mit rd. 200 Arten in 28 Gatt. in den Tropen, vorwiegend im trop. Amerika; Bäume mit oft dickem, wasserspeicherndem Stamm (Flaschenbäume), gefingerten oder ungeteilten Blättern und zuweilen großen Blüten. Wichtigste Gatt. sind: Affenbrotbaum, Balsabaum, Kapokbaum und Seidenwollbaum.

Wollbienen (Anthidium), v. a. auf der N-Halbkugel verbreitete Gatt. einzeln lebender Bienen mit rd. 10 etwa 0,6–1,8 cm langen, meist wespenartig schwarz und gelb gezeichneten einheim. Arten; Nest v. a. in Erdlöchern mit Zellen aus eingetragener „Pflanzenwolle".

Wollblume, svw. ↑Königskerze.

Wolle, die aus dem Haarvlies von Schafen gewonnenen, v. a. aus Wollhaaren (Unterhaar) bestehenden spinnbaren Fasern, die als Rohstoffe für Textilien verwendet werden; i. w. S. auch Bez. für die von anderen Säugetieren, insbes. Angora- und Kaschmirziegen, Kamelen und Angorakaninchen, gewonnenen spinnfähigen tier. Haare, die im Ggs. zu der (meist einfach W. genannten) Schaf-W. mit einem ihre Herkunft kennzeichnenden Vorsatz versehen und häufig auch als „Haar" bezeichnet werden (z. B. Angora-W., Kamelhaar). – Die Haare der *Schaf-W.* zeichnen sich durch eine mehr oder weniger starke Kräuselung aus, durch die hohe Bauschkraft und große Wärmehaltigkeit bedingt sind. Allg. sind feine W. auch stärker gekräuselt. Nach der Feinheit werden folgende Hauptgruppen unterschieden: *Merino-W.* (bes. fein und sehr stark gekräuselt), *Crossbred-W.* (mittelfein, mittellang, normal gekräuselt), *Cheviot-W.* (grob, lang, wenig gekräuselt). Nach der Art der Gewinnung unterscheidet man: *Schur-W.* (von lebenden Schafen geschoren), *Haut-* oder *Schlacht-W.* (vom Fell geschlachteter Tiere), *Gerber-W.* (Schwitz-W. bzw. Schwöde-W.; bei der Lederherstellung anfallende W.; sie ist durch die Vorbehandlung in Griff, Festigkeit, Glanz und Geschmeidigkeit geschädigt), *Sterblings-W.* (von verendeten Tieren; Haare geringer Qualität, im Durchmesser ungleichmäßig). Feine, meist kurze und stark filzende W. werden vorwiegend zu Streichgarnen, mittelgrobe und grobe W. v. a. zu Kammgarnen verarbeitet; sie werden entsprechend als *Streich-* bzw. *Kamm-W.* bezeichnet. Bes. grobe und lange W. werden *Teppich-W.* genannt.

Auf Grund der zahlr. in der W. enthaltenen hydrophilen Säureamidgruppen sind die Fasern hygroskopisch; sie neh-

William Hyde Wollaston

Links: Stratus, Nebelmeer im Tal mit Dunstschicht in der Ferne. Rechts: Kumulus, flache Haufenwolken (Schönwetterwolken)

Links: Nimbostratus, chaotische Bewölkung an der Rückseite einer Kaltfront. Rechts: Stratokumulus, mächtige Schicht- und Haufenschichtwolken nach Regen

men aus der Luft Feuchtigkeit auf und geben sie in trockener Umgebung wieder ab. Eine weitere wichtige Eigenschaft der W. ist ihre Elastizität und damit ihre Fähigkeit, sich von Deformationsbeanspruchung zu erholen. Unterschiedlich reagiert W. auf die Einwirkung von heißem Wasser bzw. Wasserdampf: Während sie bei kurzzeitiger Einwirkung von heißem Wasser stark (bis über 30 %) schrumpft, kann sie bei längerer Einwirkung von Wasserdampf unter Dehnung bleibend (formbeständig) gestreckt werden. Diese Reaktion wird bei Ausrüstung von Wollstoffen zur Verhinderung des Einlaufens ausgenutzt, wobei gleichzeitig Glanz und Griff der Stoffe verbessert werden. Große Bed. besitzt das durch die schuppige Oberflächenstruktur der W. bedingte Filzvermögen, das die Grundlage für die Herstellung von Filz und Tuch durch Walken bildet; gleichzeitig ist das Filzvermögen jedoch auch die Ursache für das v. a. bei unsachgemäßem Waschen auftretende Verfilzen und Schrumpfen von Wolltextilien.

Die durch Scheren der Schafe gewonnene Roh-W. enthält neben der Wollhaaren v. a. Wollfett und Wollschweiß, durch die die Wollhaare zum zusammenhängenden Vlies verklebt sind. Bei der Verarbeitung werden die Vliese zunächst zerteilt und nach Feinheit sortiert. Danach werden die Vliesteile maschinell aufgelockert („geöffnet") und anschließend meist in mehreren hintereinandergeschalteten Bottichen schonend (um ein Verfilzen zu vermeiden) mit Wasser unter Zusatz von schwachen Alkalien oder unter Zugabe von synthet. Detergenzien gewaschen. Um eine zu weitgehende Entfettung zu vermeiden, wird die W. meist am Ende der Wäsche mit Schmälzmitteln behandelt. Nach dem Trocknen leitet man sie der Kammgarn- oder Streichgarnspinnerei (↑ Spinnen) zu.

Geschichte: Wollfilze waren in Ägypten und China um etwa 5000 v. Chr. bekannt. Bei den Griechen war Wollkleidung überaus beliebt. Die Römer sorgten dann für die Verbreitung der Schafzucht von Kleinasien nach Europa, wo diese durch die Züchtung des Merinoschafs in Spanien ab dem 14. Jh. ihren eigtl. Aufschwung nahm.

Wollen, die Zielgerichtetheit eines bestimmten Denkens oder Handelns, der bewußte Entscheidungen und Entschlüsse zugrunde liegen.

Wollerau, Bez.hauptort im schweizer. Kt. Schwyz, oberhalb des Zürichsees, 514 m ü. d. M., 4300 E. Fremdenverkehr.

Wollgras (Eriophorum), Gatt. der Riedgräser mit 15 Arten in Torfmooren der nördl. gemäßigten Zone; ausdauernde, rasenbildende Kräuter mit meist stielrunden Blättern und in endständiger Ähre stehenden, vielblütigen Ährchen; Blütenhülle nach der Blüte in lange, weiße Haare auswachsend. Von den fünf einheim. Arten ist das **Zierliche Wollgras** (Eriophorum gracile) vom Aussterben bedroht.

Wollhaare (Flaumhaare), im Unterschied zu den ↑ Deckhaaren kürzere, bes. dünne, weiche, i. d. R. gekräuselte, zur Erhaltung der Körperwärme meist dicht zusammenstehende und das Unterhaar bildende Haare des Haarkleids der Säugetiere.

Wollhandkrabbe (Chin. W., Eriocheir sinensis), nachtaktive, 8–9 cm breite, bräunl. Krabbe in Süßgewässern Chinas; auch in zahlr. dt. Flüsse verschleppt; mit einem Paar großer, bes. bei ♂♂ dicht behaarter Scheren.

Wollin, Insel an der pommerschen Ostseeküste, zw. dem Stettiner Haff und der Pommerschen Bucht, Polen; 265 km², bis 115 m hoch, z. T. Nationalpark.

Wollkäfer (Lagriidae), mit rd. 2000 Arten weltweit verbreitete Fam. vorwiegend trop. Käfer; in M-Europa nur wenige Arten.

Wollmaki ↑ Indris.

Wollmäuse ↑ Chinchillas.

Wollmispel (Japanmispel, Loquat, Eriobotrya japonica), in China und Japan heim. Rosengewächs (Unterfam. Apfelgewächse); immergrüner Strauch oder kleiner Baum mit 20–25 cm langen, unterseits filzig behaarten Blättern und rosafarbenen, in Trauben stehenden Blüten. Die W. wird wegen ihrer wohlschmeckenden Sammelfrüchte *(Loquats)* in den Subtropen angebaut.

Hans Wollschläger

Ernst Friedrich Wollweber

Wöllner, Johann Christoph von (seit 1786), *Döberitz (Landkr. Rathenow) 19. Mai 1732, †Groß Rietz (Landkr. Beeskow) 10. Sept. 1800, preuß. Minister. – Zunächst ev. Pfarrer; wurde durch Friedrich Wilhelm II. ab 1786 mit hohen Stellungen betraut und geadelt. 1798 nach der Thronbesteigung Friedrich Wilhelms III. entlassen. – Das nach W. benannte **Wöllnersche Religionsedikt** von 1788 sollte als staatskirchl. Maßnahme zur Eindämmung der Aufklärung in Preußen unter Anwendung von Polizeimaßnahmen luth. Liturgie, Predigt und luth. Unterricht an Bekenntnis und Agende binden; 1797 wieder aufgehoben.

Wollongong [engl. 'wu:ləŋɔŋ], Stadt an der austral. O-Küste, Neusüdwales, südl. von Sydney, 236 700 E. Kath. Bischofssitz; Univ. (gegr. 1975); die Ind. ist im Stadtteil **Port Kembla** konzentriert. – 1883 gegründet.

Wollraupenspinner, svw. ↑ Glucken.

Wollrückenspinner (Tethea), Gatt. der Eulenspinner mit vier einheim. Arten, darunter der bis 35 mm spannende **Pappeleulenspinner** (OR-Eule, Tethea or) mit schwärzl. Querlinien und heller Zeichnung in Form der Buchstaben OR auf den grauen Vorderflügeln; Raupen blaßgrün mit gelbem Kopf.

Wollschläger, Hans, *Minden 17. März 1935, dt. Schriftsteller. – Zunächst bekannt als Übersetzer, v. a. J. Joyce' „Ulysses" (1975); schreibt Prosa, u. a. „Herzgewächse oder der Fall Adams" (R., 1982), auch Essays.

Wollschweber (Hummelschweber, Hummelfliegen, Bombyliidae), mit rd. 3000 Arten weltweit verbreitete Fam. etwa 1–2,5 cm langer Zweiflügler, davon rd. 100 Arten in M-Europa; sehr schnelle Flieger, deren Körper oft durch starke pelzige Behaarung an Hummeln erinnert und vielfach düster gefärbt ist; manche Arten mit fast körperlangem Rüssel.

Wollspinner, svw. ↑ Trägspinner.

Wollweber, Ernst Friedrich, *Hann. Münden 28. Okt. 1898, †Berlin (Ost) 3. Mai 1967, dt. Politiker. – Mgl. der KPD seit 1919; 1928–32 MdL in Preußen, 1932/33 MdR; baute das Westeuropa-Büro der Komintern auf (die sog. *W.-Organisation*); 1940 in Schweden verhaftet; 1944 an die Sowjetunion überstellt; nach Rückkehr in die SBZ 1949–53 Staatssekretär, 1955–57 Min. für Staatssicherheit der DDR, 1954–58 Mgl. des ZK der SED; 1958 wegen „Fraktionstätigkeit" aller Funktionen enthoben.

Wolmirstedt, Krst. im SO der Letzlinger Heide, Sa.-Anh., 47 m ü. d. M., 12 800 E. Meßgerätebau, Leder-, Nahrungsmittelind.; nö. von W. das Kaliwerk Zielitz. – Entstand neben einer 1009 bezeugten Burg; vor 1363 Stadt. – Ehem. erzbischöfl. Burg mit Kapelle (15. Jh.).

W., Landkr. in Sachsen-Anhalt.

Wolof, Volk der Sudaniden in W-Senegal, in Gambia und Mauretanien; leben von Wanderfeldbau in der Savanne, Viehhaltung und Fischfang; ihre Sprache, die zur westatlant. Gruppe innerhalb der Niger-Kongo-Sprachen gehört, ist eine bed. Handelssprache in W-Afrika mit über 2,5 Mill. Sprechern.

Wollhandkrabbe

Wols. Le moulin à vent, um 1951 (Münster, Westfälisches Landesmuseum)

Wologda [russ. 'vɔlɛgdə], Geb.hauptstadt in Rußland, an der W., 122 m ü. d. M., 283 000 E. Milchwirtschafts-, polytechn. Hochschule, PH; Gemäldegalerie; 3 Theater; Maschinenbau, Flachsind., Spitzenklöppelei; Flußhafen. – 1147 als Nowgoroder Kolonie gegr., zu einem großen Handelsplatz ausgebaut; von den Tataren (1273) und während der Auseinandersetzungen zw. Moskau und Nowgorod mehrmals zerstört, unter Iwan IV. dem Groß-Ft. Moskau einverleibt; nach der Entdeckung der Passage in das Weiße Meer (1553) größter Warenumschlagplatz zw. Moskau und Archangelsk; wurde 1796 Gouvernementshauptstadt. – Sophienkathedrale (16. Jh.); Kirchen und Paläste (17./18. Jh.).

Wolos (Volos), griech. Stadt am N-Ende des Pagasäischen Golfes, 71 400 E. Orth. Erzbischofssitz; Museum; Hauptort des Verw. Geb. Magnisia; Salzgewinnung; Metallverarbeitung, Zementwerke, Baumwoll- und Konfektionsind., Tabakverarbeitung; wichtigster Hafen Thessaliens. – Reste zweier myken. Paläste; Kuppelgrab (das antike *Iolkos*).

Wols, eigtl. Wolfgang Schulze, *Berlin 27. Mai 1913, †Paris 1. Sept. 1951, dt. Maler und Graphiker. – Lebte ab 1932 in Paris. Hauptvertreter des Tachismus. Seine Zeichnungen zeigen Einflüsse des surrealist. Automatismus und P. Klees; auch Radierungen, Aquarelle, Gouachen, Ölmalerei und Photographien.

Wolschski [russ. 'vɔlskij] ↑Wolgograd.

Wolsey, Thomas [engl. 'wʊlzɪ], *Ipswich um 1475, †Leicester 29. Nov. 1530, engl. Kardinal (seit 1515) und Staatsmann. – 1514 Erzbischof von York; stärkte als Lordkanzler (seit 1515) und Ratgeber Heinrichs VIII. die engl. Krone. 1529 gestürzt, als es ihm nicht gelang, vom Papst eine Nichtigkeitserklärung der Ehe des Königs mit Katharina von Aragonien zu erlangen.

Wölsungen, svw. ↑Wälsungen.

Wolverhampton [engl. 'wʊlvəhæmptən], Stadt in M-England, in der Metropolitan County West Midlands, 255 400 E. Polytechn. Hochschule, Kunstgalerie, Museum. Textil-, chem., Eisen- und Stahlind., Maschinen- und Fahrzeugbau, Verarbeitung von Kupfer, Aluminium und Messing, Nahrungsmittelind. – Entstand um die vermutlich 996 gegr. Kirche Saint Mary, erhielt 1258 Marktrecht; hatte bereits im 18. Jh. eine bed. Eisenind.; 1888 Stadtgrafschaft.

Wolynien (Wolhynien), histor. Landschaft im NW der Ukraine, zw. dem Bug (im W) und dem Tal des Dnjepr (im O), grenzt im S an Podolien. – Im 9./10. Jh. Teil des Kiewer Reichs, im 11./12. Jh. unabhängiges Hzgt. *(Lodomerien)*, 1188 mit Galizien vereinigt; kam im 14. Jh. an Litauen, 1569 durch die Lubliner Union an Polen; wurde bei der 2. und 3. Teilung Polens 1793 bzw. 1795 russ.; 1915 Verschleppung der (während des 19. Jh. angesiedelten) rd. 200 000 Wolyniendeutschen, z. T. nach Sibirien (Rückkehr von etwa 100 000 Überlebenden nach dem Krieg). Der W-Teil kam 1921 an Polen, 1939 an die Sowjetunion. Während der dt. Besetzung 1941 bis 1944 wurden die jüd. Bev.teile fast vollständig ausgerottet und die Wolyniendeutschen z. T. nach Deutschland, z. T. in das Gebiet um Posen umgesiedelt.

Wolynisch-Podolische Platte, stark gegliederte Plateaulandschaft zw. der Polesje im N, dem Dnjestr im W, der Schwarzmeerniederung im S und dem Südl. Bug im O, bis 471 m ü. d. M.; Steinkohlenvorkommen.

Wolzogen, Ernst [Ludwig] Frhr. von, *Breslau 23. April 1855, †München 30. Aug. 1934, dt. Schriftsteller. – Begründete 1901 in Berlin das Kabarett „Überbrettl"; schrieb humorist. Erzählungen, Dramen und Gesellschaftsromane mit zeitkrit. Anspruch.

W., Karoline Freifrau von, geb. von Lengefeld, *Rudolstadt 3. Febr. 1763, †Jena 11. Jan. 1847, dt. Schriftstellerin. – Schrieb den Roman „Agnes von Lilien", der 1796/97 anonym in der Zeitschrift ihres Schwagers Schiller „Die Horen" erschien und zunächst für ein Werk Goethes gehalten wurde. Bekannt v. a. durch ihre Biographie „Schillers Leben" (1830).

Wombats [austral.] (Plumpbeutler, Vombatidae), Fam. etwa 65–100 cm langer, plumper Beuteltiere mit zwei Arten in O- und S-Australien (einschl. Tasmanien); kurzbeinige, bodenbewohnende Pflanzenfresser mit dickem Kopf und fünf kräftigen Krallen an jeder Extremität. Gebiß nagetierähnlich, mit je zwei verlängerten, stetig nachwachsenden Schneidezähnen im Ober- und Unterkiefer. Bekannteste Art ist der bis 1 m lange **Nacktnasenwombat** (Vombatus ursinus).

Wombats. Nacktnasenwombat

Women's Army Corps [engl. 'wɪmɪnz 'ɑːmɪ 'kɔː], Abk. WAC, die aus dem (1942 aufgestellten) Women's Auxiliary Army Corps 1943 hervorgegangene weibl. Truppe im Heer der USA, eingesetzt v. a. in der Verwaltung, in Krankenhäusern, im Flugwarndienst, als Kraftfahrer und Funker, seit 1991 auch als Kampfpiloten; von Boden- und Seekämpfen ausgeschlossen. 1992 gab es in den aktiven Streitkräften der USA rd. 212 000 Soldatinnen.

Women's Liberation Movement [engl. 'wɪmɪnz lɪbə'reɪʃən 'muːvmənt „Frauen-Befreiungs-Bewegung"] (Women's Lib), amerikan. ↑Frauenbewegung, die sich mit der Bürgerrechtsbewegung Mitte der 1960er Jahre herausbildete.

Won, Abk. W, Währungseinheit in Korea (Nord- und Süd-Korea); 1 W = 100 Chon.

Wonder, Stevie [engl. 'wʌndə], eigtl. Steveland Morris, *Saginaw (Mich.) 13. Mai 1950, amerikan. Rockmusiker (Sänger, Organist, Pianist, Mundharmonikaspieler). – Blind geboren; seit 1963 als Soulinterpret erfolgreich; experimentierte seit Anfang der 70er Jahre mit elektron. Klangeffekten und schuf Soulsymphonien; Komponist, Texter und Produzent auch für andere Interpreten.

Karoline von Wolzogen (Ausschnitt aus einem zeitgenössischen Pastell)

Stevie Wonder

Wolf Wondratschek

Wondratschek, Wolf, *Rudolstadt 14. Aug. 1943, dt. Schriftsteller. – Verf. von experimenteller Prosa, die Sprach- und Bewußtseinsmanipulation aufdecken will (u. a. „Früher begann der Tag mit einer Schußwunde", 1969), von Lyrik und Hörspielen, z. B. „Paul oder die Zerstörung eines Hörbeispiels" (1971). – *Weitere Werke:* Chuck's Zimmer (Ged., 1974), Das leise Lachen am Ohr eines anderen (Ged., 1976), Männer und Frauen (Ged., 1978), Die Einsamkeit der Männer (Ged., 1983), Menschen Orte Fäuste (Prosa, 1987), Einer von der Straße (R., 1992), Gedichte (1992).

Wonsan [korean. wʌnsan], Hafenstadt in Nord-Korea, am Koreagolf, 350 000 E. Verwaltungssitz der Prov. Kangwon; Wirtschaftshochschule, Hochschulen für Landw. und Fischereiwesen; histor. Museum; Schiff- und Maschinenbau, Metallverhüttung, Erdölraffinerie. – Im Reich Koguryo (17 v. Chr. bis 660 n. Chr.) Verwaltungssitz; 1876 als 2. Hafen für jap. Händler geöffnet; im Koreakrieg 1950–53 völlig zerstört, inzwischen wieder aufgebaut.

Wood [engl. wʊd], Grant, *Anamosa (Iowa) 13. Febr. 1892, †ebd. 12. Febr. 1942, amerikan. Maler. – Seine stilistisch der ↑ Neuen Sachlichkeit verwandten Kompositionen schildern das Farmerleben im amerikan. Westen in nüchternem Realismus.

W., Sir (seit 1911) Henry Joseph, *London 3. März 1869, †Hitchin 19. Aug. 1944, engl. Dirigent. – Leitete ab 1895 in London die Promenade Concerts und gründete 1899 das Nottingham City Orchestra; machte sich v. a. um die Aufführung zeitgenöss. sinfon. Musik (u. a. von C. Debussy, M. Ravel, R. Strauss, A. Schönberg) verdient.

W., Natalie, eigtl. Natasha Gurdin, *San Francisco 20. Juli 1938, †vor der Insel Santa Catalina (Calif.) 29. Nov. 1981 (ertrunken), amerikan. Filmschauspielerin. – Ab den 50er Jahren differenzierte Charakterdarstellerin, u. a. in „... denn sie wissen nicht, was sie tun" (1955), „Der schwarze Falke" (1956), „West Side Story" (1961), „Gypsy – Königin der Nacht" (1962), „Meteor" (1978).

Woodsches Metall [engl. wʊd; nach dem amerikan. Metallurgen B. Wood], bei etwa 60 °C schmelzende Legierung aus 50 % Wismut, 25 % Blei, 12,5 % Cadmium und 12,5 % Zinn; u. a. als Schnellot und für Schmelzsicherungen verwendet.

Robert B. Woodward

Woodward, Robert B[urns] [engl. 'wʊdwəd], *Boston, 10. April 1917, †Cambridge (Mass.) 8. Juli 1979, amerikan. Chemiker. – Prof. an der Harvard University und Leiter des W.-Forschungsinst. in Basel. W. synthetisierte zahlr. Naturstoffe (z. B. Kortison, Chlorophyll, Vitamin B$_{12}$, Cholesterin), ermittelte die Struktur von Penicillin und anderer Antibiotika und stellte 1965 zus. mit dem amerikan. Chemiker R. Hoffmann (*1937) die *W.-Hoffmann-Regeln* auf, die den Zusammenhang zw. dem stereochem. Verlauf von Reaktionen, die nicht über Ionen oder Radikale verlaufen, und der Symmetrieerhaltung der entsprechenden Orbitale zeigen. W. erhielt 1965 für seine Naturstoffsynthesen den Nobelpreis für Chemie.

Virginia Woolf

Woolf, Virginia [engl. wʊlf], *London 25. Jan. 1882, †im Ouse bei Lewes (Sussex) 28. März 1941 (Selbstmord), engl. Schriftstellerin. – Seit 1912 ∞ mit dem Literaturkritiker Leonard W. (*1880, †1969), mit dem sie 1917 den Verlag „Hogarth Press" gründete; Vertreterin der ↑„Bloomsbury group". – In ihren Romanen (bes. bed. „Die Fahrt zum Leuchtturm", 1927; „Orlando", 1928; „Mrs. Dalloway", 1925) versuchte sie, beeinflußt von M. Proust und J. Joyce, die Erzähltechnik des ↑Stream of consciousness unter weitgehendem Verzicht auf Charakteranalyse und Handlung zu erweitern. Zentrale Bed. hatte dabei die Darstellung der Gleichzeitigkeit von Erinnertem und Erlebtem im Bewußtsein der Romanfiguren.

Woolman, John [engl. 'wʊlmən], *Rancocas (N. J.) 19. Okt. 1720, †York (England) 7. Okt. 1772, amerikan. Schriftsteller. – Überzeugter Quäker; bekämpfte die Sklaverei.

Woolworth Co., F. W. [engl. ɛf 'dʌblju: 'wʊlwəːθ 'kʌmpənɪ], amerikan. Warenhauskonzern, Sitz New York. Das 1879 als Einheitspreisgeschäft unter dem Namen „Great 5 cent store" (heutiger Name seit 1911) gegr. Unternehmen betreibt Warenhäuser in den USA, Deutschland, Großbritannien, Japan und zahlr. anderen Staaten. Die dt. Tochtergesellschaft *F. W. Woolworth Co. GmbH* hat ihren Sitz in Frankfurt am Main.

Grant Wood. Spring in Town, 1941 (Terre Haute, USA, Bundesstaat Indiana, The Sheldon Swope Art Gallery)

Woomera [engl. 'wʊmərə], Ort in Südaustralien, nw. von Port Augusta; austral.-brit. Raketenversuchsanlage. Nahebei die Weltraumbeobachtungsstation **Island Lagoon.**

Worbis, Krst. im Eichsfeld, Thür., 350 m ü. d. M., 4 400 E. Holzind., Fertigung elektron. Bauteile. – Vermutlich vor 1255 Stadtrecht. – Ehem. Franziskanerkloster (1667 bis 1825) mit Barockkirche (17. Jh.); Sankt-Rochus-Kapelle (17. Jh.), Fachwerkbauten.

W., Landkr. in Thüringen.

Worcester [engl. 'wʊstə], engl. Stadt am Severn, 76 000 E. Verwaltungssitz der Gft. Hereford and W.; anglikan. Bischofssitz; Museen; Porzellanmanufaktur, Handschuhmacherei, Herstellung von Metallwaren und Werkzeugen. – Wurde um 679 Bischofssitz (seit 1565 anglikanisch), 1189 Stadt, 1622 Stadtgrafschaft. – Älteste Kirchen sind Saint Helen (680) und Saint Alban (8. Jh.); Kathedrale (1218 ff.) mit normann.-roman. Krypta (11. Jh.).

W., Stadt im östl. Massachusetts, USA, 150 m ü. d. M., 162 000 E. Kath. Bischofssitz; Univ. (gegr. 1887), Colleges; Kunstmuseum. Maschinen-, Fahrzeug- und Waggonbau. – Entstand 1713; 1722 Town; 1848 City.

Worcesterporzellan [engl. 'wʊstə], in der engl. Stadt Worcester hergestelltes Porzellan. 1751 von der Worcester Porcelain Company gegr., bedeutendste engl. Porzellanmanufaktur des 18. Jh. Als Marke diente zunächst der Halbmond, später der Buchstabe W. Schon 1756 wurde Druckdekor (Transferprinting) eingeführt (bes. Vögel).

Worcesterporzellan. Untertasse und zweihenkelige Tasse mit Tier- und Pflanzendekor, um 1770 (Hamburg, Museum für Kunst und Gewerbe)

Worcestersoße [engl. 'wʊstə], nach der engl. Stadt Worcester ben. scharfe Würzsoße; enthält u. a. Senf, Ingwer, Sherry, Pfeffer, Zwiebeln.

Wordsworth, William [engl. 'wə:dzwə:θ], * Cockermouth (Cumbria) 7. April 1770, † Rydal Mount bei Grasmere (Cumbria) 23. April 1850, engl. Dichter. – Galt als einer der Führer der romant. „Lake school". Veröffentlichte zus. mit S. T. Coleridge 1798 die „Lyrical ballads", deren Erscheinen den Beginn der Romantik in England markiert. Lernte bei einer Reise nach Deutschland (1798/99) Klopstock kennen; Dichtung „The prelude" (vollendet 1805) drückt seine pantheist. Auffassung von der intuitiv erlebten Naturoffenbarung als Quelle der Menschenliebe am umfassendsten aus. Auch Oden- und Sonettdichter (über 500 Sonette).

Wörgl [ˈværgəl], östr. Stadt im Unterinntal, Tirol, 513 m ü. d. M., 8 600 E. U. a. Herstellung von Holzfaserplatten, landw. Maschinen; Brauerei. „1120 erstmals gen.; 1911 Marktrecht, seit 1951 Stadt. – Barocke Pfarrkirche (1748 geweiht, 1912/13 umgestaltet).

Wörishofen, Bad ↑ Bad Wörishofen.

Workshop [engl. ˈwɔːkʃɔp „Werkstatt"], Kurs oder Seminar, das den Schwerpunkt auf die freie Diskussion, den Austausch von Ideen, die Darlegung von Methoden und die prakt. Anwendung von manuellen und geistigen Fähigkeiten legt. In der *Theaterarbeit* eine intensive Form experimenteller Zusammenarbeit.

Work-Song [engl. ˈwəːksɔŋ; engl.-amerikan.], Arbeitslied, insbes. jenes der afrikan. Sklaven in Nordamerika. Der W.-S. wird entweder als einstimmiges Chorlied oder im Wechselgesang von Vorsänger und Chor gesungen, wobei der Grundrhythmus den Arbeitsbewegungen der Sänger entspricht.

Workstation [engl. ˈwəːksteɪʃən], Arbeitsplatzrechner für professionellen Einsatz; leistungsfähiger ↑ Personalcomputer. Typisch für W. sind hohe Bildschirmauflösung, große Rechenleistung, hohe Speicherkapazität und ihre Vernetzbarkeit mit anderen Systemen (z. B. Massenspeichern).

Workuta [russ. verku'ta], russ. Stadt im westl. Vorland des Polarurals, 120 km nördl. des Polarkreises, 116 000 E. 2 Theater; bed. Kohlenbergbau; ⚒. – 1941–45 von [meist dt.] Kriegs- und polit. Gefangenen erbaut (Deportationslager), seit 1943 Stadt.

Worldcup [engl. ˈwəːldkʌp] (Weltpokal), meist jährlich stattfindende Wettbewerbe mit unterschiedl. Austragungsmodus in verschiedenen Sportarten.

World Food Council [engl. ˈwəːld ˈfuːd ˈkaʊnsl] ↑ Welternährungsrat.

World Jewish Congress [engl. ˈwəːld ˈdʒuːɪʃ ˈkɔŋgrɛs] (Jüd. Weltkongreß), Abk. WJC, internat. Zusammenschluß von jüd. Organisationen in 70 Staaten; 1936 in Genf gegr., Sitz Genf, London, New York.

World Methodist Council [engl. ˈwəːld ˈmɛθədɪst ˈkaʊnsl] ↑ Methodismus.

World's Student Christian Federation [engl. ˈwəːldz ˈstjuːdənt ˈkrɪstjən fɛdəˈreɪʃən] ([Christl.] Studenten-Weltbund), Abk. WSCF, aus der evangelist. und missionar. (Studentenmissionsbund) Bewegung des 19. Jh. in den USA entstandener interkonfessioneller Zusammenschluß von Studenten mit dem Ziel der Proklamierung der höchsten Autorität und Universalität Jesu Christi; Sitz Genf.

World University Service [engl. ˈwəːld juːnɪˈvəːsɪtɪ ˈsəːvɪs] (Weltstudentendienst), Abk. WUS, 1920 gegr. internat. Vereinigung zur Förderung der Zusammenarbeit unter Akademikern, zur Unterstützung von bedürftigen Akademikern und Finanzierung von Projekten wie Bibliotheken, Lehrmittelaustauschs; Sitz Genf.

World Wide Fund for Nature [engl. ˈwəːld waɪd fʌnd fə ˈneɪtʃə], Abk. WWF, 1961 unter dem Namen *World Wildlife Fund* (bis 1987) gegr. unabhängige internat. Organisation, die Naturschutzprojekte durchführt und sich um die Beschaffung von Mitteln für solche Projekte bemüht; arbeitet eng mit der ↑ International Union for Conservation of Nature and Natural Resources zus.; Wahrzeichen: Bambusbär (Großer Panda). Heute gibt es rd. 25 nat. WWF-Organisationen (mit rd. 2 Mill. Mgl.); Sitz (seit 1979) Gland (Schweiz).

Wörlitz, Stadt östl. von Dessau, Sa.-Anh., 65 m ü. d. M., 1 900 E. Bed., nach Vorbild des engl. Gartens 1765/1813 angelegter Landschaftspark; Bauwerke v. a. von F. W. von Erdmannsdorff und G. C. Hesekiel: u. a. Schloß (1769–73) mit bed. Gemälde- und Antikensammlung, Got. Haus (seit 1773).

WORM [Abk. für engl.: **w**rite **o**nce, **r**ead **m**any „einmal schreiben, vielfach lesen"], opt. Speicherplatte, die vom Anwender mit einem konstanten Inhalt beschrieben wird; geeignet für sehr große Mengen unveränderl. Daten.

Worms, Stadt am linken Oberrheinufer, Rhld.-Pf., 88–167 m ü. d. M., 75 300 E. Abteilung der Fachhochschule des Landes Rhld.-Pf. (u. a. Betriebswirtschaft, Informatik, Touristik); Museum; Gemäldegalerie Stiftung Kunsthaus Heylshof, Judaica-Museum; chem. Ind., Metallverarbeitung, Holz- sowie Nahrungsmittelind. und Fertighausbau; Weinhandel; Rheinhafen.

Geschichte: Seit dem Neolithikum besiedelt (reiche Ausgrabungsfunde); ehem. kelt. Ort (**Borbetomagus**), der Name ist seit dem 2. Jh. n. Chr. nachweisbar, fiel vermutlich zur Zeit Ariovists an die german. Vangionen; um 50 v. Chr. von Cäsar erobert; in der Folgezeit Vorort der **Civitas Vangionum**; seit Augustus Garnison, seit dem 2. Jh. bed. Stadt; Befestigung in der 2. Hälfte des 3. Jh., seit dem 4. Jh. Bischofssitz (bis 1801/02); ab 413 Zentrum des Burgunderreiches, nach dessen Vernichtung (435) alemann.; 496 (seit dem 7. Jh. **Warmatia**) fränk.; seitdem Königsgut (zeitweilig bevorzugte Residenz); 898 gingen die Kgl. Rechte an den Bischof über; 1122 wurde hier das ↑ Wormser Konkordat abgeschlossen. Schon von den Saliern begünstigt, wurde W. unter den Staufern ein Mittelpunkt kaiserl. Macht und erhielt 1184 seine große Freiheitsurkunde; 1254 maßgeblich an der Gründung des Rhein. Städtebundes beteiligt. 763–1545 fanden in W. 45 *Reichstage* statt, u. a. der mit der Reichsreform befaßte von *1495* und der von *1521*, auf dem Luther sich weigerte, seine Lehren zu widerrufen und sich einer Konzilsentscheidung zu beugen (↑ Wormser Edikt). 1659 lehnte es die Stadt ab, Hauptstadt der Kurpfalz zu werden. 1689 durch frz. Truppen verwüstet. 1801–16 unter frz. Herrschaft, dann an das Groß-Hzgt. Hessen(-Darmstadt); seit 1946 zu Rhld.-Pf.; im 2. Weltkrieg (1945) stark zerstört.

Bauten: Außer dem bed. ↑ Wormser Dom ist die Pauluskirche eine Gründung Bischof Burchards (an Stelle der abgebrochenen Salierburg; 1016 vollendet), spätroman. Umbau im 13. Jh. (Langhaus 1706–16 als Saal erneuert) mit byzantinisch beeinflußten W-Türmen. Im Kern frühromanisch Sankt Martin, heutiger Bau um 1265 vollendet (frühgot. Westbau); spätroman. Kirche des Sankt Andreasstiftes (11.–13. Jh.); spätgot. Liebfrauenkirche (13./14. Jh.); Synagoge (1034, 1146 zerstört; 1174/75 Neubau; 1938 zerstört, Wiederaufbau 1959–61); daneben das Frauenbad (1185/86); bed. mag. Judenfriedhof (ältester Grabstein 1077). Barocke Dreifaltigkeitskirche (1955–59 erneuert). Reste der Stadtbefestigung (14.–16. Jh., röm. Teile); im Stadtteil Herrnsheim Schloß (1714 ff., im 19. Jh. umgebaut).

W., italien. Stadt, ↑ Bormio.

W., ehem. Bistum, in der 1. Hälfte des 4. Jh. entstanden; im 8. Jh. dem Erzbistum Mainz unterstellt; ab 1648 meist in Personalunion mit Mainz oder Trier verbunden. Das linksrhein. Stiftsgebiet fiel 1797/1801 an Frankreich, der rechtsrhein. Teil 1803 an Baden und Hessen. Zur Zeit der frz. Herrschaft wurde das Bistum aufgelöst.

Wormser Dom, spätroman. Kaiserdom, eine doppelchörige Basilika (mit Querschiff und Vierung im O), an der Stelle einer röm. Basilika auf den Fundamenten eines otton. Vorgängerbaus. Begonnen in der 2. Hälfte des 12. Jh. (1181 Weihe des Ostchors), spätestens 1210–20 (Westchor) vollendet. Je zwei Türme flankieren Ost- und Westchor; Vierung und Westchor jeweils mit Achteckturm. Das Mittel-

William Wordsworth
(Zeichnung, 1818)

Worms
Stadtwappen

Wormser Edikt

schiff zeigt mächtige Viereckpfeiler und Kreuzrippengewölbe. Im wesentlichen stammt die Ausstattung aus dem 18. Jh. (Hochaltar 1740 nach Entwurf B. Neumanns mit Figuren von J. van der Auwera). Im Außenbau roman. Bauplastik am Ostchor. Der W. D. wurde mehrfach wiederhergestellt.

Wormser Dom. Westchor

Wormser Edikt, auf dem Reichstag von Worms 1521 über Luther verhängtes Edikt; es sprach die Reichsacht über Luther aus und verbot Lektüre und Verbreitung seiner Schriften; scheiterte am Widerstand der ev. Reichsstände.

Wormser Konkordat, am 23. Sept. 1122 bei Worms zw. Heinrich V. und Legaten Kalixts II. unter Mitwirkung der Reichsfürsten getroffene Vereinbarung, durch die der Investiturstreit beigelegt wurde. Der Kaiser verzichtete auf die Investitur mit Ring und Stab und gestattete kanon. Wahl und Weihe. Der Papst gestand zu, daß der Kaiser die Regalien vor der Weihe (in Italien und Burgund danach) durch Überreichung des Zepters verlieh.

Wörner, Manfred, * Stuttgart 24. Sept. 1934, dt. Politiker (CDU). – Jurist; 1965–88 MdB; 1982–88 Bundesmin. der Verteidigung; seit Juli 1988 NATO-Generalsekretär.

Woronesch [russ. vaˈrɔnɪʃ], russ. Geb.hauptstadt, 12 km sw der Mündung des Flusses W. in den Don, 122 m ü. d. M., 887 000 E. Univ. (gegr. 1918), 8 Hochschulen, Kunst-, I.-S.-Nikitin-Museum; 4 Theater; Maschinen-, Flugzeugbau. – 1585 als Festung gegründet.

Woronichin, Andrei Nikiforowitsch [russ. vɐraˈnixin], * Nowoje Ussolje (Geb. Perm) 28. Okt. 1759, † St. Petersburg 5. März 1814, russ. Baumeister. – Sein Hauptwerk ist die klassizist. Kasaner Kathedrale in St. Petersburg (1802–12).

Manfred Wörner

Woroschilow, Kliment Jefremowitsch [russ. vɐraˈʃilɐf], * Werchneje (Gouv. Jekaterinoslaw) 4. Febr. 1881, † Moskau 2. Dez. 1969, sowjet. Marschall (seit 1935) und Politiker. – Organisierte 1917 mit F. E. Dserschinski die Tscheka; als Volkskommissar für Verteidigung (1925–40) führend an der Säuberung der Roten Armee 1937/38 beteiligt; im 2. Weltkrieg Oberbefehlshaber der Truppen im NW, an der Leningrader Front und Chef der Partisanenbewegung. 1946–53 Min.präs., 1953–60 Vors. des Präsidiums des Obersten Sowjets (Staatsoberhaupt); 1926–52 Mgl. des Politbüros, 1952–60 des Präsidiums des ZK der KPdSU; von Chruschtschow entmachtet.

Woroschilowgrad [russ. vɐraʃilevˈgrat], 1935–58 und 1970–90 Name der Stadt ↑ Lugansk.

Worpswede, Gem. am S-Rand des Teufelsmoors, Nds., 51 m ü. d. M., 8 800 E. Museum für Frühgeschichte. – Künstlerkolonie, 1889 von F. Mackensen, O. Modersohn und H. am Ende gegr.; ihr traten später H. Vogeler, P. Modersohn-Becker u. a. bei.

Wort, kleinste selbständige sprachl. Einheit mit einer unterscheidbaren Lautform, einer grammat. Funktion und einer Bedeutung. Seiner Lautform nach ist sie ein- oder mehrsilbige Phonemfolge; grammatisch wird das W. nach seiner inneren Struktur und seiner Funktion im Satz beschrieben. In einem phonolog. W. können mehrere grammat. W.formen zusammenfallen: z. B. das Substantiv *(das) Schloß,* die Verbformen der 1. Person *(ich) schloß* und der 3. Person Singular Indikativ Imperfekt *(er) schloß.* – ↑ Wortschatz.

▷ in der *Datenverarbeitung* Zusammenfassung einer bestimmten Anzahl *(W. länge)* binärer Zeichen bzw. Bits (z. B. 8, 16 od. 32) zu einer Einheit, mit der ein Computer bezüglich Befehlen, Adressen oder Daten arbeitet. Die W.länge der Daten entspricht der Anzahl der von einem Prozessor gleichzeitig verarbeitbarer Bits (z. B. 32 bei 32-Bit-Mikroprozessoren).

Wortart (Wortklasse), die Einteilung der Wörter einer Sprache nach ihrer morpholog. Form (deklinierbar, konjugierbar, unveränderlich), nach ihrer Stellung im Satz (z. B. Subjekt-, Prädikat-, Adverbialposition) und nach ihrer allg. kategorialen Bed. (Gegenstands-, Eigenschafts-, Beziehungs-, Vorgangsbez. u. a.). – Dionysios Thrax (2. Jh. v. Chr.) hat die 8 Wortarten Nomen, Verb, Partizip, Artikel, Pronomen, Präposition, Adverb und Konjunktion unterschieden und definiert. Sein klassifikator. System bestimmt die europ. Grammatiktradition bis zur Gegenwart. Im Deutschen unterscheidet man gewöhnlich neun Wortarten: die drei Hauptarten Verb, Substantiv und Adjektiv; Artikel und Pronomen; die Partikelwortarten Adverb, Präposition und Konjunktion, Interjektion oder Satzwort.

Wortbedeutungslehre, svw. ↑ Semasiologie.

Wortbildung, die Entstehung von neuen Wörtern aus einem oder mehreren bereits vorhandenen Wörtern, entweder durch die Kombination zweier oder mehrerer Wörter oder Stämme (Komposition, Zusammensetzung) oder durch Ableitung, d. h. durch die Kombination eines Wortes oder Stammes mit einem Affix bzw. durch phonolog. Veränderung (z. B. Ablaut). Die W. ist das wichtigste und flexibelste Mittel zur Wortschatzerweiterung. Die histor. (diachrone) **Wortbildungslehre** verfolgt die Geschichte von Einzelwörtern (Aufkommen, Absterben usw.). Die synchrone W.lehre stellt Kategorien und Typen der in einem gegebenen Sprachzustand vorliegenden W. fest, trennt lexikalisierte und reguläre Bildungen und arbeitet die produktiven W.muster heraus.

Wortblindheit, svw. ↑ Alexie.

Wörterbuch, Nachschlagewerk, das den Wortschatz einer Sprache nach bestimmten Gesichtspunkten auswählt, anordnet und erklärt; das W. gibt Sprachinformationen, während das Lexikon Sachinformationen bietet. **Rechtschreibwörterbuch** (orthograph. W.): Verzeichnet die richtige Schreibung gemäß den (amtl.) Regeln; es hat stark normativen Charakter. **Aussprachewörterbuch:** Enthält die (normierte) Aussprache der Wörter in der internat. Lautschrift. **Rückläufiges Wörterbuch:** Ordnet die Wörter vom Wortende her bis zum Wortanfang hin alphabetisch. **Bedeutungswörterbuch:** Erklärt die Bed. der Wörter, meist ergänzt durch Angabe des Gegensatzes, Anwendungsbeispiele, Beispiele für den übertragenen Gebrauch. **Fremdwörterbuch:** Nimmt nur aus anderen Sprachen übernommene, noch nicht eingedeutschte Wörter auf und erklärt sie. Einige ältere dt. Fremd-W. sind dem ↑ Purismus verpflichtet. **Idiomatisches Wörterbuch:** Erklärt die Bed. idiomat. oder phraseolog. Wendungen und gibt Anwendungsbeispiele. **Mundartwörterbuch** (Idiotikon): Verzeichnet den Wortschatz einer Einzelmundart, einer größeren Dialektlandschaft oder eines gesamten Sprach- oder Dialektgebiets. **Bezeichnungswörterbuch:** Stellt den Wortschatz einer Sprache nach Begriffsgruppen zus.; es vermittelt einen Eindruck von der Gliederung des Wortschatzes und dem Aufbau der Wortfelder. **Synonymwörterbuch:** Stellt Wörter gleicher oder ähnl. Bed. zus., die (unter bestimmten Bedingungen) in einem Text austauschbar sind. **Bildwörterbuch:** Geht von den bildlich darstell-

baren Wirklichkeitsbereichen aus; zu den dargestellten Dingen werden die jeweiligen Wörter aufgeführt. **Phraseologisches Wörterbuch** (syntagmat. W.): Führt die inhaltlich sinnvollen und grammatisch richtigen Wortverknüpfungen im Satz auf (und bewertet sie stilistisch). **Etymologisches Wörterbuch**: Gibt Auskunft über die Herkunft und Geschichte eines Wortes, zeigt Parallelen in anderen Sprachen auf. Das **Häufigkeitswörterbuch** gibt die Häufigkeit des Vorkommens eines Wortes an.
Die Anfänge des dt.sprachigen W. gehen auf die ↑Glossen in althochdt. Zeit zurück. Die dt.-lat. Glossare mit ihren Definitionen, Hinweisen zur Orthographie, Betonung, Synonymen, teils auch grammat. Merkversen waren der übl. W.typ des Spät-MA. Als erstes dt. W. gilt das Glossar von D. Engelhus (* um 1362, † 1434). Das erste gedruckte W. mit dt. Stichwort ist das 1477 in Köln erschienene „Teuthonista" oder „Duytschlender" von dem Humanisten G. van der Schueren. Erst im 17. und 18. Jh. begannen – ausgehend von der Fruchtbringenden Gesellschaft – die Bemühungen um eine Kodifizierung der im gesamten dt. Sprachgebiet geltenden Sprache („Der Teutschen Sprache Stammbaum und Fortwachs oder teutscher Sprachschatz" von C. Stieler, 1691). 1774–86 erschien das fünfbändige Werk „Versuch eines vollständigen, grammat.-krit. W. der hochdt. Mundart, mit beständiger Vergleichung der übrigen Mundarten, bes. aber der Oberdeutschen" von J. C. Adelung. 1807–11 gab J. H. Campe sein „W. der dt. Sprache" (5 Bde.) heraus. Die bedeutendste Leistung der Lexikographie des 19. und 20. Jh. ist das „Dt. W." von J. und W. Grimm. Die Gegenwart der dt. Lexikographie beginnt mit dem Abschluß des Grimmschen W. im Jahre 1961.
Wortfamilie, Bez. für eine Gruppe von Wörtern, die sich aus einer etymolog. ↑Wurzel entwickelten, z. B. *glücken, beglücken, Glück, Unglück, glücklich*.
Wortfeld, Gruppe von Wörtern, die inhaltlich eng benachbart bzw. sinnverwandt sind und sich in ihren Bed.-inhalten wechselseitig bestimmen.
Wortforschung, sprachwiss. Disziplin, die sich mit dem ↑Wort, seiner Herkunft (↑Wortgeschichte), dem Vorstellungs- (↑Onomasiologie) und Bedeutungsbereich (↑Semasiologie), seiner räuml. Verbreitung (↑Wortgeographie), seiner sozialen Zuordnung (Wortsoziologie), der Stellung des Wortes im sprachl. Kontext wie im Situationszusammenhang beschäftigt.
Wortgeographie, Teilgebiet der ↑Sprachgeographie, das die Erforschung der räuml. Verbreitung von Wörtern, Bezeichnungen und Namen zum Gegenstand hat. Ergebnisse der W. sind v. a. Wortatlanten (↑Deutscher Sprachatlas, ↑Sprachatlas).
Wortgeschichte, Teildisziplin der ↑Wortforschung, die sich mit der histor. Entwicklung des Wortschatzes, dem Wandel des Bezeichnungs- und Bedeutungsgutes, dem Zuwachs oder Verschwinden des Wortgutes einer Sprache beschäftigt.
Wortgottesdienst, in der *kath. Kirche* Gottesdienst, in dessen Mitte das „Wort Gottes" (Schriftlesung, Predigt) steht, das von Gebet und Lied umgeben ist.
Wörther See, sommerwarmer See in Kärnten, westl. von Klagenfurt, 440 m ü. d. M., 16,6 km lang, 1–1,5 km breit, bis 86 m tief.
Wortizlawa ↑Breslau.
Wortklasse, svw. ↑Wortart.
Wortschatz, Gesamtheit der Wörter, das Inventar an Bezeichnungselementen einer Sprache. Der W. stellt ein offenes System dar, das ständig dem Wandel unterliegt und jederzeit erweiterungsfähig ist. Man unterscheidet den *aktiven* W. (vom Sprecher/Schreiber im Sprachgebrauch tatsächlich eingesetzt) und *passiven* W. (vom Hörer/Leser verstanden, aber nicht als Sprecher selbst verwendet). Neben mundartl. Unterschieden existieren große Unterschiede im W. der sozialen Schichten, Gruppen oder Berufsgruppen. Die verschiedenen Fach- und Wiss.gebiete erfordern ebenfalls einen speziellen W., der als *Fach-W.* dem W. der Gemeinsprache gegenübersteht. – Der W. einer Sprache ist in ständiger Entwicklung. Neue Erkenntnisse und gesellschaftl. Entwicklungen müssen sprachlich bewältigt werden; das Streben nach Anschaulichkeit, Deutlichkeit, besonderer Wirkung und sprachl. Ökonomie führen zu immer neuen Bildungen. Mittel zur Erweiterung des W. sind v. a. Neuschöpfung und Neubildung (Ableitung, Zusammensetzung), Entlehnung aus Fremdsprachen, Mundarten oder regionalen Umgangssprachen, Wiederbelebung alten Wortguts und Bedeutungserweiterung v. a. durch metaphor. Gebrauch. Der Gesamtbestand des W. der dt. Sprache wird heute auf 300 000 bis 400 000 Wörter geschätzt (frz. Sprache etwa 100 000, engl. Sprache 600 000 bis 800 000 Wörter).

Wosnessenski, Andrei Andrejewitsch, [russ. vɐzni'sjenskij], * Moskau 12. Mai 1933, russ. Lyriker. – Seine formal komplizierten Gedichte sind intellektuell ausgerichtet; Hauptthema ist der Mensch in einer technisierten Welt („Antiwelten", 1964; „Rov", 1987; „Wenn wir die Schönheit retten", Auswahl, 1989); gehört zu den wichtigen Gegenwartslyrikern.

Wostok [russ. vas'tɔk „Osten"], Name einer Serie bemannter sowjet. Raumflugkörper, die 1961–63 mit speziell dafür entwickelten Trägerraketen in Erdumlaufbahnen gebracht wurden. 1961 gelangte mit W. 1 zum ersten Mal ein Mensch in eine Satellitenumlaufbahn (J. A. Gagarin); bis 1963 folgten 5 weitere bemannte W.missionen.

Wostokow, Alexander Christoforowitsch [russ. vas'tɔkəf], eigtl. Alexander von Osteneck, * Arensburg (= Kuressaare) 27. März 1781, † Petersburg 20. Febr. 1864, russ. Slawist dt. Herkunft. – Erster bed. russ. Slawist; begründete die vergleichende Grammatik der slaw. Sprachen.

Wotan ↑Odin.

Wotruba, Fritz, * Wien 23. April 1907, † ebd. 28. Aug. 1975, östr. Bildhauer und Graphiker. – Ab 1945 Prof. an der Wiener Akad.; Hauptthema der Stein- und Bronzearbeiten ist der architektonisch reduzierte bzw. neu aufgebaute menschl. Körper. Zeichnungen, Bühnenmodelle und Figurinen, Modelle und Studien für Kirchenbauten („Zur heiligsten Dreifaltigkeit", Sankt Georgenberg, Wien-Mauer, 1976).

Wouk, Herman [engl. wouk], * New York 27. Mai 1915, amerikan. Schriftsteller. – Im 2. Weltkrieg bei der Marine; Welterfolg mit dem Kriegsroman „Die Caine war ihr Schicksal" (1951); auch Drehbuchautor. – *Weitere Werke*: Arthur Hawke (1962; 1967 u. d. T. Ein Mann nach New York), Nie endet der Karneval (1965), Der Feuersturm (1971), Der Krieg (1978), Der Enkel des Rabbi (1986).

Woulfesche Flaschen [engl. wulf; nach dem brit. Chemiker P. Woulfe, * um 1727, † 1803], starkwandige Glasflaschen mit 3 Hälsen, im chem. Laboratorium als Gasentwicklungs- oder Gasabsorptionsgefäße bzw. beim Arbeiten unter Vakuum verwendet.

Wounded Knee [engl. 'wu:ndɪd 'ni:], Ort in South Dakota, USA, in der Pine Ridge Indian Reservation, 150 km sö. von Rapid City. – Am W. K. Creek fielen am 29. Dez. 1890 über 400 Sioux (darunter zahlr. Frauen und Kinder), die einer friedl. indian. Protestbewegung (Geistertanzbewegung) angehörten, einem Massaker amerikan. Kavalleristen zum Opfer. – 1973 besetzten Mgl. des American Indian Movement W. K. aus Protest gegen die Indianerpolitik der amerikan. Regierung.

Wouwerman, Philips [niederl. 'wɔuwərman], ≈ Haarlem 24. Mai 1619, □ ebd. 19. Mai 1668, niederl. Maler. – Beeinflußt von F. Hals (dessen Schüler?); v. a. Reiter-, Kriegs- und Lagerszenen von fein abgestimmtem Kolorit (Abendstimmungen) und lebendiger Erzählung.

Wrack [niederdt.], gesunkenes, gestrandetes oder auf andere Weise unbrauchbar gewordenes Schiff; i. w. S.: nicht mehr verwendbares Fahrzeug oder Gerät; im übertragenen Sinne: verbrauchter heruntergekommener Mensch.

Wrangel, Carl Gustav [schwed. 'vraŋəl], * Skokloster bei Uppsala 23. Dez. 1613, † Gut Spieker (auf Rügen) 5. Juli 1676, schwed. Feldherr. – Erhielt im Dreißigjährigen Krieg 1646 den Oberbefehl über die schwed. Truppen in Deutschland; seit 1664 Reichsmarschall und Mgl. der Vormundschaftsreg. für Karl XI.

Andrei Andrejewitsch Wosnessenski

Herman Wouk

Wrangelinsel

Frank Lloyd Wright. Das Solomon R. Guggenheim Museum in New York, 1956–59

W., Ferdinand Petrowitsch [russ. 'vrangɪlj], dt. Ferdinand Baron von W. (Wrangell), *Pleskau 9. Jan. 1797, †Dorpat 6. Juni 1870, russ. Admiral (seit 1847). – Unternahm Forschungen im N Sibiriens (1820–24) und kartierte die unerforschten Küstengebiete.

W., Friedrich Heinrich Ernst Graf von (seit 1864) ['– –], *Stettin 13. April 1784, †Berlin 1. Nov. 1877, preuß. Generalfeldmarschall (seit 1856). – Ab 1796 im preuß. Heer; 1839 General. Sprengte im Nov. 1848 die preuß. Nat.versammlung in Berlin und beendete damit die preuß. Märzrevolution; Oberbefehlshaber im 2. Dt.-Dän. Krieg 1864. Wegen seines derben Witzes als *Papa W.* einer der populärsten preuß. Generäle.

W., Pjotr Nikolajewitsch Baron [russ. 'vrangɪlj], *Nowo-Alexandrowsk 27. Aug. 1878, †Brüssel 25. April 1928, russ. General. – Wurde im russ. Bürgerkrieg nach der Niederlage der Truppen A. I. ↑Denikins im April 1920 Oberkommandierender der weißgardist. Truppen in S-Rußland und auf der Krim. Von der Roten Armee besiegt, floh er im Nov. 1920 ins Ausland.

Wrangelinsel, russ. Insel im Nordpolarmeer, 7 300 km², bis 1 096 m hoch; vergletschert; Forschungsstation; Eisbären-Schutzgebiet. – 1823 von F. P. Wrangel gesichtet, 1881 als Insel erkannt.

Wrangell Island [engl. 'ræŋəl 'aɪlənd], Insel des Alexander Archipelago in SO-Alaska, USA, 50 km lang, etwa 20 km breit, bis 1 000 m hoch.

Wrangell Mountains [engl. 'ræŋəl 'maʊntɪnz], Gebirgszug in SO-Alaska, erstreckt sich von der kanad. Grenze aus ca. 150 km nach NW zw. Alaska Range im N und Chugach Mountains im S, bis 5 036 m hoch; stark vergletschert.

Wrasen [niederdt.], aus kleinen Wassertröpfchen bestehender Nebel, der bei der Abkühlung des unsichtbaren Wasserdampfes entsteht.

Wraza, bulgar. Stadt im Vorland des Westbalkans, 358 m ü. d. M., 80 500 E. Orth. Metropolitensitz; Stadtmuseum; Nahrungsmittel-, chem., Textil-, Möbelind.; Fremdenverkehr.

Wrede, Karl Philipp Fürst von (seit 1814), *Heidelberg 29. April 1767, †Ellingen 12. Dez. 1838, bayr. Heerführer und Politiker. – Zunächst Verwaltungsbeamter, dann Offizier; focht ab 1805 mit bayr. Truppen auf frz. Seite, auch 1812 in Rußland; wandte sich 1813 mit bayr.-öst. Truppen gegen Napoleon I., unterlag ihm aber bei Hanau.

Wren, Sir (seit 1673) Christopher [engl. rɛn], *East Knoyle (Wiltshire) 20. Okt. 1632, †Hampton Court (= London) 25. Febr. 1723, engl. Baumeister, Mathematiker und Astronom. – Hauptwerk ist die Saint Paul's Cathedral im Stil des engl. Palladianismus (1675–1711); ferner u. a. Royal Hospital von Greenwich (1696 ff.) und der Umbau von Kensington Palace (1689–1702).

Orville Wright

Richard Wright

Wrexham [engl. 'rɛksəm], walis. Stadt in der Gft. Clwyd, 40 000 E. Anglikan. Bischofssitz; Theater. Eisen-, Chemiefaser-, Spielwaren-, Nahrungsmittelind., Aluminiumverarbeitung, Kabelwerk. – Seit 1391 wichtiger Marktort; 1857 Stadt.

wriggen [niederdt.] (wricken), ein Boot durch einen am Heck seitlich achtförmig hin und her bewegten Riemen vorwärtsbewegen.

Wright [engl. raɪt], Frank Lloyd, *Richland Center (Wis.) 8. Juni 1869, †Phoenix 9. April 1959, amerikan. Architekt. – Schüler von L. H. Sullivan. In mehr als 300 privaten und öff. Bauten realisierte er seine Grundideen von der „organ. Architektur" (Einheit von Form, Material, Funktion und Landschaft), erlangte auch in Europa Einfluß. Beim Solomon R. Guggenheim Museum in New York (1943 entworfen, 1956–59 gebaut) stellte W. eine spiralförmige Rampe über einen kreisförmigen Grundriß unter eine weite Glaskuppel. Sein Hochhaus „Price Tower" in Bartesville, Okla. (1955/56) zeigt die für W. typ. Verwendung von Winkelformen, Kreis und Spirale.

W., Joseph, genannt W. of Derby, *Derby 3. Sept. 1734, †ebd. 29. Aug. 1797, engl. Maler. – Malte Porträts, Landschaften und vielfigurige wiss. Demonstrationsszenen mit künstl. Beleuchtungseffekten.

W., Judith, *Armidale 31. Mai 1915, austral. Schriftstellerin. – Eine der führenden austral. Lyrikerinnen, die die Probleme der vergehenden Zeit, Vergänglichkeit und Fragwürdigkeit jegl. Kultur behandelt. Schrieb. „We call for a treaty" (1985).

W., Orville, *Dayton (Ohio) 19. Aug. 1871, †ebd. 30. Jan. 1948, und sein Bruder *Wilbur,* *Millville (Ind.) 16. April 1867, †Dayton (Ohio) 30. Mai 1912, amerikan. Flugpioniere. – Nach Studien des Flugproblems begannen sie um 1900 mit Modellflugversuchen und Gleitflügen (1901 Gleitflüge bis zu 100 m mit Doppeldeckern). 1903 unternahmen sie mit dem Motorflugzeug „Flyer I" (rd. 12 PS, 2 Luftschrauben) 4 Flüge von 12–59 Sekunden Dauer und 36–265 m Länge. 1904 führten sie mit „Flyer II" die ersten Kurvenflüge und 1905 mit „Flyer III" Streckenflüge bis zu 45 km aus. Die Brüder W. gelten als die eigtl. Pioniere des Motorflugs.

W., Richard, *bei Natchez 4. Sept. 1908, †Paris 28. Nov. 1960, amerikan. Schriftsteller. – Schwarzer Landarbeitersohn; 1935/36 mit kommunist. Ideen konfrontiert, verschiedene Reisen. Verf. naturalist. Romane, Erzählungen, Autobiographien und Reiseberichte, die die sozialen Konflikte seiner unterdrückten Rasse veranschaulichten. – *Werke:* Onkel Toms Kinder (En., 1938), Schwarz unter Weiß – fern von Afrika (Bericht, 1941), Schwarzer Hunger (Autobiographie, hg. 1977).

Christopher Wren. Das 1696 ff. erbaute Royal Hospital von Greenwich

Wrobel, Ignaz, Pseud. des dt. Journalisten und Schriftstellers Kurt ↑Tucholsky.

Wróblewski, Zygmunt Florenty von [poln. vruˈblɛfski], *Grodno 28. Okt. 1845, †Krakau 19. April 1888, poln. Physiker. – Prof. in Krakau. Mit K. S. Olszewski gelang W. erstmals die Verflüssigung von Luft.

Wrocław [poln. ˈvrɔtsuaf], poln. Name für ↑Breslau.

Wrubel, Michail Alexandrowitsch [russ. ˈvrubilj], *Omsk 17. März 1856, †Petersburg 14. April 1910, russ. Maler. – Sein symbolist. Werk (u. a. Porträts, Bühnenbilder) zeigt eine dekorative Grundauffassung.

Wruke, svw. ↑Kohlrübe.

Ws, Einheitenzeichen für ↑Wattsekunde.

WSI, Abk. für: ↑**W**irtschafts- und **S**ozialwissenschaftliches Institut des Deutschen Gewerkschaftsbundes GmbH.

WTB, Abk. für: **W**olffs **T**elegraphen-**B**ureau.

Wttewael, Joachim Antonisz [niederl. ˈœytəwaːl], *Utrecht um 1566, †ebd. 1. Aug. 1638, niederl. Maler. – Tätig in Utrecht. Neben A. Bloemart Vertreter der spätmanierist. Utrechter Schule; Historienbilder, Genrestücke.

Wu, Chien-Shiung, *Schanghai 31. Mai 1912, amerikan. Physikerin chin. Herkunft. – Prof. an der Columbia University in New York; Arbeiten v. a. zur experimentellen Kernphysik. 1957 gelang ihr in dem von T. D. Lee und C. N. Yang vorgeschlagenen Experiment der Nachweis der Paritätsverletzung bei schwachen Wechselwirkungen.

Wuchang, seit 1953 Teil von ↑Wuhan.

Wucher, die Ausbeutung eines anderen dadurch, daß einer sich oder einem Dritten für die Vermietung von Wohnraum (**Mietwucher**), Kreditgewährung (**Kreditwucher, Zinswucher**), sonstige Leistungen oder für die Vermittlung einer dieser Leistungen Vermögensvorteile versprechen oder gewähren läßt, die in einem auffälligen Mißverhältnis zu der Leistung oder deren Vermittlung stehen. Nach § 302 a StGB wird W. mit Freiheitsstrafe bis zu 3 Jahren oder Geldstrafe, in bes. schweren Fällen mit Freiheitsstrafe von 6 Monaten bis zu 10 Jahren bestraft. Wuchersche Rechtsgeschäfte sind gemäß § 138 Abs. 2 BGB nichtig. Im *östr.* und *schweizer. Recht* gilt im wesentlichen dem dt. Recht Entsprechendes.

Wucherblume (Chrysanthemum), Gatt. der Korbblütler mit rd. 200 Arten auf der Nordhalbkugel und in S-Afrika, Hauptverbreitung im Mittelmeergebiet und in Vorderasien; Blütenköpfchen meist mit ♀ Zungenblüten und zwittrigen, röhrenförmigen Scheibenblüten, klein und in Doldentrauben angeordnet oder groß, einzelstehend und langgestielt. Einheimisch sind u. a. ↑Margerite und ↑Rainfarn. Zahlr. Arten und Sorten sind Gartenpflanzen, u. a. die ↑Chrysanthemen, z. B. die **Winteraster** (Eigtl. Chrysantheme, Chrysanthemum indicum).

Wucherung, gut- oder bösartige überschießende Neubildung von Gewebe. – ↑wildes Fleisch, ↑adenoide Wucherungen.

Wuchsstoffe, gemeinsprachl. Sammelbez. für die ↑Pflanzenhormone.

Wu Daozi [chin. udaudzi] (Wu Tao-tzu), *in der Prov. Henan, lebte etwa 720–760, chin. Maler der Tangzeit. – Gilt als größter Meister der chin. Figurenmalerei; malte vorwiegend Wandbilder. Kopien seiner Werke sind nur in Steinabreibungen erhalten.

Wudu, svw. ↑Wodu.

Wuhan [chin. uxan], Hauptstadt der chin. Prov. Hubei, an der Mündung des Han Shui in den Jangtsekiang, 3,64 Mill. E. Entstand 1953 durch Zusammenschluß der Städte **Wuchang, Hankou** und **Hanyang.** Metropole Z-Chinas; Univ. (gegr. 1913), mehrere Fachhochschulen und Forschungsinst. der Chin. Akad. der Wiss. Ein Zentrum der chin. Schwerind., außerdem bed. Glas-, chem-, Zement-, Textil-, Papier-, Nahrungsmittelind., Werften und Eisenbahnreparaturwerkstätten. Doppelstockbrücke (seit 1957; 1760 m; für Eisenbahn- und Straßenverkehr) über den Jangtsekiang; Hochseehafen, ✈.

Wühlechsen, svw. ↑Skinke.

Wühler (Cricetidae), mit Ausnahme von Australien weltweit verbreitete Fam. der Mäuseartigen mit rd. 600 Arten von etwa 10–60 cm Länge. Zu den W. gehören z. B. ↑Neuweltmäuse, ↑Blindmulle, ↑Madagaskarratten, ↑Rennmäuse, ↑Wühlmäuse und ↑Hamster.

Wühlmäuse (Microtinae), Unterfam. meist plumper, kurzschwänziger ↑Wühler mit über 100 Arten in Eurasien, N-Afrika sowie N- und M-Amerika; Körper 10–40 cm lang, mit stumpfer Schnauze. Die W. graben unterird. Gangsysteme, in die sie für den Winter pflanzl. Vorräte eintragen. Zu den W. gehören z. B. **Feldmaus** (Microtus arvalis), **Erdmaus** (Microtus agrestis), ↑Bisamratte, ↑Lemminge.

Wuhsi [chin. uɕi] ↑Wuxi.

Wuhu [chin. uxu], chin. Ind.- und Hafenstadt in der Prov. Anhui, am unteren Jangtsekiang, 300 000 E. Handelszentrum.

Wujek, Jakob, †Krakau 27. Juli 1597, poln. kath. Theologe und Bibelübersetzer. – Ab 1565 Jesuit; 1586 Vizeprovinzial für Polen und Siebenbürgen; seine poln. Übersetzung der Hl. Schrift gilt als „Poln. Vulgata".

Wulfenit [nach dem östr. Mineralogen F. X. von Wulfen, *1728, †1805] (Gelbbleierz), tetragonales Mineral, durchsichtig-durchscheinend, gelb oder orangerot, meist dünntafelig, Pb [MoO$_4$]; Mohshärte 3; Dichte 6,8 g/cm^3. Vorkommen in der Oxidationszone von Blei-Zink-Lagerstätten; früher als Molybdänerz abgebaut.

Wulfila ↑Ulfilas.

Wulf-Mathies, Monika, *Wernigerode 17. März 1942, dt. Gewerkschafterin. – Philologin; seit 1965 Mgl. der SPD; seit Sept. 1982 Vorsitzende der Gewerkschaft ÖTV.

Wülfrath [ˈvʏlfraːt], Stadt im Niederberg. Land, NRW, 235 m ü. d. M., 21 500 E. Abbau und Verarbeitung von Kalkstein, Textilind., Fahrzeug- und Maschinenbau. – Aus verstreut liegenden Höfen zusammengewachsener Ort. Stadterhebung 1827/65. – Ev. spätgot. Kirche (15. Jh.) mit roman. Teilen.

Wulgaris, Dimitrios (Vulgaris), *auf Idra 20. Dez. 1802, †Athen 30. Dez. 1877, griech. Politiker. – Ab 1843 mehrfach Min.; 1862 an der Absetzung König Ottos I. beteiligt; 1863–75 wiederholt Ministerpräsident.

Wullenwever, Jürgen [ˈvʊlənveːvər], *Hamburg um 1492, †Wolfenbüttel 29. Sept. 1537 (enthauptet), Bürgermeister von Lübeck (1533–35). – Versuchte die Vorherrschaft der Hanse in der Ostsee zu erneuern und verwickelte Lübeck 1534 in die Grafenfehde, unterlag aber im Juni 1535 König Christian III. von Dänemark; wurde im Nov. 1535 von Erzbischof von Bremen gefangengenommen und Hzg. Heinrich d. J. von Braunschweig-Wolfenbüttel ausgeliefert.

Wüllner, Franz, *Münster 28. Jan. 1832, †Braunfels 7. Sept. 1902, dt. Dirigent und Komponist. – War ab 1864 in München Dirigent der Hofkapelle, 1870 Hofkapellmeister. Leitete die Uraufführungen von R. Wagners „Rheingold" und „Walküre".

Wulstlinge (Amanita), Gatt. der Lamellenpilze (Klasse Ständerpilze) mit rd. 60 Arten; junger Fruchtkörper mit becherförmiger Stielscheide, deren Reste beim ausgewachsenen Pilz oft auf dem Hut als Hautfetzen, am Stielgrund als Scheide oder am Stiel als Ring zurückbleiben; viele bekannte Gift- und Speisepilze wie ↑Knollenblätterpilz, ↑Fliegenpilz, ↑Pantherpilz, ↑Perlpilz.

Wulumuqi [chin. ulumutɕi] ↑Ürümqi.

Wunde (Vulnus), als Folge einer Verletzung oder durch Operation entstandener Defekt der Haut und des darunterliegenden Gewebes. Je nach der Verletzungsursache unterscheidet man Schnitt-, Biß-, Platz-, Quetsch-, Riß-, Schuß- oder Stich-W. Die Gefahr einer ↑Wundinfektion ist bei glatten W. (v. a. Schnitt-W.) gering, dagegen groß bei zerklüfteten W., etwa durch Gewebszertrümmerung (bes. bei Quetsch-W.). Bei der Wundheilung verkleben entweder die Wundränder unmittelbar miteinander (*primäre* oder *direkte Wundheilung*), oder es bildet sich unter stärkeren Entzündungserscheinungen ein Granulationsgewebe, das später zum Narbengewebe wird (*sekundäre* oder *indirekte Wundheilung*). Bei oberflächl. Hautabschürfungen tritt die Heilung unter einer schützenden Kruste aus Blut und Gewebssaft (Schorf) ein.

Wühlmäuse.
Oben: Feldmaus.
Unten: Erdmaus

Wulfenit.
Gelbe Kristalle

Monika
Wulf-Mathies

Jürgen Wullenwever
(Ausschnitt aus einem
anonymen
zeitgenössischen
Gemälde)

Wunder

Fritz Wunderlich

Wunder, 1. in der *Religionswiss.* meist im Sinne einer von Gott gewirkten „Durchbrechung der Naturgesetze" aufgefaßt. Für frühere Epochen war aber auch das Funktionieren von Natur und Geschichte nur durch das Wirken göttl. Kräfte zu erklären. Das W. war also der Normalfall und keineswegs eine Durchbrechung der übl. Kausalitäten. Darüber hinaus sind die meisten W.traditionen in der Zeit myth., d. h. vor-krit. Denkens ausgebildet worden, und weniger die mirakelhaften Ereignisse, sondern die numinose religiöse Erfahrung sind beschrieben.
2. *Bibl. W.berichte:* A.T. und N.T. kennen den Begriff W. nicht. Stattdessen sprechen sie von „Zeichen", „Macht-" oder „Großtaten" Gottes und zeigen, daß das Interesse nicht einem mirakelhaften Geschehen selbst, sondern dem Wirken Gottes in der Naturwelt und der Geschichte bzw. in Jesu gilt. Im N.T. werden etwa 30 *W. Jesu* überliefert. Der Kern der neutestamentl. W.tradition wird von der Theologie zunehmend als unhistorisch angesehen.
3. *W. in der kirchl. Geschichte:* Mit der Entstehung des krit. Denkens in der Neuzeit wird die W.tradition spärlicher und bleibt im wesentlichen auf den Katholizismus und die orth. Kirchen konzentriert.

Wunderbaum ↑Rizinus.

Wunderblume (Mirabilis), Gatt. der W.gewächse mit rd. 60 Arten in Amerika und einer Art im westl. Himalaja und in SW-China; Kräuter mit glockigen oder trichterförmigen Blüten in verschiedenen Farben oft auf der gleichen Pflanze. Die bekannteste, in M-Europa einjährig kultivierte Art ist die in Mexiko heim. **Echte Wunderblume** (Mirabilis jalapa), eine 60–100 cm hohe Staude mit trichterförmigen, nur für eine Nacht geöffneten roten, gelben oder weißen Blüten.

Wunderblume. Echte Wunderblume

Wunderkerzen, drahtförmige Kleinfeuerwerkskörper, die unter Bildung eines Funkensprühregens abbrennen.

Wunderlich, Fritz, * Kusel 26. Sept. 1930, † Heidelberg 17. Sept. 1966, dt. Sänger (lyr. Tenor). – Mgl. der Opernensembles von Stuttgart und München; gefeierter lyr. Operntenor; auch Lied- und Konzertsänger.

W., Paul, * Berlin 10. März 1927, dt. Maler und Graphiker. – W. entwickelte einen vom Surrealismus geprägten phantast. Figurenstil, wobei er zunehmend photograph. Vorlagen verwendet; häufig sind erot. Motive. Zahlr. Lithographien, auch Plastik.

Wunderstrauch, (Quisqualis) Gatt. der Langfadengewächse mit 17 Arten in den Tropen der Alten Welt und in S-Afrika. Die bekannteste Art ist *Quisqualis indica,* ein kletternder Strauch mit duftenden, in Ähren stehenden, beim Aufblühen weißen, beim Verblühen dunkelroten Blüten. ▷ (Codiaeum) Gatt. der Wolfsmilchgewächse mit 14 Arten im trop. Asien und in Ozeanien; Bäume oder Sträucher mit ledrigen, oft bunten Blättern. Die wichtigste, auf Sumatra heim. Art ist *Codiaeum variegatum,* ein 2,5 m hoher Strauch. Dessen zahlr. Zuchtsorten mit gelappten oder bandförmigen, leuchtend gefärbten Blättern sind beliebte Zimmerpflanzen (im Handel als *Croton* bezeichnet).

Wundfieber, bei ↑Wundinfektion auftretendes Fieber, z. B. nach Operation.

Wundheilung, ↑Wunde.

Wundinfektion, Störung der Wundheilung durch eingedrungene Bakterien (Staphylokokken, Streptokokken, Kolibakterien u. a.). Die W. ist durch lokale (Schmerzen, Schwellung, Rötung, Hitze) und allg. Symptome (Fieber, Schüttelfrost, Appetitlosigkeit) gekennzeichnet. Durch Weiterleiten der Bakterien auf dem Blut- oder Lymphweg kann es zur Allgemeininfektion kommen. Spezif. W. sind Wundstarrkrampf, Tollwut und Gasbrand.

Wundklee (Anthyllis), Gatt. der Schmetterlingsblütler mit über 50 Arten in Europa, Vorderasien und N-Afrika. Die wichtigste, sehr formenreiche Art ist der **Gelbe Klee** (Gemeiner W., Anthyllis vulneraria), ein 15–30 cm hohes Kraut mit gelben oder roten Blüten in köpfchenförmigen Blütenständen; Futterpflanze.

Wundliegen, svw. ↑Dekubitus.

Wundrose (Erysipel), durch Streptokokken verursachte ansteckende Entzündung der Haut und des Unterhautgewebes; charakteristisch sind u. a. Rötung und Schwellung mit scharfer Abgrenzung sowie hohes Fieber.

Wundklee. Gelber Klee

Wundsein (Intertrigo, Wolf), unscharf umschriebene Hautentzündung im Bereich von Hautregionen, die flächenhaft aneinandergrenzen und sich bei Bewegungen leicht und häufig aneinander reiben (z. B. Oberschenkel).

Wundstarrkrampf (Starrkrampf, Tetanus), akute, schwere Infektionskrankheit (meldepflichtig), die zu Lähmung und Krämpfen (krampfartige Starre) der Skelettmuskulatur und meist zum Tod führt. Die Inkubationszeit beträgt 4–14 Tage, seltener mehrere Monate. Erreger ist der Tetanusbazillus (Clostridium tetani), der sich, weltweit verbreitet, bes. in der Erde und im Straßenstaub findet und sauerstoffarme (anaerobe) Bedingungen benötigt. Er bildet ein Gift (Tetanustoxin), das meist auf dem Blutweg ins Rückenmark gelangt und dort über die motor. Vorderhornzellen eine Muskelübererregbarkeit bewirkt, die die Krankheitserscheinungen hervorruft. Die Infektion auch kleinster Wunden kann, bes. bei schlechten, sauerstoffarmen Wundverhältnissen, zum W. führen. Erstes sicheres Anzeichen des W. ist eine Muskelstarre mit ton. Krämpfen. Der W. greift dann auf den ganzen Körper über und führt oft zu bretthartem Anspannung der gesamten Muskulatur mit Rückwärtsbeugung des Kopfes, wozu sehr schmerzhafte Krämpfe treten können. Atembehinderung und Verlust des Schluckvermögens können zum Tod führen. – Die *Vorbeugung* besteht in einer aktiven Schutzimpfung (dreimalige Grundimmunisierung innerhalb eines Jahres) mit unschädlich gemachtem Tetanustoxin (Tetanustoxoid). Diese Vollimmunisierung gibt einen sicheren Schutz gegen W. für etwa 10 Jahre, danach sollte eine Auffrischungsimpfung erfolgen. Im Verletzungsfall werden alle nicht oder nicht vollständig immunisierten Personen geimpft, zusätzlich wird Tetanus-Immunglobulin eingespritzt. – Die *Behandlung* des W. umfaßt neben der Wundversorgung (schnellste Entfernung des erregerhaltigen Gewebes an der Eintrittspforte durch vollständige Wundausschneidung) und wiederholten Serumgaben die Intensivtherapie mit Anwendung von künstl. Beatmung, muskelerschlaffenden Mitteln, Narkotika, Antibiotika sowie Sondenernährung und Herz-Kreislauf-Stützung.

Wundt, Wilhelm, * Neckarau (= Mannheim) 16. Aug. 1832, † Großbothen bei Leipzig 31. Aug. 1920, dt. Psychologe und Philosoph. – Ab 1864 Prof. für Medizin in Heidelberg; 1866–68 Abg. in der 2. bad. Kammer; 1874 Prof. für

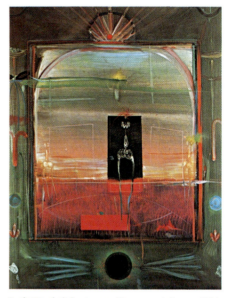

Paul Wunderlich. Aurora, Hommage à Runge, 1964 (Hamburg, Kunsthalle)

Philosophie in Zürich, 1875 in Leipzig, wo er 1879 das erste Institut für ↑experimentelle Psychologie gründete. – Zu einem zentralen Problem wurde für W. das Leib-Seele-Problem. Er vertrat einen psychophys. ↑Parallelismus. Die seel. Vorgänge unterteilte er in solche des Willens, des Intellekts und des Gefühls. Den substantiellen Seelenbegriff lehnte W. ab (↑Aktualitätstheorie). Durch Anwendung von Experimenten beendete er die bis dahin weitgehend praktizierte Beschränkung der Psychologie auf Introspektion. Darüberhinaus sah W. Sprache, Mythos, Sitte, Kunst u. a. als Gegenstand der ↑Völkerpsychologie an. Die Psychologie als Beschreibung des tatsächl. Verlaufs der psych. Vorgänge war für W. Grundwiss. aller Geisteswiss., der gegenüber die Logik als Methodologie der Wiss. steht. – *Werke:* Vorlesungen über die Menschen- und Tierseele (1863/64), Grundzüge der physiol. Psychologie (1874), Logik (1880–83), System der Philosophie (1889), Völkerpsychologie. Eine Untersuchung der Entwicklungsgesetze von Sprache, Mythos und Sitte (10 Bde., 1900–1920).

Wunibald (Wynnebald), hl., *Südengland um 701, †Heidenheim (Landkr. Weißenburg-Gunzenhausen) 18. Dez. 761, angelsächs. Abt. – Von Bonifatius für die dt. Missionsarbeit berufen; wirkte in Thüringen, der Oberpfalz und Mainz. – Fest: 18. Dezember.

Wunsch, der mit der Vorstellung eines begehrten Objekts verbundene Drang nach dessen Erlangung. – Beurteilungen und Erwartungen nicht an der objektiven Realität, sondern an der subjektiven Idealität zu orientieren, wird als W.denken bezeichnet.

Wünsch, Georg, *Augsburg 29. April 1887, †Marburg 22. April 1964, dt. ev. Theologe. – Prof. für Sozialethik in Marburg; maßgebl. Vertreter des religiösen Sozialismus.

Wünschelrute, Metallgerte oder gegabelter Zweig, der vom Rutengänger in beiden Händen gehalten wird und dessen „Ausschlag" bestimmte unterird. „Reizzonen" (Wasserläufe, Öllager, Erzadern) anzeigen soll. Seit der Antike überliefert, bisher wiss. nicht erklärbar.

Wunschform, svw. ↑Optativ.

Wunsiedel, Krst. im Fichtelgebirge, Bay., 555 m ü. d. M., 10 000 E. Verwaltungssitz des Landkr. W. i. Fichtelgebirge; Fichtelgebirgsmuseum. Textilind., Porzellan- und Likörfabrik; Fremdenverkehr. Luisenburgfestspiele. – 1163 erstmals als Burgsiedlung erwähnt; 1326 zur Stadt erhoben. – Ev. barocke Stadtpfarrkirche (nach 1731 ff.), spätgot. Spitalkirche (1731–33 barock erneuert); Ruine der ehem. Wallfahrtskirche Sankt Katharina (15. Jh.); Geburtshaus Jean Pauls (18. Jh.).

Wunsiedel i. Fichtelgebirge, Landkr. in Bayern.

Wunstorf, Stadt im Calenberger Land, Nds., 48 m ü. d. M., 37 700 E. Nahrungsmittel- und Baustoffind.; Bahnknotenpunkt. – Entwickelte sich wohl im Anschluß an ein um 865 gegr. Kanonissenstift; 1261 Stadtrecht. – Roman. Stiftskirche (um 1200; im 14. Jh. umgebaut); ev. roman. Marktkirche (12. Jh.) mit barockem Langhaus (um 1700). Im Stadtteil **Idensen** bed. Alte Kirche (1120–29).

Wuolijoki, Hella [finn. 'vuɔlijɔki], geb. Murrik, *Helme (Estland) 22. Juli 1886, †Helsinki 2. Febr. 1954, finn. Schriftstellerin estn. Herkunft. – 1945–49 Intendantin des finn. Rundfunks, 1946–48 kommunist. Reichstagsabg. Schrieb Theaterstücke mit sozialen Tendenzen über den Zerfall der bäuerl. Gesellschaft, auch Romane. – *Werke:* Die Frauen auf Niskavuori (Dr., 1936), Der Herr von Iso-Heikkilä und sein Knecht Kalle (Dr., 1940/41, in Zusammenarbeit mit B. Brecht, erschienen 1946; Vorlage für Brechts Stück „Herr Puntila und sein Knecht Matti").

Wupper (im Oberlauf Wipper), rechter Nebenfluß des Rheins, entspringt an der Ebbe, mündet unterhalb von Leverkusen, 114 km lang.

Wuppertal, Stadt im Berg. Land, NRW, 100–350 m ü. d. M., 378 300 E. Bergische Univ. – Gesamthochschule (gegr. 1972), ev. kirchl. Hochschule, Musikhochschule, Verwaltungsfachhochschule, Missionsseminar, mehrere Museen; Oper, Schauspielhaus, Botan. Garten, Zoo. Historisch gewachsene, äußerst vielseitige Textilind. Aus ihrem Maschinenbedarf entwickelte sich eine umfangreiche Maschinen- und Werkzeugind. Außerdem chem., pharmazeut., elektrotechn., Papierwaren-, Druck- u. a. Ind. Dem innerstädt. Verkehr dient seit 1901 eine 13,3 km lange Schwebebahn über dem Tal der Wupper.
Geschichte: Das Gebiet des heutigen W. gehörte seit dem Spät-MA größtenteils zur Gft. bzw. zum Hzgt. Berg; seit 1815 preußisch. Die 1929 durch den Zusammenschluß der Städte *Barmen* (Ersterwähnung 1070; Stadtrecht 1808), *Elberfeld* (Ersterwähnung 1176; stadtähnl. Freiheit mit Ratsverfassung seit 1444; Stadtrecht 1610), *Ronsdorf* (Ersterwähnung 1246; 1737 Gründung einer Siedlung für die Zionistengemeinde „Philadelphia. Societät" mit sternförmigem Straßennetz; Stadtrecht 1745), *Vohwinkel* (Ersterwähnung 1312; Stadtrecht 1921), *Cronenberg* (Ersterwähnung im 11. Jh.; Stadtrecht 1808) entstandene Stadt *Barmen-Elberfeld* wurde 1930 in W. umbenannt.
Bauten: Spätgot. ehem. Kreuzbrüder-Klosterkirche in Beyenburg (15. Jh.); barocke ref. Kirche in Elberfeld (1688–90); Haus Lüntenbeck, ehem. Wasseranlage (17. Jh.); Bahnhof Elberfeld (1846–50) mit spätklassizist. Fassade; Bauten des 20. Jh.: u. a. Schauspielhaus, Christkönigskirche, Sparkassenhochhaus.

Wurf, die Bewegung eines Körpers im Schwerefeld der Erde, wenn ihm eine bestimmte Anfangsgeschwindigkeit v_0 erteilt wird, deren Richtung mit der Horizontalen den Winkel α einschließt. Die Bahnkurve schiefen Wurfes ist bei Vernachlässigung des Luftwiderstandes eine Parabel *(W.parabel)* der Gleichung $y = x \tan\alpha - gx^2/(2v_0^2 \cos^2\alpha)$ (g Fallbeschleunigung). Die im Scheitelpunkt der Parabel erreichte maximale W.höhe beträgt $h = (v_0^2 \sin^2\alpha)/2g$. Damit ergibt sich für die W.winkel α und $90° - \alpha$ die gleiche W.weite (Steil- und Flach-W.); die größte W.weite $w_{max} = v_0^2/g$ wird für $\alpha = 45°$ erhalten. Die Berücksichtigung des Luftwiderstandes führt zu ballist. Kurve (↑Geschoßbahn) mit kleinerer Steighöhe und W.weite bei gleichen Anfangsbedingungen.

▷ bei Tieren, die gewöhnlich Mehrlinge zur Welt bringen (z. B. Haushund und -katze), die Gesamtheit der nach einer Trächtigkeitsperiode geborenen (geworfenen) Jungen.

Würfel, (regelmäßiges Hexaeder, Kubus) ein von 6 kongruenten Quadraten begrenzter regelmäßiger Körper. Die Quadrate stoßen in 12 gleich langen Kanten aneinander; die Kanten treffen sich in 8 Ecken, in jeder Ecke stoßen jeweils 3 Kanten rechtwinklig aufeinander. Ein W. mit der Kantenlänge a hat das Volumen $V = a^3$, die Oberfläche $O = 6a^2$, die Flächendiagonale $d = a\sqrt{2}$ und die Raumdiagonale $D = a\sqrt{3}$.

▷ (Knobel) zum *W.spiel* benutzter sechsseitiger Körper aus verschiedenen Materialien (u. a. Elfenbein, Knochen, Stein, Holz; auf den Seiten sind durch Punkte oder „Augen" die Zahlen 1–6 so angegeben, daß die sich gegenüberliegenden zus. jeweils 7 ergeben. Die ältesten W. stammen aus 4 000 Jahre alten ägypt. Grabfunden.

Würfelbein (Kuboid, Os cuboideum), Fußwurzelknöchen (↑Fuß).

Würfelverdoppelung, svw. ↑delisches Problem.

Wurfmesser, Waffe, die aus einem Eisenstab mit Handgriff und einer oder mehreren Klingen besteht.

Wurfparabel ↑Wurf.

Wurfsendung, aufschriftlose, für eine Empfängergruppe (z. B. alle Haushaltungen in einem Zustellbezirk) bestimmte Postsendung.

Wurftaubenschießen ↑Schießsport.

Würgadler (Morphnus guianensis), bis 80 cm langer, über 1,5 m spannender, adlerartiger Greifvogel in Z- und S-Amerika; oberseits grau, mit aufrichtbarer Haube; jagt Leguane, Vögel und kleinere Affen.

Würger (Laniidae), Fam. bis 30 cm langer, gut fliegender Singvögel mit fast 75 Arten, v. a. in Afrika, Eurasien und N-Amerika; Oberschnabelspitze häufig hakig nach unten gekrümmt, dahinter kräftiger Hornzahn, der in eine entsprechende Auskerbung des Unterschnabels paßt; spießen ihre Beute häufig auf Dornen oder Ästen auf. In Europa kommen u. a. vor: ↑Neuntöter, **Rotkopfwürger** (Lanius senator), bis knapp über 15 cm lang, oberseits schwarz, un-

Wilhelm Wundt

Wuppertal
Stadtwappen

Würger.
Rotkopfwürger

Würgereflex

Theophil Wurm

Würgereflex (Rachenreflex), v. a. durch Berühren der Rachenhinterwand reflektorisch ausgelöstes Würgen, z. B. bei willentlich herbeigeführtem Erbrechen.

Wurlitzerorgel (Kinoorgel), von der amerikan. Firma Rudolph Wurlitzer Co. gebaute, meist elektr. Kino- und Theaterorgel, auch Bez. für solche Orgeln allgemein. V. a. zur musikal. Untermalung von Stummfilmen.

Wurm, Theophil, *Basel 7. Dez. 1868, †Stuttgart 28. Jan. 1953, dt. ev. Theologe. – Ab 1929 Kirchenpräs. und ab 1933 Landesbischof der Ev. Landeskirche in Württemberg; im Kirchenkampf nach 1933 Wortführer des Widerstands gegen die Eingriffe des nat.-soz. Regimes in kirchl. Angelegenheiten; 1945–49 Vors. des Rates der EKD.

Würm, rechter Nebenfluß der Amper, Bay., Abfluß des Starnberger Sees, mündet unterhalb von Dachau, 38 km lang.

Würmeiszeit [nach der Würm], letzte Eiszeit des Quartärs im Bereich der Alpen.

Würmer (Vermes), volkstüml. Sammelbez. für langgestreckte, bilateralsymmetr. Wirbellose sehr verschiedener, untereinander nicht näher verwandter systemat. Kategorien, z. B. ↑Plattwürmer, ↑Schlauchwürmer, ↑Schnurwürmer, ↑Ringelwürmer.

Wurmfarn (Dryopteris), Gatt. der Wurmfarngewächse (Aspidiaceae) mit rd. 150 v. a. auf der Nordhalbkugel verbreiteten, meist terrestr. Arten. Eine in Laub- und Nadelwäldern des gemäßigten Eurasiens häufige Art ist der **Gemeine Wurmfarn** (Dryopteris filix-mas) mit sommergrünen, einfach gefiederten, 0,5–1,5 m langen Blättern. Aus dem Wurzelstock wurde früher ein giftiger Farnextrakt als Bandwurmmittel hergestellt.

Wurmfortsatz ↑Blinddarm.

Wurmkrankheiten (Wurmerkrankungen, Helminthiasen), Gruppe weltweit verbreiteter, in den Tropen und Subtropen endemisch vorkommender Erkrankungen der Tiere und des Menschen durch parasitäre Würmer. Infektion mit Würmern, Wurmeiern oder Zwischenstadien erfolgt beim Menschen i. allg. durch Aufnahme ungekochter bzw. ungewaschener Nahrungsmittel und durch Schmutz. Typ. Krankheitserscheinungen sind neben Störungen des Allgemeinbefindens oft hochgradige Anämie, juckende Ekzeme in der Afterregion, mechan. Störungen, z. B. infolge Eindringens von Würmern in die Ausführungsgänge der Gallenblase oder Bauchspeicheldrüse oder durch Knäuelbildung im Darm, die bis zum Darmverschluß führen kann. Nachweis der Darmparasiten oder ihrer Eier erfolgt im Stuhl. Die wichtigsten einheim. Wurmarten sind Band-, Maden-, Spulwürmer und Trichinen.

Wurmmittel (Anthelmintika, Helminthagoga), zur Behandlung von ↑Wurmkrankheiten verwendete Arzneimittel. Zuverlässig gegen Spul- und Madenwürmer wirkt Piperazin, gegen Madenwürmer Pyrvinium (ein Cyanfarbstoff), gegen Rinder-, Schweine- und Fischbandwurm bes. Niclosamid. Ein Breitspektrum-W. ist Tiabendazol.

Wurmschlangen (Schlankblindschlangen, Leptotyphlopidae), Fam. etwa 15–30 cm langer, primitiver Schlangen mit rd. 40 Arten, v. a. in Afrika; ernähren sich vorwiegend von Ameisen und Termiten.

Wurmschleichen, svw. ↑Doppelschleichen.

Wurmschnecken (Vermetidae), Fam. auf dem Untergrund festgewachsener Meeresschnecken (Unterklasse Vorderkiemer); Gehäuse weitspiralig bis unregelmäßig gewunden, vom Untergrund aufragend; ernähren sich von Kleinstlebewesen. In europ. Meeren am häufigsten die **Mittelländische Wurmschnecke** (Serpulorbis arenaria), mit braunem, bis zu 10 cm aufragendem Gehäuse.

Würmsee ↑Starnberger See.

Wurmzüngler, svw. ↑Chamäleons.

Würselen, Stadt in der Jülicher Börde, NRW, 180 m ü. d. M., 33 700 E. Nahrungsmittelind., Herstellung von Nadeln, Arbeitsschutzkleidung, Heizungsanlagen; Maschinenbau. – 870 erwähnt; nach Eingemeindung umliegender Dörfer (1904) 1924 zur Stadt erhoben. – Kath. barocke Pfarrkirche mit roman. W-Turm (12. Jh.).

Wurmschnecken. Mittelländische Wurmschnecke

Wurst ↑Wurstwaren.

Wursten, Küstenmarschlandschaft entlang dem O-Saum der Außenweser (Nds.); Grünlandwirtschaft. – Bis 1525 selbständige Bauernrepublik.

Wurstkraut ↑Majoran.

Wurstwaren, in Natur-/Kunstdarm, Magen oder Behältnisse abgefüllte schnittfeste oder streichfähige Gemenge aus zerkleinertem Fleisch, Innereien und Fett mit würzenden Zutaten bei unterschiedl. Herstellungsweise: *Rohwurst* (z. B. Salami, Mettwurst), *Brühwurst* (z. B. Fleischwurst, Frankfurter Würstchen), *Kochwurst* (z. B. Leberwurst, Preßkopf) und *Bratwurst*.

Wurt [niederdt.] (Warft), künstl., zum Schutz gegen Hochwasser aufgeworfener Siedlungshügel in Marsch- u. a. Niederungsgebieten.

Württemberg, östl. Landesteil von Baden-W., umfaßt die Reg.-Bez. Stuttgart und Tübingen und reicht vom Bodensee bis zur Tauber bzw. vom Schwarzwald und Kraichgau bis zur Landesgrenze gegen Bayern.

Geschichte: Entstand als polit. Größe aus den Besitzungen der (1081 erstmals gen.) Herren (seit 1135 Grafen) von *Wirdeberch (Wirtemberg)* im mittleren Neckar- und im Remstal, die im stauf.-welf. Thronstreit (nach 1198) und durch den Zusammenbruch der stauf. Macht (Mitte des 13. Jh.) beträchtl. Teile der stauf. Gebiete erwerben konnten. Im Spät-MA bauten die Grafen ihre Stellung zur stärksten Territorialmacht in SW-Deutschland aus; u. a. erwarben sie 1397/1409 die Gft. Mömpelgard (↑Montbéliard; bis 1801). 1442 Teilung in 2 neue Linien mit den Residenzen Stuttgart und Urach, 1482 stellte Eberhard im Bart (⚭ 1459–96) die Einheit wieder her. 1495 Erhebung zum einheitl. Reichslehen als Hzgt. W. (und Teck). Herzog Ulrich (⚭ 1498/1503–19, 1534–50) wurde 1519 vom Schwäb. Bund aus W. vertrieben, das an die Habsburger fiel; auch nach seiner Rückkehr 1534 blieb W. österr. Afterlehen, 1599 wurde es wieder zum Reichslehen. Durch den Dreißigjährigen Krieg (1618–48) und die frz. Expansion unter Ludwig XIV. (v. a. 1688–92) schwer heimgesucht; unter Karl Alexander (⚭ 1733–37) und Karl Eugen (1737–93) absolutistisch regiert.

Unter Friedrich I. (⚭ 1797–1816) wurde W. 1803 Kurfürstentum, 1805 (Frieden von Preßburg) Kgr. und Mgl. des Rheinbundes (1806–13), sein Territorium verdoppelte sich (9 Reichsstädte, Teile Oberschwabens und des Allgäus). 1816 trat W. dem Dt. Bund, 1834 dem Dt. Zollverein bei. Unter König Wilhelm I. (⚭ 1816–64) erhielt es 1819 eine konstitutionelle Verfassung, nach der Unterdrückung (1849) der Märzrevolution von 1848 erfolgte die Rückkehr zum System der Reaktion. Gegen Preußen lehnte sich W. meist an Österreich an, trat aber 1871 in das Dt. Reich ein. 1918 wurde die Republik ausgerufen, 1919 erhielt W. eine demokrat. Verfassung, die bis 1932 meiste von einer Koalition der gemäßigten Parteien regiert, 1933 – wie die anderen dt. Länder – von den Nationalsozialisten „gleichgeschaltet". Nach dem 2. Weltkrieg war W. zunächst in eine amerikan. (↑Württemberg-Baden) und eine frz. Besatzungszone (↑Württemberg-Hohenzollern) geteilt. Die beiden Länder wurden 1952 mit dem in der frz. Besatzungszone gelegenen Land ↑Baden zum neuen Land ↑Baden-Württemberg zusammengeschlossen.

Württemberg, Evangelische Kirche in, dt. ev. Landeskirche im Gebiet der Reg.-Bez. Nordwürttemberg und Südwürttemberg-Hohenzollern mit den Leitungsgremien Landesbischof und Landeskirchenausschuß, Oberkirchenrat und Landessynode; nicht Mgl. der VELKD, aber im Luth. Weltbund und im Ökumen. Rat der Kirchen vertreten.

Württemberg-Baden, im Sept. 1945 aus den in der amerikan. Besatzungszone gelegenen (nördl.) Teilen von Baden und Württemberg gebildetes dt. Land (Hauptstadt Stuttgart); Reg.chef war R. Maier (DVP/FDP); größtes der 3 damaligen Länder auf ehem. bad. und württemberg. Gebiet; ging 1952 im Land ↑Baden-Württemberg auf.

Württemberg-Hohenzollern, 1946/47 aus dem ehem. preuß. Reg.-Bez. Sigmaringen (ehem. Ft. Hohenzollern) und dem kleineren südl. Teil Württembergs gebildetes Land in der frz. Besatzungszone (Hauptstadt Tübingen); Reg.chefs waren 1945/47 C. Schmid (Präs. des Staatssekretariats für die französisch besetzte Zone; SPD), 1947/48 L. Bock, 1948–52 Gebhard Müller (beide CDU); ging 1952 im Landkreis ↑Baden-Württemberg auf.

Württembergische Bibelanstalt (seit 1976 „Dt. Bibelstiftung") ↑Bibelgesellschaften.

württembergische Tracht ↑Volkstrachten.

württembergische Weine, Weine aus den schwäb. Weinbaugebieten zw. Bodensee und Tauber. Wichtige Sorten: Trollinger, Riesling, Silvaner, Schwarzriesling.

Wurtz, Adolphe [frz. vyrts], *Straßburg 26. Nov. 1817, †Paris 12. Mai 1884, frz. Chemiker. – Prof. in Paris; entdeckte zahlr. organ. Verbindungen und beschäftigte sich mit der chem. Bindung.

Wurtzit [nach A. Wurtz], hell- bis dunkelbraunes, meist derbe, schalige, faserige Aggregate bildendes hexagonales Mineral, ZnS; Mohshärte 3,5–4; Dichte 4,0 g/cm³. Vorkommen in hydrothermalen Lagerstätten zus. mit Zinkblende; wichtiges Zinkerz.

Wurzach, Bad ↑Bad Wurzach.

Wurzacher Ried, Hochmoor (Naturschutzgebiet) im mittleren Oberschwaben.

Würzburg, Johann von ↑Johann von Würzburg.

Würzburg, Konrad von ↑Konrad von Würzburg.

Würzburg, Stadt am Mittelmain, Bay., 182 m ü.d.M., 126 000 E. Verwaltungssitz des Landkr. W. und des Reg.-Bez. Unterfranken. Kultureller und wirtsch. Mittelpunkt Unterfrankens; kath. Bischofssitz; Univ. (gegr. 1402 bzw. 1582), Hochschule für Musik, Fachhochschule W.-Schweinfurt (Technik, Betriebswirtschaft, Sozialwesen); mehrere wiss. Inst., Bayer. Staatsarchiv; Mainfränk. Museum, Martin-von-Wagner-Museum in der Residenz, Städt. Galerie; Theater. Führender Ind.zweig ist die Metallverarbeitung; Nahrungsmittel- und Getränkeind., Möbel-, Kugellagerfabrik, Weinbaubetriebe u.a.; Hafen.

Geschichte: Ausgrabungen auf dem Marienberg belegen eine befestigte Höhensiedlung im 8.Jh. v.Chr.; um 500 v.Chr. befand sich dort wahrscheinlich ein Sitz kelt. „Fürsten". Im 7.Jh. n.Chr. Amtssitz fränk. Herzöge (704 bezeugt), die eine Burg **(castellum Wirciburg)** mit Kirche auf dem Marienberg und einen Sitz am Main hatten. Um 800 als Königspfalz belegt, 741/742 Errichtung eines Bischofssitzes durch Bonifatius. Entwickelte sich seit etwa 1000 zur Stadt; im 11.Jh. Münzregal, Zoll-, Fähr- und Stapelrechte; im MA Tagungsort von Reichstagen; 1137 erstmals Erwähnung des Würzburger Stadtrechts; 1248–1400 versuchten Stadt und Zünfte vergeblich, sich von der Herrschaft des Bischofs (seit 1030 Stadtherr) zu lösen. Die z.T. auf das 11.Jh. zurückgehende Befestigung der Stadt wurde ab 1656 durch Bastionen ersetzt. W. wurde 1803 bayrisch, kam 1805/06 als Hauptstadt des Groß-Hzgt. W. an Ferdinand III. von Toskana, fiel 1814 endgültig an Bayern. 1858/68 wurde die Festung aufgehoben.

Bauten: Die Zerstörungen des 2. Weltkriegs an kunsthistorisch bed. Bauten wurden zum größten Teil behoben. Roman. Dom (11.–13.Jh., Gewölbe 15.–17.Jh., im 18.Jh. barockisiert) mit Bischofsgrabmälern und barocker Schönbornkapelle (1721 ff. u.a. von J.B. Neumann). Sankt Burkhard (11.Jh., spätgot. O-Bau des 15.Jh.), frühgot. Deutschhauskirche (um 1250–96), spätgot. Marienkapelle (1377 bis 1479); das roman. Neumünster wurde ab 1710 barockisiert; Barockbauten sind die ehem. Stifts Haug (1670–91), die Univ.kirche (1583–91 und 1696–1713) in gotisierenden Formen, das Käppele, Wallfahrtskirche von 1747–50 nach Plänen J.B. Neumanns und das Juliusspital (Neubau 1746–49 von J.B. Neumann). Festung Marienberg (um 1200–18.Jh., z.T. Museum) mit Marienkapelle (Zentralbau, vielleicht 706, damit älteste Kirche Deutschlands). Die ehem. bischöfl. Residenz ist der bedeutendste Schloßbau des dt. Barock (1720–44 unter Leitung von J.B. Neumann [von der UNESCO zum Weltkulturerbe erklärt]);

Würzburg. Die Gartenfront der von Johann Balthasar Neumann 1720–44 erbauten Würzburger Residenz

berühmt v.a. das Treppenhaus mit Fresken von Tiepolo. Alte Mainbrücke (1473–1543) mit barocken Statuen, Haus zum Falken (18.Jh.).

W., Landkr. in Bayern.

W., Bistum 741/742 im Rahmen der angelsächs. Mission von Bonifatius errichtet; unterstand 746–1806 dem Erzbistum Mainz; territorialer Ausbau bis ins 13.Jh.; Gebietsverluste durch die Reformation; Restauration unter Julius Echter [von Mespelbrunn] durch die Jesuiten; im Dreißigjährigen Krieg zeitweilig säkularisiert, Erneuerung des Bistums unter den Fürstbischöfen aus dem Haus Schönborn; 1803 säkularisiert (das Stiftsgebiet kam 1814 endgültig zu Bayern) mit Unterstellung unter das Erzbistum Bamberg. – ↑katholische Kirche (Übersicht).

Würzburger Schule, von O. ↑Külpe begr. psycholog. Richtung, die sich in Forschung und Theorie mit Denk-, Urteils- und Willensprozessen befaßte und sich speziell gegen die vom ↑Sensualismus ausgehende Assoziationspsychologie wandte. Külpe entwickelte sog. Ausfrageexperimente; den Probanden wurden dabei Wörter oder Texte vorgegeben; sie hatten über die daraufhin ablaufenden psych. Prozesse detailliert auf dem Weg der Introspektion zu berichten. Hauptvertreter der W.S. waren K. Bühler, E. Dürr (*1878, †1913), A. Messer (*1867, †1937) und O. Selz (*1881, †1944).

Würze, zur Geschmacksverbesserung von Speisen verwendete flüssige, pastenartige oder pulverige Zubereitungen, hergestellt durch Hydrolyse eiweißhaltiger Rohstoffe (Fleisch-, Blut-, Fischmehle, Hefeextrakt).

▷ bei der Bierherstellung Bez. für die aus Malz bereitete gärfähige Flüssigkeit.

Wurzel, neben ↑Sproßachse und ↑Blatt eines der drei Grundorgane der Sproßpflanzen, das der Verankerung im Boden und der Aufnahme von Wasser und darin gelöster Nährsalze dient; kann auch Speicherorgan sein (z.B. Rübe). An der noch wachsenden W. lassen sich drei Zonen unterscheiden: der an der W.spitze liegende Vegetationspunkt, die sich anschließende Wachstumszone und die darauf folgende Zone der W.haare: Der *Vegetationspunkt* hat zum Schutz für die zarten embryonalen Zellen eine W.haube (Kalyptra) ausgebildet. Die *Wachstumszone* beginnt an der Basis des Vegetationskegels (↑Vegetationspunkt). In ihr erfolgt die Umwandlung der jungen Zellen in Dauerzellen bei einem gleichzeitigen Streckungswachstum. Die Wachstumszone geht über in die Zone der *W.haare,* die den W. durch Vergrößern der Oberfläche die Wasser- und Nährsalzaufnahme erleichtern. Die W.haare leben nur wenige Tage und werden immer wieder nachgebildet.

Das osmotisch in sie eindringende Wasser gelangt durch das im W.gewebe bestehende osmot. Gefälle bis zur Endodermis. Am Sproß ausgebildete W. heißen sproßbürtig. Gehören sproßbürtige W. zum normalen Entwicklungsverlauf, bezeichnet man sie als Neben-W. Werden Neben-W. künstlich erzeugt, nennt man sie Adventivwurzeln.

▷ in der *Sprachwissenschaft* eine aus einer Gruppe von etymologisch verwandten Wörtern (↑sog. Wortfamilie) zu er-

Würzburg Stadtwappen

schließende gemeinsame, aber gewissen regelmäßigen Veränderungen unterliegende Lautfolge, die Bedeutungsträger für die gesamte Gruppe ist.
▷ in der *Mathematik* 1. ältere Bez. für die Lösung einer algebraischen Gleichung; 2. n-te W. aus einer nichtnegativen reellen Zahl a heißt diejenige nichtnegative reelle Zahl w, deren n-te Potenz gleich a ist; man schreibt $w = \sqrt[n]{a}$ oder auch $w = a^{1/n}$ (dabei ist n eine natürl. Zahl), z.B. $\sqrt[3]{64} = 4$, denn $4^3 = 64$. Die Größe a nennt man den *Radikanden*, n den *W.exponenten*, die Rechenoperation *Radizieren* oder *W.ziehen*. Die 2. W. einer Zahl bezeichnet man als *Quadrat-W.* (sie wird im allg. ohne W.exponenten geschrieben), die 3. W. als *Kubik-W.* Für das Rechnen mit W. gelten folgende Regeln:

$$\sqrt[n]{a \cdot b} = \sqrt[n]{a} \cdot \sqrt[n]{b}\,;\quad \sqrt[m]{\sqrt[n]{a}} = \sqrt[m \cdot n]{a}\,;$$
$$\sqrt[n]{(1/a)} = 1/\sqrt[n]{a}\quad \text{und}\quad \sqrt[n]{a^r} = \left(\sqrt[n]{a}\right)^r.$$

Wurzelbauer, Benedikt, *Nürnberg 25. Sept. 1548, †ebd. 2. Okt. 1620, dt. Erzgießer. – Sein Hauptwerk ist der Tugendbrunnen bei Sankt Lorenz, Nürnberg (1585–89).

Wurzelbohrer (Hepialidae), mit rd. 400 Arten weltweit verbreitete, primitive Fam. bis über 20 cm spannender Schmetterlinge vorwiegend in der austral. Region; einheimisch sieben etwa 3–6 cm spannende Arten; Saugrüssel stark rückgebildet; Raupen fressen oft in Wurzeln (Schädlinge an Kulturpflanzen).

Wurzeldruck, der Druck, unter dem das Wasser aus den lebenden Wurzelzellen aktiv in den Gefäßteil (Xylem) der Pflanze gepreßt wird. Der W. ist die Ursache für das Bluten verletzter Pflanzenteile. Die Stärke des W. erreicht etwa 1 bar (bei Birken bis 2 bar).

Wurzelfäule, durch den Befall mit Schadpilzen hervorgerufene dunkle Verfärbung und Fäulnis der Wurzeln einiger Nutzpflanzen.

Wurzelfliegen (Phorbia), Gatt. 5–7 mm langer Blumenfliegen mit zahlr. Arten; Larven bes. in organisch gedüngten, feuchten Böden, gehören zu den gefährlichsten landw. Schädlingen durch Fraß an keimenden Samen und Keimlingen zahlr. Kulturpflanzen. Zu den W. zählen u. a. Kohl-, Rübenfliege.

Wurzelfunktion, die für $x \geq 0$ erklärte Umkehrfunktion $y = \sqrt[n]{x}$ der ↑Potenzfunktion, d. h. $\sqrt[n]{x}$ bedeutet diejenige Zahl $y \geq 0$, für die $y^n = x$ gilt.

Wurzelfüßer (Rhizopoda), Stamm vorwiegend freilebender ↑Protozoen mit zahlr. Arten in Süß- und Meeresgewässern sowie in feuchten Lebensräumen an Land; mit oder ohne Gehäuse; bewegen sich mit ↑Scheinfüßchen fort, die auch dem Nahrungserwerb dienen; Fortpflanzung überwiegend ungeschlechtlich. Man unterscheidet vier Klassen: ↑Amöben, ↑Foraminiferen, ↑Sonnentierchen und ↑Strahlentierchen.

Wurzelhaut (Zahn-W.) ↑Zähne.

Wurzelhautentzündung (Periodontitis), akute oder chron. Entzündung der die Zahnwurzel umgebenden Bindegewebsanteile auf infektiöser oder tox. Grundlage. Heilung durch Desinfektions-, Arznei- und Wurzelkanalfüllmittel möglich.

Wurzelknöllchen, durch Eindringen stickstoffbindender Bakterien (↑Knöllchenbakterien) an den Wurzeln der Schmetterlingsblütler, Erlenarten und des Echten Sanddorns hervorgerufene, meist rundl. Wucherungen.

Wurzelmilbe (Kartoffelmilbe, Rhizoglyphus echinopus), 0,5–1 mm langes Spinnentier (Ordnung Milben); schädlich an Blumenknollen, Zwiebeln und Kartoffeln.

Wurzelmundquallen (Rhizostomae), Ordnung oft großer Nesseltiere (Klasse ↑Scyphozoa) mit rd. 80 Arten in allen Meeren; Schirmdurchmesser bis 80 cm, Schirmrand ohne Tentakel, Mundarme relativ lang, gekräuselt, bis auf zahlr. Poren und Röhren (durch die als Nahrung Plankton aufgenommen wird) miteinander verwachsen. Hierher gehört z. B. die im Mittelmeer vorkommende **Lungenqualle** (Rhizostoma pulmo, Schirm gelblich bis blau, mit dunkelblauem Saum).

Wurzelpflanzen (Rhizophyten), seltenere Bez. für die (echte Wurzeln besitzenden) Sproßpflanzen, im Ggs. zu den (nur wurzelähnl. Haftorgane [Rhizoide] ausbildenden) Lagerpflanzen.

Wurzelratten (Rhizomyidae), Fam. der Mäuseartigen mit fast 20 Arten in SO-Asien und O-Afrika; Körper 15–45 cm lg, plump, mit kurzen Gliedmaßen und sehr kleinen Augen und Ohren; Nagezähne sehr groß.

Wurzelstock, in der *Forst- und Holzwirtschaft* svw. Stubben (↑Stock).
▷ in der *Botanik* svw. ↑Rhizom.

Wurzen, Krst. an der Mulde, Sa., 18 900 E. Backwarenherstellung, Maschinenbau, Teppichproduktion. – 961 als *Civitas Vurcine* erstmals erwähnt; planmäßige Anlage nach 1150 durch die Bischöfe von Meißen, Bischofsresidenz 1489–1581, dann zu Kursachsen. – Roman.-got. Dom (12. bis 16. Jh.).
W., Landkr. in Sachsen.

WUS [engl. ˈdʌbljuːjuːˈɛs], Abk. für: ↑**W**orld **U**niversity **S**ervice.

Wu Sangui [chin. usanguɛi] (Wu San-kuei), *Liadong 1612, †Hengzhou (= Hengyang) 2. Okt. 1678, chin. General. – Kollaborierte als Oberbefehlshaber der Ming-Nordarmee ab 1644 mit den Mandschu und unterdrückte gegen sie gerichtete Aufstände im W und SW Chinas. 1673 rebellierte er gegen die Mandschudyn. und ernannte sich zum Kaiser eines kurzlebigen Zhoureiches (1673–81).

Wüste, durch Wasser- oder Wärmemangel bedingtes vegetationsloses oder sehr vegetationsarmes, lebensfeindl. Gebiet. **Trockenwüsten** gibt es in trop. und subtrop. Gebieten. Bei ihnen unterscheidet man die eigtl. W., die **Kernwüste,** von der **Halbwüste,** die zur Dornstrauchsavanne bzw. Steppe überleitet. Von Fremdlingsflüssen abgesehen, die aber durch Verdunstung und Versickerung große Verluste erleiden, sind die Trocken-W. meist abflußlos bzw. durch Binnenentwässerung gekennzeichnet. Die Flüsse enden in Salztonebenen oder in Endseen mit hohem Salzgehalt und stark schwankendem Umfang. Durch die episod., aber meist heftigen Niederschläge können sich, abgesehen von Schichtfluten, in den sonst trockenliegenden Tälern (Wadis) kurzfristig reißende Flüsse bilden. Verwitterung und Wind spielen bed. Rollen. Auf Grund der hohen tägl. Temperaturschwankungen und der [fast] fehlenden Vegetationsdecke zerfällt das Gestein zu scharfkantigem Schutt und Grus, so daß die Berge im eigenen Schutt „ertrinken". Der Wind verfrachtet Sand und Staub. An Kleinformen entstehen durch ihn Windkanter, Pilzfelsen u. a., an Großformen abflußlose Wannen. Läßt die Transportkraft des Windes nach, bilden sich Flugsand und Dünen. Dadurch sowie durch verwitternden Sandstein entstehen **Sandwüsten.** Ein extremer W.typ ist die ↑Küstenwüste. In polaren und subpolaren Gebieten sowie in Teilen von Hochgebirgen entstehen mangels Wärme pflanzenarme bis pflanzenlose **Kältewüsten.** Bei völliger Eis- und Schneebedeckung spricht man von **Eiswüsten.** Das Leben in der W. ist der Trockenheit angepaßt (↑Xerophyten) bzw. an die wenigen Wasservorkommen gebunden. Dies trifft auch auf die Nutzung durch den Menschen zu. Viehhaltung (bes. Kamele, Ziegen, Schafe, aber auch Esel, Pferde, Jaks) ist mit Nomadismus verbunden, Ackerbau ist i. d. R. auf Oasen beschränkt. Die Ausweitung der Bewässerung in jüngster Zeit beruht vielfach auf der Erschließung fossilen, d. h. sich heute nicht mehr erneuernden Grundwassers. Die heutige wirtsch. Bed. der W. beruht auf den Bodenschätzen, wie Erdöl und -gas in Nordafrika und Vorderasien, Diamanten und Erzen in Südwestafrika, Phosphaten in der Westsahara, Salpeter und Kupfererzen in der Atacama. Dem Ausweiten der W., der **Desertifikation,** verursacht durch menschl. Eingriffe in das ökolog. Gefüge der Randgebiete (Überweidung, bes. durch Ziegen- und Rinderhaltung, Abbrennen der Vegetation, Abholzen der Baumbestände, ackerbaul. Überbeanspruchung des Bodens, dadurch Störung des Wasserhaushalts), soll durch Sanierungs- und Entwicklungsmaßnahmen auf internat. und nat. Ebene Einhalt geboten werden.

Benedikt Wurzelbauer. Tugendbrunnen bei Sankt Lorenz in Nürnberg, 1585–89

Wurzelmundquallen. Lungenqualle (Schirmdurchmesser bis 60 cm)

Wüstenfuchs, svw. Fennek (↑ Füchse).
Wüstenlack ↑ Krustenbildung.
Wüstenläufer, svw. ↑ Rennvögel.
Wüstenmäuse, svw. ↑ Rennmäuse.
Wüstenrenner (Eremias), artenreiche Gatt. bis 22 cm langer Eidechsen, v. a. in Steppen und Wüsten Asiens und Afrikas; Körper grün bis braun mit dunklen, weißkernigen Flecken oder schwärzl. Netzmuster. Viele Arten können bei Gefahr schnell laufen.
Wüstenteufel, svw. ↑ Dornteufel.
Wustrow ['vʊstro] (amtl. Ostseebad W.), Gem. nö. von Ribnitz-Damgarten, Meckl.-Vorp., auf der Nehrung Fischland, am Saaler Bodden, 1 500 E. Bereiche der TH für Seefahrt Rostock-Warnemünde.
Wüstung, aufgegebene Siedlung (**Ortswüstung**) und Wirtschaftsfläche (**Flurwüstung**). Orts-W. entstanden in Europa v. a. durch starke Bev.verluste während des Spät-MA (Pest u. a. Seuchen) oder nach Kriegen, Flur-W. durch die Urbarmachung von Böden, die wegen ihrer geringen Ergiebigkeit wieder aufgegeben wurden.
Wusuli Jiang [chin. usuli dziaŋ] ↑ Ussuri.
Wutach, rechter Nebenfluß des Rheins, Bad.-Württ., bildet als Seebach den Ausfluß des Feldsees, heißt nach Durchfließen des Titisees Gutach, durchfließt die W.schlucht, mündet oberhalb von Waldshut-Tiengen, 90 km lang.
Wutai Shan [chin. utaiʃan] (Wutaischan), SW–NO verlaufender Gebirgszug in N-China, seine höchste Erhebung, der *Wutai Shan* (3 058 m), ist einer der hl. Berge Chinas, buddhist. Wallfahrtszentrum mit Klöstern und Tempeln.
Wu Tao-tzu [chin. udaʊdzi] ↑ Wu Daozi.
Wuxi [chin. uçi] (Wuhsi), chin. Stadt am Kaiserkanal, in der Prov. Jiangsu, 840 000 E. Inst. für Limnologie; ein Zentrum der chin. Seidenraupenzucht; Binnenhafen.
WWF, Abk. für: ↑**W**orld **W**ide **F**und for Nature.
Wyatt [engl. ˈwaɪət], Benjamin, * London 1775, † Camden (= London) um 1855, engl. Baumeister. – Schüler und Mitarbeiter seines Vaters James W.; in London tätig, erbaute u. a. das Drury Lane Theatre (1810–12), Sutherland House (1825) und Crockford's Club House (1827) in klassizist. Stil.
W., James, * Burton Constable (Staffordshire) 3. Aug. 1746, † bei Marlborough (Wiltshire) 4. Sept. 1813, engl. Baumeister. – Errichtete zahlr. klassizist. und neugot. Bauten, u. a. Lee Priory (Kent, 1783–90). Angegriffen wurden seine Restaurierungen an Kathedralen.
Wyborg [russ. ˈvɨbɛrk] (früher finn. Viipuri), russ. Stadt an der N-Küste des Finn. Meerbusens, 81 000 E. Bau von Elektrogeräten und Fischereiausrüstungen, Nahrungsmittelind.; Hafen. – Im frühen 12. Jh. als Handelsplatz erwähnt; 1293 von Schweden zur Festung ausgebaut; im 2. Nord. Krieg 1710 von den Russen erobert, 1721 Rußland zugesprochen; kam 1811 an Finnland, nach dem Finn.-Sowjet. Winterkrieg 1939/40, endgültig 1944/47 an die Sowjetunion. – Burg (16. Jh.), Befestigung Annenkron (1740).
Wyborny, Klaus [...ni], * Bittkau bei Magdeburg 5. Juni 1945, dt. Filmemacher. – Vertreter des Avantgarde-Films, u. a. „Dämon. Leinwand" (1969), „Die Geburt der Nation" (1973), „Der Ort der Handlung" (1977), „Das szen. Opfer" (1981).
Wyclif (Wycliffe, Wyclyf, Wiclif), John [engl. ˈwɪklɪf], * Spreswell bei Wycliffe-with-Thorpe (Durham) um 1320 (1326?), † Lutterworth (Leicestershire) 31. Dez. 1384, engl. Philosoph, Theologe und Reformer. – 1361 Pfarrer in Flyngham (Lincolnshire), zw. 1366 und 1372 Dozent in Oxford, 1368 Pfarrer in Ludgershall (Buckinghamshire) und ab 1374 in Lutterworth. Durch Bibelstudien zu einem radikalen Verfechter des frühkirchl. Armutsideals geworden, kritisierte W. auf dieser Grundlage die Besitzkirche und bestritt dem Papst jegl. polit. Machtanspruch. Seine gesamte Lehre wurde nach seinem Tod vom Konstanzer Konzil (1415) verurteilt. Theologisch und philosophisch vertrat W. einen radikalen Augustinismus und lehnte v. a. die Transsubstantiation ab. W. begann eine engl. Bibelübersetzung und bildete Laienprediger aus (↑ Lollarden). Seine Ideen wirkten durch die Vermittlung von J. Hus und Hieronymus von Prag stark auf die Vorreformation auf dem europ. Kontinent.

John Wyclif

Wyeth, Andrew [engl. ˈwaɪɪθ], * Chadds Ford (Pa.) 12. Juli 1917, amerikan. Maler. – Seine Aquarell- und Temperabilder zeigen Poesie und Dramatik des Alltagslebens auf dem Land und sind Ausdruck eines idealisierten „American way of life".
Wygodzki, Stanisław [poln. viˈgɔtski], * Będzin 13. Juli 1907, poln. Schriftsteller. – 1943 im KZ; emigrierte 1968 nach Israel; schrieb sozialkrit. Erzählungen („Im Kessel", 1949) und Romane („Jelonek und sein Sohn", 1951).
Wyk auf Föhr [viːk], Stadt auf der nordfries. Insel Föhr, Schl.-H., 4 400 E. Häberlin-Friesen-Museum, Mühlenmuseum; Aquarium; Nordseeheilbad; Fährverbindungen zum Festland, nach Amrum und Sylt. – Erst seit dem frühen 17. Jh. urkundlich bezeugt; seit 1819 Seebad; 1910 Stadt.
Wyler, William [engl. ˈwaɪlə], * Mülhausen 1. Juli 1902, † Beverly Hills (Calif.) 27. Juli 1981, amerikan. Filmregisseur schweizer. Herkunft. – Vertreter des traditionellen Kinos, z. B.: „Ein Herz und eine Krone" (1953), „Ben Hur" (1959), „Funny Girl" (1968), „Glut der Gewalt" (1970).
Wympfeling, Jakob [ˈvɪmpfəlɪŋ] ↑ Wimpfeling, Jakob.
Wyneken, Gustav, * Stade 19. März 1875, † Göttingen 8. Dez. 1964, dt. Pädagoge. – Mitarbeiter von H. ↑ Lietz; gründete 1906 mit P. ↑ Geheeb die Freie Schulgemeinde Wickersdorf (Landerziehungsheim), deren Leitung er zeitweise angehörte.
Wynnebald ↑ Wunibald, hl.
Wyoming [engl. waɪˈoʊmɪŋ], Bundesstaat im NW der USA, 253 326 km², 502 000 E (1990), Hauptstadt Cheyenne.
Landesnatur: W. hat im W Anteil an dem von den Gebirgsketten der Rocky Mountains umrahmten W. Basin, im O an der Great Plains. Letztere liegen in 900–1 900 m Höhe und sind z. T. von Badlands durchsetzt. Das W. Basin, eine durch niedrige Gebirgszüge gekammerte Beckenlandschaft (rd. 400 km Durchmesser, 1 950–2 250 m hoch), trennt die südlichen von den mittleren Rocky

Wüste. Oben: Sandwüste in der Sahara. Unten: Eiswüste im Nordwesten Grönlands

Wyschinski

Stanisław Wyspiański

Stefan Wyszyński

Mountains. Die höchste Erhebung von W. (Gannet Peak, 4 207 m) liegt in der Wind River Range. Nach N folgt auf die Teton Range das Yellowstone Plateau mit seinen Lavadecken, Geysiren, dem Yellowstone Lake (2 356 m ü. d. M.) und dem Yellowstone River (↑Yellowstone National Park). – Das Klima ist kontinental. Die Great Plains gehören zum semiariden, das W. Basin zum ariden Bereich.
Vegetation, Tierwelt: Dichte Bewaldung findet sich in den Gebirgslagen und im Yellowstone Plateau. Das W. Basin trägt dürftige Wermutsteppe, die Great Plains sind von Kurzgräsern bedeckt. Im Gebirge leben neben Schwarz- und Braunbär sowie Grizzly noch Elch und Rotwild.
Bevölkerung, Wirtschaft, Verkehr: W. ist relativ dünn besiedelt. 50 % der Bev. leben im SO, in dem auch die drei größten Städte liegen. Die Mehrheit ist europ. Herkunft. Die rd. 5 000 Indianer leben überwiegend in der Wind River Reservation. Neben 7 Colleges verfügt W. über eine Univ. in Laramie (gegr. 1887). – Führender Wirtschaftszweig ist der Bergbau mit bed. Erdöl-, Erdgas-, Steinkohlenförderung, gefolgt von Soda (Trona)-, Uran-, Eisenerz- und Bentonitgewinnung. Der Großteil von W. wird weidewirtsch. genutzt mit Schaf- und Rinderhaltung. Auf künstlich bewässerten Flächen werden Luzerne, Zuckerrüben, Gerste, Hafer und Kartoffeln angebaut; mechanisierter Winterweizen- und Bohnenanbau ohne künstl. Bewässerung in den Great Plains. Wichtig ist der Fremdenverkehr (Yellowstone und Grand Teton National Park, Jagd, Fischerei, Wintersport). – W. verfügt über ein Eisenbahnnetz von rd. 4 210 km Länge, ein Highwaynetz von rd. 10 470 km Länge sowie 13 ✈.
Geschichte: Als 1743 Franzosen (Gebrüder La Vérendrye) in das Gebiet von W. vordrangen, war es v. a. von den Indianerstämmen Arapaho und Shoshone bevölkert; seit den 30er Jahren des 19. Jh. Durchzugsgebiet der nach dem NW des Kontinents ziehenden Siedler. Die Besiedlung erfolgte erst im Zusammenhang mit dem Eisenbahnbau (Union Pacific Railroad) ab 1867/68. 1868 wurde aus Teilen der Territorien Dakota, Idaho und Utah das Territorium W. gebildet, 1869 (erstmals in den USA) das Frauenwahlrecht einführte. Bis 1890, als W. als 44. Staat in die Union aufgenommen wurde, Schauplatz zahlr. Kämpfe der Farmer mit den Indianern.

Wyschinski, Andrei Januarjewitsch [russ. viˈʃinskij], *Odessa 10. Dez. 1883, †New York 22. Nov. 1954, sowjet. Jurist und Politiker. – Ab 1920 Mgl. der KPdSU; 1935 bis 1939 Generalstaatsanwalt; Hauptankläger in den Moskauer Schauprozessen (↑Tschistka); seine theoret. Arbeiten trugen viel zur Verletzung der „sozialist. Gesetzlichkeit" in der Sowjetunion der Stalinzeit bei; u. a. 1949–53 Außenmin., ab 1953 ständiger Vertreter der Sowjetunion bei den UN.

WYSIWYG [Abk. für engl.: **w**hat **y**ou **s**ee **i**s **w**hat **y**ou **g**et „was man sieht, bekommt man auch"], Schlagwort aus dem Bereich der Textverarbeitung und des Desktop publishing, wonach auf dem Bildschirm genau das dargestellt wird, was später gedruckt wird.

Wyspiański, Stanisław [poln. visˈpjai̯ski], *Krakau 15. Jan. 1869, †ebd. 28. Nov. 1907, poln. Dramatiker und Maler. – Zus. mit J. Słowacki bedeutendster poln. Dramatiker. Bekanntschaft mit R. Wagner und F. Nietzsche. 1906 Mgl. der neuromant. Bewegung „Junges Polen"; seine Idee des Gesamtkunstwerks sollte die Harmonie von musikal., maler., poet. Elementen umfassen. In seinen u. a. von Gauguin beeinflußten Gemälden dominieren Bildnisse, Landschaften und Blumen.

Wyß [viːs], Johann David, ≈ Bern 28. Mai 1743, †ebd. 11. Jan. 1818, schweizer. Schriftsteller. – Vater von Johann Rudolf W.; Pfarrer; schrieb das Jugendbuch „Der schweizer. Robinson, oder der schiffbrüchige Schweizerprediger und seine Familie" (hg. 1812/13).
W., Johann Rudolf, *Bern 4. März 1781, †ebd. 21. März 1830, schweizer. Schriftsteller. – Prof. der Philosophie in Bern. Erzähler, Hg. von Volksschrifttum; Verfasser (1811) der schweizer. Hymne (bis 1961) „Rufst du, mein Vaterland".

Wyssozki, Wladimir Semjonowitsch [russ. viˈsɔtskij], *Moskau 25. Jan. 1938, †ebd. 25. Juli 1980, russ. Schauspieler und Dichtersänger. – Seit 1966 ∞ mit der frz. Schauspielerin M. Vlady (*1938). Spielte ab 1964 am Taganka Theater Moskau und in Filmen. Schrieb Gedichte, Filmtexte, Lieder, Prosa; seine zur Gitarre vorgetragenen schmucklos lakon. Lieder und Balladen wirken durch ihre Wahrhaftigkeit und Poesie des Alltäglichen. Der Nachlaß umfaßt über 600 Texte; dt. erschienen „Nerv" (1981), „Zerreißt mir nicht meine silbernen Saiten" (1989).

Wyszyński, Stefan [poln. viˈʃii̯ski], *Zuzela 3. Aug. 1901, †Warschau 28. Mai 1981, poln. kath. Theologe und Kardinal (seit 1953). – 1946 Bischof von Lublin; seit 1948 Erzbischof von Gnesen und Warschau (in Personalunion) und Primas von Polen; 1953–56 inhaftiert. W. symbolisierte in seiner Kirchenpolitik den Selbstbehauptungswillen des poln. Katholizismus gegenüber der kommunist. Ideologie.

Wyttenbach, Jürg [ˈvɪtənbax], *Bern 2. Dez. 1935, schweizer. Komponist und Pianist. – Lehrt seit 1967 an der Musikakad. in Basel; bekannt als Interpret moderner Musik; wandte sich als Komponist dem instrumentalen Theater zu; u. a. „Exécution ajournée" (I: Gesten für 13 Musiker, 1970; II: Gesten für Musiker, 1970; III: für Streichquartett, 1973), „Chansons ricochets", Madrigalkomödie (1979 bis 1981), „Tarantella für eine Geigerin" (1983), Orchester- und Chorlieder.

X

Xanten Stadtwappen

X, 24. Buchstabe des dt., 21. des lat. Alphabets, der zurückgeht auf das Zusatzzeichen χ (Chi) der griech. Schrift, das in den ostgriech. Alphabeten den Lautwert [kʰ], später [x], in den der lat. Schrift zugrunde liegenden westgriech. Alphabeten den Lautwert [ks] hatte.
▷ röm. Zahlzeichen für 10.
▷ (Münzbuchstabe) ↑Münzstätten (Übersicht).
  x (x), mathemat. Formelzeichen für eine bei der graph. Darstellung auf der Abszissenachse (x-Achse) abgetragene Variable bzw. kartes. Koordinate oder eine unbekannte, zu bestimmende Größe.
X, Malcolm ↑Malcolm X.

Xai-Xai [portugies. ˈʃai̯ ˈʃai̯] (früher João Belo), Prov.-hauptstadt in Moçambique, am Limpopo, nahe seiner Mündung in den Ind. Ozean, 64 000 E. Kath. Bischofssitz; Reismühlen, Cashewnußschälanlage; Hafen.

Xanten, Stadt am linken Ufer des Niederrheins, NRW, 24 m ü. d. M., 16 500 E. Archäolog. Park; Baustoffindustrie.
Geschichte: Unter Augustus wurde das röm. Militärlager **Castra Vetera I** (auf dem Fürstenberg; z. T. ausgegraben) wichtiger Ausgangspunkt der röm. Truppen am Niederrhein; 70 n. Chr. zerstört. **Castra Vetera II** war wohl bis zum Ende des 3. Jh. besetzt. Im 1./2. Jh. wurde unter Trajan nw. der Lager die befestigte Zivilsiedlung **Colonia Ul-**

Xenon

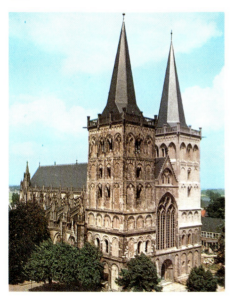

Xanten. Dom, 1263–1437

pia Traiana angelegt (bis 5. Jh.). Auf dem Gebiet eines röm. Gräberfeldes wurde zw. 383 und 388 (an der Stelle des heutigen Domes) ein hölzernes Totenhaus (Memoria) für den hl. Viktor und seine Gefährten errichtet (vor 450 durch einen Steinbau ersetzt). Hier entwickelten sich rasch das Monasterium, die Keimzelle des Stiftes X. (Sitz eines Kölner Archidiakons; 1802 aufgelöst), und die im 9. Jh. **ad Sanctos** gen. Siedlung, während des MA geistl. Mittelpunkt und bald bed. Marktort; erhielt 1228 Stadtrecht; kam 1444 an Kleve, 1614 im **Vertrag von Xanten**, der den Jül.-Kleveschen Erbfolgekrieg beendete, an Brandenburg.
Bauten: Im 2. Weltkrieg stark zerstört. Röm. Thermen, Verwaltungsgebäude, Tempel aus dem 2. Jh. n. Chr., Amphitheater. Got. Dom (1263–1437), roman. Fassade des Vorgängerbaus; mit dem Märtyrergrab des hl. Viktor und seiner Gefährten, über dem 1936 eine Krypta (heute Mahn- und Sühnestätte für die Opfer des Dritten Reiches) errichtet wurde; reiche Ausstattung, bed. Domschatz; ehem. Stiftsgebäude (16. Jh.); Teile der Stadtmauer.

Xanthelasma [griech.], durch die Einlagerung von Lipiden (bes. Cholesterin) bedingte Hautveränderung in Form erhabener hellgelber Flecke oder Knötchen v. a. an den Augenlidern.

Xanthen [zu griech. xanthós „gelb"] (Dibenzo-γ-pyran), tricycl. heterocycl. Verbindung, die den Grundkörper der *Xanthenfarbstoffe* bildet (z. B. Eosin, Rhodamine).

Xanthi, griech. Stadt am Fuß der Rhodopen, 33 900 E. Hauptort des Verw.-Geb. X.; orth. Bischofssitz, Tabakhandel und -verarbeitung, Zuckerfabrik, Textilindustrie.

Xanthin [griech.] (2,6-Dihydroxypurin), Derivat des Purins, das als Zwischenprodukt beim Abbau der Purine im menschl. Körper zu Harnsäure oxidiert wird.

Xanthippe, Gattin des Sokrates.

Xanthogenate [griech.], die Salze und Ester der Xanthogensäuren (der Monoalkyl- und Monoarylester der Dithiokohlensäure; allg. Formel RO—CS—SH); werden als Flotationsmittel bei der Aufbereitung sulfid. Erze, als Pflanzenschutzmittel und in Form von Schwermetall-X. als Vulkanisationsbeschleuniger verwendet.

Xanthom [griech.], durch die Ansammlung und Einlagerung von Lipiden (bes. Cholesterin) bedingte gutartige Hautveränderung, die in Form gelbl. Knötchen auftritt.

Xanthophyll [griech.] (Lutein), gelber bis bräunl. Naturfarbstoff (Karotinoid), zus. mit Chlorophyll in allen grünen Teilen der Samen- und Farnpflanzen sowie zahlr. Algen.

Xanthoproteinreaktion [griech./lat.], Nachweisreaktion für Proteine durch konzentrierte Salpetersäure; beruht auf der Umsetzung der aromat. Aminosäuren zu gelben Nitrofarbstoffen.

Xanthos, im Altertum größte Stadt ↑Lykiens, 20 km vom Meer entfernt am Fluß X. (= Koçaçay) 120 km sw. von Antalya, Türkei; 546 v. Chr. durch Perser, 42 v. Chr. im röm. Bürgerkrieg zerstört. Die Akropolis war seit dem 7. Jh. v. Chr. befestigt; Fundort berühmter Grabdenkmäler, u. a. das sog. Harpyienmonument (um 480 v. Chr.) und das ↑Nereidenmonument (Ende 5. Jh. v. Chr.) mit einer ion. Säulenhalle auf hohem Sockel (Originalreliefs in London, British Museum). Die Ruinen der Stadt und das nahe gelegene Heiligtum der Latona wurden von der UNESCO zum Weltkulturerbe erklärt.

Xaver, Franz ↑Franz Xaver, hl.

X-Beine, Fehlstellung der Beine mit Abknickung der Unterschenkel nach außen, meist verbunden mit Knickfuß.

X-Chromatin, svw. ↑Geschlechtschromatin.

Xe, chem. Symbol für ↑Xenon.

Xenakis, Iannis (Yannis), * Brăila (Rumänien) 1. Mai 1922, griech.-frz. Komponist. – Gründete 1966 an der Sorbonne, 1967 an der Indiana University in Bloomington ein Zentrum für mathemat. und automat. Musik. Seit 1955 benutzt er mathemat. Verfahren beim Komponieren (↑stochaistische Musik), u. a. „Pithoprakta" (1956), „Achorripsis" (1957), Kammermusik, Bühnenmusiken (zu Aischylos), elektron. und Computermusik.

Xenien, Titel des 13. Buches der Epigramme Martials, das vorwiegend freundschaftl. Begleitverse zu (Saturnalien)geschenken enthält. Im Rückgriff auf diese „Xenia" Martials vorgeschlagene iron. Bez. für die von ihm und Schiller Ende 1795/96 verfaßten polem. Epigramme gegen andere zeitgenöss. literatur- und kunstkrit. Richtungen, die zahlr. polem. „Anti-X." hervorriefen (X.kampf).

XENIX, eine Variante des Computer-Betriebssystems ↑UNIX.

xeno..., Xeno... [zu griech. xénos „Fremder"], Bestimmungswort von Zusammensetzungen mit der Bed. „Gast, Fremder; fremd".

Xenoi [griech. „Fremde"], die sich vorübergehend in griech. Städten aufhaltenden Fremden; ihr Status war durch die jeweiligen Gesetze der Gaststadt und durch vertragl. Regelungen mit der Heimatstadt bestimmt.

Xenokrates, * Chalkedon 398 oder 396, † 314, griech. Philosoph. – Ab 339 Leiter der älteren Akademie. Orientiert am späten Platon, beeinflußt zudem vom Pythagoreismus, versuchte X. eine Synthese von Ideenlehre und Zahlenspekulation und -mystik.

Xenon [griech. „fremdes (Element)"], chem. Symbol Xe; gasförmiges Element aus der VIII. Hauptgruppe des Pe-

Iannis Xenakis

Xanthos. Ruinen der lykischen Stadt mit einem im 5. Jh. v. Chr. entstandenen Pfeilersarkophag und dem sogenannten Harpyienmonument, um 480 v. Chr.

Xenonlampe

riodensystems der chem. Elemente, Ordnungszahl 54, relative Atommasse 131,30, Dichte 5,887 g/l (bei 0 °C), Schmelzpunkt −111,9 °C, Siedepunkt −107,1 °C. X. ist wie alle Edelgase extrem reaktionsträge, doch sind in den letzten Jahren zahlr. X.verbindungen mit Fluor, Chlor und Sauerstoff hergestellt worden. X. steht in der Häufigkeitsliste der chem. Elemente in der Erdatmosphäre an 83. Stelle. Es wird durch fraktionierte Destillation verflüssigter Luft gewonnen und zur Füllung von Glüh- und Gasentladungslampen verwendet. − X. wurde 1898 von W. Ramsey und M. W. Travers entdeckt.

Xenonlampe, Hochdruckgasentladungslampe mit Edelgasfüllung (Gasdruck etwa 3 MPa), deren Beleuchtungsfarbe der des natürl. Tageslichtes entspricht. Die Lichtausbeute beträgt 25 bis 30 lm je W, die Leuchtdichte bis zu 150 000 cd je cm^2 (bei Filmprojektoren eingesetzt).

Xenophanes, * Kolophon um 565, † Ela (Lukanien) um 470, griech. Dichter und Philosoph. − Begründer der eleat. Philosophenschule. Verwarf die gesamte antike Mythologie und wandte sich v. a. gegen Homer und Hesiod. Den vielen Göttern des Volksglaubens stellte er einen höchsten Gott gegenüber. Charakteristisch ist seine in Gedichten verschiedener Form (z. B. die „Silloi" = Spottgedichte) vorgebrachte Kritik an Traditionen und Werten seiner Zeit. Sein bedeutendster Schüler war Parmenides.

Xenophobie, Fremdenfeindlichkeit.

Xenophon, * Athen um 430, † Korinth oder Athen (?) um 354 (nach 355), griech. Geschichtsschreiber und Schriftsteller. − Schüler des Sokrates. 401 Teilnehmer am Feldzug Kyros' d. J. gegen Artaxerxes II., nach der Schlacht bei Kunaxa leitete er den Rückzug der führerlos gewordenen 10 000 griech. Söldner nach Trapezus (= Trabzon). − Sein Gesamtwerk läßt sich in 4 Gruppen einteilen: 1. histor. Schriften: „Anabasis" (7 Bücher über den Zug der 10 000), „Hellenika" (Griech. Geschichte, 7 Bücher); 2. sokrat. Schriften: „Erinnerungen an Sokrates" (4 Bücher; dt. u. d. T. „Memorabilien"), „Apologia" (Verteidigung [des Sokrates]), „Symposion" (Gastmahl); 3. polit.-eth. Schriften: „Hieron", „Der Staat der Spartaner", „Agesilaos", „Die Erziehung des Kyros [II.]" (8 Bücher); 4. „Oikonomikos" (Schrift von der Hauswirtschaft), kleine Lehrschriften über die Staatsfinanzen (für Athen gedacht), über die Reitkunst, die Jagd (?) sowie eine Anweisung für den Reiterführer.

Xenophon
(römische Kopie einer Ende des 4. Jh. v. Chr. entstandenen griechischen Hormo; Alexandria, Museum für griechisch-römische Altertümer)

Xenotim [griech.], tetragonales Mineral von meist gelbl. Farbe und Glas- bis Fettglanz. Vorkommen meist in muskovitreichen Graniten und Pegmatiten. Chemisch Y[PO$_4$], an Stelle von Y auch andere seltene Erden, Thorium oder Uran, oft radioaktiv. Mohshärte 4−5; Dichte 4,5−5,1 g/cm^3. Rohstoff zur Gewinnung von Yttererden.

Xeranthemum [griech.], svw. ↑ Papierblume.

xero..., Xero..., xer..., Xer... [zu griech. xērós „trocken"], Bestimmungswort von Zusammensetzungen mit der Bed. „trocken, dürr".

Xerographie, Verfahren der Elektrophotographie zum Vervielfältigen von Schwarzweißvorlagen, das Selen als Photohalbleitermaterial für die Ladung enthält. Schicht verwendet; zur Herstellung von Papierkopien (↑ Kopierverfahren) oder Metallfolien als Kopiervorlage.

xeromorph [griech.], an Trockenheit angepaßt; z. B. von Pflanzen gesagt.

Xerophyten [griech.] (Trockenpflanzen), Pflanzen mit bes. morpholog. und physiolog. Anpassungen an Standorte mit zeitweiligem (z. B. in sommertrockenen oder winterkalten Gebieten) oder dauerndem Wassermangel (z. B. in Wüsten). Um den Wasserverlust durch die Transpiration einzuschränken, haben X. bes. Schutzeinrichtungen, z. B. verdickte Epidermis, Ausbildung von Wachs- und Harzüberzügen, Verkleinerung der Spaltöffnungen und der transpirierenden Oberflächen (z. B. Blattabwurf zu Beginn der Trockenzeit). Viele X. (z. B. ↑ Sukkulenten) speichern außerdem während der Regenzeiten Wasser für die Trockenzeiten.

Xerox Corporation [engl. ˈzɪərɔks kɔːpəˈreɪʃən], amerikan. Unternehmen der Elektroind., Sitz Rochester; gegr. 1906 (heutiger Name seit 1961). Die X. C. ist einer der größten Produzenten von Kopiergeräten; Beteiligung an der *Rank Xerox Ltd.* (Sitz London; Xerographie, Optik, Elektronik) und deren dt. Tochtergesellschaft *Rank Xerox GmbH*, Düsseldorf.

Xerxes I. (altpers. Chschajarscha [xʃaˈjaːrʃaː] „der über Helden Herrschende"; um A. T. Ahasverus), * um 519, † Susa 465 (ermordet), Großkönig (seit 486) aus der altpers. Dyn. der Achämeniden. − Sohn Darius' I.; unterdrückte gewaltsam Aufstände in Ägypten und Babylonien. Sein Versuch, Griechenland zu unterwerfen, schlug trotz Aufgebots aller verfügbaren Machtmittel infolge der Niederlagen bei Salamis (480) und Plataä (479) fehl. − ↑ Perserkriege.

Xhosa [ˈkoːsa] (früher Kaffern gen.), großes Bantuvolk in Südafrika, für das die Heimatländer Transkei und Ciskei geschaffen wurden; etwa 6 Mill. Angehörige.

Xi [griech.], 15. Buchstabe des urspr., 14. Buchstabe des klass. griech. Alphabets mit dem Lautwert (ks); Ξ, ξ.

Xia [chin. çia] (Hsia), legendäre chin. Dyn. (etwa 21.−16. Jh. v. Chr.); bisher archäolog. nicht bezeugt. Als Begründer gilt Yu, der um 2000 v. Chr. eine Überschwemmungskatastrophe abgewendet haben soll.

Xia Gui [chin. çiagu̯ei] (Hsia Kuei), * Jiandang (Prov. Zhejiang), chin. Maler des 12./13. Jh. − Nachweisbar 1190−1230, der Süd-Song-Akad. zugehörig. Bed. Landschaftsmaler (Tuschelavierungen).

Xiamen [chin. çiaːmən] (Hsiamen; südchin. Amoy), chin. Stadt an der SW-Küste einer Insel in der Formosastraße, Prov. Fujian, durch einen Damm mit dem Festland verbunden, 530 000 E. Univ. (gegr. 1921); Schiff- und Maschinenbau, elektron., Textilind., Eisenbahnendpunkt; Seehafen, ✈. − 1980 zur Wirtschaftssonderzone (131 km^2) für Auslandsinvestitionen erklärt.

Xi'an [chin. çi-an] (Sian), Hauptstadt der chin. Prov. Shaanxi, im Zentrum der Wei-He-Ebene, 2,65 Mill. E. Univ. (gegr. 1960), landw. Forschungsinst., chem. Inst. der Chin. Akad. der Wiss., Kunst- und Musikschulen; Botan. Garten. Maschinenbau, Textil-, Metall-, chem., elektron., pharmazeut. Ind., Porzellanherstellung; ✈.

Geschichte: Seit etwa 200 v. Chr. bekannt; ungefähr seit dem 13. Jh. X. gen.; eine der ältesten Siedlungen Chinas; 1027−771 v. Chr. lag westl. des heutigen Zentrums die Hauptstadt der Zhoudynastie und Ende des 3. Jh. v. Chr. die ehem. Metropole der Qindynastie; auf dem Territorium der Stadt befand sich im 2./1. Jh. v. Chr. die hauptzeitl. Changan, das seine größte Blüte zw. dem 6. und 9. Jh. erlebte (mit 1 bis 2 Mill. E wohl größte Stadt der damaligen Welt).

Bauten: Die von einer Mauer mit 4 Toren umgebene Stadt besitzt zahlr. histor. Baudenkmäler, u. a. den „Glockenturm" aus der Zeit der Tangdynastie (618−907), den Trommelturm (1370), den Tempel der Stadtgottheiten (1432 erneuert), den ehem. Taishan-Tempel (gegr. 1116; jetzt Schule), die sog. Kleine-Wildgans-Pagode (706), den Tempel des großen Wohlwollens (errichtet 647; 1580 wiederhergestellt) mit der sog. Großen-Wildgans-Pagode (652; im 8. Jh. aufgestockt) sowie die Große Moschee (14. Jh.). Bei X. im Tal des Hwangho 1974 Entdeckung des Grabes des Kaisers Shi Huangdi (⚰ 221−209) mit 7 500 Tonfiguren (lebensgroße Tonsoldaten und -pferde sowie Streitwagen), nahebei 1990 Entdeckung zahlr. weiterer, rd. 100 Jahre jüngerer Tonfiguren.

Xianggang [chin. çian...] ↑ Hongkong.

Xiang Jiang [chin. çian̯dʐian̯] (Siangkiang), rechter Nebenfluß des unteren Jangtsekiang, entspringt im Bergland von N-Guangxi, mündet 90 km nnw. von Changsha in den Dongting Hu, der mit dem Jangtsekiang in Verbindung steht; etwa 800 km lang.

Xiangtan [chin. çian̯tan] (Siangtan), chin. Stadt am Xiang Jiang, 575 000 E. Stahlwerk, Elektro- und baumwollverarbeitende Ind.; Flußhafen.

Xianyang [chin. çiæn-ian̯] (Sienyang), chin. Stadt im Wei-He-Tal, 50 000−100 000 E. Bed. Textilind. − Unter der Qindynastie (2. Hälfte des 3. Jh. v. Chr.) Hauptstadt Chinas. − Reste des kaiserl. Palastes.

Xiao Hinggan Ling [chin. ɕiao...] ↑Kleiner Chingan.

Xiao Jian, [chin. ɕiao dʑiæn] (Hsiao Chien), *Peking 17. Dez. 1911, chin. Schriftsteller. – Von der westl. Literatur stark beeinflußt; bekannt durch realist. Erzählungen („Die Seidenraupen", 1944); bed. Literaturhistoriker.

Xie Fuzhi [chin. ɕjɛfudʒi] (Hsieh Fu-chih), *Prov. Hubei 1898, †Peking 26. März 1972, chin. General und Politiker. – Wurde 1959 Min. für öff. Sicherheit und 1963 militär. Befehlshaber der für diesen Bereich zuständigen Streitkräfte; spielte als einer der mächtigsten Parteigänger Mao Zedongs in der Kulturrevolution eine Schlüsselrolle; seit 1967 Mgl. des Politbüros des ZK der KPCh.

Xigaze [chin. ɕigatsɛ] ↑Shigatse.

Xi Jiang [chin. ɕidʑiaŋ „Westfluß"] (Sikiang), Hauptzufluß des Perlflusses und größter Strom S-Chinas, entspringt (2 Quellflüsse) im Bergland von Yunnan, mündet mit einem Delta in den Perlfluß; 2 100 km lang; schiffbar über 550 km.

Xingu, Rio [brasilian. 'rriu ʃiŋ'gu], rechter Nebenfluß des Amazonas, entspringt (mehrere Quellflüsse) im Bergland von Mato Grosso (Xingu-Nationalpark; Indianerreservat), mündet unterhalb von Pôrto de Moz, etwa 2 100 km lang; 200 km schiffbar.

Xinhua Tongxunshe [chin. ɕinxua tuŋɕynʃʌ „Neues China Nachrichtenagentur"] (Hsin-hua t'ung-hsün-she), ↑Nachrichtenagenturen (Übersicht).

Xining [chin. ɕiniŋ] (Sining), Hauptstadt der chin. Prov. Qinghai, im Hochland von Tibet, 2 286 m ü. d. M., 576 000 E. Verarbeitung landw. Produkte, Eisen- und Stahlwerk, chem. Ind.; Eisenbahn von Lanzhou; an der Fernstraße Lanzhou–Lhasa; ✈.

Xinjiang Uygur [chin. ɕin'dʑiaŋ...] ↑Uigurische Autonome Region Sinkiang.

X-Kontakt ↑Elektronenblitzgerät.

Xochicalco [span. xotʃi'kalko], archäolog. Stätte im mex. Staat Morelos, etwa 30 km sw. von Cuernavaca. Besiedelt seit dem 7. Jh., Blütezeit ab 800; auf terrassiertem Doppelhügel gelegen, von Verteidigungsbauten umgeben; Hauptpyramide (nur unterer Teil erhalten) mit reichem Reliefschmuck; Ballspielplatz.

Xochimilco [span. xotʃi'milko], mex. Stadt im Hochbecken von Mexiko (Stadt), 2 270 m ü. d. M., 43 000 E. Zentrum des auf den ↑Chinampas betriebenen Blumen- und Gemüsebaus. – Gegr. im 13. Jh. von Chichimeken, beim Angriff der Spanier auf Tenochtitlán zerstört. – Pfarrkirche San Bernardino (1543–46).

XP [çi:ro:] ↑Christusmonogramm.

X-Strahlen, svw. ↑Röntgenstrahlen.

Xu Beihong [chin. ɕybɛixuŋ] (Hsü Pei-hung), gen. Ju Péon, *Yixing (Prov. Jiangsu) 1894, †Nanking 26. Sept. 1953, chin. Maler. – Studium in Paris; seit 1927 Direktor der Akad. in Peking, später Prof. in Nanking; Tiermaler (bes. Pferde).

Xuzhou [chin. ɕydʒou] (Sütschou), chin. Stadt 270 km nw. von Nanking, 775 000 E. Eine der wichtigsten Eisenbahnstädte Chinas am Knotenpunkt der Hauptstrecken Tientsin–Schanghai und Lianyungan–Lanzhou.

Xylamon [Kw.] , Handelsbez. für fungizid- und insektizidhaltige Holzschutzmittel.

Xylem [zu griech. xýlon „Holz"], svw. Gefäßteil (↑Leitbündel).

Xylenole [griech./arab.] (Dimethylphenole), die durch fraktionierte Destillation aus Steinkohlenteer gewonnenen Hydroxyderivate der Xylole; werden zur Herstellung von Insektiziden, Phenolharzen und Farbstoffen verwendet.

Xylidine [griech.] (Aminoxylole), die Aminoderivate der Xylole; zur Herstellung von Farbstoffen verwendet und als Antiklopfmittel für Flugtreibstoffe.

xylo..., Xylo... [zu griech. xýlon „Holz"], Bestimmungswort in Zusammensetzungen und Ableitungen mit der Bed. „Holz...".

Xylographie, svw. Holzstich (↑Holzschnitt).

Xylole [griech./arab.] (Dimethylbenzole), drei isomere aromat. Verbindungen: o- und m-Xylol sind farblose, aromatisch riechende Flüssigkeiten, p-Xylol bildet farblose Kristalle; alle X. sind wasserunlöslich. Die X. kommen in Erdöl und Steinkohlenteer vor; sie werden als Lösungs- und Verdünnungsmittel für Fette, Öle, Kautschuk sowie als Zusatz zu Auto- und Flugbenzin verwendet. Die X. sind Ausgangssubstanzen für zahlr. Synthesen (z. B. zu Phthalsäure und Farbstoffen). Chem. Strukturformeln:

o-Xylol   m-Xylol   p-Xylol

Xylophagen [griech.] (Holzfresser, Lignivoren), zur Gruppe der Pflanzenfresser zählende Tiere (v. a. Insektenlarven), die an bzw. in Holz leben, ernähren sich von Holz.

Xylophon [griech.], Oberbegriff für Instrumente, deren Ton durch das Anschlagen von Holzstäben oder schmalen Holzplatten entsteht. X. mit wenigen Klanghölzern begegnet man u. a. in Ozeanien und bei den Indianern M- und S-Amerikas. In Afrika sowie im hinterind.-indones. Raum gibt es X. mit etwa 5–25 Platten (↑Marimba). Indones. X. haben eine Art Trog als Resonator, bei den afrikan. ist eine Kalebasse unter jeder Platte angebracht. Letztere Form kam nach M-Amerika und im 20. Jh. nach Europa. Hier wird X. ohne Resonatoren in der Antike, dann seit dem 15. Jh. belegt. Vorher meist in der Volksmusik verwendet („Strohfidel"), fand das X. über reisende Virtuosen seit Ende des 19. Jh. Eingang in Kunstmusik und Jazz. Das Orchester-X. (Umfang c^2-d^5) hat klaviaturmäßig angeordnete Platten, oft mit darunter hängenden Resonanzröhren. Bei der **Xylomarimba** oder **Xylorimba** (Umfang c^1-c^5) sind die Platten zweireihig, klaviaturmäßig angeordnet und mit Resonanzröhren versehen. Die Schlegelköpfe sind löffel- oder kugelförmig.

Xylose [griech.] (D-Xylose, Holzzucker), Monosaccharid (Pentose), das in Pflanzen v. a. in Form des zu den Hemizellulosen zählenden Pentosans *Xylan* auftritt und durch die Holzverzuckerung gewonnen werden kann.

Y

Y, 25. Buchstabe des dt., 22. des lat. Alphabets, im Griechischen Y, V (Ypsilon; Lautwert urspr. [u, u:]), das aus dem nordwestsemit. Wāw durch Differenzierung von dem sog. Digamma gewonnen und am Ende der urspr. Alphabetreihe angefügt wurde. Y = [y, y:] wurde von den Römern, die zunächst V = [u] übernommen hatten, vom 1. Jh. v. Chr. an v. a. zur Schreibung griech. Namen und Wörter verwendet. Im Deutschen hat Y die Lautwerte: [y, y, i, ɪ], auch [j].

▷ (Münzbuchstabe) ↑Münzstätten.

Y

Y, Kurzzeichen:
▷ (chem. Symbol) für ↑Yttrium.
▷ (*Y*) physikal. Formelzeichen für den Scheinleitwert (↑Admittanz).

y (*y*), mathemat. Formelzeichen für eine bei der graph. Darstellung auf der Ordinatenachse (*y*-Achse) abgetragene Variable bzw. kartes. Koordinate.

Yacht, svw. ↑Jacht.

Yad Vashem [hebr. jad faˈʃɛm „Denkmal und Name"], 1953 gegr. Gedenk- und Forschungsstätte in Jerusalem zur Erinnerung an die Opfer des Holocaust; im *Ohel Jiskor* („Halle der Erinnerung") sind die Namen von 22 Konzentrations- und Vernichtungslagern, in einem weiteren Mahnmal („Halle der Namen") die Namen von über 3 Mill. Toten festgehalten; eine Säule erinnert an die Ermordung jüd. Kinder. Zu der Anlage gehören auch mehrere Ausstellungen und ein histor. Archiv.

Yahgan, im 20. Jh. ausgestorbener Indianerstamm im S des Feuerlandarchipels, v. a. auf der Isla Navarino und der Isla Hoste.

Yahya Khan, Aga Muhammad [jaˈjaː ˈkɑːn], * Peshawar 4. Febr. 1917, † Rawalpindi 8. Aug. 1980, pakistan. General (seit 1951) und Politiker. – 1966–71 Oberbefehlshaber der Armee, wurde 1969 Staatspräs.; trat nach der Sezession von Bangladesch 1971 zurück.

Yak (eine Rinderart) ↑Jak.

Yaku, eine der ↑Ōsumiinseln.

Yakuza [jap.], Mgl. krimineller Banden in Japan, die streng hierarchisch gegliedert sind und samuraiähnl. Rituale befolgen. Die gegenwärtig etwa 3 000 Gangs (sog. bōryokudan; rd. 90 000 Mgl.), die sich auf Traditionen berufen, die bis ins 16. Jh. zurückreichen, sind an Rauschgifthandel, Schmuggel, Glücksspiel und Prostitution in den Großstädten beteiligt; in der Wirtschaft einflußreich; in jüngster Zeit auch in den USA aktiv.

Yale University [engl. ˈjɛɪl juːˈnɪˈvəsɪtɪ], Privat-Univ. in New Haven, 1701 (drittältestes College der USA) gegr., 1810–61 schrittweise Umwandlung in eine Univ. Die Y. U. umfaßt heute zusätzlich u. a. ein Museum für Naturgeschichte, ein Observatorium, bed. Bibliotheken sowie eine Gemäldegalerie; 1908 erfolgte die Gründung eines eigenen Verlages (*Y. U. Press,* insbes. Geistes- und Sozialwiss.).

Yalong Jiang [chin. i̯alɔŋd̥ʑi̯aŋ] (Yalungkiang), linker Nebenfluß des Jangtsekiang, entspringt am S-Fuß des Bayan Kara Shan (Kunlun), durchbricht die osttibet. Randketten, mündet an der Grenze der Prov. Yunnan und Sichuan, 1 100 km lang.

Yalova [türk. jaˈlɔva], türk. Ort an der S-Küste des Golfes von İzmit, 41 900 E. Autofähre nach Kartal, Personenschiffahrt nach Istanbul. 12 km sw. von Y. liegt der Kur- und Badeort *Yalovakaplıcaları* mit schwefelhaltigen, radioaktiven heißen Quellen.

Rosalyn Yalow

Yalow, Rosalyn [engl. ˈjɛɪloʊ], * New York 19. Juli 1921, amerikan. Physikerin und Nuklearmedizinerin. – Prof. in New York. In Zusammenarbeit mit dem amerikan. Mediziner S. A. Berson (* 1918, † 1972) entwickelte sie eine Indikatormethode zur Bestimmung der Peptidhormone über deren Antikörper bzw. über die entsprechende Antigen-Antikörper-Reaktion (sog. Radioimmunassay). Hierfür erhielt sie 1977 den Nobelpreis für Physiologie oder Medizin (mit R. Guillemin und A. Schally).

Yalu [chin. i̯alu] (Jalu; korean. Amnokkang), Grenzfluß zw. Nordkorea und China, entspringt am Baitou Shan, mündet in die Koreabucht, 790 km; Wasserkraftwerk Suphung (700 MW).

Yalungkiang ↑Yalong Jiang.

Yamagata (Jamagata), jap. Stadt im nördl. Honshū, 245 000 E. Verwaltungssitz der Präfektur Y.; Univ. (gegr. 1949); Textil-, Metallind., Lackherstellung, Glashütte; ✈.

Yamagata Aritomo

Yamagata Aritomo, Fürst (seit 1907), * Hagi 1838, † Odawara 1. Febr. 1922, japan. Feldmarschall (seit 1898) und Staatsmann. – Reformierte nach der Meiji-Restauration als Heeresmin. (mehrmals seit 1873) die jap. Armee nach preuß. Vorbild; errichtete als Innenmin. (1883–89), Min.präs. (1889–91 und 1898–1900) und Justizmin.

Yad Vashem. Gedenkstein mit einer Statue Janusz Korczaks, der zusammen mit den von ihm betreuten Kindern 1942 im Vernichtungslager Treblinka starb

(1892/93) ein autoritäres, zentralist. Verwaltungssystem; Generalstabschef im Russ.-Jap. Krieg (1904/05); 1903–22 Präs. des Staatsrats und einflußreicher Genrō (kaiserl. Berater).

Yamaguchi (Jamagutschi), jap. Stadt im äußersten W der Insel Honshū, 124 000 E. Verwaltungssitz der Präfektur Y.; Univ. (gegr. 1949); Seidenverarbeitung, Sakeherstellung. – 1360 angelegt.

Yamamoto Yūzō, * in der Präfektur Tochigi 27. Juli 1887, † Shizuoka 11. Jan. 1974, jap. Schriftsteller. – Das Hauptthema seiner Arbeiten liegt im Spannungsfeld zw. Idealismus und Realismus, z. B. im Drama „Die Kindsmörderin" (1920) und im Roman „Der rechte Weg" (1935/36); auch Übersetzer.

Yamasaki, Minoru [engl. jæməˈsɑːkɪ], * Seattle 1. Dez. 1912, † New York 6. Febr. 1986, amerikan. Architekt jap. Abstammung. – Baute Großprojekte wie z. B. den Flughafen von Saint Louis (1951–55), das Flughafengebäude von Dharan (Saudi-Arabien; 1962), das World Trade Center in New York (1974).

Yamato [jap.], erster zentraler Staat in Japan (etwa 4.–Mitte 7. Jh.), der in der Yamato-Ebene entstand. – ↑Japan (Geschichte [Vor- und Frühgeschichte]).

Yamato-e, Bez. für die nat. jap. Malerei in der Heianzeit (794–1185) und Kamakurazeit (1192–1333). Höf. histor. und literar. Themen in erzählenden, querformatigen Bilderrollen (Makimono), daneben auch Porträt- und Landschaftsmalerei. Im 17. Jh. im dekorativen Tokugawastil fortgesetzt.

Yamoussoukro [frz. jamusuˈkro] (Jamussukro), seit 1983 Hauptstadt der Republik Elfenbeinküste, ssw. von Bouaké, 120 000 E. TH; bed. Markt; nat. Hochschule für öff. Arbeiten, ev. theolog. Seminar; Fremdenverkehr. – Modern angelegte Mustersiedlung mit prunkvoller Kirche Notre Dame de la Paix (1987–90, größter Kirchenbau Afrikas).

Yams ↑Jamswurzel.

Yan'an [chin. i̯æn-an] (Yenan), chin. Stadt im Lößhochland der Prov. Shaanxi, 82 400 E. Univ., Revolutionsmuseum; Textilind.; ✈. – Jan. 1937–März 1947 Sitz des von Mao Zedong geführten ZK der KPCh; gilt als bed. Gedenkstätte der chin. Revolution.

Yanbu al-Bahr [...baxr] ↑Janbu Al Bahr.

Yang ↑Yin und Yang.

Yang, Chen Ning, gen. Frank Y. [engl. jæn], * Hefei 22. Sept. 1922, amerikan. Physiker chin. Herkunft. – Prof. am Institute for Advanced Study in Princeton (N. J.) und an der State University of New York. Gemeinsam mit T. D. ↑Lee sagte Y. 1956 die Nichterhaltung der ↑Parität bei Prozessen der schwachen Wechselwirkung voraus, was wenig später bestätigt wurde. Beiden Forschern wurde 1957 der Nobelpreis für Physik verliehen.

Yangchüan ↑ Yangquan.

Yang Hui [chin. jaŋxuei], chin. Mathematiker des 13. Jh. aus Qiantang (= Hangtschou). – Eine der führenden Persönlichkeiten der eigenständigen ↑ chinesischen Mathematik. 1274/75 erschien die Sammlung „Yang Huis Rechenmethoden", worin u. a. verschiedene Summenformeln gegeben werden.

Yangon ↑ Rangun.

Yangquan [chin. jaŋtɕÿæn] (Yangchüan), chin. Stadt 80 km östl. von Taiyuan, 376 000 E. Mittelpunkt eines der wichtigsten Anthrazitbergbaugebiete Chinas.

Yang Shangkun [chin. jaŋ ʃaŋkun], *Shuangjiang (Prov. Sichuan) 1907, chin. Politiker. – 1934/35 Teilnehmer am ↑ Langen Marsch; wurde 1945 Generalsekretär der Militärkommission des ZK der KPCh, 1956 Mgl. des ZK der Partei; während der Kulturrevolution (1966–69) verfolgt; seit 1982 Mgl. des Politbüros und stellv. Vors. der Militärkommission des ZK der KPCh; 1988–93 Staatspräsident.

Yangshaokultur [chin. jaŋʃau] (Jangschau-Kultur), neolith. Kultur in N-China (um 5000–2000 v. Chr.); ben. nach einer 1921 bei Yangshaocun (Prov. Henan) entdeckten Fundstelle; charakteristisch: reich bemalte Keramik (geometr. Motive), große z. T. befestigte Dorfanlagen, Hirseanbau, möglicherweise bereits Seidenraupenzucht.

Yangzi Jiang [chin. jaŋdzidʑiaŋ] ↑ Jangtsekiang.

Yankee [ˈjænkɪ; engl.-amerikan.], im Ausland spött. Spitzname für US-Amerikaner; urspr. Bez. für niederl. Siedler (vermutlich abgeleitet von der Verkleinerungsform Janke des niederl. Namens Jan) in N-Amerika Ende des 17. Jh.; im 18. Jh. auf die Bewohner Neuenglands und während des Sezessionskrieges als Schimpfwort auf alle Nordstaatler bezogen.

Yankee-doodle [engl. ˈjænkıduːdl], urspr. (wohl um 1750 entstandenes) engl. Spottlied auf amerikan. Truppen im Unabhängigkeitskrieg, das von den Amerikanern zeitweise als Nationallied angenommen wurde.

Yanoma (Yanomami, Waika, Shiriana), vom Aussterben bedrohte Indianerstämme in S-Venezuela, am oberen Orinoko, und im benachbarten Brasilien. Die Y. leben hauptsächlich vom Brandrodungsfeldbau (Mehlbananen, Maniok, Mais, Bataten), daneben sind sie auch intensive Jäger und Sammler. Die festen Siedlungen bestehen aus massiven, von Großfamilien bewohnten Häusern mit rechteckigem Grundriß. Die urspr. etwa 15 000 Y. sind durch das verstärkte Eindringen in den 80er Jahren von Tausenden von Goldsuchern in das offizielle Schutzgebiet der Y. bereits auf rd. 6 000 (1991) dezimiert.

Yanomami ↑ Yanoama.

Yantai [chin. iæntai] (Yentai), chin. Hafenstadt an der N-Küste der Halbinsel Shandong; 347 000 E. Fischereibasis und Exporthafen, Eisen- und Stahlwerk, Werften, Seidenindustrie.

Yao, eine sinotibet. Sprache sprechendes Bergvolk in SW-China und im N von Vietnam, Laos und Thailand; rd. 1,9 Mill., leben von Brandrodungsfeldbau.

Yaoundé [frz. jaunˈde] ↑ Jaunde.

Yao Wenyuan [chin. iau-uən-ÿæn] (Yao Wen-yüan), *1924, chin. Journalist und Politiker. – Löste durch seine Angriffe gegen chin. Intellektuelle in der „Literaturzeitung" die Kulturrevolution (1966–69) aus; 1967–76 Chefredakteur des KP-Zentralorgans „Renmin Ribao"; 1969–76 Mgl. des Politbüros der KPCh; 1976 als Mgl. der ↑ Viererbande verhaftet und 1981 zu 20jähriger Freiheitsstrafe verurteilt.

Yap [engl. ˈjaːp, ˈjæp], Inselgruppe der Westkarolinen, im westl. Pazifik, bildet zus. mit Pohnpei (früher Ponape), Chuuk (früher Truk) und Kosrae (früher Kusaie) den Bundesstaat Mikronesien; 119 km², 8 200 E. Hauptinsel: Yap (100 km²); Kopragewinnung.

Yapgraben, Tiefseegraben im westl. Pazifik, südl. Fortsetzung des Marianengrabens, bis 8 527 m tief.

Yaracuy [span. jaraˈkui], Staat in N-Venezuela, 7 100 km², 364 000 E (1988), Hauptstadt San Felipe. Y. liegt in den Ausläufern der Cordillera de Mérida und der Küstenkordillere, zw. denen sich das Tal des Río Y. zum Karib. Meer öffnet. Ackerbau und Viehzucht.

Yard [engl. jaːd; eigtl. „Gerte, Meßrute"], Einheitenzeichen yd, in Großbritannien und in den USA verwendete Längeneinheit. Für industrielle Normungszwecke gilt in beiden Staaten 1 yd = 36 in = 0,9144 m (↑ Inch).

Yarkand (Shache), Oasenort im westl. Tarimbecken, Uigur. Autonome Region Sinkiang, China, rd. 50 000 Einwohner.

Yaşar Kemal [türk. jaˈʃar], eigtl. Kemal Sadık Gökçeli, *Hemite-Gökçeli (Prov. Adana) 1922, türk. Schriftsteller. – Einer der herausragenden zeitgenöss. türk. Autoren; lebt, von der ehem. türk. Militärreg. auf Grund seines sozialist. Bekenntnisses verfolgt, in Paris. – *Werke:* Anatol. Reis (R., 1955), Memed mein Falke (R., 1955), Die Disteln brennen (R., 1969), Das Lied der Tausend Stiere (R., 1971), Auch die Vögel sind fort (R., 1978).

Yatsushiro (Jatsuschiro), jap. Stadt an der W-Küste Kyūshūs, 108 000 E. Kunstfaser-, Papier- und Zementind., Porzellanwarenherstellung (seit dem 16. Jh.).

Yawl [engl. jɔːl], 1½mastiges Segelfahrzeug, dessen Besanmast im Unterschied zur ↑ Ketsch hinter dem Rudergänger, außerhalb der Konstruktionswasserlinie steht.

Yaws [engl. jɔːs], svw. ↑ Frambösie.

Yazd ↑ Jasd.

Yazılıkaja [türk. jazɯˈlɯkaˌja „beschrifteter Fels"] ↑ Boğazkale.

Yb, chem. Symbol für ↑ Ytterbium.

Ybbs [ɪps], rechter Nebenfluß der Donau, entspringt in mehreren Quellflüssen in den nördl. Kalkalpen westl. von Mariazell, mündet unterhalb von Y. an der Donau, 130 km lang.

Ybbs an der Donau [ɪps], niederöstr. Stadt 40 km westl. von Sankt Pölten, 216 m ü. d. M., 6 300 E. Metallind., Donaukraftwerk Ybbs-Persenbeug. – 837 erwähnt, im 9. Jh. Markt-, 1308 Stadtrecht. – Spätgot. Pfarrkirche (15./16. Jh.) mit barockem W-Teil; barockes Schloß (17. Jh.).

Y-Chromosom ↑ Chromosomen.

yd, Einheitenzeichen für ↑ Yard.

Yeager [engl. ˈjeɪgər], Charles E. (Chuck), *Hamlin (W. Va.) 13. Febr. 1923, amerikan. Testpilot. – Durchbrach im Okt. 1947 mit dem Raketenflugzeug Bell X-1 als erster Mensch die Schallmauer.

Chen Ning Yang

Yaşar Kemal

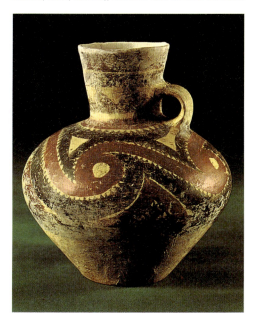

Yangshaokultur. Keramikgefäß, zwischen 2500 und 2000 v. Chr.

William Butler Yeats

Yeats, William Butler [engl. jɛɪts], *Sandymount (= Dublin) 13. Juni 1865, †Roquebrune-Cap-Martin bei Nizza 28. Jan. 1939, ir. Dichter. – Kunststudium; seit etwa 1890 fand Y. u. a. durch O. Wilde Zugang zur Dichtung. Gründete 1899 das ir. Nationaltheater, später „Abbey Theatre", das er bis zu seinem Tod leitete. 1923 Nobelpreis für Literatur. – Angeregt von altir. Vorbildern, kelt. Mythologie, japan. Literatur, traditionellen engl. Dichtern wie Shakespeare, Morris oder Blake, den frz. Symbolisten, bes. Verlaine, schuf Y. eine national-ir., myth.-myst., oft symbolist. Dichtung. – *Werke:* The wanderings of Oisoin (Dichtungen, 1889), Die Schwelle des Königs (Dr., 1904), Der Strand von Baile (Dr., 1904), Das Einhorn von den Sternen (Dr., 1908).

Ye Jianying [chin. iɛdziæn-ɪŋ] (Yeh Chien-ying), *Meixian (Prov. Guangdong) 14. Mai 1897, †Peking 22. Okt. 1986, chin. Marschall (seit 1955) und Politiker. – 1946 bis 1949 stellv. Generalstabschef der Volksbefreiungsarmee; ab 1954 Stellv. Vors. des Nat. Verteidigungsrates, 1975–78 Verteidigungsmin. (faktisch seit 1971); seit 1973 Mgl. des Ständigen Ausschusses des Politbüros der KPCh; maßgeblich an der Entmachtung der ↑Viererbande beteiligt; 1978–83 Vors. des Ständigen Ausschusses des Nat. Volkskongresses.

Yellow journalism [engl. ˈjɛloʊ ˈdʒɜːnəlɪzəm], amerikan. Bez. für den trivialen Sensationsjournalismus der „Yellow press" („Gelbe Presse"; Boulevardpresse), der sich mit Klatsch, Skandal, Verbrechen und Sport befaßt. Die Bez. geht auf die erste amerikan., von R. F. Outcault gezeichnete Comic-Serie „The yellow kid" zurück, die ab 1894 in J. Pulitzers New Yorker Straßenverkaufszeitung „The World" erschien.

Narciso Yepes

Yellowknife [engl. ˈjɛloʊnaɪf], Hauptstadt der Northwest Territories Kanada, am N-Ufer des Großen Sklavensees, 13500 E. Goldbergbau. – 1935 als Goldgräbersiedlung entstanden.

Yellowmetall [engl. ˈjɛloʊ], seewasserbeständiges Messing (mit etwa 60 % Kupfer, 40 % Zink); v. a. im Schiffbau verwendet.

Yellowstone National Park [engl. ˈjɛloʊstoʊn ˈnæʃənəl ˈpɑːk], ältestes (seit 1872) unter Naturschutz gestelltes Geb. der USA, in NW-Wyoming, mit kleinen Teilen auch in Montana und Idaho, 8953 km², umfaßt im wesentl. ein aus basalt. Ergüssen bestehendes Plateau, in 2000–2500 m Höhe, in das sich der Yellowstone River in einer über 20 km langen und etwa 300 m tiefen Schlucht (Grand Canyon) eingeschnitten hat (3 große Wasserfälle). Bekannt ist der Y. N. P. v. a. durch die Geysire, ferner heiße Quellen, die Sinterterrassen bilden (z. B. Mammoth Hot Springs), Schlammvulkane.

Yellowstone National Park. Die Mammoth Hot Springs

Yellowstone River [engl. ˈjɛloʊstoʊn ˈrɪvə], rechter Nebenfluß des Missouri, entspringt im nw. Wyoming, USA, durchfließt im Oberlauf den **Yellowstone Lake** (2356 m ü. d. M., 355 km²), mündet bei Buford, 1080 km lang.

Yen, Abk. ¥, Währungseinheit in Japan; 1 ¥ = 100 Sen.

Yenan ↑Yan'an.

Yen Chia-Kan [chin. iændziagan] (Yan Jiagan), *Suzhou 23. Okt. 1905, chin. Politiker (Kuomintang). – 1950–54 und 1958–63 Finanzmin. der nationalchin. Reg. auf Taiwan; 1963–72 Min.präs.; 1966–75 Vizepräs., 1975–78 Staatspräs. von Taiwan.

Yentai ↑Yantai.

Yeoman [engl. ˈjoʊmən], im England des MA der Freigeborene, ritter- und schöffenfähig; als Knappe häufig im Wehrdienst des Adels. Im 14./15. Jh. sozialer Rang in der ländl. Gesellschaft, wurde auch auf alle Freibauern, später auch auf die Pächter ausgedehnt.

Yeomen of the Guard [engl. ˈjoʊmən əv ðəˈgɑːd], die Leibwache des engl. Königs, 1485 von Heinrich VII. aufgestellt; zu unterscheiden von den **Yeomen warders of the Tower of London**, die auch volkstümlich als ↑Beefeaters bezeichnet werden.

Yepes, Narciso [span. ˈjepes], *Lorca (Murcia) 14. Nov. 1927, span. Gitarrist. – Bekannter Gitarrenvirtuose; spielt auf einem Instrument mit 10 (statt 6) Saiten, wodurch er auch Kompositionen für Laute und Vihuela in sein Programm aufnehmen kann.

Yerbabaum [span., zu lat. herba „Gras"], svw. ↑Matepflanze.

Yerkes, Robert Mearns [engl. ˈjɜːkiːz], *Breadysville (Pa.) 26. Mai 1876, †New Haven (Conn.) 3. Febr. 1956, amerikan. Psychologe und Verhaltensforscher. – Prof. an der Harvard University und der Yale University. Y. befaßte sich bes. mit Intelligenzuntersuchungen (bei Tieren und bei Menschen); gründete 1929 die Yale Laboratories of primate biology (heute *Y. Laboratories*) in Orange Park (Fla.), die zu einem Forschungszentrum für die neurobiolog. und physiolog. Grundlagen des Verhaltens wurden.

Yersin, Alexandre [frz. jɛrˈsɛ̃], *Rougemont (Kt. Waadt) 22. Sept. 1863, †Nha Trang (Süd-Vietnam) 1. März 1943, schweizer. Tropenarzt. – Begr. ein Pasteur-Inst. in Nha Trang; entdeckte (unabhängig von S. Kitasato) den Erreger der Pest, entwickelte ein nach ihm ben. Pestserum.

Yersinia [nach A. Yersin], Gatt. gramnegativer, kurzstäbchenförmiger, z. T. unbegeißelter Bakterien (Fam. Brucellaceae) mit tier- und menschenpathogenen Arten (z. B. Erreger der Pest und der Pseudotuberkulose).

Yeti [nepales.], svw. ↑Schneemensch.

Yeu [frz. jø], Insel vor der frz. W-Küste, Dep. Vendée, 10 km lang, bis 4 km breit, 4800 E; Hauptort Port-Joinville.

Yezo ↑Hokkaido.

Yggdrasil ↑germanische Religon [räuml. Weltbild].

Yhombi Opango, Joachim [jɔmbi ɔpaŋˈgo], *1939, kongoles. Offizier und Politiker. – 1968–73 Generalstabschef, 1973/74 Generalinspekteur der kongoles. Armee; 1974/75 Generalsekretär der Reg. mit Min.-rang, zugleich (ab Sept. 1974) Verteidigungsmin.; 1977–79 Staatspräs., Vors. des Min.rats und Vors. des Militärkomitees der Kongoles. Arbeiterpartei; 1979–84 in Haft; 1987 erneut verhaftet.

Yibin [chin. ibɪn] (Ipin), chin. Stadt in der Prov. Sichuan, an der Mündung des Min Jiang in den Jangtsekiang, 245000 E. Binnenschiffahrtszentrum.

Yichang [chin. itʃaŋ] (Ichang), chin. Stadt in der Prov. Hubei, am linken Ufer des Jangtsekiang, 100000 bis 300000 E. Altes Handelszentrum; Nahrungsmittel-, chem. Industrie.

Yijing [chin. idzɪŋ] „Buch der Wandlungen"] (I-ching), im 7./6. Jh. (?) entstandenes chin. Wahrsage- und Weisheitsbuch; bestand in seiner ältesten Form aus 64 Hexagrammen mit kurzen Erläuterungen. Von den Konfuzianern im 2./1. Jh. unter die 5 Kanon. Bücher des Konfuzianismus aufgenommen; Wahrsagegebrauch bis ins 20. Jh.

Yi Jing [chin. idzɪŋ] (I Ching; I-Tsing), *635, †713, chin. buddhist. Mönch und Reisender. – Sein Reisebericht ist eine wichtige Quelle zum buddhist. Klosterleben Indiens im 7. Jahrhundert.

Yin [chin. ɪn], anderer Name der chin. Dyn. Shang (↑chinesische Geschichte).

Yinchuan [chin. ɪntʃuan] (Yinchwan), Hauptstadt der Autonomen Region Ningxia, China, in einer Stromoase des mittleren Hwanghotales, 576 000 E. Univ.; Maschinenbau, Textil-, elektron. Ind., Flußhafen, ⌘.

Yinchwan ↑Yinchuan.

Yinschan ↑Yin Shan.

Yin Shan [chin. ɪnʃan] (Yinschan), W-O-streichendes Gebirge nördl. vom Ordosplateau und Hwanghobogen, besteht aus mehreren Ketten, im Tatsing Shan bis 2 187 m hoch.

Yin und Yang [chin.], entgegengesetzte Prinzipien (Urkräfte) in der chin. Naturphilosophie seit etwa 400 v. Chr.; *Yin* ist das passive, weiche, weibl., *Yang* das aktive, harte, männl. Prinzip; beide haben ihren gemeinsamen Ursprung in einem Absoluten, aus dessen Ruhe- und Bewegungszuständen sie ihre Polarität gewinnen. – ↑chinesische Philosophie.

Ylang-Ylang-Baum [ˈiːlaŋˈiːlaŋ; malai.] (Ilang-Ilang-Baum, Canangabaum, Canaga odorata), Annonengewächs der Gatt. *Cananga* in S- und SO-Asien; kleiner Baum oder Strauch mit großen, wohlriechenden, zu 2–4 in den Blattachseln stehenden Blüten, die das ↑Ylang-Ylang-Öl liefern.

Ylang-Ylang-Öl [ˈiːlaŋˈiːlaŋ; malai.], aus den Blüten des Ylang-Ylang-Baumes destilliertes, fruchtig-blumig riechendes äther. Öl, das in der Parfümindustrie verwendet wird.

Ylide [Kw.], organ. Verbindungen mit einer halbpolaren Bindung zw. einem Kohlenstoff- und einem Heteroatom, wobei das Kohlenstoffatom ein freies Elektronenpaar besitzt; sie stehen im mesomeren Gleichgewicht mit den *Ylenen,* z. B. beim Triphenylphosphoniummethylid bzw. Triphenylmethylenphosphor:

$$(C_6H_5)_3\overset{\oplus}{P}-\overset{\ominus}{C}H_2 \leftrightarrow (C_6H_5)_3P=CH_2.$$

Die Y. wurden von G. Wittig 1947 erstmals hergestellt und spielen in der präparativen organ. Chemie (↑Wittig-Reaktion) eine Rolle.

YMCA [engl. ˈwaɪ-ɛmsiːˈeɪ], Abk. für: **Y**oung **M**en's **C**hristian **A**ssociation (↑Christlicher Verein Junger Menschen).

Ymir, in der german. Mythologie ein zus. mit der Kuh ↑Audhumla aus dem Eis der Urwelt hervorgetauter Riese; Stammvater der Frost- und Reiffriesen.

Ynglingar [schwed. ˈyŋliŋar], älteste schwed. Königsdyn., die ihre Herkunft von dem Gott Yngvi-Freyr ableitete und nach der „Ynglings saga" aus der Gegend von Uppsala kam; nahm unter Olaf III. Skötkonung (etwa 995–1022) das Christentum an. Von der Mitte des 11. Jh. erloschenen Dyn. stammen auch die frühen norweg. Könige ab.

Yoga [Sanskrit] (Joga), fest in der ind. Kultur verwurzelte Lehre (und darauf beruhende Methode) der Vervollkommnung des Menschen. Y. wird bereits in den Veden (↑Weda), später in den ↑Upanischaden erwähnt und von Patanjali im „Yogasutra" vermutlich im 2. Jh. v. u. Z. schriftlich als Regelwerk und philosoph.-religiöses System fixiert. Danach besteht das Ziel des Y. in der Selbstvervollkommnung, die durch eine Harmonisierung von Leib und Seele und Geist (Psyche) erreicht werden soll. Auf dem Wege dorthin hat der **Yogi** verschiedene Stufen des Y. zu durchlaufen: die Zügelung körperl. Begierden, die Beachtung von Reinheitsvorschriften, das Erlernen von bestimmten Körperhaltungen, die Beherrschung des Atems, Verinnerlichung, Konzentration, Meditation, Versenkung. – Im Verlauf der Geschichte entstanden unterschiedl. Y.schulen, die einzelne Bereiche der Stufenfolge hervorheben. In Europa bekannt geworden, hat sich Y. mit typisch europ. Denkformen vermischt. Daraus entwickelte sich eine Vielfalt von Systemen, Methoden und Ansichten, die sich z. T. weit vom urspr. Y. entfernt haben.

Yoghurt ↑Joghurt.

Yogyakarta [indones. dʒɔgdʒaˈkarta] (früher Jogjakarta), Stadt im südl. Z.-Java, Indonesien, 100 m ü. d. M., 430 000 E. Verwaltungssitz der Region Y.; bed. Kulturzentrum; Univ. (gegr. 1949), private islam. Univ. (gegr. 1945), Kunstakad.; Museum, Theater. Textil-, Leichtind.; bed. Kunsthandwerk (Silber- und Kupferarbeiten, Batikstoffe); ⌘. – Gehörte zum hindu-javan. Madjapahit, im 16.–18. Jh. zum islam. Reich Mataram. 1755 als Sultanat Y. eingerichtet, bildete zus. mit Swakarta die sog. Fürstenländer; eines der Zentren des Unabhängigkeitskampfes; 1945–50 Sitz der Reg. der Rep. Indonesien.

Yohimbin [afrikan.] (Johimbin, Quebrachin), aus der Rinde des westafrikan. Yohimbinbaums Pausinystalia yohimba gewonnenes Alkaloid mit gefäßerweiternder Wirkung; medizinisch gegen Durchblutungsstörungen sowie als Aphrodisiakum verwendet.

Yohimbinbaum (Yohimbebaum), Bez. für zwei Gatt. der Rötegewächse: *Corynanthe* (mit neun Arten) im trop. Afrika und *Pausinystalia* (mit sechs Arten) im trop. W-Afrika.

Yokkaichi (Jokkaitschi), jap. Hafenstadt auf Honshū, an der W-Küste der Isebucht, 270 000 E. Wichtiger Standort der Petrochemie, Hafen.

Yokohama (Jokohama), jap. Hafen- und Ind.stadt auf Honshū, an der SW-Küste der Bucht von Tokio, 3,15 Mill. E. Verwaltungssitz einer Präfektur; kath. Bischofssitz; mehrere Univ.; meteorolog. Observatorium. Y. gehört zur Wirtschaftsregion **Keihin**; der Ind.-, Passagier- und Außenhandelshafen ist das Überseetor Tokios. Die Ind.betriebe (v. a. Metallverarbeitung, Elektrotechnik, Petrochemie) befinden sich fast ausschließlich in Hafennähe. – Nach dem jap.-amerikan. Handelsvertrag 1858 geöffnet; 1872 Bau der ersten Eisenbahn Japans von Tokio nach Y.; seit 1889 Stadt. 1923 durch ein Erdbeben fast völlig zerstört, als moderne Großstadt wiederaufgebaut. – Bed. Tempelanlage (gegr. 1321; 1911 wiederhergestellt), dreistöckige Pagode (15. Jh.); Kulturzentrum für Frauen (1957–61).

Yokosuka (Jokosuka), jap. Hafenstadt auf Honshū, an der SW-Küste der Bucht von Tokio, 433 000 E. Marineschule; Kernforschungsinst.; Metallverarbeitung, Schiffswerften, Nahrungsmittelindustrie.

Yoldia [nach dem span. Grafen A. d'Aguirre de Yoldi, * 1764, † 1852], seit dem Eozän bekannte Gatt. primitiver Muscheln, v. a. in sandigen Küstenregionen aller Meere; Leitform für einen nacheiszeitl. Abschnitt der Ostsee.

Yoldiameer [nach der Muschel Yoldia], Stadium der Ostsee, ↑Holozän (Übersicht).

Yonne [frz. jɔn], Dep. in Frankreich.
Y., linker Nebenfluß der Seine, entspringt im Morvan, mündet bei Montereau-faut-Y., 295 km lang.

Yorck von Wartenburg, aus Pomerellen stammende Adelsfam.; im 18. Jh. *Yorck (York, Jork);* 1814 Grafentitel mit Zusatz v. W. Bed. Vertreter:
Y. v. W., Johann (Hans) David Ludwig Graf (seit 1814), * Potsdam 26. Sept. 1759, † Klein Oels (= Oels) 4. Okt. 1830, preuß. Feldmarschall (seit 1821). – Schloß am 30. Dez. 1812 als Befehlshaber des preuß. Hilfskorps im Rußlandfeldzug Napoleons I. eigenmächtig die Konvention von Tauroggen; erkämpfte 1813 den Elbübergang bei Wartenburg (Landkr. Wittenberg).
Y. v. W., Peter Graf, * Klein Oels (= Oels) 13. Nov. 1904, † Berlin 8. Aug. 1944 (hingerichtet), dt. Widerstandskämpfer. – Seit 1927 im Staatsdienst; ab 1938 Oberregierungsrat beim Reichskommissar für Preisbildung; aus eth.-religiösen Motiven Gegner des NS, stand seit 1938 im Mittelpunkt eines Widerstandskreises; nach Kriegsteilnahme in Polen ab 1942 im Wehrwirtschaftsamt tätig; war Mitbegr. des Kreisauer Kreises, ab Jan. 1944 enger Vertrauter seines Vetters C. Graf Schenk von Stauffenberg; nach dem 20. Juli 1944 hingerichtet.

York [engl. jɔːk], engl. Dyn., Nebenlinie des Hauses Plantagenet; eroberte während der ↑Rosenkriege 1461 den engl. Thron. Das bis 1485 regierende Haus Y. erlosch 1499 in männl. Linie. Den Titel Hzg. von Y. (1385 verliehen) erhielt danach i. d. R. der 2. Sohn des engl. Königs.

Yin und Yang.
Symbolische Darstellung der beiden Urkräfte

Johann David Ludwig Graf Yorck von Wartenburg
(Ausschnitt aus einem zeitgenössischen Gemälde)

York

York [engl. jɔːk], Stadt in N-England, am Ouse, 100 000 E. Anglikan. Erzbischofssitz; Univ. (gegr. 1963), Colleges; Eisenbahnmuseum, Yorkshire-Museum, volkskundl. Castle-Museum; Theater. Schokoladen- und Süßwarenind., Maschinenbau, Zuckerfabriken, feinmechan. und Textilindustrie.

Geschichte: Das röm. Legionslager **Eboracum (Eburacum)** entstand etwa 71–74, nach Zerstörung 197 verstärkt befestigt; die bei dem Lager entstandene Siedlung wurde vor 237 zur Colonia und Hauptstadt der Prov. Britannia inferior erhoben; 296 zerstört, von Konstantius I. wieder aufgebaut; 314 Bischofssitz; nach Abzug der Römer (Ende des 4. Jh.) wieder heidnisch; wurde Anfang des 7. Jh. Hauptstadt des angelsächs. Northumbria, 627 Sitz eines Erzbischofs; entwickelte sich zum wichtigsten geistl. Zentrum in N Englands; 867 von den Dänen (hieß nun **Yorwick**), Anfang des 10. Jh. von Wessex erobert; seit König Heinrich I. (1100–35) privilegiert, wurde 1212 City und 1396 Stadtgrafschaft; 1484–1641 Verwaltungszentrum für N-England.

Bauten: Die Kathedrale (1230 begonnen; 1829 und 1840 durch Brand beschädigt), ist eine der prunkvollsten und größten got. Kirchen Englands, mit bed. Glasmalereien aus dem 13. bis 15. Jh.; gut erhaltene Altstadt mit Häusern des 14. und 15. Jh. sowie der Stadtmauer (14. Jh.) mit mehreren Toren.

York. Fensterrose der Südquerhausfassade der Kathedrale

Yoshida Shigeru

Yorktown [engl. ˈjɔːktaʊn], Ort nahe der W-Küste der Chesapeake Bay, im sö. Virginia, USA, 311 E. – Entstand 1631. – Die Kapitulation des brit. Generals Lord Cornwallis vor den amerikan.-frz. Streitkräften unter Washington und Rochambeau bei Y. (1781) entschied den Nordamerikan. Unabhängigkeitskrieg zugunsten der brit. Kolonien. Bildet u. a. mit Jamestown seit 1936 den Colonial National Historical Park. Grace Church (1697), Zollhaus (um 1706; restauriert 1929), Moore House (um 1725), dort Aushandlung der Kapitulationsbedingungen.

Yoruba [joˈruːba, ˈjoːruba], Volk der Sudaniden in SW-Nigeria, kleinere Gruppen leben in Ghana und Benin; rd. 21 Mill. Etwa 50 % wohnen in sog. *Y.-Städten* über 30 000 E, Stadtdörfern, deren ländl. Bev. sich [täglich] auf die das Stadt umgebenden Äcker zur Feldarbeit begibt. Die Städte und ihr Umland bilden eine hierarchisch aufgebaute Einheit unter einem König (Oba). Geistl. Oberhaupt aller Y. ist der Oni von Ife, Nachkomme des Weltenschöpfers Oduduwa. Die Kunst der Y. hatte im 13./14. Jh. in ↑ Ife ihren Höhepunkt.

Das Reich der Y. – östl. des Reiches von Dahome gelegen – bestand aus verschiedenen Kgr. und Ft., die alle den Oni von Ife als geistl. Oberhaupt anerkannten. Ende des 13. Jh. brachten sie das nördl. gelegene Nupe in ihre Gewalt, bis sich im 16. Jh. die Nupe erhoben und die Y. vorübergehend unterwarfen. Um 1850 war das Y.reich in 8 Kgr. zerfallen, 1893 wurde das Gebiet brit. Protektorat.

Yoruba [joˈruːba, ˈjoːruba] (Anago, Ana, Nago, Yariba, Aku), zu den ↑ Kwasprachen gehörende Sprache in SW-Nigeria, Togo, Benin und in Flüchtingskolonien in Sierra Leone; mit etwa 24 Mill. Sprechern eine der wichtigsten Verkehrssprachen in Nigeria.

Yosemite National Park [engl. jouˈsɛmɪti ˈnæʃənəl ˈpɑːk], Naturschutzgebiet (seit 1864) in der Sierra Nevada (Calif.), USA, 3 072 km²; Zentrum bildet das *Yosemite Valley* mit zahlr. Wasserfällen; Riesenmammutbaumbestände. – Seit 1890 Nationalpark.

Yoshida Minoru, *Ōsaka 1935, jap. Maler und Plastiker. – Mit lichtkinet. Environments beeinflußte er wesentlich die jap. Lichtkinetik.

Y. Shigeru, *Tokio 22. Sept. 1878, †Ōiso (Präfektur Kanagawa) 20. Okt. 1967, jap. Politiker. – 1945/46 Außenmin.; 1946–54 Vors. der (konservativ ausgerichteten) Liberalen Partei; schloß als Min.präs. (1946/47 und 1948–54) den Friedensvertrag von San Francisco (1951) und begründete das Bündnis mit den USA.

Yoshihara Jiro, *Ōsaka 1905, †ebd. 1972, jap. Maler. – Einer der ersten abstrakten Maler in Japan und Anreger der jap. Avantgarde der 50er und 60er Jahre; gehörte zu den Gründern der Gruppe „Gutai", die ein Zentrum der Aktionskunst wurde.

Young [engl. jʌŋ], Charles Augustus, *Hannover (N. H.) 15. Dez. 1834, †ebd. 3. Jan. 1908, amerikan. Astrophysiker. – Prof. in Princeton. Sein Hauptarbeitsgebiet war die Spektroskopie der Sonne (Chromosphäre, Korona, Protuberanzen, Sonnenflecken); entdeckte die grüne Koronalinie.

Y., Edward, *Upham (Hampshire) 3. Juli 1683, †Welwyn (Hertford) 5. April 1765, engl. Dichter. – Anfangs Jurist, später Geistlicher. Schrieb Verssatiren im Geist der Aufklärung, geistl. Dichtungen und Dramen. Das eleg. Poem „Klagen oder Nachtgedanken über Leben, Tod und Unsterblichkeit ..." (1742–45) bildet den Höhepunkt seines poet. Schaffens.

Y., John Watts, *San Francisco (Calif.) 24. Sept. 1930, amerikan. Astronaut. – Absolvierte 1965–83 6 Raumflüge; hielt sich insgesamt etwa 34 d 20 h im Raum auf, absolvierte 3 Ausstiege (20 h 14 min).

Y., Lester [Willis], *Woodville (Miss.) 27. Aug. 1909, †New York 15. März 1959, amerikan. Jazzmusiker (Tenorsaxophonist). – Wurde v. a. durch seine Improvisationen im Orchester von Count Basie (1936–40) bekannt. Y. ist neben C. Hawkins der bedeutendste stilbildende Saxophonist des Swing.

Y., Neil, *Toronto 12. Nov. 1945, kanad. Rockmusiker (Sänger, Gitarrist, Pianist). – Auch Komponist und Texter; 1966/67 Mgl. der Gruppe Buffalo Springfield, 1969–71 von Crosby, Stills, Nash & Young, danach Solokarriere (zeitweise mit der Gruppe Crazy Horse).

Y., Thomas, *Milverton (Somerset) 13. Juni 1773, †London 10. Mai 1829, brit. Mediziner, Physiker und Philologe. – Y. erklärte 1793 die Akkommodation des Auges, entwickelte 1801 eine Dreifarbentheorie des Farbensehens und bewies durch Interferenzversuche die Wellennatur des Lichtes. Mit seinem Interferenzprinzip konnte er verschiedene wellenopt. Erscheinungen deuten; 1817 nahm er die Transversalität der Lichtwellen an. Bei der Entzifferung der ägypt. Hieroglyphen erzielte Y. erste Ergebnisse.

York. Die 1230 begonnene Kathedrale

Young-Helmholtz-Theorie ↑ Farbensehen.
Young Men's Christian Association [engl. 'jʌŋ 'mɛnz 'krɪstjən əsousɪ'eɪʃən], Abk. YMCA, ↑ Christlicher Verein Junger Menschen.
Youngplan [engl. jʌŋ], Vorhaben zur endgültigen Regelung der dt. Reparationsverpflichtungen nach dem 1. Weltkrieg, von einer internat. Sachverständigenkonferenz unter Vorsitz des amerikan. Managers O. D. Young (*1874, †1962) ausgearbeitet. Der Y. löste 1930 den Dawesplan (↑Dawes, C. G.) ab und war de facto bis 1932, praktisch jedoch nur bis 1931 in Kraft. Die jährl. Reparationszahlungen sollten für 59 Jahre durchschnittlich 2 Mrd. Goldmark betragen. Zur bankmäßigen Verwaltung der Zahlungen wurde die ↑Bank für Internationalen Zahlungsausgleich errichtet. Mit der Annahme des Y. wurde die vorzeitige Räumung des Rheinlandes vereinbart. – Der Plan sah zudem eine internat. 5½%ige Anleihe des Dt. Reiches über rd. 300 Mill. US-Dollar vor (Younganleihe). Im Londoner Schuldenabkommen (1952) wurde die auf 1965 festgelegte Laufzeit der Anleihe bis 1980 verlängert.
Youngstown [engl. 'jʌŋztaʊn], Stadt im nö. Ohio, USA, nahe der Grenze gegen Pennsylvania, 115 000 E. Kath. Erzbischofssitz, Univ. (gegr. 1908); Metall- und chem. Industrie; Bahnknotenpunkt.
Young Women's Christian Association [engl. 'jʌŋ 'wɪmɪnz 'krɪstjən əsousɪ'eɪʃən], Abk. YWCA, Vereinigung der weibl. Jugend, 1855 in London gegründet.
Yourcenar, Marguerite [frz. jursə'naːr], eigtl. M. de Crayencour, *Brüssel 8. Juni 1903, †Northlast Harbor (Me.) 17. Dez. 1987, frz.-amerikan. Schriftstellerin. – Frz. Staatsbürgerin; erneuerte mit ihren psychologisch fundierten Romanen den frz. histor. Roman; am bekanntesten „Ich zähmte die Wölfin" (1951), die imaginären Memoiren des röm. Kaisers Hadrian, und „Die schwarze Flamme" (1968). Schrieb auch Essays, Dramen, Lyrik; bed. Übersetzerin (V. Woolf, H. James u. a.). Erhielt 1977 den Großen Literaturpreis der Académie française, seit 1980 als erste Frau deren Mitglied. – *Weitere Werke:* Mishima (Essay, 1981), Le temps, ce grand sculpteur (Essays, 1983), Une belle matinée (En., 1985).
Youssoufia [frz. jusu'fja], marokkan. Stadt 65 km osö. von Safi, 300 m ü. d. M., 22 000 E. Nach Khouribga wichtigstes Phosphatbergbauzentrum Marokkos. Der Abtransport des Rohstoffs erfolgt per Eisenbahn nach Safi.
Ypern [y:pərn, 'iːpərn] (amtl. niederl. Ieper; frz. Ypres), belg. Stadt 60 km wsw. von Gent, 34 000 E. Museum; Nahrungsmittel-, Textilind., Textilmaschinenbau. – 1066 erstmals gen.; gehörte vom 12. bis 14. Jh. mit Gent und Brügge zu den bedeutendsten Städten der Gft. Flandern. 1559–1801 Bischofssitz; fiel 1678/79–1713 an Frankreich; 1715–81/82 niederl. Festung; 1794–1814 erneut zu Frankreich; seit 1815 beim Kgr. der Vereinigten Niederlande, wurde 1830/31 belg.; 1855 Schleifung der Befestigungsanlagen; erlitt v. a. im 1. Weltkrieg 1914/15 schwere Schäden. – Am Grote Markt die berühmte Tuchhalle (um 1200–1380, 70 m hoher Belfried); Renaissancerathaus (1620); Kathedrale Sint-Maartens (1221 ff.); ma. Befestigungen (im 17. Jh. von Vauban erneuert).
Ypsilon [griech. = einfaches ü], 22. und letzter Buchstabe des urspr., 20. des klass. griech. Alphabets mit dem Lautwert [u, u:], später [y, y:]: Y, υ.
Ypsiloneule ↑ Eulenfalter.
Ysenburg ['iːzənbʊrk] ↑ Isenburg.
Ysop ['iːzɔp; semit.-griech.] (Isop, Josefskraut, Hyssopus officinalis) vom Mittelmeergebiet bis zum Altai verbreitete Art der Lippenblütler; 20–70 cm hoher Halbstrauch mit meist dunkelblauen Blüten in dichten, endständigen Scheinähren; Heil- und Gewürzpflanze.
Ystad [schwed. 'yːstɑːd, 'yːsta], schwed. Stadt 60 km sö. von Malmö, 15 000 E. Landmaschinenbau, Nahrungsmittelind.; Fährverkehr nach Bornholm und Swinemünde. – Entstand im 12. Jh., um 1200 Stadt; kam 1658 von Dänemark an Schweden. – Marienkirche, Petrikirche sowie ehem. Franziskanerkloster stammen aus dem 13. Jahrhundert.

Ytterbium [nach dem schwed. Fundort Ytterby], chem. Symbol Yb; metall. Element aus der Reihe der Lanthanoide des Periodensystems, Ordnungszahl 70, relative Atommasse 173,04, Dichte 6,972 g/cm³, Schmelzpunkt 824 °C, Siedepunkt 1 193 °C. Das silberweiße, weiche Metall tritt in zwei Modifikationen auf. Es kommt zus. mit den anderen Lanthanoiden v. a. in Yttriummineralen vor.
Yttererden [nach dem schwed. Fundort Ytterby], die Oxide des Yttriums und der schwereren Lanthanoide, die meist zus. in Mineralen auftreten.
Yttrium [nach dem schwed. Fundort Ytterby], chem. Symbol Y; metall. Element aus der III. Nebengruppe des Periodensystems, Ordnungszahl 39, relative Atommasse 88,9059, Dichte 4,47 g/cm³, Schmelzpunkt 1 523 °C, Siedepunkt 3 337 °C. Das graue, chemisch dem Aluminium ähnelnde Seltenerdmetall tritt in zwei Modifikationen auf. Y. kommt nur in gebundener Form vor; Y.minerale enthalten (wegen der ähnl. Ionenradien) stets bed. Mengen an Lanthanoiden. Y. erhöht als Zusatz zu Aluminiumlegierungen die Korrosionsfestigkeit und Verformbarkeit; Legierungen von Y. mit Kobalt eignen sich zur Herstellung von Permanentmagneten. Mit Europium aktiviertes Y.vanadat oder Y.oxid wird als roter Leuchtstoff für Farbfernsehröhren verwendet.
Yuan [chin. ỹɛn] (Yüan), mongol. Dyn. in China (↑chinesische Geschichte).
Yuan Jiang [chin. ỹɛndzjaŋ] ↑ Roter Fluß.
Yuan Shikai [chin. ỹɛnʃikai] (Yüan Shih-k'ai), *Xiangzheng (Prov. Henan) 20. Sept. 1859, †Peking 6. Juni 1916, chin. General und Politiker. – 1885–95 chin. Resident in Korea; baute danach in N-China eine moderne Armee auf; 1904 Außenmin.; 1907–09 Mgl. des kaiserl. Großrates; ab Nov. 1911 letzter kaiserl. Premiermin.; veranlaßte 1912 die Abdankung des Qing-Kaisers und löste Sun Yat-sen als Präs. der Republik ab; seit 1913 im Konflikt mit der revolutionären Kuomintang, proklamierte sich selbst im Dez. 1915 erfolglos zum Kaiser.
Yucatán [span. juka'tan], mex. Staat im N der Halbinsel Y., 38 402 km², 1,36 Mill. E (1990), Hauptstadt Mérida. Außer Henequenagaven werden Mais, Bohnen, Zuckerrohr, Orangen, Zitronen, Erdnüsse u. a. angebaut; Fremdenverkehr (↑Chichén Itzá und ↑Uxmal). – Der Staat Y. wurde 1824 geschaffen, umfaßte zunächst die ganze Halbinsel Y.; 1867 wurde der Staat Campeche, 1902 das Territorium (später Staat) Quintana Roo abgetrennt.
Yucatán, Halbinsel [span. juka'tan], Halbinsel der zentralamerikan. Landbrücke, zw. dem Karib. Meer und dem Golf von Mexiko, durch die **Yucatanstraße** getrennt; größtenteils zu Mexiko, im S und SO zu Guatemala und Belize, über 600 km lang, bis 450 km breit. Die H. Y. besteht im N aus einer weiten Ebene, die von zahlr. Cenotes (Einsturzdolinen) und flachen Schüsseldolinen durchsetzt ist. Die südl. anschließende Ebene ist durch flache Kuppen stärker reliefiert, die zu den Kegelkarstformen des nördl. Chiapas und Guatemala überleiten. Das Klima ist trop.; den Niederschlägen entsprechend geht die Vegetation von offenen Dornstrauch- und Sukkulentenformationen (im NW) über laubabwerfenden Trockenwald und regengrünen Feuchtwald zum immergrünen trop. Regenwald über. Die Bev. besteht heute noch zum größten Teil aus Maya. Fremdenverkehr in den zahlr. Ruinenstätten der Maya- und Toltekenkultur. – Die klimat. Auswirkungen eines nachgewiesenen Meteoriteneinschlags auf Y. werden als Erklärung für das sog. „Sauriersterben" erwogen.
Geschichte: Die Küste der H. Y. wurde 1517/18 von Spaniern erkundet; 1527–46 eroberten sie die Halbinsel. Im S und SO schufen sich frz. (seit 1571) und engl. Piraten (seit 1598) Stützpunkte. Nach der Unabhängigkeit Mexikos (1821) strebte Yucatán seine polit. Selbständigkeit, die 1843 von der Zentralreg. zuerkannt wurde; noch im selben Jahr kehrte die Halbinsel in den Bundesstaat zurück. Der Mayaaufstand 1847 und der folgende Kleinkrieg dezimierten die Bev. erheblich.
Yucca [span.], svw. ↑ Palmlilie.
Yue zhi [chin. ỹɛdʒi] (Yüeh-chih) ↑ Tocharer.

Edward Young
(Ausschnitt aus einem zeitgenössischen Kupferstich)

Lester Young

Ysop

Yukawa Hideki

Isang Yun

Yukawa Hideki, * Tokio 23. Jan. 1907, † Kyōto 8. Sept. 1981, jap. Physiker. – Entwickelte 1935 seine Mesonentheorie der Kernkräfte; 1949 Nobelpreis für Physik.

Yukon Plateau [engl. 'juːkɔn 'plætoʊ], große Beckenlandschaft im Yukon Territory und Alaska, ein bis 900 m ü. d. M. ansteigendes Plateau, in das die Flußtäler mehrere 100 m tief eingeschnitten sind.

Yukon River [engl. 'juːkɔn 'rɪvə], Fluß in Nordamerika (NW-Kanada und Alaska), entfließt dem Tagish Lake, mündet in einem über 20 000 km² großen Delta, das mit dem Delta des Kuskokwim River verwachsen ist, in das Beringmeer, 2 554 km lang (mit Quellfluß Nisutlin 3 185 km).

Yukon Territory [engl. 'juːkɔn 'tɛrɪtərɪ], Verw.-Geb. im NW Kanadas, 478 970 km², 29 200 E (1990), Hauptstadt Whitehorse.

Landesnatur: Der größte Teil des Y. T. wird vom Yukon Plateau eingenommen. Im SW liegen die Saint Elias Mountains, mit dem Mount Logan, 5 950 m (höchster Berg Kanadas). – Im SW sind die Temperaturen milder als im Landesinneren. N-Winde verursachen absolute Extremtemperaturen: in Snag wurden im Febr. 1947 −62,8 °C gemessen. – Der überwiegende Teil des Gebiets wird von Tundra eingenommen. Ausgedehnte Waldbestände mit vorherrschendem Fichtenanteil sind in den Flußtälern, bes. im S und SO, zu finden. Neben Elch, Karibu, Schwarzbär, Grizzly und Luchs finden sich zahlr. kleine Pelztiere. Flüsse und Seen sehr fischreich.

Bevölkerung, Wirtschaft, Verkehr: Die Mehrzahl der Bev. ist europ. Abkunft; daneben leben Indianer und Eskimo im Y. T. Über $^2/_3$ der Gesamtbev. wohnen in der Hauptstadt. Der wichtigste Wirtschaftszweig ist der Bergbau auf Blei-, Zink-, Kupfer-, Silber- sowie Golderze und Cadmium. – Die 176 km lange Eisenbahnlinie zw. Whitehorse und Skagway (Alaska) am Pazifik wurde 1982 stillgelegt. Durch den S des Territoriums verläuft der **Alaska Highway.** Das Netz der Allwetterstraßen (südl. des Polarkreises) ist 4 688 km lang, davon 250 km mit fester Decke; ✈ bei Whitehorse.

Geschichte: Ab 1842 von Pelzhändlern der Hudson's Bay Company erforscht; kam 1869 in den Besitz der kanad. Reg.; 1898 als eigenes Territorium organisiert.

Yumen [chin. ymən] (Yümen), chin. Stadt im W-Teil des Gansukorridors, rd. 1 500 m ü. d. M., 325 000 E. Zentrum eines bed. Erdölfeldes.

Yun, Isang, * Tongyong (Süd-Korea) 17. Sept. 1917, korean. Komponist. – Lehrte 1952–56 an den Univ. in Pusan und Seoul; wurde 1970 Lehrer (1974 Prof.) für Komposition an der Berliner Musikhochschule. Seit 1970 besitzt er die dt. Staatsbürgerschaft. Sein Stil verschmilzt westl.-avantgardist. Techniken mit chin.-korean. Traditionen. Y. schrieb mehrere Opern (u. a. „Träume", 1969; „Geisterliebe", 1971; „Sim Tjong", 1972), Instrumentalwerke (u. a. „Impression" für kleines Orchester, 1986; Kammersinfonie, 1987; Oboenkonzert, 1991) sowie Vokalmusik.

Yunnan [chin. i̯ynnan] (Yünnan), Prov. in SW-China an der Grenze zu Birma, Laos und Vietnam, 394 000 km², 36,9 Mill. E (1990), Hauptstadt Kunming. Der zentrale Teil der Prov. ist das verkarstete, dichtbesiedelte, durchschnittlich 1 800–2 000 m hohe Y.-Guizhou-Plateau zw. dem Jangtsekiang im N und dem Roten Fluß im S. Im O geht es in das benachbarte Guizhou über, während westl. von Dali das Gebirgsland SO-Tibets mit dicht gescharten Gebirgsketten (über 4 000 m hoch) und N–S verlaufenden Talfurchen, deren Flüsse (u. a. Mekong) vielfach bis in Höhenlagen unter 1 000 m eingeschnitten sind, den Abschluß bildet. Zwei Drittel der Bev. sind Chinesen, daneben leben zahlr. ethn. Minderheiten in Y. Bei subtrop. Klima werden Reis, Weizen, Gerste, Mais, Zuckerrüben, Tee und Tabak angebaut. An Bodenschätzen gibt es Zinn, Kupfer, Eisenerz und Kohle. Neben Schwerind. finden sich Maschinenbau, Elektroindustrie.

Yupanqui, Atahualpa [span. juˈpaŋki], eigtl. Héctor Bohento Chavero, * Campo de la Cruz 31. Jan. 1908, † Nîmes 23. Mai 1992, argentin. Dichter, Komponist, Sänger und Gitarrist. – Schrieb Gedichte und komponierte auf der Grundlage südamerikan. Volksmusik zahlr. Lieder, die von seiner tiefen Verbundenheit mit den Menschen seiner Heimat und von großem sozialem Engagement zeugen. Y. war mehrfach im Exil. Er veröffentlichte u. a. die Autobiographie „Der Gesang des Windes" (1965).

Yupik ↑ Eskimo-Aleutisch.

Yvelines [frz. iˈvlin], Dep. in Frankreich.

Yverdon-les-Bains [frz. ivɛrˈdõleˈbɛ̃], Bez.hauptstadt im schweizer. Kt. Waadt, am S-Ende des Neuenburger Sees, 433 m ü. d. M., 21 000 E. Ethnograph. und Science-Fiction-Museum; Nahrungsmittel-, Tabakind., Eisenbahnwerkstätten; alkal. Schwefelthermen (seit 1977 Heilbad). – Röm. Zivilsiedlung und Militärlager (Kastell aus der 2. Hälfte des 4. Jh.; Anfang des 5. Jh. verlassen) an der Stelle des helvet. *Eburodunum;* nach 1011 Besitz des Bischofs von Lausanne; seit 1260 Stadt. 1536 von Bern erobert, bis 1798 Landvogtei. – Ref. barocke Pfarrkirche (1755–57); ehem. Schloß (1805–25 Wirkungsstätte Pestalozzis); spätbarockes Rathaus (1767–73).

YWCA [engl. ˈwaɪdʌbljuːsiːˈeɪ], Abk. für: ↑**Y**oung **W**omen's **C**hristian **A**ssociation.

Z

Z, 26. und letzter Buchstabe des dt., 23. des lat. Alphabets, der auf das griech. ↑ Zeta (I, Z) und nordwestsemit. I zurückgeht. Das im archaischen lat. Alphabet vorhandene Zeichen I = [z] wurde nach dem Wandel von [z] zu [r] (↑ Rhotazismus) im 4. Jh. v. Chr. entbehrlich und 312 v. Chr. abgeschafft; im 1. Jh. v. Chr. wurde dann Z zur Wiedergabe von griech. ζ in griech. Wörtern und Namen wieder neu aus dem Griech. eingeführt und der Alphabetreihe am Ende angefügt. Im Dt. bezeichnet Z die stimmlose Affrikate [ts].

▷ (Münzbuchstabe) ↑ Münzstätten (Übers.).

Z (*Z*), Formelzeichen:

▷ für die ↑ Ordnungszahl.

▷ in der *Elektrotechnik* für den komplexen Widerstand bzw. den Scheinwiderstand.

z (*z*), Formelzeichen für eine ↑ komplexe Zahl bzw. Veränderliche.

Zaanstad [niederl. ˈzaːnstɑt], niederl. Gem. nw. von Amsterdam, 130 000 E. 1974 aus **Zaandam** u. a. Gem. gebildet. Hafen am Nordseekanal; holzverarbeitende, chem. u. a. Ind. – An der Stelle des 1155 durch Friesen zerstörten **Zaenden** entwickelten sich O- und W-Zaandam, während der niederl. Freiheitskriege abwechselnd im Besitz der Spanier und der Generalstaaten, 1811 zu einer Stadt vereinigt. – In Zaandam reformiert. Kirche (17. Jh.) und luth. Kirche (1699) mit Barockausstattung.

Zabern (frz. Saverne), frz. Stadt am Rhein-Marne--Kanal, Dep. Bas-Rhin, 10 000 E. Metallverarbeitende und Elektroind., Brauerei. – Pfarrkirche (12.–15. Jh.), Schloß (18./19. Jh., z. T. Museum).

Zabern-Affäre, Verfassungskrise im Dt. Reich 1913, ausgelöst durch das z. T. gesetzwidrige Vorgehen des Militärs gegen die Bev. in Zabern (Elsaß), wo es wegen Beschimpfungen der Elsässer durch einen Offizier zu Unruhen gekommen war. Nachdem Reichskanzler Bethmann Hollweg das Verhalten des Militärs öff. gutgeheißen hatte, nahm der Reichstag am 4. Dez. 1913 einen Mißbilligungsantrag gegen ihn an. Der weitergehende Versuch v. a. der SPD, Bethmann Hollweg zum Rücktritt zu zwingen und damit den Übergang zum parlamentar. System einzuleiten, scheiterte.

Ząbkowice Śląskie [zɔmpkɔ'vitsɛ 'ɕlõskjɛ], poln. Name für ↑ Frankenstein in Schlesien.

Zabrocki, Ludwik [poln. za'brɔtski], * Czersk (Woiwodschaft Bydgoszcz) 24. Nov. 1907, † Posen 8. Okt. 1977, poln. Sprachwissenschaftler. – Prof. in Posen; trug in der Nachkriegszeit entscheidend zur Entwicklung der poln. Germanistik bei; 1976 Dudenpreis.

Zabrze [poln. 'zabʒɛ] (dt. Hindenburg O. S.), Ind.stadt am W-Rand des Oberschles. Ind.reviers, Polen 253 m ü. M., 199 000 E. Medizin. Akad.; Museum für Bergbau und Hüttenwesen. Steinkohlenbergbau, Kokereien, Schwermaschinenbau. – Das seit 1305 bekannte Dorf entwickelte sich seit Ende des 18. Jh. zus. mit benachbarten Dörfern zu einem Zentrum des Kohlebergbaus und der Hüttenind.; 1915–45 nach P. von Hindenburg benannt; erhielt 1922 Stadtrecht.

Zacatecas [span. saka'tekas], Hauptstadt des mex. Staates Z., in der Sierra Madre Occidental, 2 500 m ü. d. M., 80 100 E. Kath. Bischofssitz; Univ.; Verhüttungsanlagen, zahlr. Handwerksbetriebe. – 1546 gegr.; seit 1585 Stadt. – Kolonialzeitl. Stadtbild; Kathedrale (1730–60).
Z., Staat in Z-Mexiko, 73 252 km², 1,28 Mill. E (1990), Hauptstadt Zacatecas. Der SW-Teil liegt in der Sierra Madre Occidental, der NO erstreckt sich über das zentrale Hochland bis zu den westl. Ketten der Sierra Madre Oriental. Neben Ackerbau und Viehzucht bed. Bergbau auf Quecksilber-, Silber-, Gold-, Blei-, Kupfer- und Eisenerze. – 1530 von den Spaniern erstmals durchquert; im 16. Jh. besiedelt; bildete eine Prov. in Neuspanien; ging später in dem Verwaltungsgebiet Neubiskaya auf, wurde 1786 eine eigene Intendencia; seit 1824 Staat, von dem 1835 der Staat Aguascalientes abgetrennt wurde.

Zacatula, Río [span. 'rrio saka'tula], Fluß in Mexiko, ↑ Balsas, Río.

Zaccagnini, Benigno [italien. dzakkaɲ'ɲi:ni], * Faenza 17. April 1912, † Ravenna 5. Nov. 1989, italien. Politiker. – Nach 1943 im Widerstand, Mitbegr. der Democrazia Cristiana (DC) in Ravenna; 1947–83 Mgl. der Abg.hauses, danach des Senats; 1962–69 Fraktionsvors. der DC, 1969–75 Präs. des Nationalrats, 1975–80 Parteisekretär.

Zaccaria, Antonio Maria [italien. dzakka'ri:a] (Antonius M. Z.), hl., * Cremona 1539, italien. Arzt und Ordensgründer. – Lebte ab 1502 in Cremona; gründete 1530 den Orden der ↑ Barnabiten und eine Laienvereinigung zur christl. Familienreform. – Fest: 5. Juli.

Zacharias, hl., † Rom 15. März 752, Papst (seit 3. Dez. 741). – Letzter griech. Papst; unterstützte Bonifatius in der Bistumsorganisation und der Reform der fränk. Kirche und schuf die Voraussetzungen zum Bund des Papsttums mit den Franken. – Fest: 22. März.

Zacharias, hl., bibl. Gestalt, Ehemann der Elisabeth und Vater Johannes des Täufers. Bei der Ankündigung der Geburt eines Sohnes durch einen Engel wurde er stumm; nach der Geburt erlangte er die Sprache wieder (↑ Benedictus). – Fest: 5. November.

Zacharias, svw. ↑ Sacharja.

Zacher, Gerd, * Meppen 6. Juli 1929, dt. Organist und Komponist. – 1957–70 Organist an der Lutherkirche in Hamburg-Wellingsbüttel, seit 1970 Prof. an der Folkwang Hochschule Essen; führender Interpret zeitgenöss. Orgelmusik. Komponierte v. a. Werke für Orgel.

Zachow, Friedrich Wilhelm ['tsaxo], ≈ Leipzig 14. Nov. 1663, † Halle/Saale 7. Aug. 1712, dt. Organist und Komponist. – Seit 1684 Organist an der Liebfrauenkirche in Halle, unterrichtete seit etwa 1692 G. F. Händel. Von ihm sind etwa 33 Kirchenkantaten, Kammermusik und Orgelwerke erhalten.

Zackelschaf, in zahlr. Schlägen auf Gebirgsweiden in SO-Europa und S-Rußland verbreitete Rasse mischwolliger Landschafe mit 20–35 cm langer, grober Wolle.

Zackenbarsche (Sägebarsche, Serranidae), überwiegend in trop. und warmen Meeren weit verbreitete Fam. meist räuberisch lebender Barschfische mit über 500 rd. 3–300 cm langen, gestreckten, seitlich mehr oder minder zusammengedrückten Arten; Rückenflosse sägeartig gestaltet; Kiemendeckel mit ein bis zwei Dornen oder Stacheln. – Zu den Z. gehören u. a. Seebarsch, Judenfische und der **Schwarze Sägebarsch** (Centropristis striatus) an der amerikan. Küste des Nordatlantiks.

Zackenhirsch (Barasingha, Cervus duvaucelii), etwa 1,8 m langer, bis 1,1 m schulterhoher Echthirsch, v. a. in sumpfigen Gebieten N- und Z-Indiens sowie Thailands; im Sommer auf goldbraunem Grund hell gefleckte, im Winter einheitlich dunkel- bis schwarzbraune Tiere, deren ♂♂ ein bis über 1 m langes, leierartig geschwungenes Geweih tragen.

Zackenmuscheln, svw. ↑ Riesenmuscheln.

Zackenschrift, hauptsächl. Art der Tonaufzeichnung bei Spielfilmen (↑ Film).

Zadar [serbokroat. 'zadar], Stadt in Kroatien, an der Adriaküste, Zentrum N-Dalmatiens, 116 200 E. Sitz eines orth. und eines kath. Erzbischofs; philosoph. Fakultät der Univ. Zagreb, Staatsarchiv, Kunstgalerie, archäolog. und ethnolog. Museum; Marktort; Schiffbau, Textilind., Herstellung von Präzisionsinstrumenten, Nähmaschinen u. a.; Fährverbindung mit Ancona (Italien). – Ging aus dem antiken **Iader** (seit 33 v. Chr. röm. Colonia) hervor; im 4. Jh. von den Hunnen zerstört, in byzantin. Zeit Sitz der Statthalter von Dalmatien; seit 1102 zu Ungarn, seit 1202 bedeutendste Handelsniederlassung Venedigs in Dalmatien; 1797–1805 und 1814/15–1919/20 zu Österreich; 1805–14/15 unter frz. Herrschaft; kam 1919/20 an Italien, 1947 an Jugoslawien. – Donatuskirche (9. Jh.; mit röm. Bauteilen), roman. Dom (13. Jh.; Krypta 11. Jh.), roman. Marienkirche (1091; venezian. Fassade aus dem 16. Jh.); zahlr. venezian. Bauten (15. und 16. Jh.).

Zaddik [hebr. „gerecht, Gerechter"], hebr. Bez. für den wahrhaft Frommen. Bes. Bed. gewinnt der Z. in der jüd. Mystik. Im osteurop. Chassidismus ist er der Mittelpunkt eines religiösen Kreises; auch Wundertäter.

Zadek, Peter, * Berlin 19. Mai 1926, dt. Regisseur. – Emigrierte 1933 mit seinen Eltern nach London; seit 1958 in der BR Deutschland tätig, wo er mit kontrastreichen und spektakulären Inszenierungen auf sich aufmerksam machte. 1963–67 Schauspieldirektor in Bremen, 1972–77 Intendant in Bochum, 1985–88 Intendant des Dt. Schauspielhauses in Hamburg. Zahlr. Film- und Fernsehinszenierungen, u. a. „Ich bin ein Elefant, Madame" (1968), „Die wilden Fünfziger" (1983).

Zadkine, Ossip [frz. zad'kin], * Smolensk 14. Juli 1890, † Paris 25. Nov. 1967, frz. Bildhauer und Graphiker russ. Herkunft. – Frühwerk unter dem Einfluß des Kubismus, dessen konstruktives Formengut in den späteren Arbeiten aufgelockert wird zugunsten expressiver Ausdrucksgebärden; Mahnmal „Die zerstörte Stadt" für Rotterdam (1953).

Zadok [hebr. „der Gerechte"], zus. mit Ebjatar Priester in der Zeit Davids und Salomos; nach der Absetzung Ebjatars durch Salomo alleiniger Oberpriester. Auf ihn geht das israelit. Priestergeschlecht der **Zadokiden** zurück. – ↑ Sadduzäer.

Zadrakarta, Hauptstadt ↑ Hyrkaniens.

Zadruga [serbokroat. 'za:druga; slaw.], im südslaw. Raum bis ins 19. Jh., z. T. bis ins 20. Jh. verbreitete Sozial- und Wirtschaftsform, bei der mehrere meist durch Abstammung verbundene Kleinfam. unter einem Oberhaupt (Gospodar, Stareschina) zusammenlebten und den (landw.) Besitz, an dessen Ertrag sie beteiligt waren, gemeinsam bewirtschafteten.

Żagań [poln. 'ʒagain], poln. für ↑ Sagan.

Peter Zadek

Zagreb

Zagreb. Der im 13.–15. Jh. erbaute Stephansdom, umgeben von der bischöflichen Residenz, einem Bau des 18. Jh. mit alten Rundtürmen

Zagreb
Stadtwappen

Zagreb
Hauptstadt Kroatiens
·
763 300 E
·
Ind.- und
Handelszentrum
·
röm. Gründung
·
1093 erstmals als
Bischofssitz erwähnt
·
Univ. (seit 1669)

Zagreb [serbokroat. ˌzaːgrɛb] (dt. Agram, ungar. Zágráb), Hauptstadt der Republik Kroatien, an der oberen Save, 135 m ü. d. M., 763 300 E. Sitz eines orth. Metropoliten und eines kath. Erzbischofs; Univ. (gegr. 1669), Hochschulen und Akademien; Museen, Gemäldegalerien, Glyptothek; Nationaltheater, Filmstudios, botan. Garten, Zoo. Führend ist die Metallind., gefolgt von Textil-, Elektro-, Nahrungsmittel-, chem. Ind.; graph. Betriebe. Handelszentrum mit internat. Messen; Bahn- und Straßenknotenpunkt, internat. ✈.
Geschichte: Röm. Gründung; 1093 erstmals als Bischofssitz gen.; 1242 von den Mongolen zerstört; die daneben entstandene Siedlung **Gradec** (seit 1242 königl. ungar. Freistadt) entwickelte sich im 13./14. Jh. zu einem administrativen und wirtsch. Zentrum, beide Teile kamen 1527 an das Haus Österreich; seit Ende des 17. Jh. kultureller Mittelpunkt Kroatiens; 1718–1918 Hauptstadt des von Ungarn abhängigen Kgr. Kroatien; seit 1909 internat. Messestadt; 1941–45 Hauptstadt des „Unabhängigen Staates Kroatien"; seit 1991 Hauptstadt der Republik Kroatien.
Bauten: Stephansdom (13.–15. Jh.) mit neugot. Türmen, got. Markuskirche (14./15. Jh.), barocke Katharinenkirche (17./18. Jh.), bischöfl. Residenz (18. Jh.). 1957 wurde das rechte Saveufer bebaut (Vorstadt *Novi Z.,* Messegelände).

Zagrosek, Lothar, *Waging (Obb.) 13. Nov. 1942, dt. Dirigent. – Schüler u. a. von H. von Karajan; wirkte 1982–87 als Chefdirigent des Radio-Sinfonieorchesters des Östr. Rundfunks in Wien und 1986–89 an der Grand Opéra Paris, seit 1988 leitender Gastdirigent des Sinfonieorchesters der BBC in London und 1990–92 Generalmusikdirektor der Oper Leipzig.

Zaharoff, Sir (seit 1918) Basil [engl. zəˈhɑːrɔf], auch Wasilios Sacharof, Zacharia Basilius Z., Zacharie Vasiliou Zacharoff Basile, *Muğla (Türkei) 6. Okt. 1849, †Monte Carlo 27. Nov. 1936, Waffenhändler griech. Abstammung. – Ab 1875 Vertreter einer schwed. Waffenfirma. Dank zahlr. persönl. Kontakte zu einflußreichen Persönlichkeiten (u. a. Lloyd George und G. Clemenceau) verdiente Z. am Waffenhandel, v. a. im 1. Weltkrieg, ein Vermögen.

Zahedi, Mohammad Fazlollah (Sahedi, Mohammad Faslollah) [pers. zahɛˈdiː], *Hamadan 1897, †Genf 2. Sept. 1963, iran. General und Politiker. – 1951 Innenmin., 1953–55 Min.präs.; setzte 1953 mit Hilfe der Armee und des CIA M. ↑Mossadegh ab und entschied die Staatskrise zugunsten des Schahs.

Zähigkeit, svw. ↑Viskosität.

Zahiriten, theolog. Richtung des Islams, die sich in Fragen der Dogmatik und des Gesetzes streng an den Wortlaut (arab. tzahir) von Koran und Hadith hielt; entstand im 9. Jh. in Irak.

Zahl, Peter Paul, *Freiburg im Breisgau 14. März 1944, dt. Schriftsteller. – Engagierter Vertreter der neuen Linken; nach Schußwechsel mit der Polizei verurteilt und 1972–82 inhaftiert. Schreibt Lyrik („Aber nein sagte Bakunin und lachte laut", 1983), Erzählungen und Romane („Die Glücklichen. Ein Schelmenroman", 1979); auch Essays („Der Staat ist eine mündelsichere Kapitalanlage"; 1989) und Stücke („Der Erpresser", 1991).

Zahl, Grundbegriff der Mathematik zur Bez. der Mächtigkeit einer Menge (Kardinal-Z.) oder zur Herstellung einer Ordnung innerhalb einer Menge (Ordinal-Z.).
Die Menge **N** der **natürlichen Zahlen** 1, 2, 3, ... kann durch das ↑Peanosche Axiomensystem charakterisiert werden.
In der Menge **N** der natürl. Z. sind die Addition und die Multiplikation unbeschränkt ausführbar; die Subtraktion läßt sich dagegen nur ausführen, wenn der Minuend größer ist als der Subtrahend. Um auch die Subtraktion unbeschränkt ausführen zu können (z. B. 3 − 5) wird die Menge der natürl. Z. durch Hinzunahme der Null (sofern diese nicht als natürl. Z. betrachtet wird) und der negativen ganzen Z. (−1, −2, −3, ...) zur Menge **Z** der **ganzen Zahlen** erweitert. In ihr sind Addition, Multiplikation und Subtraktion uneingeschränkt ausführbar. Die Division läßt sich dagegen nur ausführen, wenn der Dividend ein Vielfaches des Divisors ist. Um auch die Division unbeschränkt ausführen zu können (z. B. 15 : 4), wird die Menge der ganzen Z. durch Hinzunahme der Brüche zur Menge **Q** der **rationalen Zahlen** erweitert. In ihr sind die vier Grundrechenarten uneingeschränkt ausführbar, d. h. alle Gleichungen der Form $ax + b = c$ $(a \neq 0)$ lösbar. Aber schon die quadrat. Gleichung $x^2 = 2$ ist in der Menge der rationalen Z. nicht lösbar. Deshalb führt man durch ↑Intervallschachtelung die Menge **R** der **reellen Zahlen** ein. Sie enthält als Teilmenge die Menge **Q** der rationalen Z. Diejenigen reellen Z., die keine rationalen Z. sind, werden als **irrationale Zahlen** bezeichnet. Alle reellen Z., die Lösungen algebraischer Gleichungen sind, heißen **algebraische Zahlen,** die anderen **transzendente Zahlen.** Auch in der Menge **R** der rellen Z. sind noch nicht alle algebraischen Gleichungen lösbar, z. B. $x^2 = -1$. Dieser Nachteil wird beseitigt durch Einführung der imaginären Einheit und Erweiterung der Menge **R** zur Menge **C** der **komplexen Zahlen.**

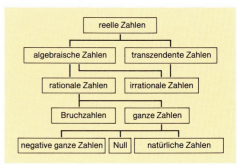

Zahl. Übersicht über die Teilmengen der reellen Zahlen

Geschichte: Z.vorstellungen sind schon für die Jungsteinzeit belegt. Urspr. war der Z.begriff mit den zu zählenden Dingen verknüpft; daraus entwickelte sich ein von den gezählten Dingen losgelöster Begriff der natürl. bzw. ganzen Z. Obwohl bereits vorgriech. Kulturen auch Brüche sowie Näherungswerte für die irrationalen Z. $\sqrt{2}$ und π kannten, beschränkten sich die Griechen ihre allg. Betrachtungen auf die natürl. Z. Erst allmählich sah man auch die Brüche und die irrationalen Z. sowie die Eins (P. Ramus um 1560) als Z. an. Definitionen, die alle reellen Z. erfassen sollten, gaben S. Stevin (1585) sowie R. Descartes (1637). Die bereits in der ind. Mathematik als Rechenhilfsmittel verwendeten negativen Z. wurden erstmals von L. Fibonacci als Lösungen von Gleichungen anerkannt. Die erstmals von Cardano (1545) und R. Bombelli (um 1560) behandelten komplexen Z. wurden erst allg. anerkannt, nachdem sie um 1800 von C. Wessel, J. R. Argand und C. F. Gauß als Punkte in der Gaußschen Zahlenebene gedeutet worden waren.

Zahlendarstellung, die Darstellung (Schreibweise) einer Zahl mit Hilfe bestimmter Zahlzeichen (z. B. der arab. Ziffern 0, 1, 2, 3, ..., 9) nach vereinbarten Regeln. Die einfachste Z. ist die durch Hintereinandersetzen und Zusammenfassen von Zählstrichen. Ein derartiges einfaches Additionssystem bilden z. B. in Peru die in Schnüre geknüpften Knoten. Weiterentwickelte Additionssysteme mit unterschiedl. Zahlzeichen für die verschiedenen Zehnerpotenzen waren das ägypt. Zahlensystem (sog. *Hieroglyphensystem*), das att. *Zahlensystem* der Griechen und das Zahlensystem der ↑römischen Ziffern. Semit. Ursprungs sind die ebenfalls zu den Additionssystemen zählenden *alphabet. Zahlensysteme* oder *Zahlschriften*, bei denen bis zu 27 Buchstaben eines Alphabets je neun Einer, Zehner und Hunderter darstellten. Die Ziffern unseres heutigen Dezimalsystems entstanden in Indien.

Zahlenebene ↑Gaußsche Zahlenebene.
Zahlenkugel ↑Riemannsche Zahlenkugel.
Zahlenlotto ↑Lotterie.

Zahlensymbolik, bei fast allen Völkern und schon in vielen frühen Kulturen (Babylon, Sumer, Ägypten, Griechenland [Pythagoreer]) verbreitete Vorstellung von einer über den Zahlenwert hinausreichenden Bedeutung einzelner Zahlen (z. B. 3, 7, 13) sowie durch Multiplikation mit ihnen entstandener Produkte (z. B. 12, 14, 21, 49, 57, 70). Diesen Symbolzahlen werden in Magie sowie religiösem Kult und Mythos verschiedene Bedeutungen zugeordnet (z. B. alle 7 Jahre ein Sabbatjahr, 9 Musen, 12 Tierkreiszeichen, 12 griech.-röm. Hauptgötter, 12 Stämme Israels und Jünger Jesu, Vierzehn Nothelfer). Im Aberglauben sind Glückszahlen beliebt, die in ihren Kernbedeutungen auf die allegor. Schriftdeutung des christl. MA zurückgehen.

Zahlensystem, die Gesamtheit der zur Darstellung einer Zahl verwendeten Zahlzeichen (Ziffern) und Regeln für deren Zusammensetzung. In *Additionssystemen* ergibt sich die dargestellte Zahl als Summe der ihren Ziffern zugeordneten Werte (↑römische Ziffern, ↑Zahlendarstellung). In *Stellenwert-* oder *Positionssystemen* hat jede Stelle einer Zahl den Wert einer Potenz der Basis (Grundzahl) dieses Z., und die Ziffer einer Stelle ist mit dieser Potenz zu multiplizieren. Beispiele solcher Z. sind ↑Sexagesimalsystem, ↑Dezimalsystem, ↑Dualsystem und ↑Hexadezimalsystem.

Zahlentheorie, Teilgebiet der Mathematik, in dem die Eigenschaften und Beziehungen bes. von natürl. Zahlen untersucht werden. Der *Fundamentalsatz der Z.* besagt, daß jede natürl. Zahl $n > 1$ eindeutig als Produkt von Primzahlpotenzen zerlegbar ist.

Zähler ↑Bruch.
▷ Vorrichtung, die automatisch Stückzahlen, Durchflußmengen, Längen oder andere Größen durch Zählen einzelner Einheiten ermittelt und das Ergebnis anzeigt. Mechanisch arbeitende Z. werden z. B. in großem Umfang zur Durchflußmessung, u. a. als *Wasser-Z.* oder *Gas-Z.*, verwendet. *Elektron. Z.* zählen einzelne oder jeweils eine bestimmte Anzahl elektr. Impulse, die auch mechanisch ausgelöst sein können.

Zählmark ↑Mark.
Zählmaße (Stückmaße), Mengenmaße, die durch eine bestimmte Stückzahl gegeben sind, z. B. Dutzend (12 Stück), Mandel (15 bzw. 16 Stück) und Schock (60 Stück).
Zahlmeister, bei den Streitkräften des Dt. Reiches Militärbeamte mit Offiziersrang und Befehlsbefugnis zur Besorgung des Zahlungs- und Rechnungswesens bei den Truppen.
Zählmünze ↑Münzen.
Zählpfund ↑Pfund.
Zählrohr, Gerät zum Nachweis ionisierender Strahlen. Zw. einem dünnwandigen, mit Gas (oft Argon) gefüllten Metallzylinder von einigen Zentimetern Durchmesser und

Zählrohr

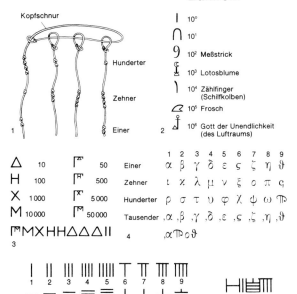

Zahlendarstellung. 1 Knotenschrift der peruanischen Indianer: Die Kopfschnur trägt die Summe – hier die Zahl 412 – der drei durch ihren Kopf gezogenen Schnüre mit den Zahlen 230, 40 und 142; 2 Hieroglyphensystem: Zeichen für Zehnerpotenzen im ägyptischen Zahlensystem; 3 attisches Zahlensystem der Griechen, dargestellt ist die Zahl 61 232; 4 alphabetisches Zahlensystem: milesisches Zahlensystem der Griechen, dargestellt ist die Zahl 1979; 5 chinesisches Zahlensystem: Schriftziffern, dargestellt ist die Zahl 11 399

einem in der Zylinderachse verlaufenden, isoliert eingezogenen Metalldraht wird eine Spannung von rd. 1 000 V angelegt. In dem starken elektr. Feld nahe diesem sog. Zähldraht setzen die durch ein einfallendes ionisierendes Teilchen erzeugten Elektronen durch Stoßionisation lawinenartig Sekundärelektronen frei; der durch die Gasentladung verursachte Stromimpuls wird nach elektron. Verstärkung registriert. Bei niedriger Z.spannung sind die Ausgangsimpulse proportional zur Primärionisation *(Proportional-Z.)*. Dadurch können Energiespektren gemessen und verschiedenartige Teilchen (Alphateilchen und Elektronen) getrennt nachgewiesen werden. Bei höherer Spannung wird die Impulsgröße unabhängig von der Energie der einfallenden Strahlung *(Auslöse-Z., Geiger-Müller-Z.)*. Die Löschung der Entladung erfolgt durch den Spannungsabfall an einem hochohmigen, in Reihe mit dem Zähldraht geschalteten Widerstand. Die heutigen selbstlöschenden Z. arbeiten mit Zusätzen geeigneter mehratomiger Dämpfe (z. B. Alkohol) oder Halogene.

Geschichte: Das erste Z. wurde 1908 von E. Rutherford und H. Geiger hergestellt; es diente zur Zählung von Alphateilchen. 1913 entwickelte Geiger den Spitzenzähler mit einem einseitig in einer Spitze auslaufenden Zähldraht (den

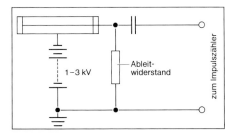

Zählrohr. Schaltung eines Geiger-Müller-Zählrohrs

Zahlungsbefehl

eigtl. *Geigerzähler*), der v. a. zur Zählung von Betateilchen diente, sowie 1928 mit dem dt.-amerikan. Physiker Walter M. Müller (* 1905, † 1979) das Auslöse- oder Geiger-Müller-Zählrohr.

Zahlungsbefehl, frühere Bez. für den Mahnbescheid (↑Mahnverfahren).

Zahlungsbilanz, wertmäßige Aufzeichnung aller Transaktionen zw. Inländern und Ausländern in einer Periode. Die Z. ist definitionsgemäß stets ausgeglichen; Salden treten nur in folgenden Teilbilanzen auf: 1. *Handelsbilanz:* Gegenüberstellung von Warenexporten (Aktiva) und Warenimporten (Passiva); 2. *Dienstleistungsbilanz:* Gegenüberstellung der Exporte und der Importe von Dienstleistungen (Reiseverkehr, Transport, Lizenzen, Patente u. a.); 3. *Übertragungsbilanz* (Bilanz der unentgeltl. Leistungen, Schenkungsbilanz): Gegenüberstellung der empfangenen (Aktiva) und der geleisteten Übertragungen (Passiva, z. B. Entwicklungshilfe, Geldüberweisungen von Gastarbeitnehmern); 4. *Bilanzen des lang- und kurzfristigen Kapitalverkehrs:* Gegenüberstellung der lang- bzw. kurzfristigen Forderungen des Auslands (Aktiva) und derjenigen des Inlands (Passiva); 5. *Devisenbilanz:* Gegenüberstellung der Devisenzu- und -abgänge sowie der Veränderungen des Goldbestands; 6. *Restposten:* statistisch nicht aufgliederbare Transaktionen bzw. ungeklärte Beträge. Die Handels- und die Dienstleistungsbilanz werden zusammengefaßt zur *Leistungsbilanz;* Leistungsbilanz und Übertragungsbilanz ergeben konsolidiert die *Bilanz der laufenden Posten,* deren Saldo die Veränderung der sog. *Nettoposition* eines Landes angibt; die Bilanzen des lang- und kurzfristigen Kapitalverkehrs sowie die Devisenbilanz werden zur *Kapitalverkehrsbilanz (Kapitalbilanz)* zusammengefaßt.

Zahlungsbilanzgleichgewicht ↑außenwirtschaftliches Gleichgewicht.

Zahlungsmittel, Geldzeichen (↑Geld) und geldgleiche Forderungsrechte, die zum Ausgleich für erhaltene Leistungen verwendet werden. Z. sind: 1. *Bargeld:* dazu gehören Münzgeld (↑Münzen) und Papiergeld, insbes. Banknoten. Bargeld ist meist gesetzl. Z.; 2. *Buchgeld (Giralgeld):* bei Kreditinst. auf Girokonten unterhaltene Guthaben, über die mittels Scheck oder Überweisung verfügt wird; 3. *Geldsurrogate:* sie üben nur gelegentlich Z.funktionen aus; hierzu zählen Wechsel, Scheck und kaufmänn. Anweisung.

Geschichte: Mit dem Ausbau differenzierter Geldsysteme (im Hl. Röm. Reich seit Ende des 15. Jh.) kam es zur Unterscheidung von Z. mit unbeschränkter und solchen mit beschränkter gesetzl. Zahlungskraft (Kurant, Währungs-, Handels- und Scheidemünzen). Wichtige Einschnitte in neuerer Zeit waren die Entwicklung von Institutionen, den bargeldlosen Zahlungsverkehr ermöglichten, und nicht zuletzt der Übergang vom Realwertprinzip zum Kreditgeld (↑Zeichengeld).

Zahlungsunfähigkeit (Insolvenz), das Unvermögen, seine fälligen Geldverpflichtungen zu erfüllen. Z. ist Grund für Konkurs- und Vergleichsverfahren.

Zahlungsverkehr, Gesamtheit aller Zahlungsvorgänge in einer Volkswirtschaft. Der Z. erfolgt als bargeldsparender bzw. bargeldloser Z. und als Bargeldumlauf.

Zahlungsziel, die vorgesehene Zahlungsfrist (z. B. 3 Monate).

Zahlwort, svw. ↑Numerale.

Zahlzeichen, svw. ↑Ziffer.

Zahmer Kaiser ↑Kaisergebirge.

Zähmung, Sammelbez. für alle Maßnahmen, die geeignet sind, wildlebende Tiere an den Menschen zu gewöhnen (insbes. Aufzucht von jung auf, auch Prägung auf den Menschen). Die Z. ist eine wichtigsten Bedingungen für die ↑Dressur und für die ↑Domestikation.

Zahn ↑Zähne.

Zahnarme (Edentata), Ordnung sehr primitiver Säugetiere in S- bis N-Amerika; Zähne entweder vollständig fehlend (Ameisenbären) oder nur wenige rückgebildet (Faultiere), lediglich bei Gürteltieren in großer Anzahl vorhanden, aber sehr klein; einzige rezente Unterordnung: ↑Nebengelenker.

Zahnarzt, Berufsbez. für Personen, die ein Studium der Zahnheilkunde absolviert haben und die Approbation besitzen. Die zahnärztl. Berufsvertretungen *(Zahnärztekammern)* überwachen die Einhaltung der Berufspflichten.

Zahnbein (Dentin), harte, knochenähnl., von feinen Kanälchen durchzogene Substanz; stellt die Grundlage der Zähne dar und umgibt Zahnhöhle und Wurzelkanal.

Zahnbelag, weißlichgelbe (Plaque), grünl. oder braunschwarze Ablagerungen auf der Schmelzoberfläche der Zähne und an freiliegenden Zahnhälsen; weitgehend von Nahrungsart, Genußmitteln (Rauchen) und Zahnpflege abhängig. Z. begünstigt den Zahnsteinansatz und ist Ursache für Zahnschmelzentkalkungen (Zahnkaries) und Zahnfleischerkrankungen.

Zahnbettschwund, svw. ↑Parodontose.

Zahnbohrer (Dentalbohrer), Metallinstrument, das in sog. Hand- oder Winkelstücke eingesetzt, von Bohrmaschinen, Mikromotoren oder ↑Zahnturbinen in Rotation versetzt wird und eine fräsende Bearbeitung von Zahnhartsubstanzen, Kieferknochen und zahnärztl. Werkstoffen gestattet.

Zahnbrasse (Dentex), Gatt. der Meerbrassen (↑Brassen) mit der einzigen, bis 1 m langen und maximal 10 kg schweren Art *Dentex dentex* im Mittelmeer und O-Atlantik; mit goldrotem Kopf, kleinen, leuchtend blauen Flecken auf dem meist blaugrauen Rücken und häufig vier breiten, dunkelgrauen Querbinden an den rötlichsilbernen Körperseiten.

Zahnbürste ↑Zahnpflege.

Zähne (Dentes; Einz.: Dens), in der Mundhöhle der meisten Wirbeltiere und des Menschen vorhandene harte Gebilde, die in ihrer Gesamtheit das Gebiß bilden. Sie dienen dem Ergreifen, Anschneiden, Zerreißen und Zermahlen der Nahrung. Das Gebiß kann spezialisiert sein auf das ausschließl. Ergreifen der Beute (Greifgebiß; z. B. bei Robben), das Abrupfen der Nahrung (Rupfgebiß; z. B. bei Kühen), Nagen (Nagegebiß; z. B. bei Nagetieren), Quetschen (Quetschgebiß; z. B. bei Flußpferden), Knochenbrechen, Schneiden und Reißen (Brechscherengebiß; bei Raubtieren) sowie Zerkauen der Nahrung (Kaugebiß; z. B. bei Affen, beim Menschen). Verschiedene wirbellose Tiere und viele Knochenfische haben zahnartige Hartgebilde im Schlund *(Schlund-Z.).*

Das Gebiß kann in einer *Zahnformel* (Gebißformel) dargestellt werden, z. B. beim Menschen:

	I	C	P	M
Oberkiefer	2	1	2	3
Unterkiefer	2	1	2	3

(I = Inzisivi [Schneide-Z.], C = Canini [Eck-Z.], P = Prämolaren [Vorbacken-Z.], M = Molaren [Backen-Z.]).

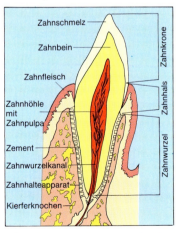

Zähne. Bau und Verankerung eines Schneidezahns

Zahnfüllung

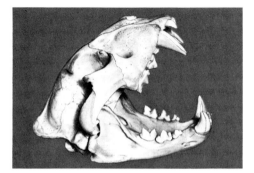 

Zähne. Links: Raubtiergebiß eines Löwen. Rechts: Pflanzenfressergebiß eines Pferdes

Äußerlich gliedern sich die Z. in die aus dem Zahnfleisch ragende **Zahnkrone** (Krone), den im Zahnfleisch sitzenden **Zahnhals** und die im **Zahnfach** (Alveole) des Kieferknochens verankerte **Zahnwurzel**. An der Wurzelspitze liegt die Öffnung zum Wurzelkanal, in dem Gefäße und Nerven zur Zahnhöhle (Pulpahöhle) verlaufen, um dort zus. mit lockerem Bindegewebe und Zahnbeinzellen die *Zahnpulpa* (Pulpa, Zahnmark; umgangssprachlich „Zahnnerv") zu bilden. Der Kern des Zahns besteht aus lebendem, knochenähnl. ↑Zahnbein. Die Wurzel ist außen von einer dünnen Schicht geflechtartiger Knochensubstanz, dem *Zahnzement,* umgeben, von dem aus Kollagenfasern der bindegewebigen, gefäß- und nervenreichen *Wurzelhaut* (Zahnwurzelhaut, Periodontium, Desmodont) zum Zahnfach des Kiefers ziehen und den Zahnhalteapparat bilden. Die Krone ist von ↑Zahnschmelz dünn überzogen.

Die *Z. des Menschen* bilden in Ober- und Unterkiefer je einen Zahnbogen. In jeder Hälfte liegen vorn 2 Schneide-Z., 1 Eckzahn, 2 Vorbacken-Z. und 3 Backen-Z., insgesamt also 32 Z. im bleibenden Gebiß. Dem Milchgebiß fehlen die Backenzähne, so daß es nur aus 20 Z. besteht. Die **Schneidezähne** (Inzisivi) besitzen eine scharfe Schneidkante zum Abbeißen der Nahrung und haben nur eine Wurzel. Die **Eckzähne** (Canini) sind durch eine sehr lange Wurzel im Kiefer verankert und meist vorn zugespitzt. Die **Vorbackenzähne** (Vormahl-Z., Prämolaren) zerkleinern die Nahrung mit ihrer beim Menschen zweihöckrigen Krone. Die unteren sind mit einer, die oberen mit zwei Wurzeln im Kiefern befestigt. Die **Backenzähne** (Mahl-Z., Molaren) zermahlen mit ihrer beim Menschen vierhöckrigen Krone die Nahrung. Die oberen Mahl-Z. haben drei, die unteren zwei Wurzeln. Spitzhöckerige Vorbacken- oder Backen-Z., die bei Raubtieren dem Zerteilen der Beute dienen, nennt man *Reiß-Z.* Die hintersten (dritten) Backen-Z. (**Weisheitszähne**) des Menschen werden erst im 4. oder 5. Lebensjahr angelegt. Ihr Durchbruch (der ausbleiben kann) erfolgt nach dem 16. Lebensjahr. Die meisten Säugetiere bekommen zweimal Z. Zuerst erscheint das noch unvollständige Milchgebiß. Zum **Zahnwechsel** werden die relativ kleinen Milch-Z. von der Wurzel her abgebaut, während darunter die Z. des bleibenden Gebisses heranwachsen. Diese lockern den noch vorhandenen, hauptsächlich nur noch aus der Krone bestehenden Rest der Milch-Z. so weit, daß sie ausfallen.

Zähneknirschen, mahlende Bewegung der Zahnreihen des Ober- und Unterkiefers gegeneinander, tritt bes. nachts bei nervösen Menschen auf und kann zu schwerer Schädigung der Zähne und ihrer Umgebung sowie des Kiefergelenks führen.

Zahnersatz, die Wiederherstellung der geschlossenen Zahnreihe und damit der Kaufähigkeit durch Eingliederung künstl. Zahnkronen, Brücken oder einer herausnehmbaren Prothese.

Künstl. Zähne werden aus porzellanähnl. Masse gebrannt oder aus Kunststoff hergestellt. Bei einwandfreier Zahnwurzel werden *Kronen, Halbkronen* oder *Stiftkronen* (Stiftzähne) aus Metall, Porzellan oder Kunststoff eingesetzt (↑Jacketkrone). Bei Lückengebissen kann eine festsitzende *Brücke* an den Wurzeln oder Kronen der Nachbarzähne befestigt werden. *Teilprothesen* sind herausnehmbare Prothesen aus Kunststoff oder Metallegierungen (Platten-, Skelettoder Bügelprothesen), die an noch vorhandenen Zähnen mit Klammern oder Geschieben verankert und von diesen Zähnen und vom Kieferkamm getragen werden. Bei zahnlosen Kiefern wird die Plattenprothese nur vom Kiefer getragen; im Oberkiefer wird die *Vollprothese* durch Adhäsions- und Saugwirkung festgehalten.

Zahnfäule, svw. ↑Zahnkaries.

Zahnfistel, Eiterdurchbruchstelle zur Mundschleimhaut oder äußeren Haut als Folge einer eitrigen Entzündung in der unmittelbaren knöchernen Umgebung eines infizierten Zahns.

Zahnfleisch (Gingiva), den Zahnhals und die Ränder der Zahnfächer bedeckende Schleimhaut; gegenüber der übrigen Mundhöhlenschleimhaut meist etwas blasser.

Zahnfleischentzündung (Gingivitis), Entzündung des Zahnfleischsaumes; die *akute* Z. verläuft mit Schmerzen, Schwellung und Blutungsneigung, wobei seröse und geschwürige Entzündungsformen auftreten. Die *chron.* Z. ist häufig symptomärmer. Hierbei werden auch überschießende Gewebebildungen beobachtet. Die Z. ist immer an das Vorhandensein von Zähnen gebunden und tritt bes. bei vernachlässigter Mundpflege auf. Da enge Wechselbeziehungen zw. Zahnfleisch, Mundschleimhaut und dem Gesamtorganismus bestehen, ist sie oft Symptom oder Folgeerscheinung anderer Erkrankungen (Blutkrankheiten, Hormonstörungen, Mangelernährung, Infektionskrankheiten u. a.). Weitere Ursachen können lokale Reize, Schwangerschaft, Giftstoffe und Arzneimittel sein.

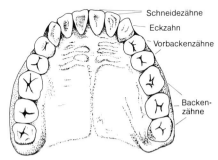

Zähne. Obere Hälfte des bleibenden Gebisses

Zahnfüllung (Plombe), in die (v. a. mit dem ↑Zahnbohrer) präparierte Höhle (Kavität) eines kariesgeschädigten Zahns eingefülltes Material. Wegen seiner Dauerhaftigkeit und leichten Verarbeitung bestehen Z. meist aus Silberamalgam (↑Amalgame), dessen Verwendung wegen seines Gehalts an Quecksilber umstritten, jedoch nach dem heutigen Wissensstand i. d. R. unbedenklich ist. Weiterhin wer-

Zahnhalteapparat

Agnes Zahn-Harnack

den Z. aus anderen Metallegierungen (z. B. Platinlegierung), Kunststoffen, Zementen oder Porzellan (sog. *Inlays*) hergestellt.

Zahnhalteapparat, svw. ↑ Parodontium.

Zahn-Harnack, Agnes von, *Gießen 19. Juni 1884, † Berlin 22. Mai 1950, dt. Frauenrechtlerin. – Tochter von A. von Harnack; 1919–30 Vors. des Dt. Akademikerinnenbundes, 1931–33 des Bundes Dt. Frauenvereine; 1945 am Wiederaufbau der dt. Frauenbewegung beteiligt.

Zahnheilkunde (Zahnmedizin, Odontologie), Teil der Medizin, der sich mit der auf wiss. Erkenntnisse gegr. Feststellung und Behandlung von Zahn- und Mundkrankheiten, dem ↑ Zahnersatz und der Behandlung von Zahn- und Kieferanomalien beschäftigt (↑ Kieferorthopädie).

Zahnimplantation, Verfahren zur Wiederherstellung der Kaufunktion durch Einpflanzung von nadelförmigen, zahnwurzelähnl., schrauben- oder blattförmigen Fremdkörpern aus keram. Masse, Metallen oder Kombinationen aus beiden, v. a. bei Einzelzahnverlust in einer sonst geschlossenen Zahnreihe, bei einseitig verkürzter Zahnreihe, bes. im Unterkiefer, sowie als Verankerungshilfe bei totalem Zahnersatz.

Zahnkaries [...i-ɛs] (Karies, Zahnfäule), häufigste Zahnkrankheit infolge Substanzverlustes an Zahnhartgeweben durch chronisch zersetzenden Prozeß. Die Herausbildung der Z. steht im Zusammenhang mit der Mikroflora der Mundhöhle und deren Stoffwechselprodukten, der Ernährung (bes. dem Kohlenhydratanteil) und der Mundpflege. Die Z.anfälligkeit schwankt in einzelnen Lebensabschnitten und ist abhängig vom Mineralisationszustand der Zahnhartgewebe, wobei Fluorapatit (gebildet durch vorbeugende Maßnahmen) größere Resistenz aufweist. Ausgangspunkt der Z. ist bakterieller Zahnbelag *(Plaque),* unter dessen demineralisierendem Einfluß sich die Z. zunächst als weißer Fleck zeigt. Fortschreitend erweicht die Zahnhartsubstanz. Bestehen nur leichte Schmerzen bei Temperaturschwankungen, so ist nach Beseitigung der kariösen Schmelz- und Dentinteile meist die Erhaltung des Zahnmarks und der Wiederaufbau des Zahnes durch eine Zahnfüllung möglich. Wurde die Pulpa durch Eindringen großer Mengen Mikroorganismen stark geschädigt, so entsteht eine Entzündung des Zahnmarks (Pulpitis). Bei weiterer Nichtbehandlung kommt es nach Zerfall des Zahnmarks zu einer akuten oder chronisch entzündl. Veränderung der Wurzelhaut des betroffenen Zahnes, die nur in günstigen Fällen noch Möglichkeiten für die Zahnerhaltung bietet. Zur *Vorbeugung* gegen Z. ist eine weitgehend naturbelassene Ernährung (v. a. Rohkost, Obst, Gemüse, Vollkornbrot, Milch) günstig, die die vollkommene Verkalkung des Zahnschmelzes z. B. auch von Mineralsalzen und Vitaminen abhängig ist. Das Entkalkungsrisiko wird durch eine Einschränkung der Zuckerzufuhr vermindert. Die regelmäßige Fluoridanwendung, z. B. mit Zahnpaste, kann eine Wiederverkalkung bewirken. Wichtig ist eine sorgfältige ↑ Zahnpflege.

Zahnkarpfen (Zahnkärpflinge, Cyprinodontoidei), artenreiche, v. a. in Süßgewässern, in Salinen oder warmen Quellen der Tropen und Subtropen (ausgenommen austral. Region) verbreitete Unterordnung der Knochenfische, von denen einige Arten in die gemäßigten Regionen vorgedrungen sind; meist kleine Tiere von hecht- bis karpfenähnl. Gestalt, von denen viele prächtig gefärbt sind (beliebte Warmwasseraquarienfische). Bekannt sind v. a. Lebendgebärende Zahnkarpfen und Eierlegende Zahnkarpfen.

Zahnlaut, in der Phonetik Bez. für einen Laut, der an den (oberen) Schneidezähnen artikuliert wird (↑ dental).

Zahnlilie, svw. Hundszahn.

Zahnmedizin, svw. ↑ Zahnheilkunde.

Zahnpflege (Mundpflege), Maßnahmen zum Gesunderhalten der Zähne. Die *Zahnreinigung* soll sofort nach jeder Mahlzeit und bes. abends vorgenommen werden, um während des Schlafs Gärungsvorgänge in den Zahnbelägen zu verhindern. Mit der *Zahnbürste* werden in kreisenden Bewegungen alle Zahnflächen und Zwischenräume gründlich gereinigt; kann durch *Zahnpaste, Munddusche, Zahnseide*

Zahnrad.
Oben: Stirnräder.
Mitte: Kegelräder.
Unten: Schnecke mit Schneckenrad

u. a. unterstützt werden. Wichtig ist außerdem die regelmäßige Kontrolle der Zähne durch den Zahnarzt.

Zahnprothese, ein herausnehmbarer ↑ Zahnersatz.

Zahnrad, Maschinenelement zur Übertragung von Drehbewegungen bzw. Drehmomenten zw. zwei Wellen. Für parallellaufende Wellen benutzt man z. B. **Stirnräder,** deren Grundform zylindrisch ist, mit *Geradverzahnung*. Bei der *Schrägverzahnung* erzeugen die miteinander „kämmenden" Zahnräder in Längsrichtung der Wellen einen Schub; nur bei der *Pfeilverzahnung* hebt sich der axiale Schub auf. **Kegelräder** werden für Wellen, deren Mittellinien sich schneiden, verwendet, **Schrauben-** und **Schneckenräder** bei sich kreuzenden Wellen. Das häufigste Zahnprofil bei Kegelrädern mit *Bogenverzahnung* hat die Form einer Kreisevolvente (sog. *Evolventenverzahnung*), die ähnl. Zahnflankenform liegt auch bei der *Zykloidenverzahnung* vor. – Zahnräder werden meist durch spanabhebende Bearbeitung (Fräsen, Hobeln, Stoßen, Räumen, Schleifen), seltener durch Gießen hergestellt.

Zahnradbahn, Schienenfahrzeug mit formschlüssigem Antrieb durch Abwälzen eines oder mehrerer angetriebener Zahnräder auf einer in der Gleismitte angeordneten Zahnstange. Formschlüssiger Antrieb wird erforderlich, wenn die Steigung der Strecke 70 ‰ übersteigt. Z. werden bis zu einer Steigung von 250 ‰ gebaut.

Zahnscheibe, ringförmige Scheibe mit geschränkten „Zähnen"; als Schraubensicherung verwendet.

Zahnschmelz (Schmelz, [Zahn]email, Enamelum), von den ↑ Adamantoblasten gebildete, dünne, glänzende, porzellanartige, das Zahnbein der Zahnkrone überziehende Schicht; der Z. ist wegen seines hohen Anteils anorgan. Stoffe (Hydroxylapatit, Calciumcarbonat, Magnesium, Fluor) die härteste Körpersubstanz.

Zahnspinner (Notodontidae), mit über 2 000 Arten weltweit verbreitete Fam. meist mittelgroßer Schmetterlinge. Vorderflügel mit meist aus langen Haarschuppen bestehenden Fortsatz am Hinterrand, der bei der dachförmigen Ruhehaltung der Flügel als aufrechter „Zahn" nach oben ragt. – Zu den Z. gehören z. B. ↑ Mondvogel, ↑ Gabelschwänze.

Zahnstange, stangenförmiges, mit Zähnen versehenes Maschinenelement.

Zahnstangenlenkung ↑ Lenkung.

Zahnstein, Zahnkaries, Zahnfleischentzündung und Parodontitis begünstigende, grauweiße bis dunkelbraune, harte Ablagerung auf den Zähnen, bes. im Bereich der Speicheldrüsenausführungsgänge; besteht aus Niederschlägen von Calciumsalzen des Speichels, Mikroorganismen und Speiseresten.

Zahnturbine (Dentalturbine), nach dem Prinzip der Freistrahlturbine arbeitendes Gerät, das die zur Zahn- oder Werkstoffbearbeitung benötigten Instrumente (Bohrer, Polierer u. a.) in Rotation versetzt (mit 350 000 bis 550 000 Umdrehungen je Minute).

Zahnwachteln (Odontophorini), Gattungsgruppe wachtel- bis rebhuhngroßer Feldhühner mit über 30 Arten in offenen und geschlossenen Landschaften der USA, M- und S-Amerikas (bis N-Argentinien); meist gedrungen gebaute Bodenvögel mit kurzem Schnabel und Hornzähnen an der Unterschnabelspitze; Kopf mit Federhaube. Zu den Z. gehören Schopfwachteln, Baumwachteln und Zahnhühner.

Zahnwale (Odontoceti), vielgestaltige Unterordnung der Wale mit rd. 80 Arten von etwa 1–18 m Länge (♂♂ größer als ♀♀); überwiegend im Meer, teilweise nahezu weltweit verbreitet, einige Arten im Süßwasser (↑ Flußdelphine); Schädel asymmetrisch; Nasenlöcher zu einer unpaaren Öffnung verschmolzen; Zähne meist stark vermehrt; Gehirn hochentwickelt, ungewöhnlich leistungsfähig; Körper meist torpedoförmig, schlank. Z. sind schnelle Schwimmer und recht gesellig. Sie verfügen über ein umfangreiches Lautrepertoire. – Zu den Z. gehören u. a. ↑ Delphine, ↑ Schnabelwale, ↑ Schweinswale, ↑ Gründelwale und ↑ Pottwale.

Zahnwechsel ↑ Zähne.

Zaire

Fläche: 2 345 409 km²
Bevölkerung: 35,3 Mill. E (1990), 15,1 E/km²
Hauptstadt: Kinshasa
Amtssprache: Französisch
Nationalfeiertag: 24. Nov. (Machtübernahme Mobutus)
Währung: 1 Zaïre (Z) = 100 Makuta (K; Einzahl: Likuta) = 10 000 Sengi (s)
Zeitzone (von W nach O): MEZ – MEZ +1 Stunde

Zahnwurzelbehandlung, Behandlung der Wurzelkanäle eines Zahns, dessen Zahnmark bei Verletzung oder fortgeschrittener Zahnkaries infolge Infektion oder Entzündung nicht mehr erhaltungsfähig ist. Nach Entfernung des Zahnmarks werden die Wurzelkanäle gereinigt, erweitert, desinfiziert und mit besonderen, erhärtenden Stoffen (Kunststoffe, Zemente) ausgefüllt. Mitunter kann ein Zahn nur durch eine Wurzelspitzenresektion erhalten werden; hierbei wird die Wurzelspitze abgetragen und das krankhaft veränderte Gewebe in ihrer Umgebung entfernt. V. a. bei bleibenden Backenzähnen kommt manchmal die Replantation des Zahnes in Betracht. Dabei wird der Zahn behutsam entfernt und nach der Wurzelbehandlung wieder in sein Zahnfach eingesetzt.

Zähringer, bed. schwäb. Adelsfamilie des MA, ben. nach ihrer Burg nö. von Freiburg im Breisgau; besaßen in der 2. Hälfte des 11. Jh. das Hzgt. Kärnten und das Hzgt. Schwaben. Nach dem Aussterben der Z. im Mannesstamm (1218) existierten als zähring. Nebenlinien die Markgrafen von Baden, die Herzöge von Teck und die Markgrafen von Hachberg weiter.

Zährte (Rußnase, Blaunase, Näsling, Halbfisch, Vimba vimba), meist 20–30 cm langer, schlanker Karpfenfisch, v. a. im Unterlauf größerer Flüsse, die in die östl. Nordsee, die Ostsee sowie ins Schwarze und Kasp. Meer münden (auch in Seen); Schnauze nasenartig verlängert; Speisefisch.

Zaiditen [zai'di:tən] (Saiditen), Anhänger einer schiit.-islam. Sekte, die sich um Zaid Ibn Ali als 5. Imam bildete (daher „Fünfer-Schia"), der 740 im Aufstand gegen die Omaijaden fiel. Zaidit. Imame herrschten im Jemen bis 1962, und bis heute stellen die Z. die stärkste religiöse Gruppe in der Republik Jemen dar. In dogmat. und gesetzl. Fragen stehen die Z. den Sunniten näher als andere schiit. Gruppen.

Zainer, Günther, * Reutlingen, † Augsburg 13. April 1478, dt. Frühdrucker. – Zunächst in Straßburg, dann in Augsburg; druckte ab 1468 zahlr. mit Holzschnitten illustrierte Werke; verwendete erstmals Antiquatypen, Holzschnittinitialen und -randleisten.

Zaire [za'i:r(e); frz. za'i:r], Fluß in Afrika, ↑Kongo.

Zaire [za'i:r(ə)] (amtl.: République du Zaïre, dt. Republik Zaire), Staat in Zentralafrika, zw. 5° 30′ n. Br. und 14° s. Br. sowie 12° und 31° 20′ ö. L. **Staatsgebiet:** Z. grenzt im äußersten W an den Atlantik und an Cabinda (Angola), im W an die Republik Kongo, im N an die Zentralafrikan. Republik, im NO an Sudan, im O an Uganda, Rwanda, Burundi und Tansania, im SO und östl. S an Sambia und im mittleren und westl. S und SW an Angola. **Verwaltungsgliederung:** 10 Regionen und das Geb. der Hauptstadt. **Internat. Mitgliedschaften:** UN, OAU, GATT, der EWG assoziiert.

Landesnatur: Z. nimmt den größten Teil des Kongobeckens ein sowie Teile seiner Begrenzung im O (Zentralafrikan. Graben mit dem Grenzberg Margherita 5 109 m hoch) und SO (Lundaschwelle). Der Hauptteil des Landes ist eine weite Beckenlandschaft, die von der tiefsten Stelle, am Lac Mayi-Ndombe, von 300 m ü. d. M. nach S, O und N bis etwa 1 000 m ü. d. M. ansteigt. Wichtigste Achse des Landes ist der Kongo, der das Land in einem weit nach N ausholenden Bogen von SO nach SW durchfließt.

Klima: Z. hat trop. Klima, das im N und Zentrum immerfeucht (Niederschlagsmaxima im Frühjahr und Herbst), im S wechselfeucht (Sommerregenzeit Nov.–April) ist. Die Jahressumme der Niederschläge erreicht im zentralen Teil ihr Maximum und nimmt nach N und S ab. Die Temperaturen sind ganzjährig ausgeglichen.

Vegetation: Knapp die Hälfte der Fläche nimmt immergrüner Regenwald ein, der nach N und S in regengrünen Feuchtwald übergeht; im S ist regengrüner Trockenwald (Miombowald) verbreitet.

Tierwelt: In den Baumkronen leben u. a. Wildkatzen und Affen, in den Altwässern Amphibien und Reptilien. Zu den Bodentieren des Waldes gehören Okapi, Zwergantilope, Waldbüffel und Waldelefant. Typisch für die Savannen sind Schakal, Hyäne, Nashorn, Flußpferd und Elefant. Z. hat sieben Nationalparks.

Bevölkerung: Etwa 70 % der Bev. sind Bantu, 10 % Sudannneger, ferner Niloten und Pygmäen. Weite Teile sind dünn besiedelt. 44 % der Bev. leben in Städten. Zw. dem 6. und 11. Lebensjahr besteht allg. Schulpflicht. In Kinshasa, Lubumbashi und Kisangani befinden sich Universitäten.

Wirtschaft: Z. ist ein Agrarland mit bed. Bergbau und relativ entwickelter Verarbeitungsind. 67 % der Bev. leben von der Landw. Vorherrschend ist Wanderhackbau mit Brandrodung als Subsistenzwirtschaft. Angebaut werden Maniok, Erdnüsse, Bananen, Ölpalmen, Gemüse, Zuckerrohr, Kenaf und Kakao für den Eigenbedarf. Für den Export bestimmt sind Palmöl, Palmkernöl, Kaffee und Kautschuk. Für die Versorgung der Bev. ist die Fischerei bedeutungsvoll. Die Forstwirtschaft ist wenig entwickelt. Wichtigster Wirtschaftszweig ist der Bergbau mit einem großen staatl. Sektor. V. a. in der Prov. Shaba werden Kupfer, Zink, Silber, Kobalt, Cadmium und Uran sowie Steinkohle abgebaut. In großer Menge werden Diamanten gewonnen, jedoch ist der Anteil an Schmuckdiamanten gering. Seit 1975 wird auch Erdöl gefördert. Die Industrialisierung ist weitgehend auf das Bergbaugebiet von Shaba beschränkt (v. a. Erzverhüttung und chem. Ind.), aber auch Nahrungsmittel-, Textil- und Baustoffind. sowie Holzverarbeitung. Weitere Ind.-standorte sind Kinshasa, Kisangani, Bukavu und Kalémie. Zur Energiegewinnung wird v. a. Wasserkraft genutzt.

Außenhandel: Die wichtigsten Handelspartner sind Belgien/Luxemburg, USA, China, Deutschland, Frankreich, Italien und Japan. Exportiert werden Kupfer, Schmuckdiamanten, Kobalt, Erdöl und Kaffee. Importiert werden Maschinen, Straßenfahrzeuge, Nahrungsmittel, Tabak, industriell gefertigte Gebrauchsgüter des tägl. Bedarfs und chem. Erzeugnisse.

Verkehr: Z. ist verkehrsmäßig relativ gut erschlossen. Größte Bed. hat der kombinierte Wasser-Schienen-Verkehr, wobei Eisenbahnstrecken nicht schiffbare Flußabschnitte umgehen. Insgesamt hat das Eisenbahnnetz eine Länge von

Zaire

Staatswappen

ZR

Internationales
Kfz-Kennzeichen

1970 1990   1970 1990
Bevölkerung   Bruttosozial-
(in Mill.)   produkt je E
              (in US-$)

☐ Stadt   Land ☐

Bevölkerungsverteilung
1990

■ Industrie
■ Landwirtschaft
■ Dienstleistung

Bruttoinlandsprodukt
1990

Zaïre

5 118 km. Von 145 000 Straßenkilometern sind nur 2 370 km asphaltiert. Die Länge der schiffbaren Flußabschnitte beträgt 14 500 km. Wichtigster Seehafen ist Matadi. Internat. ✈ sind Kinshasa (Ndjili), Lubumbashi, Bukavu, Goma und Kisangani. Nat. Fluggesellschaft ist die Air Zaïre.

Geschichte: Staatenbildungen reichen bis ins 6. Jh. zurück. Im 13. Jh. entstand das Kongoreich, das im 16. Jh. seine größte Ausdehnung erreichte. 1482 landete der Portugiese Diego Cão in Kongo. Im 19. Jh. erforschte D. Livingstone die östl. Regionen, den Kongo befuhr erstmals H. M. Stanley, und von Gabun her drang P. Savorgnan de Brazza in das Kongobecken vor. Im Auftrag König Leopolds II. von Belgien erwarb Stanley 1881–85 weite Teile des Kongobeckens durch Protektoratsverträge mit etwa 400 Häuptlingen. Der so geschaffene *Unabhängige Kongostaat* wurde dem belg. König Leopold II. auf der internat. Kongokonferenz in Berlin (1884/85) als persönl. Besitz bestätigt. 1908 verkaufte Leopold II. den Kongo an den belg. Staat, der ihn als Kolonie übernahm.

Nach dem 2. Weltkrieg wurden zunehmend antikoloniale Forderungen erhoben (1946 Aufstände in der Ostprovinz, 1947 in der Äquatorialprovinz). Seit 1953 entstanden polit. Organisationen und Parteien, so die Alliance de Bakongo (ABAKO), seit 1960 Alliance Congolaise, unter Führung von J. Kasawubu (* 1910, † 1969) und die von P. E. Lumumba geleitete Kongoles. Nationalbewegung (MNC). Am 30. Juni 1960 entließ Belgien das Land in die Unabhängigkeit, die *Demokrat. Republik Kongo* wurde ausgerufen (zur Unterscheidung von der Republik Kongo [Brazzaville] bis 1966 auch Kongo [Léopoldville], danach bis zur Umbenennung in Zaïre 1971 Kongo [Kinshasa] gen.); Kasawubu übernahm das Amt des Staatspräs., Lumumba das des Min.präsidenten.

Die seit 1958/59 andauernden Unruhen spitzten sich weiter zu und führten zu Bürgerkrieg und wirtsch. Chaos (Kongokrise); die damalige Prov. Katanga proklamierte unter Führung des Prov.gouverneurs M. K. Tschombé ihre Selbständigkeit. Nach einem Militärputsch übernahm S. S. Mobutu die Führung; er ließ Lumumba im Sept. 1960 verhaften und nach Katanga abschieben; dabei kam Lumumba auf bis heute nicht geklärte Weise zu Tode. 1960 griffen die UN im Kongo ein und beendeten 1963 gewaltsam den Abfall Katangas. Nachdem 1964 die UN-Truppen abgezogen worden waren, konnten im Frühjahr 1965 in der Republik Kongo Wahlen abgehalten werden, die die Sammlungsbewegung Tschombés gewann. Im Okt. 1965 wurde Tschombé von Staatspräs. Kasawubu entlassen und emigrierte nach Spanien.

Schon einen Monat später übernahm Generalleutnant Mobutu mit der Armee die Macht, proklamierte 1967 eine neue Verfassung und gründete die Staatspartei Revolutionäre Volksbewegung (MPR). Zu Beginn der 1970er Jahre wurde ein Nationalisierungs- und Afrikanisierungsprozeß eingeleitet: Die ausländ. Konzerne mußten mindestens 50 % des Kapitals an den Staat abtreten, der Grundbesitz wurde verstaatlicht und die Namen von Städten und Flüssen wurden afrikanisiert, seit Okt. 1971 ist Z. Staatsname. Von Angola aus kam es im März 1977 und im Mai 1978 zu Invasionen in die Prov. Shaba durch Truppen der Kongoles. Nat. Befreiungsfront, die den Sturz des autoritär herrschenden Mobutu zum Ziel hatten, jedoch mit ausländ. Hilfe nach schweren Kämpfen zurückgeschlagen werden konnten. Im April 1990 wurde nach einem 12-Punkte-Programm Mobutus die bisherige Einparteiherrschaft formell beendet. Die daraufhin einberufene Nationalkonferenz zur Demokratisierung des Landes nahm im Aug. 1991 unter dem Vors. von Erzbischof L. Monsengwo als Übergangsparlament ihre Arbeit auf; zunächst von Mobutu geduldet, erließ sie bis zu ihrer Selbstauflösung im Dez. 1992 eine Übergangscharta, bestimmte einen Hohen Rat der Republik (Haut Conseil de la République) als Nachfolgeorgan und wählte im Aug. 1992 den früheren Weggefährten Mobutus und nunmehrigen Oppositionspolitiker E. Tshisekedi (UDPS) zum Min.präs. Im seither andauernden Machtkampf verweigerte Mobutu, gestützt auf das Militär, das zahlr. Unruhen blutig niederschlug, seinen Rücktritt; im März 1993 beauftragte er F. Birindwa mit der Bildung einer Gegenregierung.

Politisches System: Nach der Verfassung vom 15. Febr. 1978 (mehrfach revidiert) ist Z. eine präsidiale Republik. *Staatsoberhaupt* ist der mit weitgehenden Vollmachten ausgestattete Staatspräs., für 7 Jahre direkt gewählt. Er ist Oberbefehlshaber der Streitkräfte, ernennt und entläßt die Min., die ihm verantwortlich sind, und hat das Recht auf Gesetzesinitiative. Die *Exekutive* liegt beim Nat. Exekutivrat, geleitet vom Min.präsidenten. Das Einkammerparlament, der Nat. Legislativrat (210 Abg., für 5 Jahre gewählt), übt die *Legislative* aus. Die zw. Aug. 1991 und Dez. 1992 tagende Nationalkonferenz zur Demokratisierung des Landes, deren rd. 2 700 Teilnehmer aus allen polit. Lagern eine neue Verfassung ausarbeiten und Parlamentswahlen vorbereiten sollten, setzte konkurrierende Organe ein. Ende 1990 wurde die Einparteienherrschaft der Staatspartei Revolutionäre Volksbewegung (MPR) durch ein Mehrparteiensystem ersetzt; im Juli 1991 schlossen sich rd. 150 daraufhin gegr. oppositionelle Gruppen und Parteien, darunter die Union für Demokratie und sozialen Fortschritt (UDPS), die Union der Föderalisten und der Unabhängigen Republikaner (UFERI) und die Partei sozialist. Christen (PDSC), zum Bündnis „Union sacrée" (Heilige Union) zusammen. Die *Gewerkschaften* sind in der Union Nationale des Travailleurs du Z. (UNTZA) zusammengeschlossen. *Verwaltungsmäßig* ist Z. in 10 Regionen gegliedert, an deren Spitze von der Zentralreg. ernannte Kommissare stehen; hinzu kommt die von einem Gouverneur geleitete Hauptstadt. Das *Recht* beruht auf frz. Recht und afrikan. Gewohnheitsrecht. Dem Obersten Gerichtshof sind Appellationsgerichte und Gerichte erster Instanz nachgeordnet.

Zaïre, Abk. Z, Währungseinheit in Zaire; 1 Z = 100 Makuta (K).

Zaisser, Wilhelm, * Rotthausen (= Gelsenkirchen) 19. Jan. 1893, † Berlin (Ost) 3. März 1958, dt. Politiker. – Wurde 1918 Mgl. der USPD, 1920 der KPD; nahm 1936–38 am Span. Bürgerkrieg („General Gomez") teil; emigrierte 1938 in die Sowjetunion; ab 1950 Staatssicherheitsmin. der DDR; aus machtpolit. Gründen aller Funktionen enthoben, 1954 aus der SED ausgeschlossen.

Zaïre. Wirtschaft

Zamora. Blick über den Duero auf die Stadt

Zakat [arab. „Gerechtigkeit, Almosen"], Almosenabgabe der Muslime, eine der fünf Grundpflichten im Islam; schon zu Lebzeiten Mohammeds als Steuer eingezogen.

Zakopane [poln. zakɔ'panɛ], poln. Stadt am N-Fuß der Hohen Tatra, 800–1 000 m ü. d. M., 30 000 E. Tatra-Museum; heilklimat. Kurort, Wintersportplatz. – 1564 erstmals als Siedlung erwähnt; seit 1933 Stadt.

Zakrzów [poln. 'zakʃuf] ↑ Sakrau.

Zäkum [zu lat. caecus „blind"], svw. ↑ Blinddarm.

Zalaegerszeg [ungar. 'zɔlɔɛgɛrsɛg], Stadt in Ungarn, Verwaltungssitz des Bez. Zala, 64 000 E. Volkskundl. Museum. Erdölraffinerie. – Got. Kirche (14. Jh.).

Zama (Zama Regia), antike Stadt (vermutlich bei Maktar [N-Tunesien]). Hier wurde Hannibal 202 v. Chr. im 2. Pun. Krieg durch Scipio Africanus d. Ä. besiegt.

Zambo ['sambo; span.], männl. Mischling mit negridem und indianidem Elternteil. Der entsprechende weibl. Mischling heißt **Zamba**.

Zamboanga [span. θambo'aŋga], philippin. Hafenstadt auf Mindanao, 449 000 E. Ölgewinnung, Holzverarbeitung; Fischerei.

Zamenhof, Ludwik Lazarus [poln. 'zamɛnxɔf], * Białystok 15. Dez. 1859, † Warschau 14. April 1917, poln. Augenarzt. – Praktizierte in Warschau; erfand und entwickelte das ↑ Esperanto.

Zamora [span. θa'mora], span. Stadt am Duero, 651 m ü. d. M., 60 400 E. Verwaltungssitz der Prov. Z.; kath. Bischofssitz; Kunstmuseum. Nahrungsmittelind., NE-Metallverhüttung. – 712–748 unter arab. Herrschaft; wurde 955 Bischofssitz; 998–1002 erneut arabisch; kam 1073 endgültig an Kastilien und León. – Ma. Stadtbild; zahlr. roman. Kirchen, u. a. Kathedrale (1151 bis um 1225; Chor 1496–1506) mit Kreuzgang; Ruine der sog. Casa del Cid (11. Jh.[?]); Palacio de los Momos (15. Jh.); Altes Rathaus (1504); Stadtbefestigung.

Zamora-Chinchipe [span. sa'moratʃin'tʃipe], Prov. in S-Ecuador, 20 240 km², 62 000 E. Hauptstadt Zamora. Z.-C. liegt auf der bewaldeten O-Abdachung der Anden.

Zamość [poln. 'zamɔɕtɕɛ], poln. Stadt 75 km ssö. von Lublin, 220 m ü. d. M., 59 000 E. Hauptstadt der Woiwodschaft Z. Museum; Zoo. Möbel-, Bekleidungs- und Nahrungsmittelindustrie. – Aus der 1580 angelegten Residenz J. Zamoyskis entstanden. – An dem von Renaissance- und Barockhäusern mit Arkaden umrahmten Marktplatz Rathaus (1639–51), Kollegiatkirche (1591–1600), Palais Zamoyski (1581–86, 17. und 18. Jh.).

Zamoyski, Jan [poln. za'mɔjski], * Skokówka (Woiwodschaft Lublin) 19. März 1542, † Zamość 3. Juni 1605, poln. Staatsmann und Feldherr. – Setzte als Führer des Kleinadels und Gegner der Habsburger nach dem Tod Sigismunds II. August (1572) das Prinzip der freien Königswahl durch; förderte die Krönung Stephans IV. Báthory und Sigismunds III. Wasa, deren Politik er als Großkanzler (1578) und Großfeldherr (1581) leitete; führte Feldzüge gegen Rußland, Schweden und das Osman. Reich; gründete 1580 Zamość.

Zampieri, Domenico ↑ Domenichino.

Zande, Volk der Sudaniden im nördl. Zaire, in der Zentralafrikan. Republik und im SW der Republik Sudan; treiben Feldbau in der Savanne, über 2 Mill. Angehörige.

Zander, Heinz, * Wolfen 2. Okt. 1939, dt. Maler, Graphiker und Zeichner. – Gestaltet der Literatur, Historie und Mythologie entlehnte Themen in expressiver Formsprache; bedient sich altmeisterl. Techniken; Graphik von diffiziler Präzision; auch schriftstellerisch tätig.

Zander (Hechtbarsch, Stizostedion lucioperca), bis 1,2 m langer, schlanker, räuberisch lebender Barsch in Süß- und Brackgewässern M-, N- und O-Europas sowie W-Asiens; Kopf relativ klein, mit Fangzähnen; Ober- und Körperseiten graugrün bis bleigrau mit meist dunklen Querbinden; Speisefisch.

Zandvoort [niederl. 'zantfo:rt], niederl. Nordseebad 7 km westl. von Haarlem, 16 000 E. Grand-Prix-Automobilrennstrecke.

Zange, Werkzeug zum Greifen, Festhalten, Bewegen und Bearbeiten (v. a. Biegen und Abscheren) von Werkstücken u. a.; besteht aus zwei gekreuzten, gelenkig miteinander verbundenen Schenkeln, deren längere Hinterteile als Griffe dienen, während die kürzeren Vorderteile (Backen) das Werkstück fassen. Am gebräuchlichsten sind: die *Beiß-* oder *Kneif-Z.* zum Schneiden oder Trennen, die *Rund-Z.* und *Flach-Z.* zum Biegen von Draht und Blech, die verstellbare *Rohr-* oder *Wasserpumpen-Z.,* der *Vorn-* (auch *Vor-*) und *Seitenschneider* als Drahtschneidewerkzeuge, die *Loch-Z.* mit kleinem Lochstempel und Matrize oder Lochmesser, die *Kombinations-Z.* als Flach- und Rohr-Z. mit Drahtschere und Seitenschneider, auch mit isolierten Griffen für elektr. Leitungen.

Zangengeburt (Zangenextraktion), operative Beendigung einer schon sehr weit fortgeschrittenen, in der letzten Phase stockenden Geburt, wobei das Kind mit einer an den Kopf angelegten *Geburtszange* aus dem mütterl. Geburtsweg herausgezogen wird.

Zangs, Herbert, * Krefeld 27. März 1924, Maler und Objektkünstler. – Nahm mit Bildserien, in denen die Farbe mit Scheibenwischern aufgetragen wurde (1957), serielle Kunstrichtungen der 60er Jahre vorweg; auch weiße Reliefbilder aus Wellpappe, Assemblagen, Brandbilder und Buchobjekte.

Zankle ↑ Messina.

Zanni (Zani) [italien.], Dienerfiguren der Commedia dell'arte (↑ Brighella, ↑ Arlecchino).

Zanthoxylum (Xanthoxylum) [griech.], Gatt. der Rautengewächse mit rd. 25 Arten in O-Asien und N-Amerika; sommergrüne Bäume oder Sträucher mit bestachelten Zweigen und unpaarig gefiederten oder dreizähligen, aromatisch duftenden Blättern. Die pfefferartig schmeckenden

Ludwik Lazarus Zamenhof

Jan Zamoyski (Holzschnitt, 1588)

Zamość. Arkaden von Bürgerhäusern und das Rathaus, 1639–51

Zanuck

Zapoteken. Terrakottafigur des Gottes Xipec Totec, 600–1000 (Mexiko, Museo Nacional)

Samen der ostasiat. Arten *Z. piperitum* und *Z. simulans* sind als *jap. Pfeffer* bekannt und werden als Gewürz verwendet.

Zanuck [engl. 'zænək], Darryl F[rancis], * Wahoo (Nebr.) 5. Sept. 1902, † Palm Springs 22. Dez. 1979, amerikan. Filmproduzent und Studioleiter. – 1933 Mitbegr. der „20th Century Pictures"; 1935–52 und 1962–71 in leitender Funktion bei der „20th Century-Fox"; produzierte u. a. sozialkrit. Filme von J. Ford, E. Kazan.

Darryl F. Zanuck

Z., Richard, * Beverly Hills 13. Dez. 1934, amerikan. Filmproduzent. – Sohn von Darryl F[rancis] Z.; 1962–70 Produktionsleiter bei der „20th Century-Fox"; später Produzent (u. a. „Der Clou", 1973; „Der weiße Hai", 1975).

Zanussi, Krzystof [poln. za'nuɕi], Warschau 17. Juni 1939, poln. Filmregisseur. – Dreht seit 1966 formal strenge Filme, die die Kommunikationsschwierigkeiten des Menschen thematisieren; u. a. „Die Struktur des Kristalls" (1969), „Illumination" (1973), „Das Jahr der ruhenden Sonne" (1984), „Bestandsaufnahme" (1989).

Zanza ['zanza; arab.] (Sansa, Mbira), afrikan. Zupfidiophon; meist rechteckiges Holzbrett oder hölzerner Kasten mit 3 bis über 20 Zungen aus Eisen, Bambus oder Rotang, die mit den Fingern gezupft werden. Die Zungen laufen über einen Steg und sind penta- oder heptatonisch gestimmt. Zur Klangverstärkung sind oft zusätzl. Resonatoren (meist Kalebassen) angebracht.

Zanzibar [engl. zænzi'ba:], 1. Stadt und Insel in O-Afrika, ↑Sansibar, 2. Landesteil von ↑Tansania.

Zapata, Emiliano [span. sa'pata], * Anenecuilco (Morelos) 1879 (?), † in S-Mexiko 10. April 1919 (ermordet), mex. Revolutionär. – Schloß sich 1910 der Revolution an. Dank seiner Popularität unter den Bauern wurde er die führende Persönlichkeit der Revolution im S; seine Landreform („Zapatismo") wurde nicht verwirklicht.

Zapatera, Isla [span. 'izla sapa'tera], Insel im NW des Nicaraguasees, vom Vulkan Zapatera aufgebaut, bis 740 m ü. d. M. Auf der I. Z. fanden sich Reste lebensgroßer Steinfiguren aus der Zeit um 1200.

Zäpfchen ↑Gaumen.
▷ Arzneiform, svw. ↑Suppositorien.

Zapfen, (Sehzapfen) ↑Auge.
▷ ↑Blütenstand.
▷ meist zylinder- oder kegelstumpfförmiges Bauelement an Wellen, das als Befestigungs- oder Gelenkteil dient.

Zapfenstreich, urspr. musikal. Signal, auf das hin in Soldatenlagern die Schankfässer geschlossen wurden; ein Trommelsignal (später Signalhornruf) bei der Infanterie, eine Fanfare (Retraite) bei der Kavallerie, im 17. Jh. zu einem kleinen Marsch erweitert. Der **Große Zapfenstreich** (zuerst 1838 in Berlin gespielt) besteht aus: Locken zum Z. – Z.-Retraite (Z. der Kavallerie) – Zeichen zum Gebet – Gebet (üblich: „Ich bete an die Macht der Liebe") – Abschlagen nach dem Gebet – Ruf nach dem Gebet – Nationalhymne. – Großer Z. ist auch ein Militärkonzert, wobei dem Z. eine „Serenade" vorangeht. – Heute ist „Z." auch allg. Bez. für das Ende der Ausgehzeit.

Zapfwelle, vom Motor eines Fahrzeugs angetriebene Welle, die (über eine Gelenkwelle) den Antrieb von angehängten oder angebauten Geräten erlaubt (z. B. beim landw. Schlepper).

Zapolska, Gabriela [poln. za'pɔlska], eigtl. Maria Korwin-Piotrowska, Pseud. Józef Maskoff, * Podhajce (= Podgaizy, Ukraine) 30. März 1857, † Lemberg 17. Dez. 1921, poln. Schriftstellerin. – Schauspielerin und Kritikerin. Schrieb Novellen, Romane und bühnenwirksame Dramen; führende Vertreterin des poln. Naturalismus; u. a. „Käthe" (R., 1888), „Die Moral der Frau Dulska" (Dr., 1907).

Zaponlack [Kw.], trocknender, transparenter Lack auf Zellulosenitratgrundlage.

Zapoteken, Indianervolk im mex. Staat Oaxaca. – Zentrum der vorspan. Kultur war 500 v. Chr.–1000 n. Chr. ↑Monte Albán, später Zaachila. In der Blütezeit (500–800) bestanden enge Beziehungen zu Teotihuacán und den Maya-Städten. Die Z. lebten vom Feldbau; die größte Macht lag beim obersten Priester; an der Spitze ihrer Götter stand der Regengott (in Gestalt eines Jaguars). Seit dem 4. Jh. v. Chr. sind Anfänge einer Schrift nachzuweisen. Charakterist. Funde sind mit menschl. Figuren geschmückte Gefäße.

Zápotocký, Antonín [tschech. 'zɑːpɔtski:], * Zákolany bei Kladno 19. Dez. 1884, † Prag 13. Nov. 1957, tschechoslowak. Politiker (KPČ). – Als Min.präs. (1948–53) und Staatspräs. (1953–57) mitverantwortlich für die Umwandlung seines Landes in einen kommunist. Staat.

Zappa, Frank [engl. 'zæpə], * Baltimore 21. Dez. 1940, amerikan. Rockmusiker (Sänger, Gitarrist). – Wurde mit seiner 1964 gegr. Gruppe *The Mothers of Invention* zum Exponenten einer extrem radikalen, zugleich unterhaltenden, auf Collagen basierenden Rockmusik; drehte 1971 den surrealist. dokumentar. Film „200 Motels". In den 80er Jahren wandte er sich der sog. E-Musik zu.

Zar [slaw., zu lat. Caesar], offizieller Titel des Monarchen in Rußland von 1547 (erstmals von Iwan IV. Wassiljewitsch getragen) bis 1917 und in Bulgarien vom 10. Jh. (seit Simeon I. 917) bis zum 14. Jh. sowie 1908–46; in Serbien 1346–55 von Stephan Dušan geführt. *Zarewitsch* war in Rußland bis 1718 der offizielle Titel jedes Zarensohns, ab 1797 wurde der russ. Thronfolger als *Zesarewitsch* bezeichnet. Die Zarin wurde *Zariza,* die Zarentochter *Zarewna* genannt.

Zaragoza [zara'gɔsa, span. θara'γoθa] (Saragossa), span. Stadt am Ebro, 200 m ü. d. M., 575 300 E. Verwaltungssitz der Prov. Z.; kath. Erzbischofssitz; Königl. Akad. der Schönen Künste, Akad. der Naturwiss.; Univ. (gegr. 1533), Militärakad., Kunstmuseum; Eisen- und Stahlgewinnung, Maschinen- und Waggonbau, Textil-, Nahrungsmittel-, chem. und Papierindustrie.

Geschichte: Bei dem iber. Oppidum **Salduba** wurde unter Augustus die röm. Veteranenkolonie **Caesaraugusta** gegr., die einer der führenden Orte in der Tarraconensis wurde; wohl um 250 Bischofssitz, fiel 409 an die Vandalen, 452 an die Sweben, 476 an die Westgoten; 712 von den Arabern erobert, 1118 von König Alfons I. von Aragonien zurückgewonnen und zur Hauptstadt seines Reiches gemacht; wurde 1318 Sitz eines Erzbischofs; verlor infolge der Vereinigung von Kastilien und Aragonien an Bed. und büßte unter König Philipp V. (1700–46) die letzten Privilegien ein; berühmt durch seine Verteidigung 1808/09 gegen frz. Truppen.

Zaragoza
Stadtwappen

Bauten: Reste der röm. Stadtmauer (2. Jh. n. Chr.); fünfschiffige got. Kathedrale La Seo (1119–1520 an der Stelle einer Moschee; 1546–59 verändert) und die Wallfahrtskirche Nuestra Señora del Pilar (17. und 18. Jh.); roman.-got. Kirche San Pablo (um 1259) mit Turm im Mudejarstil (14. Jh.); Börse (1541–51); Kastell Aljafería (9. und 11. Jh.; im 14./15. Jh. Königsresidenz).

Zarander Gebirge ↑ Westsiebenbürgisches Gebirge.

Zarathustra (Zoroaster), pers. Prophet zw. 1000 und 600 v. Chr., Begründer des Parsismus. Wahrscheinlich wirkte er um 600 v. Chr. in Ostiran; entstammte der adligen Familie Spitama. Z. verkündete einen Dualismus, der in der Gegnerschaft des bösen Geistes Angra Manju gegen Ahura Masda, den guten Gott, begründet ist und den Menschen zur eth. Entscheidung herausfordert. Innerhalb des Awesta, der hl. Schrift des ↑ Parsismus, gehen wahrscheinlich die mit Gathas bezeichneten Texte direkt auf Z. zurück.

Zarewitsch [russ.] ↑ Zar.
Zarewna [russ.] ↑ Zar.
Zarge, Rahmenkonstruktion aus Holz oder Stahl für Fenster, Türen u. a.; auch rahmenähnl. Seitenteil eines Gehäuses oder einer Schachtel.
▷ bei Saiteninstrumenten (z. B. Violine, Gitarre) und Trommeln die Seitenwand des Korpus, die Decke und Boden verbindet.

Zaria [engl. 'zɑ:ri:ɑ], Stadt im zentralen N-Nigeria, 326 400 E. Sitz eines Emirs, Univ. (gegr. 1962); Baumwoll-, Tabakverarbeitung, Nahrungsmittelind., Fahrradbau; Kunsthandwerk. – Hauptstadt eines der 7 Haussastaaten; häufig unter fremder Herrschaft. 1804 von den Fulbe erobert, 1902–60 unter brit. Verwaltung.

Zariza [slaw.] ↑ Zar.
Zarizyn ↑ Wolgograd.
Zarlino, Gioseffo, *Chioggia wahrscheinlich vor dem 22. April 1517, †Venedig 14. Febr. 1590, italien. Musiktheoretiker und Komponist. – 1537 Franziskaner, ab 1565 Kapellmeister an San Marco in Venedig. Von seinen Kompositionen ist wenig erhalten. Z. entwickelte eine systemat., harmonisch fundierte Kontrapunkt- und Fugenlehre. Historisch folgenreich wurde seine „dualist." musiktheoret. Begründung der Dur-Moll-Tonalität.

Zarskoje Selo, bis 1917 Name für die russ. Stadt ↑ Puschkin.

Zarzuela [sarsu'e:la; span.], singspielartige Gatt. des span. Musiktheaters mit Gesang (Solo, Chor) und gesprochenem Dialog, ben. nach dem Z.palast im Pardo (Waldgebiet bei Madrid).

Zäsur [lat., zu caedere „hauen, einschneiden"] (Caesura), allg. [gedankl.] Einschnitt.
▷ in der Metrik ein Sinneseinschnitt im Vers, durch den ein Metrum getrennt, auf zwei Wörter verteilt oder eine Verszeile zergliedert werden kann. – ↑ Vers; Ggs. ↑ Diärese.
▷ in der Musik ein Einschnitt, der zur sprachanalogen Gliederung syntakt. und semant. Einheiten verschiedener Größenordnung (Motiv, Thema, Periode, Abschnitt) dient.

Žatec [tschech. 'ʒatɛts], Stadt an der Eger, Nordböhm. Bez., ČR, 23 000 E. Museum; Zentrum des böhm. Hopfenanbaus. – 1004 zuerst erwähnt; 1639 Zerstörungen durch die Schweden. – Stadtkirche (1340 spätgotisch umgebaut).

Zátopek, Emil [tschech. 'zɑ:tɔpɛk], *Kopřivnice (Nordmähr. Bez.) 19. Sept. 1922, tschech. Langstreckenläufer. – Gewann nach einem 1. Platz über 10 000 m und einem 2. über 5 000 m bei den Olymp. Spielen 1948 in London 1952 in Helsinki über 5 000 m, über 10 000 m und den Marathonlauf. Stellte bis 1955 18 Weltrekorde auf.

Zatta, Antonio, italien. Drucker des 18. Jh. – Betrieb die bedeutendste Druckerei Venedigs; zahlr. vorzüglich ausgestaltete Drucke, u. a. Ariostos „Orlando furioso" mit 1 900 Vignetten (1772/73) und „Opere teatrali" von Goldoni mit 400 Stichen (44 Bde., 1788–95).

Zauber, Begriff der Religionswiss. und Volkskunde zur Bez. mag. Handlungen bzw. Mittel (Z.stab, -spruch, -formel, -kreis; Beschwörung, Lied, Fetisch, Blick, Gestus), mit denen Macht über Menschen, Tiere und die Natur gewonnen werden soll; verbreitet schon in der Frühzeit menschl. Kultur (Jagd-Z., Z. zur Mehrung der Fruchtbarkeit). Neben der **apotropäischen** (Unheil abwehrenden) Z.wirkung v. a. zum Schutz der eigenen Person und zur Abwehr feindl. Macht (**Abwehrzauber**) oder einer Schadensübertragung zielte Z. auch auf die Beherrschung des Wetters (Wetter-Z.), Heilung von Mensch und Tier (Besprechen) und zwischenmenschl. Beziehungen (Liebe, Ehe, Leid). Nach dem Grundsatz „Gleiches bringe Gleiches hervor" („Similia similibus") handelte es sich häufig um **Analogiezauber,** d. h., eine Handlung stand symbolhaft für den zu erreichenden Zweck. – ↑ Magie.

Zauberbücher, Schriften und Textkompilationen für die mag.-zauber. Praxis. Als älteste umfangreichere Zeugnisse abendländ. Z.produktion gelten die griech. Zauberpapyri, in die ältere orient. und ägypt. Texte sowie jüd. und christl. Stoffe eingegangen sind. Die Masse der Z. stammt aus der Zeit seit dem 17. Jh.; sie wurden meist traditionellen Zauberautoritäten (Salomon, Moses, Cyprianus von Antiochia, Albertus Magnus, Faust, Paracelsus) untergeschoben und erscheinen mit fingierten editor. Angaben teilweise noch heute.

Zaubernuß (Hamamelis), Gatt. der Z.gewächse mit 8 Arten, verbreitet vom östl. N-Amerika bis Mexiko und in O-Asien; sommergrüne Sträucher oder kleine Bäume mit gelben, in Büscheln stehenden Blüten, die nach dem Blattfall im Herbst oder im Spätwinter erscheinen; wirtsch. wichtig ist v. a. die Virgin. Zaubernuß (Hamamelis virginiana), deren Rindenextrakt Bestandteil von Arzneimitteln und Kosmetikpräparaten ist; z. T. Gartenziersträucher.

Zaubernußgewächse (Hamamelidaceae), Fam. der Zweikeimblättrigen mit über 100 Arten v. a. in O-Asien; Bäume oder Sträucher. Bekannte Gatt. sind ↑ Amberbaum, ↑ Zaubernuß.

Zaubersprüche, Beschwörungsformeln, die mag. Wirkungen hervorbringen sollen (z. B. „Merseburger Z."); gehören zu den ältesten Zeugnissen der dt. Literatur.

Zauberbücher. Titelblatt eines 1784 erschienenen Zauberbuchs

Frank Zappa

Zauberstück

Zebrafink

Zaunkönige.
Europäischer
Zaunkönig

Zaunwinde

Zauberstück, Form des ↑Volksstücks, in der Zauberer, Geister, Dämonen, Feen u. a. in die Handlung eingreifen; Hochblüte im Barock. Das südtl. Z. des 19. Jh. schließt sowohl an die barocke Tradition des Z. als auch an die volkstüml. Komödianten an. Zentrum war Wien (F. Raimund, J. Nestroy). Elemente des Z. finden sich in romant. Dramen, im Surrealismus und im Film.

Zauberwürfel (Rubik-Würfel, nach dem ungar. Bildhauer und Innenarchitekten E. Rubik, *1944), ein Knobelspielzeug; Würfel, der aus 8 dreifarbigen Eckenteilwürfeln, aus 12 zweifarbigen Kantenteilwürfeln und aus 6 einfarbigen Flächenteilwürfeln besteht, wobei jede der 9 Teilwürfelschichten um Vielfache von 90° gegenüber dem restl. Würfelkörper gedreht werden kann. Im Ausgangszustand ist jede der sechs Würfelseiten einfarbig. Durch Drehungen einzelner Schichten bewirkt man, daß die Farben der Würfelseiten durcheinandergemischt werden. Jedes Teilstück kann durch solche Drehungen von seinen urspr. Nachbarn getrennt und wieder mit ihnen vereinigt werden. Insgesamt gibt es mehr als 43 Trillionen verschiedene Farbkombinationen.

Zaumzeug (Zaum), zum Lenken und Zügeln von Reit- und Zugtieren (v. a. Pferde) an deren Kopf angebrachte Vorrichtung. Beim Pferd unterscheidet man das meist aus Lederriemen gefertigte *Kopfgestell (Halfter)* und die *Trense.* Diese besteht aus einer zweigliedrigen Stahlstange mit Stahlringen an den äußeren Enden *(Trensengebiß)* zum Einschnallen in das Backenstück des Kopfgestells und zur Aufnahme der ↑Zügel. – *Funktion des Z.zeugs:* Das Trensengebiß liegt im zahnfreien Teil der Kiefer bzw. (bei ♂ Tieren) über den Eckzähnen. Durch Zug an einem der Zügel wird die gewünschte Fortbewegungsrichtung angegeben. Mit der über dem Trensengebiß liegenden Gebißstange der *Kandare* wird auf den Unterkiefer eine starke Hebelwirkung ausgeübt, die ein schärferes Zügeln des Tieres ermöglicht.

Zauneidechse ↑Eidechsen.

Zaunkönige (Troglodytidae), Fam. etwa 10–20 cm langer Singvögel mit rd. 60 Arten, v. a. in Wäldern und Dikkichten Amerikas (eine Art auch in Eurasien); meist oberseits auf braunem Grund hell gezeichnete, unterseits blaß gefärbte Vögel mit schlankem, spitzem Schnabel; in Europa, NW-Afrika, S- und O-Asien sowie in N-Amerika der *Europ. Zaunkönig* (Troglodytes troglodytes): rd. 10 cm lang; mit kurzem, bei Erregung steil aufgestelltem Schwanz.

Zaunleguane ↑Stachelleguane.

Zaunrübe (Bryonia), Gatt. der Kürbisgewächse mit 10 Arten in Europa, im Mittelmeergebiet und in W-Asien; einheimisch sind die **Rotbeerige Zaunrübe** (Gichtrübe, Teufelsrübe, Bryonia dioica) an Wegrändern und Hecken mit rankenden 2–3 m langen Sprossen, gelblichgrünen Blüten und scharlachroten giftigen Beerenfrüchten und die an Wegrändern vorkommende **Weiße Zaunrübe** (Bryonia alba), eine bis 3 m hohe Kletterpflanze mit grünlichweißen Blüten und schwarzen, giftigen Beerenfrüchten.

Zaunwinde (Gemeine Z., Calystegia sepium), einheim. Art der Gatt. ↑Bärwinde; eine häufig vorkommende, bis 3 m hohe, windende Staude mit langgestielten, dreieckigen Blättern und großen, weißen, selten rosafarbenen Blüten.

Zavattini, Cesare, *Luzara (Prov. Reggio nell'Emilia) 20. Sept. 1902, †Rom 13. Okt. 1989, italien. Schriftsteller. – Journalist; sozial engagierter Erzähler („Liebenswerte Geister", 1931). Verfaßte Drehbücher für neorealist. Filme, u. a. „Fahrraddiebe" (1948), „Das Wunder von Mailand" (1950), „Umberto D." (1952).

Závist [tschech. 'za:vist], mehrteilige Befestigungsanlage (etwa 9 km lange Umwallung) 1 km östl. von Zbraslav (bei Prag), die seit 1963 systematisch untersucht wird; bes. in der späten La-Tène-Zeit (1. Jh. v. Chr.) stark befestigt und durch Befunde und Funde als kelt. Oppidum ausgewiesen.

Zawadski, Aleksander [poln. za'vatski], *Będzin 16. Dez. 1899, †Warschau 7. Aug. 1964, poln. kommunist. Politiker. – Emigrierte nach 11jähriger Haft 1939 in die Sowjetunion; dort Mitbegr. des Verbandes poln. Patrioten, 1943–45 Chefpolitoffizier der poln. Volksarmee, seit 1944 Mgl. des Politbüros der poln. KP bzw. (seit 1948) der Vereinigten Poln. Arbeiterpartei; 1952–64 Vors. des Staatsrats (Staatsoberhaupt).

Zchinwali (Zchinwal), Hauptstadt des Autonomen Geb. der Südosseten innerhalb Georgiens, am Fuß des Großen Kaukasus, 34 000 E. PH, Theater; Elektromaschinenbau, Nahrungsmittelind. – 1991 durch bürgerkriegsähnl. Unruhen zw. Georgiern und Osseten stark zerstört.

z. d. A., Abk. für: **z**u **d**en **A**kten.

ZDF, Abk. für: ↑**Z**weites **D**eutsches **F**ernsehen.

Zea [griech.], svw. ↑Mais.

Zeatin [griech.], zu den Zytokininen gehörendes Pflanzenhormon; wurde als erstes natürlich vorkommendes Zytokinin im Mais entdeckt.

Zebaoth (Sabaoth) [hebr. „Heerscharen"], im A. T. Bez. der göttl. Mächte, die häufig in Verbindung mit dem Gottesnamen Jahwe und Elohim vorkommt.

Zebra, 1965 in Hamburg gegr. Künstlervereinigung, ↑Neuer Realismus.

Zebra (Tigerpferd) ↑Zebras.

Zebraducker ↑Ducker.

Zebrafink (Taeniopygia guttata), etwa 10 cm langer Singvogel (Unterfam. Prachtfinken) im Grasland Australiens und der Kleinen Sundainseln; beliebter Stubenvogel, der in vielen Farbrassen gezüchtet wird.

Zebramanguste ↑Mangusten.

Zebras. Grévyzebras

Zebras [afrikan.-portugies., eigtl. „Wildesel"] (Tigerpferde), Gruppe wildlebender, auf weißl. bis hellbraunem Grund dunkel bis schwarz quergestreifter Pferde mit vier Arten in Savannen Afrikas südl. der Sahara; meist in großen Herden lebende Unpaarhufer mit aufrechtstehender Nackenmähne, relativ großen Ohren und einem nur an der hinteren Hälfte behaarten Schwanz. Außer dem ausgerotteten, dem Steppenzebra sehr ähnl. *Quagga* (Equus quagga), einer zu Beginn des 19. Jh. noch in großen Herden im westl. Afrika verbreiteten Zebraart (das letzte freilebende Tier wurde 1878 abgeschossen, das letzte Zooexemplar starb 1883), kennt man noch drei weitere (rezente) Arten: **Bergzebra** (Equus zebra): in gebirgigen Gebieten S-Afrikas; kleinwüchsig (1,2–1,3 m schulterhoch); mit relativ breiten Streifen; **Grévyzebra** (Equus grevyi): in Savannen Äthiopiens und O-Afrikas; 1,4–1,6 m Schulterhöhe; sehr dichte Streifung und auffallend große Ohren; Bestände stark zurückgegangen; **Steppenzebra** (Pferdezebra, Equus burchelli): ebenso groß wie das Bergzebra; Unterart u. a. *Chapmanzebra* (Damarazebra, Wahlbergzebra, Equus burchelli antiquorum): S- und SW-Afrika; mit breiten, braunschwarzen Haupt- und braunen Zwischenstreifen auf blaßbräunl. Grund.

Zebraspinne, svw. Harlekinspinne (↑Mauerspinnen).

Zebroide [afrikan.-portugies./griech.], Bez. für Bastarde aus Kreuzungen zw. Zebras und Pferden *(Pferde-Z.),* Eseln *(Esel-Z.)* oder Halbeseln. Die Z. besitzen meist eine deutlich ausgeprägte Streifung und sind mitunter auch fortpflanzungsfähig.

Zebu [frz.] (Buckelrind, Buckelochse, Bos indicus), in vielen einfarbigen und gescheckten Farbschlägen gezüchtetes Hausrind mit auffallendem buckelartigem Schulterhöcker (stark entwickelter Muskel); sehr früh in S-Asien domestizierte Form des Auerochsen.

Zech, Paul, Pseud. Paul Robert, Timm Borah, *Briesen (= Wąbrzeźno, Woiwodschaft Toruń) 19. Febr. 1881, †Buenos Aires 7. Sept. 1946, dt. Schriftsteller. – Nach Studium Bergmann im Ruhrgebiet; 1913–19 Mithg. der literar.-künstler. Zeitschrift „Das neue Pathos"; emigrierte 1934 nach S-Amerika. Der expressionist. Bewegung zugehörig, kämpfte er in seinem sozialrevolutionären Werk v. a. gegen Übertechnisierung („Das schwarze Revier", Ged., 1913) und gegen Gewalt („Der schwarze Baal", Nov., 1917; „Golgatha", Ged., 1920); bed. Übersetzer und Nachdichter aus dem Französischen (u. a. F. Villon, H. de Balzac, A. Rimbaud); auch Dramen und Essays. – *Weitere Werke:* Neue Welt (Ged., 1939), Kinder von Paraná (R., hg. 1952), Die grüne Flöte vom Rio Beni (E., hg. 1955), Deutschland, dein Tänzer ist der Tod (R., hg. 1980).

Zeche, Bergwerk, Bergwerksanlage.
▷ im 15. Jh. entstandene Bez. für Wirtshausrechnung; *zechen,* svw. [in Gesellschaft] trinken.

Zechine (italien. Zecchino), der Goldgulden Venedigs 1284–1802; nachgeahmt u. a. in den Dukaten Ungarns, Böhmens und Österreichs.

Zechlin, Ruth, *Großhartmannsdorf bei Freiberg 22. Juni 1926, dt. Komponistin. – Lehrte 1950–86 (1969 Prof.) an der Musikhochschule in Berlin (Ost); schrieb u. a. Kammermusiken, Streichquartette, Sinfonien, Solokonzerte, Oper für Schauspieler „Reineke Fuchs" (1968), Tanzpoem „La Vita" (1985), Vokalwerke (u. a. „Hommage à J. S. Bach" für 14stimmigen Chor, 1986) sowie eigenwillige Orchesterstücke; auch Cembalistin.

Zechstein, obere Abteilung des Perms (↑geologische Systeme, Übersicht).

Zecken (Ixodidae), mit zahlr. Arten weltweit verbreitete Gruppe mittelgroßer bis sehr großer Milben; flache, derbhäutige, an Reptilien und Warmblütern blutsaugende Ektoparasiten, deren Hinterleib beim Saugen stark anschwillt. Durch den Stich der Z. können auch Mensch und Haustiere gefährl. Krankheiten übertragen werden (z. B. Zeckenenzephalitis, Lyme-Borreliose, Rickettsiosen, Texasfieber). – Man unterscheidet zwei Fam.: Schildzecken und Lederzecken.

Zeckenenzephalitis ↑Gehirnentzündung.

Zedenbal (Cedenbal, Tsedenbal), Jumschagiin, *im Verw.-Geb. Ubsa Nur 17. Sept. 1916, †Moskau 21. April 1991, mongol. Politiker. 1940–54 Generalsekretär und 1958 bis 1984 Erster Sekretär des ZK der Mongol. Revolutionären Volkspartei (MRVP); 1952–74 Vors. des Min.rats, 1974–84 Staatsoberhaupt der Mongol. VR; lebte nach seiner Entmachtung 1984 in der UdSSR.

Zedent [lat.] ↑Abtretung.

Zeder [griech.-lat.], (Cedrus) Gatt. der Kieferngewächse mit vier Arten in den Gebirgen N-Afrikas und Vorderasiens; hohe, immergrüne Bäume mit unregelmäßig ausgebreiteter Krone und dunkelgrauer, an jungen Bäumen glatter, an älteren Bäumen rissigschuppiger Borke; Nadeln an Langtrieben spiralig angeordnet, an Kurztrieben in dichten Büscheln, steif; Zapfen aufrecht, eiförmig bis zylindrisch. Bed. sind u.a.: **Atlaszeder** (Cedrus atlantica), bis 40 m hoch, in den Gebirgen N-Afrikas; **Himalajazeder** (Cedrus deodara), bis 50 m hoch, im Himalaja; **Libanonzeder** (Echte Z., Cedrus libani), bis 40 m hoch, im östl. Kleinasien und im Libanon; **Zypernzeder** (Cedrus brevifolia) ähnlich der Libanon-Z., auf Zypern.
▷ (Zedernholz) das fein strukturierte, hellrötl. bis graubraune aromat. duftende Holz von Arten der Gatt. Zeder.

Zedernholzöl, durch Wasserdampfdestillation aus dem Holz verschiedener Zedernarten gewonnenes äther. Öl, das in der Parfümind. als Fixateur und in der Mikroskopie als Immersionsöl verwendet wird.

Zedlitz, Joseph Christian Frhr. von, *Schloß Johannisberg bei Javorník 28. Febr. 1790, †Wien 16. März 1862, östr. Schriftsteller. – Berufsoffizier; schrieb patriot. Lyrik und das Versepos „Waldfräulein" (1843).

Zedrachbaum [pers./dt.] (Melia), Gatt. der Zedrachgewächse mit rd. 10 Arten im subtrop. und trop. Asien und in Australien; sommergrüne oder halbimmergrüne Bäume oder Sträucher mit doppelt gefiederten Blättern und großen, meist achselständigen Blütenrispen; Zier- und Straßenbaum.

Zedrachgewächse [pers./dt.] (Meliaceae), Fam. der Zweikeimblättrigen mit rd. 550 Arten in rd. 50 Gatt., v. a. in den Tropen; Bäume, Sträucher oder Halbsträucher mit meist einfach, aber auch doppelt gefiederten Blättern. Zahlr. Arten liefern wertvolle Nutzhölzer. Bekannte Gatt. sind ↑Surenbaum, ↑Zedrachbaum und ↑Zedrele.

Zedrele (Cedrela) [griech.-lat.], Gatt. der Zedrachgewächse mit sieben Arten in den Tropen der Neuen Welt. Die wichtigste Art ist die **Wohlriechende Zedrele** (Cedrela odorata) auf den Antillen und in Guayana, mit rotem, aromatisch riechendem Holz.

Zeebrugge [niederl. 'ze:brʏxa] ↑Brügge.

Zeeland, Paul van [niederl. 'ze:lant], *Soignies 11. Nov. 1893, †Brüssel 22. Sept. 1973, belg. Politiker. – Wirtschaftswissenschaftler; 1935–37 Min.präs., 1935/36 zugleich Außenmin.; ging 1940 nach Großbritannien; 1946–56 für die Christelijke Volkspartij Senator. 1949–54 erneut Außenmin., bemühte sich Z. um die europ. Einigung.

Zeeman, Pieter [niederl. 'ze:man], *Zonnemaire 25. Mai 1865, †Amsterdam 9. Okt. 1943, niederl. Physiker. – Prof. in Amsterdam; entdeckte 1896 den ↑Zeeman-Effekt. Er führte außerdem Präzisionsmessungen der Lichtgeschwindigkeit in bewegten Medien sowie hinsichtlich der Gleichheit von träger und schwerer Masse durch. Nobelpreis für Physik 1902 mit H. A. Lorentz.

Zeeman-Effekt [niederl. 'ze:man], die 1896 von P. Zeeman entdeckte Aufspaltung der Spektrallinien, wenn die emittierend Atome sich in einem Magnetfeld befinden, wobei infolge der Wechselwirkung der magnet. Momente der Elektronen mit dem äußeren Feld die atomaren Energieniveaus aufgespalten werden. Nach Strahlungsrichtung des Lichtes (parallel oder senkrecht zur Feldrichtung) unterscheidet man *longitudinalen* und *transversalen* Z.-E.,

Zeder. Libanonzeder

Zebu

Jumschagiin Zedenbal (Zeichnung)

Paul van Zeeland

Pieter Zeeman

Zefat

Zehnt. Pieter Bruegel d. J., Die Zehntablieferung, 1620 (Brügge, Groeningenmuseum)

nach Art der Aufspaltung (einfach oder kompliziert) *normalen* und *anomalen Zeeman-Effekt*.

Zefat [hebr. tsa'fat], Stadt in N-Israel, 900 m ü. d. M., 17 200 E. Künstlerkolonie; heilklimat. Kurort. – Vermutlich im 1. jüd. Krieg (66–70) von Flavius Josephus gegr., gehörte im 12. Jh. zum Kgr. Jerusalem (bed. Festung), 1167–88 und 1240–66 im Besitz des Templerordens; im 16./17. Jh. Zentrum der jüd. Mystik.

Zeffirelli, Franco, * Florenz 12. Febr. 1923, italien. Bühnen- und Filmregisseur. – Schüler von L. Visconti; wurde v. a. als Opernregisseur internat. bekannt. Zu seinen Inszenierungen entwirft er oft auch selbst Bühnenbilder und Kostüme. Verfilmte u. a. „Der Widerspenstigen Zähmung" (1967), „Romeo und Julia" (1968), „Hamlet" (1991) sowie die Opern „La Traviata" (1983) und „Otello" (1986).

Franco Zeffirelli

Zeguha ↑ Zigula.

Zehen (Digiti), urspr. in Fünfzahl vorhandene, bewegl., in kurze Röhrenknochen als Skelettelemente gegliederte Endabschnitte der Gliedmaßen der vierfüßigen Wirbeltiere; beim Menschen und den übrigen Primaten wird von Z. nur im Zusammenhang mit den unteren bzw. hinteren Extremitäten gesprochen. Beim Menschen entsprechen die Z. den Fingern; ihr Skelett besteht aus 2 (große Zehe) bzw. 3 (2. bis 5. Zehe) kurzen Knochen (Phalangen).

Zehengänger (Digitigrada), Säugetiere, die im Unterschied zu den Sohlengängern (↑ plantigrad) mit den Zehen (bei angehobener Mittelhand bzw. angehobenem Mittelfuß) auftreten, z. B. viele Raubtiere wie Hunde und Katzen.

Zehnarmer (Zehnfüßer, Zehnarmige Tintenschnecken, Decabrachia), mit zahlr. Arten in allen Meeren verbreitete Ordnung kleiner bis sehr großer (einschl. Fangarme 1 cm bis maximal 20 m messender) Kopffüßer; haben im Unterschied zu den Achtarmigen Tintenschnecken (↑ Kraken) meist zehn Fangarme. Zu den Z. gehören u. a. ↑ Sepien und ↑ Kalmare.

Hans Zehrer

Zehnergruppe (Zehnerclub), im Rahmen des Internat. Währungsfonds (IWF) 1962 gegr. Gremium von 10 Ind.nationen (USA, Deutschland, Großbritannien, Frankreich, Italien, Japan, Kanada, Niederlande, Belgien, Schweden) zur gegenseitigen Unterstützung bei Zahlungsbilanzproblemen. Über die Allg. Kreditvereinbarungen (AKV) und die Sonderziehungsrechte (SZR) werden den Mgl.ländern des IWF bei Bedarf Kredite zur Verfügung gestellt, um den Ausgleich der Zahlungsbilanzen zu erleichtern und die internat. Währungsordnung zu stabilisieren. Seit 1984 ist auch die Schweiz Vollmitglied.

Zehnerpotenz, eine Potenz mit der Basis 10, allg. Schreibweise: 10^n; für positive, ganzzahlige Exponenten n läßt sich 10^n als eine 1 mit n Nullen schreiben, z. B. $10^3 = 1\,000$, entsprechend 10^{-n} als Dezimalzahl 0,0...01, wobei die 1 an n-ter Stelle nach dem Komma steht, z. B. $10^{-3} = 0{,}001$; definitionsgemäß ist $10^0 = 1$.

Zehnersystem, svw. ↑ Dezimalsystem.

Zehnfußkrebse (Dekapoden, Decapoda), weltweit verbreitete Ordnung der Höheren Krebse mit rd. 8 500, bis etwa 60 cm langen Arten, vorwiegend im Meer; vordere drei Beinpaare des Thorax zu Kieferfüßen (Nahrungsaufnahme) differenziert; die folgenden fünf Paare sind Schreitbeine, von denen das vorderste Paar bei fast allen Arten Scheren trägt. Die Abdominalbeine sind wenigliedrige, fast funktionslose ↑ Spaltfüße. Als Nahrungsmittel sind Z. auch für den Menschen von großer Bed. – Zu den Z. gehören u. a. Garnelen, Panzerkrebse, Mittelkrebse und Krabben.

Zehn Gebote ↑ Dekalog.

Zehngerichtebund ↑ Graubünden (Geschichte).

Zehnkampf, Disziplin der Leichtathletik; ein Mehrkampf für Männer, der an 2 aufeinanderfolgenden Tagen bestritten wird. 1. Tag: 100-m-Lauf, Weitsprung, Kugelstoßen, Hochsprung, 400-m-Lauf. 2. Tag: 110-m-Hürdenlauf, Diskuswerfen, Stabhochsprung, Speerwerfen, 1 500-m-Lauf. Die Wertung erfolgt nach einer internat. Mehrkampftabelle, in der in jeder einzelnen Übung bis über 1 000 Punkte vergeben werden.

Zehnstädtebund ↑ Dekapolis.

Zehnt (Dezem), etwa seit dem 5. Jh. von der Kirche unter Berufung auf das A. T. (z. B. 3. Mose 27, 30 ff.) geforderte Vermögensabgabe der Laien an die Bischöfe zum Unterhalt des Klerus, die selten tatsächlich 10 % des Gesamtertrags erreichte. Nach 818/819 erhielten auch weltl. Grundherren als Inhaber von Eigenkirchen den Z.; ferner kam der Z. durch Belehnung, Verpfändung usw. in Laienbesitz (Entstehung des weltlichen Z.rechts der Grund- und Landesherren). Die Leistung erfolgte urspr. in Naturalien, etwa seit dem 13. Jh. auch in Geld. Der Z. bestand bis zur Frz. Revolution bzw. bis zur Bauernbefreiung. Bei einigen Religionsgemeinschaften ist der Z. noch heute üblich.

Zehrer, Hans, * Berlin 22. Juni 1899, † ebd. 23. Aug. 1966, dt. Publizist. – 1923–31 Redakteur bei der „Voss. Zeitung"; 1929–33 Hg. und Leitender Redakteur der Monatsschrift „Die Tat" und führender Kopf des Tat-Kreises. 1932/33 Chefredakteur der „Tägl. Rundschau"; mußte 1933 zurücktreten; danach als freier Schriftsteller und im Verlagswesen tätig; leitete 1945/46 den Aufbau der Tageszeitung „Die Welt"; 1948–53 Chefredakteur des „Sonntagsblatts"; 1953–66 Chefredakteur der „Welt".

Zehrgebiet ↑ Gletscher.

Zehrwespen, (Proctotrupoidea) mit rd. 4 000 Arten weltweit verbreitete Hautflügler (Gruppe Legwespen). etwa 0,5–10 mm langer Hautflügler (Gruppe Legwespen); überwiegend schwarze Insekten, deren ♀♀ zur Eiablage mit Hilfe eines langen Legebohrers Eier, Larven oder Puppen anderer Insekten anstechen, in denen sich dann ihre Larven endoparasitisch entwickeln.
▷ svw. ↑ Erzwespen.

Zeichen, allg. jede sinnlich wahrnehmbare Gegebenheit, die mit einem bestimmten, vereinbarten Bed.- bzw. Informationsinhalt als Signal (z. B. die Verkehrs-Z.) oder Symbol (z. B. die astronom. Z.) auftritt oder eine andere Gegebenheit (z. B. Phonem, physikal. Größe, mathemat. Variable, techn. Objekt) repräsentiert bzw. diese bezeichnet oder darstellt (z. B. Schrift-Z., Formel-Z., mathemat. Z. oder Schalt-Z.). Als *Z.träger* bezeichnet man jeden physikal. Zustand oder Vorgang, mit dem Z. verknüpft sind oder dargestellt werden. In der *Mathematik* und *Datenverarbeitung* repräsentieren Z. mit vereinbarter Bedeutung entweder zu verknüpfende gleichartige Elemente einer endl. Menge, z. B. die verschiedenen Ziffern als die *numer.* bzw. *Zahl-Z.* einer Zahlendarstellung sowie Buchstaben als *alphanumer. Z.* zur Darstellung von Variablen, oder aber als *Verknüpfungs-* bzw. *Operations-Z.* die dabei vorzunehmenden mathemat. Verknüpfungen bzw. Operationen. – In der *Metamathematik* und *formalen Logik* bilden gewisse Elementar- oder Grund-Z. vereinbarter Bedeutung das Alphabet einer formalen Sprache.

Zeichnung

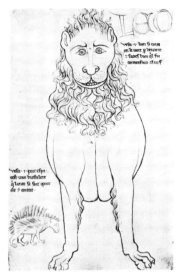

Zeichnung. Villard de Honnecourt, Löwe und Stachelschwein, aus einem Musterbuch, Bleigriffel mit Feder, um 1225/50 (Paris, Bibliothèque Nationale)

▷ in der *Sprachwiss.* eine Lautfolge (oder Buchstabenfolge), die für etwas anderes steht, d. h., die Bedeutungsträger ist. Die auf Aristoteles zurückgehende traditionelle Z.theorie betrachtet die Wörter als Z. für Begriffe und Vorstellungen im Bewußtsein und diese wiederum als Abbildungen der Dinge der Wirklichkeit. Die strukturalist. Z.theorie F. de Saussures faßt das sprachl. Z. auf als eine willkürl., aber in der ↑ Langue (Sprachsystem) konventionell festgelegte assoziative Beziehung zw. einem Lautbild und einer Vorstellung. Die semiot. Z.theorie von C. W. Morris unterscheidet drei Dimensionen: *Syntax* (Beziehung eines Z. zu anderen Z.), *Semantik* (Beziehung eines Z. zu dem, wofür es steht) und *Pragmatik* (Beziehung eines Z. zu seinen Benutzern). Im Anschluß an die Sprachphilosophie L. Wittgensteins wird das sprachl. Z. als Muster oder Regel für den Vollzug von Sprechhandlungen betrachtet.

Zeichenerkennung, Wiedererkennen von Zeichengestalten; erfolgt gewöhnlich durch Speicherung von Idealzeichen und Zuordnung des gelesenen Zeichens (z. B. Buchstaben) zu dem Idealzeichen mit größter Ähnlichkeit. Auf diese Weise werden Klassen gleichgestalteter Zeichen gebildet. Wenn beliebig gestaltete flächige, räuml. oder zeitl. Gebilde erkannt werden sollen, spricht man auch von ↑ Mustererkennung. Die *automat.* Z. hat große Bed. für die Automatisierung von Verwaltung, Post, Banken u. a. – ↑ OCR.

Zeichengeld, Geld, das den aufgedruckten oder aufgeprägten Wert nur repräsentiert (z. B. Papiergeld) ohne seinen Stoffwert zu enthalten. Das Z.prinzip hat sich gegen das ältere *Realwertprinzip* erst relativ spät durchgesetzt, in Deutschland endgültig nach dem 1. Weltkrieg; vorher galt jeder Versuch, Z. einzuführen, als Münzverschlechterung.

Zeichengerät, svw. ↑ Plotter.

Zeichenleser, Informationswandler zur Eingabe von Zeichen in datenverarbeitende Systeme. – Bei *Markierungslesern* werden Strichmarken (↑ Strichcode) photoelektrisch abgetastet, wobei opt. Markierungen (Hell-Dunkel-Differenzen) in entsprechende elektr. Signale umgewandelt werden. Zum Erkennen von „Klarschrift" (Schriftzeichen) dienen ↑ Klarschriftleser. Z. werden z. B. angewendet im Zahlungsverkehr (Belegleser), beim Verarbeiten von Formularen (Seitenleser) und beim Sortieren von Postsendungen (Adressenleser).

Zeichenmaschine, Vorrichtung am Zeichentisch zur Vereinfachung techn. Zeichenarbeiten. An einem in der Zeichenebene frei verschiebbaren „Zeichenkopf" sind 2 rechtwinklig angebrachte Winkellineale befestigt, die in jede Winkelstellung gegenüber der Horizontalen gebracht werden können und sich parallel verschieben lassen.

Zeichenrolle (nichtamtlich: Warenzeichenrolle), vom Patentamt geführtes, für jedermann frei einsehbares Register, in das ↑ Warenzeichen, insbes. der Zeitpunkt der Anmeldung sowie Name und Wohnort des Zeicheninhabers eingetragen werden. Jeder Anmeldung muß u. a. die Bez. des Geschäftsbetriebes, in dem das Zeichen verwendet werden soll, ein Verzeichnis der Waren, für die es bestimmt ist, sowie eine deutl. Darstellung des Zeichens beigefügt sein.

Zeichensetzung, svw. ↑ Interpunktion.

Zeichensprache, System der Verständigung mit Zeichen, die nicht Symbole der übl. Sprachen sind, z. B. die *Hand-* oder *Fingersprache* (Cheirologie, Daktylologie, Daktylolalie, Daktylophasie) der Taubstummen.

Zeichensteuer, svw. Banderolensteuer (↑ Banderole).

Zeichnung, die Gestaltung in der Fläche, die (im Ggs. zur Malerei) v. a. an die Linie gebunden ist. Als Zeichenfläche dient meist Papier, aber auch andere Materialien wie Pergament, Holz, Leinwand, Leder, Stein, Keramik und Seide. Bis zum Aufkommen von getöntem Papier im 16. Jh. wurde weißes Papier häufig grundiert. Je nach Verwendung des Zeichenmittels unterscheidet man Bleistift-, Silberstift-, Filzstift-, Kugelschreiber-, Kohle-, Kreide-, Rötel-, Feder-, Pinsel- und Pastell-Z.; bei den beiden letzten Techniken sind die Grenzen zur Malerei fließend. Die gebräuchlichsten Farbstoffe sind Tusche, Bister, farbige Tinte und Sepia. Die Z. ist als Planstufe (Skizze, Studie, Entwurfs-Z., Vor-Z., Karton) zu Werken anderer Gattungen (Gemälde, Skulptur, Architektur) gebräuchlich, hat in der Kunst der Neuzeit aber als spontaner und zugleich komprimierter Niederschlag der künstler. Absicht auch eigenständigen Wert *(Hand-Z., Künstler-Z.).* Für die traditionelle Künstlerausbildung kommt dem Zeichenstudium die Funktion einer Grundübung zu. – In der Kunstgeschichte gehen Z. (als Umriß-Z. von Tieren in paläolith. Felshöhlen) der flächigen Malerei noch voraus. Ritz-Z. finden sich auf Gegenständen aus Stein und Knochen. Die altgriech. sog. Vasenmalerei ist der Z. zuzurechnen. Spätantike und MA kannten die Z. als Buchillustration, sonst als künstler. Hilfsmittel wie in Musterbüchern (Villard de Honnecourt). Seit der Frührenaissance diente die Z. in Italien, v. a. in Florenz, als Medium des Natur- und Perspektivstudiums und erhielt als selbständiges Ausdrucksmittel den Rang einer eigenen Kunstgattung (Pisanello, Leonardo, Raffael, Michelangelo). In Deutschland (Dürer) entwickelte sich die Hand-Z. in engem Zusammenhang mit der Druckgraphik. Die bildhafte Wirkung der Z. wurde im Barock durch den Gebrauch weicher Stifte und breiter Pinsel noch gesteigert; höchste Ausdruckskraft erreichte Rembrandt. Bed. Zeichner späterer Epochen sind u. a. Tiepolo, Goya, Watteau, Delacroix, Daumier, Toulouse-Lautrec, Picasso, Klee.

Zeichnung. Albrecht Dürer, Bildnis der Mutter des Künstlers, Kohle, 1514 (Berlin, Staatliche Museen)

Zeichnungsschein

Zeichnungsschein, Urkunde, in der sich der Zeichner (Erwerber) eines neu auszugebenden Wertpapiers zur Übernahme eines bestimmten Nominalbetrages der Emission verpflichtet.

Zeidler, veraltet für Imker.

Zeiger, über einer Skala angeordneter, mit dem bewegl. Teil eines Meßinstruments verbundene Anzeigevorrichtung. Eine bes. Art ist der masselose *Licht-Z.,* der von einem (an einem Spiegel am bewegl. Meßinstrumentteil umgelenkten) Lichtstrahl gebildet wird.

Zeiland ↑ Seidelbast.

Zeilensprung, dt. Bez. für ↑ Enjambement.

Zeilensprungverfahren ↑ Fernsehen.

Zeisige [tschech.], zus.fassende Bez. für mehrere Arten (aus unterschiedl. Gatt.) der Finkenvögel in Eurasien sowie N- und S-Amerika; kleine, häufig in Schwärmen umherziehende Singvögel, von denen in M-Europa neben dem Birkenzeisig (↑ Hänflinge) v. a. der **Erlenzeisig** (Zeisig i. e. S., Carduelis spinus) vorkommt: 11 cm lang; ♂ oberseits vorwiegend grünlich mit schwarzem Scheitel, unterseits gelb (Brust) und weiß (Bauch), mit schwarzem Kehlfleck; ♀ unscheinbarer gezeichnet.

Zeisige. Erlenzeisig

Zeising, Tauwerk zum Festbinden der eingeholten Segel.

Zeiß, Carl, * Weimar 11. Sept. 1816, † Jena 3. Dez. 1888, dt. Mechaniker und Unternehmer. – Gründete 1846 in Jena eine feinmechan.-opt. Werkstätte (↑ Zeiss-Werke) und zus. mit E. Abbe und O. Schott 1882 das JENAer Glaswerk Schott & Gen.

Carl Zeiß

Zeiss-Werke (Carl Zeiss Jena), Unternehmen der feinmechan.-opt. Ind. in der ehem. DDR mit Stammbetrieb in Jena. Die Z.-W. wurden 1846 von C. Zeiß als feinmechan. Werkstatt in Jena gegr. Durch E. Abbe (Eintritt in die Z.-W. 1867; Mitinhaber) wurden die Konstruktionsdaten für Mikroskopoptik wiss. fundiert. Nach dem Tode von C. Zeiß wählte E. Abbe 1889 eine Stiftung (↑ Carl-Zeiss-Stiftung) als neue Organisationsform. 1948 wurden die in der SBZ befindl. Vermögenswerte entschädigungslos enteignet und die Z.-W. als VEB weitergeführt; seit 1990 GmbH. Im Zuge der Privatisierung wurden die Z.-W. 1991 in 3 Unternehmen aufgegliedert: die *Carl Zeiss Jena GmbH* (51 % der Anteile bei Carl Zeiss Oberkochen, 49 % beim Land Thüringen), die *Jenoptik GmbH* (zu 100 % dem Land Thüringen übereignet) und die *Jenaer Glaswerk GmbH* (51 % der Anteile bei Schott Glaswerke, Mainz, 49 % beim Land Thüringen). – Die beiden Carl-Zeiss-Stiftungen in Jena und Heidenheim wurden laut Staatsvertrag zw. Thüringen und Baden-Württemberg vom Jan. 1992 zusammengeführt.

Zeist [niederl. zɛjst], niederl. Gem. 8 km östl. von Utrecht, 5 m ü. d. M., 59 500 E. Zentrum der Herrnhuter Brüdergemeine in den Niederlanden; Museum; Metallverarbeitung, Druckind. – 838 als *Seyst* erwähnt. – Schloß (17. Jh.), Gebäudekomplex der Brüdergemeine (18. Jh.).

Zeit, das nicht umkehrbare, nicht wiederholbare Nacheinander, das manifest, erfahrbar bzw. bewußt wird als Aufeinanderfolge von Veränderungen und Ereignissen in Natur und Geschichte; häufig wird der mit naturwiss. Verfahren meßbaren sog. *objektiven* Z. die *subjektive,* auf dem sog. *Z.bewußtsein* basierende Z. unterschieden. Z. wird aufgefaßt als homogenes, teilbares Kontinuum, das je nach wiss. oder philosoph.-weltanschaul. Position als endlich oder unendlich (ewig) angesehen wird. Erkenntnistheoretisch wird die unter bestimmten Gesichtspunkten und Zwecksetzungen eingeteilte Z. als Ordnungsschema angesehen. – In der griech. *Philosophie* bestimmen Platon und Aristoteles die Z.begriff in enger Beziehung zur Bewegung, die sich im Raum realisiert. Diese enge Beziehung von Raum und Z. bleibt richtungsweisend für die weitere wiss. und philosoph. Diskussion. Für Kant ist Z. – neben Raum – eine der reinen apriori. Formen der Anschauung, die Erfahrung erst ermöglichen.

▷ in der *Psychologie* steht das *Z.erleben* im Vordergrund: als Erinnerung (Vergangenheit), momentanes Denken und Handeln (Gegenwart) oder als Planung und Erwartung (Zukunft). Die Z. wird nicht als kontinuierlich empfunden.

Die kleinste wahrnehmbare Z.einheit ist der psych. Moment. Bei der Z.schätzung kommt es wesentlich auf das jeweilige Aktiviersniveau des Organismus an. Z.täuschungen entstehen bes. beim Vergleich von rhythmisierten („betonten") und unrhythmisierten („unbetonten") Z.strecken, wobei letztere kürzer erscheinen.

▷ in *physikal. Betrachtungsweise* eine nach allen Erfahrungen unbeeinflußbare, jedoch nach der Relativitätstheorie vom Bewegungszustand eines zeitmessenden Beobachters abhängige Größe [Formelzeichen t, SI-Einheit Sekunde (s)], die als monoton zunehmender Parameter zur Charakterisierung des Ablaufs aller Ereignisse verwendet wird. Daneben wird unter Z. auch der *Z.punkt* eines Ereignisses sowie die *Z.spanne* (*Z.raum*) zw. 2 Ereignissen verstanden.

▷ in der *Sprachwiss.* svw. ↑ Tempus.

Zeit, Die, dt. Wochenzeitung, ↑ Zeitungen (Übersicht).

Zeitalter, größerer geschichtl. Zeitabschnitt, der geprägt ist durch bestimmte Denkströmungen und Stile, herausragende Persönlichkeiten, bestimmte Herrschaftsformen, spezif. Produktionsweisen oder auch Zukunftsperspektiven (z. B. Z. der Aufklärung, Z. Napoleons, industrielles Z.).

▷ in der *Erdgeschichte* svw. Ära.

Zeitbestimmung, im *Rechtswesen* die Bestimmung eines Anfangs- oder Endtermins **(Befristung)** hinsichtlich der Wirkungen eines ↑ Rechtsgeschäfts oder Verwaltungsakts. Sie ist eine Nebenbestimmung, die die Wirkungen des Rechtsgeschäfts bzw. des Verwaltungsakts im Gegensatz zur ↑ Bedingung von einem gewissen, d. h. sicher eintretenden zukünftigen Ereignis abhängig macht.

Zeitblom, Bartholomäus [...blo:m], * Nördlingen um 1455, † Ulm um 1520, dt. Maler. – Seine Altäre gehören zu den Hauptwerken der Ulmer Spätgotik. – *Werke:* Kilchberger Altar (um 1482; Stuttgart, Staatsgalerie); Mitarbeit am Hochaltar in Blaubeuren (1493; ebd.); Eschacher Altar (1496; ebd.); Heerberger Altar (1497/98; ebd.) mit Selbstbildnis.

Zeitdehnung ↑ Zeitlupe.

Zeitdilatation (Zeitdehnung) ↑ Relativitätstheorie.

Zeiterfassungsgerät, svw. ↑ Arbeitszeitregistriergerät.

Zeitgedächtnis, svw. ↑ physiologische Uhr.

Zeitgeist, die einer geschichtl. Periode eigentüml. Auffassungen und Ideen, auch das subjektive Zeitbewußtsein.

Zeitgeschichte, die der unmittelbaren Gegenwart vorausgehende geschichtl. Epoche (als „jüngste Phase der Neuzeit") und die histor. Diszipin, die sich deren Erforschung widmet. Über die genaue Periodisierung der Z. besteht weder nat. noch internat. Übereinstimmung; in Deutschland wird unter Z. weithin die Geschichte seit dem Eintritt der USA in den 1. Weltkrieg und der russ. Revolution 1917 verstanden. In Frankreich bezeichnet „*histoire contemporaine"* die Epoche seit der Frz. Revolution 1789; in Großbritannien beginnt die „*contemporary history"* mit der Parlamentsreform von 1832.

Seit dem Altertum Thema und Teil der Geschichtsschreibung, wurde ihre Behandlung mit der Entwicklung der krit. Geschichtswiss. im 19. Jh. vielfach aus der Forschung ausgeschieden, da die Unzugänglichkeit von wesentl. (staatl.) Quellen und die geringe zeitl. Distanz die wiss. Erforschung der Z. unmöglich machten. Die Erschütterungen des 1. Weltkriegs führten dann zur Entwicklung von Begriff und Programmatik der Z.; in der BR Deutschland wurde die Z. als Teildisziplin nach dem 2. Weltkrieg etabliert; 1950 wurde das Forschungszentrum im Inst. für Z. (München) gegründet.

Zeitgleichung, Differenz zw. wahrer und mittlerer Sonnenzeit; variiert zw. den Werten − 14 min 24 s am 12. Februar und + 16 min 21 s am 3. November (die Daten können sich um einen Tag verschieben).

Zeitlose (Colchicum), Gatt. der Liliengewächse mit rd. 60 Arten, verbreitet von Europa bis Z-Asien und in N-Afrika; Knollenpflanzen mit einzelnstehenden, lilafarbenen, rötl. oder weißen (nur bei einer Art gelben) Blüten. Die einzige einheim. Art ist die **Herbstzeitlose** (Wiesensafran, Colchicum autumnale), auf feuchten Wiesen und

Auwäldern; Blüten hell lilarosa, krokusähnlich; Blütezeit im Herbst; enthält das giftige Alkaloid Kolchizin.

Zeitlupe (Zeitdehnung), [Film]aufnahmetechnik, bei der die Aufnahmefrequenz höher ist als die Wiedergabefrequenz; bei der Wiedergabe mit normaler Bildfrequenz wird der Bewegungsablauf somit zeitlich gedehnt, und schnell verlaufende Vorgänge werden beobachtbar. Bei konventionellen Filmkameras sind Z.gänge bis 50 Bilder/s üblich, mehr als 200 Bilder/s bis 10^{10} Bilder/s werden als *Hochfrequenzaufnahmen* bezeichnet.

Zeitmessung, Vergleich einer Zeitspanne (Dauer eines Vorganges) mit einer Zeiteinheit bzw. die genaue Registrierung von bestimmten Zeitpunkten mit Hilfe von Uhren; i. w. S. auch die Entwicklung von Verfahren, Vorschriften und Geräten (Uhren) zur Messung und Registrierung von Zeitdauern und -punkten sowie zur Festlegung einer Zeiteinheit mittels eines period. Vorgangs, dessen Frequenz hinreichend konstant ist. Ein unveränderl. gleichförmiges Maß der Zeit konnte bis zur Entwicklung von Atomuhren nur durch die Rotationsperiode der Erde bzw. durch die Dauer ihres Umlaufs um die Sonne definiert werden (sog. **astronomische Zeit**); für prakt. Zwecke ist die Periode der Eigenrotation der Erde, bezogen auf den Meridiandurchgang der Sonne (Sonnenzeit) bzw. von Fixsternen (Sternzeit), am geeignetsten. Die Sonnenhöchststände an einem Ort definieren die Zeitpunkte „12 Uhr" seiner wahren Ortszeit. Diese **wahre Sonnenzeit** [des Ortes] variiert allerdings wegen der ellipt. Form der Erdbahn und wegen der Schiefe der Ekliptik. Man definiert daher mit Hilfe einer gedachten Sonne, die sich gleichförmig am Himmelsäquator bewegt, eine **mittlere Sonnenzeit,** die proportional zum Drehwinkel der Erdrotation ist und die um die ↑Zeitgleichung von der wahren Sonnenzeit abweicht. Die mittlere Sonnenzeit des Nullmeridians (mittlere Ortszeit von Greenwich, mittlere Greenwichzeit) dient als **Weltzeit** (Universal Time, Abk. UT), auf die sich alle Zonenzeiten beziehen, z. B. die *mitteleurop. Zeit* (Abk. MEZ; liegt 1 Stunde vor der Weltzeit). Die Zählung der mittleren Sonnentage erfolgt nach dem Gregorian. Kalender. Durch die Einführung von Schalttagen wird erreicht, daß langfristig das mittlere Kalenderjahr mit dem durch die [mittlere] Umlaufzeit der Erde bei ihrer Bewegung um die Sonne festgelegten [mittleren] trop. Jahr übereinstimmt. Durch Teilung des mittleren Sonnentages ergeben sich Stunde, Minute und Sekunde der mittleren Sonnenzeit. Diese bis 1956 verwendeten Zeitmaße sind wegen Änderungen der Erdrotation und damit des mittleren Sonnentages nicht konstant. Da sich auch das trop. Jahr geringfügig ändert, wurde 1956 die Dauer eines bestimmten trop. Jahres als Zeitmaß bzw. der Ephemeridenzeit eingeführt. Die als Bruchteil dieses Zeitraumes definierte *Ephemeridensekunde* wurde jedoch 1967 durch die zur Basiseinheit des Internat. Einheitensystems erhobene **Atomsekunde** ersetzt. Die Darstellung bzw. Reproduzierung dieser ↑Sekunde erfolgt mit sog. ↑Cäsiumuhren. Seit 1955 berechnet das *Internat. Büro für die Zeit* (BIH, Abk. für: Bureau International de l'Heure) in Paris auf der Grundlage der Anzeigen verschiedener Cäsiumuhren eine „integrierte Atomzeitskala", die seit 1971 als **Internationale Atomzeit[skala]** (TAI, Abk. für: Temps atomique international) bezeichnet wird. Das Skalenmaß ist die Atomsekunde. Die Internat. Atomzeit wurde so festgelegt, daß sie mit der Weltzeit (UT) zu Anfang 1958 übereinstimmte. Da die Atomsekunde etwa $3 \cdot 10^{-8}$ s kürzer als die gegenwärtige Sekunde der mittleren Sonnenzeit ist, findet eine wachsende Verschiebung der TAI gegenüber der UT statt. Durch gelegentl. Einfügen einer zusätzl. *Schaltsekunde* wird seit 1972 eine als **Koordinierte Weltzeit** (UTC, Abk. für: Universal Time Coordinated) bezeichnete Zeitskala erhalten, die von der UT nie mehr als 0,9 s abweicht. 1975 empfahl die 15. Generalkonferenz für Maß und Gewicht die Verwendung der UTC als Grundlage bei der Bildung der Zonenzeiten. Neuere Zeitgesetze (z. B. in der BR Deutschland das Gesetz über die Zeitbestimmung vom 25. 7. 1978) definieren die gesetzl. Zeit auf der Grundlage der UTC.

Geschichte: In der Neuzeit begann man neben den period. Vorgängen des Systems Erde–Sonne–Fixsternhimmel auch künstlich erzeugte period. Vorgänge für die Z. heranzuziehen. Von C. Huygens und R. Hooke wurden im 17. Jh. die Pendelschwingungen zur Z. eingeführt. Die Genauigkeit der damit im 18. Jh. konstruierten Chronometer erreichte die Größenordnung 0,1 s pro Tag. Um 1930 brachte die Verwendung von Schwingquarzen eine beachtl. Steigerung der Genauigkeit, womit diejenige der Erdrotation als Zeitnormal (0,001 s pro Tag) übertroffen wurde. Eine neue Art der Z. begann mit der Einführung der ↑Atomuhren, womit z. Z. eine Genauigkeit von 1 s in 5 Mill. Jahren erreichbar ist.

▷ (Zeitnahme) die in verschiedenen Sportarten wie Leichtathletik (Laufwettbewerbe), Skisport, Motor- und Radsport u. a. erfolgende Messung der für das Zurücklegen einer bestimmten Strecke benötigten Zeit; geschieht heute meist auf [photo]elektr.-opt. Wege unter Zuhilfenahme der Photographie. Eine *Zeitmeßanlage* besteht aus einem Startkontrollgerät und einem Zeitmeßgerät am Ziel. Die in der Verlängerung der Ziellinie stehende *Zielzeitkamera* hält durch sog. *Zielebenen]photographie* den Zieleinlauf in jeder Phase fest. Auf dem Film werden ständig drei Zeitmarkierungen (mit der Einhundertstelsekunde als kleinstem Zeitmaß) so eingeblendet, daß auf dem eigtl. Zielphoto die Wettbewerbszeiten beim Überqueren der Ziellinie abgelesen werden können.

Zeitmietvertrag ↑Miete.

Zeitmultiplexverfahren [zu lat. multiplex „vielfach"], Verfahren zur gleichzeitigen Übertragung vieler voneinander unabhängiger pulscodemodulierter Signale durch zeitl. Verschachtelung und binäre Codierung der zu verschiedenen Nachrichten gehörenden Pulse.

Zeitnahme, svw. ↑Zeitmessung.

Zeitraffer, [Film]aufnahmetechnik, bei der die Aufnahmefrequenz niedriger ist als die Wiedergabefrequenz. Bewegungsvorgänge werden somit bei der Wiedergabe als mit größerer Geschwindigkeit ablaufend dargestellt. Extreme Z.effekte sind mit der Einzelbildschaltung möglich, bei der in period. Abständen Einzelaufnahmen gemacht werden; damit lassen sich extrem langsam verlaufende Vorgänge als Bewegungsvorgang darstellen.

Zeitrechnung, die Einordnung histor. Ereignisse der Vergangenheit in eine bis zur Gegenwart reichende Zeitskala. Die Wiss. der Lehre der Z. und z.T. auch die Z. selbst werden **Chronologie** genannt.

Zeitmaßstab ist das Jahr mit seinen Bruchteilen. Der Anfangspunkt der Zeitskala wird willkürlich auf ein tatsächl. oder angenommenes Ereignis gesetzt, von dem aus die Jahre der *Ära* gezählt werden, z. B. in der röm. Geschichte das legendäre Gründungsjahr Roms 753 v. Chr. (Zählung *ab urbe condita,* Abk. a. u. c. [„nach Gründung der Stadt"]), in der islam. Geschichte das Jahr der ↑Hedschra 622 n. Chr. (*Anno Hegirae* [Abk. *A. H.*] bzw. *d. H.* [*der Hedschra*]) und in der abendländ. Geschichte die Geburt Christi (Zählung *vor Christus [v. Chr.]* und *nach Christus [n. Chr.]);* das Geburtsjahr Christi errechnete als erster 525 der skyth. Mönch Dionysius Exiguus († um 540), die christl. Jahresrechnung führte der angelsächs. Mönch Beda in die Historiographie ein. Auch der Jahresanfang ist willkürlich; der aus dem röm. Kalender stammende 1. Jan. setzte sich im Abendland erst im 16. Jh. durch.

Durch die Einteilung des Jahres in Bruchteile mit Hilfe astronomisch definierter Zeiteinheiten entsteht der **Kalender,** der auf unterschiedl. Grundlagen beruhen kann. Da weder das auf den Mondphasen basierende *Mondjahr* (12 synod. Monate = 354,3671 Tage), noch das daneben den Ablauf der Jahreszeiten berücksichtigende *Lunisolarjahr,* noch das reine *Sonnenjahr* (365,2422 Tage; trop. Jahr) eine ganze Anzahl von Tagen umfaßt, ist stets die Einfügung von *Schalttagen* notwendig. Der auf dem Lunisolarjahr beruhende **jüdische Kalender** z. B. wechselt zw. Monaten von 29 und 30 Tagen und nimmt in period. Abständen einen 13. Monat *(Schaltmonat)* hinzu (Beginn seiner Z. 3761 v. Chr.).

Zeitlose.
Herbstzeitlose.
Links: Blätter und
Fruchtkapsel.
Rechts: Blüten

Der 46 v. Chr. von Cäsar eingeführte **Julianische Kalender** beseitigte die im alten *röm. Kalender* (auf der Basis des Mondjahres) willkürlich gehandhabten Schaltregeln und ging zum reinen Sonnenjahr über. Die Monate hatten eine Länge von 30 bzw. 31 Tagen (außer Februar mit 28, an die alle 4 Jahre ein Schalttag angehängt wurde); das Jahr hatte damit eine Länge von 365,25 Tagen. Der 1582 unter Papst Gregor XIII. zunächst in einzelnen kath. Ländern (Italien [mit Ausnahmen], Spanien, Portugal, Polen [nur z. T.]) eingeführte, heute allg. übl. **Gregorianische Kalender** glich den inzw. auf 10 Tage angewachsenen Rückstand des Julian. Kalenders gegenüber dem Sonnenjahr durch Überschlagen der Tage vom 4. bis 15. Okt. 1582 (Frankreich und Lothringen: 9.–20. Dez. 1582, niederländ. Territorien: 21. Dez. 1582–1. Jan. 1583; dt. kath. Staaten: 1583 zu versch. Zeiten) aus. Beim Gregorian. Kalender ergibt sich im Mittel nach 3 333 Jahren ein Fehler von 1 Tag; das mittlere Gregorian. Jahr hat eine Länge von 365,2425 Tagen; gegenüber dem Julian. fällt im Mittel bei vollen Jahrhunderten der Schalttag aus, mit Ausnahme der Jahre, die durch 400 teilbar sind. Die dt. prot. Staaten führten den Gregorian. Kalender 1700, Großbritannien 1752, Schweden 1753, die Sowjetunion 1918, die Türkei 1926 ein. Der Julian. Kalender ist gegenüber dem Gregorian. Kalender im Rückstand **(Datumsdifferenz):**
15. Okt. 1582–28. Febr. 1700 um 10 Tage,
1. März 1700–28. Febr. 1800 um 11 Tage,
1. März 1800–28. Febr. 1900 um 12 Tage,
seit 1. März 1900 um 13 Tage.
Die Datierung nach dem Gregorian. Kalender heißt **neuer Stil** (Abk. n. St.), die nach dem Julian. Kalender **alter Stil** (Abk. a. St.).
Die **Festrechnung** war die Grundlage der christl. Kalenderrechnung, die auf der Festlegung des Osterdatums (erster Sonntag nach dem ersten Frühjahrsvollmond) beruht, das in einem 532jährigen Zyklus wiederkehrt **(Osterzyklus).** Die **Festzahl** bezeichnet dabei die Ordnungsnummer in der Reihe der 35 mögl. Ostertermine (22. März bis 25. April). – Bedeutendstes Beispiel für die Orientierung der Z. an bestimmten Ereignissen (z. B. Reg.jahren von Herrschern) ist in der Neuzeit der frz. **Revolutionskalender,** mit dem die christl. durch eine republikan. Z. ersetzt werden sollte (deshalb auch *Republikan. Kalender* gen.). Ein Konventsdekret teilte 1793 das Jahr in 12 Monate zu 30 Tagen ein, denen 5 bzw. in Schaltjahren 6 zusätzl. Tage hinzugefügt wurden; der Jahresanfang wurde auf den 22. September (Tag der Verkündung der Republik) festgelegt. Zum 1. Jan. 1806 ging Frankreich wieder auf den Gregorian. Kalender zurück.

Zeitschriften, periodisch erscheinende Druckwerke, wobei eine befriedigende Abgrenzung der Medien ↑Zeitung, Z. und anderer period. Publikationen (↑Presse) bisher nicht gelungen ist. Das Wort „Z." im Sinne von periodisch erscheinenden Druckschrift gilt 1751 als erstmals belegt. Zuvor waren und blieben z. T. die Bez. Journal (frz.), Ephemerides (griech.), Diarium (lat.) neben Tagebuch, Sammlung[en], Monatsschrift, Magazin auch im dt. Sprachraum geläufig. Fortsetzungsbücher, Sammelbände und Gelehrtenbriefe einerseits, Kalender, Flugschriftensammlungen, Meßrelationen und polit. Zeitungen andererseits werden als Vorläufer der Z. angesehen. Als erste wiss. Universal-Z. gilt das „Journal des Savants" (gegr. 1665 in Paris), als erste wiss. Universal-Z. in Deutschland gelten die „Acta Eruditorum" (gegr. 1682 in Leipzig). Die erste Z. in dt. Sprache sind die sog. „Monatsgespräche" des C. Thomasius (gegr. 1688 in Leipzig). Im 18. Jh. begann in Großbritannien mit dem Erscheinen der moral. Wochenschriften, die 1713/14 auch nach Deutschland kamen, die „bürgerl." Z.publizistik. Aus politischen, pred. und literaturkrit. Z. lange Zeit dominierenden Z.typ haben sich später möglicherweise die Familienblätter, Frauen-Z. (↑Frauenpresse), Kinder- und Jugend-Z. (↑Jugendpresse) sowie Mode-Z. entwickelt. Eine weitere Differenzierung des dt. Z.wesens setzte ab 1800 mit den ersten Partei-Z., mit den Anfängen der konfessionellen (kath.) Z.presse und mit den ersten Standes- und Berufs-Z. ein. Die technolog. Entwicklung ermöglichte im 19. Jh. auch die Entstehung der Illustrierten. 1843 gründete J. J. Weber in Leipzig die „Illustrirte Zeitung". Etwa in dieser Zeit entwickelten sich auch die polit. Zeitschriften, die v. a. Berichterstattung und Kommentare zur Politik boten. – 1990 wurden in der BR Deutschland rd. 8 100 Z. verlegt (davon rd. 1 500 Publikums-Z., wie z. B. Frauen-, Sport- oder Kultur-Z., rd. 3 400 Fach-Z., außerdem Kunden-Z., amtl. Blätter, Anzeigenblätter, polit. Wochenblätter, konfessionelle Z.); die Gesamtauflage betrug rd. 327,9 Mill. Exemplare.

Zeitschwelle, kleinster zeitl. Abstand zw. zwei Reizen, der es gerade noch erlaubt, diese als zwei unverschmolzene Reize wahrzunehmen; bei akust. Reizen etwa 0,002 Sekunden, bei opt. Reizen 0,01–0,04 Sekunden.

Zeitsinn, svw. ↑physiologische Uhr.

Zeitstück, spezif. Bez. für das Drama des dt. polit. Agitationstheaters, für das im Rahmen der ↑Neuen Sachlichkeit v. a. E. Piscator steht; Vertreter: F. Bruckner, B. Brecht, E. Mühsam, E. Toller, G. Weisenborn, F. Wolf, W. Borchert, C. Zuckmayer, R. Hochhuth. – ↑Dokumentartheater.

Zeitstudien, Begriff 1. der *empir. Sozialforschung* für Erhebungen über Anteile menschl. Tätigkeiten in einem bestimmten Zeitabschnitt (Zeitbudgetstudien); 2. der *Unternehmensplanung;* hierbei dienen Z. der Selbstkostenermittlung sowie Terminplanung und bilden oft die Grundlage für die Entlohnung.

Zeittakt, in der Fernmeldetechnik die Sprechdauer für eine Gesprächsgebühreneinheit bei Telefongesprächen. Der Z., der gegenwärtig von der jeweiligen Entfernungszone sowie von Tageszeit und Wochentag abhängt, wird in zentralen Z.gebereinrichtungen erzeugt.

Zeitung, Druckmedium, das durch öff. Zugänglichkeit (Publizität), Zeitnähe (Aktualität), regelmäßiges, mindestens zweimaliges wöchentl. Erscheinen (Periodizität) und inhaltl. Vielfalt (Universalität) gekennzeichnet ist. Vorgänger waren geschriebene Z. und gedruckte Flugschriften. In Deutschland stammen die frühesten Z.funde aus Wolfenbüttel 1609 (Aviso, wöchentlich erschienen), Straßburg 1609 (Straßburger Relation, wöchentlich) und Leipzig 1650 („Einkommende Z.", täglich).
Führte Gutenbergs Erfindung des Buchdrucks mit bewegl. Lettern (um 1450 in Mainz) zur Verbreitung von Schriften in weitere, über Klöster und Herrscherhäuser hinausreichende Bev.kreise, so bereitete die Mechanisierung von Druckvorgang und Bleisatzherstellung im 19. Jh. der Massenpresse den Weg. Die erste mit Dampf betriebene Schnellpresse konstruierte F. Koenig 1812; die erste Rotationspresse entstand Mitte des 19. Jh.s, die erste Linotype wurde 1886 eingesetzt. Mit dem gegenwärtigen Trend zum Lichtsatz (die Produktion von Bleisetzmaschinen wurde 1976 eingestellt) und zur elektron. Texterfassung über Bildschirmterminals (1976 erstmals in der BR Deutschland eingesetzt) bahnt sich erneut eine grundlegende Umstrukturierung der Z.herstellung durch Reduktion und Beschleunigung der Arbeitsgänge an. Die „Elektron. Revolution" im Pressegewerbe hat medien- und sozialpolit. Auswirkungen. Die Presse in Deutschland finanziert sich aus Anzeigen- und Vertriebserlösen. Bei Tages-Z. beträgt das Verhältnis von Anzeigen- und Vertriebsumsätzen grob gerechnet knapp $2/3$ zu gut $1/3$. – 1990 wurden 352 Z. mit 881 Nebenausgaben verlegt; die Verkaufsauflage betrug rd. 25,5 Mill. Exemplare (davon rd. 15,2 Mill. im Abonnement). Nach Art der Berichterstattung und Verbreitung lassen sich Tages-Z. in überregionale Blätter, Lokal- und Regional-Z., nach Art des Vertriebs in Abonnement-Z. und Straßenverkaufs- oder Boulevard-Z. gliedern. – ↑Presse.

Zeitungswissenschaft, Univ.disziplin seit 1917, die sich mit Entwicklung, Funktion und Bed. von Presse und Nachricht befaßt; Versuche, sie durch Einbeziehung der Massenmedien Rundfunk und Film zur Publizistikwiss. auszubauen, scheiterten in den 1930er Jahren, wurden aber nach 1945 erfolgreich wieder aufgenommen.

Zeitwende (Zeitenwende), Beginn der christl. Zeitrechnung.

Zeitungen (Auswahl)

Zeitungstitel (Verlagsort)	Auflage (in 1000)
Deutschsprachige Länder	
Deutschland	
Tageszeitungen (über 100 000 Auflage)	
Aachener Volkszeitung	178,0
Abendzeitung (München)	287,8
Allgemeine Zeitung (Mainz)	145,9
Augsburger Allgemeine/Allgäuer Zeitung	372,8
Badische Neueste Nachrichten (Karlsruhe)	178,8
Badische Zeitung (Freiburg)	208,6
Berliner Kurier am Morgen	120,0
Berliner Morgenpost	244,8
Berliner Zeitung	341,4
Bild Zeitung (Hamburg)	5940,1
Braunschweiger Zeitung	247,9
B. Z. (Berlin)	383,4
Dresdner Morgenpost (Dresden)	136,4
Express (Köln)	528,9
Flensburger Tageblatt	111,0
Frankenpost (Hof)	122,2
Frankfurter Allgemeine FAZ	480,4
Frankfurter Neue Presse	172,2
Frankfurter Rundschau	222,8
Freie Presse (Chemnitz)	572,0
Freies Wort (Suhl)	133,8
Hamburger Abendblatt	319,7
Hamburger Morgenpost	236,3
Handelsblatt (Düsseldorf)	155,6
Hannoversche Allgemeine Zeitung	256,7
Heilbronner Stimme	106,2
HNA Hessische/Niedersächsische Allgemeine (Kassel)	292,5
Hürriyet (Neu-Isenburg)	114,7
Junge Welt (Berlin)	158,0
Kieler Nachrichten	124,8
Kölner Stadt-Anzeiger	299,4
Kölnische Rundschau	177,2
Lausitzer Rundschau mit Elbe-Elster-Rundschau (Cottbus)	244,1
Leipziger Volkszeitung	360,0
Lübecker Nachrichten	137,6
Main-Post (Würzburg)	145,8
Mannheimer Morgen	168,2
Märkische Allgemeine (Potsdam)	271,3
Märkische Oderzeitung (Frankfurt/Oder)	180,7
Mittelbayerische Zeitung (Regensburg)	133,0
Mitteldeutsche Zeitung (Halle)	527,2
Münchner Merkur	204,4
Neue OZ Osnabrücker Zeitung	321,1
Neues Deutschland (Berlin)	115,0
Neue Westfälische (Bielefeld)	239,0
Niedersächsisches Tageblatt (Lüneburg)	157,8
Nordkurier (Neubrandenburg)	172,1
Nordwest-Zeitung (Oldenburg [O])	340,5
Nürnberger Nachrichten	357,0
Ostseezeitung (Rostock)	240,1
Passauer Neue Presse	169,7
Rheinische Post (Düsseldorf)	430,6
Rhein-Neckar-Zeitung (Heidelberg)	114,6
Die Rheinpfalz (Ludwigshafen)	256,2
Rhein-Zeitung (Koblenz)	260,1
Ruhr-Nachrichten (Dortmund)	254,1
Saarbrücker Zeitung	209,0
Sächsische Zeitung (Dresden)	503,6
Schwäbische Zeitung (Leutkirch)	207,2
Schwarzwälder Bote (Oberndorf)	153,2
Schweriner Volkszeitung	276,5
Straubinger Tagblatt	138,4
Stuttgarter Zeitung	247,0
Süddeutsche Zeitung (München)	447,6
Südkurier (Konstanz)	149,4
Südwest Presse (Ulm)	389,6
Der Tagesspiegel (Berlin)	156,9
die tageszeitung (Berlin)	107,0
Thüringer Allgemeine (Erfurt)	642,7
Trierischer Volksfreund	102,9
tz (München)	211,4
Volksstimme (Magdeburg)	385,5
Die Welt (Berlin)	305,4
Weser-Kurier (Bremen)	220,0
Westdeutsche Allgemeine Zeitung (WAZ) (Essen)	1 362,4
Westfalen-Blatt (Bielefeld)	150,4
Westfälische Nachrichten (Münster)	232,4
WZ Westdeutsche Zeitung (Düsseldorf)	212,0
Wochenzeitungen	
Bayernkurier (München)	166,2
Deutsches Allgemeines Sonntagsblatt (Hamburg)	115,8
Das Parlament (Trier)	108,2
Rheinischer Merkur – Christ und Welt (Bonn)	125,6
Die Woche (Hamburg)	120,0
Wochenpost (Berlin)	105,0
Die Zeit (Hamburg)	582,6
Österreich	
Kärntner Tageszeitung (Klagenfurt)	68
Kleine Zeitung (Graz)	254
Kurier (Wien)	640
Neue Kronen Zeitung (Wien)	1 034
Neue Zeit (Graz)	75
Oberösterreichische Nachrichten (Linz)	113
Die Presse (Wien)	73
Der Standard (Wien)	269
Tiroler Tageszeitung (Innsbruck)	100
Schweiz	
Basler Zeitung	116
Berner Zeitung	122
Blick (Zürich)	365
Der Bund (Bern)	62
Luzerner Neueste Nachrichten	60
Luzerner Tagblatt (mit Vaterland)	93
Neue Zürcher Zeitung	152
St. Galler Tagblatt	71
La Suisse (Genf)	63
Tages-Anzeiger (Zürich)	261
Tribune de Genève (Genf)	62
Die Weltwoche (Zürich)	104
24 Heures (Lausanne)	95
Weitere Länder	
Ägypten	
Al Achbar (Kairo)	833
Al Ahram (Kairo)	800
Belgien	
De Nieuwe Gazet (Antwerpen)	296
De Standard (Brüssel)	382
Le Soir (Brüssel)	202
China	
Renmin Ribao	1 000
Shanghai Wen Hui Bao	1 700
Dänemark	
Berlingske Tidende (Kopenhagen)	130
Ekstra Bladet (Kopenhagen)	224
Politiken (Kopenhagen)	151
Finnland	
Helsingin Sanomat (Helsinki)	479
Frankreich	
Le Figaro (Paris)	429
L'Humanité (Paris)	95
Libération	165
Le Monde (Paris)	384
Großbritannien	
Daily Express (London)	1 591
Daily Mail (London)	1 739
Daily Mirror (London)	3 171
The Daily Telegraph (London)	1 075
The Financial Times (London)	288
The Guardian (London)	431
News of the World (London)[1]	5 049
The Observer (London)[1]	545
The Sun (London)	3 906
Sunday Mirror (W) (London)[1]	2 950
The Times (London)	425
Italien	
Avanti! (Rom)	88
Corriere della Sera (Mailand)	649
Il Giorno (Mailand)	287
Il Messaggero (Rom)	335
La Repubblica (Rom)	750
La Stampa (Turin)	576
L'Unità (Mailand)	244
Japan	
Asahi Schimbun (Tokio)	8 198
Mainichi Schimbun (Tokio)	4 170
Yomiuri Schimbun (Tokio)	9 722
Niederlande	
Algemeen Dagblad (Rotterdam)	418
De Telegraaf (Amsterdam)	753
NRC Handelsblad (Rotterdam)	192
De Limburger (Maastricht)	140
Norwegen	
Aftenposten (Oslo)	271
Arbeiderbladet (Oslo)	57
Dagbladet (Oslo)	215
Verdens Gang (Oslo)	360
Polen	
Express (Warschau)	150
Polityka (Warschau)	350
Trybuna (Warschau)	143
Rußland	
Iswestija (Moskau)	1 000
Schweden	
Aftonbladet (Stockholm)	400
Dagens Nyheter (Stockholm)	413
Expressen (Stockholm)	565
Svenska Dagbladet (Stockholm)	226
Spanien	
ABC (Madrid)	280
Diario 16 (Madrid)	130
El País (Madrid)	378
La Vanguardia (Barcelona)	211
Tschechische Republik	
Lidová Demokracie (Prag)	250
mladá fronta (Prag)	300
Prače (Prag)	395
Türkei	
Hürriyet (Istanbul)	609
Milliyet (Istanbul)	447
Sabah (Istanbul)	853
Türkiye (Istanbul)	677
Ungarn	
Esti Hirlap (Budapest)	216
Népszabadság (Budapest)	420
USA	
Los Angeles Times	1 100
The New York Times	1 209
USA today (New York)	1 450
The Washington Post (Washington, D.C.)	810
Vatikanstaat	
L'Osservatore Romano (Auflagen in verschiedenen Sprachen) (Vatikanstadt)	51

[1] Wochenzeitung. – Die Angaben wurden überwiegend dem Stamm/Presse- und Medienhandbuch 1992 entnommen.

Zeitwert

Zeitz. Eingang und Mittelturm von Schloß Moritzburg, 1657–78

Zeitz
Stadtwappen

Zeitwert, Wert eines Gutes zum Zeitpunkt der Wertermittlung, z. B. am Bilanzstichtag.
Zeitwertversicherung, Versicherungsform der Sachversicherung, bei der im Schadensfall der Wert des versicherten Gegenstandes zum Zeitpunkt des Schadenseintrittes maßgebend ist.
Zeitwort, svw. ↑Verb.
Zeitz, Krst. an der Weißen Elster, Sa.-Anh., 154–190 m ü. d. M., 41 500 E. Museum, Theater. Eisengießereien, Drehkräne-, Kinderwagenbau, Herstellung von Süßwaren und Kosmetikartikeln, Hydrierwerk. Bei Z. Braunkohlenbergbau. – Die urspr. slaw. Burg Z. wird erstmals 967 bezeugt; 968 Gründung des Bistums Z. als Stützpunkt für die Slawenmission (1028/30 Verlegung nach Naumburg) und Organisation des umgebenden Gebietes als Mark. 1147 als Stadt gen. (Magdeburger Recht 1278 bezeugt); 1657–1718 Residenz der wettin. Nebenlinie Z.–Weißenfels. – Spätgot. ehem. Dom (nach 1662 barockisiert) mit otton. Krypta (11. Jh.), roman. Pfarrkirche Sankt Michael (nach 1429 spätgotisch umgebaut), ehem. Klosterkirche (um 1300 und 15. Jh.), barocke Pfarrkirche Sankt Stephan (1739–41); spätgot. Altes Rathaus (1502–09); barockes Schloß Moritzburg (1657–78).
Z., Landkr. in Sachsen-Anhalt.
Zeitzeuge, jemand, der aus eigenem Erleben Zeugnis geben kann von historisch bedeutsamen Vorgängen, v. a. für Befragungen innerhalb der ↑Oral history.
Zeitzone, ein Gebiet der Erde, in dem vereinbarungsgemäß die gleiche Uhrzeit (Zonenzeit) gilt. 1884 wurde eine Einteilung der Erde in Z. festgelegt, die im wesentlichen bis heute beibehalten wurde: 24 Meridiane, jeweils 15° voneinander entfernt (beginnend mit dem Nullmeridian von Greenwich) sind die Mittellinien von 24 Zeitzonen. In der Praxis wurde der Verlauf der Grenzen zw. den einzelnen Zonen v. a. den polit. Grenzen angepaßt (zusätzl. Abweichungen durch Sommerzeit und andere staatl. Verfügungen).
Zeitzünder ↑Munition.
Zelebration [lat.], in der kath. Liturgie das Feiern der Eucharistie durch einen Priester **(Zelebranten).** – ↑Konzelebration.
zelebrieren [lat.], ein Fest feierlich begehen; etwas feierlich gestalten.
▷ in der kath. Kirche: die Eucharistie feiern.
Zelebrität [lat.], Berühmtheit, berühmte Person; Feierlichkeit.
Zelenka, Jan Dismas [tschech. 'zɛlɛŋka], eigtl. Jan Lukáš, * Louňovice pod Blaníkem (Mittelböhm. Bez.) 16. Okt. 1679, † Dresden 22./23. Dez. 1754, tschech. Komponist. – Kam 1710 an die Dresdner Hofkapelle; gilt als der bedeutendste tschech. Barockkomponist, u. a. 20 Messen, D-Dur-Requiem, Oratorien.
Zelinograd [tsəlinɑ'grat], Geb.hauptstadt in Kasachstan, am Ischim, 343 m ü. d. M., 277 000 E. Vier Hochschulen; Landmaschinenbau, Nahrungsmittelind.; Zentrum eines Neulandgewinnungsgebietes. – Gegr. 1824 als Kosakenvorposten **Ak-Mola** am alten Karawanenweg von M-Asien nach W-Sibirien; hieß bis 1961 Akmolinsk.
Zell a. Main, Marktgem. 4 km wnw. von Würzburg, Bay., 3 400 E. Ehem. Prämonstratenserkloster Oberzell (gegr. 1128), heute Mutterhaus einer Schwesternkongregation. Erneuerte Klostergebäude nach Plänen B. Neumanns (1744 ff.).
Zella-Mehlis, Stadt im Thüringer Wald, Thür., 500 m ü. d. M., 14 300 E. Heimatmuseum; Feinmechanikwerke, Werkzeug-, Eisenwarenherstellung; Fremdenverkehr. – **Zella** und **Mehlis** gehörten urspr. zu einer im 12. Jh. gegr. Cella. Zella galt seit dem 17. Jh., Mehlis seit 1894 als Stadt. 1919 wurden beide zu einer Stadt zusammengeschlossen.
Zell am Harmersbach, Stadt im mittleren Schwarzwald, Bad.-Württ., 223–800 m ü. d. M., 7 100 E. Holzverarbeitende Ind., Keramikfabrik; Fremdenverkehr. – 1139 erstmals erwähnt; Mitte des 13. Jh. bis 1803 reichsunmittelbar, 1934 Stadtrecht aberkannt, 1949 neu verliehen. – Barocke Wallfahrtskirche Maria zu den Ketten (15.–18. Jh.; 1911 erweitert), frühklassizist. Pfarrkirche (1790–94).
Zell am See, Bez.hauptort im östr. Bundesland Salzburg, am W-Ufer des *Zeller Sees* (4,3 km^2), 758 m ü. d. M., 8 200 E. Fremdenverkehrsort; Kabinenseilbahnen auf die Schmittenhöhe (1 965 m) und die Sonnenalm (1 400 m ü. d. M.). Hat seinen Namen von einer 928 belegten Cella (im 12. Jh. Kollegiatstift); im 12. Jh. Marktrecht; hieß bis 1810 **Zell im Pinzgau**; seit 1928 Stadt. – Spätbarocke Kalvarienbergkirche (1778–80), Schloß Rosenberg (16. Jh.).
Zellatmung, svw innere ↑Atmung.
Zelle [zu lat. *cella* „Vorratskammer, Gefängniszelle"], *(Cellula)* kleinste eigenständig lebensfähige und daher über einen eigenen Energie- und Stoffwechsel verfügende Grundeinheit aller Lebewesen von den Einzellern bis zum Menschen. Die Z. stellt einen hochkomplexen Elementarorganismus dar, der statt Organen ↑Organellen besitzt. Damit enthält die Z. alle für ein Eigenleben notwendigen Strukturelemente. Dies wird bes. deutlich bei den Einzellern. Bei allen anderen Lebewesen schließt sich Z. zu Zellverbänden bzw. Geweben und Organen zusammen, womit eine Arbeitsteilung verbunden ist (Ausnahme: Geschlechts-Z.). Die Zellgröße ist sehr unterschiedlich, von 0,1 μm bei bestimmten Bakterien bis zu mehreren cm bei der Vogelei-Z.; durchschnittlich 10 bis 100 μm. Spezielle Funktionen der Z. sind an bestimmte Zellstrukturen gebunden. Alle Z. sind im Prinzip gleich gebaut; eine Ausnahme bilden nur die Zellkörper der ↑Archaebakterien, der ↑Bakterien und ↑Blaualgen, die als ↑Prokaryonten z. B. keinen echten Zellkern besitzen. Im einzelnen zeigen sich auch Unterschiede zw. tier. und pflanzl. Zellen.
Tierische Zelle: Die Z. der Tiere sind nur von der dünnen Zellmembran begrenzt, die das Protoplasma (↑Plasma) umschließt. Neben oft im Zellplasma eingeschlossenen Reservestoffen (z. B. Fetttröpfchen) und Fibrillen (in Muskelzellen) liegen im Protoplasma v. a. die verschiedenen Zellorganellen: Der Zellkern (↑Nukleus) nimmt meist eine zentrale Lage ein. Befindet sich der Kern nicht in Teilung, so sind die ↑Chromosomen als aufgelockertes Netzwerk erkennbar. Gegen das Zellplasma wird der Kern durch eine Doppelmembran abgegrenzt. Diese Kernmembran (Kernhülle) enthält Poren, durch die die genet. Information über die Boten-RNS aus dem Kern zu den Ribosomen in der Z. gelangt. Die Chromosomen liegen im Kern eingebettet im Kernplasma (Karyoplasma). Außerdem findet man in jedem Interphasekern wenigstens ein Kernkörperchen (Nebenkern, Nukleolus). In der Nähe des Kerns befindet sich das Zentrosom, das bei der Zellteilung von großer Bed. ist. In enger Beziehung zum Zellkern bzw. zur (doppelten) Kernmembran steht das ↑endoplasmatische Retikulum mit den ↑Ribosomen. Funktionell eng verknüpft mit dem endoplasmat. Retikulum ist der Golgi-Apparat (↑Golgi, Camillo). Die bestuntersuchten Organellen der Z. sind die ↑Mitochondrien. Weiterhin findet man in der Z. die ↑Lysosomen.

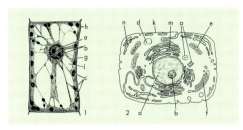

Zelle. 1 Schema einer Pflanzenzelle (nach M. Heidenhain); 2 nach elektronenmikroskopischen Präparaten gezeichnete Tierzelle; a Zellkern, b Kernkörperchen, c Farbstoffträger, d Lysosomen, e Mitochondrium, f Golgikörper, g Plasmahaut, h pflanzliche Zellmembran, k tierische Zellmembran, l Vakuolen, m endoplasmatisches Retikulum, n Ribosomen auf den Membranen des endoplasmatischen Retikulums, o Zentralkörperchen

Pflanzliche Zelle: Der augenfälligste Unterschied zur tier. Z. ist das Vorhandensein einer aus 4 Schichten bestehenden ↑Zellwand (statt nur einer Zellmembran), die bei der ausgewachsenen Z. ein starres Gebilde darstellt und für das osmot. System der Pflanzen-Z. mit seinem hohen Binnendruck ein Stabilisierungselement darstellt. Als weitere Besonderheit besitzt die differenzierte Pflanzen-Z. eine große, mit Zellsaft gefüllte Zellvakuole, die das Zytoplasma, d. h. den Protoplasten, an die Wand drückt. Dieser wird von zwei Zellmembranen begrenzt, zur Tertiärwand hin vom Plasmalemma, zur Vakuole hin vom Tonoplasten. Im Protoplasten findet man die gleichen Strukturen bzw. Organellen wie in der tier. Z., außerdem noch die ↑Plastiden in Form von Chloro-, Chromo- und Leukoplasten. – Die Wissenschaft, die sich speziell mit der Z. befaßt, ist die *Zytologie.*

Zellenschmelz ↑Email.

Zeller, Carl, *Sankt Peter in der Au (Niederösterreich) 19. Juni 1842, †Baden bei Wien 17. Aug. 1898, östr. Komponist. – Im Hauptberuf Jurist (Hofrat). Bed. Vertreter der klass. Wiener Operette, am bekanntesten wurde seine volkstümlich-singspielhafte Operette „Der Vogelhändler" (1891).

Z., Eva, *Eberswalde 25. Jan. 1923, dt. Schriftstellerin. – Lebte bis 1956 in der DDR, 1956–62 im heutigen Namibia, seitdem in der BR Deutschland. Schreibt Lyrik („Stellprobe", 1989) sowie psychologisch vertiefte Romane („Die Hauptfrau", 1977; „Nein und Amen", autobiograph. R., 1986) und Erzählungen („Die mag. Rechnung", 1965; „Ein Morgen Ende Mai", 1969; „Tod der Singschwäne", 1983).

Z., Magnus, *Biesenrode bei Mansfeld 9. Aug. 1888, †Berlin 25. Febr. 1972, dt. Maler und Graphiker. – Schüler von L. Corinth; entwickelte unter dem Eindruck des 1. Weltkrieges einen expressiven Realismus; entlarvte in Sinnbildern den Nationalsozialismus, der ihn 1937 als „entartet" verfemte; schuf nach 1945 v. a. Bildnisse, Landschaften, Alltagsszenen.

Zellfusion, in der *Zytologie* die Verschmelzung von Zellen infolge Auflösung der Zellmembran. Z. erfolgt spontan oder kann künstlich provoziert werden; entstehende Zellhybriden dienen der Untersuchung von Genstrukturen und Regelmechanismen. Z. wird auch bei der ↑Hybridomtechnik angewandt.

Zellgewebsentzündung, svw. ↑Phlegmone.

Zellkern ↑Nukleus.

Zellkolonie (Zellverband, Zönobium, Coenobium), bei zahlr. Bakterien, Blaualgen und einzelligen Algen (seltener bei tier. Einzellern) vorkommender Verband von Einzelzellen, die meist durch Gallert miteinander verbunden sind und keine Arbeitsteilung aufweisen (d. h., jede Zelle stellt ein selbständiges Lebewesen dar).

Zellmembran (Plasmamembran; bei Pflanzen auch: Plasmalemma), Bestandteil und äußere Begrenzung der ↑Zellen aller Organismen, aus Phospholipiden und Proteinen aufgebaut *(Elementarmembran).* Die Z. ist als äußere Begrenzung der Zelle Vermittler zw. Zelle und Umwelt der Zelle und besitzt entsprechende Eigenschaften und Funktionen: 1. Sie ist semipermeabel, d. h. durchlässig für Wasser und kleine Moleküle, nicht aber für Ionen, Zucker und große Moleküle, wie u. a. Proteine. 2. Die Z. besitzt jedoch spezielle Transportsysteme *(Carrier-Proteine)* für ganz bestimmte Moleküle und Ionen, die die Zelle benötigt oder die aus der Zelle hinausgeschafft werden müssen (Glucosetransport, Na^+-K^+-Transport u. a.). 3. Die Z. besitzt Signalempfänger, d. h. Rezeptoren für Hormone und andere Si-

Eva Zeller

Carl Zeller

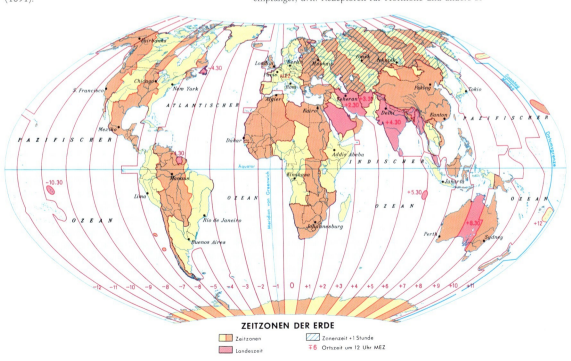

gnalmoleküle und -systeme, die die Signale in die Zelle hineinleiten. 4. Sie besitzt an ihrer äußeren Oberfläche Strukturen (meist Oligosaccharidseitenketten von Proteinen und Lipiden), die die Zelle als eine ganz bestimmte Zelle ausweisen und ihr entsprechende antigene Eigenschaften geben, die immunologisch von großer Bed. sind. 5. Die Z. besitzt ein Membranpotential von rd. 100 m V (innen negativ); durch kurzfristige Veränderungen solcher Membranpotentiale geschieht die Erregungsleitung an den Nervenzellen. 6. Die Z. kann zur Z. einer anderen Zelle bestimmte Zellkontakte (Junctions) herstellen.

Zell (Mosel), Stadt an der Mosel, Rhld.-Pf., 94 m ü. d. M., 4500 E. Weinbau und -handel; Kunststoffherstellung und -verarbeitung. – Bereits zur Römerzeit besiedelt (großes Gräberfeld mit Brandbestattungen im südl. Teil der Stadt); erste urkundl. Erwähnung 1142 *(Cella)*; Stadtrechtsverleihung unbekannt. – Kath. klassizist. Pfarrkirche (1786–92), ehem. kurfürstl. Schloß (1530–42 und 18. Jh.).

Zellobiose (Cellobiose) [lat.], aus 2 Molekülen Glucose gebildetes, in der Natur nicht vorkommendes Disaccharid, das durch Abbau von Zellulose gewonnen wird.

Zellplasma ↑ Plasma, ↑ Zytoplasma.

Zellstoff, aus Zellulose bestehendes, v. a. aus Holz, daneben auch aus Stroh (Stroh-Z.), Schilf (Schilf-Z.), Bambus u. a. pflanzl. Materialien gewonnenes, weißes bis gelbbräunl. Produkt. Z. ist der Ausgangsstoff zur Herstellung von Papier, Chemiefasern (Acetatfasern, Viskose) und Zellulosederivaten (Zelluloseäther, Zelluloseester). Beim *Sulfitverfahren* wird das Holz 12 bis 20 Stunden lang bei Drücken von 0,5 bis 0,7 MPa und Temperaturen von 130 bis 140 °C mit Calciumhydrogensulfit, $Ca(HSO_3)_2$, behandelt, wobei Lignin in lösl. Ligninsulfonsäure übergeht; diese sog. Sulfitablauge wird vom zurückbleibenden *Sulfit-Z.* abgetrennt, der zerfasert, gewaschen und evtl. gebleicht in Rollen oder pappeartigen Bögen in den Handel kommt. Die zuckerhaltige Sulfitablauge kann zur Herstellung von Alkohol oder zur Züchtung von Hefen verwendet werden. Ihre vollständige biolog. Reinigung ist ökonomisch noch nicht möglich. Beim *Sulfatverfahren* wird das Lignin durch Kochen (bei 170 bis 175 °C und Drücken von 0,8 bis 0,9 MPa) in Natronlauge unter Zusatz von Natriumsulfid, Na_2S, Natriumcarbonat, Na_2CO_3, und Natriumsulfat, Na_2SO_4, herausgelöst; der dabei gewonnene *Sulfat-Z.* ist sehr fest und dient zur Herstellung von Packpapier. Die *Sulfatablauge* kann verbrannt werden, wobei ein großer Teil der eingesetzten Chemikalien zurückgewonnen wird. Ein Nebenprodukt des Sulfatverfahrens bei der Verarbeitung harzreicher Hölzer ist das ↑ Tallöl.

Zellteilung (Zytokinese), Aufteilung einer lebenden Zelle in zwei neue, selbständige Zellen im Zuge einer Zellvermehrung bzw. Fortpflanzung. Der Z. geht bei Zellen mit echten Kernen fast immer eine Kernteilung (↑ Mitose oder ↑ Meiose) voraus. Auch in Bakterien und Blaualgen wird der DNS-Faden vor der Z. verdoppelt.
Im allg. wird sofort nach der Telophase der Kernteilung mit der Bildung einer neuen Zellmembran zw. den beiden Kernen begonnen. Bei Tieren schnürt sich die Zellmembran vom Rande her ein, bei Pflanzen wird vom Golgi-Apparat an dieser Stelle Material angeliefert, das die erste Zellwand bildet. Nicht immer folgen auf Kernteilungen auch Zellteilungen; in diesen Fällen entstehen vielkernige Zellen (↑ Plasmodien). – Eine bes. Teilungsform stellt die ↑ Sprossung (z. B. bei Hefepilzen) dar.

Zelltherapie, das Einspritzen von Aufschwemmungen aus embryonalen und jugendl. tier. Geweben oder Organen (bes. innersekretor. Drüsen wie dem Mutterkuchen); beim Verwenden von Aufschwemmungen lebender Zellen („Frischzellen") kurz vorher getöteter Tiere als **Frischzelltherapie**, beim Anwenden von Aufschwemmungen der gleichen Zellen, die jedoch durch ein Gefriertrocknungsverfahren haltbar gemacht wurden („Trockenzellen"), als **Trockenzelltherapie**. Die Z. soll der Regeneration von Organen und Geweben dienen. Ein medizin. Nachweis konnte bisher dafür nicht erbracht werden.

Carl Friedrich Zelter (Gemälde von Karl Begas d. Ä., 1827)

zellulär [lat.] (zellig), aus Zellen aufgebaut, auf eine Zelle bezüglich, zellenförmig.

Zellularpathologie, von R. Virchow begr. Lehre, nach der alle Krankheiten auf Störungen der Körperzellen bzw. ihrer Funktionen zurückzuführen sind.

Zellulasen (Cellulasen) [lat.], Zellulose zu D-Glucose hydrolysierende Enzyme; Vorkommen bei Pflanzen (einschl. Bakterien und Pilzen).

Zellulitis [lat.], Bez. für eine durch umschriebene Anreicherung von Fettgewebe entstehende groß- oder kleinfeldrige Reliefbildung im Oberschenkel- und Gesäßbereich bei Frauen (die ein bes. ausgeprägtes Fettgewebe besitzen); bes. bei seitl. Zusammenschieben von Haut und Unterhaut ergibt sich die Erscheinung der sog. **Orangenschalenhaut**.

Zelluloid (Celluloid) [lat./griech.], aus Nitrozellulose durch Einarbeiten von Weichmachern (v. a. von Kampfer) hergestellter, ältester thermoplast. Kunststoff. Photograph. Filme werden wegen der leichten Brennbarkeit nicht mehr aus Z. (sondern aus schwer entflammbarer Acetylzellulose als Schichtträger) hergestellt.

Zellulose (Cellulose) [lat.], v. a. von Pflanzen neben der Hemi-Z. als wichtigster Bestandteil der Zellwand gebildetes Polysaccharid mit der allg. Formel $(C_6H_{10}O_5)_n$, dessen Kettenmoleküle aus mehreren hundert bis zehntausend 1,4-β-glykosidisch gebundenen Glucoseresten bestehen. In Form von ↑ Zellstoff ist Z. ein wichtiger Rohstoff der chem. Ind. Z. ist eine feste, farb- und geruchlose Substanz, die sich in Wasser und organ. Lösungsmitteln nicht löst. In Alkalien quillt Z. und wird etwas gelöst zu *Alkali-Z.* (↑ Viskoseverfahren); durch Einwirkung von Säuren wird Z. hydrolytisch gespalten; bei Verwendung konzentrierter Säuren und bei höherer Temperatur kann der Abbau bis zur Glucose fortgeführt werden. Z. läßt sich auch in Form eines Kupferkomplexes durch Kupferoxid-Ammoniak-Lösung *(Schweizers Reagenz)* und einige andere Reagenzien lösen und kann aus diesen Lösungen durch Einpressen in geeignete Fällbäder wieder zurückgewonnen werden *(Regenerat-Z., Hydrat-Z., Z. regenerat, Z. hydrat).*

Zelluloseacetat, svw. ↑ Acetylzellulose.

Zelluloseäther, durch teilweise oder vollständige Verätherung (mit Hilfe von Alkylschwefelsäuren oder Alkylhalogeniden) der freien Hydroxylgruppen der Zellulose entstehende Zellulosederivate. Hochverätherte Z. werden als Lackrohstoffe und thermoplast. Kunststoffe, niedrigverätherte Z. als Farbstoffbindemittel und zur Herstellung von Klebstoffen, Emulgiermitteln und Waschhilfsmitteln verwendet.

Zelluloseester, durch teilweise oder vollständige Veresterung der Hydroxylgruppen der Zellulose entstehende Zellulosederivate. Wichtige Z. sind die ↑ Acetylzellulose und die ↑ Nitrozellulose. Zelluloseacetobutyrat und Zellulosetripropionat werden zur Herstellung von Spritzgußmassen und Folien sowie als Lackrohstoffe verwendet.

Zellulosenitrat, svw. ↑ Nitrozellulose.

Zelluloseregenerat ↑ Zellulose.

Zellwand, vom Zytoplasma nach außen abgeschiedene (d. h. außerhalb der ↑ Zellmembran liegende), starre Hülle pflanzl. Zellen. Sie gliedert sich von außen nach innen in 4 Schichten: 1. Die *Mittellamelle* besteht aus Pektinen und bildet sich bei der Zellteilung zw. den beiden Tochterzellen aus. – 2. Die *Primärwand*, in deren Grundsubstanz (Pektin und Hemizellulosen) Zellulosefäden (Mikrofibrillen) netzartig eingelagert sind, ist in jungem Zustand elastisch und dehnbar und zeigt Wachstum durch Anlagerung von Lamellen von innen her. – 3. Auf eine dünne Übergangslamelle folgt die *Sekundärwand*. Diese kann z. B. in Festigungsgeweben durch starke Einlagerung von Zellulose bes. massiv werden, wobei mehrere Schichten mit Paralleltextur entstehen. Die Anordnung der Mikrofibrillen in der Primär- und Sekundärwand wird als *Textur* bezeichnet. – 4. Abschließend nach innen folgt die *Tertiärwand,* die wiederum aus Pektin und Hemizellulosen besteht, chemisch bes. resistent ist und eine eigene Textur aufweist.

Zellwolle, veraltete Bez. für Viskosefasern. – ↑ Viskoseverfahren.

Zeloten [zu griech. zēlos „Eifer"], von Judas dem Galiläer begr. radikale römerfeindl. Gruppierung im palästin. Judentum des 1. Jh. n. Chr., die für mehrere Aufstände [mit]verantwortlich war. Religiös den Pharisäern nahestehend, aber bes. fanatisch, v. a. im Haß gegen die Römer. – *Übertragen:* blindwütige [Glaubens]eiferer.

Zelt, urspr. Bez. für die zerlegbare, transportable Behausung nichtseßhafter Völker; meist aus Tierhäuten, Stoffbahnen, Filzdecken oder auch aus Grasmatten und Rinden bestehend, die über ein Holzstangengerüst gelegt werden; z. B. das Tipi der nordamerikan. Indianer und die Jurte asiat. Hirtennomaden. Moderne Z. sind leicht auf- und abbaubare Unterkünfte unterschiedl. Form und Größe aus wasserdichter Leinwand (Z.tuch), die durch ein Gerüst aus Holzstangen (oder Masten bei Groß-Z.) bzw. ineinandersteckbaren Metallrohren (Z.stöcke) gestützt wird; dabei wird das Z. mit Schnüren bzw. Trossen und Pflöcken („Heringen") gespannt und am Boden verankert.

Zeltdach ↑ Dach.

Zelter, Carl Friedrich, *Berlin 11. Dez. 1758, †ebd 15. Mai 1832, dt. Komponist und Musikpädagoge. – Leitete in Berlin seit 1800 die „Singakademie" und gründete 1809 die „Liedertafel"; bed. v. a. als Liedkomponist (über 200 Lieder); vertonte u. a. Gedichte von Goethe, mit dem er eng befreundet war; schrieb ferner Männerchöre sowie Opernszenen, Kantaten, geistl. Gesänge, Orchester- und Klaviermusik.

Zeltweg, östr. Stadt in der Obersteiermark, an der Mur, 657 m ü. d. M., 9 200 E. Maschinenbau, Elektroind., Papierfabrik. Nahebei Automobilrennstrecke Österreichring.

Zeman [tschech. 'zɛman], Kamil ↑ Olbracht, Ivan.

Zemanek, Heinz, *Wien 1. Jan. 1920, östr. Ingenieur und Informationswissenschaftler. – Prof. in Wien. Arbeiten zum Radar, zur Fernmeldetechnik, Informationstheorie und Kybernetik sowie zur Datenverarbeitung; entwickelte einen der ersten volltransistorisierten Computer (1956 bis 1958).

Zement [lat.-altfrz., zu lat. caedere „(mit dem Meißel) schlagen"], zur Herstellung von Beton und Mörtel verwendetes, auch unter Wasser erhärtendes (hydraul.) Bindemittel, das durch Brennen von Kalk und Ton bzw. von Mergel mit geeigneter Zusammensetzung und anschließendes Vermahlen erhalten wird. Außer durch die Zusammensetzung des Z.klinkers können die Eigenschaften des Z. durch Zusätze variiert werden; die Zusammensetzung, Eigenschaften und Bez. der Z.arten sind genormt: *Portland-Z.* (PZ) enthält außer gemahlenem Z.klinker zw. 3 und 5 % Gips oder Anhydrit. *Hütten-Z., Eisenportland-Z.* (EPZ) und *Hochofen-Z.* (HOZ) werden durch gleichzeitiges Vermahlen von Z.klinker, granulierter Hochofenschlacke (sog. *Hüttensand*) und etwas Gips bzw. Anhydrit hergestellt. *Traß-Z.* (TZ) enthält neben Z.klinker 30 % Traß und etwas Gips bzw. Anhydrit; mit Traß-Z. hergestellter Beton besitzt eine hohe Wasserdichtigkeit und wird daher v. a. im Wasserbau verwendet. *Sulfathütten-Z.* (SHZ, Gipsschlacken-Z.) besteht aus tonerdereichem Hüttensand, bis 5 % Portland-Z. und Gips oder Anhydrit; er hat eine hohe Widerstandsfähigkeit gegen sulfathaltige Wässer. Andere Z.arten sind *Ölschiefer-Z., Suevitraß-Z., Traßhochofen-Z.* und *Tonerde[schmelz]-Z.,* der durch Schmelzen von Kalkstein und Bauxit hergestellt wird (nicht für tragende Bauelemente aus Beton/Stahlbeton zugelassen).

Zementation (Zementieren) [lat.-altfrz.], Ausfällung eines Metalls aus einer Metallsalzlösung durch ein unedleres Metall.

▷ chem. Lösungs- und Ausscheidungsvorgang bei der ↑ Diagenese.

Zementationszone, unter dem Grundwasserspiegel liegende Anreicherungszone edler Metalle bei Erzlagerstätten; die Metalle treten gediegen oder (vorwiegend) als Sulfide auf.

Zementit [lat.-altfrz.], sehr hartes und sprödes Eisencarbid, Fe_3C, das einen Gefügebestandteil des Stahls darstellt.

Zemlinsky, Alexander von, *Wien 14. Okt. 1871, †Larchmont (N. Y.) 15. März 1942, östr. Komponist und Dirigent poln. Abstammung. – 1904–11 erster Kapellmeister an der Wiener Volksoper, 1927–30 Kapellmeister an der Krolloper in Berlin. 1938 emigrierte er in die USA. Z. war Lehrer, Freund und später Schwager A. Schönbergs. Er komponierte in der Tradition der Wiener „Moderne" klanglich reiche und differenzierte Werke, u. a. die Opern „Kleider machen Leute" (1910), „Eine florentin. Tragödie" (1917), „Der Zwerg" (1922), „Der Kreidekreis" (1933), „König Kandaules" (um 1934); 3 Sinfonien, Kammermusik, Chorwerke, zahlr. Lieder und Gesänge.

Zen (urspr. Zen 49), 1949 in München gegr. Vereinigung dt. abstrakter Maler; Anregung durch die jap. Z.-Malerei; bed. Vertreter u. a. W. Baumeister, F. Winter, G. Fietz.

Zen-Buddhismus, Buddhismus der Versenkung und Meditation (**Zen**), eine v. a. in Japan vertretene buddhist. Schulrichtung. Das Zen wurde in Japan v. a. deshalb heimisch, weil seine harten Meditationsübungen vom Kriegeradel der Samurai als Mittel zur Selbstdisziplin benutzt wurden. Im Mittelpunkt der Zen-Praxis steht die „sitzende Versenkung", „zazen"). Sie soll zur Erleuchtung führen, der plötzlich eintretenden Erkenntnis der Einheit allen Seins, des Heiligsten und des Profansten. Über seine Erfahrungen während der Meditationsübungen hat der Jünger seinem Zen-Meister („san-zen") zu berichten. Das Zen ist in Japan in zwei Schulrichtungen vertreten: der *Rinsaisekte,* die auf Eisai (*1141, †1215) zurückgeht, und der *Sotosekte,* die von Dogen (*1200, †1253) gegr. wurde.

Zender, Hans, *Wiesbaden 22. Nov. 1936, dt. Komponist und Dirigent. – 1984–87 Leiter der Staatsoper und Generalmusikdirektor des Philharmon. Orchesters in Hamburg. Schrieb Orchester- und Kammermusik, Vokalwerke sowie die Oper „Stephen Climax" (1986).

Zener-Diode (Z-Diode) [nach dem amerikan. Physiker C. M. Zener, *1905], eine Halbleiterdiode (gewöhnlich ein Siliciumeinkristall mit pn-Übergang), die in Sperrichtung bei Überschreiten einer bestimmten Spannung einen auf dem Zener-Effekt beruhenden sehr starken Stromanstieg (sog. *Zener-Durchbruch*) zeigt; v. a. in Regelstrecken und zur Konstanthaltung von Gleichspannungen (*Referenzdiode*) verwendet.

Alexander von Zemlinsky

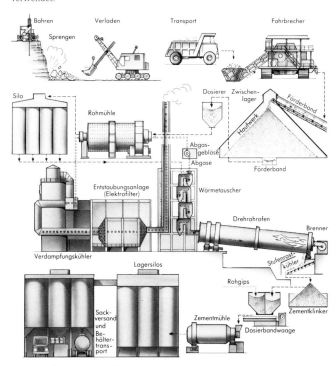

Zement. Schema der Zementherstellung

Zener-Effekt [nach dem amerikan. Physiker C. M. Zener, *1905], Übergang von Elektronen aus dem Valenz- in das Leitungsband (↑Bändermodell) eines Halbleiters unter der Einwirkung starker elektr. Felder; quantenmechanisch als Tunneleffekt erklärbar. Der an pn-Übergängen bereits bei kleinen Sperrspannungen auftretende Z.-E. macht sich v. a. in Erhöhung der elektr. Leitfähigkeit bemerkbar.

Zenica [serbokroat. 'zɛnitsa], Stadt in Bosnien und Herzegowina, an der Bosna gelegen, 324 m ü. d. M., 63 500 E. Fakultät für Metallurgie der Univ. Sarajevo. Zentrum der bosn. Schwerind. – 1436 erste urkundl. Erwähnung.

Zenit [italien., zu arab. samt (ar-ra's) „Weg, Richtung (des Kopfes)"] (Scheitelpunkt), der senkrecht über dem Beobachtungsort liegende Punkt des Himmelsgewölbes; der Gegenpunkt wird *Nadir* genannt.

Zenitalregen [arab.-italien./dt.], zur Zeit des Sonnenhöchststandes (Zenit) auftretender Starkregen in den Tropen, meist von heftigen Gewittern begleitet.

Zenitdistanz, der Winkelabstand eines Gestirns vom Zenit, gemessen in Grad.

Zenker, Helmut, *Sankt Valentin (Niederösterreich) 11. Jan. 1949, östr. Schriftsteller. – Schreibt v. a. Romane und Drehbücher, z. B. „Kottan ermittelt" (Fernsehserie, 1976 ff.). – *Weitere Werke:* Kassbach (R., 1974), Das Froschfest (R., 1977), Zünden Bäume und Häuser an (R., 1984).

Zeno, Apostolo [italien. 'dzɛːno], *Venedig 11. Dez. 1668, †ebd. 11. Nov. 1750, italien. Dichter und Literaturkritiker. – Mitbegr. der ersten krit. Literaturzeitschrift Italiens; 1718–29 kaiserl. Hofdichter in Wien. Neben literarkrit. und histor. Schriften zahlr. Oratorien; Opernlibretti für A. Scarlatti.

Zenobia (Septimia Z.; syr. Bat Zabbai), Herrscherin von Palmyra (267–272) und röm. Gegenkaiserin (270/271–272). – Witwe und Nachfolgerin des Odaenathus; erweiterte ihr Herrschaftsgebiet um Arabien, Ägypten sowie große Teile Kleinasiens und nahm 271 den Titel Augusta an. 272 wurde sie durch Aurelian besiegt und in dessen Triumphzug mitgeführt.

Zenodoros, griech. Mathematiker des 2. Jh. v. Chr. – Wies nach, daß Kreis bzw. Kugel von allen ebenen Figuren mit gleichem Umfang bzw. von allen konvexen Körpern mit gleicher Oberfläche den größten Inhalt haben.

Zenodot (Zenodotos), alexandrin. Grammatiker des 4./3. Jh. aus Ephesus. – Erster Vorsteher der Alexandrin. Bibliothek. Verfaßer neben einem Homerglossar die erste krit. Textedition von Homers „Ilias" und „Odyssee".

Zenon, *in SO-Kleinasien 426, †Konstantinopel (= Istanbul) 9. April 491, byzantin. Kaiser (474/475 und 476–491). – Aus Isaurien; 475/476 durch Basiliskos verdrängt; konnte wieder den Thron erlangen und behauptete seine Herrschaft trotz schwerer Bürgerkriege; erließ das ↑Henotikon.

Zenon von Elea (Z. der Ältere, Z. der Eleat), *um 490, †um 430, griech. Philosoph. – Schüler und Nachfolger des Parmenides als Schulhaupt der Eleaten; suchte mit dialekt. Kunstgriffen und Trugschlüssen (u. a. Wettlauf des Achilleus mit der Schildkröte) die Unmöglichkeit von Vielheit, Bewegung und Teilbarkeit und damit die Einheit und Unveränderlichkeit des Seins zu beweisen.

Zenon von Kition (Marmorbüste nach einer griechischen Bronzestatue, vor 250 v. Chr., Kopenhagen, Ny-Carlsberg-Glyptothek)

Zenon von Kition (Z. der Jüngere), *Kition (Zypern) um 335, †Athen 263, griech. Philosoph. – Ab 312/311 in Athen; begründete um 300 die ältere Stoa; entwickelte von den Philosophen seiner Zeit ein eigenständiges System mit dem Ziel, der privatist. Ethik der Epikureer und der polit. Wirren nach dem Zusammenbruch der Polis eine theoretisch fundierte, dem Bedürfnis nach individuellem Glück und gesellschaftl.-polit. Stabilität genügende Lebenshilfe zu bieten. Lebensziel sei ein von Affekten, falschen Urteilen und Streben nach äußeren Gütern unbeeinflußtes Tugendleben.

Zensor (lat. censor) [zu lat. censere „schätzen"], röm. Magistrat der Republik, wohl seit dem 5. Jh. v. Chr. (443?, 435?). Aufgaben: der ↑Zensus; Überwachung des sittl. und staatsbürgerl. Verhaltens der Bürger; Verpachtung öff. Einkünfte und öff. Eigentums; Vergabe öff. Arbeiten u. a. Die Wahl der jeweils zwei Z. für maximal 18 Monate vollzog sich in den Zenturiatkomitien; seit Sulla verlor das Amt an Bedeutung.

▷ in der Neuzeit der mit der Überwachung von Presse- und Buchveröffentlichungen betraute Beamte (↑Zensur).

Zensur [lat., zu censere „schätzen, beurteilen"], in der *Pädagogik* ↑Note.

▷ in der *Publizistik* und im *Recht* die Überwachung von Meinungsäußerungen durch die in einem polit. Machtbereich herrschende Klasse, Partei oder Staatsführung zur Verhinderung nichtkonformer oder unkontrollierter Meinungsbildung in der Bevölkerung.
Literar. Z. wurde systematisch zuerst von der kath. Kirche betrieben, deren Index librorum prohibitorum seit 1559/64 die verbotenen Schriften aufführte (1967 abgeschafft). Nach kirchl. Vorbild richteten die absolutist. Staaten in der Folge Z.behörden ein. Deren Beseitigung war ein wichtiges Ziel der bürgerl. Revolution und wurde i. d. R. mit der verfassungsmäßig garantierten ↑Pressefreiheit erreicht. Das GG Deutschlands bestimmt in Art. 5 Abs. 1 Satz 3, daß eine Z. nicht stattfindet. Autoritär regierte Staaten arbeiten entweder mit einem Z.apparat oder ersetzen ihn durch ein System von Lizenzierungen bzw. durch Verstaatlichung des öff. Kommunikationssystems.

▷ in die *Psychoanalyse* von S. Freud eingeführte Bez. eines traumentstellenden Mechanismus, der als eine Art selektive Schranke verhindert, daß verdrängte Regungen des Es zum Ich gelangen bzw. bewußt werden können. In späteren Schriften brachte Freud die Funktion der Z. mit den Funktionen sowohl des Ich als auch des Über-Ich (Ichzensor = Gewissen) in Zusammenhang.

Zensus [lat. census „Schätzung"], im alten Rom alle 5 Jahre aufgestellte Bürger- und Vermögensliste zur Steuererhebung und zur Einreihung in die Zenturien.

▷ svw. ↑Volkszählung.

▷ im MA und bis in die Neuzeit Bez. für Abgabe, Pachtzins, Steuerleistung.

Zensuswahlrecht, Wahlrecht, das den Grundsatz der Allgemeinheit und/oder der Gleichheit der Wahl verletzt, indem es das Recht des Wählens oder das Stimmgewicht an den Nachweis eines bestimmten Besitzes, Einkommens oder einer bestimmten Steuerleistung (Zensus) bindet (z. B. ↑Dreiklassenwahlrecht).

Zent (Cent[ene]) [zu lat. centum „hundert"], seit den Merowingern gebildeter Siedlungsverband auf Fiskalgut zur Kolonisation von Neuland bzw. Verwaltung von Königsgut. Im Hoch- und Spät-MA war die Z. in Lothringen, Hessen und Franken Gerichtsbezirk unterhalb der Grafschaft. Sie tagte unter dem Vorsitz des vom Landesherrn eingesetzten Z.grafen und war fast ausschließlich Kriminalgericht.

Zentaur, svw. Centaurus (↑Sternbilder [Übersicht]).

Zentauren ↑Kentauren.

Zenti... (Centi...) [zu lat. centum „hundert"], Vorsatz vor Einheiten, Vorsatzzeichen c; bezeichnet den 100. Teil der betreffenden Einheit; z. B. 1 cm = 0,01 m.

Zentifolie [lat.] ↑Rose.

Zentimeterwellen (cm-Wellen, SHF [Abk. für engl. super high frequency]), elektromagnet. Wellen mit Frequenzen zw. 3 und 30 GHz bzw. Wellenlängen zw. 10 und 1 cm.

Zentner [zu mittellat. centenarius „Hundertpfundgewicht"], Einheitenzeichen Ztr., gesetzlich nicht mehr zulässige Masseneinheit; 1 Ztr. = 50 kg, in Österreich 1 Ztr. = 100 kg (sog. Meter-Z., in Deutschland als Doppel-Z. bezeichnet).

zentr..., Zentr... (centr..., Centr...) [griech.-lat.], Bestimmungswort von Zusammensetzungen mit der Bed. „im Zentrum liegend, vom Zentrum ausgehend".

zentral [griech.-lat.], im Zentrum liegend; von einer übergeordneten Stelle ausgehend; hauptsächlich; **Zentral...:** Haupt..., Mittel...

Zentralafrikanische Föderation, 1953–63 bestehende Föderation der heutigen Staaten ↑Simbabwe, ↑Sambia und ↑Malawi.

Zentralafrikanische Republik

Zentralafrikanische Republik
Fläche: 622 984 km²
Bevölkerung: 2,9 Mill. E (1990), 4,7 E/km²
Hauptstadt: Bangui
Amtssprache: Französisch
Nationalfeiertage: 1. Dez. (Tag der Republik), 13. Aug. (Unabhängigkeitstag)
Währung: 1 CFA-Franc (F C.F.A.) = 100 Centimes (c)
Zeitzone: MEZ

Zentralafrikanische Republik (amtl.: République Centrafricaine), Staat in Zentralafrika, zw. 2° und 11° n. Br. sowie 14° 30' und 27° 30' ö. L. **Staatsgebiet:** Die Z. R. grenzt im NW an Tschad, im NO an Sudan, im S an Zaire und Kongo und im W an Kamerun. **Verwaltungsgliederung:** 16 Präfekturen und als eigenes Verw.-Geb. die Hauptstadt. **Internat. Mitgliedschaften:** UN, OAU, GATT, der EWG assoziiert.
Landesnatur: Die Z. R. liegt auf der Asandeschwelle, die das Kongobecken vom Tschadbecken trennt. Zum Tschadbecken gehören die saisonal überschwemmten Geb. im zentralen N. Das Land ist weitgehend ein Hügelland in 500–1000 m Meereshöhe, das im NO vom Bongomassiv (Ngaja, bis 1368 m ü. d. M.) und im NW von Ausläufern des Adamaua (Mount Kayagangiri, 1420 m ü. d. M.) überragt wird.
Klima: Wechselfeuchtes trop. Klima mit einer großen und einer kleinen Regenzeit, im NW tritt eine ausgeprägte Trockenzeit von 4 Monaten auf; der äußerste SW dagegen hat immerfeuchtes trop. Klima.
Vegetation: Im SW trop. Regenwald, im NO Trockensavanne (z. T. mit Affenbrotbäumen und Fächerpalmen), ansonsten Feuchtsavanne mit Galeriewäldern.
Tierwelt: Charakteristisch sind Büffel, Elefanten, Löwen, Antilopen, Warzenschweine, verschiedene Affenarten, Krokodile, Nilpferde und zahlr. Vogelarten. In 2 Nationalparks und mehreren Reservaten blieb die Vielfalt der Fauna der Savanne erhalten.
Bevölkerung: Die Bev. gehört weitgehend zu den Sudaniden. Die stärksten Volksgruppen sind: die Banda (29 %) im O, die Baja (25 %) im W; hier leben außerdem die Mandija (21 %). Im SO leben die Zande, im N an der Grenze gegen Tschad die Sara und östlich davon die Runga, im SW noch einige Pygmäen. Etwa 60 % der Bev. sind Anhänger von Naturreligionen. Es besteht allgemeine Schulpflicht vom 6.–14. Lebensjahr. Das Analphabetentum ist nach wie vor sehr hoch (60 %). Seit 1970 besteht eine Univ. in Bangui.
Wirtschaft: Sie ist noch wenig entwickelt. Die Landw. ist der wichtigste Wirtschaftszweig. In ihr sind über 80 % der Erwerbstätigen beschäftigt. Der Ackerbau wird als Brandrodungsfeldbau betrieben. Wichtigste Grundnahrungsmittel sind Maniok, Hirse, Bataten, Mehlbananen, Mais und Reis. Für den Export werden Kaffee und Baumwolle angebaut. Der Nutzholzeinschlag richtet sich auf die Exporthölzer wie Sapelli, Sipo, Makoré und Doussie. Große Bed. hat die Diamantengewinnung. Nachgewiesen sind wirtsch. bedeutsame, jedoch noch ungenutzte Uranerzlager. Die verarbeitende Ind. ist wenig entwickelt.
Außenhandel: Die wichtigsten Handelspartner sind Frankreich, Belgien mit Luxemburg, Kamerun und Deutschland. Exportiert werden Kaffee, Schmuckdiamanten, Holz, Tabak und Baumwolle. Importiert werden Nahrungsmittel, chem. Erzeugnisse, Kunststoffe, Erdölderivate, Maschinen, Kfz und Baustoffe.
Verkehr: Verkehrsnetz und Infrastruktur sind wenig ausgebaut. Die Z. R. hat keine Eisenbahn. Der gesamte Außenhandel läuft über den Hafen Pointe-Noire (Kongo). Von den 22 500 km Straßen sind nur 6 000 km ganzjährig befahrbar (davon 450 km asphaltiert). Internat. ✈ M'Poko bei Bangui. Rege Flußschiffahrt auf dem Ubangi zum Kongo nach Brazzaville (Republik Kongo).
Geschichte: Von Bangui, das 1889 gegr. wurde, stießen die Franzosen zum Tschadsee und zum oberen Nil vor. Von Deutschland und dem Unabhängigen Kongostaat Leopolds II. von Belgien erwarben sie in Territorium, das 1894 unter dem Namen Haut-Oubangui konstituiert wurde. Die Kolonie Oubangui-Chari *(Ubangi-Schari)* wurde 1910 Bestandteil des Generalgouvernements Frz.-Äquatorialafrika, 1946 Überseeterritorium innerhalb der Frz. Union, erklärte sich 1958 zur autonomen Z. R. innerhalb der Frz. Gemeinschaft und wurde am 13. Aug. 1960 unter Präs. D. Dacko (* 1930) unabhängig. Die 1949 gegr. schwarze Freiheits- und Einheitsbewegung Mouvement d'Évolution Sociale de l'Afrique Noire (MESAN) wurde 1962 Einheitspartei des Landes, jedoch durch den Staatsstreich, den Generalstabschef J. B. Bokassa zum Jahreswechsel 1965/66 unternahm, weitgehend entmachtet. Bokassa hob die Verfassung auf und wurde 1972 Staatspräs. auf Lebenszeit; durch personalpolit. Maßnahmen, Willkürherrschaft und Terror schaltete er jegliche Opposition aus. Am 4. Dez. 1976 ließ Bokassa das **Zentralafrikanische Kaiserreich** ausrufen und sich als Bokassa I. zum Kaiser proklamieren (Krönung am 4. Dez. 1977). Eine Kommission afrikan. Juristen bestätigte, daß der Kaiser 1978 persönlich an der Tötung zahlr. demonstrierender Schulkinder in der Hauptstadt Bangui teilgenommen hatte. Im Sept. 1979 wurde der in Libyen weilende Bokassa I. mit Wissen und Unterstützung der frz. Reg. durch den ehem. Präs. Dacko gestürzt, der erneut die Z. R. proklamierte und das Präs.amt übernahm (im März 1981 durch Wahl bestätigt); Bokassa wurde 1987 wegen Verschwörung zum Mord und Unterschlagung verurteilt und wird seither in einem Militärlager gefangengehalten. Im Sept. 1981 brachte ein Militärputsch General A. Kolinga an die Spitze eines Militärkomitees des Nat. Wiederaufbaus an die Macht. 1986 wurde eine Zivilreg. gebildet und eine neue Verfassung angenommen. Zugleich ließ sich General Kolingba als Staatspräs. wählen; er gründete im Febr. 1987 offiziell die Reg.partei Rassemblement Démocratique Centrafricain (RDC), die bei den ersten Wahlen zur Nat.versammlung im Juli 1987 überlegen gewann. Nach Protesten gegen das Regime Kolingba wurden im Juli 1991 erstmals mehrere Parteien zugelassen. Nach Präsidentschaftswahlen ließ sich Kolingba 1992 zum Sieger erklären; das Wahlergebnis wurde jedoch vom Obersten Gerichtshof wegen Manipulationen bei der Stimmabgabe annulliert.
Politisches System: Nach der Verfassung vom 21. Nov. 1986 ist die Z. R. eine präsidiale Republik. *Staatsoberhaupt* und oberster Inhaber der *Exekutivgewalt* ist der Präs. (für 6 Jahre vom Volk direkt gewählt); er ist Oberbefehlshaber der Streitkräfte und ernennt die Mgl. des Kabinetts unter Leitung des Min.präs., die dem Parlament verantwortlich sind.

Zentralafrikanische Republik

Staatswappen

Internationales Kfz-Kennzeichen

1970 1990   1970 1990
Bevölkerung   Bruttosozial-
(in Mill.)   produkt je E
              (in US-$)

Bevölkerungsverteilung 1990

Bruttoinlandsprodukt 1990

Zentralafrikanischer Graben

Die *Legislative* liegt bei der Nat.versammlung (52 Abg., für 5 Jahre gewählt). Die bisherige Einheits*partei* RDC soll in einem demokrat. Reformprozeß durch ein Mehrparteiensystem ersetzt werden. Die Opposition organisiert sich im Comité de coordination pour la convocation d'une conférence nationale (CCCCN). Die *Gewerkschaften* sind seit 1981 aufgelöst. Das *Rechtssystem* folgt frz. Vorbild.

Zentralafrikanischer Graben, Teil des Ostafrikan. Grabensystems, von Tanganjika-, Kiwu-, Eduard- und Albertsee erfüllt, etwa 1 400 km lang, bis 40 km breit.

Zentralafrikanisches Kaiserreich ↑ Zentralafrikanische Republik (Geschichte).

Zentralafrikanische Zoll- und Wirtschaftsunion (frz. Union Douanière et Économique de l'Afrique Centrale, Abk. UDEAC), 1966 gegr. Zusammenschluß von Gabun, Kamerun, Kongo, Tschad (1968 ausgetreten) und der Zentralafrikan. Republik; Ziele sind v. a. wirtsch. Integration, Harmonisierung der industriellen Zusammenarbeit, der Steuer- und Investitionsgesetzgebung.

Zentralalpen, mittlerer Teil der Ostalpen zw. den Nördl. Kalkalpen und den Südalpen, ↑ Alpen.

Zentralamerika, Bez. für den festländ. Teil von ↑ Mittelamerika.

Zentralamerikanische Föderation (span. Estados Federados de Centro-América), 1823 gebildeter Staatenbund der unabhängig gewordenen zentralamerikan. Prov. des Generalkapitanats Guatemala im Vize-Kgr. Neuspanien; 1827–38 kam es zu krieger. Auseinandersetzungen, denen 1838/39 die Auflösung in die selbständigen Staaten Guatemala, El Salvador, Honduras, Nicaragua und Costa Rica folgte.

Zentralamerikanischer Gemeinsamer Markt (span. Mercado Común Centroamericano, Abk. MCCA), Bez. für einen 1960 von Guatemala, Honduras, El Salvador und Nicaragua gebildeten gemeinsamen Markt, dem seit 1962 auch Costa Rica angehört.

zentralasiatische Kunst, auf Grund vielfältiger kultureller Berührungen in den Gebieten O- und W-Turkestans, Afghanistans, Teilen der Mongolei sowie Tibets und der Himalajarandstaaten zusammenfassende Bez. für deren Kunst. Grabanlagen und Tierornamente lassen in vorgeschichtl. Zeit auf skyth. und altsibir. Einflüsse schließen (u. a. Funde in Afghanistan [Friedhof von Yemshitepe; Kuschanreich]). In histor. Zeit wurde die z. K. v. a. durch den Buddhismus geprägt. Die erste Station der von Gandhara geprägten buddhist. Kunst war Bamian (Afghanistan). Entlang den Seidenstraßen entstanden in **O-Turkestan** zw. 450 und 1100 n. Chr. zahlr. buddhist. Höhlentempel; in den Wandmalereien, bemalten Lehmskulpturen, Seidenmalereien und Manuskripten treffen sich ind. (Guptareich; Gandharakunst), iran. und chin. Stilelemente. Zentren waren im W Kaschgar, Khotan an der S-Route, Kuqa

Zentralasiatische Kunst. Buddhistische Gottheit aus einer Höhle in Schor-Tschuq bei Kuqa, 7./8. Jahrhundert

Zentralasiatische Kunst. Links: Jugendlicher Asket, Fragment eines Freskos aus der „Höhle des Seefahrers" in Kizil bei Kuqa, 6. Jh. (Berlin, Staatliche Museen, Museum für Indische Kunst). Rechts: Das erste Bad Buddhas, Fragment eines Rollbildes aus Dunhuang, zwischen 600 und 900 (London, British Museum)

(Kucha, mit Kizil) und Turfan an der N-Route und im O Dunhuang. In **W-Turkestan** waren v. a. die Städte Toprak-Kala in Choresmien und Pendschikent in der Sogdiana Zentren buddhist. Kunst. Nach der Islamisierung W-Turkestans im 8. Jh. entstand in Transoxanien (Buchara) und der Sogdiana (Samarkand) eine eigenständige Sonderform der islam. Kunst. Seit dem 7. Jh. wurden in **Tibet** die ersten lamaist. Tempel (Jokhangtempel in Lhasa, 641–50) und Klöster gegr., deren Zahl auf etwa 5 000 anstieg. Ihrem Vorbild folgten mit lokalen Stileinflüssen die lamaist. Klöster von Nepal, Sikkhim, Bhutan und der Mongolei (Ulan Bator). Tibet. Sonderform der Pagode ist die Tjorten. Die bunte Malweise der tibet. Thankas (Rollbilder), Fahnen u. a. ist durch ind., chin. und örtl. Stile bestimmt: Kultfiguren aus Bronze wurden oft versilbert oder vergoldet (Götterbilder, Priesterporträts, Heilige). Wichtigste Kultgeräte sind Gebetsmühlen und Donnerkeile. Im 17. Jh. wurde die Palastburg (Potala) von Lhasa ausgebaut. Die Kunst **Nepals** (Katmandutal) ist durch das Nebeneinander von Buddhismus und Hinduismus geprägt. Älteste buddhist. Bauten sind die im 1. Jh. v. Chr. begonnenen Stupas von Bodhnath und Swayambunath bei Katmandu. Die Tempel sind reich dekoriert und besitzen eine Fülle plast. Bildwerke mit kompliziertem Aufbau (bes. die Skulpturen des 9./10. Jh.). Seit dem 17. Jh. dominiert die aus Indien übernommene Holz-Ziegel-Bauweise im Pagodenstil (Nyatapola-Tempel in Bhadgaon; Pasupatinatha-Tempel bei Katmandu).

Zentralasien, die inneren, durch Trockenheit geprägten und nur dünn besiedelten Hochgebiete Asiens, die von Himalaja und Karakorum, Pamir, Tian Shan, Westl. und Östl. Sajan sowie vom Großen Chingan umrahmt werden.

Zentralbank, Notenbank, die gleichzeitig Träger der Währungspolitik des betreffenden Landes ist. *Girozentralen* und *Zentralkassen* sind Z. der Sparkassen bzw. der Kreditgenossenschaften.

Zentralbankrat ↑ Deutsche Bundesbank.

Zentralbau, ein von einer Mitte aus nach allen Seiten gleichmäßig entwickeltes Bauwerk. Grundrißformen sind Kreis, Oval, Quadrat, gleichmäßiges Vieleck (v. a. Achteck) und griech. Kreuz, um die sich Teilräume, z. B. Apsiden, Umgang, Rechteckkapellen symmetrisch gruppieren. Im Ggs. zum Langhausbau, der zum Durchschreiten auffordert, ist der Z. ein in sich ruhender Baukörper, dessen Geschlossenheit häufig durch eine Kuppel betont wird. – Rundbauten sind eine charakterist. Erscheinung vorgeschichtl. Kulturen (megalith. Kuppelgräber, Kromlechs, Kurgane, Nuraghene). Auch in der Antike wurde der Z. für Sakralbauten (Tholos) und Grabbauten (z. B. Grabmal Theoderichs d. Gr., Ravenna; Engelsburg, Rom) verwandt. Höhepunkt und Vorbild für zahlr. Nachfolgebauten (Felsendom, Jerusalem) war das röm. Pantheon. Im frühchristl. Sakralbau setzte sich der Z. v. a. in der byzantin. Kunst durch (Kreuzkuppelkirche, z. B. Hagia Sophia in Istanbul). Die ma. Baukunst des W verwendete den Z. nur für Kirchen mit bes. Bestimmung, Palastkirchen (Aachener Dom), Grabkapellen und Baptisterien. Außerdem entstanden in Italien Schlösser als Z. (Castel del Monte), auch islam. Wüstenschlösser und Grabtürme (↑ Türbe). Für die Baumeister der Renaissance war der reine Z. die ideale Bauform, die es ermöglichte, die einzelnen Bauelemente untereinander in klare Verhältnisse zu bringen (u. a. Entwurf Bramantes für die Peterskirche). Im 17. und 18. Jh. entstanden hauptsächlich ev. Predigtkirchen als Z. (Frauenkirche in Dresden). Vereinzelt wurden auch profane Gebäude als Z. errichtet (Villa Capra, gen. „La Rotonda", von Palladio bei Vicenza), bevorzugt wurde der Pavillon. Seit dem 19. Jh. entstanden zahlr. Hallenbauten (Breslau, Jahrhunderthalle, 1911 bis 1913).

Zentralbewegung, krummlinige Bewegung eines Körpers (Massenpunktes) unter dem Einfluß einer stets auf den gleichen Raumpunkt gerichteten Kraft. Die beschleunigende Kraft heißt *Zentralkraft,* der Raumpunkt, auf den sie gerichtet ist, *Bewegungs-* oder *Beschleunigungszentrum.* Die Verbindungsstrecke zw. Bewegungszentrum und dem sich bewegenden Massenpunkt wird als *Fahrstrahl* bezeichnet, der in gleichen Zeiten gleich große Flächenstücke überstreicht. Beispiele für Z. sind die gleichförmige Kreisbewegung und die Bewegung der Planeten um die Sonne (↑ Keplersche Gesetze).

Zentrale [griech.-lat.], Hauptort; Stelle, von der aus etwas geleitet wird.
▷ in der *Mathematik* Gerade, die durch die Mittelpunkte zweier Kreise verläuft.

Zentrale Erfassungsstelle der Länderjustizverwaltungen in Salzgitter, im Okt. 1961 von den Justizmin. und -senatoren der dt. Bundesländer unter Verantwortung des Landes Niedersachsen geschaffene Einrichtung, um die in Berlin (Ost) und der DDR begangenen polit. Straftaten gegen die Freizügigkeit und die Grundrechte zu

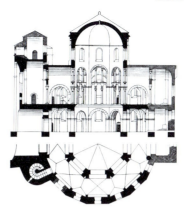

Zentralbau. Ost–West-Schnitt und halbierter Grundriß des karolingischen Baus des Aachener Münsters

registrieren; 1990 umbenannt in „Zentrale Beweis- und Dokumentationsstelle". Ihre in der Zeit vom 24. Nov. 1961 bis zum 3. Okt. 1990 zusammengetragenen mehr als 42 000 Akten, die u. a. vollendete und versuchte Tötungshandlungen an der innerdt. Grenze, polit. Terrorurteile der DDR-Justiz, Mißhandlungen durch den Staatssicherheitsdienst und im Strafvollzug sowie Formen der Denunziation dokumentieren, erlangen entscheidende Bed. für die Bewältigung der Hinterlassenschaft des SED-Regimes, v. a. für den Aufbau einer unabhängigen Justiz in den neuen Bundesländern sowie für die Rehabilitierung der Opfer.

Zentraleinheit, Abk. CPU (für engl.: **c**entral **p**rocessing **u**nit), der aus Arbeitsspeicher, Steuerwerk und Rechenwerk bestehende Hauptbestandteil einer elektron. Datenverarbeitungsanlage, z. B. eines Computers.

Zentrale Stelle der Landesjustizverwaltungen zur Aufklärung nationalsozialistischer Verbrechen, 1958 von den Justizmin. und Justizsenatoren der dt. Bundesländer in Ludwigsburg errichtete Einrichtung, die sich um die Aufdeckung nat.-soz. Verbrechen und ihre strafrechtl. Verfolgung bemüht. Die DDR hatte, im Unterschied zu anderen ehem. Ostblockstaaten, die Zusammenarbeit verweigert; seit Anfang 1992 kann auch auf ein NS-Archiv des Staatssicherheitsdienstes zurückgegriffen werden.

Zentralheizung ↑ Heizung.

Zentralide, zum mongoliden Rassenkreis gehörende nordindianide Menschenrasse; von mittelhohem, untersetztem und grazilem Wuchs, mit kurzem Kopf, schmaler Stirn, breiter Nase, wenig vorstehenden Wangenbeinen, breitem Untergesicht und relativ dunkler Haut. Hauptverbreitungsgebiete der Z. (darunter die Azteken- und Mayastämme) sind der S der USA, Mexiko und das nördl. Z.-Amerika.

Zentralinstitut für Kunstgeschichte, 1946 gegr. Inst. zur Erforschung der Kunstgeschichte des Abendlands, Sitz München. Bed. Fachbibliothek, Photothek. Herausgabe von Jahresberichten (seit 1950) und des „Reallexikons zur Dt. Kunstgeschichte" (1933 ff.).

Zentralinstitut für Seelische Gesundheit, 1975 errichtete baden-württemberg. Landesstiftung des öff. Rechts (Sitz Mannheim), die folgende Einrichtungen unterhält: psychiatr. und psychosomat. sowie kinder- und jugendpsychiatr. Kliniken und Ambulanzen, Abteilungen für Psychohygiene und Gemeindepsychiatrie, klin. Psychologie, epidemiol. Psychiatrie, Medizinsoziologie, evaluative Forschung, Biostatistik. Zu ihren Aufgaben gehören: Erforschung, Vorbeugung und Behandlung seelischer Krankheiten sowie Lehre im Rahmen der Fakultät für klin. Medizin Mannheim der Univ. Heidelberg.

Zentralisation [griech.-lat.], Organisationsgrundsatz in Verwaltung, Politik und Wirtschaft entweder als *räuml.* Z. in der Weise, daß gleichartige Aufgaben verschiedener Stellen bei einer Stelle zusammengefaßt werden, oder als *sachl.* Z. durch gleiches Vorgehen verschiedener Stellen bei gleichartigen Aufgaben.

Zentralasiatische Kunst. Nyatapola-Tempel in Bhadgaon, um 1700

Zentralismus

Zentralismus, Struktur- und Leitungsprinzip des Staates und gesellschaftl. Verbände, das auf Konzentration aller Kompetenzen bei einer zentralen obersten Instanz ausgerichtet ist. Im Bereich der Staatsorganisation ist der zentralisierte ↑Einheitsstaat die reinste Form des Z.; Ggs. ist der Bundesstaat (↑Föderalismus), Zwischenform der dezentralisierte Einheitsstaat.

Zentralkatalog (Gesamtkatalog), Verzeichnis, in dem die Bestände mehrerer Bibliotheken unter Federführung einer Bibliothek erfaßt sind, z. B. enthält der „Gesamtkatalog der Preuß. Bibliotheken" (begonnen 1903, 1936 erweitert zum „Dt. Gesamtkatalog", unvollendet) die vor 1930 erschienenen Bücher von 100 dt. und öster. Bibliotheken.

Zentralkette, Gebirgszug auf der Halbinsel Kamtschatka, Rußland, 1200 km lang, bis 3621 m hoch, mit aktiven Vulkanen; z. T. vergletschert.

Zentralkomitee, Abk. ZK, in kommunist. Parteien laut Statuten das nominelle Führungsgremium zw. den Parteitagen. Es wählt aus seinen Mgl. das ↑Politbüro und das Sekretariat (die tatsächl. Führungs- und Machtinstanzen der Partei).

Zentralkomitee der deutschen Katholiken, 1952 von der Fuldaer Bischofskonferenz gegr. Zusammenschluß der Laienkräfte und -arbeit des dt. Katholizismus zu Meinungsbildung und Aktionseinheit.

Zentralkraft ↑Zentralbewegung.

Zentralmassiv (Zentralplateau; frz. Massif Central), mit rd. 85000 km² das ausgedehnteste Gebirgsmassiv Frankreichs, westl. der unteren Saône und der Rhone. Im Mittel 700–800 m hohe waldarme Plateaulandschaft mit erloschenen Vulkanen, die höchste Erhebung ist der Puy de Sancy (1886 m) im Mont-Dore. Das Z. wird umgeben vom Garonne-Becken im W, von dem Pariser Becken im N und der Rhone-Saône-Senke im O. Die meist eintönigen, flachwelligen Plateaus sind durch z. T. tektonisch vorgeformte Täler und Einbruchsbecken in viele Einzellandschaften gegliedert; die größten sind ↑Auvergne, ↑Cevennen, ↑Limousin und ↑Causses. Das Klima ist im S und SO mediterran geprägt; der O und die im Lee gelegenen Becken sind trockenwarm und erhalten nur rd. 500 mm Jahresniederschlag, während der zentrale Teil die im W gelegenen Vorläufer atlantisch beeinflußt und am stärksten beregnet sind (1100–2000 mm). Die Weidewirtschaft überwiegt. Auf der Grundlage der Kohlenlager in den randl. Becken (bes. Saint-Étienne, Montceau-les-Mines, Decize, Alès) hat sich bed. Ind. entwickelt. Der Fremdenverkehr stützt sich sowohl auf die Heilbäder, wie Vichy und Châtelguyon, als auch auf die Wintersportgebiete im Cantal.

Zentralnervensystem (zentrales Nervensystem), Abk. ZNS, bei Wirbeltieren und Menschen aus Rückenmark und Gehirn bestehender zentraler Teil des gesamten Nervensystems. Das Z. umfaßt den größten Teil der Nervenzellkörper sowie die Synapsen und stellt ein kompliziert verschaltetes biol. Informationsverarbeitungssystem dar. Dabei gewährleistet es nicht nur die Auseinandersetzung des Organismus mit der Umwelt, sondern koordiniert auch die Funktion der Organe untereinander. Durch die Fähigkeit zur kurz- oder langfristigen Speicherung von Informationen (Lernvermögen, Gedächtnis), der Verbindung zum vegetativen Nervensystem sowie zum Hormonsystem nimmt das Z. eine übergeordnete Stellung für den Ablauf aller Lebensvorgänge ein.

Zentralperspektive ↑Perspektive.

Zentralprojektion ↑Projektion.

Zentralrat der Juden in Deutschland, 1950 gegr. Spitzenorganisation der jüd. Gemeinden und ihrer Landesverbände in der BR Deutschland (seit 1963 Körperschaft des öff. Rechts); Organe: Ratsversammlung, Direktorium, Verwaltungsrat des Direktoriums; Sitz Düsseldorf (seit 1952); Aufgabe: Mitwirkung bei der Gesetzgebung zur Wiedergutmachung sowie die Förderung des kulturellen und religiösen Lebens der dt. Juden.

Zentralrat Deutscher Sinti und Roma ↑Roma.

Zentralregister, 1. ↑Bundeszentralregister; 2. ↑Verkehrszentralregister.

Zentralstelle für die Vergabe von Studienplätzen, Abk. ZVS, in Dortmund errichtete Behörde, deren Aufgabe die Vergabe von Studienplätzen an staatl. und staatlich anerkannten Hochschulen in zulassungsbeschränkten Studiengängen nach bundesweit einheitl. gesetzl. oder staatsvertraglich geregelten Kriterien ist.

Zentralstern, sehr heißer Stern im Mittelpunkt eines planetar. Nebels, der durch seine hohe Ultraviolettstrahlung den Nebel zum Leuchten anregt.

Zentralsymmetrie, svw. Punktsymmetrie (↑Symmetrie).

Zentralverlag der NSDAP Franz Eher Nachf. GmbH, München, von *F. Eher* (*1851, †1918) als *Franz Eher Verlag* 1901 gegr. Verlag, der 1920 in den Besitz der NSDAP überging. Seit 1933 wurden nach und nach rd. 150 enteignete oder zwangsverkaufte Verlage in das Unternehmen integriert. Bis zur Auflösung 1945 erschienen hier parteiamtl. und allg. nat.-soz. Literatur und Publizistik.

Zentralverschluß ↑photographische Apparate.

Zentralverwaltungswirtschaft (Zwangswirtschaft), Wirtschaftsordnung, in der im Ggs. zur freien ↑Marktwirtschaft der gesamte Wirtschaftsprozeß (Produktion und Konsumtion) eines Landes von einer zentralen Instanz (z. B. zentrale staatl. Planungsbehörde) einheitlich nach vorgegebenen Zielvorstellungen koordiniert und überwacht wird. Der Marktmechanismus als wichtiges Steuerungsinstrument einer Verkehrswirtschaft (Marktwirtschaft) wird dabei weitgehend durch ein bürokrat. Kommandosystem ersetzt. In der Praxis gibt es häufig Mischformen mit dezentralisierten Entscheidungsmöglichkeiten. – ↑Planwirtschaft.

Zentralwert (Median), in der *Statistik* ein Mittelwert, der im Unterschied zum Durchschnitt den mittleren der nach der Größe geordneten einzelnen Reihenwerte darstellt (50 %-Punkt).

zentrieren [griech.-lat.], auf den Mittelpunkt (Zentrum) einstellen; mehrere Mittelpunkte zur Deckung bringen, z. B. bei der Münzprägung die Mittelpunkte von Stempel und Münzrohling; ein [opt.] System so einstellen, daß alle Mittelpunkte (der Linsen) auf einer Geraden liegen.

Zentrierung [griech.-lat.], in der *Psychologie* ein (aus der Gestaltpsychologie stammender) Terminus, der die subjektive (persönl.) Schwerpunktbildung, Rangordnung oder Gewichtung (in einem bestimmten Lebensalter) einzelner Gebilde oder Gebiete im Wahrnehmen und Denken, in der Motivation oder beim Lernen bezeichnet.

Zentrifugalkraft [griech.-lat./lat./dt.] (Fliehkraft, Schwungkraft), bei krummliniger Bewegung eines Körpers (v. a. bei einer Drehbewegung) auftretende Trägheitskraft, die die Richtungsänderung infolge einer real einwirkenden Kraft zu verhindern sucht; die Z. ist dem Betrag nach gleich dieser einwirkenden *Zentripetalkraft,* aber ihr genau entgegengesetzt.

Zentrifuge [griech.-lat./lat.] (Schleuder, Trennschleuder), Gerät zur Trennung *(Zentrifugieren, Schleudern)* von Gemischen (z. B. der Art fest-flüssig, flüssig-flüssig, gasförmig-gasförmig), das die bei Rotation auftretende Zentrifugalkraft ausnutzt. Als Maß für die Wirksamkeit einer Z. dient die *Z.kennzahl* bzw. *Schleuderzahl.* Sie kann Werte von 200 bis 1 Mill. (Ultra-Z.) annehmen. Je nach Trennprinzip unterscheidet man zw. *Filtrations-Z. (Siebschleudern)* und *Sedimentations-Z. (Vollwand-Z.).* Filtrations-Z. werden v. a. zur Abtrennung großer Feststoffteile mit großem Teilchendurchmesser verwendet, z. B. zur Entwässerung von Feinkohle oder zur Abtrennung des Rohzuckers vom Muttersirup. Hierzu zählen auch die Wäscheschleudern. – Zu den Sedimentations-Z. gehören die *Überlauf-Z.* (eine Suspension wird kontinuierlich zugeführt, die klare Flüssigkeit läuft kontinuierlich ab) und die *Becher-Z.* (Becher sind an einer vertikalen Welle aufgehängt, die sich durch die Zentrifugalkraft senkrecht zur Drehachse stellen). Sehr schnell laufende Becher-Z. sind die *Ultra-Z. Teller-Z.* sind die am häufigsten verwendeten Z.; sie besitzen mehrere kon. Schleuderbleche, die in rasche Umdrehungen versetzt werden, und dienen u. a. als Milch-Z. (↑Separator).

Zentriol [lat.] (Centriol, Zentralkörperchen), meist nur elektronenmikroskopisch nachweisbare Organelle, die in tier. Zellen paarig in der Nähe des Zellkerns vorkommt. Bei den höheren Pflanzen besitzen die Zellen kein Z., dafür ist bei ihnen eine Polkappe ausgebildet. Das Z. ist ein 0,3–0,5 µm langes, zylindr. Körperchen, das aus neun kreisförmig angeordneten, aus zwei oder (meist) drei ↑Mikrotubuli bestehenden Strukturen gebildet wird. Das Z. ist am Aufbau der Polstrahlen und der Kernspindel bei der Kernteilung (Mitose) beteiligt, nachdem sich in der Nähe seines einen Endes ein Tochter-Z. ausgebildet hat und die Z. dann polwärts gewandert sind.

Zentripetalkraft [griech.-lat./lat./dt.] ↑Zentrifugalkraft.

zentrisch [griech.-lat.], einen Mittelpunkt besitzend, auf den Mittelpunkt bezogen, im Mittelpunkt befindlich.

zentrische Streckung (Ähnlichkeitsabbildung, Dilatation), eine Abbildung der Ebene auf sich, bei der das Zentrum Z der z. S. in sich übergeht und jeder von Z verschiedene Punkt P so auf einen Punkt P' abgebildet wird, daß $\overline{ZP'} = \lambda \overline{ZP}$ gilt, wobei λ der *Ähnlichkeits*- oder *Abbildungsfaktor* ist. – ↑Strahlensätze.

Zentrismus [lat.], in der kommunist. Terminologie Bez. für die vermittelnde linkssozialist. Richtung innerhalb der Arbeiterbewegung (u. a. Kautsky).

Zentriwinkel [griech.-lat./dt.] (Mittelpunktswinkel), von zwei Radien eines Kreises gebildeter Winkel.

Zentromer [griech.] (Centriol, Kinetochor, Kin[et]omer, Kinetonema), Ansatzstelle der bei der Kernteilung sich ausbildenden Spindelfasern am Chromosom.

Zentrum [lat., zu griech. *kéntron* „Stachel; Mittelpunkt eines Kreises"], allg. svw. Mitte, Mittelpunkt.

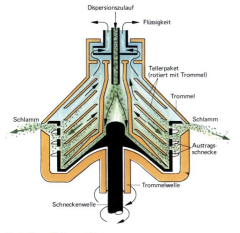

Zentrifuge. Tellerzentrifuge

Zentrum, allgemein Bez. für die Abg. und polit. Kräfte, die im Parlament die Plätze zw. der Rechten und der Linken einnehmen und eine mittlere polit. Linie verfechten; in der dt. Parteiengeschichte seit 1848/49 (nach der Sitzordnung in der Frankfurter Paulskirche) übl. Bez. für Gruppierungen des polit. Katholizismus.
Seit 1858 nannte sich die 1852 gegr. Kath. Fraktion im preuß. Landtag Fraktion des Z.; 1870/71 schlossen sich kath. Abg. im preuß. Landtag und im Reichstag zur Fraktion des Z. (*Dt. Zentrumspartei;* 1871 15,2 % der Wählerstimmen) zusammen. Das Z. war zwar grundsätzlich als interkonfessionelle Partei angelegt, blieb jedoch weitestgehend auf die kath. Wähler beschränkt; bei diesen, gegenüber der überwiegend prot. dt. Bev. eine deutl. Minderheit, erreichte das Z. aber auf Grund seiner breiten sozialen Streuung (vom Arbeiter bis zum Unternehmer) eine Stellung ähnlich den Volksparteien des 20. Jh. In strikter Gegnerschaft zur kleindt. Reichseinigung und zum vorherrschenden preuß. Protestantismus überstand das Z. unter L. Windthorst den ↑Kulturkampf; nach Bismarcks Abkehr vom Kulturkampf unterstützte das Z. insbes. seine Sozialpolitik. Nach 1890 (26,7 % der Wählerstimmen) erlangte das Z. eine parlamentar. Schlüsselposition und die Funktion einer Reg.partei (1881–1912 und 1916–18 stärkste Reichstagsfraktion). Im 1. Weltkrieg verfocht das Z. unter dem Einfluß M. Erzbergers ab 1917 einen Verständigungsfrieden. Als monarchist. Verfassungspartei lehnte das Z. zwar die Novemberrevolution ab, schloß sich aber der Weimarer Koalition an und war maßgeblich an der Ausarbeitung der Weimarer ↑Reichsverfassung beteiligt. Bis 1932 (1920 nach Abspaltung der Bayr. Volkspartei [1918] 15, 1932 11,2 % der Wählerstimmen) war das Z. in allen Reichsreg. vertreten und stellte die Reichskanzler K. Fehrenbach, J. Wirth, W. Marx und H. Brüning. Auf Länderebene an der Reg. beteiligt war das Z. in Preußen 1919–33, in Württemberg und Baden 1918–33. In der Endphase der Weimarer Republik suchte die Partei die Krise des liberalen Parlamentarismus durch eine konservative Wende zu überwinden. Nach der Machtergreifung Hitlers stimmten ihre Abg. dem Ermächtigungsgesetz zu; das Z. verfiel im Juli 1933 der zwangsweisen Selbstauflösung. Die Mehrheit der überlebenden Z.führer waren 1945 Mitbgr. der CDU. Die Neugründung eines linksorientierten Z. 1945 hatte nur regionale Bed. in NRW (bis 1958 an der Reg. beteiligt).

Zenturie (Centurie) [...i-ε; zu lat. centuria „Hundertschaft"], Bez. für eine militär. Einheit der altröm. Armee von 60 (urspr. 100) Mann unter einem **Zenturio**; 2 Z. machten eine ↑Manipel, 60 Z. eine ↑Legion aus. Die Einteilung der Bürgerschaft in 193 Z. (18 Z. Equites, 170 Z. Fußvolk in fünf Vermögensklassen, 5 Z. angegliederte Unbewaffnete) wird König Servius ↑Tullius zugeschrieben, fällt aber wohl ins 5./4. Jh. v. Chr. Die Z. waren Grundlage der Zenturiatskomitien (comitia centuriata) bei der Wahl der Beamten mit Imperium und der Entscheidung über Krieg und Frieden.

Zenturio (lat. centurio) [zu lat. centum „hundert"], Befehlshaber einer ↑Zenturie der röm. Armee.

Zeolithe [griech.], Gruppe meist farbloser, weißer oder schwach gefärbter, säulig-nadeliger bis tafeliger Minerale, die zu den Tektosilicaten (↑Silicate) gehören. Chemisch sind es wasserhaltige Calciumaluminium- und Alkalialuminiumsilicate; das Kristallgitter ist eine aus SiO_4- und AlO_4-Tetraedern bestehende Gerüststruktur; Mohshärte 3–5,5; Dichte i. d. R. 2,2 g/cm³. Nach der Struktur lassen sich *Würfel-Z.* (z. B. Chabasit), *Faser-Z.* (z. B. Natrolith) und *Blätter-Z.* (z. B. Heulandit) unterscheiden. Die meisten Z. entstehen spätmagmat.-hydrothermal in Klüften und Blasenhohlräumen von jungvulkan. Gesteinen, v. a. in Basalten und Phonolithen. Alle Z. enthalten in Gitterhohlräumen Wasser, das mit steigender Temperatur abgegeben und beim Abkühlen wieder aufgenommen wird. Ihre Alkali- und Erdalkalionen sind relativ frei beweglich in Gitterhohlräume eingebettet und lassen sich bis zu einem gewissen Grad gegen andere Kationen austauschen (↑Ionenaustauscher). In den Hohlräumen der Zeolithmakromoleküle können je nach Größe bestimmte organ. Verbindungen absorbiert werden. Natürl. und heute auch synthetisch hergestellte Z. mit genau festgelegten Hohlräumen werden daher u. a. als ↑Molekularsiebe verwendet.

zephal..., Zephal..., zephalo..., Zephalo... (cephal[o]..., Cephal[o]..., kephal[o]..., Kephal[o]...) [zu griech. *kephalē* „Kopf"], Bestimmungswort von Zusammensetzungen mit der Bed. „Kopf, Schädel, Spitze".

Zephalosporine (Cephalosporine) [griech.], dem Penicillin ähnl. Antibiotika aus Pilzen der Deuteromyzetengatt. Cephalosporium mit breitem Wirkungsspektrum gegen viele grampositive und manche gramnegative Bakterienarten.

Zephanja (Sophonias), der neunte der zwölf sog. Kleinen Propheten des A. T. Er predigte vor 622 v. Chr. unter König Josia von Juda.

Zeolithe. Kugelige Kristallaggregate des Faserzeoliths Natrolith

1

2

3

Zeolithe. Verschiedene Kristallstrukturen: 1 Chabasit, ein Würfelzeolith; 2 Natrolith, ein Faserzeolith; 3 Heulandit, ein Blätterzeolith

Zephir

Zephir (Zephyr) [griech.-lat.], dichterisch für: milder [Süd]westwind. – ↑ Zephyros.
▷ feinfädiges, weiches, meist farbiges Baumwollgewebe, v. a. in Leinwandbindung; Kleiderstoff.

Zephyros, bei den Griechen der W-Wind und dessen vergöttlichte Personifikation.

Zeppelin, Ferdinand Graf von ['tsɛpəliːn], * Konstanz 8. Juli 1838, † Berlin 8. März 1917, dt. Luftschiffkonstrukteur. – Württemberg. Offizier; widmete sich nach 1891 dem Luftschiffbau und konstruierte das erste (nach ihm ben.) lenkbare Starrluftschiff LZ1 (Start 1900), dem über 100 weitere *Zeppeline* folgten. 1909 gründete Z. die Luftschiffbau Z. GmbH, Friedrichshafen. Seine Mitarbeiter (u. a. L. Dürr, H. Eckener) führten sein Werk nach seinem Tode fort bis zur Verdrängung der Luftschiffe durch Flugzeuge.

Ferdinand Graf von Zeppelin

Zepter (veraltet Szepter) [zu griech. skêptron „Stab"], ein zu den Krönungsinsignien gehörender Stab als Zeichen der Herrscherwürde; im MA zunächst Symbol kaiserl. bzw. königl., später auch fürstl. Gewalt sowie Belehnungssymbol.

Zepterlehen ↑ Lehnswesen.

Zer ↑ Cer.

Zerate (Cerata) [lat.], wasserfreie Wachs-Fett-Gemische (hauptsächlich aus gelbem Bienenwachs und Erdnußöl), die bei Normaltemperatur fest sind; Anwendung z. B. als Lippenpomade.

Zerberus (Cerberus, Kerberos), in der griech. Mythologie der dreiköpfige Wachhund an den Pforten der Unterwelt, Sohn des Typhon und der Echidna, der nur von Orpheus und von Herakles überwunden wurde.

Zerbst, Krst. an der Nuthe, Sa.-Anh., 70 m ü. d. M., 18 700 E. Metallverarbeitende und Nahrungsmittelind. – Um 1200 planmäßige Gründung neben einer 948 gen. slaw. Siedlung; erhielt 1209 Stadtrecht. 1603–1793 Residenz des Ft. Zerbst. – Ehem. Klosterkirche (um 1252, heute Heimatmuseum), frühbarockes Schloß (17. Jh.), Roland (1445).
Z., Landkr. in Sachsen-Anhalt.

Zerealien (Cerealien) [nach Ceres], 1. eingedeutscht für das Fest Cerealia (↑ Ceres); 2. veraltet für Getreide bzw. Feldfrüchte.

zerebral [zu lat. cerebrum „Gehirn"], das Gehirn betreffend, zu ihm gehörend.

Zerebralganglion, svw. ↑ Oberschlundganglion.

Zerebralisation [lat.] (Zerebration), die fortschreitende Zunahme des Gehirngewichts und -volumens sowie die Steigerung der Komplexität des Gehirns in der Tierreihe bis hin zum Menschen, bes. die Zunahme des Großhirns im Vergleich zum Stammhirn.

Zerebroside (Cerebroside) [lat.], v. a. in der Gehirnsubstanz enthaltene, zu den Glykolipiden zählende fettähnl. Substanzen, bestehend aus Sphingosin, aus einer an der Aminogruppe des Sphingosins gebundenen Fettsäure und aus einem Zucker (meist Galaktose oder Glucose). Die von den Z. abgeleiteten **Sulfatide** enthalten einen an den Zuckerrest gebundenen Schwefelsäurerest.

zerebrospinal [lat.], Gehirn und Rückenmark betreffend, zu Gehirn und Rückenmark gehörend.

Zerebrospinalflüssigkeit, svw. ↑ Gehirn-Rückenmark-Flüssigkeit.

Zeremoniale (Caeremoniale) [lat.], liturg. Buch der kath. Kirche mit den Texten, Vorschriften und Regeln der kirchl. Zeremonien.

zeremoniell [lat.-frz.], Förmlichkeiten, die bei feierl. Anlässen im staatl. und religiösen Bereich Anwendung finden; bei zwischenstaatl. Beziehungen ↑ Protokoll.

Zeresin [lat.] ↑ Erdwachs.

Zereteli, Akaki Rostomowitsch Fürst, * Schwitori (Georgien) 21. Juni 1840, † ebd. 8. Febr. 1915, georg. Dichter. – Bed. Epiker, Lyriker und Dramatiker; verarbeitete in Versepen, Gedichten und Novellen Ereignisse der georg. Geschichte; gilt als einer der Schöpfer der neugeorg. Literatursprache („Georg. Poesie aus acht Jh.", dt. Auswahl 1971).

Zepter. Spätbronzezeitliches Zepter aus einem Königsgrab in Kurion, 11. Jh. v. Chr.

Zerfallskonstante (Abklingkonstante), die Geschwindigkeit des radioaktiven Zerfalls (Aktivität) eines Teilchens angebende Größe λ, die gleich der reziproken (mittleren) Lebensdauer τ ist; es gilt $\lambda = 1/\tau = \ln 2/T_{1/2} = 0{,}6931\ T_{1/2}$ ($T_{1/2}$ ↑ Halbwertszeit).

Zerfallsreihe, durch aufeinanderfolgende Kernzerfall (α- und β-Zerfall) auseinander hervorgehende radioaktive Stoffe bzw. Atomkerne *(Tochtersubstanzen).* Das erste Glied einer Z. wird als *Muttersubstanz* oder *Stammelement* bezeichnet. In der Natur kommen drei Z. vor, deren Muttersubstanzen wegen ihrer langen Lebensdauer seit Entstehung der Erde noch vorhanden sind: die **Thoriumreihe,** die **Uranreihe** (Uran-Radium-Reihe) und die **Actiniumreihe** (Uran-Actinium-Reihe). Eine künstlich erzeugte Z. ist die **Neptuniumreihe,** deren Muttersubstanz das Plutoniumisotop $^{241}_{94}\text{Pu}$ ist.

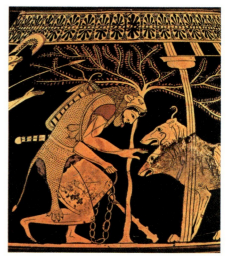

Zerberus. Herakles entführt den Unterwelthund Zerberus, Darstellung des Andokides-Malers auf einer Amphora, um 515 v. Chr. (Paris, Louvre)

Zerhacker ↑ Chopper, ↑ Wechselrichter.

Zerkarie (Cercaria) [griech.], das innerhalb einer ↑ Sporozyste bzw. ↑ Redie parthenogenetisch aus einer Eizelle entstehende, v. a. durch einen Ruderschwanz und die unvollkommen entwickelten Geschlechtsorgane von den erwachsenen Tieren unterschiedene Entwicklungsstadium (Generation) bei Saugwürmern der Ordnung ↑ Digenea; schwimmt oder kriecht nach Verlassen des Zwischenwirts im Wasser umher und enzystiert sich dann entweder an Pflanzen oder in einem neuen Zwischenwirt, in den es sich zuvor einbohrte. Durch Aufnahme der Zysten *(Metazerkarien)* mit der Nahrung gelangt der Parasit schließlich in den Endwirt.

Zerlegerzünder ↑ Munition.

Zermatt, Gem. im schweizer. Kt. Wallis, am N-Fuß des Matterhorns, 1 616 m ü. d. M., 4 600 E. Sommerfrische und Wintersportplatz, alpines Museum; Zahnradbahn auf den Gornergrat (3 089 m), Seilbahn auf das Kleine Matterhorn (3 820 m; mit anschließendem Gipfellift auf 3 885 m); Endpunkt der Bahnlinie Visp–Z.; Autostraße führt nur bis Täsch.

Zermatten, Maurice [frz. zɛrmaˈtɛn], * Saint-Martin (Wallis) 22. Okt. 1910, schweizer. Schriftsteller. – Schreibt in frz. Sprache meist im bäuerl. Milieu angesiedelte psycholog. Romane („... denn sie wissen nicht, was sie tun", 1958); auch Erzählungen, Novellen, Dramen und Essays.

Zermelo, Ernst, * Berlin 27. Juli 1871, † Freiburg im Breisgau 21. Mai 1953, dt. Mathematiker. – Assistent von M. Planck, Prof. in Göttingen, Zürich und Freiburg; begründete 1908 mit seinem (später von A. A. Fraenkel vervollständigten) Axiomensystem die axiomat. Mengenlehre.

Zernike, Frits, eigtl. Frederik Z., *Amsterdam 16. Juli 1888, †Naarden 10. März 1966, niederl. Physiker. – Prof. in Groningen; bed. Arbeiten zur Wellenoptik. Für die Entwicklung des Phasenkontrastverfahrens und speziell die Erfindung des nach diesem Verfahren arbeitenden Mikroskops erhielt er 1953 den Nobelpreis für Physik.

Zero [ˈzeːro; arab.-frz. „null"], 1957–67 bestehende Künstlervereinigung in Düsseldorf (H. Mack, O. Piene, ab 1960 G. Uecker), bei deren Objekten Licht, Bewegung und materielle Strukturen eine Rolle spielen.

Zeroplastik [griech.], Wachsbildnerei, v. a. Herstellung von Entwürfen für Bildhauerarbeiten (Bozzetto) und von Modellen für den Bronzeguß; heute findet sich Z. v. a. in Wachsfigurenkabinetten.

Zerrung, in der *Geologie* durch Druck oder Zug verursachte Dehnung eines Gesteins; führt zur Entstehung von Klüften, Spalten, Verwerfungen und Gräben.
▷ in der *Medizin* ↑Verstauchung.

Zersetzung, die Veränderung von Struktur und chem. Zusammensetzung eines Stoffs durch Wärme oder andere Energieformen, Chemikalien oder durch Einwirkung von Mikroorganismen. Absichtlich herbeigeführt wird die elektrochem. Z. bei der Elektrolyse. – Durch Pilze und Bakterien bewirkte Z. organ. Substanz auf oder im Boden gehört zum Stoffkreislauf der Natur.

Zersetzungsspannung (Abscheidungspotential), diejenige Spannung, bei der bei einer Elektrolyse die Abscheidung eines Stoffes einsetzt.

Zersiedlung, Beeinträchtigung oder Zerstörung der Landschaft und von Ökosystemen durch ausufernde städt. Bebauung im ländl. Raum, durch die Erschließung von natürl. Biotopen für die Landw., Fremdenverkehr und für Ind.anlagen.

Zerstäuber, Vorrichtung zum Zerstäuben von Flüssigkeiten (Zerteilung in feinste Tröpfchen, Herstellung eines Aerosols). Bei der gebräuchlichsten Bauart reißt ein an einer Düse vorbeiströmender Luftstrom die dort austretende Flüssigkeit in Form kleinster Tröpfchen mit (u. a. beim Vergaser, bei Spritzpistolen, beim Parfümzerstäuber). Z. arbeiten im Ggs. zum ↑Spray ohne Treibgase.

Zerstäubungstrocknung ↑Konservierung.

Zerstörer, mittelgroßes, schnelles und wendiges Kampfschiff (Geschwindigkeit 35–40 kn; heute i. d. R. 3 000–8 000 ts), meist mit Mischbewaffnung aus Artillerie (Kaliber bis 15 cm), Torpedos (bis 10 Rohre) und Flugkörperstartern. Aufgaben der Z. sind Geleitschutz, Flugabwehr und U-Jagd. Entstanden ist dieser Schiffstyp 1892 in Großbritannien als „Torpedoboots-Z." zur Abwehr von Torpedobootsangriffen.
▷ im 2. Weltkrieg Bez. für ein schweres, mehrsitziges Jagdflugzeug.

Zerstrahlung (Dematerialisation), die beim Zusammentreffen von Elementarteilchen mit seinem Antiteilchen erfolgende vollständige Umsetzung ihrer Massen in elektromagnet. Strahlungsenergie.

Zertation [zu lat. certatio „Kampf, Streit"], in der Biologie das Phänomen der unterschiedl. Befruchtungschancen der das ♂ und ♀ Geschlecht bestimmenden Y- und X-Spermien (auf Grund größerer Beweglichkeit der Y-Spermien); die Z. führt zu einer Verschiebung des Geschlechtsverhältnisses.

Zerter [lat.], svw. ↑Chirographum.

Zertifikat [zu mittellat. certificatum „das Beglaubigte"], Bescheinigung, Bestätigung.
▷ in der *Erwachsenenbildung* Bescheinigung eines erfolgreichen Abschlusses von Weiterbildungskursen der Volkshochschulen oder von Fernunterrichtskursen.

Zerumen [zu lat. cera „Wachs"], svw. ↑Ohrenschmalz.

Zerussit [lat.] (Cerussit, Weißbleierz), farbloses bis weißgraues, durchsichtiges rhomb. Mineral, Pb[CO$_3$], mit fettigem Glanz. Bildet derbe, stengelige bis büschelförmige Aggregate; Mohshärte 3–3,5; Dichte 6,5 g/cm^3. Vorkommen in Verwitterungszonen und als Neubildung auf Halden von Bleiglanzlagerstätten; wichtiges Bleierz.

Zervanismus ↑Zerwanismus.

zervikal [lat.], zum Nacken, Hals gehörend; den Nacken, Hals betreffend.
▷ den Gebärmutterhals betreffend, zu ihm gehörend.

Zervikalsyndrom, svw. ↑Schulter-Arm-Syndrom.

Zervikobrachialsyndrom, svw. ↑Schulter-Arm-Syndrom.

Zervix, svw. ↑Cervix.

Zervixkarzinom ↑Gebärmuttererkrankungen.

Zerwanismus (Zervanismus), in sassanidischer Zeit (3.–7. Jh. n. Chr.) in Iran verbreitete Religionsform, die nach **Zerwan,** der Personifikation der „ungeschaffenen Zeit" ben. ist. Das dualist. Prinzip des älteren Mazdaismus (↑Parsismus) wird von den Anhängern dieser Sekte dadurch überwunden, daß ↑Ahura Masda und ↑Ahriman als die Zwillingssöhne Zerwans angesehen werden, der so an die Spitze des Pantheons tritt.

Zesarewitsch ↑Zar.

Zesen, Philipp von (seit 1653), latinisiert Caesius, Pseud. Ritterhold der Blaue, *Priorau bei Bitterfeld 8. Okt. 1619, †Hamburg 13. Nov. 1689, dt. Dichter. – 1643 Gründer der „Teutschgesinneten Genossenschaft", 1648 Mgl. der „Fruchtbringenden Gesellschaft". Erster dt. Berufsschriftsteller; bed. Lyriker und Erzähler des Barock; auch Theoretiker der Dichtkunst („Hochdt. Helikon oder Grundrichtige Anleitung zur hochdt. Dicht- und Reimkunst", Poetik, 1640) mit radikalen purist. Forderungen; bemühte sich in seinen Romanen bes. um die psycholog. Zeichnung der Personen („Assenat", 1670).

Zession [lat.] ↑Abtretung.

Zessionar [lat.] ↑Abtretung.

Zeta [griech.], 7. Buchstabe des urspr., 6. des klass. griech. Alphabets mit dem Lautwert [zd] (später [dz] und [z]): Z, ζ.

Zetaebene [serbokroat. ˈzɛta], Landschaft nördl. des Skutarisees, Montenegro. Im N liegt nahe dem Zusammenfluß von Zeta und Morača die Stadt Podgorica (↑Titograd).

Zetkin, Clara, geb. Eißner, *Wiederau (bei Rochlitz) 5. Juli 1857, †Archangelskoje 20. Juni 1933, dt. Politikerin. – Schloß sich 1878 der Sozialdemokratie an und baute die sozialist. Frauenbewegung auf; 1882–90 in schweizer. und frz. Exil; 1891–1917 Hg. der SPD-Frauenzeitschrift „Die Gleichheit"; Mitbegründerin der Spartakusgruppe und der USPD; in der KPD 1919–24 Mgl. der Zentrale, 1917–29 des ZK; 1920–33 MdR; Vors. des Internat. Frauensekretariats der Komintern, der Roten Hilfe Deutschlands, seit 1925 der Internat. Roten Hilfe.

Zettelmaschine, in der Webereivorbereitung verwendete Maschine, mit der die Kettfäden von den Garnspulen abgezogen und auf den *Zettelbaum* aufgewickelt werden.

Zetter, Maschine zum Lockern und Lüften von Futter, insbes. des frischen Mähschwadens.

Zettl, Baldwin, *Falkenau an der Eger (= Sokolov, ČR) 29. Sept. 1943, dt. Graphiker und Zeichner. – In detailpräzisen Kupferstichen, Bleistift- und Silberstiftzeichnungen gestaltet er literar. und mytholog. Stoffe, Stilleben, figürl. Motive sowie Landschaften; bed. auch als Illustrator.

Zeugdruck, svw. ↑Stoffdruck.

Zeuge, Person, die einen tatsächl. Vorgang persönlich wahrgenommen hat und hierüber Auskunft geben kann

Frits Zernike

Clara Zetkin

Zerstäuber. Schematische Darstellung des Aufbaus und des Funktionsprinzips

Zerussit. Zwillingskristall

Zeugenberg

Zeughaus. Das ehemalige Zeughaus Sainte-Barbara in Schlettstadt, um 1500

oder zum Abschluß von Rechtsgeschäften hinzugezogen wird (z. B. Testamentserrichtung). Bes. Bed. hat der Z. als Beweismittel in gerichtl. Verfahren. Der Z.beweis ist in allen Verfahrensordnungen vorgesehen (z. B. §§ 48 ff. StPO, §§ 373 ff. ZPO). Den Beweiswert einer Z.aussage beurteilt das Gericht nach seinem Ermessen (freie Beweiswürdigung). Grundsätzlich kann jeder Z. sein, auch Kinder. Ausgeschlossen sind jedoch die Parteien eines Rechtsstreits und der Beschuldigte im Strafverfahren. Werden Prozeßbevollmächtigte, Verteidiger, Staatsanwälte und Richter als Z. vernommen, ist ihre weitere Mitwirkung im Verfahren u. U. ausgeschlossen. Einer gerichtl. Ladung haben Z. grundsätzlich Folge zu leisten, d. h., sie müssen vor Gericht erscheinen, im Ermittlungsverfahren auch vor dem Staatsanwalt. Bleibt der Z. ohne genügende Entschuldigung aus, werden ihm die dadurch entstehenden Kosten auferlegt. Zugleich kann ein Ordnungsgeld und, falls dies nicht beigetrieben werden kann, Ordnungshaft gegen ihn verhängt werden. Auch kann der Z. zwangsweise vorgeführt werden (↑Vorführung). Der Z. ist verpflichtet, vollständig und wahrheitsgemäß auszusagen (hierüber ist er vor der Vernehmung zu belehren), andernfalls kann er u. a. wegen Meineids, fahrlässigen Falscheids oder falscher uneidl. Aussage bestraft werden (§§ 153 ff. StGB). Die Aussagepflicht des Z. wird durch das ↑Zeugnisverweigerungsrecht und das ↑Auskunftsverweigerungsrecht begrenzt. Beamte und Richter benötigen für Aussagen über dienstl. Angelegenheiten eine Aussagegenehmigung ihres Dienstvorgesetzten. Nach der Vernehmung wird der Z. im Strafverfahren i. d. R., im Zivilprozeß nur ausnahmsweise vereidigt. Der Z. hat einen gesetzl. Anspruch auf Entschädigung für Verdienstausfall und Aufwendungen. In *Österreich* und der *Schweiz* gilt im wesentlichen Entsprechendes.

Zeugenberg, ein isoliert stehender Berg vor dem Rand einer Schichtstufe, der aus den gleichen Gesteinsschichten besteht wie diese und damit deren frühere Lage bezeugt. Steht der Z. in seinen unteren Hangpartien noch mit dem sockelbildenden Gestein der Schichtstufe in Verbindung, wird er **Ausleger** genannt.

Zeugen Jehovas (früher auch Russelliten, bis 1931 Ernste Bibelforscher), auf den Pittsburgher Kaufmann C. T. ↑Russell zurückgehende eschatolog. Religionsgesellschaft. Russell gab seit 1879 die Zeitschrift „Zion's Watch Tower and Herald of Christ's Presence" heraus, heute „Watch Tower" (dt. „Der Wachtturm"). 1881 gründete er die „Zions's Watch Tower Tract Society" als Geschäftsfirma, die dann das organisator. Rückgrat der Bewegung der „Ernsten Bibelforscher" wurde; heute „Watch Tower Bible and Tract Society" (in Deutschland „Wachtturm Bibel- und Traktatgesellschaft, Dt. Zweig, e. V."). Russell berechnete für 1914 den Anbruch des Reiches Gottes auf Erden. Als das Ereignis nicht eintraf und Russell 1916 starb, nahm der Jurist J. F. ↑Rutherford autoritär die Zügel in die Hand und lenkte die Erwartung der Bibelforscher in neue Bahnen: 1914 bedeutete jetzt den Beginn der „unsichtbaren Gegenwart Christi" und damit den „Beginn der Zeit des Endes". Rutherford machte aus den Bibelforschern die aktivist. Missionstruppe „Jehovas Zeugen". Die Leitung ist zentralistisch („theokratisch"), das Glaubenssystem doktrinär. Die Z. J. wirken seit 1903 auch in Deutschland. Unter der nat.-soz. Diktatur waren die Z. J. verboten; etwa 6 000 Z. J. kamen in Konzentrationslager, v. a. wegen Kriegsdienstverweigerung. In Deutschland sind sie mit rd. 200 000 aktiven Z. J. eine der stärksten religiösen Sondergemeinschaften. Weltweit gehören den Z. J. (1990) etwa 3,6 Mill. Mgl. an.

Zeughaus (Arsenal), Gebäude, in dem Waffen und sonstiges Kriegsmaterial aufbewahrt wurden. Urspr. reine Nutzbauten (z. B. Zeughaus Sainte-Barbara in Schlettstadt, um 1500), seit der Renaissance Repräsentativbauten, u. a. in Augsburg (von E. Holl, 1600–07), Dresden (Albertinum, 1559–63, zuletzt im 19. Jh. umgebaut) und Berlin (1695–1706, heute Dt. Histor. Museum).

Zeugiten [griech.], dritte Rangklasse der Bürgereinteilung Solons mit einem Einkommen von mindestens 200 Scheffeln Getreide oder einem Äquivalent an Öl, Wein bzw. Geld; mit Zugang zu den niederen Ämtern, ab 458 v. Chr. auch zum Archontat.

Zeugma [griech.], rhetor. Figur der Worteinsparung, Sonderform der Ellipse: Zuordnung desselben Wortes (Satzgliedes) zu mehreren (meist zwei) grammatisch oder semantisch verschiedenartigen Satzteilen, z. B. *Er warf einen Blick in die Zeitung und die Zigarette in den Aschenbecher.*

Zeugnis, allg. Aussage über Tatsachen. Bei Beendigung eines Dienstverhältnisses (Dienst-Z.), insbes. eines Arbeitsverhältnisses (Arbeits-Z.), vom Arbeitgeber dem Arbeitnehmer auf Wunsch auszustellende schriftl. Bestätigung, aus der Art und Dauer der Beschäftigung sowie (beim *qualifizierten Z.*) auf bes. Verlangen auch Führung und Leistungen des Arbeitnehmers hervorgehen. Auch während des Arbeitsverhältnisses kann der Arbeitnehmer – z. B. zur Stellensuche – ein sog. *Zwischen-Z.* verlangen. Die Angaben auf dem Z. müssen der Wahrheit entsprechen. Für schuldhaft unwahre Angaben haftet der Arbeitgeber dem Arbeitnehmer wegen Verletzung des Arbeitsvertrages.
▷ (Schul-Z.) im Schulwesen regelmäßig erfolgende Beurkundung des Leistungsstandes eines Schülers. Während eines Schuljahres gibt es ein *Zwischen-Z.,* am Ende des Schuljahres ein Z., das die ↑Versetzung regelt. Z. sollen einen Anreiz zu weiterer Leistung geben, bestimmen aber auch die schul. Auslese. Zweifel an der Objektivität von Z. bestehen wegen unterschiedl. Notengebung in den einzelnen Bundesländern sowie wegen der unterschiedl. subjektiven Einstellung des Lehrers zu den einzelnen Schülern gegenüber.

Zeugnisverweigerungsrecht, das in allen Verfahrensordnungen geregelte Recht, entgegen der an sich bestehenden Aussagepflicht des ↑Zeugen das Zeugnis zu verweigern. Über es ist der Zeuge vor der Vernehmung zu belehren. Wegen **persönlicher Beziehungen** hat ein Z., wer mit einem Prozeßbeteiligten bzw. (im Strafprozeß) mit dem Angeklagten verlobt, verheiratet (auch nach Ehescheidung) oder verwandt (bis zum 3. Grad) bzw. verschwägert (bis zum 2. Grad) ist. Ein **Zeugnisverweigerungsrecht zur Wahrung des Berufsgeheimnisses** steht insbes. zu: 1. Geistlichen über das, was ihnen in ihrer Eigenschaft als Seelsorger anvertraut oder bekanntgeworden ist; 2. Anwälten, Steuerberatern und Steuerbevollmächtigten, Ärzten, Abg., Redakteuren und Journalisten; 3. beim Strafprozeß dem Verteidiger des Beschuldigten; 4. im Zivilprozeß Zeugen hinsichtlich der Fragen, deren Beantwortung ihnen einen unmittelbaren vermögensrechtl. Schaden verursachen würde. Das Z. entfällt, wenn von einer Schweigepflicht entbunden wird.

Zeugung (Generatio), die Hervorbringung eines Lebewesens durch Befruchtung, der meist eine Begattung vorausgeht.

Zeugungsfähigkeit ↑ Potenz.
Zeugungsunfähigkeit ↑ Impotenz.
Zeulenroda, Krst. im nördl. Vogtland, Thür., 421 m ü. d. M., 14 400 E. Kunstgewerbemuseum; Möbelind., Werkzeugmaschinenbau. – 1325 erstmals urkundlich erwähnt; erhielt 1438 die Stadtfreiheit. – An der Weida bei Z. wurde die Weida- (0,9 km²) und Z.er Talsperre (2,4 km²).
Z., Landkr. in Thüringen.
Zeus, der höchste Gott der Griechen, Sohn des Kronos und der Rhea, Bruder und Gemahl der Hera. Stürzt mit Hilfe seiner Brüder Poseidon und Hades die ↑ Titanen und teilt mit seinen Brüdern die Herrschaft über die Welt: Jene erhalten Meer und Unterwelt, Z. Himmel und Erde. – Z. ist oberster Garant der kosm. Ordnung, Himmels- und Wettergott (Z. „der Leuchtende"), Urheber von Blitz und Donner; er wacht auch über Gerechtigkeit und Gleichgewicht im sozialen und sittl. Bereich. Als „Vater der Götter und Menschen" schützt er Hausherrn, Hof und Besitz, das Gast- und Asylrecht; v. a. aber wacht er über Einhaltung von Eid und Vertrag. Zahlr. sind seine Verbindungen mit göttl. und sterbl. Geliebten, die ihm Götter und Helden gebären (Leto wird Mutter von Apollon und Artemis, Semele von Dionysos, Alkmene von Herakles). Aus seinem Haupt entspringt die Lieblingstochter Athena. Adler und Eiche sind ihm heilig. – Berühmtestes Z.heiligtum war der Tempel in Olympia mit dem (nicht erhaltenen) Kultbild des thronenden Gottes aus Gold und Elfenbein (ein Werk des Phidias), eines der Sieben Weltwunder.
Zeuxis, griech. Maler „aus Herakleia", tätig etwa 435 bis 390. – Soll die konsequente Anwendung von Licht und Schatten mit dem Ziel körperhafter Erscheinungen „erfunden" haben (Reflexe in der att. Vasenmalerei seit dem späten 5. Jh. v. Chr.).
Zeven ['tse:vən], Stadt an der Aue, Nds., 30 m ü. d. M., 10 600 E. Nahrungsmittelind., Kunststoffverarbeitung, Gummifabrik. – Im 12. Jh. entstanden, 1929 Stadtrecht. – Ev. roman. Pfarrkirche (nach 1141 ff.) mit spätgot. Wandmalereien (15. Jh.). – Im Siebenjährigen Krieg wurde in der *Konvention von Kloster Z.* (8. Sept. 1757) die Auflösung der engl. Festlandsarmee erzwungen; damit blieb Hannover in frz. Hand.
Zevenaar [niederl. 'ze:vəna:r], niederl. Gem. nahe der niederl.-dt. Grenze, 27 000 E. Nahrungs- und Genußmittel-, metallverarbeitende, chem., Bekleidungs- und Baustoffind. – 1487 Stadtrecht; kam 1614/66 an Brandenburg, in napoleon. Zeit an Frankreich (1795), die Batav. Republik (1803) bzw. das Kgr. Holland (1808); 1813–15 preuß., danach endgültig niederländisch. – Kath. spätgot. Kirche (15. Jh.) mit barocker Innenausstattung (17. Jh.), ref. barocke Kirche (1658).
Zeyer, Julius [tschech. 'zεjɛr], * Prag 26. April 1841, † ebd. 29. Jan. 1901, tschech. Schriftsteller. – Führender Dichter der tschech. Neuromantik. Verfaßte Versepen, Dramen, Romane („Roman von der treuen Freundschaft der Ritter Amis und Amil", 1880).
Zezidien [griech.], svw. ↑ Gallen.
ZGB, Abk. für: **Z**ivil**g**esetz**b**uch.
Zgorzelec [poln. zgɔ'ʒɛlɛts] ↑ Görlitz.
Zhang Chunqiao [chin. dʒaŋtʃuəntɕiau] (Chang Ch'un-ch'iao), * Prov. Shandong 1911, chin. Politiker. – Seit 1969 Mgl. des Politbüros der KPCh und seit 1971 Parteichef von Schanghai; 1976 als Mgl. der ↑ Viererbande verhaftet, 1981 zum Tode verurteilt, 1983 zu lebenslängl. Haft begnadigt.
Zhangjiakou [chin. dʒaŋdziakou] (Changchiakou, Tschangkiakou), chin. Stadt 170 km nw. von Peking, Prov. Hubei, 610 000 E. Nahrungsmittel- und Schwerind. – Seit der Hanzeit Tor zur mongol. Steppe, an der Teestraße gelegen, wurde im W unter dem Namen **Kalgan** bekannt.
Zhang Xueliang [chin. dʒaŋɕyɛliaŋ] (Chang Hsüehliang, Tschang Hsüeh-liang), * Haizheng (Liaoning) 1898, chin. General. – Sohn von Zhang Zuolin; nach dessen Tod (1928) Militärmachthaber der Mandschurei. 1931 von den Japanern vertrieben, übernahm er den Oberbefehl der nationalchin. Armee in N-China und wurde führendes Mgl. der Kuomintang; verhaftete 1936 Chiang Kai-shek in Xi'an (sog. Xi'an-Zwischenfall) und zwang ihn zur Bildung einer antijap. Einheitsfront mit den Kommunisten; seit 1937 inhaftiert bzw. unter Hausarrest (ab 1948 in Taiwan).
Zhang Zuolin [chin. dʒaŋdzuɔlin] (Chang Tso-lin, Tschang Tso-lin), * Haizheng (Liaoning) 1873, † bei Mukden (= Shenyang) 7. Juni 1928 (Bombenanschlag), chin. Marschall (seit 1920). – Offizier der kaiserl. Armee; erkämpfte bis 1918 die Kontrolle über die gesamte Mandschurei, besetzte 1926 Peking und riß die Reg.gewalt an sich; im Mai 1928 von den Truppen Chiang Kai-sheks aus Peking vertrieben.
Zhanjiang [chin. dʒandziaŋ] (Chan-chiang, Chankiang, Tsamkong), chin. Hafenstadt auf der Halbinsel Leizhou, Prov. Guangdong, 370 km sw. von Kanton, 335 000 E. Textil-, Nahrungsmittel- und metallverarbeitende Ind.; Übersee- und Erdölhafen. – 1984 zur offenen Küstenstadt für Auslandsinvestitionen erklärt. – Urspr. Seeräuberstützpunkt, 1898 von der frz. Flotte besetzt, unterstand als Freihandelshafen **Fort-Bayard** bis 1945 dem frz. Generalgouverneur von Indochina.
Zhao Mengfu [chin. dʒaumənfu] (Chao Meng-fu, Tschao Meng-fu), * Hukou (Zhejiang) 1254, † 1322, chin. Maler. – Landschafts- und Bambusmaler, einer der berühmtesten Pferdemaler der chin. Malerei.
Zhao Ziyang [chin. dʒaudziaŋ] (Chao Tzuyang, Tschao Tse-jang), * im Kreis Huaxian (Prov. Henan) 17. Okt. 1919, chin. Politiker. – Ab 1979 Mgl. des Politbüros des ZK der KPCh; galt als Vertrauter Deng Xiaopings; unterstützte als Min.präs. (1980–87) dessen wirtsch. Reformprogramm. Seit 1987 als Nachfolger Hu Yaobangs Generalsekretär des ZK der KPCh, versuchte er im Frühjahr 1989 zw. der Demokratiebewegung und dem orth. Flügel der KP-Führung zu vermitteln; nach der blutigen Niederschlagung der Protestbewegung im Juni 1989 abgesetzt.
Zhejiang [chin. dʒədziaŋ] (Tschekiang), chin. Prov. am Ostchin. Meer, 101 800 km², 41,5 Mill. E (1990), Hauptstadt Hangzhou. Der nördl. Teil liegt im Bereich der Jangtsekiangniederung, der größere südl. Teil im südostchin. Bergland. Der stark gegliederten Küste sind etwa 2 000 Inseln (einschl. Zhoushanarchipel) vorgelagert. Bei subtrop. feuchtem Monsunklima erfolgt teilweise in Terrassenkultur der Anbau von Reis, im Umland des Sees Tai Hu sowie an der Küste die Kultivierung von Mais, Weizen, Bataten, Baumwolle, im Bergland von Tee. Von größerer Bed. ist die Gewinnung von Rohseide und Jute; Fischfang im Zhoushanarchipel. An Bodenschätzen verfügt Z. über Kohle, Flußspat, Alaun und Erdgas; Aufbau einer Schwerindustrie ist im Gang.
Zheng He [chin. dʒɛŋxʌ] (Cheng Ho), * 1371, † 1435, chin. Seefahrer. – Unternahm zw. 1405 und 1433 7 Seereisen (u. a. bis nach O-Afrika) und erschloß bes. in S- und SO-Asien neue Handelsmöglichkeiten für China.
Zhengzhou [chin. dʒəŋdʒɔu] (Chengchow, Tschengtschou), Hauptstadt der chin. Prov. Henan, in der Großen Ebene nahe dem S-Ufer des Hwangho, 1,63 Mill. E. Univ., Fachhochschulen für Medizin und Landw., Eisenbahnknotenpunkt an der Kreuzung der Strecken Peking–Kanton und Lianyungang–Lanzhou; bed. Textilind., Textilmaschinenbau, chem., elektron. Ind.; Straßenbrücke (5 449 m) über den Hwangho. – Durch Ausgrabungen als eine der ältesten Großstädte Chinas ausgewiesen; verlor an Bed. während der Zhoudynastie; 1903 Öffnung für den ausländ. Handel; seit 1954 Hauptstadt der Prov. Henan.
Zhenjiang [chin. dʒən'dziaŋ] (Chinkiang), chin. Stadt am unteren Jangtsekiang, Prov. Jiangsu, 397 000 E. Medizin. Hochschule; Seidenwebereien, Nahrungsmittelind., Flußhafen. – Seit 221 nachweisbar; 1858/60 als Vertragshafen dem europ. Handel geöffnet.
Zhongyong [chin. dʒɔŋjɔŋ „Maß und Mitte"] (Chungyung), eine der kanon. vier Schriften des Konfuzianismus; wird dem Enkel des Konfuzius, Kong Ji (* 492, † 431), zugeschrieben; zeichnet die Grundzüge der konfuzian. Ethik.
Zhou [chin. dʒɔu] (Chou), altchin. Dyn., ↑ chinesische Geschichte.

Zhao Ziyang

Zhou Enlai

Zhou Enlai

Zhou Enlai [chin. dʒɔuan'lai] (Chou En-lai, Tschou En-lai), *Huaian (Prov. Jiangsu) 1898, †Peking 8. Jan. 1976, chin. Politiker. – Studierte 1920–24 in Deutschland und Frankreich, wo er 1922 Mgl. der KPCh wurde; seit 1928 Mgl. ihres Politbüros; 1924–26 Polit. Kommissar an der Militärakad. in Huangpu. 1934/35 einer der Führer des ↑Langen Marsches; danach Hauptunterhändler Mao Zedongs mit der Kuomintang-Reg., 1949–76 Min.präs. und 1949–58 zugleich Außenmin. der VR China; trat nach der Kulturrevolution (1966–69) für einen pragmat. Wirtschaftskurs ein und war in den 70er Jahren maßgeblich an der Politik der Öffnung gegenüber dem Westen beteiligt.

Zhoukoudian [chin. dʒɔukɔudiæn] (Choukoutien), Ort im Stadtgebiet von Peking; bekannt durch bed. Ausgrabungen (u. a. Elefanten, Nashörner, Riesenbiber, Säbelzahntiger, Pekingmensch). Die Fundstätte des Pekingmenschen wurde von der UNESCO zum Weltkulturerbe erklärt.

Zhu De [chin. dʒu dʌ] (Chu Te, Tschu Te), *Yilong (Prov. Sichuan) 30. Nov. 1886, †Peking 6. Juli 1976, chin. Marschall (seit 1955) und Politiker. – Berufssoldat, 1927 Mitbegr. der chin. „Roten Armee", Heerführer während des ↑Langen Marsches (1934/35) und des Krieges gegen die Japaner (1937–45); errang als Oberkommandierender der kommunist. Streitkräfte (1947–54) bis 1949 den Sieg über die Kuomintang-Truppen; 1934–76 Mgl. des Politbüros der KPCh, 1954–59 Vizepräs. der VR China; als Vors. des Ständigen Ausschusses des Nat. Volkskongresses (seit 1959) fakt. Staatsoberhaupt ab 1975.

Zhuhai [chin. dʒu'xai], Stadt und Wirtschaftssonderzone (15,2 km²; seit 1980 „offen" für Auslandsinvestitionen) in S-China, Prov. Guangdong, an der Grenze zu Macao, 450 000 E. Elektron. Ind., Maschinenbau, Fremdenverkehr; regelmäßiger Schiffsverkehr zum 67 km entfernten Hongkong.

Zhu Jiang [chin. dʒu'dziaŋ] ↑Perlfluß.

Zhu Yuanzhang [chin. dʒu: jyɛndʒaŋ], *Zhongli (Prov. Anhui) 1328, †Nanking 1398, chin. Kaiser (seit 1368). – Buddhist. Mönch; seit 1355 Führer eines Heeres von Aufständischen; stürzte die mongol. Yuan-Dyn. (1368 Eroberung Pekings) und begründete als **Taizu** (T'ai-tsu) die Ming-Dynastie.

Zia, Khaleda [zi:a], *Noakhali 15. Aug. 1945 (nach anderen Angaben 1942), Politikerin in Bangladesch. – War ∞ mit Ziaur Rahman; seit 1984 Vors. der Bangladesh National Party und seit 1991 Ministerpräsidentin.

Khaleda Zia

Ziaul Haq, Mohammad [zi:'aːʊl 'haːk], *Jullundur (Pandschab) 12. Aug. 1924, †bei Bahawalpur 17. Aug. 1988 (Flugzeugabsturz), pakistan. General und Politiker. – 1976 Stabschef des Heeres; putschte am 5. Juli 1977 gegen Min.präs. Z. A.-K. ↑Bhutto und übernahm als „Hauptkriegsrechtsadministrator" die Macht; ab 1978 zugleich Staatspräs. Seine Politik zielte auf eine Islamisierung von Staat und Gesellschaft.

Mohammad Ziaul Haq

Ziaur Rahman [ziːaːʊə raˈmaːn], *Bogra (?) 1936, †Chittagong 30. Mai 1981 (ermordet), Offizier und Politiker in Bangladesch. – Nach dem Staatsstreich vom Nov. 1975 Stabschef und Stellvertreter des obersten Militärverwalters von Bangladesch, Finanz- und Innenmin.; 1976/77 „Oberster Kriegsrechtsadministrator", ab 1977 (formell gewählt 1978) Staatspräsident.

Zibeben [arab.-italien.], süddt. für bes. große Rosinen.

Zibet [arab.-roman.], salbenartiges, gelbl. bis braunes, intensiv moschusartig riechendes Sekret der Zibetdrüsen der Afrikan. und Ind. Zibetkatze; enthält v. a. **Zibeton** (9-Cycloheptadecenon), das als Fixateur in der Parfümind. verwendet wird.

Zibetkatzen (Viverrinae), Unterfam. schlanker, meist auf hellerem Grund dunkel gefleckter oder gezeichneter ↑Schleichkatzen mit rd. 20 Arten in unterschiedl. Lebensräumen in S-Europa, Afrika sowie S- und SO-Asien; nachtaktive Raubtiere, die ihre Reviere mit einem Duftstoff (Zibet) markieren. Der Kopf ist zugespitzt, der Schwanz lang, die Krallen sind scharf und halb rückziehbar. – Zu den Z. gehören neben ↑Ginsterkatzen, ↑Linsange u. a. auch die *Echten Z.* (Viverra): mit fünf Arten in S-Asien und Afrika

Zibetkatzen. Afrikanische Zibetkatze

(südlich der Sahara) vertreten, darunter z. B. die **Indische Zibetkatze** (Zibete, Viverra zibetha; in Hinterindien, Malakka, SO-Asien; Körper bis 80 cm lang, grau, mit dunkler Zeichnung und schwarz geringeltem Schwanz) und die **Afrikanische Zibetkatze** (Civette, Viverra civetta; in Afrika weit verbreitet; Körper etwa 70 cm lang, grau bis gelblich, mit schwärzl. Bänder- oder Fleckenzeichnung).

Zibo [chin. dzibɔ] (Tsepo), chin. Stadt in der Prov. Shandong, 2,4 Mill. E. Bed. Zentrum des Kohlenbergbaus. – Das Stadtgebiet entstand 1954 durch Zusammenschluß des Bergbauzentrums Z. mit *Zhangdian.*

Ziborium (Ciborium) [griech.-lat.], ein auf Säulen ruhender Altarüberbau in Gestalt eines Baldachins (seit frühchristl. Zeit).

▷ (Speisekelch) in der kath. Kirche seit dem Spät-MA Bez. für den zum Altargerät gehörenden Kelch, den der Zelebrant bei der Eucharistiefeier benutzt und der zur Aufbewahrung der konsekrierten Hostien und zur Aussetzung des Allerheiligsten dient.

Zichorie [...i-ɛ; griech.-lat.-italien.], svw. ↑Wegwarte.

Zick, Januarius, *München 6. Febr. 1730, †Ehrenbreitstein (= Koblenz) 14. Nov. 1797, dt. Maler. – Schüler seines Vaters Johannes Z.; 1758 bei A. R. Mengs in Rom; Fresken (ehem. Abteikirche in Wiblingen bei Ulm, 1778–80), Genrebilder und Gruppenbildnisse.

Januarius Zick. Abraham opfert Isaak, um 1778 (Köln, Wallraf-Richartz-Museum)

Z., Johannes, *Lachen (bei Memmingen) 10. Jan. 1702, †Würzburg 4. März 1762, dt. Maler des Rokoko. – Fresken im Schloß in Bruchsal (1751–54, erneuert) sowie im Gartensaal der Würzburger Residenz (1749/50).

Zickelbein, Horst, *Frankfurt/Oder 20. Dez. 1926, dt. Maler und Graphiker. – Anfangs kubist. Anregungen verarbeitend, erfolgte eine Auflockerung der Bildsprache, die sich differenzierter Farbklänge und fließend dynam. Formen bedient.

Ziege, ↑Ziegen, ↑Hausziege.
▷ (Sichling, Sichel-, Säbel-, Schwert-, Messerfisch, Dünnbauch, *Pelecus cultratus*) bis 50 cm langer (meist kleiner bleibender), heringsförmiger Karpfenfisch, v. a. in Brackgewässern der Ostsee und der asiat. Binnenmeere, von wo er zur Laichzeit in die angrenzenden Flüsse wandert; Bauchlinie sichelförmig verlaufend; Speisefisch.

Ziegel [zu lat. tegula „Dachziegel"], svw. ↑Mauerziegel oder ↑Dachziegel, i. w. S. auch für ↑Klinker u. a. grobkeram. Erzeugnisse der Baukeramik (Ziegeleierzeugnisse).

Ziegelroter Rißpilz ↑Rißpilze.

Ziegen (*Capra*), mit den Schafen eng verwandte, mit diesen aus der Stammform *Tossunorio* hervorgegangene Gatt. wiederkäuender Paarhufer mit nur 4 rezenten Arten, v. a. in Gebirgen Eurasiens und N-Afrikas; mittelgroße, trotz ihres etwas gedrungenen Körperbaus geschickt kletternde Tiere, deren ♂♂ einen Kinnbart und große, meist türkensäbelförmig nach hinten gekrümmte Hörner tragen. Wildlebende Z. *(Wild-Z.)* sind außer ↑Steinbock und ↑Bezoarziege der **Spanische Steinbock** (*Capra pyrenaica*), etwa 1 m (♀) bis 1,4 m (♂) lang und bis 75 cm schulterhoch, in span. Hochgebirgen, sowie der **Markhor** (*Capra falconeri*), 1,4–1,7 m lang und über 1 m schulterhoch, im Himalajagebiet und benachbarten Hochgebirgen. *Geschichte:* Die Z. sind neben den Schafen die ältesten Haustiere. Ihre Domestikation begann wahrscheinlich vor etwa 9000 Jahren. Abbildungen wildlebender Bezoar-Z. finden sich auf Siegeln und Gefäßen aus Mesopotamien, W-Persien, Anatolien, Syrien und Kreta. Im klass. Griechenland und in Italien waren Z. über lange Zeit die wichtigsten Haustiere.

Ziegenartige (*Caprinae*), Unterfam. der Horntiere mit verschiedengestaltigen, überwiegend gebirgsbewohnenden Arten, zu denen u. a. Gemse und Schneeziege gehören.

Ziegenbart (*Ramaria*), Gatt. der Ständerpilze mit weltweit etwa 100 Arten, deren Fruchtkörper aufrecht verzweigt sind; Äste nicht abgeflacht, oft lebhaft gefärbt.

Ziegenhagen ↑Witzenhausen.

Ziegenhain ↑Schwalmstadt.

Ziegeninseln ↑Ägadische Inseln.

Ziegenleder, von verschiedenen Hausziegenrassen gewonnenes Leder; zur Anfertigung von Schuhoberleder, Bekleidungsleder, Täschnerwaren.

Ziegenlippe (Mooshäuptchen, *Xerocomus subtomentosus*), von Juni bis Okt. an moosigen Waldrändern der Laub- und Nadelwälder häufig wachsender Pilz; Hut 5–12 cm breit, halbkugelig bis flach, samtig-weichfilzig, gelblich bis olivbraun, alt mit feldartig zerrissener Oberfläche; Röhren leuchtend zitronengelb; Stiel 6–12 cm hoch; Fleisch weiß, weich; Speisepilz.

Ziegenmelker (*Caprimulgidae*), Fam. bis 40 cm langer, lang- und schmalflügeliger Nachtschwalben mit rd. 70 Arten, v. a. in Wäldern und Savannen der trop. bis gemäßigten Regionen der Alten und Neuen Welt; dämmerungs- und nachtaktive, kurz- und breitschnäbelige Vögel, die sich bes. von Nachtschmetterlingen und Käfern ernähren; brüten am Boden ohne Nestunterlage. Die wichtigste Gatt. ist *Caprimulgus* mit rd. 40 Arten, davon in M-Europa der **Europäische Ziegenmelker** (Europ. Nachtschwalbe, *Caprimulgus europaeus*): Gefieder oberseits baumrindenartig gefärbt, unterseits grau quergebändert.

Ziegenpeter, svw. ↑Mumps.

Ziegler, Karl [Waldemar], *Helsa (Landkr. Kassel) 26. Nov. 1898, †Mülheim a. d. Ruhr 11. Aug. 1973, dt. Chemiker. – Prof. in Heidelberg, Halle/Saale und Aachen, ab 1943 Direktor des Kaiser-Wilhelm-Inst. (heute Max-Planck-Inst.) für Kohleforschung in Mülheim a. d. Ruhr. Ab 1953 entwickelte Z. ein bei Normaldruck ablaufendes Polymerisationsverfahren für Äthylen in Gegenwart metallorgan. Mischkatalysatoren, wofür er 1963 mit G. Natta den Nobelpreis für Chemie erhielt.

Z., Klara (Clara), *München 27. April 1844, †ebd. 19. Dez. 1909, dt. Schauspielerin. – Tragödin, die ihre Rollen vorwiegend rezitierte; 1868–74 in München, danach meist auf Gastspielreisen.

Ziegler-Natta-Katalysatoren [nach K. W. Ziegler und G. Natta], für Polymerisationen von Alkenen (v. a. Äthylen) bei Normaldruck verwendete Katalysatoren aus Aluminiumtrialkylen bzw. Aluminiumalkylhalogeniden u. Titantetrachlorid oder Titancyclopentadienylchloriden. Anstelle der Titanverbindungen werden auch entsprechende Verbindungen der Elemente Zirkonium, Thorium, Tantal und Chrom verwendet.

Ziehen, Theodor, *Frankfurt am Main 12. Nov. 1862, †Wiesbaden 29. Dez. 1950, dt. Mediziner, Philosoph und Psychologe. – Prof. für Psychiatrie in Jena, Utrecht, Halle/Saale und Berlin, dort ab 1917 Ordinarius für Philosophie. – *Werke:* Erkenntnistheorie auf physikal. und psychophysiolog. Grundlage (1912), Die Grundlagen der Psychologie (1915), Lehrbuch der Logik auf positivist. Grundlage ... (1920), Grundlagen der Naturphilosophie (1922), Grundlagen der Charakterologie (1930).

Ziehen, Umformverfahren, bei dem die Formgebung der Werkstücke durch reine Zugkräfte erfolgt. Anwendung in der Blechverarbeitung zur Herstellung von Gefäßen u. ä. (Tief-, Reckziehen), zur Herstellung von Rohren und Drähten sowie in der Kunststoffverarbeitung zur Herstellung einfacher räuml. Formkörper.

Ziehharmonika ↑Handharmonika.

Ziehrer, Carl Michael, *Wien 2. Mai 1843, †ebd. 14. Nov. 1922, östr. Operettenkomponist und Dirigent. – Z. ist der letzte Komponist spezif. wiener. Tanzmusik und Operette. Neben 22 Operetten komponierte er etwa 600 Tänze, v. a. Walzer (u. a. „Donauwalzer"), und Märsche.

Ziehschleifen, svw. ↑Honen.

Ziehungsrechte, Mgl. des Internat. Währungsfonds (IWF) zustehende Rechte, Auslandswährung zu beziehen, wobei im – Unterschied zu den Sonderziehungsrechten – im Austausch eigene Währung an den Fonds gegeben werden muß.

Ziel, ein durch freie, individuelle Entscheidung oder gesellschaftlich-polit. Entscheidungen unter verschiedenen Handlungsmöglichkeiten projektierter, in der Vorstellung und Planung antizipierter zukünftiger Zustand, der zugleich Orientierung ist für die jeweils gegenwärtigen Handlungen und Handlungsfolgen.
▷ im *Sport* das durch Markierungen (Linien, Pfosten o. ä.) festgelegte Ende einer Wettkampfstrecke, bes. in Geschwindigkeitswettbewerben, u. a. der Leichtathletik.

Zielfernrohr ↑Fernrohr.

Zielfunktion ↑Optimierung.

Zielgruppe, Teil der Gesamtbev., der von einer publizist. Aussage (z. B. Werbekampagne) erreicht werden soll und gemeinsame strukturelle Eigenschaften (z. B. demograph. oder psycholog. Merkmale) aufweist. Daten liefert die (meist kommerzielle) quantitative Rezipientenforschung (Leseranalysen, Hörer- und Zuschauerforschung).

Zielkonflikt, Handlungssituation, in der das Handlungssubjekt (Individuum, Gruppe, Organisation) mit seinem Handeln mehrere Ziele zugleich anstrebt, sie jedoch infolge unzureichender Ressourcen oder Widersprüchlichkeit der Ziele nicht alle verwirklichen kann.

Zielona Góra [poln. zɛ'lɔna 'gura] ↑Grünberg i. Schlesien.

Ziem, Jochen, *Magdeburg 5. April 1932, dt. Schriftsteller. – Kam 1956 in die BR Deutschland. Verf. von aktuellen gesellschafts- und zeitkrit. Bühnenstücken, Hör- und Fernsehspielen sowie Erzählungen. – *Werke:* Die Einladung (Dr., 1967), Die Klassefrau (E., 1974), Der Junge (R., 1980), Reise nach Deutschland (Fernsehspiel, 1986).

Zierfandler ↑Silvaner.

Karl Ziegler

Ziegenmelker. Europäischer Ziegenmelker

Jochen Ziem

Zierfische

Zierfische, Süßwasser- oder Meeresfische, die bes. wegen ihrer Schönheit und/oder ihrer eigenartigen Lebensweise in Aquarien gehalten werden.

Zierläuse (Callaphididae), weltweit, v. a. jedoch in der nördl. gemäßigten Zone verbreitete Fam. kleiner, meist mit Wachsdrüsen ausgestatteter Blattläuse; vorwiegend an Laubbäumen, wo sie in großen Mengen Honigtau produzieren (z. B. Ahornlaus).

Ziermotten (Scythrididae), mit rd. 900 Arten weltweit verbreitete Fam. etwa 1–2 cm spannender, schlanker Kleinschmetterlinge, darunter rd. 50 Arten in M-Europa; mit schmalen, oft metallisch glänzenden Vorderflügeln und mit langen Fransen besetzten Hinterflügeln; viele Arten am Tage fliegend.

Zierpflanzen ↑ Kulturpflanzen.

Zierpflanzenbau, die Kultivierung von Zierpflanzen (z. B. Ziergehölze, Stauden, Topfpflanzen, Schnittblumen, Orchideen) in oft weitgehend spezialisierten Betrieben des Erwerbsgartenbaus.

Zierschildkröten (Chrysemys), Gatt. bis 25 cm langer Sumpfschildkröten mit der einzigen Art **Gemalte Zierschildkröte** (Chrysemys picta), v. a. in langsam fließenden, flachen Süßgewässern N-Amerikas; Panzer häufig unterseits hell, mitunter dunkel gezeichnet, Oberseite olivgrün mit blaßgelbl. Linien.

Ziesel [slaw.] (Citellus), Gatt. etwa 15–40 cm langer (einschl. Schwanz bis 65 cm messender) Nagetiere (Fam. Hörnchen) mit rd. 30 Arten, in wüsten-, steppen- und prärieartigen Landschaften Eurasiens und N-Amerikas; schlanke, häufig auf graubraunem bis sandfarbenem Grund hell gefleckte oder gestreifte Bodentiere mit rundl. Kopf, kleinen Ohren und mitunter sehr großen Backentaschen; legen umfangreiche Erdbaue an. – Zu den Z. gehören u. a. Sand-, Streifen-Z. und zwei europ. Arten: **Schlichtziesel** (Z. i. e. S., Einfarb-Z., Citellus citellus; in steppenartigem Gelände SO-Europas bis zum östl. M-Europa; etwa 20 cm lang, mit Schwanz bis 27 cm messend) und **Perlziesel** (Citellus suslicus; in Steppen W-Asiens bis O-Europas; rd. 20–25 cm lang, mit Schwanz maximal 30 cm erreichend).

Zieten (Ziethen), Hans Joachim von, * Wustrau (Landkr. Neuruppin) 24. Mai 1699, † Berlin 26. Jan. 1786, preuß. Reitergeneral (seit 1760). – Trat 1714 in die preuß. Armee ein; reorganisierte die Kavallerie. Zeichnete sich als Regimentschef der Leibhusaren Friedrichs d. Gr. im 2. Schles. Krieg und im Siebenjährigen Krieg aus; entschied die Schlacht bei Torgau (1760).

Ziffer [mittellat., zu arab. sifr „Null"] (Zahlzeichen), Zeichen zur schriftl. Darstellung einer Zahl; die heute allg. übl. Z. sind die zehn arab. Z. des ↑ Dezimalsystems (1, 2, 3, ..., 9, 0).

Ziffernanzeigeröhre (Ziffernröhre, in den USA Nixie-Röhre), zur digitalen Anzeige von Zähl- und Meßergebnissen verwendete Glimmröhre, bei der die Glimmentladung auf Kaltkathoden zur Anzeige ausgenutzt wird. Z. werden heute meist durch Leuchtdioden (LED-Anzeige) oder Flüssigkristalle (LCD-Anzeige) abgelöst, wobei die Ziffern aus 7 Segmenten bestehen (7-Segment-Anzeige).

Zigarette [span.-frz.], im wesentlichen aus feingeschnittenem Tabak bestehendes Genußmittel zum Rauchen, das zum überwiegenden Teil maschinell hergestellt wird (bis zu 6 000 Z. pro Minute); daneben kann Z. auch durch den Raucher selbst aus Feinschnittabak und Z.papier oder Hülsen angefertigt („gedreht" bzw. „gestopft") werden. Zur Herstellung von *Filter-Z.* wird maschinell zw. je 2 Z. ein doppelt langer Filterstab (v. a. aus Zelluloseacetat) eingefügt, mit dem Mundstückpapier umklebt und anschließend durch rotierende Messer in 2 Filter-Z. zerteilt. – ↑ Rauchen, ↑ Tabak.

Zigarettenpapier, sehr feines Papier, v. a. aus Hadern oder hochwertigem Sulfatzellstoff, Massebelag 10 bis 15 g/m², enthält meist Zusätze, durch die eine dem Tabak angepaßte Brenngeschwindigkeit erreicht wird.

Zigarillo [span.-frz.], dünne, meist an beiden Enden offene Zigarre oder dünner Stumpen; auch *Mundstück-Z.* mit Filter.

Zierschildkröten. Gemalte Zierschildkröte

Ziesel. Perlziesel

Zigarre [span.-frz.], aus Tabak bestehendes Genußmittel zum Rauchen; zur Herstellung wird aus grobgeschnittenem oder gerissenem Tabak durch Zusammendrehen eine Einlage (*Wickel* oder *Puppe*) gebildet, die dann in die gewünschte Form gedrückt und anschließend in bes. gleichmäßige und sorgfältig vorbereitete Tabakblätter (zunächst meist das sog. *Umblatt,* dann das *Deckblatt*), heute vielfach auch in eine aus gemahlenem Tabak hergestellte Folie eingeschlagen wird.

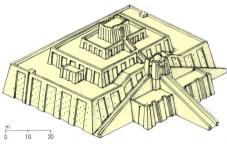

Zikkurat. Rekonstruktion der Zikkurat Eteminniguru des Mondgottes Nanna in Ur, Ende des 3. Jt. v. Chr.

Zigarrenkäfer (Zigarettenkäfer, [Kleiner] Tabakkäfer, Lasioderma serricorne), in den Tropen und Subtropen verbreiteter gedrungener, etwa 2–4 mm langer Klopfkäfer; in M-Europa v. a. in Lagerhäusern schädlich.

Zigeuner [griech.-slaw.], im dt. Sprachraum verbreitete Benennung der ↑ Roma, die von diesen als diskriminierend abgelehnt wird.

Zigeunermusik, der musikal. Vortragsstil der Zigeuner. Seit dem 15. Jh. haben Zigeunermusikanten in Ungarn aus ungar. Volksweisen und eigenen Kompositionen eine Art volkstüml.-urbaner Unterhaltungsmusik entwickelt (↑ Csárdás). Im 19. Jh. wurde Z. im allgemeinen mit der ungar. Musik gleichgesetzt. Nach 1900 wiesen B. Bartók und Z. Kodály nach, daß die Z. nicht mit der ungar. Bauernmusik, der eigtl. ungar. Volksmusik, identisch ist. Während der urspr. Z. vokal gewesen zu sein scheint, hat sich als neuere Z. ein bestimmter instrumentaler Vortragsstil bes. durch städt. Zigeunerkapellen herausgebildet. Im Grunde ist nur dieser in Europa bekannt geworden. – Einen eigenen Typ der Z. schufen die in Spanien lebenden Zigeuner. Sind in Spanien Gitarre, Kastagnetten und Rahmentrommel zur Begleitung der Tänze populär, so ist es in Ungarn die vom Primás angeführte Kapelle mit Streichern, Klarinette, Cymbal und (zumeist) Baß. Sie spielt ohne Noten, die Melodie improvisatorisch umspielend, in den langsamen Sätzen mit vielen Rubati und sentimentalem Schmelz, in den schnellen straff in Rhythmus und Tempo, mit überschäumendem Temperament und virtuoser Musizierhaltung. Melodien und Interpretationstechnik der ungar. Z. ließ F. Liszt in seinen „Ungar. Rhapsodien" (einem „Zigeuner-Epos") anklingen. Die „ungar." Fantasie über Rhapsodie fand viele Nachahmer, über P. de Sarasate („Zigeunerweisen") bis zu B. Bartók („Rhapsodie") und M. Ravel („Tzigane").

Zigeunersprache ↑ Romani.

Zigeunertonleiter, in Teilen M- und SO-Europas in der Volksmusik verbreitete siebenstufige Tonleiter; sie ist durch zwei übermäßige Sekundschritte und Gleichheit der jeweils zweiten Viertongruppe in der Dur- und Mollform gekennzeichnet:

c des e f/g as h c¹ ; c d es fis/g as h c¹

Die Z. gilt als „typisch ungarisch", obgleich sie auch in der südslaw. Volksmusik verbreitet ist.

Zigler und Kliphausen (Ziegler und Kliphausen), Heinrich Anselm von, * Radmeritz bei Görlitz 6. Jan. 1663, † Liebertwolkwitz bei Leipzig 8. Sept. 1696, dt. Dichter. – Von Hofmann von Hofmannswaldau beeinflußter Lyriker und Verf. polit.-heroischer Barockromane wie „Die Asiat. Banise, Oder das blutig doch muthige Pegu" (1689).

Zigong [chin. dzìgoŋ] (Tsekung), chin. Stadt 150 km ssö. von Chengdu, Prov. Sichuan, 740 000 E. Zentrum des Salzbergbaus und der Erdgasförderung mit bed. chem. Industrie.

Ziguinchor [frz. zigɛ̃ˈʃɔːr], Hauptstadt der Region Casamance, Senegal, am Casamance, 24 m ü. d. M., 106 500 E. Kath. Bischofssitz; Nahrungsmittel-, Textilind.; Hochseehafen; Brücke über den Casamance; ⚓. – Im 15. Jh. von Portugiesen gegründet.

Zigula (Zeguha, Seguha), Bantustamm in O-Tansania; rd. 150 000 Z.; treiben Feldbau in der Savanne und Viehhaltung; haben ein matrilineares Verwandtschaftssystem.

Zikaden [lat.] (Zirpen, Cicadina), seit der Kreide bekannte, heute mit rd. 35 000 Arten weltweit verbreitete Unterordnung 0,1 – 18 cm spannender Insekten, davon rd. 400 Arten einheimisch; Pflanzensauger, deren größte und meist bunt gefärbte Formen in den Subtropen und Tropen vorkommen, während die mitteleurop. Arten klein und vorwiegend grünlich, bräunlich und schwarz gefärbt sind; mit stechend-saugenden Mundwerkzeugen sowie (als Imagines) mit zwei Paar in Ruhestellung dachförmig über dem Hinterleib zus.gelegten Flügeln und häufig bizarren, z.T. aufgetriebenen Körperfortsätzen. Die ♂♂ vieler Z. (bes. Sing-Z.) erzeugen mit Hilfe von Trommelorganen am Hinterleib artspezif. Schrill- und Zirplaute. – Die ♀♀ stechen zur Eiablage Pflanzengewebe mit einer Legeröhre an.

Zikkurat (Sikkurat, Zikkurat), altorientall. Tempelturm; seit Mitte des 3. Jt. v. Chr. lag der Tempel auf mehreren Terrassen (Stufenturm), auf die man über Freitreppen gelangte. Die Außenwände waren mit Ziegeln verkleidet. Gut erhalten die Z. von Ur; bekannteste Z. ist der ↑Babylonische Turm.

Ziliarmuskel [lat.], der für die ↑Akkommodation des Auges verantwortl., ringförmig im *Ziliarkörper* (Strahlenkörper) verlaufende Muskel um die Augenlinse.

Ziliaten [lat.], svw. ↑Wimpertierchen.

Zilien [...i-ɛn; lat.] (Wimpern, Flimmern, Cilia), in der Grundstruktur mit den Geißeln übereinstimmende, jedoch sehr viel kürzere, feinere und in größerer Anzahl ausgebildete Zellfortsätze (Organellen), die durch rasches Schlagen der Fortbewegung des Organismus (z. B. bei Wimpertierchen und Strudelwürmern), dem Herbeistrudeln von Nahrung oder in (mit Flimmerepithel ausgekleideten) Körperbzw. Organhohlräumen dem Transport von Partikeln und Flüssigkeiten dienen.

Žilina [slowak. ˈʒilina], Stadt an der mittleren Waag, SR, 344 m ü. d. M., 94 900 E. Hochschule für Verkehrswesen, Konservatorium; Museen, Kunstgalerie; Kunststoff-, Zellstofferzeugung, Maschinenbau. – Gegr. Anfang des 13. Jh. als königl. ungar. Freistadt (ungar. *Zsolna*). – Roman.-frühgot. Pfarrkirche mit isoliert stehendem Turm (1540).

Zille, Heinrich, *Radeburg 10. Jan. 1858, †Berlin 9. Aug. 1929, dt. Zeichner. – Zunächst als Lithograph tätig, zeichnete er ab 1900 u. a. für die „Lustigen Blätter", die „Jugend" und den „Simplicissimus"; mit Humor und ausgeprägtem Sinn für Situationskomik, aber auch bissiger Ironie schilderte er das Berliner Milieu der verelendeten proletar. Viertel. Auch Photograph („Photographien Berlin 1890–1910", hg. 1979).

Zillertal, Talschaft des Zillers (rd. 50 km langer, rechter Nebenfluß des Inn) ab Mayrhofen, in Tirol, Österreich; das Tal des Oberlaufes heißt Zillergrund; Hauptort Mayrhofen, Endpunkt der schmalspurigen Zillertalbahn; ganzjähriger Fremdenverkehr.

Zillertaler Alpen, Teil der Z-Alpen in Österreich und Italien, zw. Brenner (im W) und Birnlücke; durch die Furche von Zamser Tal und Zemmtal geteilt in den Tuxer Hauptkamm (im NW mit Olperer (3 476 m) und den Zillerkamm mit dem Hochfeiler (3 510 m).

Zillis-Reischen. Jona besteigt das Schiff, Randfeld der um 1160 entstandenen Felderdecke der Kirche Sankt Martin

Zillis-Reischen, Gem. im schweizer Kt. Graubünden, oberhalb der Via Mala, 250 E. Im Ortsteil Zillis roman. Kirche Sankt Martin (um 1130, Vorgängerbauten um 500 und um 800) mit bemalter roman. Felderdecke (um 1160).

Zilpzalp ↑Laubsänger.

Zimbel (Zymbel, Cimbel, Cymbalum) [griech.-lat.], in der Orgel eine bis in die Barockzeit beliebte hochliegende, gemischte Stimme.

Zimbeln, kleine abgestimmte Becken, die entweder paarweise gegeneinander oder mit einem Schlegel einzeln angeschlagen werden.

Zimbelstern, mechan. Register der barocken Orgel, ein im Prospekt angebrachter Stern, der mit Schellen besetzt ist.

Zimelie, [...i-ɛ] (Cimelie, Zimelium, Cimelium) [griech.-lat.], wertvoller Besitz antiker oder ma. Herkunft in einer Bibliothek oder in einer [kirchl.] Schatzkammer.

Zimerman, Krystian [poln. ziˈmɛrman], *Zabrze 5. Dez. 1956, poln. Pianist. – Trat v. a. als Chopin-Interpret, daneben mit Werken des klass. Repertoires und der zeitgenöss. Musik (u. a. W. Lutosławski) hervor.

Zimmer, Friedrich, *Gardelegen 22. Sept. 1855, †Gießen 5. Dez. 1919, dt. ev. Theologe und Pädagoge. – 1890–98 Leiter des Predigerseminars in Herborn; gründete 1894 in Elberfeld die „Schwesternschaft des Ev. Diakonievereins" und 1906 den „Ev. Frauendienst". 1898 baute er in Berlin-Zehlendorf ein Heim mit Frauenoberschule, Kindergärtnerinnen-Seminar und Fürsorgeanstalt auf; dieses und weitere Töchterheime, Hausfrauenschulen u. a. wurden 1907 in der *Mathilde-Z.-Stiftung* zus.gefaßt, die heute noch Heime mit Hauswirtschafts- und Berufsfachschulen sowie Altenheime unterhält.

Zimmeraralie (Fatsia), Gatt. der Araliengewächse mit der einzigen, in Japan heim. Art *Fatsia japonica*; immergrüner, 2–5 m hoher Strauch mit tiefgelappten, glänzenden Blättern und unscheinbaren weißen Blüten; Beerenfrüchte schwarz; Zimmerpflanze.

Heinrich Zille. „Mit dem Orje vakehre ich nich mehr. Der is schon dreizehn Jahr und jloobt noch an den Klapperstorch", Federzeichnung, 1906

Dominikus Zimmermann. Blick in die Liebfrauenkirche in Günzburg, 1736–41

Zimmerhafer (Billbergie), Gatt. der Ananasgewächse mit etwa 50 Arten im trop. Amerika; meist Epiphyten; Blätter in Rosetten, Blüten in Ähren oder Trauben mit roten Hochblättern; z. T. Zimmerpflanzen.

Zimmerhopfen (Beloperone), Gatt. der Akanthusgewachse mit rd. 30 Arten im subtrop. und trop. Amerika; meist Sträucher oder Halbsträucher mit auffälligen Blütenständen. Die wichtigste Art ist die oft als Zimmerpflanze gezogene *Beloperone guttata* aus Mexiko, ein bis 1 m hoher Halbstrauch mit eiförmigen Blättern und endständigen, überhängenden, vierkantigen Ähren aus braunroten Deckblättern und weißen Blüten.

Zimmerische Chronik, von dem schwäb. Grafen F. C. von Zimmern († zw. 1566 und 1576) 1564–66 verfaßte Geschichte seines Hauses. Wichtige Quelle zur schwäb. Geschichte im 15./16. Jh. sowie durch die anekdotenreiche Darstellung auch eine ergiebige Quelle zum ritterl. und bürgerl. Alltagsleben.

Zimmerkalla (Zantedeschia aethiopica), eine der 8 zu den Aronstabgewächsen gehörenden Arten der Gatt. Zantedeschia in S-Afrika; Sumpfpflanzen mit spieß- oder pfeilförmigen Blättern, dicken Blütenkolben, von einer aufrechten Blütenscheide umgeben. Die Z. mit weißer Blütenscheide und gelbem Blütenkolben ist eine beliebte Zimmerpflanze.

Zimmerlinde (Sparmannia africana), eine von 3 zu den Lindengewächsen gehörenden Arten im trop. und südl. Afrika. Die als Zimmerpflanze kultivierte Z. ist ein Strauch mit großen, herzförmigen, gezähnten, weichhaarigen Blättern und weißen Blüten.

Zimmermann, Bernd (Bernhard) Alois, *Bliesheim (= Erftstadt) 20. März 1918, †Königsdorf (= Köln) 10. Aug. 1970, dt. Komponist. – Unterrichtete ab 1957 an der Musikhochschule in Köln. Für seine sprachl.-literarisch geprägte, ausdrucks- und klangreiche Musik ist die Vorstellung von einer Gleichzeitigkeit verschiedener Zeitebenen und die durchgängige Stilvermischung charakteristisch. Z. schrieb u. a. die Oper „Die Soldaten" (1965), Konzerte für Violine (1950), Oboe (1952), Trompete (1954), Kammer- und Klaviermusik sowie Vokalwerke.

Z., Dominikus, *Wessobrunn 30. Juni 1685, †Wies (= Steingaden) 16. Nov. 1766, dt. Baumeister. – Begann als Stukkateur und war seit 1716 als selbständiger Baumeister tätig. Schuf die Wallfahrtskirche in Steinhausen (1727–33), die Liebfrauenkirche in Günzburg (1736–41) und die Wieskirche (1745–54), ein Hauptwerk des Rokoko. Seine Entwürfe verbinden Freipfeilerhalle und ovalen Grundriß; die phantasievollen Stukkaturen, zarten Fresken und die vorwiegend weiße Fassung (v. a. von seinem Bruder Johann Baptist Z.) erhöhen die festl. Wirkung des lichterfüllten Kirchenraumes.

Z., Friedrich, *München 18. Juli 1925, dt. Politiker (CSU). – Jurist; 1956–65 Generalsekretär der CSU, 1957–90 MdB, 1976–82 Vors. der CSU-Landesgruppe im Bundestag; 1982–89 Bundesmin. des Innern; 1989–90 Bundesmin. für Verkehr.

Z., Johann Baptist, *Wessobrunn 3. Jan. 1680, †München 2. März 1758, dt. Stukkateur und Maler. – Mitarbeiter seines Bruders Dominikus Z. und v. F. Cuvilliés d. Ä. (Nymphenburg, Münchner Residenz); Ausstattung der Klosterbibliothek in Ottobeuren (1715/16).

Z., Mac, eigtl. Max Z., *Stettin 22. Aug. 1912, dt. Maler und Graphiker. – Lehrte 1964–81 an der Münchner Akademie. Seine skurrilen Bilder und Zeichnungen folgen dem Surrealismus von S. Dalí und Y. Tanguy.

Z., Udo, *Dresden 6. Okt. 1943, dt. Komponist und Dirigent. – Seit 1978 Prof. an der Dresdner Musikhochschule, seit 1986 Direktor des Zentrums für zeitgenöss. Musik in Dresden, seit 1990 Intendant der Leipziger Oper. Komponierte Opern, u. a. „Der Schuhu und die fliegende Prinzessin" (1976), „Die wundersame Schustersfrau" (1982), „Die Sündflut" (1988), Orchester- und Vokalwerke.

Zimmermannsbock, (Acanthocinus aedilis) in Europa und Asien verbreiteter, bis 2 cm langer, auf graubraunem Grund dicht grau behaarter Bockkäfer; ♂♂ mit dünnen, bis 10 cm langen Fühlern (Fühler der ♀♀ bis 4 cm lang); ♀♀ mit Legeröhre; Larven fressen in den obersten Holzschichten abgestorbener oder gefällter Nadelbäume.
▷ svw. ↑Mulmbock.

Zimmermannszeichen (Bundzeichen), Einkerbungen in Bauhölzer zur Kennzeichnung der Einbaustelle innerhalb einer Holzkonstruktion.

Zimmertanne (Norfolktanne, Schmucktanne, Araucaria excelsa), auf Norfolk Island heim. Araukarienart; in der Heimat bis 70 m hoher Baum mit pyramidaler Krone; Nadeln bei jungen Bäumen weich, bis 1,5 cm lang, sichelförmig gebogen, im Alter viel kürzer.

Zimmertheater, ein nach 1945 entstandener Theatertypus in Behelfsräumen, später vielfach als Experimentierbühne beibehalten.

Zimnik, Reiner, *Beuthen O.S. 13. Dez. 1930, dt. Schriftsteller und Zeichner. – Verf. und Illustrator zahlr. Kinderbücher, u. a. „Die Geschichte vom Käuzchen" (1960) sowie satir. Geschichten, u. a. „Geschichten vom Lektro" (1962), „Die Maschine" (1981).

Zimt [semit.-griech.-lat.] (Echter Zimt), die als Gewürz u. a. für Süßspeisen und Glühwein verwendete Rinde des Ceylonzimtbaums, die von kleineren, bis rd. 2,5 cm dicken

Johann Baptist Zimmermann. Blick in die 1715/16 ausgestattete Klosterbibliothek in Ottobeuren

(abgeschnittenen) Zweigen gewonnen wird. Die Rinde wird abgeschält und getrocknet. Sie kommt in zusammengerollten, ineinandergesteckten Stücken als *Stangen-Z.* oder gemahlen in den Handel.

Geschichte: Z. ist eines der ältesten Gewürze. Er spielte im antiken und ma. Handel mit Indien, Arabien und China eine wesentl. Rolle.

Zimtapfel (Süßsack, Annone, Annona squamosa), auf den Westind. Inseln heim. Annonenart; Baum mit etwa apfelgroßen, zimtähnlich schmeckenden Früchten mit schuppiger Oberfläche; als Obstbaum in den gesamten Tropen kultiviert.

Zimtbaum (Cinnamomum), Gatt. der Lorbeergewächse mit über 250 Arten in S-, O- und SO-Asien, Australien und Melanesien; immergrüne Bäume und Sträucher. Die wirtsch. wichtigste Art ist der **Ceylonzimtbaum** (Cinnamomum zeylanicum), ein bis 12 m hoher Baum mit ovalen oder lanzettförmigen, bis 12 cm langen Blättern; die rötl. Rinde, v. a. von jungen Zweigen, ist reich an äther. Öl und liefert den ↑Zimt. Die Rinde des **Chinesischen Zimtbaums** (Zimtkassie, Cinnamomum aromaticum) aus S- und SO-Asien liefert den *Chinazimt* sowie – zus. mit Früchten und Blättern – das ↑Kassiaöl. Kultiviert wird auch der ↑Kampferbaum.

Zimtöle, durch Wasserdampfdestillation aus der Rinde und den Blättern des Chin. Zimtbaums sowie des Ceylonzimtbaums *(echtes Zimtöl)* gewonnene, als Aromamittel dienende äther. Öle, die u. a. den ungesättigten, aromat.

Zimtaldehyd, $C_6H_5-CH=CH-CHO$, enthalten.

Zimtrose ↑Rose.

Zimtsäure (β-Phenylacrylsäure), aromat. Monocarbonsäure; $C_6H_5-CH=CH-COOH$; farblose, kristalline Substanz, die frei oder verestert in Ölen und Harzen vorkommt. Die Salze und Ester der Z. heißen **Zinnamate;** die Salze besitzen antibakterielle und antimykot. Eigenschaften, die Ester kommen in äther. Ölen vor und werden (auch synthetisch hergestellt) in der Parfümind. verwendet.

Zincgref (Zinkgref), Julius Wilhelm, * Heidelberg 3. Juni 1591, † Sankt Goar 12. Nov. 1635, dt. Lyriker. – Frühbarocker Lyriker und Epigrammatiker des Heidelberger Kreises; bed. sind seine Sinnsprüche: „Emblematum Ethico-Politicorum Centuria" (1619) und „Der Teutschen Scharpfsinnige kluge Sprüch" (1626); gab ohne M. Opitz' Erlaubnis dessen „Teutsche Pöemata" (1624) mit 52 eigenen und fremden Gedichten heraus.

Zincirli [türk. zin'dʒirli] (Sendschirli), türk. Dorf am NO-Fuß der Amanos dağları, 10 km nö. von İslâhiye;

Zincirli. Königin beim Mahl, Relief, um 730 v. Chr. (Berlin, Staatliche Museen)

Mac Zimmermann. Halle der Mathematik, 1952 (München, Bayerische Staatsgemäldesammlung)

Ruinenhügel der Hauptstadt *Samal* eines spräthethit. Kgr. (um 1200 v. Chr.), seit dem 10. Jh. v. Chr. Sitz einer aram. Dyn., etwa 725 v. Chr. assyr. Prov., bis um 300 v. Chr. besiedelt. – Dt. Ausgrabungen (1888–1902) legten Reste der doppelt ummauerten Stadt mit Zitadelle frei; u. a. Funde späthethit. Reliefplastiken.

Zinder [frz. zɛ̃'dɛːr], Stadt im zentralen S der Republik Niger, 468 m ü. d. M., 82 800 E. Verwaltungssitz des Dep. Z., alter Stadtteil *Birni* mit Festungsmauern und Sultanspalast; Handelszentrum; Lederfabrik; Endpunkt der ↑Transsaharastraße; ✈.

Zinerarie [...i-ε; lat.] (Aschenpflanze, Senecio cruentus), auf den Kanar. Inseln vorkommende Greiskrautart; 40–60 cm hohe Staude mit weichhaarigem Stengel, herzförmigen, behaarten Blättern und zahlr. in Doldentrauben stehenden, meist violetten Blütenköpfchen; in vielen Sorten als Topfpflanze kultiviert.

Zingel [zu lat. cingulum „Gürtel"], Mantelmauer, Bering oder Ringmauer, die dem Gelände angepaßt den Kern einer ma. Burg umzieht; auch Bez. für Stadtmauer.

Zingst, Halbinsel an der Ostsee, die östl. Fortsetzung des ↑Darß.

Zingulum (Cingulum) [lat.], zur liturg. bzw. Standeskleidung des kath. Geistlichen gehörender Gürtel.

Zink, chem. Symbol Zn; metall. Element aus der II. Nebengruppe des Periodensystems der chem. Elemente, Ordnungszahl 30, mittlere Atommasse 65,38, Dichte 7,13 g/cm³, Schmelzpunkt 419,58 °C, Siedepunkt 907 °C. Das bläul.-weiße Metall reagiert rasch mit Säuren und Alkalien, ist aber korrosionsbeständig gegen Wasser und feuchte Luft durch Bildung einer Schutzschicht aus bas. Z.carbonaten. Bei starkem Erhitzen verbrennt Z. mit hellgrüner Flamme zu *Z.oxid,* ZnO, einer farblose Kristalle oder weißes Pulver bildenden Substanz, die als Weißpigment, als Füllstoff für Kautschuk, als Leuchtstoff für Leuchtschirme sowie zur Herstellung von Puder und Salbengrundlagen verwendet wird. Z. tritt nur gebunden und meist zus. mit Mineralen anderer Metalle, v. a. Blei, auf; wichtige Z.minerale sind Galmei, Wurtzit und Z.blende. Sulfid. Erze (bes. Z.blende) werden durch Abrösten in Z.oxid überführt, das durch therm. Reduktionsverfahren oder durch Auslaugen mit Schwefelsäure und anschließende Elektrolyse zum Metall reduziert wird. Z. läßt sich mit zahlr. Metallen legieren; wichtig sind die Z.-Kupfer-Legierungen Messing und Neusilber sowie Gußlegierungen mit 3,5–6 % Aluminium, bis 1,6 % Kupfer und 0,02–0,05 % Magnesium. Da sich Z. bei Temperaturen zw. 100 und 150 °C leicht walzen läßt, wird es zu Blechen, Drähten und Rohren verarbeitet. Korrosionsgefährdete Metalle (z. B. Eisen) werden elektrolytisch

Udo Zimmermann

Reiner Zimnik

Zink

Zink. Links: krummer Zink, Italien, um 1600. Mitte: gerader Zink, Deutschland, Ende des 18. Jh. Rechts: krummer Zink, Deutschland, Ende des 16. Jh. (alle München, Musikinstrumentenmuseum im Münchner Stadtmuseum)

verzinkt. Biolog. Bed. hat Z. als wichtiges Spurenelement für Pflanzen, Tiere und Mensch.
Geschichte: Die Z. enthaltende Kupferlegierung Messing war schon im 3. Jt. v. Chr. in Babylonien und Assyrien bekannt. Ort und Zeit der Entdeckung metall. Z. sind nicht bekannt. In Europa finden sich die ersten Angaben über Z. im 16. und 17. Jh. bei Paracelsus, G. Agricola und dem Goslarer Hüttenmeister G. E. von Löhneyss, der auch die Bez. Z. verwendete.

Zink, ein vom MA bis zum 18. Jh. gebräuchl. ↑ Horn mit Grifflöchern (Grifflochhorn), kon. Rohr und Trompetenmundstück. Seit dem 16. Jh. werden mehrere Stimmlagen und Bauarten unterschieden. Am gebräuchlichsten waren der **krumme Zink** und der **gerade Zink.**

Zinkblende [urspr. nur Blende (zu dt. blenden „täuschen") auf Grund der irrigen Annahme, es handle sich um ein trügerisch glänzendes Mineral ohne Erzgehalt] (Sphalerit), kub. Mineral, fast metallglänzend, auch von honiggelber *(Honigblende),* roter *(Rubinblende),* dunkelbrauner bis schwarzer, auch grüner Farbe. Bildet derbe Aggregate aus fast immer verzwillingten Kristallen, häufig zus. mit Wurtzit. ZnS; Mohshärte 3,5–4; Dichte 3,9–4,2 g/cm³. Vorkommen bes. in hydrothermalen Lagerstätten, meist zus. mit Bleiglanz; wichtiges Zinkerz.

Zinkblüte (Hydrozinkit), monoklines Mineral von schneeweißer bis blaßgelber Farbe, derb, erdig oder in Form schaliger Krusten, $Zn_5[(OH)_3CO_3]_2$; Mohshärte 2–2,5; Dichte 3,2–3,8 g/cm³; lokal wichtiges Zinkerz.

Zinkcarbonat, $ZnCO_3$, das Zinksalz der Kohlensäure, das durch Einwirken von Wasser in bas. Z., z.B. $2ZnCO_3 \cdot 3Zn(OH)_2$, zersetzt wird, die in der Natur in Form der Minerale Galmei und Zinkblüte vorkommen.

Zinkchlorid, $ZnCl_2$, weiße, hygroskop. Kristalle bildende Verbindung, die als Trockenmittel, zur Holzimprägnierung, als Beizmittel, für Lötwasser sowie zur Herstellung von Aktivkohle und Pergamentpapier dient.

Zinken, Schriftzeichen, eine Art geheimer Bilderschrift am Eingang von Ortschaften, an Wegweisern, Türen und Häusern zur Verständigung der Gauner und Bettler untereinander; auch die Markierung auf präparierten, „gezinkten" Karten von Falschspielern.

Zinkit (Rotzinkerz), hexagonales Mineral von blut- bis hyazinthroter Farbe, ZnO; bildet meist körnige Aggregate. Mohshärte 4,5–5; Dichte 5,4–5,7 g/cm³.

Zinkleimverband, halbstarrer Verband mit Zusatz von Zinkoxid, Glycerin und Gelatine; wird z.B. am Unterschenkel bei Neigung zu Anschwellung oder Geschwürbildung sowie nach Entfernung von Gipsverbänden angewendet.

Zinkoxid ↑ Zink.

Zinksilicat, Zn_2SiO_4, das Zinksalz der Kieselsäure, das mit geringen Beimengungen von Mangan als Leuchtstoff verwendet wird.

Zinkspat (Smithsonit), farbloses bis weißgelb- oder grünl. trigonales Mineral, $Zn[CO_3]$; Mohshärte 4,5–5; Dichte 4,3–4,5 g/cm³; sekundäre, oft metasomat. Bildung in der Oxidationszone sulfid. Pb-Zn-Lagerstätten; am Aufbau von ↑ Galmei beteiligt.

Zinksulfat, $ZnSO_4$, Zinksalz der Schwefelsäure; farblose, rhomb. Kristalle oder ein weißes Pulver bildende Verbindung, die als Beizmittel bei Textilfärbungen, zur Holzimprägnierung, als Elektrolyt in Verzinkungsbädern sowie in der Medizin als Adstringens und Antiseptikum verwendet wird.

Zinksulfid, ZnS, das Zinksalz des Schwefelwasserstoffs; bildet ein weißes, wasserunlösl. Pulver, das v. a. zur Herstellung von Weißpigmenten dient. Mit Schwermetallverbindungen verunreinigtes und geglühtes Z. dient als intensiv grün leuchtender Leuchtstoff für Leuchtschirme. Mit Silber aktiviertes *Zink-Cadmium-Sulfid* wird für Leuchtschirme in Fernsehröhren verwendet. In der Natur tritt Z. als Zinkblende und Wurtzit auf.

Zinn, Georg August, * Frankfurt am Main 27. Mai 1901, † ebd. 27. März 1976, dt. Politiker. – Jurist; trat 1920 der SPD bei; 1946–70 MdL in Hessen, 1948/49 Mgl. des parlamentar. Rats, 1949–51 und 1961 MdB; 1946–49 und 1950–62 Justizmin., 1950–69 Min.-präs. in Hessen.

Zinn, chem. Symbol Sn (von lat. stannum); metall. Element aus der IV. Hauptgruppe des Periodensystems der chem. Elemente, Ordnungszahl 50, mittlere Atommasse 118,69, Schmelzpunkt 231,97 °C, Siedepunkt 2 270 °C. Das silberweiß glänzende Schwermetall tritt in 3 Modifikationen auf: als tetragonal kristallisierendes β-Z. (Dichte 7,31 g/cm³), über 162 °C als rhomb. γ-Z. (Dichte 6,54 g/cm³) und unterhalb 13,2 °C als kub. α-Z. (Dichte 5,75 g/cm³); die Umwandlung von β-Z. in α-Z. wird als *Z.pest* bezeichnet. Beim Biegen eines Z.stabes tritt ein knirschendes Geräusch auf, das sog. *Z.geschrei,* das durch Reibung der β-Kristalle aneinander verursacht wird. Z. ist ein weiches, dehnbares Metall, das sich zu dünnen Folien (Stanniol) auswalzen läßt. Mit verdünnten Säuren und Basen reagiert Z. nur langsam; bei starkem Erhitzen verbrennt es zu Z.dioxid, SnO_2, einer ein weißes Pulver oder farblose Kristalle bildenden Verbindung, die als Poliermittel und für Glasuren verwendet wird; in der Natur tritt Z.dioxid als *Z.stein*

Zinn. Links: Caspar Enderlein, Schüssel mit Mariendarstellung, 1611 (Nürnberg, Germanisches Nationalmuseum). Rechts: Ratsherrenkanne, Regensburg, 1453 (Privatbesitz)

auf, der das für die Z.gewinnung wichtigste Z.erz darstellt. Z. kommt sehr selten gediegen vor, befindet sich aber in geringen Konzentrationen in einigen sulfid. Mineralen. Zur Gewinnung wird der Z.stein durch Flotation zu Konzentraten mit 60–75 % Z.gehalt angereichert; Verunreinigungen wie Schwefel und Arsen werden durch Abrösten entfernt. Das Z.dioxid wird mit Hilfe von Kohlenmonoxid (aus Koks) reduziert, wobei mit Eisen u. a. Metallen verunreinigtes Roh-Z. anfällt, das durch Seigerung oder Elektrolyse raffiniert wird. Zunehmende Bed. hat die Z.gewinnung aus Altmaterial, v. a. aus Weißblechabfällen, deren Z.überzüge durch Natronlauge oder Chlor vom Eisenschrott abgetrennt werden. Die Entzinnung kann auch elektrolytisch durch Schaltung der Weißblechabfälle als Anoden erfolgen. Z. wird heute v. a. zum Verzinnen korrosionsgefährdeter Metalle verwendet. Wichtig sind die Legierungen des Z. mit Kupfer (↑Bronze) und Blei; die bes. weichen Z.-Blei-Legierungen werden als Lötmetalle (sog. Weich- oder Schnellote) sowie zur Herstellung von Orgelpfeifen verwendet.

Geschichte und Kunst: Z. wurde schon im Altertum gewonnen. Aus dem MA sind Ampullen, Pilgerflaschen, Grabbeigaben überkommen. Seit dem 15. Jh. ist Geschirr und Küchengerät aus Z. in Gebrauch. Die in der 2. Hälfte des 16. und 17. Jh. hergestellten Prunkgeschirre bezeichnet man als *Edel-Z.;* F. Briot (* um 1515, † 1616) in Montbéliard und C. Enderlein (* 1560, † 1633) in Nürnberg gelten hier als die großen Meister. Zum Zeremonialgeschirr des Rates einer Stadt und der Zünfte gehörten Schenkkannen und Pokale aus Z. Armen Kirchengemeinden war Sakralgerät aus Z. erlaubt; nach dem Dreißigjährigen Krieg verwendete man auch vergoldetes Z. (anstelle von Silber). Z.geräte werden einschl. der Reliefverzierungen im Gußverfahren hergestellt; nachträgl. Oberflächenverzierung mit dem Grabstichel ist selten; Auflötung von Messingblechen kommt vor, im Biedermeier auch Bemalung. Seit dem 14. Jh. entstand ein Kontrollsystem zur Überprüfung des Bleigehalts zur Vermeidung zu hoher (gesundheitsschädl.) Werte; im Barock waren neben Meister- und Stadtzeichen auch ein Qualitätszeichen obligatorisch. Englisch-Z. *(Fein-Z.)* ist nur mit Kupfer oder Wismut legiert, „Maintzer Englisch Z." enthält eine geringe Bleimenge. *Prob-Z.* (nach der Nürnberger- oder Reichsprobe) mit 10 % Bleigehalt ist noch als Speisegeschirr verwendbar. Das neuere *Britanniametall* ist mit Antimon legiert.

Zinna, ehem. Zisterzienserkloster (1170/1171 gegr., 1553 säkularisiert) in der Gemeinde *Kloster Z.* (nördl. von ↑Jüterbog). Erhalten sind die roman.-frühgot. Kirche (etwa 1200–20) mit spätgot. Sakramentshaus und Chorgestühl, Wohnhaus (um 1400), Abtshaus (Fürstenhaus, 1495).

Zinnabarit [pers.-griech.], svw. ↑Zinnober.

Zinnamate [semit.-griech.] ↑Zimtsäure.

Zinnchloride, technisch wichtige Zinn-Chlor-Verbindungen: *Zinndichlorid,* SnCl₂, ist eine weiße, wasserlösl. Masse, die als starkes Reduktionsmittel, als Beize und zur Herstellung von Farblacken dient, *Zinntetrachlorid,* SnCl₄, eine farblose Flüssigkeit, die bei der Gewinnung von Zinn aus Weißblechabfällen durch Behandeln mit Chlor anfällt.

Zinn. Links: Schraubflasche, Ulm, Mitte des 17. Jh. (München, Bayerisches Nationalmuseum). Rechts: Service, Ende des 18. Jh. (Karlsruhe, Badisches Landesmuseum)

Zinnemann, Fred [engl. ˈzɪnɪmən], *Wien 29. April 1907, amerikan. Filmregisseur östr. Herkunft. – Seit 1929 in Hollywood, seit den 1960er Jahren in London; dokumentar. Filme in Mexiko und den USA; zu seinen zeit- und gesellschaftskrit. Filmen zählen: „Das siebte Kreuz" (1944), „Die Gezeichneten" (1948), „Zwölf Uhr mittags" (1952), „Verdammt in alle Ewigkeit" (1953), „Oklahoma" (1955), „Ein Mann zu jeder Jahreszeit" (1966), „Julia" (1978), „Am Rande des Abgrunds" (1983).

Zinnen, an Wehrgängen oder den Mantelmauern von Burgen sowie an Stadtmauern errichtete pfeilerartige Schutzmauern, als Brustwehr in verschiedenen Formen; nach Einführung der Feuerwaffen nur noch dekorative Mauerbekrönung.

Zinner, Hedda, verh. Erpenbeck, Pseud. Elisabeth Frank, Hannchen Lobesam, *Wien 20. Mai 1905, dt. Schriftstellerin. – Schauspielerin; ab 1929 in Berlin; emigrierte 1933 nach Prag, 1935 nach Moskau; 1945 Rückkehr nach Berlin (Ost). Politisch engagierte zeitkrit. Autorin („Ravensbrücker Ballade", Dr., 1961). Schrieb auch Hör- und Fernsehspiele, Drehbücher, Lyrik, Erzählungen („Selbstbefragung", 1989) und Romane.

Zinnespelen [ˈzɪnəspeːlə; niederl.] (Sinnspiele), Bez. für die niederl. Moralitäten, die im 15. und 16. Jh. die Abele Spelen ablösten.

Zinnfiguren, aus Zinn-Blei-Legierungen unter Zusatz kleiner Mengen anderer Metalle (z. B. Antimon) gegossene Kleinfiguren. Ma. Z. sind seit dem 13. Jh. belegt, Ritter- und Heiligenfiguren, die man als Pilgerabzeichen deutete, aber auch als Spielzeug gedient haben könnten. Für die 2. Hälfte des 16. Jh. ist in Nürnberg die Herstellung von Spielzeug aus Zinn bezeugt. Weite Verbreitung fanden die Z. im 17.–19. Jh. Neben Puppenstubengerät, Bauernhöfen,

Fred Zinnemann

Zinnfiguren. Turnierritter, Fürth, Ende des 19. Jh. (Münchner Stadtmuseum)

Zinnfolie

Tieren, Jagden u. a. waren es v. a. *Zinnsoldaten,* dann auch histor., mytholog. und völkerkundl. Figuren.

Zinnfolie, svw. ↑ Stanniol.

Zinnie (Zinnia) [nach dem dt. Botaniker J. G. Zinn, * 1727, † 1759], Gatt. der Korbblütler mit 17 Arten in Amerika (v. a. Mexiko); einjährige oder ausdauernde Kräuter oder Halbsträucher mit ganzrandigen Blättern und verschiedenfarbigen Blütenköpfchen. Die zahlr. als Gartenzierpflanzen beliebten Zuchtformen der Art *Zinnia elegans* haben teilweise oder vollständig in Zungenblüten umgewandelte Scheibenblüten.

Zinnkraut ↑ Ackerschachtelhalm.

Zinnober [pers.-griech.-provenzal.] (Cinnabarit, Zinnabarit), trigonales Mineral von meist roter, auch braunroter, schwarzer oder bläul.-metall. (Stahlerz) Farbe und Diamantglanz, HgS; bildet selten Kristalle, tritt meist in derben, dichten Aggregaten auf. Mohshärte 2–2,5; Dichte 8,1 g/cm³. Bildung aus relativ kühlen Thermen (< 100 °C) in vulkan. Regionen; wichtiges Quecksilbermineral.

Zinnpest ↑ Zinn.

Zinnsoldaten ↑ Zinnfiguren.

Zinnstein (Kassiterit, Cassiterit), tetragonales Mineral von meist brauner und braunschwarzer Farbe, spröd und von blendenartigem Glanz, SnO_2; Mohshärte 7; Dichte 6,8–7,1 g/cm³. Bildet häufig Zwillinge, säulige *(Zinngraupen)* oder nadelige *(Nadelzinn)* Kristalle oder glaskopfartige Massen *(Holzzinn).* Vorkommen als *Bergzinn* in pegmatit. und pneumatolyt. Lagerstätten, oft Anreicherung zu Seifenlagerstätten *(Seifenzinn).*

Zinnwaldit [nach dem Ort Zinnwald im Erzgebirge] (Lithiumeisenglimmer), Mineral der Glimmergruppe, perlmuttglänzend und von grauer, brauner oder dunkelgrüner Farbe. Enthält u. a. Lithium. Mohshärte 2,0–3; Dichte 2,9–3,2 g/cm³.

Zinsabschlagsteuer, umgangssprachl. Bez. für eine Form der Kapitalertragsteuer auf Zinseinkünfte. Mit Wirkung zum 1. Jan. 1993 werden Kapitalerträge (v. a. Zinsen, Dividenden) oberhalb neu festgesetzter, durch Freistellungsauftrag des Anlegers beantragter Sparer-Freibeträge (Alleinstehende 6 000 DM, Ehepaare 12 000 DM Kapitalerträge/Jahr) durch die Kreditinstitute steuerlich erfaßt; oberhalb dieser Grenzen werden von allen ausgezahlten Kapitalerträgen grundsätzlich 30 % einbehalten und als Abschlagszahlung („Zinsabschlag") auf die Jahreseinkommensteuer des Anlegers an das Finanzamt abgeführt.

Zinsdivisor ↑ Zinsrechnung.

Zinsen [zu lat. census „Abgabe"], in der *Volkswirtschaftslehre* Preis für die Überlassung von Kapital bzw. Geld auf Zeit. Gelegentlich werden auch Mieten und Pacht als Z. betrachtet. Die Höhe der Z. wird beeinflußt von Angebot und Nachfrage, Länge der Leihfristen und geldpolit. Maßnahmen. Zu unterscheiden sind: 1. *Realzinsen* (Güterzins), tatsächl. Zinsertrag von Wertpapieren, der sich aus dem jeweiligen Kurs und dem Zinssatz bzw. der Dividende errechnet; 2. *Nominalzinsen* (Geldzins), auf den Nennwert von Wertpapieren bezogener Zinssatz; 3. *Effektivzinsen,* aus dem Verhältnis zw. Zinserträgen und Kaufpreis eines Wertpapiers resultierender Zinssatz. – Eine weitere Unterscheidung ist die in Geld-Z. und natürl. Zinsen. Nach Knut Wicksell („Geldzins und Güterpreise", 1898) ist der natürliche Zins die Zinsrate, die als Nettorendite aus einer Investition erzielt wird. Nur wenn natürliche Z. und Geld-Z. übereinstimmen, befindet sich eine Wirtschaft im Gleichgewicht.

In der *Betriebswirtschaftslehre* sind zwei Betrachtungsweisen der Z. zu unterscheiden: 1. in der Kostenrechnung der auf das betriebsnotwendige Kapital (also auch auf das Eigenkapital) verrechneten kalkulator. Z.; 2. in der Finanzbuchhaltung die in der Gewinn- und Verlustrechnung gesondert auszuweisenden Aufwand- und Ertrags-Z., die gewöhnlich mit ähnlichen Aufwendungen wie Kreditprovisionen und Wechseldiskonten zusammengefaßt werden. Im Bankwesen unterscheidet man auch *Aktiv-* bzw. *Soll-Z.* (vom Kunden für Kredite zu zahlen) und *Passiv-* bzw. *Haben-Z.* (von der Bank für Kundeneinlagen zu zahlen).

Zinnfiguren. Bayrische Postkutsche, 19. Jh. (Kulmbach, Deutsches Zinnfigurenmuseum)

Zinseszinsen, Zinsen, die entstehen, wenn fällige Zinsen nicht ausgezahlt, sondern dem Kapital hinzugefügt und mit diesem zus. verzinst werden. Das Kapital nach Jahren ergibt sich entsprechend der **Zinseszinsrechnung** aus der Formel $K_n = K_0 q^n$; dabei bedeutet K_0 das Anfangskapital, $q = 1 + p/100$ den *Verzinsungsfaktor; p* ist der Zinsfuß. – Soll aus dem gegebenen Endkapital K_n das Anfangskapital $K_0 = K_n/q^n$ berechnet werden, so spricht man von *Diskontierung* oder *Abzinsung.*

Zinsfuß, svw. ↑ Zinssatz.

Zinsgarantie, Verpflichtung eines Dritten (meist durch selbstschuldner. Bürgschaft), die vertragl. Verzinsung von Schuldverschreibungen zu übernehmen, falls der Schuldner in Verzug gerät.

Zinsleiste, svw. ↑ Erneuerungsschein.

Zinspolitik, 1. als Teil der Geldpolitik Gesamtheit der Maßnahmen der Zentralnotenbank (↑ Deutsche Bundesbank), über ↑ Diskontpolitik und Lombardpolitik (↑ Lombardsatz) Höhe und Struktur der Zinssätze sowie die Geldmarktpolitik zu beeinflussen; 2. Maßnahmen der Kreditinstitute, die auf die Erzielung einer angemessenen Spanne zw. Zinsaufwand und -ertrag gerichtet sind. 1957 wurde die direkte Bindung der Soll- und Habenzinsen der Kreditinstitute an die Sätze der Bundesbank aufgehoben.

Zinsrechnung, die Berechnung des Zinses. Die Höhe der Zinsen richtet sich nach dem Kapital K, dem Zinssatz p und der Zeitdauer t. In der Z. wird das Jahr üblicherweise mit 360 Tagen *(Zinstage),* der Monat mit 30 Tagen angenommen. Die Zinsen berechnen sich für i Jahre nach der Formel: $Z = K \cdot i \cdot p / 100$, für t Tage nach der Formel: $Z = K \cdot p \cdot t/(360 \cdot 100)$. Sind Zinsen auf verschieden hohe Kapitalerträge zu berechnen, so werden bei gleichem Zinssatz Zinszahlen angewendet. Steht ein Kapital K etwa t_T Tage zu p% auf Zinsen, so wird die Größe $K \cdot t_T/100$ als *Zinszahl* und $360/p$ als *Zinsdivisor* bezeichnet. Demnach berechnen sich die Zinsen gemäß

$$Z = \frac{K \cdot t_T}{100} : \frac{360}{p} = \text{Zinszahl} : \text{Zinsdivisor}.$$

Für den Abrechnungszeitraum addiert man die auf ganze Zahlen gerundeten Zinszahlen und dividiert dieses durch den Zinsdivisor.

Zinssatz (Zinsfuß), Höhe der Zinsen, ausgedrückt in % des Kapitals; der Z. bezieht sich i. d. R. auf ein Jahr (p. a. = pro anno).

Zinsschein, Urkunde zur Erhebung der Zinsen für festverzinsl. Wertpapiere. Für jeden Zinstermin wird ein Z. verwendet; mehrere Z. ergeben zus. mit dem Erneuerungsschein den Zinsscheinbogen. – ↑ Kupon.

Zinsspanne, die Differenz zw. dem Haben- und dem höheren Soll-Zinssatz *(Brutto-Z.).* Nach Abzug des Verwaltungsaufwands ergibt sich die *Netto-Z.;* die Differenz zw. Brutto- und Netto-Z. ist die *Bedarfsspanne.*

Zinstermine, in den Vertragsbedingungen von Anleihen festgelegte Termine, zu denen die Zinsen fällig werden. I. d. R. werden die Zinsen jährlich, seltener halbjährlich – z. B. Jan. und Juli (J/J) oder März und Sept. (M/S) – gezahlt.

Zinstheorien, unterschiedl. Ansätze, in denen für Wesen und Höhe des Zinses Erklärungen gesucht werden. Zu den bekanntesten Z., von denen keine allg. akzeptiert wird, zählen: 1. die **Fruktifikationstheorie** von A. R. J. Turgot, die davon ausgeht, daß der Boden der alleinige wertschaffende Faktor in der Volkswirtschaft ist (↑Physiokraten); da durch Erwerb von Grund und Boden jederzeit ein Einkommen erzielt werden kann, muß auch für anderweitige Verwendung des Kapitals ein Einkommen, der Zins, erzielbar sein, da sonst alles Kapital in Grund und Boden angelegt werden würde; 2. die **Residualtheorie** D. Ricardos, in der Anteil der Profite am Sozialprodukt, nicht die Profitrate als Verhältnis zw. Profiten und eingesetztem Kapital im Vordergrund steht; 3. die **Abstinenztheorie** von N. W. Senior, die im Zins eine Entschädigung für den Konsumverzicht der Kapitalgeber sieht; 4. die **Marxsche Theorie,** die den Zins als dem Arbeiter vorenthaltenen Mehrwert (↑Marxismus) betrachtet; 5. die **Agiotheorie** von E. von Böhm-Bawerk, nach der der Zins auf einer Minderschätzung zukünftiger Bedürfnisse gegenüber den höherbewerteten Gegenwartsgütern beruht; 6. die **Liquiditätstheorie** von J. Keynes, nach der der Zins nicht nur von der Produktivität des Kapitals und vom Sparen abhängt, sondern auch von der vorhandenen Geldmenge und dem Liquiditätsbedürfnis der Wirtschaftssubjekte; 7. die **dynamische Zinstheorie** von J. A. Schumpeter, wonach der Zins der Anteil der vorübergehenden Unternehmergewinne ist, der für die Kreditgewährung an die Kapitalgeber abgeführt wird.

Zinsverbot, kirchl. Verbot, ein Darlehen mit einer Zinsforderung zu verbinden; seit dem 1. Konzil von Nizäa (325) allen Klerikern, in karoling. Zeit auch den Laien verboten. Die vom Z. nicht betroffenen Juden entwickelten sich so zu Hauptträgern des Geldwesens. Seit Mitte des 16. Jh. wurde das Z. gelockert. Nach heutigem Kirchenrecht ist der gesetzl. Zins erlaubt.

Zinszahl ↑Zinsrechnung.

Zintl-Phasen [nach dem dt. Chemiker E. Zintl, *1898, †1941], intermetall. Verbindungen, deren Bindungszustände Übergangsformen zw. metall. und ion. Bindung darstellen. Z.-P. werden von Alkali- und Erdalkalimetallen mit Metallen der III. und IV. Hauptgruppe des Periodensystems gebildet.

Zinzendorf, Nikolaus Ludwig Graf von Z. und Pottendorf, *Dresden 26. Mai 1700, †Herrnhut 9. Mai 1760, dt. ev. Theologe und Liederdichter. – Aus altöstr. Adel; 1710–16 im hall. Pädagogium (↑Franckesche Stiftungen) erzogen; 1721–27 Hof- und Justizrat in Dresden. – Begründer der Herrnhuter ↑Brüdergemeine. 1737 ließ sich Z. von D. E. Jablonski zu deren Bischof weihen, erlangte jedoch erst 1748 ihre volle Anerkennung seitens der luth. Orthodoxie. – Mit seiner pietist.-schwärmer., z. T. auch ekstat. Lieddichtung und seinen luth.-orth. gefärbten Schriften wirkte Z. auf den Methodismus, auf Schleiermacher, Kierkegaard und K. Barth.

Ziolkowski, Konstantin Eduardowitsch [russ. tsɪal'kɔfskij], *Ischewskoje (Geb. Rjasan) 17. Sept. 1857, †Kaluga 19. Sept. 1935, russ. Gelehrter und Luft- und Raumfahrttheoretiker. – Lehrer für Mathematik und Physik. Z. arbeitete bereits ab 1885 am Projekt eines Ganzmetallluftschiffs sowie eines Ganzmetallflugzeugs. Für seine Untersuchungen benutzte er einen selbstgebauten Windkanal. Später befaßte er sich mit Problemen der Raketentechnik und Raumfahrt. Er gab erstmals die nach ihm ben. Raketengrundgleichung an und sprach sich für das Prinzip des Flüssigkeitsantriebs aus.

Zion (Vulgata: Sion), im A T. urspr. Name der von David eingenommenen Jebusiterburg in Jerusalem. Z. wurde bald für die ganze Stadt Jerusalem („Tochter Z.") verwendet zur Bez. ihrer endzeitl. Heilsbedeutung.

Zionismus, polit. und soziale Bewegung zur Errichtung eines jüd. Staates in Palästina (↑Israel). Die Anfänge des Z. liegen im 19. Jh. (M. Heß und L. Pinsker) und stehen – neben den Verheißungen der Bibel – im Zusammenhang mit dem Aufkommen des (auch jüd.) Nationalismus in Europa und des modernen Antisemitismus. Widerhall fand der Z. zuerst bei Teilen der O-Juden, bes. im zarist. Rußland, wo die Judenemanzipation unterblieben war (↑Haskala), während die W-Juden den Z. zumeist ablehnten. Zw. 1881 und 1914 verließen etwa 2,5 Mill. Juden O-Europa und wanderten meist in die USA aus; die aktive jüd. Besiedlung Palästinas setzte ein. Dieser „prakt. Z." (wichtigster Vertreter: C. Weizmann) fand seine Ergänzung durch das Auftreten T. ↑Herzls, der den Z. als polit. Kraft organisierte und ihm durch die ↑Zionistenkongresse eine wichtige Plattform schuf. Die 1897 gegr. *Zionist. Organisation* erklärte die Errichtung einer „öff.-rechtlich gesicherten Heimstätte" für das jüd. Volk in Palästina zu ihrem Ziel (↑Judentum, Geschichte). Die in den 1920er Jahren verstärkt einsetzende Einwanderung in Palästina führte u. a. 1922 zur Gründung der ↑Jewish Agency und zur Ausbildung von Parteien, unter denen die sozialist. und religiösen Gruppierungen bes. Wichtigkeit erlangten. Der wachsende Widerstand der palästinens. Araber gegen die jüd. Besiedlung verstärkte sich nach 1933, als – bedingt durch die nat.-soz. Judenverfolgung – die legale und illegale Einwanderung sprunghaft zunahm. Vorschläge zur Errichtung eines binat. Staates ließen sich nicht verwirklichen. Mit dem Teilungsplan der UN vom 29. Nov. 1947, der von den arab. Staaten abgelehnt wurde, v. a. aber mit der Ausrufung des Staates Israel am 14. Mai 1948, wurde das von Herzl 1897 proklamierte Ziel der „Gründung eines Judenstaates" erreicht. Die Bemühungen der Zionist. Organisation konzentrieren sich seitdem auf die Stärkung der Beziehungen zw. dem jüd. Staat und der jüd. Diaspora. Im Dez. 1991 annullierte die UN-Vollversammlung die Resolution von 1975, in der Z. als „eine Form von Rassismus und rass. Diskriminierung" verurteilt worden war.

Zionistenkongresse, Versammlungen der Vertreter des Zionismus (seit 1897). Die Teilnehmer der Z. waren zunächst gewählte Deputierte aus den einzelnen Staaten, ab 1921 gab es außerdem gruppierungsähnl. Gruppierungen. Der Kongreß ist oberstes Beschlußorgan der zionist. Bewegung. Zw. den Tagungen amtiert die zionist. Exekutive. – Auf dem 6. Kongreß (Basel 1903) bot die brit. Reg. Gebiete im heutigen Kenia (fälschlich „Uganda-Projekt" gen.) zur Errichtung eines jüd. Staates an.

Zipfelfalter (Theclinae), weltweit verbreitete (bes. in S-Amerika sowie in der oriental. und austral. Region vorkommende) Unterfam. der Bläulinge; Spannweiten um 3 cm; sehr bunt gefärbt; an den Hinterflügeln meist ein oder zwei Paar zipfelige Anhänge.

Zipfelmütze, Kopfbedeckung mit beutelförmigem Kopfteil. Im Altertum trugen die Phryger u. a. Völker eine der Z. ähnl. Kopfbedeckung; im MA 10./11. Jh. und im 15. Jh. modern; als Haus- und Schlafmütze vom 17.–19. Jh. üblich; Attribut des ↑deutschen Michels. – ↑Jakobinermütze.

Zipolle [lat.-roman.], svw. Küchenzwiebel (↑Zwiebel).

Zipperlein, veraltet für ↑Gicht.

Zippert, Christian, *Berlin 30. Okt. 1936, dt. ev. Theologe. – Seit 1992 Bischof der Ev. Kirche von Kurhessen-Waldeck.

Zips (slowak. Spiš), Geb. im östl. Vorland der Hohen Tatra, SR, umfaßt das Leutschauer Gebirge und die Zipser Magura; größte Städte: Poprad, Käsmark (Kežmarok), Leutschau (Levoča; seit Ende des 13. Jh. Hauptort der Z., 10 km östlich beg. Reste der mächtigsten Burganlage der Slowakei [Spišský hrad, 12. Jh., 13.–16 Jh. erweitert], Zipser Neudorf (Spišská Nová Ves).

Geschichte: Seit dem 11. Jh. mit der Slowakei Teil Ungarns; im Verlauf der dt. Ostsiedlung wurden von ungar. Königen seit Ende des 12. Jh. in Schlesien und Mitteldeutschland angeworbene Bauern in der Ober-Z. auf dem Hochplateau südl. der Hohen Tatra (Sammelbez. **Zipser Sachsen**), im 13. Jh. auch aus Bayern stammende Bergleute und Handwerker im Gründner Boden (Göllnitztal) angesiedelt. Die 24 Zipser Städte sicherten 1370 ihre Selbstverwaltungsrechte in der „Zipser Willkür" (1608 beschnitten, 1876 aufgehoben); Ende 19. Jh. zunehmende Magyarisierung, Abwanderung in die Städte, Auswanderung in die

Nikolaus Ludwig
Graf von Zinzendorf
(Ausschnitt aus einem
Kupferstich, 1748)

Konstantin
Eduardowitsch
Ziolkowski

Zirbeldrüse

USA und starker Zuzug von Slowaken. 1918 wurde die Z. Teil der Tschechoslowakei; 1945 Vertreibung der Zipser Sachsen.

Zirbeldrüse (Epiphyse, Pinealdrüse, Corpus pineale, Glandula pinealis), vermutlich als neurosekretorisch tätige Hormondrüse fungierendes unpaares Organ bei Vögeln und den meisten Säugetieren.

Bei *niederen Wirbeltieren* stellt das der Z. entsprechende Pinealorgan ein lichtempfindl. Organ dar. Beim *Menschen* liegt die ovale, pinienzapfenähnl., 8-14 mm lange Z. im Zwischenhirn. Ihre Hauptfunktionen werden über das Hormon Melatonin vermittelt. Dieses hemmt u. a. die Schilddrüsenfunktion und senkt insgesamt den Stoffwechsel. Es wird vermutet, daß Melatonin eine „Zeitgeberfunktion" für die Einstellung und Aufrechterhaltung des zirkadianen Rhythmus hat. Neben bereits bekannten Wirkungen (Hemmung der Geschlechtsorgane vor der Pubertät beim Menschen) nimmt man eine Beeinflussung des Kohlenhydrat- und Phosphatstoffwechsels sowie eine Teilnahme am Jodhaushalt an.

Zirbelkiefer, svw. ↑Arve.

Zircaloy Ⓦ [Kw.], Handelsname für eine Gruppe von Zirkoniumlegierungen.

zirka ↑circa.

Zirkel [lat.] ↑Sternbilder (Übersicht).

Zirkel [zu lat. circulus „Kreis"], Gerät zum Zeichnen von Kreisen, zum Abgreifen von Maßen *(Greif-Z., Taster)* und Übertragen von Strecken *(Stech-Z.).* Der gewöhnl. *Z. (Einsatz-Z.)* besteht aus zwei durch ein Scharnier verbundenen Schenkeln, von denen der eine eine Stahlspitze, der andere einen Zeicheneinsatz trägt (Mine, Reißfeder). Zum Zeichnen kleinster Kreise (bis 0,5 mm Durchmesser) verwendet man den *Nullen-Z.* Eine Verstellschraube und eine Federmechanik (anstelle des Scharniers) besitzen auch der *Teil-Z.* und der sog. *Wendefeder-Z.* Für größere Kreise benutzt man den *Stangen-Z.,* bestehend aus einer Metallschiene und zwei darauf verschiebbaren Schenkeln.

▷ gesellschaftl. [nach außen abgeschlossener] Kreis.

Zirkeldefinition (Zirkularität), Definition eines Begriffes, die den zu definierenden Begriff (eventuell in anderer sprachl. Form) bereits enthält.

Zirkelschluß, (fehlerhaftes) Beweisverfahren, bei dem Teile der zu beweisenden Aussage bereits als Prämissen vorausgesetzt wurden.

Zirkon [italien.-frz.], tetragonales Mineral von meist brauner oder braunroter Farbe und diamantartigem Glanz, $Zr[SiO_4]$; Mohshärte 7,0–8; Dichte 3,9–4,8 g/cm^3. Infolge von Thorium- und Urangehalt radioaktiv. Durchsichtige, schönfarbige Z. werden als Schmucksteine verwendet, z. B. Hyazinth. Vorkommen in magmat. und metamorphen Gesteinen und in Schwermineralseifen.

Zirkonium (Zirconium) [italien.-frz.], chem. Symbol Zr; metall. Element aus der IV. Nebengruppe des Periodensystems der chem. Elemente, Ordnungszahl 40, relative Atommasse 91,22, Dichte 6,53 g/cm^3, Schmelzpunkt 1 852 °C, Siedepunkt 4 377 °C. Das in zwei Modifikationen vorkommende Z. ist gegen Säuren und Alkalien sehr beständig; es kann bei Zimmertemperatur zahlr. Gase in sein Kristallgitter aufnehmen (z. B. bis 33 Atom-% Wasserstoff). Z.legierungen, v. a. mit Zinn, Chrom, Nickel und Eisen, zeichnen sich durch Korrosionsbeständigkeit aus und werden wegen ihrer geringen Absorptionsfähigkeit für therm. Neutronen als Hüllmaterial für Brennstoffelemente in Kernreaktoren verwendet. Ein wichtiges Z.mineral ist ↑Zirkon; daneben kommt Z. fast immer in Mineralen der Lanthanoide und des Hafniums vor. Wegen seiner chem. Beständigkeit wird Z. für Apparateteile (Rohre, Pumpen u. a.) sowie für Treibstoffbehälter und -leitungen von Raketen verwendet. – Z. wurde 1789 von M. H. Klaproth im Mineral Zirkon entdeckt.

Zirkoniumdioxid (Zirkonium(IV)-oxid), ZrO_2, ein weißes Pulver bildende Verbindung mit großer therm. Beständigkeit (Schmelzpunkt 2 700 °C), die zur Herstellung feuerfester Geräte, von Ofenauskleidungen und Glühstiften für Nernst-Lampen dient. Mischkristalle aus Z. werden als Diamantimitationen für Schmuck verwendet.

Zirkulation [lat.], svw. Kreislauf, Umlauf, z. B. der Luftmassen in der ↑Atmosphäre.

zirkulieren [lat.], in Umlauf sein, kreisen.

zirkum..., Zirkum..., circum..., Circum... [lat.], Bestimmungswort von Zusammensetzungen mit der Bed. „um..., herum...".

Zirkumflex [zu lat. circumflexus „herumgebogen"], diakrit. Zeichen in der Form eines aufsteigenden und danach abfallenden Striches (ˆ) oder einer Tilde (˜), das im Griechischen die zuerst steigende, dann wieder fallende Intonation eines Langvokals oder Diphthongs bezeichnet. Der Gebrauch des Z. wurde in modernen Sprachen erweitert: Er dient zur Wiedergabe verschiedener Intonationsformen, zur Bez. von phonet., morpholog., etymolog. Besonderheiten, zur graph. Unterscheidung von Homonymen.

Zirkumpolarsterne, Sterne, deren Winkelabstand vom Himmelspol kleiner ist als die Höhe des Pols über dem Beobachtungshorizont; sie können bei ihrem tägl. scheinbaren Lauf nicht unter den Horizont verschwinden.

zirkumskript [lat.], in der *Medizin* svw. umschrieben, deutlich abgegrenzt.

Zirkumskriptionsbulle [lat.], im kath. Kirchenrecht der nach Vereinbarung mit der entsprechenden Staatsreg. ergehende Erlaß zur Umschreibung der Grenzen einer Kirchenprovinz oder eines Bistums.

Zirkumzision [lat.] ↑Beschneidung.

▷ (Circumcisio) in der *Medizin:* ringförmige Entfernung der Vorhaut des männl. Gliedes, z. B. bei Vorhautverengung.

Zirkus [zu lat. circus „Kreis, Rennbahn, Arena"], in röm. Zeit langgestreckte Arena für Pferde- und Wagenrennen sowie für Gladiatorenspiele u. a. (↑Circus maximus), die so längsgeteilt war, daß eine Umlaufbahn entstand; an der Stirnseite befand sich die gerade Eingangsmauer mit dem Tor; an der halbrunden Gegenseite mit der Porta triumphalis für die Ausfahrt des Siegers sowie an beiden Längsseiten befanden sich die steil ansteigenden Sitzreihen. Heute haben Z.unternehmen meist [Masten]zelt- oder (stationäre) Rundbauten, ausgestattet mit einer *Manege,* die meist im Durchmesser 13,5 Meter mißt und von einer niedrigen Barriere *(Piste)* eingefaßt ist, sowie ansteigenden Sitzreihen (davor die Logen); angeboten werden Tierdressuren (u. a. Raubtiere), Reitkünste (u. a. Hohe Schule), Akrobatik, Artistik und Clownerien sowie außerhalb der Vorstellungen die Tierschau.

Als Begründer gilt der brit. Offizier P. Astley (* 1742, † 1814), der 1768 bei London eine Reitschule gründete. Deren Vorführungen wurden durch Auftritte von Seiltänzern, anderen Akrobaten, Pantomimen und Clowns ergänzt, so daß ab 1770 von Z.vorführungen im heutigen Sinne gesprochen werden kann. Astley baute 1803 in London ein festes Z.gebäude mit Manege und Bühne; den von ihm in Paris gegründeten 1789 Z. übernahm A. Franconi (* 1737, † 1836), der mit zahlr. Tourneen die europ. Z.kunst beeinflußte; 1807 gründeten seine Söhne in Paris das feste Z.gebäude „Cirque Olympique". Der erste dt. Z. wurde von E. J. Renz ins Leben gerufen, der in Berlin, Breslau, Bremen und Hamburg feste Z.gebäude gründete. Ende des 19. Jh. wurden in den USA große Wander-Z. mit mehreren Manegen gegr. Seit 1974 findet das Festival International du Cirque Monte Carlo statt.

▷ von hohen Steilhängen umgebener Talschluß.

Zirler Berg ↑Alpenpässe (Übersicht).

Zirndorf, Stadt im sw. Vorortbereich von Fürth, Bay., 306 m ü. d. M., 21 300 E. Bundesamt für die Anerkennung ausländ. Flüchtlinge mit Durchgangslager; Metall- und Kunststoffverarbeitung, Spielwaren-, Möbelherstellung. – 1297 erwähnt, geht aber wohl auf karoling. Zeit zurück; seit 1912 Stadt.

Zirpen, volkstüml. für Zikaden, bes. Singzikaden.

Zirporgane, in der *Zoologie* svw. ↑Stridulationsorgane.

Zirkon. Hyazinth

Zirkel. Verschiedene Zirkeltypen: 1 Einsatzzirkel mit Reißfeder und Mineneinsatz, 2 Nullenzirkel, 3 Teilzirkel

Zirren, Mrz. von ↑Zirrus.

Zirrhose [griech.], Bindegewebsverhärtung, auf eine Bindegewebsvermehrung folgende narbige Schrumpfung eines Organs; i. e. S. svw. ↑Leberzirrhose.

Zirrokumulus (Cirrocumulus) [lat.] ↑Wolken.

Zirrostratus (Cirrostratus) [lat.] ↑Wolken.

Zirrus (Mrz. Zirren; Cirrus) [lat., eigtl. „Haarlocke"] ↑Wolken.

▷ bei *Plattwürmern* das gekrümmte, oft mit Widerhaken versehene ♂ Kopulationsorgan.

▷ bei *Wirbellosen* sind Zirren fädige, fühler- oder rankenartige Körperanhänge oder entsprechend umgebildete Gliedmaßen.

zirzensische Spiele [lat./dt.], die urspr. im Circus maximus in Rom, später auch in anderen Städten des Röm. Reiches ausgetragenen öff. Spiele. Sie begannen mit einem Festzug vom Kapitol zum Zirkus und bestanden in Wagenrennen, Faust- und Ringkämpfen, Wettläufen und militär. Vorführungen der Jungmannschaft. – ↑panem et circenses.

zis..., Zis..., cis..., Cis... [lat.], Vorsilbe mit der Bed. „diesseits".

zisalpin (zisalpinisch), [von Rom aus] diesseits der Alpen; südl. der Alpen.

Zisalpinische Republik (Cisalpin. R.), im Juli 1797 aus dem Zusammenschluß von Zispadan. und Transpadan. Republik entstandener, von Frankreich abhängiger Staat, der 1797 das Veltlin umfaßte und von einem 5köpfigen Direktorium regiert wurde (Hauptstadt Mailand). 1799 aufgelöst, von Napoléon Bonaparte 1800 wiederhergestellt, der sie 1801/02 in die Italien. Republik, 1805 in das Kgr. Italien umwandelte; zerfiel 1814/15.

Zischlaut, svw. ↑Sibilant.

Ziselieren [frz., zu ciseau „Meißel"], das Einarbeiten von Mustern und Ornamenten in polierte Metalloberflächen mit Stichel, Punzen u. ä.; auch Bez. für das Nacharbeiten von Bronzegußstücken.

Ziska [von Trocnov], Johann ↑Žižka [z Trocnova], Jan.

Ziskaukasien (Nordkaukasien), nördl. Teil Kaukasiens, zw. der Manytschniederung (im N) und dem Großen Kaukasus (im S).

Zisleithanien (Cisleithanien), inoffizielle Bez. für die östr. Reichshälfte (westl. der Leitha), offiziell „die im Reichsrat vertretenen Kgr. und Länder" Österreich-Ungarns nach dem Ausgleich von 1867.

Zispadanische Republik (Cispadan. R.), von Napoléon Bonaparte 1796 „diesseits des Po" (d. h. südl. des Po) gebildeter Staat, der 1797 in der Zisalpin. Republik aufging.

Zisrhenanische Republik (Cisrhenan. R.), Bez. für den bis zum Frieden von Campoformio (1797) von rhein. Anhängern der Frz. Revolution geplanten linksrhein. Staat unter frz. Schutz.

Zissoide (Cissoide, Kissoide) [griech.], durch die Gleichung $y^2(a-x) = x^3$ gegebene algebraische Kurve dritter Ordnung.

Ziste (Zista) [griech.-lat.], in der etrusk. Kunst meist zylindr., verzierter Behälter aus Bronzeblech als Grabbeigabe u. a.; auch im 7./6. Jh. in der Hallstattkultur belegt.

Zisterne [lat.], Auffang- und Sammelbehälter für Niederschlagswasser, das von Dächern oder bes. Sammelflächen in die Z. geleitet wird.

▷ (Cisterna) in der *Anatomie:* Erweiterung, Höhle, Hohlraum in Organen.

Zisterzienser (Cistercienser, lat. Sacer Ordo Cisterciensis, Abk. Ord. Cist, O. Cist), Angehörige des nach dem 1098 von Robert von Molesme und dem hl. Alberich gegr. Kloster Cîteaux ben. benediktin. Reformordens, der unter Stephan Harding 1108 selbständig wurde und seine liturg. und ordensrechtl. Verfassung erhielt. Typisch waren die Einfachheit der Liturgie und die Schmucklosigkeit ihrer Kirchen (↑Zisterzienserbaukunst). Der Orden verbreitete sich rasch, v. a. unter dem Einfluß Bernhards von Clairvaux („Bernhardiner"). Die starke Betonung der Handarbeit führte zu großen Leistungen der Z. auf dem Gebiet der

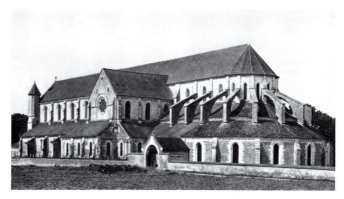

Zisterzienserbaukunst. Abteikirche in Pontigny, um 1185–1208

Landkultivierung, die sich bes. im Zusammenhang mit der dt. Ostsiedlung im 12. und 13. Jh. auswirkten. – Schon unter S. Harding kam es zur Bildung eines weibl. Zweigs, der *Zisterzienserinnen* („Bernhardinerinnen"). – Gegen Ende des 19. Jh. führten Auseinandersetzungen über eine Reform innerhalb des Ordens zur Abspaltung der kontemplativen ↑Trappisten. – 1992 zählte der Z.orden in 13 Kongregationen rd. 2 700 Mitglieder.

Zisterzienserbaukunst, der vom Zisterzienserorden nach strengen Regeln geprägte Baustil: turmlose, lange, kreuzförmige Basilika mit geradem Chorschluß und einer Reihe von Kapellen an der Ostseite des Querhauses, sorgfältig bearbeitetes Quadermauerwerk, Verzicht auf Glasmalerei und Bauskulptur. Von Burgund (Fontenay, Pontigny) aus verbreitete sich die Z. u. a. über S-Frankreich (Le Thoronet), Italien (Fossanova, Chiaravalle), Deutschland (Eberbach, Maulbronn, Bebenhausen), Spanien, England und Skandinavien.

Zistrose [griech./lat.] (Cistus), Gatt. der Z.gewächse mit rd. 20 Arten im Mittelmeergebiet; immergrüne, niedrige Sträucher mit ganzrandigen, oft ledrigen Blättern und großen, weißen, rosafarbenen oder roten Blüten; Charakterpflanzen der Macchie.

Zistrosengewächse (Cistaceae), Fam. der Zweikeimblättrigen mit über 150 Arten in acht Gatt., v. a. in den gemäßigten Gebieten der N-Halbkugel; niedrige Sträucher oder Kräuter mit großen Blüten; Blätter enthalten meist äther. Öle; wichtige Gatt.: ↑Sonnenröschen und ↑Zistrose.

Zitadelle [lat.-italien.-frz.; eigtl. „kleine Stadt"], bes. Befestigung innerhalb der Verteidigungsanlage einer Stadt

Zitadelle. Die 1828 auf Fundamenten von 1749 erbaute Zitadelle in Halifax

oder Festung, am Rand oder oberhalb der Gesamtanlage; von den übrigen Befestigungswerken durch Gräben und Schußfeld geschützt, z. B. die 1828 auf Fundamenten von 1749 erbaute Z. in Halifax.

Zitat [lat.], wörtl. Übernahme eines (meist kurzen) Textteils oder Ausspruchs mit Nennung des Verfassers, oft auch der Quelle.

Zítek, Josef [tschech. 'ziːtɛk], * Prag 4. April 1832, † ebd. 2. Aug. 1909, tschech. Architekt. – Bauten im Stil der Neurenaissance, bes. in Prag: Tschech. Nationaltheater (1864–81), Rudolfinum (1876–84).

Zither [zu griech. kithára] (früher auch: Cither, Zitter), 1. Sammelbegriff für einfache Chordophone, deren Merkmal die konstruktive Unabhängigkeit des Tonerzeugungsapparats von einem Resonanzkörper ist, z. B. *Stab-Z.* (Musikbogen), *Wölbbrett-Z.* (Koto), *Brett-Z.,* darunter bes. die Kasten-Z. (Psalterium, Hackbrett, besaitete Tasteninstrumente); 2. die heute gespielte Konzert-Z., ein Zupfinstrument mit kastenförmigem, an einer Seite ausgebuchtetem Korpus. Gegenüber der Buchtung liegt das Griffbrett mit 29 Bünden. Die 5 Griffbrettsaiten sind auf a^1 a^1 d^1 g c gestimmt. Sie werden angeschlagen mit einem Metallring am Daumen der rechten Hand. Daneben verlaufen die mit den Fingern gezupften 24 bis 37 Frei- oder Begleitsaiten. Die Konzert-Z. entwickelte sich aus der ma. ↑Scheitholz.

zitieren [lat.], 1. ein ↑Zitat anführen; 2. jemanden vorladen, um ihn zur Rechenschaft zu ziehen.

Zitrate (Citrate) [lat.], Salze und Ester der ↑Zitronensäure.

Zitratzyklus, svw. ↑Zitronensäurezyklus.

Zitronat [lat.-italien.-frz.] (Sukkade), in Zuckerlösung (durch Sukkadieren) haltbar gemachte Schalen grüner (unreifer) Zitronatzitronen; Kuchengewürz.

Zitronatzitrone, die bis 25 cm lange, bis 2,5 kg schwere Zitrusfrucht des *Z. baums* (Citrus medica); mit dicker, warzerig-runzeliger Schale und wenig Fruchtfleisch; die Schale der unreifen Frucht liefert ↑Zitronat.

Zitrone [italien., zu lat. citrus „Zitronenbaum"] (Limone), die meist längl. Frucht des ↑Zitronenbaums, eine Zitrusfrucht mit gelber (auch grüner) Schale. Das saftige, saure Fruchtfleisch enthält rd. 3,5–8 % Zitronensäure und viel Vitamin C. Aus Z. werden Saft, Z.säure, äther. Öl und Pektin gewonnen.

Zitronellgras (Lemongras), Sammelbez. für verschiedene Arten der Gatt. Cymbopogon, v. a. für die nur in Kultur auf Ceylon, Java und der Halbinsel Malakka bekannte, ↑Zitronellöl liefernde Art *Cymbopogon nardus* sowie für die in Vorderindien und auf Ceylon vorkommende Art *Cymbopogon confertiflorus.*

Zitronellöl (Citronellöl), aus den Blättern des Zitronellgrases Cymbopogon nardus gewonnenes, melissenartig duftendes äther. Öl zur Parfümherstellung.

Zitronenbaum (Citrus limon), in Vorderindien oder China heim., seit langem im subtrop. Asien und seit rd. 1000 n. Chr. auch im Mittelmeergebiet in zahlr. Varietäten kultivierte Art der ↑Zitruspflanzen; etwa 3–7 m hohe Bäume mit bedornten Zweigen, hellgrünen, eiförmigen Blättern und großen, rosafarbenen bis weißen Blüten und gelben Früchten (↑Zitrone). Hauptbauländer sind Italien, USA, Indien, Mexiko, Argentinien, Spanien, Griechenland und Türkei.

Zitronenfalter (Gonepteryx rhamni), in NW-Afrika, Europa und in den gemäßigten Zonen Asiens verbreiteter, etwa 5–6 cm spannender, leuchtend gelber (♂) oder grünlich-weißer (♀) Tagschmetterling (Fam. der Weißlinge) mit je einem kleinen, orangeroten Tupfen in der Mitte beider Flügelpaare. Die Raupen fressen an Blättern des Faulbaums.

Zitronenkraut, svw. Zitronenmelisse (↑Melisse).

▷ svw. ↑Eberraute.

Zitronenöl (Citronenöl, Limonenöl, Oleum citri), durch Auspressen aus den Fruchtschalen der Zitrone gewonnenes äther. Öl, das u. a. aus Zitral (Hauptgeruchsträger der Zitrone), Limonen und Camphen besteht und als Aromastoff sowie in der Parfümind. verwendet wird.

Zitronenbaum. Oben: Zweig mit Blüten und Frucht. Unten: längs aufgeschnittene Zitrone

Zitronensäure (Citronensäure, 2-Hydroxy-1,2,3-propantricarbonsäure), eine Hydroxytricarbonsäure; bildet farblose, leicht wasserlösl. Kristalle. Die Z. kommt v. a. in Früchten (Zitrusfrüchten, Johannisbeeren) vor und spielt im Zellstoffwechsel aller Organismen eine große Rolle (↑Zitronensäurezyklus). Die Salze und Ester der Z. heißen *Zitrate.* Die Z. wird aus dem eingedickten Saft der Zitronen oder durch Vergären von Zucker mit gewissen Schimmelpilzen *(Z. gärung)* gewonnen und findet als Säuerungsmittel in der Lebensmittelind. Verwendung. Chem. Strukturformel:

$$HOOC-CH_2-\underset{\underset{COOH}{|}}{\overset{\overset{OH}{|}}{C}}-CH_2-COOH$$

Zitronensäurezyklus (Zitratzyklus, Citratzyklus, Tricarbonsäurezyklus, Krebs-Zyklus), in den Mitochondrien der tier. und pflanzl. Zellen ablaufender Teilprozeß der der Energiegewinnung dienenden inneren Atmung. Im Z. laufen die Abbauwege aller energieliefernden Stoffe (Kohlenhydrate, Fette, Proteine) zus., wobei das Prinzip des Z. die Abspaltung von Wasserstoffatomen (mit Hilfe der Koenzyme NAD^+ und FAD^+), die zur Energiegewinnung (unter aeroben Bedingungen) der Atmungskette zugeführt werden, und die Abspaltung des Stoffwechselendprodukts Kohlendioxid ist. Der Z. dient aber nicht nur dem Abbau von Substanzen, sondern auch (ausgehend von einigen Zwischenprodukten des Z.) dem Aufbau (z. B. von Aminosäuren, Fettsäuren, Glucose und Häm); er nimmt daher im Zellstoffwechsel eine zentrale Stellung ein. Der Z. beginnt mit der Kondensation von Acetyl-CoA („aktivierte Essigsäure") mit Oxalessigsäure zu Zitronensäure, die über sieben enzymatisch katalysierte Reaktionsschritte (unter mehrfacher Umlagerung und Abspaltung zweier Kohlendioxidmoleküle sowie von acht Wasserstoffatomen) zu Oxalessigsäure abgebaut wird, und der Kreislauf wieder beginnt. – Der Z. wurde von H. A. Krebs, C. Martius und F. Knoop 1937 etwa gleichzeitig entdeckt.

Zitrusfrüchte [lat./dt.] (Agrumen), Früchte der ↑Zitruspflanzen, die (botanisch gesehen) Beerenfrüchte darstellen. Das Fruchtfleisch besteht aus keulenförmigen Saftschläuchen, die die Fruchtfächer ausfüllen. Die Fruchtschale setzt sich aus dem farbigen, zahlr. Öldrüsen aufweisenden, karotinoidreichen (äußeren) Exokarp und dem weißen, schwammigen Endokarp zusammen. Die v. a. als Frischobst sowie zur Herstellung von Säften und Marmelade verwendeten Z. sind reich an Vitaminen (v. a. Vitamin C) und Mineralstoffen (v. a. Kalium). – Wichtigste Anbaugebiete für Z. (mit bed. Export) sind die S-Staaten der USA (bes. Kalifornien und Florida) und der Mittelmeerraum (bes. Israel, Marokko, Spanien und Italien).

Zitruspflanzen [lat.] (Citrus), Gatt. der Rautengewächse mit etwa 60 in China, S- und SO-Asien heim. Arten, die in zahlreichen Kulturformen in allen subtrop. und trop. Gebieten angebaut werden; immergrüne kleine Bäume oder Sträucher mit blattachselständigen Sproßdornen, einfachen, durch Öldrüsen punktierten Blättern und weißen oder rosafarbenen Blüten mit meist fünf Kronblättern; Fruchtknoten 8–15fächerig, eine kugelige oder längl. Beere bildend (↑Zitrusfrüchte). Bekannteste Arten: Pampelmuse, Grapefruitbaum, Zitronenbaum, Zitronatzitronenbaum, Pomeranze, Mandarinenbaum, Orangenpflanze, Limette.

Zittau, Petrus von ↑Petrus von Zittau.

Zittau, Krst. in der sö. Oberlausitz, Sa., 240 m ü. d. M., 36 000 E. Fachhochschule; Theater, Textilmaschinenbau, Textilind. – Urspr. Siedlung bei einer böhm. Burg, Stadtgründung und -befestigung durch Ottokar II. von Böhmen (Stadtrecht 1275); bed. Fernhandelsplatz; seit 1412 zur Oberlausitz, seit 1635 zu Sachsen. – Ehem. Franziskanerkirche (13.–15. Jh.) mit Klostergebäuden (14.–18. Jh., heute Museum); Rathaus (1840–45 nach einem Entwurf von K. F. Schinkel); Bürgerhäuser aus der Renaissance und dem Barock.

Z., Landkr. in Sachsen.

Zittauer Gebirge ↑Lausitzer Gebirge.

Zitteraale (Electrophoridae), Familie nachtaktiver Knochenfische mit dem *Elektr. Aal* (Zitteraal i. e. S., Electrophorus electricus) als einziger Art, in Süßgewässern des nördl. S-Amerika (bes. Amazonas); Körper bis etwa 2,3 m lang, aalähnlich, Brustflossen klein; Fortbewegung durch wellenförmige Bewegung der extrem verlängerten Afterflosse; Raubfische, die ihre Nahrung (v. a. Fische) durch Stromstöße aus den (zu elektr. Organen umgebildeten) Schwanzmuskeln lähmen oder töten.

Zittergras (Briza), Gatt. der Süßgräser mit 30 von Europa bis Z-Asien und in M- und S-Amerika verbreiteten Arten. Die einzige, auf trockenen Böden verbreitete Art in Deutschland ist *Briza media*, ein bis 1 m hohes, ausdauerndes Gras mit in ausgebreiteter Rispe stehenden Ährchen; Rispenäste sehr lang, dünn; wird als Ziergras kultiviert.

Zitterling (Tremella), Gatt. der Ständerpilze mit gallertigen Fruchtkörpern; auf abgestorbenen Ästen wächst der 2–10 cm große, faltiglappige, goldgelb bis orangefarbene **Goldgelbe Zitterling** (Tremella mesenterica).

Zittern, svw. ↑Tremor.

Zitterpappel, svw. ↑Espe.

Zitterrochen (Elektr. Rochen, Torpedinidae), Fam. etwa 50–180 cm langer Rochen mit rd. 35 Arten (zusammengefaßt in der einzigen Gatt. *Torpedo*) in warmen und gemäßigten Meeren; mit fast kreisrundem, von oben nach unten stark abgeplattetem Körper, von dem der kräftig entwickelte Schwanz scharf abgesetzt ist; paarige elektr. Organe an den Seiten des Kopfes und Vorderkörpers können eine Spannung von über 200 V erzeugen.

Zitterspinnen (Pholcidae), Fam. sehr langbeiniger (weberknechtähnl.) Spinnen mit zwei graubraunen einheim. Arten von etwa 5–10 mm Länge, z. B. die **Hauszitterspinne** (Pholcus phalangioides); v. a. in Gebäuden; versetzen bei Beunruhigung Körper und Netz in schnelle, schwingende oder kreisende Bewegung, so daß sie nur noch sehr unscharf zu sehen sind.

Zitze (Mamille, Mamilla, Papilla mammae), haarloser, warzenartiger bis fingerförmig langer Fortsatz der paarigen Milchdrüsenorgane im Bereich der Brust bzw. des Bauchs bei den höheren Säugetieren (entspricht der menschl. Brustwarze). In ihrer Gesamtheit bilden die Z. das *Gesäuge* eines Tiers. Bei den Wiederkäuern sind sie ein (auch als *Strich* bezeichneter) Teil des Euters.

Ziu (Tiu, Tyr), Gott der ↑germanischen Religion.

Ziverts, Mārtiņš [lett. ˈziːvɛrts], * Mežmuiža 5. Jan. 1903, lett. Dramatiker. – Gilt als der beste lett. Dramatiker der Gegenwart. Obwohl er seit 1944 in der Emigration lebt, wurden seine Werke auch in der Sowjetunion aufgeführt, z. B. „Der Schwan von Avon" (Dr., 1938).

zivil [lat., zu civis „Bürger"], bürgerlich, nicht militärisch.

Zivil [lat.], bürgerl. Kleidung (im Ggs. zur Uniform).

Zivildienst (früher: ziviler Ersatzdienst), Ersatzdienst Wehrpflichtiger, den anerkannte Kriegsdienstverweigerer zu leisten haben. Im Z. sind Aufgaben, die dem Allgemeinwohl dienen, vorrangig im sozialen Bereich, zu erfüllen.

Zittau. Das 1840–45 nach dem Entwurf von Karl Friedrich Schinkel erbaute Rathaus

Die Organisation des Z. ist im B.-Amt für Z. zusammengefaßt, das dem B.-Min. für Frauen und Jugend untersteht. Daneben führt ein Bundesbeauftragter für den Z. die dem Min. auf dem Gebiet des Z. obliegenden Aufgaben durch. – ↑Kriegsdienstverweigerung.

ziviler Bevölkerungsschutz, früher svw. ↑Zivilschutz.

ziviler Ersatzdienst, bis 1973 svw. ↑Zivildienst.

ziviler Ungehorsam, auf einen Essay (1849) von H. D. Thoreau zurückgehender Begriff (engl. civil disobedience), der die Gehorsamsverweigerung des Staatsbürger als Mittel des Widerstands gegen staatl. Gewalt meint (↑Gewaltlosigkeit); politisch wirksam v. a. im Kampf M. K. Gandhis gegen die brit. Kolonialbehörden.

zivile Verteidigung (früher amtl. Sprachgebrauch: zivile Notstandsplanung), neben der militär. ↑Verteidigung der Teil der Verteidigung, der dem Schutz der Bev. und des Staates bei einem Angriff von außen dient. Die z. V. umfaßt: 1. die Aufrechterhaltung der Staats- und Reg.gewalt; 2. den ↑Zivilschutz; 3. die Versorgung der Bev. und der Streitkräfte mit den lebenswichtigsten Gütern und Leistungen; 4. die Unterstützung der Streitkräfte zur Gewährleistung ihrer Operationsfreiheit und -fähigkeit auf dem nat. Territorium.

Zitterspinnen. Hauszitterspinne

Zivilgerichtsbarkeit, die rechtsprechende Tätigkeit der staatl. Gerichte auf dem Gebiet des Privatrechts (d. h. in Zivilsachen) durch die Gerichte der ordentl. (streitigen und freiwilligen) Gerichtsbarkeit sowie durch bes. Zivilgerichte (Bundespatentgericht und Schiffahrtsgerichte).

Zivilgesetzbuch, Abk. ZGB, 1. in der *Schweiz* das Gesetz vom 10. 12. 1907, das die bürgerl.-rechtl. Verhältnisse auf dem Gebiet des Personen-, Familien-, Erb- und Sachenrechts regelt. Bestandteil des ZGB ist das Obligationenrecht von 1881. 2. Kodifikation des Zivilrechts der ehem. *DDR* vom 19. 6. 1975, seit 3. 10. 1990 durch das BGB abgelöst.

Zivilisation [frz., zu lat. civilis „den Staatsbürger betreffend"], das Selbstverständnis der modernen bürgerl. Gesellschaft, gekennzeichnet durch Wiss., Technik sowie bestimmte Lebens- und Umgangsformen. In diesem Sinne wird Z. als Resultat eines histor. Prozesses begriffen, der prinzipiell allen Völkern zugänglich sein sollte. Der eigene Zustand wird dabei mit dem verwirklichten Fortschritt identifiziert, der als objektiv-weltgeschichtl. Geschehen interpretiert wird. In dt. Tradition ist Z. die äußerl. Form der Modernität, der die innerl. bürgerl. Werte der ↑Kultur gegenübergestellt werden.

Zivilisationskrankheiten, Sammelbegriff für Erkrankungen, die durch zivilisator. Einflüsse (z. B. einseitige oder übermäßige Ernährung, Bewegungsmangel, Überlastung im Berufsleben sowie Nikotin-, Alkohol-, Schlafmittel- und Abführmittelmißbrauch, i. w. S. auch schädigende Umwelteinflüsse) hervorgerufen oder gefördert werden; dazu gehören z. B. Übergewicht, Zuckerkrankheit, erhöhter Blutfettgehalt, Bluthochdruck, Gicht, Fettleber, arteriosklerotisch bedingte Herz-Kreislauf-Erkrankungen, Zahnkaries, Verstopfung, Gallensteine, Darmkrebs oder Lungenkrebs.

Zivilist [zu lat. civis „Bürger"], Bürger (im Ggs. zum Soldaten).

Zivilkammer, Spruchkörper des ↑Landgerichts in Zivilsachen, der mit 3 Richtern besetzt ist.

Zivilliste (Krondotation), Jahreseinkommen eines Monarchen, das er aus den Staatseinkünften bezieht.

Zivilprozeß

Zivilprozeß, das insbes. in der ↑Zivilprozeßordnung, im GerichtsverfassungsG und ZwangsversteigerungsG geregelte Verfahren der ordentl. Gerichtsbarkeit in bürgerl. Rechtsstreitigkeiten. Der Z. wird in das **Erkenntnisverfahren** und das davon unabhängige **Vollstreckungsverfahren** unterteilt. Ersteres dient der Erkenntnis und bindenden Feststellung dessen, was zw. den Parteien rechtens ist, letzteres der zwangsweisen Rechtsdurchsetzung mittels staatl. Macht. Wichtige ↑Prozeßmaximen im Z. sind die Dispositionsmaxime, d. h. die Freiheit der Parteien, u. a. durch die Fassung ihrer Anträge, Verzicht, Anerkenntnis, Vergleich, Klagerücknahme und Erledigung der Hauptsache über den Streitgegenstand zu verfügen, sowie der ↑Verhandlungsgrundsatz, ferner der ↑Unmittelbarkeitsgrundsatz, das Prinzip der ↑Öffentlichkeit, der Anspruch auf rechtl. Gehör sowie die Konzentration und die Beschleunigung des Verfahrens. Partei des Z. kann jede natürl. und jurist. Person des privaten und öff. Rechts sein, ferner OHG, KG, Gewerkschaften, polit. Parteien und – mit Einschränkungen – nichtrechtsfähige Vereine. Minderjährige, Entmündigte und jurist. Personen handeln durch ihre gesetzl. Vertreter. Jede Partei kann (bei Anwaltszwang muß) sich vor Gericht durch einen Prozeßbevollmächtigten (Rechtsanwalt) vertreten lassen. Unter bestimmten Voraussetzungen können mehrere Personen gemeinschaftlich klagen oder auch gemeinschaftlich verklagt werden (↑Nebenintervention, ↑Partei).
Das Erkenntnisverfahren wird durch Klage eingeleitet, das Vollstreckungsverfahren durch einen Vollstreckungsantrag. Die Erhebung der Klage, d. h. die Zustellung der bei Gericht eingereichten Klageschrift, begr. die Rechtshängigkeit der Streitsache. Der Beklagte hat innerhalb einer ihm gesetzten Frist von mindestens zwei Wochen die Klage schriftlich zu erwidern. Das Verfahren soll nach Möglichkeit in einem einzigen, umfassend vorbereiteten Termin zur mündl. Verhandlung erledigt werden (§ 272 ZPO). Das Gericht prüft in der mündl. Verhandlung zunächst die Zulässigkeit der erhobenen Klage (↑Prozeßvoraussetzungen) sowie die ↑Schlüssigkeit bzw. Erheblichkeit des beiderseitigen Parteivorbringens. Eine unzulässige Klage wird durch Prozeßurteil (wird nur hinsichtlich der entschiedenen Prozeßfrage rechtskräftig), eine unschlüssige Klage durch Sachurteil abgewiesen. Ansonsten erhebt das Gericht die erforderl., von den Parteien angebotenen Beweise. Das Urteil ergeht auf Grund einer zusammenfassenden Würdigung des Parteivortrags und des Beweisergebnisses. Lassen die Parteien die Rechtsmittelfristen verstreichen, wird das Urteil rechtskräftig und kann nur im Wege des Wiederaufnahmeverfahrens wieder beseitigt werden; andernfalls schließt sich das Rechtsmittelverfahren an (↑Rechtsmittel). Das Urteil bildet auch die Grundlage für das Vollstreckungsverfahren (↑Zwangsvollstreckung). Bes. Regelungen enthält die ZPO für das Mahnverfahren, Familien-, Kindschafts-, Unterhalts- und Entmündigungssachen, den Urkundenprozeß, den Wechsel- und Scheckprozeß sowie das Verfahren des einstweiligen Rechtsschutzes (↑Arrest und ↑einstweilige Verfügung).
In *Österreich* ist der Z. im wesentlichen ähnlich geregelt in der ZPO von 1895 (mehrfach geändert) und der Jurisdiktionsnorm von 1895 über die Ausübung der Gerichtsbarkeit und die Zuständigkeit der Gerichte in bürgerl. Rechtssachen. – In der *Schweiz* ist der Z. im BG über den Bundes-Z. von 1947 und in kantonalen Gesetzen geregelt.
Zivilprozeßordnung, Abk. ZPO, das den ↑Zivilprozeß regelnde Gesetz vom 30. 1. 1877 i. d. F. vom 12. 9. 1950. Die Bestimmungen der ZPO gelten für das Arbeits-, Verwaltungs-, Sozial- und Finanzgerichtsverfahren entsprechend, soweit nicht eigenständige gesetzl. Regelungen für das jeweilige Verfahren getroffen worden sind.
Zivilrecht, svw. ↑bürgerliches Recht.
Zivilsachen, bürgerl. Rechtsstreitigkeiten; gebräuchlich auch im Sinne der den Zivilgerichten zugewiesenen Rechtsangelegenheiten (↑Zivilgerichtsbarkeit).
Zivilschutz (früher: ziviler Bevölkerungsschutz, Luftschutz), Teil der zivilen Verteidigung. Der Z. gliedert sich in: 1. den auf freiwilliger Grundlage durchgeführten **Selbstschutz;** 2. den **Warndienst,** der die Aufgabe hat, Behörden und Betriebe laufend über die Luft- und ABC-Lage zu unterrichten und die Bev. bei drohender Gefahr von Luftangriffen, radioaktiven Niederschlägen oder bei Gefährdung durch biolog. oder chemische Kampfstoffe zu alarmieren; 3. den **Katastrophenschutz** zur Rettung von Menschen und zur Beseitigung oder Milderung von eingetretenen Schäden (↑Alarm); 4. den **Schutzraumbau** zum Schutz der Bev. sowie lebens- und verteidigungswichtiger Anlagen und Einrichtungen; 5. die **Aufenthaltsregelung** im Spannungs- und Verteidigungsfall; 6. das **Gesundheitswesen** und 7. den **Schutz von Kulturgut** (↑Kulturgüterschutz). Die im Zusammenhang mit dem Z. anfallenden Verwaltungsaufgaben werden durch das *Bundesamt für Z.* wahrgenommen. – In *Österreich* werden die Aufgaben des Z. von verschiedenen Behörden des Bundes, der Bundesländer und der Gemeinden sowie von Hilfsorganisationen erfüllt (insbes. Östr. Z.verband). – In der *Schweiz* sind das Bundesamt des Z., die kantonalen Z.ämter und die gemeindl. Z.stellen für den Z. zuständig.
Zivilsenat, Spruchkörper des Bundesgerichtshofs und der Oberlandesgerichte, der über Revisionen, Berufungen oder Beschwerden in Zivilsachen entscheidet.
Zizit [hebr. „Franse, Quaste"], verzierter Faden an den Ecken des Obergewandes oder Gebetsmantels (↑Tallit) der Juden als stete Mahnung zur Gesetzestreue.
Žižka [z Trocnova], Jan [tschech. 'ʒiʃka] (dt. Johann Ziska [von Trocnov]), *Trocnov bei Budweis um 1370, †bei Přibyslav (Ostböhm. Bez.) 11. Okt. 1424, böhm. Hussitenführer. – Führender Organisator und Feldherr der Taboriten; besiegte Kaiser Sigismund am Žižkaberg (Vítkov) bei Prag am 14. Juli 1420 und (schon erblindet) bei Havličkův Brod (Deutsch-Brod) am 8. Jan. 1422.
ZK, Abk. für: ↑**Z**entral**k**omitee.
Zlín [tschech. zli:n] (1949–90 Gottwaldov), Stadt 80 km östl. von Brünn, Südmähr. Bez., ČR, 86 000 E. Filmarchiv, Schuhmuseum; größte Schuhfabrik (gegr. 1894) der ČR.
Złotoryja [poln. zuɔtɔ'rija] ↑Goldberg.
Złoty ['zuɔti; poln. „Goldener"; Mrz. Zloty], der poln. Gulden, 1528–1864 = 30 Groschen gerechnet, zunächst = 1 Dukaten und = 1 Taler, später häufig abgewertet; 1815–64 = 15 Kopeken russ. Währung, dann abgeschafft; erneuert 1923 zu 100 Groschen. Heute Währungseinheit in Polen, Abk. Zl; 1 Zl = 100 Groszy (Gr, gr).
Zn, chem. Symbol für ↑Zink.
Znaim [dt. tsnaɪm] ↑Znojmo.
Znaniecki, Florian Witold [poln. zna'njɛtski], *Świątniki Górne (bei Krakau) 15. Jan. 1882, †Champaign (Ill.) 23. März 1958, amerikan. Soziologe poln. Herkunft. – Prof. in Posen (1920), wo er 1921 das Soziolog. Inst. gründete; Prof. an der University of Illinois (seit 1940); lieferte richtungweisende Beiträge zur Entwicklung qualitativer Methoden in der empir. Sozialforschung.
Znojmo [tschech. 'znɔjmɔ] (dt. Znaim), Stadt an der mittleren Thaya, Südmähr. Bez., ČR, 289 m ü. d. M., 37 200 E. Handels- und Verarbeitungszentrum eines Gemüse- und Weinbaugebiets. – 1048 erstmals erwähnt; erhielt 1226 Stadtrecht. – Ehem. Burg der Markgrafen von Mähren (11./12. Jh.; verändert), in der Burgkapelle roman. Fresken; got. Pfarrkirche Sankt Nikolaus (1338 bis 1440).
ZNS, Abk. für: ↑**Z**entral**n**erven**s**ystem.
Zoarien [griech.] ↑Moostierchen.
Zobel [slaw.], (Sibir. Z., Martes zibellina) gedrungener, spitzschnauziger Marder, v. a. in Wäldern großer Teile Asiens; Länge rd. 40–60 cm, mit etwa 10–20 cm langem, buschigem Schwanz; Fell braungelb oder dunkelbraun oder fast schwarz, langhaarig und weich. Die hochwertigsten Felle wurden früher als *Kronen-Z.* bezeichnet. Diese Felle werden heute in der Qualität durch die Felle von in Farmen gezüchteten Z. übertroffen, die 90 % der Z.felle für den Handel liefern.
▷ (Amerikan. Z.) ↑Fichtenmarder.
▷ (Dornbrachsen, Kanov, Abramis sapa) bis 30 cm langer Karpfenfisch (Gatt. Brassen) in Zuflüssen des Schwarzen

und des Kasp. Meeres sowie im Ilmensee und Wolchow; weißlichgrau mit dunklem Rücken.

Zocher, Rudolf, *Großenhain bei Dresden 7. Juli 1887, †Erlangen 30. Juni 1976, dt. Philosoph. – Einer der führenden Kantforscher des 20. Jh.; beschäftigte sich v. a. mit der Grundlegung einer ontolog. Sachlehre für einen Ausgleich der konkurrierenden philosoph. Richtungen der „Neuen Ontologie" und des Kritizismus auf höherer Ebene. – *Werke:* Die objektive Geltungslogik und der Immanenzgedanke (1925), Geschichtsphilosoph. Skizzen (1933/34), Die philosoph. Grundlehre (1939), Kants Grundlehre. Ihr Sinn, ihre Problematik, ihre Aktualität (1959).

Zodiakallicht [griech./dt.] (Tierkreislicht), schwache Leuchterscheinung am nächtl. Himmel entlang der scheinbaren Sonnenbahn, der Ekliptik. Sie wird v. a. durch Streuung des Sonnenlichts an Partikeln der interplanetaren Materie hervorgerufen.

Zodiakus [griech.], svw. ↑Tierkreis.

Zofingen, Bez.hauptort im schweizer. Kt. Aargau, 8 km südl. von Olten, 433 m ü. d. M., 8800 E. Großdruckerei, Zeitschriftenverlag, chem., Textilind., Maschinen- und Apparatebau, Holzverarbeitung. – Nach 1150 zur Stadt erhoben; Ende des 13. Jh. durch Kauf an die Habsburger; Stadtrechtsbestätigung 1363; 1415 von Bern erobert, Berner Landstadt unter Beibehaltung der Privilegien. – Spätgot. ehem. Stiftskirche Sankt Mauritius (12.–16. Jh.) mit barockem W-Turm, bed. Glasfenster und roman. Krypta; Rathaus (1792–95).

Zogu I. [alban. ´zogu] (Zog I.), eigtl. Achmed Zogu, *Schloß Burgajet (Albanien) 8. Okt. 1895, †Paris 9. April 1961, König der Albaner (1928–39, formell 1946 abgesetzt). –1923/24 Min.präs.; 1924 ins Exil getrieben; ab Jan. 1925 Staatspräs., ab 1. Sept. 1928 König, ab 1939 wieder im Exil.

Zoide [griech.] ↑Moostierchen.

Zoisit [nach dem slowen. Mäzen S. Zois, *1747, †1819], rhomb. Mineral von meist aschgrauer, braungrauer oder grünl. Farbe, $Ca_2Al_3[O|OH|SiO_4|Si_2O_7]$; Mohshärte 6; Dichte 3,2–3,4 g/cm³. Z. bildet z. T. Schmucksteine, z. B. den rosenroten *Thulit* oder den blauen *Tansanit*. Er kommt in metamorphen Gesteinen als Umwandlungsprodukt von Feldspäten vor.

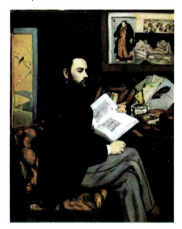

Émile Zola
(Gemälde von Édouard Manet, 1868; Paris, Musée d'Orsay)

Zola, Émile [frz. zɔ´la], *Paris 2. April 1840, †ebd. 29. Sept. 1902, frz. Schriftsteller. – Nach Tätigkeit im Verlag Hachette wandte er sich 1866 ganz dem Journalismus und der Literatur zu; setzte sich als Kunstkritiker für den Impressionismus in der Malerei ein; vom Ende der 1870er Jahre an war er Mittelpunkt des „Kreises von Médan". Während der Dreyfusaffäre machte er sich mit einem berühmten offenen Brief „J'accuse" (Ich klage an; 1898) an den Präs. der Republik zum Anwalt des unschuldig Verurteilten; mußte danach vorübergehend (Juli 1898 bis Juni 1899) ins Exil nach England gehen. Z. wurde nach kurzer romant. Periode unter dem Einfluß von H. Taine, C. Bernard und der Brüder Goncourt zum unbestrittenen Haupt des europ. Naturalismus. Im Mittelpunkt seines Hauptwerkes, des 20teiligen Romanzyklus „Die Rougon-Macquart. Geschichte einer Familie unter dem 2. Kaiserreich" (1871–93) steht die Frage nach der Rolle von Vererbung und Milieu im Leben des Menschen; das Werk, dessen Zielsetzung und Methodik er in der Abhandlung „Der Experimentalroman" (1880) darlegte, entstand auf Grund umfangreicher, mit wiss. Exaktheit vorgenommener Dokumentation und gibt ein umfassendes Zeitgemälde der frz. Gesellschaft; bes. bekannt wurden daraus „Nana" (1880), „Germinal" (1885) und „Der Zusammenbruch" (1892). Eine mehr idealist.-optimist. Einstellung zeigt die Romantrilogie „Die drei Städte" (1894–1898), ebenso der vom Geist eines fortschrittlich-humanitären Sozialreformers erfüllte Romanzyklus „Die vier Evangelien" (1899–1903). Z. verfaßte auch Dramatisierungen seiner Romane, u. a. „Therese Raquin" (1867; Dr., 1878). Z. wurde Ende der 1970er Jahre auch als Photograph entdeckt und gewürdigt.

Zölestin, Name von Päpsten, ↑Cölestin.

Zölestin (Cölestin, Coelestin) [zu lat. coelestis „himmlisch" (nach der blauen Farbe)], rhomb. Mineral von weißer, oft bläul. Farbe, $SrSO_4$; isotyp mit Baryt. Mohshärte 3–3,5; Dichte 3,9–4 g/cm³. Vorkommen meist sedimentär in Karbonaten, Mergeln und Gipsen. Strontiumrohstoff. Verwendung in der Pyrotechnik (rote Flammenfärbung).

Zöliakie [griech.] (Heubner-Herter-Krankheit, intestinaler Infantilismus), Erkrankung der Dünndarmschleimhaut im Säuglings- und Kleinkindalter (bei Erwachsenen ↑Sprue gen.). Die Z. ist auf eine Unverträglichkeit des Klebereiweißes Gluten oder dessen Bestandteil Gliadin (Getreideinhaltsstoffe) zurückzuführen. Dabei kommt es zu krankhaften Veränderungen der Dünndarmschleimhaut mit schweren Resorptionsstörungen u. a.; als Ursache vermutet man eine Antigen-Antikörper-Reaktion oder einen angeborenen Enzymmangel in der Dünndarmschleimhaut. Ein Kennzeichen der Z. ist die Entleerung massiger schaumiger Stühle. Die Behandlung erfolgt durch eine spezielle glutenfreie Diät (z. B. mit Kartoffel-, Mais-, Reis- oder Sojamehl sowie Obst, Gemüse, Milch und Fisch).

Zölibat [lat.], zeitweilige oder dauernde Lebensform der Ehelosigkeit und geschlechtl. Enthaltsamkeit (Jungfräulichkeit) in vor- und außerchristl. Religionen und v. a. in der lat. Kirche; erste kirchenrechtl. Regelung auf der Synode von Elvira (um 306), die den Bischöfen, Priestern und Diakonen der westl. Kirche die ehel. Enthaltsamkeit vorschrieb. In den Ostkirchen darf eine vor der Weihe geschlossene Ehe fortgeführt werden; nur für Bischöfe und Mönche besteht die Z.verpflichtung. Das 2. Vatikan. Konzil hat mit der Wiederherstellung des Diakonats als eigenem und ständigem Dienst für (verheiratete) Männer die Z.pflicht aufgehoben; trotz wachsender Kritik und Priestermangels hält die kath. Kirche an der Z.pflicht für Priesteramts- und nichtverheiratete Kandidaten des Diakonats fest; die Z.pflicht kann nur durch Laisierung aufgehoben werden. – Die reformator. Kirchen lehnten den Z. als Stand der Vollkommenheit ebenso wie das priesterl. Weihesakrament ab.

Zoll ↑Zölle.

Zoll [zu mittelhochdt. zol „zylinderförmiges Stück, Pflock"], alte Längeneinheit unterschiedl. Größe, meist zw. 2,3 und 3 cm; in einigen Gebieten der Technik (z. B. bei Gewindemaßen) wird z. T. bis heute der engl. Z. (= ↑Inch; Einheitenzeichen: ″) verwendet: 1″ = 25,40 mm.

Zollabkommen, zwei oder mehrseitige Vereinbarung zw. Staaten zur Abstimmung der Zölle; bedeutendstes Z. ist das ↑GATT.

Zollanschlüsse ↑Zollgebiet.
Zollausland ↑Zollgebiet.
Zollausschlüsse ↑Zollgebiet.

Zölle [zu griech.-mittellat. telonium „Zoll(haus)"], vom Staat erhobene Steuern auf eine Ware beim Überschreiten einer Grenze. Früher wurden Z. auch beim Benutzen von Verkehrswegen *(Wege-Z., Brücken-Z.)* erhoben. Die mannig-

Zollernalbkreis

fachen Zollregale innerhalb des Dt. Reiches *(Binnen-Z.)* wurden im 19. Jh. aufgehoben. Im 20. Jh., bes. nach dem 2. Weltkrieg, setzte sich eine Tendenz zu generellem Zollabbau innerhalb großer Wirtschaftsblöcke durch (z. B. ↑GATT). Innerhalb der EG wurden mit der Verwirklichung des Gemeinsamen Marktes die Einfuhr-Z. und Abgaben für alle Mgl.länder abgebaut sowie der Außenzoll und das Zollrecht vereinheitlicht. Heute wird im allg. nur noch die Wareneinfuhr mit Zoll belegt *(Einfuhr-Z.)*. Ausfuhr- und *Durchfuhr-Z.* spielen kaum noch eine Rolle. Nach dem Zweck können unterschieden werden: *Finanz-Z.,* die aus rein steuerl. Gründen erhoben werden, und *Schutz-Z.* (zur Abschirmung der einheim. Wirtschaft gegenüber ausländ. Konkurrenten). Zu den Schutz-Z. zählen u. a. die *Erziehungs-Z.* (Z. zum Schutz junger Ind.zweige und zur Anpassung an den Weltmarkt) und die *Abwehr-Z.* (zum Schutz des Inlanderzeugnisse und des Inlandhandels gegen niedrigere ausländ. Preise). Nach der Bemessungsgrundlage werden unterschieden: *Wert-Z.* (Berechnung nach dem Preis zollpflichtiger Waren), *spezif. Z.* (Berechnung nach Stückzahl, Maß und Gewicht), *Misch-Z.* (Kombination von Wert- und spezif. Z.). *Ausgleichs-Z.* sollen Exportprämien und Subventionen des Herkunftslandes der Importe ausgleichen, um Wettbewerbsverzerrungen zu vermeiden.
Grundlage des dt. *Zollrechts* ist das ZollG i. d. F. vom 18. 5. 1970, das die wichtigsten allg. Bestimmungen enthält. Die Allg. Zollordnung i. d. F. vom 18. 5. 1970 erläutert die die im ZollG festgelegten Begriffe. – ↑Zollstrafrecht.

Zollernalbkreis, Landkr. in Baden-Württemberg.

Zollfeld, Talebene der Glan im nördl. Klagenfurter Becken, Österreich.

Zollgebiet, das von der *Zollgrenze* umschlossene Hoheitsgebiet; es wird vom *Zollinland* (das Hoheitsgebiet i. e. S.) und von den *Zollanschlüssen* (ausländ. Staatsgebiete, die Teil eines inländ. Wirtschaftsgebiets sind) gebildet. Nicht zum Z. gehören die *Zollausschlüsse* (im Hoheitsgebiet liegende Gebiete, die einem anderen Z. angeschlossen sind) und die *Zollfreigebiete* (Teilgebiete eines Hoheitsgebietes, in denen Zolltarife nicht angewendet werden, z. B. Freihäfen). *Zollausland* sind alle Gebiete, die nicht zum Z. und zu den Zollfreigebieten gehören.

Zollgrenzbezirk, der innerhalb der Zollgrenze und der im Abstand von maximal 15 km parallel dazu verlaufenden *Binnenlinie* gelegene Raum. Innerhalb des Z. gelten bestimmte Beschränkungen und Überwachungsvorschriften für Grundstücke, Personen und den Warenverkehr.

Zollgrenze, die Grenzlinie, die das Hoheitsgebiet mit den Zollanschlüssen *(Zollgebiet),* aber ohne die Zollausschlüsse und Zollfreigebiete umschließt. An der Küste bildet die Strandlinie die *Seezollgrenze.*

Zollgut, Waren im Zollverkehr im Ggs. zum *Freigut* (durch die Zollbehörden dem Zollbeteiligten zur freien Verfügung übergebenes Z.). Eingeführte Waren werden außer in gesetzlich geregelten Ausnahmefällen Z., bis sie nach Zollabfertigung Freigut werden, vernichtet oder ausgeführt werden.

Zollinhaltserklärung, Erklärung auf vorgeschriebenem Formular über den Inhalt von Postsendungen ins Ausland, entsprechend den zollrechtl. Bestimmungen des Empfängerlandes.

Zollkontingente, zollbegünstigte Warenmengen, unterteilt in autonome Z. auf Grund wirtschaftspolit. Erwägungen und vertragl. Z. auf Grund eines Zollvertrages oder -abkommens. Innerhalb der EG werden Z. weitgehend von Organen der Gemeinschaft festgelegt.

Zollstock, zusammenklappbarer Gliedermaßstab aus Holz, Metall oder Kunststoff; Längen heute 1 m oder 2 m (in Millimeterteilung; urspr. in Zoll).

Zollstrafrecht, der Teil des Steuerstrafrechts, der sich auf Zölle bezieht; gesetzlich zus. mit den Steuerstraftaten geregelt in den §§ 369 ff. Abgabenordnung und im StGB. Hauptstraftaten sind Bannbruch, Schmuggel und als Form der Steuerhinterziehung die Zollhinterziehung.

Zolltarif, Zusammenstellung der Zollsätze für einen bestimmten Warenkatalog; in der BR Deutschland ist der Z. rechtl. Bestandteil des Z.gesetzes vom 23. 12. 1960 i. d. F. vom 20. 12. 1968.

Zollunion, Form der Integration, die durch den Zusammenschluß von mehreren Staaten zur Errichtung eines gemeinsamen Marktes mit einheitl. Außenzoll (im Unterschied zur ↑Freihandelszone) und dem Abbau von jegl. Handelshemmnissen zw. den Mgl. gekennzeichnet ist.

Zollverein ↑ Deutscher Zollverein.

Zoologischer Garten. Die der Hochgebirgsregion nachgebildete Anlage der Steinböcke, Freianlage im Tierpark Hagenbeck, Hamburg-Stellingen

Zollverschluß, Mittel der zollamtl. Überwachung; nach § 18 ZollG hat der Zollbeteiligte Räume, Beförderungsmittel und Behältnisse, die zollamtlich verschlossen werden sollen, auf seine Kosten zollsicher herzurichten.

Zölom [griech.], die sekundäre ↑Leibeshöhle.

Zölostat (Coelostat) [lat./griech.], eine vorwiegend für Sonnenteleskope verwendete Vorrichtung, die mittels zweier bewegl. Spiegel das Licht eines Sterns – speziell der Sonne – immer in die gleiche Richtung (z. B. in ein fest montiertes Fernrohr) lenkt. *Heliostaten* und *Siderostaten* besitzen demgegenüber nur einen Spiegel, so daß sich das Bild der Sonne um seinen Mittelpunkt dreht, wenn der Spiegel der Bewegung der Sonne nachgeführt wird.

Zomba [engl. 'zɔmbaː], Distr.hauptstadt im S von Malawi, 950 m ü. d. M. 42 900 E. Sitz der Univ. von Malawi sowie eines kath. Bischofs; Nationalarchiv. – 1885 als Hauptstadt der brit. Besitzungen im Shirehochland (später Protektorat Njassaland) gegr.; bis 1974 Hauptstadt Malawis.

Zombie, ein eigtl. Toter, der williges Werkzeug dessen ist, der ihn zum Leben erweckt hat. Die Vorstellung vom Z. ist im Wodukult Haitis begründet; seit den 1930er Jahren Motiv des Horrorfilms.

Zömeterium (Coemeterium) [griech.-lat. „Schlafkammer"], altchristl. Grabstätte oder Friedhof; auch Bez. für Katakombe.

Zonaras, Johannes, *Ende des 11. Jh., † nach 1159, byzantin. Geschichtsschreiber. – Verf. einer bis 1118 reichenden und später in viele Sprachen übersetzten Weltchronik.

Zone [griech.], Erdgürtel, Gebietsstreifen.
▷ in der *Mathematik* ein zus.hängender Streifen der Oberfläche eines Rotationskörpers zw. zwei parallelen Ebenen, z. B. Kugelzone.
▷ in der *Kristallographie* die Gesamtheit von Kristallflächen *(tautozonale Flächen),* die sich in Kanten schneiden, die einer Achse, der Z.achse, parallel liegen.

Zonengrenzen, die auf Grundlage von Vereinbarungen zw. Großbritannien, den USA und der Sowjetunion (Konferenz von Jalta) festgelegten Grenzlinien zw. den Besatzungszonen in Deutschland. Mit der Gründung der BR Deutschland 1949 wurden die Grenzen zw. den W-Zonen aufgehoben. Die aus der O-Zone (SBZ) 1949 hervorgegangene DDR befestigte dagegen ihren Abschnitt der **innerdeutschen Grenze** (offiziell „Staatsgrenze West", umgangssprachlich Mauer gen.): Im Sommer 1952 wurde mit der Errichtung von Sperrzonen begonnen, die dortige Bev. zwangsausgesiedelt sowie die Bewachung der Grenze (erster Schießbefehl) verstärkt; am 13. Aug. 1961 begann der Bau der ↑Berliner Mauer; danach wurde ein verschärftes Grenzregime entlang der zur Systemgrenze zw. Ost und West gewordenen ehem. Demarkationslinie eingerichtet mit erneutem Schießbefehl (bis Okt./Nov. 1989), Minenfeldern und Selbstschußanlagen (Sept. 1983–Nov. 1984 z. T. abgebaut). Mit der Öffnung der innerdt. Grenze am 9. Nov. 1989 begann die schnelle Entwicklung zur Wiedererlangung der staatl. Einheit Deutschlands, die auch zum systemat. Abbau der Grenzsicherungsanlagen führte, die nach neueren Angaben 238 Todesopfer gefordert haben. – Von den insgesamt ehemals 660 km verminter Abschnitte an der innerdt. Grenze sind bis 1995 etwa 400 km nicht absolut minenfreier Abschnitte zu räumen; von den urspr. 1455 km „vorderer Sperranlagen" wurde bis Okt. 1991 etwa ein Drittel abgebaut.

Zonenrandförderung, im Zonenrandgebiet der alten Bundesländer zum Ausgleich von Auswirkungen der Teilung Deutschlands durchgeführte und vom Bund finanzierte Maßnahmen (Gesetz vom 5. 8. 1971). Die Z. umfaßt v. a.: 1. regionale Wirtschaftsförderung; 2. steuerl. Vergünstigungen; 3. Verkehrserschließung; 4. Verbesserung der Wohnungsversorgung; 5. Schaffung sozialer Einrichtungen, allg. bildender Schulen und sonstiger kultureller Einrichtungen. Nach der Wiedervereinigung Deutschlands werden bestimmte im Gesetz ausgewiesene Maßnahmen begrenzt weiter gefördert.

Zonenzeit (Einheitszeit), die für bestimmte Zonen (die ↑Zeitzonen) der Erde gültige Zeit, z. B. die mitteleurop. Zeit.

Zonguldak [türk. 'zonguldak], Stadt an der westl. türk. Schwarzmeerküste, 119100 E. Hauptstadt der Prov. Z., Zentrum eines bed. Steinkohlenreviers; Hafen.

Zönobien [griech.], svw. Zönobionten.

Zönobionten (Zönobien) [griech.], Einzeller, die in entwickeltem Zustand eine Zellkolonie bilden.

▷ (euzöne Arten) Tier- und Pflanzenarten, die nur oder fast ausschließlich ein bestimmtes Biotop bewohnen und als dessen Charakterarten gelten. – Ggs. ↑Ubiquisten.

Zönobit (Coenobit) [griech.], Mönch eines zönobit. Klosters; die Z. leben im Ggs. zu den als Einsiedler lebenden frühchristl. Anachoreten in klösterl. Verbänden (↑Koinobitentum).

zönobitische Klöster ↑Koinobitentum.

Zons, ehem. selbständige Stadt, seit 1975 Teil der Stadt Dormagen, NRW. – 1372 von den Kölner Erzbischöfen bei Burg Friedestrom (11. Jh.) als Rheinzollstelle angelegt (1373 Stadt) und stark befestigt; rechteckige Ummauerung vollständig erhalten.

Zonurose, svw. ↑Drehkrankheit.

zoo..., Zoo... [tso-o...; zu griech. zōon „Lebewesen"], Bestimmungswort von Zusammensetzungen mit der Bed. „Leben, Lebewesen, Tier".

Zoo, Kurzbez. für ↑zoologischer Garten.

Zooanthroponose [tso-o...; griech.], svw. ↑Zoonose.

zoogen [tso-o...], durch Tätigkeit von Tieren entstanden, aus tier. Resten gebildet.

Zoogeographie [tso-o...], svw. ↑Tiergeographie.

Zoologie [tso-o.../ (Tierkunde), als Teilgebiet der Biologie die Wiss. und Lehre von den Tieren. Die Z. befaßt sich mit allen Erscheinungen des tier. Lebens, v. a. mit der Gestalt (Morphologie) und dem Bau der Tiere (Anatomie, Histologie, Zytologie), ihren Körperfunktionen (Physiologie), der Individual- (Ontogenese) und Stammesentwicklung (Phylogenese), mit den fossilen Tieren (Paläozoologie), den verwandtschaftl. Zusammenhängen (Systematik), der Benennung der Arten (Taxonomie), ihren Beziehungen zur Umwelt (Ökologie), ihrer Verbreitung (Tiergeographie) und ihrem Verhalten (Verhaltensphysiologie). – Diesen Fachdisziplinen der Z., die unter der Bez. *allg. Z.* zusammengefaßt werden, steht die *spezielle Z.* gegenüber, die sich mit bestimmten Tiergruppen befaßt. Zur *angewandten Z.* zählen u. a. Tierzucht und Parasitologie.

zoologischer Garten

zoologischer Garten [tso-o...] (Zoo), öff. oder private, meist wiss. geleitete, tierärztlich versorgte Einrichtung zur Haltung einheim. und fremdländ. (exot.) Tierarten in Käfigen bzw. Volieren, in Freigehegen und in (entsprechend klimatisierten) Gebäuden, die insgesamt in eine gärtnerisch, häufig parkartig gestaltete Gesamtanlage eingefügt sind. Als Vorbild für den neuzeitl. Zoo gilt die erstmals von C. Hagenbeck praktizierte Haltung der Tiere in Artengruppen, die der natürl. Population eines bestimmten Lebensraums entsprechen, wobei auch der jeweilige Lebensraum

Zoologische und botanische Gärten in Deutschland (Auswahl)

Ort (Gründungsjahr)	Besonderheiten (Auswahl)
Zoologische Gärten	
Berlin [Zoo] (1844)	Freisichtgehege, Nachttierhaus, Tropenhaus, Aquarienhaus mit Terrarium und Insektarium, Robbenfreianlage, großes Vogelhaus mit Freiflughalle
Berlin [Tierpark] (1954)	Alfred-Brehm-Haus (Mehrzweckhaus mit Großkatzentrakt und Tropenhalle), Dickhäuterhaus, Reptilienhaus, Eisbärenanlage
Bremerhaven (1913)	Tiere des europ. Nordens, des Atlantiks, Tropenhaus, Aquarium
Cottbus (1954)	Wasservogelhaltung und Zucht, Raubtierhaus, große Huftierfreianlage
Darmstadt (1961)	Tierarten der afrikan. Steppe und trop. Inseln, Aquarium, Terrarium, Volieren
Dortmund (1953)	Tiergeograph. besetzte Freigehege, Tropenhaus (Aquarien, Terrarien, Vogelhaus), Seelöwenanlage
Duisburg (1933)	Freigehege, Äquatorium, Aquarium, Delphinarium, Arabergestüt, Schlittenhundezwinger
Düsseldorf (1904)	seltene Fischarten, Reptilien, Amphibien, Wirbellose
Dresden (1861)	Raubtierhaus, Orang-Utan-Haus, Aquarium/Terrarium, Primatenhaus, Zooschule, Streichelgehege
Erfurt (1959)	Schlankaffen; vom Aussterben bedrohte, einheimische und exotische Haustiere
Essen (1952)	Aquarien- und Terrarienhaus
Frankfurt am Main (1858)	Freisichtgehege, Nachttierhaus, Exotarium (Polarlandschaft; trop. Regenwald; zahlr. Schauaquarienbecken; Reptilienhalle; Insektarium), Vogelhaus mit Freiflughalle
Gelsenkirchen (1949)	Freigehege für afrikan. Steppentiere
Halle/Saale (1901)	Bergtiergehege, Raubtierhaus, Aquarium, Großflugkäfig
Hamburg (1907) Hagenbecks Tierpark	Biotopgemäße Freigehege, Fjordlandschaft, Tropenhaus, Delphinarium, Volieren, jap. Inselgarten
Hannover (1865)	Freisichtgehege, Bärenanlage, Gibbonfreianlage
Heidelberg (1934)	Freigehege, Innen- und Außenvolieren
Karlsruhe (1865)	Nordatlant. Fauna, Robbenfreianlage
Köln (1856)	Afrika- und Südamerikaanlage, Kleinsäugetiere, Aquarienhaus mit Terrarium und Insektarium
Krefeld (1938)	Seltene Raubkatzen, südamerikan. Tierwelt, Affenhaus, Reptilienhaus, Tropenhaus
Leipzig (1878)	traditionelle Zucht von Großkatzen, Hyänen und Bären, Menschenaffenhaus, Elefantenhaus, Aquarium mit Terrarium und Planetarium, Vogelhaus, Huftierfreianlage, Tierkindergarten
Magdeburg (1950)	Dickhäuterhaus, Krallenaffenhaus, Giraffenhaus, Huftierfreianlagen
München (1911) Tierpark Hellabrunn	Tiergeographisch angelegte Freigehege, Tropenhaus, Polarium, Großflugkäfig
Münster (1875)	Afrikapanorama, Delphinarium, Polarium, Terrarium, Aquarium, Tropenhaus mit Flughalle
Nürnberg (1911)	Huftiergruppen, Delphinarium, Tropenhaus, Greifvögel
Osnabrück (1936)	Dromedarpark, Damwildpark, S-Amerikagehege, Robbenbecken
Rheine (1937)	Affengehege, Seehunddressur
Rostock (1956 [1910])	Eisbären- und Kodiakbärenanlage, Seevogelvoliere, Elchanlage
Saarbrücken (1932)	Afrikahaus mit Nachttierabteilung, Tropenhaus, Vögel SO-Asiens
Schwerin (1974)	Wasservogelanlage, Nashorngehege, Bärenanlage, Wisentanlage, Fasanerie, Pinguinanlage
Straubing (1938)	Freigehege für Eis- und Braunbären, Großflugkäfig, Aquarium, Terrarium, Nachttierabteilung
Stuttgart [Wilhelma] (1949)	Aquarium, Terrarium, Nachttierabteilung
Wuppertal (1879)	Freianlagen für Huftiergruppen, Pinguinanlage, Aquarien- und Terrarienhaus

Zoomobjektive

Zoologische und botanische Gärten in Deutschland (Auswahl; Fortsetzung)	
Ort (Gründungsjahr)	Besonderheiten (Auswahl)
Botanische Gärten	
Aachen (1953)	Doldenblütler, fleischfressende Pflanzen
Augsburg (1936)	Tropenhäuser
Berlin-Dahlem (1679)	pflanzengeograph. Abteilung, großes Tropenhaus
Berlin-Baumschulenweg (1879)	Arboretum mit über 100jährigen Bäumen
Bielefeld (1912)	Wildrhododendron, Japan. Azaleen, Wildstauden aus aller Welt, Alpinum
Bochum (1968)	geobotan. Abteilung, Arboretum, Rhododendrontal
Bonn (1818)	epiphyt. Kakteen, Pflanzen der Kapverd. Inseln
Braunschweig (1828)	Wasser- und Sumpfpflanzen in Freilandbecken
Bremen (1936 [1905])	Rhododendronpark (16 ha), Pflanzen N-Deutschlands, geograph. Abteilungen für Pflanzen N-Amerikas, O-Asiens, Australiens und des Mittelmeergebietes
Darmstadt (1814)	Freilandgehölze aus Europa, N-Amerika, China, Japan
Dortmund (1820)	Arboretum, trop. Regenwald, Kohleflora
Dresden (1820)	Sukkulenten, Zwergkoniferenanlage, Tropenhäuser
Duisburg	
1. Botan. Garten Duisburg-Duissern (1890)	Norddt. Dünenlandschaft, Moorbeetpflanzen, Heideformation
2. Botan. Garten Duisburg-Alt Hamborn (1905)	Wasserpflanzen, trop. Seerosen
Eberswalde (1830)	Forstbotan. Garten mit Arboretum, Wurzellaboratorium
Erlangen-Nürnberg (1828)	Pflanzen der Kanar. Inseln und mediterraner Hochgebirge
Essen (1927)	Orchideen-, Kakteensammlung, Rhododendrontal
Frankfurt am Main (1763)	geograph.-ökolog. Pflanzengemeinschaften der mitteleurop. Flora, Sammlungen der mediterranen, nordamerikan. und ostasiat. Flora
Freiburg im Breisgau (1620)	Farnpflanzen, Gehölze der arktotertiären Flora N-Amerikas und O-Asiens, phylogenet. Stammbaum der Blütenpflanzen
Gießen (1609)	trop. Nutzpflanzen, systemat., kulturhistor., biolog., pharmazeut., pflanzengeograph. Abteilung
Göttingen (1736)	Alpinum, Baumfarne, Sukkulenten- und Bromeliensammlung
Greifswald (1763)	Orchideensammlung, Heidegarten, Arboretum
Gütersloh (1915)	
Halle (1698)	Hartlaubgehölze, Sukkulenten, Mangrovegehölze, Braunkohlensippen
Hamburg (1820)	Masdevalliasammlung, Bromelien, Farne
Heidelberg (1593)	Sukkulenten-, Bromelien-, Orchideensammlung
Jena (1586)	Arboretum, Alpinum, Sumpf- und Wasserpflanzen
Karlsruhe (1883)	trop. Sumpf- und Wasserpflanzen, trop. Nutzpflanzen
Kiel (1669)	afrikan. Sukkulenten
Köln (1865)	Arznei-, Nutz-, Gift-, Heilpflanzen, Palmen, Agaven
Krefeld (1928)	seltene Kakteen, fleischfressende Pflanzen
Leipzig (1542)	trop. Nutzpflanzen, Flora S-Amerikas, pflanzengeograph. Abteilung im Freiland
Magdeburg (1896)	Wintergarten, Cycadeen-, Farn- und Palmenbestände, Bromeliensammlung
Mainz (1946)	Arboretum, Kakteen- und Sukkulentensammlung
Marburg (1789)	Alpinum (2 ha), Farnschlucht, Rhododendronanlage
Mönchengladbach (1904)	Koniferensammlung, Laubholzsammlung, Blindengarten
Mühlhausen (1950)	trop. Pflanzen, Systemgarten
München (1914)	Aquarienpflanzen, fleischfressende Pflanzen, Baum- und Geweihfarne
Münster (1804)	Orchideen, Bromelien, trop. Nutzpflanzen
Oldenburg (1912)	Moorlandschaft, Pflanzen des Weser-Ems-Gebietes
Pforzheim-Wurm (1927)	Alpengarten
Potsdam (1950)	Begoniensammlung, Sukkulenten, Farne, Bromelien, trop. Nutzpflanzen
Regensburg (1977)	Arboretum, Arznei- und Nutzpflanzen
Rostock (1885)	Arboretum, Alpinum, Buchenwäldchen, einheim. Pflanzengesellschaften, Japangarten
Saarbrücken (1967)	Rosarium, trop. und subtrop. Nutzpflanzen, Kalthauspflanzen
Sangerhausen (1903)	Rosarium
Stuttgart-Hohenheim	
1. alter botan. Garten (1828)	Arboretum
2. neuer botan. Garten (1975)	prähistor. Nutzpflanzen, vegetationsgeschichtl. Freilandfläche
Tharandt (1811)	Forstbotan. Garten mit Arboretum und Waldbodenpflanzen
Tübingen (1675)	Pflanzengesellschaften der Alpen und der Schwäb. Alb
Wilhelmshaven (1947)	Freilandorchideen
Wuppertal (1910)	Schwertliliensammlung
Würzburg (1696)	pflanzengeograph.-soziolog. Abteilungen, „Pflanzensystem"

möglichst naturgetreu nachgestaltet wird (z. B. Felsen-, Steppen-, Eislandschaften, Tropenvegetation). Statt störender Absperrgitter werden seit Hagenbeck häufig Trocken- oder Wassergräben mit steiler Begrenzungswand angelegt. – Beim sog. *Kinderzoo* soll Kindern die Möglichkeit zum unmittelbaren Kontakt mit Tieren, v. a. Jungtieren, geboten werden. Der sog. *Themenzoo* beschränkt sich auf relativ wenige, unter einem bes. Gesichtspunkt zusammengestellte Tierarten, wie z. B. beim Alpenzoo, Heimatzoo, Wildpark, Vogelpark. – Neben seiner ideellen Funktion (u. a. Erholungsraum für die Zoobesucher) vermittelt der Zoo auch wiss. Kenntnisse, v. a. in bezug auf das Verhalten und die Lebensbedürfnisse noch nicht ausreichend erforschter Tierarten. Darüber hinaus sucht man im Zoo vom Aussterben bedrohte Tierarten durch Nachzucht zu erhalten.

Geschichte: Der erste Tierpark wurde um 2000 v. Chr. am Hof eines chin. Kaisers aus der Xia-Dyn. angelegt. Als ältester z. G. Europas gilt die 1752 als Menagerie vom Kaiserehepaar Franz I. Stephan und Maria Theresia im Park von Schönbrunn angelegte spätere z. G. Wiens. In rascher Folge kam es im 19. Jh. zur Gründung z. G. in London (1828), Antwerpen (1843), Berlin (1844), Frankfurt am Main (1858) Dresden (1861) sowie in Philadelphia (1858; erster z. G. in den USA).

Zoomobjektive [zu:m; engl./lat.] (Varioobjektiv), photograph. Objektive mit stufenlos veränderl. Brennweite; bestehen aus einem Grundobjektiv fester Brennweite und einem im wesentlichen afokalen Vorsatz aus mehreren axial verschiebbaren Linsengruppen, die durch Veränderung ihrer Abstände die Brennweite des Grundobjektivs kontinuierlich vergrößern oder verkleinern. Variator und Kompensator werden axial gegenläufig verschoben; ihre Bewegung kann mit der der fokussierbaren Frontlinsengruppe so gekoppelt werden, daß für jede Brennweite der Ort des durch das Grundobjektiv letztlich auf der Filmebene abgebildeten Zwischenbildes konstant gehalten wird (*Autozoom*; ↑ Schärfentiefe) und das Scharfeinstellen unnötig wird. Eine zusätzl. Verschiebung des Kompensators in Richtung auf die Frontgruppe kann die Objektebene in die Ebene des Frontlinsenscheitels heranrücken, wodurch Aufnahmen im Nah- und Makrobereich möglich werden *(Makro-Z.).* Bei *Projektions-Z.* fehlt der Kompensator; hier wird das Auswandern der Bildlage bei der Brennweitenänderung mit dem Fokussieren korrigiert.

Zoonose [tso-o...; griech.] (Anthropozoonose, Zooanthroponose), Krankheit und Infektion, die zw. Tier und Mensch übertragen wird. Die Z. kann durch Viren, Bakterien, Pilze, Protozoen und Würmer verursacht werden (z. B. Tollwut, Ornithose, Brucellosen, Leptospirosen, Milzbrand, Tularämie, Toxoplasmose, Trichinose). Die meisten Z. unterliegen der Meldepflicht.

Zoon politikon ['tso-ɔn; griech.], auf Aristoteles zurückgehende „Wesensbestimmung" des Menschen als eines „sozialen, polit. Lebewesens".

Zoosporen [tso-o...] (Schwärmsporen), begeißelte, bewegl. Sporen niederer Pflanzen, die der ungeschlechtl. Fortpflanzung dienen.

Zoosterine [tso-o...] ↑ Sterine.

Zoozönose [tso-o...; griech.] ↑ Lebensgemeinschaft.

Zope, (Abramis ballerus), bis 35 cm langer Karpfenfisch (Gatt. Brassen) in Seen und Unterläufen von in die Nord- und Ostsee sowie ins Schwarze und Kasp. Meer mündenden Flüssen; Körper schlank, seitlich abgeplattet.

Zopf, geflochtenes Haar, Teil der Haar- oder Barttracht, z. T. auch Fremdhaar (falscher Z.).

Zopfstil, Übergangsstil zw. Rokoko und Klassizismus; bes. in Architektur, Malerei und Kunstgewerbe.

zoppo [italien.], musikal. Vortragsbez.: hinkend, lahm, schleppend.

Zoppot (poln. Sopot), poln. Stadt an der Danziger Bucht, 50 000 E. Hochschulen für Musik und für Wirtschaftswiss.; Teil der Agglomeration Danzig-Z.–Gdingen; Seebad (Mole, 512 m lang) und Kurort (Moorbäder); jährl. Jazzfestival. – Ende des 16. Jh. entstand das Fischerdorf

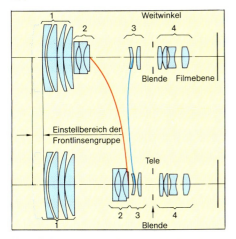

Zoomobjektive. Funktionsschema der stufenlosen Brennweiteneinstellung. Oben: Weitwinkeleinstellung. Unten: Teleeinstellung; 1 Frontlinsengruppe, 2 Variatorgruppe, 3 Kompensator, 4 Grundobjektiv (die rote Linie zeigt die Bewegung für die Änderung der Vergrößerung, die blaue Linie die Ausgleichsbewegung für die Konstanthaltung des Zwischenbildortes)

Sopot Dolny, das 1772 an Preußen kam; seit 1823 ausgebaut; 1901 Stadtrechtsverleihung. Die Geschichte von Z. ist seit 1920 mit ↑Danzig verbunden.

Zorilla [span.] (Bandiltis, Ictonyx striatus), nachtaktiver, sich tagsüber in selbstgegrabenen Erdhöhlen verbergender Marder Afrikas südl. der Sahara; Länge rd. 30–40 cm; Schwanz etwa 20–30 cm lang, buschig und weiß behaart; Körper auf schwarzem Grund mit breiten, weißen Längsstreifen.

Zorn, Anders [schwed. so:rn], *Utmeland bei Mora 18. Febr. 1860, †Mora 22. Aug. 1920, schwed. Maler und Radierer. – 1881–96 Wanderjahre in Europa und USA; seitdem in Mora. Ab etwa 1887/88 Hinwendung zur Ölmalerei. Z. wurde zum führenden schwed. Impressionisten; bed. auch als Radierer. V. a. Porträts, Freilichtakte, Genrebilder.

zornige junge Männer ↑Angry young men.

Zornnattern (Coluber), Gatt. der Echten Nattern mit zahlr. eierlegenden Arten, v. a. in sonnigen, felsigen, buschreichen Landschaften S-Europas, N-Afrikas, Asiens, N- und M-Amerikas; jagen bevorzugt Eidechsen, kleine Schlangen und Mäuse; Biß für den Menschen ungefährlich. – Zu den Z. gehören u. a. die bis 2 m lange **Gelbgrüne Zornnatter** (Coluber viridiflavus; Körper meist schwarz mit kleinen, gelbgrünen, häufig zu Querbändern oder Längsstreifen angeordneten Flecken), die etwa 2 m lange **Pfeilnatter** (Coluber jugularis; häufig Oberseite gelbbraun mit dunklen Quer- und Punktzeichnungen) und die **Hufeisennatter** (Kettennatter, Coluber hippocrepis; etwa 1,75 m lang, mit heller Kettenzeichnung und hufeisenförmigen Ohrenflecken).

Zoroaster ↑Zarathustra.

Zoroastrismus ↑Parsismus.

Zorrilla y Moral, José [span. θɔˈrriʎa i moˈral], *Valladolid 21. Febr. 1817, †Madrid 23. Jan. 1893, span. Dichter. – 1855–66 Hofdichter Kaiser Maximilians in Mexiko; 1889 in der Alhambra zum Dichter gekrönt; bedeutendster volkstüml. Lyriker und Epiker der span. Romantik. Von seinen Dramen gilt „Don Juan Tenorio" (1844) als eines der vollendetsten Dramen der span. Bühnenkunst.

Zoster [griech.], svw. ↑Gürtelrose.

Zote, unanständiger Witz.

Zotten (Villi), kleine fingerförmige Ausstülpungen der [Schleim]haut, z. B. Darmzotten; dienen der Oberflächenvergrößerung.

Zottenkrebs, svw. ↑Chorionepitheliom.

Zottenmagen, Teil des Wiederkäuermagens (↑Magen).

Z-Plan, von Hitler am 27. Jan. 1939 unterzeichneter Plan zum Ausbau der dt. Kriegsflotte, in dessen Mittelpunkt der Bau von 6 Schlachtschiffen (je 56 000 ts) bis 1944 stand.

ZPO, Abk. für: ↑Zivilprozeßordnung.

Zr, chem. Symbol für ↑Zirkonium.

Zrenjanin [serbokroat. ˌzrenjanin] (dt. Großbetschkerek), Stadt in der zur Republik Serbien gehörenden Wojwodina, 60 km nördl. von Belgrad, 90 m ü. d. M., 80 800 E. Wirtsch. und kultureller Mittelpunkt des serb. Banats. – 1351 erstmals erwähnt *(Bečkerek)*; 1422 als Stadt gen.; ab 1552 Sitz eines Beis; blieb nach der Befreiung von der Türkenherrschaft bis 1918/19 unter östr. bzw. ungar. Herrschaft.

Zrínyi [ungar. ˈzriːnji], kroat.-ungar. Adelsgeschlecht, urspr. Šubić; 1347 mit der Burg Zerin (= Zrin) in Slawonien belehnt; seit 1546 auch in Ungarn begütert; 1703 ausgestorben. Bed. Vertreter:

Z., Ilona Gräfin, *Burg Ozalj bei Karlovac 1643, †Izmit 18. Febr. 1703, ungar. Adlige. – Tochter von Péter Graf Z., heiratete 1667 Franz I. Rákóczi, nach dessen Tod 1681 I. Thököly; an seiner Seite organisierte sie den Aufstand der Kurutzen; verteidigte 1685–88 heldenmütig die Burg Munkács (Mukatschewo) gegen die Kaiserlichen; 1688–92 in habsburg. Gefangenschaft; Mutter von Franz II. Rákóczi.

Z., Miklós (Nikola) Graf, *Burg Levin um 1508, ⚔ Szigetvár 8. Sept. 1566, kroat. Ban (1542–56) und ungar. Magnat, der „Held von Szigetvár". – Kämpfte 1529 vor Wien gegen die Osmanen; ab 1561 Kapitän der Burg von Szigetvár, fiel beim Ausbruch aus der von Sulaiman II. 5 Wochen belagerten Burg.

Z., Miklós (Nikola) Graf, *Burg Ozalj bei Karlovac 1. Mai 1620, †bei Čakovec (Murinsel) 18. Nov. 1664 (Jagdunfall), Ban von Kroatien (seit 1649) und Dichter. – Kämpfte siegreich gegen die Osmanen; wurde zum polit. Gegner der Habsburger. Sein berühmtestes Werk ist das Heldenepos „Obsidio Szigetiana" (1651) über den heroischen Kampf seines Urgroßvaters gegen die Osmanen.

Z., Péter (Petar) Graf, *Burg Vrbovec bei Zagreb 6. Juni 1621, †Wiener Neustadt 30. April 1671 (hingerichtet), Ban

Zornnattern. Pfeilnatter

Anders Zorn. Zwei badende Mädchen, Radierung, 1913

Zschopau

Enrico Zuccalli. Die 1688 vollendete Kuppel der Theatinerkirche in München

von Kroatien (seit 1665). – Bruder des Dichters Miklós Graf Z.; führte als Kapitän der kroat. Grenze (ab 1647) einen eigenwilligen Kleinkrieg gegen die Osmanen; beteiligte sich 1666 an der Wesselényischen Verschwörung gegen den Wiener Hof.

Zschopau [ˈtʃoːpaʊ], Krst. im nördl. Erzgebirgsvorland, Sa., 350 m ü. d. M., an der 105 km langen Z., 12 900 E. Motorradbau, Strumpf- und Trikotagenherstellung. – 1292 erstmals als Stadt erwähnt. – Spätgot. Stadtkirche (1494 ff.), Burg Wildeck (1545 und im 19. Jh. umgebaut). **Z.,** Landkr. in Sachsen.

Richard Zsigmondy

Zsigmondy, Richard [ˈʃɪgmɔndi], * Wien 1. April 1865, † Göttingen 23. Sept. 1929, östr. Chemiker. – Prof. für anorgan. Chemie in Göttingen. Arbeitete über Kolloidchemie, Ultrafiltration und Dialysatoren und konstruierte 1902/03 mit H. F. W. Siedentopf das Ultramikroskop zur Sichtbarmachung von Kolloidteilchen. 1925 Nobelpreis für Chemie.

Zsolnay, Paul [ˈʃɔlnaɪ], * Budapest 12. Juni 1895, † Wien 11. Mai 1961, östr. Verleger. – Gründete 1923 in Wien einen Verlag; emigrierte 1938–45 nach London; baute nach 1946 die **Paul Zsolnay Verlag GmbH** in Wien und Hamburg wieder auf (Belletristik, populäre Sachbücher).

Enrico Zuccalli. Schlößchen Lustheim in Schleißheim, 1684–89

z. T., Abk. für: **z**um **T**eil.
ZTL-Triebwerk, Abk. für: ↑Zweistrom-Turbinen-Luftstrahltriebwerk.
Ztr., Einheitenzeichen für ↑Zentner.
Zubehör, im Zivilrecht bewegl. Sachen, die, ohne Bestandteil der Hauptsache zu sein, dem wirtsch. Zweck der Hauptsache zu dienen bestimmt sind und zu ihr in einem dieser Bestimmung entsprechenden räuml. Verhältnis stehen (z. B. Reserverad eines Autos). Für Z. gilt i. d. R. das Recht der Hauptsache.
Zuccalli, Enrico (Johann Heinrich) [italien. tsukˈkalli], * Roveredo (GR) 1642, † München 8. März 1724, schweizer. Baumeister. – Vertrat den italienisierenden Stil des Münchner Barock: ab 1674 Weiterführung der Theatinerkirche (Kuppel, W-Türme, Innenraum), Innenausstattung und Freitreppe des Nymphenburger Schlosses, Schlößchen Lustheim (1684–89) in Schleißheim, Entwurf, z. T. Ausführung des barocken Umbaus der Ettaler Klosterkirche.
Zuccalmaglio [tsʊkalˈmaljo; italien.] ↑Äpfel (Übersicht).
Zuccari [italien. ˈtsukkari], Federico, * Sant' Angelo in Vado bei Urbino 1540 (?), † Ancona 20. Juli 1609, italien. Maler und Zeichner. – Als Vertreter des spätmanierist. berühmtester Meister seiner Zeit; Fresken u. a. im Vatikan und in Florenz (Dom); illustrierte Werke von Dante.
Z., Taddeo, * Sant' Angelo in Vado bei Urbino 1. Sept. 1529, † Rom 2. Sept. 1566, italien. Maler. – Bruder von Federico Z.; seit 1543 in Rom ansässig; Hauptvertreter des röm. Manierismus: u. a. Fresken im Palazzo Farnese in Caprarola bei Rom (1560/61) sowie im Vatikan.
Zucchini [tsʊˈkiːni; italien.] (Zucchetti), die grünen, gurkenähnl. Früchte einer Kulturform (Cucurbita pepo var. giromontiina) des Speisekürbisses; werden in unreifem Zustand (ca. 20 cm lang) geerntet und als Gemüse verarbeitet.
Zucht, in der *Pädagogik* ältere Bez. für den Vorgang der Disziplinierung der Kinder.
▷ (Züchtung) ↑Tierzucht, ↑Pflanzenzüchtung.
Zuchthaus, früher eine Anstalt zur Vollstreckung der nach Einführung der Einheitsstrafe (↑Strafe) in Deutschland abgeschafften Z.strafe.
Zuchtlähme, svw. ↑Beschälseuche.
Zuchtmittel, im ↑Jugendstrafrecht eine der Möglichkeiten, die Straftat eines Jugendlichen zu ahnden; geregelt in den §§ 13–16 JugendgerichtsG i. d. F. vom 11. 12. 1974. Z. werden vom Jugendgericht (Jugendrichter) angeordnet, wenn ↑Jugendstrafe nicht geboten ist, ↑Erziehungsmaßregeln aber nicht ausreichend erscheinen. Mögl. Z. sind die *Verwarnung,* die Erteilung von *Auflagen* (z. B. Schadenswiedergutmachung, Erbringung von Arbeitsleistungen) und der *Jugendarrest.*
Zuchtperlen, nach (künstl.) Einbringung eines Fremdkörpers (Perlkern) in Muscheln entstehende ↑Perlen.
Zuchtrennen, im Pferdesport klass. Rennsportprüfung, bei der alle Pferde eines Jahrgangs das gleiche Gewicht tragen; dient v. a. der Zuchtauswahl.
Züchtung (Zucht) ↑Tierzucht, ↑Pflanzenzüchtung.
Zucker [zu italien. zucchero (entlehnt aus altind.-arab. sukkar) mit gleicher Bed.], die kristallinen, wasserlösl., meist süß schmeckenden Kohlenhydrate aus den Reihen der Mono- und Oligosaccharide; i. e. S. Bez. für das Disaccharid Saccharose, das v. a. aus Zuckerrüben und Zuckerrohr *(Rüben-Z.* bzw. *Rohr-Z.)* gewonnen wird. Bei der *Gewinnung* von Z. aus Z.rüben werden die zerkleinerten Rüben mit Wasser ausgelaugt (Z.rohr wird gepreßt); der Rohsaft enthält neben 13–15 % Z. Salze, Säuren, Proteine und Pektine; die Nichtzuckerstoffe werden v. a. durch Kalk ausgefällt (Carbonatation), abfiltriert und als Dünger verwendet (die ausgelaugten Z.rübenschnitzel als Viehfutter). Der verbleibende Klarsaft wird z. B. mit Aktivkohle aufgehellt und zu Dicksaft mit 65–68 % Trockensubstanz eingedampft. Nach Filtration wird der Dicksaft so lange eingedickt, bis sich ein Teil des Z. als sog. Weißzuckerfüllmasse abscheidet, die durch Zentrifugieren abgetrennt wird. Durch mehrere Reinigungsverfahren (Affinierverfahren,

Zuckerbelastungsprobe

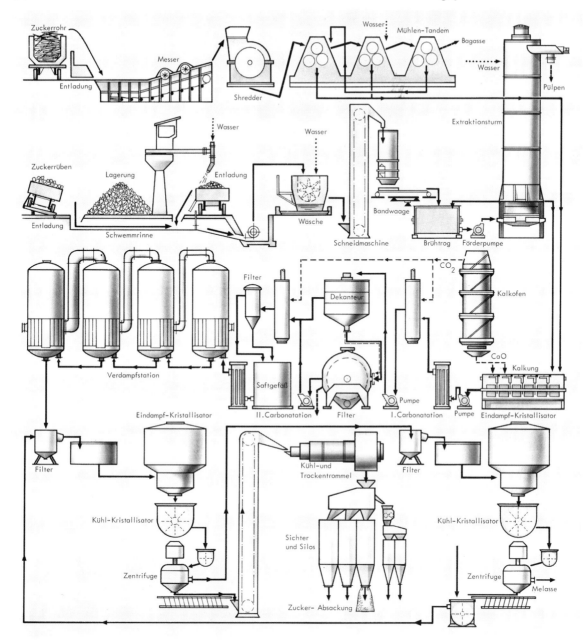

Zucker. Schematische Darstellung der Zuckergewinnung aus Zuckerrüben

Raffination) erhält man Z. in Form weißer Kristalle *(Kristall-Z.)*. Als Zentrifugenablauf der letzten Stufe fällt ein brauner Sirup, die Melasse, an. Aus 100 kg Z.rüben gewinnt man 12–15 kg Z., 3,4 kg Melasse und 45 kg Naßschnitzel. Außer als Kristall-Z. gelangt Z. als *Puder-Z.* (gemahlener Kristall-Z.), *Würfel-Z.* (gepreßter, etwas feuchter Kristall-Z.) und Kandis in den Handel.

Geschichte: Die Kristallisation von Z. aus dem Saft des Z.rohrs wurde im 4. Jh. n. Chr. in Indien entdeckt. Die Araber verbesserten die Raffinationsmethoden, zur Zeit der Kreuzzüge gelangten der Z. und die Kenntnisse der Z.gewinnung nach Europa. Die Möglichkeit der Gewinnung von Z. aus Rüben wurde 1747 von A. S. Marggraf entdeckt.

Zuckeraustauschstoffe, süß schmeckende Kohlenhydrate (z. B. Fructose) und Zuckeralkohole (z. B. Sorbit), die im menschl. Körper insulinunabhängig verwertet werden können und anstelle von Zucker (Saccharose) und Glucose in der Diabetiker- und Reduktionsdiät verwendet werden. Nicht zu den Z. zählen die ↑ Süßstoffe.

Zuckerbelastungsprobe (Blutzuckerbelastungsprobe, Glucosetoleranztest), diagnost. Verfahren zur Funktionsprüfung des Kohlenhydratstoffwechsels, bei dem der Blutzuckerspiegel am nüchternen Patienten und nach oraler oder intravenöser Gabe von Glucose mehrfach im Abstand von 30 oder 60 Minuten ermittelt wird, mit abschließender Harnglucosebestimmung. Die graph. Darstellung der Ein-

Zuckercouleur

Zuckerrohr. Links: Zuckerrohrstauden. Rechts: Abtransport der geernteten Halme

zelwerte ergibt die *Blutzuckerkurve,* die Rückschlüsse auf Erkrankungen der Bauchspeicheldrüse und der Nebennieren ermöglicht.

Zuckercouleur [ku'lø:r], svw. ↑ Karamel.

Zuckererbse ↑ Saaterbse.

Zuckerharnruhr, svw. ↑ Diabetes mellitus.

Zuckerhut ↑ Rio de Janeiro.

Zuckerhutberg ↑ Glockenberg.

Zuckerkäfer (Passalidae), v. a. in den Tropen verbreitete, rd. 600 bis 9 cm lange Arten umfassende Fam. der ↑ Blatthornkäfer; Lebensweise ähnlich wie bei den Hirschkäfern.

Zuckerkrankheit, svw. ↑ Diabetes mellitus.

Zuckerpalme (Sagwirepalme, Arenga pinnata), in SO-Asien verbreitete, 10–17 m hohe Palme mit bis über 6 m langen Blättern. Aus dem durch Abschneiden der ♂ Blütenstände gewonnenen Blutungssaft wird Zucker gewonnen.

Zuckerrohr (Saccharum officinarum), nur in Kultur bekannte Süßgrasart; Staude mit bis zu 7 m hohen und 2–7 cm dicken Halmen, die von einem weichen, vor der Blüte etwa 13–20 % Rohrzucker enthaltenden, weißen Mark erfüllt sind; Blätter 1–2 m lang. Das Mark liefert den wirtsch. wichtigen Rohrzucker und die Z.melasse (aus der Rum und Arrak hergestellt werden). Die zellulosehaltigen Rückstände bei der Verarbeitung der Halme *(Bagasse)* werden zur Herstellung von Papier verwendet. – Die größten Z.anbaugebiete der Erde waren 1990 Brasilien (262,6 Mill. t), Indien (220,0 Mill. t) und Kuba (75,0 Mill. t).

Geschichte: Das Z. wurde im 3. Jh. v. Chr. durch die Feldzüge Alexanders d. Gr. bekannt; der Anbau läßt sich für Indien jedoch erst seit dem 3. Jh. n. Chr. nachweisen. Der Z.anbau verbreitete sich im 5. Jh. nach S-Persien und im 7. Jh. durch die Araber im Mittelmeergebiet. Im 15. Jh. wurde Z. auf den Kanar. Inseln angepflanzt; von dort brachte Kolumbus es auf die Westind. Inseln. In der ersten Hälfte des 16. Jh. wurde es durch die Jesuiten in Brasilien und durch H. Cortés in Mexiko eingeführt.

Zuckerrübe, in der gemäßigten Zone angebaute Kulturform der Gemeinen Runkelrübe in zahlr. Sorten; zweijährige Pflanze, die im ersten Jahr eine Blattrosette und eine überwiegend aus der Hauptwurzel gebildete, daher fast vollständig in der Erde steckende Rübe bildet. Die Rüben enthalten 12–21 % Rübenzucker. Bei der Zuckergewinnung anfallende Restprodukte und das Rübenblatt werden als Futtermittel genutzt.

Zuckersäuren, sich von Monosacchariden durch Oxidation der Aldehyd- und/oder der endständigen Hydroxylgruppe ableitende Verbindungen, z. B. die ↑ Uronsäuren.

Zuckersteuer, Verbrauchssteuer auf Rüben-, Rohr-, Stärkezucker und Zucker von gleicher chem. Zusammensetzung auf Grundlage des Z.gesetzes i. d. F. vom 13. 10. 1983. Die Z. wird beim Hersteller bzw. Importeur angesetzt.

Carl Zuckmayer

Zuckertang ↑ Laminaria.

Zuckerung, in Ländern der EWG verbotener oder anzeigepflichtiger Zusatz von Zucker (Saccharose) zum Most (selten zum Jungwein), um den Alkoholgehalt des Weins zu erhöhen.

Zuckerwurz (Zuckerwurzel, Sium sisarum), Doldenblütler der Gatt. Sium. Die knollig verdickten Wurzeln wurden früher als Gemüse gegessen.

Zuckmayer, Carl, * Nackenheim (Landkr. Mainz-Bingen) 27. Dez. 1896, † Visp (Kt. Wallis) 18. Jan. 1977, dt. Schriftsteller. – 1939–46 im Exil in den USA, seit 1958 in der Schweiz. Erfolgreicher Dramatiker, der unbeschwerte Natürlichkeit, herzhafte Sinnenfreude, lyr. Verträumtheit, Humor und Satire, z. T. auch derbdrast. Komik verbindet; häufig Verwendung der rheinhess. Mundart. Z. setzte sich später v. a. mit dem Ethos der Freiheit und zeitgeschichtl. Themen auseinander; auch Lyriker, Erzähler und Drehbuchautor. – *Werke:* Der fröhliche Weinberg (Dr., 1926; 1952 verfilmt von E. Engel), Schinderhannes (Dr., 1927; 1958 verfilmt von H. Käutner), Katharina Knie (Dr., 1929), Der Hauptmann von Köpenick (Dr., 1930; u. a. 1956 verfilmt von H. Käutner), Des Teufels General (Dr., 1946; 1954 verfilmt von H. Käutner), Barbara Blomberg (Dr., 1949), Die Uhr schlägt eins (Dr., 1961), Als wär's ein Stück von mir (Erinnerungen, 1967), Der Rattenfänger (Dr., 1975).

Zuckmücken (Federmücken, Schwarmmücken, Chironomidae), Fam. svw. über die nördl. gemäßigte Zone verbreiteter Mücken mit weit über 5 000, etwa 2–15 mm großen, gelbl., grünen, braunen oder schwarzen Arten; häufig Stechmücken sehr ähnlich, jedoch nicht stechend. Manche Arten zucken beim Sitzen mit den frei nach vorn gehaltenen Vorderbeinen. Die ♂♂ bilden zuweilen riesige, (aus der Ferne gesehen) Rauchschwaden ähnelnde arttyp. Schwärme. Die Larven leben entweder frei in Salz- und Süßgewässern oder in Gespinströhren im Schlamm bzw. in feuchter Erde.

Zufall, *allg.* das, was ohne erkennbaren Grund und ohne Absicht geschieht (Ggs. Notwendigkeit), das Mögliche, das eintritt, nicht aber eintreten muß; in einem weiteren, v. a. in der *Philosophie* verwendeten Sinn umfaßt der Begriff Z. auch das, was einer Sache nicht wesentlich zukommt, das Akzidentelle oder Kontingente (Ggs. Wesen). – Während als *absoluter* Z. etwas angesehen wird, das weder durch sein Wesen notwendig noch durch eine Wirk- oder Zielursache eindeutig bestimmt ist, versteht man heute unter Z. *(relativer Z.)* meist das im einzelnen wohl kausal bedingte, aber absichtslose, unvorhergesehene, unbestimmbare, plan- oder regellose Zusammentreffen bzw. Eintreten von Dingen, Ereignissen u. a. – Das quantitative Maß der Zufälligkeit eines Ereignisses ist seine mathemat. Wahrscheinlichkeit (↑ Wahrscheinlichkeitsrechnung).

Zuckerrüben

Carl Zuckmayer. Ausschnitt aus der ersten Manuskriptseite Carl Zuckmayers zu seinem Drama „Schinderhannes"

▷ im *Recht* Eintritt einer weder vom Schuldner noch vom Gläubiger verschuldeten Leistungsstörung in einem Schuldverhältnis. Für den durch Z. eingetretenen Schaden hat der Schuldner u. U. einzustehen, z. B. während des Schuldnerverzuges (↑Verzug).

zufällige Fehler ↑Fehlerrechnung.
Zufallsauswahl ↑Stichprobe.
Zufallsfunktion, eine Funktion, die jedem Element t aus einer Menge T (z. B. einem Intervall der Zeitachse) eine Zufallsgröße X zuordnet.
Zufallsgröße ↑Wahrscheinlichkeitsrechnung.
Zufallsprozeß, svw. ↑stochastischer Prozeß.
Zufallsvariable, svw. Zufallsgröße (↑Wahrscheinlichkeitsrechnung).
Zufallszahlen, nach dem Zufall ermittelte Zahlen[reihe]. Zur Simulierung realer Prozesse, in denen Zufallsgrößen eine Rolle spielen, werden Z. mit Hilfe bes. *Zufallsgeneratoren* erzeugt (der einfachste Zufallsgenerator für die Zahlen von 1 bis 6 wäre z. B. ein Spielwürfel). Z. können auch aus bes. Tabellen (*Z.tafeln,* Randomtafeln) abgelesen werden.
Zug, Hauptstadt des schweizer. Kt. Z., am N-Ende des Zuger Sees, 425 m ü. d. M., 22 000 E. Histor. Fischereimuseum; Elektroapparatebau, Metallwaren-, Textilind.; Viehmärkte; Fremdenverkehr. – Um 1200 von den Kyburgern gegr.; kam 1273 an die Habsburger; 1352 von den Eidgenossen erobert, im gleichen Jahr wieder an die Habsburger abgetreten; 1364 erneut erobert; leistete 1798 mit Schwyz Widerstand gegen die frz. Truppen, wurde zum Kt. Waldstätten geschlagen, 1799–1801 dessen Hauptort; seit 1803 Hauptort des neu gegr. Kt. Zug. – Spätgot. sind die Pfarrkirche Sankt Oswald (1478–1511) mit Doppelportal (Königspforte), das Rathaus (1505) mit Renaissanceportal und reichgeschmücktem Ratssaal mit Renaissancetäfelung, das Stadthaus (1575–83 umgebaut); Burg (13., 14. und im wesentlichen 16. Jh.).
Z., zentralschweizer. Kt., 239 km², 84 900 E (1990), Hauptstadt Zug. Umfaßt im SO das Zuger Bergland, im W und NW das Geb. um den nördl. See bis zur Reuß sowie das Hinterland von Cham und den Baarer Boden. Führende Ind.zweige sind Metallverarbeitung (v. a. Apparatebau), Textil-, Nahrungsmittel-, Holz-, Papier- und Elektroind.; neben Viehhaltung Acker- und Obstbau (Kirschen); an den Seen Fremdenverkehr.
Geschichte: Das Gebiet gehörte im frühen MA zum Thurgau, später zum Zürichgau; der Kt. Z. entstand 1803 in den Grenzen des alten städt. Territoriums. 1814 erhielt Z. eine konservative Verfassung. 1845 schloß sich Z. dem kath. Sonderbund an. Unter eidgenöss. Besatzung wurde 1848 eine liberale Verfassung angenommen.
Verfassung: Nach der Verfassung vom 31. Jan. 1894 liegt die Exekutive beim vom Volk auf 4 Jahre gewählten Reg.rat (7 Mgl.). Die Legislative bilden der vom Volk auf 4 Jahre gewählte Kantonsrat (70–80 Mgl.) und das Volk selbst. 1971 wurde das Frauenstimm- und -wahlrecht eingeführt.
Zug, in der *Mechanik* die Beanspruchung eines Werkstücks oder [Werk]stoffs durch zwei in entgegengesetzte Richtung wirkende Z.kräfte.
▷ in der *Meteorologie* durch Temperatur- oder Druckunterschiede hervorgerufene Luftströmung.
▷ im *Verkehrswesen* mehrere miteinander verbundene Fahrzeuge, z. B. Eisenbahn-Z., Last[wagen]zug.
▷ *militär.* (mehrere Gruppen umfassende) Teileinheit, die unter der Leitung eines Z.führers (Offizier oder älterer Unteroffizier) steht. Mehrere Z. bilden eine Kompanie.
▷ das Bewegen je einer weißen und schwarzen Figur im Schach.
Zugbeeinflussung, svw. Linienzugbeeinflussung (↑Eisenbahn).
Zugbruch ↑Bruch.
Zugbrücke, bewegl. Brücke, deren Überbau (Fahrbahn) um eine waagerechte Achse oder um zwei Achsen aufgeklappt werden kann (Drehachse am Ende des bewegl. Teils). – Abb. S. 502.
Zügel, die beiden an Stahlringen der Trense bzw. an Ösen der Kandare befestigten Lederriemen, Gurte oder (bei Arbeitstieren) auch 10 mm starken Faserseile zum Führen von Reit- und Zugtieren (↑Zaumzeug).
Zuger See, Alpenrandsee im schweizer. Kt. Zug, Schwyz und Luzern, 413 m ü. d. M., 38,3 km², rd. 14 km lang, bis 4 km breit und 198 m tief.
zugewandte Orte, die mit den ↑Dreizehn alten Orten mehr oder weniger eng verbundenen Territorien, die v. a. vom Ausland als zur Eidgenossenschaft gehörig betrachtet wurden: Fürstabtei und Stadt Sankt Gallen sowie Biel als engere z. O., Mülhausen und Genf als ev. z. O., Wallis und Graubünden als „ewig Mitverbündete", ferner das Ft. Neuenburg und das Fürstbistum Basel, im 16./17. Jh. auch Rottweil. Die Rechtsstellung der z. O. endete 1798.
Zugewinnausgleich, der bei Beendigung der Zugewinngemeinschaft (z. B. durch Scheidung, Ehevertrag, Tod) durchzuführende Ausgleich zur gleichmäßigen Beteiligung

Zugewinnausgleich

Zug
Kantonswappen

Zug
Stadtwappen

Zug. In der Bildmitte das spätgotische Rathaus, 1505

Zugewinngemeinschaft

der Ehegatten an dem von ihnen während der Dauer der Ehe erwirtschafteten Vermögenszuwachs **(Zugewinn)**. Der Z. beruht auf dem Grundgedanken, daß unabhängig von einer (der Rollenverteilung entsprechenden) Arbeitsverteilung in der Familie beide Ehegatten zur Vergrößerung des beiderseitigen Vermögens beigetragen haben. Endet die Ehe durch den Tod eines Ehegatten, so erfolgt der Z. bei gesetzl. Erbfolge dadurch, daß sich der gesetzl. Erbteil des überlebenden Ehegatten unabhängig vom tatsächlich erzielten Zugewinn um ein Viertel der Erbschaft erhöht (§ 1371 BGB; für den Fall, daß der überlebende Ehegatte einen unter dem Pflichtteil liegenden Erbteil erhält oder nicht Erbe wird, ↑Pflichtteil). In allen übrigen Fällen erfolgt der Z. dadurch, daß der Zugewinn durch Vergleich des Vermögensstandes der Ehegatten zu Beginn des Güterstandes (↑Anfangsvermögen) mit dem Vermögensstand zum Zeitpunkt des Z. ermittelt wird und derjenige Ehegatte, der rechnerisch den niedrigeren Zugewinn erzielt hat, einen Anspruch (sog. Ausgleichsforderung) auf die Hälfte des seinen Zugewinn überschießenden Betrags gegen den anderen hat (§§ 1372 ff. BGB).

Zugewinngemeinschaft, im Eherecht der gesetzl. Güterstand (seit 3. 10. 1990 auch für ehem. DDR-Bürger, die zum Zeitpunkt des Beitritts im gesetzl. Güterstand der Eigentums- und Vermögensgemeinschaft des Familiengesetzbuches der DDR gelebt und nichts anderes vereinbart haben, ↑Güterstände). Die Vermögen der Ehegatten bleiben auch nach der Eheschließung getrennt und werden vom jeweiligen Ehegatten allein verwaltet. Gemeinschaftl. Vermögen entsteht nur durch einzelne Rechtsgeschäfte, etwa wenn aus beiderseitigen Ersparnissen ein Sparkonto angelegt oder Hausrat angeschafft wird. An den gemeinsam angeschafften Gegenständen entsteht keine Gesamthandsberechtigung (↑Gesamthandsgemeinschaft), sondern eine bloße Mitberechtigung nach Bruchteilen. Jeder Ehegatte kann über seinen Anteil an diesen Gegenständen ohne Mitwirkung des anderen verfügen. Zum Zweck der Sicherung des zukünftigen Anspruchs auf ↑Zugewinnausgleich und der Erhaltung der Lebensgrundlage der Familie bestehen jedoch Verfügungsbeschränkungen bei bestimmten Geschäften. Über sein Vermögen im ganzen kann ein Ehegatte nur mit Zustimmung des anderen Ehegatten verfügen oder sich zu einer solchen Verfügung verpflichten. Eine derartige Verfügung liegt nach der Rechtsprechung auch vor, wenn das Geschäft sich zwar nur auf einen Einzelgegenstand bezieht, dessen Wert aber das Vermögen des verfügenden Ehegatten im wesentlichen erschöpft. Nach der Rechtsprechung wirkt jedoch die Verfügungsbeschränkung nur dann, wenn dem Vertragspartner diese Eigenschaft des Verfügungsgegenstandes bekannt ist. Entsprechendes wie für Verfügungen über das Vermögen im ganzen gilt für Verfügungen über Hausratsgegenstände. Wird die Zustimmung nicht vor oder nach dem Geschäft erteilt, so ist dieses unwirksam.

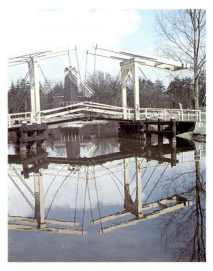

Zugbrücke bei Arnheim

Zugfestigkeit ↑ Zugversuch.
Zugkraft, jede gleichmäßig an einer [Querschnitts]fläche eines Körpers angreifende, von ihr weggerichtete Kraft; die Z. pro Flächeneinheit ist die Zugspannung.
Zugpflaster, Pflaster mit hautreizenden Stoffen, verbessert örtlich die Durchblutung und wird mitunter bei Furunkulose angewendet.
Zugpostfunk, Funktelefondienst, der es Reisenden in den meisten Intercity- und Intercity-Expreß-Zügen gestattet, Telefongespräche mit Teilnehmern des öff. Fernsprechnetzes zu führen.
Zugriffszeit, in der elektron. Datenverarbeitung die für den Zugriff zu einem Speicherplatz erforderl. Zeit.
Zugsführer, östr. Unteroffiziersdienstgrad, ↑Dienstgradbezeichnungen (Übersicht).
Zugspannung ↑ Zugkraft.
Zugspitze, mit 2 962 m höchster Berg Bayerns und Deutschlands, am W-Rand des Wettersteingebirges auf der dt.-östr. Grenze; an der NO- und der SO-Flanke vergletschert; für den Fremdenverkehr erschlossen durch die Tiroler Zugspitzbahn, die Bayer. Zugspitzbahn und Seilschwebebahn vom Schneefernerhaus zum Gipfel sowie eine Seilschwebebahn vom Eibsee. Meteorolog. und Funkübertragungsstation, Hotel. Im Sept. 1991 wurde eine neue Kabinenseilbahn von Ehrwald in Tirol auf den Westgipfel eingeweiht, die die alte, 1926 gebaute Bahn ersetzt.
Zugtrompete, seit dem 15. Jh. nachweisbare Trompete mit einem bewegl. Rohrteil zw. Mundstück und Schallrohr. Durch Ausziehen des Rohrteils während des Spiels konnte die Stimmung verändert und so auch eine chromat. Skala gespielt werden. Die Z. gilt als Vorläufer der Posaune und wurde noch im 18. Jh. als „tromba da tirarsi" von J. S. Bach vorgeschrieben.
Zugversuch, Untersuchungsverfahren der Werkstoffprüfung, bei dem auf einen Probestab eine stetig zunehmende Zugbeanspruchung ausgeübt wird, die zu einer vorübergehenden oder bleibenden Dehnung bzw. zum Zerreißen des Stabes führt. Die graph. Darstellung der Längenänderung des Stabes in Abhängigkeit von der Zugkraft (sog. *Kraft-Verlängerung-Diagramm*) zeigt, daß die Verlängerung zunächst der einwirkenden Kraft proportional ist. Die Dehnung ist rein elast. Natur und geht nach Entlastung wieder zurück. Eine bleibende Formänderung tritt mit Erreichen der *Elastizitätsgrenze* ein. Mit Erreichen der Höchstlast setzt eine *Einschnürung* ein, in deren Mitte schließlich der Bruch erfolgt. Im Z. werden v. a. folgende Materialkennwerte ermittelt: die *Zugfestigkeit (Zerreißfestigkeit,* d. h. der Quotient aus Höchstkraft und Anfangsquerschnitt der Probe), die

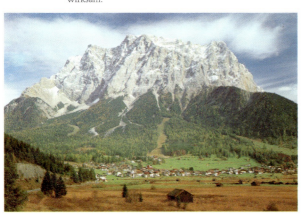

Zugspitze mit Ehrwald in Tirol

Streckgrenze (d.h. die Last, die zu einer bleibenden Dehnung führt, sog. Dehngrenze), die *Dehnung* (Bruchdehnung) und die *Einschnürung* (Brucheinschnürung). Werden diese Größen auf den Ausgangsquerschnitt und die Ausgangslänge der Probe bezogen (graph. Darstellung), entsteht ein *Spannungs-Dehnungs-Diagramm.*

Zugvögel, Vögel, die alljährlich in ihre artspezif. Winter- bzw. Brutgebiete ziehen.

Zuhälterei, Straftatbestand nach § 181 a StGB. Danach wird derjenige, der einen anderen, der der Prostitution nachgeht, ausbeutet oder seines Vermögensvorteils wegen bei der Ausübung der Prostitution überwacht sowie die Prostitutionsausübung hinsichtlich Zeit, Ort und Ausmaß bestimmt und im Hinblick hierauf Beziehungen zu dem anderen unterhält, die über den Einzelfall hinausgehen, mit Freiheitsstrafe von sechs Monaten bis zu fünf Jahren bestraft. Mit Freiheitsstrafe bis zu drei Jahren oder mit Geldstrafe wird bestraft, wer gewerbsmäßig die Prostitutionsausübung eines anderen durch Vermittlung sexuellen Verkehrs fördert und im Hinblick hierauf Beziehungen zu dem anderen unterhält, die über den Einzelfall hinausgehen. Z. kann auch gegenüber der Ehefrau begangen werden.

Zuid-Beveland [niederl. 'zœyd'be:vələnt], ehem. Insel im Rhein-Maas-Delta, Niederlande, 337 km^2, im O seit 1860 mit dem Festland verbunden, 1957–60 im Rahmen des Deltaplans über einen Damm mit Noord-Beveland verbunden; Anbau von Weizen, Gerste, Zuckerrüben, Kartoffeln und Flachs; Erwerbsgartenbau.

Zuidelijke IJsselmeerpolders [niederl. 'zœydələkə ɛisəl'me:rpɔldərs] (Südl. IJsselmeerpolder), ehem. Verwaltungseinheit in den Niederlanden, die die Polder Ost- und Südflevoland umfaßte; ging 1986 in der Prov. ↑Flevoland auf.

Zuidersee ['zɔydərze:] (niederl. Zuiderzee), tief ins Land reichende ehem. Nordseebucht (rd. 3 700 km^2) in den nw. Niederlanden, nach Errichtung eines Abschlußdammes (1927–32) nach dem Hauptzufluß, der IJssel, in **IJsselmeer** umbenannt. Neben 2 Schiffahrtsschleusen hat der Damm 25 Entwässerungsschleusen, die der Regulierung des Wasserstandes im IJsselmeer dienen. Noch während der Arbeiten am Abschlußdamm begann die Einpolderung; 1926/27 wurde nw. von Enkhuizen ein 40 ha großer Versuchspolder angelegt; 1927–30 wurde der Wieringermeer-Polder eingedeicht und trockengelegt, 1937–42 der Nordostpolder, 1950–57 Ostflevoland und 1959–68 Südflevoland; der Polder Markerwaard (geplante Fläche 560 km^2) wurde von 1963 bis Anfang der 80er Jahre eingedeicht, aus Umweltschutzgründen jedoch nicht trockengelegt. Der Nordostpolder sowie die Polder Ost- und Südflevoland sind Bestandteil der 1986 gebildeten Prov. ↑Flevoland.

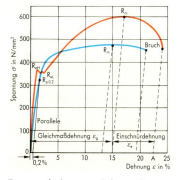

Zugversuch. Spannungs-Dehnungs-Diagramm eines Werkstoffes mit ausgeprägter Streckgrenze (rot weichgeglühter, unlegierter Vergütungsstahl) und ohne ausgeprägte Streckgrenze (blau Gußeisen mit Kugelgraphit); R_{eH} obere Streckgrenze, R_{eL} untere Streckgrenze, R_m maximale Zugfestigkeit, $R_{p0,2}$ 0,2 Dehnungsgrenze, bei der eine bleibende Dehnung von 2,2% auftritt, *A* Bruchdehnung

Zukerman, Pinchas, *Tel Aviv 16. Juli 1948, israel. Violinist und Dirigent. – Gefördert von I. Stern und P. Casals; tritt als Interpret v. a. klass. Musik in den internat. Musikmetropolen und bei Festspielen auf; konzertiert auch im Duo mit dem Pianisten Marc Neikrug; 1980–87 Leiter des St. Paul Chamber Orchestra von Minnesota.

Zukor, Adolph [ungar. 'zukor], *Ricse (Bez. Borsod-Abaúj-Zemplén) 7. Jan. 1873, †Los Angeles 10. Juni 1976, amerikan. Filmindustrieller ungar. Herkunft. – Gründete 1912 die Produktionsgesellschaft „Famous Players" (ab 1927 „Paramount Pictures Corporation"); verhalf bekannten Stars zum Durchbruch (u. a. M. Pickford, D. Fairbanks, G. Swanson, R. Valentino, P. Negri); konzentrierte sich auf Kinoketten, Vertrieb, Auslandsproduktion.

Zukunft, in der *Sprachwiss.* svw. ↑Futur.

Zukunft, Die, polit.-literar. Wochenschrift, 1892–1922 in Berlin hg. und redigiert von M. Harden; als zeitkrit. Organ in der Kaiserzeit von weitreichendem Einfluß.

Zukunftsforschung ↑Futurologie.

Zukunftsmusik, nach 1850 geprägter, polemisch gegen R. Wagners Musik gerichteter Begriff; er wurde von Wagners Schrift „Das Kunstwerk der Zukunft" (1850) abgeleitet. Darin forderte Wagner eine utop. Einheit aller Künste im musikal. Theater.

Zukunftsroman, Form des utop. Romans (↑Utopie) und der ↑Science-fiction.

Zuladung, Summe der Massen (in kg oder t), die ein [Luft- oder Wasser]fahrzeug aufnimmt bzw. maximal aufnehmen kann. Zur Z. zählen Besatzung, Nutzlast (Passagiere, Gepäck, Fracht), Kraft- und Schmierstoffe.

Zulassung, (Z. von Kraftfahrzeugen) Erlaubnis für die Teilnahme von Kfz am öff. Verkehr. Z.stelle ist die zuständige Polizeibehörde. Vor der Z. sind die Entrichtung der Kfz-Steuer und eine Haftpflichtversicherung nachzuweisen. Die Z. besteht in der Erteilung der ↑Betriebserlaubnis und des amtl. Kennzeichens.
▷ (Z. von Luftfahrzeugen) ↑Luftfahrtrecht.
▷ (Z. zur Rechtsanwaltschaft) ↑Rechtsanwalt.
▷ (Z. zu öff. Ämtern), nach Art. 33 Abs. 2 GG hat jeder Deutsche nach seiner Eignung, Befähigung und fachl. Leistung gleichen Zugang zu jedem öff. Amt. – ↑Beamte.
▷ (Z. zur Hochschule) ↑Numerus clausus, ↑Zentralstelle für die Vergabe von Studienplätzen.
▷ (Z. von Wertpapieren) Erlaubnis für den börsenmäßigen Handel von Wertpapieren, die nach einem bes. geregelten Verfahren von der Z.stelle erteilt wird (§§ 36 ff. BörsenG i. d. F. vom 27. 5. 1908).

Zulia [span. 'sulja], venezolan. Staat am Golf von Venezuela und der Grenze gegen Kolumbien, 63 100 km^2, 2,2 Mill. E (1990), Hauptstadt Maracaibo; umfaßt das im N trockene, im S feuchte Becken des Maracaibosees, im W den venezolan. Anteil an der Península de Guajira (dort Grenze zu Kolumbien). Wirtschaftsgrundlagen von Z. bilden die Ind., Landwirtschaft und Erdölförderung.

Zulieferer, jeder Ind.betrieb bzw. Händler, der Roh-, Halb- oder Fertigfabrikate zwecks Weiterverarbeitung, Einbau usw. an andere Unternehmen liefert.

Zulliger, Hans, *Mett (= Biel [BE]) 21. Febr. 1893, †Ittigen (Kt. Bern) 18. Okt. 1965, schweizer. Psychologe, Psychoanalytiker und Pädagoge. – Einer der Begründer der psychoanalyt. Pädagogik und der Kinderanalyse. Auf der Basis des Rorschach-Verfahrens entwickelte er den nach ihm ben. *Z-Test.* – *Werke:* Psychoanalyt. Erfahrungen aus der Volksschulpraxis (1921), Schwierige Kinder (1935), Bausteine zur Kindertherapie (1957), Die Pubertät der Knaben (hg. 1969), Die Pubertät der Mädchen (hg. 1972).

Zülpich, Stadt nw. von Euskirchen, NRW, 170 m ü. d. M., 17 100 E. Römerbad und Heimatmuseum; Textilind., Papier-, Maschinenfabrik, Brennerei. – Röm. Handelsplatz mit Zivilsiedlung **Tolbiacum;** nach 1278 auf rechteckigem Grundriß zur Stadt erweitert und befestigt. – Schwere Zerstörungen im 2. Weltkrieg; erhalten u. a. röm. Badeanlagen (um 100 n. Chr.), Teile der Stadtbefestigung (13.–15. Jh.; u. a. doppeltoriges Weiertor) und der kurköln. Burg (14./15. Jh.). – Abb. S. 504.

Pinchas Zukerman

Hans Zulliger

Zülpicher Börde

Zülpich. Das doppeltorige Weiertor der ehemaligen Stadtbefestigung (13.–15. Jh.)

Zülpicher Börde, in der sw. Niederrhein. Bucht gelegene, im O von der Ville, im S und W von der Eifel begrenzte, nach N gegen die Jülicher Börde geöffnete Bördenlandschaft, mit Zülpich als zentralem Ort.

Zulu, Volk der SO-Bantu im O der Republik Südafrika. Die in zahlr. kleine Stämme untergliederten 7,6 Mill. (1988) Z. wohnen v. a. in Natal und angrenzenden Gebieten von Transvaal; davon leben rd. 3,7 Mill. Z. im heutigen ↑ Kwazulu nach alter Tradition in Streusiedlungen (patriarchal. Großfamilien, grasgedeckte Kuppelhütten); sie betreiben Ackerbau und Viehhaltung; die übrigen arbeiten als Industrie-, Berg- und Farmarbeiter. Obwohl nur noch rd. 30 % der Z. Anhänger der traditionellen Religion sind, bestimmt sie noch immer Symbolwelt und rituelles Handeln der ansonsten weitgehend christianisierten Zulu.

Geschichte: 1816 vereinigte der Oberhäuptling (König) ↑ Tschaka die Z.stämme zu einem Königreich. Die Nachfolger Tschakas gerieten in bewaffneten Konflikt mit den Buren und der brit. Kolonialmacht, wobei die Z. 1879 eine brit. Truppe schlugen; im gleichen Jahr wurden sie jedoch entscheidend besiegt. Das Königreich zerfiel in 13 Häuptlingsgebiete. Nach inneren Kämpfen wurde ↑ Zululand 1887 von Großbritannien annektiert und 1897 der Kolonie Natal einverleibt. 1906 kam es noch einmal zu einem Aufstand der Z.; sie erhielten 29 Landstücke als Reservate zugewiesen, die heute als Kwazulu begrenzte Autonomie besitzen; gewählter Sprecher ist der Politiker Gatsha ↑ Buthelezi (* 1929), ein Nachkomme der alten Königsfamilie der Zulu.

Zulu (isi-Zulu), zur südöstl. Gruppe der Bantoidsprachen gehörende Bantusprache v. a. in der Republik Südafrika. Charakteristisch sind die Schnalzlaute im Phoneminventar.

Zululand, Landschaft im N der Provinz Natal, Republik Südafrika. Das nördlich des Unterlaufs des Flusses Tugela sich erstreckende Hügelland mit üppiger subtrop. Vegetation war bis zum Beginn ihrer Unterwerfung durch Großbritannien die Heimat der Zulu.

Zumárraga, Fray Juan de [span. θu'marraya], * Durango um 1476, † Mexiko 3. März 1548, span. Franziskaner. – 1535 Apostol. Inquisitor und 1546 erster Erzbischof von Mexiko und der mex. Kirchenprovinz; Organisator der Kirche in Mexiko, Fürsprecher der Indianer; ließ zahlr. Kirchen, Hospitäler und Schulen errichten sowie die erste in der Neuen Welt gegründete Druckerei (1539).

Zumbusch, Kaspar von (ab 1888), * Herzebrock-Carholz 23. Nov. 1830, † Rimsting am Chiemsee 27. Sept. 1915, dt. Bildhauer. – Lebte ab 1849 in München, ab 1873 in Wien (Professor an der Wiener Akademie); schuf v. a. Denkmäler, in München u. a. das Denkmal Maximilians II. (1866–72), in Wien u. a. das Denkmal Maria Theresias (1873–88; mit 6 m hoher Sitzfigur der Kaiserin) und ein Denkmal Beethovens (1880 vollendet) sowie das Reiterstandbild Kaiser Wilhelms I. vor der Albertina (1899).

Z., Ludwig von, * München 17. Juli 1861m † ebd. 28. Febr. 1927, dt. Maler. – Sohn von Kaspar von Z.; schuf Porträts und Pastelllandschaften.

Zündanlage, elektr. Anlage, die die zur Bildung eines Zündfunkens (zur Zündung des Kraftstoff-Luft-Gemischs im Verbrennungsraum eines Ottomotors) erforderl. Hochspannung liefert. Die bei Kfz vorwiegend verwendete *Batterie-Z.* entnimmt ihre Energie der Fahrzeugbatterie bzw. der Lichtmaschine. Sie besteht im wesentlichen aus Zündspule, Zündverteiler (mit Unterbrecher und Zündkondensator) und den Zündkerzen. In der Sekundärwicklung der *Zündspule* wird bei der (zum jeweiligen Zündzeitpunkt erfolgenden) kurzen Unterbrechung des Stromkreises der an die Batterie angeschlossenen Primärspule ein Hochspannungsimpuls induziert, der dem Zündverteiler zugeführt und zu den Zündkerzen weitergeleitet wird. Um den *Zündzeitpunkt* den jeweiligen Betriebsbedingungen möglichst gut anzupassen, enthält die Z. eine *Zündversteileinrichtung* (Fliehkraft- und/oder Unterdruckversteller). Die Zündung erfolgt, bevor der Kolben den oberen Totpunkt (OT) erreicht hat (sog. *Vorzündung*); fehlerhafte Abweichungen davon werden als *Früh-* bzw. *Spätzündung* bezeichnet. Bessere Leistungen als mit mechan. Unterbrechern, deren Schaltleistung begrenzt ist, erzielt man mit *elektron. Z.,* die die mechan. Teile entlasten (*kontaktgesteuerte Transistor-Spulenzündung; TSZ-k*) oder vollständig ersetzen (*kontaktlos gesteuerte* oder *vollelektron. Transistor-Spulenzündung,* z. B. mit Induktionsgeber; *TSK-i*).

Für Schlepper- und Bootsmotoren, für leichte Motorräder u. a. werden batterieunabhängige *Magnet-Z.* verwendet. Die Zündkerze wird dabei durch Stromstöße betätigt, die durch eine sich im Kraftfeld eines Permanentmagneten drehende Spule erzeugt werden. Auch Magnet-Z. werden für spezielle Verwendungszwecke als kontaktlos gesteuerte Halbleiter-Z. gebaut (*Magnet-Hochspannungskondensator-Z., Magnet-Transistor-Z.*). – Eine bes. Bauart der Magnet-Z. ist die *Schwungmagnet-Z.,* bei der der Anker mehrere Permanentmagnete trägt, die zugleich als Schwungmasse für den Motor dienen.

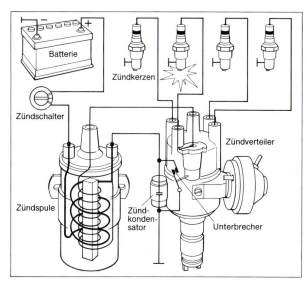

Zündanlage. Schematische Darstellung einer Batteriezündanlage

Zündblättchen, doppelte, runde Papierblättchen, die einen Knallsatz aus Kaliumchlorat, $KClO_3$, und rotem Phosphor enthalten, der auf Schlag oder Stoß zündet.

Zunder, in der *Botanik* ↑Zunderschwamm.
▷ in der *Metallurgie* durch Einwirkung oxidierender Gase (v. a. Sauerstoff) bei hohen Temperaturen auf Metalloberflächen entstehende Korrosionsprodukte (Abbrand). Die Bildung von Z. (Verzunderung) kann bei einigen Metallen v. a. bei den Arbeitsgängen der Oberflächenbearbeitung zu Materialverlusten führen.

Zünder, Auslöser der Explosion von Sprengstoffen oder von Geschoßtreibladungen. Bei *elektr.* Z. (v. a. bei Sprengarbeiten) wird ein im [Initial]sprengstoff liegender Draht zum Glühen gebracht und so der Zündvorgang eingeleitet. Elektr. Z. ohne Sprengkapsel bezeichnet man als *Brücken-Z.,* solche mit Sprengkapsel als *Spreng-Z.* In *mechan.* Z. lösen Schlag- oder Druckvorrichtungen durch lokale Erhitzung des Initialsprengstoffs den Zündvorgang aus, in *chem.* Z. wird bei Vereinigung zweier geeigneter Substanzen freiwerdende Reaktionswärme zur Zündung genutzt. – ↑Munition.

Zunderschwamm (Blutschwamm, Falscher Feuerschwamm, Wundschwamm, Fomes fomentarius), zu den Porlingen gehörender mehrjähriger Ständerpilz, der bes. auf Buchen und Birken Weißfäule (↑Kernfäule) erzeugt. An infizierten Bäumen entwickeln sich die bis zu 30 cm großen, konsolenförmigen, anfangs gelbbraunen, später schiefergrauen Fruchtkörper, aus denen getrockneter, mit Salpeterlösung getränkter Mittelschicht bis zur Erfindung der Streichhölzer *Zunder* hergestellt wurde, den man durch auftreffende Funken zum Glimmen brachte.

Zündholz (Streichholz), zur Entfachung und Übertragung von Feuer dienende Stäbchen aus Holz, Streifen aus Pappe oder anderem Material (z. B. bei sog. *Wachszündern* ein mit Wachs imprägnierter Baumwolldocht), die mit einem durch Reiben entflammbaren *Zündkopf* versehen sind. Je nachdem, ob für das Reiben eine bes. Reibfläche benötigt wird oder nicht, unterscheidet man zw. Sicherheits- und Überallzündhölzern.
Für die Herstellung von *Sicherheits-Z.* wird weiches Holz (z. B. Pappelholz) in Stäbchen geschnitten und getrocknet. Diese Stäbchen werden mit Wasserglas-, Ammonium- oder Natriumphosphatlösungen getränkt, um das Nachglimmen der Hölzer zu verhindern, und mit Paraffin überzogen, um das Entflammen des Holzes zu erleichtern. Anschließend trägt man eine wenige Millimeter dicke Kuppe der *Zündmasse* auf. Diese besteht aus sog. Sauerstoffträgern (insbes. Kaliumchlorat, Kaliumdichromat, Mangandioxid), leicht brennbaren Stoffen (Schwefel u. a.), reibenden Zusätzen (Glaspulver), Farbstoffen sowie Bindemitteln (Dextrin, Leim). Die *Reibflächen* an der Z.schachtel enthalten Glaspulver, roten Phosphor, Farbstoffe und Bindemittel. – *Überall-Z.* (Überallzünder) lassen sich durch Reiben an beliebigen rauhen Flächen entzünden. Ihr Zündkopf enthält neben Kaliumchlorat, Bindemitteln und Farbstoffen das leicht oxidierbare Tetraphosphortrisulfid (Phosphorsesquisulfid, P_4S_3).

Zündkerze, Vorrichtung zur Zündung des im Verbrennungsraum von Ottomotoren verdichteten Kraftstoff-Luft-Gemischs durch einen elektr. Funken. Der Funkenüberschlag erfolgt zw. Mittel- und Masseelektrode (Abstand bei normalen Fahrzeugmotoren 0,4–0,8 mm). Die Spannung kann bis über 20 000 V erreichen (übl. Spannungen 5 000–15 000 V). Z. sind neben der elektr. Belastung auch hohen mechan., chem. und therm. Beanspruchungen ausgesetzt. Die therm. Belastbarkeit wird durch den *Wärmewert* der Z. gekennzeichnet. Je höher der Wärmewert, desto höher ist der Widerstand der Z. gegen Glühzündungen, desto kleiner aber der Widerstand gegen Verschmutzungen.

Zündnadelgewehr ↑Gewehr.

Zündpunkt (Zündtemperatur), die niedrigste Temperatur, bei der sich ein brennbarer Stoff im Gemisch mit Luft selbst entzündet und ohne Wärmezufuhr selbständig weiterbrennt. – ↑Flammpunkt.

Zündschloß (Zündanlaßschalter), gewöhnlich mit einer Lenksäulenverriegelung (als Diebstahlsicherung) kombinierter, mit dem Zündschlüssel zu betätigender Schalter, der den Stromkreis der Zündanlage eines Kraftfahrzeugs einschaltet.

Zündspule ↑Zündanlage.

Zündtemperatur, svw. ↑Zündpunkt.

Zündung, Auslösen einer Explosion, Detonation oder Verbrennung (↑Entzündung), meist durch Erhitzen des Explosiv- oder Brennstoffs. – ↑Zündanlage.

Zündwarenmonopol, neben dem ↑Branntweinmonopol früher eines der beiden ↑Finanzmonopole; bestand bis Jan. 1983 und erstreckte sich auf den Vertrieb, Import und Export von Zündwaren.

Zunfthaus. Die um 1200–1380 erbaute Tuchhalle mit dem 70 m hohen Belfried am Grote Markt in Ypern

Zunft [althochdt. „was sich fügt", daraus mittelhochdt. „Ordnung, nach der eine Gesellschaft lebt; Verband"], im Hoch-MA in allen europ. Städten entstandene Organisationen von Handwerkern, Handeltreibenden (↑Gilden) u. a. Gruppen zur Ausübung des gemeinsamen Gewerbes und Regelung der wirtsch. Verhältnisse v. a. im Interesse der Produzenten.
Die Zugehörigkeit zur Z. war v. a. an den freien Stand und die sog. „ehrl. Geburt" gebunden. Die äußere *Organisation* der Z., die von der Obrigkeit mit Monopolrecht ausgestattet waren (es bestand Z.zwang), beruhte auf der Gliederung in Meister, Gesellen und Lehrlinge; i. d. R. war eine bestimmte Ausbildung für Lehrlinge und Gesellen vorgeschrieben: Lehrzeit, Gesellenzeit und Wanderzeit *(Wanderzwang).* Das *Meisterstück* als Nachweis der Kenntnisse und Fähigkeiten wurde erst im 15. Jh. allg. eingeführt. Entscheidungen wurden von den *Meisterversammlungen* (sog. *Morgensprachen)* getroffen; nur die Meister waren Vollgenossen der Z. An der Spitze standen zunächst landesherrl. Beamte, später die gewählten *Z.meister* (Aldermann). Reiche Z. hatten eigene Häuser (Z.häuser), andere zumindest eigene Stuben für ihre regelmäßigen Zusammenkünfte. Die *Z.ordnungen* (Z.statuten, Schragen) wurden von der Stadtobrigkeit bestätigt oder erlassen und regelten wirtsch. und organisator. Fragen wie Betriebsgröße, Arbeitszeit und Rohstoffbezug; auch Warenqualität, Wettbewerb und Preise unterstanden zünftiger Überwachung. Nach dem Vorbild der Z. waren die Gesellen seit dem 14. Jh. vielfach in *Gesellenbruderschaften* zus.geschlossen.
Neben den wirtsch. oblagen den Z. auch soziale Funktionen. So unterstützten sie z. B. die Gesellen (u. a. durch Einrichtung von Herbergen) und waren Träger von Kranken- und Sterbekassen. In den Städten kam ihnen darüber hinaus militär. Bed. zu (Milizen).
Seit dem 14. Jh. strebten die Z. in den Z.kämpfen (meist erfolgreich) nach Beteiligung am Stadtregiment, das oft in den Händen patriz. Familien lag. Die Entstehung neuer Ge-

Zunfthaus

werbe und die Erschließung neuer Märkte führten zu einer Krise des Z.wesens. Die Rechte der Z. wurden zu privatrechtl. Privilegien der Z.meister, der Z.zwang zum Mittel, Unzünftige vom Gewerbe auszuschließen. Die damit einhergehende Erstarrung rief Bestrebungen der Reg. hervor, den Einfluß der Z. einzuschränken, z. B. durch Ernennung von Freimeistern und Hofhandwerkern, die nicht den Z. angeschlossen zu sein brauchten. 1731 wurde eine Reichswerksordnung erlassen; seit der Frz. Revolution wurde die Gewerbefreiheit eingeführt: 1791 in Frankreich, 1810/11 in Preußen, 1859 in Österreich. In den Innungen blieb der Gedanke des berufl. Zusammenschlusses lebendig.

Zunfthaus (Gildehaus), Verwaltungs- und Festgebäude der Zünfte oder Gilden vom MA bis zum Barock in fast allen Ländern M-Europas; bes. repräsentativ die Tuchhallen Flanderns (z. B. Ypern), die ↑Gewandhäuser und die Z. der Kaufmannsgilden (Bremen: Schütting; Danzig: Artushof; Riga: Schwarzhäupterhaus). – Abb. S. 505.

Zunge, (Glossa, Lingua) häufig muskulös ausgebildetes Organ am Boden der Mundhöhle bei den meisten Wirbeltieren.

Die Z. der Säugetiere (einschl. Mensch), deren Schleimhaut am Z.rücken mit den Sehnenfasern der Z.muskulatur unverschieblich fest verbunden ist, ist charakterisiert durch Drüsenreichtum sowie eine sehr stark entwickelte, quergestreifte Muskulatur (Muskelmasse z. B. bei den großen Walen 200–400 kg), die die große Beweglichkeit der Säuger-Z. bewirkt. Sie hilft beim Kauen, Schlucken, bei der Nahrungsaufnahme und -prüfung; außerdem wird sie für die Körperpflege eingesetzt und kann bei den Lautäußerungen mitwirken (v. a. bei der Artikulation der menschl. Sprache). Der Z.rücken trägt neben zahlr. freien Nervenendigungen, die die Z. zu einem empfindl. Tastorgan machen, zahlr. verschiedenartige Papillen, in deren Epithel Geschmacksknospen eingelagert sein können. Die Empfindung der vier Geschmacksqualitäten ist unterschiedl. Regionen der Z.-fläche zugeordnet (↑Geschmackssinn).

▷ bei bestimmten *Musikinstrumenten* ein dünnes Plättchen aus Schilfrohr oder Metall, das im Luftstrom schwingt und ihn periodisch unterbricht. Je nachdem, ob die Z. gegen einen Rahmen schlägt oder durch ihn hindurch schwingt, spricht man von **aufschlagenden Zungen** (Klarinette, Saxophon) und von **durchschlagenden Zungen** (Harmonium, Hand-, Mundharmonika); bei **Gegenschlagzungen** schlagen zwei Z. gegeneinander (Oboe, Fagott).

Züngeln, bei Eidechsen und Schlangen das schnell aufeinanderfolgende Vorstoßen, Hin- und Herbewegen und Einziehen der (gespaltenen) Zunge zum Aufspüren der Beute. Beim Z. nimmt die Zungenschleimhaut Geruchsstoffe aus der Luft auf, die an das als Geruchsorgan fungierende Jacobson-Organ weitergeleitet werden.

Zungen, svw. ↑Seezungen.

Zungen, im MA Bez. für die einzelnen Prov. des Johanniterordens.

Zungenbein (Hyoid, Os hyoideum), knöcherne (z. T. auch knorpelige) Stützstruktur der Zunge der Wirbeltiere (beim Menschen klein und hufeisenförmig). Das Z. erstreckt sich von der Zungenbasis über seitl. Fortsätze *(Z.hörner)* nach hinten oben zur seitl. Schlundwand und dient mehreren Muskeln zur Befestigung.

Zungenbelag, weißlichgraue Schicht aus Speiseresten, weißen Blutkörperchen, verhornten Zellen, Bakterien u. a. auf dem Zungenrücken; bildet sich v. a. bei Personen (z. B. Kranken), die sich überwiegend von flüssiger Kost ernähren, so daß es nicht zu einer ausreichenden mechan. Reinigung der Zunge durch die Nahrungspartikel beim Kauakt kommt. Häufig kommt die „belegte Zunge" bei (chron.) Erkrankungen der Mundhöhle, des Rachens und des Magen-Darm-Kanals vor, z. B. bei Magenschleimhautentzündung.

Zungenblüten (Strahlenblüten), bei Korbblütlern vorkommender Blütentyp mit (im Ggs. zu den ↑Röhrenblüten) dorsiventraler, aus drei oder fünf verwachsenen Kronblättern gebildeter zungenförmiger Blumenkrone. Die Z. stehen bei vielen Korbblütlerarten am Rand des Blütenstands.

Zungenentzündung (Glossitis), Entzündung des Zungengewebes. Bei der *Glossitis atrophicans* erscheint die Zungenschleimhaut glatt und hochrot (kommt u. a. bei Tuberkulose vor). Bei *Glossitis dissecans* kommt es zur Bildung tiefer Einrisse auf der Zungenoberfläche. Unter *Glossitis phlegmonosa* versteht man die zur Eiterbildung neigende, sehr schmerzhafte Z. v. a. im Anschluß an Zungenverletzungen. *Glossitis superficialis* ist eine oberflächl., schmerzhafte Z., die von der Zungenschleimhaut oft auf das Zahnfleisch und die Wangenschleimhaut übergreift.

Zungenlose Frösche (Pipidae), Fam. der Froschlurche (u. a. mit den afrikan. Krallenfröschen und den südamerikan. Wabenkröten), die durch eine völlig rückgebildete Zunge gekennzeichnet sind. Diese Tiergruppe wurde früher (fälschlicherweise) als bes. Unterordnung *Aglossa* den übrigen unter der Bez. *Zungenfrösche (Phaneroglossa)* zusammengefaßten Froschlurchen gegenübergestellt.

Zungenmandel ↑Mandeln.
Zungenpfeifen ↑Orgel.
Zungenreden, svw. ↑Glossolalie.
Zungenregister (Zungenstimme), aus Zungenpfeifen bestehendes Register der Orgel.

Zungenschlag (Zungenstoß), Technik der Artikulation bei Blasinstrumenten, bei der die Zunge bestimmte Artikulationssilben ausführt (z. B. bei der Querflöte ti oder tiri, bei der Trompete dik-ke).

Zungenspitze (Apex), in der Phonetik das vordere Ende der Zunge, das an der Artikulation verschiedener Laute beteiligt ist; oft bildet die Z. mit den Schneidezähnen, dem Zahndamm oder dem Vordergaumen den sog. „Verschluß" bei den Verschlußlauten.

Zungenwürmer (Pentastomida, Linguatulida), Stamm etwa 0,5–14 cm langer, wurmförmiger, meist farbloser Gliedertiere mit rd. 60 Arten, die vorwiegend in den Atemwegen der Landwirbeltiere parasitieren; mit Mundöffnung und vier Krallen am Vorderende; entwickeln sich (z. T. unter Wirtswechsel) über verschiedene Larvenstadien.

Zuni [engl. 'zu:nɪ], eines der bekanntesten Dörfer der Puebloindianer im westl. New Mexico, USA, 200 km westl. von Albuquerque. Die ebenfalls Z. genannten Bewohner stellen Silberschmuck, Muschel- und Türkisarbeiten her.

Zünsler (Lichtzünsler, Lichtmotten, Pyralidae), mit über 10 000 Arten weltweit verbreitete Fam. etwa 15–30 mm spannender, schlanker, vorwiegend dämmerungs- oder

Francisco de Zurbarán. Der heilige Lukas als Maler vor dem Gekreuzigten (Madrid, Prado)

Zürcher Porzellan. Salomon Geßner, Idyllische Landschaft, Malerei auf einem Teller, um 1764 (Privatbesitz)

Kloster; v. a. Paris, Louvre), Apotheose des hl. Thomas von Aquin (1631; Sevilla, Kunstmuseum), Hl. Hugo, Bischof von Grenoble (urspr. für die Kartause in Jerez de la Frontera, 1636–39; Cádiz, Kunstmuseum).

Zürcher Porzellan (Züricher Porzellan), in der Manufaktur in Schooren bei Bendlikon am Zürichsee angefertigtes Porzellan. Die 1763 gegr. Manufaktur gab schon 1790 die Porzellanherstellung auf, jedoch wurde bis 1897 weiterhin Fayence hergestellt; als Marke diente der Buchstabe Z. Die schlichten Formen wurden mit asiat. Dekor, aber auch mit Blumen, reizvollen Landschaften und Genreszenen bemalt (S. Geßner, H. Füßli u. a.).

Zurechnung, 1. in der *Kostenrechnung* die Verteilung von Gemeinkosten auf Kostenstellen und Kostenträger; 2. in der *Volkswirtschaftslehre* die Aufteilung des Preises bzw. des wirtsch. Erfolgs auf die an der Erstellung eines Gutes beteiligten Produktionsfaktoren; 3. im *Steuerrecht* die wirtsch. Z. von Gegenständen zum Vermögen des Steuerpflichtigen.

Zurechnungsfähigkeit, früher svw. ↑ Schuldfähigkeit.

Zurechnungsunfähigkeit, früher svw. ↑ Schuldunfähigkeit.

Zurechnungszeit, in der gesetzl. Rentenversicherung bei der Ermittlung der anrechnungsfähigen Versicherungsjahre der Berechnungszeitraum, der beim Eintritt der Berufs- oder Erwerbsunfähigkeit vor Vollendung des 55. Lebensjahres (nach der Rentenreform ab 1. 1. 1992 vor Vollendung des 60. Lebensjahres) hinzuzurechnen ist. Damit soll ein Ausgleich dafür geschaffen werden, daß infolge geringerer Versicherungsdauer die Rente sonst niedriger sein würde als bei normalem Eintritt des Versicherungsfalles. Hinzugerechnet wird die Zeit vom Kalendermonat, in dem der Versicherungsfall eingetreten ist, bis zum Kalendermonat der Vollendung des 55. Lebensjahres (ab 1. 1. 1992 des 60. Lebensjahres; die Zeit zw. 55. und 60. Lebensjahr wird zu einem Drittel hinzugerechnet).

Zürgelbaum (Celtis), Gatt. der Ulmengewächse mit rd. 80 Arten v. a. in den Tropen, einige Arten auch in der nördl. gemäßigten Zone; Bäume oder Sträucher mit ganzrandigen oder gesägten Blättern und kugeligen Steinfrüchten. Die bekanntesten Arten sind der bis 25 m hoch werdende, in S-Europa, N-Afrika und W-Asien heim. **Südliche Zürgelbaum** (Celtis australis), dessen zähe, elast. Zweige früher zu Peitschenstielen verarbeitet wurden, sowie der **Westliche Zürgelbaum** (Celtis occidentalis).

Zürich, Hauptstadt des schweizer. Kt. Z. und Bez.-hauptort, beiderseits der dem Zürichsee entströmenden Limmat, 408 m ü. d. M., 356 400 E. Kulturelles und wirtsch.

nachtaktiver Schmetterlinge (davon rd. 250 Arten einheimisch); meist langbeinige Insekten mit häufig langen, schnabelartig nach vorn gerichteten Lippentastern; Raupen können bei Massenauftreten an Kulturpflanzen und Vorräten schädlich werden.

Zunz, Leopold, *Detmold 10. Aug. 1794, †Berlin 17. März 1886, dt. Religions- und Literarhistoriker. – Untersuchte als einer der ersten die rabbin. und synagogale Literatur mit modernen wiss. Kriterien, wodurch er (neben S. J. L. ↑Rapport) zum Begründer der ↑Wissenschaft des Judentums wurde.

Zuordnung, allg. jeder durch eine Vorschrift (*Z.definition* oder *-vorschrift*) festgelegte Vorgang, durch den in regelmäßiger, geordneter und eindeutiger Weise die Objekte zweier verschiedener [Sach]bereiche, in der Mathematik v. a. die Elemente zweier verschiedener Mengen, zueinander in Beziehung gesetzt („einander zugeordnet") werden. I. e. S. versteht man in der Mathematik unter Z. eine ↑Abbildung.

Zuordnungsdefinition ↑Definition.

Zuoz [rätoroman. tsuɑts], Ort im schweizer. Kt. Graubünden, 15 km nö. von Sankt Moritz, 1716 m ü. d. M., 1 200 E. Entomolog. Forschungsinst. der ETH Zürich; ganzjähriger Fremdenverkehr. – Bis 1798 Hauptort des Oberengadins. – Typ. Engadiner Dorf mit großem geschlossenem Dorfplatz, Häuser mit Erkern und breiten Fronten; Pfarrkirche (1507 umgebaut).

Zupan (Župan) [serbokroat. ˌʒupaːn], in süd- und westslaw. Gebieten im MA zunächst das Oberhaupt eines Sippenverbandes (*Župa*), später lokale Obrigkeit mit administrativen, militär. und richterl. Befugnissen; in Kroatien existierte das Amt bis 1918.

Zupfinstrumente, zu den ↑Chordophonen oder ↑Idiophonen rechnende Gruppe von Musikinstrumenten, deren Töne durch Anreißen des primär schwingenden Materials entstehen, u. a. Harfe, Laute, Leier, Zither.

Zurbarán, Francisco de [span. θurˈβaran], ≈ Fuente de Cantos bei Badajoz 7. Nov. 1598, †Madrid 27. Aug. 1664, span. Maler. – Lebte in Sevilla, 1634–36 und seit 1658 in Madrid. Z. ist neben Velázquez und Ribera der führende Vertreter der religiösen span. Barockmalerei. Er stellte vorwiegend Szenen aus der Geschichte des Mönchtums dar, bes. myst. Visionen. Seine monumentalen, statuarisch aufgefaßten realist. Figuren sind durch Anwendung der von Caravaggio entwickelten scharfen Helldunkeleffekte von äußerster Plastizität. Z. schuf auch bed. Stilleben. – *Werke:* Vision des hl. Petrus Nolascus (1628, urspr. für das Kloster de la Merced in Sevilla; Madrid, Prado), Der hl. Lukas als Maler vor dem Gekreuzigten (Madrid, Prado), Bonaventura-Zyklus (1629, urspr. für das Sevillaner Bonaventura-

Zürich Stadtwappen

Zürich. Das Großmünster, 12./13. Jahrhundert

Zürichsee

Zürich
Kantonswappen

Zürich
Hauptstadt des
schweizer. Kantons
Zürich
·
356 400 E
·
kulturelles und wirtsch.
Zentrum der Schweiz
·
929 als Stadt erwähnt
·
nach 1523 Einführung
der Reformation durch
Zwingli

Zentrum der Schweiz; Univ. (gegr. 1833), ETH, Konservatorium und Musikhochschule, Musikakad., Pestalozzianum; Schweizer. Inst. für Auslandsforschung, C.-G.-Jung-Inst., Schweizer. Sozialarchiv, Staatsarchiv des Kt. Z., Thomas-Mann-Archiv; Museen, Opernhaus, Schauspielhaus, Tonhalle, botan. Garten, Zoo. Als Handels- und Finanzzentrum der Schweiz neben Bern Sitz der Schweizer. Nationalbank, mehrerer Großbanken, von Versicherungs-, Finanz- und Handelsgesellschaften, der wichtigsten schweizer. Effektenbörse, zahlr. Wirtschafts- und Berufsverbände. Wichtigster Ind.standort der Schweiz, Metallverarbeitung (v. a. Maschinenbau), Möbel-, Textil-, elektron. und Nahrungsmittelind., Buchverlage; Kongreß- und Messestadt; bed. Verkehrsknotenpunkt, internat. ⚔ in Kloten.
Geschichte: Um Christi Geburt war **Turicum** eine röm. Brücken-, Zoll- und Schifferstation mit einem Militärlager auf dem Lindenberg. Der Marktflecken Z. dehnte sich im 9. Jh. auf beiden Seiten der Limmat aus (929 Stadt gen.). Gründung der geistl. Stifte Großmünster vermutlich um 800 und Fraumünster 853. Nach 1218 reichsunmittelbar. 1351 schloß die Stadt ein ewiges Bündnis mit den Eidgenossen. Nachdem sie schon durch Aufnahme von Pfahlbürgern aus den umliegenden Ortschaften, durch Burgrechte und später v. a. durch Kauf ihr Territorium vergrößert hatte, gewann sie nach Einführung der Reformation durch Zwingli (nach 1523) durch Säkularisation der Klöster weiteren Grundbesitz und sicherte sich durch ein Bündnissystem mit den ev. Städten. Die Niederlage bei Kappel am Albis (1531) verhinderte die weitere Ausdehnung. Ab 1803 Hauptstadt des neuen gleichnamigen Kantons.
Bauten: Aus dem MA stammen u. a. das doppeltürmige roman. Großmünster (12./13. Jh.) über den Fundamenten einer wohl karoling. Basilika, roman.-got. Fraumünster (Baubeginn 9. Jh., vollendet 1. Hälfte des 15. Jh.) mit Fenstern von M. Chagall, spätgot. Wasserkirche (1479–84). Barocke Kirche Sankt Peter (1705/06) mit roman. Turm, Rathaus (1694–98) mit reich stuckiertem Festsaal; Zunfthäuser des 16., 17. und 18. Jh. Zu den bed. Privatbauten gehört das Haus zum Rechberg (1759–70) mit fast vollständig erhaltener Innenausstattung. Bauten des 19. und 20. Jh. sind u. a.: Gebäude der ETH (1858–64), Kunsthaus (1910), Univ. (1914), Geschäftshochhaus „Zur Palme" (1963–65), Ausstellungspavillon (1967; nach Plänen von Le Corbusier).

Z., Kt. in der Schweiz, 1 729 km², 1,15 Mill. E (1990), Hauptstadt Z. Umfaßt südl. der Stadt Z. den größten Teil des Geb. um den Z.see, greift nach SW über die Albiskette und das Sihltal bis ins Reußtal, nach O mit dem Zürcher Oberland ins obere Glattal und das Tößbergland aus, umfaßt nördl. von Z. das Zürcher Unterland mit dem unteren Glattal und dem Töstal bis zum Hochrhein, sowie auf dem rechten Hochrheinufer das Rafzerfeld, im NO das untere Thurtal sowie das nördl. anschließende Zürcher Weinland bis zum Hochrhein bei Schaffhausen. – Rd. 80 % der Bev. leben in den beiden Ballungszentren Winterthur und Z. Feld-Gras-Wirtschaft, Feldfutter- und Getreidebau herrschen im Zürcher Unterland vor. Am Z.see, im Limmattal und im Zürcher Weinland überwiegen Obst- und Weinbau, im niederschlagsreicheren Alpenrandgebiet intensive Vieh- und Milchwirtschaft. Günstige Lage an wichtigen internat. Verkehrslinien; Maschinenbau, Elektro-, Textil-, Möbel-, Uhren-, Nahrungsmittelindustrie.
Geschichte: Der Kt. Z. entstand 1803 in den Grenzen des ehem. Stadtstaates. 1815 wurde eine hochkonservative Verfassung festgelegt. 1869 erhielt Z. eine neue Verfassung.
Verfassung: Nach der Verfassung vom 18. April 1869 liegt die Exekutive beim Volk auf 4 Jahre gewählten Regierungsrat (7 Mgl.). Die Legislative bilden der vom Volk auf 4 Jahre gewählte Kantonsrat (180 Mgl.) und das Volk selbst; Frauenstimmrecht und -wahlrecht seit 1970.

Zürichsee, schweizer. See in den Kt. Sankt Gallen, Schwyz und Zürich, 90,1 km², 406 m ü. d. M., 40 km lang, bis 4 km breit und 143 m tief, erstreckt sich sichelförmig von der Linthmündung bis zum Ausfluß der Limmat in Zürich.

Zurichtung, bei der *Lederherstellung* die auf das Gerben folgenden Arbeitsgänge (u. a. Färben, Fetten, Trocknen). ▷ bei der *Rauchwaren-Z.* alle Arbeitsgänge, die vom Rohfell zum kürschnerfertigen Fell führen.

Zürn, Jörg, *Waldsee (= Bad Waldsee) um 1583, † Überlingen vor 1635, dt. Bildhauer. – Verband anfangs Elemente der Spätgotik und des dt. und niederl. Manierismus (Sakramentshaus für das Überlinger Münster, 1611). Der Hochaltar (ebd. 1613–19) gehört mit seiner durch die gedrängte Figurenkomposition und die bewegte Licht- und Schattenwirkung gesteigerten Ausdruckskraft bereits dem Frühbarock an.

Zürich. Altstadt mit Ausfluß der Limmat aus dem Zürichsee

Jörg Zürn. Ausschnitt aus dem Hochaltar des Überlinger Münsters, 1613–19

Z., Martin, *Waldsee (= Bad Waldsee) zw. 1590/95, †Braunau am Inn nach 1665, dt. Bildhauer. – Bruder von Jörg Z. Schuf u.a. die Kanzel (1636–39) und den Sebastiansaltar (1637) in der Pfarrkirche Wasserburg a. Inn.

Z., Michael, d. J., *Wasserburg a. Inn vor 1626, †nach 1691 (?), dt. Bildhauer. – Neffe von Jörg und Martin Z. Als Hauptwerk schuf er 16 überlebensgroße Marmorengel (1682–86; Kremsmünster, Stiftskirche).

Zurna [türk.-arab.] (arab. auch Mizmar, Zamr; So-na), eine im islam. Kulturraum verbreitete Schalmei mit oben zylindr., unten stark kon. Rohr, 6–8 Griff- und einigen Schallöchern, Lippenstütze und Windkapsel. Der laut klingende Z. wird heute meist in der Volksmusik, zus. mit einer großen Trommel (z. B. Tupan), gespielt.

Zurückbehaltungsrecht (Retentionsrecht), Recht des Schuldners, die geschuldete Leistung solange zu verweigern, bis der Gläubiger seinerseits die dem Schuldner gebührende und fällige Leistung (Gegenleistung) erbringt (§ 273 BGB). Die jeweiligen Leistungsverpflichtungen müssen auf demselben rechtl. Verhältnis beruhen, d.h., sie müssen in einem inneren natürl. wirtsch. Zusammenhang stehen (Gegenseitigkeit, Konnexität). Das Z. ist ein Leistungsverweigerungsrecht und gibt dem Schuldner als Beklagtem im Prozeß eine ↑Einrede. Das Z. kann durch Gesetz oder Vertrag ausgeschlossen sein. Das **kaufmännische Zurückbehaltungsrecht** besteht wegen aller Ansprüche aus beiderseitigen Handelsgeschäften; es setzt keine Konnexität voraus und gibt über die bloße Leistungsverweigerung hinaus einen Anspruch auf Befriedigung nach den Regeln des Pfandverkaufs beim Pfandrecht (§§ 369 ff. HGB).

Zurzach, Bez.hauptort im schweizer. Kt. Aargau, am Hochrhein, 341 m ü. d. M., 3 400 E. Museum; Sodafabrik, Textil- und Schuhind.; Thermalbad. – Vermutlich helvet. Oppidum; röm. Siedlung **(Tenedo);** im 9. Jh. Gründung eines Benediktinerklosters (1870 aufgehoben). – Die seit 1363 belegten Zurzacher Messen (Leder, Textilien) bestanden bis 1856. – Röm. Doppelkastell (3./4. Jh.), im südl. Teil frühchristl. Kirche mit Taufbecken (5. Jh.); Stiftskirche Sankt Verena (geweiht 1347; 1733/34 barockisiert; Wallfahrtskirche).

zusammengesetztes Auge, svw. ↑Facettenauge.

Zusammensetzung (Komposition), Bildung eines Wortes aus zwei oder mehreren selbständigen Wörtern bzw. sonst auch frei vorkommenden Morphemen; das wichtigste Mittel im Deutschen, den Wortinhalt zu erweitern. Kompositionsglieder können unmittelbar zusammengefügt sein, z. B. *Maurerkelle,* oder durch Fugenzeichen verbunden werden, z. B. *Pferdestall.* Das Ergebnis der Z. ist das ↑Kompositum, das nicht nur die Summe der Kompositionsglieder darstellt, sondern oft eine neue semant. Einheit, z. B. *Vaterhaus.*

zusammenziehende Arzneimittel, svw. ↑Adstringenzien.

Zusammenziehung, eine Art der Wortbildung, bei der die Wörter einer syntakt. Fügung in der Wortfolge zu einem Wort verschmolzen werden, ohne daß der letzte Bestandteil Wortart und Genus der Bildung bestimmt, z. B. *Dreikäsehoch* aus *er ist drei Käse hoch.*

Zusatzaktie, ↑Aktie, die den Aktionären einer AG bei einer Kapitalerhöhung aus Mitteln der Gesellschaft als Gratisaktie oder Freiaktie, d. h. ohne Leistung einer Geld- oder Sacheinlage, angeboten wird. Der Aktionär erhält die Z. in einem bestimmten Verhältnis zu seinen alten Anteilsrechten.

Zusatzstoffe, im Lebensmittelrecht Stoffe, die Lebensmitteln zur Beeinflussung ihrer Beschaffenheit oder zur Erzielung bestimmter Eigenschaften oder Wirkungen zugesetzt werden (z. B. Acetate, Carbonate, Chloride, Backtriebmittel, Bleichmittel, geschmacksbeeinflussende Stoffe und Konservierungsmittel). Durch die Z.verordnung ist näher geregelt, welche Z. Lebensmitteln zugefügt werden dürfen. Keine Z. sind Stoffe, die nach der Verkehrsauffassung überwiegend zu Ernährungs- oder Genußzwecken zugesetzt werden, z. B. Gewürze.

Zuschauer, Freimund ↑Rellstab, Ludwig.

Zuschlag, bei einer ↑Versteigerung die Annahme des in einem Meistgebot liegenden Angebots zum Abschluß eines Vertrages durch den Versteigerer (↑Zwangsversteigerung).

Zuschläge (Zuschlagstoffe), in der *Hüttentechnik* bas. oder saure Stoffe, die bei pyrometallurg. Prozessen zugegeben werden, um eine leicht schmelzende und vom Metall leicht abzutrennende Schlacke zu erhalten (u. a. Kalkstein, Dolomit, Flußspat, Sand, z. T. auch metallarme Erze).

Zuschlagskalkulation, in der betriebl. Kostenrechnung Verfahren zur Ermittlung der Kosten je Leistungseinheit, das u. a. bei Einzel- oder Serienfertigung angewandt wird. Die Z. geht von der Trennung nach Einzel- und Gemeinkosten aus. Die Fertigungsgemeinkosten werden, je nach Art der Ausgestaltung der Kostenrechnung, differenziert auf Fertigungsmaterial und Fertigungslohn aufgeschlagen, während die Verwaltungs- und Vertriebsgemeinkosten im Verhältnis der Herstellungskosten verrechnet werden.

Zuse, Konrad, *Berlin 22. Juni 1910, dt. Ingenieur. – Entwickelte ab 1934 die Grundkonzeption für eine programmgesteuerte Rechenmaschine und begann 1936 mit dem Bau von Versuchsmodellen; 1941 vollendete er mit der *Z 3* in Relaistechnik das erste programmgesteuerte Rechengerät der Welt. Gleichzeitig arbeitete Z. zus. mit H. Schreyer an der Röhrenrelaistechnik für Computer.

Zustand, in der *Physik* momentane Bewegungsform eines physikal. Systems, deren physikal. Größen (*Z.größen* oder *Observable*) es in jedem Zeitpunkt eindeutig beschreiben, z. B. die Gesamtheit der thermodynam. Z.größen und Z.funktionen zur Charakterisierung des thermodynam. Z. eines Systems. Die Quantentheorie kennzeichnet den *quantenmechan.* Z. mikrophysikal. Systems durch einen Satz von Quantenzahlen als Eigenwerte von Observablen.

Zuständigkeit, im Verfahrensrecht die Befugnis und Verpflichtung eines Gerichts oder einer Verwaltungsbehörde, in einer bestimmten Angelegenheit auf Antrag oder von Amts wegen tätig zu werden (zur Gesetzgebungszuständigkeit ↑Gesetzgebung). Die **gerichtliche Zuständigkeit** bestimmt sich nach der Zulässigkeit des Rechtswegs; sie ist im GerichtsverfassungsG und den jeweiligen Prozeßordnungen geregelt. Die **Zuständigkeit der Verwal-**

Konrad Zuse

Zustandsänderung

tungsbehörden ist in den Verwaltungsverfahrensgesetzen und den jeweiligen Spezialgesetzen (z. B. Bauordnungen) geregelt. Die **sachliche Zuständigkeit** bezeichnet die Berechtigung und Verpflichtung, bestimmte Aufgaben dem Gegenstand nach wahrzunehmen (z. B. eine Baugenehmigung erteilen) bzw. betrifft die Frage, welches Gericht in erster Instanz die Sache zu erledigen hat. Die **örtliche Zuständigkeit** teilt jeder sachlich zuständigen Stelle einen räuml. Wirkungskreis zu; Bezugspunkt ist dabei vielfach der Wohnsitz einer Person oder die Belegenheit einer Sache. In Ausnahmefällen kann die Z. durch Gerichtsstandsvereinbarung (**Zuständigkeitsvereinbarung, Prorogation**) durch die Parteien geändert werden. Die **funktionelle Zuständigkeit** bezieht sich auf die Frage, welches Rechtspflegeorgan (z. B. in Vormundschaftssachen der Rechtspfleger oder der Richter) in ein und derselben Sache tätig zu werden hat.

Zustandsänderung, jede Änderung des thermodynam. Zustands eines thermodynam. Systems, die durch Änderung einer Zustandsgröße verursacht wird; kann umkehrbar sein *(reversible Z.)* oder nicht *(irreversible Z.); quasistat. Z.* verlaufen so langsam, daß das System in jedem Augenblick als im Gleichgewicht befindlich angesehen werden kann. Die Z. heißt *isotherm, isobar* bzw. *isochor,* wenn dabei Temperatur, Druck bzw. Volumen konstant bleiben, *adiabatisch,* wenn kein Wärmeaustausch mit der Umgebung erfolgt. – ↑Zustandsgleichung.

Zustandsdiagramm, zwei- oder dreidimensionale Darstellung des Zusammenhangs von Zustandsgrößen eines thermodynam. Systems zur Beschreibung von Ein- oder Mehrstoffsystemen in seinen verschiedenen Phasen. Beispiele für derartige Z. sind das ↑p,V-Diagramm und das ↑p,T-Diagramm.

Zustandsfunktionen ↑Zustandsgrößen.

Zustandsgleichung, Gleichung, die den Zusammenhang zw. den ↑Zustandsgrößen eines thermodynam. Systems im thermodynam. Gleichgewicht angibt. Die *therm. Z.* der allg. Form $f(T, p, V) = 0$ gestattet, eine der drei thermodynam. Grundgrößen (absolute Temperatur T, Druck p, Molvolumen V) aus den anderen zu berechnen. Spezialfälle sind die für ideale Gase geltende *allg. Gasgleichung* $pV = RT$ (R Gaskonstante) und die für reale Gase in guter Näherung geltende *Van-der-Waalssche Z.* $(p + a/V^2)(V - b) = RT,$ worin a und b *(Van-der-Waalssche Konstanten)* die gegenseitige Anziehung und das Eigenvolumen der Moleküle berücksichtigen. (↑Boyle-Mariottesches Gesetz, ↑Gay-Lussacsches Gesetz, ↑Amontons).

Zustandsgrößen, thermodynam. Parameter, die den Zustand eines thermodynam. Systems charakterisieren und von dessen Vorgeschichte unabhängig sind, z. B. die sog. einfachen Z. Druck, Temperatur und Volumen. Die daraus abgeleiteten Z. innere und freie Energie, Entropie und Enthalpie werden auch als *Zustandsfunktionen, kalor. Z.* oder *thermodynam. Funktionen* bezeichnet.

Zustellung, die förml. und in einer **Zustellungsurkunde** zu beurkundende Bekanntgabe des Inhalts eines Schriftstücks (z. B. Klageschrift, Ladung zum Termin). Die Z. soll dem Z.adressaten mit Rücksicht an die i. d. R. damit in Lauf gesetzten Fristen (z. B. Rechtsmittelfristen) Gelegenheit zur Kenntnisnahme eines Schriftstücks verschaffen und für den Zustellenden den Nachweis sichern, daß gerade dieses Schriftstück zugestellt worden ist. Die Z. erfolgt i. d. R. von Amts wegen durch den Gerichtsvollzieher, die Post, die zuständige Behörde selbst oder unmittelbar von Anwalt zu Anwalt, ferner ausnahmsweise durch Aufgabe zur Post. Bei unbekanntem Aufenthalt einer Partei kann die Z. in der Form der **öffentlichen Zustellung** (u. a. mittels Aushangs oder Veröffentlichung im Bundesanzeiger) erfolgen. Eine **Ersatzzustellung** ist zulässig, wenn der Empfänger nicht angetroffen wird; sie erfolgt, indem das Schriftstück bestimmten Personen übergeben oder, sofern auch dies nicht möglich ist, bei Gericht, der Post, der Gemeinde oder der Polizeibehörde niedergelegt und eine schriftl. Benachrichtigung über die Ersatz-Z. hinterlassen wird.

Zustimmung, im Recht ↑Einwilligung, ↑Genehmigung.

Zustimmungsgesetze, Bundesgesetze, die im Ggs. zu den ↑Einspruchsgesetzen kraft ausdrückl. verfassungsrechtl. Vorschrift der Zustimmung des Bundesrats bedürfen (z. B. verfassungsändernde Gesetze). Stimmt der Bundesrat nicht zu, ist das Gesetz endgültig abgelehnt. – Als Z. werden auch die Ratifikationsgesetze (Vertragsgesetze) bezeichnet, durch die die gesetzgebenden Körperschaften völkerrechtl. Verträgen des Bundes zustimmen. – ↑Gesetzgebungsverfahren.

Zustinian [italien. dzusti'njan] ↑Giustiniani.

Zutphen [niederl. 'zytfə], niederl. Stadt an der Mündung der Berkel in die IJssel, 7 m ü. d. M., 31 000 E. Städt. Museum, Maschinenbau, Ziegeleien, Papier-, Textil-, Druck-, chem., holzverarbeitende Ind. – Als **Zutphania (Sudveno)** Mittelpunkt der gleichnamigen, seit Ende des 12. Jh. zu Geldern gehörenden Gft.; erhielt vor 1230 Stadtrecht; wurde vor 1400 Hansestadt; 1572 von span. Truppen geplündert; 1591 von Moritz von Oranien zurückerobert. – Got. Kirche Sint-Walburg (13.–15. Jh.) mit bed. ehem. Bibliothek.

Zuverlässigkeit, Eigenschaft eines Erzeugnisses oder Verfahrens, die seine vorgeschriebenen Funktionen bei Einhaltung der vorgegebenen Toleranzen für die einzelnen Kenngrößen bei zweckentsprechender Verwendung über einen bestimmten Zeitraum bewahrt. Wichtige Größen der Z.theorie sind Lebensdauer, Ausfallrate und Verfügbarkeit.

▷ (Reliabilität) in der *empir. Sozialforschung* die formale Meßgenauigkeit und Präzision eines Forschungsinstruments (z. B. Interview, Experiment) ohne Berücksichtigung der Gültigkeit; ist gegeben, wenn unter (kontrollierten) gleichen Forschungsbedingungen der wiederholte Einsatz des Instruments zu gleichen Ergebnissen führt.

Zuwendung, rechtsgeschäftl. Handlung, durch die einem anderen bewußt ein Vermögensvorteil verschafft wird. Die unentgeltl. Z. ist ↑Schenkung.

Zvolen [slowak. 'zvɔlɛn] (dt. Altsohl), Stadt 20 km südl. von Banská Bystrica, Mittelslowak. Bez., SR, 295 m ü. d. M., 41 400 E. Fachhochschule für Forstwesen und Holzwirtschaft; Holz- und Forstmuseum, Theater; Holzverarbeitung. – Die urspr. got. Burg wurde im 16. Jh. zu einem Renaissanceschloß umgebaut; got. Stadtkirche (1390).

ZVS, Abk. für: ↑**Z**entralstelle für die **V**ergabe von **S**tudienplätzen.

Zwang, 1. Bestimmung zu einem Tun gegen den eigenen Willen durch phys. Gewalteinwirkung oder deren Androhung; 2. (sozialer Z.), von sozialer ↑Kontrolle schwer abgrenzbarer Begriff, der die Techniken sozialer Verhaltenssteuerung umschreibt: Z. Sanktionsandrohung, an soziale Rollen gebundener Erwartungsdruck *[Rollen-Z.],* Konformitätsdruck sozialer Gruppen auf die Mgl. *[Gruppen-Z.]).*

▷ in der *Psychopathologie* das immer wiederkehrende Phänomen des Beherrschtwerdens von Vorstellungen (↑Zwangsvorstellung) oder Handlungsimpulsen (z. B. Z. zum Kontrollieren, Zählen, Ordnen, Waschen), die von den betroffenen Personen selbst als unsinnig, fremdartig oder als mit dem Ich-Ideal nicht vereinbar beurteilt werden. Der Z. wird als sich von innen aufdrängend erlebt.

▷ in der *Pädagogik* erzieher. Mittel, das gegen die Einsicht und den Willen des zu erziehenden Kindes und mit Hilfe äußerer Autorität des Erziehers Maßnahmen durchsetzt.

▷ im *Recht* ↑Zwangsmittel.

Zwangsanleihen ↑Zwangssparen.

Zwangsarbeit, „jede Art von Arbeit oder Dienstleistung, die von einer Person unter Androhung irgendeiner Strafe verlangt wird und für die sie sich nicht freiwillig zur Verfügung gestellt hat" (Definition der Internat. Arbeitsorganisation [IAO] von 1930). Als Ausnahmen werden in völkerrechtl. Vereinbarungen anerkannt: Militärdienstpflicht, die übl. Bürgerpflichten (z. B. Wegereinigung), Strafarbeit auf Grund gerichtl. Verurteilung, Notstandspflichten. Für Deutschland bestimmt Art. 12 Absätze 2 und 3 GG: „Niemand darf zu einer bestimmten Arbeit gezwungen werden, außer im Rahmen einer herkömml. allg., für alle gleichen

öff. Dienstleistungspflicht. Z. ist nur bei einer gerichtlich angeordneten Freiheitsentziehung zulässig" (Arbeitszuweisung; sog. Arbeitszwang).
In vielen Staaten wurden und werden Personen aus polit., wirtsch. und ideolog. Gründen der Z. unterworfen. Im *nat.-soz. Deutschland* wurden die Häftlinge der Konzentrationslager zu Z. herangezogen. Während des Krieges, bes. seit 1942, wurden Kriegsgefangene zu Z. eingesetzt und sog. Fremdarbeiter aus den besetzten europ. Staaten nach Deutschland deportiert, um dt. Arbeitskräfte für den Militärdienst freizuspr. (im Sept. 1944 insgesamt etwa 7,5 Mill. Kriegsgefangene und Fremdarbeiter; v. a. Polen [1991 wurde eine Entschädigungsregelung getroffen]). In der *Sowjetunion* war Z. von 1917 an eine Form der Bestrafung v. a. für aus polit. Gründen Inhaftierte (seit 1930 in einem System von Straflagern [GULAG]).

Zwangsaussiedlung (Zwangsumsiedlung), durch amtl. Aufforderung und (militär.) Gewalt veranlaßtes Verlassen der urspr. und der Ansiedlung in einem anderen Wohngebiet, z. B. die Z. von Türken und Griechen 1923 oder die im Zusammenhang mit der ↑Vertreibung der Deutschen erfolgten Z. nach 1945. Mit dem Aufbau eines bes. Grenzregimes an der innerdt. Grenze wurden in der DDR 1952 etwa 55 000 Personen aus dem grenznahen Raum zwangsausgesiedelt (1992 wurde eine Entschädigungsregelung zugesagt).

Zwangsernährung, die gegen den Willen und u. U. gegen den Widerstand eines Gefangenen oder Untersuchungshäftlings vorgenommene künstl. Ernährung durch einen Arzt. Im § 101 StrafvollzugsG (gilt auch für Untersuchungshäftlinge) ist geregelt, daß die Vollzugsbehörden ein Recht zur Z. bei Lebensgefahr und schwerwiegender Gefahr für die Gesundheit des Gefangenen haben. Die Maßnahmen müssen für die Beteiligten zumutbar und nicht mit erhebl. Gefahr für Leben oder Gesundheit des Gefangenen verbunden sein. Zur Durchführung der Z. ist die Vollzugsbehörde nicht verpflichtet, solange von einer freien Willensbestimmung des Gefangenen ausgegangen werden kann.

Zwangsgeld ↑Zwangsmittel.

Zwangshypothek, bei der ↑Zwangsvollstreckung wegen einer Geldforderung in das unbewegliche Vermögen (Immobiliarzwangsvollstreckung) die zwangsweise Eintragung einer Sicherungshypothek (↑Hypothek) ins Grundbuch; die zu sichernde Forderung muß den Betrag von 500 DM übersteigen (§§ 866, 867 ZPO).

Zwangskräfte (Führungskräfte), Kräfte, die einen bewegten Körper bzw. Massenpunkt auf einer vorgeschriebenen Bahn halten, z. B. die vom Aufhängefaden eines Pendels oder von Eisenbahnschienen ausgeübten Kräfte.

Zwangskurs, Kurs, zu dem Banknoten von jedermann in unbegrenzter Höhe angenommen werden müssen, wobei die Verpflichtung der Notenbank zur Einlösung der Banknoten in Gold besteht. Z. besteht somit für jedes Papiergeld (in begrenztem Umfang auch für Scheidemünzen), das in dem betreffenden Land gesetzl. Zahlungsmittel ist.

Zwangsmittel, in Verwaltungszwangsverfahren die spezif. Beugemittel zur Durchsetzung von Verwaltungsakten, um die Herausgabe einer Sache, die Vornahme einer Handlung oder eine Duldung oder Unterlassung zu erzwingen. Z. sind im VerwaltungsvollstreckungsG des Bundes vom 27. 4. 1953 bzw. den entsprechenden Gesetzen der Länder geregelt. Z. sind: die **Ersatzvornahme,** durch die eine dem Pflichtigen obliegende vertretbare (auch durch einen Dritten vorzunehmende) Handlung dadurch erzwungen wird, daß die Vollzugsbehörde selbst oder ein anderer die Handlung auf Kosten des Pflichtigen ausführt; das **Zwangsgeld** (3–2 000 DM) bei unvertretbaren, allein vom Willen des Pflichtigen abhängenden Handlungen (z. B. Schulbesuch) sowie bei vertretbaren Handlungen, wenn die Ersatzvornahme nicht angebracht ist. Ist das Zwangsgeld uneinbringlich, so kann auf Antrag der Vollzugsbehörde durch das Verwaltungsgericht die **Ersatzzwangshaft** (Beugehaft) von 1–14 Tagen angeordnet werden, wenn hierauf bei Androhung des Zwangsgeldes hingewiesen worden ist; der **unmittelbare Zwang,** mit dem rechtmäßige behördl. Anordnungen gegen den Widerstand der Betroffenen (z. B. [einfache] körperl. Gewalt) durchgesetzt werden können. Er ist nur zulässig, wenn andere Z. keinen Erfolg versprechen und wird insbes. im Polizeirecht eingesetzt. Die stärkste Form des unmittelbaren Zwangs ist der Schußwaffengebrauch. Voraussetzung für die Anwendung der Z. ist, daß der den Z. zugrundeliegende Verwaltungsakt unanfechtbar ist, ein Rechtsbehelf keine aufschiebende Wirkung hat oder die sofortige Vollziehbarkeit angeordnet ist. Ferner muß Z. vorher mit angemessener Fristsetzung schriftlich angedroht worden sein. Gegen Z. sind die Rechtsbehelfe gegeben, die auch gegen einen Verwaltungsakt zulässig sind. – 2. Bei der Vollstreckung von Steuerforderungen gilt Entsprechendes. – 3. ↑Zwangsvollstreckung.

Zwangsname, der ab dem 1. Jan. 1939 durch die NS-Gesetzgebung erzwungene Beivorname für Juden, die keinen jüd. Vornamen führten: *Israel* für männl., *Sara* für weibl. Personen.

Zwangsneurose (anankast. Psychopathie), Neuroseform, bei der es zu einer als sinnlos erkannten, aber durch Willensentschluß nicht abzustellenden Vorherrschaft von Gedanken, Gefühlen oder Willensantrieben kommt (z. B. Zähl-, Waschzwang), die aus unbewußten Schichten in das Bewußtsein gelangen; oft chron. Verlauf.

Zwangsumsiedlung ↑Zwangsaussiedlung.

Zwangsvergleich, der auf Grund eines Vergleichsvorschlags des Gemeinschuldners während des Konkursverfahrens (↑Konkurs) geschlossene Vertrag zw. dem Gemeinschuldner und den nicht bevorrechtigten Konkursgläubigern nach den §§ 173 ff. Konkursordnung (in den neuen Bundesländern § 16 Gesamtvollstreckungsordnung i. d. F. vom 23. 5. 1991). Der Z. bezweckt die Vermeidung der sofortigen und vollständigen Verwertung der Konkursmasse durch eine beschleunigte, aber nur teilweise Befriedigung der Gläubiger gegen den Erlaß ihrer Restforderungen. Er kommt zustande, wenn die Mehrzahl der im Vergleichstermin anwesenden stimmberechtigten Gläubiger dem Vergleich zustimmt (Kopfmehrheit), und die Gesamtsumme der den zustimmenden Gläubigern zustehenden Forderungen wenigstens $^3/_4$ der Gesamtsumme aller Konkursforderungen ausmacht (Forderungsmehrheit). Der Z. bedarf der Bestätigung durch das Konkursgericht. Der rechtskräftig bestätigte Z. führt zum Erlöschen der durch den Z. nicht gedeckten Forderungen, wirkt für und gegen alle nicht bevorrechtigten Konkursgläubiger, führt zur Aufhebung des Konkursverfahrens und ist Vollstreckungstitel.
In *Österreich* entspricht dem Z. im wesentlichen die Regelung des Zwangsausgleichs. – In der *Schweiz* heißt der Z. *Nachlaßvertrag.*

Zwangsversteigerung, die im ZwangsversteigerungsG (ZVG) i. d. F. vom 24. 3. 1897 geregelte ↑Versteigerung von Grundstücken, Schiffen und Luftfahrzeugen im Wege der Zwangsvollstreckung zur Durchsetzung (insbes.) eines Vollstreckungstitels wegen einer Geldforderung. Die Z. ist neben der Zwangsverwaltung wichtigste Form der Immobiliarzwangsvollstreckung. Ihr unterliegen Grundstücke, Miteigentumsanteile an Grundstücken sowie grundstücksgleiche Rechte (v. a. Wohnungseigentum und Erbbaurecht). Zuständig für die Z. ist das Vollstreckungsgericht (Amtsgericht). Dieses ordnet die Z. auf Antrag des Gläubigers an, wenn die allg. Voraussetzungen der ↑Zwangsvollstreckung gegeben sind und der Schuldner als Eigentümer im Grundbuch eingetragen ist (§§ 15 ff. ZVG). Zugleich ersucht es das Grundbuchamt um die Eintragung des *Z.vermerks.* Die Anordnung der Z. wirkt zugunsten des betreibenden Gläubigers als Beschlagnahme des Grundstücks, von der alle Gegenstände, auf die sich die Hypothek erstreckt, erfaßt werden (z. B. Zubehör, Versicherungsforderungen, dagegen nicht Miet- und Pachtzinsen). Bei der Versteigerung wird nur ein solches Gebot berücksichtigt, das die dem Anspruch des Gläubigers vorgehenden Rechte sowie die Kosten des Verfahrens abdeckt *(geringstes Gebot)*. Dem Meistbietenden ist der Zuschlag zu erteilen. Beträgt

Zwangsverwaltung

das Meistgebot weniger als das *Mindestgebot* ($^7/_{10}$ des Verkehrswertes des Grundstücks), kann auf Antrag eines hierdurch Benachteiligten der Zuschlag versagt und ein neuer Versteigerungstermin bestimmt werden. Mit der Verkündung des Zuschlags wird der Ersteher Eigentümer des Grundstücks. Er hat die zur Deckung der Verfahrenskosten und der Ansprüche auf der Bewirtschaftung des Grundstücks bestimmten Beträge sowie den das geringste Gebot übersteigenden Teil des Meistgebots bar zu entrichten *(Bargebot)*; die in das geringste Gebot aufgenommenen Grundstücksrechte hat er zu übernehmen, die übrigen erlöschen. Der Versteigerungserlös wird nach Abzug der Verfahrenskosten nach dem vom Gericht aufgestellten Teilungsplan entsprechend der Rangordnung der Rechte verteilt. Eine Z. von Grundstücken ist auch im Konkurs sowie zur Regelung von Nachlaßverbindlichkeiten und zwecks Aufhebung von Miteigentums- und Gesamthandsgemeinschaften möglich.

Zwangsverwaltung, Form der Zwangsvollstreckung in das unbewegl. Vermögen, die im Ggs. zur Zwangsversteigerung die Befriedigung des betreibenden Gläubigers lediglich aus den laufenden Erträgen eines Grundstücks des Schuldners bezweckt. Für die Z. gilt weitgehend das Recht der ↑Zwangsversteigerung. Die Verwaltung und Nutzung des Grundstücken wird einem vom Gericht bestellten *Zwangsverwalter* übertragen, dem insbes. die Verteilung der Überschüsse an die Gläubiger und die ihm im Range vorgehenden Berechtigten obliegt.

Zwangsvollstreckung (Vollstreckung), die zwangsweise Verwirklichung von Rechten durch den Einsatz staatl. Machtmittel in dem dafür vorgesehenen Verfahren. I. e. S. umfaßt die Z. nur die zivilprozessuale (und arbeitsgerichtl.) Vollstreckung. Diese ist im 8. Buch der ZPO geregelt und dient der Durchsetzung eines dem Gläubiger gegen den Schuldner im Vollstreckungstitel verbrieften privatrechtl. Anspruchs. Das Z.verfahren beginnt mit dem Z.antrag des Gläubigers, der die Parteien, den Grund (Anspruch) und das Objekt der Z. zu bezeichnen hat. Die Z. ist nur zulässig, wenn ein ↑Vollstreckungstitel vorliegt, der mit einer ↑Vollstreckungsklausel versehen und dem Schuldner ordnungsgemäß zugestellt ist oder spätestens mit Beginn der Z. zugestellt wird.

Zu unterscheiden sind: 1. die Z. wegen Geldforderungen in a) das bewegl. Vermögen des Schuldners durch ↑Pfändung oder vom Vollstreckungsgericht angeordneten Pfändungsbeschluß; b) das unbewegl. Vermögen durch Eintragung einer Zwangshypothek, durch ↑Zwangsverwaltung und ↑Zwangsversteigerung *(Immobiliar-Z.)*; 2. die Z. zur Erwirkung a) der Herausgabe bestimmter Sachen (bei bewegl. Sachen erfolgt Wegnahme durch den Gerichtsvollzieher, bei unbewegl. Sachen verschafft er dem Gläubiger den Besitz) sowie b) von Handlungen oder Unterlassungen. Bei vertretbaren, d. h. durch einen Dritten vornehmbaren Handlungen erfolgt die Erzwingung durch das Zwangsmittel der *Ersatzvornahme*, d. h., der Gläubiger wird durch das Prozeßgericht ermächtigt, die Handlung auf Kosten des Schuldners vornehmen zu lassen; ansonsten droht der Verurteilung des Schuldners zu den Zwangsmitteln *Zwangsgeld* bzw. (bei Unterlassungen) *Ordnungsgeld* oder, falls dies nicht beigetrieben werden kann, zu *Zwangshaft* bzw. *Ordnungshaft*. Ist der Schuldner zur Abgabe einer Willenserklärung verurteilt, so gilt diese als abgegeben, sobald das Urteil Rechtskraft erlangt hat. **Rechtsbehelfe in der Zwangsvollstreckung** sind: 1. für den Gläubiger, Schuldner und am Z.verfahren nicht unmittelbar Beteiligte: a) die *Vollstreckungserinnerung* zum Vollstreckungsgericht gegen die Art und Weise des Vorgehens eines ↑Vollstreckungsorgans; b) die sofortige Beschwerde bzw. die Grundbuchbeschwerde gegen ohne mündl. Verhandlung ergangene Entscheidung des Vollstreckungsgerichts; c) die Durchgriffsbeschwerde, wenn der Rechtspfleger eine Entscheidung getroffen hat; 2. für den Schuldner: a) die Erinnerung oder Klage gegen die Erteilung der Vollstreckungsklausel; b) die *Vollstreckungsabwehrklage (Vollstreckungsgegenklage)* zum Prozeßgericht des 1. Rechtszuges, die sich gegen die Vollstreckbarkeit des Titels, d. h. gegen den im Vollstreckungstitel verbrieften Anspruch richtet; 3. für den Gläubiger: Klage auf Erteilung der Vollstreckungsklausel vor Beginn der Z. bzw. Beschwerde gegen die Nichterteilung der Vollstreckungsklausel; 4. für einen am Verfahren unmittelbar Nichtbeteiligten die ↑Drittwiderspruchsklage sowie die Klage auf vorzugsweise Befriedigung zum Vollstreckungsgericht, wenn er ein rangbesseres Pfandrecht oder ein sonstiges Vorzugsrecht hat.

Im *östr. Recht* (Exekution) und im *schweizer. Recht* (Beitreibung) gilt ähnliches.

Zwangsvorstellung (Zwangsidee, Obsession), eine Einbildung, die, obwohl sie im Widerspruch zum eigenen log. Denken steht, willentlich nicht unterdrückbar ist; Erscheinungsform des ↑Zwangs.

Zwangswirtschaft ↑Zentralverwaltungswirtschaft.

Zwanzigster Juli 1944, Datum des Attentats auf Hitler im Rahmen des wichtigsten Umsturzplans der dt. ↑Widerstandsbewegung; häufig auch Bez. der Aktion selbst. Nachdem 1938/39 Pläne führender Heeresoffiziere (L. Beck, F. Halder, E. von Witzleben) zum Sturz Hitlers fehlgeschlagen und 1943 mehrere Attentate der Gruppe um H. von Tresckow mißglückt waren, erhielt der Widerstand neue Impulse durch C. Graf Schenk von ↑Stauffenberg. Der Plan der Verschwörer ging dahin, durch Auslösung des Alarmplans „Walküre", der eigtl. für eine Mobilisierung des Ersatzheeres bei inneren Unruhen im Reich vorgesehen war, nach Hitlers Tod eine vom Widerstand gebildete Reg. an die Macht zu bringen (Reichsverweser L. Beck oder Reichspräs. W. Leuschner, Reichskanzler C. F. Goerdeler, Oberbefehlshaber der Wehrmacht E. von Witzleben, Außenmin. U. von Hassell, Innenmin. J. Leber), die den Krieg beenden und ein demokrat. Staatswesen errichten sollte. Stauffenberg, seit 1. Juli 1944 Stabschef beim Befehlshaber des Ersatzheeres, kam bei der Verwirklichung des Umsturzplans in der Hauptstadt eine zentrale Rolle zu: Da Stauffenberg direkten Zugang zu Hitler in dessen Hauptquartier „Wolfsschanze" bei Rastenburg (Ostpreußen) hatte, entschloß er sich, das Attentat selbst auszuführen und dann nach Berlin zurückzufliegen. Nach 2 mißglückten Anläufen am 11. und 15. Juli zündete er am 20. Juli 1944 die Bombe, die er in einer Aktentasche ins Hauptquartier mitgebracht hatte, und verließ die Lagebesprechung vorzeitig. Widrige Umstände – die Lagebesprechung fand nicht wie üblich im Bunker, sondern in einer Baracke statt – führten dazu, daß Hitler nur leicht verletzt wurde. Die Nachricht, daß Hitler überlebt habe, löste in Berlin Unentschlossenheit bei verschiedenen Eingeweihten, aber auch Gegenmaßnahmen regimetreuer Kräfte aus, so daß das Unternehmen am Abend zusammenbrach. Im Ggs. dazu lief die Aktion in Paris zu-

Zwanzigster Juli 1944. Hitler zeigt Mussolini den Ort des Attentats vom 20. Juli 1944

nächst planmäßig ab (Verhaftung von SS- und SD-Führung durch die Wehrmacht). – Die führenden Verschwörer (Offiziere, Bürgerliche, Konservative und Sozialisten) endeten in den Tagen und Monaten nach dem Umsturzversuch durch Selbstmord, durch militär. Standgerichte oder nach Verhören und Folterungen durch das Todesurteil des Volksgerichtshofs unter R. Freisler. Die Zahl der Verhafteten betrug rund 1 000, die der Hingerichteten etwa 200.

Zweck, 1. Orientierung von Handlungen und Handlungsfolgen; 2. i. e. S. das, was durch Einsatz bestimmter Mittel in Handlungen geplant und verfolgt wird, wodurch diese als **zweckmäßig** bestimmt werden.

Zweckrationalität, Handlungsprinzip, das das soziale Handeln am rationalen, d. h. weder emotional noch traditionsgesteuerten Abwägen von Handlungszwecken, einzusetzenden Mitteln und Nebenfolgen des Handelns ausrichtet. Als Grundlage für Nutzen-Kosten-Kalkulation stellt Z. das für die Entwicklung von modernen Industriegesellschaften entscheidende gesellschaftl. Prinzip dar.

Zweckverbände, freiwillig oder auf Anordnung der Aufsichtsbehörde (Pflichtverbände) erfolgende Zusammenschlüsse von Gemeinden und Gemeindeverbänden zur gemeinsamen Erfüllung von Aufgaben, zu deren Durchführung sie verpflichtet oder berechtigt sind, z. B. Bau und Betrieb von Schulen, Abwasserbeseitigungsanlagen u. ä.; daneben können auch andere öff.-rechtl. Körperschaften Mgl. von Z. sein. Die Z. sind Körperschaften des öff. Rechts; sie unterliegen der Staatsaufsicht und beruhen i. d. R. auf Landesrecht. Die Rechtsverhältnisse der Z. werden durch eine Verbandssatzung geregelt.

Zweiblatt (Listera), Orchideengatt. mit rd. 30 Arten in der nördl. gemäßigten Zone; Erdorchideen mit nur zwei Stengelblättern. Eine der beiden einheim. Arten ist das bis 20 cm hohe **Bergzweiblatt** (Kleines Z., Herz-Z., Listera cordata); mit 6–9 grünl., innen rötl. Blüten; in feuchten Nadelwäldern und Mooren; nach der ↑ Roten Liste gefährdet.

Zweibrücken, Stadt im Westrich, Rhld.-Pf., 228 m ü. d. M., 33 500 E. Bibliotheca Bipontina (mit wertvollen Handschriften), Rosengarten; Schuhind., Metallverarbeitung und Baugewerbe; Landgestüt (Trakehnerzucht). – Entwickelte sich um die 1170 erstmals erwähnte Burg Z. (1352 Stadtrecht); ab 1185 Residenz der Gft. Z. (die 1385 an die Kurpfalz fiel), ab 1477 des wittelsbach. Ft. (Hzgt.) Pfalz-Zweibrücken; 1676/77 von frz. Truppen zerstört; kam 1697 wieder in den Besitz des Pfalzgrafen; geriet 1793 unter frz. Besatzung, 1801–16 zu Frankreich, danach bis 1945 zu Bayern. – Ev. spätgot. Alexanderkirche (1492 ff., 1953–55 vereinfacht wieder aufgebaut); spätbarockes ehem. Schloß (1720–25; 1817 und 1963–65 wieder hergestellt); klassizist. Rathaus (1770–85).

Zweibund, Bez. für das Defensivbündnis zw. dem Dt. Reich und Österreich-Ungarn vom 7. Okt. 1879 (veröffentlicht am 3. Febr. 1888). Beide Mächte verpflichteten sich bei einem Angriff Rußlands oder dessen Unterstützung für eine andere angreifende Macht zu wechselseitigem Beistand. Seine Ursachen lagen im Ergebnis des Dt.-Frz. Krieges 1870/71 und in der russ.-österr. Rivalität auf dem Balkan. Wie der Zweiverband gehört der Z. (ab 1882 ↑ Dreibund) zur Bündniskonstellation, die dem 1. Weltkrieg vorarbeitete, blieb aber bis 1890 striktes Verteidigungsbündnis.

Zweier, von 2 Ruderern gefahrenes Boot (Länge etwa 9,90 m, Breite unter 0,40 m); ein *Doppel-Z.* ist ein mit Skulls angetriebener Zweier.

Zweierlogarithmus ↑ Logarithmus.

Zweiersystem, svw. ↑ Dualsystem.

Zweifelderwirtschaft (Zweifeldersystem), alte Form der Bodennutzung, bei der Getreideanbau mit ↑ Brache wechselte.

zweifelhafte Forderungen, svw. ↑ Dubiosa.

Zweiflügelfruchtbaum (Dipterocarpus), Gatt. der Flügelfruchtbaumgewächse mit rd. 70 Arten in S- und SO-Asien; große, bestandbildende Bäume. Einige Arten liefern Nutzholz und das *Gurjunbalsamöl*, das zur Herstellung von Firnis und in der Parfümind. verwendet wird.

Zweibrücken. Schloß, 1720–25

Zweiflügler (Dipteren, Diptera), seit dem Lias existierende, heute mit rd. 90 000 Arten weltweit verbreitete Ordnung 1–60 mm langer Insekten (davon rd. 6 500 Arten einheimisch); recht unterschiedlich gestaltete Tiere, die nur ein (meist durchsichtiges) Vorderflügelpaar haben, wohingegen das hintere Flügelpaar zu stabilisierenden Schwingkölbchen (↑ Halteren) reduziert ist; Kopf frei beweglich, mit stechend-saugenden (v. a. bei den sich auf räuber. oder blutsaugende Weise ernährenden Mücken) oder mit leckendsaugenden Mundwerkzeugen (bei Fliegen); Körper oft stark beborstet, wobei der Hinterleib der Mücken lang und schmal, der der Fliegen dagegen kurz und dick ist. Die Fortpflanzung der Z. erfolgt v. a. durch Ablage von Eiern. Die extremitätenlosen Larven der Z. (↑ Made) leben in feuchter Umgebung oder in sich zersetzender organ. Substanz (Aas, Dung).

Zweifüßer (Bipeden), Lebewesen mit vier Extremitäten (↑ Vierfüßer), die sich jedoch bevorzugt oder ausschließlich auf den Hintergliedmaßen fortbewegen. Dadurch können die Vordergliedmaßen für andere Tätigkeiten eingesetzt werden, z. B. als Werkzeug (wie beim Menschen) oder, nach ihrer Umbildung zu Flügeln, zum Fliegen. I. d. R. wirkt sich die *Zweifüßigkeit (Bipedie, Bipedität)* in der Weise aus, daß die Vorderextremitäten sehr viel schwächer und auch kürzer entwickelt sind als die Hinterbeine, so daß sie wohl nur noch für das Ausbalancieren des Körpers beim Laufen von einer gewissen Bed. sind bzw. waren, wie z. B. bei verschiedenen Echsen (auch bei ausgestorbenen Sauriern), bei den Laufvögeln und Känguruhs.

Zweig, Arnold, *Glogau 10. Nov. 1887, †Berlin (Ost) 26. Nov. 1968, dt. Schriftsteller. – 1933 Emigration über die Schweiz und Frankreich nach Palästina, 1948 Rückkehr nach Berlin (Ost). Begann mit impressionist. Kleinformen. Bestimmendes Erlebnis wurde der 1. Weltkrieg, der Z. zum Kritiker und Humanisten werden ließ; er schrieb breitangelegte Romane, in denen er sich kritisch mit den gesellschaftl. Kräften des 1. Weltkriegs auseinandersetzte, v. a. in „Der Streit um den Sergeanten Grischa" (1927), der das Kernstück des Romanzyklus über die Zeit des 1. Weltkriegs, „Der große Krieg der weißen Männer", bildet. Zu diesem Zyklus gehören ferner: „Die Zeit ist reif" (1957), „Junge Frau von 1914" (1931), „Erziehung vor Verdun" (1935), „Einsetzung eines Königs" (1937), „Die Feuerpause" (1954). Schrieb auch Dramen und Essays.

Z., Stefan, *Wien 28. Nov. 1881, † Petrópolis bei Rio de Janeiro 23. Febr. 1942 (Selbstmord), östr. Schriftsteller. – Emigrierte 1938 nach Großbritannien, dann nach Brasilien. In von der Psychoanalyse beeinflußten Novellen („Amok", 1922; „Angst", 1925; „Verwirrung der Gefühle", 1927; „Schachnovelle", 1941) gelang es ihm, charakterist. Seelenlagen des modernen Menschen exemplarisch darzustellen und Hintergründe der Seele unter der Oberfläche eines gutbürgerl. Daseins aufzuhellen. In seinen dichter. Essays gab er Deutungen von Menschen und entscheidenden Kon-

Zweibrücken
Stadtwappen

Arnold Zweig

Stefan Zweig

Zweig

Zwei-plus-Vier-Verhandlungen. Das Abschlußdokument wurde am 12. September 1990 in Moskau von den Außenministern der vier Siegermächte des Zweiten Weltkriegs und der beiden deutschen Staaten unterzeichnet; von links: James Baker (USA), Douglas Hurd (Großbritannien), Eduard Schewardnadse (UdSSR), Roland Dumas (Frankreich), Lothar de Maizière (DDR), Hans-Dietrich Genscher (BR Deutschland)

stellationen der europ. Geschichte („Sternstunden der Menschheit", 1927); bed. auch die großangelegten Biographien („Joseph Fouché", 1930; „Marie Antoinette", 1932; „Maria Stuart", 1935; „Balzac", hg. 1946), die Autobiographie „Die Welt von gestern" (1942) sowie Übersetzungen.

Zweig, in der *Botanik* Bez. für die aus Seitensproßanlagen entstehende Seitenachse.

Zweigeschlechtlichkeit, svw. ↑ Bisexualität.

zweigestrichen, Bez. für den Tonraum $c^2 – h^2$, die zweigestrichene Oktave (auch geschrieben c"–h"). – ↑ Tonsystem.

Zweigewaltenlehre, von Papst Gelasius I. unter [exegetisch falscher] Berufung auf Luk. 22, 35–38 entwickelte symbol. Lehre über das Verhältnis der beiden Gewalten Kirche und Staat, die die Vorherrschaft des Priestertums vor dem Königtum betont und für die Kirchenpolitik des Früh-MA bestimmte. Etwa seit dem 11./12. Jh. wurde das Herrschaftssymbol des Schwertes in die Z. eingebracht **(Zweischwertertheorie):** Das *weltl. Schwert* des Kaisers erhalte seine Gewalt von dem *geistl. Schwert* des Papstes.

Zweigfadenalge (Cladophora), Gatt. der Grünalgen mit ca. 40 vorwiegend marinen Arten; Thallus festsitzend, fädig, büschelig verzweigt, bis zu 20 cm hoch.

Zweigniederlassung ↑ Filialbetrieb.

Zweihäusigkeit, svw. ↑ Diözie.

zweijährig ↑ bienn.

Zweikaiserproblem, nach der Neubegründung des Kaisertums durch Karl d. Gr. im W des ehem. Röm. Reiches (↑ Kaiser) entstandene Rivalität zw. byzantin. und abendländ. Kaisertum um die polit. Führungsrolle; seit Otto II. (ab 982) führte auch der westl. Kaiser den von Byzanz beanspruchten röm. Kaisertitel.

Zweikammersystem, Form des Parlamentarismus, bei der die Befugnisse des Parlaments, insbes. die Gesetzgebung, von 2 Kammern (Häusern, Körperschaften) wahrgenommen werden (im Unterschied zum *Einkammersystem,* z. B. Dänemark, Finnland), wobei in demokrat. Systemen mindestens eine Kammer unmittelbar vom Volk gewählt sein muß. Unter histor. Gesichtspunkten ist diese unmittelbare Volksvertretung (z. B. Abg.haus, Nat.rat, Unterhaus, Repräsentantenhaus) die Zweite Kammer, während ihr heute i. d. R. als oberstem Organ der Rang der Ersten Kammer zukommt. Zusammensetzung und Funktion der anderen Kammer folgt unterschiedl. Typen: 1. Adelsvertretung (historisch: Erste Kammer; z. B. Oberhaus, Herrenhaus) zur Sicherung der überkommenen Ordnung und als Gegengewicht gegen die demokratisch gewählte Volkskammer; im Zuge der Demokratisierung i. d. R. entmachtet; 2. Länderkammer zur Vertretung der Gliedstaaten in einem Bundesstaat (z. B. Senat der USA, Bundesrat in der BR Deutschland); 3. Ständekammer zur Vertretung des nach Berufsständen gegliederten Volkes (z. B. bayer. Senat), die wegen der Problematik ihrer Zusammensetzung oft nur beratende Funktionen hat. Ein echtes Z. liegt vor, wenn die Zweite Kammer nicht nur beratend, sondern beschließend mit vollem oder suspensivem Veto an der Gesetzgebung beteiligt ist.

Zweikampf, kämpfer. oder sportl.-spieler. Auseinandersetzung zw. 2 Personen, meist nach festen Regeln (oft mit Waffen) durchgeführt. Spielte in der Antike eine bed. Rolle bei sportl. Wettkämpfen (z. B. Olymp. Spiele) oder Schaustellungen (z. B. Gladiatoren). Bed. erlangte der Z. im MA auch bei der Schlichtung von Rechtsstreitigkeiten, wobei man voraussetzte, daß übernatürl. Mächte den Z. zugunsten des Unschuldigen lenken würden. – Eine bes. Form des Z. mit tödl. Waffen ist das *Duell* zw. dem *Herausforderer* (meist wegen einer Beleidigung) und dem *Geforderten.* In Deutschland werden in Duellen begangene Straftaten (Körperverletzung, Tötung) strafrechtlich geahndet.

Zweikeimblättrige (Zweikeimblättrige Pflanzen, Dikotylen, Dikotyledonen, Dicotyledoneae, Magnoliatae), Klasse der Bedecktsamer mit über 170 000 Arten, die bis auf wenige Ausnahmen zwei Keimblätter (↑ Kotyledonen) aufweisen. Die Hauptwurzel bleibt bei den meisten Z. zeitlebens erhalten. Die Leitbündel sind auf dem Sproßachsenquerschnitt i. d. R. in einem Kreis angeordnet und haben ein Leitbündelkambium, das Ausgangspunkt für das sekundäre Dickenwachstum ist. Die Blätter sind meist deutlich gestielt und netzadrig, oft auch zusammengesetzt; häufig sind Nebenblätter vorhanden. Die Blüten sind meist 4- oder 5zählig. – Zu den Z. gehören (mit Ausnahme der Palmen) alle Holzgewächse. – ↑ Einkeimblättrige.

Zweikorn, svw. ↑ Emmer.

Zweikörperproblem, das v. a. in der Himmelsmechanik grundlegende Problem der Bewegung eines Systems zweier miteinander wechselwirkender, als Massepunkte idealisierter Körper oder Teilchen. Ausgehend vom Newtonschen Gravitationsgesetz (↑ Gravitation) ist dieses auch als *Kepler-Problem* bezeichnete Z. exakt lösbar (↑ Keplersche Gesetze). Jeder der beiden Körper bewegt sich auf einem Kegelschnitt (Kreis, Ellipse, Parabel oder Hyperbel)

Zweitaktverfahren

Zweikreisbremsanlage ↑ Bremse.

Zwei-plus-Vier-Verhandlungen, die am 5. Mai 1990 begonnenen Verhandlungen der 4 Siegermächte des 2. Weltkriegs (Frankreich, Großbritannien, Sowjetunion, USA) und der beiden dt. Staaten über die Fragen der dt. Einheit. Die Verhandlungen wurden mit dem **Zwei-plus-Vier-Vertrag** (Vertrag über die abschließenden Regelungen in bezug auf Deutschland) am 12. Sept. 1990 abgeschlossen. Der Vertrag legt das Staatsgebiet des vereinten Deutschlands, die Personalstärke der Bundeswehr, den Aufenthalt und Abzug der sowjet. Streitkräfte sowie die Bündniszugehörigkeit fest.

Zweipol, allg. ein elektr. Netzwerk mit zwei Anschlußklemmen. Man unterscheidet aktive Z. (mit Energiequellen im Innern) und passive Z. (nur aus Schaltelementen wie Induktivitäten, Kondensatoren und Widerständen bestehend).

Zweipunkt (Adalia bipunctata), in Europa weit verbreiteter, etwa 3–5 mm langer ↑ Marienkäfer.

Zweireichelehre (Zweiregimentelehre), ein Modell zur Erklärung der Art und Weise göttlicher Weltregierung; theolog.-dogmat. Grundlage der polit. Ethik der Theologie Luthers. Gott regiert die Welt im *geistl. Reich* durch sein geistl. Regiment (Evangelium, Wort und Sakrament), in ihm gilt nur die personale Beziehung Individuum–Gott (verborgene Kirche); im *weltl. Reich,* das das gesamte konkrete Universum mit seinen Ordnungen umfaßt, durch sein weltl. Regiment, v. a. repräsentiert im Gesetz („lex semper accusans" = das immer anklagende Gesetz). Alle Ordnungen der Welt (Familie, Stand, Beruf) sind von Gott gesetzt und deshalb unveränderlich und unantastbar. Nach Luther ist jeder Christ Gerechter und Sünder zugleich (simul iustus et peccator), gehört also beiden Reichen an und steht somit unter dem doppelten Anspruch, als Mensch Gesetz und Gewalt anzuerkennen und anzuwenden und als Christ auf Gewalt und Recht total zu verzichten. Da die staatl. Obrigkeit als göttl. Einsetzung zur Ausübung des weltl. Regiments angesehen wird, trug die Z. in der Reformationszeit wesentlich zur Herausbildung eigenständiger frühabsolutist. Territorialstaaten bei. – Seit 1945 hat die Z. dogmatisch und praktisch wesentlich an Bed. verloren.

Zweischalenfehler ↑ Abbildungsfehler.

Zweischwertertheorie ↑ Zweigewaltenlehre.

Zweispitz (Zweimaster), Hut mit breiter, zweiseitig aufgeschlagener Krempe; längs (engl. Art) und quer getragen; Ende des 18. Jh. aufgekommen; nach 1800, geschmückt mit Federn und Borten, auch Bestandteil von Uniformen.

Zweisprachigkeit (Bilinguismus, Bilinguität), 1. die Fähigkeit eines Individuums, eine zweite Sprache (annähernd) gleich perfekt wie die Muttersprache zu beherrschen; wird meist sehr früh erworben, v. a. durch Vermittlung verschiedensprachiger Elternteile. 2. Die historisch bedingte Kontaktsituation zweier oder mehrerer **(Multilinguismus)** Sprachen in einem bestimmten Bereich, z. B. in einem Staat. 3. Das funktional geschiedene Nebeneinander zweier Varietäten derselben Sprache einer Sprachgemeinschaft **(Diglosie),** wobei meist die eine Varietät für formale Situationen und schriftl. Kommunikation, die andere für informale Situationen gebraucht wird. Die Anwendungsbereiche sind institutionalisiert und gelten für die gesamte Sprachgemeinschaft (z. B. in der deutschsprachigen Schweiz Hochdt.: Schweizerdeutsch).

Zweistaatentheorie, von der DDR und den anderen kommunist. Staaten vertretene Theorie, daß mit der Gründung der BR Deutschland und der DDR zwei selbständige dt. Staaten entstanden seien. – ↑ Deutschland.

Zweistärkengläser, svw. Bifokalgläser (↑ Brille).

Zweistromland ↑ Mesopotamien.

Zweistrom-Turbinen-Luftstrahltriebwerk (ZTL-Triebwerk), vorwiegend in Zweiwellenbauart ausgeführte moderne Flugzeugantriebsanlage. Im Unterschied zum TL-Triebwerk (↑ Triebwerke) wird nur ein Teil der angesaugten Luftmenge über die Brennkammern in die Turbine geleitet. Der vorher abgezweigte Teil umströmt als sekundärer oder kalter Luftstrom das innenliegende Basistriebwerk. Primär- und Sekundärstrom expandieren meist in einer gemeinsamen Schubdüse. Das Nebenstromverhältnis (By-pass-Verhältnis) ist das Verhältnis von sekundärer (kalter) zu primärer (heißer) Luft und liegt bei den in Großraumflugzeugen verwendeten Strahltriebwerken meist 4:1 und 5:1. Der Haupteinsatzbereich für ZTL-Triebwerke liegt bei Fluggeschwindigkeiten zw. 600 und 1 200 km/h.

Zweitaktmotor ↑ Zweitaktverfahren.

Zweitaktverfahren, Arbeitsverfahren von Verbrennungsmotoren (Zweitaktmotoren), dessen Arbeitsspiel im Ggs. zum Viertaktverfahren nur aus *Verdichtungstakt* und *Arbeitstakt* besteht. Im *Verdichtungstakt* wird das Kraftstoff-Luft-Gemisch in das Kurbelgehäuse gesaugt und nach Überdeckung der Auslaßschlitze und des Überströmschlitzes durch den Kolben verdichtet. Im *Arbeitstakt* expandieren die Brenngase und verrichten durch Verschiebung des Kolbens mechan. Arbeit. Zugleich wird in diesem Takt das Gasgemisch im Kurbelgehäuse vorverdichtet und anschließend das Abgas durch das vorverdichtete Gasgemisch aus dem Zylinderraum „gespült" (sog. *Kurbelkastenspülung*). Nach Freigabe der Auslaßschlitze und des Überströmschlitzes kurz vor dem unteren Totpunkt entweichen die Abgase. Der Zweitaktmotor hat eine höhere Wärmebelastung als der Viertaktmotor; seine Vorteile liegen neben der baul. Einfachheit darin, daß er bei gleichem Hubvolumen und gleicher Drehzahl wie ein entsprechender Viertaktmotor wegen der doppelten Anzahl von Arbeitsspielen eine höhere Leistung und ein gleichförmigeres Drehmoment besitzt. Die Schmierung von Zweitaktmotoren erfolgt durch sog. Zweitaktöl, das dem Treibstoff im [Mischungs]verhältnis von 1:20 bis 1:50 zugesetzt wird (*Mischungsschmie-*

Zweispitz (Ausschnitt aus einem Gemälde von Goya; Madrid, Prado)

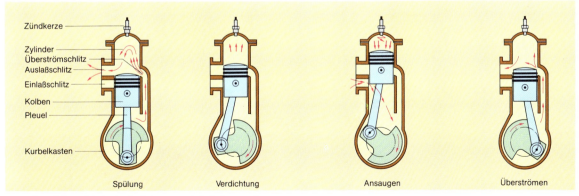

Zweitaktverfahren. Prinzip des Zweitaktmotors mit Kurbelkastenspülung

Zweiteilung

rung). – Zweitaktmotoren werden v. a. für Kleinkrafträder, Rasenmäher u. ä. verwendet.

Zweiteilung, in der *Biologie* die einfache mitot. Zellteilung (↑ Fortpflanzung).

zweiter Bildungsweg, Bildungseinrichtungen, in denen Berufstätige Bildungsabschlüsse bis zur Hochschulreife nachholen können. Institutionen des z. B. sind ↑Volkshochschulen, ↑Berufsaufbauschulen, ↑Fachoberschulen, ↑Abendschulen, das ↑Telekolleg sowie ↑Kollegs zur Erlangung der Hochschulreife. Der Unterricht erfolgt entweder zusätzlich zur Berufstätigkeit (z. B. Abendschulen) oder in Tagesschulen. Voraussetzung zum Besuch der Einrichtungen des z. B. ist der Haupt- und Berufsschulabschluß. Innerhalb der Einrichtungen des berufl. Bildungswesens kann die fachgebundene Hochschulreife in den Fachoberschulen erlangt werden. – In Österreich und der Schweiz gibt es entsprechende Einrichtungen. In der Schweiz können unabhängig von der Bildungseinrichtung sog. *freie Maturitätsprüfungen* zentral vor der Eidgenöss. Maturitätskommission abgelegt werden.

Zweiter Orden, die weibl. Zweige v. a. der Franziskaner und Dominikaner, die als Nachgründungen der männl. Zweige *(Erste Orden)* entstanden und im Ggs. zu den Tertiariern *(Dritte Orden)* mit festen Regeln und Gelübden konstituiert sind.

Zweiter Weltkrieg ↑ Weltkrieg.

Zweites Deutsches Fernsehen, Abk. ZDF, gemeinnützige Anstalt des öff. Rechts mit Sitz in Mainz, gegr. durch Staatsvertrag der Länder der BR Deutschland vom 6. Juni 1961 (Satzung vom 2. April 1962). Beginn am 1. April 1963 mit der Ausstrahlung; deckt seine Kosten durch Fernsehgebühren und Werbeeinnahmen. – ↑ Fernsehen.

Zweites Gesicht, manchen Menschen zugeschriebene Gabe, Personen und Vorgänge außerhalb der zeitl. und räuml. Wirklichkeit visionär zu erkennen; galt v. a. in Niederdeutschland als erblich (Spökenkieker). Das **Doppeltsehen** (Deuteroskopie) ist die angebl. Fähigkeit, an zwei Orten zu gleicher Zeit gesehen zu werden, wo dann das eine Gesicht der wirkl. Mensch, das andere dessen gespenstiges Schattenbild ist.

Zweites Vatikanisches Konzil ↑ Vatikanische Konzile.

Zweitstimme ↑ Wahlsystem.

Zweiverband, frz.-russ. Allianz, die durch den Notenwechsel vom Aug. 1891 und die Militärkonvention vom 17. Aug. 1892 begr. wurde. Der Z. gehört zu der Bündniskonstellation des 1. Weltkriegs; in Deutschland wurde er als Kernstück der sog. Einkreisung begriffen, von Rußland als Druckmittel gegen Österreich-Ungarn und von Frankreich als Instrument der „Revanche" gegen das Dt. Reich.

Zweiweltentheorie, auf Platon zurückgehende ontolog. und erkenntnistheoret. Vorstellung, daß den Dingen dieser Welt eine „intelligible" Welt im Verhältnis der Abbildung oder in der Weise eines hierarch. Aufbaus des Seins entspricht.

Zweizahn. Dreiteiliger Zweizahn

Zweizahn (Scheindahlie, Bidens), Gatt. der Korbblütler mit weltweit etwa 130 Arten, v. a. in Amerika; einjährige oder ausdauernde Kräuter mit gegenständigen Blättern; Früchte mit meist 2–4 durch rückwärts gerichtete Zähnchen rauhen oder widerhakigen Pappusborsten (Klettfrüchte). Einheimisch u. a. der auf nassen Böden an Ufersäumen und auf Äckern vorkommende, 0,15–1 m hohe **Dreiteilige Zweizahn** (Bidens tripartitus) mit meist 3- bis 5teiligen Blättern und braungelben, 15–25 mm breiten Blütenköpfchen.

Zweizahnwale (Mesoplodon), mit rd. 10 Arten in allen Meeren verbreitete Gatt. 3–7 m langer Schnabelwale; Gebiß bis auf zwei Unterkieferzähne rückgebildet.

Zweizeiler ↑ Distichon.

Zwenke (Brachypodium), Gatt. der Süßgräser mit rd. 25 Arten in Eurasien, M-Amerika, den Anden, S- und O-Afrika; in Deutschland zwei ausdauernde Arten: die aus kriechendem Wurzelstock wachsende, 0,5–1,2 m hohe **Fiederzwenke** (Brachypodium pinnatum) mit hell- bis blaugrünen, mehr oder weniger steifen, weichhaarigen Blättern; in Kalkmagerrasen und lichten Wäldern; ferner die in lockeren Horsten wachsende, 0,6–1,2 m hohe **Waldzwenke** (Brachypodium silvaticum) mit sattgrünen, schlaffen Blättern; in Laubmisch- und Auenwäldern.

Zwentendorf an der Donau, niederöstr. Gem. 10 km westl. von Tulln, 182 m ü. d. M., 3 200 E. Standort des ersten östr. Kernkraftwerkes, dessen Inbetriebnahme durch Volksentscheid verhindert wurde.

Zwerchdach ↑ Dach.

Zwerchfell (Diaphragma), querverlaufende, (im erschlafften Zustand) kuppelförmig in die Brusthöhle vorgewölbte Scheidewand zw. Brust- und Bauchhöhle bei den Säugetieren (einschl. Mensch); besteht aus quergestreifter Muskulatur und einer zentralen, das Kuppeldach bildenden Sehnenplatte, die durch das aufliegende Herz sattelförmig eingedrückt ist. Das Z. wird von Speiseröhre, Aorta, unterer Hohlvene und von Nerven durchzogen. Es stellt einen wichtigen Atemmuskel (für die Z.atmung) dar, da seine Kontraktion (Abflachung) bei der Einatmung den Inhalt des Brustraums vergrößert und das Einatmen fördert. Beidseitige Z.lähmung führt zum Ersticken.

Zwerchfellatmung, auf die Zwerchfellbewegung beschränkte ↑Atmung durch Kontraktion und Erschlaffung des Zwerchfells.

Zwerchhaus (Lukarne), ein quer zum Giebel in einer Ebene mit der Fassade abschließender Gebäudeteil in Form eines Häuschens. Das Z., oft mit kunstvollem Zwerchgiebel, ist charakteristisch für die dt. Renaissancebaukunst.

Zwerchhaus an der Marktfront des Rathauses in Bremen, 1608 bis 1612

Zwerenz, Gerhard, *Gablenz (= Chemnitz) 3. Juni 1925, dt. Schriftsteller. – 1952 Philosophiestudium in Leipzig (bei E. Bloch); 1957 Übersiedlung in die BR Deutschland. Erfolgreich als satir.-erot. Erzähler in der Tradition des Schelmenromans („Casanova oder Der kleine Herr in Krieg und Frieden", 1966) und H. Millers. Seine eigtl. Bed. liegt in den oft polem.-satir., gegen gesellschaftl. Normen gerichteten essayist. („Wider die dt. Tabus", 1962; „Der plebej.

Intellektuelle", 1972), auch tagebuchartigen Spiegelungen eigener Erfahrungen ("Ärgernisse. Von der Maas bis an die Memel", 1962). – *Weitere Werke:* Kopf und Bauch. Die Geschichte eines Arbeiters, der unter die Intellektuellen gefallen ist (1971), Die Erde ist unbewohnbar wie der Mond (R., 1973), Vergiß die Träume deiner Jugend nicht. Eine autobiograph. Deutschland-Saga (1989).

Zwergadler (Hieraaetus pennatus), mit rd. 50 cm Länge etwa bussardgroßer, adlerartiger Greifvogel, v.a. in Gebirgswäldern und Waldsteppen NW-Afrikas, S- und O-Europas sowie der südl. und gemäßigten Regionen Asiens; oberseits vorwiegend dunkelbrauner, unterseits bräunlich bzw. weißlich gefärbter Vogel, der v.a. kleine Vögel und Wirbeltiere jagt.

Zwergantilopen, svw. ↑ Böckchen.

Zwergbeutelratten (Marmosa), Gatt. etwa 8–20 cm langer (einschl. Greifschwanz maximal rd. 50 cm messender) Beutelratten mit rd. 40 Arten in Z- und S-Amerika; nachtaktive Baumbewohner mit oberseits häufig rotbraunem, unterseits weißl. bis gelbl. Fell; Beutel nicht entwickelt.

Zwergbirke (Betula nana), in N-Eurasien und im nördl. N-Amerika heim. Birkenart; 20–60 cm hoher Strauch.

Zwerge, im *Volksglauben* und in der *Volkserzählung* kleine, geisterhafte Wesen, v.a. Erdgeister **(Gnomen),** geschickte Schmiede und Bergleute, Besitzer großer Schätze, weise, oft im Besitz einer Tarnkappe.

▷ in der *Biologie* ↑ Zwergwuchs.

▷ in der *Astronomie* ↑ Zwergsterne.

Zwergfalken, (Polihieracinae) Unterfam. meist 15–20 cm langer Falken mit fast zehn Arten in den altweltl. Tropen und N-Argentinien; jagen in schnellem Stoßflug Vögel, daneben auch Insekten und Mäuse.

▷ volkstümlich für ↑ Merlin.

Zwergflachs (Zwerglein, Radiola), Gatt. der Leingewächse mit der einzigen Art *Radiola linoides* im gemäßigten Eurasien und in Afrika; meist nur 1–5 cm hohe Pflanze mit fadenförmigen, vielästigen Stengeln; Blätter gegenständig, eiförmig; Blüten klein, weiß.

Zwergfüßer (Symphyla), weltweit verbreitete Unterklasse bis 8 mm langer Tausendfüßer mit rd. 40 farblosen Arten (davon vermutlich drei Arten einheimisch); nicht jedes Segment weist ein Beinpaar auf; flinke Tiere, die v.a. in feuchter Erde vorkommen.

Zwerggalago ↑ Galagos.

Zwerggras (Mibora), Gatt. der Süßgräser mit der einzigen Art *Mibora minima,* v.a. in W-Europa und im Mittelmeergebiet; einjährige oder einjährig überwinternde, nur 3–9 cm hohe, rasenartig wachsende Grasart mit fadendünnen Stengeln.

Zwerghirsche, svw. ↑ Zwergmoschustiere.

Zwerghirschkäfer, svw. ↑ Balkenschröter.

Zwergholunder, svw. ↑ Attich.

Zwerghühner, zusammenfassende Bez. für sehr kleine (etwa 500–1 000 g schwere), lebhafte, oft schön gefärbte, als Ziergeflügel gehaltene Haushühner. Neben der sog. *Urzwergen* (aus urspr. zwerghaften Landhuhnrassen) gibt es künstlich verzwergte ("bantamisierte") Haushuhnrassen, u.a. **Paduaner** und **Zwergwyandotten.**

Zwergkäfer (Palpenkäfer, Pselaphidae), weltweit verbreitete Käferfam. mit rd. 7 000 etwa 1–3 mm langen, gelb- bis dunkelbraunen Arten (davon fast 80 Arten einheimisch); meist unter faulenden Pflanzenresten, in morschem Holz, hinter Baumrinde, im Moos.

Zwergläuse (Zwergblattläuse, Phylloxeridae), Fam. sehr kleiner, an Wurzeln, Blättern und Rinde von Holzgewächsen der N-Halbkugel lebender Blattläuse; z.T. gefährl. Schädlinge an Nutzpflanzen, z.B. ↑ Reblaus.

Zwerglein, svw. ↑ Zwergflachs.

Zwerglinse (Wolffia), Gatt. der Wasserlinsengewächse mit über zehn Arten in den trop. und gemäßigten Gebieten; schwimmende Wasserpflanzen mit wurzellosen Sprossen.

Zwerglorbeer, svw. ↑ Torfgränke.

Zwerglöwenmaul ↑ Orant.

Zwergadler

Zwergmakis (Microcebus), Gatt. etwa 10–25 cm langer (einschl. Schwanz bis 50 cm messender) Halbaffen mit zwei Arten (u.a. der 11–13 cm lange **Mausmaki** [Microcebus murinus]) v.a. in Wäldern Madagaskars.

Zwergmännchen, in der *Zoologie* Bez. für ♂♂, die gegenüber ihren ♀♀ um ein Vielfaches kleiner sind. Z. sind i.d.R. in ihrer äußeren und inneren Organisation stark vereinfacht. Sie können bis zu kleinen, schlauch- oder sackförmigen Gebilden rückgebildet sein und dann nur noch als Geschlechtsapparat für die Fortpflanzung fungieren. Z. kommen bei Wirbellosen und einigen Fischen vor.

Zwergmaus (Micromys minutus), sehr kleine Art der Echtmäuse in Eurasien; Länge rd. 5–8 cm; Schwanz etwas kürzer, wird als Greiforgan benutzt; Färbung rötlich gelbbraun mit weißer Bauchseite; vorzugsweise in hohen Grasbeständen, Getreidefeldern.

Zwergmispel, svw. ↑ Steinmispel.

Zwergmoschustiere (Zwerghirsche, Hirschferkel, Tragulidae), Fam. 0,5–1 m langer und 0,2–0,4 m schulterhoher Paarhufer (Unterordnung Wiederkäuer) mit vier Arten, v.a. in Wäldern und Trockengebieten W- und Z-Afrikas sowie S- und SO-Asiens; gedrungene, auf braunem Grund meist weiß gezeichnete Tiere, deren ♂♂ säbelartig verlängerte Eckzähne aufweisen. – Zu den Z. gehört die Gatt. **Maushirsche** (Kantschile, Tragulus); 40–75 cm lang, in S- und SO-Asien, z.B. der **Kleinkantschil** (Tragulus javanicus). – Abb. S. 518.

Zwergohreule ↑ Eulenvögel.

Zwergpalme (Chamaerops), Gatt. der Palmen mit der einzigen, formenreichen Art *Chamaerops humilis,* verbreitet in den Mittelmeerländern; niedrige, sich buschig verzweigende und meist etwa 1 m hohe (im Alter auch bis 7 m hohe) Stämme bildende Fächerpalme; Blätter endständig, tief geschlitzt, mit scharf bedorntem Blattstiel; oft als Zimmerpflanze kultiviert.

Zwerghühner.
Paduaner

Zwergpferde

Zwergmoschustiere. Kleinkantschil

Zwergpferde ↑ Ponys.
Zwergpinscher, schlanker, bis 30 cm schulterhoher Zwerghund mit spitz gestutzten Stehohren und aufrechter, kurz gestutzter Rute; Behaarung kurz, glatt, anliegend, einfarbig gelb bis hirschrot *(Rehpinscher),* auch schwarz, braun und blaugrau (mit roten bis gelben Abzeichen).
Zwergpudel ↑ Pudel.
Zwergrosen, Zuchtform der Chin. Rose, deren Sorten als Freiland- und Topfrosen kultiviert werden.
Zwergschimpanse, svw. ↑ Bonobo.
Zwergschulen, [Grund- und Haupt]schulen, deren Schülerzahl so gering ist, daß mehrere Schuljahrgangsklassen in nur wenigen, oft nur in einer Klasse zusammengefaßt sind; durch die Gründung von ↑ Mittelpunktschulen fast gänzlich verdrängt.
Zwergschwalme (Höhlenschwalme, Aegothelidae), mit den Schwalmen nah verwandte Fam. bis 30 cm langer Nachtschwalben; 8 Arten in Wäldern Australiens, Neuguineas und benachbarter Inseln; sich tagsüber in Baumhöhlen verbergende Vögel mit kurzem Schnabel und breitem Rachen.
Zwergspinnen (Micryphantidae), Fam. meist 1–2 mm langer Spinnen mit über 1000 Arten in den gemäßigten und kalten Zonen (davon rd. 150 Arten einheimisch); ♂♂ häufig mit turmförmigen Auswüchsen am Vorderkörper.
Zwergspringer (Kleinstböckchen, *Neotragus pygmaeus*), mit 50 cm Länge und 25–30 cm Schulterhöhe kleinste rezente Antilope (Unterfam. Böckchen) in Regenwäldern W-Afrikas; Hörner der ♂♂ dünn, spitz, nach hinten gerichtet, ♀♀ ungehörnt.
Zwergsterne (Zwerge), Sterne mit relativ kleinem Durchmesser und daher relativ geringer absoluter Helligkeit. Sie liegen im ↑ Hertzsprung-Russell-Diagramm auf der Hauptreihe. Bes. Gruppen bilden – je nach Leuchtkraft – die ↑ weißen Zwerge, die schwarzen Zwerge und die roten Zwerge. – ↑ Riesensterne.
Zwergwespen (Mymaridae), weltweit verbreitete Fam. der ↑ Erzwespen; mehrere Hundert höchstens 1 mm große Arten; mit sehr schmalen, lang bewimperten Flügeln.
Zwergwickler (Bucculatricidae), weltweit verbreitete Fam. kleiner Schmetterlinge mit rd. 600 bis etwa 7 mm spannenden Arten. Die jungen Raupen fressen zunächst Gänge in Pflanzen, später leben sie dann frei an diesen Gewächsen.
Zwergwuchs (Nanismus), (Nanosomie, Kümmerwuchs) in der *Humanmedizin* ein anormal geringes Längenwachstum des Körpers, ein auf Wachstumsstörungen beruhender Kleinwuchs mit Körpergrößen beim erwachsenen Mann von weniger als 136 cm, bei der erwachsenen Frau von weniger als 124 cm; im Unterschied zum *Minderwuchs* (Männer zw. 136 und 150 cm, Frauen zw. 124 und 136 cm). Das Erscheinungsbild des Z. ist äußerst vielfältig. Im wesentlichen unterscheidet man den *proportionierten* Z. (harmon. Verkleinerung aller Körperteile) und den *disproportionierten* Z. (meist erhebl. Verkürzung der oberen und unteren Gliedmaßen bei normaler Größe von Kopf, Hals und Rumpf). Der Z. beruht meist auf einer gestörten Funktion endokriner Drüsen, z. B. der Hypophyse oder auch der Schilddrüse, der Nebennieren oder Geschlechtsdrüsen, viel seltener auf Störungen des Knochenwachstums (z. B. bei Chondrodystrophie). – Nach dem fiktiven Land mit winzig kleinen Menschen, die J. Swift in seinem Hauptwerk „Gullivers sämtl. Reisen", schildert, werden Menschen von zwerghaftem Wuchs häufig als *Liliputaner* bezeichnet. ▷ in der *Biologie* eine charakterist. Erbeigentümlichkeit bestimmter Menschenrassen, die als Pygmide (Zwerge) zus.-gefaßt werden, sowie bestimmter Tier- und Pflanzenarten (v. a. Zuchtrassen und -formen). Bei Pflanzen kommt Z. häufig auch als klimabedingte Modifikation vor (z. B. viele Alpenpflanzen) oder als Folge von Nährstoffmangel.
Zwergzikaden (Jassidae), mit rd. 5000 Arten weltweit verbreitete Fam. durchschnittlich 4–10 mm langer Zikaden, davon über 300 Arten in M-Europa; durch die langen Hinterbeine zu kräftigen Sprüngen befähigt; einige Arten werden an Kulturpflanzen schädlich. – Zu den Z. gehört u. a. die 13–17 mm große **Ohrzikade** (Ledra aurita).

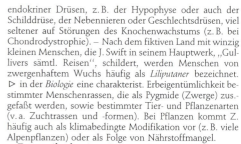

Marina Iwanowna Zwetajewa

Zwetajewa, Marina Iwanowna [russ. tsvɪ'tajɪvɛ], * Moskau 8. Okt. 1892, † Jelabuga (Tatarien) 31. Aug. 1941 (Selbstmord), russ. Lyrikerin. – Ab 1922 im Exil in Prag, ab 1925 in Paris; seit 1956 rehabilitiert. Ihre experimentierfreudige, auch Wörter aus fremden Sprachen integrierende Lyrik, u. a. „Vogelbeerbaum" (dt. Auswahl 1986), folgt musikal. Strukturen.
Zwetsche ↑ Pflaumenbaum.
Zwetschge, südd. und schweizerisch für Zwetsche.
Zwetschgenwasser, Branntwein aus vergorener Zwetsch[g]enmaische ohne andere Zusätze. Alkoholgehalt mindestens 38 Vol.-%, oft mehr (z. T. über 50 Vol.-%).
Zwettl-Niederösterreich ['tsvɛtəl], niederöstr. Bez.-hauptstadt im Waldviertel, 535 m ü. d. M., 11600 E. Freimaurermuseum im Schloß Rosenau; Textilfabrik, Holzverarbeitung, Brauerei. – 1138 wurde das Zisterzienserstift Zwettl gegr. und im 12. Jh. neben einer Kirchsiedlung eine Burgstadt erbaut, die 1200 Stadtrecht erhielt. – Die bed. Stiftskirche (geweiht 1159, gotisch umgebaut im 14./15. Jh.) wurde 1722–27 von M. Steinl und J. Munggenast barockisiert; die ma. und barocken Klosterbauten sind um 4 Höfe gruppiert, u. a. spätroman.-frühgot. Kreuzgang (frühes 13. Jh.). Die Bibliothek besitzt eine bed. Handschriftensammlung des 12.–18. Jh. In der Stadt roman. Propsteikirche (12. Jh.), roman. Pfarrkirche (um 1490 erweitert).
Zwickau, kreisfreie Stadt und Krst. im nördl. Erzgebirgsvorland, Sa., 265 m ü. d. M., 119000 E. TH, PH; Konservatorium; Robert-Schumann-Haus (Museum), Automo-

Zwickau Stadtwappen

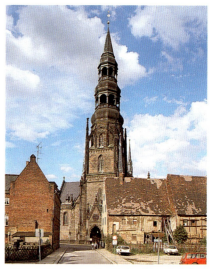

Zwickau. Stadtkirche Sankt Marien, 13.–16. Jahrhundert

Zwiebelmuster. Terrine aus der Meißener Porzellanmanufaktur, 1739 (Privatbesitz)

bilmuseum; Maschinen-, Autozubehörbau, Textilind., nördl. von Z. in ↑ Mosel Kfz-Bau. – 1118 erstmals bezeugt (Zollstätte und Burg am Muldenübergang); nach 1150 Ausbau zur Stadt (1258 Civitas); um die Mitte des 13. Jh. zur Mark Meißen. – Spätgot. Stadtkirche Sankt Marien (13.–16. Jh.), spätgot. Katharinenkirche (v. a. 15. Jh.); spätgot. Rathaus (1403; 1679 umgebaut), spätgot. Gewandhaus (1522–25; seit 1823 Stadttheater).

Z., Landkr. in Sachsen.

Zwickauer Mulde, 128 km langer linker Quellfluß der ↑ Mulde.

Zwickel, Klaus, *Heilbronn 31. Mai 1939, dt. Gewerkschafter. – Werkzeugmacher; seit 1959 Mgl. der SPD; seit 1989 stellv. Vors. der IG Metall; seit 1993 Präs. des Internat. Metallgewerkschaftsbundes (IMB).

Zwickel, in der *Baukunst:* 1. dreiseitiges Flächenstück zw. einem Bogen und seiner rechteckigen Umrahmung (Spandrille); 2. als Eckzwickel Teil eines Gewölbes (Trompe), das zu einer Kuppel (↑ Pendentif) oder einem Klostergewölbe überleitet.

Zwicker, svw. ↑ Kneifer.

Zwicky, Fritz, *Warna 14. Febr. 1898, † Pasadena (Calif.) 8. Febr. 1974, schweizer. Physiker und Astronom. – Prof. am California Institute of Technology in Pasadena; Hauptastronom an den Mount Wilson and Palomar Observatories. Seine Arbeiten betrafen v. a. extragalakt. Sternsysteme und Supernovä, von denen er 20 durch systemat. Suche in Spiralnebeln entdeckte. Er sagte die Existenz von Neutronensternen voraus und erstellte mit seinen Mitarbeitern einen sechsbändigen „Catalogue of galaxies and clusters of galaxies" (1961–68).

Zwieback, zweimal gebackene, trockene Dauerbackware aus Weizenmehl und Milch.

Zwiebel, (Küchen-Z., Speise-Z., Sommer-Z., Zipolle, Allium cepa) aus dem westl. Asien stammende, in zahlr. Sorten kultivierte Lauchart; ausdauerndes (in Kultur zweijähriges) Kraut mit grünlichweißen Blüten in kugeliger Trugdolde und einer Schalenzwiebel.

▷ (Bulbus) meist unterirdisch wachsender, gestauchter Sproß mit abgeflachter Sproßachse, die am Z.boden bewurzelt ist und oberseits stoffspeichernde, verdickte Blattorgane trägt. Diese können schuppenförmig (*Schuppen-Z.;* z. B. beim Türkenbund) oder schalenartig (*Schalen-Z.;* z. B. bei Küchen-Z. und Gartentulpe) sein. Z. sind die Speicherorgane der ↑ Zwiebelpflanzen.

Zwiebelblatt (Bulbophyllum), Gatt. der Orchideen mit rd. 1 500 Arten in den Tropen und Subtropen v. a. der Alten Welt; epiphyt. Orchideen mit kriechenden Rhizomen,

auf denen ein- bis zweiblättrige Pseudobulben und der ein- bis vielblütige Blütenschaft entspringen; werden häufig kultiviert.

Zwiebelhaube, zwiebelförmige Turmbedachung in Gestalt einer geschwungenen Haube, bes. in der südd. Barockarchitektur, der russ. und islam. Baukunst beliebt.

Zwiebelmuster, Porzellandekor in Unterglasurblau. Nach chin. Vorbild schuf man in der Meißener Porzellanmanufaktur erstmals 1739 ein Dekor aus stilisierten Blütenranken, wobei man irrtümlich die Granatäpfel des Vorbildes als Zwiebeln deutete.

Zwiebelpflanzen (Zwiebelgeophyten), mehrjährige Pflanzen, die ungünstige Vegetationsbedingungen (winterl. Kälte, Trockenheit) durch Ausbildung unterird., Reservestoffe speichernder ↑ Zwiebeln überdauern. Z. sind bes. bei einkeimblättrigen Pflanzen verbreitet (z. B. Amaryllisgewächse).

Zwiedineck-Südenhorst, Otto von, *Graz 24. Febr. 1871, † ebd. 4. Aug. 1957, östr. Nationalökonom. – Prof. in Karlsruhe, Breslau und München; Forschungen zur Methodenlehre, Preis- und Lohntheorie. – *Werke:* Kritisches und Positives zur Preislehre (1908/09), Allg. Volkswirtschaftslehre (1932), Mensch und Wirtschaft (1955).

Zwiefacher (Zwiefaltiger), Sammelbez. für Volkstänze aus Bayern und Österreich mit häufigem Wechsel von geradem und ungeradem Takt, der sich aus der Zusammenstellung von Zweischritt- (Dreher) und Dreischrittfolgen (Walzer oder Ländler) ergibt.

Zwiefalten, Gem. am S-Rand der Schwäb. Alb, Bad.-Württ., 2 300 E. Bed. Barockkirche der ehem. Benediktinerreichsabtei (1089 gegr., 1803 aufgehoben), 1739–65 (ab 1741 unter Leitung von J. M. Fischer) erbaut, reiche Rokokoausstattung. Klostergebäude 1668–90, mit Kapelle von M. Thumb.

Zwielaut, svw. ↑ Diphthong.

Zwielicht, die gleichzeitige Beleuchtung durch zwei Lichtquellen unterschiedl. Farbtemperatur (z. B. Tageslicht und Glühlampe).

Zwiesel, Stadt im Hinteren Bayer. Wald, Bay., am Zusammenfluß von Großem und Kleinem Regen zum Schwarzen Regen, 585 m ü. d. M., 10 300 E. Staatl. Berufsbildungszentrum für Glas; Waldmuseum. Glashütten, Holzind., Luftkurort. – 1255 erstmals gen.; Markt seit 1560, 1904 zur Stadt erhoben. – Barocke Bergkirche Mariä Namen (1682) mit Rokokoausstattung.

Zwiesel, bes. bei Laubbäumen (v. a. Buche, Eiche) vorkommende Doppelbildung: zwei Stämme (und Kronen), die einem gemeinsamen unteren Stammteil entspringen.

Zwillich (Zwilch), dichte und strapazierfähige Gewebe aus Baumwolle, Leinen oder Halbleinen; u. a. für Arbeitskleidung.

Zwilling ↑ Zwillinge.

▷ Geschütz mit 2 gekoppelten, gleichzeitig feuernden Rohren (Z.geschütz); v. a. zur Flugabwehr; auch Bez. für ein [Jagd]gewehr mit Doppellauf (↑ Flinte, ↑ Gewehr).

Zwillinge ↑ Sternbilder (Übersicht).

Zwillinge (Gemelli, Gemini), Mehrlinge in Form zweier Geschwister, die sich zur gleichen Zeit im Uterus des mütterl. Organismus entwickelt haben. *Eineiige Z.* (EZ; ident. Z.) gehen aus einer einzigen befruchteten Eizelle (Zygote) hervor. Bei ihnen teilt sich der Keim in einem sehr frühen Entwicklungsstadium in zwei in der Regel gleiche Teile auf, weshalb EZ immer erbgleich und daher auch gleichen Geschlechts sind und (annähernd) gleich aussehen. Verläuft die Teilung des Keims unvollständig, so entstehen ↑ siamesische Zwillinge oder sonstige Doppelbildungen. *Zweieiige Z.* (ZZ) gehen auf zwei befruchtete Eizellen zurück; sie haben daher ungleiches Erbgut, können also auch verschiedenen Geschlechts sein. Im Aussehen sind sie einander nicht ähnlicher als sonstige Geschwister. Die Tendenz zu Zwillingsgeburten beruht beim Menschen auf nicht geschlechtsgebundenen, rezessiven Erbanlagen. – ↑ Zwillingsforschung.

Zwillinger, Frank, *Wien 29. Nov. 1909, östr. Schriftsteller. – Emigrierte 1938 nach Saigon; lebt seit 1946 in

Fritz Zwicky

Zwillingsbildung

Ulrich Zwingli (Gemälde von Hans Konrad Asper, 1549; Zürich, Zentralbibliothek)

Frankreich. Schrieb durch sprachl. Schönheit ausgezeichnete Gedichte sowie Dramen.

Zwillingsbildung, in der *Mineralogie* die gesetzmäßige Verwachsung zweier artgleicher Kristallindividuen (Einkristalle) zu *Zwillingskristallen;* man unterscheidet *Berührungs-* oder *Kontaktzwillinge* mit einer gemeinsamen Ebene und *Durchwachsungs-* oder *Penetrationszwillinge,* die sich gegenseitig durchdringen. Bei mehrfacher Verwachsung unterschiedl. Orientierung spricht man von Drillingen, Vierlingen bzw. Viellingen oder allg. von *polysynthet. Zwillingsbildung.*

Zwillingsformel, idiomat. Ausdruck aus zwei Wörtern, die durch „und" oder „oder" verbunden sind, z. B. *bei Nacht und Nebel* (= heimlich).

Zwillingsforschung (Zwillingsmethode), Forschungszweig der Humangenetik, der die genet. Bedingtheit von psych. und phys. Merkmalen durch die vergleichende Beobachtung bes. eineiiger Zwillinge untersucht. Voraussetzung für die Z. ist die Tatsache, daß eineiige Zwillinge erbgleich sind. Die Z. versucht festzustellen, inwieweit an der Herausbildung eines Merkmals oder des Erscheinungsbildes (Phänotyp) Erbanlagen und Umweltverhältnisse beteiligt sind. Unterschiedl. Merkmalsausprägungen bei eineiigen Zwillingen sind i. d. R. bedingt durch unterschiedl. Umweltfaktoren. Am besten lassen sich Umweltstabilität oder -labilität von Erbanlagen an eineiigen Zwillingen studieren, die von Kindheit an unter gänzlich unterschiedl. Umweltverhältnissen aufgewachsen sind.

Zwillingsparadoxon, svw. ↑Uhrenparadoxon.

Zwing, Rainer, dt. Schriftsteller, ↑Kühn, August.

Zwinge, Vorrichtung zum Zusammenhalten auseinanderstrebender oder beim Belastung leicht reißender oder spaltender [Holz]teile, z. B. Metallring an dem durch Schlag beanspruchten Holzgriff eines Handwerkszeugs. *Schraub-Z.* sind U-förmige, verstellbare Klemmvorrichtungen mit Drehspindel zum Zusammenhalten oder -pressen von Werkstücken.

Zwingenberg, Gem. am Neckar bei Eberbach, Bad.-Württ., 700 E. Schloß an der Stelle einer ma. Burg (16.–19. Jh.) mit Bergfried (13. Jh. und 15. Jh.); die alte Kapelle (1424 geweiht) mit nahezu vollständig erhaltener Ausmalung.

Z., hess. Stadt an der Bergstraße, 97 m ü. d. M., 5 800 E. Chem. Ind., Wein-, Obst- und Gemüsebau. – 1012 erstmals erwähnt, 1274 Marktrecht; erhielt 1481 eine Stadtordnung. – Ev. spätgot. Pfarrkirche (13.–18. Jh.), zum großen Teil erhaltene Ummauerung des ehem. Wehrkirchhofs.

zwingendes Recht (ius cogens), Recht, von dem nicht durch Vereinbarung der Beteiligten abgewichen werden kann (bes. öff. Recht). Z. R. dient im Privatrecht dazu, zu verhindern, daß die Vertragsfreiheit zu Lasten des wirtsch. Schwächeren mißbraucht wird. – ↑dispositives Recht.

Zwinger, Umgang zw. äußerer und innerer Ringmauer bei einer ma. Stadtbefestigung oder einer Burg; diente in Friedenszeiten für Ritterspiele und Feste, auch als Tiergehege (z. B. Bären-Z.). – Der *Dresdner Zwinger* wurde von D. Pöppelmann als großzügige Barockanlage gestaltet (1711–28); Plastik von B. Permoser u. a. Dresdner Bildhauern. Nach dem 2. Weltkrieg wieder aufgebaut, die Originalplastiken wurden größtenteils durch Kopien ersetzt.

▷ umzäunter, mit Hütte versehener Auslauf für Hunde *(Hunde-Z.);* auch im Sinne von Raubtierkäfig.

▷ vom Zuchtverband zugelassener Zuchtbetrieb für Rassehunde.

Zwingli, Ulrich (Huldrych, Huldreich), *Wildhaus (Kt. Sankt Gallen) 1. Jan. 1484, ✕ bei Kappel am Albis 11. Okt. 1531, schweizer. Reformator. – Studium der scholast. Theologie (Via antiqua) in Wien und Basel; 1506–16 Pfarrer in Glarus und Feldprediger in den Schlachten von Novara (1513) und Marignano (1515); 1516 Leutpriester in Einsiedeln und ab 1519 am Großmünster in Zürich. Z. stand ab 1514 unter dem Einfluß der humanist. Schriften des Erasmus, dem er 1515 auch persönlich begegnete. Er entwickelte schrittweise über Augustinus und Paulus ein reformator. Verständnis des Evangeliums. 1522 wurde seine gegen das Fastengebot gerichtete Position („Von erkiesen und fryheit der spysen") durch den Rat der Stadt Zürich öff. anerkannt. Im Vollzug der vom Rat durchgeführten Reformation wurde in den Folgejahren abgeschafft, was nicht biblisch zu begründen war: Heiligenbilder, Klöster, Prozession, Orgelspiel, Gemeindegesang, Firmung, letzte Ölung u. a.; Feiertage wurden eingeschränkt und das Abendmahl nur an vier Sonntagen gefeiert. In seinem weiteren Wirken festigte Z. seinen reformator. Ansatz und entwickelte seine der Lutherschen entgegenstehende antisakramentalist. (symbol.) Auffassung vom Abendmahl weiter (*Marburger Religionsgespräche*). Als Staatstheoretiker vertrat Z. eine prakt. Politik, die die Reformation der fünf kath. gebliebenen Urkantone Uri, Schwyz, Unterwalden, Zug und Luzern mit militär. Mitteln durchsetzen wollte. Im 2. Kappeler Krieg fiel Z. als Feldprediger auf der Seite Zürichs. – *Weitere Werke:* Commentarius de vera et falsa religione (1525), Fidei ratio (1530), Fidei christianae expositio (1531).

Zwinglianer, Anhänger U. Zwinglis.

Zwirn, durch Zusammendrehen (Zwirnen, Verzwirnen) zweier oder mehrerer Fäden hergestellter (gedoppelter, drei- oder mehrfädiger) Faden, der sich gegenüber den Einzelfäden v. a. durch erhöhte Festigkeit auszeichnet. Z. werden praktisch aus Fäden aller Faserarten hergestellt; *Näh-Z. (Nähfaden)* besteht v. a. aus Baumwolle; *Strick-, Häkel-* oder *Stickgarne* sind meist Z. aus Wolle, Seide *(Nähseide),* Baumwolle, Flachs oder Chemiefasern. Je nach Verwendungszweck sind Z. stark oder schwach gedreht.

Zwirner, Ernst Friedrich, *Jakobswalde (Oberschlesien) 28. Febr. 1802, †Köln 22. Sept. 1861, dt. Baumeister. – Schüler von K. F. Schinkel. 1833 Leiter der Dombauhütte in Köln, dort verantwortlich für die Weiterführung des Dombaus; errichtete mehrere neugot. Kirchenbauten, u. a. die Wallfahrtskirche Sankt Apollinaris (1839–43) in Remagen.

Zwillingsbildung.
Oben: Berührungszwillinge, Kupferkies.
Unten: Durchwachsungszwillinge, Bleiglanz

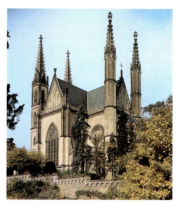

Ernst Friedrich Zwirner. Wallfahrtskirche Sankt Appollinaris in Remagen, 1839–43

Zwischenahn ↑ Bad Zwischenahn.
Zwischenakt, Bez. für die Zeitspanne zw. zwei Akten einer dramat. Aufführung, oft musikalisch überbrückt (*Z.musik* [↑ Bühnenmusik]), bis ins 19. Jh. auch durch Pantomimen, Gesangs- oder Tanzeinlagen, in der Renaissance und im Barock durch selbständige ↑ Zwischenspiele.
Zwischenbilanz, innerhalb des Geschäftsjahres aufgestellter Geschäftsabschluß. Die Aufstellung von Z. erfolgt in regelmäßigen Abständen oder aus bes. Anlässen.
Zwischenbild, in opt. bzw. elektronenopt. Geräten reelles Bild, das von einem Teilsystem (z. B. dem Objektiv in Fernrohr und Mikroskop) in der *Z.ebene* entworfen und durch weitere Systemteile abgebildet wird.
Zwischenblutung, Blutung zw. zwei Menstruationsblutungen, von diesen deutlich abgesetzt; häufig als Folge eines verstärkten Abfalls des Östrogenspiegels.
Zwischendominante, in der funktionalen Harmonielehre Bez. für nicht direkt auf die ↑ Tonika bezogene Dominanten (auch Subdominanten) zu tonart- bzw. leitereigenen Akkorden (in C-Dur ist z. B. e-gis-h die Z. zur Tonikaparallele a-Moll). Auch wenn sich dabei vollständige Zwischenkadenzen in andere Tonarten ergeben, wird (im Ggs. zur ↑ Modulation) das tonale Zentrum nicht verlassen. Die häufigste Art der Z. ist die Doppel- oder Wechseldominante.
Zwischeneiszeit (Interglazial), zw. zwei Eiszeiten liegende Zeit wesentl. Erwärmung mit Gletscherrückgang und Meeresspiegelanstieg.
Zwischenfruchtbau, in der Landw. der zur Mehrfachnutzung eines Ackers zw. den Vegetationszeiten zweier Hauptfrüchte in zwei aufeinanderfolgenden Jahren eingeschaltete Anbau einer dritten Kultur (*Zwischenfrucht*). Diese dient v. a. zur Futtergewinnung und zur Gründüngung.
Zwischengeschlechtlichkeit, svw. ↑ Intersexualität.
Zwischengoldglas, doppelwandiges Glas, bei dem eine Goldfolie zw. den beiden Wänden der ineinander passenden Gefäße angebracht ist. Die Goldfolie wird mit Radierung (Ritzung) oder Bemalung verziert (im 18. Jh. in Böhmen entwickeltes Verfahren).
Zwischenhandel, Teil des Großhandels, der Halbfabrikate kauft und verkauft.
Zwischenhirn ↑ Gehirn.
Zwischenkalkulation, während des Produktionsprozesses durchgeführte Kalkulation zur Ermittlung der aufgelaufenen Istkosten. Bei längerer Produktionsdauer dient die Z. zur Kontrolle und gegebenenfalls auch zur Zwischenabrechnung.
Zwischenkern, svw. ↑ Compoundkern.
Zwischenkieferknochen (Prämaxillare, Intermaxillarknochen, Intermaxillare, Os incisivum), in der Mitte zw. den beiden Oberkieferknochen liegender Deckknochen des Kieferschädels der Wirbeltiere, der bei den Säugetieren die oberen Schneidezähne trägt. Bei einigen Säugetieren (einschl. Mensch) verschmilzt der Z. völlig mit den benachbarten Oberkieferknochen.
Zwischenkredit, der Vorfinanzierung dienender kurzfristiger Überbrückungskredit, der durch einen bereits vereinbarten langfristigen Kredit abgelöst wird.
Zwischenprodukte, alle aus chem. Rohstoffen (z. B. Erdöl und Kohle) oder Vorprodukten (z. B. Synthesegas) hergestellten Verbindungen, die zur Herstellung von Fertigprodukten (z. B. Kunststoffen, Farbstoffen) dienen.
Zwischenprüfung, in der *berufl. Bildung* vorgeschriebene Prüfung zur Ermittlung des Ausbildungsstandes. Sie muß mindestens einmal während der Ausbildung durchgeführt werden; bei Stufenausbildung gilt die Abschlußprüfung einer Stufe als Z. für die gesamte Ausbildung.
▷ im *Hochschulwesen* Pflichtprüfung in allen Studiengängen, die keine Vorprüfung kennen.
Zwischenschein (Interimsschein, Anrechtsschein), ↑ Orderpapier, das die Mitgliedschaft an einer AG verbrieft und den Aktionären vor Ausgabe der Aktien erteilt wird.
Zwischenseengebiet, die in zahlr. Schollen zerbrochene Rumpffläche im ostafrikan. Hochland, zw. Zentralafrikan. Graben und Victoriasee.

Zwischenspiel, Einlage vor, nach oder v. a. zw. der eigtl. Theaterdarbietung, zum Zweck inhaltl. Abwechslung oder Überbrückung technisch bedingter Pausen, wie des Kulissen- und Kostümwechsels.
Zwischenstromland, Gebiet in Vorderasien, ↑ Mesopotamien.
Z. (Mesopotamia argentina), Großlandschaft in NO-Argentinien zw. Paraná und Uruguay.
Zwischenurteil, im Zivilprozeß ein ↑ Urteil, das entweder einen Zwischenstreit, der zur Entscheidung reif ist, entscheidet oder vorab als Urteil über den Grund *(Grundurteil)* ergehen kann, wenn ein Anspruch nach Grund und Betrag streitig ist.
Zwischenverfahren ↑ Eröffnungsverfahren.
Zwischenwirbelscheibe, svw. ↑ Bandscheibe.
Zwischenwirt, bei Parasiten mit obligatem Wirtswechsel Bez. für Organismen, an bzw. in denen die Jugendstadien parasitieren.
Zwischenzellräume, svw. ↑ Interzellularen.
Zwitter (Hermaphrodit), Organismus mit der Fähigkeit, über entsprechende Geschlechtsorgane sowohl ♂ als auch ♀ befruchtungsfähige Geschlechtsprodukte auszubilden. *Tier. Z.* finden sich v. a. bei Schwämmen, Nesseltieren, Strudel-, Saug-, Band- und Ringelwürmern (Regenwurm, Blutegel) sowie Lungenschnecken. – Unter den Wirbeltieren kommen echte Z. nur bei Fischen vor, v. a. bei Zackenbarschen der Gatt. Serranus und bei Meerbrassen. – Soweit in der Medizin von Z. gesprochen wird, handelt es sich um *unechte Z.* (Schein-Z.). *Pflanzl. Z.* sind alle Pflanzen mit Z.blüten und die einhäusigen Pflanzen (↑ Monözie).
Zwitterblüte, Blüte mit Staub- und Fruchtblättern.
Zwitterionen, chem. Verbindungen, die im gleichen Molekül eine Gruppe mit positiver Ladung und eine mit negativer Ladung enthalten. Als Z. können u. a. die Aminosäuren auftreten. Wirken als Ampholyte und können sowohl mit Säuren als auch mit Basen salzartige Verbindungen bilden.
Zwittrigkeit (Zwittertum, Hermaphroditismus), das Vorhandensein funktionsfähiger ♂ und ♀ Geschlechtsorgane (bzw. einer Zwitterdrüse) in einem tier. oder pflanzl. Organismus. Selbstbefruchtung wird z. B. dadurch ausgeschaltet, daß die männl. Keimzellen eher reifen als die weiblichen. In anderen Fällen tauschen zwittrige Tiere bei der Paarung regelmäßig Geschlechtsprodukte aus und begatten sich gegenseitig. – Außer dieser *echten Z.* als einer normalen Erscheinung bei den Lebewesen kennt man eine (abnorme) *Schein-Z.* (↑ Pseudohermaphroditismus).
Zwölf, Basiszahl des Duodezimalsystems und des Sexagesimalsystems mit breiter Anwendung in der altoriental. Astronomie (Tierkreiszeichen), in der Jahres- und Tageseinteilung, in der griech. Mythologie und in der jüd.-christl. Religionsgeschichte; gilt auch als Glückszahl.
Zwölfapostellehre (Apostellehre) ↑ Didache.
Zwölf Artikel der Bauernschaft in Schwaben, das Ende Febr. 1525 in Memmingen von S. Lotzer und C. Schappeler verfaßte Programm der aufständ. oberschwäb. Bauern; durch weite Verbreitung (25 Drucke erhalten) bekannteste Fassung der zahlr. im † Bauernkrieg aufgestellten Forderungen (u. a. Unparteilichkeit der Rechtsprechung, Abschaffung ungerechter Fronen, Aufhebung der Leibeigenschaft und Wahl der Pfarrer durch die Gemeinde).
Zwölfer-Schia, Selbstbez. der sonst Imamiten genannten Gruppe der Schiiten, die Ali Ibn Abi Talib und elf seiner Nachkommen als zwölf von Gott mit Sündlosigkeit begnadete Imame verehren, wovon der 12., Muhammad Al Mahdi († 873), nicht gestorben sein, sondern in Verborgenheit leben soll, bis er am Ende der Zeiten als Mahdi wieder erscheint. Die Autorität des Imams ist seitdem stellvertretend aufgeteilt: Die weltl.-polit. Macht kommt dem jeweiligen Herrscher zu, während die geistl. (und rechtl.) Autorität von den *Ajatollahs* wahrgenommen wird, weitgehend unterstützt von den *Mullas* (Mollas).
Zwölffingerdarm ↑ Darm.
Zwölffingerdarmgeschwür (Duodenalgeschwür, Ulcus duodeni), v. a. durch vermehrte Sekretion von Magen-

saft hervorgerufener tieferer Schleimhautdefekt im oberen Teil des Zwölffingerdarmes. Die im Sekret der Magendrüsen enthaltene Salzsäure und das eiweißspaltende Enzym Pepsin greifen unter bestimmten Bedingungen die empfindl. Zwölffingerdarmschleimhaut an und führen zu einer begrenzten Selbstverdauung der Darmwand. Das Z. kommt bei Männern etwa 2- bis 3mal so häufig vor wie bei Frauen. Kennzeichen sind u. a. period. Nüchtern- und Nachtschmerzen im Oberbauch. Die Bed. des Z. liegt außer in seinen lebensgefährl. Komplikationen (Darmblutungen, Durchbrüche in die freie Bauchhöhle) v. a. in den Rückfällen, die Wohlbefinden, Arbeits- und Leistungsfähigkeit des Kranken immer wieder auf Wochen und Monate beeinträchtigen. Die Behandlung umfaßt Ruhigstellung (möglichst Bettruhe, Beruhigungsmittel, Psychotherapie), Nikotin- und Alkoholverzicht, Antacida zw. den Mahlzeiten u. a. Medikamente, bei Erfolglosigkeit und Komplikationen auch chirurg. Maßnahmen.

Zwölfflach (Zwölfflächner), svw. ↑ Dodekaeder.

Zwölfkampf, turner. Mehrkampf der Männer; setzt sich aus 6 Pflicht- und 6 Kürübungen im Bodenturnen, an Reck, Barren, Pauschenpferd, Ringen und Sprungpferd zusammen. Der Z. ist durch eine weitere Kür der Besten jetzt praktisch ein Achtzehnkampf; an den gen. Geräten seit 1936 olymp. Wettbewerb.

Zwölfprophetenbuch (Dodekapropheton), in der Bibelwiss. Bez. für die Bücher der zwölf ↑ Kleinen Propheten.

Zwölftafelgesetz (lat. lex duodecim tabularum), ältestes röm. Gesetzgebungswerk, verfaßt 451/450 v. Chr. Die Gesetze wurden, aufgezeichnet auf 12 Tafeln, auf dem Forum Romanum öff. aufgestellt; 387 v. Chr. beim Galliersturm vernichtet (nur Fragmente erhalten). Noch von den Juristen der Kaiserzeit wurde das Z. zitiert und kommentiert.

Zwölften (die Z.; Zwölfnächte, Unternächte), im dt. Volksglauben und Brauchtum bes. hervorgehobene Tage, i. d. R. (mit landschaftl. Abweichungen) zw. Weihnachten und Dreikönigstag; galten als die Zeit von Spukgeistern (Wilde Jagd, Frau Holle, Bercht), die mit mancherlei Arbeitsverbot belegt war, sowie als Lostage; zum Schutz vor den Geistern besprengte man in kath. Gegenden Zimmer und Ställe mit Weihwasser (Rauhnächte). Aus dem Wetter der Z. leitete man Voraussagen für das Wetter der 12 Monate des kommenden Jahres ab, auch Träume galten als vorbedeutend. Mit dem Z. begann oft die Fastnachtszeit.

Zwölftonmusik, die unter Anwendung der ↑ Zwölftontechnik komponierte Musik.

Zwölftontechnik (Dodekaphonie), von A. Schönberg um 1920 entwickelte „Methode der Komposition mit zwölf nur aufeinander bezogenen Tönen". Schönberg verstand die Z. als Konsequenz jener Entwicklung hin zur ↑ Neuen Musik, die um 1908 mit der freien Atonalität (↑ atonale Musik) begann. Grundlage und Ausgangspunkt der Z. ist eine ↑ Reihe, die alle 12 Töne der temperierten Skala je einmal enthält, wobei nur die Tonqualitäten (sozusagen die Notennamen, nicht deren Oktavlage) festgelegt werden. Einer in der Z. geschriebenen Komposition liegt eine einzige Zwölftonreihe zugrunde. Diese wird aber nicht unverändert beibehalten. Sie tritt vielmehr in vier verschiedenen Erscheinungsformen auf: in ihrer Original- oder Grundgestalt (G), in der Umkehrung (U), im Krebs (K) oder im Krebs der Umkehrung (KU). Da jede Erscheinungsform der Reihe elfmal transponierbar ist, sind für eine Reihenkomposition insgesamt 48 Reihengestalten verfügbar; meist wird aber nur ein kleiner Ausschnitt der Reihengestalten verwendet. – Die Reihe soll in einer Komposition Zusammenhang und Einheit stiften. Deshalb werden sämtl. Tonkonstellationen (Themen, Motive, Klänge) aus einer Reihe bzw. deren verschiedenen Erscheinungsformen oder Transpositionen abgeleitet. Die Reihe bestimmt also nicht nur die horizontalen Melodielinien, sondern auch die vertikalen Klangbildungen. Auf Grund ihrer method. Anpassungsfähigkeit konnte sich die Z. bei den verschiedensten Komponisten (u. a. Webern, Berg, Eisler, Křenek, Fortner, Strawinski) auf ganz unterschiedl. Weise weiterent-

Zygopetalum mackaii

wickeln. Das führte dann um 1950 zur Ausbildung der ↑ seriellen Musik. – Unabhängig von Schönberg entwickelte J. M. Hauer seit 1918 eine Z., deren Grundlage nicht Reihen, sondern Tropen (Wendungen) sind. Jede Trope besteht aus zwei Sechstonhälften, die weniger Harmonik und Melodik, sondern mehr den Tonvorrat und damit den gesamten Tonsatz regulieren. Hauer stellte insgesamt 144 verschiedene Tropen auf.

Zwolle [niederl. ˈzwɔlə], niederl. Stadt im Mündungsgebiet von Vechte und IJssel, 94 100 E. Verwaltungssitz der Prov. Overijssel; pädagog. Akad.; Geschichtsmuseum; große Viehmärkte, Gemüse- und Obstauktionen; Maschinen-, Elektromotoren-, Fahrzeugbau, Binnenschiffswerften, Nahrungsmittel-, chem., polygraph., Bekleidungs-, Baustoff-, Holz- und Lederind.; außerdem Kongreßstadt. – 1040 erstmals urkundlich erwähnt **(Swollermarke);** 1230 Stadtrecht; 1346 Verleihung weiterer Privilegien und Aufnahme in die Hanse; im 14./15. Jh. Mittelpunkt der ↑ Devotio moderna; erhielt 1488 Münzrecht; erkannte 1528 Karl V. als Herrn an, schloß 1572 der Union von Utrecht an; 1790 Schleifung der 1614 angelegten Befestigungen. – Spätgot. Kirche Sint-Michael (14./15. Jh.) mit Schnitgerorgel (1719), spätgot. Liebfrauenkirche (15. Jh.) mit 91 m hohem Turm, dem Wahrzeichen der Stadt; spätgot. Rathaus (15. Jh.).

Zwönitz, Stadt im mittleren Erzgebirge, Sa., 500 bis 690 m ü. d. M., 10 400 E. Papiermühle (Museum); Meßgeräte- und Telexgerätebau, Spezialpappenwerk. – Um 1200 gegr., zw. 1460 und 1500 Stadt.

Zworykin, Wladimir Kosma [engl. ˈzwɔːrɪkɪn], * Murom 30. Juli 1889, † Princeton (N. J.) 29. Juli 1982, amerikan. Physiker russ. Herkunft. – Z. entwickelte das erste vollelektron. Fernsehsystem der Welt.

Zyan, svw. ↑ Cyan.

Zyankali, svw. ↑ Kaliumcyanid.

Zyanose [griech.], svw. ↑ Blausucht.

zygomorphe Blüte [griech./dt.], svw. dorsiventrale ↑ Blüte.

Zygopetalum (Zygopetalon) [griech.], Gatt. der Orchideen mit rd. 20 Arten, v. a. in Brasilien; epiphyt. Pflanzen mit meist schmalen, gerippten Blättern und zwei- bis zehnblütigem Blütenstand; Blüten groß, mit einer Lippe, die meist einen großen, abgerundeten Vorderlappen bildet. Mehrere Arten werden (v. a. als Schnittblumen) kultiviert, u. a. Z. mackaii.

Zygote [griech.], die aus einer Befruchtung (Verschmelzung zweier Gameten) hervorgehende (diploide) Zelle.

Zyklentheorie [griech.], svw. ↑ Kulturzyklentheorie.

zyklisch (cyclisch) [griech.], kreisläufig, kreisförmig, sich auf einen Zyklus beziehend; regelmäßig wiederkehrend.

zyklische Beschleuniger ↑ Teilchenbeschleuniger.

zyklische Kurven, ↑ Rollkurven, für die sowohl Polkurve als auch Polbahn Kreise sind.

zyklische Verbindungen ↑ cyclische Verbindungen.

zyklische Vertauschung, Vertauschung der Elemente einer bestimmten Anordnung, bei der jedes Element durch das darauffolgende und das letzte durch das erste ersetzt wird.

zyklo..., Zyklo..., zykl..., Zykl... [zu griech. kýklos „Kreis"], Bestimmungswort von Zusammensetzungen mit der Bed. „Kreis, kreisförmig".

zykloid [griech.], die Symptome des manisch-depressiven Irreseins in leichterem Grade zeigend.

Zykloide [griech.] (Radkurve, Rollkurve), ebene Kurve, die ein starr mit einem Kreis k (Radius r) verbundener Punkt P beschreibt, wenn k auf einer Geraden g abrollt. Hat P vom Mittelpunkt des Kreises k den Abstand $a = r$, so spricht man von der *gemeinen* oder *spitzen Z.,* bei $a \neq r$ von einer *gemeinen Trochoide,* bei $a > r$ bzw. $a < r$ von einer *geschlungenen (verlängerten)* bzw. *gestreckten (verkürzten) Zykloide.* – ↑ Epizykloide, ↑ Hypozykloide.

Zykloidschuppe (Rundschuppe), bei den Knochenfischen weitverbreiteter einfacher, rundl. Schuppentyp. – ↑ Ganoidschuppe, ↑ Plakoidschuppe.

zyklometrische Funktionen (Arkusfunktionen, Kreisbogenfunktionen), die Umkehrfunktionen der ↑trigonometrischen Funktionen. Die z. F. des Sinus, Kosinus, Tangens und Kotangens sind die Funktionen *Arkussinus* ($y = \arcsin x$), *Arkuskosinus* ($y = \arccos x$), *Arkustangens* ($y = \arctan x$), und *Arkuskotangens* ($y = \operatorname{arccot} x$). Die graph. Darstellung der z. F. erhält man aus denen der trigonometr. Funktionen durch Spiegelung an der Geraden $y = x$.

Zyklon [griech.-engl.], trop. Wirbelsturm im Golf von Bengalen.
▷ Fliehkraftabscheider zur Abtrennung von Feststoffteilchen aus Gasen (*Staub-* oder *Z.abscheider*) oder Flüssigkeiten *(Hydro-Z.).*
▷ ⓦ Handelsbez. für blausäurehaltige Begasungsmittel. – Im 2. Weltkrieg Deckname für Blausäure, die in NS-Vernichtungslagern zur Massentötung verwendet wurde.

Zyklone [griech.], Gebilde tiefen Luftdrucks (↑Tiefdruckgebiet).

Zyklopen (Kyklopen), in der griech. Mythologie drei mit nur einem Auge ausgestattete Riesen, Söhne des Uranos und der Gäa, die als Helfer des Hephäst für Zeus die Blitze schmieden. In der Odyssee ein wildes Volk, das von Poseidon abstammt (↑Polyphem).

Zyklopenmauer, aus großen, unregelmäßigen, polygonal behauenen Blöcken mörtellos gefügte, zweischalige Mauer mit Innenfüllung aus Lehm und Steinen. Die Technik wurde v.a. beim Bau myken. Burgen verwendet.

Zyklopie [griech.], nicht lebensfähige Mißbildung bei Mensch und Tier, gekennzeichnet durch untereinander verwachsene Augäpfel in einer gemeinsamen Augenhöhle (so Einäugigkeit vortäuschend) meist in der Gesichtsmitte im Bereich der Nasenwurzel.

Zyklostomen [griech.], svw. ↑Rundmäuler.

Zyklothymie [griech.], svw. ↑manisch-depressive Erkrankung.

Zyklotron (Cyclotron) [griech.] ↑Teilchenbeschleuniger.

Zyklus [zu griech. kýklos „Kreis"], periodisch ablaufendes Geschehen, Kreislauf von regelmäßig wiederkehrenden Dingen oder Ereignissen.
▷ Folge inhaltlich zus.gehörender [literar., musikal., bildner.] Werke, Vorträge u. a.
▷ svw. Menstruations-Z. (↑Menstruation).

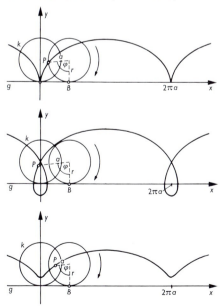

Zykloide. Oben: gemeine oder spitze Zykloide. Mitte: geschlungene Zykloide. Unten: gestreckte Zykloide

Zylinder [zu griech. kýlindros „Walze, Rolle, Zylinder"], in der *Mathematik* eine Fläche (Z.fläche) des dreidimensionalen Raumes, die durch Parallelverschiebung einer Geraden (der Erzeugenden) längs einer Raumkurve (der Leitkurve) entsteht. Ist die Leitkurve ein Kreis (Ellipse, Hyperbel, Parabel), so spricht man von einem *Kreis-Z.* (bzw. *ellipt., hyperbol.* oder *parabol. Z.*). In der *Elementargeometrie* bezeichnet man als Z. meist einen Körper, der durch eine Z.fläche und zwei parallele Ebenen begrenzt wird. Die Bez. Kreis-Z. usw. gelten entsprechend. Stehen Z.fläche und parallele Ebenen senkrecht aufeinander, dann liegt ein *gerader,* andernfalls ein *schiefer Z.* vor. Den Abstand der beiden Ebenen nennt man *Höhe* des Z., die Z.fläche den *Mantel.*
▷ bei Kolbenmaschinen langgestreckter Hohlkörper, dessen [geschmierter] Innenraum (*Z.bohrung*) senkrecht zu seiner Längsachse meist Kreisquerschnitt besitzt und im Zusammenwirken mit dem sich hin- und herbewegenden Kolben die Energieumsetzung ermöglicht. Der Z. bildet mit dem Kolben und dem den Z. abschließenden *Z.deckel* (bei Verbrennungskraftmaschinen Z.kopf gen.) den infolge der Kolbenbewegung veränderl. Arbeitsraum der Kolbenmaschine. Abdichtung zw. Z. und Z.deckel bzw. Z.kopf erfolgt durch eine Flach- bzw. Z.kopfdichtung. Luftgekühlte Z. von Kolbenverdichtern und Verbrennungsmotoren sind zur Wärmeabfuhr außen mit Kühlrippen versehen. Bei den entsprechenden wassergekühlten Maschinen sitzt der eigtl. Arbeits-Z. in einem zweiten *Z.mantel,* mit dem er durch Stirnwände, Kanäle und Stege verbunden ist, so daß zw. der Außen- und Innenwand das Kühlmittel strömen kann.
▷ Herrenhut mit steifem, hohem Kopf und fester Krempe, kam gegen Ende des 18. Jh. in England auf, auch farbig, im 19. Jh. zunehmend zum offiziellen Anzug (u. a. Frack) getragen. Gehört zur Bekleidung von Schornsteinfeger, Kutscher sowie Dressurreiter, fand auch Eingang in Volkstrachten.

Zylinderepithel in der *Anatomie* ↑Epithel.

Zylinderlinsen (astigmat. Linsen), von zylindr. Flächen begrenzte opt. Linsen, meist in Form von *Plan-Z.* (mit einer ebenen Fläche); Z. werden als Brillengläser (Zylindergläser) zur Korrektur des Astigmatismus und bei ↑anamorphotischer Abbildung verwendet.

Zylinderprojektion ↑Kartennetzentwurf.

Zylinderrosen (Ceriantharia), Ordnung bis 70 cm hoher Korallen mit rd. 50 Arten in allen Ozeanen; einzellebende Tiere, die sich mit dem schwellbaren, zylindr. Fuß bis 1 m tief in lockeren Meeresboden eingraben. Um die Mundöffnung stehen zwei Kränze sehr langer, dünner Tentakel, die dem Erwerb von Nahrung mittels Nesselkapseln dienen.

Zymase [griech.] (Gärungsenzym), ältere Bez. für ein aus zellfreiem Hefepreßsaft gewonnenes Enzymsystem (11 Enzyme enthaltend), das die alkohol. Gärung katalysiert.

Zymbel, svw. ↑Zimbel.

Zymbelkraut [griech./dt.] (Cymbalaria), Gatt. der Rachenblütler mit 10 Arten in W-Europa und im Mittelmeergebiet. Die bekannteste Art ist das **Mauerzimbelkraut** (Venusnabel, Cymbalaria muralis), eine in S-Deutschland auf Mauern und Felsen vorkommende Pflanze mit kriechendem, dünnem Stengel, fünf- bis siebenlappigen Blättern und kleinen, hellvioletten Blüten.

Zymol ↑Cymol.

Zynismus [zu griech. kynikós „hündisch, schamlos"], destruktive, nicht nur Meinungen, sondern auch die, die diese Meinungen vertreten, verächtlich machende Kritik und radikale Infragestellung allg. anerkannter Wahrheiten, Werte und Normen.; der Begriff schließt an die skept. Positionen der ↑Kyniker an.

Zypergras (Cyperus) [nach der Insel Zypern], Gatt. der Riedgräser mit über 600 Arten in den Tropen und Subtropen, wenige Arten auch in gemäßigten Zonen; Ufer-, Sumpf- und Wasserpflanzen mit meist dreikantigen Stengeln; Ährchen in ährigen, köpfchenförmigen oder doldigen, von Blättern umhüllten Blütenständen.

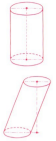

Zylinder. Oben: gerader Kreiszylinder. Unten: schiefer Kreiszylinder

Zypern

Zypern
Fläche: 9 251 km²
Bevölkerung: 701 000 E (1990), 75,8 E/km²
Hauptstadt: Nikosia
Amtssprachen: Neugriechisch, Türkisch
Nationalfeiertag: 1. Okt. (Unabhängigkeitstag)
Währung: 1 Zypern-Pfund (Z£) = 100 Cents (c); im türk.-zypr. Teil: 1 Türk. Lira (TL) = 100 Kuruş (krş)
Zeitzone: MEZ +1 Stunde

Zypern

Staatswappen

Internationales
Kfz-Kennzeichen

1970 1990   1970 1990
Bevölkerung Bruttosozial-
(in Mill.)   produkt je E
             (in US-$)

Bevölkerungsverteilung
1990

Bruttoinlandsprodukt
1990

Zypern (amtl. griech.: Kypriaki Dimokratia, türk.: Kıbrıs Cumhuriyeti, dt.: Republik Zypern), Staat im östl. Mittelmeer, zw. 34° 33' und 35° 40' n. Br. sowie 32° 17' und 34° 36' ö. L. **Staatsgebiet:** Es umfaßt die Insel Z. De facto ist Z. geteilt in ein griech.-zypr. Geb. (5 896 km², 564 000 E [1990]) im S der Insel und ein türk.-zypr. Geb. (1983 proklamiert zur „Türk. Republik Nordzypern"; 3 355 km², 137 000 E [1990]) im N der Insel nördl. der Linie Lefka, Nikosia und Famagusta. **Internat. Mitgliedschaften:** UN, Commonwealth, Europarat, GATT, der EWG assoziiert.
Landesnatur: Z. ist die drittgrößte Mittelmeerinsel mit 224 km SSW–NNO-Ausdehnung und 96 km N–S-Erstreckung. Im N erhebt sich die Gebirgskette Pentadaktilos (im Kyparisso 1 024 m ü. d. M.), deren Ausläufer die sich weit nach NO erstreckende Halbinsel Karpasia bilden. Südl. schließt sich die zentrale Ebene, die Messaria, an. Den Kern des SW-Teils nimmt das Gebirgsmassiv des Troodos ein (im Olympus 1 953 m ü. d. M.), der fast allseitig von einer Vorgebirgszone umgeben ist, die in das hügelige bis ebene Küstenhinterland der S- und W-Küste übergeht. Im SO bildet der Höhenzug Phano eine nach SO vorspringende Halbinsel.
Klima: Z. hat mediterranes Klima mit sehr heißen und trockenen Sommern. Die mittleren tägl. Maxima liegen in Nikosia bei 36,2 °C, im Troodos bei 26,6 °C. Nur 5 % aller Niederschläge fallen zw. Mai und September.
Vegetation: Überwiegend Macchie und Garigue; im Troodos lichte Wälder aus Aleppokiefern.
Bevölkerung: Auf Z. leben im wesentlichen Angehörige zweier Völker: Griechen (größtenteils Orthodoxe), die mit 80 % in der Überzahl sind, und Türken, die nur knapp 19 % der Bev. stellen. Aus dem kulturell bedingten und historisch begründeten Gegensatz erwächst die polit. Krise der Insel, die zu ihrer De-facto-Teilung mit der Umsiedlung eines Teils der Bev. geführt hat. Im griech.-zypr. Teil leben seit 1974 etwa 170 000 griech. Zyprer aus dem türk. N-Teil, außerdem etwa 12 000 Flüchtlinge aus dem Libanon. Umgekehrt flohen etwa 12 000 türk. Zyprer aus dem S in den türk.-zypr. Teil der Insel. Außerdem wurden rd. 70 000 Türken aus Anatolien angesiedelt. Es besteht Schulpflicht für Kinder von 6–12 Jahren. Eine Univ. besteht in Nikosia (gegr. 1989).
Wirtschaft: Im griech.-zypr. Teil konnten die durch die Ereignisse von 1974 entstandenen wirtsch. Verluste und Disproportionen schnell überwunden werden. Bei einer niedrigen Inflationsrate ist die ökonom. Leistungsfähigkeit höher als die der gesamten Insel vor 1974. Durch die Teilung des Landes kamen die landw. wertvollsten Anbaugebiete sowie die wichtigsten Ind.schwerpunkte zum türk.-zypr. N-Teil. In der Landw. sind nur noch 14 % der Erwerbstätigen beschäftigt. Getreide- und Kartoffelanbau erfolgen in der zentralen Ebene, der Messaria, die aber künstlich bewässert werden muß. Zitruskulturen sind um Limassol, Rebflächen in den südl. und östl. Troodosvorbergen konzentriert. Die Ind. ist der Hauptwirtschaftszweig mit Bekleidungs-, Schuh-, Nahrungsmittel- und Getränkeind. sowie dem Bauwesen. Größter Betrieb ist die Erdölraffinerie in Larnaka. Die Energieerzeugung basiert vorwiegend auf importiertem Erdöl; Elektrizitätswerke versorgen auch den türk.-zypr. N-Teil. Der Bergbau hat bei sich erschöpfenden Vorkommen abnehmende Bed. (Förderung von Kupfer-, Chromerz, Marmor, Ton u. a.). Z. entwickelt sich zunehmend zu einem Off-shore-Finanzzentrum. Im internat. Schiffsregister steht das Land an dritter Stelle. Größter Devisenbringer ist der sich ständig ausweitende Tourismus (Zentren Limassol, Larnaka, Pafos). Es wird die EG-Vollmitgliedschaft angestrebt (das bestehende Zollunionsabkommen ist für ganz Z. gültig).
Der türk.-zypr. Teil ist ohne Wirtschaftshilfe der Türkei kaum lebensfähig. Bei einer hohen Inflationsrate liegt das Pro-Kopf-Einkommen nur bei einem Drittel des vergleichbaren Wertes im S. Etwa 32 % der Erwerbstätigen sind in der Landw. beschäftigt. Hauptanbauprodukte sind Zitrusfrüchte; weitere Produkte Tabak und Gemüse. Die vorhandene Ind.kapazität der Ind.standorte Nikosia, Famagusta und Kythrea wird aus Mangel an Arbeits- und Fachkräften nur zu einem Teil ausgelastet. Der ehem. bed. Tourismus beginnt sich nur zögernd zu erholen.
Außenhandel: Der griech.-zypr. Landesteil exportiert industrielle Fertigwaren, Kartoffeln, Obst, Wein und Mineralien (wichtigste Handelspartner sind Großbritannien, Griechenland, Deutschland), aus dem türk.-zypr. Landesteil werden vorwiegend Zitrusfrüchte exportiert.
Verkehr: Auf Z. gibt es keine Eisenbahn. Durch die Demarkationslinie wird das Straßennetz in zwei verbindungslose Netze geteilt. Im griech.-zypr. Teil ist das Straßennetz 9 824 km lang (davon 53 % asphaltiert), im türk.-zypr. Teil 6 116 km (davon 86 % asphaltiert). Der vor der Teilung der Insel als Haupthafen von Z. geltende Hafen von Famagusta dient nur noch dem türk.-zypr. Teil. Für den griech.-zypr. Teil wurden Limassol und Larnaka (beide seit 1990/91 Freihäfen) als Tiefwasserhäfen ausgebaut. Da der internat. ✈ von Nikosia auf der Demarkationslinie liegt, kann er derzeit nur von den UN benutzt werden. Im S wurde der Militärflughafen von Larnaka zum neuen internat. ✈ ausgebaut, 1983 der von Pafos eröffnet. Im N wurde östl. von Nikosia der ✈ Ercan und 1986 der ✈ Geçitkala eingerichtet.
Geschichte: Auf Grund seiner geograph. Lage war Z. häufig ein umkämpfter Mittler zw. Europa und dem Orient. Seit etwa 1400 v. Chr. Sitz von Kolonien der myken. Kultur; etwa ab 1200 wanderten Achäer ein; seit etwa dem 10. Jh. gründeten Phöniker Kolonien auf der Insel. Um 700 v. Chr. geriet Z. zeitweilig unter assyr., um 560 v. Chr. unter ägypt., um 540 v. Chr. unter pers. Oberhoheit; 333 v. Chr. (Schlacht von Issos) fiel Z. an das Reich Alexanders d. Gr., danach an das Ptolemäerreich und wurde 58 v. Chr. römisch (zur Prov. Cilicia). Nach der Teilung des Röm. Reiches (395 n. Chr.) blieb Z. bei Ostrom (Byzanz), das sich nach arab.-byzantin. Auseinandersetzungen die Herrschaft 688–965 mit den Arabern teilte; schon im 5. Jh. war die zypr.-orth. Kirche (nach 45 n. Chr. entstanden) selbständig geworden. Während des 3. Kreuzzuges wurde Z. von Ri-

chard I. Löwenherz besetzt, der Z. zunächst dem Templerorden, 1192 Guido von Lusignan übergab. Dessen bis 1489 herrschende Dynastie veränderte Z. nach westl. feudalist. Muster; danach geriet Z. unter venezian. Herrschaft; ab 1517 mußten die Zyprer dem osman. Sultan Steuern zahlen, 1573 wurde Z. im venezian.-osman. Sonderfrieden an die Osmanen abgetreten. Durch Übertritte zum Islam und durch die Einwanderung türk. Bev. entstand allmählich eine starke türk. Minderheit.

Als Folge des Russ.-Türk. Krieges (1877/78) ging 1878 die Verwaltung von Z. (bei formeller Anerkennung der türk. Oberhoheit) an Großbritannien über. Der Eintritt des Osman. Reiches in den 1. Weltkrieg an der Seite der Mittelmächte hatte die formelle Annexion durch Großbritannien zur Folge, die im Frieden von Lausanne 1923 von der Türkei und Griechenland anerkannt wurde (seit 1925 brit. Kronkolonie). Große Teile der griech. Zyprer forderten unter Führung der orth. Kirche seit dem 19. Jh. den Anschluß *(Enosis)* an Griechenland (erfolgloser Aufstand 1931, Unruhen und Terrorakte nach 1945; seit 1950 unter Führung des Oberhauptes der zypr. orth. Kirche, Erzbischof Makarios III.). Seit 1955 organisierte die griech.-nationalist. Widerstandsorganisation EOKA unter J. Griwas einen Guerilakampf gegen die brit. Kolonialmacht; 1959 wurde im brit.-griech.-türk. Dreimächtevertrag die Unabhängigkeit von Z. und die Stationierung griech. und türk. Truppen festgelegt.

Am 16. Aug. 1960 proklamierte der zum Staatspräs. gewählte Makarios die Unabhängigkeit; die EOKA dagegen forderte seit 1963 verstärkt den Anschluß an Griechenland. Nachdem Makarios im Dez. 1963 das (durch die Verfassung von 1960 garantierte) Proporzsystem hinsichtlich Reg. und Verwaltung entsprechend dem Bev.anteil (70:30) zugunsten der griech. Bev.mehrheit ändern wollte, kam es zum Bürgerkrieg zw. den Volksgruppen der Griechen und Türken. Im März 1964 entsandten die UN eine Friedenstruppe. Danach bildeten die türk. Zyprer als Gegengewicht gegen die griech.-zypr. Nat.garde eigene Streitkräfte und errichteten im Dez. 1967 die „Provisor. türk.-zypr. Verwaltung"; sie forderten u. a. polit. Mitspracherecht und Selbstverwaltung. Am 15. Juli 1974 putschte mit Rückendeckung der griech. Militärjunta der zum Oberkommandierenden der zypr. Nat.garde befehligte und setzte den EOKA-Führer N. Sampson als Präs. ein, Makarios flüchtete zeitweilig ins Ausland. Unter dem Eindruck eines drohenden Anschlusses von Z. an Griechenland landeten am 20. Juli türk. Truppen auf der Insel, die trotz eines von den USA und der Genfer Z.konferenz (Großbritannien, Griechenland, Türkei) vermittelten Waffenstillstandes rd. 40 % des zypr. Territoriums im N und NO der Insel besetzten. In der Folgezeit kam es, v. a. durch Flucht und Vertreibung zahlr. griech. Zyprer aus dem N, zur Entstehung nahezu geschlossener Siedlungsgebiete der beiden Volksgruppen. Im türkisch besetzten Teil wurde am 13. Febr. 1975 einseitig der „Türk. Föderationsstaat von Z." ausgerufen (nur von der Türkei anerkannt), als Präs. R. Denktaş (seit 1976; 1985 und 1990 wiedergewählt) am 15. Nov. 1983 die „Türk. Republik Nordzypern" proklamierte und damit die fakt. Teilung Z. festigte.

Nach Makarios' Tod wurde S. Kiprianu im Aug. 1977 Präs. (erneut 1978 und 1983); die türk. Bev.gruppe und die Türkei betrachteten ihn aber nur als Repräsentanten des *griech.-zypr. Teils*. Er lehnte neue verfassungspolit. Vorschläge der türk. Zyprer (Umwandlung Z. in eine Konföderation bzw. 2 separate Staaten) im Aug. 1981 ab; die unter UN-Schirmherrschaft geführten beiderseitigen Gespräche 1984/85 blieben ergebnislos. Der zw. 1988 und 1993 amtierende Präs. G. Wassiliou leitete neue polit. Verhandlungen mit der türk. Volksgruppe im N ein. Die Parlamentswahlen im Mai 1991 festigten die Stellung der konservativen Demokrat. Sammlung (DISY) unter G. Klerides als stärkste Partei. Bei den Präsidentschaftswahlen im Febr. 1993 konnte sich Klerides, der Plänen einer föderativen Wiedervereinigung ablehnend gegenübersteht, durchsetzen.

Die am 5. Mai 1985 im *türk.-zypr. Teil* (N-Teil Z.) durch Volksentscheid angenommene Verfassung hält die Umwandlung Z. in einen Bundesstaat offen. Bei den Parlamentswahlen 1990 im N-Teil blieb die seit 1975 regierende Nat. Einheitspartei (UBP) mit absoluter Mehrheit stärkste Partei. Präs. Denktaş (seit 1976) lehnte die im Juni 1991 von Griechenland und der Republik Z. vorgeschlagene internat. Konferenz zur Lösung des Z.konflikts ab.

Politisches System: Nach der formell noch gültigen Verfassung von 1960 ist Z. eine präsidiale Republik. De facto besteht Z. seit 1974 aus 2 politisch, verwaltungsmäßig und wirtsch. getrennten, durch Volksgruppen bestimmten Teilen, dem griech.-zypr. S-Teil, dessen Reg. mit ihrem Anspruch, den ganzen Staat zu vertreten, internat. anerkannt ist, und der „Türk. Republik Nordzypern", die nur von der Türkei anerkannt wird.

Griech.-zypr. Teil: Staatsoberhaupt und oberster Inhaber der *Exekutive* ist der Präs. (für 5 Jahre direkt gewählt). Die *Legislative* liegt beim Abg.haus (56 Mgl.). Stärkste *Parteien* sind: Demokrat. Sammlung (DISY), Fortschrittspartei des werktätigen Volkes (AKEL), Demokrat. Partei (DIKO). Die beiden größten *Gewerkschaftsverbände* sind Pankypria Ergatiki Omospondia (PEO) und Synomospondia Ergaton Kyprou (SEK).

Türk.-zypr. Teil: Staatsoberhaupt ist der Präs. (für 5 Jahre direkt gewählt). Die Leitung der *Exekutive* (Reg.) liegt beim Premiermin., die *Legislative* wird von der Gesetzgebenden Versammlung wahrgenommen (50 für 5 Jahre gewählte Abg.). Wichtigste der im Parlament vertretenen *Parteien* sind: Nat. Einheitspartei (UBP) und Oppositionelle Sammlungsbewegung des Nat. Kampfes. Größter Dachverband der *Gewerkschaften* ist Kibris Türk Isci Sendikalari Federasyonu (Türk-Sen).

Die *Verwaltung* beider Inselteile erfolgt getrennt; der S ist in 4, der N in 2 Bez. untergliedert.

Das *Gerichtswesen* ist in beiden Landesteilen weitgehend parallel aufgebaut; dem jeweiligen Obersten Gerichtshof sind Schwur- und Bezirksgerichte nachgeordnet. Für Fam.rechtsangelegenheiten sind kirchl. Gerichte bzw. türk. Gemeinschaftsgerichte zuständig. Die *Streitkräfte* im griech.-zypr. Teil haben eine Stärke von rd. 10 000 Mann. Im türk.-zypr. Teil stehen etwa 35 000 türk. Soldaten; die eigenen Kräfte betragen rd. 4 000 Mann. An der Waffenstillstandslinie stehen UN-Kontingente.

Zypresse (Cupressus) [griech.-lat.], Gatt. der Z.gewächse mit etwa 15 Arten, verbreitet vom Mittelmeergebiet bis zum Himalaja, in der Sahara und im sw. N-Amerika; immergrüne, meist hohe Bäume mit kleinen, schuppenförmigen, beim Keimling noch nadelförmigen Blättern, einhäusigen Blüten und nußgroßen, kugeligen, im zweiten Jahr verholzenden Zapfen. Bekannteste Art ist die aus dem östl. Mittelmeergebiet stammende, schon im Altertum nach Italien eingeführte, bis 30 m hohe **Echte Zypresse** *(Mittelmeer-Z., Cupressus sempervirens)* mit seitlich ausgebreiteten (Wildform) oder hochstrebenden, eine dichte, schmale Pyramide formenden Ästen *(Säulenzypresse, Trauerbaum)*. In China beheimatet ist die **Trauerzypresse** (Cupressus funebris) mit ausladender Krone, hängenden Zweigen und hellgrünen Blättern.

Zypressengewächse (Cupressaceae), Fam. der Nadelhölzer mit 20 Gatt.; reich verzweigte Bäume oder Sträucher mit meist schuppenförmigen Blättern; ♂ Zapfen klein, meist einzeln endständig stehend, ♀ Zapfen mit wenigen fertilen und z. T. mit sterilen Deckschuppen, in reifem Zustand holzig, ledrig oder fleischig; wichtigste Gatt.: Lebensbaum, Lebensbaumzypresse, Wacholder, Zypresse.

Zyrtolith (Cyrtolith) [griech.], Varietät des Zirkons, die (neben Zirkonium) bis 5 % Hafnium sowie weitere Begleitelemente (v. a. Thorium und Uran) enthält.

Zystadenom (Kystadenom, Zystom), Geschwulst, die vom Drüsenepithel ausgeht und zyst. Erweiterungen aufweist; tritt v. a. im Eierstock auf.

Zyste [griech.], in der *Medizin* mit Flüssigkeit gefüllter Hohlraum in einem Gewebe oder Organ.

▷ (Cystis) feste, widerstandsfähige Kapsel bei zahlr. niederen Pflanzen und Tieren als Schutzeinrichtung zum Überdauern ungünstiger Lebensbedingungen.

Zypresse. Echte Zypressen

Zystenniere, meist doppelseitige angeborene polyzystische Degeneration des Nierengewebes.

Zystin ↑ Cystin.

zystische Fibrose, svw. ↑ Mukoviszidose.

Zystizerkose [griech.], durch den Befall mit der Finnenform verschiedener Bandwürmer verursachte Erkrankung. Es werden alle Organe des Zwischenwirts (Rind, Schwein, Nagetier, Mensch) befallen, v. a. Leber, Gehirn und Muskulatur.

Zystographie [griech.], Röntgendarstellung der Harnblase durch Einbringen eines Kontrastmittels von der Harnröhre aus oder im Rahmen einer Harnwegdarstellung durch Kontrastmittelausscheidung über die Nieren (Urographie).

Zystom [griech.], svw. ↑ Zystadenom.

Zystomanometrie [griech.], Blasendruckmessung zur Bestimmung des Schließmuskeltonus der Harnblase im Verhältnis zu der in der Blase befindl. Flüssigkeit; gewährt Aufschluß über Harnblasenentleerungsstörungen vorwiegend mechan., aber auch neurogener Art.

Zystoskop ↑ Endoskope.

Zytisin [griech.] (Cytisin, Laburnin), in Schmetterlingsblütlern (z. B. Goldregen) vorkommendes Alkaloid, das in geringen Mengen nikotinähnlich wirkt und in großen Mengen zum Tod durch Atemlähmung führt; findet medizin. Anwendung als Raucherentwöhnungsmittel (Tabex).

zyto..., Zyto... [zu griech. kýtos „Rundung, Wölbung"], Bestimmungswort von Zusammensetzungen mit der Bed. „Zelle".

Zytochrome (Cytochrome) [griech.], Enzyme, die bei der Zellatmung, bei der Photosynthese und bei anderen biochem. Vorgängen als Redoxkatalysatoren (Oxidoreduktasen) wirken. Z. kommen in allen lebenden Zellen gebunden an Zellorganellen (Mitochondrien, Chloroplasten u. a.) vor. Die biolog. Funktion der Z. besteht in der Elektronenübertragung, wobei ihr zentral liegendes Eisenatom reversibel oxidiert bzw. reduziert wird: $Fe^{2+} \rightleftharpoons Fe^{3+} + \ominus$. Nach ihren charakterist. Absorptionsspektren unterscheidet man die Z. a, b und c: **Zytochrom a** ist mit dem Warburg-Atemferment identisch und wird auch Zytochromoxidase genannt. Es befindet sich in den Mitochondrien aller Zellen, wo es das Endglied der Atmungskette bildet. Es bindet den vom Hämoglobin in die Gewebe gebrachten Sauerstoff. – **Zytochrom b** kommt ebenfalls in den Mitochondrien, aber auch in den Mikrosomen vor, wo es am Elektronentransport beteiligt ist. – **Zytochrom c** kann nur Elektronen übertragen, kann also nicht selbst mit dem Sauerstoff reagieren.

Zytodiagnostik, mikroskop. Untersuchung der Zellen von Körpergeweben, Körperflüssigkeiten oder Körperausscheidungen im Abstrich-, Ausstrich- oder Punktionsmaterial zur Früherkennung von Krankheiten; sie ist von bes. Bed. für die Krebsdiagnostik. In der Frauenheilkunde wird die zytolog. Untersuchung des weibl. Genitaltrakts *(Panicolaou-Verfahren)* zur Krebsvorsorgeuntersuchung und hormonalen Diagnostik verwendet.

Zytokinine [griech.] (Cytokinine, Phytokinine), im gesamten Pflanzenreich verbreitete, bes in Wurzelspitzen und jungen Früchten synthetisierte Gruppe von Adeninderivaten mit die Zellteilung aktivierender Wirkung. Spezif. Wirkungen sind u. a. Förderung von Knospenaustrieb und Fruchtwachstum, Verzögerung von Alterungsprozessen (z. B. Blattvergilbung) und Brechung der Samenruhe.

Zytologie (Zellenlehre, Zellforschung), die Wiss. und Lehre von der pflanzl., tier. und menschl. Zelle als Teilgebiet der allg. Biologie. Die Z. befaßt sich mit dem Bau und den Funktionen der Zelle und ihrer Organellen; bedient sich zunehmend moderner molekularbiol., immunolog. und gentechn. Verfahren. Sie ist damit mit der Histologie, der Genetik und der Molekularbiologie eng verknüpft.

Zytomegalie [griech.] (Speicheldrüsenviruskrankheit, Einschlußkörperchenkrankheit), eine durch das Zytomegalie-Virus (150–200 nm großes DNS-Virus aus der Fam. der Herpetoviridae) hervorgerufene Infektionskrankheit vorwiegend des Säuglingsalters, die bei Erwachsenen nur selten Krankheitserscheinungen auslöst. Bei Neugeborenen und abwehrgeschwächten Personen können jedoch schwere Krankheitsverläufe auftreten. Kommt es bei Infektion der Mutter zur Übertragung auf die Frucht, so entsteht beim Neugeborenen ein sept. Krankheitsbild sehr unterschiedl. Verlaufsform mit Beteiligung der Atemorgane, des Magen-Darm-Kanals, bes. der Speicheldrüsen oder des zentralen Nervensystems. Zur Behandlung dienen z. B. Immunglobuline und Interferone; eine Schutzimpfung befindet sich noch in Erprobung.

Zytoplasma (Zellplasma), der Inhalt einer Zelle, jedoch ohne Kernplasma. Das Z. setzt sich zus. aus dem Grundplasma mit einer Vielzahl darin ausgebildeter, nur mit Hilfe des Elektronenmikroskops sichtbar werdender Strukturen (z. B. Mikrotubuli) sowie den in das Grundplasma eingebetteten Zellorganellen (↑ Organellen).

Zytosin [griech.] (Cytosin, 2-Hydroxy-6-amino-pyrimidin), zu den Nukleinsäurebasen zählende Pyrimidinbase, die in der RNS bzw. in der DNS enthalten ist.

Zytoskelett [griech.], aus Proteinfilamenten (z. B. Mikrotubuli) bestehendes, dreidimensionales Netzwerk in Zellen; bestimmt die Anordnung einiger Zellorganellen. Das Z. ist in der Zellmembran verankert und an Bewegungen innerhalb der Zelle sowie der Zelle selbst beteiligt.

Zytostatika [griech.], Substanzen, die wegen ihrer hemmenden Wirkung auf das Wachstum und die Vermehrung bes. von rasch wachsenden Zellen zur Chemotherapie von Tumoren verwendet werden. Die zytostat. Therapie geht dabei von der Vorstellung aus, daß sich Tumorzellen von normalen Zellen durch eine der Wachstumsregulation entzogene, erhöhte Zellteilungsrate unterscheiden. Die Chemotherapie mit Z. steht in dieser Hinsicht allerdings vor dem grundsätzl. Problem, daß die Unterschiede zw. normalen Zellen und Tumorzellen nur in Ausnahmefällen so groß sind, daß eine selektive Hemmung der Tumorzellen ohne gravierende Nebenwirkungen auf die normalen Zellen möglich ist.

Nach dem Wirkungsmechanismus werden mehrere Gruppen von Z. unterschieden: Die *alkylierenden Substanzen* (z. B. Displatin, Nitrosoharnstoffverbindungen, Thiotepa) verzögern die Zellteilung. Sie hemmen v. a. das Wachstum krebsartiger Wucherungen des blutbildenden Systems und werden deshalb zur Behandlung chron. Leukämien, der Lymphogranulomatose und des Lymphosarkoms eingesetzt. Mögl. Nebenwirkungen der alkylierenden Substanzen sind Appetitlosigkeit, Übelkeit, Durchfall und Haarausfall. – Die *Antimetaboliten* sind in ihrem chem. Aufbau einigen für die Zellteilung und -vermehrung unentbehrl. Stoffen „zum Verwechseln" ähnlich. Daher sind sie imstande, normale Zellwuchsstoffe von ihrem Wirkungsort zu verdrängen und so z. B. den Aufbau der für die Zellteilung unentbehrl. Nukleinsäuren zu hemmen. Zur Wirkstoffgruppe der Antimetaboliten gehören die Folsäureantagonisten (z. B. Aminopterin, verdrängt die Folsäure von ihrem Wirkungsort) und die Purinantagonisten (z. B. Mercaptopurin). Auch die Antimetaboliten wirken am besten gegen krebsartige Wucherungen der blutbildenden Organe. Sie werden bes. bei akut verlaufenden Leukämien im Kindesalter eingesetzt. Da auch die Antimetaboliten unspezifisch nicht nur die krankhaft übermäßige Neubildung weißer Blutkörperchen, sondern auch den Aufbau gesunder Zellen hemmen, erzeugen sie starke Nebenwirkungen, z. B. Knochenmarkschäden sowie Geschwüre der Mund-, Magen- und Darmschleimhaut. – Neben den genannten Z. gibt es eine Reihe pflanzl. Wirkstoffe, die *Mitosehemmstoffe* (z. B. Kolchizin, Vinblastin, Vincristin), die, ebenfalls durch Hemmung der Zellteilung, das Wachstum von Tumoren einschränken können.

zytotoxisch [griech.], zellschädigend; z. wirken zahlr. Gifte, z. B. Blei, Benzol, aber auch Bakterien und Lymphozyten.

Żywiec [poln. 'ʒivjɛts], poln. Stadt sw. von Krakau, 350 m ü. d. M., 30 000 E. Maschinenbau, Papierfabrik, Pelzverarbeitung. – Renaissanceschloß (16. Jh.) mit dreigeschossigem Arkadenhof und Park; Pfarrkirche (15./16. Jh.) mit barocker Innenausstattung.

z. Zt., Abk. für: zur Zeit.

BILDQUELLENVERZEICHNIS

A. C. L., Brüssel; M. Adelmann, Zürich; Aerofilms, Borehamwood, Herts, England; AFP, Paris; A. G. E. Foto Stock, Barcelona; Agencja Autorska, Warschau; Ägyptisches Museum, Kairo; I. Aistrup, Vedbaek, Dänemark; Albertina, Wien; P.-J. Albrecht, Braunfels; Gebr. Alexander, Mainz; Stvw. Alfeld (Leine); Alfred-Wegener-Institut für Polarforschung, Bremerhaven; Fratelli Alinari, Florenz; Alpine Luftbild & Co., Innsbruck; Altair Photo, Madrid; Altonaer Museum in Hamburg, Norddeutsches Landesmuseum, Hamburg; Amerika-Dienst, Bonn; L'Amitié Charles Péguy, Paris; E. Andres(†), Hamburg; T. Angermayer, Holzkirchen; Animal Photography Ltd., London; ANSA, Rom; H. Antes, Karlsruhe; Anthony-Verlag, Starnberg; F. Anton, München; Stvw. Antwerpen; J. Apel, Elmshorn; Arcaid, Surrey, Großbritannien; Archäologisches Landesmuseum der Christian-Albrechts-Universität Kiel, Schloß Gottorf, Schleswig; Archäologisches Museum, Ankara; Archäologisches Museum, Florenz; Archäologisches Museum, Heraklion; Archäologisches Nationalmuseum, Athen; Archiv Dr. Karkosch, Inh. M. Kube, Gilching; Archiv für Kunst und Geschichte, Berlin; ARDEA, London; Prof. Dr. F. Arens(†), Mainz; G. Gräfin von Arnim, Nürnberg; Dr. M. Arnold, München; Kunstarchiv Arntz, Haag; ARRI Arnold & Richter, München; Artothek, Peissenberg; The Associated Press, Frankfurt am Main; E. Astor, Reilingen; Atlantic Pressebilderdienst, Berlin; Atlas-Photo, Paris; Australische Botschaft, Bonn; G. W. Bachert, Bonn; E. Bachmann, Königstuhl, Schweiz; Badische Landesbibliothek, Karlsruhe; S. Baniahmad, Wien; Bärenreiter Verlag, Kassel; G. und E. Barker, Berlin; Barnaby's Library, London; BASF, Ludwigshafen am Rhein; Bauhaus-Archiv, Berlin; E. Baumann, Ludwigsburg; BAVARIA Bildagentur, Gauting bei München; Foto-Bayer, Stuttgart; Bayerisches Armeemuseum, Ingolstadt; Bayerisches Nationalmuseum, München; Bayerische Staatsbibliothek, München; Bayerische Staatsgemäldesammlungen, München; BBC-Publications, London; H. Bechtel(†), Heimbach, Eifel; W. Becker, Ludwigshafen am Rhein; L. M. Beckmann, Darmstadt; Beeldbank & Uitgeefprojekten, Amsterdam; H. Beer, Ansbach; Behnisch & Partner, Stuttgart; Benaki-Museum, Athen; Benelux Press, Voorburg, Niederlande; Prof. W. Berdesinski, Heidelberg; V. Berendt, Baden-Baden; R. Berger, Kunstverlag, Köln; C. Bertelsmann Verlag, München; Hans Bertram Luftbildverlag, München; G. Besserer, Lauda-Königshofen; Prof. Dr. A. Beuermann, Braunschweig; M. Biber, Istanbul; Bibliographisches Institut & F. A. Brockhaus, Mannheim; Bibliothèque Nationale, Paris; Bibliothèque Royale Albert I., Brüssel; Bildarchiv Foto Marburg, Marburg; Bildarchiv für Medizin, München; Bildarchiv Preußischer Kulturbesitz, Berlin; Bilderberg, Archiv der Fotografen, Hamburg; T. Binz, Mannheim; Biofoto, Kopenhagen; C. Bischoff, Hofheim am Taunus; Prof. W. Blasius, Gießen; K. Blüher, Hannover; Prof. Dr. J. Blüthgen(†), Münster; BLV Verlagsgesellschaft, Foto: H. Eisenbeiss, München; M. Bocian, Wiesbaden; Böhm und Meinl, Geretsried; W. Böing, Berlin; Stvw. Borgentreich; Dr. M. Born, Marburg; Bote & Bock, Berlin; Photothèque J. Bottin, Paris; Prof. Dr. K.-D. Bracher, Bonn; Branddirektion, Frankfurt am Main; W. Braun, Jerusalem; U. H. Breker, Köln; The British Council, Köln; British Features, Bonn; The British Museum, London; Stvw. Bruchsal; F. Bruckmann, München; Luftbild A. Brugger, Stuttgart; Dr. E. M. Brugger, Weinheim; R. Brugger, Königswinter; J. Brühlmann, Muri, Schweiz; Büchergilde Gutenberg, Frankfurt am Main; Prof. Dr. H. J. Buchholz, Hannover; W. Budder, München; A. Buhtz, Heidelberg; Bundesarchiv, Koblenz; Bundesbildstelle, Bonn; Bundesministerium der Verteidigung, Bonn; R. Bussian, Mannheim; CAF, Warschau; Camel, München; Camera Press, London; Canon Euro-Photo, Willich; CDZ-FILM, Stuttgart — ESA Meteosat Bilder; C. E. D. R. I., Paris; Centre Georges Pompidou, Paris; CESA-DIAARCHIV, Marburg; Botschaft der Volksrepublik China, Bonn; Chirurgische Universitätsklinik, Frankfurt am Main; E. Cimiotti, Wolfenbüttel; Cinepress, München; claassen verlag, Hildesheim; W. Claus, Fulda; R. Clausen(†), Hamburg; Colorpartner, Gelsenkirchen; Comet-Photo, Zürich; Consolidated News Pictures; Conti-Press, Hamburg; T. Cugini, Zürich; A. M. Dauer, Göttingen; Dr. H. Dautzenberg-Schwinger, Mannheim; M Deix, Wien; Delmag-Maschinenfabrik, Esslingen; Dr. J. Demek, Brünn, ČR; Prof. Dr. H. M. Dettmer, Frankfurt am Main; Deutsche Airbus, München; Deutsche Bibliothek, Deutsches Exilarchiv 1933–1945, Frankfurt am Main; Deutsche Blindenstudienanstalt, Marburg; Deutsche Botschaft, Teheran; Deutsche Bundesbahn, Bildarchiv, Mainz; Sächsische Landesbibliothek, Abt. Deutsche Fotothek, Dresden; Deutsche Grammophon, Hamburg; Deutsche Luftbild, Hamburg; Deutsche Lufthansa, Köln; Deutscher Kunstverlag, München; Deutscher Raiffeisenverband, Bonn; Deutsches Archäologisches Institut, Berlin; Deutsches Brauerei-Museum, München; Deutsches Institut für Filmkunde, Frankfurt am Main; Deutsches Ledermuseum und Deutsches Schuhmuseum, Offenbach; Deutsches Museum, München; Deutsches Schiffahrtsmuseum, Bremerhaven; Deutsches Tapetenmuseum, Kassel; Diafrance, Paris; Die Weltwoche, Zürich; S. Dobrew, Sofia; documenta, Mailand; documenta archiv, Kassel; H. Dollhopf, Nürnberg; Dornier, München; dpa Bildarchiv, Frankfurt am Main und Stuttgart; Dr. K. Drumm, Tübingen; Dumbarton Oaks Trustees for Harvard University, Washington, D. C.; Prof. Dr. G. O. Dyhrenfurth, Ringgenberg, Schweiz; Edition dia, Berlin, mit Genehmigung von M. Niederhuber, Wien; N. Ehlert, Köln; Dr. H. Eichler, Heidelberg; Elsevier, Amsterdam; EMI Electrola, Köln; Dr. S. Enders, Darmstadt; W. Engelhardt, Köln; Dr. S. P. Englert, Hannover; ENIT – Staatliches Italienisches Fremdenverkehrsbüro, Frankfurt am Main; S. Enkelmann, München; Stvw. Epinal; Dr. G. Ernst, Dachsberg; Erzbischöfliches Diözesan-Museum, Köln; Erzbischöfliches Diözesanmuseum und Domschatzkammer, Paderborn; F. und K. Eschen, Berlin; Eupra Bildarchiv, München; Fayer Photo-Atelier, Wien; G. Fehr, Territet, Schweiz; W. Ferchland, Tistrup, Dänemark; Fotostudio Fiedler-Kaup, Geseke; J. Fingerling, Kassel; Finnische Botschaft, Bonn; Firo-Foto, Barcelona; E. Fischer, Bad Bramstedt; S. Fischer Verlag, Frankfurt am Main; M. Fleitmann, Berlin; Prof. Dr. K. Flessel, Lonnerstadt; Prof. P. Flora, Innsbruck; Flughafen Frankfurt am Main; Luiz Paulo Lima/Folha Imagem; Folkwang Museum, Essen; R. Forberg, Düsseldorf; Förlagshuset Norden Ab, Malmö, Schweden; J. Förster, Ludwigshafen am Rhein; Fotoatelier Rheinländer, Hamburg; Foto-Grafik Hörlein, Nürnberg; Foto Schafgans, Bonn; France, Französisches Vekehrsbüro, Frankfurt am Main; Dr. E. Franck, Erlangen; Französische Botschaft, Bonn; Frauenhausmuseum, Straßburg; M. Friedel, München; B. Friedrich, Köln; Prof. H. Friedrich, Freiburg im Breisgau; R. Friedrich, Berlin; M. Fries, Wiesbaden; Frobenius-Institut, Frankfurt am Main; K. Fröhlich, Bötzingen; Dr. P. Fuchs, Göttingen; Prof. Dr. W. Fuhrmann, Gießen; Prof. Dr. E. Gabriel, Ahrensborg; Galerie Buchholz, München; Galerie H. Mayer, Düsseldorf; Galerie van de Loo, München; Galerie M. Werner, Köln und New York; Galerie S. Zannetacci, Genf; Gallery A. Emmerich, New York; Gamma, Paris; U. Gebhardt, Aachen; A. Gelberg, Weinheim; Geopress H. Kanus, München; M. von Gerkan, Hamburg; Germanisches Nationalmuseum, Nürnberg; Gernsheim Collection, University of Texas, Austin, USA; Archiv Gerstenberg, Wietze; Dr. G. Gerster, Zumikon, Schweiz; Gesamtdeutsches Institut, Bundesanstalt für gesamtdeutsche Aufgaben, Bonn; Gesamtverband des Deutschen Steinkohlenbergbaus, Essen; Stvw. Geseke; Prof. Dr. K. Gießner, Hannover; GILDEMEISTER, Bielefeld; R. Glatzer, Engenhahn; Gleimhaus, Halberstadt; G. Goedhart, Scheveningen; N. Gradisch, Wien; Grand Théâtre de Genève; C. Gretter, Frankfurt am Main; Dr. G. Grill, Mannheim; Grips Theater, Berlin; Dr. G. Gropp, Hamburg; B. Großmann, Tokio; E. Groth-Schmachtenberger, Murnau; Stvw. Grünberg; Gutenberg-Museum der Stadt Mainz; Hachette, Paris; Haffmans Verlag, Zürich; R. Halin, Paris; C. Hanser Verlag, München; Bildarchiv Gebr. und L. Hansmann, München; Robert Harding Associates, London; Dr. A. von Harnack, Tübingen; Harvard University Press, Cambridge, USA; Dr. H. Hartmann, Berlin; Foto-Hauck-Werbestudio, Mannheim; Prof. E. Hauser, Rottweil am Neckar; Prof. R. Häusser, Mannheim; S. Hauswald, Laichingen; U. Hefner, Mannheim; Prof. W. Hege, Gelsenkirchen; Jakob Hegner Verlag, Köln; O. Hein, Wiesbaden; K. Heinemann, Ottobrunn; W. Heinemann, Kraichtal, Unteröwisheim; A. Heine-Stillmark, Karlsruhe; E. Heinkel Fahrzeugbau, Speyer; Stvw. Helmstedt; J. Herkert, Ladenburg; Prof. Dr. A. Herold, Gerbrunn; Herrmann & Kraemer, Garmisch-Partenkirchen; Hessisches Landesmuseum, Darmstadt; Herzog August Bibliothek, Wolfenbüttel; W. R. Hess, Ascona; Dr. B. Heukemes, Ladenburg; A. A. M. van der Heyden, Naarden, Niederlande; Fotostudio G. Hillis, Reinbek; Colorphoto Hans Hinz, Allschwil, Schweiz; Hirmer Verlag, München; Historia-Photo, Hamburg; S. Hoeher, Bielefeld; F. Hoff, Frankfurt am Main; M. Hohner, Musikinstrumente, Trossingen; Holle Verlag, Baden-Baden; Prof. H. Hollein, Wien; Honda Deutschland, Offenbach; Foto Hosser, Idar-Oberstein; Dr. J. E. Howoldt, Stade; Bildarchiv H. Huber, Garmisch-Partenkirchen; Hulton Picture Library, London; IBM-Deutschland, Stuttgart; IFA-Bilderteam, München-Taufkirchen; Imperial War Museum, London; Index, Florenz; Institut für Hochenergiephysik, Heidelberg; Interfoto Friedrich Rauch, München; Interfoto MTI, ungarische Nachrichten Agentur, Budapest; R. Italiaander(†), Hamburg; Botschaft der Italienischen Republik, Bonn; M. Jacoby, Berlin; Dr. V. Janicke, München; M. E. Jansen, Spelle; Japan aktuell, Bonn; M. Jeiter, Merzenich/Morschenich; Dr. W. Jopp, Wiesbaden; Prof. Dr. P. Jordan, Hamburg; A. Jores, Hamburg; Jürgens Ost + Europa/Photo, Berlin; Fotohaus Kaack, Itzehoe; M. P. Kage, Weißenstein; H. Kahnt, Mannheim; R. Kalb, Dauchingen; Prof. H. E. Kalinowski, Karlsruhe; Käthe Kruse Puppen, Donauwörth; Lichtbildarchiv Keil, Neckargemünd; W. Keimer, Heidelberg; Prof. Dr. A. Kessler, Hannover; Keystone Pressedienst, Hamburg; Dr. R. Kiesewetter, Mannheim; H. Kilian, Wäschenbeuren; J. Kinkelin, Worms; K. I. P. P. A., Amsterdam; J. Klages, Zürich; Luftbildverlag Klammet & Aberl, Germering bei München; P. Klee, Bern; B. Klingwall, Eskilstuna, Schweden; KNA-Katholische Nachrichten Agentur, Frankfurt am Main; A. Knaus Verlag, München; Prof. Dr. J. Knobloch, Bonn;

A. Koch Kunstverlag, München; J. P. Koch, München; P. Koch, Zollikon, Schweiz; Robert Koch-Institut des Bundesgesundheitsamtes, Berlin; Kodansha International, Tokio; Prof. Dr. G. Kohlhepp, Tübingen; Dr. R. König, Kiel; Konzertdirektion R. Vedder, Frankfurt am Main; H. Kordecki, Fürth im Odenwald; H. Köster, Berlin; K. P. A., Düsseldorf; Kraftwerk Union, Frankfurt am Main; A. W. Krüger, Bonn; Krupp, Duisburg-Rheinhausen; Prof. Dr. H. Kühne, Berlin; R. Künkel, München; Kunsthalle Bremen; Kunsthalle Hamburg; Kunsthaus Zürich; Kunsthistorisches Institut, Heidelberg; Kunsthistorisches Museum, Wien; Kunstmuseum, Basel; Kunstmuseum, Paul-Klee-Stiftung, Bern; Kunstmuseum, Zagreb; Kunstsammlungen der Veste Coburg, Veste Coburg; Kunstsammlung Nordrhein-Westfalen, Düsseldorf; L. Kürten, Meerbusch-Strümp; E. Kusch (†), Schwarzenbruck; H. Lade, Fotoagentur, Frankfurt am Main; Laenderpress, Düsseldorf; R. Lanaud, Lyon; Landesanstalt für Umweltschutz Baden-Württemberg, Karlsruhe; Landesbildstelle Sachsen, Dresden; H. Lange, Leipzig; F. Langguth, Hassfurt; S. Lauterwasser, Überlingen; W. Layer, Mannheim; D. Leistner, Dortmund; Len Sirman Press, Genf; Prof. Dr. K. Lenz, Berlin; R. Leser, Bad Waldsee; Prof. h. c. G. Lettenmair (†), Linz; Dr. W. Licht, Mainz; F. Liebisch, Mannheim; I. Limmer, Bamberg; F. K. Frhr. von Linden, Waldsee; Linden-Museum, Stuttgart; C. C. Lingard, Ottawa; H. G. Lippert, Darmstadt; Lippmann & Rau, Frankfurt am Main; Dr. H. Lippoldt (†), Schramberg; Literarisches Colloquium Renate von Mangoldt, Berlin; J. Littkemann, Berlin; Photo Löbl-Schreyer, Bad Tölz; E. Loos, Pforzheim; Louvre, Paris; Dr. H. von Löwis of Menar, Rostock; Hermann Luchterhand Verlag, Neuwied; Prof. R. Lüst, München; Botschaft des Großherzogtums Luxemburg, Bonn; F. Mader, Hamburg; Mannesmann Demag, Duisburg; M. Marcks, Heidelberg; Margun Music, Newton Centre, USA; G. Mariani, Mailand; Marineamt, Wilhelmshaven; Marka, Mailand; M. Matzerath, Karlsruhe; Bildagentur Mauritius, Mittenwald; Mauritshuis, Den Haag; M. Mehlig, Lauf; Prof. Dr. H. Mensching, Hamburg; Mercedes-Benz, Stuttgart; J. Merkel, Schopfheim; H. Mertens, Kirchbarkau; Messerschmitt-Bölkow-Blohm, Ottobrunn; Metropolitan Museum of Art, New York; Staatliches Mexikanisches Verkehrsamt, Frankfurt am Main; H.-J. Michel, Mannheim; Dr. H. Moeck, Verlag und Musikinstrumentenwerk, Celle; S. Moses, München; E. Müller, Oftersheim; H. Müller, Düsseldorf; Bildarchiv W. H. Müller, Stuttgart; Münchner Stadtmuseum, Musikinstrumentenmuseum, München; A. Münchow, Aachen; Münsterschatzmuseum, Essen; Musée Cluny, Paris; Musée de Payerne, Schweiz; Musée d'Orsay, Paris; Musée du Jeu de Paume, Paris; Museen der Stadt Wien; Musée Rodin, Paris, Fotos: B. Jarret und A. Rzepka, Paris; Museo Archeologico Nazionale, Neapel; Museum der Stadt Worms und Städtische Gemäldegalerie, Worms; Museum für Kunst und Gewerbe, Hamburg; Museum für Völkerkunde, Basel; Museum für Völkerkunde, Hamburg; Museum für Völkerkunde, Wien; Museum Hauff, Holzmaden; Museum moderner Kunst, Wien; Museum of Childhood, Edinburgh; Museum of Fine Arts, Boston; Museum of Modern Art, New York; Museum Rietberg, Zürich, Fotografen: Wettstein & Kauf, Zürich; U. Mutzel, Neu-Ulm; Dr. U. Muuß, Altenholz; Prof. Dr. H. Nachtigall, Marburg; Narodni Galerie, Prag; NASA, Washington D. C.; National Gallery, London; National Gallery of Art, Washington D. C.; Nationalmuseet, Kopenhagen; Nationalmuseum, Lagos, Nigeria; National Portrait Gallery, London; Nationaltheater Mannheim; R. Nebel, Düsseldorf; O. Neubecker, Wiesbaden; W. Neumeister, München; New China Pictures, Peking; Niedersächsisches Landesmuseum, Hannover; Dipl.-Ing. H. Niehoff, Offenbach am Main; D. Niemöller, Wiesbaden; A. v. d. Nieuwenhuizen, Zevenaar, Niederlande; Prof. F. Ninzinger, Regensburg; B. Noack, Starnberg; H.-G. Noack, Eisingen; The Nobel Foundation, Stockholm; Norddeutscher Rundfunk, Hamburg; Nordisk Pressefoto, Kopenhagen; Ny Carlsberg Glyptothek, Kopenhagen; I. Ohlbaum, München; Tierbilder Okapia, Frankfurt am Main; Dr. H. Olles, Hofheim am Taunus; Orbis-Presseagentur, Prag; Orell Füssli Verlag, Zürich; Österreichische Galerie, Wien; Österreichische Nationalbibliothek, Wien; Österreichisches Bundesministerium für Land- und Forstwirtschaft, Wien; C. Östman, Bromma, Schweden; Fotostudio Otto, Wien; W. Otto, Oberhausen; L. Özkök, Älvsjö, Schweden; Pace Gallery, New York; R. Panjabi, Neu Delhi, Indien; Patrimonio Nacional, Madrid; K. Paysan, Stuttgart; G. Peda, Passau; Pelizaeus-Museum, Hildesheim; photair A. Perceval, Paris; F. Peyer, Hamburg; R. Pfanz, Leonberg; Pfarramt Augsburg; Pfarramt Rohr, Niederbayern; E. Pfeiffer, Göttingen; U. Pfistermeister, Fürnried; Photo-Center Greiner und Meyer, Braunschweig; Photographie Giraudon, Paris; Photo Meyer, Wien; Photo Pleyer, Zürich; Prof. G. Picht, Heidelberg; Pictor International, München; Picturepoint, London; Max-Planck-Institut für Physik und Astrophysik, Garching bei München; Max-Planck-Institut für Radioastronomie, Bonn; Max-Planck-Institut für Verhaltensphysiologie, Seewiesen; Dr. J. Pöhls, Ladenburg; Popperfoto, London; W. Pragher (†), Freiburg im Breisgau; M. M. Prechtl, Nürnberg; Stvw. Preußisch Oldendorf; Protek, Bern; RACKE, Bingen am Rhein; Agentur RAPHO, Paris; Prof. Dr. W. Rauh, Heidelberg; Reinhard Tierfoto, Heiligkreuzsteinach; Reiß-Museum, Mannheim; Dr. E. Retzlaff, Remberg; Prof. Dr. E. Reusch, Neuenrade; Rex Features, London; Rheinisches Landesmuseum, Trier; Rheinisch-Westfälische Elektrizitätswerke, Essen; M. Rinderspacher, Mannheim; Roger-Viollet, Paris; F. Roiter, Venedig; Rosenthal Porzellan, Selb; S. Rothenberg, Korbach; H. Rothfels, Tübingen; Rowan Gallery, London; Rowohlt Verlag, Reinbek; Royal Caribbean Cruise Line, Frankfurt am Main; Saarland-Museum, Saarbrücken; Sabah Saaid, Frankfurt am Main; Dr. P. Sager, Hamburg; H. Salentin, Köln; Botschaft von Sambia, Bonn; Bildarchiv S. Sammer, Neuenkirchen; Sammlung B. Bischofsberger, Zürich; Sammlung P. Dotremont, Brüssel; SANYO, Ahrensburg; Dr. F. Sauer, Karlsfeld; SCALA, Florenz; Prof. Dr. H. Schadewaldt, Düsseldorf; Dr. K.-F. Schädler, München; P. Schamoni, München; S. Schapowalow, Hamburg; W. Scharf, Stuttgart; Prof. Dr. A. Scheibe, Göttingen; Prof. R. Scheibe, Berlin; D. Schelker, Frankfurt am Main; J. Scherrer, Weilheim; Foto Scheuerer, Ingolstadt; A. Schiffer-Fuchs, Köln; Schiller-Nationalmuseum und Deutsches Literaturarchiv, Marbach am Neckar; W. Schimmel, Braunschweig; B. Schipke, Hamburg; T. Schlegel, Lonzenau; Photographie Schlemmer, Montreux; Prof. E. Schlink (†), Heidelberg; A. Schmidt (†), Celle; A. Schmidt, Sankt Blasien; J. Schmidt, Ludwigshafen; H. Schmidt-Glassner, Stuttgart; G. Schmölders, München; Schmuckmuseum Pforzheim im Reuchlinhaus, Pforzheim; Prof. Dr. D. Schnebel, Berlin; Bildarchiv Schneiders, Lindau am Bodensee; Verlag Schnell & Steiner, Foto: K. Gramer, München; Prof. H. Schoeck, Mainz; K. F. Scholz, Haimhausen; Arnold Schönberg Institute, Los Angeles; Stvw. Schotten; Dr. M. Schöttle, Karlsruhe; B. Schott's Söhne Musikverlag, Mainz; Prof. J. Schreiter, Langen; H. Schrempp, Breisach am Rhein; W.-H. Schuchhardt, Freiburg im Breisgau; H. J. Schupp, Wollerau, Schweiz; Stvw. Schwäbisch Gmünd; Stvw. Schwalmstadt; H. Schwarz, Essen; Schwedische Botschaft, Bonn; Dr. E. von Severus, Maria Laach; Siemens, Erlangen und Mannheim; SIGLOCH EDITION, Sirius Bildarchiv, Künzelsau; Sven Simon Fotoagentur, Bonn und Essen; B. Singer, Köln; SONY Deutschland, Köln; SONOR, J. Link, Musikinstrumentenfabrik, Bad Berleburg-Aue; Spanische Botschaft, Bonn; Spanisches Fremdenverkehrsamt, Berlin und Frankfurt am Main; W. Speiser, Basel; Der Spiegel, Hamburg; Spielzeugmuseum, Nürnberg; Staatliche Antikensammlungen, München; Staatliche Kunsthalle, Karlsruhe; Staatliche Kunstsammlungen, Dresden; Staatliche Kunstsammlungen, Kassel; Staatliche Landesbildstelle, Saarbrücken; Staatliche Münzsammlung, München; Staatliche Museen zu Berlin; Staatliches Amt für Denkmalpflege Stuttgart; Staatliches Museum für Naturkunde, Stuttgart; Staatliches Museum für Naturkunde und Vorgeschichte, Oldenburg; Staatliches Museum für Völkerkunde, München; Staatsgalerie Stuttgart; Staats- und Universitätsbibliothek, Hamburg; Städtische Galerie im Lenbachhaus, München; Städtische Kunsthalle, Mannheim; Städtisches Museum, Gelsenkirchen; J. Stadtmüller, Limburg; Stella Kultur Management, Hamburg; Stern-Bildarchiv, Hamburg; Stiftsbibliothek, Sankt Gallen; M. Strauß, Düsseldorf; Studio Hartmann, Sobernheim; Studio 49, Gräfelfing; Stuttgarter Luftbild Elsässer, Stuttgart (Flughafen); Süddeutscher Verlag-Bilderdienst, München; Gebr. Sulzer, Winterthur, Schweiz; Svenska Porträttarkivet, Stockholm; Sveriges Arkitekturmuseum, Stockholm; H. Tappe, Montreux; Tate Gallery, London; Teldec, Bildarchiv, Hamburg; Telefunken Fernseh- und Rundfunkgesellschaft, Hannover; TELENORMA, Frankfurt am Main; Prof. Dr. G. Tellenbach, Freiburg im Breisgau; Bildarchiv K. Thiele, Warburg; Georg Thieme Verlag, Stuttgart; F. Thorbecke, Lindau; Thyssen Henschel, Kassel; Foto Felicitas Timpe, München; Titus, Turin; Stvw. Tournai, Belgien; Transglobe Agency, Hamburg; Prof. G. Trebitsch, Hamburg; L. Trenker (†), Bozen; Treugesell Verlag, Dr. Vehrenberg, Düsseldorf; H. R. Trevor-Roper, Oxon, Großbritannien; Überseemuseum, Bremen; Ufa, Musik- und Bühnenverlage, München; Uffizien, Florenz; Ullstein Bilderdienst, Berlin; Universalphoto, Paris; Universitätsbibliothek, Heidelberg; Universitäts-Bibliothek, Innsbruck; Universitätsbibliothek, Oslo; University Museum of National Antiquities, Oslo; UPI, Frankfurt am Main; U. S. Information Service, Bonn; Vatikanische Museen, Rom; Vereinigung Deutscher Elektrizitätswerke, Frankfurt am Main; Victoria and Albert Museum, London; Villa Giulia, Rom; K. Voigt, Mannheim; J. M. Voith, Heidenheim; O. Volgmann, Norderstedt; Volkswagenwerk, Wolfsburg; L. Vorel, Mannheim; Internationale Pressebildagentur VOTAVA, Wien; M. Vujović, Belgrad; VWI-Werbung, Herrsching; R. Wagenmann, Mannheim; H. Wagner, Vlotho; A. Wajda, Warschau; E. Walford, Hamburg; Wallraf-Richartz-Museum und Museum Ludwig, Köln; R. Walz, Berlin; Wasser- und Schiffahrtsamt, Uelzen; Prof. P. Weber, Münster; G. Weigelt, Erlangen; Prof. W. Weißleder, Frankfurt am Main; WEREK Pressebildagentur, München; A. Wesker, Hereford, Großbritannien; Westfälisches Landesmuseum für Vor- und Frühgeschichte, Münster; G. Westphal, Thalwil, Schweiz; Bildarchiv G. Wiener, Frankfurt am Main; Prof. Dr. H. Wilhelmy, Tübingen; C. A. Willemsen, Alfter-Impekoven; J. Winkler, Wolfratshausen; Prof. Dr. E. Winter, Gusterath; Dr. H. W. Wittenberg, Weinheim; Woodmansterne, Watford, Großbritannien; WOSTOK Verlagsgesellschaft, Köln; H. Wouk, Hamburg; BSW Literary Agency, Palm Springs; Bildarchiv Dr. W. Wrage, Hamburg; WSD, Cuxhaven; H. Wurlitzer, Neustadt an der Aisch; Xeniel-Dia, Neuhausen auf den Fildern und Stuttgart; Zauberkreis-Verlag, Rastatt; ZEFA-Zentrale Farbbild Agentur, Düsseldorf; Carl Zeiss, Oberkochen; H. Zemann, Heidelberg; Zentralbibliothek, Zürich; L. Zier, Königseggwald; G. Ziesler, München; D. Zingel, Wiesbaden; T. M. Zółtowska-Huszka, Warschau; Stvw. Zülpich; Zweiradmuseum, Neckarsulm; Zwingli Verlag, Zürich.

Stvw. = Stadtverwaltung